# HISTOIRE UNIVERSELLE

DE

# L'ÉGLISE CATHOLIQUE

XI

# HISTOIRE UNIVERSELLE

DE

# L'ÉGLISE CATHOLIQUE

PAR

## ROHRBACHER

CONTINUÉE JUSQU'A NOS JOURS PAR M. L'ABBÉ GUILLAUME

PROFESSEUR AU GRAND SÉMINAIRE DE VERDUN

NOUVELLE ÉDITION

AVEC DES NOTES ET ÉCLAIRCISSEMENTS D'APRÈS LES DERNIERS TRAVAUX

TOME ONZIÈME

PARIS

LETOUZEY ET ANÉ, ÉDITEURS

RUE DU VIEUX-COLOMBIER, 17

# HISTOIRE UNIVERSELLE DE L'ÉGLISE CATHOLIQUE.

## LIVRE QUATRE-VINGT-SEPTIÈME.

Le monde et l'Église pendant le dix-septième siècle. — Ce que c'est qu'un prêtre.
(Suite.)

(De l'an 1605, mort du pape Clément VIII, pacification de la France, à l'an 1650, pacification de l'Allemagne par le traité de Westphalie, et à l'an 1660, mort de saint Vincent de Paul.)

### § V.

*Service éminent que Vincent de Paul rend à l'Eglise, par son zèle éclairé contre l'hérésie janséniste. Commencement et caractère de cette hérésie.*

Dans une conférence qu'il fit aux siens sur les dangers du royaume de Pologne, attaqué tout ensemble par la guerre, la peste, la famine, le schisme et l'hérésie, les Russes et les Suédois, Vincent de Paul leur dit ces paroles mémorables : « Un auteur d'hérésie me disait un jour : Dieu est enfin lassé des péchés de toutes ces contrées, il est en colère, et il veut résolument nous ôter la foi, de laquelle on s'est rendu indigne. Ne serait-ce pas, ajoutait-il, une témérité de s'opposer aux desseins de Dieu, et de vouloir défendre l'Eglise, quand il a résolu de la perdre ? Pour moi, disait-il encore, je veux travailler à ce dessein de détruire. Hélas ! messieurs, peut-être disait-il vrai, quand il avançait que Dieu, pour nos péchés, veut nous ôter l'Eglise. Mais cet auteur d'hérésie mentait, en disant que c'était une témérité de s'opposer à Dieu en cela, et de s'employer pour conserver son Eglise et la défendre; car Dieu le demande, et il le faut faire. Non, il n'y a pas de témérité de jeûner, de s'affliger, de prier pour apaiser sa colère, et de combattre jusqu'à la fin pour soutenir et défendre l'Eglise en tous les lieux où elle se trouve. Que si jusqu'à présent, du moins à ce qui paraît, nos efforts semblent avoir été inutiles à cause de nos péchés, il ne faut pas désister pour cela, mais, en nous humiliant profondément, continuer nos jeûnes, nos communions et nos oraisons avec tous les bons serviteurs de Dieu qui prient incessamment pour le même sujet; et nous devons espérer qu'enfin Dieu, par sa grande miséricorde, se laissera fléchir et nous exaucera. Humilions-nous donc autant que nous pourrons en vue de nos péchés; mais ayons confiance et grande confiance en Dieu, qui veut que nous continuions de plus en plus à le prier pour ce pauvre royaume de Pologne si désolé, et que nous reconnaissions que tout dépend de lui et de sa grâce (Collet, l. 8; Abelly, l. 4, c. 10). » Telles sont les paroles mémorables de Vincent de Paul.

Mais quel était cet auteur d'hérésie qui entreprit alors de travailler à la ruine de la religion et de l'Eglise? Vincent de Paul voyait à Paris un de ses compatriotes, Jean du Verger de Hauranne, né à Bayonne, et abbé de Saint-Cyran, au diocèse de Poitiers. On vantait sa vertu, son érudition et ses autres qualités. Vincent le fréquenta : une amitié particulière s'établit entre eux. Hauranne, voyant en lui un compatriote humble et modeste, commença de lui découvrir peu à peu l'ensemble de ses idées et de ses projets. Le serviteur de Dieu fut d'abord surpris d'entendre une doctrine et des maximes bien extraordinaires : plus il allait avant dans cette découverte, plus les sentiments de son compatriote lui paraissaient dangereux. Un jour, entre autres, étant tombés en discourant ensemble sur quelque point de la doctrine de Calvin, il fut fort étonné de voir cet abbé prendre le parti et soutenir l'erreur de cet hérésiarque. Sur quoi lui ayant représenté que cette doctrine de Calvin était condamnée par l'Eglise, l'abbé lui répondit « que Calvin n'avait pas eu tant mauvaise cause, mais qu'il l'avait mal défendue; » et il ajouta ces paroles latines : *Benè sensit, malè locutus est*

Une autre fois, comme cet abbé s'échauffait à soutenir une doctrine qui avait été condamnée par le concile de Trente, Vincent, croyant que la charité l'obligeait de lui en faire quelque avertissement, lui dit : « Monsieur, vous allez trop avant. Quoi ! voulez-vous que je croie plutôt à un docteur particulier comme vous, sujet à faillir, qu'à toute l'Eglise, qui est la colonne de la vérité? Elle m'enseigne une chose, et vous en soutenez une qui lui est contraire. O monsieur! comment osez-vous préférer votre jugement aux meilleures têtes du monde, et à tant de saints prélats assemblés au concile de Trente, qui ont décidé ce point. » — « Ne me parlez pas de ce concile, repartit Hauranne, c'était un concile du Pape et des scholastiques, où il n'y avait que brigues et que cabales. »..

Le serviteur de Dieu étant allé un jour lui rendre visite, le trouva dans sa chambre lisant la Bible. Comme il demeura quelque temps sans rien lui dire, de peur d'interrompre sa lecture, Hauranne tournant les yeux vers lui : « Voyez-vous, monsieur Vincent, dit-il, ce que je lis? C'est l'Ecriture sainte. » Et là-dessus il s'étendit beaucoup pour lui faire entendre que Dieu lui en donnait une intelligence parfaite et quantité de belles lumières pour son explication; et ensuite il alla jusqu'à dire que la sainte Ecriture était plus lumineuse dans son esprit qu'elle ne l'était en elle-même. Ce sont ses propres termes, que Vincent a rapportés plusieurs fois.

Un autre jour, après avoir célébré la messe en l'église de Notre-Dame, Vincent de Paul étant allé visiter le même abbé, il le trouva renfermé dans son cabinet : d'où étant sorti quelque temps après, Vincent lui dit en souriant, avec sa douceur et sa civilité ordinaires : « Avouez, monsieur, que vous venez d'écrire quelque chose de ce que Dieu vous a donné en votre oraison du matin. » A quoi l'abbé, après l'avoir convié de s'asseoir, répondit : « Je vous confesse que Dieu m'a donné et me donne de grandes lumières. Il m'a fait connaître qu'il n'y a plus d'Eglise. » Et sur ce qu'il vit le saint homme tout surpris de ce discours, il reprit : « Non, il n'y a plus d'Eglise. Dieu m'a fait connaître qu'il y a plus de cinq ou six cents ans qu'il n'y a plus d'Eglise. Avant cela, l'Eglise était comme un grand fleuve qui avait ses eaux claires; mais maintenant, ce qui nous semble l'Eglise n'est plus que de la bourbe : le lit de cette belle rivière est encore le même, mais ce ne sont plus les mêmes eaux. — Quoi! monsieur, lui dit Vincent, voulez-vous plutôt croire vos sentiments particuliers que la parole de Notre Seigneur Jésus-Christ, lequel a dit qu'il édifierait son Eglise sur la pierre, et que les portes de l'enfer ne prévaudraient point contre elle? L'Eglise est son épouse, il ne l'abandonnera jamais, et le Saint-Esprit l'assiste toujours. » — Hauranne lui répondit : « Il est vrai que Jésus a édifié son Eglise sur la pierre; mais il y a temps d'édifier et temps de détruire. Elle était son épouse, mais c'est maintenant une adultère et une prostituée; c'est pourquoi il l'a répudiée, et il veut qu'on lui en substitue une autre qui lui sera fidèle. » Vincent lui représenta que les sentiments dont il était préoccupé étaient très-mauvais; qu'il devait se défier de son propre esprit, et qu'il s'éloignait fort du respect dû à l'Eglise. Hauranne, qui perdait aisément patience, reprit d'un ton aigre : « Mais vous-même, monsieur, savez-vous bien ce que c'est que l'Eglise? » Vincent répondit avec le catéchisme, que l'Eglise est l'assemblée des fidèles, unis par la profession de la même foi, la participation des mêmes sacrements, sous la conduite des pasteurs légitimes, principalement de notre saint-père le Pape. « Vous n'y entendez que le haut allemand, repartit Hauranne tout en colère. Vous êtes un ignorant : bien loin de mériter d'être à la tête de votre congrégation, vous mériteriez d'en être chassé; et je suis fort surpris qu'on vous y souffre. — J'en suis plus surpris que vous, monsieur, répondit le saint homme; et je sais bien que si on me rendait justice, on ne manquerait pas de me renvoyer (Abelly, l. 2, c. 38; l. 3, c. 13; Collet, l. 3). »

Vincent de Paul rompit dès lors avec l'orgueilleux novateur. De leur côté, le supérieur général de l'Oratoire, le Père de Condren, avec plusieurs prêtres de sa congrégation, se plaignaient de plus en plus des mauvais sentiments de Hauranne. Vincent fit un dernier effort pour le garantir du précipice. Il s'en alla donc un jour le trouver chez lui, par forme de visite. Et, après avoir préparé son esprit par quelques entretiens convenables pour bien recevoir le remède qu'il voulait lui appliquer, il lui parla de l'obligation où il était de soumettre son jugement à celui de l'Eglise, et d'avoir pour le saint concile de Trente plus de respect qu'il n'en avait témoigné. Il lui fit voir en particulier que quelques-unes des propositions qu'il avait soutenues en sa présence étaient contraires à la doctrine de l'Eglise; il lui représenta qu'il se perdait en s'engageant dans un labyrinthe d'erreurs, et surtout qu'il avait eu grand tort de vouloir l'y engager, lui et toute sa congrégation. Le saint s'anima dans la suite de cet entretien, il parla avec tant de force et de solidité, que Hauranne en fut interdit et ne répliqua pas un mot. C'était en 1637.

Un mois après, le novateur écrivit du Poitou une longue lettre à Vincent. Il y proteste d'abord qu'il n'a nullement le cœur chargé des quatre choses que Vincent lui a reprochées dans sa dernière visite. Il soutient que celles de ses opinions qu'on regarde comme des erreurs sont des vérités catholiques; qu'elles ne passent pour des mensonges et des faussetés que parmi ceux qui aiment mieux la lueur et l'éclat que la lumière et la vérité; qu'il n'y a aucun des évêques qui fréquentent la maison de Saint-Lazare, à qui il ne les fasse autoriser, quand il lui plaira de leur en parler à loisir; qu'il les lui fera voir à lui-même dans les livres saints; que Vincent lui a fait ces reproches, moins parce qu'il le jugeait coupable, que pour s'excuser de l'avoir abandonné comme un criminel au temps de la persécution; qu'il a toutefois facilement supporté cela de la part d'un homme qui depuis longtemps l'honorait de son amitié, et qui était à Paris en créance d'un parfaitement homme de bien. Seulement, ajoute-t-il, il m'est resté cette admiration dans l'âme, que vous, qui faites profession d'être si doux et si retenu partout, ayez pris sujet d'un soulèvement qui s'est fait contre moi par une triple cabale et des intérêts assez connus, de vous joindre aux autres pour m'accabler, ajoutant cela de plus à leurs excès, que vous avez entrepris de me le venir dire dans mon propre logis, ce que nul des autres n'avait osé faire. Le novateur finit en témoignant au saint la bonne volonté qu'il a eue de servir sa compagnie, autant pour le spirituel que pour le temporel ; et, pour lui prouver que, quoi qu'on dise, il est peu attaché à son sens et disposé à biaiser avec ses amis, il l'assure qu'il a soutenu ses intérêts contre le jugement de sa conscience, qui ne le lui permettait pas (Collet, l. 3; Abelly, l. 2, c. 28).

*Jean du Verger de Hauranne* naquit à Bayonne, en 1581, d'une famille qui s'était rendue considérable par le commerce. Etudiant la théologie à Louvain, il fit connaissance avec Jansénius. Ils se retrouvèrent l'an 1604 à Paris, où ils renouvelèrent leurs anciennes liaisons. Quelques années après, de retour à Bayonne, Hauranne renonça entièrement aux affaires de sa famille et se retira dans une maison de campagne de son père : l'étude y fit toute son occupation pendant deux ans. Au bout de ce temps, il engagea son ami Jansénius, qu'il avait laissé précepteur à Paris, à venir partager avec lui le loisir de sa retraite. Jansénius se rendit auprès de lui : ce fut là qu'ils jetèrent ensemble les premiers fondements du jansénisme.

Le premier fruit de l'étude de Hauranne fut le livre intitulé : *Question royale*. Il le composa à l'occasion d'un cas proposé à la cour. Il n'y traite de rien moins que de ce cas; mais il y enseigne fort au long qu'on peut se tuer soi-même, et qu'il y a des occasions où on est obligé en conscience de le faire. Un de ses principes dans ce livre est celui des gnostiques : *Omnia munda mundis*, tout est pur pour les purs.

L'évêque de Bayonne ayant été transféré à Tours, Hauranne le suivit à Paris, où ce prélat le donna à l'évêque de Poitiers, qui le fit son grand-vicaire et lui céda l'abbaye de Saint-Cyran. Dans ce poste, Hauranne commença de répandre ses erreurs, et de faire sourdement des prosélytes à la nouvelle secte dont il devait être le patriarche. Il sut gagner le Père de Bérulle et le tromper pendant longtemps par le zèle qu'il témoignait à procurer à sa congrégation de nouveaux établissements en Flandre et en France. Il gagna même la supérieure de la Visitation de Poitiers et beaucoup d'autres personnes. Mais, de toutes les connaissances qu'il fit, la plus avantageuse à son dessein fut celle de Robert Arnauld d'Andilly, qui passa par Poitiers, à la suite de la cour, en 1620. Quelque temps après, Hauranne lui écrivit une lettre où se trouvent ces paroles : « Tous les esprits de la terre, pour aigus et savants qu'ils soient, n'entendent rien à notre cabale, s'ils ne sont initiés à ses mystères, qui rendent, comme en de saintes orgies, les esprits plus transportés les uns envers les autres, que ne sont ceux qui tombent en manie, en ivresse et en passion d'amour impudique (*Réalité du projet de Bourg-Fontaine*, I<sup>re</sup> partie, p. 33, t. I, Paris, 1755). » Ces paroles indiquent bien clairement une société secrète. La conquête d'Arnauld d'Andilly pouvait paraître très-importante. Il était en quelque crédit à la cour; il était l'aîné d'une très-nombreuse famille, que son exemple pouvait attacher à Hauranne : deux moyens efficaces pour avancer le projet de la cabale.

Hauranne ne tarda pas de se rendre à Paris, où il cultiva toute la famille des Arnauld. Elle l'introduisait au monastère de Port-Royal, où Arnauld père, avocat, s'était rendu tout-puissant, sous prétexte d'en gérer le temporel. Il y avait deux de ses filles, Agnès et Angélique, que Hauranne jugea très-propres à recevoir ses nouveautés et à les mettre en vogue quand il serait temps. Il jeta dès lors les yeux sur cette maison, pour en faire sa place d'armes. L'évêque de Langres, Sébastien Zamet, en était supérieur; il fallait l'éloigner : c'est de quoi il vint à bout par le moyen des mères Arnauld, qui firent remercier l'évêque de ses bons offices.

Port-Royal devint bientôt un lieu de fréquentes assemblées : elles avaient tout l'air de cabale, et déplurent au cardinal de Richelieu, qui, entendant d'ailleurs beaucoup parler des nouveautés que débitait le supérieur de Port-Royal, résolut de le faire arrêter. Il en parla au Père Joseph, Capucin, son confident, et à l'abbé de Prières, et leur demanda ce qu'ils pensaient de ce nouveau dogmatiste. Comme il vit qu'ils n'osaient s'expliquer, il dit lui-même ce qu'il en pensait. « Il est Basque, dit-il, et a les entrailles chaudes et ardentes par tempérament : cette ardeur excessive lui envoie à la tête des vapeurs dont se forment ses imaginations mélancoliques, qu'il prend pour des réflexions spéculatives ou pour des inspirations du Saint-Esprit, se faisant ainsi de ses extravagances des oracles et des mystères. »

Ce fut vers ce temps que le Père de Condren et saint Vincent de Paul se déclarèrent hautement contre le novateur, et signalèrent ses détestables maximes : le cardinal le fit observer; Hauranne jugea prudent de s'éclipser, et ne reparut à Paris que six mois après. A son retour, il s'attacha un Oratorien nommé Seguenot, et l'engagea à faire imprimer sous son nom la traduction de la lettre de saint Augustin sur la virginité, avec des notes remplies des erreurs de Hauranne contre les vœux, notamment contre celui de chasteté. Ce livre scandalisa tous les gens de bien : la Sorbonne le censura comme hérétique. Hauranne, le véritable auteur, fut arrêté et enfermé au château de Vincennes le 15 mai 1638. On saisit tous ses papiers, entre autres les lettres à d'Andilly et à Vincent de Paul, et celles que Jansénius lui écrivait, qui découvrirent beaucoup de mystères de leur cabale. Les partisans de Hauranne prêtèrent à Richelieu bien des mauvais desseins pour cette détention : Hauranne les démentit tous sans y penser, en écrivant, avec sa modestie ordinaire, qu'il était aux prisons de Vincennes pour avoir voulu suivre exactement la théologie de sainte Thérèse (*Lettres de saint Cyran*, 1<sup>re</sup> édit., lettre 23, p. 179).

On entendit juridiquement des témoins pour lui faire son procès. Ce furent l'abbé de Prières, Tardif, son ami intime, Antoine Vigier, supérieur des Pères de la Doctrine chrétienne; Pormorant, abbé de Pleine-Selve; Nicolas Victon, aumônier du roi; Marie d'Aquaviva, fille du duc d'Atrie, au royaume de Naples ; François de Caulet, depuis évêque de

Pamiers, et plusieurs autres. Quant à l'évêque de Langres, au Père de Condren et à Vincent de Paul, ils ne voulurent pas parler devant un juge laïque, mais ils donnèrent par écrit leurs dépositions au cardinal. Toutes se réduisaient, pour le fond, à ce que nous avons déjà vu de saint Vincent de Paul.

Hauranne s'occupa dans sa prison à composer ses *Lettres spirituelles* à différentes personnes de condition, vraies ou supposées, pour donner du relief au parti. D'Andilly les a données au public après la mort de son ami. Dans la 93e, il enseigne, avec Wiclef et Jean Hus, que les mauvais prêtres ne sont plus prêtres. Il traça aussi le plan du livre contre la fréquente communion, et donna ses mémoires au jeune bachelier Antoine Arnauld, son élève, frère d'Arnauld d'Andilly. Le cardinal de Richelieu étant mort, le comte de Chavigny, devenu ministre d'Etat, trouva moyen de faire élargir le prisonnier, son ami, qui ne survécut guère à cette grâce : il tomba malade sur la fin de septembre 1643, et mourut le 11 octobre. Ses amis ne songèrent à lui faire administrer les sacrements que quand ils le virent tombé en apoplexie : il expira aux premières onctions. Les auteurs de la *Gallia christiana* firent de Hauranne un éloge comme d'un saint et orthodoxe personnage. Le clergé de France ordonna que cet éloge serait effacé. Les ministres huguenots Samuel Desmarets et Juricu ont revendiqué ce saint personnage, comme étant des leurs et pensant comme eux.

Et de fait, la secte de Hauranne, plus connue sous le nom de *jansénisme*, n'est qu'une phase du calvinisme, un calvinisme plus artificieux. Un magistrat contemporain disait à l'historien Fleury, qui le rapporte et l'approuve : « Le jansénisme est l'hérésie la plus subtile que le diable ait tissue. Ils ont vu que les protestants, en se séparant de l'Eglise, se condamnés eux-mêmes, et qu'on leur avait reproché cette séparation; ils ont donc mis pour maxime fondamentale de leur conduite, de ne s'en séparer jamais extérieurement, et de protester toujours de leur soumission aux décisions de l'Eglise, à la charge de trouver tous les jours de nouvelles subtilités pour les expliquer, en sorte qu'ils paraissent soumis sans changer de sentiments (*Nouv. opuscules de Fleury*, p. 227 et 228).

Luther et Calvin attaquent ouvertement l'Eglise, sa hiérarchie, la primauté de son chef. Le patriarche du jansénisme, Hauranne, pense comme Luther et Calvin ; nous avons vu avec quel emportement, dans ses entretiens familiers, il s'exprimait sur l'Eglise, sur le Pape, sur ce concile de Trente. Il est plus réservé dans ses écrits, mais il y pose des principes qui enferment les mêmes conséquences. Il écrit à d'Andilly : « La religion n'est rien qu'une confrérie de gens vivant et mourant ensemble. » Définition dont les athées mêmes pourraient s'accommoder. Dans la sixième leçon de sa *Théologie familière*, Hauranne demande : *Qu'est-ce que l'Eglise ?* et il répond, avec Luther et Wiclef : *C'est la compagnie de ceux qui servent Dieu dans la lumière et dans la profession de la vraie foi et dans l'union de la vraie charité.* Cette doctrine, qui n'admet dans l'Eglise que les justes et les élus, et qui en exclut tous les pécheurs, vient originairement des Donatistes, et a été condamnée dans le concile de Constance. En outre, comme les justes ne sont connus que de Dieu, l'Eglise de Jésus-Christ ne sera visible qu'à Dieu. Les Luthériens, les Calvinistes, qui ne veulent ni Pape, ni évêques, ni prêtres, ni visibilité de l'Eglise, adopteront sans peine cette définition. Il est vrai, dans son *Petrus Aurelius*, il se donne l'air de défendre la hiérarchie, le Pape, les évêques, les prêtres ; mais en même temps il l'y ruine de fond en comble par ce principe de Jean Hus et de Wiclef : « On cesse d'être prêtre et évêque par un seul péché mortel contre la chasteté : *Extinguitur sacerdotalis dignitas.... simul atque castitas deficit.* Comme Dieu seul sait qui ne s'est pas rendu coupable d'une pareille faute, Dieu seul sait qui est prêtre ou évêque, et qui ne l'est pas : pour les hommes, c'est chose impossible à savoir, la hiérarchie est invisible, elle est comme n'étant pas. » Nous avons vu l'apostat Marc-Antoine de Dominis, dans sa *République ecclésiastique*, s'efforcer d'anéantir la monarchie de l'Eglise, de détruire la primauté du Pape et la nécessité d'un chef visible, de prouver enfin que saint Pierre n'était pas le seul chef de l'Eglise, mais que saint Paul lui était égal en autorité ; refuser à l'Eglise toute véritable juridiction, et confondre l'Eglise enseignante avec l'Eglise enseignée. L'ouvrage de cet apostat fut condamné par la Sorbonne en 1617; Richer, syndic de la Faculté de théologie, refusa de souscrire à la condamnation. Dès 1611, lui-même avait publié un ouvrage, *De la puissance ecclésiastique et politique*, où il soutient les mêmes erreurs. Il se rétracta l'an 1629, et déclara, par un écrit signé de sa main, qu'il reconnaissait l'Eglise romaine pour mère et maîtresse de toutes les églises et pour juge infaillible de la vérité. Les jansénistes reprirent sous main les erreurs de Richer et de l'apostat Marc-Antoine de Dominis.

Barcos, neveu de Hauranne publia jusqu'à deux ouvrages pour soutenir l'hérésie des deux chefs, qui n'en font qu'un. Elle fut condamnée par un décret d'Innocent X, du 24 janvier 1647. Saint Vincent de Paul ne contribua pas peu à cette condamnation. Le 4 octobre 1646, il écrivait à un cardinal qui l'honorait de son amitié : « Je supplie très-humblement Votre Eminence d'agréer que je lui adresse quelques écrits contre l'opinion des deux chefs saint Pierre et saint Paul. Ces écrits ont été composés par un des plus savants théologiens que nous ayons, et des plus honnêtes hommes, qui ne veut point être nommé. Il a appris, par la *Gazette de Rome*, que l'on y examine le livre qu'il réfute, et que deux docteurs de Sorbonne, qui y sont, soutiennent que la doctrine de ce livre est celle de leur Faculté. Et cette même Faculté, ayant été informée qu'on lui attribuait cette opinion des deux chefs, s'est assemblée et a députe vers monsieur le nonce pour désavouer ces docteurs et l'assurer qu'elle est du sentiment contraire, et pour le supplier en même temps de faire en sorte que la prochaine gazette fasse mention qu'on lui attribue à faux cette doctrine. C'est ce qui a mu ce vertueux personnage à m'apporter aujourd'hui ces écrits, à dessein que je les envoie à Rome, pour servir de mémoire à ceux que Sa Sainteté a députés pour examiner ledit livre. Ils trouveront dans cet ouvrage les passages qu'on rappporte pour la prétendue égalité de saint Paul avec saint Pierre, réfutés par les mêmes auteurs qu'on allègue, les uns après les autres (Abelly, l. 2, c. 38 ; Collet, l. 5). » Comme nous avons vu, les sollicitations du saint homme eurent un plein succès.

Cette duplicité jansénienne se voit dans Pascal d'une manière frappante. Il dira dans la dix-septième de ses *Lettres provinciales* : « Je vous déclare donc que je n'ai, grâce à Dieu, d'attache sur la terre qu'à la seule Eglise catholique, apostolique et romaine, dans laquelle je veux vivre et mourir, et dans la communion avec le Pape, son souverain chef, hors de laquelle je suis persuadé qu'il n'y a point de salut. » Voilà Pascal catholique et jouissant pleinement de sa raison. Mais Rome ayant condamné ses lettres, Pascal dira :

« J'ai craint que je n'eusse mal écrit en me voyant condamné ; mais l'exemple de tant de pieux écrits me fait croire au contraire. Il n'est plus permis de bien écrire, tant l'inquisition est corrompue et ignorante. Il est meilleur d'obéir à Dieu qu'aux hommes. Je ne crains rien, je n'espère rien. Le Port-Royal craint, et c'est une mauvaise politique.... Quand ils ne craindront plus, ils se feront plus craindre. Le silence est la plus grande persécution. Jamais les saints ne se sont tus. Il est vrai qu'il faut vocation ; mais ce n'est pas des arrêts du conseil qu'il faut apprendre si l'on est appelé, mais de la nécessité de parler. Si mes lettres sont condamnées à Rome, ce que j'y condamne est condamné dans le ciel. L'inquisition (le tribunal du Pape pour l'examen et la condamnation des livres) et la société (des Jésuites) sont les deux fléaux de la vérité (*Pensées de Pascal*, t. II, art. 17, n. 82). » Certainement, dirons-nous avec le comte de Maistre, Calvin n'aurait ni mieux, ni autrement dit (*De l'Eglise gallicane*, c. 9).

Nicole n'est pas moins dangereux que Pascal. Dans son *Explication du Symbole*, sur l'article : *Je crois la sainte Eglise catholique*, il dit quelques mots de la primauté du Pape, mais supprime l'infaillibilité de l'Eglise dispersée ; dans son traité de *l'Unité de l'Eglise*, il dissimule l'unité de son chef ; enfin, dans le quatrième volume de ses *Essais*, il dit : « L'Eglise n'est presque plus composée que de monceaux de sable, c'est-à-dire de membres secs. » Ce qui revient à l'impiété de Haurane sur la caducité, le dépérissement ou même l'entière destruction de l'Eglise. Nicole se détacha des jansénistes vers la fin de sa vie ; mais ses ouvrages ne sont pas moins infectés du venin de leur doctrine, et feront toujours plus de mal que de bien à ceux qui les lisent. On ne peut guère en excepter que sa *Perpétuité de la foi sur l'Eucharistie*, dont Arnauld a jugé à propos de se faire honneur, comme le geai des plumes du paon. Encore trouve-t-on aussi bien et mieux dans Bellarmin, dans les frères Wallembourg, et surtout dans le chanoine régulier Garet, qui a écrit précisément sur le même sujet, et où se trouve cette foule de textes cités par Arnauld et Nicole. Le style de Nicole est généralement sec, froid et lourd. Pour louer le Jésuite Bourdaloue, on a dit : C'est Nicole éloquent. Ce qui veut dire que Nicole, le plus élégant écrivain de Port-Royal, Pascal excepté, est égal à Bourdaloue, moins l'éloquence.

Un avocat janséniste, Simon Vigor, écrivait de son côté pour diminuer l'autorité du Pape, lui substituer une aristocratie épiscopale, même le gouvernement démocratique, afin d'asservir chaque église nationale au gouvernement séculier et aux avocats (*Réalité du projet de Bourg-Fontaine*, 6ᵉ partie). Dans son discours sur les libertés de l'Eglise gallicane, Fleury fait cette observation : « Les Français, les gens du roi, ceux-là mêmes qui ont fait sonner plus haut ce nom de libertés, y ont donné de rudes atteintes en poussant les droits du roi jusqu'à l'excès ; en quoi l'injustice de Dumoulin est insupportable. Quand il s'agit de censurer le Pape, il ne parle que des anciens canons ; quand il est question des droits du roi, aucun usage n'est nouveau ni abusif : et lui et les jurisconsultes qui ont suivi ces maximes, inclinaient à celles des hérétiques modernes, et auraient volontiers soumis la puissance même spirituelle de l'Eglise à la temporelle du prince. Cependant ces droits exorbitants du roi et des juges laïques, ses officiers, ont été un des motifs qui ont empêché la réception du concile de Trente (*Nouv. opusc. de Fleury*, 1818, p. 156 et 157). » Charles Dumoulin, né en 1500, mort en 1566, fut successivement catholique, calviniste, luthérien, et redevint catholique quelque temps avant sa mort. Clément VIII condamna ses ouvrages à être brûlés.

Un autre avocat, Pierre Pithou, demi-protestant, publia vers la fin du XVIᵉ siècle son grand traité des *Libertés de l'Eglise gallicane* ; au commencement du siècle suivant, l'avocat Pierre Dupuis publia les *Preuves* de ces libertés. Les deux ouvrages sont réunis en quatre volumes *in-folio*, et cette compilation, infiniment condamnable, est cependant le grand arsenal où tous les successeurs de Pithou et de Dupuis n'ont cessé de puiser. Vingt-deux évêques, qui examinèrent le livre en 1639, le dénoncèrent, dans une lettre encyclique, à tous leurs confrères, *comme un ouvrage détestable, rempli des propositions les plus venimeuses et masquant des hérésies formelles sous le beau nom de libertés* (*Procès-verbaux du clergé de France*, t. III, pièces justificatives, n. 1). Fleury dira comme ces évêques : « La grande servitude de l'Eglise gallicane, s'il est permis de parler ainsi, c'est l'étendue excessive de la juridiction séculière (*Ubi suprà*, p. 166). » Toutefois le même, dans le même discours, dira de ces maximes parlementaires de la servitude ecclésiastique : « La doctrine ancienne est demeurée à des docteurs souvent moins pieux et moins exemplaires en leurs mœurs, que ceux qui enseignent la nouvelle (celle de l'Eglise romaine). Quelquefois même ceux qui ont résisté aux nouveautés ont été des jurisconsultes ou des politiques profanes ou libertins, qui ont outré les vérités qu'ils soutenaient, et les ont rendues odieuses. C'est une merveille que l'ancienne et saine doctrine se soit conservée au milieu de tant d'obstacles (*Ibid.*, p. 155).

Un contemporain de Fleury, Fléchier, évêque de Nîmes, nous fait ce portrait des jurisconsultes et des magistrats de son siècle : « Quel magistrat aujourd'hui veut interrompre ses divertissements, quand il s'agirait, je ne dis pas du repos, mais de l'honneur, et peut-être même de la vie d'un misérable ? La magistrature n'est que trop souvent un titre d'oisiveté qu'on n'achète que par honneur et qu'on n'exerce que par bienséance. C'est ne savoir pas vivre et faire injure aux magistrats que de leur demander justice, lorsqu'ils ont résolu de se divertir. Leurs amusements sont comme la partie sacrée de leur vie, à laquelle on n'ose toucher; et ils aiment mieux lasser la patience d'un malheureux et mettre au hasard une bonne cause, ou rompre une partie de jeu ou une conversation inutile, que de retrancher quelques moments de leur sommeil, pour ne rien dire de plus (*Panégir. de S. Louis*). » Tels étaient les jurisconsultes profanes et libertins qui, suivant Fleury, soutinrent l'ancienne doctrine des parlements contre les nouveautés de Rome! Fleury fut lui-même avocat, et le fut toujours plus que prêtre.

Nous avons vu tous les saints, notamment dans ces derniers siècles, engager les fidèles à fréquenter les sacrements de Pénitence et d'Eucharistie, leur en donner l'exemple, et en retirer des fruits merveilleux de sanctification, tant pour eux que pour les autres. La secte de Hauranne et Jansénius avait un esprit tout différent. En l'année 1643, l'un de ses chefs, Antoine Arnaud, publia, sous le titre de *Fréquente communion*, un ouvrage pour détourner les fidèles de fréquenter les sacrements de Pénitence et d'Eucharistie. Cet ouvrage portait l'approbation de seize évêques, dont plusieurs ne l'avaient pas lu. Ce ne fut d'abord qu'un cri général de tous les catholiques contre un écrit si dangereux. Le Père Yves, Capucin; monsieur Raconis, évêque de Lavaur; le Père Petau, Jésuite; Isaac Habert, depuis évêque de Vabres, réclamèrent pour la doctrine de l'Eglise. Les prélats approbateurs envoyèrent à Rome le sieur Bourgeois, docteur de Sorbonne, pour empêcher que le livre qu'ils protégeaient n'y fût censuré. Ensuite ils firent présenter au Pape une soumission du docteur Arnauld, dont ils prièrent instamment Sa Sainteté de se contenter. Le Saint-Siége s'en contenta en effet, et poussa la condescendance jusqu'à ne pas condamner directement le livre de la *Fréquente communion*. Mais l'abbé de Barcos, neveu de Hauranne, ayant publié, en 1645, deux traités pour soutenir l'hérésie des *deux chefs qui n'en font qu'un*, Innocent X, par un décret du 24 janvier 1647, condamna non-seulement ces traités comme hérétiques, mais encore tous les autres livres où cette proposition est établie et soutenue, tant ceux qui étaient déjà imprimés, que ceux qui pourraient l'être à l'avenir. Clause remarquable qui tombe sur le livre de la *Fréquente communion*, dont la préface contenait ladite hérésie. L'ouvrage fut formellement condamné en 1648, par l'archevêque de Besançon, plusieurs de ses propositions flétries en 1690 par le pape Alexandre VII, sa lecture défendue en 1695 par l'archevêque de Malines, et enfin réprouvé dans son entier, l'an 1705, par la Faculté de Louvain.

Voici le jugement qu'en porta saint Vincent de Paul, dans deux lettres à un de ses missionnaires, qui l'avait consulté à cet égard. Vincent y dit en substance : « Il se peut faire que plusieurs aient profité de la lecture de cet ouvrage; mais, s'il a servi à une centaine, en les rendant plus respectueux à l'égard des sacrements, il y en a pour le moins dix mille à qui il a nui, en les en retirant tout à fait; on ne voit plus que la sainte communion soit fréquentée comme elle l'était autrefois, pas même à Pâques : plusieurs curés de Paris s'en plaignent; à Saint-Sulpice, on avait trois mille communions de moins qu'à l'ordinaire; à Saint-Nicolas-du-Chardonnet, quinze cents personnes avaient manqué à ce devoir de religion, et il en est ainsi des autres. Il est vrai qu'il n'y a que trop de gens qui abusent de l'eucharistie, et moi, misérable, dit-il, plus que tous les hommes du monde; mais il ne faut pas corriger un abus par un autre. C'en est un d'éloigner de la sainte table, non pour huit ou dix jours, mais pour cinq ou six mois, de bonnes religieuses qui vivent dans une grande pureté, comme on sait que ces nouveaux réformateurs le pratiquent. Saint Charles a été bien éloigné de ces excès, lui qui ne recommande rien tant dans ses conciles que la communion fréquente, et qui décerne de grièves peines contre les prédicateurs qui en détournent les fidèles directement ou indirectement. »

Comme pour défendre le livre et l'auteur, le missionnaire répétait ce qu'on disait alors, que le docteur Arnauld n'en voulait qu'à ceux qui admettaient trop aisément les pécheurs à la participation des saints mystères : Vincent avoue que c'est un excès que saint Charles déplore; mais il soutient en même temps que les principes du livre de la *Fréquente communion* vont plus loin, et que ce n'est que pour mieux couvrir son jeu que l'auteur paraît adoucir les termes. En effet, dit notre saint, ne loue-t-il pas hautement dans sa préface, p. 36, la piété de ceux qui voudraient différer la communion jusqu'à la fin de leur vie, comme s'estimant indignes d'approcher du corps de Jésus-Christ? N'assure-t-il pas qu'on satisfait plus à Dieu par cette humilité que par toutes sortes de bonnes œuvres? Ne dit-il pas dans le chapitre second de la troisième partie, que c'est parler indignement du Roi du ciel que de dire qu'il soit honoré par nos communions? Quand même, continue-t-il, on fermerait les yeux à toutes ces considérations, peut-on ne pas apercevoir que les dispositions qu'exige ce jeune docteur pour la réception des saints mystères sont si hautes, si éloignées de la faiblesse humaine, qu'il n'y a personne sur la terre qui puisse s'en flatter. Si, comme il le soutient sans aucun adoucissement, il n'est permis de communier qu'à ceux qui sont entièrement purifiés des images de la vie passée, par un amour divin, pur et sans aucun mélange; qui sont parfaitement unis à Dieu seul, entièrement parfaits et entièrement irréprochables, peut-on se dispenser de dire avec lui que ceux qui, selon la pratique de l'Eglise, communient avec les dispositions ordinaires, sont des chiens et des antechrists? Non, continue-t-il, avec de tels principes, il n'appartient plus de communier qu'à monsieur Arnauld, qui, après avoir mis ces dispositions à un si haut point qu'un saint Paul en serait effrayé, ne laisse pas de se vanter plusieurs fois dans son apologie, qu'il dit la messe tous les jours, etc.

Le missionnaire consultant prétendait qu'il était faux que l'auteur du livre de la *Fréquente communion* voulût introduire l'usage de ne donner l'absolution qu'à ceux qui auraient déjà fait pénitence, et que sur ce point il ne pensait même, par rapport à ceux qui étaient tombés dans des péchés griefs, que ce que pensait saint Charles Borromée. D'où il suivait encore que le docteur Arnauld n'avait jamais songé à introduire la pénitence publique pour les péchés secrets.

Vincent attaque ces deux réponses. Il dit à la première que monsieur Arnauld ne veut pas seulement introduire la pénitence avant l'absolution pour les gros pécheurs, mais qu'il en fait une loi générale pour tous ceux qui sont coupables d'un péché mortel. Pour s'en convaincre, il n'y a qu'à lire le huitième chapitre de la seconde partie de son livre. Il y fait dire au pape saint Grégoire qu'il est nécessaire que le pécheur fasse pénitence de ses péchés, non-seulement avant de communier, mais même avant que de recevoir l'absolution. Il ajoute que, selon les règles saintes que le pape Innocent a données à toute l'Eglise après les avoir apprises de la tradition perpétuelle de la même Eglise, l'ordre que les prêtres doivent garder dans l'exécution de la puissance que le Sauveur leur a donnée de lier et de délier les âmes, c'est de n'absoudre les pécheurs qu'après les avoir laissés dans les gémissements et dans les larmes, et leur avoir fait accomplir une pénitence proportionnée à la qualité de leurs péchés. Ces paroles et beaucoup d'autres qui suivent, montrent que, selon monsieur Arnauld, il est nécessaire de différer l'absolution pour tous les péchés mortels jusqu'à l'accomplissement de la pénitence. Au reste, Vincent sait que c'était la pratique de l'abbé de Saint-Cyran, et qu'on y soumet encore ceux qui se livrent à la conduite du parti.

De ces principes, selon lesquels on ne doit donner l'absolution que quand le péché est déjà expié par une satisfaction proportionnée, Vincent infère avec raison que l'absolution n'est que déclaratoire. Il ajoute qu'il est inutile d'alléguer que l'auteur du livre a dit ailleurs le contraire, car il est d'usage chez tous les novateurs de semer des contradictions dans leurs ouvrages, pour s'échapper. Calvin nie trente fois qu'il fasse Dieu auteur du péché, quoiqu'il fasse d'ailleurs tous ses efforts pour établir cette maxime détestable que tous les catholiques lui attribuent. J'ai ouï dire, continue-t-il, à feu monsieur de Saint-Cyran, que, s'il avait dit dans une chambre des vérités à des personnes qui en seraient capables, et qu'il passât dans une autre où il en trouverait d'autres qui ne le seraient pas, il leur dirait le contraire : il prétendait même que notre Seigneur en usait de la sorte, et recommandait qu'on fît de même.

Le serviteur de Dieu reconnaît volontiers que saint Charles a rétabli dans son diocèse la pénitence et les décrets qui la concernent; mais le missionnaire consultant doit reconnaître à son tour que ce saint cardinal n'a pas fait consister la pénitence à se retirer de la communion, si ce n'est dans les cas portés par les canons, tels que sont ceux des occasions prochaines et autres semblables. Jamais il n'a ordonné ni qu'on refusât l'absolution à tous ceux qui n'auraient pas encore satisfait pour leurs péchés, ni qu'on fît des pénitences publiques pour des péchés secrets. Il n'a jamais dit, comme fait monsieur Arnauld au troisième chapitre de sa seconde partie, qu'on ne trouve dans les anciens Pères, et surtout dans Tertullien, que la pénitence publique en laquelle l'Eglise exerçat le pouvoir des clés. C'est à toutes ces nouveautés que se réduit le livre de la *Fréquente communion*. Quoiqu'il fasse quelquefois semblant de ne proposer ces anciennes pratiques que comme plus avantageuses, ses raisonnements vont à en établir la nécessité. Partout il donne ces sentiments comme les grandes vérités de la religion, comme la pratique des apôtres et de toute l'Eglise durant douze siècles, et enfin comme une tradition immuable. Vincent ajoute que toutes ces idées ont une parfaite liaison avec le principe de ceux qui les avancent : ils sont persuadés que l'Eglise a cessé d'être, depuis qu'elle a cessé de garder ces sortes d'usages. Deux des coryphées de ces opinions ayant cru que la mère de Sainte-Marie était disposée pour eux, lui avaient dit que depuis cinq cents ans il n'y a point d'Eglise : et c'est elle-même, ajoute Vincent, qui me l'a dit et écrit (Collet, l. 5).

De Hauranne composa dans le même but *Le chapelet secret du Saint-Sacrement*. Chaque grain est un attribut de Dieu, sur lequel le fanatique auteur débite ses rêveries dans un incroyable galimatias. La Sorbonne, qui condamna l'ouvrage dès qu'il parut, déclare qu'il contient plusieurs extravagances, impertinences, erreurs, blasphèmes et impiétés qui tendent à séparer et à détourner les âmes de la pratique des vertus, spécialement de la foi, espérance et charité, qu'il détruit la façon de prier instituée par Jésus-Christ. Elle ajoute ces termes bien remarquables, que cet ouvrage tend à introduire des opinions contraires aux effets d'amour que Dieu a témoignés pour nous, et nommément au sacrement de la sainte eucharistie et au mystère de l'incarnation. Ce chapelet fut également censuré à Rome.

En voici deux grains pour échantillon de doctrine et de style. « 8. ÉMINENCE. Afin que Jésus-Christ entre en tous ses droits, qu'il s'élève glorieusement dans toutes ses prééminences, qu'il fasse une SÉPARATION de grandeur entre lui et la créature, que les âmes acceptent leur bassesse en hommage à cette grandeur, qu'il soit un Dieu Dieu, c'est-à-dire se tenant dans les grandeurs divines, selon lesquelles il ne peut entrer dans rien moindre que lui. — 9. POSSESSION... Il faut que les âmes adorent en Jésus-Christ la possession qu'il a de lui-même, et QU'ELLES N'AIENT POINT DE VUE, S'IL LUI PLAÎT LES POSSÉDER OU NON, étant assez qu'il se possède lui-même. »

En un mot, la foi du nouvel évangile oblige ses sectateurs à regarder Jésus-Christ comme un Dieu Dieu, et rien de plus. La sublimité de la vertu, sous ce même évangile, consiste à faire une séparation de grandeur entre Jésus-Christ et la créature, à ne s'embarrasser pas s'il possède nos cœurs ou non. Les principaux devoirs seront de renoncer au pouvoir qu'a l'homme de s'assujétir à Dieu, de ne faire aucun fond sur les promesses de Dieu : l'aventurier réformateur ne veut pas que les âmes fondent leurs espérances sur cela. Jamais hérésiarque tint-il un langage plus blasphématoire? Ce n'est pas tout. L'union avec Jésus-Christ fait le bonheur du chrétien dans cette vie : ce Dieu fait homme fait ses délices de se communiquer aux âmes pures avec une familiarité ineffable; cela déplaît à Hauranne : il faut que ses disciples disent à Jésus-Christ de se retirer, de ne pas se rabaisser jusqu'à eux, que ces abaissements sont indignes de lui, qu'il ne doit point s'embarrasser de ce qui est fini, c'est-à-dire être indifférent au salut ou à la réprobation des âmes qui lui ont coûté si cher (*Réalité du projet de Bourg-*

*Fontaine*, 2e partie, art. 2; *Dictionn. des livres jansénistes*, art. CHAPELET SECRET DU TRÈS-SAINT-SACREMENT).

A ces traits sataniques, qui ne reconnaîtrait cet auteur d'hérésie qui disait confidemment à Vincent de Paul qu'il voulait travailler à détruire la Religion et l'Eglise? qui ne reconnaîtrait cette cabale mystérieuse dont Hauranne parlait à d'Andilly? Quant nous n'aurions pas d'autres preuves pour croire au projet de Bourg-Fontaine, ces faits seuls suffiraient.

L'an 1654, Jean Filleau, conseiller et avocat du roi, chevalier de l'ordre de Saint-Michel, publia une *Relation juridique de ce qui s'est passé à Poitiers touchant la nouvelle doctrine des Jansénistes*. Filleau, issu d'une famille d'Orléans distinguée dans la magistrature, mais qui sortit de cette ville vers 1562, lorsque le calvinisme y prévalait, pour cause de son attachement à la religion catholique, naquit à Poitiers l'an 1600. Voici donc ce qu'il rapporte dans sa relation, imprimée par le commandement de la reine. Un ecclésiastique de mérite passant par par Poitiers et y ayant entendu parler de son zèle pour la bonne doctrine, s'adressa à lui en sa qualité d'avocat du roi, et lui déclara qu'il avait, en 1621, assisté à Bourg-Fontaine, chartreuse près de Paris, à une assemblée de six personnes outre lui, dont une seule dans le moment était survivante, mais toutes attachées à la nouvelle doctrine, et que dans cette conférence il ne s'était agi de rien moins que de renverser la religion chrétienne pour établir le déisme sur ses débris. L'ecclésiastique ajouta qu'ayant paru aux membres de l'assemblée qu'il y aurait trop de danger et trop peu d'espoir de succès si on attaquait la religion de front, il avait été convenu qu'on commencerait par décréditer les sacrements les plus fréquentés par les adultes, savoir l'Eucharistie et la Pénitence. Les six membres de la cabale ne sont désignés dans la relation que par leurs initiales : J. D. V. D. H. (Jean du Verger de Hauranne); C. J. (Corneille Jansénius); A. A. (Arnauld d'Andilly); S. V. (Simon Vigor); P. C. (Philippe Cospéan, évêque de Nantes); P. C. (Pierre Camus, évêque de Belley). Maintenant, que cette cabale se soit concertée à Bourg-Fontaine ou ailleurs, entre ces six personnes ou d'autres, toujours est-il qu'il existait une cabale dont Hauranne était le chef, où l'on se moquait du Pape, du concile de Trente et de l'Eglise entière, qu'on disait morte depuis cinq à six siècles, et où l'on travaillait à rendre cette ruine plus complète : nous l'avons entendu de la bouche même de Hauranne, et nous voyons les œuvres tendre à ce but.

Ce qui révolte le plus dans Luther et Calvin, c'est de dire que nous n'avons point de libre arbitre; que Dieu opère en nous le mal comme le bien; qu'il nous punit du mal que nous ne pouvons éviter; enfin de mettre cette affreuse doctrine sur le compte de saint Augustin. C'est là nous faire un Dieu pire que Satan. Or, l'ami intime de Hauranne, Corneille Jansen, plus connu sous le nom de Jansénius, reproduira, mais avec plus d'artifice, l'impiété et l'imposture des deux hérésiarques.

*Corneille Jansénius* naquit en 1585, au village d'Acquoi, près Léerdam en Hollande. Il commença ses études à Utrecht, vint les continuer à Louvain, où il trouva un vieux docteur nommé Janson, fort attaché aux erreurs de Baïus, quoique condamnées. Il fit aussi connaissance avec Jean du Verger de Hauranne, et vint ensuite à Paris pour achever ses études. De là, Hauranne l'emmena à Bayonne, où l'évêque de cette ville le mit à la tête du collège qu'il venait de fonder. Jansénius remplit cette place jusqu'en 1617, et retourna à Louvain, où il fut fait principal du collège de Sainte-Pulchérie. Il prit le bonnet de docteur en théologie l'an 1619, et devint, en 1630, professeur d'Ecriture sainte. Nommé évêque d'Ypres en 1635, il occupa ce siège peu de temps, étant mort de la peste le 6 mai 1638. Il avait publié lui-même un discours moral *sur la réforme de l'homme intérieur*; *l'alexipharmacum*, contre les ministres protestants de Bois-le-Duc; une défense de cet ouvrage, sous le titre d'*Eponge des notes*, contre le ministre Voët; des commentaires sur le Pentateuque et les quatre Evangiles; le Parallèle entre les erreurs des semi-pélagiens de Marseille et celles des semi-pélagiens modernes; le *Mars Gallicus*, où les Français étaient assez maltraités à l'occasion de leur alliance avec les Hollandais : on a même de lui une thèse où il soutient l'infaillibilité du Pape.

Occupé d'un ouvrage bien plus considérable, il écrivait à Hauranne le 5 mars 1621 : « Je n'ose dire à personne du monde ce que je pense, selon les principes de saint Augustin, d'une grande partie des opinions de ce temps, et particulièrement de celles de la grâce et de la prédestination, de peur qu'on ne me fasse le tour à Rome qu'on a fait à d'autres (à Baïus), avant que toutes choses soient mûres et à son temps... Je suis dégoûté un peu de saint Thomas, après avoir sucé saint Augustin... Je vous en dirai plus, si Dieu nous fait la faveur de nous voir un jour. » Le 4 novembre de la même année, il manda au même que l'ouvrage avançait, mais que s'il le faisait voir à ses adversaires, il serait décrié comme le plus extravagant rêveur qu'on eût vu de son temps. Peu de jours avant sa mort, il écrivit au pape Urbain VIII, qu'il soumettait sincèrement à sa décision et à son autorité l'*Augustinus* qu'il venait d'achever; et que, si le Saint-Père jugeait qu'il fallût y faire quelques changements, il y acquiesçait avec une parfaite obéissance. Cette lettre était édifiante; mais elle fut supprimée par ses exécuteurs testamentaires, et, selon toutes les apparences, on n'en aurait jamais eu connaissance si, après la réduction d'Ypres, elle n'était tombée entre les mains du prince de Condé, qui la rendit publique. Jansénius, quelques heures avant de mourir, et dans son dernier testament, soumit encore sa personne et son livre au jugement et aux décisions de l'Eglise romaine. Voici les termes qu'il dicta une demi-heure avant d'expirer : « Mon sentiment est que difficilement peut-on y trouver à changer quelque chose : si cependant le siège de Rome veut y faire quelque changement, je suis enfant d'obéissance, et enfant obéissant de l'Eglise romaine, dans laquelle j'ai toujours vécu jusqu'à ce lit de mort. Fait le 6 mai 1638. »

Ainsi, d'un côté, Jansénius soumettait son livre à Rome pour y faire *quelque changement*, et, de l'autre, il s'attendait à être condamné par Rome, qui effectivement l'avait déjà condamné dans la personne de Baïus, dont il renouvela sciemment les erreurs. On voit encore par ailleurs que Jansénius n'avait pas la conscience excessivement délicate. Principal du collége de Sainte-Pulchérie, il écrivait à Hauranne, dont le neveu, Barcos, étudiait à Louvain : « Je lui fournirai, tant que vous voudrez, tout ce qu'il lui faudra, de l'argent du collège, je le dis naïvement, que j'ai entre les mains. » Et dans une autre lettre : « Quant à Barcos, vous vous mettez trop en peine du fournissement de ce dont il aura besoin, et me semble que vous n'apportez pas en cela votre rondeur accoutumée ; car je vous ai tant de fois répété que cela ne m'incommode aucunement, et le dirais franchement s'il était autrement : non que j'aie tant de moyens de moi-même, qui n'ai rien, sinon ma vie ; mais c'est l'argent du collège qui est dans mes mains qui permet bien cela, et davantage, sans qu'aux comptes que je rends toutes les années, personne du monde en sache rien (Lettres 1 et 4 de Jansénius à Saint-Cyran). »

L'*Augustinus* de Jansénius parut pour la première fois à Louvain, en 1640, puis à Paris et à Rouen. Ce livre, accueilli par les uns, attaqué par les autres, excita dès l'origine de vives disputes ; et l'on commença dès lors à donner aux partisans de l'*Augustinus* le nom de *Jansénistes*, comme eux donnèrent à leurs adversaires celui de *Molinistes*. Les Jésuites avaient opposé des thèses à l'*Augustinus*. Le 6 mars 1642, Urbain VIII défendit par une bulle le livre et les thèses, et déclara que le livre renouvelait des propositions de Baïus, condamnées par ses prédécesseurs Pie V et Grégoire XIII. Cette bulle, à cause de divers obstacles, ne fut publiée en Flandre et reçue dans l'Université de Louvain, que longtemps après. On la porta à la Faculté de théologie de Paris, le 2 janvier 1644, avec une lettre du roi, qui enjoignait à la Faculté de la recevoir suivant l'intention du Pape. Le 15 du même mois, la Faculté fit défense à tous les docteurs et bacheliers d'approuver ou de soutenir les propositions censurées par les bulles de Pie V, Grégoire XIII et Urbain VIII, quoiqu'elle jugeât à propos de différer l'enregistrement de la dernière, à l'occasion de quelque clause dont on souhaitait de s'éclaircir, mais qui ne regarde point le fond.

Isaac Habert, docteur de Sorbonne et théologal de l'Eglise de Paris, depuis évêque de Vabres, fut le premier en France qui commença de se déclarer publiquement contre la doctrine du livre de Jansénius. Il le fit par trois sermons qu'il prêcha dans la cathédrale sur la fin de 1643 et au commencement de 1644. Antoine Arnauld prit hautement la défense de l'auteur, et fit imprimer un livre qu'il intitula : *Apologie pour Jansénius*. Habert écrivit pour la défense de ses sermons et pour répondre à cette Apologie, qui fut bientôt suivie d'une seconde et d'une troisième, où Arnauld prétend faire voir que Jansénius n'avait d'autres sentiments que ceux de saint Augustin et des autres Pères de l'Eglise.

Le 1er juillet 1649, le docteur Nicolas Cornet, syndic de la Faculté de théologie, et autrefois novice chez les Jésuites, mais où il ne put rester à cause de son peu de santé, déféra à la Sorbonne sept propositions, réduites depuis à cinq, qu'il avait tirées du livre de Jansénius : la Faculté les condamna. Les docteurs jansénistes en appelèrent au parlement, qui défendit de passer outre. La Faculté porta l'affaire devant l'assemblée du clergé en 1650. Quatre-vingt-cinq évêques, auxquels il s'en joignit trois dans la suite, s'adressèrent au pape Innocent X, par la lettre suivante : « Très-Saint-Père, la foi de Pierre, qui ne défaut jamais, désire, avec grande raison, que cette coutume reçue et autorisée dans l'Eglise soit perpétuellement conservée, qui veut que l'on rapporte les causes majeures au Saint-Siège apostolique. Pour obéir à cette loi si équitable, nous avons estimé qu'il était nécessaire d'écrire à Votre Sainteté touchant une affaire de très-grande importance qui regarde la religion. Il y a dix années que la France, à notre grand regret, est émue par des troubles très-violents, à cause du livre posthume et de la doctrine de M. Cornélius Jansénius, évêque d'Ypres. Ces mouvements devaient être apaisés, tant par l'autorité du concile de Trente, que de la bulle d'Urbain VIII, d'heureuse mémoire, par laquelle il a prononcé contre les dogmes de Jansénius, et a confirmé les décrets de Pie V et de Grégoire XIII contre Baïus. Votre Sainteté a établi, par un nouveau décret, la vérité et la force de cette bulle ; mais parce que chaque proposition en particulier n'a pas été notée d'une censure spéciale, quelques-uns ont cru qu'il leur restait encore quelque moyen d'employer leurs chicanes et leurs fuites. Nous espérons qu'on leur fermera entièrement le passage, s'il plaît à Votre Sainteté, comme nous l'en supplions très-humblement, définir clairement et distinctement quel sentiment il faut avoir en cette matière. C'est pourquoi nous la supplions de vouloir examiner et donner son jugement clair et certain sur chacune des propositions qui suivent, sur lesquelles la dispute est plus dangereuse et la contention plus échauffée (*Actes du clergé de France*, t. I, c. 2). » Viennent ensuite les cinq propositions.

Onze évêques, qui n'avaient point voulu approuver la lettre commune des quatre-vingt-huit, en écrivirent au Pape une particulière, où ils blâment leurs collègues de s'être adressés directement au Saint-Siège, et cela pour des propositions inventées à plaisir, au lieu de les examiner d'abord en France même (Dumas, *Hist. des cinq propositions*, l. 1). C'est du moins ce que le janséniste Gorin Saint-Amour leur fait dire dans son journal.

Cinq cardinaux et treize consulteurs tinrent, dans l'espace de deux ans et quelques mois, trente six congrégations : le Pape présida en personne aux dix dernières. Les propositions tirées du livre de Jansénius y furent discutées : le docteur Gorin dit Saint-Amour, l'abbé Bourzeis et quelques autres qui défendaient la cause de cet auteur, furent entendus, et l'on vit paraître, le 31 mai 1653, le jugement d'Innocent X, qui censure et qualifie les cinq propositions suivantes.

1° « Quelques commandements de Dieu sont impossibles à des hommes justes qui veulent les accomplir, et qui font à cet effet des efforts selon les forces présentes qu'ils ont ; et la grâce qui les leur rendrait possibles leur manque. » Cette proposition, qui se trouve mot pour mot dans Jansénius, fut déclarée téméraire, impie, blasphématoire, frappée d'anathème et hérétique. En effet, elle avait déjà été proscrite par le concile de Trente (Sess. 6, ch. 11 et can. 18).

2° « Dans l'état de nature tombée, on ne résiste

jamais à la grâce intérieure. » Cette proposition n'est pas mot pour mot dans l'ouvrage de Jansénius, mais la doctrine qu'elle contient y est en vingt endroits. Elle fut notée d'hérésie, et elle est contraire à plusieurs textes formels du Nouveau Testament.

3º « Dans l'état de nature tombée, pour mériter ou démériter, on n'a pas besoin d'une liberté exempte de nécessité; il suffit d'avoir une liberté exempte de contrainte. » On lit en propres termes dans Jansénius : « Une œuvre est méritoire ou déméritoire lorsqu'on la fait sans contrainte, quoiqu'on ne la fasse pas sans nécessité (*De gratiâ Christi*, l. 6). » Cette proposition fut déclarée hérétique : elle l'est en effet, puisque le concile de Trente a décidé que le mouvement de la grâce même efficace n'impose point de nécessité à la volonté humaine.

4º « Les semi-pélagiens admettaient la grâce d'une nécessité prévenante pour toutes les bonnes œuvres, même pour le commencement de la foi; mais ils étaient hérétiques en ce qu'ils pensaient que la volonté de l'homme pouvait s'y soumettre ou y résister. » La première partie de cette proposition est condamnée comme fausse, et la seconde comme hérétique; c'est une conséquence de la seconde proposition.

5º « C'est une erreur semi-pélagienne de dire que Jésus-Christ est mort et a répandu son sang pour tous les hommes. » Jansénius (*De gratiâ Christi*, l. 3, c. 2) dit que les Pères, bien loin de penser que Jésus-Christ soit mort pour tous les hommes, ont regardé cette opinion comme une erreur contraire à la foi catholique; que le sentiment de saint Augustin est que Jésus-Christ n'est mort que pour les prédestinés, et qu'il n'a pas plus prié son Père pour le salut des réprouvés que pour celui des démons. Cette proposition fut condamnée comme impie, blasphématoire et hérétique (Bergier, *Dictionn. théolog.*, art. JANSÉNIUS).

Tout le système de Jansénius se réduit à ce point capital, savoir : que depuis la chute d'Adam, le plaisir est l'unique ressort qui remue le cœur de l'homme; que ce plaisir est inévitable quand il vient, et invincible quand il est venu. Si ce plaisir vient du ciel ou de la grâce, il porte l'homme à la vertu; s'il vient de la nature ou de la concupiscence, il détermine l'homme au vice, et la volonté se trouve nécessairement entraînée par celui de ces deux qui est actuellement le plus fort. Ces deux délectations, dit Jansénius, sont comme les deux bassins d'une balance; l'un ne peut monter que l'autre ne descende. Ainsi l'homme fait invinciblement, quoique volontairement, le bien ou le mal, selon qu'il est dominé par la grâce ou par la cupidité; il ne résiste donc jamais ni à l'une ni à l'autre.

Un contemporain de Jansénius, l'Anglais Thomas Hobbes, du nombre de ces écrivains qu'on s'est avisé de nommer philosophes, a soutenu que tout est nécessaire, et que par conséquent il n'y a point de *liberté* proprement dite, ou de liberté d'élection. *Nous appelons*, dit-il, *agents libres ceux qui agissent avec délibération ; mais la délibération n'exclut point la nécessité*, car *le choix était nécessaire, tout comme la délibération* (*Apud* de Maistre, *De l'Église gallicane*, l. 1, c. 4). On lui opposait l'argument connu, *que, si l'on ôte la liberté*, il n'y a plus de crime, ni par conséquent de punition légitime.

Hobbes répondit : « Je nie la conséquence. La nature du crime consiste en ce qu'il procède de notre volonté, et qu'il viole la loi. Le juge qui punit ne doit pas s'élever à une cause plus haute que la volonté du coupable. Quand je dis donc qu'une action est nécessaire, je n'entends pas qu'elle est faite en dépit de la volonté, mais parce que l'acte de la volonté ou la volition qui l'a produite était volontaire. Elle peut donc être volontaire, et par conséquent crime, quoique nécessaire. Dieu, en vertu de sa toute-puissance, a droit de punir, quand même IL N'Y A POINT DE CRIME. »

C'est précisément la doctrine des *jansénistes*, dit avec raison le comte de Maistre. Ils soutiennent que l'homme, pour être coupable, n'a pas besoin de cette liberté qui est opposée à la nécessité, mais seulement de celle qui est opposée à la coaction, de manière que tout homme qui *agit volontairement* est *libre*, et par conséquent *coupable* s'il agit mal, quand même il agit *nécessairement* (C'est la proposition de Jansénius).

Un ecclésiastique anglais nous a donné une superbe définition du calvinisme. « C'est dit-il, un système de religion qui offre à notre croyance des hommes esclaves de la nécessité, une doctrine inintelligible, une foi absurde, un Dieu impitoyable. » — Le même portrait peut servir pour le jansénisme. Ce sont deux frères dont la ressemblance est si frappante, que nul homme qui veut regarder ne saurait s'y tromper (*Ubi suprà*).

*Thomas Hobbes*, né en 1588, mort en 1679, fit plusieurs voyages en France. Voici comme De Gérando résume ses doctrines : « Les systèmes de Hobbes sont trop connus pour qu'il soit nécessaire d'en donner aujourd'hui une exposition détaillée. Ils se rapportent à une idée principale : c'est la doctrine de la force. Toute la philosophie de Hobbes est employée à légitimer la force, à la diviniser même, à justifier tout par la force seule. Ce ressort terrible régit seul le monde moral dans les diverses sphères qui le composent. Lui seul est le principe de la morale, l'âme de la conscience. La justice n'est que la puissance; la loi n'est que la volonté du plus fort; le devoir, que l'obéissance du faible. La Divinité elle-même peut justement punir l'innocent; une nécessité de fer gouverne ses ouvrages, et même les déterminations des créatures raisonnables. La société commence par le droit de chacun sur toutes choses, et par conséquent par la guerre, qui est le choc de ces droits : le pouvoir naît de la nécessité de la paix, qui ne peut s'obtenir qu'en soumettant ces droits à un seul arbitre. Cependant Hobbes, en certaines occasions, contredit plutôt qu'il ne modifie ces doctrines, et se trouve forcé d'admettre des pactes et des lois naturelles. Comment n'aurait-il pas matérialisé l'intelligence humaine, puisqu'il matérialise la suprême intelligence? Aussi n'a-t-il pas échappé aux reproches d'athéisme... Hobbes a été le vrai précurseur de Spinosa. Ce dernier lui a évidemment emprunté le germe de son système, quoique, averti par l'exemple des censures qui avaient pesé sur son prédécesseur, il ait cherché à mieux s'environner de précautions, ou à s'envelopper de nuages (*Biogr. univ.*, t. XX, art. HOBBES). »

Ainsi donc, Jansénius, Hobbes, Spinosa, Luther, Calvin Wiclef, Manès, Mahomet, c'est tout un : inspirés du même esprit, ils se donnent tous la main pour nier le libre arbitre de l'homme, et faire Dieu auteur du péché, ou plutôt pour nier le Dieu véritable, le Dieu essentiellement libre, qui a créé l'homme à son image, et nous faire adorer à sa place, comme notre modèle, le premier des faux dieux, Satan, l'ange déchu, qui n'a plus de libre arbitre que pour le mal : tel est le type de l'homme janséniste.

Pour connaître à fond l'histoire humaine et l'Eglise de Dieu, il ne faut jamais perdre de vue ce grand complot, cet ensemble des portes, puissance et conseils de l'enfer, qui s'efforcent de prévaloir contre l'Eglise et sa pierre fondamentale; de prévaloir par la violence et la ruse, le canon et la sape, ennemis déclarés et faux frères. Mais la Parole même a dit : *Les portes de l'enfer ne prévaudront pas contre elle.*

La constitution dogmatique d'Innocent X contre les cinq propositions de Jansénius étant arrivée en France, y fut reçue sans opposition par tout l'épiscopat. Trente évêques, qui se trouvaient à Paris, écrivirent, dès le 15 juillet 1653, une lettre d'acceptation au Pape, dans laquelle ils disent entre autres : « Ce qu'il y a particulièrement de remarquable en cette rencontre, c'est de même qu'Innocent I<sup>er</sup> condamna autrefois l'hérésie de Pélage sur la relation qui lui fut envoyée par les évêques d'Afrique, de même Innocent X a condamné maintenant une hérésie tout à fait opposée à celle de Pélage, sur la consultation que les évêques de France lui ont présentée. L'Eglise catholique de ce temps-là souscrivit, sans user de remise, à la condamnation de l'hérésie de Pélage, sur ce seul fondement, qu'il faut conserver une communion inviolable avec la Chaire de saint Pierre, et que l'autorité souveraine y est attachée; laquelle reluisait dans l'épître décrétale qu'Innocent I<sup>er</sup> écrivit aux évêques d'Afrique, et dans celle que Zosime envoya ensuite à tous les évêques de la chrétienté. Car elle savait bien que les jugements rendus par les souverains Pontifes pour affermir la règle de la foi, sur la consultation des évêques (soit que leur avis y soit inséré ou qu'il ne le soit pas, comme ils le jugeront plus à propos), sont appuyés de l'autorité souveraine que Dieu leur a donnée sur toute l'Eglise; de cette autorité à laquelle tous les chrétiens sont obligés, par le devoir que leur impose leur conscience, de soumettre leur raison. Et cette connaissance ne lui venait pas seulement de la promesse que Jésus-Christ a faite à saint Pierre, mais aussi de ce qu'avaient fait les Papes précédents, et des anathèmes que Damase avait fulminés quelque temps auparavant contre Apollinaire et contre Macédonius, quoiqu'ils n'eussent pas encore été condamnés par aucun concile œcuménique. Etant, comme nous sommes, dans les mêmes sentiments, et faisant profession de la même foi que les fidèles de ces premiers siècles, nous prendrons soin de faire publier dans nos églises et dans nos diocèses la constitution que Votre Sainteté vient de faire, inspirée par le Saint-Esprit, et qui nous a été mise en main par l'illustrissime archevêque d'Athènes, son nonce. Cependant, après avoir félicité de cette divine et glorieuse victoire Innocent X, par la bouche duquel Pierre a parlé, comme autrefois le quatrième concile général le disait dans ses acclamations faites à Léon I<sup>er</sup>, nous mettrons avec joie cette constitution dans les fastes sacrés de l'Eglise, de même qu'on y mettait anciennement les synodes œcuméniques (*Actes du clergé de France*, t. I). »

La bulle d'Innocent X fut reçue unanimement en Sorbonne le 1<sup>er</sup> août 1653; reçue pareillement par tous les ordres religieux, par toutes les communautés et par toutes les Universités du royaume. On eut avis d'Espagne qu'elle y avait trouvé partout une parfaite soumission. Elle fut de même publiée en Flandre et acceptée par le conseil de Brabant, par le clergé et par les Universités : ce qui est d'autant plus remarquable, qu'on avait fait durant plusieurs années, dans ce pays-là, de grandes oppositions à la réception de la bulle d'Urbain VIII, qui ne censurait qu'en général le livre de Jansénius.

Il est surtout un homme à qui la France doit une reconnaissance éternelle, pour lui avoir inspiré cette répulsion unanime contre la nouvelle hérésie; un homme qui s'est conduit dans ces conjonctures en véritable Père de l'Eglise : cet homme si connu, et qui cependant l'est encore si peu, c'est Vincent de Paul.

Dès 1651, répondant au même missionnaire qui l'avait consulté sur la *Fréquente communion* d'Arnauld, il expose ainsi son jugement sur le livre de Jansénius. D'abord, la reine, le cardinal Mazarin, le chancelier de France et le grand-pénitencier s'étaient déclarés contre le nouvel *Augustin;* garder le silence dans ces occasions, c'est, selon un grand pape, saint Célestin, donner des armes à l'erreur; la doctrine de Baïus, déjà flétrie par plusieurs papes, est renouvelée par l'évêque d'Ypres; les desseins de Jansénius et de Saint-Cyran doivent rendre naturellement leur doctrine suspecte ; le dernier avait avoué à monsieur de Chavigny qu'ils s'étaient proposé de discréditer les Jésuites sur le dogme et sur l'administration des sacrements ; pour croire, Vincent n'avait pas besoin de ce témoignage, puisqu'il lui avait ouï tenir quantité de discours, et cela presque tous les jours, qui étaient conformes à cela.

Quant au fond même de la matière, la lecture assidue que Jansénius avait faite de saint Augustin ne prouve pas plus en faveur de ses sectateurs qu'elle ne prouverait en faveur de Calvin : le concile de Trente entendait mieux saint Augustin que Jansénius et ses adhérents; en un mot, *saint Augustin doit être expliqué par le concile, et non le concile par saint Augustin, parce que le premier est infaillible, et que le second ne l'est pas.* Dans l'affaire présente, il ne s'agit ni de Molina ni de la science moyenne, qui n'est pas article de foi; si cette doctrine est nouvelle, il n'en pas ainsi de celle qui établit que Jésus-Christ est mort pour tout le monde : celle-ci est de saint Paul, de l'apôtre saint Jean, de saint Léon, du dernier concile général; l'opinion contraire a été condamnée dans le concile de Mayence et en plusieurs autres contre Gotescalc. Vincent raisonne de la même manière sur la possibilité d'observer les commandements de Dieu, et sur la grâce suffisante. Il prouve l'une et l'autre par un grand nombre de textes.

A l'égard de la conduite qu'il veut qu'on tienne dans sa congrégation, par rapport à ces matières, il n'approuve point que ses prêtres disputent, attaquent et défendent à cor et à cri; mais il veut qu'ils parlent quand les circonstances l'exigent, et que la crainte de se faire des ennemis ne les arrête pas.

« A Dieu ne plaise, dit-il, que ces faibles motifs, qui remplissent l'enfer, empêchent les missionnaires de défendre les intérêts de Dieu et de son Eglise ! » C'est sur ce principe qu'il rejette bien loin le conseil que le missionnaire consultant lui avait donné, de laisser chacun dans sa compagnie croire sur ces matières ce qu'il jugerait à propos. « O mon Jésus, s'écrie-t-il, il n'est pas expédient que cela soit ainsi : il faut que nous soyons tous *unius labii*, autrement nous nous déchirerions tous les uns les autres. Obéir en ce point, ce n'est point se soumettre à un supérieur, mais à Dieu et au sentiment des papes, des conciles et des saints ; et si quelqu'un des nôtres n'y voulait pas déférer, il ferait bien de se retirer, et la compagnie de l'en prier.

Quelque rigoureuses que paraissent ces dernières paroles, le saint n'en venait aux dernières extrémités qu'après avoir épuisé tous les moyens que fournissent la charité et la prudence. Il priait beaucoup, il faisait prier par les siens, et il ne prenait son dernier parti qu'après avoir consulté ceux que la capacité et l'expérience mettaient plus en état de lui donner de bons avis. Il le fit surtout par rapport à un de ses prêtres, qu'on n'avait pu faire revenir de ses mauvais sentiments : il ne le renvoya qu'après en avoir conféré avec quatre docteurs de Sorbonne, le coadjuteur de Paris, le cardinal Mazarin, le chancelier et le premier président, qui tous lui conseillèrent de le renvoyer.

Des remèdes si violents coûtaient à sa tendresse. Nuit et jour il souhaitait qu'une autorité supérieure réglât ce malheureux différend, qui déjà mettait en feu le clergé séculier et régulier. Son respect pour le vicaire de Jésus-Christ lui faisait croire que sa décision réunirait presque tous les esprits, et que la paix succéderait à un orage qui, presque à chaque instant, devenait plus impétueux. C'est dans cette vue qu'il mit tout en œuvre pour engager autant d'évêques qu'il lui serait possible à souscrire la lettre qui devait être envoyée au Pape. Il combla de louanges ceux qui s'y étaient prêtés d'eux-mêmes, et il en invita d'autres à se joindre à eux. Il leur écrivit en février 1651 la lettre suivante :

« Les mauvais effets que produisent les opinions du temps ont fait résoudre un bon nombre de nos seigneurs les prélats du royaume d'écrire à notre Saint-Père le Pape pour le supplier de prononcer sur cette doctrine. Les raisons particulières qui les y ont portés, sont 1° que par ce remède ils espèrent que plusieurs se rendront aux opinions communes, qui sans cela pourraient s'en écarter, comme il est arrivé de tous, quand on a vu la censure des *deux chefs qui n'en font qu'un*. 2° C'est que le mal pullule, parce qu'il semble être toléré. 3° On pense à Rome que la plupart de nos seigneurs les évêques de France sont dans ces sentiments nouveaux, et il importe de faire voir qu'il y en a très peu. 4° Enfin ceci est conforme au saint concile de Trente, qui veut que, s'il s'élève des opinions contraires aux choses qu'il a déterminées, on ait recours aux souverains Pontifes pour en ordonner. Et c'est ce qu'on veut faire, monseigneur, ainsi que vous verrez dans la même lettre, laquelle je vous envoie, dans la confiance que vous aurez agréable de la signer après une quarantaine d'autres prélats qui l'ont signée, dont voici la liste, etc. »

Cette lettre du saint homme eut un heureux succès. Cependant l'évêque de Luçon ne fit point de réponse ; ceux d'Alet et de Pamiers en firent une où, pour arriver à la paix, ils proposaient une ouverture qui ne pouvait que ranimer la guerre. Le saint prêtre ne se rebuta point. Le 23 avril 1651, il écrivit une seconde fois à l'évêque de Luçon. Après lui avoir dit qu'il craint ou qu'il n'ait pas reçu sa lettre, ou qu'il n'ait été ébranlé par un mauvais écrit que les jansénistes avaient envoyé partout pour détourner les évêques de demander un jugement ; il le conjure, au nom de Notre Seigneur, de considérer que ce jugement est nécessaire pour arrêter l'étrange division qui se met dans les familles, dans les villes et dans les Universités. « C'est, dit-il, un feu qui s'enflamme tous les jours, qui altère les esprits et qui menace l'Eglise d'une irréparable désolation, s'il n'y est remédié promptement. »

Il se propose ensuite et il résout les difficultés qu'on pouvait lui faire. Il dit qu'on ne peut raisonnablement s'attendre à un concile : l'état des affaires présentes ne permet pas qu'on l'assemble, personne n'ignore combien il a fallu de temps pour convoquer celui de Trente. Ainsi, ce remède est trop éloigné pour un mal si pressant. Puisque les autres voies manquent, il faut donc prendre celle du recours au Saint-Siège : l'Eglise, toujours conduite par le Saint-Esprit, nous y convie elle-même ; les saints ont écrit aux Papes contre les nouvelles doctrines qui se sont élevées de leur temps, et ils n'ont pas laissé d'assister comme juges aux conciles où elles ont été condamnées. Il ajoute que le Pape est déterminé à s'expliquer, dès qu'il verra une lettre du roi et une autre d'une bonne partie des évêques de France ; que déjà le roi a pris la résolution d'écrire ; que soixante prélats ont signé la lettre pour Rome ; et que le premier président a dit que, pourvu que la bulle ne paraisse pas être émanée de l'inquisition, elle sera reçue et vérifiée au parlement.

« Mais, me dira quelqu'un, que gagnera-t-on quand le Pape aura prononcé, puisque ceux qui soutiennent ces nouveautés ne se soumettront pas? Cela peut être vrai de quelques-uns qui ont été de la cabale de feu M. de Saint-Cyran, lequel non-seulement n'avait pas disposition de se soumettre aux décisions du Pape, mais même ne croyait pas aux conciles. Je le sais, monseigneur, pour l'avoir fort pratiqué ; et ceux-là se pourront obstiner comme lui, aveuglés de leurs propres sens ; mais pour les autres, qui ne les suivent que par l'attrait qu'ils ont aux choses nouvelles, ou par quelque liaison d'amitié ou de famille, ou parce qu'ils pensent bien faire, il y en aura qui s'en retireront, plutôt que de se rebeller contre leur propre et légitime père. »

Ce qui autorisait le serviteur de Dieu à penser si favorablement de ses frères, c'est qu'en effet, comme il le dit lui-même, le livre des *Deux Chefs* et le *Catéchisme de la Grâce* étaient tombés dans l'oubli, aussitôt qu'ils eurent été censurés à Rome. D'ailleurs, la conformité du système de Jansénius avec celui des calvinistes devenait chaque jour plus sensible. Jean Labadie, si estimé de Hauranne et si zélé pour le sentiment de Port-Royal, venait de se faire huguenot à Montauban, le 16 octobre 1650 ;

et, pour justifier son apostasie, il avait prouvé par un écrit public que, du jansénisme dont il avait fait profession, au calvinisme qu'il venait d'embrasser, il n'y a qu'un pas à faire. Les ministres huguenots disaient hautement dans leurs prèches, que la plupart des catholiques commençaient à se mettre de leur côté, et que bientôt ils auraient le reste. Ces considérations donnaient lieu de croire que, le premier Siége venant à s'expliquer, ceux qui s'étaient laissé prévenir ouvriraient les yeux; ou du moins que ceux qui n'étaient pas encore gagnés à l'erreur seraient en garde contre la séduction. Cela étant, disait le saint prêtre, ne doit-on pas faire pour éteindre ce feu qui donne de l'avantage aux ennemis jurés de notre religion? Qui ne se jettera sur ce petit monstre qui commence à ravager l'Église et qui enfin la désolera, si on ne l'étouffe en sa naissance? Quels reproches n'ont point à se faire les évêques, qui, au temps de Calvin, ne s'opposèrent pas avec vigueur à une doctrine qui devait causer tant de guerres et de divisions?

Le saint exhorte l'évêque de Luçon à profiter de la faute qu'on fit alors. Il espère que les évêques de son temps, ayant plus de lumière que ceux du temps de Calvin, auront aussi plus de zèle. Il cite en particulier le saint évêque de Cahors, Alain de Solminiac, dont la mémoire est si chère à l'Église. « Ce prélat, dit-il, m'écrivit dernièrement qu'on lui avait adressé un libelle diffamatoire contre la lettre des évêques; qu'il y a reconnu l'esprit de l'hérésie, incapable de souffrir les justes réprimandes qu'on veut lui faire, et se jetant avec violence dans les calomnies; que si quelque chose l'obligeait lui-même à se ménager, ce ne serait que pour se trouver au combat, dont le moment approche, et dont il espère qu'avec l'aide de Dieu les ennemis de la nouveauté sortiront victorieux. — Voilà, continue Vincent de Paul, les sentiments de ce bon prélat. On n'en attend pas d'autres de vous, monseigneur, qui annoncez et faites annoncer en votre diocèse les opinions communes de l'Église, et qui sans doute serez bien aise de requérir que notre Saint-Père fasse faire de même partout, pour réprimer ces opinions nouvelles, qui sympathisent tant avec celles de Calvin. Il y va certes de la gloire de Dieu, du repos de l'Église, et j'ose dire de celui de l'État : ce que nous voyons plus clairement à Paris qu'on ne peut se l'imaginer ailleurs (Collet, l. 5). »

La veille même du jour où cette lettre partit pour Luçon, les évêques d'Alet et de Pamiers en écrivirent une en commun à Vincent de Paul, pour répondre à la sienne. On en voit l'esprit et la matière par la réponse suivante qu'y fit le saint prêtre.

« Messeigneurs, j'ai reçu, avec le respect que je dois à votre vertu et à votre dignité, la lettre que vous m'avez fait l'honneur de m'écrire sur la fin du mois de mai, pour réponse aux miennes sur le sujet des questions du temps, où je vois beaucoup de pensées dignes du rang que vous tenez dans l'Église, lesquelles semblent vous faire incliner à tenir le parti du silence dans les contentions présentes; mais je ne laisserai pas de prendre la liberté de vous représenter quelques raisons qui pourront peut-être vous porter à d'autres sentiments; et je vous supplie, messeigneurs, prosterné en esprit à vos pieds de l'avoir agréable.

» Et premièrement, sur ce que vous témoignez appréhender que le jugement qu'on désire de Sa Sainteté ne soit pas reçu avec la soumission et l'obéissance que tous les chrétiens doivent à la voix du souverain Pasteur, et que l'Esprit de Dieu ne trouve pas assez de docilité dans les cœurs pour y coopérer une vraie réunion, je vous représenterais volontiers que, quand les hérésies de Luther et de Calvin, par exemple, ont commencé à paraître, si on avait attendu pour les condamner que leurs sectateurs eussent paru disposés à se soumettre et à se réunir, ces hérésies seraient encore du nombre des choses indifférentes à suivre ou à laisser; et elles auraient infecté plus de personnes qu'elles n'ont fait. Si donc ces opinions, dont nous voyons les effets pernicieux dans les consciences, sont de cette nature, nous attendrons en vain que ceux qui les sèment s'accordent avec les défenseurs de la doctrine de l'Église : car c'est ce qu'il ne faut point espérer, et ce qui ne sera jamais; et différer d'en obtenir la condamnation du Saint-Siége, c'est leur donner le temps de répandre leur venin; et c'est aussi dérober à plusieurs personnes de condition et de grande piété le mérite de l'obéissance qu'ils ont protesté de rendre aux décrets du Saint-Père, aussitôt qu'ils les verront : ils ne désirent que savoir la vérité, et, en attendant l'effet de ce désir, ils demeurent toujours de bonne foi dans ce parti qu'ils grossissent et fortifient par ce moyen, s'y étant attachés par l'apparence du bien et de la réformation qu'ils prêchent, et qui est la peau de brebis dont les véritables loups se sont toujours couverts pour abuser et séduire les simples.

» Secondement, ce que vous dites, messeigneurs, que la chaleur des deux partis à soutenir chacun son opinion laisse peu d'espérance d'une parfaite réunion, à laquelle néanmoins il faudrait tendre, m'oblige de vous remontrer qu'il n'y a de réunion à faire dans la diversité et contrariété de sentiments en matière de foi et de religion, qu'en se rapportant à un tiers, qui ne peut être que le Pape au défaut des conciles; et celui qui ne se veut point réunir en cette manière n'est point capable d'aucune réunion, laquelle, hors de là, n'est pas même à désirer : car les lois ne doivent jamais se réconcilier avec les crimes, non plus que le mensonge s'accorder avec la vérité.

» Troisièmement, cette uniformité que vous désirez entre les prélats, serait bien à souhaiter, pourvu que ce fût sans préjudice de la foi; car il ne faut point d'union dans le mal et dans l'erreur. Mais quand cette réunion se devrait faire, ce serait à la moindre partie de revenir à la plus grande, et aux membres de se réunir au chef : qui est-ce qu'on propose, y en ayant au moins de six parts cinq, qui ont offert de s'en tenir à ce qu'en dira le Pape au défaut du concile, qui ne se peut assembler à cause des guerres; et quand, après cela, il resterait de la division, et, si vous voulez, du schisme, il s'en faudrait prendre à ceux qui ne veulent pas de juge, ni se rendre à la pluralité des évêques, auxquels ils ne défèrent non plus qu'au Pape.

» Et de là se forme une quatrième raison, qui sert de réponse à ce qu'il vous plaît de me dire, messeigneurs, que l'un et l'autre parti croit que la raison et la vérité sont de son côté; ce que j'avoue.

Mais vous savez bien que tous les hérétiques en ont dit autant, et que cela ne les a pourtant pas garantis de la condamnation et des anathèmes dont ils ont été frappés par les Papes et les conciles : on n'a point trouvé que la réunion avec eux fût un moyen de guérir le mal ; au contraire, on y a appliqué le fer et le feu, et quelquefois trop tard, comme il pourrait arriver ici. Il est vrai qu'un parti accuse l'autre ; mais il y a cette différence, que l'un demande des juges, et que l'autre n'en veut point, ce qui est un mauvais signe. Il ne veut point de remède, dis-je, de la part du Pape, parce qu'il sait qu'il est possible, et fait semblant de demander celui du concile, parce qu'il le croit impossible en l'état présent des choses; et, s'il pensait qu'il fût possible, il le rejetterait comme il rejette l'autre. Et ce ne sera point, à mon avis, un sujet de risée aux libertins et aux hérétiques, non plus que de scandale aux bons, de voir les évêques divisés; car, outre que le nombre de ceux qui n'auront pas voulu souscrire aux lettres écrites au Pape sur ce sujet sera très-petit, ce n'est pas chose extraordinaire, dans les anciens conciles, qu'ils n'aient pas été tous d'un même sentiment; et c'est ce qui montre aussi le besoin qu'il y a que le Pape en connaisse, puisque, comme vicaire de Jésus-Christ, il est le chef de toute l'Eglise, et par conséquent le supérieur des évêques.

» Cinquièmement, on ne voit point que la guerre, pour être allumée presque par toute la chrétienté, empêche que le Pape ne juge avec toutes les conditions et formalités nécessaires et prescrites par le concile de Trente, du choix desquelles il se rapporte pleinement à Sa Sainteté, laquelle plusieurs saints et anciens prélats ont ordinairement consultée et réclamée dans les doutes de la foi, même étant assemblés, comme on voit chez les saints Pères et dans les annales ecclésiastiques. Or, de prévoir qu'on n'acquiescera pas à son jugement, tant s'en faut que cela se doive présumer ou craindre, que plutôt c'est un moyen de discerner par là les vrais enfants de l'Eglise d'avec les opiniâtres.

» Quant au remède que vous proposez, messeigneurs, de défendre à l'un et à l'autre parti de dogmatiser, je vous supplie très-humblement de considérer qu'il a déjà été essayé inutilement, et que cela n'a servi qu'à donner pied à l'Erreur; car, voyant qu'elle était traitée de pair avec la Vérité, elle a pris ce temps pour se provigner; et on n'a que trop tardé à la déraciner, vu que cette doctrine n'est pas seulement dans la théorie, mais que, consistant aussi dans la pratique, les consciences ne peuvent plus supporter le trouble et l'inquiétude qui naissent de ce doute, lequel se forme dans le cœur de chacun, savoir : si Jésus-Christ est mort pour lui, ou non, et autres semblables. Il s'est trouvé ici des personnes, lesquelles entendant que d'autres disaient à des moribonds, pour les consoler, qu'ils eussent confiance en la bonté de Notre Seigneur, qui était mort pour eux, disaient aux malades qu'ils ne se fiassent pas à cela, parce que Notre Seigneur n'était pas mort pour tous.

» Permettez-moi aussi, messeigneurs, d'ajouter à ces considérations que ceux qui font profession de la nouveauté, voyant qu'on craint leurs menaces, les augmentent et se préparent à une forte rébellion ; ils se servent de votre silence comme d'un puissant argument en leur faveur, et même se vantent, par un imprimé qu'ils publient, que vous êtes de leur opinion ; au contraire, ceux qui se tiennent dans la simplicité de l'ancienne créance, s'affaiblissent et se découragent, voyant qu'ils ne sont pas universellement soutenus. Et ne seriez-vous pas un jour bien marris, messeigneurs, que votre nom eût servi, quoique contre vos intentions, qui sont toutes saintes, à confirmer les uns dans leur opiniâtreté, et à ébranler les autres dans leur créance ?

» De remettre la chose à un concile universel : quel moyen d'en convoquer un pendant ces guerres ? Il se passa environ quarante ans, depuis que Luther et Calvin commencèrent à troubler l'Eglise, jusqu'à la tenue du concile de Trente. Suivant cela, il n'y a point de plus prompt remède que celui de recourir au Pape, auquel le concile de Trente même nous renvoie en sa dernière session au chapitre dernier, dont je vous envoie un extrait.

» Derechef, messeigneurs, il ne faut point craindre que le Pape ne soit pas obéi, comme il est bien juste, quand il aura prononcé ; car outre que cette raison de craindre la désobéissance aurait lieu en toutes les hérésies, lesquelles, par conséquent, il faudrait laisser régner impunément, nous avons un exemple tout récent dans la fausse doctrine des deux prétendus chefs de l'Eglise, qui était sortie de la même boutique, laquelle ayant été condamnée par le Pape, on a obéi à son jugement, et on ne parle plus de cette nouvelle opinion.

» Certes, messeigneurs, toutes ces raisons et plusieurs autres, que vous savez mieux que moi, qui voudrais les apprendre de vous, mes Pères et les Docteurs de l'Eglise, ont fait qu'il reste peu de prélats en France qui n'aient signé la lettre ci-devant proposée; ou bien une autre, qui a été depuis dictée par un de ces mêmes prélats, que l'on a fort goûtée, et dont à cet effet je vous envoie la copie, parce qu'elle vous plaira peut-être davantage (Collet, *Vie de S. Vincent de Paul*, l. 5).

Ces lettres de Vincent de Paul sont un monument historique de son génie et de son zèle, non plus seulement comme père des orphelins et des pauvres, mais comme Père de l'Eglise. On voit en lui l'esprit, le cœur et l'âme de la France catholique : c'est de lui que part la première impulsion qui fait agir le roi, la reine, les évêques. On voit maintenant pourquoi la Providence l'avait placé à la cour et à la tête du conseil de conscience : c'était pour être l'ange tutélaire du royaume dans un des moments les plus périlleux.

Les défenseurs de Jansénius ne s'oubliaient pas. Ils ne craignaient rien tant que la décision du Pape. Désespérés de voir qu'un écrit en forme de lettre-circulaire, qu'ils avaient envoyé aux évêques de France, n'eut pas empêché le grand nombre de signatures dont nous avons parlé, ils résolurent d'agir à Rome même, d'y multiplier les incidents, et de détourner, à quel prix que ce fût, la foudre qui les menaçait. Ils avaient déjà dans cette ville un agent qui ne négligeait rien pour mettre à couvert la doctrine de Jansénius et de ses disciples. Dans la crainte qu'un seul homme ne pût conjurer l'orage, ils lui envoyèrent du secours. Trois autres docteurs partirent pour se joindre à lui. Gorin de

Saint-Amour, muni d'une lettre de dix évêques qui ne pensaient pas comme le reste de leurs collègues, était à la tête de la députation. Gorin de Saint-Amour était plein de zèle pour la doctrine de l'évêque d'Ypres; il eût donné sa vie pour soutenir qu'elle était conforme à celle de saint Augustin. Cependant lui-même nous apprend qu'il n'avait pas lu le livre de Jansénius (*Journal de Saint-Amour*, p. 116 et 418).

Vincent de Paul n'eut pas plus tôt été informé de la manœuvre des sectaires, qu'il crut qu'on devait faire pour la Vérité ce qu'ils faisaient pour l'Erreur. Son avis fut donc qu'on envoyât à Rome quelques docteurs orthodoxes, qui y fissent sentir ce qu'on savait mieux à Paris que partout ailleurs, savoir : le danger que courait la foi, et la nécessité d'un jugement qui, soutenu de l'autorité des évêques, fixât les doutes et réunît les esprits. Les docteurs Hallier, Joisel et Lagault s'offrirent à faire le voyage. Tous trois étaient de la maison de Sorbonne, et très-liés avec saint Vincent de Paul. Celui-ci les fortifia dans leurs bons desseins; il les aida de sa bourse et de ses conseils; il leur promit de ne les abandonner ni en France ni en Italie; et il donna ordre à ses prêtres, établis à Rome, d'avoir pour eux toutes les attentions possibles. Une correspondance très-active s'établit entre le saint homme et les trois députés, jusqu'à la conclusion de l'affaire et la publication de la bulle.

Alors, après avoir rendu grâces à Dieu de la protection qu'il venait de donner à son Eglise, Vincent de Paul ne pensa plus qu'aux moyens de procurer au rescrit apostolique l'obéissance qui lui était due. Son premier soin fut d'empêcher que ceux qui avaient eu le dessus dans cette espèce de combat ne prissent avec leurs adversaires ces airs de triomphe qui conviennent mal aux défenseurs de la Vérité, et qu'un esprit aigri prend aisément pour des insultes. Plein de zèle contre l'erreur, plein de charité pour ceux qui s'y étaient livrés, toute son attention fut de leur aplanir la voie du retour et de l'unité. Dans ce dessein, il rendit visite à des supérieurs de communautés, à des docteurs en théologie, et à différentes personnes de considération, qui n'étaient rien moins que jansénistes, il les conjura par les plus pressants motifs de contribuer de tout leur pouvoir à la réunion des esprits. Il leur fit entendre que, pour y réussir, il fallait se contenir dans les bornes de la plus exacte modération; ne rien avancer ni dans les sermons, ni dans les entretiens familiers, qui pût tourner à la confusion de ceux qui jusqu'alors avaient soutenu le dogme proscrit; les prévenir d'honneur et d'amitié dans une conjoncture humiliante pour eux, et gagner, par le plus respectueux ménagement, des personnes qu'on rebuterait par toute autre voie.

Le saint prêtre ne manqua pas de garder la conduite qu'il prescrivait aux autres. Ce fut dans ces sentiments qu'il s'en alla à Port-Royal faire une visite de civilité à ceux des disciples de Saint-Cyran qui s'y étaient choisi une retraite. Le bruit s'étant répandu qu'ils se soumettaient sans restriction, il les en félicita. Il passa plusieurs heures avec eux, et leur donna des témoignages particuliers d'estime, d'affection et de confiance. Il alla voir ensuite quelques autres personnes de condition, qui tenaient un rang considérable dans le parti : tous promirent une soumission sincère au Siége apostolique. Les deux évêques d'Alet et de Pamiers reçurent la bulle d'Innocent X et la publièrent dans leurs diocèses, comme tous les évêques du royaume. En un mot, de ce petit nombre d'évêques que le jansénime avait séduits, il n'y eut pas un seul qui alors ne lui dît anathème (Collet, l. 5).

Dans une occasion semblable, saint Augustin disait : *Rome a parlé, la cause est finie; puisse aussi finir l'erreur !* Les jansénistes se prétendaient disciples de saint Augustin. Ils se montrèrent disciples, non pas précisément de l'Augustin d'Hippone, mais de l'*Augustin* flamand d'Ypres. Au public, ils disaient tout haut : *Rome a parlé, la cause est finie;* entre eux, dans leur correspondance, ils disaient tout bas : *Rome a parlé, la cause n'est pas finie.* Les Pélagiens étaient loin d'avoir, au même degré que les jansénistes, la finesse, la duplicité cauteleuse de leur père commun, le vieux serpent.

Quelques-uns cependant se montrèrent fidèles à la grande règle d'Augustin d'Hippone : dès que Rome eut parlé, la cause fut finie pour eux, et ils mirent fin à leur erreur. L'abbé Amable de Bourzeis avait été un des plus ardents défenseurs du jansénisme; il avait publié plusieurs écrits pour soutenir les cinq propositions, comme étant de Jansénius et de saint Augustin. Dès qu'il les vit condamnées par Innocent X, il cessa de les défendre; la conduite équivoque des autres jansénistes le détrompa totalement; il renonça de bonne foi à ses erreurs, et rétracta, le 4 novembre 1661, tout ce qu'il avait écrit pour les soutenir. Il protesta, en signant le formulaire d'Alexandre VII, qu'il voudrait pouvoir effacer de son sang tout ce qu'il avait écrit, et qu'il aurait toute sa vie un souverain et inviolable respect pour les décisions du Saint-Père, qui est, dit-il, le vicaire de Jésus-Christ sur la terre, et le maître commun des chrétiens en la foi (*Biblioth. des auteurs jansén.*, t. I, p. 87).

L'autre exemple est du Père Thomassin de l'Oratoire, recommandable par sa piété solide et par la candeur de son esprit, autant que par l'étendue de son savoir et par la multitude de ses ouvrages pleins d'érudition. Ce savant homme étant encore jeune au temps que les disputes du jansénisme s'élevèrent, et n'ayant d'abord étudié saint Augustin que dans les livres de Jansénius et de ses disciples, donna, sans y penser, dans les erreurs qui ont été condamnées sous le nom des *cinq propositions*. Mais comme il était humble et de bonne foi, sitôt qu'il eut reconnu, par la lecture de saint Augustin même, combien Jansénius imputait à ce saint docteur, nul respect humain ne put l'empêcher d'en faire une confession aussi publique qu'il y était obligé. Il alla trouver exprès tous ceux à qui il pouvait avoir communiqué ses premiers sentiments, et leur déclara comme il y avait entièrement renoncé. On voit par ses ouvrages que depuis il a été aussi opposé au jansénisme qu'il y avait été attaché auparavant; car il l'a toujours fortement combattu, tant sur le fait que sur le droit. A la fin du troisième volume de ses *Dogmes théologiques*, il déclare qu'il n'a suivi les opinions de Jansénius qu'avant leur condamnation, et avant qu'il pût s'instruire par lui-même et former ses sentiments sur ceux des Pères, particulièrement de saint Augustin, des conciles et des scholastiques, en les lisant et les confrontant avec soin : ce qui demande beaucoup plus d'étude et plus de temps qu'un jeune théologien n'en peut avoir eu. Enfin, il croit qu'un théologien doit faire gloire d'apprendre de l'Église, et de profiter en étudiant : ce qu'il ne peut faire que par un louable changement, en apprenant ce qu'il ignorait et en renonçant à ce qu'il avait mal appris (Dumas, t. 1, p. 81, édit. 1702; Trévoux).

Le troisième exemple est d'un des consulteurs romains dans l'affaire de Jansénius, Luc Wadding, né en Irlande l'an 1588, mort à Rome en 1657, avec la réputation d'un bon religieux et d'un savant du premier ordre. Entré dans l'ordre de Saint-François, il en devint l'historien et le biographe, et a laissé un grand nombre d'ouvrages. Nommé consulteur dans l'examen des cinq propositions, il fut d'avis qu'on pouvait les soutenir. Mais Innocent X ayant prononcé, il fit la déclaration suivante : « Si, avant cette décision, quelqu'un en a jugé autrement, sur quelques raisons ou quelque autorité de docteurs que ce puisse être, il est obligé présentement de captiver son esprit sous le joug de la foi, selon l'avis de l'Apôtre. Je déclare que c'est ce que je fais de tout mon cœur, condamnant et anathématisant toutes les propositions susdites, dans tous et chacun des sens dans lesquels Sa Sainteté a voulu les condamner quoique, avant cette décision, j'aie cru qu'on les pouvait soutenir selon certains sens, de la manière que je l'ai expliqué dans les suffrages (Ibid., p. 79). »

Certainement, si tous les jansénistes avaient eu cette même droiture, la cause était vraiment finie, et l'erreur avec la cause. Il s'en fallut de beaucoup. Le grand nombre, Arnauld à leur tête, ne se firent pas scrupule de mentir et à eux-mêmes et aux autres. Ainsi, tant que les cinq propositions n'eurent pas été condamnées à Rome, ils y reconnaissaient leur doctrine, la doctrine de Jansénius et d'Augustin. A peine ces propositions furent-elles déférées en Sorbonne, qu'Arnauld publia ses *Considérations* sur l'entreprise de monsieur Cornet, où il dit que l'écrit par lequel ses adversaires s'étaient eux-mêmes donné la hardiesse d'informer le Pape, pour le porter à la condamnation des plus saintes et des plus constantes maximes de la grâce, a été réfuté, et que ces propositions, qu'on taxait d'erreur et d'hérésie, ont été soutenues puissamment contre leurs accusations frivoles (Dumas, p. 72). C'est pour soutenir ces propositions que les jansénistes envoient des députés à Rome. C'est parce que trois ou quatre consulteurs se montrent favorables à ces propositions jansénienes, que les députés jansénistes les comblent d'éloges dans leur correspondance. Et les députés, et les consulteurs, et le Pape les regardaient comme la substance de Jansénius. Innocent X commence ainsi sa bulle : « Comme, à l'occasion d'un livre intitulé *Augustin de Cornélius Jansénius, évêque d'Ypres*, entre autres opinions de cet auteur, il s'est élevé une contestation sur cinq d'entre elles..... » Cette même bulle se termine par ces mots : « Nous n'entendons pas toutefois, par cette déclaration et définition faite touchant les cinq propositions susdites, approuver en façon quelconque les autres opinions qui sont contenues dans le livre ci-dessus nommé, de Cornélius Jansénius. » Tout le monde croyait donc que les cinq propositions sont véritablement dans Jansénius, et qu'elles sont l'âme de son livre, comme le dit Bossuet (Lettre 52 au maréchal de Bellefords, t. XXXVII, p. 124, édit. Versailles). A peine sont-elles condamnées par le Pape, que la foule des jansénistes, Arnauld à leur tête, disent tout haut qu'elles sont hérétiques, mais que jamais ils ne les ont soutenues; qu'elles ne sont aucunement dans Jansénius, que Jansénius dit même tout le contraire; qu'enfin ce sont des propositions forgées à plaisir, et que le jansénisme n'est qu'un fantôme. Voilà ce qu'ils disent et répètent avec Arnauld dans plusieurs pamphlets et mémoires; voilà ce qu'ils disent tout haut au public, en proclamant la décision du Pape comme une règle de foi, comme un oracle du ciel. Mais tout bas, dans leur correspondance secrète, ils parlent de cette même décision comme d'une censure extorquée, informe, inouïe, faite contre toute sorte d'équité et de règles : où le Pape, n'entendant pas les termes de la matière dont il s'agit, s'est laissé prévenir, ne s'est conduit que par politique, a négligé toutes sortes de formes et les moyens les plus nécessaires pour découvrir la vérité : où il n'a employé que des personnes ignorantes, suspectes, malintentionnées et ennemies de la saine doctrine; qu'enfin cette décision attire le mépris des personnes intelligentes, tant ils y voient de partialité, de passion et peu de justice (Dumas, 47-53). Telles étaient, dès l'origine, la droiture et la sincérité des jansénistes : aussi reprocheront-ils à leurs adversaires la duplicité et les restrictions mentales.

La bulle d'Innocent X eut du moins ce bon effet, que depuis lors il ne s'est presque trouvé personne, excepté les calvinistes, qui ait ouvertement soutenu les cinq propositions, et les jansénistes se retranchèrent à dire qu'elles n'étaient pas dans Jansénius, ou qu'elles n'avaient pas été condamnées dans leur sens naturel. Pour détruire ces subterfuges, les évêques de France, assemblés à Paris le 9 mars 1654, au nombre de trente-neuf, nommèrent une commission de huit d'entre eux, parmi lesquels Pierre de Marca, archevêque de Toulouse, pour considérer les diverses interprétations et autres évasions que l'on avait inventées afin de rendre inutile la constitution pontificale. Dans dix séances consécutives, on rechercha, on lut et on examina les textes de Jansénius qui se rapportent à chacune des cinq propositions. Les mémoires produits par les jansénistes furent examinés avec un égal soin. Enfin, l'affaire mise en délibération, il fut arrêté qu'on déclarerait par voie de jugement, donné sur les pièces produites de part et d'autre, *que la constitution avait condamné les cinq propositions, comme étant de Jansénius et au sens de Jansénius*; et que le Pape serait informé de ce jugement de l'assemblée par la lettre qu'elle écrirait à Sa Sainteté, et qu'il serait aussi écrit sur le même sujet aux autres évêques du royaume. Innocent X adressa, le 29 septembre 1654 un bref à l'assemblée générale du clergé de France, par lequel, après avoir donné de grandes louanges au zèle et à la piété de ces évêques, il approuve et confirme ce qu'ils avaient décidé au sujet de sa bulle, déclarant lui-même que, par sa constitution du 31 mai 1653, *il a condamné dans les cinq propositions la doctrine de Cornélius Jansénius*. conte nue dans son livre intitulé Augustinus. Dans ce même bref, le Pape leur recommande, outre l'exécution de sa bulle, celle d'un décret qui porte condamnation de plusieurs écrits où l'on soutenait la doctrine de ce livre, entre autres des deux Apologies pour Jansénius, composées par Antoine Arnauld : de l'ouvrage intitulé *De la grâce victorieuse*, par le sieur de la Lane, et de l'*Ecrit à trois colonnes*, ou *De la distinction des sens*.

Ce bref fut lu et reçu avec applaudissement dans une assemblée du 20 mai 1655. La relation du clergé ajoute : « Ce jugement ecclésiastique rendu par l'assemblée de 1654, et confirmé par le bref de Sa Sainteté, a été reçu avec respect dans tout le royaume; et la Faculté de théologie de Paris, dont la réputation est si hautement établie par toute la chrétienté, l'a suivi en la censure qu'elle a donnée le 31 janvier 1656. »

Cette censure est celle d'une lettre d'Antoine Arnauld *à un duc et pair*. Le 24 février 1655, il en adressa une première *à une personne de condition*, où il rend compte d'une affaire arrivée au duc de Liancourt dans la paroisse de Saint-Sulpice, dont était curé le respectable Olier, fondateur du séminaire et ami de Vincent de Paul. Le confesseur de ce duc crut ne pouvoir point le recevoir au sacrement de pénitence, qu'il ne donnât des marques d'une soumission parfaite à la bulle d'Innocent X contre les cinq propositions, et qu'il ne rompît les liaisons qu'il avait avec les jansénistes, qui, au jugement du confesseur et du curé, n'avaient pas cette soumission.

Dans sa lettre, Arnauld blâme la conduite du curé de Saint-Sulpice et du confesseur; mais surtout il cherche à se justifier lui-même, et à soutenir sa cause et celle de ses amis. Il parle au nom de tous, et dit : « Qu'ils sont bien éloignés d'être tombés dans quelque erreur ; puisque, d'une part, ils condamnent sincèrement les cinq propositions censurées par le Pape, en quelque livre qu'on les puisse trouver, sans exception ; et que, de l'autre, ils ne sont attachés à aucun auteur particulier qui forme des opinions nouvelles et qui parle de lui-même touchant la matière de la grâce, mais à la seule doctrine de saint Augustin, etc. »

On fit divers écrits contre cette lettre, dans lesquels on prétendait que la déclaration faite par le sieur Arnauld de condamner les cinq propositions, n'était pas suffisante; que lui et ses amis ayant soutenu en tant d'écrits la doctrine du livre de Jansénius que le Pape déclarait hérétique par sa bulle, ils étaient obligés, pour donner une preuve assurée de leur soumission : 1° de reconnaître de bonne foi qu'avant la condamnation ils avaient été dans l'erreur; 2° de déclarer le livre de Jansénius bien damné, et de renoncer à sa doctrine exprimée par les cinq propositions. Qu'ils ne pouvaient se dispenser de faire une semblable déclaration, après que le clergé de France avait jugé, dans une assemblée solennelle, que l'intention du Pape était de condamner les cinq propositions comme extraites du livre de Jansénius et dans le sens enseigné par cet auteur, et après que le Pape lui-même avait approuvé l'explication des évêques par son bref du 29 septembre 1654. Qu'on avait droit de tenir pour suspecte la déclaration des jansénistes, jusqu'à ce qu'elle fût conforme à celle du Pape et des évêques.

Arnauld, pour répliquer à tous ces écrits contre sa première lettre, en fit une autre *à un duc et pair*, datée de Port-Royal-des-Champs, le 10 juillet 1655. Grand nombre de théologiens voyant que cette seconde lettre justifiait ouvertement le livre de Jansénius, condamné par deux Papes et par les évêques de France, et jugeant qu'elle renouvelait la première des cinq propositions, en firent leur plainte au docteur Guyart, Oratorien, alors syndic de la Faculté de théologie, lequel, suivant l'obligation de sa charge, proposa une commission pour examiner la seconde lettre d'Arnauld. Le docteur Cornet et le Père Nicolaï, Dominicain, furent des huit commissaires. C'était au commencement de novembre 1655. Arnauld appela de la Sorbonne au Parlement, qui ordonna de passer outre. Les commissaires réduisirent à deux chefs les points qu'ils trouvaient à censurer dans la lettre d'Arnauld, l'un desquels ils appelèrent *question de fait*, et l'autre *question de droit*. La première regarde ce que dit Arnauld « que les cinq propositions condamnées dans la bulle du Pape n'ont été soutenues de personne ; qu'elles ont été forgées par les partisans des sentiments contraires à ceux de saint Augustin; qu'en les attribuant à Jansénius, on impute des hérésies à un évêque catholique qui a été très-éloigné de les enseigner ; qu'ayant lu avec soin le livre de Jansénius et n'y ayant point trouvé ces propositions, le sieur Arnauld et ses amis ne peuvent déclarer contre leur conscience qu'elles s'y trouvent. » La question de droit regarde principalement cette proposition de la lettre : « Que la grâce, sans laquelle on ne peut rien, a manqué à un juste en la personne de saint Pierre, en une occasion où l'on ne peut pas dire qu'il n'ait point péché. » Le 29 janvier 1656, après de longs examens et délibérations, la Sorbonne, à la majorité de cent trente docteurs contre huit, déclara « que la première question ou proposition, qui est de fait, est téméraire, scandaleuse, injurieuse au Pape et aux évêques de France, et même qu'elle donne sujet de renouveler entièrement la doctrine de Jansénius, qui a été ci-devant condamnée. Et que la seconde, qui regarde le droit, est téméraire, impie, blasphématoire, frappée d'anathème et hérétique. » Arnauld fut rayé du nombre des docteurs pour n'avoir pas souscrit dans la quinzaine à la censure que tous les docteurs et bacheliers furent obligés de signer pour prendre leurs degrés. Le 18 février suivant, six évêques de la Faculté signèrent la censure avec le doyen et plus de cent autres docteurs, du nombre desquels furent quatre amis du sieur Arnauld, qui l'avaient servi constamment jusqu'à la fin des assemblées, mais qui crurent enfin qu'ils devaient moins à l'amitié qu'à la vérité et à la religion.

La société de Sorbonne reçut la censure dans son assemblée du 24 mars, et il y fut conclu d'un consentement unanime que tous ceux qui ne souscriraient pas cette censure seraient privés de tous les droits de la société; qu'elle serait souscrite par ceux qui étaient à Paris, avant l'assemblée de Pâques, et par ceux qui demeuraient en province, avant l'assemblée de la Pentecôte, au moins par procuration expresse : ce qui fut confirmé le 11 avril, à l'assemblée ordinaire de la semaine sainte, et s'exécuta depuis très-fidèlement (Dumas, l. 2).

La cause paraissait finie, elle ne l'était pas. Les

jansénistes inventèrent un nouveau subterfuge touchant les questions de fait et les questions de droit. Ils posèrent en thèse générale que, sauf les faits immédiatement révélés de Dieu dans l'Ecriture ou la Tradition, l'Eglise se peut tromper à l'égard de tous les autres faits, notamment si les cinq propositions condamnées sont dans Jansénius, et qu'ainsi on n'est pas obligé de s'en rapporter là-dessus à elle. Pour retrancher cette nouvelle chicane, l'assemblée du clergé de France, en 1656, composée de quarante évêques et de vingt-sept députés du second ordre, déclara que si l'Eglise est faillible, ce n'est qu'à l'égard des questions de fait particulières et personnelles, sur quoi elle peut quelquefois être surprise, sans préjudice de la foi et de la discipline; mais non pas à l'égard de certaines questions de fait, sur quoi elle ne saurait tomber dans l'erreur, que cela ne lui ôtât l'autorité nécessaire pour décider souverainement des faits qui concernent la foi ou les mœurs générales de l'Eglise; comme, par exemple, que tel et tel concile soit général et légitime, que tel soit le vrai sens de chacun des Pères sur tel ou tel dogme, ce qui s'appelle un *fait dogmatique.* Le principe de l'assemblée est que, faire l'Eglise sujette à se tromper au regard de cette sorte de faits, c'est détruire la Tradition qui est le fondement de la foi, parce que la Tradition ne consiste que dans l'assemblage des faits dogmatiques, savoir, que tel et tel Père, dans chaque siècle, a eu tel sentiment, par exemple, sur la présence réelle.

Dans cette même assemblée, on arrêta encore quelques articles qui étaient conçus en ces termes : « L'assemblée reçoit avec respect le bref du Pape, du 29 septembre 1654, qui lui est adressé, et déclare, conformément au bref susdit et à la délibération de l'assemblée de 1654, confirmée par ce bref, que, dans les cinq propositions, la doctrine du livre de Jansénius, intitulé *Augustinus,* laquelle néanmoins n'est pas celle de saint Augustin, est condamnée par la constitution de Sa Sainteté, du 31 mai 1653. Que, pour son exécution, l'assemblée renouvelle et confirme par son décret tout ce qui a été délibéré et résolu par les trois assemblées de 1653, 1654 et 1655, suivant le contenu des lettres qu'elles ont écrites tant à Sa Sainteté qu'aux prélats du royaume. Que les livres et les écrits composés et publiés pour défendre ou favoriser les opinions condamnées, demeureront prohibés sous les peines portées par la constitution. Que les évêques qui négligeront de faire exécuter les ordres contenus dans la lettre de l'assemblée de 1655 (c'était de faire recevoir et souscrire la bulle d'Innocent X avec le bref par lequel il décidait le fait de Jansénius), ne seront point reçus dans les assemblées générales, provinciales, ni particulières du clergé. »

Gondrin, archevêque de Sens, qui, avant le bref d'Innocent X, n'avait pas voulu souscrire, sur la seule autorité du clergé de France, que le Pape avait condamné les cinq propositions comme étant de Jansénius, révoqua sa restriction dans l'assemblée de 1656, et se déclara complètement d'accord avec ses collègues pour le fait et pour le droit.

Le 2 septembre, l'assemblée écrivit au pape Alexandre VII, pour lui rendre compte de ce qu'ils avaient fait et délibéré pour l'exécution de la constitution et du bref d'Innocent X. Le nouveau Pape, qui avait été un des principaux commissaires dans l'examen des cinq propositions à Rome, fit une nouvelle constitution du 16 octobre 1656, où il confirme de point en point celle d'Innocent X, insérée dans la sienne. Il appelle perturbateurs du repos public et enfants d'iniquité, ceux qui ont l'assurance de soutenir, au grand scandale des fidèles, que ces propositions ne se trouvent point dans le livre de Jansénius, mais qu'elles ont été forgées à plaisir, ou qu'elles n'ont pas été condamnées au sens de cet auteur. Il assure, au contraire, comme témoin de tout ce qui s'était passé dans cette affaire, que le fait de Jansénius y avait été examiné du temps de son prédécesseur avec une telle exactitude, qu'on ne pourrait pas en souhaiter une plus grande. Enfin il définit que les cinq propositions ont été tirées du livre de Jansénius, et condamnées dans le sens auquel cet auteur les a expliquées.

Cette constitution d'Alexandre VII ne fut présentée à l'assemblée du clergé que le 14 mars 1657, et la délibération fut remise au 17 mars suivant, afin d'y inviter les prélats qui n'étaient pas de l'assemblée et qui se trouvaient à Paris. Voici ce que la délibération de ce jour porte, de l'avis de tous les prélats : 1° L'assemblée accepte et reçoit avec soumission cette constitution d'Alexandre VII, et veut qu'elle soit publiée et exécutée dans tous les diocèses par l'ordre des évêques, etc. 2° Et d'autant que la constitution ordonne que celle d'Innocent X sera observée suivant l'interprétation qu'en donne celle-ci, qui est que les cinq propositions sont de Jansénius, et que leur doctrine est condamnée au sens que cet auteur enseigne, l'assemblée déclare qu'il sera procédé suivant la rigueur de ces constitutions contre ceux qui contrediront la doctrine condamnée. 3° L'assemblée ayant déjà résolu, dès le 1er septembre passé, pour une parfaite exécution des constitutions apostoliques, qu'il serait signé un formulaire de foi, il fut conclu que ce formulaire serait ajouté à la nouvelle constitution du Pape, et que les prélats seraient exhortés à faire procéder dans un mois à à cette souscription. 4° Qu'afin qu'il y ait uniformité dans ces souscriptions, les prélats se serviraient de la formule suivante : « Je me soumets sincèrement à la constitution du pape Innocent X, du 31 mai 1653, selon son véritable sens, qui a été déterminé par la constitution de notre saint-père Alexandre VII, du 16 octobre 1656. Je reconnais que je suis obligé en conscience d'obéir à ces constitutions; et je condamne de cœur et de bouche la doctrine des cinq propositions de Cornélius Jansénius, contenue en son livre intitulé *Augustinus,* que ces deux Papes et les évêques ont condamnée, laquelle doctrine n'est point celle de saint Augustin, que Jansénius a mal expliquée, contre le vrai sens de ce saint docteur. »

Cette délibération du clergé n'eût pas sitôt son effet, l'exécution en ayant été différée jusqu'à l'assemblée générale suivante, qui se tint en 1661. Ce fut alors que l'abbé de Bourzeis, un des chefs du jansénisme, fit la rétractation que nous avons vue, et souscrivit sincèrement le formulaire de foi dressé par le clergé de France.

Arnauld et les autres jansénistes justifiaient leur résistance au Pape et aux évêques par ce syllogisme, qu'ils diversifiaient de mille manières :

On n'est obligé de se soumettre intérieurement à ce que le Pape prononce sur un point de fait, que quand le contraire ne nous paraît pas tout évident. Or, le contraire de ce que le Pape a prononcé sur le fait de Jansénius, et de ce qui a été mis dans le formulaire de l'assemblée, me paraît évident à moi et à mes amis.

Donc nous ne sommes pas obligés de reconnaître, contre notre propre lumière, ce que le Pape a prononcé sur le fait (Dumas, l. 3, p. 222).

Ce syllogisme repose sur cette maxime fondamentale d'Arnauld, que chaque personne, et surtout un docteur, qui a quelque discernement de ce qui se passe dans son esprit, est le premier, ou plutôt l'unique juge entre les hommes de ce qui lui paraît évident. — C'est sur ce principe que chaque janséniste résisterait effrontément à toute l'Eglise de Dieu, avec laquelle Jésus-Christ a promis d'être tous les jours jusqu'à la consommation des siècles, et à laquelle il a promis l'Esprit de vérité pour demeurer avec elle éternellement. — Les professeurs catholiques de philosophie feront bien de citer ce syllogisme historique à leurs élèves, pour leur faire voir ce qu'il renferme de faux, d'équivoque et de funeste.

Parmi les soutenurs du syllogisme jansénien se distinguèrent Blaise Pascal et Pierre Nicole : le premier, dans ses *Lettres provinciales*, sous le nom de Louis de Montalte; le second, dans les notes de Guillaume Wendrok et dans les disquisitions de Paul Irénée. Pour le style, les *Provinciales* sont un fort élégant libelle, mais d'un plan assez monotone : c'est toujours un Jésuite sot, qui dit des bêtises, et qui a la tout ce que son ordre a écrit. Madame de Grignan, au milieu même de l'effervescence contemporaine, disait déjà en bâillant : *C'est toujours la même chose* (*Lettres de madame de Sévigné*, lettre 735, du 21 déc. 1689).

Quant au fond même de l'ouvrage, Voltaire a dit sans détour : *Il est vrai que tout le livre porte sur un fondement faux : ce qui est visible* (*Siècle de Louis XIV*, c. 37). Aussi dès que les *Lettres provinciales* parurent, Rome les condamna, et Louis XIV, de son côté, nomma pour l'examen de ce livre treize commissaires, archevêques, évêques, docteurs ou professeurs de théologie, qui donnèrent l'avis suivant : « Nous soussignés, après avoir diligemment examiné le livre qui a pour titre *Lettres provinciales*, etc. (avec les notes de Wendrock), certifions que les hérésies de Jansénius, condamnées par l'Eglise, y sont soutenues et défendues..... ; certifions de plus que la médisance et l'insolence sont si naturelles à ces deux auteurs, qu'à la réserve des jansénistes, ils n'épargnent qui que ce soit, ni le Pape, ni les évêques, ni le roi, ni ses principaux ministres, ni la sacrée Faculté de Paris, ni les ordres religieux ; et qu'ainsi ce livre est digne des peines que les lois décernent contre les libelles diffamatoires et hérétiques. Fait à Paris le 4 septembre 1660. Signé Henri de Rennes, Hardouin de Rhodez, François d'Amiens, Charles de Soissons, etc. » Sur cet avis des commissaires, le livre fut condamné au feu par arrêt du conseil d'Etat (Dumas, l. 3, p. 226). Certes, lorsque Voltaire s'accorde avec le Pape, le clergé de France et le conseil d'Etat pour juger qu'un livre est un libelle, il n'est plus permis d'en douter, et ceux qui obligent la jeunesse à étudier ce libelle sont évidemment des corrupteurs de la jeunesse.

Au fond, les jansénistes pensent sur Pascal comme le Pape et Voltaire. Il eut à la fin les plus grands démêlés avec eux. Il prétendit qu'ils avaient varié dans leurs sentiments, ou du moins dans la manière de les exposer. Eux, de leur côté, firent de lui un portrait peu avantageux. Ils dirent « qu'on ne pouvait guère compter sur son témoignage, qu'il ne voyait que par les yeux d'autrui, qu'il était peu instruit des faits qu'il rapporte... ; qu'en écrivant les *Provinciales*, il se fiait absolument sur la bonne foi de ceux qui lui fournissaient les passages qu'il citait, sans les vérifier dans les originaux ; que souvent, sur des fondements faux ou incertains, il se faisait des systèmes d'imagination qui ne subsistaient que dans son esprit. » C'est ce que les jansénistes nous apprennent eux-mêmes dans un écrit intitulé : *Lettre d'un ecclésiastique à un de ses amis* (Dumas, l. 3, p. 18 et 82).

Pascal avait un bel esprit, grand mathématicien, bon physicien, mais très-ignorant en matière de théologie, et logicien si pitoyable, qu'il se contredisait sans s'en apercevoir. Par exemple, dans ses premières lettres, il regarde les Thomistes comme ses grands adversaires sur les matières de la grâce. Il dit que « les Thomistes se brouillent avec la raison, les Molinistes avec la foi, et que les seuls Jansénistes savent accorder la foi avec la raison. » Cependant, dans sa dernière lettre, il soutient que les Jansénistes sont, sur la grâce, du sentiment des Thomistes, et par conséquent brouillés avec la raison, comme eux.

Les jansénistes généralement, Jansénius même par moment, se prétendent d'accord avec saint Thomas. A parler familièrement, c'est un gros mensonge. Le principe fondamental du jansénisme, c'est que, pour mériter et démériter dans l'état de la nature déchue, il n'est pas besoin que l'homme soit libre ou exempt de nécessité, mais il suffit qu'il soit libre ou exempt de contrainte. Or, voici ce que dit saint Thomas en propres termes : « Quelques-uns ont pensé que la volonté de l'homme, pour élire quelque chose, est mue par la nécessité, mais sans contrainte. Cette opinion est hérétique, car elle détruit l'essence du mérite et du démérite dans les actions humaines. En effet, il n'y a ni mérite ni démérite à agir par une telle nécessité, qu'on ne puisse pas ne point agir. Il faut éloigner de la philosophie une telle opinion, parce que non-seulement elle est contraire à la foi, mais parce qu'elle renverse tous les principes de la philosophie morale. Car s'il n'y a rien de libre en nous, mais que nous soyons nécessités à vouloir, il n'y a plus lieu à délibération, exhortation, commandement, défense, punition, louange ni blâme (1). » Voilà comme saint Thomas s'accorde, plusieurs siècles d'avance, non pas précisément avec Jansénius, mais avec les Papes qui condamnent d'hérésie la proposition jansénienne. Avec qui Jansénius et les jansénistes s'accordent, c'est avec Baïus, disant dans sa proposition 9 : « Ce

(1) *Quidam posuerunt quod voluntas hominis ex necessitate movetur ad aliquid eligendum; nec tamen ponebant quod voluntas cogeretur... Hæc autem opinio est hæretica : tollit enim rationem meriti et demeriti in actibus humanis, etc.* (Inter. q disput. *De malo*, q. 6. *De electione humana*).

qui se fait volontairement, quoique nécessairement, se fait librement; » et 66 : « La seule violence répugne à la liberté naturelle de l'homme; » et 67 : « L'homme pèche d'une manière damnable même dans ce qu'il fait nécessairement. » Avec qui Jansénius et Baïus s'accordent, c'est avec Luther et Calvin, qui l'un et l'autre admettent que l'homme est libre dans ce sens qu'il agit volontairement, quoique nécessairement, mais sans contrainte (Luther, *De servo arbitrio*; Calvin, *Instit.*, l. 2, c. 2, § 7).

Jansénius avance en propres termes, après Baïus, Luther et Calvin, que l'ignorance qui est en nous par nécessité, et non par volonté, c'est-à-dire qui est invincible, ne nous exempte pas de péché; que c'est même là un dogme de foi, une tradition certaine des anciens, et qu'il n'y a que des Pélagiens qui puissent le nier (L. 2, *De statu naturæ lapsæ*, c. 2). Saint Thomas dit au contraire et répète : « L'ignorance qui est cause de l'acte, si elle est involontaire, excuse de péché, parce qu'il est de l'essence du péché d'être volontaire (1. 2, q. 76, art. 2 et 3). »

Jansénius dit et répète, après Baïus, Luther et Calvin, que l'infidèle, de quelque côté qu'il se tourne, est dans une nécessité de pécher, et que penser différemment est une ineptie, un délire, une extravagance, une erreur, une impiété contraire à la religion chrétienne, à l'Ecriture sainte et à la foi (L. 4. *De statu naturæ lapsæ*, c. 17 et 18). Saint Thomas, au contraire, examinant *si toute action d'un infidèle est péché*, conclut et prouve que toute action d'un infidèle n'est point péché, mais qu'il peut opérer quelque chose de bon, quoique ce ne soit pas méritoire de la vie éternelle (2. 2, q. 10; art. 4).

Jansénius dit et répète, avec Luther et Calvin, que Dieu ne veut pas le salut de tous les hommes, que Jésus-Christ n'est pas mort pour tous, et qu'il ne donne pas des grâces suffisantes à chacun. Saint Thomas établit tout le contraire en beaucoup d'endroits, notamment dans son commentaire sur cette parole de l'épître aux Hébreux : *Prenez garde que personne ne manque à la grâce de Dieu*. Car, dit-il, quoiqu'on n'ait pas la grâce par les mérites, autrement la grâce ne serait plus grâce, cependant il faut que l'homme fasse ce qui est en lui. Or Dieu, par sa volonté très-libérale, donne la grâce à quiconque s'y prépare. Il est dit au 3ᵉ chapitre de l'Apocalypse : *Voici que je me tiens à la porte, et que je frappe; si quelqu'un m'ouvre, j'entrerai chez lui.* Et au 2ᵉ chapitre de la 1ʳᵉ épître à Timothée, il dit : *Que Dieu veut sauver tous les hommes*. C'est pourquoi la grâce de Dieu ne manque à personne, mais elle se communique à tous, autant qu'il est en elle, de même que le soleil ne manque pas aux yeux aveugles (*In cap.* 12 *Epistolæ ad Hebr.*, lect. 3). Voilà ce qu'enseigne saint Thomas, et avec lui tous les docteurs de l'école. Cet accord gêne singulièrement Jansénius. Que fera-t-il pour s'en débarrasser ?

Nous avons vu Luther commencer la guerre contre l'Eglise par une série de 99 thèses ou propositions dans lesquelles il abaisse la philosophie d'Aristote, la théologie des scholastiques, pour élever uniquement et excessivement l'autorité de saint Augustin. Jansénius suit absolument la marche de Luther. Dans son *Livre préliminaire*, il a un chapitre tout entier pour établir que les théologiens, depuis qu'ils suivent la philosophie d'Aristote et la méthode scholastique, c'est-à-dire depuis cinq siècles, se sont tellement égarés qu'ils ne connaissent plus ni la foi chrétienne, ni l'espérance, ni la cupidité, ni la charité, ni la nature, ni la grâce, ni le vice, ni la vertu, ni le mérite, ni la récompense, ni le libre ni le serf arbitre de l'homme, ni la crainte, ni l'amour, ni la prédestination, ni aucun de ses effets, ni la justice de Dieu, ni sa miséricorde, ni l'Ancien ni le Nouveau Testament, ni le péché, ni le supplice qu'il mérite (*Liber præmialis*, c. 28). C'était dire équivalemment, avec Hauranne et Luther, que depuis cinq siècles il n'y avait plus d'Eglise. En même temps, et dans ce chapitre, et dans tout le *Livre préliminaire*, et dans tout l'ouvrage intitulé *Augustinus*, Jansénius ne cesse d'élever saint Augustin au-dessus de tous les Docteurs et de tous les Pères, il ne veut écouter que lui seul et prétend lui soumettre en quelque sorte les Papes et l'Eglise entière. Et pourquoi ?

Nous avons vu que, dans ses discussions avec les Pélagiens, surtout avec Julien d'Eclane, saint Augustin s'est mépris sur le sens littéral de ce mot de saint Paul : *Omne autem, quod non est ex fide, peccatum est*. Au lieu d'entendre : *Tout ce qui n'est pas selon la conscience est péché*, ce qui est évidemment et incontestablement le sens naturel et littéral, il entendait : Tout ce qui ne procède pas de la foi est péché. D'où la conséquence : Donc toutes les actions des infidèles sont des péchés; conséquence qu'il se voyait comme forcé d'admettre, par suite de sa méprise, mais qui cependant lui répugnait visiblement.

Au chapitre 27ᵉ du livre *De l'esprit et de la lettre*, il dit en propres termes que les infidèles, qu'il appelle impies, font quelquefois des actions qui non-seulement ne peuvent être blâmées, mais qui doivent être louées. Il ajoute que, comme le juste commet quelquefois des péchés véniels, aussi le plus impie fait quelquefois quelques bonnes œuvres. Ailleurs, il dit que la charité est tantôt divine, tantôt humaine; que la charité humaine est tantôt licite, tantôt illicite; et que la charité licite peut être dans les impies, c'est-à-dire dans les païens, les Juifs et les hérétiques (1).

Luther lui-même reconnaît jusqu'à deux fois que l'interprétation des catholiques est juste, et que le texte de saint Paul veut dire : Tout ce qui n'est pas selon la bonne foi, selon la conscience, est péché. Baïus, Jansénius et leurs sectateurs montrent moins de bonne foi que Luther : nulle part ils ne reconnaissent le vrai sens du texte; toujours ils abusent de la méprise de saint Augustin pour soutenir que toutes les actions des infidèles sont des péchés. Baïus le cite dans l'apologie de sa vingt-cinquième proposition; Jansénius l'allègue plus d'une fois; Arnauld en fait le fondement d'une de ses apologies. Dans la version française du Nouveau Testament, imprimée, imprimée, même Arnauld, au lieu de traduire le passage de saint Paul : *Tout ce qui ne se fait pas selon la conscience est péché*, ose bien mettre : *Tout ce qui ne se fait point selon la foi ou par la foi est péché*, afin de pouvoir dire que toutes

---

(1) *Sermo* 52 *de tempore*. Voir encore d'autres textes dans un ouvrage très-bien fait, *Analyse du jansénisme*, 1721, sans nom de lieu ni d'auteur, l. 3, c. 9, § 2.

les actions des infidèles sont des péchés, et que toutes leurs vertus sont des vices. Ce n'est pas la seule infidélité que les sectaires ont osé commettre dans cette traduction pour insinuer leurs erreurs. Le Sauveur dit à la Samaritaine : « Si vous connaissiez le don de Dieu et que vous sussiez quel est celui qui vous dit : Donnez-moi à boire, *peut-être* lui eussiez-vous demandé, et il vous aurait donné de l'eau vive (Joan., 4, 10); » et aux Juifs : « Si vous croyiez Moïse, *peut-être* me croiriez-vous aussi (Ibid., 5, 46). » Cette expression *peut-être*, dans la bouche du Sauveur, indique le libre arbitre de l'homme : les jansénistes l'ont supprimée dans leur traduction. Ailleurs ils ajoutent au texte. Ainsi, quand saint Paul dit aux Romains (3) : *La loi donne la connaissance du péché*, les jansénistes lui font dire : « La loi ne nous donne *que* la connaissance du péché. » C'est la répétition fidèle de ce qu'a fait Luther. Saint Paul dit, dans la même épître (28) : *Nous pensons que l'homme est justifié par la foi;* Luther lui fait dire : Nous pensons que l'homme est justifié par la foi *seule.*

Les jansénistes falsifiant ainsi la parole de Dieu, peut-on s'étonner qu'ils falsifient la parole des saints Pères? Par exemple, saint Chrysostome dit, sur l'épître aux Ephésiens : « C'est un prodige beaucoup plus étonnant de persuader les esprits que de ressusciter un mort... Jésus-Christ a dit à un mort : *Lazare, sortez;* et aussitôt il obéit. Saint-Pierre dit à Tabith : Levez-vous; et elle ne fit aucune résistance. *Il n'en est pas ainsi du consentement qu'on donne à la foi.* Car écoutez ce que dit encore Jésus-Christ : *Combien de fois ai-je voulu rassembler vos enfants, et vous ne l'avez pas voulu ?.....* Saint Chrysostome conclut : Car il est beaucoup plus difficile de persuader le libre arbitre par des raisons humaines que de former la nature. *La raison de cela est que Dieu veut que nous devenions bons de notre plein gré.* C'est pourquoi que l'Apôtre dit que la vertu qui a opéré en nous, qui avons cru, est suréminente (Hom. 3, *in C. 1, ad Ephes.*). » L'auteur des *hexaples* jansénistes cite la conclusion du saint Père, mais en supprimant ces paroles : *La raison de cela est que Dieu veut que nous devenions bons de notre plein gré,* afin de lui faire dire tout l'opposé de ce qu'il dit.

Mais il n'y a pas de saint Père que les jansénites aient tant calomnié, au sujet duquel ils aient dit tant de mensonges, que saint Augustin. Ils se disent ses disciples, parce qu'ils lui attribuent leurs erreurs. En quoi ils ne font que copier leurs devanciers en hérésie. Les prédestinatiens ou jansénistes du V<sup>e</sup> siècle se couvraient du nom et de l'autorité de saint Augustin. Le moine Gotescale, janséniste du IX<sup>e</sup> siècle, s'appelait lui-même un autre Augustin. Jean Wiclef, janséniste anglais du XIV<sup>e</sup> siècle, se nommait Jean d'Augustin, pour insinuer l'identité de leur doctrine. Nous avons vu Luther commencer la guerre contre l'Eglise par ces trois thèses: « Quiconque affirme que saint Augustin a dit quelque chose de trop en écrivant contre les hérétiques, celui-là dit que saint Augustin a menti presque partout. Ceci va contre le dire commun. — C'est donner lieu aux pélagiens et à tous les hérétiques de triompher, et même leur attribuer la victoire. — C'est encore exposer au mépris l'autorité de tous les anciens Pères. » Voilà ce que dit Luther dans ses premières thèses. Calvin dit de même : « Nous ne suivons qu'Augustin. Augustin est tellement nôtre en tout, que s'il me fallait écrire une confession de foi, j'en produirais facilement une composée de ses propres paroles (L. *De æternâ prædestinat.*). ». Lors donc que le chef des prédestinatiens du XVII<sup>e</sup> siècle intitulera l'arsenal de son hérésie : *Augustin de Jansénius,* il ne fera que varier un peu le thème de ses devanciers.

Comme nous l'avons vu au quarantième livre de cette Histoire, l'hérésie des prédestinatiens consiste à dire que Dieu ne veut sincèrement sauver que les prédestinés, et que Jésus-Christ n'est mort que pour eux; les grâces efficaces qui leur sont accordées les mettent dans la nécessité de faire le bien et d'y persévérer, puisque jamais l'homme ne résiste à la grâce intérieure; que néanmoins ils sont libres, parce que, pour l'être, il suffit d'agir volontairement et sans contrainte; que les réprouvés sont dans l'impuissance de faire le bien, parce qu'ils sont ou déterminés positivement au mal par la volonté de Dieu, ou privés des grâces nécessaires pour s'en abstenir; qu'ils sont néanmoins punissables, parce qu'ils ne sont ni contraints ni forcés au mal, mais entraînés invinciblement par leur propre concupiscence.

Les prédestinatiens de tous les siècles prétendent que ce système d'horrible fatalisme est la pure doctrine de saint Augustin. Cette prétention fût-elle bien fondée, le catholique ne s'en inquiéterait pas. Il dit tous les jours dans son acte de foi : *Je crois la sainte Eglise catholique,* et non pas : Je crois saint Augustin. Il approuve dans ce Père tout ce que l'Eglise catholique y approuve, ni plus ni moins. Mais si dans ses nombreux écrits il se trouve certaines choses peu claires ou peu exactes, il ne s'en fait pas plus une règle de foi que de ce qui a échappé de peu clair ou de peu exact à d'autres Pères. Nous disons, avec Augustin lui-même : « Je ne croirais pas même à l'Evangile, si l'autorité de l'Eglise catholique ne m'y déterminait. »

Les Jansénistes ne l'entendent pas ainsi. Ils en savent plus sur saint Augustin que saint Augustin lui-même : ils savent que saint Augustin, entendu à leur manière, doit être préféré, lui seul, à tous les Pères, à tous les docteurs, à tous les Papes, à toute l'Eglise catholique. Et pourquoi? parce que plusieurs Papes ont loué saint Augustin et approuvé sa doctrine contre Pélage. Et de fait, nous avons vu, dans le V<sup>e</sup> siècle, le pape saint Célestin écrire aux évêques des Gaules : « Augustin, homme de sainte mémoire, a toujours été dans notre communion pour son mérite, et n'a jamais été flétri du moindre bruit d'aucun mauvais soupçon. Sa science était telle, je m'en souviens, que mes prédécesseurs le comptaient entre les principaux docteurs; il était aimé et honoré de tout le monde. C'est pourquoi vous devez résister à ceux qui osent attaquer sa mémoire, et leur imposer silence. » A cette lettre du pape saint Célestin, sont joints neuf articles touchant la grâce, comme renfermant ce que les Papes avaient déjà défini sur cette matière, et cité comme partie de la même lettre, dès le commencement du siècle suivant. A la suite de ces articles, on lit ces mots : « Quant aux questions plus profondes et plus difficiles qui ont été traitées amplement par ceux qui ont combattu contre les hérétiques, nous ne les méprisons pas, mais nous n'avons pas besoin de les traiter; car, quant à ce qui est à confesser touchant la grâce de Dieu, nous croyons que ce que nous enseignent les écrits du Siége apostolique suffit, en sorte que nous ne regardons nullement comme catholique ce qui serait contraire aux sentences décrétées plus haut. »

Cette lettre de saint Célestin, avec son appendice, est extrêmement remarquable. Le Pape y venge la mémoire de saint Augustin; il le place parmi les principaux docteurs de l'Eglise; il témoigne que jamais soupçon fâcheux n'a flétri sa renommée. Mais il n'approuve pas pour cela, en détail, tout ce qu'il a pu dire, même sur la grâce. La dernière règle, à cet égard, ce n'est pas ce que les docteurs ont pu écrire sur ces questions ardues, mais ce que le Siége de Pierre a défini, soit directement par lui-même, soit en approuvant les définitions des conciles. Or, comme il a été dit au concile œcuménique d'Ephèse, saint Pierre, jusqu'à présent et toujours, vit et juge dans ses successeurs. Donc, les définitions qu'il donnera sur la grâce au XVIIe et au XVIIIe siècle, n'auront pas moins d'autorité que celle qu'il donnait au Ve.

Les jansénistes ne l'entendent pas ainsi. Voici comme ils raisonnent. Le pape Célestin et quelques autres ont loué saint Augustin et approuvé formellement plusieurs points de sa doctrine. Donc, tout ce que saint Augustin a dit, et même ce qu'il n'a pas dit, mais que nous lui faisons dire, est article de foi : y contredire, c'est manquer de respect à saint Augustin, aux Papes, à toute l'Eglise. Telle est la quintessence du gros livre de Jansénius, et des livres innombrables des jansénistes, réduits à leur plus simple expression.

De là tout le monde conclura : Mais si l'autorité du Pape a tant de force quand il approuve en général les écrits et la doctrine d'Augustin, elle n'en aura pas moins quand il condamne les écrits et la doctrine de Jansénius, quand il déclare expressément que le livre de Jansénius ne contient pas la pure doctrine d'Augustin, mais une doctrine hérétique, résumée dans les cinq propositions. Le janséniste ne raisonne pas comme tout le monde, mais de cette manière-ci : Le Pape moderne qui condamne les écrits et la doctrine de notre père Jansénius, se trompe, parce que notre père Jansénius ne dit pas autre chose que saint Augustin, approuvé par l'ancien Pape : *cela me paraît tout évident*. Quoi qu'en dise le Pape moderne, les cinq propositions ne sont pas dans notre père Jansénius, parce que je ne les y ai pas vues : *cela me paraît tout évident*. D'ailleurs l'Eglise, non moins que la lune, éprouve des éclipses, des obscurcissements; et l'on peut dire, avec notre vénérable patriarche de Saint-Cyran, que, depuis cinq cents ans, il n'y a plus d'Eglise. Telle est la substance de toutes les argumentations janséniennes sur ce chapitre.

Nous avons vu saint Vincent de Paul combattre le jansénisme dès l'origine et en signaler les funestes conséquences pour la piété et les mœurs. Les Jésuites, pour lesquels il eut toujours grande affection et estime, ne montrèrent ni moins de pénétration ni moins de zèle. Aussi les Jansénistes décochèrent-ils contre eux tous leurs traits. Les fils de Jansénius, petits-fils de Calvin, représentèrent comme des corrupteurs de la morale les fils de saint Ignace, les frères des saints François Xavier, François de Borgia, François Régis, Stanislas Kostka, Louis de Gonzague. Pour cela, ils s'y prirent de cette façon.

On appelle casuistes les théologiens qui s'occupent non-seulement à étudier les principes généraux de la morale, sur quoi tout le monde est d'accord, mais à les appliquer en détail aux cas les plus difficiles qui peuvent se présenter dans la pratique et qui varient singulièrement selon les pays, les temps et les circonstances; en sorte que bien souvent une décision qui s'applique à l'un ne s'applique pas à l'autre, quoique sous certains rapports ils paraissent les mêmes. Dans cette multitude et cette variété de décisions, il y en a qui excèdent, soit du côté de la rigueur, soit du côté de l'indulgence. Parmi les casuistes de la Compagnie de Jésus, quelques-uns excèdent quelquefois de ce dernier côté, mais pas plus que certains casuistes d'autres ordres religieux, ni du clergé séculier. Voici maintenant de quoi s'est avisée l'industrie janséniste : Ramasser çà et là ces décisions trop indulgentes; pour en augmenter l'effet, faire dire à certains auteurs ce qu'ils ne disent pas, ou autrement et plus qu'ils ne disent; former de ces lambeaux épars un plan régulier de corruption universelle, attribuer ce plan aux Jésuites et à eux seuls : c'est à ourdir élégamment et plaisamment cette calomnie infernale, que le janséniste Pascal a prostitué sa plume et son génie. — Mais alors, qu'est-ce donc que la morale jansénienne, puisqu'elle permet un pareil procédé? — La morale jansénienne n'est pas une morale; car quelle morale, quelle règle de mœurs veut-on qu'il y ait pour nous, si nous ne sommes que des machines, si nous faisons nécessairement ce que nous faisons? Quelle morale, quelle religion veut-on qu'il y ait sous un Dieu janséniste, sous un Dieu qui nous punit, comme celui de Luther et de Calvin, non-seulement du mal que nous ne pouvons éviter, mais du bien que nous faisons de notre mieux.

Les jansénistes traitent de pélagiens leurs adversaires; mais les jansénistes et les pélagiens commencent par la même erreur et agissent avec la même politique. Ils commencent les uns et les autres par confondre la nature et la grâce, par poser en principe que Dieu n'a pu créer l'une sans l'autre. D'où Pélage conclut : Donc, la nature restant entière après le péché d'Adam, la grâce l'est aussi. Et Jansénius : Donc, la grâce ayant péri par le péché du premier homme, la nature a péri d'autant, elle n'est plus entière; l'homme n'est plus libre, ce n'est plus qu'une balance entraînée invinciblement et nécessairement vers la concupiscence ou la grâce, suivant que l'une l'emporte sur l'autre. Quant à la politique astucieuse des pélagiens, nous l'avons vue à leurs équivoques, leurs restrictions mentales, leurs fourberies pour circonvenir les évêques et les Papes, leur obstination à rester dans l'Eglise malgré elle, à se jouer de ses condamnations sous une feinte d'obéissance. En un mot, nous leur avons vu faire tout ce que nous voyons et verrons faire aux jansénistes. Ceux-ci ont pour principe fondamental, comme Luther et Calvin, que l'homme déchu ne résiste jamais à la grâce intérieure. Leur cite-t-on le contraire de saint Augustin ou d'un autre Père, ils diront avec Arnauld que l'homme résiste quand il veut, mais sous-entendront que l'homme ne peut pas le vouloir. Ils diront même que l'homme résiste en effet à la grâce bien des fois; mais voici dans quel sens : le bassin de la balance qui a un poids de trois livres résiste de tout ce poids à l'autre bassin qui a un poids de six. Ainsi, l'homme qui est tiré d'un côté par trois livres de concupiscence, résiste de tout ce poids aux six livres de grâce qui le tirent de l'autre côté, ou plutôt ce n'est pas lui qui résiste, mais les deux poids qui se balancent ou se vainquent l'un l'autre.

Les jansénistes reprochent encore volontiers à leurs adversaires d'être molinistes : c'est comme si un Anglais reprochait à un Français d'être Lorrain ou Breton ; car le molinisme est un système ou une opinion théologique sur la prédestination, librement controversé dans l'Eglise, tandis que le jansénisme est une hérésie condamnée par l'Eglise. Le système en question a été imaginé par Louis Molina, Jésuite espagnol, professeur de théologie dans l'Université d'Evora en Portugal. Le livre où il explique ce système, intitulé *Concorde du libre arbitre avec la grâce et la prédestination*, publié à Lisbonne en 1588, fut vivement attaqué par les Dominicains, qui le déférèrent à l'inquisition, accusant l'auteur de renouveler les erreurs des pélagiens et des semi-pélagiens. La cause ayant été portée à Rome et discutée dans les fameuses assemblées qu'on nomme les congrégations *de auxiliis*, depuis l'an 1598 jusqu'en 1607, demeura indécise. Le pape Paul V, qui tenait alors le siège de Rome, ne voulut rien prononcer ; il défendit seulement aux deux parties de se noter mutuellement par des qualifications odieuses. Voici le plan du système de Molina et l'ordre que cet auteur imagine entre les décrets de Dieu :

« 1º Dieu, par la science de simple intelligence, voit tout ce qui est possible, et par conséquent des ordres infinis de choses possibles. 2º Par la science moyenne, Dieu voit certainement ce que, dans chacun de ces ordres, chaque volonté créée, en usant de sa liberté, fera, si Dieu lui donne telle ou telle grâce. 3º Il veut, d'une volonté antécédente et sincère, sauver tous les hommes, sous condition qu'ils voudront eux-mêmes se sauver, c'est-à-dire qu'ils correspondront aux grâces qu'il leur fera. 4º Il donne à tous les secours nécessaires et suffisants pour opérer leur salut, quoiqu'il en accorde aux uns plus qu'aux autres, selon son bon plaisir. 5º La grâce accordée aux anges et à l'homme dans l'état d'innocence n'a point été efficace par elle-même, mais *versatile* : dans une partie des anges, elle est devenue efficace par l'événement ou le bon usage qu'ils en ont fait; dans l'homme, elle a été inefficace, parce qu'il y a résisté. 6º Il en est de même dans l'état de nature tombée; point de décrets absolus de Dieu, efficaces par eux-mêmes et antécédents à la prévision du consentement libre de la volonté humaine ; par conséquent nulle prédestination à la gloire éternelle avant la prévision des mérites de l'homme, nulle réprobation qui ne suppose la prescience des péchés qu'il commettra. 7º La volonté que Dieu a de sauver tous les hommes, quoique souillés du péché originel, est vraie, sincère et active ; c'est elle qui a destiné Jésus-Christ à être le Sauveur du genre humain ; c'est en vertu de cette volonté et des mérites de Jésus-Christ, que Dieu accorde à tous plus ou moins de grâces suffisantes pour faire leur salut. 8º Dieu, par la science moyenne, voit avec une certitude entière ce que fera l'homme placé dans telle ou telle circonstance, et secouru par telle ou telle grâce, par conséquent qui sont ceux qui en useront bien ou mal. Quand il veut absolument et efficacement convertir une âme ou la faire persévérer dans le bien , il forme le décret de lui accorder les grâces auxquelles il prévoit qu'elle consentira et avec lesquelles elle persévérera. 9º Par la science de vision qui suppose ce décret, il voit qui sont ceux qui feront le bien et persévéreront jusqu'à la fin, qui sont ceux qui pécheront ou ne persévéreront pas. En conséquence de cette prévision de leur conduite absolument future, il prédestine les premiers à la gloire éternelle, et réprouve les autres. »

Tel est le système de Molina, sur lequel l'Eglise ne s'est pas prononcée, et que jusqu'à présent il est libre à tout catholique de soutenir. On ne peut sans injustice l'accuser de pélagianisme ni de semi-pélagianisme. Molina enseigne formellement que, sans le secours de la grâce, l'homme ne peut faire aucune action surnaturelle et utile pour le salut. Vérité diamétralement opposée à la maxime fondamentale du pélagianisme. Il soutient que la grâce est toujours prévenante, qu'elle est opérante ou coopérante lorsqu'elle est efficace ; qu'ainsi elle est cause efficiente des actes surnaturels, aussi bien que la volonté de l'homme. Autre vérité antipélagienne. Il dit et répète que la prévision du consentement futur de la volonté à la grâce n'est point la cause ni le motif qui détermine Dieu à donner la grâce ; que Dieu donne une grâce efficace ou inefficace uniquement parce qu'il lui plaît ; qu'ainsi, à tous égards, la grâce est purement gratuite ; il se défend contre ceux qui l'accusaient d'enseigner le contraire (Bergier, *Dictionn. de théologie*, art. MOLINISME).

Il est donc en soi très-injuste de taxer le système de Molina de pélagianisme ou de semi-pélagianisme : cela est en même temps bien téméraire, puisque le Saint-Siége, ayant examiné ce système avec une longue et sévère attention, ne l'a noté d'aucune censure. De la part de l'ennemi, ces accusations étaient une ruse de guerre à laquelle bien des catholiques n'ont pas toujours pris assez garde. Molina était Jésuite; les Jésuites s'attiraient l'estime et l'affection de l'Eglise entière, par leur zèle et leur dévouement pour la gloire de Dieu et le salut des âmes. Cela excitait des sentiments divers dans les autres congrégations religieuses : chez les uns, comme les enfants de saint Vicent de Paul, c'était une louable émulation à faire aussi bien; chez d'autres, c'était une jalousie plus ou moins humaine, car les religieux les plus parfaits sont encore hommes, à plus forte raison les moins parfaits, ceux qui penchent vers la décadence.

La nouvelle hérésie profita de ces dispositions pour diviser les sentinelles de la foi, en gagner quelques-unes, et se glisser ainsi dans le camp. Parmi les soldats fidèles qui la combattirent, on voit peu de Bénédictins, peu d'Oratoriens français. Ceux contre qui la nouvelle hérésie se fâche le plus ; ce sont les Jésuites : honneur à eux ! Les catholiques les aiment, les hérétiques les haïssent : il n'y a pas de gloire plus belle.

Dans les discussions que les docteurs catholiques eurent entre eux et avec les jansénistes, sur la grâce, tout le monde se réclamait de saint Thomas. Il nous semble toutefois qu'on a négligé en quelque sorte, et alors et depuis, un point principal que saint Thomas a néanmoins traité d'une manière expresse : c'est que la grâce est essentiellement quelque chose de surnaturel.

Comme nous avons vu dans le livre soixante-quatorzième de cette Histoire, où se trouve résumée la doctrine de l'Ecole, notre nature même est une grâce, en ce sens que Dieu nous l'a donnée sans nous la devoir, puisque nous n'étions point. Cependant on la distingue, et avec infiniment de raison, de la grâce proprement dite. Par la nature, Dieu nous donne gratuitement nous-mêmes à nous-mêmes; mais, par la grâce, il se donne lui-même gratuitement à nous. Ainsi, de la nature à la grâce, il y a toute la distance qu'il y a de nous à Dieu.

D'après la définition de saint Thomas, qui est devenue la définition commune de tous les catéchismes et de toutes les théologies, la grâce est un don surnaturel que Dieu accorde à l'homme pour mériter la vie éternelle. Le mot important est *surnaturel*, ou qui est au-dessus de la nature. D'après l'explication du saint docteur, qui est l'explication catholique, la grâce est un don *surnaturel*, non-seulement à l'homme déchu de la perfection de sa nature, mais à l'homme en sa nature entière; *surnaturel*, non-seulement à l'homme, mais à toute créature; non-seulement à toute créature actuellement existante, mais encore à toute créature possible (1, 2, q. 110, art. 1, C.; q. 111, art. 1, ad 2; q. 112, art. 1, C.; q. 114, art. 2, C.). Saint Thomas ne se borne point à l'expliquer ainsi, mais il en donne une raison si claire et si simple, qu'il suffit de l'entendre pour en être convaincu.

La vie éternelle consiste à connaître Dieu, à voir Dieu, non plus à travers le voile des créatures, ce que fait la théologie naturelle; non plus comme dans un miroir, en énigme et en similitudes, ce que fait la foi ; mais à le voir tel qu'il est, à le connaître tel qu'il se connaît. *Nous le verrons comme il est*, dit le disciple bien-aimé (1. Joan., 3, 2). Et saint Paul : *Maintenant nous le voyons par un miroir en énigme; mais alors ce sera face à face. Maintenant je le connais en partie; mais alors je le connaîtrai comme j'en suis connu* (1. Cor., 13, 12). Or, tout le monde sait, tout le monde convient que de Dieu à une créature quelconque il y a l'infini de distance. Il est donc naturellement impossible à une créature, quelle qu'elle soit, de voir Dieu tel qu'il est, tel que lui-même il se voit. Il lui faudrait pour cela une faculté de voir infinie, une faculté que naturellement elle n'a pas, et que naturellement elle ne peut avoir.

Il y a plus : la vision intuitive de Dieu, qui constitue la vie éternelle, est tellement au-dessus de toute créature, que nulle ne saurait, par ses propres forces, en concevoir seulement l'idée. Oui, dit saint Paul après le prophète Isaïe : *Ce que l'œil n'a point vu, ce que l'oreille n'a point entendu, ce qui n'est point monté dans le cœur de l'homme : voilà ce que Dieu a préparé à ceux qui l'aiment* (1. Cor., 2, 9; Is., 64, 4).

Pour donc que l'homme puisse mériter la vie éternelle, et même en concevoir la pensée, il lui faut, en tout état de nature, un secours surnaturel, une certaine participation à la nature divine. L'homme ne pouvant s'élever en ce sens jusqu'à Dieu, il faut que Dieu descende jusqu'à l'homme, pour le déifier en quelque sorte. Or, cette ineffable condescendance de la part de Dieu, cette participation à la nature divine, cette déification de l'homme, c'est la grâce (pars 1, q. 12, art. 4; q. 23, art. 1; q. 56, art. 3, ad 2-12; q. 5, art. 5).

C'est donc une idée fausse, c'est donc une erreur de penser que, dans le premier homme, la nature et la grâce étaient la même chose; que la grâce divine n'est devenue nécessaire à l'homme que depuis sa chute; que la grâce n'est que la restauration de la nature; que la foi n'est que la restauration de la raison, et que la révélation divine n'est devenue nécessaire à l'homme que par suite de l'obscurcissement de son intelligence. Aussi l'Eglise a-t-elle condamné, et avec beaucoup de justice, cette proposition du janséniste Quesnel : « La grâce du premier homme est une suite de la création, et elle était due à la nature saine et entière; » et cette autre de Baïus : « L'élévation de la nature humaine à la participation de la nature divine était due à l'intégrité de la première création, et par conséquent on doit l'appeler naturelle, et non pas surnaturelle. »

Confondre ainsi la nature et la grâce, c'est confondre implicitement Dieu et l'homme, Dieu et la créature, comme les brahmanes de l'Inde, les bouddhistes et les anciens idolâtres; c'est s'exposer à tomber ou dans le panthéisme ou dans le naturalisme, à conclure que tout est Dieu ou que Dieu n'est rien, et qu'il n'y a de réel que la nature visible.

Ainsi, nous avons un écrit de l'oratorien Malebranche, *Traité de la nature et de la grâce* (3e discours, art. 17, 18, 29 et 30), où l'on trouve les agréments du style; mais la doctrine n'en est pas sûre. Il y parle d'une grâce de son imagination, mais non de la grâce telle que la foi nous l'enseigne. Parlant sans cesse d'idées claires, il n'accumule sur la grâce et la nature que des idées confuses, inexactes, contraires à l'enseignement commun des théologiens, à la croyance commune des fidèles. Toute la grâce du premier homme, qu'il appelle *grâce du créateur*, était la lumière naturelle de la raison. Toute la grâce médicinale de l'homme déchu, c'est un plaisir prévenant, un amour distinct et d'emportement, de transport, pour ainsi dire, qui produit un amour semblable en quelque sorte à celui dont on aime les plus viles créatures, dont on aime les corps, dont les ivrognes aiment le vin. Cette grâce, selon lui, au lieu d'augmenter ou de produire le mérite, le diminue; au lieu de purifier notre amour, en corrompt la pureté : l'homme ne mérite qu'autant qu'il va par lui-même vers le bien. Certes, c'est là ne reconnaître la grâce que de nom, c'est la nier, ou plutôt c'est l'ignorer complètement : on dirait l'homme animal qui ne saurait concevoir les choses de l'Esprit divin.

Une aberration si profonde et si capitale dans un homme tel que Malebranche, accuse dans les théologiens de son temps une négligence déplorable à bien faire ressortir la distance infinie qui existe nécessairement entre la grâce et la nature. Nous croyons que cette négligence n'a pas aidé médiocrement au jansénisme et au philosophisme à fausser les idées et les esprits du XVIIᵉ et du XVIIIᵉ siècle; à tel point que ces siècles, si vantés par eux-mêmes, courent grand risque d'être taxés un jour de siècles d'ignorance lettrée. De là aussi, croyons-nous, vient cette espèce de divorce entre la théologie argumentative et la théologie de la piété, entre la théologie des professeurs et la théologie des saints. Nous les avons vues réunies l'une et l'autre, au moyen-âge, dans saint Thomas et saint Bonaventure. Dans les temps modernes, elles sont devenues comme étrangères l'une à l'autre, au grand préjudice, croyons-nous, de toutes les deux.

Nous avons admiré leur union dans saint François de Sales. Un pieux personnage, qui mourut en 1566, un an avant la naissance du saint évêque de Genève, nous a laissé un exemple pareil. C'est *François-Louis Blosius*, en français *de Blois*, parce qu'il était de la maison de ce nom, illustrée par ses alliances avec plusieurs têtes couronnées. Il naquit en 1506, au château de Donstienne, dans le pays de Liége, et se fit Bénédictin à l'abbaye de Liesse, en Hainaut. Il en devint abbé en 1530, refusa l'archevêché de Cambrai et l'abbaye de Tournai, que Charles-Quint, avec lequel il avait été élevé, le pressait d'accepter. Blosius s'occupa d'introduire la réforme dans son monastère, auquel il donna des statuts qui furent approuvés par Paul III en 1545, et y vécut dans la pratique exemplaire de toutes les vertus religieuses. Ses opuscules seuls le prouveraient: écrits avec une élégante simplicité, ils respirent la piété la plus tendre. 1º *Canon ou règle de la vie spirituelle*, en trente-huit chapitres terminés par une humble et fervente prière, et par quelques hymnes où l'âme fidèle exprime à Jésus son amour. — 2º *Le Cabinet spirituel*, contenant le miroir spirituel, le collier spirituel, la couronne et le petit écrin. — 3º *Trésor de pieuses prières*; — 4º *Le Manuel des petits*; — 5º *Psychagogie, ou récréation de l'âme*, divisée en quatre livres, dont les trois premiers sont tirés de saint Augustin, et l'autre de saint Grégoire. — 6º *Collyre des hérétiques*. — 7º *Comparaison d'un roi et d'un moine*, traduite de saint Chrysostome; — 8º *Consolation des pusillanimes*; — 9º *Institution spirituelle*, utile à ceux qui aspirent à la perfection; — 10º *Petite règle du novice*; — 11º *Perle spirituelle*, contenant un abrégé de la vie de Jésus-Christ tirée des évangiles, une explication de sa passion tirée de Tauler, etc., — 12º *Oratoire de l'âme fidèle*; — 13º *Petit flambeau pour éclairer les hérétiques et les ramener de leurs erreurs*; 14º *Miroir des moines*.

Un autre homme apostolique, animé du même esprit de foi, fut *Jean Lejeune*, surnommé *le Père Aveugle*, né à Poligny l'an 1592, et mort en 1672. Il entra l'an 1614 dans la nouvelle congrégation de l'Oratoire, fondée par le Père de Bérulle, depuis cardinal. Sa vie entière fut consacrée à prêcher apostoliquement, surtout les pauvres. En 1635, il devint aveugle: ce qui ne l'empêcha pas de continuer ses travaux de missionnaire jusqu'à l'âge de 80 ans. Sur la fin de ses jours, ne pouvant plus sortir de sa chambre, il y rassemblait les enfants du peuple pour les instruire. Les sermons du Père Lejeune ont été imprimés en dix volumes, à Toulouse, du temps même de l'auteur; depuis, en douze volumes, à Lyon, sous le titre de *Missionnaire de l'Oratoire* (1). Ils ont été traduits en latin et publiés à Mayence sous le titre, aussi vrai que beau, de *Délices des pasteurs*.

Dans un avis aux jeunes prédicateurs, le Père Lejeune dit entre autres: « Les vieux nautonniers donnent quelquefois de bons avis aux jeunes; non pas qu'ils aient toujours plus d'esprit ou de prudence que les jeunes, mais parce qu'ils ont plus d'expérience. — Le premier avis que je vous donne pour bien prêcher, c'est de bien prier Dieu; le second, c'est de bien prier Dieu; le troisième, le quatrième et le dixième, c'est de bien prier Dieu. Il est dit du Fils de Dieu, qu'il passait les nuits en prières, et qu'il allait, suivant sa coutume, prier à la montagne des Olives. L'instituteur de l'ordre sacré des Prédicateurs, saint Dominique, était si assidu à l'oraison, qu'à Toulouse et aux autres monastères où il a demeuré, on ne marque point où était sa chambre, parce que le chœur de l'église était sa chambre, son étude et sa bibliothèque, où il passait la nuit et une grande partie du jour. Saint Thomas, saint Bonaventure, saint Vincent Ferrier et d'autres saints prédicateurs ont plus appris au pied des autels et du crucifix qu'en aucune école ou bibliothèque. — Ayez pour unique fin en vos sermons la gloire de Dieu et le salut des âmes; tout ce qui ne tendra pas à ce but vous obligera du moins au feu du purgatoire, et même vous fera mépriser par les gens du monde.

» Lisez et relisez assidûment l'Ecriture sainte. Vous n'entrerez en chaire que pour prêcher la parole de Dieu, comme ferait Notre Seigneur Jésus-Christ, dont vous tenez la place. Il en faut donc bannir toute sorte de fables et autres sciences profanes. Un seul passage de la sainte Bible a plus de force sur l'esprit des chrétiens que cent raisonnements humains: ne craignez donc pas de la prêcher toute pure. Si vous voulez y ajouter quelque chose, les livres qu'il me semble que vous devez lire principalement sont: saint Augustin, saint Chrysostome, la Vie des Saints et quelques commentaires sur l'Ecriture, si vous en avez le moyen; mais, après l'Ecriture, le livre que vous devez lire et relire souvent, ce sont les *Œuvres Spirituelles* de Grenade, et les prêcher partout, même mot à mot, et l'on verrait naître des fruits admirables.

» L'éloquence, l'élégance et l'emphase des paroles servent à persuader; mais je ne puis vous conseiller de prêcher par périodes carrées, et d'user de pensées ou de pointes trop étudiées. 1º Le Fils de Dieu ne prêchait point comme cela, et saint Paul dit: *Non avec des paroles persuasives de l'humaine sagesse*. 2º Cela sent un peu la vanité, et toute imperfection du prédicateur mésédifie ses auditeurs. 3º Vous perdez du temps à rechercher ces fleurettes et à étudier ces périodes, et il le faudrait employer à prier Dieu, pour attirer sur vos paroles sa béné-

---

(1) Une nouvelle édition du *Missionnaire de l'Oratoire* est sortie, en 1869, des presses de Contant-Laguerre, éditeur à Bar-le-Duc; elle a été enrichie de plus de cent notices biographiques de personnages ou d'auteurs cités par le Père Aveugle.

diction. 4° Ces fleurs nuisent souvent aux fruits; car l'esprit de l'auditeur, s'amusant à admirer la gentillesse des paroles, ne s'applique qu'à demi à la vérité des sentences.

» La méthode qui est gardée en ces sermons est pour aider la mémoire, et non pour user d'artifice; car j'ai remarqué que le mouvement du Saint-Esprit, joint à une éloquence naturelle et naïve, persuade mieux que la rhétorique artificielle. — Il y a en cette œuvre des fautes contre la politesse du langage français; c'est quelquefois par ignorance, d'autres fois je les affecte tout exprès pour me rendre plus intelligible au peuple. » Voilà comme s'exprime le Père Lejeune lui-même.

L'édition de 1662 porte l'approbation de deux religieux, l'un Carme, l'autre Dominicain, conçue en ces termes : « Nous soussignés, docteurs-régents de l'Université de Toulouse, certifions avoir lu avec exactitude le *Missionnaire de l'Oratoire*, composé par le R. P. Jean Lejeune, prêtre de l'Oratoire de Jésus, rempli d'une doctrine toute céleste, qui éclaire l'entendement et échauffe la volonté; et, ce qui est assez rare ailleurs, on y voit partout un ordre admirable dans la multitude des pensées, des comparaisons naïves enchâssées avec un artifice très-agréable; il est clair dans l'embarras des matières les plus embrouillées, en telle sorte qu'il semble que Dieu ne lui ait fermé les yeux du corps que pour rendre plus clairvoyants ceux de l'esprit, en le faisant marcher d'un pas ferme et assuré dans les labyrinthes des plus difficiles questions de la théologie. Les prédicateurs y apprendront à parler plus du cœur que de la langue; les âmes dévotes, les principales règles d'une véritable et solide piété, et les pécheurs, les moyens de sortir de l'état funeste où leur volonté perverse les a réduits. Tel est notre sentiment. »

Ce jugement des deux religieux ne nous paraît que juste. Et, si ce n'était un trop étrange paradoxe, nous dirions que, sauf la différence de style, le Père Lejeune l'emporte sur tous les prédicateurs modernes pour l'ensemble et la profondeur de la doctrine, pour la merveilleuse application de l'Ecriture, des Pères et de la théologie, pour la sagesse pratique des réflexions. Nous ne connaissons aucun sermon dont la lecture soit si instructive, si attachante, si propre à faire naître dans l'esprit des idées neuves et originales, que les sermons du Père Lejeune. Ils sont au nombre de trois cent soixante-deux, parmi lesquels vingt sur la sainte Vierge, plus de vingt sur le Saint-Sacrement de l'autel, vingt-huit sur les attributs de Dieu, principalement sa justice. Il est à regretter qu'il n'ait pas traité, avec la même profondeur et étendue, la matière de la grâce divine et de la vie surnaturelle.

Dans un sermon sur cette pensée, *qu'il y a fort peu de chrétiens pour vivre selon la foi*, il se résume ainsi : « Il y a donc en ce monde quatre sortes de vies selon les quatre divers principes qui donnent le mouvement à toutes les actions des créatures vivantes et animées : la vie végétative, la vie sensitive, la vie raisonnable, la vie chrétienne. La vie végétative, c'est la vie des plantes qui ne s'emploient qu'à se nourrir et à s'accroître; la vie sensitive, c'est la vie des animaux qui se conduisent par les sens; la vie raisonnable, c'est la vie des hommes qui se conduisent par la raison; la vie chrétienne, c'est la vie des fidèles qui se conduisent par la foi. D'où il paraît que, même parmi les familles chrétiennes et catholiques, il y a beaucoup de belles plantes, de bonnes bêtes et d'honnêtes gens, mais fort peu de vrais chrétiens.

» Si Jésus-Christ nous dessillait les yeux de l'esprit et de la foi, comme il ouvrit les yeux du corps à l'aveugle de Bethsaïda, nous dirions comme lui : *Je vois des hommes qui marchent comme des arbres* (Marc., 8, 24); nous verrions que plusieurs personnes qui sont fort estimées et louées dans le monde n'ont point d'autre vie que celle des plantes, point d'autres ressorts et de principes de leurs actions que ceux des arbres. Voilà un marchand, fort soigneux et diligent, qui travaille nuit et jour, qui voyage par mer et par terre, qui se couche tard et se lève de bon matin; quel est le principe de tous ces mouvements? pourquoi fait-il tout cela? c'est pour acheter, ici une maison, là une ferme; c'est-à-dire pour s'établir sur la terre comme ce noyer et cet orme qui jettent des racines de tous côtés pour s'agrafer et s'affermir dans la terre. Cet homme n'était autrefois qu'un petit mercier, et c'est maintenant un riche marchand, comme cette plante, qui n'était autrefois qu'un petit arbrisseau, est maintenant un grand arbre.

» Quelques autres mènent une vie sensitive, et au jugement de Dieu ils ne sont pas plus estimés que des brutes; ils ne se conduisent que par les sens : *Comparatus est jumentis insipientibus*..... En effet, quel est le ressort de vos pensées, le motif de toutes vos actions? C'est le consentement de vos sens, les aises de votre corps; vous ne travaillez que pour cela, vous ne songez qu'à cela, à boire, à manger, à dormir, à vous vautrer dans les voluptés sensuelles. Que font les ours, les lions et les autres brutes? Vous vous couchez le soir, parce que vous êtes las, et pour mettre votre corps à son aise : ainsi fait un cheval quand il est harassé et qu'il trouve une bonne litière. Vous mangez, parce que vous avez faim et que vous trouvez de bonnes viandes : ainsi fait un mulet quand il a faim et qu'on lui donne de bonne avoine : *Sicut equus et mulus*. Vous nourrissez vos enfants, parce que ce sont vos petits : ainsi font une hirondelle, une poule et un moineau; ils prennent grand soin de nourrir leurs petits, parce que ce sont leurs poussins.

» Il y en a d'autres qui ne sont pas si brutaux, mais néanmoins qui ne sont pas plus chrétiens; ils pensent être bien parfaits, parce qu'ils sont bien raisonnables : la raison, la prudence humaine, la vertu naturelle ou morale est le principe de leurs actions... Vous endurez les injures et les superchéries qu'on vous fait, parce que c'est le propre d'un grand courage de mépriser ces faibles esprits; vous les estimez indignes de votre colère, comme un lion ou un éléphant méprise les cris des petits chiens qui aboient contre lui. Tout cela c'est être honnête homme, c'est être homme d'honneur, philosophe, bon politique, mais, s'il n'y a rien autre chose, ce n'est pas être chrétien, disciple de Jésus-Christ, disciple de la foi et de la grâce.

» *Mon juste vit de la foi*, dit le prophète cité par saint Paul. Voyez *mon juste*. Il y a des justes selon le monde et des justes selon Dieu : les justes selon le monde sont ceux qui sont gens de bien par raison humaine, par maxime d'état et par intérêt temporel ; les justes selon Dieu sont ceux qui ont la foi pour principe de leurs actions et pour règle de leur vie..... La vie du chrétien est une vie surnaturelle, c'est-à-dire une vie qui est au-dessus de la nature, qui est au-dessus de l'esprit humain, autant et plus que l'esprit humain est au delà des bêtes brutes. La foi est au-dessus de la raison, autant et plus que la raison est au-dessus du corps et des sens; et comme l'homme qui vit en tant qu'homme ne se conduit pas par les sens, comme font les animaux, mais par la raison : ainsi celui qui vit en tant que chrétien ne se conduit pas par la raison, comme font les hommes, mais par la foi et les maximes de l'Evangile (*Sermon* 152). »

Ce qui manque dans le Père Lejeune, une instruction approfondie sur la nature intime de cette vie surnaturelle, on le trouve dans plusieurs de ses contemporains de la Compagnie de Jésus. Le Père *Jean-Baptiste Saint-Jure*, né à Metz en 1588, mort à Paris en 1657, missionnaire en Angleterre sous Charles I$^{er}$, a formé un grand nombre d'âmes à la plus haute perfection, et laissé plusieurs ouvrages qui leur peuvent servir de guide : *De la connaissance et de l'amour de N. S. Jésus-Christ; L'homme religieux* (1); *Méthode pour bien mourir; L'homme spirituel*. Dans ce dernier, il distingue et signale, comme le Père Lejeune, les différentes vies dont peut vivre l'homme, mais il fait mieux connaître la source de la vie spirituelle dans l'union intime, dans la pénétration réciproque de Jésus-Christ et de l'âme fidèle, par où l'âme participe en lui à la nature divine.

Mais nul ne nous paraît avoir résumé l'Ecriture, les Pères et la théologie avec une plus profonde intelligence, sur cette vie mystérieuse de l'âme en Dieu et de Dieu en l'âme, que le Jésuite *Corneille de la Pierre* en son commentaire sur le premier chapitre du prophète Osée.

Au livre quinzième de cette Histoire, nous avons vu dans quelles circonstances ce prophète eut deux enfants prophétiques, une fille nommée Lo-rucha-ma, *Sans-miséricorde*, et un fils nommé Lo-ammi, *Non-mon-peuple. Car, dit le Seigneur, vous n'êtes plus mon peuple, et moi je ne serai plus à vous. Cependant le nombre des enfants d'Israël sera comme le sable de la mer, qui ne peut ni se mesurer ni se compter. Et au même lieu où on leur aura dit : Vous n'êtes point mon peuple, on leur dira : Enfants du Dieu vivant.* Saint Pierre nous a montré l'accomplissement de cette prophétie, en écrivant aux chrétiens dispersés en Orient : *Vous êtes la race élue, le sacerdoce royal, la nation sainte, le peuple d'acquisition. Qui, autrefois* Non-peuple, *êtes maintenant le peuple de Dieu ; qui, autrefois* Sans-miséricorde, *avez obtenu miséricorde maintenant* (1. Petr., c. 2). C'est sur le mystère de cette adoption divine que Corneille de la Pierre résume admirablement la doctrine chrétienne, à commencer par ces paroles : *Enfants du Dieu vivant !*

« La plus grande dignité et élévation de l'homme est celle par laquelle nous *participons de la nature*

---

(1) Ces deux ouvrages des œuvres du P. Saint-Jure ont aussi été réimprimés à Bar-le-Duc, chez Contant-Laguerre, éditeur, dans les formats in-12 et in-8°.

*divine*, comme dit saint Pierre. » C'est avec vérité que saint Léon dit, sixième discours de la Nativité : « Un don qui surpasse tous les dons, c'est que Dieu appelle l'homme *son fils*, et que l'homme appelle Dieu *son père*. » Aussi le même enseigne-t-il, premier discours de la Nativité, que l'homme doit imiter Dieu son père, et revêtir ses mœurs, afin qu'il mène une vie divine, et non pas terrestre, ni animale. « O chrétiens! dit-il, reconnais ta dignité, et, devenu participant de la nature divine, ne va point, par une conduite dégénérée, retourner à ton ancienne bassesse. » Et, sixième sermon : « Que la race élue et royale réponde à la dignité de sa régénération; qu'elle aime ce qu'aime le Père et qu'elle ne diffère de sentiment en rien d'avec son auteur, de peur que le Seigneur ne répète ce mot d'Isaïe : *J'ai nourri des enfants, je les ai élevés, et ils m'ont méprisé*; qu'elle suive, au contraire, cette parole du Christ : *Soyez parfaits comme votre Père céleste est parfait*. Ceux-ci donc *sont nés, non pas du sang, ni de la volonté de la chair, ni de la volonté de l'homme, mais nés de Dieu même;* semblable au Fils unique de Dieu, à qui le Père a dit de toute éternité : *Tu es mon Fils, je t'ai engendré aujourd'hui*. Quand le prophète dit d'une manière si expresse : Vous êtes les fils du Dieu *vivant*, c'est pour dire : Vous êtes les fils, non des dieux muets et morts, non des idoles, mais du Dieu vivant et véritable, qui est lui-même la vie divine et incréée, et qui vous l'aspire et le communique.

» Dans cette génération et cette filiation, le père est Dieu; la semence, la grâce prévenante; la mère, la volonté qui acquiesce et coopère ; l'enfant, l'homme juste; l'âme, la charité. Encore un exemplaire de cette filiation, c'est la filiation du Verbe de Dieu ; car, de même que Dieu le Père a de toute éternité engendré un Fils qui lui est consubstantiel et égal en tout; de même, à l'instar de celui-là, il engendre dans le temps des fils qui soient par sa grâce ce que le Fils de Dieu est par nature. Notre filiation est donc l'image de la filiation divine. C'est ce que l'Apôtre dit aux Romains : *Ceux qu'il a sus par avance, il les a prédestinés à être conformes à l'image de son Fils, afin qu'il soit lui-même le premier-né parmi beaucoup de frères* (Rom., 8, 29). Et encore : *Tous ceux qui sont conduits par l'Esprit de Dieu, ceux-là sont enfants de Dieu ; car vous n'avez pas reçu un esprit de servitude pour vivre de nouveau dans la crainte, mais vous avez reçu l'esprit d'adoption filiale, dans lequel nous crions :* Abba, *Père* (Ibid., 14 et seqq.). Ce qu'il prouve en ajoutant : *Car l'Esprit lui-même rend témoignage à notre esprit, que nous sommes enfants de Dieu. Or, si nous sommes ses enfants, nous sommes aussi ses héritiers : héritiers de Dieu et cohéritiers de Jésus-Christ, si cependant nous souffrons avec lui, afin d'être glorifiés avec lui.*

» Au reste, pour considérer, embrasser et recevoir plus à fond cette adoption divine, il faut remarquer que par elle sont répandus dans l'âme, non-seulement la grâce, la charité et les autres dons du Saint-Esprit, mais encore l'Esprit-Saint lui-même, qui est le don premier et incréé que Dieu donne aux hommes. Dieu aurait pu, dans la justification, nous rendre seulement justes et saints par la grâce et la charité infuses, et c'eût été une grande grâce et un bienfait de Dieu, quand même il ne nous aurait pas adoptés pour ses enfants; mais, non content de cela, il a voulu nous rendre justes de manière à nous adopter pour ses enfants en nous rendant justes. Encore aurait-il pu faire cette adoption filiale, en nous donnant seulement la charité, la grâce et les dons créés; car la grâce est une participation à la nature divine au souverain degré, savoir, autant que la divinité peut être reçue en participation par la créature, non-seulement naturellement, mais encore surnaturellement; et ce bienfait de Dieu eût été beaucoup plus grand que le premier. Mais l'immense Bonté, non contente de cela, a voulu se donner elle-même à nous, nous sanctifier et nous adopter par elle-même. C'est pourquoi le Saint-Esprit s'est lui-même annexé à ses dons, à la grâce et à la charité, afin que, toutes les fois qu'il les répand dans l'âme, il s'y répande en même temps avec eux et par eux, personnellement et substantiellement, selon cette parole de l'Apôtre : *La charité de Dieu a été répandue dans nos cœurs par le Saint-Esprit qui nous a été donné* (Rom., 5, 5). C'est pourquoi l'Apôtre l'appelle l'ESPRIT D'ADOPTION. *Car vous n'avez pas reçu,* dit-il, *un esprit de servitude pour vivre de nouveau dans la crainte, mais l'esprit d'adoption filiale,* et le reste comme plus haut. Et encore : *Tous ceux qui sont conduits par l'Esprit de Dieu, ceux-là sont enfants de Dieu.* Et enfin : *Parce que vous êtes ses fils, Dieu a envoyé dans vos cœurs l'Esprit de son Fils, qui s'écrie :* ABBA, *Père* (Galat., 4, 6)!

Telle est donc à la fois et la souveraine munificence de Dieu envers nous et notre souveraine dignité et exaltation, par laquelle, en recevant la grâce et la charité, nous recevons en même temps la personne même du Saint-Esprit, qui s'est unie à la charité et à la grâce, et, par elles, habite en nous, nous vivifie, nous adopte, nous déifie et nous pousse à toute sorte de bien. Voulez-vous de plus grandes choses encore? Ecoutez. Le Saint-Esprit, en descendant personnellement dans l'âme juste, y amène avec lui les autres personnes divines, le Père et le Fils, attendu qu'il ne peut jamais s'en séparer. Toute la Trinité vient donc personnellement et substantiellement dans l'âme qui est justifiée et adoptée, demeure et habite en elle comme en son temple, tant qu'elle persévère dans la justice, suivant ce mot de saint Jean : *Qui demeure en la charité, demeure en Dieu, et Dieu demeure en lui;* et cet autre de saint Paul aux Corinthiens : *Qui s'attache au Seigneur, est un seul esprit avec lui* (Joan., 4, 6; 1. Cor., 6, 17).

C'est là ce que Jésus-Christ, la veille de sa mort, demanda et obtint par cette prière toute divine à son Père : *Qu'ils soient tous une même chose, comme vous, ô Père! êtes en moi et moi en vous, afin qu'eux aussi soient en nous une même chose* (Joan., 17, 21) : c'est-à-dire qu'ils participent au seul et même Saint-Esprit, qu'ils soient unis en lui et par lui aux autres personnes divines; ainsi donc, qu'ils soient tous une même chose en lui; parce que le Saint-Esprit, qui est participé par tous et qui est en tous, est un seul et même Saint-Esprit. D'où il suit que tous sont *un* dans une chose unique indivisible, savoir, dans l'Esprit-Saint, comme les trois personnes divines sont *un* dans une seule nature divine, nature singulière et indivisible. Telle est l'explication de saint Cyrille (l. 4, *sur saint Jean,* c. 26), de saint Athanase (*Disc. 4, contre les Ariens*) et de Tolet, qui les suit.

» Donc, dans la justification et l'adoption, se répandent en l'âme, la grâce et la charité, et avec elles l'Esprit-Saint et toute la divinité, et la très-sainte Trinité, qui s'est comme annexée et incluse substantiellement à ses dons que voilà, afin de nous unir substantiellement à elle, nous sanctifier, nous déifier, nous adopter. Adoption par laquelle nous recevons premièrement la souveraine dignité de la filiation divine, par laquelle réellement nous soyons les enfants de Dieu et comme des dieux, non-seulement accidentellement par grâce, mais aussi comme substantiellement par nature; car Dieu nous communique et nous donne réellement sa nature. Secondement, par cette même adoption, nous acquérons comme fils un droit à l'héritage céleste, savoir, à la béatitude et à tous les biens de Dieu, notre Père. Troisièmement, par elle encore, nos œuvres et nos mérites acquièrent une dignité merveilleuse; car étant les œuvres d'enfants substantiels de Dieu, pour ainsi parler, elles ont une dignité, une valeur, un prix tels, qu'elles sont tout à fait proportionnées à leur récompense et dignes d'elle, à savoir, la vie éternelle et la gloire céleste, attendu qu'elles procèdent pour ainsi dire de Dieu lui-même et de l'Esprit divin, qui habitant en nous, nous les fait faire et y coopère lui-même.

» De là suit : 1° Que la justice inhérente ou la grâce sanctifiante, par laquelle nous sommes justifiés et adoptés pour enfants de Dieu, n'est pas une simple qualité, comme quelques-uns se l'imaginent, mais qu'elle embrasse beaucoup de choses, savoir : la rémission des péchés, la foi, l'espérance, la charité et les autres dons, le Saint-Esprit lui-même, l'auteur de ces dons (et par conséquent toute la sainte Trinité). Car l'homme reçoit toutes ces grâces infuses dans la justification, comme le dit le concile de Trente (sess. 6, c. 7)

» Il suit : 2° Que ceux-là se trompent qui pensent que : dans la justification et l'adoption, le Saint-Esprit est donné seulement quant à ses dons, et non quant à sa substance et à sa personne; car saint Bonaventure enseigne le contraire (*in* 1. *Sentent.,* dist. 14, art. 2, q. 1). Là il montre expressément que le Saint-Esprit est donné aux justes, non-seulement dans ses effets, mais encore dans sa propre personne, comme le don incréé, afin qu'ils le possèdent parfaitement. Le Maître des Sentences (l. 1, dist. 14 et 15) enseigne la même chose d'après saint Augustin et d'autres. Scot, Gabriel, Marsilius aussi. Saint Thomas l'établit clairement (1. p., q. 43, art. 3 et 6, et q. 38, art. 8) : il montre que le nom propre du Saint-Esprit est *Don,* parce qu'il est donné lui-même à tous les justes. Tous les disciples de saint Thomas l'ont suivi, ainsi que nos Pères Vasquez, Valentia et principalement Suarez (l. 12, *de Deo trino et uno,* c. 5, n. 8, 11 et 12), qui infère de là que le Saint-Esprit commence à être présent dans l'âme du juste d'une nouvelle manière, dont il ne l'était pas auparavant selon sa substance; et il cite pour cette doctrine saint Léon, saint Augustin, saint Ambroise, et il la croit si certaine, qu'il regarde le sentiment contraire comme erroné. Il la fonde aussi sur ces paroles de l'Ecriture : *Vos membres sont le temple du Saint-Esprit, que vous avez reçu de Dieu* (1. Cor., 6). *La charité de Dieu est répandue dans nos cœurs par le Saint-Esprit, qui nous a été donné* (Rom., 5). *Celui qui demeure dans la charité, demeure en Dieu et Dieu en lui* (1. Joan., 4). *Celui que mon Père enverra en mon nom, demeurera chez vous et sera en vous* (Joan., 14). *Nous viendrons à lui, et nous ferons une demeure chez lui. Si je m'en vais, je vous l'enverrai* (Ibid., 16).

» Suarez en donne pour raison : « Que les dons de la grâce, par leur force et comme par un droit qui leur est connaturel, demandent la présence réelle et personnelle de Dieu dans l'âme sanctifiée par ces dons; car, supposant par impossible que l'Esprit-Saint n'est pas d'ailleurs réellement présent dans une âme, par là même que cette âme est comblée de tels dons, l'Esprit-Saint lui-même viendrait à elle par sa présence personnelle et demeurerait en elle, tant qu'elle persévérerait dans la grâce. De la même manière, dit-il, que le Verbe est présent à l'humanité du Christ, de sorte que, si par impossible il ne lui eût pas été présent auparavant, il lui deviendrait personnellement et intimement présent par l'union hypostatique. Il donne encore cette raison morale, que par la grâce il s'établit entre Dieu et l'homme une amitié très-parfaite qui exige la présence de l'ami, c'est-à-dire de l'Esprit-Saint, qui demeure dans l'âme de son ami, afin qu'il lui soit intimement uni et qu'il réside en elle comme en son temple, pour y recevoir un culte, être aimé et adoré.

» De cette communication de la personne même du Saint-Esprit et de la Divinité, résulte la plus haute union de l'âme avec Dieu, sa plus grande élévation et une sorte de déification, et par conséquent l'adoption la plus parfaite, non-seulement par la grâce, mais encore par la substance divine; parce que par elle nous obtenons, non-seulement un droit à l'héritage de Dieu, notre Père, mais encore une participation à la nature divine, l'Esprit-Saint lui-même, et la filiation de Dieu non pas accidentellement, mais comme substantiellement, dans le sens que nous avons dit plus haut. Car, comme parmi les hommes celui-là est proprement appelé le père, qui communique sa nature à son fils, ainsi Dieu, en nous donnant avec ses dons et par ses dons le Saint-Esprit, nous communique sa nature divine, et de cette manière il nous fait proprement et parfaitement ses enfants, et nous adopte pour tels. De là saint Basile (homélie du Saint-Esprit), dit que les saints sont des dieux, à cause de l'Esprit-Saint qui habite en eux. Car il leur a été dit par Dieu même : *Je l'ai dit, vous êtes des dieux, et tous enfants du Très-Haut;* d'où il prouve que le Saint-Esprit est Dieu. Car, dit-il, *il faut bien que cet Esprit-là soit divin et de Dieu, qui est une cause de divinité pour des dieux.* Comme la cause formelle de la première adoption par la grâce et la grâce même, ainsi la cause formelle de cette seconde adoption qui se fait par la communication du Saint-Esprit, est le Saint-Esprit même qui habite dans l'âme du juste; le moyen, c'est la grâce.

» Il suit : 3° Que notre adoption, bien que une en soi, est pourtant double en sa vertu. La première, par laquelle nous sommes adoptés enfants de Dieu par la charité créée et par la grâce infuse à l'âme, car c'est une souveraine participation à la nature divine. La seconde, celle où, par la grâce, nous acquérons l'Esprit-Saint lui-même et sa nature divine, et nous sommes comme déifiés par lui et reçus enfants de Dieu. Or, chacune de ces adoptions se commence ici-bas par la grâce, mais se consommera et s'affermira au ciel par la gloire éternelle, où nous possèderons réellement l'héritage de Dieu, serons unis à Dieu intimement et en jouirons par la vision béatifique; vision par où Dieu se communiquera lui-même d'une manière nouvelle et substantiellement à l'âme bienheureuse, descendra en elle et s'y insinuera de la manière la plus intime et la plus suave. C'est de ce bonheur que l'Apôtre dit aux Romains : *Nous gémissons en nous-mêmes, attendant l'adoption des enfants de Dieu* (Rom., 8, 23), c'est-à-dire de cet héritage pour lequel nous avons été adoptés. Et saint Jean dans l'*Apocalypse : Voici le tabernacle de Dieu avec les hommes, et il habitera avec eux. Et eux seront son peuple, et Dieu lui-même avec eux sera leur Dieu. — Celui qui aura vaincu possédera ces choses, et je lui serai Dieu, et il sera mon fils* (Apoc., 21, 3 et 7).

» Il suit : 4° Que, comme Jésus-Christ est Fils par nature de Dieu, et en tant que Dieu par la génération éternelle, et en tant qu'homme par l'union hypostatique, de même nous sommes les fils adoptifs de Dieu, mais d'une manière bien plus noble que ne le sont les fils adoptifs des hommes. Ceux-là, en effet, ne reçoivent rien de physique de leur père adoptant, mais seulement une dénomination morale, par laquelle ils acquièrent un droit à son héritage ; nous, au contraire, nous recevons la grâce de Dieu, et, avec la grâce, la nature même de Dieu, afin que, comme parmi les hommes celui-là est proprement père qui communique t ur entre sa nature humaine et engendre un homme, ainsi Dieu soit appelé non-seulement le Père de Jésus-Christ, mais encore le nôtre; attendu que par sa grâce il nous communique sa nature, et qu'il a communiquée à Jésus-Christ par l'union hypostatique, et cela pour nous rendre ses frères, selon ces paroles de l'Ecriture : *Ceux qu'il a connus d'avance, il les a prédestinés à devenir conformes à l'image de son Fils; afin qu'il fût le premier entre beaucoup de frères* (Rom., 8, 29). *Il a donné puissance de devenir enfants de Dieu, à ceux qui croient en son nom; qui sont nés, non pas du sang, etc., mais de Dieu* (Joan., 1, 12). »

De ce résumé substantiel de l'Ecriture, des Pères et de la théologie, le docte et pieux Corneille de la Pierre tire cette conclusion morale : « Apprenez de là combien grand, combien inestimable est le bienfait de la filiation et de l'adoption divine! Peu savent qu'il est d'une aussi haute dignité que nous avons fait voir : moins encore l'apprécient comme il mérite. Chacun devrait l'admirer respectueusement en soi ; les docteurs et les prédicateurs, l'expliquer comme nous avons fait et l'inculquer au peuple, afin que les fidèles et les saints sachent qu'ils sont les temples vivants de Dieu et qu'ils portent Dieu lui-même dans leur cœur; par conséquent, qu'ils doivent marcher avec Dieu et se conduire d'une manière digne d'un tel hôte, qui les accompagne partout, leur est partout présent et les regarde partout.

C'est avec raison que l'Apôtre dit : *Ne savez-vous pas que vos membres sont le temple du Saint-Esprit qui est en vous, que vous avez reçu de Dieu, et que vous n'êtes plus à vous-mêmes? Car vous avez été achetés à un grand prix : glorifiez et portez Dieu dans votre corps* (1. Cor., 6, 19).

Cette conclusion morale du bon Père Cornélius *à Lapide* est une des plus graves leçons de l'histoire. Supposez un pays, un siècle où on se contente de prêcher au peuple les vérités générales du christianisme, particulièrement en fait de morale, mais sans lui en faire connaître, sentir, goûter l'esprit et l'âme, cette vie de la grâce et de la foi, cette vie surnaturelle et divine : ce pays, ce siècle pourront être féconds en orateurs éloquents ou grammaticalement irréprochables, mais ils seront indigents en apôtres et stériles en saints. On ne verra du christianisme que le dehors, la superficie littéraire : on négligera l'esprit et l'âme.

Cornélius *à Lapide* ou *Von den Stein* naquit à Bucold, village du diocèse de Liége. Orateur éloquent, aussi profond dans la philosophie et la théologie que versé dans l'histoire, il joignait à ces connaissances celle du grec et de l'hébreu. Il professa pendant plus de vingt ans cette dernière langue avec beaucoup de célébrité. Il fit ensuite à Rome, pendant plusieurs années, des leçons sur l'Écriture, dans lesquelles il s'attachait particulièrement au sens littéral. Ce pieux et savant Jésuite mourut à Rome en 1637. Il a laissé, sur tous les livres de la Bible, des commentaires fort estimés, qui ont été réunis en seize volumes in-folio.

Un autre Jésuite, héritier et propagateur fidèle de cet esprit de foi et de vie divine, fut le père *Jean-Joseph Surin*, né à Bordeaux en 1600, et mort en la même ville en 1665. Fils d'un conseiller au parlement, il fut élevé dans la piété, et, à l'âge de quinze ans, il obtint de son père, à force d'instances, d'entrer dans la Compagnie de Jésus. Son goût le portait vers la solitude et vers la vie contemplative, en même temps que sa piété le rendait propre à la direction des consciences. Dès l'âge de trente ans, il fut regardé comme un bon guide dans les voies de la perfection, et l'on apprend par ses lettres que beaucoup de personnes pieuses recherchaient ses conseils. Il se livrait aussi à la prédication. Il fut envoyé à Loudun pour diriger le couvent des Ursulines, où se passaient des choses si extraordinaires. Il s'attacha principalement à régler la conduite intérieure des religieuses. Lui-même eut part à leurs épreuves. De retour à Bordeaux en 1638, Surin s'y trouva dans un état presque indéfinissable, jouissant de toute sa raison, et cependant privé de l'exercice extérieur de ses facultés; il ne pouvait ni marcher, ni parler, ni écrire, et était en proie à des tentations violentes. Dans cet état humiliant, on crut, pour sa propre sûreté, devoir le tenir enfermé. Objet du mépris des uns et de l'inquiétude des autres, il eut assez de force pour offrir à Dieu ses peines; et ce fut même pendant cette époque de douleurs de tout genre, qu'il composa son *Catéchisme spirituel* et les *Fondements de la vie spirituelle*, qui furent écrits sous sa dictée, aussitôt qu'il fut en état de parler. Après plus de vingt ans, cette situation violente se calma peu à peu; Surin recouvra, l'an 1658, l'usage de ses facultés, et renoua ses correspondances longtemps interrompues. Il reprit l'exercice du ministère, et il aimait surtout à se rendre utile aux gens du peuple, à visiter les pauvres à la ville et dans les campagnes, et à leur faire des instructions à leur portée. Les malades les plus abandonnés étaient ceux auxquels il donnait plus volontiers ses soins. Les ouvrages du Père Surin ont été tenus en grande estime par Bossuet dans sa controverse avec Fénelon : ils sont lus avec beaucoup de fruit par les âmes pieuses. Une pauvre servante nous demanda un jour quelque livre à lire : nous lui donnâmes, avec quelque hésitation, les *Fondements de la vie spirituelle*, par Surin. Dans peu, elle vint nous dire tout émerveillée que jamais livre ne lui avait causé tant de joie : elle y reconnaissait toutes les choses qui se passaient en elle, mais dont elle ne savait pas les noms. — Et nous reconnûmes une fois de plus que Dieu cache les mystères de son royaume aux savants et aux prudents du siècle, et qu'il les révèle aux humbles et aux petits. La vie du Père Surin a été écrite par un autre saint personnage, *Henri-Marie Boudon*, archidiacre d'Évreux, né en 1624 et mort en 1702, héritier, par sa vie et ses œuvres, de cet esprit des saints que nous verrons se renouveler et se fixer d'une manière permanente chez les vrais enfants de saint Bernard, les bien-aimés frères de la Trappe.

Quant à la position des Jésuites en France, nous les avons vu, en 1594, expulser par le parlement de Paris, à l'occasion de l'attentat de Chastel, dont ils étaient fort innocents. Mais le parlement et l'Université de Paris, au temps de la ligue, avaient rendu des décrets contraires à Henri IV : il leur convenait d'en faire amende honorable sur le dos des Jésuites. Ceux-ci furent donc expulsés de Paris : messieurs du parlement et de l'Université s'adjugèrent leurs biens et leurs livres, sauf à les accuser de morale relâchée (Crétineau-Joly, *Hist. de la Compagnie*, t. II, p. 459). Les autres parlements, se sentant moins coupables, étaient moins portés à sévir. Celui de Toulouse maintint les Jésuites. Les familles envoyaient leurs enfants dans ceux de leurs collèges qui subsistaient encore en France ou même à l'étranger, notamment à l'Université de Pont-à-Mousson en Lorraine. Cela déplaisait fort aux parlementaires et aux universitaires de Paris. Les premiers, poussés par les seconds, rendirent de nouveaux arrêts de proscription : ils allèrent même, en 1598, jusqu'à défendre aux parents d'envoyer leurs fils aux écoles de la *prétendue* compagnie, sous peine aux écoliers d'être incapables de degrés et privilèges universitaires. Les autres parlements protestèrent contre celui de Paris, en maintenant les Jésuites : leurs protestations, que le clergé et la noblesse catholiques appuyaient à la cour, firent une vive impression sur Henri IV. Ce prince, nouvellement assis sur le trône, avait besoin de ménager tout le monde et n'était pas toujours libre de faire ce qu'il voulait. Au mois de septembre 1603, il signa un édit qui rétablissait légalement les Jésuites dans le ressort des parlements de Guienne, de Bourgogne et de Languedoc. De plus, par affection pour le Pape, il leur permettait de se rétablir à Lyon, Dijon, et à La Flèche en Anjou. Les conditions étaient que les supérieurs seraient tous Français, et qu'un Père séjournerait à la cour en qualité de prédicateur du roi, pour lui répondre des autres.

Le parlement de Paris fit des remontrances contre cet édit, qui lui faisait prévoir le rétablissement des Jésuites dans la capitale même. Henri IV y répondit entre autres : « Je vous sais bon gré du soin que vous avez et de ma personne et de mon Etat; j'ai toutes vos conceptions en la mienne, mais vous n'avez pas la mienne en la vôtre. Vous m'avez proposé des difficultés qui vous semblent grandes et fort considérables, et n'avez su considérer que tout ce que vous me dites a été pesé et considéré par moi il y a huit ou neuf ans. Vous faites les entendus en matière d'Etat, et vous n'y entendez toutefois non plus que moi à rapporter un procès..... La Sorbonne, dont vous parlez, les a condamnés; mais ça été, comme vous, sans les connaître, et si l'ancienne Sorbonne n'en a pas voulu par jalousie, la nouvelle y a fait ses études et s'en loue. S'ils n'ont été jusques à présent en France que par tolérance, Dieu me réservait cette gloire que je joins à grâce de les y établir; et s'ils n'y étaient que par manière de provision, ils y seront désormais et par édit et par arrêt; la volonté de mes prédécesseurs les y retenait, ma volonté est de les y établir.

» Vous dites qu'en votre parlement les plus doctes n'ont rien appris chez eux; si les plus doctes sont les plus vieux, il est vrai, car ils avaient étudié avant que les Jésuites fussent connus en France; mais j'ai ouï dire que les autres parlements ne parlent pas ainsi, ni même tout le vôtre; et si l'on n'y apprenait mieux qu'ailleurs, d'où vient que, par leur absence, votre université est devenue déserte, et qu'on les va chercher, nonobstant tous vos arrêts, à Douai, à Pont-à-Mousson et hors le royaume?.... Ils attirent, dites-vous, les enfants qui ont l'esprit bon, et choisissent les meilleurs, et c'est de quoi je les reprens; ne faisons-nous pas choix des meilleurs soldats pour la guerre? et si les faveurs n'avaient place entre vous, en recevriez-vous aucun qui ne fût digne de votre compagnie et de seoir au parlement? S'ils vous fournissaient des précepteurs ou des prédicateurs ignares, vous les mépriseriez : ils ont de beaux esprits, et vous les en reprenez !

» Le vœu qu'ils font au Pape ne les oblige pas plus à suivre l'étranger, que le serment de fidélité qu'ils me feront à moi de n'entreprendre rien contre leur prince naturel; mais ce vœu-là n'est pas pour toutes choses. Ils ne le font que d'obéir au Pape quand il voudra les envoyer à la conversion des infidèles; et, de fait, c'est par eux que Dieu a converti les Indes, et c'est ce que je dis souvent : Si l'Espagnol s'en est servi, pourquoi ne s'en servirait pas le Français? Sommes-nous de pire condition que les autres? l'Espagne est-elle plus aimable que la France? et, si elle l'est aux siens, pourquoi ne le sera point la France aux miens? Vous dites : Ils entrent comme ils peuvent : aussi font bien les autres, et suis moi-même entré comme j'ai pu en mon royaume; mais il faut avouer que leur patience est grande, et pour moi je l'admire, car avec patience et bonne vie ils viennent à bout de toutes choses. Et je ne les estime pas moins en ce que vous dites qu'ils sont grands observateurs de leur institut : c'est ce qui les maintiendra; aussi n'ai-je voulu changer en rien leurs règles, ains les y veux maintenir..... Pour les ecclésiastiques qui se formalisent d'eux, c'est de tout temps que l'ignorance en a voulu à la science, et j'ai connu que quand j'ai parlé de les rétablir, deux sortes de personnes s'y opposaient particulièrement, ceux de la religion (prétendue réformée) et les ecclésiastiques mal vivants, et c'est ce qui me les a fait estimer davantage.

» Touchant l'opinion qu'ils ont du Pape, je sais qu'ils le respectent fort : aussi fais-je; mais vous ne me dites pas qu'on a voulu censurer à Rome les livres de monsieur Bellarmin pour ce qu'il ne voulait pas donner tant d'autorité au Saint-Père, comme font communément les autres. Vous ne dites pas non plus que ces jours passés les Jésuites ont soutenu que le Pape ne pouvait errer, mais que Clément pouvait faillir. En tout cas, je m'assure qu'ils ne disent rien davantage que les autres de l'autorité du Pape, et crois-je que quand l'on voudrait faire le procès à leurs opinions, il le faudrait faire à celle de l'Eglise catholique.....

» Touchant Barrière, tant s'en faut qu'un Jésuite l'ait confessé, comme vous dites, que je fus averti par un Jésuite de son entreprise, et un autre lui dit qu'il serait damné, s'il osait l'entreprendre. Quant à Chastel, les tourments ne lui purent arracher aucune accusation à l'encontre de Varade ou autre Jésuite quelconque; et si autrement était, pourquoi les auriez-vous épargnés? car celui qui fut exécuté le fut pour un autre sujet, que l'on dit s'être trouvé dans ses écrits. Mais quand ainsi serait qu'un Jésuite aurait fait le coup, faut-il que tous les apôtres pâtissent pour Judas, ou que je réponde de tous les larcins et de toutes les fautes que feront à l'avenir ceux qui auront été mes soldats? Dieu me voulut alors humilier et sauver, et je lui en rends grâces. Jésus-Christ m'enseigne de pardonner les offenses, et je le fais pour son amour volontiers, voire même que tous les jours je prie Dieu pour mes ennemis. Tant s'en faut que je veuille m'en ressouvenir, comme vous m'y conviez de faire peu chrétiennement, et ne vous en sais point de gré..... Laissez-moi le maniement et la conduite de cette compagnie; j'en ai manié et gouverné de bien plus difficiles et malaisées à conduire : obéissez seulement à ma volonté (1). »

Le parlement enregistra l'édit le 2 janvier 1604; l'année suivante, la pyramide construite sur les débris de la maison de Jean Chastel fut abattue, et bientôt les Jésuites virent accroître le nombre de leurs colléges. En 1606, ils tinrent leur congrégation provinciale à Paris, et allèrent remercier Henri IV de sa protection. Il leur répondit : « Je vous ai aimés et chéris depuis que je vous ai connus, sachant bien que ceux qui vont à vous, soit pour leur instruction, soit pour leur conscience, en reçoivent de grands profits. Aussi ai-je toujours dit que ceux qui aiment et craignent bien Dieu ne peuvent faire que bien, et sont toujours les plus fidèles à leur prince. Gardez seulement bien vos règles, elles sont bonnes. Je vous ai protégés, je le ferai encore. Je trouve merveilleusement bon que le Pape ne fasse ni évêque ni cardinal d'entre vous, et le devez procurer. Car, si l'ambition y entrait, vous seriez incontinent perdus. Nous sommes tous hom-

(1) Voir le discours entier dans le protestant Schoell. *Cours d'histoire des Etats européens*, t. XVII, p. 205.

mes, et avons besoin de résister à nos tentations. Vous le pouvez expérimenter chacun en votre particulier; mais vous savez y résister. J'ai un grand royaume; et, comme les grands peuvent faire de grands maux ou de grands biens, parce qu'ils sont grands et puissants, aussi vous autres vous êtes grands en doctrine et piété entre les serviteurs de Dieu. Vous pouvez faire de grands biens par vos prédications, confessions, écrits, leçons, disputes, bons avis et instructions. Que si vous veniez à manquer et vous détraquer de votre devoir, vous pourriez faire beaucoup de mal à cause de la confiance qu'on a en vous.

» J'ai été bien aise d'entendre que vous avisiez à donner ordre qu'aucun livre ne s'imprime par personne de vous autres qui puisse offenser. Vous faites bien. Ce qui serait bon en Italie n'est pas bon ailleurs, et ce qui serait bon en France serait trouvé mauvais en Italie. Il faut vivre avec les vivants, et vous devez fuir toutes les occasions, et les plus petites, parce qu'on veille plus sur vous et sur vos actions. Mais il vaut mieux qu'on vous porte envie que pitié; et, si, pour les calomnies, on coupait toutes les langues médisantes, il y aurait bien des muets, et on serait en peine de se faire servir. J'ai été de deux religions, et tout ce que je faisais étant huguenot, on disait que c'était pour eux; et maintenant que je suis catholique, ce que je fais pour la religion, on dit que c'est que je suis Jésuite. Je passe par-dessus cela et m'arrête au bien, parce qu'il est bien. Faites ainsi, vous autres..... Ne vous souciez de ce que l'on peut dire. Au demeurant, si quelque particulier fault, je serai celui qui lui courrai le premier dessus, et ne m'en prendrai pas au corps..... Si de trente mille, quelques-uns venaient à faillir, ce ne serait pas merveille. C'est un miracle qu'il ne s'en trouve davantage, vu qu'il s'est trouvé un Judas sur douze apôtres. Pour moi, je vous chérirai toujours comme la prunelle de mes yeux. Priez pour moi (Crétineau-Joly, t. III, p. 61). » — On dirait le bon sens même parlant par la bouche de Henri IV.

Le premier Jésuite, prédicateur du roi et son confesseur, fut le Père Coton, prédicateur célèbre, que Henri prit en grande affection et confiance. Le roi continua toujours ses témoignages d'amitié aux Jésuites. Il leur obtint du Grand-Turc la permission de prêcher l'Évangile dans son empire; il les envoya dans le Béarn et au Canada, qu'on venait de découvrir au nom de la France. Une de ses dernières actions fut de demander au Pape la canonisation de saint Ignace et de saint François Xavier. Sous Louis XIII, les Jésuites furent toujours en progrès, malgré l'opposition de l'Université de Paris, qui prétendait au monopole de l'éducation, et qui entraînait le parlement de Paris dans ses tracasseries. La masse de la nation pensait différemment. Les états généraux de 1614 supplièrent le roi d'évoquer à lui cette affaire, et d'autoriser l'établissement des Jésuites par tout le royaume. Le cardinal de Richelieu disait aux huguenots qui réclamaient l'abolition de la Compagnie de Jésus en Europe : « La bonté divine est si grande, qu'elle convertit d'ordinaire en bien tout le mal qu'on veut procurer aux siens. Vous pensez nuire aux Jésuites, et vous leur servez grandement, n'y ayant personne qui ne reconnaisse que ce leur est grande gloire d'être blâmés de la bouche

même qui accuse l'Église, qui calomnie les saints, fait injure à Jésus-Christ et rend Dieu coupable. Ce leur est véritablement chose avantageuse; nous le voyons par expérience, en ce que, outre les considérations qui les doivent faire estimer de tout le monde, beaucoup les aiment particulièrement parce que vous les haïssez (Richelieu, *Les principaux points de la foi catholique défendus contre les quatre ministres de Charenton*, c. 9).

Un élève des Jésuites commençait alors à remplir le monde savant du bruit de sa renommée : c'est *René Descartes*, né en France et mort en Suède. Il naquit à La Haye, petite ville de la Touraine, le 31 mars 1596, d'une famille noble, originaire de Bretagne. Il était d'une constitution très-faible. A l'âge de huit ans, son père, conseiller au parlement de Rennes, l'envoya au collège de La Flèche, que Henri IV venait de donner aux Jésuites. Il s'y distingua de bonne heure par une extrême passion pour l'étude. Il s'y lia d'une tendre et inviolable amitié avec Marin Mersenne, qui, né l'an 1588, dans un bourg du Maine, embrassa l'ordre des Minimes en 1611, fut un savant du premier ordre, l'ami, le correspondant universel des savants de son époque, en même temps un parfait religieux, et mourut à Paris en 1648, auteur d'un grand nombre d'ouvrages. Son ami, René Descartes, eut terminé son cours de philosophie à l'âge de seize ans. Il résolut alors de procéder par lui-même à l'examen et au jugement scientifique de toutes ses connaissances. Nous avons vu Aristote rédiger l'inventaire net et précis de tout ce que savait l'antiquité païenne. Nous avons vu quelques moines du XIII° siècle, saint Thomas d'Aquin, saint Bonaventure, Albert le Grand, Vincent de Beauvais, Roger Bacon, résumer dans un style clair et net toutes les sciences contemporaines, y ajouter eux-mêmes beaucoup de découvertes, et ouvrir la voie pour en faire d'autres. Ils profitaient du résumé universel d'Aristote; mais, d'après l'esprit d'Aristote même, ils rectifiaient tout ce que la foi chrétienne et l'expérience des siècles y avaient fait apercevoir d'inexact et d'incomplet. Le genre humain apparaît comme un individu collectif, un père de famille, qui, à certaines époques, fait l'inventaire de tout son avoir, la visite de toute sa maison, pour en constater l'ensemble et s'assurer si tout y est solide. Il serait bien à souhaiter, de nos jours, que quelques religieux de Saint-Dominique, de Saint-François, de Saint-Ignace, de Saint-Benoît ou d'autres, fissent un inventaire semblable des sciences actuelles. Le monde même leur pardonnerait volontiers cette ambition.

Dans les commencements du XVII° siècle, il paraît que certains professeurs de philosophie naturelle, au lieu de faire comme Thomas d'Aquin et Roger Bacon, de profiter des travaux d'Aristote pour aller plus loin, s'y attachaient superstitieusement, comme les Juifs à la lettre morte de la sainte Écriture. René Descartes, comme autrefois Roger Bacon, secoua cette superstitieuse servitude, et soumit à un sévère examen, non pas les premières notions, les premiers principes de la raison naturelle, mais les conclusions scientifiques qu'il en avait tirées jusqu'alors. Il consacra sa vie entière à ce travail.

Ses parents voulurent le marier à une personne très-convenable. Descartes, qui ne la trouvait point laide, lui dit pour toute galanterie qu'il ne trouvait point de beautés comparables à celle de la vérité : il ne se maria point. Son génie le portait spécialement vers la géométrie, où il fit des découvertes importantes. Pour perfectionner ses idées, il se mit à voyager, en prenant le parti des armes : il servit successivement comme volontaire dans les troupes de la Hollande et du duc de Bavière. Etant en quartier d'hiver, dans ce dernier pays, l'an 1619, il s'occupait fort du genre de vie et d'étude qu'il devait suivre : il recourut à Dieu, et le pria de lui faire connaître sa volonté et de le conduire lui-même dans la recherche de la vérité. Il implora le secours de la sainte Vierge, et fit vœu de visiter l'église de Lorette en Italie. Son pèlerinage n'eut lieu qu'en 1624 : il avait alors vingt-neuf ans. Dès les premiers jours, il promit à Dieu que, dès qu'il serait arrivé à Venise, il poursuivrait à pied sa route, et que, si ses forces ne lui permettaient pas de supporter cette fatigue, il y suppléerait en prenant au moins l'extérieur le plus dévot et le plus humble. C'est Descartes lui-même qui nous apprend ces particularités, dans un ouvrage qui n'a point été imprimé encore (Baillet, *Vie de Descartes*; Emery, *Vie religieuse de Descartes*, p. 172 et 173). De Lorette il se rendit à Rome, autant pour y profiter de la grâce du jubilé de vingt-cinq ans, qui devait s'ouvrir à la fin de la même année, que pour y contempler en philosophe cette foule immense qui devait y aborder de toute l'Europe catholique, et par conséquent le dispenser de voyager davantage pour connaître les hommes.

Il revint en France l'an 1625, et résolut définitivement de consacrer tout le cours de sa vie et toutes les forces de son âme à la recherche et à la défense de la vérité. Mais craignant que, s'il restait en France, il n'y fût point ni assez seul ni assez libre, il se retira au fond de la Hollande. Le lieu où il résida le plus longtemps fut Egmont; il le préférait à tous les autres, parce que les catholiques y formaient le plus grand nombre des habitants, qu'ils étaient en possession d'une église et qu'ils exerçaient leur religion publiquement et avec une parfaite liberté. Le voisinage de quelques prêtres catholiques très-estimables et la facilité de communiquer avec eux influèrent encore dans le choix de cette résidence. En arrivant en Hollande, il s'était d'abord établi à Francker, parce qu'on y disait la messe avec sûreté. Fidèle aux principes et aux devoirs de l'Eglise catholique, il évitait avec soin toute communication avec les protestants dans leurs exercices religieux. Le Père Mersenne lui ayant écrit que le bruit s'était répandu qu'il assistait aux sermons des calvinistes, il voulut se justifier de cette imputation dans le moment même.

Un des ouvrages qui occupa d'abord Descartes, fut le *Traité du Monde*. Il était prêt à l'envoyer au Père Mersenne, qui devait le faire imprimer à Paris; mais au moment de l'envoi, il apprit que Galilée venait d'être condamné à Rome, pour avoir soutenu que la terre tournait autour du soleil. Or, Descartes soutenait ou supposait la même doctrine. Cette nouvelle l'arrêta tout court. Non-seulement il suspendit l'envoi de son ouvrage au Père Mersenne, mais il lui écrivit qu'il était presque résolu de le brûler, ou du moins de ne le laisser voir à personne. Sa lettre est du 20 novembre 1633; il ajoutait :

« Le mouvement de la terre est tellement lié avec toutes les parties de mon traité, que je ne l'en saurais détacher sans rendre le reste entièrement défectueux. Je ne voudrais pas pour rien au monde qu'il sortît de moi un discours où se trouvât le moindre mot qui fût désapprouvé par l'Eglise; mais aussi j'aime mieux supprimer mon traité que de le faire paraître estropié. » Deux mois après, il écrivait au même : « Je ne voudrais pas pour rien au monde soutenir mon opinion contre l'autorité de l'Eglise. Je sais bien qu'on pourrait dire que tout ce que les inquisiteurs ont décidé n'est pas incontinent article de foi pour cela, et qu'il faut, premièrement, que le concile y ait passé; mais je ne suis pas si amoureux de mes pensées, que de vouloir me servir de telles exceptions pour les maintenir. » Enfin, au bout de dix ans, l'année 1644, rassuré par les éclaircissements qu'il avait obtenus de Rome, et par l'exemple de tout ce qui existait d'habiles philosophes et mathématiciens catholiques, qui avaient été moins intimidés que lui par le décret de l'inquisition, il publia sous le titre des *Principes de philosophie*, quoiqu'il y suppose ouvertement que la terre tourne autour du soleil. Mais ce livre même renferme un témoignage de sa docilité religieuse; et il le termine en protestant qu'il soumet toutes ses opinions au jugement de l'Eglise (Emery, *Vie*, etc.).

Descartes, en Hollande, n'était pas tellement occupé des sciences mathématiques, qu'il négligeât l'étude de la religion. Il lisait saint Thomas; c'était son théologien favori, et presque son unique théologien. Il le cite souvent avec complaisance, et sa *Somme*, ainsi que la *Bible*, l'accompagnait partout « Je ne suis pas aussi dépourvu de livres que vous pensez, écrivait-il au Père Mersenne, et j'ai encore ici une *Somme* de saint Thomas et une *Bible* que j'ai apportée de France. »

Dans les biographies de Descartes, on dit qu'il eut une fille, suivant les uns d'un mariage secret, suivant les autres d'une union illégitime. Quelques-uns prétendent que c'est un conte inventé à l'occasion d'un automate qu'il avait fait, avec beaucoup d'industrie, pour prouver que les bêtes n'ont point d'âme, et que ce ne sont que des machines fort composées, qui se remuent à l'occasion des corps étrangers qui les frappent et leur communiquent une partie de leur mouvement.

L'an 1641, il fit imprimer ses six *Méditations sur l'existence de Dieu et sur l'immatérialité de l'âme*. Lui-même nous assure qu'il ne le fit que pour la gloire de Dieu et la décharge de sa conscience. Il dit à la fin de la troisième méditation : « Il me semble très-à propos de m'arrêter quelque temps à la contemplation de ce Dieu tout parfait, de peser tout à loisir ses merveilleux attributs, de considérer, d'admirer et d'adorer l'incomparable beauté de cette immense lumière, au moins autant que la force de mon esprit, qui en demeure en quelque sorte ébloui, me le pourra permettre. » — Il ajoute aussitôt : « Comme la foi nous apprend que la souveraine félicité de l'autre vie ne consiste que dans cette contemplation de la majesté divine, ainsi expérimentons-nous, dès à présent, qu'une semblable méditation, quoique incomparablement moins parfaite, nous fait jouir du plus grand contentement que nous soyons capables de ressentir en cette vie. »

Telle était l'idée qu'il avait conçue de la grandeur de Dieu, de sa puissance, de son indépendance, de sa sagesse, qu'il voulait que le mot *infini* ne fût jamais appliqué qu'à lui seul, qu'il ne fût employé que pour lui seul, qu'on ne se permît pas même de dire que la matière est divisible à l'infini; et enfin, il ne parlait de l'infini qu'avec une circonspection sans bornes. « Je n'ai jamais traité de l'infini, écrivait-il, que pour me soumettre à lui, et non point pour déterminer ce qu'il est ou ce qu'il n'est pas (Lettre 53, t. II). » — Dans le sentiment profond de la toute-puissance de Dieu, il ne voulait pas qu'on dît d'aucune chose qu'elle fût impossible à Dieu, qu'on dît que les essences sont indépendantes de la volonté de Dieu, qu'on se permît de vouloir pénétrer dans les fins ultérieures de Dieu; enfin, s'il était possible de porter jusqu'à un véritable excès la vénération de Dieu et l'idée de sa puissance, Descartes serait coupable de cet excès; et s'il est tombé dans quelque erreur en métaphysique, c'est son extrême respect pour Dieu qui l'y a poussé. Ces réflexions sont du respectable abbé Emery, supérieur de Saint-Sulpice, dans sa *Vie religieuse de Descartes*.

En 1644, Descartes fit le voyage de Paris; il n'y passa que quelques jours. Dans ce court espace de temps, il fut accablé d'affaires, ainsi que de visites; toutefois il vit fréquemment les Théatins, nouvellement établis dans cette capitale, il contracta une amitié particulière avec plusieurs de ces saints religieux, et entendit presque tous les jours la messe dans leur chapelle. Il était également lié d'amitié avec les principaux membres de l'Oratoire : le supérieur, le cardinal de Bérulle, était son directeur spirituel à Paris : un Oratorien lui rendait le même service en Hollande. Enfin, aux traits précédents, qui prouvent la sincère piété de Descartes et sa fidélité à remplir tous les devoirs de la religion chrétienne, ajoutons que, lorsqu'il apprenait que ses amis étaient malades, il sollicitait près de Dieu le rétablissement de leur santé; et, s'ils mouraient, il priait pour le repos de leurs âmes. C'est lui-même qui nous l'apprend dans la cinquante et unième lettre du second volume.

Descartes quitta bientôt Paris, qu'il ne devait plus revoir, et rentra dans sa chère solitude d'Egmont. Il était souvent le conseil des personnes qui, dans la révolution religieuse de Hollande, flottaient sur le parti qu'elles avaient à prendre, et il réussissait ordinairement à les affermir dans la foi catholique. Un honnête homme, qui ne le connaissait pas, vint un jour le trouver comme un personnage célèbre que l'on consultait volontiers sur ces matières. Descartes l'accueillit avec bonté, et, sans le faire entrer dans la discussion des dogmes, il se contenta de lui demander s'il croyait l'église protestante fort ancienne, s'il en connaissait les commencements, s'il avait entendu parler de la conduite et des motifs des premiers réformateurs, de leur mission, de leur autorité et des moyens qu'ils avaient mis en œuvre pour accréditer la réformation. D'après les réponses et les aveux du consultant, il lui fit tirer les conclusions qui mirent fin à toutes ses perplexités, et l'attachèrent inébranlablement à la foi de ses pères.

Ce fut peut-être ce zèle pour la foi catholique, non moins que ses nouveaux principes de philosophie, qui indisposa contre Descartes les théologiens protestants d'Utrecht et de Leyde. Leur chef était le ministre calviniste Voët, recteur de l'Université d'Utrecht : il fit soutenir des thèses, il répandit des libelles atroces, où Descartes était dénoncé aux magistrats et au public comme un athée : Descartes allait être flétri juridiquement comme athée et matérialiste, lorsqu'il recourut à l'ambassadeur de France, qui fit arrêter la procédure. Persécuté par les calvinistes de Hollande, Descartes se vit recherché par le chef d'un royaume luthérien. Christine, reine de Suède, lui fit proposer de prendre sa cour pour retraite. L'entremetteur fut l'ambassadeur de France à Stockholm, Pierre Chanut, qui était lui-même un très-savant homme. Descartes finit par accepter. Il fut reçu de la reine avec la plus grande distinction; il sollicita et obtint d'être exempté de tout le cérémonial, et de ne paraître à la cour que lorsqu'il y serait appelé; mais en récompense, la reine voulut qu'il vînt l'entretenir de sciences tous les jours à cinq heures du matin, dans sa bibliothèque.

Tant qu'il vécut à Stockholm, Descartes n'eut d'autre logement que la maison de l'ambassadeur français. C'était une famille très-pieuse : elle pria souvent Descartes de faire des entretiens sur la religion. Il se rendait facilement à des prières si chrétiennes; on ne se lassait point de l'entendre et de l'admirer. L'ambassadeur nous apprend que sa femme fut longtemps inconsolable de ce que son fils, qui était absent, n'avait pu l'entendre un jour où il parla sur la rédemption. Ce fils, Martial Chanut, devenu prêtre, traduisit en français plusieurs bons ouvrages, entre autres la *Vie de sainte Thérèse*, par elle-même. Son père, l'ambassadeur, avait établi dans sa maison et pour sa famille des exercices journaliers de piété, tels que la prière en commun, l'examen de conscience, etc. Descartes y assistait religieusement et avec une grande exactitude. Il entendait la messe, non-seulement les jours de fêtes et les dimanches, mais encore tous les autres jours de la semaine. Il s'approchait régulièrement des sacrements de pénitence et d'eucharistie, et il les avait reçus le jour même où se déclara la maladie qui devait l'enlever de ce monde, savoir, le jour de la Purification 1650. Tel est le témoignage rendu par toute la maison de l'ambassadeur, et particulièrement par le Père Viogué, religieux Augustin, docteur de Sorbonne, envoyé en Suède par le pape Innocent X, en qualité de missionnaire apostolique, et qui remplissait les fonctions d'aumônier dans la maison de l'ambassadeur français.

La maladie de Descartes fut d'abord très-violente et lui laissa peu de liberté d'esprit; mais, dans le transport même où le jetait l'ardeur de la fièvre, on le voyait occupé de saintes pensées; on lui entendait dire souvent : « Allons, mon âme, il y a longtemps que tu es captive; voici l'heure où tu dois sortir de prison; il faut souffrir la séparation de ton corps avec courage et avec joie. » Le huitième jour de la maladie, il eut assez de présence d'esprit pour comprendre le danger de son état. « Je crois, disait-il à l'ambassadeur, que Dieu, le souverain arbitre de la vie et de la mort, a permis que mon esprit ait été si longtemps enveloppé de ténèbres, pour arrêter mes raisonnements, qui n'auraient peut-être pas été assez conformes à la volonté qu'il a témoignée de disposer de ma vie. » Il conclut que, puisque Dieu lui rendait l'usage libre de la raison, il lui permettait par conséquent de suivre ce qu'elle lui dictait, pourvu qu'il s'abstînt de vouloir pénétrer trop curieusement dans ses décrets, et de se livrer à aucune inquiétude sur l'événement. Il se fit donc saigner de son propre mouvement, ce qu'il avait toujours refusé jusqu'alors. Quelques moments après, l'ambassadeur étant rentré dans sa chambre, Descartes fit tomber la conversation sur la mort; et, persuadé de plus en plus de l'inutilité des remèdes, il demanda le directeur de sa conscience, et pria qu'on ne l'entretînt plus que de la miséricorde de Dieu, et du courage avec lequel il devait souffrir la séparation de son âme. Il attendrit et édifia, par les réflexions qu'il fit sur son état et sur celui de l'autre vie, toute la famille de l'ambassadeur, assemblée autour de son lit. La nuit suivante, il entretint encore l'ambassadeur de sentiments de religion, et lui marqua, en termes également généreux et touchants, la disposition où il était de mourir pour obéir à Dieu, et le sacrifice qu'il lui offrait de sa vie en expiation de ses fautes. Dans le soir du lendemain, on vint avertir que le malade paraissait toucher à sa dernière heure: l'ambassadeur accourut avec sa famille, pour recueillir les dernières paroles de son ami; mais déjà il ne parlait plus.

Le confesseur, qu'il avait inutilement demandé jusqu'alors parce qu'il était absent de Stockholm, arriva dans le moment. Il vit bien que le malade n'était point en état de faire sa confession de bouche; il fit donc souvenir l'assemblée qu'il avait rempli tous les devoirs d'un chrétien fidèle, dans le premier jour de sa maladie et un mois auparavant. Croyant ensuite reconnaître, aux yeux du malade et au mouvement de sa tête, qu'il conservait la connaissance, il le pria de témoigner par quelque signe, s'il l'entendait encore, et s'il voulait recevoir de lui la dernière bénédiction. Aussitôt le malade leva les yeux au ciel, d'une manière qui toucha tous les assistants, et qui annonçait une parfaite résignation à la volonté de Dieu. La bénédiction donnée, le prêtre commença les prières des agonisants; elles n'étaient pas achevées, quand Descartes rendit tranquillement l'esprit à son Créateur, le 11 février 1650, à quatre heures du matin, âgé de 53 ans 10 mois et 11 jours. Telles furent sa vie et sa mort comme chrétien catholique (Baillet et Emery).

La dernière lettre qu'il dicta sur le point de mourir, fut à ses deux frères, conseillers au parlement de Bretagne, pour leur recommander sa nourrice, de laquelle il avait toujours eu soin pendant sa vie.

La reine Christine voulut faire placer le tombeau de Descartes parmi ceux des premières familles de Suède; mais l'ambassadeur français réclama pour son âme la sépulture de ses compatriotes, et son corps fut transporté à Paris l'an 1666, et déposé dans l'église de Sainte-Geneviève. On doit remarquer, pour l'honneur de la France, que les persécutions que Descartes éprouva lui ont toutes été suscitées par des étrangers: ajoutons que son nom fut célébré et honoré dans sa patrie, de son vivant même. Le cardinal Mazarin lui fit donner en 1647, avec les circonstances les plus honorables, une pension de trois mille livres, qui, malgré les troubles du royaume, lui fut exactement payée.

Comme géomètre et physicien, Descartes simplifia beaucoup l'algèbre, trouva l'application de l'algèbre à la géométrie, ce qui lui facilita la solution de plusieurs problèmes jusqu'alors insolubles. Il donna la véritable théorie de l'arc-en-ciel, et suggéra à Pascal l'expérience du Puy-de-Dôme sur l'ascension du mercure. Mais les savants lui reprochent que, au lieu de suivre toujours dans les sciences naturelles l'expérience et le calcul, il y substitue trop souvent des hypothèses et des imaginations, qu'il donnait pour des propositions évidentes, et qui ont été entièrement abandonnées, tels que ses tourbillons pour expliquer le système du monde.

Mais par où Descartes fit et fait encore le plus de bruit, c'est par sa philosophie, sa métaphysique, son doute raisonné. On croit généralement, et nous avons cru comme les autres, que les principes, la méthode, le système philosophique de Descartes reviennent à ceci: « Il veut qu'au moins une fois dans sa vie chacun révoque sérieusement en question tout ce qu'il a cru jusque-là, les premiers principes, même sa propre existence; ensuite, pour sortir de ce doute universel, il ne donne à chacun que sa propre raison, cette même raison qui doute d'elle-même aussi bien que de tout le reste; en un mot, pour sortir du doute, il ne présente d'autre moyen que ce doute même, c'est-à-dire qu'il n'en présente aucun. » C'est ainsi que dans le vingtième livre de cette Histoire, nous avons résumé le système cartésien, d'après l'idée qu'on en a généralement. Or, après avoir lu attentivement les six méditations de Descartes sur l'existence de Dieu et l'immatérialité de l'âme, mais surtout ses réponses aux objections que lui firent de doctes amis, principalement le chanoine Gassendi, le Minime Mersenne et le Jésuite qui professait la philosophie à La Flèche, nous sommes convaincu que l'on a méconnu généralement la pensée intime et véritable de Descartes dans son système. Il veut qu'une fois dans sa vie, non pas chaque individu, mais les esprits d'élite, révoquent momentanément en doute, non pas les premiers principes dont tout le monde convient, ni même les conclusions pratiques que l'on en tire, mais les jugements spéculatifs, les conclusions métaphysiques qu'on a tirées soi-même ou reçues de confiance.

Ainsi, dans ses *Réponses au recueil des principales instances*, faites par le chanoine Gassendi, Descartes s'exprime en ces termes: « Vos amis remarquent trois objections contre la première méditation, à savoir: 1º Que je demande une chose impossible, en voulant qu'on quitte toutes sortes de préjugés; 2º qu'en pensant les quitter, on se revêt d'autres préjugés qui sont plus préjudiciables; 3º et que la méthode de douter de tout que j'ai proposée, ne peut servir à trouver aucune vérité.

» La première de ces objections est fondée sur ce que l'auteur de ce recueil n'a pas considéré que le mot de *préjugé* ne s'étend point à toutes les notions qui sont en notre esprit, notions dont j'avoue qu'il m'est impossible de se défaire, mais seulement à toutes les opinions qu'ont laissées dans notre esprit les jugements que nous avons portés auparavant; et parce que c'est une action de la volonté que de juger ou de ne juger pas, ainsi que j'ai expliqué en son lieu, il est évident qu'elle est en notre pouvoir; car enfin, pour se défaire de toute sorte de préjugés, il ne faut autre chose que se résoudre à ne rien assurer ou nier de tout ce qu'on avait assuré ou nié auparavant, sinon après l'avoir derechef examiné, quoiqu'on ne laisse pas pour cela de retenir toutes les mêmes notions en sa mémoire. J'ai dit néanmoins qu'il y avait de la difficulté à chasser ainsi hors de sa créance tout ce qu'on y avait mis auparavant; partie parce qu'il est besoin d'avoir quelque raison de douter avant que de s'y déterminer, et partie aussi parce que, quelque résolution qu'on ait prise de rien nier ni assurer, on s'en oublie aisément par après, si on ne l'a fortement imprimée en sa mémoire : c'est pourquoi j'ai désiré qu'on y pensât avec soin.

» La seconde objection n'est qu'une supposition manifestement fausse. Car, encore que j'aie dit qu'il fallait même s'efforcer de nier les choses qu'on avait trop assurées auparavant, j'ai très-expressément limité que cela ne se devait faire que pendant le temps qu'on portait son attention à chercher quelque chose de plus certain que tout ce qu'on pourrait ainsi nier; pendant lequel temps il est évident qu'on ne saurait se revêtir d'aucun préjugé qui soit préjudiciable.

» La troisième aussi ne contient qu'une cavillation; car, bien qu'il soit vrai que le doute seul ne suffit pas pour établir aucune vérité, il ne laisse pas d'être utile à préparer l'esprit pour en établir par après; et c'est à cela que je l'ai employé (1). »

Un peu plus loin, au sujet de la seconde méditation, Descartes dit des objections qu'on lui faisait : « La seconde objection que remarquent ici vos amis, c'est que pour savoir qu'on pense, il faut savoir ce que c'est que la pensée; ce que je ne sais point, disent-ils, parce que j'ai tout nié. Mais je n'ai nié que les préjugés, et non point les notions, comme celle-ci, qui se connaissent sans aucune affirmation ni négation (*Œuvres de Descartes*). »

Enfin, au commencement de ses *Réponses aux sixièmes objections*, faites par divers théologiens, philosophes et géomètres, il dit de même : « C'est une chose très-assurée, que personne ne peut être certain s'il pense et s'il existe, si premièrement il ne sait ce que c'est que la pensée et que l'existence. Non que pour cela il ait besoin d'une science réfléchie ou acquise par une démonstration; et beaucoup moins de la science de cette science, par laquelle il connaisse qu'il sait, et derechef qu'il sait qu'il sait, et ainsi jusqu'à l'infini, étant impossible qu'on en puisse jamais avoir une telle d'aucune chose que ce soit; mais il suffit qu'il sache cela par cette sorte de connaissance intérieure qui précède toujours l'acquise, et qui est si naturelle à tous les hommes, en ce qui regarde la pensée et l'existence, que, bien que peut-être aveuglés par quelques préjugés et plus attentifs au son des paroles qu'à leur véritable signification, nous puissions feindre que nous ne l'avons point, il est néanmoins impossible qu'en effet nous ne l'ayons. Ainsi donc, lorsque quelqu'un aperçoit qu'il pense et que de là il suit évidemment

(1) *Les méditations métaphysiques de René Descartes*. Paris, 1724, t. II, in-12. p. 255-257; *Œuvres de Descartes*, publiées par Victor Cousin. Paris, 1824, t. II, in-8°, p. 303-305.

qu'il existe, encore qu'il ne se soit peut-être jamais auparavant mis en peine de savoir ce que c'est que la pensée et que l'existence, il ne se peut faire néanmoins qu'il ne les connaisse assez l'une et l'autre pour être en cela pleinement satisfait (*Les méditat. métaph. de René Descartes*). »

Déjà précédemment Descartes avait dit dans ses *Réponses aux secondes objections*, recueillies de plusieurs théologiens et philosophes, par le Père Mersenne : « Là où j'ai dit que nous ne pouvons rien savoir certainement, si nous ne connaissons premièrement que Dieu existe, j'ai dit en termes exprès que je ne parlais que de la science de ces conclusions dont la mémoire nous peut revenir en l'esprit, lorsque nous ne pensons plus aux raisons d'où nous les avons tirées. Car la connaissance des premiers principes ou axiomes n'a pas accoutumé d'être appelée *science* par les dialecticiens. Mais quand nous apercevons que nous sommes des choses qui pensent, c'est une première notion qui n'est tirée d'aucun syllogisme. Et lorsque quelqu'un dit : *Je pense, donc je suis ou j'existe*, il ne conclut pas son existence de sa pensée, comme par la force de quelque syllogisme; mais comme on voit une chose connue de soi, il la voit par une simple inspection de l'esprit; ainsi qu'il paraît de ce que, s'il la déduisait d'un syllogisme, il aurait dû auparavant connaître cette majeure : *Tout ce qui pense, est ou existe;* mais, au contraire, elle lui est enseignée de ce qu'il sent en lui-même qu'il ne se peut pas faire qu'il pense, s'il n'existe. Car c'est le propre de notre esprit de former les propositions générales de la connaissance des particulières.

» Or, qu'un athée puisse connaître clairement que les trois angles du triangle sont égaux à deux droits, je ne le nie pas; mais je maintiens seulement que la connaissance qu'il en a n'est pas une vraie science, parce que toute connaissance qui peut être rendue douteuse ne doit pas être appelée du nom de *science*; et puisque l'on suppose que celui-là est athée, il peut pas être certain de n'être point déçu dans les choses qui lui semblent très-évidentes, comme il a été montré ci-devant; et encore que peut-être ce doute ne lui vienne point en la pensée, il lui peut néanmoins venir, s'il l'examine ou s'il lui est proposé par un autre; et jamais il ne sera hors de danger de l'avoir, si premièrement il ne reconnaît un Dieu (*Les méditations, etc.*). »

On reprochait à la philosophie de Descartes d'être nouvelle; on lui reprochait surtout son arrogance de prétendre expliquer des choses que n'avait pu expliquer l'ancienne philosophie des Péripatéticiens. Sur cela, voici comme Descartes s'exprime dans sa lettre au Père Dinet, provincial des Jésuites de France, à l'occasion des *Septièmes objections*, envoyées par le Père Mersenne :

« A quoi je réponds qu'à la vérité je ne me vante de rien, et que je ne crois pas voir plus clair que les autres; mais que peut-être cela m'a beaucoup servi, de ce que, ne me fiant pas trop à mon propre génie, j'ai suivi seulement les voies les plus simples et les plus faciles. Car il ne se faut pas beaucoup étonner si j'ai peut-être plus avancé en suivant les routes faciles et ouvertes à tout le monde, que peut-être d'autres n'ont fait avec tout leur esprit, en suivant des chemins difficiles et impénétrables...

» Mais bien davantage, je dis hardiment que l'on n'a jamais donné la solution d'aucune question, suivant les principes de la philosophie péripatéticienne, que je ne puis démontrer être fausse ou non recevable.... J'avertis seulement, pour ôter tout sujet de caption et de dispute, que, quand je parle des principes particuliers à la philosophie péripatéticienne, j'en excepte ces questions dont les solutions sont tirées, ou de la seule expérience qui est commune à tous les hommes, ou de la considération des figures et des mouvements qui est propre aux mathématiciens, ou des notions communes de la métaphysique, notions communément reçues de toutes les personnes de bon sens, et que j'admets, aussi bien que tout ce qui dépend de l'expérience des figures et des mouvements, comme il paraît dans mes *Méditations*.

» Je dis de plus, ce qui peut-être pourra sembler paradoxe, qu'il n'y a rien en toute cette philosophie, en tant que péripatéticienne et différente des autres, qui ne soit nouveau, et qu'au contraire, il n'y a rien dans la mienne qui ne soit ancien ; car, pour ce qui est des principes, je ne reçois que ceux qui jusques ici ont été connus et admis généralement de tous les philosophes, et qui, pour cela même, sont les plus anciens de tous. Et ce qu'ensuite j'en déduis paraît si manifestement (ainsi que je fais voir) être contenu et renfermé dans ces principes, qu'il paraît aussi en même temps que cela est très-ancien, puisque c'est la nature même qui l'a gravé et imprimé dans nos esprits (*Les méditations, etc.*).

D'après ces divers passages, auxquels on pourrait en ajouter d'autres, il est certain que Descartes ne prétendait nullement révoquer en doute, ne fût-ce que momentanément, les premiers principes qu'il croyait même innés dans l'homme, ni les conséquences pratiques et morales qui en découlent naturellement, mais uniquement les jugements et conclusions métaphysiques qui constituent la science proprement dite. En quoi il est d'accord avec Aristote, qui dit que la science n'est pas des premiers principes, mais des conclusions, et qui appelle premiers principes les propositions qui obtiennent créance, qui persuadent par elles-mêmes et non par d'autres. Car, dans les principes scientifiques, dit-il, il ne faut pas chercher le pourquoi ; mais chacun des principes doit être cru, doit être de foi par lui-même (1. Top., 1). Il tire de là cette conséquence, que c'est une nécessité de croire aux principes et aux prémisses plus qu'à la conclusion (*Analyt. post.*, l. 1, c. 2, *sub fine*). J'appelle principes démonstratifs, dit-il encore, les opinions communes par lesquelles tous les hommes démontrent, par exemple, ces principes : il n'y a pas de milieu entre le oui et le non ; il est impossible qu'une chose soit tout à la fois et ne soit pas, et autres propositions semblables (*Métaph.*, l. 2, c. 2). Ainsi donc, quant à la nature des premiers principes, Aristote et Descartes ne se combattent pas. Si maintenant on restreint la signification du *sens commun* à l'ensemble de ces premiers principes de la raison naturelle et de leurs principales conséquences, les divers systèmes de philosophie sur la certitude scientifique pourront aisément se concilier et même se fondre en un.

Ce qui a poussé Descartes à son doute raisonné, c'est son vif désir de prouver aux sceptiques, aux athées et aux matérialistes, l'existence de Dieu et l'immatérialité de l'âme. Les sceptiques, les athées et les matérialistes mettaient sérieusement en doute ces premières vérités de la raison et de la morale. Pour les guérir, Descartes s'inocule en quelque sorte leur maladie. Il soumet au doute et à l'examen tous ses jugements ou conclusions scientifiques. Toujours il lui reste ce fait évident : Que quelqu'un me trompe ou ne me trompe pas, toujours est-il que je doute, que je pense ; donc je suis, et je suis une chose qui pense. Voilà donc, en tout cas, quelque chose de certain. Ce qui ne l'est pas moins, c'est que ce n'est pas moi qui me conserve l'existence d'un moment à l'autre, pas plus que je ne me la suis donnée. Celui qui me l'a donnée et me la conserve, c'est donc Dieu, cet être infiniment parfait, dont j'ai l'idée claire et nette comme de moi, et dont cette idée implique l'existence même. Telle est, pour le fond, l'argumentation graduelle de Descartes dans ses six méditations métaphysiques. Evitant les longs circuits des raisonnements ordinaires, il espère atteindre en trois par ces grands renégats de la raison naturelle, les sceptiques, les athées, les matérialistes, les saisir par leur doute même, et leur montrer que, tant qu'ils ne reconnaîtront pas l'existence de Dieu, toutes leurs sciences n'ont aucune certitude raisonnée. Maintenant, lors même que Descartes n'eût pas réussi dans son entreprise, ce serait toujours une gloire de l'avoir tentée. On voit aussi combien il avait raison de dire que cette argumentation avec les sceptiques, les athées et les matérialistes, ne convenait pas à tout individu, mais seulement à des esprits d'élite, dégagés des images corporelles, et exercés à l'escrime du raisonnement. Les meilleurs esprits de son temps, les Gassendi, les Mersenne, ne comprenaient pas toujours le sens et les limites précises de son système de philosophie, tant par la difficulté de la chose, que parce que lui-même ne s'exprimait pas toujours avec assez de netteté et de précision. De là une longue suite de sept séries d'objections, la septième de la part du Jésuite qui professait la philosophie au collège de La Flèche. C'est dans les réponses de Descartes à ces objections que nous avons trouvé ces explications authentiques qui donnent à sa philosophie un sens tout autre qu'on ne croit communément, et qui lui concilièrent peu à peu les auteurs de ces objections, nommément le Jésuite. Ces objections sont les mêmes auxquelles les cartésiens ont donné lieu, en oubliant les explications du maître et en lui faisant dire ce qu'il proteste ne dire pas. C'est donc une cause à revoir de part et d'autre, ne fût-ce que pour prévenir les terribles inconvénients que Bossuet en appréhendait pour l'Eglise.

Nous avons déjà vu combien le cartésien Malebranche, tout en parlant d'idées claires et distinctes, accumule d'idées vagues, inexactes et fausses sur la nature et la grâce. Bossuet eut peur. Il écrivit à un disciple de l'illustre Oratorien : « Pour ne rien vous dissimuler, je vois non-seulement en ce point de la nature et de la grâce, mais encore en beaucoup d'autres articles très-importants de la religion, un grand combat se préparer contre l'Eglise, sous le nom de *philosophie cartésienne*. Je vois naître de son sein et de ses principes, à mon avis mal entendus, plus d'une hérésie; et je prévois que les conséquences qu'on en tire contre les dogmes de nos pères, la vont rendre odieuse, et feront perdre à l'Eglise tout le fruit qu'elle en pouvait espérer, pour établir dans l'esprit des philosophes la divinité et l'immortalité de l'âme. De ces mêmes principes mal entendus, un autre inconvénient terrible gagne sensiblement les esprits; car, sous prétexte qu'il ne faut admettre que ce qu'on entend clairement, ce qui, réduit en certaines bornes, est très-véritable, chacun se donne liberté de dire : J'entends ceci, je n'entends pas cela; et, sur ce seul fondement, on approuve et on rejette tout ce qu'on veut, sans songer qu'outre nos idées claires et distinctes, il y en a de confuses et de générales qui ne laissent pas que d'enfermer des vérités si essentielles, qu'on renverserait tout en les niant. Il s'introduit, sous ce prétexte, une liberté de juger qui fait que, sans égard à la tradition, on avance témérairement tout ce qu'on pense; et jamais cet excès n'a paru, à mon avis, davantage que dans le nouveau système (*De la nature et de la grâce*, par Malebranche), car j'y trouve à la fois les inconvénients de toutes les sectes, et en particulier ceux du pélagianisme (Bossuet, *Lettre du 21 mai 1687 à un disciple du P. Malebranche*). »

Ainsi Bossuet voyait un grand combat se préparer contre l'Eglise, sous le nom de *philosophie cartésienne* : il voyait naître de son sein et de ses principes, à son avis mal entendus, plus d'une hérésie; mais il ne dit pas comment, à son avis, il fallait entendre ces principes pour les entendre bien. D'après les explications de Descartes, nous croyons qu'il est possible de suppléer à ce que Bossuet ne dit pas. Comme nous l'avons vu, Descartes ne prétend nullement soumettre au doute et à l'examen les premiers principes de la raison naturelle, ni les conclusions principales et pratiques qui en découlent, mais uniquement les conclusions métaphysiques qui constituent la science proprement dite. Encore soumet-il ces conclusions au doute et à l'examen, non pas de tout esprit, mais seulement des esprits solides et exercés, qu'il reconnaît être en fort petit nombre. Enfin, il excepte formellement et à plusieurs reprises, même du doute et de l'examen des esprits les plus capables, toutes les vérités surnaturelles, toutes les vérités de la foi chrétienne, attendu que de leur nature elles sont au-dessus des lumières naturelles de la raison, et que pour les saisir et les bien entendre il faut la lumière surnaturelle de la grâce et de la foi, qui se manifeste par l'enseignement de l'Eglise catholique. Ainsi, dans ses réponses aux secondes objections recueillies et envoyées par le Père Mersenne, Descartes conclut entre autres :

« Et partant, ce que vous objectez touchant la foi que nous devons embrasser, n'a pas plus de force contre moi que contre tous ceux qui ont jamais cultivé la raison humaine, et, à vrai dire, elle n'en a aucune contre pas un. Car, encore qu'on dise que la foi a pour objet des choses obscures, néanmoins ce pourquoi nous les croyons n'est pas obscur, mais il est plus clair qu'aucune lumière naturelle. D'autant qu'il faut distinguer entre la matière ou la chose à laquelle nous donnons notre créance, et la raison formelle qui meut notre volonté à la donner. Car c'est dans cette seule raison formelle que nous voulons qu'il y ait de la clarté et de l'évidence. Et quant à la matière, personne n'a jamais nié qu'elle pût être obscure, voire l'obscurité même; car quand je juge que l'obscurité doit être ôtée de nos pensées pour leur pouvoir donner notre consentement, sans aucun danger de faillir, c'est l'obscurité même qui me sert de matière pour former un jugement clair et distinct.

» Outre cela, il faut remarquer que la clarté ou l'évidence, par laquelle notre volonté peut être excitée à croire, est de deux sortes : l'une qui part de la lumière naturelle, et l'autre qui vient de la grâce divine.

» Or, quoiqu'on dise ordinairement que la foi est des choses obscures, toutefois cela s'entend seulement de sa matière, non point de la raison formelle pour laquelle nous croyons. Car, au contraire, cette raison formelle consiste en une certaine lumière intérieure, de laquelle Dieu nous ayant surnaturellement éclairés, nous avons une confiance certaine que les choses qui nous sont proposées à croire ont été révélées par lui, et qu'il est entièrement impossible qu'il soit menteur et qu'il nous trompe; ce qui est plus assuré que toute autre lumière naturelle, et souvent même plus évident, à cause de la lumière de la grâce.

» ..... Et ceux aussi qui liront mes méditations n'auront pas sujet de croire que je n'aie point connu cette lumière surnaturelle, puisque, dans la quatrième, où j'ai soigneusement recherché la cause de l'erreur ou fausseté, j'ai dit, en paroles expresses, *qu'elle dispose l'intérieur de notre pensée à vouloir, et que néanmoins elle ne diminue point la liberté*.

A la suite de ces réponses, et par déférence pour le conseil du Père Mersenne, Descartes dispose d'une façon géométrique les raisons qui prouvent l'existence de Dieu, et la distinction qui est entre l'esprit et le corps de l'homme. Il pose d'abord les définitions des principaux termes, sept demandes à ses lecteurs, dix axiomes ou notions communes, enfin quatre propositions ou preuves démonstratives. Dans ses demandes aux lecteurs, il leur indique, « *en troisième lieu*, d'examiner diligemment les propositions qui n'ont pas besoin de preuves, et dont chacun trouve les notions en soi-même, comme celle-ci : *qu'une même chose ne peut pas être et n'être pas tout ensemble; que le néant ne peut être la cause efficiente d'aucune chose*, et autres semblables; et qu'ainsi ils exercent cette clarté de l'entendement qui leur a été donnée par la nature, mais que les perceptions des sens ont accoutumé de troubler et d'obscurcir; qu'ils l'exercent, dis-je, toute pure et délivrée de leurs préjugés, car par ce moyen la vérité des axiomes suivants leur sera fort évidente.

Enfin, dans ses *Réponses aux quatrièmes objections*, qui sont du docteur Arnauld, il dit entre autres : « Je confesse donc ingénument avec lui que les choses qui sont contenues dans la première méditation, et même dans les suivantes, ne sont pas propres à toutes sortes d'esprits, et qu'elles ne s'ajustent pas à la capacité de tout le monde. Mais ce n'est pas d'aujourd'hui que j'ai fait cette déclaration; je l'ai déjà faite, et la ferai encore autant de fois que l'occasion s'en présentera.

Tels sont donc les vrais principes de Descartes,

expliqués par lui-même. C'est donc les entendre bien mal, que de soumettre au doute et à l'examen non-seulement les conclusions éloignées et scientifiques, mais les premiers principes de la raison naturelle, mais leurs conclusions prochaines et morales, mais surtout les vérités de l'ordre surnaturel, les vérités de la foi divine, et de soumettre tout cela au doute et à l'examen de tous les esprits quelconques, principalement de ceux qui se croiront d'autant plus capables qu'ils le seront moins. Or, comme nous le voyons par la lettre de Bossuet, c'est ainsi que les cartésiens entendaient généralement les principes de leur maître (1).

Ce qui a pu les induire à oublier ou à négliger les explications que ce maître leur avait données, ce sont les applaudissements intéressés de la secte janséniste. Ces nouveaux hérétiques, comme tous leurs devanciers, préféraient leur évidence individuelle, vraie ou apparente, sincère ou feinte, à toute l'Église de Dieu. Nous verrons quelques nonnes jansénistes préférer leur évidence féminine au jugement du Pape et des évêques, ainsi qu'aux arguments de Bossuet, dans les matières si ardues de la nature et de la grâce. C'était donc une bonne fortune pour les nouveaux sectaires de trouver dans la philosophie d'un auteur catholique, embrouillée par son école, un moyen spécieux de justifier leur révolte envers l'Église et son chef.

Cet embrouillement était d'autant plus facile, que Descartes lui-même n'indique nulle part des moyens sûrs pour distinguer l'évidence véritable de l'évidence apparente. Seulement, il convient que la chose n'est point aisée, et qu'il y en a très-peu qui en soient capables (T. II, p. 525, in-12; p. 467, in-8°, Cousin). Il nous semble que, d'après le philosophe catholique Boèce, qui a résumé toute la philosophie ancienne, et d'après Descartes lui-même, on peut assigner les règles suivantes. Quant aux premiers principes de la raison naturelle et leurs principales conclusions, pour distinguer l'évidence véritable de celle qui n'en a que l'apparence, on peut consulter le sens commun du vulgaire; dans les conclusions éloignées et scientifiques du même ordre naturel, consultez le sentiment commun des doctes. Mais dans les vérités, principes et conclusions, de l'ordre surnaturel, qui constituent la révélation proprement dite, et même dans les matières de l'ordre naturel, mais qui se lient à l'ordre surnaturel, la règle souveraine et infaillible, c'est la divine autorité de l'Église catholique. Ces trois règles se découvrent dans les écrits et la conduite de Descartes lui-même. Il reconnaît d'abord que les premiers principes de la raison naturelle sont communs et même innés à tous les hommes. Quant aux conclusions éloignées et scientifiques, il ne veut de juges que les plus solides esprits. Mais pour ce qui est de l'ordre surnaturel, des vérités de la foi, ou simplement de ce qui paraît y toucher, comme l'opinion sur le mouvement de la terre, il s'en rapporte à l'autorité de l'Église; et, comme le remarque Bossuet (*Lettre 253 à M. Pastel*), on lui voit prendre sur cela des précautions dont quelques-unes allaient jusqu'à l'excès. On aurait ainsi, suivant le degré des matières, trois règles de certitude pour distinguer l'évidence réelle de l'évidence apparente, et tout le domaine intellectuel fonctionnerait d'accord.

C'est à cette conciliation harmonique de toutes les sciences, principes et conclusions, tant dans l'ordre naturel que dans l'ordre surnaturel, que doivent tendre et travailler tous les hommes à qui Dieu en donne le moyen. A cette marque se reconnaît l'esprit de Dieu. *Y a-t-il parmi vous quelqu'un de sage et de savant?* demande l'apôtre saint Jacques. *Qu'il fasse paraître ses œuvres dans la suite d'une bonne vie, avec une sagesse pleine de douceur. Mais si vous avez dans le cœur une jalousie pleine d'amertume et un esprit de contention, ne vous glorifiez point contre la vérité, car ce n'est point là la sagesse qui vient d'en-haut, mais une sagesse terrestre, animale et diabolique; car, où il y a de la jalousie et de la contention, il y a aussi du trouble et toute sorte de mal. Mais la sagesse qui vient d'en-haut est premièrement chaste, puis amie de la paix, modérée, docile, susceptible de tout bien, pleine de miséricorde et de fruits de bonnes œuvres; elle ne juge point témérairement et n'est point dissimulée* (Jacob., 3, 13-17).

C'est cette sagesse qui instruisit Salomon, et dont il a dit : *J'ai appris tout ce qui était caché et ce qui n'avait point encore été découvert, parce que la sagesse même, qui a tout créé, me l'a enseigné. Car il est en elle un esprit d'intelligence qui est saint, unique, varié, subtil, disert, agile, sans tache, clair, doux ami du bien, pénétrant, que rien ne peut empêcher d'agir, bienfaisant, amateur des hommes, bon, stable, infaillible, calme, qui peut tout, qui voit tout, qui renferme en soi tous les esprits, qui est intelligible, pur et subtil; car la sagesse est plus active que toutes les choses les plus agissantes, et elle atteint partout à cause de sa pureté. Elle est la vapeur de la vertu de Dieu et une certaine émanation de la clarté du Tout-Puissant : c'est pourquoi elle n'est point susceptible de la moindre impureté, parce qu'elle est l'éclat de la lumière éternelle, le miroir sans tache de la majesté de Dieu et l'image de sa bonté. Une, elle peut tout, et immuable en elle-même, elle renouvelle toutes choses; elle se répand*

---

(1) C'est surtout en Allemagne où le génie métaphysique tient si peu de compte des réclamations du sens commun, dès qu'il s'agit des intérêts réels ou apparents de la forme scientifique, et où le protestantisme avait préparé la voie à tous les désordres de la pensée, en secouant le joug tutélaire de l'Église, que le rationalisme a pu se produire au grand jour, et formuler systématiquement son principe, ses conséquences et ses applications à la religion, à la philosophie, à l'art, à toutes les branches de la connaissance humaine. Parmi nous, il n'a osé affronter à ce point la lumière, ni se montrer sous toutes ses faces. Descartes, il est vrai, en a posé les bases; il est pénétré de l'esprit du système. Qu'est-ce que le doute cartésien? sinon l'émancipation de l'esprit humain dans le sens rationaliste. Éliminer successivement les principes extérieurs de la connaissance, tous les éléments venus du dehors; tenir pour incertain tout ce dont la négation n'implique pas l'anéantissement de la pensée; ne s'arrêter, dans cette œuvre d'élimination, que devant la pensée elle-même; partir de là pour reconstruire *à priori* l'édifice de la science, selon la règle de nécessité logique, voilà bien l'esprit et le fond du rationalisme. Le critérium de Descartes est l'évidence idéale, la règle à suivre dans nos jugements consiste à n'affirmer d'une chose que ce qui est distinctement et clairement renfermé dans son idée. Or, n'admettre comme vrai que ce qui est contenu dans la pensée, n'est-ce pas faire de la raison, non-seulement le point de départ et l'instrument, mais la source même et la mesure positive du savoir? Nous le répétons, le rationalisme est là tout entier. Descartes obéit visiblement à la même tendance quand il veut démontrer l'existence de Dieu par l'analyse de l'idée de l'infini, et qu'il entreprend de *construire* le système de l'univers avec les seules idées de l'étendue et du mouvement.

Mais si Descartes a posé le principe du rationalisme, il a laissé à d'autres le soin d'en tirer des conséquences. En général, les partisans du système, en France, du moins, ont reculé devant une formule nette et précise qui aurait donné l'éveil au sens commun (Cf. *Revue du Monde catholique*, 1862; *Sécularisation de la philosophie*, par l'abbé Thomas, gr. vic. de Verdun). E. H.

*parmi les nations, dans les âmes saintes, et elle forme les amis de Dieu et les prophètes; car Dieu n'aime que celui qui habite avec la sagesse... Elle atteint d'une extrémité à l'autre avec force, et dispose toutes choses avec douceur* (Sap., 6, 21-28, et 7, 1).

C'est cette sagesse qui a fait l'histoire, la suite des événements que nous écrivons; car *c'est elle qui conserva celui que Dieu avait formé pour être le père du monde, ayant d'abord été créé seul. C'est elle aussi qui le tira de son péché et qui lui donna la force de gouverner toutes choses. Lorsque l'injuste (Caïn), dans sa colère, se sépara d'elle, il périt malheureusement par la fureur qui le rendit le meurtrier de son frère. Et lorsque le déluge inonda la terre à cause de lui, la sagesse sauva encore le monde, ayant gouverné le juste (Noé) sur les eaux par un bois méprisable. Lorsque les nations conspirèrent ensemble pour s'abandonner au mal, c'est elle qui trouva et connut le juste (Abraham), qui le conserva irrépréhensible devant Dieu et qui lui donna la force de vaincre la tendresse qu'il ressentait pour son fils. C'est elle qui délivra le juste (Loth), lorsqu'il fuyait du milieu des méchants qui périrent par le feu tombé sur la Pentapole... C'est elle qui a conduit par des voies droites le juste (Jacob), lorsqu'il fuyait la colère de son frère; elle qui lui a fait voir le royaume de Dieu, lui a donné la science des saints, l'a enrichi dans ses travaux et lui en a fait recueillir de grands fruits... C'est elle qui n'a point abandonné le juste (Joseph), lorsqu'il fut vendu; mais elle l'a délivré des mains des pécheurs; elle est descendue avec lui dans la fosse... C'est elle qui a délivré le peuple juste et la race irrépréhensible de la nation qui l'opprimait. Elle est entrée dans l'âme du serviteur de Dieu (dans l'âme de Moïse), et il s'est élevé avec des signes et des prodiges contre les rois redoutables. Elle a rendu aux justes la récompense de leurs travaux; elle les a conduits par une voie admirable et leur a tenu lieu de couvert pendant le jour et de la lumière des étoiles pendant la nuit. Elle les a conduits par la mer Rouge et les a fait passer au travers des eaux profondes. Elle a enseveli leurs ennemis dans la mer et les a retirés du fond des abîmes; et ainsi les justes ont remporté les dépouilles des méchants* (Sap., c. 10).

En un mot, c'est cette même sagesse, cette même lumière véritable qui, ayant éclairé et animé les patriarches et les prophètes, s'est fait homme, habitant parmi nous, envoyant ses apôtres par toute la terre, pour amener toutes ses brebis en un même bercail, promettant d'être avec eux tous les jours jusqu'à la consommation des siècles, et de leur envoyer l'Esprit de vérité pour demeurer éternellement avec eux : en un mot, c'est la même sagesse, le même esprit de Dieu qui anime l'Eglise de Dieu, l'Eglise catholique, depuis Abel, le premier juste, jusqu'aux justes de ces derniers temps, saint Charles Borromée, saint François de Sales, saint Vincent de Paul. Voilà ce que, dans la suite des siècles, nous avons vu et admiré.

Mais nous avons vu en même temps la sagesse d'en bas, la sagesse de l'enfer, l'esprit d'apostasie et de révolte, séduire une partie des anges, séduire nos premiers parents dans le paradis terrestre, pousser le premier-né de l'homme au fratricide, pousser tous les peuples à l'adorer lui-même dans les idoles, déchirer l'Eglise de Dieu par des schismes et des hérésies, depuis la grande hérésie de Satan, qui décima le ciel, peupla l'enfer, infecta la terre, jusqu'à l'hérésie du moine apostat, qui divisa l'Allemagne d'avec elle-même et contre elle-même.

§ VI.

*État de l'Allemagne. Guerre de Trente-Ans. Paix de Westphalie. Conversions de protestants.*

Cette branche notable du genre humain, naturellement si religieuse, unie et vivifiée par la foi catholique, aurait pu facilement acclimater la civilisation chrétienne parmi les peuples du Nord et de l'Orient, et contribuer ainsi puissamment à réunir toutes les branches de la famille humaine dans l'unité divine de la même foi, de la même espérance et de la même charité. Au lieu de cette œuvre glorieuse, nous l'avons vue en commencer et poursuivre une toute contraire; briser sa propre unité nationale et religieuse, pour briser et morceler de même toute l'humanité. Au lieu d'une Allemagne, nous avons vu deux Allemagnes hostiles : l'Allemagne catholique, fidèle à elle-même et à la foi de ses pères; l'Allemagne apostate, reniant son nom et sa foi paternelle de catholique pour prendre le nom et les opinions d'un moine défroqué et marié. Nous avons vu cette Allemagne monacale, se diviser en luthérienne, du nom de ce moine apostat, et en zwinglienne ou calviniste, de Zwingle, curé apostat de Suisse, ou de Calvin, curé apostat et fugitif de France. Nous avons vu ces deux Allemagnes protestantes, vers la fin du XVIe siècle, protester l'une contre l'autre avec plus de violence que contre l'Allemagne catholique, s'anathématiser, se poursuivre, se torturer réciproquement, avec plus de barbarie que n'en montrèrent plus tard les bourreaux de la révolution française.

Cette division de l'Allemagne protestante ne cessa point au commencement du XVIIe siècle. Au contraire, les calvinistes de Hollande se divisèrent encore entre eux, et cela jusqu'à s'anathématiser et se tuer les uns les autres. Nous avons vu que Calvin détruisait le libre arbitre de l'homme, faisait Dieu auteur du péché et soutenait que la foi justifiante ne se perdait point au milieu des plus grands crimes. Avec le temps, quelques calvinistes eurent horreur de ces excès et revinrent à des opinions plus modérées, qui se rapprochaient de la doctrine catholique. Leur principal docteur fut Jacques Arminius, ministre d'Amsterdam, puis professeur à l'Académie de Leyde : de là, ces calvinistes modérés furent appelés *Arminiens* et aussi *Remontrants* d'une remontrance où ils demandaient la liberté pour leurs opinions et pour celles de tout le monde. Dans leur nombre, on distinguait Barneveldt, grand pensionnaire ou premier magistrat civil de Hollande; Hogerbets, magistrat de Leyde, et le savant Grotius, syndic de Rotterdam. Les calvinistes rigides formèrent contre eux un parti nombreux et formidable : leur principal docteur était François Gomar, professeur de théologie à Leyde : de là le nom de *Gomaristes* et aussi de *Contre-Remontrants*. Ils soutenaient les impiétés et les blasphèmes de Calvin dans toute leur crudité. Une lutte s'ensuivit entre les deux partis, qui faillit dégénérer en guerre civile. Les Gomaristes avaient pour eux Maurice de Nassau, stathouder ou capitaine général de la Hollande, qui trouvait leur doctrine plus propre à seconder son ambition militaire. Tout à coup, l'an 1617, il fait arrêter et mettre en jugement Barneveldt, Hogerbets et Grotius : le premier eut la tête tranchée, le 13 mai, à l'âge de 72 ans, après avoir été le principal fondateur de la nouvelle république; les deux autres furent condamnés à une prison perpétuelle.

Après ces arguments à coups de hache et par la main du bourreau, les Gomaristes s'assemblèrent en synode à Dordrecht le 14 novembre 1618, y condamnèrent les Arminiens et confirmèrent tous les blasphèmes de Calvin, entre autres que Dieu réprouve les pécheurs par un décret absolu et immuable, indépendamment de leur impénitence prévue; que Dieu ne veut pas sincèrement le salut de tous les hommes; que Jésus-Christ est mort pour les seuls prédestinés; qu'à eux seuls il donne la foi justifiante, qu'elle est inamissible pour eux malgré tous les crimes, et qu'on ne peut résister à la grâce. Enfin les Gomaristes exilèrent les prédicants des Arminiens, destituèrent leurs savants et dispersèrent leur assemblée par la violence et avec effusion de sang (Menzel, t. VI; Bossuet, *Variat.*, l. 14).

Au synode de Dordrecht avaient assisté les députés calvinistes de plusieurs pays, notamment du Palatinat, de la Hesse, des Suisses et de Genève. Les décisions du synode hollandais exaspérèrent les théologiens luthériens d'Allemagne, qui traitaient de blasphème la doctrine de Calvin, et de tyran le Dieu des Calvinistes, qui condamne les hommes pour le mal qu'il opère lui-même en eux, et qu'ils n'ont pu éviter. Mais, comme l'observe fort judicieusement le protestant Menzel, les docteurs luthériens avaient tort de traiter les calvinistes avec tant de rigueur, puisque Luther commença par les mêmes blasphèmes, et qu'il ne les révoqua jamais (Menzel, p. 125). La réflexion est bonne : les luthériens ne la firent ni avant ni après. Ainsi, l'astronome Képler, étant professeur à Linz, fut exclu de la communion par le pasteur luthérien, parce qu'il refusait d'anathématiser les calvinistes. Ayant réclamé auprès du consistoire luthérien de Stuttgard, il reçut pour décision qu'il devait s'en rapporter à l'autorité de l'Eglise (*Ibid.*, t. VI). Ils ne voyaient pas, ces bons docteurs, que c'était condamner tout le luthéranisme, dont le principe est de s'en rapporter à soi-même, et non pas à l'Eglise de Dieu, toujours subsistante. Il était dangereux pour un prédicant luthérien de parler de vertu et de bonnes œuvres, et d'exhorter ses auditeurs à faire le bien, comme s'ils y pouvaient quelque chose : c'était se rendre suspect et s'exposer à des persécutions (*Ibid.*, p. 13).

L'électeur luthérien de Brandebourg, Jean Sigismond, s'étant déclaré calviniste ou réformé l'an 1613, excita le mécontentement des prédicants et autres luthériens, tant du Brandebourg, dont la capitale est Berlin, que de la Prusse, dont la capitale est Kœnigsberg : on prêcha contre lui et contre sa profession de foi dans les chaires. Il y eut même un soulèvement à Berlin au mois d'avril 1615; on lui reprochait, comme une apostasie, d'avoir quitté le luthéranisme pour le calvinisme : tout cela, bien à tort. Car, comme il en fit l'observation, si son grand-père Joachim II et son frère Jean, malgré le serment qu'ils avaient fait à leur père Joachim Ier, de demeurer fidèles à la foi catholique, ont pu se faire luthériens, pourquoi lui-même, malgré son serment de demeurer luthérien, ne pouvait-il pas se faire calviniste? D'ailleurs le principe fondamental du protestantisme n'est-il point que chacun n'a d'autre règle de foi que son propre jugement? Enfin, autre conséquence, les protestants reconnaissaient à chaque souverain le droit de réformer la croyance de ses sujets sur la sienne : plus d'un souverain protestant avait ainsi contraint ses sujets catholiques à s'expatrier ou à renier la foi de leurs pères. Ce que l'on approuvait dans les autres, pourquoi le refuserait-on au souverain du Brandebourg? Cependant il voulait bien ne pas user de son droit, mais se contenter de pratiquer son culte dans l'intérieur du palais. Il y eut bien de la peine, sa propre femme s'étant mise contre lui ; il indiqua un colloque à Berlin pour ouïr les remontrances, mais sans succès; il punit ou réprimanda quelques prédicants, et mourut prématurément en 1619, âgé de quarante-huit ans, après avoir remis le gouvernement à son fils Georges-Guillaume, qui, quoique calviniste lui-même, prit un catholique pour principal ministre, le comte Adam de Schwartzenberg; les luthériens le voyaient plus volontiers à la tête du gouvernement qu'un calviniste ou réformé (Menzel, c. 5, 6, 7, 8).

Nous avons vu dans l'Eglise catholique comment, d'après les décrets du concile de Trente, s'établirent les séminaires pour l'éducation du clergé, sous la direction des saints Charles Borromée, François de Sales, Vincent de Paul : quelle activité déployaient les souverains Pontifes pour envoyer des missionnaires apostoliques jusqu'aux extrémités de la terre. Les mouvements du protestantisme, observe le protestant Menzel, n'avaient point pour but de propager la foi ni les mœurs, mais de s'assujétir à soi-même des dogmes, d'en tirer des formules magiques, dans un latin particulier; entendu des initiés seuls, afin de dominer sur son propre parti, et triompher du parti contraire. Les écoles et les académies étaient moins calculées pour former des pasteurs et des consolateurs chrétiens du peuple, que pour maintenir et satisfaire une corporation théologique qui n'avait d'autre fin qu'elle-même, où certains intérêts politiques du temps. Les collèges où l'on occupait six ou sept ans les futurs ecclésiastiques à développer la doctrine traditionnelle de l'église luthérienne, à résoudre les questions captieuses, à réfuter tous les systèmes et propositions contraires : ces collèges étaient les résidences d'une férocité et les asiles d'un libertinage dont s'éloignait avec effroi la sensibilité morale, non moins que le sentiment vulgaire des convenances. Et dans les écoles et dans les Universités allemandes, les anciens étudiants obligeaient les nouveaux à porter des habits déguenillés, ils leur remplissaient la bouche avec de la bouillie faite de boue et de morceaux de pots cassés, les contraignaient à leur nettoyer leurs souliers et leurs bottes, et, pour salaire, à imiter l'aboiement des chiens, le miaulement des chats et à lécher leurs crachats sous la table. Les princes eurent beau proscrire ces mœurs de sauvages, tant par des ordonnances générales de la diète que par des édits particuliers, elles n'en continuèrent pas moins. Plus d'un nourrisson des muses dut subir l'initiation suivante : Le nettoyeur d'écritoires, ayant un chaudron pour plat à barbe, une brique pour savon, le rasait ou plutôt l'écorchait avec une vieille épée rouillée, en guise de rasoir : ou bien on le polissait sur une meule, et on lui enfonçait un grand entonnoir dans les oreilles. Les futurs pasteurs des âmes, les futurs prédicateurs de l'Evangile couraient les rues avec de longues armes meurtrières, le bas du corps indécemment débraillé, avaient leur gîte habituel dans les tavernes, se chamaillaient dans des duels, et les quatre nations de Leipsick se livraient des combats en forme. C'est ainsi que le protestant Menzel nous dépeint les mœurs des séminaristes protestants, d'après les historiens et les ordonnances authentiques de l'époque (Menzel, t. VI, p. 6-10; t. VIII, p. 455).

Un mandement du recteur et des professeurs d'Iéna, 2 juillet 1661, contient encore quelque chose de pire. Parmi ces épreuves que les jeunes étudiants avaient à souffrir des vieux, on voit qu'ils étaient outragés, maltraités de coups, dépouillés de leur argent, de leurs livres et de leurs habits, contraints à toute sorte de repas, particulièrement à des repas d'absolution, à toute sorte de services abjects, souvent honteux, comme de vrais esclaves. Ceux qui avaient ainsi reçu l'absolution, traitaient d'une manière semblable les nouveaux venus, non-seulement en secret et hors des villes, mais publiquement dans les rues et les places, même dans les temples, pendant la prédication et le service divin, les bafouant, les tiraillant, leur donnant des chiquenaudes et des soufflets. Et pour que nul ne pût échapper à ces outrages, ils avaient assigné un certain endroit du temple, où tous les nouveaux arrivants devaient se laisser installer, avec de belles cérémonies de ce genre. De là, pendant tout le service divin, des courses, des bavardages, des murmures, des risées, des cris, des disputes qui faisaient pitié. D'honnêtes gens exhortaient-ils ces libertins à respecter la maison de Dieu, ils n'en recevaient que des insultes (*Ibid.*, t. VIII, p. 455 et 456 note).

Telles étaient, au XVII<sup>e</sup> siècle, les mœurs des futurs pasteurs de la Saxe luthérienne, d'après le témoignage authentique que leur rendent le recteur et les professeurs de l'Université luthérienne d'Iéna; sur quoi il est facile de s'imaginer quelles étaient et devaient être les mœurs du peuple.

Un ministre luthérien de l'époque, *Jean-Valentin André*, déplore la démoralisation de ses confrères. On ne regardait la théologie, ainsi que la logique et la rhétorique, que comme une science propre à se faire un nom. On aimait beaucoup mieux rabaisser le mérite des bonnes œuvres, que de faire des bonnes œuvres. Quiconque s'efforçait de mener une bonne vie, était flétri du nom d'*enthousiaste*, *schwenkfeldien*, *d'anabaptiste* : dès lors le peuple le regardait comme un athée, un hérétique, un hypocrite, un suppôt du diable (*Ibid.*, t. VI, p. 6-10). Un cordonnier de Goerlitz en Saxe, Jacob Boehm, entreprit de remédier à tant de maux par des écrits. Il avait du zèle, de la piété et un certain talent pour écrire : s'il eût été catholique et sous la direction d'un Vincent de Paul, il aurait pu faire grand bien; mais protestant, n'ayant d'autre règle que soi-même, il mêla de prétendues révélations et les rêveries de l'alchimie à des choses d'ailleurs bonnes : ce qui augmenta la confusion. Des pasteurs luthériens prêchèrent contre lui, et il mourut en 1624 (Menzel, t. VI, p. 25).

Un autre homme du même caractère se posa plus tard comme réformateur de la Réforme, et n'y réussit pas mieux. *Spener*, né l'an 1635 à Ribeauviller en Alsace, mort à Berlin l'an 1705, après avoir été employé successivement comme prédicant ou comme professeur à Strasbourg, à Francfort, à Dresde, et finalement à Berlin. Comme Jacob Boehm, il avait le zèle de la piété, mais sans la règle directive que Dieu nous a donnée dans son Eglise : de là, dans ses écrits, plus d'une rêverie, entre autres celle des millénaires. Comme Jacques Boehm, il entreprit de réformer l'enseignement de la théologie luthérienne, et de la ramener de l'esprit de dispute à l'esprit de piété; mais, après bien des efforts, des travaux, des contradictions pour réformer la Réforme, il ne réussit qu'à former une secte de plus, celle des *Piétistes*, qui subsiste encore, et qui n'a fait qu'augmenter la confusion dans le protestantisme (*Biogr. univ.*, t. XLIII, art. SPENER).

Beaux-Arts. Le dévergondage des écoles protestantes, la démoralisation irrémédiable des pasteurs et des peuples protestants produisirent un heureux effet sur quelques individus. Ce hideux spectacle les ayant remplis de dégoût, ils en cherchèrent le remède, et le trouvèrent dans l'Eglise catholique. Là, notamment en Espagne et en Italie, florissaient tout ensemble la science, la piété, la littérature, les beaux-arts et la politesse. Le protestant Menzel parle de l'historien Laurent *Surius*, né à Lubeck, et que déjà nous avons appris à connaître et à aimer sous le froc de chartreux. La plupart des auteurs disent, en effet, que ses parents avaient embrassé la réforme de Luther; mais Hartzheim, dans sa *Bibliothèque de Cologne*, dit qu'il fut élevé dans les principes de l'Eglise catholique, que son père ne cessa jamais de professer.

*Juste Lipse*, célèbre philologue et savant polygraphe, né l'an 1547 à Isque, village à égale distance entre Bruxelles et Louvain, et mort en cette dernière ville l'an 1606, enseigna la littérature et l'histoire, avec les plus grands applaudissements, dans les plus célèbres universités des Pays-Bas et de l'Allemagne. Professeur à Iéna, puis à Leyde, il se montra luthérien dans la première de ces villes, et calviniste dans la seconde ; mais, en 1591, il eut le bonheur de se réconcilier avec l'Eglise catholique, à Mayence, par le ministère des Jésuites, et de donner des preuves de sa foi, jusqu'à sa mort, par divers écrits. Gaspard Schopp, en latin Scioppius, latiniste d'une prodigieuse érudition et fécondité, mais qui se nuisit beaucoup par son caractère satirique, naquit dans le Palatinat l'an 1576, abjura le calvinisme vers la fin du XVI<sup>e</sup> siècle, et publia contre les protestants une foule de livres qui lui attirèrent toute sorte de faveurs et de distinctions de la part des Papes, des rois d'Espagne et de l'archiduc Ferdinand de Gratz. Il mourut à Padoue l'an 1649.

Aux savants du XVIIe siècle, qui revinrent du protestantisme à l'Eglise catholique, appartiennent encore Gaspard Uhlenberg de Lippstadt, qui traduisit en allemand la *Vulgate* sur la correction Sixtine; Josse Coccius de Bielefeld; Barthold Nihusius de Wolpe, dans le Brunsvick; Ulric Hunnius, fils du célèbre théologien luthérien Egidius Hunnius, à Wittemberg; Fabius Quadrantius; Eberhard Neidhardt, et Vitus Eberman (1).

Nous avons vu le Palatinat, une fois apostat de la foi de ses pères, passer successivement, comme une girouette, du luthéranisme au calvinisme, du calvinisme au luthéranisme, suivant le vent de la cour, l'ordre de l'électeur palatin. En 1613, ce pays apprit le retour inattendu d'un membre de la famille régnante à la foi catholique. Le comte palatin de Neubourg, *Wolfgang Guillaume*, étant sur le point d'épouser une princesse de Bavière, la sœur du duc Maximilien, étudia sérieusement la foi de l'Eglise universelle, et dans des livres et dans des conférences orales, en reconnut la vérité, l'embrassa d'abord secrètement, pour ne pas accabler son vieux père luthérien par cette nouvelle subite, mais l'y préparer avec ménagement. En effet le 25 mai 1614, il se déclara publiquement catholique à Dusseldorf, après avoir instruit son père du fait et des motifs de sa conversion, avec les vœux les plus ardents pour que Dieu lui fît la grâce de faire de même. Le père mit vainement tout en œuvre pour faire repentir son fils, et mourut au mois d'août de la même année 1614. La foi du comte Guillaume fut mise à une autre épreuve. En 1621, son confesseur, qui pourtant était un Jésuite, le quitta pour se faire luthérien et prendre femme. Le prince n'en persévéra pas moins avec zèle, sans molester ses sujets luthériens et calvinistes, mais en exigeant la tolérance pour les catholiques. Il fut ainsi, dans la dynastie palatine, la tige de la branche catholique de Neubourg (*Galerie*, etc., c. 4, p. 65 et seqq.).

Un autre jeune prince avait donné le premier l'exemple aux personnes de son rang de revenir des nouveautés protestantes à l'ancienne Eglise : c'était le margrave *Jacob de Baden-Dourlac*. Ses qualités éminentes, ses talents et la haute influence qu'il s'était acquise de bonne heure dans les affaires publiques lui promettaient une carrière brillante. Ses liaisons avec les princes catholiques, surtout son intimité avec son savant médecin, qui du luthéranisme avait passé au calvinisme, et du calvinisme à l'Eglise universelle, inspirèrent au margrave des doutes sur la légitimité du culte protestant. Toutefois, pour ne point agir à la légère dans une affaire aussi grave, il procura, au mois de novembre 1589, une conférence religieuse à Bade, entre trois théologiens wurtembergeois d'une part, et Pistorius, Zehender, prédicateur de la cour badoise, et quelques prêtres catholiques d'autre part. André, l'un des théologiens wurtembergeois, et le médecin Pistorius ouvrirent la conférence, sous la présidence alternative du duc Frédéric de Wurtemberg et du margrave, par une dispute sur le caractère de la véritable Eglise. Mais le margrave leva le colloque à la troisième séance, parce que les parties entrèrent, sur la forme de leurs arguments, dans une contestation qui ne laissait prévoir aucune fin, et ne promettait aucun résultat pour le but du margrave, de savoir au juste ce que c'est que l'Eglise. Cette non-réussite n'empêcha pas le prince de réunir, l'année suivante, plusieurs théologiens catholiques et protestants à Emmending, dans le comté de Hochberg, pour leur faire discuter cette question, si l'Eglise est constamment visible, et où elle était avant Luther ; toutefois, Pistorius ne devait pas y prendre part. Maître Pappus, de Strasbourg, portait la parole pour les protestants. La question fut examinée sous toutes les faces pendant quatre jours, en sept séances, sans que les orateurs pussent s'accorder. Quelques semaines après ce colloque, le margrave se réunit formellement à l'Eglise, en faisant sa profession de foi dans le monastère cistercien de Tennebach, près Fribourg, en présence de plusieurs prélats et théologiens catholiques, entre les mains du Jésuite Busée. Zehender, prédicateur de sa cour, suivit son exemple. C'était le premier exemple d'un prince né dans le protestantisme, qui revenait si solennellement à l'Eglise catholique. C'était la première fois que le principe de la pacification religieuse, qui faisait dépendre de la volonté du souverain la croyance des sujets, allait se tourner contre un pays protestant et son clergé. Les fauteurs de la réformation en avaient profité pour abolir dans leurs domaines l'ancien culte, qui leur déplaisait, et pour refuser la tolérance à ceux qui y demeuraient constamment fidèles. Le margrave de Bade procéda de la même manière, et avec le même droit, contre le nouveau culte, qui lui était devenu odieux. Il en congédia les ministres, en leur conservant leur traitement pendant trois mois encore ; ce qui, observe le protestant Menzel, était peu, mais toujours beaucoup plus que n'avaient à espérer alors les ministres arbitrairement disgraciés par les princes de leur communion. Il pria le cardinal André d'Autriche, évêque de Constance, d'envoyer son évêque suffragant pour dédier de nouveau les églises rendues à l'ancien culte. La solennité devait commencer le 8 août, par l'église de la cour, à Emmending. Les princes de Bavière, grandement réjouis de cette conversion, avaient envoyé des ornements et des reliques. On avait fait de grands préparatifs pour cet heureux jour, lorsqu'on apprit que le margrave était tombé dangereusement malade. Il prit néanmoins sur lui d'assister à la cérémonie. Quelques jours après, la maladie ne laissa plus d'espoir. Alors il dit à un de ses serviteurs qui était demeuré protestant : Mon cher, prends exemple sur moi, ne délibère pas si longtemps, viens bientôt. Vois comme Dieu me punit par cette maladie temporelle, de ce que j'ai tardé si longtemps, et que je n'ai pas confessé mon christianisme aussitôt dès le commencement. Cet excellent prince rendit son âme à Dieu le 17 août 1590 (Menzel, t. V, c. 21). Nous ne doutons pas que ce qu'il n'a pu faire sur la terre, il n'y ait contribué du haut du ciel : de ramener à la vraie foi catholique la grande majorité du peuple de Bade, et de l'y maintenir jusqu'à nos jours, malgré des obstacles de plus d'un genre.

Dans le volume précédent, nous avons vu deux princes amis, tous deux élèves des Jésuites, Maximilien de Bavière et Ferdinand d'Autriche, honorer

---

(1) Menzel, t. VI, p. 16; *Galerie des personnes les plus célèbres qui revinrent de l'Eglise* ÉVANGÉLIQUE *à l'Eglise catholique, pendant les siècles* 16, 17 et 18, publiée par Philippe Von Ammon. Erlangen, 1833 (en allemand).

la vraie foi par leurs talents et leurs vertus, et la rétablir glorieusement dans leurs domaines. Ce que Ferdinand a fait, comme archiduc, en Styrie, en Carinthie et le Crain, il le fera, comme roi et comme empereur, dans l'Autriche, dans la Bohême et dans ses autres principautés héréditaires.

Nous avons vu l'empereur Rodolphe II, occupé avec Tycho-Brahé et Képler à contempler les astres, oublier les affaires de l'empire. Son frère Mathias en profita pour le contraindre à lui céder la Hongrie, l'Autriche, la Moravie et la Bohême. Cette conduite si peu fraternelle ne lui porta point bonheur. A la vérité, son frère étant mort le 20 janvier 1612, il fut élu empereur à l'unanimité; mais c'est que les électeurs ne trouvaient pas d'autre candidat. Encore lui imposèrent-ils pour condition, qu'il ne donnerait d'emploi à aucun étranger, ni même à aucun Allemand qui ne fût de haute naissance. Prenant l'unanimité de son élection pour un signe de dévouement à sa personne, il se flatta de diriger à son gré la diète de 1613, et d'en obtenir facilement l'assistance nécessaire pour faire la guerre aux Turcs et réformer les abus de l'empire. Il y fut bien trompé. La ligue ou *l'union* protestante, qui prit alors le nom de princes *correspondants*, et se composait principalement de calvinistes, refusa tout concours aux mesures à prendre contre les Turcs et pour rétablir une bonne justice dans l'empire, si on n'accordait aux protestants de nouvelles concessions : la principale était que, dans les diètes et les tribunaux de l'empire, on ne s'en rapporterait plus à la majorité des voix; en d'autres termes, qu'on ne reconnaîtrait plus la base antique de l'empire allemand, ainsi que de toute société humaine, mais qu'on lui donnerait pour fondement le principe même des révolutions et de l'anarchie. Au vrai, la ligue protestante était le parti révolutionnaire et anarchiste, dont les révolutionnaires et les anarchistes plus modernes ne sont que les enfants et successeurs naturels. La ligue protestante réclamait une autre concession non moins grave, l'abolition du droit de réserve. Voici ce que c'était. Dans les pacifications de Passau et d'Augsbourg, sous Charles-Quint, entre les catholiques et les luthériens ou protestants d'Augsbourg, il fut convenu que chaque parti resterait en possession de qu'il occupait *alors*; mais on y ajouta cette clause ou *réserve* formelle : que les protestants n'envahiraient pas davantage ce que les catholiques possédaient *encore*, et que si désormais un prélat ou bénéficier catholique passait au protestantisme, il perdrait par là même tout droit aux privilèges et biens de sa prélature. Or, contrairement à cette clause ou réserve, les protestants avaient confisqué sur les catholiques plus d'un évêché, plus d'une abbaye, plus d'un bénéfice depuis la pacification d'Augsbourg. Ils s'y prenaient ordinairement de la manière suivante : ils faisaient élire archevêque, évêque, abbé, prévôt, un de leurs fils, qui faisait semblant ou non d'être catholique, et qui, après quelque temps, se déclarait luthérien ou calviniste, avec partie ou totalité de son chapitre. D'après la clause ou *réserve* de la pacification, la prélature et ses biens devaient retourner aux catholiques. Voilà pourquoi la ligue protestante demandait l'abolition de ce droit de *réserve* : il est naturel à un voleur de n'aimer pas l'obligation de restituer. En un mot, ces honnêtes princes de la Réforme réclamaient pour eux le droit, non-seulement de garder ce qu'ils avaient volé avant la pacification d'Augsbourg, mais encore de voler sans *réserve* ni terme. Les communistes modernes, les larrons de toute espèce ne demandent que cela.

Encore la pacification d'Augsbourg n'avait-elle stipulé qu'en faveur des protestants de la Confession d'Augsbourg, et non des calvinistes ou autres sectes nouvelles. Ces derniers n'avaient donc aucun droit, même apparent, de garder ce qu'ils avaient volé avant cette époque. Aussi la ligue protestante de 1613, dont le chef était l'électeur calviniste du Palatinat, avait-elle la prudence de suppléer au droit par des alliances avec les puissances étrangères, avec les révolutionnaires de tous les pays, avec tous les ennemis de l'empire, même avec les Turcs. C'est de là que nous verrons sortir la guerre néfaste de Trente-Ans.

La ligue catholique, qu'on appellerait aujourd'hui politiquement *le parti conservateur*, avait pour chef le duc Maximilien de Bavière. On vit même y accéder, en 1613, les princes luthériens de Saxe et de Darmstadt, par attachement pour la maison d'Autriche et pour la conservation de l'empire, contre les menées révolutionnaires des calvinistes. Cette ligue des conservateurs, qui formait la grande majorité dans la diète générale, accorda donc à l'empereur un subside contre les Turcs; mais les catholiques formulèrent en même temps leurs griefs. Le principal était contre les calvinistes et les sectes nouvelles qui pullulaient de jour en jour : la pacification d'Augsbourg n'était que pour les protestants de la Confession d'Augsbourg, avec lesquels il serait facile de s'entendre; mais ces sectes nouvelles, qui n'avaient aucun droit à la pacification, la ruinaient, ainsi que l'unité de l'empire, par leurs prétentions révolutionnaires de ne se soumettre plus à la majorité des voix à la diète, de ne vouloir reconnaître aucun tribunal au sujet de leurs empiètements sur les catholiques. L'empereur Mathias, qui s'était flatté de dissoudre les deux ligues l'une par l'autre, se vit bien loin de son compte : les griefs des catholiques ne furent pas même mis en délibération; et il termina mesquinement la diète, qu'il avait ouverte avec éclat (Menzel, t. VI, c. 3).

Il n'avait pas mieux réussi avec les diètes particulières des principautés autrichiennes : les protestants, s'y voyant en majorité, lui avaient imposé des conditions préjudiciables. Au lieu de pousser la guerre contre les Turcs, il renouvela la trêve avec eux pour vingt ans. Mathias était avancé en âge, ainsi que ses deux frères Albert et Maximilien; ni l'un ni l'autre n'avait d'enfants : il importait toutefois bien fort à la maison d'Autriche de ne pas laisser échapper la couronne impériale pour la voir passer peut-être sur une tête protestante. Ils jetèrent donc les yeux sur leur cousin, l'archiduc Ferdinand, que nous avons vu rétablir si complètement le catholicisme dans ses principautés héréditaires de Styrie, de Carinthie et de Carinthie. Albert et Maximilien lui cédèrent leurs droits, ainsi que Philippe III d'Espagne. Mathias se rendit avec Ferdinand à Prague, l'y proposa pour roi dans une diète du mois de juin 1617 : le comte de Thorn fit quelque opposition, mais elle n'eut point de suite : Ferdinand fut agréé roi, même par les plus considérables d'entre les protestants, proclamé en cette qualité le 9 juin et couronné le 29. Il fut pareillement reconnu roi de Hongrie le 1er juillet de l'année suivante. Il y eut plus : aussitôt après son couronnement à Prague comme roi de Bohême, il accompagna l'empereur Mathias à Dresde, où l'électeur luthérien les reçut avec les plus grands honneurs, les retint au milieu des fêtes, et leur témoigna la plus cordiale amitié : il promit dès lors sa voix à Ferdinand pour la couronne impériale.

Cette intimité politique entre les cours d'Autriche et de Dresde fut bientôt suivie du contraste le plus choquant. C'était l'année 1617, la centième après le commencement du luthéranisme en Saxe. Aussitôt après le départ de l'empereur, l'électeur Jean Georges publia une espèce de mandement pastoral pour faire célébrer, le 31 octobre et le 1er novembre 1617, le jubilé séculaire de la réformation, — « attendu que la lumière du saint évangile a brillé pendant cent ans radieuse sur notre électorat et nos domaines, et que le Très-Haut l'a conservé gracieusement contre toute la fureur et la rage de l'ennemi infernal et de ses suppôts. » En conformité de ce mandement, dit le protestant Menzel, les théologiens de la Saxe électorale adressèrent une circulaire à tous les théologues et professeurs du pur évangile, tant de la nation allemande que des autres royaumes, pays et provinces, comme une nouvelle mèche pour entretenir, telle qu'une étincelle sous la cendre, la fureur des partis que les discordes religieuses avaient implantée dans l'esprit du peuple. « Le grand Dieu du ciel, disaient les théologues saxons, a donné succès à la glorieuse entreprise de son saint organe, messire docteur Martin Luther ; par son inénarrable miséricorde, il a dissipé les ténèbres papistiques, et fait luire sur nous le soleil de justice, de telle sorte que les vieilles idolâtries, blasphèmes, erreurs et abominations de l'*enténébré* papisme ont entièrement disparu et été exterminées dans beaucoup de royaumes, dominations, principautés et terres. Non-seulement le commencement de cette œuvre a répondu aux vœux et aux gémissements de l'Eglise chrétienne, mais à cette heure encore, après cent ans accomplis, d'innombrables brebis du Christ ont été nourries de ce salutaire pâturage de la parole divine ; mais elles ont été efficacement et puissamment protégées par le Roi des rois et le Seigneur des seigneurs, contre les hostiles incursions des énormes loups ravisseurs, le Pape et ses partisans. L'ennemi de Dieu et des hommes, le vieux serpent, a beau en frémir de colère, l'antechrist romain a beau, de rage, se couper la langue avec les dents, nous menacer tant qu'il voudra de toute sorte de malheurs, d'anathèmes, d'excommunication, de guerres, de désolation et d'incendie : si nous mettons notre confiance au Seigneur, notre Dieu, que pourra nous faire cette bulle d'eau, cet homme de rien, anéanti par la parole de Dieu ? »

On prêcha selon l'esprit de cette circulaire, à la solennité même, plusieurs jours de suite, dans tous les temples protestants des villes et des campagnes : dans les universités de la Saxe, on disputa dans le même esprit une semaine entière, et on travailla profondément le levain de la vieille haine. Les princes et les magistrats favorables au calvinisme ne voulurent pas rester en arrière des luthériens, et ordonnèrent des fêtes semblables. A Heidelberg, on soutint, le 1er novembre, la thèse suivante : « Quiconque veut être sauvé, doit fuir avant tout le papisme romain. » Le lendemain, on prononça un discours sur le malheur des églises qui gémissaient sous le papisme, et sur le bonheur de celles qui en étaient délivrées (Menzel, t. VI, c. 11).

Presque dans le même temps, savoir le 10 novembre 1617, les catholiques commencèrent par la prière, les mortifications et les bonnes œuvres, l'année du jubilé accordé par Paul V. Tant la bulle pontificale du 12 juin que le mandement de l'archevêque de Mayence pour la prière se bornaient à un tableau général de la corruption qui dominait dans toute la chrétienté, sans faire une mention particulière de la division qui avait déchiré l'Eglise, ni des suites qu'elle avait entraînées. Cette remarque est du protestant Menzel. Il ajoute que le ton de l'encyclique pontificale était incontestablement plus modéré que celui de l'électeur et de ses théologiens. Le Pape manifestait une douloureuse inquiétude que Dieu ne punît pas de grandes calamités les péchés de la génération présente : les théologiens protestants s'épuisaient au contraire en panégyriques sur les prospérités et bénédictions que ne cessait d'attirer sur l'Allemagne le nouveau culte. L'évènement ne tarda pas à faire voir qui avait été meilleur prophète ; car, peu après, éclata cette guerre funeste, qui, pendant trente ans, inonda toute l'Allemagne de sang et de ruines.

En attendant, c'était une contradiction choquante dans l'électeur de Saxe, de déclamer et de faire déclamer publiquement et de la manière la plus outrageuse contre l'Eglise romaine et ses suppôts, et de professer en même temps l'amitié politique la plus intime pour les principaux membres ou suppôts de cette Eglise. Cette contradiction ne corrompit pas moins le caractère de la langue et du style, qu'elle n'embrouilla les idées du peuple. Pour concilier, du moins en apparence, deux choses inconciliables, l'amitié politique et la haine religieuse envers les mêmes personnes, on eut recours à un incommensurable verbiage. Le protestant Menzel parle d'une phrase diplomatique qui remplit à elle seule plusieurs pages in-folio. De là, ces pensées et ces expressions entortillées qui imprimèrent aux écrits des Allemands du XVIIe siècle le cachet de la prolixité, de la bassesse et de la surcharge, et qui complétèrent la barbarie que la scholastique polémique des théologiens avait commencée dans le dernier tiers du XVIe siècle (*Ibid.*). D'après ces observations de l'historien protestant, les défauts qu'on reproche à la langue et à la littérature allemandes seraient un péché originel dont elle a hérité de la réforme luthérienne.

Pendant que l'électeur luthérien de Saxe se montrait l'ami politique et l'ennemi ecclésiastique de la maison d'Autriche, l'électeur calviniste du Palatinat, Frédéric V, se posait le chef de la ligue ou union protestante, faisait formellement alliance avec la nouvelle république des Pays-Bas, sollicitait l'alliance de l'Angleterre, dont le roi Jacques Ier lui donna effectivement sa fille en 1618. L'Angleterre et la Hollande, observe Menzel, étaient alors les naturels représentants de cet esprit du monde, de cet esprit du nouveau siècle qui ne voit que les intérêts matériels : les partisans du calvinisme se sentaient plus attirés de ce côté que du côté de Ratisbonne et de Vienne par les vieilles obligations envers l'empire. Le luthéranisme était effrayé de l'esprit d'innovation, l'esprit originel de la Réforme et, par la peur de sa propre ombre, il avait été amené à s'arrêter. Le calvinisme, au contraire, poursuivait la route des innovations, et y parvint à des vues politiques qui laissaient bien loin en arrière celles des partisans du luthéranisme. Pendant que la Saxe, qui, comme chef et protecteur du luthéranisme, avait donné le premier coup à l'ancien ordre de choses, et, dans la guerre de Smalcalde, porté l'étendard contre la sacrée majesté de l'empereur, se trouvait complètement satisfaite de la pacification d'Augsbourg, et ne manifestait pas de politique plus haute que d'être fidèlement dévouée à la maison d'Autriche, et, à sa suite, de servir Dieu et l'empereur, l'électeur palatin, chef et protecteur du calvinisme, portait ses vues bien au delà des limites de l'ancienne constitution de l'empire, et ne visa bientôt à rien moins qu'à ravir à la maison d'Autriche une de ses couronnes héréditaires, et se la mettre sur sa propre tête. Cette ambition, que ne soutenait aucun talent de régner, manqua son but, et précipita la maison palatine dans de longs malheurs, dont elle ne s'est bien relevée que par la réunion des deux branches de la maison de Wittelsbach (Menzel, t. VI, c. 4).

Cependant les attaques théologiques des protestants contre l'Eglise romaine, à l'occasion du jubilé séculaire de la Réforme, provoquèrent des répliques et des réfutations, principalement de la part des Jésuites. Les protestants de Prague le trouvèrent fort mauvais. On y comprenait sous ce nom ou sous celui d'*utraquistes*, communiants sous les deux espèces, les luthériens, les calvinistes, les picards, les anciens hussites, lesquels tous ensemble l'emportaient en nombre sur les catholiques de Prague. Ces protestants trouvèrent donc fort mauvais que les catholiques osassent bien se défendre contre leurs outrages. Leur mécontentement s'accrut pour une autre cause. Sous les règnes faibles et troublés de Rodolphe et de Mathias, l'opposition, dans les Etats et les villes où dominaient les protestants, avait acquis la prépondérance sur le gouvernement impérial : ceux de Prague avaient extorqué à Rodolphe une lettre qui leur accordait de nouveaux privilèges. La nécessité força l'empereur et ses conseillers à prendre des mesures pour changer cet état de choses, et pour rendre au gouvernement son influence nécessaire. A l'avénement de Ferdinand à la couronne de Bohême, il y eut plus d'ensemble, de fermeté et de suite dans ces mesures. En novembre 1617, une instruction adressée au juge royal de Prague le nomma président perpétuel du conseil de ville, et établit que, sans sa permission et présence, nul conseil, ni aucune assemblée civile ou ecclésiastique ne pouvait être convoquée ni tenue. Les comptes de toutes les églises et de tous les hôpitaux devaient être rendus en sa présence; il devait s'informer de toutes les fondations, et savoir à quoi les revenus étaient employés. Comme, dans la ville de Prague, il y avait journellement, principalement sur les ponts, une foule de mendiants, hommes et femmes,

jeunes et vieux, dont plusieurs pouvaient gagner leur pain, cette multitude désœuvrée était une matière toujours prête aux émeutes : le juge eut ordre d'aviser, avec le capitaine, à ce que les mendiants valides fussent appliqués au travail, et les autres placés dans les hospices. Le conseil de ville, où les catholiques romains formaient environ la moitié, publia cette instruction, en ajoutant que désormais on ne devait ni installer ni congédier aucun prêtre ou pasteur sans la connaissance et l'assentiment du conseil. Les chefs des utraquistes protestèrent contre ces règlements, comme attentatoires aux priviléges de l'empereur Rodolphe : le chef de l'opposition était le comte de Thorn. L'empereur Mathias, en quittant Prague en décembre 1617, y laissa une régence de dix membres, sept catholiques et trois utraquistes. Après quelques incidents, les chefs ou défenseurs des utraquistes convoquèrent une assemblée de leur parti dans le collège de Charles IV. L'empereur en témoigna son mécontentement : les utraquistes ajournèrent leur assemblée. Malgré les exhortations des autorités et la défense de la cour, l'assemblée s'ouvrit le 21 mai 1618 : cette défense était conçue dans les termes les plus bienveillants ; les utraquistes en furent toutefois irrités au dernier point.

Le 23 mai, un mercredi, après avoir assisté à la procession des Rogations, le premier burgrave, Adam de Sternberg, et trois membres catholiques de la régence, Dippold de Lobkowitz, Jaroslas de Martinitz et Guillaume Slawata, se rendirent au château, où la grande salle de la chancellerie, quoique la régence ne dût pas s'assembler ce jour-là, mais on leur avait annoncé qu'une députation des utraquistes voulait y venir. Les utraquistes se présentèrent effectivement, mais en foule et en armes, ayant à leur tête le comte de Thorn. Une contestation violente s'engagea entre les membres de la régence et les chefs des factieux : ceux-ci finirent par crier qu'il fallait les jeter par les fenêtres, et ils en vinrent à l'exécution. On épargna le burgrave et Lobkowitz, qu'on fit entrer dans une chambre voisine. Les deux autres, Slawata et Martinitz, sont traînés à une fenêtre à vingt-huit aunes ou coudées au-dessus du fossé du château, qui était à sec et parsemé de quelques pierres. Ces infortunés, voyant alors qu'on en voulait non pas simplement à leur liberté, mais à leur vie, demandèrent en grâce le temps de se préparer à la mort. On leur cria, en ricanant, que leurs confesseurs les suivraient bientôt. Et d'abord Martinitz, pendant qu'il recommandait tout haut son âme au Sauveur, fut précipité la tête la première. Après quoi le comte de Thorn, poussant Slawata entre les mains des exécuteurs, leur dit : « Nobles seigneurs, voici que vous avez l'autre ! » Dans l'angoisse de la mort, le malheureux empoigna le fer du parapet de la fenêtre ; mais, avec l'épée qu'on lui avait ôtée, on lui taillada la main, jusqu'à ce qu'il eût lâché prise. Le secrétaire Fabricius ayant osé dire quelques mots pour les détourner d'un pareil forfait, ces furieux le saisirent et le jetèrent par la fenêtre la plus proche. Non contents de cela, ils tirèrent plusieurs coups de fusil à leurs victimes.

Des historiens modernes, pour diminuer l'atrocité de toute cette action, supposent qu'elle fut commise sans préméditation et dans un mouvement subit de colère. Les utraquistes ou protestants de Bohême ont eu soin de les démentir d'avance dans leurs apologies; ils y déclarent que c'est un acte de légitime défense, pris par délibération commune; et ils le justifient par l'exemple de Jésabel, qui fut jetée par les fenêtres, et par l'usage des Romains, qui précipitaient les grands coupables du haut de la roche tarpéienne (Menzel, t. VI, c. 14).

Les trois victimes, précipitées d'au moins vingt mètres de haut, au milieu d'une grêle de balles, furent sauvées de la mort contre toute attente. Les balles ne firent que les effleurer. Martinitz, précipité le premier, tomba tout doucement à terre; Slawata frappa de la tête contre la corniche d'une fenêtre inférieure, puis contre une pierre qui gisait à terre, et tomba finalement encore cinq mètres plus bas dans le fossé, où il resta étendu sans connaissance, la tête embarrassée dans le manteau; son ami Martinitz, au milieu des coups de fusil qu'on ne cessait de lui tirer, eut assez de présence d'esprit pour se rouler en bas jusqu'à lui, lui débarrasser la tête, et oignit ses plaies avec un baume qu'il avait l'habitude de porter sur lui. Le secrétaire Fabricius, précipité après eux par une autre fenêtre, tomba sur le bord du fossé sans aucun mal, vit la porte du château ouverte, et s'enfuit précipitamment, sans s'inquiéter de ses supérieurs. Ceux-ci furent secourus par un courageux ecclésiastique, le chanoine Cotwa : de la maison Pernstein, qui était voisine, il fit passer une échelle par la fenêtre, et, malgré les balles qui sifflaient encore, descendit dans le jardin avec quelques serviteurs fidèles, releva les deux victimes, fit porter Slawata, grièvement blessé, autour de la muraille, dans la maison, où la comtesse Polyxène, épouse du chancelier Lobkowitz, absent, les reçut et prit soin d'eux. Un instant après parut le comte Thorn demandant leur extradition ; mais il s'éloigna lorsque la courageuse dame s'y refusa décidément, et que la presse des événements l'appela ailleurs. Martinitz abandonna la ville ce soir même sous un déguisement, et, après une marche fugitive de trois jours à travers les forêts de la Bohême, parvint, au milieu de bien des dangers, à Ratisbonne. Quant à Slawata, qui était retenu par de graves blessures à la tête, l'assemblée des utraquistes s'étant mise à délibérer sur son sort, quelqu'un rappela une ancienne coutume d'après laquelle on faisait grâce au pendu dont la corde se rompait. On lui accorda donc la vie, mais il n'eut sa liberté qu'au bout d'un an. Le secrétaire Fabricius, échappé de Prague, se rendit à Vienne, où il porta la nouvelle de ces événements à l'empereur; ce qui le fit ennoblir plus tard sous le titre de *seigneur de Hohen-Fall*, ou de Haute-Chute.

Que trois hommes, précipités avec une intention meurtrière dans une profondeur de plus de vingt mètres, en échappassent sans blessure mortelle, cela parut aux catholiques une action manifeste de Dieu et des saints, que les malheureux avaient invoqués en tombant : les utraquistes de la Bohême, ne pouvant l'expliquer par des causes naturelles, l'attribuèrent aux effets de la magie ; c'est ainsi qu'ils s'en expliquèrent, en 1620, à l'ambassadeur turc, qui en témoignait son étonnement sur les lieux : c'était toujours y reconnaître une intervention surhumaine. Des historiens plus modernes et plus philosophiques ont découvert une explication qui répondît mieux à l'esprit du siècle : ils ont inventé après coup un tas de fumier, que les protestants de Prague n'ont ni vu ni senti, sur lequel ils font tomber mollement les membres de la régence impériale. Toujours y a-t-il quelque chose d'extraordinaire. Maintenant, c'est au lecteur à choisir, de Dieu, de la magie ou de ce fumier posthume : chacun son goût (Menzel, t. VI, c. 14).

Telle fut la première scène de la guerre de Trente-Ans.

Aussitôt après, les protestants de Prague s'emparèrent du gouvernement de la Bohême, nommèrent à cet effet une régence de trente directeurs, levèrent des troupes, exigèrent le serment des anciennes, donnèrent le commandement général au comte de Thorn, l'âme de cette révolution, envoyèrent des ambassadeurs aux princes de l'empire, en Hongrie et aux provinces limitrophes. Ils publièrent d'abord une Apologie, qu'ils adressèrent à l'empereur même, et dans laquelle ils se justifiaient aux dépens des Jésuites. Un long manifeste du 1ᵉʳ juin 1618 bannissait ces religieux de tout le royaume, comme auteurs de tous les maux qui se voyaient au dedans et au dehors de la Bohême. Les Jésuites se résignèrent à leur sort, et, le jour de la Pentecôte, après un sermon d'adieu, sortirent processionnellement de Prague : un religieux marchait en tête avec une croix noire; suivaient les novices deux à deux, puis quatre chariots avec des chevaux caparaçonnés de noir, et des couvertures ornées de croix blanches.

En même temps, ils répondirent à leurs accusateurs par une défense que le protestant Menzel ne peut s'empêcher de trouver singulièrement réfléchie et modérée. Ils observent que les Etats des utraquistes ne pouvaient être leurs juges, attendu que la juridiction dans le royaume devait s'exercer uniquement par le roi, conjointement avec les trois Etats, non par le troisième seul, encore moins par la portion utraquiste de ce tiers, surtout contre la défense du roi, dans sa propre cause, et sans ouïr la partie adverse. A l'accusation d'avoir causé tous ces troubles, ils répondent : « Qui donc, au temps du roi Wenceslas, a conseillé de jeter par la fenêtre les sénateurs de Prague ? qui a soulevé les Taborites contre le roi Sigismond ? qui, au temps du roi Ferdinand, a excité des troubles en Bohême ? qui a retenu l'empereur Rodolphe comme captif dans le château de Prague, et lui a extorqué la lettre impériale ? qui, le 20 mai, dans toutes les églises hussites de Prague, a faire lire en chaire un écrit envenimé, qui, sous apparence d'exhorter à la prière, n'était qu'un tocsin à la révolte ? qui donc a précipité par la fenêtre les lieutenants et les officiers de l'empereur ? qui donc, pour la défense d'une pareille action, a levé des troupes, confisqué l'argent destiné à payer les dettes du pays, fait prêter un nouveau serment aux capitaines et gouverneurs des terres propres de l'empereur (Menzel, t. VI, c. 15).

La maison d'Autriche se trouvait dans un état fort critique. Son chef, l'empereur Mathias, était vieux et malade : les nombreux protestants de l'Autriche, de la Hongrie, de la Moravie, de la Silésie faisaient cause commune avec ceux de Bohême. Le conseil impérial, dirigé par le cardinal Klésel, premier ministre, penchait à dissimuler, à céder encore, pour ne pas tout perdre. Le seul roi Ferdinand fut d'un autre avis. Plein de foi et de confiance en Dieu, d'une tendre piété, d'une conscience délicate, d'une vertu exemplaire, d'un caractère ferme dans l'adversité, il resta convaincu que Dieu avait amené le moment de régénérer la Bohême, de la purger de l'hérésie, depuis laquelle on n'y a vu que désobéissance, rébellion, mépris de l'autorité. Plus on a cédé, plus l'insolence des factieux s'est accrue. Par leurs derniers forfaits, qui excitaient l'horreur de tout le monde, ils avaient eux-mêmes anéanti les concessions qu'on leur avait faites. L'empereur devait profiter du moment favorable : il avait pour lui Dieu et tous les princes chrétiens, qui ne pouvaient voir d'un œil indifférent une telle révolte. Après tout, il valait mieux succomber avec honneur que de céder toujours avec infamie. Il fallait donc prendre un parti vigoureux, d'autant plus que la défection ne s'étendait pas à toute la Bohême, mais seulement à quelques rebelles.

Malgré ces considérations du roi Ferdinand, développées dans un mémoire, les conseils de la peur prévalurent, par l'influence du cardinal Klésel, qui n'osait compter sur des miracles. L'empereur fit une réponse modérée aux Etats utraquistes de Bohême, discutant leur apologie, et leur enjoignant de cesser les levées de troupes. Il envoya même à Prague un ami du comte de Thorn pour négocier la paix. Les factieux n'y eurent aucun égard : tout au contraire, le comte de Thorn commença les hostilités, en faisant marcher les troupes de l'insurrection pour réduire les villes de Krummau et Budweis, les seules, avec Pilsen, qui fussent demeurées fidèles à l'empereur. Les bourgeois de Krummau se rendirent; mais ceux de Budweis repoussèrent les menaces et les attaques du comte, et conservèrent à l'empereur cette importante place d'armes. C'est donc un fait constant, que ce sont les protestants de Bohême qui ont commencé la guerre, et non la cour impériale, comme il est dit dans plus d'une histoire (Menzel, t. VI, c. 16, p. 215).

Le roi Ferdinand, qui dans l'intervalle avait été couronné à Presbourg roi de Hongrie, voyant que la conduite méticuleuse du cardinal Klésel entraverait sans cesse toute mesure de vigueur, résolut, avec l'archiduc Maximilien, de l'éloigner des affaires. Il le fit donc arrêter, transporter dans une forteresse du Tyrol, enfin à Rome. Lorsque Ferdinand fut empereur, il lui permit de revenir à Vienne gouverner son évêché : il y fut reçu solennellement, et l'empereur se servit même de ses conseils (*Ibid.*, c. 16).

Aussitôt après le renvoi de Klésel, deux corps de troupes impériales s'avancèrent en Bohême sous le commandement du Lorrain Dampierre et du Belge Bucquoi, car la défiance envers les indigènes obligeait de recourir à des étrangers. Les insurgés de Bohême demandent à négocier la paix : l'empereur nomme pour médiateur l'électeur de Saxe, et exige que les insurgés déposent les armes. Ceux-ci réclament l'intervention des réformés de Silésie, qui leur envoient du secours, tout en protestant à l'empereur de leur fidélité. L'électeur palatin négocie avec le duc de Savoie, pour attaquer l'Autriche par l'Italie. Le comte de Mansfeld entre au service de l'union protestante, puis des insurgés de Bohême, attaque et prend d'assaut la ville de Pilsen, demeurée fidèle à l'empereur. Les insurgés s'excusent auprès du prince, et demandent un armistice pour négocier la paix. L'empereur Mathias meurt le 20 mars 1619. Ferdinand, son successeur en Autriche, en Hongrie et en Bohême, offre aux insurgés de ce dernier royaume de confirmer toutes les concessions et promesses qui leur avaient été faites, à condition qu'ils observeraient eux-mêmes la fidélité qu'ils avaient jurée : il leur envoie de son propre mouvement la confirmation de leurs priviléges, avec l'offre d'un armistice. Les directeurs ou chefs des insurgés repoussent toutes ces offres, et déclarent incapables d'aucune charge les membres de la régence impériale. Ferdinand envoie un commissaire à Breslau, pour rappeler aux Etats de Silésie la fidélité qu'ils lui doivent : le commissaire est congédié avec froideur. Des Etats de la haute et basse Autriche, assemblés à Linz et à Vienne, se détachent également de Ferdinand. Le comte de Thorn, avec les troupes insurgées de Bohême, pénètre en Moravie. Le colonel Wallenstein reste fidèle à la cour. Thorn paraît devant Vienne, où il a des intelligences parmi les députés des Etats. C'était le 5 juin. Dans la ville régnait la plus grande confusion : les Etats et les habitants protestants parlaient de faire cause commune avec ceux de Bohême; les catholiques étaient abattus par la terreur; le roi Ferdinand, retiré dans la citadelle sans défenseurs, se voyait supplié, importuné par des amis sincères, comme par des amis faux, d'abandonner la ville, pour soustraire à la captivité sa personne, son épouse et ses enfants. Ferdinand considérait que sa présence retenait encore les chefs, et que sa fuite leur donnerait le prétexte qu'ils souhaitaient de livrer aussitôt la ville, et avec elle la monarchie, aux insurgés de Bohême. Dans cette extrémité, il se jette en prières aux pieds d'un crucifix appendu dans sa chambre, et se relève fortifié, avec la résolution de demeurer à son poste, se confiant au secours de Dieu. Le bruit courut dans le peuple que le prince, au milieu de sa prière, entendit le crucifix lui adresser ces paroles : « Ferdinand, je ne t'abandonnerai pas ! »

Toujours est-il bien merveilleux, observe le protestant Menzel, que Thorn laissât passer en inutiles pourparlers le moment fatal qui mettait entre ses mains la destinée de la maison d'Autriche et la destinée des siècles. Au lieu de pénétrer dans la ville, il recevait dans les faubourgs, en son quartier général, les députations des Etats, d'abord des Etats catholiques, ensuite des Etats protestants, pour conclure une confédération entre l'Autriche et la Bohême. Les députés protestants pressaient le roi d'y souscrire, sans quoi ils pourvoiraient à leur propre défense. Ferdinand, sans se déconcerter, leur demanda ce qu'ils entendaient par cette défense et cette confédération. Le 11 juin, ils lui portèrent leur réponse par écrit, et le pressèrent, avec importunité et des paroles très-vives d'y acquiescer. On dit même qu'un des députés mit la main sur lui, et le secoua par un bouton de son habit pour le déterminer à souscrire. Le moment était des plus critiques, des plus dangereux. Tout à coup on entend retentir les trompettes, cinq cents cavaliers s'avancent en armes et se rangent sur la place de la citadelle; ils étaient entrés par une porte que Thorn n'avait pas eu le moyen ou l'attention de fermer : ils étaient commandés par un colonel français, Saint-Hilaire, envoyés au secours du roi par le Lorrain Dampierre, — anges du ciel pour Ferdinand, messagers de terreur pour les députés des Etats. Ceux-ci sortirent précipitamment du château, mais Ferdinand donna des ordres pour une vigoureuse défense. Il fit garnir les remparts de canons, accepta les offres des bourgeois catholiques et des étudiants, que l'arrivée des troupes avait encouragés à se joindre à elles, en armes, pour la défense de la ville. Les Etats, au contraire, de qui Thorn avait attendu l'ouverture des portes, demandèrent une escorte au roi pour quitter la ville, et regardèrent comme un bonheur de l'obtenir; car on leur avait appris que l'ambassadeur d'Espagne avait conseillé leur arrestation.

Thorn cependant se maintenait dans ses positions, et signalait sa présence par des canonnades contre la ville et la citadelle. Mais après quelques jours, un matin, il avait disparu avec son armée. Ce départ était la suite d'une défaite que le comte Mansfeld avait essuyée le 10 juin, lorsque, dans le voisinage de Budweis, il fut surpris par le général de Ferdinand, Bucquoi, et battu de telle sorte que, après avoir perdu toute son armée, son artillerie, sa caisse militaire et tous ses papiers secrets, à peine put-il se sauver lui-même. Douze cents hommes de l'armée vaincue, pour échapper à la mort, se rangèrent sous les drapeaux de l'empereur. Bucquoi, réuni à Dampierre, s'étant avancé dans la Bohême, il y eut à Prague la même terreur que peu auparavant à Vienne, et les chefs des insurgés ordonnèrent à Thorn de revenir promptement les défendre (Menzel, t. VI, c. 22).

Ferdinand fit lui-même une démarche qui eut des suites importantes. Il se rendit de sa personne à Francfort, où l'archevêque de Mayence, chancelier de l'empire, avait convoqué les électeurs pour le 10 juillet 1619, afin de donner un successeur à l'empereur Mathias. Les conjonctures étaient graves. Des quatre électeurs séculiers, trois étaient protestants, l'électeur palatin, vicaire de l'empire pendant la vacance, l'électeur de Saxe et celui de Brandebourg : la quatrième voix, celle de Bohême, était réclamée par les insurgés de Prague. Il fut question de plusieurs princes pour le trône impérial, principalement de Maximilien, duc de Bavière; mais il déclina cet honneur. Le jour de l'élection, 28 août, toutes les voix se réunirent sur Ferdinand, même celle du palatin. Dans ce moment-là même, la nouvelle se répandit parmi le peuple, réuni à l'église, que les insurgés de Prague avaient prononcé la déchéance de Ferdinand, et nommé le palatin roi de Bohême. Arrivée une heure auparavant, cette nouvelle eût peut-être changé le résultat de l'élection. Les électeurs n'en furent pas moins stupéfaits que le peuple; ils eurent de la peine à pénétrer jusqu'au chœur de l'église pour y proclamer le nouvel empereur. Ferdinand seul était calme et serein comme un jour de fête. Il fut couronné solennellement le 9 novembre, après avoir passé quelques jours à Munich, et renou-velé sa vieille amitié avec le duc Miximilien (Menzel, t. VI, c. 23).

La nouvelle était vraie. Le 26 août, les utraquistes, c'est-à-dire les luthériens, les calvinistes et les hussites de Bohême, avaient élu roi le palatin Frédéric V, à la place de Ferdinand, déclaré déchu le 19. Frédéric hésita quelque temps : plusieurs de ses conseillers, plusieurs des princes, tous les électeurs, sa propre mère le détournaient d'accepter : il accepta néanmoins d'après d'autres conseils, en particulier de Scultet, son prédicant de cour, du prince Christian d'Anhalt, son principal ministre, qui le gouvernait en tout, mais principalement d'après les insinuations de sa femme Elisabeth, fille de Jacques I<sup>er</sup>, roi d'Angleterre. Frédéric entre à Prague, y est couronné roi, convoque à Nuremberg une diète de l'union protestante; l'ambassadeur impérial, comte de Hohenzollern, y occupe hardiment le fauteuil de président; la diète se sépare sans résolution importante. La ligue catholique s'assemble au même temps à Wurtzbourg, et prend des mesures plus efficaces. Grands armements en Bavière : l'âme en est le comte Jean de Tilly, né à Bruxelles, qui, vieilli dans les expéditions d'Espagne et de Hongrie, était entré, l'an 1609, au service du duc Maximilien, qui le mit bientôt à la tête de tout le département de la guerre. Très-habile, et par talent et par expérience, à former et à conduire des armées, ce capitaine se distinguait en même temps par une piété de religieux et par des mœurs austères. Ce que les affaires du jour enlevaient à la prière était suppléé la nuit. Jamais il n'avait touché de femme ni goûté de boisson enivrante. C'est le portrait qu'en fait le protestant Menzel (*Ibid.*, c. 27).

Tout cela contrastait fort avec la jeunesse et l'insouciance de Frédéric, le roi intrus de Bohême. Revenu à Prague, il y passe l'hiver dans les amusements. Son prédicateur Scultet brise les images dans la cathédrale, et y célèbre la liturgie à la calvinienne : ce qui indispose et les catholiques et les luthériens. Scultet justifie le brisement des images; un professeur luthérien de Wittemberg écrit contre sa justification. Frédéric accorde pleine liberté aux calvinistes de Breslau ; les luthériens en sont irrités : ils emploient contre les calvinistes les mêmes arguments que les catholiques. Mécontentement des citoyens de Prague, à cause des suites pesantes de la révolution : les soldats de Mansfeld, n'étant pas payés, vivent de pillages; les habitants de plusieurs localités prennent les armes contre eux. Frédéric fait élire son jeune fils pour son successeur au trône; il fait alliance avec les protestants de Hongrie, de Transylvanie et d'Autriche. Pour cimenter cette confédération, Scultet enseigne que tous les chrétiens sont d'accord dans les articles fondamentaux, et qu'ils ne diffèrent que dans des points accessoires. Les théologiens de Tubingue le traitent d'athée; d'autres concluent de ses principes que la réforme tout entière est une œuvre coupable et funeste.

L'empereur Ferdinand II, pour se concilier les protestants d'Autriche, obtient du pape Paul V la permission d'accorder la liberté de religion aux Luthériens : malgré cela, ceux-ci refusent de lui prêter foi et hommage, et veulent qu'il ratifie lui-même leur confédération avec les insurgés de Bohême.

Aussi l'archiduc Léopold, lieutenant de l'empereur en Autriche, les déclare-t-il archirebelles (Menzel, t. VI, c. 31). Ferdinand toutefois n'est pas abandonné de tout le monde. Son beau-frère Sigismond, roi de Pologne, envoie à son secours plusieurs corps de Cosaques. Le pape Paul V lui accorde un subside considérable sur le clergé et les églises d'Italie, et lui prête un million de couronnes contre sa seule parole. Le roi d'Espagne, Philippe III, donne ordre à Spinola, général des troupes espagnoles dans les Pays-Bas, de marcher contre les ennemis de l'empereur en Allemagne. Le prince de Transylvanie conclut une trêve avec l'empereur, et retire les troupes qu'il avait promises à l'union protestante. L'électeur de Saxe se déclare pour l'empereur contre le palatin, à condition d'avoir la Lusace. Le 30 janvier 1620, Ferdinand II publie un manifeste contre le palatin, comme ayant rompu la paix publique; il lui adresse à lui-même un avertissement où il menace de le mettre au ban de l'empire. La France même, sur les instances du nonce pontifical Bentivoglio, abandonne le palatin et se prononce pour l'empereur, comme défendant la cause du catholicisme. Un accord se conclut entre la ligue catholique et la ligue protestante, où l'on s'engage réciproquement à ne pas se faire la guerre, mais à la concentrer entre l'empereur et la Bohême. Le duc de Bavière s'avance avec son armée dans la Haute-Autriche, dont la capitale est Linz : il réduit les protestants de cette province à se soumettre à l'empereur sans condition. Ceux de la Basse-Autriche lui refusent toujours leur foi et hommage. A l'arrivée des troupes auxiliaires de Pologne, les uns s'y prêtent, d'autres résistent encore. Cette obstination fait naître à Ferdinand la pensée de profiter de l'occasion pour purger son pays de l'hérésie. Le duc de Bavière s'avance dans la Bohême, s'y réunit à l'armée impériale de Bucquoi. Frédéric, qui voit son armée sans subordination et sans discipline, propose au duc de Bavière de négocier : le duc lui pose pour condition préliminaire de déposer la couronne de Bohême. Les deux armées marchent sur Prague. Le prince Christian d'Anhalt range l'armée bohémienne en bataille, près de la ville, sur la Montagne-Blanche. A leur arrivée, le duc Maximilien et le comte Tilly, furent d'avis d'attaquer aussitôt; Bucquoi fut d'un avis différent. Une discussion s'engagea. Alors le Père Dominique, religieux carme d'Espagne, en réputation particulière de sainteté, qui était accouru d'Italie à la nouvelle de cette guerre, s'avança au milieu des généraux avec un bâton croisé et une image de la sainte Vierge sur la poitrine, et les exhorta à la concorde et à l'attaque. « Regardez, leur dit-il, en leur présentant l'image de Marie, cette image, que j'ai trouvée dans la maison dévastée d'un pieux catholique, les hérétiques lui ont crevé les yeux; c'est à vous de venger cet outrage fait au Seigneur dans sa Mère. Je la porterai devant vous, et elle combattra pour vous et vous donnera la victoire. » Aussitôt les généraux se trouvèrent d'accord et résolurent l'attaque, avec ce cri de guerre : *Sainte Marie!* C'était à midi, le 8 novembre, un dimanche, dont l'Evangile renferme cette sentence : *Rendez à César ce qui est à César, et à Dieu ce qui est à Dieu.*

Après une heure de combat, la victoire était aux catholiques. Le roi intrus Frédéric, après avoir entendu dans la matinée un prêche de Scultet, était à dîner avec sa femme, quand on lui annonça le commencement de la bataille. Aussitôt il monte à cheval, mais trouve la porte de la ville fermée. Du haut des remparts, il voit son armée en déroute, des chevaux errants sans cavaliers, des officiers grimpant le long des murs pour se sauver. S'il avait eu la tête et le cœur que montra Ferdinand à Vienne dans une conjoncture encore plus critique, il aurait pu facilement rétablir ses affaires, en rassemblant son armée dispersée, et appelant auprès de lui une troupe auxiliaire de huit mille Hongrois, qui n'étaient qu'à quelques lieues de Prague; mais il ne donna ordre à rien. Anhalt, son général en chef, qui l'avait poussé à toute cette entreprise, fut le premier à lui conseiller de fuir. Il sortit donc de Prague le lendemain, avec sa femme et ses enfants, y laissant la couronne, les joyaux et les originaux des concessions impériales, dans un fourgon resté au milieu de la place, faute de chevaux pour l'emmener. Le prince d'Anhalt oublia également d'emporter ses papiers les plus secrets, dont la publication dévoila toutes ses intrigues. Le même jour, les vainqueurs entrèrent dans la ville : tout se soumit, sans aucune assurance d'amnistie ni confirmation de privilége. Le 12 novembre, le duc Maximilien de Bavière écrivit au pape Paul V : « A la vérité, je suis venu et j'ai vu, mais c'est Dieu qui a vaincu (Menzel, t. VI, c. 34). »

Dès avant que Frédéric eût perdu sa couronne élective par la bataille devant Prague, il avait perdu son électorat du Rhin. Le général espagnol Spinola, entré en Allemagne à la tête de vingt-cinq mille hommes, s'était emparé de tout le Palatinat, sauf quatre villes. L'armée des Hollandais et celle de l'union protestante le regardèrent faire. Ferdinand acheva la ruine du palatin, en le mettant au ban de l'empire, le 23 janvier 1621, comme criminel de lèse-majesté et violateur de la paix publique. L'union protestante en eut si peur, qu'elle s'enterra d'elle-même : le général en chef de cette union écrivit au landgrave de Hesse : Qu'il aimait mieux porter la pique au service de l'empereur que de commander ailleurs. Dès le 18 décembre 1620, les Etats de Moravie avaient envoyé une députation pour implorer la grâce de l'empereur : il y mit des conditions assez dures, qui furent aussitôt remplies. Les Silésiens réclament la médiation de l'électeur de Saxe, laquelle est agréée par l'empereur et conduit à un accord. A Prague, vers la fin de février 1621, le comte de Tilly ôta les gardes qu'il avait donnés aux chefs de l'insurrection utraquiste, leur fit dire sous main de s'esquiver, pour n'être pas mis en jugement. N'ayant pas profité de cette insinuation bienveillante, ils furent arrêtés au nombre de quarante-huit, jugés dans la même salle d'où ils avaient précipité les conseillers de régence : vingt-huit furent condamnés à mort et exécutés, hormis deux à qui l'on fit grâce. L'exécution se fit sans aucune des circonstances atroces que nous avons rencontrées si souvent dans l'histoire d'Angleterre.

Pour extirper l'anarchie politique, Ferdinand crut devoir en extirper la cause, l'anarchie religieuse et intellectuelle, l'hérésie. En 1621 et 1622, les plus ardents instigateurs de la dernière révolution, les prédicants calvinistes et picards, sont congédiés de Prague, leurs églises rendues aux catholiques ; les Jésuites, en récompense de la persécution qu'ils avaient soufferte, reçoivent l'administration et la surveillance exclusive de l'université de Prague et du collège de Charles IV. Au mois d'octobre 1622, les prédicants luthériens de Prague furent également congédiés : ils étaient au nombre de quatre. L'électeur de Saxe écrivit en leur faveur, mais seulement pour la forme ; car un de ses ministres écrivit à Vienne que son maître n'y tenait guère : effectivement, il se déclara satisfait quand l'empereur lui eut assuré la possession de la Lusace. Un auteur du temps disait à ce sujet : « Qu'on veuille insister sur la liberté de religion, cela paraît aux gens sensés une chose étrange et ridicule. Pourquoi demander aux princes catholiques qu'ils accordent la liberté de religion dans leurs principautés et leurs domaines, tandis que, des autres côtés, il n'y en a pas un qui le fasse ou le veuille faire ; mais tout gentilhomme, n'eût-il que trois paysans, les oblige de danser l'air de son fifre. Est-il luthérien, les paysans sont contraints de l'être ; devient-il calviniste, il faut que les paysans le deviennent, comme il est arrivé dans le Palatinat, dans la Hesse et dans d'autres principautés, où l'on trouve des paysans qui ont dû changer quatre fois de religion au gré de leurs maîtres (*Prouesses des Mansfeldéens*, Menzel, t. VII, p. 86, note).

La guerre de Bohême paraissait terminée par la victoire de Prague, la fuite de Frédéric, l'occupation du Palatinat par les troupes espagnoles. Le comte de Mansfeld la recommença dans l'Est et le Nord de l'Allemagne, mais sous une forme nouvelle, qui en fit une guerre d'aventuriers, de barbares, de sauvages, et enfin de cannibales. Son grand principe était que la guerre même nourrit la guerre : il l'avait déjà mis en pratique en Bohême, comme général de Frédéric ; il le justifie même dans l'Apologie de ses opérations militaires. « C'est une chose incontestable, dit-il, que, si les soldats n'ont pas leur paie, il est impossible de les maintenir dans la discipline. Ni eux ni leurs chevaux ne peuvent vivre de l'air du temps. Tout ce qu'ils portent sur eux, armes et habillements, se consume et se brise. Sont-ils obligés d'en acheter ou d'en faire faire, il faut de l'argent pour cela. Ne leur en donne-t-on point, ils en prennent où ils en trouvent, et non en déduction de ce qu'on leur doit ; car ils ne comptent ni ne pèsent. Et quand on leur ouvre ainsi une fois la porte, ils courent toujours plus avant dans la carrière de leur indiscipline. Ils prennent tout, forcent tout, battent et abattent tout ce qui veut leur faire résistance. En somme, il n'y a point de désordre imaginable qu'ils ne machinent, lorsque, par les pratiques et le mélange de diverses nations, ils arrivent au comble dans toutes sortes de méchancetés, Allemand, Néerlandais, Français, Italien, Hongrois, chacun y contribue du sien, de sorte qu'on ne peut inventer ni ruse ni artifice, pour s'emparer de quelque chose, qui leur reste inconnu, qu'ils ne mettent en usage. Alors ils n'épargnent aucune personne, de quelque état ou dignité qu'elle soit. Pour eux, aucun lieu n'est neutre ni sacré. Les églises, les autels, les tombeaux, même les corps morts, ne sont point à l'abri de leur rapacité et de leur violence. Tout cela, nous le savons, nous l'avouons sans peine, et, à notre grand regret, nous avons été obligés d'en voir bien des exemples (Menzel, t. VII, p. 76). »

Dans une réplique à son Apologie, on lui reprocha que, sous tous les princes et dans tous les pays où il avait servi, toujours ses soldats se distinguaient par l'indiscipline, les excès les plus atroces, le vol, le meurtre et l'incendie. Ils continuèrent donc, l'an 1622, dans le Haut-Palatinat, en Franconie et sur le Rhin. Voici ce qu'on leur vit faire : jeter par tas les pauvres paysans sans défense au milieu des flammes de leurs maisons incendiées, tuer comme des chiens ceux qui voulaient se sauver, forcer et piller les églises, renverser les autels, fouler aux pieds le Saint Sacrement, graisser leurs souliers sanglants avec les saintes huiles et le saint-chrême, violer publiquement toutes les femmes et les jeter ensuite dans le feu, tourmenter par des débauches abominables de jeunes enfants de neuf à dix ans, jusqu'à les laisser morts le long des grands chemins et dans les granges incendiées (*Ibid.*, p. 78, note). D'après un écrit du même temps, ces armées se composaient des princes, comtes, seigneurs perdus de dettes, d'aventuriers, de pillards, de moines défroqués, de bretteurs, de banqueroutiers de mendiants, de vagabonds et autres gens de cette espèce (*Ibid.*, t. VI, p. 500, note. 3).

Telle était entre autres l'armée de Mansfeld. On vit s'y joindre inopinément deux princes d'Allemagne, le margrave Georges-Frédéric de Bade, et le duc Christian de Brunswick, évêque luthérien de Halberstadt. Tilly battit complètement le margrave à Wimphen, le 22 mai 1622, et le duc quelques semaines plus tard. Le 10 septembre, il s'empara de Heidelberg ; le 19 octobre, de Manheim, et fit présent au pape Grégoire XV de la bibliothèque palatine de Heidelberg, qui fut réunie à celle du Vatican. De son côté, l'empereur Ferdinand ayant ôté la dignité électorale au palatin Frédéric, la conféra au duc Maximilien de Bavière dans la diète de Ratisbonne, 6 mars 1623 (*Ibid.*, t. VII, c. 5).

De Ratisbonne, Ferdinand se rendit à Prague, résolu d'y employer pour le catholicisme le droit de réformation que depuis un siècle les princes protestants employaient chez eux contre le catholicisme. Donc, sans toucher à l'organisation civile de la Bohême, il abolit successivement tous les restes du hussitisme, entre autres le monument de Zisca ; il supprima l'usage du calice que Pie IV, à la demande de Ferdinand Ier et de Maximilien, avait accordé aux pays héréditaires d'Autriche ; on rendit aux églises catholiques et aux monastères toutes les propriétés qui leur avaient été enlevées dans les temps de trouble ; comme il n'y avait point assez d'ecclésiastiques pour remplir les églises vacantes, on fit venir des moines de Pologne. D'autres mesures toujours plus sévères furent ordonnées contre les utraquistes, dans les années 1625 et 1626, et mises à exécution par des commissaires : elles provoquèrent quelques soulèvements partiels, qui furent réprimés par la force armée. Le 31 juillet 1627, jour de saint Ignace, un édit impérial exhorta tous les habitants du royaume à revenir dans six mois à la religion catholique, sous la domination exclusive de laquelle la Bohême avait joui de la plus haute prospérité dans les temps de Charles IV : les membres de la noblesse qui n'acquiesceraient point à cette exhortation, auraient encore six mois pour vendre leurs propriétés et quitter le royaume. En la même année 1627, le clergé catholique est érigé en ordre de l'Etat, sous la présidence de l'archevêque de Prague, et avec préséance sur les autres ordres. Après les délais écoulés, beaucoup de nobles, et même plusieurs bourgeois et paysans s'expatrièrent. Il en fut de même en Moravie, d'où se retira la petite secte des frères Moraves, qui se rétablit plus tard à Hernhut, dans la Haute-Lusace. Mais en Moravie, comme en Bohême, la masse du peuple demeura et se réunit à l'Eglise catholique. Les Jésuites y contribuèrent particulièrement, en rendant populaire le culte de saint Jean Népomucène, mort en 1393, martyr du secret de la confession. Il fut proclamé le patron de la Bohême : sa statue se trouva bientôt sur toutes les places publiques, principalement sur les ponts. L'amour et la dévotion pour ce patron si national et si populaire inspiraient naturellement de l'aversion pour le tyran Wenceslas, qui l'avait mis à mort, et par contre-coup pour l'hérésie hussite, dont ce tyran avait favorisé la naissance et les progrès (Menzel, tome VII, c. 6). Depuis cette expurgation, la Bohême et la Moravie sont restées fidèlement catholiques.

Les protestants de l'Autriche avaient fait cause commune avec ceux de Bohême, dans leur opposition et leur révolte : Ferdinand exerça contre eux le même droit de réformation et avec un succès semblable. Il y eut une guerre de paysans : elle fut étouffée, quelques chefs punis, la multitude amnistiée. On congédia les ministres et les maîtres d'école protestants, la plupart calvinistes; les membres protestants de la noblesse eurent l'alternative d'embrasser le catholicisme ou de quitter l'Autriche. Un bon nombre de familles cependant furent exemptées de cette mesure, par l'intercession du cardinal Klesel, évêque de Vienne, qui n'approuvait pas ces rigueurs. Presque toutes les familles justifièrent les prévisions du cardinal, et se convertirent spontanément. Un des premiers fut le baron Louis de Kufstein, qui, en 1620, comme président des protestants réunis auprès du comte de Thorn, avait apporté à Ferdinand des conditions si outrageuses, que celui-ci lui fit répondre de quitter la ville avant le coucher du soleil. Ce qui le convertit fut une exhortation de l'Université de Wittemberg à persévérer dans la foi *évangélique*. On disait dans cet écrit que les prêtres catholiques étant ordonnés par les évêques, on ne voulait pas déclarer leur vocation tout à fait illégitime, ni révoquer en doute le baptême, l'absolution et choses semblables qu'ils conféraient. Ce passage amena Kufstein à cette conclusion : Si, d'après la propre doctrine des théologiens protestants, on trouve chez les catholiques le plus essentiel de ce que l'Eglise chrétienne peut administrer, la rémission des péchés, ça ne vaut pas la peine, pour de petits accessoires et au prix de grands sacrifices, de demeurer dans la séparation. Il fut depuis fort avant dans les bonnes grâces de l'empereur. A la naissance de son fils aîné, il avait demandé avec gémissement que Dieu voulût secourir l'église protestante, et lui avait donné au baptême le nom de Gotthelf, comme qui dirait *que Dieu nous assiste!* Vieillard septuagénaire, il servit la pre-

mière messe que célébra ce même fils comme prêtre et jésuite (Menzel, c. 8, p. 138).

Quant aux vues intimes qui animaient Ferdinand II dans tout ceci, il nous les a fait connaître lui-même. Il disait un jour : « Les non-catholiques se trompent beaucoup s'ils pensent que je leur suis hostile quand je leur interdis leur erreur. Je ne les hais pas du tout, je les aime au contraire sincèrement; car, si je ne les aimais de la sorte, je serais sans aucune inquiétude à leur égard, et les laisserais errer. Dieu m'est témoin que je voudrais procurer leur salut, même aux dépens de ma vie. Si je savais que, par ma mort, ils pussent être amenés à la vraie foi, à l'heure même, je présenterais ma tête à l'exécuteur. » Dix ans après, comme il allait à la diète de Ratisbonne, son séjour à Linz concourut avec la Fête-Dieu. Il assista à la procession du Saint-Sacrement avec la noblesse et le peuple, et dit ensuite en pleurant à un ecclésiastique de son intimité : « Le Père imagine-t-il bien quelle grande et cordiale joie j'éprouve ? C'est de voir avant ma mort, dans ce même lieu où naguère on prêchait contre le Très-Saint-Sacrement, c'est d'y voir maintenant de mes yeux une si grande foule de peuple assister à cette procession, et la noblesse aussi bien que la bourgeoisie rendre à Dieu, dans le sacrement de l'autel, le respect qui lui est dû. En vérité, ce m'est une telle joie au-dessus de toute joie, je n'ai pu retenir mes larmes (*Ibid.*, t. VII, c. 8, p. 136; Lamormain, *Vertus de l'empereur Ferdinand II*). »

Quant au droit de faire ce qu'il a fait, il usait envers les protestants du droit de réformation, que tous les souverains protestants s'attribuaient envers les catholiques. Nul protestant ne peut donc y trouver à redire. De plus, il y a cette différence. Le souverain protestant usait et use de ce droit, pour imposer à ses peuples son opinion individuelle, variable, capricieuse; pour leur imposer une doctrine qui, par ses principes et ses conséquences, justifie toutes les révoltes, toutes les anarchies, tous les crimes envers Dieu et les hommes. Tandis que Ferdinand II n'usait de ce droit que pour ramener ses peuples à la foi commune de tous les temps, de tous les lieux et de tous les peuples chrétiens; au principe divin de tout ordre, de toute paix, de toute subordination, de toute société véritable; à la loi ancienne et fondamentale de l'empire germanique, loi écrite en tête des lois, et donnait à l'Allemagne son unité nationale, que seule elle peut lui rendre.

Cette grande unité préoccupait Ferdinand II. Après avoir rendu à la Bohême, à l'Autriche et à ses autres pays héréditaires, l'union, la paix et le bon ordre qui y règnent encore, il voulait redonner les mêmes biens à l'empire entier. Il fallait d'abord y réprimer le vol et le brigandage, à commencer par les princes; car, comment veut-on que le soldat s'abstienne de voler une vache, une chèvre, lorsqu'il voit le prince, le duc, le margrave voler des évêchés, des églises, des monastères ou même des hôpitaux ? Après en avoir délibéré avec les Etats de la diète, il statua, le 6 mars 1629, que les évêchés, les monastères, et autres établissements ecclésiastiques qui avaient été enlevés aux catholiques depuis la pacification religieuse de Passau, et contre la teneur de cette pacification, leur seraient restitués. Ce n'était que la justice, et, suivant la parole de la Sagesse éternelle : *Justitia elevat gentem : miseros autem facit populos peccatum* (Prov., 14, 34) : C'est la justice qui élève une nation, et c'est le péché qui fait le malheur des peuples. En donnant la justice pour base à l'empire d'Allemagne, Ferdinand voulait aussi le rendre indépendant des peuples du Nord, en lui créant une marine dans les villes anséatiques, et en lui assurant le commerce de l'Espagne et du Nouveau Monde par le Rhin et la mer Baltique. Wallenstein fut nommé amiral de cette mer et de l'Océan.

Albert de Waldstein, plus connu sous le nom de *Wallenstein*, d'une noble famille de Bohême, allemande d'origine et utraquiste de religion, naquit en 1583. Orphelin à l'âge de dix ans, un oncle maternel, qui était catholique, en prit soin, et confia son éducation aux Jésuites d'Olmutz, qui l'amenèrent à l'Eglise catholique. Il étudia depuis à Padoue et à Bologne, servit l'empereur Rodolphe en Hongrie, plus tard l'archiduc Ferdinand dans une guerre contre la république de Venise, il se fit un nom par l'habileté avec laquelle il fit lever le siège de Gradisca aux ennemis. Son mariage avec une riche comtesse de Moravie lui procura des richesses, qu'il employait à gagner, par des présents et des régals, l'affection des soldats sous ses ordres. Membre des Etats de Moravie, il avait le commandement et la confiance d'un régiment levé par la diète de ce margraviat. Lors de l'insurrection de la Bohême, il se déclara aussitôt et avec une pleine résolution pour la cause de l'empereur, il ne se mit en peine ni des conclusions de la diète morave, ni des ordres des directeurs de Bohême, opposa tous les obstacles qu'il put aux progrès de Thorn, et fit dire pour compliment à ses cousins de Waldstein, qui servaient dans l'armée bohémienne, qu'il serait bien aise de les en récompenser à coups de bâton et de verges. En récompense de sa fidélité, Ferdinand lui donna la terre de Friedland, avec le titre de duc (Menzel; t. VI, c. 22, p. 294). L'an 1625, le roi Christian IV de Danemarck, soutenu de la Hollande et de l'Angleterre, vint au secours de l'Allemagne protestante. Wallenstein en prit occasion d'offrir à Ferdinand de lever à ses frais une armée de quarante mille hommes pour le service de l'empereur, disant : Qu'il ne pouvait point, à ses dépens, entretenir dix mille hommes, mais bien quarante mille. Il pensait, comme Mansfeld, que la guerre nourrit la guerre, mais que pour cela il faut une armée nombreuse. Avec ses richesses personnelles, avec le nom et l'autorité de l'empereur, il fit les choses bien plus en grand que Mansfeld. Au mois de juillet 1625, il partit de la Bohême pour la Franconie à la tête de trente-deux mille hommes, et quand il arriva dans la Basse-Saxe, le nombre en montait à trente-huit mille. Le 26 juillet, le roi Christian, faisant la ronde sur les remparts de Hameln, tombe avec son cheval dans une fosse de huit mètres de profondeur; son cheval est tué sur le coup, lui-même reste trois jours sans parole et sans connaissance. Cet accident fait manquer la première campagne. Le duc Georges de Brunswick-Lunebourg quitte le service du roi de Danemarck pour celui de l'empereur. Le 27 août 1627, le roi de Danemarck est battu par Tilly dans le Brunswick : Mansfeld, battu à Dessau, est poursuivi par Wallenstein jusqu'en Silésie et en Hongrie, et va mourir à Urakowitz, en Turquie, le 20 novembre 1626. Le duc de Weimar, avec les troupes de Mansfeld et d'autres, est obligé de se réfugier en Hongrie, et y meurt le 4 décembre 1627 : ses troupes se dispersent. Le roi de Danemarck est entièrement expulsé de l'Allemagne par Tilly et Wallenstein : il fait sa paix avec l'empereur, le 22 mai 1629. Wallenstein n'admit point aux négociations les envoyés de Suède, dont le jeune roi, Gustave-Adolphe, commençait à se mêler des affaires d'Allemagne (Menzel, t. VII, c. 8 et 13).

Ce fut dans ces conjonctures que Ferdinand II essaya de réunir les membres disloqués de l'Allemagne en un empire réel, fondé sur la justice, uni à l'Eglise de Dieu et digne de marcher à la tête de l'humanité chrétienne. L'essai ne réussit pas, et pour plus d'une cause. D'abord, et c'est la principale, le mot *justice, restitution*, offensa l'oreille de plus d'un prince. Le moine Luther les avait habitués à un autre langage. Pour les attirer dans son hérésie, leur faire abandonner la société universelle des chrétiens, leur faire rompre même l'unité nationale de l'Allemagne, il leur avait montré, pour salaire de leur apostasie, non plus les trente écus de Judas, mais des évêchés, des abbayes, des chapitres, avec leurs seigneuries et terres, à prendre d'un coup de main, et à partager entre leurs enfants bâtards et autres. Plus d'un prince mordit à cet appât, et de bon appétit. L'un d'eux, le moine apostat Albert de Brandebourg, vola pour sa part seule tout le duché de Prusse. D'autres volèrent les archevêchés, évêchés et abbayes que Charlemagne et d'autres princes avaient établis pour procurer la civilisation chrétienne de l'Europe septentrionale, et même de l'Amérique. L'an 1552, après la trahison de Maurice de Saxe envers son bienfaiteur Charles-Quint, on stipula dans le traité de Passau que les princes luthériens garderaient ce qu'ils avaient volé jusqu'alors, mais ils donnèrent leur parole de princes qu'ils ne voleraient plus à l'avenir : cela fut écrit et imprimé. Mais l'appétit vient en mangeant : ils volèrent donc encore. Tout récemment 1629, l'électeur luthérien de Saxe venait de procurer à son fils l'archevêché de Magdebourg. Or, et c'est un axiome connu du plus mince voleur, *ce qui est bon à prendre est bon à garder*. Lors donc que l'empereur Ferdinand II, avec son édit de restitution du 18 décembre 1629, prétendit faire rendre aux catholiques tout ce qui leur avait été volé depuis 1552, le bon électeur de Saxe, jusqu'alors son ami, le trouva fort mauvais : les autres princes protestants furent du même avis, et pour la même cause. Qu'on pende un misérable paysan pour avoir pris une bourrique, à la bonne heure! mais qu'on veuille faire rendre à des princes un évêché, une abbaye, une seigneurie qui est à leur convenance..... ah! plutôt noyer l'Allemagne dans le sang et les larmes! On accepta donc les secours de l'étranger, du roi de Suède, Gustave-Adolphe; on acceptera, on sollicitera même les secours de la France, pour garder ce que l'on a pris, pour empêcher l'empereur de rétablir la justice en Allemagne, et avec elle l'unité nationale. Il y aura des calamités effroyables, des provinces ravagées, des villes ruinées, des peuples égorgés; mais les princes et seigneurs protestants garderont ce qu'ils avaient pris. Telle fut la cause principale de la guerre de Trente-Ans. Elle en avait déjà duré onze, restaient dix-neuf. Elle avait commencé en 1617, jubilé séculaire du commencement de la révolution luthérienne ; elle reprendra avec une nouvelle fureur en 1630, jubilé séculaire de la Confession d'Augsbourg.

Une cause secondaire fut peut-être Wallenstein, que l'empereur chargea d'exécuter l'édit de restauration, et de créer en même temps une flotte nationale sur la mer Baltique. Wallenstein n'avait ni la piété ni les autres vertus chrétiennes de Tilly : on le représente croyant à l'astrologie judiciaire, et n'ayant peut-être pas toujours la tête bien saine. Il n'obéissait aux ordres de l'empereur que quand et comme cela lui plaisait : son obstination fait avorter le projet d'une marine nationale; il ne se trouve pas sur les lieux pour empêcher le roi de Suède de débarquer en Allemagne. Sa conduite excite de violents soupçons : l'empereur lui ôte le commandement de l'armée en 1630 et le lui rend à la fin de 1631. Bientôt les soupçons se renouvellent, non sans motifs : Wallenstein surpassait en faste la plupart des souverains, son ambition égalait son faste : la France lui offrait son appui pour se faire roi de Bohême. En janvier 1634, il entreprend ouvertement de soulever son armée contre l'empereur, ne réussit pas, et est tué par des capitaines demeurés fidèles.

D'un autre côté, pour exécuter son édit de restitution, enlever aux protestants les évêchés et les abbayes usurpés sur les catholiques, Ferdinand travaillait à réunir les plus considérables de ces bénéfices sur la tête de son fils Léopold-Guillaume. Ainsi, l'an 1627, ce jeune prince, déjà évêque de Strasbourg et de Passau, grand-maître de l'ordre Teutonique et abbé de Murbach, fut encore nommé évêque de Halberstadt et abbé de Hirsfeld. Son père lui destinait encore les archevêchés de Brême et de Magdebourg; il fut effectivement nommé pour le premier, mais fut prévenu pour le second par le fils de l'électeur de Saxe. Accumuler ainsi les archevêchés, évêchés et abbayes sur la tête d'un jeune prince, n'était pas le moyen de réformer les abus, mais de les ramener et de les augmenter. Car enfin, la cause profonde et première de tous les malheurs de l'Allemagne, y compris la révolution religieuse et ses suites déplorables, qui durent encore, c'est le clergé d'Allemagne. Et ce qui est vrai de ce pays, l'est de tout autre. Si le clergé d'Allemagne avait été ce qu'il doit être, ses évêques des Charles Borromée, ses prêtres des Vincent de Paul; si les uns et les autres n'avaient pas oublié que les biens de l'Eglise sont le patrimoine des pauvres, la rançon des captifs, la ressource de toutes les bonnes œuvres, en particulier de la propagation de la foi, ces biens n'auraient pas tant provoqué les déclamations des hérésiarques, ni la cupidité des princes. L'Allemagne, unie à l'Eglise de Dieu, fût demeurée une avec elle-même, au lieu de se diviser et se fractionner, et la moitié de sa population ne se fût pas égarée dans l'hérésie pour des siècles. Puisse cette cause première et profonde des malheurs de l'Allemagne devenir de nos jours une cause de salut et de bénédiction !

Mais revenons à la seconde période de la guerre de Trente-Ans. Après la destitution de Wallenstein, en 1630, le comte de Tilly, qui eût mieux aimé se retirer dans un cloître, fut chargé du commandement général de l'armée catholique. Le 3 avril 1631, le roi de Suède emporte d'assaut et livre au pillage la ville de Francfort-sur-l'Oder. Tilly, qui avait fait investir Magdebourg dès le mois de décembre 1630, l'assiége dans les formes vers la fin de mars 1631 : bien des fois il écrivit de la manière la plus pressante aux habitants et aux magistrats de la ville, au commandant suédois, à l'administrateur intrus de l'archevêché, le margrave Christian-Guillaume de Brandebourg, de se soumettre à l'autorité de l'empereur et de prévenir les horreurs d'un assaut; les assiégés, qui comptaient sur le prochain secours du roi de Suède, répondirent toujours d'une manière évasive : le trompette que Tilly leur avait envoyé le 18 mai, ils ne le renvoyèrent que le 20, dans la persuasion que les assiégeants ne tenteraient pas d'assaut dans l'intervalle. Ce fut précisément le 18 que le général bavarois Pappenheim proposa l'assaut dans le conseil de guerre : Tilly, qui souhaitait conserver la ville, n'y consentit qu'à regret. Le 19, pour rassurer les habitants, il fit retirer quelques canons des fossés, comme pour aller au devant de l'armée suédoise. Le 20, au lieu de donner le signal de l'attaque, il convoque un nouveau conseil de guerre, qui dure deux heures. L'attaque est résolue : Tilly différait encore, espérant que son trompette rapporterait une réponse qui épargnerait la ville, ou qu'à la vue du danger les assiégés hisseraient le drapeau de la soumission. Mais Pappenheim, craignant un nouveau contre-ordre, se met à la tête de ses régiments, monte à l'assaut et pénètre dans la ville avant que le reste de l'armée se soit ébranlé. L'armée impériale n'était pas composée uniquement de catholiques : il s'y trouvait beaucoup de luthériens de Misnie et d'ailleurs; un corps des assaillants était commandé par un prince luthérien, le duc Adolphe de Holstein : ils ne montrèrent pas moins de fureur que les Wallons et les Croates. Car les habitants se défendirent, tirèrent sur eux du milieu de leurs maisons; on se battit dans les rues pendant deux heures, Pappenheim eut mille hommes tués, la mêlée fut horrible, surtout lorsque le reste de l'armée eut pénétré dans la ville par les trois autres côtés : bientôt le feu éclata en plusieurs quartiers à la fois, la ville entière ne fut qu'un vaste incendie, puis un amas de ruines. Le feu n'épargna que la cathédrale, le monastère de Notre-Dame et cent trente-neuf cabanes de pêcheurs, sur le bord de l'Elbe : la cathédrale fut préservée par les soldats impériaux. Lorsque Tilly s'avança dans les rues jonchées de cadavres et parmi les débris encore fumants, il fondit en larmes, assura la vie sauve au reste des habitants, leur fit donner à manger, et accabla de reproches la garnison prisonnière, de ce qu'elle ne s'était pas mieux défendue. Car il avait un grand regret de la perte de Magdebourg, dont il comptait faire sa place de guerre sur l'Elbe, et dont, pour cette raison entre autres, il avait tant cherché à prévenir la ruine (Menzel, t. VII, c. 17).

C'est ainsi que le protestant Menzel nous retrace la conduite du comte de Tilly dans cette circonstance mémorable, d'après les faits et les monuments certains de l'époque. Il prouve en particulier que les sentiments et les paroles atroces que lui prêtent les historiens modernes, à la suite de Schiller, sont démentis par les faits et les monuments, et que cette imputation n'a d'autre source qu'un recueil incertain d'anecdotes militaires, intitulé *Le Soldat suédois*, qui encore ajoute ces mots : *Si cela est vrai*, et que Schiller et autres ont copié, mais en supprimant l'addition dubitative (Menzel, t. VII, p. 304, note). En général, le protestant Menzel observe que Schiller a écrit sa *Guerre de Trente-Ans* plus en poète qu'en historien; qu'il présente les protestants du XVII siècle, non tels qu'ils étaient, mais tels qu'il lui plait de les imaginer, et cela parce qu'il méconnaît complètement le caractère intime des doctrines qui étaient alors en opposition (*Ibid.*, t. VI, préface).

Le margrave Christian de Brandebourg, administrateur intrus de l'archevêché, avait été fait prisonnier de guerre à la prise de Magdebourg. Il fut conduit à Wolfenbuttel, puis par Ingolstadt et Vienne à Neustadt, où, un an après, il se réunit publiquement à l'Eglise catholique. Il exposa les motifs de cette démarche à tout le monde, dans un écrit latin intitulé *Miroir brandebourgeois de la vérité*. « Zélé luthérien et instruit à fond dans les dogmes de sa confession, ce n'était point par la persuasion d'autrui, mais uniquement par ses propres efforts à vouloir convaincre d'erreur les dogmes catholiques, qu'il était arrivé à se déclarer pour une religion que jusqu'alors il avait toujours tenue pour antichrétienne. Un petit livre du Jésuite Elias Schiller, intitulé *Fondement de la vérité catholique*, lui avait été donné en présent, avant qu'il sortît du quartier général ; il y avait lu pour passer le temps, et dans l'espoir d'y trouver matière contre les enseignements catholiques, au sujet desquels il eut souvent des discussions pendant sa captivité. Le seul argument de cet opuscule, que l'Eglise, à qui a été promise la perpétuelle assistance de Dieu et du Saint-Esprit, n'a jamais pu cesser d'être la véritable, lui avait fait naître de si grandes difficultés, qu'il en tomba dans une profonde mélancolie. Alors il se souvint comment, durant le siège de Magdebourg, il avait prié Dieu de tout son cœur qu'il ne permît pas que le sang de tant de chrétiens fût répandu, ni tant d'âmes précipitées dans la perdition temporelle et éternelle, et comment enfin il avait demandé la délivrance de cette ville, comme une marque que Dieu avait pour agréable la troupe orthodoxe des *évangéliques*. Peu après arriva une ruine semblable à la ruine de Troie et de Jérusalem. Il ne présumait en porter aucun jugement; mais la pensée lui vint d'elle-même que par là Dieu voulait lui faire entendre quelque chose. »

Dans cette disposition, étant à Ingolstadt, il devint accessible aux exhortations d'un Jésuite, le Père Stallhouse, qui lui présenta le jeune comte Tilly, gouverneur de la ville. Précédemment il avait une telle idée des Jésuites, qu'il eût mieux aimé avoir pour compagnon le loup ou même le diable; maintenant, après avoir vaincu la première répugnance, il aima d'autant plus l'homme aux manières prévenantes, qui parlait sur divers sujets avec intelligence et modération. Le discours étant venu sur la religion, le Père émit cette pensée : « Si l'Eglise catholique enseignait réellement ce que lui imputent les protestants, je serais le premier à l'abandonner. » Des évêques et de savants ecclésiastiques qui le virent ensuite à Vienne et à Neustadt achevèrent le changement de sa croyance. Quand il eut fait sa profession de foi, il reçut sa liberté comme prisonnier de guerre. Il demeura toutefois dans les pays héréditaires d'Autriche, dans un domaine qu'il acheta en Bohème et où il mourut le 1er janvier 1665 (Menzel, t. VII, c. 17).

L'électeur luthérien de Saxe et l'électeur calviniste de Brandebourg s'étant détachés du chef de l'empire pour se joindre au roi de Suède, il y eut, le 17 septembre 1631, une grande bataille près de Leipsick : Tilly et Pappenheim y furent défaits : les Saxons pénètrent en Bohème, Gustave-Adolphe en Bavière : le 5 avril 1632, Tilly est blessé grièvement d'un boulet de canon sur le Lech, et meurt le 30 à Ingolstadt, âgé de soixante-treize ans, d'une vertu austère et vraiment monastique, dit le protestant Menzel. Il ne fut point marié, ne but jamais de vin, ne toucha jamais de femmes, estimait si peu les titres et les dignités, qu'il empêcha lui-même l'expédition du diplôme de prince qu'on lui destinait, et qu'après de si bonnes occasions de s'enrichir, que d'autres surent si bien mettre à profit, il ne laissa qu'une fortune médiocre, qui approchait plus de la pauvreté que de la richesse (*Ibid.*, p. 337).

Gustave-Adolphe, après sa victoire de Leipsick, aspirait au titre d'empereur : la plupart des princes protestants passèrent de son côté. A Augsbourg, il se fit prêter serment de fidélité par la ville : il faillit être tué d'un boulet, au siège d'Ingolstadt, qu'il fut obligé de lever. A Munich, il entendit l'office protestant au château, et, le jour de l'Ascension, assista à l'office catholique dans la grande église ; il s'entretint avec des Jésuites et des Capucins d'une manière si affable, qu'il excita la jalousie des protestants. Wallenstein, rappelé au commandement de l'armée impériale, se réunit au duc de Bavière ; Gustave-Adolphe attaque le camp de Wallenstein, mais est repoussé. Le 16 octobre 1632, bataille de Lutzen en Saxe, entre Gustave-Adolphe d'une part, Wallenstein et Pappenheim de l'autre. Gustave est tué au commencement de la bataille, à l'âge de trente-huit ans; Pappenheim meurt de ses blessures. Frédéric V, ancien électeur palatin, cause première de toutes ces guerres et révolutions, meurt le 29 novembre, treize jours après Gustave, à l'âge de trente-six ans, après avoir mené une vie errante et fugitive depuis sa sortie de Prague, après avoir vu son fils aîné périr à ses yeux dans un naufrage, à Harlem : sa femme Elisabeth lui survécut trente ans, et vit son frère, le roi d'Angleterre, Charles Ier, périr sur l'échafaud.

Après la mort de Gustave-Adolphe, le chancelier de Suède, Oxenstiern, appuyé par la France ou Richelieu, fut l'âme de l'Allemagne protestante, le duc Bernard de Saxe-Weimar en fut le bras, l'électeur de Saxe en fut quelque temps la tête. Les Saxons et les Suédois pénètrent en Silésie ; les premiers font éprouver une grande défaite aux impériaux à Lignitz, 13 mai 1634; mais le 4 septembre, le roi Ferdinand de Hongrie, fils de l'empereur, défait encore plus complètement à Nordlingue les deux généraux de l'armée suédoise, Weimar et Horn. Ce dernier, avec trois généraux et six mille hommes, est fait prisonnier; Weimar échappe avec peine au même sort. Plus de douze mille des vaincus jonchent de leurs cadavres le champ de bataille; les débris de l'armée s'enfuient dans une déroute complète, abandonnant quatre mille voitures et quatre-vingts pièces de canon, et ne se rallient qu'à Heilbronn et Francfort. L'électeur de Saxe incline à faire la paix avec l'empereur et à chasser les Suédois d'Allemagne : la paix se conclut définitivement avec l'empereur, à Prague, le 30 mai 1635. Plusieurs princes protestants y accèdent. Ferdinand II, après avoir fait élire roi des Romains, en 1636, son fils Ferdinand III, déjà roi de Bohème et de Hongrie, tombe malade et meurt le 22 février 1637, en la cinquante-neuvième année de son âge. Il protesta sur son lit de mort que, dans toutes ses actions, il n'avait eu devant les yeux que la gloire de Dieu et le bien de l'Eglise, et qu'il voulait persévérer jusqu'à la fin dans ces dispositions; mais il savait bien que la grâce de Dieu est nécessaire pour être sauvé, et que malheur arrive à celui qui croit n'en avoir pas besoin. D'après le tableau de ses vertus, tracé par son confesseur, c'était un des meilleurs hommes qui aient jamais été assis sur un trône : tendre et fidèle époux, bon père et maître indulgent, accessible au dernier de ses sujets, riche en compassion et en secours pour tous les malheureux; infatigable, comme souverain, dans l'accomplissement de ses devoirs, humble et modeste dans la prospérité, constant dans l'adversité, et si peu attaché à son sens, qu'il avait pris pour règle, quand les membres de son conseil d'Etat étaient d'un autre sentiment que lui, de faire conclure d'après leurs voix. On trouva même écrit de sa main : « Je hais dans le conseil les chiens muets; ceux-là ne me plaisent point, qui se laissent aller à un avis par considération d'autres personnes : mais j'aime ceux qui exposent leur opinion franchement, ouvertement, cordialement, avec la modestie convenable. » Son principe était que le but de la vraie prudence et de la vraie politique est uniquement de conserver la gloire de Dieu et de l'étendre; qu'il faut viser avant tout à ce qu'on n'y porte aucun préjudice, et pourvoir au reste seulement après (Lamormain, *Vertus de Ferdinand II* ; Menzel, t. VIII, c. 2). Il y a des politiques qui pensent différemment; c'est qu'il y a deux esprits et deux sagesses, comme nous avons vu : une sagesse d'en haut et une sagesse d'en bas. Voici la seconde.

Pour empêcher que la paix de Prague ne fût acceptée par toute l'Allemagne, le Suédois Oxenstiern et l'Allemand Richelieu, duc de Weimar, conclurent, l'an 1635, un traité avec la France où Richelieu pour perpétuer la guerre. Bernard la continue en Lorraine, avec les ravages que nous avons vu cicatriser par Vincent de Paul : il comptait, avec l'appui de la France, s'emparer de la Lorraine et de l'Alsace, et s'en faire un Etat indépendant. Après quelques succès contre les impériaux, il meurt de la peste à Brisach, le 18 juillet 1639, et la France s'empare de ses conquêtes et de son armée.

Les calamités que nous avons déplorées en Lorraine s'étendirent plus ou moins à toute l'Allemagne. Toutes les nations de l'Europe semblaient s'y être donné rendez-vous pour y exercer plus de ravages. On espérait d'abord que le vainqueur de Nordlingue, Ferdinand III, chasserait promptement les étrangers de tout le pays : il resta dans l'inaction par suite de la goutte. Ses nombreux généraux ne se distinguèrent à peu près que par leurs défaites. Il nomma généralissime son frère Léopold, le même qui cumulait sur sa tête tant d'évêchés et d'abbayes, et qui, dans la réalité, était un excellent ecclésiastique, d'une piété, d'une chasteté, d'une modestie exemplaires. Comme général, il eut d'abord quelques succès, chassa les ennemis de la Bohème, mais fut battu en Saxe l'an 1642, et reprit les fonctions d'évêque. Les avantages militaires furent généralement du côté des Suédois, sous les généraux Bannier, Torstenson, Wrangel et Kœnigsmarck. Outre les armées allemandes d'Autriche, de Bavière, de Saxe, etc., il y avait deux armées étrangères, celle des Suédois et celle des Français, qui eut pour chef en dernier lieu Turenne. « Par là, dit Menzel, la guerre prit pour les Allemands un caractère aussi funeste que honteux. Car, pour comble d'opprobre, ces armées étrangères étaient composées en plus grande partie d'officiers et de soldats allemands; elles parcouraient l'empire dans toutes les directions, rançonnant et maltraitant le peuple, sans autre but que de nourrir et d'occuper la troupe. Ce serait une peine infructueuse de vouloir suivre en détail ces expéditions dévastatrices; elles ressemblaient aux expéditions par lesquelles, deux siècles auparavant, les hussites avaient visité les provinces allemandes, avec la seule différence qu'on ne brûlait plus de prêtres, mais que l'on commettait tous les crimes de la rapacité, de la débauche, de la cruauté et du meurtre sur les hommes, les femmes et les enfants sans défense. Ces crimes montèrent à tel point, que le général suédois Bannier avouait que ce ne serait pas une chose étonnante, si, par la permission de Dieu, la terre s'entr'ouvrait pour engloutir de si abominables forfaits. La Poméranie, le Brandebourg, la Saxe, la Thuringe, plus tard et pour la seconde fois la Silésie, la Bohème et la Moravie, furent les principaux théâtres de cette dévastation (Menzel, t. VIII, c. 3, p. 33).

Cependant, dès 1636, le pape Urbain VIII, pénétré de douleur à la vue de tant de calamités, surtout depuis que la guerre eut éclaté entre l'Autriche et la France, envoya le cardinal Ginetti à Ratisbonne, en qualité de légat, pour procurer la paix. Grâce aux efforts du légat, on désigna la ville de Cologne pour les négociations. Mais quatre ans se passèrent en difficultés préliminaires : au lieu de Cologne et de Lubeck, on se décida pour Osnabruck et Munster. En attendant, les maux de la guerre continuaient, s'accroissaient même. Dans les commencements de Gustave-Adolphe, les Suédois gardaient une exacte discipline; mais bientôt ils devinrent comme les autres, et pires encore. Voici le tableau que trace Menzel de l'état de l'Allemagne à cette époque.

« Pendant que des années se consumaient dans les seuls préliminaires des négociations, et qu'ensuite les négociations elles-mêmes reculaient plutôt qu'elles n'avançaient, il régnait une telle famine dans la Saxe, la Hesse, sur le Rhin et en Alsace, qu'on ne dédaignait pas la chair de la voirie; on détachait les pendus de la potence, on bouleversait les cimetières, le frère mangeait le cadavre de sa sœur, la fille le cadavre de sa mère, des parents égorgeaient leurs enfants, et des bandes entières se réunissaient pour faire la chasse aux hommes comme à des bêtes fauves. Cette famine était la conséquence naturelle de la dévastation méthodique des pays, que pratiquaient les armées à leur passage, pour ôter à leurs adversaires tout moyen d'y subsister. Main en main avec la famine arrivaient les maladies contagieuses, et les soldats eux-mêmes succombaient par milliers. Pires que cette calamité étaient les horreurs que les pauvres gens avaient à souffrir, lorsque les hordes d'une soldatesque indisciplinée et abrutie dans les expéditions de tant d'années entraient dans les villages ou dans les villes sans défense. Là on rôtissait des gens à des feux allumés ou dans des fours, on leur crevait les yeux, on leur faisait sauter la tête en la serrant avec une vis, on leur taillait des lanières sur le dos, on leur coupait le nez et les oreilles, les bras et les jambes, les mamelles aux mères qui allaitaient leurs enfants; on leur fourrait de la résine et du soufre sous les ongles et dans les ouvertures du corps, puis on y mettait le feu; on leur faisait couler dans le gosier du jus de fumier et de l'urine; on entaillait la plante des pieds, on y répandait du sel; on mutilait les hommes, on les attachait à la queue des chevaux, on les faisait servir de but au tir; on arrachait les enfants aux pères et aux mères, on les coupait en lambeaux, on les jetait contre la muraille, on les embrochait à des lances et on les faisait rôtir; on déshonorait, puis bien souvent on mutilait et égorgeait les femmes et les filles sous les yeux de leurs maris et de leurs parents, sur les grands chemins et dans les églises où elles s'étaient réfugiées. L'an 1633, les troupes de Wallenstein ayant livré aux flammes une ville de Silésie, poussèrent devant eux les femmes nobles et bourgeoises comme un troupeau de bêtes, et plusieurs nuits de suite les forcèrent à danser nues avec leurs officiers. Des contrées entières, s'écrie un auteur contemporain, gisent là comme des cadavres privés de sang; les habitants sont immolés par la faim, la misère et des souffrances de toute espèce; où se pressait autrefois une foule joyeuse, là se trouve une morne solitude; à la place des brillantes moissons, l'œil ne découvre que de chétives mauvaises herbes. Toutes les grandes routes sont assiégées de brigands; le marchand, le voyageur n'osent plus s'avancer d'un lieu à un autre. Et cette misère, cette désolation, cette ruine, c'est nous-mêmes qui les avons attirées sur nous; ces fléaux de Dieu, nous les avons mérités par l'hypocrisie, qui feint de vouloir l'honorer, mais qui dans le vrai, cherche à le tromper. C'est ainsi que le tranchant du glaive se tourne contre nous, et que pour nos vices et nos péchés nous sommes poursuivis par les furies, les flammes, les vengeances de toute sorte, les terreurs paniques, et tout ce qu'on peut jamais imaginer et exprimer de malheurs. — Quiconque témoigne de l'inclination pour la paix, passe pour un indifférent ou un traître; et c'est devenu comme un principe fondamental, qu'il faut servir à toujours et comme esclave les Autrichiens ou les étrangers, et même, quiconque a la force en main (Menzel, t. VIII, c. 4, p. 51-54).

Tel est le tableau que le protestant Menzel nous retrace de l'Allemagne d'après les auteurs contemporains. Nous ne nous souvenons pas d'avoir rencontré dans l'histoire humaine quelque chose de plus effroyable. Cependant, si le luthéranisme, si le calvinisme est vrai; si l'homme n'a plus de libre arbitre, si Dieu fait en nous le mal comme le bien; si, plus on pèche, plus on est saint; pourvu qu'on ait foi à son propre salut; si chacun n'a d'autre règle de sa conscience que soi-même, il n'y a rien à dire à ces hordes incendiaires et anthropophages, leurs actions sont des actions divines, elles se montrent elles-mêmes les parfaits disciples de Luther et de Calvin.

Au milieu des sanglantes atrocités qu'une soldatesque abrutie exerçait sur l'Allemagne divisée, le protestant Menzel signale une atrocité plus grande encore dans les juges, qui partout où la guerre laissait quelque relâche, livraient aux flammes, avec des formes juridiques, des milliers de personnes, hommes, femmes, enfants, comme sorciers et sorcières. Cette propension à supposer des pactes avec le diable, qu'on ne remarque point dans les pays si catholiques de l'Espagne et de l'Italie, paraît avoir été, de temps immémorial, très-commune en Allemagne. Charlemagne, dans son capitulaire pour la Saxe, défend, sous peine de mort, aux gens du peuple, de saisir de prétendues sorcières et de les livrer au feu. La réformation, avec sa croyance au pouvoir matériel du diable sur les hommes et sur la terre, fortifia dans l'esprit de ses sectateurs la tendance à poursuivre les sorciers, et augmenta le nombre des victimes; car les catholiques ne voulurent pas rester en arrière des protestants dans cette guerre contre le diable. Depuis le commencement de la guerre de Trente-Ans, le nombre des victimes monta plus haut encore, et les procédures furent dirigées contre les classes supérieures de la société. Presque toutes les provinces d'Allemagne fournissent des documents d'après lesquels, pendant tout le XVIIe siècle, des multitudes d'hommes et de femmes furent brûlés pour sortilège, souvent à si peu d'intervalle, qu'on en compte plusieurs centaines par année. Les accusations générales, ainsi que les aveux extorqués par la torture, portaient que, dans des lieux, des forêts et des montagnes écartés, on avait célébré des fêtes nocturnes de débauche avec le diable et ses ministres. Ni état ni âge n'était épargné; dans plusieurs pays sévèrement catholiques, par exemple à Bamberg et à Wurtzbourg, des ecclésiastiques furent condamnés et exécutés, comme ayant pris part à ces fêtes: non-seulement des garçons et des filles d'un âge mûr, mais des enfants impubères, furent brûlés comme complices de leurs parents, sinon comme progéniture infernale issue d'un commerce avec des diables, ainsi qu'on fit plus tard, en d'autres lieux, à des enfants à la mamelle.

Une croyance et des poursuites si générales et si durables devaient avoir une cause réelle, fût-elle autre que celle qu'on croyait alors. Des savants ont cherché quelle put être naturellement cette cause: voici celle qui leur paraît la plus probable. Chez les anciens peuples de la Germanie, il y avait des fêtes populaires, semblables aux orgies nocturnes des Grecs et des Romains en l'honneur de Bacchus, dans lesquelles Horace nous dépeint Bacchus, à l'écart dans les montagnes, enseignant ses chants secrets aux nymphes et aux satyres, qui les exécutent par des danses (*Od.*, l. 1, 1, 31, et 19, 1-4) : ces fêtes s'étaient conservées dans plus d'une province d'Allemagne : une société fort étendue de scélérats, aidés de quelques femmes de perdition, y auront rattaché des dispositions et des mesures, pour attirer à ces orgies nocturnes de jeunes femmes et filles, et y abuser d'elles déguisés en diables. Il paraît aussi que les libertins attiraient leurs victimes à des rendez-vous particuliers dans des maisons, où, sous le masque d'un démon élégant et vêtu en cavalier, ils triomphaient aisément de leur vertu chancelante. Menzel souhaite que cette explication puisse s'appliquer à la plupart des cas, mais il pense que le plus grand nombre des aveux faits en justice n'est dû qu'à la violence et à la crainte de la torture.

Vers la fin du XVᵉ siècle, 1489, Ulric Molitor, docteur en droit pontifical à Padoue, adressa un livre à l'archiduc Sigismond de Tyrol, où il combattait la croyance au pouvoir du diable pour opérer les prétendus sortilèges. Mais les universités et les magistrats furent d'une opinion contraire, et continuèrent pendant un siècle et demi à torturer et à brûler. Le protestant Benoît Carpzow, mort en 1666, dont les décisions en droit ecclésiastique et pénal étaient si estimées, qu'on l'appelait le législateur de la Saxe, soutenait encore qu'on devait punir sévèrement non-seulement les sorciers, mais encore ceux qui nient la réalité des pactes avec le diable; et Jean-Henri Pott, célèbre professeur d'Iéna, y fit imprimer, l'an 1689, un écrit : *Du commerce abominable des sorcières avec le diable*. Au contraire, et c'est la remarque du protestant Menzel, ce furent des prêtres catholiques qui, pendant que tous les autres se taisaient, élevèrent la voix contre la déraison et l'inhumanité des procédures contre les sorciers et les sorcières : dans le XVIᵉ siècle, Cornélius Laos, à Mayence, mort en 1593; et dans le XVIIᵉ, les Jésuites Adam Tanner, mort en 1532, et Frédéric Spée. Tanner, mal famé parmi les théologiens protestants, comme écrivain polémique, proposa, dans une œuvre de théologie, de modérer les procédures; ce qui irrita tellement les juges de sorcellerie, que, s'ils avaient pu s'emparer de sa personne, ils lui auraient fait éprouver à lui-même la torture et ses suites. Le second, né l'an 1595, dans le Palatinat, de la famille noble de Spée de Langenfeld, maintenant élevée au rang des comtes, dévoila, dans un ouvrage spécial, l'an 1631, la complète absurdité de la procédure, avec une telle évidence, qu'elle devait frapper l'œil le plus prévenu, pour peu qu'il voulût voir. A l'âge de vingt ans, Spée était entré chez les Jésuites, et reçut à Wurtzbourg, où il se trouvait en 1627 et 1628, la commission de préparer à la mort environ deux cents personnes, ecclésiastiques, nobles, fonctionnaires, bourgeois et même des enfants de l'un et l'autre sexe, qui furent conduits au bûcher. Dans les entretiens avec ces malheureux, il acquit la conviction qu'ils étaient tous innocents, et que ce n'étaient que les tourments de la question qui leur avaient extorqué un aveu contraire. Ils se confessaient d'abord sorciers et sorcières, crainte d'être remis à la torture; mais, quand ils eurent pris confiance, ils lui déclarèrent tout l'opposé, et protestèrent de leur innocence avec des larmes brûlantes.

L'impossibilité de faire usage de ces communications, sans exposer de nouveau ces pauvres gens aux douleurs de la torture, auxquelles ils échappaient par le bûcher, le remplit d'un tel chagrin, que, quoiqu'il fût encore jeune, ses cheveux devinrent tout blancs. L'exposé qu'il nous fait de la procédure, d'après sa propre expérience, nous présente l'état social d'alors sous une forme qui fait véritablement frémir. La stupidité superstitieuse du peuple, la criminelle conduite des juges, et l'insouciance avec laquelle les princes livraient la propriété, l'honneur et la vie de leurs sujets, au cupide arbitraire de leurs employés subalternes et à la cruauté des bourreaux, forment dans l'histoire de l'humanité un si sombre tableau, qu'en comparaison les duretés du despotisme turc et les horreurs de la révolution française perdent presque leur ombre (Menzel, t. VIII, c. 5).

Ce tableau de l'état social, que le protestant Menzel a tiré des archives provinciales de l'Allemagne, convient sans aucun doute à l'Allemagne d'où il tiré; mais nous ne voyons pas qu'il puisse s'appliquer à la France, ni surtout à l'Espagne et à l'Italie; car, dans ces derniers pays surtout, nous n'avons vu rien de semblable : au contraire, tandis que l'Allemagne se déchirait, s'ensanglantait, se brûlait de ses propres mains, nous avons vu l'Italie et l'Espagne cultiver, au milieu des fêtes, les lettres, les sciences et les arts. Un problème à résoudre, serait de savoir si l'inquisition d'Espagne et d'Italie ne serait pas pour quelque chose dans cette différence. Toujours est-il que jamais leurs plus grands ennemis n'ont reproché aux inquisiteurs les procédures que suivaient les juges ordinaires d'Allemagne, avec l'approbation des universités allemandes; et sur lesquelles le Jésuite Frédéric de Spée s'est efforcé d'éveiller leur conscience, mais sans beaucoup d'espoir. Il disait dans sa préface : « J'ai dédié mon livre aux magistrats de Germanie ; mais à ceux qui ne le liront pas, non à ceux qui le liront. La raison, c'est que les magistrats qui ont assez de conscience pour penser devoir lire ce que je dis ici des causes des sorcières, ont déjà ce pourquoi il fallait lire ce livre, savoir le soin et l'attention pour bien connaître ces causes ; ils n'ont donc pas besoin de le lire pour y prendre ce qu'ils ont déjà. Mais ceux qui sont d'une telle incurie, qu'ils ne liront ces choses ni ne s'en soucieront, ceux-là ont un extrême besoin de lire tout cela, afin d'y apprendre à être soigneux et attentifs. Que ceux-là donc lisent, qui ne liront pas; et que ceux qui liront ne lisent pas même (*Ibid.*, p. 71, note). » Ces paroles du Jésuite furent vérifiées par le fait. De tous les princes d'Allemagne, l'archevêque de Mayence profita seul de son écrit : ailleurs les mêmes procédures continuèrent encore pendant un demi-siècle.

Cependant les efforts du chef de l'Eglise pour amener la paix ne restèrent pas sans fruit; la paix se fit enfin, mais aux dépens de l'Eglise. Elle fut signée à Munster le 24 octobre 1648, et mise à exécution le 26 juin 1650, par le licenciement des armées. La grande difficulté fut de satisfaire l'appétit des princes luthériens et calvinistes pour les biens de l'Eglise catholique. Le plus affamé était le nouvel électeur de Brandebourg, Frédéric-Guillaume, à qui les Suédois prenaient une partie de la

Poméranie : pour le contenter, on lui jeta les évêchés de Magdebourg, Halberstadt et Camin; on eut même la générosité d'y joindre l'évêché de Minden. Quand on pense qu'un moine apostat de la même famille avait déjà volé le duché ecclésiastique de Prusse, on ne trouvera pas dans l'histoire une maison qui se soit enrichie plus adroitement par des vols d'églises, que la maison de Brandebourg : aussi est-elle devenue le chef et le modèle de l'Allemagne protestante. La maison de Brunswick eut l'évêché d'Osnabruck, les abbayes de Wakenried et de Groningue, avec un bien enlevé à l'évêché de Halberstadt. Le petit duc de Mecklembourg eut pour sa part les évêchés de Schwérin et de Ratzenbourg, avec quelques bailliages dérobés à l'ordre de Saint-Jean. Hesse-Cassel eut la riche abbaye de Hirsfeld, avec quelques autres domaines et une grande somme d'argent. On dirait les soldats de Pilate, au pied de la croix, se partageant les vêtements de celui qu'ils viennent de dépouiller et de crucifier.

Mais les princes luthériens et calvinistes d'Allemagne avaient volé bien autre chose depuis la pacification religieuse de Passau (1555), et contre la teneur de cette pacification. C'est même parce que Ferdinand II avait parlé de restituer ces rapines de soixante-dix ans, qu'ils appelèrent les Français et les Suédois à ravager l'Allemagne avec eux. Il fallait donc apaiser leurs scrupules. En conséquence, on leur accorda, ou plutôt ils s'accordèrent à eux-mêmes indulgence plénière pour tous leurs vols jusqu'en 1624, qui fut déclarée année normale, après laquelle ils promirent de ne plus voler, comme ils avaient promis de ne plus voler après 1555. Le Pape protesta contre cette apothéose séculière du vol et du brigandage : on n'eut aucun égard à la protestation du Pape. Cependant il fit toujours bien de la faire ; car, supposé qu'un jour les populations allemandes, devenues révolutionnaires et communistes, en usent avec les riches et les princes comme leurs princes en ont usé avec l'Eglise, il y aura toujours sur la terre un homme qui, ayant protesté contre la première injustice, pourra légitimement protester contre la seconde, et rappeler à tous cette sentence : « C'est la justice qui élève une nation, et le péché qui perd les peuples. » Et cet homme, c'est le Pape.

Nous avons vu les populations diverses de l'Espagne, après avoir expulsé les Mahométans par une guerre de huit siècles, se réunir en un seul peuple, chercher la route maritime de l'Inde et de la Chine, trouver sur son chemin un nouveau monde, avec les empires du Mexique et du Pérou, et des îles sans nombre. Nous avons vu dans le même temps les populations diverses de l'Allemagne, unies jusqu'alors en un seul peuple, en un seul empire, se diviser à la voix d'un moine, aider leurs princes à briser l'unité nationale, et plus encore l'unité religieuse, dans l'espoir d'augmenter les richesses matérielles, les libertés politiques et religieuses de chaque province. Après plus d'un siècle de révolutions et à la suite de trente ans de guerre civile, voici comme les diplomates de Munster et d'Osnabruck réglèrent la part des bonnes populations allemandes. 1º Les bourgeois et les paysans avaient compté s'enrichir de la dépouille des églises et des monastères : ces biens sont réservés aux enfants des princes et des nobles, le fils du roturier n'a plus rien à y prétendre. 2º Les bonnes gens de luthériens comptaient, sous le nom de *Réforme*, voir des évêques, des prélats plus zélés prêchant de parole et d'exemple : ils auront pour évêques et pour prélats des princes, des nobles, des officiers civils et militaires, qui, contents de percevoir les revenus, ne songeront pas même à étudier un mot de théologie. 3º Ces bons Allemands, habitués à leurs diètes provinciales et leurs assemblées communales, comptaient augmenter leurs libertés civiles et politiques : les unes et les autres seront confisquées au profit du prince. 4º Dans leur bonhomie, luthériens et calvinistes espéraient du moins conserver leur liberté pleine et entière de religion et de conscience : le traité de Westphalie décide, d'après l'usage, que le droit de réformation appartient exclusivement au prince, que c'est à lui seul à régler la créance de ses sujets, quand et comme il lui plaît, et que les sujets n'ont d'autre alternative que d'adopter la religion variable du prince ou de quitter le pays. C'est à quoi se réduit la part que le congrès de Westphalie a faite aux populations protestantes de l'Allemagne (Menzel, t. VIII, c. 13) : nous ne croyons pas que l'histoire puisse en offrir qu'on ait dupées d'une manière plus complète, ni qui soient si longtemps à s'en apercevoir.

Il fut statué généralement qu'on ne recevrait et ne tolérerait dans l'empire que les trois religions, le catholicisme, le luthéranisme et le calvinisme. Mais quelque soin qu'on prit pour les faire vivre en bon voisinage, on sentait bien que c'était un état contre nature. On ne pouvait oublier ces paroles du Sauveur : *Qu'ils soient. tous une même chose, comme vous, ô Père, êtes en moi et moi en vous, afin qu'ils soient un en nous, et que le monde croie que vous m'avez envoyé* (Joan., 17, 21). De là, dans les actes mêmes de la pacification, ces clauses remarquables : « Jusqu'à ce que, par la grâce de Dieu, on se soit accordé sur les dissidences de religion (*Instrument. Osnab.*, art. 5, § 14). Jusqu'à ce que les controverses de religion soient terminées par une composition amiable et universelle des partis (*Ibid.*, § 25). Jusqu'à ce qu'on se soit autrement accordé sur la religion chrétienne (*Ibid.*, § 31). Jusqu'à la conciliation chrétienne du dissentiment de religion (*Ibid.*, § 48). Que si, ce qu'à Dieu ne plaise, on ne peut convenir amiablement sur les dissidences religieuses, cette convention ne laissera pas d'être perpétuelle, et cette paix de durer toujours (*Ibid.*, § 14). » Ces clauses et ces vœux, à quoi l'on ne fait point assez attention, représentent le traité de Westphalie comme n'étant qu'une pacification transitoire et préliminaire à une paix définitive, la paix et l'union des esprits et des cœurs dans la même foi, la même espérance et la même charité. C'est à cela que doivent travailler de part et d'autre tous les hommes de bien (Menzel, t. VIII, c. 14).

Quant à l'empire d'Allemagne, les princes allemands, dociles à la politique française, eurent soin d'en diminuer l'unité et la force. L'empereur ne fut plus guère que le chef nominal de l'empire : il n'en pouvait plus régler aucune des affaires sans l'assentiment des Etats réunis en diète, et à la diète même la majorité des suffrages ne faisant plus loi dans les affaires religieuses. De sorte que l'empire, dans son ensemble, paraissait un char magnifique, mais qui ne pouvait faire un pas, tandis que chaque prince, dans son domaine particulier, était maître absolu de la religion, de la conscience, des libertés politiques et civiles de ses sujets, et qu'il l'a été jusqu'à présent (Menzel, t. VIII, p. 247 et seqq.).

Quant aux dynasties catholiques d'Autriche et de Bavière, elles gardèrent leurs possessions et y maintinrent la restauration du catholicisme qu'elles y avaient procurée. Aussi, depuis cette époque, les possessions des maisons d'Autriche et de Bavière ont-elles été naturellement paisibles, tandis que les principautés protestantes ressentent toujours un ferment de révolution et d'anarchie. Le duc de Bavière fut confirmé dans sa dignité d'électeur et dans la possession du haut Palatinat. On créa un huitième électorat, dans le bas Palatinat, pour le fils de l'ex-électeur palatin Frédéric V.

L'Eglise de Dieu, en déplorant le sort des évêchés et des monastères de l'Allemagne septentrionale, livrés en proie et en récompense à l'hérésie, pouvait se consoler néanmoins de voir l'antique foi des saints Boniface, Kilien, Udolric, Léopold, Etienne, Wenceslas, Jean Népomucène, finalement consolidée dans la Bavière, la Franconie, le Tyrol, la Styrie, la Carinthie, les deux Autriches, la Hongrie, la Silésie, la Moravie, la Bohême.

Une autre consolation pour les catholiques, ce fut la conversion d'un grand nombre de personnes distinguées du protestantisme, et cela, observe le protestant Menzel, dans des circonstances qui, loin de faciliter leur retour, les rendaient plus difficile. Plusieurs savants considérables dans des pays où le protestantisme non-seulement n'était pas opprimé, mais où il dominait seul, y renoncèrent avec perte de leurs emplois et de leurs liaisons de famille, perte contre laquelle, parmi les nouveaux coreligionnaires, ils pouvaient à peine compter sur un dédommagement, bien loin de s'attendre à y gagner. Tel, ajoute le même historien, tel était incontestablement le cas du jurisconsulte *Ulric Hunneus*, fils du théologien, professeur de droit et vice-chancelier à l'Université de Marbourg, qui, l'an 1625, quitta son poste pour aller à Philippsbourg, sous la protection de l'électeur de Trèves et évêque de Spire, Philippe Christophe, se déclarer publiquement enfant soumis de l'Eglise catholique. Il justifia sa démarche par un écrit latin publié à Heidelberg, l'an 1631, ayant pour titre : *Arguments tout à fait invincibles et indissolubles, qui ont convaincu et contraint Ulric Hunnius à quitter la secte luthérienne et à professer la foi catholique.* Dans une seconde édition, il ajouta une *Démonstration évidente que l'archihérésie de Luther a été compilée des hérésies anciennes*. Dans cette apologie, qui parut aussi en allemand, il proteste, par tout ce qu'il y a de plus sacré, qu'il a fait cette démarche, non dans l'espoir d'aucune dignité, honneur ni richesse, et il en appelle au témoignage de toute la Hesse, particulièrement de ceux qui l'avaient connu pendant son séjour de seize ans à Giessen et à Marbourg, de quels honneurs et dignités il jouissait comme luthérien, et combien peu on pouvait lui imputer d'avoir changé de religion par intérêt. Il mourut l'an 1636, conseiller de plusieurs princes catholiques. *Bartold Nihus*, théologien formé à l'Université de Helmstadt, avait un emploi à Weimar, lorsqu'il se rendit l'an 1622 à Cologne, y fit profession de la foi catholique, fut supérieur d'une maison d'éducation pour des jeunes gens nouvellement convertis du protestantisme, et devint évêque suffragant de Mayence. Ce qui fit sur lui une impression particulière, comme il s'en expliqua dans une lettre à Calixt, docteur de Helmstadt, fut cette considération : que la chrétienté a besoin d'un juge infaillible pour dirimer les controverses, attendu que la sainte Ecriture souffre plusieurs interprétations, et qu'elle ne parle que suivant le sens qu'on lui prête (Menzel, t. VIII, c. 17).

Des motifs un peu différents amenèrent la conversion du célèbre philologue Luc Holstein, en latin Holstenius : ce fut, suivant Menzel, une vive répugnance pour la grossièreté qui régnait parmi les littérateurs et les Universités protestantes d'Allemagne. Né à Hambourg en 1596, et y ayant achevé ses études, il séjourna plusieurs années en Hollande, en Angleterre, en France, fit un voyage en Italie et en Sicile, lia connaissance et amitié avec les savants les plus célèbres, entre autres avec le Provençal Peiresc, surnommé le procureur général de la littérature, non-seulement à cause de son immense érudition, mais surtout par son zèle ardent et généreux à procurer aux savants de l'Europe les manuscrits, les livres, les médailles les plus rares, et à leur communiquer ses propres découvertes. Peiresc naquit l'an 1580, d'une mère longtemps stérile, qui promit à Dieu que, si elle avait un enfant, elle lui donnerait pour parrain le premier pauvre qu'on rencontrerait. Elle tint parole. Cet enfant, Nicolas-Claude Fabri de Peiresc, conseiller au parlement d'Aix, et le protecteur ou l'ami de presque tous les savants et littérateurs de son époque, fut un prodige de pénétration et de science dès ses premières années : le pape Urbain VIII fit prononcer son éloge funèbre à Rome. C'est au milieu de ces communications studieuses avec les savants des divers pays que Holstein se rapprochait du catholicisme. Il écrivait à Peiresc :

« Depuis le moment où je commençai, fort jeune encore, à goûter la philosophie platonicienne dans les ouvrages de Maxime de Tyr, de Chalcidius et d'Hiéroclès, je sentis naître en mon âme un vif désir, d'abord d'approfondir, puis d'éclaircir et de propager, autant qu'il serait en moi, cette divine méthode de philosophie. L'utilité infinie que je retirai bientôt de ces recherches me confirma singulièrement dans cette pensée. En effet, voyant que Bessarion, Steuchus et d'autres philosophes confirmaient, par les écrits des Pères, la doctrine de Platon, je m'enfonçai tout entier dans la lecture des ouvrages où ils ont traité, soit en grec, soit en latin, de cette théologie contemplative et mystique par laquelle l'âme s'élève à Dieu. Cette lecture me conduisait à admirer de toute mon âme la manière solide et divine dont les Pères philosophent ; et je me vis placé, à mon insu, presque dans le sein de l'Eglise catholique. Saint Augustin, dans ses *Confessions*, fait de lui-même un semblable récit. Ces contemplations divines élevèrent tellement mon âme à la connaissance de la vérité, l'affermirent tellement, que désormais elle ne se traîna plus autour de ces petites questions et de ces minutieuses difficultés dont les novateurs ont coutume d'embarrasser l'affaire de la foi (*Biog. univ.*, t. XX, art. Holsténius).

Ce fut vers l'an 1624 que Holsténius, venu en France, où il se lia particulièrement avec le docte Jésuite Sirmond, rentra dans l'Eglise catholique. Le cardinal Barberini, nonce en France, à qui Peiresc l'avait recommandé, le fit son secrétaire intime et son bibliothécaire, puis l'emmena à Rome, où le pape Urbain VIII le créa protonotaire et chanoine, et Innocent X administrateur de la bibliothèque Vaticane. Il mourut à Rome l'an 1661, renommé par une foule incroyable de travaux d'érudition, mais dont il ne publia qu'un petit nombre de son vivant.

Son neveu, Pierre Lambeck ou Lambécius revint à l'Eglise catholique par une voie semblable. Né pareillement à Hambourg l'an 1628, il montra de bonne heure une grande inclination et aptitude pour les recherches savantes. Holstein, son oncle maternel, lui écrivit de Rome pour le détourner de fréquenter les universités allemandes, à cause des tavernes et des lieux de débauche qui ruinaient l'esprit et la pudeur, et à cause du pédantisme qui y régnait; il lui recommanda au contraire les académies de Néerlande, de France et d'Italie. Conformément à ce conseil, Lambécius fit ses études en France, visita son oncle à Rome, retourna l'an 1660 à Hambourg, sa ville natale, y accepta le rectorat du gymnase, mais le quitta deux ans après et se déclara catholique à Venise. Il mourut en 1680, bibliothécaire impérial à Vienne, où l'empereur Léopold l'honorait de ses bonnes grâces. Son principal ouvrage est formé de commentaires ou mémoires sur les manuscrits de la bibliothèque de Vienne, en huit volumes in-folio (Menzel, t. VIII, c. 17; *Biogr. univ.*, t. XXIII).

En 1653, se convertit également à Breslau le poète chansonnier *Jean Scheffler*, connu sous le nom d'*Ange de Silésie*. Il fut médecin du duc de Wurtemberg-Oels, et auteur du *Voyageur chérubinique*. Il témoigna la sincérité de sa conversion par un grand nombre d'écrits contre le protestantisme, et mourut prêtre l'an 1677, dans le monastère de Saint-Mathias, à Breslau (*Ibid.*).

Une des causes qui contribuaient à ces conversions et à d'autres était le bon exemple de la maison d'Autriche. La piété et les bonnes mœurs y étaient héréditaires. L'empereur Ferdinand III, dont le fils aîné, Ferdinand IV, élu roi des Romains, était mort en 1654, mourut lui-même le 2 avril 1647. Il eut pour successeur son second fils, l'archiduc Léopold, déjà couronné roi de Hongrie et de Bohême, et qui jusqu'à la mort de son frère se destinait à l'état ecclésiastique. Dès sa première enfance, il montrait une piété extraordinaire. Non plus cher, ou plutôt son unique amusement, était de dresser des autels, de célébrer l'office divin, d'orner les saintes images. Lorsque plus tard son gouverneur voulut mettre des bornes à cette inclination et n'accorder que des demi-heures pour la prière, le jeune archiduc ne cessa de faire des instances que quand on lui eut accordé de nouveau des heures entières. Le père était d'avis qu'il fallait laisser Léopold suivre sa voie, et qu'un jour il serait un excellent prince d'Eglise. Cependant le prince fut si solidement instruit dans les langues et les sciences par les Jésuites Muller et Neidhart, que,

quand la mort de son frère aîné changea sa vocation, difficilement un prince de son siècle le surpassait-il en connaissances; avec cela, un jugement sensé lui manquait aussi peu qu'un bon cœur. Il n'avait que dix-sept ans à la mort de son père. Malgré les intrigues de la France et de la Suède, il fut élu empereur le 17 juillet 1658 (Menzel, t. VIII, c. 18). Son conseil et son principal ministre était son oncle Léopold-Guillaume, qui se montra tout ensemble pieux pontife et excellent général d'armée. Mais il mourut en 1662, à l'âge de quarante-neuf ans, d'un mal de poitrine. Les médecins assuraient pouvoir le guérir avec du lait de femmes; mais le prince, qui était d'une pudeur virginale, ne voulut point user de ce remède, même pour sauver sa vie (*Ibid.*; c. 19, p. 333).

Ce qui donnait encore lieu à bien des protestants de se rapprocher de l'Eglise catholique, c'était une nouvelle école de théologie protestante à l'Université de Helmstadt. Le chef de cette école était le docteur Georges Calixt : il enseignait que les trois confessions chrétiennes : catholiques, luthériens, calvinistes, étaient d'accord dans les vérités nécessaires, et qu'on pouvait se sauver dans l'une ou dans l'autre. Quelques luthériens rigides le combattirent vivement, mais son opinion n'en fit que plus de bruit et de prosélytes. Le roi catholique de Pologne, Ladislas IV, chef de la branche aînée de la dynastie suédoise de Wasa, voyait avec douleur les dissidences religieuses des Polonais, car il y prévoyait dès lors le germe d'une grande calamité pour la Pologne entière : c'est en effet ce qui a causé la ruine de la nation et du royaume. Ayant donc appris les opinions conciliantes de Calixt, il procura, l'an 1644, de concert avec les évêques, un colloque dans la ville de Thorn, entre les catholiques et les dissidents de Pologne : le colloque ne se tint que l'an 1645. Calixt s'y posa comme le juste-milieu entre les extrêmes, et mécontenta les luthériens et les catholiques, mais surtout les premiers. Le colloque fut dissous sans autre résultat. Les tristes pressentiments de Ladislas IV se réalisèrent sous ses successeurs. Quatre-vingts ans après le colloque pacifique, les catholiques de Pologne exercèrent une sévère justice contre les dissidents de Thorn, pour avoir fait cause commune avec l'étranger, les Suédois, contre la patrie. Soixante ans plus tard, la Russie et la Prusse, sous couleur de remettre ces mêmes dissidents en possession de leurs droits, amenèrent le premier partage de la Pologne (*Ibid.*, t. VIII, c. 8).

En attendant, l'opinion que Calixt avait soutenue à Thorn : « Tous ceux qui confessent les trois articles principaux de la foi chrétienne doivent être tenus pour citoyens du royaume de Dieu et du Christ, et cette confession suffit pour le salut, » cette opinion, quoique combattue par les luthériens rigides, ne laissait pas de faire des progrès et de refroidir le zèle des protestants pour leur église, qu'ils avaient regardée jusqu'alors comme la seule où l'on pût se sauver. Ces dispositions amenèrent plusieurs têtes réfléchies à l'Eglise catholique. De ce nombre fut le baron Jean-Christian de Boinebourg, né à Eisenach l'an 1622, et qui avait fait ses études à Iéna, Marbourg et Helmstadt. Le landgrave de Hesse l'employa dans diverses négociations, et il y réussit si bien, que le roi de Suède et le duc de Saxe-Gotha voulurent l'attirer à leur service ; mais il embrassa la religion catholique et se rendit à la cour de l'électeur de Mayence, qui l'établit président de son conseil. Son savant ami, Conring, l'ayant blâmé de sa conversion, Boinebourg lui répondit entre autres : Vous connaissez que mon grand-père a eu le droit de sortir de l'Eglise catholique ; eh bien ! j'ai le même droit d'y rentrer après de mûres réflexions (Menzel, t. VIII, c. 17; *Biogr. univ.*, t. V).

Ce retour des protestants à la modération, au calme, et, par suite, vers le catholicisme, fut encore secondé par les écrits du protestant le plus savant de cette époque, Hugues Grotius, né à Delft en Hollande, le 10 avril 1583, et mort à Rostock en 1645, après avoir été proscrit deux fois par sa patrie et avoir séjourné longtemps en France. Ses ouvrages théologiques présentent une sorte d'ensemble, mais vague et flottant. La basse en est son traité *De la vérité de la religion chrétienne*, en six livres, où il établit principalement par l'érudition et l'autorité : dans le premier livre, l'existence, l'unité et les principaux attributs de Dieu ; dans le deuxième, que la vraie religion, c'est la religion chrétienne ; dans le troisième, que les livres du Nouveau Testament sont authentiques, et par suite ceux de l'Ancien ; et dans les trois derniers, que la vraie religion n'est ni le paganisme, ni le judaïsme, ni le mahométisme. Cet ouvrage fut reçu avec beaucoup de faveur et traduit en plusieurs langues.

Un savant du XVe siècle, *Raymond Sébonde*, né à Barcelone et mort à Toulouse en 1432, avait composé un ouvrage du même genre, *La théologie naturelle* ou *le Livre des créatures*. Michel de Montaigne, né en 1533 et mort en 1592, le traduisit en français et en prit même la défense dans un chapitre de ses *Essais* : ouvrage, comme son auteur, vif, sautillant, divers, libre de pensée et d'expressions, sans plan arrêté, sans objet suivi, où il ne faut pas chercher d'ensemble et qu'on ne peut pas juger à la rigueur. Montaigne, dans son voyage d'Italie, laissa un *ex-voto* d'argent à Notre-Dame de Lorette, baisa dévotement les pieds de Grégoire XIII et en reçut avec reconnaissance le titre de citoyen romain. Lui-même nous apprend qu'étant malade, son premier soin était d'appeler non le médecin, mais son curé, et de s'acquitter de ses devoirs religieux. Quand il sentit sa fin approcher, il pria sa femme d'avertir quelques gentilshommes, ses voisins, afin de prendre congé d'eux. Quand ils furent arrivés, il fit dire la messe dans sa chambre, et au moment de l'élévation, s'étant soulevé comme il put sur son lit, les mains jointes, il expira dans cet acte de piété, le 13 septembre 1592 ; ce qui fut, dit un auteur du temps, Pasquier, un beau miroir de l'intérieur de son âme (*Biogr. univ.*, t. XXIX).

L'ouvrage de Grotius était plus complet que celui de Sebonde traduit par Montaigne. Cependant il y manquait encore quelque chose. Avec la vérité du christianisme en général, il fallait savoir laquelle des sociétés chrétiennes avait été instituée par le Christ pour propager sa doctrine jusqu'à la fin du monde. Là-dessus Grotius n'a que des idées éparses, mais toujours bien remarquables. Il se convainquit de bonne heure que les dissidences religieuses entre les communions protestantes n'étaient point assez graves pour justifier une séparation éternelle. Plus tard, il acquit la même conviction touchant les rapports des protestants avec l'Eglise romaine, lorsque, par son séjour en France, il prit de cette Eglise une idée bien différente de celle qu'il avait apportée de Hollande ; surtout lorsque, parmi les Jésuites français il apprit à connaître des hommes d'une grande science, d'une conduite exemplaire et d'un jugement indépendant. Dès lors sa pensée favorite fut de contribuer à faire disparaître cette division contre nature de la famille chrétienne en deux moitiés hostiles, et d'y ramener l'union par une foi commune, suivant l'intention de son fondateur. Dans cette vue, il réimprima l'ouvrage d'un célèbre théologien catholique du XVIe siècle, Georges Cassandre, ayant pour titre : *Consultation sur les articles de foi controversés entre les papistes et les protestants* : consultation rédigée à la demande de l'empereur Ferdinand Ier, et dans laquelle Cassandre exposait les points litigieux de la Confession d'Augsbourg et marquait ceux sur lesquels on pouvait parvenir à un accommodement. Grotius y joignit des remarques, où il expose ses propres sentiments ; ces remarques ayant été attaquées par le ministre Rivet, il les défendit par d'autres, et aussi par son *Vœu pour la paix de l'Eglise*. Dans ces divers opuscules, voici comme Grotius s'exprime sur le septième article de la Confession d'Augsbourg, concernant le Pontife romain :

« La Confession d'Augsbourg dit fort bien que, pour distinguer l'Eglise d'avec les assemblées hérétiques, il y a dans l'Eglise la pure et saine doctrine de l'Evangile, avec l'usage des sacrements. Mais, pour discerner cette même Eglise d'avec les schismatiques, Cassandre n'ajoute pas moins bien l'unité d'après les paroles du Christ lui-même (Joan., 13, 35). Cette unité doit être gardée, non-seulement dans l'esprit, mais encore dans la communion des sacrements, autant que possible. Or, cela ne se peut, à moins que le peuple n'obéisse à des préposés ; car l'Eglise est un certain corps, lié ensemble par certaines jointures (Eph., 4, 16). Ces jointures sont, à divers degrés, les évêques, les métropolitains, les patriarches, et, sur tout le corps, celui qui est le prince des patriarches, l'évêque de Rome : et tout cela est conforme au modèle de cette principauté que, par l'institution du Christ, Pierre a eue sur les apôtres ; car l'unité du Pontife est le meilleur remède contre les schismes, comme le Christ l'a montré et comme l'expérience l'a prouvé. Cette utilité de la principauté dans le Pontife romain a été ingénument reconnue par Mélanchthon en bien des endroits, par Jacques, roi d'Angleterre, et par beaucoup de doctes protestants. — Et de ce que cette souveraineté a été placée à Rome, cela vient du consentement de l'Eglise universelle, qui honore la mémoire d'une des principaux apôtres, et qui a compris par leur exemple qu'il n'y a pas de lieu plus propre pour propager l'Evangile par toute la terre, ni pour mieux conserver l'unité de l'ensemble (Grotii, *Opera theolog.*, t. IV, in-fol. ; Basiliæ, *Annotata in consult. Cassand.*, art. 7, p. 617). »

Le docteur Rivet ayant critiqué ces remarques, Grotius répondit en ces termes à la critique : « Comme une armée, non plus qu'un navire ne peut être régie, si ce n'est par une gradation de préposés, se terminant par un seul, de même en est-il de l'Eglise. Quand même tous ceux qui sont dans l'Eglise seraient doués de la souveraine dilection, un tel ordre serait encore nécessaire. Dieu n'aime pas à faire toujours des miracles; mais pour les meilleures choses il montre les meilleures voies, tel qu'est pour l'unité de l'Eglise un ordre certain. Quel devait être cet ordre, le Christ l'a montré dans Pierre; car il lui a donné les clés du royaume des cieux pour tout le collège, comme en étant le prince. Or, dans tout collège, c'est au prince à diriger les consultations et à exécuter les décrets. Le passage de Cyprien, dont Rivet cite une parcelle, dit ouvertement ce que nous voulons : *Le Seigneur parle ainsi à Pierre : Je te dis que tu es Pierre, et que sur cette pierre j'édifierai mon Eglise, et les portes de l'enfer ne la vaincront point. Et je te donnerai les clés du royaume des cieux, et ce que tu lieras sur la terre sera aussi lié dans les cieux, et tout ce que tu délieras sur la terre sera aussi délié dans les cieux. Et de nouveau, après sa résurrection, il lui dit : Pais mes brebis. C'est sur ce seul qu'il édifie son Eglise, à lui qu'il confie ses brebis à paître. Et quoique, après sa résurrection, il accorde à tous les apôtres une puissance égale, et qu'il dise : Comme le Père m'a envoyé, ainsi je vous envoie : recevez le Saint-Esprit; si vous remettez les péchés à quelqu'un, ils lui seront remis; si vous les retenez à quelqu'un, ils lui seront retenus : cependant, pour manifester l'unité, il constitue une chaire unique, et, par son autorité, il dispose l'origine de cette unité commençant par un seul. Les autres apôtres étaient bien ce qu'était Pierre, doués d'une égale participation d'honneur et de puissance, mais le commencement part de l'unité. La primauté est donnée à Pierre, pour montrer que l'Eglise du Christ est une, ainsi que la chaire.* Vous voyez ici la primauté, nom qui, dans tout collège, emporte une certaine puissance. Ce merveilleux assemblage qui tient ensemble l'Eglise, ne vient pas de l'empire romain, mais du Christ, qui en a présenté le modèle, des apôtres qui l'ont suivi. C'est ainsi que les apôtres ont institué dans les églises des préposés, souverains prêtres dans leur assemblée, que l'Apocalypse appelle anges, à l'exemple du prophète Malachie. Tel était Polycarpe à Smyrne, tels étaient d'autres dans d'autres églises d'Asie. Il y avait à Ephèse plusieurs prêtres, mais la divine épître s'adresse à un seul, comme au prince de l'assemblée. C'est ainsi qu'en Crète, Titus remplit l'office de métropolitain. C'est ainsi que, sous les plus cruelles persécutions, l'exarque de Carthage a la première place en Afrique et une sollicitude conforme à la place. Auparavant, sous le nom de *patriarches*, l'évêque de Rome, celui d'Antioche et d'Alexandrie, par des conseils communiqués entre eux, gouvernaient le corps de l'Eglise. Mais entre ces trois églises très-éminentes, la plus puissante principauté est à l'Eglise romaine, avec laquelle il est nécessaire que toute église s'accorde, parce que c'est dans cette Eglise romaine que les fidèles, de quelque pays qu'ils soient, ont toujours conservé la tradition qui vient des apôtres, comme nous l'enseigne saint Irénée (l. 3, c. 3); lequel Irénée, lorsqu'il avertit Victor du bon usage de la puissance, reconnaît par là même son inspection sur les églises d'Asie. L'évêque de Rome est le prince de l'aristocratie chrétienne, comme l'a appelé, il n'y a pas longtemps, l'évêque de Fossembrone. *L'autorité par laquelle les évêques de la ville éternelle l'emportent sur les autres*, écrivait Ammien Marcellin, auteur païen, en parlant d'une affaire de l'évêque d'Alexandrie (ou plutôt d'Antioche) (Grotii, *Opera theolog.*, t. IV, in-fol.; Basileæ, *Annotata*, etc., art. 7, p. 641).

Dans son *Vœu pour la paix ecclésiastique*, Grotius revient encore sur ce sujet et dit : « Que dans l'Eglise il y ait une gradation de magistratures, et que les diverses parties de l'Eglise soient liées entre elles par cette gradation, saint Paul nous l'enseigne (Eph. 4, 11). L'ordre, soit partiel, soit général, est contenu par une certaine principauté, ou l'unité du préposé. Et c'est ce que le Christ nous a enseigné dans Pierre. C'est ce que Cyprien a appris du Christ, et avec Cyprien Jérôme, qui dit contre Jovinien : *L'Eglise est fondée sur Pierre, quoiqu'elle le soit ailleurs sur tous les apôtres, que tous reçoivent les clés du royaume des cieux, et que la force de l'Eglise soit également consolidée sur eux; cependant un seul est élu entre les douze, afin que l'établissement d'un chef ôtât l'occasion des schismes. Tel chef est l'évêque entre les prêtres, le métropolitain entre les évêques, et l'évêque de Rome entre tous.* Cet ordre doit toujours demeurer dans l'Eglise, parce que la cause en subsiste toujours, savoir, le péril du schisme. Diotrèphes s'est arrogé méchamment ce qui appartenait à d'autres, ainsi que plus tard Novat et Novatien. Que de l'épiscopat, qui est un, chacun tienne une partie, qu'à chaque pasteur soit assignée une portion du troupeau, qu'en un certain sens le soin de l'Eglise universelle soit confié à tous; cela est vrai; car l'Eglise se régit par le commun conseil des évêques; mais, et la liaison de plusieurs portions entre elles, et l'union de tout le corps, exigent l'unité de chef : en sorte qu'il y a tout ensemble et égalité de puissance, et une certaine puissance hors de ligne, comme parle saint Jérôme; car ils sont égaux comme collègues, mais non quant au droit de la principauté (Grotii, t. IV, in-fol.; Basileæ, art. 7, p. 658). »

C'est ainsi que le plus docte protestant du XVIIe siècle s'explique sur la principale controverse entre les protestants et les catholiques, sur la primauté du Pontife romain. Ce n'est pas tout : Grotius a fait des commentaires sur les endroits de l'Ecriture où il est parlé de l'antechrist, pour faire voir en détail que cet antechrist ou adversaire n'est pas du tout le Pape, comme Luther et Calvin l'avaient soutenu dans leur emportement. Il dit entre autres : « Ceux qui veulent que le schisme soit perpétuel, qui tremblent au seul mot d'unité de l'Eglise et de concorde, ceux-là ont intérêt à faire croire que le Pape est l'antechrist, et qu'il est nécessairement tel jusqu'à l'avénement du Seigneur. S'il n'y avait pas de schisme, beaucoup n'auraient pas de quoi vivre, et comme, sans l'espoir d'un salaire, ils ne songeraient pas même aux saintes lettres, ils mesurent les autres d'après eux (*Ibid.*, p. 475, col. 1). »

Grotius s'explique avec la même modération, et toujours en faveur de l'Eglise romaine, sur les autres points de controverse : le nombre des sacrements, leur *opus operatum* ou leur divine efficacité par eux-mêmes, quand on n'y met pas d'obstacle; la transsubstantiation, le sacrifice de la messe, la gloire et l'invocation des saints, la prière pour les morts, le célibat religieux. Il dit du concile de Trente : « Quiconque en lira les actes avec un esprit pacifique, trouvera que tout y est exposé avec beaucoup de sagesse, et parfaitement conforme à ce qu'enseignent l'Ecriture et les Pères (cité par Menzel, t. VIII, p. 295). » Au reproche d'avoir pensé différemment dans ses premiers écrits, Grotius répond : « Si, dans ma jeunesse, où j'avais moins d'intelligence qu'à cette heure, j'ai outrepassé les bornes de la vérité, soit par préjugé de naissance, soit parce que je m'en rapportais sans preuve à d'autres hommes célèbres, ne me sera-t-il pas permis pour cela, après de longues recherches et après que j'ai renoncé à tout esprit de parti, de suivre des convictions plus droites (*Ibid.*, p. 296). »

Cette observation de Grotius nous fait comprendre pourquoi ses divers écrits ne présentent point un ensemble de doctrine bien nette et bien précise. Ainsi, ses belles idées sur la nécessité de la primauté du Pape pour l'unité et l'union de l'Eglise universelle se trouvent en opposition avec celui de ses ouvrages où il accorde à chaque souverain temporel un droit à peu près absolu sur la religion de ses sujets, suivant le nouveau principe du protestantisme : que c'est à chaque prince ou bourgmestre à réglementer la conscience de ses subordonnés. En outre, sur plus d'un point il ignorait encore ou méconnaissait la doctrine de l'Eglise; comme quand il suppose que le premier homme fut créé uniquement pour un bonheur terrestre, et non pour le bonheur céleste, auquel il pense que l'homme n'a été destiné que par Jésus-Christ. Tout cela explique peut-être aussi pourquoi lui-même ne se déclara point formellement catholique avant sa mort.

Il écrivait cependant à son frère ces sincères et remarquables paroles : « L'Eglise romaine n'est pas seulement catholique, mais encore elle préside à l'Eglise catholique, comme il paraît par la lettre de saint Jérôme au pape Damase. Tout le monde la connaît; et un peu après : Tout ce que reçoit universellement en commun l'Eglise d'Occident, qui est unie à l'Eglise romaine, est unanimement enseigné par les Pères grecs et latins, dont peu de gens oseront nier qu'il faille embrasser la communion; en sorte que, pour établir l'unité de l'Eglise, le principal est de ne rien changer dans la doctrine reçue, dans les mœurs et dans le régime (*Opera*, t. III, append., ep. 671). »

Il dit dans une autre lettre à son frère : « Qu'il faut réformer l'Eglise sans schisme, et que si quelqu'un voulait corriger ce qu'il croirait digne de correction, sans rien changer de l'ancienne doctrine, et sans déroger à la révérence qui est justement due à l'Eglise romaine, il trouverait de quoi se défendre devant Dieu et devant des juges équitables. » Enfin Grotius vient à reconnaître ce qu'il y a de plus essentiel : « Que l'Eglise de Jésus-Christ consiste dans la succession des évêques par l'imposition des mains, et que cet ordre de la succession doit demeurer jusqu'à la fin des siècles, en vertu de cette promesse de Jésus-Christ : *Je suis avec vous tous les jours jusqu'à la fin du monde*, dans saint Matthieu (28, 18). Par où, ajoute-t-il, l'on peut entendre, avec saint Cyprien, quel crime c'est dans l'Eglise de suivre un adultérin (qui ne vienne pas d'une succession légitime), et de reconnaître pour églises celles qui ne peuvent pas rapporter la suite de leurs pasteurs aux apôtres, comme à leurs ordinateurs. » Voilà ce que Grotius écrivait en l'an 1643, deux ans avant sa mort : ce qui contient toute la substance de l'Eglise catholique.

D'autres profitèrent mieux que lui de ses aveux en faveur de l'Eglise romaine, et s'y réunirent publiquement. De ce nombre furent plusieurs princes d'Allemagne. Des voyages dans les pays catholiques, particulièrement en Italie, devenus bien plus fréquents depuis la conclusion de la paix, leur donnèrent occasion de connaître les membres et les institutions de cette Eglise, et de revenir de bien des préventions qu'on leur avait inoculées dans leur éducation première. Ce fut le cas du prince *Jean-Frédéric de Brunswick*, troisième fils du duc Georges, et l'un des jeunes hommes les plus distingués. L'an 1649, on manda d'Italie à ses frères, les ducs régnants, qu'il avait pris de l'inclination pour l'Eglise catholique, et qu'il pensait s'y réunir publiquement. Aussitôt on lui envoya le lieutenant-colonel de Goertz, avec Henri-Jules Blume, professeur de Helmstadt, pour le ramener à d'autres sentiments. Mais on n'atteignit point le but : au contraire, le professeur Blume embrassa lui-même le catholicisme à Ratisbonne en 1653, demanda sa démission, entra au service de l'électeur de Mayence, puis de l'empereur, qui l'anoblit et le fit baron. Le duc Jean-Frédéric lui avait déjà donné l'exemple. Dès le 29 décembre 1651, il écrivit de Rome à ses frères, qu'après des examens bien approfondis, de ferventes prières qui lui avaient obtenu des dons et des grâces de l'Esprit-Saint, il était entré au sein de l'Eglise universelle. Ce qui lui en avait fait naître la première idée, c'était l'union de l'Eglise catholique, s'accordant avec la doctrine primitive des saints Pères et de la sainte Ecriture, dans la morale, les coutumes et les saints sacrements, sous un chef visible; tandis qu'ailleurs règne une grande désunion et tous les jours des divisions nouvelles, d'où naissaient la perdition et la ruine de la chère patrie et nation allemande. Il ne demandait à ses frères que de pouvoir exercer le culte catholique dans une chapelle particulière du château de Celle : cette grâce lui fut refusée, d'après l'avis des théologiens de Helmstadt, les mêmes qui convenaient qu'on pouvait se sauver dans l'Eglise romaine. Le duc resta donc à l'étranger jusqu'en 1665, où il hérita d'une partie du Hanovre.

Son exemple fut suivi par le landgrave Ernest de Hesse-Rhinfels, arrière petit-fils du fameux landgrave Philippe de Hesse, à qui Luther permit d'avoir à la fois deux femmes, en récompense de son zèle pour la Réforme. Ernest, né en 1623, fut obligé par sa mère à prier, à chanter des cantiques et à lire la Bible trois fois le jour; à entendre deux sermons le dimanche, un le mercredi et le vendredi, et à apprendre par cœur tout le catéchisme de Heidelberg, avec deux cents passages de la Bible. Il assura avoir lu la Bible plus de trente fois d'un bout à l'autre. Tous les soirs il examinait sévèrement sa conscience; il regardait le dimanche comme trop saint pour y lire un auteur profane ou écrire une lettre; il ne l'employait qu'à méditer sur les sermons qu'il avait entendus ou à lire des livres édifiants. Dans les voyages et dans les expéditions

militaires, toujours il avait des livres sur lui. Leibnitz disait de lui que sa science était aussi grande que la pureté de son âme; un autre l'appelait le savant d'entre les princes, et le prince d'entre les savants. Dans la guerre de Trente-Ans, il combattit vaillamment pour la cause protestante, qui était celle de sa maison. Après la paix, dans un voyage qu'il fit en Autriche pour des affaires de famille, et qu'il continua par l'Italie et la France, il eut des rapports avec de savants catholiques, et fut fortement ébranlé dans ses convictions premières, tant par des entretiens que par la lecture des livres. Après ses voyages en France et en Italie, il professait l'opinion que, dans ces pays, il règne plus de sens commun qu'en Allemagne; que le vice de l'ivrognerie rend les têtes allemandes encore plus pauvres en intelligence, qu'elles ne le sont naturellement. Avant d'exécuter sa résolution, il invita trois théologiens protestants à conférer en sa présence avec trois Capucins sur cette question : « Jésus-Christ a-
» t-il donné à l'apôtre Pierre la juridiction sur l'E-
» glise universelle, et le Pontife romain, comme
» successeur de l'apôtre, a-t-il reçu à ce titre une
» assistance tellement infaillible, que, quand il pro-
» nonce *ex cathedrâ*, il ne peut pas errer dans les
» choses de la foi ? » La conférence eut lieu vers la fin de l'année 1651. Le 6 janvier de l'année suivante, le landgrave, avec son épouse, fit sa profession de foi catholique à Cologne, entre les mains de l'archevêque électeur, et reçut la confirmation. Il écrivit au pape Innocent X : « Après que l'ineffable bonté de la divine Providence m'a conduit, avec mon épouse bien-aimée, des abîmes de la prétendue réforme à l'admirable et irréformable lumière de la vérité et de l'unité catholique, je ne puis exprimer avec quel zèle, prévenu et assisté de l'Esprit-Saint, j'ai reconnu la dignité du Saint-Siège apostolique, et je méprise maintenant les erreurs dont j'étais préoccupé depuis mon enfance. Tant que le vicaire de Jésus-Christ me resta caché, je suivais les prédicateurs de l'erreur, jusqu'à ce que les vestiges de l'ancien troupeau me manifestèrent le sentier de la paix catholique. L'ayant aperçu, je confessai publiquement la foi dont mes pères se sont écartés, je suis retourné à l'Eglise qu'ils ont abandonnée, et je me redonne au Seigneur qu'ils ont renié (Menzel, t. VIII, c. 17). »

Un autre arrière-petit-fils du landgrave Philippe de Hesse s'était converti dès 1636 : c'était le landgrave Frédéric de Hesse-Darmstadt, qui devint cardinal et prince-évêque de Breslau, où il mourut en 1682, après avoir bâti dans la cathédrale de cette ville une chapelle en l'honneur de sa glorieuse bisaïeule, sainte Elisabeth de Thuringe ou de Hongrie.

Cependant ces éclatantes conversions n'eurent pas grande influence sur les populations protestantes, attendu que ces populations n'étaient pas maîtresses de changer de religion suivant leur conscience, mais qu'elles étaient asservies sous ce rapport au caprice de leur prince ou bourgmestre, lesquels étaient fort aises de réunir à la fois la puissance spirituelle et la puissance temporelle, et d'être tout ensemble, chacun chez soi, pape et empereur.

Une femme, une reine protestante, étonna singulièrement le monde à cette époque en quittant un trône, un royaume, pour se déclarer plus librement catholique. Cette femme était la fille, l'enfant unique du héros des protestants, de Gustave-Adolphe, roi de Suède. Née en 1626, Christine avait six ans, lorsque son père mourut à la bataille de Lutzen : elle fut aussitôt proclamée reine de Suède, et on lui donna pour tuteurs les cinq principaux dignitaires de la couronne, parmi lesquels le chancelier Oxenstiern. Son père lui avait fait donner une éducation mâle et savante; elle fut continuée sur le même plan : Christine en prit et garda toute sa vie le double caractère. Dans sa tendre enfance, au lieu de s'effrayer de la détonation du canon, elle bat des mains et se montre une véritable enfant de soldat; elle monte à cheval avec hardiesse et galope, un seul pied dans l'étrier; à la chasse, elle abat le gibier du premier coup. Etonnante création de la nature ! dit Ranke. Une jeune fille exempte de toute vanité ! Christine ne cherche pas à cacher qu'elle a une épaule plus haute que l'autre; on lui a dit que sa beauté consiste particulièrement dans sa riche chevelure, elle ne lui donne pas même les soins les plus ordinaires; toutes les petites préoccupations de la vie lui sont étrangères; jamais elle n'a eu de goût pour les plaisirs de la table, elle ne s'est jamais plainte d'un mets, elle ne boit que de l'eau.

Le plus grand plaisir de la jeune fille, sont les leçons de ses maîtres. Elle possédait pour les langues une facilité extraordinaire. Elle dit dans sa vie écrite par elle-même : « Je savais à l'âge de quatorze ans toutes les langues, toutes les sciences et tous les exercices dont on voulait m'instruire. Mais depuis j'en ai appris bien d'autres sans le secours d'aucun maître; et il est certain que je n'en eus jamais pour apprendre ni l'allemand, ni le français, ni l'italien, ni l'espagnol. » Sa passion pour l'étude croissait avec l'âge. Elle avait l'ambition d'attirer auprès d'elle les hommes célèbres, de profiter de leur instruction. Quelques philosophes et historiens allemands vinrent d'abord; par exemple, Freinshemius, à la sollicitation duquel elle remit à Ulm, ville natale de ce savant, la plus grande partie des contributions de guerre qui lui avaient été imposées. Des savants néerlandais arrivèrent ensuite; Isaac Vossius mit en vogue l'étude de la langue grecque; en peu de temps Christine, devint très-habile dans la lecture des auteurs anciens les plus difficiles et les plus importants : elle se familiarisa même avec les Pères de l'Eglise. En l'année 1650 parut Saumaise : la reine lui avait fait dire que, s'il ne venait pas auprès d'elle, elle serait obligée d'aller auprès de lui : il habita le palais de Christine pendant une année. Descartes aussi fut enfin déterminé à se rendre auprès d'elle; il avait l'honneur de la voir tous les matins, à cinq heures, dans sa bibliothèque. Elle étonnait tous ces savants par le prodige de sa mémoire et de sa pénétration. Son esprit est tout à fait extraordinaire, écrivait Naudé, l'un d'eux, à Gassendi; elle a tout vu, elle a tout lu, elle sait tout.

Ce qu'elle était pour les sciences, elle l'était pour son royaume. Dès qu'elle se fut emparée de la direction du gouvernement, en l'année 1644, elle se consacra avec une ardeur merveilleuse aux affaires. Jamais elle ne néglige d'assister à une seule séance du sénat : ni la fièvre ni la saignée ne l'en empêchent. Elle prend soin de s'y préparer de son mieux, lisant des pièces de plusieurs pages de longueur et s'en appropriant le contenu, méditant les points litigieux le soir avant de s'endormir, le matin de bonne heure à son réveil. Elle sait poser une question avec une grande habileté, ne laissant pas deviner le côté vers lequel elle penche; après avoir entendu tous les membres, elle exprime aussi son opinion, qui se trouve toujours très-bien motivée, et qui est adoptée le plus souvent. Les vieux sénateurs sont tout étonnés de l'autorité qu'elle exerce. Elle eut personnellement beaucoup de part à la conclusion de la paix de Westphalie: les officiers de l'armée, son ambassadeur au congrès étaient opposés à cette paix; en Suède aussi, il y avait des gens qui n'approuvaient pas les concessions faites aux catholiques, particulièrement au sujet des Etats héréditaires d'Autriche; mais elle ne voulut pas tenter de nouveau les chances de la fortune. Jamais la Suède n'avait été si glorieuse ni si puissante; elle mit son orgueil à maintenir cette situation, et elle désirait y attacher son nom.

Christine étudiait Tacite et Platon, et comprenait quelquefois même ces auteurs mieux que les philologues de profession. Surtout elle était profondément pénétrée de la haute importance que lui donnait sa naissance, et de la nécessité de ne laisser empiéter d'aucune manière sur son autorité. Jamais elle n'eût consenti à ce qu'un ambassadeur se mît directement en relation avec ses ministres; elle ne voulait pas souffrir qu'aucun de ses sujets portât la décoration d'un ordre étranger, qu'un membre de son troupeau, comme elle disait, se laissât marquer par une main étrangère, elle savait prendre une attitude devant laquelle les généraux qui avaient fait trembler l'Allemagne restaient immobiles et muets: si une nouvelle guerre eût éclaté, elle se serait très-certainement mise à la tête de ses troupes.

Le monde fut donc bien étonné quand, le 24 juin 1654, cette reine, si mâle et si savante, déposa la couronne de Suède et la remit à son oncle, le comte palatin Charles-Gustave de la maison de Witelsbach. Le monde fut étonné bien plus encore, lorsque, l'année suivante, il vit cette reine du Nord, cette fille unique de Gustave-Adolphe, cette papesse luthérienne de la Scandinavie, professer publiquement la foi catholique-romaine, à Inspruck, dans le Tyrol, entre les mains d'un ancien luthérien de Hambourg, Luc Holsténius, alors prélat romain et envoyé au devant d'elle par le pape Alexandre VII. Ce qui n'étonnera pas moins, ce sont les principaux motifs qui la ramenèrent au catholicisme; ce furent précisément ceux qui en éloignent le vulgaire des protestants: le célibat religieux, l'autorité du Pape.

Elle était âgée de neuf ans, lorsqu'on lui donna pour la première fois une *Exposition des dogmes de l'Eglise catholique*, et qu'on lui apprit entre autres que dans cette Eglise le célibat était regardé comme méritoire: « Ah! s'écria-t-elle, que cela est beau; je veux embrasser cette religion! » On lui reprocha sévèrement cette pensée; mais elle y persévéra avec d'autant plus de constance. D'autres impressions semblables vinrent plus tard encore la frapper: « Quand on est catholique, dit-elle, on a la consolation de croire ce que tant de nobles esprits ont cru pendant seize siècles, on possède la gloire d'appartenir à une religion qui est confirmée par un million de miracles et par des millions de martyrs; une religion enfin, ajoutait-elle, qui a produit tant de vierges admirables qui ont triomphé des faiblesses de leur sexe et se sont consacrées à Dieu. »

La constitution de la Suède repose sur le luthéranisme; la puissance, la position politique de ce pays étaient fondées sur cette hérésie; le luthéranisme étant imposé à Christine comme une nécessité, elle résolut de secouer ce joug, et s'en sépara spontanément; elle se sentait irrévocablement attirée vers cette autre religion dont elle n'avait encore qu'une connaissance imparfaite. Ce qui lui paraissait surtout une institution admirablement appropriée à la bonté de Dieu, observe le protestant Ranke (*Hist. de la Papauté pendant le XVI<sup>e</sup> et le XVII<sup>e</sup> siècle*, t. IV, l. 8, § 9), c'était l'infaillibilité du Pape; elle s'abandonnait de jour en jour à cette croyance avec plus de résolution: on eût dit que par là elle satisfaisait à ce besoin de dévouement qui est dans la nature de la femme; la foi naissait dans son cœur comme l'amour naît dans un autre cœur, un amour pour un être inconnu, un amour condamné par le monde et qui veut rester caché, mais qui ne s'enracine que plus profondément; un amour dans lequel se complait un cœur de femme, et pour lequel il est décidé à tout sacrifier.

Christine employa, pour se rapprocher de l'Eglise romaine, une ruse mystérieuse. Le premier à qui elle donna connaissance de ses dispositions fut un Jésuite, Antoine Macédo, confesseur de l'ambassadeur portugais Pinto Pereira. Cet ambassadeur, ne parlant d'autre langue que la portugaise, employait son confesseur comme interprète. Un des grands plaisirs de la reine, c'était de faire tomber la conversation avec l'interprète sur des controverses religieuses, dans les audiences qu'elle donnait à l'ambassadeur, pendant que celui-ci croyait qu'elle traitait des affaires d'Etat, et de confier son plus intime secret à un tiers, à Macédo, en présence d'un autre tiers qui n'y comprenait rien.

Macédo disparut subitement de Stockholm. La reine fit semblant de le faire chercher; mais elle-même l'avait envoyé à Rome pour communiquer directement au général des Jésuites ses intentions, et lui demander quelques membres de son ordre. Ceux-ci arrivèrent à Stockholm au mois de février 1652. Ils se firent présenter comme des gentilshommes italiens en voyage, et furent invités à la table de la reine. Elle devina sur-le-champ qui ils étaient. Lorsqu'ils entrèrent devant elle dans la salle à manger, elle dit tout bas à l'un d'eux: « Vous avez peut-être des lettres pour moi? » Il répondit oui, sans se détourner. Elle lui recommanda de n'en parler avec personne, et envoya après dîner le serviteur en qui elle avait le plus confiance chercher les lettres; et le lendemain elle fit conduire les Jésuites eux-mêmes, sous le plus profond secret, dans le palais. — Ainsi, dans le palais royal de Gustave-Adolphe, des envoyés de Rome se réunirent avec la fille de ce monarque, le plus zélé défenseur du protestantisme, pour traiter avec elle de sa conversion à l'Eglise catholique!

Les bons Jésuites se proposaient, dans le commencement, de suivre l'ordre du catéchisme; mais Christine souleva bien des questions préliminaires.

« Y a-t-il une différence entre le bien et le mal, ou tout dépend-il seulement de l'utilité ou du préjudice qui résultent des œuvres? — Comment peut-on lever les doutes qui se présentent contre l'existence de Dieu? l'âme de l'homme est-elle réellement immortelle? » — Ces questions ne doivent pas surprendre de la part d'une personne élevée dans le luthéranisme, et qui savait réfléchir. Nous l'avons vu, suivant Luther, c'est Dieu qui est l'auteur de nos péchés : c'est Dieu qui opère en nous le mal comme le bien ; il nous punit non-seulement du mal que nous n'avons pu éviter, mais encore du bien que nous faisons de notre mieux. — Certes, il est permis à la raison de douter qu'un pareil dieu existe. La meilleure réponse à ces questions était d'exposer d'abord la foi catholique, et d'en faire sentir la différence d'avec l'hérésie. Un esprit pénétrant, comme celui de Christine, tirait les conclusions par lui-même.

La reine parla aussi à ces bons Pères des obstacles qu'elle rencontrerait pour effectuer sa conversion, dans le cas où elle se déciderait. Ces obstacles parurent quelquefois insurmontables ; et, un jour, lorsqu'elle revit les Jésuites, elle leur déclara qu'ils pouvaient s'en retourner, que sa conversion était inexécutable, qu'il lui serait toujours bien difficile de devenir complètement catholique de cœur. Les bons Pères furent stupéfaits : ils employèrent tous les moyens pour la maintenir dans ses résolutions, ils lui représentèrent Dieu et l'éternité, et déclarèrent que ses doutes étaient une tentation de Satan. Ce qui caractérise très-bien Christine, c'est que, dans ce moment-là même, elle était beaucoup plus déterminée que jamais. — « Que diriez-vous, reprit-elle subitement, si j'étais plus près de devenir catholique que vous ne le pensez? » — « Je ne puis décrire le sentiment que nous éprouvâmes, dit le Jésuite auteur de cette relation ; nous crûmes que nous ressuscitions d'entre les morts. » — La reine demanda si le Pape ne pourrait pas lui donner l'autorisation de communier une fois tous les ans, selon le rite luthérien. Nous répondîmes : Non. — Alors, dit-elle, il n'y a aucun remède ; il faut abdiquer la couronne (*Relatione di Paolo Casati al papa Alexandro VII*).

Ayant exécuté cette dernière résolution, comme nous avons vu, elle partit pour l'étranger. Arrivée à Bruxelles le 23 décembre, elle y fit quelque séjour, puis abjura le luthéranisme dans une entrevue secrète avec l'archiduc Léopold, les comtes Fuensaldagne et Montécuculli ; puis elle fit profession publique de catholicisme à Insprück, le 3 novembre. Appelée à venir recevoir la bénédiction du Pape, elle accourut en Italie, se rendit en pèlerinage à Notre-Dame de Lorette, offrit sa couronne et son sceptre à la sainte Vierge, fut reçue à Rome en triomphe, et se prosterna aux pieds du pape Alexandre VII, en assurant qu'elle tenait à plus grand honneur d'obéir au Siège apostolique, que d'être assise sur le plus beau trône (Ranke, t. IV, l. 8, § 9 ; Menzel, t. VIII, c. 17 (1).

Pour faire pénétrer dans la masse de ses populations protestantes la tendance des classes supérieures vers le catholicisme, il aurait fallu à l'Allemagne quelques évêques comme Charles Borromée et François de Sales, quelques prêtres comme Philippe de Néri et Vincent de Paul. Nous ne connaissons dans l'Allemagne qu'un pauvre prêtre qui rappelle quelques traits de ces hommes apostoliques.

*Barthélemi Holzhauser*, né à Langnau, près d'Augsbourg, en 1613, quitta, dès ses jeunes ans, la maison et la profession de son père, simple cordonnier, chargé de onze enfants, pour suivre son goût qui le portait à l'étude et à la piété. Il allait, dans cette vue, sollicitant des secours sur sa route, en chantant des hymnes religieuses. Des personnes charitables s'intéressèrent à son sort. Il fut admis, comme enfant de chœur, dans une maison fondée pour les pauvres étudiants, à Neubourg, et y suivit ses humanités. Ensuite il obtint la nourriture au

---

(1) Le chagrin qu'en éprouva le grand chancelier Oxenstiern lui coûta la vie. Ce retour de la reine à la foi véritable était en effet un éclatant triomphe pour l'Eglise catholique. On ne pouvait accuser la reine ni d'ignorance, ni de préoccupation, ni de surprise, ni d'entraînement, ni de vues ambitieuses et intéressées. Elle avait depuis longtemps réuni à sa cour les savants les plus distingués, les hommes les plus instruits de son temps ; elle avait froidement étudié, mûrement consulté sa raison et celle des autres, elle s'était formé une conviction éclairée, après avoir écouté, examiné, pesé tout ce que l'histoire, la philosophie, la connaissance de l'antiquité et celle des religions diverses pouvaient fournir d'objections ou d'arguments pour ou contre la vérité de la religion catholique.

La vie de Christine, qui avait embrassé la foi catholique au prix de son royaume, après avoir porté la couronne pendant vingt-deux ans et avoir perdu à la fois sa patrie et l'emploi réglé de son temps, ne fut malheureusement qu'une suite de caprices, de bizarreries, de contradictions et même de crimes. Hardie, téméraire, sans égard pour son entourage, et peu réservée dans le choix des personnes de sa maison, elle se débarrassait brusquement de ceux qui lui déplaisaient et ne s'arrêtait devant aucune violence. C'est ainsi qu'elle fit tuer par un de ses officiers, Louis Santinelli, dans le palais même de Fontainebleau, son écuyer Monaldeschi auquel elle ne laissa qu'une heure pour se préparer à la mort. Pendant son séjour à Rome, où le pape Alexandre VII l'avait reçue avec les plus grands honneurs, elle se brouilla avec le souverain Pontife au sujet d'une intrigue qu'un autre de ses officiers avait eue avec une princesse de Céri. A la même époque, elle eut un moment la fantaisie de se mettre à la tête d'une troupe d'aventuriers et de conquérir le royaume de Sicile.

Ce ne fut qu'à la longue, lorsque l'esprit violent et belliqueux dont elle avait hérité de son père se fut calmé, et que le temps et les entretiens du Pape l'eurent fait triompher de sa nature énergique et rebelle, que Christine se livra tout entière aux inspirations de la religion et au goût qu'elle avait conçu pour les arts et les belles-lettres. « Elle prit, dit Ranke, (*Les Papes*, t. III, p. 99), une vive part à la vie, aux occupations, aux splendeurs de la cour romaine. Elle augmenta les collections qu'elle avait apportées de Suède, et fit avec tant de sacrifices, de sens, de goût et de bonheur, qu'elle l'emporta sur les familles romaines, et forma d'une collection de pure curiosité un véritable trésor aussi utile aux sciences qu'aux arts. Des savants tels que Spanheim et Haverkamp ne crurent pas indigne d'eux de décrire minutieusement les monnaies et les médailles de son cabinet ; Sante Bartolo consacra son habile main à ses pierres antiques. Les Corrège qu'elle avait réunis devinrent le plus bel ornement des diverses galeries où le sort les plaça dans la suite. Les manuscrits de sa bibliothèque, léguée et incorporée à celle du Vatican, contribuèrent à maintenir la renommée de cet établissement fameux. Christine prit aussi une part active aux efforts des savants. Elle eut le mérite de soutenir le pauvre et infortuné Borelli, réduit dans sa vieillesse à donner des leçons pour vivre, et fit imprimer à ses frais son célèbre et incomparable ouvrage du mouvement des bêtes (*De motu animalium*), qui ne fut pas sans importance pour le développement de la science physiologique.

Elle exerça même une heureuse influence sur la littérature italienne par la guerre qu'elle fit au mauvais goût, à l'emphase, à la recherche et aux fades raffinements de la poésie et de l'éloquence de l'époque. Elle fonda, en 1680, dans son palais, une académie littéraire et politique, dont le principal statut portait que les académiciens s'abstiendraient du style ampoulé et métaphorique des modernes et ne suivraient que la saine raison et les modèles des siècles d'Auguste et des Médicis. C'est de cette académie que sortit Alexandre Guidi, qui, après avoir longtemps sacrifié au mauvais goût du temps, changea de style et de méthode en devenant le collègue de Christine, et se ligua avec plusieurs de ses amis pour ramener l'Italie au bon sens et au bon goût ; c'est de l'académie de Christine que naquit celle des Arcades, qui eut le mérite d'accomplir ce que se proposaient Guidi et ses amis. Christine mourut à Rome et fut enterrée à Saint-Pierre, où le Pape lui fit ériger un magnifique monument (Cf. Goschler, t. V ; Runck, *Les Papes*, t. III ; Lacombe, *Vie de Christine*). E. H.

collége des Jésuites, à Ingolstadt, où il fit sa philosophie. Là, au lieu de se distraire comme les autres dans les intervalles de ses études, il aimait à se recueillir, et il lisait l'*Imitation de Jésus-Christ*. Un jeune homme riche, son condisciple, s'attacha à lui et l'aida à prendre ses degrés en théologie. Holzhauser avait l'esprit tourné à la contemplation, mais ses dispositions étaient bienfaisantes et actives : avide d'exercer à son tour cette charité dont on avait usé envers lui; il cherchait à procurer des ressources aux élèves studieux et peu aisés. Ayant reçu le sacerdoce en 1639, il forma le projet de rétablir, pour les prêtres, la vie commune des temps apostoliques. Le but était de former des pasteurs. C'est à Titmoning, près de Salzbourg, que Holzhauser, de concert avec quelques zélés ecclésiastiques, fonda cet utile établissement ; en même temps, il érigea un séminaire dans cette dernière ville, afin de préparer les jeunes élèves à suivre l'esprit de son institution. Les soins auxquels il se livrait pour la diriger et l'étendre, l'exercice des vertus qu'il recommandait et pratiquait le firent charger successivement de diverses cures, à Titmoning même, à Léoggenthal, dans le Tyrol, et à Bing, près de Mayence, où il mourut, en 1658, à l'âge de quarante-cinq ans. Nous ignorons quelles suites ont eues ses œuvres et ses institutions, et même si elles ont eu des suites. On a de lui quelques opuscules de piété. On lui attribue un recueil de visions prophétiques, mais qui, n'ayant été publié que près d'un siècle après sa mort, n'offre aucune garantie ni authenticité (*Biogr. univ.*, t. XX).

§ VII.

*État de la religion catholique parmi les Russes, les Grecs et les autres peuples du Levant. — Mort de saint Vincent de Paul.*

Après avoir vu de quelle manière les nations de l'Occident ont repoussé ou accueilli les hérésies révolutionnaires de Luther, de Zwingle, autrement de Calvin, et quelles révolutions elles se sont épargnées ou incorporées par cette conduite diverse, il reste à jeter un coup d'œil sur les pauvres églises d'Orient, qui ont accepté plus ou moins le schisme de Photius ou quelque chose de semblable. Toutes, à mesure qu'elles se dérobent à la houlette de saint Pierre, tombent sous le bâton de l'exacteur ; toutes, comme la servante Agar, elles engendrent pour la servitude. Ainsi la première d'entre elles, l'Église russe, ou plutôt les évêques et les popes russes, qui devraient former cette église, sont gouvernés par le sabre d'un colonel de cavalerie, que l'empereur leur a imposé pour chef, en qualité de son vicaire.

Au XVe siècle, nous avons vu l'archevêque Isidore de Kiow, métropolitain et député de toutes les Russies, assister et souscrire au concile de Florence, devenir patriarche de Constantinople, et cardinal de la sainte Église romaine. A cette époque, les Russes se divisèrent : ceux de Moscou ou de la Russie supérieure restèrent ou retombèrent généralement dans le schisme; ceux de Kiow ou de la Russie inférieure, qui étaient soumis au roi de Pologne, demeurèrent généralement catholiques, à l'exemple de leur métropolitain Isidore et de ses successeurs. Le premier fut Grégoire II, son fidèle disciple, sacré l'an 1442 par le pape Nicolas V, et à qui le pape Pie II accorda, l'an 1458, une bulle qui partage sa métropole en deux, celle de Biow et celle de Moscou. Grégoire étant mort après un épiscopat de trente ans, il eut pour successeur, en 1474, Misaël, auparavant évêque de Smolensk. L'an 1476, de concert avec les princes et les seigneurs de Lithuanie, il envoya une ambassade solennelle à Rome. Il y reconnaît, au nom de l'église gréco-russe, le pape Sixte IV pour le chef de l'Église universelle, le Vicaire de Jésus-Christ et le successeur de Pierre, et lui expose les principaux articles de la croyance des Russes. Comme en 1475 on avait célébré le jubilé à Rome, il demande que la même grâce soit accordée à la Russie. Il demande enfin qu'on envoie des légats habiles dans les lois ecclésiastiques, qui, marchant sur les traces du concile de Florence, concilient les différends entre le rite grec et le rite latin dans les provinces de Pologne et de Lithuanie. Beaucoup de grands souscrivirent la lettre, et avant eux le métropolitain Misaël (*Acta Sanct.*, t. II, sept.; *Dissert. de convers. et fide Russorum*, § 9).

Même l'an 1472, le grand-duc de Moscou, Jean ou Iwan Basilowitz, envoya à Rome une ambassade, qui assura le Pape de l'adhésion du grand-duc au concile de Florence, qu'il ne voulait plus admettre de métropolitain consacré par le patriarche de Constantinople, mais qu'il demandait un légat pour corriger ce qui serait à corriger en Russie. Sur quoi le Pape consentit au mariage du grand-duc avec Sophie, fille de Thomas Paléologue, prince du Péloponèse, laquelle vivait à Rome des libéralités du pontife. On ne sait jusqu'à quel point cette réconciliation des Russes de Moscou fut sincère et durable (*Ibid.*, n. 193).

Quant aux métropolitains de Kiow, ils continuèrent à être certainement catholiques jusqu'en 1520. A Misaël succéda Simon en 1477 ; à Simon, Jonas Ier en 1482. Jonas fut singulièrement aimé de Casimir, roi de Pologne, qu'il assista dans ses derniers moments : il y a même qui lui donnent le titre de saint. L'an 1492, on ordonna métropolitain de Kiow Macaire, abbé du monastère de la Sainte-Trinité à Vilna, l'un de ceux qui avaient été envoyés en ambassade à Rome par Misaël. A Macaire succéda Joseph Sultan, issu de noble famille de Lithuanie. En 1497, il écrivit une lettre à Niphon, patriarche de Constantinople, sur l'union avec l'Église romaine et sur le concile de Florence : la réponse de Niphon est une preuve qu'ils étaient catholiques l'un et l'autre (*Ibid.*, n. 108).

De 1520 à 1594, parmi les métropolitains de Kiow, il y en eut quelques-uns de certainement schismatiques ; mais on peut douter des autres. Dans cet intervalle, les Russes de Moscou envoyèrent plusieurs ambassades aux Pontifes romains, et ceux-ci firent tous leurs efforts pour réunir les Russes de Moscou à l'Église-mère : ces ambassades et ces efforts furent sans effet.

Le fondateur de l'empire russe, nommé Rurik, était de la tribu des Varègues : c'est le nom qu'on donnait aux pirates de la mer Baltique. L'an 862, la république de Novogorod, incommodée par ses voisins, appela des étrangers, Rurik et ses deux frères, pour la défendre. Rurik la défendit de manière à s'en rendre le maître, et fit massacrer tous les Russes qu'il crut capables de s'opposer à ses vues. Il mourut en 879, et c'est de lui que descendent les grands-ducs de Russie, jusqu'à la fin du XVIe siècle. L'un d'eux, nommé Georges, jette, l'an 1157, les fondements de la ville de Moscou. L'an 1236, les Tartares entrent dans la Russie, l'asservissent à leur domination pendant deux siècles, en font et défont les grands-ducs à leur gré. L'an 1462, Iwan ou Jean III commence à délivrer les Russes du joug des Tartares, qui étaient en discorde les uns contre les autres. C'est lui qui demanda au Pape et obtint pour son épouse en secondes noces la princesse Sophie Paléologue, comme pour se ménager des droits au trône impérial de Constantinople, qui venait de s'écrouler sous le cimeterre de Mahomet II. Il avait deux fils de sa première femme : il plongea l'aîné dans un cachot, et tua le second dans un accès de colère. Son fils Basile ou Vassili IV lui succéda l'an 1505, et commença son règne par faire mourir son neveu Démétrius, fils de son frère aîné. Il y eut des ambassades et des relations diplomatiques entre Basile IV et les papes Léon X, Clément VII et Jules III : ce dernier ménagea une trève entre lui et le roi Sigismond de Pologne. Son fils Iwan IV, surnommé le *Terrible* par les Russes, et le *Tyran* par les étrangers, lui succéda l'an 1534. Il fut le premier qui prit le titre de *tzar* ou *czar*, qui signifie roi ou seigneur en esclavon. Il prit aussi un double aigle pour ses armes. Il institua les strélitz, premier corps russe régulier, formé sur le modèle des troupes européennes. Le règne de ce prince, observe *l'Art de vérifier les dates*, est mémorable par ses conquêtes et par les cruautés qu'il exerça. L'an 1552, il fit rentrer sous le joug les Tartares de Casan. Deux ans après, il soumit à la Russie le royaume d'Astracan. L'an 1559, il enleva de la Livonie un grand nombre d'habitants, avec le grand-maître de l'ordre Teutonique, Guillaume de Furstemberg, qu'il fit périr misérablement. L'an 1564, les Russes furent battus sur les bords du Dniéper par Nicolas Radzivil, palatin de Vilna, qui pénétra l'année suivante en Sévérie. L'an 1579, les Polonais, pour se venger des irruptions fréquentes que les Russes faisaient en Livonie, déclarent la guerre au czar; les Suédois se joignent à eux. Leurs progrès en Russie effraient Iwan, et le déterminent à demander la médiation du pape Grégoire VIII, pour faire la paix avec eux. Le Jésuite Antoine Possevin, natif de Mantoue et auteur de plusieurs savants ouvrages, est envoyé de Rome sur les lieux, en qualité de négociateur. Il réussit à procurer la paix au czar, moyennant la restitution qu'il fit de la Livonie. Mais ce prince ne tint pas la promesse qu'il avait faite au Pape de réunir l'Eglise de Russie au Saint-Siège, et de faire adopter dans ses Etats le calendrier réformé. Un trait suffira pour peindre le caractère du premier czar de Russie. Dans un accès de colère, il renversa d'un coup de sceptre sa bru, qui était enceinte et qui accoucha d'un enfant mort, puis d'un autre coup tua son propre fils aîné, époux de la princesse.

Féodor ou Théodore, autrement Fédor, son autre fils, lui succéda l'an 1588. Quatre ans après, érection du patriarcat de Russie. Voici comme la chose eut lieu.

En 1588, Jérémie II, patriarche de Constantinople, ayant été déposé par les Turcs, vint à Moscou pour implorer les bontés du czar; il crut se le rendre favorable en accordant à l'Eglise russe quelque nouvelle prérogative. Il proposa d'élever le siège métropolitain de Moscou à la dignité de patriarche, à la suite des quatre patriarches d'Orient, et de le rendre indépendant de celui de Constantinople; le czar Fédor y consentit. Depuis ce temps, la Russie a eu son patriarcat particulier jusqu'en 1703, où cette dignité fut abolie et remplacée par un synode perpétuel, que préside de nos jours un colonel de cavalerie, aide-de-camp de l'empereur.

Fédor mourut en 1598, et Boris Godounof, son beau-frère, Tartare d'origine, soupçonné de l'avoir empoisonné, devint son successeur. Cet homme avait déjà fait assassiner, quelque temps auparavant, Dmitri ou Démétrius, frère de Fédor, et dernier rejeton de la dynastie de Rurik. Boris employa des moyens semblables pour se maintenir. La famille Romanof, une des plus considérées, était surtout l'objet de sa jalousie. Fédor Romanof fut relégué dans un monastère près d'Archangel, et obligé de prendre le froc, sous le nom de Philarète. Sa femme Axénie fut envoyé dans un couvent sur les bords du lac Onéga. Elle emmena avec elle son fils Michel, encore enfant. Cependant un moine russe, Grégoire Otrepief, secrétaire du patriarche Job, ayant appris qu'il ressemblait beaucoup au prince assassiné Démétrius, se donna pour lui, et trouva des partisans. Boris s'avança pour le combattre; mais il se vit abandonné de ses troupes, et prit du poison. Le faux Démétrius fit son entrée à Moscou l'an 1605, et fut proclamé grand-duc de Russie. La mère du Démétrius véritable le reconnut pour son fils. Il célébrait ses noces avec la fille du palatin de Sendomir, le 17 mai 1606, lorsqu'il est tué par Basile Suiski, qui se fait proclamer à sa place, dépose le patriarche, et en nomme un autre pour le couronner. En 1607, un second Démétrius se présente, la femme du premier le reconnaît pour son mari : Suiski tombe entre les mains des Polonais, qui le forcent à déposer la couronne en 1610. La même année, le second faux Démétrius est massacré par les Tartares dont il avait fait sa garde. La couronne de Russie est offerte, par le plus grand nombre des seigneurs, à Sigismond III, roi de Pologne, pour son fils Uladislas; d'autres la défèrent à Charles, roi de Suède. Cette diversité de vues et d'intérêts augmenta les troubles. Il se présenta de nouveaux imposteurs qui se firent des partisans dans quelques parties de l'empire, mais sur le nombre desquels les relations varient. Les Polonais étaient déjà dans Moscou, qui leur avait ouvert ses portes. On attendait le jeune Uladislas. Comme son père différait toujours à accepter, les Russes se prononcèrent l'an 1613 pour le jeune Michel Romanof, âgé de seize ans, retiré auprès de sa mère, dans le monastère de Kostroma, où elle avait été forcée de se faire religieuse; son père, qui avait été obligé de se faire moine, était prisonnier à Varsovie : depuis il fut fait archevêque ou patriarche de Rostof. En son fils, Michel Romanof, commence une dynastie nouvelle, qui domine encore sur les

Russes. Le czar Michel étant mort l'an 1645, eut pour successeur son fils Alexis, qui mourut en 1676, laissant trois fils qui lui succédèrent, Fédor ou Féodor II, Iwan et Pierre : ce dernier est connu sous le nom de Pierre le Grand.

L'an 1672, le czar Alexis, menacé d'une guerre par Mahomet IV, envoie une ambassade au pape Clément X pour tâcher de former une ligue contre la Porte ottomane. Il offrait en même temps la réunion de l'Eglise russe avec l'Eglise romaine; mais il y mettait des conditions qui ne purent être acceptées, et l'ambassade fut sans effet (Voir la *Biograp. univ.* et l'*Art de vérifier les dates*). Telles furent les relations des Russes de Moscovie avec le centre de l'unité catholique, le successeur de saint Pierre, le vicaire du Christ. Ces relations ne sont qu'une mauvaise queue du Bas-Empire.

Les Russes de Kiowie montrèrent plus de droiture et de constance. L'an 1594, le 2 décembre, le métropolitain de Kiow, avec ses suffragants au nombre de sept, tint un concile à Brest, ville épiscopale dans la Russie inférieure, alors soumise à la Pologne. Ils y dressèrent un acte signé de leurs mains, où ils déplorent le nombre toujours croissant des schismes et des hérésies, et reconnaissent que la cause en est la séparation d'avec Rome; longtemps ils avaient espéré que leurs supérieurs, les patriarches d'Orient, travailleraient efficacement à rétablir l'union ancienne; se voyant trompés dans leur attente, ils prennent la résolution d'envoyer une députation à Rome, pour faire au Pape leur profession de foi et leur hommage d'obéissance, à condition de conserver le rite oriental, comme durant l'union d'autrefois, sauf à y corriger ce qui serait contraire à cette réunion. Deux évêques furent députés à Rome, avec une lettre au pape Clément VIII conçue en ces termes :

« Très-Saint-Père, seigneur et pasteur suprême de l'Eglise du Christ, seigneur très-clément. Rappelant à notre mémoire l'accord en toutes choses et l'union de l'Eglise orientale et occidentale, que nos ancêtres ont entretenue sous l'obéissance et le gouvernement du Saint-Siège apostolique romain, considérant d'une autre part les dissensions et les schismes qui se sont accrus de nos jours, il nous a été impossible de n'en être pas pénétrés d'une extrême douleur, et nous conjurions assidûment le Seigneur de nous rassembler enfin dans l'unité de la foi; attendant si peut-être nos supérieurs et pasteurs de l'Eglise orientale, sous l'obéissance desquels nous avons été jusqu'à présent, voudraient penser sérieusement et s'employer efficacement à procurer l'unité et la concorde qu'ils demandent chaque jour à Dieu dans les liturgies. Mais voyant qu'on attendait vainement d'eux quelque chose de semblable, non tant peut-être à cause de leur malveillance et témérité, que parce que, gémissant sous la dure servitude d'un cruel tyran, ennemi de la religion chrétienne, ils ne peuvent aucunement entreprendre ce qu'ils voudraient le plus : nous qui vivons sous la domination du sérénissime roi de Pologne et grand-duc de Lithuanie, et à qui, par conséquent, il est permis d'être libres; nous, considérant notre devoir et voulant ne nuire ni à nous ni aux brebis du Christ dont le soin nous regarde, ni charger nos consciences de la perte de tant d'âmes, causée par ces dissensions, nous avons résolu, avec l'aide du Seigneur, d'accéder à l'union qui a régné autrefois entre l'Eglise d'Orient et celle d'Occident, et qui a été établie au concile de Florence par nos prédécesseurs, afin que, tenus ensemble par ce lien de l'union, sous l'obéissance et le gouvernement de Votre Sainteté, nous glorifiions et louions tous, d'une seule bouche et d'un seul cœur, les très-divins et très-saints noms du Père, et du Fils, et du Saint-Esprit.

» C'est pourquoi, au su et avec le consentement de notre seigneur Sigismond III, par la grâce de Dieu, roi de Pologne et grand-duc de Lithuanie, dont le zèle très-sage a éclaté en cette affaire, nous envoyons à Votre Sainteté nos frères en Jésus-Christ, Hypace, évêque de Vulodemir et de Brest, et Cyrille, évêque de Lucéorie et d'Ostrosie, avec mandement d'aller trouver Votre Sainteté, et, puisqu'Elle daigne nous confirmer l'usage des rites de l'Eglise orientale comme au temps de l'union, de rendre en leur nom, au nôtre, et au nom de tout le clergé et de tout le peuple qui nous est confié, l'obéissance due au Siège de saint Pierre et à Votre Sainteté, comme au souverain pasteur de l'Eglise du Christ. »

Cette lettre, datée du 12 juin 1595 (vieux style), est signée de Michel, métropolitain de Kiow, de Halitz et de toute la Russie; des deux évêques-députés; de Grégoire, nommé archevêque de Polots et de Viteps; Michel, évêque de Kopist, Prémisl et Sambor; Gédéon, évêque de Léopold; Denys, évêque de Chelm; Léonce, évêque de Pinscen et de Turow; Hobol, archimandrite de Kobrin. Les députés, arrivés à Rome en novembre de la même année, furent reçus avec honneur par le Pape, qui les défraya libéralement; ils eurent leur audience publique le 23 décembre, y exposèrent le but de leur légation, y professèrent la foi de l'Eglise romaine, et furent reçus à sa communion (Baron., t. IX; *Ap.*, *de Ruthenis à Sede apost. receptis*).

Depuis cette époque, les métropolitains de Kiow ont toujours été unis et fidèles à l'Eglise romaine. En 1599, Michel eut pour successeur Hypace, un des députés à Rome, que les schismatiques haïrent à tel point, que l'un d'eux s'efforça de le tuer à Vilna, au milieu de la place publique, et le blessa grièvement. Etant mort en 1613, il eut pour successeur Joseph IV, illustre par ses combats contre les schismatiques, dont on dit qu'il convertit plus de deux cent mille. Il mourut en 1635. Il célébra, l'an 1626, à Kobrin un concile, qui fut approuvé en 1629 par Urbain VIII. De son temps, les schismatiques se donnèrent un autre métropolitain de Kiow et d'autres évêques. Comme ceux-ci étaient protégés par les Cosaques et les Moscovites, les métropolitains catholiques suivants, Raphaël Korsak, en 1636, et Antoine Siclava, en 1642, eurent beaucoup à souffrir. Gabriel Kalenda, créé métropolitain en 1664, fut un peu plus heureux, et put rendre quelque service à la cause catholique : il fut imité par Cyprien II, en 1676; celui-ci fut par Léon Lalenski, en 1705, sous lequel les catholiques russes eurent de nouveau beaucoup à souffrir. Georges II, qui lui succéda l'an 1713, rencontra des temps plus heureux. Son successeur Léon II célébra, l'an 1720, un concile présidé par le nonce apostolique Jérôme Grimaldi, et qui fut approuvé par le pape Benoît XIII. Kiow ayant été occupé par les Moscovites, les métropolitains catholiques établirent leur résidence à Vilna (*Acta Sanct.*, t. II; sept. *Dissert. de conv. et fide Russorum*, § 10). Puissent la fidélité constante et les héroïques souffrances de la Russie catholique, particulièrement de nos jours, mériter la grâce de la conversion à la nation entière ! Cette nation n'est point exclue des miséricordes du Seigneur. Depuis un demi-siècle, la première famille de Russie, après la famille régnante, a donné à l'Église catholique plusieurs enfants distingués, entre autres un missionnaire apostolique dans le Nouveau-Monde.

Nous faisons les mêmes vœux pour les Grecs de tous les pays; car dans cette nation aussi, il y a une nation sainte, un peuple d'acquisition, qui souffre persécution de la part de l'autre, pour lui mériter la grâce de revenir à l'unité, comme Étienne à Saul. Ainsi, quant aux Grecs répandus dans la Syrie, la Palestine et l'Egypte, on s'imagine vulgairement qu'ils sont à peu près tous séparés de l'Eglise romaine. C'est une erreur. Voici ce qu'on lit dans un document authentique, publié l'an 1814, sous le nom de *Mémoire sur l'état actuel de l'Eglise grecque catholique dans le Levant.* « Les trois patriarches grecs schismatiques d'Antioche, d'Alexandrie et de Jérusalem, ainsi que tous leurs coreligionnaires, dans toute la Syrie et dans toute l'Egypte, peuvent à peine former le tiers de la nation grecque catholique, et cependant ils persécutent celle-ci avec force ! »

Quant aux Grecs de Constantinople, nous les avons vus se réunir à l'Eglise romaine dans le concile de Florence, par l'organe de leur patriarche et de leur empereur; ensuite retourner la plupart au schisme; tomber peu après, avec leur empire et leur capitale, sous le fer des Turcs, et enfin, l'an 1453, accepter un patriarche, non plus de la main du vicaire de Jésus-Christ, mais de la main du vicaire de l'antechrist, de la main de Mahomet II. Leur dernier patriarche catholique et légitime, Grégoire IV, s'était retiré, l'an 1452, à Rome, auprès du tombeau de saint Pierre, où il mourut en 1459.

De 1453 à 1703, espace de deux cent cinquante ans, les Grecs schismatiques de Constantinople ont vu, sous le sabre du Grand-Turc, quatre-vingt-huit successions ou mutations de leurs patriarches : ce qui fait, l'un dans l'autre, deux ans dix mois et quelques jours pour chaque pontificat. Quelques-uns de ces pontifes ont été faits, défaits et refaits jusqu'à cinq, six fois et plus, suivant le bon plaisir du Grand-Turc et de ses pachas, qui déposaient, rétablissaient, étranglaient même, tantôt par pur caprice, tantôt suivant que les partis rivaux offraient plus d'argent l'un que l'autre. Ainsi Jérémie II, de 1572 à 1585, fut déposé et rétabli trois fois; ce qui fait six mutations pour un seul dans l'espace de treize ans. De 1572 à 1580, durant son premier pontificat, il reçut les lettres et les avances des théologiens luthériens de Tubingue et de Wittemberg, avec une traduction grecque de la Confession d'Augsbourg, afin qu'il pût voir quelle était leur créance, et si elle était conforme à celle des Grecs; ils le priaient aussi de leur donner son jugement sur cet écrit. Il leur fit, en 1576, une réponse par laquelle, sauf la procession du Saint-Esprit, il se montre entièrement d'accord avec les catholiques contre les protestants. A la justification par la foi, il ajoute les bonnes œuvres, parce que sans elles la foi n'est pas vivante, et il insiste sur ce que l'un et l'autre est nécessaire au salut. Il établit au long qu'il y a sept sacrements; il enseigne que, dans l'eucharistie, et par la vertu du Saint-Esprit, le pain est changé au Corps et le vin au Sang de Jésus-Christ; il veut que le pénitent confesse absolument au prêtre, en détail, les péchés dont il peut se souvenir. Il soutient le libre arbitre de l'homme, la prière pour les morts, la vénération et l'invocation des saints, le mérite de la vie religieuse, enfin les traditions des Pères de l'Eglise. Les théologiens de Tubingue répliquèrent longuement en 1577. Dans sa réponse de 1579, le patriarche insiste de nouveau sur le libre arbitre, et particulièrement sur ce que, pour la justification, il faut joindre les œuvres à la foi, attendu que la foi sans les œuvres n'est pas plus agréable à Dieu, que les œuvres sans la foi. Les théologiens de Wittemberg répliquèrent à leur tour en 1580; mais Jérémie les pria, l'année suivante, de ne plus lui écrire sur des matières de théologie. C'est ainsi qu'un professeur de Wittemberg, Jean-Martin Schroeck, dans son histoire protestante de l'Eglise, expose l'ensemble et le résultat de cette correspondance (*Hist. eccl. depuis la Réform.*, t. V, sect. 5, p. 386 et seqq.).

De 1580 à 1583, durant son deuxième pontificat, Jérémie II se montra uni à l'Eglise romaine. Le pape Grégoire venait de réformer le calendrier : Jérémie, consulté à cet égard par les Grecs et les Russes, défendit de s'en servir, entre autres parce qu'il ne connaissait pas encore les motifs de cette réforme. Mais Grégoire XIII se montrait très-généreux envers les peuples de l'Orient : il envoya aux habitants de Chypre de l'argent et des vivres, racheta leurs captifs à ses frais, procura des dots à leurs filles. Touchés de tant de bienveillance, plusieurs évêques de Thessalie et de Morée conçurent une grande affection pour le nom latin, surtout le patriarche Jérémie. Le Pape lui ayant envoyé des présents et des lettres par l'intermédiaire des ambassadeurs de France et de Venise, il les reçut avec beaucoup de vénération et de joie, et envoya de son côté au Pape des reliques de saint André et de saint Chrysostome, avec une lettre où il l'assura qu'il ferait tous ses efforts pour faire recevoir le calendrier réformé, tant par les Russes que par les autres Grecs. Mais cette correspondance le fit accuser auprès du Grand-Turc, par le métropolitain de Philippopoli, de tramer des conspirations avec le Pape et les princes chrétiens : Jérémie fut jeté en prison, puis déporté à Rhodes, et son accusateur mis à sa place, moyennant finance (*Acta Sanct.*, t. I; Augusti, *Hist. chron. patriarch. Const.*, n. 1402 et seqq.).

Ce fut pendant son troisième pontificat, de 1585 à 1594, que Jérémie II, étant allé chez les Russes de Moscou, leur créa un patriarche de sa façon, probablement pour obtenir d'eux plus facilement quelques secours pécuniaires, afin de contenter l'avidité du Grand-Turc et rester en place.

Un de ses successeurs, Cyrille Lucar, de 1621 à 1637, dans l'espace de seize ans, fut déposé et rétabli jusqu'à cinq fois; ce qui fait dix mutations et même onze, car il finit, en 1638, par être déposé une sixième fois, puis exilé et étranglé. Né en l'île de Candie, l'ancienne Crète, Cyrille Lucar fit ses études à Padoue, puis des voyages en divers pays, notamment à Genève, où il prit le goût du calvinisme. Il devint successivement patriarche d'Alexandrie et de Constantinople, non sans être soupçonné d'avoir rendu ce dernier siége vacant par l'empoisonnement de son prédécesseur. A mesure qu'il se croyait assuré sur son siége, il répandit les principes calvinistes et de vive voix et par écrit; il les adressa même par manière de confession de foi aux protestants de France et d'Allemagne, qui en triomphaient contre les catholiques, comme si c'était la confession de foi de toutes les églises de l'Orient. Mais les évêques grecs s'assemblèrent plusieurs fois en concile à Constantinople même, pour condamner Lucar et son hérésie calvinienne. Dans les actes du concile de 1639, mois de septembre, on lit entre autres :

« Anathème à Cyrille, surnommé Lucar, qui, dans l'inscription de ses chapitres impies, avance calomnieusement que l'Eglise orientale pense avec Calvin! Anathème à Cyrille, qui enseigne que la sainte Eglise du Christ peut se tromper et mentir! Anathème à Cyrille, qui enseigne que Dieu, avant la création du monde, a prédestiné les uns à la gloire sans les œuvres, et réprouvé les autres sans cause, et qui fait Dieu auteur du mal et injuste! Anathème à Cyrille, qui avance que les saints ne sont pas médiateurs et intercesseurs pour nous auprès de Dieu! Anathème à Cyrille, qui enseigne que tout homme n'est pas libre ni maître de lui-même; qu'il n'y a pas sept sacrements, mais seulement deux; que, dans l'eucharistie, le pain n'est pas changé au corps, ni le vin au sang de Jésus-Christ; que les prières et les aumônes ne servent de rien aux fidèles trépassés! Anathème à Cyrille, le nouvel iconoclaste (Allatius, *De Eccl. Occid. et Orient. perpetuâ consensione*, l. 3, c. 11)! »

Ainsi donc, au milieu de la licence des opinions et des hérésies qui parcouraient le monde dans tous les sens, les Grecs repoussaient constamment les erreurs nouvelles. Un Grec très-savant de l'époque, Léon Allatius, voit en cela un merveilleux effet de la miséricorde divine. Il signala aussi d'autres causes qui ont pu y contribuer. Depuis la ruine de leur empire par les Turcs, la plupart des Grecs déposèrent leur haine invétérée contre les Latins, s'allièrent avec eux par des amitiés et des mariages, fréquentèrent leurs églises et leurs sermons, leur donnèrent même leurs enfants à élever; en sorte que dans bien des villes il était malaisé de les distinguer les uns des autres. De leur côté, les Pontifes romains procuraient tous les secours possibles, tant aux Grecs qu'aux Latins sous la domination des Turcs. De là, le fréquent envoi de légats, d'évêques titulaires ou même résidents, hommes pieux et zélés qui, par leurs travaux et leurs veilles, s'étudient uniquement à propager la religion catholique, et à réveiller le feu de l'amour divin dans les âmes attiédies.

L'an 1465, on vit parmi eux un illustre martyr. André de Chio, malade d'une grosse fièvre, promit à la sainte Vierge, s'il guérissait, de garder la chasteté perpétuelle. Il guérit, et, fidèle à son vœu, il s'habille de blanc, et se rend à Constantinople. Aussitôt des marchands égyptiens le traduisent devant le juge, comme ayant renié la croix en Egypte et fréquentant de nouveau les églises des chrétiens. André prouve par des témoins qu'il n'a jamais été en Egypte, et n'a quitté son île que pour venir dans la capitale de l'empire. De plus, on le visite, et on ne trouve sur lui aucune trace de circoncision. Le juge porte l'affaire au sultan, qui, informé que c'est un grand et beau jeune homme, commande de lui offrir le grade de capitaine s'il veut se faire Musulman, sinon de lui couper la tête. A toutes les offres les plus brillantes, André se contente de répondre que la mort pour Jésus-Christ lui est plus chère que toutes choses. Le lendemain, lié à un poteau, il est battu de verges et de lanières; il ne dit que ces mots : *Vierge Marie, secourez-moi!* Cependant, au soir, les bourreaux pansent ses plaies et lui donnent à manger, comme touchés de compassion, mais, en effet, pour prolonger sa vie et ses tourments. Le 2ᵉ jour, on lui déchire le dos avec des ongles de fer; on le panse et le restaure de nouveau le soir, de peur qu'on n'attribuât sa guérison à Dieu. Il se trouva effectivement guéri cette nuit-là même. Le 3ᵉ jour, on lui tortura les mains et les pieds de telle sorte, que tous les doigts, les coudes et les genoux étaient disloqués, avec une douleur excessive. Le 4ᵉ jour, on lui détache la chair des épaules avec des épées. Le 5ᵉ, la chair des fesses avec des rasoirs. Le 6ᵉ, les mollets. Le 7ᵉ, les cuisses. Le 8ᵉ, on lui déchire à coups de fouets tout le corps de la tête aux pieds : un coup emporte la chair de la mâchoire; ce lambeau, conservé par les chrétiens dans le monastère de Saint-François, répand une odeur merveilleuse. Le 9ᵉ jour, amené au lieu du supplice, on le voit guéri, très-vigoureux, et d'un visage rayonnant de joie. Les Mahométans de vanter la vertu de leurs remèdes, et de promettre la faveur du prince, s'il veut renier la croix. Le martyr attribue sa guérison à Jésus-Christ et la sainte Vierge; et, désirant mourir pour Jésus-Christ, il présente sa tête au bourreau. La tête et le corps, par ordre du sultan, sont portés à Galata, et ensevelis honorablement dans l'église de la Sainte-Vierge. Dix mois après, le célèbre Georges de Trébisonde, qui a précédé ce martyre dans un élégant discours, vit le corps tout entier et de couleur vermeille, comme d'un homme qui dormait, quoique le lieu fût si humide, que toutes les étoffes dont on avait enveloppé le corps se trouvassent déjà pourries (Allatius, l. 3, c. 7, n. 2).

Vers l'an 1621, les papes Léon X et Clément VII firent une chose très-agréable à tous les Grecs catholiques. Ceux d'entre eux qui demeuraient en Italie et dans les pays limitrophes se voyaient souvent molestés par les religieux latins, qui voulaient les obliger d'abandonner leurs rites pour prendre ceux de l'Occident. L'affaire ayant été portée devant le Saint-Siége, les Grecs gagnèrent leur procès. Léon X et Clément VII ordonnèrent que les Grecs suivraient leurs rites paternels, et que les religieux auraient les mêmes privilèges que les Latins. Cette bienveillance du Siége apostolique fut d'autant mieux sentie, que, dans le même temps, les Arabes brûlaient tous les livres grecs en Egypte, et même coupèrent la langue à trente mille personnes de cette nation (*Ibid.*, n. 3 et 4). Sur l'an 1566, on trouve dix-neuf jeunes Grecs, de l'île de Chio, martyrisés par les Turcs pour la foi catholique, dont un de la noble famille des Justiniani (Allatius, l. 3, c. 7, n. 6).

L'an 1581, le pape Grégoire VIII apporta aux maux spirituels de la Grèce un remède plus efficace et plus général. Il fonda à Rome le collége Grec, dédié à saint Athanase, avec des revenus convenables. Il en sortit bientôt plusieurs personnages illustres par leur doctrine et leur piété.

ARCHEVÊQUES. — *Jean Matthieu Caryophile de Crète*, archevêque d'Icône, qui revint finir ses jours au collége Grec de Rome, et publia plusieurs opuscules en grec et en latin pour la défense de l'unité catholique. — *Nicodème Arcas de Christianople*, dans le Péloponèse. Retourné dans sa patrie après ses études, il instruisit l'archevêque de Patras des diverses sciences, mais surtout de la théologie; ordonné prêtre, il cultiva l'esprit des Grecs, non sans beaucoup de succès, par toutes les institutions de piété qu'il avait puisées au collége. Dans l'épiscopat, il instruisit son peuple et de parole et d'exemple, et n'eut jamais rien au-dessus de la foi catholique. — *Jean de Lithuanie*, qui, devenu métropolitain de Russie, mourut plein de jours et de bonnes œuvres, et en réputation de sainteté. — *Laurent Creusa*, archevêque de Smolensk, qui essuya pour la foi catholique bien des travaux et même péril de la vie. — *Jacques Barberigo*, métropolitain de Paros et de Naxos, qui fut égorgé par les schismatiques lorsqu'il se rendait en Pologne. — Ensuite plusieurs autres archevêques de la Russie polonaise, qui vivaient encore lorsque Léon Allatius écrivait son ouvrage.

EVÊQUES. — *Pierre Coletti de Chypre*, évêque de Chersonèse, dans l'île de Crète. — *Elie Morocow de Léopold*, évêque de Vladimir, en Russie. — *Siméon d'Albanie*, Carme déchaussé, mort en odeur de sainteté, lorsqu'il se rendait de Rome en Albanie pour résider dans son évêché. — *Jérome Pozoposc*, moine russe de Lucow, en Russie. — *François Gozadin*, évêque de Zacynthe et de Céphalonie, — *Nicéphore Milissène* de Constantinople, gouverna d'abord l'Église des Grecs, à Naples, où il enseigna aussi publiquement les lettres grecques; retourné à Byzance, il confirma le patriarche Raphaël dans la communion romaine qu'il avait rétablie; créé métropolitain de Paros et de Naxos, il eut beaucoup à souffrir du successeur schismatique de Raphaël, fut longtemps tenu en prison par les Turcs, se réfugia en Italie, et y devint évêque de Cortone.

Du même collége sortirent plusieurs hommes illustres par leurs écrits. *Nicolas Allemanni*, de l'île d'Andros, mort bibliothécaire du Vatican. — *Pierre Arcudius*, né dans l'île de Corfou. Clément VIII l'employa dans plusieurs affaires dont il s'acquitta avec succès, notamment en Russie, où il fut envoyé pour régler des contestations élevées dans ce pays sur certaines questions de doctrine, qu'il eut le bonheur de terminer. A son retour, il se retira au collége des Grecs de Rome, et y mourut vers 1634. Arcudius était si attaché aux sentiments de l'Eglise latine, qu'il obtint du Pape la permission de célébrer la messe selon le rite latin, après s'être conformé jusque-là au rite grec. Il composa contre les luthériens et les calvinistes un traité de la *Concorde de l'Eglise occidentale et de l'Eglise orientale* sur l'administration des sacrements. Il y prouve que les deux Eglises étaient dans l'origine parfaitement d'accord, non-seulement sur la doctrine, mais encore sur l'administration des sept sacrements; que les Grecs modernes n'ont rien changé sur leur nature, leur nombre et leur vertu; que les changements qu'ils se sont permis dans l'administration sont peu considérables, et n'ont rien d'incompatible avec la discipline de l'Église latine à cet égard. Nous avons d'Arcudius deux autres traités rares et curieux : 1° Opuscule intitulé : *S'il y a un purgatoire, et s'il est par le feu?* 2° *Du feu du purgatoire*, contre Barlaam. Il a encore traduit, du grec en latin, et fait imprimer à Rome en 1630, plusieurs traités des nouveaux Grecs, principalement sur la fameuse question de la procession du Saint-Esprit (*Biogr. univ.*, t. II).

Mais le plus savant de tous ces Grecs et celui qui nous fait connaître les autres, c'est *Léon Allacci* ou *Allatius*, né dans l'île de Chio l'an 1586. Dès 1600, il vint à Rome, y fit ses études dans le collége Grec, et y pratiqua la médecine, après avoir passé quelque temps dans sa patrie. Mais bientôt il quitta cet art, et se livra tout entier à l'ancienne littérature. Il fut quelque temps professeur de langue grecque au collége Grec de Rome, puis quitta cet emploi pour se livrer tout entier à ses occupations littéraires. De nombreux écrits sur des matières de théologie, d'histoire, d'archéologie et de littérature ancienne, qu'il enrichit par l'édition de beaucoup d'écrivains, furent les fruits de son heureux loisir. Le pape Grégoire XV l'envoya en Allemagne, l'an 1622, pour transporter à Rome la bibliothèque de Heidelberg, dont l'électeur de Bavière avait fait présent à ce pontife. Le cardinal Barberini le fit ensuite son bibliothécaire. Enfin il fut nommé, l'an 1661, bibliothécaire du Vatican. De plus, jamais il ne se refusa à aucun travail d'utilité publique, et mourut en 1669, à l'âge de 83 ans. Il vécut dans le célibat, mais sans vouloir entrer dans les ordres. Le pape Alexandre VII lui demandait un jour pourquoi il ne voulait pas les recevoir. « C'est, lui répondit Allatius, pour pouvoir me marier quand je voudrai. — Mais, reprit le Pape, pourquoi donc ne vous mariez-vous pas? — C'est, répliqua-t-il, pour pouvoir prendre les ordres quand la fantaisie m'en prendra. »

Le principal ouvrage de Léon Allatius a pour titre : *Du consentement perpétuel de l'Eglise occidentale et orientale*, en trois livres, dont voici la substance. C'est une erreur de dire que l'Eglise romaine s'est détachée de l'orientale, quoique certains Grecs le prétendent. L'Eglise romaine et l'orientale, si par celle-ci l'on entend proprement les Grecs, et non pas les schismatiques que les Grecs eux-mêmes déclarent hérétiques, a toujours été une et la même; et, pour le prouver, il faut remonter jusqu'aux premiers temps du christianisme. Après l'ascension de Jésus-Christ, Pierre, qui fonda le patriarcat d'Antioche et l'Eglise romaine, était le pasteur suprême de la chrétienté, et c'est une erreur de soutenir que Paul, quoique un apôtre distingué, lui fût égal. Autre chose est l'office d'apôtre, autre chose la primauté. Dans le Pontife romain, vicaire du Christ, se réunit la dignité d'évêque, de patriarche et d'apôtre. Les droits d'évêque et de patriarche, il les partage avec d'autres; mais la dignité de successeur de Pierre lui appartient à lui seul; et qu'on l'ait déjà reconnue dans les premiers temps, cela se prouve par la décision du concile de Sardique, d'après laquelle il est libre d'en appeler au Pontife romain. Celui qui peut le moins lui arracher cette primauté, c'est le patriarche de Constantinople, le plus récent des patriarches, quoi que les Grecs puissent dire pour exalter leur patriarche et abaisser le Pontife romain, en prétendant qu'il a reçu sa puissance, non de Jésus-Christ, mais des empereurs et des conciles. La coutume d'appeler au Pontife romain, qui avait déjà lieu dans les premiers siècles, demeura également dominante dans les siècles subséquents, et les Grecs eux-mêmes ont avoué qu'à l'évêque de Rome appartient une puissance universelle sur toute l'Eglise. Il n'y a que l'Eglise romaine qui ait exercé le droit de donner des lois aux autres églises, d'assembler et de dissoudre des conciles, et même beaucoup de patriarches ont reconnu cette supériorité du Pontife romain.

Léon l'Isaurien, continue l'auteur dans le second livre, envoya sa confession de foi à l'évêque de Rome, lors de son avénement à l'empire, et cet exemple prouve aussi que les Grecs, même après s'être détachés quelque temps du sein de l'Eglise romaine, y sont cependant toujours retournés. C'est une prétention erronée des schismatiques que, dans les temps de cet empereur, par la faute des Latins, notamment par l'insertion du mot *Filioque* dans le Symbole, a eu lieu la séparation des églises. Il n'est pas moins erroné de prétendre que la chute de l'empire d'Occident a entraîné la perte de la primauté que s'était attribuée l'évêque de Rome, ou qu'une altération de la foi a causé cette perte; car l'addition au Symbole n'est pas une hérésie. Lorsque surgit l'empire des Francs et que Rome fut détachée de l'empire d'Orient, les empereurs soumirent à la juridiction du patriarche de Constantinople les provinces qui leur étaient demeurées fidèles, et qui jusqu'alors dépendaient immédiatement du Pontife romain. C'est à tort qu'on a présenté les différends nés à ce sujet pour un schisme des églises; il est au contraire certain que, même depuis ce temps, l'évêque de Rome a exercé sur les patriarches de Constantinople les droits qui lui appartiennent comme vicaire du Christ. Après l'expulsion de Photius, on régla tout dans l'église de Constantinople suivant la volonté de l'évêque de Rome, et quoique ce patriarche ait été réintégré de nouveau, les Pontifes romains ne l'ont pas moins excommunié et déclaré nuls tous ses actes. C'est Photius qui causa le schisme; aussi mourut-il excommunié, et l'on se trompe, quand on s'imagine que le schisme a été causé par l'addition au Symbole. Les patriarches qui succédèrent à Photius reconnurent de nouveau la suprématie du Pontife romain, et, encore qu'il se trouvât quelques schismatiques isolés qui écrivirent contre les Latins, par exemple le patriarche Cérulaire dans le XIe siècle, cependant l'union des deux églises continua, et plusieurs empereurs, Alexis Comnène, Jean Comnène, Manuel, prirent à cœur de la conserver. Michel Paléologue en particulier s'efforça de réunir les Grecs schismatiques avec l'Eglise romaine; mais son fils Andronique, pour la perte de sa dynastie et de son empire, rompit l'union que son père avait procurée. Sans doute, sous son gouvernement et sous celui de ses successeurs immédiats, l'esprit de schisme se répandit toujours davantage; beaucoup de Grecs étaient hostiles aux Latins et les combattaient par de nombreux écrits. Toutefois, dans ces temps-là même, les plus sages et les meilleurs témoignaient au Pontife romain le respect qui lui est dû.

Surtout, et c'est par là que commence le troisième livre, Jean Paléologue eut à cœur de faire cesser le schisme, négocia avec le pape Eugène IV à Ferrare et procura le concile de Florence, par lequel, quoique les Grecs schismatiques l'aient prétendu, la foi et les usages de l'Eglise grecque n'ont point été changés. Ceux qui souscrivirent les décisions de ce concile ne changèrent point de sentiment à leur retour en leur patrie, et l'empereur soutint l'union conclue à Florence, quoiqu'il y eût un parti contraire à la paix de l'Eglise, et que quelques-uns, comme Marc d'Ephèse et Scholarius, écrivissent contre les Latins. Après que les Turcs fussent devenus maîtres de Constantinople, la plupart des Grecs eurent pour les Latins moins d'aversion qu'auparavant. Le patriarche Gennade écrivit une défense des cinq articles, sur lesquels on s'était accordé à Florence. Il existait un commerce perpétuel entre les Grecs et les Latins, et les Pontifes romains aidèrent les Grecs de toute manière dans leur détresse. La confession de foi des Grecs modernes, sauf l'addition *Filioque*, s'accorde complètement avec la doctrine des Latins, et où les Grecs et les Latins se trouvent ensemble, ils vivent dans les relations les plus amicales. Beaucoup de Grecs, en Italie, observent les rites de l'Eglise grecque et sont soumis à l'évêque de Rome. Et cela peut aisément se faire; car l'unité de l'Eglise ne consiste point dans l'unité des rites et des coutumes, mais dans l'unité de la créance et de la doctrine. Les usages peuvent changer, mais la foi est immuable. Les Grecs et les Latins s'accordent dans la foi et forment une et même Eglise, et c'est une fausseté de dire que l'évêque de Constantinople excommunie chaque année les Latins. C'est aussi à tort que les Grecs font aux Latins le reproche d'avoir quitté les anciens usages; car même les usages et les coutumes des Grecs ne sont pas toujours demeurés les mêmes.

D'après cet ensemble de l'ouvrage d'Allatius, on voit qu'il y a une Grèce catholique-romaine et une Grèce schismatique : comme il y a une Allemagne, une Angleterre catholique, et une Allemagne, une Angleterre protestante.

D'autres ouvrages du même auteur sont : *Accord de l'une et l'autre Eglise sur le dogme du purgatoire; — Justification du concile d'Ephèse et de saint Cyrille, sur ce que le Saint-Esprit procède du Père et du Fils; — Manuel de la procession du Saint-Esprit*, en grec moderne; — *Des livres ecclésiastiques des Grecs; — Traité du huitième concile de Photius*, etc., etc. Allatius se délassait de ses travaux théologiques par des études littéraires; on a de lui en ce genre un opuscule sur la patrie d'Homère, qu'il prétend être l'île de Chio, dont il était lui-même.

Outre un grand nombre d'autres écrivains catholiques que nomme Allatius parmi les Grecs de son temps, il signale plusieurs savants grecs qui, sans écrire, honorèrent la foi romaine par leur prédication et leur vertu. *Michel Melline*, de Crète, étant retourné de Rome en sa patrie, exhortait ses parents schismatiques à se soumettre au Pontife romain : ses parents en colère le chassèrent de la maison, et le dépouillèrent de ses biens; Michel supporta le tout avec patience, et, pour avoir de quoi subsister, ouvrit une école, qui lui donna moyen de contribuer au salut de beaucoup d'autres. Michel Venérius, pareillement de Crète, ayant mal aux yeux, fut obligé de retourner en sa patrie à l'âge de dix-huit ans. Interrogé par ses parents, qu'est-ce qu'il avait appris à Rome? il répondit : Beaucoup d'excellentes choses, y ayant appris que le Pontife romain est le chef de l'Église, et que celui qui ne l'avoue pas est condamné à des peines éternelles. Ses parents irrités l'expulsent de la maison et du pays : le jeune homme supporta patiemment cet exil volontaire et perpétuel, tant que ses parents vécurent. — *Josaphat Azules*, du Péloponèse, ayant achevé ses études, fut envoyé au monastère de Saint-Sauveur, près de Messine, pour y enseigner les moines basiliens; puis il est élu professeur de langue grecque dans le gymnase de Messine. Ordonné prêtre, il alla au Mont-Athos, et y enseigna la vérité de la foi : il fut envoyé de là par son hégumène à Paul V, pour le reconnaître et le vénérer comme chef de l'Église. — *Ignace Mindoni*, de Chio, moine de Saint-Basile, étant retourné de Rome en Grèce, y ouvrit pendant plusieurs années une école de littérature, non sans de grands avantages pour les chrétiens. Parti de là pour Trébisonde, il adoucit par ses soins les mœurs féroces de cette nation, qui le respecta bientôt comme un prophète, à tel point que le sultan recourut à son autorité pour maintenir ces peuples dans l'obéissance. Appelé ensuite à Constantinople par le patriarche Raphaël, il est établi recteur de l'église patriarcale de Chrisopège, où il travaille beaucoup pour l'Église romaine. *François Coccus*, de Naxos, ayant fini ses études et mérité le grade de docteur en philosophie et en théologie, retourna dans sa patrie, où il parla publiquement, avec beaucoup de science et de piété, pour l'autorité du Pontife romain, et attira plusieurs à son obéissance. Ce qu'ayant su, le patriarche le fait venir malgré lui à Constantinople, l'entretient sur des matières de religion, reconnaît la vérité, abjure le schisme, se prosterne en esprit aux pieds du souverain Pontife, et lui envoie le même savant pour lui faire hommage d'obéissance; mais cet excellent homme mourut dans le voyage. — *Jean Pamphili*, de la ville d'Andros, de retour parmi les siens, comme il défendait l'Église romaine, fut exposé aux plus grands périls, frappé à coups de bâton et de nerfs de bœuf, torturé jusqu'à la mort et condamné aux galères; il est racheté par l'évêque latin de la ville. — *Nicolas Curzola*, de l'île de Zacynthe, après avoir terminé ses études, se rend à Alexandrie, pour y propager la foi; les Hollandais lui offrent le patriarcat, s'il veut se déclarer pour le calvinisme; comme il s'y refusa constamment, il courut bien des dangers et revint dans sa patrie.

*Michel Neurida*, de l'île de Chio, oncle de Léon Allatius, étudiait la philosophie au collège Grec de Rome, lorsqu'il fut choisi par l'ordre de Clément VIII, pour aller avec quelques Pères de la Compagnie de Jésus dans l'île de Chio, y consolider leur mission, y fonder des académies grecques, puis revenir reprendre ses études dans le même collège. Il y fit tant de bien et forma si heureusement les enfants du pays aux sciences et aux mœurs, que toute cette partie de la Grèce ne cessa de le regretter vivement, et qu'il parvint à procurer dans Constantinople même un collège aux Jésuites; ce que ces Pères n'avaient pu obtenir jusqu'alors. Après quelques années; il revint à Rome, rentra au collège, acheva ses études; puis il entra chez les Jésuites, qu'il aimait tendrement, et y passa le reste de ses jours. — Un autre Grec de Chio, *Philippe Moreti*, moine basilien de la Grotte-Ferrée, mourut à Messine, renommé par sa sainteté et ses miracles, et surnommé le *Fléau des Démons* (*Leo Allat.*, l. 3, c. 7).

Parmi les patriarches contemporains de Constantinople, Allatius compte plus d'un catholique uni à l'Église romaine. Cyrille de Bérée, un des successeurs intérimaires de Cyrille Lucar, ayant condamné celui-ci dans un concile, finit par être relégué à Tunis, où les principaux des Musulmans, assistés du bourreau, le pressèrent d'abjurer le christianisme pour embrasser la religion de Mahomet. Il répondit qu'il voulait mourir avec l'Église romaine et le Christ. Aussitôt il fut étranglé : à Rome, il fut question de le mettre au nombre des martyrs (*Ibid.*, c. 11, n. 5). Parthénius I$^{er}$, successeur de Cyrille de Bérée, condamna, l'an 1642, dans deux conciles à Constantinople et à Iassi, les erreurs calviniennes de Cyrille Lucar.

Vers ce temps, plusieurs évêques grecs firent le voyage de Rome, se réconcilièrent avec le Saint-Siège, et retournèrent chez eux ou se fixèrent en Italie. Pacôme, évêque de Coron; Théophane, évêque de Méthone ou Modon; Timothée de Cyrène; Macaire, évêque de Milon, puis métropolitain de Paronaxie; Nathanaël, archevêque de Leucade; Jérôme, archevêque de Durazzo, et son successeur Chariton; Hiérothée, archevêque de Castovie; Gabriel, métropolitain de Méthimne, dans l'île de Mitylène; Chrysanthe, métropolitain de Lacédémone; Cyrille, métropolitain de Trébisonde; Athanase, métropolitain d'Imbros; Melèce, métropolitain d'Amasée; plusieurs archevêques d'Acride, savoir : Porphyre, Athanase, Abram Mesapsa. Le patriarche Athanase III, surnommé Patellarius, successeur intérimaire, en 1634, de Cyrille Lucar, ayant été expulsé, vint à Ancône, où il fut reçu avec munificence par Urbain VIII, et réconcilié à l'Église romaine : il retourna en Orient, et fut pourvu de l'archevêché de Thessalonique (*Ibid.*, n. 7).

Allatius cite encore plusieurs saints personnages de son temps, même des martyrs. Peu avant qu'il quittât lui-même Chio, un jeune homme, que l'on ne connaissait que sous le nom de Théophile, fut accusé faussement près du cadi d'avoir promis d'abjurer la religion chrétienne pour embrasser le mahométisme. Il le nie. Le Turc lui demande s'il veut se donner à Mahomet. — Je déteste ce nom, répond-il; je suis chrétien, et chrétien je mourrai. Insensible aux promesses et aux menaces, il est battu et torturé horriblement, puis jeté demi-mort dans un cachot. Le lendemain, il est empalé et consumé par les flammes. Celles de ses reliques qu'on put avoir, furent portées à Venise.

L'an 1600, le 7 janvier, termina sa sainte vie *Marie Raggia*, de Chio. Elle était née dans cette île, d'une famille des plus nobles et des plus riches. Jeune, elle épousa, malgré elle et par l'ordre de ses parents, Jean-Marie Mazza, tout à fait homme de bien, et eut quatre fils, dont deux, Nicolas et Basile, entrèrent dans l'ordre de Saint-Dominique, et s'y rendirent non moins célèbres par leur piété que par leur doctrine. Chio ayant été prise par les Turcs, Marie passe à Constantinople, puis en Sicile, pour mettre en sûreté le salut de ses enfants, à qui les Turcs dressaient des embûches. Son mari ayant été massacré par les Turcs en allant à Naples, elle prit l'habit du tiers-ordre de Saint-Dominique, et vint à Rome habiter dans la maison des époux Jean-Baptiste Marini et Théodore Justiniana, ses compatriotes, non moins illustres par leur piété et leur charité, que par leur haute naissance. Elle y vécut en sainte, pratiquant toutes les vertus religieuses; la virginité, qu'elle s'affligeait d'avoir perdue par le mariage, elle s'efforçait de la suppléer par la chasteté perpétuelle; nuit et jour, et chez elle et à l'église, elle priait à genoux avec larmes : éprouvée par les démons et les maladies, elle reçut l'impression des stigmates aux pieds, aux mains, au côté, et sur la tête celle de la couronne d'épines : elle fit de son vivant plusieurs miracles, mourut le jour que nous avons dit, et fut enterrée dans l'église *Super Minervam*, et la chapelle de Sainte-Madeleine (*Leo Allat.*, n. 10).

La Russie fut aussi glorifiée par le martyre de *Josaphat Konkewitz*, archevêque de Polotsk. Il naquit à Volodimir, de parents pieux et catholiques, et reçut au baptême le nom de Jean. A l'âge de vingt ans, il entra chez les moines de Saint-Basile. Les schismatiques l'ayant sollicité d'embrasser leur communion, il leur répondit qu'il ne voulait point abandonner l'Eglise romaine. Cette réponse alluma en eux une haine qui ne s'éteignit que dans son sang. Son abbé, Joseph Velamin, ayant été fait métropolitain de la Russie, il fut élu archimandrite à sa place : non-seulement il augmenta le nombre des moines, mais encore leur régularité. Successeur de Gédéon dans l'archevêché de Polotsk, il ne cessa de prier Dieu jour et nuit pour le retour des schismatiques. Le premier à matines, il éveillait souvent les autres. Pendant les vingt dernières années de sa vie, il n'usa point de linge, mais affligeait son corps par un rude cilice. Il s'abstenait de chair, mangeait rarement du poisson, ne vivant que d'herbes, de légumes et d'eau, ne dormant que peu et sur la terre nue, tout appliqué à la contemplation. On ne saurait dire toutes les peines qu'il se donna pour corriger les mauvaises mœurs, convertir les hérétiques et les schismatiques, soulager les malheureux, restaurer ou bâtir des églises. Aussi l'appelait-on le père de tout le monde. Devenu par là odieux aux hérétiques, il en éprouva bien des embûches, qu'il évita par la grâce de Dieu. Mais enfin, le 12 novembre 1623, excités par l'évêque schismatique et intrus de Polotsk, les sectaires se jettent en furie sur le palais archiépiscopal, maltraitent les serviteurs, lorsque le saint archevêque, revenant des matines, leur dit : Pourquoi cet emportement? pourquoi faire du mal à des personnes innocentes? Faites contre moi ce qu'il vous plaira.

Aussitôt après lui avoir tiré une grêle de balles, ils lui fendent la tête à coups de bâton et de hache, traînant son cadavre avec une corde à travers les rues, et le précipitent au plus profond du fleuve, après y avoir attaché beaucoup de pierres. Une lumière ayant indiqué l'endroit, les fidèles l'en tirèrent le mirent dans une châsse, et l'ensevelirent dans l'église cathédrale, où il est illustré par des miracles. Tous ces faits ayant été constatés juridiquement, Urbain VIII l'inscrivit au catalogue des saints martyrs, le 16 mai 1643, et fixa sa fête comme d'un martyr pontife au jour de sa mort, 12 novembre, pour tous les moines de l'ordre de Saint-Basile, et pour toutes les églises de la métropole de Russie (*Leo Allat.*, l. 3, n. 11).

L'année 1643, le 5 juin, un Crétois, *Marc Cyriacopule*, souffrit la mort pour la foi chrétienne. Jeune encore, et ne pouvant supporter les mauvais traitements de son père, il se rend à Smyrne, âgé de seize ans, et y embrasse le mahométisme, à la grande joie des Turcs. Deux ans après, il rentre en lui-même, retourne en Crète, y passe deux autres années dans les prières, les jeûnes et les larmes : non content de ces pénitences, il revient à Smyrne en habit de chrétien. Un marchand de sa connaissance le rencontre, lui demande ce qu'il vient faire, s'il ne sait pas la peine de mort qui l'attend : il l'exhorte à s'enfuir au plus vite, et lui en offre les moyens. Le jeune homme le remercie, lui raconte son histoire, ajoutant qu'il vient donner sa vie pour Celui qu'il a eu la faiblesse de renier. Aussitôt il entre dans une église, y passe la nuit en prière, se confesse avec larmes, reçoit la communion, puis, sorti de là, distribue aux pauvres l'argent qui lui reste. A un Turc qui le connaît fort bien, il raconte ce qui lui est arrivé : l'autre, par compassion, s'efforce de le ramener au mahométisme, mais vainement. D'autres Turcs surviennent, qui le mènent au cadi. Ces exhortations n'y ayant rien fait, le juge lui fait appliquer cent cinquante coups de nerfs de bœuf sur les pieds et sur le ventre, puis jeter en prison, où il n'apparaît plus aucune trace de ses plaies. Il y passe six jours, privé à peu près de toute nourriture : les Turcs le visitent continuellement, pour le gagner à force de promesses. Comme il demeure inébranlable, le juge le condamne à avoir la tête tranchée : le bourreau, par maladresse ou cruauté, la lui hache en lambeaux plutôt qu'il ne la lui coupe. Les chrétiens rachètent son corps pour une très-grande somme, et lui donnent une sépulture honorable (*Ibid.*, n. 12).

Nous avouons humblement qu'avant d'être amené par la divine Providence à recueillir ces faits pour les écrire, nous ne savions pas, nous ne soupçonnions pas même, qu'il y eût parmi les Grecs du XVIIe siècle autant d'évêques, de docteurs, d'écrivains et de fidèles catholiques. En vérité, les miséricordes de Dieu sont plus grandes qu'on ne pense, même envers les nations qui paraissent les plus délaissées. Les pontifes, les prêtres, les fidèles de l'Occident, qui peuvent se trouver en position de ramener au sein de l'Eglise ceux des Grecs qui n'y seraient pas encore, feront bien d'étudier ces vues de la miséricorde divine sur eux dans les derniers siècles, ainsi que les ouvrages que les Grecs catholiques y ont publiés pour seconder ces vues, ouvrages qui ne sont point assez connus en Occident, en particulier ceux de Léon Allatius.

Un autre écrivain d'Orient, né dans le XVIIᵉ siècle, mais de la nation si catholique des Maronites, Joseph-Simon Assémani, nous fait connaître dans sa *Bibliothèque orientale*, l'état des Eglises de Syrie, de Chaldée, de Babylone et d'Egypte. L'an 1522, Siméon, patriarche des Maronites, envoya au pape Adrien IV, *Moïse*, fils de Soada, homme distingué par sa piété son zèle, pour lui demander la confirmation et le *pallium* : ce qu'il obtint. Moïse célébra son voyage à Rome dans un poème syriaque. L'an 1524, il fut le successeur de Siméon, et mourut en 1567. Il avait donné beaucoup de champs et de terres au monastère de Sainte-Marie en Canobin : il fut pleuré de tout le peuple des Maronites, et enterré dans la grotte de Sainte-Marine. On fit de sa chambre une chapelle, avec deux autels à saint Pierre et à saint Paul, afin que personne n'y habitât après sa mort. On garde dans le monastère de Canobin les lettres de quatre Papes au patriarche Moïse : Clément VII en 1531, Paul III en 1542, Paul VI en 1555, et Pie IV en 1562. Le patriarche avait envoyé à ce dernier l'archevêque de Damas, pour assister, en son nom et au nom de la nation des Maronites, au concile de Trente. Comme l'ambassadeur ne savait point le latin, et même, fort peu d'Italien, le Pape fut d'avis qu'il assisterait inutilement au concile, n'y pouvant rien comprendre ni expliquer, mais qu'il suffirait que le patriarche, avec ses suffragants, approuvât ce que le concile approuve, et condamnât ce qu'il condamne (*Bibliot. orient.*, t. I, p. 522).

*Georges Amira*, fils de Michel d'Eden, vint à Rome, l'an 1583, pour y faire ses études dans le collège des Maronites, fondé récemment par Grégoire XIII; y ayant achevé son cours de philosophie et de théologie, il revint dans sa patrie l'an 1595. L'année suivante, il assista au concile des Maronites, à Canobin, que le patriarche Sergius Rise avait convoqué par ordre de Clément VIII, pour repousser les erreurs imputées à leur nation : Georges Amira y acquit une grande réputation de doctrine et de prudence. C'est pourquoi, vers la fin de la même année, le patriarche Joseph, neveu et successeur de Sergius, le sacra évêque d'Eden ; enfin, après la mort de Jean, successeur de Joseph, il fut lui-même élu patriarche par les communs suffrages des évêques, le 27 décembre 1633, et confirmé en 1635 par le pape Urbain VIII. Il mourut en 1644, la même année que ce Pape. Il avait publié à Rome, en 1596, une grammaire syriaque, qui a été abrégée par d'autres savants Maronites. Il écrivit aussi en arabe un livre *De la construction des édifices*, à la prière de Facreddin, chef des Druses dans l'anti-Liban (*Ibid.*).

*Isaac de Sciadre*, instruit dans les lettres latines, syriaques et arabes au collège des Maronites, à Rome, de l'an 1603 à 1618, est minoré, en 1619, par Georges Amira, alors évêque d'Eden; l'année suivante, il reçoit le sacerdoce, avec les fonctions d'archiprêtre de Béryte, après avoir épousé une femme suivant l'usage des Orientaux : sa femme étant morte, il est ordonné évêque de Tripoli en Phénicie par le patriarche Jean Macluphe. Il est auteur d'une grammaire syriaque, en syriaque même, de deux pièces de poésie en l'honneur du pape Urbain VIII et du patriarche Macluphe, ainsi que de questions théologiques en arabe.

*Joseph*, de la famille Alipia, ordonné évêque de Sidon, en 1626, par le patriarche Macluphe, fonda un monastère considérable de religieuses dans la Chosroène, en un lieu nommé *Haras*. Le 15 août 1644, il succéda, comme patriarche, à Georges Amira. Il mourut le 3 novembre 1647, à l'âge de 74 ans. Il écrivit en syriaque une grammaire qui a été publiée par la Propagande en 1645 ; il écrivit aussi divers poèmes en arabe, notamment sur la réforme du calendrier, contre les calomnies de quelques Orientaux (*Bibl. orient*, t. I, p. 522 et 553).

Les Chaldéens, ce peuple primitif duquel sortit le patriarche Abraham, et dont les Babyloniens, les Assyriens et les Syriens ou Arméniens ne sont que des branches qui s'étendirent dans les plaines, subsistent encore dans leurs âpres montagnes et dans les contrées voisines : ils conservent la même langue qu'au temps du patriarche, langue qui leur est commune avec les Hébreux, sauf les différences de dialecte. Une partie de cette antique nation est catholique, l'autre infectée des hérésies de Nestorius et d'Eutychès, ce Luther et ce Calvin du cinquième siècle, qui *protestèrent* l'un contre l'unité de personne, l'autre contre la distinction des natures en Jésus-Christ.

Pendant le XVIᵉ et le XVIIᵉ siècle, les Chaldéens catholiques eurent plusieurs personnages d'un mérite distingué, principalement leur patriarche *Jean Sulaca*, qui mourut martyr pour la foi orthodoxe. La résidence du patriarche était à Mosul, l'ancienne Séleucie, sur le Tigre, non loin de l'ancienne Ninive, où Jonas vint prophétiser : « Encore quarante jours, et Ninive sera détruite. » Depuis cent ans, une famille puissante s'était emparée de la dignité patriarcale, et la transmettait à un de ses membres, lorsqu'à la mort du dernier patriarche, en 1551, il n'en resta plus qu'un, son neveu. Il fit ce qu'il put pour être élu à sa place, mais ne réussit point. Les députés de la nation chaldéenne se réunirent à Mosul, de toutes les provinces où elle était répandue, entre autres de la Babylonie, d'Arbèle, de Tauris en Perse, de Nisibe, de Mardin et d'Amid. Les suffrages se portèrent sur Jean, fils de Daniel, de la famille Bellu, nommé avant son ordination *Sulaca* en syriaque, *Siud* en arabe, et que quelques Occidentaux appellent *Siméon*. C'était un savant et vertueux moine. Or, l'usage de l'église chaldéenne était que le patriarche fût consacré par quatre métropolitains, ou, s'il n'y en avait pas quatre, qu'il allât jusqu'à Rome recevoir l'ordination du Pape même, *source de la juridiction ecclésiastique par tout l'univers*. C'est ce que disent les actes mêmes de l'élection. Mais, au lieu de quatre métropolitains, il n'y en avait pas un seul ; car les patriarches de la famille Mama n'en avaient point ordonné d'une autre depuis un siècle, et de toute cette famille il ne restait plus qu'un membre, qui était évêque. En conséquence, on envoya le patriarche élu à Rome avec des lettres : soixante-dix députés l'accompagnèrent jusqu'à Jérusalem, et trois évêques jusqu'à Rome même. C'était en 1553. Le pape Jules III reçut avec bonté le nouveau patriarche des Chaldéens, le confirma dans sa dignité, lui donna le *pallium*, et le renvoya comblé de présents. Jean Sulaca retourna donc en paix dans sa patrie, fut reçu avec joie dans la ville d'Amid, où il sacra deux métropolitains, dont l'un Abdjésu, qui fut depuis son successeur. Après quatorze mois, le neveu de l'ancien patriarche, furieux de voir le nouveau respecté de tout le monde, gagna par argent le gouverneur turc, qui le fit arrêter, frapper de verges, jeter en prison, et enfin étrangler. C'était en 1555. On a de ce patriarche la profession de foi qu'il fit à Rome (*Bibl. orient.*, t. I, p. 525).

Il eut pour successeur *Abdjésu*, qu'il avait fait évêque de Gozarte, grande île du Tigre. C'est le même Abdjésu que nous avons vu arriver à Rome, sous Pie IV, vers la fin du concile de Trente. Il était habile dans les lettres syriaques, arabes et assyriennes. On a de lui un poème sur son voyage de Rome et sur son élévation au patriarcat, et un autre à la louange de Pie IV (*Ibid.*, p. 536).

Nous avons vu, en 1616, un autre patriarche des Chaldéens, *Elie*, touché de l'humilité avec laquelle Paul V lavait les pieds des pèlerins orientaux, lui envoyer une députation, pour reconnaître son autorité suprême, lui soumettre sa profession de foi, et corriger ce que le Pape y trouverait d'inexact (*Ibid.*, p. 543). Le chef de cette légation était l'archimandrite Adam, qui depuis fut établi, sous le nom de Timothée, évêque d'Amid et de Jérusalem pour les Chaldéens ; on a de lui trois discours sur la foi, contre les erreurs de Nestorius, dont une partie de ses compatriotes étaient infectés (*Ibid.*, p. 549). Un autre prélat catholique des Chaldéens, à cette époque, fut Gabriel, archevêque de Hasan-Cépha, c'est-à-dire Forte-Pierre. Il publia deux pièces de vers en l'honneur du pape Paul V (*Ibid.*, p. 551).

Ce qui manquait à ces Églises lointaines mal affermies dans la foi orthodoxe et en butte à tant d'ennemis divers, c'était un représentant du Siége apostolique toujours sur les lieux, et par qui elles pussent correspondre sans interruption avec le centre de l'unité, le père commun des fidèles. La Providence y pourvut vers le milieu du XVIIe siècle par la charité d'une dame française. Madame Ricouart, née du Gué-Bagnols, donna soixante-six mille livres pour fonder un évêché latin à Babylone ou Bagdad, et demanda que les évêques fussent toujours français à la nomination de la Propagande : ce qui a été observé jusqu'à ce jour. Le premier évêque de Babylone, qui réunit à ce titre celui de vicaire apostolique d'Ispahan et de visiteur de Ctésiphon, fut un pieux religieux, prédicateur distingué de ce temps, le Père *Bernard*, Carme déchaussé, qui fut sacré à Rome, et arriva dans le Levant en 1640. Après y avoir travaillé quelques années et avoir souffert pour le nom de Jésus-Christ, il crut devoir revenir en France pour instruire le cardinal de Richelieu de l'état de la mission, et s'occuper de l'établissement d'un séminaire où l'on formerait des sujets pour ces églises lointaines. Il acheta pour cela, à Paris, un terrain et des maisons dans une partie du faubourg Saint-Germain, qui de son nom s'est appelée rue de Babylone. C'est dans cet emplacement qu'a été bâti depuis le séminaire actuel des Missions étrangères : pépinière féconde et perpétuelle de prédicateurs apostoliques et martyrs, particulièrement de nos jours, pour les Indes et la Chine.

Un successeur de ce premier évêque latin de Babylone, fut un homme célèbre dans le Levant par sa sagesse et sa piété, *François Picquet*, Lyonnais. Il avait été longtemps consul à Alep en Syrie, et y avait rendu tant de services à la religion catholique, qu'on le regardait, quoique laïque, comme un missionnaire. Estimé des pachas par sa prudence, et craint quelquefois pour sa fermeté, il protégeait les chrétiens, tantôt de sa fortune, tantôt de son crédit, et montrait pour la religion le zèle le plus actif et le plus généreux. Son mérite et ses talents étaient relevés par le caractère le plus heureux, et sa piété était aussi aimable que solide. Ayant fait un voyage en Europe, et étant passé dans la capitale du monde chrétien, il fut accueilli avec la plus grande distinction par le Pape et par la Propagande, avec laquelle il avait entretenu une correspondance fort active pour l'avancement de la religion catholique dans le Levant. Un homme si dévoué semblait appelé au sacerdoce. M. Picquet embrassa l'état ecclésiastique, et renonça au consulat. Il reçut les ordres sacrés à près de quarante ans, et, vingt ans après, fut promu au siége de Babylone. Des lettres de Louis XIV l'avaient accrédité auprès du *schah* ou empereur de Perse, en qualité d'ambassadeur. Ce titre, extrêmement respecté en Perse, lui servit à relever et à étendre la religion catholique dans ce pays, et à protéger les chrétiens auprès des autorités locales. Sauf une interruption de vingt ans causée par la révolution française, la succession des évêques latins de Babylone n'a pas discontinué jusqu'à nos jours, où le catholicisme a repris une singulière activité parmi les Chaldéens (Eugène Boré, *Correspond. et mém. d'un voyageur en Orient*).

Pour perfectionner la régénération des Chaldéens et des Arméniens catholiques, qui se trouvaient dans des positions semblables; pour ramener à l'unité de l'Église romaine les Chaldéens et les Arméniens schismatiques, plus ou moins infectés, les uns et les autres, des erreurs du nestorianisme, il aurait encore fallu deux choses : que les Turcs fussent un peu moins Turcs et laissassent un peu plus de liberté aux chrétiens, et puis, que les catholiques pussent et voulussent s'emparer de l'éducation de la jeunesse; car c'est par la jeunesse et l'enfance que se régénère foncièrement une nation, comme le genre humain. Il faut que vous naissiez une seconde fois, a dit le Sauveur, non-seulement à Nicodème, mais à tout homme. Or, de nos jours, ces deux conditions vont s'accomplissant : les Turcs s'humanisent, et les catholiques se font maîtres d'école sur les ruines de Babylone, de Ninive, d'Ecbatanes, de Persépolis (Voir Eugène Boré).

Autant en peut-on dire de l'Egypte et de l'Ethiopie ou Abyssinie chrétienne, mais infectée plus ou moins des erreurs d'Eutychès. Vers le milieu du XVIe siècle, l'empereur d'Éthiopie, Asnaf ou Claude, fils de David, refusa de reconnaître l'évêque schismatique que le patriarche jacobite ou eutychien d'Alexandrie envoyait pour gouverner les chrétiens de son empire, et demanda au roi de Portugal quelques prêtres catholiques chargés de cette mission. Le pape Jules III, ainsi que nous avons vu, envoya trois Jésuites, Nuñez Baretto, pour archevêque et patriarche, André Oviédo et Melchior Carnero, pour ses coadjuteurs, avec les titres d'évêques d'Hiérapolis et de Nissa. Ils partent de Rome en 1555, avec dix autres Pères ; mais à leur arrivée à Goa et en Ethiopie, les dispositions de l'empereur n'étaient plus les mêmes. Le parti schismatique lui avait peint les missionnaires comme les avant-coureurs de l'invasion européenne. On lui faisait entendre qu'à l'exemple des rois ses voisins, il ne serait plus que le tributaire des conquérants, et que la religion catholique sanctionnait toutes les spoliations. Asnaf ayant donc entendu le Jésuite Gonzalès expliquer dans son conseil les principaux articles du dogme, lui donna une lettre pour le roi de Portugal, et ainsi le congédia. L'an 1557, André Oviédo pénètre en Abyssinie et propose au prince de discuter avec ses docteurs les plus renommés. Claude lui accorde le droit de célébrer les divins offices, il s'empresse même d'assister à ses conférences, mais il n'ose se prononcer pour la vérité. En 1559, il est tué dans une bataille contre les Sarrasins, et son frère Adamas lui succède. Le nouveau prince, élevé parmi les Turcs, organise la persécution contre les catholiques. On les chasse des villes, on les plonge dans les cachots, on les soumet à tous les genres de supplices que la cruauté sait inventer. Oviédo et ses compagnons sont exilés dans un désert. Un Jésuite est vendu comme esclave. Le patriarche Nuñez meurt à Goa, l'an 1561 : Oviédo est appelé à le remplacer ; mais, confiné dans son désert, il le parcourt en tout sens, il porte aux nègres la lumière du christianisme, il les soulage dans leurs douleurs, les console par les exemples de patience et de résignation qu'il puise dans sa piété. Le Pape, apprenant ce fâcheux état des affaires, mande à Oviédo d'abandonner la stérile Abyssinie et d'aller porter l'Evangile au Japon ou à la Chine. Le patriarche d'Ethiopie était dans un dénuement si absolu de toutes choses, qu'il n'avait ni pain pour se nourrir, ni vêtements pour se garantir de l'insalubrité du climat, et que, pour répondre à Pie IV, il fut obligé d'arracher de son bréviaire quelques restes de papier blanc, sur lesquels il traça les paroles suivantes : « Je ne connais, Très-Saint-Père, aucun moyen d'échapper ; les Mahométans nous circonviennent partout : dernièrement ils ont encore tué un des nôtres, André Gualdamèz ; mais, quelles que soient les tribulations qui nous assiègent, je désire bien vivement rester sur ce sol ingrat, afin de souffrir et peut-être de mourir pour Jésus-Christ (Crétineau-Joly, t. V, c. 4, p. 484). »

Ce digne patriarche d'Ethiopie meurt en 1577 : les Jésuites qui avaient partagé sa captivité succombent l'un après l'autre. Deux nouveaux Pères, *Melchior Sylva* et *Pierre Paëz*, s'introduisent sous un habit arménien dans cet empire, que le cimeterre des Musulmans protége contre le christianisme. Paëz arrive ; il bénit, il honore ces néophytes que les souffrances et l'abandon n'ont pu changer. Paëz voit l'empereur Asnaf. Touché de son courage, le prince le fait asseoir sur son trône ; il l'écoute, il reconnaît la pureté des préceptes évangéliques et lui permet de les répandre : il se déclare lui-même catholique. A ces nouvelles, les Pères Louis d'Azevedo et Antoine de Angelis accourent avec d'autres missionnaires. En 1607, des maisons des Jésuites s'élèvent dans les principales villes d'Ethiopie. Une révolution populaire, assez commune dans cet empire, emporte le monarque ; son successeur Susnéios ne se montre pas moins favorable que lui à la religion catholique. Il s'en déclare le protecteur ; il écrit au Pape, lui demande un patriarche : le Jésuite Alphonse de Mendèz arrive en cette qualité l'an 1625 ; et, après tant de tribulations, la mission est fondée. Le vice-roi de Tigré imite l'empereur. Séla-Christos, frère du souverain, une partie de sa famille et de sa cour reçoivent le baptême (Crétineau-Joly, t. II, c. 8).

Les Abyssins acceptaient la religion catholique ; ils se soumettaient au vicaire de Jésus-Christ ; ils laissaient peu à peu s'introduire la discipline et les rites romains ; mais le feu couvait sous la cendre. Basilides, fils de l'empereur, et Sarza-Christos, vice-roi de Gojam, conspirèrent pour renverser le culte que les Jésuites venaient d'établir. Voici pourquoi. Des abus, des désordres de toute espèce s'étaient introduits parmi ces chrétiens, moitié Juifs, moitié Musulmans. Les Jésuites cherchaient à détruire l'usage de la circoncision, l'observance du Sabbat et la pluralité des femmes. Ils obligeaient leurs néophytes à n'avoir qu'une épouse légitime : le respect pour le lien conjugal fut peut-être la cause déterminante de cette révolution religieuse. La guerre éclate entre le père et le fils : le père gagne encore la bataille. Mais les monarques d'Ethiopie n'étaient que des créatures de l'armée. Un caprice les portait au trône, un autre caprice les en faisait descendre ; parfois leur tête tombait en même temps que leur couronne. Malgré sa victoire, Susnéios se vit donc assailli par les prières menaçantes de son fils et des officiers schismatiques, avec lesquels s'étaient liguées les concubines renvoyées par les orthodoxes. L'empereur céda, et convoqua les Etats de l'empire, afin de trancher la question à la pluralité des suffrages. Mais les catholiques furent écartés de l'assemblée ; on les proscrivit sans entendre leur défense. Dans les camps, dans les villes, cette proscription fut accueillie par des cris de vengeance : on exile les Jésuites, parce que les fidèles parlaient de se soulever. L'empereur comprend alors qu'il a ouvert la voie à des calamités sans fin ; il maudit sa faiblesse : frappé d'une maladie mortelle, il expire catholique entre les bras du Père Diégo de Matos, le 26 septembre 1632.

Basilides régnait enfin sous le nom de sultan Seghed II. Il avait vingt-cinq frères, il les fit tous périr par le fer ou par le poison. Il redoutait le courage et les talents de Séla-Chrisios, son oncle, il le relègue dans un désert. Il fallait donner des gages aux schismatiques, il nomme pour *abouna* ou patriarche un aventurier égyptien, qui déclare ne pouvoir vivre en Abyssinie que quand les Jésuites seront dehors. Les Jésuites sont exilés. Les schismatiques les font attaquer en route par le pacha de Suakem, qui les arrête, les dépouille, saisit leur fortune, qui consistait en deux calices et quelques modestes reliquaires. Puis il leur annonce que la liberté ne leur sera rendue que contre une rançon de trente mille piastres. C'était au fond de la Nubie que cet attentat se consommait. Richelieu l'apprit par le général des Jésuites : le consul de France à Memphis reçut ordre de travailler efficacement à leur délivrance. Le pacha de Suakem fut bientôt forcé d'abandonner sa proie.

Cependant six Pères Jésuites étaient restés cachés en Ethiopie, sous la conduite de l'un d'eux, Apollinaire Almeyda, évêque de Nicée. Ils avaient des chrétiens à fortifier dans la foi; la mort leur apparaissait sous toutes les formes, ils la bravèrent, et, réfugiés dans le Sennaar et dans le Kordofan, ils se virent exposés à périr de faim ou à être dévorés par les bêtes féroces. Mais ils avaient sous les yeux les exemples de résignation que les catholiques, et Séla-Christos leur donnaient : ils surent se montrer dignes de leurs catéchumènes. Les uns étaient précipités du faîte des grandeurs dans l'humiliation; les autres, condamnés aux misères de l'exil, supportaient avec patience toutes les calamités. Les Jésuites se firent un devoir d'encourager tant de dévouements. Seghed II comprend que des missionnaires sont restés dans le royaume de Tigré, puisqu'il s'y trouve encore des chrétiens indomptables. Il les fait chercher : on en découvre trois au fond d'une vallée. C'étaient les Pères Paëz, Bruni et Pereira; on les immole à ses vengeances. Les autres sont insaisissables. L'empereur feint de s'adoucir : des paroles de clémence tombent de sa bouche; il témoigne même le désir de les voir à sa cour. Almeyda et les autres Pères étaient instruits par le vice-roi de Temben que cette bienveillance soudaine cachait un piége. Ils croyaient à son hypocrisie, mais ils jugèrent opportun de l'affronter. L'évêque de Nicée, avec les Pères Francisci et Rodriguèz, profitent du sauf-conduit accordé. Ils arrivent sous la tente de l'empereur. Les trois Jésuites sont chargés de fers et condamnés à la peine capitale. Une mort trop prompte n'aurait pas satisfait la cruauté des schismatiques : on tortura les missionnaires, on les chargea de coups et d'ignominies. Lorsque, au mois de juin 1638, on eut épuisé sur eux tous les outrages, le souverain les offrit à la colère de ses courtisans, qui les lapidèrent.

Bruni survivait à ses blessures. Il ne restait plus d'autres Jésuites dans l'Abyssinie que lui et le Père Cardeira. Ils moururent comme leurs devanciers. Le Pape crut que des Capucins français seraient plus heureux que des Jésuites espagnols ou portugais. Les Pères Agathange de Vendôme, Canien de Nantes, Chérubin et François furent envoyés en Ethiopie; ils tombèrent sous les coups des schismatiques. Il n'y avait pour gouverner ces populations que des prêtres indigènes formés par les Jésuites. L'un d'eux, Bernard Nogueira, vicaire du patriarche Mendèz, adressa, au nom de Séla-Christos, la lettre suivante aux princes et peuples catholiques :

« Je ne sais en quelle langue je dois vous écrire ni de quels termes je dois me servir pour représenter les périls et les souffrances de cette église, qui m'affligent d'autant plus que je les vois de mes yeux. Je prie Notre Seigneur Jésus-Christ, qui a été attaché en croix, qui est plein de miséricorde, de les faire connaître à tous nos frères, à tous les recteurs, prélats, évêques, archevêques, rois, vice-rois, princes, gouverneurs qui ont quelque autorité au delà des mers. J'ai toujours cru, et je me suis souvent dit à moi-même, qu'ils nous auraient secourus et qu'ils n'auraient pas tant tardé à nous racheter de la main de ces barbares et de cette nation perverse, si la multitude et l'énormité de mes péchés n'y étaient un obstacle. Autrefois, lorsqu'il n'y avait point d'église ici, lorsque le nom de chrétien et de catholique nous était inconnu, on est venu à notre secours, on nous a délivrés de la puissance des Mahométans. Aujourd'hui, qu'il y a un si grand nombre de fidèles, on nous oublie, et personne ne pense à nous secourir. Quoi ! le Pontife romain, notre père, notre pasteur, que nous chérissons tant, n'est-il plus sur la chaire inébranlable de saint Pierre, ou ne veut-il plus songer à nous consoler ? Nous, qui sommes ses brebis, n'aurons-nous point la satisfaction, avant de sortir de cette misérable vie, d'apprendre qu'il pense à nous et qu'il veut empêcher ces hérétiques, qui nous font une si cruelle guerre, de nous dévorer ? Le Portugal n'a-t-il plus de princes qui aient le zèle ardent de Christophe de Gama ? N'y a-t-il point quelque prélat qui lève les mains au ciel pour nous obtenir le secours dont nous avons besoin ? Je me tais, ma langue se sèche et la source de mes larmes ne tarit point. Couvert de poussière et de cendre, je prie et conjure tous les fidèles de nous secourir promptement, de peur que nous ne périssions. Tous les jours mes chaînes deviennent plus pesantes, et on me dit : Rangez-vous de notre parti, rentrez dans notre communion, et nous vous rappellerons de votre exil. On me tient ce discours pour me perdre et pour faire périr avec moi tout ce qu'il y a ici de catholiques. On veut ruiner l'Eglise de Dieu, et la ruiner de fond en comble. Si donc il y a encore des chrétiens au delà des mers, qu'ils nous en donnent des marques et qu'ils nous reconnaissent pour leurs frères en Jésus-Christ, qui soutenons la vérité comme eux, et qu'ils nous délivrent de cette captivité d'Egypte.

» Ici, ajoutait Nogueira en son propre nom, ici finissent les paroles de Séla-Christos, notre ami. Il me les a dictées lui-même en 1649. C'est à mon tour aujourd'hui de pleurer. Un torrent de larmes fait échapper la plume de mes mains. Mes compagnons ne sont plus que des squelettes animés. Ils ont été traînés en prison et fouettés. Leur peau tombe de misère, et, s'ils ne sont pas encore morts, ils souffrent tout ce que la plus extrême pauvreté a de plus rude. »

Cette lettre, si éloquente de douleur, aurait réveillé le zèle du patriarche Mendès, s'il eût éprouvé quelque ralentissement; mais le Jésuite, toujours en vue de son église désolée, n'avait jamais consenti à s'éloigner des Indes. Il espérait que l'Ethiopie serait enfin ouverte à ses derniers jours, comme une palme réservée à son ambition du martyre; il mourut sans pouvoir l'atteindre. La terre d'Ethiopie se fermait devant eux; on les vit à différentes reprises tâcher d'en forcer l'entrée. Louis XIV leur accorda son appui, et, vers l'an 1700, le Père de Brévedent expira de fatigue au milieu du désert. Dans le même temps, les pères Grenier et Paulet s'avançaient dans le Sennaar, et le Père du Bernat rêvait une autre tentative. Elles échouèrent après toutes (Crétineau-Joly, t. V, l. 1, p. 17 et seqq.).

A l'extrémité de l'Ethiopie, la religion chrétienne était entrée dans le royaume de Congo avec les Portugais dès l'an 1484, où ils y abordèrent pour la première fois. Quelques nègres du royaume furent conduits à la cour du roi de Portugal, Jean II; quelques Portugais restèrent à la cour du roi de

Congo. On se traita si bien de part et d'autre, les nègres amenés à la cour de Lisbonne y prirent une haute idée des chrétiens et de leur religion; lors de leur retour, le roi de Congo envoya une ambassade à celui de Portugal, pour lui demander des prêtres et des missionnaires, afin d'instruire tous ses peuples dans une religion si belle et si bonne. L'ambassadeur abjura l'idolâtrie, lui et toute sa suite, à Lisbonne, avant leur retour. Au Congo même, un oncle du roi, le prince de Sogno et son fils reçurent le baptême le jour de Noël 1491. Le père fut nommé Emmanuel et le fils Antoine. Le roi, la reine et l'aîné de leurs fils imitèrent cet exemple. Le roi fut appelé Jean, la reine Eléonore et leur fils Alphonse. Celui-ci fut toujours un zélé prosélyte et le grand promoteur de la religion chrétienne, surtout après son avènement à la couronne; mais son cadet fut bien loin de lui ressembler : il fit même tomber dans l'apostasie le roi son père, qui mourut en 1492.

Alphonse étant monté sur le trône, convertit un grand nombre de ses sujets. Lui-même faisait les fonctions d'apôtre, prêchant de parole, mais surtout d'exemple. Les missionnaires venus de Portugal étaient des religieux de Saint-Dominique. Alphonse les dédommagea amplement de ce qu'ils avaient eu à souffrir durant l'apostasie de son père. Il leur fit bâtir des églises et des couvents en plusieurs lieux, et n'omit rien de ce qui pouvait les rendre respectables à ses peuples. Il apprit même le portugais, pour leur servir d'interprète. Il envoya son fils aîné en Portugal, avec plusieurs jeunes seigneurs, pour s'y instruire à fond dans la religion et la civilisation chrétiennes. A leur retour, ils augmentèrent encore beaucoup le nombre des conversions. La capitale du royaume, nommée aussi Congo, fut appelée *San-Salvador*, en l'honneur du Sauveur des hommes. En 1521, arriva une nouvelle recrue de missionnaires, composée de cinq Dominicains, cinq Augustins et cinq Capucins, et de plusieurs prêtres séculiers, tous gens distingués par leur capacité et leurs vertus. Ils furent reçus avec la plus grande joie, et aussitôt ils partagèrent entre eux les provinces et ils prêchèrent l'Evangile. La Providence bénit leurs travaux d'une façon si extraordinaire, qu'ils eurent bientôt converti des milliers de personnes.

Le roi Alphonse mourut quelque temps après et eut pour successeur son fils don Pédro, qui hérita de toutes ses vertus. Ce fut au commencement de son règne que le Pape donna à l'évêque de l'île Saint-Thomé toute la juridiction sur le royaume de Congo, ce qui fit prendre à ce prélat le titre d'évêque du Congo. Il serait difficile d'exprimer la joie que son arrivée causa à la cour et dans tout le royaume, quand il vint prendre possession de ce nouvel évêché. Le roi fit aplanir et couvrir de nattes tout le chemin par où il devait se rendre depuis la mer jusqu'à la cathédrale, qui est de plus de cent cinquante milles, et fit tailler les arbres et les haies des deux côtés. Des milliers de personnes, accourues sur son passage, marquaient leur joie et leur respect par leurs acclamations et en se prosternant humblement devant lui. Plusieurs lui présentaient des agneaux, des chevreaux et des cochons de lait; d'autres des perdreaux, des poulets et d'autres oiseaux sauvages et domestiques, et différentes sortes de venaison. Un nombre infini de personnes de tout âge et de tout sexe lui demandèrent avec instance qu'il leur fît la grâce de les baptiser; il fut obligé de condescendre à leur désir. Cela retarda beaucoup son arrivée et l'obligea d'avoir toujours avec lui de l'eau, du sel, et tout ce dont on se sert pour le baptême dans l'Eglise catholique.

Quand il approcha de Saint-Sauveur, le roi, suivi de sa cour et de tout le clergé, vint le recevoir et le conduisit à l'église de Sainte-Croix, dont il fit sa cathédrale. Après y avoir célébré le service divin, il fut conduit avec la même pompe au logement somptueux qu'on lui avait préparé. Le pieux monarque n'épargna ni soins ni dépenses pour marquer l'estime qu'il faisait de ce digne prélat, et pour l'engager à faire de cette capitale sa métropole. L'évêque orna magnifiquement sa cathédrale, y établit vingt-huit chanoines, et le reste à proportion. Il partagea la ville en paroisses, assigna à chacune son curé et régla les districts des missions. Il avait encore plusieurs autres desseins de même nature, lorsqu'il mourut, au grand regret du roi et de tout le royaume, qui avaient conçu de lui les plus grandes espérances, à cause de sa capacité, de sa piété et de sa munificence. Avant sa mort, il souhaita de voir pour successeur un prince du sang qui avait été élevé en Portugal, et à qui il avait donné les ordres sacrés. Le prince partit pour Rome, où le Pape le sacra lui-même, et le renvoya au Congo, chargé de présents et de bénédictions; mais il mourut en chemin, l'an 1529. Le roi Pédro mourut sans enfants l'année suivante, laissant le trône à son frère don François, qui le laissa, en 1532, à son cousin don Diègue ou don Jacques.

Sous le règne de ce dernier, on envoya un nouvel évêque, Portugais de nation, à San-Salvador; il fut reçu par le roi et le peuple avec autant de magnificence que son prédécesseur. Les chanoines et les prêtres furent les seuls qui ne purent le souffrir, à cause de la régularité de ses mœurs, censure frappante pour leur vie déréglée, et ils refusèrent de reconnaître son autorité. Le roi crut devoir faire intervenir la sienne en faveur de celle de l'évêque; il envoya les plus débauchés d'entre eux prisonniers en Portugal ou à Saint-Thomé, tandis que quelques-uns se retirèrent secrètement ailleurs avec leurs richesses. Don Diègue fit venir un certain nombre de missionnaires jésuites, et mourut sans postérité en 1540, après un règne de huit années, pendant lesquelles la religion chrétienne fit de grands progrès dans le royaume.

Sa mort fut une source de malheurs pour les Congois, et surtout pour les Portugais établis dans quelques-unes des meilleures provinces. Ils étaient devenus si nombreux et si puissants, qu'ils entreprirent de mettre sur le trône un seigneur du Congo, qui leur était dévoué, mais qui n'était pas de la famille royale. Une entreprise si hardie ne manqua pas d'alarmer la cour, et de soulever tout le royaume contre eux. Les princes du sang, les gouverneurs des provinces et toute la noblesse la regardèrent, avec raison, comme tendant à ruiner les lois fondamentales de l'Etat, et à réduire toute la nation dans l'esclavage : on courut aux armes, et les Portugais se trouvant les plus faibles, furent tous taillés en pièces.

On ne respecta que les prêtres et les missionnaires, par égard pour la religion; on leur laissa même la jouissance de leurs revenus et de leurs priviléges, et la liberté de continuer les fonctions de leur ministère avec autant de tranquillité que s'il ne s'était rien passé. Ils eurent la même modération pour les Portugais qui demeuraient en d'autres endroits du royaume; car il ne paraît pas que cette exécution se soit étendue sur d'autres que ceux qui avaient tramé ce complot, et qui avaient pris les armes pour le soutenir.

Les naturels du Congo élurent pour roi don Henri, qui, deux ans après, perdit la bataille et la vie en faisant la guerre aux Anzicacanes, peuples féroces et anthropophages. Son fils et successeur Alvare Ier, prince sage, vaillant, bon chrétien, vit son royaume dévasté par les Giagas, autre peuple mangeur de chair humaine. Cette guerre fut suivie d'une horrible famine, augmentée par une armée de sauterelles qui dévorèrent tout. Des pères étaient réduits à vendre une partie de leurs enfants pour avoir de quoi conserver la vie aux autres. La famine fut suivie de la peste. On vit jusqu'à des princes du sang se vendre comme esclaves, pour changer au moins de misère. Les Portugais, surtout leur roi Sébastien, vinrent enfin au secours de ce malheureux peuple. L'évêque de Saint-Thomé vint faire la visite du Congo, et resta huit mois dans la capitale. Le roi Alvare envoya jusqu'à trois ambassades, tant à Madrid qu'à Rome, afin d'obtenir un nouvel évêque et des missionnaires pour réparer les pertes que la religion chrétienne avait faites pendant un si grand nombre d'années.

Philippe II, roi d'Espagne et de Portugal, lui accorda enfin tout ce qu'il demandait, et obtint même du Pape un évêque particulier pour le Congo. Ce nouveau prélat y passa sur les vaisseaux portugais, accompagné de quelques ecclésiastiques séculiers et d'un bon nombre de missionnaires de différents ordres. A leur arrivée, ils se dispersèrent de tous côtés, et rétablirent en grande partie, par leur zèle infatigable, la religion chrétienne dans son premier état, en moins d'années qu'on ne devait naturellement l'espérer, vu la décadence où elle était et les difficultés qu'ils eurent à surmonter, difficultés bien plus grandes que celles qu'avaient rencontrées les premiers missionnaires.

Le roi Alvare II eut donc la double satisfaction de voir tout à la fois les étonnants progrès de la religion chrétienne et de jouir d'une paix profonde pendant un règne de vingt-sept ans, au bout desquels il laissa la couronne à don Bernard, son fils aîné, qui régna à peine un an. Il fut tué l'an 1614, par les ordres, dit-on, de son frère Alvare III, qui lui succéda, et qui n'oublia rien pour se disculper de cette mort. Il envoya au pape Paul V un ambassadeur, qui mourut à Rome dans les sentiments les plus chrétiens. Alvare III mourut lui-même en 1622. C'était, suivant toutes les relations, un prince sage, modéré, vaillant, libéral, zélé pour la propagation de la foi, grand protecteur de ceux qui l'étendaient, fort ami de son peuple, et le patron des étrangers. Il eut pour successeur son fils don Pédro II du nom, dixième roi chrétien du Congo, qui ne régna que deux ans, mais donna des preuves éclatantes de sagesse et d'équité. Alors on vit passer rapidement sur le trône les rois Ambroise, Alvare IV, Alvare V, Alvare VI. Ce dernier, particulièrement, fut un prince sage et pieux. Son premier soin, après son avénement à la couronne, fut d'envoyer une magnifique ambassade d'obédience au pape Urbain VIII, et de supplier ce pontife de faire partir pour le Congo de nouveaux missionnaires, afin de rétablir le christianisme déchu. Ce prince paraissait n'avoir rien plus à cœur que de le remettre dans son ancienne splendeur, lorsqu'il fut assassiné par son frère Garcie, qui se rendit aussi odieux à ses nouveaux sujets par un crime aussi noir, qu'il le fit par sa tyrannie et ses cruautés, et spécialement par la violence avec laquelle il força les Etats du royaume à l'élire. Son fils Antoine Ier fut un tyran plus cruel encore : il se déclara ennemi de l'Eglise et ami des prêtres idolâtres, qui lui promettaient la victoire contre les Portugais, lorsqu'il perdit la bataille et la vie. Alvare VII, son successeur après Antoine II, un monstre d'impiété, de cruauté et de débauche, on le chassa du trône en 1666, l'année même qu'il y était monté. Alvare VIII, prince sage et de grande espérance, trouva le royaume déchiré par des factions, et fut chassé du trône vers l'an 1670. C'est le dernier roi du Congo que les historiens nous fassent connaître (*Hist. univ. des Anglais; Hist. moderne*, t. XXV, l. 20, c. 10, sect. 3; Labat, *Hist. de l'Ethiopie*.

Depuis cette époque, on ne trouve plus de nouvelles suivies sur la pauvre église des Nègres, on ne savait pas trop s'il y avait encore quelque trace du christianisme parmi eux. Un siècle plus tard, en 1773, des missionnaires français, envoyés par la Propagande, ayant pénétré dans le royaume voisin de Kakongo, écrivirent en Europe les nouvelles suivantes :

« Il y a plusieurs siècles que les Portugais ont apporté la lumière de l'Evangile dans le Congo, et le cardinal Càstelli nous a mandé de Rome qu'il y avait actuellement plusieurs cent milliers de chrétiens dans ce seul royaume. Les Dominicains portugais en furent les premiers missionnaires; d'autres ordres religieux et des prêtres séculiers prirent part à la bonne œuvre. Depuis un temps, les Capucins, seuls chargés de tout ce royaume, dans lequel ils travaillent avec un zèle infatigable, sont obligés, par le défaut d'ouvriers, d'abandonner des provinces entières, qu'ils ne peuvent visiter qu'après plusieurs années. Celle de Sogno, qui se dit aujourd'hui principauté souveraine, est de ce nombre. Depuis longtemps les enfants n'y sont point baptisés, et les adultes sont privés des sacrements et de tous les secours de la religion. Ces pauvres peuples néanmoins restent attachés au christianisme, et ils en font profession publique. Ils conservent le souvenir de la plupart de nos mystères et des commandements de Dieu, qu'ils apprennent soigneusement à leurs enfants. Ils ont horreur de l'idolâtrie. N'ayant point de pasteurs qui les dirigent, ils tâchent de se conduire eux-mêmes de leur mieux : ils s'assemblent régulièrement les dimanches pour chanter des hymnes et des cantiques en l'honneur du vrai Dieu. Quelquefois le chef ou l'un des plus anciens du village fait une exhortation au peuple, pour l'engager à vivre chrétiennement et de manière à mériter que Dieu leur envoie des pasteurs et des guides éclairés dans les voies du salut. Généralement parlant, la foi de ce bon peuple est grande, et on a droit d'espérer de la miséricorde du souverain Pasteur des âmes qu'il leur en tiendra compte.

» Comme la province du Sogno est fort peuplée, une colonie de ses habitants passa, il y a plusieurs années, le fleuve du Zaïre, et vint, avec l'agrément du roi de Kakongo, s'établir dans une plaine inculte de ses Etats. Cette colonie forme comme une petite province séparée des autres, dont Manguenzo est le village capital. Le nombre de ces chrétiens, autant que je puis en juger sur le rapport de ceux que j'ai vus, peut monter environ à quatre mille. Voici de quelle manière nous fîmes cette précieuse découverte. Au mois de juin dernier, pendant que j'étais en voyage, un nègre, qui faisait commerce de blé de Turquie, vint du côté de Kilonga. Les habitants du pays, qui savent que les Européens préfèrent le pain au manioc, l'adressèrent chez nous, et il s'y rendit sans autre dessein que de vendre sa farine. Ce nègre était du village de Manguenzo : en voyant des Européens, il soupçonna qu'ils pourraient bien être chrétiens; et, pour s'en assurer, il leur dit qu'il faisait lui-même profession du christianisme, et qu'à son baptême il avait été nommé Pédro, mot portugais qui signifie Pierre; il ajouta que le chef de son village, qui était en même temps gouverneur général de toute la colonie, était aussi chrétien, et qu'il s'appelait don Juan; qu'il n'y avait parmi tous ses vassaux que quelques familles païennes; mais que, depuis leur transmigration dans le royaume de Kakongo, les enfants des chrétiens n'avaient point été baptisés, ni les mariages célébrés suivant le rite de l'Eglise, parce qu'ils n'avaient point de prêtres parmi eux, et que depuis près de vingt ans il n'en avait point paru dans la province de Sogno, qu'ils avaient quittée. Il leur dit encore que tous les habitants de Manguenzo et ceux des villages d'alentour étaient toujours sincèrement attachés à la foi; qu'ils demandaient tous les jours à Dieu de leur envoyer des ministres, et que, dans l'attente du jour de ses miséricordes, ils tâchaient de s'encourager entre eux à vivre en chrétiens, et surtout à ne jamais retourner à l'idolâtrie.

» Mes confrères, admirant la foi de cet homme, rendirent grâce à la divine Miséricorde qui dispose tout à son gré pour le salut de ses élus; et ils lui dirent que ces prêtres, tant désirés dans son pays, étaient arrivés, et que c'étaient eux-mêmes; que le Seigneur les avait envoyés pour le salut de ses compatriotes; qu'il pouvait aller leur annoncer de se disposer, par la pénitence et les bonnes œuvres, à recevoir la grâce de sa visite; qu'ils le suivraient de près. Pédro, à ces paroles, ne put contenir les transports de sa joie : « Quoi! est-il possible, s'écria-t-il, que je sois porteur d'une pareille nouvelle dans mon pays? Quelle allégresse j'y vais répandre! j'y serai reçu comme en triomphe : pour vous, ajouta-t-il, comme vous ne connaissez pas les chemins, ne vous mettez en route que vous n'ayez des guides : notre gouverneur ne tardera sûrement pas à vous donner de ses nouvelles. »

» Au premier récit que mes confrères me firent, à mon retour, je ne pus m'empêcher de soupçonner de l'imposture de sa part, tant il me paraissait peu vraisemblable qu'il y eût des chrétiens dans notre mission; et je n'eus cette confiance que lorsqu'ils me dirent que cet inconnu, au ton de franchise avec lequel il avait parlé, avait joint des détails circonstanciés sur l'état actuel de cette chrétienté, et qu'il était instruit de sa religion.

» En effet, Pédro, fidèle à sa promesse et ne pensant plus à son commerce de farine, était parti sur-le-champ pour aller annoncer dans son pays que des missionnaires européens se disposaient à y passer. Cette nouvelle se répandit bientôt parmi tous les chrétiens, qui couraient se l'annoncer les uns aux autres, comme un sujet de joie qui devait être commun à tous. Mais personne n'y parut plus sensible que don Juan, leur gouverneur; il fit repartir sur-le-champ Pédro lui-même, qu'il chargea d'un petit présent pour nous, suivant l'usage du pays. Il le fit accompagner par dix de ses esclaves, qui avaient ordre de porter le long de la route les effets de ceux qui viendraient à Manguenzo, et même leur personne, s'il en était besoin. Nous engageâmes Pédro à prendre un jour de repos à Kilonga, et le lendemain, 19 juillet, nous arrêtâmes, mes confrères et moi, que je partirais seul avec mon escorte. »

Après quelques incidents qui retardèrent un peu le voyage, le préfet de la mission, Descourvrières, se mit en route avec un autre missionnaire, Quilliel d'Aubigny, qui entendait assez la langue pour le soulager, et même pour le suppléer au besoin.

« Le quatrième jour, depuis notre départ de Kilonga, continue la relation du préfet apostolique, nous arrivâmes à un village nommé Guenga, dont on nous dit que la plupart des habitants étaient chrétiens. Nous eussions bien voulu nous y arrêter pour saluer le chef et prévenir les chrétiens que nous baptiserions leurs enfants à notre retour; mais Pédro, craignant qu'on ne nous retînt trop longtemps, et que don Juan, qui était dans la plus grande impatience de notre arrivée, ne le trouvât mauvais, nous obligea de passer outre. Nous vîmes pourtant le chef de Guenga, que le hasard avait conduit dans un village voisin, où nous nous étions arrêtés pour dîner. Il fut transporté de joie, en apprenant que nous étions missionnaires; il nous témoigna le désir le plus empressé de nous voir dans sa terre, et il fit des reproches à notre conducteur de ce que, sachant qu'il était chrétien, il ne nous avait pas fait entrer chez lui en passant dans son village. Il nous fit promettre d'y séjourner à notre retour pour baptiser les enfants, en attendant que quelqu'un de nous pût venir s'y fixer pour instruire les adultes et leur administrer les sacrements. Ce chef nous parut être homme de bien, et même chrétien fervent. « Au défaut de ministres qui instruisent mes vassaux, nous dit-il, je les exhorte de mon mieux à vivre chrétiennement; et, pour me rappeler plus souvent à moi-même la pensée de ce que Jésus-Christ a souffert pour le salut des hommes, j'ai coutume de faire porter devant moi le signe de notre rédemption, toutes les fois que je sors du logis pour quelque voyage. » Il appela en même temps l'esclave qui portait son crucifix, et il nous le montra. Vous jugez quelle fut notre joie en voyant tant de foi au milieu d'une nation idolâtre, où nous pensions que le nom du divin Sauveur était absolument inconnu.

» Quand nous quittâmes le chef de Guenga, Pédro fit prendre les devants au meilleur coureur des esclaves qui nous accompagnaient, pour aller annoncer notre arrivée à don Juan. Ce seigneur envoya sur-le-champ à notre rencontre un de ses parents, suivi d'un nombre d'esclaves qui portaient du vin de palmier et d'autres rafraîchissements. Ils nous joignirent à une petite lieue du village.

» Manguenzo n'est qu'à douze lieues françaises de Kinguilé (résidence du roi de Kakongo), et à une distance à peu près égale du fleuve de Zaïr. Ce village est agréablement situé sur une éminence, d'où l'on découvre plusieurs villages de sa dépendance, qu'on nous dit être au nombre de douze. Nous avons aussi appris qu'il y avait sur la rive méridionale du Zaïre d'autres villages habités par des chrétiens également sortis du Sogno.

» Lorsque nous fûmes près de Manguenzo, tous les nègres qui nous accompagnaient se rangèrent d'eux-mêmes en haie; et ceux qui étaient sortis du village pour nous voir arriver firent la même chose. Nous demandâmes à Pédro ce qu'ils voulaient faire, il nous dit qu'on allait nous conduire processionnellement à l'église, le premier endroit sans doute où nous voulions aller. Nous laissâmes faire ces bonnes gens. Ils se mirent à chanter des cantiques en langue du pays. En passant sur la place du village, nous aperçûmes une croix de huit à dix pieds de hauteur. C'était la première fois depuis notre descente en Afrique, que nous voyions le signe de notre rédemption arboré sur cette terre infidèle. En entrant dans l'église (si on peut donner ce nom à un édifice qui ne diffère que par la grandeur, des cases du pays), nous vîmes une espèce d'autel couvert d'une natte, et un crucifix au-dessus.

» Don Juan, à la nouvelle de notre arrivée, était sorti de chez lui pour venir à notre rencontre : nous le trouvâmes sur la place, au sortir de l'église. Il nous aborda avec des démonstrations de joie extraordinaires; et il nous conduisit à sa maison. Quand Pédro lui eut rendu compte de sa négociation auprès du mangove (ministre du roi), il me pria de lui raconter comment la Providence nous avait conduits au royaume de Kakongo; ce que je fis de mon mieux et le plus brièvement qu'il me fut possible. Il ne se serait point lassé de m'entendre. Il entrait comme en extase à la vue du bienfait du Seigneur : il en était uniquement occupé. Quand j'eus satisfait sa curiosité : « Allons, dit-il à Pédro, il faut rendre grâces au Dieu des miséricordes qui s'est ressouvenu de nous. » Ils sortirent en même temps pour aller de nouveau à l'église : nous les suivîmes, M. d'Aubigny et moi. Il fit avertir le peuple, qui s'y rendit aussitôt. Un nègre entonna un cantique en langue du pays, et l'on continua à chanter à deux chœurs. Quand un cantique était fini, on en commençait un autre; ce qui dura fort longtemps. Ils célébraient dans ces cantiques les grandeurs de Dieu et ses miséricordes. Ils lui demandaient surtout la grâce de lui être fidèles, de n'adorer que lui seul, et de ne point retomber dans le crime de l'idolâtrie. La séance, quoique très-longue, ne nous ennuya point : le sujet de leurs cantiques, leur ton de voix, leur attitude, leur silence même, tout exprimait le sentiment, tout annonçait des cœurs pénétrés; et vous comprenez, mieux que je ne puis vous dire, combien nous fûmes touchés nous-mêmes d'une pareille cérémonie. Nous nous sommes dit bien des fois qu'il serait à souhaiter, pour ranimer la foi d'un grand nombre de chrétiens d'Europe, qu'ils pussent être témoins de celle de ce peuple, qui manque depuis si longtemps de tous les secours spirituels, en quelque sorte prodigués en France et dans les autres États catholiques.

» Comme nous n'avions pas encore eu le temps de prendre jour avec don Juan pour administrer le baptême aux enfants, je le priai, quand nous fûmes sortis de l'église, de faire avertir les chrétiens de l'endroit, de nous amener le lendemain matin pour ce sacrement ceux de leurs enfants qui n'étaient pas encore en âge d'être instruits. Il envoya sur-le-champ dans toutes les maisons du village; et il fit partir en même temps plusieurs esclaves, pour aller avertir les chrétiens des villages circonvoisins, que les missionnaires baptiseraient leurs enfants le surlendemain et les jours suivants.

» Tout cela s'était passé sans que don Juan nous eût encore demandé si nous ne voulions pas boire et manger, lui qui avait eu l'attention de nous faire porter des rafraîchissements, lorsque nous étions encore en route; mais la joie de notre arrivée et le plaisir de causer avec nous lui faisaient oublier tout le reste. Cependant nous n'avions pas dit notre office, et nous avions besoin de nous reposer; nous le priâmes de nous indiquer l'appartement qu'il nous destinait : il nous y conduisit lui-même. C'était une maisonnette telle que sont celles du pays, située à peu de distance de la sienne. Il nous dit qu'il l'avait préparée avant notre arrivée. Nous y vîmes une espèce de lit qu'il avait fait dresser pour nous, parce qu'il avait ouï dire que les Européens n'étaient pas dans l'usage de coucher par terre sur des nattes. Nous y trouvâmes aussi un esclave, qui resta toujours auprès de nous pour notre service. Tout le temps que nous passâmes à Manguenzo, don Juan eut la plus grande attention à ce que rien ne nous manquât, et il ne laissa passer aucun jour sans nous faire une visite.

» Le lendemain de notre arrivée, c'est-à-dire le 10 août, jour de saint Laurent, les chrétiens qui avaient des enfants à baptiser ne manquèrent pas de nous les amener; et comme les esclaves qui avaient averti dans le village que nous baptiserions le lendemain n'avaient pas assigné l'heure à laquelle nous commencerions, dès le lever de l'aurore, les mères nous attendaient avec leurs enfants sur la place qui est vis-à-vis de l'église. Nous ne tardâmes pas à nous y rendre : don Juan y fut aussitôt que nous. Tandis que nous disposions ce qui était nécessaire pour l'administration solennelle du sacrement, le peuple s'assembla ; il y eut un très-grand concours; afin que tout le monde, et les païens mêmes qui le voudraient, pussent être témoins de la cérémonie, nous jugeâmes qu'il serait plus à propos de la faire sur la place : nous fîmes ranger les enfants en rond vis-à-vis de la porte de l'église. Avant de commencer, je fis un petit discours aux pères et mères, dans lequel je leur rappelai à eux-mêmes les engagements de leur baptême : je leur exposai aussi les commandements de Dieu ; je tâchai de faire sentir à ceux qui avaient eu le malheur de les transgresser, la nécessité de faire pénitence, et je finis par leur montrer l'obligation d'élerer chrétiennement les enfants que j'allais baptiser. Ce pauvre peuple m'écoutait avec une attention, ou pour mieux dire, avec une avidité que je ne puis exprimer : il me semblait lire dans tous les yeux, qu'ils craignaient de perdre un mot de ce que je disais. Quoique la langue de Kakongo ait beaucoup d'analogie avec celle du Congo, dont ils sont originaires, tous ne l'entendent pas encore parfaitement. Quand don Juan, qui les parlait également toutes deux, s'apercevait que quelques-unes de mes expressions pouvaient les embarrasser, il m'en avertissait; et lui-même les leur rendait en leur langue avec un zèle apostolique. Lorsqu'à certains jours il était occupé à rendre la justice à ses vassaux, ou retenu par quelque affaire indispensable, un nègre du pays, qui savait également bien les langues de Congo et de Kakongo, le suppléait dans sa fonction d'interprète.

» Quand je finis mon exhortation, je commençai à baptiser les enfants l'un après l'autre, suivant le rite de l'Eglise : M. d'Aubigny était mon assistant. Don Juan se tenait fort honoré d'être employé pour quelque chose dans les cérémonies. Les enfants que nous baptisâmes ce jour-là étaient au nombre de quarante-sept; nous pensions qu'il s'en trouverait moins pour le lendemain; mais on nous en présenta soixante-deux. On nous apporta aussi le même jour des offrandes à l'église, et en si grande quantité qu'elles auraient pu suffire pour notre nourriture pendant longtemps; mais la libéralité de don Juan nous les rendait inutiles.

» Le vendredi, les baptisés furent au nombre de quarante-trois : il y en eut quarante-neuf le samedi. C'était pour nous un spectacle bien consolant de voir tous les jours arriver de fort loin de pauvres femmes chargées de leurs enfants. Quelques-unes en conduisaient un par la main et en portaient un autre. Quelquefois elles en portaient deux, l'un sur les bras, l'autre sur le dos. Nous étions également édifiés de la charité avec laquelle les habitants de Manguenzo les recevaient et leur donnaient l'hospitalité. Les païens mêmes faisaient comme les autres.

» Le dimanche, l'assemblée des chrétiens fut plus nombreuse qu'aucun des jours précédents. Nous eussions bien désiré célébrer les saints mystères; mais nous n'avions apporté avec nous ni ornements, ni vases sacrés, ne nous étant pas imaginé que nous dussions trouver les peuples si bien disposés. Nous passâmes une partie de la journée à chanter des hymnes et des cantiques, et l'autre à faire des instructions publiques sur les commandements de Dieu, et sur la manière de produire des actes de contrition et des vertus théologales. Ces peuples, simples et grossiers, qui ne savent ni lire ni écrire, ne manquent pourtant point d'intelligence : ils entendent ce qu'on leur dit comme nos paysans en France. La plupart ont beaucoup de mémoire, et quelques-uns l'ont si heureuse, que plusieurs jours après avoir entendu une instruction, ils en rendent compte, et la récitent même en partie mot à mot. Nous baptisâmes ce jour là quarante enfants.

» Le lundi, 15 du mois, nous solennisâmes la fête de l'Assomption de la sainte Vierge, à peu près comme nous avions fait le dimanche; nous chantâmes de plus les litanies de la sainte Vierge, auxquelles le peuple répondait de tout son cœur : *Ora pro nobis*. Le nombre des enfants baptisés en ce jour fut de cinquante-six. Nous en baptisâmes encore vingt-huit le lendemain et vingt le jour suivant. Sur ce qu'on nous dit qu'on ne prévoyait pas qu'il dût s'en présenter davantage, nous nous disposâmes à retourner à Kilonga.

» Ce ne fut pas sans peine que don Juan vit approcher le moment de notre départ. « Dieu, nous dit-il, m'a accordé une grande grâce, en me rendant témoin du baptême de tant d'enfants; mais les besoins des adultes me touchent pas moins : si vous pouviez, dès à présent, vous fixer auprès de nous, vous célébreriez, les dimanches et les fêtes, les saints mystères, auxquels nous n'avons pas assisté depuis tant d'années : vous disposeriez au baptême les enfants des chrétiens qui sont en âge d'être instruits, et qui ne soupirent qu'après cette grâce; vous administreriez aux autres les sacrements de Pénitence et d'Eucharistie; ou vous les marieriez selon le rite de l'Eglise : vous voyez par vous-mêmes combien nous désirons, moi et tous mes vassaux, de profiter de vos instructions et de vivre chrétiennement. » Nous avions déjà fait nous-mêmes ces réflexions; mais elles nous pénétrèrent, jusqu'aux larmes, quand don Juan nous les rappela d'une manière si touchante. Nous lui promîmes, pour le consoler de notre absence, ou que nous reviendrions bientôt nous-mêmes, ou que du moins nous engagerions quelques-uns de nos confrères à venir se fixer dans sa terre. Nos promesses, quoiqu'il n'en suspectât point la sincérité, ne le satisfirent pas pleinement, tant il craignait que quelque obstacle imprévu ne nous empêchât de les effectuer.

» Ce fut le 18, sur les onze heures du matin, que nous allâmes prendre congé de lui. Il était alors occupé à terminer les différends de ses vassaux; il suspendit son audience pour nous faire ses adieux, et il nous conduisit lui-même à l'église, où nous chantâmes le *Te Deum*, en actions de grâces. Il nous fit accompagner dans notre voyage par Pédro et par trois de ses esclaves; il nous donna aussi deux chèvres de son petit troupeau, riche présent pour un pays si pauvre. Nous convînmes avec lui qu'en passant par la capitale, nous en offririons au roi pour lui témoigner notre reconnaissance, et l'engager à nous continuer ses faveurs.

» Nous ne manquâmes pas de reprendre la route par laquelle nous étions venus, pour passer par le village de Guenga, dont nous avions vu le chef en passant. Nous arrivâmes chez ce seigneur vers les trois heures après midi. Nous ne le trouvâmes pas chez lui; mais il avait donné ordre à ses gens de nous faire politesse, si nous passions pendant son absence : ils nous comblèrent d'honnêtetés, nous et nos quatre conducteurs. Guenga est un village considérable : il n'y a qu'une partie des habitants qui soient chrétiens : les autres sont idolâtres, mais si peu attachés à leurs superstitions que, si les chrétiens étaient assez instruits de leur religion pour la leur faire connaître, ils renonceraient sans peine à leurs idoles pour l'embrasser. Nous baptisâmes trente-six enfants le jour de notre arrivée, en suivant à peu près la même méthode qu'à Manguenzo. On nous en présenta encore le lendemain matin vingt-cinq à baptiser, dont plusieurs étaient d'un hameau appelé Kioua, dépendant de Guenga. C'est à ce hameau qu'était allé le gouverneur de Guenga, quand nous arrivâmes chez lui ; et il y était occupé à faire planter une grande croix sur la place publique. Il nous envoya quelques-uns de ses gens pour nous inviter à nous transporter sur les lieux, pour en faire la bénédiction. C'est avec bien de la joie que nous nous rendîmes à une telle invitation. Nous fîmes un discours au peuple, dont l'affluence était grande. Les païens, confondus avec les chrétiens, nous écoutaient avec une égale attention. Notre hôte nous fit les mêmes instances que don Juan, pour nous engager à rester chez lui, et nous lui promîmes, comme au premier, de revenir le plus tôt qu'il nous serait possible.

» Nous nous disposions à partir de Kioua, après y avoir dîné et nous y être reposés, lorsque je vis arriver deux femmes portant chacune un enfant sur leurs épaules. Je me doutais bien que c'était pour le baptême. « Homme de Dieu, me dit l'une d'elles, nous arrivons des bords les plus reculés du Zaïre. Aussitôt que nous eûmes été informées de votre arrivée à Manguenzo, nous nous mîmes en route avec plusieurs autres femmes chrétiennes, qui apportaient comme nous leurs enfants pour les faire baptiser. Nous avons appris à Manguenzo qu'il y avait deux jours que vous étiez partis. A cette nouvelle, nos compagnes de voyage, ne sachant point où elles pourraient vous rencontrer, ont repris la route de leur pays, désolées d'avoir manqué l'occasion de procurer la grâce du baptême à leurs enfants : pour nous, ajouta-t-elle, quand on nous a dit qu'il n'y avait que deux jours que vous aviez quitté Manguenzo, et que vous pourriez bien vous arrêter à Guenga, nous avons continué notre chemin, déterminées à vous chercher plutôt par tout le royaume, que de retourner sans que nos enfants soient baptisés. » Nous admirâmes, à ce récit, la vivacité de la foi de ces pauvres femmes ; et plus encore, quand elles nous firent connaître, en nous désignant l'endroit d'où elles venaient, qu'elles avaient déjà fait treize lieues pour nous trouver. Quand leurs enfants furent baptisés, elles nous dirent qu'elles tâcheraient de vivre chrétiennement en attendant notre retour ; et elles se mirent en route pleines de joie, et se croyant amplement dédommagées, par le succès, des fatigues d'un voyage de vingt-six lieues (Proyart, *Hist. du Loango*, c. 17). »

Voilà ce que des missionnaires français écrivaient d'Afrique à leurs compatriotes, au commencement du règne de Louis XVI : tels sont les derniers renseignements que nous ayons sur les chrétiens noirs du Congo. On y voit ces pauvres peuples, ces nègres d'Afrique, émigrés en d'autres royaumes, délaissés sans pasteurs pendant un siècle, conserver néanmoins la foi chrétienne, y conformer leur vie autant qu'ils peuvent. On les voit, à la seule annonce qu'un prêtre va venir dans le pays, on les voit tous, jeunes et vieux, princes et sujets, maîtres et esclaves, ne se possédant pas de joie, le recevant au chant des cantiques, et le conduisant dans leur église, dans la maison de Dieu, où domine la croix. On voit les pauvres mères accourir de plusieurs journées de chemin, avec leurs enfants dans les bras et sur les épaules, pour leur procurer la grâce du baptême. Tout ce que demandent ces peuples délaissés, ce sont des prêtres, c'est un évêque. Pourquoi depuis si longtemps leurs cris ne sont-ils point entendus ? Pourquoi n'y a-t-il pas une association de prières en leur faveur ? Pourquoi, ni la *Propagation de la foi*, ni aucune congrégation religieuse ne s'occupent-elles d'eux ? Pourquoi l'Eglise de Dieu paraît-elle insensible aux cris de ces peuples qui lui tendent les bras depuis des siècles ? Pourquoi les apôtres de sa charité passent-ils à côté de ces nègres d'Afrique, sans racheter leurs âmes, tandis que les négriers, les apôtres de la cupidité, savent y parvenir pour acheter leurs corps et les vendre esclaves ? Pontifes, prêtres et enfants de Dieu et de son Eglise, n'oubliez plus vos frères du Congo !

Les populations de cette partie de l'Afrique paraissent toujours aussi bien disposées. En 1838, à la demande du gouvernement français, l'abbé Jean de La Mennais envoyait une colonie de ses frères d'école aux Antilles. Le vaisseau relâcha au Sénégal, colonie française, dans la baie de Saint-Louis, où déjà pareillement on avait demandé de ces mêmes frères. Les enfants qui étaient à l'école, apprenant qu'il y avait des frères dans le port, sortirent aussitôt pêle-mêle, et, se tenant par la main, chrétiens et mahométans, juifs et nègres, ils se mirent à danser et à chanter en rond : « Des frères ! Voilà des frères ! Quel bonheur ! Ah ! notre maître n'a qu'à s'en aller. Nous voulons des frères ; que nous serons heureux ! » Les frères ayant débarqué, le roi ou chef d'une peuplade de nègres vint leur rendre visite et leur témoigner de semblables désirs. Comme ils étaient destinés ailleurs, ils ne purent y satisfaire ; mais la nouvelle de cette joie surprenante jusque dans les petits négrillons fit une telle impression sur le vénérable supérieur, qu'il ne put fermer l'œil avant d'avoir trouvé le moyen de leur envoyer des frères au plus tôt.

Quant à l'Egypte, d'où le patriarche d'Alexandrie étendait sa juridiction sur l'Ethiopie et plus loin, voici le tableau que nous en trace le Père Sicard, missionnaire jésuite, né vers la fin du XVIIe siècle, et qui, au commencement du XVIIIe, fit pendant longues années des missions dans les différentes parties de ce pays.

« Quoique la religion mahométane soit dominante en Egypte, il est cependant vrai de dire que le nombre des chrétiens grecs, arabes et égyptiens, appelés aujourd'hui *Coptes*, est beaucoup plus grand que celui des Turcs. Les chrétiens sont presque tous hérétiques et schismatiques, et pour la plupart eutychiens. Mais je crois qu'on doit ajouter qu'ils sont plus ignorants qu'hérétiques. Leur ignorance est si grossière, qu'ils ne savent ni ce qu'ils croient ni ce que nous croyons. Il ne faut pas cependant conclure de là que les Egyptiens soient sans esprit, car nous voyons le contraire ; et je ne suis pas surpris qu'ils aient eu autrefois de si savants hommes dans la géométrie, dans l'astronomie et dans la médecine. Il faut cependant convenir que la domination des Turcs leur a fait perdre le goût qu'ils avaient autrefois pour ces sciences (*Lettres édifiantes et curieuses : Lettres du P. Sicard sur l'Egypte*, t. V, édit. 1780). »

Les jacobites ou eutychiens modernes d'Egypte sont fort attachés aux dogmes et aux saintes pratiques que nous défendons contre les protestants : la présence réelle du corps de Jésus-Christ dans le pain consacré, et l'adoration de l'eucharistie ; la dévotion à la Mère de Dieu, qu'ils portent aussi loin qu'on puisse la porter; le culte des saints; la vénération des images; la nécessité de la confession secrète et détaillée; le purgatoire. Ils mêlent à ce dernier dogme beaucoup de fables; mais ils en ont retenu le fond. Leurs jeûnes sont fréquents et rigoureux. Ils regardent les sept sacrements comme institués par Jésus-Christ. Ils en ont conservé l'essentiel. Il n'y a sur ce point de contestation entre les missionnaires qu'à l'égard du vin qu'ils consacrent : ils prennent des raisins desséchés, mais moins secs et plus gros que ceux qu'on mange en Europe; ils les trempent dans l'eau et les laissent s'en imbiber exposés au soleil; ils les pressent ensuite, et le suc qu'ils en tirent, quand il est reposé, leur tient lieu de vin. Ils ont mêlé dans la pratique des sacrements d'autres abus : le plus considérable et le plus dangereux, c'est le délai du baptême. Ils ne baptisent les garçons qu'après quarante jours, et les filles qu'après quatre-vingts jours; souvent ils diffèrent plus longtemps. Ils ne baptisent jamais hors l'église; et si l'enfant est en péril prochain de mourir, ils croient suppléer au baptême par certaines onctions (*Mémoires sur les Coptes*).

Pour ce qui est de la primauté du Pape, les patriarches coptes d'Alexandrie l'ont toujours reconnue en paroles chaque fois qu'ils ont écrit pour se réunir au Saint-Siége ou feindre de s'y réunir, comme sous Pie IV et Clément VIII. Le patriarche Gabriel, huitième du nom, écrivant à ce dernier Pape, l'appelle « le Père des pères, le Prince des patriarches, le Treizième des apôtres, le Cinquième des évangélistes, le Successeur de saint Pierre assis sur sa chaire dans la grande Rome; à qui a été donnée de Dieu la puissance de lier et de délier; de qui est fait mention dans l'Evangile, quand il dit : *A toi, Pierre, j'ai donné les clés du royaume des cieux; ce que vous lierez sur la terre sera lié dans les cieux, et ce que vous délierez sur la terre sera délié dans les cieux.* Car vous avez été constitué à sa place, et vous êtes son successeur sur la terre, notre Père et notre Seigneur, la Couronne de notre tête, le seigneur pape Clément VIII, Pape de Rome; » Grégoire XIII fut appelé de plus, par un autre patriarche d'Alexandrie, *le Père du sacerdoce.* Ces patriarches disaient dans leur profession de foi : « Je
» tiens et confesse que le Saint-Siége apostolique,
» le Pontife romain a la primauté sur tout l'univers,
» et que le même Pontife romain est le successeur
» de saint Pierre, prince des apôtres, et le vrai Vi-
» caire du Christ et le Chef de toute l'Eglise; qu'il
» est le Père et le Docteur de tous les chrétiens, et
» qu'à lui a été donnée, par Notre Seigneur Jésus-
» Christ, dans la personne du bienheureux Pierre,
» la pleine puissance de régir et de gouverner l'E-
» glise universelle, Eglise dont l'unité est tellement
» à estimer, que je confesse qu'aucun de ceux qui
» sont hors de la même Eglise catholique ne peut
» obtenir la vie éternelle » (*Acta Sanct.*, t. V, *junii; Patriarch. Alex. Hist. chronol.*, n. 558-565).

C'est dans ces termes que les patriarches coptes d'Alexandrie, pendant le XVII<sup>e</sup> siècle, parlaient aux papes Clément VIII, Grégoire XIII, Urbain VIII. Que ce fût sincèrement ou non, toujours est-il que tel était le langage officiel, telle était la créance héréditaire de leur Eglise. Pour réduire ce langage et cette créance en acte, il faudrait dans les villes capitales de l'Egypte des évêques fidèles au chef de l'Eglise, il y faudrait un gouvernement plus humain de la part des Musulmans, il y faudrait une éducation chrétienne pour la jeunesse. Or, tout cela, nous l'avons vu se réaliser de nos jours.

Nous avons vu le chef arabe de l'Egypte, Méhémet-Ali, recevoir avec de grands honneurs l'envoyé du Saint-Siége, le délégué apostolique, l'archevêque Auvergne d'Icône, faisant la visite de l'Egypte et de la Syrie. Le pape Grégoire XVI venait d'établir un évêque catholique à Alexandrie. L'évêque catholique du Caire, avec trente prêtres, gouvernait un troupeau d'environ vingt mille Coptes ou vieux Egyptiens, troupeau fidèle qui s'augmentait de jour en jour par la réunion d'autres Coptes engagés dans l'erreur d'Eutychès, mais souvent plus par ignorance qu'autrement. Nous avons vu récemment le chef arabe de l'Egypte offrir au chef de l'Eglise catholique plusieurs colonnes de marbre pour la restauration de la basilique de Saint-Paul de Rome. Plus récemment encore, nous avons vu ce même chef arabe de l'Egypte construire dans Alexandrie un collége aux prêtres missionnaires de saint Vincent de Paul, des écoles et un hôpital aux autres enfants de saint Vincent de Paul, aux sœurs de la Charité, et poser ainsi le fondement de l'éducation chrétienne pour toute l'Egypte, et par là même de son retour sincère et durable à l'unité catholique. Enfin, nous voyons le fils de ce chef arabe de l'Egypte, Ibrahim-Pacha, déclarer libres ses propres esclaves, pour imiter l'Europe chrétienne où il vient de voyager.

Et le Turc qui domine à Constantinople et à Smyrne fait comme l'Arabe qui domine en Egypte. Le mahométisme, ce protestantisme armé contre la divinité du Christ, confesse lui-même sa décadence. Il commence par effacer de son front son caractère originel d'empire antichrétien : il voudrait compter parmi les nations chrétiennes et catholiques, parmi les familles vivantes de l'humanité régénérée. Depuis plusieurs années déjà, les ambassadeurs du vicaire de Mahomet viennent d'eux-mêmes présenter leurs hommages au Vicaire du Christ. Le 3 novembre 1839, une constitution impériale du sultan proclame l'émancipation des chrétiens sur tous les points de l'empire. Et cette constitution s'exécute avec une franchise qu'on souhaiterait quelquefois à certaines puissances chrétiennes. Le catholicisme y est moins gêné que dans bien des villes et des pays d'Europe. La hiérarchie ecclésiastique s'y développe avec toute la discipline et l'efficacité de ses censures; la charité y ouvre ses écoles et ses hôpitaux sans qu'une police ombrageuse y descende, et, chaque année, nos processions triomphantes, nos chants sacrés, notre encens et nos fleurs, et notre divine eucharistie parcourent, sans rencontrer un front qui ne soit incliné, les faubourgs de Constantinople.

Et, chose merveilleuse, c'est encore les enfants de Vincent de Paul que Dieu appelle d'une manière spéciale à cette régénération de l'Orient. Les prêtres de la Mission ont un collége et des écoles à Constantinople, un collége et des écoles à Smyrne; les sœurs de la Charité ont un hôpital, une école, un pensionnat à Smyrne, un hôpital, une école, un pensionnat à Constantinople. Et les enfants des premières familles fréquentent ces colléges et ces écoles; et les jeunes filles de Constantinople et de Smyrne n'ont pas de plus grand désir que d'être habillées, de parler et d'agir comme on fait dans le pays des sœurs. Pour les détourner ou les corriger de quelque chose, il suffit de leur dire : *Les bonnes petites filles de France ne font pas comme cela.* Le compliment le plus flatteur pour les jeunes Orientales sont ces paroles : *C'est bien, car c'est comme en France.*

Et les pères et mères ne sont pas moins attirés que les enfants par la charité catholique et française. Le successeur de Vincent de Paul, le supérieur général des Lazaristes, visitant sur les lieux ces divers établissements, écrivait en 1840 : « Ce n'est pas seulement par les soins que nos sœurs donnent à la jeunesse dans leurs écoles de Smyrne et de Constantinople qu'elles ont su rendre leurs établissements chers à ces contrées et utiles à la religion : un autre avantage, dont il faut tenir compte à leur dévouement, c'est de faire briller sur cette terre infidèle et au sein des peuples hérétiques les inimitables œuvres de la charité chrétienne. Il est aisé de reconnaître, en visitant le Levant, que, pour frapper l'esprit des Orientaux et les incliner vers la foi, ce n'est pas assez du zèle apostolique, des vertus et des prédications, il faut des œuvres. Les Turcs ne discutent point, mais ils voient; sourds à un raisonnement, ils sont sensibles à un bienfait : la reconnaissance est la voie la plus sûre pour les conduire à la vérité. Cette observation, fondée sur leur caractère bien connu, vient encore d'être justifiée par l'expérience. Vous le savez, chez les Turcs, un chrétien est un être méprisé, à qui ils n'accordent jamais l'entrée de leur maison; une chrétienne même n'est jamais admise dans l'intérieur de la famille. Eh bien! à Smyrne, où nous avons établi pour les malades un service de secours à domicile, la sœur de Charité est tout autrement traitée. Non-seulement les portes s'ouvrent devant elle, mais encore sa visite, désirée, sollicitée même, est regardée comme une marque d'honneur à laquelle on attache le plus grand prix, dont on conserve un religieux souvenir. On regarde comme du plus heureux augure les innocentes caresses qu'elle fait aux enfants : c'est à qui pourra les lui présenter, comme pour les bénir. Pourquoi cette touchante exception en sa faveur? Ah! c'est que la charité l'inspire et que les bienfaits l'accompagnent. Le mahométan voit quelque chose de surnaturel dans une fille qui a traversé les mers et tout sacrifié pour venir panser ses plaies et soulager ses douleurs. Il est même arrivé à quelques-uns de demander ingénument à ces religieuses *si elles étaient ainsi descendues du ciel.* La cour de leur maison se remplit chaque jour de malades turcs qui viennent les consulter. Quel est l'étonnement de ces infidèles, lorsque, offrant aux sœurs le prix des remèdes qu'elles préparent, ils les entendent répondre *qu'elles ne veulent et ne peuvent rien recevoir.* Ils restent comme stupéfaits en présence d'un dévouement si pur, de sentiments si désintéressés. Enfin, chose bien remarquable, les imans turcs et les prêtres hérétiques réclament aussi les secours des filles de saint Vincent de Paul, et professent pour elles la plus profonde vénération (Lettre du 20 nov. 1840, de M. Etienne, alors procureur général de Saint-Lazare). »

En relisant ces paroles et en considérant tout cet ensemble de choses, il nous semble entrevoir le dénouement mystérieux de l'histoire humaine. Nous avons vu le premier homme se diviser entre Dieu et l'enfer, nous avons vu l'un de ses fils tuer l'autre, et toute sa postérité se divisant en enfants de Dieu et en enfants de l'homme, jusqu'à ce que, le mal prévalant sur toute la terre, un déluge vint la noyer. Nous avons entendu en même temps une promesse divine, qu'il viendrait un Sauveur, à la fois Dieu et homme, pour réconcilier les hommes à Dieu, et les hommes entre eux. Cette réconciliation du ciel et de la terre, cette réunion des esprits, cette pacification universelle se prépare matériellement par la guerre, par la force du glaive. Les Assyriens de Nemrod et de Nabuchodonosor, les Perses de Cyrus, les Grecs d'Alexandre commencent par Babylone, les Romains achèvent par Rome, à ramener forcément les principaux peuples à l'unité matérielle d'un empire universel. Le Sauveur promis, Dieu et homme, les amène à l'unité de son empire spirituel, par la grâce, par la persuasion, par la charité : des milliers d'apôtres et de docteurs, des millions de martyrs et de vierges y travaillent au prix de leur sang et de leur vie. Les schismes, les hérésies, les scandales viennent à la traverse. Le glaive des Barbares, le glaive des Huns, des Vandales, des Turcs, des Arabes, des Tartares, et, à leur défaut, le glaive des guerres civiles, puniront les schismes, les hérésies, les scandales invétérés. Dieu se sert des plus méchants pour corriger les autres. Mais pour opérer le bien même, convertir à soi les cœurs, y répandre sa grâce et sa miséricorde, il se sert de ce qu'il y a de plus petit et de plus humble : il choisit la Vierge de Nazareth, pour se donner au monde lui-même, il choisit de pauvres pêcheurs, pour propager cette bonne nouvelle par toute la terre; et, aujourd'hui, pour achever cette œuvre de tous les siècles, pour réunir en son Eglise les peuples les plus rebelles, il choisit des frères et des sœurs d'école, il choisit des frères et des sœurs de charité. Ce que n'a pu ni l'épée des croisés, ni la science des docteurs, ouvrir les maisons, ouvrir les cœurs des Turcs et des Arabes à la foi chrétienne, une sœur d'école le fera, une sœur de charité le fera.

Et ce qui n'est pas moins merveilleux, l'instituteur de ces sœurs d'école et de charité, le patriarche de ces humbles conquérantes, Vincent de Paul, leur a prédit que Dieu les appellerait un jour à lui conquérir les nations de l'Orient. Cette prédiction est consignée nettement et à plusieurs reprises dans les conférences qu'il leur faisait, conférences qui ont été mises aussitôt par écrit et se conservent depuis deux siècles dans les archives de Saint-Lazare. Nous avons appris ce fait d'une manière bien inattendue, mais très-certaine, de la bouche même d'un de ses successeurs. Vincent de Paul serait ainsi appelé à compléter, par ses humbles filles, l'œuvre de tous les conquérants spirituels et temporels que Dieu a suscités depuis le commencement des siècles, la conversion des peuples à Dieu et à son Eglise.

Le saint homme mourut le 27 septembre 1660, à

## LIVRE LXXXVII. — § VII. MORT DE SAINT VINCENT DE PAUL.

l'âge de 85 ans. Depuis cinq années entières, il souffrait d'une fièvre périodique et d'autres maladies. Il éprouvait toutes les nuits des sueurs qui achevaient de l'épuiser. Le temps destiné au sommeil n'était point pour lui un temps de repos. Cela ne l'empêchait pas de se lever régulièrement à quatre heures du matin, de dire la messe, et de donner chaque jour un temps considérable à l'oraison. Il ne diminuait rien non plus de ses autres exercices de piété, ni de la pratique de ses œuvres ordinaires de charité. C'est précisément à cette époque de souffrances, qu'il fit pour l'Eglise et pour les pauvres la meilleure partie des grandes choses que nous avons vues. Une de ses dernières actions, fut d'envoyer douze mille livres aux Maronites du Mont-Liban, pour leur donner moyen d'obtenir du Grand-Turc un gouverneur plus traitable. Plus il sentait approcher son dernier moment, plus il redoublait de zèle pour l'instruction de ses enfants spirituels, les prêtres de la Mission et les sœurs de la Charité. La pensée de la mort l'occupait continuellement : tous les jours, après avoir dit la messe, il récitait les prières de l'Eglise pour les agonisants, avec les recommandations de l'âme et les autres actes par lesquels on prépare les fidèles à paraître devant Dieu. Le pape Alexandre VII, ayant été informé de l'extrême faiblesse où il était réduit, le dispensa de la récitation du Bréviaire; mais le serviteur de Dieu ne vivait plus quand arriva le bref de dispense. La dispense est du 20 septembre 1660. A cette époque, l'insomnie des nuits et l'extrême faiblesse du corps causaient au saint prêtre un assoupissement dont jusque-là il s'était assez bien défendu. Il le regardait comme l'image et l'avant-coureur d'une mort très-prochaine. « C'est le frère, disait-il en souriant, la sœur ne tardera pas à le suivre. »

Vincent de Paul a été béatifié l'an 1729 par Benoît XIII, et canonisé l'an 1735 par Clément XII. Sa vie entière et son nom seul apprennent à tous les siècles et à tous les peuples ce que c'est qu'un prêtre, et ce que c'est que l'esprit de Dieu et de l'Eglise qui doit l'animer.

# LIVRE QUATRE-VINGT-HUITIÈME.

L'Eglise et le monde pendant la seconde moitié du XVII<sup>e</sup> siècle et dans les commencements du XVIII<sup>e</sup>

(De l'an 1660, mort de saint Vincent de Paul, à l'an 1730, mort du pape Benoît XIII.)

§ I<sup>er</sup>.

*En Italie, succession de bons Papes. Grand nombre de savants, de saints et d'artistes.*

Après avoir commencé avec le monde, vécu avec les patriarches et les prophètes, avec le Christ et ses apôtres, nous voici arrivés à nos temps. Car, de 1660, mort de saint Vincent de Paul, à 1846, mort du pape Grégoire XVI, c'est une même phase de l'histoire universelle, une même évolution de causes et d'effets, et pour l'empire éternel de Dieu sur la terre, l'Eglise catholique, et pour les royaumes temporels et temporaires de l'homme. Dans l'Eglise de Dieu, c'est une succession non interrompue de bons Papes, qui, à travers les difficultés de tout genre, maintiennent inviolable la règle de la foi et des mœurs, et en répandent la connaissance parmi tous les peuples de la terre. Dans les royaumes politiques du monde, c'est une belle surface de politesse : telle autrefois la montagne du Vésuve était couverte de gazon, de vignes, de jardins, de maisons de plaisance. Mais sous cette belle apparence fermentent et bouillonnent des principes d'athéisme, d'immoralité, d'anarchie, comme des laves brûlantes qui calcinent les montagnes. De là des révolutions plus formidables que les éruptions du Vésuve, brisant les trônes, dévorant les empires, mais restaurant l'Eglise. La France est ce volcan, où, comme dans une immense fournaise, la Providence jette en fusion tous les métaux, tous les principes, bons et mauvais.

Nous voyons les descendants de saint Louis régnant à la fois sur les trônes de France, d'Espagne, de Naples et du Nouveau-Monde; puis chassés, puis replacés; puis se chassant et se replaçant l'un l'autre. La France, successivement royaume absolu, anarchie, république, empire, royaume constitutionnel : les soldats français campant à Amsterdam, à Dresde, à Berlin, à Munich, à Vienne, à Varsovie, à Moscou, à Milan, à Rome, à Memphis, à Jérusalem, à Naples, à Madrid; puis toute l'Europe campant à Paris, puis les Français en Afrique; un soldat français supprimant d'un trait de plume l'empire romain, se faisant lui-même empereur, mandant les vieux rois de l'Europe dans son antichambre, leur conservant, ôtant ou diminuant à son gré leurs domaines, faisant et défaisant de nouveaux rois en Hollande, en Saxe, en Westphalie, en Wurtemberg, en Bavière, à Milan, à Naples, en Espagne; puis, cet empereur des Français, se heurtant contre la pierre fondamentale de l'Eglise, contre la chaire de saint Pierre, et allant mourir sur un rocher solitaire de l'Océan.

La Pologne, divisée contre elle-même par l'hérésie, ensuite écartelée en trois lambeaux par la Russie, l'Autriche et la Prusse, et les lettrés de l'Europe applaudissant à ce meurtre d'une nation chrétienne. L'Allemagne, divisée contre elle-même par l'hérésie, menacée d'avoir le sort de la Pologne. L'Espagne s'étant laissé gangrener par l'impiété, en est punie par la perte de ses royaumes d'Amérique et par des guerres civiles entre ses princes mêmes. L'Angleterre protestante, acharnée contre l'Angleterre catholique, perd ses colonies américaines : hospitalière envers les prêtres catholiques de France, elle prend des sentiments plus humains envers la vieille Angleterre catholique, et reçoit dans l'Inde de nouveaux royaumes, avec la commission d'ouvrir au catholicisme les grandes portes de la Chine. La Turquie, battue une dernière fois par la Pologne expirante, se sent défaillir elle-même et tourne ses regards vers la chrétienté pour y trouver une autre vie. La Chine, entraînée dans l'orbite de l'humanité chrétienne. L'Amérique, détachée de l'Europe, se peuplant de républiques et de royaumes indépendants. Tous les vieux empires du monde sentant la terre trembler sous leurs pieds; les trônes disparaissaient dans une émeute, la propriété même des riches mise en question.

Et l'Eglise de Dieu, tracassée, persécutée, dépouillée, heurtée par ces royaumes, par ces trônes qui s'élèvent et qui tombent; l'Eglise apparaît toujours la même, toujours ancienne et toujours nouvelle : au milieu des révolutions et des guerres intestines de l'Europe, ses Pontifes se succèdent paisiblement : le Cosaque, le Turc viendront faire sentinelle à la porte du conclave, pour que l'élection du vicaire de Jésus-Christ ne soit point troublée par les Français en délire : au milieu des ruines amoncelées par l'impiété, naissent des œuvres de piété et de charité, naissent de nouveaux peuples chrétiens, sans que roi ni aucun personnage influent y contribue : l'Esprit souffle où il veut, on ne sait d'où il vient ni où il va. Ce sont de pauvres femmes qui commencent l'œuvre la plus gigantesque et qui embrasse tout l'univers, l'œuvre de la Propagation de la foi; ce sont les docteurs de l'Angleterre protestante qui ouvrent leurs yeux et leurs cœurs à la lumière et tendent leurs mains vers l'Eglise romaine;

ce sont les dernières des tribus sauvages qui demandent des robes noires pour apprendre à prier et adorer le Grand-Esprit; c'est le sultan de Stamboul qui demande des Trappistes pour tenir une école d'agriculture aux portes de sa capitale; c'est l'Allemagne protestante qui s'alarme de deux choses, de son fractionnement progressif et irrémédiable en une infinité de sectes, et puis de la vertueuse renommée du pape Pie IX, qui l'attire, malgré elle, vers le centre de l'unité catholique. Mais bornons-nous dans ce livre à l'intervalle qui s'écoule de 1660, mort de saint Vincent de Paul, à 1730, mort du pape Benoît XIII, fin du second siècle de la révolution religieuse de Luther et de Calvin, où l'on voit revenir au catholicisme les deux arcs-boutants du luthéranisme et du calvinisme, l'électeur de Saxe et l'électeur palatin.

Le pape Alexandre VII, élu le 7 avril 1655, mourut le 22 mai 1667, après avoir tenu le Saint-Siége douze ans un mois et seize jours. Nous verrons plus tard la querelle que lui fit le roi de France, Louis XIV, querelle qui l'empêcha d'exécuter le dessein qu'il avait formé, de réunir dans un collège à Rome tous les savants de l'univers chrétien, afin de se servir de leurs conseils pour décider les controverses de la foi et pour réfuter les ouvrages des hérétiques. Il se proposait de consacrer à leur entretien les revenus des monastères où la discipline était tellement déchue, qu'ils méritaient d'être supprimés. Alexandre VII a beaucoup de bulles et de brefs concernant les moines, entre autres une constitution du 19 avril 1666, pour la réformation de l'ordre de Citeaux. Ainsi que nous avons vu, il confirma la bulle d'Innocent X contre l'hérésie de Jansénius et donna un formulaire à souscrire à ce sujet. Il condamna aussi plusieurs propositions répréhensibles en fait de morale. Dès la première année de son pontificat, il renouvela la bulle *in Cœna Domini*, excommuniant tous les hérétiques et les schismatiques, ceux qui appellent du Pape au futur concile, les pirates, ceux qui pillent les biens des naufragés, ceux qui imposent des contributions injustes, ceux qui fournissent des armes ou donnent aide et conseil aux ennemis des chrétiens (*Bullar. et Pallat.*).

Rome admira dans ce siècle la charité du cardinal Frédéric, landgrave de Hesse. Ayant abjuré en 1637 l'hérésie dans laquelle il était né, il entra dans l'ordre des religieux militaires de Saint-Jean de Jérusalem, autrement chevaliers de Malte, commanda avec succès la flotte de l'ordre contre les infidèles et prit Tunis en 1640. Nommé cardinal-diacre par Innocent X, il fixa son séjour à Rome. La peste y ayant éclaté, on le vit, pendant plusieurs mois, parcourir chaque jour les divers quartiers de la ville, visiter les malades, entrer dans les cabanes des pauvres et procurer à tous ce qui leur était nécessaire. Aussi les Romains l'avaient-ils en grande affection (*Ciac.*, t. IV, col. 695).

Alexandre VII eut pour successeur le cardinal Jules Rospigliosi, qui prit le nom de Clément IX. Il était né le 27 janvier 1600, à Pistoie en Toscane, d'une des principales familles de cette ville et de cette province. Il fit ses études d'humanités et de philosophie au collège Romain, fut reçu docteur en droit civil et ecclésiastique dans l'Université de Pise. Sa doctrine était rehaussée par la vertu, surtout par une grande charité pour les pauvres, charité qu'il avait puisée dans l'éducation de sa mère. Un moyen sûr d'obtenir du petit Jules ce qu'on voulait, c'était de lui promettre, comme prix de son obéissance, quelque monnaie pour les pauvres. De retour à Rome, il se lia d'amitié avec les littérateurs et s'acquit une grande réputation par son élégance dans la poésie toscane, surtout la poésie dramatique. Urbain VIII, qui était lui-même un poète distingué, le prit en affection et le fit entrer dans la carrière des charges ecclésiastiques, et finit par l'envoyer nonce en Espagne. A la mort d'Innocent X, les cardinaux l'élurent unanimement gouverneur de Rome. Il fut créé cardinal par Alexandre VII, auquel il succéda le 20 juin 1667, à l'applaudissement unanime de toutes les nations. Le conclave avait duré seize jours : il eût été élu dès la première séance, mais il était si malade, qu'on ne savait pas s'il en reviendrait : il avait plus de soixante-dix ans. Le nouveau Pape prit pour devise un pélican, avec cette épigraphe : *Clément pour les autres, non pour soi.* Ce qui l'occupa tout d'abord, fut de diminuer les impôts du peuple : à cet effet, il institua une congrégation ou conseil pour aviser aux moyens. Il établit des fabriques de laines et d'étoffes, et rendit le commerce libre entre les provinces. Pour l'établissement de ces fabriques, il se servit de son frère Camille et de ses neveux : ce fut la seule prédilection qu'il leur témoigna ; car, pour donner, il n'avait de parents que les pauvres. Deux jours par semaine il donnait audience à tous ceux qui se présentaient, et il écoutait chacun avec une douceur inaltérable. Il visitait fréquemment les hôpitaux et servait les malades de ses propres mains, quoique le plus souvent malade lui-même. Chaque jour, lorsque la santé le lui permettait, il recevait à sa table douze pauvres pèlerins, et les servait avec tant de piété et d'humilité, que des hérétiques d'une naissance considérable se déguisèrent en pauvres pour en être témoins : ils en furent si touchés, qu'ils abjurèrent l'hérésie. Dans ce concours journalier d'étrangers à Rome, il y avait quelquefois de jeunes nobles qui, prévenus par des gens malintentionnés, ne voyaient de la cour romaine que le mal, et retournaient dans leur pays avec ces préjugés défavorables. Clément IX institua une société d'hommes distingués par leur rang et leur éducation, qui s'attachaient à bien accueillir les jeunes étrangers et à leur faire voir ce qu'il y avait d'édifiant dans Rome. Deux fois par mois, on réunissait les pauvres dans trois églises, où on les prêchait dans leur langue et on leur distribuait des aumônes : quatre fois par an, à Pâques, à la Saint-Pierre, à l'Assomption de la sainte Vierge et à la Toussaint, on les entendait à confesse et on les communiait. Le Pape lui-même entendait les confessions dans l'église du Vatican.

Cet excellent Pontife amena les jansénistes de France à se soumettre, du moins extérieurement, aux décisions du Saint-Siége touchant leurs erreurs. Il eut également la consolation, en 1666, de pacifier et de réorganiser les églises du Portugal. Depuis vingt-cinq ans, elles n'avaient pas d'évêques. La cause en était à la révolution politique par laquelle le Portugal s'était soustrait à la domination de l'Espagne et s'était redonné un roi national. Le monarque espagnol ayant été forcé, l'an 1666, de reconnaître l'indépendance du Portugal, le Pape s'empressa de pourvoir aux églises vacantes.

Clément IX se conciliait tellement l'affection des princes hérétiques, que, s'il eut vécu plus longtemps, il les aurait probablement ramenés à l'unité de l'Eglise. Ils arrivaient à Rome du fond de l'Allemagne, pour vénérer, disaient-ils, ce Pontife tombé du ciel. Le comte de Berkem, sur les frontières de la Hollande, abjura l'hérésie et embrassa la foi catholique. On garde encore au Vatican des lettres de ce Pape à Jules-François, duc de Saxe, d'Angrie et de Westphalie, où il le loue extrêmement de son zèle à propager la foi catholique en ces contrées. Clément IX mourut le 9 décembre 1669, après deux ans cinq mois et dix-neuf jours de pontificat : il mourut de chagrin à cause de la perte de l'île de Crète ou de Candie, que les Turcs enlevèrent aux Vénitiens : le Pape y avait envoyé des secours en hommes et en argent sous le commandement de son frère Camille ; il en avait aussi procuré de la part de la France, sous le commandement du duc de Beaufort (*Pallat. et Ciacon.*).

Parmi les douze cardinaux de Clément IX, on distingue le cardinal de la Tour-d'Auvergne ou de Bouillon, mais bien plus encore le pieux et savant cardinal Bona, estimé et aimé dans toute l'Eglise, et même parmi les protestants, pour ses ouvrages de théologie mystique. *Jean Bona* naquit en octobre 1609, à Mondovi en Piémont, d'une noble famille qui est, dit-on, une branche de la maison de Bonne-Lesdiguières, du Dauphiné. Dès l'âge de quinze ans, il embrassa l'ordre des Cisterciens, dans la congrégation réformée de Saint-Bernard, connue en France sous le nom de *Feuillants*. Il devint successivement prieur d'Asti, abbé de Mondovi, et, en 1651, général de son ordre. Ayant rempli cette charge trois ans, il se retira dans sa chère solitude, pour s'y occuper uniquement de Dieu et de lui-même. Mais bientôt il fut rappelé à Rome par Alexandre VII et créé de nouveau général de son ordre pour sept ans. Ami particulier du Pape, il remplit plusieurs charges considérables, où il donna des preuves signalées de sa prudence et de sa doctrine. Enfin, après que, pendant quarante-cinq ans, il eût mené la vie la plus paisible dans le cloître, à l'âge de soixante ans, il fut nommé cardinal, bien contre son attente et malgré lui, par le pape Clément IX, en 1669.

Les œuvres du cardinal Bona comprennent plusieurs traités savants, dont un *Des choses liturgiques*, qui offre des recherches curieuses et intéressantes sur les rites, les cérémonies et les prières de la messe, et des livres de piété dont la plupart ont été traduits en français. On distingue surtout celui *Des principes de la vie chrétienne*, qui est écrit avec tant d'onction et de simplicité, qu'on le compare au livre de l'*Imitation de Jésus-Christ*. *La voie abrégée vers Dieu par des mouvements anagogiques et des oraisons jaculatoires*, est une introduction à la théologie mystique.

La voie mystique, suivant la doctrine de Bona, est partie active, partie passive : active, en tant qu'elle dépend de notre volonté, avec le concours de la grâce divine ; passive, en ce que l'âme est entraînée et comme absorbée en Dieu. La théologie mystique est une fixation ou direction ferme de l'esprit vers Dieu, une admiration de sa majesté, une élévation de l'esprit vers l'infinie et éternelle lumière ; la contemplation la plus ardente et la plus tranquille de la divinité, contemplation qui transforme. La préparation à cette théologie est une mortification constante en toutes choses, avec les actes surnaturels de la foi, de l'espérance et de la charité, par lesquels l'homme atteint Dieu immédiatement. Le but principal de la théologie mystique est de conduire l'âme à l'union la plus intime avec Dieu ; union, non pas locale, ni opérée par la grâce sanctifiante ou cimentée par la charité, mais union souverainement heureuse et secrète, impénétrable à qui n'en a pas l'expérience et difficile à expliquer, laquelle se produit dans les facultés de l'âme. L'esprit, inondé de la très-claire lumière de la sagesse, contemple Dieu comme un tout dans lequel se trouve tout bien, de manière qu'il ne peut porter ses regards sur autre chose : la volonté est enchaînée par l'amour le plus ardent, qui pénètre comme le feu et consume tout en quelque sorte, tellement que l'âme ne vit plus en elle-même ni n'opère d'actes naturels, mais elle passe avec une entière affection en celui auquel elle est unie par l'embrassement le plus intime. C'est ainsi que, par l'union mystique, elle est transformée en Dieu. De là une beauté, une lumière, un amour, une amabilité qui sont ineffables ; un mépris de toutes les choses terrestres, un désir insatiable des choses célestes, une parfaite imitation de Jésus-Christ, et, par suite de surabondance de l'esprit, un sentiment d'allégresse et une merveilleuse transformation du corps. De là vient l'anéantissement de l'âme devant Dieu et la mort mystique ; une ardeur, une langueur, une fusion, une ivresse spirituelle, un silence intérieur, un baiser du Verbe, un ravissement et beaucoup d'autres choses que l'auteur passe sous silence, attendu que l'onction seule les apprend à ceux qui sont dignes de les expérimenter. Ce sont là, continue-t-il, des mystères sublimes qui surpassent la commune intelligence de l'homme ; mais, comme dit très-bien Platon, sur les choses de Dieu, il faut croire les enfants de Dieu, lors même qu'ils n'apportent point de preuves. Le chemin le plus court pour arriver au sommet de la théologie mystique, ce sont les mouvements anagogiques et la pratique des aspirations. Celles-ci consistent en des prières toutes courtes, que l'on prononce seulement en esprit, ou bien aussi de bouche ; l'âme fidèle doit s'y habituer en tout temps et en tout lieu, s'en servir fréquemment, et ainsi, jour et nuit, et dans toutes ses occupations, élever son cœur et sa volonté vers Dieu. On donne de tout cela une méthode détaillée dans le reste du livre, on y décrit le triple état des commençants, des avançants et des parfaits, et comme les aspirations, dont on propose un grand nombre d'exemples, doivent conduire à la contemplation de Dieu, on en traite aussi fort au long (J. Bona, *Via compendii ad Deum*).

Mais l'ouvrage où le pieux et savant cardinal s'est surpassé lui-même, c'est son traité *De la divine psalmodie*. C'est une savante et très-pieuse explication de l'office ecclésiastique et en particulier du Bréviaire. Une foule de recherches curieuses sur l'origine, l'ordre, la disposition, la signification de chacune des parties de l'office divin, font de ce livre une mine précieuse où le prêtre peut trouver le sens et la science des prières qu'il récite chaque jour.

Le cardinal Bona mourut aussi saintement qu'il avait vécu, le 25 octobre 1674. Il mérite d'être rangé parmi les Pères et les Docteurs de l'Eglise.

A la mort de Clément IX, en 1669, les gens de bien désiraient beaucoup voir le cardinal Bona nommé pape, et il s'en fallut peu que leurs vœux ne fussent accomplis; on fit à ce sujet, sur son nom de Bona ou Bonne, la pasquinade suivante : *Bonne pape serait un solécisme.* Un Père Jésuite répondit par quatre vers Latins : « L'Eglise méprise assez souvent les lois de la grammaire ; peut-être qu'on pourra dire : Bonne pape. Que la vaine image d'un solécisme ne te trouble point; si Bonne était pape, le Pape serait bon. »

Le cardinal Bona ne fut point pape, mais un autre qui en était également digne, le cardinal Jean-Baptiste-Emile Altiéri, élu le 29 avril 1670, à l'âge de 80 ans, après un conclave de quatre mois quatre jours. Clément IX, dans sa dernière maladie, s'était hâté de le revêtir de la pourpre. Il lui en dit à lui-même la raison : c'est qu'il avait un pressentiment que Dieu le destinait à lui succéder. La prédiction s'accomplit. Voici comme un auteur protestant, professeur d'histoire à Wittemberg, parle de ce nouveau Pape :

« Les maximes gouvernementales de Clément IX furent suivies heureusement par Clément X. Il descendait de la famille romaine des Altiéri, et, quoique octogénaire, ne fut pas inactif dans ses affaires sans nombre. Comme il n'avait point de parents dans sa propre famille et qu'il ne voulait pas laisser s'éteindre cette ancienne maison, il adopta toute l'ancienne famille des Paluzzi, lui donna le nom d'Altiéri, avec le surnom de *Nepos* ou *Neveu*, et lui céda les biens héréditaires de sa maison. Toutefois, encore qu'il distinguât ses nouveaux parents par des dignités importantes et par d'autres avantages, et qu'en particulier il employât utilement le nouveau cardinal Altiéri, comme son principal ministre, pour le soulager du gouvernement des affaires publiques, ce n'était cependant pas un népotisme onéreux à la Chambre apostolique ; même ses nouveaux parents n'étaient pas trop satisfaits de sa libéralité. Au contraire, il confirma la congrégation qui devait diminuer les impôts, quoiqu'il eût trouvé le trésor bien chargé de dettes. Il supprima la décime ecclésiastique, la guerre des Turcs étant terminée, et réduisit de moitié la taxe de la guerre. Il congédia les cuirassiers et les autres soldats levés par Innocent X, il retrancha toutes les dépenses superflues à la cour et dans l'Etat, et fit déposer au mont-de-piété tous les revenus qui tombaient dans la caisse privée du Pape, pour les employer aux besoins publics. Ce fut aussi une loi sage, celle par laquelle il déclara, l'an 1671, que le négoce en grand ne dérogeait point à la noblesse de ses Etats, et ne préjudicierait point à son honneur, pourvu qu'elle ne se mêlât point du petit commerce (Schroeck, *Hist. ecclés. depuis la réformation*, t. VI, p. 332). »

Clément X mourut le 22 juillet 1676, ayant tenu le Saint-Siège six ans deux mois et vingt-quatre jours.

« Mais, continue le même historien protestant, un des pontificats les plus illustres et un des plus dignes Papes fut intrônisé en 1676, en la personne d'Innocent XI. Il s'appelait proprement Benoît Odescalchi, et était né l'an 1611 à Côme dans le Milanais, d'une famille noble. On s'est disputé dans les temps modernes, pour savoir si dans ses jeunes années il avait porté les armes ou non. On sait avec certitude que, dès sa vingtième année, il s'appliqua aux sciences ecclésiastiques à Gênes, à Rome et à Naples, et que par suite il obtint le grade de docteur en théologie. Désireux de servir l'Eglise, il revint à Rome, passa un emploi considérable dans un autre, devint cardinal en 1646, légat de Ferrare, et bientôt après évêque de Novare. Comme sa santé l'obligea de résigner cet évêché, il retint une pension annuelle sur ses revenus, mais la céda à son successeur, qui fut son frère, à condition de l'employer tout entière en faveur des pauvres. En général, sa bienfaisance était aussi grande que son zèle à réformer le clergé et que sa frugalité au milieu de richesses considérables. Il envoya bien des milliers d'écus à l'empereur Léopold et au roi de Pologne, pour qu'ils fussent plus en état de continuer la guerre contre les Turcs. Ces qualités lui avaient acquis l'estime générale ; on souhaitait depuis longtemps le voir sur le trône pontifical ; et les cardinaux l'élurent, quoiqu'il leur eût déclaré que, dans ce cas, il rétablirait l'ancienne discipline.

» Il tint fidèlement sa promesse, et s'annonça aussitôt comme l'ennemi le plus déterminé du népotisme. Il manda au fils de son frère, avec lequel il avait entretenu jusqu'alors un commerce très-agréable, qu'il n'eût à rester dans Rome que comme une personne privée, ne se mêlant d'aucune affaire d'Etat, et n'entrant dans aucune négociation avec les ambassadeurs étrangers. Cependant, pour qu'il pût vivre suivant sa condition, il lui abandonna son propre patrimoine. Au fils de sa sœur à Milan, homme très-estimable, il ne permit jamais de venir à Rome ; il se repentit même d'avoir accordé à ses fils une petite pension. Vainement quelques courtisans lui représentèrent-ils que ses parents rehausseraient la renommée de son gouvernement ; il leur opposa des calculs d'après lesquels les neveux des Papes avaient coûté dix-sept millions de ducats d'or à la Chambre apostolique. Innocent fit même dresser une bulle, à laquelle acquiescèrent tous les cardinaux, et qui devait réprimer le népotisme à jamais ; mais à cause de quelques familles considérables, qui avaient acquis leurs richesses par cette voie, elle ne fut pas rendue publique. Lui-même faisait peu de dépenses et habitua sa cour à la modestie. Les évêchés étaient conférés jusqu'alors sans examen des candidats ; il établit une congrégation de cardinaux et de prélats pour informer de leurs mœurs et de leur doctrine. Afin de supprimer la vénalité des charges à sa cour, il rendit à vingt-quatre secrétaires apostoliques l'argent qu'ils avaient donné pour obtenir la leur. Il se montra d'autant plus libéral à contribuer pour la guerre des Turcs ; le clergé d'Italie dut lui-même y consacrer une partie de ses revenus.

» Innocent XI soutint avec d'autant plus de fermeté contre les plus puissants princes de sa communion, les droits qu'il croyait avoir et comme pape et comme souverain. L'abus s'était introduit à Rome, que les plus grands criminels trouvaient, dans les palais des ambassadeurs, un asile plus sûr que dans les églises. Le Pape défendit en conséquence, à qui que ce fût, d'arborer au-dessus de sa maison ou de sa boutique les armes d'un monarque étranger, d'un prince ecclésiastique ou séculier, parce qu'il voulait être maître dans sa capitale, et y exercer la justice, comme tout autre prince dans son domaine. Même les plus grandes familles de Rome s'étaient permis jusque-là de donner des patentes à plusieurs gens, qui se dérobaient alors au cours régulier de la justice; mais le Pape fit bannir de la ville un pareil favori du prince de Colonne, et le convainquit lui-même de la nécessité de cette mesure. Lorsque l'ambassadeur espagnol entreprit à Rome des enrôlements par force, Innocent sut maintenir également ses droits de souverain (Schroeck, t. VI, p. 333 et seqq.). » C'est ainsi que s'exprime sur Innocent XI, l'historien protestant, le professeur de Wittemberg.

Quant aux querelles que firent à cet excellent Pape et le roi de France, Louis XIV, et une portion du clergé français, nous les verrons en temps et lieu, ainsi que les conséquences qui en découlent naturellement, et pour le clergé de France, et pour la dynastie de Louis XIV, et pour tous les clergés, toutes les dynasties, tous les peuples de l'univers.

Innocent XI mourut le 19 avril 1689 : le peuple de Rome, qui le regardait généralement comme un saint, se pressa autour de son corps, et se partagea ses vêtements comme des reliques. Philippe V, roi d'Espagne, demanda sa canonisation à Clément XI; le procès commença effectivement, et Benoît XIV y fit travailler avec zèle; mais, jusqu'à présent, il n'y a pas eu de résultat (*Ibid.*, p. 347 et 348).

Le 16 octobre 1689, Innocent XI eut pour successeur le cardinal Pierre Ottoboni, né à Venise le 10 avril 1610, qui prit le nom d'Alexandre VIII. Malgré ses soixante-dix-neuf ans, il était encore vigoureux, actif, avait une rare prudence et dextérité, avec une pleine connaissance des affaires du monde. Son gouvernement eût été parfait, s'il n'avait ouvert de nouveau la porte au népotisme. Il secourut par de grandes sommes d'argent les Vénitiens et l'empereur Léopold, dans leur guerre contre les Turcs. Il n'occupa le Saint-Siège que seize mois, et mourut le 1er février 1691, dans la 82e année de son âge.

Cette résurrection du népotisme en fut la mort. Elle porta plusieurs cardinaux, même de ceux qui avaient refusé de souscrire la bulle d'Innocent XI pour la suppression de cet abus, à former la résolution, dans le conclave, de ne point élire de pape, jusqu'à ce que tout le sacré collège eût consenti à la suppression du népotisme. Ils espéraient encore que par là se perdraient insensiblement le nom et la puissante influence des chefs de partis, qui d'ordinaire rendaient le conclave si long et si agité; car alors il n'y aurait que des cardinaux indépendants, qui pourraient donner librement leurs suffrages. On s'entendit ainsi là-dessus; et enfin on trouva dans le cardinal Antoine Pignatelli un homme qui devait remplir certainement cette attente. Il descendait d'une des principales familles de Naples, et y était né le 15 mars 1615. A Rome, sous la direction des Jésuites, il posa les fondements de ses connaissances ; il entra bien dans l'ordre de Malte ; mais n'y remplit point les fonctions de chevalier : il se donna tout entier à l'Eglise, y passa par plusieurs charges, d'inquisiteur, de vice-légat, d'ambassadeur, d'évêque et enfin d'archevêque de Naples. Elu pape le 12 juillet 1691, il prit le nom d'Innocent XII, parce qu'il prenait pour modèle le gouvernement de son prédécesseur Innocent XI.

Il atteignit effectivement ce modèle, et triompha du népotisme encore plus efficacement. Par une constitution spéciale du 22 juin 1692, il le supprima pour toujours. « Il sied au Pontife romain, comme serviteur fidèle et prudent, que le Seigneur a constitué sur sa famille, de régler si bien sa conduite à la vue de l'Église catholique, qu'il plaise lui-même à Dieu de son vivant, soit trouvé juste, et devienne sincèrement le modèle du troupeau et la bonne odeur du Christ en tout lieu ; et que les autres pontifes et prélats des églises, appelés au partage de la sollicitude dont la plénitude lui a été confiée, ainsi que les autres fidèles chrétiens qu'il porte dans les entrailles de sa charité, apprennent par son exemple et ses préceptes à mépriser les biens périssables de ce monde, à éviter les pièges de la chair et du sang, et à disposer des choses de l'Église suivant les lois de la justice et de l'équité, et, par les ailes de l'esprit, à s'élever, Dieu aidant, vers les choses célestes. C'est pourquoi, considérant les saints canons qui défendent aux évêques d'enrichir leurs parents des biens et revenus de l'Eglise, les considérant même depuis que nous sommes établis sur le siège du bienheureux Pierre prince des apôtres, à qui ce n'est pas la chair et le sang qui ont révélé: nous avons résolu, et jusqu'à présent, avec l'aide de Dieu, nous avons eu soin d'observer l'ancienne discipline ; afin que dans la distribution des biens et des revenus appartenant à ce Saint-Siége et à la Chambre apostolique, observant exactement les lois et règles de la justice et de la prudence, nous n'ayons égard qu'au mérite, et nullement à la chair et au sang, ni à aucune effection humaine. Et quoique nous espérions de la miséricorde de Dieu de tels Pontifes romains pour successeurs qu'ils rempliront leur devoir non-seulement en cette partie, mais encore dans tout le reste, et embaumeront toute l'Eglise de leur parfum spirituel, néanmoins nous avons résolu d'indiquer aux autres ce que nous ne souffrons pas qui soit permis à nous, et d'établir dans la sainte Eglise romaine, la mère et la maîtresse de toutes les églises, une règle et une loi salutaire et durable à ce sujet. »

En conséquence, aucun pape ne doit disposer d'aucun bien ou office de l'Eglise romaine en faveur de ses parents ou amis, sous aucun prétexte que ce soit, même de récompenser leurs services, surtout lorsque le service ou le mérite est bien au-dessous de la récompense. Que s'ils sont pauvres, il sera permis au pontife romain de les secourir selon sa conscience, de la même manière qu'il lui est permis de secourir des étrangers. Mais afin que ce que l'on défendait directement ne fût ramené d'une manière indirecte, Innocent XII supprime tous les emplois civils, militaires, ecclésiastiques, qui se donnaient ordinairement aux parents et aux amis du Pape. Si le besoin des temps voulait un jour le rétablissement de ces places, surtout des militaires, elles ne seront conférées qu'à des hommes expérimentés et capables. Si des parents ou amis du Pape sont assez habiles pour remplir des charges ecclésiastiques, on ne leur assignera de revenus que suivant leur service, sans aucun égard à leur parenté. S'il y en a qui méritent d'être élevés à la dignité de cardinal, ils n'auront que la pension ordinaire de douze mille écus romains, sauf les émoluments des fonctions particulières qu'ils rempliraient. Que si, ce qu'à Dieu ne plaise ! on excédait jamais la mesure prescrite, le Pape qui succédera aura soin de revendiquer et de reprendre, même avec le secours du bras séculier, tout l'excédant, pour l'appliquer et l'incorporer à la Chambre apostolique. Cette constitution sera jurée par tous les nouveaux cardinaux, par tous les nouveaux pontifes, et par tous les cardinaux entrant au conclave. Innocent XII et ses cardinaux souscrivirent en ces termes : « Moi Innocent, évêque de l'Eglise catholique, je le promets, j'en fais le vœu et je le jure. » Parmi les trente-quatre signataires, on lit le nom de Thomas Howard, cardinal de Norfolk, religieux de l'ordre de Saint-Dominique (*Bull. magn. contin. bulla* 19).

Outre cette réformation capitale de sa cour, Innocent entreprit encore beaucoup d'autres établissements d'amélioration et de bienfaisance. Il défendit de vendre les emplois de la Chambre apostolique et d'administration, et rendit l'argent à ceux qui en avaient acheté. Au contraire, il promut souvent des offices les plus bas aux plus élevés des hommes inconnus, mais de grande capacité. Pour favoriser le cours d'une justice plus sévère, il fixa un jour de la semaine pour entendre lui-même tout le monde. Il introduisit un ordre salutaire dans tous les tribunaux, interdit les présents, assigna des appointements aux avoués et fit d'autres ordonnances utiles. Mais rien ne surpassa sa bienfaisance envers les pauvres, qu'il appelait ses neveux. Tous les petits présents qu'on lui faisait, car il n'en acceptait point de considérables, il leur en faisait part; il leur céda même le palais de Latran, où ils furent soignés et entretenus, il réunit dans un nouvel hôpital les mendiants invalides; il bâtit plusieurs de ces maisons pour les pauvres; des enfants nécessiteux, surtout des orphelins, furent non-seulement nourris dans un hospice spécial, mais encore instruits dans les arts et métiers. Il embellit sa capitale par l'architecture, et agrandit les ports de Nettuno et de Civita-Vecchia pour l'avantage du commerce. D'un autre côté, il réduisit très-bas les dépenses de sa table, ainsi que l'intérieur de sa cour. On dit même qu'il défendit l'usage des perruques aux ecclésiastiques; ce qui donna lieu à cette pasquinade : Qu'il voulait réformer l'Eglise dans le *chef* et les *membres*. Mais, s'il fit quelque règlement à cet égard, c'est que les faux cheveux occasionnaient alors des dépenses excessives (Schroeck, t. VI, p. 349-353).

Innocent XII, ainsi que nous verrons, termina la querelle que le roi de France, Louis XIV, et certains évêques français avaient faite au Saint-Siége. Mais l'événement de son règne qui lui causa le plus de joie, ce fut le retour à l'Eglise catholique de celui des princes dans les domaines de qui avait commencé la révolution religieuse de Luther. Frédéric-Auguste, électeur de Saxe, puis roi de Pologne, lui écrivit en 1697 comme à son père, lui offrant l'hommage de son obéissance et sa dévotion filiale : depuis plusieurs années il avait formé dans son cœur le dessein de cette merveilleuse conversion; il ne doutait pas que cet exemple d'un pécheur qui fait pénitence ne réjouît autant le Pape que les anges du ciel. Depuis cette époque, la maison de Saxe n'a pas discontinué de donner l'exemple de la piété et de la vertu.

L'excellent pape Innocent XII vécut jusqu'à l'âge de quatre-vingt-six ans, et termina glorieusement, pour l'Eglise le XVIIe siècle : il mourut le 27 septembre 1700, l'année du grand jubilé. Il eût bien voulu ouvrir cette solennité en personne, la veille de Noël, l'année précédente; mais l'âge et les maladies ne lui permirent point cette consolation; il en versa des larmes. Nous avons vu quel éloge fait de lui l'historien protestant, professeur de Wittemberg : l'Italien Muratori commence également son portrait par ces paroles : « Ce glorieux Pontife de l'Eglise de Dieu mérite bien que son nom et son gouvernement soient en bénédiction dans tous les siècles à venir, tant furent nobles et louables toutes ses actions. Enfin, conclut-il, cet immortel Pontife, ferme à soutenir la dignité du Saint-Siége, plein de mansuétude et d'humilité, et riche de mérites, fut appelé de Dieu à recevoir la récompense de ses incomparables vertus, le 27 septembre, pleuré et regretté de tout le monde, et honoré du glorieux titre de *Père des pauvres* (Muratori, *Annali d'Italia*, an 1700). »

Les cardinaux, entrés au conclave, se divisaient comme à l'ordinaire en plusieurs partis, lorsqu'on apprit la mort du roi d'Espagne, Charles II. C'était le dernier prince autrichien assis sur ce trône : il ne laissait point d'enfants. On avait bien fait des traités pour le partage de cette vaste monarchie, mais ces traités avaient été révoqués et remplacés par un testament. La guerre était inévitable entre les deux compétiteurs, l'Autriche et la France. Cette guerre ne pouvait manquer de s'étendre en Italie, où l'Espagne avait d'importantes possessions; l'influence du Pape dans ces affaires allait nécessairement être d'un grand poids. Le cardinal Radulovic de Chiéti représenta aussitôt à ses collègues la nécessité de choisir sans délai un pilote capable de bien gouverner la barque de Pierre, attendu qu'il se préparait une rude tempête en toute l'Europe, et principalement en l'Italie; le Saint-Siége devait s'appliquer de tout son pouvoir à détourner ce menaçant orage; et, s'il ne le pouvait, veiller du moins à ce que la foi catholique ne souffrît point de préjudice. Les Pères, frappés de ces observations, ne tardèrent pas à s'accorder dans leurs suffrages sur quelqu'un qui ne désirait point, et encore moins attendait le souverain pontificat. Ce fut le cardinal Jean-François Albani, d'Urbin, né le 22 juillet 1649. Il n'avait que cinquante ans, avec des parents en grand nombre : deux obstacles à son élection, surtout de la part des vieux cardinaux; mais rien ne les empêcha de l'élire d'une voix unanime, à cause du merveilleux assemblage de talents et de vertus, l'intégrité des mœurs, l'élévation de l'esprit, la science des lettres, la pratique des affaires, l'affabilité et la courtoisie avec lesquelles il avait toujours su gagner l'estime et l'affection de chacun. Quand on lui eut expliqué l'intention des vénérables électeurs, il fondit en larmes, s'excusa sur son inhabileté et témoigna une répugnance non affectée pour ce fardeau, comme présageant les travaux qui vinrent effectivement l'accabler en quelque sorte pendant un pontificat de plus de vingt ans : il insistait donc sur ce que, dans les temps aussi périlleux et difficiles, il fallait pourvoir l'Eglise de Dieu d'un conducteur plus expérimenté et plus ferme. Qu'il parlât du fond de son cœur, les faits le démontrèrent, car il fut trois jours avant de consentir : ce que ne fait point celui qui aspire à la tiare, de peur que dans l'intervalle on ne change de pensée. Encore ne se résigna-t-il à accepter que quand les théologiens lui eurent fait voir qu'il était tenu d'acquiescer à la volonté de Dieu manifestée par le consentement des électeurs, et qu'on lui eût donné la certitude de l'acquiescement de la cour de France. C'est que l'ambassadeur français s'était retiré à Sienne, à cause d'un différend qu'il avait eu avec les cardinaux chefs d'ordre du conclave. Le cardinal Albani demeura donc unanimement élu souverain Pontife le 23 novembre 1700, fête de Saint-Clément, pape et martyr, ce qui lui fit prendre le nom de Clément XI. Cette élection causa une joie extraordinaire dans Rome, parce que le cardinal Albani, élevé dans cette ville et aimé de chacun, promettait un glorieux pontificat; et chacun se figurait avoir part aux dons de sa bienfaisance (Muratori, an 1700, et Schroeck, *ubi sup.*).

L'attente du peuple romain ne fut point trompée : le pontificat de Clément XI fut d'autant plus glorieux, que les difficultés étaient plus grandes. La guerre de succession d'Espagne entre la France et l'Autriche ébranla toute l'Europe, troubla toute l'Italie : le Pape, tiraillé, menacé de part et d'autre, quelquefois même attaqué, sut néanmoins mener finalement tout à bien. Au milieu de tous ces embarras, il aida les Vénitiens contre les Turcs. Comme l'hérésie de Jansénius remuait et brouillait tout en France, il la réprima par deux constitutions : l'une, *Vineam Domini* (15 juillet 1705), par laquelle il déclare que, pour obéir aux décisions dogmatiques du Saint-Siège, ce n'est point assez de garder extérieurement le silence, si on n'y conforme la croyance de son esprit; l'autre, *Unigenitus* (8 septembre 1713), par laquelle il condamne cent et une propositions du janséniste Quesnel. Nous verrons les clameurs et les menées artificieuses des sectaires; mais le coup était porté. Le serpent du jansénisme, comme toute autre hérésie, une fois frappé à la tête par la houlette du souverain pasteur, pourra bien se plier et se replier en tout sens, infecter de son venin ceux qui le caressent, il n'en mourra pas moins.

Deux consolations que Clément XI eut dans sa vie, ce fut d'apprendre en 1706, la conversion du duc Antoine-Ulric de Brunswick-Wolfenbuttel; et, en 1717, celle du prince héréditaire de Saxe et prince royal de Pologne.

Le bon pape Clément XI eut à combattre toute sa vie, non-seulement contre les maladies politiques et morales de l'Europe, mais encore contre les maladies physiques de sa propre personne, contre l'asthme, contre des maux de poitrine et des jambes; plus d'une fois on craignit de le voir mourir, mais Dieu le conserva au gouvernail de son Eglise dans les temps les plus orageux pour la chrétienté. A peine relevait-il d'une maladie, qu'il retournait plus ardent que jamais aux affaires et aux fonctions de son ministère, tant sacré que politique. Enfin arriva son dernier moment : étant tombé malade, il passa deux jours dans la dévotion la plus exemplaire, et, à l'âge de 61 ans et près de huit mois, il acheva tranquillement de vivre le 19 mars 1721, fête de saint Joseph. Son pontificat avait duré vingt ans, trois mois, vingt-six jours. Peu auparavant, il avait reçu la consolante nouvelle que la bonne harmonie était complètement rétablie avec la cour d'Espagne. Il réunissait en sa personne tant de qualités et de vertus, ses belles actions furent si considérables et si nombreuses, que les sages s'accordèrent à le placer parmi les plus illustres et les plus recommandables pontifes de l'Eglise de Dieu. Plus les affaires du gouvernement ecclésiastique et civil étaient scabreuses dans ces jours, plus elles firent éclater son génie, sa constance, son adresse et sa vigilance. Ses mœurs étaient sans tache et sacrées à la piété dès son enfance : elles se conservèrent encore plus incorruptibles sous la tiare. Nul ne le surpassa en affabilité et en bienveillance affectueuse. Il aima dans la stricte mesure son frère et ses neveux, en les obligeant à mériter les honneurs par les fatigues; et on vit enfin les pontifes subséquents se montrer plus généreux que lui envers la maison Albani. Il leur enseigna encore la modération, en congédiant de Rome la femme de son frère, laquelle se rappelait trop qu'elle avait pour parent un pontife romain. Grande fut sa profusion envers les pauvres; il employa plus de deux cent mille écus à leur soulagement. Il renouvela le louable usage de saint Léon le Grand, de composer et de prononcer en la basilique vaticane, aux principales solennités, différentes homélies, qui sont pour la postérité des témoignages vivants de son éloquence sacrée. Ami des littérateurs, promoteur des lettres et des beaux-arts, il augmenta le lustre de la peinture, de la statuaire et de l'architecture; il introduisit à Rome l'art des mosaïstes, supérieurs en excellence aux anciens, et la fabrication des tapis, qui luttait avec les plus fins de Flandre. Il institua des prix pour la jeunesse studieuse, et orna de fabriques considérables Rome et d'autres endroits de l'Etat ecclésiastique (Muratori, an 1721).

Il eut un soin particulier d'enrichir de nouveaux trésors la bibliothèque Vaticane. C'est la bibliothèque propre de l'Eglise romaine; aussi remonte-t-elle jusqu'aux apôtres. Dans les Vies des premiers Papes, on lit que saint Clément, disciple et successeur de saint Pierre, ordonna que les actes des martyrs fussent diligemment écrits et conservés par des notaires : le pape saint Anthère rechercha soigneusement ces écrits et les mit en dépôt dans l'Eglise : le pape saint Fabien, successeur d'Anthère, joignit aux notaires sept sous-diacres, pour réunir le tout ensemble. Ce sont là ces célèbres archives où l'on déposait les actes des conciles, les décrétales des Papes, la correspondance de toute l'Eglise avec son chef. Le pape saint Jules, premier du nom, ordonna que tout ce qui intéressait la conservation et la propagation de la foi chrétienne fût rassemblé par les notaires de l'Eglise romaine, examiné par leur primicier et placé dans l'Eglise. Au Ve siècle, le pape saint Gélase fit mettre plus d'ordre dans cette collection, et en retrancher les choses inutiles. C'est de cette bibliothèque de l'Eglise romaine, comme du trésor commun de l'Eglise universelle, que nous avons vu les évêques, les abbés, les conciles, et même les rois, transcrire les ouvrages qui leur manquaient. Un cardinal était bibliothécaire. C'était à qui des Papes enrichirait le plus ce précieux dépôt. Pendant que les Barbares ravageaient la Grèce, Calixte III dépensa quarante mille écus d'or pour sauver du naufrage les manuscrits grecs : à la prise de Constantinople par les Turcs, Nicolas V avait fait la même chose; il envoya même, ainsi que nous avons vu, des savants par toute l'Europe pour recueillir tous les manuscrits précieux. Pie IV donna une commission semblable à Panvinio et Avanzat. Ces deux pontifes furent encore surpassés en quelque sorte par Sixte IV et Léon X, si passionnés l'un et l'autre pour les sciences et les lettres. Paul V les imita, principalement à l'instigation du bibliothécaire, le cardinal Baronius. Urbain VIII y joignit les nombreux manuscrits de la bibliothèque de Heidelberg, donnée à Grégoire XV par le comte de Tilly et le duc de Bavière. Alexandre VII et Alexandre VIII y ajoutèrent des manuscrits rares de la bibliothèque d'Urbin et dix-neuf cents de la bibliothèque de la reine Christine de Suède. La Vaticane, déjà si riche, dut à Clément XI des richesses nouvelles : elle paraissait abondamment pourvue de manuscrits latins et grecs; il y en ajouta d'hébreux, de syriaques, de samaritains, d'arabes, de persans, de turcs, d'égyptiens, d'éthiopiens, d'arméniens, d'ibériques et de malabares. Le difficile était de les trouver : la Providence vint à son secours d'une manière inattendue.

Gabriel Eva, Maronite, religieux de Saint-Antoine et abbé de Saint-Maur, sur le Mont-Liban, vint à Rome de la part d'Etienne d'Eden, patriarche maronite d'Antioche, pour témoigner de son obédience au Pape. Peu après, les envoyés apostoliques au Caire écrivirent que le patriarche copte d'Alexandrie, nommé Jean, était revenu à l'Eglise catholique. La chose parut mériter plus ample information. On se défiait du caractère artificieux des Egyptiens, d'ailleurs très-attachés à leurs anciennes superstitions. La Propagande résolut donc d'envoyer le Maronite Gabriel au Caire, pour sonder l'intention du patriarche, et, si elle était sincère, examiner de quelle manière on pourrait secourir les Coptes. Jean, qui avait trompé les Européens, ne put en imposer à Gabriel, né en Syrie, et qui était bien au fait de tout. Se voyant donc démasqué, il dit nettement qu'il ne quitterait point son ancienne religion. S'il abjurait la secte de Dioscore, il devait s'attendre à la prison et aux fers; jamais il n'avait douté de la religion orthodoxe; mais elle ne plairait point aux chefs de sa nation; eux irrités ou peu favorables, il lui était impossible de conserver sa dignité.

De retour à Rome en 1706, Gabriel rendit compte au Pape de sa mission. Il ajouta qu'il avait vu dans les monastères de Nitrie des bibliothèques non méprisables, avec des manuscrits syriaques, arabes et égyptiens de neuf cents ans et plus; qu'il y avait chance d'en obtenir quelques-uns par le crédit du patriarche Jean sur les moines de Nitrie. Clément XI goûta fort cette idée, et chargea Gabriel de la mettre à exécution, soit par lui-même, soit par un autre qui en fût capable.

Gabriel lui indiqua son compatriote Elias Assémani, envoyé à Rome avant lui par le patriarche maronite d'Antioche, et qui était sur le point de s'en retourner en Syrie. Elias Assémani partit donc en 1707 avec des lettres de recommandation pour le patriarche copte du Caire, qui, ayant su l'objet de son voyage, lui témoigna toute la bienveillance possible; car s'il restait éloigné de l'Eglise catholique, c'était plus par la crainte des Turcs que par sa propre inclination; du reste, il était doux et prévenant, et très-bien disposé envers les Européens. Il donna donc à Elias Assémani des lettres de recommandation pour les moines de Scété, et de plus deux hommes pour l'accompagner, un noble copte et un moine qui était procureur du patriarche dans le monastère où ils allaient.

Ils y trouvèrent effectivement la bibliothèque tant cherchée; on eût dit une caverne, où les manuscrits étaient entassés pêle-mêle. Il y en avait d'arabes, d'égyptiens, mais principalement de syriaques, réunis là en 932, par Moïse de Nisibe, supérieur de ce monastère, qui les avait achetés en Mésopotamie ou reçus par don, suivant qu'il était marqué sur presque tous. Elias gémit de voir les chefs-d'œuvre de l'esprit humain traités si indignement, et il espérait les obtenir sans peine d'hommes qui les laissaient manger par les vers. Il fut trompé : de ce tas immense, à peine put-il en obtenir quarante à prix d'argent. Comme il descendait le Nil pour revenir au Caire, un coup de vent fit chavirer la barque, le moine qui l'accompagnait se noya, lui-même fut submergé avec ses livres. Heureusement une autre barque survint, qui l'arracha à la mort; les mariniers, moyennant un bon salaire, lui repêchèrent ses manuscrits dans la vase du fleuve. Il les restaura le mieux qu'il put, et ils arrivèrent à Rome vers la fin de la même année 1707, où on les plaça dans la bibliothèque du Vatican.

Les richesses orientales de cet inestimable dépôt furent encore augmentées, vers ce temps, par la bibliothèque particulière de Joseph, patriarche catholique des Chaldéens; par celles d'Abraham d'Eckel et Fauste Naironi, oncle et neveu, tous deux Maronites et professeurs de syriaque, l'un après l'autre, dans le collége de la Sapience à Rome; enfin tous deux auteurs de plusieurs ouvrages sur la littérature ecclésiastique de l'Orient. D'autres manuscrits y furent donnés par Pierre de Valle, patricien romain, qui se les était procurés par ses amis dans les contrées orientales.

L'an 1715, Clément XI envoya une nouvelle expédition littéraire en Egypte, à la conquête des manuscrits orientaux; ce fut encore un docte Maronite, Joseph-Simon Assémani, cousin d'Elias. Il arriva heureusement au Caire, fut bien reçu du patriarche copte, qui lui donna même plusieurs manuscrits arabes de sa bibliothèque. Il trouva dans le monastère de Scété les précieux manuscrits entassés les uns sur les autres, il eut tout le loisir de les examiner, il en choisit cent des plus anciens et des plus remarquables; mais quand il s'agit de les acheter, il ne put en obtenir, même au poids de l'or, qu'un très-petit nombre. C'étaient des plus précieux, entre autres les actes des martyrs orientaux, que nous avons insérés à leur époque dans cette Histoire. D'Egypte, Assémani se rendit en Syrie, où l'un de ses parents était patriarche maronite d'Antioche. Il recueillit plusieurs manuscrits à Damas, particulièrement dans une bourgade voisine uniquement peuplée de chrétiens, et dont l'évêque était uni à l'Eglise romaine. Dans Alep, l'ancienne Bérée, le patriarche catholique des Grecs, nommé Athanase, et d'autres amis, lui en procurèrent encore bon nombre d'excellents. Revenu en Egypte, il parcourut les monastères de la Thébaïde, avec le Père Sicard, Jésuite, dont nous verrons les travaux apostoliques plus tard; mais il n'y trouva rien de ce qu'il cherchait. Les moines dirent que les livres avaient péri dans les incursions des Arabes. Assémani fut de retour à Rome en janvier 1717.

Il utilisa ces dépouilles de l'Orient littéraire en composant sa *Bibliothèque orientale*, à l'imitation, dit-il, de ce que Fabricius avait fait pour la Grèce, Scévole de Sainte-Marthe et André Duchesne pour la France, Aubert Lemire pour la Belgique, Pierre Lambecius pour l'Allemagne, Luc Wadding pour l'ordre de Saint-François, et d'autres pour d'autres. C'étaient des catalogues ou dictionnaires historiques des écrivains illustres de chaque pays ou de chaque nation; la plupart de ces ouvrages ont été surpassés depuis, mais non la *Bibliothèque orientale* de Joseph Assémani, qui est divisée en quatre classes. La première comprend les auteurs syriaques, tant orthodoxes que jacobites et nestoriens; la seconde, les arabes, tant chrétiens que mahométans; la troisième, les livres des Coptes et des Ethiopiens, ainsi que les principaux écrits des Perses et des Turcs; la quatrième, les manuscrits ecclésiastiques des Syriens. Cet excellent ouvrage sortit des presses de la Propagande, de 1719 à 1728. Il publia également à Rome, de 1732 à 1734, une magnifique édition de saint Ephrem, en syriaque, en grec et en latin, six volumes in-folio; enfin, toujours à Rome, les calendriers de l'Eglise universelle, sans compter quelques autres ouvrages. Son neveu, Etienne-Evode Assémani, archevêque d'Apamée, publia, l'an 1748, à Rome, les *Actes des martyrs d'Orient et d'Occident*, tirés des manuscrits orientaux (Voir les préfaces de ces *Actes* et de la *Bibliothèque orientale*).

L'excellent pape Clément XI, qui avait provoqué tant d'excellentes choses, eut pour successeur, le 8 mai 1721, le cardinal Michel-Ange Conti, d'une très-noble et très-ancienne famille de Rome, qui avait déjà donné sept Papes à l'Eglise de Dieu. Il était né le 15 mai 1655 : son frère était duc de Poli, et son neveu duc de Guadagnole. Il prit le nom d'Innocent XIII. Indicible fut la jubilation de toute la ville de Rome, en voyant sur le trône pontifical, après tant d'années, un de ses concitoyens; l'applaudissement de toute la chrétienté ne fut pas moindre, tant il était renommé pour sa sagesse et sa piété, pour la pratique des affaires ecclésiastiques et séculières, et pour son inclination à la bienfaisance et à la clémence. Il avait été successivement nonce en Suisse et en Portugal, et évêque de Viterbe. Ainsi en parle l'historien Muratori, sur l'année 1721.

Le même historien parle ainsi de la mort du même Pape sur l'année 1724. « Innocent XIII continuait son pontificat avec une souveraine sagesse; il était bien digne d'une plus longue vie, quand il fut appelé de Dieu à une vie meilleure. Etant tombé malade au commencement de mars, il termina ses jours dans la soirée du 7 de ce mois, au grand regret de tout le monde, principalement du peuple romain. Bien qu'il fût très-modeste et très-humble, il aimait cependant la magnificence, et nul plus que lui ne sut conserver la dignité pontificale. D'un port majestueux, sans jamais se fâcher ni se décontenancer, il répondait en peu de paroles, mais gravement, et toujours avec prudence, et il expédiait promptement les affaires. On admirait en lui un véritable prince romain, mais de ceux de la vieille roche. Aussi reste-t-il toujours une mémoire avantageuse de son sage gouvernement; gouvernement bien court, mais plein de modération, et qui en partie peut servir d'exemple à ses successeurs. »

D'autres écrivains non suspects tiennent le même langage que Muratori. Innocent XIII mourut le 7 mars 1724, n'ayant occupé le Saint-Siège que deux ans et dix mois. « Il sut cependant immortaliser un règne si court, dit le comte d'Albon. De grandes vertus et la science du gouvernement avaient fait d'Innocent XIII un grand prince. Tous les grands l'aimèrent; ils donnèrent à sa mort les marques des regrets les plus vifs; le peuple exprima sa douleur par des larmes. « L'astronome Lalande lui rend le même témoignage dans son *Voyage d'un Français en Italie*. « Innocent XIII, dit-il, est le meilleur souverain dont on parle aujourd'hui. Les Romains ont été bien des années à ne cesser d'en faire l'éloge et de regretter le peu de durée de son pontificat... l'abondance était générale, la police exacte, les grands et le peuple également contents (*Biogr. univers.*, t. XXI, art. INNOCENT XIII).

Une illustre famille de Rome, les Conti, venait de donner un bon pape à l'Eglise; une famille de Rome non moins illustre lui donnera un pape dont l'unique défaut sera d'être trop bon, Benoît XIII. Pierre-François des Ursins ou *Orsini* naquit à Rome, le 2 février 1649, fils aîné de Ferdinand Orsini, duc de Gravina, prince de Solafra, comte de Muro, et de Jeanne Frangipani de la Tolpha. A l'âge de quatre ans, pour complaire à ses désirs, sa pieuse mère lui fit faire un petit habit de dominicain. Il aimait à s'en revêtir de temps à autre; puis, rassemblant les pages et les domestiques de la maison, il les prêchait d'un lieu élevé, imitant le ton de voix et les gestes des prédicateurs, et congédiant son auditoire par le signe de la croix, comme pour lui donner sa bénédiction. Avançant en âge, il étudia les belles-lettres, l'histoire, la philosophie, les lois et les canons; il s'exerça même avec quelque succès dans la poésie. Comme il était l'aîné de la famille, ses parents fondaient sur lui les plus grandes espérances, d'autant plus qu'il devait encore hériter de son oncle, le duc de Bracciano, qui n'avait point d'enfants. Mais, en 1667, à l'âge de dix-huit ans, étant à Venise, il se présente comme novice au couvent de Saint-Dominique, et y reçoit avec l'habit de frère Prêcheur le nom de Vincent-Marie. Sa famille mit tout en œuvre pour le faire rentrer dans le monde; elle s'adressa même au Pape : c'était Clément IX. Il fit venir le jeune novice, à qui son oncle, le duc de Bracciano, voulait faire épouser une princesse de Rome; il entendit l'histoire de sa vocation, et non-seulement l'approuva, mais abrégea son noviciat de moitié, pour le délivrer plus tôt des importunités de sa famille. De prince des Ursins devenu ainsi frère Prêcheur, il fut un modèle de ferveur et d'humilité. Il parlait peu, et jamais de lui-même, ni de sa naissance. La Bible, sa règle, la Vie des Saints, particulièrement l'histoire des grands personnages de son ordre, furent les premiers livres qu'il voulut lire, non pour devenir plus savant, mais plus saint. Dans ses études, il prit pour modèles saint Thomas d'Aquin et saint Vincent Ferrier, son glorieux patron. Ses succès y furent tels, qu'à l'âge de vingt et un ans il fut professeur, prédicateur et écrivain. L'an 1672, Clément X l'ayant nommé cardinal, il s'y refusa humblement et avec larmes; mais le Pape lui renvoya son supérieur général Thomas Roccaberti, avec ordre d'accepter : il vint de Venise à Rome, plaida sa cause devant le Pontife, fut loué et admiré, mais contraint de se soumettre, au grand contentement des cardinaux et de toute la ville. Cette éminente dignité ne changea rien à sa manière de vie; il fut dans le palais ce qu'il avait été dans le cloître.

En 1675, ayant été obligé de choisir entre l'archevêché de Salerne et celui de Siponte, il choisit ce dernier, parce qu'il était pauvre et demandait beaucoup de travail. La même année, il sacra lui-même le nouvel évêque de Céphalonie, dans la ville de Gravina, où demeurait sa famille. Ses exemples, ses entretiens, firent sur ses parents les impressions les plus salutaires. On vit avec le temps sa mère, sa sœur et deux de ses nièces renoncer au monde et embrasser la vie religieuse dans le tiers-ordre de Saint-Dominique.

Le cardinal des Ursins, dit aussi cardinal de Saint-Sixte, gouverna le diocèse de Siponte en pasteur vraiment apostolique, visitant ses ouailles jusque dans les moindres hameaux, réparant au spirituel et au temporel les maux qu'y avait occasionnés une récente invasion des Turcs, tenant son synode diocésain, dont il publia les statuts, avec ceux d'un concile provincial tenu à Siponte cent ans auparavant. Lorsqu'en 1680, Innocent XI le transféra au siège de Césène, il laissa aux Sipontins, comme un souvenir de son affection paternelle, une lettre pastorale contenant les règles de conduite qu'il leur avait prêchées. Peu après son départ, la disette se fit sentir cruellement : il envoya des grains pour nourrir les pauvres.

Ce qu'il avait été à Siponte, il le fut à Césène. Frugal, modeste, pénitent, ami de la prière et du travail, annonçant tous les jours la parole de Dieu, toujours attentif aux besoins des pauvres, des veuves et des orphelins, il ne trouvait de plaisir que dans l'accomplissement de ses devoirs.

Son exemple et ses actions, encore plus que ses lois, servirent à renouveler l'amour de l'ordre et l'esprit de ferveur dans le clergé, ce qui produisit la réforme presque générale du diocèse. Il voulut que tous les matins, au lever du soleil, tous les chanoines se trouvassent assemblés dans la cathédrale pour la psalmodie, et lui-même se trouvait toujours à leur tête. On le voyait de même à tous les autres offices divins. Il fit réparer à ses dépens et renouveler presque en entier la principale église de Césène; et il n'en négligea aucune de la campagne. Après avoir reconnu par de fréquentes visites l'état des paroisses, il publia les règlements les plus propres à réprimer le vice, bannir l'ignorance, extirper les abus, conserver ou rétablir les saintes pratiques, et écarter du troupeau tout ce qui pouvait en troubler le repos ou corrompre les mœurs. Mais des maladies graves, que les médecins jugèrent occasionnées par l'air du pays, décidèrent le Pape à le transférer à l'archevêché de Bénévent. Le cardinal des Ursins, plus tard Benoît XIII, gouverna cette Église trente-huit ans avec un zèle et une charité admirables. Voici en quels termes s'exprime un excellent juge, le cardinal Lambertini, plus tard Benoît XIV :

« Ce qui doit être le soin principal d'un évêque, il ne le supportait pas, si ce n'est qu'il fût contraint par la nécessité, de se séparer de son bien-aimé troupeau et d'en être longtemps éloigné. Aussi ne s'absentait-il de Bénévent que très-rarement et pour un temps très-court. Visiter tous les ans une partie de son diocèse; élever ou rétablir et renouveler des temples magnifiques; consacrer des autels pour la célébration des divins mystères; établir de pieuses confréries; fonder des hôpitaux publics et des hospices pour les malades; soulager la misère des pauvres, non-seulement avec ses revenus ecclésiastiques, mais le plus souvent avec les siens propres; rompre aux âmes affamées le pain délicieux de la parole évangélique; assembler tantôt des conciles provinciaux, tantôt des synodes; publier les sages lois faites dans les uns et dans les autres; administrer lui-même le sacrement de confirmation; pratiquer les cérémonies de l'Église; se trouver avec assiduité à tous les offices divins, et remplir sans jamais se lasser toutes les fonctions du divin ministère : tel était son plan de vie, telle a toujours été sa pratique. Ce qui nous le représente comme un prélat si diligent, si industrieux, si infatigable, que de mémoire d'homme vous en trouverez bien peu qui puissent lui être comparés, et peut-être aucun qui ait porté plus loin la piété et le zèle dans tout ce qui regarde le culte et le service divins.

» Sa vie, au reste, était austère, et sa nourriture très-frugale. Sans faire attention ni aux maladies, ni aux infirmités presque inséparables de la condition humaine, il affligeait encore sa chair et par une sévère abstinence, et par la suite de ses travaux, de ses veilles, de ses jeûnes. Esprit noble sans ambition, constant sans orgueil, doux sans faiblesse, autant il était éloquent à parler avec éloge des autres, autant il pensait modestement et en baisse de lui-même : humilité chrétienne, bien plus agréable à Dieu que la grandeur d'âme. Aussi, dans les honneurs de l'épiscopat et du cardinalat, n'a-t-il jamais oublié son premier état de moine; toujours il a gardé l'habit de dominicain, en a observé la règle et les usages, de manière qu'on reconnaissait facilement en lui le fidèle imitateur, non moins que le disciple de saint Thomas d'Aquin. » Ainsi parle Benoît XIV dans son grand ouvrage de *La canonisation des saints* (T. III, *Epist. dedicat.*).

Le cardinal Orsini eut des occasions extraordinaires d'exercer sa charité à Bénévent. Deux fois, le 5 juin 1688 et le 14 mars 1702, cette ville fut renversée par un tremblement de terre. La première fois il resta lui-même enseveli sous les ruines de son palais : tout le monde le crut mort; il fut conservé sain et sauf, par la protection de la sainte Vierge et de saint Philippe de Néri, auxquels il avait une dévotion particulière. Voici la relation que lui-même fait de cet événement :

« A l'honneur de Dieu tout-puissant, de la bienheureuse Vierge Marie et de mon glorieux patron saint Philippe de Néri, moi frère Vincent-Marie Orsini, prêtre de l'ordre des frères Prêcheurs, par la Providence divine, cardinal de la sainte Eglise romaine, du titre de Saint-Sixte, et archevêque de Bénévent, j'atteste avec serment sur les saints Evangiles que, dans le tremblement de terre arrivé le 5 juin de cette année 1688, à l'heure de vêpres, étant dans la chambre de l'appartement haut de mon évêché avec un gentilhomme, cette chambre fut abattue, avec l'appartement de dessous et une partie de la couverture ; je tombai avec ledit gentilhomme jusque sur la voûte de la cave, où nous fûmes couverts d'une quantité de pierres et de solives de tous ces appartements. Notre sort fut cependant fort inégal : ce pauvre gentilhomme fut écrasé, et je me trouvai garanti. Quelques bouts de roseaux me défendaient et me faisaient comme un petit bouclier ou toit, autant qu'il fallait pour me couvrir la tête et me laisser respirer. Dans l'appartement d'où je tombai, il y avait une armoire en noyer, où se trouvaient pliées et bien roulées quelques images qui représentaient les principales actions de mon glorieux protecteur. Cette armoire tombant sur les petits roseaux qui me servaient d'un si faible toit, elle s'ouvrit, quoique fermée à clé ; les images sortirent et se rangèrent autour de moi ; celle qui s'arrêta sur ma tête représentait saint Philippe de Néri en prière et regardant la sainte Vierge, qui soutenait de sa main une poutre, sortie de sa place, dans l'église de Vallicella. Sur cette armoire tomba encore un architrave de marbre très-pesant. Néanmoins, durant tout le temps que je fus enseveli sous ces ruines, je ne sentis ni incommodité, ni douleur, ni pesanteur ; j'eus même toujours très-libre l'usage de la raison, et j'en usai pour me recommander à Dieu et à ses saints, par Jésus-Christ, avec une grande confiance que je serais garanti et heureusement dégagé. Selon le rapport de mes domestiques, j'ai été sous les décombres une heure et demie ; mais, par une nouvelle grâce, il ne m'a point semblé y avoir été plus d'un quart d'heure.

» Cependant le Révérend Père lecteur Laurent Bonacorsi, de mon ordre, vint pour me chercher ; il me cria, et je lui répondis ; il entendit ma voix, mais sans entendre distinctement mes paroles. Le chanoine Paul Torella et deux autres s'étant joints au Père lecteur, ils réussirent enfin à me dégager. Ce qui est remarquable, c'est que leur diligence à retirer les pierres en faisait rouler plusieurs confusément, sans que pas un d'eux en reçût le moindre mal. Retiré ainsi de dessous les ruines du palais, je fus porté hors de la ville, légèrement blessé à la tête, à la main et au pied droits ; mais ces blessures ne me causaient aucune douleur. Le même soir, je prêchai au peuple, le Saint-Sacrement à la main, et je donnai le saint viatique à un malade. Il me restait seulement une fluxion sur les yeux, à cause de la grande poussière qui y était entrée, et cette incommodité était sans douleur.

» Les faveurs que j'ai reçues du ciel par l'intercession de saint Philippe de Néri ne se sont point bornées à moi seul. Dans cette ruine presque totale d'un grand palais, il a préservé toute ma famille, qui est très-nombreuse, tous les officiers et ministres de mon tribunal, même les étrangers qui y avaient des affaires. Un seul laquais a péri, mais il était hors de l'archevêché ; quelques étrangers en petit nombre ont eu le même sort dans le palais, mais ils n'y étaient pas venus pour des affaires qu'ils eussent à mon tribunal. En sorte que je puis dire à la gloire de Dieu que, par l'intercession de mon saint protecteur, a voulu renouveler en ma faveur, tout indigne évêque que je suis, le miracle arrivé l'an 587, dans Antioche, au terrible tremblement de terre qui fit périr soixante mille personnes, et pendant lequel l'évêque Grégoire fut conservé avec tous les gens de sa famille, quoique son palais fût entièrement renversé, comme l'a été le mien. Dans cette ruine presque générale, la Providence a conservé encore les archives, la chancellerie, l'appartement de mon grand-vicaire, où il y avait quantité d'écritures, la bibliothèque de mon chapitre métropolitain, et avec cela tous les papiers qui appartenaient en quelque manière aux droits et au gouvernement de mon Eglise.

» J'ajouterai, à ma plus grande confusion, que mon glorieux protecteur a continué ses bontés envers moi ; car vendredi, 18 courant, étant allé visiter la chapelle où on conserve son cœur dans l'église des Pères de l'Oratoire de Naples, à peine fus-je sorti de cette chapelle, que je me trouvai parfaitement guéri de toutes mes blessures, même de celle que j'avais sur le sourcil, quoique le matin on y eût reconnu du pus et de la pourriture. Le même jour, sur le soir, je sentis que ma vue se fortifiait, et j'avais cette confiance que ma guérison serait bientôt parfaite. Trois habiles médecins ayant examiné mes yeux avec beaucoup d'attention, les avaient jugés tellement offensés par la grande poussière des plâtras, que j'en serais pour le moins incommodé le reste de mes jours, et de vrai il s'y était déjà formé de grandes taies. Nonobstant cela, résolu de refuser le secours de la médecine, je n'ai point voulu qu'on y appliquât aucun remède, et j'expérimentai tous les jours que, par la seule application des reliques de saint Philippe de Néri, mes yeux recevaient un grand soulagement. Etant retourné à la chapelle sur le soir, le 20 de ce mois, j'en sortis portant à la main un grand flambeau allumé à quatre mèches, sans ressentir aucun malaise dans les paupières, quoique je n'eusse pu jusqu'alors souffrir sans incommodité l'approche d'une très-faible lumière.

» Pour perpétuer la mémoire de cette suite de merveilles, que le Seigneur, par l'intercession de saint Philippe de Néri, a daigné opérer en moi, misérable pécheur, et pour augmenter la dévotion des fidèles envers un si insigne bienfaiteur, j'ai voulu faire écrire et enregistrer cette relation, la confirmer de ma propre souscription, et la sceller de mon sceau, afin qu'on ne puisse point douter de la vérité des faits qu'elle contient. Fait à Naples, dans mon couvent de Sainte-Catherine Formelle, ce mardi 22 juin 1688. Frère VINCENT-MARIE, cardinal ORSINI, *archevêque de Bénévent* (Touron, *Hist. des hommes illustres de l'ordre de Saint-Dominique*, t. VI, p. 57). »

Dans ces deux tremblements de terre, le cardinal-archevêque parut conservé de Dieu, pour être le sauveur et le consolateur de son peuple, par sa charité courageuse et active. Il fut regardé comme le second fondateur de Bénévent. Il rebâtit les églises et les maisons; il restaura surtout la discipline du clergé, les mœurs du peuple, par des visites pastorales, par des conférences, des synodes, des conciles provinciaux, par des missions dans les villes et les campagnes. Il tint deux conciles de sa métropole, le premier en 1693 avec dix-huit évêques, le second en 1698 avec vingt-trois. Les actes ont été approuvés à Rome dans son *Synodicon*, ou recueil de tous les conciles tenus à Bénévent par les papes ou les archevêques depuis le X⁰ siècle. Il serait bien à souhaiter que dans chaque province ecclésiastique on en fît autant.

La charité du saint pasteur avait toujours été bien grande pour ses ouailles de Bénévent, mais les malheurs qu'il leur vit éprouver dans les deux tremblements de terre, les efforts qu'il fit pour les réparer, augmentèrent cette charité de beaucoup encore : elle devint une tendresse de père et de mère; elle le suivra sur le trône de saint Pierre. Quelques Bénéventins en abuseront, et c'est le seul reproche qu'on pourra faire à l'excellent pape Benoît XIII.

Le pape Innocent XIII étant mort le 7 mars 1724, le conclave s'assembla le 20 du même mois : deux mois après, le 20 mai, on n'était pas plus avancé. Cette longue vacance affligeait particulièrement le cardinal Orsini, parce qu'elle l'empêchait de retourner à son cher Bénévent. Pour y trouver un terme, il commença à son bien-aimé protecteur saint Philippe de Néri, une neuvaine accompagnée de jeûnes. La neuvaine n'était pas encore finie, il s'aperçut qu'on pensait à le faire pape lui-même. Il en fut effrayé, consterné, attéré, et ne pensa plus qu'aux moyens d'éloigner de lui ce redoutable fardeau. Comme il était depuis quelque temps doyen du sacré collège, il affecta un zèle outré et se mit à gronder pour les moindres fautes. « Vous savez, dit-il un jour à de jeunes cardinaux, que je suis zélé, que je passe pour un réformateur et un homme difficile, et vous pensez encore à me faire pape ? » Voyant que ses premiers efforts étaient vains, il supplia un cardinal de ses amis de lui donner l'exclusion au nom du roi, dont il avait la confiance : son ami fit semblant d'y condescendre, mais ne fut pas des moins ardents à consommer l'affaire. Orsini demanda qu'au moins on différât l'élection au lendemain; mais il ne put obtenir ce court délai. Entièrement déconcerté à ce refus, le saint cardinal se renferma dans sa cellule, et, prosterné devant son crucifix, répétait ces paroles du roi Ezéchias : *Mes yeux se sont lassés, à force de regarder en haut; Seigneur, je souffre violence, répondez pour moi.* C'était le 29 mai 1724.

L'élection terminée à l'unanimité des suffrages, les chefs du conclave vinrent lui en faire part et lui demander son consentement. Il y opposa son grand âge, ses infirmités, son incapacité, et la résolution fixe qu'il avait prise de ne jamais consentir à son élévation. Les cardinaux détruisirent ses raisons ou ses prétextes l'un après l'autre : surtout ils lui firent sentir les suites funestes de son refus, qui replongeait le conclave dans des divisions peut-être plus fâcheuses encore que celles que son élection avait terminées d'une manière si heureuse. Enfin, il resta quelque temps sans parler, les yeux toujours fixés sur le crucifix; ensuite, se levant, il dit : Allons consommer le sacrifice. Il prit le nom de Benoît XIII, pour honorer la mémoire du bienheureux pape Benoît XI, religieux du même ordre. La joie fut également grande, et dans le conclave, et dans la ville de Rome, et dans toute la chrétienté. Le nouveau Pape justifia cette attente.

A peine assis sur le siége de saint Pierre, il convoqua à Rome un concile de tous les évêques et prélats soumis immédiatement à l'Eglise romaine. Voici comme il s'exprime dans sa lettre de convocation : « Notre Rédempteur, qui a planté sa vigne choisie et l'a louée à des agriculteurs pour qu'ils en rendissent le fruit en son temps, a particulièrement recommandé aux gardiens la vigilance, afin que si de mauvais germes viennent à y croître, ils les arrachent avec une prévoyante sollicitude, et que par la culture assidue de la bonne semence, ils amassent une excellente et abondante récolte dans les greniers. Formée par ces avertissements et préceptes mystiques, l'Eglise de Jésus-Christ n'a rien jugé de plus propre à faire fructifier la doctrine et la discipline du salut, sinon que les prudents serviteurs constitués gardiens dans ses vignes par le Seigneur, rassemblés à des temps fixes, se communiquent leurs conseils, afin que les mœurs se corrigent, les différends se concilient, et que les vignes en fleurs répandent leur odeur plus au loin. C'est pourquoi il a été décrété souvent par les saints canons qu'au moins tous les trois ans les évêques de chaque province, légitimement assemblés, célèbrent le concile provincial; et cet usage, s'il était tombé quelque part, le très-saint concile de Trente a eu soin de le renouveler et de le rétablir.

» Quant à nous, lorsque nous nous résidions dans notre Eglise de Bénévent, quoique affligé de très-grandes calamités, bouleversé jusqu'à trois fois par des tremblements de terre, et presque accablé sous les ruines, notre métropole même écroulée et réduite à peu près au niveau du sol, néanmoins, sauvé par l'assistance présente du bienheureux Philippe de Néri, nous n'avons pas omis d'accomplir jusqu'à deux fois cette ordonnance canonique. Elevé à cette hauteur formidable du Siége apostolique et préposé, bien que sans aucun mérite, à toute la vigne du Seigneur des armées, nous n'avons rien eu de plus à cœur que de remplir nous-même avec plus d'empressement cette partie si salutaire du devoir épiscopal, et d'en recommander l'observation plus vivement aux autres, par l'exemple de ce premier Siége, afin que, comme il est le nerf de l'autorité épiscopale, il soit aussi le modèle de la servitude épiscopale, proposé à l'imitation de tous les pasteurs de l'Eglise, afin d'animer les ouvriers au travail et de rendre plus fertile le champ du Seigneur. Ce qui nous y excite puissamment encore, c'est l'occasion du grand jubilé, l'année même de la rédemption, si agréable au Seigneur, et la maternelle charité de l'Eglise romaine, et la bonté du Père éternel nous avertissant de chercher les brebis égarées avec plus de sollicitude et de veiller avec plus d'application à leur salut. »

Le Pape convoque donc à Rome, pour le dimanche de Quasimodo 1725, tous les évêques de sa province spéciale, avec les archevêques qui n'avaient point de suffragants, les évêques immédiatement soumis au Saint-Siége, ainsi que les abbés qui n'étaient d'aucun diocèse. La lettre est du 24 décembre 1724. Une autre, du 24 mars 1725, proroge l'ouverture du concile au second dimanche après Pâques, afin de laisser le temps d'arriver à ceux qui s'étaient mis en route d'au delà des Alpes et d'au delà des mers. Le concile s'ouvrit le jour indiqué, 15 avril : il y eut cent quinze Pères, sept sessions et autant de congrégations préliminaires. Les décrets furent rangés sous trente-deux titres, divisés en chapitres.

Conformément aux ordonnances du concile de Trente, le concile romain commença par faire publiquement la profession de foi de Pie IV, et ordonna qu'elle serait également émise par les évêques et les clercs nouvellement ordonnés, par les chanoines et dignitaires, vicaires généraux et vicaires forains, bénéficiers à charge d'âmes et autres; par les nouveaux prédicateurs, même réguliers; par les nouveaux confesseurs, même des religieuses; par ceux qui enseignent publiquement ou en particulier la théologie, la philosophie, le droit canon ou civil, ou les autres sciences inférieures, même la grammaire; enfin, par ceux qui exercent la médecine et la chirurgie (Tit. 1, c. 1).

Le chapitre IIᵉ recommande en ces termes aux évêques l'observation de la constitution *Unigenitus*, du pape Clément XI : « Comme pour retenir et garder entièrement et inviolablement la profession de la foi catholique, il est souverainement nécessaire que tous les fidèles évitent et détestent avec une vigilante application les erreurs qui, en ces derniers temps, pullulent touchant la foi catholique, et que le Siége apostolique a condamnées, tous les évêques et les pasteurs des âmes doivent veiller avec tout le soin possible, comme ils ont fait jusqu'à présent, à ce que la constitution de Clément XI de sainte mémoire, commençant par le mot *Unigenitus*, que nous reconnaissons comme la règle de notre foi, soit observée avec la parfaite obéissance et exécution qui lui est due, par tous les fidèles, de quelque condition et grade qu'ils soient. Si donc ils connaissent quelqu'un demeurant dans leur diocèse, qu'il soit du diocèse même, ou de la province, ou étranger, qui ne pense pas bien ou qui parle mal de ladite constitution, ils ne négligeront pas de procéder contre lui et de le punir, suivant leur puissance et juridiction pastorale; et s'ils trouvent qu'il est besoin d'un remède plus efficace, ils déféreront au Siége apostolique les opiniâtres et les rebelles à l'Eglise. Ils veilleront aussi à découvrir et à se faire remettre les livres publiés contre la même constitution, ou soutenant les fausses doctrines qu'elle condamne; et ils les dénonceront ensuite à nous et à la chaire apostolique (*Ibid.*, c. 2). »

Le concile rappelle aux évêques, et leur prouve par l'exemple de Jésus-Christ et des apôtres, que leur principal devoir est de prêcher la parole de Dieu, au moins les dimanches et les fêtes solennelles. Ils veilleront aussi à ce que les curés remplissent leurs devoirs : instruire incessamment le peuple par eux-mêmes dans la foi catholique, et nourrir les âmes par les sacrements; visiter les infirmes et assister les moribonds; adresser à Dieu des prières quotidiennes pour le peuple ; les présider tous par l'exemple d'une vie et conduite louables, par les vertus et la discipline des mœurs, et leur montrer ainsi la route du salut. C'est pourquoi, tous les dimanches et les fêtes qu'on a coutume de chômer, les curés et autres pasteurs des âmes, après la lecture de l'évangile à la messe paroissiale, feront à leurs peuples une allocution courte, facile, et à la portée de leurs auditeurs, signalant les vices qu'il faut éviter et les vertus qu'il faut pratiquer; employant à cet effet le catéchisme romain, qui a été publié principalement pour les curés. L'après-midi, ils feront assembler dans leur propre paroisse les enfants des deux sexes, de sept ans à quatorze, et les ayant placés dans l'église, en leur rang et lieu, les garçons séparément des filles, ils leur inculqueront peu à peu, et au degré possible, les éléments de la foi et la doctrine chrétienne, d'après le petit livre qu'a publié l'illustre cardinal Bellarmin et qu'a ordonné de retenir le pape Clément VIII d'heureuse mémoire ; ils suivront toujours une seule et même règle d'enseigner, qui sera donnée ici dans l'appendice. Ils n'omettront pas non plus d'exhorter les parents, comme nous les y exhortons nous-mêmes, de former chez eux leurs enfants aux bonnes mœurs par leurs paroles et leurs exemples, et de leur enseigner soigneusement ce qui regarde la doctrine chrétienne, en leur répétant fréquemment ce que leur auront enseigné les curés.

Vient ensuite un chapitre sur la manière d'enseigner les éléments de la foi aux petits pâtres et aux adultes. « Nous nous rappelons encore une chose affligeante, c'est que les petits garçons qu'il faut instruire de la doctrine chrétienne ne demeurent pas tous dans les villes et les bourgs, mais qu'il en est un nombre non médiocre occupés à garder les bestiaux dans les champs, qui mènent une vie agreste; après avoir reçu le baptême, ils sont élevés de telle sorte, sans aucun instituteur spirituel, qu'ils n'ont jamais entendu dire s'il y a un Saint-Esprit : de plus, il se rencontre dans les communes mêmes beaucoup d'adultes qui ignorent les principaux mystères de notre foi, savoir, de l'adorable Trinité et de l'Incarnation, et, ce qui est plus déplorable, ont honte de les apprendre à l'école avec les autres. Voulant donc pourvoir d'une manière quelconque à leur salut éternel, nous ordonnons et mandons étroitement aux curés, pendant la messe solennelle et après le sermon sur l'évangile, d'enseigner peu à peu, et chanter à haute voix et dans la langue maternelle, tout le peuple y répondant, au moins les articles suivants : le signe de la croix, les mystères de la sainte Trinité et de l'Incarnation, le Symbole des apôtres, l'Oraison dominicale, la Salutation angélique, les préceptes du Décalogue, les commandements de l'Eglise, les sept sacrements, l'acte de contrition. On fera la même chose à la seconde messe, qui suit celle de paroisse, afin d'obvier de toute manière à la malice des ignorants qui fuient le catéchisme. Ceux qui célèbrent dans les oratoires, les chapelles et les églises rurales, où l'on a coutume de célébrer l'office divin, sont tenus de faire de même, sous peine de suspense, au gré de l'évêque (Tit. 1, c. 4, 5 et 6). »

Dans l'appendice des actes du concile, la première pièce est l'instruction suivante, pour faciliter la méthode de bien enseigner la doctrine chrétienne.

« Il ne suffit pas de donner le lait, si la manière de le présenter n'est pas propre à nourrir celui qui le reçoit. Tel est le défaut que notre Saint-Père a reconnu avec grand chagrin dans l'instruction que l'on fait de la doctrine chrétienne aux enfants ; car, si les curés ne manquent pas substantiellement d'administrer le lait de la piété chrétienne, en leur enseignant cette même doctrine, quelques-uns cependant le font d'une manière si confuse et inepte, qu'ils sont cause pour les enfants, ou qu'ils ne le prennent pas bien, ou au moins qu'ils le prennent indigestement et avec difficulté. C'est pourquoi, pour remédier à un désordre si grave, il a cru nécessaire de prescrire dans cette instruction la méthode la plus facile et la plus claire dont il faudra désormais dans toutes les paroisses enseigner la doctrine chrétienne.

» I. Aux jours de fête établis en ce concile romain, après le dîner, outre le signal ordinaire de la cloche paroissiale, on enverra aussitôt un ou deux enfants des plus exacts et des plus pieux, suivant la grandeur de la paroisse, lesquels iront avec une clochette par les rues, disant : « Pères et mères, envoyez vos enfants à la doctrine chrétienne, autrement vous en rendrez un compte sévère à Dieu. »

» II. On choisira deux personnes adultes des plus zélées et des plus charitables, avec le titre de *Pêcheurs*, qui, une baguette à la main, iront avec des manières caressantes rassembler les petits garçons et les petites filles à la doctrine chrétienne. Sa Sainteté accorde cent jours d'indulgence chaque fois qu'ils feront cette œuvre de piété; exhortant à un exercice aussi saint les personnes les plus nobles et les plus distinguées du lieu, afin que les autres se persuadent plus aisément d'y assister. A défaut de laïques, les clercs et les prêtres de la paroisse y suppléeront; et leur office sera de faire que, dans le temps de l'exercice, les enfants se tiennent avec la modestie convenable et sans bruit dans l'église.

» III. On les divisera en plusieurs classes, suivant le nombre et la capacité des paroissiens qui doivent intervenir à la doctrine; faisant que, par chaque classe, il y en ait huit ou dix au plus disposés en forme de cercle, et à chaque classe, présidera, avec le titre de maître, un prêtre, ou un clerc, ou un autre des plus intelligents et des plus versés dans la doctrine chrétienne; tâchant, quant aux enfants mêmes, d'en donner pour maître un de la quatrième classe à la troisième, un de la troisième à la deuxième, et ainsi des autres.

» IV. On fera en sorte qu'il y ait au moins quatre classes pour les filles. Dans la première, on mettra les commençantes, et l'on enseignera partout uniformément, à l'exclusion de toute autre, suivant l'ordre de Clément VIII dans sa constitution *Pastoralis* de l'an 1598, la petite doctrine de Bellarmin, du paragraphe *Étes-vous chrétien?* jusqu'à l'explication du *Credo* dans la deuxième classe, l'explication du *Credo* jusqu'aux *Commandements de Dieu*; dans la troisième, des *Commandements de Dieu* jusqu'aux *Vertus théologales et cardinales*; dans la quatrième, des *Vertus théologales et cardinales* jusqu'à la fin. Suivant la multiplicité des paroissiens à instruire, on multipliera les classes, en les subdivisant selon le besoin.

» V. On fera autant de cartons qu'il y a de classes, et on y écrira en lettres majuscules : CLASSE PREMIÈRE, DEUXIÈME, TROISIÈME, QUATRIÈME ; et les lieux étant distribués proportionnellement, on y affichera les mêmes cartons, afin que chacun connaisse sa classe. En outre, on notera dans un petit livret tous ceux qu'on estimera propres à telle classe et à telle autre. Et on ne fera passer d'une classe inférieure à la supérieure, sinon ceux qui, au jugement du maître, seront très-bien instruits des choses qui s'enseignent dans la classe inférieure. »

Par les chapitres VI⁰, VII⁰ et VIII⁰, les archiprêtres, curés, vicaires doivent veiller à l'exécution de tous ces règlements et signaler les clercs ou prêtres qui montreraient de la négligence. Les enfants qui doivent venir à la doctrine ou au catéchisme sont garçons de sept à quatorze ans, les filles de sept à douze : les parents et maîtres qui ne les enverront pas seront avertis trois fois, puis frappés d'un interdit personnel, ainsi que le curé, s'il use de connivence. On menace de la même peine les adultes qui, ignorant les principaux mystères de la foi, négligent de les apprendre et de venir au catéchisme ; au contraire, il y a cent jours d'indulgence, et pour ceux qui y assistent, et pour ceux qui le font.

Nous avons vu le bon pape Benoît XIII, pour faciliter aux enfants l'étude du catéchisme, introduire parmi eux l'enseignement mutuel, les divisant par huit et dix, rangés en cercle, ayant au milieu d'eux un maître ou moniteur, qui pouvait être l'un d'entre eux. L'*instruction* pontificale ajoute encore, pour perfectionner cette méthode d'émulation : « L'enseignement durera une demi-heure, après quoi les garçons et les filles se placeront non plus en cercle, mais en face les uns des autres, il y aura une demi-heure de dispute, qui consistera en ce qu'un garçon et une fille s'interrogeront mutuellement, et, s'ils se trompent, ils seront redressés par leurs camarades plus instruits de la même classe. Le tout se terminera par le chant des prières et des commandements de Dieu, avec la récitation des litanies de la sainte Vierge. »

Il est ordonné aux curés de publier cette instruction du Pape et du concile plusieurs fois par an, au prône de la messe paroissiale. Elle fut publiée au concile même, dans la troisième session, 29 avril 1725.

Pour achever ce qui regarde les petits enfants, le Pape et le concile recommandent à tous les curés deux instructions pontificales qui se trouvent à la suite des actes, sous les deux derniers numéros, l'une pour préparer les petits enfants à la première confession, l'autre à la première communion. Elles sont par demandes et par réponses, la première entre le pénitent et le confesseur, la seconde entre l'enfant et le curé. La première est divisée en six parties : De l'obligation de se confesser, de l'examen de conscience, de la douleur, de la confession, de la satisfaction ou de la pénitence, de l'absolution. Voici le commencement de la première partie. — C. Dites-moi, mon fils, vous êtes-vous jamais confessé ? — P. Non, mon Père. — C. Ne savez-vous pas que tous les chrétiens qui ont péché après le baptême sont obligés de se confesser ? — P. Si, mon Père ; et je l'ai appris dans la doctrine chrétienne. — C. Voulez-vous donc vous confesser? — P. Oui, mon Père; et pour cela je désire savoir quelle chose est la confession. — Sur quoi le confesseur répond, et le pénitent interroge, de manière à expliquer tout l'essentiel du sacrement de pénitence (*Concil. rom.*, an 1725, *in fin. Bruxellis*, 1726).

Les autres décrets les plus remarquables du concile romain en 1725, sont les suivants. Obligation pour les évêques, qui ne l'ont pas encore fait, d'ériger dans chaque église cathédrale ou collégiale, conformément au concile de Trente, une chaire de théologal, pour faire un cours d'interprétation de l'Ecriture sainte, au moins quarante leçons par an, auxquelles seront tenus d'assister les chanoines, les curés et les confesseurs (T. 1, c. 6, 7, 8, 9). Obligation aux archevêques et évêques de tenir chaque année leur synode, à l'exemple de Benoit XIII, qui le faisait depuis trente-huit ans à Bénévent. Le concile provincial doit se tenir tous les trois ans présidé par le métropolitain, et à son défaut par l'évêque le plus ancien de la province. Ordre aux chapitres de former leurs statuts dans six mois, sous peine d'interdit (T. 3). Le titre VIᵉ des ordinations et promotions ecclésiastiques, veut que l'on préfère pour la place de chanoine celui qui, toutes choses égales d'ailleurs, possède le chant grégorien. Les évêques établiront dans les villes un procureur ou avocat des pauvres pour les défendre gratuitement (T. 8, c. 3). Obligation aux évêques de faire un inventaire exact des biens des églises, et de déposer cet inventaire en lieu sûr (T. 12). On institue pour les Papes défunts un anniversaire dans l'octave des morts : on en fera autant dans chaque diocèse pour les évêques. Aux processions solennelles du Saint-Sacrement, outre le reste du luminaire, on portera au bout d'une hampe quatre lanternes allumées, qui ne puissent s'éteindre même par un coup de vent ou par la pluie. On tiendra au moins quatre conférences par mois sur les cérémonies de l'Eglise et les cas de conscience (T. 15). Les ecclésiastiques porteront toujours la soutane et la tonsure; la perruque leur est défendue, comme étant tout l'opposé de la tonsure cléricale; il faut se souvenir que la perruque était alors un ornement séculier et de luxe (T. 16). On rappelle les ordonnances du concile de Trente sur la résidence des évêques et des autres pasteurs : le concile romain défend aux curés de s'absenter de leur paroisse deux jours de suite, sans la permission de l'évêque (T. 17). Il recommande aux évêques l'état des ermites, et leur donne dans l'appendice des règles pour eux (T. 22).

Les actes du concile romain sont souscrits par le pape Benoit XIII, trente-deux cardinaux, quarante-sept archevêques et évêques présents, trente-cinq procureurs d'absents, et par les deux secrétaires, dont le premier était évêque. Suivirent les acclamations, comme dans les conciles des premiers siècles.

Parmi les cent dix officiers ou ministres du concile de 1725, le plus célèbre est *Prosper Lambertini*, alors archevêque de Théodosie, qui y parut comme canoniste : nous le connaîtrons plus en détail sous le nom de Benoit XIV.

D'autres savants distingués assistèrent au concile romain en qualité d'historiens, de chronologistes et de géographes. Le premier fut *François Bianchini*, né à Vérone le 13 décembre 1662. Après ses premières études dans sa patrie, il se rendit à Bologne, où il fit, dans le collège des Jésuites, sa rhétorique et trois années de philosophie. Les mathématiques et le dessin l'occupèrent ensuite, il montrait un goût particulier pour ce dernier talent; et il y excellait. L'an 1680 le vit à Padoue, suivant ses études; il y ajouta la théologie et reçut le doctorat. Son maître de mathématiques et de physique y fut le savant Montanari, qui le prit en affection particulière, et lui légua en mourant tous ses instruments de mathématiques et de physique. A Padoue, Bianchini apprit aussi l'anatomie, et avec plus de prédilection la botanique. Décidé pour l'état clérical, il vint à Rome, où le cardinal Ottoboni, depuis Alexandre VII, le nomma son bibliothécaire. Il étudia les lois, mais sans abandonner ses travaux sur la physique expérimentale, les mathématiques et l'astronomie. Il fut reçu membre de l'Académie physico-mathématique, et y lut plusieurs dissertations savantes. Fixé définitivement à Rome, il s'y lia avec les savants les plus distingués, et ajouta à ses connaissances celles du grec, de l'hébreu et du français. Les antiquités deviennent aussi une de ses plus fortes occupations. Il passe souvent des journées entières au milieu des ruines antiques, assiste à toutes les fouilles, visite tous les musées, dessine avec autant de goût que d'habileté. En 1705, il fut agrégé par le sénat, lui, toute sa famille et les descendants qu'elle pourrait avoir, à la noblesse romaine et à l'ordre des patriciens. Le pape Clément XI le choisit pour secrétaire de la commission chargée de la réforme du calendrier, et dont le cardinal Noris était président. Pour régler avec précision le cours de l'année, il était nécessaire de connaître et de fixer, avec la plus grande exactitude les points équinoxiaux. Bianchini, chargé de tirer une ligne méridionale et de dresser un gnomon dans l'église de Sainte-Marie-des-Anges, termine, avec le plus grand succès, cette opération difficile, dans laquelle il fut aidé par le savant Philippe Maraldi. Il fit des observations importantes et même des découvertes sur la planète de Vénus, et mourut le 2 mars 1729, auteur de seize ouvrages de science et de littérature. Il laissa pour héritier de ses biens son neveu Joseph Bianchini, qui fut aussi héritier de ses talents et de sa science (*Biogr. univ.*, t. IV).

A côté de lui dans le concile romain se trouvait un autre savant littérateur, antiquaire et critique italien, *Juste Fontanini*, depuis archevêque d'Ancyre, né l'an 1666 à Saint-Daniel, l'une des principales villes du Frioul. Il commença ses études à Goritz, chez les Jésuites. S'étant ensuite décidé pour la carrière ecclésiastique, il se rendit, l'an 1690, à Venise, puis à Padoue, pour y acquérir, sous les plus habiles maîtres, les connaissances nécessaires à cet état. Le cardinal Impériali le nomma son bibliothécaire; bientôt il fut admis aux doctes réunions qui se formaient à Rome chez les prélats Severoli, Ciampini, et chez plusieurs cardinaux amis et protecteurs des lettres. Ayant reconnu qu'il lui manquait, pour y réussir complètement, d'être plus instruit qu'il ne l'était dans la langue grecque, ce fut seulement alors qu'il en fit une étude approfondie; il apprit aussi du savant antiquaire Fabretti à connaître, lire et expliquer les anciennes inscriptions. Ses recherches se tournèrent principalement vers l'histoire ecclésiastique ; il ne tarda pas à donner des preuves de son savoir dans l'académie qui s'assemblait au palais de la Propagande, et qui en portait le nom ; mais il n'en suivait pas avec moins d'ardeur quelques travaux purement littéraires ; et, conservant toujours son goût pour la poésie, et l'admiration presque exclusive qu'il avait eue pour le Tasse dès sa première jeunesse, il fit imprimer à Rome une défense de l'*Aminta*, dans le temps même où il paraissait le plus occupé de recherches sur des questions d'histoire ecclésiastique et de droit canonique. Le pape Clément XI, qui avait à cœur de rendre à l'Université romaine tout son éclat, y nomma Fontanini professeur d'éloquence. Dans des disputes littéraires, il prit la défense des deux Français, Mabillon et Tillemont. Benoît XIII le fit archevêque titulaire d'Ancyre, et chanoine de Sainte-Marie-Majeure : il lui confia une nouvelle édition du *Décret de Gratien*, rédigé dans un meilleur ordre, accompagné d'une préface historique et critique, de notes ou de scholies et de tables : il ne lui fallut pas moins de seize mois pour achever cette grande entreprise, dans laquelle il fut encore aidé par deux savants théologiens, *Vincent-Thomas Moneglia* et *Dominique Georgi*. Fontanini, qui avait déjà publié un grand nombre d'ouvrages, mourut d'apoplexie, le 17 avril 1736. Son neveu, Dominique Fontanini, l'assista dans ses derniers moments; il recueillit, mit en ordre ses papiers, et prit soin de faire transporter et placer convenablement à Saint-Daniel la bibliothèque entière de son oncle, que celui-ci avait léguée à sa ville natale (*Biogr. univ.*, t. XV).

Un troisième archéologue et numismate se trouvait au concile romain de 1725 : *Jean Vignoli*, né vers 1680 en Toscane, sur les confins de l'Etat pontifical. Après avoir terminé ses cours de philosophie et de théologie, il embrassa la vocation cléricale, et consacra ses loisirs à l'étude approfondie des médailles et des monuments antiques. En 1720, à la mort de Zaccagni, il lui succéda dans la charge de bibliothécaire du Vatican. Il trouva cependant le loisir de préparer une édition des *Vies des Papes*, par Anastase. Il se disposait à publier un supplément à cet ouvrage, quand il fut atteint d'une maladie mortelle. Ne se dissimulant pas le danger de son état, il remit tous ses papiers à son neveu Ugolini, le chargeant, avec le Père Baldini, Théatin, son ami le plus intime, de terminer un travail auquel il attachait d'autant plus de prix, que c'était le résultat de plus de vingt années de recherches. Vignoli mourut à Rome, l'an 1753, dans un âge avancé, ayant publié cinq ou six ouvrages sur les anciennes médailles (*Ibid.*, t. XLVIII).

On vit encore au même concile, en qualité d'historiographe, *Jacques Laderchi*, de l'oratoire de Saint-Philippe de Néri, continuateur des *Annales* de Baronius, né à Faënza et mort à Rome l'an 1738, à l'âge d'environ soixante ans, également renommé par son savoir et sa piété. Outre la continuation de Baronius, il est auteur de plusieurs dissertations concernant l'histoire de l'Eglise.

Ces savants italiens, appelés au concile de Rome, nous ont rappelé les noms de plusieurs autres du même pays ou du même temps; et encore les uns et les autres ne sont pas les seuls qui illustrèrent l'Italie à cette époque.

Un des plus estimables est *Ferdinand Ughelli*, auteur d'un ouvrage immense et immensément utile, qu'il acheva tout seul, et qui a donné naissance à plusieurs autres du même genre. Il naquit à Florence le 21 mars 1595, d'une famille honorable, où la piété et le goût des lettres étaient héréditaires. Après ses premières études, il embrassa la vie religieuse dans l'ordre des Cisterciens, illustré autrefois par saint Bernard. Un jour qu'il était à parcourir de vieilles paperasses, perdues dans un coin, il découvrit une grande somme d'or, qu'il porta aussitôt à son abbé. Elle servit à commencer dans le monastère une magnifique bibliothèque, qu'il enrichit encore depuis. Venu à Rome, il y suivit les leçons des savants Jésuites, Jean-François Piccolomini, qui devint supérieur général de sa compagnie, et Jean de Lugo, Espagnol, qui fut fait cardinal par Urbain VIII. Ughelli visita plusieurs monastères, et profita partout ; il écrivit plusieurs opuscules, tirés des monuments de son ordre, dans lequel il remplit plusieurs emplois honorables. Comme il cherchait à connaître quels en étaient les personnages les plus illustres, il conçut l'idée et le plan de son *Italie sacrée*. A Rome, il devint abbé du monastère de Trois-Fontaines, puis procureur de la province, et consulteur de la congrégation de l'Index. Aussi renommé pour ses vertus que pour ses vastes connaissances, il refusa plusieurs évêchés ; mais il accepta des pensions d'Alexandre VII et de Clément IX, qui l'honorèrent de leur estime et de leur constante protection. Il mourut saintement le 19 mai 1670, muni des sacrements de l'Eglise, au moment où le religieux qui lui lisait la passion du Sauveur eut prononcé ces paroles : *Et ayant incliné la tête, il rendit l'esprit*. Son *Italie sacrée*, en neuf volumes in-folio, est un tableau de l'Italie ecclésiastique, divisée en ses vingt provinces, avec une notice historique de chaque diocèse et de ses évêques, depuis son origine jusqu'au temps de l'auteur. En 1644, il présenta le premier volume à Urbain VIII, qui mourut peu après. Le cardinal Mazarin en ayant reçu un exemplaire, remercia l'auteur par une lettre, accompagnée d'une montre en or, garnie de pierres précieuses : en même temps il profita de cet exemple pour engager les savants de Paris à faire un ouvrage pareil pour la France ; ce qui donna occasion à messieurs de Sainte-Marthe d'entreprendre leur *Gaule chrétienne* (*Gallia christiana*), dont les premiers volumes parurent en 1656, douze ans après ceux de l'*Italie sacrée*. Sur quoi on peut remarquer une singulière inadvertance ou préoccupation de la *Biographie universelle*. Après avoir dit, tome vingt-neuf, article SCÉVOLE III DE SAINTE-MARTHE, que les premiers volumes de la *Gaule chrétienne* parurent en 1656, elle dira, tome quarante-sept, sur FERDINAND UGHELLI : « On a de lui un ouvrage important, *Italia sacra*, Rome 1644, dans lequel il a entrepris, sur les évêques d'Italie, le même travail qu'avait fait Sainte-Marthe sur les Eglises de France. » On ne voit guère comment un auteur italien, dans un ouvrage publié à Rome l'an 1644, a pu imiter un auteur français dans un ouvrage publié à Paris l'an 1656. Une si grande inadvertance ne tiendrait-elle point à cette préoccupation nationale, que l'Italie ne saurait rien nous apprendre, mais qu'elle ne peut qu'apprendre de nous ?

*Nicolas Coleti*, prêtre vénitien, né en 1680, dans une famille que l'amour des lettres avait déterminée à la profession de libraire-imprimeur, commença sa carrière littéraire par exécuter le projet qu'avait eu son oncle, Jean-Denys Coleti, de donner une nouvelle édition corrigée et augmentée de l'*Italia sacra*, qui n'allait que jusqu'en 1648. Aux matériaux immenses que l'oncle avait recueillis pour cette entreprise, et qui avaient été l'origine de la librairie de ses autres neveux, frères de Nicolas, ceux-ci en avaient ajouté de nouveaux en grand nombre. L'édition retravaillée et continuée par Nicolas commença en 1717, et ne fut terminée qu'en 1733; ils la dédièrent à Clément XI. On regrette qu'il s'y trouve tant de fautes d'impression.

*Raphaël Fabretti*, dont il a été fait mention, est le plus habile antiquaire du XVIIe siècle. Il naquit à Urbin l'an 1618, d'une famille noble. Il fut d'abord envoyé aux écoles de Cagli, petite ville du même duché, où il étudia les belles-lettres, la langue grecque et la langue latine, sous un professeur qui eut l'avantage de converser avec Muret et Manuce, et de profiter de leurs leçons. Cette excellente institution littéraire disposa le jeune élève aux études de l'antiquité. A Rome, tout en s'appliquant à la jurisprudence et au barreau, il ne laissait pas d'étudier les monuments de cette capitale. Le cardinal Impériali lui obtint une mission pour l'Espagne, où il demeura treize ans, toujours occupé de sciences et de recherches. Revenu à Rome, les Papes l'élevèrent successivement à plusieurs fonctions honorables : Innocent XII le nomma chanoine de Saint-Pierre, et préfet des archives secrètes du château Saint-Ange; poste qui convenait parfaitement à ses goûts d'antiquaire. Il y mourut à l'âge de quatre-vingt-deux ans, le 7 janvier 1700. Il avait reçu le sous-diaconat; mais il ne voulut point être ordonné prêtre. Sa grande passion était pour les inscriptions anciennes : il s'arrêtait partout où il espérait en trouver. Trois ouvrages remarquables furent, entre autres, le fruit de ces recherches : 1° *Dissertations sur les aqueducs des Romains*, où il relève plusieurs erreurs du Hollandais Gronovius; 2° *Recueil d'observations sur la colonne Trajane*; 3° *Collection d'inscriptions anciennes*, qui l'emporte sur celles des Allemands Gruter et Spon (*Biogr. univ.*, t. XIV).

*Laurent-Alexandre Zaccagni*, bibliothécaire du Vatican, s'était de bonne heure engagé dans l'ordre des moines augustins, et parvint à une grande réputation par son habileté dans la langue grecque et la langue latine. Dans la dernière partie de sa vie, il se livra presque exclusivement à des recherches d'antiquités. Il mourut à Rome le 17 janvier 1712, dans sa cinquante-cinquième année. On a de lui le premier volume d'une collection d'anciens monuments de l'Eglise grecque et latine, cachés jusqu'alors dans la bibliothèque Vaticane. La mort l'empêcha de continuer (*Ibid.*, t. LII). De nos jours, un de ses successeurs, le cardinal Maï, a complété son œuvre et au delà.

A ce grand nombre de littérateurs, l'Italie peut joindre trois célèbres médecins : Zacchias, Baglivi et Malpighi.

*Paul Zacchias* naquit à Rome en 1584, fit de brillantes études dans les écoles de Pise et chez les Jésuites, et embrassa avec un zèle ardent la profession de médecin, sans abandonner toutefois la musique, la peinture et la poésie qu'il aimait beaucoup. S'étant fait une grande réputation dans la pratique médicale, il fut nommé médecin du pape Innocent X, puis protomédecin des Etats pontificaux. Il s'adonna plus particulièrement à l'étude de cette partie de l'art qui est destinée à éclairer les tribunaux dans une foule de questions épineuses et délicates, et qui est connue sous le nom de *jurisprudence médicale*. Pour cela, Zacchias rassembla des matériaux immenses, et compulsa avec soin les écrits des théologiens, dans lesquels il trouva des faits nombreux et importants qu'il recueillit. Il en forma un corps d'ouvrage, que sa profonde érudition et son jugement exquis ont rendu classique, non-seulement pour le médecin chargé de faire des rapports en justice criminelle, mais encore pour le théologien qui s'applique à l'étude des cas de conscience (*Biog. univ.*, t. LII).

*Georges Baglivi* naquit en 1668 à Raguse, et mourut à trente-huit ans à Rome, en 1706, épuisé par les nombreux travaux théoriques et pratiques auxquels il se livrait. Quoique enlevé si jeune à la médecine qu'il cultivait par goût, il contribua beaucoup à ramener cette science dans la route sûre et féconde de l'observation qu'avaient tracée les Grecs, mais dont s'étaient écartés les Arabes et leurs imitateurs. Après ses études à Naples et à Padoue, où il fut reçu docteur, il voyagea dans toute l'Italie, visitant les hôpitaux, et recherchant surtout parmi les livres offerts à son érudition, ceux qui peignent et décrivent les phénomènes, au lieu de les expliquer. Lorsqu'il fut arrivé à Rome, le pape Clément XI, instruit de son mérite, le nomma, malgré son jeune âge, professeur de chirurgie et d'anatomie dans le collège de la Sapience; et ce fut alors que Baglivi professa la plus haute estime pour Hippocrate, dont la science, disait-il, était moins celle d'un homme que celle de la nature. Cherchant à arracher la médecine aux hypothèses qui s'y introduisaient, et à substituer à la méthode systématique des écoles de son temps, celle d'observation, dont le médecin grec lui présentait à la fois le précepte et l'exemple, il indiqua très-bien les causes qui avaient suspendu, et même fait rétrograder la marche de la médecine, et dont il trouvait les principales dans le mépris mal entendu ou la négligence des écrits des anciens, un faux genre d'analogie et des comparaisons incomplètes, la manie de créer des hypothèses, l'interruption de la description des maladies en langage aphoristique, etc. (*Ibidem*, t. III).

*Marcel Malpighi*, né à Crevalcuore, près de Bologne, le 10 mars 1626, et mort à Rome le 29 novembre 1694, avait à peine terminé ses premières études, qu'il perdit ses parents. Ce fut à Bologne qu'il fit ses cours de médecine avec beaucoup de succès, et qu'il fut reçu docteur en 1653. Dans les thèses publiques qu'il soutint, il se montra grand partisan d'Hippocrate; ce qui était une sorte de hardiesse à une époque où la doctrine des Arabes jouissait encore de la vénération générale. Il fut successivement professeur à Bologne, à Pise, à Messine. En 1691, le pape Innocent XII l'appela à Rome, et le nomma son premier médecin. Malpighi y mourut le 29 novembre 1694. Il s'est surtout illustré par ses nombreuses recherches sur les parties les plus déliées non-seulement de l'organisation de l'homme, mais encore de celle des animaux et des plantes (*Biog. univ.*, t. XXVI).

Nous voyons ici deux restaurateurs de la science médicale dans les temps modernes, Malpighi et Baglivi, professer la plus haute estime pour Hippocrate, et attribuer la décadence de la médecine à ce qu'on avait négligé de suivre ses préceptes et son exemple. Qu'on juge maintenant de la présomption incomparable de l'anglican Bacon, qui compare Galien et Paracelse, citant l'autorité d'Hippocrate, à deux imbéciles qui se mettent à l'ombre d'un âne (*Impetus philosophici, cap.* 2) : c'est la noble comparaison du chancelier dégradé d'Angleterre. Mais revenons en Italie.

L'Eglise romaine tout entière, principalement le collège des cardinaux, était une académie universelle, où les sciences et les savants affluaient de toutes parts comme à leur centre, pour y trouver encouragement, vie et gloire, et s'y perpétuer dans une éternelle virilité. Impossible de citer tous les noms. En voici encore quelques-uns.

*Jean-Justin Ciampini*, né à Rome en 1633, d'une famille honnête, perdit ses parents à l'âge de douze ans. S'étant d'abord livré à l'étude du droit, il fut reçu docteur à Macerata; mais il abandonna cette carrière pour les belles-lettres. Il obtint ensuite un emploi dans la chancellerie apostolique, et renonça à un mariage avantageux que lui proposait son frère aîné, pour se consacrer entièrement à l'étude. Clément IX le créa, l'an 1669, maître des brefs des grâces, et préfet de ceux de justice. Ses travaux ne l'empêchèrent point de satisfaire son goût pour l'histoire, les sciences et les belles-lettres, auxquelles il se livra avec un égal succès. En 1671, il fonda à Rome une académie pour l'histoire ecclésiastique. En 1677, il établit une autre académie pour les sciences naturelles, physiques et mathématiques, sous la protection de Christine, reine de Suède. Plusieurs cardinaux et d'autres personnages distingués qui vivaient à cette époque étaient membres de cette société, à laquelle on doit un grand nombre de dissertations importantes. Une riche bibliothèque, des collections de statues, de médailles et de monuments anciens avaient transformé sa maison en un musée, où se rassemblaient tous les soirs la plupart des savants de Rome, qui venaient y discuter les points les plus intéressants de l'histoire et de l'antiquité. Cette réunion formait une troisième académie. Ciampini était doué de beaucoup d'esprit; il avait un caractère vif et impétueux, quelquefois colère; il soutenait son sentiment avec opiniâtreté, se livrant avec d'autant plus d'ardeur à une entreprise, que le succès lui en paraissait plus difficile. On a de lui, en italien et en latin, plusieurs ouvrages dont on fait un grand cas en Italie, parce qu'on les y connaît. Ciampini mourut en 1698, âgé de soixante-cinq ans, après avoir cultivé et encouragé les sciences et les lettres pendant toute sa vie (*Biogr. univers.*, t. VIII).

Le cardinal *Quirini* en fit autant et plus. Il naquit en 1680 à Venise, d'une des premières familles. Dès 1687, ses parents l'envoyèrent avec son frère aîné au collège des Jésuites à Brescia. Comme ses succès et son caractère studieux présageaient un littérateur distingué, les bons Pères s'efforcèrent de l'attacher à leur société; mais il préféra l'ordre de Saint-Benoît, où il entra en effet, malgré les efforts de ses parents pour l'en détourner. Au mois de novembre 1696, il alla se renfermer dans l'abbaye des Bénédictins de Florence, et y fit profession le 1er janvier 1698, en prenant les prénoms d'Ange-Marie, au lieu de celui de Jérôme qu'il avait reçu au baptême. Avide de tout genre d'instruction, le jeune Quirini étudia la théologie, la langue grecque, l'hébreu, les mathématiques. Quoiqu'il trouvât de très-bons maîtres dans l'intérieur de son abbaye, il recherchait la société des plus habiles littérateurs de Florence. Ses relations avec Salvini, Magaloni, Guido Grandi, le sénateur Buonarotti, le médecin Bellini et Antonio Magliabecchi lui procurèrent des occasions de connaître un grand nombre de savants étrangers qui visitaient Florence. Entraîné par le besoin d'étendre ses connaissances littéraires, Quirini employa près de quatre années à visiter et à étudier l'Allemagne, les Pays-Bas, l'Angleterre et la France, entretenant partout d'honorables relations avec la plupart des hommes célèbres de cette époque. Rentré dans sa patrie, où il rapportait les fruits de tant d'observations et de recherches, il fut chargé par un chapitre de son ordre d'écrire les Annales des Bénédictins d'Italie; mais il finit par renoncer à ce travail, et entreprit, en 1718, de donner une nouvelle édition des livres liturgiques de l'Eglise grecque, et des autres chrétiens orientaux. Clément XI le fit abbé du monastère de Florence, où il avait embrassé l'état religieux, et ensuite consulteur du saint-office; Innocent XIII lui donna l'archevêché de Corfou. Il eut le bonheur inespéré de se concilier l'amitié des Grecs schismatiques. Pour qu'il ne lui manquât à Corfou aucune des jouissances dont il avait contracté le besoin, il y créa une occupation littéraire; il entreprit un ouvrage sur les antiquités de cette île. Après en avoir publié, en 1725, une première édition, avec une dédicace à Benoît XIII, il partit pour Rome l'année suivante, et fut nommé, en 1727, évêque de Brescia et cardinal. Clément XII, qui voulut se l'attacher de plus près, le nomma bibliothécaire du Vatican. Comme ses diocésains craignaient de ne plus le revoir, il leur promit de ne point les quitter; et, en effet, il passa au milieu d'eux neuf mois de chaque année, et ne faisait que deux voyages à Rome, de six semaines chacun, pour entretenir l'ordre du dépôt confié à ses soins. Il l'enrichit par le don de sa propre bibliothèque, pour laquelle il fallut construire au Vatican une nouvelle salle. La ville de Brescia reçut de lui une autre bibliothèque qu'il rendit publique, et pour l'entretien de laquelle il fonda des revenus. Il usait ainsi de sa fortune, dont il réservait pourtant la plus grande partie aux pauvres. Durant le conclave de 1740, il montrait sa collection de médailles aux autres cardinaux, qui l'estimaient à cent quatre-vingt mille francs. S'il en est ainsi, s'écria-t-il, il ne m'appartient pas de posséder un pareil trésor au milieu des pauvres; et il en fit don à la bibliothèque du Vatican. Lambertini, son ancien ami, devenu le pape Benoît XIV, lui offrit l'évêché de Padoue, dont le revenu était plus considérable que celui de l'évêché de Brescia : Quirini n'accepta point, et resta fidèle à la parole qu'il avait donnée aux Bressans. Nul n'a plus encouragé tous les genres de travaux littéraires, et rendu plus de services à ceux qui s'y consacraient : il compulsait pour eux des manuscrits, recueillait les notes qui leur pouvaient être utiles, et facilitaient la publication autant que la composition de leurs ouvrages. On lui doit ainsi particulièrement l'édition des œuvres de saint Ephrem, entreprise par le Maronite Assémani. Les écrivains de toutes les sectes l'ont comblé d'éloges, parce que malgré son ferme et inébranlable attachement à toutes les croyances et maximes de l'Eglise romaine, il savait rendre justice à tous les talents, et porter jusque dans les controverses la plus douce et la plus bienveillante urbanité. Il mourut d'une attaque d'apoplexie, au milieu de ses fonctions épiscopales à Brescia, le 6 janvier 1759. Ses ouvrages sont assez nombreux et divers; mais il n'y en a aucun de bien considérable par son étendue (*Biogr. univ.*, t. XXXVI).

Un autre savant italien de l'ordre de Saint-Benoit fut *Anselme Banduri*, né vers 1670, à Raguse d'une famille noble. Devenu Bénédictin fort jeune, il fit ses premières études à Naples, vint les perfectionner à Florence, où on le jugea propre à diriger les études de ses confrères. Son goût principal était pour les recherches d'antiquités. Envoyé à Paris par le grand-duc de Toscane, pour s'y former à l'érudition au milieu des Bénédictins français, il se proposa de publier avec des éclaircissements, plusieurs ouvrages rares ou peu connus sur l'histoire ecclésiastique, entre autres les œuvres de saint Nicéphore. Il suspendit l'exécution de ce projet pour se livrer à des travaux encore plus considérables : il avait découvert plusieurs manuscrits relatifs à l'histoire de Constantinople; il les compara, les traduisit en latin, en éclaircit les passages obscurs ou difficiles, et, les joignant à d'autres pièces sur le même sujet, déjà connus, les publia sous le titre d'*Imperium orientale*, Paris, 1712, deux volumes in-folio; ouvrage qui fait partie de la *Collection byzantine*. Il publia ensuite *Numismata imperatorum romanorum*, depuis Trajan-Dèce jusqu'au dernier Paléologue, Paris, 1718, deux volumes in-folio; recueil fort estimé, auquel il faut joindre le *Supplément*, publié par Jérôme Tanini, Rome, 1791, un volume in-folio, Banduri a placé en tête de cet ouvrage le catalogue de tous les auteurs qui ont traité de la numismatique. En 1724, il assurait que son premier travail sur Nicéphore et Théodore de Mopsueste, formant quatre volumes in-folio, était terminé. Il paraît que sa mauvaise santé seule l'empêcha de le publier. En effet, il ne fit plus que languir, tourmenté par de fréquents accès de goutte qui duraient jusqu'à trois ou quatre mois. Il mourut dans un de ces accès, le 14 janvier 1743 (*Biogr. univ.*, t. III).

Un des hommes les plus extraordinaires de son siècle, *Antoine Magliabecchi*, était né à Florence, le 28 octobre 1633, de parents honnêtes, mais sans fortune. Sa mère, restée veuve, lui fit cependant apprendre les éléments de la langue latine et du dessin, et le plaça en apprentissage chez Comparini, fameux orfèvre de cette ville; mais son maître reconnut bientôt que l'élève avait plus de goût pour la littérature que pour les arts; le jeune Magliabecchi consacrait ses épargnes à acheter des livres, et il passait une partie de la nuit à dévorer les ouvrages qu'il s'était procurés. La mort de sa mère lui laissa la liberté de se livrer tout entier à son penchant pour l'étude; aidé des conseils de Michel Ermini, bibliothécaire du cardinal de Médicis, il fit de rapides progrès dans les langues et dans les sciences des antiquités : il restait tout le jour enfermé dans son cabinet, un livre à la main; et il avait une mémoire si heureuse, qu'il n'oubliait rien de ce qu'il avait lu. Il devint bientôt l'oracle des savants : il répondait à toutes leurs questions avec une précision admirable, citant l'auteur, l'édition et la page où l'on pouvait voir la solution des difficultés qu'on lui proposait. Le grand-duc Cosme III, informé du mérite de ce jeune homme, le nomma conservateur de la bibliothèque qu'il venait d'établir dans son palais, et l'autorisa en même temps à faire copier les manuscrits de la bibliothèque *Laurentienne* qu'il croirait utiles au public. Magliabecchi se trouva là comme dans son centre; mais l'immense quantité de livres dont il était entouré suffisait à peine pour contenter son insatiable avidité. Non-seulement il parvint à retenir la place où était chaque livre dans ces deux vastes bibliothèques, de manière à le retrouver au besoin les yeux fermés, mais il voulut se rendre aussi familières les autres bibliothèques principales de l'Europe. Quoiqu'il ne se fût jamais éloigné de Florence que de quelques lieues, il vint à bout, par la lecture des catalogues tant imprimés qu'inédits, par sa correspondance et par ses entretiens avec les plus savants voyageurs, de connaître mieux que personne tous les grands dépôts littéraires; et sa mémoire prodigieuse les lui rendait toujours présents. On raconte à ce sujet qu'un jour le grand-duc lui ayant demandé un ouvrage fort rare, Magliabecchi lui répondit : Monseigneur, il est impossible de vous le procurer; il n'y en a au monde qu'un exemplaire, qui est à Constantinople, dans la bibliothèque du grand-seigneur; c'est le septième volume de la deuxième armoire du côté droit en entrant.

Il avait une manière toute particulière de lire ou plutôt de dévorer les livres : quand un ouvrage nouveau lui tombait sous la main, il examinait le titre, puis la dernière page, parcourait les préfaces, dédicaces, tables, jetait un coup d'œil sur chacune des divisions principales, et avait alors assez vu pour être en état de rendre compte, non-seulement de ce que le livre contenait, mais encore des sources où l'auteur avait puisé. Devenu bibliothécaire, Magliabecchi ne changea rien à ses habitudes : il était toujours négligé dans ses habits, et il avait pour tout ameublement deux chaises et un grabat sur lequel il passait le petit nombre d'heures qu'il ne pouvait dérober au sommeil; le plus souvent même il dormait tout habillé sur sa chaise ou sur les papiers et les brochures dont son lit était toujours couvert; il ne sortait de son cabinet que pour se rendre à la bibliothèque, dans les moments où elle était ouverte; et il venait aussitôt après se renfermer au milieu de ses livres. Le Pape et l'empereur tentèrent de l'attirer à leur cour, mais ne purent y parvenir. Le grand-duc, qui appréciait de plus en plus son mérite, lui fit préparer dans son palais un appartement commode, afin de le mettre plus à portée de recevoir les soins qu'exigeait son grand âge; mais Magliabecchi ne l'occupa que quelques mois et trouva un prétexte pour retourner dans sa maison, où il était plus libre. Il renvoyait le soir son domestique et passait une partie de la nuit à lire, jusqu'à ce que le livre lui tombât des mains ou qu'il tombât lui-même accablé de sommeil. Il lui arriva plusieurs fois de mettre le feu à ses habits en tombant ainsi sur le réchaud de charbons qu'il portait toujours avec lui pendant l'hiver, et sans un prompt secours, toute sa maison eût été brûlée. Au mois de janvier 1714, sortant de chez lui, il fut saisi d'un tremblement violent et d'une faiblesse qui l'obligèrent de rentrer : dès ce moment, il ne fit plus que languir, et mourut le 2 juin de la même année, à l'âge de 81 ans. Magliabecchi légua, par son testament, à la ville de Florence, sa riche bibliothèque, avec un fonds annuel pour l'entretenir (*Biographie univers.*, t. XXVI).

Le cardinal *Passionei*, comme le cardinal Quirini, fut un grand amateur et protecteur des sciences et des lettres. Il naquit le 2 décembre 1682, à Fossombrune, dans le duché d'Urbin, d'une ancienne famille, fut élevé à Rome sous les yeux de son oncle, et acheva ses études au collège Clémentin d'une manière brillante. Il rechercha ensuite la société du Père Tommasi, savant théatin, et de Fontanini, alors professeur d'éloquence; et, guidé par ces deux habiles maîtres, il fit de rapides progrès dans la connaissance des antiquités sacrées et profanes. Il aidait volontiers tous les savants, et prenait leur défense contre d'injustes attaques. Il remplit avec honneur plusieurs missions diplomatiques, fut fait cardinal en 1738, sans cesser de cultiver les lettres ni de protéger ceux qui les cultivaient. Il mourut d'une attaque d'apoplexie, en 1751, à l'âge de 79 ans (*Biogr. univ.*, t. XXXIII). Il eut pour successeur dans la charge de secrétaire des brefs le cardinal Nicolas Antonelli, savant orientaliste, éditeur des œuvres de saint Jacques de Nisibe, d'un ancien missel romain, d'une interprétation des psaumes par saint Athanase, et auteur lui-même de plusieurs dissertations.

Le cardinal *Louis-Antoine de Belluga de Moncade* était tout ensemble un saint et savant prélat. Né l'an 1662 au royaume de Grenade en Espagne, et devenu chanoine de Cordoue, il se livrait jeune encore à la pratique des bonnes œuvres et aux fonctions du ministère ecclésiastique. Il établit à Cordoue les prêtres de l'Oratoire de Saint-Philippe de Néri, et il observait lui-même leur règle, vivant avec eux, et donnant l'exemple des vertus de son état. Nommé à l'évêché de Carthagène, il n'accepta que par déférence pour les conseils des hommes les plus recommandables. Il refusa plus tard le riche évêché de Cordoue, pour rester au milieu d'un troupeau qu'il affectionnait. Charitable, zélé, il fit beaucoup de fondations pieuses et utiles : deux collèges, un séminaire, deux maisons de refuge, deux hôpitaux, des églises bâties sont des monuments de sa libéralité. Sa vie retraçait la sainteté des évêques des premiers siècles, et son gouvernement était réglé sur les canons de l'Eglise et sur les principes de la plus exacte discipline. On a de lui plusieurs mémoires en faveur des immunités ecclésiastiques et des prérogatives de son siège. La réputation de doctrine et de vertu du pieux évêque engagea Clément XI à le nommer cardinal de son propre mouvement, le 29 novembre 1719. De Belluga refusa d'abord, ayant fait vœu de n'accepter aucune dignité qui pût le détourner du devoir de la résidence. Mais le Pape, voulant honorer un sujet si distingué, le dispensa de son vœu, et lui ordonna formellement, en 1720, d'accepter le chapeau. Le prélat souhaitait du moins se démettre de son évêché; il ne le conserva que jusqu'en 1724, qu'étant allé à Rome pour la deuxième fois à l'occasion du conclave, il se fixa dans cette ville, partageant son temps entre l'étude et la prière. Il refusa l'archevêché de Tolède, le siège le plus riche de la chrétienté. Il assista et souscrivit au concile romain de 1725, et mourut le 22 février 1743. Il était fort instruit dans la théologie et le droit canon; et les papes Clément XI et Benoît XIII le citent avec honneur dans leurs ouvrages : il en a laissé lui-même plusieurs, entre autres une défense manuscrite de la bulle *Unigenitus* (*Biographie univ.*, t. XXIX).

Un cardinal que l'Eglise a formellement béatifié, c'est le bienheureux *Grégoire-Louis Barbadigo*, évêque de Padoue. D'une famille noble et ancienne de Venise, il vint au monde en 1626. Ses parents le firent élever avec soin dans l'étude des belles-lettres, et il répondit parfaitement aux soins qu'ils prirent pour son éducation; mais il s'appliqua surtout à former son cœur et à s'exercer à la pratique des vertus chrétiennes. Il accompagna l'ambassadeur de Venise au congrès de Munster, où il fut connu avantageusement du nonce apostolique, depuis Alexandre VII, qui lui donna des preuves sensibles de son estime et de sa protection. Grégoire fut sacré évêque de Bergame en 1657, créé cardinal trois ans après, et transféré l'an 1664 à l'évêché de Padoue. On admirait dans toute sa conduite une régularité exemplaire, un zèle actif, une vigilance continuelle. Il visitait exactement son diocèse, et remplissait les autres fonctions de son ministère avec tant de fidélité, qu'il était regardé comme un second saint Charles Borromée. Les pauvres trouvèrent toujours dans sa charité des secours contre la misère. Il fit bâtir un collège pour qu'on y élevât la jeunesse dans les sciences et la piété. La ville de Padoue lui fut redevable de l'établissement de son séminaire, qui fait encore aujourd'hui l'ornement, non-seulement de l'ancien État de Venise, mais même de l'Italie et de toute la chrétienté. Il y plaça des professeurs habiles dans la théologie et dans les langues dont la connaissance peut faciliter et perfectionner l'étude des livres saints; il y forma aussi une bibliothèque composée des meilleurs livres en chaque genre, surtout des écrits des Pères et des ouvrages des critiques, des interprètes et des commentateurs de l'Ecriture; il fonda encore une imprimerie pour l'usage de la bibliothèque. Les élèves de ce séminaire ont publié de nos jours une magnifique édition, revue et augmentée, du *Grand dictionnaire ou trésor de la langue latine*.

Ce ne serait pas assez dire du saint cardinal Barbadigo, qu'il avait toutes les vertus, il faut ajouter qu'il excellait en toutes choses. Mort au monde et à lui-même, il ne perdit jamais la tranquillité de son âme. Il se montra supérieur à la prospérité, et ne se laissa point abattre par les épreuves et les contradictions. Autant sa vie avait été sainte, autant sa mort fut édifiante. Elle arriva le 15 juin 1697. Divers miracles opérés par son intercession ayant été juridiquement prouvés, Clément XIII publia la bulle de sa béatification le 13 février 1761 (Godescard, 15 juin; Ciacon., *Italia sacra*).

Un autre cardinal de cette époque, célèbre par son érudition, par ses ouvrages et ses vertus, fut le bienheureux *Joseph-Marie Tommasi*. Il était fils de Jules Tommasi, duc de Palma et prince de Lampedosa. Il naquit à Alicate en Sicile, le 12 septembre 1649, et fut élevé dans la piété. Toute sa famille vivait dans les pratiques de la religion et des bonnes œuvres. Un oncle et trois sœurs du jeune Tommasi étaient déjà entrés dans le cloître. Joseph-Marie obtint, à force d'instances, de suivre la même vocation; et, après s'être désisté de ses droits en faveur d'un frère cadet, il fut admis chez les Théatins de Palerme, et prononça ses vœux le 25 mars 1666. Sa ferveur, son amour pour la prière, ses austérités et son zèle pour toutes les pratiques de la vie religieuse ne l'empêchaient point de se livrer à l'étude. La théologie, les langues savantes, les antiquités ecclésiastiques et la liturgie l'occupèrent tour à tour. Il apprit l'hébreu, le chaldéen, l'éthiopien, l'arabe, le syriaque, et prit les leçons d'un savant juif de ce temps-là, Moïse de Cavi, qui se fit ensuite chrétien. Ses recherches dans les bibliothèques et dans les couvents de Rome le conduisirent à des découvertes importantes sur toutes les parties de l'ancienne liturgie; et c'est sur ce sujet que roulent plusieurs de ses ouvrages.

Malgré son amour pour la retraite et son application à l'étude, il remplit différents emplois dans son ordre, il fut attaché par les Papes à diverses congrégations. Clément XI faisait une estime toute particulière du Père Tommasi; il le prit pour son confesseur, et avait voulu avoir son avis, lorsqu'il fut élu pape, pour savoir s'il devait accepter une si haute dignité. Il le nomma cardinal le 18 mars 1712; et le modeste religieux lui ayant écrit pour lui exposer ses raisons de refus, le Pape le contraignit d'accepter. Le nouveau cardinal conserva, autant qu'il put, les habitudes et la simplicité de son couvent. Sa maison, sa table, ses équipages, tout chez lui annonçait son horreur pour le luxe. En même temps ses revenus étaient employés en bonnes œuvres. Non content de distribuer de l'argent aux pauvres de Rome, il envoyait des secours au loin. Il fit passer cinq cents écus aux catholiques suisses, qui soutenaient alors la guerre contre les cantons protestants. Il avait soin de faire distribuer des aumônes dans tous les lieux où il avait des bénéfices ou du bien, entré autres à Carpentras, où il jouissait d'une pension de mille écus sur la mense épiscopale. A Rome, il décorait les églises, spécialement celle de Saint-Martin-du-Mont, qui était son titre de cardinal; et il se plaisait à y faire le catéchisme aux enfants. C'est au milieu de ces soins pieux que la mort frappa le cardinal Tommasi, le 1er janvier 1713, âgé de 63 ans.

Par son testament, il laissa au collège de la Propagande tout ce qu'il possédait. On a du saint cardinal dix-sept ouvrages imprimés, et quelques-uns manuscrits : en 1747, on a fait une édition de toutes ses œuvres en onze volumes in-quarto. On y a joint une notice intéressante sur la vie et les écrits du cardinal. Sa vie a encore été écrite par le Père Borromée de Padoue; par le savant Fontanini, depuis archevêque d'Ancyre; par Dominique Bernini, et enfin par un Théatin qui n'a pas fait connaître son nom. Cette dernière vie a paru à Rome en 1803, in-4°; elle est ornée d'un portrait du cardinal, terminée par un récit de quelques miracles attribués à son intercession, et par l'exposé des procédures pour sa béatification. Ces procédures commencèrent immédiatement après la mort du cardinal. On entendit un grand nombre de témoins, qui déposèrent les faits les plus honorables pour sa mémoire. Après des informations réitérées, un décret du 1er janvier déclara constant que le cardinal avait pratiqué les vertus à un degré héroïque. Un autre décret du 28 mars 1803 approuva deux miracles opérés par les prières du pieux personnage. Enfin Pie VII, par un décret du 5 juin de la même année, a décidé, conformément à l'avis unanime de tous les membres de la congrégation des Rites, que l'on pouvait procéder à la béatification du cardinal. Sa fête a été fixée au 1er janvier, jour de sa mort.

D'autres personnes de cette même famille se sont illustrées par leur piété. On publia, l'an 1758, la vie du duc Jules de Palma, père du cardinal, et, en 1762, celle de son oncle, Charles Tommasi, frère aîné de Jules, qui avait cédé ses droits à son cadet, pour entrer chez les Théatins, et qui a vécut dans les pratiques de la perfection religieuse. A la fin de la vie du duc Jules, se trouve celle de don Ferdinand Tommasi, frère puîné du cardinal. Ces deux Vies sont dût Père Blaise de la Purification, carme déchaussé. Le cardinal avait quatre sœurs, qui toutes se firent religieuses. La seconde d'entre elles, nommée dans le monde Isabelle, et dans le cloître Marie Crucifixe, a été qualifiée de *vénérable;* un décret de Pie VI porte qu'il est constant qu'elle a pratiqué les vertus dans un degré héroïque. Sa vie a été écrite par Turano, et publiée à Girgenti en 1704. Elle renferme un abrégé de la vie de Rosalie Traina, duchesse de Palma, sa mère, qui, du consentement de son mari, se retira dans un monastère, près de ses filles, et y vécut pendant trente ans dans les exercices de la piété. Ainsi toute cette famille semblait destinée à offrir de grands exemples de ferveur et de détachement du monde (Picot, *Biogr. univ.*, t. XLVI; Godescard, 1er janv.).

L'ordre des Théatins offrait encore d'autres personnages distingués par leur doctrine et leur piété. *François-Marie Maggio*, né à Palerme en 1612, était fils de Bartolo Maggio, jurisconsulte instruit, qui consacrait son temps et sa fortune à la défense des malheureux. Il reçut une excellente éducation, et fit de rapides progrès dans la piété et les lettres. Lorsqu'il eut terminé ses études, il entra dans l'ordre des Théatins, et prononça ses vœux en 1632, à l'âge de vingt ans. Il s'appliqua plus particulièrement alors à l'étude de la philosophie et de la théologie; et sollicita de ses supérieurs la permission de visiter les établissements de son ordre dans l'Orient. Il partit en 1636 pour la Géorgie, avec quelques-uns de ses confrères; il traversa l'Arabie, la Syrie, l'Arménie, et, malgré tous les obstacles qu'il rencontra, parvint jusqu'aux montagnes du Caucase. Le Père Maggio apprit à fond les principaux dialectes qui sont en usage dans la Géorgie, s'instruisit des mœurs et des coutumes des peuples qui l'habitent, et rendit par là les plus grands services aux missionnaires. Il fut rappelé au bout de cinq ans à Cafa, l'ancienne Théodosie, pour y établir une maison de son ordre, et passa ensuite à Constantinople dans le même but. L'ambassadeur de Venise, loin de l'aider dans ce pieux dessein, s'y opposa formellement, et le força de s'embarquer sur un vaisseau qui faisait voile pour l'Italie : peu de temps après son arrivée à Messine, Maggio fut invité par la congrégation de la Propagande à se rendre à Rome pour y travailler à une grammaire des langues orientales les plus répandues. Il revint ensuite à Naples, obtint la confiance du vice-roi, dont il devint le confesseur, et profita de son crédit pour procurer différents établissements de son ordre dans ce royaume. Il fallut faire violence à la modestie de ce bon Père, pour l'obliger d'accepter la place de visiteur de la province de Sicile, et ensuite celle de prieur de la maison de son ordre à Syracuse; mais il refusa constamment la dignité épiscopale. Sur la fin de sa vie, s'étant retiré à Palerme, il partagea son temps entre les exercices de la piété, la prédication et l'instruction des novices; il y mourut le 12 juin 1686, regardé comme un saint. Il avait composé cent quinze ouvrages, la plupart ascétiques ou liturgiques, dont quarante-cinq sont demeurés manuscrits. Parmi ceux qui ont été imprimés, il y a une grammaire géorgienne et une grammaire turque (*Biogr. univ.*, t. XXVI).

Un autre Théatin, zélé et savant missionnaire, fut *Clément Galanus*, né à Sorrente, dans le royaume de Naples. Il passa douze ans en Arménie, occupé aux travaux des missions et à des recherches sur l'histoire civile et religieuse de ce pays. A force de soins et de peines, il parvint à recueillir un grand nombre d'actes, d'écrits, de monuments et de pièces originales, qu'il mit en ordre, et qu'à son retour à Rome, de 1660 à 1661, il fit imprimer en deux volumes in-folio, à l'imprimerie de la Propagande, sous ce titre : *Conciliation de l'Eglise arménienne avec l'Eglise romaine sur les témoignages des Pères et des docteurs arméniens*. L'ouvrage est en arménien et en latin. L'auteur y a joint des observations et une préface dans laquelle il remarque qu'une simple opposition des histoires et des traditions arméniennes, comparées aux traditions et aux dogmes catholiques, d'après les conciles et les Pères, lui a paru préférable à des disputes et à des controverses, et bien plus propre à amener ces peuples à la conviction, d'autant plus qu'ils évitent soigneusement toute discussion avec les Latins, qu'ils regardent comme des dialecticiens subtils et des artisans de sophismes, au moyen desquels ceux-ci font passer pour vérités les faussetés les plus palpables. Les principales erreurs que Galanus attribue à ces peuples, d'après Jean Herrac, Arménien catholique, sont de ne reconnaître en Jésus-Christ qu'une seule nature, de nier que le Saint-Esprit procède du Fils, etc. Le Père Galanus, dans son séjour à Rome, ne fut point inutile au peuple qu'il avait catéchisé : il se chargea d'enseigner la théologie aux Arméniens, dans leur propre langue. On lui doit encore une grammaire arménienne (*Ibid.*, t. XVI).

Outre le pape Benoît XIII, l'ordre de Saint-Dominique comptait plusieurs membres distingués par leurs lumières et leurs vertus. Le cardinal *Vincent-Louis Gotti*, né à Bologne en 1664, inquisiteur à Milan, puis patriarche titulaire de Jérusalem, et cardinal en 1728. Il eut beaucoup de suffrages au conclave de 1740, et mourut à Rome avec la réputation d'un théologien savant et laborieux. Ses ouvrages sont : *De la véritable Eglise de Jésus-Christ; Théologie scholastico-dogmatique; Colloques théologico-polémiques; Du parti à prendre entre les chrétiens dissidents*; plus un grand ouvrage en douze volumes pour prouver la vérité du christianisme contre les athées, les mahométans, les païens et les Juifs (Picot).

Par une rencontre merveilleuse, les Dominicains du XVIIe siècle virent parmi eux un des plus nobles enfants de l'Angleterre, avec le fils aîné de l'empereur de Constantinople.

Le premier était frère *Philippe-Thomas Howard*, né à Londres en 1629 : il était petit-fils de Thomas Howard, duc de Norfolk, maréchal du royaume, et d'Alathée Talbot; fils de Henri Howard, comte d'Arundel, et d'Elisabeth Stuart. Son frère, Henri Howard, fut duc de Norfolk, comte-maréchal d'Angleterre. Norfolk, Talbot, Arundel, noms les plus illustres de la Grande-Bretagne par leur antique noblesse et leurs hauts faits, mais devenus plus illustres et plus nobles encore par leur fidélité héréditaire à Dieu et à son Eglise. Peu après la naissance de Philippe, sa famille se retira sur le continent, pour demeurer fidèle à la foi de ses pères. L'Angleterre protestante venait de couper la tête à son roi Charles Ier, et de lui substituer le régicide Cromwel. Le jeune Norfolk, noble rejeton de l'Angleterre catholique, eut une autre ambition : ce fut de se donner à Dieu sous l'habit de frère Prêcheur, et d'attirer ainsi sur sa patrie coupable les miséricordes du ciel. Il prit l'habit de l'ordre de Saint-Dominique, à Crémone, le 28 juin 1645. A son nom de baptême, Philippe, il joignit un nom de religion, Thomas, en l'honneur de saint Thomas d'Aquin. Sa vocation souleva de même l'opposition de toute sa famille. Son grand-père, duc de Norfolk, sa grand-mère, Alathée Talbot, s'adressèrent au pape Innocent X, qui fit examiner sa vocation et l'examina par lui-même : elle ne laissa aucun doute, les parents se soumirent à la volonté de Dieu, et frère Thomas Howard de Norfolk fit sa profession à Rome, au commencement de sa dix-septième année. Il fut ordonné prêtre à Rennes, en 1652, avec dispense d'âge. Il était sur ces frontières comme une providence pour tous les ecclésiastiques, religieux et fidèles catholiques d'Angleterre, qui fuyaient la tyrannie de Cromwel : il fonda sur le continent plusieurs maisons pour les y retirer; passa même sous Cromwel en Angleterre, pour y affermir ses compatriotes dans la foi. Il eut la consolation, dans son couvent de Bornheim en Flandre, de donner l'habit de saint Dominique à deux de ses propres frères, Amand et François Howard. Il était dans ce couvent le dimanche de la Trinité 1675, lorsqu'un courrier arrive avec la nouvelle que le pape Clément X, dans le consistoire du 27 mai, a nommé le Père Howard cardinal. Tout le monde en est dans la joie, excepté le Père. Il se renferme trois ou quatre heures dans sa cellule pour consulter Dieu; le lendemain il célèbre la messe, expose la vraie croix pour obtenir les lumières d'en-haut : il va exposer sa peine à l'évêque d'Anvers, qui, l'ayant entendu, le conduit dans sa chapelle, et entonne le *Te Deum*. Le cardinal Philippe-Thomas Howard de Norfolk et d'Arundel continua jusqu'à sa mort, 17 juin 1694, à être le modèle et le consolateur de ses compatriotes catholiques (Touron, *Hommes illustres de l'ordre de Saint-Dominique*, t. V).

Au mois de septembre 1644, le sultan Ibrahim, empereur turc de Constantinople, d'après un vœu qu'il avait fait, envoyait en pèlerinage à la Mecque, son fils aîné Osman, âgé de deux ans neuf mois, avec sa mère, la sultane Zaphira, qui était dans sa 19ᵉ année. Elle était accompagnée d'une suite nombreuse et d'une flotte de neuf vaisseaux de guerre, sans compter celui qu'elle montait et qui avait cent vingt canons. Une autre flotte devait la rejoindre à Rhodes, pour la conduire en sûreté en Egypte. La seconde flotte ne se trouva point au rendez-vous, l'autre repartit sans l'attendre, pour profiter du bon vent. Le 28 septembre, elle fut attaquée et capturée par des moines : c'étaient des religieux militaires de Saint-Jean de Jérusalem, dit chevaliers de Rhodes, puis de Malte. Le combat dura cinq heures entières; les commandants des deux flottes y furent tués : les vainqueurs eurent bientôt des soupçons et enfin la certitude que leurs deux principaux captifs étaient la femme et le fils aîné du sultan; ils les traitèrent avec tous les égards convenables : la mère mourut le 6 janvier 1645 : les chevaliers dressèrent un procès-verbal juridique sur la qualité du jeune Osman et envoyèrent cet acte au pape Innocent X. Le petit prince fut placé dans un couvent de Dominicains, et un saint et savant religieux chargé de l'instruire tant dans les lettres humaines que dans la religion chrétienne. Ce ne fut que le 23 février 1656, après onze ans d'instruction et dans la 14ᵉ année de son âge, qu'il demanda et reçut le baptême, avec le nom de Dominique. En 1658, il prit même l'habit de Dominicain, avec la permission du pape Alexandre VII, qui avait fait examiner sa vocation. Il se montra toute sa vie chrétien sincère et excellent religieux, fut envoyé à Naples, à Rome et à Paris, où les ambassadeurs turcs se prosternèrent à ses pieds : son père avait été déposé et étranglé, dès avant que lui-même eût été baptisé. Il fut ordonné prêtre en 1670, reçut le grade de docteur, en 1675, de Thomas de Rocaberti, général de l'ordre, et mourut l'année suivante dans l'île de Malte au service des pestiférés (Touron, t. V). Les historiens turcs, suivis par Hammer, confirment le fond de cette histoire : ils conviennent que le jeune Osman, depuis le Père Ottoman, naquit dans le sérail, que le sultan Ibrahim le préférait à son fils Mahomet son successeur et né après Osman, que cette préférence excita la fureur de la mère de Mahomet contre Osman et sa mère, et que telle fut la cause du départ de ceux-ci pour la Mecque. Seulement, pour l'honneur de leur nation, les Turcs ne voudraient pas qu'un frère Prêcheur ait été le propre fils et surtout le fils aîné de leur sultan, quoique, de leur aveu, ce sultan le préférât à son autre fils (Hammer, *Hist. des Ottomans*, t. V, l. 50).

*Jean-Thomas de Rocaberti*, dont il a été fait mention, était d'une maison distinguée en Espagne, non seulement par son ancienne noblesse, mais encore par les saints personnages qu'elle a donnés à l'Eglise. Joseph de Rocaberti, mort en odeur de sainteté avant la fin du seizième siècle, avait donné de grands exemples de vertu dans l'ordre de Saint-François. La mère Etienne de Rocaberti n'avait pas moins édifié la réforme naissante de sainte Thérèse, dans la ville de Barcelone, où, fondatrice d'un monastère de Carmélites, elle mourut de la mort des justes, l'an 1608. De deux illustres vierges, la mère Jérôme Rocaberti et Hippolyte Rocaberti, la première rétablit la vie régulière dans un monastère des Dominicaines à Barcelone, la seconde l'y porta à la perfection.

Jean-Thomas de Rocaberti, né l'an 1624, à Perelada, sur les frontières du Roussillon et de la Catalogne, ne dégénéra point de la piété héréditaire dans sa famille. Il entra jeune dans l'ordre de Saint-Dominique, en prit l'habit dans le couvent de Girone et y prononça ses vœux, quoique, par sa profession, il se fût attaché à celui de Valence. Dans les études de philosophie et de théologie qu'il eut à faire sous les professeurs de son ordre, il se distingua tellement parmi ses condisciples, qu'il obtint au concours une des principales chaires de théologie. Après l'avoir remplie avec succès jusque vers l'an 1666, il fut nommé provincial d'Aragon, et, quatre ans après, général de son ordre, dans le chapitre alors assemblé. Il s'appliqua particulièrement à faire fleurir la discipline et les études parmi ses religieux, et leur donna lui-même l'exemple de la régularité et de l'amour du travail. Pendant son généralat, il sollicita et obtint à Rome, la béatification et la canonisation de plusieurs religieux de l'ordre de Saint-Dominique. Il éleva un autre monument à la gloire de son institut, en faisant imprimer plusieurs ouvrages composés par des Dominicains, et jusque-là restés inédits. Le mérite de Rocaberti et la sagesse de son administration ne demeurèrent point ensevelis dans l'obscurité d'un cloître. Charles II, roi d'Espagne, en eut connaissance : le jugeant propre à remplir de plus hautes fonctions, il le nomma à l'archevêché de Valence et écrivit à Clément X pour le prier de lui en faire expédier les bulles. Rocaberti prit possession de ce siège en 1676, et continua de gouverner son ordre jusqu'en 1677. Sa conduite dans ce nouveau poste lui valut, de la part du roi Charles, de nouvelles marques d'estime et de confiance. Ce prince le nomma, en deux différentes fois, vice-roi de Valence, et, en 1695, le créa inquisiteur général, dignité qui était alors une des premières de l'Etat. Rocaberti servait en même temps toute l'Eglise de Dieu, en défendant par ses écrits la sainte autorité de són chef contre des innovations plus ou moins hostiles. Ainsi, de l'an 1691 à 1694, il publia trois volumes in-folio, *De l'autorité du Pontife romain*, contre quatre propositions odieuses qu'un ministre du roi de France, nommé Colbert, avait fait mettre en latin par quelques évêques, pour mortifier le Pape. L'ouvrage de l'archevêque de Valence fut très-bien reçu en Espagne et à Rome, mais déplut aux avocats et aux juges laïques de Paris, qui le flétrirent en 1695, comme contraire à la doctrine des Pères de l'Eglise; car dès lors les avocats français se donnaient la peine d'en remontrer à leurs évêques, mais surtout au

Pape, sur le catéchisme et le *Credo*. Vers le commencement du dix-septième siècle, un avocat allemand ou suisse, Melchior Goldast, apostat de la foi catholique, publia dans le sens des avocats français une compilation intitulée : *Monarchie du saint Empire romain, ou Traité de la juridiction impériale ou royale et de la juridiction sacerdotale du Pontife*, trois volumes in-folio. Afin de fournir aux catholiques un arsenal bien approvisionné contre toutes ces attaques du schisme et de l'hérésie, l'archevêque de Valence publia, sous le nom de *Grande bibliothèque pontificale*, une collection de vingt et un volumes in-folio, dans laquelle il réunit tous les ouvrages du même genre que le sien, c'est-à-dire les traités d'un très-grand nombre d'auteurs anciens ou modernes, théologiens et canonistes, qui avaient écrit pour la défense du Saint-Siège. Il fit imprimer cette grande collection à ses propres frais et la dédia au pape Innocent XII. Le premier volume parut en 1695, et le zélé et savant archevêque Jean-Thomas de Rocaberti mourut le 13 juin 1699 (Touron, t. V; *Biogr. univ.*, t. XXXVIII).

L'ordre de Saint-Dominique avait encore un autre écrivain éminemment catholique, sans aucun alliage de préventions nationales : *Abraham Bzovius* ou *Bzowski*, Polonais, né l'an 1567. Ayant pris l'habit religieux en Pologne, il fut envoyé par ses supérieurs en Italie, où il professa la philosophie et la théologie. De retour en Pologne, il y fut employé au ministère de la prédication avec beaucoup de fruit, et convertit plusieurs hérétiques. Comme il se voyait engagé dans de fréquentes disputes avec les ministres protestants, il lut avec une attention suivie les Pères et les historiens de l'Eglise, et s'en composa pour lui-même un abrégé de l'histoire ecclésiastique. Cet abrégé fut trouvé si bien par plusieurs cardinaux, qu'ils l'engagèrent à le publier. Ils n'en restèrent pas là, mais le pressèrent de continuer les *Annales* de Baronius : il n'y acquiesça que sur l'ordre exprès du pape Paul V. Cette continuation de Bzovius est en neuf volumes in-folio et se termine au pontificat de Pie V : Odoric Raynald et Sponde étant venus après lui, ont pu faire mieux encore. Dans son deuxième volume, ayant à parler de l'empereur Louis de Bavière, Bzovius pria un savant bavarois, Georges Herwart, de lui communiquer tout ce qui pourrait servir à la cause de ce prince et à la gloire de sa nation, avec promesse d'en faire usage dans son histoire. Herwart se contenta de lui mander qu'il eût à envoyer son manuscrit en Bavière, pour y être examiné, et il insista sur cette demande. Bzovius ne jugea point à propos d'y obtempérer, mais suivit les mémoires qu'il trouva dans la bibliothèque Vaticane, et parla des affaires de Louis de Bavière comme on en avait parlé avant lui et comme on parle encore après; ce qui fut trouvé très-bon par les Allemands d'Autriche et très-mauvais par les Allemands de Bavière : ceux-ci écrivirent contre Bzovius de gros livres où les injures ne lui sont pas épargnées. Et aussi, pourquoi ne pas envoyer humblement son manuscrit en Bavière? car, comme tout le monde sait, n'est-ce point aux plaideurs à dicter la sentence du juge (Touron, t. V, p. 164; Schroeck, t. XXXI, p. 187).

Bzovius écrivit encore plusieurs autres ouvrages de piété et d'histoire, entre autres la *Vie des Papes* en trois volumes, et celle de Paul V séparément. Il passa les dernières années de sa vie à Rome, dans la pratique des bonnes œuvres. La pension que le Pape lui faisait et les bienfaits qu'il avait reçus, soit du roi de Pologne, soit de quelques autres princes, le mettaient en état d'exercer la charité, surtout en faveur de ceux qui souffraient pour la cause de la religion ou qui combattaient pour l'enseigner et la défendre. C'est dans cette vue qu'il laissa sa bibliothèque au couvent de la Minerve et qu'il y fit quelques fondations pour les religieux polonais qui viendraient puiser aux écoles de Rome les lumières nécessaires pour la propagation de la foi et la réfutation des hérésies. Bzovius avait atteint sa 70e année lorsqu'il se reposa dans le Seigneur, le 31 janvier 1637.

Quelque temps après, naquit le bienheureux *François de Posadas*, qui devait glorifier l'ordre de Saint-Dominique dans le XVIIe et le XVIIIe siècle. Ses parents étaient pauvres et gagnaient leur vie en vendant des fleurs, des légumes et des fruits. Ils habitaient d'abord Lama de Arcos en Castille, mais ils vinrent ensuite s'établir à Cordoue. Malgré l'obscurité de leur état, ils étaient d'une noble famille, ce qui, joint à leurs vertus, les faisait généralement considérer. François naquit à Cordoue, le 25 novembre 1644. Ses pieux parents prirent grand soin de lui inspirer de profonds sentiments de religion. Ils lui enseignèrent beaucoup de pratiques de piété, par lesquelles ils occupèrent son esprit dès son enfance, et le formèrent à la prière, à l'amour de Dieu et du prochain. Ils lui inculquèrent particulièrement une tendre dévotion à la sainte Vierge. Dès ses plus jeunes années, il récitait chaque jour le rosaire. Souvent plusieurs enfants de son âge se joignaient à lui. Ils s'assemblaient à une heure fixe, et, après avoir fait quelques prières, ils marchaient en procession dans les rues de la ville et sur les routes qui y aboutissent, chantant le rosaire et des hymnes. François était l'âme de tous ces pieux exercices, et commençait dès lors à être remarqué comme un zélé serviteur de Dieu.

Sa mère, qui, à l'instant de sa naissance, l'avait placé sous la protection de la sainte Vierge, avait exprimé un vif désir qu'il pût entrer dans l'ordre de Saint-Dominique, et elle lui fit donner la meilleure éducation qu'il lui fût possible. Les progrès du jeune François dans ses études, son attention à ses devoirs de religion répondaient parfaitement aux vues de ses parents. Il manifesta dès son bas âge le désir de s'y conformer, en se faisant Dominicain. Dès lors il sembla avoir déjà renoncé au monde et s'être entièrement consacré à Dieu. Il ne partageait ni les jeux ni les amusements de l'enfance; il recherchait la solitude et donnait à la prière et à la méditation presque tout le temps qui n'était pas employé à l'étude. Il fréquentait les sacrements avec la plus grande dévotion, et se proposait en tout pour but de devenir un digne membre de l'ordre de Saint-Dominique. Ses désirs furent longtemps sans être remplis. Son père mourut, et sa mère se remaria à un homme qui eut pour lui les plus mauvais procédés. Cet homme força François d'apprendre un métier, et le confia à un maître brutal qui tous les jours l'accablait de coups, malgré son assiduité au travail. Mais à la fin, le vertueux jeune homme gagna tellement son maître par sa douceur, que celui-ci lui donna des secours pour terminer ses études. Sa mère étant devenue veuve une seconde fois, François lui rendit tous les devoirs d'un bon fils et lui prodigua les plus tendres soins. Dans sa vieillesse, il attribuait les grâces que Dieu lui accordait au respect qu'il avait eu pour elle.

Enfin le moment tant désiré de se consacrer à Dieu arriva. Il fut, en 1663, admis chez les Dominicains de la *Scala-Cœli*, couvent situé à une lieue de Cordoue, et après l'épreuve accoutumée, il prononça ses vœux solennels. On ne rendit pas d'abord justice à son mérite. Il fut en butte à la persécution et à la calomnie; mais il les supporta avec une grande patience; et l'erreur ayant ensuite été reconnue, il fut ordonné prêtre à Saint-Lucar de Barméja. Ses supérieurs l'employèrent ensuite au ministère de la prédication. Ses sermons, soutenus par la sainteté de sa vie, produisirent des fruits immenses. On y accourait en foule, et il fallait qu'il prêchât dans les places publiques, les églises se trouvant trop petites pour contenir la multitude. Le son seul de sa voix pénétrait de respect son auditoire; la force et le charme de ses discours, les larmes qu'il répandait touchaient et convertissaient les cœurs. On le voyait quelquefois le visage rayonnant, comme on représente les séraphins. Il menait dans ses missions la vie la plus mortifiée, faisant tous ses voyages à pied, souvent sans chaussure, ne portant point de provisions et n'ayant pour lit qu'un sac de paille ou même la terre nue. Ses succès étaient les mêmes au tribunal de la pénitence; l'onction de ses paroles y était presque irrésistible. Guide sage et éclairé, il portait à la perfection les âmes qu'il conduisait, en les éloignant des dangers du monde. Il avait en horreur les spectacles profanes et faisait tous ses efforts pour en détourner les fidèles. Son crédit fut assez grand sur l'esprit des habitants de Cordoue, pour obtenir la destruction du théâtre de cette ville, et jusqu'à ces derniers temps il n'a pas été rétabli.

Son zèle pour le service de Dieu n'était ni ralenti par les fatigues, ni effrayé par les dangers, ni découragé par les difficultés : rien ne surpassait son amour pour les pauvres et ses ingénieuses ressources pour leur procurer des secours temporels et spirituels. Ses austérités et ses jeûnes étaient surprenants. Les évêchés d'Alquer en Sardaigne et de Cadix lui furent offerts; mais il les refusa, souhaitant de vivre et de mourir humble et caché, dans la profession qu'il avait embrassée. Après une vie passée dans toutes les pratiques de la perfection religieuse et dans les travaux continuels d'un saint apostolat, il mourut presque subitement, comme il sortait de célébrer la messe, le 20 septembre 1713. Il avait publié plusieurs ouvrages sur des questions de théologie et sur des matières de piété; les plus remarquables sont : 1° *Le triomphe de la chasteté contre la luxure diabolique de Molinos;* 2° *la Vie de la vénérable mère Léonarde du Christ, religieuse dominicaine;* 3° *la Vie du Père Christophe de Sainte-Catherine,* fondateur de l'hôpital de Jésus-de-Nazareth, à Cordoue; 4° *la Vie de saint Dominique;* 5° *Des avertissements à la ville de Cordoue.* Dans les dernières années de sa vie, il était déjà révéré comme un saint par les habitants des provinces méridionales de l'Espagne. Les démarches pour sa canonisation furent commencées bientôt après sa mort, et depuis régulièrement continuées. Le 4 août 1804, le pape Pie VII déclara qu'il avait possédé les vertus théologales dans un très-haut degré. Le 5 mai 1807, le même pontife proclama deux miracles qui avaient été opérés par son intercession; le 8 septembre suivant, le Saint-Père annonça qu'on allait procéder à la béatification de François. Il en promulgua le décret le 20 septembre 1818, et cette fête fut célébrée à Rome avec une grande solennité (Godescard, 20 sept.).

L'ordre de Saint-François de Paule produisait le bienheureux *Nicolas de Longobardi.* Il naquit à Longobardi en Calabre, le 6 janvier 1649, de parents pieux, mais pauvres. Il ne reçut d'éducation que ce que les gens de la campagne apprennent ordinairement à leurs enfants. Mais la religion, dont il aimait beaucoup les pieuses pratiques, lui tint lieu de tout, et le dédommagea par ses sublimes consolations de ce qui lui manquait du côté de l'esprit. Une grande vigilance exercée sur toutes ses actions devint pour ce saint jeune homme la source de ces grâces extraordinaires qu'il obtint plus tard. Ayant été reçu dans l'ordre des Minimes, il s'efforça d'acquérir les vertus nécessaires à un bon religieux, et quoiqu'il n'ait pas été admis aux ordres sacrés, il n'aspira pas moins à la perfection. Il était d'une piété angélique, et pratiquait l'obéissance d'une manière admirable. Ses austérités étaient très-rigoureuses, son silence absolu, sa charité sans bornes. Il obtint des supérieurs de son ordre la permission de visiter Rome et Notre-Dame-de-Lorette, ce qui ne contribua pas peu à augmenter encore sa ferveur. Il parvint ainsi, après mille combats livrés à ses passions, à une haute perfection et devint l'objet de la vénération publique. Grands et petits, riches et pauvres, tous le regardaient comme un ami de Dieu, et lui donnaient dans toutes les occassions des témoignages de leur respect. Loin de se prévaloir de la bonne opinion qu'on avait de lui, Nicolas n'en devint que plus humble à ses propres yeux, et chercha à dérober à la connaissance des hommes les faveurs spéciales que le Seigneur lui prodiguait. Il aurait manqué quelque chose à une vertu aussi pure, si elle n'eût été éprouvée par des souffrances corporelles. Plusieurs cruelles maladies causèrent à Nicolas des douleurs longues et aiguës, sans que sa patience en fût altérée. Des prédictions et des miracles apprirent aux fidèles de quel crédit ce saint homme jouissait auprès du Seigneur. Sa dernière maladie mit le sceau à sa gloire, et révéla dans son entier cette belle âme, si digne de jouir du bonheur des élus. Le pieux frère mourut le 12 février 1709 après une courte agonie. Au moment d'expirer, il lança vers le ciel un regard brûlant en s'écriant : *Au paradis! au paradis!* Lorsqu'il eut rendu son âme entre les mains du Créateur, on vit la joie empreinte sur sa figure, et on crut lire dans ses traits qu'il jouissait du bonheur céleste. Nicolas avait 60 ans. Pie VI béatifia le 12 septembre 1786 (Godescard, 3 fév.).

Les enfants de saint Ignace de Loyola virent aussi l'un d'entre eux mériter d'être inscrit par l'Eglise dans le catalogue des saints : saint *François Girolamo,* né le 17 décembre 1642, à Grottaglia dans le royaume de Naples, de parents vertueux et chrétiens, qui le firent élever dans la pratique de tous les devoirs qu'impose la religion. Il n'était encore âgé que de dix ans, lorsque les prêtres chargés de son éducation lui confièrent le soin de catéchiser les petits enfants, tant ils trouvaient en lui de gravité, d'instruction et de ferveur! En 1666, il fut ordonné prêtre, et placé en qualité de préfet au collège des nobles de la ville de Naples. On raconte qu'il y eut un jour une occasion particulière de montrer toute la perfection de sa vertu. Comme il avait été obligé de punir un jeune homme qui avait manqué à la règle, le frère de celui-ci accabla François d'injures et lui donna un soufflet. Alors le saint prêtre, sans s'émouvoir, se jeta à genoux, et lui présenta l'autre joue, selon le conseil donné par Notre Seigneur dans l'Evangile. Ce fait, bientôt connu de toute la ville, lui attira une estime et une admiration universelles.

Après avoir passé cinq ans dans ce collège, François entra dans la Compagnie de Jésus, excité par le désir de mener une vie plus dégagée du monde. C'était en 1670 ; il avait vingt-huit ans, et, malgré son âge, sa qualité de prêtre et sa réputation de science, il se soumit de la manière la plus exemplaire à toutes les épreuves du noviciat, si sévères et si mortifiantes pour la nature dans la règle de saint Ignace. A la fin du temps fixé, il prononça les vœux simples, et il fut aussitôt employé à donner des missions dans les environs d'Otrante. En 1688, après avoir fait les quatre vœux solennels, il reçut la charge de diriger les missions dans le royaume de Naples, et, pendant quarante ans il en remplit sans interruption le laborieux ministère.

Il n'est presque pas de localité entre Bénévent et Messine qui n'ait eut plusieurs fois le bonheur d'entendre de sa bouche la prédication de la parole sainte ; il n'en est point où il n'ait produit de nombreuses conversions, affermi une multitude de justes, établi des moyens efficaces de persévérance. Naples surtout fut le principal théâtre de ses travaux évangéliques. Toutes les classes d'habitants, tous les établissements de cette grande cité éprouvèrent les effets de son zèle et de sa charité. Les enfants, les soldats, les pêcheurs, les forçats furent l'objet de sa sollicitude. Il prêchait dans les communautés, les hôpitaux, les séminaires, les prisons et les galères. En général, ses sermons étaient fort courts, mais toujours pleins de force et d'onction. Son grand but était de toucher les cœurs et de disposer les fidèles à recevoir les sacrements de la Pénitence et de l'Eucharistie. La fréquentation de ces deux sacrements lui paraissait à bon droit non-seulement le signe le plus assuré d'une véritable conversion mais encore le remède le plus puissant contre les dangers de la rechute. L'effet de ses exhortations était tel, que huit ou dix mille personnes communiaient ordinairement chaque troisième dimanche du mois, dans une église qu'il désignait à l'avance ; et il avait soin de les y préparer pendant les quinze jours qui précédaient, par des prières et des instructions publiques. Souvent même il se rendait chez les chefs de famille pour les engager à donner à leurs domestiques et à leurs enfants la liberté de profiter de ces saints exercices; ou bien il les y exhortait par des lettres pressantes, lorsqu'il ne pouvait les visiter.

La conversion de ces malheureuses créatures qui font la honte et le scandale des pays chrétiens fut aussi pour notre saint l'objet d'un zèle tout particulier, et il eut le bonheur d'en ramener un grand nombre à la vertu. Un jour qu'il prêchait dans la rue, une de ces femmes perdues de mœurs vint se jeter à ses pieds, fondant en larmes et le suppliant de lui trouver un asile où elle pût rentrer en grâce avec Dieu. Le saint la recommanda à l'assemblée, et tout à coup une fenêtre s'étant ouverte, on jeta de l'argent dans la rue. Aussitôt François lève les yeux vers l'endroit d'où il est tombé et s'écrie : « Qui que vous soyez, qui avez fait cette bonne action, prenez courage, la grâce de Dieu est près de vous ! » Le jour suivant, une femme vint se placer dans son confessionnal, lui dit que c'était elle qui avait jeté de l'argent par la fenêtre et implora son secours pour opérer le changement de vie qu'elle méditait. Elle fut depuis un modèle de pénitence et de régularité.

Un des moyens de sanctification qu'il employait avec le plus de succès, c'étaient les exercices spirituels de saint Ignace : il ne laissait échapper aucune occasion de les faire pratiquer à ceux qu'il évangélisait. Dans les monastères et les communautés, les retraites étaient aussi la ressource à laquelle il ne manquait jamais de recourir pour réformer les abus et remettre la règle en vigueur. Au séminaire de Naples, il obtint un succès extraordinaire par ce moyen, et tous les clercs qui l'habitaient se livrèrent publiquement à des pratiques de pénitence qui annonçaient les changements heureux opérés dans leurs cœurs. Il en fut de même dans les exercices qu'il donna à la confrérie de la Sainte-Trinité. On s'y portait en foule ; ce n'était de tous côtés que pleurs et sanglots. Un pécheur scandaleux y confessa ses fautes devant tout le monde et s'ensevelit ensuite dans la retraite pour y faire une pénitence exemplaire. Tels furent encore les effets qu'il produisit au collège des jeunes nobles, tenu par les Jésuites. Il inspira à ces jeunes gens une telle frayeur de l'enfer et du jugement de Dieu, qu'on les vit tous recevoir avec joie les pratiques de pénitence qu'il leur imposa ; quinze d'entre eux résolurent de quitter le monde pour embrasser la vie religieuse.

Le Père François établit aussi une congrégation de marchands dont tous les membres se faisaient distinguer par leur scrupuleuse probité, par leur exactitude à s'acquitter des exercices pieux qui leur étaient prescrits, et spécialement par leur admirable charité pour le prochain. Son historien dit qu'on aurait pu nommer cette congrégation une société d'anges, tant les membres qui la composaient étaient édifiants. On ne finirait point, si on voulait donner le détail de tout ce que sa foi, sa charité, son humilité, son amour pour la pénitence lui firent entreprendre pendant le cours de sa longue vie pour la gloire de Dieu, pour le salut et le soulagement du prochain, et pour sa propre sanctification. Ses vertus avaient jeté un si grand éclat dans le royaume de Naples, que tout le monde, et même les personnages les plus considérables, étaient pénétrés de la plus haute vénération pour lui.

Ce zélé serviteur de Dieu mourut le 11 mai 1716, âgé de soixante-treize ans, après une douloureuse maladie dans laquelle il montra la résignation et la patience la plus inaltérable. Aussitôt que cette nouvelle se répandit dans la ville de Naples, on accourut de toutes parts au lieu où son corps était exposé. Cependant, vers le soir la foule diminua, et il ne restait plus que quelques personnes, entre autres la duchesse de Lauria, épouse du gouverneur de la ville, avec sa fille, âgée de dix ans, estropiée, paralytique, hideusement contrefaite, et qui ne pouvait faire entendre que des sons inarticulés. La duchesse, pleine de confiance dans le pieux serviteur de Dieu qui venait de mourir, pria l'un des Pères qui étaient présents de faire le signe de la croix sur la tête de sa fille avec la main de Girolamo. Le religieux y consentit, et pendant ce temps-là les assistants récitèrent le *Miserere*. Alors, au grand étonnement de tout le monde, la petite fille cria à haute voix : « Mettez-moi à terre, mettez-moi à terre; je suis guérie! » La duchesse s'évanouit de joie et se souvint que le bienheureux Girolamo lui avait autrefois promis que son enfant serait guérie après sa mort, en ayant obtenu l'assurance de saint Cyr et de saint François Xavier, auxquels il l'avait recommandée. Pie VIII a béatifié le bienheureux François de Girolamo, le 2 mai 1806 (Godescard, 11 mai). Il a été canonisé le 26 mai 1830, par Grégoire XVI.

Deux autres Jésuites, l'oncle et le neveu, évangélisaient la pieuse Italie. *Paul Ségneri*, né en 1624, à Nettuno, ville du Latium, sur les bords de la Méditerranée, d'une illustre famille originaire de Rome, fut l'aîné de dix-huit frères, et annonça de bonne heure un esprit droit et un penchant décidé pour la prédication. Placé au séminaire Romain, il s'attacha à ses instituteurs et manifesta le désir de rester parmi eux : son père s'y opposa d'abord, mais cédant aux prières de sa femme, il permit au jeune Ségneri d'embrasser, en 1637, la règle de saint Ignace, dans le collège de Saint-André à Rome. Le Père Pallavicini, le même qui fut ensuite revêtu de la pourpre romaine, encouragea les premiers pas de cet élève, dont il avait su deviner le mérite. Ségneri, qui n'avait d'autre ambition que de se faire entendre dans la chaire de vérité, ne négligea rien de ce qui pouvait l'y conduire. Il fit une lecture assidue de la Bible et des Pères de l'Eglise, étudia les ouvrages de Cicéron et s'exerça dans la langue italienne par des traductions qu'il faisait du latin. Sa santé ne put résister à tant de travaux : une maladie que les médecins ne surent ni définir ni guérir entièrement, le frappa de surdité pour le reste de sa vie. Ségneri, se condamnant à la retraite, y traça le plan de son *Carême*, et dès que son travail fut terminé, il reçut l'invitation de se rendre à Pérouse et à Mantoue, qui furent le premier théâtre de sa renommée. Regardant comme infiniment plus utile pour la religion d'en répandre les préceptes parmi les dernières classes de la société, il s'éloigna des villes, et, par une abnégation exemplaire, il se mit à parcourir les campagnes, annonçant partout les lois et les bienfaits de la Providence. Sa carrière évangélique, commencée en 1665, dura jusqu'à l'année 1692.

Depuis 1679, que Ségneri avait publié son *Carême*, sa réputation s'était beaucoup augmentée. Innocent XII, qui avait lu cet ouvrage, et devant lequel on avait fait souvent l'éloge de l'auteur, désira l'entendre au Vatican, et Ségneri y parut en 1692. Au milieu de la cour fastueuse des pontifes et des grands dignitaires ecclésiastiques, il conserva ses habitudes simples et modestes, et ne se montra occupé que des soins de son ministère. Regrettant le bien qu'il aurait pu faire dans les villages, on l'entendit souvent dire qu'il n'avait pas eu un seul jour de bonheur depuis qu'il s'y était dérobé. Lorsque la place de théologien du Pape vint à vaquer, le Pape y nomma Ségneri, qui n'accepta qu'à regret. Cette vie retirée et tranquille ne répondait nullement aux habitudes qu'il avait contractées dans les missions pendant lesquelles il avait parcouru, à pied et déchaussé, une grande partie de l'Italie, supportant partout les plus grandes fatigues et se soumettant aux austérités les plus rigoureuses. Dans l'été de 1694, il ressentit les premières atteintes d'une maladie qui, en peu de temps, devait le conduire au tombeau, il espérait quelque bon effet de son air natal, mais son mal s'aggrava tellement, qu'il lui fut impossible de sortir de Rome, où il mourut le 9 décembre 1694.

Depuis Savonarole, l'Italie n'avait pas vu un homme qui eût exercé une plus grande influence sur la multitude : partout où il se montrait, le peuple accourait en foule pour le ramener en triomphe jusqu'à sa cellule. Devenu l'objet d'une espèce de culte, il rentrait rarement chez lui sans avoir eu quelque pan de son habit coupé : les chambres qu'il habitait étaient emportées d'assaut à son départ, et les meubles dont il s'était servi tombaient en éclats pour contenter le pieux empressement de ceux qui venaient en recueillir les débris. L'inquisition condamna son traité intitulé : *Concorde entre le travail et le repos*. Ségneri ne s'en plaignit pas, et il attendit avec résignation que le tribunal, mieux éclairé sur son livre, eût révoqué son arrêt. Une éclatante justice vint le dédommager de quelques jours de chagrin. Ses autres ouvrages l'ont fait regarder comme un des écrivains les plus corrects du XVIIe siècle, et les académiciens de la *Crusca* en ont recommandé la lecture à ceux qui aspirent à bien écrire leur langue. Les ouvrages de Paul Ségneri ont été imprimés à Venise, 1712, en quatre volumes in-4°, et à Parme, 1714, en trois volumes in-folio (*Biogr. univ.*, t. XLI).

*Paul Ségneri*, neveu du précédent, né à Rome en 1673, fut élevé chez les Jésuites et entraîné par l'exemple de son oncle dans la carrière de la prédication, pour laquelle il montra dès l'enfance un penchant décidé. On l'entendait, au milieu de ses compagnons d'étude, déclamer contre le vice et faire l'éloge de la vertu. Mettant son propre salut au-dessus de toutes les considérations humaines, il sut résister à toutes les séductions et même aux prières de sa mère, pour entrer dans la Compagnie de Jésus. Fuyant le repos et plein d'un zèle ardent, il se proposa de marcher sur les traces de son oncle. Lorsque la ville de Rome, ébranlée par les tremblements de terre de 1703, vit accourir son immense population au pied des autels, pour implorer la miséricorde divine, Ségneri se jeta au milieu de cette multitude consternée pour lui apprendre à craindre et à espérer. Les succès de ce début l'attachèrent à la chaire, et, sans ambition pour en briguer les premiers honneurs, il se voua aux humbles et pénibles travaux des missions. Il parcourut successivement une grande partie de l'Italie, semant partout la parole divine et réveillant le remords et le repentir dans les cœurs les plus endurcis. A Florence, à Modène, à Bologne, il compta parmi ses auditeurs ce qu'il y avait de plus éminent dans la cour et dans la ville, et ce fut à la suite d'un de ses sermons que le prince de Saxe, fils aîné d'Auguste, roi de Pologne, abjura l'hérésie luthérienne pour entrer dans le sein de l'Eglise. En 1713, ce missionnaire devint un objet de rivalité entre plusieurs diocèses qui aspiraient à la faveur de l'entendre. Clément XI mit fin à leurs disputes en le désignant pour les légations de Ferrare et d'Ancône. Ce devait être le dernier théâtre de ses travaux évangéliques. Atteint d'une inflammation de gorge, il mourut à Sinigaglia le 15 juin 1713, dans sa quarantième année, sans avoir égalé son oncle par la correction du style, mais bien par ses vertus et sa ferveur religieuse (*Biogr. univ.*, t. XLI).

Mais nulle congrégation monastique ne produisit autant de saints dans le XVIIᵉ et le XVIIIᵉ siècle, que la grande famille de saint François d'Assise, divisée en ses diverses branches. Le premier en date est saint Joseph de Cupertino, religieux conventuel.

*Joseph Désa* naquit le 17 juin 1603, à Cupertino, petite ville du diocèse de Nardo, entre Brindes et Otrante. Ses parents étaient pauvres et vertueux. On le surnomma depuis *de Cupertino* du lieu de sa naissance. Sa mère l'éleva dans de grands sentiments de piété; mais elle usait beaucoup de sévérité, et le punissait rigoureusement pour les moindres fautes, afin de l'accoutumer par là à une vie dure et pénitente. Il montra dès son enfance une ferveur extraordinaire, et tout annonçait en lui qu'il goûtait déjà la douceur des consolations célestes. Il était fort assidu au service divin; et dans un âge où l'on ne respire que le plaisir, il portait un rude cilice, et macérait son corps par diverses austérités. On lui fit apprendre le métier de cordonnier, qu'il exerça quelque temps.

Mais lorsqu'il eut atteint l'âge de dix-sept ans, il se présenta pour être reçu chez les Franciscains conventuels, où il avait deux oncles distingués dans l'ordre. On le refusa néanmoins, parce qu'il n'avait point fait d'études. Tout ce qu'il put obtenir, ce fut d'entrer chez les Capucins en qualité de frère convers. Mais on le renvoya après huit mois de noviciat, comme incapable de répondre à sa vocation. Loin de se rebuter, il persista toujours dans la résolution où il était d'embrasser l'état religieux.

Enfin les Franciscains conventuels, touchés de compassion, le reçurent dans leur couvent *della Grotella*, ainsi appelé d'une chapelle souterraine, dédiée sous l'invocation de la sainte Vierge. Ce couvent était tout auprès de Cupertino. Le saint ayant fait son noviciat avec beaucoup de ferveur, prononça ses vœux, et fut reçu comme frère convers parmi les oblats du tiers-ordre. On l'employa d'abord aux plus vils emplois de la maison, et il s'en acquitta avec une parfaite fidélité. Il redoubla ses jeûnes et ses austérités; il priait continuellement, et ne dormait que trois heures dans la nuit. Son humilité, sa douceur, son amour pour la mortification et la pénitence lui attirèrent une telle vénération, que dans le chapitre général tenu à Altamura en 1625, il fut décidé qu'on le recevrait parmi les religieux de chœur, afin qu'il pût se préparer aux saints ordres.

Joseph demanda à faire un second noviciat, après lequel il s'éloigna plus que jamais de la compagnie des hommes, pour s'unir à Dieu d'une manière encore plus intime par la contemplation. Il se regardait comme un grand pécheur, et s'imaginait qu'on ne lui avait donné l'habit religieux que par charité. Sa patience lui fit supporter en silence et avec joie de sévères réprimandes pour des fautes qu'il n'avait pas commises. Il portait l'obéissance jusqu'à exécuter sans délai ce qu'on lui commandait de plus difficile. Tant de vertus le rendirent l'objet d'une admiration universelle. Ayant été ordonné prêtre en 1628, il célébra sa première messe avec des sentiments de foi, d'amour et de respect qu'on ne pourrait exprimer. Il choisit une cellule écartée, qui était sombre et peu commode. Souvent il allait prier dans des oratoires peu fréquentés, afin de se livrer plus librement à son attrait pour la contemplation. Il se dépouilla de tout ce qui lui était accordé par la règle; et quand il se vit dans un dénûment général, il dit, prosterné devant son crucifix: « Me voilà, Seigneur, dépouillé de toutes les choses créées; soyez, je vous en conjure, mon unique bien; je regarde tout autre bien comme un vrai danger, comme la perte de mon âme. »

Après avoir reçu la prêtrise, il passa cinq années sans manger de pain et sans boire de vin; il ne se nourrit pendant ce temps que d'herbes et de fruits secs: encore les herbes qu'il mangeait les vendredis étaient-elles si dégoûtantes, que lui seul pouvait y toucher. Son jeûne était si rigoureux en carême, que pendant sept années il ne prit aucune nourriture que les jeudis et les dimanches, à l'exception de la sainte eucharistie qu'il recevait tous les jours. Les matins, son visage paraissait pâle; il devenait frais et vermeil après la communion. Il avait tellement contracté l'habitude de ne point manger de viande, que son estomac ne pouvait plus la supporter. Son zèle pour la mortification lui faisait inventer plusieurs instruments de pénitence. Il fut éprouvé pendant deux ans par des peines intérieures qui le tourmentaient extraordinairement. Le calme succéda enfin à l'orage.

Le bruit s'étant répandu qu'il avait des ravissements et qu'il opérait des miracles, le peuple le suivit un jour pendant qu'il voyageait dans la province de Bari. Un vicaire général en fut offensé, et en porta ses plaintes aux inquisiteurs de Naples. Joseph eut ordre de paraître. Mais les chefs d'accusation ayant été examinés, il fut déclaré innocent, et renvoyé. Il célébra à Naples dans l'église de Saint-Grégoire-l'Arménien, qui appartenait à un monastère de religieuses. Le sacrifice achevé, il fut ravi en extase, comme plusieurs témoins oculaires l'attestèrent dans le procès de sa canonisation. Les inquisiteurs l'envoyèrent à Rome à son général. Il eut reçu avec dureté, il eut ordre ensuite de se retirer au couvent d'Assise. Joseph en ressentit une grande joie, à cause de la dévotion qu'il avait pour le saint patriarche de son ordre. Le gardien d'Assise le traita aussi avec dureté. Sa sainteté éclatait de plus en plus, et les personnes les plus qualifiées témoignaient un désir ardent de le voir. Il arriva à Assise en 1639, et y resta treize ans. Il eut au commencement beaucoup de peines intérieures et extérieures à souffrir. Son supérieur l'appelait souvent hypocrite, et montrait une grande rigueur à son égard. D'un autre côté, Dieu parut l'avoir abandonné ; ses exercices étaient accompagnés de sécheresses et d'aridités qui le désolaient. Les fantômes impurs que lui représentait son imagination, joints aux tentations les plus terribles, le jetèrent dans une mélancolie si profonde, qu'il n'osait presque plus lever les yeux. Son général, informé de la triste situation où il était, le fit venir à Rome; et après l'y avoir retenu trois semaines, il le renvoya au couvent d'Assise.

Le saint, en allant à Rome, sentit revenir les consolations célestes, qui lui furent départies dans la suite avec plus d'abondance que jamais. Au seul nom de Dieu, de Jésus ou de Marie, il était comme hors de lui-même ; il s'écriait souvent : « Daignez, ô mon Dieu ! remplir et posséder tout mon cœur ! Puisse mon âme être affranchie des liens du corps, et être unie à Jésus-Christ ! Jésus, Jésus, attirez-moi à vous, je ne puis plus rester sur la terre ! » On l'entendait souvent exciter les autres à la divine charité, en leur disant : « Aimez Dieu; celui dans lequel règne cet amour est riche, quoiqu'il ne s'en aperçoive pas. » Ses ravissements étaient aussi fréquents qu'extraordinaires. Il en eut même plusieurs en public, dont un grand nombre de personnes de la plus haute qualité furent témoins oculaires, et dont ils attestèrent depuis la vérité avec serment. On compte parmi ces témoins Jean-Frédéric, duc de Brunswick et de Hanovre. Ce prince, qui était luthérien, fut si frappé de ce qu'il avait vu, qu'il abjura l'hérésie et rentra dans le sein de l'Eglise catholique. Joseph avait aussi un talent singulier pour convertir les pécheurs les plus endurcis, et pour tranquilliser les âmes qui avaient des peines intérieures. Il avait coutume de dire aux personnes scrupuleuses qui s'adressaient à lui : « Je ne veux ni scrupules ni mélancolie; que votre intention soit droite, et ne craignez rien. » Il expliquait les plus profonds mystères de la foi avec une grande clarté, et les rendait en quelque sorte sensibles. Il devait les connaissances sublimes qu'on remarquait en lui, aux communications intimes qu'il avait avec Dieu dans la prière.

La prudence qu'il faisait paraître dans la conduite des âmes attirait auprès de lui un grand concours de monde, et même des cardinaux et des princes. Il prédit à Jean-Casimir, fils de Sigismond III, roi de Pologne, qu'il régnerait un jour pour le bien des peuples et la sanctification des âmes. Il lui conseilla de ne s'engager dans aucun ordre religieux. Ce prince étant depuis entré chez les Jésuites, y fit les vœux des écoliers de la société, même il fut déclaré cardinal par le pape Innocent X en 1646. Joseph le dissuada de la résolution où il était de recevoir les ordres sacrés. La prédiction du saint s'accomplit. Uladislas, fils aîné de Sigismond, étant mort en 1648, Jean-Casimir fut élu roi de Pologne. Il abdiqua depuis la couronne et se retira en France, où il mourut en 1672. C'est ce prince qui a fait connaître lui-même toutes les circonstances du fait qui vient d'être rapporté.

Les miracles de saint Joseph de Cupertino n'étaient pas moins éclatants que les autres faveurs extraordinaires qu'il recevait de Dieu. Plusieurs malades durent leur guérison à ses prières.

Ayant été pris de la fièvre à Osimo, le 10 août 1663, il prédit que sa dernière heure approchait. La veille de sa mort, il se fit administrer le saint viatique. Il reçut ensuite l'extrême-onction. On l'entendit souvent répéter ces aspirations que lui inspirait son cœur brûlant d'amour : « Je désire que mon âme soit délivrée des liens de mon corps, pour être réunie à Jésus-Christ. Grâces, louanges soient à Dieu ! Que la volonté de Dieu s'accomplisse ! Jésus crucifié, recevez mon cœur, allumez-y le feu de votre amour. » Il expira le 18 septembre 1663, à l'âge de soixante ans trois mois. On exposa son corps dans l'église, et toute la ville vint le visiter avec respect; il fut ensuite enterré dans la chapelle de la Conception. L'héroïsme de ses vertus ayant été prouvé, et la vérité de ses miracles constatée, il fut béatifié par Benoit XIV en 1753, et canonisé par Clément XIII en 1767. Clément XIV a fait insérer l'office de ce saint dans le Bréviaire romain (Godescard, 18 sept.).

Le bienheureux *Bernard de Corléone*, frère laï de l'ordre de Saint-François, naquit à Corléone, petite ville de Sicile, à vingt milles environ de Palerme, et reçut au baptême le nom de Philippe. Ses parents, obscurs artisans, lui donnèrent une éducation religieuse, et lui inculquèrent, dès sa première jeunesse, des principes solides de vertu et de piété. Lorsqu'il fut en âge d'embrasser une profession, ils lui firent apprendre le métier de cordonnier. Malgré un travail assidu, le jeune Philippe suivait, autant qu'il pouvait, les offices religieux, fréquentait les églises, recevait les sacrements, et vécut d'abord dans une grande sobriété, évitant surtout avec soin les mauvaises compagnies si dangereuses pour la jeunesse. Cependant il ne sut pas conserver cette pureté de mœurs et cette sagesse de conduite. L'orgueil et la paresse s'emparèrent de lui; il se dégoûta de son humble profession, et il lui prit envie de s'enrôler et de devenir soldat; mais ayant frappé dans une rixe un officier de justice, il fut mis en prison.

Pendant sa réclusion, il fit des réflexions sérieuses sur la conduite qu'il avait tenue, sur le danger de se livrer à ses passions, et sur les grandes et terribles vérités que la foi nous enseigne. Effrayé alors de s'être autant écarté des voies du salut, il pensa que le seul moyen de racheter ses fautes était de se vouer à la pénitence et de se retirer dans un monastère pour y consacrer ses jours au service de Dieu. Philippe ne fut pas plus tôt mis en liberté, qu'il se hâta d'exécuter son projet, et se fit recevoir dans un couvent de Capucins en qualité de frère laï : Ce fut à Cattanisetta, petite ville de Sicile, qu'il prononça ses vœux. Depuis ce moment, sa vie ne fut plus qu'une pratique continuelle de tous les devoirs d'un bon religieux. On le louait surtout pour son humilité et son exacte obéissance à ses supérieurs. Il pratiquait rigoureusement la pauvreté prescrite par la règle, et ne s'accordait jamais que trois heures de sommeil, toujours sur le plancher de sa cellule. Ses jeûnes étaient longs et rigides; pendant plus de la moitié de l'année, il ne mangeait qu'une fois le jour; du pain et de l'eau faisaient alors toute sa nourriture. Cependant il jouissait habituellement d'une bonne santé, preuve évidente que les jeûnes et l'abstinence ne sont pas aussi nuisibles à la santé qu'on ne se le persuade quelquefois.

Dieu récompensa dès ce monde la vertu de son zélé serviteur par les grâces extraordinaires dont il le combla. Il lui accorda le don de la contemplation et de l'oraison, lui fit connaître et prédire des événements encore très-éloignés, rendit la santé à plusieurs malades par son intercession, et lui révéla même souvent les plus secrètes pensées de ceux qui l'approchaient. Bien loin de tirer vanité de tous ces avantages, il se regardait toujours comme le dernier des hommes, ne recherchait dans la communauté que les emplois les plus pénibles, et supportait avec une patience inaltérable les croix et les tribulations par lesquelles Dieu le visitait.

On conçoit facilement que des œuvres si éclatantes devaient lui attirer le respect et la vénération, non-seulement de sa communauté, mais encore de tous les fidèles des environs. Aussi était-il accablé de visites et de sollicitations de toute espèce. On le consultait dans toutes les affaires un peu importantes. Alors il donnait son avis avec modestie, mais il se dérobait avec soin aux louanges et aux honneurs qu'on voulait lui prodiguer.

Ce bienheureux passa ainsi trente-cinq ans, toujours simple, toujours humble, toujours éprouvant et témoignant une sainte confusion de l'empressement qu'on avait de se recommander à ses prières. Il mourut en 1667, le 29 avril, âgé de soixante-deux ans. Dans sa dernière maladie, on l'entendit plusieurs fois s'écrier : « Passons, mon âme, passons de cette misérable vie dans l'éternelle félicité ; passons des souffrances à la joie, des illusions du monde à la contemplation de la céleste vérité. » Bernard de Corléone a été placé au rang des bienheureux par le pape Clément XIII, en 1767 (Godescard, 16 fév.).

La sainte simplicité, qui n'est jamais séparée de la prudence chrétienne, a brillé admirablement dans toutes les actions du bienheureux *Bernard d'Offida*, frère lai capucin. Ce saint religieux, né en Italie, près d'Offida, le 7 novembre 1604, eut pour père Joseph Péroni et pour mère Dominique d'Appignano, honnêtes paysans, qui prirent un grand soin de son enfance et lui inspirèrent de bonne heure l'amour de la vertu. Sa docilité, sa douceur, son obéissance étaient admirables, et lorsqu'il voyait quelqu'un de ses frères ne pas se soumettre assez promptement aux volontés de ses parents, il s'écriait aussitôt : « Je ferai ce que mon frère refuse de faire lui-même ; s'il mérite d'être puni, punissez-moi à sa place. » Chargé dès l'âge de sept ans de garder les troupeaux, il profitait de la liberté que cet emploi lui donnait pour se livrer à l'oraison, pour laquelle il se sentait un grand attrait. Son exemple touchait les autres bergers, et souvent ils venaient s'unir à lui pour méditer quelque vérité du salut ou réciter le rosaire.

Bernard entra chez les Capucins en qualité de frère lai, et y remplit entre autres offices pénibles et délicats, ceux de quêteur et de portier, à la grande édification de tous ceux avec lesquels ses fonctions le mettaient en rapport. Voici en quels termes Pie VI parle de ce saint personnage dans le bref de sa béatification, rendu le 19 mai 1795 :

« Bernard d'Offida passa son enfance et les jours dangereux de sa jeunesse sous le chaume de son père, dans l'innocence et la sainteté. Ensuite, inspiré d'en-haut, il chercha à s'approcher plus près de Dieu par une vie plus austère ; et, dans cette vue, il entra chez les Capucins. Depuis ce moment jusqu'à sa mort, il ne cessa de combattre les convoitises de la chair, et il parvint à la réduire en servitude par des jeûnes et des mortifications continuels. Il témoignait la plus grande charité aux pauvres et à tous ceux qui éprouvaient des besoins. Bien qu'il fût doué de grâces merveilleuses et particulièrement de l'esprit de prophétie, il pensait humblement de lui-même, paraissait n'avoir pas l'idée des grandes choses qu'il avait faites, et n'aspira jamais à la célébrité. Il atteignit à un si haut degré de vertu, que toute sa communauté, ainsi que les étrangers, le révéraient comme un saint déjà en possession de l'héritage céleste. Nous avons donc jugé, en remplissant le saint ministère que Jésus-Christ, le prince des pasteurs, par son infinie clémence, a voulu nous imposer, que dans ces jours mauvais, où une orgueilleuse philosophie semble égarer impunément le monde entier, rien n'était plus à propos que de montrer aux fidèles cet exemple de patience et d'humilité chrétienne, en l'élevant assez pour qu'il pût briller au loin, et diriger vers le sentier de la paix ceux qui marchent encore dans les ténèbres et les ombres de la mort. »

Le bienheureux Bernard d'Offida mourut le 22 août 1694, âgé de 90 ans (Godescard, 22 août).

Le bienheureux *Bonaventure de Potenza*, Franciscain, reçut au baptême les noms de Charles-Auguste-Gérard. Il naquit le 16 janvier 1651, à Potenza, dans l'ancienne Lucanie, qui fait maintenant partie du royaume de Naples. Ses parents étaient pauvres, mais recommandables par leur probité et leurs vertus. Bonaventure, dès sa première enfance, se fit remarquer par sa piété, par une gravité au-dessus de son âge, par sa modestie, son éloignement pour tout ce qui pouvait l'exposer au danger de pécher, et par une grande docilité. Les jeux et les amusements qui plaisent tant aux autres enfants n'avaient pour lui aucun charme. Toutes ses pensées semblaient avoir la dévotion pour objet. Ces qualités précieuses s'accrurent en lui avec les années. Ayant été, à l'âge ordinaire, admis à la participation des sacrements, il édifia tout le monde par la manière dont il s'y prépara et par les fruits visibles qu'il en retira. L'opinion qu'on avait de sa sainteté était dès-lors telle, que l'historien de sa vie assure que dans la famille de Bonaventure et dans sa ville natale, on le regardait comme un saint futur. Une vertu si pure n'était point faite pour le monde ; le pieux jeune homme sentit un puissant attrait pour la vie religieuse ; et le désir ardent qu'il avait de devenir parfait lui fit former la résolution d'embrasser cet état. Il prit l'habit le couvent des frères Mineurs de Nocera. Plein d'humilité, il ne voulait être que frère convers ; mais ses supérieurs, qui connurent bientôt ses dispositions pour les sciences et ses talents, se déterminèrent à l'élever aux ordres sacrés, et dans ce but ils lui firent commencer ses études. Ayant terminé son noviciat, pendant lequel il montra la plus grande ferveur, Bonaventure fut admis à faire ses vœux, et prit alors le nom de religion sous lequel il est connu. Loin de se relâcher après sa profession, il fut constamment un modèle, par sa tendre piété et par son attention scrupuleuse à pratiquer l'obéissance. On ne peut guère porter plus loin qu'il ne l'a fait la perfection de cette vertu. Sa dévotion envers le Saint-Sacrement était si affectueuse, qu'il semblait n'avoir point de plus pressant désir que de communier dignement et fréquemment; il passait les nuits entières au pied de l'autel, à se préparer pour la communion du lendemain.

Ses études finies, Bonaventure reçut la prêtrise et fut employé successivement dans plusieurs couvents de son ordre ou occupé à l'exercice du saint ministère. Il s'acquitta avec un succès merveilleux et une humilité égale de la charge importante de maître des novices. Envoyé par ses supérieurs en différentes parties de l'Italie, en qualité de missionnaire, partout où il parut, ses travaux apostoliques produisirent les plus heureux fruits; mais ce fut surtout Naples qui devint le principal théâtre de son zèle, et ce fut là qu'il se fit remarquer davantage. Pendant une maladie épidémique qui ravagea cette ville, sa charité ne connut point de bornes; ses efforts pour procurer les secours spirituels et temporels à ce peuple affligé excitèrent l'admiration universelle et ont fait pendant longtemps conserver son souvenir dans la mémoire des habitants reconnaissants.

Bonaventure mourut en odeur de sainteté, le 26 octobre 1711. Il fut béatifié par Pie VI, le 19 novembre 1775. « Parmi les serviteurs de Dieu les plus distingués, dit le Saint-Père dans le bref de béatification, il faut placer le bienheureux Bonaventure. Dès sa première enfance, il marchait avec sainteté dans la maison de Dieu; mais désirant arriver à une plus haute perfection, il embrassa la règle des frères Mineurs de Saint-François : ainsi lié plus étroitement à Notre Seigneur par une nouvelle chaîne, il brilla dans la maison de Dieu comme un vase d'or massif orné des pierres les plus précieuses. Il a fait plusieurs miracles pendant sa vie, plusieurs ont été opérés par son intercession après sa mort (Godescard, 25 oct.). »

Saint *Pacifique de Saint-Sévérin*, frère Mineur de l'Observance, vit le jour à Saint-Sévérin, ville considérable, appelée autrefois Septempeda, dans la Marche d'Ancône, et entra chez les frères Mineurs de l'Observance à Forano, au diocèse d'Osimo, en 1670. Il fit les vœux l'année suivante et se mit à étudier les belles-lettres et la théologie. Devenu prêtre, il se livra à l'exercice des fonctions du saint ministère, avec une édification et une ferveur admirables. Son bonheur était de parler de Jésus-Christ et d'inspirer à tout le monde le plus vif amour pour cet aimable Sauveur. L'esprit de pauvreté et d'humilité le distinguait parmi tous ses frères. Non moins zélé pour son avancement spirituel que pour la sanctification du prochain, sa vie n'était qu'une suite d'actes méritoires. Il prêchait souvent, faisait le catéchisme, entendait les confessions, visitait les malades et répandait partout la bonne odeur de Jésus-Christ. Grands et petits accouraient pour l'écouter, et se retiraient frappés de ce qu'ils avaient vu et entendu. Il fit une multitude de conversions parmi les pécheurs les plus scandaleux et les plus endurcis. Il posséda aussi à un haut degré le don d'oraison et celui de prophétie. Le Seigneur l'appela à une meilleure vie, le 14 septembre 1721. Le pape Pie VI le béatifia l'an 1785 (Godescard, 25 sept.). Grégoire XVI le canonisa le 26 mai 1830.

Le bienheureux *Thomas de Cora*, Mineur observantin, naquit à Cora, dans le diocèse de Velletri en Italie, de parents pieux et honnêtes. La grâce de Dieu le prévint dès ses plus jeunes années. Il fut de bonne heure rempli de piété et de douceur, et ses mœurs furent toujours pures, même dans l'âge orageux des passions. Il s'attira ainsi l'affection et le respect de tous ceux qui le connaissaient; ses camarades ne l'appelaient que le *Petit saint*. Après la mort de ses parents, il vendit la modique succession qu'ils lui avaient laissée, et prit l'habit de saint François dans le monastère de sa ville natale.

Devenu prêtre, le jeune et fervent religieux résolut de suivre la règle de saint François dans toute sa rigueur, et ni les infirmités ni les maladies dont il fut fréquemment affligé ne furent pour lui un prétexte de se dispenser de ce qu'elle avait de plus austère. Il s'attacha surtout à la pratique de la pauvreté, si strictement recommandée par le patriarche séraphique à ses disciples, et sur cet article, jamais il ne souffrit d'infractions au règlement dans les couvents qu'il habita, distribuant lui-même aux pauvres tout ce qui, dans le produit des aumônes et des dons des fidèles, outrepassait le strict nécessaire de la communauté.

A Civitella, près de Sublac, à Pulambaria, où il habita successivement, il donna constamment les mêmes exemples et la même édification à ses frères, sans que sa ferveur se ralentît un seul instant. Mais son zèle n'était pas content du théâtre étroit où il s'exerçait, et il demanda à ses supérieurs la permission de passer en Chine et dans les Indes pour y contribuer, par ses exemples et ses exhortations, à la propagation de la foi chrétienne. Le refus d'une faveur à laquelle il attachait le plus grand prix n'apporta pas le moindre trouble dans son âme. Thomas se soumit avec une pieuse résignation, content de faire tout le bien qui dépendait de lui dans les environs du couvent où il résidait. Il parcourait les campagnes, exhortant les malades, consolant les affligés, et donnant à tous d'utiles conseils, toujours puisés dans les principes de la foi et de la religion. Ses prédications, auxquelles on accourait en foule, opérèrent plusieurs conversions éclatantes de pécheurs jusque-là endurcis et rebelles à la parole sainte. Aussi l'appelait-on l'*Apôtre de la contrée*.

A l'issue d'une petite mission où ce pieux cénobite avait plus consulté son zèle que ses forces, il tomba malade au couvent de Civitella, où son état ne laissa bientôt plus d'espérance. Sentant sa mort prochaine, il s'y prépara avec calme et recueillement, reçut les secours de l'Église avec une sainte ferveur et rendit à Dieu son âme bienfaisante, le 11 janvier 1729, à l'âge de 74 ans. Plusieurs miracles ayant été opérés sur son tombeau, le Saint-Siège fit faire des informations pour procéder à sa canonisation, et le pape Pie VI rendit le décret de sa béatification le 18 août 1786 (Godescard, 11 janv.).

Sainte *Véronique Giuliani* naquit le 27 décembre 1660, à Mercatello, dans le duché d'Urbin, de François Giuliani et de Bénédicte Mancini, tous deux de familles honorables. Elle était fort jeune encore lorsqu'elle perdit sa mère, qui était un modèle de piété et de foi. Peu d'instants avant sa mort, cette sainte femme fit venir les cinq filles qui lui restaient de sept qu'elle avait eues de son mariage, et, après leur avoir donné de salutaires avis, elle les mit chacune sous la protection d'une des cinq plaies de notre Sauveur. La plaie du côté fut celle qui échut à Ursule, c'était le nom de baptême de notre sainte. Cette plaie devint dès lors l'objet particulier de sa dévotion et fut pour elle la source des grâces abondantes et extraordinaires qu'elle reçut pendant sa vie.

Son père voulait l'établir dans le monde, et des partis distingués la recherchèrent en mariage, à cause de sa rare beauté; mais elle ne voulait avoir d'autre époux que Jésus-Christ, et après beaucoup de difficultés dont elle triompha par sa patience et ses prières, elle entra chez les Capucines de Citta di Castello, où elle fit profession solennelle le 1er novembre 1678. Elle prit le nom de Véronique. La joie que cette sainte fille, âgée seulement de dix-sept ans, ressentit d'être enfin consacrée à Dieu pour toujours, fut si grande, qu'elle célébra toute sa vie l'anniversaire de cette cérémonie avec la plus vive reconnaissance. On peut dire que le Seigneur, de son côté, se plut à récompenser son humble servante du généreux sacrifice qu'elle lui avait fait de toutes les espérances du siècle. Il daigna se communiquer à elle d'une manière spéciale, et il la combla des plus précieuses faveurs. Voici comme en parle le décret de sa béatification:

« Dieu, par sa providence, prédestine quelques âmes à être plus particulièrement conformes à l'image de son divin Fils, qui prit et porta la croix, en méprisant l'ignominie. On vit dès le berceau de Véronique jusqu'à quel point elle pouvait devenir semblable à l'image de Jésus-Christ: aussitôt que son âge le permit, elle fit profession dans un couvent de Capucines où on suivait la règle de sainte Claire dans toute sa rigueur primitive. Là, elle montra, dès les commencements, une telle ferveur, qu'elle paraissait déjà parvenue au point le plus élevé de la perfection. Par l'ordre de Dieu, elle jeûna pendant trois années consécutives au pain et à l'eau, et pendant deux autres années, elle ne prit pour toute nourriture que les débris des hosties préparées pour l'autel, avec quelques grains de grenades. En outre, elle mortifiait son corps par les veilles, le froid, les disciplines, les chaînes, les nœuds de corde, par des épines mises dans ses vêtements et par d'autres macérations. Le fruit d'un si vif désir de s'unir aux souffrances du Sauveur, fut une abondance de dons, de grâces et de vertus; et le Roi des martyrs décora son épouse bien-aimée d'un signe tout spécial de son amour, en lui imprimant les merveilleuses marques de sa passion, ainsi qu'il est dit de saint François d'Assise. Parmi ses vertus, brillait l'amour de la discipline régulière, et sous sa direction, comme abbesse, plusieurs atteignirent le plus éminent degré de perfection. Son zèle pour le salut des personnes du monde était si vif, qu'en priant Dieu pour elles et en s'offrant pour l'expiation de leurs péchés, elle en ramena plusieurs à une bonne vie. Sa charité pour ses sœurs spirituelles était si grande, qu'elle veillait fréquemment toute la nuit, ou pour remplir leur office, ou pour les soigner dans leurs maladies. Telle était sa piété, qu'elle paraissait plutôt un ange qu'une mortelle. Enfin son amour pour Dieu était si ardent, qu'il la mettait souvent hors d'elle-même, et que cette flamme divine échauffait sensiblement son corps. Enrichie de tant et de si grandes vertus, et de dons surnaturels, triomphant du monde et du démon, elle s'envola vers l'Époux céleste, dans la soixante-septième année de son âge. »

Cette sainte fille avait eu dès sa première jeunesse des preuves certaines de l'amour du Seigneur pour elle. A l'âge de trente-trois ans, elle connut de nouveau qu'il voulait l'élever à un haut degré de perfection, en la faisant participer aux souffrances de Jésus-Christ. En 1693, elle eut plusieurs fois la vision mystérieuse d'un calice rempli d'une liqueur dont la vue lui causait une grande répugnance, et qu'elle avait cependant un désir ardent de boire. Elle sentit à la même époque les douleurs du couronnement d'épines, et bientôt on observa sur sa tête les traces d'une semblable couronne, comme si elle lui eût été réellement imposée. Ces transformations étaient des boutons qui paraissaient produits par des piqûres. Les médecins qui furent appelés augmentèrent encore les souffrances de Véronique par les remèdes violents qu'ils employèrent pour la guérir. Mais ils finirent par déclarer qu'ils ne connaissaient rien à la nature de ce qu'ils prenaient pour une maladie, et ils cessèrent de chercher des moyens de la guérir.

Cependant l'union de Véronique avec Jésus-Christ augmentait chaque jour; elle ne vivait que pour lui, et elle lui montrait, par sa soumission dans les peines qu'elle éprouvait, l'ardent désir qu'elle avait de faire en tout sa volonté. Elle avait, en 1695, commencé avec l'agrément de ses supérieurs un jeûne rigoureux au pain et à l'eau. Pendant ce jeûne qui dura trois ans, elle reçut une blessure que Jésus-Christ lui-même lui fit au cœur. Le vendredi saint de l'année 1697, tout occupée des souffrances du Sauveur, elle gémissait de ses fautes passées, lui en demandait pardon, et lui témoignait l'ardeur qu'elle avait de partager ses tourments. En ce moment, Jésus-Christ lui apparut, attaché à la croix, et de ses cinq plaies sortirent cinq rayons enflammés, qui lui firent autant de blessures aux pieds, aux mains et au côté. Elle ressentit une grande douleur, et se trouva dans un état de gêne semblable à celui d'une personne qui serait attachée à une croix.

Véronique fut, par obéissance, obligée de déclarer cette faveur extraordinaire à son confesseur, qui, à son tour, en informa l'évêque de Citta di Castello. Le prélat, ayant cru devoir consulter sur ce fait le tribunal du Saint-Office, en reçut une réponse par laquelle on l'engageait à ne donner aucune suite à cette affaire et à n'en point parler; mais dans la même année le miracle s'étant renouvelé plusieurs fois, et les stigmates étant assez apparents pour que toutes les religieuses de la maison les eussent vus, l'évêque voulut enfin s'en assurer par lui-même. Accompagné de quatre religieux respectables qu'il avait choisis pour témoins, il appela Véronique à la grille de l'église, et l'ayant examinée avec soin, il fut pleinement convaincu de la réalité des plaies, qui tantôt étaient saignantes, et tantôt étaient couvertes d'une petite croûte. La plaie du côté, placée à gauche, était longue de quatre à cinq doigts, transversale, large d'un demi-doigt, et semblait avoir été faite avec une lance; elle n'était jamais fermée, et les linges blancs qu'on y appliquait se trouvaient aussitôt ensanglantés.

Toutes les précautions que la prudence humaine peut inspirer pour bien connaître la vérité furent prises par l'évêque de Citta di Castello, guidé par les instructions qu'il avait reçues du tribunal du Saint-Office. Véronique elle-même cherchait si peu à en imposer, que, dans toutes les circonstances, elle témoignait la crainte que ce qui se passait en elle ne fût une illusion du démon. Cependant, de peur qu'elle ne fût séduite par cet esprit de ténèbres, ou qu'elle ne fût hypocrite, on mit à l'épreuve sa patience, son humilité et son obéissance : moyen certain de savoir si elle était conduite par l'esprit de Dieu. On commença par lui ôter la charge de maîtresse des novices; on la priva de toute voix active et passive dans la maison; puis on la traita rudement, jusqu'à l'appeler sorcière, excommuniée; on lui défendit d'écrire aucune lettre à d'autres qu'à ses propres sœurs, religieuses à Mercatello, de paraître au parloir, d'entendre la messe et l'office, hors les jours d'obligation, et d'approcher de la sainte table. Elle était séparée de ses compagnes, soumise à la surveillance d'une sœur converse qui la gardait de près, et, par l'ordre de son abbesse, elle fut enfermée dans une cellule de l'infirmerie. L'évêque entreprit de faire guérir ses plaies; on la pansait tous les jours; on lui mettait des gants; et, dans la crainte de quelque supercherie de sa part, on fermait ces gants, qui étaient ensuite scellés du sceau épiscopal. Véronique fut très-sensible à la privation de la communion et de l'assistance aux divins offices; du reste, elle conserva la paix de l'âme. C'est là le témoignage que rendit son évêque lui-même, qui l'avait si sévèrement traitée. Dans une lettre qu'il écrivit au Saint-Office, le 26 septembre 1697, il s'exprime ainsi : « La sœur Véronique continue à vivre dans la pratique d'une exacte obéissance, d'une humilité profonde et d'une abstinence remarquable, sans jamais montrer de tristesse; au contraire, elle fait paraître une tranquillité et une paix inexprimable. Elle est l'objet de l'admiration de ses compagnes, qui, ne pouvant cacher ce sentiment qu'elle leur inspire, en entretiennent les séculiers. J'ai bien de la peine à les retenir comme je le voudrais; cependant je menace celles qui parlent le plus de leur imposer des pénitences, pour ne pas augmenter la curiosité et les discours du peuple. »

L'évêque ne fut pas le seul à éprouver la vertu de Véronique. Un célèbre missionnaire, le Père Crivelli, Jésuite, étant venu à Citta di Castello, l'évêque le donna pour confesseur à cette sainte fille, avec le pouvoir d'agir à son égard comme il aurait fait lui-même. Le Père, qui avait une grande expérience, employa les manières les plus rudes envers elle, l'humilia de la façon la plus sensible, et n'épargna rien pour être éclairé sur sa conduite; mais il fut enfin pleinement convaincu que la vertu de Véronique était aussi pure que les faveurs spirituelles qu'elle recevait étaient extraordinaires.

Nous terminerons le récit de ces merveilles par un fait qui n'est pas moins surprenant que les autres. Véronique souffrait des douleurs qui rappelaient tous les tourments du Sauveur pendant sa passion. La croix et les instruments de cette passion sainte furent imprimés dans son cœur d'une manière sensible. Elle en fit elle-même la description à son confesseur, et lui remit un carton taillé en forme de cœur, sur lequel elle avait tracé la situation de chaque instrument, ainsi que la place de la croix. On pourrait croire que ce n'était qu'une pieuse imagination; mais on avait gardé ce carton, et lorsqu'on ouvrit son corps après sa mort, son cœur fut également ouvert, en présence de l'évêque, du gouverneur de la ville, de plusieurs professeurs en médecine et en chirurgie, de sept autres témoins dignes de toute confiance, et il parut tel qu'elle l'avait décrit, portant réellement les marques des blessures qu'elle avait reçues.

Les compagnes de Véronique étaient depuis longtemps édifiées de ses vertus. Pendant qu'elle était maîtresse des novices, elle leur inspirait une confiance sans bornes. En 1716, elle fut élue abbesse triennale, et conserva cette charge jusqu'à sa mort. Un mot suffit pour faire l'éloge de son gouvernement; elle fit régner parmi ses filles une exacte observance et la concorde la plus parfaite.

Sainte Véronique connut par révélation le moment de sa mort, et plusieurs fois elle l'annonça à sa communauté, avec une expression de contentement et de joie difficile à décrire. Elle fut frappée d'apoplexie le 6 juin 1727, et mourut le 9 juillet suivant. Le décret de sa béatification par Pie VII est du 8 juin 1804 (Godescard, 9 juillet). Grégoire XVI l'a canonisée le 26 mai 1830.

Tels étaient les fruits abondants de sainteté que la grâce de Dieu produisait dans les diverses branches du grand arbre de saint François d'Assise, vers la fin du XVIIe et au commencement du XVIIIe siècle. Cette même grâce ne fut pas tout à fait stérile en saints dans le clergé séculier d'Espagne et d'Italie.

Le bienheureux *Joseph Oriol* naquit à Barcelone le 23 novembre 1650. Son père, fabricant d'étoffes de soie, mourut quelques années après, et sa mère se remaria; mais la Providence lui donna pour beau-père, dans la personne de Dominique Pujolar, un homme de mérite et pieux, qui prit le plus grand soin de son éducation. A une vive ardeur pour l'étude, bien rare dans les jeunes gens de son âge, Joseph joignait une piété exemplaire, et il devint en peu de temps l'objet d'une affection particulière de la part des prêtres qui desservaient l'église de Notre-Dame de la Mer. En 1676, il fut ordonné prêtre, et devint précepteur des enfants du mestre-de-camp Gasnéri. Au bout de neuf ans qu'il passa dans la maison de ce seigneur, il se rendit à Rome en habit de pèlerin, et, après avoir célébré les saints mystères aux tombeaux des saints apôtres, il revint dans sa patrie, résolu d'y vivre dans la prière, la retraite et la pénitence. Le pape Innocent IX lui avait donné le bénéfice de la chapelle de Saint-Léobard, située dans l'église de Notre-Dame du Pin, à Barcelone, lequel suffisait au delà de tous ses besoins. Voici quelle fut dès lors sa manière de vivre. Son temps était partagé entre l'oraison, l'assistance à tous les offices de son église, et la lecture des *Exercices* de saint Ignace et de sainte Thérèse. Tous les jours il célébrait la messe, à laquelle il avait soin de se préparer par une prière fervente et une humble confession. Son action de grâces était au moins d'une demi-heure, ou plutôt sa vie entière n'était, le jour et la nuit, qu'une continuelle préparation et action de grâces pour cette sainte et redoutable action. Aussi était-il constamment uni à Dieu de la manière la plus étroite, et rien ne pouvait altérer la paix profonde dont il jouissait.

L'austérité de sa vie habituelle était extrême. Pendant plus de vingt ans, le bienheureux Joseph ne vécut que de pain et d'eau; il se permettait, aux jours de fêtes seulement, d'y ajouter quelques herbes sauvages, crues ou bouillies, sans aucun assaisonnement, et, dans quelques occasions rares, ses amis obtenaient de lui qu'il mangeât une petite portion d'une espèce de galette cuite sous la cendre; jamais il ne donnait plus de quatre heures au sommeil. Mais il s'occupait du salut du prochain avec la même ardeur qu'il mettait à travailler au sien propre. Il instruisait les pauvres et formait à la pratique des plus hautes vertus ceux d'entre eux qui montraient d'heureuses dispositions. En 1693, il voulut se consacrer aux missions du Japon, dans l'espérance d'y obtenir la palme du martyre; mais Dieu, qui avait sur lui d'autres desseins, permit qu'il fut arrêté en chemin par une maladie dangereuse qui le força de retourner à Barcelone.

Oriol, déjà universellement respecté comme un saint prêtre, ne tarda pas à devenir l'objet de la vénération publique par le don des miracles et d'autres grâces extraordinaires qu'il reçut de Dieu. Le pape Pie VII en parle en ces termes dans son décret de béatification. « Il était très célèbre par toutes sortes de vertus, par des guérisons miraculeuses, par la connaissance des choses cachées et des pensées secrètes, par ses miracles et ses prophéties, que la renommée s'en répandit partout; les malades arrivaient par troupes, à certaines heures, dans une église désignée par lui; là, en présence d'une multitude de chrétiens, il les guérissait. »

Cependant le bienheureux Oriol ne put éviter les attaques de l'envie. Il fut persécuté; ses confrères le dénigrèrent avec acharnement, critiquèrent toutes ses actions et nièrent ses miracles. Une partie du peuple, abusée par eux, l'insulta publiquement dans les rues de Barcelone, et l'évêque lui-même ajouta foi trop facilement aux accusations qui étaient portées contre le saint prêtre. Sous prétexte qu'Oriol ruinait la santé de ses pénitents par un genre de vie trop austère qu'il leur prescrivait, ce prélat le fit appeler et le censura vivement; il le fit réprimander encore par son grand-vicaire, et lui retira même le pouvoir d'entendre les confessions, pouvoir qui ne lui fut rendu que par son successeur. Mais l'homme de Dieu avait trop de vertu pour ne pas supporter avec une humble résignation les injustes persécutions que la calomnie lui suscitait. Il ne se plaignit point, et continua toujours à mener la même genre de vie, attendant de Dieu seul sa justification comme sa récompense.

Le bienheureux Oriol mourut le 22 mars 1702, âgé de 51 ans, comblé de grâces et de mérites. Le procès de sa canonisation, commencé l'an 1759, a été terminé le 5 septembre 1806, par le pape Pie VII, qui l'a déclaré bienheureux. Il est aussi nommé le jour de sa mort. (Godescard, 31 mars.)

Le bienheureux *Sébastien Valfré*, prêtre en Savoie, né le 9 mars 1629 à Verduno, diocèse d'Alba, montra dès l'âge le plus tendre une ardente charité pour les pauvres, et sa longue vie ne fut qu'un exercice continuel de cette grande vertu. Quand un pauvre frappait à la porte de la maison de son père, Valfré, encore enfant, accourait aussitôt, en criant : La charité! la charité! et plusieurs fois il arriva que les voisins, touchés et excités par ses cris, vinrent eux-mêmes au secours des malheureux, qu'il appelait ses amis. Pendant tout le cours de ses études, il vécut de la manière la plus frugale et la plus austère, réservant pour les indigents presque tout ce que ses parents lui envoyaient pour sa subsistance. Aussi ses maîtres le proposaient-ils pour modèle à tous ses condisciples. En 1651, il entra dans la congrégation de l'Oratoire, et ayant été ordonné prêtre en 1656, il employa les douze années qui suivirent à augmenter la piété des membres de l'institut, à mettre de l'ordre dans les moindres détails domestiques, à prêcher, à faire des conférences, à catéchiser les enfants, à répandre des aumônes abondantes, à visiter les malades pour les consoler et les préparer à une bonne mort. Il se multipliait pour faire le bien et ne laissait aucune infortune sans le secourir, aucun besoin sans le satisfaire, autant qu'il était en lui; et néanmoins ses immenses travaux lui laissaient encore du temps pour composer des ouvrages utiles, tels que : *Courte instruction aux personnes simples*, qui obtint le plus grand succès; *Exercices chrétiens*, qu'on cite comme un modèle en ce genre; et *Moyen de sanctifier la guerre*, destiné à ceux qui veulent embrasser le métier des armes.

Ce saint prêtre cherchait par tous les moyens que la prudence et le zèle pouvaient lui suggérer, à s'insinuer dans la confiance des jeunes gens, des pécheurs publics, des hérétiques, des incrédules et des impies, et rarement il quittait ceux qu'il avait abordés sans avoir eu la consolation de leur inspirer de meilleurs sentiments. La ville de Turin en particulier fut témoin d'une infinité de conversions opérées de cette manière par le pieux Valfré. Les hôpitaux et les monastères étaient aussi l'objet habituel et de prédilection de sa charité évangélique. Chaque semaine il passait de l'un à l'autre, soit pour assister les moribonds, soit pour annoncer la parole de Dieu, entretenir la ferveur et faire régner partout l'esprit de piété. Pendant plus de trente ans, il prêcha régulièrement tous les dimanches dans la maison de l'Oratoire.

Nous savons de plus que Valfré entretenait une grande correspondance avec des évêques et des prêtres étrangers sur des matières de théologie; qu'il était le dépositaire des aumônes du souverain et des grands de la cour, leur conseil et leur ami; que les couvents le regardaient comme un père et le consultaient dans tous leurs embarras; et l'on a peine à comprendre comment il pouvait suffire à tant de travaux. Il jouissait d'une si haute réputation de sainteté et de science, qu'il fut choisi en 1673 pour confesseur du jeune roi Victor-Amédée, et qu'on lui offrit peu de temps après l'archevêché de Turin. Mais il refusa cette haute dignité, et rien ne put vaincre à cet égard sa profonde humilité.

Quand on allait visiter le bienheureux Valfré, on

le trouvait presque toujours agenouillé, la face lumineuse, les yeux baignés de larmes, les regards fixés vers le ciel, dans une sorte d'extase. « Mon Dieu ! mon amour ! répétait-il ; oh ! si les hommes vous connaissaient, s'ils savaient vous aimer ! Oh ! amour divin ! quelle félicité ! quel paradis vous êtes ! » — « Oh ! Marie, disait-il encore, douce Mère de Dieu, recourir à vous, c'est s'adresser à la trésorière des richesses célestes. »

Cette charité, que nous avons signalée dans son enfance, il la pratiqua dans tous les instants de sa vie avec une incomparable ardeur : la charité était comme un feu qui le dévorait. Il donnait tout ce qu'il possédait. Un jour, un pauvre prêtre étranger se présente et lui demande l'aumône. — « Je n'ai rien, lui répond Valfré, mais venez avec moi. » Il l'introduit dans sa cellule, ouvre sa garde-robe et lui dit : « Choisissez, prenez, voilà tout ce que je possède. » Un jour il apprend qu'un pauvre infirme n'avait pas de quoi réchauffer ses membres glacés et qu'il mourait de froid. Sur-le-champ le Père Valfré, malgré son grand âge, met sur ses épaules une charge de bois, qu'il va porter lui-même au malheureux.

Même dans sa vieillesse, une de ses dévotions particulières était de servir une ou deux messes après qu'il avait célébré lui-même, et avec une telle piété, que des larmes couvraient souvent son visage. Il veillait des heures, des nuits entières au pied du Saint-Sacrement. Sa dévotion à Marie était grande, c'était une dévotion toute filiale. Lorsqu'il commença d'enseigner la théologie, une des premières vérités sur lesquelles il appela l'attention de ses élèves, ce fut l'Immaculée Conception. Pendant six mois il expliqua l'*Ave Maria*, chaque parole de cette prière lui servant de texte pour célébrer la grandeur, les vertus de la Mère de Dieu. Il recommandait beaucoup la dévotion aux saints anges gardiens. Etait-il dans la peine, éprouvait-il quelque inquiétude, soudain il avait recours à son bon ange, et toujours il obtenait ce qu'il avait demandé par son intercession.

Nous ne devons pas passer sous silence son zèle pour les âmes du purgatoire ; chaque année, le jour de la Toussaint, il prêchait sur le purgatoire : il recommandait à ses frères de ne point oublier les pauvres âmes, de leur appliquer le sacrifice de la messe, et rarement il passait un jour sans dire quelque prière à leur intention.

Le bienheureux Valfré, mourut à Turin, le 17 janvier 1710, à l'âge de 80 ans. Toute la ville assista à ses funérailles, et on ne doutait pas qu'il ne fût déjà admis au séjour des saints. Bientôt de nombreux miracles opérés par son intercession vinrent confirmer l'opinion qu'on avait de sa sainteté ; nous ne citerons que le suivant :

La sœur Sainte-Pélagie était affligée d'une paralysie contre laquelle avait échoué tout l'art des médecins ; elle était abandonnée. « Oh ! Père Valfré, s'écria-t-elle en levant les yeux au ciel, vous dont la vie sur cette terre a été si pure, si exemplaire, qui jouissez maintenant de la gloire éternelle, faites, par l'intercession de Jésus-Christ, que j'obtienne la cessation de mes maux et le retour à la santé. » Elle répète cette prière plusieurs jours, et un matin elle sent tout à coup la paralysie qui abandonne la main gauche, sa jambe, son pied ; elle se lève, elle marche, se courbe sans peine et rend grâces à Dieu du miracle qui vient de s'opérer. Son médecin affirma, sur la foi du serment, qu'il reconnaissait là la main de Dieu. Ce miracle a été reconnu solennellement par le Saint-Siège, dans le décret du 26 mai 1830.

Au mois d'août 1834, Valfré a été béatifié solennellement à Rome par Grégoire XVI. Depuis, une chapelle s'est élevée à Turin, où ont été déposées les reliques du saint ; ses images couvrent les murs de la ville ; partout le nom de Valfré est prononcé avec attendrissement (Godescard, 30 déc.).

Et avec tout cela, l'heureuse Italie, terre bénie de Dieu, produisait encore plusieurs autres saints. Nous les verrons, nous les admirerons, nous les aimerons dans le livre suivant. Mais il en est un que nous demandons dès à présent à faire connaître. Il a vécu jusqu'à notre époque. A l'austérité d'un Trappiste, il joignait le zèle d'un apôtre, la science d'un docteur de l'Eglise, et l'humilité du publicain. Il eut à souffrir, et de la part des hommes et de la part des démons, les plus terribles épreuves. Les fidèles de France doivent l'aimer en particulier ; car, par la salutaire influence de sa morale pratique, examinée et approuvée par le Saint-Siège, il leur a débarrassé le chemin du ciel de bien des ronces et des épines qu'y avait semées l'humeur farouche de l'hérésie janséniste. Nous voulons parler de saint Liguori.

Alphonse-Marie de Liguori, fondateur de la congrégation du très-saint Rédempteur et évêque de Sainte-Agathe des Goths, naquit dans la ville de Naples le 27 septembre 1696, et deux jours après, fête de saint Michel archange, il reçut le baptême dans l'église paroissiale des Vierges. Sa famille était ancienne et illustre. Son père, Joseph de Liguori, officier de marine, joignait aux talents et à la bravoure d'un militaire, la piété d'un religieux. Sa mère, Anne-Catherine Cavalieri, était sœur d'Emile-Jacques Cavalieri, mort en odeur de sainteté et en réputation de miracles, évêque de Troie dans la Pouille. Elle fut à la fois digne de son époux et de son fils, par la pratique de toutes les vertus, et surtout de la prière et de la mortification. On rapporte qu'elle récitait tous les jours les heures canoniales comme une religieuse, et que, parvenue au delà de sa quatre-vingt-dixième année, elle observait encore avec la plus édifiante rigueur le jeûne et l'abstinence. L'aîné de trois fils, Alphonse, reçut sa première éducation sur les genoux de sa mère. Elle lui inspira une tendre piété, une dévotion particulière à la sainte Vierge, un grand amour pour la vérité. Son maître de grammaire fut un vertueux ecclésiastique, lequel, avec l'art de bien dire, lui apprenait surtout l'art de bien faire. Sa mère lui donna pour père spirituel un de ses parents, prêtre de l'Oratoire de Saint-Philippe de Néri. Alphonse, qui sortait à peine de l'enfance, ravissait par ses excellentes dispositions. Se confesser deux fois la semaine, faire de la prière la plus délicieuse occupation de sa vie, se plaire au pied des autels et s'y rendre souvent, se livrer avec joie à tous les exercices de la piété la plus affectueuse, et surtout nourrir sans cesse pour la sainte Vierge les sentiments du fils le plus dévoué, telles furent dès lors les saintes habitudes de cet enfant de bénédiction. Son directeur l'admit de bonne heure à la

## § I. SAINT ALPHONSE DE LIGUORI.

première communion. Il le fit entrer, dès l'âge de dix ans, dans la congrégation des jeunes nobles, dirigée par les prêtres de l'Oratoire. Alphonse s'y distingua surtout par son zèle et sa piété. Il entendait tous les jours la messe, se rendait avec exactitude à toutes les assemblées de la congrégation, et en observait scrupuleusement toutes les règles. Il y fut le modèle, l'amour et l'admiration de ses compagnons.

Un trait, entre une foule d'autres, leur révéla surtout le secret de sa vertu. En vue de procurer à leurs jeunes gens quelques honnêtes divertissements, les Pères de l'Oratoire les avaient conduits à une campagne. On y invite Alphonse à jouer aux boules; il s'en défend quelque temps, sous prétexte qu'il ne connaît pas ce jeu, n'en jouant jamais aucun; enfin il cède aux instances de ses compagnons, et, malgré son inexpérience, il gagne la partie. Alors, soit dépit d'avoir perdu, soit indignation en se croyant trompé par le refus qu'avait d'abord fait Alphonse, un de ces jeunes gens se permet des paroles grossières; à ce langage, le saint enfant ne peut se contenir, et répond d'une voix émue : « Quoi donc ! c'est ainsi que pour la plus misérable somme vous osez offenser Dieu ! tenez, voilà votre argent, en le jetant à ses pieds; Dieu me préserve d'en gagner jamais à ce prix ! » Aussitôt il disparaît, s'enfuyant dans les allées les plus sombres du jardin. Cette fuite, ces paroles, ce ton sévère et fort au-dessus de son âge frappèrent d'une sorte de stupeur tous ces jeunes gens, et le coupable surtout. Cependant ils avaient repris leurs jeux, la nuit survient et Alphonse ne reparaissait plus; ils en sont inquiets, et, se mettant tous ensemble à le chercher, ils le trouvent dans un lieu écarté, seul et prosterné devant une petite image de la sainte Vierge, qu'il avait attachée à un laurier, et il paraissait tout absorbé dans sa prière, et déjà ils l'entouraient depuis un moment sans qu'il les aperçut, lorsque celui qui l'avait offensé, n'étant plus maître de lui-même, s'écrie avec force : « Ah ! qu'ai-je fait ? j'ai maltraité un saint ! » Ce cri tire Alphonse de son extase, et aussitôt, plein de confusion d'avoir été ainsi découvert, il prend son image et se réunit à ses compagnons vivement touchés d'une piété si belle. Cet événement les frappa au dernier point; non-seulement ils en firent le récit à leurs parents, mais ils s'empressèrent de le publier partout avec toute la vivacité de leur jeune admiration.

La tendresse que ses parents avaient pour Alphonse ne leur permit pas de s'en séparer pour le placer dans un collège public. Ce fut dans la maison paternelle que, sous des maîtres habiles, il reçut toute son éducation. Joignant une grande pénétration d'esprit à une mémoire heureuse, il se livra avec succès à l'étude du latin et du grec, de la philosophie et du droit tant canonique que civil; il prit même, par préférence aux volontés de son père, des leçons de musique et d'escrime; mais, quelque occupé qu'il fût des lettres et des sciences, il ne négligea point ses devoirs de piété. Profondément instruit des principes de religion, ponctuel à remplir les devoirs qu'elle lui impose, il assistait régulièrement aux offices de l'Eglise, communiait chaque semaine, et visitait tous les jours le Saint-Sacrement dans celle des églises de Naples où il était exposé pour les prières des Quarante-Heures. Il montrait dans cette dernière pratique de dévotion tant de ferveur, qu'il faisait l'admiration de tous ceux qui le voyaient alors. En 1713, Alphonse, âgé de dix-sept ans, fut reçu docteur en droit et embrassa la profession d'avocat. Peu après, il passa de la congrégation des jeunes nobles dans celle des docteurs. La principale obligation de ces derniers congréganistes est de visiter les malades : Alphonse la remplit avec beaucoup de joie et de zèle, visitant les hôpitaux, et y servant Jésus-Christ dans ses membres souffrants. Il y eut toutefois un temps où il se relâcha quelque peu; mais un pieux ami l'ayant invité à faire avec lui une retraite chez les prêtres de la Mission, il y retrouva sa première ferveur. Sa piété était embellie du caractère le plus aimable. Son père, comme capitaine des galères, gardait dans sa maison un certain nombre d'esclaves ou de prisonniers de guerre qui n'étaient pas chrétiens : il plaça un de ces infidèles au service particulier de son fils, et cet homme que les préjugés de son pays et de sa naissance autant que l'intérêt de ses passions avaient pendant longues années retenu dans l'erreur, vaincu bientôt par la vertu de son jeune maître, embrassa généreusement le christianisme et laissa en mourant les plus grandes espérances sur son salut éternel.

Cependant Alphonse avait les plus grands succès au barreau : ses talents et sa probité lui attiraient les causes les plus célèbres. Déjà l'opinion publique lui assignait une des plus hautes magistratures : déjà son père pensait à le marier avantageusement avec la fille d'un prince. Mais les pensées de Dieu étaient bien différentes. Alphonse faisait tous les ans une retraite chez les missionnaires : à l'âge de vingt-six ans, il crut entendre une voix du ciel qui l'appelle à un état plus parfait. Voici comme le dessein de Dieu s'accomplit.

Deux princes eurent ensemble un procès en matière féodale de la plus grande conséquence : Alphonse est chargé de la cause de l'un d'eux; il l'étudie pendant un mois entier, examinant toutes les pièces avec la plus scrupuleuse attention; enfin il la plaida avec tant d'art et d'éloquence, que les juges se disposaient à prononcer en sa faveur. L'avocat de la partie adverse lui-même le félicita de son éloquence et de son érudition; toutefois, en souriant, il l'invita à examiner plus attentivement une des pièces. Alphonse relit l'endroit indiqué, et s'aperçoit pour la première fois, d'une particule négative qui détruisait entièrement son système de plaidoirie. Au milieu du trouble et de la confusion que lui causa cette découverte, et pendant que le président cherchait à le consoler sur ce que de pareilles méprises arrivaient assez souvent, il répondit tout haut : « Je me suis trompé; j'ai tort, pardonnez-le-moi ! » et aussitôt il se retira. Il demeura trois jours enfermé dans sa chambre, prosterné aux pieds de son crucifix, et y résolut de quitter le barreau pour le sanctuaire, les causes des hommes pour la cause de Dieu.

Mais son père, qui l'aimait avec tendresse, mit à cette vocation les plus grands obstacles. Alphonse allait chercher quelque soulagement à sa douleur dans l'exercice de sa charité ordinaire envers d'autres malheureux. Un jour qu'il était dans l'hôpital

des incurables, la maison lui apparut tout à coup comme bouleversée de fond en comble; il crut entendre une voix qui lui disait avec force : Qu'as-tu à faire dans le monde? Il regarda d'abord cela comme une imagination; mais à mesure qu'il sortit, ses yeux furent frappés d'une lumière éblouissante, et au milieu du bruit de l'hôpital, qui lui semblait crouler, la même voix se faisait encore entendre, lui répétant sans cesse : Qu'as-tu à faire dans le monde?
— Alors ne doutant plus que Dieu ne lui demandât par là de se hâter dans son sacrifice, il se sentit animé d'un courage surnaturel, et, s'offrant en holocauste à la volonté divine, il s'écria comme saint Paul : Seigneur! me voici, faites de moi ce qu'il vous plaira. Et en parlant ainsi, il entre dans une église voisine : c'était celle de la Rédemption des captifs, où avait lieu ce jour-là même l'adoration des quarante heures. Là, se prosternant devant la Victime adorable, il la supplie d'accepter l'offrande de lui-même : puis, tout à coup, il détache son épée et va la suspendre à l'autel de Notre-Dame de la Merci, comme un gage authentique de son inviolable engagement à la volonté divine. Le Père Pagan, son directeur spirituel, donna alors, après un mûr examen, son approbation définitive, et la résolution d'Alphonse de se vouer au service des autels fut irrévocablement fixée. Le difficile était d'obtenir le consentement de son père. Celui-ci employa ses parents et ses amis, même un abbé de Bénédictins, pour détourner son fils de sa résolution. Les efforts ayant été inutiles, le père eut recours à l'évêque de Troie, monseigneur Cavalieri, son beau-frère; mais ce digne prélat prit la défense de son neveu. « Et moi aussi, dit-il au père, j'ai quitté le monde, j'ai renoncé à mon droit de primogéniture, et vous voulez après cela que je conseille le contraire? Ah! je serais trop coupable. » Ces remontrances finirent par arracher au père une sorte de consentement qui permettait à Alphonse d'embrasser l'état ecclésiastique, pourvu qu'il vécût toujours dans la maison paternelle, sans entrer jamais dans la congrégation de l'Oratoire. Encore, quand il fallut en venir à l'exécution, remettait-il d'un temps à l'autre. Il n'y eut pas jusqu'au prétexte de défaut d'argent qu'on n'employât pour ne pas acheter les objets nécessaires au trousseau d'un ecclésiastique. Mais Alphonse pourvut de lui-même à tout, et un jour il parut à l'improviste devant son père avec l'habit clérical. A cet aspect, le père jette un grand cri, et, comme hors de lui-même, il se précipite sur son lit dans un accablement impossible à décrire. Il demeura une année entière sans adresser à son fils seulement la parole.

Alphonse cependant s'appliquait avec zèle à tout ce qui était de son nouvel état. Il avait du goût et du talent pour la poésie et la musique; il composa de pieux cantiques, qui remplacèrent bientôt dans la bouche du peuple les chansons dangereuses. Il recevait tous les jours des leçons de théologie d'un célèbre professeur; il se rendait exactement à des conférences ecclésiastiques qui se tenaient chaque soir chez un prêtre des plus recommandables; il suivait avec intérêt les diverses thèses de théologie qu'on soutenait dans la ville de Naples. On le voyait, d'un autre côté, servir en surplis les messes de sa paroisse, y assister les prêtres dans leurs autres fonctions. Tous les dimanches et les jours de fête, il allait parcourir les rues pour ramasser les enfants du peuple qui s'attroupaient en grand nombre autour de lui; il les conduisait à l'église et leur adressait ensuite, avec une grande simplicité, des instructions appropriées à leurs besoins et qu'il savait leur rendre fort utiles. Tout cela le fit juger digne par l'archevêque de Naples de recevoir la tonsure et les ordres mineurs : il avait alors vingt-six ans.

Chacun cependant ne lui rendait pas justice : le monde, qu'il venait de quitter, se plut à le couvrir de mépris et de ridicules : Alphonse devint la fable du public, et sa vocation fut condamnée comme la démarche insensée d'un esprit léger et inconsidéré. Dans la magistrature comme dans le barreau, l'improbation fut d'autant plus forte qu'on lui avait précédemment accordé plus d'estime et de considération; on avait l'air de le repousser, comme s'il eût déshonoré l'ordre auquel il avait appartenu, jusque-là que le premier président, qui l'aimait tendrement quand il était avocat, lui fit fermer sa porte quand il fut ecclésiastique. Cependant ce magistrat revint, avant de mourir, à de meilleurs sentiments. Dans sa dernière maladie, il reçut avec beaucoup de consolation la visite d'Alphonse. « Ah! s'écria-t-il un jour en le voyant entrer, que vous êtes heureux, mon excellent ami, dans le choix que vous avez fait! qu'il serait doux pour moi, en ce dernier moment, de pouvoir me rendre le témoignage d'un semblable sacrifice fait en dépit du monde dans mes jeunes années, pour le bien de ma pauvre âme! Priez pour moi, Alphonse, je me recommande à votre charité; sauvez un infortuné qui va paraître devant Dieu et pour qui le monde a déjà passé. » Les dispositions du public changèrent comme celles du magistrat.

Alphonse, aspirant à la perfection, ne manqua jamais de se rendre tous les jours aux exercices de piété qui avaient lieu pour les ecclésiastiques chez les missionnaires de saint Vincent de Paul à Naples. Il eût bien voulu entrer chez les Oratoriens de saint Philippe de Néri, mais la crainte de trop irriter son père y mit obstacle. Il s'en dédommageait en prenant leur esprit et en fréquentant assidûment leur église; tous les matins il s'y confessait, y entendait la messe et communiait; tous les soirs il s'y rendait encore après la visite des malades, et n'en sortait que pour aller de nouveau adorer Notre Seigneur dans l'église où se faisait l'adoration des Quarante-Heures. Enfin, pour se préparer, autant qu'il était en lui, au ministère de la charité qu'il était appelé à exercer, il se voua aux œuvres de miséricorde envers les malheureux condamnés à mort, mettant surtout son zèle à leur procurer les secours de la religion.

Ordonné sous-diacre le 27 décembre 1723, il voulut se former de bonne heure au ministère de la parole, et après un mois seulement de sous-diaconat, il entra en qualité de novice dans la congrégation de la *Propagande*, établie dans l'église métropolitaine de Naples, pour aller de là donner des missions dans les divers pays du royaume. Il y faisait le catéchisme et les petites instructions. Pendant la mission de Caserte, l'évêque demande un jour, en entrant à la cathédrale, où était Alphonse de Liguori : il désirait, disait-il, le voir, parce qu'il avait connu dans une société de Naples un jeune séculier de ce nom. Le missionnaire à qui parlait le prélat était Alphonse lui-même. Le saint novice, confus au dernier point, ne sait d'abord que répondre ; puis, se couvrant le visage sous le voile de la statue de la sainte Vierge, auprès de laquelle il était en prière dans ce moment, il put à peine dire : C'est moi, cette bonne Mère m'a appelé.

Le 6 avril 1726, il fut ordonné diacre. Le cardinal Pignatelli, archevêque de Naples, lui permit de prêcher, l'exhortant à se livrer particulièrement à cette partie du ministère. Alphonse prêcha son premier sermon sur le Saint-Sacrement, à l'occasion des Quarante-Heures. Il fut tellement goûté, qu'on demandait à l'entendre partout. L'excès de ses travaux lui causa une maladie à laquelle il faillit succomber : on le crut tellement à l'extrémité, qu'à deux heures après minuit on lui apporta à la hâte le saint viatique. Il demanda de plus qu'on plaçât auprès de son lit la statue de Notre-Dame de la Merci, à l'autel de laquelle il avait autrefois suspendu son épée. On condescendit à ses pieux désirs, et il guérit. Il fut ordonné prêtre le 21 décembre 1726, à l'âge d'environ trente ans.

Le cardinal Pignatelli le chargea de donner les exercices spirituels au clergé de Naples. Depuis cette époque, il prêcha tous les jours dans une église où se faisait l'adoration des Quarante-Heures. Des gens de toutes les classes y venaient pour l'entendre. Un grand littérateur, fameux satyrique, n'y manquait jamais. Alphonse lui dit un jour plaisamment : « Votre assiduité à mes sermons m'annonce quelque intention hostile ; préparèriez-vous par hasard quelque satyre contre moi ? — Non certes, répondit l'autre ; vous êtes sans prétention, et on n'attend pas de vous de belles phrases ; on ne saurait vous attaquer, quand on vous voit ainsi vous oublier vous-même, et rejeter tous les ornements de l'homme pour ne prêcher que la parole de Dieu ; cela désarmerait la critique elle-même. »

Cependant son père ne lui disait jamais un mot, et évitait d'aller l'entendre. Un jour toutefois il se laisse entraîner par la foule dans une église : il est surpris et presque fâché d'y trouver Alphonse en chaire ; il reste pourtant, et voilà que ce père terrible est désarmé : une douce onction, une lumière ineffable sont entrées dans son âme, à la voix de ce fils qu'il a si durement traité. Il ne peut s'empêcher de s'écrier en sortant : « Mon fils m'a fait connaître Dieu ! » Il sent toute l'injustice de sa conduite, en témoigne son regret à Alphonse et lui en demande pardon.

Alphonse était prêtre depuis un an, prêchait avec le plus grand succès, mais n'osait encore s'asseoir au tribunal de la pénitence, tant il avait une haute idée de ce ministère. Il fallut que le cardinal Pignatelli lui enjoignît, en vertu de la sainte obéissance, d'user des pouvoirs qu'il avait de confesser. Alphonse obéit humblement, et fit dès lors des fruits incalculables au confessionnal, non moins que dans la chaire. Il ne se bornait point à la conduite d'un petit troupeau qu'il se fût choisi, mais il recevait indistinctement tous ceux qui se présentaient ; au point que le jour ne pouvait suffire et qu'il passait à les entendre une partie de la nuit. Il ne cessait dans sa vieillesse de recommander ce ministère comme le plus profitable pour tout le monde ; « par là, disait-il souvent, les pécheurs font immédiatement leur paix avec Dieu, et l'ouvrier évangélique n'a rien à perdre de son mérite par les séductions de la vanité. » Il ne pouvait souffrir ces confesseurs qui reçoivent leurs pénitents avec un air sourcilleux et rebutant, et ceux encore qui, après les avoir entendus, les renvoient avec dédain comme indignes ou incapables des divines miséricordes. Quelque sévère qu'il fût pour lui-même, il avait, surtout pour les pécheurs, une mansuétude indicible : c'était quelque chose d'infiniment attirant que la manière dont il en usait à leur égard : sans transiger quant au péché, il était tout cœur et tout charité pour le pécheur. Aussi, dans ses sermons, ne séparait-il jamais la justice de Dieu de sa miséricorde, persuadé que c'est là le moyen de porter les âmes à la pénitence ; le même principe, ou plutôt le même sentiment, le dirigeait au confessionnal : il se souvenait que, s'il était le juge de son pénitent, il en était aussi le père, et que c'était un ministère de réconciliation et non de rigueur qui lui était confié.

Il condamnait très-expressément le rigorisme de certains esprits chagrins et grondeurs, dont la dure morale est diamétralement opposée à la charité évangélique. « Plus une âme, disait-il, est enfoncée dans le vice et engagée dans les liens du péché, plus il faut tâcher, à force de bonté, de l'arracher des bras du démon pour la jeter dans les bras de Dieu ; il n'est pas bien difficile de dire à quelqu'un : Allez-vous-en, vous êtes damné, je ne puis vous absoudre ; mais si l'on considère que cette âme est le prix du sang de Jésus-Christ, on aura horreur de cette conduite. » Il disait de plus dans sa vieillesse qu'il ne se souvenait pas d'avoir jamais renvoyé un seul pécheur sans l'absoudre, bien moins encore de l'avoir traité avec dureté et aigreur. Ce n'est pas qu'il donnât indifféremment l'absolution et à ceux qui étaient bien disposés et à ceux qui l'étaient mal ; mais, ainsi qu'il nous l'apprend lui-même, il donnait aux pécheurs les moyens de sortir de leur état, et tandis qu'il leur témoignait la plus grande charité et les remplissait de confiance dans les mérites du Sauveur, il leur arrivait toujours de lui inspirer un sincère repentir. Il avait coutume de dire : « Si vous ne montrez un charitable intérêt pour l'âme de votre pénitent, il ne quittera point son péché. »

Le saint savait allier la douceur à une juste sévérité dans l'imposition de la pénitence ; son principe était de n'obliger à rien qui ne dût certainement s'accomplir, et de ne point charger les âmes d'obligations qu'elles n'acceptent qu'avec répugnance, et que par là même elles abandonneront volontiers. Les pénitences qu'il donnait ordinairement étaient de revenir se confesser au bout d'un certain temps, de fréquenter la confession et la communion, d'assister à la messe tous les jours en méditant sur la passion de Notre Seigneur, comme aussi de visiter le Saint-Sacrement et la sainte Vierge, réciter le chapelet et autres choses semblables, qui étaient autant de moyens pour sortir du péché. Quant aux macérations, il les conseillait, mais ne les prescrivait pas. « Si le pénitent, disait-il, est vraiment contrit, il embrassera de lui-même la mortification ; mais si on lui en fait une obligation, il laissera la pénitence et gardera le péché. » Par cette douce conduite, il affectionnait les pécheurs au sacrement de pénitence, et parvenait à les arracher à l'iniquité. C'est ainsi qu'une multitude de gens de toutes les classes, parmi ceux surtout dont la vie avait été la plus criminelle, revinrent à Dieu sous la direction de notre saint, et édifièrent dans la suite encore plus qu'ils n'avaient scandalisé, bien que quelques-uns d'entre eux eussent, avant leur conversion, affiché l'immoralité la plus révoltante. Il en venait à ce résultat si consolant en leur recommandant surtout la mortification des passions et de la chair, et la méditation des vérités éternelles. » Par la méditation, disait-il, vous verrez vos défauts comme dans un miroir; par la mortification, vous les corrigerez : il n'y a point de vraie oraison sans mortification, et point de mortification, sans esprit d'oraison. De tous ceux que j'ai connus qui étaient de vrais pénitents, il n'y en a point qui n'aient été fort zélés pour ces deux exercices. » Il employait encore, comme un grand moyen de revenir parfaitement à Dieu, la fréquente communion et la visite journalière au Saint-Sacrement. Rien ne peut égaler l'idée qu'il avait de cette dévotion. « Quelles délices, avait-il coutume de dire lorsqu'il était encore laïque, quelles délices que d'être prosterné devant le saint autel, d'y parler familièrement à Jésus renfermé, pour l'amour de nous, dans l'auguste sacrement; de lui demander pardon des déplaisirs qu'on lui a donnés, de lui exposer ses besoins comme un ami fait à son ami, et de lui demander son amour et l'abondance de ses grâces! »

Tel fut l'invariable système de la conduite d'Alphonse à l'égard de ses pénitents, qu'il recherchait surtout dans la classe du pauvre peuple. Il ne rejetait pas les personnes d'un rang élevé, il croyait même important de les recevoir à cause de leur autorité et de leurs exemples; mais il ne leur accordait jamais aucune espèce de distinction, et l'attrait de sa charité le portait spécialement vers les âmes trop souvent abandonnées, des gens de la dernière condition; aussi le voyait-on quelquefois sur les places publiques et autres lieux des plus fréquentés comme à la poursuite des plus pauvres, tels que lazzaroni et autres de ce genre : il cherchait à s'en faire entourer, et les portait ensuite à venir recevoir la grâce du Seigneur dans le sacrement de pénitence.

Ce n'était pas encore assez pour son ardente charité : il imagina de réunir, durant les soirées d'été, une partie de ses pénitents dans quelque endroit solitaire et écarté de la ville; il choisit successivement différentes places publiques au voisinage des églises, et là, au milieu d'une foule de gens de la dernière classe, on le voyait se faire un plaisir de leur apprendre les premiers principes de la religion. Quelques saints prêtres et de pieux laïques voulurent s'associer à cette bonne œuvre, qui prit bientôt un grand accroissement; mais le démon la traversa : l'homme ennemi inspira des craintes à l'autorité civile sur ce rassemblement, et il fallut y renoncer. Les ecclésiastiques qui en faisaient partie ne se séparèrent pas pour cela, et le désir de s'édifier mutuellement les porta à se réunir avec Alphonse, plusieurs fois le mois, dans la maison de l'un d'entre eux. Ils y passaient ordinairement au moins une journée entière, s'y livrant en commun à tous les exercices de la vie religieuse, tels que la récitation de l'office, l'adoration du Saint-Sacrement, les pénitences corporelles.

Cependant notre saint n'avait pas perdu de vue l'instruction du bas peuple. A cet effet, il partagea un grand nombre de ces pauvres gens entre plusieurs de ses pénitents les plus zélés et les plus instruits, dont il fit autant de catéchistes. Ces petites réunions se multiplièrent toujours davantage, et bientôt elles n'eurent plus lieu dans des maisons particulières, mais, avec l'approbation du cardinal Pignatelli, dans des chapelles et oratoires. C'est de là qu'est venue ensuite ce qu'on appelle à Naples *l'instruction des chapelles*, pieuse œuvre qui se soutient encore aujourd'hui, tant l'utilité en a paru grande. On compte actuellement dans la ville de Naples près de quatre-vingts de ces réunions, de cent trente à cent cinquante personnes chacune. Ce sont toujours des prêtres qui y président. Il n'y bornent pas leur zèle à l'enseignement des premiers éléments de la religion, mais ils y administrent les sacrements de pénitence et d'eucharistie, dirigent les exercices de piété, qui sont très-multipliés les jours de fête et de dimanche, et ne négligent rien de ce qui peut porter à la vertu : ils y réussissent. Cette œuvre est depuis longtemps un sujet de consolation pour les archevêques de Naples, et produit parmi ces pauvres gens du peuple des hommes très-éminents en sainteté.

Un homme apostolique, missionnaire de la Chine, le Père Matthieu Ripa, vint à Naples, emmenant avec lui de ses missions quatre jeunes Indiens; son but était de les former à l'exercice du saint ministère, et de renforcer par là les missionnaires européens qui étaient dans leur pays : il obtint même de l'empereur et du pape Benoît XIII l'autorisation d'établir pour cette fin à Naples un collège où il devait recevoir de nouveaux élèves qui lui viendraient des Indes. Un établissement de ce genre intéressa vivement Alphonse par l'espoir du bien qui devait en résulter; il y vit en outre une retraite convenable au ministère qu'il exerçait, et qui lui paraissait peu compatible avec sa résidence dans la maison paternelle : il demanda donc d'être reçu dans le nouveau collège comme pensionnaire. Il eut même la pensée de se vouer aux missions de l'Inde et de la Chine; mais son directeur fut d'avis que Dieu l'appelait aux missions de sa terre natale. En attendant, Alphonse prêchait et confessait tous les jours, principalement dans l'église du collège des Chinois, et toujours avec un succès admirable. A la parole extérieure il joignait les prières les plus ferventes, des jeûnes, des mortifications extraordinaires, pour attirer aux pécheurs la grâce de la conversion (Jeancard, *Vie de saint Liguori*). Tel était saint Liguori vers l'an 1730 : nous le reverrons plus tard.

Avec tant de savants et de saints, l'Italie du XVIIe et du XVIIIe siècle continuait encore à produire des artistes célèbres, qui embellissaient par leurs chefs-d'œuvre le culte divin. Elle en avait plusieurs écoles : Venise, Vérone, Bologne, Florence, mais surtout Rome. Le plus grand peintre de l'école vénitienne fut *Le Titien*, dont le nom de famille est Vecelli, et qui mourut en 1576, à l'âge de cent ans, ayant un frère, un fils et des neveux également très-habiles en peinture. Son premier chef-d'œuvre fut une Assomption de la sainte Vierge, et son dernier une cène ou dernier souper du Sauveur avec ses apôtres : la postérité n'a pu décider encore lequel des deux l'emporte sur l'autre. Son principal élève, son émule, né à Venise, a été surnommé le *Tintoret* ou le teinturier, du métier de son père ; il se nommait proprement Jacques Robusti, laissa un fils et une fille très-habiles dans son art, et mourut en 1594, à l'âge de quatre-vingt-deux ans, laissant parmi ses chefs-d'œuvre plusieurs tableaux de la Cène pour des réfectoires de monastères, un crucifiement de Jésus-Christ, mais surtout le miracle de saint Marc, venant du ciel au secours d'un esclave. Le Titien et le Tintoret eurent pour élève et pour émule *Paul Caliari* dit *Paul Véronèse*, parce qu'il naquit à Vérone en 1530. Ses meilleurs tableaux sont diverses Cènes pour des réfectoires de religieux, entre autres le repas de Jésus-Christ chez Simon. Louis XIV fit demander ce tableau aux Servites de Venise, et, sur leur refus de s'en dessaisir, la république vénitienne le fit enlever pour en faire présent au monarque.

Bologne vit se former dans ses murs une école célèbre par une famille bolonaise de peintres, du nom de *Carrache* : Louis, avec ses deux cousins, Augustin et Annibal. Louis, né en 1555, parut à quinze ans plus propre à broyer les couleurs qu'à les employer avec discernement. Fontana, son maître à Bologne, et le Tintoret, son maître à Venise, l'engagèrent à renoncer à la peinture. Ses camarades l'appelaient *le bœuf*, parce qu'il était lourd et lent dans ses travaux. Cette lenteur n'était pas l'effet d'un esprit borné, mais d'une volonté profondément sentie de faire mieux qu'on n'avait fait jusqu'alors. Il détermina pour la peinture Augustin et Annibal, dont le premier devait être orfèvre, et le second tailleur comme son père. Les plus beaux ouvrages de Louis sont à Bologne : on ne se lasse pas de voir celui qui offre la Vierge tenant de la main gauche l'enfant Jésus et de la droite un livre. Le chef-d'œuvre d'Augustin Carrache est sa communion de saint Jérôme : on ne peut rien ajouter à la piété du saint vieillard, à celle du prêtre qui lui offre l'hostie, à l'expression des assistants qui soutiennent le moribond. Son frère Annibal s'est particulièrement distingué par son tableau de saint Roch. Augustin Carrache mourut en 1601, Annibal en 1609, et Louis en 1619. — Un digne élève de ces trois maîtres fut leur compatriote *Guido Reni* ou *Le Guide*, né en 1575, et mort en 1642. Il travailla plusieurs fois à Rome pour le pape Paul V, qui l'affectionnait beaucoup. Ses principaux ouvrages sont : le crucifiement de saint Pierre, le martyre de saint André, un saint Michel. — Un autre fameux peintre de Bologne est *Dominique Zampieri*, dit le *Dominiquin*, né d'un cordonnier en 1581. Il parut d'abord lourd, incertain, embarrassé. C'est qu'il se reprenait continuellement lui-même avec une sévérité quelquefois injuste. Il se livrait tout entier à son art. S'il sortait de sa maison, c'était pour fréquenter les marchés et les théâtres, et observer, sur la figure du peuple, comment la nature sait elle-même peindre la joie, la colère, la bonté, l'indignation et la crainte. Il dessinait à la hâte ce qui le frappait le plus, et les mouvements passionnés qui excitaient son attention. Il s'accoutuma ainsi à dessiner les esprits des hommes et à colorer la vie. Il mourut en 1641. Ses principaux chefs-d'œuvre sont : un martyre de saint André, où il l'emporte sur Le Guide ; une communion de saint Jérôme, où il l'emporte sur Augustin Carrache. Le Poussin regarde la transfiguration de Raphaël, le saint Jérôme du Dominiquin, et la descente de croix de Daniel de Volterre, comme les trois plus beaux tableaux de Rome et comme les chefs-d'œuvre de la peinture. — *Daniel Ricciarelli*, plus connu sous le nom de *Volterre*, de la ville où il naquit en 1509, et où sa famille subsiste encore, se distingua d'abord par un tableau représentant un Christ à la colonne. Sa descente de croix est dans l'église de la Trinité. Tout y excite l'admiration. Le Christ a bien le corps d'un homme qui vient d'expirer, et s'affaisse tandis qu'on le détache de la croix. Ses apôtres qui s'occupent de ce pieux office, la Mère de douleur et le Disciple bien-aimé qui contemplent cette scène de désolation en versant des larmes, tout est d'une expression admirable. Le coloris des chairs et la teinte générale sont tout à fait historiques et montrent plus de vigueur que de délicatesse. On y remarque un relief, un accord, une entente de l'art, que Michel-Ange, son ami et son guide, ne possédait pas à un degré plus éminent ; et si ce grand peintre avait mis son nom à ce tableau, on le prendrait pour une de ses plus belles productions. C'est sans doute à quoi Daniel a voulu faire allusion en peignant au-dessous un portrait de Michel-Ange, avec un miroir à la main, comme pour indiquer qu'il se revoyait dans cette peinture. — Un compatriote et ami du Dominiquin, fut *François Albani*, que nous nommons l'*Albane*, né à Bologne en 1478, est destiné d'abord à succéder à son père dans le commerce de la soie. Il s'est peu livré à la peinture des sujets sacrés. Dans ce qui est connu de lui en ce genre, il est resté ce qu'il était dans les sujets profanes ; au lieu d'amours, il y a introduit une foule d'anges gracieux qui accompagnent la Vierge et son Fils. Il a aimé à peindre des saintes Familles, occupées à regarder des anges qui portent la croix, les épines et les symboles de la passion. Il mourut en 1660, à l'âge de quatre-vingt-trois ans.

*Antoine Allégri*, dit *le Corrége*, parce qu'il naquit en cette ville vers la fin du XVe siècle, servit de modèle aux Carrache. Son premier ouvrage fut un saint Antoine ; ses chefs-d'œuvre, l'Ascension de Jésus-Christ, l'Assomption de la sainte Vierge, peintes dans les coupoles de deux églises à Parme, et un tableau à fresque dans un couvent de Bénédictins de la même ville. On donne la préférence à son Assomption. Il introduit d'abord les apôtres, comme c'est de coutume : ils sont placés dans une attitude de vénération et d'étonnement. Dans la partie supérieure est une immense quantité de bienheureux ; une foule d'anges de toute grandeur sont en mouvement près de la Vierge : les uns la soutiennent dans les airs, les autres dansent autour d'elle. Ceux-ci tiennent des torches, ceux-là brûlent des parfums, d'autres s'accompagnent de différents instruments : tout respire la joie et le bonheur ; un air de fête brille sur toutes les figures. En voyant cette peinture, il semble qu'on soit dans le ciel avec les anges. Le Corrége s'arrêtait dans les promenades où il voyait jouer des enfants, surtout de trois à six ans; il dessinait avec exactitude leurs formes arrondies, il étudiait leurs petits mouvements, leur joie, leur colère, leurs larmes, cette sorte d'ivresse à laquelle ils se livrent dans leurs jeux, l'innocence des uns, la malice des autres, enfin tout ce que cet âge charmant offre de touchant et de gracieux. Ce peintre mourut à l'âge de quarante ans. — *Michel-Ange Amérighi*, dit *Michel-Ange de Caravage*, parce qu'il naquit dans cette ville du Milanais en 1569, commença par être aide-maçon. On estime particulièrement son tableau qui représente le corps du Christ porté au tombeau, par saint Jean et Nicodème, accompagnés des trois Marie. — Les trois frères *Pierre-Hilaire*, *Michel* et *Philippe Mazzuoli*, peintres parmesans, florissaient au commencement du XVIe siècle. Philippe est surtout connu pour avoir été le père de François Mazzuoli, célèbre sous le nom de *Parmesan*. Ce dernier naquit en 1503. A quatorze ans, il peignit, sous la conduite de son père et de ses deux oncles, le fameux tableau du baptême de Jésus-Christ, dans lequel on remarque des beautés de premier ordre. Il en fit plusieurs autres de même mérite avant l'âge de vingt ans : un saint François recevant les stigmates, le mariage de Catherine de Sienne, une sainte Famille, et un saint Bernardin. Une de ses plus belles gravures et en même temps une des plus rares, est une sainte Famille dans un paysage, où l'on voit saint Jean qui embrasse l'enfant Jésus. Il mourut à l'âge de trente-sept ans.

Un autre peintre, *Jean-François Barbieri*, naquit à Cento près de Bologne, le 2 février 1590. Il était encore au berceau lorsqu'un grand bruit le réveillant tout à coup lui causa une convulsion qui lui dérangea le globe de l'œil droit : d'où lui vient le surnom de *Louche*, en italien *Guercino*, en français le *Guerchin*. Une vierge qu'à l'âge de dix ans il avait peinte sur la porte de la maison paternelle, décela sa vocation. Ce qui frappait le plus dans ses ouvrages, c'était l'imitation exacte de la nature. Il était, dans cette partie de l'art, un des peintres les plus extraordinaires de son école. On le cite aussi comme un de ceux qui avaient le plus de facilité. Des religieux voulaient avoir, d'un jour à l'autre, pour le maître-autel de leur église, un tableau représentant le Père éternel. Guerchin s'offrit à les satisfaire, et peignit ce grand ouvrage dans l'espace d'une nuit, à la clarté des flambeaux. Les productions les plus célèbres de cet artiste sont : le tableau de sainte Pétronille, dont la mosaïque est à Saint-Pierre de Rome; le dôme de la cathédrale à Plaisance; saint Pierre ressuscitant Thabite; un saint Antoine de Padoue; un saint Jean-Baptiste; la Vierge apparaissant à trois religieux; la Présentation au temple; David et Abigaïl; saint Jérôme s'éveillant au bruit de la trompette. On connaît de ce maître cent six tableaux d'autel. Tous les écrivains qui ont parlé du Guerchin ont loué ses qualités morales. Ses richesses furent entièrement employées à aider les artistes sans fortune, à doter ses neveux et ses nièces, à fonder des messes et des chapelles. Jamais personne n'eut sujet de se plaindre de sa bonne foi ni de trouver à redire à ses mœurs. Il mourut avec une résignation et une piété rares, le 24 décembre 1666, à l'âge de 76 ans.

Un homme, à la fois peintre, statuaire et architecte, qui remplit le XVIIe siècle de sa renommée et Rome de ses ouvrages, fut *Jean-Laurent Bernini*, dit *le Bernin*, né l'an 1598 à Naples, où son père, originaire de Toscane, après s'être perfectionné à Rome, exerçait avec distinction la peinture et la sculpture. Dès son enfance, le Bernin annonça la plus étonnante facilité pour l'étude de tous les arts du dessin, et à l'âge de huit ans il exécuta en marbre une tête d'enfant qui fut considérée comme une merveille. Le père, voulant cultiver de si heureuses dispositions, amena son fils à Rome. Le Pape, c'était Paul V, voulut voir cet enfant extraordinaire qui, à dix ans, étonnait les artistes, et lui demanda s'il saurait dessiner sur-le-champ une tête à la plume : « Laquelle? répondit le Bernin. — Tu sais donc les faire toutes! s'écria le Pape avec surprise, et il ajouta : Fais un saint Paul. » Le jeune artiste termina cette tête en une demi-heure, et le Pape, enchanté, le recommanda vivement au cardinal Maffeo Barberini : « Dirigez, dit-il, dans ses études, cet enfant, qui deviendra le Michel-Ange de son siècle. » Les contemporains confirmèrent ce glorieux surnom prédit par le Pape. Grégoire XV, successeur de Paul, reconnut également le mérite du Bernin, en le créant chevalier. Mais le cardinal Barberini étant devenu pape sous le nom d'Urbain VIII, fit appeler son protégé et lui dit : « Si le Bernin s'estime heureux de me voir son souverain, je me glorifie bien plus de ce qu'il existe lui-même sous mon pontificat. » Dès lors, il le chargea de faire des projets pour l'embellissement de la basilique de Saint-Pierre, et il lui assura une pension de trois cents écus par mois.

Le Bernin commença les embellissements de la basilique par le Baldaquin, espèce de dais qui couronne l'autel principal, et ce qu'on appelle *la Confession de Saint-Pierre*; il est supporté par quatre colonnes torses enrichies de figures et d'ornements tout en bronze, et d'une délicatesse remarquable, quant à l'exécution. On a comparé la hauteur de ce baldaquin à celle du fronton de la colonnade du Louvre, et elle le surpasse de vingt-quatre pieds; cependant cette masse énorme est calculée de manière à produire un grand effet sans nuire aux proportions de l'édifice. L'artiste n'a pas si bien réussi dans la composition de la chaire de saint Pierre, soutenue par les figures colossales des quatre Docteurs de l'Eglise. Mais où il réussit parfaitement, c'est dans la décoration de la place de Saint-Pierre : il éleva une colonnade circulaire qui est dans une proportion si juste et se raccorde si bien avec l'immense basilique, qu'elle semble être le résultat d'une même pensée.

Le roi de France, Louis XIV, fit des instances réitérées auprès du Bernin pour qu'il vînt momentanément à Paris, afin de le consulter sur l'achèvement du Louvre. L'artiste finit par céder : il fut reçu par les magistrats à la porte des villes françaises, comme on eût fait pour un prince. Il fit entre autres le buste du roi, et s'écria un jour, en jetant les outils : Miracle! un grand roi, jeune et Français, a pu rester une heure tranquille! Le Bernin regretta bientôt Rome, où il retourna et fut reçu avec de grandes démonstrations de joie. Le pape Alexandre VII nomma son fils chanoine de Sainte-Marie-Majeure, et le pourvut de plusieurs bénéfices. Le cardinal Rospigliosi, que le Bernin avait beaucoup connu, étant devenu pape sous le nom de Clément IX, Bernin fut admis dans sa familiarité et chargé de divers ouvrages, entre autres de l'embellissement du pont Saint-Ange. Cet artiste infatigable exécuta, à l'âge de soixante-dix ans, un de ses plus beaux ouvrages, le tombeau d'Alexandre VII. Arrivé à quatre-vingts ans, il sculpta pour la reine Christine un Sauveur du monde. Il mourut d'un excès de travail à l'âge de quatre-vingt-deux ans, le 28 novembre 1680. Par son testament, il légua au Pape un grand tableau de sa main, représentant un Christ; et à la reine de Suède, la figure du Sauveur, son dernier ouvrage de sculpture, que cette princesse avait d'abord refusé, ne croyant pas pouvoir assez le payer. Il laissa à ses enfants une statue de la Vérité, avec une fortune d'environ trois millions de francs.

§ II.

*Arts, littérature, érudition en France, en Belgique, et en Lorraine : érudition viciée dans plusieurs savants par des préjugés de gallicanisme et de jansénisme.*

Rome était si naturellement la patrie des beaux-arts, que des artistes français y venaient sans aucune protection, comme à une école gratuite pour tout le monde. De ce nombre fut CLAUDE GELÉE dit LE LORRAIN, né l'an 1600 au château de Chamagne en Lorraine. Après un premier séjour dans la capitale du monde chrétien, il revint en son pays l'an 1625, mais retourna bientôt à Rome, où il ouvrit une école. Le cardinal Bentivoglio, pour lequel il avait fait quatre tableaux admirables, le présenta au pape Urbain VIII, qui lui accorda sa protection. Le Lorrain mourut à Rome en 1682. Ses principales œuvres sont des paysages. A cet effet, il passait des journées entières dans la campagne, observant toutes les variations de l'atmosphère aux différentes heures du jour, les accidents de la lumière et des ombres dans les temps sereins et nébuleux, les effets des orages, ceux des diverses saisons. Tous ces phénomènes se gravaient profondément dans sa mémoire, et il savait au besoin les reproduire sur la toile avec cette vérité, cette forme et cet éclat qui n'ont point encore été égalés.

NICOLAS POUSSIN, originaire de Soissons, né aux Andelys en 1594 et mort à Rome en 1665, après avoir reçu les derniers sacrements, fut pour la France le rénovateur principal de l'art sous Louis XIV, en dirigeant de Rome, ou à Rome même, les trois peintres Lesueur, Mignard et Lebrun. — EUSTACHE LESUEUR, né à Paris, négligé du gouvernement, n'eut pas le moyen d'aller à Rome, mais il en étudiait les modèles et suivait les conseils de Poussin, qui prenait la peine de dessiner des croquis de modèles du meilleur style, et les lui envoyait à Paris. Lesueur est surtout renommé par sa galerie de saint Bruno. — NICOLAS et PIERRE MIGNARD, qui ils étaient deux frères, nés à Troyes en 1608 et 1610, se formèrent tous deux à Rome : Pierre fut même surnommé *le Romain*, à cause du long séjour qu'il y fit. Un de ses chefs-d'œuvre est la Vierge présentant une grappe de raisin à l'enfant Jésus, tableau connu sous le nom de *Vierge à la grappe*. — CHARLES LEBRUN, né à Paris l'an 1619 et mort en la même ville l'an 1690, fut envoyé par le chancelier Séguier à Rome, y travailla six années dans la maison même du Poussin, qui le prit en affection et l'initia dans tous les secrets de son art. Lebrun est connu par ses ouvrages; il en a fait un surtout qui est très-remarquable. L'an 1666, il engagea Louis XIV à fonder à Rome l'école française des Beaux-Arts, où on envoie, pour y être entretenus aux frais du gouvernement, les jeunes gens qui remportent à Paris le premier prix, soit de peinture, soit de sculpture ou d'architecture. La France croyait alors que Rome était le centre vivant, la règle vivante des beaux-arts; que seulement à Rome, leur centre unique, on en respirait le sens intime, l'esprit et l'âme. Jusqu'à présent, la France n'a pas eu lieu de se repentir de sa créance.

Les Belges pensèrent alors et pensent encore en ceci comme les Français. RUBENS fut le canal entre Rome et la Flandre. Né l'an 1577 à Cologne, où son père s'était retiré d'Anvers pour éviter les troubles des calvinistes de Hollande, et mort à Anvers l'an 1640, il passa près de dix ans en Italie et à Rome, fut le chef de l'école flamande et eut pour élèves Van Dyck et Teniers. Ses chefs-d'œuvre, pour orner les églises sont en quelque sorte innombrables : on admire surtout sa Descente de croix, dans une chapelle de la cathédrale d'Anvers. — VAN DYCK, né à Anvers l'an 1599, a marché sur ses traces et s'est particulièrement distingué par un saint Augustin en extase et un Christ en croix. — Son condisciple TENIERS fit peu de grands tableaux; sa prédilection fut pour des scènes de village (Voir sur tous ces personnages la *Biographie universelle*). Les peintres de la Hollande calviniste ne s'élèvent pas plus haut. Nous avons vu Raphaël, le peintre de Rome, monter sur le Thabor pour contempler la transfiguration du Christ : le Thabor des peintres hollandais est une tabagie, une cuisine. On voit la distance d'une religion à l'autre.

Il en est de la littérature de la Hollande comme de sa peinture : elle n'a ni âme, ni élévation, ni ensemble, et se termine par le panthéisme ou l'athéisme d'un Juif d'Amsterdam, BARUCH SPINOSA, dont le système est un chaos, où tout est Dieu et Dieu n'est rien, où la vertu n'est que la force, où chacun est libre de professer sa religion, mais à condition que ce sera celle que lui prescrira le souverain (*Biogr. univers.*, t. XLIII).

A côté de cette sentine où viennent se rendre toutes les eaux sales de l'Europe, les schismes, les hérésies, les impiétés, paraît avec d'autant plus d'honneur la Flandre catholique, la Belgique tout entière. Aux innombrables chefs-d'œuvre de peinture qui décorent ses églises et ses monastères, elle ajoute, par les mains des Jésuites, le monument de littérature chrétienne le plus considérable que l'on ait encore vu : les actes de tous les saints personnages, que l'on a pu recueillir de toutes les parties du monde : trésor immense pour l'histoire et la piété, et qui, joint aux travaux analogues de l'Italie, complète la littérature chrétienne dans un même esprit de foi et de science. Le Jésuite Rosweide en avait formé le dessein, le Jésuite Bolland l'exécute, d'autres Jésuites le poursuivent jusque vers la fin du XVIIIe siècle, où avaient paru cinquante-trois volumes in-folio, comprenant tous les saints jusqu'à la mi-octobre. De nos jours, des Jésuites belges ont repris cet immense travail et commencent à en publier la suite.

La France secondait l'Italie et les Pays-Bas catholiques dans ces immenses travaux d'érudition. Les Jésuites français ne restaient pas en arrière des Jésuites belges et italiens.

SIRMOND (Jacques), né à Riom l'an 1559, mort à Paris l'an 1651, a publié trois volumes des anciens conciles de la Gaule, une édition de Hincmar de Reims et de Théodoret, enfin une collection de cinq volumes in-folio, contenant les œuvres de saint Théodore Studite, avec celles de plusieurs écrivains ecclésiastiques trouvés par Sirmond dans les bibliothèques de Rome et de France : l'édition est fort belle. — Le Père LABBE (Philippe), né à Bourges l'an 1607, mort à Paris l'an 1667, s'est illustré par plusieurs travaux d'histoire, mais surtout par son excellente collection des conciles en dix-sept volumes in-folio, achevée par Cossart, autre Jésuite, et complétée par Mansi, archevêque de Lucques. — Le plus savant des Jésuites français fut le Père DENYS PETAU, né à Orléans en 1583, et mort à Paris en 1652. Il a beaucoup travaillé sur la chronologie, et avec succès. Ses principaux ouvrages dans cette partie sont : 1° *De la doctrine des temps*, en treize livres : les huit premiers contiennent les principes de la science du temps, les quatre suivants, l'usage de la chronologie à l'égard de l'histoire ; dans le treizième, l'auteur fait l'application de ses principes à une chronique qui finit à l'an 533 de notre ère. Fabricius la trouvait très-exacte et regrettait que personne ne l'eût continuée. 2° *Uranologie* : c'est la continuation de l'ouvrage précédent ; elle est divisée en huit livres : dans le premier, Petau explique les différents levers et couchers des étoiles ; dans le second, il expose les sentiments des anciens touchant les solstices, les équinoxes et le lever de diverses étoiles ; le troisième contient la réfutation du traité de Scaliger sur l'anticipation des équinoxes ; le quatrième traite de l'année des Grecs, en particulier des Athéniens, et contient la réfutation de la critique qu'un avocat espagnol, nommé Caranza, avait publiée de la *Doctrine des temps* ; le cinquième, de l'année des Hébreux, des Egyptiens et des Romains ; dans les livres sixième et septième, Petau réfute divers passages du commentaire de Saumaise sur Solin ; enfin, dans le huitième, il fait connaître les ères et les computs dont les chrétiens orientaux se sont servis. Cet ouvrage a été réimprimé avec le précédent en trois volumes in-folio. 3° *Tables chronologiques des rois, dynasties, villes, événements et hommes illustres depuis la création du monde*, un volume in-folio. 4° Un abrégé de ce dernier ouvrage, sous le titre de *Rationarium temporum*, en deux petits volumes in-douze, ordinairement reliés en un (1).

Dans un autre genre, on a du Père Petau des œuvres poétiques, en grec et en latin, entre autres une paraphrase des psaumes, en vers grecs, dans le dialecte d'Homère. Il a aussi donné des éditions de plusieurs Pères, entre autres de saint Epiphane, laquelle n'est pas trop soignée. On a enfin de lui cinq volumes in-folio de *Dogmes théologiques*, non plus en style scholastique, précis et serré, mais en style oratoire, traînant et diffus, où le dogme catholique n'est pas toujours exposé et soutenu avec la netteté et la vigueur qu'on pouvait attendre. Le Jésuite Feller dit de son confrère Petau, qu'il avait une espèce de prédilection pour les opinions dures et sévères ; qu'il était d'un naturel triste, mélancolique, et que sans ses principes religieux et son attachement à l'orthodoxie, il eût pu donner dans des extrêmes.

C'est peut-être par suite de cette mélancolie que Petau s'est mis dans la tête que les Pères qui ont vécu avant le concile de Nicée n'avaient pas une créance exacte sur la divinité et la consubstantialité du Verbe. Après avoir cité les principaux, il se résume ainsi : « Il est donc bien constant qu'Arius a été un franc platonicien, et de plus, qu'il a suivi le dogme de ceux qui, avant l'éclaircissement et la décision de la chose, ont donné dans la même erreur. Car eux aussi ont enseigné que le Verbe a été produit de Dieu le Père, non toutefois de l'éternité, mais avant de fabriquer le monde, afin de se servir de lui comme d'un ministre pour exécuter cette œuvre ; car ils ne pensaient pas qu'il eût procréé tout par lui-même et sans aucun intermédiaire ; ce que Philon a suivi également dans son livre du *Créateur du Monde*. C'est pourquoi, lorsque saint Alexandre d'Alexandrie, dans sa lettre encyclique, et les autres Pères qui écrivirent contre cette hérésie, se plaignent qu'Arius a été l'architecte de ce dogme, je suis persuadé qu'ils le disent d'une manière oratoire et par exagération ; car nous avons produit un grand nombre d'anciens qui ont enseigné la même chose qu'Arius, et avant lui ; à moins qu'il n'ait ceci par-dessus les autres, d'avoir soutenu plus expressément qu'on n'avait encore fait, que le Verbe de Dieu et le Fils a été créé de rien ; car la plupart de ceux que j'ai cités plus haut ne le déclarent pas ouvertement, mais ils disent que le Fils ou le *logos* a proflué de la substance du Père, comme Athénagore, Théophile d'Alexandrie, Tatien. Quant à Origène et Denys d'Alexandrie, quoiqu'ils pensent la même chose qu'Arius, ils ne déclarent cependant pas expressément et littéralement que le Fils a été fait de rien (Petav., *Dog. theol.*, t. II ; *De Trinit.*, l. 1, c. 8, n. 2). » Voilà comme parle le Jésuite Petau.

Sur quoi l'Anglais et anglican Bullus reprend, dans sa *Défense de la foi de Nicée*, tirée des Pères qui ont vécu avant ce concile et dirigée contre les Sociniens : « Si donc il faut en croire Petau, il faudra tenir pour certain : 1° que l'hérésie d'Arius, condamnée par les Pères de Nicée, s'accordait pour le fond avec le sentiment commun des docteurs catholiques qui ont vécu avant lui ; 2° que le dogme touchant la vraie divinité du Fils n'avait pas été fixé et déclaré avant le concile de Nicée ; 3° qu'Alexandre et les autres catholiques, qui accusèrent Arius comme l'auteur d'un dogme nouveau et inouï auparavant dans l'Église catholique, l'ont dit d'une manière oratoire et par exagération : c'est-à-dire, s'il faut parler plus clairement, qu'ils ont dit un

---

(1) De 1868 à 1870, une nouvelle édition des Œuvres théologiques du P. Petau a été livrée au public ; elle a été revue et annotée par M. l'abbé THOMAS, ancien professeur de dogme et de morale au grand séminaire de Verdun, puis supérieur du même séminaire, et aujourd'hui vicaire général de Monseigneur.

insigne mensonge, à la manière jésuitique, pour servir la cause du catholicisme (Bullus, *Defensio fidei Nicenæ Proem.*, n. 8). » Voilà comme parle l'Anglais Bullus dans son avant-propos; puis il prouve contre les Sociniens : que le Fils de Dieu existe avant toutes choses, qu'il est consubstantiel et coéternel au Père, que les expressions de quelques anciens écrivains catholiques qui paraissent y contredire n'ont pas le sens des ariens. Cet ouvrage de l'Anglais Bullus fut trouvé si bon par le clergé de France, qu'il en fit remercier l'auteur.

Quand le calviniste Jurieu et l'équivoque Richard Simon eurent renouvelé le système du Jésuite Petau, touchant les Pères des trois premiers siècles, Bossuet les réfuta dans sa *Défense des Pères*. Enfin le Jésuite Petau s'est réfuté ou rétracté lui-même dans une préface qu'il ajouta depuis au second volume de ses *Dogmes théologiques*, dans laquelle il prouve que les anciens conviennent avec nous dans le fond, dans la substance, dans la chose même du mystère de la Trinité, quoique non toujours dans la manière de parler; qu'ils sont sur ce sujet sans aucune tache; qu'ils ont enseigné de Jésus-Christ, qu'il est tout ensemble un Dieu infini et un homme qui a ses bornes; et que sa divinité demeure toujours ce qu'elle était avant tous les siècles : infinie, incompréhensible, impassible, inaltérable, immuable, puissante par elle-même, subsistante, substantielle, et un bien d'une vertu infinie : ce qui était, ajoute le Père Petau, une si pleine confession de la Trinité, qu'aujourd'hui même et après le concile de Nicée, on ne pourrait la faire plus claire. Enfin il remarque même dans Origène, *la divinité de la Trinité adorable*; dans saint Denys d'Alexandrie, *la coéternité et la consubstantialité du Fils;* dans saint Grégoire Thaumaturge, *un Père parfait d'un Fils parfait, un Saint-Esprit parfait, image d'un Fils parfait*; pour conclusion, *la parfaite Trinité*; et, en un mot, *dans ces auteurs la droite et pure confession de la Trinité;* en sorte que, lorsqu'ils semblent s'éloigner de nous, c'est, selon ce Père, ou bien avant la dispute, comme disait saint Jérôme, *moins de précautions dans leurs discours, le substantiel de la foi demeurant le même* jusque *dans Tertullien, dans Novatien, dans Arnobe, dans Lactance* même, et dans les auteurs les plus durs; ou, en tous cas, des ménagements, des condescendances, et, comme parlent les Grecs, des économies qui empêchaient de découvrir toujours aux païens, encore trop infirmes, *l'intime et le secret du mystère avec la dernière précision et subtilité*. Par conséquent il est constant, selon le Père Petau, que toutes les différences entre les anciens et nous dépendent du style et de la méthode, jamais de la substance de la foi (Petav., t. II, *præfat.;* Bossuet, 6º *avertiss. sur les lettres de Jurieu*, 2º part., n. 102).

Un Jésuite français qui fit un bruit bien autrement étrange, ce fut le Père Hardouin (Jean), né à Quimper en 1646, d'un libraire de cette ville, et entré fort jeune dans la société. Voici comme en parle Feller, son confrère. Il se distingua beaucoup par une pénétration prompte, une mémoire heureuse, mais encore plus par le goût des paradoxes et des opinions singulières. Selon lui, tous les anciens écrits étaient supposés, à l'exception des ouvrages de Cicéron, de l'*Histoire naturelle* de Pline, des *Satyres*, des *Épîtres* d'Horace, et des *Géorgiques* de Virgile. Son *Énéide* a été visiblement composée par un Bénédictin du XIIIᵉ siècle, qui a voulu décrire allégoriquement le voyage de saint Pierre à Rome. Il n'est pas moins clair que les *Odes* d'Horace sont sorties de la même fabrique, et que la *Lalagé* de ce poète n'est autre que la religion chrétienne. Aucune médaille ancienne n'est authentique, ou du moins il y en a très-peu, et en expliquant celles-ci, il faut prendre cette lettre pour un mot entier : par ce moyen, on découvre un nouvel ordre de choses dans l'histoire. On assure qu'un Jésuite, son ami, lui représentant un jour que le public était fort choqué de ses paradoxes et de ses absurdités, le Père Hardouin lui répondit brusquement : « Eh! croyez-vous donc que je me serai levé toute ma vie à quatre heures du matin, pour ne dire que ce que d'autres avaient dit avant moi? »

Ces sentiments mènent à un pyrrhonisme universel et à l'incrédulité; cependant ce Jésuite était plein de vertus et de religion. Il disait que Dieu lui avait ôté la foi humaine pour donner plus de force à la foi divine. Ses supérieurs l'obligèrent de donner une rétractation de ses délires; il la donna, et n'y fut pas moins attaché. Il mourut à Paris en 1729, à 83 ans, laissant plusieurs disciples dans la Société, entre autres le fameux Père Berruyer.

Ses principaux ouvrages sont : 1º Une édition de Pline le naturaliste, à l'usage du dauphin. 2º *La chronologie rétablie par les médailles*. C'est dans ce livre, supprimé dès qu'il parut, que l'auteur débite son système insensé sur la supposition des écrits de l'antiquité. 3º Une édition des *Conciles*, travail auquel le clergé de France l'avait engagé, et pour lequel il lui faisait une pension. Il est d'autant plus singulier que l'auteur se fût chargé de cette entreprise, qu'il pensait que tous les conciles tenus avant celui de Trente étaient tout autant de chimères. « Si cela est, lui dit un jour quelqu'un, d'où vient que vous avez donné une édition des *Conciles?* — Il n'y a que Dieu et moi qui le sachions, répondit Hardouin. » Cette collection est moins estimée que celle du Père Labbe, quoiqu'elle renferme plus de vingt-trois conciles qui n'avaient pas encore été imprimés. La raison en est que le Père Hardouin en a écarté beaucoup de pièces qui se trouvent dans celle du Père Labbe. 4º Un *Commentaire sur le Nouveau Testament*, ouvrage rempli de visions et d'érudition, comme tous ceux de l'auteur. Il y prétend que Jésus-Christ et les apôtres prêchaient en latin. Enfin, l'an 1766, parut à Londres un volume intitulé : *Prolégomènes de Jean Hardouin pour la critique des anciens auteurs*. Il fortifie dans cet ouvrage son système sur les anciens, malgré la rétractation qu'il avait été contraint d'en faire en 1707. On ne saurait prendre le travers plus ingénieusement ni plus savamment. Ainsi parle le Jésuite Feller (*Dict. hist.*, art. Hardouin).

Le même nous fait connaître en ces termes le principal disciple du Père Hardouin. Berruyer (Joseph-Isaac), né l'an 1681, d'une famille noble de Rouen, embrassa l'institut des Jésuites, et l'honora par ses talents. Après avoir professé longtemps les humanités, il se retira dans la maison professe de Paris, et y mourut en 1758. Il était connu depuis 1728, par son *Histoire du peuple de Dieu*, tirée *des seuls livres saints*, réimprimée avec des corrections en 1733. Cette histoire fit beaucoup de bruit dès le moment de son apparition. Le texte sacré y est revêtu de toutes les couleurs des romans modernes. Berruyer se promettait que son histoire paraîtrait un ouvrage neuf. Elle le parut effectivement, par les fleurs d'une imagination qui veut briller partout, dans les endroits mêmes où les livres saints ont le plus de simplicité. Le rhéteur fait parler Moïse aux Hébreux dans les déserts de l'Arabie, comme parleraient de raffinés politiques dans le XVIIIᵉ siècle. La prolixité du style fatigue autant que les vains ornements dont il est chargé. Rome censura son histoire en 1734 et en 1757.

La seconde partie, histoire du peuple chrétien, parut longtemps après la première, en 1753. Elle ressemble à la première pour le plan; mais elle lui est, à quelques égards, inférieure pour les grâces, l'élégance et la chaleur du style. Benoît XIV la condamna par un bref du 17 février 1758, et Clément XIII par un autre bref du 2 décembre suivant. Ce bref condamne en même temps la troisième partie de l'*Histoire du peuple de Dieu*, ou *Paraphrase littérale des apôtres*. Cette dernière partie est remplie, comme les autres, d'idées singulières et condamnables. L'auteur les avait puisées à l'école de son confrère Hardouin, homme très-érudit, mais d'un jugement faible, écrivain paradoxal s'il en fut jamais. La principale de ses erreurs est d'avoir séparé l'humanité de Jésus-Christ de sa divinité, et de favoriser ainsi le nestorianisme, hérésie dont il était d'ailleurs aussi éloigné dans ses principes que dans la disposition de son cœur. Voilà ce que dit le Jésuite Feller du Jésuite Berruyer.

Certainement, les Jésuites érudits de France n'ont pas mérité de l'Eglise de Dieu autant que leurs confrères érudits de Belgique et d'Italie. Ceux-ci, dans leurs immenses travaux, se montrent partout dociles enfants de l'Eglise, fidèles enfants de saint Ignace : ceux-là, par leur esprit d'innovation, par leurs principes téméraires qui ouvrent la porte à l'hérésie et à l'incrédulité, passeraient plutôt pour des disciples indociles de Jansénius. Il faut que Petau lui-même rétracte des principes subversifs de la tradition catholique et favorables à l'arianisme : Hardouin ne rétracte qu'en apparence des principes qui renversent toute tradition, toute certitude historique, et amènent un doute universel : Berruyer, qui, pour avoir transformé l'Ecriture sainte en roman, se voit condamné quatre fois par le Saint-Siége, n'y paraît pas plus sensible, et ne s'en corrige pas plus que le plus déterminé janséniste. Certainement, tout décèle chez les Jésuites français un esprit différent de celui de leur saint fondateur. C'est un malheur pour eux, pour la France, pour l'Eglise. Ils étaient en France les premiers soldats de l'Eglise contre l'hérésie janséniste : par leurs écarts, ils servent la cause de l'hérésie, trahissent celle de l'Eglise, et aident la France à descendre vers un abîme, d'où elle ne sera tirée que par la plus terrible des révolutions.

L'Eglise de Dieu cherche vainement en France d'autres soldats dévoués. L'ordre de Saint-Benoît dort depuis longtemps au sein de la mollesse et de l'opulence; il dort à Cluny, d'où sortaient autrefois tant de saints et savants personnages, pour propager l'Evangile et servir l'Eglise dans toutes les parties du monde : il dort à Cîteaux et à Clairvaux, d'où sortait autrefois saint Bernard, pour prêcher les rois et les peuples, réprimer les schismes et les hérésies, et ranimer l'esprit de foi et de piété par toute la terre. Il dort à Morimond, à Pontigny, et ailleurs. Tout cela dort jusqu'à ce que le marteau révolutionnaire, cet autre *fléau de Dieu*, vienne ruiner matériellement ces monastères déjà ruinés spirituellement, ou les changer en cloîtres du siècle, bagnes, prisons, galères, ateliers de travaux forcés.

Cependant nous avons vu les Bénédictins de France recevoir de leurs confrères de Lorraine, réformés et réunis en congrégation de Saint-Vannes et de Saint-Hydulphe, une dernière étincelle de vie, se réformer et se réunir un bon nombre en congrégation de Saint-Maur. Cette congrégation, dont le chef-lieu fut à Paris, au monastère de Saint-Germain-des-Prés, a brillé dans toute l'Eglise de Dieu, pendant un demi-siècle, comme un flambeau d'érudition chrétienne, puis s'éteignit, et éteignit autour de soi la science et la foi. Ce jugement sévère est d'un Bénédictin que le monde et l'Eglise ont connu et vénéré sous le nom de Grégoire XIV, et qui, pour cette raison a défendu aux nouveaux Bénédictins de France de reprendre le titre de congrégation de Saint-Maur.

La gloire de cette congrégation savante est JEAN MABILLON, né l'an 1632, mort l'an 1707. L'archevêque de Reims, dans le diocèse duquel il était venu au monde, le présenta un jour à Louis XIV comme *le religieux le plus savant du royaume;* — *et le plus humble*, ajouta Bossuet, qui était présent. Son premier travail fut d'aider son confrère Luc d'Acheri à son grand recueil historique si connu sous le nom de *Spicilége*. — LUC D'ACHERI, né à Saint-Quentin l'an 1609 et mort à Paris en 1685, publia les œuvres du bienheureux Lanfranc, archevêque de Cantorbéry, et de Guibert, abbé de Nogent, avec plusieurs autres écrits. Son principal ouvrage, sous le nom modeste de *Spicilége* ou *Glanures*, est une moisson précieuse et abondante; il contient un grand nombre de pièces du moyen-âge, rares et curieuses, telles que des actes, des canons, des conciles, des chroniques, des histoires particulières, des vies de saints, des lettres, des poésies, des diplômes, des chartes tirées des dépôts de différents monastères. Luc d'Acheri commença et Mabillon acheva les *Actes des saints de l'ordre de Saint-Benoît*, rangés par siècles, en trois volumes in-folio. D'Acheri vivait dans une retraite absolue, ne sortait presque point, évitait les visites et les conversations inutiles; c'est ainsi qu'il se ménageait le temps nécessaire pour se livrer aux immenses travaux qui lui ont acquis l'estime des papes Alexandre VII et Clément X, dont il reçut des médailles. Il atteignit, malgré ses continuelles infirmités, l'âge de soixante-seize ans. Mabillon commença plus tard; Ruinart, son confrère, continua les *Annales de l'ordre de Saint-Benoît*, dont ils publièrent les quatre premiers volumes; le cinquième fut mis au jour par leur confrère Massuet, et le sixième par Martène.

Un ouvrage célèbre de Mabillon est sa *Diplomatique*. La *Diplomatique* est ici la science ou l'art de juger, de discerner les anciens monuments historiques appelés du nom général de diplômes. L'ouvrage du Bénédictin est en six livres : le premier traite de l'antiquité des diplômes, de leur forme; le second, du style des chartes; les deux suivants, des sceaux et des dates d'où l'on peut conclure de la vérité ou de la fausseté d'une charte; les deux derniers livres contiennent une notice sur les anciens palais royaux où les chartes ont été faites, des planches gravées, spécimen des diplômes, et enfin plus de deux cents pièces que Mabillon croit incontestables. Le Jésuite Papebroch, qui continuait les *Actes des Saints* après son confrère Bollandus, avait cité certains diplômes comme des modèles de chartes authentiques. Mabillon fit voir que ces chartes pouvaient être fausses, et que plusieurs raisons les rendaient douteuses. Le Jésuite lui écrivit aussitôt d'Anvers cette lettre si admirable de candeur et de modestie : « Je vous annonce que je n'ai plus d'autre satisfaction d'avoir écrit sur cette matière, que celle de vous avoir donné occasion de composer un ouvrage si accompli. Il est vrai que j'ai senti d'abord quelque peine en lisant votre livre, où je me suis vu réfuté de manière à ne pas répondre; mais enfin l'utilité et la beauté d'un ouvrage si précieux ont bientôt surmonté ma faiblesse; et, pénétré de joie d'y voir la vérité dans son plus beau jour, j'ai invité mon compagnon d'étude de venir prendre part à l'admiration dont je me suis trouvé tout rempli. C'est pourquoi ne faites pas difficulté, toutes les fois que vous en aurez l'occasion, de dire publiquement que je suis entièrement de votre avis (Chavin, *Hist. de Mabillon*, p. 342). »

En parcourant les bibliothèques des monastères de France et de Flandre pour ses grands travaux, Mabillon recueillit plusieurs pièces inédites, qu'il publia sous le nom de *Vetera Analecta* : c'est un complément au *Spicilége* de d'Acheri. A la suite d'une pérégrination semblable en Italie, où il fut reçu partout avec beaucoup d'honneur et d'affection, il publia son *Museum Italicum* en deux volumes in-quarto, contenant, avec plusieurs autres pièces, la plus ancienne relation que nous ayons de la croisade sous Urbain IV, un sacramentaire gallican écrit au VIIe siècle, avec un recueil de quinze ordres romains, suivis d'un commentaire où Mabillon traite de toutes les anciennes liturgies. Ce digne religieux faisait ses voyages littéraires comme un pèlerinage. Voici la relation de celui de Flandre en 1672. Il partit à pied avec son compagnon, Claude Estiennot, jeune religieux également passionné pour l'étude. Avant de quitter l'abbaye de Saint-Germain-des-Prés, ils allèrent au chœur se recommander aux prières de la communauté et adorer le Saint-Sacrement. Hors de la ville, ils récitèrent dévotement l'itinéraire. Mabillon avait l'âme si recueillie, si unie à Dieu, qu'il conservait le calme et la tranquillité au milieu de l'embarras des voyages. Il était aussi régulier sur les chemins que dans le cloître : la prière et l'office divin toujours à certaines heures; il faisait ses lectures de l'Ecriture sainte, de la règle de Saint-Benoit et de l'*Imitation de Jésus-Christ* comme distraction, et son abstinence fut toujours plus austère dans les hôtelleries. Autant qu'il le pouvait, il logeait dans les monastères de l'ordre de Saint-Benoît, tâchant d'y arriver de bonne heure, avant complies, pour n'occasionner aucun dérangement. Après avoir adoré le Saint-Sacrement à l'église, il se mettait à suivre la règle. Le soir, après les repas, il se retirait de bonne heure dans la chambre des hôtes, par respect pour le silence de la nuit, si fort recommandé par saint Benoît. Il se trouvait toujours à l'oraison du matin et à l'office, sans jamais manquer de dire la sainte messe. S'il était forcé de s'arrêter dans une hôtellerie, il édifiait tous ceux qui s'y trouvaient avec lui; il allait dire son bréviaire dans l'église la plus proche; sa conversation était édifiante et enjouée. Il aimait à instruire les petits enfants, à les caresser; il les prenait sur ses genoux et les engageait, avec de douces paroles, à bien aimer le Bon Dieu; presque toujours il leur laissait une image, un chapelet, un petit souvenir. Il passait insensiblement aux parents et aux domestiques, leur donnant les avis qu'il croyait convenables, et cela avec tant d'aménité et d'une façon si modeste, qu'on ne pouvait l'entendre sans être touché. La congrégation de Saint-Maur avait alors pour supérieur général Claude Martin, fils de la bienheureuse Marie de l'Incarnation.

Un Bénédictin formé par d'Acheri et Mabillon, et qui continua leur œuvre dans la recherche et la publication des anciens monuments, fut Edmond Martène, né à Saint-Jean-de-Lône en 1654, et mort à Paris en 1739. Accompagné d'Ursin Durand, son confrère, il visita pendant six ans les bibliothèques de France et même d'Allemagne. Le fruit de leurs investigations fut : 1º Une nouvelle collection d'anciens écrits in-quarto, qui est une continuation du *Spicilége* de d'Acheri, et dont les pièces ont été reproduites dans le recueil suivant; 2º *Thesaurus novus anecdotorum (Nouveau trésor de pièces inédites)*, cinq volumes in-folio. Le premier contient des lettres inédites des papes, des rois et de plusieurs hommes illustres du moyen-âge; le second, des lettres des papes Urbain IV, Clément IV, Jean XXII et Innocent IV, et différentes pièces relatives à l'excommunication de l'empereur Louis de Bavière et au schisme des papes d'Avignon; le troisième, d'anciennes chroniques et divers monuments servant à l'histoire ecclésiastique et civile; le quatrième, des actes des conciles, des synodes et des chapitres généraux des plus illustres congrégations; et le cinquième, des opuscules de différents auteurs ecclésiastiques qui ont vécu depuis le quatrième jusqu'au quatorzième siècle. Un recueil plus volumineux encore, publié de 1724 à 1733, est la *Très-ample Collection d'anciens écrits et monuments historiques, dogmatiques et moraux*, en neuf volumes in-folio. Chaque volume est orné d'une bonne préface qui fait voir le fruit à tirer des pièces qui y sont renfermées. Le 1er contient plus de treize cents lettres ou diplômes des rois, princes et autres personnages illustres; le 2e, plusieurs actes relatifs à l'abbaye impériale de Stavelo, et les lettres de l'abbé Wibald que les éditeurs comparent à Suger; des lettres du pape Alexandre III, adressées à différents ecclésiastiques du diocèse de Reims, de sainte Hildegarde, de l'empereur Frédéric II, etc.; le 3e, les lettres d'Ambroise le Camaldule, celles de Pierre Dauphin, supérieur général, et de plusieurs autres personnages du même ordre; elles avaient été remises aux éditeurs par Mabillon, qui les avait rapportées d'Italie; le 4e, des pièces relatives à l'histoire de l'Empire d'Allemagne; le 5e, d'anciennes chroniques de France, d'Angleterre, d'Italie, de Constantinople, et des guerres de la terre sainte; le 6e, des pièces relatives aux ordres religieux établis dans le onzième et le douzième siècle; le 7e, des capitulaires des rois de France et des actes des conciles qui ont précédé ou suivi celui de Pise; le 8e, les actes du concile de Bâle, des synodes diocésains, etc.; et enfin le 9e, des opuscules inédits des auteurs ecclésiastiques (*Biogr. univ.*).

Un Bénédictin d'Allemagne, BERNARD PEZ, marcha sur les traces de ceux de France. Il était né l'an 1683 à Ips, petite ville de la Basse-Autriche, et mourut l'an 1735. A l'âge de seize ans, il embrassa la règle de saint Benoît dans l'abbaye de Moelck. Excité par l'exemple des Bénédictins français de Saint-Maur, il sollicita de ses supérieurs l'autorisation de visiter les bibliothèques et les archives des maisons de son ordre, et d'en extraire les pièces qu'il jugerait les plus intéressantes. Il associa à ses excursions littéraires son frère et confrère Jérôme Pez, et ils parcoururent ensemble la plus grande partie de l'Allemagne, examinant avec le plus grand soin les bibliothèques, d'où ils tirèrent une foule de documents précieux. Ils les publièrent en deux recueils : 1° *Dernier trésor de pièces inédites, ou Collection très-récente d'anciens monuments*, six volumes in-folio, de 1721 à 1729. Ce recueil fait suite au *Trésor* du Père Martène. 2° *Bibliothèque ascétiqae ancienne-nouvelle*, autrement *Collection d'opuscules ascétiques de quelques anciens et quelques modernes, qui ont été cachés jusqu'à présent dans les bibliothèques*, Ratisbonne, 1723-1740, douze volumes in-octavo (*Ibid.*, t. XXXIII).

Mais une merveille inappréciée de cette époque, merveille à laquelle les Bénédictins eurent une grande part, c'est l'impression ou la réimpression typographique, soit séparément, soit collectivement, de tous les Pères et Docteurs de l'Eglise. Les voici par siècle.

Les saints Pères de l'époque apostolique, ou les Pères qui ont fleuri aux temps des apôtres, publiés l'an 1672, en deux volumes in-folio, par JEAN-BAPTISTE COTELIER. Ces Pères sont : saint Barnabé, Hermas, saint Clément, pape, saint Ignace d'Antioche, saint Polycarpe de Smyrne. L'éditeur, Jean-Baptiste Cotelier, d'une ancienne famille noble de Nîmes, naquit dans cette ville en 1607, son père, savant ministre protestant, qui, avant de se convertir, avait été déposé dans un synode national des huguenots, présida lui-même à son éducation. Tel fut l'effet de ses soins et des dispositions de l'élève, qu'à l'âge de douze ans cet enfant, amené dans l'assemblée générale du clergé de France, y interpréta, sans préparation, l'Ancien et le Nouveau Testament, dans leurs langues originales, répondit à toutes les difficultés qui lui furent proposées sur ces langues, exposa les usages des Hébreux et expliqua les définitions mathématiques d'Euclide. Le clergé ne négligea rien pour assurer un sujet si distingué à l'Église; il lui accorda dès ce moment une pension et pourvut à la suite de ses études; mais le jeune Cotelier ayant pris le degré de bachelier en Sorbonne, ne voulut pas aller plus loin et voua sa vie entière à la culture des lettres. Il publia ses *Pères apostoliques* en 1672. Plusieurs de leurs œuvres parurent alors pour la première fois. Cotelier les enrichit toutes de notes grammaticales, dogmatiques, historiques, etc., qui donnèrent un très-grand relief à cette collection. Il publia quelque temps après trois volumes in-quarto de monuments de l'Eglise grecque. C'est un recueil de pièces rares extraites de la bibliothèque du roi et de celle de Colbert, traduites et annotées par Cotelier, avec cette étendue d'érudition et cette sûreté de critique qui distinguent tous ses ouvrages. Il ramassait les matériaux d'un quatrième volume, lorsqu'il mourut le 12 août 1686, aussi estimé par la modestie et la franchise de son caractère que par son mérite littéraire. Son exactitude allait jusqu'au scrupule; il ne citait rien dans ses notes qu'il n'eût vérifié sur les originaux, et il était quelquefois plusieurs jours à chercher un passage. Il laissa en manuscrit neuf volumes in-folio de mélanges sur les antiquités ecclésiastiques, qui se trouvent en la bibliothèque royale à Paris (*Biogr. univ.*, t. X).

Les œuvres de saint Denys l'aréopagite furent publiées l'an 1634, en grec et en latin, par BALTHASAR CORDER ou CORDIER, Jésuite d'Anvers, né l'an 1592 et mort en 1650, qui composa plusieurs autres ouvrages tirés principalement des Pères grecs (1). Saint Justin, suivi des écrits de Tatien et d'Athénagore, parut en 1742, par les soins du Bénédictin Prudence Maran, né à Sézanne l'an 1683 et mort à Paris en 1762. Saint Théophile d'Antioche, déjà publié en grec et en latin à Zurich l'année 1546, le fut encore l'an 1724 à Hambourg. Saint Irénée le fut excellemment en 1710, par le Bénédictin René Massuet, né l'an 1666 à Saint-Ouen en Normandie, et mort à Paris en 1716. Son édition fut réimprimée à Venise en 1734, avec quelques additions. Clément d'Alexandrie, grec et latin, parut à Oxford en 1715 et à Venise en 1757; Tertullien à Paris en 1634 et en d'autres années; saint Hippolyte, grec-latin, à Hambourg en 1716; Origène, grec-latin, Paris, 1739-1759, quatre volumes in-folio, par les soins des Bénédictins Charles et Vincent de la Rue; saint Cyprien, Paris, 1726, par les soins du Bénédictin Prudence Maran; saint Grégoire thaumaturge, Mayence, 1604, Paris, 1622.

Des Pères du IVe siècle, nous ne citerons que les principaux : saint Hilaire de Poitiers, Paris, 1665, par le Bénédictin Pierre Coustant, et mieux encore, Vérone, 1730, par Scipion Maffée; saint Athanase, Paris, 1698, trois volumes in-folio, par le Bénédictin Bernard de Montfaucon; saint Basile, Paris, 1725, trois volumes in-folio, par le Bénédictin Prudence Maran; saint Ephrem, Rome, 1737, syriaque, grec et latin, six volumes in-folio, par les Maronites Assémani; saint Cyrille de Jérusalem, Paris, 1720, par les Bénédictins Toutée et Maran; saint Grégoire de Nazianze, le premier volume par le Bénédictin Maran, le second de nos jours; saint Ambroise, par les Bénédictins, en 1686 et 1691.

Du Ve siècle, saint Grégoire de Nysse, Paris, 1615, par le Jésuite Fronton du Duc, qui édita pareillement plusieurs autres Pères, saint Epiphane, Paris, 1622, par le Jésuite Petau; saint Chrysostome, Paris, 1718-1738, grec et latin, treize

---

(1) Les œuvres de saint Denys l'Aréopagite, traduites du grec en français, avec prolégomènes, notes, etc., ont été publiées par le savant abbé Dulac, Bar-le-Duc, 1855.

volumes in-folio, par le Bénédictin Bernard de Montfaucon; saint Jérôme, Paris, 1693-1706, par le Bénédictin Martianai, mais mieux par Villarsi, à Vérone, 1734; saint Augustin, Paris, 1678-1700, Venise, 1703, par les Bénédictins; saint Cyrille d'Alexandrie, six volumes, Paris, 1638; saint Hilaire d'Arles, Rome, 1731; Synésius, grec-latin, Paris, 1612, par le Jésuite Petau; Théodoret, Paris, 1640, par les Jésuites Sirmond et Garnier; saint Léon, Rome, 1733, par Cacciari, Venise, 1751, par les frères Ballerini.

Des siècles suivants, saint Fulgence, Paris 1684; saint Grégoire de Tours, Paris, 1699, par le Bénédictin Ruinart; saint Jean Climaque, Paris, 1623, par le Jésuite Rader; saint Grégoire le Grand, Paris, 1707, quatre volumes in-folio, par le Bénédictin Denys, de Sainte-Marthe, saint Isidore de Séville, Paris, 1601, par le Bénédictin Dubreuil; saint Maxime, grec-latin, Paris, 1675, par le Dominicain Combéfis; le vénérable Bède, Cologne, 1612 et 1688; saint Jean Damascène, grec et latin, Paris, 1712, deux volumes in-folio, par le Dominicain Michel Lequien; André de Crète, Paris, 1644, par le Dominicain Combéfis; Alcuin, Paris, 1617, par André Duchesne; saint Théodore Studite, dans les œuvres du Jésuite Sirmond; saint Raban Maur, Cologne, 1627; saint Pascase Radbert, Paris, 1618, par le Jésuite Sirmond; Hincmar de Reims, Paris, 1645, par le Jésuite Sirmond; Lanfranc, Paris, 1648, par le Bénédictin d'Acheri; saint Anselme, Paris, 1675, par le Bénédictin Gerberon; saint Yves de Chartres, Paris, 1647, par le Jésuite Fronton du Duc; Guibert de Nogent, Paris, 1651, par le Bénédictin d'Acheri; Geoffroi de Vendôme, Paris, 1610, par le Jésuite Sirmond; l'abbé Rupert, Paris, 1638; Hugues de Saint-Victor, Rouen, 1644, par les chanoines de Saint-Victor; saint Bernard, Paris, 1666, 1690 et 1719, par les Bénédictins Chantelou et Mabillon.

Outre ces éditions spéciales de chaque Père, on publia collectivement les Pères les moins volumineux. De là la *Bibliothèque des anciens Pères*, en huit volumes, par Marguérin de la Bigne; la *Grande Bibliothèque des Pères*, Cologne, quinze volumes in-folio, de 1618 à 1622; la *Très-grande Bibliothèque des Pères*, Lyon, 1677, vingt-sept volumes in-folio, par le prêtre Philippe Despont, et les libraires Jean et Jacques Anisson (1).

Pour l'histoire ecclésiastique des Gaules, on vit paraître, en 1665 et les années suivantes, les *Annales ecclésiastiques des Francs*, huit volumes in-folio, par le père Charles le Cointe, oratorien de France. Né à Troyes l'an 1611, il mourut à Paris en 1681, au milieu de son travail sur l'*Histoire ecclésiastique*. Le pape Urbain VIII, qui l'avait connu au congrès de Munster, voulut toujours être avec lui en commerce de lettres.

En 1656, on vit paraître la première *Gaule chrétienne* (*Gallia christiana*); en 1715, la seconde, par MM. de Sainte-Marthe. C'était une famille de savants dont il entra quelques-uns à l'Oratoire, d'autres dans la congrégation bénédictine de Saint-Maur. Le chef de cette famille fut Gaucher de Sainte-Marthe, né à Loudun en 1536. Ce nom de Gaucher n'étant pas de son goût, il le changea en celui de

Scévola, qui dit la même chose. Avide de tout apprendre, il étudia sous les plus habiles maîtres, Turnèbe, Muret, Ramus, etc. Dès l'âge de dix-sept ans, il se mit au rang des auteurs, par une traduction latine de trois psaumes sur la paraphrase grecque d'Apollinaire, et par des vers latins et français à différents personnages illustres. On a de lui, en latin, *Éloges des Français célèbres par leurs doctrines*. Ses deux fils jumeaux, Scévole III et Louis, travaillèrent de concert à la première édition de la *Gaule chrétienne*, que les trois fils du premier, Pierre Scévole, Nicolas-Charles et Abel-Louis de Sainte-Marthe, achevèrent et publièrent en 1656. Abel-Louis entra dans l'Oratoire, et en fut le cinquième général. Les trois frères, encouragés par le clergé de France, qui leur accorda à chacun une pension de cinq cents livres, firent de nouvelles recherches pour porter l'ouvrage à sa perfection dans une nouvelle édition. Le Père de Sainte-Marthe et son frère Nicolas recueillirent, dans les archives des principales églises du royaume, un grand nombre de pièces propres à augmenter d'un quart le premier travail. L'entreprise fut arrêtée par la mort de Nicolas, et par les soins d'un autre genre qu'exigèrent d'Abel-Louis les emplois auxquels ses supérieurs l'appelèrent, Le Père Maximilien de Sainte-Marthe, son parent et son confrère, ayant voulu la reprendre, la jugea au-dessus des forces d'un seul homme; et tous les recueils en furent remis à Denys de Sainte-Marthe, Bénédictin de la congrégation de Saint-Maur, qui, s'étant associé plusieurs de ses confrères, donna, l'an 1717, les premiers volumes de la nouvelle *Gaule chrétienne*. Comme cette édition n'a point été terminée, on doit encore recourir à celle de 1656 pour les métropoles de Tours, Besançon, Vienne et Utrecht (*Biogr. univ.*, t. XXXIX).

Abel-Louis et Pierre-Scévole de Sainte-Marthe avaient entrepris un ouvrage immense, qui devait embrasser l'histoire de toutes les églises du monde chrétien; ils en publièrent le plan, en 1664, dans un programme intitulé : *Orbis christianus*, l'Univers chrétien. Le premier s'était particulièrement chargé de tout ce qui concernait les églises d'Orient. Les recherches des deux frères, faites à très-grands frais, formaient neuf volumes in-folio. Celles du Père Denys de Sainte-Marthe étaient destinées à composer le sixième volume de l'*Orbis christianus*. Elles ont été d'une grande ressource au Dominicain Lequien pour son *Oriens christianus*, en trois volumes in-folio.

Pour l'histoire civile et ecclésiastique de France, les Bénédictins de Saint-Maur commencèrent le volumineux recueil des historiens des Gaules et de la France, qui a été continué jusqu'à nos jours. Dom Martin Bouquet, à partir de 1738, publia les six premiers volumes, qui sont les mieux distribués. Ses confrères ont publié les suivants, y compris le dix-neuvième, qui va jusqu'au règne de saint Louis. André Duchesne, l'un des plus savants hommes que la France ait produits, né en Touraine l'an 1584, avait formé le dessein de publier les historiens de France en vingt ou vingt-quatre volumes in-folio. Il mourut l'an 1641, pendant l'impression du troisième : son fils publia les deux suivants. C'est à reprendre cette entreprise manquée que furent appelés les Bénédictins. Un autre savant,

---

(1) Tous les ouvrages cités des Pères de l'Église ont été réédités de nos jours par M. l'abbé Migne, sous le titre de *Patrologie*.

Etienne Baluze, né à Tulle en 1630, publia, l'an 1677, une bonne édition des *Capitulaires des rois de France*. Vers 1707, il encourut la disgrâce de Louis XIV, et fut exilé pour avoir fait connaître des titres authentiques prouvant que les ducs de Bouillon descendaient en ligne directe des anciens ducs de Guyenne, comtes d'Auvergne : ce qui déplaisait à Louis XIV. Baluze, de son côté, se permit de supprimer un ouvrage de M. de Marca, archevêque de Paris, sur l'infaillibilité du Pape.

Un prodige d'érudition à cette époque fut le sieur Du Cange (Charles du Fresne). Il fit ses études chez les Jésuites d'Amiens, ville où il était né en 1610, et mourut à Paris l'an 1688. Il a rempli cette carrière de soixante-dix-huit ans par une multitude de travaux littéraires, dont le nombre paraîtrait incroyable, si les originaux, tous écrits de sa main, n'étaient encore en état d'être montrés. On trouve réunis dans ses ouvrages les caractères d'un historien consommé, d'un géographe exact, d'un jurisconsulte profond, d'un généalogiste éclairé, d'un antiquaire savant et pleinement versé dans la connaissance des médailles et des inscriptions. Il savait presque toutes les langues, possédait à fond les belles-lettres, et avait puisé dans un nombre infini de manuscrits et de pièces originales, des connaissances sur les mœurs et sur les usages des siècles les plus obscurs. Les savantes préfaces de ses glossaires font encore preuve d'un génie philosophique, et sont, en leur genre, ce qu'on peut lire de meilleur pour le fond et pour le style. Du Cange a publié plusieurs ouvrages qui sont entrés dans la collection byzantine, entre autres : *Histoire de l'empire de Constantinople sous les empereurs français*. Tout le monde connaît son glossaire pour les écrivains de la moyenne et basse latinité, trois volumes in-folio, dont les Bénédictins ont donné une édition en six volumes, avec un supplément de quatre. Du Cange fit un glossaire semblable pour les écrivains du moyen et bas grec. Les manuscrits qu'il a laissés forment presque toute une bibliothèque, et renferment plusieurs ouvrages (*Biogr. univ.*, t. VII).

Des séculiers aussi doctes, les Sainte-Marthe, les Baluze, les Du Cange, étaient profondément chrétiens et catholiques. Les religieux avec lesquels ils étaient liés, surtout les Bénédictins français, auraient facilement pu diriger tous ces divers et immenses travaux à la gloire de Dieu et de son Eglise, et rendre vaines les perfides menées de l'hérésie janséniste, qui reproduisait l'impiété de Calvin et préparait la voie à l'incrédulité moderne, en faisant de l'homme un automate sans libre arbitre, et de Dieu un tyran, qui nous punirait pour des fautes que nous ne pouvons éviter : doctrine infernale, qui justifie en principe l'athéisme et la plus furieuse impiété. Les Bénédictins français n'eurent point assez d'esprit pour voir ce caractère satanique du jansénisme. Pas un ne le combattit : la plupart le favorisèrent : leur édition de saint Augustin en est la preuve. Nous avons vu les hérésiarques Luther, Calvin et Jansénius abuser de quelques expressions équivoques de ce Père pour nier, avec le libre arbitre de l'homme, la bonté et la justice de Dieu. Plusieurs fois l'Eglise et son chef avaient condamné leur impiété. Tout enfant soumis de l'Eglise doit soutenir la justice de cette condamnation : tout ami véritable de saint Augustin doit chercher à montrer que les hérétiques abusent de ses paroles, et surtout vont contre son esprit. Les éditeurs bénédictins de ses œuvres ne font ni l'un ni l'autre ; ils font même le contraire. Dans le dixième volume, qui contient les écrits de ce Père contre les pélagiens, ils ne disent pas un mot pour justifier la sentence de l'Eglise contre le jansénisme, mais plus d'un mot pour justifier le jansénisme contre la sentence de l'Eglise. Cette conduite provoqua bien des réclamations. Pour disculper ses confrères, Mabillon publia, dans le onzième et dernier volume, une préface générale sur toute l'édition. Cette apologie ne satisfit pas, à beaucoup près, tout le monde. En particulier, Fénelon, archevêque de Cambrai, la regarda comme très-insuffisante. Voici comme il s'en explique dans une lettre où il signale d'abord ce qu'elle paraissait avoir de bon, et puis ce qu'elle avait réellement de mauvais.

« Au premier aspect, on aperçoit beaucoup de choses bonnes qui naissent de cette préface. 1° Les Pères Bénédictins avouent que, suivant la doctrine de saint Augustin, il y a des grâces suffisantes. 2° Que dans l'état de la nature déchue, il y a une indifférence active, soit pour mériter et démériter, soit que la volonté se porte au bien par la grâce victorieuse, soit au mal par elle-même et son propre défaut. 3° Ils avouent que saint Augustin prend souvent l'expression de *libre* dans un sens plus large et plus général, pour volontaire, même nécessaire. D'où il suit incontestablement que tous les passages où saint Augustin semble enseigner que le libre arbitre s'allie avec la nécessité, signifient seulement la liberté largement et improprement dite, mais non la liberté de l'arbitre nécessaire pour mériter et démériter. 4° Ils avouent que saint Augustin emploie fréquemment le mot de *nécessité* pour une véhémente propension née du vice de la nature, sens auquel il ne craint pas de reconnaître dans l'homme, après la chute, une dure nécessité de pécher. Par là, ils préviennent toutes les objections tirées des endroits où saint Augustin paraît enseigner que Dieu abandonne les hommes dans une dure nécessité de pécher. Cette nécessité, suivant les éditeurs, est seulement une grande difficulté ou une véhémente propension. 5° Ils avouent que, touchant la possibilité de garder les commandements, il y a dans saint Augustin tant et de si clairs témoignages, qu'il serait superflu de les citer. 6° Ils avouent qu'en Dieu il y a une volonté sincère de sauver tous les hommes. 7° Ils insinuent assez clairement qu'ils ont donné lieu à leurs adversaires de réclamer, et font une confession mitigée et indirecte d'avoir été trop loin. Voilà tout ce qui, dans cette préface, me paraît tendre à l'édification ou à la réparation du scandale.

» Mais il y a beaucoup plus de choses qui me scandalisent. Si vous voulez les examiner exactement, il faut remonter à la source.

» I. Les Pères Bénédictins avaient beaucoup péché, et non véniellement, dans leur édition. Ils y avaient fait des notes très-dures et intolérables. Celle-ci, par exemple, qu'ils excusent dans leur préface, est indigne de toute excuse : « La nécessité ne répugne point à l'arbitre de la volonté. » Vous croiriez entendre Baïus ou Jansénius ressuscité. Il y en a beaucoup d'autres de même valeur. En outre, ces auteurs sont condamnables, non-seulement dans ce qu'ils ont dit, mais encore dans ce qu'ils n'ont pas dit et qu'ils auraient dû dire. C'est une chose intolérable en eux que cette affectation perpétuelle de garder le silence, lorsqu'il faudrait établir le dogme catholique sur un texte de saint Augustin contre les novateurs qui abusent de ce texte pour prouver leurs erreurs. Partout où il apparaît, ne fût-ce qu'une ombre de la grâce efficace, ils multiplient les notes, pour habituer les oreilles du lecteur au son de la grâce très-efficace. Au contraire, dans tous les lieux où saint Augustin enseigne directement la grâce suffisante ou l'établit indirectement par ses principes, ils s'abstiennent artificieusement de toute note. De plus, chaque fois qu'il s'agit de la grâce efficace, ils l'appellent simplement et absolument la grâce du Christ, comme si dans l'état de nature tombée il n'y avait aucune véritable grâce intérieure et proprement dite, hormis celle qu'ils proclament à tout propos efficace par elle-même. Par ces artifices, le lecteur s'accoutume insensiblement à ce système qu'il appelle *augustinien*, en sorte que dans les livres d'Augustin il ne trouve aucune grâce du Christ, hors la grâce efficace. Tel est le venin que le lecteur sans défiance avale en lisant le texte avec ces notes-là. Quoi qu'ils puissent alléguer de subtil et d'artificieux pour se défendre, cette affectation a dû être très-odieuse et très-suspecte à l'Eglise. De là chacun avait le droit bien évident de demander la réparation d'un tel scandale. Dès les temps de Baïus et de Jansénius, pendant tout un siècle, et même dès les temps de Luther et de Calvin, l'Eglise a censuré fortement ce système hérétique, tant au concile de Trente que dans de nombreuses bulles des Papes. Etait-il permis aux Bénédictins d'attacher à Augustin des notes marginales par où l'on n'insinue naturellement que ce système? Etait-il permis d'inculquer incessamment la grâce efficace, comme la seule véritable et proprement dite grâce de Jésus-Christ, et d'écarter la grâce suffisante ou de la supprimer par le silence, comme quelque chose de trop abject et de trop indigne pour se trouver dans Augustin? C'est ainsi qu'on se rit des bulles pontificales.

» Ecoutez, s'il vous plaît, ce que répondent les Bénédictins : « Personne, disent-ils, ne doit avoir le moindre doute que nous ne soyons absolument éloignés de tout esprit de parti. » Comme s'ils avaient favorisé l'esprit de parti et eussent montré de la partialité, en ne confondant pas généralement toute grâce proprement dite de Jésus-Christ avec la grâce efficace, et ne supprimant pas dans les notes tout vestige quelconque de la grâce suffisante! Comme s'il ne convenait pas à des éditeurs catholiques de montrer de l'éloignement pour la nouveauté de Baïus et de Jansénius! Comme si le zèle pour la conservation de la vérité catholique était quelque chose dont les Bénédictins dussent s'éloigner comme de l'esprit de parti! Comme si l'Eglise elle-même, ouvertement ennemie des erreurs jansénistes, était une des sectes de l'esprit de parti desquelles les éditeurs doivent se garder!...

» Vous jugerez maintenant sans peine quel préjudice portera cette édition à la saine doctrine. Cette édition a été attaquée très-vivement et très-justement par tous les Jésuites et par les autres congruistes modérés. On a imposé silence aux Jésuites (de la part du roi). L'édition demeure autorisée et le demeurera toujours, comme devenue désormais irrépréhensible. Tous les lecteurs penseront qu'ils trouveront certainement dans ces notes le pur et véritable sens d'Augustin. La réfutation des contradicteurs donnera une plus grande autorité à l'édition. Et ainsi la dernière erreur sera pire que la première. Oh! si jamais on n'avait soulevé cette controverse qui procure un triomphe visible aux éditeurs! Que Dieu pardonne aux prélats qui, joués par cette sophistique préface, ont cru que cette édition ainsi purgée pouvait être autorisée sans péril!

» II. Les Bénédictins disent que toute l'économie de la grâce divine est exposée dans le livre de la correction et de la grâce. Ils ajoutent que, aucun autre ouvrage, l'évêque d'Hippone n'a expliqué plus clairement la différence de l'homme debout et innocent d'avec l'homme tombé et coupable; que nulle part il n'a exprimé plus exactement les causes de persévérer ou de ne persévérer pas dans l'un et l'autre état. Je loue non moins qu'eux le mérite de cet ouvrage, mais je soutiens qu'on ne doit pas chercher dans cet ouvrage seul toute l'économie de la grâce divine. Je crois au contraire que les locutions de ce traité doivent être nécessairement mitigées et expliquées par les innombrables expressions d'autres œuvres de saint Augustin. » Fénelon en cite plusieurs exemples.

» III. Voici comme les éditeurs parlent de la *Synopse analytique d'Arnauld* : « Au reste, quant à l'utilité, au prix et à la foi de ladite analyse, qui avait paru autrefois avec autorité, il ne nous appartient pas de le dire. » Par où l'on voit que, lors même qu'ils sont forcés par la crainte de dissimuler leur pensée, ils ne peuvent s'empêcher de louer ouvertement cet ouvrage. Or, cet ouvrage soutient *mordicùs* le dogme jansénien; car il fait tous ses efforts pour démontrer par saint Augustin, que dans l'état présent il n'y a d'autre secours que celui qu'il appelle *quo*. Conséquemment les éditeurs, même dans la préface apologétique, où ils semblent abjurer le jansénisme, louent le porte-étendard de la secte jansénienne, établissant le système de son maître.

» IV. C'est une dérision et une chicane, que leur déclaration dans le point essentiel. « Voilà ce que nous disons, ajoutent-ils, sans préjudice d'une autre grâce véritable et intérieure, mais privée de son effet, telle que l'école des thomistes la soutient, après saint Augustin... » Et plus loin : « Nous admettons, avec le saint évêque, dans les saints et les pécheurs, des grâces moindres et suffisantes au sens des thomistes. » Ils avaient dit auparavant : « On en conclurait faussement qu'il n'y a plus lieu à aucun autre secours, tels que sont les secours inefficaces, et suffisants au sens des thomistes. » Ils ne disent pas *vraiment suffisants*, ni simplement et sans addition *suffisants*; cette déclaration manifeste, candide, simple et pleine, les gênerait trop. Ils ajoutent quelque chose de relatif au sens thomistique, pour éviter une décision précise. » Fénelon discute ensuite le point essentiel et péremptoire, et signale le venin des notes marginales; par exemple, saint Augustin, dans un endroit, enseigne deux sortes de grâces, l'une qui discerne les bons des méchants, l'autre qui est commune aux bons et aux méchants. Les éditeurs mettent en marge : « La grâce de Dieu est proprement celle qui discerne les bons des méchants. » Par où ils tronquent perfidement la doctrine de saint Augustin, pour soutenir une erreur condamnée par l'Eglise.

L'illustre archevêque conclut par cette sentence : « Certainement, si les évêques qui jouissent de la faveur du prince étaient véritablement théologiens, vraiment zélés pour la vérité catholique, vraiment opposés au jansénisme, vraiment attentifs à discuter les chicanes, jamais ils n'auraient admis cette préface sophistique, illusoire et envenimée, laquelle étant une fois admise, le venin de l'édition exercera ses ravages dans tous les siècles futurs, au détriment incalculable de la saine doctrine ; à moins que Dieu, qui sait et peut plus que les hommes, ne supplée à ce qui manque de la part des prélats (*Œuvres de Fénelon*, t. XV). » Ce jugement de Fénelon, esprit si modéré, mérite une attention sérieuse de la part de tous les catholiques. La suite des événements a justifié la prévoyance de Fénelon. Dans la controverse avec les pélagiens sur la nature et la grâce, saint Augustin a dit ces paroles à jamais mémorables : *Rome a parlé, la cause est finie, puisse aussi finir l'erreur !* Dans la controverse avec les jansénistes sur la grâce et la nature, les Bénédictins français, éditeurs de saint Augustin, virent plusieurs Pontifes romains prononcer des sentences solennelles ; jamais ils ne dirent avec saint Augustin, Rome a parlé, la cause est finie ; ils prendront plus ou moins ouvertement le parti de l'erreur contre Rome ; les Bénédictins Durand et Maran se laisseront exiler, non pour la justice, mais pour l'hérésie.

La maison-mère et modèle de la congrégation de Saint-Maur, l'abbaye de Saint-Germain-des-Prés, deviendra une maison de scandale : les Bénédictins y rougiront de la liturgie ancienne et romaine, ils en fabriqueront de nouvelles en dépit de Rome ; ils rougiront de leur habit de Saint-Benoit, ils rougiront de leur vocation, ils demanderont publiquement à redevenir des enfants du siècle. Or, le Sauveur a dit : *Vous êtes le sel de la terre ; que si le sel s'affadit, avec quoi salera-t-on ? Il n'est plus bon qu'à être jeté dehors et foulé aux pieds des hommes.*

La congrégation de Saint-Vannes et de Saint-Hydulphe en Lorraine, qui avait donné naissance à la congrégation de Saint-Maur en France, eut moins d'éclat, mais conserva plus longtemps l'esprit religieux de Saint-Benoit. Ses écrivains les plus célèbres sont dom Petit-Didier, dom Ceillier et dom Calmet.

MATTHIEU PETIT-DIDIER, né à Saint-Nicolas en Lorraine, l'an 1659, enseigna la philosophie et la théologie dans l'abbaye de Saint-Mihiel, et devint abbé de Senones en 1715, fut président de la congrégation de Saint-Vannes en 1723, évêque de Macra *in partibus* en 1725, et, l'année d'après, assistant du trône pontifical. Benoit XIII fit lui-même la cérémonie de son sacre, et lui fit présent d'une mitre précieuse. On a de lui un grand nombre d'ouvrages. 1° Trois volumes de remarques sur les premiers volumes de Dupin ; 2° un *Traité théologique* en faveur de l'infaillibilité du Pape ; 3° *Dissertation historique et théologique sur le sentiment du concile de Constance, touchant l'autorité et l'infaillibilité des Papes* ; 4° *Lettres à dom Guillemin en faveur de la* bulle *Unigenitus*, et des Instructions pastorales du cardinal de Bissy. Il avait aussi fait, mais désavoua depuis, une apologie des *Lettres provinciales*. Il mourut à Senones en 1728, avec la réputation d'un homme grave, sévère et laborieux. Il ne faut pas le confondre avec son frère Jean-Joseph Petit-Didier, savant Jésuite, chancelier de l'Université de Pont-à-Mousson, mort en 1756, et dont parmi d'autres ouvrages on a des *Lettres critiques sur les vies des saints*, par Baillet.

REMI CEILLIER, né à Bar-le-Duc en 1688, fut connu de bonne heure par son goût pour l'étude et pour la piété. Il les cultiva dans la congrégation des Bénédictins de Saint-Vannes et de Saint-Hydulphe, dont il prit l'habit dans un âge fort peu avancé. Il occupa plusieurs emplois dans son ordre, et devint prieur titulaire de Flavigny, entre Nancy et Vézelise, où est maintenant une communauté de Bénédictines. Il mourut en 1761. Nous avons de dom Ceillier une *Histoire générale des auteurs sacrés et ecclésiastiques*, qui contient leurs vies, le catalogue, la critique, le jugement, la chronologie, l'analyse et le dénombrement des différentes éditions de leurs ouvrages ; ce qu'ils renferment de plus intéressant sur le dogme, sur la morale et sur la discipline de l'Eglise ; l'histoire des conciles tant généraux que particuliers, et les actes choisis des martyrs, vingt-trois volumes in-4°. C'est la compilation la plus exacte que nous ayons en ce genre : ce qui lui manque, c'est d'être un peu moins diffuse. Cette histoire lui mérita deux brefs du pape Benoit XIV, où sont loués et l'auteur et l'ouvrage. Nous avons encore de dom Ceillier, *Apologie de la morale des Pères contre Barbeyrac*, 1718, in-4° ; livre plein d'érudition, solidement, mais pesamment écrit. Dom Ceillier avait les vertus de son état, l'amour de la retraite et du travail. Il se fit aimer de ses confrères, qu'il gouverna en père tendre (Feller et *Biogr. univ.*).

AUGUSTIN CALMET naquit le 26 février 1672, à Mesnil-la-Horgne, près de Commercy en Lorraine. Il fit ses premières études au prieuré de Breuil, où il puisa, avec le désir d'acquérir des connaissances, ce goût de la retraite et de la vie cénobitique qui décida de sa vocation. Après avoir prononcé ses vœux dans l'abbaye de Saint-Mansuy à Toul, le 23 octobre 1689, il alla faire son cours de philosophie à l'abbaye de Saint-Evre, et celui de théologie à l'abbaye de Munster. Dans le même temps, une grammaire hébraïque de Buxtorf étant tombée entre ses mains, il forma le dessein d'apprendre cette langue et se livra à cette étude avec une application et une constance qui lui en firent surmonter les premières difficultés sans le secours d'aucun maître : il se mit ensuite, avec la permission de ses supérieurs, sous la direction d'un ministre luthérien nommé Fabre, qui lui procura des livres hébreux et lui en rendit bientôt la lecture familière. Il étudia aussi la langue grecque, dont il avait appris les premiers éléments au collège, et s'y rendit fort habile. Il se préparait ainsi à l'étude des Ecritures, où il fit des progrès si rapides, qu'au bout de quelques années il fut chargé de les expliquer à ses confrères dans l'abbaye de Moyen-Moutier. De cette abbaye, il passa, l'an 1704, à celle de Munster, où il continua d'enseigner les jeunes religieux. Les leçons qu'il composait pour eux servirent de base aux *Commentaires sur l'Ancien et le Nouveau Testament*, qu'il écrivit en latin. Mabillon lui conseilla de les traduire en français, afin d'en rendre la lecture possible à un plus grand nombre de personnes. Dom Calmet suivit cet avis, et l'ouvrage parut de 1707 à 1716, en vingt-trois volumes in-4°. Il eut en peu de temps plusieurs éditions. C'est à ce recueil que les incrédules modernes, notamment Voltaire, ont emprunté leurs objections contre les livres saints, en laissant à côté les réponses. Calmet publia depuis son *Histoire de l'Ancien et du Nouveau Testament*, et son *Dictionnaire de la Bible*, qui ajoutèrent encore à sa réputation. Il fut nommé, l'an 1718, à l'abbaye de Saint-Léopold de Nancy, d'où il fut transféré, dix ans après, à celle de Senones, où il passa le reste de sa vie laborieuse dans l'exercice des devoirs de son état et la pratique de toutes les vertus chrétiennes. Dom Calmet était encore plus modeste que savant : il écoutait les critiques et en profitait ; il accueillait les jeunes gens qui montraient des dispositions et les aidait de ses conseils et de ses livres. Le pape Benoît XIII lui offrit un évêché *in partibus*, qu'il refusa constamment, préférant les douceurs de la retraite aux honneurs qu'il aurait pu obtenir dans le monde. Considéré comme écrivain, on ne peut nier que ses ouvrages ne soient utiles, mais le style en est lourd, diffus, souvent incorrect : aussi sont-ils moins lus que consultés. Ce savant religieux mourut à Senones, le 25 octobre 1757. Outre les écrits déjà cités, nous avons de lui les suivants : 1° *La Bible en latin et en français* (de la traduction de Sacy), avec un commentaire littéral et critique. Une transformation de cet ouvrage est devenue ce qu'on appelle la Bible de Vence, en vingt-cinq ou vingt-six volumes in-8°. 2° *Dictionnaire historique et critique de la Bible*, Paris, 1730, quatre volumes in-folio ; il passe pour le meilleur et le plus utile de tous les ouvrages de l'auteur : on l'a traduit en latin, en allemand et en anglais ; on y trouve une bibliographie ecclésiastique très-étendue et qui n'est pas sans mérite. 3° *Histoire de l'Ancien et du Nouveau Testament, et des Juifs*, Paris, 1737, quatre volumes in-4° ou sept volumes in-12 ; ouvrage pour servir d'introduction à l'*Histoire ecclésiastique* de Fleury. 4° *Histoire universelle, sacrée et profane, depuis le commencement du monde jusqu'à nos jours* (1720), Strasbourg et Nancy, 1735 à 1771, dix-sept volumes in-4°. Enfin une *Histoire ecclésiastique et civile de Lorraine*, avec d'autres ouvrages qui s'y rapportent.

Vers cette époque, les Dominicains français avaient deux théologiens et auteurs de quelque nom : *Vincent Contenson* et *Noël Alexandre*. Le premier naquit l'an 1640, dans l'ancien diocèse de Condom, entra chez les Dominicains à l'âge de dix-sept ans, se fit une réputation comme prédicateur et mourut à Creil, dans le diocèse de Beauvais, où il venait de prêcher l'Avent, le 27 décembre 1674. Il a laissé un ouvrage latin assez estimé, *Théologie de l'esprit et du cœur*, en forme de dissertations. On y trouve des choses fort belles sur la nature et les effets de la grâce, mais on voudrait qu'il se fût prononcé d'une manière plus nette dans le sens de l'Eglise contre l'hérésie du jansénisme.

*Noël Alexandre*, né à Rouen l'année 1639, Dominicain l'an 1655, successivement professeur de philosophie et de théologie dans son ordre, docteur de Sorbonne en 1675 et provincial en 1706, mourut à Paris l'an 1724, à l'âge de 86 ans. La Faculté de théologie assista à ses funérailles. Choisi par un ministre de Louis XIV, par Colbert, pour être du nombre des gens habiles chargés de faire des conférences à son fils, depuis archevêque de Rouen, il y conçut l'idée d'une histoire ecclésiastique, où il réduit en abrégé, sous certains chefs, tout ce qui s'est passé de plus considérable dans l'Eglise, et où il discute, dans des dissertations particulières, les points contestés d'histoire, de chronologie, de critique, etc. L'ouvrage parut en vingt-quatre volumes in-8°, depuis 1686 jusqu'en 1696. Innocent XI le proscrivit par un décret du 13 juillet 1684, ce qui n'empêcha pas l'auteur de continuer son travail et d'y ajouter, en 1689, l'*Histoire ecclésiastique de l'Ancien Testament*. Le tout a été réimprimé à Lucques sous le titre d'*Histoire ecclésiastique de l'Ancien et du Nouveau Testament*, par le docte Mansi, avec des notes de Constantin Roncaglia, qui rectifient ou éclaircissent plusieurs passages. Il n'y aura de bien sûr qu'une édition de ce genre. Un autre ouvrage de Noël Alexandre est sa *Théologie dogmatique et morale*, 1703, deux volumes in-folio et onze in-8°. Sur l'article de la grâce, il mérite à peu près les mêmes reproches que Fénelon fait aux Bénédictains : il ne dit pas un mot de la grâce suffisante. L'année 1704, il fit bien plus, il souscrivit un cas de conscience où l'on décidait que les fidèles ne devaient aux décisions de l'Eglise de Dieu sur les faits dogmatiques que le silence de la bouche et non la soumission de l'esprit et du cœur. Par suite de cette provocation à l'hypocrisie et à l'insoumission, il fut relégué à Châtellerault en 1709. Cela ne le corrigea guère. Une nouvelle constitution apostolique étant survenue en 1713 contre l'hérésie janséniste, le Dominicain Noël Alexandre se prononça pour le successeur de Jansénius contre le successeur de saint Pierre, sans qu'il en soit blâmé dans sa biographie qu'on lit parmi les *Hommes illustres* de l'ordre de Saint-Dominique. Le clergé de France, qui lui faisait une pension à cause de ses ouvrages, l'en priva l'an 1723, à cause de son opposition aux décrets dogmatiques du Saint-Siège. Tel était donc l'esprit du Dominicain Noël Alexandre, et plus ou moins des Dominicains français. A coup sûr, ce n'est l'esprit ni de saint Thomas ni de saint Dominique. Et sans l'esprit de leurs patriarches, de quoi servent les religieux à l'Eglise ? Le maître de la maison jette dehors et appelle méchant serviteur, non-seulement celui qui fait le mal, qui pille, qui vole avec l'ennemi, mais encore celui qui ne fait rien, celui qui ne s'oppose pas aux voleurs et aux larrons.

Quant à la congrégation française de l'Oratoire, fondée par l'abbé, puis cardinal de Bérulle, nous y avons vu un homme apostolique, le Père Le Jeune. On peut mettre au même rang, mais dans une sphère différente, le Père *Morin*. Né à Blois l'an 1591, de parents zélés calvinistes, il fit ses humanités à la Rochelle et fut ensuite envoyé à Leyde, où, pendant, son cours de philosophie et de théologie, il apprit le grec et l'hébreu. De retour dans sa patrie, les langues orientales, l'Ecriture sainte, les conciles et les Pères devinrent les principaux objets de ses études. Les excès auxquels il avait vu, en Hollande, les gomaristes et les arminiens se porter dans leurs disputes, lui avaient inspiré des doutes sur le fond de la doctrine des calvinistes; les relations qu'il eut avec des controversistes catholiques augmentèrent ces doutes. Le cardinal Du Perron acheva de le convaincre et reçut son abjuration. Le désir de concilier mieux sa passion pour l'étude avec les devoirs de son état le conduisit, en 1618, dans l'Oratoire. Il passa la plus grande partie de sa vie dans la maison de Saint-Honoré, à Paris. Il s'y occupa de la conversion des Juifs et de ses anciens coreligionnaires, dont plusieurs lui durent leur retour à l'Eglise. Un grand nombre d'évêques, et même les assemblées du clergé, le consultaient sur les matières de discipline. Sa vaste et profonde érudition dans toutes les sciences le mit en relation ou en dispute avec la plupart des savants de l'Europe. Le pape Urbain VIII, qui s'occupait du grand projet de réunir les Grecs schismatiques avec l'Eglise romaine, fit proposer au Père Morin de se rendre à Rome pour se joindre aux théologiens chargés de ce travail. Le cardinal Barberini lui donna un logement dans son palais, et, dans les conférences qui eurent lieu à ce sujet, l'oratorien français justifia l'idée que le Pape avait de son savoir et de sa sagacité. Après neuf mois, le cardinal de Richelieu le fit rappeler en France sous divers prétextes. Le Père Morin mourut en 1659, d'une attaque d'apoplexie. Profondément versé dans les langues orientales, il fit revivre en quelque sorte le Pentateuque samaritain, en le publiant dans la Bible polyglotte de Lejay. Il donna aussi une nouvelle édition de la Bible des Septante, dont il préférait le texte à l'hébreu actuel. Pour soutenir son opinion, il composa plusieurs ouvrages d'érudition rabbinique. Il en fit aussi quelques-uns sur les antiquités ecclésiastiques de l'Orient. Quant à la théologie proprement dite, tous les théologiens connaissent et estiment ses *Traités de la pénitence et des ordinations*. C'était un homme franc, sincère et de bonne société, mais trop vif dans la dispute pour la défense de ses idées.

Le Père LE BRUN (Pierre), né en 1661 et mort en 1729, dont le monde connaît l'*Explication littérale des cérémonies de la messe*, fut également célèbre par son savoir dans les matières ecclésiastiques et les profanes. Mais quand le Saint-Siège eut anathématisé les erreurs jansénistes de son confrère Quesnel, au lieu de se soumettre humblement, Le Brun appela du Pape au futur concile. Toutefois, sur la fin de ses jours, il eut le bonheur de se reconnaître et de rétracter son appel.

La perle de l'Oratoire de France à été LOUIS THOMASSIN, d'une ancienne famille de Bourgogne venue en Provence avec le roi René. Il naquit à Aix, l'an 1619, d'un père avocat général à la cour des comptes. Après avoir fait ses études au collége de Marseille, il entra très-jeune dans la congrégation de l'Oratoire; il y enseigna les belles-lettres dans différents colléges, et la philosophie à Pézénas, où il adopta la méthode platonicienne, comme plus propre que toute autre à le disposer à l'enseignement de la théologie. Il professa pendant six ans cette dernière science à Saumur, et avec beaucoup de succès, en faisant concourir ensemble l'étude et la méthode des Pères à celle des scholastiques. Appelé en 1654 au séminaire de Saint-Magloire à Paris, Thomassin enseigna pendant douze ans la théologie positive, et y fit des conférences sur l'histoire et la discipline ecclésiastique, dans le goût de celles que saint Charles Borromée avait établies à Milan; elles attirèrent un grand concours d'auditeurs. Au commencement de ses études théologiques, Thomassin avait pris quelques idées jansénistes; il s'en défit à mesure qu'il avançait. Son caractère franc, loyal, pacifique, n'allait point à l'hérésie. Au lieu de brouiller les idées et les esprits, il cherchait à les concilier: on le voit dans tous ses ouvrages. Les principaux sont: *Dogmes théologiques*: Traités de Dieu, de la Trinité, de l'Incarnation, trois volumes in-folio; *Commentaires ou mémoires sur la grâce*, trois volumes in-octavo; *Dissertation sur les conciles*, trois volumes in-folio; *Ancienne et nouvelle discipline de l'Eglise*, trois volumes in-folio; *Traité dogmatique et historique des autres moyens dont on s'est servi pour établir et maintenir l'unité dans l'Eglise*, deux volumes in-quarto; *Méthode d'étudier et d'enseigner chrétiennement et solidement les lettres humaines par rapport aux lettres divines et aux Ecritures*. 1º les Poètes, trois volumes in-octavo; 2º les Historiens, deux volumes in-octavo; 3º les Philosophes; 4º les Grammairiens. Plusieurs traités sur divers points de doctrine et de liturgie, tels que les jeûnes, l'office divin, le négoce et l'usure, l'usage des biens temporels, l'unité de l'Eglise, la vérité et le mensonge; enfin un *Glossaire universel hébraïque*. Outre cela, plusieurs ouvrages en manuscrits.

Les travaux du Père Thomassin présentent un ensemble d'idées et de doctrines propres à concilier beaucoup de choses. Toujours il a soin d'accomplir ce précepte du Sauveur: *Recueillez les fragments, de peur qu'ils ne périssent*. Philosophes, poètes, historiens de la gentilité, partout où il découvre quelque fragment de vérité religieuse, intellectuelle, morale, il les ramasse avec amour, les réunit et les rapporte à leur source première, à celui qui est la Voie, la Vérité et la Vie. Dans son *Traité de Dieu*, il signale par quelles voies l'idée de Dieu est venue aux hommes: par la nature, par la tradition, par la réflexion. Les principaux philosophes de la gentilité, notamment les platoniciens, reconnaissent que la notion de Dieu est innée dans l'homme et s'y trouve avant tout raisonnement: de là vient qu'elle est la même partout. « Dans les autres choses, dit le philosophe Maxime du Tyr, les hommes pensent fort différemment les uns des autres. Mais au milieu de cette différence générale de sentiment sur tout le reste, malgré leurs disputes éternelles, vous trouverez par tout le monde une unanimité de suffrages en faveur de la divinité. Partout les hommes confessent qu'il y a un Dieu, le Père et le Roi de toutes choses, et plusieurs dieux qui sont fils du Dieu suprême et qui partagent avec lui le gouvernement de l'univers. Voilà ce que pensent et affirment unanimement les Grecs et les Barbares, les habitants du continent et ceux des côtes maritimes, les sages et ceux qui ne le sont pas (Thomassin, *De Deo*, l. 1, c. 4, n. 8). » Thomassin fait voir que les Pères de l'Eglise pensent là-dessus comme les anciens philosophes. Il se propose la thèse suivante:

« Tous les hommes de toutes les nations, au milieu de si grands dissentiments sur toutes les autres choses, s'accordent en la confession d'une seule divinité suprême; » et il le prouve par les Pères grecs et les Pères latins, entre autres par ces paroles de saint Augustin : « Telle est en effet la force de la vraie divinité, qu'elle ne peut être entièrement cachée à la créature raisonnable, usant déjà de la raison; car, excepté un petit nombre en qui la nature est par trop dépravée, tout le genre humain confesse Dieu auteur de ce monde (Thomassin, *De Deo*, n. 1-3).

D'après les Pères, aussi bien que d'après les philosophes, ce nous est une chose connue de soi-même que Dieu existe. On appelle *connue de soi-même* une chose naturellement si claire, qu'il suffit de comprendre le sens des mots pour y adhérer. Cette connaissance naturelle que nous avons de Dieu, les platoniciens l'appelaient *réminiscence* : ils supposaient que nos âmes l'avaient connu dans une autre vie, avant d'être unies à nos corps : ils se trompaient quant à la préexistence de nos âmes; mais, dans cette erreur même, il y avait encore quelque chose de vrai, savoir, le souvenir d'un état de grâce et d'innocence dont l'homme est déchu. Cependant, ce qui nous est connu par soi-même de Dieu, c'est plutôt qu'il existe, que ce qu'il est.

Thomassin prouve l'unité de Dieu, avant tout, par le consentement de toutes les nations, même païennes, comme rapportent les saints Pères. Que les anciens philosophes et poètes, quoiqu'ils adorassent plusieurs dieux, reconnaissaient cependant un Dieu des dieux et suprême, saint Justin Martyr l'atteste et le prouve par leurs témoignages dans son livre de la *Monarchie* et dans son exhortation aux Gentils : de même Clément d'Alexandrie dans son exhortation, Athénagore, Lactance, et généralement tous ceux qui ont dressé des apologies pour la religion chrétienne contre les païens. Au concile de Carthage sous saint Cyprien, le confesseur Saturnin dit : « Les Gentils, bien qu'ils adorent les idoles, reconnaissent cependant et confessent un Dieu suprême, Père et Créateur; Marcion le blasphème (*Ibid.*, c. 18 et seqq.). » D'après les philosophes et les Pères, Dieu est non-seulement un, mais l'unité même, la bonté même, au-dessus de l'être, au-dessus de l'intelligence humaine (*Ibid.*, l. 2, c. 1). Dans le livre troisième, où il considère Dieu comme l'être même, et la vérité, Thomassin traite par les philosophes et les Pères les questions suivantes : « Il y a naturellement en nous tous une certaine soif et notion de la vérité : il nous en reste même une certaine intuition ou intelligence, dans les premiers principes et dans les règles immuables, qui se voient dans la lumière même de l'éternelle Vérité (L. 2, c. 2 et seqq.). La vérité même est la maîtresse de tous ceux qui voient ce qui est vrai, ceux qu'on appelle maîtres sont des moniteurs. Tous doivent la consulter, comme présidant à leur esprit, pour concevoir le vrai, dirimer les différends, régler les mœurs et la vie (L. 3, c. 5). C'est en Dieu, vérité suprême, que Platon et ses disciples, et avec eux les saints Pères, ont placé les idées des choses (*Ibid.*, c. 6). Ces idées nous deviennent claires et manifestes, non par réminiscence, comme pensait Platon, mais par l'irradiation immédiate de la vérité éternelle qui nous est plus présente que nous-mêmes (*De Deo*, c. 11 et seqq.).

Dans les trois derniers livres, de son *Traité de Dieu*, Thomassin s'attache à éclaircir les matières de la prédestination et de la grâce, spécialement de la grâce efficace. Il fait reposer l'efficacité de la grâce sur nos âmes, non en la force de telle et telle grâce particulière, mais dans l'ensemble, le concours, la variété de toutes les grâces diverses, extérieures, intérieures, adversité, prospérité, foi, espérance, crainte, joie, terreur, consolation, amour, reconnaissance : l'âme résisterait bien à chacun de ces motifs, à chacun de ces attraits, mais elle ne résistera point à leur ensemble, leur continuité, leur force toujours croissante; elle y cédera certainement, mais librement. Avec la prémotion physique des thomistes qui détermine physiquement notre âme, Thomassin ne voit pas comment notre âme y cède encore librement. Il le voit encore moins dans le système que l'efficacité de la grâce consiste uniquement dans la prépondérance d'une grâce sur la cupidité opposée, comme d'un côté de la balance sur l'autre. De plus, si cette prépondérance fait absolument tout, ou bien la prémotion physique, à quoi servira tout le reste? L'auteur pense que Dieu en use avec l'individu comme avec le genre. Dieu guérit le genre humain, il le sanctifie, non pas brusquement ni par une seule grâce, mais par une infinité progressive et successive de grâces diverses. Aussitôt que l'homme a péché, Dieu le frappe de terreur et de honte, il entre avec lui en jugement, il le condamne aux travaux forcés, à l'exil, à la mort : en même temps il lui annonce un Sauveur, qui sera tout ensemble et le Fils de l'homme et le Fils de Dieu. Quand toute chair a corrompu sa voie, Dieu envoie le déluge; mais il fait alliance avec Noé et sa famille. Quand l'idolâtrie se propage, Dieu appelle Abraham, en fait le père d'une multitude de peuples nouveaux, mais surtout l'ancêtre du Rédempteur universel. A la vue de toutes les nations, il noie cinq villes criminelles sous un déluge de feu dans la mer Morte, il noie l'armée d'Égypte dans la mer Rouge, il conduit son peuple particulier à travers cette mer, à travers d'affreuses solitudes, dans le pays de Chanaan, dont il expulse les criminels habitants : dans ce pays de conquête, il établit son temple et son trône visible. De là il envoie des prophètes annoncer à tous les peuples ce qui doit advenir à chacun d'eux et à tous ensemble. Pour imprimer le sceau divin à leur mission et à leur parole, il punit les Assyriens par les Perses, les Perses par les Grecs, les Grecs par les Romains, son peuple particulier par tous ces peuples; puis il se fait homme, naît de la vierge Marie, prend sur lui l'iniquité de nous tous, l'expie par sa vie et par sa mort, continue le sacrifice de la croix sur nos autels, se donne tout entier à tous et à chacun, pour nous régénérer, sanctifier, unir en lui tous et chacun. En un mot, pour le salut de l'homme, il fait tout ce que nous avons vu dans cette Histoire, et beaucoup plus encore que nous ne voyons pas. Dieu en use de même avec l'individu. Voyez Augustin, dans ses *Confessions*. Il ne se convertit pas tout d'un coup, mais peu à peu; et quand il s'est converti du mal au bien, il se convertit encore du bien au mieux. Que chacun de nous s'examine, il trouvera dans sa propre histoire quelque chose de semblable. Le royaume de Dieu, et dans le genre humain et dans chacun de nous, est une graine qu'on jette en terre, qui germe, qui pousse des feuilles, des fleurs, et qui fructifie : tout y contribue, l'hiver et l'été, le printemps et l'automne, la pluie et le beau temps : l'homme y travaille, il plante, il arrose, mais Dieu donne l'accroissement. Par cet ensemble d'idées, Thomassin concilie entre eux tous les Pères et docteurs de l'Eglise, grecs et latins (Thomassin, *De Deo*, l. 10). Il poursuit cette œuvre de conciliation dans son *Traité de l'Incarnation*, qui avait paru le premier.

C'est dans cette même vue qu'il composa, l'an 1667, ses *Dissertations latines*, au nombre de dix-sept, sur les conciles : ces dissertations devaient avoir trois volumes. Mais à peine quelques exemplaires en eurent-ils paru dans le public, qu'ils causèrent une grande rumeur. Inutilement l'auteur y mit trente-six cartons exigés par les censeurs, les plaintes n'en continuèrent pas moins avec plus d'éclat. On voulut même rendre toute la congrégation de l'Oratoire responsable de la doctrine d'un de ses membres. Le régent fut obligé d'en arrêter la circulation, d'après les représentations du parlement, et le Père Sénault, supérieur général de la congrégation, d'adresser une lettre apologétique à l'archevêque de Paris, pour prévenir l'effet de la dénonciation qui devait en être faite à l'assemblée du clergé de 1670, dont ce prélat était président. Et quels étaient donc les reproches faits à cet ouvrage ? « Les reproches faits à cet ouvrage, nous dit l'oratorien Tabaraud, étaient d'enseigner qu'au Pape seul appartient le droit de convoquer les conciles généraux ; que ces conciles ne sont pas nécessaires ; que le souverain Pontife, dans les matières de discipline seulement, a une autorité supérieure à celle des conciles ; qu'on ne doit jamais agiter la question de l'infaillibilité du Pape, mais s'en tenir à dire qu'il est plus grand que lui-même quand il est joint au concile, et le concile plus petit que lui-même quand il est séparé du Pape (*Biogr. univ.*, t. XLV, art. THOMASSIN, par Tabaraud). »

Plus d'un lecteur s'étonnera que des choses si bien pensées et si bien dites, et surtout si conciliantes, aient pu offusquer des Français du XVIIe siècle. Car c'est la croyance de leurs ancêtres : c'est la doctrine de leurs saints Pères, Irénée, de Lyon, Avit de Vienne, enfin de tous leurs évêques sous Charlemagne. Nous avons entendu dire à saint Irénée, disciple de saint Polycarpe, qui le fut de saint Jean, qui le fut de Jésus-Christ : « Pour confondre tous ceux qui, de quelque manière que ce soit, par attachement à leurs propres idées, par vaine gloire, par aveuglement ou par malice, font des assemblées illégitimes, il nous suffira de leur indiquer la tradition et la foi que la plus grande, la plus ancienne de toutes les Eglises, l'Eglise connue de tout le monde, l'Eglise romaine, fondée par les deux glorieux apôtres Pierre et Paul, a reçue de ces mêmes apôtres, annoncée aux hommes et transmise jusqu'à nous par la succession de ses évêques. Car c'est avec cette Eglise, à cause de sa plus puissante principauté, que doivent nécessairement s'unir et s'accorder toutes les Eglises, c'est-à-dire tous les fidèles, quelque part qu'ils soient, et que c'est en elle et par elle que les fidèles de tout pays ont conservé TOUJOURS la tradition des apôtres (*Iren. adv. Hæres.*, l. 3, c. 3, n. 2). » Nous avons encore entendu ce premier Père et Docteur de l'Eglise des Gaules, après avoir exposé la succession des Pontifes romains, conclure ainsi : « C'est par le canal de cette même succession qu'est venue jusqu'à nous la tradition des apôtres dans l'Eglise. Et voilà une démonstration complète que la foi venue jusqu'à nous est la foi une et vivifiante que les apôtres ont confiée à l'Eglise (*Ibid.*, n. 3). Ayant donc, ajoute le saint, une démonstration d'un si grand poids, il n'est pas nécessaire de chercher ailleurs la vérité, qu'on peut apprendre si facilement de l'Eglise, où les apôtres ont rassemblé, comme dans un immense réservoir, toutes les eaux de la divine Sagesse, afin que quiconque voudra, y puise le breuvage de la vie (L. 3, c. 4). »

Au commencement du VIe siècle, à la demande du pape saint Symmaque, les évêques de l'Italie s'assemblèrent à Rome pour juger une accusation portée contre le Pape : ils en remirent le jugement à Dieu. Quand on apprit dans les Gaules qu'un concile avait entrepris de juger le Pape, tous les évêques en furent alarmés, et chargèrent saint Avit, évêque de Vienne, d'en écrire au nom de tous. Il écrivit donc au sénat romain, dont il était membre, que le concile avait été presque téméraire de consentir, même à la demande du Pape, d'examiner cette cause ; car il n'est pas aisé de concevoir par quelle raison, ou en vertu de quelle loi, le supérieur est jugé par les inférieurs. Dans les autres pontifes, si quelque chose vient à branler, on peut le réformer ; mais si le Pape de Rome est mis en doute, ce n'est plus un évêque, c'est l'épiscopat même qu'on verra vaciller (L. 43 de cette Histoire).

Enfin dans les dernières années du VIIIe siècle, nous avons vu, dans une occasion semblable, le clergé de France et d'Italie s'écrier d'une voix unanime : « Nous n'osons juger le Siège apostolique, qui est le chef de toutes les Eglises de Dieu ; car nous sommes tous jugés par ce Siège et par son vicaire ; mais ce Siège n'est jugé par personne : c'est là l'ancienne coutume ; mais comme le souverain Pontife jugera lui-même, nous obéirons canoniquement (L. 53 de cette Histoire).

Le Père Thomassin, comme on voit, ne faisait donc que résumer l'ancienne doctrine que les saints Pères et Docteurs des Gaules professaient unanimement dans les occasions les plus solennelles, et au VIIIe, et au VIe, et au IIe siècle ? Est-ce que les évêques français du XVIIIe pensaient autrement que leurs vénérables prédécesseurs ? Qu'est-ce que ce parlement qu'ils paraissent craindre et consulter, au lieu de consulter l'Eglise romaine, comme au temps d'Irénée, d'Avit et de Charlemagne ? Ce parlement est une congrégation séculière d'huissiers, d'avocats et de juges séculiers, que nous verrons bientôt s'ériger en concile permanent des Gaules, lacérer par la main du bourreau les mandements des évêques, les bulles des Papes, et forcer les prêtres des paroisses à porter les sacrements à des hérétiques. Tels étaient les Pères et les Docteurs de la nouvelle Eglise gallicane, qui cherchaient à étouffer la tradition de l'ancienne doctrine, la doctrine apostolique de saint Avit et de saint Irénée.

L'ouvrage le plus renommé de Thomassin est son *Ancienne et nouvelle discipline de l'Eglise*, trois volumes in-folio. Le pape Innocent XI en fut si satisfait, qu'il voulut attirer l'auteur à Rome, où il se proposait de l'élever à la dignité de cardinal. Mais Louis XIV, dit-on, refusa de priver son royaume d'un savant de ce mérite. Suivant les désirs des Romains, notamment du cardinal Cibo, Thomassin traduisit son ouvrage du français en latin, avec des changements assez considérables, qui passèrent ensuite dans l'édition française de 1725. Mansi en a publié une à Venise l'an 1728, en quatre volumes in-folio : c'est la meilleure.

Le Père Thomassin a laissé en manuscrit des *Remarques sur les conciles*, trois volumes in-f°. — D'autres *Remarques sur les décrétales de Grégoire IX*. — Un *Traité des libertés de l'Eglise gallicane*. — Des *Remarques sur plusieurs ouvrages de saint Augustin*, en particulier sur ses *Confessions*. — Des *Conférences sur l'histoire ecclésiastique*. — Il est à regretter que tous ces écrits n'aient pas vu le jour : on y aurait peut-être trouvé la conciliation de bien des idées et de bien des choses.

Ainsi que n'a-t-on pas dit pour et contre les diverses formes de la société humaine ? Dans sa méthode d'étudier et d'enseigner chrétiennement et solidement les historiens profanes, le Père Thomassin concilie, ce qui, de prime abord, paraît le plus disparate. Au livre quatrième, *De la politique des historiens profanes*, son chapitre premier fait voir que la théocratie où le gouvernement divin a été le plus ancien et le plus ordinaire gouvernement de toutes les nations du monde, et que ce gouvernement s'alliait avec la démocratie.

« La monarchie, dit-il, est la plus parfait des gouvernements, et les peuples par l'ordre de la loi divine sont obligés d'obéir à leurs rois, comme aux plus vives images de Dieu, qui est le seul et suprême Monarque de tous les êtres. Nous allons faire voir néanmoins que tous les peuples ont commencé par la démocratie ; et il n'en faut pas excepter les Hébreux mêmes, qui ne commencèrent que fort tard à demander un roi, et à qui Dieu l'accorda dans sa fureur, parce qu'ils passaient d'une monarchie divine à une monarchie humaine. La contradiction apparente qui se trouve entre ces propositions se peut facilement lever en disant que la démocratie, par où les nations commencèrent, était une théocratie ou un gouvernement divin, mais un gouvernement monarchique où Dieu seul régnait. Ce gouvernement est le plus naturel et le plus parfait de tous. Car s'il est naturel que l'homme domine sur les animaux, l'âme raisonnable sur celles qui sont destituées de raison, il est encore bien plus naturel que Dieu règne sur les hommes, la suprême sagesse et la vérité éternelle sur les natures intelligentes et raisonnables. Il ne nous serait pas difficile de concevoir un monde peuplé d'animaux, sans qu'aucun homme en eût l'empire ; mais il nous est absolument impossible d'imaginer des substances raisonnables et intelligentes, qui ne soient point essentiellement assujéties à l'empire de la sagesse, de la justice et de la loi éternelle qui n'est et ne peut être autre que Dieu même. Aussi cette multitude innombrable d'anges, qui remplissent invisiblement tout ce monde visible, selon les Ecritures, et selon les écrivains profanes, n'a jamais eu et n'aura jamais d'autre roi que le Verbe divin, Jésus-Christ, qui est la Sagesse et la Raison éternelle.

» Le gouvernement des Hébreux jusqu'à Saül paraissait une démocratie, mais c'était au fond une théocratie ou une monarchie divine. Ils s'en dégoûtèrent, et demandèrent un roi, ce qui les fit passer d'une monarchie divine à une monarchie humaine. Aussi Dieu protesta que les Israélites l'avaient rejeté lui-même, et non Samuel, pour l'empêcher de régner sur eux. C'était donc Dieu qui régnait auparavant dans leur démocratie apparente. Aussi Samuel reprocha à ce peuple ingrat la demande qu'ils avaient faite d'un autre roi, lorsque Dieu même était leur roi. Les Hébreux avaient fait autrefois la même tentative, après que Gédéon les eût délivrés de la domination des Madianites : ils lui déférèrent la royauté, à lui, à son fils et aux enfants de son fils, c'est-à-dire à toute sa famille, en reconnaissance d'un si grand bienfait. Mais Gédéon leur déclara que Dieu avait toujours été et serait éternellement leur roi.

Thomassin fait voir ensuite que si Dieu accorde des rois à Israël, un gouvernement aristocratique à d'autres pays, il n'en reste pas moins constant que toute espèce de gouvernement est fondé originairement sur l'autorité divine : de là il conclut :

« Ainsi, ce que la loi éternelle recommande le plus aux hommes, est que la théocratie ou le gouvernement divin subsiste toujours, et que les rois ou les magistrats n'agissent que comme les dépositaires de la sagesse et de la justice divine, de son autorité et de sa domination sur les hommes, afin que ce soit toujours Dieu seul qui règne sur les hommes, comme c'est l'homme seul qui règne sur les bêtes, et que la police des Etats se conforme à celle de la nature. C'est constamment ce que Platon a voulu dire, quand il a avancé que les Etats et les villes n'auraient jamais de repos ou de félicité, que quand des philosophes y régneraient ; c'est-à-dire quand ceux qui ont l'esprit élevé et appliqué à la contemplation de la sagesse éternelle et de ses divines lois (car ce sont là les philosophes), gouverneraient les villes et les Etats suivant ces lois divines, et réduiraient les Etats à la théocratie. Il ajoute que tout ce monde visible n'est qu'un songe et un fantôme ; mais que la vérité et la véritable beauté, la justice, la gloire, la félicité véritable sont en Dieu, où les sages la découvrent et la contemplent, pour en retracer une image dans la police de la terre (*De Republ.*, l. 5).

» Toute la politique des villes et des Etats doit tendre à faire observer les véritables règles de la justice et de l'équité, de la bienséance, de la vertu, de la piété et de la concorde. Or, ces règles véritables, constantes et incorruptibles, ne sont qu'en Dieu. Celui qui tient le timon des Etats doit donc les y contempler, et en faire couler les rayons sur la terre, afin que ce soient plutôt ces divines lois qui règnent que lui, qui n'en est l'interprète seulement et le ministre, ne régnant que pour le faire régner. Pensez-vous, disait Platon, qu'il y ait grande différence entre les aveugles et entre ceux qui manquent en quelque chose que ce soit de la connaissance de celui qui est l'Etre et la Vérité même, et qui n'ont pas ce divin original imprimé dans leur âme, et ne peuvent, comme des peintres, attacher leurs yeux sur ce céleste et véritable exemplaire, pour le représenter dans toutes leurs ordonnances et toutes leurs lois sur la beauté intellectuelle, la justice et la bonté, et faire garder ces lois ? Non certes, il n'y a guère de différence entre eux et les aveugles (*De Republ.*, l. 6).

» Platon ne parlait guère moins en historien qu'en philosophe, quand il parlait de la sorte; car il ne doutait pas qu'il n'y eût eu dans les siècles passés, et qu'il n'y eût encore hors de la Grèce, des pays où ces personnes éclairées des lumières de la vérité éternelle, gouvernassent l'Etat. Il parle même des pays barbares : par où il semble qu'il ait dessein de parler de la république des Hébreux, puisqu'il est certain que ce gouvernement philosophique et divin se trouvait parmi eux. Un peu plus bas, il assure que le vrai philosophe est si attaché à la beauté de la Vérité divine, qu'il est lui-même tout pénétré de cette beauté; et s'il faut qu'il en fasse couler les rayons sur les autres hommes dont il prendra la conduite, ce sera une effusion de justice, de tempérance, d'affabilité et de toutes les autres vertus qui accompagnent la sagesse, et dont le peuple est capable. Ainsi le philosophe ou le sage, législateur ou prince d'un Etat, sera comme un peintre, les yeux attachés sur l'original céleste des vertus divines, et les mains abaissées sur les peuples, pour tracer en eux une image de ce divin modèle, afin que la police des hommes soit une imitation de la Sagesse divine, et que la morale des peuples soit pénétrée de l'amour de Dieu (*Ibid.*).

» Ça été le but de tous les législateurs qui ont travaillé à régler la police des Etats, de rendre les hommes sages, justes, modérés, enfin vertueux et semblables à Dieu, autant que possible. Lycurgue, Solon, Minos, Platon, Aristote, et celui qu'il fallait nommer le premier, Moïse, n'ont point eu d'autre fin; mais ils n'ont pas tous également réussi. Ils convenaient tous du principe général de Platon, que l'homme étant un animal divin et l'image de Dieu même, puisqu'il est manifeste que notre raison, notre intelligence sont une image, aussi bien qu'une participation, de la raison et de la sagesse de Dieu, il fallait que la république des hommes fût aussi une copie et une représentation de la Divinité. Mais ce principe étant présupposé, tous ne s'y sont pas pris de la même manière pour exécuter un si noble dessein. Platon s'est beaucoup éloigné de l'original, qu'il tâchait de copier. Moïse seul a établi une théocratie sur la terre, la plus approchante qu'il se pouvait alors de celle du ciel. Je dis la plus approchante qu'il se pouvait alors, parce qu'ayant vécu beaucoup plus de mille ans avant Platon, il trouva le genre humain dans une si grande barbarie et dans une si horrible dépravation, qu'il ne put donner une forme de république plus achevée que celle que les Israélites gardèrent.

» Le premier fondement que Platon vient de mettre pour sa république, que la police humaine doit imiter celle du ciel, et que les vertus des hommes doivent être des copies et des effusions de celles de Dieu, enfin que le modérateur d'un Etat doit être comme un peintre qui a les yeux élevés à son modèle pour en tracer une copie : ce premier fondement, dis-je, est le même que posa Moïse, quand il dit qu'il apprenait de Dieu ce qu'il devait dire au peuple; qu'il n'était que l'interprète de la volonté de Dieu; que les lois qu'il donnait étaient des lois divines, émanées de cette loi éternelle qui est Dieu même, proportionnées à la portée des hommes. Platon a parlé en philosophe : Moïse a parlé en homme populaire, qui aime mieux se faire entendre que se faire admirer. Mais au fond, c'est la même chose, de dire qu'il faut contempler les originaux divins de la Sagesse éternelle pour en tracer une copie dans la police des villes et des empires, et de dire qu'il faut écouter la voix divine, et annoncer aux hommes ce qu'elle nous a appris. Car la Sagesse divine est le Verbe que nous devons écouter, et la Lumière de vérité que nous devons contempler. Ce Verbe et cette Lumière ne sont qu'une même chose, comme l'œil et l'oreille de notre âme n'est aussi qu'une même chose. Numa, Solon, Lycurgue, Minos ont feint qu'ils avaient des entretiens avec la Divinité, et que leurs voix venaient d'elle. Cela revenait au même principe, qui est une vérité claire, évidente et incontestable, que le gouvernement des hommes, pour être bien réglé, doit être réglé par la loi de Dieu même, qui est le seul supérieur de toute la nature humaine.

Enfin la police la plus achevée de toutes a été celle de Jésus-Christ, qui n'a pas contemplé la Vérité et la Sagesse divine comme Platon, ni ouï simplement sa voix, comme Moïse l'avait effectivement ouïe, et comme les autres législateurs avaient fait semblant de l'entendre, mais qui a été lui-même cette sagesse, cette vérité et cette loi divine, revêtue de notre nature, et qui forme une théocratie aussi parfaite que la terre la peut souffrir, et assez parfaite pour nous faire arriver à la théocratie du ciel, où Dieu seul régnera et sera tout en tous. L'inutilité de toutes les tentatives qu'avaient faites les autres législateurs, le peu d'utilité de celles de Moïse même, le prodigieux effet au contraire de celle de Jésus-Christ, est une preuve très-convaincante de la vérité de celle-ci et de son excellence. Car quelle était avant lui la police de tous les hommes par toute la terre, et qu'est-ce qu'elle tenait du gouvernement divin? où régnait Dieu, quoiqu'on travaillât depuis quatre mille ans à établir la théocratie sur la terre? Et au contraire, depuis que la Vérité incarnée a paru dans le monde, n'est-il pas aussi clair que le jour même que le christianisme étant répandu partout, on voit partout un gouvernement divin, Dieu règne partout, la loi de Dieu domine partout? Il s'y fait des contraventions, je l'avoue, mais elles sont aussitôt condamnées, et le plus souvent par ceux mêmes qui les font. Le mépris des choses temporelles, l'amour des biens temporels, l'amour de Dieu, l'amour désintéressé du prochain; les vertus héroïques et intrépides quand il s'agit de la justice, sont connues, révérées, pratiquées par tout le monde, au delà de tout ce que les autres législateurs avaient pensé, au delà de ce que Platon même avait espéré. C'est ce qui nous fait dire avec saint Augustin que, si Platon revenait au monde et qu'il vît cette police entre les hommes sur les originaux divins et éternels, si heureusement exécutée et répandue par toute la terre, et bien élevée encore au delà de ses prétentions, il ne douterait pas que ce ne fût la Sagesse éternelle elle-même qui fût venue l'établir sur la terre (*De verá relig.*, c. 3).

» Nous devons être bien plus convaincus de cette démonstration que Platon ne le serait, puisque le comble des désirs de ce philosophe était que les hommes les plus irréprochables et les plus accomplis, quand ils auraient cinquante ans, ne s'appliquassent plus qu'à la contemplation de la Sagesse éternelle, pour en instruire les autres et pour renouveler toujours les premiers traits de la beauté, de la vérité et de la justice divine dans la police et dans les mœurs des hommes (*De Repub.*, l. 7). Or, depuis que le Fils de Dieu s'est revêtu de notre nature, il y a eu par tout le monde une infinité de fidèles, qui, dès leur jeune âge, ont élevé leur esprit et leur cœur au souverain bien, à la vérité et à la sagesse, et ont conformé toute leur vie et leur conduite à ses divines règles; et quoiqu'on n'ait peut-être pas pu réduire tous les particuliers d'une ville à un si haut point d'intelligence et de pureté de vie, il est certain néanmoins que, si on avait assemblé tous les particuliers qui y sont arrivés, on aurait pu en composer plusieurs villes et même plusieurs royaumes.

» Platon s'explique encore plus nettement ailleurs, lorsqu'ayant représenté la république de Lacédémone comme un mélange de monarchie, de tyrannie, d'aristocratie et de démocratie, il conclut que toutes ces sortes de républiques ne sont nullement des républiques, mais des villes où une partie des habitants domine sur l'autre, et qui prennent leur nom et leur différence de celle qui domine. Qu'au reste, si cela est ainsi, il est bien plus juste que ce soit Dieu qui donne le nom à ces Etats, puisque c'est lui le Seigneur et le Dominateur naturel de toutes les natures raisonnables et intellectuelles. D'où il s'ensuit que ce ne seront plus ni des monarchies, ni des aristocraties, ni des démocraties, mais des théocraties (L. 4, *De legibus*; Thomassin, *Méthode pour étudier les philosophes*, t. II, l. 4, c. 1). »

Plus loin, Thomassin a deux chapitres où il fait voir qu'il n'y a jamais eu de véritable république que la république chrétienne, même selon les définitions de Platon et de Cicéron, et selon toute l'histoire profane, que c'est la seule où la justice ait régné, et où il y eût de véritables vertus (L. 4, c. 4 et 5). La vie du Père Thomassin était conforme à ces excellents principes. Il mourut au séminaire de Saint-Magloire, le 24 décembre 1695. Sa modestie et son affabilité l'avaient rendu cher à tous ses confrères. Sa charité était sans bornes : il donnait tous les ans la moitié de la pension de mille livres que lui faisait le clergé, au curé de Saint-Jacques, pour être distribuée aux pauvres de la paroisse, et employait l'autre moitié en bonnes œuvres.

Avec un ensemble d'idées aussi belles et aussi grandes, il ne manquait au Père Thomassin que d'avoir habituellement un style plus serré et plus châtié. Son confrère Malebranche avait ce style, mais n'avait pas le reste.

NICOLAS MALEBRANCHE, né à Paris l'an 1638, y mourut l'an 1715. Les infirmités continuelles qu'un défaut de conformation lui causa dans son enfance, obligèrent ses parents de lui donner une éducation domestique, jusqu'à ce qu'il fût en état d'aller en philosophie au collége de la Marche, d'où il passa en Sorbonne pour y suivre son cours de théologie. Son goût pour la retraite et l'étude le conduisit, en 1660, dans la congrégation de l'Oratoire. Engagé par le Père Lecointe à s'occuper de l'histoire ecclésiastique, il lut en grec Eusèbe, Socrate, Sozomène et Théodoret; mais les faits ne se liant point dans sa tête, il se dégoûta de ce genre de travail. Telle est l'idée que l'Oratorien Tabaraud nous donne de son génie (*Biogr. univ.*, t. XXVI); ce qui ne le montre ni très-étendu, ni très-positif. Une rencontre lui donna une autre direction : ayant trouvé chez un libraire le *Traité de l'homme*, par Descartes, il sentit aussitôt que ce genre d'étude spéculative lui convenait. Il se rendit même si familiers les ouvrages de son maître, qu'il se flattait d'être en état de les rétablir, au moins pour les pensées, s'ils venaient à se perdre. Le fruit de ses spéculations fut : 1° la *Recherche de la vérité*, d'abord en un seul volume, auquel il en ajouta trois autres; 2° *Conversations chrétiennes*; 3° *Traité de la nature et de la grâce*, avec plusieurs lettres; 4° *Méditations chrétiennes et métaphysiques*; 5° *Entretiens sur la métaphysique et la religion*; 6° *Traité de l'amour de Dieu*; 7° *Entretiens entre un chrétien et un philosophe chinois sur la nature de Dieu*, et quelques autres ouvrages du même genre, et pour soutenir les premiers.

Le but général de tout ce que composa Malebranche, est de faire voir l'accord de la philosophie de Descartes avec la religion, et de prouver que cette philosophie produit plusieurs autres vérités importantes dans l'ordre de la nature et dans celui de la grâce. Mais son esprit, plus porté à l'imagination vaporeuse d'un poète qu'à la précision d'un docteur scholastique, ne prit pas toujours la peine de se former une idée bien nette de ce que la religion enseigne sur la nature et la grâce, ni même de se rappeler exactement les principes philosophiques de son maître. Descartes, nous l'avons vu, n'entendit pas qu'on soumît au doute et à l'examen, même des esprits d'élite, ni les premiers principes de la raison naturelle, ni leurs conclusions premières, encore moins les vérités de l'ordre surnaturel, mais uniquement les conclusions éloignées et scientifiques de l'ordre purement naturel. Malebranche, sans plus rappeler aucune de ces distinctions, confond le tout ensemble, affecte un grand mépris pour tous les philosophes qui l'ont précédé, sans daigner même connaître leur doctrine, et soumet tout à son esprit privé, qu'il appelle le maître intérieur, le Verbe de Dieu. Cela touche de près à la philosophie d'un visionnaire.

Son système sur la grâce, qui est le fond de toutes ses idées, fut attaqué par Arnauld, censuré à Rome, condamné sévèrement par Bossuet, et solidement réfuté par Fénelon. Bossuet écrivit sur l'exemplaire du *Traité de la nature et de la grâce* que l'auteur lui avait envoyé : *Pulchra, nova, falsa* : Choses belles, nouvelles, fausses. Il chercha, dans une conférence particulière, à lui faire modifier son système, en s'attachant aux sentiments de saint Thomas, sur la grâce. Malebranche refusa constamment d'entrer dans aucune discussion de vive voix sur cette matière. C'est l'Oratorien Tabaraud qui nous donne ces renseignements. Il ajoute : « Bossuet, convaincu qu'une telle philosophie allait plus loin que la théologie de Molina; qu'elle conduisait au pur pélagianisme; que le système de Malebranche sur les miracles tendait à faire disparaître de ceux de l'ancien Testament tout ce qu'ils ont de surnaturel; voyant d'ailleurs qu'il refusait obstinément une conférence tête à tête, ou en présence de témoins, pour discuter son système, fit presser Arnauld de le combattre sans ménagement (*Biogr. univ.*, art. MALEBRANCHE). » Nous avons déjà vu avec quelle sévérité Bossuet traite Malebranche dans une dissertation en forme de lettre, où il manifeste ses craintes de voir un grand combat contre l'Eglise et plus d'une hérésie sortir des principes cartésiens ainsi entendus.

La réfutation du système de Malebranche sur la nature et la grâce, par Fénelon, peut se diviser en deux parties. Dans la première, qui contient les onze premiers chapitres de l'ouvrage, Fénelon attaque ce principe fondamental de Malebranche, que dans le cas où Dieu agit au dehors, l'ordre immuable et essentiel le détermine nécessairement à produire l'ouvrage le plus parfait possible, et conséquemment à y comprendre l'incarnation du Verbe. Fénelon prouve d'abord que ce principe conduit à de fâcheuses conséquences contre plusieurs vérités incontestables; car il s'ensuivrait :

1° Que les mondes qu'on nomme *possibles*, ne peuvent jamais exister, et par conséquent sont réellement *impossibles*. Quels seraient en effet ces mondes possibles? Seraient-ce des mondes moins parfaits que le nôtre? Mais comment appeler *possibles* des mondes dont l'existence répugne absolument à l'ordre immuable et essentiel, c'est-à-dire à la nature et à la sagesse de Dieu? Seraient-ce des mondes aussi parfaits que le nôtre? Malebranche ne peut le prétendre. Son grand principe est que *Dieu choisit toujours le plus parfait*; or, comment dire que Dieu choisit toujours le plus parfait, s'il ne choisit jamais qu'entre des mondes également parfaits (chap. 2, 3, 4)?

2° Que Dieu ne peut même pas connaître d'autres mondes ni d'autres êtres que ceux qui existent, Dieu ne pouvant pas avoir l'idée de ce qui est absolument impossible; que par conséquent il n'y a pas en Dieu de *science des futurs conditionnels*, puisqu'ils sont contraires à l'ordre immuable et essentiel (chap. 5).

3° Que Dieu n'est pas libre. En effet, dans le système de Malebranche, sur quoi pourrait s'exercer la liberté de Dieu, puisqu'il serait toujours nécessité par sa nature à produire l'ouvrage le plus parfait, y compris l'Incarnation du Verbe? L'auteur répondra que Dieu est libre de créer le monde ou de ne le pas créer. Il est vrai qu'il raisonne sur ce principe; mais cette assertion ne peut se concilier avec le reste du système. Car, si Dieu est tenu d'imprimer à tout ce qu'il fait le caractère de son infinie perfection, il doit donc, entre deux déterminations, choisir toujours la plus parfaite : donc il doit se déterminer à créer plutôt qu'à ne pas créer; la première détermination étant beaucoup plus parfaite que la seconde, puisqu'elle a pour objet un ouvrage très-parfait, et même infini à cause de son union avec le Verbe divin (chap. 6).

4° Que le monde est un être *nécessaire*, *infini*, *éternel : nécessaire*, Dieu n'ayant pu s'abstenir de le créer : *infini*, puisqu'il ne fait avec le Verbe incarné qu'un tout indivisible, selon le système de l'auteur; *éternel*, Dieu étant tenu au plus parfait, et ce qui est éternel étant plus parfait que ce qui n'est que temporel (chap. 7).

Après avoir combattu le grand principe de Malebranche par ses fausses conséquences, Fénelon le combat directement, en montrant que Dieu a pu créer un monde plus ou moins parfait que le nôtre. La raison fondamentale est que ce monde plus ou moins parfait que le nôtre est possible en soi, comme Malebranche lui-même paraît le supposer; or, comment pourrait-on le dire possible, s'il répugnait que Dieu le créât? Ajoutez que Dieu ne peut faire une créature qui renferme tous les degrés de perfection possibles; car une créature, quelque parfaite qu'on la suppose, ne peut avoir qu'un degré fini de perfection, et par conséquent est toujours susceptible d'être perfectionnée davantage (chap. 8).

A cela Malebranche peut opposer deux difficultés : 1° que Dieu ne peut être auteur de l'imperfection, ce qui néanmoins aurait lieu, en supposant qu'il pût créer le moins parfait; 2° que Dieu, agissant essentiellement pour sa gloire, doit nécessairement préférer l'ouvrage qui le glorifie davantage, c'est-à-dire le plus parfait. A la première difficulté, Fénelon répond, d'après saint Augustin, que la créature, quelque parfaite qu'on la suppose, est essentiellement imparfaite, c'est-à-dire bornée dans ses perfections. La seconde difficulté tombe d'elle-même, si l'on fait attention que la gloire qui revient à Dieu de la création est, de l'aveu de tous les théologiens et de Malebranche lui-même, une gloire *accidentelle et bornée* : en tant qu'*accidentelle*, il est clair que Dieu peut la rejeter tout entière ou en partie; en tant que *bornée*, elle ne peut jamais monter à un degré au-dessus duquel on ne puisse en concevoir un plus élevé (chap. 9 et 10).

Dans la seconde partie, qui commence au chapitre douzième, et comprend tout le reste de l'ouvrage, qui en a trente-six, Fénelon montre l'insuffisance et même le vice des moyens par lesquels Malebranche essaie de prouver son système. Dans le chapitre vingt et unième, Fénelon fait voir que ce système est incompatible avec le grand principe par lequel saint Augustin, au nom de toute l'Eglise, a réfuté les Manichéens; et, dans le chapitre trente-troisième, que les principales vérités du dogme catholique sur la grâce médicinale ne peuvent convenir avec l'explication que l'auteur donne de la nature de cette grâce. C'est là que Fénelon relève ces prodigieuses et grossières aberrations de Malebranche : que la grâce du Sauveur est un amour semblable en quelque chose à celui dont on aime les plus viles créatures, dont on aime les corps; un amour aveugle et naturel; un amour qui, ne faisant aimer le vrai bien que par instinct et sans connaître qu'il est le vrai bien, ne mérite nullement; un amour d'instinct, semblable à celui par lequel les ivrognes aiment le vin; que le plaisir actuel que Dieu répand dans cet amour en corrompt la pureté; qu'enfin l'homme ne mérite qu'autant qu'il agit par lui-même, et non plus par la grâce divine (*Réfutation du P. Malebranche*. Fénelon, édit. de Versailles, t. III, c. 33).

Tels sont les principes que Malebranche met dans

la bouche de Jésus-Christ en son dialogue. Par où l'on voit qu'il n'avait pas la première idée de ce que c'est que la grâce de Jésus-Christ dans la doctrine de son Eglise. Et comme la grâce ainsi entendue fait le fond de tous ses ouvrages, nous sommes forcés de conclure que les ouvrages de Malebranche non-seulement sont inutiles, mais dangereux, surtout pour les personnes qui n'ont pas une idée très-nette et très-ferme de la doctrine de l'Eglise catholique sur la grâce : ce qui, jusqu'à présent, n'est pas rare.

Un autre prêtre de l'Oratoire, Gaspard Juénin, né l'an 1640 et mort en 1713, professa longtemps la théologie dans plusieurs maisons de sa congrégation, et surtout à Paris. Sa piété et son érudition le firent estimer. On a de lui : *Institutions théologiques à l'usage des séminaires*, sept volumes in-douze. On n'avait pas encore vu de meilleure théologie scholastique ; mais l'auteur y ayant glissé avec beaucoup d'art quelques erreurs jansénistes, son ouvrage fut proscrit à Rome le 25 septembre 1708, par plusieurs évêques de France, notamment par les évêques de Chartres, de Laon, d'Amiens, de Soissons, et par le cardinal de Noailles. Le cardinal de Bissy opposa une critique très-solide à cette théologie.

Un autre prêtre de l'Oratoire fit encore plus de bruit, et devint même, après Arnauld, le chef de l'hérésie jansénienne. C'est Pasquier Quesnel, né à Paris l'an 1634 et mort à Amsterdam l'an 1719. Après avoir achevé son cours de théologie en Sorbonne, il entra dans la congrégation de l'Oratoire en 1657. Consacré tout entier à l'étude de l'Ecriture et des Pères, il composa de bonne heure des livres de piété, qui lui méritèrent, dès l'âge de vingt-huit ans, la place de premier directeur de l'institution de Paris. Ce fut pour l'usage des jeunes élèves confiés à ses soins qu'il composa ses *Réflexions morales* sur le Nouveau Testament. Ce n'étaient d'abord que quelques pensées sur les plus belles maximes de l'Evangile. Le marquis de Laigue ayant goûté cet essai, en fit un grand éloge à Félix Vialart, évêque de Châlons-sur-Marne, qui résolut de l'adopter pour son diocèse. L'oratorien, flatté de ce suffrage, augmenta beaucoup son livre ; il fut imprimé à Paris en 1671, avec un mandement de l'évêque de Châlons et l'approbation des docteurs. En 1675, Quesnel fit paraître une nouvelle édition des œuvres du pape saint Léon, avec des notes, des observations et des dissertations. Elle fut censurée à Rome le 22 juin 1676, et a été depuis effacée par celle des frères Ballerini, qui reprochent à Quesnel beaucoup d'inexactitudes et d'infidélités.

Cependant la congrégation de l'Oratoire était travaillée par des opinions nouvelles. Elle avait à sa tête le Père Abel de Sainte-Marthe, qui peut être regardé comme une des principales causes de sa décadence, et qui y favorisait les sentiments de Jansénius et d'Arnauld. Il avait donné sa confiance à Quesnel, qui les avait adoptés. Repris plusieurs fois par M. de Harlay, archevêque de Paris, et continuant toujours à servir le même parti, il fut exilé, et Quesnel eut ordre de choisir une autre résidence que Paris. Il se retira à Orléans, en 1681, et continua d'y travailler à ses *Réflexions morales*. La petite mortification qu'il venait d'essuyer le porta encore plus à faire entrer dans son ouvrage des plaintes assez mal déguisées sur le sort de la vérité et de ses défenseurs. Une nouvelle mesure vint accroître ces dispositions peu favorables. L'assemblée générale de l'Oratoire avait dressé, en 1678, un formulaire sur divers points de philosophie et de théologie. En 1684, elle en ordonna la signature à tous les membres de la congrégation. On y avait mêlé assez imprudemment le cartésianisme. Il est assez vraisemblable que ce ne fut pas pour le premier de ces systèmes que Quesnel sortit alors de l'Oratoire ; car il refusa de signer. Craignant d'être inquiété, s'il restait en France, il alla joindre Arnauld à Bruxelles, et demeura auprès de lui jusqu'en 1694, où il lui succéda comme chef de la secte (Picot, *Mémoires*, art. Quesnel).

C'est à Bruxelles et en la compagnie d'Arnauld, que Quesnel acheva ses *Réflexions morales sur les Actes et les Epîtres des apôtres*. Il les joignit aux *Réflexions sur les quatre Evangiles*, auxquelles il donna plus d'étendue. L'ouvrage, ainsi refait à neuf, parut en 1694, et fut présenté à M. de Noailles, qui avait succédé à M. Vialart sur le siège de Châlons. Ce prélat, informé que ce livre avait cours dans son diocèse et y était goûté, après y avoir fait, dit-on, quelques changements, l'approuva par un mandement du 23 juin 1695, et en recommanda la lecture au clergé et aux fidèles de son diocèse, comme l'avait fait son prédécesseur.

Jusque-là les *Réflexions morales* n'avaient pas fait grand bruit, et l'on ne voit pas qu'elles eussent été l'objet d'aucune animadversion. Un événement imprévu en fit un brandon de discorde. M. de Noailles fut cette même année transféré sur le siège métropolitain de Paris. Le 20 août 1696, il publia une ordonnance dans laquelle il condamnait un livre de l'abbé Barcos, neveu du fameux de Hauranne, l'ami de Jansénius, ayant pour titre : *Exposition de la foi de l'Eglise, touchant la grâce et la prédestination*. C'était, comme on l'imagine bien, toute la doctrine du jansénisme. Deux ans après, on vit paraître, sous le titre de *Problème ecclésiastique*, un écrit où l'auteur opposait Louis-Antoine de Noailles, évêque de Châlons en 1695, approuvant cette doctrine dans les *Réflexions morales*, à Louis-Antoine de Noailles, archevêque de Paris en 1696, condamnant la même doctrine dans l'*Exposition de la foi* ; on y demandait malignement auquel des deux il fallait croire ? Le *Problème* fut condamné au feu, par arrêt du parlement de Paris du 10 janvier 1699 ; mais cela ne tirait pas M. de Noailles de l'état pénible où le mettait cet embarrassant dilemme, dont l'auteur se fit connaître : c'était Thierri de Viaixnes, bénédictin de Saint-Vannes. La nouvelle édition des *Réflexions morales* parut en 1699, sans corrections, mais aussi sans approbation de M. de Noailles. Les *Réflexions morales* du janséniste Quesnel furent censurées en 1703 par M. de Foresta, évêque d'Apt ; condamnées en 1708 par un décret du pape Clément XI ; proscrites en 1713, par le cardinal de Noailles ; enfin solennellement anathématisées par la constitution *Unigenitus*, publiée à Rome le 8 septembre de la même année, sur les instances de Louis XIV. Cette bulle acceptée, le 25 janvier 1714, par les évêques assemblés à Paris, enregistrée en Sorbonne le 5 mars, et reçue ensuite par le corps épiscopal, à l'exception de quelques évêques français, qui en appelèrent au futur concile (Feller, Picot, *Biogr. univers.*). Quesnel s'opiniâtra dans le schisme et l'hérésie jusqu'à sa mort, arrivée l'an 1719.

L'esprit janséniste ayant pénétré de bonne heure dans la congrégation de l'Oratoire, en fit sortir, dès 1643, un de ses meilleurs prêtres, le Père Eudes. Jean Eudes, frère aîné de l'historien Mézerai, naquit au diocèse de Séez en 1601, et mourut à Caen en l'année 1680. Ce fut à Caen, sous les Jésuites, qu'il fit ses études ; et Bérulle le reçut en sa congrégation l'an 1625 ; il fut bientôt après nommé supérieur de la maison de Caen, et quitta, en 1643, la congrégation de l'Oratoire, pour fonder la congrégation de Jésus et de Marie, qui, de son nom, fut bientôt connue sous celui de *congrégation des Eudistes*. Elle garda fidèlement l'esprit de son pieux fondateur jusqu'à la révolution française, tandis que la congrégation de l'Oratoire alla de mal en pis. A la grande épreuve de la révolution, elle se distingua par deux choses : elle fournit un des principaux meurtriers de Louis XVI, Fouché, puis des théologiens schismatiques, tels que Tabaraud, pour aider tous les ennemis de l'Eglise à lui faire la guerre.

Quant à la Sorbonne, à la Faculté de théologie de Paris, et aux théologiens français en général, il en fut comme des congrégations religieuses. Un cerain nombre écouta toujours l'Eglise, enseigna toujours comme elle, sans omettre un point ou une virgule. Un plus grand nombre n'écoutèrent pas toujours l'Eglise, n'enseignèrent pas toujours comme elle, et habituèrent ainsi les hommes à mépriser son autorité, et par là même toute autorité quelconque. Nous avons vu ces deux camps se former l'un contre l'autre : d'un côté, Richer, Jansénius, Duverger de Hauranne ; de l'autre, saint Vincent de Paul. Nous avons vu ce bienfaiteur de la France et de l'humanité joindre à ses autres mérites celui d'un véritable docteur de l'Eglise, exciter les évêques et les docteurs en titre à se réunir et à s'élever contre l'hérésie naissante, à la poursuivre devant le tribunal de Saint-Pierre, pour qu'il lui écrasât la tête de son bâton pastoral. Nous avons vu, dociles aux inspirations de Vincent de Paul, les docteurs Cornet, Duval, Hallier et autres poursuivre l'hérésie jusqu'aux pieds du Juge suprême, et lui faire donner le coup mortel.

Nicolas Cornet, natif d'Amiens, était syndic de la Faculté de théologie de Paris, lorsqu'en 1649 il déféra sept propositions de Jansénius, dont les cinq premières étaient celles qui furent condamnées depuis. Le cardinal de Richelieu avait de lui une si haute estime, qu'il l'admit dans son conseil, et voulut l'avoir pour confesseur ; mais le docteur refusa ce dernier emploi. Le cardinal Mazarin le fit président de son conseil de conscience, et lui offrit l'archevêché de Bourges ; mais le docteur refusa l'archevêché. Il mourut en 1663, laissant beaucoup de legs pieux. Bossuet, qui avait été son élève, prononça son oraison funèbre. Voici comme cet illustre orateur caractérise les jansénistes et la conduite que tint le docteur Cornet à leur égard.

« Vous le savez, juste Dieu, vous le savez que c'est malgré lui que cet homme modeste et pacifique a été contraint de se signaler parmi les troubles de votre Eglise. Mais un docteur ne peut pas se taire dans la cause de la foi ; et il ne lui était pas permis de manquer en une occasion où sa science exacte et profonde et sa prudence consommée ont paru si fort nécessaires. Je ne puis non plus omettre en ce lieu le service très-important qu'il a rendu à l'Eglise, et je me sens obligé de vous exposer l'état de nos malheureuses dissensions, quoique je désirerais beaucoup davantage de les voir ensevelies éternellement dans l'oubli et dans le silence. Quelle effroyable tempête s'est excitée en nos jours, touchant la grâce et le libre arbitre ? Je crois que tout le monde ne le sait que trop ; et il n'y a aucun endroit, si reculé de la terre, où le bruit n'en ait été répandu. Comme presque le plus grand effort de cette nouvelle tempête tomba dans le temps qu'il était syndic de la Faculté de théologie ; voyant les vents s'élever, les nues s'épaissir, les flots s'enfler de plus en plus ; sage, tranquille et posé qu'il était, il se mit à considérer attentivement quelle était cette nouvelle doctrine, et quelles étaient les personnes qui la soutenaient. Il vit donc que saint Augustin, qu'il tenait le plus éclairé et le plus profond de tous les docteurs, avait exposé à l'Eglise une doctrine toute sainte et apostolique touchant la grâce chrétienne ; mais que, ou par la faiblesse naturelle de l'esprit humain, ou à cause de la profondeur ou de la délicatesse des questions, ou plutôt par la condition nécessaire et inséparable de notre foi, durant cette nuit d'énigmes et d'obscurités, cette doctrine céleste s'est trouvée nécessairement enveloppée parmi des difficultés impénétrables ; si bien qu'il y avait à craindre qu'on ne fût jeté insensiblement dans des conséquences ruineuses à la liberté de l'homme : ensuite il considéra avec combien de raison toute l'école et toute l'Eglise s'étaient appliquées à défendre les conséquences ; et il vit que la faculté des nouveaux docteurs en était si prévenue, qu'au lieu de les rejeter, ils en avaient fait une doctrine propre : si bien que la plupart de ces conséquences, que tous les théologiens avaient toujours regardées jusqu'alors comme des inconvénients fâcheux, au devant desquelles il fallait aller pour bien entendre la doctrine de saint Augustin et de l'Eglise, ceux-ci les regardaient, au contraire, comme des fruits nécessaires, qu'il fallait en recueillir ; et ce qui avait paru à tous les autres comme des écueils contre lesquels il fallait craindre d'échouer le vaisseau, ceux-ci ne craignaient point de nous le montrer comme le port salutaire auquel devait aboutir la navigation. Après avoir ainsi regardé la face et l'état de cette doctrine, que les docteurs, sans doute, reconnaîtront bien sur cette idée générale, il s'appliqua à connaître le génie de ses défenseurs. Saint Grégoire de Nazianze, qui lui était fort familier, lui avait dit que les troubles ne naissent pas dans l'Eglise par des âmes communes et faibles : « Ce sont, dit-il, de grands esprits, mais ardents et chauds, qui causent ces mouvements et ces tumultes ; » mais ensuite les décrivant par leurs caractères propres, il les appelle excessifs, insatiables, et portés plus ardemment qu'il ne faut aux choses de la religion : paroles vraiment sensées, et qui nous représentent au vif le naturel de tels esprits.

» Vous êtes étonnés peut-être d'entendre parler de la sorte un si saint évêque ; car, messieurs, nous devons entendre que, si l'on peut avoir trop d'ardeur, non point pour aimer la saine doctrine, mais pour l'éplucher de trop près et pour la rechercher trop subtilement, la première partie d'un homme qui étudie les vérités saintes, c'est de savoir discerner les endroits où il est permis de s'entendre, et où il faut s'arrêter tout court, et se souvenir des bornes étroites dans lesquelles est resserrée notre intelligence; de sorte que la plus prochaine disposition à l'erreur, est de vouloir réduire les choses à la dernière évidence de la conviction. Mais il faut modérer le feu d'une mobilité inquiète, qui cause en nous cette intempérance et cette maladie de savoir, et être sages sobrement et avec mesure, selon le précepte de l'Apôtre, et se contenter simplement des lumières qui nous sont données plutôt pour réprimer notre curiosité que pour éclaircir tout à fait le fond des choses. C'est pourquoi ces esprits extrêmes, qui ne se lassent jamais de chercher, ni de discourir, ni de disputer, ni d'écrire, saint Grégoire de Nazianze les a appelés excessifs et insatiables.

» Notre sage et avisé syndic jugea que ceux desquels nous parlons étaient à peu près de ce caractère, grands hommes, éloquents, hardis, décisifs, esprits forts et lumineux; mais plus capables de pousser les choses à l'extrémité que de tenir le raisonnement sur le penchant, et plus propres à commettre ensemble les vérités chrétiennes qu'à les réduire à leur unité naturelle; tels enfin, pour dire en un mot, qu'ils donnent beaucoup à Dieu et que c'est pour eux une grande grâce de céder entièrement à s'abaisser sous l'autorité suprême de l'Eglise et du Saint-Siège. Cependant les esprits s'émeuvent, et les choses se mêlent de plus en plus. Ce parti, zélé et puissant, charmait du moins agréablement, s'il n'emportait tout à fait la fleur de l'école et de la jeunesse; enfin il n'oubliait rien pour entraîner après soi toute la Faculté de théologie.

» C'est ici qu'il n'est pas croyable combien notre sage grand-maître a travaillé utilement parmi ces tumultes, convainquant les uns par sa doctrine, retenant les autres par son autorité, animant et soutenant tout le monde par sa constance; et lorsqu'il parlait en Sorbonne dans les délibérations de la Faculté, c'est là qu'on reconnaissait, par expérience, la vérité de cet oracle : « La bouche de l'homme prudent est désirable dans les assemblées, et chacun pèse toutes ses paroles en son cœur (Eccl., 20, 21). » Car il parlait avec tant de poids, dans une si belle suite, et d'une manière si considérée, que même ses ennemis n'avaient point de prise. Au reste, il s'appliquait également à démêler la doctrine et à prévenir les pratiques par sa sage et admirable prévoyance; en quoi il se conduisait avec une telle modération, qu'encore qu'on n'ignorât pas la part qu'il avait en tous les conseils, toutefois à peine aurait-il paru, n'était que ses adversaires, en le chargeant publiquement presque de toute la chose, lui donnèrent aussi, malgré lui-même, la plus grande partie de la gloire. Et certes, il est véritable qu'aucun n'était mieux instruit du point décisif de la question. Il connaissait très-parfaitement et les confins et les bornes de toutes les opinions de l'école, jusqu'où elles couraient, et où elles commençaient à se séparer : surtout il avait grande connaissance de la doctrine de saint Augustin et de l'école de saint Thomas. Il connaissait les endroits par où ces nouveaux docteurs semblaient tenir les limites certaines, par lesquelles ils s'en étaient divisés. C'est de cette expérience, de cette connaissance exquise, et du concert des meilleurs cerveaux de la Sorbonne, que nous est né cet extrait de ces cinq propositions, qui sont comme les justes limites par lesquelles la vérité est séparée de l'erreur, et qui étant, pour ainsi parler, le caractère propre et singulier des nouvelles opinions, ont donné le moyen à tous les autres de courir unanimement contre leurs nouveautés inouïes.

» C'est donc ce consentement qui a préparé les voies à ces grandes décisions que Rome a données; à quoi notre très-sage docteur, par la créance qu'avait même le souverain Pontife à sa parfaite intégrité, avait si utilement travaillé, il en a aussi avancé l'exécution avec une pareille vigueur, sans s'abattre, sans se détourner, sans se ralentir : si bien que par son travail, sa conduite, et par celle de ses fidèles coopérateurs, ils ont été contraints de céder. On ne fait plus aucune sortie, on ne parle plus que de paix. O qu'elle soit véritable! ô qu'elle soit effective! ô qu'elle soit éternelle! Puissions-nous avoir appris par expérience combien il est dangereux de troubler l'Eglise, et combien on outrage la sainte doctrine quand on l'applique malheureusement parmi les extrêmes conséquences! Puissent naître de ces conflits des connaissances plus nettes, des lumières plus distinctes, des flammes de charité plus tendres et plus ardentes, qui rassemblent bientôt en un, par cette véritable concorde, les membres dispersés de l'Eglise (Bossuet, *Oraison funèbre de Nicolas Cornet*, t. XVII)! »

Le docteur Cornet, si hautement loué par Bossuet pour sa pénétration à saisir et pour son zèle à signaler les erreurs du jansénisme, fut secondé fidèlement par un autre docteur de Sorbonne, ANDRÉ DUVAL, né à Pontoise en 1564 et mort en 1638, doyen de la Faculté de théologie. Un seul fait suffirait pour son éloge : il fut l'ami, le conseil et le confesseur de Vincent de Paul. Aussi résista-t-il efficacement à tous les novateurs, particulièrement à Richer et aux jansénistes. Outre des écrits polémiques qu'il composa dans cette vue, on a de lui les vies de plusieurs saints de France et des pays voisins, pour servir de suite à celle du Jésuite espagnol Ribadeneira. L'an 1614, il publia un traité latin : *De la puissance suprême du Pontife romain sur l'Eglise*. Ce traité est dirigé contre la théologie nouvelle et séculière de Richer, ainsi que des huissiers, avocats et juges du parlement de Paris. Duval y rappelle et soutient, sur l'autorité du Pape, l'ancienne doctrine des Eglises des Gaules, de saint Irénée de Lyon, de saint Avit de Vienne, de saint Yves de Chartres, de saint Bernard de Clairvaux; des principaux docteurs de l'Université de Paris, saint Thomas, saint Bonaventure, Alexandre de Halès, Richard et Hugues de Saint-Victor; de l'Académie de Paris et du clergé de France en corps, comme le fait voir Fénelon dans son traité latin : *De l'autorité du souverain Pontife* (*Œuvres de Fénelon*, t. II).

FRANÇOIS HALLIER naquit à Chartres vers 1595. Après ses premières études, il fut placé en qualité de page chez la princesse douairière d'Aumale, où, tout jeune qu'il était, il se fit remarquer par diverses poésies latines et françaises. Il quitta ce service pour faire ses cours de philosophie et de théologie, et, après sa licence, fut appelé dans la maison de Villeroi, où il fut chargé d'achever l'éducation de Ferdinand de Neuville, mort depuis évêque de Chartres. Ayant accompagné son élève dans différents voyages en Italie, en Grèce et en Angleterre, il eut occasion à Rome de se faire connaître du pape Urbain VIII, auquel il inspira de l'estime, et qui fut si charmé de son savoir, que par la suite il le nomma deux fois évêque de Toul ; il lui destinait même un chapeau de cardinal, mais quelques brigues et des raisons d'Etat empêchèrent l'effet de cette bonne disposition. De retour à Paris, Hallier prit le bonnet de docteur, fut nommé professeur royal en Sorbonne, et, l'an 1645, succéda, dans le syndicat de la Faculté de théologie, au docteur Cornet : la même année, il fut promoteur de l'assemblée du clergé et en remplit les fonctions avec éclat. L'an 1650, à la persuasion de saint Vincent de Paul, il fit à Rome un second voyage, et obtint d'Innocent X la condamnation des cinq propositions jansénistes. Le cardinal de Richelieu lui proposa d'être son confesseur ; mais, à l'exemple de Cornet, Hallier crut devoir et sut éviter ce poste délicat. En 1656, il alla pour la troisième fois à Rome, recevoir des mains d'Alexandre VII les bulles de l'évêché de Cavaillon, dont ses infirmités ne lui permirent de prendre possession qu'en 1657. Il succomba l'année suivante à une attaque de paralysie qui lui avait entièrement ôté la mémoire : il était âgé de soixante-trois ans et quelques mois. On a de lui : 1° *Des ordinations selon l'ancien rite de l'Eglise* ; 2° *Traité de la hiérarchie ecclésiastique* ; 3° *Défense de la hiérarchie ecclésiastique et de la censure de la Faculté de théologie de Paris*. Ce qui donna occasion à ces deux ouvrages, fut l'envoi que fit Urbain VIII d'un évêque en Angleterre, avec des pouvoirs dont les réguliers se plaignirent, comme blessant leurs priviléges. 4° Différents écrits au sujet du jansénisme, et des traités de théologie et de philosophie (*Biographie univers.*, t. XIX).

Un monument curieux de la doctrine de l'ancienne Sorbonne est un traité latin, *De la monarchie divine, chrétienne, ecclésiastique et séculière*, par Michel Mauclerc, parisien, docteur sorbonique, dédié au Très-Saint-Père Grégoire XV et au roi très-chrétien Louis XIII, et imprimé à Paris en 1622, chez Sébastien Cramoisy, avec un privilége du roi, enregistré au parlement. Dans ce traité, il se trouve un chapitre entre autres, ayant pour titre : *Notre Seigneur Jésus-Christ n'a pas été roi de ce monde, à la manière des autres princes, quoique son royaume soit dans ce monde.* Et l'auteur assigne trois raisons principales pourquoi Jésus-Christ a dit que son royaume n'était pas de ce monde : 1° Pour faire entendre que son royaume ne provenait pas de l'élection et l'approbation des hommes, comme les autres royaumes de la terre, mais uniquement et immédiatement de Dieu, son Père, ainsi que l'expliquent, ajoute-t-il, saint Chrysostome, Théophylacte et les autres Pères grecs, et avec eux saint Augustin. 2° Pour montrer, selon saint Cyrille d'Alexandrie, que son royaume était d'une tout autre condition que les empires terrestres, et qu'il n'avait pas besoin, comme ceux-ci, du secours de personne. 3° Enfin, pour annoncer que son royaume ne se gouvernait pas comme les autres, par la contrainte, et qu'il se proposait une fin beaucoup plus élevée : l'éternité bienheureuse.

Voilà comme un ancien docteur de Sorbonne explique ce fameux texte d'après les saints Pères. Mais, outre cela, il soutient encore dans son livre bien des choses peu gallicanes. Il enseigne, par exemple, page 208, que la monarchie de l'Eglise est l'esprit vital du gouvernement politique. Page 231, que c'est une hérésie de soutenir opiniâtrément que le gouvernement de l'Eglise n'est pas monarchique, mais aristocratique. Page 406, que l'empire monarchique du Pape sur toute l'Eglise paraît principalement en ce qu'il n'est permis à personne d'appeler de sa sentence à un autre tribunal, et, que lui-même ne peut être jugé par personne. Page 414, que c'est à lui seul à convoquer les conciles généraux, à les confirmer, à les dissoudre, le cas échéant, et à en dispenser. Page 496, que c'est à lui, comme monarque suprême de l'Eglise universelle, à déterminer ce qui est de foi. Page 512, que pour qu'il ne pût se tromper ni nous tromper dans la détermination de la règle de la foi et des mœurs, non plus que dans le gouvernement de l'Eglise universelle, Jésus-Christ a voulu attacher à sa majesté souveraine le don de l'infaillibilité. En conséquence de tout cela, il conclut, page 460, que quand l'univers entier serait d'un sentiment opposé à celui du Pape, il serait toujours plus sûr de se soumettre à l'autorité du Très-Saint-Père ; et pour comble de surprise, il cite à l'appui de cette doctrine saint Jérôme, qui, à la fin de sa profession de foi au pape Damase, s'écrie : « Voilà, Très-Saint-Père, la foi que nous avons apprise dans l'Eglise catholique, foi que nous avons toujours tenue et que nous tenons encore. Si dans l'exposition que nous en avons faite, il se trouve quelque chose d'inexact, nous désirons qu'il soit corrigé par vous, qui avez hérité et de la foi et du siége de Pierre ; si au contraire cette profession que nous vous présentons est une fois approuvée par le jugement de votre apostolat, quiconque voudra me blâmer encore prouvera qu'il est lui-même ou un ignorant, ou un malveillant, ou même un homme non catholique, mais non pas que je sois hérétique.

Ce qu'il y a de plus singulier, c'est que l'ouvrage où un docteur de Sorbonne enseigne de pareilles doctrines, non-seulement porte en tête une épître dédicatoire à Louis XIII, non-seulement a été imprimé à Paris en 1622, avec privilége du roi, enregistré au parlement ; mais, de plus, il est approuvé par huit docteurs de la sacrée Faculté de théologie de Paris, qui attestent qu'après l'avoir lu avec beaucoup d'attention et de fidélité, ils ont vu que tout y était très-bon, très-orthodoxe et très-salutaire, tant à l'Eglise catholique, apostolique et romaine, qu'à tous les royaumes chrétiens.

Nous allons voir que, vers la fin du même siècle, il n'était plus permis à un docteur de Sorbonne de professer ces anciennes doctrines, lors même qu'il en reconnaissait la vérité.

Vers l'an 1670, un petit garçon d'Antibes en Provence gardait des pourceaux, lorsqu'il vit passer un carrosse qui allait à Paris. Il lui prit envie d'y aller lui-même voir un oncle qui était prêtre à Saint-Germain-l'Auxerrois. L'oncle le reçut fort bien, et prit soin de son éducation: Le jeune pâtre montra les dispositions les plus heureuses, eut de brillants succès dans ses études, fut reçu docteur en Sorbonne l'an 1686, et devint le premier théologien de son époque. C'est Honoré Tournély, né à Antibes le 28 août 1668. Il fut pendant quelques années professeur de théologie à Douai, puis à la Sorbonne pendant vingt-quatre ans. Il publia son cours, de 1725 à 1730 : ce sont les *Traités de la grâce*, *des Attributs de Dieu, de la Trinité, de l'Incarnation*, *de l'Eglise et des Sacrements*, tant en général qu'en particulier. L'impression du *Traité du mariage* était presque achevée, lorsque l'auteur mourut d'apoplexie le 26 décembre 1729. Jusqu'à présent, c'est la meilleure théologie que l'on ait en France. Les idées ont la netteté et la précision scholastiques : le style est si bien approprié à la chose, que Cicéron lui-même, à en juger par ses écrits philosophiques, l'eût employé pour écrire une théologie chrétienne; enfin, ce qui est le principal, sa doctrine est sûre et entière, principalement sur les matières de la grâce; ce qui a été donné à très-peu de ses contemporains. Et sa conduite a toujours été comme sa doctrine; toujours il s'est montré dans l'Eglise de Dieu, non-seulement enfant soumis à ses décisions, mais encore fidèle soldat pour les soutenir contre l'erreur, mérite très-rare à cette époque.

Pour avoir un ensemble complet de ses idées sur la grâce, il faut ajouter à son traité particulier sur cette matière quelques thèses préliminaires de son *Traité de Dieu*, par exemple, celle-ci : *L'intelligence créée peut-elle voir Dieu par les seules forces de la nature?* Il s'agit ici de voir Dieu clairement, intuitivement, immédiatement, en lui-même, et tel que lui-même il se voit. Tournély conclut avec tous les catholiques, que l'intelligence créée ne saurait voir Dieu de cette manière par les seules forces de la nature. Or, cette claire vue de Dieu, c'est la fin souverainement heureuse, c'est la gloire à laquelle Dieu veut bien appeler l'homme. Donc, si cette fin est essentiellement surnaturelle, le moyen de parvenir à cette fin le sera aussi; et ce moyen est la grâce, moyen qui doit réunir intimement ces deux extrêmes, Dieu et l'homme : il faut donc savoir au juste où la nature de l'homme en était dans l'origine, et où elle en est maintenant. La gloire, la grâce, la nature; Dieu, le médiateur, l'homme : tels sont les trois termes de cette proportion incommensurable, mais bien exacte, qu'on appelle religion catholique.

L'hérésie se trompe et trompe sur tous les termes de la proportion. Les hérésiarques les plus opposés, d'un côté Pélage, de l'autre côté Luther, Calvin et Jansénius, posent pour principe commun de leurs erreurs diverses, que, dans l'origine, ces deux termes de la proportion, la nature humaine et la grâce divine, étaient la même chose; ils se divisent sur les conséquences du péché d'Adam, Pélage raisonne ainsi : Le péché de notre premier père n'a pas détruit ni changé la nature humaine : ce qu'elle était, elle l'est encore; donc elle nous suffit encore maintenant pour mériter le ciel et voir Dieu en lui-même; nous n'avons besoin pour cela d'aucune autre grâce, si ce n'est pour faire la même chose plus facilement. Luther, Calvin, Baïus, Jansénius raisonnent ainsi : Dans notre premier père, la nature humaine et la grâce divine étaient la même chose; or, par son péché, notre premier père a perdu la grâce divine; donc il a aussi perdu la nature humaine. Notre nature ne conserve plus rien de bon, n'a plus de force que pour le mal; le libre arbitre, cette faculté active de se porter au bien ou au mal, n'est plus qu'un mot : la grâce est la restauration de la nature et n'est que cela; la grâce n'est proprement surnaturelle qu'à la nature tombée; la volonté de l'homme, la liberté humaine ne sont plus qu'une balance, que la grâce tire d'un côté, la concupiscence de l'autre; celle qui tire le plus fort l'emporte; dans le fond, ce n'est plus l'homme qui fait ni le bien ni le mal, mais les deux concupiscences; cependant l'homme est récompensé de l'un et puni de l'autre, et Dieu est juste.

L'athéisme vient aussitôt et dit : « Comment appeler juste un être qui punit ou récompense de ce qu'on n'est libre ni d'éviter ni de faire? C'est une moquerie. Un pareil être serait le plus cruel des tyrans. Ce que l'on en peut dire de mieux, c'est qu'il n'existe pas; c'est qu'il n'y a ni bien ni mal; c'est que la religion qui prêche un pareil Dieu, une pareille justice, est une atroce imposture. » Ces conclusions de l'athéisme, de l'incrédulité, sont justes contre la religion de Jansénius, de Calvin, de Luther et de Mahomet, mais nullement contre la religion catholique romaine, car, contrairement à tous ces hérésiarques et imposteurs, elle enseigne expressément que Dieu ne récompense ou ne punit que pour le bien ou le mal que l'on aura fait avec une libre volonté; que le péché du premier homme n'a pas détruit la nature ni éteint le libre arbitre ; que la grâce n'est pas la même chose que la nature, ni dans le premier homme, ni en nous; que voir Dieu en lui-même est au-dessus des forces de toute nature créée.

Examinant en détail ce que l'homme déchu peut encore connaître et faire de bon, Tournély distingue entre l'ordre naturel et l'ordre surnaturel, puis il établit les conclusions suivantes : 1º L'homme peut, sans un secours spécial de la grâce, connaître quelques vérités naturelles, tant spéculatives que pratiques. 2º Sans une grâce, l'homme ne peut moralement connaître toutes les vérités de l'ordre naturel, soit toutes ensemble, soit prises séparément. 3º L'homme ne peut saisir une vérité surnaturelle sans une révélation extérieure, ni la connaître certainement et la croire sans une grâce surnaturelle. Ces conclusions de Tournély, qui n'est que l'écho des théologiens les plus catholiques, sont à remarquer par les philosophes chrétiens, afin qu'ils n'aillent pas ou qu'ils n'aillent plus supposer, comm doctrine de l'Eglise, que l'homme déchu ne peut plus connaître de lui-même aucune vérité de l'ordre naturel, et qu'il lui faut absolument la grâce, ou même la révélation proprement dite, confondant ainsi l'ordre naturel avec l'ordre surnaturel.

A la question *si, sans la grâce ou sans une grâce, l'homme peut encore faire ou vouloir le bien,* Tournély répond par les conclusions suivantes : 1º Sans un secours spécial de la grâce intérieure, on ne peut avoir la foi surnaturelle, ni même le commencement. 2º Sans un secours spécial de la grâce intérieure, l'homme ne peut vouloir ni faire aucune bonne œuvre morale, surnaturelle, appartenant au salut. 3° Sans la foi surnaturelle ou théologale, l'homme peut faire quelques œuvres moralement bonnes, par conséquent il est faux que toutes les actions des infidèles soient des péchés proprement dits. 4° Sans la grâce habituelle ou sanctifiante, l'homme peut, par la grâce actuelle, faire quelque bonne œuvre morale, non-seulement de l'ordre naturel, mais encore de l'ordre surnaturel. 5° Dans l'état de nature innocente et entière, l'homme aurait pu opérer tout bien quelconque de l'ordre naturel sans un secours spécial de la grâce. 6° L'homme déchu ne peut plus, sans un secours spécial de la grâce, opérer toute bonne œuvre quelconque de l'ordre naturel, même quant à la substance, ni par conséquent accomplir tous les préceptes de la loi naturelle. 7° L'homme tombé peut encore faire quelque bonne œuvre de l'ordre naturel sans un secours spécial de la grâce, lorsqu'il n'est point pressé par aucune tentation, du moins grave. 8° L'homme peut, sans un secours spécial de la grâce, aimer Dieu comme auteur de la nature, d'un amour au moins imparfait et initial. 9° L'homme déchu ne peut pas, sans un secours particulier de la grâce, aimer Dieu sur toutes choses comme auteur de la nature, d'un amour ou affectif ou effectif. 10° Dans l'état de nature entière, l'homme aurait pu, sans une grâce spéciale, observer, quant à la substance, tous et chacun des préceptes de la loi naturelle; mais il ne le peut, même d'un pouvoir physique, dans l'état de nature déchue. 11° L'homme ne peut, sans une grâce spéciale, surmonter de graves tentations; mais il peut en surmonter quelques légères, quant à la substance d'une œuvre morale de l'ordre naturel.

Ces conclusions méritent d'être considérées attentivement, surtout par ceux que Dieu appelle à convertir les infidèles, les incrédules, les pécheurs ordinaires, afin qu'ils y procèdent par la voie sûre, sans rien exagérer ni d'un côté ni de l'autre. Les conclusions sur la grâce suffisante ne méritent pas moins d'attention.

Tournély a deux importantes questions sur cette matière : ce qu'est la grâce suffisante, et à qui elle se donne. Sous le nom de *grâce suffisante*, l'Eglise entend celle qui donne à la volonté, pour faire le bien, une puissance actuelle, proportionnée et relative aux circonstances où l'homme se trouve présentement, avec des forces pareilles et égales à la concupiscence opposée qu'il s'agit de vaincre; et, par ces mots *résister à la grâce intérieure*, elle n'entend pas autre chose, sinon que la grâce est privée de l'effet que, d'après l'ordre et la volonté de Dieu, elle peut avoir ici et maintenant, vis-à-vis de la concupiscence actuelle qui lui est opposée. Après avoir amplement prouvé cette thèse, l'auteur conclut en cinquième lieu : Il faut admettre une grâce suffisante qui suffise si immédiatement, soit pour faire certaines choses faciles, soit pour obtenir par la prière un secours plus abondant de Dieu pour accomplir ce qui est plus difficile, que quelquefois elle produit réellement son effet (Tournély, *De gratiâ*, t. II).

Ce qu'il prouve par l'Ecriture, par saint Augustin, par les docteurs de l'école, notamment par le Père Thomassin, dont il transcrit jusqu'à seize raisons. Or, quand deux théologiens aussi estimables et aussi estimés dans toute l'Eglise, que Thomassin et Tournély, s'accordent si bien sur une question si longuement et si vivement discutée, on peut suivre avec sécurité leur sentiment.

Sur la question de savoir si tous reçoivent des grâces suffisantes pour obtenir le salut, Tournély établit les conclusions suivantes : 1° Dieu confère à tous les justes, lorsqu'ils doivent accomplir un commandement, une grâce vraiment suffisante, par laquelle, relativement à leur concupiscence actuelle et présente, ils peuvent ou surmonter les tentations et observer les préceptes ici et maintenant, ou du moins obtenir par la prière un secours plus abondant pour surmonter les tentations et observer les préceptes. 2° Dieu donne à tous les fidèles des grâces suffisantes pour pouvoir éviter les péchés et se repentir, soit immédiatement, soit médiatement, de ceux qu'ils ont commis. 3° Il est accordé aux infidèles certaines grâces suffisantes, grâces véritables et proprement dites, par lesquelles ils peuvent au moins médiatement obtenir la foi et le salut. 4° Ceux qui sont aveuglés et endurcis ne sont point absolument privés de tous les secours de grâce suffisante (Tournély, *De gratiâ*, t. II).

On s'étonnera peut-être que dans quelques-unes de ces thèses, Tournély s'exprime avec tant de précautions. C'est pour prévenir les restrictions mentales et les équivoques des jansénistes. Les sectaires avaient un langage à double entente, moyennant lequel ils condamnaient les cinq propositions de Jansénius tout en les soutenant plus opiniâtrement que jamais, et se soumettaient aux décisions de l'Eglise tout en se moquant d'elle. Ce mystère de tromperie était enveloppé dans deux adverbes : *absolument* et *relativement*. Voici comme se jouait le tour de passe-passe. Rappelons-nous que, suivant les jansénistes, notre volonté est une balance tirée de chaque côté par deux concupiscences opposées, l'une bonne, l'autre mauvaise. Supposez que la bonne concupiscence pèse huit onces ou huit grammes, et la mauvaise douze : comme la mauvaise l'emporte sur la bonne de quatre onces, votre volonté penchera nécessairement vers le mal et vous le ferez nécessairement. Il est vrai, *absolument*, huit onces de grâce sont suffisantes, et même au delà, pour faire le bien; mais *relativement* aux douze onces contraires, huit ne suffisent pas. Interrogé alors sur la première proposition de Jansénius : Les commandements de Dieu sont-ils impossibles aux justes? le janséniste répondra tout haut : D'une impossibilité *absolue*, non; et il se dira tout bas : D'une impossibilité *relative*, oui; car, huit de douze, reste quatre.

Supposé maintenant douze onces de grâce et huit de concupiscence : votre volonté penchera nécessairement vers le bien, et vous le ferez nécessairement; car douze l'emportent de quatre sur huit. Il est vrai, *absolument*, huit onces de concupiscence suffisent, et au delà, pour résister à la grâce et ne pas faire le bien; mais *relativement* à douze de contraires, huit ne suffisent plus; car il s'en manque de quatre, et même de cinq. Donc, interrogé sur la seconde proposition de Jansénius : Peut-on résister dans ce cas à la grâce intérieure? le janséniste répondra tout haut : Oui, *absolument*; non, *relativement*; car il s'en faut de quatre onces, et même de cinq.

Tout cela montre que dans la doctrine des jansénistes, notre volonté, notre libre arbitre, est une balance morte; car, supposé que nous soyons une balance vivante, active jusqu'à un certain point par elle-même : en acquiesçant, en adhérant aux huit onces de grâce qui nous sollicitent au bien, nous en augmenterions peut-être le poids et l'énergie de trois ou quatre, et diminuerions d'autant la concupiscence opposée; ce qui ruinerait de fond en comble la jonglerie janséniste. Il lui faut donc une balance inanimée, impuissante, inerte, mécanique, dont le matérialisme le plus grossier puisse être satisfait. C'est par cet ensemble d'équivoques, de doubles ententes, de réticences, de restrictions mentales, que les dévots jansénistes, à commencer par Arnauld, Pascal, Nicole et Jansénius lui-même, s'appliquaient pieusement à jouer, à mystifier l'Eglise et ses fidèles enfants.

Quelqu'un sut les mystifier une fois à leur tour. Il était à l'Université de Douai : on soupçonnait que dans cette Université il y avait plus d'un janséniste occulte, qui, aux décisions de l'Eglise, répondait tout haut *oui*, et tout bas *non;* on eût été bien aise, non-seulement de les connaître, mais d'avoir l'exposé de leurs vrais sentiments signé de leur main. Donc, en 1690, l'un d'eux reçut une lettre du fameux Arnauld, caché alors en Belgique; il leur mandait qu'il n'était pas loin d'eux, prêt à frapper un grand coup en faveur de leur sainte doctrine, mais qu'il avait besoin pour cela de leur signature; il leur demandait s'ils seraient disposés à la lui donner secrètement. La lettre était signée A. A., c'est-à-dire Antoine Arnauld. Les jansénistes de Douai, excessivement flattés de se voir en correspondance avec le chef même de leur secte, lui témoignèrent le plus entier dévouement. Il y eut une suite de lettres de part et d'autre. Le fameux Arnauld leur envoya une série de propositions à signer, contenant en termes très-clairs le plus pur jansénisme. Ils souscrivirent avec empressement, persuadés de rendre un éminent service à leur cause. Or, tout ceci était une mystification : le fameux Arnauld, dont les lettres leur causaient tant de joie, était un mauvais plaisant, qui éventait ainsi leurs plus secrets mystères. Tournély se trouvait alors à Douai; mais il assure n'avoir eu aucune connaissance de cette comédie, jusqu'au moment où parut la lettre d'un anonyme aux docteurs de Douai, qui révélait toute l'affaire (Tournély, *De gratiâ*, t. I). La correspondance originale, avec les propositions souscrites, fut remise à la Faculté de théologie de Paris, qui déclara, le 26 décembre 1691, qu'on y renouvelait la doctrine des trois premières propositions de Jansénius, condamnées par Innocent X et Alexandre VII. Le vrai Arnauld, caché à Bruxelles, apprenant qu'on s'était servi de ses deux initiales A. A. pour mystifier les siens, jeta feu et flamme. Il leur était permis sans doute à eux de se servir de toute espèce de moyens pour tromper l'Eglise et masquer leur hérésie sous une apparence de soumission; mais tromper les trompeurs et dévoiler au grand jour le secret de leur comédie, c'était un abus impardonnable. Cela se conçoit.

Dans son *Traité de l'Incarnation*, Tournély fait voir qu'Adam, les patriarches, les prophètes et les autres saints personnages connaissaient d'avance le fond de ce mystère; qu'il fut même révélé à plusieurs d'entre les Gentils, comme à Job et à Balaam.

Dans son *Traité de l'Eglise*, il tire les conséquences de ces idées. Examinant l'origine et l'antiquité de l'Eglise, il dit : Beaucoup de saints Pères et d'écrivains ecclésiastiques ont donné lieu à cette question; car, encore qu'ils conviennent que Jésus-Christ est le premier, essentiel et principal fondement de l'Eglise, ils enseignent toutefois qu'il a existé des chrétiens et la véritable Eglise avant Jésus-Christ. Pour comprendre dans quel sens ils ont ainsi parlé, il faut observer qu'on peut considérer l'Eglise de trois manières : 1° Selon la signification la plus étendue, comme une certaine multitude composée des anges, des saints hommes et des fidèles : sens auquel saint Augustin dit que de tous les fidèles et les anges il se fait une seule cité sous un seul roi, une seule province sous un seul empereur. 2° Selon une signification moins large, comme la multitude de tous les fidèles tant de l'Ancien que du Nouveau Testament; et pour être dit fidèle en cette manière, il suffit de la simple foi au Christ, abstraction faite si elle est explicite ou implicite, si le Christ est à naître ou né, à mourir ou mort. 3° Selon la signification stricte, comme la société de ceux qui ont la foi au Christ déjà né et mort, après avoir consommé tous les sacrements et mystères de la rédemption des hommes. Sur la seconde question, il conclut : L'Eglise de Jésus-Christ non-seulement a précédé la naissance du Christ! mais elle a tellement fleuri au temps de la loi de nature et de la loi écrite, qu'on peut soutenir à bon droit qu'il y a eu alors de vrais sectateurs de la religion chrétienne. Il le prouve par plusieurs raisons tirées des Pères, et il répond aux objections, que la foi, ainsi que l'Eglise de ces anciens fidèles était la même que la nôtre, quant à la substance, mais non quant au mode, et qu'ils étaient vraiment chrétiens, quoiqu'ils n'en eussent pas le nom (Tournély, *De Ecclesiâ*, t. I).

Pour ce qui est de l'Eglise entendue dans le sens le plus étroit, depuis Jésus-Christ, il lui consacre tout le corps du traité. Mais là apparaît pour la première fois une chose bien étrange parmi les catholiques : c'est que la seconde partie du traité attaque et ruine la première, ou du moins l'embrouille et l'affaiblit singulièrement; et tel sera désormais le péché originel de tous les traités de l'Eglise composés en France. Aussi les éditeurs vénitiens ont-ils retranché la seconde partie de celui de Tournély, et ils ont bien fait.

Dans la préface, l'auteur remarque avec beaucoup de justice et de justesse, que le *Traité de l'Eglise* est le traité principal de théologie et qu'il faudrait commencer par là. Quelqu'un a dit : La solution de toutes les difficultés, c'est le Christ; on peut dire également : La solution de toutes les difficultés, c'est l'Eglise. Toutes les questions reviennent à cette question principale. *Moi*, dit Augustin, *je ne croirais pas même à l'Evangile, si l'autorité de l'Eglise catholique ne me le persuadait*. Aussi les portes de l'enfer, les hérésies, les schismes, les impiétés s'efforcent de prévaloir contre elle. « Mais, dit encore Augustin, elle se sert de tous les errants eux-mêmes pour son progrès; car elle se sert des

nations païennes, comme de matériaux à son œuvre; des hérétiques, pour prouver et éprouver sa doctrine; des schismatiques, pour faire voir sa stabilité; des Juifs, pour faire reconnaître sa beauté par la comparaison. Elle invite les uns, exclut les autres, abandonne ceux-ci, précède ceux-là : à tous cependant elle donne le pouvoir de participer à la grâce de Dieu (Lib. *De verâ relig.*, c. 6, n° 10). »
Cette Eglise est une, son chef est un, le Pontife romain, qui, comme l'a défini le concile œcuménique de Florence, est le vrai Vicaire du Christ, le Chef de toute l'Eglise, le Père et le Docteur de tous les chrétiens, à qui Notre Seigneur Jésus-Christ a donné, dans la personne du bienheureux Pierre, la pleine puissance de paître, de régir et de gouverner l'Eglise universelle, comme il est aussi contenu dans les actes des conciles œcuméniques et dans les saints canons. Le plus savant des Pères et des Docteurs, saint Jérôme, écrivant à un Pape, lui disait : « Je suis uni de communion à Votre Béatitude, c'est-à-dire à la Chaire de Pierre; je sais que sur elle a été bâtie l'Eglise. Quiconque mange l'agneau hors de cette maison, est un profane. Je ne connais point Vital, je rejette Melèce, j'ignore Paulin. Quiconque n'amasse point avec vous, disperse. » A l'exemple de saint Jérôme, l'Eglise de Paris dira, l'an 1324 : « L'Eglise romaine fondée sur la très-ferme confession de Pierre, vicaire du Christ, est la mère et maîtresse de tous les fidèles; à elle, comme à la règle universelle de la vérité catholique, appartient l'approbation et la réprobation des doctrines, la déclaration des doutes, la détermination de ce qu'il faut tenir, et la réfutation des erreurs (*Hist. universit. parisiens.*, t. IV, ad an 1324, p. 205). » Voilà ce que Tournély rappelle dans sa préface.

Il le développe dans le corps du traité, en montrant que la véritable Eglise de Jésus-Christ est visible et indéfectible; elle est une, sainte, catholique, apostolique et romaine; le gouvernement de cette Eglise est une monarchie tempérée d'aristocratie; le Pontife romain est le chef de l'Eglise, comme vicaire de Jésus-Christ et successeur de saint Pierre; il a la primauté d'honneur et de juridiction sur tous les évêques; l'Eglise seule est le juge suprême et infaillible des controverses de la foi; l'Eglise juge quelquefois de suite par les seuls Pontifes romains, quelquefois par les évêques dispersés sans conciles, quelquefois par les évêques dans les conciles soit particuliers soit généraux; l'Eglise, soit dispersée par toute la terre, soit réunie en conciles généraux, ne peut se tromper en définissant les causes de la foi et des mœurs; il est impossible, en vertu des promesses de Jésus-Christ, que dans une cause de la foi la multitude des évêques, avec le Pontife romain, lorsqu'il n'y a qu'un petit nombre d'évêques à réclamer contre, définisse l'erreur et la défende opiniâtrement; pour qu'une définition soit ferme et immuable, l'unanimité morale des évêques est nécessaire et suffit, et la résistance d'un petit nombre ne l'empêche point. Tel est l'ensemble de ce que Tournély enseigne dans son *Traité de l'Eglise.*

Restait à éclaircir deux questions importantes : les rapports de l'Eglise avec les nations chrétiennes et leurs souverains temporels; les rapports du Pape avec les conciles œcuméniques, quant à leur convocation, leur présidence, leur confirmation : les éclaircir, et par les principes de la doctrine, et par les faits de l'histoire, avec cet esprit de conciliation que nous avons remarqué dans le Père Thomassin, et augmenter ainsi, en les réunissant, les forces de l'Eglise contre tous ses ennemis. Tournély n'était pas étranger à cet esprit de conciliation catholique. Mais nous avons vu supprimer de force un ouvrage où Thomassin conciliait d'une manière admirable les rapports des Papes et des conciles généraux. Tournély rencontra un obstacle du même genre à son désir de conciliation. Traitant l'infaillibilité de l'Eglise romaine et du Pape, il dit naïvement : « On ne peut le dissimuler, il est difficile, dans cette masse de témoignages que Bellarmin et d'autres ont rassemblés, de ne pas reconnaître l'autorité certaine et infaillible du Siège apostolique ou de l'Eglise romaine; mais il est encore bien plus difficile de les concilier avec la déclaration du clergé gallican, de laquelle on ne nous permet pas de nous écarter; car, encore que cette déclaration parle uniquement du Pontife romain, dans la réalité cependant elle comprend le Siège romain lui-même (T. II, p. 134). » Voilà ce que dit naïvement Tournély. Il est accablé par le poids des témoignages que lui citent les plus pieux et les plus savants d'entre les catholiques, témoignages des divines Ecritures, témoignages des saints Pères, témoignages des conciles généraux, témoignages des docteurs les plus renommés par leur science et leur vertu, témoignages des églises particulières, notamment de celle de France. Il voudrait bien céder à cette autorité immense de la tradition; mais on ne le lui permet pas; il lui faudra faire plier sa conscience et son esprit devant une déclaration d'hier, faite par ordre d'un roi et de son ministre; il lui faudra se mettre à la queue des protestants, pour combattre avec eux, ou du moins affaiblir, énerver ces mêmes témoignages de l'Ecriture et de la Tradition, que lui-même leur a opposés en faveur de l'Eglise romaine et du Pontife romain. Glorieux travail sans doute pour un théologien catholique! C'est un de ces travaux forcés auxquels, depuis l'époque de Thomassin et de Tournély, furent condamnés par l'inquisition parlementaire tous les théologiens de France.

En voici un autre contre l'Eglise catholique tout entière. Nous avons vu, pendant bien des siècles, les nations chrétiennes, quand elles étaient en litige avec leurs chefs temporels, et les rois entre eux, s'adresser à l'Eglise universelle et à son chef, pour avoir un jugement canonique sur les cas de conscience qui les divisaient. Nous avons vu les Pontifes romains prononcer de ces jugements au milieu de leurs cardinaux, dans des conciles particuliers et dans des conciles généraux. Nous avons vu les peuples et les rois, les conciles et les docteurs particuliers, même ceux de France, leur reconnaître ce droit, le reconnaître à l'Eglise, mais depuis l'époque de Thomassin et de Tournély, les théologiens français sont condamnés à faire voir, à la suite des protestants, que les Papes, les conciles, les docteurs, les rois, les peuples se sont trompés, que l'Eglise n'avait aucunement ce droit, que ça été une erreur déplorable, subversive de tout ordre social. On le voit par l'honnête Tournély, travaillant à cette tâche comme un forçat (*Ibid.*, p. 321-465). Aujourd'hui, où d'honnêtes protestants viennent lui montrer qu'il se trompe, qu'il altère les principes et les faits pour calomnier gratuitement l'Eglise, sa mère, aujourd'hui l'honnête Tournély mourrait de confusion et de douleur.

Si l'excellent Tournély, qui aimait sincèrement l'Eglise, a pu ainsi se laisser entraîner à torturer les principes et les faits, à fausser l'histoire, pour, en dernier résultat, affaiblir dans le cœur des peuples le respect, l'amour, l'autorité de l'Eglise et de son chef, et, par contre-coup, aider au triomphe de l'hérésie, du schisme et de l'incrédulité, que n'étaient pas disposés à faire d'autres écrivains qui n'avaient ni les mêmes lumières, ni la même conscience ? Et il s'en est trouvé plus d'un.

A leur tête on peut mettre JEAN DE LAUNOY, connu par sa prédilection pour toutes les opinions téméraires et hétérodoxes. Né au diocèse de Coutances en 1603, docteur en Sorbonne l'an 1634, il mourut à Paris l'an 1678. Un voyage qu'il fit à Rome augmenta son érudition, et lui procura l'amitié et l'estime d'Holstenius et d'Allatius. De retour à Paris, il se renferma dans son cabinet, recueillant les passages des Pères et des auteurs sacrés et profanes sur toutes sortes de matières. Les conférences qu'il tint chez lui tous les lundis furent une espèce d'école académique, où l'on trouvait à s'instruire, mais aussi à s'égarer. Bossuet apprit que Launoy y hasardait des propositions favorables au socinianisme, l'arianisme moderne. On s'y occupait aussi beaucoup de Richer, de ses opinions, et on cherchait à établir un système démocratique et anarchique, qui, ne convenant à aucune société, renverserait sur ses bases l'autorité de l'Eglise catholique. Bossuet fit dissoudre ces conférences ou conventicules par l'autorité du gouvernement.

Un ouvrage de Launoy qui tend à cette même anarchie, c'est celui qui a pour titre : *Puissance du roi sur le mariage*. Le mariage chrétien y devient une affaire purement civile ; l'auteur ôte à l'Eglise le droit d'y établir des empêchements dirimants, et l'attribue exclusivement aux princes, contrairement à la doctrine expresse du concile de Trente, qui frappe d'anathème quiconque nie que l'Eglise ait le pouvoir de poser des empêchements dirimants. Indépendamment de ces observations, ajoute Feller, on peut dire que le sentiment de Launoy conduit à la destruction totale des mœurs chrétiennes ; car, si la validité des mariages dépend uniquement de l'autorité profane, qui empêchera les chrétiens d'épouser leurs sœurs, comme les illustres Ptolémées et avec eux toute l'Egypte? d'établir la communauté des femmes, comme le voulait l'incomparable Platon, et comme le pratiquait le grave Caton? de devenir polygames par l'avis du prophète arabe ? de renouveler les noces abominables de Néron et de Sporus?.... On voit par là à quelles conséquences Launoy se laissait entraîner par le goût des paradoxes et l'amour de la singularité, le grand mobile et la règle de ses opinions. Cet ouvrage, proscrit par sa nature même et son but au tribunal de tout lecteur chrétien, fut condamné à Rome par un décret du 10 décembre 1688.

Pour détourner de ces tendances d'anarchie l'attention du public, Launoy faisait la guerre aux légendes, attaquant indistinctement ce qu'elles peuvent avoir de fabuleux, de vrai ou de probable : ce qui le fit surnommer le *dénicheur de saints*. Aussi le curé de Saint-Roch disait : « Je lui fais toujours de profondes révérences, de peur qu'il ne m'ôte mon saint Roch. » Le président de Lamoignon le pria un jour de ne pas faire de mal à saint Yon, patron d'un de ses villages : « Comment lui ferais-je du mal, répondit le docteur, je n'ai pas l'honneur de le connaître. » Il avait rayé de son calendrier sainte Catherine, martyre, et, le jour de sa fête, il affectait de dire une messe *de Requiem*, comme si le défaut d'authenticité des actes d'une sainte honorée dans l'Eglise de Dieu pouvait conclure contre son existence ou sa sainteté.

Launoy aima mieux se faire exclure de la Sorbonne, que de souscrire à la censure du janséniste Arnauld, condamné par le Vicaire de Jésus-Christ et par l'Eglise de France. Il fit plus : il écrivit contre le formulaire de l'assemblée du clergé de 1656. On a publié en dix volumes in-folio les œuvres de ce critique paradoxal. Il n'écrit ni avec pureté ni avec élégance : son style est dur et forcé. Il s'explique d'une manière toute particulière, et donne des tours singuliers à des choses très-communes. Ses citations sont fréquentes, extraordinairement longues et d'autant plus accablantes, qu'il ne craint pas de les répéter. Il faut bien s'en défier. Quand un passage le gêne, il le corrompt et le rapporte tel qu'il l'a créé, avec une impudence incroyable; l'éditeur même de ses œuvres en rapporte un exemple frappant, cité par Feller. Dans le dessein de prouver que l'adultère rompt le lien conjugal, il allègue une lettre du pape Jean VIII, où il est dit : *Nullâ ratione prorsùs illi conceditur aliam vivente priore conducere* (d'aucune manière absolument on ne lui accorde d'épouser une autre femme du vivant de la première); et, ajustant la lettre à son système, il retranche les mots *nullâ ratione prorsùs* (*d'aucune manière absolument*), et s'en tenant aux paroles : *On lui accorde d'épouser une autre femme du vivant de la première*, il conclut d'une manière triomphante : *Quoi de plus clair, ou de plus exprès?* Et ce n'est pas la seule altération de ce genre dans cette même lettre de Jean VIII. La *Biographie universelle* cite pareillement une addition frauduleuse faite par Launoy à une constitution d'Alexandre VII, afin de prêter à ce Pape des paroles injurieuses envers les évêques (Feller, *Biogr. univ.*). Un homme convaincu de faux en écriture publique s'est flétri lui-même à jamais.

Un autre docteur, également originaire de Normandie, LOUIS ELLIES DUPIN, né en 1657, mort en 1719, n'a pas mérité dans l'Eglise catholique une réputation meilleure. Il a donné une édition de saint Optat de Milève et de Gerson. Ses écrits sont en grand nombre, tous faits à la hâte et pleins de méprises. On distingue : 1º *Histoire de l'Eglise en abrégé, par demandes et par réponses, depuis le commencement du monde jusqu'à présent*, Paris, 1712, quatre volumes in-12; 2º *l'Histoire profane, depuis son commencement jusqu'à présent*; 3º *Bibliothèque universelle des historiens*, deux volumes in-12.

Son principal ouvrage, et qui provoqua le plus de réclamations, c'est sa *Bibliothèque des auteurs ecclésiastiques*. Elle contient l'histoire de leur vie, le catalogue, la critique, la chronologie de leurs ouvrages, tant de ceux que nous avons que de ceux qui se sont perdus; le sommaire de ce qu'ils contiennent, un jugement sur leur style, leur doctrine, et le dénombrement des différentes éditions : elle est en cinquante-huit volumes in-8º, réimprimée en Hollande en dix-neuf volumes in-4º. Le plan est bon, mais l'exécution n'y répond guère : à quoi il y a plus d'une cause. La vitesse que l'auteur mettait dans son travail l'a exposé à un grand nombre de méprises; les derniers volumes sont encore moins soignés que les premiers; souvent les vies y sont trop abrégées, et les faits discutés légèrement; les tables chronologiques offrent des contradictions avec l'ouvrage, et les catalogues des livres ne sont point exacts.

Une cause de défauts plus graves, c'est une intempérance de critique téméraire et superficielle, qui tend à favoriser l'hérésie aux dépens de la vérité et de la piété chrétiennes, même par de faux actes publics. Les premiers qui signalèrent les erreurs d'Ellies Dupin furent les Bénédictins de Saint-Vannes, autrement les Bénédictins de Lorraine, sous la direction de dom Petit-Didier, abbé de Senones. Ces erreurs concernaient le péché originel, le purgatoire, les livres canoniques, l'éternité des peines, la vénération des saints et de leurs reliques, l'adoration de la croix, la grâce, le pape et les évêques, le carême, le divorce, le célibat des clercs, les Pères et la Tradition. Les Bénédictins de Lorraine publièrent leurs *Remarques* en trois volumes. Dupin y répondit, mais de manière à rendre ses erreurs plus notoires; car, après en avoir été averti, loin de se corriger, non-seulement il les soutint, mais les augmenta encore. C'est l'observation de Bossuet, au commencement du mémoire qu'il en fit pour le chancelier de France, afin d'obliger Dupin à se rétracter, ou bien d'arrêter la publication de son pernicieux ouvrage.

*Sur le Pape et les évêques*, voici ce que dit Bossuet de Dupin : « Dans l'*Abrégé de la discipline*, notre auteur n'attribue autre chose au Pape, sinon que l'Eglise romaine, fondée par les apôtres saint Pierre et saint Paul, soit considérée comme la première, et son évêque comme le premier entre tous les évêques, sans attribuer au Pape aucune juridiction sur eux, ni dire le moindre mot de l'institution divine de sa primauté; au contraire, il met cet article au rang de la discipline, qu'il dit lui-même être variable. Il ne parle pas mieux des évêques, et il se contente de dire que l'évêque est au-dessus des prêtres, sans dire qu'il y est de droit divin. Ces grands critiques sont peu favorables aux supériorités ecclésiastiques, et n'aiment guère plus celle des évêques que celle du Pape. L'auteur tâche d'ôter toutes les marques de l'autorité du Pape dans les passages où elle paraît, comme dans deux lettres célèbres de saint Cyprien, l'une au pape saint Etienne, sur Marcien d'Arles; l'autre aux Espagnols, sur Basilide et Martial, évêques déposés. Si nous en croyons M. Dupin, saint Cyprien ne demandait au Pape, contre un évêque schismatique, « que de faire la même chose que saint Cyprien pouvait faire lui-même; » comme si leur autorité eût été égale....

» Une des plus belles prérogatives de la chaire de saint Pierre est d'être la chaire principale où tous les fidèles doivent garder l'unité, et, comme l'appelle saint Cyprien, *la source de l'unité sacerdotale*. C'est une des marques de l'Eglise catholique divinement expliquée par saint Optat; et personne n'ignore le beau passage où il en montre la perpétuité dans la succession des Papes. Mais si nous en croyons M. Dupin, il n'y a rien là pour le Pape plus que pour les autres évêques, puisqu'il prétend que la chaire principale, dont il est parlé, n'est pas en particulier la chaire romaine que saint Optat nomme expressément, mais la succession des évêques; comme si celle des Papes, singulièrement rapportée par saint Optat et les autres Pères, ainsi qu'elle l'avait été par saint Irénée, n'avait rien de particulier pour établir l'unité de l'Eglise catholique. Il ôte même de la traduction du passage de saint Optat ce qui marque expressément que cette chaire unique, dont il parle, est attribuée en particulier à saint Pierre et à ses successeurs, même par opposition aux autres apôtres. Cette objection lui est faite par les Pères de Saint-Vannes : il garde le silence là-dessus; et, quelques avis qu'on lui donne, on voit bien qu'il est résolu de ne pas donner plus au Pape qu'il n'avait fait. C'est le génie de nos critiques modernes, de trouver grossiers ceux qui reconnaissent dans la papauté une autorité supérieure établie de droit divin. Lorsqu'on la reconnaît avec toute l'antiquité, c'est qu'on veut flatter Rome et se la rendre favorable, comme notre auteur le reproche à son censeur (Bossuet, t. XXX, p. 490, édit. de Versailles). »

Sur saint Augustin, Bossuet lui fait entre autres ce reproche : « Notre auteur tâche de répondre à ce qu'on lui a objecté, que les savants de notre siècle se sont imaginé deux traditions contraires au sujet de la grâce. » Il croit satisfaire à cette objection en répondant que « feu M. de Launoy, dont le censeur veut parler, lui a appris que la véritable tradition de l'Eglise est celle que décrit Vincent de Lérins : *Quod ubique, quod semper, quod ab omnibus* : qu'il n'avait donc garde de dire qu'il y avait deux traditions dans l'Eglise sur la grâce. » Cela est vrai; mais M. Dupin ne nous dit pas tout le fin de la doctrine de son maître. Nous l'avons ouï parler, et on ne nous imposera pas sur ses sentiments. Il disait que les Pères grecs avaient été de la même doctrine que tinrent depuis les semi-pélagiens et les Marseillais; que depuis saint Augustin, l'Eglise avait pris un autre parti; qu'ainsi il n'y avait point sur cette matière de véritable tradition, et qu'on en pouvait croire ce qu'on voulait. Il ajoutait encore, puisqu'il faut tout dire, que Jansénius avait fort bien entendu saint Augustin, et qu'on avait eu tort de le condamner; mais que saint Augustin avait tort lui-même, et que c'étaient les Marseillais ou semi-pélagiens qui avaient raison; en sorte qu'il avait trouvé le moyen d'être tout ensemble semi-pélagien et janséniste. Voilà ce que nous avons ouï de sa bouche plus d'une fois, et ce que d'autres ont ouï aussi bien que nous, et voilà ce qui suit encore de la doctrine et des expressions de M. Dupin (*Ibid.*, p 508). »

Bossuet conclut ainsi son mémoire : « Sans pousser plus loin l'examen d'un livre si rempli d'erreurs et de témérité, en voilà assez pour faire voir qu'il tend manifestement à la subversion de la religion catholique, qu'il y a partout un esprit de dangereuse singularité qu'il faut réprimer; en un mot, que la doctrine en est insupportable. — Il ne faut avoir aucun égard aux approbateurs, qui sont eux-mêmes inexcusables d'avoir lu si négligemment et approuvé si légèrement d'intolérables erreurs, et une témérité qui jusqu'ici n'a point eu d'exemple dans un catholique. Je sais d'ailleurs que quelques-uns d'eux improuvent manifestement l'audace de cet auteur, et il y en a qui s'en sont expliqué fort librement avec moi-même; ce qui ne suffit pas pour les excuser. — Il est d'autant plus nécessaire de réprimer cette manière téméraire et licencieuse d'écrire de la religion et des saints Pères, que les hérétiques commencent à s'en prévaloir, comme il paraît par l'auteur de la *Bibliothèque de Hollande*, qui est un socinien déclaré. Jurieu a objecté M. Dupin aux catholiques, et on verra les hérétiques tirer bien d'autres avantages de ce livre, s'il n'y a quelque chose qui le note. — Il est aussi beaucoup à craindre que les catholiques n'y sucent insensiblement l'esprit de singularité, de nouveauté, aussi bien que celui d'une fausse et téméraire critique contre les saints Pères; ce qui est d'autant plus à redouter que cet esprit règne déjà trop parmi les savants du temps (Bossuet, t. XXX, p. 516). »

De toutes les pièces dont est composée la *Bibliothèque de Dupin*, les plus importantes par leur matière sont l'*Histoire du concile d'Ephèse et celle du concile de Chalcédoine*. Ses approbateurs le louaient d'avoir donné une histoire de ces conciles beaucoup plus précise, plus exacte et plus circonstanciée que toutes celles qui avaient paru jusqu'alors. Lui-même se vante d'avoir découvert plusieurs particularités auparavant inconnues. Bossuet, s'étant mis à examiner ces particularités si merveilleuses, ne trouva de nouveau et d'inconnu que des altérations, des omissions, des falsifications les plus graves dans les actes mêmes de ces deux conciles. Il les signale dans un second mémoire, intitulé *Remarques*, etc. Dans la lettre de Jean d'Antioche à Nestorius, il signale une altération, et deux omissions essentielles, par rapport à l'autorité du Pape. Nous transcrirons tout entière sa quatrième *Remarque*.

*Omission plus importante que toutes les autres.*
*Sentence du concile tronquée.*

« S'il y a quelque chose d'essentiel dans l'histoire d'un concile, c'est sans doute la sentence. Celle du concile d'Ephèse fut conçue en ces termes : « Nous, » contraints par les saints canons et par la lettre de » notre saint Père et coministre Célestin, évêque » de l'Eglise romaine, en sommes venus, par né- » cessité, à cette triste sentence : Le Seigneur Jé- sus, etc. » On voit de quelle importance étaient ces paroles, pour faire voir l'autorité de la lettre du Pape, que le concile fait aller de même rang avec les canons; mais tout cela est supprimé par notre auteur, qui met ces mots à la place : « Nous avons » été contraints, suivant la lettre de Célestin, évêque » de Rome, à prononcer contre lui une triste sen- » tence, etc. »

» On ne peut faire une altération plus criante. Autre chose est de prononcer une sentence conforme à la lettre du Pape, autre chose d'être contraint par la lettre même, ainsi que par les canons à la prononcer. L'expression du concile reconnaît dans la lettre du Pape la force d'une sentence juridique, qu'on ne pouvait pas ne point confirmer, parce qu'elle était juste dans son fond et valable dans sa forme, comme étant émanée d'une puissance légitime. Ce n'est pas aussi une chose peu importante que dans une sentence juridique le concile ait donné au Pape le nom de *Père*. Supprimer de telles paroles dans une sentence, et encore en faisant semblant de la citer : « Elle fut, dit-il, conçue en ces termes; » et les marques accoutumées de citation étant à la marge, qu'est-ce autre chose que falsifier les actes publics?

» Ces sortes d'omissions sont un peu fréquentes dans la *Bibliothèque* de M. Dupin; mais il les fait principalement lorsqu'il s'agit de ce qui regarde l'autorité du Saint-Siège. Les Pères de Saint-Vannes l'ont convaincu d'avoir supprimé dans un passage d'Optat ce qui y marquait l'autorité de la Chaire de saint Pierre, et il ne s'en est défendu que par le silence. On en a remarqué autant dans un passage de saint Cyprien; et l'on voit maintenant le même attentat dans la sentence du concile d'Ephèse (Bossuet, t. XXX, p. 527). »

Bossuet signale une foule d'altérations semblables dans les actes des deux conciles d'Ephèse et de Chalcédoine, et termine ses *Remarques* par cette conclusion : « On voit maintenant à quoi aboutissent les particularités, ou plutôt les omissions de l'histoire de notre auteur. On voit qu'elles affaiblissent la primauté du Saint-Siège, la dignité des conciles, l'autorité des Pères, la majesté de la religion. Elles excusent les hérétiques : elles obscurcissent la foi. C'est là enfin qu'on en vient, en se voulant donner un air de capacité distinguée. On ne tombe peut-être pas d'abord au fond de l'abîme; mais le mal croît avec la licence. On doit tout craindre pour ceux qui veulent paraître savants par des singularités. C'est ce qui perdit à la fin Nestorius, dont nous avons parlé; et je ne puis mieux finir ces *Remarques* que par ces paroles que le Pape lui adresse : Ces nouveautés de discours naissent d'un vain amour de gloire. Quelques-uns voulant paraître à eux-mêmes fins, perspicaces et sages, cherchent à proférer quelque chose de nouveau, qui leur obtienne auprès des ignorants la gloire temporelle d'hommes d'esprit (Bossuet, t. XXX, p. 635). »

Ellies Dupin, se voyant si fortement censuré par l'évêque le plus renommé de France, eut avec lui un entretien, par l'entremise de Racine et de Fénelon : il s'expliqua de manière à rassurer sur ses sentiments personnels; mais sa *Bibliothèque universelle* n'en fut pas moins condamnée par l'archevêque de Paris, et supprimée par arrêt du parlement, en 1696. Il eut plus tard la permission de continuer, mais en changeant de titre. Sa conduite ne valait pas mieux que ses écrits. Il se prononça toujours pour l'hérésie janséniste contre les décisions de l'Eglise; il fut un des principaux auteurs de l'opposition schismatique dont la Sorbonne infidèle se rendit coupable envers l'Eglise romaine. Le gouvernement l'exila et le priva de sa chaire en 1703. Clément XI remercia Louis XIV de ce châtiment et appela ce docteur *un homme d'une très-mauvaise doctrine, et coupable de plusieurs excès envers le Siége apostolique*.

Tout cela ne corrigea guère le téméraire docteur

sous la Régence. Il était dans une étroite liaison avec Guillaume Wake, archevêque anglican de Cantorbéry, et entretenant même avec lui une relation continuelle. On soupçonna du mystère dans ce commerce, et, le 10 février 1719, on fit enlever ses papiers. Lafiteau, évêque de Sisteron, était présent lorsqu'on en fit le dépouillement. D'après ce témoin oculaire, il y était dit que les principes de notre foi peuvent s'accorder avec les principes de la religion anglicane. On y avançait que, sans altérer l'intégrité des dogmes, on peut abolir la confession auriculaire et ne plus parler de la transsubstantiation dans le sacrement de l'eucharistie ; anéantir les vœux de religion, retrancher le jeûne et l'abstinence du carême, permettre le mariage des prêtres et se passer du Pape. Tel était le docteur Ellies Dupin (Feller, *Biogr. univ.*; Picot).

Un savant non moins paradoxal, venu également de Normandie, est Richard Simon, né à Dieppe l'an 1638 et mort en 1712 dans la même ville. Il entra deux fois dans l'Oratoire et en sortit deux fois. Ses principaux ouvrages sont : 1° *Histoire critique du texte, des versions et des commentaires du Vieux Testament* ; 2° *Histoire critique du texte du Nouveau Testament* ; 3° *Histoire critique des versions du Nouveau Testament* ; 4° *Version du Nouveau Testament*, imprimé à Trévoux ; 5° *Histoire critique des principaux commentateurs du Nouveau Testament*, avec une dissertation critique sur les principaux manuscrits cités dans ces trois parties. Tous ces ouvrages ont été condamnés à Rome. Bossuet écrivait de son côté : « Pour moi, il (Richard Simon) ne m'a jamais trompé ; et je n'ai jamais ouvert aucun de ses livres, que je n'aie bientôt ressenti un sourd dessein de saper les fondements de la religion : je dis sourd, par rapport à ceux qui ne sont pas exercés en ces matières, mais néanmoins assez manifeste à ceux qui ont pris soin de les pénétrer (Bossuet, t. XXXVII, p. 473). »

Richard Simon s'y montre effectivement comme l'aide et le précurseur des sociniens ou ariens modernes et des incrédules. Dans son *Histoire critique de l'Ancien Testament*, il conteste que Moïse soit l'auteur du *Pentateuque*.

Voici le jugement que Bossuet en a porté. « Ce livre allait paraître dans quatre jours, avec toutes les marques de l'approbation et de l'autorité publiques. J'en fus averti très à propos par un homme bien instruit, et qui savait pour le moins aussi bien les langues que notre auteur. Il m'envoya un index et ensuite une préface, qui me firent connaître que ce livre était un amas d'impiétés et un rempart du libertinage. Je portai le tout à M. le chancelier, le propre jour du jeudi saint. Ce ministre, en même temps, envoya ordre à M. de la Reynie de saisir tous les exemplaires. Les docteurs avaient passé tout ce qu'on avait voulu, et ils disaient pour excuse, que l'auteur n'avait pas suivi leurs corrections. Quoi qu'il en soit, tout y est plein de principes et de conclusions pernicieuses à la foi. On examina si l'on pouvait remédier à un si grand mal par des cartons ; car il faut toujours tenter les voies les plus douces ; mais il n'y eut pas moyen de sauver le livre, dont les mauvaises maximes se trouvèrent répandues partout ; et, après un très exact examen que je fis avec les censeurs, M. de la Reynie eut ordre de brûler tous les exemplaires, au nombre de douze ou quinze cents, nonobstant le privilége donné par surprise et sur le témoignage des docteurs (Bossuet, t. XXXVIII, p. 302). »

Un personnage ayant tâché d'excuser les intentions de Richard Simon, Bossuet répondit : « Quand vous dites, monsieur, que notre auteur n'a point de système dans ses ouvrages critiques, si vous entendez qu'il n'y établit directement aucun dogme particulier, cela est vrai ; mais à cela il faut ajouter que toutes ses remarques tendent à l'indifférence des dogmes et à affaiblir toutes les traditions et décisions dogmatiques ; et c'est là son véritable système, qui emporte, comme vous voyez, l'entière subversion de la religion. — Vous dites que son dessein est de faire des remarques, dont il laisse le jugement au lecteur. C'est cela même qui établit cette indifférence, que de proposer des remarques affaiblissantes, et laisser chacun juger comme il l'entend. — Je passe outre, et je vous assure que son véritable système, dans sa *Critique du Vieux Testament*, est de détruire l'authenticité des écritures canoniques : dans celle du Nouveau, sur la fin, d'attaquer directement l'inspiration, et de retrancher ou rendre douteux plusieurs endroits de l'Ecriture, contre le décret exprès du concile de Trente : dans celle des commentateurs, d'affaiblir toute la doctrine des Pères, et par un dessein particulier, celle de saint Augustin sur la grâce ; sous prétexte de louer les Pères grecs, de donner gain de cause aux pélagiens, et d'adjuger la préséance aux sociniens parmi les commentateurs. C'est ce que je puis prouver avec tant d'évidence, que cet auteur n'osera lever les yeux (*Ibid.*, t. XXXVIII, p. 317, lettre à l'abbé Bertin).

Quant aux écrits de Richard Simon sur le Nouveau Testament en particulier, Bossuet publia jusqu'à deux *Instructions pastorales*, pour signaler le venin de sa version et des notes. Il récapitule ainsi les deux Instructions : « C'en est assez, et il me suffit d'avoir démontré que l'auteur fait ce qu'il lui plaît du texte de l'Evangile, sans autorité et sans règle ; qu'il n'a aucun égard à la Tradition, et qu'il méprise partout la loi du concile de Trente, qui nous oblige à la suivre dans l'interprétation des Ecritures ; qu'il ne se montre savant qu'en affectant de perpétuelles et dangereuses singularités, et qu'il ne cesse de substituer ses propres pensées à celles du Saint-Esprit ; que sa critique est pleine de minuties, et d'ailleurs hardie, téméraire, licencieuse, ignorante, sans théologie, ennemie des principes de cette science ; et qu'au lieu de concilier les saints docteurs et d'établir l'uniformité de la doctrine chrétienne par toute la terre, elle allume une secrète querelle entre les Grecs et les Latins, dans des matières capitales ; qu'enfin elle tend partout à affaiblir la doctrine et les sacrements de l'Eglise, en diminue et obscurcit les preuves contre les hérétiques, et en particulier contre les sociniens, leur fournit des solutions, leur met en main des défenses, pour éluder ce qu'il a dit lui-même contre leurs erreurs, et ouvre une large porte à toutes sortes de nouveautés (*Ibid.*, t. IV, p. 617). »

Bossuet ne s'en tint pas là. Il composa un ouvrage considérable en deux parties : *Défense de la Tradition et des saints Pères*. Dans la première partie, il découvre les erreurs expresses de Richard Simon *sur la Tradition et sur l'Eglise*, le *Mépris des Pères, avec l'affaiblissement de la foi de la Trinité et de l'Incarnation, et la pente vers les ennemis de ces mystères;* dans la seconde, les erreurs du même auteur sur la *Matière du péché originel et de la grâce.* Voici comme il s'en explique dans la préface.

« Il ne faut pas abandonner plus longtemps aux nouveaux critiques la doctrine des Pères et la Tradition de l'Eglise. S'il n'y avait que les hérétiques qui s'élevassent contre une autorité si sainte, comme on connaît leur erreur, la séduction serait moins à craindre; mais lorsque des catholiques et des prêtres, des prêtres, dis-je, ce que je répète avec douleur, entrent dans leur sentiment, et lèvent dans l'Eglise même l'étendard de la rébellion contre les Pères; lorsqu'ils prennent contre eux et contre l'Eglise, sous une belle apparence, le parti des novateurs, il faut craindre que les fidèles séduits ne disent comme quelques Juifs, lorsque le trompeur Alcime s'insinua parmi eux (Mach., 7, 14) : Un *prêtre du sang d'Aaron*, de cette ancienne succession, de cette ordination apostolique à laquelle Jésus-Christ a promis qu'elle durera toujours, *est venu à nous, il ne nous trompera pas;* et si ceux qui sont en sentinelle sur la maison d'Israël ne sonnent point de la trompe, Dieu demandera de leur main le sang de leurs frères, qui seront déçus, faute d'avoir été avertis (Bossuet, t. V). »

Voilà comme Bossuet, et par des mémoires au chancelier ou chef de la justice séculière en France, et par des *Instructions pastorales* au clergé et au peuple de son diocèse, et par des ouvrages plus considérables adressés à la chrétienté entière, signalait l'invasion de l'arianisme moderne, de la grande apostasie, parmi les prêtres français, et notamment parmi les docteurs de Sorbonne. Les efforts de Bossuet pouvaient bien, grâce au bon vouloir du chef de la magistrature française, supprimer pour un moment à Paris ces publications pernicieuses; mais, un instant après, elles revenaient de Hollande, avec l'attrait de la clandestinité et de la fraude de plus.

Un quatrième théologien, venu de Normandie, nous montre jusqu'à quel point la gangrène de l'apostasie infectait le clergé français. Pierre-François Le Courrayer naquit à Rouen l'an 1681, fut chanoine régulier de Sainte-Geneviève à Paris, puis réfugié en Angleterre, où il mourut le 16 octobre 1776. Dans un écrit de l'an 1767 : *Déclaration de mes derniers sentiments sur les différents dogmes de la religion*, il rejette tous les mystères de la foi chrétienne, notamment les mystères de la Trinité, de l'Incarnation, le péché originel, la présence réelle, la transsubstantiation, l'infaillibilité de l'Eglise; en un mot, il se déclare formellement apostat. Il avait commencé par se déclarer pour l'hérésie janséniste, contre les constitutions apostoliques qui la condamnent. S'étant mis, comme Ellies Dupin, en relation avec l'archevêque anglican de Cantorbéry, il publia une *Dissertation sur la validité des ordinations anglicanes*, où il se montrait un peu plus anglican que catholique. Il se dévoila plus encore dans l'apologie et la défense qu'il publia tant de son livre que des ordinations anglaises. Ses écrits furent condamnés par Belzunce, évêque de Marseille, par vingt évêques assemblés à Paris, par le cardinal de Noailles, par le concile d'Embrun, et enfin par le pape Benoît XIII. Au lieu de se soumettre, Le Courrayer quitta la France pour l'Angleterre : l'archevêque de Cantorbéry le reçut comme une conquête, et la cour lui fit une pension, l'Université de Cantorbéry lui avait envoyé le diplôme de docteur, dont il se montra fort reconnaissant. En 1736, il publia une traduction de l'*Histoire du concile de Trente*, par Fra Paolo, ce luthérien sous l'habit de moine, et y joignit des notes parfaitement assorties au caractère des deux moines apostats. Il assistait indifféremment à la messe des catholiques, ou au prêche des anglicans : à sa mort, un ministre anglican fit la cérémonie de l'inhumation (Picot, *Mémoires*, t. II, année 1727, p. 24-34).

D'autres théologiens, sans aller si loin, donnaient cependant lieu à des plaintes, par leur attachement à l'hérésie janséniste et leur opposition aux constitutions apostoliques qui la condamnaient. De ce nombre est Louis Habert, docteur de Sorbonne, né à Blois en 1635, mort à Paris en 1718, successivement grand-vicaire de Luçon, d'Auxerre, de Verdun et de Châlons-sur-Marne. Il se retira ensuite en Sorbonne, où il passa le reste de ses jours à décider des cas de conscience. On a de lui : 1º *La Pratique de la Pénitence*, connue sous le nom de *La Pratique de Verdun*, et surnommée *la Pratique impraticable*, à cause de son rigorisme. 2º Une *Théologie dogmatique et morale à l'usage du séminaire de Châlons*, 1709, six volumes in-octavo. A peine imprimée, elle fut attaquée comme infectée de jansénisme, et dénoncée au cardinal de Noailles et à l'évêque de Châlons. L'an 1711, Fénelon la condamna expressément par une longue *Instruction pastorale*. « Nous y avons reconnu, dit-il, qu'on ne peut avec justice, ni tolérer le texte du sieur Habert sans tolérer aussi celui de Jansénius, ni condamner celui de Jansénius sans condamner aussi celui du sieur Habert. » Dans la première des trois parties, Fénelon démontre que la nécessité, qui est nommée *morale* par le sieur Habert, est celle qui a été enseignée par Jansénius et par Calvin même; dans la seconde, que la prémotion des thomistes ne peut point autoriser la délectation du sieur Habert et des prétendus disciples de saint Augustin ; dans la troisième, que le système du sieur Habert, nonobstant les tempéraments qu'il veut paraître y avoir mis, renverse toutes les vertus, tant morales que chrétiennes, et introduit un épicurisme monstrueux. Voici comme Fénelon se résume dans sa conclusion :

« Enfin Epicure même aurait rougi des égarements sans remords et sans pudeur où cette doctrine jetterait presque tous les hommes, s'ils n'avaient point d'horreur de la mettre en pratique. Au moins Epicure voulait que l'homme fût libre, pour être sobre et mesuré dans l'usage du plaisir, pour jouir plus tranquillement et plus constamment du plaisir même (*Cic. de Fato*, c. 10). Epicure demandait que l'homme, usant de son libre arbitre, observât un régime philosophique pour choisir les plaisirs, pour les modérer, et pour accorder ceux du corps avec ceux de l'esprit. Il voulait que chacun mesurât ses plaisirs, et il disait *qu'il n'était nullement difficile de s'en abstenir, quand la santé, le devoir et la réputation le demandent.* Il ajoutait que le sage use de compensation, et fuit le plaisir qui lui attire dans la suite une plus grande douleur (*Tuscul.*, l. 5, c. 33). La secte d'Epicure a été néanmoins en mauvaise odeur chez les vertueux païens, qui entendaient dire aux autres écoles que le plaisir doit être subordonné à la vertu. Le système dont il s'agit maintenant ne nous laisse aucun *ressort* pour *remuer le cœur*, ni par conséquent nulle autre fin dernière de l'homme que le seul plaisir. De plus, il veut que le cœur de l'homme soit plus *fortement lié* au plus grand plaisir, que s'il l'était *par des chaînes de fer*. Il veut que le plus grand plaisir, qui est presque toujours vicieux, *tienne son effet*, qui est le crime, *de lui-même, non du consentement de la volonté*. Ainsi la volonté de l'homme n'a nullement à délibérer pour modérer ses plus impudentes passions. Voilà les hommes qui, *désespérant* de vaincre un plaisir invincible, *se livrent eux-mêmes à l'impudicité pour se plonger par une avidité insatiable dans toute espèce d'infamie* (Ephes., 4, 19). Tel est le système qu'un parti, qui ne parle que de morale sévère, n'a point honte de vanter comme la céleste doctrine de saint Augustin.

» Faut-il s'étonner si nous opposons à ces théologiens un païen tel que Cicéron, qui disait de l'opinion qui flatte le goût du plaisir, qu'elle doit moins être réfutée par les philosophes, que *punie par le censeur* de la république. Ici nous sommes réduits à recourir aux païens mêmes pour ouvrir les yeux des chrétiens. Quoi! les évêques toléreront-ils une doctrine que le magistrat même, établi pour la police et les mœurs, ne doit jamais souffrir? Plus on emploie de subtils artifices et des couleurs flatteuses pour déguiser ce contagieux système, plus nous devons faire d'efforts pour la démasquer et pour en développer toutes les horreurs à la face de l'Eglise entière. Si nous étions assez lâches pour nous taire par respect humain, dans un si pressant besoin de réveiller l'indignation publique, pour mettre en sûreté la vertu et la pudeur, *les pierres mêmes crieraient*. Nous disons donc au sieur Habert, qui n'a pas prévu tout ce que son système renferme d'horrible et de honteux : Nous vous conjurons de ne pas rendre la théologie de saint Augustin *moins honnête que la philosophie d'Epicure : Obsecro te ne sit honestior philosophia Gentium quàm nostra christiana* (Aug. contr. Julian., l. 4, n. 72, t. X, p. 619). Nous ne saurions croire qu'aucun évêque veuille favoriser ce système, quand il aura été exactement dévoilé à ses yeux..... Nous crions donc, en nous tenant à la porte du camp d'Israël : *Si quelqu'un est au Seigneur, qu'il se joigne à moi!* Nous espérons que les enfants de Lévi se rassembleront pour défendre le sacré dépôt de la foi et des mœurs... Il s'agit ici, non de la prétendue question du *fait* sur le texte de Jansénius, mais de ce qui est, de l'aveu du parti même, la question de *droit*. Il s'agit de savoir si ce système, pire que celui d'Epicure, en ce qu'il ne laisse aucune autre règle des mœurs qu'un plaisir nécessitant, est la doctrine de saint Augustin, adoptée par toute l'Eglise. Ce système, si odieux en soi, est insinué dans toutes les écoles par des théologiens, qui ont tout ensemble pour eux le préjugé des bonnes mœurs avec celui d'une apparente condamnation du jansénisme. Le serpent se glisse sous les fleurs par les plus souples détours et par les insinuations les plus flatteuses. Plus la séduction est grande, plus nous élèverons notre voix pour ne laisser point la vérité sans témoignage, et pour montrer que le dragon a imité la voix de l'agneau.— Plutôt mourir que de cesser jamais de parler jusqu'au dernier soupir : malheur à nous, si nous nous taisons! le silence souillerait nos lèvres (Fénelon, t. XVI, p. 545, édit. de Versailles).

C'est avec cette solennité formidable que Fénelon se prononce contre le jansénisme mitigé mais non équivoque de Louis Habert. Certains biographes ont voulu excuser cet auteur de tout attachement à l'hérésie; mais Fénelon donne les preuves du contraire. Et Habert lui-même a démenti ses apologistes, par son opposition à la constitution *Unigenitus*, qui condamnait le jansénisme pour la cinquième fois.

Le docteur Charles Witasse, né l'an 1660 dans le diocèse de Noyon et mort à Paris l'an 1716, a également imprimé une tache à sa mémoire et le timbre de provenance suspecte à ses *Traités de théologie*, par sa rébellion aux décrets dogmatiques du Saint-Siège. Et pourtant ces hommes, en recevant leur grade de docteur par l'autorité du chef de l'Eglise catholique, ont promis avec serment de professer et de défendre, même jusqu'à effusion de leur sang, la foi de l'Eglise romaine en toutes choses. Ces docteurs français étaient donc parjures à Dieu et à son Eglise. C'est peut-être pour cela que toutes les Facultés de théologie ont disparu en France, et que depuis un demi-siècle il ne s'y en est pas rétabli une seule canoniquement, c'est-à-dire par l'autorité du chef de l'Eglise, qui seul peut accorder un titre de docteur valable par toute la chrétienté.

Parmi les jurisconsultes et les magistrats français, il y en a eu de tout temps de sincèrement catholiques; mais il y en avait aussi beaucoup d'autres plus ou moins infectés des hérésies de Luther, de Calvin, de Jansénius et du philosophisme, leur enfant naturel. Même parmi les meilleurs jurisconsultes de France, il n'y en a pas un seul qui ait, de l'ensemble des lois divines et humaines, une idée bien nette et bien complète : ensemble qui, bien connu et bien senti, éclaircirait et concilierait singulièrement les rapports naturels entre l'Eglise de Dieu, qui embrasse spirituellement l'humanité entière, et les diverses nations qui partagent et quelquefois divisent cette humanité temporellement ; entre la législation universelle de l'Eglise, et la législation particulière de chaque empire, royaume ou république.

Le jurisconsulte français qui approche le plus de cette connaissance de l'ensemble, est Jean Domat, né à Clermont en Auvergne le 30 novembre 1625, mort à Paris le 14 mars 1695, auteur des *Lois civiles dans leur ordre naturel*, suivies du *Droit public* et d'un *Choix des lois romaines*. Ce fut un homme savant, pieux, modeste, laborieux, qui n'occupa jamais d'autre place que celle d'avocat du roi au présidial de Clermont en Auvergne. A sa mort, il voulut être enterré avec les pauvres dans le cimetière de sa paroisse. C'est lui, avec le jurisconsulte Pothier qui, par leurs utiles travaux, ont préparé l'unité si désirable de la législation française, qui contribue à rendre toujours plus intime l'unité nationale.

Robert-Joseph Pothier, le plus célèbre jurisconsulte que la France ait produit, naquit à Orléans le 9 janvier 1709, et y mourut le 2 mars 1772. Il perdit son père à l'âge de cinq ans, fit ses études littéraires chez les Jésuites, aima la poésie et la géométrie, eut la pensée de se faire religieux, mais resta dans le monde pour s'adonner à la science du droit; il y joignit l'étude de la théologie et de la morale, puisées dans les sources les plus pures. Reçu conseiller au Châtelet d'Orléans en 1720, professeur du droit en 1749, il employait au travail du cabinet tous les moments qui n'étaient pas réclamés par ses fonctions de magistrat. Levé dès quatre heures du matin, il entendait et servait chaque jour, à la cathédrale, la messe qui se disait pendant les matines; et cet usage, il le conserva toute sa vie. Rentré chez lui, il déjeûnait, puis dînait à midi, soupait à sept heures, se couchait à neuf. N'ayant d'autre passion que celle de l'étude, il se voua au célibat, dans la crainte d'être détourné de ses travaux par les distractions inséparables de l'état du mariage. Indifférent aux détails du ménage, il en laissa la direction à un serviteur et à une servante, qui se montrèrent intelligents et fidèles. Sa modestie naturelle devint une humilité vraiment chrétienne. Il ne pouvait souffrir la louange : elle lui déplaisait. Doué d'une foi vive, il assistait à tous les offices du culte catholique avec un recueillement et une assiduité, il en pratiquait les préceptes avec une exactitude et une régularité qui ne se démentirent jamais. Ses ouvrages sont : *Pandectes justiniennes*, rédigées dans un nouvel ordre; puis un grand nombre de traités particuliers du droit français, comme *Traité des contrats, des successions*, etc. Ce qui, dans ces ouvrages, le place si éminemment au-dessus de tous les juristes qui l'ont précédé, c'est cet amour du bon et du juste, cette connaissance approfondie des lois divines et naturelles, cette habitude constante d'en faire dériver toute législation, et de n'envisager jamais les questions qu'il traite, sous le rapport du droit positif, qu'après les avoir considérées sous celui pour l'intérieur. Ainsi il doit être mis au rang des meilleurs moralistes, comme à la tête des jurisconsultes les plus instruits. Parce que les traités de Pothier sont moins le recueil de ce que les lois offrent de positif, que le développement des conséquences nécessaires qui découlent des notions du juste et de l'injuste, ils sont devenus la source de la nouvelle législation donnée à la France. Ses expressions elles-mêmes y sont presque toujours conservées, surtout dans la matière des *obligations* et des *contrats*, qu'on regarde comme la partie la mieux faite du code français (*Biogr. univ.*, t. XXXV).

Mais revenons à Domat à la source même des lois qu'il cherche au commencement de son *Traité des Lois civiles*. Voici comme il procède à cette découverte par deux vérités premières : l'une, que les lois de l'homme ne sont autre chose que les règles de sa conduite; et l'autre, que cette conduite n'est autre chose que les démarches de l'homme vers sa fin. Pour découvrir donc les premiers fondements des lois de l'homme, il faut connaître quelle est sa fin, parce que sa destination à cette fin sera la première règle de la voie et des démarches qui l'y conduisent, et par conséquent sa première loi et le fondement de toutes les autres. Or, Dieu a créé l'homme pour le connaître et l'aimer, et par là trouver en lui le souverain bonheur. La première loi de l'homme est donc de connaître et d'aimer Dieu. C'est cette première loi qui est le fondement et le premier principe de toutes les autres. Cette loi, étant commune à tous les hommes, en renferme une seconde, qui les oblige à s'unir et à s'aimer entre eux. L'ensemble des lois qui conduisent les hommes à leur fin dernière, c'est la religion. Cette unité de destination à une même fin et par les mêmes moyens, voilà le premier fondement de la société humaine. C'est ce premier fondement que les sages du paganisme ne connaissaient pas bien, ce qui leur fit admettre certaines choses mauvaises ou contraires à la fin de l'homme. Ce dérèglement vient d'une première désobéissance à la première loi, et il consiste en ce que l'homme, au lieu de chercher et d'aimer le souverain bien, qui est Dieu, en cherche et en aime d'autres, et se pose chacun soi-même pour sa fin dernière. C'est cet amour-propre, cette substitution de soi-même à Dieu qui est la cause de tous les désordres de la société humaine. Cependant, de ce poison de la société, Dieu a fait un remède qui contribue à la faire subsister. Avec l'amour-propre, l'homme déchu a des besoins plus multipliés; seul il ne peut y suffire, il lui faut absolument le concours des autres; de la nécessité de se plier à tous les devoirs de la vie sociale, de pratiquer ou du moins de contrefaire toutes les vertus. Voilà comment, de l'amour-propre, qui est un vrai mal et le principe de tous les maux, Dieu tire une multitude de bons effets qui servent à maintenir la société humaine, et auxquels il ne manque qu'un meilleur principe.

Outre ce poison de la société humaine tourné en remède, il y a des fondements naturels de l'ordre. 1º La lumière de la raison, qui est demeurée à l'homme après sa chute, et qui lui fait connaître les règles naturelles de l'équité. 2º La providence secrète de Dieu sur la société humaine dans tout l'univers. 3º La puissance que Dieu donne au mari sur la femme, au père sur les enfants dans la famille, aux rois et aux magistrats dans les royaumes et les républiques. 4º La religion, qui est l'ensemble et l'esprit des premières lois, et le fondement le plus naturel de l'ordre dans la société; car c'est l'esprit de la religion qui est le principe du véritable ordre où il devrait être.

Tels sont, suivant Domat, les premiers principes, la source première des lois humaines. Cet ensemble rappelle les idées de Confucius, de Platon et de Cicéron, mais avec quelque chose de plus net et de plus élevé encore, dû à la foi chrétienne. Domat ne cite pas les philosophes, mais seulement l'Ecriture sainte et le droit romain. Il conclut cet exposé : « Comme c'est donc l'esprit de la religion qui est le principe de l'ordre où devrait être la société, et qu'elle doit subsister par l'union de la religion et de la police, il est important de considérer comment la religion et la police s'accordent entre elles, et comment elles se distinguent entre elles pour former cet ordre, et quel est le ministère des puissances spirituelles et temporelles. Et parce que cette matière fait une partie essentielle du plan de la société, et qu'elle a beaucoup de rapport aux lois civiles, elle fera le sujet du chapitre suivant. » C'est le dixième du *Traité des lois*.

Domat y suppose que la religion et la police étant de Dieu l'une et l'autre, sont égales entre elles, qu'elles doivent être unies, mais non subordonnées : il dit *les puissances spirituelles*, comme s'il y en avait plus d'une, aussi bien que pour la puissance temporelle. Tout cela ne paraît pas bien d'accord, mais en contradiction avec ce qu'il a établi dans les premiers chapitres. Il a établi d'abord que les lois de l'homme ne sont autre chose que les règles de sa conduite pour arriver à sa fin dernière, qui est de posséder Dieu, le souverain bien. La première loi pour arriver à cette fin, c'est de connaître et d'aimer Dieu; la seconde, d'aimer le prochain : la religion est l'ensemble de ces lois. Telle est la source, tels sont les premiers principes de toutes les lois humaines.

Or, il n'y a pas indépendance, mais subordination, entre les premiers principes et les dernières conséquences, entre la source et les derniers ruisseaux, entre les lois fondamentales et les règlements de police, entre l'intérieur de l'homme et l'extérieur, entre la fin et les moyens; surtout entre la fin dernière, principale, souveraine, et les moyens secondaires, accessoires et simplement répressifs.

Donc il n'y a pas indépendance, mais subordination, entre la religion et la police; car la religion comprend la fin dernière et tous les moyens nécessaires pour y parvenir : elle comprend la source, les premiers principes de toutes les lois humaines, dans les dix commandements de Dieu, surtout dans les deux principaux, l'amour de Dieu et du prochain : elle comprend et règle *principalement* l'intérieur de l'homme, son esprit et son cœur, par conséquent aussi, accessoirement, sa conduite extérieure; car l'accessoire suit le principal. Quant à la police ou puissance temporelle, son but et son devoir principal est de maintenir l'ordre extérieur et public, contre les hommes qui n'ont point assez de sens ou de bonne volonté pour tendre à leur fin dernière, par les lois dont la religion est l'ensemble.

Domat pose les principes de tout cela dans les neuf premiers chapitres; puis, dans le dixième, il tire des conclusions opposées à ces principes : ce qui met son livre en contradiction avec lui-même, et cela sur les fondements de la législation humaine. Il y a plus : dans le chapitre dixième, il se contredit d'un alinéa à l'autre. Dans l'un il dit : « L'essentiel de la religion regarde *principalement* l'intérieur de l'esprit et du cœur de l'homme, dont les bonnes dispositions devraient être le principe de l'ordre extérieur de la société. » Or, d'après une maxime fondamentale du droit, l'accessoire suit le *principal*. Donc, si l'essentiel de la religion regarde *principalement* l'intérieur de l'homme, il regarde *accessoirement* sa conduite extérieure : et si l'essentiel, le principal de la religion regarde principalement notre intérieur, l'accessoire de la religion regardera principalement notre extérieur : ainsi, principalement ou accessoirement, la religion regarde et règle tout l'homme. La police n'aura par conséquent à régler que l'extérieur de ceux qui n'ont ni assez de bon sens ni assez de bonne volonté pour se laisser conduire par la religion. Eh bien! dans l'alinéa suivant, Domat oublie le mot *principalement*, pour dire que la religion ne regarde *que* l'intérieur, ne tend à régler *que* l'esprit et le cœur. Or, si la meilleure tête parmi les jurisconsultes français s'embrouille ainsi d'un alinéa à l'autre sur les premiers principes des lois humaines, que sera-ce des autres, qui ne viennent après lui qu'à un immense intervalle?

Dans le même chapitre encore, Domat dit et répète *les puissances spirituelles*, comme il dit et répète *les puissances temporelles*. Cette dernière expression est juste; car la puissance temporelle n'est pas une, mais multiple, suivant les lieux, les nations, les royaumes, les républiques; tandis que la puissance spirituelle ou la religion, s'entend la véritable, est une et universelle, et cela d'après les principes mêmes de toutes les lois, exposés par Domat. Il pose pour fondement de la société humaine, l'unité de la fin de l'homme et l'unité des moyens d'y parvenir, l'amour de Dieu et du prochain, c'est-à-dire l'unité de la religion. Supposer donc que la religion ou la puissance spirituelle, autrement la religion agissant par son chef et ses ministres, n'est plus une et universelle, mais multiple et diverse, c'est supposer que la fin de l'homme n'est plus une et universelle, mais multiple et diverse; c'est ruiner le premier fondement qu'on vient de donner à la société humaine.

Quant à la fin de l'homme, Domat paraît ignorer complètement que l'homme a une fin naturelle et une fin surnaturelle : la première consiste à connaître, aimer et posséder Dieu, comme auteur de la nature, et autant que cela est possible par les forces naturelles : la seconde consiste à connaître et aimer Dieu, comme auteur de la gloire, pour le voir et le posséder immédiatement en lui-même, par le moyen de sa grâce, de ses dons surnaturels. Cette distinction entre la nature et la grâce est capitale dans la foi chrétienne : sans elle, on est exposé à confondre des choses aussi éloignées l'une de l'autre que le ciel l'est de la terre, et Dieu de l'homme. Il ne paraît aucune trace, du moins aucune idée exacte de cette distinction essentielle, ni dans Domat, ni dans les meilleurs juristes français. Et s'il en est ainsi des meilleurs, encore une fois que sera-ce des pires, qui forment le plus grand nombre?

Depuis Guillaume Nogaret et Pierre Flotte, bourreaux et calomniateurs du pape Boniface VIII, jusqu'aux avocats jansénistes qui rédigèrent la constitution civile du clergé schismatique de France et votèrent la mort de Louis XVI, tous se sont montrés avocats consultants ou plaidants contre l'Eglise romaine, et lui suscitant partout des querelles et des procès. Nous l'avons vu au concile de Trente par le légiste *Ferrière*, l'ami du moine luthérien Fra Paolo. Nous l'avons vu par le légiste Charles du Moulin, huguenot pendant sa vie, catholique à la mort, qui s'appelait lui-même *le docteur de la France et de l'Allemagne*, et qui mettait à la tête de ses consultations : « Moi, qui ne cède à personne, et à qui personne ne peut rien apprendre! » Tels étaient encore *Pierre* et *François Pithou*, longtemps huguenots, puis catholiques, mais retenant peut-être encore quelque vieux levain d'aversion contre l'Eglise romaine. On a de ces deux frères, mais principalement du premier, un *Traité des libertés de l'Eglise gallicane*, ouvrage, dit Feller, qui a quelquefois besoin de commentaire, et qui suscita bien des contradictions; on prétend y trouver plus d'un reste de la religion que l'auteur avait abandonnée, et on ne se trompe point (Feller, *Dict. hist.*). Pour appuyer l'ouvrage des frères Pithou, un autre légiste, *Pierre Dupuy*, publia une compilation intitulée : *Preuves des libertés de l'Eglise gallicane.* Elle fut censurée et dénoncée à tout l'épiscopat par vingt-deux évêques ou archevêques français *comme un ouvrage détestable, rempli des propositions les plus venimeuses et masquant des hérésies formelles sous le beau nom de libertés* (T. III des *Procès-verbaux du clergé*, pièces justificatives, n. 1). Car, comme l'observe Bossuet, les légistes et les magistrats entendaient les libertés de l'Eglise gallicane tout autrement que les évêques (Bossuet, t. XXXVII, p. 244; t. XXXIII, p. 356, édit. de Versailles) : ils se regardaient comme les Pères et les Docteurs de cette Eglise, comme ses défenseurs nés, non-seulement contre le Pape, mais contre les évêques.

Mais où leur zèle se déployait avec le plus d'éclat, c'était dans les parlements, surtout dans le parlement de Paris, qui se regardait comme le concile permanent de l'Eglise gallicane, et pour cela ne pouvait souffrir qu'elle en eût un autre. Voici le jugement qu'en a porté le comte de Maistre :

« Protestant dans le XVIᵉ siècle, frondeur et janséniste dans le XVIIᵉ, philosophe enfin, et républicain dans les dernières années de sa vie, trop souvent le parlement s'est montré en contradiction avec les véritables maximes fondamentales de l'Etat. — Le germe calviniste, nourri dans ce grand corps, devint bien plus dangereux lorsque son essence changea de nom et s'appela *jansénisme*. Alors les consciences étaient mises à l'aise par une hérésie qui disait : *Je n'existe pas*. Le venin atteignit même ces grands noms de la magistrature que les nations étrangères pouvaient envier à la France. Alors toutes les erreurs, même les erreurs ennemies entre elles, étant toujours d'accord contre la vérité, la nouvelle philosophie dans les parlements s'allia au jansénisme contre Rome. Alors le parlement devint en totalité un corps véritablement anticatholique, et tel que, sans l'instinct royal de la maison de Bourbon et sans l'influence aristocratique du clergé (il n'en avait plus d'autre), la France eût été conduite infailliblement à un schisme absolu.

» Encouragés par la faiblesse d'une souveraineté agonisante, les magistrats ne gardèrent plus de mesure. Ils régentèrent les évêques; ils saisirent leur temporel; ils appelèrent, comme d'abus, d'un institut religieux devenu français depuis deux siècles, et le déclarèrent, de leur chef, *antifrançais*, *antisocial*, et même *impie*, sans s'arrêter un instant devant un concile œcuménique qui l'avait déclaré *pieux*, devant le souverain Pontife, qui répétait la même décision, devant l'Eglise gallicane enfin debout devant eux, et conjurant l'autorité royale d'empêcher cette funeste violation de tous les principes.

» Pour détruire un ordre célèbre, ils s'appuyèrent d'un livre accusateur qu'ils avaient fait fabriquer eux-mêmes, et dont les auteurs eussent été condamnés aux galères sans difficulté dans tout pays où les juges n'auraient pas été complices. Ils firent brûler des mandements d'évêques, et même, si l'on ne m'a pas trompé, des bulles du Pape, par la main du bourreau. Changeant une lettre provinciale en dogme de l'Eglise et en loi de l'Etat, on les vit décider *qu'il n'y avait point d'hérésie dans l'E-glise qui anathématisait cette hérésie;* ils finirent par violer les tabernacles et en arracher l'eucharistie; pour l'envoyer, au milieu de quatre baïonnettes, chez le malade obstiné, qui, ne pouvant la *recevoir*, avait la coupable audace de se la faire adjuger.

» Si l'on se représente le nombre des magistrats répandus sur le sol de la France, celui des tribunaux inférieurs qui se faisaient un devoir et une gloire de marcher dans leur sens; la nombreuse clientèle des parlements, et tout ce que le sang, l'amitié ou le simple ascendant emportaient dans le même tourbillon, on concevra aisément qu'il y en avait assez pour former dans le sein de l'Eglise gallicane le parti le plus redoutable contre le Saint-Siége (De Maistre, *De l'Eglise gallic.*, c. 2). »

Ce nouvel esprit des docteurs en Sorbonne et en parlement se résume, s'incarne et se propage dans un avocat du parlement de Paris, devenu prêtre, mais en qui le prêtre fut toujours subordonné à l'avocat. C'est CLAUDE FLEURY, né à Paris le 6 décembre 1640, mort dans la même ville le 14 juillet 1723, originaire de la même province que Launoy, Ellies Dupin et Richard Simon, savoir, de Normandie, et même de Rouen la capitale. Il fit ses études à Paris, au collège des Jésuites, dit alors de *Clermont*, aujourd'hui *Louis-le-Grand* (1): il demeura six années avec ces bons Pères, et paraît leur avoir toujours eu pour eux beaucoup d'affection et d'estime; témoin un petit poème latin où il décrit leur bibliothèque, alors sous la direction du Père Cossart. Son père, qui était avocat, le destinant à la même profession, il étudia le droit civil, se fit recevoir avocat au parlement en 1658, et fréquenta le barreau pendant neuf ans. L'amour de la retraite et de l'étude lui donna du goût pour l'état ecclésiastique, et il fut ordonné prêtre. Quelque temps après, en 1672, il fut choisi pour précepteur des fils du prince de Conti, élevés près du Dauphin, de qui le précepteur était Bossuet. Cette éducation finie, Louis XIV le chargea de celle du comte de Vermandois, l'un de ses fils adultérins, mais qui mourut en 1683. Enfin, l'an 1689, il le fit sous-précepteur des ducs de Bourgogne, d'Anjou et de Berri, de qui le précepteur était Fénelon. Pour le récompenser, Louis XIV le nomma, en 1684, à l'abbaye du Loc-Dieu, ordre de Citeaux, dans le diocèse de Rhodez; et, en 1706, au riche prieuré de Notre-Dame d'Argenteuil, ordre de Saint-Benoît, diocèse de Paris.

Depuis un demi-siècle, nous ne comprenons plus en France comment Fleury, prêtre séculier, pouvait être abbé cistercien dans le diocèse de Rhodez et prieur bénédictin dans celui de Paris, sans se faire moine et sans résider, ni dans son abbaye, ni dans son prieuré. C'est que nous ne savons plus ce que c'est qu'une commende, un abbé ou prieur commendataire. D'après l'explication que Fleury lui-même nous en donne, voici à peu près ce que c'était. Supposez un régiment, une compagnie militaire, dont le colonel, dont le capitaine n'est pas soldat, ne porte point l'uniforme, ne connaît point la manœuvre, n'assiste jamais aux exercices, ne paraît jamais aux revues ni surtout au feu; mais qui, tranquillement assis dans un bureau de finances, se fait payer exactement ses appointements de colonel ou de ca-

---

(1) En l'an de grâce 1871, ce lycée a pris le nom de *Lycée Descarte*.

pitaine, et même prélève parfois quelque chose de plus dans la caisse du régiment ou de la compagnie. Eh bien ! voilà ce qu'était Fleury, abbé commendataire du Loc-Dieu, prieur commendataire de Notre-Dame d'Argenteuil. Il est vrai, lui-même nous l'apprend, le cinquième concile général de Latran, le concordat de Léon X et le concile de Trente avaient réglé que les abbayes ne seraient données qu'à des réguliers, autrement des moines, c'est-à-dire que les régiments et les compagnies ne seraient plus donnés qu'à des militaires. « Toutefois, ajoute Fleury, on peut dire en faveur des commendes, que les abbés réguliers, hors quelques-uns qui vivent dans une observance très-étroite, n'usent guère mieux du revenu des monastères que plusieurs commendataires (*Institution au droit ecclésiastique*, partie 2ᵉ, c. 26). » Fleury accepta donc l'une et l'autre commende; seulement il ne les garda pas à la fois toutes deux, mais résigna la première et garda la seconde, qui était plus riche.

En 1716, après la mort de Louis XIV, le duc d'Orléans, régent du royaume, le nomma confesseur du jeune roi Louis XV, qui était fils du duc de Bourgogne et arrière-petit-fils du dernier roi. Fleury se démit de cet emploi au mois de mars 1722, à cause de son grand âge, et mourut le 14 juillet 1723, dans sa 83ᵉ année.

Ses ouvrages sont, par ordre de date : 1° *Histoire du droit français*, 1674; 2° *Catéchisme historique*, petit et grand, 1679; 3° *Mœurs des Israélites*, *Mœurs des Chrétiens*, 1681 et 1682; 4° *Vie de la vénérable mère Marguerite d'Arbouze, abbesse et réformatrice du Val-de-Grâce*, 1684; 5° *Traité du choix et de la méthode des études*, 1686; 6° *Institution au droit ecclésiastique*, 1687; 7° *Les devoirs des maîtres et des domestiques*, 1688; 8° *Histoire ecclésiastique*, vingt volumes, publiés de 1691 à 1720; 9° *Ses huit discours sur l'Histoire ecclésiastique, avec un neuvième sur les Libertés de l'Eglise gallicane*. Tel est, sans compter quelques autres opuscules et mémoires, l'ensemble des ouvrages de Fleury : le principal est son *Histoire ecclésiastique*.

Le sort de cette Histoire est assez remarquable. Elle a toujours été très-bien vue des protestants et des jansénistes, mais assez mal des catholiques. Voici comme en parle le protestant Basnage, dans son *Histoire des ouvrages des savants*, qui fait suite aux *Nouvelles de la république des lettres*, par Bayle : « Il suffit de nommer Fleury, pour donner une idée de la plus haute réputation de sincérité qu'un auteur ait jamais méritée. Et quel journaliste, catholique ou protestant, français ou même italien, pourrait refuser les éloges dus à son *Histoire ecclésiastique* (*Institut. au droit ecclés.*, partie 3ᵉ, p. 456)? » Et sur ce qu'un écrivain français anonyme entreprit la défense de Fleury, et s'efforça de montrer que sa doctrine était catholique, le journaliste protestant porta de cette apologie le jugement que voici : « C'est moins Fleury qu'on y défend et qu'on y justifie, que sa doctrine. Cette doctrine tire certainement à conséquence, ou plutôt on ne peut nier (quoi qu'en dise l'apologiste), que ses conséquences ne PORTENT UN COUP TERRIBLE A L'ÉGLISE ROMAINE (T. XVIII, partie 1ʳᵉ, p. 8). »

De plus, comme l'apologiste de Fleury apportait en preuve de l'orthodoxie de son Histoire, l'accueil favorable qu'il assurait lui avoir été fait par les catholiques, le journaliste protestant contredit cette assertion, et assure d'un ton prophétique que l'Histoire de Fleury ne serait jamais lue publiquement, non-seulement en Italie et en Espagne, mais pas même en France; et qu'en aucun lieu des Etats du Pape, elle n'obtiendrait jamais l'estime qu'on y a pour Baronius. Il ajoute que, parmi les *catholiques romains*, ceux qui ont attaqué l'Histoire de Fleury n'ont pas été les seuls auxquels il ait déplu; mais « je suis persuadé, continue le journaliste protestant, et je le déclare en présence de l'univers, qu'il n'y a pas UN SEUL CATHOLIQUE qui n'en ait été également scandalisé.... Je ne parle pas de ce qui devrait être, mais de ce qui est; et ce que je dis est si vrai, que, même à Paris.... l'histoire de Fleury a tant affligé les bonnes âmes, que ce n'a été qu'à grand'peine, qu'à force de corrections, qu'enfin le libraire a eu la permission de le vendre (*Institut. au droit ecclés.*, t. XXIII, p. 250 et seqq.). » C'est ainsi que cet auteur protestant reproche aux catholiques le peu de justice qu'ils avaient rendue à Fleury, tandis qu'il devait arriver tout le contraire, puisque, selon lui, personne ne pouvait lui refuser son estime, sans être regardé comme injuste ou ignorant. Ensuite les sectaires de Hollande furent si charmés de l'ouvrage de Fleury, et spécialement de tout ce qu'il avait dit contre les Papes, qu'ils mirent le plus grand prix à extraire des vingt volumes de cette Histoire tout ce qu'on y lisait de désavantageux à l'Eglise romaine. Ils en firent un volume traduit en hollandais, et l'imprimèrent à Amsterdam en 1724, afin que tous ces passages étant réunis dans un seul cadre, il leur suffit d'un coup d'œil pour jouir des avantages que trouvaient les églises de Hollande dans les précieux travaux de notre auteur. Ajoutons que le luthérien Gruber, traduisant en latin un autre ouvrage de Fleury, ses *Institutions canoniques*, augmentées par le protestant Boehmer de notes très-peu dignes d'un homme de lettres, Gruber, dis-je, rend à Fleury ce peu honorable témoignage : « Il est plein, dit-il dans sa préface, de sentiments excellents; car il parle de la primauté pontificale d'une manière si équivoque, qu'il semble plutôt la détruire que l'établir; et il est clair que les nôtres doivent le compter parmi les témoins les plus marquants de la vérité (luthérienne s'entend) qui ont vécu de nos jours (Marchetti, *Critique de Fleury*, préface). » C'est ainsi que les protestants contemporains de Fleury ont parlé de son Histoire.

Leur bienveillance a continué jusqu'à nos jours. Vers la fin du XVIIIᵉ siècle, les protestants d'Allemagne traduisirent l'Histoire de Fleury en allemand pour leur usage et édification. Le luthérien Schrœck, lui-même auteur d'une *Histoire ecclésiastique*, en témoigna pourtant de la surprise. « Nous ne sommes pas si pauvres en écrivains, dit-il, qu'il fût impossible de rédiger une *Histoire ecclésiastique* pour l'usage général des protestants d'Allemagne, avec les mêmes agréments que celle de Fleury, avec plus d'exactitude, un choix sévère des événements, sans une si grande étendue; dont l'auteur ne serait pas non plus un admirateur si empressé des saints, ni ne laissât des traces si claires qu'il est membre de l'Eglise romaine

(Schroeck, *Hist. de l'Eglise*, t. I; *Introduct.*, p. 248). » Voilà tout ce que l'historien protestant trouve à redire à la traduction allemande de son concurrent Fleury.

Mais si cet auteur fut si bien accueilli des protestants de Hollande et d'Allemagne, les catholiques lui ont fait de sévères reproches. Un Belge, le docteur Stévart, doyen de Saint-Rambaud et censeur des livres, dans son approbation des *Observations à Fleury*, dit entre autres choses : « Les vingt volumes de l'Histoire de Fleury sont, au jugement de tous les théologiens orthodoxes, des livres mauvais et pernicieux, remplis des injurieux blasphèmes que les hérétiques les plus furieux ont vomis contre l'Eglise romaine, contre le Saint-Siége et un grand nombre de Papes; livres capables de faire perdre aux fidèles le respect et la soumission qu'ils ont eus jusqu'ici pour le Pape, les évêques et leurs décisions ; livres qui décrient les miracles, les reliques et les indulgences, renversent l'immunité et la juridiction ecclésiastiques, et qui n'ont pour eux que les amateurs des nouveautés, et quelques esprits ignorants et superficiels (Marchetti, préface). L'auteur du *Jansénisme démoli*, traite fort mal notre auteur. « Fleury, dit-il aux jansénistes, l'ami le plus ardent de votre parti, qui semble n'avoir mis la main à la plume que pour le servir selon ses préjugés faux et malins, et qui n'appartint jamais ni à vous ni à l'Eglise (Partie 2ᵉ, p. 152). » Et un peu plus bas : « Fleury, le Matthieu Pâris de nos jours (P. 165). » Les premiers qui écrivirent contre Fleury en disent tout le mal qu'on peut dire d'un auteur. Un écrit intitulé : *Observations sur l'Histoire de Fleury*, adressées au pape Benoit XIII, qui fut alors attribué à un Carme de Flandre appelé le Père Honoré, semble ne pas trouver de termes pour exprimer son indignation contre cette Histoire, et finit par l'appeler le *triomphe du tolérantisme*, *de l'hérésie et du libertinage*. Il ne peut assez s'étonner qu'un auteur catholique ait pu écrire tant de blasphèmes et de satires sanglantes. Un Père Augustin du Hainaut, Baudouin de Housta, publia l'an 1733, un ouvrage du même genre : *Mauvaise foi de Fleury, prouvée par plusieurs passages des saints Pères, des conciles et d'auteurs ecclésiastiques, qu'il a omis, tronqués ou infidèlement traduits dans son Histoire*. Il y a surtout un chapitre intéressant : *Conformité de Monsieur Fleury avec les hérétiques des derniers siècles*. Mais ces critiques se livrent trop aux déclamations, et ne prouvent pas toujours assez bien ce qu'ils avancent, faute de remonter aux originaux. Il y a plus de modération et de bonne critique dans les *Observations théologiques, etc., sur l'Histoire de Fleury*, par le Père Honoré de Sainte-Marie (Blaise Vanzelle), Carme déchaussé, né à Limoges en 1651 et mort à Lille en 1729. Religieux exemplaire, employé pendant plusieurs années dans les missions du Levant, homme savant et laborieux, il a publié un grand nombre d'ouvrages utiles. Le principal est : *Réflexions sur les règles et l'usage de la critique, touchant l'histoire de l'Eglise, etc.* : il a été traduit en latin, en italien et en espagnol. C'est le meilleur ouvrage qui existe en ce genre. Ses observations sur Fleury sont aussi intitulées : *Dénonciation de l'Histoire ecclésiastique de Fleury au clergé de France*, Paris, 1726, et Malines, 1727. Elles sont excellentes ; mais des cent livres de cette Histoire, il n'examine que les vingt-huit premiers, qui sont peut-être les moins pernicieux. Enfin Jean Marchetti, né à Empoli en Toscane l'an 1753 et mort archevêque d'Ancyre l'an 1829, a publié une critique plus complète de l'Histoire ecclésiastique et des Discours de Fleury. Ce livre a obtenu plusieurs éditions, et a été traduit en français, en allemand, en espagnol. Marchetti était précepteur du duc Sforza Contarini, lorsqu'il mit sa critique au jour. Elle lui attira les persécutions des jansénistes de Toscane, et lui fit perdre sa place de précepteur (*Biogr. univ.*, Supplément, t. LXXIII).

Maintenant, quels sont les principaux motifs de ces jugements si opposés sur le même auteur et le même livre, entre les protestants et les jansénistes d'une part, et les catholiques romains de l'autre ?

Le premier et le capital, c'est la répugnance manifeste et permanente de Fleury pour le chef visible de l'Eglise de Dieu, pour le centre de l'unité catholique. Ainsi, dans son Discours sur les six premiers siècles, il y a un chapitre intitulé : *Gouvernement de l'Eglise* ; or, il n'y dit pas un mot du chef de ce gouvernement, le souverain Pontife, le successeur de saint Pierre, le Vicaire de Jésus-Christ. Dans les trois parties de son *Institution du droit canonique*, la première, des personnes ; la seconde, des choses ; la troisième, des jugements, sur quatre-vingt-quatre chapitres, on en trouve sur les conciles, les primats, les patriarches, les archevêques, les évêques, les chanoines, les curés, les prêtres, les diacres et sous-diacres, les minorés et les tonsurés, mais pas un sur le Pape, sur le Vicaire de Jésus-Christ, sur le Chef visible de toute l'Eglise catholique. En sorte que l'église de Fleury paraît exactement calquée sur l'église anglicane de Henri VIII, pour servir de modèle à l'église schismatique de la révolution française. Autant supprimer l'Ecriture et la Tradition ; l'Ecriture, où le Fils de Dieu dit à Pierre : *Tu es heureux, Simon, fils de Jona, car la chair et le sang ne t'ont point révélé ces choses, mais mon Père, qui est dans les cieux. Et moi je te dis : Tu es Pierre, et sur cette pierre je bâtirai mon Eglise, et les portes de l'enfer ne prévaudront point contre elle. Et je te donnerai les clés du royaume des cieux ; et tout ce que tu lieras sur la terre sera lié dans les cieux, et tout ce que tu délieras sur la terre sera délié dans les cieux* (Matth., 16). La Tradition, qui interprète ainsi ces paroles, d'abord par Tertullien : « Souviens-toi que le Seigneur a donné les clés à Pierre, et par lui à l'Eglise (*Scorpiac.*, n. 10); » saint Optat de Milève : « Pour le bien de l'unité, saint Pierre a reçu seul les clés du royaume des cieux, pour les communiquer aux autres (*Lib. 7 contra Parm.*, n. 3); » saint Cyprien : « Notre Seigneur, en établissant l'honneur de l'épiscopat, dit à Pierre dans l'Evangile : *Tu es Pierre, etc., et je te donnerai les clés du royaume des cieux, etc.* » C'est de là que, pour la suite des temps et des successions, découle l'ordination des évêques et la forme de l'Eglise, afin qu'elle soit établie sur les évêques (*Epist.* 33, alias 27). Saint Augustin : « Le Seigneur nous a confié ses brebis, parce qu'il les a confiées à Pierre (*Sermo* 297). » Saint Grégoire de Nysse. « Jésus a donné par Pierre aux évêques les clés du royaume céleste (T. III, p. 314, édit. Paris). » Saint

Léon : « Tout ce que Jésus-Christ a donné aux autres évêques, il le leur a donné par Pierre (*Sermo 4, in ann. Assum.*, c. 2). » Saint Grégoire d'Arles, écrivant au pape Symmaque : « Puisque l'épiscopat prend son origine dans la personne de l'apôtre saint Pierre, il faut que Votre Sainteté, par ses sages décisions, apprenne clairement aux églises particulières les règles qu'elles doivent observer (Labbe, t. IV, col. 1294). » Telle est, sur cette vérité fondamentale, la tradition des six premiers siècles, que Fleury supprime et dans son *Discours* et dans son *Institution au droit canonique*. Aussi le protestant Schroeck remarque-t-il avec complaisance, sur ce manuel de droit ecclésiastique français, que, si complet qu'il soit, il n'a aucun article spécial concernant le Pape, et que, de tous côtés ; il met des bornes à sa puissance (Schroeck, *Hist. de la Réforme*, t. VI, p. 355). Et voilà un premier motif de la faveur de Fleury parmi les sectaires, et de sa défaveur parmi les catholiques romains.

Un second motif, c'est le peu d'estime qu'il témoigne et qu'il inspire pour la Tradition, pour la parole de Dieu non écrite. Dans son *Catéchisme*, il en dit quelques mots assez vagues ; mais dans son *Discours sur les six premiers siècles*, non-seulement il n'en dit rien, il semble même le rejeter expressément. Voulant faire comprendre pourquoi les livres de controverse de ces premiers temps sont si utiles, il dit : « Car quiconque portait le nom de chrétien, faisait profession de ne se fonder *que sur* l'Ecriture ; les hérétiques en tiraient leurs objections, et les catholiques leurs réponses. Vous l'avez pu voir dans toute cette Histoire (1er *Discours*, n. 14, dernier alinéa). » En vérité, Fleury ne sait ce qu'il dit ni ce qu'il écrit. Les livres de controverse de ces premiers siècles ne parlent que de l'autorité irréfragable de la Tradition, à qui nous devons l'Ecriture même et le vrai sens de l'Ecriture. Témoin saint Irénée dans son ouvrage *contre les Hérésies*, Vincent de Lérins dans son *Avertissement*, Tertullien dans ses *Prescriptions*, saint Augustin dans tous ses ouvrages, Augustin qui dit aux hérétiques : « Je ne croirais pas même à l'Evangile, si l'autorité de l'Eglise catholique ne m'y déterminait. » On le voit, Fleury est des critiques modernes contre lesquels Bossuet a été obligé d'écrire sa *Défense de la Tradition et des Pères* ; critiques téméraires, qui diront volontiers le pour et le contre, pourvu qu'ils critiquent, c'est-à-dire pourvu qu'ils blâment ce que fait, ou enseigne, ou tolère l'Eglise romaine.

Voici comme Bossuet résume l'ancienne doctrine sur l'essence et l'autorité de la Tradition, entre autres dans son *Catéchisme*, art. V : « Des moyens dont Dieu s'est servi pour nous révéler la doctrine chrétienne, à savoir : l'Ecriture et la Tradition. » — « *Ne croyez-vous que ce qui est écrit ?* Je crois aussi ce que les apôtres ont enseigné de vive voix, et qui a toujours été cru dans l'Eglise catholique. — *Comment appelez-vous cette doctrine ?* Je l'appelle parole de Dieu non écrite, ou Tradition. — *Que veut dire ce mot Tradition ?* Doctrine donnée de main en main, et toujours reçue dans l'Eglise. — *Par le ministère de qui avons-nous reçu les saintes Ecritures ?* Par le ministère de l'Eglise catholique. — *Par le ministère de qui avons-nous reçu l'intelligence de l'Ecriture ?* Par celui de la même Eglise. — *Et ceux qui pensent pouvoir entendre l'Ecriture sainte par eux-mêmes ?* Ils s'exposent à faire autant de chutes que de pas. — *Pourquoi n'est-il point parlé de l'Ecriture dans le Symbole ?* Parce qu'il suffit de nous y montrer la sainte Eglise catholique, par le moyen de laquelle nous recevons l'Ecriture et l'intelligence de ce qu'elle contient. »

Bossuet ne s'en tient pas là. Il publie deux *Instructions pastorales*, où il montre la tradition catholique, fondée sur les promesses de Jésus-Christ. Il y a deux sortes de promesses : les unes s'accomplissent visiblement sur la terre ; les autres sont invisibles, et le parfait accomplissement en est réservé à la vie future, où l'Eglise sera glorieuse, sans tache et sans ride. La promesse, quant à la vie présente, lui assure une double universalité : celle des lieux et celle des temps. D'abord, Notre Seigneur dit aux siens : *Vous serez mes témoins dans Jérusalem et dans toute la Judée et la Samarie, et jusqu'aux extrémités de la terre* (Act., 1, 8). Nous n'avons cessé de voir l'accomplissement de cette première partie de la promesse. La seconde est encore plus remarquable : *Toute puissance m'est donnée dans le ciel et sur la terre. Allez donc : enseignez toutes les nations, les baptisant au nom du Père, et du Fils, et du Saint-Esprit : leur apprenant à garder toutes les choses que je vous ai commandées. Et voilà je suis avec vous tous les jours jusqu'à la consommation des siècles* (Matth., 28). Mais peut-être que cette promesse, *je suis avec vous*, souffrira de l'interruption ? Non. Jésus-Christ n'oublie rien : *Je suis avec vous tous les jours*. Quelle discontinuation y a-t-il à craindre avec des paroles si claires ? Enfin, de peur qu'on ne croie qu'un secours si présent et si efficace ne soit promis que pour un temps : *Je suis*, dit-il, *avec vous tous les jours jusqu'à la fin des siècles* ; ce n'est pas seulement avec ceux à qui je parlais alors que je dois être, c'est-à-dire avec mes apôtres. Le cours de leur vie est borné, mais aussi ma promesse va plus loin, et je les vois dans leurs successeurs. C'est dans leurs successeurs que je leur ai dit : *Je suis avec vous : des enfants naîtront au lieu des pères ; Pro patribus nati sunt filii* (Ps. 44, 17). Ils laisseront après eux des héritiers : ils ne cesseront de se substituer des successeurs les uns aux autres, et cette race ne finira jamais.

» De là suivent ces deux vérités, qui sont deux dogmes certains de notre foi : l'une, qu'il ne faut pas craindre que la succession des apôtres, tant que Jésus-Christ sera avec elle (et il y sera toujours sans la moindre interruption, comme on a vu), enseigne jamais l'erreur, ou perde les sacrements ; la seconde, qu'il n'est permis en aucun instant de se retirer d'avec cette succession apostolique, puisque ce serait se séparer de Jésus-Christ, qui nous assure être toujours avec elle. Ce dogme de la succession et de la perpétuité de l'Eglise, si visiblement attesté par les promesses expresses de Jésus-Christ, avec les paroles les plus nettes et les plus précises, a été jugé si important, qu'on l'a inséré parmi les douze articles du Symbole des apôtres, en ces termes : *Je crois l'Eglise catholique ou universelle ;* universelle dans tous les lieux et dans tous les temps, selon les propres paroles de Jésus-Christ : *Allez*, dit-il, *enseignez toutes les nations, et voici que je suis avec vous tous les jours* (sans discontinuation) *jusqu'à la fin des siècles.* Ainsi, en quelque lieu et en quelque temps que le Symbole soit lu et récité, l'existence de l'Eglise de tous les lieux et de tous les temps y est attestée ; cette foi ne souffre point d'interruption, puisqu'à tous moments le fidèle doit toujours dire : *Je crois l'Eglise catholique.* »

De tout cela, Bossuet conclut avec saint Augustin et tous les Pères, que le sentiment de l'Eglise est une règle infaillible, une entière conviction de la vérité. Voici comme il résume la doctrine de Tertullien à cet égard. « Tertullien donc, tant qu'il a été catholique, a reconnu cette chaîne de la succession qui ne doit jamais être rompue. Selon cette règle, on connaît d'abord les hérésies par la seule date de leur commencement. » Marcion et Valentin sont venus du temps d'Antonin : on ne les connaissait pas auparavant ; on ne les doit donc pas connaître aujourd'hui. Ce qui n'était pas hier est réputé dans l'Eglise comme ce qui n'a jamais été. Toute l'Eglise chrétienne remonte à Jésus-Christ de proche en proche, et sans interruption. La vraie postérité de Jésus-Christ va sans discontinuation à l'origine de sa race. Ce qui commence par quelque date que ce soit ne fait point race, ne fait point famille, ne fait point tige dans l'Eglise. « Les Marcionites ont des églises, mais fausses et dégénérantes ; comme les guêpes ont des ruches, » par usurpation et par attentat : on n'est point recevable à dire qu'on a rétabli ou réformé la bonne doctrine de Jésus-Christ, que les temps précédents avaient altérée : c'est faire injure à Jésus-Christ que de croire qu'il ait souffert quelque interruption dans le cours de sa doctrine, ni qu'il en ait attendu le rétablissement ou de Marcion ou de Valentin, ou de quelque autre novateur quel qu'il soit. Il n'a pas envoyé en vain le Saint-Esprit : il est impossible que le Saint-Esprit ait laissé errer toutes les églises, et n'en ait regardé aucune. Montrez-nous-en donc avant vous une seule de votre doctrine. Vous disputez par l'Ecriture ? vous ne songez pas que l'Ecriture elle-même nous est venue par cette suite : les évangiles, les épîtres apostoliques et les autres Ecritures n'ont pas formé les églises, mais leur ont été adressées, et les ont dû recevoir avec *l'assistance du témoignage de l'Eglise.* Ainsi la première chose qu'il faut regarder, *c'est à qui elles appartiennent.* L'Eglise les a précédées, les a reçues, les a transmises à la postérité *avec leur véritable sens.* Là donc où est la source de la foi, c'est-à-dire la succession de l'Eglise, là est la vérité des Ecritures, des interprétations ou expositions, et de toutes les traditions chrétiennes. Ainsi, sans avoir besoin de disputer par les Ecritures, nous confondons tous les hérétiques, en leur montrant, sans les Ecritures, qu'elles ne leur appartiennent pas, et qu'ils n'ont pas droit de s'en servir. »

Voilà comme Tertullien et Bossuet réfutent Fleury sur l'Ecriture et la Tradition. Bossuet ajoute une autre réflexion importante sur les promesses de Jésus-Christ.

« Au surplus, sans disputer davantage, il ne faut qu'un peu de bon sens et de bonne foi pour avouer que l'Eglise chrétienne, dès son origine, a eu pour marque de son unité sa communion avec la Chaire de saint Pierre, *dans laquelle seule tous les autres siéges ont gardé l'unité : In quâ solâ unitas ab omnibus servaretur* (Optat, *Contr. Parm.*, l. 2), comme parlent les saints Pères ; en sorte qu'en y demeurant, comme nous faisons, sans que rien ait été capable de nous en distraire, nous sommes le corps qui a vu tomber à droite et à gauche tous ceux qui se sont séparés eux-mêmes ; et on ne peut nous montrer par aucun fait positif et constant, comme il le faudrait pour ne point discourir en l'air, que nous ayons jamais changé d'état, ainsi que nous le montrons à tous les autres.

» Dans cet inviolable attachement à la Chaire de saint Pierre, nous sommes guidés par la promesse de Jésus-Christ. Quand il a dit à ses apôtres : *Je suis avec vous,* saint Pierre y était avec les autres, mais il y était avec sa prérogative, comme le premier des dispensateurs, *primus Petrus* : il y était avec le nom mystérieux de Pierre, que Jésus-Christ lui avait donné pour marquer la solidité et la force de son ministère ; il y était enfin comme celui qui devait le premier annoncer la foi au nom de ses frères les apôtres, les y confirmer, et par là devenir la pierre sur laquelle serait fondé un édifice immortel. Jésus-Christ a parlé à ses successeurs comme il a parlé à ceux des autres apôtres, et le ministère de Pierre est devenu ordinaire, principal et fondamental dans toute l'Eglise. Si les Grecs se sont avisés, dans les derniers siècles, de contester cette vérité, après l'avoir confessée cent fois et l'avoir reconnue avec nous, non point seulement en spéculation, mais encore en pratique, dans les conciles que nous avons tenus ensemble durant sept cents ans ; s'ils n'ont point voulu dire comme ils faisaient : *Pierre a parlé par Léon ; Pierre a parlé par Agathon ; Léon nous présidait comme le chef préside à ses membres ; les saints canons et les lettres de notre père Célestin nous ont forcés à prononcer cette sentence,* et cent autres choses semblables ; les actes de ces conciles, qui ne sont rien moins que les registres publics de l'Eglise catholique, nous restent encore en témoignage contre eux, et l'on y verra éternellement l'état où nous étions en commun dans la tige et dans l'origine de la religion (Bossuet, *Première Instruction pastorale sur les promesses de l'Eglise*). »

Voilà comme Bossuet, en rétablissant la saine doctrine sur la tradition et sur l'Eglise contre le prédicant Jurieu et les autres calvinistes, la rétablit contre Fleury, qui la supprime et même la contredit.

Mais voici où Fleury se fait encore mieux connaître. De son temps, Baïus, Jansénius, Quesnel renouvelèrent les erreurs de Luther et de Calvin sur la nature, la grâce et le libre arbitre. L'Eglise condamna ces erreurs dans un grand nombre de propositions : soixante-seize de Baïus, cinq de Jansénius, cent une de Quesnel ; en tout cent quatre-vingt-deux. D'après cela, il était facile à un théologien de bonne volonté de résumer la vraie doctrine de l'Eglise sur la nature, le libre arbitre et la grâce. C'était surtout le devoir de Fleury, le grand redresseur des Papes, des Pères et des Docteurs de l'Eglise : il le devait spécialement dans le catéchisme qu'il adresse au peuple chrétien comme propre à l'instruire. Or, dans aucun de ses deux catéchismes, le petit et le grand, il ne dit ce que c'est que la grâce. Dans le grand, il a bien un chapitre exprès :

*De la grâce*, mais au lieu de dire ce qu'elle est, il reproduit des erreurs condamnées par l'Eglise. Voici ses paroles : « Nous ne pouvons accomplir les commandements de Dieu ni suivre ses conseils que par sa grâce. De nous-mêmes nous ne pouvons former une bonne pensée ni nommer le Seigneur Jésus que par le Saint-Esprit. Ce n'est pas que Dieu ne nous ait créés libres et ne nous ait proposé dans sa loi la vie et la mort, afin que nous choisissions la vie. *Mais notre volonté est tellement affaiblie par le péché, que de nous-mêmes nous choisissons toujours le mal, et nous n'avons point de liberté pour bien faire, si nous ne sommes délivrés par la vérité, qui est Jésus-Christ* (Leçon 37 De la grâce). » Dans cette dernière phrase, Fleury renouvelle plusieurs propositions condamnées dans Baïus; la 27ᵉ : « Le libre arbitre, sans la grâce de Dieu pour l'aider, n'a de force que pour le mal; » la 28ᵉ : « C'est une erreur pélagienne de dire que le libre arbitre suffit pour éviter un péché quelconque; » la 38ᵉ : « Le pécheur, sans la grâce du Libérateur, n'est libre que pour le mal; » la 65ᵉ : « Ce n'est pas que pour une erreur pélagienne qu'on peut admettre un usage bon ou non mauvais du libre arbitre, et celui-là fait injure à la grâce du Christ, qui pense et enseigne de cette manière. » Enfin, nulle part Fleury ne présente la grâce comme un *don* essentiellement *surnaturel*; partout il suppose qu'elle est une partie intégrante de la nature du premier homme; que la grâce n'est qu'une restauration de la nature déchue; et qu'au fond la nature et la grâce sont une même chose. Erreur fondamentale; confusion, au lieu de subordination, de deux choses infiniment distinctes : erreur et confusion premières, qui ont nécessairement engendré dans l'esprit de l'auteur erreur et confusion sur toutes les idées principales : l'ordre naturel et l'ordre surnaturel, la raison et la foi, la philosophie et la théologie, les gouvernements temporels et l'Eglise catholique. Aussi n'avons-nous pas encore rencontré d'auteur où, sous une apparence de précision et de netteté, il y eût autant d'idées inexactes, incomplètes, fausses et même contradictoires.

Nous avons vu avec quelle vigueur Bossuet a vengé la théologie scholastique contre Richard Simon et les autres critiques modernes. « On voit aussi par expérience, concluait-il, que ceux qui n'ont pas commencé par là et qui ont mis tout leur fort dans la critique, sont sujets à s'égarer beaucoup, lorsqu'ils se jettent sur les matières théologiques. Erasme, dans le siècle passé, Grotius et M. Simon dans le nôtre, en sont un grand exemple (*Défense de la Tradition*, l. 3, c. 20). » Nous croyons qu'on peut y joindre Fleury, qui ne témoigne pas plus d'estime que Richard Simon pour la théologie scholastique, entre autres pour saint Thomas (*Discours* 8, n. 9; *Discours* 5, n. 15 et 16). Or, ce mépris de la théologie scholastique a des conséquences plus graves qu'il n'y paraît d'abord : il implique le mépris de la Tradition même. Fénelon observe contre les jansénistes que, pendant cinq siècles, les scholastiques étaient les seuls témoins de la Tradition ; Jansénius convient expressément, dans la préface de son *Augustinus*, que tous les scholastiques de ces cinq siècles étaient contraires à son système des deux délectations invincibles (Fénelon, t. XVI, 17ᵉ lettre sur la *Nouveauté du jansénisme*, p. 1-16). Maintenant, ce mépris de la théologie, où conduira-t-il naturellement? Nous l'avons vu par le patriarche du jansénisme, qui disait confidemment à Vincent de Paul, que depuis cinq cents ans il n'y avait plus d'Eglise, et que Jésus-Christ l'avait abandonnée, malgré ses promesses. Or, dans son *Discours sur les libertés de l'Eglise gallicane*, Fleury convient que, pendant plusieurs siècles, les scholastiques, notamment les plus pieux, enseignaient généralement que le Pape est infaillible, supérieur au concile et juge suprême des cas de conscience entre les peuples et les rois; Fleury convient que la doctrine contraire n'était soutenue quelquefois que par des jurisconsultes ou des politiques profanes et libertins. Restait à conclure, avec le patriarche du jansénisme, que depuis cinq siècles il n'y avait plus d'Eglise : d'autant plus que, dans son *Institution du droit ecclésiastique*, Fleury déclare la doctrine commune des scholastiques contraire à l'Ecriture sainte, à l'exemple de toute l'antiquité chrétienne, subversive enfin de la tranquillité publique et même des fondements de la société (Part. 3ᵉ, c. 25).

Fleury ébranle la Tradition sur d'autres points encore. Parlant dans un de ses discours des titres qu'on fabriquait quelquefois au moyen-âge, il ajoute : « Mais, de toutes ces pièces fausses, les plus pernicieuses furent les décrétales attribuées aux Papes des quatre premiers siècles, qui ont fait une plaie irréparable à la discipline de l'Eglise, par les maximes nouvelles qu'elles ont introduites, touchant le jugement des évêques et l'autorité du Pape (Troisième *Discours*, si on compte la préface pour le premier, n. 2). » Ainsi donc, s'il faut en croire Fleury, l'Eglise entière, trompée par de fausses pièces, a fait une plaie irréparable à sa discipline. Mais alors, que devient la Tradition? que devient l'infaillibilité de l'Eglise? que devient la promesse de Jésus-Christ d'être avec elle tous les jours jusqu'à la consommation des siècles? Comme tout cela est excessivement grave, Fleury est-il au moins bien sûr de ce qu'il dit? Ecoutons-le lui-même.

Dans son *Institution du droit ecclésiastique*, après avoir résumé le droit des huit premiers siècles, il conclut : « Ce peu de lois suffit pendant huit cents ans à toute l'Eglise catholique. Les Occidentaux en avaient moins que les Orientaux, encore en avaient-ils emprunté d'eux la plus grande partie; mais il n'y en avait point qui eussent été faites pour l'Eglise romaine en particulier. Elle avait jusque-là conservé si constamment la tradition de la discipline apostolique, qu'elle n'avait presque pas eu besoin de faire aucun règlement pour se réformer, et ce que les Papes en avaient écrit était pour l'instruction des autres églises. On peut nommer le droit qui eut cours pendant ces huit cents ans l'*Ancien droit ecclésiastique*. — Le *Nouveau* commença bientôt après. Sur la fin du règne de Charlemagne, on répandit en Occident une *Collection de canons* qui avait été apportée d'Espagne et qui porte le nom d'un *Isidore* que quelques-uns surnomment *Mercator* ou *le Marchand*. — On a reconnu dans le dernier siècle que ces décrétales, depuis saint Clément jusqu'à Sirice, ne sont point de ceux dont elles portent les noms. Elles sont toutes d'un même style, et d'un style fort éloigné de la noble simplicité de ces premiers siècles;

ELLES SONT COMPOSÉES DE GRANDS PASSAGES DES PÈRES qui ont vécu longtemps après, COMME DE SAINT LÉON, DE SAINT GRÉGOIRE et d'autres plus modernes; on y voit même des lois des empereurs chrétiens : les choses dont elles parlent ne conviennent point au temps où on les rapporte; les dates sont fausses (Part. 1re, c. 1). » Voilà ce que dit Fleury. De son côté, le savant de Marca reconnaît expressément, d'après les preuves qu'en a données le protestant Blondel, que ces fausses décrétales ont été composées, à peu de chose près, *si pauca demas*, avec les sentences et les paroles mêmes des lois et canons anciens, ainsi que des saints Pères, qui ont fleuri au IVᵉ et Vᵉ siècle (*De concordiâ*, l. 3, c. 5). Ainsi donc, d'après le témoignage de Fleury lui-même, les fausses décrétales sont composées de longs passages de saint Léon, de saint Grégoire et d'autres Pères, qui tous ont vécu dans les huit premiers siècles, dans les siècles de l'ancien droit ecclésiastique. Comment alors peut-il dire que ces extraits de l'ancien droit ont formé un droit absolument nouveau, inouï, qui a détruit l'ancien, changé le gouvernement de l'Eglise et infligé à sa discipline une plaie irréparable? Cette accusation, démentie par ses preuves, n'est-elle pas une horrible calomnie contre l'Eglise de Dieu et contre Dieu même, qui aurait manqué à sa promesse d'être avec elle tous les jours jusqu'à la consommation des siècles? Et cependant cette accusation de Fleury est comme l'âme de son Histoire.

Dans le passage cité, Fleury nous donne aussi un merveilleux échantillon de sa *Critique littéraire*. Dans la même phrase, il nous dit que toutes les décrétales sont du même style, et cependant composées de longs passages de différents Pères et même d'empereurs chrétiens. En vérité, il ne sait ce qu'il dit.

Il commence son discours sur les six premiers siècles par ces mots : « Les beaux jours de l'Eglise sont passés. » Et voici comme il le prouve. Dans les six premiers siècles, il dissimule le mal et relève le bien ; dans les suivants, il dissimule le bien et relève le mal. Ce sophisme, cette tricherie, voilà tout l'esprit de son Histoire, de ses discours, de ses *Mœurs des chrétiens*. C'est toujours la même calomnie contre Dieu et son Eglise.

Un échantillon de sa manière. Dans les six premiers siècles, l'ignorance des ecclésiastiques était presque une vertu. « Il n'était pas nécessaire, dit-il, pour être prêtre ou évêque, de savoir les sciences profanes, c'est-à-dire, la grammaire, la rhétorique, la dialectique et le reste de la philosophie, la géométrie et les autres parties des mathématiques. Les chrétiens nommaient tout cela *les études du dehors*, parce que c'étaient les païens qui les avaient cultivées et qu'elles étaient étrangères à la religion. Car il était bien certain que les apôtres (excepté pourtant saint Paul) et leurs premiers disciples ne s'y étaient pas appliqués. Saint Augustin n'en estimait pas moins un certain évêque de ses voisins, quoiqu'il ne sût ni grammaire ni dialectique, et nous voyons que l'on élevait quelquefois à l'épiscopat de bons pères de famille, des marchands, des artisans, qui vraisemblablement n'avaient point fait ces sortes d'études... On trouve même quelquefois des diacres qui ne savaient pas lire; car c'est ce qu'on appelait alors n'avoir point de lettres (Second *Discours*, n. 13). » Voilà comme Fleury y trouve l'ignorance excusable, édifiante même, dans les six premiers siècles ; mais une ignorance beaucoup moindre, surtout l'ignorance de la critique, est un crime impardonnable dans les ecclésiastiques des siècles suivants ; de là viendront tous les maux, notamment les fausses décrétales : et, ce qu'il y a de plus curieux, il blâmera les moines d'Occident de ce qu'ils n'étudient pas, et il les blâmera de ce qu'ils étudient, et de ce qu'ils ne passent pas tout leur temps à faire des nattes ou des corbeilles, comme ceux de la Thébaïde.

C'est la coutume de bien des gens de donner à Fleury le titre de *critique judicieux*. Si par *critique* on entend un homme qui blâme les autres ; par *judicieux*, un homme qui juge beaucoup, bien ou mal, ce titre lui convient par excellence. Mais si par *critique* on entend un homme qui sait discerner le vrai du faux ; par *judicieux*, un homme qui juge bien, Fleury ne mérite pas plus le titre de judicieux critique que cinquante mille autres qui ne le mériteraient pas du tout.

§ III.

*Qu'est-ce que les libertés de l'Eglise gallicane? — Déclaration gallicane de* 1682. *Ce qu'elle déclare et ce qu'elle ne déclare pas. Défense qu'en entreprend Bossuet. — Ce que pense Fénelon sur ces matières.*

Nous avons de Fleury un *Discours sur les libertés de l'église gallicane*. Ce discours fut d'abord publié par les jansénistes, avec des suppressions, des interpolations et des notes dans l'esprit de leur secte. De nos jours, l'abbé Emery, supérieur de la congrégation de Saint-Sulpice, en a donné une édition correcte sur le manuscrit original. On y voit que, sur la fin de sa vie, Fleury était revenu de bien des préjugés, mais qu'il en conservait encore beaucoup, fondés sur l'ignorance réelle ou affectée de certains faits principaux de l'histoire. Par exemple, nous savons que la constitution des peuples chrétiens au moyen-âge portait que, pour être citoyen, prince ou roi, il fallait avant tout être catholique et en communion avec l'Eglise romaine ; quiconque cessait d'être catholique ou demeurait excommunié par le Pape un an et un jour, perdait par le même ses droits de citoyen et de prince. Voilà ce qui subordonnait les rois au jugement du Pape sur l'accusation des peuples. Si Fleury avait consigné ces faits et ces lois dans son Histoire, il n'aurait pas trompé ses lecteurs, comme il le fait, en attribuant gratuitement aux catholiques du moyen-âge la fausse idée que la seule excommunication emportait la privation des droits civils et politiques.

Il ramène toutes les libertés de l'Eglise gallicane à ces deux maximes : « Le roi, comme tel, n'est pas
» subordonné au jugement du Pape ; mais le Pape,
» comme tel, est subordonné au jugement du con-
» cile général. » Sur le second article, il rappelle une observation qu'on faisait dès lors : « Quelques politiques ont prétendu décrier cette doctrine de la

supériorité du concile, par la comparaison des Etats généraux. On les mettra, disent-ils, au-dessus du roi, comme le concile au-dessus du Pape, en suivant les mêmes principes (*Nouveaux opuscules de Fleury*, Paris, 1818, p. 132). » Fleury repousse la conséquence par cette dernière et principale raison : « Pour la France, nous savons que dès le temps de Charlemagne, les assemblées de la nation, quoique fréquentes et ordinaires, ne se faisaient que pour donner conseil au roi, et que lui seul décidait (*Ibid.*, p. 136). » Mais si Fleury avait consigné dans son Histoire les chartes constitutionnelles de Charlemagne et de son fils, il y aurait vu tout le contraire, et lui et ses lecteurs. Car dans ces chartes, délibérées, consenties et jurées par l'assemblée nationale des Francs ; examinées, approuvées et souscrites par le Pape : dans ces chartes si solennelles, il est dit expressément que le peuple élirait les rois et l'empereur ; que le roi qui se conduirait en tyran, était justiciable de l'assemblée générale de la nation (Baluze, *Capitul. reg. Franc.*). Au temps de Fleury, pour plaire à Louis XIV, l'histoire se taisait ou parlait à son gré : les plus grands flatteurs étaient les avocats et les juges, qui supprimaient les livres et les passages désagréables. Le second successeur de Louis XIV périra sur un échafaud, par sentence d'une Convention nationale, où dominaient les juges et les avocats. Supposé que, d'après la jurisprudence du moyen-âge, Louis XVI eût été soumis au jugement de Pie VI sur les plaintes des Etats généraux de France, on peut croire que les choses se seraient passées différemment.

Il y a d'autres endroits du même discours où Fleury se montre plus sage. « Quant à la discipline, dit-il, nous croyons que la puissance du Pape doit être réglée et exercée suivant les canons, et n'est souveraine qu'en ce qu'il a droit de les faire observer à tous les autres. » Car Jésus-Christ a dit : *Les rois des nations les dominent*, etc. *Il n'en sera pas ainsi de vous*. Et saint Pierre : *Conduisez le troupeau de Dieu, non comme en dominant*, etc. Donc le gouvernement de l'Eglise n'est pas un empire despotique, mais une conduite paternelle et charitable, où l'autorité du chef ne paraît point, tant que les inférieurs font leur devoir ; mais elle éclate pour les y faire rentrer, et s'élève au-dessus de tout pour maintenir les règles. Il doit dominer sur les vices, non sur les personnes. Ce sont les maximes du pape saint Grégoire (*Nouv. opuscules.*, p. 138 et 139). » Ainsi parle Fleury. Nous sommes bien persuadé que les Papes pensent de même, qu'ils partagent les maximes de leur prédécesseur Grégoire, et que tout ce qu'ils demandent, c'est que leur *puissance soit souveraine pour faire observer les canons à tous les autres, que leur autorité de chef éclate pour faire rentrer leurs inférieurs dans le devoir, et qu'elle s'élève au-dessus de tout pour maintenir les règles*. Mais ce n'est pas la question entre le Pape et les gallicans ; la voici. Supposé que le Pape use de sa puissance souveraine pour faire observer les canons à certains évêques, qu'il fasse éclater son autorité de chef pour les ramener à leur devoir, qu'enfin il s'élève au-dessus de tout pour maintenir les règles : sera-ce à ces quelques évêques à juger leur supérieur, à s'élever au-dessus de sa puissance souveraine, à lui tracer des limites avec quatre bornes de leur façon ? Bien des Français ont cru que trente-six évêques gallicans pouvaient le faire. La Providence leur a donné là-dessus une rude leçon. Un peu plus d'un siècle après l'entreprise des trente-six prélats, l'Eglise gallicane tout entière a péri, corps et bien, dans un naufrage : le Pape seul, Pie VII, l'a sauvée de cet abîme, en s'élevant au-dessus de tout, en usant de sa puissance souveraine pour supprimer tout ce qui était, et créer une Eglise nouvelle, qui, bien véritablement, n'existe que par la grâce de Dieu et l'autorité du Saint-Siège apostolique. Elle fera bien de ne l'oublier jamais.

Fleury avait encore écrit dans son *Discours* : « Et pour revenir à ce qui regarde la foi, régulièrement, quand le Pape a parlé, toute l'Eglise doit se soumettre (*Nouv. opusc.*, p. 131, note). » Mais ces paroles ont été effacées dans le manuscrit, soit par Fleury lui-même, soit, ce qui est plus probable, par les jansénistes, qui ont eu longtemps le manuscrit entre leurs mains. Mais, quoi qu'il en soit de ces paroles de Fleury, les paroles de saint Augustin resteront toujours : *Rome a parlé, la cause est finie*.

Mais, enfin, qu'en est-il au juste de ces libertés de l'Eglise gallicane, sur lesquelles Fleury a fait son Discours ; car on dit que ce sont des paroles vagues, dont les Français n'ont jamais voulu se faire ni donner aux autres une idée bien nette. Le comte de Maistre dit un peu malicieusement : Ces fameuses libertés ne sont qu'un accord fatal signé par l'Eglise de France, en vertu duquel elle se soumettait à recevoir les outrages du parlement, à la charge d'être déclarée *libre* de les rendre au souverain Pontife (*De l'Eglise gallicane*, p. 294).

Fénelon pense là-dessus à peu près comme de Maistre. Voici comme il s'exprime dans ses plans de gouvernement concertés avec le duc de Chevreuse, pour être proposés au duc de Bourgogne en 1711. « *Libertés gallicanes*. — Le roi, dans la pratique, est plus chef de l'Eglise que le Pape, en France : libertés à l'égard du Pape, servitude envers le roi. — Autorité du roi sur l'Eglise dévolue aux juges laïques : les laïques dominent les évêques. — Abus énormes de l'appel comme d'abus, et des cas royaux à réformer. — Abus de ne pas souffrir les conciles provinciaux, nationaux dangereux. — Abus de ne laisser pas les évêques concerter tout avec leur chef. — Abus de vouloir que des laïques demandent et examinent les bulles sur la foi. — Maximes schismatiques du parlement, etc. — Autrefois l'Eglise, sous prétexte du serment des contractants, jugeait de tout. Aujourd'hui les laïques, sous prétexte du possessoire, jugent de tout. — Abus des assemblées du clergé, qui seraient inutiles, si le clergé ne devait rien fournir à l'Etat. Elles sont nouvelles. — Danger prochain de schisme par les archevêques de Paris (Fénelon, t. XXII, p. 586 et 587). »

Bossuet pense au fond de même. Célébrant dans une oraison funèbre les avantages que procurait à l'Eglise le zèle du chancelier Le Tellier, secondé pa son fils, l'archevêque de Reims, il demande : « Après ces commencements, ne pourrons-nous pas enfin espérer que les jaloux de la France n'auront pas éternellement à lui reprocher les libertés de l'Eglise toujours employées contre elle-même (Bossuet, t. XVII, p. 501) ! » Bossuet en est lui-même une preuve.

C'était en 1702 : il avait soixante-quinze ans.

dont cinquante de doctorat, trente-quatre d'épiscopat : à l'exemple du cardinal de Noailles, il faisait imprimer l'Ordonnance et l'Instruction que nous avons vues, contre le Nouveau Testament de Richard Simon, lorsque le chancelier Pontchartrain fit dire à l'imprimeur de porter l'ouvrage de l'évêque à un docteur de Sorbonne qu'il en nommait censeur, et dont l'approbation devait paraître à la tête de l'ouvrage. Bossuet ressentit vivement cet affront, non-seulement pour lui, mais pour tous les évêques. Il s'en plaignit au roi, au chancelier, au cardinal, et même à la veuve du poëte burlesque Scarron, alors épouse clandestine de Louis XIV. Il disait, entre autres, au cardinal de Noailles : « Il est temps que Votre Eminence fasse les derniers efforts pour la défense de la religion et de l'épiscopat. — Il me serait bien douloureux d'être le premier qu'on assujétisse à un traitement si rigoureux; mais le plus grand mal est que ce ne sera qu'un passage pour mettre les autres sous le joug. — Quand on a dit à M. le chancelier qu'il était étrange d'assujétir les évêques à ne pouvoir enseigner que dépendamment des prêtres, et à subir un examen sur la foi, il a répondu qu'il fallait être attentif à ce qu'ils pourraient écrire contre l'Etat. Mais les évêques sont gens connus, et, pour ainsi dire, bien domiciliés; c'est une étrange oppression, sous prétexte qu'il peut arriver qu'il y en ait quelques-uns qui manquent à leur devoir pour le temporel (ce qui néanmoins est si rare et n'arrive point), d'assujétir tous les autres, et de leur lier les mains en ce qui regarde la foi, qui est l'essentiel de leur ministère et le fondement de l'Eglise. Le roi ne le souffrira pas, et notre ressource est toute dans sa piété. — J'implore le secours de madame de Maintenon, à qui je n'ose en écrire. Votre Eminence fera ce qu'il faut; Dieu nous la conserve! On nous croira à la fin, et le temps découvrira la vérité; mais il est à craindre que ce ne soit trop tard, et lorsque le mal aura fait de trop grands progrès : j'ai le cœur percé de cette crainte (Bossuet, t. VII, p. 416-419). » Bossuet dit au roi : « Pour les mandements, censures et autres actes authentiques des évêques, on convient qu'ils les peuvent faire indépendamment de la puissance temporelle, à condition de les faire écrire à la main ; et ce n'est qu'à raison de l'impression qu'on les y veut assujétir. Si cela est, il faut, Sire, de deux choses l'une, ou que l'Eglise soit privée seule du secours et de la commodité de l'impression, ou qu'elle l'achète en assujétissant ses décrets, ses catéchismes, et jusqu'aux missels et aux bréviaires, et tout ce que la religion a de plus intime, à l'examen des magistrats; ce qui n'entre pas dans la pensée. Chacun fait imprimer ses *factums* pour les distribuer à ses juges : l'Eglise ne pourra pas faire imprimer ses instructions et ses prières, pour les distribuer à ses enfants et à ses ministres (P. 434)! » Bossuet dira au cardinal le 31 octobre 1702 : « Quoi! il ne nous sera pas permis d'alléguer le concile de Trente! Cela est dur et inconcevable. — Je ne doute point du secours de madame de Maintenon (P. 441). » Il dira le 1er novembre à une tierce personne : « Enfin, monsieur, on se déclare : nos ordonnances seront sujettes à l'examen, comme nos autres ouvrages, et on me fera un crime d'avoir suivi les sentiments de mon métropolitain : ce sera lui qui sera censuré sous mon nom. Dieu soit loué! et puisqu'on pousse tout à bout contre nous, c'est le temps d'attendre le secours d'en-haut contre l'Eglise opprimée. Je sais le fait de M. de Châlon-sur-Saône; mais c'est autre chose de supprimer un livre de statuts, quand il y a quelque chose contre l'ordonnance, ce qui pourrait être arrivé à M. de Châlon; ce que pourtant je ne sais pas : autre chose, que pour exercer nos fonctions il nous faille prendre l'attache de M. le chancelier, et achever de mettre l'Eglise sous le joug. Pour moi j'y mettrais la tête : je ne relâcherai rien de ce côté-là, ni ne déshonorerai le ministère dans une occasion où la gloire de mon métropolitain, autant que l'intérêt de l'épiscopat, se trouve mêlée (P. 442). » Il relâcha pourtant quelque chose. Pour accommoder l'affaire, il consentit sur la demande du chancelier à ne point parler, dans son ordonnance, de la nécessité de la permission des évêques pour publier des versions de l'Ecriture sainte, ni du décret du concile de Trente, qui exigeait cette permission. Et le chancelier se prévalut des changements que Bossuet avait accordés à ses instances et à celles du cardinal de Noailles, pour faire entendre qu'il avait *supprimé* la première ordonnance de ce prélat (Bausset, *Hist. de Bossuet*, t. IV, l. 12, p. 303). Voilà ce qu'étaient en fait, même pour Bossuet, les libertés de l'Eglise gallicane.

Fleury nous en donne la même idée. « Mais il faut dire la vérité, s'écrie-t-il enfin : ce ne sont pas seulement les étrangers et les partisans de la cour de Rome qui ont affaibli la vigueur de l'ancienne discipline, et diminué nos *libertés* : les Français, les gens du roi, ceux-là même qui ont fait sonner le plus haut ce nom de libertés, y ont donné de rudes atteintes en poussant les droits du roi jusqu'à l'excès ; en quoi l'injustice de Dumoulin est insupportable. Quand il s'agit de censurer le Pape, il ne parle que des anciens canons; quand il est question des droits du roi, aucun usage n'est nouveau ni abusif; et lui, et les jurisconsultes qui ont suivi ses maximes, inclinaient à celles des hérétiques modernes, et auraient volontiers soumis la puissance même spirituelle de l'Eglise, à la temporelle du prince. Cependant ces droits exorbitants du roi et des juges laïques, ses officiers, ont été un des motifs qui ont empêché la réception du concile de Trente (Fleury, *Nouv. opusc.*, p. 156 et 157). » Fleury dira un peu plus loin : « Mais la grande servitude de l'Eglise gallicane, s'il est permis de parler ainsi, c'est l'étendue excessive de la juridiction séculière..... Ainsi on ôte aux évêques la connaissance de ce qui leur importe le plus, le choix des officiers dignes de servir l'Eglise sous eux, et la fidèle administration de son revenu; et ils ont souvent la douleur de voir, sans le pouvoir empêcher, un prêtre incapable et indigne se mettre en possession d'une cure considérable, parce qu'il est plus habile plaideur qu'un autre, ce qui devrait l'en exclure (P. 166 et 167). Enfin les appellations comme d'abus ont achevé de ruiner la juridiction ecclésiastique (P. 171 et 173). » Ailleurs il dit : « Si quelque étranger zélé pour les droits de l'Eglise, et peu disposé à flatter les puissances temporelles, voulait faire un traité des servitudes de l'Eglise gallicane, il ne manquerait pas de matière;

et il ne lui serait pas difficile de faire passer pour telles les appellations comme d'abus, la régale, etc.; et il se moquerait fort de la vanité de nos auteurs de palais, qui, avec tout cela, font tant sonner ce nom de liberté et la font même consister en partie en ces mêmes choses. — Des parlements ne s'opposent à la nouveauté que quand elle est favorable au Pape et aux ecclésiastiques, et font peu de cas de l'antiquité quand elle choque les intérêts du roi ou des particuliers laïques..... Ils donnent lieu de soupçonner que leur respect pour leur roi ne vient que d'une flatterie intéressée ou d'une crainte servile... Si l'on examine sur ces maximes les auteurs de palais, et principalement Dumoulin, on y verra beaucoup de passion et d'injustice, peu de sincérité et d'équité, moins encore de charité et d'humilité. La plupart de ces auteurs ont écrit avant le concile de Trente, qui a ôté une bonne partie des abus contre lesquels ils ont crié. Mais il en a ôté plus qu'on ne voulait en France (Fleury, *Nouv. opusc.*, p. 182-187). »

Voilà ce que Fénelon, Bossuet et Fleury pensent du fond des libertés de l'Eglise gallicane.

Maintenant, qu'est-ce que ces libertés ont valu à l'Eglise? Un évêque récent va nous l'apprendre. Frayssinous, évêque d'Hermopolis, nous apprend, dans la préface de ses *Vrais Principes*, que c'est au nom des libertés gallicanes que fut proclamée *cette déplorable Constitution civile du clergé;* que c'est en leur nom *que notre Eglise fut bouleversée de fond en comble, que le Pontife romain fut persécuté, dépouillé, jeté dans les fers.* Il nous apprend surtout, du haut de la tribune parlementaire, comme ministre du roi, que le seul moyen qu'ait eu Pie VII de guérir tous nos maux et de ressusciter l'Eglise de France, a été de violer complètement toutes nos maximes et tous nos usages; oui, lui-même nous apprend que si, *par un chef-d'œuvre de sagesse*, ce saint Pontife n'avait pas foulé aux pieds nos usages et nos libertés, la religion était perdue en France sans retour. Le même évêque ou ministre explique la répugnance du jeune clergé pour les libertés gallicanes, sur ce que le clergé *n'a connu ces libertés que par l'abus qu'on en a fait, et par le mémorable et salutaire exemple du sacrifice qu'on a été obligé d'en faire pour relever la foi catholique parmi nous.* Mais, ajoute-t-il, *tout cela, messieurs, n'a laissé aujourd'hui aucune impression dans nos esprits, nous qui avons vécu sous le règne de l'ancienne monarchie.* En conséquence, il a annoncé, avec l'accent du triomphe et de la joie, que ces mêmes maximes qui avaient détruit l'Eglise de France, que les révolutionnaires d'Espagne et de Portugal invoquaient pour détruire les églises de leur pays, allaient être adoptées par les évêques d'Irlande, d'Ecosse et d'Angleterre, comme pour empêcher le Pape de ressusciter jamais leurs pauvres églises; en conséquence, bien loin de reléguer dans l'oubli ces maximes aujourd'hui complices inséparables de toute révolution politique, il nous apprend qu'il va établir une *nouvelle Sorbonne* pour faire adopter les maximes de cette charte gallicane à tous les Français.

En vérité, jamais on n'a rien dit de plus sanglant contre elles, rien de si propre à faire crier anathème. Oui, anathème à des maximes qui, sans un miracle de la monarchie pontificale qu'elles outragent, avaient perdu pour jamais la foi catholique parmi nous; anathème à des maximes qui, adoptées par les autres églises, surtout pour la première, rendraient leurs maux irrémédiables; anathème à des maximes au nom desquelles on a traîné dans les fers les très-saints pontifes Pie VI et Pie VII : à des maximes qui, transportées dans l'ordre politique, ont conduit Louis XVI à l'échafaud; anathème à des maximes qui aveuglent tellement leurs partisans, que la vue des plus effroyables malheurs de la religion et de la patrie *ne laisse aucune impression dans leur esprit!*

La base de ces maximes, c'est la Déclaration gallicane de 1682. En voici le texte :

*Déclaration du clergé de France sur la puissance ecclésiastique, du 19 mars 1682.*

« Plusieurs s'efforcent de renverser les décrets de l'Eglise gallicane, ses libertés, qu'ont soutenues avec tant de zèle nos ancêtres, et leurs fondements appuyés sur les saints canons et la tradition des Pères. Il en est aussi qui, sous le prétexte de ces libertés, ne craignent pas de porter atteinte à la primauté de saint Pierre et des Pontifes romains, ses successeurs, instituée par Jésus-Christ à l'obéissance qui leur est due par tous les chrétiens, et à la majesté si vénérable aux yeux de toutes les nations du Siège apostolique où s'enseignent la foi et l'unité de l'Eglise. Les hérétiques, d'autre part, n'omettent rien pour présenter cette puissance qui renferme la paix de l'Eglise comme insupportable aux rois et aux peuples, et pour séparer par cet artifice les âmes simples de la communion de l'Eglise et de Jésus-Christ. C'est dans le dessein de remédier à de tels inconvénients, que nous, archevêques et évêques, assemblés à Paris, *par ordre du roi* avec les autres députés, qui représentons l'Eglise gallicane, avons jugé convenable, *après une mûre délibération*, d'établir et de déclarer :

» 1° Que saint Pierre et ses successeurs, vicaires de Jésus-Christ, et que toute l'Eglise même, n'ont reçu de puissance de Dieu que sur les choses spirituelles et qui concernent le salut, et non point sur les choses temporelles et civiles : Jésus-Christ nous apprenant lui-même *que son royaume n'est pas de ce monde*, et en un autre endroit, *qu'il faut rendre à César ce qui est à César, et à Dieu ce qui est à Dieu,* et qu'ainsi ce précepte de l'apôtre saint Paul ne peut en rien être altéré ou ébranlé : *Que toute personne soit soumise aux puissances supérieures; car il n'y a point de puissance qui ne vienne de Dieu, et c'est lui-même qui ordonne celles qui sont sur la terre; celui donc qui s'oppose aux puissances, résiste à l'ordre de Dieu.* Nous déclarons, en conséquence, que les rois et les souverains ne sont soumis à aucune puissance ecclésiastique par l'ordre de Dieu, dans les choses temporelles; qu'ils ne peuvent être déposés directement ni indirectement par l'autorité des clés de l'Eglise; que leurs sujets ne peuvent être dispensés de la soumission et de l'obéissance qu'ils leur doivent, ni absous du serment de fidélité, et que cette doctrine, nécessaire pour la tranquillité publique, et non moins nécessaire à l'Eglise qu'à l'Etat, doit être inviolablement suivie, comme conforme à la parole de Dieu, à la tradition des saints Pères et aux exemples des saints.

» 2° Que la plénitude de puissance que le Saint-Siège apostolique et les successeurs de saint Pierre, vicaires de Jésus-Christ, ont sur les choses spirituelles, est telle, que les décrets du saint concile œcuménique de Constance, dans les sessions IVᵉ et Vᵉ, approuvés par le Saint-Siège apostolique, confirmés par la pratique de toute l'Eglise et des Pontifes romains, et observés religieusement dans tous les temps par l'Eglise gallicane, demeurent dans toute leur force et vertu, et que l'Eglise gallicane n'approuve pas l'opinion de ceux qui donnent atteinte à ces décrets, ou qui les affaiblissent en disant que leur autorité n'est pas bien établie, qu'ils ne sont point approuvés, ou qu'ils ne regardent que le temps du schisme.

» 3° Qu'ainsi l'usage de la puissance apostolique doit être réglé suivant les canons faits par l'Esprit de Dieu et consacrés par le respect général; que les règles, les mœurs et les constitutions reçues dans le royaume doivent être maintenues, et les bornes posées par nos pères demeurer inébranlables; qu'il est même de la grandeur du Saint-Siège apostolique que les lois et coutumes, établies du consentement de ce Siège respectable et des églises, subsistent invariablement.

» 4° Que, quoique le souverain Pontife ait la principale part dans les questions de foi, et que ses décrets regardent toutes les églises et chaque église en particulier, son jugement n'est pourtant pas irréformable, à moins que le consentement de l'Eglise n'intervienne.

» Nous avons arrêté d'envoyer à toutes les églises gallicanes et aux évêques qui y président par l'autorité du Saint-Esprit, ces maximes que nous avons reçues de nos pères, afin que nous disions tous la même chose, que nous soyons tous dans les mêmes sentiments, et que nous suivions tous la même doctrine. »

Cette Déclaration fut signée par les trente-quatre archevêques et évêques, et par les trente-quatre députés ecclésiastiques qui composaient l'assemblée.

Voilà comme ces trente-quatre évêques de 1682 nous assurent, avec des paroles graves et solennelles, qu'ils n'ont fait leur Déclaration que parce que plusieurs personnes s'efforçaient de ruiner les décrets et libertés de l'Eglise gallicane; ensuite pour défendre la majesté du Saint-Siège contre les atteintes qu'on lui portait; enfin, après avoir examiné ces grandes questions avec tout le soin et toute la maturité convenables.

Voici maintenant ce que nous apprend l'histoire.

D'abord, sur le caractère même de ces assemblées, nous avons entendu dire à Fénelon : « Abus des assemblées du clergé, qui seraient inutiles, si le clergé ne devait rien fournir à l'Etat. Elles sont nouvelles (T. XXII, p. 587). » Ainsi, au jugement de Fénelon, ces assemblées du clergé étaient un abus, un abus nouveau; ce n'était au fond qu'une assemblée financière pour procurer de l'argent au roi, elle ne représentait le clergé de France que sous ce rapport.

Et quel fut le véritable sujet de cette assemblée de 1682? Ce fut la *régale*, cette même régale que nous avons vu Fleury compter parmi les servitudes de l'Eglise gallicane. Il dit encore ailleurs : « La plupart des auteurs qui ont traité de nos libertés, ont outré les choses, en y comprenant certains droits qui n'ont aucun fondement dans l'antiquité, comme la régale (*Nouv. opusc.*, p. 194). »

Et en quoi consistait donc cette servitude de l'Eglise gallicane? — « La régale en France, dit le cardinal de Bausset, était un droit par lequel nos rois jouissaient du revenu des archevêchés et évêchés pendant leur vacance, et même *conféraient* les bénéfices dépendants de leur *collation* jusqu'à ce que les nouveaux pourvus eussent prêté leur *serment de fidélité*, et l'eussent fait enregistrer à la chambre des comptes de Paris. Le célèbre Pasquier avoue de bonne foi que c'est un des points de notre histoire qui lui a toujours paru le plus obscur, et que tous les auteurs qui en ont écrit n'offrent rien de certain ni de satisfaisant sur l'origine et l'étendue de la régale (*Hist. de Bossuet*, l. 6, p. 109). »

Cette assemblée de 1682 avait donc pour but d'abolir cette servitude de l'Eglise gallicane? Pas du tout : elle voulait au contraire l'étendre, malgré le Pape et un concile œcuménique. Voici la suite des faits.

Le second concile général de Lyon, tenu en 1274 par le pape saint Grégoire X, avait fait un canon touchant la régale, qui alors, restreinte à la seule perception des revenus, ne s'étendait nullement à la nomination des bénéfices. Ce canon, qui est le douzième, en autorisant la régale dans les églises où elle était établie par le titre de fondation, ou par une ancienne coutume, défend de l'introduire dans les églises où elle n'était pas établie, et cela, sous peine d'excommunication *ipso facto*, non-seulement contre ceux qui chercheraient à l'y introduire, mais encore contre les clercs régaliens, ou autres personnes attachées à ces églises qui aideraient à le faire. — En vertu de ce canon, les Eglises de Languedoc, de Guyenne, de Provence et de Dauphiné se maintinrent paisiblement dans leur antique liberté.

Au mois de février 1673, Louis XIV, de sa seule autorité, déclara le droit de régale inaliénable et imprescriptible dans tous les archevêchés et évêchés du royaume, et ordonna que tous les archevêques et évêques qui n'avaient point encore fait enregistrer leur serment de fidélité seraient tenus de le faire dans deux mois. — Une des raisons qu'apportaient les magistrats pour rendre ce droit général, c'est que la couronne de France était ronde. — Voilà comme, au mépris d'un concile œcuménique, la puissance séculière entreprenait d'imposer à de nombreux diocèses une profane servitude.

Deux évêques seulement eurent le courage d'être fidèles aux saints canons, et de défendre la liberté de leurs églises. Ce furent les évêques d'Aleth et de Pamiers. — Sur leur refus de faire enregistrer leur serment de fidélité, le roi nomma, en vertu de sa déclaration de 1673, aux bénéfices vacants qui dépendaient de leur collation. Les deux évêques frappèrent d'excommunication les pourvus en régale. Ceux-ci en appelèrent à l'archevêque de Narbonne et à l'archevêque de Toulouse, métropolitains d'Aleth et de Pamiers. Les deux métropolitains cassèrent les ordonnances des deux évêques, et prononcèrent la nullité de leurs sentences. Les deux évêques interjetèrent appel au Saint-Siège du jugement de leurs métropolitains. — Innocent XI cassa les ordonnances rendues par les archevêques de

Narbonne et de Toulouse, écrivit plusieurs lettres au roi, et enfin, le 1er janvier 1681, adressa au chapitre de Pamiers, le siége vacant, un *bref* par lequel il excommuniait d'une excommunication majeure, encourue par le seul fait sans aucune déclaration, les grands-vicaires de Pamiers établis par le métropolitain, ceux qui les favorisaient, et le métropolitain lui-même. Il déclarait encore que toutes les confessions faites ou à faire à des prêtres qui tiendraient leur mission des grands-vicaires, étaient nulles; que les mariages contractés devant les prêtres ou curés qui n'exerceraient leur ministère qu'en vertu des pouvoirs accordés par ces grands-vicaires, étaient invalides; et que ceux qui auraient contracté en cette manière ne seraient point véritablement mariés et vivraient dans le concubinage.

Dom Cerles, chanoine régulier de la cathédrale de Pamiers, et vicaire général capitulaire pendant la vacance du siége, agissait conformément aux instructions d'Innocent XI. Son métropolitain, l'archevêque de Toulouse, le destitua. Il en appela au Pape, qui le confirma dans sa place. Alors le parlement de Toulouse, *par ordre du roi*, condamna dom Cerles à mort, le fit exécuter en effigie à Toulouse et à Pamiers, et traîner sur la claie.

Voici ce que disent les procès-verbaux du clergé de France : « On ne voyait, d'un côté, qu'excommunications lancées pour soutenir, disait-on, la définition d'un concile général; et, de l'autre, que proscriptions, exils, emprisonnements et condamnations même à la mort, pour soutenir, à ce que l'on prétendait, les droits de la couronne. La plus grande confusion régnait, surtout dans le diocèse de Pamiers. Tout le chapitre était dispersé; plus de quatre-vingts curés, emprisonnés, exilés, ou obligés de se cacher. On voyait grand-vicaire contre grand-vicaire, le siége vacant. Le Père Cerles, grand-vicaire, nommé par le chapitre, fut condamné à mort par contumace, par le parlement de Toulouse, et exécuté en effigie (*Collection des procès-verbaux*, etc., t. V, p. 362). » — Bonaparte même n'est pas allé si loin de nos jours.

Et que faisaient, pendant ce démêlé, les autres évêques? — Ils en appelaient aussi; mais à qui? aux parlements, aux magistrats séculiers, qui les condamnèrent. — Et après cet échec, que firent ces évêques pour s'en relever? Ils abandonnèrent les droits de leurs églises, pour les transporter au roi. — Mais est-il bien sûr qu'ils aient tenu une pareille conduite? Eux-mêmes s'en vantent dans une lettre du 3 février 1682, adressée au pape Innocent XI (Bossuet, t. VII, p. 199 et 208, édit. de Versailles).

Le Pape fut si affligé de cette lettre et des sentiments de faiblesse que les évêques y témoignaient, qu'il fut près de trois mois sans y répondre. Le chagrin qu'il en ressentait n'était pas ignoré en France. Pour le consoler, les mêmes prélats dressèrent, le 19 mars suivant, la déclaration des quatre articles. — Et voilà comme ils soutenaient, d'une part, la liberté de leurs églises, et, de l'autre, la majesté du Saint-Siége apostolique.

Mais voici les particularités intéressantes que Fleury nous a conservées sur cette fameuse assemblée :

« Le chancelier Le Tellier, et l'archevêque de Reims, son fils, de concert avec l'évêque de Meaux, formèrent le projet d'une assemblée générale du clergé. La régale en était le sujet principal. C'est l'archevêque de Reims, appuyé par son père, qui en parla au roi; l'évêque de Meaux ne paraissait pas. Mais, pour donner plus de poids à cette assemblée, le roi voulut qu'il en fût membre. Le chancelier Le Tellier et l'archevêque, poussés apparemment par Faure, crurent nécessaire de traiter la question de l'autorité du Pape. On ne la jugera jamais qu'en temps de division, disait cet archevêque. L'évêque de Meaux répugnait à voir cette question traitée; il la croyait hors de saison; et il ramena à son sentiment l'évêque de Tournay, qui pensait d'abord comme l'archevêque de Reims. « On augmentera, disait-il, la division qu'on veut éteindre : c'est beaucoup que le livre de l'*Exposition de la doctrine catholique* ait passé avec approbation. Les cardinaux Du Perron et de Richelieu avaient dit la même chose, mais sans approbation formelle : Laissons mûrir, gardons notre possession, ajoutait Bossuet. Il disait encore à l'archevêque de Reims : « Vous aurez la gloire d'avoir terminé l'affaire de la régale, mais cette gloire sera obscurcie par ces *propositions odieuses.* »

» M. Colbert insistait pour qu'on traitât la question de l'autorité du Pape, et pressait le roi. L'archevêque de Paris, le Père la Chaise même, agissaient de leur côté dans le même sens. *Le Pape nous a poussés*, disait-on, *il s'en repentira*. Le roi donna ordre de traiter la question.

» L'évêque de Meaux proposa qu'avant de la décider, on examinât toute la Tradition. Son dessein était de pouvoir prolonger, autant qu'on voudrait, la discussion; mais l'archevêque dit au roi que cela durerait trop longtemps : il y eut donc ordre du prince de conclure et de décider promptement sur l'autorité du Pape.

» L'évêque de Tournay, Choiseul-Praslin, fut chargé de dresser les propositions; mais il l'exécuta mal et scholastiquement. Ce fut M. l'évêque de Meaux qui les rédigea telles que nous les avons. On tint des assemblées chez M. l'archevêque de Paris, où elles furent examinées; on voulait y faire mention des appellations au concile, mais l'évêque de Meaux résista : « Elles ont été, disait-il, condamnées par les bulles de Pie II et de Jules II; Rome est engagée à les condamner. Il ne faut pas donner prise à condamner nos propositions (Fleury, *Nouv. opusc.*, p. 210, etc.). »

Bossuet en parle comme Fleury. « Dans notre voyage de Meaux à Paris, dit son secrétaire, l'abbé Ledieu, dans son journal du 17 janvier 1700, on parla de l'assemblée de 1682. Je demandai à M. de Meaux qui lui avait inspiré le dessein des propositions du clergé sur la puissance de l'Église; il me dit que M. Colbert, alors ministre et secrétaire d'État, en était véritablement l'auteur, et que lui seul y avait déterminé le roi. M. Colbert prétendait que la division qu'on avait avec Rome sur la *régale* était la vraie occasion de renouveler la doctrine de France sur l'usage de la puissance des Papes; que, dans un temps de paix et de concorde, le désir de conserver la bonne intelligence, et la crainte de paraître le premier rompre l'union, empêcheraient une telle décision, et qu'il attira le roi à son avis, par cette raison, contre M. Le Tellier, aussi ministre et secrétaire d'Etat, qui avait eu, ainsi que l'archevêque de Reims, son fils, les premiers cette pensée, et qui ensuite l'avaient abandonnée par la crainte des suites et des difficultés (*Hist. de Bossuet*, l. 6, n. 12, p. 161). »

En deux mots, des évêques, piqués de ce que le Pape n'approuvait pas la faiblesse avec laquelle ils avaient abandonné les droits de leurs églises, et violé ainsi le canon douzième du concile œcuménique de Lyon, s'assemblent *par ordre du roi*, traitent *par ordre du roi* la question de l'autorité du Pape, le décident promptement *par ordre du roi*, et rédigent en latin quatre *propositions odieuses*, dont le ministre Colbert était *le véritable auteur*. Voilà, d'après le récit de Fleury et de Bossuet, comme fut faite la déclaration de 1682.

Le cardinal Sfondrate disait dès lors : « Les Français auraient dû penser qu'une assemblée indiquée dans un temps de troubles et de mécontentement réciproques, ainsi que les propositions qui seraient publiées dans cette assemblée, seraient attribuées, non au zèle pour la religion, mais à la vengeance, et seraient d'autant plus facilement interprétées d'une manière sinistre, que les évêques voyaient bien que ce n'était pas pour lui ni pour les siens, mais pour eux et pour la liberté de leurs églises, que le Pape était entré en lice. La reconnaissance, ou du moins l'honnêteté, dont les Français sont si jaloux, exigeait que dans le temps où le Pape combattait pour leur intérêt avec tant de force et de courage, ils n'exerçassent contre lui aucun acte d'hostilité. Supposons que le Pape eût été au delà des bornes ; il ne l'avait fait qu'en vue de les protéger. Les évêques devaient-ils donc tourner leurs armes contre leur bienfaiteur. Ne convenait-il pas plutôt de l'excuser, s'il était tombé dans quelque excès (Fleury, *Nouv. opusc.*, p. 244, *et Gallia vindicata*, t. III, p. 126)? »

Les évêques ne l'entendaient pas ainsi ; mais après avoir, *par ordre du roi*, mis en latin les quatre propositions de Colbert, ils supplièrent humblement le roi de vouloir bien les approuver et en faire une loi. Ce que Louis XIV daigna leur accorder le 23 mars 1682. Ils demandaient quelque chose de plus. La Faculté de théologie exigeait de tous les bacheliers le serment de ne rien dire ou écrire de contraire aux décrets des Papes. Les évêques de 1682 demandèrent au roi qu'il voulût bien réformer ce serment, et, à ces mots : *décrets et constitutions des Papes*, faire ajouter ces autres : ACCEPTÉS PAR L'ÉGLISE. Le roi ne daigna point accorder cette demande des évêques.

Quelque temps après, le procureur général du parlement se transporta à la Sorbonne pour y faire enregistrer la fameuse Déclaration. Sur le refus des docteurs, le parlement se fit apporter les registres et y fit inscrire la Déclaration de force. Le tout, en vertu des libertés de l'Eglise gallicane.

Le Pape, justement irrité des procédés que les Français avaient suivis à son égard, refusait des bulles aux évêques nommés par le roi, et qui avaient assisté, comme députés du second ordre, à l'assemblée : en outre, il cassa et mit à néant tout ce qui s'était fait dans l'affaire de la régale. Le roi en appela, par son procureur général, au futur concile œcuménique, au mépris des bulles de Calixte III, Pie II et Jules II, qui défendent ces appels sous peine d'excommunication. Il envoya l'acte d'appel au clergé assemblé le 30 septembre 1688. Le clergé remercia *très-humblement* Sa Majesté de l'honneur qu'elle avait fait à l'assemblée en lui donnant communication de ces actes, et lui offrit les applaudissements les plus respectueux pour la sage conduite qu'Elle tenait (*Hist. de Bossuet*, l. 6, p. 203). — Pour se passer des bulles que le Pape refusait à ses évêques nommés, Louis XIV, servant en cela de modèle à Bonaparte et à tous les entrepreneurs de schisme, les faisait nommer administrateurs spirituels par les chapitres respectifs, au mépris du deuxième concile œcuménique de Lyon qui le défend. Et cela, parce que le Pape, en vertu de la Déclaration gallicane de 1682, est obligé d'observer et de faire observer les canons des conciles œcuméniques.

Le pape Alexandre VIII, par sa bulle *Inter multiplices* (*Prid. non. Aug.* 1690) condamna et cassa tout ce qui s'était passé dans l'assemblée. Au lit de la mort, et près de paraître devant Dieu, il la fit publier en présence de douze cardinaux. Clément XI renouvela cette condamnation par un bref du 31 août 1706 à Louis XIV.

Enfin, sous Innocent XII, en 1693, ce différend fut accommodé moyennant deux lettres, l'une par les évêques nommés qui avaient pris part à l'assemblée de 1682, et l'autre par Louis XIV. Les évêques disaient au Pape : « Prosternés aux pieds de Votre Sainteté, nous venons lui exprimer l'amère douleur dont nous sommes pénétrés dans le fond de nos cœurs, et plus qu'il ne nous est possible de l'exprimer, à raison des choses qui se sont passées dans l'assemblée, et qui ont souverainement déplu à Sa Sainteté ainsi qu'à ses prédécesseurs. En conséquence, si quelques points ont pu être considérés comme décrétés dans cette assemblée, sur la puissance ecclésiastique et sur l'autorité pontificale, nous les tenons pour non décrétés et nous déclarons qu'ils doivent être regardés comme tels (Fleury, *Nouv. opusc.*). » Le roi disait de son côté : « Je suis bien aise de faire savoir à Votre Sainteté que j'ai donné les ordres nécessaires pour que les choses contenues dans mon édit du 23 mars 1682, touchant la Déclaration du clergé de France, à quoi les conjonctures passées m'avaient obligé, ne soient pas observées. » Bossuet lui-même finit par dire, dans sa *Gallia orthodoxa* : « Que la Déclaration devienne ce qu'elle pourra, nous n'entreprenons point ici de la défendre. »

Comme le premier article de la fameuse Déclaration est le plus important, il sera bon d'examiner ce qu'il décide, ce qu'il ne décide pas, et ce qui s'ensuit.

Il décide que saint Pierre et l'Eglise ont reçu de Dieu la puissance des choses spirituelles et qui concernent le salut, et non des choses civiles ; mais il ne décide pas si la soumission à la puissance temporelle dans les choses civiles n'est pas une chose spirituelle et qui concerne le salut.

Il met les choses civiles en opposition avec les choses qui concernent le salut éternel ; il suppose que les choses civiles ne regardent point ce salut. Donc, si la soumission aux puissances supérieures est une chose civile et temporelle, cela ne concerne point le salut, n'intéresse point la conscience. On peut obéir si l'on veut : il n'y a plus d'obligation devant Dieu.

Il dit bien que l'Eglise a reçu de Dieu la puissance des choses spirituelles, et la souveraineté séculière, celle des choses temporelles; mais il ne dit pas laquelle des deux a reçu de Dieu la puissance de décider en dernier ressort si telle chose est spirituelle ou temporelle.

Il nous rappelle que le royaume de Jésus-Christ n'est pas de ce monde, *de hoc mundo;* mais il ne dit pas en quel sens Jésus-Christ, qui est pourtant venu en ce monde pour vaincre le monde, chasser dehors le prince de ce monde, et conquérir par sa mort le royaume de ce monde, a dit ces paroles. Il ne dit pas que Jésus-Christ n'ait pas voulu dire que son royaume n'est pas de ce monde, *de hoc mundo*, quant à son origine, mais de Dieu son Père; ni quant à sa puissance, fondée, non sur la force militaire, mais sur la vérité, à laquelle il est venu rendre témoignage. En tout cas, il ne dit pas quelle autorité infaillible nous apprendra jusqu'où s'étend le royaume de Jésus-Christ, qui, en quel sens qu'il ne soit pas de ce monde, est pourtant dans ce monde. Il ne dit pas si c'est le monde ou le royaume de Jésus-Christ qui a reçu de Dieu cette juridiction suprême.

Il nous rappelle qu'il faut rendre à César ce qui est à César; mais il ne nous dit pas quelle autorité nous fera connaître de la part de Dieu quel est le César à qui nous devons rendre, ni si telle ou telle chose est à César ou à Dieu.

Il nous rappelle que toute personne doit être soumise aux puissances supérieures, parce qu'il n'y a point de puissance qui ne vienne de Dieu; mais il ne dit pas si, par là même que toute puissance en soi vient de Dieu, elle vient également de Dieu pour tout homme qui s'en empare; il ne dit pas s'il n'est point de différence entre une puissance légitime et une puissance usurpée; il ne dit pas si l'on doit une égale soumission et à la puissance que Dieu approuve comme conforme à sa loi, et à la puissance que Dieu permet, comme une fièvre, un incendie. Il ne dit pas quelle autorité Dieu a chargée de diriger nos consciences dans ces conjonctures difficiles.

Il déclare que, dans les choses temporelles, les souverains sont absolument indépendants de l'Eglise; mais il ne les y déclare pas indépendants de Dieu et de sa loi, que Dieu a chargé l'Eglise d'interpréter à l'univers.

Il déclare que l'Eglise ne peut ni directement ni indirectement déposer les souverains, ni dispenser leurs sujets de leur devoir et serment de fidélité; mais il ne déclare pas que Dieu ne le puisse toujours et même ne le fasse quelquefois. Il ne dit pas quelle autorité Dieu a chargée de nous dire quand il l'aura fait.

Il déclare, contre le Pape, que les rois sont, au temporel, indépendants de l'Eglise; mais il ne déclare pas, contre les calvinistes, contre Gerson, Almain, Major et Richer, que les rois soient en cela indépendants du peuple, la seule autorité, au dire du ministre Jurieu, qui n'ait pas besoin d'avoir raison pour valider ses actes.

Le seul point qui paraisse un peu clair dans cet article, c'est que le souverain, roi ou peuple, est tout à fait indépendant de l'Eglise dans les choses temporelles. Mais il ne saurait l'être, si ce n'est pas à lui à décider en dernier ressort ce qui est temporel ou non. Donc, en vertu du premier article de la déclaration de 1682, c'est à la puissance séculière, et non point à l'Eglise, à déterminer ce qui est de la compétence de l'un et de l'autre.

De là il suit que les apôtres, les martyrs, les confesseurs, les saints de tous les siècles et de toutes les nations ont eu tort de ne pas s'en rapporter aux souverains ou magistrats païens, hérétiques, schismatiques, sur ce qui était de leur compétence ou non. Il suivrait de là que le christianisme est une longue révolte, et que les chrétiens doivent amende honorable d'abord à Néron, ensuite à tous ceux qui lui ressemblent.

La Déclaration de 1682, faite *par ordre du roi*, ayant soulevé contre elle le monde catholique, Bossuet, *par ordre du roi*, en entreprit la défense (*Hist. de Bossuet*, l. 6, *pièces justificatives*). Travaillé pendant vingt ans, cet ouvrage nous offre ce que le génie, aux ordres d'un prince, a trouvé de plus fort pour soutenir une doctrine déclarée vraie par ordre de ce prince.

A la fin de la première section de son premier livre, Bossuet dit donc que pour démontrer la saine doctrine, il allait, suivant la méthode des géomètres, établir, avec toute la clarté dont il était capable, cinq propositions enchaînées les unes dans les autres, et qui se communiqueraient mutuellement de la lumière et de la force. Ces cinq propositions, qui renferment la substance de tout ce qu'il dit sur le premier article, les voici :

1º La souveraineté temporelle est légitime, dès le commencement, même parmi les fidèles. 2º Cette souveraineté, même parmi les infidèles, est de Dieu. 3º La souveraineté a été dès le commencement, même parmi les infidèles, constituée de Dieu de telle sorte, qu'après lui elle est la première; et Dieu n'a établi aucune autorité pour la déposer ou la ramener à l'ordre. 4º Par l'institution du sacerdoce légal, Dieu n'a rien changé à l'état de la souveraineté temporelle; au contraire, il a déclaré plus expressément qu'après Dieu elle est la première en son ordre. 5º L'institution du sacerdoce chrétien n'a rien changé non plus à la souveraineté; au contraire, le Nouveau Testament et la tradition des Pères nous disent clairement que Jésus-Christ n'a attribué aucun pouvoir à ses ministres pour régler les choses temporelles, ou pour donner et ôter les empires à qui que ce soit.

Voici ce qui est à remarquer sur les deux premières propositions.

Oui, dès toujours, la souveraineté en soi est légitime et de Dieu. Mais ce n'est pas la question. Il s'agit, non pas de savoir si la souveraineté en soi est légitime et de Dieu, mais comment on saura que la souveraineté de tel ou tel homme l'est ou l'est encore; et, supposé qu'elle le soit, si tels ou tels de ses actes le sont. A cela nulle réponse dans Bossuet.

La distinction entre la souveraineté et l'homme qui se nomme *souverain* est dans la nature des choses. La souveraineté en soi est toujours légitime et de Dieu, parce que Dieu a créé les hommes pour vivre en société, c'est-à-dire dans la subordination à un pouvoir suprême. Mais il ne s'ensuit pas que l'homme qui occupe la souveraineté la possède ou l'exerce toujours légitimement et avec l'approbation de Dieu. Sans quoi il faudrait dire qu'il n'est point de différence entre le fait et le droit, entre la légitimité et l'usurpation, entre la justice et la force, entre le bien et le mal.

Cette distinction si naturelle, saint Chrysostome la fait expressément, comme nous l'avons vu, sur le texte de saint Paul. Bossuet ne l'ignorait pas, puisqu'il cite le commencement et la fin du passage de ce Père. Cependant nulle part il ne rappelle une distinction aussi simple. Au contraire, lui qui, dans tout le reste de sa *Défense*, met tout en œuvre pour distinguer la papauté du Pape, le siége du Pontife, met tout en œuvre dans ses deux premiers livres pour confondre la souveraineté avec le souverain, et transporter, sans rien dire, à l'homme, les preuves qui ne concluent que pour la chose. Il est difficile de ne pas voir un dessein en cela, et de ne pas y reconnaître un homme qui a un poids et un poids, une mesure et une mesure.

En tout cas, d'après les seules observations que nous venons de faire, il est constant que les deux premières propositions de Bossuet, sur lesquelles néanmoins repose toute sa Défense, sont à côté de la question, et par là même, sa Défense tout entière. — Des observations nouvelles conduiront au même résultat.

Bossuet dit : « Nous appelons *légitime* la souveraineté qui est fondée, non-seulement sur une loi, mais sur une loi bonne et juste (1). Or, telle est la loi qui ordonne la réunion et la subordination des hommes sous des gouvernements justes et légitimes. » Cette mineure dit bien que la souveraineté en soi est fondée sur une loi bonne et juste, mais elle ne lui dit pas de la souveraineté de tel ou tel homme : ce qui cependant est la question.

Que la loi qui fonde la souveraineté, même parmi les infidèles, soit bonne et juste. Bossuet l'établit, parce que tout le monde en convient, et parce que Jérémie, saint Paul, et le chef des apôtres, saint Pierre, le disent ou le supposent. Ce raisonnement où Bossuet prouve très-bien une chose qui n'est pas contestée, peut servir à résoudre la question même à côté de laquelle il passe toujours. Car, si le sentiment commun, si la parole d'un prophète ou d'un apôtre, démontre que la loi qui établit la souveraineté parmi les hommes est bonne et juste, par conséquent que cette souveraineté est légitime, le consentement commun, la parole d'un prophète ou d'un apôtre, démontrera aussi que la souveraineté de tel ou tel homme est légitime ou non, fondée ou non sur une loi bonne et juste. Et de fait, Jérémie parle de la souveraineté de Nabuchodonosor; Pierre et Paul, suivant plusieurs, parlent des souverains de leurs temps. Or, saint Pierre, le chef des apôtres, vit et enseigne toujours dans la personne des Papes. De même donc que les fidèles du Pont, de la Galatie, de la Cappadoce, de l'Asie, de la Bithynie l'écoutèrent avec respect quand il leur dit en général : *Soyez soumis pour Dieu à toute créature, au roi comme étant au-dessus des autres, et aux gouverneurs comme étant envoyés de sa part*; de même aussi, les fidèles de nos jours doivent l'écouter avec un égal respect lorsque, de deux prétendants à la souveraineté, il fait connaître celui auquel ils peuvent ou doivent se soumettre pour Dieu.

Bossuet appelle *légitime*, la souveraineté qui est fondée sur une loi bonne et juste. La loi est la volonté du législateur, promulguée à ses sujets. La loi qui légitime la souveraineté suppose donc un législateur dont elle est la volonté, Dieu : une promulgation aux sujets de ce souverain maître, la religion : une autorité chargée de faire cette promulgation, l'Eglise. La notion de légitimité suppose donc nécessairement l'existence et la connaissance de Dieu, de la religion et de l'Eglise.

Les souverainetés, dit Bossuet, sont de Dieu, non-seulement parce que nul ne parvient à l'empire sans que la divine Providence l'ait ainsi réglé et ordonné, mais encore pour deux raisons. La première, parce que les souverainetés légitimes doivent leur origine à la nature, c'est-à-dire à Dieu, auteur de la nature; car c'est la nature qui a mis dans les hommes l'amour de cet ordre qui leur procure la sûreté et la tranquillité. Or, cet ordre ne pourrait subsister s'il n'y avait point de puissances légitimes. La seconde raison est que la doctrine que les hommes se sont transmise de main en main dès le commencement, et qui les a convaincus qu'il était nécessaire de s'assujétir à un empire légitime, ne peut tirer sa source que de la loi naturelle, puisqu'aussitôt après le déluge, tout le genre humain s'est accordé à s'assembler dans des villes et à former des royaumes. Et ceci est conforme à ce qu'enseignent les saints Pères, qui croient qu'un bien si considérable et si précieux du genre humain ne peut venir d'une autre source que de Dieu même, qui l'a inspiré aux hommes et perpétué parmi eux de siècle en siècle. Car « l'égalité des hommes et des conditions, dit saint Chrysostome, causerait souvent des disputes et des guerres ; c'est pourquoi Dieu a établi plusieurs sortes d'empires et de subordinations. Il a voulu que l'homme eût l'empire sur sa femme, le père sur son fils, le vieillard sur le jeune homme, l'homme libre sur son esclave, le souverain sur son sujet (*Homil.* 22, *in epist. ad Rom.*)... » Il est donc d'une évidence palpable que cette loi si sainte et si nécessaire, qui met l'ordre dans les choses humaines, et qui, propagée par le consentement unanime du genre humain, s'est répandue en tous lieux, n'a été établie que par l'autorité divine. Et c'est ce qui nous oblige à nous y soumettre par un devoir de conscience (*Defensio*, l. 1, sect. 2, c. 3).

Ce long passage peut se réduire à ce syllogisme : Ce que les hommes ont regardé en tous lieux et en tous temps comme bon et juste, vient de la nature, c'est-à-dire de Dieu, auteur de la nature. Or, en tous lieux, en tous temps, les hommes ont regardé la souveraineté comme une chose bonne et juste. Donc la souveraineté vient de la nature, c'est-à-dire de Dieu, auteur de la nature.

Tout cela ne conclut toujours que pour la souveraineté en soi, qui, au fond, est Dieu, et non pas pour la souveraineté de tel ou tel homme; ce qui, encore une fois, est la question. Pour être certain que la souveraineté est légitime en tel homme, comme on est certain qu'elle est légitime en soi, il

---

(1) Bossuet suppose qu'il peut y avoir une loi qui ne fût ni bonne ni juste, ou qui ne fût pas loi (*Déf.*, l. 1, sect. 2, cap. 1).

faut que le genre humain, ou une autorité équivalente, nous apprenne que la souveraineté lui est venue de Dieu ; c'est-à-dire, il faut une décision de l'Église catholique, qui, dans la réalité, n'est que le genre humain constitué divinement, pour recevoir, conserver, enseigner, interpréter, appliquer toute vérité, tous les jours, et jusqu'à la consommation des siècles.

La dénomination d'*infidèles* dont se sert Bossuet dans ses deux premières propositions est encore très-équivoque. Il met ses *infidèles* en opposition avec la loi de Moïse et avec l'Église. En sorte que, selon lui, tout ce qui n'aura pas professé la loi mosaïque ou le christianisme de l'Évangile, aura été infidèle. A ce prix, Adam, Seth, Enoch, Noé, Sem, Melchisédech, Abraham, Isaac, Jacob, Job ont été des infidèles. Qui ne voit combien cette dénomination, ainsi généralisée, est fausse? Aussi les auteurs sacrés, quand ils parlent de cette masse du genre humain qui subsistait avant le peuple juif ou à côté de lui, l'appellent-ils, non pas les infidèles, mais les nations, les Gentils. Et, dans le fait, il est très-faux que, dès l'origine, les Gentils fussent généralement infidèles. Bossuet appelle *impies* et *idolâtres* et le Pharaon qui étant Joseph sur toute l'Égypte, et les rois de Palestine avec lesquels Abraham et Isaac faisaient alliance ; mais il le dit, non-seulement sans aucune preuve, mais encore contre toutes les apparences. Ces alliances se juraient au nom de Jéhova. En présence des rois du pays, Melchisédech, roi de Salem, bénit Abraham au nom du Dieu très-haut, qui a fait le ciel et la terre. Parmi les crimes que le Saint-Esprit reproche aux habitants de Sodome et de Gomorrhe, il ne fait aucune mention de l'idolâtrie. Enfin, ce roi, ces grands, ce peuple de Ninive, qui, cinq siècles seulement avant Jésus-Christ, à la simple prédication de Jonas, se revêtent de cilice, ne mangent ni ne boivent, et, par leur pénitence exemplaire, détournent la ruine dont le Seigneur les avait menacés, peut-on les regarder comme des infidèles.

Bossuet a promis de mettre dans sa discussion toute la précision et la clarté dont il était capable ; je ne crois pas qu'il ait tenu sa promesse.

Il se fait cette demande : « Mais si Dieu est également auteur de la puissance sacerdotale et de la royale, quelle différence mettra-t-on entre l'une et l'autre ? » Il répond : « La différence est grande en plusieurs manières : et premièrement, en ce que, quand Dieu établit la puissance du sacerdoce, soit du temps de la loi, soit sous l'Évangile, il se manifesta aux hommes d'une manière visible et sensible ; au lieu que dans l'établissement de la puissance temporelle, il ne donna aucun signe éclatant et aucune marque sensible de sa présence. En second lieu, Dieu a choisi expressément la forme du gouvernement sacerdotal ; au lieu qu'après avoir établi la puissance temporelle, il a laissé à la volonté des hommes le choix des différentes formes du gouvernement : monarchique, aristocratique, populaire. D'ailleurs le véritable sacerdoce et le droit légitime d'en exercer la puissance, est toujours uni à la vraie religion ; au lieu que de légitimes empires subsistent, même chez les infidèles. Enfin, la cérémonie par laquelle les prêtres sont consacrés est divine, et l'un des sacrements institués par Jésus-Christ ; au lieu que Dieu n'a rien prescrit touchant la consécration des rois, qui même n'est pas nécessaire et essentielle pour exercer les fonctions de la royauté (*Defensio*, l. 1, sect. 2, c. 3).

Bossuet élude la question au lieu d'y répondre. Il ne s'est pas demandé quelle différence on mettrait entre la souveraineté temporelle d'une part, et les sacerdoces mosaïque et chrétien de l'autre ; mais bien entre la puissance sacerdotale et la puissance royale, en tant que l'une et l'autre sont de Dieu dès l'origine. Ou l'argumentation de Bossuet est un sophisme, ou bien il suppose qu'avant la loi de Moïse, Dieu n'avait point institué de sacerdoce, et que, depuis Adam jusqu'à Aaron, le genre humain a vécu sans prêtre, sans autel, sans sacrifice légitime. Mais l'Esprit-Saint lui-même ne nous apprend-il pas qu'avant Aaron il existait un sacerdoce plus grand que le sien, celui de Melchisédech, dont le sacerdoce chrétien est l'accomplissement ? En outre, le sentiment commun n'est-il point que, sous les patriarches, la principale prérogative des premiers-nés était le sacerdoce dans la famille ? Si Dathan et Abiron, de la tribu de Ruben, s'insurgèrent de ce que le sacerdoce d'Israël avait été donné à la tribu de Lévi, les interprètes ne disent-ils point que c'était parce que, selon l'ancien ordre, le sacerdoce devait appartenir à la tribu aînée, qui était la leur ?

*Examen de la troisième proposition.*

La troisième proposition de Bossuet dit : *La souveraineté a été, dès le commencement, même parmi les infidèles, constituée de Dieu de telle sorte, qu'après lui elle est la première. Et Dieu n'a établi aucune autre pour la déposer et la ramener à l'ordre.* Il établit cette proposition comme une conséquence de celle qui précède, et ensuite comme une chose sur laquelle tout le genre humain est d'accord. Mais il se trompe en l'un et l'autre point.

De ce que la puissance du souverain légitime est de Dieu, il ne peut pas conclure : Donc elle n'est subordonnée à aucune autre. Car, comme lui-même nous l'a rappelé dans son passage de saint Chrysostome, non-seulement la puissance du souverain sur son sujet est de Dieu, mais encore celle du mari sur sa femme, du maître sur son serviteur, etc., même la puissance de Pilate sur Jésus-Christ. *Vous n'auriez aucune puissance contre moi,* dit le Seigneur, *si elle ne vous avait été donnée d'en-haut.* Sur quoi saint Augustin remarque : *Dieu avait donné à Pilate une puissance telle, qu'elle était en même temps sous la puissance de César* (*In evang. Joan.*, c. 19, tract. 116). On ne peut donc pas conclure qu'une puissance est indépendante, parce qu'elle est de Dieu, puisque toutes les puissances sont de Dieu, même celles d'un ordre subalterne.

De ce que la puissance des souverains légitimes est appelée suprême, il ne peut conclure non plus : Donc elle n'est subordonnée à aucun autre. D'abord lui-même convient, comme d'une chose incontestable, que la puissance des rois, toute suprême qu'elle puisse être, n'est pas tellement de Dieu, qu'elle ne soit aussi du consentement du peuple. Ensuite, il est de foi que la puissance du Pape est de Dieu, qu'elle est suprême ; et cependant Bossuet assure qu'elle est subordonnée à la puissance de toute l'Église. *Les gallicans,* dit-il, *estiment-ils donc* peu le *Pontife romain, eux qui*, A SON AUTORITÉ SOUVERAINE APRÈS JÉSUS-CHRIST, *ne préfèrent que l'Eglise catholique même, soit dispersée, soit réunie* (*Gallia orthodoxa*, c. 87)?

Tel est donc le sentiment commun, s'écrie ensuite Bossuet, telle est la voix unanime du genre humain. Telle a été la forme de gouvernement chez les Romains, chez les Grecs, chez les Indiens, chez les Perses, en un mot chez toutes les nations.

Or, nous avons montré dans un ouvrage à part, *Des rapports naturels entre les deux puissances* (Deux volumes in-8°, Paris, 1838, t. I, c. 1), par l'aveu unanime des auteurs modernes et des autres anciens, que les plus anciennes formes de gouvernement chez tous les peuples étaient des théocraties, que la puissance temporelle y était complètement subordonnée à la puissance spirituelle et sacerdotale (1). Nous avons vu, en un mot, le genre humain disant tout le contraire de ce qu'avance Bossuet. Déjà de son temps on lui montrait, chez les Gaulois et chez les Romains, la puissance temporelle subordonnée, du moins pour les cas douteux, à la puissance sacerdotale, dans la personne des druides et des augures. Que répond à cela Bossuet? que les druides et les augures ne tenaient pas leur pouvoir de Dieu, mais de l'autorité des princes et des cités. N'importe : toujours est-il que chez les Gaulois et les Romains, l'empire était subordonné à la religion et au sacerdoce, et que, par conséquent, il était faux de dire que cette subordination n'existait ni chez les Romains, ni chez aucun peuple.

De ce que cette subordination entre les deux puissances existait, non-seulement chez les Gaulois et chez les Romains, mais encore chez toutes les nations de l'antiquité, Baronius concluait que la nature même avait enseigné à tous les peuples que la souveraine décision des affaires appartenait au sacerdoce. Bossuet se contente de dire que cela est aussi manifestement faux que cela est manifestement excessif. Mais si le fait est constant, comme il l'est, Bossuet ne peut pas récuser la conséquence sans renverser son propre édifice par le fondement. Lui-même, de ce que la souveraineté se trouve chez tous les anciens peuples, a conclu que cette souveraineté venait de la nature, ou plutôt de Dieu, auteur de la nature. Donc la subordination de la puissance temporelle au sacerdoce se trouvant également chez tous les peuples de l'antiquité, Baronius en pourra conclure, avec autant de droit, que cette subordination vient de la nature même, ou plutôt de Dieu, auteur de la nature.

Après avoir répété bien des fois que la souveraineté, même chez les infidèles, vient de Dieu, Bossuet ajoute que le sacerdoce, chez ces mêmes infidèles, vient du diable. Mais ces mêmes peuples sont aussi unanimes à reconnaître un sacerdoce qu'à reconnaître une souveraineté temporelle. Si donc leur unanimité prouve que la souveraineté parmi eux vient de Dieu, elle prouvera aussi que le sacerdoce en vient. Si, au contraire, cette unanimité ne prouve point que le sacerdoce ne vient pas du diable, elle ne prouvera pas non plus que la souveraineté ne vient pas de la même source.

D'après les observations que nous avons déjà faites, cette unanimité prouve seulement que la souveraineté et le sacerdoce en soi viennent originellement de Dieu; mais elle ne décide rien ni pour la souveraineté ni pour le sacerdoce de tel ou tel homme en particulier.

*Principes étranges et embrouillements de Bossuet.*

Pour ne pas admettre la subordination de la puissance temporelle à la puissance spirituelle ou sacerdotale, Bossuet pose le principe suivant : *Quant à l'ordre politique et aux droits de la société humaine, un gouvernement peut être parfait sans le vrai sacerdoce et sans la vraie religion.*

De là je conclus : Si un gouvernement peut être parfait en son genre sans la vraie religion ou sans la vérité, il le peut à plus forte raison sans une religion fausse ou sans l'erreur : il le peut sans aucune religion, et par conséquent sans aucune morale.

Bayle avait bien osé dire que, sans aucune religion, un gouvernement pouvait absolument subsister; mais il n'était pas allé jusqu'à soutenir ce que fait équivalemment Bossuet, que, sans aucune religion, un gouvernement pouvait être parfait.

Cette étrange assertion de Bossuet ne lui est point échappée par mégarde. Il a un chapitre exprès pour l'établir. Il y répète : *Nous soutenons donc que, sans la vraie religion, un gouvernement peut être parfait, non dans l'ordre moral... mais dans l'ordre politique, ou en ce qui regarde les droits de la société humaine. L'empire ou le gouvernement civil est donc subordonné à la vraie religion et en dépend, dans l'ordre moral, mais non dans l'ordre politique, ou en ce qui concerne les droits de la société humaine, puisque, dans cet ordre, l'empire et la vraie religion peuvent subsister l'un sans l'autre* (*Defens.*, l. 1, sect. 2, c. 5). Il tient si fort à cette idée, qu'il y revient encore dans la suite de sa *Défense*, comme au pivot sur lequel roule toute son argumentation (*Ibid.*, c. 32, 35).

D'après cela, il est clair encore que, selon Bossuet, l'ordre politique est distinct de l'ordre moral; que, de soi, l'ordre politique est sans morale et sans religion; que, de soi, l'ordre politique est athée, et même qu'il doit l'être, s'il veut éviter la subordination à la puissance religieuse et sacerdotale. Machiavel n'a pas supposé davantage, si même il en a supposé autant.

Mais, à part la religion et la morale, sur quoi fonder le droit de commander, et le devoir d'obéir? Sur quoi fonder la société humaine? Hors de la religion, hors de l'ordre moral, peut-il même être question de droit, de devoir, de conscience, et, par conséquent, de société?

Bossuet lui-même va nous insinuer la réponse. Voici comme il parle dans sa *Politique tirée de l'Ecriture sainte* : « Que si l'on demande ce qu'il faudrait dire d'un état où l'autorité publique se trouverait établie sans aucune religion? on voit d'abord qu'on n'a pas besoin de répondre à des questions

---

(1) J.-J. Rousseau, *Contrat social*, l. 4, c. 8; — Cousin, 2ᵉ leçon, 1828; — Frédéric de Schlegel, *Essai sur la langue et la philosophie des Indiens*; — *Le Globe*, 18 avril 1829; — *Le Producteur*, n. 13, 20 et 21; — *Le Chouking*, Paris, 1770, p. 23, 27, 33, 36, 77, 200; — *Mém. sur les Chinois*, t. I, p. 259; — *Hist. univers.*, t. 14 et 15 de l'histoire moderne; — Moréri et Trévoux, aux mots *Califes et Mufti*; — D'Herbelot, art. IMAM et KALIFAH; — *Hist. univ.*, t. II, p 80; — Diodore de Sicile, l. 3, c. 5 et 6; — Denys d'Halicarnasse, l. 2, c. 5, 6, 14, 25 et 73; — Cicéron, *De Arusp. resp.* 2; *De Divinat.*, l. 1, c. 40; *De Leg.*, l. 2, c. 12; — Strabon, l. 16, c. 2; — Tacit., *Germ.*, n. 7; — *Encyclopédie*, art. DRUIDE.

chimériques. De tels états ne furent jamais. Les peuples où il n'y a point de religion sont en même temps sans police, sans véritable subordination et entièrement sauvages. Les hommes n'étant point tenus par la conscience, ne peuvent s'assurer les uns des autres (L. 7, part. 2, art. 2, 3e proposition). »

Ce langage n'est pas aussi franc ni aussi ferme qu'on pouvait l'attendre de Bossuet. Mais toujours y voit-on que, sans religion, les hommes ne seraient point tenus par la conscience, les peuples seraient sans police, sans véritable subordination; en un mot, que, sans religion, non-seulement il ne peut y avoir de gouvernement parfait, mais pas même de gouvernement quelconque. On y voit que, dans sa *Politique sacrée*, Bossuet repousse la conséquence nécessaire du principe capital qu'il établit dans sa *Défense de la Déclaration*, pour échapper à la subordination, autrement inévitable, de la puissance temporelle à la puissance spirituelle. — Bossuet reconnaît ainsi que, sans une religion quelconque, vraie ou fausse, il n'y a pas de gouvernement possible.

Maintenant il sera curieux de voir comment, d'un côté, sans une religion fausse ou sans l'erreur, il ne peut y avoir aucun gouvernement, et comment, d'une autre part, sans la véritable religion ou sans la vérité, le gouvernement peut être parfait. Ecoutons Bossuet.

« Quoiqu'il soit vrai que les fausses religions, en ce qu'elles ont de bon et de vrai, qui est qu'il faut reconnaître quelque divinité à laquelle les choses humaines soient soumises (*Defensio*, l. 7, part. 2, art. 2, 5e prop.), puissent suffire absolument à la constitution des Etats, elles laissent néanmoins toujours dans le fond des consciences une incertitude et un doute qui ne permettent pas d'établir une parfaite solidité... Il faut chercher le fondement solide des Etats dans la vérité, qui est la mère de la paix : et la vérité ne se trouve que dans la véritable religion (1). »

Dire comme Bossuet, *les fausses religions, en ce qu'elles ont de bon et de vrai*, c'est dire, les fausses religions, en tant qu'elles sont non pas fausses; les fausses religions, en tant qu'elles sont vraies; et comme *la vérité ne se trouve que dans la véritable religion*, c'est dire, les fausses religions, en tant qu'elles tiennent de la véritable.

Sans la véritable religion, un gouvernement peut être parfait dans l'ordre politique, cela veut dire : Sans la totalité, ou même sans une partie de la véritable religion, un gouvernement peut être parfait dans son genre. Dans le premier sens, je conclurai toujours : Donc sans quelque chose de la vraie religion, sans la vraie religion pure ou altérée, point de gouvernement politique : hors de l'ordre moral et religieux, point de gouvernement possible. Donc, suivant les principes mêmes de Bossuet, point de gouvernement qui ne soit subordonné à la vraie religion. Dans le second sens, je conclurai : Donc, suivant Bossuet, un gouvernement peut être parfait sans rien de vrai sur Dieu, sur l'homme, sur la religion, sur la morale, sur le droit, sur le devoir, c'est-à-dire avec un athéisme complet.

(1) C'est-à-dire qu'il faut reconnaître la subordination des choses humaines aux choses divines, du temporel au spirituel, de l'Etat à la religion.

Ce dernier sens ne saurait être celui de Bossuet, parce qu'il est horrible, et ensuite parce que Bossuet lui-même nous enseigne que, si les fausses religions peuvent absolument suffire à la constitution des Etats, c'est par ce qu'elles ont de bon et de vrai, c'est-à-dire par ce qu'elles tiennent de la véritable religion, en laquelle seule se trouve le bon, le vrai, la vérité.

Mais alors Bossuet dirait, d'une part : Les fausses religions ne peuvent suffire à la constitution telle quelle des Etats que par ce qu'elles tiennent de la religion véritable. Et de l'autre : Sans la véritable religion, un Etat peut être constitué parfaitement. C'est évidemment se contredire, à moins de supposer que la dernière proposition renferme une équivoque et qu'elle signifie : Sans la totalité de la véritable religion, un gouvernement peut être parfait.

C'est cependant par cette équivoque seule que Bossuet esquive la subordination du gouvernement politique à la religion. Voici à quels termes on peut réduire son raisonnement : « Le gouvernement temporel n'est point subordonné à la véritable religion, si, sans elle, il peut être parfait dans cet ordre. Or, le gouvernement temporel (qui ne peut même subsister tellement quellement sans quelque chose de la véritable religion) peut être parfait sans la véritable religion (totale). Donc, le gouvernement temporel n'est point subordonné à la véritable religion dans l'ordre politique.

De savoir maintenant si, dans un ouvrage médité pendant vingt ans, et dans l'endroit capital de cet ouvrage, Bossuet a pu mettre une pareille équivoque par mégarde ou à dessein, c'est au lecteur à juger.

*Examen de la quatrième proposition.*

Cette proposition porte : *Par l'institution du sacerdoce légal, Dieu n'a rien changé à l'Etat de la souveraineté : au contraire, il a déclaré plus expressément qu'elle est la seconde après lui et la première en son genre et en son ressort* (*Defensio*, l. 1, sect. 2, c. 6).

En instituant le sacerdoce lévitique, Dieu n'a rien changé à l'état de la souveraineté, cela est vrai. Mais comme chez tous les anciens peuples, la puissance temporelle était subordonnée à la puissance religieuse, il suit seulement que l'institution du sacerdoce judaïque n'a rien changé à cette subordination originelle. Au contraire, Dieu a déclaré plus expressément que la puissance civile doit être subordonnée à la puissance religieuse, quand il fit une loi à Josué de le consulter par le grand-prêtre et de marcher à sa parole, lui et tout le peuple d'Israël. —Voici le texte de cette loi :

« *Le Seigneur dit encore à Moïse : Monte sur cette montagne d'Abarim, et de là regarde la terre que je donnerai aux enfants d'Israël, et lorsque tu l'auras regardée, tu iras aussi vers ton peuple, comme Aaron ton frère y est allé. Moïse répondit : Que Jéhova, le Dieu des esprits de toute chair, voie à établir sur cette multitude un homme qui sorte et entre devant eux, et les fasse entrer et sortir, afin que l'assemblée de Jéhova ne soit pas comme les brebis sans pasteur. Et Jéhova dit à Moïse : Prends auprès de toi Josué, fils de Nun, homme en qui est l'Esprit, et mets tes mains sur lui. Tu le présenteras devant Eléazar, le prêtre, et devant toute l'assemblée, et tu lui donneras des préceptes en leur présence, et tu mettras sur lui une partie de ta gloire, afin que toute l'assemblée des enfants d'Israël l'écoute. Il se présentera devant Eléazar, le prêtre, et il le consultera sur l'oracle de l'Urim devant Jéhova. Selon sa parole, il sortira : selon sa parole, il entrera, lui et tous les enfants d'Israël avec lui, et toute l'assemblée* (des vieillards). *Moïse fit donc comme avait commandé Jéhova, et ayant pris Josué, il le présenta à Eléazar, le prêtre, et à toute l'assemblée, et ayant imposé ses mains sur sa tête, il déclara tout ce que Jéhova lui avait commandé* (Num., 27, 12). Ailleurs, nous avons vu Dieu prononcer peine de mort contre *quiconque n'obéirait point à la sentence du grand-prêtre* (Deut., 17, 8).

Maintenant que Tertullien et Bossuet appellent la puissance civile la première ou la seconde après Dieu, cela n'empêche pas que, chez le peuple d'Israël, Dieu n'ait subordonné son action aux oracles du souverain Pontife.

Quant aux rois proprement dits, Dieu s'en était expressément réservé le choix pour son peuple : *Tu établiras pour roi sur toi celui que Jéhova ton Dieu aura choisi*, dit le Seigneur dans le *Deutéronome* (ch. 18, v. 15). Or, dans l'Ancien Testament, Dieu manifestait ses volontés, non-seulement par le ministère légal du grand-prêtre, mais encore par le ministère habituel des prophètes, qui, dès le temps de Samuel, formaient comme un ordre religieux dans l'Etat. Chez les Hébreux, le pouvoir spirituel était exercé, et par les lévites, et par les prêtres, et par les prophètes. C'est au prophète Samuel que le peuple demande un roi. C'est par le prophète Samuel que Dieu choisit d'abord Saül, puis le réprouve et lui substitue David. C'est par des prophètes que Dieu confirme la postérité de ce dernier sur le trône, qu'il désigne Salomon pour succéder à son père, qu'il ôte à Salomon dix tribus pour les donner à Jéroboam, etc. Les Juifs étaient si habitués au ministère des prophètes en pareils cas, que quand, sous les Machabées, ils conférèrent la puissance souveraine à Simon, ils ajoutèrent la clause : *Jusqu'à ce qu'il s'élève un prophète fidèle* (1. Mach., c. 14, 41).

*Examen de la cinquième et dernière proposition.*

*Par l'institution du sacerdoce chrétien, rien n'a été changé non plus dans le droit de la souveraineté : et le Christ n'a donné aux Pontifes chrétiens nulle puissance pour régler les choses temporelles, ou pour donner et ôter à qui que ce soit les empires* (*Defensio*, l. 1, sect, 2, c. 13).

Il est vrai que par l'institution du sacerdoce catholique rien n'a été changé à l'état de la souveraineté. Mais le pouvoir temporel étant, d'après le sens commun de tous les siècles, subordonné au pouvoir spirituel, et, d'après la nature même des choses, l'étant nécessairement, la seule chose qui s'ensuive, c'est que, le sacerdoce catholique étant actuellement le seul pouvoir spirituel qui soit de Dieu, tout pouvoir temporel lui est subordonné de par Dieu même.

Que les pontifes n'aient reçu de Jésus-Christ aucune puissance pour régler les choses temporelles, peu importe. La soumission que l'on doit aux souverains est une chose de conscience, une chose qui regarde l'ordre moral, qui intéresse le salut éternel ; par conséquent, la décision en appartient de droit au pouvoir spirituel du pontife. Jésus-Christ, les apôtres, ont posé les règles générales de cette soumission, nous montrant par-là que c'est une question spirituelle : c'est aux successeurs des apôtres, c'est au vicaire de Jésus-Christ à faire l'application de ces règles générales aux diverses circonstances de temps et de lieux.

Que l'Eglise n'ait reçu aucune puissance pour ôter ou donner à qui que ce soit les empires, cela ne lève pas la difficulté. Car, après tout, Dieu a cette puissance ; il l'exerce de temps en temps ; il ôte, quand bon lui semble, la souveraineté aux uns pour la donner à d'autres. Plus souvent encore, des souverains se dépouillent eux-mêmes du droit de régner, des souverains dégagent eux-mêmes leurs sujets du devoir d'obéir. Dans tous ces cas, un individu non catholique fait ce qu'il lui plaît. Un catholique, au contraire, consulte l'autorité que Jésus-Christ a établie pour diriger sa conscience. Il interroge l'Eglise, pour savoir à qui et jusqu'où il peut ou doit obéir.

Et pour que, dans ces cas, la conscience du fidèle soit exempte de tout scrupule, de toute anxiété, Jésus-Christ a donné à son Eglise ce qui n'avait point été donné à la Synagogue, le pouvoir de nouer et de dissoudre tous les liens de l'âme ; il a dit à son vicaire : *Tout ce que tu lieras sur la terre sera lié dans les cieux, et tout ce que tu délieras sur la terre sera délié dans les cieux* (Matth., 16, 19).

Bossuet, qui se contente d'indiquer le chapitre où se trouvent ces paroles, mais ne les cite point, assure qu'elles regardent la rémission des péchés. Sans doute ; car, qui donne le pouvoir de tout délier, donne par là même le pouvoir de délier du péché. Mais Bossuet ne prouve pas que ces paroles ne regardent *que* la rémission des péchés : ce qui cependant était nécessaire pour que son observation signifiât quelque chose. Il est vrai que la traduction française de sa *Défense*, imprimée à Amsterdam, en 1745, le lui fait dire ; mais dans son texte latin, quelque envie qu'il ait de le faire entendre, il ne le dit point. Et de fait, ce serait contredire la parole expresse de Jésus-Christ, ainsi que l'interprétation commune des Pères et des théologiens. Le Seigneur dit formellement : *Tout ce que tu délieras sera délié*. Or, observe Bossuet sur une autre parole du Seigneur à saint Pierre, *qui dit tout, n'excepte rien* ; donc qui dit : *Tout ce que tu délieras sera délié*, n'excepte aucun lien, pas plus le lien du vœu et du serment, que le lien du péché. C'est ainsi, comme nous l'avons vu, qu'interprétait cette parole, au XVIe siècle, Grégoire d'Antioche. C'est ainsi que l'entendent tous les théologiens purement et simplement catholiques.

Le pouvoir de l'Eglise consiste principalement dans ce commandement et cette promesse : *Allez, enseignez toutes les nations..... leur apprenant à observer tout ce que je vous ai commandé ; et voici, je suis avec vous tous les jours jusqu'à la consommation des siècles.* Lors donc qu'une nation chrétienne est en doute si, d'après tout ce que le Seigneur a commandé à ses apôtres, elle peut ou doit reconnaître pour légitime tel ou tel souverain, lui obéir en tels ou tels de ses actes, c'est un devoir pour elle de consulter l'Eglise, et un devoir pour l'Eglise de répondre à sa consultation. Ce que l'Eglise aura décidé, la nation pourra le faire en sûreté de conscience; car Jésus-Christ a promis d'être avec son Eglise pour cela tous les jours.

Bossuet observe que, dans l'alternative de perdre la foi ou la vie, Jésus-Christ n'a laissé à ses disciples qu'un seul moyen pour se soustraire à l'autorité d'un souverain persécuteur, c'est de se réfugier sous le gouvernement d'un autre souverain. Cela est vrai, mais que s'ensuit-il? le voici. Lors donc qu'une nation catholique se trouve dans l'alternative de perdre la foi ou son existence comme nation, elle peut et même doit, d'après la parole de Jésus-Christ, se soustraire au pouvoir du souverain hérétique ou apostat, en se réfugiant sous l'autorité d'un autre souverain. On conçoit, dans ces cas, que des particuliers s'expatrient : des individus doivent ce sacrifice au bien public. Mais qu'une nation entière le doive à l'individu qui n'est roi que pour elle, cela ne se conçoit pas. Une nation peut alors accomplir le précepte de l'Evangile sans changer de place, en se donnant à un autre souverain, ou en s'en donnant un autre.

Examinant si Jésus-Christ et les apôtres ont mis quelque exception au précepte général d'obéir aux rois, Bossuet dit qu'il n'y en a qu'une, c'est quand les rois commandent quelque chose contre Dieu. Je crois qu'il y en a une seconde, c'est quand le roi n'est pas légitime. Cette exception est aussi nécessaire que l'autre; autrement il n'y aurait devant Jésus-Christ aucune différence entre la légitimité et l'usurpation. Or, c'est à qui publie et interprète la loi générale, c'est-à-dire à l'Eglise, à déclarer aussi quand il y a exception ou non.

Bossuet cite comme une décision péremptoire ces paroles de Jésus-Christ : *Rendez à César ce qui est à César, et à Dieu ce qui est à Dieu* (Defensio, l. 1, sect. 2, c. 14). Mais, d'abord, il n'est pas certain qu'il y ait décision. Suivant un interprète très-connu (Jansen., in Evang.), les Juifs ayant posé une question insidieuse, le Sauveur confond leur malice par une réponse ambiguë. Ensuite, y eût-il décision, elle ne tomberait que sur le cas particulier de la nation juive. Fût-elle générale, il reste toujours à savoir quel est le César à qui l'on doit rendre, et qu'est-ce qui est à lui; car, suivant la remarque de saint Chrysostome, ce qui est contraire à la piété, à la religion, à la foi, à la vertu, n'est pas le tribut de César, mais celui du diable (In cap. 22, Matth., v. 21). Dire avec Bossuet que si la Synagogue avait eu le pouvoir de dissoudre les empires légitimes, le Seigneur n'eût pas parlé de la sorte, c'est donner le change à ses lecteurs. Personne ne prétend que la puissance spirituelle ait le droit de dissoudre les empires légitimes, mais seulement de déclarer si légitimement on peut ou l'on doit obéir à tel ou tel prince, et jusqu'où; en un mot, jusqu'où et envers qui l'obéissance est légitime. Bossuet ajoute que l'état, la société civile est fondée sur le commerce et les échanges; il aurait au moins dû dire, sur l'équité et la liberté du commerce, ou plutôt sur la justice, la morale, la religion; autrement une bande de voleurs serait une société aussi légitime que quelque autre que ce soit.

Un homme du milieu de la foule dit à Jésus-Christ : *Maître, commandez à mon frère qu'il partage la succession avec moi.* Il lui répondit : *Homme, qui m'a établi juge ou faiseur de partages sur vous?* Il ne faut, dit Bossuet, que peser ces paroles pour conclure que la question que nous traitons touchant les choses temporelles est entièrement décidée (Defensio, l. 1, sect. 2, c. 20). En conséquence, voici comme il raisonne : Jésus-Christ n'a pas transmis à ses apôtres d'autre ministère que celui qu'il a lui-même exercé sur la terre ; or, il nie que n'appartienne à ce ministère le pouvoir que lui déférait cet homme de la foule, de juger les choses terrestres et civiles : donc ce pouvoir n'appartient point au ministère apostolique.

Mais, à vrai dire, ce passage si décisif né va pas même à la question. Bossuet suppose, d'une part, que la puissance qu'on attribue à l'Eglise est une puissance temporelle, civile, comme de faire des partages; et, de l'autre, que la puissance réellement accordée à l'Eglise par Jésus-Christ ne touche en rien au temporel, pas même indirectement : deux suppositions également fausses. La puissance de l'Eglise est purement spirituelle, mais elle s'exerce sur les choses temporelles, lorsque celles-ci intéressent la conscience. Jésus-Christ répond : *Qui m'a établi juge?* ailleurs : *Pourquoi m'appelez-vous bon? nul ne l'est que Dieu* (Luc., 18). Si de la première réponse il est permis de conclure qu'il ne se reconnaissait pas l'autorité de juger, on pourra inférer de la seconde qu'il ne se reconnaissait point la bonté. Ce qu'on peut en conclure avec les interprètes, c'est que Jésus-Christ ne voulait point s'occuper de cela alors. En effet, la demande était bien importune. Le Sauveur prêchait, lorsque cet individu vint l'interrompre : par son interrogation, le Sauveur lui fait entendre que personne ne l'ayant obligé de se mêler de cette affaire, il ne laisserait point sa prédication pour un procès ; mais en même temps, il était si loin de défendre à ses ministres de juger de ces affaires, lorsque le bien des âmes le voulait, que saint Paul en fait une règle aux Corinthiens, et saint Augustin reconnaît que, par suite des paroles de l'Apôtre, les évêques ne pouvaient pas dire comme Jésus-Christ : *Homme, qui m'a établi juge ou faiseur de partages* (S. Aug., in ps. 118, Sermo 24, De opere monach., c. 29) ?

Au sujet de la tradition chrétienne, Bossuet fait ce raisonnement : « L'Eglise admet comme véritable l'idée que le genre humain et les empereurs s'étaient formée de la puissance souveraine ; or, cette idée leur faisait regarder la puissance souveraine comme ayant dans son ressort le premier rang et Dieu seul au-dessus d'elle : donc l'Eglise reconnaissait que cette puissance était telle en effet (Defensio, l. 1, sect. 2, c. 31). »

Accordons cet argument, il ne s'ensuit rien. Oui, la souveraineté en soi est première en son rang et n'a au-dessus d'elle que Dieu ; mais en est-il de même de l'homme qui l'occupe et l'exerce? Bossuet lui-même nous apprend que les rois ne sont pas tellement de Dieu, qu'ils ne soient aussi du consentement des peuples. La chose fût-elle vraie du souverain, il ne s'ensuit rien encore ; oui, le souverain est premier en son rang, il n'a au-dessus de lui que Dieu et sa loi ; aussi l'Eglise, qui interprète cette loi, ne le fait point selon l'homme, mais comme tenant la place de Dieu, ainsi qu'il est dit aux apôtres : *Qui vous écoute, m'écoute ;* et que dit saint Paul : *Nous sommes les ambassadeurs de Jésus-Christ.* C'est la réflexion d'un docteur de Paris, Alexandre de Halès (3e part., *quæstio* 39, *membr.* 5).

Mais ce raisonnement pèche par plus d'un endroit. Pour montrer ce que pense l'Eglise sur la souveraineté temporelle, Bossuet ne cite que le seul Tertullien : Tertullien qui dit dans son *Apologétique* même : *Les césars seraient chrétiens, si des chrétiens pouvaient être césars;* et ailleurs : « Jésus-Christ, en refusant la royauté, l'a condamnée; en la condamnant, il l'a déclarée une des pompes de Satan : par conséquent, y participer en quoi que ce soit, c'est pour un chrétien le crime de l'idolâtrie (Tertullien, *De idololatriâ*). » Certes l'Eglise ne pensait pas de la sorte.

L'Eglise admettait comme véritable, assure Bossuet, l'idée que les empereurs se formaient de la puissance souveraine. Mais les empereurs, non contents d'être les premiers après Dieu, se faisaient dieux eux-mêmes, exigeaient des adorations et des sacrifices. Bossuet nous le rappelle dans son travail sur l'Apocalypse. Ils regardaient encore comme une portion essentielle de la souveraineté le pouvoir des souverains Pontifes. Sans doute que l'Eglise n'admettait point ces idées-là, puisque ce fut pour les détruire qu'elle a soutenu de si longs et de si rudes combats.

Bossuet suppose que l'idée que le genre humain avait de la souveraineté temporelle était la même que celle qu'en avaient les empereurs du temps de Tertullien. En quoi il s'abuse. Le genre humain, ainsi que nous l'avons vu, a toujours subordonné le pouvoir temporel au pouvoir spirituel de la religion. Cette idée, l'Eglise l'admet comme véritable. Pour ce qui est de l'empire romain en particulier, Bossuet nous a rappelé que le sénat confirmait les empereurs; et l'histoire nous apprend qu'il les infirmait, les déposait aussi, comme on le voit pour Néron en Suétone. Ni le sénat, ni l'empire, ni le genre humain, ni les empereurs, ni l'Eglise n'avaient donc de la puissance impériale la même idée que Tertullien, comme le suppose l'auteur de la *Défense*.

Cet auteur s'étend longuement sur ce qu'ont dit ou fait, ou plutôt sur ce que n'ont pas dit ou fait certains Pères des premiers siècles. Tout ce qu'il ramasse de côté et d'autre se réduit à ce syllogisme : Ce que l'Eglise n'a point fait dans les cinq premiers siècles, elle ne le peut dans le huitième ou le douzième; or, pendant cette première période, l'Eglise ne décidait point les cas de conscience entre les souverains d'une part et les nations de l'autre; donc elle ne l'a pu plus tard. Ce raisonnement ressemble beaucoup à celui des protestants : Ce qu'on ne voit pas dans l'Eglise pendant les premiers quinze jours de son existence, est un abus; or, pendant ces premiers quinze jours, je ne lui vois ni pape, ni cardinaux, ni épiscopat, ni hiérarchie : donc, abus que tout cela. Voilà ce que disent en substance les Histoires de l'Eglise par les protestants Mosheim, Schroeck et Néander. Autant vaudrait dire : Tout ce qu'un homme n'était ou n'avait pas six heures après sa naissance, est un abus.

Si, pendant les premiers siècles, l'Eglise ne décidait point les cas de conscience entre les rois et les peuples, la raison en est bien simple : il n'y avait point de peuple chrétien. Bossuet lui-même nous a montré que l'empire romain, jusqu'à sa chute au Ve siècle, demeura politiquement idolâtre.

Quant aux siècles du moyen-âge où il y avait des nations constituées chrétiennement, où l'Eglise avait lieu d'examiner et de décider des cas de conscience nationale, l'auteur de la *Défense* n'y veut point entendre, ne cherche qu'à tout embrouiller : papes, évêques, docteurs, étaient dans l'erreur; il faut revenir aux premiers siècles. C'est comme si l'on disait à quelqu'un : Je vous écouterai volontiers sur cette affaire, tant que vous n'y penserez pas et que vous n'en direz rien; mais si vous y regardez, si vous en dites mot, je déclare que vous n'y voyez goutte.

Pour ces cinq raisonnements géométriques, sur lesquels Bossuet fonde toute sa *Défense*, nous venons de voir que les uns sont à côté de la question, que les autres prouvent contre lui, et que le principal même droit à l'athéisme politique, à l'anarchie.

Voilà cependant ce qu'après vingt ans de travail et de méditation, le génie aux ordres d'un roi a su produire de plus fort pour la défense du gallicanisme politique : gallicanisme qui n'éclaircit rien, embrouille tout, et laisse les rois, les peuples et les individus errer à l'aventure, au milieu des révolutions. Car, nulle part, ni dans les écrits de Bossuet, ni dans les autres du même genre, on ne trouve aucune réponse nette et précise à la question principale et si importante de nos jours : *Quand il s'élève des doutes sur l'obéissance des sujets envers le souverain temporel, à qui est-ce, en dernier ressort, à décider ces cas de conscience?*

Faut-il dire, avec les serviles prélats de Henri VIII et les muftis de Constantinople, que le sultan, chrétien ou turc, n'a d'autre règle suprême que sa volonté? Il est dans Bossuet des passages qui semblent favoriser cette doctrine du despotisme; par exemple, liv. 4, art. 1er de sa *Politique sacrée*, il dit : « Quand le prince a jugé, il n'y a point d'autre jugement. Personne n'a droit de juger, ni de recevoir après lui. Il faut donc obéir aux princes, comme à la justice même. Le prince peut se redresser lui-même, quand il connaît qu'il a mal fait; mais contre son autorité, il ne peut y avoir de remède que dans son autorité. »

Faut-il proclamer, avec les protestants, les révolutionnaires et les bourreaux de Louis XVI, que c'est le peuple qui est souverain, et que c'est à lui à se faire justice comme il l'entend? Il est encore dans Bossuet un passage remarquable, où il paraît consacrer ce dogme de la révolte. Dans sa *Défense de la Déclaration (Pars 1, lib. 2, cap. 34 et 35),* pour ne pas avouer que la translation de la couronne de France de la première race à la seconde s'était faite par l'autorité du pape Zacharie, comme s'expriment les historiens du temps, mais par le seul consentement de la nation, voici comme il s'exprime : « La raison pour laquelle nous attribuons le droit de substituer un vrai souverain à celui qui n'en a que le nom, aux grands du royaume, et non pas à la puissance ecclésiastique ou au pontife romain : qui ne voit que c'est parce que tout état, toute société parfaite et libre, a, par le droit des gens et par le droit naturel, la faculté de pourvoir à son propre salut, et qu'elle n'a pas besoin d'en demander à d'autres *la puissance qui réside en elle*, mais seulement des conseils et des secours de cette espèce. Et, comme nous avons vu, nos ancêtres n'ont pas fait autre chose dans l'affaire de Childéric. »

Ou bien, pour la sûreté réciproque des peuples et des rois, dirons-nous avec les chrétiens des siècles passés : « Que le droit de prononcer définitivement sur ces cas, ainsi que sur tous les autres, appartient à l'Eglise et à son chef ? » Bossuet encore nous apprend qu'en tout état de choses, ce parti est au moins plus avantageux pour les souverains. « On montre plus clair que le jour, dit-il dans sa défense de l'*Histoire des Variations*, n. 35, que s'il fallait comparer les deux sentiments, celui qui soumet le temporel des souverains aux Papes, et celui qui le soumet au peuple, ce dernier parti, où la fureur, où le caprice, où l'ignorance et l'emportement dominent le plus, serait aussi sans hésiter le plus à craindre. L'expérience a fait voir la vérité de ce sentiment, et notre âge seul a montré, parmi ceux qui ont abandonné les souverains aux cruelles bizarreries de la multitude, plus d'exemples et de plus tragiques contre la personne et la puissance des rois, qu'on n'en trouve durant six à sept cents ans parmi les peuples qui, en ce point, ont reconnu le pouvoir de Rome. »

A côté de Bossuet s'élevait un autre génie, mais qui n'était aux ordres d'aucun roi : on sera curieux de connaître sa pensée sur les quatre articles de la *Déclaration gallicane*.

Quant au premier, Fénelon reconnaît formellement que *la puissance temporelle vient de la communauté des hommes, qu'on nomme nation ; tandis que la spirituelle vient de Dieu par la mission de son Fils et des apôtres* (Fénelon, Œuvres complètes, t. XXII, p. 583). Il suppose que la nation a le droit d'élire et de déposer ses rois ; car il montre, dans le moyen-âge, *les évêques devenus les premiers seigneurs, chefs du corps de chaque nation, pour élire et déposer les souverains. Exemples : Pepin, Zacharie, Louis le Débonnaire, Carloman, Charlemagne* (Ibid., p. 585). Il reconnaît que, pour agir en sûreté de conscience, les nations chrétiennes consultaient dans le cas le chef de l'Eglise, et que le Pape était tenu de résoudre ces cas de conscience, par la raison qu'il est le Docteur et le Pasteur suprême (Ibid., t. II, p. 382). Dans le manuscrit de ses plans de gouvernement, on lit ces paroles, qui ont été supprimées par son biographe : « Puissance (de Rome) sur le temporel. — *Directe*, absurde, pernicieuse. — *Indirecte*, évidente, quoique faillible, quand elle est réduite à décider sur le serment par consultation ; mais déposition n'en suit nullement (Tables des Œuvres de Fénelon, p. 115, note, édit. de Versailles, achevée à Paris en 1830).

« Le pape Zacharie, dit-il, répondit seulement à la consultation des Francs, comme le principal docteur et pasteur, qui est tenu de résoudre les cas particuliers de conscience pour mettre les âmes en sûreté. Ainsi l'Eglise ni ne destituait ni n'instituait les princes laïques ; elle répondait seulement aux nations qui la consultaient sur ce qui touche à la conscience, sous le rapport du contrat et du serment. Ce n'est pas là une puissance juridique et civile, mais seulement directive et ordinative, telle que l'approuve Gerson (Fénelon, *Œuvres*, t. II, p. 382, etc., c. 39 ; *De summi pontificis auctoritate*). »

Fénelon se rapproche ici singulièrement de Bossuet, car ce dernier conclut ainsi sur le même fait : « En un mot, le Pontife est consulté, comme dans une question importante et douteuse, s'il est permis de donner le titre de roi à celui qui a déjà la puissance. Il répond que cela est permis. Cette réponse, partie de l'autorité la plus grande qui soit au monde, est regardée comme une décision juste et légitime. En vertu de cette autorité, la nation même ôte le royaume à Childéric et le transporte à Pépin ; car on ne s'adressa point au Pontife pour qu'il ôtât ou qu'il donnât le royaume, mais afin qu'il déclarât que le royaume devait être ôté ou donné par ceux qu'il jugeait en avoir le droit (*Defensio*, 1. 2, c. 34). »

Le lecteur catholique verra sans doute avec satisfaction ces deux grands évêques de France s'accorder enfin sur une question aussi délicate et aussi importante. Il sera bien plus surpris et plus satisfait encore d'apprendre que les ultramontains ou les catholiques non gallicans s'accordent en ceci avec Bossuet et Fénelon. Témoin le Père Jean-Antoine Bianchi, Franciscain de l'étroite observance, né à Lucques en 1686 et mort en 1758, professeur de philosophie et de théologie, examinateur du clergé de Rome et consulteur de l'inquisition. Outre un assez grand nombre d'ouvrages de littérature et de poésie, il publia, de 1745 à 1751, par l'ordre de Clément XII, un ouvrage important : *De la puissance et de la discipline de l'Eglise*, contre les nouvelles opinions et erreurs de l'avocat Pierre Giannone dans son *Histoire civile du royaume de Naples*. Les deux premiers volumes de ces cinq traitent de la puissance indirecte de l'Eglise et nous ont beaucoup aidé à débrouiller les faits de l'histoire qui se rapportent à cette matière. Eh bien ! le Père Bianchi ayant rapporté l'explication précédente de Bossuet sur le fait de Pepin et de Childéric, reprend en ces termes : « Or, n'est-ce pas là même ce que nous disons ? car nous ne prétendons pas que le Pape puisse ôter ni donner le royaume à qui il lui plaît, mais qu'il peut, dans certains cas, déclarer que les princes sont déchus du droit de régner, les sujets déliés du serment de fidélité, laissant la liberté à qui il appartient de choisir le nouveau prince et de chasser du trône le prince déclaré déposé. C'est cette déclaration que nous disons être du pouvoir de l'Eglise. Et il ne faut pas s'arrêter à la forme des paroles dans laquelle cette déclaration s'est faite souvent ; car ces paroles, *déposer, absoudre*, ne signifient en substance que déclarer déposé, déclarer absous quant à Dieu et quant à la nature de la chose ; mais pour que cette déclaration prenne, quant aux hommes, la forme et l'autorité d'un jugement, il convient qu'elle se prononce avec des paroles indicatives et par manière de sentence décrétoriale (Bianchi, *Della potesta indiretta della Chiesa*, etc., l. 2, § 11). »

Bellarmin l'entendait de même, car dans ses divers écrits sur cette matière il enseigne, dit la *Biographie universelle*, comme la doctrine commune des catholiques, que les princes tiennent leur puissance du choix des peuples, et que les peuples ne peuvent exercer ce droit que sous l'influence du Pape; d'où il conclut que la puissance temporelle est subordonnée à la puissance spirituelle (*Biogr. univ.*, art. BELLARMIN).

En voyant cet accord inattendu entre des hommes si divers, on est bien tenté de croire que le clergé de France aurait pu s'épargner le premier article de sa *Déclaration* et tout ce qui s'en est suivi. Ce qui n'étonne pas moins, c'est de les voir s'accorder à dire, avec les théologiens et les jurisconsultes du moyen-âge, que la puissance des princes leur vient de la nation. Un évêque français prêchera même publiquement cette doctrine devant le successeur de Louis XIV. « Mais, Sire, disait Massillon à Louis XV, un grand, un prince n'est pas né pour lui seul; il se doit à ses sujets. *Les peuples, en l'élevant, lui ont confié la puissance et l'autorité, et se sont réservé* en échange ses soins, son temps, sa vigilance. Ce n'est pas une idole *qu'ils ont voulu se faire* pour l'adorer, c'est *un surveillant qu'ils ont mis à leur* tête pour les protéger et pour les défendre. Ce sont de ces dieux qui les précèdent, comme parle l'Ecriture, pour les conduire : *ce sont les peuples qui, par l'ordre de Dieu, les ont faits* TOUS *ce qu'ils sont*, c'est à eux à n'être ce qu'ils sont que pour les peuples. *Oui, Sire, c'est le choix de la nation qui mit* d'abord le sceptre entre les mains de vos ancêtres : c'est *elle* qui les éleva sur le bouclier et les proclama souverains. Le royaume devint ensuite l'héritage de leurs successeurs; mais *ils le durent* originairement *au consentement libre des sujets :* leur naissance seule les mit ensuite en possession du trône; mais ce furent les *suffrages publics* qui attachèrent d'abord ce droit et cette prérogative à leur naissance. *En un mot, comme la première source de leur autorité vient* DE NOUS, *les rois n'en doivent faire usage que pour nous* (Petit-Carême, *Dim. des Ram.*, 1re partie). » Ainsi parle l'évêque de Clermont.

Ces principes, ainsi reconnus et proclamés au commencement du XVIIIe siècle par les grands évêques de France, peuvent servir à éclairer et à guider les consciences chrétiennes dans les révolutions politiques qui surviennent si fréquemment de nos jours.

Quant aux trois derniers articles de la *Déclaration* de 1682, Fénelon est d'un autre sentiment que Bossuet. Dans un traité latin : *De l'autorité du souverain Pontife*, il désapprouve ces trois derniers articles comme contraires à l'Ecriture et à la Tradition, et se déclare pour le sentiment le plus commun parmi les catholiques, en soutenant avec Bellarmin, comme très-certaine, la proposition suivante : « Le souverain Pontife, quand même il pourrait tomber dans l'erreur ou dans l'hérésie, comme docteur privé, ne peut en aucune manière définir comme de foi une doctrine hérétique, dans un décret adressé à toute l'Eglise (Fénelon, édit. de Versailles, t. II, p. 259). »

Fénelon ne se borne pas à dire que c'est là son sentiment personnel, il prétend de plus que c'est encore le sentiment de tous les gallicans qui aiment l'unité. « En effet, dit-il, tous ceux d'en deçà des Alpes qui aiment l'unité croient que le Saint-Siège, par l'institution de Jésus-Christ, est le fondement, le centre et le chef *éternel* de la communion catholique; le fondement, le centre et le chef *éternel* de l'Eglise universelle *dans l'enseignement de la foi*. Or, il est clair comme le jour que, si ce Siège définissait une doctrine hérétique, dans un décret adressé à toute l'Eglise, avec peine d'excommunication contre tous ceux qui seraient d'un sentiment opposé, il ne serait plus *alors* le fondement, le centre et le chef de la communion catholique; il ne serait plus *alors* le fondement, le centre et le chef de l'Eglise universelle *dans l'enseignement de la foi :* au contraire, il serait *alors* un fondement caduc qui entraînerait, autant qu'il est en lui, la ruine de tout l'édifice; il serait un chef schismatique enseignant l'hérésie; il serait le centre d'une tradition corrompue et falsifiée. Donc tous les gallicans qui aiment l'unité, ou du moins doivent croire, s'ils veulent être conséquents, que, par l'institution de Jésus-Christ, le Saint-Siège ne peut jamais définir comme de foi une doctrine hérétique, dans un décret adressé à toute l'Eglise. »

Fénelon va plus loin : il soutient que cette opinion de Bellarmin est une conséquence nécessaire de ces paroles de Jésus-Christ : « Tu es Pierre, et sur cette pierre je bâtirai mon Eglise, et les portes de l'enfer ne prévaudront point contre elle; » et de ces autres : « J'ai prié pour toi, afin que ta foi ne défaille point, et quand tu seras converti, affermis tes frères. » Car, dit-il, de l'aveu de tous les catholiques, ces paroles proclament comme un dogme de la foi que saint Pierre est à *jamais* dans son Siège la pierre ministérielle, le fondement, le chef et le centre de l'Eglise universelle, et que par conséquent la foi de ce Siège ne manquera jamais. Or, si ce Siège enseignait à toute l'Eglise comme de foi, quelque chose d'hérétique, il ne serait plus alors cette pierre fondamentale sur laquelle l'Eglise demeure inébranlable à toutes les puissances, mais une pierre d'achoppement et de scandale : il ne serait plus alors le Siège de Pierre, chef et centre de l'enseignement de la vraie foi, mais la chaire de pestilence et le centre de la contagion. Pierre n'y enseignerait plus, Pierre n'y présiderait plus alors pour affermir ses frères lorsqu'ils chancellent; ce serait lui, au contraire, qui les détournerait alors de la vraie croyance à laquelle ils sont attachés et les entraînerait dans l'hérésie par ses décrets solennels; ce serait lui, au contraire, qui aurait besoin d'être redressé et retenu par eux dans sa chute. Enfin, dans ce système, il faudrait soutenir comme une vérité incontestable que le Saint-Siège ne peut jamais manquer d'avoir la vraie foi, lors même qu'il ferait tous ses efforts pour étouffer, par ses décrets hérétiques, la foi de l'Eglise entière. Mais peut-on imaginer une absurdité ou une inéptie plus grande? Il faut donc, ou nier que ces promesses de Jésus-Christ regardent le Saint-Siège apostolique, ou bien avouer qu'en vertu de ces promesses, la foi de ce Siège ne manquera jamais d'affermir ses frères; que, par conséquent, il ne pourra jamais enseigner à toute l'Eglise, comme de foi, une doctrine hérétique. — Dans le chapitre V, Fénelon démontre que cette infaillibilité du Saint-Siège est encore une conséquence nécessaire de la primauté.

Quant à la Déclaration gallicane, il raconte une controverse extrêmement curieuse qui eut lieu entre

Bossuet et l'évêque de Tournay, dans l'assemblée du clergé de 1682.

Gilbert de Choiseul-Praslin, évêque de Tournay, avait été chargé de rédiger la Déclaration; mais quand il eut fait lecture de celle qu'il avait préparée, Bossuet lui résista en face, parce qu'il déclarait que le Siége apostolique pouvait embrasser l'hérésie, aussi bien que la personne des pontifes. — « Mais si vous ne dites pas cela, répondit l'évêque de Tournay, vous établissez, bon gré mal gré vous, l'infaillibilité romaine. » — « Quoi qu'il en soit, insistait Bossuet, vous ne pouvez nier que la foi de Pierre ne doit jamais défaillir dans son Siége; cela est certainement prouvé par les promesses de l'Evangile et par toute la Tradition. » — « S'il en est ainsi, répliquait l'autre, il faut accorder une infaillibilité absolue, non pas à l'homme, mais au Siége; il faut avouer que tous les décrets qui émanent du Siége apostolique sont absolument irréformables et fondés sur une autorité infaillible. »

Voici comme l'évêque de Meaux s'efforçait de résoudre cette objection : — « La foi de ce Siége est indéfectible, et cependant ses jugements ne sont pas infaillibles. — Comment prouvez-vous, demandait celui de Tournay, que la foi de ce Siége ne peut défaillir ? — Je le prouve, répondait l'autre, par les promesses de Jésus-Christ, qui dit expressément : *J'ai prié pour toi, afin que ta foi ne défaille point.* Voilà donc la foi de Pierre qui ne pourra jamais défaillir dans son Siége. Si vous connaissiez une église au monde à laquelle Jésus-Christ eût promis que sa foi ne *défaudrait* jamais, ne croiriez-vous pas, d'après cette promesse, que sa foi serait réellement indéfectible ? Si Jésus-Christ avait promis à cette même église qu'elle serait toujours une des églises catholiques et exemptes d'hérésie, ne regarderiez-vous pas comme certain que cette église serait effectivement toujours catholique et qu'elle ne manquerait jamais de conserver la vraie foi ? Combien plus ne devez-vous pas le croire quand il est question du Siége apostolique, auquel il a été promis qu'il sera toujours, non-seulement une des églises catholiques, mais la première de toutes, comme étant le fondement, le chef et le centre *éternel* de la catholicité pour vaincre les portes de l'enfer et affermir les frères ? »

Comme l'évêque de Tournay cherchait à réfuter par des subtilités chacune de ces raisons, Bossuet, le poussant plus vivement encore, lui dit d'une voix solennelle : « Répondez-moi, le Siége apostolique peut-il devenir hérétique ou non ? c'est-à-dire peut-il, oui, ou non, professer et définir avec opiniâtreté un dogme hérétique, malgré le sentiment contraire de toutes les églises de sa communion, et jusqu'à excommunier celles qui lui sont opposées ? Tout ce que vous direz sera contre vous. Si vous dites que le Saint-Siége peut devenir hérétique et schismatique en soutenant son hérésie, il peut donc arriver, d'après vous, que le chef de l'Eglise soit séparé de son corps, et que son corps ainsi mutilé ne soit plus qu'un cadavre; il peut donc se faire, d'après vous, que le centre de l'unité de la foi soit le centre de la corruption de la foi et de l'hérésie. Si vous dites, au contraire, que ce Siége ne peut jamais manquer de conserver la vraie foi, dont il est le centre et le chef, donc la foi de ce Siége est indéfectible. — C'est à vous, répliquait son adversaire, c'est à vous à vous répondre vous-même. C'est à vous aussi bien qu'à moi à résoudre cette objection captieuse. Il est hors de doute que votre argument ne prouve rien, parce qu'il prouve trop; en effet, s'il prouvait quelque chose, il est bien certain et bien évident qu'il prouverait cette infaillibilité du Siége que vous niez avec moi. Si ce Siége ne peut jamais manquer d'avoir la vraie foi, il est nécessaire qu'il ne définisse jamais rien contre la foi; car y a-t-il rien de plus opposé à la vraie foi qu'une définition contre la foi ? Or, quand les *ultramontains* soutiennent l'infaillibilité, ils ne cherchent à établir que cette conclusion-ci : Le Siége apostolique ne peut jamais rien définir contre la foi catholique; par conséquent, quand le Pape prononce du haut de sa chaire un décret solennel, il ne peut jamais errer dans la foi. »

« Je le répète, disait de nouveau Bossuet, qu'il faut distinguer l'infaillibilité des jugements, lorsqu'il s'agit d'enseigner la foi, d'avec l'indéfectibilité du Siége, lorsqu'il s'agit de conserver la foi. La foi de ce Siége est indéfectible d'après la promesse de Jésus-Christ et la tradition de l'Eglise, mais ses jugements ne sont point infaillibles. — O prodige tout à fait incroyable ! s'écriait l'évêque de Tournay. Comment croyez-vous possible qu'un homme qui ne peut manquer d'avoir la vraie foi puisse se tromper en exposant cette foi véritable qu'il a dans l'âme et qu'il ne peut jamais manquer d'avoir ? Ne cesserait-il pas de l'avoir, s'il croyait de foi un dogme hérétique au point de le décréter par une sentence définitive ? Que si, au contraire, il ne peut jamais lui arriver de croire comme de foi une hérésie quelconque, comment peut-il errer dans la foi ? En vérité, vous vous faites une dangereuse illusion à vous-même, car ce que vous nous insinuez sous le nom plus doux d'*indéfectibilité* n'est pas autre chose que cette infaillibilité des ultramontains que vous ne voulez pas admettre. C'est pourquoi, assignez enfin avec précision et clarté en quoi peuvent différer l'indéfectibilité que vous soutenez et l'infaillibilité ultramontaine. »

Bossuet disait alors : « Il a été promis au Siége apostolique qu'il sera le fondement, le centre et le chef *éternel* de l'Eglise universelle; que, par conséquent, il ne sera jamais ni hérétique ni schismatique, comme tant d'églises d'Orient. Il est certain, d'après les promesses de Jésus-Christ (ce sont les paroles de Bossuet), que ce malheur n'arrivera jamais au Siége de Rome; car supposé qu'il errât sur la foi, ce ne serait point avec obstination et opiniâtreté. Les autres églises le ramèneraient bientôt au droit sentier. Aussitôt qu'il s'apercevrait qu'il erre, il rejetterait l'erreur; d'où il résulte que, s'il lui arrive *peut-être* quelquefois d'errer sans mauvaise intention, il se préservera cependant du schisme et de l'hérésie jusqu'à la fin du monde. Ainsi, il peut errer en jugeant sur la foi, mais ce sera une erreur vénielle, qui n'empêche pas la foi de Pierre de vivre toujours dans son Siége, parce que ce Siége conservera toujours une volonté constante de s'attacher à la foi très-pure de toutes les églises de sa communion; il ne s'obstinerait pas dans l'erreur; il ne romprait jamais le lien de l'unité, il serait toujours catholique de cœur et d'affection, et conséquemment

## LIVRE LXXXVIII. — § III. DÉCLARATION GALLICANE DE 1682.

il ne serait jamais hérétique. Voilà comme, en soutenant l'indéfectibilité, je m'attache aux paroles très-claires de la promesse, sans admettre néanmoins l'infaillibilité imaginaire des ultramontains. »

Après cette discussion, l'évêque de Tournay se désista de la commission qu'on lui avait donnée de rédiger la Déclaration du clergé de France, et celui de Meaux en ayant été chargé à sa place, écrivit aussitôt les quatre articles tels qu'on les voit encore.

« Voilà, dit Fénelon, ce que Bossuet lui-même m'a raconté très-souvent, en présence de plusieurs témoins dignes de foi, qui sont encore en vie. »

Voyons maintenant ce que Fénelon pense de cette distinction de Bossuet qui sert de fondement principal, sinon unique, aux trois derniers articles de la Déclaration.

« Pour renverser de fond en comble, dit l'archevêque de Cambrai, tout le système de l'évêque de Meaux, il me suffit de démontrer par les paroles très-claires de Jésus-Christ : Que la foi, qui ne doit *jamais défaillir* dans le Saint-Siège, lui est assurée par Jésus-Christ, non-seulement pour bien croire, mais encore pour enseigner les nations et affermir les frères, c'est-à-dire les évêques de toute la catholicité. Or, par la promesse de Jésus-Christ : *Allez enseigner toutes les nations..... et voici que je suis avec vous tous les jours jusqu'à la consommation des siècles*, la foi est assurée à l'Eglise, non-seulement pour bien croire, mais pour bien enseigner tous les peuples; Jésus-Christ promet d'être tous les jours, jusqu'à la fin du monde, avec son Eglise *enseignante*, ou d'enseigner lui-même avec elle et par elle. Cette promesse du Sauveur regarde donc principalement le devoir d'enseigner toutes les nations. Si donc, comme tout le monde en convient, il a été également promis que la foi de Pierre ne manquera *jamais* dans son Siège, centre et chef de l'enseignement, il faut nécessairement en conclure que Pierre ne manquera *jamais* d'y enseigner la vraie foi, qui lui est assurée, comme à toute l'Eglise, principalement pour l'enseigner aux autres; il faut en conclure que Jésus-Christ sera également tous les jours, jusqu'à la fin du monde, avec Pierre, fondement, centre et chef inséparable de toute l'Eglise; avec Pierre, enseignant dans son siège toutes les nations et affermissant ses frères, qui sont tous les évêques. Or, ne pouvoir manquer d'enseigner la vraie foi et être infaillible à la définir, est absolument la même chose. Donc, c'est sans fondement que Bossuet a voulu distinguer l'indéfectibilité de l'infaillibilité; donc l'évêque de Tournay avait raison de lui soutenir que son indéfectibilité retombait dans l'infaillibilité des ultramontains.

« Finalement, dit Fénelon, après avoir fortifié cet argument de plusieurs autres preuves, si on examine les paroles de la promesse sans esprit de chicane et sans tordre le texte, il en résultera évidemment : 1º que la foi qui ne doit jamais défaillir dans le Siège apostolique est la foi nécessaire pour bien enseigner les nations et affermir ses frères, les évêques; 2º que cette foi est tellement indéfectible, qu'il n'y a pas un instant d'interruption à craindre. D'où il est clair que, tous les jours, jusqu'à la fin du monde, Pierre affermira ses frères de telle sorte qu'il n'aura jamais besoin d'être affermi par eux, bien loin d'être ramené de l'hérésie à la foi catholique. »

Après avoir développé quelques autres preuves, Fénelon conclut ainsi à la page 281 : « Par conséquent cette opinion de Bossuet est contraire aux promesses de Jésus-Christ, contraire à la Tradition, ainsi que nous le verrons plus bas, contraire enfin à cet esprit de docilité qu'il suppose à tort au Saint-Siège. On peut donc dire avec raison de cette distinction imaginaire, ce que saint Augustin reprochait à Julien d'Eclane : « Ce que vous dites est étrange, ce que vous dites est nouveau, ce que vous dites est faux. Ce que vous dites d'étrange, nous l'entendons avec surprise; ce que vous dites de nouveau, nous l'évitons; ce que vous dites de faux, nous le réfutons. »

« Cependant, ajoute Fénelon, de cette controverse entre l'évêque de Tournay et celui de Meaux, il résulte le plus grand bien : c'est que de leurs propositions diverses, on peut former un argument invincible en faveur du Saint-Siège. L'évêque de Tournay établit la majeure, celui de Meaux soutient la mineure, et moi je tire la conclusion, qui d'ailleur est inévitable. — L'indéfectibilité de la foi dans le Siège apostolique (si c'est une indéfectibilité vraie et non interrompue dans l'enseignement), disait l'évêque de Tournay, n'est autre chose que ce que les ultramontains modérés cherchent à établir sous le nom moins adouci d'*infaillibilité*. — Or, répondait l'évêque de Meaux, aucun catholique instruit ne peut nier l'indéfectibilité de la foi dans ce Siège. — Donc, disons-nous, aucun catholique instruit ne peut nier cette prérogative que Dieu a promise au Saint-Siège, et que les gallicans appellent *indéfectibilité*, tandis que les ultramontains l'appellent *infaillibilité* (Cap. 8, p. 281). »

Fénelon prouve ensuite sa thèse par la Tradition, à commencer par saint Irénée, et finissant par le témoignage du clergé de France en 1653 : d'où il résulte que la Déclaration de 1682 était une innovation et une variation de l'Eglise gallicane dans sa propre doctrine.

De tout cela, nous tirerons cette conclusion pratique, très-importante pour tous les pays et pour tous les siècles, mais particulièrement pour la France et pour le siècle où nous vivons.

Je sais que l'Eglise de France sera l'ornement de la chrétienté, invincible dans la foi, tant qu'elle demeurera unie et soumise au chef de l'Eglise universelle.

Je sais aussi que, dès qu'elle se met en opposition avec le Siège apostolique, l'Eglise gallicane n'est pas plus infaillible que l'Eglise grecque et l'Eglise anglicane, et qu'elle peut, comme l'Eglise anglicane et l'Eglise grecque, tomber tout entière dans le schisme et l'hérésie, et y persévérer opiniâtrement. En sorte que quand tous les évêques de France, dispersés ou réunis en concile national, rendraient, d'une voix unanime et avec toute la solennité possible, une déclaration contraire au sentiment du Saint-Siège; quand même le roi et les deux chambres déclareraient cette déclaration loi fondamentale de l'Etat; quand même les tribunaux seraient chargés de prononcer la peine capitale contre tous ceux qui penseraient différemment, tout cela ne devrait pas faire plus d'impression sur la foi ni même sur les opinions d'un catholique que les *ecthèses* et les *hénotiques* des empereurs de Constantinople, que les symboles nationaux des évêques anglicans et les bills du parlement d'Angleterre.

Je sais enfin que, de l'aveu de tous les catholiques, si le Saint-Siége n'est point infaillible, il est du moins indéfectible; c'est-à-dire, si tant est qu'il puisse se tromper, ce ne sera jamais longtemps ni opiniâtrément, comme il est arrivé à l'Eglise anglicane et comme il peut arriver à l'Eglise gallicane tout entière, mais seulement pour quelques moments bien courts et bien rares; et cela non par hasard, mais par l'effet certain des promesses que Jésus-Christ a faites à saint Pierre, à ses successeurs, à son Siége, à l'Eglise romaine, et non à aucune autre.

Maintenant, entre deux autorités de sentiments opposés, dont l'une (l'Eglise gallicane), de son propre aveu, peut se tromper sans retour, et dont l'autre, de l'aveu même de ceux qui lui sont les moins favorables, ne peut se tromper tout au plus que momentanément, et cela par l'effet certain des promesses de Jésus-Christ, laquelle dois-je suivre préférablement pour satisfaire à ma conscience? Il me semble qu'il ne peut pas y avoir la moindre incertitude. Et si, par impossible, il y en avait, le clergé de France, en condamnant certaines opinions sur le probabilisme en 1700, m'apprend que dans un pareil doute il faut, sous peine de péché, suivre le parti le plus sûr, qui alors est le seul parti qui soit sûr. Voilà donc une règle bien facile pour me préserver à jamais de tout piége de schisme et d'hérésie.

### § IV.

*Biographies de Bossuet et de Fénelon. — Education du duc de Bourgogne. — Controverse de Bossuet et de Fénelon sur le quiétisme.*

JACQUES-BÉNIGNE BOSSUET naquit à Dijon dans la nuit du 27 au 28 septembre 1627, de Bénigne Bossuet et de Madeleine Mochette. Il fut baptisé le surlendemain 29, dans l'église paroissiale de Saint-Jean, de la même ville. De dix enfants qu'eut son père, dont six garçons et quatre filles, Bossuet fut le septième dans l'ordre de la naissance et le cinquième des mâles. Le jour de sa naissance, son grand-père écrivit sur les registres de famille ces paroles du *Deutéronome* (32, 10): « *Circumduxit eum, et docuit, et custodivit quasi pupillam oculi;* Le Seigneur a daigné lui servir de guide; il l'a conduit par divers chemins, il l'a instruit de sa loi, il l'a conservé comme la prunelle de son œil. » Sa famille était originaire de Seure en Bourgogne. Etablie à Dijon, elle contracta des alliances honorables avec des maisons distinguées dans la noblesse et dans la magistrature de cette province. Le père de Bossuet ne put être admis au parlement de Dijon, à cause du grand nombre de ses parents paternels et maternels qui en étaient déjà membres. C'est ce qui lui fit accepter une place de conseiller au parlement de Metz, où son oncle maternel, Antoine de Bretaigne, était premier président. Il laissa ses enfants à Dijon, et les confia aux soins de son frère aîné, Claude Bossuet, conseiller au parlement de cette ville.

Jacques-Bénigne n'avait pas encore six ans. Il fit ses premières études au collége des Jésuites, voisin de la maison de son oncle. Il goûtait beaucoup et retenait facilement les anciens poètes, notamment Virgile. Mais ayant trouvé une Bible dans le cabinet de son père, il en éprouva une émotion qu'il n'avait point encore ressentie : la littérature profane ne lui parut plus rien à côté. Il avait reçu la tonsure à peine âgé de huit ans, et fut nommé à un canonicat de la cathédrale de Metz à treize ans et deux mois. Il vint à Paris au mois de septembre 1642, le même jour où le cardinal de Richelieu y rentrait mourant. Bossuet entra en philosophie au collége de Navarre; Nicolas Cornet en était alors grand-maître. C'est le même que nous avons vu réduire à un petit nombre de propositions tout le système du livre de Jansénius. Il fut le guide de Bossuet dans ses études de philosophie et de théologie.

Pendant son cours même de philosophie, Bossuet acquit une connaissance approfondie de la langue grecque; il y apporta autant de suite que d'ardeur; il lut tous les historiens grecs et les latins, et il se familiarisa avec le style des poèmes de Rome et d'Athènes; il s'était si bien approprié leurs expressions et leurs pensées, que, dans un âge très-avancé, il en récitait souvent de longs fragments, quoiqu'il ne les eût pas relus depuis un grand nombre d'années. Mais toutes ces magnifiques créations des hommes disparaissaient à ses yeux et à sa pensée, lorsqu'il revenait à l'étude des livres divins. Ce qui frappait le plus ses condisciples, c'était de le voir aussi ardent pour tous les divertissements permis à la jeunesse que profondément appliqué aux plus sérieuses études, lorsqu'il y était rappelé par son goût et par le devoir. Il soutint sa première thèse de philosophie en 1643. La même année, on lui fit prêcher à l'hôtel de Rambouillet un sermon impromptu à onze heures du soir; ce qui fit dire à Voiture, l'homme du temps, qu'il n'avait jamais ouï prêcher ni si tôt ni si tard. Le 25 janvier 1648, il soutint sa thèse de bachelier en théologie. Le grand Condé, déjà fameux par les victoires de Rocroi, de Fribourg, de Nortlingue et de Dunkerque, voulut y assister lui-même. Le combat fut très-animé : le prince fut tenté, à ce qu'il a dit lui-même plus d'une fois, d'attaquer un répondant si habile et de lui disputer les lauriers mêmes de la théologie.

Bossuet reçut le sous-diaconat en 1648, le diaconat l'année suivante et la prêtrise en 1652. Cette même année, il fit sa licence avec l'abbé de Rancé et reçut le bonnet de docteur : en même temps il fut nommé archidiacre de l'église de Metz, sous le titre d'archidiacre de Sarrebourg. Pour se disposer saintement à la prêtrise, il fit sa retraite à Saint-Lazare, sous la direction de saint Vincent de Paul. Il y assistait aux conférences des mardis. Retiré ensuite à Metz, de 1652 à 1658, il y continua l'étude de l'Ecriture et des Pères.

Le principal ministre des protestants de cette ville était Paul Ferri. La douceur de son caractère, la pureté de ses mœurs, son goût pour l'étude le lièrent d'amitié avec Bossuet. Mais enfin il publia un catéchisme où il se proposait de démontrer : 1° que la réformation avait été nécessaire ; 2° qu'encore qu'avant la réformation on pût se sauver dans l'Eglise romaine, on ne le pouvait plus depuis la réformation. Bossuet publia une réfutation de ce catéchisme, auquel il oppose les deux propositions contraires : 1° la réformation, comme elle a été entreprise et exécutée, a été pernicieuse ; 2° si on pouvait se sauver dans l'Eglise romaine, avant la réformation, on le peut encore aujourd'hui. Cette réfutation ne fit que resserrer plus étroitement les liens d'estime et d'amitié qui unissaient déjà ce ministre à l'auteur qui venait de le combattre. Avec le temps, Paul Ferri prit des sentiments tout à fait catholiques. Il n'était plus arrêté que par le désir de porter ses confrères à suivre son exemple, lorsqu'il fut surpris par la mort en 1669. Il voulut même, en mourant, ne laisser aucune incertitude sur ses sentiments. Il déclara à sa famille et aux anciens du consistoire de Metz qu'il voulait faire son abjuration entre les mains de Bossuet et recevoir de sa piété les derniers secours de la religion. Son vœu ne fut point rempli par l'opposition du consistoire, mais les intentions du mourant ayant transpiré dans le public, la population catholique faillit se soulever contre les protestants (Bausset, *Hist. de Bossuet*, l. 1, n. 35).

En 1658, Bossuet prit part à la mission de Metz, avec les ouvriers envoyés par saint Vincent de Paul : il établit aussi dans cette ville les conférences ecclésiastiques, à l'imitation de celles de Saint-Lazare. Comme il travaillait à la conversion des protestants, il observa que l'une des principales causes de leur opposition à la religion catholique était la fausse idée qu'on leur avait donnée de sa doctrine. Il conçut dès lors l'idée d'un écrit très-court et très-précis, qui ne devait offrir que la déclaration claire et exacte des principes de l'Eglise sur les questions de controverses agitées depuis le XVI° siècle. Ce fut le livre de l'*Exposition de la foi catholique*. Le premier essai de ce travail fut consacré à l'instruction du marquis de Dangeau et de l'abbé de Dangeau, son frère, tous deux petits-fils, par leur mère, du fameux Duplessis-Mornay, surnommé de son temps *le pape des huguenots*. Ils se convertirent l'un et l'autre. Une conquête plus illustre encore, déterminée par ce petit livre, fut celle du vicomte de Turenne. Ce grand homme, à son tour, le pressa de publier cet ouvrage, afin qu'il fût utile à un plus grand nombre. Bossuet l'envoya manuscrit à tous les évêques de France, et même au pieux et savant cardinal Bona de Rome, afin de profiter de leurs observations. Il le rendit enfin public en 1671. Un grand nombre de protestants sincères n'hésitèrent point à déclarer que si cette *Exposition de la foi catholique* était approuvée des docteurs de la communion de l'auteur, ils n'auraient plus aucune répugnance à se réunir à l'Eglise romaine. Innocent XI l'approuva expressément par un bref du 4 janvier 1679 et un autre du 12 juillet de la même année.

Bossuet commença de prêcher à Paris en 1659. Louis XIV l'ayant entendu en 1661, fit écrire à son père pour le féliciter d'avoir un tel fils. Il est nommé évêque de Condom en 1669, sacré l'année suivante, puis se démet en 1701, après avoir été nommé précepteur du dauphin, avec Huet, depuis évêque d'Avranches, comme sous-précepteur. Bossuet adressa une lettre au pape Innocent XI sur l'éducation du jeune prince, et composa plusieurs ouvrages pour son élève : une *Logique*, un traité *De la connaissance de Dieu et de soi-même*, un *Discours sur l'Histoire universelle*, une *Politique sacrée*. Mais on a dit de cette éducation que le précepteur y était tout et que l'élève n'y était rien. Bossuet lui-même dit dans une lettre au maréchal de Bellefonds : « Me voici quasi à la fin de mon travail. M. le Dauphin est si grand, qu'il ne peut pas être longtemps sous notre conduite. *Il y a bien à souffrir avec un esprit si inappliqué*. On n'a nulle consolation sensible, et on marche, comme dit saint Paul, en espérant contre l'espérance. Car encore qu'il se commence d'assez bonnes dispositions, tout est encore si peu affermi, que le moindre effort du monde peut tout renverser : je voudrais bien voir quelque chose de plus fondé, mais Dieu le fera peut-être sans nous (*Hist. de Bossuet*, l. 4, n. 26). »

Bossuet fut nommé à l'évêché de Meaux en 1681, assista, comme nous l'avons vu, à l'assemblée de 1682, et en fit même le discours d'ouverture. Après l'assemblée, Bossuet alla se recueillir quelques jours dans les déserts de la Trappe. Il voulait puiser dans les entretiens de son ami l'abbé de Rancé, et dans la sainte et austère discipline des religieux qui avaient embrassé sa réforme, le courage, la force et la piété qu'il se proposait de porter dans l'exercice de ses fonctions épiscopales. Pendant le cours de son épiscopat, Bossuet fit, à différentes époques, huit voyages à la Trappe. Il disait que c'était le lieu où il se plaisait le plus après son diocèse. Il assistait à tous les exercices de la communauté. Il était le premier levé pour les matines pendant les huit jours que durait ordinairement son voyage à la Trappe. Il montra la même assiduité jusqu'à l'âge de soixante-neuf ans, quoiqu'il joignît à ses veilles toute l'austérité de la vie d'un religieux ; ce ne fut qu'à l'un de ses derniers voyages qu'il se permit de faire usage d'un peu de vin. Il trouvait un charme particulier dans les manières dont il célébrait l'office divin. Le chant des psaumes, qui venait seul troubler le silence de cette vaste solitude, les longues pauses des complies, les sons doux, tendres et perçants du *Salve Regina* lui inspiraient une sorte de mélancolie religieuse (*Ibid.*, l. 7, n. 2).

Dans son diocèse, Bossuet remplit tous les devoirs d'un bon évêque. Séminaire, missions, conférences ecclésiastiques, visites pastorales, hôpitaux, synodes, il ne négligea rien. Il publia un *Catéchisme* pour le diocèse de Meaux, une *Instruction pour les nouveaux convertis du protestantisme*, une *Lettre sur la communion pascale*. Il composa, pour les religieuses de son diocèse, deux excellents ouvrages : *Elévations sur les mystères*, et *Méditations sur l'Evangile*, sans compter un très-grand nombre de lettres qu'il leur écrivait, surtout à celles qu'il dirigeait d'une manière spéciale. Ces lettres, empreintes de l'esprit de saint François de Sales, sont peut-être préférables aux *Lettres spirituelles* de Fénelon, où il y a quelquefois un peu trop de métaphysique.

Bossuet continuait ses travaux pour la conversion des protestants. Après son *Exposition de la foi catholique*, il publia la relation de sa *Conférence avec* le *ministre Claude*, en présence de mademoiselle de Duras, qui se déclara catholique peu de jours après. La conférence avait roulé uniquement sur l'autorité de l'Eglise. Mais l'ouvrage principal de Bossuet en ce genre, c'est son *Histoire des variations des églises protestantes*, suivie des six *Avertissements aux protestants*; à quoi il faut ajouter ses deux *Instructions sur les promesses de l'Eglise*, son *Explication de l'Apocalypse*, et enfin sa *Correspondance avec Leibnitz sur un projet de réunion*. Tous ces ouvrages sont dignes de leur grande renommée. Cependant, dans son *Histoire des variations*, il suppose que l'hérésie de Luther a commencé par la querelle des indulgences. Il paraît avoir ignoré complètement ce fait capital : que, dès 1516 et avant la querelle des indulgences, Luther publia quatre-vingt-dix-neuf thèses contre les scholastiques et contre le libre arbitre, où il soutient que les bonnes œuvres sont autant de péchés; autrement, que Dieu nous punit, non-seulement du mal que nous ne pouvons éviter, mais encore du bien que nous faisons de notre mieux : impiété pire que l'athéisme (T. IX de cette Histoire, p. 517 et seqq.).

De temps en temps Bossuet paraissait à la cour comme aumônier de la duchesse de Bourgogne; quelquefois il y paraissait en chaire, comme aumônier de la mort, pour prononcer l'oraison funèbre des grands personnages qui disparaissaient de la scène de ce monde : la reine d'Angleterre, sa fille Henriette d'Angleterre, la reine Marie-Thérèse de France, la princesse palatine, le chancelier Le Tellier, le grand Condé. Bossuet le suivit à son tour, le 12 avril 1704, où il mourut de la pierre. Dès 1695, il avait fondé à perpétuité, en sa cathédrale, une messe solennelle pour le jour anniversaire de sa consécration épiscopale : cette messe devait se célébrer de son vivant et après sa mort; lui-même chanta la première, le 21 septembre 1695, et écrivit à son neveu, qui était alors à Rome : *Je viens de célébrer solennellement mes obsèques avec un grand concours. M. le théologal a fait un beau sermon* (Hist. de Bossuet, l. 13, n. 7).

Une bonne action de Bossuet servit à la malveillance pour le calomnier après sa mort. En 1664 ou 1665, Bossuet, qui avait alors trente-huit ans d'âge et treize ans de prêtrise, demeurait chez M. de Lameth, mort curé de Saint-Eustache. Auprès de M. de Lameth demeurait une jeune fille de neuf ou dix ans, dont la tante était au service de la princesse Henriette de France, à qui elle fit connaître le mérite de Bossuet. Cette nièce de neuf ou dix ans venait assez souvent chez M. de Lameth, et on la recevait comme un enfant, la faisant chanter et causer. Bossuet, qui avait de l'obligation à sa tante, lui faisait plus d'amitié que les autres. Il se rendit même plus tard caution pour elle de quarante mille francs, dont elle avait besoin pour récupérer certains biens. Comme elle gouvernait assez mal ses affaires, Bossuet était souvent obligé, par suite du contrat de cautionnement, de payer les intérêts de la somme empruntée. Il avait soin d'en tirer de bonnes quittances : son neveu s'en servit après sa mort pour contraindre cette personne à rembourser les intérêts payés par son oncle, ce qui la réduisit à une grande gêne. Huit ans après la mort de Bossuet, un moine apostat, réfugié à Genève et puis en Angleterre, transforma ce contrat de cautionnement en un contrat de mariage, et répandit la fable que Bossuet avait été marié; fable que se sont plu à broder de circonstances même contradictoires, des écrivains qui ressemblent à l'inventeur.

Le dernier combat de Bossuet fut sa controverse sur le quiétisme, contre son ancien ami, Fénelon.

FRANÇOIS DE SALIGNAC DE LAMOTHE-FÉNELON naquit au château de Fénelon en Périgord, d'une ancienne et illustre famille, le 6 août 1651. Sa première éducation se fit dans la maison paternelle; son tempérament était faible et délicat : à l'âge de douze ans il fut envoyé à l'Université de Cahors, où il acheva son cours d'humanités et de philosophie. Son oncle, le marquis Antoine de Fénelon, le fit venir à Paris, et le plaça au collège Du Plessis, dirigé par un homme du premier mérite, Charles Gobinet, docteur de Sorbonne et auteur de plusieurs pieux ouvrages, entre autres de l'*Instruction de la jeunesse en la piété, tirée de l'Ecriture sainte et des saints Pères*. Fénelon s'y lia d'amitié avec le jeune abbé de Noailles, depuis cardinal et archevêque de Paris; et il se distingua tellement, qu'on lui fit prêcher, à l'âge de quinze ans, un sermon qui eut un succès extraordinaire. Son oncle le fit entrer au séminaire de Saint-Sulpice, sous la direction de l'abbé Tronson, successeur de l'abbé Brétonvilliers, qui le fut de l'abbé Olier, fondateur et premier supérieur de cette utile et pieuse congrégation. Louis Tronson est bien connu dans les séminaires par ses *Examens particuliers*, qui ont même été adoptés pour toutes les congrégations religieuses. La confiance la plus intime s'établit entre le séminariste et son directeur. Fénelon eut, vers 1666, un grand désir de se consacrer aux missions du Canada, où les Sulpiciens avaient une maison dans l'île de Montréal. Mais l'évêque de Sarlat, son oncle, ne voulut point y consentir. Alors, ayant reçu les ordres sacrés au séminaire de Saint-Sulpice, il se consacra aux fonctions du saint ministère dans la communauté des prêtres de la même paroisse. Vers l'an 1675, il obtint de l'évêque, son oncle, la permission de se consacrer aux missions du Levant, et écrivit de Sarlat en ces termes à un autre évêque, qu'on croit être Bossuet :

« Divers petits accidents ont toujours retardé jusqu'ici mon retour à Paris; mais enfin, Monseigneur, je pars, et peu s'en faut que je ne vole. A la vue de ce voyage, j'en médite un plus grand. La Grèce entière s'ouvre à moi, le sultan effrayé recule; le Péloponèse respire en liberté, et l'Eglise de Corinthe va refleurir; la voix de l'Apôtre s'y fera encore entendre. Je me sens transporté dans ces beaux lieux et parmi ces ruines précieuses, pour y recueillir, avec les plus curieux monuments, l'esprit même de l'antiquité. Je cherche cet aréopage où saint Paul annonça aux sages du monde le Dieu inconnu; mais le profane vient après le sacré, et je ne dédaigne pas de descendre au Pirée, où Socrate fait le plan de sa république. Je monte au double sommet du Parnasse; je cueille les lauriers de Delphes et je goûte les délices de Tempé.

» Quand est-ce que le sang des Turcs se mêlera avec celui des Perses sur les plaines de Marathon, pour laisser la Grèce entière à la religion, à la philosophie et aux beaux-arts, qui la regardent comme leur patrie.

« Je ne t'oublierai pas, ô île consacrée par les célestes visions du disciple bien-aimé ! ô bienheureuse Patmos ! j'irai baiser sur la terre les pas de l'Apôtre, et je croirai voir les cieux ouverts. Là, je me sentirai saisi d'indignation contre le faux prophète qui a voulu développer les oracles du véritable, et je bénirai le Tout-Puissant, qui, bien loin de précipiter l'Église dans Babylone, enchaîne le dragon, et la rend victorieuse. Je vois déjà le schisme qui tombe, l'Orient et l'Occident qui se réunissent, et l'Asie qui voit renaître le jour après une si longue nuit; la terre sanctifiée par les pas du Sauveur et arrosée de son sang, délivrée de ses profanateurs, et revêtue d'une nouvelle gloire; enfin, les enfants d'Abraham, épars sur la surface de toute la terre, et plus nombreux que les étoiles du firmament, qui, rassemblés des quatre vents, viendront en foule reconnaître le Christ qu'ils ont percé, et montrer à la fin des temps une résurrection. En voilà assez, Monseigneur; et vous serez bien aise d'apprendre que c'est ici la fin de ma lettre, et la fin de mes enthousiasmes, qui vous importuneront peut-être. Pardonnez à ma passion de vous entretenir de loin, en attendant que je puisse le faire de près: Fr. de Fénelon (Bausset, *Hist. de Fénel.*, l. 1). »

Toutefois il ne partit pas pour le Levant; mais l'archevêque de Paris, Harlay, lui donna une mission approchante, en le nommant supérieur des *Nouvelles-Catholiques*. Cette communauté formait une association de quelques personnes pieuses qui n'étaient liées par aucun vœu religieux. Elle avait été instituée en 1634, par Jean-François de Gondi, premier archevêque de Paris, et approuvée par une bulle du pape Urbain VIII. L'objet de cet institut était d'affermir les nouvelles converties dans la doctrine qu'elles avaient embrassée, et d'instruire les personnes du même sexe qui se montraient disposées à se convertir. Turenne, devenu catholique, s'y intéressait particulièrement. Fénelon en fut supérieur pendant huit années.

En 1681, l'évêque de Sarlat, son oncle, lui résigna son prieuré de Carenac. Voici comme Fénelon décrit à sa cousine, la marquise de Laval, sa prise de possession. Cette lettre nous rappelle la manière plaisante dont saint Grégoire de Nazianze écrivait quelquefois à son ami saint Basile.

« Oui, madame, n'en doutez pas, je suis **un homme destiné à des entrées magnifiques**. Vous savez celle qu'on m'a faite à Bélai, dans votre gouvernement. Je vais vous raconter celle dont on m'a honoré en ce lieu.

» M. de Rouffillac, pour la noblesse; M. Rose, curé, pour le clergé; M. Rigaudie, prieur des moines, pour l'ordre monastique, et les fermiers de céans pour le tiers-état, viennent jusqu'à Sarlat me rendre leurs hommages. Je marche accompagné majestueusement de tous ces députés; j'arrive au port de Carenac, et j'aperçois le quai bordé de tout le peuple en foule. Deux bateaux, pleins de l'élite des bourgeois, s'avancent; et en même temps je découvre que, par un stratagème galant, les troupes de ce lieu, les plus aguerries, s'étaient cachées dans un coin de la belle île que vous connaissez; de là, elles vinrent en bon ordre de bataille me saluer avec beaucoup de mousquetades; l'air est déjà tout obscurci par la fumée de tant de coups, et l'on n'entend plus que le bruit affreux du salpêtre. Le fougueux coursier que je monte, animé d'une noble ardeur, veut se jeter dans l'eau; mais moi, plus modéré, je mets pied à terre au bruit de la mousqueterie, qui se mêle à celui des tambours. Je passe la belle rivière de Dordogne, presque toute couverte de bateaux qui accompagnent le mien. Au bord m'attendent gravement tous les moines en corps; leur harangue est pleine d'éloges sublimes; ma réponse a quelque chose de grand et de doux. Cette foule immense se fend pour m'ouvrir un chemin; chacun a les yeux attentifs pour lire dans les miens quelle sera sa destinée; je monte ainsi jusqu'au château, d'une marche lente et mesurée, afin de me prêter pour un peu de temps à la curiosité publique. Cependant mille voix confuses font retentir des acclamations d'allégresse, et l'on entend partout ces paroles : *Il sera les délices de ce peuple.* Me voilà à la porte déjà arrivé, et les consuls commencent leur harangue par la bouche de l'orateur royal. A ce nom, vous ne manquez pas de vous représenter ce que l'éloquence a de plus vif et de plus pompeux. Qui pourrait dire quelles furent les grâces de son discours? il me compara au soleil; bientôt après je fus la lune; tous les autres astres les plus radieux eurent ensuite l'honneur de me ressembler; de là, nous en vînmes aux éléments et aux météores, et nous finîmes heureusement par le commencement du monde. Alors le soleil était déjà couché, et, pour achever la comparaison de lui à moi, j'allai dans ma chambre pour me préparer à faire de même (Bausset, *Hist. de Fénelon*, l. 1).

Après une courte absence, Fénelon reprit ses premières fonctions auprès des Nouvelles-Catholiques, et il consacra dix années entières de sa vie à la simple direction d'une communauté de femmes. Ce fut alors qu'il écrivit son premier ouvrage; ouvrage qui a commencé sa réputation, et qui, dans un seul petit volume, réunit plus d'idées justes et utiles, plus d'observations fines et profondes, plus de vérités pratiques et de saine morale, que tant d'ouvrages volumineux écrits depuis sur le même sujet. Il est facile, en effet, de s'apercevoir que tout ce que des auteurs plus récents ont proposé d'utile et de raisonnable sur l'éducation, a été emprunté au *Traité sur l'éducation des filles*. Fénelon avait dit avec précision et simplicité ce qu'on a répété avec emphase et prétention. Ce petit livre devrait être le manuel des pères et mères, ainsi que de toutes les personnes qui les remplacent dans l'éducation des enfants.

Un grand avantage pour Fénelon, comme l'une de ses distractions les plus douces, était d'accompagner Bossuet à Germigny, maison de campagne des évêques de Meaux, et d'y profiter de ses conseils pour l'étude de l'Écriture et des Pères. L'amitié et la confiance unissaient alors ces deux hommes. Ce fut à cette époque que Fénelon composa sa réfutation du *Traité de la nature et de la grâce*, par Malebranche. Le manuscrit porte à la marge des notes intéressantes, écrites de la main de Bossuet, à qui Fénelon avait soumis son travail. Comme nous avons déjà vu, ces deux hommes blâmaient avec une égale sévérité les idées et les tendances de l'Oratorien.

Fénelon s'occupait en même temps d'un ouvrage qui avait un rapport plus direct aux fonctions dont il était chargé : c'est le *Traité du ministère des pasteurs*. Il a uniquement pour but de prouver : « Que le plus grand nombre des hommes, ne pouvant décider par eux-mêmes sur le détail des dogmes, la Sagesse divine ne pouvait mettre devant leurs yeux rien de plus sûr pour les préserver de tout égarement, *qu'une autorité extérieure*, qui, tirant son origine des apôtres et de Jésus-Christ même, leur montre une suite de pasteurs sans interruption. » Toutes les preuves, toutes les autorités et tous les raisonnements que Fénelon a réunis dans son *Traité du ministère des pasteurs* ne sont que la conséquence naturelle de ce principe si simple et si satisfaisant, que les protestants eux-mêmes sont forcés de reconnaître.

La seule différence est que l'Eglise catholique, appuyée sur les monuments les plus authentiques et les plus incontestables, peut offrir une succession non interrompue de pasteurs consacrés dans la forme prescrite depuis les apôtres jusqu'à nos jours; tandis que les protestants, ne sachant où remonter avant le XVIe siècle, ont été obligés de recourir à des fictions évidemment fausses, pour se créer des ancêtres; forcés ensuite de renoncer à ces généalogies fabuleuses, ils ont fini par attribuer à la volonté mobile et capricieuse d'une multitude aveugle et ignorante, le pouvoir céleste de conférer les dons spirituels attachés au ministère ecclésiastique.

Bossuet, dans ses ouvrages dogmatiques, avait parlé aux savants, aux philosophes, aux apôtres de la réforme. C'est au peuple de la réforme, aux esprits simples et peu éclairés des villes et des campagnes, que Fénelon a voulu parler dans son *Traité du ministère des pasteurs*.

Louis XIV venait de révoquer l'édit de Nantes et d'éloigner les pasteurs calvinistes. Il résolut d'envoyer des missionnaires dans les provinces où l'on comptait le plus de protestants, pour confirmer dans la doctrine de l'Eglise catholique ceux qui s'y étaient déjà réunis, et pour y ramener ceux qui se refusaient encore à revenir à la religion de leurs pères. Sur la proposition de Bossuet, Fénelon fut envoyé dans les missions du Poitou et de la Saintonge, avec les abbés Fleury et de Langeron, et quelques autres. La seule grâce que Fénelon demanda à Louis XIV, fut d'éloigner les troupes et tout appareil militaire de tous les lieux où il était appelé à exercer un ministère de paix et de charité.

Fénelon eut à se justifier sur la méthode qu'il avait suivie pour faciliter la conversion des protestants. Un fils de Colbert, le marquis de Seignelay, secrétaire d'Etat, se crut obligé de le prévenir qu'on lui reprochait un excès de condescendance, en ne soumettant pas les nouveaux convertis à toutes les pratiques de piété et à toutes les formules de dévotion que l'Eglise recommande, mais qu'elle ne prescrit pas. Fénelon répondit de la Tremblade le 7 février 1686:

« Monsieur, je crois devoir me hâter de vous rendre compte de la mauvaise disposition où j'ai trouvé les peuples en ce lieu. Les lettres qu'on leur écrit de Hollande leur assurent qu'on les attend pour leur donner des établissements avantageux, et qu'ils seront au moins sept ans en ce pays-là sans payer aucun impôt. En même temps, quelques petits droits nouveaux, qu'on a établis coup sur coup dans cette côte, les ont fort aigris. La plupart disent assez hautement qu'ils s'en iront dès que le temps sera plus assuré pour la navigation..... Il me paraît que l'autorité du roi ne doit se relâcher en rien; car notre arrivée en ce pays, jointe aux bruits de guerre qui viennent sans cesse de Hollande, fait croire à ces peuples qu'on les craint. Ils sont persuadés qu'on verra bientôt quelque grande révolution, et que le grand armement des Hollandais est destiné à venir les délivrer. Mais en même temps que l'autorité doit être inflexible pour retenir ces esprits, que la moindre mollesse rend insolents, je croirais, monsieur, qu'il serait important de leur faire trouver en France quelque douceur de vie qui leur ôtât la fantaisie d'en sortir..... Pendant que nous employons la charité et la douceur des instructions, il est important, si je ne me trompe, que les gens qui ont l'autorité la soutiennent, pour faire mieux sentir aux peuples le bonheur qu'ils ont d'être instruits doucement. — Il reste encore à ceux mêmes des nouveaux convertis qui se montrent les plus assidus et les plus dociles, des peines sur la religion. La longue habitude de suivre de faux préjugés revient toujours. Mais d'ailleurs ils avouent presque tous que nous leur avons montré avec une pleine évidence qu'il faut, selon l'Ecriture, se soumettre à l'Eglise, et qu'ils n'ont aucune objection à faire contre la doctrine de l'Eglise catholique, que nous n'ayons détruite très-clairement. Quand nous sommes partis de Marennes, nous avons reconnu de plus en plus qu'ils sont plus touchés qu'ils n'osent le témoigner; car alors ils n'ont pu s'empêcher de montrer beaucoup d'affliction. Cela a été si fort, que je n'ai pu refuser de leur laisser une partie de mes coopérateurs, et de leur promettre que nous retournerions tous chez eux. Pourvu que ces bons commencements soient soutenus *par des prédicateurs doux, et qui joignent au talent d'instruire celui de s'attirer la confiance des peuples, ils seront bientôt véritablement catholiques*. Je ne vois, monsieur, que les Pères Jésuites qui puissent faire cet ouvrage; car ils sont respectés pour leur science et leur vertu. Il faudra seulement choisir parmi eux ceux qui sont les plus propres à se faire aimer.

» J'ai reçu, continue Fénelon, une lettre du Père de la Chaise, qui me donne des avis fort honnêtes et fort obligeants sur ce qu'il faut, dès les premiers jours, accoutumer les nouveaux convertis aux pratiques de l'Eglise, pour l'invocation des saints et pour le culte des images. Je lui avais écrit dès les commencements que nous avions cru devoir différer de quelques jours l'*Ave Maria* dans nos sermons, et les autres invocations des saints dans les prières publiques que nous faisons en chaire. Je lui avais rendu ce compte par précaution, quoique nous ne fissions en cela que ce que font tous les jours les curés dans leurs prônes, et les missionnaires dans leurs instructions familières. Depuis ce temps-là, je lui ai écrit encore pour lui rendre en détail le même compte de notre conduite, que j'ai eu l'honneur de vous rendre.

» J'espère que cela, joint au témoignage de M. l'évêque, de M. l'intendant et des Pères Jésuites, nous justifiera pleinement (Bausset, *Hist. de Fénelon*, l. 1, p. 108 et seqq.). »

Dans une lettre du 8 mars de la même année, Fénelon dit au même : « Il ne faut que des prédicateurs qui expliquent simplement tous les dimanches le texte de l'Évangile, avec une autorité douce et insinuante. Les Jésuites commencent bien ; mais le plus grand besoin est d'avoir des curés édifiants, qui sachent instruire. Les peuples nourris dans l'hérésie ne se gagnent que par la parole. Un curé qui saura expliquer l'Évangile affectueusement, et entrer dans la confiance des familles, fera tout ce qu'il voudra ; sans cela, l'autorité pastorale, qui est la plus naturelle et la plus efficace, demeurera toujours avilie avec scandale. Les peuples nous disent : *Vous n'êtes ici qu'en passant;* c'est ce qui les empêche de s'attacher entièrement à nous. La religion, avec le pasteur qui l'enseignera, prendra insensiblement racine dans tous les cœurs..... Il faudrait aussi, monsieur, répandre des *Nouveau Testament* avec profusion ; mais le caractère gros est nécessaire, ils ne sauraient lire les petits caractères ; il ne faut pas espérer qu'ils achètent des livres catholiques ; c'est beaucoup qu'ils lisent ceux qui ne leur coûtent rien ; le plus grand nombre ne peut même en acheter. Si on leur ôte leurs livres, sans leur en donner, ils diront que les ministres leur avaient bien dit que nous ne voulions pas laisser lire la Bible, de peur qu'on n'y vît la condamnation de nos superstitions et de nos idolâtries, et ils seront au désespoir.... Nous avons accoutumé les peuples à entendre les vérités qui les condamnent le plus fortement, sans être irrités contre nous. Au contraire, ils nous aiment, et nous regrettent quand nous les quittons. S'ils ne sont pleinement convertis, du moins ils sont accablés et en défiance de toutes leurs anciennes opinions ; il faut que le temps et la confiance en ceux qui les instruisent de suite fassent le reste. *Il faut tendre aussi à faire trouver aux peuples autant de douceur à rester dans le royaume, que de péril à entreprendre d'en sortir;* c'est, monsieur, ce que vous avez commencé, et que je prie Dieu que vous puissiez achever selon toute l'étendue de votre zèle (Bausset, *Hist. de Fénelon*, l. 1, p. 113). »

Le même jour, Fénelon écrivit à Bossuet la lettre suivante :

« Quoique je n'aie rien de nouveau à vous dire, Monseigneur, je ne puis m'abstenir de l'honneur de vous écrire ; c'est ma consolation en ce pays : il faut me permettre de la prendre. Nos convertis vont un peu mieux, mais le progrès est bien lent : ce n'est pas une petite affaire de changer les sentiments de tout un peuple. Quelle difficulté devaient trouver les apôtres pour changer la face de l'univers, pour renverser le sens humain, vaincre toutes les passions et établir une doctrine jusqu'alors inouïe, puisque nous ne saurions persuader des ignorants par des passages clairs et formels qu'ils lisent tous les jours, en faveur de la religion de leurs ancêtres, et que l'autorité du roi remue toutes les passions pour nous rendre la persuasion plus facile. Mais si cette expérience montre combien l'efficacité des discours des apôtres était un grand miracle, la faiblesse des huguenots ne fait pas moins voir combien la force des martyrs était divine.

» Les huguenots mal convertis sont attachés à leur religion jusqu'aux plus horribles excès d'opiniâtreté ; mais dès que la rigueur des peines paraît, toute leur force les abandonne ; au lieu que les martyrs étaient humbles, dociles, intrépides et incapables de dissimulation. Ceux-ci sont lâches contre la force, opiniâtres contre la vérité et prêts à toute sorte d'hypocrisie. Les restes de cette secte vont tomber peu à peu, pour tous les exercices extérieurs, dans une indifférence de religion qui doit faire trembler. Si l'on voulait leur faire abjurer le christianisme et suivre l'Alcoran, il n'y aurait qu'à leur montrer des dragons : pourvu qu'ils s'assemblent la nuit et qu'ils résistent à toute instruction, ils croient avoir tout fait. C'est un terrible levain dans une nation : ils ont tellement violé, par leurs parjures, les choses les plus saintes, qu'il reste peu de marques auxquelles on puisse reconnaître ceux qui sont sincères dans leur conversion ; il n'y a qu'à prier Dieu pour eux et qu'à ne se rebuter point de les instruire.

» N'oubliez pas, Monseigneur, notre retour avec M. de Seignelay, mais parlez uniquement de votre chef. S'il nous tient trop longtemps éloignés de vous, nous supprimerons encore l'*Ave Maria*, et peut-être irons-nous jusqu'à quelque grosse hérésie pour obtenir une heureuse disgrâce qui nous ramène à Germigny ; ce serait un coup de vent qui nous ferait faire ce joli naufrage. Honorez toujours de vos bontés, Monseigneur, notre troupe, et particulièrement celui de vos serviteurs qui vous est dévoué avec l'attachement le plus affectueux (Bausset, *Hist. de Fénelon*, l. 1, p. 117). »

De retour à Paris, Fénelon consentit à publier son *Traité de l'éducation des filles* et celui du *Ministère des pasteurs*. L'évêque de la Rochelle le demanda pour coadjuteur ; mais Harlay, archevêque de Paris, y mit obstacle : il était piqué de la préférence que Fénelon donnait sur lui à Bossuet. Comme le jeune ecclésiastique se présentait rarement à l'archevêché, Harlay lui dit un jour : Monsieur l'abbé, vous voulez être oublié, vous le serez.

Cette prédiction fut démentie l'an 1689 : le 16 août, Louis XIV nomma le duc de Beauvilliers gouverneur, et le lendemain Fénelon précepteur de son petit-fils, le duc de Bourgogne. Le 19, Bossuet écrivit à la marquise de Laval, cousine de Fénelon, en ces termes : « Hier, madame, je ne fus occupé que du bonheur de l'Église et de l'État ; aujourd'hui, que j'ai eu le loisir de réfléchir avec plus d'attention sur votre joie, elle m'en a donné une très-sensible. Monsieur votre père (le marquis Antoine de Fénelon), un ami de si grand mérite et si cordial, m'est revenu dans l'esprit. Je me suis représenté comme il serait à cette occasion, et à un si grand éclat d'un mérite *qui se cachait avec tant de soin*. Enfin, madame, nous ne perdrons pas M. l'abbé de Fénelon, vous pourrez en jouir, et moi, quoique provincial, je m'échapperai quelquefois pour l'aller embrasser (*Ibid.*, p. 133). »

Tous ceux qui composaient l'éducation du jeune prince entrèrent en fonctions au mois de septembre 1689. Fénelon n'avait alors que 38 ans, et le duc de Beauvilliers 41 : les deux sous-précepteurs étaient les abbés Fleury et de Beaumont.

Bossuet et le duc de Montausier, secondés par Huet, avaient fait l'éducation du Dauphin, fils de Louis XIV : nous avons vu Bossuet se plaindre de la nullité du résultat. Le jeune prince était né doux, paresseux, opiniâtre. On ne voit pas que le gouverneur et le précepteur se soient faits tout à lui pour le gagner au bien, lui inspirer du courage, de l'ardeur, de la docilité. La manière rude avec laquelle on le forçait de travailler lui donna un si grand dégoût pour les livres, qu'il prit la résolution de n'en jamais ouvrir quand il serait son maître : il a tenu parole. Montausier, son gouverneur, était un homme vertueux, mais austère, rigide, inexorable, d'une humeur plus propre à rebuter un enfant qu'à lui inspirer les sentiments qu'il devait avoir. Dans les ouvrages que fit Bossuet pour son éducation, il n'y a rien qui sente le père et la mère se faisant enfants avec leurs enfants pour leur insinuer la vertu, après leur avoir donné la vie : c'est partout un grave docteur qui écrit pour l'instruction des savants.

Dans l'éducation du duc de Bourgogne, on voit une fidèle imitation de cette sagesse qui atteint d'une extrémité à l'autre avec force et dispose toutes choses avec douceur; qui se joue dans l'univers et fait ses délices d'être avec les enfants de l'homme; qui va de côté et d'autre, cherchant qui est digne d'elle, qui au milieu des chemins se montre à eux pleine de grâce, et va au devant d'eux sous toutes sortes de formes et de toutes sortes de manières (Sap., 7 et 8; Prov., 8 et 12).

Les ouvrages de Fénelon pour l'éducation de son élève sont d'une grande et agréable variété : ce sont d'abord des contes de fées et des fables, puis les *Dialogues des morts* et les *Aventures de Télémaque*, enfin l'*Examen de conscience pour un roi*, des plans de gouvernement pour le royaume de France et une foule de lettres dans le même but.

Un jour le jeune prince eut à traduire ce thème : « LE FANTASQUE. Qu'est-il donc arrivé de funeste à Mélanthe? Rien au dehors, tout au dedans. Ses affaires vont à souhait : tout le monde cherche à lui plaire. Quoi donc? C'est que sa rate fume. Il se coucha hier les délices du genre humain : ce matin on est honteux pour lui, il faut le cacher. En se levant, le pli d'un chausson lui a déplu; toute la journée sera orageuse et tout le monde en souffrira. Il fait peur, il fait pitié; il pleure comme un enfant, il rugit comme un lion. Une vapeur maligne et farouche trouble et noircit son imagination, comme l'encre de son écritoire barbouille ses doigts. N'allez pas lui parler des choses qu'il aimait le mieux il n'y a qu'un moment : par la raison qu'il les a aimées, il ne saurait plus les souffrir. Les parties de divertissement qu'il a tant désirées lui deviennent ennuyeuses, il faut les rompre. Il cherche à contredire, à se plaindre, à piquer les autres; il s'irrite de voir qu'ils ne veulent point se fâcher. Souvent il porte ses coups en l'air, comme un taureau furieux qui, de ses cornes aiguisées, va se battre contre les vents. Quand il manque de prétexte pour attaquer les autres, il se tourne contre lui-même : il se blâme, il ne se trouve bon à rien, il se décourage : il trouve fort mauvais qu'on veuille le consoler. Il veut être seul et ne peut supporter la solitude. Il revient à la compagnie et s'aigrit contre elle. On se tait; ce silence affecté le choque. On parle tout bas; il s'imagine que c'est contre lui. On parle tout haut; il trouve qu'on parle trop et qu'on est trop gai pendant qu'il est triste. On est triste; cette tristesse lui paraît un reproche de ses fautes. On rit; il soupçonne qu'on se moque de lui. Que faire? Etre aussi ferme et aussi patient qu'il est insupportable, et attendre en paix qu'il revienne demain aussi sage qu'il était hier... Dans sa fureur la plus bizarre et la plus insensée, il est plaisant, éloquent, subtil, plein de tours nouveaux, quoiqu'il ne lui reste pas une ombre de raison. Prenez bien garde de ne rien lui dire qui ne soit juste, précis et exactement raisonnable : il saurait bien en prendre avantage et vous donner adroitement le change; il passerait d'abord de son tort au vôtre et deviendrait raisonnable pour le seul plaisir de vous convaincre que vous ne l'êtes pas..... Mais attendez un moment, voici une autre scène. Il a besoin de tout le monde; il aime, on l'aime aussi; il flatte, il s'insinue, il ensorcelle tous ceux qui ne pouvaient plus le souffrir; il avoue son tort, il rit de ses bizarreries; il se contrefait; et vous croiriez que c'est lui-même dans ses accès d'emportement, tant il se contrefait bien. Après cette comédie, jouée à ses propres dépens, vous croyez bien qu'au moins il ne fera plus le démoniaque. Hélas! vous vous trompez, il le fera encore ce soir, pour s'en moquer demain sans se corriger (Fénelon, t. XIX, p. 449). »

Tel était le duc de Bourgogne dès l'âge de huit ans. — Le 4 mai 1691, Fénelon reçut d'Amsterdam une lettre (fictive) de Bayle, qui le consultait sur le sens d'une médaille qu'on répandait en Hollande. D'un côté, elle représente un enfant d'une figure très-belle et très-noble; on voit Pallas qui le couvre de son égide; en même temps, les trois Grâces sèment son chemin de fleurs; Apollon, suivi des Muses, lui offre sa lyre... Les paroles sont prises d'Horace : *Non sine diis animosus puer*. Le revers est bien différent. Il est manifeste que c'est le même enfant, car on reconnaît d'abord le même air de tête; mais il n'a autour de lui que des masques grotesques et hideux, des reptiles venimeux, comme des vipères et des serpents, des insectes, des hiboux, enfin des harpies sales qui répandent de l'ordure de tous côtés et qui déchirent tout avec leurs ongles crochus. Il y a une troupe de satyres impudents et moqueurs, qui font les postures les plus bizarres, qui rient et qui montrent du doigt la queue d'un poisson monstrueux, par où finit le corps de ce bel enfant. Au bas, on lit ces paroles, qui, comme vous savez, sont aussi d'Horace : *Turpiter atrum desinit in piscem* (*Ibid.*, p. 452).

C'est pour corriger le jeune prince de ses défauts, en l'amusant et en l'instruisant, que Fénelon fit, dans l'occasion même, une trentaine de contes et de fables : Histoire d'une vieille Reine et d'une jeune Paysanne, Histoire de la reine Gisèle et de la fée Corysante, Histoire d'une jeune Princesse, Histoire de Florise, Histoire du roi Alfaroute et de Clariphile, Histoire de Rosimond et de Braminte, l'Anneau de Gigès, Voyage dans l'île des Plaisirs, la Patience et l'Education corrigent bien des défauts, le Hibou, l'Abeille et la Mouche, le Renard puni de sa curiosité, les deux Renards, le Dragon et les Renards, le Loup et le jeune Mouton, le Chat et les Lapins, le Lièvre qui fait le brave, le Singe, les deux Souris, le Pigeon puni de son inquiétude, le jeune Bacchus et le Faune, etc.

« Un jour le jeune Bacchus, que Silène instruisait, cherchait les Muses dans un bocage.... L'enfant de Sémélé, pour étudier la langue des dieux, s'assît dans un coin au pied d'un vieux chêne, du ronc duquel plusieurs hommes de l'âge d'or étaient lés.... Auprès de ce chêne sacré et antique se cachait .n jeune Faune, qui prêtait l'oreille aux vers que chantait l'enfant, et qui marquait à Silène, par un ris moqueur, toutes les fautes que faisait son disciple.... Mais comme Bacchus ne pouvait souffrir un rieur malin, toujours prêt à se moquer de ses expressions si elles n'étaient pures et élégantes, il lui dit d'un ton fier et impatient : Comment oses-tu te moquer du fils de Jupiter? Le Faune répondit sans s'émouvoir : Hé! comment le fils de Jupiter ose-t-il faire quelque faute (Fénelon, t. XIX, p. 60)? »

Un jour, sur les bords toujours verts du fleuve Alphée, le rossignol et la fauvette aperçurent un jeune berger qu'ils n'avaient point encore vu ; il leur parut gracieux, noble, aimant les Muses et l'harmonie; elles crurent que c'était Apollon, tel qu'il fut autrefois chez le roi Admète, ou du moins quelque jeune héros du sang de ce dieu. Les deux oiseaux, inspirés par les Muses, commencèrent aussitôt à chanter ainsi : « Quel est donc ce berger, ou ce dieu inconnu qui vient orner notre bocage? il est sensible à nos chansons; il aime la poésie ; elle adoucira son cœur, et le rendra aussi aimable qu'il est fier. » — Alors Philomèle continue seule : « Que ce jeune héros croisse en vertu., comme une fleur que le printemps fait éclore ! qu'il aime les doux jeux de l'esprit, que les grâces soient sur ses lèvres! que la sagesse de Minerve règne dans son cœur ! » — La fauvette lui répondit : « Qu'il égale Orphée par les charmes de sa voix, et Hercule par ses hauts faits! qu'il porte dans son cœur l'audace d'Achille, sans en avoir la férocité ! qu'il soit bon, qu'il soit sage, bienfaisant, tendre pour les hommes, et aimé d'eux! Que les Muses fassent naître en lui toutes les vertus ! » — Puis les deux oiseaux inspirés reprirent ensemble : « Il aime nos douces chansons; elles entrent dans son cœur comme la rosée tombe sur nos gazons brûlés par le soleil. Que les dieux le modèrent, et le rendent toujours modéré! qu'il tienne en sa main la corne d'abondance ! que l'âge d'or revienne par lui! que la sagesse se répande de son cœur sur tous les mortels ! que les fleurs naissent sous ses pas (*Ibid.*, p. 65) ! »

C'est ainsi que sous la plume gracieuse de Fénelon, tout servait à corriger le jeune prince de ses vices naissants, et à lui inspirer les vertus de son état. Les dialogues ont le même but que les chansons du rossignol et de la fauvette.

*Charon* demande à Mercure : D'où vient que tu arrives si tard ? Avais-tu oublié les ailes de ton bonnet ou de ton chapeau ? T'es-tu amusé à dérober ? Jupiter t'avait-il envoyé loin pour ses amours? As-tu fait le Sosie? Parle donc si tu veux.

*Mercure* : J'ai été pris pour dupe; car je croyais mener dans ta barque aujourd'hui le prince Picrochole : c'eût été une bonne prise.

*Charon* : Quoi, si jeune !

*Mercure* : Oui, si jeune. Il avait la goutte remontée, et criait comme s'il eût vu la mort de bien près.

*Charon* : Eh bien! l'aurons-nous?

*Mercure* : Je ne me fie plus à lui; il m'a trompé trop souvent. A peine fut-il dans son lit, qu'il oublia son mal, et s'endormit.

*Charon* : Mais ce n'était donc pas un vrai mal ?

*Mercure* : C'était un petit mal qu'il croyait grand. Il a donné bien des fois de telles alarmes. Je l'ai vu, avec la colique, qui voulait qu'on lui ôtât son ventre. Une autre fois, saignant du nez, il croyait que son âme allait sortir dans son mouchoir.

*Charon* : Comment ira-t-il à la guerre ?

*Mercure* : Il la fait avec des échecs sans mal et sans douleur; il a déjà donné plus de cent batailles.

*Charon* : Triste guerre ! il ne nous en revient aucun mort.

*Mercure* : J'espère néanmoins que, s'il peut se défaire du badinage et de la mollesse, il fera grand fracas un jour. Il a la colère et les pleurs d'Achille; il pourrait bien en avoir le courage; il est assez mutin pour lui ressembler. On dit qu'il aime les Muses, qu'il a un Chiron, un Phœnix...

*Charon* : Mais tout cela ne fait pas notre compte. Il nous faudrait plutôt un jeune prince brutal, ignorant, grossier, qui méprisât les lettres ; qui n'aimât que les armes; toujours prêt à s'enivrer de sang, qui mît sa gloire dans le malheur des hommes. Il remplirait ma barque vingt fois par jour.

*Mercure* : Oh! oh! il t'en faut donner de ces princes, ou plutôt de ces monstres affamés de carnage! Celui-ci est plus doux. Je crois qu'il aimera la paix, et qu'il saura faire la guerre. On voit en lui les commencements d'un bon prince, comme on remarque dans un bouton de rose naissante ce qui promet une belle fleur.

*Charon* : Mais n'est-il pas bouillant et impétueux?

*Mercure* : Il l'est étrangement.

*Charon* : Que veux-tu donc dire avec tes Muses ? Il ne saura jamais rien; il mettra le désordre partout, et nous enverra bien des ombres plaintives. Tant mieux.

*Mercure* : Il est impétueux, mais il n'est point méchant; il est curieux, docile, plein de goût pour les belles choses; il aime les honnêtes gens, et sait bon gré à ceux qui le corrigent. S'il peut surmonter sa promptitude et sa paresse, il sera merveilleux; je te le prédis.

*Charon* : Quoi! prompt et paresseux ? Cela se contredit. Tu rêves.

*Mercure* : Non, je ne rêve point. Il est prompt à se fâcher, et paresseux à faire son devoir; mais chaque jour il se corrige.

*Charon* : Nous ne l'aurons donc point de si tôt?

*Mercure* : Non; ses maux sont plutôt des impatiences que de vraies douleurs. Jupiter le destine à faire longtemps le bonheur des hommes. »

Dans un autre dialogue, *Achille* demande à son ancien précepteur, le centaure Chiron : « A quoi me sert-il d'avoir reçu tes instructions ? Tu ne m'as jamais parlé que de sagesse, de valeur, de gloire , d'héroïsme. Avec tes beaux discours, me voilà devenu une ombre vaine : ne m'aurait-il pas mieux valu passer une longue et délicieuse vie chez le roi Lycomède, déguisé en fille, avec les princesses, filles de ce roi?

*Chiron* : Eh bien! veux-tu demander au destin de retourner parmi ces filles? Tu fileras; tu perdras toute ta gloire; on fera sans toi un nouveau siége de Troie; le fier Agamemnon, ton ennemi, sera chanté par Homère; Thersite même ne sera pas oublié; mais pour toi, tu seras enseveli honteusement dans les ténèbres.

*Achille :* Agamemnon m'enlever ma gloire! moi demeurer dans un honteux oubli! Je ne puis le souffrir, et j'aimerais mieux périr encore une fois de la main du lâche Pâris.

*Chiron :* Mes instructions sur la vertu ne sont donc pas à mépriser.

*Achille :* Je l'avoue; mais, pour en profiter, je voudrais retourner au monde.

*Chiron :* Qu'y ferais-tu cette seconde fois?

*Achille :* Qu'est-ce que j'y ferais? J'éviterais la querelle que j'eus avec Agamemnon; par là j'épargnerais la vie de mon ami Patrocle, et le sang de tant d'autres Grecs que je laissai périr sous le glaive cruel des Troyens, pendant que je me roulais de désespoir sur le sable du rivage comme un insensé.

*Chiron :* Mais ne t'avais-je pas prédit que ta colère te ferait faire toutes ces folies?

*Achille :* Il est vrai, tu me l'avais dit cent fois; mais la jeunesse écoute-t-elle ce qu'on lui dit? elle ne croit que ce qu'elle voit. Oh! si je pouvais redevenir jeune!

*Chiron :* Tu redeviendrais emporté et indocile.

*Achille :* Non, je le promets.

*Chiron :* Hé! ne m'avais-tu pas promis cent et cent fois dans mon antre de Thessalie de te modérer, quand tu serais au siége de Troie? l'as-tu fait?

*Achille :* J'avoue que non.

*Chiron :* Tu ne le ferais pas mieux, quand tu redeviendrais jeune; tu promettrais comme tu promets, et tu tiendrais ta promesse comme tu l'as tenue.

*Achille :* La jeunesse est donc une étrange maladie!

*Chiron :* Tu voudrais pourtant encore en être malade.

*Achille :* Il est vrai; mais la jeunesse serait charmante, si on pouvait la rendre modérée et capable de réflexion. Toi, qui connais tant de remèdes, n'en as-tu point quelqu'un pour guérir cette fougue, ce bouillon du sang, plus dangereux qu'une fièvre ardente?

*Chiron :* Le remède est de se craindre soi-même, de croire les gens sages, de les appeler à son secours, de profiter de ses fautes passées pour prévoir celles qu'il faut éviter à l'avenir, et d'invoquer souvent Minerve, dont la sagesse est au-dessus de la valeur emportée de Mars.

*Achille :* Eh bien! je ferai tout cela, si tu peux obtenir de Jupiter qu'il me rappelle à la jeunesse florissante où je me suis vu. Fais qu'il te rende aussi la lumière, et qu'il m'assujétisse à tes volontés comme Hercule le fut à celles d'Eurysthée.

*Chiron :* J'y consens; je vais faire cette prière au père des dieux; je sais qu'il m'exaucera. Tu renaîtras, après une longue suite de siècles, avec du génie, de l'élévation, du courage, du goût pour les Muses, mais avec un naturel impatient et impétueux : tu auras Chiron à tes côtés : nous verrons l'usage que tu en feras. »

Les autres dialogues mettent en scène les grands personnages de l'histoire ancienne et moderne, conquérants, philosophes, orateurs, politiques, discutant avec calme les principaux faits qui les concernent. C'est une manière ingénieuse et amusante de rappeler au jeune prince la substance de ce qu'il a lu dans les livres, et de l'habituer à ne pas s'en tenir à l'écorce, mais à pénétrer le fond, et à juger par lui-même.

Dans les *Aventures de Télémaque*, c'est la Sagesse elle-même, sous la figure de Mentor, qui le guide à travers des pays, des peuples et des évènements divers, pour lui faire acquérir la connaissance expérimentale de lui-même et des autres, le précautionner contre la séduction du plaisir et de la mollesse, le former à l'art de la guerre, lui dévoiler le bien et le mal des divers gouvernements, et même lui faire entrevoir la secrète correspondance entre le gouvernement de ce monde et celui de l'autre. Fénelon s'occupait du *Télémaque* dès 1693 et 1694, et en communiqua le commencement à Bossuet; il y a dans le manuscrit un grand nombre de ratures et de surcharges entre les lignes; et sur la marge beaucoup d'additions, qui la couvrent quelquefois entièrement. Fénelon lui-même dit : « C'est une narration faite à la hâte, à morceaux détachés, et par diverses reprises : il y aurait beaucoup à corriger; de plus, l'imprimé n'est pas conforme à mon original. J'ai mieux aimé le laisser paraître informe et défiguré, que de le donner tel que je l'ai fait. Je n'ai jamais songé qu'à amuser M. le duc de Bourgogne, et à l'instruire en l'amusant, sans jamais vouloir donner cet ouvrage au public. Tout le monde sait qu'il ne m'a échappé que par l'infidélité d'un copiste (Fénelon, t. XX; *Notice sur les manusc. et les édit. du Télémaque*, p. 2 et 3). »

Dans l'*Examen de conscience sur les devoirs de la royauté*, il y a trois articles : 1º De l'instruction nécessaire à un prince; 2º De l'exemple nécessaire à un prince; 3º De la justice qui doit présider à tous les actes du gouvernement. Sur le premier, il demande : « Connaissez-vous assez toutes les vérités du christianisme? Vous serez jugé sur l'Evangile, comme le moindre de vos sujets. Etudiez-vous vos devoirs dans cette loi divine? — Ne vous êtes-vous point imaginé que l'Evangile ne doit point être la règle des rois comme celle de leurs sujets; que la politique les dispense d'être humbles, justes, sincères, modérés, compatissants, prêts à pardonner les injures? »

Sur le second article : De l'exemple qu'un prince doit à ses sujets : « On dit d'ordinaire aux rois qu'ils ont moins à craindre les vices des particuliers que les défauts auxquels ils s'abandonnent dans les fonctions royales. Pour moi, je dis hardiment le contraire, et je soutiens que toutes leurs fautes dans la vie la plus privée sont d'une conséquence infinie pour la royauté. Examinez donc vos mœurs en détail. Les sujets sont de serviles imitateurs de leur prince, surtout dans les choses qui flattent leurs passions. Leur avez-vous donné le mauvais exemple d'un amour déshonnête et criminel? Si vous l'avez fait, votre autorité a mis en honneur l'infamie; vous avez rompu la barrière de la pudeur et de l'honnêteté; vous avez fait triompher le vice et l'impudence; vous avez appris à tous vos sujets à ne rougir plus de ce qui est honteux : leçon funeste qu'ils n'oublieront jamais! *Il vaudrait mieux*, dit

Jésus-Christ, *être jeté, avec une meule de moulin au cou, au fond des abîmes de la mer, que d'avoir scandalisé le moindre des petits.* Quel est donc le scandale d'un roi qui montre le vice assis avec lui sur le trône, non-seulement à tous ses sujets, mais encore à toutes les cours et à toutes les nations du monde connu, etc.? »

Sur le troisième article : de la justice qui doit présider à tous les actes du gouvernement : « N'avez-vous rien pris à aucun de vos sujets par pure autorité et contre les règles ?... N'avez-vous point appelé nécessité de l'État ce qui ne servait qu'à flatter votre ambition, comme une guerre pour faire des conquêtes et pour acquérir de la gloire? Si vous aviez des prétentions personnelles pour quelques successions dans les États voisins, vous deviez soutenir cette guerre sur votre domaine, sur vos épargnes, sur vos emprunts personnels, ou, du moins, ne prendre à cet égard que les secours qui vous auraient été donnés par la pure affection de vos peuples, et non pas les accabler d'impôts, pour soutenir des prétentions qui n'intéressent point vos sujets; car ils n'en seront point plus heureux quand vous aurez une province de plus. Quand Charles VIII alla à Naples pour recueillir la succession de la maison d'Anjou, il entreprit cette guerre à ses dépens personnels : l'État ne se crut point obligé aux frais de cette entreprise... »

« Avez-vous cherché les moyens de soulager vos peuples et de ne prendre sur eux que ce que les vrais besoins de l'État vous ont contraint de prendre pour leur propre avantage ? Le bien des peuples ne doit être employé qu'à la vraie utilité des peuples mêmes..... Vous savez qu'autrefois le roi ne prenait jamais rien sur les peuples par sa seule autorité : c'était le parlement, c'est-à-dire l'assemblée de la nation, qui lui accordait les fonds nécessaires pour les besoins extraordinaires de l'État. Hors de ce cas, il vivait de son domaine. Qu'est-ce qui a changé cet ordre, sinon l'autorité absolue que les rois ont prise? De nos jours, on voyait encore les parlements, qui sont des compagnies infiniment inférieures aux anciens parlements ou États de la nation, faire des remontrances pour n'enregistrer pas les édits bursaux... N'avez-vous point mis sur les peuples de nouvelles charges pour soutenir vos dépenses superflues, le luxe de vos tables, de vos équipages et de vos meubles, l'embellissement de vos jardins et de vos maisons, les grâces excessives que vous avez prodiguées à vos favoris ?

» N'avez-vous point fait quelque injustice aux nations étrangères ? On prend un pauvre malheureux pour avoir volé une pistole sur le grand chemin, dans son besoin extrême, et on traite de héros un homme qui fait la conquête, c'est-à-dire qui subjugue injustement les pays d'un État voisin ! L'usurpation d'un pré ou d'une vigne est regardée comme un péché irrémissible au jugement de Dieu, à moins qu'on ne restitue, et on compte pour rien l'usurpation des villes et des provinces ! Prendre un champ à un particulier est un grand péché; prendre un grand pays à une nation est une action innocente et glorieuse! Où sont donc les idées de justice ? Dieu jugera-t-il ainsi?... Les traités de paix ne couvrent rien lorsque vous êtes le plus fort et que vous réduisez vos voisins à signer le traité pour éviter de plus grands maux; alors il signe, comme un particulier donne sa bourse à un voleur qui lui tient le pistolet sur la gorge. La guerre que vous avez commencée mal à propos et que vous avez soutenue avec succès, loin de vous mettre en sûreté de conscience, vous engage non-seulement à la restitution des pays usurpés, mais encore à la réparation de tous les dommages causés sans raison à vos voisins.

» Pour les traités de paix, il faut les compter nuls, non-seulement dans les choses injustes que la violence a fait passer, mais encore dans celles où vous pourriez avoir mêlé quelque artifice et quelque terme ambigu, pour vous en prévaloir dans les occasions favorables. Votre ennemi est votre frère; vous ne pouvez l'oublier sans oublier l'humanité. Il ne vous est jamais permis de lui faire du mal, quand vous pouvez l'éviter sans vous nuire, et vous ne pouvez jamais chercher aucun avantage contre lui par les armes, que dans l'extrême nécessité. Dans les traités, il ne s'agit plus d'armes ni de guerre, il ne s'agit que de justice, d'humanité et de bonne foi. Il est encore plus infâme et plus criminel de tromper dans un traité de paix avec un peuple voisin que de tromper dans un contrat avec un particulier. Mettre dans un traité des termes ambigus et captieux, c'est préparer des semences de guerre pour l'avenir, c'est mettre des caques de poudre sous les maisons où l'on habite.

» Avez-vous été fidèle à tenir parole à vos ennemis pour les capitulations, pour les cartels, etc.? Il y a les lois de la guerre, qu'il ne faut pas garder moins religieusement que celles de la paix. Lors même qu'on est en guerre, il reste un certain droit des gens qui est le fond de l'humanité même : c'est un lien sacré et inviolable entre les peuples, que nulle guerre ne peut rompre; autrement la guerre ne serait plus qu'un brigandage inhumain, qu'une suite perpétuelle de trahisons, d'assassinats, d'abominations et de barbaries. Vous ne devez faire à vos ennemis que ce que vous croyez qu'ils ont le droit de vous faire. Il y a les violences et les ruses de guerre qui sont réciproques, et auxquelles chacun s'attend. Pour tout le reste, il faut une bonne foi et une humanité entières. Il n'est point permis de rendre fraude pour fraude; il n'est point permis, par exemple, de donner des paroles en vue d'y manquer, parce qu'on vous en a donné autrefois auxquelles on a manqué ensuite. »

Dans un supplément à l'*Examen de conscience sur les devoirs de la royauté,* le second paragraphe a pour titre : *Principes fondamentaux d'un sage gouvernement.* On y lit entre autres : « Toutes les nations de la terre ne sont que les différentes familles d'une même république, dont Dieu est le père commun. La loi naturelle et universelle, selon laquelle il veut que chaque famille soit gouvernée, est de préférer le bien public à l'intérêt particulier. — L'amour du peuple, le bien public, l'intérêt général de la société sont donc la loi immuable et universelle des souverains. Cette loi est antécédente à tout contrat : elle est fondée sur la nature même; elle est la source et la règle sûre de toutes les autres lois. Celui qui gouverne doit être le premier et le plus obéissant à cette loi primitive; il peut tout sur les peuples, mais cette loi doit pouvoir tout sur lui. Le père commun de la grande famille ne lui a confié ses enfants que pour les rendre heureux : il veut qu'un seul homme serve par sa sagesse à la félicité de tant d'hommes, et non que tant d'hommes servent par leur misère à flatter l'orgueil d'un seul. Ce n'est point pour lui-même que Dieu l'a fait roi, il ne l'est que pour être l'homme des peuples, et il n'est digne de la royauté qu'autant qu'il s'oublie pour le bien public.

» Le despotisme tyrannique des souverains est un attentat contre les droits de la fraternité humaine : c'est renverser la grande et sage loi de la nature, dont ils ne doivent être que les conservateurs. Le despotisme de la multitude est une puissance folle et aveugle qui se tourne contre elle-même : un peuple gâté par une liberté excessive est le plus insupportable de tous les tyrans. La sagesse de tout gouvernement, quel qu'il soit, consiste à trouver le juste milieu entre ces deux extrémités affreuses, dans une liberté modérée par la seule autorité des lois. Mais les hommes, aveugles et ennemis d'eux-mêmes, ne sauraient se borner à ce juste milieu...

» On ne trouvera donc pas le bonheur de la société humaine en changeant et en bouleversant les formes déjà établies, mais en persuadant aux souverains que la sûreté de leur empire dépend du bonheur de leurs sujets, et aux peuples, que leur solide et vrai bonheur demande la subordination. La liberté sans ordre est un libertinage qui attire le despotisme ; l'ordre sans la liberté est un esclavage qui se perd dans l'anarchie. — D'un côté, on doit apprendre aux princes que le pouvoir sans bornes est une frénésie qui ruine leur propre nature. Quand les souverains s'accoutument à ne connaître d'autres lois que leurs volontés absolues, ils rasent les fondements de leur puissance. Il viendra une révolution soudaine et violente, qui, loin de modérer simplement leur autorité excessive, l'abattra sans ressource (Fénelon, t. XXII). »

Tel est l'ensemble graduel des enseignements de Fénelon pour le duc de Bourgogne. Il avait encore écrit une *Vie de Charlemagne*, mais qu'on n'a pas retrouvée. « Les beautés de cette histoire, disait-il à Beauvilliers, consistent dans la grandeur des événements et dans le merveilleux caractère du prince. On n'en saurait trouver un ni plus aimable ni plus propre à servir de modèle dans tous les siècles. On prend même plaisir à voir quelques imperfections mêlées parmi tant de vertus et de talents. On connaît bien par là que ce n'est point un héros peint à plaisir, comme les héros de romans, qui, à force d'être parfaits, deviennent chimériques (Bausset, *Hist. de Fénelon*, t. I, l. 1, p. 205, 2ᵉ édit.). »

Ce plan d'éducation était appliqué dans le détail avec une industrieuse variété, sans contrainte, sans demander au jeune prince un travail au-dessus de son âge et de ses forces. Fénelon rapporte lui-même « qu'il avait soin de lui faire abandonner l'étude toutes les fois qu'il voulait commencer une conversation où il pût acquérir des connaissances utiles ; c'est ce qui arrivait assez souvent. L'étude se retrouvait dans la suite, car il en avait le goût, mais son précepteur voulait aussi lui donner le goût d'une conversation solide, pour le rendre sociable et l'accoutumer à connaître les hommes dans la société. Dans ces conversations, son esprit faisait un sensible progrès sur les matières de littérature, de politique et même de métaphysique. On y faisait également entrer sans affectation toutes les preuves de la religion. Son humeur s'adoucissait dans de tels entretiens ; il devenait tranquille, complaisant, gai, aimable ; on en était charmé. Il n'avait alors aucune hauteur, et il s'y divertissait mieux que dans ses jeux d'enfant, où il se fâchait souvent mal à propos. C'était dans la douce liberté de ces conversations qu'il lui arrivait quelquefois de dire : « Je laisse derrière la porte le duc de Bourgogne, et je ne suis plus avec vous que le petit Louis. » Il avait alors neuf ans.

« Il nous a dit souvent, ajoute Fénelon, qu'il se souviendrait toute sa vie de la douceur qu'il goûtait en étudiant sans contrainte. Nous l'avons vu demander qu'on lui fît des lectures pendant ses repas et à son lever, tant il aimait toutes les choses qu'il avait besoin d'apprendre. Aussi n'ai-je jamais vu aucun enfant entendre de si bonne heure, et avec tant de délicatesse, les choses les plus fines de la poésie et de l'éloquence. Il concevait sans peine les principes les plus abstraits ; dès qu'il me voyait faire quelque travail pour lui, il entreprenait d'en faire autant, et travaillait de son côté, sans qu'on lui en parlât (Bausset, *Hist. de Fénelon*, t. I, l. 1, p. 178 et seqq.). »

La religion acheva l'ouvrage de l'éducation. « Depuis la première communion du duc de Bourgogne, disait madame de Maintenon elle-même, nous avons vu disparaître peu à peu tous les défauts qui, dans son enfance, nous donnaient de grandes inquiétudes pour l'avenir. Ses progrès dans la vertu étaient sensibles d'une année à l'autre : d'abord, raillé de toute la cour, il était devenu l'admiration des plus libertins ; il continue à se faire violence pour détruire entièrement ses défauts. Sa piété l'a tellement métamorphosé, que, d'emporté qu'il était, il est devenu modéré, doux, complaisant ; on dirait que c'est là son caractère, et que la vertu lui est naturelle (*Ibid.*, p. 201). »

En 1695, Fénelon est nommé archevêque de Cambrai par Louis XIV, et sacré le 10 juin par Bossuet, en présence de madame de Maintenon, du duc de Bourgogne, et de ses deux frères, les ducs d'Anjou et de Berry.

Jusqu'alors une confiance naturelle régnait entre Bossuet et Fénelon, comme entre un père et un fils, le maître et le disciple ; mais dans ce temps-là même une femme dévote mit la division parmi eux, pour une question de spiritualité, qui se rattache à tout ce que la vie chrétienne a de plus intime, division que le jansénisme eut grand soin d'envenimer, afin d'endormir la vigilance des pasteurs sur ses propres menées et infecter plus aisément l'Église inattentive de France. Nous voulons parler de la *question du quiétisme*.

Nous avons vu, dès le premier livre de cette Histoire et plusieurs fois depuis, la distance infinie qui est entre la nature humaine et la grâce divine : la nature, par laquelle Dieu nous donne nous-mêmes à nous-mêmes ; la grâce, par laquelle Dieu se donne lui-même à nous, non plus seulement pour le connaître à travers les créatures, et le posséder autant que notre nature en est capable par elle-même, ce qui est notre fin naturelle ; mais pour le voir, le posséder en lui-même, tel que lui-même il se voit,

Père, Fils et Saint-Esprit, et être heureux de son bonheur, ce qui est notre fin surnaturelle. Grâce divine qui s'est concentrée comme un immense océan dans la personne du Fils de Dieu fait homme, d'où elle se communique par mille canaux divers à chacun de nous. Cette grâce ne détruit pas la nature, mais la suppose, l'élève et la perfectionne; elle ne détruit ni notre intelligence, ni notre volonté naturelles, mais les élève, les perfectionne, en fait une intelligence et une volonté surnaturelles et comme divines : elle ne détruit pas non plus notre corps, mais le spiritualise et le sanctifie, lui communique un germe de résurrection et d'immortalité, qui le rendra capable de participer éternellement au bonheur de l'âme en la claire vue de Dieu. De là, dans l'homme, deux vies : la vie naturelle, qui consiste dans l'union de l'âme et du corps; la vie surnaturelle, qui consiste dans l'union de l'âme avec Dieu, union qui peut devenir si intime, qu'elle rompt la première. Dans la vie naturelle, il y en a deux : la vie corporelle et la vie intellectuelle. Finalement, il y a dans l'homme chrétien, et par suite dans l'humanité chrétienne, trois choses principales : le corps, l'âme, la grâce. De là trois sortes de vies : la vie selon le corps ou les sens; la vie selon l'intelligence naturelle de l'homme ou selon la raison naturelle; la vie selon la grâce ou selon la foi, raison surnaturelle, vie éternelle, qui se commence sur la terre et se consomme dans le ciel. La première, est la vie de bête; la seconde, la vie d'homme; la troisième, la vie de chrétien.

L'ignorance, la confusion, l'abus de ces vérités ont produit en divers temps des erreurs et des dérèglements divers. Nous avons vu les philosophes de l'Inde, avec leurs divers moyens de s'anéantir métaphysiquement et s'unir à Brahma ou à la divinité suprême. Voici le système des plus parfaits : « Qui connaît Brahma est Brahma, il est la lumière des lumières, il est la science des sciences; il s'élève au-dessus des œuvres, les bonnes ne lui servent pas et les mauvaises ne lui nuisent pas; méditer sur Brahma lui suffit : c'est là son œuvre, sa vie, sa science. Celui qui veut atteindre à ce grand but et marcher dans cette voie, doit, avant tout, lire les Védas et y conformer ses œuvres; puis, quand il a renoncé à tout désir, à toute volonté, à tout lien, quitter sa femme, ses enfants, ses amis, ses proches, le monde entier; prendre pour tout vêtement un morceau de drap dont il couvre sa nudité, pour toute arme un bâton, pour tout meuble une tasse de bois ou d'argile, et n'accepter d'aumône que ce qui est nécessaire pour l'entretien de sa vie; du reste, plus de lecture, plus de méditation, que celle d'un extrait mystique des Védas. Voilà le petit Sannyasi, voilà le premier degré de sainteté. Mais le grand Sannyasi repousse bien loin tout objet extérieur, toute pensée étrangère, ne lit plus même l'extrait mystique, ne garde plus même de quoi couvrir ses parties honteuses; les six états de la vie : l'existence, la naissance, la croissance, la vieillesse, la décrépitude, la mort, tout cela ne le regarde point, le corps et tout ce qui y touche n'est rien pour lui; il a dompté toutes ses passions, étouffé en soi tous les sentiments, détruit le *moi*; il n'y a pour lui ni jour, ni nuit, ni toi, ni moi, rien absolument, rien qu'*Atma* ou *l'âme universelle*; il dit ou plutôt il sait : Atma, c'est moi, sa maison est la mienne, son nom c'est mon nom. Enfin, toute sa prière est de savoir que son âme et la grande âme ne font qu'un : tel est le Sannyasi, le Yogui, le saint par excellence (Voir le livre vingtième de cette Histoire, et Creuser, t. 1, p. 283). » Tels sont, du moins dans les livres, ces sages que l'Inde, que les anciens connaissaient sous le nom de *gymnosophistes* ou philosophes nus.

Parmi les chrétiens nous avons vu s'introduire des sectes semblables sous le nom de *Gnostiques*, de *Manichéens*, de *Cathares*, qui, sous apparence de piété, aboutissaient aux impuretés les plus abominables. Les apôtres saint Pierre et saint Jude nous en signalaient déjà, qui s'introduisaient dans les agapes, ayant les yeux pleins d'adultère et d'un péché incessant (2. Petr., 2; Jud., 4, etc.). Vers la fin du XVIIe siècle, on découvrit à Rome un directeur des âmes dont la doctrine et la pratique conduisaient là, sous les apparences de la plus haute spiritualité : c'était Michel Molinos, prêtre et docteur espagnol. Sa doctrine, disséminée dans son *Guide spirituel*, peut se réduire aux assertions suivantes :

1º La perfection de l'homme consiste, même dès cette vie, dans un acte continuel de contemplation et d'amour, qui contient éminemment les actes de toutes les vertus : cet acte une fois produit, subsiste toujours, même pendant le sommeil, pourvu qu'il ne soit pas expressément révoqué; d'où il suit que les parfaits n'ont jamais besoin de le réitérer. 2º Dans cet état de perfection, l'âme ne doit plus réfléchir sur Dieu ni sur elle-même, ni sur aucune autre chose; mais elle doit anéantir ses puissances, pour s'abandonner totalement à Dieu, et demeurer devant lui comme un corps sans âme. C'est cet état d'inaction absolue que Molinos appelle *quiétude* ou *voie intérieure*. 3º L'âme ne doit plus alors penser ni à la récompense, ni à la punition, ni au paradis, ni à l'enfer, ni à la mort, ni à l'éternité. Elle ne doit plus avoir aucun désir des vertus, ni de sa propre sanctification, ni même de son salut, dont elle doit perdre l'espérance. 4º Dans ce même état de perfection, la pratique de la confession, de la mortification et de toutes les bonnes œuvres extérieures, est inutile et même nuisible, parce qu'elle détourne l'âme du parfait repos de la contemplation. 5º Dans l'oraison parfaite, il faut demeurer en *quiétude*, dans un entier oubli de toute pensée particulière, même des attributs de Dieu, de la Trinité et des mystères de Jésus-Christ. Celui qui, dans l'oraison, se sert d'images, de figures, d'idées, ou de ses propres conceptions, n'adore point Dieu en esprit et en vérité. 6º Le libre arbitre étant une fois remis à Dieu, avec le soin et la connaissance de notre âme, il ne faut plus avoir aucune peine des tentations, ni se soucier d'y faire aucune résistance positive. Les représentations et les images les plus criminelles qui affectent alors la partie sensitive de l'âme sont tout à fait étrangères à la partie supérieure. L'homme n'est plus comptable à Dieu des actions les plus criminelles, parce que son corps peut devenir l'instrument du démon, sans que l'âme, intimement unie à son Créateur, prenne aucune part à ce qui se passe dans cette maison de chair qu'elle habite. 7º Ces terribles épreuves sont une voie courte et assurée pour parvenir à purifier et éteindre toutes les passions. L'âme qui a passé par cette voie intérieure ne sent plus aucune révolte et ne fait plus aucune chute, même vénielle.

Tel est en abrégé le système de Molinos, dans lequel on retrouve presque toutes les erreurs des Béguards, condamnés au commencement du XIVe siècle, par le concile de Vienne. Il est aisé de voir que cette doctrine, si pernicieuse aux bonnes mœurs, tend à précipiter l'homme dans une monstrueuse indifférence sur son salut et sur les pratiques de piété les plus essentielles au christianisme. Aussi le pape Innocent XI ne se borna pas à condamner; par sa bulle du 20 novembre 1687, les principales assertions de Molinos, comme *respectivement hérétiques, scandaleuses et blasphématoires*, il l'obligea de plus à rétracter sa doctrine, en habit de pénitent, devant toute la cour romaine et le peuple assemblé; et ce ne fut qu'en considération de son repentir, qu'on se borna à le condamner à une pénitence et à une prison perpétuelles, dans lesquelles il finit pieusement ses jours le 29 décembre 1696 (*Œuvres de Fénelon*, t. IV; *Analyse de la controverse du quiétisme*, 1re partie, § 1er, n. 13, p. 78 et seqq.; *Bulle d'Innoc. XI*, etc.).

En France, il y eut deux autres espèces de quiétisme, celui de madame Guyon et celui de Fénelon. Les trois diffèrent en ceci. Le quiétisme de Molinos fait consister la perfection de l'homme en cette vie dans *un acte continuel de contemplation et d'amour*, qui dispense l'âme de tous les actes des vertus distinctes, et la réduit à un état d'inaction absolue. Madame Guyon admet, il est vrai, le principe fondamental de Molinos, c'est-à-dire *l'acte continuel de contemplation et d'amour*, qui renferme en lui seul tous les actes des vertus distinctes; mais elle rejette avec horreur les affreuses conséquences que Molinos tire de ce faux principe, contre la résistance positive aux tentations. Enfin le livre des *Maximes*, par Fénelon, condamne expressément l'*acte continu* des faux mystiques; mais il fait consister la perfection dans *un état habituel de pur amour, où le désir des récompenses et la crainte des châtiments n'ont plus de part*.

JEANNE-MARIE BOUVIER DE LA MOTHE, connue sous le nom de madame Guyon, était née à Montargis, le 13 avril 1648, d'une famille considérée dans cette ville. Elle fut mariée à l'âge de seize ans au fils du célèbre Guyon, qui devait sa noblesse et sa fortune à l'entreprise du canal de Briare. Elle n'avait que vingt-huit ans, lorsqu'elle perdit son mari, qui lui laissa trois enfants en bas âge. Elle avait montré de bonne heure un penchant décidé pour toutes les œuvres de charité, et un goût extrême pour une dévotion tendre et affectueuse. Un voyage qu'elle fit à Paris, en 1680, la mit à portée de voir M. d'Arenthon, évêque de Genève, second successeur de saint François de Sales, que les affaires de son diocèse y avaient conduit. Ce prélat, qui jouissait de la plus haute réputation de vertu, fut touché de la piété et du détachement du monde qui se faisaient remarquer dans la conduite et dans tous les sentiments de madame Guyon. Il lui proposa de se retirer dans son diocèse avec des Nouvelles-Catholiques, qui allaient établir une communauté à Gex, pour la conversion des filles protestantes. Il y arriva l'an 1681, et l'évêque donna pour directeur à la nouvelle communauté le Père Lacombe, barnabite. Précédemment déjà madame Guyon avait vu ce religieux à Paris, et pris en lui une grande confiance. La jeune veuve avait besoin d'un directeur expérimenté pour régler son imagination trop vive; malheureusement celle du Père Lacombe n'était pas plus calme. Madame Guyon se persuada qu'elle était appelée à exercer dans l'Église un ministère extraordinaire; toute sa vie elle parut tourmentée de la manie de fonder une espèce d'association mystique. L'évêque ayant retiré ses pouvoirs au Père Lacombe, il se retira à Thonon, dans le Chablais: madame Guyon l'y suivit, et se logea dans le couvent des Ursulines; elle fut ensuite à Grenoble, où elle tint des conférences publiques de spiritualité; ses nouvelles maximes pénétrèrent jusque dans les déserts de la Grande-Chartreuse. Elle alla rejoindre le Père Lacombe à Verceil, où ce religieux était venu prêcher. Mais on doit dire en même temps qu'elle avait cédé aux vives instances de l'évêque de cette ville, prélat d'une grande vertu, dont elle emporta l'estime, lorsque sa mauvaise santé l'obligea de quitter Verceil. Elle avait déjà demeuré à Turin, où elle avait laissé une réputation honorable. En revenant d'Italie, elle repassa par Grenoble, où elle se flattait d'avoir laissé des disciples zélés. Mais le cardinal Le Camus, évêque de Grenoble, était déjà un peu prévenu contre elle; il était blessé de quelques singularités qu'il avait remarquées dans sa conduite, et il l'obligea honnêtement de partir de Grenoble. Elle revint donc à Paris en 1687, après six ans d'absence, de voyages, de courses, de conférences et de prédications, qui ont donné lieu à ses ennemis de hasarder les reproches les plus graves contre ses opinions et même contre ses mœurs, et à ses amis beaucoup de peines et de soins pour justifier une conduite aussi extraordinaire pendant ces premières années.

Ce fut pendant ces voyages qu'elle composa deux ouvrages qui ont fourni des motifs plus légitimes de censure. L'un est intitulé: *Moyen très-facile pour faire oraison;* et l'autre, l'*Explication mystique du Cantique des cantiques*. Ses amis les firent imprimer, le premier à Grenoble, en 1685, et le second à Lyon, munis l'un et l'autre de quelques approbations respectables.

A peine madame Guyon fut-elle de retour à Paris, qu'on écrivit contre elle et contre le Père Lacombe, des lettres de presque tous les lieux qu'elle avait parcourus. L'archevêque de Harlay fit arrêter le religieux au mois d'octobre 1687, et enfermer à la Bastille: comme il se montra opiniâtrement attaché à la doctrine de son livre, de l'*Analyse de l'oraison mentale*, on le transféra dans l'île d'Oléron, ensuite au château de Lourdes dans les Pyrénées. Madame Guyon fut arrêtée au mois de janvier 1688, et conduite dans un couvent de religieuses. Elle y subit aussi plusieurs interrogatoires en présence de l'official de l'archevêque. Les pièces de cette procédure n'ont jamais été connues. Mais, observe le cardinal de Bausset, il est évident que cette instruction juridique n'avait fourni aucune preuve des accusations si graves qu'on avait intentées contre ses mœurs. Il eût été bien facile à M. de Harlay de fermer la bouche aux amis de madame Guyon et aux personnes vertueuses qui agirent dans la suite en sa faveur, si la procédure avait laissé le plus léger nuage sur des accusations d'une nature aussi délicate. Ces personnes étaient la pieuse dame de Miramion, la duchesse de Béthune, née Fouquet; la duchesse de Beauvilliers, née Colbert, enfin madame de Maintenon, qui l'introduisit même dans sa maison de Saint-Cyr. Madame Guyon protesta toujours qu'elle n'était point attachée à ce qu'elle avait écrit; qu'au moment qu'on lui déclarait qu'elle était dans l'erreur, elle y renonçait, et qu'elle était même prête à brûler ses écrits. Elle fut donc rendue à la liberté, après une captivité de huit mois. Jusqu'alors Fénelon ne la connaissait point; il la vit pour la première fois chez la duchesse de Beauvilliers; il goûta le fond de ses idées, mais non pas toujours ses expressions.

Cependant l'évêque de Chartres, Godet des Marais, diocésain et directeur unique de Saint-Cyr, fut alarmé de voir la doctrine de madame Guyon s'introduire dans cette maison, doctrine qui, pour la pratique, « invitait à ne se gêner en rien, à s'oublier entièrement, à n'avoir jamais de retour sur soi-même, et à cette liberté des enfants de Dieu, dont on ne se servait que pour ne s'assujétir à rien. » De son côté, madame Guyon s'adressa d'elle-même à Bossuet pour lui exposer tous ses sentiments, lui confier tous ses écrits les plus secrets, et se soumettre à sa décision. Il lui conseilla de se retirer à la campagne, d'y vivre dans le silence et la retraite, et de s'abstenir de tout commerce de spiritualité. Elle suivit ce conseil. Bossuet, après avoir employé plusieurs mois à l'examen de ses écrits, eut avec elle un long entretien chez les religieuses du Saint-Sacrement de la rue Cassette. Après y avoir célébré la messe, il la communia de sa propre main. C'était le 30 janvier 1694. Le 20 février il y eut une seconde conférence, dont madame Guyon rendit ainsi compte le lendemain au duc de Chevreuse :

« J'ai vu M. de Meaux, et l'on ne peut être plus reconnaissante que je le suis de sa charité. Je crois qu'il a la tête fendue, non-seulement par sa mitre, mais par la peine qu'il a prise : pour moi, je l'ai en quatre. J'avoue de tout mon cœur que mes écrits ne valent rien, ainsi que M. de Meaux me l'a fait voir. La prière que je vous fais est que l'on jette au feu sans retard les originaux et les copies. Comme je ne dois plus parler à personne, les écrits étant tous brûlés, je ne pourrai plus nuire, et ainsi je n'aurai plus besoin d'examen; car je n'en puis plus soutenir. Je ne sais ce que je dis : je ne me puis plus énoncer. Je ne sais ce que j'ai voulu dire; il y a des fautes de copistes, et des choses que je n'ai jamais pensées. J'ai pensé de moi en folle qui ne sait ce qu'elle dit; je me suis imaginé des états qui ne peuvent être. J'ai cru ne pouvoir ni demander ni désirer, et c'est une erreur. Ce qui m'afflige inconsolablement, est que je voudrais de tout mon cœur désirer et demander; tout roule là-dessus, et je ne le puis. M. de Meaux a la bonté de ne me croire ni sorcière ni vilaine.... J'ai satisfait à ce qu'on a désiré. Obligez-moi, pour l'amour de Notre Seigneur, de faire brûler tout ce qui est de moi, et qu'il n'en soit plus fait mention. Je m'aperçois que la mort me serait bien plus douce que la vie. Je ne la puis désirer. Enfin, monsieur, regardez-moi comme une misérable orgueilleuse qui vous a trompé, et qu'il ne soit pas même fait mention de moi parmi les hommes (Fénelon, *Correspondance*, t. VII, lettre 25, p. 45). »

Au mois de juin elle écrivit en ces termes à madame de Maintenon : « Tant qu'on ne m'a accusée que de faire oraison, madame, je me suis contentée de demeurer cachée, et j'ai cru, ne parlant ni n'écrivant à personne, que je satisferais tout le monde, et que je tranquilliserais le zèle de certaines personnes de probité, qui n'ont de la peine que parce que la calomnie les indispose, et que j'arrêterais par là cette même calomnie. Mais à présent que j'apprends qu'on m'accuse de crimes, je crois devoir à l'Eglise, aux gens de bien, à mes amis, à ma famille et à moi-même, la connaissance de la vérité. C'est pourquoi, madame, je vous demande une justice qu'on n'a jamais refusée à personne, qui est de me faire donner des commissaires moitié ecclésiastiques et moitié laïques, tous d'une probité reconnue et sans aucune prévention ; car la seule probité ne suffit pas dans une affaire où la calomnie a prévenu bien des gens (*Ibid.*, lettre 30, p. 51). »

Elle demandait des commissaires laïques pour l'examiner sur les mœurs. On ne l'écouta point sur cet article, sans doute parce qu'on la regardait comme innocente ; mais on lui donna trois commissaires ecclésiastiques pour l'examiner sur la doctrine : ce furent les évêques de Meaux et de Châlon, avec M. Tronson, supérieur du séminaire de Saint-Sulpice. Fénelon lui-même les avait désignés, en remettant au troisième un billet signé, par lequel il déclarait devant Dieu, comme s'il allait comparaître à son jugement, qu'il souscrirait, sans équivoque ni restriction, à tout ce que ces trois personnes décideraient sur les matières de spiritualité, pour prévenir toutes les erreurs et illusions des quiétistes et autres semblables (Fénelon, *Correspondance*, t. VII, p. 52). Les trois commissaires eurent des conférences à Issy, maison de campagne du séminaire Saint-Sulpice. Au mois d'octobre 1694, M. de Harlay, archevêque de Paris, publia une ordonnance contre les livres de madame Guyon et du Père Lacombe : madame Guyon se soumit à l'ordonnance de l'archevêque. Cependant les trois commissaires continuaient toujours leur examen : dans une lettre du 21 décembre 1694, M. Tronson disait de la dévote : « Elle a depuis peu expliqué sa doctrine de manière que je ne sais pas si l'on y trouvera beaucoup à redire (P. 136). » Le 29 janvier de l'année suivante, il disait encore : « La soumission de la dévote à la censure est si grande, elle donne des explications si catholiques aux difficultés qu'on lui propose, qu'il ne sera pas aisé de condamner la personne touchant la doctrine, à moins qu'on ne voie du dérèglement dans les mœurs (P. 147). Le 8 février, M. d'Arenthon, évêque de Genève, rendit un témoignage favorable à sa piété et à ses mœurs (P. 149). Le cardinal Le Camus, évêque de Grenoble, rend le même témoignage à sa vertu et à sa piété (P. 168 et 169). Du consentement de Bossuet, elle s'était retirée à Meaux, au couvent de la Visitation. Les trois commissaires, auxquels fut adjoint Fénelon depuis sa nomination à l'archevêché de Cambrai, dressèrent trente-quatre articles sur les matières de spiritualité, où l'on repoussait les erreurs des quiétistes, sans blesser la doctrine des écrivains mystiques autorisés dans l'Eglise. Les évêques de Meaux et de Chartres les publièrent dans leurs diocèses. Madame Guyon y souscrivit, ainsi que le Père Lacombe.

La soumission de la première lui fut dictée par Bossuet. Elle y souscrivit à la condamnation de ses propres écrits. Elle y disait, dans les termes dictés par Bossuet : « Je déclare néanmoins, avant tout respect, et sans préjudice de la présente soumission et déclaration, que je n'ai jamais eu intention de rien avancer qui fût contraire à la foi et à l'esprit de l'Eglise catholique, apostolique et romaine, à laquelle j'ai toujours été et serai soumise, Dieu aidant, jusqu'au dernier soupir. Ce que je ne dis pas pour chercher une excuse, mais dans l'obligation où je crois être de déclarer en simplicité mes intentions. » Le 1er juillet, Bossuet accepta cette soumission en ces termes :

« Nous, évêque de Meaux, avons reçu les présentes soumissions et déclarations de ladite dame Guyon, tant celle du 15 avril 1695 que celle du 1er juillet de la même année, et lui en avons donné acte pour lui valoir ce que de raison ; déclarant que nous l'avons toujours reçue et la recevons sans difficulté à la participation des sacrements dans laquelle nous l'avons trouvée, ainsi que la soumission et protestation de sincère obéissance, et avant et depuis le temps qu'elle est dans notre diocèse, y joint la déclaration authentique de sa foi, avec le témoignage qu'on nous a rendu et qu'on nous rend de sa bonne conduite, depuis six mois qu'elle est audit monastère, le requéraient. Nous lui avons enjoint de faire en temps convenable les demandes et les autres actes (de foi, d'espérance, etc.) que nous avons marqués dans lesdits articles par elle souscrits, comme essentiels à la piété, et expressément commandés de Dieu, sans qu'aucun fidèle s'en puisse dispenser sous prétexte d'autres actes prétendus plus parfaits ou éminents, ni autres prétextes quels qu'ils soient ; et lui avons fait itératives défenses, tant comme évêque diocésain qu'en vertu de l'obéissance qu'elle nous a promise volontairement comme dessus, d'écrire, enseigner ou dogmatiser dans l'Eglise, ou d'y répandre ses livres imprimés ou manuscrits, ou de conduire les âmes dans les voies de l'oraison ou autrement ; à quoi elle s'est soumise de nouveau, nous déclarant qu'elle laissait lesdits actes. »

Bossuet lui donna en même temps le certificat suivant : « Nous, évêque de Meaux, certifions à qui il appartiendra, qu'au moyen des déclarations et soumissions de madame Guyon, que nous avons par devers nous, souscrites de sa main, et des défenses par elle acceptées avec soumission, d'écrire, enseigner, dogmatiser dans l'Eglise, ou de répandre ses livres imprimés ou manuscrits, ou de conduire les âmes dans les voies de l'oraison ou autrement ; ensemble des bons témoignages qu'on nous a rendus depuis six mois qu'elle est dans notre diocèse et dans le monastère de Sainte-Marie, nous sommes demeuré satisfait de sa conduite et lui avons continué la participation des saints sacrements dans laquelle nous l'avons trouvée ; déclarons en outre qu'elle a toujours détesté en notre présence les abominations de Molinos et autres, condamnées ailleurs, dans lesquelles aussi il ne nous a point paru qu'elle fût impliquée ; et nous n'avons pas entendu la comprendre dans la mention qui en a été par nous faite dans notre ordonnance du 16 avril 1695. Donné à Meaux, le 1er juillet 1695 (Fénelon, *Corresp.*, p. 188, etc.). »

Bossuet lui avait encore dicté ces paroles, dans la souscription à *l'Ordonnance*, où il censurait ses livres : « Je n'ai eu aucune des erreurs expliquées dans ladite lettre pastorale, ayant toujours eu intention d'écrire dans un sens très-catholique, ne comprenant pas alors qu'on en pût donner un autre. Je suis dans la dernière douleur que mon ignorance et le peu de connaissance des termes m'en aient fait mettre de condamnables (Fénelon, *Œuvres*, t. VI, p. 381). »

Les religieuses de la Visitation de Meaux donnèrent à cette dame l'attestation qui suit : « Nous soussignées, supérieure et religieuses de la Visitation Sainte-Marie de Meaux, certifions que madame Guyon ayant demeuré dans notre maison par l'ordre et la permission de monseigneur l'évêque de Meaux, notre illustre prélat et supérieur, l'espace de six mois, elle ne nous a donné aucun sujet de trouble ni de peine, mais bien de grande édification ; n'ayant jamais parlé à aucune personne du dedans et du dehors qu'avec une permission particulière, n'ayant en outre rien reçu ni écrit que selon que mon dit seigneur lui a permis ; ayant remarqué en toute sa conduite et dans toutes ses paroles une grande régularité, simplicité, sincérité, humilité, mortification, douceur et patience chrétienne, et une vraie dévotion et estime de tout ce qui est de la foi, surtout au mystère de l'Incarnation et de la sainte enfance de Notre Seigneur Jésus-Christ ; que si ladite dame nous voulait faire l'honneur de choisir notre maison pour y vivre le reste de ses jours dans la retraite, notre communauté le tiendrait à honneur et satisfaction. Cette protestation est simple et sincère, sans autre vue ni pensée que de rendre témoignage à la vérité (*Corresp., ubi suprà*, p. 188-191). »

C'est ainsi que se termina pour le moment l'affaire du quiétisme, en ce qui regarde madame Guyon. Tout semblait devoir se calmer à cette époque. Fénelon avait témoigné à Bossuet une confiance sans bornes. Pendant les conférences d'Issy, il lui offrit de lui « *dire comme à un confesseur* tout ce qui pouvait être compris dans une confession générale de toute sa vie, et de tout ce qui regardait son intérieur. » Ce sont les propres expressions de sa lettre, citée par Bossuet dans la *Relation sur le quiétisme* (Sect. 3, n. 4, t. XXIX, p. 550). L'évêque de Meaux refusa d'abord, mais quelque temps après il demanda lui-même à Fénelon l'exécution de sa promesse, et obtint de lui un écrit dans lequel il exposait en effet toutes ses dispositions intérieures et tout ce qui pouvait être compris dans une confession générale. Non content de prendre connaissance de cet écrit, Bossuet témoigna le désir d'en faire part à M. de Noailles, alors évêque de Châlons, et à M. Tronson ; ce que Fénelon lui permit volontiers, mais sans préjudice du secret inviolable pour tous les autres hommes qu'il exigea très-expressément (Fénelon, *Œuvres*, t. IV, *Avertissement XLVII*).

Lorsque Fénelon fut appelé à la conférence d'Issy, on y avait rédigé trente articles. Les ayant lus, il dit qu'*il les signerait par obéissance*, parce qu'il les croyait véritables, mais insuffisants; que si on voulait ajouter certaines explications, il les signerait tous de son sang. On ajouta quatre nouveaux articles, ce qui fit en tout trente-quatre, et Fénelon les signa tous, non-seulement comme véritables, mais parfaits (T. VI, p. 433, *et alibi*).

Mais si la confiance de Fénelon était grande, l'amitié de Bossuet ne paraissait pas moindre. Voici la preuve qu'en apporte Fénelon, à l'occasion de son sacre. « Ce fut lui qui vint dans ma chambre après ma nomination et qui m'embrassa en disant d'abord : Voilà les mains qui vous sacreront. Je ne pus rien répondre à son offre, parce que je voulais savoir les intentions d'une personne à qui je devais ce respect. Enfin je ne fis qu'acquiescer aux offres réitérées de ce prélat. Peu de temps après, on fit des difficultés sur ce que l'on prétendait que M. l'évêque de Chartres, comme diocésain de Saint-Cyr (où le sacre allait se faire), devait être le premier et ne pouvait céder à M. de Meaux. Sur cette difficulté, on me manda de Compiègne, où le roi était alors, que M. de Meaux ne pourrait être mon consécrateur, ni M. de Châlons le premier assistant. Je mandai la chose à ces deux prélats, croyant néanmoins que ceux qui faisaient la difficulté se trompaient. M. de Châlons me répondit en ces termes : « M. de Meaux est toujours persuadé que cela est hors de question, et je souhaite que vous vous tiriez d'embarras avec lui aussi aisément qu'avec moi. Car il ne pourra être de votre sacre, non plus que moi, si cette difficulté vous arrête. Pour moi, quoi qu'il arrive, je prétends être en droit d'en faire les honneurs. » Cette lettre était datée de Sary, du 14 mai 1695. Voici les propres paroles que M. de Meaux me fit sur le même sujet, et qui sont sans date : « Je ne trouve aucune difficulté dans la question d'hier. Pour l'office, cela est d'usage. Les anciens canons le prescrivaient. Celui-ci du concile d'Afrique, *ut peregrino episcopo locus sacrificandi detur*, y est exprès. On sait qu'il n'y avait alors qu'une messe solennelle. Les ordinations, consécrations, de toute antiquité, se sont faites *intra missarum solemnia*, et en faisaient partie. L'évêque diocésain n'était pas plus considéré qu'un autre, quand il s'agissait de consacrer le métropolitain; l'ancien de la province en faisait l'office dans le concile de la province, qui se tenait tantôt dans un lieu et tantôt dans un autre. On pourra consulter la pratique de l'Eglise grecque, que je crois conforme. Le diocésain céderait non-seulement à son métropolitain, mais à tout autre archevêque. Par la même raison, il céderait à son ancien. Dans les conciles nationaux où il y avait plusieurs métropolitains, on donnait le premier lieu à l'ancien, tant dehors que dedans la province. Je crois donc que le diocésain doit, sans hésiter, céder à son ancien, et pourrait même céder à son cadet, pour honorer l'unité de l'épiscopat (Fénelon, t. VI, p. 446 et 447). » Bossuet fit ainsi une espèce de dissertation pour soutenir qu'il pouvait sacrer Fénelon dans le diocèse de Chartres, tant il avait à cœur de faire cette cérémonie.

Vers le même temps, 1695, l'évêque de Châlons fut transféré à l'archevêché de Paris, vacant par la mort de Harlay, successeur de Péréfixe. Celui-ci, né dans le Poitou l'an 1605, fut précepteur de Louis XIV, qui le nomma évêque de Rhodez en 1648, archevêque de Paris en 1662, et pour lequel il écrivit en latin l'*Institution d'un prince*, et en français la *Vie de Henri IV*. Hardouin de Beaumont de Péréfixe mourut le 31 décembre 1670. Il eut pour successeur François Harlay de Chanvallon, né en 1625, archevêque de Rouen à l'âge de vingt-six ans, par la démission de son oncle. Dans l'affaire de la *régale* et lors des différends de Louis XIV avec le chef de l'Eglise, il se montra plus courtisan qu'évêque : en quoi il fit comme les autres, ou les autres comme lui. On dit que sa vie ne répondait point à son gouvernement, qui était bon. Il mourut d'apoplexie le 6 août 1695. Louis-Antoine de Noailles, second fils du premier duc de Noailles, capitaine des gardes, naquit le 27 mai 1651, fut destiné à l'état ecclésiastique, nommé à vingt-huit ans évêque de Cahors, transféré à Châlons-sur-Marne, qui était pairie ecclésiastique, et enfin à l'archevêché de Paris en 1695. La femme clandestine de Louis XIV, Françoise d'Aubigné, plus connue sous le titre de *madame de Maintenon*, avait une nièce qu'elle désirait marier avec un neveu du nouvel archevêque, ce qui eut lieu. Dans l'affaire de la régale et ses suites, l'évêque de Châlons s'était montré courtisan comme les autres, mais pas plus; on ne pouvait pas exiger de lui qu'il se montrât évêque comme un saint Basile, un saint Ambroise : avec de la piété, des mœurs douces et simples, il n'avait ni assez de tête ni assez de cœur. Comme ses prédécesseurs, il avait pris le bonnet de docteur en Sorbonne, bonnet qui suppose la science, mais ne la donne pas. Il sera toute sa vie l'instrument de ceux qui l'entourent, la circonviennent ou lui font peur. Bossuet écrivait à son neveu, le 10 juin 1697 : « M. de Paris craint M. de Cambrai et me craint également. Je le contrains, car sans moi tout irait à l'abandon, et M. de Cambrai l'emporterait... madame de Maintenon n'a de bonne volonté que par rapport à M. de Paris. Du reste, MM. de Paris et de Chartres sont faibles et n'agiront qu'autant qu'ils seront poussés (Bossuet, t. XL, p. 321, édit. de Versailles). »

D'autres que Bossuet circonvenaient et poussaient M. de Noailles : les jansénistes. Depuis l'accommodement de Clément IX, en 1668, ces sectaires gardaient le silence, mais leur doctrine vénéneuse gagnait comme la gangrène : la plupart des congrégations religieuses en étaient infectées, notamment les Bénédictins et les Oratoriens de France. Arnauld, le chef de la secte, s'était retiré dans les Pays-Bas dès 1679. Le janséniste Quesnel n'ayant voulu signer ni le formulaire général du pape Alexandre VII, ni le formulaire particulier de l'Oratoire, se retira, l'an 1685, auprès d'Arnauld, à Bruxelles, et lui succéda l'an 1694, comme chef de la secte. Ce fut dans la société d'Arnauld et avec ses conseils qu'il compléta ses *Réflexions morales* sur le Nouveau Testament, et dont la première édition avait paru dès 1671, avec un mandement de l'évêque de Châlons, Vialart, et l'approbation des docteurs. La nouvelle édition parut en 1693 et 1694. Or, le pape Clément XI, par un décret de 1708 et une constitution de 1713, laquelle fut reçue par toute l'Eglise, nous apprend que dans cet ouvrage de Quesnel se rencontrent de tous côtés, *passim*, des doctrines et propositions séditieuses, scandaleuses, téméraires, impies, blasphématoires, souvent condamnées, sentant manifestement l'hérésie janséniste, hérétiques elle-mêmes et renouvelant manifestement plusieurs hérésies, principalement celles qui ont été condamnées dans les fameuses propositions de Jansénius. Cependant, ce même ouvrage de Quesnel, complété en l'édition de 1693, M. de Noailles l'approuva jusqu'à le faire sien, par son mandement donné à Châlons le 23 juin 1695. Il ne craint pas de le dire à tout le clergé de son diocèse : « Vous y trouverez de quoi vous instruire et vous édifier. Vous y apprendrez à enseigner les peuples que vous avez à conduire. Vous y verrez le pain de la parole dont vous devez les nourrir, tout rompu et tout prêt à leur être distribué, et tellement proportionné à leurs dispositions, qu'il ne sera pas moins le lait des âmes faibles qu'un aliment solide pour les plus fortes. Ainsi ce livre vous tiendra lieu d'une bibliothèque entière. »

Voici maintenant ce qui arriva. M. de Noailles, devenu archevêque de Paris, condamna le 20 août 1696, un ouvrage de Barcos, neveu de Hauranne, intitulé *Exposition de la foi*, et renouvelant les cinq propositions de Jansénius. Bossuet avait rédigé la partie dogmatique de l'ordonnance. En 1698, parut le *Problème ecclésiastique*, où l'on demandait lequel on devait croire, ou de M. de Noailles approuvant en 1695 les *Réflexions morales*, ou de M. de Noailles condamnant en 1696 l'*Exposition de la foi*, attendu que ces deux ouvrages enseignaient la même doctrine. L'archevêque de Paris se trouvait d'autant plus embarrassé du problème, qu'il n'y avait rien à répondre. Il l'attribuait aux Jésuites et leur fit éprouver son ressentiment : on accusa le Père Daniel, qui chercha à s'en justifier et qu'on ne crut pas, et surtout le Père Doucin, d'en être les auteurs; presque tous les Dictionnaires historiques l'attribuent à ce dernier. Cependant ce malencontreux problème n'était pas d'un Jésuite, mais d'un janséniste, et janséniste des plus outrés, né à Châlons même, dom Thierri de Viaixnes, Bénédictin de Saint-Vannes, qui s'en alla mourir en Hollande (*Biogr. univ.*, t. XLVIII, art. VIAIXNES). L'archevêque implora le secours du parlement, qui, en 1699, condamna le problème au feu. Mais brûler une question n'est pas y répondre. Il implora le secours de Bossuet, d'autant plus que Bossuet avait composé la partie dogmatique de l'ordonnance contre Barcos, première cause du problème.

Bossuet composa, pour une nouvelle édition, un avertissement sur le livre des *Réflexions morales*, lequel fut publié plus tard par le Père Quesnel sous le titre de JUSTIFICATION des *Réflexions morales sur le Nouveau Testament*. C'est en effet, autant que possible, une justification et du livre et de l'archevêque. Le premier paragraphe, et il y en a vingt-cinq, est *de l'utilité de ces* RÉFLEXIONS, *et pourquoi on les publia dans le diocèse de Châlons*. Bossuet y loue Noailles d'avoir voulu donner à son peuple une version de l'Évangile, et en y ajoutant, selon l'esprit du concile de Trente, des notes autant qu'on pouvait irréprehensibles. « Celles-ci, continue-t-il, lui parurent d'autant plus propres à son dessein, que, sans s'attacher aux difficultés du sens littéral, qui rendent ordinairement les notes si sèches qu'elles touchent peu les cœurs et nourrissent l'esprit de dispute plutôt que l'esprit de componction, l'auteur déclare d'abord, et par sa préface et par le titre même de son livre, qu'il ne présente au pieux lecteur que des *Réflexions morales*, lui voulant donner l'intelligence de l'Evangile, le désir d'en profiter, et accomplir cette parole de saint Jean : *L'onction vous instruira de toutes choses;* et celles-ci de Notre Seigneur : *Si l'on pratique la volonté de Dieu, on connaîtra si ma doctrine est de lui ou si je parle de moi-même.* — Nous pouvons dire sans crainte qu'il a réussi dans son dessein, puisqu'il ne faut que lire ce livre, principalement en l'état que M. de Châlons l'a donné, pour y trouver, avec le recueil des plus belles pensées des saints, tout ce qu'on peut désirer pour l'édification, pour l'instruction et pour la consolation des fidèles (Bossuet, t. IV, p. 199). »

Voilà comme Bossuet exalte l'ouvrage du janséniste Quesnel, qui depuis a été condamné par toute l'Eglise. Le *Problème* est au contraire, à ses yeux, un ouvrage de ténèbres, un séditieux, un scandaleux libelle, qui a excité l'horreur des gens de bien, et provoqué la vengeance publique. Il l'attribue à des ennemis de saint Augustin, pour qui le jansénisme des *Réflexions* n'est qu'un prétexte. Pour le prouver, il cite quelques passages qui sont ou paraissent contraires aux cinq propositions de Jansénius : comme si les sectaires n'avaient pas l'habitude d'user d'équivoques, pour mieux tromper ceux qui n'y regardent pas d'assez près. Quelques explications de Bossuet auraient besoin à leur tour d'être expliquées et justifiées. Enfin, et par cet écrit, et par d'autres, il nous paraît évident que Bossuet lui-même n'avait pas une idée nette de la nature et de la grâce, de l'ordre naturel et de l'ordre surnaturel; qu'il confondait l'un avec l'autre; qu'il ignorait ou méconnaissait la véritable doctrine de saint Thomas sur ces matières; et que de là venait son secret penchant pour les jansénistes, quoiqu'il n'en fût pas, et son espèce de répugnance pour ceux qui les combattaient tout de bon.

Tout cela put être dans Bossuet un mobile occulte, inaperçu de lui-même, mais bien réel, de sa dispute avec Fénelon, qui avait des idées plus nettes sur la grâce, et faisait plus attention aux décrets du Saint-Siège contre Baïus. Du côté de l'archevêque de Cambrai, furent les Jésuites; du côté de l'évêque de Meaux, les baïanistes ou les jansénistes. Voici quelle fut l'origine de la dispute.

En juillet 1695, l'affaire du quiétisme paraissait terminée. Madame Guyon s'était soumise aux ordonnances qui condamnaient ses livres : Bossuet lui avait délivré un certificat qui déclarait ses intentions et ses mœurs sans reproche, et dignes de la fréquente participation des sacrements. Mais Bossuet voulut faire quelque chose de plus, une *Instruction pastorale sur les états d'oraison*. C'était pour lui une entreprise hasardeuse. Peu familiarisé jusqu'alors avec la théologie mystique, ne distinguant pas bien l'ordre naturel et l'ordre surnaturel, il était incapable d'en bien concevoir et d'en bien expliquer les mystères. Puis, non content d'exposer à sa manière les *Etats d'oraison*, il débute par condamner de nouveau les erreurs de madame Guyon, mais en lui imputant cette fois-ci un dessein évident d'établir un système qui fait frémir d'horreur, un système dont l'abomination évidente rendait évidemment sa personne abominable. Ce qui mettait Bossuet en contradiction avec lui-même; car, en la faisant souscrire à l'ordonnance pastorale où il condamnait ses livres, il lui avait fait ajouter ces paroles : « Je n'ai eu aucune des erreurs expliquées dans ladite lettre pastorale, ayant toujours eu intention d'écrire dans un sens très-catholique, ne comprenant pas alors qu'on en pût donner un autre. Je suis dans la dernière douleur que mon ignorance et le peu de connaissance des termes m'en aient fait mettre de condamnables. » Le même Bossuet nous présente ainsi la même femme, et comme une personne innocente qui n'a dans l'esprit aucune des erreurs qu'elle a mises par ignorance dans ses livres, et comme une personne diabolique qui, dans ces mêmes livres, combine avec art un système abominable. Ce n'est pas tout : il comptait faire approuver ses *Etats d'oraison* par Fénelon, alors archevêque : il voulait ainsi lui faire signer à lui-même une rétractation cachée sous un nom plus spécieux, comme si Fénelon eût enseigné les mêmes erreurs; il voulait du même coup lui faire condamner madame Guyon, non plus comme ayant émis des erreurs par ignorance, mais de dessein prémédité : Bossuet se vantait de ces finesses avec ses confidents. Mais à l'ouverture du manuscrit, Fénelon sentit le piége; il renvoya le livre dès le lendemain, et dit qu'il ne pouvait, en honneur et en conscience, condamner une personne amie, dont les livres étaient censurables, mais dont les intentions étaient innocentes, d'après le certificat même de Bossuet. D'ailleurs il y a dans les *Etats d'oraison* des propositions pour le moins suspectes, comme celles qui supposent que la vision intuitive de Dieu n'est pas une fin surnaturelle à l'homme, n'est pas une grâce, mais une fin, une destination due à sa nature entière, et que sans cela Dieu ne mériterait pas d'être aimé pour lui-même. Tout cela se passait en secret. Bossuet, qui s'était vanté que Fénelon approuverait son ouvrage, fut excessivement piqué de son refus : il s'en plaignit hautement comme d'une injure, comme d'un scandale, comme d'un brandon de discorde jeté parmi les évêques. Cependant le refus de Fénelon, pour les raisons qu'il leur fit connaître, fut approuvé par l'archevêque de Paris et par l'évêque de Chartres (Fénelon, t. VI, p. 451-463).

De l'avis de ces deux prélats, Fénelon résolut de faire lui-même un livre pour expliquer ses principes de spiritualité. Il composa d'abord une *Explication des trente-quatre articles*, qui fut lue par l'archevêque de Paris et M. Tronson, et qui devait servir de règle à son ouvrage : « Après quoi, dit-il, je leur donnai l'ouvrage même, mais beaucoup plus étendu qu'il ne l'est dans le livre imprimé. J'y avais mis tous les principaux témoignages de la Tradition. M. l'archevêque de Paris le trouva trop long. Par déférence pour lui, je l'abrégeai, et peut-être trop pour la plupart des lecteurs. J'ai parlé de cet ouvrage plus étendu, dont le livre des *Maximes des saints* n'est que l'abrégé. Ensuite je lus avec M. l'archevêque de Paris et M. de Beaufort mon ouvrage raccourci. Puis je le laissai à ce prélat, qui, après l'avoir gardé environ trois semaines, me rendit, en me montrant des coups de crayon qu'il avait donnés dans tous les endroits qu'il croyait que je devais retoucher pour une plus grande précaution. Je retouchai en sa présence tout ce qu'il avait marqué, et je le fis précisément comme il le désira (Fénelon, t. VI, p. 468). » L'archevêque le trouva *correct et utile*, et y donna son approbation, mais non par écrit, « parce que, disait-il, il avait des mesures à garder avec M. de Meaux, dont il avait promis d'approuver le livre. » M. Tronson pensa comme l'archevêque. Par le conseil de ce dernier, Fénelon fit encore examiner son livre par le docteur Pirot, qui déclara qu'il était *tout d'or*. Il ne devait paraître qu'après celui de Bossuet; mais en l'absence de Fénelon, ses amis l'imprimèrent à son insu, et même laissèrent glisser dans le texte un mot qui donnait à la phrase un sens condamnable (*Ibid.*, et seqq.).

Le livre ayant paru en janvier 1697, cette phrase indisposa l'opinion publique, et rendit suspectes plusieurs autres. « M. de Meaux, dit Fénelon, promit d'abord à plusieurs personnes très-distinguées qu'il me donnerait en secret, et avec une amitié cordiale, ses remarques par écrit. Je promis de les peser toutes au poids du sanctuaire. Il me les fit attendre près de six mois (*Ibid.*, p. 477). » Dans l'intervalle, Bossuet alla demander pardon à Louis XIV de ne lui avoir pas révélé plus tôt le fanatisme de son confrère; sur quoi Fénelon remarque : « Au lieu de demander pardon au roi d'avoir caché le fanatisme de son confrère et de son ancien ami, ne devait-il pas lui dire ce qu'il venait de me promettre ? Ce n'étaient pas les rapports confus qui pouvaient alarmer un prince si sage. Ce qui le frappa fut l'air pénitent avec lequel M. de Meaux s'accusa de ne lui avoir point révélé mon fanatisme. Si ce prélat eût cherché la paix, il n'avait qu'à dire à Sa Majesté : Je crois voir dans le livre de M. de Cambrai des choses où il se trompe dangereusement, et auxquelles je crois qu'il n'a pas fait assez d'attention. Mais j'attend les remarques que je lui ai promises; nous éclaircirons, avec une amitié cordiale, ce qui pourrait nous diviser; et on ne doit pas craindre qu'il refuse d'avoir égard à mes remarques, si elles sont bien fondées. »

Fénelon, examinant ce qui, dans un intervalle si court, avait pu porter Bossuet à faire un tel éclat, conclut : « Je ne vois que ma lettre au Pape qui ait pu le choquer; mais je ne l'avais écrite que sur ce qu'on m'avait assuré que le roi souhaitait que je l'écrivisse, et je l'avais montrée à M. l'archevêque de Paris, qui l'avait approuvée, et Sa Majesté même avait eu la bonté de la lire avant qu'elle partît. Etait-ce me rendre indigne des remarques de M. de Meaux, que d'écrire, selon le désir du roi, une lettre au Pape pour lui soumettre mon livre, contre lequel on répandait déjà de grands bruits à Rome ? — Peu de temps après, j'appris tout à coup qu'on tenait des assemblées où les prélats dressaient ensemble une espèce de censure de mon livre, à laquelle ils ont donné depuis le nom de *Déclaration*. Je m'en plaignis à M. l'archevêque de Paris, parce que nous avions fait, lui et moi, un projet de recommencer ensemble l'examen de mon livre sur les remarques de M. de Meaux avec MM. Tronson et Pirot.

» Voici un fait bien remarquable.... c'est que M. l'évêque de Chartres me fit écrire, après mon retour à Cambrai, que je fisse une lettre pastorale qui marquât combien j'étais éloigné de la doctrine impie qu'on imputait à mon livre, et que je promisse dans cette lettre une nouvelle édition de l'ouvrage. Je fis une réponse où je promettais de faire la lettre pastorale, et d'attendre ensuite que le Pape fît régler à Rome l'édition nouvelle que M. de Chartres voulait que je promisse. J'ajoutai que je demeurerais en paix et en parfaite union avec mes confrères, s'ils voulaient bien que nous envoyassions de concert à Rome, eux leurs objections, et moi mes réponses ; qu'ainsi nous édifierions l'Eglise par notre concorde, même dans la diversité des sentiments (Fénelon, t. VI ; Réponse à la *Relation sur le quiétisme*, c. 7, p. 477 et seqq.). »

Voilà ce que Fénelon assure, sans avoir été contredit. Nous avons vu, par anticipation, avec quelle tendre sollicitude Bossuet excusait, justifiait, louait même les *Réflexions morales* de Quesnel, qui renfermaient cependant tout le venin du jansénisme et furent condamnées par toute l'Eglise. S'il avait eu pour l'archevêque de Cambrai, son ancien ami, la centième partie de la condescendance qu'il témoigna pour l'écrivain janséniste, leur querelle se serait terminée amiablement par une nouvelle édition du livre, faite sur les observations des théologiens de Rome. Au lieu de cela, il y eut une guerre d'écrits entre les deux évêques devant le public et devant le Pape.

En la même année 1697, Fénelon vit son palais de Cambrai dévoré par un incendie ; il demanda la permission d'aller à Rome plaider sa cause, Louis XIV la lui refusa, mais le renvoya de la cour ; tous ses amis furent menacés du même sort, et tous lui restèrent fidèles. Les trois prélats de Paris, de Meaux et de Chartres remirent au nonce du Pape une déclaration de leurs sentiments sur le livre des *Maximes des saints* ; parmi les propositions dénoncées est *celle du trouble involontaire de Jésus-Christ*, proposition qui n'appartenait pas véritablement au livre de Fénelon, qui n'y avait été insérée en son absence que par une méprise de l'imprimeur ; proposition que Fénelon désavouait hautement, qu'il censurait avec la même sincérité que les trois évêques, et qu'il ne paraissait ni juste, ni convenable de reproduire parmi les chefs d'accusation qu'on dirigeait contre lui (Bausset, *Hist. de Fénelon*, l. 2, p. 430).

Fénelon ne pouvant aller à Rome, y envoya l'abbé de Chanterac, son ami et son vicaire général : Bossuet y fit rester son neveu, l'abbé Bossuet, avec le docteur Phelippeaux, qui l'accompagnait dans un voyage en Italie. Nous avons la correspondance des uns et des autres. Louis XIV, par le cardinal de Bouillon, son ambassadeur, fit des instances pressantes pour une prompte décision. Innocent XII nomma dix consulteurs pour procéder à l'examen du livre et émettre leur vœu devant les cardinaux de la congrégation du Saint-Office. Pour engager Rome à prononcer vite, Bossuet écrivait à son neveu : « Il faut bien prendre garde de ne faire envisager rien de pénible ou de difficile. De quelque façon qu'on prononce, M. de Cambrai demeurera seul de son parti et n'osera résister... Il est regardé dans son diocèse *comme un hérétique*, et dès qu'on verra quelque chose de Rome, dans Cambrai surtout et dans les Pays-Bas, tout sera soulevé contre lui (Lettre du 2 septembre 1697). » L'abbé Bossuet écrivait à son oncle : « Aussitôt que le grand-vicaire (l'abbé de Chanterac) sera arrivé, il aura un espion et nous serons instruits (3 septembre 1697). » C'est par ces moyens peu délicats que Bossuet épiait les démarches de son adversaire. Ajoutez-y que les accusateurs, avec la faveur du roi, avaient à leur disposition toutes les presses et toutes les facilités de correspondance, tandis que l'accusé se voyait contraint d'imprimer ses défenses en cachette et de correspondre avec Rome par des voies indirectes, pour ne point exposer ses lettres à être interceptées par ses adversaires.

Ceux-ci publiaient coup sur coup de nouvelles accusations. Au contraire, Fénelon, après avoir publié une lettre pastorale pour expliquer ses sentiments avec plus de netteté qu'il n'avait fait dans son livre, se contentait d'envoyer ses défenses à Rome par écrit. « Ce qui me retient, disait-il à l'abbé de Chanterac, est la réputation de l'Eglise et le désir de ménager mes confrères, quoiqu'ils aient affecté de me couvrir d'opprobre. C'est au Pape, mon supérieur, à me décider là-dessus ; je dois ma réputation à l'Eglise (Lettre du 19 nov. 1697). » Fénelon fut enfin obligé de céder au vœu des cardinaux et des examinateurs ; ils lui firent observer que cette cause produisait tous les jours des écrits contradictoires très-volumineux et très-subtils, dont il leur était souvent difficile de saisir l'esprit et même les expressions, dans des copies à la main, ordinairement mal transcrites et quelquefois peu exactes.

Fénelon commença donc à publier ses défenses. Il disait dans une première lettre à Bossuet : « Plût à Dieu, monseigneur, que vous ne m'eussiez pas contraint de sortir du silence que j'ai gardé jusqu'à l'extrémité ! Dieu, qui sonde les cœurs, a vu avec quelle docilité je voulais me taire jusqu'à ce que le père commun eût parlé, et condamner mon livre au premier signal de sa part. Vous pouvez, monseigneur, tant qu'il vous plaira, supposer que vous devez être contre moi le défenseur de l'Eglise, comme saint Augustin le fut contre les hérétiques de son temps. Un évêque qui soumet son livre et qui se tait après l'avoir soumis, ne peut être comparé ni à Pélage ni à Julien. Vous pouviez envoyer secrètement à Rome, de concert avec moi, toutes vos objections ; je n'aurais donné aucune apologie, ni imprimée ni manuscrite ; le juge seul aurait examiné mes défenses : toute l'Eglise aurait attendu en paix le jugement de Rome, ce jugement aurait tout fini. La condamnation de mon livre, s'il est mauvais, étant suivie de ma soumission sans réserve, n'eût laissé aucun péril pour la séduction ; nous n'aurions manqué en rien à la vérité : la charité, la paix, la bienséance épiscopales auraient été gardées (*Hist. de Fénelon*, l. 2, p. 470). »

Fénelon disait à Bossuet dans sa troisième lettre : « Qu'il m'est dur, monseigneur, d'avoir à soutenir ces combats de paroles et de ne pouvoir plus me justifier des accusations si terribles qu'en ouvrant le livre aux yeux de toute l'Eglise, pour montrer combien vous avez défiguré ma doctrine. Que peut-on penser de vos intentions ? *Je suis ce cher auteur que vous portez dans vos entrailles*, pour le précipiter, avec Molinos, dans l'abîme du quiétisme. Vous allez me pleurer partout, et vous me déchirez en me pleurant ! Que peut-on penser de ces larmes, qui ne servent qu'à donner plus d'autorité à vos accusations? Vous me pleurez et vous supprimez ce qui est essentiel dans mes paroles! Vous joignez, sans en avertir, celles qui sont séparées! Vous donnez vos conséquences les plus outrées comme mes dogmes précis, quoiqu'elles soient contraires à mon texte formel! »

Fénelon disait dans une autre lettre à Bossuet : « Il m'est impossible de vous suivre dans toutes les objections que vous semez sur votre chemin ; les difficultés naissent sous vos pas. Tout ce que vous touchez de plus pur dans mon texte se convertit aussitôt en erreur et en blasphème; mais il ne faut pas s'en étonner; vous exténuez et vous grossissez chaque objet selon vos besoins, sans vous mettre en peine de concilier vos expressions. Voulez-vous me faciliter une rétractation, vous aplanissez la voie; elle est si douce, qu'elle n'effraie plus. *Ce n'est*, dites-vous, *qu'un éblouissement de peu de durée*. Mais si l'on va chercher ce que vous dites ailleurs pour alarmer toute l'Église, pendant que vous me flattez ainsi, on trouvera que ce court *éblouissement est un malheureux mystère et un prodige de séduction*.

» Tout de même, s'agit-il de me faire avouer des livres et des visions de madame Guyon ? vous rendez la chose si excusable, qu'on est tout étonné que je ne veuille pas la confesser pour vous apaiser. *Est-ce un si grand malheur*, dites-vous, *d'avoir été trompé par une amie*? Mais quelle est cette amie ? C'est une *Priscille* dont je suis le Montan. Ainsi vous donnez, comme il vous plaît, aux mêmes objets les formes les plus douces et les plus affreuses.

» Je ne veux pas me juger moi-même. En effet, je dois craindre que mon esprit ne s'aigrisse dans une affaire si capable d'user la patience d'un homme qui serait moins imparfait que moi. Quoi qu'il en soit, si j'ai dit quelque chose qui ne soit pas vrai et essentiel à ma justification, ou bien si je l'ai dit en des termes qui ne fussent pas nécessaires pour exprimer toute la force de mes raisons, j'en demande pardon à Dieu, à toute l'Église et à vous. Mais où sont-ils ces termes que j'eusse pu vous épargner! du moins, marquez-les-moi ; mais en les marquant, défiez-vous de votre délicatesse. *Après m'avoir donné si souvent des injures pour des raisons, n'avez-vous point pris mes raisons pour des injures*?

» Cette douceur, dont vous me dites que je m'étais paré, on la tournait contre moi; on dit que je parlais d'un ton si radouci, parce que ceux qui se sentent coupables sont toujours timides et hésitants. Peut-être ai-je ensuite un peu trop élevé la voix, mais le lecteur pourra observer que j'ai évité beaucoup de termes durs, qui vous sont les plus familiers. Nous sommes, vous et moi, l'objet de la dérision des impies, et nous faisons gémir tous les gens de bien : que tous les autres hommes soient hommes, c'est ce qui ne doit pas surprendre, mais que les ministres de Jésus-Christ, ces anges des églises, donnent au monde profane et incrédule de telles scènes, c'est ce qui demande des larmes de sang. Trop heureux si, au lieu de ces guerres d'écrits, nous avions toujours fait notre catéchisme dans nos diocèses, pour apprendre aux pauvres villageois à craindre et à aimer Dieu (*Hist. de Fénelon*, l. 2, p. 485). »

Le public fut émerveillé de ces lettres de Fénelon et se tourna de son côté. Bossuet, étonné lui-même, ne put s'empêcher de dire en les lisant : « M. de Cambrai a de l'esprit à faire peur. » Et de fait, après avoir gardé jusqu'alors le rôle facile d'accusateur, Bossuet se voyait accusé à son tour, et sur des points capitaux de doctrine : accusé, non sans preuve, d'avoir pour principe de ses écrits contre Fénelon cette vingt et unième proposition ou erreur de Baïus : « L'élévation de la nature humaine à la participation de la nature divine, était due à l'intégrité de la première création, et par conséquent on doit l'appeler naturelle et non pas surnaturelle ; » et cette trente-huitième du même, qui est reproduite sous toutes les formes par les jansénistes : « Tout amour de la créature raisonnable est, ou la facile cupidité vicieuse par laquelle on aime le monde et qui est défendue par saint Jean, ou bien cette charité louable qui est répandue dans le cœur par le Saint-Esprit, et par laquelle on aime Dieu. » Voici comme Fénelon résume l'état de sa controverse avec Bossuet à cette époque :

« Je l'ai pressé, mais inutilement, de répondre sur des questions essentielles à la religion et décisives sur mon système. Il s'agit de savoir si Dieu, avant ses promesses gratuites, a été libre de ne nous donner la béatitude surnaturelle. Cette béatitude est-elle une vraie grâce ou une dette sous le nom de grâce? Si Dieu ne l'eût point donnée, n'aurait-il point été aimable pour sa créature? aurait-il perdu ses droits? Un don gratuit et accordé par surérogation peut-il être la *raison d'aimer* sans laquelle Dieu ne serait pas aimable? Peut-on dire que cette béatitude, qui ne nous était pas due, soit, autant dans les actes de la charité que dans ceux de l'espérance, la seule raison d'aimer? Ne doit-on pas aimer Dieu d'un amour indépendant d'un don qu'il était libre de ne nous accorder jamais ? Peut-on dire que saint Paul, Moïse et tant d'autres saints après eux, ont extravagué contre l'essence de l'amour même, lorsqu'ils ont supposé cet état où la béatitude surnaturelle ne nous aurait pas été donnée, et qu'ils ont voulu aimer Dieu indépendamment de ce don ? Est-il possible que tous ces saints aient mis le comble de la perfection dans un amour chimérique, contraire à l'essence de l'amour même, et qui est la source empoisonnée du quiétisme? La réponse de ce prélat est que j'éblouis le lecteur par une *métaphysique* outrée qui le *jette dans des pays inconnus* (Bossuet, t. XXIX, p. 613 : *Relation sur le quiétisme*, 6ᵉ sect., n. 8).

» Je faisais encore cette question. Les justes imparfaits, que les Pères nomment mercenaires, sont-ils, comme M. de Meaux le fait entendre (*Ibid.*, t. XXVIII, p. 504, 507. Cinquième écrit, n. 4 et 6), moins *touchés de Dieu, récompense incréée*, que d'une béatitude fabuleuse *hors en quelque façon de lui*, qu'ils ne pourraient regarder sérieusement sans démentir leur foi? Enfin je demandais sans relâche à ce prélat s'il nie tout milieu entre les vertus surnaturelles et la cupidité vicieuse, et si la mercenarité ou intérêt propre des justes imparfaits, que les Pères excluent de la vie la plus parfaite, ne peut pas être souvent une imperfection sans être un vice ? A toutes ces questions, nulle réponse précise. Ce prélat veut que je lui réponde sur les moindres circonstances de l'histoire de madame Guyon, comme un criminel sur la sellette répondrait à son juge. Mais quand je le presse de me répondre sur des dogmes fondamentaux de la religion, il se plaint de mes questions et ne veut point s'expliquer. Ce n'est pas que ces questions lui aient échappé; au contraire, il les rapporte presque toutes et prend soin de n'en résoudre aucune. Ce prélat, qui souffre si impatiemment qu'on le croie en demeure sur les moindres difficultés, pousse jusqu'au bout un profond silence sur des choses si capitales. Il ne répond jamais ni oui ni non sur mes demandes précises.

» L'embarras de M. de Meaux était encore redoublé par les réponses des deux prélats unis avec lui. Il rejette l'amour naturel, délibéré, innocent et distingué des vertus surnaturelles, sans être vicieux. Mais M. l'archevêque de Paris reconnaît que cet amour, sans être élevé à l'ordre surnaturel, peut être quelquefois innocent, quoiqu'il *arrive presque toujours*, selon lui; que la concupiscence *le dérègle*. M. de Meaux veut que l'opinion de l'amour indépendant du motif de la béatitude soit la source du quiétisme. Il dit que *c'est en cela qu'est mon erreur*, que c'est *le point décisif, le point qui renferme la décision du tout*, et que c'est par cette doctrine que je *me perds* (Bossuet, t. XXIX, p. 49, 61, 87). Mais M. l'évêque de Chartres, qui vient à son secours contre moi, se tourne en ce point pour moi contre lui et déclare que cette doctrine est celle qu'il a *soutenue* dans ses thèses (Fénelon, t. VI, p. 369-372; Réponse à la *Relat. sur le quiétisme*. *Avertissement*, n. 1, 2 et 3).

Dans cet embarras, Bossuet pressa Louis XIV de hâter le jugement du Pape, de renvoyer de la cour et d'auprès du duc de Bourgogne les amis et les parents de Fénelon, et de priver Fénelon lui-même de sa charge de précepteur : ce qui fut fait. Si Louis XIV avait pu lire ces paroles de Bossuet à son neveu, il n'eût probablement pas été si facile à conduire : « Je n'ai rien à attendre du roi ni de madame de Maintenon, que des choses générales dans l'occasion. M. de Paris craint M. de Cambrai, et me craint également. Je le contrains; car sans moi tout irait à l'abandon, et M. de Cambrai l'emporterait. On a de bonnes raisons de ne mêler M. de Reims dans cette affaire qu'indirectement. Les avis que vous me donnez, par rapport à M. le nonce, sont les seuls dont je puisse profiter, et je le ferai. Si la cour s'apercevait qu'il y eût le moindre dessein, elle gâterait tout; et c'est la principale raison de madame de Maintenon, qui n'a de bonne volonté que par rapport à M. de Paris. Du reste, MM. de Paris et de Chartres sont faibles et n'agiront qu'autant qu'ils seront poussés..... Je suis seul en butte à la cabale (Lettre du 10 juin 1697, t. XL, pp. 321 et 322). » Ainsi Bossuet seul, conseillé par son indigne neveu, poussait, contraignait l'archevêque de Paris, qui poussait madame de Maintenon, laquelle poussait le roi; sans Bossuet, tout allait à l'abandon, et Fénelon triomphait; si Bossuet avait laissé apercevoir à la cour le moindre dessein, tout était encore perdu, et Fénelon triomphait encore. Il fallait donc faire croire à la cour qu'il agissait comme *le plus simple des hommes*. Sans doute, Louis XIV n'eût pas été fort flatté de se voir ainsi la manivelle d'un homme dont le dessein bien combiné empêchait seul les parties de s'entendre.

Bossuet avait annoncé avec la plus entière assurance au roi, à madame de Maintenon, au public, à toute l'Église, que les erreurs de Fénelon seraient foudroyées par le Saint-Siége, aussitôt qu'elles auraient frappé l'oreille du vicaire de Jésus-Christ. Il fut donc bien surpris et déconcerté d'apprendre, en 1698, qu'après une année d'examen et soixante-quatre séances, de six ou sept heures chacune, les dix examinateurs se trouvaient partagés, et que cinq avaient constamment voté en faveur du livre, fondés en grande partie sur les explications que Fénelon en avait fournies dans ses défenses : ce qui montre combien il eût été facile d'arranger toute l'affaire. L'affaire eût pu s'arranger, moyennant une édition corrigée des *Maximes*. Bossuet fut surtout effrayé de ce que lui mandait son neveu au mois d'avril, en ces termes : « Le Pape, ces jours passés, a dit que l'affaire n'était pas claire (*Hist. de Fénelon*, l. 2, p. 490). » Ce fut pour se rassurer contre cette frayeur, qu'il écouta les conseils de son neveu, fit faire des dénonciations honteuses contre Fénelon, et chasser ses amis de la cour (*Ibid.*, et seqq.) : les abbés de Langeron et de Beaumont.

Quant au donneur de ces conseils, voici ce que l'abbé de Chanterac écrivait de Rome vers la fin de 1697 : « Une personne de qualité, qui est dans le plus grand monde de Rome, me raconta à l'oreille une terrible aventure de M. l'abbé Bossuet. Il s'est rendu fort amoureux, dit l'histoire, d'une jeune princesse de la ville, et témoignait pour elle beaucoup d'empressement. Revenant une nuit chez lui, plusieurs hommes masqués l'abordèrent le poignard ou le pistolet à la main, tout prêts à l'assommer. Il se mit à genoux devant eux, et leur demanda beaucoup pardon, et la vie; ils la lui accordèrent, mais à condition qu'il ne ferait plus tant l'empressé, et que, s'il manquait de parole, il n'y aurait plus de quartier pour lui. On ajouta que cette aventure, que chacun se disait présentement à l'oreille, serait bientôt publique. Je verrai si je l'apprends d'ailleurs avec plus de certitude (Fénelon, *Correspond.*, t. VIII, du 10 déc. 1697, p. 242 et 243). » L'abbé de Chanterac y revient dans des lettres subséquentes. « L'aventure dont je vous ai parlé regarde la princesse Césarine, dont le père est de la maison de Sforce. Cette conduite avait fait tant d'éclat, qu'elle avait presque rompu le mariage de cette princesse avec........; mais on m'a dit pourtant qu'il se conclurait enfin (P. 300). L'aventure de M. l'abbé Bossuet a des suites fâcheuses, et qui en font craindre encore de plus terribles (P. 313, lettre du 7 janvier 1698). Les aventures de cet abbé sont si publiques, que personne ne les ignore, et on y ajoute tous les jours quelque nouvelle circonstance (P. 362, lettre du 28 janv.). Dans la correspondance de Bossuet, oncle et neveu, il est souvent question de ces mauvais bruits : le roi et l'évêque en avaient été informés, avant que le neveu en eût dit mot. Ce n'est que le 19 août 1698 qu'il en donna à son oncle le sommaire assez conforme au récit de l'abbé de Chanterac. Mais, dès le 18 mars, il lui avait écrit : « Je vous avoue que je ne suis pas sans crainte au sujet de la *Gazette de Hollande* : je souhaiterais, pour ma satisfaction, si elle a parlé de cette fable, ou quand même elle n'en aurait pas parlé, qu'on y fit mettre l'article que je vous envoie ou à peu près;

on pourrait aussi, par le moyen de M. l'abbé Renaudot, l'insérer dans les *Avis à la main de Paris*, qui vont partout : toutes les lettres de Rome portent la fausseté entière des bruits répandus en France sur M. l'abbé Bossuet, etc. (Bossuet, t. XLI, p. 124, 64, 75, 78, 84, 129, 379, 388, 450). » Telle était, à Rome et ailleurs, la renommée de l'abbé Bossuet, dans le temps qu'il poussait son oncle à répandre contre Fénelon des dénonciations honteuses.

Pour fortifier ou suppléer ces dénonciations, qui se trouvèrent des calomnies, l'oncle quitta la controverse de la doctrine pour la discussion des faits personnels, et publia, d'après les conseils du neveu, sa *Relation sur le quiétisme*, tirée des manuscrits que madame Guyon lui avait confiés lors de son examen, à la suite duquel il lui fit signer qu'elle n'avait aucune des erreurs qui étaient dans ses livres; tirée des lettres confidentielles que Fénelon avait écrites tant à Bossuet qu'à madame de Maintenon; tirée même de la confession générale que Fénelon avait remise par écrit à Bossuet dans l'excès de sa confiance. Bossuet donnait pour excuse « qu'on était arrivé à ces temps de tentation où les cabales, les factions se remuent, où les passions, les intérêts partagent le monde, où de grands corps et de grandes puissances s'émeuvent, où l'éloquence éblouit les simples, la dialectique leur tend des lacets, une métaphysique outrée jette les esprits en des pays inconnus; plusieurs ne sachant plus ce qu'ils croient, et tenant tout dans l'indifférence, sans entendre, sans discerner, prenant parti par humeur (*Ibid.*, t. XXIX, p. 613). Si l'on dit, ajoute-t-il, que c'est trop parler contre une femme dont l'égarement semble aller jusqu'à la folie, je le veux, si cette folie n'est pas un pur fanatisme; si l'esprit de séduction n'agit pas dans cette femme; si cette Priscille n'a pas trouvé son Montan pour la défendre (*Ibid.*, p. 649). »

Bossuet, usant ou abusant avec beaucoup d'esprit des confidences qu'on lui avait faites, présentait d'une manière fort piquante les visions de madame Guyon : le succès de son livre ou libelle fut prodigieux. Madame de Maintenon écrivait au cardinal de Noailles, le 29 juin 1698 : « Le livre de M. de Meaux fait un grand fracas ici; on ne parle d'autre chose. Les faits sont à la portée de tout le monde; les folies de madame de Guyon divertissent; le livre est court, vif et bien fait : on se le prête, on se l'arrache, on le dévore, il réveille la colère du roi sur ce que nous avons laissé faire un tel archevêque; il m'en fait de grands reproches; il faut que toute la peine de cette affaire tombe sur moi. » C'est que cette dame s'était montrée autrefois l'amie déclarée de Fénelon. On la vit alors, non sans quelque étonnement, distribuer elle-même, avec une satisfaction insultante, un écrit où son ancien ami était si cruellement déchiré (*Hist. de Fénelon*, l. 2, p. 510 et 511).

Les amis de Fénelon furent consternés, et en France et à Rome. On s'attendait que ses deux plus intimes, les ducs de Beauvilliers et de Chevreuse, seraient chassés de la cour comme lui-même. Fénelon seul restait calme et tranquille; il releva même avec un esprit de gaîté le courage abattu de l'abbé de Chanterac. Il était même décidé à ne point répondre au libelle de Bossuet; il faisait plus encore : il venait d'adresser à l'abbé de Chanterac une réponse latine à la dernière lettre du cardinal de Noailles, au sujet des faits et des procédés. Cette réponse était embarrassante pour le cardinal; elle le mettait en contradiction avec lui-même sur plusieurs faits essentiels. Fénelon ordonna à l'abbé de Chanterac d'en retirer tous les exemplaires. Il en explique ainsi les motifs :

« J'avais préparé, mon cher abbé, une réponse à la lettre de M. de Paris pour la faire imprimer; mais des amis très-sages, et qui n'ont rien de faible, m'ont mandé que, dans l'extrême prévention où on a mis le roi, *le reste de mes amis, qui est ce que j'ai de plus précieux au monde, ne tenait plus qu'à un cheveu;* c'est le terme dont on s'est servi, m'assurant que c'était les perdre que de continuer à écrire publiquement contre M. de Paris. On a déjà sacrifié quatre personnes pour me punir d'avoir répondu à mes adversaires et pour m'imposer silence, sans vouloir me donner l'avantage de pouvoir dire qu'on me l'a imposé. Le public voit assez que je dois enfin me taire par profond respect pour le roi, et par ménagement pour mes amis. Il est capital néanmoins de bien observer deux choses : 1° Les causes de mon silence sont si délicates, qu'il faut bien se garder de les divulguer. On me ferait un grand crime, si on pouvait me convaincre d'avoir dit qu'on a chassé mes amis pour m'imposer silence. Ce n'est pas l'intention du roi, mais c'est celle de mes parties, et il faut que cela soit remarqué par le public sans que je le dise moi-même. 2° Si on explique mal à Rome mon silence, je suis prêt à hasarder tout, plutôt que de lui laisser aucun soupçon sur ma conduite et sur mes sentiments. C'est à eux à peser ce que je puis et ce que je dois faire dans l'extrémité où l'on me met. Je sens mon innocence, je ne crains rien du fond; mais je vois par expérience que plus je montre l'évidence de mes raisons, plus on s'aigrit pour perdre mes amis... Je n'oserai plus imprimer, à moins que je ne voie plus de liberté et moins d'inconvénients à craindre pour ceux qui me sont plus chers que moi-même (*Hist. de Fénelon*, l. 2, p. 514, lettre du 13 juin 1698). »

« L'unique chose qui m'afflige et me perce le cœur, c'est de n'oser publier ma réponse à M. de Paris sur les faits, de peur de perdre mes plus précieux amis; mais il faut mourir à tout, même à la consolation de justifier son innocence sur la foi. J'attends humblement les moments de Dieu (*Ibid.*, p. 516, lettre du 27 juin 1698). »

Le bon abbé de Chanterac, avec une courageuse amitié, lui répondit le 12 juillet 1698 que, s'il ne se justifiait publiquement sur les faits, il se rendrait suspect sur la doctrine, se déshonorerait lui-même, et achèverait de perdre ses amis, bien loin de les sauver : telle était la conviction, non-seulement de lui, Chanterac, mais de tous leurs amis de Rome, même des cardinaux. A cette nouvelle, Fénelon n'hésita plus : huit jours de travail lui suffirent. Il n'avait eu connaissance de la fameuse *Relation* de Bossuet que le 8 juillet; et sa réponse fut composée, imprimée, et était parvenue à Rome le 30 août. Aussi rien n'égala l'étonnement et l'admiration dont tous les esprits furent frappés à Paris, à Rome et dans toute l'Europe, en voyant la justification suivre de si près l'accusation. Il y eut telle province en

France et telle contrée en Europe, où la *Réponse à la relation sur le quiétisme* parvint en même temps que la *Relation* elle-même. On ne savait ce qu'on devait le plus admirer dans cette *Réponse* : la clarté dans l'exposition des faits; l'ordre et l'exactitude rétablis dans leur marche naturelle; chaque accusation détruite par des preuves irrésistibles; le mérite si rare de mettre dans la justification plus de précision que n'en offraient les accusations; l'accord encore plus rare de la simplicité, de l'élégance et de la noblesse du style; l'art admirable avec lequel Fénelon avait su, sans faiblesse et sans mollesse, mettre à l'écart le cardinal de Noailles et l'évêque de Chartres, le roi et madame de Maintenon, pour ne faire tomber ses traits que sur Bossuet seul, qui l'avait si cruellement offensé (*Hist. de Fénelon*, l. 2, p. 530).

Il rappelle d'abord l'état de la controverse avant la *Relation*, et l'embarras de Bossuet à répondre sur la doctrine. « Dans cet embarras, l'histoire de madame Guyon paraît à M. de Meaux un spectacle propre à faire oublier tout à coup tant de mécomptes sur la doctrine. Il dit que l'erreur s'aveugle elle-même au point de le forcer à déclarer tout, quand, non contente de paraître vouloir triompher, elle insulte. — Qui est-ce qui le *force à déclarer tout*? J'ai toujours borné la dispute aux points dogmatiques, et malgré mon innocence, j'ai toujours craint des contestations de faits, qui ne peuvent arriver entre des évêques sans un scandale irrémédiable. Mais enfin, si mon livre est plein, comme il l'a dit cent fois, des plus extravagantes contradictions et des erreurs les plus monstrueuses, pourquoi mettre le comble au plus affreux de tous les scandales et révéler aux yeux des libertins et des hérétiques ce qu'il appelle *un malheureux mystère... un prodige de séduction?* Pourquoi sortir du livre, si le texte suffisait pour le faire censurer? — Tandis qu'il ne s'agissait que du péril de l'Eglise, il ne faisait aucun scrupule de taire le *malheureux mystère.* Mais dès qu'il en a besoin pour se débarrasser de la dispute dogmatique, cette dispute le *force à l'extrémité* à publier mes lettres secrètes; elle le réveille, et le presse plus que le péril de l'Eglise même. C'est en triomphant et en lui *insultant* que le *force à révéler... le prodige de séduction*, et à montrer qu'en nos jours une *Priscille* a trouvé un *Montan.* »

Quant à l'estime qu'il a eue pour madame Guyon, Fénelon établit qu'il ne la connut qu'en 1689. Il était alors prévenu contre elle sur ce qu'il avait ouï dire de ses voyages. Ce qui contribua à effacer ces impressions, ce fut le témoignage avantageux de l'évêque de Genève en faveur de la piété et des mœurs de cette dame; ce fut surtout le témoignage de l'évêque de Meaux, qui, après l'avoir examinée pendant six mois dans son diocèse, après avoir lu, non-seulement ses livres, mais ses manuscrits inconnus à Fénelon, l'admettait à la communion fréquente, et lui donna une attestation que, s'il y avait des erreurs dans ses livres, il n'y en avait point dans son cœur et que ses intentions avaient toujours été catholiques. Fénelon disait et pensait la même chose, ni plus ni moins. S'il y a été trompé, il n'est pas plus coupable, mais beaucoup moins que l'évêque de Meaux.

Fénelon termine sa réponse par ce défi remarquable : « S'il reste à M. de Meaux quelque écrit ou quelque autre preuve à alléguer contre ma personne, je le conjure de n'en faire point un demi-secret pire qu'une publication absolue. Je le conjure d'envoyer tout à Rome, afin qu'il me soit promptement communiqué et examiné juridiquement. Je ne puis être en peine que des bruits vagues ou des allégations qui ne seraient pas approfondies. S'il me croit tellement impie et hypocrite, qu'il ne puisse trouver son salut et la sûreté de l'Eglise qu'en me diffamant, il doit employer, non dans des libelles, mais dans une procédure juridique, toutes les preuves qu'il aura. Si, au contraire, il n'a plus rien à dire pour flétrir ma personne, revenons, sans perdre un moment, à la doctrine, sur laquelle je demande une décision. Il l'a réduite lui-même à *un point* qu'il nomme *décisif*, à *un seul point qui renferme la décision du tout.* Ce point décisif de tout le système est, selon lui, que j'ai enseigné *une charité séparée du motif essentiel de la béatitude.* C'est là-dessus que nous pouvons demander au Pape un prompt jugement. C'est là-dessus que M. de Meaux doit être aussi soumis que moi. C'est cette soumission qu'il devrait avoir promise, il y a déjà longtemps, par rapport à toutes les opinions singulières que j'ai recueillies de son premier livre, dans mon écrit intitulé : *Véritables oppositions entre la doctrine de M. de Meaux et celle de M. de Cambrai.* Pour moi, je ne puis m'empêcher de prendre ici à témoin Celui dont les yeux éclairent les plus profondes ténèbres, et devant qui nous paraîtrons bientôt. Il sait, lui qui lit dans mon cœur, que je ne tiens à aucune personne ni à aucun livre; que je ne suis attaché qu'à lui et à son Eglise; que je gémis sans cesse en sa présence pour lui demander qu'il ramène la paix et qu'il abrège les jours de scandale, qu'il rende les pasteurs aux troupeaux, qu'il les réunisse dans sa maison, et qu'il donne autant de bénédictions à M. de Meaux, qu'il m'a donné de croix. »

Il est difficile de se faire une idée de la révolution subite que la *Réponse* de Fénelon opéra dans tous les esprits. Plus la *Relation* de Bossuet avait fait naître de préventions contre l'archevêque de Cambrai, plus on fut étonné de la facilité avec laquelle il avait dissipé tous les nuages, éclairci tous les faits et montré sa vertu dans tout son éclat. A peine la *Réponse* était-elle parvenue à Rome, qu'un cardinal disait à l'abbé de Chanterac : « Je l'ai lue avec le même épanchement de joie et de bonheur que j'aurais éprouvé, si, après avoir vu M. l'archevêque de Cambrai longtemps plongé et abîmé dans une mer profonde, je le revoyais tout à coup revenir heureusement à bord, et remonter en sûreté sur le rivage. » Lorsque l'abbé de Chanterac alla présenter la *Réponse* de Fénelon à la *Relation* de Bossuet, Innocent XII, qui l'avait déjà lue, l'accueillit avec une affection et une bonté plus sensibles que dans ses audiences précédentes. Il eut l'occasion de faire la même observation auprès de tous les cardinaux et des prélats les plus distingués de la cour de Rome. On voyait facilement qu'ils étaient soulagés d'un poids qui oppressait leur âme; tant la réputation de Fénelon était chère à tous les amis de la religion et de l'Eglise! tant il avait été nécessaire qu'il manifestât dans sa *Réponse* le courage, l'indignation, la force et l'évidence qui appartiennent à l'innocence outragée!

En France, l'archevêque de Paris et l'évêque de Chartres désirèrent se rapprocher de Fénelon : Bossuet y mit obstacle, et publia des *Remarques sur la Réponse de M. de Cambrai*. Il avait employé près de deux mois à les composer. Fénelon eut composé et imprimé sa *Réponse aux Remarques* dans l'espace de quinze jours. Elle n'est pas moins vigoureuse que la première, et demeura sans réplique. En voici le début.

« Monseigneur, jamais rien ne m'a tant coûté que ce que je vais faire; vous ne me laissez plus aucun moyen pour vous excuser en me justifiant. La vérité opprimée ne peut plus se délivrer qu'en dévoilant le fond de votre conduite; ce n'est plus ni pour attaquer ma doctrine, ni pour soutenir la vôtre que vous écrivez, c'est pour me diffamer.... Ce qui fait ma consolation, c'est que pendant tant d'années, où vous m'avez vu de si près tous les jours, vous n'avez jamais eu à mon égard rien d'approchant de l'idée que vous voulez aujourd'hui donner de moi aux autres. Je suis *ce cher ami, cet ami de toute la vie, que vous portiez dans vos entrailles*. Même après l'impression de mon livre, *vous honoriez ma piété*; je ne fais que répéter vos paroles dans ce pressant besoin. Vous aviez cru devoir *conserver en de si bonnes mains le dépôt important de l'instruction des princes; vous applaudîtes* au choix de ma personne pour l'archevêché de Cambrai. Vous m'écriviez encore, après ce temps-là, en ces termes : « *Je vous suis uni dans le fond du cœur, avec le respect et l'inclination que Dieu sait. Je crois pourtant ressentir encore je ne sais quoi qui nous sépare un peu, et cela m'est insupportable*. « Honorez-vous, monseigneur, d'une amitié si intime les gens que vous connaissez pour faux, hypocrites et *imposteurs*? Leur écrivez-vous de ce style? Si cela est, on ne saurait se fier à vos belles paroles, non plus qu'aux leurs; mais avouez-le, vous m'avez cru très-sincère jusqu'au jour où vous avez mis votre honneur à me déshonorer, et où, les dogmes vous manquant, il a fallu recourir aux faits pour rendre ma personne odieuse. »

Fénelon, dans sa *Réponse à la Relation sur le quiétisme*, s'était élevé avec la plus grande force contre l'abus que Bossuet avait fait des lettres qu'il lui avait écrites dans le sein de la confiance et de l'amitié. Bossuet lui reprochait à son tour d'avoir également fait usage de ses lettres. « Mais pouvez-vous comparer, monseigneur, répliquait Fénelon, votre procédé au mien? Quand vous publiez mes lettres, c'est pour me diffamer comme un quiétiste, sans aucune nécessité. Quand je publie les vôtres, c'est pour montrer que vous avez désiré d'être mon consécrateur, et *que vous ne trouviez plus entre vous et moi qu'un je ne sais quoi* auquel vous ne pouviez même donner un nom. Vous violez le secret de mes lettres missives, et c'est pour me perdre; je ne me sers des vôtres qu'après vous, non pour vous accuser, mais pour sauver mon innocence opprimée. Les lettres que vous produisez contre moi, sont ce qu'il doit y avoir de plus secret en ma vie, après ma confession, et qui, selon vous, me fait le *Montan d'une nouvelle Priscille*. Au contraire, vos lettres que je produis ne sont point contre vous; elles sont seulement pour moi; elles font voir que je n'étais pas un impie et un *fanatique*. Pourquoi mettez-vous votre honneur à me diffamer? Qui ne sera étonné qu'on abuse de l'esprit et de l'éloquence pour comparer une agression poussée jusqu'à une révélation si odieuse du secret d'un ami, avec une défense si légitime, si innocente, si nécessaire ? »

Dans sa *Réponse à la Relation sur le quiétisme*, Fénelon avait dit : « Il va jusqu'à parler d'une confession générale que je lui confiai, et où j'exposai, comme un enfant à son père, toutes les grâces de Dieu et toutes les infidélités de ma vie. « On a vu, dit-il, dans une de ces lettres qu'il s'était offert à me faire une confession générale. Il sait bien que jamais je n'ai accepté cette offre. » Pour moi, je déclare qu'il l'a acceptée, et qu'il a gardé quelque temps mon écrit. Il en parle même plus qu'il ne faudrait, en ajoutant tout de suite : « Tout ce qui pourrait regarder des secrets de cette nature sur ses dispositions intérieures est oublié, et il n'en sera jamais question. » La voilà cette confession sur laquelle il promet d'oublier tout, et de garder à jamais le secret. Mais est-ce la garder fidèlement, que de faire entendre qu'il en pourrait parler, et de se faire un mérite de n'en parler pas, quand il s'agit du quiétisme? Qu'il en parle, j'y consens. Ce silence, dont il se vante, est cent fois pire qu'une révélation de mon secret. Qu'il parle selon Dieu, je suis si assuré qu'il manque de preuves, que je lui permets d'en aller chercher jusque dans le secret inviolable de ma confession. — Dans ses *Remarques*, Bossuet, entre autres sophismes, fait semblant qu'il s'agit d'une confession sacramentelle. Fénelon, dans sa seconde *Réponse*, fait l'historique de cette confession écrite, mais non sacramentelle, que Bossuet refusa d'abord, mais reçut ensuite, non-seulement pour lui, mais encore pour l'archevêque de Paris et pour le supérieur de Saint-Sulpice. Bossuet ne répliqua plus.

Fénelon dit à la fin de son écrit : « Je laisse beaucoup de choses sans réponse particulière, parce que les faits éclaircis décident de tous les autres, et que ceux dont j'épargne la discussion au lecteur ne devraient être appelés dans votre langage que des *minuties*. Mais si vous jugiez à propos de vous en plaindre, je répondrai exactement à tout. Il ne me reste qu'à conjurer le lecteur de rapprocher patiemment votre *Relation* avec ma *Réponse*, et vos *Remarques* avec cette *lettre*. J'espère qu'il ne reconnaîtra point en moi le *Montan* d'une nouvelle *Priscille*, dont vous avez voulu effrayer l'Église. Cette comparaison vous paraît juste et modérée; vous la justifiez en disant qu'il ne s'agissait entre Montan et Priscille que *d'un commerce d'illusion*. Mais vos comparaisons tirées de l'histoire réussissent mal. Ce fanatique avait détaché de leurs maris deux femmes qui le suivaient. Il les livra à une fausse inspiration qui était une véritable possession de l'esprit malin, et qu'il appelait l'esprit de prophétie. Il était possédé lui-même aussi bien que ces femmes; et ce fut dans, un transport de la fureur diabolique, qui l'avait saisi avec Maximilla, qu'ils s'étranglèrent tous deux. Tel est cet homme, l'horreur de tous les siècles, avec lequel vous comparez votre confrère, *ce cher ami de toute la vie que vous portiez dans vos en-*

*trailles*, et vous trouvez mauvais qu'il se plaigne d'une telle comparaison. Non, monseigneur, je ne m'en plaindrai plus. Je n'en serai affligé que pour vous. Et qui est-ce qui est à plaindre, sinon celui qui se fait tant de mal à soi-même, en accusant son confrère sans preuve? Dites que vous n'êtes point mon accusateur, en me comparant à Montan. Qui vous croira, et qu'ai-je besoin de répondre? Pouviez-vous jamais rien faire de plus fort pour me justifier, que de tomber dans cet excès et dans ces contradictions palpables en m'accusant? Vous faites plus pour moi que je ne saurais faire moi-même. Mais quelle triste consolation, quand on voit le scandale qui trouble la maison de Dieu et qui fait triompher tant d'hérétiques et de libertins!

» Quelque fin qu'un saint pontife puisse donner à cette affaire, je l'attends avec impatience, ne voulant qu'obéir, ne craignant que de me tromper et ne cherchant que la paix. J'espère qu'on verra dans mon silence, dans ma soumission sans réserve, dans mon horreur constante pour l'illusion, mon éloignement de tout livre et de toute personne suspecte, que le mal que vous avez voulu faire craindre est aussi chimérique que le scandale a été réel, et que les remèdes violents contre des maux imaginaires se tournent en poison (Fénelon, t. VII). »

Les adversaires de l'archevêque de Cambrai furent frappés d'étonnement en voyant sa *Réponse* succéder si rapidement aux *Remarques* de l'évêque de Meaux, et le cardinal de Bouillon, admirateur sincère de Fénelon, disait publiquement à Rome que c'était le plus grand effort de l'esprit humain. L'abbé Bossuet disait au contraire à son oncle : « Pour moi, je n'y trouve que le caractère d'un charlatan, d'un déclamateur et du plus dangereux de tous les hommes. Il faut le suivre dans tous ses retranchements et ne lui laisser aucun moyen de pouvoir échapper. *C'est une bête féroce* qu'il faut poursuivre, pour l'honneur de l'épiscopat et de la vérité, jusqu'à ce qu'on l'ait terrassée et mise hors d'état de ne plus faire aucun mal. Saint Augustin n'a-t-il pas poursuivi Julien jusqu'à la mort? Par rapport à la France, par rapport à la cabale et *pour délivrer l'Église du plus grand ennemi qu'elle ait jamais eu*, je crois qu'en conscience ni les évêques ni le roi ne peuvent laisser M. de Cambrai en repos (25 nov. 1698; Bossuet, t. XLII, p. 54 et seqq.). »

A cette violence de langage, on reconnaît le neveu de l'oncle et quelle terrible impression la réponse de Fénelon avait faite sur sa cervelle. L'oncle ne suivit pas en tout les conseils du neveu. Il abandonna entièrement la question des faits; il se borna à publier encore quelques écrits dogmatiques pour accélérer la décision du Saint-Siège. On cessa même, dans le cours de cette dispute, de faire mention de madame Guyon et de toutes les prétendues découvertes qu'on avait faites de son commerce avec le Père Lacombe. L'état de démence de ce religieux fut entièrement constaté, et on prit le parti de laisser madame Guyon à la Bastille, sans avoir pu se procurer le plus léger indice des désordres dont on l'avait accusée (*Hist. de Fénelon*, l. 3, p. 45 et 46).

A Rome, les examinateurs étaient enfin parvenus à terminer leur examen le 25 septembre 1698, après soixante-quatre congrégations, à un grand nombre desquelles le Pape avait assisté en personne. Mais ils se trouvèrent, à la fin de cet examen, aussi partagés d'opinion qu'au commencement. Sur dix examinateurs, cinq déclarèrent que le livre de l'*Explication des maximes des saints* ne méritait aucune censure, et les cinq autres prononcèrent qu'il renfermait un grand nombre de propositions répréhensibles. Ce partage des théologiens de Rome, après un examen de près de quinze mois, devait naturellement opérer une espèce de *fin de non recevoir* contre les adversaires de l'archevêque de Cambrai. Celui-ci n'aurait pas manqué de corriger dans une nouvelle édition les propositions qui avaient paru répréhensibles à une partie des examinateurs, et tout aurait été fini (*Hist. de Fénelon*, l. 3, p. 48).

Mais ce n'était pas le compte de Bossuet. A la suggestion de son neveu, il fit faire une censure prématurée du livre de Fénelon par soixante docteurs de Paris, laquelle condamnait avec certaines qualifications douze propositions extraites du livre des *Maximes*. Ce qui est assez remarquable, c'est que cette censure fut rédigée par M. Pirot, le même qui avait lu le manuscrit de Fénelon, qui avait fait les changements adoptés par l'auteur, qui avait jugé le livre *correct et utile*, et avait dit publiquement que c'était *un livre d'or*. Cet acte, l'ouvrage d'un seul particulier, fut ensuite présenté à chaque docteur séparément, au nom du cardinal de Noailles, avec l'invitation de le souscrire et en laissant à peine le temps de le lire. Fénelon n'eut pas de peine à démontrer l'inconvenance d'un acte aussi irrégulier, et le cardinal de Noailles eut le soin de se justifier à Rome, où l'on fut choqué, avec raison, de voir une Faculté de théologie s'établir juge d'une question dont le jugement était déjà déféré au Saint-Siège.

A la suggestion de son neveu, Bossuet employa des moyens plus puissants, il fit parler et agir Louis XIV. Précédemment, Fénelon avait offert sa pension de précepteur du duc de Bourgogne pour les besoins de l'État au milieu des guerres; Louis XIV avait eu la générosité de s'y refuser. Mais en janvier 1699, à la sollicitation de Bossuet, Louis XIV raya de sa propre main le nom de l'archevêque de Cambrai de l'État des appointements affectés aux fonctions de précepteur, et lui en ôta la charge. A la sollicitation de Bossuet et par sa plume, Louis XIV écrivit au Pape des lettres pressantes où il demandait d'abord une décision prompte, enfin une condamnation expresse, avec menace de recourir autrement à des mesures extrêmes.

Lorsque ces menaces de schisme arrivèrent à Rome, Innocent XII, sur l'avis des cardinaux, avait déjà prononcé sur le livre des *Maximes*. Par un bref du 12 mars 1699, le Pape déclare : « Qu'après avoir pris les avis de plusieurs cardinaux et docteurs en théologie, *il condamnait et réprouvait de son propre mouvement*, le livre susdit, en quelque langue et version que ce fût, d'autant que, par la lecture et l'usage de ce livre, *les fidèles pourraient être* (1) insensiblement conduits dans des erreurs déjà condamnées par l'Église catholique, et aussi comme contenant des propositions qui, dans le sens des paroles, ainsi qu'il se présente d'abord, et selon la suite et la liaison des sentiments, sont téméraires,

---

(1) Il y a telle traduction qui met *peuvent être* au lieu de *pourraient être*, ce qui forme un sens différent dans le style des censures.

scandaleuses, mal sonnantes, offensives des oreilles pieuses, pernicieuses dans la pratique et même erronées respectivement. » Le bref rapporte ensuite vingt-trois propositions extraites du livre des *Maximes des saints* : le Pape les déclare soumises *respectivement* aux qualifications énoncées.

De ces vingt-trois propositions, il en est seize qui peuvent se réduire à deux, dont l'une suppose un *état habituel* de pur amour dans lequel on peut dès cette vie aimer Dieu pour lui-même, sans aucun rapport à notre béatitude, et l'autre paraît autoriser le sacrifice du salut dans les dernières épreuves. Les sept autres propositions, dit l'auteur des *Mémoires chronologiques*, le Jésuite d'Avrigny, n'étaient ramenées dans le bref que pour faire voir qu'on n'avait voulu épargner aucune proposition équivoque. — Il est bon de remarquer que le bref condamne les propositions qui supposent dès cette vie un *état habituel*, mais non pas celles qui supposent simplement *des actes* ou un *état transitoire* de pur amour, sans aucun rapport à notre béatitude surnaturelle.

Le 25 mars, jour de l'Annonciation, Fénelon allait monter en chaire dans la cathédrale de Cambrai pour prêcher sur la solennité du jour, lorsqu'il voit arriver son frère, lui apportant la première nouvelle que son livre est condamné. Fénelon, qui était loin de s'y attendre, se recueillit seulement quelques instants pour changer tout le plan du sermon qu'il avait préparé; il le tourna sur la parfaite soumission due à l'autorité des supérieurs. La nouvelle de la condamnation de Fénelon avait déjà rapidement circulé dans la nombreuse assemblée qui l'écoutait. Cette admirable présence d'esprit, ce mouvement sublime, ce calme religieux qui attestait d'avance la soumission de l'archevêque de Cambrai et qui en était l'engagement solennel, firent couler de tous les yeux des larmes de tendresse, de douleur, de respect et d'admiration.

Le 9 avril, dès le lendemain du jour où il avait reçu la permission du roi, Fénelon publia le mandement qui suit :

« François, par la miséricorde de Dieu et la grâce du Saint-Siège apostolique, archevêque duc de Cambrai, prince du Saint-Empire, comte de Cambrésis, etc., au clergé séculier et régulier de notre diocèse, salut et bénédiction en Notre Seigneur.

» Nous nous devons à vous sans réserve, mes très-chers frères, puisque nous ne sommes plus à nous, mais au troupeau qui nous est confié : *Nos autem servos vestros per Jesum*. C'est dans cet esprit que nous nous sentons obligé de vous ouvrir ici notre cœur et de continuer à vous faire part de ce qui nous touche sur le livre intitulé *Explication des maximes des saints*. — Enfin notre Saint-Père le Pape a condamné ce livre, avec les vingt-trois propositions qui en ont été extraites, par un bref daté du 12 mars, qui est maintenant répandu partout et que vous avez déjà vu.

» Nous adhérons à ce bref, mes très-chers frères, tant pour le texte du livre que pour les vingt-trois propositions, simplement, absolument, et sans ombre de restriction. Ainsi nous condamnons, tant le livre que les vingt-trois propositions, précisément dans la même forme et avec les mêmes qualifications, simplement, absolument et sans aucune restriction. De plus, nous défendons sous la même peine, à tous les fidèles de ce diocèse, de lire et de garder ce livre.

» Nous nous consolerons, mes très-chers frères, de ce qui nous humilie, pourvu que le ministère de la parole, que nous avons reçu du Seigneur pour votre sanctification, n'en soit pas affaibli, et que nonobstant l'humiliation du pasteur, le troupeau croisse en grâce devant Dieu. — C'est donc de tout notre cœur que nous vous exhortons à une soumission sincère et à une docilité sans réserve, de peur qu'on n'altère insensiblement la simplicité de l'obéissance pour le Saint-Siège, dont nous voulons, moyennant la grâce de Dieu, vous donner l'exemple jusqu'au dernier soupir de notre vie. — A Dieu ne plaise qu'il soit jamais parlé de nous, si ce n'est pour se souvenir qu'un pasteur a cru devoir être plus docile que la dernière brebis du troupeau, et qu'il n'a mis aucune borne à sa soumission. — Je souhaite, mes très-chers frères, que la grâce de Notre Seigneur Jésus-Christ, l'amour de Dieu et la communication du Saint-Esprit demeurent avec vous tous. *Amen.*

« Donné à Cambrai, le 9 avril 1699. Signé FRANçois, *archevêque duc de Cambrai* (Fénelon, t. IX). »

Tout le monde a entendu dire que, pour laisser à son diocèse un monument de sa parfaite soumission, Fénelon donna à son église métropolitaine un ostensoir d'or qui représentait la religion portant dans une main le soleil élevé au-dessus de sa tête et foulant aux pieds plusieurs livres, parmi lesquels il y en avait un sur le couvercle duquel on lisait en toutes lettres : *Maximes des saints*. Ce fait, révoqué en doute par quelques personnes, a été confirmé de nos jours par un témoin oculaire, M. l'abbé de Calonne, qui a été vicaire général, official et chanoine de Cambrai sous MM. de Choiseul, de Fleury et le prince Ferdinand, qui a porté cet ostensoir en procession et qui l'a examiné souvent avec une attention d'autant plus scrupuleuse qu'il était bien informé des soupçons qu'on avait conçus si légèrement sur le mandement de Fénelon (*Ami de la religion*, t. XXV, n. 651, p. 400).

Avant d'adresser officiellement ce mandement au pape Innocent XII, Fénelon lui avait écrit en ces termes :

« Très-Saint-Père, ayant appris le jugement de Votre Sainteté sur mon livre, mes paroles sont pleines de douleur, mais ma soumission et ma docilité sont au-dessus de ma douleur. Je ne parle plus de mon innocence, des outrages que j'ai reçus et de tant d'explications données pour justifier ma doctrine. Je ne parle plus de tout le passé. J'ai déjà préparé un mandement que je me propose de publier dans tout mon diocèse, par lequel, adhérant humblement à la censure apostolique, je condamnerai mon livre avec les vingt-trois propositions qui en ont été extraites, simplement, absolument et sans aucune ombre de restriction, et défendrai sous les peines portées par le bref, à tous les fidèles de ce diocèse, de lire ou de garder ce livre.

» Je suis résolu, Très-Saint-Père, de publier ce mandement dès que j'en aurai reçu la permission du roi, et je ne différerai pas un moment à répandre parmi toutes les églises, et même parmi les hérétiques, ce témoignage de ma soumission intime et entière; car jamais je n'aurai honte d'être corrigé par le successeur de Pierre, qui lui-même est chargé de confirmer ses frères. Que le livre soit donc à jamais réprouvé pour conserver la forme du langage orthodoxe. C'est ce que j'exécuterai dans peu de jours. Je n'emploierai pas l'ombre de la plus légère distinction qui puisse tendre à éluder le décret ou à m'excuser le moins du monde. Je crains, comme je le dois, de causer quelque embarras à Votre Sainteté, qui est assez occupée par la sollicitude de toutes les églises; mais lorsqu'Elle aura reçu avec bonté le mandement que je dois bientôt mettre à ses pieds, pour être un gage de ma soumission absolue, je supporterai tous mes chagrins dans le silence; je serai toute ma vie, avec un souverain respect et un dévouement parfait de cœur et d'esprit, etc. (Fénelon, *Correspond.*, t. X, p. 479). »

Aussitôt que l'abbé de Chanterac eut remis la lettre de Fénelon et son mandement du 9 avril, Innocent XII s'empressa de les transmettre à la congrégation des cardinaux. Ceux-ci éprouvèrent une sensible consolation à la lecture de ces pièces. Ils votèrent unanimement que Sa Sainteté serait invitée à faire une réponse honorable à ce prélat. Mais les émissaires de Bossuet s'y opposèrent tant qu'ils purent : ils obtinrent seulement qu'on en retranchât les expressions les plus fortes de bienveillance, et surtout qu'on n'y mît pas ce que le Pape avait déclaré hautement en plusieurs occasions : « Que ni lui ni les cardinaux n'avaient entendu condamner les explications que l'archevêque de Cambrai avait données de son livre (*Hist. de Fénelon*, l. 3, p. 110). »

Voici donc en quels termes le bref fut envoyé à Fénelon :

« Vénérable frère, salut. Nous avons reçu avec une grande joie les lettres du mois d'avril dernier, que Votre Fraternité nous a adressées avec un exemplaire du mandement par lequel, adhérant humblement à notre condamnation apostolique contre le livre par vous publié et contre les vingt-trois propositions qui en ont été extraites, vous avez adressé notre décret, avec une prompte obéissance et un esprit soumis, aux peuples confiés à vos soins. Vous avez parfaitement confirmé, par cette nouvelle preuve de votre affection sincère et de votre obéissance, que vous devez à nous et à notre Siège, l'opinion que nous avions il y a longtemps de Votre Fraternité. Nous ne nous promettions rien moins de vous, qui nous aviez fait connaître clairement votre bonne volonté dès le temps que, demandant avec humilité d'être corrigé par cette Église, mère et maîtresse, vous avez ouvert les oreilles de votre cœur pour recevoir la parole de vérité et pour apprendre par notre jugement ce que vous et les autres deviez penser de votre livre et de la doctrine qu'il contient. Après avoir donné ainsi dans le Seigneur les éloges dus au zèle avec lequel vous vous êtes soumis très-volontairement à notre décision pontificale, nous prions Dieu, de la plénitude de notre cœur, de vous donner ses grâces et de vous protéger dans les travaux que vous entreprendrez pour la conduite de votre troupeau, et d'accomplir vos vœux. Nous vous accordons, vénérable frère, notre bénédiction apostolique avec beaucoup d'affection. Le 12 mai, la huitième année de notre pontificat (*Ibid.*, p. 113). »

En France, l'évêque de Chartres félicita Fénelon de sa soumission humble et généreuse, que d'ailleurs il avait toujours attendue de sa piété. Fénelon l'en remercia, et l'ancienne amitié se rétablit entre eux (*Hist. de Fénelon*, l. 3, p. 99). L'archevêque de Paris et l'évêque de Meaux ne se montrèrent ni si délicats ni si nobles que l'évêque de Chartres. Bossuet partageait plus ou moins les dispositions de ses agents à Rome. L'abbé Phélippeaux ne trouvait dans le mandement de Fénelon, dans ce mandement dont toutes les expressions parlent à l'âme et au cœur, qu'un langage sec et plein de paroles vagues qui pouvaient n'exprimer qu'une soumission extérieure et forcée. L'abbé Bossuet écrivait à son oncle le 5 mai 1699 : « Je me suis procuré une copie de la lettre de M. de Cambrai au Pape. Je vous avoue qu'au lieu d'en être édifié, j'en fus scandalisé au dernier point. Il ne me fut pas difficile d'en découvrir tout l'orgueil et tout le venin; et il me semble qu'il n'y a qu'à le lire sans passion pour en être indigné. » Le 17 du même mois, l'oncle répondait au neveu : « On est très-étonné que M. de Cambrai, très-sensible à son humiliation, ne le paraisse en aucune sorte à son erreur... qu'il veuille qu'on ne se souvienne de lui que pour reconnaître sa docilité, supérieure à celle de la moindre brebis du troupeau ; c'est-à-dire qu'il veut qu'on oublie tout, excepté ce qui lui est avantageux. Enfin ce mandement est trouvé fort sec, et l'on dit qu'il est d'un homme qui n'a songé qu'à se mettre à couvert de Rome, sans avoir aucune vue d'édification (*Ibid.*, p. 95-97). »

On voit même, par la correspondance de l'oncle avec le neveu, qu'il aurait été assez disposé à renouveler des combats d'écrits avec Fénelon, et même à attaquer ce mandement comme insuffisant; mais il ne put s'empêcher d'être frappé de l'applaudissement universel avec lequel ce mandement avait été reçu à Paris, à Rome, dans les pays étrangers, à Versailles même. Il ne pouvait plus d'ailleurs se flatter du concours du cardinal de Noailles et de l'évêque de Chartres; l'un et l'autre, satisfaits d'être délivrés honorablement d'une controverse à laquelle ils n'avaient pris part qu'avec une répugnance marquée, n'étaient plus disposés à prêter leur nom et leur crédit à Bossuet. Madame de Maintenon elle-même était excédée depuis longtemps de cette interminable guerre. Ce changement de scène se laisse apercevoir dans une lettre de Bossuet à son neveu, 19 avril 1699. « Malgré tous les défauts du mandement de M. de Cambrai, je crois que Rome doit s'en contenter, parce qu'après tout, l'essentiel y est à la rigueur et que l'obéissance y est pompeusement étalée. Il faut d'ailleurs se rendre facile, pour le bien de la paix, à recevoir les soumissions de M. de Cambrai, et finir les affaires; ainsi, ces réflexions (précédentes) seront pour vous et pour M. Phélippeaux seulement (*Ibid.*, p. 106 et 107). »

Le bref du Pape contre le livre de Fénelon fut accepté avec beaucoup d'appareil dans les assemblées métropolitaines convoquées par le roi. Celle de Paris, composée des trois adversaires de Fénelon, avec l'évêque de Blois, demanda au roi ce qu'ils n'avaient pu obtenir du Pape, la suppression des écrits que Fénelon avait publiés pour sa défense : ce que le roi daigna leur accorder. Les trois prélats se seraient fait plus d'honneur, en se montrant plus généreux et plus délicats dans la victoire. Dans les autres assemblées métropolitaines, dit l'historien d'Avrigny, on en usa bien ou mal à l'égard de l'archevêque de Cambrai, selon qu'il s'y trouva plus ou moins d'évêques attachés à la cour et à son principal adversaire. Quelques-uns affectèrent de rappeler le souvenir de ses erreurs, et les autres (et ce fut le plus grand nombre) se bornèrent à faire l'éloge de sa soumission sans bornes (*Mém. chronol. d'Avrigny*). Nous devons ajouter qu'elles honorèrent unanimement la piété, les vertus et les talents de Fénelon. Dans l'assemblée métropolitaine de Cambrai, l'évêque de Saint-Omer se permit d'indignes tracasseries envers son métropolitain, qui les supporta avec calme. Le roi donna ensuite des lettres patentes pour enregistrer le bref au parlement de Paris.

L'assemblée générale du clergé de 1700 se fit rendre compte de toute l'affaire de Fénelon. Chargé d'en faire le rapport, Bossuet y dit entre autres : « Il a été sagement observé que M. l'archevêque de Cambrai, qui avait le plus d'intérêt à rechercher les moyens d'affaiblir, s'il se pouvait, la sentence qui le condamnait, s'y est soumis le premier par un acte exprès. On a remarqué avec joie les noms illustres des grands évêques qu'il avait suivis dans cette occasion ; et, à l'exemple du roi, toutes les provinces se sont unies à louer cette soumission, montrant à l'envi que tout ce qu'on avait dit par nécessité contre le livre, était prononcé sans aucune altération de la charité. »

Ce fut un avantage réel pour la réputation de madame Guyon, que l'assemblée du clergé eût confié ce rapport à Bossuet, qui s'était montré si prévenu contre elle. On y lit en effet ces paroles remarquables prononcées par Bossuet lui-même en présence de l'assemblée du clergé : « Quant aux abominations qu'on regardait comme les suites de ses principes (de madame Guyon), il n'en fut jamais question ; elle en a toujours témoigné de l'horreur. » Ce fut à une déclaration si solennelle et si positive de l'innocence de ses mœurs qu'aboutirent ces dénonciations honteuses auxquelles on avait donné tant de publicité et d'éclat. Lorsque Bossuet proclamait ainsi l'innocence de madame Guyon devant une assemblée du clergé, elle était encore prisonnière à la Bastille ; ses ennemis étaient tout puissants et ses amis dans la disgrâce (*Hist. de Fénelon*, t. II, l. 3).

La soumission de Fénelon au jugement du Saint-Siége et son inviolable fidélité à observer le silence qu'il s'était imposé affligèrent également les jansénistes et les protestants. Les uns et les autres s'étaient flattés qu'une contestation aussi animée entre deux grands évêques pourrait affaiblir l'autorité du Saint-Siége par quelques actes schismatiques. Fénelon reçut tout à coup, par une voie détournée, une lettre du Père Gerberon, religieux bénédictin, fameux à cette époque par son zèle ardent pour le jansénisme. Il proposait à l'archevêque de Cambrai de publier différents écrits pour la défense de sa doctrine, depuis la censure qui en avait été faite, *sans que* personne pût jamais savoir que Fénelon y eût aucune *part, en eût aucune connaissance*. Fénelon répondit à cette singulière proposition qu'il aimerait mieux mourir que de défendre directement ou indirectement un livre qu'il avait condamné sans restriction et du fond du cœur, par docilité pour le Saint-Siége... Qu'il n'était ni juste ni édifiant qu'un auteur voulût perpétuellement occuper l'Eglise de ses contestations personnelles... ; qu'il n'y avait plus pour lui ni édification à donner ni dignité à soutenir que dans un profond silence (*Hist. de Fénelon*, t. II, l. 3, p. 140).

## § V.

*Conduite de Bossuet envers les jansénistes.* — *Politique de Louis XIV ; elle séduit les littérateurs de son époque, excepté Fénelon.* — *Influence de cette politique sur le clergé français.* — *Conduite du roi envers le Pape et les autres souverains.*

Bossuet n'était pas si rude aux jansénistes. S'il y a quelque chose d'inexplicable dans l'histoire de ces temps et de ces choses, dit l'excellent comte de Maistre, c'est la conduite de Bossuet à l'égard du jansénisme. Si l'on n'examine que les principes, personne n'a le moindre droit d'en douter ; j'oserais dire même qu'on ne saurait les mettre en question sans commettre une injustice qui pourrait s'appeler *crime*. Non-seulement il est convenu, et a dit et prouvé que les cinq propositions trop fameuses étaient dans le livre de l'évêque d'Ypres, mais il a ajouté comme le savent tous les théologiens, *que le livre entier n'était que les cinq propositions*. On croirait entendre Bourdaloue lorsqu'il s'écrie : « Dans quel pays et dans quelle partie de l'univers a-t-on lu d'Innocent X et les autres constitutions des Papes contre le jansénisme ont-elles été reçues avec plus de respect (qu'en France) ?.... En vain les partisans, soit secrets, soit déclarés de Jansénius, interjetteraient cent appels au futur concile œcuménique, etc. » Dans la conversation intime, il parle comme dans ses livres. Ce sont les jansénistes, disait-il en parlant à son secrétaire, qui ont accoutumé le monde ; et surtout les docteurs, à avoir peu de respect pour les censures de l'Eglise, et non-seulement pour celles des évêques, mais encore pour celles de Rome même. » Et lorsque la France vit cette révolte burlesque des religieuses de Port-Royal, qui ne croyaient pas devoir obéir à l'Eglise en conscience, Bossuet ne dédaigna point de traiter avec elles, pour ainsi dire, d'égal à égal, et de leur parler sur le jansénisme comme il aurait parlé à la Sorbonne, dans un esprit entièrement romain.

Mais dès qu'il s'agit de frapper l'ennemi, il retient visiblement ses coups et semble craindre de le toucher. A la vue de l'erreur, *il prend feu d'abord, mais voit-il un de ses amis pencher vers la nouvelle opinion, tout de suite il affecte de garder le silence et ne veut plus s'expliquer* (Bausset, *Hist. de Bossuet*, l. 13, n. 2, t. IV). Il déclare à un maréchal de France de ses amis que *rien ne peut excuser le jansénisme*, mais il ajoute : *Vous pouvez sans difficulté dire ma pensée à ceux à qui vous le jugerez à propos, toutefois avec quelque réserve* (*Ibid.*, t. I, l. 2, n. 18). Les luthériens et les calvinistes n'aiment point qu'on les appelle de ces noms (qui leur appartiennent néanmoins incontestablement ; car la conscience leur dit assez que *tout système religieux qui porte le nom d'un homme est faux*. Les jansénistes, par la même raison, devaient éprouver une aversion du même genre, et Bossuet ne se refuse pas de se prêter jusqu'à un certain point à ces répugnances de l'erreur. *On ne peut pas dire*, disait-il, *que ceux qu'on appelle communément* JANSÉNISTES *soient hérétiques, puisqu'ils condamnent les cinq propositions condamnées par l'Eglise;* mais on a droit de leur reprocher *de se montrer favorables à un schisme et à des erreurs condamnées, deux qualifications que j'avais données exprès à leur secte dans la dernière assemblée de* 1700. — Et nous l'avons vu pardonner à une proposition janséniste, par égard seulement pour la mémoire d'Arnauld, après avoir dénoncé lui-même à l'assemblée *les excès outrés du jansénisme (Ibid.,* t. IV, l. 11).

A l'aspect de tant de froideur, on se demande ce que devient, lorsqu'il s'agit du jansénisme, ce grand et impétueux courage qui promettait, il n'y a qu'un instant (au sujet des propositions de morale relâchée), de parler *seul* à *toute* la terre ? En face de l'un des ennemis les plus dangereux de l'Eglise, on cherche Bossuet sans le trouver : est-ce bien le même homme qu'on a vu se jeter aux pieds de Louis XIV pour lui dénoncer les *Maximes des saints*, en demandant pardon à son maître de lui avoir laissé ignorer si longtemps un si grand scandale ? qui laisse échapper les noms de Montan et de Priscille ? qui parle du *fanatisme* de son collègue; du danger *de l'Etat et de l'Eglise*; et qui menace enfin ouvertement le Pape d'une scission, s'il ne se hâte d'obéir aux volontés de Louis XIV ? Quel motif, quel ressort secret agissait sur l'esprit du grand évêque de Meaux et semblait le priver de ses forces en face du jansénisme ? Pourquoi, dans le moment même qu'il poursuit à outrance Fénelon soumis à l'Eglise, prend-il sur lui de louer, excuser, justifier, comme nous avons vu, les *Réflexions morales* du janséniste Quesnel rebelle à l'Eglise; *Réflexions* qui renferment et distillent tout le venin du jansénisme, *cette hérésie la plus subtile que le diable ait jamais tissue?* Pourquoi donc ces invariables égards pour le serpent qu'il pouvait écraser si aisément sous le poids de son génie, de sa réputation et de son influence? Je n'en sais rien, dit le comte de Maistre dans son excellent ouvrage : *De l'Eglise gallicane* (Bausset, *Hist. de Bossuet*, l. 2, c. 14).

De son vivant, Bossuet recevait déjà des observations de cette nature. En 1703, un docteur, Pussyran, lui adressa la lettre suivante : « On a appris que Votre Grandeur travaillait contre le *silence respectueux*. On en serait édifié si on n'avait su depuis que vous supposez dans cet ouvrage que l'Eglise n'est pas infaillible sur les faits doctrinaux, et que vous n'exigez des fidèles qu'un simple préjugé en faveur des décisions de l'Eglise. Si vous prévariquez à ce point, vous devez vous attendre que les docteurs catholiques fondront sur vous, et qu'en vous relevant sur cet article, ils ne vous épargneront pas sur les autres fautes de vos ouvrages. J'en ai en mon particulier un recueil assez ample pour vous donner du chagrin le reste de votre vie, dût-elle être bien plus longue qu'on n'a lieu de l'espérer. Eh! monseigneur, si vous voulez avoir l'honneur de défendre l'Eglise, défendez-la sans la trahir, et ne confirmez pas le juste soupçon qu'on a eu que vous ne faisiez pas, à l'égard des nouvelles hérésies, ce qu'on devait attendre d'un prélat de votre distinction. Il faut même que je vous avoue qu'il y a déjà sur votre chapitre un petit volume tout prêt, sous ce titre : *Rétractation de messire Bénigne Bossuet, évêque de Meaux.* Il est plein d'onction et de vérité; l'auteur écrit d'une manière à se faire lire. Vous ne pouvez vous épargner cette critique publique qu'en vous déclarant sans ménagement contre les fauteurs du *silence respectueux.* Au reste, monseigneur, quand vous expliquerez la grâce efficace par elle-même, appliquez-vous bien à la distinguer de celle de Calvin, premier auteur de cette expression (Bossuet, t. XLII, p. 711-713). »

Bossuet travaillait alors à un écrit : *De l'autorité des jugements ecclésiastiques, où sont notés les auteurs des schismes et des hérésies.* Nous n'en avons qu'un précis, les éditeurs jansénistes de Bossuet ayant brûlé l'original. Bossuet le composa sur la fin de sa vie, à l'occasion du fameux *cas de conscience.* On y supposait un confesseur de province consultant les docteurs de Sorbonne sur la nature de la soumission qu'on devait avoir pour les constitutions des Papes contre le *jansénisme*, et l'avis des docteurs portait qu'à l'égard de la *question de fait, le silence respectueux* suffisait pour rendre à ces constitutions toute l'obéissance qui leur était due. Parmi les quarante signataires était le Dominicain Noël Alexandre. Au premier éclat que fit cette nouvelle attaque du parti janséniste, Bossuet *prit feu*, suivant l'expression de son secrétaire. Cependant il affecta ensuite de garder le silence et d'éviter de s'expliquer. Son ami, l'archevêque de Reims, paraissait un peu favorable à la décision du *cas de conscience.* Le cardinal de Noailles passait pour n'y avoir pas été entièrement étranger, du moins il ne se pressait pas de le condamner. Bossuet lui adressa un mémoire, eut avec lui des conférences en présence de l'évêque de Chartres. On convint de demander une rétractation aux signataires. Noël Alexandre fut le premier à en donner l'exemple et déclara que *par le silence respectueux* il avait toujours entendu et voulu exprimer une *soumission intérieure et sincère.* Le plus rétif fut le docteur Couet, grand-vicaire de Rouen, soupçonné généralement d'être l'auteur de la consultation. Trois évêques négocièrent la chose pendant six mois; il fallut que Louis XIV s'en mêlât, ainsi que Bossuet. Enfin l'abbé Couet signa une déclaration de la rédaction de l'évêque de Meaux, par laquelle il reconnaissait « que l'Eglise est en droit d'obliger tous les fidèles de souscrire, avec une approbation et une soumission entière de jugement, à la condamnation, non-seulement des erreurs, mais encore des auteurs et de leurs écrits... Qu'il faut aller jusqu'à une entière et absolue persuasion que le sens de Jansénius est justement condamné (*Hist. de Bossuet*, l. 13).

C'est dans le sens de ces principes que Bossuet composa son écrit *sur l'autorité des jugements ecclésiastiques.* Il en était à la page 107 de l'original, lorsqu'il fut arrêté par les souffrances qui précédèrent sa mort. L'ouvrage est un développement de la lettre écrite en 1665 aux religieuses de Port-Royal, pour les porter à se soumettre aux décisions de l'Eglise et à souscrire le formulaire d'Alexandre VII, suivant l'ordonnance de l'archevêque de Paris, Hardouin de Péréfixe. Bossuet lui-même résumait sa lettre en ces termes : « Ainsi, pour recueillir mon raisonnement, je soutiens que vous n'avez aucune raison qui vous empêche de souscrire purement et simplement la profession de foi que l'on vous propose. Vous ne pouvez pas en être empêchées à raison du dogme condamné, puisque vous le réprouvez; ni parce qu'on en a désigné l'auteur dans le formulaire de foi, puisque c'est la coutume de l'Eglise, dès les premiers siècles, d'en user ainsi; ni parce que vous ne savez pas vous-mêmes si cet auteur a enseigné de tels dogmes, puisqu'il vous doit suffire que l'Eglise l'ait jugé, et qu'on ne vous demande pas que vous souscriviez en *définissant*, ce qui ne convient pas à votre état, mais seulement en *obéissant*; ni enfin sous prétexte que tous ne conviennent pas que le sens de cet auteur ait été bien entendu, puisque c'est sur ce doute-là que le jugement de l'Eglise est intervenu et qu'il n'y a aucune justice de faire dépendre l'autorité de cette décision de l'acquiescement des parties (Bossuet, t. XXXVII, p. 153 et 154). »

Dans son dernier ouvrage, voici comme débute le préambule qui nous a été conservé. « Il revient de beaucoup d'endroits des plaintes amères, qui font sentir que plusieurs sont scandalisés de l'autorité qu'on donne aux jugements ecclésiastiques, où sont flétris et notés les auteurs des schismes et des hérésies avec leur mauvaise doctrine. Plusieurs gens doctes, éblouis du savoir et de l'éloquence d'un certain auteur célèbre parmi nous (Arnauld), croient rendre service à Dieu en affaiblissant l'autorité de ces jugements. A les entendre, on croirait que les *formulaires* et les souscriptions sur la condamnation des hérétiques sont choses nouvelles dans l'Eglise de Jésus-Christ; qu'elles sont introduites pour opprimer qui on voudra; ou que l'Eglise n'a pas toujours exigé, selon l'occurrence, que les fidèles passassent des actes qui marquassent leur consentement et leur approbation expresse, ou de vive voix, ou par écrit, aux jugements dont nous parlons, *avec une persuasion entière et absolue dans l'intérieur*. Le contraire leur paraît sans difficulté; ils prennent un air de décision qui semble fermer la bouche aux contredisants; et ils voudraient faire croire qu'on ne peut soutenir la certitude des jugements *sur les faits*, sans offenser la pudeur et la vérité manifeste. Cependant toute l'histoire de l'Eglise est remplie de semblables actes et de semblables soumissions, dès l'origine du christianisme. — Il m'est venu dans l'esprit qu'il serait utile au bien de la paix de représenter ces actes, à peu près dans l'ordre des temps, en toute simplicité et vérité. Je pourrais en faire l'application aux matières contentieuses du temps; mais j'ai cru plus pacifique de la laisser à chacun (*Ibid.*, p. 166 et 167). »

On voit encore ici les *égards invariables* de Bossuet pour les jansénistes. Il veut bien rappeler les faits et les règles qui les condamnent, mais non pas leur en faire l'application. Il n'avait pas cette tendresse pour son cher confrère, l'ami de toute sa vie, l'archevêque de Cambrai. Ainsi que nous l'avons déjà insinué, nous sommes profondément convaincu que cela tient à ce que Bossuet ne concevait pas, d'une manière nette et précise, la doctrine de l'Eglise catholique sur la grâce et la nature, quoiqu'elle l'eût fait connaître assez clairement par la condamnation des propositions de Baïus. Nous avons vu Bossuet reproduire au moins indirectement de ces propositions proscrites. Nous avons vu Fénelon le sommer plusieurs fois de dire nettement s'il ne reconnaissait point de milieu entre les vertus surnaturelles et la cupidité vicieuse, sans recevoir jamais aucune réponse. Effectivement, ni dans ses œuvres de piété, ni dans ses ouvrages contre les protestants, ni dans ses écrits contre Fénelon, on ne trouve une définition, une idée nette et précise de la nature et de la grâce, de l'ordre naturel et de l'ordre surnaturel; bien des fois il semble confondre l'un avec l'autre, subordonner même la grâce à la nature, l'ordre surnaturel à l'ordre naturel. Nulle part on ne trouve, ce que toutefois l'on attend naturellement de sa pénétration et de son génie, cette observation capitale : Que Jansénius, comme Luther et Calvin, et leur commun ancêtre Wiclef, détruisant le libre arbitre de l'homme, fait de Dieu l'auteur du péché, fait de Dieu un tyran cruel qui nous punit non-seulement du mal que nous ne pouvons éviter, mais même du bien que nous faisons de notre mieux : nulle part il ne dit de Jansénius ce qu'il dit de Wiclef, que sa doctrine est ainsi quelque chose de pire que l'athéisme.

Ce dualisme de Bossuet se découvre jusque dans son fameux *Discours sur l'unité de l'Eglise*, prêché devant l'assemblée du clergé français de 1682, qui mit en latin les quatre propositions ministérielles de Colbert, appelées *les quatre articles du clergé de France*. Ce discours a trois parties, qui forment les trois propositions du syllogisme suivant : L'Eglise catholique-romaine est de Dieu; or, l'Eglise gallicane est une partie de l'Eglise catholique-romaine; donc l'Eglise catholique-romaine est subordonnée à l'Eglise gallicane. Et les quatre articles furent faits pour inoculer à l'Eglise gallicane cette conclusion, comme une espèce de vaccine venue d'Angleterre pour lui soutirer ce qu'elle avait encore de papisme. Ainsi émancipée à l'égard du Pape, l'Eglise gallicane fut mise en la tutelle perpétuelle du roi; lequel, Louis XIV, était gouverné par la veuve d'un poëte burlesque, madame de Maintenon; lequel, Louis XV, sera gouverné par une prostituée de bas étage, qu'il nommera *comtesse Dubarry*. Et en vertu de ces libertés de l'Eglise gallicane, nous avons vu l'évêque Bossuet n'oser même écrire à la veuve Scarron, pour la prier de lui obtenir qu'il pût imprimer son *Instruction pastorale* sans l'attache du chancelier.

Ce dualisme contradictoire se montre surtout dans deux ouvrages de Bossuet qui se font suite et opposition : le *Discours sur l'Histoire universelle* et la *Défense de la Déclaration gallicane*. Ce discours a trois parties : 1° Les époques ou la suite des temps; 2° la suite de la religion; 3° les empires. La première partie ou l'histoire proprement dite, et les deux autres qui en donnent l'explication religieuse et politique, ne vont que jusqu'au temps de Charlemagne, où Bossuet termine l'histoire ancienne. De sorte que le *Discours sur l'Histoire universelle* n'est proprement qu'un discours sur l'histoire ancienne, finissant à Charlemagne, et qu'il ne montre la Providence divine sur la religion et les empires que jusque-là. Quant à l'histoire moderne et aux soins de la Providence sur la religion et les empires dans cette période. Bossuet nous fait connaître ses idées dans sa *Défense de la Déclaration gallicane.* Le *Discours* et la *Défense* sont ainsi deux tomes du même ouvrage et du même auteur.

Dans le premier, au chapitre 31e de la seconde partie, *Suite de l'Eglise catholique et sa victoire manifeste sur toutes les sectes,* Bossuet s'écrie plein d'enthousiasme :

« Quelle consolation aux enfants de Dieu ! mais quelle conviction de la vérité, quand ils voient que d'Innocent XI, qui remplit aujourd'hui (1681) (1) si dignement le premier Siége de l'Eglise, on remonte sans interruption jusqu'à saint Pierre, établi par Jésus-Christ prince des Apôtres : d'où, en reprenant les Pontifes qui ont servi sous la loi, on va jusqu'à Aaron et jusqu'à Moïse ; de là jusqu'aux patriarches, et jusqu'à l'origine du monde ! Quelle suite, quelle tradition, quel enchaînement merveilleux ! Si notre esprit, naturellement incertain et devenu par ses incertitudes le jouet de ses propres raisonnements, a besoin, dans les questions où il y va du salut, d'être fixé et déterminé par quelque autorité certaine, quelle plus grande autorité que celle de l'Eglise catholique, qui réunit en elle-même toute l'autorité des siècles passés, et les anciennes traditions du genre humain jusqu'à son origine.

» Ainsi la société que Jésus-Christ, attendu depuis tous les siècles passés, a enfin fondée sur la pierre, et où saint Pierre et ses successeurs doivent présider par ses ordres, se justifie elle-même par sa propre suite, et porte dans son éternelle durée le caractère de la main de Dieu.

» C'est aussi cette succession, que nulle hérésie, nulle secte, nulle autre société que la seule Eglise de Dieu n'a pu se donner. Les fausses religions ont pu imiter l'Eglise en beaucoup de choses, et surtout elles l'imitent en disant, comme elle, que c'est Dieu qui les a fondées ; mais ce discours en leur bouche n'est qu'un discours en l'air. Car si Dieu a créé le genre humain ; si, le créant à son image, il n'a jamais dédaigné de lui enseigner le moyen de le servir et de lui plaire, toute secte qui ne montre pas sa succession depuis l'origine du monde n'est pas de Dieu.

» Ici tombent aux pieds de l'Eglise toutes les sociétés et toutes les sectes que les hommes ont établies au dedans et au dehors du christianisme. Par exemple, le faux prophète des Arabes a bien pu se dire envoyé de Dieu, et après avoir trompé des peuples souverainement ignorants, pour y profiter des divisions de son voisinage, pour y étendre par les armes une religion toute sensuelle ; mais il n'a ni osé supposer qu'il ait été attendu, ni enfin il n'a pu donner, ou à sa personne, ou à sa religion, aucune liaison réelle ni apparente avec les siècles passés. L'expédient qu'il a trouvé pour s'en exempter est nouveau. De peur qu'on ne voulût rechercher dans les Ecritures des chrétiens des témoignages de sa mission, semblables à ceux que Jésus-Christ trouvait dans les Ecritures des Juifs, il a dit que les chrétiens et les Juifs avaient falsifié tous leurs livres. Ses sectateurs ignorants l'ont cru sur sa parole, six cents ans après Jésus-Christ ; et il s'est annoncé lui-même, non-seulement sans aucun témoignage précédent, mais encore sans que ni lui ni

(1) Epoque de la première édition de cet ouvrage.

les siens aient osé ou supposer, ou promettre aucun miracle sensible qui ait pu autoriser sa mission. De même les hérésiarques qui ont fondé des sectes nouvelles parmi les chrétiens, ont bien pu rendre la foi plus facile, et en même temps moins soumise, en niant les mystères qui passent les sens. Ils ont bien pu éblouir les hommes par leur éloquence et par une apparence de piété, les remuer par leurs passions, les engager par leurs intérêts, les attirer par la nouveauté et par le libertinage, soit par celui de l'esprit, soit même par celui des sens ; en un mot, ils ont pu facilement, ou se tromper, ou tromper les autres, car il n'y a rien de plus humain ; mais, outre qu'ils n'ont pas même pu se vanter d'avoir fait aucun miracle en public, ni réduire leur religion à des faits positifs dont leurs sectateurs fussent témoins, il y a toujours un fait malheureux pour eux, que jamais ils n'ont pu couvrir, c'est celui de la nouveauté. Il paraîtra toujours, aux yeux de tout l'univers, qu'eux et la secte qu'ils ont établie se sera détachée de ce grand corps et de cette Eglise ancienne que Jésus-Christ a fondée, où saint Pierre et ses successeurs tenaient la première place, dans laquelle toutes les sectes les ont trouvés établis. Le moment de la séparation sera toujours si constant, que les hérétiques eux-mêmes ne le pourront désavouer, et qu'ils n'oseront pas seulement tenter de se faire venir de la source par une suite qu'on n'ait jamais vue s'interrompre. C'est le faible inévitable de toutes les sectes que les hommes ont établies. Nul ne peut changer les siècles passés, ni se donner des prédécesseurs, ou faire qu'il les ait trouvés en possession. La seule Eglise catholique remplit tous les siècles précédents par une suite qui ne peut lui être contestée. La loi vient au devant de l'Evangile ; la succession de Moïse et des patriarches ne fait qu'une même suite avec celle de Jésus-Christ : être attendu, venir, être reconnu par une postérité qui dure autant que le monde, c'est le caractère du Messie en qui nous croyons. « Jésus-Christ est aujourd'hui, il était hier, et il est aux siècles des siècles. »

» Ainsi quatre ou cinq faits authentiques, et plus clairs que la lumière du soleil, font voir notre religion aussi ancienne que le monde. Ils montrent par conséquent qu'elle n'a point d'autre auteur que celui qui a fondé l'univers, qui, tenant tout en sa main, a pu seul et commencer et conduire un dessein où tous les siècles sont compris (Bossuet, *Discours sur l'Histoire universelle,* 2e partie, c. 31). »

A tout cela, joignez ce que Bossuet dit dans la première partie de son *Discours sur l'unité de l'Eglise :*

« Ce qui doit servir de soutien à une Eglise éternelle ne peut jamais avoir de fin. Pierre vivra dans ses successeurs ; Pierre parlera toujours dans sa chaire : c'est ce que disent les Pères ; c'est ce que confirment six cent trente évêques au concile de Chalcédoine... C'est cette Eglise romaine, qui, enseignée par saint Pierre et ses successeurs, ne connaît point d'hérésie... Ainsi l'Eglise romaine est toujours vierge, la foi romaine est toujours la foi de l'Eglise ; on croit toujours ce qu'on a cru ; la même voix retentit partout ; et Pierre demeure dans ses successeurs le fondement des fidèles. C'est Jésus-Christ qui l'a dit ; et le ciel et la terre passeront plutôt que sa parole. — Mais voyons encore en un mot la suite de cette parole. Jésus-Christ poursuit son dessein; et après avoir dit à Pierre, éternel prédicateur de la foi : *Tu es Pierre, et sur cette pierre je bâtirai mon Eglise*, il ajoute : *Et je te donnerai les clés du royaume des cieux*. Toi, qui as la prérogative de la prédication de la foi, tu auras aussi les clés qui désignent l'autorité du gouvernement ; *ce que tu lieras sur la terre sera lié dans le ciel, et ce que tu délieras sur la terre sera délié dans le ciel*. Tout est soumis à ces clés ; tout, mes frères, rois et peuples, pasteurs et troupeaux : nous le publions avec joie ; car nous aimons l'unité, et nous tenons à gloire notre obéissance. C'est à Pierre qu'il est ordonné premièrement *d'aimer plus que tous les autres apôtres*, et ensuite de *paître* et de gouverner tout, *et les agneaux et les brebis*, et les petits et les mères, et les pasteurs mêmes; pasteurs à l'égard des peuples, et brebis à l'égard de Pierre. »

Voilà donc Bossuet, à la suite des patriarches, des prophètes et des apôtres, proclamant à haute voix les promesses infaillibles de Dieu sur son Eglise et son chef.

« Maintenant, se demande le comte de Maistre, est-ce le même Bossuet qui a tissu, dans la *Défense de la Déclaration*, le long catalogue des erreurs des Papes, avec le zèle et l'érudition d'un *centuriateur de Magdebourg*? Est-ce le même Bossuet qui a dit, dans cette même *Défense*, que *les définitions des conciles généraux ont force de loi dès l'instant de leur publication, avant que le Pape ait fait aucun décret pour les confirmer ; et que cette vérité est prouvée par les actes mêmes des conciles?* Est-ce le même Bossuet qui a dit, toujours dans cette même *Défense, que la confirmation donnée aux conciles par le Pape n'est qu'un simple consentement?* Est-ce le même Bossuet qui, ayant à citer un acte solennel du clergé de France, au lieu de transcrire le texte tel qu'il était, c'est-à-dire *afin que la bulle fût reçue dans l'assemblée des évêques*, écrit, à notre grand étonnement, *afin que la bulle fût reçue*. ET CONFIRMÉE? Est-ce le même Bossuet qui se tourmente dans un chapitre entier pour *amincir* les textes fondamentaux de l'Evangile, trop clairs en faveur de la suprématie romaine; qui nous explique comme quoi le Pape est bien *Pierre par devoir*, mais non *en lui-même;* qu'il faut distinguer entre la *Papauté* qui est le *fondement* général, et le *Pape* qui est le *fondement particulier ;* que la promesse, *Je suis avec vous*, n'est faite qu'à l'*universalité des Papes* (en sorte que tous les Papes pourraient être hérétiques en détail et catholiques en masse); que plusieurs théologiens enfin (qu'il ne condamne nullement) n'entendent point que ce mot de *Pierre* signifie le Pape, mais *chaque chrétien orthodoxe, etc.* Est-ce Bossuet aussi qui a dit tout cela? — OUI ou NON?

» Si l'on me répond négativement; si l'on convient que la *Défense* n'exprime pas les sentiments vrais et permanents de Bossuet ; qu'elle doit être considérée, au contraire, comme un ouvrage arraché à l'obéissance, condamné par son auteur, et que personne n'a droit d'attribuer à Bossuet, non-seulement *sans*, mais *contre* sa volonté, le procès est fini, nous sommes d'accord, et la *Défense* s'en ira avec les quatre articles QUÒ LIBUERIT?

» Si l'on me répond au contraire affirmativement, c'est-à-dire si l'on se détermine à soutenir *que la Défense de la déclaration appartient à Bossuet aussi légitimement que tous ses autres ouvrages ; qu'il la composa avec une égale et entière liberté d'esprit, en vertu d'une détermination parfaitement spontanée de sa volonté nullement séduite, influencée ni effrayée; et de plus, avec le dessein arrêté qu'elle devînt publique après sa mort, comme un monument naïf et authentique de sa véritable croyance :* — alors j'aurai d'autres choses à répondre ; mais je ne m'y déterminerai jamais avant qu'un de ces hommes dignes, sous le double rapport du caractère et de la science, d'influer sur l'opinion générale, ne m'ait fait l'honneur de me dire publiquement ses raisons pour l'affirmative (De Maistre, *De l'Eglise gallicane*, c. 12). »

Voilà comme s'exprime le comte de Maistre dans le 12ᵉ chapitre de son *Eglise gallicane*, après avoir exposé dans le 9ᵉ bien des raisons de croire que la *Défense* n'est pas l'ouvrage que Bossuet aurait voulu rendre public. « Peu importe, dit-il, que la bibliothèque du roi possède la *Défense de la Déclaration*, écrite de la main de Bossuet; tout ce qu'un homme écrit n'est pas avoué par lui, ni destiné à l'impression... Comme nous l'avons vu, un ouvrage d'entraînement, d'obéissance, de l'un et de l'autre ; de lui-même, Bossuet ne s'y serait jamais déterminé. Et comment aurait-il défendu volontairement une œuvre conçue et exécutée contre sa volonté ? Il a vécu vingt-deux ans depuis la Déclaration, sans nous avoir prouvé une seule fois le dessein arrêté d'en publier la défense; jamais il ne trouva le moment favorable; et ceci mérite une attention particulière, lui si fécond, si rapide, si sûr de ses idées, si ferme dans ses opinions, il semble perdre son brillant caractère. *Je cherche Bossuet, et je ne le trouve plus :* il n'est sûr de rien, pas même du titre de son livre ; et c'est ici le lieu d'observer que le titre de ce livre, tel que nous le voyons aujourd'hui, à la tête de l'ouvrage, est un faux incontestable. Bossuet ayant supprimé le titre ancien : *Défense de la Déclaration*, et ayant même déclaré solennellement *qu'il ne voulait pas la défendre*, on n'a pu, sans insulter sa mémoire, la vérité et le public, laisser subsister ce titre, et rejeter celui de *France orthodoxe*, substitué au premier par l'immortel prélat. On ne contemple pas sans un profond intérêt ce grand homme, cloué pour ainsi dire sur ce travail ingrat, sans pouvoir jamais l'abandonner ni le finir. Après avoir fait, refait, changé, corrigé, laissé, repris, mutilé, suppléé, effacé, entre-ligné, apostillé son ouvrage, il finit par le bouleverser entièrement, et par en faire un nouveau qu'il substitua à la révision de 1695 et 1696, enfantée déjà avec douleur. Il supprime les trois premiers livres entiers. Il change le titre ; il s'impose la loi de ne plus prononcer le nom des quatre articles.

» Mais sous cette nouvelle forme enfin, l'ouvrage satisfera-t-il son auteur ? Nullement. Cette malheureuse Déclaration l'agite, le tourmente, le brûle pour ainsi dire ; il faut qu'il la change encore. Jamais content de ce qu'il a fait, il ne pense qu'à faire autrement, *et*, dit son historien, *l'on ne peut guère douter que le dessein de Bossuet n'eut été de changer son ouvrage* TOUT ENTIER, *comme il avait changé les trois premiers livres; mais la multitude des affaires et les infirmités dont il fut accablé pendant les dernières années de sa vie l'empêchèrent d'exécuter son projet, ou du moins de mettre l'ouvrage au net; car il était à peu près terminé, et l'abbé Lequeux, second éditeur des œuvres de Bossuet, en rassemblant des brouillons écrits de la main de l'illustre auteur, et confondus dans une multitude de papiers, a trouvé l'ouvrage presque entièrement corrigé suivant le nouveau projet.*

» Mais, ajoute le même historien, *ces brouillons n'étant pas parvenus jusqu'à nous, il nous est impossible de fixer notre opinion sur la nature et l'importance de ces corrections* (Hist. de Bossuet, Pièces justificatives du livre 6, t. II, p. 400). — Certes, conclut avec raison M. de Maistre, c'est un très-grand malheur que ces manuscrits ne soient pas arrivés jusqu'à nous, même dans leur état d'imperfection. Cependant il nous suffit de savoir qu'ils ont existé, et que non-seulement Bossuet voulait *changer son ouvrage tout entier*, mais qu'il avait en effet à peu près exécuté son projet; ce qui prive de toute autorité, au jugement même de son auteur, le livre tel que nous l'avons (De Maistre, *De l'Église gallicane*, c. 9). »

D'après tout cela, lorsque le comte de Maistre fait cette demande : Est-ce bien le même Bossuet qui a ainsi écrit le pour et le contre, oui ou non? on peut lui répondre : Oui et non, c'est le même et ce n'est pas le même. Car, dans un même homme, il y en avait deux, l'évêque catholique romain, et le courtisan français : l'évêque qui, parlant la langue des patriarches, des prophètes, des apôtres et des Pères, tenait du fond de ses entrailles à l'Église romaine; le courtisan qui, pour plaire à son maître, donne une main aux centuriateurs de Magdebourg et l'autre à Voltaire, pour mieux fausser l'histoire au préjudice des Papes et au profit des rois. C'est ce dualisme de la vérité et de la fausseté, de l'ordre et de l'anarchie, qui travaille la France et l'Europe, et y produit ces crises terribles qu'on appelle révolutions. Puisse la France s'en apercevoir à temps, et prévenir sa ruine entière!

Louis XIV, quant à la politique, était l'héritier et le successeur, non pas de saint Louis et de Charlemagne, mais des Grecs du Bas-Empire, mais des Allemands qui, comme Frédéric Barberousse, se posaient comme la loi vivante et unique de tous les rois et de tous les peuples, comme les seuls propriétaires du monde entier; mais de l'Anglais Henri VIII, qui érigeait en lois toutes ses volontés, tant pour sa conduite personnelle, que pour le gouvernement de son royaume : le rédacteur le plus renommé de cette politique s'appelle Nicolas Machiavel.

Voici comme un écrivain français nous la montre naturalisée en France par Louis XIV (Lemontey, *Monarchie de Louis XIV*) :

« La royauté en France était assise par le clergé sur les saintes Écritures, par les magistrats sur le droit romain, par la noblesse sur les anciennes coutumes : Louis XIV dédaigna toutes ces bases. Dans tous les mémoires dictés, écrits ou revus par Louis XIV, jamais il ne lui arrive de dicter aucune autorité du passé, de quelque nature qu'elle soit. Tout dans la monarchie nouvelle attesta que le roi avait été un novateur, et j'aurais dit plus justement un révolutionnaire, sans l'acception trop spéciale que ce mot a reçue du temps où nous vivons (P. 11 et 12).

» Cette monarchie fut pure et absolue. Elle reposa toute dans la royauté, et la royauté toute dans le roi. Le roi se confondit avec la Divinité, et eut droit comme elle à une obéissance aveugle. Louis XIV dit lui-même dans ses *Mémoires et instructions pour le Dauphin* : « Celui qui a donné des rois aux hommes a voulu qu'on les respectât comme ses lieutenants, se réservant à lui seul d'examiner leur conduite. Sa volonté est que quiconque est né sujet obéisse sans discernement (*Mémoires*, etc., t. II, p. 336, édit. de 1816; *Œuv. de Louis XIV*). » Dans cette monarchie nouvelle, le roi fut l'âme de l'État, et ne tint ses droits que du ciel et de son épée. Il devint la source de toute grâce, de tout pouvoir, de toute justice, et toute gloire lui fut rapportée. Sa volonté fit la loi sans partage, et regarda comme un opprobre ces mélanges aristocratiques ou populaires qu'on désigne plutôt qu'on ne les définit par le nom de monarchie tempérée. Louis XIV dit au Dauphin : « *Cet assujétissement qui met le souverain dans la nécessité de prendre la loi de ses peuples, est la dernière calamité où puisse tomber un homme de notre rang* (P. 26). *C'est le défaut essentiel de cette monarchie* (l'Angleterre), *que le prince n'y saurait faire de levées extraordinaires sans le parlement, ni tenir le parlement assemblé, sans diminuer d'autant son autorité* (T. I, p. 174). *Il me semble qu'on m'ôte ma gloire, quand sans moi on en peut avoir* (T. II, p. 429). »

» Dans cette monarchie nouvelle, le roi eut, ainsi que les califes, la disposition et la propriété de tous les biens, et ce qu'il en laissa aux peuples, et même au clergé, fut un bienfait de sa modération. Louis XIV dit au Dauphin : « *Tout ce qui se trouve dans l'étendue de nos États, de quelque nature qu'il soit, nous appartient à même titre. Les deniers qui sont dans notre cassette, ceux qui demeurent entre les mains des trésoriers, et ceux que nous laissons dans le commerce de nos peuples, doivent être par nous également ménagés* (*Mémoires*, etc., t. II, p. 93). *Vous devez donc être persuadé que les rois sont seigneurs absolus, et ont naturellement la disposition pleine et libre de tous les biens qui sont possédés, aussi bien par les gens d'église que par les séculiers, pour en user en tout temps comme de sages économes* (*Ibid.*, p. 121). » Si le roi voulut ménager le sang de ses sujets, ce ne fut ni par devoir ni par pitié, mais par intérêt de propriétaire. Louis XIV dit au Dauphin : « *Comme la vie de ses sujets est son propre bien, le prince doit avoir bien plus de soin de la conserver* (P. 301). »

» Cette doctrine de Louis XIV eut pour sanction sa propre volonté (*le premier fondement des réformations était de rendre ma volonté absolue*) (T. I, p. 18), et il prit soin que l'âme de ses héritiers s'en pénétrât dès l'enfance. Enfin le Coran de la France fut contenu dans quatre syllabes, et Louis XIV les prononça un jour : L'ÉTAT, C'EST MOI. »

L'écrivain que nous citons a retrouvé le manuscrit d'un cours de droit public de la France, que Louis XIV avait fait composer, sous l'inspection d'un de ses ministres, pour l'instruction du duc de Bourgogne. En voici le début, qu'on peut regarder comme l'abrégé de l'opinion du roi. « La France est un état monarchique dans toute l'étendue de l'expression. Le roi y représente la nation entière, et chaque particulier ne représente qu'un seul individu envers le roi. Par conséquent, toute puissance, toute autorité résident dans les mains du roi, et il ne peut y en avoir d'autres dans le royaume que celles qu'il établit. Cette forme de gouvernement est la plus conforme au génie de la nation, à son caractère, à ses goûts et à sa situation. Les lois constitutives de l'Etat ne sont pas écrites, ou du moins le plus grand nombre ne l'est pas. La nation ne fait pas corps en France. Elle réside tout entière dans la personne du roi, etc. (Lemontey, *Mon. de Louis XIV*, p. 15, note). »

Voilà comme Louis XIV traite la nation française, que nous avons vue sous la première dynastie élire les rois, les juger, les chasser et les rétablir; que nous avons vue sous la seconde dynastie, dans les Chartes constitutionnelles de Charlemagne et de Louis le Débonnaire, dans les Etats généraux d'Aix-la-Chapelle et de Nimègue, reconnue en droit et en fait comme ayant le pouvoir d'élire les empereurs et les rois, et aussi de les juger en cas de besoin; et cela dans des constitutions délibérées, consenties, jurées par tous les ordres de l'empire, ratifiées et souscrites par le chef de l'Eglise; et tout cela conformément à la doctrine commune et des docteurs français et des autres, que la puissance du roi lui vient de Dieu par la nation.

Après avoir vu quelle idée Louis XIV se faisait de ses droits et de ses devoirs envers la nation française, voyons quelle idée il se faisait de ses droits et de ses devoirs envers les nations étrangères. Le lien le plus sacré d'une nation à une autre, ce sont les traités. Or, voici ce que dit Louis XIV au Dauphin sur cette matière : « En se dispensant également d'observer les traités à la rigueur, on n'y contrevient pas, parce qu'on n'a point pris à la lettre les paroles des traités, quoiqu'on ne puisse employer que celles-là; comme il se fait dans le monde pour celle des compliments, absolument nécessaires pour vivre ensemble, et qui n'ont qu'une signification bien au-dessous de ce qu'elles sonnent (*Instruct. pour le Dauphin*, t. I, p. 68). Plus les clauses par où les Espagnols me défendaient d'assister le Portugal étaient extraordinaires, réitérées et pleines de précautions, plus elles marquaient qu'on n'avait pas cru que je m'en dusse abstenir (P. 66). » En vertu de ces principes, nous l'avons vu, avant et après le meurtre du roi Charles d'Angleterre, traiter en même temps avec les régicides et avec le roi. Il se donne même en cela pour modèle au Dauphin. « Je ménageais les restes de la faction de Cromwell, pour exciter par leur crédit quelque nouveau trouble dans Londres (T. II, p. 203). »

Telle est la politique de Louis XIV, qui séduisit plus ou moins Bossuet, mais aucunement Fénelon. La France littéraire, ne voyant que la surface, s'y laissa prendre plus encore que Bossuet, et entraîna le reste même de l'Europe. Pour absorber ainsi la France en lui-même, Louis XIV employa la crainte et l'admiration. La crainte s'entretient par la force, l'admiration par un éclat continu. C'est par là que, rompant l'unité nationale, il fit du clergé un simulacre, de la noblesse un cortége, de la magistrature un instrument, et du tiers-état une manufacture. Il fit servir à ce but ses qualités naturelles, sa taille majestueuse, son exquise politesse. Sa cour devint le centre des plaisirs et du bon goût. Ces plaisirs n'étaient pas interrompus par les expéditions militaires, mais recevaient un nouvel attrait des victoires, où l'on voyait briller, à côté du roi, les Condé, les Turenne, les Luxembourg, les Catinat, les Vauban. Ces héros mouraient-ils sur le champ de bataille ou dans une glorieuse retraite? Bossuet, Fléchier, Mascaron prononçaient leurs oraisons funèbres. Le plus éloquent des prédicateurs français, Bossuet, dont les sermons sont presque tous autant d'assauts livrés à une place, descend-il de chaire? Bourdaloue y monte. Chaque sermon du Jésuite est une armée rangée en bataille, qui s'avance avec ordre, et qu'il est impossible d'entamer. Aussi un maréchal de France, le voyant un jour monter en chaire, s'échappa de dire tout haut : « Garde à vous, voici l'ennemi ! » et qu'au milieu du sermon, subjugué par la logique du Père, il s'écria en jurant : « Parbleu, il a raison ! » Massillon remplacera Bourdaloue.

Certes, il n'en fallait pas tant pour enthousiasmer les poètes et les hommes de lettres, qui font la réputation des princes et des nations. La France en voyait alors plusieurs du premier rang : Corneille, Racine, Boileau, Molière, Labruyère, La Fontaine.

PIERRE CORNEILLE, né à Rouen dans l'année 1606, mourut doyen de l'Académie française en 1684, regardé comme le créateur de l'art dramatique en France. Tout le monde connaît ses fameuses tragédies : le *Cid*, les *Horaces*, *Cinna*, *Polyeucte*, *Rodogune*. Voici comme Labruyère caractérise ce grand poète : « Un homme simple, timide, d'une ennuyeuse conversation; il prend un mot pour un autre, et il ne juge de la bonté de sa pièce que par l'argent qui lui en revient; il ne sait pas la réciter, ni lire son écriture. Laissez-le s'élever par la composition, il n'est pas au-dessous d'Auguste, de Pompée, de Nicomède, d'Héraclius; il est roi, et un grand roi : il est politique, il est philosophe : il entreprend de faire parler des héros, de les faire agir : il peint les Romains, ils sont plus grands et plus Romains dans ses vers que dans leur histoire (Labruyère, *Caract.*, c. 12). » Corneille, débarrassé du théâtre, ne s'occupa plus qu'à se préparer à la mort. Il avait, dans tous les temps, beaucoup de religion. Il traduisit en vers l'*Imitation de Jésus-Christ*, l'*Office de la sainte Vierge*, et d'autres opuscules de piété.

Son frère, THOMAS CORNEILLE, fit aussi des tragédies : quoiqu'elles n'aient pas eu le même succès, elles ne sont pas sans mérite. Les deux frères vécurent toujours dans l'union la plus intime. Ils avaient épousé les deux sœurs. Ils eurent le même nombre d'enfants; ce n'était qu'une même maison, qu'un même domestique, qu'un même cœur. Après vingt-cinq ans de mariage, ni l'un ni l'autre n'avaient songé au partage du bien de leurs femmes, et il ne fut fait qu'à la mort de Pierre. Au reste, les talents de ce grand homme et son immense célébrité ne contribuèrent pas à l'enrichir. Il vécut dans une médiocrité qui approchait quelquefois de l'indigence. On ne lit pas que Louis XIV lui ait fait aucune largesse : Corneille n'était pas courtisan.

Jean Racine, né l'an 1639 à La Ferté-Milon, petite ville du duché de Valois, mort à Paris l'an 1699, est auteur de la tragédie d'*Athalie*, le chef-d'œuvre de la poésie française, et peut-être de la poésie humaine. Demeuré orphelin à l'âge de trois ans, il fut élevé par son grand-père maternel, commença ses études à Beauvais, les continua pendant trois ans à l'abbaye de Port-Royal, où l'une de ses tantes devint abbesse : au mois d'octobre 1658, il fut envoyé à Paris pour faire sa philosophie au collège d'Harcourt, n'ayant encore que quatorze ans. L'an 1661, il se rendit à Uzès dans le Languedoc, où un oncle maternel, chanoine régulier et grand-vicaire du diocèse, se disposait à lui résigner un prieuré. Mais il fallait être dans les ordres, et le neveu, qui aurait fort aimé le bénéfice, n'aimait pas cette condition, à laquelle cependant la nécessité l'aurait fait consentir, si toute sorte d'obstacles qui survinrent ne lui eussent fait connaître qu'il n'était pas destiné à l'état ecclésiastique. Par complaisance pour son oncle, il étudiait la théologie; mais en lisant saint Thomas, il lisait aussi Virgile et l'Arioste. Car sa passion première et dernière fut la poésie, mais une poésie nourrie de tout ce que les anciens et les modernes avaient produit de plus parfait.

A Port-Royal, de onze ans à quatorze, il lisait les auteurs grecs et latins, traduisait le commencement du *Banquet* de Platon, faisait des extraits tout grecs de quelques traités de saint Basile et quelques remarques sur Pindare et Homère. Son plus grand plaisir était de s'enfoncer dans les bois de l'abbaye avec un Sophocle et un Euripide, qu'il savait presque par cœur. Il y composa six odes sur les beautés champêtres de sa solitude. Mais ce qui le révéla comme poète, fut une ode sur le mariage du roi en 1660, qui lui valut une gratification de cent louis, avec une pension de six cents livres en qualité d'homme de lettres. Chez son oncle, à Uzès, tout en étudiant saint Thomas, il composa sa première tragédie, la *Thébaïde ou les frères ennemis*, que suivit *Alexandre*, deux pièces qui furent surpassées par *Andromaque*, où l'on voit le caractère perfectionné de la mère chrétienne. C'était en 1667 : Racine portait encore l'habit ecclésiastique; il venait d'obtenir un bénéfice, le prieuré de l'Epinay. Nous avons vu en Espagne les plus fameux poètes dramatiques entrer dans le clergé et continuer à composer de nouvelles pièces, avec l'approbation de l'inquisition. En Espagne, il eût été fêté, comblé d'honneurs et de bénéfices, non moins que Calderon et Lope de Véga. En France, il fut excommunié par les jansénistes de Port-Royal : on lui contesta son prieuré; de là un procès que, dit-il, ni lui ni ses juges n'entendirent. Fatigué enfin de plaider, las de voir des avocats et de solliciter des juges, il abandonna le bénéfice et se consola de cette perte par une comédie contre les juges et les avocats.

*Les Plaideurs* furent suivis de nouveaux chefs-d'œuvre tragiques que termina *Phèdre*, ou l'épouse chrétienne, mais coupable : coupable non pas d'une action, mais d'une passion criminelle; coupable, mais se condamnant, s'abhorrant elle-même, mais se punissant d'avance par la crainte des flammes vengeresses et de l'éternité formidable de notre enfer. Racine avait dessein de ramener la tragédie antique et de faire voir qu'elle pouvait être, parmi les modernes comme chez les Grecs, exempte d'amour. En Espagne, non-seulement on le lui aurait permis, mais commandé. En France, le mauvais goût du public, entretenu par les mœurs de la cour de Louis XIV, ne lui permit point d'opérer cette réforme et de créer un théâtre chrétien. Cette contrariété, les injustes critiques qu'on fit de *Phèdre*, les sentiments de religion qu'il avait toujours conservés dans son cœur lui firent prendre la résolution de ne plus faire de tragédies, ni même de vers. On suppose, dans certaines anecdotes, qu'il s'était laissé entraîner à la passion pour les femmes : dans la correspondance de sa jeunesse, on n'en voit aucune preuve, on y voit même des preuves du contraire; dans ses poésies, il n'y a point de pièces galantes qui justifient ces anecdotes : sa grande passion était les vers. Quoi qu'il en soit, dans l'année 1677, à l'âge de trente-huit ans, ses sentiments de religion furent si vifs, qu'il voulut se faire chartreux. Un saint prêtre de sa paroisse, qu'il prit pour confesseur, trouva ce parti trop violent et lui conseilla de rester dans le monde, mais de se marier à une personne de piété. Il lui fit espérer en même temps que les soins du ménage l'arracheraient malgré lui à la passion qu'il avait le plus à craindre, qui était celle des vers. « Nous savons cette particularité, dit son fils Louis dans les *Mémoires* sur la vie de son père, parce que, dans la suite de sa vie, lorsque des inquiétudes domestiques, comme les maladies de ses enfants, l'agitaient, il s'écriait quelquefois : « Pourquoi m'y suis-je exposé? Pourquoi m'a-t-on détourné de me faire chartreux ? Je serais bien plus tranquille. »

Il épousa donc, le 1er juin 1677, Catherine de Romanet, fille d'un receveur des finances d'Amiens, personne très-vertueuse, avec laquelle il vécut toujours dans l'union la plus tendre, quoique aux yeux du monde ils ne parussent pas faits l'un pour l'autre. L'un n'avait jamais eu de passion plus vive que celle de la poésie; l'autre porta l'indifférence pour la poésie jusqu'à ignorer toute sa vie ce que c'est qu'un vers. Elle ne connut, ni par les représentations, ni par la lecture, les tragédies auxquelles elle devait s'intéresser; elle en apprit seulement les titres dans la conversation. Son indifférence pour la fortune parut un jour inconcevable à Boileau : « Mon père, dit le fils dans ses *Mémoires*, rapportait de Versailles une bourse de mille louis que le roi lui avait fait remettre, et trouva ma mère qui l'attendait dans la maison de Boileau, à Auteuil. Il courut à elle, et l'embrassant : Félicitez-moi, lui dit-il, voici une bourse de mille louis que le roi m'a donnée. Elle lui porta aussitôt des plaintes contre un de ses enfants qui, depuis deux jours, ne voulait point étudier. — Une autre fois, reprit-il, nous en parlerons; livrons-nous aujourd'hui à notre joie. — Elle lui représenta qu'il devait, en arrivant, faire des réprimandes à cet enfant, et continuait ses plaintes, lorsque Boileau, qui, dans son étonnement, se promenait à grands pas, perdit patience et s'écria : « Quelle insensibilité! peut-on ne pas songer à une bourse de mille louis ! »

« Racine, devenu chef de famille, n'allait jamais au spectacle et ne parlait devant ses enfants ni de comédie ni de tragédie. A la prière qu'il faisait tous les soirs au milieu d'eux et de ses domestiques,

quand il était à Paris, il ajoutait la lecture de l'E-
vangile du jour, que souvent il expliquait lui-même
par une courte exhortation proportionnée à la portée
de ses auditeurs et prononcée avec cette âme qu'il
donnait à tout ce qu'il disait. Son plus cher spectacle était sa famille. Il n'était jamais si content, dit
son fils, que quand, libre de quitter la cour, où il
trouva dans les premières années de si grands agréments, il pouvait venir passer quelques jours avec
nous. En présence même d'étrangers, il osait être
père : il était de tous nos jeux, et je me souviens
de processions dans lesquelles mes sœurs étaient le
clergé, j'étais le curé, et l'auteur d'*Athalie*, chantant avec nous, portait la croix (*Mémoires sur la vie
de Jean Racine*, p. XIX; *Œuvres de Jean Racine*,
t. I, Petitot. Senlis, 1826). »

Il revenait un jour de Versailles pour se trouver
avec ses enfants, lorsqu'un écuyer du duc de Bourbon vint lui dire qu'on l'attendait à dîner à l'hôtel de
Condé. « Je n'aurai point l'honneur d'y aller, lui
répondit-il : il y a plus de huit jours que je n'ai vu
ma femme et mes enfants, qui se font une fête de
manger aujourd'hui avec moi une très-belle carpe ;
je ne puis me dispenser de dîner avec eux. » L'é-
cuyer lui représenta qu'une compagnie nombreuse,
invitée au repas du prince, se faisait aussi une fête
de l'avoir, et que le prince serait mortifié s'il ne venait pas. Racine fit apporter la carpe qui était d'environ un écu, et la montrant à l'écuyer, il lui dit :
« Jugez vous-même si je puis me dispenser de dîner
avec ces pauvres enfants, qui ont voulu me régaler
aujourd'hui, et n'auraient plus de plaisir s'ils mangeaient ce plat sans moi. Je vous prie de faire valoir
cette raison à Son Altesse Sérénissime. » L'écuyer
la rapporta fidèlement, et l'éloge qu'il fit de la carpe
devint l'éloge de la bonté du père, qui se croyait
obligé de la manger en famille (*Mémoire sur la vie
de Jean Racine*, p. CVIII).

Dans sa correspondance avec son fils aîné Jean,
qui fut attaché à l'ambassade française en Hollande,
on voit la même simplicité et piété dans ce grand
poète. Le 23 juin 1698, il lui dit à la fin de sa lettre :
« Au moment où je vous écris, vos deux petites
sœurs me viennent apporter un bouquet pour ma
fête, qui sera demain, et qui sera aussi la vôtre.
Trouverez-vous bon que je vous fasse souvenir que
ce même saint Jean, qui est notre patron, est aussi
invoqué par l'Eglise comme le patron des gens qui
sont en voyage, et qu'elle lui adresse pour eux une
prière qui est dans l'*Itinéraire* et que j'ai dite plusieurs fois à votre intention ? » Il lui écrivit trois
jours après : « J'arrivai avant-hier de Marly, et j'ai
trouvé toute la famille en bonne santé. Il m'a paru
que votre sœur aînée reprenait assez volontiers les
petits ajustements auxquels elle avait si fièrement
renoncé, et j'ai lieu de croire que sa vocation à la
religion pourrait bien s'en aller avec celle que vous
aviez eue pour être chartreux. Je n'en suis point du
tout surpris, connaissant l'inconstance des jeunes
gens et le peu de fond qu'il y a à faire sur leurs résolutions, surtout quand elles sont si violentes et si
fort au-dessus de leur portée. Il n'en est pas ainsi
de Nanette : comme l'ordre qu'elle a embrassé (celui
des Ursulines) est beaucoup plus doux, sa vocation
sera aussi plus durable. Toutes ses lettres marquent
une grande persévérance, et elle paraît même s'im-
patienter beaucoup des quatre mois que son noviciat
doit encore durer. Babet souhaite aussi avec ardeur
que son temps vienne pour se consacrer à Dieu.
Vous jugez bien que nous ne la laisserons pas s'engager légèrement et sans être bien assurés d'une vocation. » Dans une lettre du 10 novembre 1698, lui
parlant de la profession de sa sœur Nannette, il dit :
« Votre mère et votre sœur aînée ont extrêmement
pleuré, et pour moi je n'ai cessé de sangloter.....
C'est à pareil jour que demain que vous fûtes baptisé,
et que vous fîtes un serment solennel à Jésus-Christ
de le servir de tout votre cœur (*Œuvres de Jean Racine*, t. V, p. 283). »

On peut remarquer dans ces lettres avec quelle
bonhomie paternelle l'écrivain le plus accompli de
France appelle ses enfants Nannette, Babet, Fan-
chon, et en même temps avec quel égard il écrit à
son fils, sans jamais le tutoyer. L'ambassadeur français, dans un voyage à Paris, étant venu voir la famille, le père écrivit entre autres à son fils le 21
juillet : « Je n'ai osé lui demander si vous pensiez
un peu au Bon Dieu ; j'ai eu peur que la réponse ne
fût pas telle que je l'aurais souhaitée ; mais enfin je
veux me flatter que, faisant votre possible pour devenir un parfait honnête homme, vous concevrez
qu'on ne peut l'être sans rendre à Dieu ce qu'on lui
doit. Vous connaissez la religion, et je puis même
dire que vous la connaissez belle et noble comme
elle est ; ainsi il n'est pas possible que vous ne l'ai-
miez. Pardonnez si je vous mets quelquefois sur ce
chapitre ; vous savez combien il me tient à cœur, et
je puis vous assurer que plus je vais en avant, plus
je trouve qu'il n'y a rien de si doux au monde que
de jouir du repos de la conscience et de regarder
Dieu comme un père qui ne nous manquera pas dans
nos besoins. M. Despréaux, que vous aimez tant, est
plus que jamais dans ces sentiments, surtout depuis
qu'il a fait son *Amour de Dieu*, et je puis vous assurer qu'il est très-bien persuadé lui-même des vérités dont il a voulu persuader les autres (P. 258). »

La piété ramena le grand poète à la poésie. Madame de Maintenon faisait élever à Saint-Cyr un bon
nombre de filles nobles dont les familles étaient peu
fortunées. Elle souhaitait qu'on pût leur apprendre
à chanter et à réciter des vers, et demanda à Racine
s'il ne serait pas possible de concilier la poésie et
la musique avec la piété. Il composa dans ce but la
tragédie d'*Esther*, puis celle d'*Athalie*. La première
fut jouée avec beaucoup de succès par les pensionnaires de la communauté, en présence du roi et
de la cour ; la seconde devait l'être de même, lors
qu'il survint des obstacles ; et le public eut besoin
d'un assez long temps pour apprécier à sa juste valeur le chef-d'œuvre de la poésie. Racine fit aussi
quatre cantiques tirés de l'Ecriture sainte. Le roi les
fit exécuter plusieurs fois devant lui, et la première
fois qu'il entendit chanter ces paroles :

> Mon Dieu, quelle guerre cruelle !
> Je trouve deux hommes en moi :
> L'un veut que plein d'amour pour toi
> Mon cœur te soit toujours fidèle ;
> L'autre, à tes volontés rebelle,
> Me révolte contre ta loi.

il se tourna vers madame de Maintenon en lui disant : Madame, voilà deux hommes que je connais
bien.

Louis XIV avait nommé Racine et Boileau ses historiographes; ils travaillèrent effectivement à écrire l'histoire de son règne; mais les manuscrits périrent l'an 1726 dans un incendie chez l'homme de lettres qui leur avait succédé dans cette charge. Un jour madame de Maintenon entretenait Racine de la misère du peuple : il répondit qu'elle était une suite ordinaire des longues guerres, mais qu'elle pourrait être soulagée par ceux qui étaient dans les premières places, si on avait soin de la leur faire connaître. Elle lui dit que, puisqu'il faisait des observations si justes, sur-le-champ il devrait les lui développer dans un mémoire, assuré qu'il ne sortirait point de ses mains. Le roi ayant vu l'écrit, voulut absolument en connaître l'auteur. Il fut piqué de voir qu'un homme de lettres osât lui signaler des vérités peu agréables, et dit : « Parce qu'il sait faire parfaitement des vers, croit-il tout savoir? Et parce qu'il est grand poète, veut-il être ministre? » — Racine fut très-sensible à cette mésaventure. Le chagrin qu'il en conçut, joint à un abcès dans le foie, lui causa une maladie dont il mourut très-chrétiennement le 21 avril 1699, âgé de 59 ans. Ses restes furent enterrés à Port-Royal, puis transférés à Paris dans l'église de Saint-Étienne-du-Mont. Boileau fit son épitaphe, qui se termine par ces paroles : *O toi, qui que tu sois, que la piété attire en ce saint lieu, plains dans un si excellent homme la triste destinée de tous les mortels, et quelque grande idée que puisse te donner de lui sa réputation, souviens-toi que ce sont des prières, et non pas de vains éloges qu'il te demande.*

Louis RACINE, second fils du grand poète, né en 1692, publia lui-même en 1720 le poème de la *Grâce*, composé chez les Oratoriens, où l'auteur s'était retiré comme pensionnaire, après avoir pris l'habit ecclésiastique. Il parut en 1723 une critique de ce poème, où on l'examine sous le rapport du style et sous le rapport de la doctrine. On y trouva le fond du jansénisme, qui y est en effet. Comme l'auteur était jeune et qu'il ne se défendit point contre la critique, on peut l'excuser sur son âge et croire qu'il reconnut ses torts (*Dict. des livres jansénistes*, t. III, p. 251). Voltaire lui adressa les vers suivants :

Cher Racine, j'ai lu dans tes vers didactiques,
De ton Jansénius les dogmes fanatiques :
Quelquefois je t'admire et ne te crois en rien;
Si ton style me plaît, ton Dieu n'est pas le mien.
Tu m'en fais un tyran, je veux qu'il soit mon père.
Si ton culte est sacré, le mien est volontaire;
De son sang, mieux que toi, je reconnais le prix;
Tu le sers en esclave, et je le sers en fils.
Crois-moi, n'affecte point une inutile audace,
Il faut comprendre Dieu pour comprendre la grâce.
Soumettons nos esprits, présentons-lui nos cœurs,
Et soyons des chrétiens, et non pas des docteurs.

Ces vers expriment fort bien le caractère funeste du jansénisme. On ne saurait assez déplorer le mal que cette hérésie a fait, non-seulement à la piété, à la religion, mais encore à la littérature et à la poésie. Avec son dogme atroce d'un dieu qui nous punit, non-seulement du mal que nous ne pouvons éviter, mais du bien même que nous faisons de notre mieux, elle tue, elle énerve, elle fausse, elle égare les plus beaux génies. — Pascal est un prodige avorté, qui ne fait guère que du mal. Avec ses idées fausses sur Dieu, sur l'homme, sur la grâce, sur la nature, il ne peut que fausser l'esprit de ses lecteurs. L'ensemble de ses *Pensées* est un chaos et une contradiction. Au lieu de convertir les athées, il leur fournit des objections à lui insolubles. Au lieu de leur prêcher le vrai Dieu, un Dieu infiniment bon, juste, aimable, il leur propose un faux dieu, un dieu méchant, injuste, haïssable, en un mot, un dieu janséniste. Quel homme raisonnable en voudrait? Aussi Pascal convient-il que, pour y croire, il faut *s'abêtir* (*Pensées de Pascal*, par Prosper Faugère, 1844, t. II, p. 169); mot plus vrai qu'il ne pense, quant au dieu de Hauranne et de Jansénius. Mais ce n'est pas le Dieu de saint Vincent de Paul, de saint François de Sales, de sainte Thérèse, de saint Charles Borromée; ce n'est pas le Dieu de saint Louis, *qui est si bon que meilleur ne peut être*; un Dieu si bon, que non-seulement il nous a donnés nous-mêmes à nous-mêmes, mais qu'il veut se donner lui-même à nous, avec son bonheur et sa gloire ineffables; et comme cela est infiniment au-dessus de nous, il nous offre sa grâce, sa bonté, sa miséricorde infinie, afin que nous puissions y parvenir; et cette grâce, cette bonté, cette miséricorde infinie s'est fait homme en Jésus-Christ, et se donne à nous tout entière dans la sainte communion, afin que nous devenions lui-même, mais librement, mais spontanément, mais amoureusement, et que nous y ayons du mérite : voilà le Bon Dieu que nous croyons, que nous espérons, que nous aimons dans la sainte Église catholique romaine. Nous déplorons que Pascal ne l'ait pas mieux connu. Ce n'est pas que dans ses *Pensées* il n'y ait de belles choses vraies et bien dites; mais ce sont des éclairs dans une nuit obscure, qui ne servent qu'à rendre visibles les ténèbres et les abîmes. Autant en est-il, et pire encore du docteur Arnauld; car en lui on peut voir l'exécuteur formel du projet satanique, que Hauranne ne craignit point d'avouer à Vincent de Paul, qui était de détruire la religion catholique en Europe.

On peut remarquer cette pernicieuse influence du jansénisme sur la littérature et la poésie, jusque dans ces vers de Boileau en son *Art poétique* :

De la foi d'un chrétien les mystères terribles
D'ornements égayés ne sont point susceptibles.
L'Évangile à l'esprit n'offre de tous côtés
Que pénitence à faire et tourments mérités;
Et de vos fictions le mélange coupable,
Même à ses vérités donne l'air de la fable.
Et quel objet enfin à présenter aux yeux,
Que le diable toujours hurlant contre les cieux,
Qui de votre héros veut rabaisser la gloire,
Et souvent avec Dieu balance la victoire?

Ce sombre tableau convient à la créance hargneuse du janséniste, mais non à la foi expansive du catholique romain : témoin les poèmes d'*Athalie* et d'*Esther*; témoin la *Jérusalem délivrée* du Tasse; l'*Enfer*, le *Purgatoire* et le *Paradis* du Dante; témoin la catholique Espagne, qui, sous Philippe II et l'Inquisition, s'égaie de mille manières avec les poèmes chrétiens composés par ses prêtres. Et comment le catholicisme détruirait-il la poésie? N'est-il pas lui-même le poème de Dieu? Le but de ce poème n'est-il pas la glorification de Dieu dans les créatures, et des créatures en Dieu? Sa durée est le temps; l'univers en est le lieu; l'action marche d'une éternité à l'autre. Elle semble quelquefois suspendue, rétrograde même ; mais elle avance toujours, emportant avec elle les siècles et les peuples. Des obstacles se présentent qui paraissent tout renverser : la révolte d'une partie des anges, la chute de l'homme ; mais ces obstacles deviennent des moyens. Le Christ s'annonce et paraît : c'est le personnage principal. Il crée, il rachète ; il combat, il triomphe. Dieu et homme, esprit et corps, il unit et réconcilie tout en sa personne. Il est le principe, le milieu, la fin de toutes choses. Qui le connaît bien, entend facilement le poème de Dieu ; qui le connaît mal, l'entend mal ; qui ne le connaît pas du tout, ne l'entend pas du tout et se perd dans un fragment. Qui le connaîtrait et l'aimerait jusqu'à s'identifier en quelque sorte avec lui, jusqu'à le contempler déjà, pour ainsi dire, dans son essence, celui-là comprendrait parfaitement tout le poème ; il en comprendrait non-seulement l'ensemble, mais encore les détails ; il verrait que tout, jusqu'à un iota et un point, y est esprit et vie. La création entière lui serait une poésie, une musique où chaque mot, où chaque note est vivante et parlante. Ravi au-dessus de lui-même, il entendrait, il verrait, un saint nous l'a dit (S. Jean de la Croix), comment toutes les créatures ont en Dieu la vie, le mouvement et l'être. Il verrait comment, dans le Christ, si diverses qu'elles soient, si dissonnantes qu'elles paraissent, elles forment une harmonie ineffable. La vue d'un oiseau, d'un brin d'herbe suffirait pour éveiller en lui le sentiment de ce divin concert. Son âme en extase, comme il est arrivé à sainte Thérèse, s'exhalerait spontanément en stances poétiques.

On voit un sommaire de ce poème dans la transfiguration du Sauveur. Il est sur la montagne sainte, sa face devient resplendissante comme le soleil, ses vêtements deviennent blancs comme la lumière. Dieu et les hommes, le ciel et la terre sont témoins de sa gloire. Le Père éternel fait entendre sa voix. Moïse et Élie apparaissent : Moïse, par qui avait été donnée la loi que Jésus accomplissait ; Élie, le plus grand thaumaturge parmi les prophètes de l'ancienne alliance dont Jésus accomplissait les promesses. Les trois témoins que Jésus amène avec lui, c'est Pierre, le roc, auquel il avait promis, huit jours auparavant, de fonder sur lui son Église ; Pierre, le chef des apôtres ; ce sont les enfants du tonnerre, Jacques, le premier martyr parmi les douze, et Jean, que Jésus aimait, qui était destiné à voir l'exécution des jugements de Dieu sur Jérusalem, et à recevoir de hautes révélations sur la future histoire de l'Église et du monde. Pierre, ravi en extase, dit : *Maître, il est bon pour nous de rester ici.* Tel est le poème de Dieu : la transfiguration divine de la nature sanctifiée. Le désir, le pressentiment, l'aspiration de cette transfiguration surnaturelle, tel est l'esprit, l'âme de la poésie chrétienne. Au bas de la montagne sont les autres apôtres, avec les scribes de la synagogue, qui les disputent, avec la foule des peuples accourus de toutes parts ; et au milieu de ces peuples un jeune homme possédé du démon, empire de ces anges de ténèbres qui se transforment en anges de lumière, qui séduisent les nations sous le nom et la figure des fausses divinités de Rome, de la Grèce, de l'Égypte, de l'Inde, dont le chef est le prince de ce monde, le dieu de ce siècle, qui va être chassé dehors. Et à la vue de Jésus qui descend de la montagne, la multitude est saisie d'admiration, et accourt pour le saluer ; et il guérit le jeune homme à la prière de son père ; et, à son commandement, le démon sort avec un grand cri. Et ce même Jésus, qui commande avec empire aux esprits immondes, accueille avec amour, embrasse et bénit les petits enfants, promet son royaume à ceux qui leur ressemblent ; il appelle à lui tous ceux qui sont dans la peine, afin de les soulager ; il pleure sur son ami Lazare, et le ressuscite ; il nous recommande de considérer les fleurs des champs, les oiseaux de l'air, pour admirer en eux la bonté de notre Père céleste. Dans cet ensemble, tout se tient, tout est vivant ; c'est à la fois de la poésie et de l'histoire : la fable même y est pleine de vérité. Certes le poète chrétien ne peut pas se plaindre que la carrière lui ait été rétrécie.

Nicolas Boileau, ami constant de Racine, fut le onzième enfant de Gilles Boileau, greffier au parlement de Paris. Il vint au monde le 1ᵉʳ novembre 1636 au petit village de Crône, où son père passait ses vacances dans une maison de campagne. On le surnomma Despréaux, à cause d'un petit pré qui était au bout du jardin. Il eut à souffrir dans son enfance l'opération de la taille, qui fut mal faite, et dont il lui resta toute sa vie une grande incommodité. On lui donna pour logement, dans la maison paternelle, une guérite au-dessus du grenier, et quelque temps après on l'en fit descendre, parce qu'on trouva le moyen de lui construire un petit cabinet dans ce grenier ; ce qui lui fit dire qu'il avait commencé sa fortune par descendre au grenier. La simplicité de sa physionomie et de son caractère faisait dire à son père, en le comparant à ses autres enfants : Pour Colin, ce sera un bon garçon qui ne dira mal de personne.

Après ses premières études, il voulut s'appliquer à la jurisprudence, il suivit le barreau, et même plaida une cause dont il se tira fort mal. Il quitta le palais pour la Sorbonne, et se mit à étudier en théologie ; mais il quitta bientôt cette étude, pour se livrer entièrement à la poésie. Il commença par des satires, ouvrages en vers, faits pour reprendre pour censurer, pour tourner en ridicule les vices, les passions déréglées, les sottises, les impertinences des hommes ; chose qui, contenue dans de certaines bornes, peut être un sermon poétique très-utile à beaucoup de monde.

Sans être aussi dévot que Racine, qui assistait à la messe tous les jours, Boileau fut exact dans tous les temps de sa vie à remplir les principaux devoirs de la religion. Se trouvant donc à Pâques dans la terre d'un ami, il alla se confesser au curé, qui ne le connaissait point, et qui était un homme fort simple. Avant que d'entendre sa confession, il lui demanda quelles étaient ses occupations ordinaires. — De faire des vers, répondit Boileau. — Tant pis, dit le curé. Et quels vers ? — Des satires, ajouta le pénitent. — Encore pis, répondit le confesseur. Et contre qui ? — Contre ceux, dit Boileau, qui font mal des vers, contre les vices du temps ; contre les ouvrages pernicieux ; contre les romans.... — Ah ! dit le curé, il n'y a donc pas de mal, et je n'ai plus rien à vous dire.

Boileau avait obtenu un bénéfice simple ; mais il

le rendit au bout de quelques années par principe de conscience, et en restitua même les revenus. Un abbé, qui avait plusieurs bénéfices à la fois, lui disait un jour : Cela est bien bon pour vivre. — Je n'en doute point, lui répondit Boileau, mais pour mourir, M. l'abbé! pour mourir! — Boileau se montra toujours courageusement chrétien. Le duc d'Orléans, depuis régent du royaume, l'invita un jour à dîner; c'était un jour maigre, et on n'avait servi que du gras sur la table. On s'aperçut qu'il ne touchait qu'à son pain. — Il faut bien, lui dit le prince, que vous mangiez gras comme les autres, on a oublié le maigre. Boileau lui répondit : Vous n'avez qu'à frapper du pied, monseigneur, et les poissons sortiront de terre. — Chrétien toute sa vie, Boileau le fut surtout à la mort. Il reçut avec dévotion ses derniers sacrements, mourut d'une hydropisie de poitrine, le 13 mars 1711, et laissa par son testament presque tout son bien aux pauvres (*Mém. de Louis Racine sur la vie de Jean Racine*).

Racine et Boileau avaient un ami commun, JEAN DE LA FONTAINE, né à Château-Thierry, le 8 juillet 1621. A dix-neuf ans, il entra chez les Pères de l'Oratoire, et les quitta huit mois après, on ne sait pourquoi : probablement ne le savait-il pas lui-même, tant il avait de bonhomie et d'insouciance. A vingt-deux ans, il ne se doutait pas encore qu'il dût être poète. Ayant alors entendu lire une ode de Malherbe sur l'assassinat de Henri IV, il fut saisi d'admiration, se mit à lire Malherbe, à l'apprendre par cœur, à le déclamer dans les bois, et enfin à l'imiter. Un de ses parents, ayant vu ses premiers essais, l'encouragea et lui fit lire les meilleurs auteurs anciens et modernes, français et étrangers. Les auteurs latins, il les lisait dans l'original; les auteurs grecs, dans des traductions; mais il eut l'avantage de se les faire traduire quelquefois par Racine : il goûtait singulièrement Plutarque, et par-dessus tout Platon, qu'il appelle quelque part *le plus grand des amuseurs*. Il se divertissait aussi beaucoup avec les auteurs italiens. Son père, pourvu de la charge de maître des eaux et forêts, put passer sur la tête de son fils, et le maria : La Fontaine prit avec une égale insouciance l'emploi et la femme qu'on lui donna; il fut maître des eaux et forêts très-négligent, et mari très-indifférent. Il quitta bientôt sa femme et alla demeurer à Paris, où il se lia d'amitié avec les plus beaux esprits de son siècle, et trouva de la protection chez plusieurs personnages de la cour. Il allait néanmoins tous les ans, au mois de septembre, rendre visite à sa femme, qu'il consultait même sur ses écrits. A chaque voyage il vendait une partie de ses biens, sans s'embarrasser de veiller sur ce qui restait. Il ne passa jamais de bail de maison, et il ne renouvela jamais celui d'une ferme. Cette apathie, qui coûtait tant d'efforts aux anciens philosophes, il l'avait sans effort. Voici comme Labruyère le dépeint : « Un homme paraît grossier, lourd, stupide; il ne sait pas parler, ni raconter ce qu'il vient de voir : s'il se met à écrire, c'est le modèle des bons contes; il fait parler les animaux, les arbres, les pierres, tout ce qui ne parle point : ce n'est que légèreté, qu'élégance, que beau naturel, et que délicatesse dans ses ouvrages. » Madame de la Sablière, qui le logea et eut soin de ses affaires pendant vingt ans, pensait comme Labruyère. Ayant un jour congédié tous ses domestiques, elle dit : « Je n'ai gardé avec moi que mes trois animaux, mon chien, mon chat et La Fontaine. » Elle lui disait à lui-même : « En vérité, mon cher La Fontaine, vous seriez bien bête, si vous n'aviez pas tant d'esprit. »

Boileau et Racine le déterminèrent à tenter un raccommodement avec sa femme; il part, arrive à Château-Thierry, frappe à la porte de la maison. Un domestique lui dit que madame de La Fontaine est au salut. Il va chez un ami, qui l'invite à souper; il y couche, et repart le lendemain matin. Revenu à Paris, on s'informe du succès de son voyage. « Je n'ai pas vu ma femme, répond-il, elle était au salut. » La Fontaine avait eu de cette femme un fils, qui ne lui fut guère moins indifférent. Il le rencontre un jour dans la société, cause avec lui sans le connaître, lui trouve de l'esprit et fait son éloge. « Eh! c'est votre fils! » lui dit-on. « Ah! j'en suis bien aise, » fut toute sa réponse. — Dans la semaine sainte, Racine l'avait mené à ténèbres, et, pour l'occuper, lui avait mis dans les mains un volume de la Bible: La Fontaine tomba sur la belle prière des Juifs dans le prophète Baruch. Plein d'admiration, il disait à Racine : C'était un beau génie que ce Baruch : qui était-il? Et les jours suivants, il disait à toutes les personnes qu'il rencontrait : Avez-vous lu Baruch? C'était un beau génie! — Enfin La Fontaine s'est caractérisé lui-même dans son épitaphe :

> Jean s'en alla comme il était venu,
> Mangeant son fonds après son revenu,
> Croyant le bien chose peu nécessaire.
> Quant à son temps, bien le sut dispenser;
> Deux parts en fit, dont il souhait passer,
> L'une à dormir, et l'autre à ne rien faire.

La Fontaine avait toujours vécu dans une grande indifférence sur la religion comme sur tout le reste, lorsqu'il tomba malade vers la fin de 1692. Ses bons amis, Racine et Boileau, eurent soin de le rappeler à ses devoirs de chrétien, en particulier au repentir de ses contes trop libres, dont une dame de la cour, la duchesse de Bouillon, lui avait donné la première idée. Pendant qu'ils lui parlaient ainsi du salut de son âme, sa servante lui dit : Eh! ne le tourmentez pas tant; il est plus bête que méchant, Dieu n'aura jamais le courage de le damner. Le Père Pouget, de l'Oratoire, alors vicaire de Saint-Roch, étant venu le voir, comme ancienne connaissance, amena insensiblement la conversation sur la religion et ses preuves. Le malade lui dit alors avec sa naïveté ordinaire : Je me suis mis à lire le Nouveau Testament; oui, par ma foi, c'est un bon livre; mais il y a un article sur lequel je ne me suis pas rendu, c'est l'éternité des peines; je ne comprends pas comment cette éternité peut s'accorder avec la bonté de Dieu. L'abbé Poujet lui donna des explications qui le satisfirent. Restaient deux points plus difficiles : le premier, de témoigner publiquement ses regrets pour le scandale qu'avaient donné ses contes; l'autre, de ne jamais livrer aux comédiens une pièce qu'il avait récemment composée. Sur le premier, il se rendit sans beaucoup de peine; sur le second, il demanda une consultation des docteurs de Sorbonne, puis jeta son manuscrit au feu. Sa maladie prenant un caractère extrèmement grave, il reçut le saint viatique, le 12 février 1693, en présence d'une députation de l'Académie, qu'il avait désirée pour être témoin de son repentir; il demanda publiquement pardon du scandale dont ses poésies trop libres avaient été la source. Le bruit de sa mort se répandit dans Paris; cependant il revint de cette maladie, et la première fois que depuis sa convaescence il se rendit à l'Académie, il y renouvela l'expression des regrets qu'il avait fait éclater en présence de ce corps, d'avoir employé ses talents à composer des ouvrages dont la lecture pouvait offenser la pudeur et les mœurs. Il promit de nouveau de les consacrer désormais à des sujets de piété; et il y lut, comme le premier fruit de cet engagement, une paraphrase du *Dies iræ*. Fidèle à sa parole, il s'occupa de traduire en vers français les hymnes de l'Eglise : en même temps il pratiquait des austérités secrètes pour expier les fautes de sa vie; car quand il mourut, le 13 avril 1695, on le trouva revêtu d'un cilice par-dessous ses vêtements ordinaires. Le duc de Bourgogne, sous les yeux de Fénelon, déplora, dans un discours latin, la mort de La Fontaine, qu'il appelle un autre Ésope, supérieur à Phèdre. Ses fables ont effectivement atteint la perfection du genre.

Avant La Fontaine, rien ne paraissait plus borné que le genre de l'apologue. Ses premiers inventeurs, n'y voyant que le but moral, se hâtaient de l'atteindre avec une concision sévère et un laconisme souvent très-sec. Phèdre y ajouta, avec sobriété, quelques ornements, ceux principalement d'un style pur et élégant. La Fontaine les y répandit avec une admirable richesse. Ce cadre, jusque-là si étroit, s'agrandit sous ses mains, et la fable devint un petit poème qui admit tous les tons, toutes les couleurs, et pour ainsi dire tous les agréments des autres genres. La poésie épique y reconnut ses récits et ses caractères; la poésie dramatique, ses acteurs, ses dialogues et ses passions; la poésie légère, son badinage et son enjouement; la poésie philosophique et morale, son instruction et ses leçons. La simplicité s'y trouve unie à la force, à l'élévation, à la noblesse; la naïveté, à la finesse et à l'esprit (*Biogr. univ.*; Feller et Louis Racine).

Nous avons vu que le Parnasse de la poésie chrétienne est le Thabor : Racine y aspirait par ses tragédies d'*Esther* et d'*Athalie*; il eût bien voulu purger son théâtre de l'amour profane, mais l'exemple de la cour et le goût de son siècle ne le lui permirent pas. Le Parnasse de la poésie française était la cour de Louis XIV, et pendant trente ans cette cour fut un théâtre public de fornications et d'adultères, mais de fornications et d'adultères transformés en titre de noblesse, d'honneur et de gloire, comme les adultères et les incestes du Jupiter païen. Le Jupiter français, à l'exemple du grec, peupla son olympe de ses bâtards et de ses prostituées, que les courtisans et les poëtes durent adorer comme des dieux et des déesses. Plus hardi que le Grec ne le fût avec Amphitryon et Alcmène, il exila l'homme dont il avait corrompu et enlevé la femme. Le jubilé de 1676 rompit pour un moment le double adultère : les deux coupables se séparèrent pour faire pénitence. Louis XIV avait dit : *Je ne la reverrai plus* ; bien des gens étaient d'avis qu'elle ne devait

plus revenir à la cour, mais les parents et amis de la femme adultère pensèrent différemment : l'évêque Bossuet pensa comme les parents et les amis, il voulait convertir les deux coupables et il les raccommoda : ils durent se voir, mais en présence de témoins; ils se virent, congédièrent les témoins et recommencèrent le scandale de leurs adultères (*Lettre de madame de Maintenon à madame de Saint-Géran; Souvenir de madame de Caylus*, Sismondi, t. XXV, p. 398). Les bâtards adultérins furent légitimés par leur père et mariés à des princes et princesses du sang, comme pour abâtardir de toute manière la race de saint Louis, et par elle le reste de la nation. L'abâtardissement commença par la noblesse : outre qu'elle prostituait au roi ses filles et ses femmes, elle produisit de son sein et pour son usage plus d'une courtisane honteusement célèbre : telle fut Ninon de Lenclos, formée à la vie épicurienne par son propre père, et dont un des bâtards, devenu amoureux d'elle, se tua de désespoir en apprenant qu'elle était sa mère; telle encore Claudine de Tencin, religieuse sortie du cloître, dont un des bâtards fut d'Alembert, l'un des coryphées de l'incrédulité moderne.

Chez la première de ces courtisanes, on vit se prostituer les noms les plus illustres de France, les Gourville, les Bannier, les La Châtre, les Clérambault, les d'Effiat, les Gersey, les d'Estrées, les d'Albret, les Sévigné, les Villarceaux, les Coligny, les Longueville, les La Rochefoucauld, les Condé. Comme Louis XIV, ces courtisanes de la noblesse savait couvrir leurs désordres d'un air de décence qui rendait leur exemple encore plus contagieux.

« La débauche furtive d'un prince, dit l'académicien Lemontey dans sa *Monarchie de Louis XIV*, n'est que la faute d'un homme, désavouée par sa honte, mais l'ostentation de ses galanteries corrompt de loin. Par un échange aussi fâcheux en morale qu'en politique, tandis que le vice s'ennoblit de toute la majesté du trône, la royauté elle-même se dégrade et se trempe dans les couleurs du vice. La sollicitude du monarque pour honorer ses enfants naturels ouvrit encore dans sa vieillesse une source imprévue de scandale. Par une sorte d'instinct, tous les bâtards nés en Europe sur les marches des trônes accoururent à Versailles. Adultérins incestueux, ils y trouvèrent des fortunes rapides, des dignités et des emplois. Le duc de Saint-Simon, faisant le dénombrement de ces heureux aventuriers, compte à la fois parmi eux les rejetons des maisons d'Angleterre, de Bavière, de Savoie, de Danemarck, de Saxe, de Lorraine, de Montbéliard, et s'écrie avec une indignation dont j'adoucis beaucoup les termes, que Versailles ne lui semble plus être qu'un hôpital d'enfants trouvés (Lemontey, *Monarchie de Louis XIV*, p. 149 et 150). Sans doute, dit le même auteur, de grands scandales avaient signalé les premiers temps de son règne... Mais quand l'âge et les remords eurent courbé le conquérant sous le joug d'une dévotion sincère, ce fut un plus étrange spectacle de le voir donner à ses anciennes erreurs une impudique solennité, et de ses mains pénitentes offrir la couronne de saint Louis aux rejetons d'un double adultère. Tous les ordres de l'Etat en furent blessés; la nation se crut méprisée et ne pensa pas sans indignation qu'elle deviendrait le salaire des amours vagabonds de ses maîtres (Lemontey, p. 133 et 136). »

Sismondi ajoute, d'un autre côté, dans son *Histoire des Français* : « Ce n'était pas seulement sous le rapport des mœurs que l'esprit de dévotion qui règnait alors (1680) à la cour de France avait eu peu d'influence sur la conduite des gens du monde, il n'y avait, parmi la haute société, pas plus de respect pour la probité que pour la modestie. Toutes les femmes de la cour faisaient *des affaires*, c'est-à-dire obtenaient des marchés avantageux pour leurs créatures, par lesquelles elles se faisaient ensuite donner des pots-de-vin ; elles s'intéressaient dans les fermes, elles recevaient des présents pour récompense de leurs recommandations : dans tous les procès, on les voyait toutes solliciter les juges et faire intervenir auprès des tribunaux les hommes puissants, ceux à qui l'on croyait le plus de crédit : rien n'était plus fréquent, même dans le plus haut rang, que de les voir friponner au jeu. Le marquis de Pomenars n'en était pas moins admis dans la meilleure compagnie, encore qu'il disputât sa tête à des procès criminels sans cesse renaissants, dont le moindre était pour la fabrication de fausse monnaie, qu'il ne prenait pas la peine de dissimuler. Enfin, au printemps de cette même année, toute la cour fut alarmée par de nombreuses accusations d'empoisonnement et par la création d'une chambre ardente (ou destinée à condamner au feu) pour juger les empoisonneurs (Sismondi, *Hist. des Français*, t. XXV, p. 400).

Fénelon confirme tout cela dans ses confidences intimes aux ducs de Chevreuse et de Beauvilliers sur la situation morale de cette époque. « Les mœurs présentes de la nation jettent chacun dans la plus violente tentation de s'attacher au plus fort par toutes sortes de bassesses, de lâchetés, de noirceurs et de trahisons (Fénelon, *Mémoires* du 15 mars 1712 ; *Hist. de Fénelon*, t. III, p. 327). »

C'est à ce monde, à cette cour, à ce roi que les poètes dramatiques, tels que Molière et Quinaut, avaient à plaire. Le pouvaient-ils sans flatter leurs vices ? Aussi Jean-Jacques Rousseau dit-il : « Qui peut disconvenir que le théâtre de Molière, des talents duquel je suis plus admirateur que personne, ne soit une école de vices et de mauvaises mœurs, plus dangereuse que les livres mêmes où l'on fait profession de les enseigner ? Son plus grand soin est de tourner la bonté et la simplicité en ridicule, et de mettre la ruse et le mensonge du parti pour lequel on prend intérêt : ses honnêtes gens ne sont que des gens qui parlent, ses vicieux sont des gens qui agissent, et que les plus brillants succès favorisent le plus souvent ; enfin l'honneur des applaudissements, rarement pour le plus estimable, est presque toujours pour le plus adroit. — Voyez comment, pour multiplier ses plaisanteries, cet homme trouble tout l'ordre de la société ; avec quel scandale il renverse tous les rapports les plus sacrés sur lesquels elle est fondée ; comment il tourne en dérision les respectables droits des pères sur leurs enfants, des maris sur leurs femmes, des maîtres sur leurs serviteurs ! Il fait rire, il est vrai, et n'en devient que plus coupable, en forçant, par un charme invincible, les sages mêmes de se prêter à des railleries qui devraient attirer leur indignation. J'entends dire qu'il attaque les vices ; mais je voudrais bien que l'on comparât ceux qu'il attaque avec ceux qu'il favorise. Quel est le plus blâmable d'un bourgeois sans esprit et vain qui fait sottement le gentilhomme, ou du gentilhomme fripon qui le dupe ? Dans la pièce dont je parle, le dernier n'est-il pas l'honnête homme ? n'a-t-il pas pour lui l'intérêt ? et le public n'applaudit-il pas à tous les tours qu'il fait à l'autre ? Quel est le plus criminel d'un paysan assez fou pour épouser une demoiselle, ou d'une femme qui cherche à déshonorer son époux ? Que penser d'une pièce où le parterre applaudit à l'infidélité, au mensonge, à l'impudence de celle-ci, et rit de la bêtise du manant puni ? C'est un grand vice d'être avare et de prêter à usure, mais n'en est-ce pas un plus grand encore à un fils de voler son père, de lui manquer de respect, de lui faire mille insultants reproches, et, quand ce père irrité lui donne sa malédiction, de répondre d'un air goguenard : Qu'il n'a que faire de ses dons ? Si la plaisanterie est excellente, en est-elle moins punissable ? et la pièce où l'on fait aimer le fils insolent qui l'a faite en est-elle moins une école de mauvaises mœurs ? »

Le même écrivain, après avoir examiné la meilleure comédie du même poète, termine ainsi ses observations : « Mais enfin, puisqu'elle est, sans contredit, de toutes les comédies de Molière, celle qui contient la meilleure et la plus saine morale, sur celle-là jugeons les autres, et convenons que l'intention de l'auteur étant de plaire à des esprits corrompus, ou sa morale porte au mal, ou le faux bien qu'elle prêche est plus dangereux que le mal même, en ce qu'il séduit par une apparence de raison ; en ce qu'il fait préférer l'usage et les maximes du monde à l'exacte probité ; en ce qu'il fait consister la sagesse dans un certain milieu entre le vice et la vertu ; en ce qu'au grand soulagement des spectateurs, il leur persuade que, pour être honnête homme, il suffit de n'être pas un franc scélérat (*Lettre à d'Alembert sur les spectacles*). » C'est ainsi que Rousseau juge la meilleure pièce de Molière.

Quant au *Tartufe*, où Molière signale un hypocrite qui, sous le masque de la piété, cherche à duper un père de famille et à séduire sa femme, nous croyons que cette comédie n'était pas inutile au temps de Louis XIV : car nous voyons par un chapitre de Labruyère, que des hypocrites de ce caractère n'étaient pas introuvables. Il n'y a pas de mal à ce que les fidèles soient prévenus contre toute espèce de séducteurs. Le Sauveur lui-même disait : *Gardez-vous des faux prophètes qui viennent à vous sous des peaux de brebis, mais qui, au dedans, sont des loups rapaces.* L'Apôtre signale aussi des imposteurs qui ont l'apparence de la piété, mais en renient la vertu, qui se glissent dans les maisons et captivent des femmelettes chargées de péchés et de convoitises (1. Tim., 3, 6). De nos jours, les bons prêtres n'ont qu'à se conduire si bien, que le monde même ne puisse leur faire aucune application de Tartufe.

Maintenant, ce roi, que les lettres et les arts, la cour et le monde conspiraient à louer, à flatter jusque dans ses défauts et ses vices, qu'est-ce qu'il était par lui-même, par son intelligence, par sa raison ? — Nous avons à cet égard la confidence de deux personnes qui le connaissaient le mieux. — Vers l'an 1690, la dame de Maintenon pria Fénelon, alors son ami intime, de lui faire connaître les défauts qu'il avait pu remarquer en elle. Fénelon lui répondit entre autres ce qui suit :

« On dit que vous vous mêlez trop peu des affaires. Ceux qui parlent ainsi sont inspirés par l'inquiétude, par l'envie de se mêler du gouvernement et par le dépit contre ceux qui distribuent les grâces, ou par l'espoir d'en obtenir par vous. Pour vous, madame, il ne vous convient point de faire des efforts pour redresser ce qui n'est pas dans vos mains. Le zèle du salut du roi ne doit pas vous faire aller au delà des bornes que la Providence semble vous avoir marquées. Il y a mille choses déplorables, mais il faut attendre les moments que Dieu seul connaît et qu'il tient en sa puissance (Fénelon, *Correspond.*, t. V, p. 470). » Après lui avoir parlé de la conduite à tenir envers les amis, il ajoute : « Rien de tout ceci ne regarde l'*homme* à l'égard duquel vous avez des devoirs d'un autre ordre : l'accroissement de la grâce, qui a déjà fait tant de progrès en lui, achèvera d'en faire un autre homme. Mais je vous parle pour le seul intérêt de Dieu en vous : il faut mourir sans réserve à toute amitié (P. 473). »

« Vous devez, sans vous rebuter jamais, profiter de tout ce que Dieu vous met au cœur, et de toutes les ouvertures qu'il vous donne dans celui du roi, pour lui ouvrir les yeux et pour l'éclairer, mais sans empressement, comme je vous l'ai souvent représenté. Au reste, comme le roi se conduit bien moins par des maximes suivies que par l'impression des gens qui l'environnent et auxquels il confie son autorité, le capital est de ne perdre aucune occasion pour l'obséder par des gens sûrs, qui agissent de concert avec vous pour lui faire accomplir, dans leur vraie étendue, ses devoirs dont il n'a aucune idée.

» S'il est prévenu en faveur de ceux qui font tant de violences, tant d'injustices, tant de fautes grossières, il serait bientôt encore plus en faveur de ceux qui suivraient les règles, et qui l'animeraient au bien. C'est ce qui me persuade que, quand vous pourrez augmenter le crédit de messieurs de Chevreuse et de Beauvilliers, vous ferez un grand coup. C'est à vous à vous mesurer pour les temps ; mais si la simplicité et la liberté ne peuvent point emporter ceci, j'aimerais mieux attendre jusqu'à ce que Dieu eût préparé le cœur du roi. Enfin, le grand point est de l'assiéger, puisqu'il veut l'être, de le gouverner, puisqu'il veut être gouverné : son salut consiste à être assiégé par des gens droits et sans intérêt.

» Votre application à le toucher, à l'instruire, à lui ouvrir le cœur, à le garantir de certains pièges, à le soutenir quand il est ébranlé, à lui donner des vues de paix, et surtout de soulagement des peuples, de modération, d'équité, de défiance à l'égard des conseils durs et violents, d'horreur pour les actes d'autorité arbitraire, d'amour de l'Église, et d'application à lui chercher de saints pasteurs : tout cela, dis-je, vous donnera bien de l'occupation ; car, quoique vous ne puissiez point parler de ces matières à toute heure, vous aurez besoin de perdre bien du temps pour choisir les moments propres à insinuer ces vérités. Voilà l'occupation que je mets au-dessus de toutes les autres (Fénelon, *Correspond.*, t. V, p. 475). »

D'après cette curieuse révélation, Louis XIV était un roi qui voulait être assiégé, gouverné, qui n'avait aucune idée de ses devoirs, qui avait besoin d'être instruit, redressé, éduqué par une femme.

Le 27 novembre 1635 naquit dans les prisons de Niort une petite fille dont le père était huguenot et la mère catholique : elle reçut au baptême le nom de FRANÇOISE. Son grand-père, Théodore-Agrippa d'Aubigné, un des généraux et des amis de Henri IV, était mort huguenot à Genève, et auteur de plusieurs écrits. Son père, Constant d'Aubigné, avait été emprisonné par le cardinal de Richelieu, comme ardent calviniste et ami des Anglais. C'était d'ailleurs un homme sans principes ni conduite. Il fut transféré au château Trompette à Bordeaux, dont le gouverneur était le père de sa femme, Anne de Cardaillan. Il sortit de prison l'an 1639, sur la promesse d'abjurer le calvinisme : ne voulant point tenir sa parole, il partit pour la Martinique. Dans la traversée, la petite Françoise fut si malade, qu'on la crut morte : déjà un domestique la tenait pour l'ensevelir dans les flots lorsque sa mère, voulant lui donner le dernier baiser, lui trouva encore un reste de chaleur. A la Martinique, elle courut un autre danger : elle était à la campagne et mangeait avec sa mère, lorsqu'un énorme serpent survint : elles s'enfuirent toutes deux, et lui laissèrent chacune leur part, qu'il avala. La mère revint en France pour récupérer ses biens, mais elle ne put rien terminer : dans l'intervalle, son mari joua, perdit tout ce qu'il avait en Amérique, et y mourut en 1645. Quand la veuve ramena sa famille en Europe, elle fut obligée de laisser la jeune Françoise entre les mains d'un créancier, qui se lassa bientôt de la nourrir et la fit ramener en France. Sa mère, qui avait déjà commencé son éducation en lui faisant lire, dans Plutarque, l'histoire des grands hommes de l'antiquité, fut réduite par la misère à la confier, bien contre son gré, à une parente calviniste, qui effectivement l'infecta de ses erreurs. Une tante catholique la prit chez elle, et employa tous les moyens les plus durs pour la faire revenir à la religion de sa mère, jusqu'à la reléguer parmi les domestiques. « Je commandais dans la basse-cour, disait-elle depuis ; et c'est par ce gouvernement que mon règne a commencé. » Elle fut mise chez les Ursulines de Niort, où la douceur et la charité, jointes aux instructions, lui firent abjurer le calvinisme. Sa mère était morte de douleur, ne laissant à sa famille que deux cents livres de rentes. A l'âge de seize ans, Françoise fut mise chez les Ursulines de la rue Saint-Jacques à Paris, et présentée dans la société de l'abbé SCARRON.

Il était fils d'un conseiller du parlement de Paris, noble et riche, mais qui, s'étant remarié, obligea son fils d'embrasser l'état ecclésiastique, sans pourtant recevoir les ordres. Le jeune homme était d'une humeur joviale, spirituelle et bouffonne. Devenu chanoine du Mans, il ne put résister à la tentation de prendre part aux mascarades du carnaval. Avec deux étourdis de même caractère, il s'enduisit de miel par tout le corps, se roula dans un lit de plume, et parut dans cet équipage au milieu des rues. La populace les poursuivit à coups de pierres, ils furent réduits à se cacher dans les roseaux de la Sarthe; deux moururent de froid, Scarron seul réchappa, mais raccourci d'un pied de sa taille et devenu cul-de-jatte. Fixé à Paris, il se fit un nom par ses poésies burlesques, et attirait chez lui les plus beaux esprits du siècle. Ayant donc remarqué la jeune orpheline, Françoise d'Aubigné, distinguée à la fois par sa beauté, son esprit, sa modestie et son indigence, il eut pitié d'elle et lui offrit de payer sa dot, si elle voulait se faire religieuse, ou bien de l'épouser : elle choisit ce dernier parti, et devint madame Scarron. Par son heureuse influence, les réunions chez son mari devinrent encore plus brillantes. Turenne s'y rendait tous les soirs, et il était rare de n'y pas trouver les dames de Sévigné et de la Sablière. Mais Scarron mourut en 1660, ne laissant à sa veuve de vingt-cinq ans que des dettes et quelques amis. Il recevait une pension de la reine-mère, en qualité de son malade en titre : elle fut continuée à la veuve. La reine meurt, la pension cesse, Louis XIV refuse de la rétablir, la veuve Scarron partait pour le Portugal avec une princesse qui lui donnait de quoi vivre, lorsque le roi accorde la pension, qui la fait rester en France. Ayant entendu prêcher le Père Bourdaloue, elle forme le dessein de se retirer peu à peu du monde, et se met sous la direction de l'abbé Gobelin, docteur de Sorbonne. Jusqu'alors le but principal de sa vie était de se faire un nom honorable par sa conduite : dès lors ce motif fut sanctifié par d'autres plus chrétiens. Pendant plusieurs années elle mena une vie retirée et mystérieuse : elle était chargée d'élever secrètement les enfants naturels du roi. Durant cette éducation, le roi dit à un des enfants, le duc du Maine : « Mais vous êtes bien raisonnable. — Il faut bien que je le sois, répondit l'enfant; j'ai vécu auprès de moi qui est la raison même. » Charmé de cette réponse, le roi fit donner à la gouvernante une grande somme d'argent, avec laquelle elle acheta la terre de Maintenon. Le roi, qui la regardait comme un bel esprit, *une précieuse*, avait toujours témoigné pour elle un certain éloignement; mais à mesure qu'il la connut, il prit pour elle beaucoup d'estime et de confiance. Elle en profita pour le retirer peu à peu de ses désordres, et lui inspirer plus d'égards envers la reine, son épouse : à quoi et la reine et toute la famille royale furent très-sensibles. La princesse mourut le 30 juillet 1683, entre les bras de madame de Maintenon. Celle-ci, après un an ou deux, devint l'épouse légitime de Louis XIV : la chose demeura secrète, mais assez transparente pour qu'on la sût dans toutes les cours de l'Europe.

Dans cette fortune inespérée, la pauvre orpheline d'autrefois se souvint de ses semblables, et fonda un établissement à Saint-Cyr pour l'éducation de deux cent cinquante filles nobles sans fortune : c'est pour cette communauté de religieuses et de pensionnaires que Racine fit *Esther* et *Athalie*. C'est dans cette haute position que la dame-épouse consulte Fénelon sur ses défauts et ses devoirs, et que Fénelon lui répond entre autres sur ce qu'il faut faire dans l'éducation manquée du roi, pour lui faire connaître et accomplir ses devoirs dont il n'avait aucune idée. Et la dame était capable de tout cela; car, s'il est vrai que le style c'est tout l'homme, on peut bien dire, au style de ses lettres, que madame de Maintenon était un des premiers hommes de son siècle, si ce n'est pas le premier.

Quant au bonheur dont elle jouit dans son élévation, voici des confidences qu'elle en a faites. « J'étais née ambitieuse, je combattais ce penchant : quand ces désirs que je n'avais plus furent remplis, je me crus heureuse; mais cette ivresse ne dura que trois semaines. » L'ennui et l'assujétissement lui firent bientôt regretter le calme et la liberté d'une vie privée. « Je n'en puis plus; je voudrais être morte, » disait-elle à son frère, qui lui répondit par ce mot si connu : « Vous avez donc parole d'épouser Dieu le Père? » Elle a bien peint l'état de son âme dans une lettre à madame de Maisonfort, religieuse de Saint-Cyr, et qui suffirait seule pour désabuser les ambitieux. « Vous ne serez jamais contente, ma chère fille, que lorsque vous aimerez Dieu de tout votre cœur; ce que je ne dis pas par rapport à la profession où vous êtes engagée. Salomon vous a dit il y a longtemps, qu'après avoir cherché, trouvé, et goûté de tous les plaisirs, il confessait que tout n'est que vanité et affliction d'esprit, hormis aimer Dieu et le servir. Que ne puis-je vous donner toute mon expérience! que ne puis-je vous faire voir l'ennui qui dévore les grands, et la peine qu'ils ont à remplir leurs journées! Ne voyez-vous pas que je meurs de tristesse dans une fortune qu'on aurait eu peine à imaginer, et qu'il n'y a que le secours de Dieu qui m'empêche d'y succomber? J'ai été jeune et jolie : j'ai goûté des plaisirs : j'ai été aimée partout dans un âge plus avancé : j'ai passé des années dans le commerce de l'esprit : je suis venue à la faveur; et je vous proteste, ma chère fille, que tous les états laissent un vide affreux, une inquiétude, une lassitude, une envie de connaître autre chose, parce qu'en tout cela rien ne satisfait entièrement. On n'est en repos que lorsqu'on s'est donné à Dieu, mais avec cette volonté déterminée dont je vous parle quelquefois. Alors on sent qu'il n'y a plus rien à chercher, et qu'on est arrivé à ce qui seul est bon sur la terre. On a des chagrins, mais on a aussi une solide consolation, et la paix au fond du cœur au milieu des plus grandes peines. »

Maintenant, dans un tel état de choses, sous un tel roi et avec de tels principes de gouvernement, que devenaient l'épiscopat et le clergé de France? L'auteur de la *Monarchie de Louis XIV* s'exprime en ces termes :

« On continua la dénomination de libertés de l'Eglise gallicane à ce qui aurait dû s'appeler simplement *les libertés du trône*. Quoique les biens de l'Église conservassent en apparence une destination religieuse, ils furent dans la réalité le patrimoine de la noblesse et le prix des services militaires. Des hommes d'armes en possédèrent d'abord une part considérable. Louis XIV continua lui-même, jusqu'en 1687, de conférer à des gentilshommes laïques des bénéfices simples et des pensions sur les évêchés et les abbayes. Il eût même réussi, sans le refus persévérant du Pape, à réunir les grandes dotations ecclésiastiques aux commanderies de l'ordre militaire de Saint-Louis. Ce procédé dura tant que ses confesseurs ne purent convertir les affaires d'État en cas de conscience. On revint tout à fait alors à la marche ordinaire de la collation des bénéfices. Chaque grande famille élut dans son sein un ou plusieurs sujets, à qui un peu de cheveux coupés sur le sommet de la tête donna la faculté de les posséder. Louis XIV observa fidèlement cette distribution politique, même quand sa dévotion eut confié à un simple moine ce qu'on appelait *le ministère de la feuille*. On maintint surtout la tenue des abbayes en commende, invention profane de notre aristocratie et abus particulier de l'Eglise de France. Au moyen de ces *commendes*, les riches et antiques monastères se transformaient en faveurs royales, et un partage léonin y séparant le terrestre du spirituel, laissait le jeûne et la prière à la multitude des religieux, et dotait un abbé de cour de leur immense patrimoine. Les évêques plébéiens devinrent aussi rares que les officiers de fortune et furent considérés à peu près du même œil dans leur corporation. Néanmoins les goûts belliqueux, si vainement combattus par les décrets de Rome, s'éteignirent dans les prélats par l'influence de la volonté royale, et l'obstination de quelques abbés à chausser encore l'éperon dans les camps parut moins un trait de mœurs qu'une bizarrerie individuelle. De ces éléments façonnés par le monarque, sortit le haut clergé le plus décent et le moins apostolique de la chrétienté. Un prélat scandaleux y fut un phénomène aussi remarquable qu'un saint évêque, et les bonnes mœurs s'y fussent maintenues par la pureté du goût, si ce n'eût été par l'autorité du devoir. L'Eglise de France compta dans ses dignitaires presque autant d'hommes aimables et politiques, théologiens médiocres, courtisans polis, citoyens éclairés, membres tolérants d'un corps *persécuteur* (Lemontey, *Monarchie de Louis XIV*, p. 26 et seqq.). »

Ce dernier mot n'est point exact. Persécution signifie poursuite injuste et violente. Or, dans les poursuites du clergé contre les jansénistes, il n'y a ni injustice ni violence, tant s'en faut. Quant aux poursuites contre les huguenots, elles sont le fait du roi, ainsi que nous le verrons, et non du clergé ni du Pape. Pour tout le reste, les observations de l'auteur sont frappantes de justesse. Et depuis saint Vincent de Paul, nous cherchons vainement un saint canonisé en France; c'est comme des années de stérilité, où l'esprit de foi et de sainteté diminue pour faire place à un esprit de religion humaine et politique.

« Louis XIV, dit le même auteur, eut aussi de violents démêlés avec la cour de Rome. Mais il la força toujours de fléchir, même quand la raison parla pour elle, comme dans l'abolition des franchises. Quoique l'âme de ce prince passât par tous les degrés d'une dévotion peu éclairée, il démêla toujours, jusque dans un âge avancé, les ambitions du Vatican. L'orgueil du roi le défendit contre les faiblesses de l'homme, et l'idolâtrie de lui-même resta sa première religion. Le clergé, qu'un secret penchant entraîne vers la domination romaine, sentit avec sa finesse ordinaire l'inégalité des forces, et donna au monarque plus que la soumission. Si, après la célèbre assemblée de 1682, et même pendant sa tenue, la modération du roi n'eût été encore plus grande que le zèle des docteurs, la suprématie romaine courait de grands périls (*Ibid.*, p. 29). »

Ce que l'académicien moderne dit ici de la disposition du clergé de France en 1682, un littérateur de cette époque-là même, Sandras de Courtilz, le disait déjà plus fortement dans le faux testament de Colbert, où, après avoir parlé des archevêques de Paris et de Reims, il ajoute : « Les autres qui composaient cette assemblée étaient à peu près de même trempe, et si dévoués aux volontés de Votre Majesté, que, si elle avait voulu substituer l'Alcoran à la place de l'Evangile, ils y auraient donné leurs mains aussitôt (*Testament politique de Colbert*, c. 6). » Voltaire dit de son côté, dans son *Siècle de Louis XIV* : « Si le roi avait voulu, il était maître de l'assemblée. » Le clergé français peut voir par ces exemples, comment, dans ces occasions, il était jugé par les hommes du monde, de qui peut-être on se promettait l'estime et l'approbation. Au reste, dans un rapport à l'assemblée de 1682, l'archevêque disait lui-même, en se servant des propres paroles d'Yves de Chartres : « Des hommes plus énergiques parleraient peut-être avec plus de courage; de plus gens de bien pourraient dire de meilleures choses : *pour nous, qui sommes médiocres en tout*, nous exposons notre sentiment, non pour servir de règle en pareille occurrence, mais *pour céder au temps* et pour éviter de plus grands maux dont l'Eglise *est menacée*, si on ne peut les éviter autrement. » Sur quoi le Père d'Avrigny ajoute dans ses Mémoires : *L'application de ces paroles ne pouvait être plus juste.*

Avec un épiscopat moins courtisan et plus apostolique, Louis XIV, poussé par ses ministres et ses magistrats, ne se serait probablement pas permis ses incroyables outrages envers le chef de l'Eglise catholique. Nous avons vu de quelle politesse, de quelle prévenance ce monarque usa envers le régicide Cromwell, jusqu'à lui remettre de sa main propre les clés de la ville de Dunkerque, prise par les Français. D'un autre côté, le 7 janvier 1666, dans une audience du grand-vizir, l'ambassadeur français, M. de la Haye, fut arraché de sa chaise, dont on se servit pour le frapper. Ayant voulu tirer l'épée, il reçut un soufflet d'un des gardes, fut emprisonné trois jours chez le grand-vizir, et Louis XIV ne se plaignit pas même de ce traitement à son ami le grand Turc (De Hammer, *Hist. des Ottomans*, t. VI, l. 55, p. 175 et 176). Voici maintenant de quelle politesse, de quelle prévenance, de quelle longanimité il usa, dans une grande partie de son règne, envers le Pape, qui était pourtant son premier pasteur et son père. Nous empruntons notre récit à un auteur protestant.

« En 1662, le duc de Créqui qui venait d'être nommé ambassadeur à Rome, sembla n'avoir d'autre commission que de mortifier le Pape. Avant de partir de Paris, il ne fit point de visite au nonce... Arrivé à Rome, il fit prévenir le frère et les parents du Pape (Alexandre VII) que s'ils ne venaient pas au devant de lui pour le recevoir hors de la ville, il ne leur ferait point ensuite de visite à son arrivée : ces disputes d'étiquette étaient la conséquence des ordres de la cour; Louis XIV voulait établir pour ses ambassadeurs un cérémonial qui les distinguât de ceux de tout autre monarque... La police de Rome fit quelques arrestations de prévenus, à peu de distance du palais Farnèse, où logeait le duc de Créqui, et ce dernier, qui considérait comme partie de ses franchises de ne permettre aucun exercice de la justice romaine dans le voisinage de son palais, encouragea les aventuriers et les spadassins qu'il avait amenés à sa suite à prendre querelle avec les sbires de la patrouille, toutes les fois qu'ils les rencontreraient, et à les battre. Les sbires étaient appuyés par un corps de deux cents Corses chargés de la garde des monts-de-piété et des prisons publiques. La caserne des Corses était rapprochée du palais Farnèse, en sorte que chaque jour il y avait quelque combat entre les gens de livrée de l'ambassadeur et les soldats du Pape... Le 20 août, une rencontre entre trois Français et trois Corses dégénéra en une bataille générale. Les trois Français se réfugièrent vers le palais Farnèse; aussitôt toute la livrée de l'ambassadeur sortit en armes et repoussa les Corses jusqu'à leurs casernes. A leur tour, ceux-ci sortirent furieux, tambour battant et leurs officiers en tête; plusieurs coups de mousquets furent tirés contre l'hôtel Farnèse. L'ambassadrice rentra en voiture au milieu de cette bagarre, qu'elle ignorait : il était huit heures du soir; les Corses ou les sbires voulurent l'arrêter, et l'un des pages qui marchaient à pied près de sa portière fut tué. Il y eut aussi quelques Romains de tués, tous ces coups de mousquet atteignant plus souvent des passants que des gens engagés dans le combat. L'ambassadeur du roi avait été insulté, mais on ne pouvait douter qu'il n'eût cherché lui-même la querelle dans laquelle il se trouvait engagé. Les ministres du Pape s'étaient empressés d'agir pour apaiser le tumulte. Deux congrégations de cardinaux avaient été nommées, l'une pour punir les auteurs de ce tumulte, l'autre pour négocier avec l'ambassadeur et l'apaiser.

» Mais Créqui déclara que ces prétendues satisfactions n'étaient que de nouvelles offenses; il refusa la médiation de la reine de Suède et de l'ambassadeur de Venise. Il se retira en Toscane, et de là il écrivit une circulaire à tous les ministres étrangers résidents à Rome, dans laquelle il détaillait les réparations préalables qu'il exigeait, sans même promettre qu'elles pussent satisfaire sa cour. On y voit une première manifestation de cet orgueil du roi, qui ne comptait pour rien ni les droits des peuples ni la vie des hommes, et qui regardait comme une offense la seule prétention d'une justice égale pour tous... Cette première sommation fut suivie (à Paris) du renvoi du nonce; le roi écrivit au Pape une lettre offensante... Son ambassadeur à Madrid demanda au roi d'Espagne un passage par le Milanais à une armée de dix-huit mille hommes, qui se dirigerait sur Rome... Le parlement de Provence, par un arrêt du 26 juillet 1663, prononça la réunion d'Avignon au domaine du roi.

» Pendant l'hiver, le roi prit des mesures pour faire passer en Italie quinze mille fantassins, six mille chevaux et un train d'artillerie formidable. De nouveaux manifestes, toujours plus arrogants, toujours plus menaçants, furent publiés contre la cour de Rome. Non-seulement un arrêt du parlement d'Aix avait déclaré Avignon et le comtat venaissin réunis à la couronne, mais une rébellion avait été suscitée dans la ville; le vice-légat avait été arraché de son hôtel, ses officiers et ses serviteurs avaient été maltraités; des soldats français l'avaient accompagné jusqu'aux frontières de Savoie, et les armes pontificales furent partout abattues. Les cardinaux les plus ardents demandaient que le parlement de Provence fût excommunié pour cet attentat, mais le Pape désirait la paix, et il se contenta de faire dresser une protestation dans les termes les plus conciliants et les plus modérés... Enfin la paix fut signée à Pise le 12 février 1664, le Pape s'étant résolu à se soumettre à toutes les humiliations exigées de lui... Une pyramide fut élevée à Rome vis-à-vis l'ancien corps-de-garde des Corses, avec une inscription qui portait que la nation corse était déclarée à jamais incapable de servir le Siége apostolique, en punition de l'exécrable attentat commis par elle contre l'ambassadeur de France. Lorsque les cardinaux Chigi (neveu du Pape) et Impériali (gouverneur de Rome) vinrent à Paris faire les soumissions qu'on avait exigées d'eux, le roi les reçut avec les plus grands égards; mais ses manières gracieuses ne purent faire oublier l'insolence de ses procédés envers un vieillard, chef de la religion qu'il professait, et qui, comme souverain, tenait, malgré sa faiblesse, le premier rang en Europe (*Hist. des Français*, t. XXV, c. 28, p. 44 et seqq.). » Ainsi parle le protestant Sismondi. C'est à cette même époque que Louis XIV étala ses premiers adultères aux yeux de toute la France.

Quant à la seconde brouillerie avec le Pape, l'extension de la régale à tout le royaume, l'auteur protestant dit sans détour : « C'était une usurpation de la puissance temporelle sur la spirituelle ; la cour de Rome avait dû naturellement s'y opposer, et Innocent XI ne voulait point céder, et il se fondait sur les déclarations précises des sacrés canons (*Ibid.*, p. 421). » Mais nous avons déjà vu le fond de cette affaire; la tendance révolutionnaire du roi, de ses ministres et de ses magistrats; la profonde inintelligence des prélats français, combattant leur chef qui les protège, appelant du nom de libertés les servitudes séculières qu'on leur impose, et plutôt que de confesser leur tort, s'alliant aux écrivains de l'hérésie et de l'incrédulité pour fausser l'histoire, décrier l'Eglise romaine, s'alliant aux révolutionnaires les plus outrés, aux anarchistes de tous les pays, pour soutenir avec eux, par la plume de Bossuet, que l'ordre social ne repose point sur la morale ni sur la religion, mais sur quelque chose qui ne tient ni de l'une ni de l'autre, mais sur l'athéisme politique. Sans doute, ni Louis XIV ni ses prélats ne voyaient l'abîme où ils devaient aboutir : c'est l'inconvénient de vouloir être plus sage que l'Eglise, que Dieu nous a donnée pour chef et pour guide.

C'est pendant ces brouilleries avec le Pape, que Louis XIV porta le dernier coup au calvinisme en France, en révoquant, le 2 octobre 1685, l'édit de Nantes que les huguenots arrachèrent à Henri IV, le 13 avril 1598, et qui constituait une nation dans la nation, un état dans l'Etat, une république genevoise dans le royaume très-chrétien, avec des villes et des gouvernements à eux. Sous Louis XIII, le gouvernement du roi avait déjà travaillé à rétablir l'unité nationale, en reprenant aux huguenots la ville de La Rochelle, d'où ils s'alliaient avec l'Angleterre contre la France. Louis XIV crut devoir compléter ce bien, le plus grand de tous pour une nation. Il en avait tellement le droit, que le protestant Grotius en avait averti les huguenots en ces termes : « Que ceux qui prennent le nom de *réformés* n'oublient point que ces édits ne sont pas des traités d'alliance, mais de pures déclarations des rois, qui les ont portés en vue du bien public, et qui pourront les révoquer si le bien public le demande (Rivotian., *Apol. Disc.*, p. 22). » Or, de tous les biens publics, le plus grand est, sans aucun doute, l'unité nationale. Louis XIV pouvait donc révoquer l'édit de Nantes pour procurer un si grand bien. S'il s'était entendu avec le Pape et les évêques, il aurait pu le procurer d'une manière plus douce, plus pacifique, et sans employer les dragons du ministre de la guerre. Mais, de quelque manière que le bien se soit fait, toujours est-il que de toutes les nations, la France est la plus une, la plus communicative, et par là même la plus unissante.

Les huguenots, nous l'avons vu, étaient des Français renégats de leur patrie : ils reniaient la France de Clovis, de Charlemagne, de saint Louis; ils la reniaient dans ce qui fait sa gloire par-dessus toutes les nations, la constance de sa foi : ils lui préféraient une religion suisse, fabriquée à Zurich, estampillée à Berne et introduite en contrebande par Genève; une religion qui fait de l'homme une machine, et de Dieu un tyran cruel, prêt à nous punir non-seulement du mal que nous ne pouvons éviter et que lui-même opère en nous, mais encore du bien que nous faisons de notre mieux. C'est pour cette religion, non pas du ciel, mais de l'enfer, que les Français renégats, connus sous le nom suisse de *huguenots*, renient leur patrie, et s'efforcent, par le fer et le feu, de la diviser d'avec elle-même, et dans le passé, et dans le présent, et dans l'avenir. Et quel était leur nombre? Nous l'avons vu par le protestant Sismondi, une faible minorité, même dans leur plus grande puissance. Eux-mêmes ne faisaient compte que d'un million en 1597, lorsqu'invoquant la protection d'Elisabeth d'Angleterre, et lui offrant leurs bras contre leur patrie, ils lui disaient par leur député, le sieur de Saint-Germain, *qu'elle obligerait un million de personnes de toute qualité, dont le service ne lui serait peut-être pas inutile* (*Procès-verbaux de l'assemblée de Châtellerault*, 1594). En 1680, se plaignant des atteintes qu'on portait à leurs priviléges, ils ne comptaient encore *qu'un million d'âmes privées de ces concessions* (*Hist. de l'édit de Nantes*, t. IV, part. 3, liv. 16, p. 414). Comme la France avait alors vingt-quatre millions d'âmes, cela faisait un renégat ou huguenot sur vingt-trois Français fidèles à leur patrie. Mais lorsque Louis XIV révoqua l'édit de Nantes en 1685, il travaillait depuis vingt ans à ramener les huguenots par des voies indirectes, et le protestant Sismondi convient que ce n'était pas sans succès. De 1680 à 1685, il y joignit quelques voies de rigueur, provoquées par des rassemblements de huguenots dans le Poitou, la Saintonge, la Guyenne, le Languedoc et le Dauphiné : ceux des montagnes prirent les armes, les plus coupables furent punis de mort, on logea des troupes chez les autres. Il y eut des conversions en grand nombre. Madame de Maintenon écrivait à son frère le 19 mai 1681 : « Je crois qu'il ne demeurera de huguenots en Poitou que nos parents; il me paraît que tout le peuple se convertit; bientôt il sera ridicule d'être de cette religion-là. » Dans le Béarn, dit Sismondi, les conversions ne se firent plus individuellement, mais par villes entières, et l'intendant put enfin annoncer à la cour que le Béarn entier s'était fait catholique : des réjouissances furent ordonnées pour célébrer ce glorieux événement (*Hist. des Français*, t. XXV, p. 503). Frappée par tant de coups successifs, dit encore cet historien, la Réforme était comme anéantie, chaque jour on annonçait des abjurations nouvelles; la Rochelle et Montauban, ces deux capitales du protestantisme français, avaient cédé comme les autres (P. 513). On lit dans les *Mémoires de Dangeau sur l'année* 1685 : « *Deux septembre*. Le soir on apprit que tous les huguenots de la ville de Montauban s'étaient convertis par une délibération prise en la maison de ville. — *Vingt-sept septembre*. On sut que les diocèses d'Embrun et de Gap, et les vallées de Pragelas, qui sont dépendantes de l'abbaye de Pignerol, s'étaient toutes converties, sans que les dragons y fussent entrés. — *Deux octobre*. Le roi eut nouvelle à son lever que toute la ville de Castres s'était convertie. — *Cinq octobre*. On apprit que Montpellier et tout son diocèse étaient convertis : Lunel et Maugnio en sont. Aigues-Mortes s'est convertie aussi; elle est du diocèse de Nîmes. — *Neuf octobre*. Le roi dit à M. le nonce, à son lever, qu'il avait eu nouvelle que la ville d'Uzès se convertissait tout entière, à l'exemple de Nîmes et de Montpellier, et qu'il ne doutait pas que le Pape ne se réjouît fort de ces bonnes nouvelles-là. — *Treize octobre*. On sut, au lever du roi, que presque tout le Poitou était converti. On apprit aussi qu'à Grenoble tous les huguenots avaient abjuré (*Œuvres de Lemontey*, t. IV, p. 21-23). »

C'est dans ces circonstances que le chancelier Le Tellier, âgé de quatre-vingt-trois ans, malade et se sentant près de mourir, demanda au roi de lui accorder la consolation de signer, avant de mourir, un édit qui porterait révocation de l'édit de Nantes; il le signa en effet, le 2 octobre 1685, récita le cantique de Siméon, et mourut avant la fin du mois. Le protestant Sismondi convient que l'opinion du chancelier était *l'opinion générale*. Bossuet rappelle, dans l'éloge de ce magistrat, « que Dieu lui réservait l'accomplissement du grand ouvrage de la religion, et qu'il dit, en scellant la révocation du fameux édit de Nantes, qu'après ce triomphe de la foi et un si beau monument de la piété du roi, il ne se souciait plus de finir ses jours. — Nos pères n'avaient pas vu comme nous une hérésie invétérée tomber tout à coup : les troupeaux revenir en foule, et nos églises trop étroites pour les recevoir; leurs faux pasteurs les abandonner, sans même en attendre l'ordre, et heureux d'avoir à leur assigner leur bannissement pour excuse ; tout calme dans un si grand mouvement, l'univers étonné de voir dans un événement si nouveau la marque la plus assurée, comme le plus bel usage de l'autorité, et le mérite du prince plus reconnu et plus révéré que son autorité même. »

Quatre mois plus tard, Fléchier disait dans l'oraison funèbre du même magistrat : « Il ne restait qu'à donner le dernier coup à cette secte mourante; et quelle main était plus propre à ce ministère que celle de ce sage chancelier, qui, dans la vue de sa mort prochaine, ne tenant presque plus au monde, et portant déjà l'éternité dans son cœur, entre l'espérance en la miséricorde du Seigneur et l'attente terrible de son jugement, méritait d'achever l'œuvre du prince, ou pour mieux dire l'œuvre de Dieu, en scellant la révocation de ce fameux édit qui avait coûté tant de sang et de larmes à nos pères. Soutenu par le zèle de la religion plus que par les forces de la nature, il consacra par cette sainte fonction tout le mérite et tous les travaux de sa charge. »

Madame de Maintenon écrivait le 25 octobre : « M. Le Tellier est à l'extrémité : depuis qu'il avait scellé l'édit, il se portait mieux ; la fièvre l'a repris avec beaucoup de violence ; on n'espère plus. Le roi est fort content d'avoir mis la dernière main au grand ouvrage de la réunion des hérétiques à l'Eglise. Le Père de la Chaise a promis qu'il n'en coûterait pas une goutte de sang ; et M. de Louvois dit la même chose. Je suis bien aise que ceux de Paris aient entendu raison. Claude (le ministre de Charenton) était un séditieux qui les confirmait dans leurs erreurs ; depuis qu'ils ne l'ont plus, ils sont dociles. » Enfin madame de Sévigné écrivait alors même au comte de Bussy, son cousin : « Le Père Bourdaloue s'en va, par ordre du roi, prêcher à Montpellier, et dans ces provinces où tant de gens se sont convertis sans savoir pourquoi. Le Père Bourdaloue le leur apprendra et en fera de bons catholiques. Les dragons ont été de très-bons missionnaires jusqu'ici ; les prédicateurs qu'on envoie présentement rendront l'ouvrage parfait. Vous aurez vu sans doute l'édit par lequel le roi révoque celui de Nantes. Rien n'est si beau que tout ce qu'il contient, et jamais aucun roi n'a fait et ne fera rien de plus mémorable. »

Cet édit nouveau révoquait comme non avenus tous les édits de tolérance obtenus par les huguenots ; il ordonnait la démolition de tous ceux de leurs temples qui subsistaient encore ; il prohibait dans tout le royaume l'exercice de la religion prétendue réformée ; il exilait, sous peine de galères, tous les prédicants qui ne se convertiraient pas, et il ne leur donnait que quinze jours pour vider le royaume. Toutes les écoles des réformés étaient abolies ; tous leurs enfants devaient être baptisés et élevés dans l'Eglise romaine. Un terme de quatre mois était accordé aux réfugiés pour rentrer dans le royaume et faire abjuration. Après ce terme, tous leurs biens étaient confisqués ; enfin toute tentative des réformés pour sortir du royaume était punie des galères. Toutefois, en abolissant leur culte, l'édit promettait encore la liberté de conscience aux prétendus réformés, jusqu'à ce qu'il plût à Dieu de les éclairer.

Le protestant Sismondi convient que le peuple français applaudit à ces mesures ; que les Parisiens en particulier se portèrent avec fureur à Charenton ; qu'ils y démolirent le temple où les protestants de la capitale se réunissaient pour leur culte, et qu'ils n'en laissèrent pas subsister un seul vestige (*Hist. des Français*, t. XXV, p. 523).

Cependant il y eut des huguenots qui se réfugièrent chez l'étranger : quel en put être le nombre ? Nous avons vu qu'en 1680, tous les huguenots de France ne se comptaient qu'un million : nous avons vu depuis cette année, des villes et des provinces entières se convertir ; ce qui put diminuer ce million d'un bon tiers. De plus, tous les laboureurs restèrent en France ; il n'y eut d'émigrants que parmi les nobles, les marchands et les ouvriers.

Quel fut donc le nombre des fugitifs, d'après les huguenots eux-mêmes ? Basnage le porte à trois ou quatre cent mille ; Lamartinière, à trois cent mille simplement ; Larrey, à deux cent mille ; Benoit, contemporain de l'émigration, dit d'abord qu'il passe deux cent mille, mais quand il veut l'établir par le détail, il ne peut pas même arriver à ce nombre (1). Nous avons une histoire particulière des réfugiés français de Brandebourg par Ancillon, l'un d'entre eux, et écrite dans le temps même : or, dans tout l'électorat, il ne trouve qu'un total de neuf mille six cents et quelques personnes. Aussi le duc de Bourgogne, après avoir compulsé tous les renseignements, ne porte le nombre des huguenots déserteurs qu'à soixante-sept ou soixante-huit mille personnes de tout âge et de tout sexe. Ce qui, sur une population entière de vingt-quatre millions, ferait un sur trois cent cinquante.

On nous dit que les huguenots fugitifs emportèrent chez l'étranger les secrets de l'industrie française, mais on oublie que, pour affranchir le royaume des marchandises étrangères et les y fabriquer soi-même, Colbert fit venir des ouvriers du dehors ou y envoya étudier les secrets de la fabrication ; on n'avait donc pas besoin de les y porter. D'ailleurs, bien avant la révocation de l'édit de Nantes, les ouvriers calvinistes étaient généralement exclus des manufactures par autorité publique. Un arrêt du conseil, 24 avril 1667, en réduisit le nombre pour le Languedoc au tiers des autres ouvriers. Le parlement de Normandie allant plus loin dès l'an 1667, fixa leur nombre à un seul sur quinze catholiques. Dans la capitale du royaume, il leur fut défendu, pour la mercerie, d'être plus de vingt sur trois cents, et il y avait des communautés, tant d'arts que de métiers, où l'on n'en recevait point du tout. Les fabricants d'Amiens, de Dijon et d'Autun, par exemple, n'en admettaient aucun dans aucune de leurs fabriques. En toute province, ils étaient généralement exclus des nouvelles manufactures. On n'avait donc pas besoin d'eux en France, et ils ne pouvaient apprendre aux étrangers que ce que les étrangers savaient déjà.

Nous avons vu madame de Maintenon, fille d'une mère catholique, devenir calviniste chez une tante qui l'était. Elle employa un moyen semblable pour rendre catholiques les enfants d'un de ses oncles qui avait une catholique pour épouse. Pendant qu'il était sur mer, elle s'en fit amener deux, un petit garçon et une petite fille qui fut depuis la comtesse de Caylus. Voici comme celle-ci raconte l'histoire de sa conversion dans ses *Souvenirs* : « Je pleurai d'abord beaucoup, mais je trouvai le lendemain la messe du roi si belle, que je consentis à me faire catholique, à condition que je l'entendrais tous les jours et qu'on me garantirait du fouet ; c'est là toute la controverse qu'on employa et la seule abjuration que je fis (*Souvenirs de madame de Caylus*). »

Bien des populations et des provinces ressemblent à cette jeune fille ; bien des populations et des provinces sont devenues protestantes par la négligence des pasteurs catholiques à les instruire et à les précautionner contre les séductions de l'hérésie ; bien des populations et des provinces restent protestantes

(1) Basnage, *Unité de l'Eglise*, p. 120 ; La Martin., *Hist. de Louis XVI*, l. 63, p. 327 ; Larrey, *Hist. d'Angleterre*, t IV, p. 664 ; Benoit, *Hist. de l'édit de Nantes*, t. III, partie 3e, p. 1013.

sans savoir pourquoi. Si un coup de la Providence les changeait de position comme la jeune fille, elles s'affligeraient d'abord, mais elles se réjouiraient bientôt et toujours. Témoin les populations maintenant si catholiques du Poitou, de la Vendée, de la Saintonge, de la Guienne, du Languedoc, de la Provence, du Dauphiné et d'ailleurs. Qu'elles bénissent à jamais les miséricordes du Seigneur sur elles, et qu'elles les attirent sur d'autres par la communion des saints.

Nous avons vu Fénelon, avec les abbés de Langeron, Fleury et d'autres, envoyés en mission dans le Poitou après la révocation de l'édit de Nantes, demander avant tout qu'on éloignât les troupes qui étaient principalement des dragons, et gagner les populations par l'instruction et la douceur. Madame de Maintenon n'approuvait pas non plus les *dragonnades* de Louvois, ministre de la guerre. On la voit arrêter le zèle inconsidéré de son propre frère, Charles d'Aubigné. « Vous maltraitez les huguenots, lui écrit-elle; ayez pitié de gens plus malheureux que coupables; ils sont dans les erreurs où nous avons été nous-mêmes et d'où la violence ne nous aurait jamais tirés... Il faut attirer les hommes par la douceur et la charité. » Elle écrit à madame de Saint-Géran, le 13 août 1684 : « Il ne faut point précipiter les choses; il faut convertir, et non pas persécuter. » Elle prit même la défense des huguenots; mais le roi lui ayant dit qu'il semblait qu'un reste d'attachement pour son ancienne religion la fit agir, elle reconnut que ses efforts seraient impuissants. « Ruvigny est intraitable, écrit-elle à madame de Frontenac; il a dit au roi que j'étais née calviniste, et que je l'avais été jusqu'à mon entrée à la cour. Ceci m'engage à approuver des choses fort opposées à mes sentiments (*Biogr. univ.*, t. XXXVI, art. MAINTENON). »

Le pape Innocent XI n'approuvait pas non plus les rigueurs de Louis XIV envers les protestants de son royaume. Mais il s'éleva, vers ce temps, entre le roi et le Pape, un nouveau différend qui, joint aux autres, faillit entraîner les derniers malheurs sur la France. En voici le récit non suspect du protestant Sismondi :

« Le gouvernement pontifical avait résolu de ne pas tolérer plus longtemps l'abus des franchises que les ambassadeurs s'étaient arrogées, non-seulement dans leurs hôtels, mais dans tout le quartier environnant. Les ambassadeurs ne voulaient permettre l'entrée de ces quartiers à aucun officier des tribunaux ou des finances du Pape. En conséquence, ils étaient devenus l'asile de tous les gens de mauvaise vie, de tous les scélérats du pays. Non-seulement ils venaient s'y dérober aux recherches de la justice, ils en sortaient encore pour commettre des crimes dans le voisinage : en même temps, ils y faisaient un dépôt de contrebande pour toutes les marchandises sujettes à quelques taxes. Les cardinaux, les princes romains avaient imité les ambassadeurs. On aurait été considéré à Rome comme un homme sans dignité, sans crédit, si on n'avait pas étendu sa protection sur un certain nombre de clients, de voleurs, d'assassins, de contrebandiers, de débiteurs faillis qu'on dérobait à la justice. Il en était résulté qu'il y avait à peine quelques rues où les archers des tribunaux osassent se montrer, et que ces gabelles ne rendaient presqu'aucun revenu. Les papes Jules III, Pie IV, Grégoire XIII, Sixte V avaient rendu plusieurs décrets pour supprimer ces franchises; les ambassadeurs n'avaient jamais voulu s'y soumettre, et les gens de leur suite avaient toujours attaqué et chassé les sbires qui s'approchaient de leurs hôtels. Innocent XI, dont le caractère était ferme jusqu'à l'opiniâtreté, et qui comptait en même temps sur le respect qu'inspireraient sa vertu, son désintéressement, sa modestie et la soumission où il contenait sa famille, résolut de supprimer enfin un abus qui devenait intolérable. Il annonça qu'il ne changerait rien aux habitudes des ambassadeurs déjà établis à sa cour, mais qu'il n'en recevrait plus aucun s'il ne s'engageait auparavant à renoncer à ces franchises. Cette innovation rencontra d'abord quelques difficultés : la cour d'Espagne, plutôt que de se soumettre, s'abstint pendant quelque temps d'envoyer un ambassadeur à Rome; la république de Venise rappela le sien, à qui le Pape avait refusé audience parce qu'il n'avait pas fait la renonciation demandée; mais enfin tous, l'empereur, le roi d'Espagne, le roi de Pologne, le roi Jacques II d'Angleterre et les autres avaient accédé aux demandes d'Innocent XI.

» Louis XIV avait laissé le duc d'Estrées à Rome jusqu'à sa mort, en 1687, pour éviter de prendre une décision. Lors de cet événement, le nonce Ranuzzi lui demanda avec instance d'ordonner à celui qui le remplacerait de faire une renonciation que tous les autres ambassadeurs avaient déjà faite, et de contribuer ainsi à rendre la paix et la sécurité à la capitale du monde chrétien. Mais le roi répondit « qu'il ne s'était jamais réglé sur l'exemple d'autrui; que Dieu l'avait établi pour donner l'exemple aux autres, non pour le recevoir. » Il nomma Henri-Charles de Beaumanoir, marquis de Lavardin, pour remplacer le duc d'Estrées, et il lui donna la commission expresse de maintenir les franchises dont ses prédécesseurs avaient été en possession.

« Lavardin se mit en conséquence en route pour Rome avec un cortège de huit cents hommes bien armés, la plupart officiers ou gardes de marine : il avait envoyé d'avance près de quatre cents militaires et anciens officiers qui arrivèrent à Rome comme voyageurs, mais qui prirent tous leurs logements dans le voisinage du palais de France. De son côté, Innocent XI publia, le 7 mai, une bulle par laquelle il déclarait excommunié quiconque voudrait se conserver dans l'usage des franchises ou qui résisterait à ses officiers de justice. Cette bulle avait été dressée dès le commencement de son pontificat et souscrite par tous les cardinaux, mais il en avait différé jusqu'alors la publication, espérant aplanir d'avance toutes les difficultés par des négociations. De son côté, Louis XIV avait retardé le départ de Lavardin, se flattant que le vieux pontife céderait enfin à la crainte. L'ambassadeur arrivait par la route de terre, mais une partie de son train militaire s'était rendue par mer à Livourne. Innocent XI déclara qu'il ne reconnaissait point Lavardin pour ambassadeur; il interdit au légat de Bologne et aux autres gouverneurs de ses provinces de lui rendre aucun honneur lorsqu'il entrerait sur les terres de l'Église; et Lavardin ayant enfin fait, le 16 novembre, son entrée à Rome, à la tête de son cortège armé et menaçant, le Pape interdit de nouveau à tous les cardinaux d'avoir aucun commerce avec lui. Il refusa de lui accorder l'audience que Lavardin lui fit demander, et lorsqu'il apprit que ce seigneur avait été faire, la veille de Noël, ses dévotions à Saint-Louis-des-Français, il déclara l'église interdite, parce que le curé et les prêtres avaient donné la communion à un homme notoirement excommunié. Lavardin n'en continua pas moins à visiter les églises, à étaler dans Rome son faste et sa puissance militaire; mais en même temps il fit faire la garde dans son palais, comme s'il s'attendait à y être attaqué.

» La querelle entre le Pape et la France s'étendait chaque jour à de nouveaux sujets. L'affaire de la régale n'était point terminée; de plus, le roi avait nommé à plusieurs évêchés des ecclésiastiques qui avaient soutenu avec zèle les quatre propositions dans l'assemblée du clergé; le Pape leur avait refusé à tous, pour ce motif, des bulles d'investiture; en revanche, le roi n'avait point voulu permettre, même à ceux qui ne seraient pas suspects à Sa Sainteté, de recourir à Rome pour avoir leurs bulles, en sorte qu'il y avait alors trente-cinq églises cathédrales en France qui se trouvaient sans pasteurs; les fidèles étaient inquiets et l'on commençait à redouter un schisme, Colbert de Croissi, ministre des affaires étrangères, déclara au nonce que le roi estimait que le Pape n'avait point de justes droits sur Avignon, et qu'il ferait examiner cette question par son parlement.

» Dès qu'on fut instruit à Versailles de l'interdit jeté sur l'église de Saint-Louis, M. de Harlay, procureur général, interjeta, le 22 janvier 1688, appel comme d'abus, non-seulement de la sentence du cardinal-vicaire, mais encore de la bulle du Pape. Il n'admettait pas que celui-ci eût jamais le droit de comprendre dans ses excommunications les ambassadeurs que le roi voudrait bien lui envoyer. Il attribuait cette aberration d'esprit du souverain Pontife à l'âge, qui avait obscurci ses facultés. L'avocat général Talon fut plus violent encore. Il ne se contenta pas d'insinuer que le souverain Pontife radotait, il voulut le faire passer pour hérétique; il lui reprocha « de n'avoir cessé, depuis qu'il était assis sur la chaire de saint Pierre, d'entretenir commerce avec tous les jansénistes, de les avoir comblés de ses grâces, d'avoir fait leur éloge, de s'être déclaré leur protecteur. » L'auteur protestant que nous citons ajoute : « Il y avait d'autant plus de bassesse dans cette accusation, que Talon lui-même et le corps auquel il s'adressait était en secret attachés à ces opinions qu'il nommait jansénistes. Talon reprocha encore à Innocent XI son indulgence pour les quiétistes, qu'il avait cependant été le premier à condamner. Il lui reprocha « d'affecter de donner du dégoût à la France dans les choses mêmes qui seraient très-avantageuses au bien de la religion. » Le Pape, en effet, n'avait pas approuvé les conversions forcées, et il regardait comme un sacrilège la communion imposée aux nouveaux convertis qui la repoussaient. Talon conclut à supplier le roi de conserver dans toute leur étendue les franchises des ambassadeurs, d'ordonner la tenue des conciles provinciaux ou nationaux, pour remédier aux désordres que produisait la vacance des évêchés; de défendre enfin à ses sujets d'avoir aucun commerce avec Rome et d'y envoyer aucun argent. Le parlement rendit un arrêt conforme à ces conclusions, et il fut affiché dans tous les lieux publics.

» Cette manière si hautaine de traiter le père commun des fidèles montrait assez à quel point Louis XIV était enivré d'orgueil; il y avait déjà dix-sept ans qu'il avait pris sur lui seul tous les soins du gouvernement, et, dans cette longue carrière, il avait marché de succès en succès, de conquêtes en conquêtes; il avait reculé de tous les côtés les frontières de la France; il avait humilié tous ses rivaux, tous ses ennemis. Il résolut donc d'emporter de vive force sur le Pape, comme sur tous ceux qui le contrariaient, ce qu'il se proposait d'obtenir. L'électeur de Cologne étant mort, les voix du chapitre se partagèrent entre le cardinal de Furstemberg, évêque de Strasbourg, créature de la France, et le jeune prince Clément de Bavière, évêque de Ratisbonne : le Pape se déclara pour ce dernier. Dans son mécontentement, le roi adressa au Pape et aux cardinaux un manifeste qu'il termine par annoncer que, pour obtenir la justice qui lui était due, il se mettait en possession de la ville d'Avignon, il maintiendrait les droits et les libertés du chapitre de Cologne, et il ferait passer des troupes en Italie, pour y obtenir le respect qui lui était dû.

» Ce manifeste était daté de Versailles, du 6 septembre 1688. En même temps le procureur-général avait interjeté appel au concile universel de ce que le Pape pourrait faire au préjudice des droits du roi et de sa couronne. De son côté, l'archevêque de Paris avait assemblé les évêques qui se trouvaient dans la capitale, les curés, les chefs des chapitres et des communautés, et il les avait harangués pour justifier la conduite du gouvernement envers la cour de Rome. L'Université de Paris avait également interjeté appel au concile universel; tout le clergé de France semblait prendre part, avec un même zèle, à la lutte contre le chef de l'Église, témoignant ainsi bien plus sa servilité et sa crainte du roi que son indépendance. Le 7 octobre, les troupes françaises s'emparèrent du comtat d'Avignon sans y éprouver de résistance : en même temps, le Dauphin partait à la tête d'une armée de vingt-cinq mille hommes, pour attaquer Philipsbourg sans déclaration de guerre. Mais à ce moment même commençait en Hollande et en Angleterre la révolution qui devait mettre Guillaume, prince d'Orange, le rival ardent de Louis XIV, sur un trône puissant; qui devait réunir sous ses ordres toutes les forces du protestantisme opprimé; qui devait armer l'Europe pour son indépendance et commencer une lutte terrible pour le maintien des libertés de l'espèce humaine. Louis XIV devait occuper le trône vingt-sept ans encore, aussi longtemps qu'il avait régné depuis la mort de Mazarin. Dans cette seconde moitié de son administration, il devait éprouver de cruels revers, de dures humiliations; il devait souffrir autant qu'il avait triomphé, et voir la France plus souffrante encore. Mais les revers déployèrent en lui une grandeur d'âme qu'un faux orgueil avait étouffée, et avec quelque ardeur qu'on eût désiré de voir réprimer sa tyrannie, on ne peut le suivre dans ces longs et pénibles combats sans le plaindre et le respecter. » Ainsi parle le protestant Sismondi (*Hist. des Français*, t. XXV, c. 34, p. 552 et seqq.).

Louis XIV, depuis qu'il eut pris en main le gouvernement de son royaume, fit quatre fois la paix avec ses voisins : paix d'Aix-la-Chapelle, en 1668 ; paix de Nimègue, en 1679 ; paix de Ryswick, en 1697 ; paix d'Utrecht et de Rastadt, en 1713 et 1714. Louis XIV lui-même nous a déjà donné la clé de cette énigme dans les *Instructions* à son fils : « C'est que les traités de paix ne sont entre souverains que ce que les compliments sont entre particuliers ; il en faut pour vivre ensemble, mais ils n'ont qu'une signification bien au-dessous de ce qu'ils sonnent (*Mém. de Louis XIV*, t. I, p. 64). »

En 1564, éclate une guerre maritime entre l'Angleterre et la Hollande : trois grandes batailles navales, la seconde dure quatre jours. Louis promet de secourir les Hollandais contre le roi d'Angleterre, son parent, avec lequel il est d'intelligence contre eux : son but réel est d'affaiblir les deux pays l'un par l'autre, afin de prendre plus aisément pour lui-même à son parent, le roi d'Espagne, le Pays-Bas espagnol et la Franche-Comté. Il envahit à l'improviste ces deux provinces en 1667, mais l'Angleterre et la Hollande ayant fait la paix cette année-là, se liguent avec la Suède pour le contraindre à faire la paix avec l'Espagne : d'où la paix d'Aix-la-Chapelle, dans laquelle il rendit la Franche-Comté, mais garda sur l'Espagne une partie des Pays-Bas (Sismondi, *Hist. des Français*, t. XXV, c. 29).

Louis envahit la Lorraine en 1670, fait une guerre de douane à la Hollande en 1671, lui déclare une guerre ouverte en 1672 : le roi d'Angleterre, Charles II, obtient de ses chambres d'immenses subsides pour secourir la Hollande contre la France, et il les emploie pour la France contre la Hollande : révolution dans ce dernier pays ; les deux frères de Witt, principaux magistrats de la république, sont massacrés par le parti du prince Guillaume de Nassau, qui récompense les meurtriers et est proclamé stathouder, comme qui dirait consul ou dictateur : la Hollande est sauvée en coupant ses écluses : l'empereur et le roi d'Espagne, qui voyaient l'indépendance de l'Europe menacée dans celle de la Hollande, se déclarent pour la Hollande contre la France : le roi d'Angleterre est forcé par son parlement à signer la paix avec les Hollandais : Louis XIV envahit la Franche-Comté : dévastation du Palatinat par Turenne, qui était bon envers les soldats, mais dur envers les peuples ; Turenne est tué d'un boulet de canon en Alsace, le 27 juillet 1675 ; son nom seul est un éloge ; il est beaucoup pleuré par la France, mais peu par le roi, qui paraissait jaloux de toute gloire autre que la sienne. Paix de Nimègue, en 1679, après huit ans de calamités pour l'Europe : la France acquiert la Franche-Comté, Cambrai et Valenciennes (*Ibid.*, c. 30 et 31).

De la paix de Nimègue à celle de Ryswick, bombardement d'Alger, de Gênes, de Tripoli, mais surtout guerre de Louis XIV contre le Pape, moyennant les quatre articles de la *Déclaration gallicane*, dûment confirmée et sanctionnée par la saisie d'Avignon : c'était en 1688. Jusqu'alors Louis XIV menait l'Angleterre par sa politique : sous Charles Ier, il soudoyait le roi et ses ennemis, afin de les équilibrer à son gré, ce qui aboutit au régicide de Charles Ier, son parent : nous avons vu son exquise politesse et sa prévenance envers le régicide Cromwell ; sous Charles II, il pensionne également le roi et les chefs de l'opposition, et sollicite ceux-ci d'exclure de la succession au trône le duc d'York, frère du roi, par la raison qu'il s'était déclaré catholique. De là une grande fermentation dans l'Angleterre protestante. En 1685, mort de Charles II ; son frère lui succède sous le nom de Jacques II : Louis XIV, qui privait la France de ses États généraux ; qui, cette année-là même révoquait l'édit de Nantes, engagea le nouveau roi à en user de même envers les Anglais, en les privant de leurs libertés civiles et religieuses, pour gouverner en roi absolu. Jacques eût bien voulu, mais il s'y prit mal. Un fils lui naquit en 1688, gage de perpétuité sur le trône ; le contraire arrive : les mécontents répandent faussement le bruit que c'est un enfant supposé ; ils appellent à leur secours Guillaume de Hollande, gendre du roi, dont il avait épousé la fille Marie : Guillaume débarque en Angleterre le 15 novembre 1688, avec une armée allemande : Jacques II, qui, n'étant que duc d'York, avait montré de la capacité et de la valeur, perd le temps dans l'indécision ; il est abandonné de sa propre fille Anne, mariée au prince de Danemarck, et se réfugie en France, où Louis XIV l'accueille royalement : en 1690, il fait une descente en Irlande, y perd la bataille de la Boyne et revient définitivement en France. Guillaume de Hollande est proclamé roi d'Angleterre sous le nom de Guillaume III. Louis XIV, dans le temps même qu'il comptait réduire le Pape à son bon plaisir, se voit attaqué à la fois par toute l'Europe, par l'Angleterre et la Hollande réunies sous un même chef, par l'empereur et les princes d'Allemagne ligués à Augsbourg, par le duc de Savoie en Italie, et enfin par l'Espagne : il avait offensé tous les princes par son orgueil, il n'en eut plus un seul pour allié. Cette tournure des affaires le rendit plus traitable envers le chef de l'Église ; il rendit Avignon, fit sa paix, en 1692, avec Innocent XII, en déclarant qu'il abandonnait les franchises de ses ambassadeurs et ne donnerait point suite à ses ordonnances touchant la Déclaration gallicane de 1682, comme nous avons déjà vu.

Cependant les Français mêmes faisaient quelquefois la guerre d'une manière barbare. En 1689, au sortir des fêtes de la cour, un ordre épouvantable est donné au maréchal de Duras, celui de détruire le Palatinat, pour mettre un désert entre la France et ses ennemis d'Allemagne. Cette contrée n'avait opposé presque aucune résistance lorsqu'elle avait été envahie, à la fin de l'année précédente. Ni le prince ni le peuple n'avaient provoqué d'aucune manière le ressentiment des Français ; ils n'avaient point attaqué, ils n'avaient point déclaré la guerre, et si les liens du sang étaient comptés pour quelque chose entre les princes, le mariage du duc d'Orléans avec la princesse palatine aurait dû être une garantie pour les compatriotes de cette princesse. Vers la fin de février, le maréchal de Duras avertit les habitants du Palatinat de se mettre en sûreté ; et tandis qu'éperdus ils ne savaient où fuir ni que devenir, deux ou trois jours après, l'armée française commença l'exécution cruelle dont elle était chargée. Oppenheim, Spire, Worms, Heidelberg, Manheim, Ladenbourg, Franckental furent réduits en cendres : on avait miné plusieurs de ces villes, pour les abattre par une seule explosion ; on mit le feu aux villages, aux châteaux et aux maisons de campagne; on brûla les moissons, on arracha les vignes, on coupa les arbres fruitiers; on changea enfin en un affreux désert toute cette contrée fertile, couverte de villes et de villages, dont les habitants, chassés devant les soldats et réduits à la plus affreuse mendicité, allèrent répandre dans tout l'Allemagne un sentiment d'horreur et d'effroi pour la barbarie de Louis XIV (Sismondi, t. XXVI, c. 35, p. 34). Catinat fit des exécutions semblables dans les Alpes et dans le Piémont. Le duc de Noailles fait de même une guerre de brigandage sur les frontières de Catalogne. En 1695, après sept années de guerre, la férocité des armées s'était tellement accrue de part et d'autre, que le bombardement et l'incendie des villes, l'ordre de passer des populations au fil de l'épée, le pillage, l'abandon des personnes aux outrages des soldats ne paraissaient plus rien aux yeux des généraux, d'ailleurs vertueux. Il fallut encore deux et trois ans de calamités en Europe pour que la paix fût signée à Ryswick en 1697 : Louis XIV, après avoir tenu tête pendant dix ans à l'Europe entière, rendit toutes ses conquêtes, à l'exception de l'Alsace et de Strasbourg, qui furent incorporés à la France : il reconnut Guillaume roi d'Angleterre et donna sa parole de ne point aider les Stuarts à remonter sur le trône.

Ainsi, après une guerre universelle de neuf ans, le XVIIe siècle se terminait et le XVIIIe commençait au milieu d'une paix universelle, lorsqu'une nouvelle se répand en France, qui y excite tout ensemble un mouvement de joie et un mouvement de terreur. Le souverain d'une monarchie sur laquelle le soleil ne se couche point, le souverain des Pays-Bas catholiques, du Milanais, des royaumes de Naples et de Sicile, des royaumes d'Espagne, des empires du Mexique, du Pérou et autres royaumes du Nouveau-Monde, ainsi que des îles Philippines, le roi d'Espagne, Charles II, vient de mourir dans sa 39e année, le 1er novembre 1700, sans laisser d'enfants. Depuis plus de trente ans qu'on prévoyait cette mort, à cause de la frêle existence du prince, les principales puissances de l'Europe avaient conclu jusqu'à trois traités secrets sur le partage de la monarchie espagnole; le premier, de 1668, entre la France et l'Autriche; le second, de 1698, entre la France, l'Angleterre et la Hollande, pour partager la succession entre la Bavière, la France et l'archiduc Charles d'Autriche; le 13 mars 1700, nouveau traité de partage entre la France, l'Angleterre et la Hollande, au profit de la France et de l'archiduc Charles. L'Espagne s'indigna d'être ainsi dépecée toute vivante : on pressentait des guerres effroyables. Charles II voulut les prévenir par un testament : il était le dernier rejeton espagnol de la maison d'Autriche, depuis deux siècles il y avait presque toujours eu hostilité entre l'Espagne et la France; mais, et c'est la remarque du protestant Sismondi, mais, « tout rempli d'un sentiment religieux, que rendait plus vif l'attente d'une mort prochaine, Charles II voulait surtout être juste, et ne charger sa conscience d'aucun acte de partialité; il se disait à lui-même qu'à son heure suprême, il n'était plus parent des Autrichiens ou ennemi des Bourbons, mais une âme devant Dieu, détachée des choses de ce monde et appelée à juger avec justice selon le droit, si elle voulait trouver un juste juge dans le ciel. C'était aussi le sens des discours que lui tenait le cardinal Porto-Carrero, archevêque de Tolède, et les religieux qu'il appelait autour du roi (Sismondi, t. XXVI, c. 38, p. 286). » Certainement, c'est un des grands spectacles de l'histoire, que ce dernier roi de sa dynastie, assuré de mourir bientôt, qui examine devant son Juge suprême à qui, d'un parent ou d'un étranger, il laissera ses peuples innombrables de l'Ancien et du Nouveau-Monde pour leur plus grand bien et celui de l'univers entier. Et la manière dont il consulte Dieu et les hommes n'est pas moins imposante que la chose même.

Il se défie de son propre confesseur, ainsi que de la reine, sa femme, comme trop favorables à l'Autriche. Pour éclairer sa conscience, il consulte des jurisconsultes espagnols, qui affirmèrent que la renonciation au trône d'Espagne de sa sœur aînée, Marie-Thérèse, femme de Louis XIV, était nulle; qu'elle avait été faite dans le seul but d'empêcher la réunion des deux couronnes de France et d'Espagne, et que c'était son affaire d'y pourvoir par son testament, en appelant à la succession le second fils de cette reine, à l'exclusion du premier. Il consulte le conseil d'Etat, auquel s'adjoignent les plus grands seigneurs de la monarchie, et ce conseil, qui demande à délibérer hors de sa présence pour plus de liberté, le confirme dans la même résolution. Il se décide enfin à consulter le pasteur suprême de la chrétienté, le vicaire de Jésus-Christ, et envoie à Rome le premier gentilhomme de sa chambre. Le pape Innocent XII était arrivé à une extrême vieillesse, et il mourut en effet le 27 septembre 1700, avant le roi qui le consultait. Cette vieillesse même lui inspira du courage et de l'indépendance pour donner un conseil sur cette matière si délicate. Il en confia l'examen à une commission composée de trois cardinaux : Albano, qui allait bientôt lui succéder sous le nom de Clément XI; Spinola et Spada. Ces cardinaux approuvèrent la décision des jurisconsultes et des théologiens espagnols qui leur avait été communiquée. Le Pape communiqua cette résolution à Charles II, par un bref où il disait que, se trouvant dans la même condition que lui, prêt comme lui à paraître devant le tribunal de Dieu, il faisait abstraction de toute affection personnelle et ne lui recommandait que la paix de la chrétienté, l'intérêt de l'Europe et le bien-être de ses sujets. Il prononçait les deux renonciations d'Anne et de Marie-Thérèse d'Autriche, reines de France, devaient être regardées comme non avenues; il se fondait principalement sur ce qu'ayant été faites en faveur de l'Espagne, pour la paix et l'équilibre du monde, l'Espagne avait le droit de les annuler lorsqu'elle pouvait pourvoir d'une manière plus efficace à son indépendance, à son intégrité et à la paix et l'équilibre des autres Etats; ce à quoi elle réussirait, si elle empêchait que les deux couronnes de France et d'Espagne fussent jamais réunies (Ibid., t. XXVI, c. 38, p. 287).

Charles II signa donc, le 2 octobre, un testament par lequel il laissait toute sa succession au duc d'Anjou, second petit-fils de Louis XIV, et, au refus de la France, à l'archiduc Charles d'Autriche. Ce malheureux prince, qui faisait le sacrifice de toutes ses affections à ce qu'il regardait comme son devoir, dès qu'il eut signé, fondit en larmes en s'écriant : « C'est Dieu qui donne les royaumes, car ils sont à lui; pour nous, nous ne sommes rien. » Il trouva pourtant quelque soulagement à ses maux dans le repos que lui rendit cette décision, soigneusement cachée à sa femme; mais il eut une rechute le 26 octobre, et il mourut le 1er novembre, entre deux et trois heures après midi, dans sa trente-neuvième année.

Louis XIV apprit cette nouvelle inattendue, le 9 novembre : il assembla un conseil de quatre personnes, le Dauphin, le duc de Beauvilliers, le marquis de Torcy, ministre des affaires étrangères, le chancelier Pontchartrain : sur ces quatre, une fut contre l'acceptation du testament, une indécise, et deux pour. Louis XIV, longtemps silencieux, décida: sa décision resta trois jours secrète. Il l'annonça en ces termes au duc d'Anjou, en présence de l'ambassadeur d'Espagne : « Monsieur, le roi d'Espagne vous a fait roi, les grands vous demandent, les peuples vous souhaitent, et moi j'y consens; soyez bon Espagnol, c'est désormais votre premier devoir; mais souvenez-vous que vous êtes né Français. » Il le présenta ensuite à la cour, en disant : « Messieurs, voilà le roi d'Espagne. » Tout était décidé. La nouvelle de cette acceptation fut reçue avec une joie extrême en Espagne, où le cardinal de Porto-Carrero, chef de la régence nommée par Charles II, se hâta de le faire proclamer; il le fut également à Bruxelles, par l'électeur de Bavière, gouverneur des Pays-Bas pour l'Espagne; à Milan, par le prince de Vaudémont; à Naples, en Sicile, en Sardaigne. Enfin, le 4 décembre, lorsque Philippe V prit congé de son aïeul, qui lui dit : « Mon fils, il n'y a plus de Pyrénées, » il était déjà reconnu par tous les Etats d'Europe que Charles II lui avait laissés en héritage. Sans avoir les grandes qualités de Louis XIV, le nouveau roi d'Espagne était doux, pieux, affable, d'une chasteté exemplaire, et ne manquait pas de courage. Au mois d'avril 1701, il épousa une princesse de Savoie. Il était reconnu alors par l'Angleterre, le Portugal, la Hollande, la Savoie et la Bavière.

Mais bientôt une partie de l'Europe arma contre lui, par la crainte et la jalousie qu'avait inspirées Louis XIV. L'empereur Léopold, voulant soutenir l'archiduc Charles, son fils, contre Philippe, se ligua avec l'Angleterre et la Hollande. Le Portugal, l'électeur de Brandebourg, qui s'était fait roi de Prusse, et même le duc de Savoie, beau-père de Philippe, se joignirent à cette ligue contre la France et l'Espagne, par le traité connu sous le nom de *la grande alliance*. De là une guerre générale jusqu'en 1713, qui continua entre l'Espagne et l'empereur d'Allemagne jusqu'en 1725. Philippe V eut des succès et des revers en Espagne contre son compétiteur l'archiduc Charles, qui y débarqua l'an 1704. En dernier résultat, il demeura souverain de l'Espagne et du Nouveau-Monde, mais céda à l'empereur les Pays-Bas et ses Etats d'Italie : encore récupéra-t-il ces derniers plus tard, en y envoyant son fils don Carlos comme roi de Naples.

Le plus fort de cette guerre de douze ans tomba sur la France : Louis XIV avait soixante-trois ans quand elle commença, et soixante-quinze quand elle finit. Dans cet intervalle, il vit mourir son fils, le dauphin; son petit-fils, le duc de Bourgogne, avec sa femme : il ne lui restera, de toute sa postérité légitime, qu'un enfant de cinq ans faible et malade : avec quelque succès contre l'Europe en armes, il essuiera des défaites multipliées, Hochstett, Ramillies, Turin, Oudenarde, Malplaquet; les ennemis ont deux capitaines habiles et heureux, le duc anglais de Marlborough et le prince Eugène, né français, mais dédaigné par Louis XIV et par suite engagé au service de l'empereur d'Allemagne; les généraux de France n'ont ni leur habileté ni leur bonheur. Les huguenots des Cévennes secondent les ennemis du dehors, en allumant la guerre civile au dedans sous le nom de *Camisards* ou *brûleurs de maisons*, en langue du pays : pour surcroît de calamités, tous les biens de la terre sont gelés en 1709; déjà Marlborough et Eugène parlent de marcher par Paris sur l'Espagne. Les rois et les peuples de l'Europe, si longtemps froissés par l'orgueil de Louis XIV et joués par son manque de foi, se faisaient une joie de lui rendre la pareille, lorsqu'il n'y donnait plus lieu. Jamais Louis XIV ne fut si grand ni si chrétien que dans ces terribles épreuves. « Le cœur de Louis XIV, dit le protestant Sismondi, était profondément touché de la misère de son peuple, de l'humiliation de ses armées et de celle de ses enfants, des pertes sanglantes qu'avait faites sa noblesse, de cette condition de la France tout entière, semblable à un homme frappé du coup mortel, qui marche encore, mais en chancelant. Le roi ne se raidit point contre les coups de la fortune, il les regarda comme un jugement de la Providence, comme une punition de ses fautes; il voulait sincèrement la paix, aussi ne craignit-il pas de la demander, d'annoncer qu'il l'achèterait par d'immenses sacrifices. Les alliés poussèrent la dureté, en 1710, jusqu'à exiger, pour condition préliminaire, que Louis détrônât lui-même et lui seul son petit-fils. Sur quoi il répondit que, s'il devait avoir la guerre, il aimait mieux l'avoir contre ses ennemis que contre ses enfants. En même temps, il fit connaître à ses peuples l'état des choses, et recommanda aux évêques d'appeler par leurs prières le ciel à l'aide de la France. Dans ces moments les plus critiques, des ouvertures de paix lui sont faites secrètement par l'Angleterre, on convient des conditions principales, les alliés crient contre; mais la victoire de Villars à Dénain contre le prince Eugène, d'autres succès de Philippe V en Espagne, l'élévation de son compétiteur au trône impérial par la mort de son frère, facilitèrent les négociations générales. La paix se conclut à Utrecht, le 11 avril 1713, entre la France d'un côté, l'Angleterre, la Hollande, la Savoie et la Prusse de l'autre; à Rastadt, le 7 juin 1714, entre la France et l'empereur.

## § VI.

*Le fanatisme des Camisards et l'incrédulité moderne, enfants naturels du protestantisme. — Lettre de Fénelon au duc d'Orléans. — Premiers principes de la raison humaine. — Œuvres de Huet. — La confusion des idées, favorisée par le jansénisme.*

La France et l'Europe récupéraient ainsi la paix extérieure et superficielle ; mais la France et l'Europe renfermaient dans leur sein les germes de guerres, de révolutions intérieures et foncières, les doctrines funestes de Luther, Calvin et Jansénius, doctrines funestes qui joignent le fatalisme oppressif de Mahomet à la fourberie grecque du Bas-Empire, et qui, transformées naturellement en irréligion, athéisme, anarchie, saperont la base de toute religion, société, famille et même propriété ; coalition formidable qui séduira des peuples et des rois, et contre laquelle l'Eglise catholique sera seule à combattre pour préserver l'univers de retomber dans le chaos.

Un échantillon de ces révolutionnaires sont les camisards des Cévennes. *Fanatique* signifie aliéné d'esprit, qui croit avoir des apparitions, des inspirations ; il signifie plus ordinairement qui est emporté par un zèle outré, et souvent cruel, pour une religion. Les camisards ou huguenots des Cévennes étaient fanatiques dans les deux sens. Voici leur origine. Des huguenots français réfugiés à Genève, cherchant à révolutionner leur patrie, formèrent le plan d'une école primaire de fanatisme, où l'on enseignerait l'art de prophétiser. Ils la placèrent dans une verrerie à Peyra en Dauphiné, sous la conduite d'un nommé Du Serre, calviniste, employé dans cette manufacture, que son commerce conduisait fréquemment à Genève. En même temps, les ministres huguenots imposèrent les mains à deux prédicants, leurs émissaires secrets, pour parcourir les provinces. Du Serre choisit chez de pauvres calvinistes trente enfants, dont quinze garçons, pour être sous sa direction personnelle, et quinze filles, qu'il confie à sa femme. Leur inspirer une haine violente contre l'Eglise catholique, leur persuader qu'il a reçu de Dieu des visions et le pouvoir de communiquer l'esprit prophétique : tel est l'objet de ses instructions. Il cherche dans l'*Apocalypse* et leur fait réciter divers passages où il est question de l'antechrist, qu'il assure être le Pape, et de la délivrance de l'Eglise, qui sera le triomphe du calvinisme. Des imprécations contre la messe et contre Rome, des contorsions, la manière de rouler les yeux, d'enfler la gorge et l'estomac, sont des parties intégrantes de ses instructions. Quand un élève avait fait des progrès, le moment de l'initiation était arrivé ; Du Serre lui soufflait dans la bouche pour lui communiquer le don de prophétie, en l'exhortant à le communiquer à ceux qu'il en jugeait dignes. Les autres élèves, stupéfaits, attendaient avec impatience le moment d'obtenir la même faveur. De là sortit un essaim d'enthousiastes qu'on faisait partir pour remplir des missions dans les contrées voisines. Les prophètes pullulaient de toutes parts, on les comptait par centaines ; c'étaient quelquefois des enfants de sept ou huit ans, qui imposaient des pénitences à des vieillards pour avoir assisté à la messe.

Les fanatiques s'assemblaient dans les bois, les cavernes, les lieux déserts, sur les cimes des montagnes, au nombre de quatre ou cinq cents, quelquefois de trois ou quatre mille. Là, ils attendaient l'esprit d'en-haut. Le prophète ou la prophétesse se jetait à genoux en criant *miséricorde ;* tous l'imitaient. De là résultait un bruit confus de phrases entrecoupées, de redites continuelles de *miséricorde*, de menaces du jugement qui devait avoir lieu dans trois mois ; puis on récitait des prières, on chantait des psaumes de Marot. Le prophète élevait ensuite ses mains sur sa tête, criant *miséricorde*, se laissait tomber à la renverse de manière à ne pas se faire de mal ; tous à l'instant tombaient avec lui. Alors il criait : « La fin du monde approche, amendez-vous, faites pénitence d'avoir été à la messe ! » C'était là le crime capital. Ces prédictions, accompagnées d'invectives contre le Pape, les évêques, roulaient presque toutes sur la chute prochaine de l'Eglise romaine, que le ministre Jurieu avait d'abord prédite pour l'an 1690, mais qu'ensuite il recula prudemment de l'an 1710 à 1715. Le prophète soufflait dans la bouche des aspirants au don de prophétie, en leur disant : *Recevez le Saint-Esprit*. Alors tous les bacheliers en prophétie prophétisaient à leur tour, tremblaient, se roulaient, écumaient ; quand ils étaient évanouis, d'autres les prenaient sur leurs genoux pour les ranimer ; les garçons rendaient ce bon office aux prophétesses, et réciproquement ; quelques-uns prétendirent que l'esprit prophétique s'introduisait en eux par la cuisse ; d'autres se dirent la troisième personne de la Trinité, et plusieurs signèrent avec la qualité de *Saint-Esprit*. La plupart des riches calvinistes ne fréquentaient pas ces assemblées, ils se contentaient de les fomenter seulement.

Les curés catholiques s'efforcent de détromper le peuple par la voie douce de l'instruction ; le gouvernement, de son côté, fait intervenir la force et envoie des troupes. Les prophètes assurent qu'ils seront invulnérables, et qu'ils mettront les troupes en fuite en criant : *Tartara*. Cette annonce trouve cependant quelques incrédules, qui, ne se fiant pas à l'efficacité de la recette indiquée, s'exhortent mutuellement à se défendre, s'arment de pierres et se réfugient sur la pointe des rochers ; les autres, à l'approche des troupes, s'étendent sur la terre, se soufflent dans la bouche les uns aux autres, pour s'animer par la communication de l'esprit divin ; et lorsqu'on les attaque, les uns jettent des pierres ; les autres, précédés des prophètes et des prophétesses, s'avancent avec un air furieux, et soufflent de toute leur force sur les troupes en criant : *Tartara ! Tartara !* mais, voyant que ce moyen ne les garantit pas de la mort, ils prennent la fuite. Un de leurs chefs est pris et pendu ; et, en moins de quinze jours, le Vivarais est tranquille, quoique plus de vingt mille personnes eussent pris part à ce mouvement.

Les Cévennes virent cependant bientôt renaître toutes les extravagances de prétendus prophètes, à l'instigation de Brousson et Vivens, deux fameux prédicants qui, en supposant des visions, des apparitions d'anges, soulevèrent les habitants de ces montagnes : c'était en 1702. Le fanatisme, réduit en système, comptait quatre grades : l'avertissement, le souffle, la prophétie et le don. Chaque troupe avait un prophète qui défendait d'aller à la messe, de payer la dîme, et qui était consulté sur le traitement à infliger à tous les prêtres catholiques qu'on pouvait saisir; la décision était exécutée sur-le-champ. On pillait, on brûlait les églises, on massacrait les curés; sept ou huit femmes enceintes furent éventrées; environ quatre mille catholiques et quatre-vingts prêtres furent égorgés en 1704; celui de Saint-André-de-Laneize fut précipité du haut de son clocher. A l'occasion de ces désastres, Fléchier, évêque de Nîmes, publia une lettre pastorale qu'on trouve dans ses œuvres; il peint les ravages causés par les fanatiques, le massacre horrible de l'abbé du Cheyla, archiprêtre de Mende, et d'une foule d'ecclésiastiques percés de mille coups, brûlés à petit feu, écorchés, égorgés, à la vue des autels.

La révolte des camisards ayant été comprimée par les troupes françaises, beaucoup de prophètes huguenots se réfugièrent à Londres. On y imprima le *Recueil des prédictions* faites par les prophétesses, et les *Avertissements prophétiques* d'Elie Marion, l'un des chefs protestants qui avaient pris les armes dans les Cévennes. Ce sont des déclamations délirantes recueillies de sa bouche, sous *l'opération de l'esprit*, et semblables à celles d'autres prophètes qui avaient accompagné en Angleterre Cavalier, autre chef de camisards. Misson en soutint la réalité dans son *Théâtre sacré des Cévennes*. Fatio de Duillier, mathématicien et membre de la société royale, se déclara partisan des fanatiques qui tombaient dans des convulsions et prétendaient avoir le don des langues et des miracles. Un des prosélytes étant mort, ils avaient prédit et promis sa résurrection. Le peuple s'assembla pour être témoin de l'événement, mais le miracle manqua. Cependant les excès du délire s'accrurent à tel point, que la justice anglaise se crut obligée de sévir; et, le 7 septembre 1707, plusieurs prophètes à Londres furent mis au pilori, entre autres Fatio de Duillier, qui, redevenu libre et toujours préoccupé des mêmes rêveries, conçut le projet de convertir l'univers, et entreprit dans cette vue un voyage en Asie, au retour duquel il vécut obscurément dans le comté de Worcester, où il mourut en 1753. Marion finit sa vie au lazaret de Livourne. Dans l'intervalle de ces événements, le zèle s'était considérablement refroidi. Le délire, qui, de 1683 à 1704, avait désolé plusieurs provinces de France et porté ses étincelles en Angleterre, s'y éteignit. Alors les plus zélés des adeptes se répandirent dans les terres de Nassau, d'Isembourg, de Hanau, la Hesse, la Souabe, à Leipsick, à Berlin; le gouvernement les renvoya en 1710; ils se rendirent à Halle en 1713, d'où, ayant été également expulsés, plusieurs se dispersèrent en Suisse, en Italie, et même en Turquie. Ils trouvèrent néanmoins à Halle des têtes disposées à l'adoption de leurs rêveries, et qui contribuèrent à susciter des idées fanatiques en Allemagne. Leurs conventicules, à Schaffhouse, Bâle et Zurich, répandirent dans ces contrées les germes d'un fanatisme qui, de nos jours, a produit des fruits bien amers. Tels sont les renseignements que nous donne sur les camisards l'évêque constitutionnel de Loir-et-Cher, Grégoire, dans son *Histoire des sectes religieuses* (t. II, c. 11).

Au reste, le protestantisme tout entier n'a-t-il pas commencé par le fanatisme cruel de Luther et de Calvin? Luther surtout n'a-t-il pas prédit plus d'une fois, comme les camisards des Cévennes, la ruine de l'antechrist romain, la fin de la papauté? Le plus parfait imitateur de Luther et de Calvin, comme faux prophète, fut PIERRE JURIEU, fils et neveu de ministres huguenots, ministre huguenot lui-même, d'abord en France, puis en Hollande, où il se réfugia, l'an 1681, pour échapper à la punition d'un libelle. Né en 1637, il mourut en 1713 retombé en enfance depuis plusieurs années. Cependant ses derniers ouvrages ne sont pas plus déraisonnables que les autres. Il n'était pas moins emporté contre les huguenots qui ne partageaient pas son délire, que contre les catholiques. Il avait d'abord prophétisé la ruine du papisme pour l'an 1690, puis il la remit à l'an 1710 ou 1715; comme le faux prophète mourut en 1713, il n'eut pas la peine de la reculer plus loin. Autre échantillon de sa faculté judiciaire. Les catholiques prouvaient sans réplique que la véritable Eglise doit être perpétuelle, la succession des pasteurs non interrompue, la doctrine continuelle et persévérante, et ils sommaient les protestants de montrer ces caractères dans leur secte. Mis ainsi au pied du mur, Jurieu fit un livre intitulé *Unité de l'Eglise*, où il soutient, et ailleurs encore, que la vraie Eglise de Jésus-Christ est un composé de toutes les sectes chrétiennes, y compris les sociniens ou *ariens modernes* et les mahométans. Comme il était obligé d'y comprendre également les catholiques-romains, il condamnait par là même tout le protestantisme, lequel ne peut excuser sa révolte contre l'Eglise catholique, qu'autant qu'on ne peut point se sauver dans cette Eglise. Un dernier trait achèvera de montrer quel esprit inspirait le prophète Jurieu. Lorsque les prophètes des Cévennes commencèrent à faire parler d'eux, Jurieu s'empressa de publier, en 1688, des lettres pastorales aux huguenots de France, où il soutient la mission surnaturelle des nouveaux prophètes. Il y parle entre autres des merveilles opérées alors par une bergère du Crest en Dauphiné, et n'hésite pas à traiter d'impies tous ceux qui refuseraient d'y croire. Cette bergère, qui se nommait Isabeau, se fit plus tard catholique, et prouva par sa conduite la sincérité de sa conversion. Or, Jurieu soutint cette prophétesse même après qu'elle se fut convertie, ainsi que plusieurs autres prophètes; il dit d'elle et d'eux : « Qu'ils pouvaient être devenus fripons, mais que certainement ils avaient été prophètes (Grégoire, *Camisards*; *Biogr. univers.*).

PIERRE BAYLE, avec qui Pierre Jurieu fut presque toujours en querelle, marque le passage du calvinisme à l'incrédulité moderne. Il naquit en 1647, dans l'ancien comté de Foix, et mourut à Rotterdam en 1706. Son père, ministre huguenot, fut son premier instituteur. A dix-neuf ans, il fut envoyé au collège de Puy-Laurens, pour y achever ses humanités. Etant allé à Toulouse pour y faire sa philosophie, il suivit le cours des Jésuites. Les argumentations de son professeur, et plus encore les disputes amicales qu'il avait souvent avec un prêtre catholique logé près de lui, fortifièrent tellement les doutes que déjà quelques lectures lui avaient inspirés contre l'orthodoxie du protestantisme, qu'il se décida à changer de religion. Son abjuration fut un triomphe pour les catholiques, mais un coup de foudre pour sa secte et pour sa famille, qui employèrent toutes les séductions du cœur et de l'esprit pour le ramener à leur communion. Il y rentra secrètement, après dix-sept mois de catholicité, et pour se soustraire à la peine du bannissement perpétuel, portée alors contre les relaps, il se rendit à Genève, de là en d'autres lieux où il commença, sans les terminer, des éducations particulières. L'an 1675, il obtint une chaire de philosophie à Sédan ; puis, l'académie de cette ville ayant été supprimée en 1681, il fut appelé à Rotterdam pour y remplir la même chaire. Le caractère de son esprit était une vivacité singulière, avec une mémoire surprenante ; mais peu d'ensemble, peu d'étendue, peu de profondeur, peu de suite dans les idées ; à quoi contribuèrent encore ses variations religieuses ; huguenot par sa première éducation, catholique par sa conviction d'homme, relaps par faiblesse de cœur, il était intéressé à flotter à tout vent de doctrine et à répandre le doute sur toutes les vérités religieuses. D'un autre côté, sa passion dominante, et pour ainsi dire unique, c'était l'étude, non pas précisément l'étude de la vérité, mais l'étude en général ; tous les livres lui étaient bons : tel est aussi le caractère des livres qu'il a faits. « Ses plus grands ennemis, dit Voltaire, sont forcés d'avouer qu'il n'y a pas une seule ligne dans ses ouvrages qui soit un blasphème évident contre la religion chrétienne ; mais ses plus grands défenseurs avouent que, dans ses articles de controverse, il n'y a pas une seule page qui ne conduise le lecteur au doute, et souvent à l'incrédulité. » Il se comparait lui-même au Jupiter *Assemble-nuages* d'Homère. « Mon talent, disait-il, est de former des doutes ; mais ce ne sont pour moi que des doutes. » A laquelle des sectes qui règnent en Hollande êtes-vous le plus attaché ? lui demanda un jour l'abbé de Polignac, depuis cardinal. — Je suis protestant, répondit Bayle. — Mais ce mot est bien vague, reprit l'abbé ; êtes-vous luthérien, calviniste, anglican? — Non, répliqua Bayle ; je suis protestant, parce que je proteste contre tout ce qui se dit et se fait.

Son style, naturel et clair, est trop souvent diffus, lâche, incorrect et familier jusqu'à la trivialité. On lui a reproché justement les termes grossiers et obscènes ; il n'y mettait, dit-on, ni intention ni plaisir; l'ignorance ou l'oubli des bienséances de la société en était la seule cause. « L'extrême vivacité de son esprit, dit Laharpe, s'accommodait peu, et il en convient, de la méthode et de l'ordre. Il aimait à promener son imagination sur tous les objets, sans trop se soucier de leur liaison ; un titre quelconque lui suffisait pour le conduire à parler de tout. » C'est de cette manière qu'il a composé le principal de ses ouvrages, son *Dictionnaire historique et critique*, qu'il appelle lui-même *une compilation informe de passages cousus à la queue les uns des autres*. En effet, les articles en eux-mêmes y sont fort peu de chose ; ils semblent n'être que l'occasion, que le prétexte de nombreuses notes qui les accompagnent, et dont l'ensemble s'explique fort bien de la part d'un homme qui, né huguenot, devenu catholique par conviction, puis relaps par faiblesse, voudrait s'étourdir, se faire illusion sur ce que sa conduite offre d'inconséquent, de lâche et d'indigne.

Jurieu, qui l'avait déjà attaqué sur d'autres ouvrages, le poursuivit encore plus fortement sur son *Dictionnaire*. Le consistoire de Rotterdam, sur lequel il avait du crédit, reprocha à l'auteur : 1.º de s'être permis des pensées et des expressions obscènes ; d'avoir fait de l'article *David* une espèce de diatribe contre ce roi ; 3º non-seulement d'avoir rapporté tous les arguments des Manichéens, mais de leur en avoir prêté de nouveaux et de n'avoir réfuté ni les uns ni les autres ; 4º d'avoir eu le même tort relativement à la doctrine du pyrrhonisme, dans l'article consacré au chef de cette secte ; 5º d'avoir donné des louanges outrées aux athées et aux épicuriens. Ces reproches, justes en eux-mêmes, étaient des inconséquences dans la bouche de Jurieu et du consistoire. En effet, selon Jurieu, l'Eglise est le ramassis de toutes les sectes ; selon le principe fondamental du protestantisme, chacun n'a en religion d'autre règle que soi-même : donc ni Jurieu, ni consistoire protestant n'ont rien à reprocher ni à Bayle, ni aux épicuriens, ni aux athées. Bayle promit cependant de faire disparaître de son *Dictionnaire* ce qui avait blessé le consistoire de Rotterdam ; mais, dit la *Biographie universelle*, le public avait sur cela d'autres idées et d'autres intérêts : l'auteur aima mieux satisfaire ses lecteurs que ses juges, et son livre resta, à très peu de chose près, dans le même état.

Un Juif calviniste de Hollande vint compléter l'œuvre des deux ministres calvinistes de France. Le calviniste Jurieu dit : « L'assemblage de toutes les sectes, c'est l'Eglise de Christ : » le calviniste Bayle continue : « L'assemblage de tous les doutes, c'est la raison de l'homme ; » le Juif Spinosa conclut, « L'assemblage de tous les êtres imparfaits et bornés : c'est l'être souverainement parfait et sans bornes, c'est Dieu. »

Le Juif BARUCH SPINOSA naquit à Amsterdam, le 24 novembre 1632, et mourut à La Haye, le 21 février 1677. Il apprit l'hébreu, lut la Bible et le Talmud, conçut des doutes sur sa religion, fut peu content des réponses que les plus savants rabbins lui donnèrent, quitta la synagogue, changea son nom de Baruch en son équivalent de *Benedictus* ou Benoît, se mit à fréquenter le prêche d'un ministre calviniste, sans pourtant se déclarer plus ouvertement. En 1670, il publia son *Traité théologico-politique*, dont voici les deux idées principales : « Chacun a le droit de penser, de parler, de raisonner librement à sa manière sur la religion, sans excepter la Bible ni la mission de Moïse ; d'un autre côté, c'est au souverain temporel, au magistrat, de décider quelle religion les sujets ou administrés doivent suivre. » Oui, le Juif Spinosa va jusqu'à dire que la religion, naturelle et révélée, n'est obligatoire qu'autant qu'il plaît aux souverains, et que ce n'est effectivement que par eux que Dieu règne sur la terre (*Biog. univ.*, art. SPINOSA), c'est-à-dire qu'il désunit d'abord tous les hommes par l'anarchie intellectuelle, afin de les asservir plus facilement au seul empire de la force. Aussi Bayle lui-même appelle-t-il son *Traité* « un livre pernicieux

et détestable, où il fit glisser toutes les semences de l'athéisme qui se voit à découvert dans ses *Œuvres posthumes* (Bayle, *Dictionnaire*, etc., art. SPINOSA). »
Quant au système de ces *Œuvres*, surtout de son *Éthique* ou de sa *Morale*, Bayle ajoute : « C'est la plus monstrueuse hypothèse qui se puisse imaginer, la plus absurde et la plus diamétralement opposée aux notions les plus distinctes de l'esprit humain. Il suppose qu'il n'y a qu'une substance dans la nature des choses, et que cette substance unique est douée d'une infinité d'attributs, entre autres de l'étendue et de la pensée. En suite de quoi il assure que tous les corps qui se trouvent dans l'univers sont des modifications de cette substance, en tant qu'étendue, et que les âmes des hommes sont les modifications de cette substance, en tant que pensée : de sorte que Dieu, l'être nécessaire et infiniment parfait, est bien la cause de toutes les choses qui existent, mais il ne diffère point d'elles. Il n'y a qu'un être et qu'une nature, et cette nature produit en elle-même et par une action immanente, tout ce qu'on appelle créatures. Il est tout ensemble agent et patient, cause efficiente et sujet; il ne produit rien qui ne soit sa propre modification. Voilà une hypothèse qui surpasse l'entassement de toutes les extravagances qui se puissent dire. Ce que les poëtes païens ont osé chanter de plus infâme contre Jupiter et contre Vénus n'approche point de l'idée horrible que Spinosa nous donne de Dieu; car au moins les poëtes n'attribuaient point aux dieux tous les crimes qui se commettent et toutes les infirmités du monde; mais, selon Spinosa, il n'y a point d'autre agent et patient que Dieu, par rapport à tout ce qu'on nomme mal de peine et mal de coulpe, mal physique et mal moral (Bayle, *Dictionn.*, etc., art. SPINOSA, note J).

Bayle, dans six paragraphes, expose et réfute les absurdités de l'athéisme ou du panthéisme de Spinosa avec une grande force. Il fait voir : 1° que, selon le Juif hollandais, Dieu et l'étendue sont la même chose, et que son dieu peut se mesurer par toises et par pouces; 2° que le dieu de Spinosa étant la même chose que la matière, il est divisible et muable à l'infini, bien plus que le Protée des poëtes; 3° que le dieu de Spinosa étant ce qui pense dans tous les hommes, il s'ensuit que ce dieu sait et ignore, veut et ne veut pas, aime et hait les mêmes choses, qu'il affirme tout ensemble le *oui* et le *non*. « On dit ordinairement *quot capital tot sensus*, autant de sentiments que de têtes; mais, selon Spinosa, tous les sentiments de tous les hommes sont dans une seule tête, » dans celle de son dieu.

4° « Mais, conclut Bayle, si c'est, physiquement parlant, une absurdité prodigieuse, qu'un sujet simple et unique soit modifié en même temps par les pensées de tous les hommes, c'est une abomination exécrable, quand on considère ceci du côté de la morale. Quoi donc! l'être infini, l'être nécessaire, l'être souverainement parfait ne sera point ferme, constant et immuable? Que dis-je, immuable, il ne sera pas un moment le même; ses pensées se succéderont les unes aux autres sans fin et sans cesse, la même bigarrure de passions et de sentiments ne se verra pas deux fois. Cela est dur à digérer, mais voici bien pis. Cette mobilité continuelle gardera beaucoup d'uniformité en ce sens que toujours, pour une bonne pensée, l'être infini en aura mille de sottes, d'extravagantes, d'impures, d'abominables. Il produira en lui-même toutes les folies, toutes les rêveries, toutes les saletés, toutes les iniquités du genre humain; il en sera non-seulement la cause efficiente, mais aussi le sujet passif, le *subjectum inhæsionis* : il se joindra avec elles par l'union la plus intime qui se puisse concevoir; car c'est une union pénétrative, ou plutôt c'est une vraie *identité*, puisque le mode n'est point distinct réellement de la substance modifiée. Plusieurs grands philosophes, ne pouvant comprendre qu'il soit compatible avec l'être souverainement parfait de souffrir que l'homme soit si méchant et si malheureux, ont supposé deux principes, l'un bon et l'autre mauvais, et voici un philosophe qui trouve bon que Dieu soit lui-même l'agent et le patient de tous les crimes et de toutes les misères de l'homme! Que les hommes se haïssent les uns les autres, qu'ils s'entr'assassinent au coin d'un bois, qu'ils s'assemblent en corps d'armée pour s'entre-tuer, que les vainqueurs mangent quelquefois les vaincus, cela se comprend, parce qu'on suppose qu'ils sont distincts les uns des autres, et que le tien et le mien produisent en eux des passions contraires; mais que les hommes n'étant que la modification du même être, n'y ayant par conséquent que Dieu qui agisse, et le même Dieu en nombre, qui se modifie en Turc, se modifiant en Hongrois, il y ait des guerres et des batailles, c'est ce qui surpasse tous les monstres et tous les déréglements chimériques des plus folles têtes qu'on ait jamais enfermées dans les petites maisons. Ainsi, dans le système de Spinosa, tous ceux qui disent : *Les Allemands ont tué dix mille Turcs*, parlent mal et faussement, à moins qu'ils n'entendent *Dieu, modifié en Allemands, a tué Dieu, modifié en dix mille Turcs*, et ainsi toutes les phrases par lesquelles on exprime ce que font les hommes les uns contre les autres n'ont point d'autre sens véritable que celui-ci : *Dieu se hait lui-même; il se demande des grâces à lui-même et se les refuse; il se persécute, il se tue, il se mange, il se calomnie, il s'envoie sur l'échafaud*, etc. Cela serait moins inconcevable, si Spinosa s'était représenté Dieu comme un assemblage de plusieurs parties distinctes; mais il l'a réduit à la plus parfaite simplicité, à l'unité de substance, à l'indivisibilité. Il débite donc les plus infâmes et les plus furieuses extravagances qui se puissent concevoir, et infiniment plus ridicules que celles des poëtes touchant les dieux du paganisme. Je m'étonne, ou qu'il ne s'en soit pas aperçu, ou que, les ayant envisagées, il se soit opiniâtré à son principe. Un bon esprit aimerait mieux défricher la terre avec les dents et les ongles, que de cultiver une hypothèse aussi choquante et aussi absurde que celle-là (Bayle, *Dictionn.*, etc.). »

Enfin Bayle fait voir que l'hypothèse de Spinosa rendait ridicules toute sa conduite et ses discours. « Premièrement, je voudrais savoir à qui il en veut, quand il rejette certaines doctrines et qu'il en propose d'autres. Veut-il apprendre des vérités? veut-il réfuter des erreurs? mais est-il en droit de dire qu'il y a des erreurs? Les pensées des philosophes ordinaires, celles des Juifs, celles des chrétiens, ne sont-elles pas des modes de l'être infini, aussi bien que celles de son *Éthique*? Ne sont-elles pas des réalités aussi nécessaires à la perfection de l'univers, que toutes ses spéculations? N'émanent-elles pas de la cause nécessaire? Comment donc ose-t-il prétendre qu'il y a là quelque chose à rectifier? En second lieu, ne prétend-il pas que la nature, dont elles sont les modalités, agit nécessairement, qu'elle va toujours son grand chemin, qu'elle ne peut ni se détourner, ni s'arrêter, et qu'étant unique dans l'univers, aucune cause extérieure ne l'arrêtera jamais, ni ne la redressera? Il n'y a donc rien de plus utile que les leçons de ce philosophe. C'est bien à lui, qui n'est qu'une modification de substance, à prescrire à l'être infini ce qu'il faut faire ! Cet être l'entendra-t-il ? et, s'il l'entendait, pourrait-il en profiter? N'agit-il pas toujours selon toute l'étendue de ses forces, sans savoir ni où il va, ni ce qu'il fait? Un homme comme Spinosa se tiendrait fort en repos, s'il raisonnait. S'il est possible qu'un tel dogme s'établisse, dirait-il, la nécessité de la nature l'établira sans mon ouvrage : s'il n'est pas possible, tous mes écrits n'y feront rien. »

Nous ajouterons aux remarques de Bayle : Que si, comme l'assure le Juif Spinosa, les créatures ne sont que des modifications de Dieu, toutes les créatures méritent un culte divin; l'Egyptien avait raison d'adorer le bouc de Mendèz, le bœuf de Memphis, les chats de Rubaste, etc.; les Hindous ont raison d'adorer non-seulement le soleil, la lune, la mer, mais encore la pelle, le couteau, le bassin, etc., dont ils se servent pour offrir le sacrifice. Enfin, si tous les hommes ne sont que des modifications de la Divinité, il s'ensuit que toutes les actions humaines, y compris le vol, le meurtre, le parricide, le régicide, l'adultère, l'inceste, les impuretés les plus exécrables, sont des actions divines, qui méritent nos respects et nos adorations, surtout dans ceux qui ont la force, et qui, dans le système du Juif Spinosa, sont les seuls et suprêmes régulateurs de la religion et de la morale.

Cette apothéose de l'athéisme politique par un Juif apostat ne dut pas déplaire à certains princes : le Juif Spinosa reçut des invitations honorables de l'électeur palatin et du prince de Condé. D'ailleurs, cette politique athée, nous l'avons vue dans tous ceux qui ont attaqué l'Eglise de Dieu. Les derniers rejetons de saint Louis, les Bourbons, n'en sont pas demeurés exempts, même après que le peuple français les eût ramenés du calvinisme. Nous avons vu le gouvernement de Louis XIII et de Louis XIV attiser la révolution d'Angleterre, provoquer et applaudir le meurtre de Charles Ier, et amener le détrônement final de sa race. Nous avons vu Louis XIV, avec ses ministres et ses évêques de cour, se poser en régulateur suprême de la religion chrétienne, de l'Eglise catholique et de son gouvernement. Nous l'avons vu proposer au respect, à l'adoration et au gouvernement des peuples, le fruit de ses adultères, et en infecter toute la race de saint Louis. « Le grand roi, dit Châteaubriand, dans la démence de son orgueil, osa imposer en pensée à la France, comme monarques légitimes, ses bâtards adultérins légitimés (*Analyse raisonnée de l'Histoire de France*). »

Mais, outre la branche royale des Condé, Louis XIV avait un frère unique, PHILIPPE DE FRANCE, duc d'Orléans, né en 1640 et mort en 1701. Le cardinal Mazarin, qui s'était établi surintendant de l'éducation des deux frères, s'appliqua, suivant les mémoires du temps, et de l'aveu de la reine, à *viriliser* l'un, et à *efféminer* l'autre. Ainsi, Philippe n'aima ni les chevaux ni la chasse : il se plaisait à se parer, à tenir cercle, et il trouvait un bonheur infini dans les mascarades et dans les cérémonies, même dans les pompes funèbres. Il épousa, l'an 1661, Henriette-Anne, sœur de Charles II, roi d'Angleterre, laquelle parut avoir plus d'amitié pour le roi, son beau-frère, que pour son mari. Elle mourut subitement, en 1670, avec la persuasion d'être empoisonnée. Les soupçons se portèrent sur son époux; mais il n'y eut ni enquête, ni preuve. En 1671, le duc d'Orléans épousa une princesse de Bavière. Dans plusieurs campagnes, surtout en 1677, il se distingua tellement par sa valeur et ses succès, que le roi, son frère, en témoigna une joie sensible. Mais le duc de Saint-Simon dit qu'il n'y eut que l'extérieur de gardé, et que, dès ce moment, la résolution fut prise, et depuis bien tenue, de ne jamais donner d'armée à commander à Monsieur. Dès lors Philippe retomba dans les frivolités d'une vie molle et oisive, jusqu'à sa mort.

Son fils de même nom, né en 1674 et mort subitement en 1723, fut régent à la mort de Louis XIV et pendant la minorité de Louis XV. Il reçut en naissant le titre de DUC DE CHARTRES. Son esprit et ses grâces naturelles firent concevoir les plus grandes espérances : sous la direction de l'abbé Dubois, son précepteur, il fit les plus rapides progrès dans tous les genres d'étude. Géométrie, peinture, chimie, poésie, musique, il réussissait dans tout; mais il montrait un goût décidé pour les arts de la guerre. Accompagné de son précepteur, il débuta dans la carrière des armes à l'âge de dix-sept ans, au siége de Mons, sous les yeux du roi, son oncle; et il suivit ensuite le duc de Luxembourg à Steinkerque et à Nerwinde. Dans la première de ces batailles, il enleva un poste important à la tête de la brigade des gardes, et fut légèrement blessé; dans la seconde, où il commandait la cavalerie de la réserve, il enfonça les deux premières lignes de l'ennemi, pénétra jusqu'à la troisième, et ne se tira du danger le plus imminent qu'en s'ouvrant un passage l'épée à la main. A tant de valeur, le duc de Chartres joignait la plus séduisante affabilité, et, ce qui n'est pas moins étonnant, un coup d'œil et une sagacité qui ne sont ordinairement le fruit que d'une longue expérience. Mais ce brillant début de la part d'un prince que sa naissance avait placé si près du trône ne tarda pas à donner de l'ombrage. Louis XIV ne permit point à son neveu de faire la campagne de 1664; et ce jeune prince, obligé de rester à Paris, dans une oisiveté funeste, s'abandonna aux plus honteux plaisirs. Louis XIV lui fit épouser une de ses filles illégitimes, née d'un double adultère : ce n'était guère le moyen de la faire rougir de ses désordres. Aussi s'y plongea-t-il après comme devant. Ils devinrent encore plus scandaleux en 1701, lorsqu'il eut perdu son père. Sa cour, car il en eut une, fut un théâtre public d'immoralité et d'irréligion. Dans la guerre pour la succession d'Espagne, il fut envoyé en Italie et en Espagne, et s'y distingua de nouveau par sa valeur et son habileté. En 1710, il maria sa fille au duc de Berry, troisième petit-fils de Louis XIV. La nouvelle duchesse de

Berry ressemblait à son père pour le libertinage et l'impiété; le bruit courait même qu'elle avait avec lui des privautés incestueuses. Le duc de Berry mourut presque subitement en 1714. Mais, dès 1711, étaient morts coup sur coup, le Dauphin, fils de Louis XIV; le duc de Bourgogne, son premier petit-fils; la duchesse de Bourgogne; l'aîné de leurs deux fils, et même le second et dernier, âgé de cinq ans, était dangereusement malade. Ces morts précipitées épouvantèrent la France et lui parurent l'effet d'un crime horrible : l'opinion publique en soupçonna, en accusa le duc d'Orléans; son mépris pour la religion et les mœurs autorisait de pareils soupçons : il alla demander justice à Louis XIV de ces imputations infamantes, mais le roi ne voulut point laisser approfondir ce mystère.

Voilà où était descendue la postérité de saint Louis à la fin du règne de Louis XIV. Au lieu des mœurs si pures, si pieuses, si aimables, que nous peint le bon sire de Joinville, on croirait être dans une caverne de brigands. Il ne s'y parle que d'empoisonnements, de meurtres, d'athéisme, d'impiété, d'adultères, d'incestes.

Qu'on juge de la douleur du vertueux Fénelon, quand il apprit la mort de son cher élève, le duc de Bourgogne! *Tous mes liens sont rompus*, s'écria-t-il, *rien ne m'attache plus à la terre!* Le prince était mort le 18 février 1712, à l'âge de 29 ans : avec quelles dispositions, un témoin oculaire, le duc de Saint-Simon, nous le fait connaître dans ses *Mémoires* : « Quel amour du bien! s'écrie-t-il, quel dépouillement de soi-même! quelles recherches! quels fruits! quelle pureté d'objet! oserais-je le dire, quels effets de la Divinité dans cette âme candide, simple, forte, qui, autant qu'il est donné à l'homme ici-bas, en avait conservé l'image! Grand Dieu, quel spectacle vous donnâtes en lui! et que n'est-il permis encore d'en révéler des parties si secrètes et si sublimes, qu'il n'y a que vous qui puissiez les donner et en connaître tout le prix! Quelle imitation de Jésus-Christ sur la croix; on ne dit pas seulement à l'égard de la mort et des souffrances, son âme s'éleva bien au-dessus. Quel surcroît de détachement! quels vifs élans d'actions de grâces d'être préservé du sceptre et du compte qu'il faut en rendre! quelle soumission, et combien parfaite! quel ardent amour de Dieu! quel perçant regard sur son néant et ses péchés! quelle magnifique idée de l'infinie miséricorde! quelle religieuse et humble crainte! quelle tempérée confiance! quelle sage paix! quelles lectures! quelles prières continuelles! quel ardent désir des derniers sacrements! quel profond recueillement! quelle invincible patience! quelle douceur! quelle constante bonté pour tout ce qui l'approchait! quelle charité pure qui le pressait d'aller à Dieu! La France enfin tomba sous ce dernier châtiment; Dieu lui montra un prince qu'elle ne méritait pas; la terre n'en était pas digne; il était mûr déjà pour l'éternité! »

Fénelon fut huit jours sans avoir la force d'écrire à ses amis. « Hélas! mon bon duc, écrivit-il enfin au duc de Chevreuse, Dieu nous a ôté toute notre espérance pour l'Eglise et pour l'Etat. Il a formé ce jeune prince, il l'a orné; il l'a préparé pour les plus grands biens; il l'a montré au monde, et aussitôt il l'a détruit. Je suis saisi d'horreur et malade de saisissement, sans maladie; en pleurant le prince mort, qui me déchire le cœur, je suis alarmé pour les vivants (*Hist. de Fénelon*, l. 7). » C'est qu'il voyait Louis XIV prêt à s'éteindre avec le dernier de ses arrière-petits-fils, et la France tomber entre les mains du duc d'Orléans, accusé par l'opinion publique des crimes les plus atroces, de la mort du duc de Bourgogne, et qui, par son irréligion et son immoralité scandaleuse, rendait croyable tout ce qu'on a le plus de peine à croire.

Cependant le duc d'Orléans n'était pas si impie que sa conduite donnait lieu de penser. Il lisait *Abbadie*, sur la vérité de la religion; il communiquait à Fénelon ses doutes sur les principaux dogmes, et Fénelon lui écrivit, en 1713, une première lettre sur le culte intérieur et extérieur et sur la religion juive. En voici la substance :

« Dieu a fait toutes choses pour lui. Dieu rapporte à soi-même, par sa propre volonté, les êtres qui n'ont pas une volonté propre pour s'y rapporter eux-mêmes librement. Voilà le genre le moins noble des créatures; mais pour le genre supérieur des êtres intelligents, comme ils sont libres et voulant, Dieu les rapporte à soi, en exigeant d'eux qu'ils s'y rapportent eux-mêmes volontairement. Le rapport de pensée est de connaître Dieu, vérité suprême. Le rapport de volonté est d'aimer Dieu, bonté infinie. Mais qu'est-ce que l'aimer? C'est vouloir sa volonté. Voilà le culte en esprit et en vérité qu'il exige de ses créatures; voilà ce que l'on nomme religion, du mot latin *religare*, parce que le culte divin rallie et unit ensemble les hommes, que leurs passions farouches rendraient sauvages et incompatibles sans ce lien sacré. De là vient que les peuples qui n'ont point eu de vraie et pure religion ont été obligés d'en inventer de fausses et d'impures, plutôt que de manquer d'un principe supérieur à l'homme, pour dompter l'homme et pour le rendre docile dans la société. Les inventeurs des fausses religions sont comme les charlatans et les faux monnayeurs. On ne s'est avisé de débiter de la fausse monnaie que parce qu'il y en avait déjà de véritable. Les imposteurs n'ont donné de mauvais remèdes que parce que les hommes avaient déjà quelques remèdes qui les avaient guéris. Le faux imite le vrai, et le vrai précède toujours le faux. Le culte simple et pur, qui est essentiellement dû à l'Etre suprême, a dû être de tous les temps, et naître avec le genre humain. Il demande également deux choses : l'une, d'être unanime, c'est-à-dire le même dans les cœurs des hommes; l'autre, d'être exprimé par des signes sensibles qui le perpétuent dans la société, et qui en soient le lien le plus inviolable.

» Le vrai culte se réduit donc essentiellement à croire le vrai et à aimer le bon souverain. Donc toutes les religions qui ne se réduisent point à connaître et à aimer souverainement un seul Dieu infiniment parfait, par qui seul toutes choses sont, ne sont point des cultes dignes de Dieu. Donc toute religion qui renferme des erreurs sur ce Dieu infini, ou des dérèglements de volonté contre son amour dominant, est manifestement fausse. Donc toutes les philosophies particulières, qui se contredisent les unes les autres sur le premier être, sur la fin dernière de l'homme, etc., ne sont point ce culte et ce corps de religion que nous devons trouver. Donc l'assemblage confus de toutes ces philosophies n'est qu'un amas énorme d'opinions extravagantes, qui se combattent et se confondent réciproquement sans rien établir. Nous trouverons encore moins cette unanimité invariable dans les différentes religions. Le paganisme n'a jamais fait un corps ni de doctrine ni de culte; tout était changeant, arbitraire, incertain.

» En jetant les yeux de toutes parts d'un bout de l'univers à l'autre, je ne vois qu'un seul peuple qui arrête mes regards, et qui peut former cette société religieuse. Ce peuple est le peuple juif, à qui le Créateur est connu. C'est là que son nom est grand; c'est là qu'il s'appelle *Celui qui est*; c'est là qu'on reconnaît qu'il a tiré l'univers du néant par sa volonté féconde et toute puissante; c'est là qu'on pose pour premier principe, qu'il faut servir comme esclave ce Dieu unique et souverain; qu'il faut l'aimer de tout son cœur, de toute son âme, de toutes ses pensées et de toutes ses forces. Cette idée est la seule qui renferme le vrai culte, et elle n'est que chez ce peuple. Cette idée ne peut venir que de Dieu seul, tant elle est sublime et au-dessus de l'homme. Cette idée est en nous le plus grand de tous les miracles. Donc le vrai culte n'est qu'en un seul lieu, et chez un seul peuple à qui le Seigneur a enseigné ce qu'il est. C'est chez ce peuple que se trouve l'unanimité constante et invariable. Tous les Israélites descendent d'un seul homme, dont ils ont reçu ce culte, conservé sans interruption depuis l'origine de l'univers. Ce peuple, qui n'est qu'une seule famille, n'a qu'un seul livre, qui réunit toutes leurs pensées, toutes leurs affections en un seul Dieu. Tout est un chez eux, jusqu'à la police et aux lois qui forment la société. Voilà le culte public, unanime et invariable que nous cherchions.

» Voilà, monseigneur, les réflexions que vous pouvez faire pour vous affermir sans grande discussion dans la persuasion que Dieu, avant Jésus-Christ, ne pouvait avoir mis son vrai culte que dans le peuple israélite. Si on a vu ceux qu'on a nommés Noachides, et ensuite Job, adorer uniquement le vrai Dieu sans être dans l'alliance et dans le culte reçu par Moïse, du moins les Noachides, Job et autres semblables ont eu un culte extérieur et public; ils ont confessé ce qu'ils ont cru; ils ont chanté les louanges de Dieu; ils l'ont aimé ensemble, et se sont aimés les uns les autres dans la société pour l'amour de lui; ils lui ont même dressé des autels et présenté des offrandes, pour rendre plus sensibles leur reconnaissance et leur soumission sans réserve à son domaine souverain. Voilà le véritable culte conforme à celui des Israélites instruits par Moïse. Il n'est pas question de ce qui n'est que pure cérémonie dans la loi; les cérémonies ont eu un commencement et une fin; il ne s'agit que d'un culte d'amour suprême, exprimé, cultivé et perfectionné dans la société des hommes par des signes sensibles. Voilà ce qui est dû à Dieu; voilà notre fin essentielle; voilà en quoi les Noachides, Job et tous les autres n'ont fait qu'un seul peuple et un seul culte avec les Israélites. Comme Dieu n'a jamais pu cesser de se devoir ce tribut de gloire et de louange à soi-même, il n'a cessé de se le donner dans tous les siècles. Il ne s'est jamais laissé lui-même sans témoignage, comme dit l'Ecriture. En tous les temps, il n'a pu créer les hommes que pour en être connu et aimé. Ce n'est point le connaître que de ne le croire pas un et infini, un qui est tout, et devant qui nous ne sommes rien. Ce n'est point l'aimer que de ne l'aimer pas par-dessus tout, et par préférence à soi-même, vil néant appelé à l'être par sa pure bonté. La religion ne peut être que là, et il faut qu'elle ait toujours été, puisque Dieu n'a jamais pu, en aucun temps, avoir d'autre fin, en créant tant de générations d'hommes. Si tous ne l'ont pas connu et aimé, c'est qu'ils sont corrompu leur voie; c'est qu'ils n'ont pas glorifié celui dont ils avaient quelques commencements de connaissance; c'est qu'ils ont voulu être à eux-mêmes plutôt qu'à celui qui les avait faits, et leur sagesse vaine n'a servi qu'à les jeter dans des illusions plus funestes. Mais enfin, dans tous les temps, il faut trouver de vrais adorateurs en faveur desquels Dieu souffre les infidèles et continue son ouvrage. Où sont-ils ces amateurs de l'être unique et infini? Où sont-ils? Nous ne les trouvons que dans l'histoire d'un seul peuple, histoire la plus ancienne de toutes, qui remonte jusqu'au premier homme et qui nous montre ce culte d'amour de l'être unique et infini, que Dieu jamais n'a laissé interrompu. En faut-il davantage pour conclure qu'on ne doit chercher que chez les Juifs cette religion publique et invariable que Dieu se doit à lui-même dans tous les temps? J'espère, Monseigneur, que cette première lettre vous fera bon Juif; elle sera suivie d'une seconde pour vous faire bon chrétien, et d'une troisième pour vous faire bon catholique (*Œuvres de Fénelon*, t. I, p. 369-381, lettre 3). »

La substance de ces deux lettres, qui paraissent avoir été perdues, se trouve dans la lettre 5° de l'édition de Versailles, *sur l'existence de Dieu, le christianisme* et la *véritable Eglise*. Il donne les preuves des trois principaux points nécessaires au salut, pour soumettre au joug de la foi, sans discussion, les esprits simples et ignorants. 1° Il y a un Dieu infiniment parfait qui a créé l'univers. 2° Il n'y a que le seul christianisme qui soit un culte digne de Dieu. 3° Il n'y a que l'Eglise catholique qui puisse enseigner ce culte d'une façon proportionnée au besoin de tous les hommes. Dans l'introduction, il s'exprime ainsi sur le spinosisme : « Je vous avoue que le système de Spinosa ne me paraît point difficile à renverser. Dès qu'on l'entame par quelque endroit, on rompt toute sa prétendue chaîne. Selon ce philosophe, deux hommes, dont l'un a oui et l'autre non, dont l'un se trompe et l'autre croit la vérité, dont l'un est scélérat et l'autre homme très-vertueux, ne sont qu'un même être indivisible. C'est ce que je défie tout homme sensé de croire jamais sérieusement dans la pratique. La secte des spinosistes est donc une secte de menteurs, et non de philosophes. De plus, on ne peut connaître une modification qu'autant qu'on connaît déjà la substance modifiée. Il faut connaître un corps coloré pour concevoir une couleur, un corps mobile pour concevoir le mouvement, etc. Il faut donc que Spinosa commence par nous donner une idée de cette substance infinie, qui accorde dans son être simple et indivisible les modifications les plus opposées, dont l'une est la négation de l'autre; il faut qu'il trouve une multiplication infinie dans une parfaite unité; il faut qu'il montre des variations et des bornes dans un être invariable et sans bornes. Voilà d'énormes contradictions. »

Dans la seconde partie : *Il n'y a que le seul christianisme qui soit un culte digne de Dieu*, Fénelon dit entre autres : « Dites à l'homme le plus simple et le plus ignorant qu'il faut aimer Dieu notre père, qui nous a faits pour lui, cette parole entre d'abord dans son cœur, si l'orgueil et l'amour-propre ne le révoltent pas : il n'a aucun besoin de discussion pour sentir que voilà la religion tout entière. Or, il ne trouve ce vrai culte que dans le christianisme. Ainsi il n'a ni à choisir ni à délibérer. Tout autre culte n'est point une religion. Le judaïsme n'est qu'un commencement, ou, pour mieux dire, qu'une image ou une ombre de ce culte promis. Otez du judaïsme les figures grossières, les bénédictions temporelles, la graisse de la terre, la rosée du ciel, les promesses mystérieuses, les imperfections tolérées, les cérémonies légales, il ne restera qu'un christianisme commencé. Le christianisme n'est que le renversement de l'idolâtrie de l'amour-propre et l'établissement du vrai culte de Dieu par un amour suprême. Cherchez bien, vous ne trouverez ce vrai culte développé, purifié et parfait, que chez les chrétiens : eux seuls connaissent Dieu infiniment aimable. Je ne parle point des Mahométans, ils ne le méritent pas : leur religion n'est que le culte grossier, servile et purement mercenaire des Juifs les plus charnels, auquel ils ont ajouté l'admiration d'un faux prophète, qui de son propre aveu n'a jamais eu aucune preuve de mission. Tout homme simple et droit ne peut s'arrêter que chez les chrétiens, puisqu'il ne peut trouver que chez eux le parfait amour. Dès qu'il le trouve là, il a trouvé tout, et il sent bien qu'il ne lui reste plus rien à chercher (*Œuvres de Fénelon*, t. I, p. 417).

Fénelon commence ainsi la troisième partie : « Tous les hommes et surtout les ignorants ont besoin d'une autorité qui décide, sans les engager à une discussion dont ils sont visiblement incapables. Comment voudrait-on qu'une femme de village ou qu'un artisan examinât le texte original, les éditions, les versions, les divers sens du texte sacré? Dieu aurait manqué au besoin de presque tous les hommes, s'il ne leur avait pas donné une autorité infaillible pour leur épargner cette recherche impossible, et pour les garantir de s'y tromper. L'homme ignorant, qui connaît la bonté de Dieu, et qui sent sa propre impuissance, doit donc supposer cette autorité donnée de Dieu, et la chercher humblement pour s'y soumettre sans raisonner. Où la trouvera-t-il? Toutes les sociétés séparées de l'Eglise catholique ne fondent leur séparation que sur l'offre de faire chaque particulier juge des Ecritures, et de lui faire voir que l'Ecriture contredit cette ancienne Eglise. Le premier pas qu'un particulier serait obligé de faire pour écouter ces sectes, serait donc de s'ériger en juge entre elles et l'Eglise qu'elles ont abandonnée. Or, quelle est la femme de village, quel est l'artisan, qui puisse dire, sans une ridicule et scandaleuse présomption : Je vais examiner si l'ancienne Eglise a bien ou mal interprété le texte des Ecritures. Voilà néanmoins le point essentiel de la séparation de toute branche d'avec l'ancienne tige. Tout ignorant qui sent son ignorance doit avoir horreur de commencer par cet acte de présomption. Il cherche une autorité qui le dispense de faire cet acte présomptueux et cet examen dont il est incapable. Toutes les nouvelles sectes, suivant leur principe fondamental, lui crient : Lisez, raisonnez, décidez. La seule ancienne Eglise lui dit : Ne raisonnez, ne décidez point; contentez-vous d'être docile et humble : Dieu m'a promis son esprit pour vous préserver de l'erreur. Qui voulez-vous que cet ignorant suive, ou ceux qui lui demandent l'impossible, ou ceux qui lui promettent ce qui convient à son impuissance et à la bonté de Dieu?... L'homme ignorant n'a besoin ni de livre ni de raisonnement pour trouver la vraie Eglise : les yeux fermés, il sait avec certitude que toutes celles qui veulent le faire juge sont fausses et qu'il n'y a que celle qui lui dit de croire humblement qui puisse être la véritable. Au lieu des livres et des raisonnements, il n'a besoin que de son impuissance et de la bonté de Dieu pour rejeter une flatteuse séduction et pour demeurer dans une humble docilité. Il ne lui faut que son ignorance bien sensée pour décider. Cette ignorance se tourne pour lui en science infaillible.

» D'un autre côté, les savants mêmes ont un besoin infini d'être humiliés et de sentir leur incapacité. A force de raisonner, ils sont encore plus dans le doute que les ignorants; ils disputent sans fin entre eux, et ils s'entêtent des opinions les plus absurdes. Ils ont donc autant besoin que le peuple le plus simple, d'une autorité suprême qui rabaisse leur présomption, qui corrige leurs préjugés, qui termine leurs disputes, qui fixe leurs incertitudes, qui les accorde entre eux, et qui les réunisse avec la multitude. Cette autorité supérieure à tout raisonnement, où la trouverons-nous? Elle ne peut être dans aucune des sectes qui ne se forment qu'en faisant raisonner les hommes, et qu'en les faisant juges de l'Ecriture au-dessus de l'Eglise. Elle ne peut donc se trouver que dans cette ancienne Eglise qu'on nomme catholique. Qu'y a-t-il de plus simple, de plus court, de plus proportionné à la faiblesse de l'esprit du peuple, qu'une décision pour laquelle chacun n'a besoin que de sentir son ignorance, et que de ne vouloir pas tenter l'impossible? Rejetez une discussion visiblement impossible et une présomption ridicule, vous voilà catholique (*Œuvres de Fénelon*, t. I, p. 418-421). »

Par ces écrits de Fénelon, comme par ceux de Bossuet, on voit que, dans la pensée de ces deux hommes, la grande preuve de la vraie religion et de la vraie Eglise, c'est son existence perpétuelle et visible sur la terre, c'est sa présence réelle à travers les siècles et au milieu des peuples : la seule existence, la seule histoire de l'Eglise catholique décide toutes les questions. Et cette preuve de la religion chrétienne, et cette autorité de l'Eglise catholique, bien loin de s'affaiblir avec le temps, s'accroît au contraire avec les jours, les années et les siècles. Il y a quinze siècles déjà, saint Augustin disait aux manichéens : « Ce qui me retient dans l'Eglise catholique, c'est le consentement des peuples et des nations; c'est l'autorité commencée par les miracles, nourrie par l'espérance, accrue par la charité, affermie par l'ancienneté. Ce qui m'y retient c'est la succession continue des Pontifes, depuis l'apôtre saint Pierre, à qui le Seigneur, après sa résurrection, a recommandé de paître ses brebis, jusqu'à l'évêque qui occupe actuellement le Siége. Ce qui m'y retient, c'est le nom même de catholique, que l'Eglise seule a toujours conservé, avec beaucoup de raison, parmi un si grand nombre d'hérésies qui se sont soulevées contre elle. » Les manichéens avaient beau en appeler à l'Evangile en faveur de Manès, saint Augustin leur répondait : Pour moi, je ne croirais point à l'Evangile, si l'autorité de l'Eglise catholique ne me le persuadait. Mais si je m'en rapporte à elle, quand elle me dit : Croyez-en l'Evangile, pourquoi ne m'en rapporterais-je pas à elle, quand elle me dit : « N'en croyez pas les manichéens ? » Ce que saint Augustin, dès le IVe siècle, répondait aux sectateurs de Manès, le fidèle catholique, dans les siècles subséquents, pouvait le répondre, avec toujours plus de raison, aux sectateurs de Mahomet, de Photius, de Wiclef, de Luther, de Calvin, de Jansénius : et c'est pour montrer, à la suite de saint Epiphane, de saint Ambroise, de saint Jérôme, de saint Augustin, de Bossuet et de Fénelon, que la sainte Eglise catholique est non-seulement le commencement, le principe, mais le milieu et la fin de toutes choses, que rien ne saurait lui être comparé en ce monde et que son existence seule lui mérite une croyance entière : c'est pour montrer cela que nous avons entrepris ce travail, que nous l'avons continué jusqu'à ce jour, avec l'aide de Dieu et pour sa gloire. A Dieu la louange de ce qui s'y trouve de bon, à nous la confusion de ce qui s'y trouve de mauvais !

Fénelon fit encore d'autres écrits qui parurent ramener le duc d'Orléans des doutes de l'incrédulité et le raffermir dans la foi de ses pères, dans la foi de saint Louis, notamment le *Traité de l'existence de Dieu*, en deux parties : la première, *Démonstration de l'existence de Dieu, tirée du spectacle de la nature et de la connaissance de l'homme* ; la seconde, *Démonstration de l'existence et des attributs de Dieu, tirée des idées intellectuelles*.

Comme le Juif Spinosa, dans son panthéisme, confondait les premiers principes de la raison naturelle, et qu'il trouvait des imitateurs dans les sceptiques et les athées, Bossuet et Fénelon se virent obligés de remonter à la source même de ces premiers principes de la raison humaine. L'un et l'autre ils distinguent entre la raison individuelle et la raison commune. D'un côté, Bossuet déplore hautement la faiblesse et l'insuffisance de la raison individuelle, quand il dit : « Notre raison incertaine ne sait à quoi s'attacher ni à quoi se prendre ; si elle se contente de suivre les sens, elle n'aperçoit que l'écorce ; si elle s'engage plus avant, sa propre subtilité la confond. Les plus doctes ne sont-ils pas contraints de demeurer court ? Ou ils évitent les difficultés, ou ils dissimulent et font bonne mine, ou ils succombent visiblement sous le faix. Que ferai-je ?..... A peine crois-je voir ce que je vois et tenir ce que je tiens, tant j'ai trouvé souvent ma raison fautive (*Sermon sur la Toussaint*, t. XI, p. 60) ! » Et d'un autre côté, à cette raison si fautive il donne, en d'autres termes, le sens commun pour règle suprême, quand il dit : « L'homme juge adroitement, lorsque, sentant ses jugements variables de leur nature, il leur donne pour règle ces vérités éternelles que tout entendement aperçoit toujours les mêmes, par lesquelles tout entendement est réglé, et qui sont quelque chose de Dieu, ou plutôt Dieu lui-même (*Connaissance de Dieu et de soi-même*, t. XXXIV, p. 283). » Fénelon proclame les mêmes vérités, quand il dit : « Voilà donc deux raisons que je trouve en moi ; l'une est moi-même, l'autre est au-dessus de moi. Celle qui est moi est très-imparfaite, fautive, incertaine, prévenue, précipitée, sujette à s'égarer, changeante, opiniâtre, ignorante et bornée ; enfin elle ne possède rien que d'emprunt ; l'autre est commune à tous les hommes et supérieure à eux : elle est parfaite, éternelle, immuable, prête à se communiquer en tous lieux et à redresser tous les esprits qui se trompent : enfin incapable d'être ni épuisée ni partagée, quoiqu'elle se donne à tous ceux qui la veulent. Où est cette raison commune et supérieure tout ensemble à toutes les raisons bornées et imparfaites du genre humain ? Où est cette *vive lumière qui illumine tout homme venant en ce monde* ? Où est-elle ? Il faut qu'elle soit quelque chose de réel ; car le néant ne peut être parfait ni perfectionner les natures imparfaites. Où est-elle, cette raison suprême ? n'est-elle pas le Dieu que je cherche (*Traité de l'existence de Dieu*, t. II, p. 93) ? » Nous avons vu également Descartes reconnaître les premiers principes, les notions communes, au-dessus de tout doute et de tout examen. Nous avons vu la même chose dans le grave Tertullien. Après avoir prouvé aux païens, par le langage commun de tout le monde, l'unité d'un Dieu créateur du ciel et de la terre, la nécessité de lui rendre un culte, l'immortalité de l'âme, les peines et les récompenses futures, l'existence des bons et des mauvais anges, il dit dans son traité *De Testimonio animæ* : « Ces témoignages de l'âme sont d'autant plus vrais qu'ils sont plus simples, d'autant plus simples qu'ils sont plus vulgaires, d'autant plus vulgaires qu'ils sont plus communs, d'autant plus communs qu'ils sont plus naturels, d'autant plus naturels qu'ils sont plus divins, car l'âme a été enseignée par la nature, et la nature par Dieu même. »

Nous avons vu la même chose dans les philosophes païens, tels que Platon, Aristote, Héraclite. Le premier, dans presque tous les dialogues où il fait parler son maître Socrate, ramène tout à ce grand principe, que la vérité et la justice ne sont pas une chose arbitraire, changeante, mais quelque chose d'éternel, d'immuable, ayant son type dans l'entendement de Dieu. C'est ce qu'on appelle les idées de Platon. En voici l'ensemble. Dieu a fait le monde suivant le modèle qui est dans son intelligence, dans son Verbe : modèle, exemplaire, idée parfaite, éternelle, toujours la même. Toutes choses y sont d'une manière plus vraie et plus réelle qu'en elles-mêmes. Là, elles sont intelligibles, éternelles, immuables comme Dieu ; ici, elles sont imparfaites, temporelles, continuellement variables. L'homme ne connaît donc parfaitement la vérité qu'à mesure que son intelligence communique avec l'intelligence divine, et qu'elle y contemple les types éternels de toutes choses. La connaissance expérimentale des créatures dans leur existence propre ne produit qu'une science de second ordre, parce que cette existence n'a par elle-même rien de fixe ni de stable, mais qu'elle est dans un changement continuel. Suivant Platon, la science humaine est à la science divine ce que le temps est à l'éternité. Celle-ci existe à la fois tout entière; celui-là tâche de l'imiter en se succédant continuellement à lui-même. L'intelligence divine rayonne de l'éternité dans le temps : de là ces irradiations qui se trouvent toujours et partout les mêmes, et qui, incorporées en la parole, forment le sens commun, le fond divin de la raison humaine.

Pour ce qui est d'Aristote, disciple de Platon, Cicéron observe que Platon et Aristote, l'académie et le lycée, ne diffèrent que de nom, et que la doctrine est la même. Par exemple, pour ce qui est de l'homme, Aristote le définit un animal raisonnable; Platon, une âme se servant du corps et lui commandant. La manière d'envisager l'homme est différente. Dans les idées de Platon, c'est une intelligence animant un corps; dans les idées d'Aristote, c'est un corps animé par une intelligence. La définition est au fond la même; seulement, pour y arriver, l'un part d'en haut, l'autre d'en bas. Il leur est arrivé de même pour toutes les connaissances humaines. Platon reporte l'origine de nos connaissances jusqu'en Dieu, dont l'intelligence contient les types intelligibles, éternels, de tous les êtres; types plus vrais et plus réels que les êtres eux-mêmes. Nos intelligences ne participent à cette vérité essentielle des choses que par une irradiation de l'intelligence divine, lumière qui éclaire tout homme venant en ce monde. Cette illumination commune et supérieure constitue la raison commune de l'humanité, le sens commun. C'est de là que Platon et Socrate prennent leurs arguments pour réfuter les sophistes, les pousser à l'absurde, les mettre en contradiction avec eux-mêmes. Aristote part de ce que nous avons de commun avec les animaux, c'est-à-dire des sens. Dans l'homme, ces sens, en percevant les objets matériels, en envoient les formes immatérielles à l'âme raisonnable, qui se les assimile : plusieurs de ces sensations spiritualisées produisent une expérience; plusieurs expériences produisent dans l'intelligence ou l'esprit des formules générales ou premiers principes que tout le monde croit et connaît. C'est de là que, pour réfuter les mêmes sophistes, Aristote tire la base et la règle du raisonnement, la base et la règle de toutes les sciences. Partis des deux extrémités opposées, Platon et Aristote se rejoignent dans le sens commun pour combattre les mêmes ennemis. Aussi Plutarque et Simplicius ont-ils remarqué une grande ressemblance entre les *formes* d'Aristote et les *idées* de Platon. « Aristote, dit le premier, conserve les notions universelles ou les idées sur lesquelles ont été modelés les ouvrages de la Divinité, avec cette différence seulement que, dans la réalité, il ne les a point séparées de la matière (Plut., *De placit. phil.*, l. 1, c. 10). »

Quant à Héraclite, voici comme il parle, au rapport de Sextus Empiricus : « La raison commune et divine, dont la participation constitue la raison individuelle, est le critérium de la vérité. Ce qui est cru universellement est certain, car cette croyance est empruntée à la raison commune et divine; et, par le motif contraire, toute opinion individuelle est dépourvue de certitude. Toutes les fois donc, conclut-il, que nous empruntons à la mémoire commune, nous possédons la vérité, et quand nous n'interrogeons que notre raison individuelle, nous tombons dans l'erreur. »

Fénelon résume en quelque sorte tout cela dans le passage suivant de son *Traité de l'existence de Dieu* : « Mais qu'est-ce que le sens commun ? ne sont-ce pas les premières notions que tous les hommes ont également des mêmes choses? Ce sens commun, qui est toujours et partout le même, qui prévient tout examen, qui rend l'examen même de certaines questions ridicule, qui fait que malgré soi on rit au lieu d'examiner, qui réduit l'homme à ne pouvoir douter, quelque effort qu'il fasse pour se mettre dans un vrai doute ; ce sens, qui est celui de tout homme; ce sens, qui n'attend que d'être consulté, mais qui se montre au premier coup d'œil et qui découvre aussitôt l'évidence ou l'absurdité de la question, n'est-ce pas ce que j'appelle mes idées? Les voilà donc, ces idées ou notions générales que je ne puis ni contredire ni examiner, suivant lesquelles, au contraire, j'examine et je décide tout, en sorte que je ris au lieu de répondre, toutes les fois qu'on me propose ce qui est clairement opposé à ce que ces idées immuables me représentent (II<sup>e</sup> partie, n. 33). »

A Bossuet et à Fénelon, il faut joindre leur contemporain et émule, DANIEL HUET, évêque d'Avranches, né à Caen l'année 1630, mort à Paris en 1721. A quatorze ans, il acheva son cours de belles-lettres, étudia la philosophie chez les Jésuites et devint en peu de temps géomètre, mathématicien, théologien, antiquaire et poète. Il prit du goût pour la philosophie dans les *Principes* de Descartes, et pour l'érudition dans la *Géographie sacrée* de son compatriote Bochart, ministre huguenot à Caen. Il accompagna ce dernier en Suède, l'an 1652, où Christine lui fit l'accueil dont elle honorait les savants les plus distingués. De retour dans sa patrie, il institua une académie de physique dont il fut le chef. En 1670, Bossuet ayant été nommé précepteur du Dauphin, Huet fut choisi pour sous-précepteur et forma le plan des éditions classiques *ad usum Delphini*, qu'il dirigea en partie. En 1678, il fut nommé à l'abbaye d'Aunai, où il a composé la plupart de ses ouvrages, et, en 1685, à l'évêché de Soissons, qu'il permuta pour celui d'Avranches. Il s'en démit vers l'an 1700, se retira chez les Jésuites de la maison professe, à Paris, auxquels il légua sa bibliothèque. Là, pendant vingt ans, il partagea ses jours entre la prière et l'étude, pour laquelle il conserva jusqu'à la fin de sa vie la même passion. Ses principaux ouvrages sont : 1° *Censure de la philosophie cartésienne*, où il critique la philosophie de Descartes, non telle que Descartes l'explique dans les *Réponses* que nous avons vues, mais telle que les cartésiens l'entendaient au détriment de l'érudition historique. 2° *Traité de la faiblesse de l'esprit humain*. Comme nous avons vu encore, Descartes reconnaît à tous les hommes la certitude des premiers principes et de leurs principales conséquences; mais il admet le doute ou l'incertitude dans les conclusions ultérieures qui forment la science proprement dite : enfin il proclame l'incompétence de la raison naturelle quant aux vérités religieuses et surnaturelles, qui sont l'objet de la foi divine. Pour le fond, Huet ne dit pas autre chose dans son *Traité de la faiblesse de l'esprit humain*. Cet opuscule est le résumé français de la première partie de l'ouvrage latin qui suit. 3° *Questions Alnetanes sur l'accord de la raison et de la foi*, dont le premier livre contient la loi de cet accord; le second, le parallèle des dogmes du christianisme et du paganisme; le troisième, le parallèle de leur morale. Pour amener cet accord, Huet définit la raison : *La faculté de notre esprit, par laquelle il s'efforce de connaître le vrai, soit par le raisonnement, soit par la simple perception;* et la foi : « un don de Dieu, qui fait que Dieu ayant éclairé notre intelligence par une lumière céleste et excité notre volonté par son inspiration, nous acquiesçons aux choses qu'il nous propose à croire. Si donc la raison ne se sent pas assez ferme pour percevoir la vérité; si elle reconnaît au contraire que la foi est certaine, constante, lumineuse, elle-même conviendra d'avoir été déçue par les lueurs d'une lumière subobscure, se mettra spontanément sous l'obéissance et la conduite de la foi, et se réglera sur ses maximes (Huet, *Alnetanæ quæstiones. Præfat.*). » La raison humaine et la foi divine ainsi conciliées d'après leur nature même, dans la première partie de l'ouvrage, Huet montre dans les deux autres que la foi n'enseigne rien, ni pour le dogme ni pour la morale, dont on ne trouve l'équivalent ou le semblable chez les plus nobles représentants de la raison humaine, les poètes et les philosophes.

Cet ouvrage est le complément d'un autre, *Démonstration évangélique*. Huet y procède par définitions et axiomes, comme un livre de géométrie, et démontre les propositions suivantes : Les livres du Nouveau et de l'Ancien Testament ont été écrits dans les temps auxquels on les rapporte, et par ceux à qui on les attribue. Donc, toute l'histoire de Jésus de Nazareth a été prédite dans l'Ancien Testament, longtemps avant qu'elle eût été accomplie de nouveau. Donc ces livres sont vrais : donc Jésus est le Messie : donc la religion chrétienne est la véritable.

Dans cet ouvrage de Huet, nous regardons comme un trait de génie que, pour démontrer l'authenticité des saints livres, il commence par ceux du Nouveau Testament, dont la démonstration est plus facile et renferme implicitement celle de l'Ancien Testament. Dans ce qu'il dit sur le Pentateuque, il s'est donné le tort de soutenir une chose fort contestable, savoir, que la personne et l'histoire de Moïse se retrouvent dans tous les personnages de la mythologie païenne. La plupart des ouvrages de Huet sont en latin, mais un latin élégant et classique. Le style est l'image de l'auteur, qui était à la fois très-savant et très-aimable.

Comme nous entrons dans une époque où les idées les plus simples et les plus communes ont été méconnues, niées, confondues par les sceptiques, les athées, les matérialistes, les idéalistes et autres sectaires en philosophie ou en religion, nous avons cru, avec les représentants les plus illustres de la raison humaine, devoir découvrir la base, les premiers fondements de cette raison, afin de marcher avec plus de sécurité à travers ces temps de confusion et d'inintelligence.

Quant aux divers systèmes philosophiques sur la certitude, si on nous demande lequel nous adoptons finalement, nous dirons : Finalement, pas un, mais tous. Voici comment et pourquoi. L'homme, intelligence incarnée, est à la fois esprit et corps : il n'est pas corps seul ni esprit seul, mais l'un et l'autre : il ne l'est point isolément, mais avec ses semblables. Pour donc bien connaître la raison humaine, il faut considérer l'homme total et complet : non dans son corps seul, non dans son esprit seul, non dans son individu seul, non dans la société seule, mais dans le tout ensemble; car l'homme est à la fois tout cela. Si de plus il est chrétien, si par la foi divine son esprit et son cœur sont élevés à un ordre de choses au-dessus de la nature, il ne faut pas confondre l'homme et le chrétien, il ne faut pas méconnaître l'homme pour le chrétien, ni le chrétien pour l'homme. Or, les systèmes de philosophie les plus connus de nos jours, et depuis deux siècles, pèchent tous contre ce que nous venons de dire. Le sensualisme ne voit dans l'homme que les sens, le corps, l'animal : l'idéalisme n'y voit que les idées, l'esprit, sans relation avec l'univers sensible : le rationalisme n'y voit que la raison de l'individu, sans relation avec celle de ses semblables : le système exclusif de la raison générale ne voit que la société et méconnaît l'individu : le système exclusif de la foi divine ne voit que le chrétien et méconnaît l'homme. Chaque système est faux en ce qu'il exclut les autres : tous sont vrais dès qu'ils viennent à s'embrasser et à s'unir.

Et, chose remarquable ! tous ces systèmes s'embrassent et s'unissent dans la personne du Christ. Comme Dieu, le Christ a créé tout l'homme, non pas son corps seul, non pas son âme seule, mais l'un et l'autre. Il ne l'a pas fait pour demeurer seul, mais pour être en société. Il l'a fait à son image, à l'image de Dieu. Or Dieu, quoique un et unique, n'est pas seul : il est une société de trois personnes, dont la seconde, par une ineffable tradition, procède de la première, et la troisième de la première et de la seconde. *Le Christ est cette sagesse éternelle qui se joue dans l'univers, et fait ses délices d'être avec les enfants des hommes* (Proverbes, 8, 31); *qui va cherchant ceux qui sont dignes d'elle, qui se montre à eux avec hilarité au milieu des chemins et dans toutes sortes de rencontres* (Ibid., 6, 17); *qui, parmi les nations, se communique aux âmes saintes et y établit des amis de Dieu et des prophètes* (Ibid., 7, 27). *Il est cette lumière véritable qui éclaire tout homme venant en ce monde* (Joan., 1, 9). Et cette Lumière, et cette Sagesse, et ce Verbe-Dieu s'est fait homme : il a pris un corps et une âme, non pas un corps illusoire, mais un corps réel; non pas une âme différente de la nôtre, mais une pareille. Il unit à jamais, dans l'unité de sa personne divine, et l'humanité et la divinité, et le corps et l'âme, sans que jamais cependant l'âme se confonde avec le corps, ni la divinité avec l'humanité. Et avec cela, il dit de l'ordre surnaturel de la grâce et de la gloire : *Personne ne peut venir à moi, si mon Père ne l'attire* (Ibid., 6, 44).

Lors donc que la philosophie des sens nous dit que les sens du corps nous donnent la certitude, elle a raison; car celui qui est la Vérité même nous a donné les sens corporels, il les a pris lui-même en se faisant homme, et nous a dit : *Palpez et voyez* (Luc., 24, 39). Et lorsque la philosophie de l'esprit dit que les idées nous de l'intelligence nous donnent la certitude, elle a raison; car *c'est la Vérité même* (Joan., 14, 6) qui nous a donné une âme intelligente et qui l'a prise elle-même. Cependant, comme notre âme n'est pas Dieu, mais seulement faite à son image, nous ne voyons pas, comme Dieu, la vérité en elle-même, la vérité absolue; nous en voyons seulement une image, mais une image vraie, puisqu'elle vient de Dieu. Et lorsque la philosophie de la raison individuelle nous dit que l'individu complet et développé peut avoir la certitude, elle a raison; car *la lumière véritable éclaire tout homme venant en ce monde* (Joan., 1, 9). Et lorsque la philosophie de la raison générale nous dit que la vérité, que la certitude se trouve dans la raison commune de l'humanité, elle a raison; car la lumière véritable éclaire non pas seulement tel ou tel homme, mais tout homme venant en ce monde; et il est plus facile de distinguer en tous que dans un seul ce qui vient de cette irradiation commune et divine, d'avec ce qui vient d'ailleurs. Et lorsque la philosophie de la foi nous dit que la vérité, que la certitude se trouve dans les Ecritures des prophètes et des apôtres, elle a raison; car c'est la Sagesse éternelle qui a inspiré ces amis de Dieu. Et quand cette même philosophie nous assure que la certitude ne se trouve que dans la foi chrétienne, elle a raison pour l'ordre surnaturel de la grâce et de la gloire. Mais comme, dans le Christ, la divinité ne détruit point l'humanité, pas même les cicatrices du corps : ainsi, dans le chrétien, la foi divine ne détruit point la raison humaine, pas même dans ses moindres lueurs; mais au contraire elle l'élève, le perfectionne, et lui communique quelque chose de son caractère divin.

Une secte contribua surtout à cette confusion des idées qui règne dans les esprits et les livres depuis deux siècles, une secte surtout prépara la voie aux athées, aux matérialistes, aux sceptiques : ce sont les jansénistes. Nous l'avons déjà vu, nous le voyons encore par les cent et une propositions que le pape Clément XI condamna au mois de septembre 1713, par sa constitution apostolique qui commence par ces mots : *Unigenitus Dei Filius*. Ces cent et une propositions sont tirées des *Réflexions morales* du janséniste Quesnel, que déjà nous avons appris à connaître. Elles peuvent se réduire à douze erreurs capitales, auxquelles la constitution apostolique oppose autant de vérités.

1° D'abord la constitution enseigne que nul commandement de Dieu n'est impossible, et elle condamne ceux qui soutiennent que les préceptes divins sont toujours impossibles, lorsqu'on ne les accomplit point. C'est le sens des cinq premières propositions de Quesnel, qui supposent ainsi que Dieu exige de nous l'impossible, et nous punira pour ne l'avoir pas fait, ce qui est supposer un dieu cruel, dont les athées ont raison de nier l'existence.

2° La constitution enseigne qu'on résiste quelquefois à la grâce, et condamne ceux qui enseignent qu'on n'y résiste jamais. Voyez les vingt-quatre propositions, et n'oubliez point cette sentence de saint Etienne : *Vous résistez toujours au Saint-Esprit;* seule elle suffit pour réfuter les vingt-quatre. La constitution enseigne après Jésus-Christ, qu'*il est venu pour sauver ce qui avait péri*, et elle condamne ceux qui restreignent le bienfait de la rédemption aux seuls élus, comme font les propositions 30, 31, 32 et 33. Elle définit que la grâce est nécessaire et gratuite, et elle condamne ceux qui, en attaquant ces vérités, renouvellent le pélagianisme pour l'état de nature entière, comme font les propositions 34, 35, 36 et 37. Elle enseigne que le libre arbitre existe dans l'état de nature tombée, et condamne ceux qui le nient, comme dans les propositions 38, 39, 40, 41, 42 et 43. En un mot, la constitution confirme la condamnation des cinq propositions jansénistes, qui nient le libre arbitre de l'homme, et préparent la voie aux matérialistes et aux fatalistes.

3° Elle enseigne qu'il y a des actes bons, qui ne sont pas de charité, ni faits par le motif de charité, et elle condamne ceux qui soutiennent le contraire, parce que tout ce que Dieu commande est bon; or, Dieu commande d'autres actes que la charité. Donc ces actes sont bons. Par ce principe, la constitution condamne les vingt-quatre propositions suivantes, depuis 44 jusqu'à 67 inclusivement, qui supposent que Dieu peut commander des actes qui ne soient pas bons, mais mauvais; ce qui est applaudir l'enfer dans ses plus horribles blasphèmes.

4° Elle enseigne après Jésus-Christ que, pour parvenir à la vie, il faut garder les commandements, que par conséquent il y a encore d'autres moyens de salut que la foi et les prières; et elle condamne ceux qui réduisent tous les moyens de salut à ces deux, comme fait la proposition 68, qui provoque ainsi le fanatisme et l'illusion.

5° Elle enseigne que la première grâce est gratuite; que si nous les méritions, elle ne serait pas une grâce; que la gloire est cependant une *couronne de justice*, comme étant due aux mérites; et elle condamne l'erreur qui enseigne que la première grâce et la gloire sont également gratuites, comme fait la proposition 69, qui suppose que l'homme, n'étant pas libre, ne mérite pas plus qu'un automate.

6° Elle enseigne, d'après les Ecritures et la Tradition, que Dieu nous afflige quelquefois pour nous éprouver, et elle condamne l'erreur qui enseigne que Dieu n'afflige jamais que pour punir ou purifier le pécheur, comme l'enseigne la proposition 70, d'où l'impie pourra conclure que, si la sainte Vierge, le patriarche Job et tant de martyrs ont souffert plus que d'autres, c'est qu'ils étaient plus grands pécheurs.

7° Suivant cette parole de Jésus-Christ : *Si donc quelqu'un détruit un seul des moindres commandements et enseigne ainsi les hommes, il sera appelé le moindre dans le royaume des cieux :* la constitution enseigne que l'homme ne peut pas se dispenser d'observer les commandements de Dieu; et elle rejette l'erreur qui enseigne que chacun, pour sa conversion, peut s'en dispenser. C'est l'erreur de la proposition 71, qui ouvre la porte à tous les relâchements, même à l'anarchie, et condamne implicitement la conduite des saints et des martyrs qui, pour rester fidèles à la loi de Dieu en toutes choses, ont perdu leurs biens et leur vie dans d'effroyables tourments.

8° Elle enseigne, comme Jésus-Christ en plusieurs endroits de l'Evangile, que dans l'Eglise, les méchants sont mêlés avec les bons, et elle rejette l'erreur qui enseigne qu'il n'y a dans l'Eglise que les bons et les justes. C'est ce que soutiennent les propositions 72, 73, 74, 75, 76, 77 et 78. Comme la justice intérieure est une chose invisible, c'est supposer l'Eglise pareillement invisible, et détruire par-là même toute hiérarchie, toute subordination.

9º Comme la religion a été établie de vive voix, et avant que les Ecritures eussent été faites, la constitution enseigne que la lecture de l'Ecriture sainte en langue vulgaire n'est pas nécessaire à tout homme pour le salut; et elle condamne l'erreur contraire exprimée dans les propositions 79, 80, 81, 82, 83, 84, 85, 86, lesquelles sont autant d'outrages envers l'Eglise de Dieu, qui enseigne et pratique le contraire.

10º Elle enseigne que, encore que conformément à la pratique de toute l'Eglise reçue en tout temps, il faille différer la réconciliation ou l'absolution à certains pécheurs, il y en a d'autres cependant que l'on doit absoudre aussitôt et avant la satisfaction. Elle enseigne que tous les pécheurs non excommuniés doivent assister au sacrifice de la messe; et elle proscrit l'erreur opposée, contenue dans les propositions 87, 88 et 89, qui blâment le père de famille de ce qu'il reçoit si promptement l'enfant prodigue et lui fait rendre aussitôt la robe première; qui blâment même Jésus-Christ, disant au larron pénitent : *Aujourd'hui, vous serez avec moi dans le paradis*.

11º Elle enseigne que Jésus-Christ, en donnant aux apôtres et à leurs successeurs le pouvoir de délier, leur a donné aussi le pouvoir d'excommunier, et que, comme l'excommunication prive de beaucoup de biens, elle est toujours à craindre; en conséquence, elle condamne l'erreur contraire, contenue dans les propositions 90, 91, 92 et 93, lesquelles, supposant chaque individu juge si la sentence qui le frappe est juste ou non, énervent et rendent méprisable l'autorité de l'Eglise, et autorisent chaque mauvais sujet à se moquer d'elle.

12º Elle croit enfin, Jésus-Christ ayant promis d'assister toujours son Eglise, que son administration est toujours sainte, comme étant dirigée par le Saint-Esprit; et elle condamne ceux qui la décrient et l'outragent, comme font les propositions 94, 95, 96, 97, 98, 99, 100 et 101, lesquelles enseignent que l'Eglise, devenue vieille et décrépite, ne connaît plus la vérité, que même elle la persécute; d'où il reste à conclure avec les impies, que Jésus-Christ, n'ayant pas tenu sa promesse d'être avec son Eglise tous les jours jusqu'à la consommation des siècles, non-seulement n'est point Dieu, mais pas même un homme de parole; et que finalement Dieu, s'il existe, ne se mêle point des choses de ce monde, et que tout y va au hasard.

Telles sont les erreurs capitales que le pape Clément XI condamne, et les vérités capitales qu'il y oppose, dans sa constitution *Unigenitus*.

Tous les évêques, dans les différentes parties de la catholicité, regardèrent cette constitution comme une décision de l'Eglise universelle, de laquelle il n'était point permis d'appeler. Avant que la constitution eût paru, Quesnel avait dit, dans sa *Tradition de l'Eglise romaine*, que *le silence des autres églises, quand il n'y aurait rien de plus, doit tenir lieu d'un consentement général, lequel, joint au jugement du Saint-Siége, forme une décision qu'il n'est pas permis de ne pas suivre*. Il avait dit ailleurs : *On assure que la bulle a été reçue partout. Mais qu'ils en donnent des preuves; et, pour leur épargner une partie de la peine, on les dispense du soin d'en faire venir des attestations d'Asie et d'Amérique. Pourvu qu'ils nous en donnent de toutes les églises d'Europe, on les tiendra quittes du reste.* Tel était le défi de Quesnel. Il fut bientôt accepté. On pria les évêques étrangers d'expliquer hautement leurs sentiments par rapport à la bulle. Aussitôt les prélats des plus grands sièges envoyèrent des témoignages de leur adhésion à ce jugement, et de leur éloignement pour l'appel. En Italie, le patriarche de Venise et les archevêques de Bologne, de Gênes, de Milan, de Ravenne, de Florence, de Pise, de Sienne, de Naples, de Bénévent, de Palerme, de Messine et de Cagliari attestèrent que la constitution était reçue partout dans leurs métropoles et chez leurs suffragants. En Allemagne, les trois archevêques-électeurs, l'archevêque de Saltzbourg et celui de Prague, les évêques de Bâle, de Liége, d'Hildesheim, de Ratisbonne, de Spire, de Wurtzbourg, de Paderborn, d'Osnabruck et de Munster assurèrent qu'elle était connue et observée dans leurs diocèses. Le cardinal de Saxe, archevêque de Strigonie et primat de Hongrie, manda que dans ce royaume il n'y avait pas de réfractaires. En Pologne, les archevêques de Gnésen et de Léopol, et les évêques de Cracovie, de Posen et de Lucko, adhéraient à ce jugement. Les archevêques de Raguse, de Zara et de Spalatro en Dalmatie certifièrent qu'eux et leurs suffragants le révéraient. En Espagne, les inquisiteurs, les archevêques de Sarragosse, de Burgos, de Grenade, de Tolède et de Séville, et les évêques d'Avila, de Ségovie, de Siguenza, de Taraçone et de Badajoz, s'empressèrent de montrer la conformité de leurs sentiments avec ceux de tant d'évêques. Le cardinal d'Acunha, grand inquisiteur de Portugal, et le patriarche occidental de Lisbonne, rendirent compte des dispositions des évêques de ce pays. Elles étaient les mêmes qu'en Espagne. Les évêques de Sion et de Lausanne s'exprimèrent contre l'appel dans les termes les plus forts. En Piémont, le vicaire général du Saint-Office, l'évêque de Mondovi, et différents particuliers, apprirent qu'on n'y avait pas d'autre manière de penser. L'évêque accepta la bulle dans son synode. Trois évêques, qui exerçaient les fonctions de vicaires apostoliques en Angleterre, envoyèrent leurs assurances d'adhésion. Les évêques des Pays-Bas n'avaient pas attendu, pour se déclarer, qu'on le leur demandât. Placés dans des contrées où était née la nouvelle doctrine, et où elle avait aussi ses partisans, ils avaient aussi à lutter contre l'erreur. Dès 1714, les évêques de Namur, de Gand, de Ruremonde, d'Anvers et de Tournai, et les grands-vicaires de Malines, de Bruges et d'Ypres, dont les sièges étaient vacants, avaient donné des mandements pour faire publier et recevoir la constitution. Le 17 octobre 1718, M. d'Alsace de Bossu, devenu archevêque de Malines, publia une lettre pastorale, où il déclarait ne point reconnaître les opposants comme de vrais enfants de l'Eglise, mais des rebelles, avec qui il ne voulait plus conserver aucun lien. Le 23 novembre suivant, le même prélat, cinq autres évêques, et le vicaire apostolique de Bois-le-Duc, écrivirent au Pape pour l'assurer de leur soumission. Les Facultés de théologie de Douai, de Louvain et de Cologne, les Universités de Pont-à-Mousson et de Conimbre, donnèrent sur ce point les déclarations les plus précises (Picot, *Mémoires pour servir à l'hist. ecclés.*, année 1718).

## § VII.

*Premiers germes d'une dissolution politique et d'une dissolution religieuse en France. — Fénelon meurt en combattant l'une et l'autre. Belzunce les combat à sa manière. — La régénération de la France, préparée par l'abbé de Rancé et l'abbé de La Salle.*

La France, fille aînée de la sainte Eglise romaine, s'est laissé infatuer par quelques serviteurs de la maison, jusqu'à vouloir, en 1682, régenter sa mère, lui prescrire leurs idées pour règle de conduite, et la menacer de leurs bras si elle n'obtempère : elle, cette mère vénérable, qui seule, entre toutes les églises, a reçu de Jésus-Christ, pour elle et pour les églises qui lui demeurent unies, les promesses de vie, de fécondité et de jeunesse éternelle, la promesse que jamais les portes de l'enfer ne prévaudront contre elle, la promesse que lui-même, son époux, est avec elle tous les jours jusqu'à la consommation des siècles, la promesse que le Saint-Esprit demeurera avec elle éternellement! Vouloir régenter sa mère d'après le conseil des serviteurs, c'est d'une vierge folle, qui mérite d'être punie : l'Eglise de France le sera par sa témérité même. Nous avons vu un fils de Noé, pour s'être raillé de son père, condamné à être l'esclave des esclaves : nous voyons la France, pour une faute pareille, devenir l'esclave des serviteurs, qui l'asserviront à leurs caprices, la traîneront devant leurs tribunaux, dans les cachots, dans les bagnes, et finiront par la mettre en pièces; et il faudra que sa mère vienne recueillir ses membres épars et les ressusciter à une vie nouvelle.

Cette révolution de la nation française commence en 1714. Nous avons vu, sur les années 806 et 817, dans les chartes constitutionnelles et testamentaires de Charlemagne et de Louis le Débonnaire, consenties et jurées par les Etats généraux des Francs, et confirmées par le chef de l'Eglise universelle, que les fils d'un roi français ne succédaient point de droit à leur père, ni par ordre de primogéniture, mais qu'il dépendait du peuple d'en choisir un; qu'un roi oppresseur ou tyran, bien loin d'être au-dessus des lois divines, comme chez les serviles Grecs, était justiciable devant l'assemblée générale des Francs; que les enfants illégitimes d'un roi n'étaient pas même éligibles au trône, mais simplement recommandés à la miséricorde du roi élu. Aussi Châteaubriand dit-il sur l'avénement de la seconde race : « Traiter d'usurpation l'avénement de Pepin à la couronne, c'est un de ces vieux mensonges historiques qui deviennent des vérités à force d'être redits. Il n'y a point d'usurpation là où la monarchie est élective, on l'a déjà remarqué; c'est l'hérédité qui, dans ce cas, est une usurpation. *Pepin fut élu de l'avis et du consentement de tous les Francs :* ce sont les paroles du premier continuateur de Frédégaire. Le pape Zacharie, consulté par Pepin, eut raison de répondre : *Il me paraît bon et utile que celui-là soit roi qui, sans en avoir le nom, en a la puissance, de préférence à celui qui, portant le nom de roi, n'en garde pas l'autorité* (édit. Didot, t. I, p. 438). » Et sur l'avénement de la troisième race : « Il faut dire de la royauté de Hugues Capet ce que j'ai dit de celle de Pepin : il n'y eut point usurpation parce qu'il y avait élection; la légitimité était un dogme inconnu... Mais dans la personne de Hugues Capet s'opère une révolution importante; la monarchie élective devint héréditaire... le sacre usurpa le droit d'élection. Les six premiers rois de la troisième race firent sacrer leurs fils aînés de leur vivant. Cette élection religieuse remplaça l'élection politique, affermit le droit de primogéniture, et fixa la couronne dans la maison de Hugues Capet. Philippe-Auguste se crut assez puissant pour n'avoir pas besoin, durant sa vie, de présenter au sacre son fils Louis VIII; mais Louis VIII près de mourir, s'alarma, parce qu'il laissait en bas âge son fils Louis IX, qui n'était pas sacré; il lui fit prêter serment par les seigneurs et les évêques : non content de cela, il écrivit une lettre à ses sujets, les invitant à reconnaître pour roi son fils aîné. Tant de précautions font voir que deux cent trente-neuf ans n'avaient pas suffi à la confirmation de l'hérédité absolue, et de l'ordre de primogéniture dans la monarchie capétienne. Le souvenir même du droit d'élection se perpétuait dans une formule de sacre; on demandait au peuple présent s'il consentait à recevoir le nouveau souverain (*Ibid.*, p. 450 et 451). » Nous avons vu l'apostat Cranmer, premier archevêque anglican de Cantorbéry, être le premier à supprimer cette part électorale du peuple au sacre d'Edouard VI.

En France, les Bourbons suppriment les Etats généraux, auxquels le parlement de Paris cherche à se substituer avec les autres parlements ou cours judiciaires des provinces. Les derniers Etats généraux sont du 17 octobre 1614. Le dernier vote des communes aux Etats de 1614, fut celui-ci : « Le roi est supplié d'ordonner que les seigneurs soient tenus d'affranchir dans leurs fiefs tous les serfs. » Louis XIV, devenu majeur, entra au parlement avec un fouet, sceptre et symbole de la monarchie absolue, et les Français furent mis à l'attache pour cent cinquante ans. Le grand roi, dans la démence de son orgueil, osa imposer en pompe à la France, comme monarques légitimes, ses bâtards adultérins légitimés (Châteaubriand, t. I, p. 606, 607 et 608). L'édit est du 29 juillet 1714. Ce fut le commencement d'une réaction, qui continue encore de nos jours, pour revenir plus ou moins aux chartes constitutionnelles de Charlemagne et de Louis le Débonnaire. Comme les Bourbons avaient supprimé ou interrompu le moyen naturel et régulier des Etats généraux, ce retour à l'ancien ordre de choses dut rencontrer et briser bien des obstacles.

Louis XIV étant mort le 1er septembre 1715, le parlement de Paris cassa son testament et déclara le duc d'Orléans régent du royaume : un édit de 1717 ôta aux princes légitimés la qualité de princes du sang. Philippe d'Orléans, neveu et gendre de Louis XIV, prit pour les rênes de l'empire. Son précepteur, l'abbé Dubois, fut son digne ministre : la corruption du règne de Henri III reparut. A cette vieille corruption de mœurs se mêla cette corruption nouvelle qui s'opère par des révolutions subites des fortunes, et que nous devons au moderne système de finances. La dette de l'Etat était de deux milliards soixante-deux millions, quatre milliards et plus de notre monnaie actuelle. Le duc de Saint-Simon proposa la banqueroute sanctionnée par les Etats généraux, lesquels seraient appelés à la sanction de ce vol : le régent ne voulut ni de la banqueroute ni du retour des Etats. On refondit les monnaies; on raya trois cent trente-sept millions de créances vicieuses : l'écossais Law se chargea d'éteindre le reste de la dette au moyen de sa banque, qui ne fut composée d'abord que de douze cents actions de trois mille francs chacune. Law est parmi nous le fondateur du crédit public et de la ruine publique. Son système ingénieux et savant n'offrait, en dernier résultat, comme tout capital fictif, qu'un jeu où l'on venait perdre son or et sa terre contre du papier. Après la mort du régent, 1723, le duc de Bourbon, premier ministre, marie Louis XV à la fille de Stanislas Lekzinski, roi détrôné de Pologne, espèce d'augure pour la postérité de cette reine. L'abbé de Fleury, évêque de Fréjus, précepteur du roi, devient premier ministre après le duc de Bourbon et reçoit le chapeau de cardinal : ce vieux prêtre rendit des forces à la France épuisée, en la laissant se rétablir d'elle-même à l'aide de son tempérament robuste (Châteaubr., t. I, p. 611, etc.).

Louis XIV mourut d'une manière fort chrétienne. Encore le 10 août 1715, il se tint debout pendant toute l'audience de congé qu'il donna à un ambassadeur de Perse. On ne le déclara malade que le lendemain. Le 25 août, il se réveilla sur les sept heures du soir, avec un pouls fort mauvais et une absence d'esprit qui effraya les médecins. Elle ne dura qu'un quart-d'heure; mais lui-même y reconnut aussitôt les symptômes de la mort qui s'approchait; il agit dès lors et donna ordre à tout comme un homme qui n'a plus que peu d'heures à vivre, conservant une fermeté et une présence d'esprit inaltérables. Avant huit heures, il reçut le saint viatique des mains du cardinal de Rohan, grand-aumônier de France; puis il ajouta de sa main un codicille à son testament. Il appela tour à tour auprès de lui et hors de portée d'être entendus par les assistants, le maréchal de Villeroi, gouverneur du Dauphin; le duc d'Orléans, désigné régent du royaume; le duc du Maine et le comte de Toulouse, ses fils naturels : chacun à son tour se retira de cet entretien les larmes aux yeux.

Après leur départ, les chirurgiens qui le pansèrent remarquèrent des taches de gangrène à ses jambes. Lorsqu'ils le pansèrent de nouveau, le 26 au matin, ils reconnurent que cette gangrène avait fait des progrès et qu'elle arrivait jusqu'à l'os. A midi, Louis se fit amener le Dauphin dans sa chambre, par la duchesse de Ventadour, sa gouvernante. C'était son arrière-petit-fils, Louis XV, qui n'avait pas encore cinq ans accomplis. « Mon enfant, lui dit-il, vous allez être un grand roi, mais tout votre bonheur dépendra d'être soumis à Dieu, et du soin que vous aurez de soulager vos peuples, ce que je suis assez malheureux pour n'avoir pu faire : ne m'imitez pas dans le goût que j'ai eu pour les bâtiments, ni dans celui que j'ai eu pour la guerre; c'est la ruine des peuples : j'ai souvent entrepris la guerre trop légèrement, et l'ai soutenue par vanité. » Il l'embrassa et lui donna sa bénédiction. Après la messe, il fit approcher de son lit tous ses officiers, et, leur parlant à haute voix, il les remercia de leurs services, leur recommanda de servir le Dauphin avec la même affection, et d'obéir à son neveu, qui allait gouverner le royaume. « J'espère, dit-il en finissant, que vous ferez tous votre devoir, et que vous vous souviendrez quelquefois de moi. » Le reste de ses heures fut employé à des exercices de religion avec madame de Maintenon et avec le Père Le Tellier, son confesseur. Il s'affaiblissait cependant, la gangrène gagnait. Le 30 au soir, il tomba dans un assoupissement continuel, et n'eut presque plus de connaissance. Pendant la journée du 31, on l'entendit encore, à dix heures du soir, joindre sa voix à celle des prêtres qui disaient sur lui les prières des agonisants; la nuit suivante, il fut insensible, et le dimanche, 1er septembre, à huit heures et un quart du matin, il rendit l'âme, sans aucun effort, comme une bougie qui s'éteint. Il s'en fallait de quatre jours seulement qu'il eût accompli 77 ans. Il en avait régné 72.

Mais si la France voyait poindre dès lors les germes d'une dissolution politique, elle en voyait aussi d'une dissolution religieuse. Et parmi les docteurs, et parmi les évêques, c'est une grande confusion et opposition d'idées sur la soumission qu'on doit aux décrets dogmatiques de l'Eglise et de son chef. En 1703, quarante docteurs de Sorbonne déclarent qu'il suffit d'un silence respectueux, et que la soumission de l'esprit et du cœur n'est pas nécessaire. Par un bref du 12 février, Clément XI proscrit la décision des quarante docteurs. Un grand nombre d'évêques donnèrent des mandements dans le sens du Pape. La Faculté de théologie de Paris, qui eût dû se montrer la première, ne prit que le 4 septembre 1704 une délibération pour censurer la déclaration des quarante, et exclure de son sein ceux qui ne voudraient pas se soumettre. Le 15 juillet 1705, Clément XI, à la demande des rois de France et d'Espagne, et de plusieurs évêques, publie la constitution *Vineam Sabaoth*, où il confirme de nouveau les bulles d'Innocent X et d'Alexandre VII contre l'hérésie janséniste. Venant à ceux qui prétendaient qu'il n'était pas nécessaire de condamner intérieurement comme hérétique le sens du livre de Jansénius, mais qu'il suffisait de garder en cela un silence respectueux, le Pape s'exprime ainsi : « Sous le voile de cette trompeuse doctrine, on ne quitte point l'erreur, on ne fait que la cacher; on couvre la plaie, au lieu de la guérir; on n'obéit pas à l'Eglise, mais on s'en joue. Bien plus, quelques-uns n'ont pas craint d'assurer que l'on peut souscrire licitement le formulaire, quoiqu'on ne juge pas intérieurement que le livre de Jansénius contienne une doctrine hérétique : comme s'il était permis de tromper l'Eglise par un serment, et de dire ce qu'elle dit sans penser ce qu'elle pense. » Enfin le Pape déclare qu'on ne satisfait point, par le silence respectueux, à l'obéissance due aux constitutions apostoliques, et que l'on doit condamner comme hérétique et rejeter de cœur le sens du livre de Jansénius, qui a été condamné dans les cinq propositions, et que leurs propres termes présentent d'abord. La constitution de Clément XI fut reçue avec respect, soumission et unanimité, dans l'assemblée du clergé d'août 1705, présidée par Noailles, archevêque de Paris, et sur le rapport de Colbert, archevêque de Rouen. Le 1er septembre, elle fut reçue de même en Sorbonne et enregistrée au parlement. Les évêques du royaume donnèrent successivement leurs mandements pour la faire publier. Il n'y eut que l'évêque de Saint-Pons qui se distingua de ses collègues, et qui donna un mandement pour la justification du silence respectueux. Mais Noailles, président de l'assemblée du clergé, avait avancé une erreur dans son discours, en assurant que l'Eglise ne prétendait pas être infaillible dans la décision des faits même dogmatiques, qui ne sont pas révélés ; et le rapporteur Colbert, sans aucune nécessité ni prétexte, avait établi des maximes qui paraissaient faire entendre que les évêques jugeaient les jugements des Papes, et non simplement avec eux. Plusieurs évêques, dans leurs mandements, insinuaient avec affectation des maximes semblables et même que les constitutions apostoliques n'obligeaient qu'après l'acceptation solennelle, et non-seulement tacite, des pasteurs. Par un bref du 15 janvier 1706, le Pape se montra fort peu satisfait de tels procédés. En conséquence, douze archevêques et évêques lui adressèrent, le 10 mai 1710, une explication des endroits du procès-verbal de l'assemblée qui avaient donné lieu aux plaintes. Le cardinal de Noailles, qui devait d'abord signer aussi cette pièce, mais qui le refusa ensuite, consentit enfin, après beaucoup de délais, à écrire au Pape, d'après un modèle convenu. Ce ne fut que le 29 juin 1711 qu'il envoya son explication (Picot, *Mém. sur les années correspondantes*).

Le 13 juillet 1708, décret de Clément XI, portant condamnation des *Réflexions morales sur le Nouveau Testament*, du janséniste Quesnel, *comme conformes à la version condamnée par Clément IX, le 20 avril 1668, et comme contenant des notes et des réflexions qui, à la vérité, ont l'apparence de la piété, mais qui conduisent artificieusement à l'éteindre, et qui offrent fréquemment une doctrine et des propositions séditieuses, téméraires, pernicieuses, erronées, déjà condamnées, et sentant manifestement l'hérésie janséniste*. C'est ainsi que s'énonçait le souverain Pontife dans le décret qui condamnait au feu les *Réflexions morales*. Elles avaient été censurées dès le 15 octobre 1703, par M. de Colongue, évêque d'Apt. L'archevêque de Besançon et l'évêque de Nevers les avaient proscrites en 1707. Le Pape se joignit donc à eux en 1708. Le 15 juillet 1710, ordonnance et instruction pastorale des évêques de Luçon et de la Rochelle, portant condamnation des *Réflexions morales*. MM. de Lescure et de Champflour avaient concerté entre eux cette ordonnance. Elle était divisée en deux parties, dont la première et la plus importante était destinée à faire voir que les cinq propositions se trouvaient clairement dans Jansénius, et étaient toutes renouvelées par Quesnel. Le cardinal de Noailles, qui était entouré de jansénistes et qui, dans l'origine, avait approuvé les *Réflexions morales*, fit renvoyer du séminaire de Saint-Sulpice deux neveux des deux évêques. Ceux-ci écrivirent au roi pour se plaindre, et dirent que dans presque tous les temps les évêques des villes impériales avaient protégé l'erreur. Le cardinal fut blessé d'autant plus vivement de ce reproche, qu'il le méritait. Le 28 avril 1711, il publia une ordonnance contre l'instruction pastorale des deux évêques. Il s'élevait aussi contre M. de Malisolles, évêque de Gap, qui venait de condamner le livre de Quesnel. D'un autre côté, Hébert, évêque d'Agen, et Thomassin, évêque de Sisteron, paraissaient penser comme le cardinal. Ainsi les juges mêmes de la foi semblaient divisés, et leur désunion n'annonçait rien que de funeste à l'Eglise. Cependant on négocia un accommodement qui ne réussit point. Le cardinal de Noailles ne put se résoudre à abandonner un livre qu'il avait couvert d'éloges. Il paraît pourtant qu'il hésitait quelquefois. On a de lui une lettre imprimée, à l'évêque d'Agen, lettre que lui-même envoya à Rome vers ce temps, et dans laquelle il disait : « Non, je n'ai pas balancé de dire à tous ceux qui ont voulu l'entendre, qu'on ne me verrait jamais ni mettre ni souffrir la division dans l'Eglise pour un livre dont la religion peut se passer. Si Notre Saint-Père le Pape juge à propos de censurer celui-ci dans les formes, je recevrai sa constitution et sa censure avec tout le respect possible, et je serai le premier à donner l'exemple d'une parfaite soumission d'esprit et de cœur. » Une promesse si précise fit penser que, dès que le Pape aurait parlé, on verrait tous les sentiments se réunir au sien. Le cardinal de la Trémoille, chargé des affaires de France auprès du Saint-Siège, eut donc ordre de demander une constitution sur le livre de Quesnel, et de la demander telle qu'on ne pût pas prétexter la forme pour ne pas recevoir le fond. En même temps le roi, par un arrêt du 11 novembre 1711, défendit le débit et la réimpression des *Réflexions morales*. On aurait désiré que le cardinal de Noailles profitât de cette ouverture pour révoquer son approbation. Il ne put s'y résoudre. Il ne voulut voir, dans tout ce qui se faisait contre le livre, qu'un complot contre lui-même, où il faisait entrer jusqu'à Fénelon. Les Jésuites étaient aussi l'objet de sa méfiance. Il les voyait partout et les accusait de tout. Il les dénonça au roi, et particulièrement le Père Le Tellier, confesseur du prince. Il les dénonça également au Pape, et retira ses pouvoirs à la plupart d'entre eux.

Le 8 septembre 1713, fête de la Nativité de la sainte Vierge, Clément XI donne la constitution *Unigenitus*, dont nous avons déjà vu la substance. Le Pape avait nommé, en février 1712, une congrégation particulière de cinq cardinaux et de onze théologiens pour l'examen du livre de Quesnel. On leur en avait distribué des exemplaires, et les examinateurs s'assemblaient tous les mercredis. Au mois d'août suivant, ils eurent ordre de tenir deux séances par semaine. En janvier 1713, les qualificateurs commencèrent à s'assembler au Saint-Office. Le Pape était très-exact à ces séances, qui se tenaient deux fois la semaine, et qui furent terminées le 2 août. Alors le Saint-Père ordonna des prières dans Rome, implora lui-même le secours du ciel, consulta plusieurs cardinaux et évêques, communiqua, comme on en était convenu, le préambule et le dispositif au cardinal de la Trémoille ; supprima, à sa prière, quelques clauses qui auraient pu éprouver des contradictions en France, et donna enfin sa constitution, après dix-huit mois de travail et d'examen.

Le 23 janvier 1714, quarante évêques assemblés à Paris reçoivent la constitution *Unigenitus*. La bulle étant arrivée en France, le roi la communiqua aussitôt aux évêques, et ordonna une convocation de ceux qui se trouvaient à Paris. L'ouverture de l'assemblée fut fixée au 16 octobre 1713, sous la présidence du cardinal de Noailles. Dès le 28 septembre, il avait donné un mandement pour condamner le livre de Quesnel, en marquant que c'était pour tenir sa parole. Cependant, à la première séance, le 16 octobre, où se trouvèrent vingt-neuf évêques, il prononça un discours où il chercha à justifier son approbation de 1695. De son côté, Quesnel adressa aux évêques des mémoires en sa faveur. L'année précédente, il avait dit, dans une explication apologétique de ses sentiments : « Je soumets très-sincèrement et mes *Réflexions sur le Nouveau Testament*, et toutes les explications que j'y ai apportées, au jugement de la sainte Eglise catholique, apostolique et romaine, dont je serai jusqu'au dernier soupir un fils très-soumis et très-obéissant. » Ce même homme, ce fils soumis et obéissant osa dire, en 1713, que la bulle *renversait la foi de fond en comble* ; qu'elle *frappait d'un seul coup cent et une vérités* ; et que *l'accepter, ce serait réaliser la prophétie de Daniel, lorsqu'il dit qu'une partie des forts est tombée comme les étoiles du ciel*. En même temps il faisait circuler différents écrits contre la bulle. Pour les réfuter, l'assemblée convint de dresser une *Instruction pastorale*, où l'on montrerait les vices de l'ouvrage. Le 23 janvier 1714, sur le rapport des six commissaires, quarante évêques de l'assemblée reçurent la constitution apostolique avec respect et soumission, condamnant les livres et les propositions de la même manière que le Pape ; et, le 1er février, ils approuvèrent l'*Instruction pastorale*. Le 14 février, le roi donna des lettres patentes pour la publication de la bulle, qui fut enregistrée au parlement, puis reçue en Sorbonne le 5 mars. Plus de soixante-dix évêques, qui étaient dans les provinces, se joignirent aux quarante de l'assemblée du clergé, et publièrent la bulle et l'instruction. La constitution se trouva donc acceptée dans plus de cent dix diocèses. Toutes les Universités et toutes les Facultés de théologie du royaume suivirent l'exemple de la Sorbonne ; comme tous les parlements, celui du parlement de la capitale. La cause était ainsi terminée de toutes manières. Il n'y avait que quatorze évêques formellement opposés à la constitution apostolique, encore la plupart d'entre eux avaient-ils publié des mandements contre le livre de Quesnel ; à leur tête se trouvait le cardinal de Noailles, qui, malgré les ménagements qu'on avait eus pour lui, s'était séparé de ses collègues. Le Pape condamna le mandement du cardinal, ainsi que ceux qui avaient été donnés à Tours, à Châlons, à Bayonne, à Boulogne, à Metz et à Mirepoix ; et le roi les supprima par arrêt de son conseil. Clément XI écrivit à ce prince pour le remercier de son zèle. Il le priait de le seconder pour ramener les opposants à l'unité ; mais dans le même temps commencèrent de longues négociations qui n'aboutirent à rien, et que le cardinal fit traîner jusqu'à la mort du roi, en 1715.

Sous la régence, le cardinal de Noailles reparut à la cour et fut fait président d'un conseil de conscience pour les affaires ecclésiastiques. On encouragea les réfractaires à s'élever contre la constitution. Le 4 janvier 1716, la Faculté de théologie de Paris déclare qu'elle ne l'a point acceptée. Le 1er mars 1717, quatre évêques appellent de la constitution *Unigenitus* au futur concile : c'était la Broue de Mirepoix, Soanen de Senez, Colbert de Montpellier, de l'Angle de Boulogne. Dans le courant du même mois, la Faculté de théologie et celle des arts adhèrent à l'appel des quatre évêques. Des curés, des chanoines, des religieux, des religieuses, des laïques même suivirent cet exemple. Le cardinal de Noailles encourageait ces actes. Son officialité était ouverte aux appelants. Bientôt le cardinal ne se borne plus à les favoriser. Dès le 13 mars, il avait réuni chez lui cinq évêques, qui, pour avoir accepté en 1714, n'en étaient pas moins attachés à ses intérêts ; ils convinrent de suspendre, dans leurs diocèses, l'effet de l'acceptation de la bulle. Le 3 avril, il fit inscrire son appel sur les registres de son secrétariat, mais il ne le rendit pas encore public. Peu après, plusieurs évêques se joignirent à lui, les uns publiquement, les autres en secret. Il s'en trouva en tout seize qui firent cette démarche : seize, contre plus de cent évêques en France et contre tous ceux des pays étrangers.

En septembre 1717, le Pape écrit au cardinal de Noailles un bref plein de tendresse : pour toute reconnaissance, le cardinal répand son acte d'appel qui jusque-là était demeuré secret. Son chapitre y adhère. Le Pape, après avoir essayé de toutes les voies de conciliation, ne crut pas devoir ménager davantage des gens intraitables ; et, le 19 février 1718, il condamne les actes schismatiques d'appel des quatre évêques, du cardinal, et des Facultés de Paris, de Reims et de Nantes. Le 28 août de la même année, Clément XI adressé à tous les fidèles ses lettres commençant par ces mots : *Pastoralis Officii*. Après avoir rendu compte de ses efforts et de sa condescendance pour ramener les opiniâtres, et de l'opposition qu'avaient rencontrée ses vues pacifiques, il avertissait de ne plus regarder ceux qui ne se soumettaient pas à la constitution, comme de véritables enfants de l'Eglise, mais comme des désobéissants, des contumaces et des réfractaires. « Puisqu'ils se sont éloignés de nous et de l'Eglise romaine, disait-il, sinon par des paroles expresses, au moins certainement par des faits et des marques multipliées d'obstination et d'endurcissement, ils doivent être tenus pour séparés de notre charité et de celle de l'Eglise romaine, et il ne doit point y avoir dorénavant de communion entre eux et nous. » Les évêques de France jugèrent comme le Pape. Sans citer les lettres *Pastoralis*, ils donnèrent un grand nombre de mandements, où ils ordonnaient de se soumettre à la bulle *Unigenitus*, « comme à un jugement dogmatique de l'Eglise universelle, dont tout appel était nul, frivole, illusoire, téméraire, scandaleux, injurieux au Saint-Siège et au corps épiscopal, contraire à l'autorité de l'Eglise, schismatique, et tendant à renouveler et à fomenter des erreurs condamnées. » D'une autre part, l'erreur et le schisme devenaient toujours plus audacieux. Le 17 septembre, le cardinal de Noailles signa un appel des lettres apostoliques *Pastoralis Officii*. Ses collègues appelants suivirent son exemple. On vit encore se renouveler les scènes de l'année précédente. Le chapitre de la cathédrale de Paris, plusieurs curés, des communautés entières, la Sorbonne surtout, appelèrent à la suite des évêques schismatiques. Le parlement de Paris reçut le procureur général appelant comme d'abus de la bulle. Plusieurs autres parlements de province firent de même, et allèrent jusqu'à supprimer les mandements des évêques catholiques contre l'appel. En 1719, le parlement de Paris condamna au feu des lettres de M. de Mailly, archevêque de Reims, et de M. Languet, évêque de Soissons.

Le 13 mars 1720, corps de doctrine approuvé à Paris par trente évêques et accommodement conclu en conséquence. Les évêques qui avaient déjà accepté la constitution approuvèrent cet écrit par une lettre qui y fut jointe, et reconnurent qu'il était conforme aux principes de l'intruction pastorale de l'assemblée de 1714. Dans l'acte d'acceptation, on condamnait les *Réflexions morales* et les cent une propositions, avec les mêmes qualifications que la bulle : on condamnait aussi les livres et libelles faits contre elle. Vingt-huit évêques signèrent la lettre. Le cardinal de Noailles et l'évêque de Bayonne, quoiqu'ils ne la signassent pas, étaient cependant de l'accommodement. Mais le premier prétendait avoir ses raisons pour ne pas se déclarer encore. Il consentit seulement à envoyer, le 14 mars, au régent, un acte d'acceptation de la bulle et d'approbation du corps de doctrine, mais à condition qu'après l'avoir montré aux évêques, on le lui renverrait, et on eut la complaisance de consentir à cette marche oblique. Le 14 août, déclaration du roi pour autoriser le corps de doctrine et l'accommodement. Vers la fin de novembre, le cardinal de Noailles finit par publier son acceptation de la bulle ; mais les quatre évêques de Senez, de Montpellier, de Boulogne et de Mirepoix renouvelèrent leur appel.

Le 24 mars 1722, Innocent XIII, successeur de Clément XI, adressa deux brefs au roi de France et au régent. Il y disait que son prédécesseur avait blâmé l'accommodement de 1720 et n'avait pas cru qu'il y eût d'autre voie de conciliation qu'une obéissance, non équivoque et feinte, mais franche et sincère. Il se plaignait qu'on n'eût pu déterminer les opposants à révoquer leur appel, s'expliquait avec force contre une lettre qui lui avait été écrite par sept évêques jansénistes. Ces schismatiques avaient conçu quelques espérances du changement de souverain Pontife. Dans leur lettre, Clément XI et la constitution étaient traités de la manière la plus outrageante. « L'Église romaine, était-il dit en parlant de la bulle, voudrait-elle approuver un jugement si irrégulier, que Rome païenne n'eût pu le souffrir ? » Telle était l'insolence de ces prélats réfractaires, fauteurs aveugles d'une hérésie qui faisait de Dieu un tyran cruel, et de l'homme une brute, une machine. Leur lettre fut condamnée par un décret du Saint-Office. Innocent XIII disait dans ses brefs au roi et au régent, que confier des brebis à de tels pasteurs, c'était les perdre plutôt que donner des gardiens. Enfin, pour répondre aux allégations du parti, il déclarait que la constitution *Unigenitus* ne condamne que des erreurs et n'attaque ni les sentiments des Pères ni les opinions des écoles. Le régent fit imprimer les brefs au Louvre. Le conseil du roi condamna la lettre des sept évêques comme téméraire, séditieuse et injurieuse au sacerdoce et à l'empire.

Le 29 mai 1724, le cardinal Orsini est élu pape sous le nom de Benoît XIII, avec l'approbation générale, et les appelants français sont les premiers à y applaudir. Le cardinal de Noailles écrivit au nouveau pontife pour l'en féliciter. Benoît XIII, dans sa réponse, le pressait de rendre la paix à l'Église. Cette lettre en attira une autre du cardinal, qui mandait, le premier octobre, au Saint-Père, qu'il acceptait la constitution de la même manière, dans le même sens et dans le même esprit que Sa Sainteté. On commençait à mieux augurer de ses dispositions, et le Pape lui montrait beaucoup de bienveillance. Les opposants se flattaient quelquefois que Benoît XIII ne leur était pas contraire. On le savait attaché à l'école de saint Thomas, derrière laquelle ils aimaient à se retrancher. Il donna effectivement, le 6 novembre, un bref en faveur de la doctrine de cette école, et l'année suivante il publia une bulle tendant au même but. Mais en même temps il fit rendre, par le général des Dominicains, un décret pour exclure de cet ordre ceux qui ne voudraient pas se soumettre à la constitution de Clément XI. Le charme se rompait peu à peu. Plusieurs corps, qui avaient été entraînés par un moment de vertige, revenaient sur des démarches trop peu réfléchies. La maison et société de Sorbonne venait de prendre une délibération pour recevoir la bulle de 1713 et obliger tous les candidats à la faire. Les Facultés de théologie de Reims, de Nantes et de Poitiers prenaient la même résolution. Desmarets, évêque de Saint-Malo, qui avait appelé en 1717, accepta purement et simplement, fit accepter ses prêtres en synode et écrivit au Pape pour lui annoncer son entière soumission. Quelques particuliers suivirent ce bon exemple.

L'an 1725, l'excellent pape Benoît XIII, comme nous l'avons vu déjà, tint à Rome un concile de tous les évêques qui dépendaient spécialement de sa métropole, et y prescrivit l'observation de la constitution *Unigenitus* comme règle de foi. Le Saint-Père aurait désiré que ce concile eût encouragé à ouvrir de pareilles assemblées dans toutes les métropoles. A son exemple, il y en eut une en France, mais dans la province d'Avignon, qui dépendait immédiatement du Saint-Siège. Le concile s'ouvrit dans l'église métropolitaine d'Avignon, le 28 octobre de la même année 1725. Les décrets en ont été publiés et roulent sur les devoirs des pasteurs, sur l'observance des fêtes, sur l'administration des sacrements et sur des objets de discipline ecclésiastique. On y condamne quelques abus, et l'on prend des mesures pour les prévenir. Il y a, comme dans le concile romain, un chapitre particulier pour prescrire la soumission à la constitution *Unigenitus*, comme règle de foi. Il y a aussi des règlements pour maintenir la pureté de la foi sur d'autres articles, pour proscrire les mauvais livres et pour préserver les fidèles de la séduction des hétérodoxes. Les décrets sont rendus au nom de l'archevêque métropolitain et sont signés on outre des trois évêques ses suffragants, les évêques de Carpentras, de Cavaillon et de Vaison. Il s'y trouva en outre vingt-trois prêtres et théologiens. La clôture s'en fit le 1er novembre. Benoît XIII en approuva les actes par son bref du 25 février 1728.

Les autres évêques de France eussent bien voulu tenir pareillement des conciles pour remédier aux maux de l'Eglise; mais, en vertu des libertés de l'Eglise gallicane, les ministres du roi, le duc d'Orléans, puis le duc de Bourbon, ne jugèrent point à propos de le leur permettre; plus d'une fois même, ils ne leur permirent pas de tenir leur assemblée ordinaire de chaque année. Celle de 1725 s'occupait de condamner quelques libelles et de censurer quelques propositions jansénistes, lorsqu'elle reçut ordre, le 27 octobre, de terminer ce jour-là même ses séances. Cette nouvelle excita beaucoup de plaintes. Les évêques trouvaient étrange qu'on leur fermât la bouche, tandis que l'impunité était assurée à leurs adversaires. Ils arrêtèrent d'écrire au roi pour lui faire leurs représentations. Dans cette lettre, ils reconnaissaient la bulle *Unigenitus* pour une loi irréfragable de l'Eglise et de l'Etat, et ils annonçaient qu'ils la feraient observer par leurs ecclésiastiques. L'assemblée se sépara ensuite, après une séance extrêmement longue, et avec la douleur de n'avoir pu apporter les remèdes proportionnés aux maux de l'Eglise. Sa lettre déplut au duc de Bourbon, et son mécontentement éclata de la manière la plus marquée. Il envoya le lendemain un secrétaire d'Etat, qui se fit ouvrir d'autorité les archives du clergé, emporta l'original de la lettre et ratura tout le procès-verbal de la séance du 27.

Le duc de Bourbon, qui régentait avec un tuteur impérieux le clergé de France, était gouverné par une marquise adultère qui se prostituait à lui pour régenter par lui le royaume et l'Eglise de France. Il avait succédé au duc d'Orléans, dominé lui-même par tous les vices, dont les amis furent des infâmes, les nuits des orgies de débauche, la régence une époque de dissolution, et qui mourut d'apoplexie entre les bras d'une duchesse adultère. Le duc d'Orléans avait eu pour précepteur Guillaume Dubois, né en 1656, à Brives-la-Gaillarde en Limousin, où son père exerçait la profession d'apothicaire. Sur l'expectative d'une bourse qu'il n'eut jamais, sa famille l'envoya à Paris dès l'âge de douze ans. Abandonné à lui-même, le jeune Dubois se trouva trop heureux d'obtenir la faculté de faire ses études au collège de Saint-Michel, en remplissant auprès du principal les fonctions de domestique. Il entra ensuite comme précepteur chez un marchand, puis chez un président, enfin chez le frère du roi, pour faire l'éducation du duc de Chartres, depuis d'Orléans, sous la régence duquel il devint ambassadeur, conseiller d'Etat, premier ministre, archevêque de Cambrai, cardinal, et enfin, mort le 10 août 1723, avec une si mauvaise renommée, qu'elle paraît plus mauvaise qu'il ne mérite. Par exemple, le duc de Saint-Simon assure, dans ses *Mémoires*, que Dubois s'était marié dans son pays natal, et raconte, avec des détails comiques, de quelle manière il fit détruire les actes de son mariage. Or, voici comme Lemontey, dans son *Histoire de la Régence*, s'exprime sur cet écrivain et son conte : « Il accueille et amplifie, sur parole, des sarcasmes sans vérité,

des bruits fabuleux, de méprisables calomnies. Par exemple, il se condamne à entasser cent absurdités pour prêter quelque vraisemblance à un mariage imaginaire du cardinal Dubois (*Hist. de la Régence*, t. I, p. 3 et 4). » Sévelinges, éditeur des *Mémoires secrets et de la correspondance inédite* de ce cardinal, range également parmi les fables ce que l'on débite sur son mariage ou ses mariages. En effet, dit-il, « à quel âge Dubois, arrivé à Paris presque enfant, et qui y remplit sans interruption des emplois qui ne lui permettaient point de s'éloigner, serait-il allé en Limousin et en Hainaut, contracter des mariages dans toutes les formes légales (*Biographie universelle*, t. XII, art. Dubois)? » Dubois est encore accusé d'avoir vécu dans la débauche et d'en être mort, comme le duc d'Orléans. Or, voici ce que Sévelinges dit à cet égard : « L'auteur de cet article a sous les yeux la copie fidèle d'un tableau qu'il avait fait dresser sous le titre de *Journal de Son Eminence*, pour fixer d'une manière invariable la distribution de ses journées. Ce tableau était suspendu au pied de son lit et au-dessus de la cheminée de son cabinet. On y voit que, dans toutes les saisons, le travail du ministre commençait à cinq heures du matin et ne se terminait qu'à sept heures du soir. Il n'y avait d'interruption que d'une heure à trois, pour le dîner, qui était toujours splendide, quoique le cardinal fût personnellement d'une sobriété extrême (*Ibid.*). » Il mourut à l'âge de soixante-six ans, par l'excès du travail, suivant le témoignage de Lemontey, dont voici les paroles : « Le cardinal Dubois mourut le 10 août 1723, à la suite d'une opération nécessitée par un abcès au col de la vessie. Il avait ressenti les premières atteintes de ce mal en 1716, dans son voyage de Hollande. Dès ce moment, sa vie, qui avait été fort dissolue, devint extrêmement chaste et sobre, et ne fut plus consumée que par l'excès du travail et les angoisses de l'ambition. Telle est la vérité, qu'il ne faut pas chercher dans les libelles du temps (*Hist. de la Régence*, t. II, p. 86, note). » D'après ces témoignages, il est certain que, de 1716 à 1723, la vie du cardinal Dubois fut extrêmement sobre et chaste. Or, c'est en 1720 qu'il reçut la prêtrise et fut sacré archevêque de Cambrai : Tressan, évêque de Nantes, et Massillon, évêque de Clermont, pouvaient donc lui donner en conscience, comme ils firent, une attestation de la pureté de ses mœurs, de sa science ecclésiastique et de ses talents pour le gouvernement; ils pouvaient de même assister à son sacre, qui fut fait dans l'église du Val-de-Grâce, par le cardinal de Rohan, grand-aumônier de France, en présence de toute la cour. Le Pape pouvait donc également, sans déshonneur, nommer cardinal un archevêque dont la vie était extrêmement chaste et sobre, au moins depuis quatre ans avant son entrée dans les ordres sacrés, et dont les désordres antérieurs, s'ils ont eu lieu, étaient demeurés secrets, et tellement secrets, que Fénelon, le vertueux Fénelon, dans une de ses lettres, recommande l'abbé Dubois comme l'un de ses amis intimes. On répète que Dubois reçut le même jour tous les ordres sacrés; mais Picot (*Mélanges de philosophie, d'histoire, de morale et de littérature*, t. VIII, p. 176), fait voir que c'est encore un conte; et que si Dubois différa de recevoir l'extrême-onction dans sa dernière maladie, c'était pour qu'on demandât au cardinal de Rohan les cérémonies particulières qu'on y observait pour les cardinaux.

On accuse le cardinal Dubois d'avoir accepté une pension du roi d'Angleterre, mais il a toujours repoussé cette accusation comme une odieuse calomnie. Sévelinges observe que Dubois avait plus d'intérêt à corrompre les ministres du prince anglais qu'à s'en laisser corrompre. Il ajoute : « Un diplomate profondément instruit, et qui a été longtemps à la tête des affaires étrangères, n'a trouvé aucune trace de cette pension et la regardait comme une fable inventée par les nombreux ennemis du cardinal (*Biogr. univ.*; Lemontey, *Hist. de la Régence*, t. I, p. 426). » Enfin, après avoir été maître absolu de tous les trésors de la France, il ne laissa, en mourant, qu'une simple succession mobilière qui n'égalait pas deux années de son revenu (Lemontey, t. II, p. 98).

Quant à ses qualités d'homme d'État, voici comme Lemontey en parle : « Il est remarquable qu'entre tous nos gouvernements modernes, essentiellement nobles et militaires, mais très-abâtardis par le despotisme, deux hommes seuls avaient alors un caractère ferme, et c'étaient deux prêtres; deux hommes seuls ballotaient les destinées de l'Europe, et c'étaient deux plébéiens de la plus basse origine. Albéroni, fils d'un jardinier, rendit la quadruple alliance nécessaire par ses audacieuses entreprises; et Dubois, fils d'un pharmacien de village, la conçut, et l'emporta par sa constance et sa vivacité. Je doute que la France doive lui en faire un reproche (T. I, p. 142). — Dubois, brusque, pressé, marcha toujours en avant, ne laissa debout aucun obstacle, réussit dans tout ce qu'il entreprit, et ne dut point de succès au hasard; conquit tout, hors la considération; et, par un dernier prodige, accoutuma au joug un maître vain, défiant et spirituel, mille fois plus difficile à dompter que le roi débile ou la femme bornée dont se jouèrent Richelieu et Mazarin (T. II, p. 97). — La France lui doit un système régulier de grandes routes, et la création de pépinières pour les embellir. La première chaussée pavée fut construite de Paris à Reims, pour la cérémonie du sacre, par les ordres du cardinal Dubois (*Ibid.*, p. 286). »

En même temps, il travaillait sérieusement à réunir les esprits dans une même soumission aux jugements de l'Église : la mort ne lui permit point d'achever cet ouvrage. Les jansénistes diminuaient en nombre, mais non en opiniâtreté. Ils avaient perverti un vicaire apostolique de Hollande, puis érigé un archevêché à Utrecht et nommé un archevêque par l'autorité des sept prêtres, qui se disaient chanoines. Ce fut un lieu de refuge pour les jansénistes inquiets de France, parmi lesquels on vit plusieurs Chartreux du couvent de Paris. Leurs grands protecteurs parmi les évêques français, étaient Colbert de Montpellier et Soanen de Senez. Ce dernier surtout approuvait fort leurs innovations schismatiques, et ordonnait volontiers leurs séminaristes sans exiger la signature du formulaire. En 1726, il publia une instruction pastorale en faveur de l'hérésie janséniste et du schisme, où il déclame contre le Pape et les évêques catholiques, et déclare l'Église près du naufrage. Le 16 août 1727, s'assemble le concile d'Embrun, pour en juger. Il était composé de l'archevêque d'Embrun, Pierre de Guérin de Tencin, des évêques de Senez, de Vence, de Glandèves et de Grasse, et du député de celui de Digne, qui était malade et mourut peu après. Il y vint de plus, sur l'invitation du concile même, les évêques des provinces voisines de Vienne, d'Aix, d'Arles, de Lyon et de Besançon. Tout s'y passa suivant les règles. Soanen, ayant récusé son métropolitain sous prétexte qu'il était simoniaque, fut sommé d'en produire les preuves; il ne put en produire aucune, et sortit du concile, après que l'archevêque y eût exposé des preuves du contraire. Une autre fois Soanen se présenta avec deux ecclésiastiques, que le concile refusa d'admettre, parce qu'ils n'étaient pas du diocèse de Senez, mais étrangers, inconnus, qui variaient sur leur nom et ne voulaient pas même exhiber leurs lettres de prêtrise; c'est que de fait ils n'étaient pas prêtres, mais deux diacres jansénistes, envoyés de Paris pour soutenir Soanen dans l'hérésie. Le concile employa pour le ramener et les exhortations amicales, et les monitions canoniques : quelquefois il parut ébranlé; mais les émissaires et les lettres que la secte lui envoyait continuellement l'empêchèrent de se rendre aux salutaires conseils des évêques. Enfin, le 20 septembre, après que le promoteur eût donné ses conclusions, et que l'évêque de Grasse eût fait son rapport, l'instruction pastorale de Soanen fut condamnée comme téméraire, scandaleuse, séditieuse, injurieuse à l'Église, aux évêques et à l'autorité royale, schismatique, pleine d'erreurs et d'un esprit hérétique, et fomentant des hérésies. Il fut ordonné que Soanen demeurerait suspens de tout pouvoir et juridiction épiscopale, et de l'exercice des fonctions de l'ordre épiscopal et sacerdotal. L'abbé de Saléon fut nommé grand-vicaire et administrateur du diocèse de Senez, et chargé d'y faire respecter les lois de l'Église. Cette sentence fut confirmée le lendemain par tous les évêques, qui approuvèrent aussi les décrets déjà portés pour l'observation des constitutions apostoliques. Ces décrets, au nombre de cinq, roulaient sur l'autorité de la bulle *Unigenitus*, sur le crime des opposants, sur la nullité de l'appel, sur l'insuffisance du silence respectueux, sur le soin de n'admettre aux ordres, au ministère ou aux bénéfices que ceux qui se seraient soumis aux bulles : ils furent approuvés des seize évêques. On signifia à Soanen son jugement. Le saint pape Benoît XIII approuva les décisions du concile; trente et un évêques de France écrivirent en sa faveur. Mais Soanen eut pour lui cinquante avocats, quelques libellistes et douze évêques jansénistes, à la tête desquels on vit le nom du cardinal de Noailles, archevêque de Paris. C'est à quoi se réduisaient toutes les forces de la secte janséniste. Encore, cette année-là même, éprouve-t-elle des défections bien considérables.

Le 11 octobre 1728, le cardinal de Noailles donne son mandement d'acceptation pure et simple de la bulle *Unigenitus*. Il y avait longtemps que l'âge et l'intérêt du prélat sollicitaient de lui cette démarche; et il est à croire qu'il l'aurait faite plus tôt si l'on n'avait mis tout en œuvre pour l'en détourner. On voit, par le journal de l'abbé Dorsanne, un de ses grands-vicaires jansénistes, que, dès le mois de janvier 1727, le cardinal et son conseil étaient convenus d'un mandement où il acceptait la bulle et révoquait tout ce qu'il avait fait contre elle. On intrigua beaucoup pour empêcher la publication de ce mandement. On fit écrire au cardinal, par quelques-uns de ses curés, des lettres violentes contre la constitution; et deux de ses confidents, Dorsanne et la Borde, profitèrent de sa faiblesse et de l'ascendant qu'ils avaient sur lui, pour retarder de jour en jour cette démarche. Ils obtinrent même de lui de nouvelles marques d'attachement aux intérêts de leurs amis. Le cardinal consentit à signer les lettres écrites au roi contre le concile d'Embrun, ainsi qu'une opposition remise au procureur général contre l'enregistrement de tous édits en faveur de ce concile. Mais le jour du repentir arriva. Le 19 mai, le prélat rétracta l'opposition dont nous venons de parler, et fit signifier son désistement au procureur général. Le 19 juillet, il écrivit au Pape pour lui annoncer que, averti par son âge, il se conformait aux décisions du Saint-Siège, et acceptait sincèrement la bulle. Enfin, le 11 octobre, il franchit ce pas si difficile. Son mandement portait qu'il acceptait la constitution avec un respect et une soumission très-sincères; qu'il condamnait le livre des *Réflexions morales* avec les mêmes qualifications que le Pape, et qu'il n'était pas permis d'avoir des sentiments contraires à ce qui a été défini par la bulle. En conséquence, il défendait de lire ou de garder, tant les *Réflexions morales* que les autres ouvrages qui avaient paru pour les défendre, et révoquait de cœur et d'esprit son instruction pastorale de 1719, et tout ce qui avait été publié sous son nom de contraire à la présente acceptation. Cette démarche, que tout porte à croire sincère, réjouit les vrais amis de l'Eglise, en même temps qu'elle porta le trouble dans les rangs opposés. Il leur paraissait triste de se voir abandonnés par un prélat qu'ils avaient compté si longtemps au nombre de leurs protecteurs. Ils se vengèrent en publiant des actes émanés, disaient-ils, du cardinal, et dans lesquels on lui faisait assurer qu'il s'en tenait à son appel. Mais Noailles désavoua ces pièces apocryphes dans une circulaire aux évêques de France, et dans une lettre qu'il écrivit au Pape, en lui envoyant son mandement. Le souverain Pontife, parfaitement certain de son changement, l'annonça en consistoire aux cardinaux, par un discours où il en marquait toute sa joie, et leur fit lire les pièces qui le prouvaient. Le cardinal de Noailles mourut l'année suivante, à l'âge de soixante-dix-huit ans; évêque d'un caractère doux, pieux même, et doué de qualités estimables. Trop peu de discernement dans le choix de ceux à qui il accordait sa confiance, et trop de facilité à se laisser prévenir, causèrent tous ses écarts. Sa résistance fit beaucoup de mal à l'Eglise, et sa soumission vint trop tard pour opérer un très-grand bien. On vit pourtant, dans le même temps, des changements heureux. Desmarets, évêque de Saint-Malo, avait déjà rétracté son appel. Hébert et Milon, évêques d'Agen et de Condom, s'étaient aussi soumis. Arbocave et Caumartin, évêques d'Acqs et de Blois, se réunirent à leurs collègues par des déclarations publiques. De la Châtre, évêque d'Agde, dont on avait voulu rendre les sentiments suspects, détruisit ces soupçons dans une lettre pastorale du 16 octobre 1729. De Résai, évêque d'Angoulême, signa, quoique plus tard, une rétractation de son appel. Mais celui dont le retour fut le plus éclatant, fut M. de Tourouvre, évêque de Rhodez, qui n'avait pas appelé, mais que plusieurs démarches faisaient regarder comme favorable aux appelants. Il donna, le 25 septembre 1729, une lettre pastorale pour témoigner son regret de ses démarches, et se soumettre franchement à la bulle. Il écrivit même à Soanen, pour le porter à suivre la même conduite. Ainsi il ne restait plus guère, en 1729, de prélats fort attachés au parti que l'évêque suspens de Senez, et les évêques de Montpellier, d'Auxerre et de Troyes; car les évêques de Metz, de Mâcon, de Tréguier, de Pamiers et de Castres, que l'on croyait ne pas penser comme leurs collègues, s'abstenaient de tout éclat et demeuraient dans le silence. Ce ne sera donc que sur trois ou quatre prélats que roulera désormais la défense d'une secte réduite à n'opposer que ce petit nombre d'évêques au Pape, suivi de tout le corps épiscopal (Picot, *Mémoires*, an 1728).

M. de Vintimille, archevêque d'Aix, succéda, sur le siège de Paris au cardinal de Noailles. Il se trouvait à la tête d'un diocèse que la faiblesse et la prévention de son prédécesseur avaient rempli de prêtres livrés à l'esprit de discorde, et il eut besoin de patience pour supporter les affronts que recevaient tous les jours sous ses yeux l'autorité de l'Eglise et la sienne. Quelques particuliers et quelques corps revinrent à la soumission. Le chapitre de la cathédrale adhéra au mandement de M. de Noailles. Mais en revanche, les autres réfractaires semblaient redoubler d'audace. Vingt-huit curés de Paris écrivirent à M. de Vintimille une lettre où ils se plaignaient indécemment de sa conduite et lui exposaient les craintes qu'ils avaient, disaient-ils, à son sujet. L'archevêque dissimula cette injure et publia, le 29 septembre 1729, son ordonnance et instruction pastorale pour l'acceptation de la bulle *Unigenitus*. Il y assurait les fidèles que la constitution, loin de donner atteinte à la pureté du dogme et de la morale, et de blesser les libertés gallicanes, condamnait au contraire des erreurs capitales. Il montrait les tristes suites de la résistance à cette loi de l'Eglise, la docilité anéantie dans les fidèles, le vicaire de Jésus-Christ calomnié, l'autorité des évêques méconnue, toute subordination détruite, et une foule d'esprits séditieux paraissant semer l'esprit de haine, de révolte et d'indépendance. Mais les exhortations du prélat ne ramenèrent que très-peu de ces gens égarés et qui voulaient l'être. On voit, à la suite du journal de Dorsanne, des échantillons de la licence. « On a affiché l'ordonnance, dit-il, mais le peuple n'a pu la souffrir. Elle a été, en quelques endroits, presqu'aussitôt enlevée que placée, en d'autres déchirée, et presque partout barbouillée d'encre et de boue. » Nous verrons plus tard les fruits naturels de cet esprit révolutionnaire implanté en France par le jansénisme.

Le 8 novembre 1729, conclusion de la Faculté de théologie de Paris en faveur de la bulle. Il y avait quatorze ans que ce corps donnait l'exemple de l'insubordination et de l'amour des nouveautés. Un grand nombre de ses membres souhaitaient de sortir enfin de cet état et de rendre à leur compagnie la paix et l'estime des gens de bien. La présence des agitateurs rendait ce retour difficile. Le roi le facilita en envoyant à la Faculté des ordres pour exclure des assemblées ceux qui avaient appelé depuis la déclaration de 1720, ou qui avaient signé le formulaire avec la distinction proscrite, ou qui avaient adhéré à la cause de Soanen. Cette élimination faite, le syndic assembla la Faculté le 8 novembre. Il représenta qu'il était temps enfin de prendre le parti de la soumission à l'Eglise, et il exhorta les docteurs à nommer des députés chargés de terminer cette affaire. On en choisit douze, à la tête desquels était le docteur Tournély, « non pas, dit la conclusion, pour examiner si la constitution a été reçue, car la Faculté reconnaît l'avoir acceptée, le 5 et le 10 mars 1714, et déclare qu'elle l'accepte encore actuellement, s'il en est besoin, mais pour chercher les moyens de ramener ceux qui s'opposent à un décret qui a force de loi dans toute l'Eglise. » Quarante-huit docteurs exclus, auxquels d'autres se joignirent depuis, protestèrent et tentèrent même de se procurer un appui au parlement, qui n'admit pas leur requête. Le 1er décembre, quatre-vingt-quatorze voix contre seize ratifièrent la conclusion précédente. Le 15, les députés firent leur rapport. Ils dirent qu'après avoir examiné ce dont on les avait chargés, ils s'étaient convaincus que la compagnie avait librement et respectueusement accepté la constitution en 1714; que ce qui avait été fait depuis pour tâcher d'anéantir cette acceptation solennelle méritait d'être enseveli dans un profond silence; que dans ces temps de trouble et de confusion, la doctrine ancienne de la Faculté avait été altérée; qu'on s'était oublié jusqu'à établir de nouveaux dogmes qui détruisaient l'autorité de l'Eglise dispersée, anéantissaient celle du chef de l'Eglise et des premiers pasteurs, accordaient à de simples prêtres le droit de juger des matières de la foi, consacraient les démarches les plus irrégulières et représentaient l'Eglise comme couverte de ténèbres et presque entièrement éteinte. L'avis des commissaires fut donc que la Faculté reconnût et ratifiât les décrets de 1714, qu'elle reçût de nouveau avec respect la constitution comme un jugement dogmatique de l'Eglise universelle, révoquât l'appel et les actes contraires à cette décision, rejetât les opposants au sein et déclarât qu'elle ne recevrait plus que ceux qui auraient donné des marques certaines de leur soumission à la bulle. Tout ce rapport fut adopté et forma la conclusion, qui fut encore confirmée au mois de janvier suivant. Ces actes de la Faculté furent imprimés. Les docteurs qui se trouvaient dans les provinces y adhérèrent comme ceux qui étaient à Paris, et il y en eut en tout sept cent sept, dont trente-neuf évêques, qui souscrivirent ces décrets (Picot, *Mémoires*, an 1729).

Ce retour donnait des espérances, mais d'autres faits de la même année montrèrent que certains Français étaient encore loin d'être revenus de leurs préventions anti romaines. Nous avons vu dans cette Histoire quelles étaient les vertus et les grandes actions du pape saint Grégoire VII; nous les avons vues reconnues et proclamées par les protestants eux-mêmes. Or, le saint pape Benoît XIII ordonna d'insérer l'office de Grégoire VII dans le Bréviaire, comme d'un saint, et fixa la fête au 25 mai : ce qui s'exécuta dès lors dans toute l'Eglise. Mais cela déplut grandement en France aux huissiers, avoués, avocats, conseillers et présidents des parlements de Paris, de Rennes, de Metz, de Toulouse, et peut-être de quelques autres encore. Ils décrétèrent donc que Grégoire VII n'était pas saint, et défendirent d'en réciter l'office et d'en célébrer la fête. Mais ces habiles légistes oublièrent une chose essentielle : ce fut d'envoyer un huissier en paradis, y notifier leur arrêt et en faire déguerpir le susdit Grégoire. Seulement ils eurent la consolation de se voir applaudis par les évêques d'Auxerre, de Montpellier, de Metz, de Troyes, de Castres et de Verdun, qui publièrent des mandements inspirés par le même esprit que les arrêts parlementaires. L'évêque de Troyes était l'indigne neveu de Bossuet. Le saint pape Benoît XIII donna un bref pour annuler les arrêts des parlements, et un autre contre les mandements des évêques jansénistes d'Auxerre, de Montpellier et de Metz. Le parlement de Paris supprima ces brefs du saint Pape. Heureusement pour Grégoire VII et pour tous les bons catholiques, que les clés du ciel sont entre les mains de saint Pierre, et non pas dans celles des huissiers et avocats de Paris.

L'évêque de France qui, dans toute cette affaire, se montra toujours un véritable Père de l'Eglise, c'est Fénelon. Nous avons vu Bossuet fécond, disert pour les prétentions du roi contre les Papes, et presque muet contre l'hérésie contemporaine ; en un mot, nous l'avons vu plus courtisan qu'évêque. Fénelon fut toujours évêque, jamais courtisan. Condamné par le Pape dans un de ses ouvrages, il se soumit humblement à sa condamnation, et fut le défenseur le plus zélé et le plus éloquent du Pape et de l'Eglise contre l'hérésie contemporaine. En Bossuet on trouve quelques phrases, quelques tirades contre le jansénisme, puis des ménagements extrêmes pour les jansénistes, et presque un éloge de l'ouvrage perfide de Quesnel. Fénelon a contre le janséniste sept volumes in-octavo, où il suit et combat l'hérésie dans tous ses retranchements. Il ne dissimule pas, mais signale toute l'étendue du mal au vicaire du Christ, Clément XI, dans un mémoire secret de l'an 1705, dont voici la substance : « Une expérience de soixante-cinq ans démontre qu'il ne faut plus espérer ramener la secte jansénienne par des voies de douceur. Si l'on n'y emploie pas des remèdes vigoureux, il n'y a point de danger que l'Eglise n'ait à craindre. Jamais, dans ses commencements, la secte calviniste n'a eu tant de patrons et de fauteurs. En Belgique, à peine y a-t-il un théologien de quelque nom, si l'on excepte les réguliers, qui n'adhère au dogme janséniste, et à qui on puisse confier sûrement les principaux emplois du diocèse. La plupart des docteurs de Louvain, et même de Douai, rougiraient de se dire partisans d'une autre doctrine que celle qu'ils nomment augustinienne, et qui n'est que la doctrine de Luther et de Calvin, condamnée par le concile de Trente. L'électeur de Bavière, gouverneur des Pays-Bas, penche de ce côté-là. En Hollande, refuge de Quesnel, le clergé est tellement infecté de jansénisme, qu'une partie tend ouvertement au schisme. Quant à l'électeur de Cologne, son principal confident, qui le gouverne à son gré, est entièrement adonné à Quesnel et aux autres chefs de la secte. Le prince de Salm, ancien gouverneur de l'empereur, est un ardent promoteur de la faction jansénienne. Le duc de Médina-Cœli favorise l'introduction des livres jansénistes à Naples : cette doctrine pénètre même en Espagne. A Rome même, le cardinal Casanate passe pour un fauteur de cette nouveauté. En France, le cardinal de Noailles est tellement circonvenu par les chefs de la secte, que depuis dix ans rien ne peut le déprendre de leurs piéges. Il n'écoute, ne voit, n'approuve que ce que lui suggèrent MM. Boileau, ou Duguet, ou le Père de la Tour, supérieur général des Oratoriens, ou M. Lenoir, ou l'abbé Renaudot, ou plusieurs autres, que tout le monde sait infectés de jansénisme. Le cardinal de Coislin, grand-aumônier de France, se conduit avec plus de précaution ; mais, jusqu'à présent, faute de science, il n'a confié l'administration de son diocèse d'Orléans qu'à des jansénistes. Le cardinal Le Camus, encore qu'il se soit bien exprimé sur la question de fait dans une lettre particulière, s'est toujours montré l'ami de la doctrine et de la faction jansénistes. L'une et l'autre sont en grande faveur auprès des archevêques de Reims et de Rouen. A ces chefs se joignent beaucoup d'évêques : par exemple, ceux de Riez, de Saint-Pons, de Montpellier, de Mirepoix, de Châlon-sur-Saône, d'Auxerre, de Châlons-sur-Marne, de Séez, de Nantes, de Rennes, de Tournai, d'Arras. La plupart des autres, incertains et flottants, se précipitent aveuglément de quelque côté que le roi incline. Et cela n'est pas étonnant; ils ne connaissent que le roi, par le bienfait duquel ils ont obtenu dignité, autorité et richesse. Et, dans l'état présent des choses, ils ne voient rien à craindre ni à espérer de la part du Siége apostolique. Ils voient toute la discipline entre les mains du roi, et répètent qu'on ne peut ni décider ni réprouver les dogmes mêmes, si l'on n'a pas pour soi le vent de la cour. Il reste cependant de pieux évêques qui confirmeraient la plupart des autres dans le bon chemin, si la multitude n'était entraînée dans le mauvais parti par les chefs qui sont mal disposés.

» Que dire maintenant des ordres religieux ? Presque tous les Dominicains dépassent les bornes posées dans les congrégations *de Auxiliis*, et conspirent avec les jansénistes pour soutenir la grâce nécessitante. Les Carmes déchaussés soutiennent opiniâtrément la même doctrine. Les Augustins, séduits par le beau nom de leur patron, adhèrent insensiblement à l'Augustin d'Ypres. Les chanoines réguliers de Sainte-Geneviève et des autres réformés sont animés du même esprit. Les Bénédictins de l'une et de l'autre congrégation soutiennent les mêmes doctrines de toute leur force. Les Prémontrés ont été appelés en Belgique, dès le commencement de la controverse, *les jansénistes blancs*, attendu qu'ils défendaient ouvertement le jansénisme. Les Oratoriens de M. de Bérulle, tant par des écrits dogmatiques, comme la théologie de Juénin, que par des thèses dans les écoles, et par la direction des dames de la cour, insinuent les mêmes sentiments. Les plus savants d'entre les Capucins belges suivaient les mêmes étendards, au point que les supérieurs ont été obligés de priver de leurs offices les gardiens et les lecteurs. Il n'en manque pas chez les Récollets qui, pour plaire aux grands, ne soient entachés de la même erreur. Il n'y a pas jusqu'aux missionnaires de Saint-Lazare, si éloignés de cette faction, tant qu'ils se souvinrent des avertissements de saint Vincent de Paul, qui ne deviennent mous et tièdes, et semblent incliner peu à peu du même côté. Je connais un séminaire où le professeur dissémine le venin de Jansénius. Il n'y a que les élèves de Saint-Sulpice qui aient à cœur de repousser cette contagion. Aussi le cardinal-archevêque les estime et les aime très-peu. »

Fénelon signale de même les fauteurs du jansénisme à la cour, parmi les ministres du roi, et dans les parlements : il indique les remèdes à prendre, et cela du vivant de Louis XIV, qui était bien disposé, ainsi que le Dauphin et le duc de Bourgogne (Fénelon, *Œuvres*, etc., t. XII, p. 596 et seqq.).

Non content de signaler à son chef les forces, les intelligences, les ruses de l'ennemi, Fénelon travaille sans relâche à les combattre. Il a six ou sept instructions pastorales, sans compter un grand nombre de lettres, sur le *cas de conscience* et le *silence respectueux*, où il prouve par l'Ecriture, la Tradition, les conciles, les Pères et les Docteurs, voire même par les principaux jansénistes, que l'Eglise est divinement infaillible dans l'interprétation et le jugement des textes dogmatiques, soit longs, soit courts, et que l'on doit à ses jugements une soumission d'esprit et de cœur; qu'enfin le jansénisme n'est point un fantôme, mais une hérésie conforme à celle de Calvin, qui renverse les bonnes mœurs et introduit une morale pire que celle d'Epicure (Fénelon, t. XVI). Lorsque parut la constitution *Unigenitus*, Fénelon publia deux mandements pour l'accepter. Le second est sur le soulèvement du parti contre la bulle qui la condamne. Fénelon y prouve que la bulle *Unigenitus* a une autorité irréfragable d'après les principes mêmes du parti qu'elle condamne, que cette même vérité est établie par les principes constitutifs de l'Eglise catholique, que cette bulle est acceptée par toute l'Eglise, que les églises particulières ne restent point indifférentes à cet article, que cette doctrine est confirmée par la pratique de l'Eglise contre l'hérésie pélagienne, par le formulaire du pape Hormisdas, qu'elle a été proclamée par Bossuet dans l'assemblée de 1682, et professée par l'Eglise dans ses actes les plus solennels.

« C'est suivant ce principe, s'écrie-t-il, que le saint pontife Hormisdas ne croyait point excéder les bornes de son pouvoir en faisant signer par les schismatiques pour leur réunion, et même par les autres évêques, sans en excepter celui de Constantinople, pour s'assurer qu'ils n'étaient point schismatiques, le formulaire que voici : — Le premier point pour le salut est d'observer la règle de la foi et de ne s'écarter en rien de la tradition des Pères ; car on ne peut perdre de vue cet oracle de Jésus-Christ : *Tu es Pierre et sur cette pierre je fonderai mon Eglise.* Ces paroles sont vérifiées par les événements, puisque la religion catholique a été toujours inviolablement conservée dans le Siége apostolique...... C'est pourquoi nous suivons en tout le Siége apostolique et nous enseignons tout ce qu'il a décidé. Par conséquent, j'espère que je serai avec vous dans la même communion que ce Siége demande, et dans laquelle se trouve l'entière et parfaite solidité de la religion catholique. Nous promettons aussi que nous ne nommerons point à l'avenir dans les sacrés mystères ceux qui sont privés de la communion de l'Eglise catholique, c'est-à-dire qui ne sont pas UNIS DE SENTIMENTS EN TOUT AVEC LE SIÉGE APOSTOLIQUE. Que s'il m'arrive de tenter quelque chose de douteux par rapport à ma déclaration présente, je me reconnais aussitôt, par ma propre condamnation, complice de ceux que je condamne ici (Fénelon, t. XIV, p. 540). »

Fénelon fait ressortir la force de toutes ces paroles, et, à la fin de son mandement, exhale ainsi son cœur épiscopal, comme un écho vivant de tous les siècles chrétiens :

« O Eglise romaine! ô cité sainte! ô chère et commune patrie de tous les vrais chrétiens! Il n'y a en Jésus-Christ ni Grec, ni Scythe, ni Barbare, ni Juif, ni Gentil. Tout est fait un seul peuple dans votre sein. Tous sont concitoyens de Rome, et tout catholique est Romain. La voilà cette grande tige qui a été plantée de la main de Jésus-Christ. Tout rameau qui en est détaché se flétrit, se dessèche et tombe. Ô mère! quiconque est enfant de Dieu est aussi le vôtre. Après tant de siècles, vous êtes encore féconde. O épouse! vous enfantez sans cesse à votre époux dans toutes les extrémités de l'univers. Mais d'où vient que tant d'enfants dénaturés méconnaissent aujourd'hui leur mère, s'élèvent contre elle et la regardent comme une marâtre? D'où vient que son autorité leur donne tant de vains ombrages? Quoi! le lien sacré de l'unité, qui doit faire de tous les peuples un seul troupeau, et de tous les ministres un seul pasteur, sera-t-il le prétexte d'une funeste division? Serions-nous arrivés à ces derniers temps où *le Fils de l'homme trouvera à peine de la foi sur la terre?* Tremblons, mes très-chers frères, tremblons de peur que *le règne de Dieu*, dont nous abusons, *ne nous soit enlevé* et ne passe à d'autres nations *qui en porteront les fruits!* Tremblons, humilions-nous, de peur que Jésus-Christ ne *transporte* ailleurs *le flambeau* de la pure foi, et qu'il nous laisse dans les ténèbres dues à notre orgueil! ô Eglise! d'où Pierre confirmera à jamais ses frères, *que ma main droite s'oublie elle-même, si je vous oublie jamais. Que ma langue se sèche en mon palais*, et qu'elle devienne immobile, si vous n'êtes pas, jusqu'au dernier soupir de ma vie, *le principal objet de ma joie et de mes cantiques!*

» Ne craignons point, mes très-chers frères, de nous exprimer ici avec saint Cyprien. Il ne peut pas être suspect d'avoir flatté Rome. — La chaire de saint Pierre, selon ce Père, l'Eglise principale d'où l'unité pastorale tire sa source... Les hommes d'un esprit profane et schismatique, dit-il, ne se souviennent pas que les Romains, dont l'Apôtre a loué la foi, sont tels QUE LA NOUVEAUTÉ TROMPEUSE NE PEUT AVOIR D'ACCÈS CHEZ EUX. — Ajoutons ces aimables paroles de saint Jérôme : — Nous croyons devoir consulter la chaire de Pierre, dont la foi est louée par la bouche de l'Apôtre même. Nous demandons la nourriture à cette mère. La distance des lieux ne peut nous détourner d'aller chercher si loin cette perle si précieuse... C'est chez vous seuls que nous est conservée l'hérédité incorruptible de nos pères..... Vous êtes la lumière du monde, le sel de la terre... Que l'envie se taise. Loin de nous toute idée d'une ambitieuse politique sur la grandeur temporelle de Rome. Nous parlons à celui qui tient la place de Pierre, pêcheur et disciple de Jésus crucifié. Nous ne suivons que Jésus-Christ. Nous nous attachons à la chaire de Pierre par une communion intime et inviolable. Nous SAVONS QUE L'EGLISE EST FONDÉE SUR CETTE PIERRE. QUICONQUE MANGE L'AGNEAU HORS DE CETTE MAISON EST PROFANE. SI QUELQU'UN N'EST PAS DANS L'ARCHE DE NOÉ, IL PÉRIRA PENDANT LE DÉLUGE... QUICONQUE N'AMASSE POINT AVEC VOUS DISSIPE. C'EST-A-DIRE QUE CELUI QUI N'APPARTIENT PAS A JÉSUS-CHRIST EST A L'ANTECHRIST..... C'EST POURQUOI NOUS CONJURONS LE BIENHEUREUX successeur de Pierre, par Jésus crucifié, par le salut du monde, par la sainte Trinité, DE NOUS APPRENDRE PAR SON AUTORITÉ CE QU'IL FAUT DIRE ET CE QU'IL FAUT TAIRE.

» Parlons encore avec le dernier des Pères. C'est saint Bernard, incapable de flatter Rome. C'est cette grande lumière de l'Eglise de France. — Tous les autres pasteurs, ô Pontife romain! ont leurs troupeaux particuliers. SINGULI, SINGULOS. Mais tous ensemble sont confiés à un seul, qui est vous-même. C'est à vous seul qu'est donné le troupeau entier fait un dans votre empire : TIBI UNIVERSI CREDITI, UNI UNUS. Vous seul êtes le pasteur, non-seulement des brebis, mais encore DES PASTEURS MÊMES : *Nec modò ovium, sed* ET PASTORUM TU UNUS OMNIUM PASTOR..... La puissance des autres est resserrée dans de certaines bornes; la vôtre s'étend sur ceux-là mêmes qui ont reçu le pouvoir de gouverner les peuples fidèles. Ne pouvez-vous pas, si l'ordre le demande, FERMER LE CIEL A UN ÉVÊQUE, le déposer de l'épiscopat, et le livrer même à Satan?... Pierre a reçu le gouvernement du monde entier, c'est-à-dire des églises. L'unique vicaire de Jésus-Christ... doit conduire, non un seul peuple, mais toutes les nations. C'est à vous qu'a été confié ce très-grand et unique vaisseau, savoir l'Eglise universelle, composée de toutes les autres.

« Que reste-t-il, mes très-chers frères, sinon de nous écrier : *Si vous apercevez parmi vous quelque question difficile et douteuse... et si les paroles des juges varient à vos portes, levez-vous, allez au lieu que le Seigneur votre Dieu a choisi*. Arrêtez-vous à ce centre de l'unité de la foi, qui est le point fixe et immuable. *Venez aux sacrificateurs de la race de Lévi, et au juge qui se trouvera établi en ce temps-là. Vous leur demanderez qu'ils vous déclarent la vérité du jugement..* VOUS SUIVREZ TOUT CE QUI VOUS SERA DÉCIDÉ ET ENSEIGNÉ, *suivant la loi, par ceux qui président dans le lieu que le Seigneur a choisi. Vous vous attacherez à leur jugement, sans vous détourner ni à droite, ni à gauche. Mais* POUR CELUI QUI S'ENORGUEILLIRA, REFUSANT DE SE SOUMETTRE A LA DÉCISION DU PONTIFE, QUI SERA ALORS LE MINISTRE DU SEIGNEUR *votre Dieu, et au décret du juge*, IL SERA PUNI DE MORT, *et vous ôterez le mal du milieu d'Israël. Tout le peuple, écoutant, sera en crainte, en sorte que personne n'ose ensuite s'enfler de présomption* (Fénelon, t. XIV, p. 576-579). »

Ce mandement de Fénelon fut le dernier acte de son ministère apostolique. De l'année 1710, il perdit en peu de temps tous ses amis, l'abbé de Langeron, le duc de Bourgogne, le duc de Chevreuse, le duc de Beauvilliers. Il mourut lui-même saintement, le 7 janvier 1715, à l'âge de 63 ans. Sa maladie, qui commença le 1ᵉʳ janvier, était une fièvre continue, dont la cause était cachée. Pendant ces six jours entiers, il ne voulut être entretenu que de la lecture de l'Ecriture sainte. Les deux derniers jours et les deux dernières nuits, dit un témoin oculaire, il nous demanda avec instance de lui réciter les textes de l'Ecriture les plus convenables à l'état où il se trouvait. *Répétez, répétez-moi*, disait-il de temps en temps, *ces divines paroles;* il les achevait avec nous, autant que ses forces le lui permettaient. On voyait dans ses yeux et sur son visage qu'il entrait avec ferveur dans de vifs sentiments de foi, d'espérance, d'amour, de résignation, d'union à Dieu, de conformité à Jésus-Christ, que ces textes exprimaient. Il nous fit répéter plusieurs fois les paroles que l'Eglise applique à saint Martin, et met dans la bouche de ce grand évêque de l'Eglise gallicane : *Seigneur, si je suis encore nécessaire à votre peuple, je ne refuse point le travail; que votre volonté soit faite. O homme, qu'on ne peut assez louer! il n'a pas été surmonté par le travail; il ne devait pas même être vaincu par la mort; il ne craignit pas de vivre, et il ne refusa pas de mourir*. L'archevêque de Cambrai paraissait plein du même esprit d'abandon à la volonté de Dieu. Quoiqu'il se fût confessé la veille de Noël, avant de chanter la messe de minuit, il se confessa de nouveau dès le second jour de sa maladie. Le troisième jour au matin, il me chargea de lui faire donner le viatique; une heure après, il me demanda si j'avais tout disposé pour la cérémonie. Comme je lui représentais que le danger ne paraissait pas assez pressant : *Dans l'état où je me sens*, dit-il, *je n'ai point d'affaire plus pressée*. Il reçut donc la sainte communion pour la dernière fois, en présence de tout son chapitre.

Le matin du jour des Rois, m'ayant témoigné le regret de ne pouvoir dire lui-même la sainte messe, j'allai, suivant son ordre, la dire à son intention. Pendant ce court intervalle, il parut s'affaiblir notablement, et on lui donna l'extrême-onction. Immédiatement après, il me fit appeler, et ayant fait sortir tout le monde de sa chambre, il me dicta la dernière de ses lettres, qu'il signa, m'ordonnant de la montrer ici à quatre personnes, et de la faire partir aussitôt qu'il aurait les yeux fermés. Il souffrit beaucoup le reste du jour et pendant sa dernière nuit; mais il se réjouissait d'être semblable à Jésus-Christ souffrant. *Je suis*, dit-il, *sur la croix avec Jésus-Christ : Christo confixus sum cruci*. Nous récitions alors les paroles de l'Ecriture qui regardent la nécessité des souffrances, leur brièveté et leur peu de proportion avec le poids immense de gloire éternelle dont Dieu les couronne. Ses douleurs redoublant, nous lui disions ce que saint Luc rapporte de Jésus-Christ, que dans ces occasions il redoublait ses prières, *factus in agoniâ, prolixiùs orabat*. Jésus-Christ, ajouta-t-il lui-même, réitéra trois fois la même prière : *Oravit tertiò, eumdem sermonem dicens*. Mais la violence du mal ne lui permettant pas d'achever seul, nous continuâmes avec lui : *Mon père, s'il est possible, que ce calice s'éloigne de moi; cependant que votre volonté se fasse et non la mienne; oui, Seigneur*, reprit-il, en élevant autant qu'il put sa voix affaiblie, *votre volonté, et non la mienne*. Sa fièvre redoublait par intervalles et lui causait des transports dont il s'apercevait lui-même et dont il était peiné, quoiqu'il...

lui échappât jamais rien de violent ni de peu convenable. Lorsque le redoublement cessait, on le voyait aussitôt joindre les mains, lever les yeux vers le ciel, se soumettre avec abandon et s'unir à Dieu dans une grande paix. Cet abandon, plein de confiance à la volonté de Dieu, avait été dès sa jeunesse le goût dominant de son cœur, et il y revenait sans cesse dans tous ses entretiens familiers. C'était, pour ainsi dire, sa nourriture et celle qu'il aimait à faire goûter à tous ceux qui vivaient dans son intimité.

Je suis encore attendri quand je pense au spectacle touchant de cette dernière nuit. Toutes les personnes de sa pieuse famille, qui étaient réunies à Cambrai, vinrent l'une après l'autre, dans ces intervalles de pleine liberté d'esprit, demander et recevoir sa bénédiction, lui donner le crucifix à baiser et lui adresser quelques mots d'édification. Quelques autres personnes de la ville qu'il dirigeait se présentèrent aussi pour recevoir sa bénédiction dernière. Ses domestiques vinrent ensuite tous ensemble, fondant en larmes, la demander, et il la leur donna avec amitié. Le supérieur du séminaire de Cambrai, qui l'assista particulièrement à la mort, cette dernière nuit, la reçut aussi pour le séminaire et pour le diocèse. Il récita ensuite les prières des agonisants, en y mêlant de temps en temps des paroles courtes et touchantes de l'Ecriture, les plus convenables à la situation du malade, qui fut environ une demi-heure sans donner aucun signe de connaissance; après quoi il expira doucement à cinq heures et quart du matin, 7 janvier 1715 (*Hist. de Fénelon*, l. 8).

Sa dernière lettre était adressée au Père Le Tellier, confesseur de Louis XIV, et conçue en ces termes :

« Je viens de recevoir l'extrême-onction. C'est dans cet état, mon Révérend Père, où je me prépare à aller paraître devant Dieu, que je vous prie de représenter au roi mes véritables sentiments. Je n'ai jamais eu que docilité pour l'Eglise et qu'horreur des nouveautés qu'on m'a imputées. J'ai reçu la condamnation de mon livre avec la simplicité la plus absolue. Je n'ai jamais été un seul moment en ma vie sans avoir pour la personne du roi la plus vive reconnaissance, le zèle le plus ingénu, le plus profond respect et l'attachement le plus inviolable. Je prends la liberté de demander à Sa Majesté deux grâces, qui ne regardent ni ma personne, ni aucun des miens. La première est qu'il ait la bonté de me donner un successeur pieux, régulier, bon et ferme contre le jansénisme, lequel est prodigieusement accrédité sur cette frontière. L'autre grâce est qu'il ait la bonté d'achever avec mon successeur ce qui n'a pu être achevé avec moi pour messieurs de Saint-Sulpice. Je dois à Sa Majesté le secours que je reçois d'eux. On ne peut rien de plus apostolique et de plus vénérable. Si Sa Majesté veut bien faire entendre à mon successeur qu'il vaut mieux qu'il conclue avec ces messieurs ce qui est déjà si avancé, la chose sera bientôt finie. Je souhaite à Sa Majesté une longue vie, dont l'Eglise, aussi bien que l'Etat, ont infiniment besoin. Si je puis aller voir Dieu, je lui demanderai souvent ses grâces. — A Cambrai, ce 6 janvier 1715 (*Ibid.*). »

On ignore quelle impression cette lettre fit sur

Louis XIV, lorsque le Père Le Tellier la mit sous ses yeux. Quant au saint pape Clément XI, il pleura Fénelon avec des larmes sincères, et regretta beaucoup de ne l'avoir pu faire cardinal. On lisait dans le testament de l'illustre défunt : « Je déclare que je veux mourir entre les bras de l'Eglise catholique, apostolique et romaine, ma mère. Dieu, qui lit dans les cœurs et qui me jugera, sait qu'il n'y a aucun moment de ma vie où je n'aie conservé pour elle une soumission et une docilité de petit enfant, et que je n'ai jamais eu aucune des erreurs qu'on a voulu m'imputer. Quand j'écrivis le livre intitulé : *Explication des maximes des saints*, je ne songeais qu'à séparer les véritables expériences des saints, approuvées de toute l'Eglise, d'avec les illusions des faux mystiques, pour justifier les unes et pour rejeter les autres. Je ne fis cet ouvrage que par le conseil des personnes les plus opposées à l'illusion, et je ne le fis imprimer qu'après qu'ils l'eurent examiné. Comme cet ouvrage fut imprimé en mon absence, on y mit les termes de *trouble involontaire*, par rapport à Jésus-Christ, lesquels n'étaient point dans le corps de mon texte original, comme certains témoins oculaires d'un très-grand mérite l'ont certifié, et qui avaient été mis à la marge, seulement pour marquer une petite addition, qu'on me conseillait de faire en cet endroit-là, pour une plus grande précaution. D'ailleurs, il me semblait, sur l'avis des examinateurs, que les correctifs inculqués dans toutes les pages de ce petit livre écartaient avec évidence tous les sens faux ou dangereux. C'est suivant ces correctifs que j'ai voulu soutenir et justifier ce livre pendant qu'il m'a été libre de le faire ; mais je n'ai jamais voulu favoriser aucune des erreurs en question, ni flatter aucune personne, que je connusse en être prévenue. Dès que le pape Innocent XII a condamné cet ouvrage, j'ai adhéré à son jugement du fond de mon cœur et sans restriction, comme j'avais d'abord promis de le faire. Depuis le moment de la condamnation, je n'ai jamais dit un seul mot pour justifier ce livre. Je n'ai songé à ceux qui l'avaient attaqué, que pour prier avec un zèle sincère pour eux, et que pour demeurer uni à eux dans la charité fraternelle.

» Je soumets à l'Eglise universelle et au Siége apostolique tous les écrits que j'ai faits, et j'y condamne tout ce qui pourrait m'avoir échappé au delà des véritables bornes. Mais on ne doit m'attribuer aucun des écrits que l'on pourrait faire imprimer sous mon nom ; je ne reconnais que ceux qui auront été imprimés par mes soins et reconnus par moi pendant ma vie. Les autres pourraient, ou n'être pas de moi, ou m'être attribués sans fondement, ou être mêlés avec d'autres écrits étrangers, ou être altérés par des copistes. A Dieu ne plaise que je prenne ces précautions par une vaine délicatesse pour ma personne. Je crois seulement devoir au caractère épiscopal, dont Dieu a permis que je fusse honoré, qu'on ne m'impute aucune erreur contre la foi, ni aucun ouvrage suspect.

» Quoique j'aime tendrement ma famille, et que je n'oublie pas le mauvais état de ses affaires, je ne crois pourtant pas lui devoir laisser ma succession. Les biens ecclésiastiques ne sont pas destinés aux besoins des familles, et ils ne doivent point sortir des mains des personnes attachées à l'Eglise. J'espère que Dieu bénira les deux neveux que j'ai élevés auprès de moi, et que j'aime avec tendresse, à cause des principes de probité et de religion dans lesquels ils me paraissent s'affermir (*Hist. de Fénelon*, l. 8). »

Pendant que Fénelon expirait au nord de la France, aimant Dieu et son Eglise par-dessus toutes choses, et déployant jusqu'au dernier soupir un zèle infatigable contre l'hérésie, un autre saint évêque déployait au midi de la France le même zèle et la même charité : son nom est Belsunce, évêque de Marseille, que les Anglais appellent par excellence *le bon évêque*. Marseille est probablement la première ville de France qui reçut le christianisme dans ses murs. Bâtie environ sept siècles avant Jésus-Christ par les Phocéens, Grecs de l'Asie Mineure, originaire d'Athènes, elle fut toujours en relation de commerce avec la Grèce, l'Asie, la Syrie, l'Egypte et l'Afrique. De là nous avons vu, avant la fin du IIe siècle, pour évêque à Lyon, saint Irénée, disciple de saint Polycarpe, qui le fut de saint Jean, le disciple bien-aimé de Jésus même ; nous avons vu l'Eglise de Lyon écrire aux frères d'Asie l'histoire de ses martyrs. Or, la tradition de la Provence est que Lazare, Marthe et Marie, les amis du Sauveur, ayant été chassés par les Juifs, s'embarquèrent et vinrent aborder à Marseille, où ils fondèrent une église ; elle ajoute que cette église eut saint Lazare pour premier évêque. Les Bollandistes, en leur dissertation sur les actes des saints Lazare, Marthe et Marie, 29 juillet, confirment la tradition des Provençaux. Nous n'y voyons rien d'improbable. Parmi ses évêques, l'église de Marseille en compte plusieurs de saints. Encore, dans le XVIIe siècle, y mourut en odeur de sainteté Jean-Baptiste Gault, dont le clergé de France a demandé la béatification en 1646. Nommé évêque de Marseille en 1640, il y fit une grande mission aux forçats des galères, à la tête de treize missionnaires, tant de saint Vincent de Paul que de Provence. Il opéra des miracles de conversion. Tous ceux qui, parmi les forçats, étaient catholiques, firent une confession générale, à l'exception de cinq ou six tout au plus, et ils communièrent tous. Un grand nombre d'hérétiques abjurèrent leurs erreurs, et les Turcs mêmes furent si touchés, que douze d'entre eux reçurent le baptême. Le changement était si sensible sur les galères, qu'on les comparait à des cloîtres. Le dernier jour qu'il entra dans ces prisons flottantes, fut le dimanche avant l'Assomption. Il y dit la messe et donna la confirmation sur trois ou quatre galères à plus de cent cinquante forçats. Ce fut ce jour-là même que commença sa dernière maladie, que dès le lendemain le médecin reconnut être mortelle. Il en mourut effectivement le 23 mai, veille de la Pentecôte.

Belsunce fut nommé évêque de Marseille en 1709. Il était né au château de la Force, dans le Périgord, le 4 décembre 1671, d'Armand de Belsunce, marquis de Castelmoron, et d'Anne de Caumont-Lausun. Il fit ses études à Paris, au collége de Clermont ou *Louis-le-Grand*, et n'en sortit que pour entrer dans la Compagnie de Jésus. Après y avoir enseigné pendant quelques années la grammaire et les humanités, il y fit avec distinction ses études de philosophie et de théologie. Il quitta la Société lorsqu'il fut nommé grand-vicaire d'Agen. Dans ce poste, il écrivit la vie de sa tante, Susanne-Henriette de Foix, qui mourut l'an 1706, dans sa quatre-vingt-huitième année. Elle était de l'illustre maison de Foix, alliée à toutes les maisons souveraines de l'Europe, et dont une branche entra dans celle de Bourbon et de France. Jeune encore, elle avait été promise au fils aîné du duc d'Epernon : il mourut avant la célébration du mariage. Henriette de Foix suivit alors son attrait, qui fut de ne pas se marier, mais de consacrer sa vie à la piété et aux bonnes œuvres, sans quitter le monde. Dieu l'éprouva par bien des peines : l'une de ces peines fut de voir s'éteindre sa famille dans le duc de Foix, son neveu, qui ne laissait point d'enfants ; une autre, d'être affligé à un certain âge d'une surdité complète. Elle n'en perdit point sa bonne humeur : elle trouva l'art de suppléer au défaut de ses oreilles et d'entendre par les yeux : elle fit peindre un alphabet, moyennant quoi elle soutenait la conversation avec beaucoup d'esprit et d'aménité. Sa charité était inépuisable. Pendant les années 1696 et les deux suivantes, la famine et les maladies contagieuses venant à la suite des guerres, désolèrent tout le royaume de France. Ces calamités se firent surtout sentir en Périgord et en Limousin, où demeurait Henriette de Foix, dans le château et la terre de Monpont, petite ville au diocèse de Périgueux, à cinq lieues de Bergerac. Les malheureux, consumés par la faim et les souffrances, manquaient absolument de tout. Abandonnés de leurs amis, de leurs parents mêmes, ils étaient réduits à la dernière extrémité, lorsqu'ils apprirent que les charités de Henriette de Foix augmentaient avec la misère. Effectivement, elle avait fait de sa maison une espèce d'hôpital général : le Périgord et le Limousin y affluaient pour recevoir ses aumônes. On y voyait trois ou quatre mille pauvres à la fois, tous affamés, la plupart malades et plusieurs mourants. Les villes du voisinage et les campagnes étaient désertes, pendant que les cours du château, la place et les rues de Monpont étaient si pleines de ces misérables, qu'on avait de la peine à y passer. Henriette pourvoyait à tout, fournissait à tout et agissait elle-même en tout et partout. Il n'y avait point de drogues, point de remèdes qu'on ne trouvât dans son cabinet. Non contente de donner le nécessaire, elle voulut y ajouter de petites douceurs, auxquelles ces pauvres malades n'étaient nullement accoutumés. Elle avait une grande quantité de biscuits et toutes sortes de confitures qu'elle leur distribuait. Nuit et jour on travaillait dans sa maison pour leur soulagement : trois boulangers étaient continuellement occupés à faire du pain pour les pauvres. Un jour son intendant l'avertit qu'on allait manquer de blé. Elle lui ordonne d'en acheter à tout prix. Il ajoute qu'il est sans argent. Elle commande de porter sa vaisselle d'argent à Bordeaux pour la vendre, afin d'avoir de quoi secourir les pauvres. On vint lui offrir une somme d'argent considérable, qu'elle emprunta ; elle en acheta du blé à un prix excessif et continua ses charités et ses aumônes aussi longtemps que dura la famine, à savoir pendant trois ans. Cette inépuisable bienfaisance lui gagna tellement le cœur de tous les peuples, surtout des pauvres, que dans ses maladies, dès qu'on la croyait en danger, les cours et les avenues de son château ne désemplissaient plus de pauvres qui, à genoux, fondant en larmes et les mains élevées vers le ciel, le conjuraient par les prières les plus ferventes, accompagnées de cris et de gémissements, de leur conserver leur bonne mère. Car ainsi l'appelaient-ils. Ses fermiers avaient pour elle les mêmes sentiments ; ils lui disaient naïvement dans leur patois : Puissiez-vous, mademoiselle, durer autant que la dernière pierre de votre château ! et que Dieu veuille vous rajeunir tous les mois, comme la lune ! On peut bien croire que les vœux de ces bonnes gens furent exaucés. Car, d'une santé faible et sujette à de fréquentes maladies, Henriette de Foix vécut néanmoins jusqu'à l'âge de 88 ans.

Sa piété, son zèle pour la foi catholique n'étaient pas moindres que sa charité pour les malheureux. Par ses prières ferventes, son bon exemple et ses prudentes exhortations, elle contribua efficacement à la conversion de plusieurs huguenots de ses parents. Elle n'avait pas moins de zèle pour le salut de ses domestiques. Elle faisait la prière dans sa chapelle régulièrement tous les jours. On y était appelé au son de la cloche, et afin que le soir personne n'eût aucun prétexte d'y manquer, elle voulait qu'elle se fît lorsque ses domestiques sortaient de table. Elle y assistait toujours, quelque compagnie, quelque affaire ou quelque incommodité qu'elle eût ; et lorsqu'elle était assez malade pour ne pas pouvoir marcher, elle s'y faisait porter. On avait soin d'examiner si tous les domestiques y étaient ; elle y prenait garde elle-même, et si quelqu'un y manquait, il était sûr de recevoir d'elle une très-sévère réprimande et d'en être puni par l'officier, qui avait ordre de lui retrancher les gratifications et les douceurs, que recevaient les gens de sa maison. Ils assistaient presque tous les jours à la messe. Elle voulait qu'ils se confessassent très-souvent, et qu'aux jours des grandes fêtes ils approchassent de la sainte table. Elle chargeait son aumônier de les instruire et de les disposer à une si sainte action ; elle lui disait souvent que son principal emploi était de l'aider pour leur salut. Elle voulait qu'il leur fît de temps en temps des instructions publiques dans sa chapelle, et le catéchisme tous les soirs pendant le carême. Jamais on ne vit une maison plus saintement réglée. Aussi est-il inouï qu'il n'y eût jamais le moindre scandale, quoiqu'elle eût toujours vingt ou vingt-cinq domestiques de tout sexe et de tout âge. Enfin la charité qu'elle avait pour les pauvres et les malades, de quelque part qu'ils vinssent, elle l'avait bien plus encore pour ceux de sa maison et de ses terres.

Elle n'avait de rigueur que pour elle-même. Malgré son âge et ses infirmités, elle observa les jeûnes et les abstinences de l'Eglise, sans aucun adoucissement, jusqu'à la fin de sa vie. Tous les vendredis elle s'enfermait dans sa chapelle et se donnait la discipline jusqu'au sang. Chaque jour, de très-grand matin, elle y faisait une heure d'oraison, à genoux, le plus souvent prosternée à terre, ayant la face appuyée sur le marchepied de l'autel qu'elle arrosait de ses larmes. Elle disait tous les jours l'office du Saint-Esprit, celui de la sainte Vierge, de l'ange gardien et des morts, avec le chapelet. Elle trouvait encore le temps, sans manquer à aucune bienséance de son état et à l'utilité du prochain, de faire une lecture spirituelle au moins d'une heure. Elle communiait tous les dimanches et les jeudis, après s'être confessée. Tous les mois elle faisait une revue de sa conscience et une espèce de confession générale. Toutes les grandes fêtes de l'année, elle faisait ses dévotions à la paroisse, et toujours elle recevait la communion pascale des mains de son curé. Elle avait choisi le jeudi saint pour remplir ce devoir : ce jour-là, elle lavait les pieds à treize pauvres, dans l'hôpital qu'elle avait fondé à Monpont; leur faisait d'abondantes aumônes, et leur donnait à dîner après l'office divin. Malgré sa surdité, elle voulait assister aux sermons et aux exercices des missions qui se faisaient dans le voisinage, pour donner l'exemple. Elle disait d'ailleurs que la parole animée lui plaisait, et qu'elle était édifiée par les yeux. L'évêque du diocèse lui ayant permis d'avoir le saint-sacrement dans sa chapelle, elle en eut une joie inexprimable. Nuit et jour une lampe brûlait devant l'autel : ne trouvant pas que l'huile d'olives fût assez pure, elle mettait de l'esprit de vin dans la lampe et la soignait elle-même. Elle y allait faire son adoration quatre fois par jour : quand elle ne pouvait y aller par maladie, elle s'y faisait porter. Elle avait une dévotion particulière au cœur de Jésus et à la sainte Vierge. C'est dans ces exercices de charité et de piété qu'elle termina sa sainte vie le 1er juin 1706 (Œuvres de Belsunce, t. I, Metz, 1822).

Son neveu, Henri-François-Xavier de Belsunce de Castelmoron, devenu évêque de Marseille en 1709, traduisit encore du latin en français le *Combat chrétien*, de saint Augustin, et l'*Art de bien mourir*, de Bellarmin; il publia aussi une notice sur l'antiquité de l'Eglise de Marseille et la succession de ses évêques. Mais voici surtout ce qui a illustré son épiscopat. C'était l'an 1720. Une jeune princesse d'Orléans, fille du régent, venait de traverser la France au milieu des fêtes, pour aller en Italie épouser le duc de Modène. Les seigneurs français qui l'avaient accompagnée dans ce voyage de noces repassaient à Marseille sur des navires ornés de guirlandes et de chœurs de musique. Tout à coup on annonce l'apparition à Marseille d'une bien autrement haute et puissante princesse, personnage fameux dans tous les siècles et dans tous les pays, qui se plaît à voyager au milieu de l'épouvante et de la mort, et à faire passer son char par-dessus des monceaux de cadavres. Tout à coup on annonce que, à côté de ces joyeux navires de la noce, un autre navire, arrivé de l'ancienne Sidon, vient de débarquer la peste. C'était la dix-huitième fois depuis Jules-César qu'elle visitait Marseille. A peine eut-elle dit son nom, que les nobles, les riches, les magistrats même s'enfuient. Tout à coup le lazaret se trouve sans intendants, les hospices sans économes, les tribunaux sans juges, l'impôt sans percepteurs. La cité n'a ni pourvoyeurs, ni officiers de police, ni notaires, ni sages-femmes, ni ouvriers indispensables. L'émigration ne se ralentit que quand le parlement de Provence eut tracé la ligne qui enfermait Marseille et son territoire, et prononcé la peine de mort contre ceux qui la franchiraient. Ce parlement lui-même s'enfuit d'Aix ailleurs. On pressa l'évêque de suivre l'exemple des magistrats et du parlement. L'évêque répondit : « A Dieu ne plaise que j'abandonne un peuple dont je suis obligé d'être le père! je lui dois et mes soins et ma vie, puisque je suis son pasteur. » Avec l'évêque restèrent quatre échevins de la ville, avec le viguier ou prévôt, et le chevalier Roze. Ce terrible fléau dura près de deux ans. Voici comme l'évêque lui-même en parle à l'assemblée du clergé de France en 1725 :

« A peine la peste fut-elle entrée dans Marseille, qu'elle porta la désolation et la mort dans toutes les maisons et dans toutes les familles de cette grande ville, où nous perdions chaque jour plus de mille personnes. Toutes nos places publiques, toutes nos rues n'offrirent plus à nos yeux, dans peu de jours, que des amas monstrueux de cadavres à demi pourris, laissés sans sépulture pendant quinze jours et trois semaines entières, et devenus, en bien des endroits de la ville, la nourriture des chiens affamés. La crainte de la contagion s'emparant bientôt des esprits et tous les sentiments de la nature cédant au désir de conserver la vie, presque tous les malades furent impitoyablement mis hors de leurs maisons, les enfants par leurs propres pères et les pères par leurs propres enfants, et furent placés et abandonnés, sans presque aucun secours, au milieu des morts, dans ces rues devenues à la fois autant d'hôpitaux infects et de cimetières affreux. Dans cette désolation et dans ce désordre général, nos habitants, saisis d'horreur et d'effroi, prirent en vain le parti de s'enfermer dans leurs maisons ou d'aller chercher leur sûreté et leur conservation à la campagne, où la peste les suivit de près.

» Alors, parmi la profonde douleur dont mon cœur fut pénétré, j'eus l'inexprimable consolation de voir une très-grande partie du clergé séculier et régulier de la ville et de la campagne voler à l'envi au secours de nos frères pestiférés ; prodiguer leurs biens, emprunter même, après avoir donné tout ce qu'ils avaient pour le soulagement des pauvres, dont le nombre était immense; courir sans cesse de tous côtés pour consoler les mourants et leur administrer tous les sacrements, comme s'il n'y avait eu rien à craindre pour eux ; sans que le spectacle épouvantable dont je viens de donner une légère idée, sans que la vue d'une mort affreuse et presque certaine, sans que la perte de leurs confrères, dont plus de deux cent cinquante, tant prêtres que religieux, périrent dans les jours de notre affliction, fussent capables d'intimider, de décourager, de retenir un moment ces zélés ministres du Seigneur, dont aucun ne cessa ces périlleuses fonctions qu'après avoir été frappé de mort. Plusieurs d'entre eux, ecclésiastiques et religieux, ayant échappé à la fureur de cette maladie, je les ai vus, n'étant qu'à demi guéris, soutenus par l'ardeur de leur zèle, sortir de leurs lits, et, appuyés sur des bâtons, se traîner avec peine dans les rues pour venir à mon secours, dans l'abandon général où je me trouvais alors, et m'aider à confesser les mourants, au double péril de leur vie. Les rivières mêmes les plus rapides furent de faibles obstacles au zèle de quelques religieux de Provence, qui, trouvant tous les passages fermés, traversèrent courageusement ces rivières à la nage pour venir me joindre et finir leurs jours dans l'exercice de la plus héroïque charité. Exemple dont la mémoire devrait passer jusqu'à la postérité la plus reculée. »

Voilà comme le saint évêque de Marseille, nouveau Charles Borromée, parle généralement de ces généreux confesseurs de Jésus-Christ, de ces martyrs de la charité chrétienne. Voici un fait particulier. Il alla un jour en personne demander des secours aux Récollets et les prier de confesser les malades d'une vaste paroisse de la ville. La communauté était au réfectoire. Le Père gardien y entre, fait part à ses religieux de la proposition que venait de leur faire le vénérable évêque, ajoutant que, si quelqu'un d'eux se sentait assez de zèle et de courage pour l'accepter, il n'avait qu'à se lever, sans rien dire. Chose admirable! tous, jusqu'aux plus vieux, sans exception, se lèvent à la fois. Vingt-six de ces bons Pères moururent martyrs de leur amour pour Dieu et le prochain, et dix-huit Jésuites sur vingt-six. Les Capucins appellent leurs confrères des autres provinces, qui accourent au martyre comme les premiers chrétiens; de cinquante-cinq, l'épidémie en tue quarante-trois. L'Eglise honore du titre glorieux de martyrs les chrétiens d'Alexandrie qui, dans le IIIe siècle, moururent au service des pestiférés, sous le pontificat de l'évêque saint Denys : les prêtres et les religieux de Marseille qui, dans le XVIIe siècle et sous le pontificat du saint évêque Belsunce, meurent de la même manière et pour la même cause, méritent les mêmes honneurs.

Quant à Belsunce lui-même, il était, comme un autre Aaron, debout entre les morts et les vivants, priant pour le peuple et le secourant de toute manière. Tout ce qu'il possède il le donne; tous ceux qui le servent sont frappés de mort; seul, pauvre, à pied, dès le matin il pénètre dans les horribles réduits de la misère, et le soir le retrouve au milieu des places jonchées de mourants; il étanche leur soif, les console en ami, les exhorte en apôtre. Le saint pape Clément XI, instruit par la renommée, adressa deux brefs à Belsunce pour le féliciter de sa charité de bon pasteur, accorder une indulgence plénière à tous ses diocésains frappés de la peste, à tous ceux qui les serviraient d'une manière quelconque, spirituelle ou temporelle, et lui annoncer l'envoi d'environ deux mille boisseaux de blé, achetés avec l'argent de l'Eglise romaine. Il expédia effectivement trois navires chargés de blé : l'un fit naufrage, les deux autres furent pris par les corsaires d'Afrique. Mais quand ces Barbares eurent appris d'où ils venaient, et quelle en était la destination, ils furent saisis de respect et les envoyèrent fidèlement à Marseille.

L'auteur du livre de la *Sagesse* dit à Dieu, en parlant de la plaie dont il frappa son peuple dans le désert : *Mais votre colère ne dura qu'un peu de temps; car un homme irréprehensible* (Aaron) *se hâta d'intercéder pour le peuple; il vous opposa le bouclier de son ministère saint; et sa prière montant vers vous avec l'encens qu'il vous offrait, il arrêta votre colère et fit cesser cette dure plaie, montrant qu'il était votre serviteur. Il n'apaisa point ce trouble par la force du corps, ni par la puissance des armes; mais il arrêta l'exterminateur par sa parole, en lui représentant les promesses que Dieu avait faites à leurs pères avec serment, et l'alliance qu'il avait jurée avec eux. Lorsqu'il y avait déjà des monceaux de morts qui étaient tombés les uns sur les autres, il se mit entre deux; il arrêta la vengeance de Dieu, et il empêcha que le feu ne passât à ceux qui étaient encore en vie. Car tout le monde était représenté dans la robe sacerdotale dont il était revêtu; les noms glorieux des anciens Pères étaient gravés sur les quatre rangs de pierres précieuses qu'il portait, et votre grand nom était écrit sur le diadème de sa tête. L'exterminateur céda à ces choses, et il en eut de la crainte; car il suffisait de leur avoir fait sentir cette épreuve de votre colère* (Sap., 18, 20-25). Voilà comme l'Esprit-Saint relève la vertu de la prière et même du vêtement sacerdotal d'Aaron sur l'ange exterminateur.

Nous avons vu saint Charles, pénétré de cette vérité, s'offrir à Dieu comme une victime de propitiation pour son peuple, traverser la ville en procession, nu-pieds, une corde au cou et une pesante croix entre les mains. Belsunce fit comme Aaron et saint Charles : il fit même quelque chose de plus; ce fut de consacrer sa personne et son diocèse au cœur adorable de Jésus, afin de le toucher de compassion pour son troupeau. Cette consécration solennelle fut fixée au 1er novembre 1720. Elle fut annoncée dès le matin par le son des cloches, qui, s'étant tues près de quatre mois, réveillèrent en ce moment la foi des Marseillais et leur confiance.

Toutes les églises étant fermées depuis longtemps, on dressa un autel à l'extrémité d'une rue très-large et longue d'une demi-lieue, qu'on appelle *le Cours*. Le saint évêque s'y rendit processionnellement avec les débris de son clergé, marchant la tête et les pieds nus, la corde au cou et la croix entre les bras. Cette vue arracha des larmes à tout le peuple : sans craindre la contagion dans un temps où elle se répandait avec plus de fureur, il s'était rendu au Cours pour implorer la miséricorde divine. Dès qu'on fut arrivé à l'autel, le pieux évêque fit une exhortation touchante, qui fut souvent interrompue par les pleurs et les sanglots. Ensuite eut lieu l'amende honorable, la consécration du diocèse au cœur de Jésus, que termina le saint sacrifice de la messe. Le peuple, prosterné sur cette place immense et dans les rues d'où il pouvait apercevoir l'autel, fondait en larmes, et s'unissait aux vœux de son pasteur avec la ferme confiance que le Ciel allait les exaucer. Cette attente ne fut point vaine : la contagion, qui prenait tous les jours de nouvelles forces, commença visiblement à diminuer, et Marseille sembla renaître.

Le 15 novembre eut lieu une autre cérémonie. Belsunce fit réciter avec solennité les prières qu'on récitait à Rome pour la cessation de la peste de Marseille, et que le Pape lui avait envoyées. Il donna ensuite la bénédiction à toute la ville du haut d'une tour, au bruit de toutes les cloches, des canons des forts, des tambours des troupes militaires et bourgeoises. Ce spectacle imposant répandit parmi le peuple une religieuse frayeur, qui empêcha beaucoup de crimes. Enfin, le nombre des malades diminuant toujours, ranima tellement la confiance des Marseillais, que, le jour de Pâques 1721, ne pouvant plus réprimer les mouvements de leur zèle, ils enfoncèrent les portes des églises pour y faire célébrer le culte. L'évêque ne put prévenir les dangers de cette affluence qu'en faisant dresser au milieu du Cours, un autel où il dit la messe les deux dernières fêtes. Les dimanches suivants, il la dit tantôt sur une place, tantôt sur une autre; et les attentions de sa charité, de son zèle, de sa prudence, ne cessèrent que lorsqu'il ne resta plus dans la ville le moindre vestige de contagion (Œuvres de Belsunce, t. I, p. 17).

En 1754, le roi nomma Belsunce à l'évêché-pairie de Laon, et l'année suivante à l'archevêché de Bordeaux; mais il refusa l'un et l'autre, pour rester fidèle à sa chère église de Marseille. Les papes Clément XI, Benoît XIII, Clément XII et Benoît XIV le comblèrent de témoignages d'estime et de tendresse. Clément XII, par une distinction inouïe dans l'Eglise de Marseille, l'honora du *pallium*.

Dans son épiscopat de quarante-cinq ans, Belsunce combattit encore une autre peste, peste morale, peste des intelligences et des âmes, mille fois plus funeste que celle des corps : c'est l'hérésie janséniste et sa fille naturelle, l'incrédulité moderne. On a de lui des mandements, des instructions pastorales contre l'une et contre l'autre. Il assista au concile où le janséniste Soanen fut condamné. Toujours il eut grand soin de faire rendre aux constitutions apostoliques la soumission qui leur est due. Aussi eut-il la gloire d'être persécuté par le parlement janséniste de Provence, qui, par une prétention renouvelée des Grecs du Bas-Empire, voulait forcer les évêques et les prêtres catholiques à donner ou plutôt à prostituer les sacrements à des hérétiques obstinés. Il se vit plus d'une fois privé de son temporel par les fauteurs de l'hérésie. Les sectaires lui reprochaient entre autres sa dévotion au cœur de Jésus. Comme le dieu de Jansénius, Luther et Calvin, n'est pas le Bon Dieu des âmes pieuses ou pénitentes, mais un être méchant qui nous punit du mal que nous ne pouvons éviter, même du bien que nous faisons de notre mieux, il est naturel que les jansénistes n'aiment pas la dévotion au cœur de Jésus, source et abîme de grâce, de bonté, d'amour et de miséricorde. Ce qui leur conviendrait beaucoup mieux, comme symbole de leur doctrine et de leur caractère, ce serait une vésicule de fiel. Quant au saint évêque de Marseille, il vécut jusqu'en 1755, et eut pour successeur Jean-Baptiste Du Belloy, qui a vécu jusqu'à nos jours, étant mort archevêque de Paris et cardinal en 1808 (Œuvres de Belsunce; Lemontey, *Hist. de la Régence*; Feller, *Biogr. univ.*).

En 1700 mourut un saint personnage, qui a laissé une postérité toujours vivante et édifiante. Nous avons vu avec Fénelon combien les ordres religieux étaient dégénérés en France, non-seulement quant à discipline, mais encore quant à la foi. Presque tous, notamment les Oratoriens, les Bénédictins, les Chanoines réguliers étaient infectés de l'hérésie janséniste : ce qui rendait leur guérison à peu près impossible, et provoquait de la part de Dieu leur destruction, par le moyen de quelque déluge qui bouleversât et renouvelât la face de la France. Mais au milieu de cette décadence générale, il fallait réserver un germe de bénédiction, pour fertiliser spirituellement la France nouvelle. Voici comme le Seigneur s'y prit dans sa miséricorde. Vers l'an 1638, un enfant de douze ans, qui savait la langue grecque et la langue latine, publia une édition magnifique des *Poésies d'Anacréon* : ce qui indiquait à la fois et le prodige de son esprit et la tendance de son cœur. Cet enfant était né à Paris le 9 janvier 1626, d'une famille originaire de Bretagne, qui remplissait les premiers emplois et dans l'Etat et dans l'Eglise : c'était la famille des Bouthilier, qui tirait son nom de la charge d'échanson qu'elle avait exercée près des ducs de Bretagne. L'enfant eut pour parrain le cardinal de Richelieu, qui lui donna son nom d'*Armand-Jean*, et pour marraine la marquise d'Effiat, femme du surintendant ou ministre des finances. Un de ses oncles était archevêque de Tours, un autre évêque d'Aire. Son père, le seigneur *de Rancé*, lui donna trois précepteurs, dont l'un lui apprenait le latin, le second le grec et le troisième la religion : il le destinait à la profession des armes, dans l'ordre de Malte.

D'une figure agréable, d'un esprit merveilleux, l'enfant avait à peine six ou sept ans que la reine Marie de Médicis voulut toujours l'avoir auprès d'elle. Son frère aîné était chanoine de la métropole de Paris et abbé commendataire de plusieurs abbayes. Ce frère étant mort, son père lui donna une autre vocation, lui fit quitter l'épée pour la soutane et prendre la tonsure à l'âge de neuf ans. La raison décisive de cette vocation, c'est qu'il fallait quelqu'un pour occuper les bénéfices de son frère. Donc, à l'âge de douze ans, le jeune Armand fut fait chanoine de Paris, abbé commendataire de Notre-Dame du Val, de Saint-Symphorien de Beauvais, de l'abbaye de La Trappe, et prieur de Boulogne près Chambord, ainsi que de Saint-Clément en Poitou. De sorte qu'à douze ans il se trouva chargé de quinze mille livres de rente des revenus de l'Eglise, ce qui ferait aujourd'hui de quarante à cinquante mille francs. Telle fut sa vocation à l'état ecclésiastique.

Ce fut alors qu'il publia son édition d'Anacréon, accompagnée de notes savantes et dédiée à son parrain, le cardinal de Richelieu. Il composa vers le même temps, *sur l'excellence de l'âme*, un traité où il réfute les opinions de certains philosophes anciens, touchant la substance de l'âme, et prouve que, ayant été créée immédiatement de Dieu, elle ne peut trouver qu'en lui son repos et sa béatitude (Lenain, *Vie de l'abbé de Rancé*, l. 1, c. 2). Il ne fit pas des progrès moins rapides en philosophie et en théologie. Dès l'âge de quinze à seize ans, il savait les Pères de l'Eglise. Dès lors, avec la permission de l'archevêque de Paris, il prêcha dans les églises les plus considérables de la capitale. Une de ses sœurs faisant profession aux Annonciades, il y prêcha à l'âge de seize ans; à vingt, il prêcha, le 2 février, dans l'église des Carmes, de manière à ravir tout son auditoire, qui était extraordinaire. Il avait beaucoup d'amitié pour ces religieux et allait souvent argumenter dans leur collège de théologie. A dix-sept ans, il dédia sa thèse de philosophie à la reine-mère, et à vingt et un sa thèse de théologie en Sorbonne. Il s'appliquait encore à l'astronomie et à l'astrologie judiciaire, pour apprendre à connaître l'avenir. Ce qui commença de le détromper, c'est qu'il n'en tira aucune lumière pour prévoir la mort de son père, arrivée sur les entrefaites. Désabusé du monde, le père lui parla sur son lit de mort de la nécessité de servir Dieu; ce qui fut pour le fils un premier germe de conversion. C'était en 1650.

Devenu, par la mort de son père, seigneur de plusieurs terres considérables, outre ses revenus ecclésiastiques, ARMAND DE RANCÉ aima le monde et les choses du monde. Son principal plaisir était la chasse; il y passait les jours et les nuits, et couchait souvent dans les bois nu-tête. Il faillit être tué dans plusieurs accidents, ce qui lui parut autant d'avertissements de la Providence. D'un autre côté, au milieu de sa vie dissipée et mondaine, son imagination le ramenait souvent à la vie monastique. Les actions des anciens solitaires dont il avait lu les vies le ravissaient tellement, comme il nous l'apprend lui-même dans une lettre du 30 avril 1663, que c'était le sujet de tous ses entretiens; on était charmé de l'entendre, et il donnait aux récits qu'il en faisait des tours agréables qui édifiaient et divertissaient tout ensemble. Il faisait plus : à l'âge de dix-neuf ans, étant à la campagne, il s'occupait à faire des grottes avec des rocailles : il formait des moines de terre à potier avec une adresse merveilleuse, donnait à chacun sa place et son emploi, suivant ce qu'il en avait appris. Enfin, vers le même âge, se divertissant un jour avec deux ecclésiastiques ses amis, dont l'un fut archevêque de Paris et l'autre évêque de Noyon, il fit tomber la conversation sur le courage admirable des martyrs et finit par proposer à ses amis d'essayer qui des trois approcherait le plus des martyrs par sa constance. Le défi fut qui des trois brûlerait plus longtemps son doigt à la flamme d'une bougie. Les deux autres se lassèrent les premiers et bientôt; l'abbé de Rancé soutint l'activité de la flamme un grand demi-quart-d'heure, en sorte qu'il en eut le bout du doigt tout brûlé. Ces traits font voir que l'esprit et le cœur de Rancé étaient pleins de religion, dans le temps même que sa conduite n'y était pas entièrement conforme (Maupeou, *Vie de l'abbé de Rancé*, l. 1).

Il est fait prêtre le 22 janvier 1651 par son oncle, l'archevêque de Tours, puis archidiacre de cette église, enfin reçu docteur de Sorbonne le 6 février 1652 : il fut le premier de sa licence, Bossuet venait après lui. De plus, il devint premier aumônier du duc d'Orléans, frère de Louis XIII; député de la province de Tours à l'assemblée du clergé en 1655, où il se distingua d'une manière fort honorable, et fut chargé de traduire les œuvres de saint Ephrem de grec en français. Il refusa l'évêché de Léon, mais par vanité, comme un poste trop peu considérable. Il vivait, comme les autres abbés de cour, dans le faste, la mollesse, les plaisirs du monde, sans que toutefois ses mœurs fussent autrement scandaleuses. Ce que l'on a débité à cet égard paraît des inventions de roman et non des faits de l'histoire. On y suppose que sa conversion fut le résultat brusque d'une aventure romanesque et tragique; la vérité est que sa conversion fut le fruit lent et graduel d'une multitude de circonstances et d'événements ménagés par la Providence. Il avait de bon un grand amour de la vérité, une certaine générosité d'âme qui lui faisait repousser les voies obliques pour parvenir, enfin une compassion naturelle pour les malheureux. Un jour, en voyage, il rencontre un pauvre, malade au pied d'un arbre; il s'arrête, le met sur son cheval et l'amène dans la ville la plus proche. Cependant Dieu lui faisait sentir peu à peu la vanité du monde : c'était la mort de quelques personnes de la cour avec lesquelles il était lié d'amitié, tantôt c'était autre chose. Ainsi, la duchesse de Montbazon, célèbre par son esprit et sa beauté, mourut de la rougeole le 28 avril 1657 : l'abbé de Rancé, qui la connaissait particulièrement, passe toute la nuit auprès d'elle pour la disposer à une mort chrétienne.

Voici comme lui-même raconte un de ces événements providentiels : « Il m'arriva un jour de joindre un berger qui conduisait un troupeau dans une vaste campagne, et par un temps qui l'avait obligé de se retirer à l'abri d'un grand arbre pour se mettre à couvert de la pluie et de l'orage. Il avait soixante ans. Lui voyant un air qui me parut extraordinaire et un visage qui faisait voir que la paix et la sérénité de son cœur étaient grandes, je lui demandai s'il prenait plaisir à l'occupation dans laquelle il passait ses jours. Il me répondit qu'il y trouvait un repos profond, que ce lui était une sensible consolation de conduire ces bêtes simples et innocentes, que les journées ne lui duraient que des moments; qu'il trouvait tant de douceur dans sa condition, qu'il la préférait à toutes les choses du monde; que les rois n'étaient ni si heureux ni si contents que lui; que rien ne manquait à son bonheur et qu'il ne voudrait pas quitter la terre pour aller dans le ciel, s'il ne croyait y trouver des campagnes et des troupeaux à conduire. J'admirai la simplicité de cet homme, et, le mettant en parallèle avec les grands, dont l'ambition est insatiable, je compris que ce n'était point la possession des biens de ce monde qui faisait notre bonheur, mais l'innocence des mœurs, la simplicité et la modération des désirs, la privation des choses dont on se peut passer, la soumission à la volonté de Dieu, l'amour et l'estime de l'état dans lequel il a plu à Dieu de nous mettre (Lenain, l. 1, c. 6). »

Rancé eut des avertissements d'un autre genre. Un jour il se promenait dans l'avenue de son château de Varet en Touraine; il lui sembla voir un grand feu qui avait pris aux bâtiments de la basse-cour : il y vole; le feu diminue à mesure qu'il en approche; à une certaine distance, l'embrasement disparaît et se change en un lac de feu au milieu duquel s'élève à demi-corps une femme dévorée par les flammes. La frayeur le saisit; il reprend en courant le chemin de la maison; en arrivant, les forces lui manquent; il se jette sur un lit : il était tellement hors de lui, qu'on ne put, dans le premier moment, lui arracher une parole. Enfin, au milieu des soupirs et des sanglots, il raconte à ses intimes ce qui vient de lui arriver, mais après leur avoir fait promettre le secret pendant sa vie (Maupeou, l. 1).

« Je demeurai dans le monde, dit-il un jour à un de ses religieux, depuis l'âge de dix-sept ans jusqu'à trente. La cause de ma conversion fut que je commençai à me dégoûter du monde et à m'en détromper. Je fus convaincu que tout ce qui y fait le fondement et le soutien de tout ce qu'il y a de plus grand et de plus heureux n'a aucune solidité ni aucune assurance. Je voyais quelle était la vie de plusieurs évêques, et je me disais à moi-même : Lorsque je serai évêque, je serai comme eux, et quand même j'aurais plus de probité, je ne ferais pas mieux qu'eux, puisque je n'entrerais pas dans l'épiscopat par les voies véritables. Je fus aussi touché de l'insensibilité que je vis dans quelques personnes au moment de leur mort ; à cela se joignirent des principes de la piété et de la foi. Ainsi, je résolus de quitter le monde et de me retirer en ma maison, sans plus penser à autre chose qu'à y vivre en repos, à passer les journées dans les lectures saintes et dans la prière, et à faire des aumônes. »

« Vous me demandez, écrit-il à une personne de qualité, quelles ont été les raisons qui m'ont déterminé à quitter le monde. Je vous dirai simplement que je le laissai, parce que je n'y trouvais pas ce que j'y cherchais. J'y voulais un repos qu'il n'est point capable de me donner. Et si, par malheur pour moi, je l'y avais rencontré, je n'aurais peut-être pas jeté ni mes yeux ni mes vues plus loin. Les raisons par où j'y pouvais me tenir davantage me déplurent de telle sorte, que je me fis honte à moi-même de les suivre et de m'y attacher. Enfin les conversations agréables, les plaisirs, les desseins d'établissements et de fortune me parurent des choses si creuses et si vaines, que je commençai à ne plus les regarder qu'avec dégoût. Le mépris que j'eus pour la plupart des hommes, en qui je ne vis ni bonne foi, ni honneur, ni fidélité, s'y joignit. Tout cela ensemble me porta à fuir ce qui ne pouvait plus me plaire et à chercher quelque chose de meilleur.

» Enfin Dieu s'expliqua de telle sorte, que je vis clairement que sa volonté était que je renonçasse absolument à tout commerce et que j'embrassasse, dans une solitude exacte et rigoureuse, l'état dans lequel je suis, où j'attends, dans une espérance vive, l'accomplissement des promesses qu'il a faites à ceux qui quittent toutes choses pour l'amour de lui (Maupeou, l. 1). »

Il y avait vingt-deux ans qu'il était abbé commendataire de Notre-Dame du Val, diocèse de Bayeux, de l'ordre des chanoines réguliers de Saint-Augustin, sans y avoir jamais mis les pieds. Il y alla dans l'année 1658. Il eut tant d'horreur et conçut tant de remords de la désolation où était cette abbaye et des grands désordres qu'il y trouva, que dès ce moment il pensa à s'en démettre entre les mains de personnes capables d'y rétablir le culte de Dieu, qui y était déshonoré depuis tant d'années. Tout ce qu'il put faire alors fut de tirer un religieux de l'hôtel-Dieu et un autre d'un bénéfice dépendant de cette abbaye, et de les y mettre pour faire l'office divin, avec trois autres religieux qui y étaient déjà.

Il fait ensuite une retraite à l'Oratoire, une confession générale au Père de Mouchi, qui le conduit peu à peu à quelque chose de plus parfait. Le duc d'Orléans meurt en 1660 : Rancé, son premier aumônier, l'assiste à la mort, et se retire à son château de Varet. Dès lors ce château lui déplait par sa magnificence. « Ou l'Evangile me trompe, se dit-il, où c'est ici la demeure d'un réprouvé. » Il songe à s'en défaire et à donner le prix aux pauvres. « En vérité, écrit-il à un de ses amis, je n'aime présentement ni à écrire ni à parler. Quand je pense que Dieu nous demandera compte de la moindre de nos paroles, je frémis de crainte. » Il congédie la plupart de ses domestiques, vend ses chevaux de carrosse et sa vaisselle d'argent, en donne le prix aux pauvres, règle sa maison d'une manière très-édifiante, n'y retient que quelques personnes de piété, se met en habit ecclésiastique pour ne le quitter plus jamais, examine avec rigueur l'usage qu'il a fait de ses bénéfices. Toutes ses occupations furent désormais la prière, la méditation de l'Ecriture sainte, la lecture des Pères propres à toucher le cœur et à le remplir de piété et de componction. Il y joignit les œuvres de charité, et fit de si grandes aumônes, que, pendant deux hivers, il nourrit plus de cinq ou six cents pauvres. Son oncle, l'archevêque de Tours, le railla sur son changement de vie, et lui offrit avec instance de le nommer son coadjuteur : le neveu refusa ; il aspirait à la pauvreté et à la solitude, plus qu'aux richesses et aux honneurs.

Avant de prendre un parti définitif, Rancé consulta plusieurs personnes, entre autres Le Nain de Tillemont, né à Paris l'an 1637, mort dans la même ville l'an 1698, auteur d'une *Histoire des empereurs*, en six volumes in-quarto, et de *Mémoires pour servir à l'Histoire ecclésiastique des six premiers siècles*, seize volumes in-quarto. Tillemont était infecté de jansénisme. Il conseilla donc à Rancé de garder tous ses bénéfices, *pour en distribuer les revenus à ceux qui étaient dans la persécution*, c'est-à-dire aux jansénistes Arnauld, Quesnel et autres, à qui Tillemont était allé rendre visite en Hollande. Cette sollicitation ne donna point à l'abbé de Rancé une idée favorable des jansénistes. « Je ne pus comprendre, dit-il, que des gens qui voulaient passer pour être entièrement détachés de toutes les choses d'ici-bas fussent capables de faire paraître un sentiment aussi intéressé que celui-là (Feller, *Dict. histor.*, art. LE NAIN DE TILLEMONT). »

Par suite d'autres conseils, reçus de quelques évêques, il se défait de ses bénéfices, vend son château de Varet et son patrimoine, et se retire dans son prieuré de Boulogne, près Chambord, où il demeure quelque temps. C'était en 1662. Là lui revenait continuellement à l'esprit l'abbaye de La Trappe, qu'il gardait encore, et qu'il avait vue naguère dans l'état le plus déplorable. Cette maison fut fondée en 1122 par Rotrou, second du nom, comte du Perche. Rotrou avait fait vœu, en revenant d'Angleterre, que, s'il échappait au naufrage dont il était menacé, il bâtirait une chapelle en l'honneur de la sainte Vierge. Le comte, miraculeusement délivré, pour conserver la mémoire de son aventure, fit donner au toit de son église votive la forme d'un vaisseau renversé. Telle fut l'origine de l'abbaye de La Trappe. On dit que, dans le patois du Perche, *Trappe*, signifie *degré*, comme le mot *Treppe* en allemand; Notre-Dame de La Trappe voudrait donc dire *Notre-Dame des Degrés* (Châteaubriand, *Vie de Rancé*).

Voici en quel état se trouvait l'abbaye de la Trappe, lorsque l'abbé de Rancé y vint. Les portes demeuraient ouvertes le jour et la nuit, et les hommes comme les femmes entraient librement dans le cloître. Le vestibule de l'entrée était si noir qu'il ressemblait beaucoup plus à une prison qu'à une maison-Dieu. Au milieu du monastère était la maison du receveur, qui y demeurait avec sa femme, ses enfants et ses gens. Ici il y avait une échelle attachée contre la muraille ; elle servait à monter aux étages dont les planchers étaient rompus et pourris ; on n'y marchait pas sans péril. En entrant dans le cloître, on voyait un toit devenu concave, qui, à la moindre pluie, se remplissait d'eau ; les colonnes qui lui servaient d'appui étaient courbées; les parloirs servaient d'écuries; le réfectoire n'en avait plus que le nom. Les moines et les séculiers s'y assemblaient pour jouer à la boule, lorsque la chaleur et le mauvais temps ne leur permettaient pas de jouer au dehors. Le dortoir était abandonné; il ne servait de retraite qu'aux oiseaux de nuit; il était exposé à la grêle, à la pluie, à la neige et au vent; chacun des moines se logeait comme il voulait et où il pouvait. L'église n'était pas en meilleur état : pavés rompus, pierres dispersées; les murailles menaçaient ruines; le clocher était prêt de tomber : on ne pouvait sonner les cloches qu'on ne l'ébranlât tout entier.

Dans cette abbaye en ruine, les moines eux-mêmes n'étaient plus que des ruines de religieux. Réduits au nombre de sept, ils se soulevèrent au seul nom de réforme. L'abbé ayant insisté, ils menacèrent de l'assassiner, de le poignarder, de le jeter dans les étangs du monastère. A son tour, il menaça d'en informer le roi. A ce mot, ils pâlirent, laissèrent tomber leurs armes, et acquiescèrent à un arrangement : ils acceptèrent une pension de quatre cents livres, et l'étroite observance de Citeaux fut reçue à la Trappe. C'était un commencement de réforme dans cet ordre, si célèbre par son austérité du temps de saint Bernard, mais depuis si profondément déchu, que le grand saint Charles n'y voyait plus de remède, et qu'il en demanda l'entière extinction. Toutefois, en 1606, trois religieux de l'ordre promirent solennellement d'en commencer la réforme et de la procurer selon leur pouvoir. Douze maisons suivirent leur exemple en 1613, et cette réforme se répandit ensuite dans près de soixante-dix monastères de France. C'est à ces Cisterciens de l'étroite observance, que Rancé demanda cinq ou six religieux pour commencer la réforme à La Trappe. Il passa l'hiver avec eux dans une consolation sensible. Il mangeait comme eux sans aucune distinction, quoiqu'il ne fût qu'abbé commendataire. Ils s'affectionnèrent à lui, et lui témoignèrent un grand désir qu'il devînt leur abbé régulier. Il répondit : Priez Dieu qu'il me rende digne de cette faveur. Un accident contribua pour beaucoup à le déterminer. « Je vous dirai, écrit-il à un ami, du 1er novembre 1662, qu'hier il faillit m'arriver le plus grand accident du monde. Je faisais rebâtir dans mon abbaye mon logis. Il était achevé, je montais pour le voir; au moment que j'en fus sorti, la chambre que je quittais tomba à cause d'une poutre du plancher d'en haut qui se rompit en un instant. Si Dieu ne m'eût préservé, j'étais mort sans respirer. La poutre et tout le plancher tomba tout à la fois. Un de mes gens, qui était au pied du mur, ne fut que légèrement blessé, par la même protection. Voilà ce que c'est que la vie (Lenain, l. 1). »

La résolution de l'abbé de Rancé de devenir religieux, et religieux de l'étroite observance, étonna beaucoup de monde. Le vicaire général de l'observance réformée fit lui-même des objections. Rancé lui dit entre autres : « Il est vrai, je suis prêtre; mais mon Père, j'ai vécu jusqu'ici d'une manière tout à fait indigne de mon caractère. J'ai eu plusieurs abbayes; mais, au lieu d'être le père de tous mes religieux, j'ai dissipé leur bien et le patrimoine du Crucifié. Je suis docteur, mais je ne sais pas l'alphabet du christianisme : les ignorants ravissent le ciel, et moi je péris avec ma doctrine et mes connaissances, si vous n'avez pitié de moi, mon Père, et ne m'accordez la grâce que je vous demande. Il est vrai que j'ai fait quelque figure dans le monde; mais il est encore plus vrai que j'ai été semblable à ces bornes qui montrent les chemins aux voyageurs et qui ne se remuent jamais. Enfin, mon Père, c'est une affaire conclue devant Dieu, je veux faire pénitence, accordez-moi la grâce que je vous demande. »

Enfin, l'abbé de Rancé obtint du roi de tenir son abbaye de La Trappe, non plus en commende, mais en règle; il se défit de son prieuré de Boulogne, alla faire son noviciat dans l'abbaye de Perseigne, y tomba dangereusement malade, guérit contre l'espérance des médecins, fit sa profession le 26 juin 1664, reçut la bénédiction abbatiale à Séez, le 13 juillet, et entra le lendemain comme abbé régulier à La Trappe, qui date proprement de ce jour sa bienheureuse réforme.

Bientôt après, il fut obligé de faire deux fois le voyage de Rome, pour y soutenir la cause des Cisterciens de l'étroite observance contre ceux de l'observance relâchée, qui, sous prétexte d'une réforme générale, faisaient tous leurs efforts pour empêcher les progrès de la réforme partielle; en quoi ils ne réussirent que trop. Voici comme Rancé s'en explique dans une lettre de 1672 à l'abbé de Clairvaux, qui lui avait demandé son sentiment sur l'état présent de l'ordre.

« On ne saurait exprimer la douleur que l'on ressent toutes les fois qu'on entend parler de l'état déplorable auquel notre ordre se trouve réduit. Les maux sont si extrêmes et ses ruines si générales, qu'il semble que sa désolation ne puisse aller plus loin, à moins que le nom ne s'en perde, aussi bien que la piété, de laquelle il ne se rencontre presque plus de caractère, ni de vestiges. Ce qui remplit nos cœurs d'amertume et fait le comble de nos déplaisirs, c'est que, de quelque côté que l'on regarde, il ne se présente rien qui nous console, qui relève nos espérances, et qui, au contraire, ne donne de justes sujets de croire que c'est pour toujours que Dieu a détourné de dessus nous les yeux de sa miséricorde. Les chapitres généraux, uniquement institués pour faire revivre l'esprit des saints et des fondateurs et réformer les relâchements et les abus qui en causent la dissipation, achèvent d'étouffer ce qui en reste. Ils multiplient les maux, autorisent les mêmes désordres auxquels ils devaient apporter des remèdes, et, au lieu de guérir nos plaies, ils nous en font de nouvelles. Vous savez, mon Révérendissime Père, ce qui se fit dans le chapitre dernier. On n'y remarqua ni religion, ni droiture, ni discipline; tout s'y passa dans une confusion scandaleuse, on n'y vit que des emportements et des violences. Vous y fûtes personnellement attaqué par des reproches injurieux; et, ce que l'on aura peine à croire, le nom de Jésus-Christ n'y fut pas proféré une seule fois; ceux qui l'avaient dans le cœur n'osant le mettre dessus leurs lèvres, de crainte de l'exposer dans une assemblée tumultueuse et parmi des gens qui semblaient en avoir perdu toute mémoire et tout sentiment. Cependant on se persuada que tout allait le mieux du monde, parce que les choses s'y passaient au désavantage de l'étroite observance. Il y a plus de quarante ans qu'elle est persécutée sous des prétextes différents : on a proposé des réformations générales, dont on savait que l'exécution était impossible : on a fait paraître des intentions qu'on n'avait pas en effet; et l'unique dessein de celui qui en a fait tous les pas et toutes les diligences n'a jamais été autre que d'imposer au monde et de détruire un établissement réel et effectif par des imaginations spécieuses (Lenain, l. 2, c. 14). »

Ce que Rancé ne put faire pour tout l'ordre de Cîteaux il le fera pour Notre-Dame de La Trappe. Il y établit, non-seulement l'étroite observance essayée depuis cinquante ans, mais la sainte austérité de la règle primitive, comme au temps de saint Bernard à Clairvaux, comme au temps de saint Antoine et de saint Pacôme dans la Thébaïde. Il l'établit, non pas brusquement, mais peu à peu, suivant le progrès et la bonne volonté de ses frères, qui plus d'une fois le prévenaient par leur ferveur. Voici la substance des constitutions qu'il leur donna :

« L'abbaye est sise dans un vallon fort solitaire; quiconque voudra y demeurer n'y doit apporter que son âme : la chair n'a que faire là dedans. On se lèvera à deux heures pour matines; on fera l'espace d'entre les coups de la cloche fort petit, pour ôter lieu à la paresse. On gardera une grande modestie dans l'église, on fera tous ensemble les inclinations du corps et les génuflexions. On sera découvert depuis le commencement de matines jusqu'au premier psaume. On ne tournera jamais la tête dans le dortoir et l'on marchera avec gravité. On n'entrera jamais dans les cellules les uns des autres. On couchera sur une paillasse piquée, qui ait tout au plus un demi-pied d'épaisseur. Le traversin sera de paille longue; le bois de lit sera fait d'ais sur des tréteaux. Au réfectoire, on sera extrêmement propre; on y aura toujours la vue baissée, sans néanmoins se pencher trop sur ce que l'on mange. Aussitôt que la cloche sonne pour le travail, tous les religieux et novices se trouveront au parloir. On ira au travail assigné avec grande retenue et récollection intérieure, le regardant comme la première peine du péché. Aux heures des récréations, on bannira les nouvelles du temps. Dans les grandes sorties, on pourra aller en silence, avec un livre, dans un endroit du bois hors de la hantise des séculiers. On tiendra le chapitre des coulpes deux fois la semaine : avant de s'accuser, on se prosternera tous ensemble, et, le supérieur disant : *Que dites-vous?* chacun répondra d'un ton assez bas : *Mes coulpes.* A l'infirmerie, le malade ne se plaindra jamais : un malade ne doit avoir devant les yeux que l'image de la mort, ne doit rien tant appréhender que de vivre. »

Les observances en ce qui concerne les étrangers sont touchantes : on voyait des avertissements écrits en chaque chambre du quartier des hôtes. S'il est mort quelque parent proche, comme le père, la mère d'un religieux, l'abbé le recommande au chapitre sans le nommer, de manière que chacun s'y intéresse comme pour son propre père, et que la nouvelle ne cause ni douleur, ni inquiétude, ni distraction à celui des frères qu'elle regarde. La famille naturelle n'était plus et l'on y substituait une famille de Dieu. On pleurait son père autant de fois que l'on pleurait le père inconnu d'un compagnon de pénitence.

L'hospitalité changea de nature; elle devint purement évangélique; on ne demanda plus aux étrangers qui ils étaient ni d'où ils venaient, ils entraient inconnus à l'hospice et en sortaient inconnus, il leur suffisait d'être hommes; l'égalité primitive était remise en honneur. Le moine jeûnait, tandis que l'hôte était pourvu; il n'y avait de commun entre eux que le silence. Rancé nourrissait par semaine jusqu'à quatre mille cinq cents nécessiteux. Il était persuadé que ses moines n'avaient droit aux revenus du couvent qu'en qualité de pauvres. Il assistait des malades honteux et des curés indigents. Il avait établi des maisons de travail et des écoles à Mortagne. Les maux auxquels il exposait ses moines ne lui paraissaient que des souffrances naturelles. Il appelait ces souffrances la *pénitence de tous les hommes*. La réforme fut si profonde, que le vallon consacré au repentir devint une terre d'oubli. Un homme s'étant égaré, entendit une cloche vers huit heures du soir : il marche de ce côté et arrive à La Trappe. Il était nuit; on lui accorda l'hospitalité avec la charité ordinaire, mais on ne lui dit pas un mot : c'était l'heure du grand silence. Cet étranger, comme dans un château enchanté, était servi par des esprits muets dont on croyait seulement entendre les évolutions mystérieuses.

Des religieux, en se rendant au réfectoire, suivaient ceux qui allaient devant eux, sans s'embarrasser où ils allaient : même chose pour le travail; ils ne voyaient que la trace de ceux qui marchaient les premiers. Un d'entre eux, pendant l'année de son noviciat, ne leva pas une seule fois ses regards : il ignorait comment était fait le haut de sa cellule. Un autre reclus fut trois ou quatre mois sans apercevoir son propre frère, quoiqu'il lui tombât cent fois sous les yeux. La duchesse de Guise, cousine-germaine de Louis XIV, étant venue au couvent, un solitaire s'accusa d'avoir été tenté de regarder *l'évêque* qui était sous la lampe. Rancé savait seul qu'il y eût une terre.

Tout chef qu'il était, Rancé ne s'accorda aucune des préférences de ses devanciers, il se contentait de la pitance commune; privé comme ses moines de l'usage du linge, il prêchait et confessait ses frères; ses seules distractions étaient les paroles des mourants qu'il recueillait sur le lit de cendres. Il fortifiait ses pénitents plutôt qu'il ne les attendrissait. Il n'était question dans ses discours que de l'échelle de saint Jean Climaque, des ascétiques de saint Basile et des conférences de Cassien.

Les cinq ou six premières années de la retraite de Rancé se passèrent obscurément : les ouvriers travaillaient sous terre aux fondements de l'édifice. Rancé recevait sans distinction tous les religieux qui se présentaient. Le premier qui parut fut, en 1667, dom Rigobert, moine de Clairvaux; ensuite dom Jacques et le Père Le Nain, frère de Tillemont. Ces réceptions commencèrent à faire des ennemis à Rancé. On lui demandait de ces religieux pour réformer des maisons entières. Or, les moines relâchés voyaient un reproche, une condamnation, dans tout ce qui sentait la réforme. Le réformateur de La Trappe reçut avant sa mort cent quatre-vingt-dix-sept religieux et quarante-neuf frères, parmi lesquels il y en a plusieurs dont il a écrit la vie. Dans le nombre fut frère Pacôme : il n'ouvrit jamais un livre, mais il excellait dans l'humilité. Chargé du soin des pauvres, il n'entrait dans le lieu où il mettait le pain qu'après s'être déchaussé, comme Moïse à l'approche du buisson ardent : c'est qu'il honorait Jésus-Christ dans les pauvres. Pacôme attira à lui un de ses frères; ils vécurent sous le même toit sans se donner la moindre marque qu'ils se fussent jamais connus. Frère Palémon, travaillé par des infirmités continuelles et douloureuses, demanda et obtint de n'user d'aucun des adoucissements que la règle accordait aux infirmes. Frère Palémon était autrefois le comte de Santena, colonel d'un régiment français : il mourut le 9 novembre 1694. L'année suivante mourut frère Zénon, autrefois le chevalier de Monbel, capitaine au régiment du roi.

D'illustres personnages venaient faire des retraites à La Trappe. On y vit le duc de Saint-Simon, le duc de Penthièvre, le roi d'Angleterre, Jacques II : Pélisson et Bossuet y allaient fréquemment. Ce dernier fut cause que l'abbé de La Trappe publia un ouvrage.

Comme celui-ci faisait souvent des conférences à ses frères, il lui restait une quantité de discours. Il se laissa entraîner à la prière d'un religieux malade, qui le conjurait de rassembler ses discours. Ainsi se trouva formé peu à peu le traité qu'il intitula : *De la sainteté et des devoirs de la vie monastique*. Il en donna à lire une copie à un ecclésiastique de ses amis en retraite à La Trappe. L'ecclésiastique sort de la chambre des hôtes, et laisse par mégarde la copie sur la table. Un séculier entre, se met à lire avec une extrême attention : ce séculier était un calviniste. Survient le Père abbé, qui lui demande ce qu'il lisait. Le calviniste répond qu'il n'a jamais rien lu de si beau, ni de si admirable, et que le livre de l'*Imitation* n'est pas plus touchant. Le Père abbé s'aperçoit que ce sont ses cahiers : il ne dit rien, mais le séculier sorti de la chambre, il les jette au feu. Aussitôt survient l'ecclésiastique, qui les en retire à demi-brûlés, et le gronde. Rancé prévoyait que la publication de cet ouvrage lui attirerait les ressentiments de tous les moines relâchés. Quelque temps après, Bossuet arrive à La Trappe, avec une copie du même ouvrage : il en parle avec beaucoup d'éloges, et ajoute qu'il ne sortira pas de sa main qu'il ne soit imprimé. — « Comment, Monseigneur, s'écria le saint abbé, vous allez me mettre tous les ordres religieux à dos, moi qui me suis consacré à la retraite et au silence; moi qui n'ai écrit ce livre que pour le mettre devant les yeux de mes religieux après ma mort, comme mon testament! il sera dit que j'aurai eu la démangeaison de paraître auteur et de vouloir réformer les autres! — Vous avez beau vous fâcher, répondit Bossuet, il faut vous laisser conduire là-dessus, et vous n'en serez point le maître; vous y penserez devant Dieu. » — Rancé insista. Bossuet répondit : « Je répondrai pour vous, j'entreprends votre défense, demeurez en repos. »

— L'abbé obtint cependant que l'ouvrage serait soumis à l'évêque de Grenoble, qui n'y trouva rien à reprendre. Le livre *De la sainteté et des devoirs de la vie monastique* parut donc en 1685, avec l'approbation de Bossuet. Voici l'analyse que Rancé lui-même a faite de son livre.

« Les règles des observances religieuses ne doivent pas être considérées comme des inventions humaines. Jésus-Christ a dit : Vendez ce que vous avez et le donnez aux pauvres ; après cela, venez et me suivez. Si quelqu'un vient à moi et ne hait point son père, et sa mère, et sa femme, et ses enfants, et ses frères, et ses sœurs, et même sa propre vie, il ne peut être mon disciple. Jean-Baptiste a mené dans le désert une vie de détachement, de pauvreté, de pénitence et de perfection, dont la sainteté a été transmise aux solitaires, ses successeurs et ses disciples. Saint Paul l'anachorète et saint Antoine cherchèrent les premiers, Jésus-Christ dans les déserts de la basse Thébaïde; saint Pacôme parut dans la haute Thébaïde, reçut de Dieu la règle par laquelle il devait conduire ses nombreux disciples. Saint Macaire se retira dans le désert de Scété, saint Antoine dans celui de Nitrie, saint Sérapion dans les solitudes d'Arsinoé et de Memphis, saint Hilarion dans la Palestine; sources abondantes d'une multitude innombrable d'anachorètes et de cénobites qui remplirent l'Afrique, l'Asie et toutes les parties de l'Occident.

» L'Eglise, comme une mère trop féconde, commença de s'affaiblir par le grand nombre de ses enfants. Les persécutions ayant cessé, la ferveur et la foi diminuèrent dans le repos. Cependant Dieu, qui voulait maintenir son Eglise, conserva quelques personnes qui se séparèrent de leurs biens et de leurs familles par une mort volontaire, qui n'était ni moins réelle, ni moins sainte, ni moins miraculeuse que celle des premiers martyrs. De là les différents ordres monastiques sous la direction de saint Bernard et de saint Benoît. Les religieux étaient des anges qui protégeaient les états et les empires par leurs prières, des voûtes qui soutenaient la voûte de l'Eglise, des pénitents qui apaisaient par des torrents de larmes la colère de Dieu, des étoiles brillantes qui remplissaient le monde de lumière. Les couvents et les rochers sont leur demeure; ils se renferment dans les montagnes comme entre des murs inaccessibles; ils se font des églises de tous les lieux où ils se rencontrent; ils se reposent sur les collines comme des colombes; ils se tiennent comme des aigles sur la cime des rochers; leur mort n'est ni moins heureuse ni moins admirable que leur vie, raconte saint Ephrem. Ils n'ont aucun soin de se construire des tombeaux ; ils sont crucifiés au monde; plusieurs, étant attachés comme à la pointe des rochers escarpés, ont remis volontairement leur âme entre les mains de Dieu. Il y en a qui, se promenant avec leur simplicité ordinaire, sont morts dans les montagnes qui leur servaient de sépulcre. Quelques-uns sachant que le moment de leur délivrance était arrivé, se mettaient de leurs propres mains dans le tombeau. Il s'en est trouvé qui, en chantant les louanges de Dieu, ont expiré dans l'effort de leur voix, la mort seule ayant terminé leur prière et fermé leur bouche. Ils attendent que la voix de l'archange les réveille du sommeil; alors ils refleuriront comme des lis d'une blancheur, d'un éclat et d'une beauté infinie. »

Après cette description admirable pour leur faire

aimer la mort, Rancé ajoute : « Je ne doute pas, mes frères, que vos pensées ne vous portent du côté du désert; mais il faut modérer votre zèle. Les temps sont passés; les portes des solitudes sont fermées, la Thébaïde n'est plus ouverte. » C'était vrai, mais les ordres religieux avaient rebâti dans leurs couvents la Thébaïde; ils avaient représenté dans leurs cloîtres les palmiers des sables.

Rancé passe à l'explication des trois vœux de la vie monastique : chasteté, pauvreté, obéissance. Il recommande la charité comme la première des vertus. Un chrétien n'est fait que pour aimer. Ce qui fait que l'amour de Dieu est si rare dans les hommes, c'est qu'ils sont emportés par d'autres amours. « Pour vous, dit le réformateur dans un langage admirable, pour vous, mes frères, Dieu a levé tous ces obstacles, et vous a préservés de ces sortes de tentations, en vous retirant dans la solitude. Vous êtes, à l'égard du monde, comme s'il n'était plus; il est effacé dans votre mémoire comme vous l'êtes dans la sienne; vous ignorez tout ce qui s'y passe, ses événements et ses révolutions les plus importantes ne viennent point jusqu'à vous; vous n'y pensez jamais que lorsque vous gémissez devant Dieu de ses misères; et les noms mêmes de ceux qui le gouvernent vous seraient inconnus, si vous ne les appreniez par les prières que vous adressez à Dieu pour la conservation de leurs personnes. Enfin, vous avez renoncé, en le quittant, à ses plaisirs, à ses affaires, à ses fortunes, à ses vanités, et vous avez mis tout d'un coup sous vos pieds ce que ceux qui l'aiment et qui le servent ont placé dans le fond de leur cœur. »

Tel est, dit Châteaubriand, ce traité *De la sainteté et des devoirs de la vie monastique*; on y entend les accents pleins et majestueux de l'orgue; on se promène à travers une basilique dont les rosaces éclatent des rayons du soleil. Quel trésor d'imagination dans un traité qui paraissait si peu s'y prêter ! Le travail de l'abbé de Rancé apprendra à ceux qui ne le connaissaient pas, qu'il y a dans notre langue un bel ouvrage de plus.

Il se fit d'abord un profond silence, autant d'admiration que d'étonnement. Il ne fallut pas moins de deux années pour que les amours-propres et les passions se remissent du choc. Mais enfin on recouvra ses esprits et le conflit s'engagea : il commença d'abord en Hollande, où la littérature française avait un écho; écho protestant qui répétait mal le son et ne le répétait qu'aigre et sec. Un ministre calviniste, Daniel Larroque, réfugié en Hollande, publia un écrit satirique avec ce titre : *Le véritable motif de la conversion de l'abbé de La Trappe.* C'est là que se trouvent pour la première fois ces anecdotes ou fables romanesques sur le compte de Rancé.

Mais le livre de La Trappe, approuvé par Bossuet et par l'évêque de Grenoble, avait bien d'autres ennemis. Son seul titre : *Sainteté et devoirs de la vie monastique*, était une censure et une condamnation de presque tous les ordres monastiques d'alors, qui ne connaissaient plus guère la sainteté de leur état ni les devoirs qui y mènent. Cependant ils n'osèrent réclamer contre l'explication des vœux de pauvreté, chasteté, obéissance : ils se seraient décriés eux-mêmes. Restait un point secondaire, les études. Rancé disait à ses frères de La Trappe que leurs études, leurs lectures devaient se borner à ce qui était de leur état de religieux solitaires, et non point s'étendre à des sciences profanes dont ils n'avaient plus que faire, et qui pouvaient les rejeter dans le monde qu'ils avaient quitté. C'était le cas des Bénédictins de France. Ils négligeaient généralement les lectures, les études propres à faire de saints religieux, et s'appliquaient à celles qui pouvaient faire des savants, des érudits, des hommes de lettres, capables de se faire un nom dans le monde. Ils aspiraient à transformer leurs monastères, ces pieuses solitudes d'autrefois, en académies littéraires et mondaines. Pour se défendre, ils imputèrent à l'abbé de La Trappe de vouloir interdire aux moines toute espèce d'études, et ils poussèrent leur confrère Mabillon à écrire dans ce sens. Il écrivit son *Traité des études monastiques* : Rancé y fit une *Réponse*, et Mabillon des *Réflexions* sur cette *Réponse*; la controverse finit là.

Mabillon était personnellement très-érudit, très-doux et très-modeste; mais il n'avait pas le génie pénétrant de Vincent de Paul et de Fénelon pour démêler et signaler le venin de l'hérésie janséniste; mais il n'avait pas l'âme apostolique de Vincent de Paul, de Fénelon, de Rancé, pour ressentir jusqu'au fond des entrailles les maux de l'Eglise, la décadence des ordres religieux, et pour travailler avec courage à y porter remède. Nous n'avons pas rencontré chez lui un seul mot de cette nature. Ce sont le plus souvent des tournures polies, quelquefois ingénieuses, mais superficielles, pour excuser ou justifier ce que l'on faisait chez les Bénédictins, excuser ou justifier la décadence de l'esprit religieux. Dans son *Traité des études monastiques*, il suppose que l'abbé de La Trappe défendait absolument l'étude à ses moines : ce qui n'était pas; il voulait uniquement la borner à ce qui était de leur profession. Aussi leur dit-il dans l'avant-propos de sa *Réponse* :

« Mais afin que vous sachiez, mes frères, sans confusion, de quoi il s'agit, je vous dirai que toujours j'ai été persuadé, et que je le suis encore, qu'il suffit à des religieux solitaires de lire, d'entendre et d'étudier l'Ecriture sainte, les expositions des saints Pères, de saint Jean Chrysostôme, de saint Augustin, de saint Jérôme, de saint Grégoire; et de joindre à cela les ouvrages des Pères qui regardent leur état, qui leur en expliquent les vérités, qui les portent à la perfection à laquelle ils sont obligés de s'élever sans cesse, comme ceux de saint Basile, de saint Ephrem, de Cassien, de saint Isidore de Damiette, de saint Nil, de saint Dorothée, de saint Jean Climaque, de saint Bernard, de l'*Imitation de Jésus-Christ*; et que, sans sortir de ces bornes et sans s'étendre davantage, ils ont dans ces lectures tout ce qui peut les éclairer et les instruire. Il y ajoute, dans le corps de la *Réponse*, les livres de sainte Thérèse, de saint François de Sales, et autres ouvrages modernes de bonne piété, comme ceux de Rodriguez.

L'opinion contraire, mes frères, est *qu'il faut que les moines étudient les lettres profanes, la philosophie, les langues; qu'ils entrent dans le fond de la théologie et de la science ecclésiastique; qu'ils sachent l'histoire de l'Eglise, sa discipline, ses ca-*

nons; qu'ils lisent avec application tout ce que les Pères et les auteurs ont écrit sur ces sortes de matières; enfin, qu'ils s'appliquent même à la connaissance des inscriptions, des manuscrits et des médailles.

Et de fait, dans un catalogue de livres propres à former les religieux bénédictins, Mabillon propose aux jeunes profès les lettres de saint Jérôme avec celles de Cicéron, les fables de Phèdre avec la paraphrase des Évangiles par Érasme, les oraisons de saint Jean Chrysostome avec les *Dialogues* de Lucien, les comédies de Térence et même des ouvrages d'hérétiques, condamnés par le Saint-Siège (*Traité des études monastiques*, p. 348, 398, 425; *Réponse*, p. 370, 439, 478). C'était là sans doute le moyen de former des hommes de lettres, mais nullement des solitaires, des anachorètes, fidèles imitateurs des Antoine, des Pacôme, des Hilarion.

D'ailleurs l'expérience a prononcé, ainsi que le temps. La congrégation bénédictine de Saint-Vannes en Lorraine avait suivi d'abord le plan de Mabillon: elle fut obligée d'y renoncer dès la première année, pour arrêter les mauvaises suites qui en résultaient dès lors (*Réponse*, p. 397). Cette congrégation se maintint plus longtemps avec honneur, tandis que la congrégation française de Saint-Maur, par suite de sa tendance à négliger les études véritablement monastiques et à se livrer plus volontiers à des études séculières, vit ses religieux de Saint-Germain-des-Prés demander leur sécularisation au gouvernement temporel, demander à n'être plus religieux, mais simplement hommes de lettres. Nous verrons, au jour de l'épreuve, la congrégation tout entière faillir à son devoir, et s'éteindre dans l'hérésie janséniste, le schisme et le scandale.

La sainte communauté de La Trappe se montre animée d'un autre esprit. Quelques personnes ayant, en 1664, taxé cette réforme d'une rigueur excessive, l'abbé de Rancé fait assembler ses religieux, et leur ordonne de dire naïvement ce qu'ils pensent. Tous ils s'écrient que leurs mortifications sont bien légères en comparaison de ce que méritaient leurs fautes passées, et qu'ils rougissent de leur peu de zèle à satisfaire la justice de Dieu. Un prélat voulant qu'on usât de quelque indulgence à l'égard des frères convers, le même abbé fait venir ceux-ci au chapitre, en 1687, afin qu'ils déclarent leurs vrais sentiments. Ils parlent tous de manière à convaincre qu'ils chérissent leur état et qu'ils sont dans la disposition de s'assujétir à des austérités encore plus grandes. Aussi, quand le jour de l'épreuve est venue, les Trappistes se sont montrés fidèles. Expulsés de leur maison, jetés sur la terre d'exil, ils ont conservé partout l'esprit de leur père, l'esprit d'abnégation et de solitude. Aussi Dieu les a-t-il multipliés comme une semence bénie. Au lieu d'une maison, ils en ont aujourd'hui jusqu'à trente: vingt et une de Trappistes, huit à neuf de Trappistines: dix-huit en France, deux en Belgique, une en Hollande, une en Irlande, deux en Angleterre, une dans le royaume de Naples, une en Espagne, une en Amérique, savoir le prieuré de Tracadie, dans le Nouveau-Brunswick; une en Afrique, sur la plage de Staouëli, là où les Français ont débarqué pour conquérir la terre de Cham à Dieu et à la France, et où les Trappistes travaillent à lui conquérir les esprits et les cœurs des Maures et des Arabes; une près de Stamboul, où, par un prodige nouveau, le Grand-Turc, le successeur de Mahomet, les appelle pour apprendre aux Musulmans à cultiver la terre chrétiennement. Ce que l'épée des Croisés commence, ce que la plume des savants prépare, les Trappistes vont l'achever par la bêche et le hoyau, par le jeûne et la prière: la conversion de l'islamisme.

L'abbé de Rancé, comme docteur de Sorbonne, souscrivit à tous les décrets apostoliques contre le jansénisme. Depuis la paix de Clément IX, en 1668, voyant les jansénistes dans la communion du Pape, qui se montrait content d'eux, il les crut loyalement soumis, et n'approuvait pas qu'on suspectât leur sincérité. Tel est le sens d'une lettre de 1676, à M. de Brancas, citée par Châteaubriand. Les jansénistes s'étant démasqués avec le temps, il changea de langage et écrivit, le 2 novembre 1694, à l'abbé Nicaise: « Enfin, voilà M. Arnauld mort; après avoir poussé sa carrière aussi loin qu'il a pu, il a fallu qu'elle se terminât. Quoi qu'on dise, voilà bien des questions finies. L'érudition de M. Arnauld et son autorité étaient d'un grand poids pour le parti. Heureux qui n'en a point d'autre que celui de Jésus-Christ! qui, mettant à part tout ce qui pourrait l'en séparer ou l'en distraire, même pour un moment, s'y attache avec tant de fermeté que rien ne soit capable de l'en déprendre. » — A ce jugement si modéré, le janséniste Quesnel répondit par une longue lettre d'injures, qui sont une gloire pour le vieux réformateur de La Trappe.

Ce grand serviteur de Dieu trouva des croix parmi ses enfants mêmes. Accablé d'infirmités, il crut devoir se démettre de son abbaye. Le roi lui laissa le choix du sujet, et il nomma dom Zosime, qui en était très-digne, mais qui mourut peu après. Dom Gervaise, qui lui succéda, mit le trouble dans la maison de La Trappe. Il inspirait aux religieux un nouvel esprit, opposé à celui de Rancé, qui, ayant trouvé le moyen d'obtenir une démission, la fit remettre entre les mains du roi. Gervaise, surpris et irrité, courut à Versailles noircir l'abbé de Rancé, l'accusa de jansénisme, de caprice, de hauteur; mais, malgré toutes ses manœuvres, dom Jacques Delacourt, religieux exemplaire, obtint sa place. La paix fut rendue à La Trappe, et le pieux réformateur y mourut tranquille le 26 octobre 1700, en présence de l'évêque de Séez et de toute sa communauté. Il expira couché sur la cendre et la paille; car c'est ainsi que les Trappistes quittent la terre pour le ciel.

Pour régénérer le genre humain, Dieu envoya les patriarches, les prophètes, enfin son propre fils, qui se fit homme, qui se fit enfant, qui se fit pauvre, afin de nous rendre vénérables les enfants et les pauvres. Nous l'avons vu, plaçant un petit enfant au milieu de ses disciples, leur dire: *En vérité, si vous ne devenez comme de petits enfants, vous n'entrerez pas dans le royaume des cieux; mais quiconque s'humiliera comme ce petit enfant que voici, celui-là sera le plus grand dans le royaume des cieux. Et celui qui reçoit en mon nom un petit enfant comme ceci, c'est moi-même qu'il reçoit. Prenez donc garde de mépriser un de ces petits; car, je vous le dis, leurs anges voient sans cesse la face de mon Père qui est dans les cieux* (Matth. 18). Pour régénérer en particulier la France, Dieu y suscite un homme plein de l'esprit des prophètes, plein de l'esprit d'Elie, qui fera fleurir la solitude. Dieu y suscite en même temps un homme plein de l'esprit de son Fils; un homme qui se fait enfant, qui se fait pauvre pour conserver à Dieu et à son Fils les petits enfants, surtout les enfants du pauvre. Cet homme est JEAN-BAPTISTE DE LA SALLE; né en 1651, mort en 1719.

Il naquit à Reims, où son père était conseiller au présidial. Il était l'aîné de la famille. Il reçut au baptême le nom de Jean-Baptiste; sa vie fut innocente et pénitente comme celle de son saint patron. Dès sa plus tendre enfance, il donne des indices certains qu'il est né pour le ciel. Les saints noms de Jésus et de Marie sont les premiers qu'il prononce distinctement, et il parait les prononcer avec affection. Sa mère, dont la piété égale la tendresse, s'applique à le former à la vertu. Tout le plaisir de l'enfant consiste à faire des chapelles, à imiter avec dévotion les saintes cérémonies de l'Eglise. Pour lui plaire, il faut faire comme lui et s'amuser aussi sérieusement. Quand il sort de la maison, c'est toujours pour aller visiter le Seigneur dans ses temples; du moins c'est toujours là que son inclination le porte. Sa piété dans les églises est celle d'un ange. S'il sort de son recueillement, ce n'est que pour prendre garde à ce qui se passe à l'autel. Il remarque tout, et il ne manque pas au retour, de faire les questions sur tout ce qu'il a vu. Bientôt l'envie de servir lui-même à l'autel lui fait apprendre la manière de répondre la messe. Il s'acquitte ensuite de cette action de piété avec une ferveur qui fait connaître qu'il a déjà une foi vive et un amour tendre pour Jésus-Christ.

Prévenu de tant de grâces, l'enfant commence à s'appliquer à l'étude des lettres humaines, d'abord à la maison, puis à l'Université de Reims. Il est la joie de ses maîtres, qui le voient tous les jours croître en sagesse et en science. Ses parents espéraient qu'il serait le soutien de sa famille. Son père ne se proposait que d'en faire un honnête homme, un homme de probité, un magistrat intègre. Dieu le destinait à quelque chose de plus parfait, il écouta sa voix et fut docile. Il déclara qu'il se croyait appelé à l'état ecclésiastique. Ses parents voyaient par là tous leurs projets renversés; mais, pleins de foi. ils consentirent généreusement à ce qui allait les détruire. Jean-Baptiste reçut leur consentement avec une joie et une reconnaissance très-sensibles. On le vit encore plus recueilli qu'auparavant : il redoubla ses prières. Il supplia la sainte Vierge de le présenter elle-même à son Fils, et de lui obtenir la grâce d'être un digne ministre des autels.

Ayant reçu la tonsure cléricale, il est fait chanoine de Reims, étudie la théologie à Paris, fait son séminaire à Saint-Sulpice, y apprend la mort de son père et de sa mère, et reçoit, en 1678, la prêtrise à Reims, à l'âge de vingt-sept ans.

Un vertueux chanoine, nommé Rolland, avait formé une communauté des filles de l'Enfant-Jésus, pour l'instruction des orphelines et des enfants de leur sexe. Sur le point de mourir, il la recommande à son confrère et ami de La Salle, qui parvient effectivement à la consolider. Un saint religieux, le Père Barré, de l'ordre de saint François de Paule, avait établi les Filles de la Providence pour l'instruction des petites filles nées de parents pauvres. Il avait aussi formé le plan d'un établissement des maîtres d'écoles gratuites pour les garçons qu'on laissait sans éducation; mais il y rencontre tant d'obstacles, qu'il ne peut les vaincre. Une dame noble et riche, madame de Maillefer, convertie d'une vie mondaine à une vie de bonnes œuvres, s'intéressait vivement à cette entreprise. Elle envoie de Rouen un M. Niel avec des lettres, pour essayer d'établir à Reims une école gratuite pour les garçons. Il avait une lettre pour le chanoine de La Salle, qui était prié de l'aider de ses conseils, et qui le logea même dans sa maison. Le projet parut infiniment louable, mais difficile à exécuter. D'après les conseils de La Salle, on logea deux maîtres chez le curé d'une paroisse de Reims, et ils ouvrirent immédiatement l'école. C'était en 1679. Le bon chanoine de La Salle, persuadé que désormais toute affaire en ce genre était finie pour lui, se retira, ne pensant plus qu'à louer Dieu de la bénédiction qu'il avait donnée à ses soins.

Mais M. Niel, qui n'était lui-même qu'un maître d'école, avait une singulière activité pour commencer des écoles nouvelles, tantôt dans une paroisse, tantôt dans une autre : pour cela il fallait toujours plus de maîtres. La Salle l'aidait de ses conseils et de son argent. Niel était souvent en course; La Salle le suppléait auprès des maîtres, pour les former à l'instruction chrétienne. Il leur donna un petit règlement, les logea près de sa maison, puis dans sa maison, et enfin la quitta pour aller demeurer avec eux dans une maison étrangère. Cela indisposa contre lui toute la ville de Reims, surtout ses parents; mais il était soutenu par les conseils et l'approbation du Père Barré. Cependant Niel, qui avait dans l'esprit plus d'activité que de suite, fit manquer quelques écoles par son inconstance : La Salle, qui ne se proposait d'abord que de suppléer à ses absences, fut obligé de se charger de tout, et devint, sans y penser, fondateur d'un nouvel ordre religieux.

Déjà plusieurs maîtres avaient renoncé à un genre de vie qui les gênait trop, parce qu'il demandait une contrainte continuelle. Ceux qui remplirent de nouveau la maison montrèrent, il est vrai, qu'ils avaient envie de bien faire; mais ils laissèrent voir aussi bien des défauts. Ce ne fut qu'à force d'instructions et d'exhortations touchantes qu'ils parurent faire des progrès dans la vie spirituelle, et porter assez volontiers le joug d'une régularité mortifiante. On vit naître en eux une sainte émulation, effet merveilleux de la vigilance de leur infatigable conducteur. Sa patience à supporter tous leurs défauts, sa charité tendre et paternelle à les écouter dans tous les temps, à entrer dans leurs peines; sa douceur inaltérable en les reprenant, lui gagnaient leur confiance et leur cœur. Ils l'aimaient comme leur père; ils s'aimaient mutuellement; la paix régnait parmi eux. Tout à coup il s'éleva une tempête qui lui fit payer bien cher le plaisir innocent qu'il goûtait en commençant à jouir du fruit de ses travaux.

Des inquiétudes sur l'avenir agitèrent ces hommes attachés encore à la terre. A quoi nous conduira la vie dure que nous menons? se dirent-ils les uns aux autres. Il n'y a rien de solide dans l'état que nous avons pris. Nous perdons notre jeunesse dans cette maison. Que deviendrons-nous si notre Père nous abandonne, ou si la mort nous l'enlève? De là un refroidissement général. Le bon Père en est effrayé, mais n'en peut deviner la cause : il leur témoigne plus de bonté que jamais; il les questionne. Enfin ils lui avouèrent franchement les craintes qu'ils avaient. Aussitôt il leur dit plein de zèle : « Hommes de peu de foi, qui vous donne la hardiesse de prescrire des bornes à une bonté infinie qui n'en a point? Puisqu'elle est infinie, peut-elle vous manquer et n'avoir pas soin de vous? Vous voulez des assurances? l'Evangile ne vous en fournit-il pas? en exigez-vous de plus fortes que la parole expresse de Jésus-Christ? C'est un engagement qu'il a signé de son sang, etc. » Ce discours était fort touchant, mais il y manquait quelque chose. Les auditeurs se disaient à eux-mêmes et entre eux : Si chacun de nous avait un bon canonicat et un riche patrimoine comme notre Père, nous parlerions aussi éloquemment sur l'abandon à la divine Providence : ou bien si notre Père n'avait pas plus que nous, ses discours nous persuaderaient davantage. Longtemps ils n'osèrent lui faire une observation si étrange. Enfin, pressés par ses exhortations toujours plus véhémentes, ils lui en firent brusquement l'aveu. Le bon Père, quoique surpris, convint humblement qu'ils avaient raison. Dès lors il résolut de se défaire de son patrimoine pour fonder des écoles. Il consulta le Père Barré, ce vertueux Minime, qui se montra bien autrement sévère. Il lui conseilla non-seulement de se défaire de son patrimoine, mais d'en donner le prix aux pauvres; il lui conseilla de plus de résigner son canonicat, non pas à son frère, qui était ecclésiastique, mais à un étranger. Les renards, lui dit-il avec Jésus-Christ, ont des tanières, et les oiseaux du ciel ont des nids pour se retirer; mais le Fils de l'homme n'a pas où reposer sa tête; et il expliquait ainsi ces paroles du Sauveur : « Qui sont ces renards? Ce sont les enfants du siècle qui s'attachent aux biens de la terre. Qui sont ces oiseaux du ciel? Ce sont les religieux qui ont leurs cellules pour asile; mais pour les maîtres et les maîtresses d'école, dont la vocation est d'instruire les pauvres à l'exemple de Jésus-Christ, point d'autre partage que celui du Fils de l'homme. Tout autre appui que la Providence ne convient pas aux écoles chrétiennes. Cet appui est inébranlable; et elles demeureront elles-mêmes inébranlables, si elles n'ont point d'autre fondement (Garreau, *Vie de J.-B. de La Salle*, l. 1). »

Certainement, ce n'est pas la chair et le sang qui révèlent des vérités si rigides et si pures; et ce qui prouve bien qu'elles étaient véritablement inspirées d'en-haut, c'est que celui qu'elles intéressaient, et à qui elles devaient paraître extrêmement dures, les goûta aussitôt. Son cœur consentit sans murmurer à des sacrifices si difficiles. Plus il y pensait devant Dieu, plus il s'y sentait disposé. Il y eut plus de difficultés de la part des hommes : ceux qu'il consulta se trouvèrent divisés de sentiment : l'archevêque de Reims ne voulut point lui permettre de quitter son canonicat. A la longue il obtint la permission; mais le supérieur du séminaire lui conseilla, de la part de l'archevêque, de résigner le canonicat à son frère, qui en était digne. La Salle répondit : « Je conviens que mon frère a tout le mérite que vous reconnaissez en lui; mais c'est mon frère, et cette seule raison m'empêche de condescendre aux désirs de M. l'archevêque. » Le supérieur, frappé de cette réponse, changea de langage, et dit qu'il approuvait désormais un dessein qu'il s'était chargé de combattre. « A Dieu ne plaise, ajouta-t-il, que je vous conseille jamais de faire ce que tant de gens désirent de vous. Exécutez ce que l'Esprit-Saint vous a inspiré. Ce conseil que je vous donne à présent, si opposé à celui que je vous ai donné d'abord, est le conseil de l'Esprit de Dieu, et le seul qu'il faut écouter. »

La Salle, qui avait trente-trois ans, résigna donc son canonicat à un étranger. Il vendit également tous ses biens et en distribua le prix aux pauvres, dans l'année calamiteuse de 1684 : à tel point qu'il se vit lui-même réduit à mendier sa nourriture. Ses disciples murmurèrent de ce qu'il n'avait rien réservé pour eux. Il leur répondit en ces termes : « Revenez, mes chers frères, sur les tristes jours dont nous sommes à peine sortis. La famine vient d'exposer sous nos yeux tous les maux qu'elle cause aux pauvres, et toutes les brèches qu'elle sait faire à la fortune des riches. Cette ville n'était plus peuplée que de misérables. Ils s'y rendaient de toutes parts et venaient y traîner un reste de vie languissante, que la faim allait bientôt terminer. Pendant tout ce temps, où les plus riches n'étaient pas eux-mêmes assurés de trouver à prix d'argent un pain devenu aussi rare que précieux, que vous a-t-il manqué? Grâces à Dieu, quoique nous n'ayons ni rentes ni fonds, nous avons vu ces temps fâcheux se passer sans manquer du nécessaire. Nous ne devons rien à personne, pendant que plusieurs communautés opulentes se sont ruinées par des emprunts et par des ventes désavantageuses, devenues nécessaires pour les faire subsister. » Ce discours leur fit faire attention aux miracles de la divine Providence en leur faveur. Ils apprirent enfin à ne plus s'en défier dans la suite (Garreau, *Vie de J.-B de La Salle*, l. 1).

De ce moment, La Salle se livre tout entier à la formation de son institut. Vivant d'aumônes avec ses maîtres d'école, il éprouvait une violente répugnance pour certains aliments. Afin de se vaincre une bonne fois pour toutes, il se condamna à une abstinence totale jusqu'à ce qu'il sentît naître en lui une faim dévorante. Ce moyen lui réussit. Un jour le cuisinier servit par mégarde une portion d'absinthe. Les autres se crurent empoisonnés et s'abstinrent du reste. Le Père, qui avait mangé toute sa portion sans s'apercevoir de rien, fut fort surpris d'entendre parler de poison. On examina la chose : ce n'était que de l'absinthe. Les bonnes gens s'en amusèrent dans la récréation. Mais le bon Père, pour leur apprendre à se mortifier, fit servir une seconde fois la portion qu'ils avaient rebutée, et il fallut la manger tout entière.

Il assembla ensuite douze de ses principaux disciples pour délibérer avec eux sur les constitutions à donner à leur petite société. Ils prennent d'abord le nom de *Frères de la doctrine chrétienne*, et décident que leur nourriture serait celle du pauvre peuple. Ils proposent de faire les vœux perpétuels de pauvreté, chasteté et obéissance; mais le Père veut qu'ils ne les fassent d'abord que pour trois ans, et il les fait avec eux. Après bien des réflexions, il leur donna pour habillement uniforme celui qu'ils portent encore maintenant. On en fit des risées. On les hua, on en vint jusqu'à leur jeter de la boue au visage, sans que personne s'avisât de prendre leur défense. Lui-même, le Père, ayant été faire l'école à la place d'un Frère, reçut des soufflets dans la rue. Il essuya cette épreuve terrible pendant plus d'un mois. Ce ne fut pas la seule fois où il eut à souffrir de ces outrages, lui et ses frères.

Pour pratiquer lui-même l'obéissance, à l'exemple de Jésus-Christ, il se démit de la charge de supérieur, persuada aux Frères d'en élire un autre à sa place, auquel il fut le premier à promettre obéissance. Mais l'autorité ecclésiastique, ayant su ce qui s'était passé, l'obligea à reprendre la première place. En 1687, celui des Frères qui était à la tête des écoles de Guise tomba si dangereusement malade, qu'on désespéra de sa vie. Il reçut les derniers sacrements et fut abandonné des médecins; il se voyait sur le point d'expirer : une seule chose le chagrinait, c'était de ne pas voir son Père avant de mourir. Le bon Père fait exprès le voyage, et le Frère est guéri en le voyant.

En 1688, M. de la Barmondière, curé de Saint-Sulpice, appelle les Frères de La Salle sur sa paroisse : ils y arrivent le 24 février, avec leur Père. L'ancien directeur de l'école paroissiale les avait sollicités lui-même de venir; mais quand il vit leurs succès, il en fut jaloux et n'omit rien pour les desservir; en quoi il fut puissamment secondé, et même surpassé, par la jurande ou corporation jurée des maîtres d'école de Paris. C'est que les écoles des Frères se multipliaient à Paris et ailleurs, les enfants y affluaient sans nombre, le peuple les aimait. Le Père avait établi un noviciat à Vaugirard, il fut obligé de le transférer au faubourg Saint-Antoine; les maîtres jurés de Paris le poursuivirent en 1704, jusqu'à lui faire enlever ses meubles. L'archevêque de Paris était le cardinal de Noailles, gouverné par les jansénistes. Comme le vénérable de La Salle était éminemment soumis à tous les décrets du Saint-Siège, on le tracassait de la part de l'archevêque; on voulut lui ôter la charge de supérieur, et en imposer un autre aux frères. Au milieu de toutes ces contradictions, les écoles se multipliaient par toute la France; il y avait des Frères à Rome dès 1702. Ses motifs pour y envoyer furent, comme il le dit lui-même : « 1º de planter l'arbre de la société et de lui faire prendre racine dans le centre de l'unité, à l'ombre, sous les yeux et sous les auspices du Saint-Siége; 2º de la fonder sur la pierre solide, sur cette pierre contre laquelle les portes de l'enfer ne peuvent prévaloir, et de l'attacher pour toujours à cette Eglise qui ne peut ni périr ni faillir; 3º de se faire une voie pour aller aux pieds du Vicaire de Jésus-Christ demander l'approbation de ses règles et de ses constitutions, et la grâce pour ses frères de faire les trois vœux solennels de religion; 4º pour obtenir la bénédiction apostolique sur son institut, pour l'autoriser de la protection du chef de l'Eglise, et prendre de lui la mission d'enseigner la doctrine chrétienne sous le bon plaisir et l'agrément des évêques; 5º enfin il voulait envoyer quelques-uns de ses disciples dans la capitale du monde chrétien, source de la communion catholique, pour y être les garants de sa foi, de son attachement inviolable au Saint-Siége et de sa soumission à toutes ses décisions, dans un temps où un si grand nombre de personnes en France paraissaient n'en faire aucun cas. » Tels étaient et tels furent toujours les sentiments du vénérable de La Salle. Il y forma ses disciples; il ne cessa de les leur inspirer en toute occasion. C'est parce que ces sentiments étaient gravés profondément dans son âme, qu'il lui arrivait assez souvent d'ajouter à son nom la qualité de *prêtre romain* (Garreau, l. 3).

En 1705, l'archevêque Colbert appelle les Frères à Rouen pour soigner l'hôpital et les écoles des pauvres. Pour loger ses Frères, le vénérable de La Salle loue la maison de Saint-Yon, à l'extrémité d'un des faubourgs. C'était une ancienne maison, bien située, ayant un vaste enclos et offrant une solitude fort agréable, quoique à la porte d'une grande ville très-peuplée. Elle s'appelait autrefois le manoir de Hauteville; différents seigneurs l'avaient possédée autrefois, et un d'entre eux, appelé M. de Saint-Yon, à qui elle avait appartenu jusqu'en 1615, lui avait laissé son nom, en y faisant bâtir une chapelle en l'honneur de saint Yon, martyr, un des disciples de saint Denys, apôtre de la France. Le pieux instituteur fit venir ses novices dans cette maison, au mois d'août 1705. Le Seigneur lui en réservait un jour la propriété.

Tranquille dans ce port après tant de tempêtes, il s'appliqua avec un nouveau soin à former ses novices aux vertus propres de leur vocation; il n'omit rien pour remettre en vigueur par la voie d'insinuation, et plus encore par la force de ses exemples, l'esprit de ferveur et de mortification, que les troubles passés avaient malheureusement affaibli. Il se présenta des sujets; il les reçut à son ordinaire, sans leur demander autre chose qu'une envie sincère de se sanctifier. Les retraites annuelles pendant les vacances avaient été interrompues par la nécessité de céder aux efforts de ses ennemis; il les remit en usage. Les Frères, dispersés en différents endroits, vinrent à Saint-Yon se renouveler dans leur piété primitive : de cette sorte, tout reprenait une nouvelle face dans l'institut, et le Seigneur en étendait les progrès.

Mais ce calme ne dura guère. Un nouvel archevêque de Rouen se montra peu favorable au nouvel institut. Survient le terrible hiver de 1709; la famine oblige le Père de revenir à Paris avec ses novices. Là il est impliqué dans un procès désagréable, qui lui fait perdre une somme importante et compromet son honneur. A Reims, à Paris, à Rouen, toujours des croix. Il en est dédommagé en Provence. Y faisant la visite de ses Frères et de leurs écoles, il arrive dans une ville opulente et célèbre, à Montpellier. Tous les ecclésiastiques lui témoignent une grande joie de le voir et de faire sa connaissance. Un certain nombre surtout lui font mille offres de services; argent, protection, établissements d'écoles, ils promettent tout, et ils en viennent aux effets. Le bon Père est émerveillé, il se félicite intérieurement d'avoir quitté Paris, et conçoit les plus belles espérances. Il lui semble qu'un noviciat de Frères serait excellemment placé dans une ville si bonne. La chose lui paraît si belle, qu'il n'ose en parler qu'en tremblant aux ecclésiastiques qui lui témoignent le plus de bienveillance.

A peine a-t-il ouvert la bouche, que son projet est applaudi comme une inspiration du ciel. Un de ces zélateurs lui donne un fonds, les autres lui en promettent. On loue une maison, on la meuble : les novices arrivent en foule, et les aumônes avec les novices. Le bon Père ne revient pas de son étonnement. Outre la maison du noviciat, il est question de fonder des écoles chrétiennes dans les paroisses de la ville qui n'en avaient pas encore. Un prédicateur recommande la bonne œuvre en chaire.

Cependant les amis les plus zélés du bon Père font manquer cette bonne œuvre ; et pourquoi? Parce que ce prédicateur est Jésuite, et qu'eux sont jansénistes, la moindre partie du clergé, mais qui gouvernaient alors l'évêque et le diocèse. Ils espéraient gagner à leur parti le saint homme La Salle et sa congrégation : de là ces prévenances, ces offres de services, ces dons, cette maison de noviciat, ces novices et ces aumônes. De temps en temps on le sondait par rapport à la nouveauté janséniste. On avança quelques propositions hardies qui parurent échappées par mégarde. Le saint homme, qui était docteur en théologie et bien au fait des controverses du temps, parut scandalisé et indigné, mais ne répondit pas, croyant qu'il y avait eu plus d'imprudence que de malice dans celui qui avait parlé. On revint à la charge plus d'une fois; on fit tomber la conversation sur le Pape et les évêques, et on en parla avec le dernier mépris. Le saint homme frémit et vengea les pontifes du Seigneur, qu'on traitait si indignement; il ne douta plus alors des sentiments de ces prétendus amis de son institut. Il reconnut le piège qu'on avait voulu lui tendre, et il rompit pour toujours avec ces esprits révoltés.

Dès lors ces protecteurs si zélés deviennent des ennemis et des persécuteurs implacables. Ils soufflent parmi les Frères mêmes un esprit de révolte, la plupart des novices décampent, les aumônes diminuent; on répand contre le saint prêtre un odieux libelle; il veut aller à Rome, on l'empêche; il s'adresse à Dieu, qui paraît sourd à ses prières. Il se retire dans une solitude, où Dieu lui fait goûter des douceurs inexprimables. Il s'en va à Mende, où trois de ses Frères le chassent de la maison qui lui avait été donnée : expulsé de chez lui par ses enfants, il est accueilli avec une charité cordiale par les Pères Capucins. Pendant qu'il y vit en solitaire, le supérieur du noviciat de Montpellier vient lui demander humblement une autre obédience : tous les novices étaient partis. Le Père fit une retraite à la Grande-Chartreuse, mais sans se faire connaître. Nous avons vu, dans le XIe siècle, un chanoine de Reims, saint Bruno, fonder la Grande-Chartreuse et l'ordre des Chartreux; nous voyons, dans le XVIIIe siècle, un chanoine de Reims, le vénérable La Salle, fonder l'ordre des Frères de la doctrine chrétienne : c'est une grande gloire pour l'Eglise et le clergé de Reims. Les Frères de Grenoble, parmi lesquels le bon Père se cacha quelque temps, se comportaient en tout comme de dignes enfants de l'institut; leur exactitude à remplir leur devoir était parfaite, et ils vivaient dans une sainte union. Un d'eux ayant été obligé de faire un voyage, le Père fit l'école à sa place. Il y était encore l'an 1714, quand fut publiée la constitution *Unigenitus*; il la reçut et la fit

recevoir à ses enfants avec la soumission la plus entière. Il aurait bien voulu engager ses frères à choisir un autre supérieur, afin de se mettre en possession de le choisir librement. Déjà les jansénistes qui gouvernaient le cardinal de Noailles avaient tenté de leur imposer un supérieur de leur main, et il était facile de prévoir qu'à la mort du Père ils renouvelleraient leur entreprise. C'est pourquoi il différait toujours de retourner à Paris, lorsqu'il reçut la lettre suivante :

« Monsieur notre très-cher Père. — Nous, principaux Frères des Ecoles chrétiennes, ayant en vue la plus grande gloire de Dieu, le plus grand bien de l'Eglise et de notre société, reconnaissons qu'il est d'une extrême conséquence que vous repreniez le soin et la conduite générale du saint œuvre de Dieu, qui est aussi le vôtre, puisqu'il a plu au Seigneur de se servir de vous pour l'établir et le conduire depuis si longtemps : tout le monde est convaincu que Dieu vous a donné et vous donne les grâces et les talents nécessaires pour bien gouverner cette nouvelle compagnie, qui est d'une si grande utilité à l'Eglise; et c'est avec justice que nous rendons témoignage que vous l'avez toujours conduite avec beaucoup de succès et d'édification. C'est pourquoi, monsieur, nous vous prions très-humblement et vous ordonnons, au nom et de la part du corps de la société auquel vous avez promis obéissance, de prendre incessamment soin du gouvernement général de notre société. En foi de quoi nous avons signé. Fait à Paris, ce 1er avril 1714. Et nous sommes avec un très-profond respect, monsieur notre très-cher Père, vos très-humbles et très-obéissants inférieurs (Garreau, l. 4). »

Sur cette lettre de ses enfants, le Père reprit le commandement par obéissance; mais toujours il les pria de lui donner un successeur. En attendant, il se déchargeait de la plupart des affaires sur Frère Barthélemi, maître des novices, qui était tout à fait digne de cette confiance. Revenu à Paris, le Père guérit un possédé ; mais il eut beaucoup à souffrir de la part des jansénistes, qui gouvernaient le cardinal de Noailles, surtout depuis la mort de Louis XIV: Ce fut un motif pour lui de ramener ses novices à Rouen, dans la maison de Saint-Yon. Cependant il pressait toujours ses Frères d'accepter sa démission et de choisir un autre supérieur. Il était vieux, infirme, et aspirait à un peu de repos. Mais surtout il craignait pour l'avenir de sa congrégation, il craignait qu'on ne la laissât pas se gouverner elle-même, mais qu'on lui imposât des supérieurs étrangers : déjà même on l'avait fait pour quelques maisons particulières. Les Frères finirent enfin par acquiescer à ses instances, et choisirent à l'unanimité, pour son successeur, Frère Barthélemi: C'était dans les jours de la Pentecôte 1717. Le bon Père, avec ses enfants, s'occupa de donner une forme définitive à leurs constitutions, afin qu'elles pussent être approuvées par le Saint-Siège ; il eut soin d'y mettre que les Frères ne pourraient avoir pour supérieur que l'un d'entre eux. Il composa quelques petits ouvrages spirituels, entre autres une *Explication de la méthode d'oraison*. Il en revit d'autres qu'il avait composés précédemment : 1° les *Devoirs du chrétien envers Dieu; et les moyens de pouvoir s'en acquitter;* 2° la *Civilité chrétienne.*

Une de ses occupations les plus chères était de faire des exhortations aux novices pour les porter à la perfection de leur état; ensuite de visiter les pensionnaires de la maison de Saint-Yon. Ces pensionnaires étaient de deux sortes. Les uns étaient de mauvais sujets, renfermés par ordre du roi ou par la volonté de leurs parents, pour faire pénitence de leurs désordres et en arrêter les funestes suites. Les autres étaient des enfants dont les pères et mères confiaient l'éducation aux Frères. Les premiers étaient très-difficiles à réduire; ils étaient gardés soigneusement dans un quartier séparé, qui ne communiquait pas avec le reste de la maison. C'étaient, la plupart, de jeunes libertins qui se désespéraient dans leur prison. Tout ce qu'on leur disait des jugements de Dieu, des châtiments terribles de l'enfer, ne les touchait pas. Seulement quelques-uns faisaient semblant de se convertir, afin d'obtenir leur délivrance. Le saint homme eut pitié de ces malheureux; il alla les visiter régulièrement tous les jours; et, comme Dieu attachait une grâce particulière à ses paroles, plusieurs donnèrent des signes les moins équivoques d'un changement sincère. On leur rendit la liberté, et on n'eut pas lieu de s'en repentir. Les uns se firent religieux dans les ordres les plus réguliers et les plus austères; les autres restèrent dans le monde et y édifièrent par la sagesse de leurs mœurs. Les petits pensionnaires faisaient les délices du saint homme. Il les confessait; il respectait en eux l'innocence de leur âge; il allait les voir de temps en temps; il animait leurs petits jeux; ensuite, s'accommodant à leur caractère, il leur racontait des histoires édifiantes; il leur donnait des principes de vertu. Si quelqu'un avait fait une faute, il l'en reprenait avec bonté; par là il gagnait leur confiance, et ils écoutaient volontiers ces leçons qu'il proportionnait à leur portée.

La maison de Saint-Yon devint la propriété des Frères en 1718. Le vénérable de La Salle y fut éprouvé comme partout ailleurs. Le Frère qu'on lui avait donné pour le servir dans ses infirmités l'accablait de paroles grossières et de reproches, sans qu'il s'en plaignît jamais à personne. L'archevêque de Rouen se laissa tellement prévenir, que, deux jours avant la mort du saint homme, il lui retira tous ses pouvoirs, comme à un prêtre indigne. Ses infirmités augmentèrent tellement vers la mi-carême 1719, qu'il fut contraint de garder le lit. Le danger croissait sensiblement, et la joie croissait en même temps dans son âme. « J'espère, disait-il, que je serai bientôt délivré de l'Egypte, pour être introduit dans la véritable terre promise aux élus. » Le 19 mars, fête de saint Joseph, patron de l'institut, ses douleurs cessèrent tout à coup, ses forces revinrent, et il put dire la messe, comme il l'avait ardemment souhaité. A peine la messe est-elle finie, ses douleurs et sa faiblesse lui reprennent. Il reçoit ses derniers sacrements au commencement de la semaine sainte, et meurt de la mort des justes le vendredi saint, 7 avril 1719, à l'âge de soixante-huit ans.

Le jour qu'il reçut l'extrême-onction, voyant ses enfants éplorés autour de son lit, il leur adressa ce testament. « Je recommande premièrement mon âme à Dieu, et ensuite tous mes Frères de la société des Ecoles chrétiennes, auxquels il m'a uni; et leur recommande sur toutes choses d'avoir toujours une entière soumission à l'Église, et surtout dans ces temps fâcheux; et, pour en donner des marques, de ne se désunir en rien de notre Saint-Père le Pape et de l'Eglise de Rome; se souvenant toujours que j'ai envoyé deux Frères à Rome, pour demander à Dieu la grâce que la société y fût toujours entièrement soumise. Je leur recommande aussi d'avoir une grande dévotion envers Notre Seigneur, d'aimer beaucoup la sainte communion et l'exercice de l'oraison, et d'avoir une dévotion particulière envers la très-sainte Vierge, et envers saint Joseph, patron et protecteur de leur société; et de s'acquitter de leur emploi avec zèle et désintéressement; et d'avoir entre eux une union intime et une obéissance aveugle envers leurs supérieurs, ce qui est le fondement et le soutien de toute la perfection dans une communauté. »

Dans un autre moment, après qu'on eût dit les prières de l'agonie, il reprit connaissance, et ajouta : « Si vous voulez vous conserver et mourir dans votre état, n'ayez jamais de commerce avec les gens du monde; car peu à peu vous prendrez goût à leur manière d'agir, et vous entrerez si avant dans leur conversation, que vous ne pourrez vous défendre, par politique, d'applaudir à leurs discours, quoique très-pernicieux; ce qui sera cause que vous tomberez dans l'infidélité; et, n'étant plus fidèles à observer vos règles, vous vous dégoûterez de votre état, et enfin vous l'abandonnerez. »

Jusqu'à présent les enfants du saint homme ont été fidèles à ce testament de leur Père. Aussi Dieu n'a-t-il cessé de les bénir. Leur congrégation fut reconnue civilement en 1724, par lettres patentes de Louis XV, et religieusement en 1725, par une bulle de Benoît XIII, qui érigea l'institut en ordre religieux, sans rien changer aux constitutions du vénérable Père. Les élections successives des supérieurs se firent sans aucun trouble. A la grande épreuve de la Révolution française, les Frères des écoles chrétiennes se montrent dignes du nom honorable qu'ils portent. Dispersés un moment par la tempête, ils se réunissent aussitôt qu'elle est passée; leurs écoles se multiplient plus que jamais; ils en ont en Amérique, au Canada; ils en ont en Turquie, à Constantinople et à Smyrne; on procède à la canonisation de leur saint fondateur; le 8 mai 1844, le pape Grégoire XVI attribue au serviteur de Dieu, Jean-Baptiste de La Salle, le titre de Vénérable.

Quatre hommes de France, avec leurs œuvres diverses, saint François de Sales, saint Vincent de Paul, le pieux réformateur de La Trappe; le vénérable fondateur des Ecoles chrétiennes; apparaissent dans le XVIIe siècle comme quatre fleuves de vie, qui, sortis d'une source commune qui est Dieu, s'en vont arrosant, fertilisant toute la terre et faisant naître sur leur passage, à droite et à gauche, des œuvres semblables, sans fin et sans nombre.

## § VIII.

*L'Angleterre protestante et l'Angleterre catholique. — État du catholicisme en Écosse. — L'Irlande catholique martyrisée par l'Angleterre protestante.*

L'Angleterre, divorcée par Henri VIII d'avec l'Église universelle et d'avec elle-même, conservait toujours dans sa partie catholique un germe de résurrection et de vie, pour se réunir un jour avec elle-même et avec l'Église universelle, et réparer sa faute par la conversion du monde entier. Entre toutes les nations formées par le christianisme, l'Angleterre peut être le sujet d'une bonne méditation. Nous l'avons vue apparaître pour la première fois à Rome par une députation de ses enfants captifs mis en vente comme esclaves; nous l'avons vue accueillir, comme un enfant trouvé, par la compassion d'un moine romain passant sur la place; nous avons vu ce moine, devenu le pape saint Grégoire, engendrer la nation entière à Dieu, au Christ, à la civilisation, à la littérature, par la charité des moines saint Augustin, saint Laurent, saint Mellit, saint Juste, saint Paulin, et de leurs successeurs saint Honorius, saint Erkonwald, saint Théodore, saint Benoît Biscop, saint Adrien, saint Wilfrid, saint Bède, saint Dunstan; nous avons vu cette nation, une fois née à Dieu, lui enfanter plus de saints rois qu'aucune autre : saint Ethelbert, saint Edwin, saint Oswald, saint Oswin, saint Sebbi, saint Richard, saint Ethelbert, saint Edmond, saint Édouard martyr, saint Édouard confesseur; nous l'avons vue envoyant à son tour des apôtres en Suède, en Hollande, en Allemagne : saint Siffrid, saint Willibrod, et surtout saint Boniface, avec son cortége de saints et de saintes. Ces apôtres de la foi étaient en même temps les apôtres des lettres. L'Angleterre n'était pas moins féconde en savants qu'en saints. Alcuin, le maître de Charlemagne et de la France, était Anglais; le Franciscain Roger Bacon, qui n'a été surpassé par aucun génie moderne, était Anglais. Telle était l'Angleterre depuis neuf à dix siècles, une et catholique, *l'île des saints*, lorsqu'un roi esclave de ses passions impures la rompt en deux par une hérésie allemande qu'il avait d'abord combattue.

Dès ce moment, l'Angleterre protestante persécute l'Angleterre catholique. Elle coupe la tête à la reine Marie Stuart, elle coupe la tête au roi Charles Ier, elle proscrit le roi Jacques II et son fils, elle exclut du trône quiconque professe la religion de la vieille Angleterre; elle appelle au trône le calviniste hollandais Guillaume de Nassau, sa femme, Marie-Henriette, fille hérétique du roi catholique Jacques II; puis une autre fille hérétique du même roi, la princesse Anne, avec son mari luthérien, Georges de Danemarck; enfin un luthérien allemand, Georges de Hanovre, au préjudice de plus de cinquante personnes qui avaient plus de droit au trône anglais, mais qui professaient la religion de la vieille Angleterre, la religion des grands et saints rois Édouard et Alfred. Pour justifier son apostasie, du moins à ses propres yeux, l'Angleterre protestante s'attache, par la plume de ses écrivains de toute espèce, histoire, philosophie, théologie, à flétrir, à calomnier la vieille Angleterre, l'Angleterre catholique, l'île des saints, des saints rois, des saints pontifes, des saints religieux; à flétrir, à calomnier l'Église catholique, l'humanité chrétienne, à travers tous les siècles; à flétrir, à calomnier Dieu et son Christ, qui, après six mille ans, auraient eu besoin de raccommoder leur chef-d'œuvre, la religion chrétienne, avec le secours de trois misérables, Luther, Calvin et Henri VIII. Tels sont le but et l'esprit des histoires de Burnet, de Rapin-Thoyras, de Hume, ainsi que de presque toutes les publications anglicanes.

Par suite, la fraction protestante de l'Angleterre se fractionne en une infinité de sectes qui, quant à la forme gouvernementale, peuvent se ramener à deux classes : les épiscopaux, qui reconnaissent une autorité épiscopale, et les presbytériens, qui n'en reconnaissent point. Les épiscopaux ou anglicans ont conservé la hiérarchie des évêques, des prêtres et des diacres; mais l'Église romaine regarde leurs ordinations comme entièrement nulles, et cela pour deux raisons, l'une de fait, l'autre de droit. 1° Matthieu Parker, prétendu archevêque de Cantorbéry et tige de tout l'épiscopat anglican depuis 1559, n'a jamais été validement ordonné évêque ni même prêtre, puisque Barlow, son prétendu consécrateur, ne l'avait pas été lui-même. 2° La formule d'ordination, prescrite par le rituel d'Édouard VI, et suivant laquelle Parker a été ordonné évêque par un homme qui ne l'était pas, est nulle et insuffisante, elle exclut même l'idée du sacrifice et du sacerdoce : en sorte que l'église épiscopale d'Angleterre n'a qu'une hiérarchie civile, sans aucun caractère sacré (Bergier, *Dictionn. théol.*, art. ANGLICANS). Les épiscopaux ou anglicans sont supposés croire les trente-neuf articles du *Credo* légal, parce qu'ils les signent; mais on les signe plus qu'on ne les lit, et on les lit plus qu'on ne les croit. Quant aux presbytériens, ils se nomment ainsi, non pas qu'ils aient ou reconnaissent des prêtres dans le sens chrétien, mais parce qu'ils consultent les anciens de leur assemblée, lesquels s'appellent prêtres dans le sens païen des Grecs. Ils sont la plupart calvinistes et ne signent pas les trente-neuf articles du symbole anglican. Les anglicans ou épiscopaux ont ainsi une ombre de la hiérarchie chrétienne, les presbytériens n'en ont pas même l'ombre : aussi les sectes se multiplient-elles parmi eux encore plus que parmi les autres.

Une des plus fanatiques d'entre ces sectes sont les quakers ou trembleurs. Nous entendons par fanatique, avec le *Dictionnaire de l'Académie*, un aliéné d'esprit qui croit avoir des apparitions, des inspirations. Les quakers ou trembleurs sont ainsi nommés à cause du tremblement et des contorsions qu'ils font dans leurs assemblées, lorsqu'ils se croient inspirés par le Saint-Esprit. Leur auteur fut un cordonnier, Georges Fox, homme sans étude, d'un caractère sombre et mélancolique, qui, en 1647, sous le règne de Charles Ier, au milieu des troubles et des guerres civiles qui agitaient l'Angleterre, se mit à prêcher contre le clergé anglican, contre la guerre, contre les impôts, contre le luxe, contre l'usage de faire des serments, etc. Prenant dans le sens le plus rigoureux tous les préceptes et les conseils de la morale de l'Évangile, le cordonnier Fox posa pour première maxime que tous les hommes sont égaux par leur nature : il en conclut qu'il faut tutoyer tout le monde, les rois aussi bien que les charbonniers; qu'il faut supprimer toutes les marques extérieures de respect, comme d'ôter son chapeau, de faire des révérences, etc. 2º Il enseigna que Dieu donne à tous les hommes une lumière intérieure, suffisante pour les conduire au salut éternel; que par conséquent il n'est besoin ni de prêtres, ni de pasteurs, ni même d'Écriture sainte; que tout particulier, homme ou femme, est en état et en droit d'enseigner et de prêcher dès qu'il se sent inspiré de Dieu. 3º Que pour parvenir au salut éternel, il suffit d'éviter le péché et de faire de bonnes œuvres; qu'il n'est besoin ni de sacrements, ni de cérémonies, ni de culte extérieur. 4º Que la principale vertu du chrétien est la tempérance et la modestie; qu'il faut donc retrancher toute superfluité dans l'extérieur, les boutons sur les habits, les rubans et les dentelles pour les femmes, etc. 5º Qu'il n'est pas permis de faire aucun serment, de plaider en justice, de faire la guerre, de porter les armes, etc. « Les quakers et les quakeresses même parcouraient, dit le protestant Mosheim, comme des furieux et des bacchantes, les villes et les villages, déclamant contre l'épiscopat, contre le presbytérianisme, contre toutes les religions établies. Ils tournaient en dérision le culte public, ils insultaient les prêtres dans le temps qu'ils officiaient; ils foulaient aux pieds les lois et les magistrats, sous prétexte qu'ils étaient inspirés : ils excitèrent ainsi des troubles affreux dans l'Église et dans l'État. » Le traducteur anglais de Mosheim confirme ce récit par des faits incontestables; il cite des traits d'impudence et de fureur des femmes quakeresses, qui excitent l'indignation.

L'un de ces sectaires, Guillaume Penn, ayant reçu du gouvernement anglais une grande étendue de terres incultes en Amérique, comme récompense des services de son père, vice-amiral d'Angleterre, il y transplanta un grand nombre de ces fanatiques, leur distribua des terrains à cultiver et donna à la province le nom de *Pennsylvanie*. Le protestant Mosheim et son traducteur anglais font voir que Fox et Penn, malgré les éloges qu'en ont faits leurs partisans, n'étaient rien moins que des modèles de sagesse et de vertu. Le premier était un fanatique séditieux qui ne respectait rien, n'était soumis à aucune loi, qui troublait l'ordre et la tranquillité publique. Des témoins qui ont connu personnellement Guillaume Penn disent qu'il était vain, hâbleur, infatué du pouvoir de son éloquence. Un écrivain de la province de Virginie vient à l'appui de Mosheim et de son traducteur. Il prouve par des mémoires authentiques que Guillaume Penn ne s'occupa jamais que de ses intérêts temporels; qu'il s'exempta des taxes, lui et toute sa postérité; qu'il employa toutes les ressources de son esprit à tromper ses *frères* avant et après l'émigration; qu'il leur défendit d'acheter des terres des Indiens, afin d'en faire le monopole; que, pendant son séjour en Angleterre, il entretint la discorde en Pennsylvanie par les instructions qu'il envoyait à ses lieutenants; que, rempli d'idées folles et capricieuses qui le mettaient dans un besoin continuel d'argent, et abîmé de dettes, il allait vendre à Georges I$^{er}$ la propriété de l'établissement, lorsqu'il mourut à Londres d'une attaque d'apoplexie; qu'enfin il se rendit coupable toute sa vie d'une multitude d'injustices et d'extorsions. Le célèbre Franklin confirme tous ces faits dans sa *Revue historique de la constitution et du gouvernement de Pennsylvanie, depuis l'origine*. Le citoyen de Virginie, dans ses *Recherches sur les États-Unis d'Amérique*, fait des quakers en général un portrait qui n'est pas plus flatteur. Depuis quelque temps, les principaux de ces visionnaires devenant un peu plus raisonnables, leur secte tombe et s'éteint (1).

Elle est remplacée par d'autres, qui l'égalent pour le moins en singularité. Les *wesleyens* ou *méthodistes* commencèrent en 1729 à l'Université d'Oxford. Quelques étudiants, assidûment occupés de la Bible, formèrent une petite société dirigée par les deux frères Jean et Charles Wesley, fils d'un ministre anglican. Ils avaient compassé toutes leurs actions et distribué leurs moments entre l'étude, la prière et l'exercice d'autres bonnes œuvres. Cette conduite les fit appeler *méthodistes* par dérision, et ils adoptèrent cette dénomination, quoiqu'elle ne fût pas de leur choix. Jean Wesley, qui aspirait à être chef de secte, s'attribua d'ordonner des prêtres et des évêques, quoiqu'il ne fût ni l'un ni l'autre. Les prédicateurs méthodistes sont forts pour les vociférations et les gestes. L'Angleterre, et surtout le pays de Galles, virent des scènes semblables à celles des fanatiques des Cévennes. Dans un rapport sur l'épidémie convulsionnaire du comté de Cornouailles, par le médecin Cornish, on cite un homme de quarante-huit ans, devenu fou par des prédications méthodistes; un visionnaire se pend de peur de pécher contre le Saint-Esprit; un autre, dans le paroxisme du délire, se suicide après avoir détruit toute sa famille. Le docteur Perfect, et d'après lui, Pinel et Mathey, appuyé sur les faits, assurent que le méthodisme a multiplié le nombre des personnes tombées en démence, et que l'aliénation causée par l'enthousiasme religieux est la plus difficile à guérir. L'extravagance des méthodistes, calmée en Angleterre, légèrement amortie dans le pays de Galles, a traversé l'Atlantique; nous la retrouverons dans l'Amérique du Nord, bien plus étendue et sous des formes plus hideuses. Ces extases du délire sont réputées un renouvellement de l'esprit religieux.

Les méthodistes du pays de Galles s'appellent *jumpers* ou *sauteurs*, parce qu'ils mettent leur dévotion à sauter jusqu'au point de tomber par terre, excités, disent-ils, par une impulsion divine. Tel débute en prononçant des sentences détachées d'un ton de voix presque sourd, qu'il pousse jusqu'au beuglement avec des gestes violents, et finit par des sanglots; un autre lui succède et se borne à des exclamations; un troisième gambade de toutes ses forces et entrecoupe ses bonds par quelques mots dont le plus usité est *gogoniant*, qui, en langue galloise, veut dire *gloire*; un quatrième tire de son gosier des cris qui imitent ceux de l'instrument d'un scieur de pierres. L'enthousiasme se communique à la foule, qui, hommes et femmes, ayant les

(1) Bergier, *Dictionn. théolog.*, art. QUAKERS; Mosheim, t. VI de son *Histoire ecclésiastique*; Schroeck, t. VI de son *Histoire de la Réformation*.

cheveux, les habits en désordre, crient, chantent, battent des mains, des pieds, sautent comme des maniaques; ce qui ressemble plus à une orgie qu'à un service religieux. En sortant de là, ils continuent leurs grimaces à trois ou quatre milles de distance; mais il en est, surtout parmi les femmes, qu'on est obligé d'emporter dans un état d'insensibilité, car cet exercice, qui dure quelquefois deux heures, épuise plus que le travail le plus dur, et si, au lieu d'assemblées une ou deux fois la semaine, il y en avait tous les jours, les constitutions les plus robustes y succomberaient.

Les méthodistes d'Amérique prennent à la lettre ces paroles de l'Ecriture : *Le royaume des cieux veut être pris par violence; criez au ciel, levez les mains vers le ciel!* Leurs prières sont bruyantes, et leur chant se fait remarquer par des élans successifs qui lui sont particuliers. Leurs ministres, au lieu d'annoncer avec calme la parole de Dieu, prêchent par exclamations, frappent des pieds et des mains, et se promènent avec une espèce de frénésie d'un bout à l'autre d'une petite galerie dont ils se servent au lieu de chaire. Le prêche et les chants terminés, les plus zélés viennent faire à haute voix les prières qui leur sont inspirées par la crainte de l'enfer, l'amour de Dieu ou d'autres motifs pieux. Alors la congrégation, entrant dans le sens de celui qui prie, témoigne l'impression qu'il lui fait partager. Ordinairement cette impression est graduelle. Les soupirs succèdent à de légers élans du cœur. Les sanglots succèdent aux soupirs, les cris aux sanglots, après lesquels chacun s'abandonne sans réserve à tout ce que le délire peut lui suggérer. Dans le même instant, l'assemblée est agitée de vingt sensations différentes. Ici, on chante; là, on crie; celui-ci se frappe la tête ou la poitrine, celui-là se roule par terre avec des hurlements affreux. Enfin, lorsque l'orateur est pathétique, les contorsions deviennent telles que tout homme raisonnable est obligé de quitter la place, l'esprit rempli de réflexions peu honorables pour l'espèce humaine, et particulièrement pour cette secte.

Les *jerkers* ou *secoueurs* commencent par des branlements de la tête en avant et en arrière, ou de gauche à droite, qui s'exécutent avec une inconcevable rapidité; bientôt le mouvement se communique à tous les membres, et les secoueurs bondissent dans toutes les directions. Les grimaces sont telles que la figure est méconnaissable, surtout parmi les femmes, qui n'offrent plus que l'aspect hideux d'un costume en désordre. Plusieurs fois on a remarqué que ces transports se communiquaient sympathiquement et prenaient le caractère d'une affection nerveuse. On cite un ministre presbytérien qui, en haranguant sa congrégation contre cette manie, en fut atteint subitement et devint lui-même *jerker*. Dans les tavernes, on a vu des joueurs, des buveurs, jeter tout à coup les cartes, les bouteilles, se livrer aux folies qu'on vient de décrire, et qui ne sont pas encore le dernier terme de dégradation auquel soient descendus des êtres à figure humaine; car la prime est due sans doute aux *barkers* ou *aboyeurs*, qui, marchant à quatre pattes, comme des chiens, grincent des dents, grognent, hurlent et aboient (Grégoire, *Hist. des sectes relig.*, t. IV, c. 11-15, 2ᵉ édit.).

On voit ici une image, un écho, non pas de la hiérarchie céleste des anges et des saints, où tout se fait avec une divine harmonie, mais de cet empire de la confusion et du désordre où règnent les esprits immondes qui s'introduisent par légion dans les corps de ceux qu'ils possèdent, et aiment mieux entrer dans les corps des pourceaux, fussent-ils noyés et pourris, que d'aller occuper leurs trônes dans l'éternel abîme. Cette confusion, cette extravagance dans le culte parmi les populaces protestantes, est une image de la confusion dans la doctrine parmi les docteurs protestants : il n'y a pas un article, pas un mot du Symbole des apôtres qui ne soit renié et attaqué par quelques-uns d'entre eux, surtout en Angleterre.

Le catholique anglais dit avec tous les siècles et les peuples chrétiens : *Credo : Je crois.* Le sceptique anglais proteste contre cette parole et dit : Je ne crois pas. Le catholique anglais dit avec tous les siècles et tous les peuples chrétiens : *Credo in Deum : Je crois en Dieu.* L'athée anglais proteste et dit : Je ne crois pas en Dieu. Le catholique anglais dit avec tous les siècles et tous les peuples chrétiens : *Credo in Deum Patrem, Filium et Spiritum Sanctum : Je crois en Dieu Père, Fils et Saint-Esprit.* L'unitaire, l'antitrinitaire anglais proteste et dit avec Mahomet : Je ne crois pas en un Dieu Père, Fils et Saint-Esprit. Le catholique anglais dit avec tous les siècles et tous les peuples chrétiens : *Je crois en Notre Seigneur Jésus-Christ, Dieu et homme.* L'antichrétien anglais proteste et dit avec Mahomet et Arius : Je ne crois point à la divinité de Jésus-Christ. Le catholique anglais dit avec tous les siècles et tous les peuples chrétiens : *Je crois la rémission des péchés, la résurrection de la chair et la vie éternelle.* Le matérialiste anglais proteste et dit avec l'inceste et le parricide : Je ne crois point à la vie éternelle, je ne crois point à la résurrection, pas même à l'immortalité de l'âme, ni à la rémission des péchés, parce que l'homme n'étant qu'une machine sans libre arbitre, il n'y a ni péché ni bonne œuvre, ni vice ni vertu, mais la seule religion du chien et du pourceau. Le catholique anglais dit avec tous les siècles et tous les peuples chrétiens : *Credo sanctam Ecclesiam catholicam : Je crois la sainte Eglise catholique.* Il ajoute avec un redoublement de foi, d'espérance et d'amour : Je crois la sainte Eglise catholique, apostolique et romaine, fondée par Jésus-Christ sur saint Pierre, et contre laquelle les portes de l'enfer ne prévaudront point. J'y crois de tout mon cœur et de toute mon âme, avec tous nos saints et grands rois, avec tous nos saints et grands pontifes et docteurs, avec toute la vieille Angleterre, qui a reçu d'elle tous les biens de ce monde et de l'autre, par notre bien-aimé père et apôtre, le pape saint Grégoire le Grand! Ici, tous les Anglais renégats, athées, sceptiques, matérialistes, antitrinitaires, ariens, épiscopaux, presbytériens, quakers, méthodistes, sauteurs, aboyeurs, protestent et s'écrient : Je ne crois pas la sainte Eglise catholique! Je crois, au contraire, que l'Eglise catholique-romaine est la grande prostituée de l'Apocalypse, et que le Pape est l'antechrist, à commencer par le pape Grégoire, en qui la vieille Angleterre reconnaît son père et son apôtre. La seule autorité en qui je crois, c'est moi-même, c'est moi seul!

Par ce dernier article, le seul commun à tous les protestants et l'essence même du protestantisme, tous les protestants anglais s'absolvent, se justifient, se canonisent les uns les autres, lors même qu'ils ont l'air de se combattre. Le fondateur de la société royale de Londres, Robert Boyle, fonde un cours de sermons pour prouver les vérités générales du christianisme contre les athées et les matérialistes. Edouard Colston, de Bristol, en fonde un autre pour prouver l'authenticité de l'Ancien et du Nouveau Testament contre les incrédules. Lady Moyer en fonde un troisième, pour prouver la divinité de Jésus-Christ contre les nouveaux ariens. Enfin l'évêque anglican de Glocester, Guillaume Warburton, fonde, en mourant, une chaire pour prouver que le Pape est l'*antechrist* (De Maistre, *Du Pape*, t. II). Clarke, curé anglican d'une paroisse de Londres, fit des sermons pour prouver l'existence de Dieu et gagner le prix fondé par Boyle; en même temps il écrivait contre la sainte Trinité et contre la divinité de Jésus-Christ, de sorte qu'on faisait des sermons contre lui dans la fondation de lady Moyer. Whiston, autre curé anglican, n'était pas plus chrétien que Clarke, et attaquait de même la divinité du Christ, pour laquelle ont vécu et sont morts tant de millions de saints et de martyrs. Clarke et Whiston étaient aussi chrétiens, ni plus ni moins, que Mahomet et le Grand-Turc. On peut leur adjoindre Locke : car son *Christianisme raisonnable* n'est pas plus chrétien que l'Alcoran de Mahomet; les deux livres se bornent à conclure que Jésus est le Messie. Mahomet est même là-dessus bien plus expressif que Locke. Ce dernier a écrit un autre ouvrage, *Essai sur l'entendement humain*. Pour en avoir une idée bien juste, dit le comte de Maistre, après l'avoir bien lu et examiné, écrivons ainsi le titre : *Essai sur l'entendement de Locke*. Son mérite se réduit, dans la philosophie rationnelle, à nous débiter, avec l'éloquence d'un almanach, ce que tout le monde sait ou ce que personne n'a besoin de savoir. La préface même est choquante au delà de toute expression. *J'espère*, y dit Locke, *que le lecteur qui achètera mon livre ne regrettera pas son argent*. Quelle odeur de magasin! Poursuivez et vous verrez que son *livre est le fruit de quelques heures pesantes dont il ne savait que faire; qu'il s'est fort amusé à composer cet ouvrage, par la raison qu'on trouve autant de plaisir à chasser aux alouettes ou aux moineaux qu'à forcer des renards ou des cerfs; que son livre enfin a été commencé au hasard, continué par complaisance, écrit par morceaux incohérents, abandonné souvent et repris de même, suivant les ordres du caprice ou de l'occasion*. Voilà, il faut l'avouer, un singulier ton de la part d'un auteur qui va nous parler de l'entendement humain, de la spiritualité de l'âme, de la liberté, et de Dieu enfin (De Maistre, *Soirées de Saint-Pétersbourg*, 6ᵉ entretien, t. I).

Le chapitre seul des découvertes de Locke pourrait vous amuser pendant deux jours. C'est lui qui a découvert *que pour qu'il y ait confusion dans les idées, il faut au moins qu'il y en ait deux*. De manière qu'en mille ans entiers, une idée, tant qu'elle sera seule, ne pourra se confondre avec une autre. C'est lui qui a découvert que si l'on ne trouve pas dans les langues modernes des noms nationaux pour exprimer, par exemple, *ostracisme* ou *proscription*, c'est qu'il n'y a parmi les peuples qui parlent ces langues ni *ostracisme* ni *proscription*; et cette considération le conduit à un théorème général qui répand le plus grand jour sur toute la métaphysique du langage : *c'est que les hommes ne parlent que rarement à eux-mêmes et jamais aux autres des choses qui n'ont point reçu de nom; de sorte que ce qui n'a point de nom ne sera jamais nommé en conversation*. C'est lui qui a découvert *que les relations peuvent changer sans que le sujet change. Vous êtes père, par exemple : votre fils meurt; Locke trouve que vous cessez d'être père à l'instant, quand même votre fils serait mort en Amérique; cependant aucun changement ne s'est opéré en vous, et de quelque côté qu'on vous regarde, toujours on vous trouvera le même*.

Ce qui a fait la réputation de Locke parmi les incrédules français, c'est une proposition favorable au matérialisme, en soutenant *que la pensée peut appartenir à la matière*. L'évêque de Worcester l'entreprit là-dessus : la question était de savoir si un être purement matériel pouvait penser ou non. Il parut alors que Locke ne s'entendait pas lui-même; car il conclut que, *sans le secours de la révélation, nous ne pourrons jamais savoir si Dieu n'a pas donné à une matière dûment disposée, la faculté de penser*; ou, en d'autres termes, *si, à une matière dûment disposée, il n'a pas joint et fixé une substance immatérielle pensante* (Locke, *Essai*, l. 4, c. 3, § 6; *Soirées*, t. I, p. 475-507). Par où l'on voit que Locke confondait ces deux choses, donner à la matière le pouvoir de penser, ou y joindre une substance pensante et immatérielle; et quand il soutient que la pensée peut appartenir à la matière, il veut dire qu'à la matière peut être unie une substance pensante; en d'autres termes, qu'au corps de l'homme Dieu a pu unir un esprit raisonnable : vérité triviale que personne n'a jamais niée. Quant aux matérialistes qui ont saisi la niaiserie ambiguë de Locke comme un moyen d'échapper à la justice de Dieu dans l'autre vie, ils se font grossièrement illusion. Qu'ils soient esprit ou matière, ou l'un et l'autre, n'importe : Dieu, qui les a faits susceptibles de jouir et de souffrir dans le temps, peut les refaire susceptibles de jouir et de souffrir dans l'éternité.

Autre singularité anglicane. Plus d'un théologien de l'église *légale* faisait des sermons dans la fondation de lady Moyer, pour prouver la divinité de Jésus-Christ; puis d'autres dans la fondation de l'évêque Warburton, pour prouver que le Pape est l'antechrist, et l'Eglise romaine la prostituée de l'*Apocalypse* : Pape et Eglise romaine, de qui seuls les Anglais ont appris que Jésus-Christ est Dieu. Du nombre de ces théologiens on peut mettre Georges Bull, évêque anglican de Saint-David, et auteur d'ouvrages estimables sur la croyance des trois premiers siècles à la divinité du Christ, mais qui ne sut pas tirer cette conséquence : Si Jésus-Christ est Dieu, il a dû infailliblement accomplir cette parole : *Tu es Pierre, et sur cette pierre je bâtirai mon Eglise, et les portes de l'enfer ne prévaudront point contre elle. Et je te donnerai les clés du royaume des cieux, et tout ce que tu lieras ou délieras sur la terre sera lié ou délié dans les cieux*.

Mais rien ne fait voir, avec une impression plus pénible, jusqu'à quel point le protestantisme a faussé, dérouté, obscurci les plus hautes intelligences, que l'exemple de Newton, le plus grand génie de l'Angleterre après Roger Bacon; de l'illustre Newton, écrivant un commentaire sur l'*Apocalypse*, pour prouver que l'Eglise romaine est la grande prostituée et le Pape l'antechrist (*Biogr. univ.*, t. I, art. NEWTON, p. 181 et seqq.).

Nous avons entendu l'auteur même de l'*Apocalypse*, l'apôtre saint Jean, dire aux chrétiens dans sa première épître : *Il y en a trois qui rendent témoignage dans le ciel : le Père, le Verbe et le Saint-Esprit; et ces trois sont une même chose. Et il y en a trois qui rendent témoignage sur la terre : l'esprit, l'eau et le sang; et ces trois sont une même chose* (ou mieux, suivant le grec, pour une même chose). *Si nous recevons le témoignage des hommes, celui de Dieu est plus grand. Or, c'est Dieu même qui a rendu ce témoignage de son Fils. Celui qui croit au Fils de Dieu, a dans soi-même le témoignage de Dieu. Celui qui ne croit pas au Fils, fait Dieu menteur, parce qu'il ne croit pas au témoignage que Dieu a rendu de son Fils. Or, ce témoignage est que Dieu nous a donné la vie éternelle; et cette vie est dans son Fils. Qui a le Fils, a la vie ; qui n'a point le Fils, n'a point la vie* (1. Joan., c. 5, 1-13).

Comme on le voit, saint Jean s'applique, dans chaque mot, pour ainsi dire, à insinuer la foi en Jésus-Christ, comme l'unique auteur du salut. Trois témoins du ciel lui ont rendu témoignage : le Père, en le déclarant son Fils, et au Jourdain et au Thabor; le Verbe éternel, par ses discours et ses miracles, et par la communication manifeste de sa divinité à son humanité; l'Esprit-Saint, par les patriarches, par Moïse, par David, par les prophètes, par Siméon, par Jean-Baptiste, par sa descente visible sur lui en son baptême, par les dons qu'il répandit sur les apôtres. *Et ces trois sont une même chose* : paroles admirables que nous avons vues citées, dès le IIIe siècle, par saint Cyprien, et, au Ve, par saint Fulgence et quatre cents évêques d'Afrique, pour établir, contre les ariens, le mystère de la sainte Trinité, le mystère d'un seul Dieu en trois personnes. Ces trois témoins attestent, du haut du ciel, la divinité de Jésus-Christ. Saint Jean en cite trois autres pour prouver son humanité : l'esprit qu'il remit entre les mains de son Père; l'eau qu'il versa de ses yeux, par ses larmes, et de son côté percé après sa mort; enfin le sang qu'il versa dans sa circoncision, et surtout à la croix. Ces trois témoins s'accordent en une même chose, à prouver qu'il était vraiment homme.

Voici maintenant comme saint Jean parle des hérétiques qui nient l'une ou l'autre de ces vérités : *Mes petits enfants, c'est ici la dernière heure; et, comme vous avez ouï dire que l'antechrist doit venir, maintenant déjà il y a plusieurs antechrists; ce qui fait connaître que la dernière heure est venue..... Qui est menteur, sinon celui qui nie que Jésus soit le Christ? Celui-là est un antechrist, qui nie le Père et le Fils. Quiconque nie le Fils, ne reconnaît point le Père, et quiconque confesse le Fils, reconnaît aussi le Père. Faites donc en sorte que ce que vous avez appris dès le commencement demeure toujours en vous... Mes bien-aimés, ne croyez pas à tout esprit, mais éprouvez si les esprits sont de Dieu; car il est venu beaucoup de faux prophètes dans le monde. Voici en quoi l'on reconnaît qu'un esprit est de Dieu : Tout esprit qui confesse que Jésus-Christ est venu dans une chair véritable est de Dieu, et tout esprit qui ne confesse pas que Jésus-Christ est venu dans la chair n'est point de Dieu : c'est un esprit de l'antechrist dont vous avez ouï dire qu'il doit venir, et maintenant déjà il est dans le monde* (Joan., 4).

D'après ces paroles de saint Jean, les caractères d'un antechrist sont de nier le mystère de la sainte Trinité et le mystère de l'Incarnation, de nier la divinité de Jésus-Christ ou son humanité. Or, ces caractères conviennent fort bien aux ariens anglicans Whiston et Clarke, disciples de Newton, et à Newton lui-même, qui passe pour avoir pensé comme eux. Mais comment, surtout de pareils hommes, peuvent-ils appliquer ces caractères à l'Eglise romaine et au Pape, qui n'ont jamais discontinué de professer, d'enseigner, de maintenir, contre toutes les hérésies anciennes et modernes, la foi en un seul Dieu en trois personnes, la foi au Fils de Dieu fait homme, la foi en sa divinité et en son humanité?

ISAAC NEWTON, né en 1642, mort en 1727, se fit remarquer dès sa plus tendre enfance par un goût aussi vif que singulier pour toutes les inventions physiques et mécaniques. S'étant muni d'ustensiles d'une dimension proportionnée à son âge, il fabriqua de petites machines de diverses espèces, et même des horloges qui marchaient par l'écoulement de l'eau et un moulin à vent d'une invention toute nouvelle. Il apprit le dessin lui-même. On montre encore aujourd'hui, à Wolstrop, lieu de sa naissance, au comté de Lincoln, un petit cadran solaire qu'il construisit sur la muraille de la maison qu'il habitait. Les premiers ouvrages qu'il parcourut dans sa première jeunesse furent la *Géométrie* d'Euclide, la *Logique* de Saunderson et l'*Optique* de Képler. On raconte qu'étudiant un jour, assis sous un pommier, une pomme tomba devant lui; cela le porta à réfléchir sur la nature du pouvoir, qui porte et précipite les corps vers le centre de la terre avec une force continuellement accélérée, et il établit son *système de l'attraction*, développé et perfectionné depuis par le Jésuite Boscowich. Il donna à l'optique des idées plus claires et plus étendues, et les démontra d'abord dans l'Université de Cambridge. Il fit plusieurs inventions importantes en mathématiques.

Il avait un grand respect pour la Divinité; les seules causes finales lui paraissaient un argument suffisant pour anéantir l'athéisme. Il était loin de croire que son attraction et ses calculs pussent expliquer l'état du ciel sans recourir en dernier lieu à la volonté directe et à l'action immédiate de Dieu. « Les dix planètes principalement, dit-il, décrivent autour du soleil des cercles dont il est le centre, et sur un plan à peu près semblable. Tous ces mouvements réguliers ne viennent d'aucune cause mécanique, puisque les comètes suivent un plan différent. Ce système magnifique du soleil, des planètes et des comètes n'a pu être enfanté que par la volonté et le pouvoir d'une intelligence toute puissante.

(*Philosoph. natural. principia mathem.*, p. 482, Cambridge, 1713). » Locke ayant supposé que, d'après les principes de Newton, Dieu pouvait bien communiquer à la matière le pouvoir d'agir à distance, Newton répondit, le 11 février 1693, dans une lettre au docteur Bentley : « La supposition d'une gravité innée, inhérente et essentielle à la matière, tellement qu'un corps puisse agir sur un autre à distance, est pour moi *une si grande absurdité*, que je ne crois pas qu'un homme qui jouit d'*une faculté ordinaire* de méditer sur les objets physiques puisse jamais l'admettre (*Apud* de Maistre, *Soirées*, t. I, p. 482 ; n. 2). » Sur la fin de sa vie, comme ses amis lui témoignaient leur admiration de ses découvertes : « Je ne sais, disait-il, ce que le monde pensera de mes travaux ; mais, pour moi, il me semble que je n'ai pas été autre chose qu'un enfant jouant sur le bord de la mer, et trouvant tantôt un caillou un peu plus poli, tantôt une coquille un peu plus agréable variée qu'une autre, tandis que le grand Océan de la vérité s'étendait inexploré devant moi (*Biogr. univ.*, t. XXXI, p. 192). »

Homme prodigieux dans les sciences mathématiques, Newton était un homme ordinaire pour tous les autres objets. Il a vu, dans le monde matériel, l'attraction, la gravitation universelle, il en a vu le centre, il en a calculé les lois; et il n'a pas vu une attraction, une gravitation semblable dans le monde intellectuel, dans le monde humain, dans l'histoire humaine; il n'en a pas vu le centre vivant et éternel, attirant à lui toutes choses, suivant sa promesse : *Quand je serai élevé de terre, j'attirerai toutes choses à moi*. Il a méconnu le Christ, à la fois Dieu et homme, le principe, le milieu et la fin de toutes choses, en qui toutes choses ont leur ensemble, le ciel et la terre, les anges et les hommes, les siècles et les peuples, le passé, le présent et l'avenir. Il n'a pas vu le Christ établissant sur la terre un centre visible d'attraction et de gravitation universelle en disant au premier Pape : *Tu es Pierre, et sur cette pierre je bâtirai mon Église ; pais mes agneaux, pais mes brebis; il n'y aura qu'un troupeau et un pasteur*. Il n'a pas vu ce que voyait déjà Polybe, que dès lors les choses humaines gravitaient vers l'unité en gravitant vers Rome, alors païenne. Il n'a pas vu, ce qui est pourtant visible à tous les yeux, que depuis dix-huit siècles tous les peuples de la terre, chrétiens, païens, barbares, civilisés, sauvages, sont attirés plus ou moins et gravitent de plus en plus vers Rome chrétienne, suivant des plans et des orbites divers, cercles, ellipses, courbes inconnues, les uns comme des planètes, les autres comme des comètes. Les peuples qui s'en éloignent par le schisme ou l'hérésie n'y font pas exception : ce sont des intelligences centrifuges qui indiquent, qui reconnaissent le centre, tout en le fuyant, tout en lui donnant le nom d'antechrist; ils s'en rapprocheront de nouveau, par des courbes plus ou moins longues. Nous le voyons de nos jours par l'Angleterre protestante.

Quant à la vieille Angleterre, l'Angleterre des saints Grégoire, Augustin, Dunstan, Édouard, elle continuait à être elle-même, à être catholique, avec ses vieilles familles historiques, les Howard, les Talbot, les Clifford. Lorsqu'en 1688 l'Angleterre protestante proscrivit ses rois indigènes, parce qu'ils professaient la religion de la vieille Angleterre, celle-ci eut bien à souffrir sous des rois nouveaux et étrangers. Quant au dernier roi indigène, Jacques II, voici comme en parle le protestant Cobbet : « Au moment de récapituler ici toutes les accusations élevées contre le malheureux Jacques, la justice nous fait un devoir de dire également ce qu'il ne fit pas. Ainsi, il n'introduisit pas, à l'instar d'Édouard VI le protestant, des troupes allemandes en Angleterre pour contraindre son peuple à changer de religion, et n'imita point ce jeune *saint couronné* qui faisait imprimer sur le front ou sur la poitrine de ses sujets affamés la flétrissure d'un fer rouge, pour les punir d'avoir cherché à soulager leur faim en implorant la pitié publique; il n'eut pas recours, comme la *glorieuse* et *protestante* Elisabeth, au fouet, à la torture et au gibet, pour convertir ses peuples à sa croyance; il ne crut pas même nécessaire de leur faire payer pour cela des amendes exorbitantes. Au contraire, il fit tout ce qui dépendait de lui pour mettre fin aux persécutions religieuses. Jamais on ne le vit accorder à ses favoris d'odieux monopoles, comme avait fait la *reine-vierge*, sous le règne de laquelle le boisseau de sel monta, de huit sous environ, à plus de trois cents francs. Combien un tel prince ne devait-il pas, en vérité, être *bigot et fanatique !* combien les doctrines du catholicisme n'avaient-elles pas rétréci l'étendue de ses idées ! D'ordinaire, l'accusation précède toujours la mise en cause et le jugement; quand on expulsa Jacques du trône de ses pères, on eut sans doute des motifs pour renverser cette règle générale, en commençant par donner la couronne au Hollandais et à sa femme; et ne disant *pourquoi* que l'année suivante (Cobbet, *Hist. de la réforme en Angleterre*, lettre 13).

En 1688, il y avait en Angleterre quatre vicaires apostoliques, avec le titre, le caractère et la juridiction épiscopale, et gouvernant les quatre districts du royaume, le Nord, le Sud, l'Ouest et le Milieu. La révolution en 1688 ayant expulsé le dernier roi anglais et catholique pour lui substituer un Hollandais calviniste, elle statua tout d'abord qu'aucun catholique ou époux de catholique ne pourrait hériter du trône. Les catholiques ou ceux réputés tels eurent ordre de s'éloigner à dix milles de Londres. On les désarma, on prit leurs chevaux. On ferma quelques écoles qu'ils avaient formées. On les excepta seuls de l'acte de tolérance. Leur droit de patronage fut conféré aux Universités. On accorda, en 1700, des récompenses à qui ferait prendre un prêtre ou un Jésuite. Il fut défendu, sous peine de cent livres sterling d'amende, d'envoyer ses enfants hors du royaume pour les faire élever dans la religion catholique. Les catholiques étaient inhabiles à hériter. Les évêques nouvellement envoyés en Angleterre étaient particulièrement l'objet de la jalousie protestante. Deux des vicaires apostoliques furent arrêtés, emprisonnés, puis relâchés, mais menacés sans cesse. A la moindre alarme, ils étaient obligés de se tenir cachés. Les prêtres furent soigneusement recherchés, et plusieurs accompagnèrent Jacques dans sa fuite. D'autres restèrent en prison. Des laïques eurent le même sort. Walker, président du collège de l'Université d'Oxford, qui s'était déclaré catholique et avait converti plusieurs personnes, fut mis à la Tour, interrogé en plein parlement et excepté nommément de l'acte d'amnistie. Cependant il faut savoir gré à Guillaume III de n'avoir pas versé le sang et de n'avoir pas renouvelé les scènes atroces de 1679 et des années suivantes (Picot, *Mémoires*, etc., *Introduction*).

Au milieu de ces traverses, la religion catholique se soutint par elle-même, et son état dans ce pays était, en 1701, aussi satisfaisant que possible. Les vicaires apostoliques y gouvernaient leurs districts avec un zèle mêlé de prudence. M. Leyburn, fort âgé, vicaire apostolique du Midi, restait à Londres, tandis que M. Giffard gouvernait le district du Milieu. Ce dernier faisait de fréquentes visites, établissant des missionnaires, donnant la confirmation, et encourageant les catholiques dans la foi. Il secondait M. Leyburn dans l'administration du district du Sud, et visitait aussi celui de l'Ouest, privé d'évêque. Le clergé comptait dans son sein des hommes distingués par leurs talents, desquels deux refusèrent l'épiscopat par modestie. Plusieurs chapelains de Jacques II laissèrent des sermons imprimés. Le Jésuite Pulton publia la relation de sa conférence avec l'anglican Tenison. Son confrère Dorrel est auteur de livres de controverse et de piété. Plusieurs missionnaires trouvaient, au milieu de leurs travaux, le temps de composer de bons écrits, dont quelques-uns sont encore estimés des catholiques anglais. Quelques laïques donnaient l'exemple d'une haute piété.

Les lois sévères qui interdisaient aux catholiques la faculté de tenir des écoles, les obligeaient d'envoyer leurs enfants sur le continent. Il s'était formé à cet effet différents établissements à Rome, à Paris, à Douai, à Valladolid. Le plus célèbre de ces collèges était celui de Douai, qui était comme la pépinière du clergé séculier en Angleterre. Il avait été créé vers le commencement du XVII° siècle, et les Papes l'avaient protégé et lui avaient accordé une pension annuelle. Les présidents des collèges étaient choisis par le cardinal, protecteur des églises d'Angleterre à Rome. Le collège des Anglais à Lisbonne était le plus considérable après celui de Douai. Il avait été fondé par un seigneur portugais. A Paris, le collège des Anglais venait d'être établi par le docteur Betham, chapelain de Jacques II et précepteur du prince de Galles. Parmi les ordres religieux qui fournissaient des sujets aux missions d'Angleterre, les Bénédictins et les Jésuites étaient les plus nombreux. Les premiers, qui formaient une congrégation à part, sous le nom de *Bénédictins anglais*, avaient des maisons à Paris, à Douai, à Saint-Malo, à Dieulouard en Lorraine. Ils fournirent plusieurs évêques à la mission, et tenaient tous les quatre ans des chapitres pour nommer leurs supérieurs.

Enfin l'Angleterre catholique du XVII° siècle compte parmi ses enfants les trois plus grands poètes dont l'Angleterre s'honorât à cette époque : Shakespeare, Dryden et Pope.

SHAKESPEARE, que les Anglais prononcent *Chekspire*, né en 1564, mort en 1616, surnommé *le Sophocle anglais*, fit un grand nombre de tragédies fameuses, la plupart sur des sujets nationaux; il n'y a pas un mot contre l'Église catholique et sa créance : ce qui seul équivaut à une profession de foi, surtout à une époque où toutes les plumes protestantes se faisaient un mérite d'injurier la religion de la vieille Angleterre.

DRYDEN, né en 1631, mort en 1707, se fit catholique en 1688, et, malgré les pertes temporelles que lui attira cette démarche, il persévéra courageusement, ainsi que ses trois fils, dont les deux premiers furent employés à la cour du pape Clément XI, et le troisième se fit religieux. Dryden est auteur de plusieurs tragédies estimées et d'autres poèmes : son chef-d'œuvre est une ode pour la fête de sainte Cécile, patronne des musiciens; on la regarde comme l'ode la plus belle de la poésie moderne.

ALEXANDRE POPE naquit à Londres, en 1688, d'une famille noble et catholique, fort zélée pour la cause des Stuarts. Il passa les premières années de son enfance dans de petites écoles dirigées par des prêtres catholiques. Le goût de la poésie s'éveilla chez lui de si bonne heure, qu'il ne pouvait se souvenir du temps où il avait commencé à faire des vers. A l'âge de douze ans, il composa une ode sur la solitude, remarquable par sa maturité précoce. Tous ses ouvrages se distinguent par la pureté du style. Les principaux sont une traduction en vers de l'*Iliade*, et son *Essai sur l'homme*, dans lequel se trouvent quelques propositions peu exactes, qui ont besoin d'une bénigne interprétation. Accusé, à propos de cet ouvrage, de vouloir établir la fatalité de Spinosa, Pope écrivit, le 1er septembre 1742, une lettre à Racine le fils, où il témoignait son chagrin de se voir imputer des principes qu'il abhorrait. Il disait que ses traducteurs s'étaient mépris sur ses véritables sentiments, et finissait par déclarer *très-hautement et très-sincèrement que ses sentiments étaient diamétralement opposés à ceux de Spinosa, puisqu'ils étaient parfaitement conformes à ceux de Fénelon, dont il se faisait gloire d'imiter la docilité, en soumettant toujours toutes ses opinions particulières aux décisions de l'Église*. Pope, d'une constitution faible et maladive, mourut le 30 mai 1744, à l'âge de cinquante-six ans (*Biogr. univ.*; Picot, *Mémoires*, t. IV, p. 202).

Quant à l'Écosse, vers la fin du XVII° siècle, elle comptait un assez grand nombre de catholiques, et elle en aurait eu davantage sans le manque de prêtres et d'écoles. Ces deux circonstances favorisèrent beaucoup le succès des réformateurs du XVI° siècle. Le Saint-Siège y faisait passer de temps en temps des Franciscains irlandais. Mais la plupart étaient rebutés de la rigueur du climat, au moins dans la partie septentrionale de l'Écosse, où le froid rend la vie pénible, et ils restaient peu dans cette mission. Un pieux et zélé missionnaire, nommé White, fut plus constant. Aidé de la protection de lord Macdonald, il fit revivre la foi dans les montagnes d'Écosse, et ramena, presque sans difficulté, les familles que le malheur des temps avait éloignées de la religion. Ses travaux, vraiment apostoliques, datent de la fin de Cromwell et du commencement de Charles II. On essaya vers le même temps d'établir quelques écoles pour former des prêtres, et en même temps pour préserver les enfants des catholiques de la séduction des écoles protestantes. Mais ces établissements avaient peine à se soutenir au milieu des traverses qu'on suscitait aux catholiques.

La révolution de 1688 n'eut pas des résultats moins fâcheux pour ce pays que pour l'Angleterre, et l'attachement d'un grand nombre d'Ecossais aux Stuarts, leurs anciens maîtres, servit de prétexte à de longues vexations. Les protestants s'y montrèrent presque aussi jacobites ou partisans de l'ancienne dynastie que les catholiques, et les premiers, comme les seconds, parurent vouloir profiter de toutes les occasions pour soutenir les droits de leur souverain légitime. On les comprima donc avec soin. Le gouvernement anglais cessa de protéger les épiscopaux, et les presbytériens devinrent dominants en Ecosse. Les préjugés politiques se mêlant aux préjugés religieux, on poursuivait à la fois en eux les partisans des Stuarts et les adhérents à une foi proscrite. On tint des prêtres catholiques en prison pendant plusieurs années, ensuite on les bannit. On envoya des troupes dans les montagnes, on ravagea les terres des catholiques, et un capitaine, nommé Porringer, se rendit fameux dans l'ouest par ses dévastations et ses cruautés. En même temps, le parlement d'Ecosse statua que les enfants qui ne se feraient pas protestants seraient privés de la succession de leurs parents.

Cependant la foi se soutint au milieu des efforts faits pour la comprimer. Il paraît que Jacques, dans sa retraite, entretenait des relations étroites avec l'Ecosse. Il y fit passer quelques fonds avec lesquels on établit dans les montagnes une école dirigée par Georges Panton, élève du collège des Ecossais. Ce prince s'unit avec les missionnaires d'Ecosse pour demander l'envoi d'un évêque dans ce pays. Le Saint-Siége accéda à leurs désirs. Thomas Nicolson fut fait, en 1694, évêque de Peristachium et vicaire apostolique en Ecosse, où il se rendit secrètement en 1797. Il n'y trouva que vingt-cinq missionnaires dont il augmenta successivement le nombre. Il commença dès cette année à faire quelques visites du nord, où les catholiques sont plus nombreux. Il en fit également les quatre années suivantes dans les différentes parties de son vicariat. Son activité et son zèle produisirent beaucoup de fruits dans un pays qui n'avait pas vu d'évêque depuis près de cent ans. Il dressa des avis aux pasteurs, qui furent acceptés dans une réunion de missionnaires écossais, et confirmés depuis à Rome. Dans un voyage de plus de quatre cent milles, par des montagnes fort rudes et des mers dangereuses, il confirma, l'an 1700, un grand nombre de personnes, s'instruisit du besoin des peuples, réprima les abus, annonça à ces fidèles catholiques la parole de Dieu, et les exhorta à la constance dans la foi. Ils étaient assez nombreux dans ces quartiers. Plusieurs îles de l'ouest étaient exclusivement peuplées de catholiques, et dans une seule station le vicaire apostolique confirma plus de sept cents personnes. Il trouva ces bons montagnards réglés dans leurs mœurs, respectueux pour les prêtres, et observant avec exactitude les lois de l'Eglise. Quelques-uns d'entre eux avaient été mis à mort peu auparavant par le cruel Porringer, sur le refus qu'ils avaient fait de renoncer à la foi catholique. L'évêque Nicolson encouragea ses prêtres et en nomma deux ses provicaires. Il inspecta aussi l'école d'Arasaick, sur laquelle il fondait ses espérances, et qui servait comme de préparation aux sujets que l'on envoyait ensuite au collége Ecossais, à Paris; maison qui était la principale ressource pour l'éducation des prêtres, et la principale pépinière de missionnaires pour l'Ecosse. Outre ce collége, il y en avait encore un à Rome et un à Ratisbonne, chez les Bénédictins écossais, qui avaient trois maisons en Allemagne (*Biog. univ.*; Picot, *Mémoires*, t. IV, p. 202, *Introd.*).

L'Irlande ce peuple martyr, a constamment repoussé les innovations religieuses et conservé ses évêques. La succession des pasteurs légitimes s'est maintenue dans ce pays à travers tous les orages. Forcés d'abandonner aux évêques anglicans leurs églises, leurs maisons et leurs revenus, ces bons pasteurs ont continué de gouverner leurs troupeaux dans une honorable indigence, et dans des retraites où leurs ennemis venaient souvent les troubler. Les catholiques formaient les trois quarts de la population de l'île, et malgré cette disproportion, ils étaient exclus de toutes les faveurs et de toutes les places, privés de tout droit politique, inquiétés dans ce qu'ils avaient de plus cher, asservis à des lois rigoureuses. Ils voyaient un petit nombre de protestants dominer sur eux et s'arroger tous les avantages. Cependant Charles I$^{er}$ trouva plus de fidélité dans les Irlandais que dans les anglicans oppresseurs. Les premiers, instruits par les archevêques O'Reilly et Walsh, se dévouèrent à la cause d'un prince malheureux. Aussi le régicide Cromwell ne leur pardonna-t-il jamais. Il aggrava leur joug par de nouvelles dispositions. Une loi déshérita et mit hors la loi tout étudiant catholique qui embrassait l'état clérical. Le règne de Charles II ne fut guère plus favorable aux catholiques irlandais, et le supplice du vénérable archevêque d'Armagh jeta la terreur parmi eux. Deux autres évêques, ceux de Kildare et de Cork, furent mis en prison. D'autres se retirèrent en France.

Le règne de Jacques II fut trop court pour apporter beaucoup d'avantages aux catholiques, ou du moins ces avantages ne furent guère durables. Les faveurs mêmes que ce prince accorda dans ce pays à ceux de sa communion irritèrent l'envie contre eux, et sa chute les exposa à de nouvelles traverses. Plus ils lui restèrent fidèles dans sa disgrâce, plus on usa de rigueur envers eux, et ils expièrent, par toute sorte de vexations, leur courageux dévouement. La capitulation de Limerick avait assuré aux Irlandais quelques avantages. On était convenu que les choses resteraient sur le pied où elles étaient sous le règne de Charles II, et qu'on n'exigerait des catholiques que le serment général de fidélité qu'il est d'usage de demander aux peuples qui passent sous une autre domination. Ces concessions déplurent aux protestants fanatiques, qui demandèrent qu'on les enfreignît sur-le-champ. Guillaume de Hollande se montra plus modéré, et parut vouloir tenir les articles de Limerick. Il réprima plus d'une fois les efforts du parlement d'Irlande pour les enfreindre, et empêcha entre autres un projet de loi qui bannissait à perpétuité tous les archevêques, évêques et religieux. Mais tandis que la cour suivait ce système de modération, la masse des protestants établis en Irlande montrait un tout autre esprit contre les catholiques, et tous les documents de l'époque font un portrait déplorable de la situation de la religion catholique en Irlande, à la fin du XVII$^e$ siècle et au commencement du XVIII$^e$. Les catholiques étaient en butte à toute sorte de vexations; et les protestants, quoique en moindre nombre, appesantissaient sur eux le joug le plus dur.

L'épiscopat irlandais était réduit, en 1701, à un très-petit nombre de membres. Les troubles, les guerres, les persécutions avaient rendu vacants la plupart des siéges. Il ne se trouvait dans l'île, à cette époque, que deux prélats : Comorfort, archevêque de Cashel, qui était fort âgé, et Donelly, évêque de Dromore, qui était en prison. On cite aussi l'évêque de Clonfert, comme ayant échappé aux poursuites. Les autres évêques avaient été obligés de s'expatrier. Les archevêques d'Armagh, de Dublin, de Tuam, et l'évêque d'Ossory, étaient en France, et l'évêque de Cork s'était réfugié à Lisbonne. Le clergé de France faisait une pension à l'archevêque de Cashel et à l'évêque de Clonfert. Les vacances des autres siéges durèrent encore plusieurs années, et ce ne fut qu'en 1707 que l'on commença à y nommer. Le clergé du second ordre n'était pas dans une position plus heureuse. Beaucoup de religieux et de prêtres avaient été contraints de fuir leur patrie. Plusieurs avaient suivi Jacques dans son exil. La France et les Pays-Bas comptaient un grand nombre de ces honorables proscrits, auxquels leur double fidélité à leur croyance et à leur prince avait coûté tant de sacrifices.

Le clergé catholique d'Irlande se composait, comme celui d'Angleterre, de séculiers et de réguliers. Les réguliers étaient fort nombreux. Les ordres qui fournissaient le plus à cette mission étaient les Dominicains, les Franciscains, les Augustins. Ils avaient des colléges à Rome, à Louvain, à Douai et à Prague. Le clergé séculier en avait à Rome, à Lisbonne, à Compostelle, à Salamanque, à Séville, à Alcala, à Bordeaux, à Paris, à Douai, à Lille, à Louvain et à Anvers. On avait adopté, pour l'éducation du clergé irlandais, un usage singulier qui n'était pas sans de graves inconvénients. La pauvreté de la plupart des sujets et la difficulté de pourvoir à leur entretien avaient fait imaginer de renverser l'ordre naturel. Leurs évêques les ordonnaient prêtres dans leur pays et les envoyaient ensuite étudier à Paris, principale pépinière du clergé irlandais, et où ils trouvaient quelque ressource dans l'exercice des fonctions du ministère. On ne peut se dissimuler, observe le respectable Picot dans ses *Mémoires*, que cette méthode n'introduisît souvent dans l'état ecclésiastique des sujets médiocres, soit pour la conduite, soit pour la doctrine. On s'éleva plusieurs fois contre cet abus et contre la facilité avec laquelle les évêques conféraient les ordres. Mais ces plaintes, quelque fondées qu'elles fussent, ne doivent pas nous empêcher de reconnaître qu'il y eut souvent dans le clergé irlandais des hommes recommandables par leurs talents, leur piété et leur zèle. Un prêtre irlandais, un prêtre du peuple martyr, dira au roi martyr de France, à Louis XVI : Fils de saint Louis, montez au ciel !

Le protestant Cobbet résume ainsi le *code pénal* ou *code de sang* de l'Angleterre protestante contre l'Angleterre catholique ; code composé de plus de deux cents actes du parlement, rendus depuis le règne d'Élisabeth jusqu'à la vingtième année de celui de Georges III. En Angleterre, il privait les pairs catholiques du droit de siéger au parlement qu'ils tenaient de leur naissance, et le reste de leurs coreligionnaires, de celui de faire partie de la chambre des communes. Il enlevait à tous les catholiques le droit de voter aux élections. Bien que d'après la *grande charte* aucun homme ne doive être taxé sans son consentement, il imposait des doubles taxes aux catholiques qui refusaient d'abjurer la religion de leurs pères. Il leur refusait l'accès du pouvoir et les empêchait d'arriver aux plus minces emplois. Il les déclarait inhabiles à présenter des sujets aux bénéfices ecclésiastiques, bien que ce droit fût exercé par des quakers et des Juifs. Il les condamnait à une amende de vingt livres sterling par mois, s'ils ne fréquentaient pas avec exactitude les temples du culte établi par le parlement, fréquentation qu'ils ne pouvaient considérer que comme un véritable acte d'apostasie. Il leur défendait, sous peine de châtiments graves, de garder des armes dans leurs demeures, même pour leur propre sûreté, de plaider en justice, d'être tuteurs ou exécuteurs testamentaires, d'exercer la profession de médecin ou d'avocat, et de s'éloigner de plus de cinq milles de leur domicile. Toute femme mariée qui ne fréquentait pas assidûment le temple de l'*église établie* perdait les deux tiers de sa dot ; elle n'était plus apte à devenir exécutrice testamentaire de son mari, et pouvait être renfermée pendant la vie de celui-ci, à moins qu'il ne payât pour elle dix livres sterling d'amende par mois. Quand un homme était atteint et convaincu du même crime, les quatre premiers juges de paix venus pouvaient le citer à leur barre, le forcer à abjurer sa foi ; et, s'il refusait, le condamner, sans l'avis d'aucun jury, à un bannissement perpétuel, et à mort s'il remettait les pieds sur le territoire anglais. Les deux premiers juges de paix venus avaient droit de citer devant leur tribunal, et sans aucune information préalable, tout homme âgé de plus de seize ans ; s'il refusait d'abjurer la religion catholique, et s'il persistait pendant six mois dans son refus, il devenait incapable de posséder des terres ; toutes celles qui lui appartenaient revenaient de droit à son plus proche héritier *protestant*, lequel ne lui devait ensuite aucun compte de leur produit. Le catholique obstiné ne pouvait plus acheter de terres, et tout acte ou contrat souscrit par lui était radicalement nul. Étaient passibles d'une amende de cinq livres sterling par mois, les personnes qui employaient dans leurs maisons un précepteur catholique, et celui-ci était en outre puni d'une amende de deux livres sterling *par jour*. Étaient passibles de cent livres sterling, ceux qui envoyaient un enfant à une école catholique étrangère ; et cet enfant devenait ipso facto inhabile à hériter, à acheter ou posséder des terres, des revenus, des biens, des dettes, des legs ou des sommes d'argent. Était punissable de cent vingt livres sterling d'amende, celui qui célébrait la messe ; et de soixante livres sterling seulement, celui qui l'entendait. Tout prêtre catholique qui revenait par-delà des mers, et qui, dans les trois premiers jours de son arrivée, n'abjurait pas sa religion, ou toute personne qui rentrait dans la foi catholique ou y ramenait un autre individu, était condamnée à être pendue, éventrée et écartelée.

« En Irlande, le code pénal, auquel les catholiques étaient soumis, était encore plus hideux et plus féroce : car un simple trait de plume avait suffi pour faire appliquer à ce malheureux pays toutes les dispositions cruelles du code anglais, indépendamment des dispositions pénales spécialement destinées à la population irlandaise. Ainsi,

« Tout instituteur catholique, public ou particulier, et même le modeste sous-maître d'une école tenue par un protestant, était puni de l'emprisonnement, du bannissement, et considéré, en un mot, comme un *félon*, s'il était catholique. Les membres du clergé catholique ne pouvaient demeurer dans le pays sans être *enregistrés* comme des espèces de prisonniers sur parole ; des récompenses faites avec les fonds levés en partie sur les catholiques étaient décernées dans les proportions suivantes à ceux qui découvraient des contrevenants à cette disposition de la loi à savoir : cinquante livres sterling pour un archevêque ou évêque, vingt livres sterling pour un prêtre et dix pour un maître ou sous-maître d'école. Les deux premiers juges de paix venus pouvaient citer tout catholique à leur barre et lui ordonner de déclarer sous serment *où* et *quand* il avait entendu la messe, les personnes qui y avaient assisté avec lui, le nom et le domicile des prêtres et maîtres d'école de sa connaissance ; que s'il refusait d'obéir à cet ordre tyrannique, ils avaient droit de le condamner, sans plus de formalités, à une année de prison ou à vingt livres sterling d'amende. Tout protestant qui voyait un catholique en possession d'un cheval d'une valeur de plus de cinq livres sterling, pouvait s'emparer de ce cheval en comptant les cinq livres sterling au propriétaire. Pour que dans de pareils cas les tribunaux ne pussent jamais faire droit à qui il appartenait, on n'admettait sur les listes des jurés que des protestants connus. La succession d'un protestant dont les héritiers directs étaient *catholiques* passait à son plus proche héritier protestant, comme si les héritiers catholiques étaient prédécédés. Tout mariage contracté entre protestant et catholique était nul de plein droit, encore qu'un grand nombre d'enfants en fût né. Tout prêtre catholique qui célébrait un mariage entre un catholique et un protestant, ou entre deux protestants, était condamné à être pendu. Toute femme, épouse d'un catholique, qui voulait devenir protestante, sortait par cela même de la puissance de son mari, et participait à tous ses biens, quelque répréhensible qu'eût d'ailleurs été sa conduite, soit comme épouse, soit comme mère. Si le fils d'un père catholique se faisait protestant, ce fils devenait maître de tous les biens de son père, lequel ne pouvait plus en vendre, engager ou léguer une partie quelconque, à quelque titre qu'il les possédât et quand bien même ils étaient le fruit de son travail. »

Après avoir résumé ces articles et d'autres, le protestant Cobbet conclut : « Je le demande à mes lecteurs, y a-t-il un seul d'entre eux qui n'ait gémi du plus profond de son cœur en m'entendant rapporter toutes ces horribles cruautés, exercées contre des hommes uniquement coupables d'être restés fidèles à la foi de leurs pères et les nôtres, à la foi d'Alfred le Grand, fondateur de la puissance de notre nation, à la foi des hommes qui établirent la *grande charte* et créèrent toutes ces vénérables institutions qui font la gloire de notre pays ? Et si l'on réfléchit que tant d'horreurs et d'atrocités n'ont été commises que pour assurer la prédominance de l'Eglise anglicane, comment ne pas s'affliger et rougir de ce qui s'est passé, et ne pas ardemment souhaiter que bientôt pleine et entière justice soit enfin rendue aux malheureux qui souffrent depuis si longtemps (Cobbet, *Hist. de la réforme d'Angleterre* lettre 15). »

Les souhaits du protestant Cobbet ont été accomplis en 1828, par l'émancipation légale des catholiques dans tout le royaume d'Angleterre. Depuis cette époque le gouvernement anglais a bien voulu accorder à plusieurs collèges catholiques les priviléges des Universités de l'Etat, ce qui n'existe pour aucun établissement catholique en France. D'un autre côté, il est des îles qui, tant qu'elles ont appartenu à la France, n'ont pu avoir d'évêques, et qui en ont des catholiques depuis qu'elles appartiennent à l'Angleterre. D'après ces faits et d'autres, nous ne serions pas étonnés de voir, dans une vingtaine d'années, la nation anglaise devenir la première et la plus fervente des nations catholiques, et ravir cette antique gloire à la nation française.

§ IX.

*La réunion de l'Allemagne avec elle-même dans le catholicisme est entravé par le protestantisme anglais et hanovrien. — Idées de Leibnitz, plus admirables que sa conduite en cette matière. — L'Allemagne catholique, aidée de la Pologne, achève la série des croisades contre les Turcs, qui enfin commencent à s'humaniser.*

A la fin du XVIIe siècle et au commencement du XVIIIe, l'Allemagne fut en voie de redevenir pacifiquement une seule et même nation, en revenant à l'unité catholique par la science, au lieu de se composer de deux ou trois fractions nationales, divisées l'une contre l'autre par les hérésies de Luther et de Calvin. Elle produisit à peu près dans le même temps deux hommes de génie, dont la science universelle tendait naturellement à la société universelle, à l'Eglise catholique. L'un s'appelait Athanase Kircher, l'autre Godefroi-Guillaume Leibnitz.

ATHANASE KIRCHER naquit le 2 mai 1602, à Geysen, petit bourg près de Fulda, de parents honnêtes et catholiques, qui soignèrent son éducation. Après avoir terminé ses études, il entra dans la société de Jésus, où il trouva de nouveaux moyens de satisfaire sa passion de s'instruire : physique, histoire naturelle, mathématiques, langues anciennes, il embrassait toutes les parties de la science avec une égale ardeur. Chargé de professer la philosophie, et ensuite les langues orientales au collège de Wurtzbourg, il s'acquitta de cette double fonction d'une manière brillante. La guerre de Trente-Ans vint troubler sa tranquillité, et le força d'abandonner l'Allemagne. Il se retira d'abord chez les Jésuites d'Avignon, avec lesquels il passa deux années, uniquement occupé de l'étude des antiquités. Ce fut pendant son séjour en cette ville qu'il se lia d'amitié avec le savant Peiresc, qui lui conseilla de travailler à l'explication des hiéroglyphes égyptiens. Nommé à une chaire de mathématiques à Vienne, il se disposait à retourner en

Allemagne, lorsqu'il reçut l'ordre de se rendre à Rome. Le Pape le chargea, en 1637, d'accompagner à Malte le cardinal Frédéric de Saxe, et il y fut accueilli par le grand-maître avec beaucoup de distinction. Il visita ensuite la Sicile et le royaume de Naples, et vint enfin prendre possession d'une chaire de mathématiques au collége Romain, qu'il remplit pendant huit ans, et obtint ensuite de ses supérieurs la permission de renoncer à l'enseignement pour suivre ses autres travaux. Il mourut à Rome, le 28 novembre 1680, le même jour que Le Bernin, et que le fameux peintre *Grimaldi*, plus connu sous le nom de *Bolognèse*, parce qu'il était de Bologne, et avec lequel il ne faut pas confondre le père *Grimaldi*, jésuite. Celui-ci, né également à Bologne en 1613 et mort en 1663, se distingua surtout dans la physique et l'astronomie. Son traité *De la lumière et des couleurs de l'arc-en-ciel* a servi beaucoup à ceux qui ont écrit après lui sur cette matière. Newton en a pris plusieurs principes fondamentaux de son optique. Le jésuite Grimaldi est le premier qui ait observé la *diffraction* de la lumière, c'est-à-dire que la lumière ne pouvait pas passer près d'un corps sans s'en approcher et se détourner de son chemin. Il travailla longtemps avec Riccioli, jésuite astronome; augmenta, de concert avec lui, de trois cent cinquante étoiles le catalogue de Képler. Quelques-uns lui attribuent la dénomination des taches de la lune, mais elle est de Riccioli, et c'est pourquoi on y trouve le nom de Grimaldus entre ceux des philosophes illustres, et non pas celui de Riccioli, qui ne pouvait pas décemment l'y placer lui-même (*Biogr. univ.* et Feller). *Riccioli*, né à Ferrare en 1598, mort à Bologne en 1671, a laissé plusieurs ouvrages estimés. 1° *Almageste nouveau*, comprenant l'astronomie ancienne et nouvelle. D'après les astronomes Lalande et Delambre, cet ouvrage est un trésor d'érudition astronomique. Les astronomes en font un usage continuel. On y trouve la liste et la discussion de toutes les éclipses citées par les historiens, depuis celle qui eut lieu à la naissance de Romulus jusqu'à l'an 1647. 2° *Astronomie réformée*, ouvrage plus important encore par les observations qu'il renferme. 3° *Géographie et hydrographie réformées*, ouvrage que Wolff appelle excellent et presque unique dans ce genre de sciences.

Quant au jésuite allemand, Athanase Kircher, c'est, dit Crétineau-Joly, le savant dans son universalité. Il a touché à tout, il a tout approfondi. Les sciences exactes, la physique, les mathématiques, les langues, les hiéroglyphes, l'histoire, la musique, les antiquités, tout lui appartient. Il jette sur chaque branche des connaissances humaines un jour aussi brillant qu'inattendu; il embrasse un espace dont l'imagination elle-même ne saisit pas le terme, et il le remplit. Kircher n'était pas seulement un homme spéculatif qui, du fond de son laboratoire, coordonne des problèmes; il a soin de s'expliquer les causes et les effets des éruptions du Vésuve; il se fait descendre dans le volcan. Il cherche un point d'unité dans les nations; il invente l'écriture universelle, que chacun peut lire dans sa langue. Kircher donne la solution de sa théorie en latin, en italien, en français, en espagnol et en allemand. Le vocabulaire qu'il a créé se compose d'environ seize cents mots; il exprime, par des signes convenus, les formes variables des noms et des verbes. Sa sténographie est plus ingénieuse que celle de Jean de Trithème, et elle a servi de base au *Manuel interprète de correspondance*. Le Jésuite s'est emparé de la Renommée avec tant d'autorité, que les rois, que les princes protestants se font un honneur de lui fournir les sommes nécessaires pour ses expériences. Il est à Rome : tous ces monarques lui adressent les raretés antiques ou naturelles qu'ils peuvent réunir; il correspond avec eux, ainsi qu'avec les grandes intelligences de l'Europe. Au milieu de tant de soins, le Jésuite trouve encore des heures pour composer trente-deux ouvrages. Kircher s'est égaré quelquefois; il a soutenu des erreurs qui lui étaient propres et d'autres que son siècle avait adoptées. Ceux qui exploitèrent les théories de ce Jésuite, les savants modernes qui lui ont emprunté ses découvertes ou les matériaux de ses systèmes, essaient d'obscurcir sa renommée. Ils ne disent pas avec Pline : « Il est de la probité et de l'honneur de rendre une sorte d'hommage à ceux dont on a tiré quelque secours ou quelque lumière, et c'est une extrême petitesse d'esprit d'aimer mieux être surpris honteusement dans le larcin que d'avouer ingénûment sa dette (Crétineau-Joly, *Hist. de la Comp. de Jesus*, t. IV, c. 4; Pline, *Præf. Hist. nat.*). »

Parmi les trente-deux ouvrages du Jésuite Kircher, les principaux sont : 1° *Le règne magnétique de la nature*, imprimé en 1667. L'auteur assure que la nature n'a aucun secret que ne puisse pénétrer l'observateur attentif, et pose en principe que l'attraction et la répulsion peuvent servir à expliquer les phénomènes les plus obscurs de la physique. Il explique, d'après cette hypothèse, la production des minéraux, des pierres précieuses, des plantes, et les affections et les antipathies qu'on remarque dans les animaux. — 2° *Le grand art de la lumière et de l'ombre*, 1645. Ce traité d'optique et de gnomonique renferme des choses très-intéressantes; l'auteur y donne la description d'un assemblage de miroirs plans qu'il avait construits d'après celui d'Archimède, et rend compte de l'épreuve qu'il en a faite, et qu'il poussa seulement jusqu'à produire une chaleur considérable. Buffon est allé plus loin. Il y parle aussi d'un grand nombre de ses inventions, quelquefois plus curieuses qu'utiles, et entre autres de la lanterne magique, dont on le regarde assez généralement comme l'inventeur. — 3° *Le grand art de la consonnance et de la dissonnance*, 1650. On y trouve des choses aussi savantes que curieuses sur la musique des anciens. Kircher y assure qu'on peut fabriquer une statue, parfaitement isolée, dont les yeux, les lèvres et la langue auront un mouvement à volonté, qui prononcera des sons articulés et qui paraîtra vivante : il avait le projet d'en faire exécuter une de cette espèce pour l'amusement de la reine Christine; mais il en fut, dit-on, empêché, soit par défaut de temps, soit par la dépense. — 4° *Le monde souterrain*, *dans lequel se démontrent la majesté et les richesses de toute la nature*, 1664. Il y est question de ce qu'on a nommé depuis *géologie*, *minéralogie*, *fossiles*, etc. On doit rappeler ici que Kircher, voulant connaître l'intérieur du Vésuve, se fit descendre dans la principale ouverture par un homme vigoureux, qui l'y tint suspendu par une corde jusqu'à ce qu'il eût satisfait pleinement sa curiosité. C'est dans ce livre que l'auteur donne le secret de la palingénésie des plantes ou la manière de ressusciter une plante de ses cendres. — 5º Plusieurs ouvrages sur l'*Ancienne langue de l'Egypte* et sur l'*Interprétation des hiéroglyphes*. Kircher montra que l'ancienne langue des Pharaons était la langue des Coptes, chrétiens actuels de l'Egypte, et il en publia une grammaire. Deux amis de Leibnitz traitèrent de chimère la découverte du Jésuite et prétendirent que la langue primitive de l'Egypte était l'arménien. L'expérience a prouvé que le Jésuite avait raison. « L'Europe savante, dit Champollion, doit en quelque sorte à Kircher la connaissance de la langue copte, et il mérite, sous se rapport, d'autant plus d'indulgence pour ses erreurs nombreuses, que les monuments littéraires des coptes étaient plus rares de son temps. » Son ouvrage sur la langue égyptienne fut le premier qui répandit en Europe des notions exactes sur la langue copte. Lacroze en a tiré les noms coptes des villes avec leur équivalent en arabe, dans son *Dictionnaire égyptio-latin*. — 6º *La Chine illustrée par les monuments tant sacrés que profanes*. On y vit pour la première fois en Europe la célèbre inscription chinoise de Siganfou, sur la prédication du christianisme en Chine par des moines syriens durant un siècle. C'est aussi le premier ouvrage dans lequel on trouve gravés les caractères de l'alphabet Devanagary. — 7º *Polygraphie ou artifice des langues avec lequel on pourra correspondre avec tous les peuples de la terre*. C'est cette écriture universelle dont il a été parlé. Enfin le Jésuite Kircher avait formé un cabinet précieux d'instruments de mathématiques et de physique, de machines, de morceaux rares d'histoire naturelle et d'antiquité. De ses richesses se forma le musée du collège Romain, le plus beau qu'on eût vu jusqu'alors.

Un autre Jésuite allemand, Gaspar Schott, né au diocèse de Wurtzbourg, disciple de Kircher, se rendit célèbre dans les sciences physiques; mais il mourut avant son maître, l'an 1666, à l'âge de cinquante-huit ans. Quant à Kircher lui-même, cet homme rare et peut-être unique par la multitude et la variété de ses connaissances, on dit qu'il avait manqué d'être renvoyé du noviciat, le recteur le jugeant inepte aux sciences. On voit encore, à Mayence, la chapelle où le novice désolé se retirait pour demander au Ciel les lumières nécessaires à l'état qu'il voulait embrasser. On peut dire qu'il a été exaucé au delà de ses vœux (*Biog. univ.*; Feller).

Le célèbre Jésuite était en commerce de lettres avec un jeune luthérien d'Allemagne qui devint plus célèbre encore. Godefroi-Guillaume Leibnitz naquit à Leipsick le 3 juillet 1746, et mourut à Hanovre le 14 novembre 1716. Il était luthérien par le hasard de sa naissance, il fut catholique par l'unité, la profondeur, l'étendue et l'universalité de ses idées. Nous avons vu l'Anglais Newton, génie extraordinaire pour la science des machines et des chiffres, esprit fort ordinaire pour tout le reste : l'Allemand Leibnitz fut un génie extraordinaire pour toute espèce de sciences. A l'âge de six ans, il perdit son père, qui était professeur de droit, et lui laissait une bibliothèque considérable et bien choisie. Il apprit dès lors les principes du grec et du latin, et entreprit de lire avec ordre tous les livres de sa bibliothèque, poètes, orateurs, historiens, jurisconsultes, philosophes, mathématiciens, théologiens. Quand il avait besoin de secours, il consultait tous les habiles gens de son pays et d'ailleurs. A l'âge de treize ans, il fit dans un seul jour trois cents vers latins, sans aucune élision; c'était pour rendre service à un de ses camarades de collège qui devait faire un petit poème pour les fêtes de la Pentecôte, et qui était en retard. Voici en quels termes lui-même parle des études de sa jeunesse dans une lettre du 10 janvier 1714, deux ans avant sa mort.

« Etant enfant, j'appris Aristote, et même les scholastiques ne me rebutèrent point; et je n'en suis point fâché présentement. Mais Platon aussi dès lors avec Plotin me donnèrent quelque contentement, sans parler d'autres anciens que je consultai. Par après, étant émancipé des écoles triviales, je tombai sur les modernes; et je me souviens que je me promenai seul dans un bocage auprès de Leipsick, appelé le Rosendal, à l'âge de quinze ans, pour délibérer si je garderais les formes substantielles. Enfin le mécanisme prévalut et me porta à m'appliquer aux mathématiques. Mais quand je cherchai les dernières raisons du mécanisme et des lois mêmes du mouvement, je fus surpris de voir qu'il était impossible de les trouver dans les mathématiques, et qu'il fallait retourner à la métaphysique. C'est ce qui me ramena aux entéléchies, et du matériel au formel, et me fit enfin comprendre, après plusieurs corrections et avancements de mes notions, que les monades ou les substances simples sont les seules véritables substances, et que les choses matérielles ne sont que des phénomènes, mais bien fondés et bien liés. C'est de quoi Platon et même les académiciens postérieurs et encore les sceptiques ont entrevu quelque chose; mais ces messieurs, après Platon, n'en ont pas si bien usé que lui. J'ai trouvé que la plupart des sectes ont raison dans une bonne partie de ce qu'elles avancent, mais non pas en tout ce qu'elles nient. Les formalistes comme les platoniciens et les aristotéliciens ont raison de chercher la source des choses dans les causes finales et formelles. Mais ils ont tort de négliger les efficientes et les matérielles, et d'en inférer qu'il y a des phénomènes qui ne peuvent être expliqués mécaniquement. Mais, de l'autre côté, les matérialistes ou ceux qui s'attachent uniquement à la philosophie mécanique, ont tort de rejeter les considérations métaphysiques et de vouloir tout expliquer par ce qui dépend de l'imagination. Je me flatte d'avoir pénétré l'harmonie des différents règnes, et d'avoir vu que les deux partis ont raison, pourvu qu'ils ne se choquent point; que tout se fait mécaniquement et métaphysiquement en même temps dans les phénomènes de la nature, mais que la source de la mécanique est dans la métaphysique. Il n'était pas aisé de découvrir ce mystère, parce qu'il y a peu de gens qui se donnent la peine de joindre ces deux sortes d'études (*Leibnitzii opera omnia*. Dutens, t. V, p. 8). »

Par ce portrait intellectuel que Leibnitz trace de lui-même, on voit que c'était un esprit vraiment universel, qui tournait à l'unité les systèmes les plus divers; qui, dans les doctrines de Platon, d'Aristote et autres princes de la philosophie, s'attachait au fond des choses, à l'ensemble, pour en découvrir l'unité primordiale sous des expressions différentes. Déjà nous avons vu Cicéron et saint Augustin faire l'observation que les philosophes de Platon et d'Aristote, d'accord en la doctrine, ne différaient que dans les mots. C'est de ce point culminant de la raison humaine que Leibnitz juge les savants et leurs idées.

« Quant aux écrivains modernes, dit-il dans une lettre du 18 août 1707, je déclare volontiers que je ne suis guère content ni de Puffendorf, ni de Locke. Leurs écrits méritent sans doute d'être lus; et comme ils réunissent des connaissances prises en différents lieux, des jeunes gens peuvent s'y instruire jusqu'à un certain point des sciences qui en font l'objet; mais leurs auteurs pénètrent rarement jusqu'au fond de leur matière. C'est tout le contraire pour Hobbes. J'en crois la lecture pernicieuse à ceux qui commencent, et très-avantageuse à ceux qui sont avancés, parce qu'on y trouve en abondance, et mêlées ensemble, des vérités d'une grande profondeur et des erreurs de la plus dangereuse conséquence. Ce n'est pas qu'on ne rencontre aussi dans Puffendorf et dans Locke des principes contre lesquels il est nécessaire de précautionner les commençants; car rien n'est plus faux que ce que Puffendorf enseigne sur l'origine arbitraire des *vérités morales*, qu'il fait venir de la volonté et non de la nature; ainsi que sur le fondement du droit, qu'il fait venir de la loi et de la contrainte. Et Locke a tort de fronder les idées et les vérités innées : sa philosophie sur la nature de l'âme humaine est très-mince; et il ne tend à rien moins qu'à renverser les principes par lesquels on prouve son immortalité, lorsqu'il conjecture que la matière peut penser. Je passe sous silence d'autres points que j'ai relevés à la prière de mes amis (Dutens, t. V, p. 304). »

Dans une autre lettre du 28 octobre 1710, il donne une idée peu favorable tant de l'esprit que du caractère de Puffendorf. En ce qui est de Locke, il ajoute : « Je pense que la logique, si on l'enseigne bien et si on l'applique à la pratique, n'est nullement à mépriser; et même, si elle était plus parfaite, il ne se pourrait rien de plus utile aux humains. Locke a quelques points particuliers qui ne sont pas mal; mais en somme il s'est prodigieusement éloigné de la porte, et n'a compris la nature ni de l'âme ni de la vérité. S'il avait suffisamment considéré la différence entre les vérités nécessaires ou qu'on perçoit par la démonstration, et les vérités qu'on ne connaît en quelque manière que par induction, il aurait vu qu'on ne peut prouver les vérités nécessaires que par des principes intrinsèques à l'âme, attendu que les sens nous apprennent bien ce qui se fait, mais non pas ce qui se fait nécessairement. Il n'a pas non plus remarqué assez que les idées de l'être, d'une seule et même substance, du vrai, du bon et beaucoup d'autres, ne sont innées à notre âme que parce que notre âme est innée à elle-même et qu'elle découvre en elle-même toutes ces choses. En effet, rien n'est dans l'entendement qui n'ait été auparavant dans les sens, si ce n'est l'entendement lui-même. On pourrait faire bien d'autres observations critiques sur Lock; car il va même jusqu'à attaquer sourdement l'immatérialité de l'âme. Il inclinait vers les sociniens, ainsi que son ami Leclerc; et on sait que la philosophie des sociniens sur Dieu et sur l'âme a toujours été une bien pauvre philosophie (Dutens, t. V, p. 358).

Lord Shaftesbury, élève de Locke, se montra ennemi de toute religion, mais avec le temps il revint à des idées plus raisonnables : c'est ainsi du moins que, dans une lettre de 1713, en juge Leibnitz, qui combattit et réfuta ses premiers ouvrages. Il ajoute dans la même lettre : « Qui est-ce qui ne doit pas se moquer de quelques nouveaux auteurs qui s'imaginent plaisamment qu'on ne peut être bien baptisé que par l'autorité épiscopale, chose qui n'est jamais venue dans l'esprit des plus outrés défenseurs de l'Église romaine. Pour le soutenir sérieusement, il faut être un peu visionnaire, comme le pauvre mais savant M. Dodwel, qui croyait que même l'immortalité des âmes était l'effet du pouvoir épiscopal. Il est curieux de voir renaître en Angleterre une théologie plus que papistique et une philosophie toute scholastique, depuis que M. Newton et ses sectateurs ont ressuscité les qualités occultes par leurs attractions. Je crois que M. Whiston est savant homme et bien intentionné; mais je suis fâché qu'il donne dans l'erreur de ceux qui adoraient une créature. Nous autres chrétiens catholiques n'adorons que la suprême substance, immense et infinie; et nous n'adorons en Jésus-Christ que la plénitude de la divinité qui y habite..... On n'a pas besoin en Angleterre de livres pour la liberté des pensées; il faudrait plutôt porter les hommes à penser avec soin et avec ordre (*Ibid.*, t. VI, p. 290). » Leibnitz écrivait la même année : « Je n'ai pas encore lu l'apologie de Vanini; je ne pense pas qu'elle mérite fort d'être lue. Les écrits de ce personnage sont bien peu de chose. Mais un imbécille comme lui, ou pour mieux dire un fou, ne méritait pas d'être brûlé : on était seulement en droit de l'enfermer, afin qu'il ne séduisît personne (*Ibid.*, t. V, p. 321). » Vanini, né dans le royaume de Naples en 1585, étudia plusieurs sciences, entre autres la théologie, reçut la prêtrise, s'associa une douzaine d'émissaires, parcourut la France, l'Allemagne, l'Angleterre, prit même l'habit de religieux en Gascogne, tout cela sous le masque de l'hypocrysie, pour répandre l'athéisme avec une morale pratique de Sodome. Démasqué devant le parlement de Toulouse en 1619, il nia tout avant sa condamnation, en convint après, et fut exécuté suivant les lois. En 1712, un de ses adeptes en publia une apologie; c'est celle dont parle Leibnitz. Le Père Mersenne, qui mourut en 1648, estime qu'il y avait plus de cinquante mille athées à Paris (*Biogr. univ.*, t. XLVII, art. Vanini).

Leibnitz disait à ce propos dans ses *Nouveaux essais sur l'entendement humain* : « On a droit de prendre des précautions contre les mauvaises doctrines qui ont de l'influence dans les mœurs et dans la pratique de la piété, quoiqu'on ne doive pas les attribuer aux gens sans en avoir de bonnes preuves. Si l'équité veut qu'on n'épargne les personnes, la piété ordonne de représenter où il appartient le mauvais effet de leurs dogmes quand ils sont nuisibles : comme ceux qui vont contre la providence d'un Dieu parfaitement sage, bon et juste, et contre cette immortalité des âmes qui les rend susceptibles des effets de sa justice; sans parler d'autres opinions dangereuses par rapport à la morale et à la police. Je sais que d'excellents hommes et bien intentionnés soutiennent que ces opinions théoriques ont bien moins d'influence dans la pratique qu'on ne pense; et je sais aussi qu'il y a des personnes d'un excellent naturel, à qui les opinions ne feront jamais rien faire d'indigne d'elles. D'ailleurs ceux qui sont venus à ces erreurs par spéculation ont coutume d'être naturellement plus éloignés des vices dont le commun des hommes est susceptible, outre qu'ils ont soin de la dignité de la secte dont ils sont comme les chefs; mais ces raisons cessent le plus souvent dans leurs disciples ou leurs imitateurs, qui, se croyant déchargés de l'importune crainte d'une Providence surveillante et d'un avenir menaçant, lâchent la bride à leurs passions brutales et tournent leur esprit à séduire et à corrompre les autres; et, s'ils sont ambitieux et d'un caractère un peu dur, ils seront capables, pour leur plaisir et leur avancement, de mettre le feu aux quatre coins de la terre; et j'en ai connu de cette trempe, que la mort a enlevés. Je trouve même que des opinions approchantes s'insinuant peu à peu dans l'esprit des hommes du grand monde, qui règlent les autres et dont dépendent les affaires, et se glissant dans les livres à la mode, disposent toutes choses à la révolution générale dont l'Europe est menacée, et achèvent de détruire ce qui reste dans le monde des sentiments généreux des anciens Grecs et Romains, qui préféraient l'amour de la patrie et du bien public et le soin de la postérité à la fortune et même à la vie. Ces *public spirits*, comme les Anglais les appellent, diminuent extrêmement et ne sont plus à la mode; et ils cesseront davantage de l'être quand ils cesseront d'être soutenus par la bonne morale et la vraie religion, que la raison naturelle même nous enseigne. Les meilleurs du caractère opposé, qui commence de régner, n'ont plus d'autre principe que celui qu'ils appellent de l'*honneur*. Mais la marque de l'honnête homme et de l'homme d'honneur, chez eux, est seulement de ne faire aucune bassesse, comme ils la prennent... On se moque hautement de l'amour de la patrie; on tourne en ridicule ceux qui ont soin du public; et si quelque homme bien intentionné parle de ce que deviendra la postérité, on répond : Alors comme alors. Mais il pourra arriver à ces personnes, d'éprouver elles-mêmes les maux qu'elles croient réservés à d'autres. Si l'on se corrige encore de cette maladie d'esprit épidémique, dont les mauvais effets commencent à être visibles, ces maux seront peut-être prévenus; mais si elle va croissant, la Providence corrigera les hommes par la révolution même qui en doit naître. Car, quoi qu'il puisse arriver, tout tournera toujours pour le mieux en général, au bout du compte, quoique cela ne doive et ne puisse pas arriver sans le châtiment de ceux qui ont contribué même au bien par leurs actions mauvaises (L'abbé Emery, *Pensées de Leibnitz*, t. I, p. 282). »

Ce qui facilitait à Leibnitz de prévoir la grande révolution que nous avons vue et que nous voyons, c'était la profonde connaissance qu'il avait des hommes, des doctrines et des affaires de son temps. Reçu docteur en droit à l'âge de vingt ans, il sut encore se faire recevoir dans une société occulte de chimistes qui cherchaient la pierre philosophale. Son premier protecteur fut l'archevêque électeur de Mayence, qui, sur la recommandation de son chancelier, le baron de Boinebourg, protestant converti, lui donna un emploi dans sa chancellerie. Dès lors il publia une nouvelle méthode pour apprendre et enseigner le droit, une théorie du mouvement abstrait et du mouvement concret, une défense du dogme de la sainte Trinité contre le socinien Wissowats. Il fit un assez long séjour à Paris, y connut particulièrement le Hollandais Huggens, à qui l'on doit la découverte de l'anneau de Saturne et les horloges à pendule. En Angleterre, il connut Boyle et Newton, avec lequel il partage la gloire d'avoir inventé le calcul intégral et différentiel des infiniment petits : il voyagea de même en Italie, à Rome, compulsant les bibliothèques, liant commerce de lettres avec tous les savants, y compris les Jésuites de la Chine : à Vienne, l'empereur lui conféra le titre de baron et le fit son conseiller, mais sa résidence habituelle fut à Hanovre, près du duc de Brunswick, qui devint roi d'Angleterre.

Voyant donc les fondements mêmes de la religion et de l'ordre social ébranlés, surtout parmi les protestants, Leibnitz écrivit de Mayence, dès l'an 1670, à un de ses amis : « Puissent tous les savants réunir leurs forces pour terrasser le monstre de l'athéisme et ne pas laisser davantage s'étendre parmi eux un mal d'où l'on ne peut attendre que l'anarchie universelle et le renversement de la société. » Il ajoute que, comme c'est une œuvre immense, il faut l'exécuter d'abord en détail, jusqu'à ce que vienne quelqu'un qui puisse embrasser tout l'ensemble : ainsi, prouver d'abord la vérité de la religion naturelle, savoir, l'existence d'un Dieu tout-puissant et tout sage, et l'immortalité de l'âme; puis, comme il est raisonnable que Dieu ait donné aux hommes une vraie religion, montrer que, du côté rationnel, aucune ancienne religion n'est comparable à la religion chrétienne. Mais, pour que la victoire soit complète et décisive, je souhaite qu'il s'élève un jour quelqu'un qui, avec le secours de l'érudition, de l'histoire, des langues et de la philosophie, dissipe tous les nuages des objections sans nombre, et montre dans toute sa majestueuse splendeur l'harmonie et la beauté de la religion chrétienne (T. V, p. 344).

Leibnitz y travailla toute sa vie et y encourageait les autres, protestants et catholiques, comme on le voit par les intéressants extraits que le respectable Emery, supérieur de Saint-Sulpice, a recueillis de ses œuvres, sous le titre de *Pensées de Leibnitz*. Outre une infinité de lettres et d'articles détachés, il composa dans ce but plusieurs ouvrages considérables : *Nouvel essai sur l'entendement humain*, pour rectifier ce qu'il y a d'incomplet, de faux et de dangereux dans celui de Locke; *Théodicée ou justice de Dieu*, pour concilier la justice et la bonté divine avec l'existence du mal et le libre arbitre de l'homme, contre les objections de Bayle. Leibnitz y établit que le bien l'emporte sur le mal dans la création; il pose même en thèse que ce monde, pris dans son ensemble, est le meilleur que Dieu ait pu créer.

Lorsque le célèbre Huet, évêque d'Avranches, avec lequel il était lié d'amitié, lui eut envoyé son ouvrage de la *Démonstration évangélique*, Leibnitz lui en témoigna une joie sincère et comme ami et comme chrétien. Il ajouta dans ses lettres des réflexions très-profondes et très-importantes. « Quand il s'agit de démontrer la vérité de la religion chrétienne, il faut bien plus de matériaux et de recherches (que pour prouver en général qu'il faut admettre une religion et une Providence). Car il s'agit de la chute et de la réparation du genre humain, des différences des nations, des écritures les plus anciennes : et cette discussion demande non-seulement un philosophe, mais encore un savant, et même quelqu'un qui soit l'un et l'autre dans le degré le plus éminent. J'entends par un savant, tel que vous êtes, un homme qui possède et qui a combiné dans sa tête les événements les plus importants arrivés dans le monde connu, et dont la mémoire s'est conservée parmi les hommes. Celui-là donc est éminemment savant et érudit, qui connaît les principaux phénomènes du ciel et de la terre, l'histoire de la nature et des arts, les migrations des peuples, les révolutions des langues et des empires, l'état présent de l'univers, en un mot, qui possède toutes les connaissances qui ne sont pas purement de génie et qu'on n'acquiert que par l'inspection même des choses et la narration des hommes. Et voilà ce qui fait la différence de la philosophie à l'érudition : la première est à la seconde ce qu'une question de raison ou de droit est à une question de fait. Or, quoique les théorèmes qu'on découvre par la seule force du génie puissent être écrits et transmis à la postérité, aussi bien que les observations de l'histoire, il y a pourtant entre les uns et les autres cette différence que les théorèmes tirent leur autorité non des livres qui les ont fait parvenir jusqu'à nous, mais de l'évidence des démonstrations qui les accompagnent encore aujourd'hui : au lieu que l'autorité de l'histoire est toute fondée sur les monuments. De là est née la critique, cet art si nécessaire et qui a pour objet de discerner les monuments, tels que les inscriptions, les médailles, les livres imprimés ou manuscrits. Pour moi, je suis persuadé que la divine Providence a ressuscité cet art, l'a fait cultiver avec une nouvelle ardeur, l'a favorisé et fortifié par l'invention de l'imprimerie; pour répandre plus de lumières sur la cause de la religion chrétienne. A la vérité, les histoires sont grandement utiles pour fournir à la postérité de beaux modèles, exciter les hommes à faire aussi des actions qui immortalisent leur mémoire, fixer les limites des empires, terminer les différends des souverains, enfin nous donner le spectacle si intéressant, si varié et si magnifique des révolutions humaines. Cependant, sous tous les rapports, nous pouvons nous passer de l'érudition, car des nations entières s'en passent, qui jouissent pourtant des principales commodités de la vie. L'histoire et la critique ne sont donc vraiment nécessaires que pour établir la vérité de la religion chrétienne. Car je ne doute pas que si l'art de la critique périssait une fois totalement, les instruments humains de la foi divine ne périssent en même temps, et que nous n'aurions plus rien de solide pour démontrer à un Chinois, à un Juif, à un Mahométan, la vérité de notre religion.

» Supposez en effet que les histoires fabuleuses de Théodoric, dont les nourrices, en Allemagne, endorment les enfants, ne puissent plus être discernées d'avec les relations de Cassiodore, écrivain contemporain de ce prince et son premier ministre : supposez qu'il vienne un temps où l'on doute si Alexandre le Grand n'a pas été général des armées de Salomon, ainsi que les Turcs le croient : supposez qu'au lieu de Tite-Live et de Tacite nous n'ayons plus que quelques ouvrages bien écrits, si vous voulez, mais pleins de futilités, tels que ceux où l'on décrit aujourd'hui les amours des grands hommes; en un mot, faites revenir ces temps connus seulement par les mythologies, comme ceux d'avant Hérodote chez les Grecs : il n'y aura plus de certitude dans les faits, et bien loin qu'on puisse prouver que les livres de l'Ecriture sainte sont divins, on ne pourra pas seulement prouver qu'ils sont authentiques. Je crois même que le plus grand obstacle à la propagation de la religion chrétienne en Orient vient de ce que ces peuples, ignorant totalement l'histoire universelle, ne sentent point la force des démonstrations par lesquelles la vérité de la religion chrétienne est mise hors de doute dans votre ouvrage, à moins qu'ils ne se policent et ne s'instruisent dans notre littérature. » C'est ce que dit Leibnitz à Huet dans une lettre de 1679 (L'abbé Emery, *Pensées de Leibnitz*, t. V, p. 458).

Dans une autre du 1er août de la même année, il dit entre autres : « Pour moi, qui n'ai jamais douté que le monde ne fût gouverné par une souveraine Providence, je regarde comme un trait particulier de cette Providence divine, que la religion chrétienne, dont la morale est si sainte, ait été revêtue à nos yeux de tant de caractères admirables; car je ne disconviens pas que cette même Providence se manifeste dans la conservation de l'Eglise catholique. Ainsi, pour en venir à la dernière partie de votre lettre, j'ose dire que moi et beaucoup d'autres avec moi y sommes, attendu qu'il ne tient pas à nous que nous ne communiquions avec les autres. » Il ajoute que les conjonctures lui paraissent favorables pour amener une réunion honorable à l'Eglise romaine, chose bien pénible aux protestants. De part et d'autre il y avait beaucoup d'hommes de mérite. Le pape Innocent XI était renommé pour sa sainteté, sa bonne volonté et sa sagesse, l'empereur pour sa piété fervente, le roi de France pour sa grande vertu, le duc de Brunswick pour sa modération; enfin il prie Huet d'y aider avec Bossuet.

Les conjonctures paraissaient effectivement très-favorables. Les points de controverse avaient été éclaircis par d'excellents ouvrages; en France, ceux de Bossuet, et aussi la *Méthode de controverse* et la *Règle de foi* de François Véron, quelque temps jésuite, puis simple missionnaire en France, et qui mourut saintement en 1649, curé de Charenton. Pour la Hollande et l'Allemagne, les derniers écrits de Grotius avaient singulièrement justifié sur tous les points la doctrine de l'Eglise romaine; les docteurs luthériens de l'Université de Helmstadt avaient reconnu qu'on pouvait se sauver dans cette Eglise. Deux catholiques hollandais, les frères Adrien et Pierre de Wallembourg, nés à Rotterdam, morts en 1669 et en 1675, évêques suffragants, Adrien de Cologne et Pierre de Mayence, avaient publié des traités généraux et spéciaux de controverse, que Bossuet admirait et dont il a fait un grand usage dans son *Histoire des Variations*. Le Jésuite Gretzer, mort à Ingolstadt en 1625, a laissé dix-sept volumes in-folio, où il y a plusieurs traités étendus sur des points attaqués par les protestants. Le Jésuite Vitus Pichler, mort à Munich en 1736, a une théologie polémique où il réfute les protestants après les incrédules.

Un autre Jésuite, JEAN-JACQUES SCHEFFMACHER, naquit à Kientzheim dans la Haute-Alsace, le 27 avril 1668. Il fut nommé en 1715, à la chaire de controverse fondée dans la cathédrale de Strasbourg par Louis XIV. Par les talents et le zèle qu'il y déploya, il parvint à réunir au sein de l'Eglise grand nombre de luthériens. Il en convertit encore beaucoup d'autres par les écrits qu'il publia successivement, soit en allemand, soit en français. Ce sont d'abord *Six lettres à un gentilhomme protestant*, sur les six obstacles qui empêchent un luthérien de faire son salut : 1º parce qu'il est séparé de la véritable Eglise de Jésus-Christ ; 2º parce qu'il n'a qu'une foi humaine ; 3º parce qu'il persiste dans la révolte contre les supérieurs légitimes que Dieu a établis dans son Eglise ; 4º il meurt dans ses péchés, faute de se confesser ; 5º il ne reçoit jamais le corps de Jésus-Christ, faute de ministres qui aient le pouvoir de consacrer ; 6º il est engagé dans plusieurs hérésies anciennes et nouvelles. Ensuite six autres lettres à un des principaux magistrats de Strasbourg. La première, sur le sacrifice de la messe ; la deuxième, sur la présence permanente de Jésus-Christ dans l'eucharistie, et sur l'obligation de l'y adorer ; la troisième, sur la communion sous une seule espèce ; la quatrième, sur l'invocation des saints ; la cinquième, sur la prière pour les morts et sur le purgatoire ; et la sixième, sur la justification du pécheur. L'auteur y prouve aux luthériens qu'aucun de ces articles n'ayant pu leur être un sujet légitime de se séparer de l'Eglise catholique, apostolique et romaine, ne peut par conséquent être un obstacle légitime à leur réunion. Ces douze lettres, écrites sans aucune amertume et dans un esprit de charité et de politesse, sont ordinairement jointes ensemble, avec une treizième que l'auteur fit en réponse à quelques attaques anonymes, et forment un corps assez complet des principales matières de controverse. Enfin le Père Scheffmacher réduisit la substance de ses douze lettres en forme de catéchisme, par demandes et par réponses, mais avec une clarté et une simplicité si admirables, que la controverse est mise à la portée de tout le monde, et que les catholiques comme les protestants le liront, non-seulement avec fruit, mais avec un vrai plaisir.

Un autre controversiste célèbre en Allemagne, connu des catholiques et des protestants, mais dont les auteurs français ne mentionnent pas même le nom, c'est JEAN-NICOLAS WEISLINGER, né à Puttelange, dans la Lorraine allemande, diocèse de Metz, le 17 septembre 1691. Sa mère avait été calviniste opiniâtre, et ne s'était convertie qu'à la révocation de l'édit de Nantes. Dans les premiers temps, comme elle retenait encore quelque chose de ses anciens préjugés, elle tenait quelquefois à son fils des propos avantageux à la prétendue réforme. Le jeune homme eut une extrême curiosité de savoir au juste ce qu'il en était des catholiques, des luthériens et des calvinistes. Il en eut l'occasion pendant ses études à Strasbourg, y fit connaissance avec des étudiants luthériens, prit même sa pension chez un luthérien une année entière, et lut plusieurs livres catholiques ; en même temps il fréquentait les classes du collége des Jésuites, où l'on expliquait le catéchisme de Canisius, il assistait aux sermons de controverse dans la cathédrale ; tout cela, joint aux explications de son confesseur, l'affermit tellement dans la vérité, qu'il entreprit de composer lui-même quelque chose pour sa défense. Au milieu des calvinistes et les luthériens, il n'avait généralement ouï le que des injures et des moqueries contre les catholiques, leur croyance et leur culte. Il résolut de fermer la bouche aux luthériens et aux calvinistes, en les réfutant par eux-mêmes et les uns par les autres, dans un style populaire, mordant, comique, qui met les rieurs de son côté. Il publia son écrit à Strasbourg en 1722 ; il eut un succès prodigieux ; on en fit coup sur coup quatre ou cinq réimpressions en Allemagne. L'auteur en donna une nouvelle édition en 1726. Le titre de l'ouvrage est un dicton populaire : *Mange, oiseau, ou meurs*. Dans la préface, il fait voir la dissension irréconciliable des luthériens et des calvinistes dans la doctrine, et leur union haineuse contre les catholiques. Dans la première partie du livre même, il prouve que la vraie Eglise de Jésus-Christ doit être perpétuellement visible et infaillible ; il le prouve par l'Ecriture sainte, par saint Augustin, par Luther, par la Confession d'Augsbourg et par les principaux théologiens du luthéranisme. Il prouve, dans la seconde partie : 1º que la doctrine contraire est injurieuse à Dieu, à saint Augustin, à Luther et à la confession d'Augsbourg ; 2º que l'église luthérienne, ou calviniste, etc., n'est pas la même, toujours visible et infaillible de Jésus-Christ ; 3º que l'Eglise catholique-romaine est la seule vraie Eglise de Jésus-Christ, constamment visible et infaillible ; 4º que parmi les religions non catholiques, nulle, quant au fond, ne vaut mieux que l'autre. Dans la seconde édition, il y eut une gravure explicative du titre. Sur une table est une Bible ouverte, avec les ouvrages de saint Augustin, de Luther et la Confession d'Augsbourg, d'où l'auteur tire ses principaux arguments pour prouver que la vraie Eglise de Jésus-Christ doit toujours être visible et infaillible ; on voit cette Eglise élevée sur une montagne, bâtie sur le roc et éclairée par les rayons de la Vérité divine. Devant la Bible ouverte, il y a de la graine, de la semence répandue, symbole de la parole de Dieu ; un corbeau est auprès, symbole de tous les mécréants, qui se sont échappés de l'Eglise ; un petit garçon lui dit : *Mange, oiseau, ou crève*, c'est-à-dire choisis ta vie ou ta mort. Jean-Nicolas Weislinger était encore laïque quand il acheva cet ouvrage en 1719. Quelques années après, il reçut la prêtrise, exerça le ministère pastoral, et publia plusieurs autres écrits de controverse.

A ces défenseurs du catholicisme, on pourrait presque joindre le protestant Leibnitz. Non-seulement il a justifié l'Eglise romaine sur quelques articles, mais, dans les dernières années de sa vie, il a fait, par manière de testament religieux, une exposition de foi où il défend la religion catholique sur tous les points, même ceux qui ont été le plus vivement attaqués par les protestants. Voici entre autres ce qu'il y dit de l'autorité des évêques et du Pape.

« A la hiérarchie des pasteurs de l'Eglise appartient non-seulement le sacerdoce et les degrés qui y servent de préparation, mais encore l'épiscopat et la primauté du souverain Pontife. On doit regarder toutes ces institutions comme de droit divin, puisque les prêtres sont ordonnés par l'évêque, et que l'évêque, surtout celui à qui est confié le soin de l'Eglise universelle, peut, en vertu de son autorité, diriger et restreindre le pouvoir du prêtre, de sorte qu'il ne puisse ni licitement, ni même validement exercer le droit des clés dans certains cas réservés. En outre, l'évêque, et, sur tous les autres, celui qui est appelé *œcuménique* et qui représente toute l'Eglise, a le pouvoir d'excommunier et de priver de la grâce des sacrements, de lier et de retenir les péchés, de délier ensuite, et d'admettre de nouveau à sa communion; car le droit des clés ne renferme pas seulement une juridiction volontaire, telle que celle du prêtre dans le confessionnal, mais l'Eglise peut procéder contre les opiniâtres; et celui qui n'écoute pas l'Eglise et qui n'observe pas ses ordonnances, autant qu'il le peut pour le salut de son âme, doit être regardé comme un païen et un publicain. Et comme la sentence portée sur la terre est régulièrement confirmée dans le ciel, ce n'est qu'au détriment de son âme qu'il s'expose à la sévérité de la puissance ecclésiastique, qui a reçu de Dieu ce qui est le dernier terme de la juridiction, je veux dire l'exécution.

» Ensuite, comme on ne peut tenir continuellement ni fréquemment de concile, et que cependant la personne de l'Eglise doit toujours vivre et subsister, afin de pouvoir faire connaître sa volonté, c'était une conséquence nécessaire et de droit divin, ainsi que les paroles de Jésus-Christ à Pierre nous l'insinuent, qu'un des apôtres, et ensuite un des évêques qui lui succéderait, fût revêtu d'une plus grande puissance, afin que par lui, comme centre visible de l'unité, le corps de l'Eglise formât un seul tout et trouvât un secours dans ses besoins ordinaires; qu'il pût aussi convoquer le concile lorsqu'il est nécessaire, le diriger après sa réunion, et, dans les intervalles des conciles, donner tous ses soins pour que la république chrétienne ne souffrît aucun dommage. Et comme les anciens attestent d'un commun accord que l'apôtre Pierre a gouverné l'Eglise dans la ville de Rome, capitale de l'univers, qu'il y a souffert le martyre et désigné son successeur; et comme jamais aucun autre évêque n'y est venu pour en occuper le Siége, c'est avec raison que nous reconnaissons l'évêque de Rome pour le chef des autres. De là il faut admettre comme certain, au moins en ce point-ci, que, dans toutes les choses qui ne permettent pas les retards de la convocation d'un concile général, ou qui ne méritent pas d'être traitées dans un pareil concile, le prince des évêques ou le souverain Pontife a le même pouvoir que l'Eglise tout entière (1). »

Le protestant Leibnitz avait même, sur la constitution spirituelle et temporelle de la chrétienté, et

(1) *Exposition de la doctrine de Leibnitz sur la religion*, traduite du latin et publiée pour la première fois par M. Émery, supérieur de Saint-Sulpice. Paris, 1819.

par là même de l'humanité entière, des idées plus romaines que beaucoup de catholiques. Dès l'an 1676, n'ayant que 28 ans, il disait dans son *Traité de la souveraineté* :

« Nos ancêtres regardaient l'Eglise universelle comme formant une espèce de république, gouvernée par le Pape, vicaire de Dieu dans le spirituel, et l'empereur, vicaire de Dieu dans le temporel... Enfin il est arrivé, par la connexion étroite qu'ont entre elles les choses sacrées et les profanes, qu'on a cru que le Pape avait reçu quelque autorité sur les rois eux-mêmes. Et on peut juger quelle était cette autorité et jusqu'où elle s'étendait dans les premiers temps, par le trait du pape Zacharie, qui, consulté par l'assemblée générale de la nation française, décida que le roi Childéric était indigne de la couronne, et ordonna qu'elle passât sur la tête de Pepin, avec l'applaudissement de tous les ordres de l'Etat. Déjà auparavant le roi Clotaire ayant, dans un premier mouvement de colère, massacré au pied des autels, un jour solennel, Vautier, seigneur d'Ivetot, qui lui demandait grâce, il fut excommunié par le pape Agapet et n'obtint son absolution qu'après avoir déclaré tous les descendants du défunt totalement indépendants du royaume de France. C'est pour une cause à peu près semblable, c'est-à-dire le meurtre d'Arthur, duc de Bretagne, que le royaume d'Angleterre, sous le roi Jean, devint tributaire et même fief de l'Eglise romaine; et le cens fut augmenté dans la suite à l'occasion de l'assassinat de Thomas, archevêque de Cantorbéry, exécuté par l'ordre ou du moins avec l'agrément du roi d'Angleterre. Les Papes n'obligèrent-ils pas les souverains de Pologne de quitter le titre de roi, depuis que l'un d'entre eux eut fait mourir Stanislas, archevêque de Gnésen (ou plutôt de Cracovie)? Et ce ne fut que longtemps après, sous le pontificat de Jean XXII et par son autorité, qu'ils recouvrèrent leur ancien titre. Bodin dit avoir vu la formule par laquelle Ladislas Ier, roi de Hongrie, se déclarait vassal ou feudataire de Benoît XII. Ladislas II se constitua aussi tributaire, à l'occasion de l'excommunication dont il avait été frappé pour je ne sais quel meurtre. Pierre, roi d'Aragon, fit encore hommage de son royaume, avec une redevance annuelle, au pape Innocent III. Quant aux royaumes de Naples et de Sicile, il n'y a point de doute sur leur dépendance. Il paraît même que la Sardaigne, les îles Canaries et les Hespérides ont autrefois relevé de l'Eglise romaine; et les rois de Castille et de Portugal ne se sont-ils pas arrogé, le premier, les Indes occidentales, et le second, les Indes orientales, comme une donation ou plutôt comme un fief qu'ils tenaient du pape Alexandre VI ? Je ne cherche point actuellement par quel droit ces choses se sont faites, mais quelle a été dans les siècles précédents l'opinion des hommes.

» On appliquait là les oracles de l'Ecriture qui concernent le royaume de Jésus-Christ : par exemple, *qu'il dominera d'une mer à l'autre, et qu'il gouvernera les nations avec un sceptre de fer*. Et il est remarquable que lorsque l'empereur Frédéric Ier, prosterné à terre, demande grâce au pape Alexandre III, ce pontife, ayant le pied sur sa tête, prononçait ces paroles de l'Ecriture : *Vous marcherez sur l'aspic et le basilic*, l'empereur répondit :

*Ce n'est pas à vous, mais à Pierre* : comme s'il avait été persuadé qu'au moins saint Pierre, c'est-à-dire l'Eglise universelle, avait reçu quelque autorité sur sa personne, autorité dont on abusait alors à son égard. Je sais que plusieurs savants hommes révoquent en doute cette histoire..... et que le pape Urbain VIII, qui fit effacer l'histoire où elle était représentée, était dans le même sentiment; mais il est pourtant incontestable qu'on l'a crue pendant longtemps, ce qui me suffit. Au moins, on ne doute pas que l'empereur Henri IV a fait pénitence à jeun et nu-pieds au milieu de l'hiver, par ordre du Pape; que tous les empereurs et les rois qui ont eu, depuis plusieurs siècles, des entrevues avec les Papes, les ont honorés avec les plus grandes marques de soumission, jusqu'à leur tenir quelquefois l'étrier lorsqu'ils montaient à cheval et leur rendre plusieurs autres services du même genre. Un doge de Venise, désirant faire lever l'interdit jeté sur la ville et rentrer en grâce avec le pape Jules II, se mit une corde au cou, s'avançant en rampant vers le Pape, lui demanda pardon; d'où lui vient le surnom de *chien*, de la part même de ses compatriotes. Les Espagnols doivent la Navarre à l'autorité du Pape. C'est au même titre que Philippe II tenta de s'emparer à main armée de l'Angleterre, qui lui avait été donnée par Sixte-Quint.

» Les Papes ont entendu les plaintes des sujets contre leurs souverains. Innocent III défendit au comte de Toulouse de charger ses sujets d'impositions trop fortes. Innocent IV donna un curateur à Jean, roi de Portugal. Urbain V légitima Henri le Bâtard, roi de Castille, qui depuis, avec le secours des Français, enleva à son frère Pierre, héritier légitime, la couronne et la vie. Il y a d'ailleurs deux articles de grande importance, dont autrefois on n'a pas même douté qu'ils ressortissent au tribunal du Pape; je veux dire les causes de serments et celles des mariages. Henri IV ne demanda-t-il pas au Pape et n'en obtint-il pas la cassation de son mariage avec Marguerite de Valois? Et il n'y a pas bien longtemps qu'une reine de Portugal a fait aussi déclarer son mariage nul par l'autorité du cardinal de Vendôme, légat *à latere*. Mais le Pape a-t-il le pouvoir de déposer les rois et d'absoudre leurs sujets du serment de fidélité? C'est un point qu'on a souvent mis en question, et les arguments de Bellarmin, qui, de la supposition que les Papes ont la juridiction sur le spirituel, infère qu'ils ont une juridiction au moins indirecte sur le temporel, n'ont pas paru méprisables à Hobbes même. Effectivement, il est certain que celui qui a reçu une pleine puissance de Dieu pour procurer le salut des âmes, a le pouvoir de réprimer la tyrannie et l'ambition des grands, qui font périr un si grand nombre d'âmes. On peut douter, je l'avoue, si le Pape a reçu de Dieu une telle puissance; mais personne ne doute, du moins parmi les catholiques-romains, que cette puissance ne réside dans l'Eglise universelle, à laquelle toutes les consciences sont soumises. Philippe le Bel, roi de France, paraît en avoir été persuadé lorsqu'il appela de la sentence de Boniface VIII, qui l'excommuniait et le privait de son royaume, au concile général: appel qui a été souvent interjeté par des rois et des empereurs en de semblables circonstances, et auquel les Vénitiens se proposaient de recourir au commencement de ce siècle (*Opera Leibnitzii*, t. IV, pars 3, p. 401 et seqq.). »

L'abbé DE SAINT-PIERRE, né en Normandie l'an 1658, mort à Paris en 1743, est auteur de plusieurs écrits philanthropiques que l'on appelle *les rêves d'un homme de bien*. Le principal de ses ouvrages est le *Projet de paix perpétuelle*. Le moyen qu'il imagine pour y parvenir est l'établissement d'une espèce de sénat composé de membres de toutes les nations, qu'il appelle *Diète* européenne, devant lequel les princes auraient été tenus d'exposer leurs griefs et d'en demander le redressement. L'évêque de Fréjus, depuis cardinal de Fleury, auquel il communiqua son plan, lui répondit: Vous avez oublié un article essentiel, celui d'envoyer des missionnaires pour toucher le cœur des princes et leur persuader d'entrer dans vos vues. Leibnitz écrivait de son côté, en 1712: « J'ai vu quelque chose du projet de M. de Saint-Pierre pour maintenir la paix perpétuelle en Europe... Pour moi, je serais d'avis d'établir le tribunal à Rome même et d'en faire le Pape président, comme en effet il faisait autrefois figure de juge entre les princes chrétiens. Mais il faudrait que les ecclésiastiques reprissent leur ancienne autorité, et qu'un interdit ou une excommunication fît trembler des rois et des royaumes, comme du temps de Nicolas Ier ou de Grégoire VII. Voilà des projets qui réussiront aussi aisément que celui de M. l'abbé de Saint-Pierre. Mais puisqu'il est permis de faire des romans, pourquoi trouverons-nous mauvaise la fiction qui nous ramènerait le siècle d'or (T. V, p. 65)? » Leibnitz écrivait encore, le 30 octobre 1716, quinze jours avant sa mort: « M. l'abbé de Saint-Pierre m'a envoyé la continuation de son projet d'établir une paix perpétuelle en Europe, par le moyen d'une société de souverains qui formeront entre eux un tribunal et garantiraient ses sentences ou arrêts. Il l'a dédiée au régent du royaume de France... J'ai fait mes remarques, que je lui ai envoyées. J'ai intercédé pour l'empire, qu'il semble vouloir anéantir ou dissiper par son projet, qui est un renouvellement de celui de Henri IV, expliqué par M. de Sully et par M. de Péréfixe. Et comme M. l'abbé veut que tous les princes se contentent de ce qu'ils possèdent maintenant sans contestation, je lui ai objecté qu'il faudra donc anéantir tous les pactes de confraternité ou de succession, et toutes les ouvertures ou échéances féodales, etc., et même les successions qui viendraient à d'autres maisons par femmes. Quelques raisons que M. l'abbé de Saint-Pierre apporte, les plus grandes puissances, l'empereur, le roi de la Grande-Bretagne, la France, l'Espagne, ne seront pas fort disposées à se soumettre à une espèce d'empire nouveau. Si M. l'abbé de Saint-Pierre les pouvait rendre tous Romains et leur faire croire l'infaillibilité du Pape, on n'aurait point besoin d'autre empire que de celui du Vicaire de Jésus-Christ (T. V, p. 476). »

Enfin, le 28 avril 1707, il y eut une décision formelle des docteurs luthériens de Helmstadt en faveur de la religion catholique. Il était question du mariage d'Elisabeth-Christine de Brunswick-Wolfenbuttel avec l'archiduc d'Autriche, compétiteur de Philippe V pour la couronne d'Espagne, et depuis empereur sous le nom de Charles VI. Cette princesse était luthérienne. Le duc Louis-Rodolphe, son père, crut devoir consulter sur son mariage les théologiens du duché de Brunswick. Les docteurs de l'Université de Helmstadt furent donc assemblés à ce sujet, et, après avoir examiné cette affaire suivant les principes de leur communion, ils signèrent la consultation suivante :

« Sur la demande faite si une princesse protestante peut, en conscience, se faire catholique à cause d'un mariage à contracter avec un prince catholique, on ne peut statuer avant d'avoir décidé deux questions : 1° Si les catholiques sont dans l'erreur quant au fond ou principe de la foi; 2° si la doctrine catholique est telle que, en faisant profession de cette religion, on n'a point la vraie foi et qu'on ne peut faire son salut. On répond à cela que les catholiques ne sont pas dans l'erreur sur le fond de la doctrine et qu'on peut se sauver dans cette religion, 1° parce que les catholiques ont avec nous les mêmes principes de la foi. Car le principe solide de la religion chrétienne consiste en ce que nous croyons à Dieu le Père, qui nous a créés, au Fils de Dieu, Messie et Sauveur, qui nous avait été promis, lequel nous a effectivement sauvés de la mort, du péché, du diable et de l'enfer, et au Saint-Esprit, qui nous a éclairés. Nous apprenons des commandements de Dieu la manière dont nous devons vivre envers Dieu et le prochain. Le *Pater noster* nous apprend comment nous devons prier. Nous apprenons aussi que nous devons nous servir du baptême et de la sainte cène, puisque le Seigneur les a institués et ordonnés. Il faut ajouter à cela que Jésus-Christ donne à ses apôtres et à leurs successeurs le pouvoir d'annoncer aux pécheurs pénitents le pardon de leurs péchés, et aux impénitents la colère de Dieu et son châtiment, et par conséquent la puissance de retenir les péchés de ceux-ci et de les remettre aux autres; et c'est pour cela que, voulant être absous au nom de Dieu, nous nous trouvons quelquefois au confessionnal pour déclarer ou confesser nos péchés. Tout ceci se trouve dans notre catéchisme, qui est un abrégé de la doctrine chrétienne, tirée des saints Pères et des apôtres. Ce catéchisme, qui est commun aux catholiques et aux protestants, renferme tous les principes du Décalogue, le *Pater noster*, les paroles de Notre Seigneur Jésus-Christ, touchant le baptême et la cène. Dans la préface de la Confession d'Augsbourg, nous lisons que les catholiques et les protestants combattent tous sous un même Jésus-Christ. Elle dit encore, dans la conclusion du second article, que notre doctrine n'est pas contraire à la doctrine de l'Église romaine. Nous savons même que parmi les catholiques il se trouve des gens doctes et vertueux qui n'observent pas les additions humaines et qui n'approuvent pas l'hypocrisie que les autres pratiquent.

» Nous répondons, 2° que l'Église catholique est véritable Église, parce que c'est une assemblée qui écoute la parole de Dieu et qui reçoit les sacrements institués par Jésus-Christ, de même que les protestants. C'est ce que personne ne peut nier. Autrement, il faudrait dire que tous ceux qui ont été et qui sont encore dans l'Église catholique seraient damnés, ce que jamais nous n'avons dit ou écrit. Au contraire, Philippe Mélanchthon, dans son *Abrégé de l'Examen*, veut montrer que l'Église catholique a toujours été la vraie Église, ce qu'il prouve par la parole de Dieu. La doctrine de leur catéchisme le persuade, en ce qu'ils admettent les commandements de Dieu, le Symbole des apôtres, l'Oraison dominicale, le Baptême, les Évangiles et les Épîtres, d'où les fidèles ont appris les principes de la vraie foi. L'Église catholique enseigne, aussi bien que nous, dans les écrits et dans les sermons de leurs docteurs, qu'on ne peut être sauvé que par Jésus-Christ, et que Dieu n'a pas donné un autre nom aux hommes par lequel ils puissent être sauvés, que le nom de Jésus-Christ; que les hommes ne sont pas seulement justifiés devant Dieu par l'accomplissement de ses commandements, mais aussi par la miséricorde de Dieu et par la passion de Notre Seigneur Jésus-Christ. Car l'Église catholique croit, comme nous, et a toujours enseigné que, depuis la création du monde jusqu'à présent, personne n'a pu être sauvé que par Jésus-Christ, Médiateur entre Dieu et les hommes. Les docteurs catholiques et ceux de la Confession d'Augsbourg enseignent également que les péchés ne peuvent être remis que par les mérites et les souffrances de Jésus-Christ. A l'égard de la pénitence et des bonnes œuvres, les protestants et les catholiques conviennent de toutes ces choses, et toute la différence qu'on y peut rencontrer ne consiste que dans l'expression et la manière de parler.

» Ayant examiné toutes ces choses sérieusement, nous déclarons que, dans l'Église catholique-romaine, il y a le véritable principe de la foi, et qu'on y peut vivre et mourir chrétiennement; que, par conséquent, la sérénissime princesse de Wolfenbuttel peut l'embrasser et se marier avec l'archiduc, principalement si nous considérons qu'elle n'a pas cherché à se procurer ce mariage directement, ni indirectement, mais qu'il lui est présenté par un effet de la divine Providence; et, en second lieu, parce que ce contrat de mariage pourra être utile à son duché et peut-être contribuer à obtenir une heureuse paix. Il faut pourtant considérer qu'on ne doit point la contraindre d'abjurer la religion protestante, qu'on ne lui fasse point de controverse, qu'on ne lui propose point d'articles de foi contraires à la sienne. Mais il faut l'instruire brièvement et simplement des choses qui sont nécessaires à son salut, par exemple, de l'anéantissement de soi-même, de la pénitence continuelle, de l'humilité devant Dieu, des misères de la vie humaine, de la charité envers les pauvres, de l'amour de Dieu et du prochain. Tout cela sont de bonnes œuvres qu'enseignent aussi les catholiques (Picot, *Mém.*, t. I, an 1707; *Hist. de l'empire*, par Heiss, Paris, an 1731, t. I). »

Telle est cette décision fameuse que les docteurs luthériens de l'Université de Helmstadt donnèrent le 28 avril 1707. En conséquence, la princesse de Brunswick-Wolfenbuttel embrassa la communion catholique, qu'on lui assurait être bonne. Elle fit son abjuration solennelle le 1er mai de la même année, dans la cathédrale de Bamberg, entre les mains de l'archevêque de Mayence, et se rendit ensuite en Espagne, auprès de l'archiduc. Elle eut la satisfaction de voir plusieurs membres de sa famille prendre le même parti qu'elle. Son grand-père, Antoine-

Ulric, duc régnant de Brunswick-Wolfenbuttel, abandonna le luthéranisme en 1710 et mourut catholique le 27 mars 1714. Il publia un écrit intitulé : *Cinquante raisons pourquoi la religion catholique-romaine doit être préférée à toutes les autres, et pourquoi en effet le duc Antoine-Ulric de Brunswick-Wolfenbuttel abjura le luthéranisme en 1710.* Une fille du même prince, Henriette-Christine de Brunswick, abbesse luthérienne de Gandersheim, fit aussi abjuration. Il paraît que sa sœur, Auguste-Dorothée, mariée au comte de Schwartzbourg-Rudstadt, se signala par la même démarche. Du moins, c'est à cette princesse que semble adressé un bref de Clément XI, où il la félicite d'avoir renoncé à l'erreur. On a du même pontife plusieurs brefs au duc Antoine-Ulric, qui attestent le zèle de ce prince pour la croyance qu'il avait embrassée. Il fit bâtir une église à Brunswick pour les catholiques.

Dans le même temps à peu près, en 1712, Charles-Alexandre, depuis duc régnant de Wurtemberg, rentra dans le sein de l'Église romaine, et y persévéra jusqu'à sa mort en 1737. Le second de ses fils, Louis-Eugène, suivit son exemple. C'est le même qui demeura longtemps en France, où il était lieutenant général des armées du roi, et qu'on vit à Paris livré aux exercices de la plus haute piété. La maison électorale de Saxe avait aussi renoncé à l'erreur, dont elle avait été dans l'origine un des principaux appuis. Frédéric-Auguste Ier montra sur le trône de Pologne de l'attachement pour la religion catholique, et la Providence se servit de lui pour rappeler à la foi une famille dont plusieurs membres ont donné depuis de grands exemples de piété et de vertu. Son fils, Frédéric-Auguste II, fit aussi abjuration. Les landgraves de Hesse-Rhinfels s'étaient également retirés du sein de l'erreur. Le duc Guillaume était mort catholique en 1725, et ses successeurs paraissent avoir continué à professer cette religion. Une princesse de Wurtemberg-Montbéliard fit abjuration à Maubuisson, en 1702. Dans ce même lieu mourut, en 1709, la princesse Louise-Hollandine, fille de Frédéric V, roi de Bohême et comte palatin du Rhin. Elle avait quitté ses parents pour être plus en liberté de renoncer au calvinisme qu'ils professaient. Elle se retira en France, où elle vécut dans la pratique des vertus du cloître. Elle était sœur de cette princesse Sophie, qui fut appelée au trône d'Angleterre au préjudice de Jacques II. A deux époques différentes, deux ducs régnants de Deux-Ponts, Gustave-Samuel-Léopold et Chrétien II, se firent catholiques. Le premier alla exprès à Rome pour se réconcilier avec le Saint-Siège. Le second se déclara catholique en 1758. Son frère, le prince Frédéric, avait fait la même démarche en 1746, et la religion catholique s'est conservée dans cette branche, qui a hérité successivement de l'électorat palatin et de celui de Bavière. Deux ducs de Holstein-Beck, Frédéric-Guillaume et Charles-Louis, renoncèrent à la communion de l'église luthérienne. Maurice-Adolphe-Charles, duc de Saxe-Zeits, donna un exemple plus signalé encore. Il abandonna la Confession d'Augsbourg, et, quoiqu'il fût l'héritier de sa branche, il entra dans l'état ecclésiastique, à l'imitation de son oncle, qui était devenu cardinal et évêque de Javarin, et qui mourut en 1725. Le jeune duc devint aussi par la suite évêque de Kœnigsgratz,

et mourut dans un âge peu avancé, après avoir perdu, par son changement de religion, presque tous les avantages temporels auxquels sa naissance lui donnait droit. On cite encore parmi ceux à qui leur conversion coûta des sacrifices, Ferdinand, duc de Courlande. Il était issu de ce Gothard Kettler, maître des chevaliers teutoniques de Livonie, qui avait embrassé le luthéranisme au XVIe siècle, et avait fait ériger la Courlande en duché. Ferdinand, devenu héritier naturel de cet état, ne put s'en mettre en possession, ayant eu à combattre à la fois et l'ambition de la Russie, et les préventions des Courlandais, qui ne voulaient point d'un souverain catholique. Il fut obligé de se retirer à Dantzig, où il mourut en 1737, dans les pratiques de la piété.

Plusieurs autres Allemands, qui n'étaient point de maisons souveraines, mais qui appartenaient à la plus haute noblesse, s'unirent en différents temps à l'Église romaine. Dans une classe inférieure, nous ne citerons que deux ou trois savants, dont la conversion fit du bruit. Le premier est LUDOLPHE KUSTER, luthérien, critique habile et helléniste distingué, connu surtout par une édition du Nouveau Testament grec de Mill. Il fit son abjuration à Anvers, dans l'église des Jésuites, le 25 juillet 1713, et mourut quelques années après. Il paraît qu'il était venu se fixer en France. L'autre savant est JEAN-GEORGES ECKHART ou D'ECCARD, ami de Leibnitz, et professeur à Helmstadt, puis à Hanovre, versé dans la connaissance des antiquités ecclésiastiques et civiles d'Allemagne, et auteur d'écrits estimés sur ces matières. Il embrassa la religion catholique à Cologne en 1724, et rendit compte de ses motifs dans une lettre au prélat Passionei, depuis cardinal, qui paraît avoir eu part à ce changement. M. JEAN OTTER, Suédois, et savant orientaliste, se fit catholique en 1727, passa en France et y fut accueilli comme il le méritait. Il y obtint des places avantageuses et mourut à Paris en 1748 (Picot, *Mémoires*, an 1707).

Lors donc que Leibnitz écrivait, en 1679, à Huet, que les conjonctures étaient favorables pour une réunion générale des protestants avec les catholiques, il n'avait pas tort. Et de fait, il y avait des négociations ouvertes pour cette réunion si désirable. Le promoteur en était un Franciscain espagnol, Christophe Royas de Spinola, venu en Allemagne en qualité de confesseur de la fille de Philippe IV, mariée à l'empereur Léopold ; ce religieux reçut du Pape le titre d'évêque de Tina en Croatie, puis de l'empereur l'évêché de Neustadt, près de Vienne. Ayant vu de près les troubles politiques de la Hongrie, qui avaient leur source principale dans les dissensions religieuses, il conçut le projet de tarir cette source dans toute l'Allemagne par une réunion pacifique. Ayant fait goûter ses idées à l'empereur Léopold, il se rendit à la cour des protestants. Arrivé l'an 1679 à Hanovre, il fut extrêmement bien reçu du duc Jean-Frédéric, devenu catholique depuis quelque temps, qui lui procura une conférence avec le chef des théologiens de Helmstadt et avec Leibnitz, lequel se montra disposé à seconder l'évêque. C'est dans ces conjonctures qu'il écrivit à Huet, comme nous avons vu. Mais le duc Jean-Frédéric mourut inopinément le 28 décembre de la même année. L'évêque Spinola ne trouva pas de si bonnes dispositions à Berlin ; mais il ne se découragea point. A Dessau, le prince Jean-Georges d'Anhalt donnait les mains à l'union, avec ses deux principaux superintendants. Retourné à Hanovre en 1683, Spinola y avança beaucoup l'affaire. Le duc Ernest-Auguste, quoiqu'il ne se fût pas déclaré catholique, comme son frère et prédécesseur, s'intéressait néanmoins beaucoup à la réunion, par dévouement pour l'empereur. On reprit les conférences. Les opinions conciliantes de l'Université de Helmstadt aplanissaient bien des difficultés. L'ecclésiastique le plus considérable du pays, Molanus, abbé luthérien de Lokum, était distingué par sa modération et ses lumières. Il convint, avec l'évêque de Tina, qu'on prendrait pour point de départ l'*Exposition de la foi catholique*, par Bossuet, et pour règle de conciliation l'antiquité ecclésiastique et l'autorité de l'Eglise visible. Leibnitz était d'avis qu'on discutât chaque article en détail, et il rédigea même un travail assez considérable, qui paraît être ce qu'on a publié de nos jours sous le titre de son *Système de théologie*, et que nous avons considéré comme son testament religieux, où il justifie l'Eglise romaine sur tous les points. Spinola se rendit à Rome, pour exposer personnellement au Pape cette importante affaire. Innocent XI nomma une commission de cardinaux et d'autres ecclésiastiques, d'après l'avis desquels il autorisa formellement l'évêque de Tina à poursuivre cette affaire, parce que plusieurs théologiens protestants n'avaient pas voulu traiter avec lui, attendu qu'il avait seulement des pleins pouvoirs de l'empereur, mais non du Pape. Quant à la communion sous les deux espèces, et l'ordination d'hommes mariés, comme le concile de Florence l'avait accordée aux Grecs, la congrégation des cardinaux fut d'avis que le Pape pourrait l'accorder aux protestants, encore que cela parût déroger au concile de Trente (1).

De retour en Allemagne, Spinola continua ses négociations dans les cours protestantes. Les événements montraient aux Allemands d'une manière terrible combien il leur importait d'être unis entre eux. C'était l'irruption des Turcs, qui, en 1683, vinrent assiéger Vienne : c'étaient les guerres incendiaires de Louis XIV dans les provinces rhénanes. Mais ces événements, en montrant combien l'union religieuse était désirable, y mettaient obstacle; car dans le plan concerté entre l'évêque Spinola et l'abbé Molanus, on regardait comme le moyen le plus efficace d'une réconciliation générale, la tenue d'un concile universel. De plus, devenu évêque de Neustadt en 1686, Spinola dut s'occuper des affaires de son diocèse. Cependant l'empereur Léopold, qui avait beaucoup à cœur l'affaire de la réunion, le nomma, au 20 mars 1691, commissaire général de cette affaire dans tout l'empire, avec invitation à toutes les cours et communautés protestantes de s'y entendre amiablement, et d'envoyer des députés à des conférences pacifiques. Le prince Georges d'Anhalt montrait le plus de bonne volonté; mais il mourut en 1693.

Dans l'intervalle, un nouveau personnage avait pris part à la négociation. La princesse Louise-Hollandine, abbesse de Maubuisson, ayant su, par sa sœur Sophie, duchesse de Hanovre, qu'il y avait un plan de réunion concerté entre l'évêque de Neustadt, l'abbé Molanus et Leibnitz, mit tout en œuvre pour qu'il s'établît une correspondance immédiate entre ces deux derniers et Bossuet, alors évêque de Meaux. Molanus envoya donc à Bossuet, vers la fin de 1691, le projet de réunion concerté avec l'évêque de Neustadt, sous ce titre : PENSÉES PARTICULIÈRES *sur le moyen de réunir l'église protestante avec l'Eglise catholique-romaine, proposées par un théologien sincèrement attaché à la Confession d'Augsbourg, sans préjudice aux sentiments des autres, avec le consentement des supérieurs, et communiquées en particulier à M. l'évêque de Meaux, pour être examinées en la crainte de Dieu, à condition de n'être pas encore publiées* (Bossuet, t. XXV, p. 314). L'écrit de Molanus est divisé en deux parties: dans la première, il propose les moyens de parvenir à une réunion, qu'il appelle préliminaire; dans la seconde, il entre dans le fond des matières; et, après avoir concilié les plus importantes, il renvoie les autres à un concile général, dont il marque les conditions. Bossuet fit des *Réflexions* sur cet opuscule pendant l'année 1692. « Je ne vois rien dans cet écrit de plus essentiel, dit-il, ni qui facilite plus la réunion, que la conciliation de nos controverses les plus importantes, faite par l'illustre et savant auteur. Je commencerai donc par cet endroit-là, et je démontrerai d'abord que, si l'on suit les sentiments de M. Molanus, la réunion sera faite ou presque faite; en sorte qu'il ne lui reste qu'à faire avouer sa doctrine dans son parti, pour avoir véritablement prouvé que la réunion qu'il propose n'a point de difficulté (*Ibid.*, p. 486). » Bossuet le démontre en détail sur chaque point, et conclut : « Il est donc certain, par les choses qu'on vient de voir, premièrement, que les sentiments du savant auteur ne sont pas des sentiments tout à fait particuliers, comme il a voulu les appeler, mais des sentiments fondés pour la plupart, et pour les points les plus essentiels, sur les actes authentiques du parti, et exprimés le plus souvent par leurs propres termes, ou par des termes équivalents. Secondement, que ces articles étant résolus, il ne peut plus rester de difficultés qui empêchent les luthériens de se réunir à nous (*Ibid.*, p. 542). »

» Cela étant, il n'y aurait qu'à dresser une confession ou déclaration de foi conforme aux principes et aux sentiments de notre auteur, en faire convenir les luthériens, et la présenter au Pape. — Pour parvenir à cette déclaration, il faudrait que les luthériens s'assemblassent entre eux, ou, comme l'auteur le propose, qu'il se fît, par l'ordre de l'empereur, une conférence amiable des catholiques et des protestants, où l'on convint des articles qui entraîneraient, comme on voit, la décision de tous les autres. — L'auteur ne veut pas qu'on parle de rétractation, et l'on peut n'en point exiger; il suffira de reconnaître la vérité par forme de déclaration et d'explication; à quoi les livres symboliques des luthériens donnent une ouverture manifeste, comme on voit par les passages qui en ont été produits et par beaucoup d'autres qu'on pourrait produire.

» Cela fait, on pourrait disposer le Pape à écouter les demandes des protestants et à leur accorder que,

---

(1) Menzel, t. IX, c. 14; *Luntg. negotiorum publicorum sylloge*, t. I, p. 1091-1124; Jean Schlégel, *Hist. de l'Eglise et de la Réformation dans l'Allemagne septentrionale*, t. III, p. 300 et 301.

dans les lieux où il n'y a que des luthériens et où il n'y a point d'évêques catholiques, leurs surintendants, qui auraient souscrit à la formule de foi, et qui auraient ramené à l'unité des peuples qui les reconnaissent, soient consacrés pour évêques, et les ministres pour curés ou pour prêtres sous leur autorité. Dans les autres lieux, les surintendants, aussi bien que les ministres, pourront aussi être faits prêtres, sous l'autorité des évêques, avec les distinctions et les subordinations qu'on aviserait. Dans le premier cas, on érigera de nouveaux évêchés, et on en fera la distraction d'avec les anciens. On soumettra ces évêchés à un métropolitain catholique. On assignera aux évêques, prêtres et curés nouvellement établis, un revenu suffisant par les moyens les plus convenables, et on mettra les consciences en repos sur la possession des biens de l'Église, de quelque nature qu'ils soient. Je voudrais en excepter les hôpitaux, qu'il semble qu'on ne peut se dispenser de rendre aux pauvres, s'il y en a qui leur aient été ôtés. Les évêques de la Confession d'Augsbourg, dont la succession et l'ordination se trouveront constantes, seront laissés en leur place, après avoir souscrit la confession de foi, et l'on fera le même traitement à leurs prêtres.

» On aura soin de célébrer les messes des fêtes solennelles avec la décence possible : on y fera la prédication ou le prône, selon la coutume; on pourra mêler, dans quelque partie de l'office, des prières ou quelques cantiques en langue vulgaire ; on expliquera soigneusement au peuple ce qui se dira en latin, et l'on pourra en donner des traductions, avec les instructions convenables, selon que les évêques le trouveront à propos. L'Ecriture sainte sera laissée en langue vulgaire entre les mains du peuple : on pourra même se servir de la version de Luther, à cause de son élégance et de la netteté qu'on lui attribue, après qu'on l'aura revue et qu'on en aura retranché ce qui a été ajouté au texte, comme cette proposition : *la seule foi justifie*, et d'autres de cette sorte. La Bible ainsi traduite pourra être lue publiquement aux heures qu'on trouvera bon, avec les explications convenables. On supprimera les notes et apostilles qui sentiront le schisme passé. — Ceux qui voudront communier seront exhortés à le faire dans l'assemblée solennelle, et l'on tournera toutes les instructions de ce côté-là; mais s'il n'y a point de communiants, on ne laissera pas de célébrer la messe. — On donnera la communion sous les deux espèces à ceux qui auront professé la foi en la forme qui a été dite, sans autre nouvelle précaution : on prendra soigneusement garde à la révérence qui est due au Saint-Sacrement.

» On n'obligera point les évêchés et les paroisses nouvellement créés à recevoir des couvents de religieux et religieuses, et l'on se contentera de les y inviter par des exhortations, par la pureté de la vie des moines et en réformant leurs mœurs selon l'institution primitive de leurs ordres. — On retranchera du culte des saints et des images tout ce qui sent la superstition et un gain sordide : on réglera toutes ces choses suivant le concile de Trente, et les évêques exerceront l'autorité que ce concile leur a donnée sur ce point..... Enfin, qu'il se tienne, s'il se peut un concile œcuménique pour la parfaite réformation de la discipline et de l'entière réduction de ceux qui pourraient rester dans le schisme : qu'on repasse sur les articles de réforme qui devaient être proposés à Trente, par les ordres concertés de l'empereur Ferdinand et de Charles IX, roi de France, et qu'on y ait tout l'égard que la condition des lieux et des temps pourra permettre. — Ainsi l'on fera la réformation de l'Eglise dans le vrai esprit dans lequel elle devait être entreprise, en conservant l'unité, sans changer la doctrine des siècles précédents et en retranchant les abus (Bossuet, t. XXV, p. 545 et seqq.). »

A ces *Réflexions* de Bossuet, Molanus répondit par une *Nouvelle Explication* de la méthode qu'on doit suivre pour parvenir à la réunion des églises. Cette *Explication* n'avait de nouveau qu'une insistance inattendue sur une objection de Leibnitz, à laquelle Bossuet avait répondu, et qui tendait à rendre impossible toute réunion. Leibnitz prétendait que, pour condition préliminaire, on suspendît, on mît à l'écart les décrets du concile de Trente, ainsi que de tous les conciles que les protestants ne reconnaissaient pas pour œcuméniques : ce qui était, non pas réunir les protestants à l'Eglise, mais protestantiser l'Eglise elle-même. Bossuet avait répondu à cet égard de la manière suivante :

« Je suppose, en premier lieu, comme constant, que ce concile (de Trente) est reçu dans toute l'Eglise catholique et romaine, en ce qui regarde la foi; ce qu'il est nécessaire d'observer, parce qu'il y en a qui se persuadent que la France n'en reçoit par les décisions à cet égard, sous prétexte que, pour certaines raisons, elle n'en a pas reçu toute la discipline. Mais c'est un fait constant et qu'on peut prouver par une infinité d'actes publics, que toutes les protestations que la France a faites contre le concile, et durant sa célébration et depuis, ne regardent que les préséances, prérogatives, libertés et coutumes du royaume, sans toucher en aucune sorte aux décisions de la foi, auxquelles les évêques de France ont souscrit sans difficulté dans le concile. Tous les ordres du royaume, toutes les universités, toutes les compagnies, et en général et en particulier, y ont toujours adhéré. Il n'est est pas de la foi comme des mœurs : il peut y avoir des lois qu'il soit impossible d'ajuster avec les mœurs et les usages de quelques nations; mais pour la foi, comme elle est de tous les âges, elle est aussi de tous les lieux. Il est même très-véritable que la discipline du concile de Trente, autorisée dans sa plus grande partie par l'ordonnance appelée de Blois, parce qu'elle a été faite dans les Etats tenus dans cette ville, s'affermit de plus en plus dans le royaume, et qu'à peu d'articles près, elle y est universellement suivie. Je n'en dirai pas davantage sur ce sujet, parce que la chose est évidente et que M. l'abbé Pirot, syndic de la faculté de théologie, envoie un mémoire fort instructif sur cette matière.

» A l'égard des protestants modérés, à qui nous avons affaire, l'aversion qu'on a dans leur parti contre le concile de Trente doit être fort diminuée, après qu'on a vu, par l'écrit qu'ils nous ont adressé, que la doctrine de ce concile bien entendue est saine et ancienne; en sorte que ce qui reste d'aversion doit être attribué à la chaleur des partis, qui n'est pas encore tout à fait éteinte, et aux préventions où l'on est contre les véritables sentiments de cette sainte assemblée. Il semble donc qu'il est temps plus que jamais d'en revenir sur ce concile à ce que saint Hilaire a dit autrefois sur le concile de Nicée : « Le *Consubstantiel* peut être mal entendu : travaillons à le faire bien entendre. » Par ce moyen, les protestants, qui regardent le concile de Trente comme étranger, se le rendront propre, en l'entendant bien et en l'approuvant...

» La principale raison que les protestants ont opposée à ce concile est que le Pape et les évêques de sa communion, qui ont été juges, étaient en même temps parties ; et c'est pour remédier à ce prétendu inconvénient qu'ils s'attachent principalement à demander que leurs surintendants soient reconnus juges dans le concile qu'on tiendra. Mais si cette raison a lieu, il n'y aura jamais de jugement contre aucune secte hérétique ou schismatique, car il n'est pas possible que ceux qui rompent l'unité soient jugés par d'autres que par ceux qui étaient en place quand ils ont rompu. Le Pape et les évêques catholiques n'ont fait que se tenir dans la foi où les protestants les ont trouvés. Ils ne sont donc point naturellement leurs parties. Ce sont les protestants qui se sont rendus leurs parties contre eux, en les accusant d'idolâtrie, d'impiété et d'antichristianisme. Ainsi, ils ne pouvaient pas être assis comme juges dans une cause où ils s'étaient rendus accusateurs. Les novatiens et les donatistes, qui avaient rompu avec l'Église, ne furent point appelés à ses conciles. Les protestants n'ont point appelé ceux qu'ils appellent réformés aux assemblées où ils ont jugé de leur doctrine, et ils n'ont pas laissé de la condamner. Les réformés eux-mêmes n'ont pas fait asseoir les arminiens dans leur synode de Dordrecht, où ils les jugeaient : en un mot, quoi qu'on fasse, on ne peut jamais faire que les hérétiques soient jugés par d'autres que par les catholiques ; et si l'on appelle cela être partie, il n'y aura plus de jugement ecclésiastique, ainsi qu'il a été remarqué.

» Les anathèmes du concile de Trente, dont les protestants font tant de plaintes, n'ont rien de plus fort que ce qui est si souvent répété par les mêmes protestants dans leurs livres symboliques. *Ils condamnent, ils improuvent comme impie*, etc., telle et telle doctrine. Tout cela, dis-je, est équivalent aux anathèmes de Trente. Il faut donc faire cesser ces reproches, et, en dépouillant tout esprit de contention et d'aigreur, entrer dans les éclaircissements qui rendront les décisions du concile recevables aux protestants mêmes (Bossuet, t. XXV, p. 565). »

Par ces principes, Bossuet résout une autre question qu'on lui avait faite. « M. de Leibnitz, dit-il, peut voir maintenant la solution de ce qu'il appelle *l'essentiel de la question* : « Savoir si ceux qui sont prêts à se soumettre à la décision de l'Église, mais qui ont des raisons de ne pas reconnaître un certain concile pour légitime, sont véritablement hérétiques ; et si une telle question n'étant que de fait, les choses ne sont pas à leur égard devant Dieu, ou, comme disent les canonistes, *in foro poli*, et lorsqu'il s'agit de la doctrine de l'Église et du salut, comme si la décision n'avait pas été faite, puisqu'ils ne sont point opiniâtres. La condescendance du concile de Bâle semble appuyée sur ce fondement. »

Voilà la question comme il l'a souvent proposée et comme il la propose tout nouvellement dans sa lettre du 3 juillet 1692. Cette question a deux parties : la première, si un homme disposé de cette sorte est opiniâtre et hérétique. Puisqu'il faut trancher le mot, et qu'on le demande, je réponds que oui. La seconde, s'il se peut servir de la condescendance du concile de Bâle : je réponds que non.

» Quant à la première partie, en voici la démonstration. — J'appelle opiniâtre en matière de foi celui qui est invinciblement attaché à son sentiment et le préfère à celui de toute l'Église : j'appelle hérétique celui qui est opiniâtre en cette sorte. — Ce fondement supposé, je dis que ceux dont il s'agit, premièrement sont opiniâtres, parce que, encore qu'ils disent qu'ils sont prêts à se soumettre à la décision de l'Église, ils s'y opposent en réalité. — Leur excuse est que ce n'est point en général à l'autorité et à l'infaillibilité de l'Église qu'ils en veulent, mais seulement *qu'ils ont des raisons* pour ne pas reconnaître *un certain concile ;* ce qui n'est, à ce qu'ils disent, qu'une *erreur de fait*. — Or, cette excuse est frivole et nulle, parce que la raison qu'ils ont de ne pas reconnaître *ce certain concile* est une raison qui les met en droit de n'en reconnaître aucun ou de ne les reconnaître qu'autant qu'ils voudront. Car cette raison est que ce concile est tout ensemble juge et partie. C'est ce qu'ils ont dit autrefois, c'est ce qu'ils prétendent encore, comme on a vu ; or, cette raison conviendra à tout concile, n'étant pas possible de faire autrement, comme on a vu, ni que les hérétiques soient jugés par d'autres que par les catholiques. Ainsi, l'excuse de ceux dont il s'agit leur est commune avec tout ce qu'il y a eu et ce qu'il y aura jamais d'hérétiques, puisqu'il n'est pas possible qu'il y en ait jamais qui ne prennent les catholiques à partie. Il résultera donc de là qu'on ne pourra jamais prononcer de jugements ecclésiastiques sur la foi que du consentement des contendants, ce qui leur donne un moyen certain d'éluder tous les jugements de l'Église, sans que personne leur puisse ôter cette excuse. Elle n'est donc qu'un prétexte pour autoriser les hommes à demeurer invinciblement attachés à leur propre sens et à le préférer à celui de toute l'Église (Bossuet, t. XXV, p. 569).

» Quand donc M. Leibnitz nous dit que révoquer en doute *ce certain concile* est une question *de fait,* il ne veut pas voir que, sous prétexte de ce fait, il anéantit tous les jugements ecclésiastiques ; de sorte qu'il n'y a point d'erreur plus capitale contre la foi. — Si c'est ici une simple question de fait, on dira aussi que c'en est une de savoir s'il y a une vraie Église sur la terre, et quelle elle est. Car cela assurément est un fait ; et si, pour n'être pas opiniâtre, c'est assez de dire en général : Je suis soumis à l'Église, mais je ne sais quelle elle est ni où elle est, l'opiniâtre que nous cherchons ne se trouvera jamais et l'indifférence des religions sera inévitable (*Ibid.*, p. 573).

» Et pour enfin nous recueillir et pousser en même temps la démonstration, selon les vœux de M. de Leibnitz, jusqu'aux dernières précisions ; si, par exemple, toutes les fois qu'on voit un concile, qui seul et publiquement porte dans l'Église le titre d'*œcuménique ;* en sorte que personne ne s'en sépare, que ceux qui en même temps sont visiblement séparés de l'Eglise même, laquelle reconnaît ce concile et en est reconnue ; si, dis-je, on prétend le rejeter ou le tenir en suspens, sous quelque prétexte que ce soit, et principalement sous celui-ci, que ces séparés le regardent comme leur partie, et refusent, pour cette raison, de s'y soumettre, on détruit également tous les conciles et tous les jugements ecclésiastiques ; on met une impossibilité d'en prononcer aucun qui soit tenu pour légitime ; on introduit l'anarchie, et chacun peut croire tout ce qu'il veut.

» C'est en cela que consiste l'opiniâtreté qui fait l'hérétique et l'hérésie. Car si, pour n'être point opiniâtre, il suffisait d'avoir un air modéré, des paroles honnêtes, des sentiments doux, on ne saurait jamais qui est opiniâtre ou qui ne l'est pas. Mais afin qu'on puisse connaître cet opiniâtre, qui est l'hérétique, et l'éviter, selon le précepte de l'Apôtre, voici sa propriété incommunicable et son manifeste caractère : c'est qu'il s'érige lui-même, dans son propre jugement, un tribunal au-dessus duquel il ne met rien sur la terre, ou, pour parler en termes simples, c'est qu'il est attaché à son propre sens jusqu'à rendre inutiles tous les jugements de l'Eglise. On en vient là manifestement par la méthode qu'on nous propose ; on en vient donc manifestement à cette opiniâtreté qui fait l'hérétique, et voilà la solution de la question dans sa première partie (Bossuet, t. XXV, p. 577).

» La seconde, qui regarde l'exemple des Pères de Bâle, n'est pas moins aisée. Car il résulte des faits et des principes posés, que le cas où se trouvent les protestants est tout à fait différent de celui où nous avons vu les bohémiens et les calixtins. Les protestants demandent que l'on délibère de nouveau sur toutes nos controverses, comme s'il n'y avait rien de décidé dans le concile de Trente et dans les conciles précédents ; mais nous avons vu que le concile de Bâle, en accordant aux Bohémiens la discussion de l'article de la communion sous une espèce, déjà résolue à Constance, déclarait en même temps que cette discussion ne serait pas une nouvelle délibération, comme si la chose était indécise ; mais qu'elle se ferait par manière d'éclaircissement et d'instruction ; pour enseigner les errants, confirmer les infirmes et convaincre les opiniâtres, ce qui est infiniment différent de ce que les protestants nous proposent (*Ibid.*, p. 579).

» Il y a une dernière raison qui va être tranchée en un mot, et qui ne laisse aucune excuse à ceux qui sont dans le cas que M. de Leibnitz nous propose : c'est que dans sa lettre du 13 juillet 1692, en se plaignant des décisions qu'on a faites, à ce qu'il prétend, sans nécessité, il ajoute que, *si ces décisions se pouvaient sauver par des interprétations modérées, tout irait bien*. Or, est-il que de son aveu ces décisions se peuvent sauver par les interprétations modérées de M. l'abbé Molanus dans les matières les plus essentielles, par lesquelles on peut juger de toutes les autres ; par conséquent tout va bien, c'est-à-dire qu'il n'y a rien qui puisse empêcher un homme qui aime la paix de retourner à l'unité de l'Eglise. Si donc il n'y retourne pas, il ne pourra s'excuser d'adhérer au schisme.

» Et remarquez que ces interprétations ou déclarations, sous lesquelles M. l'abbé Molanus reconnaît que les sentiments catholiques sont recevables, ne sont pas des déclarations qu'il faille attendre de l'Eglise, puisque nous avons montré qu'elles sont déjà toutes faites en termes précis dans le concile de Trente ; car tous les éclaircissements que le savant abbé a proposés, par exemple sur la justice chrétienne, sur la transsubstantiation, etc., sont précisément ceux que le concile de Trente a donnés mot à mot dans les décrets que nous en avons rapportés. Si ces articles, de la manière qu'ils sont approuvés parmi nous, sont recevables ou irréprochables, on ne doit pas présumer que les autres moins importants doivent arrêter ; donc tout l'essentiel est déjà fait : on ne peut pas demeurer luthérien sans s'obstiner dans le schisme, ni faire son salut ailleurs que dans notre communion.

» Je soutiens donc que M. de Leibnitz, et ceux qui entrent comme lui dans les tempéraments de M. l'abbé Molanus, ne sont point excusés par là de l'opiniâtreté qui fait l'hérétique, pour trois raisons qui ne peuvent pas être plus décisives ni plus fortes. La première, que les exceptions qu'ils apportent contre les conciles auxquels ils ne veulent point qu'on ait égard, détruisent, comme on a vu, tous les jugements ecclésiastiques, tous les fondements de réunion, et même en particulier les fondements de la réunion qu'on propose. La seconde, qu'ils n'ont trouvé aucun exemple de la condescendance qu'ils nous demandent, puisque celle du concile de Bâle, qu'ils croient avec raison la plus forte, ne leur sert de rien. La troisième, que les décisions du concile de Trente, tant décriées par les protestants et par eux-mêmes, sont recevables et irréprochables, lorsqu'elles sont bien entendues : d'où il s'ensuit que le docte abbé, dont nous avons examiné l'écrit, si l'on change seulement l'ordre de son projet, a ouvert aux siens, comme il se l'était proposé, le chemin de la paix et comme le port du salut (Bossuet, t. XXV, p. 585). »

Bossuet ayant ainsi ramené toute l'affaire au point principal et décisif, et y tenant ferme, les négociations furent interrompues. L'évêque Spinola de Neustadt mourut le 12 mars 1695, et l'électeur Ernest-Auguste trois ans plus tard. Mais l'empereur ne laissa pas tomber l'affaire. Le successeur de Spinola dans l'évêché de Neustadt, un comte de Buckheim, muni des pleins-pouvoirs de l'empereur et probablement aussi du pape Innocent XII, et accompagné de quelques religieux Franciscains, se rendit à Hanovre l'an 1698. Le nouvel électeur, Georges-Louis, désigna l'abbé Molanus pour reprendre l'ancienne négociation, assisté de quelques séculiers, entre autres de Leibnitz. Ce dernier, par une lettre du 11 décembre 1699, renoua la correspondance avec Bossuet, en le consultant, de la part du duc de Wolfenbuttel, sur un livre du Père Véron, *De la règle de la foi*, et sur les moyens de reconnaître ce qui est de foi et ce qui n'en est pas, et ce qui est plus ou moins important dans la foi. Bossuet, dans sa réponse du 9 janvier 1700, établit que la perpétuité de la doctrine ou le consentement unanime et perpétuel de l'Eglise, forme la règle infaillible des vérités de la foi, et prouve par vingt-quatre faits que les livres de l'Ecriture, regardés comme apocryphes par les protestants, ont toujours été reconnus pour canoniques dans l'Eglise. Leibnitz ressasse ses objections contre cette canonicité jusque dans cinq lettres. Bossuet, dans une lettre du 17 août 1701, justifie le décret du concile de Trente touchant le canon des Ecritures, et répond aux objections de Leibnitz. Cette dernière lettre de Bossuet est demeurée sans réponse (Bossuet, t. XXVI).

Le protestant Menzel lui-même observe qu'on ne saurait méconnaître le changement que, durant ces négociations, les événements extérieurs opérèrent dans les dispositions de Leibnitz d'abord si favorable au catholicisme (Menzel, t. IX, c. 15, p. 307). Parmi ces événements, il y en a surtout deux. Le 1er novembre 1700 mourut le roi d'Espagne, Charles II, dont la succession ralluma la guerre entre la France et l'empire. Peu auparavant, le 20 août de la même année 1700, était mort le jeune duc de Glocester, le dernier des treize enfants de la princesse Anne, depuis reine d'Angleterre : ce qui appelait au trône anglais, d'après les droits du sang, la maison de Savoie. Mais cette maison professait la religion catholique. Le parlement de l'Angleterre protestante l'exclut donc de la succession et y appela le duc de Hanovre, Georges-Louis, héritier plus éloigné, mais protestant. Celui-ci ne pouvait donc plus favoriser la réunion des protestants avec l'Eglise catholique, sans renoncer au trône d'Angleterre et le renvoyer à son héritier légitime, la maison de Savoie. Or, sacrifier ainsi l'intérêt à la conscience, c'est un péché qu'on n'a pas encore vu commettre à un prince calviniste ni luthérien. Leibnitz, philosophe courtisan, comme le qualifie le protestant Menzel (t. IX, c. 14, p. 266, note), fit donc en même temps deux personnages.

Appelé à Vienne en 1711, par l'empereur Léopold, pour travailler à la réunion avec l'évêque de Neustadt, il y rédigea un manifeste politique pour soutenir les droits de l'Autriche au trône d'Espagne. Dans ce manifeste, écrit en français et publié en Portugal le 9 mars 1704, au nom de l'empereur, Leibnitz reproche à la France de n'être catholique qu'à moitié et à peine chrétienne ; de mépriser l'autorité du Saint-Siège et d'avoir fait éprouver mille mortifications à un vraiment saint Pape, Innocent XI, parce qu'il avait du zèle pour la justice et improuvait les desseins funestes de la France. On y avait opprimé les libertés de l'Eglise par les prétentions mal fondées de la régale, contrairement aux décisions d'un concile œcuménique. Depuis longtemps il s'est formé dans l'Eglise de France un parti considérable qui tend à ruiner complètement l'autorité du Pape et à réformer comme des abus plusieurs dogmes de l'Eglise catholique, apostolique et romaine. Ce parti domine parmi le clergé séculier de France, et on en verra un jour les conséquences, si jamais la maison de Bourbon arrivait à posséder paisiblement les deux monarchies, et par suite à tenir en son pouvoir le Pape avec Rome. C'est l'ambition de la France qui a maintenu les Turcs en Europe, lorsque l'empereur était sur le point de les en chasser ; c'est l'ambition de la France qui, depuis trente ans, inonde l'Europe du sang des chrétiens et y favorise l'immoralité et l'incrédulité (*Ibid.*, p. 309).

Voilà comme le philosophe courtisan Leibnitz, d'un côté, travaillait à exclure du trône d'Espagne la maison de France, parce qu'elle n'était point assez catholique, tandis que, de l'autre, il travaillait à exclure du trône d'Angleterre la maison de Savoie, parce qu'elle était catholique, et à y faire monter la maison de Hanovre, parce qu'elle était protestante. Car tel était le vrai mobile de sa conduite peu sincère dans l'affaire de la réunion : lui-même a eu soin de nous l'apprendre. Les docteurs luthériens de l'Université de Helmstadt ayant publié, en 1707, une déclaration favorable au catholicisme, comme nous avons vu, plusieurs protestants se déchaînèrent contre ces docteurs et demandèrent un désaveu ; voici pourquoi. Leibnitz écrit, le 17 septembre 1708, à Fabricius, principal rédacteur de la déclaration : « Que plusieurs évêques d'Angleterre, attachés à la cause et aux intérêts de la maison de Hanovre, lui avaient fait entendre que la tolérance et l'indulgence de l'Université de Helmstadt pour l'Eglise catholique pouvaient nuire à l'expectative du trône d'Angleterre, qui venait de lui être récemment assurée. » Il dit dans une lettre du 9 octobre : « Qu'on ne doute pas que ce ne soient les ennemis de la maison de Hanovre qui ont donné à la déclaration cette publicité, dans l'intention de traverser son avènement au trône d'Angleterre, qui lui était dévolu, en le représentant comme un prince assez indifférent sur la religion. » Enfin, le 15 du même mois et de la même année 1708, il dit nettement : « L'archevêque de Cantorbéry n'est pas content de la déclaration de l'Université de Helmstadt, puisqu'elle ne contient pas *que cette Université abhorre le papisme*. Sans doute, on a tort de se prévaloir de cette déclaration pour chercher à nuire aux droits de la maison de Hanovre ; mais vous savez combien le vulgaire ignorant, et c'est toujours le grand nombre, adopte volontiers tout ce qu'il y a de plus absurde. *Tous nos droits au trône d'Angleterre sont uniquement fondés sur la haine et l'exclusion de la religion romaine. Nous devons donc éviter avec soin tout ce qui annoncerait de notre part de la mollesse et de la tiédeur contre les papistes* (Leibnitz, t. V, p. 284 et seqq.). »

Ainsi le philosophe courtisan Leibnitz se guidait, non d'après la vérité et la justice, mais d'après l'intérêt et la haine, intérêt d'un prince hanovrien, haine du peuple anglican, haine pour la religion qui a civilisé l'Angleterre et l'Allemagne, religion dont Leibnitz proclame la vérité, la divinité, en plusieurs de ses écrits. Et dans le même temps, même Leibnitz annonçait à l'Europe était menacée de révolutions effroyables, par suite des principes d'immoralité qui prévalaient parmi les savants. Hélas ! parmi ces savants corrupteurs de l'Europe et du monde, Leibnitz n'aurait-il pas pu se compter lui-même ? Car si, à ses yeux, l'intérêt d'un prince de Hanovre doit l'emporter sur la vérité, la justice, la religion, la réconciliation de l'humanité avec elle-même, la réunion des protestants avec les catholiques, quel reproche d'immoralité peut-il encore faire aux principes d'Epicure, de Machiavel, de Hobbes, de Spinosa ; aux révolutionnaires, aux anarchistes, aux malfaiteurs de tous les pays et de tous les siècles ?

La réunion des protestants avec les catholiques eût redonné à l'Allemagne, avec son unité nationale, des forces assez grandes pour se défendre, d'un côté, contre la France; d'un autre, contre la Turquie. Faute de cette unité, les autres remèdes augmentent le mal. Le 17 septembre 1692, Leibnitz écrivait à son ami Ludolf à l'occasion de l'érection récente du duché de Hanovre en électorat : « La raison qui a fait penser à créer un neuvième électorat est bien naturelle; c'est que les anciens sont en péril, et ne sont plus, comme autrefois, dans le milieu, mais dans les extrémités de l'empire. Je vous dis cela à l'oreille. Je crains même que nous ne soyons obligés d'en créer encore plusieurs autres pour empêcher que la France, qui devient de jour en jour plus puissante sur le Rhin, ne vienne à dominer dans le collège électoral. » Ludolf lui avait dit dans une lettre du 27 août : « Ce ne sont pas les forces qui nous manquent, mais les conseils; nous sommes comme un corps qui reste immobile, faute d'une âme. » Dans une lettre du 23 mai 1693, il approuva donc fort la création de nouveaux électorats, comme moyen d'accélérer la décision des affaires; car, avec le collège électoral, l'empereur pouvait se passer des prolixes délibérations des autres collèges. Leibnitz lui fait entendre dans sa réponse que ce n'était pas la véritable et bonne raison; il ajoute : « Voulez-vous que je vous dise plus clairement ce que je crains? C'est que la France, réduisant sous sa domination tout le Rhin, ne retranche d'un seul coup la moitié du collège des électeurs, et que, les fondements de l'empire étant détruits, le corps lui-même ne tombe en ruine (Leibnitz, t. VI, p. 113-116). » Cette crainte de Leibnitz s'est changée en réalité de nos jours.

Dès l'an 1670, étant au service de l'archevêque de Mayence, Leibnitz avait conçu et publié un projet bien plus juste et plus vaste pour la sécurité de l'Allemagne et de l'Europe : c'était de former une alliance plus étroite entre les divers États allemands, afin que leur confédération n'eût rien à craindre d'aucun voisin, puis de fournir à toutes les nations européennes de quoi satisfaire leur humeur belliqueuse et leur instinct d'agrandissement au dehors, pour l'avantage commun de la chrétienté entière. « L'Allemagne, est-il dit dans ce mémoire, est maintenant la pomme de discorde, comme d'abord la Grèce, ensuite l'Italie. L'Allemagne est la balle que se renvoient mutuellement ceux qui jouent à la monarchie universelle. L'Allemagne est le champ de bataille où l'on se bat pour la domination de l'Europe. L'Allemagne ne cessera d'être un sujet à répandre son sang et celui des autres, jusqu'à ce qu'elle se réveille, se réunisse et ôte à tous les prétendants l'espoir de la gagner. Alors nos affaires prendront un autre aspect. On désespérera de jamais parvenir à la monarchie qu'on rêve; toute l'Europe se donnera au repos, cessera de se ravager elle-même et tournera ses yeux là où elle peut conquérir tant de gloire, de triomphe, d'utilités, de richesses, en bonne conscience et d'une manière agréable à Dieu. Il s'élèvera une autre lutte, non pas pour savoir comment l'un pourra extorquer à l'autre ce qui est à lui, mais qui pourra enlever le plus à l'ennemi héréditaire et augmenter non-seulement son royaume propre, mais celui du Christ. A quoi bon nous tourmenter ici pour une poignée de terre qui nous coûte tant de sang chrétien? La Pologne et la Suède ont la vocation, au lieu de se combattre l'une l'autre, d'aider l'empereur à combattre les Turcs; le czar de Moscou, de pousser vigoureusement contre les Tartares; l'Angleterre et le Danemarck, de tourner leurs vues sur l'Amérique du Nord; l'Espagne, sur l'Amérique du Sud; la Hollande, sur les Indes orientales. La France est appelée par la providence de Dieu à être le chef des armes chrétiennes dans le Levant, à donner à la chrétienté des Godefroi, des Baudouin, mais surtout des saint Louis; à attaquer l'Afrique, qui est vis à vis d'elle, à détruire les repaires de brigandage, à attaquer et conquérir l'Egypte même, pays le plus favorablement situé dans l'univers. Alors se réalisera le vœu du philosophe qui conseillait aux hommes de ne faire la guerre qu'aux loups et aux bêtes sauvages, à qui les barbares et les infidèles sont encore maintenant comparables en quelque chose. Celui-là peut aider à poser le fondement à cet heureux état de la chrétienté, qui contribue à réaliser les projets conçus pour le repos et la sécurité de l'Allemagne. Car si l'Allemagne est rendue invincible et que tout espoir de la subjuguer disparaisse, alors l'humeur guerrière des voisins, telle qu'un fleuve qui rencontre une montagne, se tournera d'un autre côté. L'empire affermi unira ses intérêts avec l'Italie, la Suisse et la Hollande, et fera profession de secourir tous les chrétiens contre la force injuste et de maintenir la tranquillité de l'Europe, afin que le chef temporel de la chrétienté soit uni dans le même but avec son chef spirituel, qu'il réalise le titre d'*avoué* de l'Eglise universelle, qu'il cherche le bien commun, et que sans un coup d'épée il fasse tenir les épées dans le fourreau. Telles ont été toujours, et non autres, les dispositions des Papes intelligents, qui n'épargnaient ni travail ni dépense, dès qu'il y avait espoir de réunir les potentats et de les amener à une alliance durable contre l'ennemi commun. On comprend aussi suffisamment à Rome qu'il n'y a rien à gagner par les guerres religieuses, qu'elles ne font qu'envenimer les esprits et éloigner les opinions, que dans les temps de paix on apprend à se connaître et qu'on se forme les uns des autres des idées moins horribles que quand on s'égorgeait pour des choses de cette nature; qu'enfin, Dieu y donnant sa bénédiction, tout se disposait dans la chrétienté à la charité et à l'union chrétienne par des conseils pacifiques (Menzel, t. IX, p. 27-29; *Ecrits allemands de Leibnitz*, publiés par Gurhauer, t. I, p. 151 et seqq.).

Tel est le plan que Leibnitz publia dès 1670 pour la pacification durable de l'Allemagne, de l'Europe et de la chrétienté entière. Ce qui n'est pas moins remarquable, c'est son aveu que c'était le plan perpétuel des Papes, que Rome le comprenait plus que jamais et y donnait les mains. Mais il n'y avait que Rome à le bien comprendre. Leibnitz fit le voyage de Paris, comme envoyé de l'électeur de Mayence, pour faire comprendre à Louis XIV combien la conquête de l'Egypte lui était plus facile et plus avantageuse que celle de la Hollande, surtout dans un moment où le vizir du sultan venait de faire donner la bastonnade au fils de l'ambassadeur français. Le ministre Pomponne répondit que, depuis le temps de saint Louis, les croisades étaient passées de mode (Menzel, t. IX, c. 3, p. 43-47). Et cependant, il n'y avait pas vingt ans (1664) que des

Français, commandés par le duc de la Feuillade, se trouvaient avec le duc Charles de Lorraine et les armées impériales sous le commandement général de Montecuculli, à la fameuse bataille de Saint-Gothard, ainsi nommée d'un monastère cistercien, sur les frontières de la Hongrie et de la Styrie. Plus de dix mille Turcs y avaient péri avec la plupart de leurs chefs. C'était la victoire la plus éclatante que les chrétiens eussent remportée sur les infidèles depuis trois siècles. Les janissaires répétaient encore avec effroi le cri des Français : *Allons, allons, tue, tue!* On voyait encore la chapelle de la sainte Vierge, que Montecuculli fit bâtir à la place où il chanta le *Te Deum*. Et cependant, ce plan perpétuel de la papauté, reproduit par le plus vaste génie du protestantisme, comme l'unique moyen de pacification universelle, nous voyons la Providence l'exécuter de nos jours par la France et l'Angleterre.

En attendant, divisée contre elle-même, l'Allemagne faillit devenir la proie des Turcs, par l'alliance des protestants de Hongrie avec ces infidèles. Le chef des révoltés était le comte protestant Tékéli, qui, pendant la guerre civile, usait des moyens suivants. Un prêtre catholique, dans le voisinage de Presbourg, fut haché en petits morceaux, un autre enterré vivant, et les gens de sa maison eurent le nez et les oreilles coupés (Menzel, t. IX, c. 3, p. 111, note). Tékéli faisait égorger sur son passage tous ceux qui demeuraient fidèles à l'empereur et à la religion, sans distinction d'âge ni de sexe : des chiens étaient dressés pour découvrir et déchirer ceux qui se cachaient dans les rochers et les montagnes (*Biogr. univ.*, art. TÉKÉLI). En vain l'empereur Léopold cherchait-il à l'apaiser par des concessions; Tékéli fit alliance avec les Turcs, et obtint d'en être reconnu roi tributaire. En vain Léopold demandait-il au sultan Mahomet IV une prolongation de la trêve de vingt ans conclue en 1664 : plus il faisait d'instances, plus l'ambassadeur français excitait le sultan à lui faire la guerre, comme étant hors d'état de se défendre (Menzel, t. IX, c. 3, p. 112, note).

En conséquence, vers la fin de 1682, le sultan se rendit de Constantinople à Belgrade, d'où le grand-vizir, conduit par le protestant Tékéli, pénétra en Hongrie avec des troupes innombrables de Turcs et de Tartares. Le 1er mai, Léopold fit la revue de son armée, qui se montait à trente-trois mille hommes, et en donna le commandement à son beau-frère, le duc Charles V de Lorraine, dépouillé de son pays par Louis XIV. Le grand-vizir marcha tout droit sur Vienne, où cependant le duc de Lorraine eut le bonheur de jeter une garnison. Léopold avait abandonné sa capitale, après en avoir nommé gouverneur le comte de Stahrenberg, qui se montra un vrai héros. Les fortifications étaient dans l'état le plus déplorable, il n'y avait ni palissades, ni artillerie, ni munitions, ni approvisionnements : dans l'espace de cinq jours, Stahrenberg eut remédié à ce qui manquait. L'armée turque, forte de deux cent mille hommes, commença le siége le 14 juillet, et ne cessa pendant six semaines de canonner la ville, de l'attaquer par des mines et des assauts, tandis que la famine et la maladie la ravageaient au dedans. Les habitants, toutefois, animés par leur gouverneur, ne pensèrent jamais à se rendre, mais résolurent de s'ensevelir plutôt sous les ruines de la ville. Le duc de Lorraine, avec des troupes insuffisantes, ne pouvait livrer bataille aux Turcs, mais il battait Tékéli : pour délivrer Vienne, il attendait les secours des princes allemands, mais surtout les secours de la Pologne et de son roi Jean Sobieski, renommé par ses nombreuses victoires contre les Moscovites, les Cosaques, les Tartares et les Turcs; il avait tué à ces derniers vingt mille hommes à la bataille de Choczim, en 1673. Léopold, menacé par la France et la Turquie, l'an 1682, implora donc le secours de la Pologne et de son roi. L'ambassadeur de Louis XIV et le parti français détournaient la nation polonaise d'aller au secours de l'Allemagne, et projetaient même de déposer Sobieski. Mais le saint pape Innocent XI, par son nonce Pallavicini, n'omit rien pour persuader à la Pologne et à son roi de marcher au secours de l'Allemagne et de la chrétienté; il se rendit garant des stipulations à intervenir entre Léopold et Sobieski, promit des secours en argent, et en avança de considérables pour hâter les premiers armements. Les Polonais écoutèrent le Pape, et, le 12 septembre 1683, ils parurent devant Vienne, en vue des Turcs, avec l'armée impériale, commandée par le duc Charles V de Lorraine, et les troupes auxiliaires des princes allemands, commandées par le prince de Waldeck. Dans l'armée impériale commandait un jeune Français de dix-neuf ans qui fut depuis le tant renommé Eugène de Savoie. C'était un dimanche : de grand matin, le roi de Pologne, Sobieski, commandant en chef, servit la messe du Père Aviano, puis il arma chevalier son fils et rappela aux Polonais la victoire que dix ans auparavant ils avaient remportée sous sa conduite à Choczim. « A la bataille d'aujourd'hui, ajouta-t-il, il y va non-seulement de la délivrance de Vienne, mais de la conservation de la Pologne et du salut de la chrétienté entière. »

Le duc de Lorraine commença la bataille sur l'aile gauche : comme le centre s'avançait lentement, elle ne devint générale qu'à deux heures après midi; la cavalerie polonaise, s'étant laissé emporter trop avant, faillit être enveloppée par les principales forces du grand-vizir; mais elle fut dégagée à temps par les troupes impériales. A six heures, les Allemands pénétrèrent dans le camp ennemi par le côté gauche, et les Polonais, à sept heures, par le côté droit : l'armée turque eût pu être anéantie; mais la nuit et l'empressement des vainqueurs à piller le camp lui donnèrent moyen de faire sa retraite et d'emmener en esclavage bien des milliers de captifs. Dans la première ivresse de la victoire, cette négligence passa inaperçue. Le butin était immense : plus de dix mille Turcs couvraient le champ de bataille, avec trois cents pièces de canon. Le roi de Pologne entra le premier dans la tente du grand-vizir, où il trouva des richesses incroyables, et d'où cette nuit-là même il écrivit une lettre pleine de tendresse à sa femme, sa chère Mariette. L'électeur de Bavière, le prince de Waldeck et beaucoup d'autres princes de l'empire vinrent à lui et l'embrassèrent avec effusion de cœur, les généraux le prenaient par les mains et les pieds, les colonels et les officiers avec les régiments à pied et à cheval s'écriaient : Notre brave roi ! Le lendemain de grand matin vinrent à lui l'électeur de Saxe et le duc de Lorraine, avec lesquels il n'avait pu s'entretenir la veille, parce qu'ils se trouvaient sur les ailes opposées; enfin le gouverneur Stahrenberg, avec un grand peuple, sortit à sa rencontre. Tout le monde l'embrassait, le caressait, l'appelait sauveur. Il visita deux églises où la foule s'efforçait également à lui baiser les mains, les pieds et même les habits; la plupart durent se contenter de pouvoir toucher son manteau. Partout on criait : Laissez-nous baiser cette vaillante main ! Il pria les officiers allemands d'empêcher ces démonstrations; mais on n'en continua pas moins à crier : Vive le roi ! Arrivé dans la chapelle de Notre-Dame de Lorette, en l'église des Augustins, il se prosterna le visage contre terre, puis entonna lui-même le *Te Deum*. Après avoir dîné chez le gouverneur, il s'en retourna à cheval au camp, tout le peuple l'accompagnant jusqu'à la porte de la ville, les mains levées vers le ciel. L'empereur Léopold vint le voir à la tête des troupes : suivant un témoin oculaire, dès que les deux monarques s'aperçurent, ils ôtèrent leurs chapeaux et s'inclinèrent l'un vers l'autre de la manière la plus amicale. Un autre écrit ajoute qu'ils s'embrassèrent cordialement. Peu de jours après, Léopold envoya au prince Jacques, fils de Sobieski, une riche épée avec une lettre où il lui témoignait sa reconnaissance de la part qu'il avait prise, avec son père, à la victoire du 12 septembre. (Menzel, t. IX, c. VII; de Hammer, *Hist. des Ottomans*, t. VI).

Le grand-vizir Cara-Mustapha, par la prise de Vienne, comptait faire de l'Allemagne un second empire musulman, dont il devait être lui-même le sultan et Vienne la capitale. Il était gendre du sultan de Constantinople, Mahomet IV : son harem renfermait plus de quinze cents concubines, avec autant de suivantes, et sept cents eunuques noirs. Battu devant Vienne, il s'en prit au gouverneur turc de Bude, et lui fit couper la tête. Mais, le 9 octobre, il perdit encore, contre le roi de Pologne et le duc de Lorraine, la bataille de Parkani; puis la ville de Gran ou Strigonie, que ces deux princes reprirent aux Turcs. Cara-Mustapha fit décapiter les pachas qui avaient rendu la ville par capitulation. Le sultan, son beau-père, lui avait d'abord envoyé un sabre d'honneur avec une lettre de remercîment, pour le soin qu'il avait eu de conserver l'armée. Mais, à la suite des derniers événements, le grand-chambellan arriva de Constantinople à Belgrade le 25 décembre 1683, se rendit auprès du grand-vizir et lui coupa la tête, suivant l'ordre qu'il en avait reçu. Telle fut la fin de Cara-Mustapha, sultan manqué de l'Occident (De Hammer, t. VI, l. 58).

A mesure que la victoire du roi de Pologne et du duc de Lorraine et la délivrance de Vienne se publièrent, ce fut un cri de joie dans toute l'Europe, un seul pays excepté. Partout, non-seulement en Allemagne, mais à Rome, à Madrid, à Venise, on célébrait des fêtes de reconnaissance envers Dieu et de réjouissance publique. Le pape Innocent XI ayant reçu de Sobieski le principal étendard pris sur les Turcs, accompagné de ces mots : *Je suis venu, j'ai vu, j'ai vaincu*, il le fit porter durant un mois d'une église à une autre.

Au milieu des acclamations de l'Europe, les gazettes françaises gardaient le plus profond silence.

C'est que Louis XIV, regardant la prise de Vienne par les Turcs comme immanquable, s'était flatté que, la puissance autrichienne ainsi placée sur le bord de sa ruine, les Etats de l'empire viendraient à lui en suppliants, lui offrir le protectorat de l'empire et de toute la chrétienté. Par la victoire de Sobieski de Pologne et de Charles de Lorraine, il se trouvait bien loin de son compte. On disait même que, parmi les papiers du grand-vizir saisis dans sa tente, se trouvait une lettre du roi de France, où il l'excitait au siége de Vienne, lui donnait pour cela des conseils et lui promettait des secours d'argent (Menzel, t. IX, c. 8, p. 136, note; Pufendorf, l. 18, § 96). Voilà pourquoi les gazettes françaises gardèrent un si long silence sur la levée du siége de Vienne, et lorsqu'enfin elles en firent mention, sous la rubrique de Cologne, ce n'était qu'un heureux hasard qui avait délivré la ville; plus tard, le *Mercure galant*, seul journal politique qu'il y eût alors en France, prétendit, dans un article très-prolixe, que le roi de Pologne n'avait fait que ce que tout autre prince aurait fait à sa place; que le roi très-chrétien avait pareillement offert des secours à l'empereur, mais que l'aveugle haine de Léopold les avait refusés, ce qui fut cause que le roi, pour servir la chrétienté de son côté, fit bombarder Alger; qu'au reste, la délivrance de Vienne n'avait pas été l'effet d'une bataille, comme le disaient faussement d'inexactes gazettes, mais simplement d'une terreur panique qui saisit les Turcs à la nouvelle que le roi de Pologne approchait. Telles sont les nouvelles de fabrique française qui traînent encore dans des livres, entre autres dans l'*Art de vérifier les dates*, article Mahomet IV. Les Français ne pouvaient digérer que les Allemands eussent remporté une victoire européenne. Les ministres de Louis XIV connaissaient si bien les sentiments de leur maître, qu'ils n'osèrent lui apprendre cette nouvelle si peu agréable que par des voies indirectes, et lorsqu'enfin il en sut toute l'étendue, il prétexta une indisposition pour cacher sa mauvaise humeur, et fut trois jours sans se montrer en public.

Toutefois ce furent principalement deux Français, mais au service de l'empereur, le duc Charles V de Lorraine et le prince Eugène de Savoie, qui achevèrent d'assurer l'Europe contre l'invasion des Turcs. Le duc de Lorraine les bat en 1685, et leur enlève la forteresse de Neuhausel. Un grand nombre d'autres villes de Hongrie sont prises par différents généraux de l'empire, tandis que les Vénitiens s'emparent de plusieurs places dans la Morée. L'an 1686, le duc de Lorraine emporte d'assaut la ville de Bude, après un siége de soixante-dix-sept jours. Le 12 août de l'année suivante, il défait le grand-vizir à Mohacs, et, sans perdre plus de mille hommes, lui en tue vingt mille. Les Vénitiens, de leur côté, font de nouvelles conquêtes en Grèce et en Dalmatie. Les années suivantes, les chrétiens se rendent maîtres d'Albe-Royale, mais surtout de Belgrade, d'où l'électeur de Bavière envoya au pape Innocent XI deux drapeaux ennemis, comme Sobieski lui avait envoyé l'étendard de Cara-Mustapha. Les Turcs allaient être chassés d'Europe, si Louis XIV n'avait rompu, en 1688, la trêve avec l'Allemagne, et porté de nouveau la guerre sur le Rhin. L'empereur réservait cependant à la France la Grèce et la Thrace, par conséquent Constantinople (Menzel, t. IX, c. 10, p. 164).

Par suite de la diversion de Louis XIV en faveur de son ami le Grand-Turc, la lutte fut à peu près égale entre les chrétiens et les infidèles. Ceux-ci reprirent Belgrade; mais les chrétiens remportèrent sur eux, en 1691, une victoire sanglante et décisive, sous le commandement du margrave Louis de Bade, le grand-vizir Coprili y fut tué (De Hammer).

L'an 1697, la guerre ayant cessé entre la France et l'Allemagne par le traité de Ryswick, le prince Eugène de Savoie (11 septembre) remporte à Zenta, sur la Theisse, une victoire encore plus terrible sur les Turcs : plus de dix mille de ces infidèles périssent dans le fleuve, près de vingt mille sur le champ de bataille, parmi eux le grand-vizir Elmas-Mohammed, portant à son cou le grand sceau de l'empire, comme pour sceller la décadence de l'islamisme. Cette décadence fut diplomatiquement constatée dans le traité de paix signé au congrès de Carlovitz sur le Danube, le 26 janvier 1699, après soixante-douze jours de négociations entre le Grand-Turc d'un côté, et de l'autre l'empereur, la république de Venise, la Pologne et la Russie, d'après la médiation de l'Angleterre et de la Hollande. Dans quatorze campagnes, depuis la délivrance de Vienne, les armes impériales avaient remporté neuf victoires éclatantes, celles de Vienne, Parkany, Hamfabeg, Essek, Mohacs, Batucina, Nissa, Slankamen et Zenta; elles avaient conquis neuf villes et forteresses capitales, Raab, Gran ou Strigonie, Offen ou Bude, Albe-Royale, Kanischa, Essek, Peterwardein, Grosswardein, Lippa. La prochaine campagne paraissait devoir être plus décisive encore. Aussi vit-on ce qu'on n'avait jamais vu : la Turquie entra dans l'orbite de la diplomatie européenne, pour ne plus en sortir. Elle accepta la médiation de deux puissances chrétiennes, pour faire la paix avec quatre autres. Elle-même proposa de céder la Transylvanie à l'empereur, et de garantir généralement à chaque puissance ce dont elle était en possession. La paix fut conclue sur cette base, avec quelques changements. La Hongrie et la Transylvanie, après avoir été tyrannisées par les Turcs pendant cent soixante-dix ans, furent assurées à l'empereur; l'Ukraine et la Podolie à la Pologne; la Dalmatie et la Morée à Venise (De Hammer, t. VI, l. 60). Cette paix devait durer vingt-cinq ans avec l'empereur, sans terme avec Venise et la Pologne. Mais les Turcs, poussés par le grand-vizir Damad-Alipacha, la rompirent en 1715 avec les Vénitiens et leur prirent quelques villes en Morée. L'année suivante, le 28 juillet, ils la rompirent à Carlovics même, où elle avait été conclue dix-sept ans auparavant. La vengeance de cette rupture ne tarda guère. Le 5 août 1716, le prince Eugène battit les Turcs à Peterwardein; le grand-vizir, frappé d'une balle, alla expirer à Carlovics, où il avait rompu la paix. Le 13 octobre, Eugène prend la forte ville de Temeswar, capitale du bannat de même nom, et délivre ce pays de la servitude musulmane, qui avait duré cent soixante-cinq ans. Un corps de troupes impériales surprend, mais sans les garder, Bukarest, capitale de la Valachie, et Yassi, capitale de la Moldavie. Le 16 août 1717, bataille mémorable de Belgrade et prise de cette ville. Une foule de princes allemands et français s'étaient rassemblés sous les drapeaux d'Eugène, pour prendre part à la guerre sainte et porter un dernier coup à l'ennemi commun. Parmi les Allemands paraissent en première ligne les princes de Bavière, de Wurtemberg et de Hesse. Les princes de Dombes, de Marsillac, de Pons, les comtes de Charolais, d'Estrades, le marquis d'Alincourt, fils du maréchal Villeroi, se distinguent par leurs noms et leurs panaches comme chevaliers, tels qu'aux sièges de Candie et de Bude, tels qu'aux batailles de Nicopolis et de Saint-Gothard. Ceux que la politique purement nationale divisait pour le malheur commun de l'Europe, l'esprit des croisades les réunissait pour le salut de l'humanité entière. Les chrétiens étaient quatre-vingt mille hommes, les Turcs cent mille hommes de plus. Cependant les chrétiens remportèrent sur les Turcs une victoire complète, leur tuèrent dix mille hommes, sans compter cinq mille blessés et cinq mille prisonniers : les vainqueurs n'eurent que deux mille hommes de tués et trois mille de blessés, parmi ces derniers le généralissime prince Eugène. Deux jours après se rendit la ville de Belgrade. Les chrétiens y trouvèrent y compris les îles du Danube et la flotte, plus de six mille cinq cents canons, sans compter cent trente et un canons d'airain pris à la bataille, avec trente-cinq mortiers, dont quelques-uns lançaient des bombes de deux quintaux. Aussi Belgrade était-elle appelée par les Turcs *la maison de la guerre sainte*. Au mois de juin 1718, nouveau congrès dans le village de Passarowics, sur la Morave, à quelques lieues de son embouchure dans le Danube, sous la médiation de l'Angleterre, entre les Turcs, les impériaux et les Vénitiens. La base du traité fut la possession actuelle. L'empereur garda Belgrade, avec une partie de la Valachie et de la Servie, et tout le bannat de Temeswar : les Vénitiens gardèrent l'île de Cérigo, avec d'importantes forteresses en Albanie, Herzégowine et Dalmatie, mais ils cédèrent la Morée, qui avait été la pomme de discorde et l'amorce de la guerre. C'est ainsi que se termina pour le moment la série militaire des croisades, depuis Godefroi de Bouillon jusqu'à Eugène de Savoie (Hammer, t. VII, l. 63).

L'historien moderne de l'empire ottoman, Joseph de Hammer, arrivé à la période qui s'écoule de la paix de Carlowics à celle de Belgrade, fait cette réflexion : « Enfin l'écrivain et le lecteur de l'histoire ottomane peuvent respirer plus à leur aise en sortir de la vapeur étouffante de la sanglante torture. A la vérité cette période renferme encore deux révolutions de trône par l'émeute, mais aucune n'est marquée par un meurtre de sultan; il y a encore plusieurs guerres et exécutions sanglantes, mais la nuit de la barbarie s'éclaircit peu à peu, elle n'est plus traversée par aucune apparition horrible, comme la tyrannie d'Amurath IV, l'anarchie militaire durant la minorité de Mahomet IV, et la politique meurtrière du vieux Koprili. La raide écorce de glace du turkisme dégèle au moins à l'extérieur, dans les chaudes communications avec la politique et la civilisation européenne; il souffle une plus douce haleine d'humanité et de politesse, et avec l'époque de l'imprimerie s'éveille une nouvelle vie dans l'empire ottoman, comme, deux siècles et demi auparavant, dans le reste de l'Europe (De Hammer,

t. VII, l. 61). » Le même auteur ajoute : « Quant à l'histoire des chrétiens soumis aux Musulmans, elle n'a qu'une chose à raconter, les violences de la tyrannie et la dégradation de l'esclavage. » On s'est donné beaucoup de peine pour ramasser de quoi faire une histoire des Grecs sous la domination des Turcs, il n'y a pas eu moyen; en voici les principaux traits : le grand-vizir fait, défait et refait à son gré leurs patriarches, sans autre variété, sinon que quelquefois il les fait pendre, comme en 1657; ou bien que le patriarcat, qui ne coûtait à acheter que dix mille écus, fut porté à vingt mille en 1672. Pour se dédommager de ces dépenses ou s'en consoler, ces patriarches schismatiques tracassaient les Grecs catholiques et même les Latins, toutes les fois qu'ils pouvaient. Le patriarche des Arméniens schismatiques en usait de même à l'égard des catholiques de sa nation. En 1703, quatre des plus riches Arméniens catholiques de Constantinople furent ainsi condamnés aux galères : soixante autres ont le même sort en 1707 : le *vertabied* ou *docteur catholique* Comidas, souffrit le martyre par le glaive avec deux autres; les Arméniens catholiques vont depuis en pèlerinage à leur tombeau. En 1724, le patriarche schismatique suscita une nouvelle persécution, par la raison que les Arméniens catholiques ne voulaient pas contribuer à la somme que lui avait coûtée la dignité patriarcale. Ces persécutions sans cesse renaissantes donnèrent lieu à plusieurs ecclésiastiques arméniens de se réfugier à Venise, où ils se réunirent à l'un d'eux, le célèbre Mekhitar, pour former une espèce d'université arménienne.

PIERRE MEKHITAR naquit à Sébaste, dans la Cappadoce, l'an 1676. Après avoir étudié à Sébaste, il alla à Edchmiadzin, où il resta longtemps pour s'instruire dans le monastère patriarcal, et il y reçut le titre de *vertabied* ou docteur. En 1700, il vint à Constantinople, où il prêcha pendant quelque temps. Les Arméniens de cette ville étaient alors divisés en deux partis : les uns tenaient pour leur ancien patriarche Ephrem, et les autres pour Melchisédech, qui s'était fait nommer à prix d'argent. Mekhitar tenta vainement de les réunir. Alors il se tourna vers l'Eglise romaine et se mit à prêcher la soumission au Pape, ce qui déchaîna contre lui tout le clergé schismatique de sa nation. Ephrem, qui était remonté sur le trône patriarcal, obtint un ordre du mufti pour le faire arrêter. Mekhitar se cacha chez les missionnaires de la Propagande et évita toutes les poursuites des émissaires du patriarche. Protégé par l'ambassadeur de France, il demeura encore deux ans à Constantinople; mais, poursuivi avec une nouvelle ardeur par le patriarche Avedik, successeur d'Ephrem et héritier de sa haine, Mekhitar prit le parti de fuir : secondé par ses amis, il s'échappa déguisé en marchand et vint à Smyrne en 1702. Un ordre du Grand-Turc l'y poursuivit; il se cacha encore une fois, et ce fut dans le couvent des Jésuites. Peu de jours après, il monta sur un vaisseau vénitien qui le porta d'abord à Zante, puis dans la Morée, alors possession de la république de Venise, et où plusieurs de ses disciples étaient venus pour le joindre. Il y arriva au mois de février 1703; le gouverneur vénitien lui céda un bourg et plusieurs autres possessions auprès de Modon. Mekhitar y fit bâtir une église et un monastère où il habita jusqu'en 1717, que les Turcs rentrèrent en possession de la Morée, avec l'aide même des Grecs. Il se vit alors obligé de fuir à Venise avec les siens. Le 8 septembre de la même année, le gouvernement lui concéda l'île de Saint-Lazare, où il fonda une église et un monastère, lequel devint la résidence des religieux arméniens, qui sont appelés de son nom *mékhitaristes* et y habitent encore actuellement. Mekhitar joignit à son monastère une imprimerie pour la publication des livres nécessaires à l'instruction de sa nation et propres à introduire chez elle la doctrine orthodoxe de l'Eglise romaine. On distingue parmi les ouvrages qu'il fit paraître un *Commentaire sur saint Matthieu*, un autre sur l'*Ecclésiastique*, les *Psaumes*; des *Catéchismes* en arménien littéral et en arménien vulgaire, une *Traduction de saint Thomas d'Aquin*, un *Poème sur la Vierge*, une *Bible arménienne*, une *Grammaire de l'arménien vulgaire* et une autre *de l'arménien littéral*, un *Dictionnaire*, qui ne parut qu'après sa mort. Mekhitar mourut le 27 avril 1749, âgé de 74 ans. Le vertabied Etienne Melkoman, de Constantinople, fut son successeur (*Biogr. univers.*, t. XXVIII).

De nos jours, par l'influence progressive de l'Europe chrétienne, les persécutions ont cessé à Constantinople. Les Arméniens catholiques y ont obtenu un patriarche propre, uni et soumis immédiatement à l'Eglise romaine, et qui ressuscite ainsi et représente la nationalité arménienne jusqu'à saint Grégoire l'Illuminateur. Le Grand-Turc a décrété l'émancipation civile et politique de tous les chrétiens de son empire. Les populations musulmanes de Constantinople, de Smyrne, d'Alexandrie, accueillent avec une religieuse vénération les Frères des écoles chrétiennes, les Sœurs de la charité, les missionnaires de saint Vincent de Paul. Le sultan appelle des Trappistes pour fonder une école d'agriculture près de Constantinople; le vice-roi d'Egypte bâtit des collèges aux Lazaristes, des écoles et des hôpitaux aux Sœurs de la charité; et le sultan et le vice-roi aiment à témoigner au Pape leur respect par des ambassades et des présents.

§ X.

*Esprit gouvernemental de l'empire russe. Témoignage de l'Eglise russe en faveur des Pontifes romains.* — *Etat du catholicisme en Chine, au Japon, dans l'Inde et en Corée.*

A côté de l'empire turc qui s'humanise au commencement du XVIIIe siècle, se forme et s'élève un autre empire à la fois turc et grec, turc ou tartare par les mœurs, grec du Bas-Empire par le schisme : c'est l'empire russe. Nous parlons de l'empire et de son esprit gouvernemental, non des habitants et de leur caractère. « Le déplorable schisme des Grecs et l'invasion des Tartares, dit Joseph de Maistre, empêchèrent les Russes de participer au grand mouvement de la civilisation européenne et légitime, qui partait de Rome. Cyrille et Méthode, apôtres des Slaves, avaient reçu leurs pouvoirs du Saint-Siége, et même ils étaient allés à Rome pour y rendre compte de leur mission. Mais la chaîne établie fut coupée par la main de ce Photius de funeste et odieuse mémoire, à qui l'humanité en général n'eut pas moins de reproches à faire que la religion envers laquelle il fut cependant si coupable (*Du Pape*, t. II, c. 6, p. 533).» Cependant nous avons vu, dans le XI⁰ siècle, le fils de Démétrius, roi des Russes, venir à Rome et demander au pape saint Grégoire VII à tenir de sa main le royaume paternel. Mais en 1236, les Tartares font irruption dans la Russie et la tiennent sous le joug pendant deux siècles. Ce n'est qu'en 1478 que le grand-duc Iwan ou Jean III commence de s'en affranchir et d'agrandir Moscou. La Russie ne fut complètement délivrée du joug des Tartares que vers la fin du XVI⁰ siècle, par Iwan ou Jean IV, dont il est dit dans la *Biographie universelle* (t. XXI) : « Les atrocités que les historiens contemporains imputent à Iwan sont telles que les cruautés de Caligula n'étaient en comparaison que des jeux d'enfants : ce tyran des Russes fut le prince le plus féroce qui ait jamais dévoré la race humaine. » Et de fait il tua de sa propre main, dans un accès de colère, son fils aîné, qu'il chérissait. Mais le vrai fondateur de l'empire russe fut PIERRE I⁰ʳ, surnommé *le Grand*, quatrième czar ou souverain de la Russie, de la famille des Romanow.

Né à Moscou le 11 juillet 1672, mort le 28 janvier 1725, il fonda, vers 1704, la ville de Saint-Pétersbourg, en l'honneur de saint Pierre, son patron, sur les bords de la mer Baltique, au milieu de marais malsains qu'il fit combler et non loin d'une ville enlevée à la Suède, comme pour annoncer à l'Europe que désormais la Russie serait, par terre et par mer, la maîtresse du Nord, et que la Suède, la Norwége, le Danemarck allaient entrer dans une complète nullité. La Russie n'a point de marine; Pierre lui en crée une : pour cet effet, il attire de toutes parts des architectes, des charpentiers, des matelots; il va lui-même dans les chantiers et les ports de la Hollande et de l'Angleterre, étudier par expérience la construction et le gouvernement des navires. La Russie n'avait de milice régulière que les *strélitz*, corps d'infanterie moscovite, qui avait à peu près la même organisation que celui des janissaires turcs, et qui, non moins que les janissaires, était porté aux révoltes et aux révolutions. Pour détruire et remplacer cette milice séditieuse, Pierre forme une compagnie d'infanterie à l'allemande, ayant pour capitaine un aventurier génevois, et où lui-même commence par être tambour, puis sergent : ce fut le noyau des nouvelles armées russes. Elles ne savaient point l'art de la guerre : Pierre le leur apprit à l'école des Suédois et de leur roi Charles XII, qui commença par le battre, mais finit par en être battu. Les Russes n'avaient point de lois; Pierre leur en écrivit, mais avec du sang : d'ordinaire, son caprice était la seule loi et lui-même le bourreau.

En 1698, il y eut une dernière révolte à Moscou parmi les strélitz; elle fut comprimée par le gouverneur de la ville. Tout était terminé, quand le czar parut; et il trouva les rebelles dans les fers. Son arrivée fut le signal des arrêts de mort et des exécutions. Rien ne peut être comparé à ce qui se passa alors dans la capitale de l'empire russe. Chez les peuples civilisés, ou chez les nations sauvages, dans les annales de l'antiquité ou dans celles des temps modernes, jamais on ne vit un souverain ordonner, préparer et exécuter lui-même les plus cruelles tortures, être présent à tous les supplices, et obliger sa cour à y assister comme lui; faire tomber lui-même cinq têtes, le premier jour, de sa propre main; en immoler un plus grand nombre le lendemain, et continuer, pendant près d'un mois, avec cette progression de barbarie et de cruauté. « Le jour de la sixième exécution, dit un historien, fut remarquable par le nombre des victimes et par la dignité des exécuteurs. Au lieu de billots, on avait étendu sur la place de longues poutres, sur lesquelles trois cent trente rebelles eurent la tête tranchée. Tous étaient de l'ordre de la noblesse, et tous furent frappés par des mains nobles. Les grands, qui avaient assisté au jugement, furent obligés d'exécuter eux-mêmes la sentence qu'ils avaient prononcée. Chacun des boyards et des grands eut sa victime. » Ainsi périt le plus grand nombre des strélitz rebelles; d'autres furent pendus aux portes et le long des murs de la ville; les plus coupables expirèrent lentement sur la roue. C'était au mois d'octobre, dans le temps des premières gelées : les cadavres restèrent sur le lieu des exécutions; et les habitants de Moscou eurent pendant cinq mois toute l'horreur de ce spectacle. On ne pouvait entrer dans la ville, ni traverser les places, qu'au milieu des roues, des potences et des cadavres. Cependant tous les révoltés n'avaient pas encore péri; et la vengeance du czar semblait être assouvie, ou du moins son bras s'était fatigué : il fit renfermer tous ceux qui restaient; et plus tard il se les faisait amener dans son palais, pour les immoler lui-même dans de sanglantes orgies. Dans un grand repas donné à l'ambassadeur de Prusse, le czar fit amener une vingtaine de ces malheureux, et à chaque verre qu'il vida, il abattit une de leurs têtes. Il proposa à l'ambassadeur d'exercer son adresse de la même manière (*Biogr. univ.*, t. XXXIV). Cette justice de tigre n'était guère propre à civiliser une nation.

Sa conduite d'époux et de père n'y était pas plus propre. En 1695, il épousa Eudoxie Lapouskin, dont il eut un fils nommé Alexis, marié à l'âge de seize ans avec une princesse de Wolfenbuttel. Vers l'an 1702, du vivant de sa femme légitime Eudoxie, il en prit une autre, nommée Catherine, femme d'un soldat suédois, dont il eut trois enfants adultérins, Anne, Elisabeth et un fils qui ne vécut pas. Ce fils adultérin vivait encore l'an 1718, lorsque le czar fit mourir inhumainement son fils légitime Alexis, à propos d'un songe raconté à sa mère par un évêque. Cet évêque fut rompu vif, avec trois malheureux qui avaient entendu le rêve. Quant à la conduite du père en particulier, voici comme s'exprime la *Biographie universelle* : « Voltaire lui-même, qui n'a composé l'histoire de ce prince qu'avec l'intention trop évidente de faire son apologie, n'a pas dissimulé toute son horreur, en rapportant les détails de ce terrible procès. Mais le complaisant historien n'a pas dit que Pierre fut présent aux interrogatoires, aux tortures de la question qu'il fit subir à son fils, pour lui arracher un aveu de crimes qu'il n'avait pas commis; que le confesseur de ce malheureux prince fut aussi mis à la question, puis décapité pour n'avoir point révélé les secrets du confessionnal. Voltaire n'a pas dit non plus qu'il est resté constant qu'Alexis ne mourut point d'une attaque d'apoplexie, comme le portait la relation qui fut envoyée à tous les ministres russes dans l'étranger, mais qu'il eut la tête tranchée par l'ordre, et même, si l'on en croit l'historien Lamberti, par la main du czar lui-même. L'arrêt de mort fut prononcé à l'unanimité, par cent quatre-vingt-un juges, pris dans la noblesse et dans les premiers rangs de l'armée (*Biogr. univ.*, t. XXXIV, art. PIERRE Ier). »

Cependant l'aventurière Catherine, femme du soldat suédois, se dégoûta de l'impérial adultère, et lui préféra un jeune homme de la cour. Le czar fit couper la tête au jeune homme, et la planta sur un poteau dans l'endroit où il mena Catherine à la promenade. Cette gentillesse annonçait quelque chose de plus tragique. Heureusement le czar mourut le 28 janvier 1725, à l'âge de 53 ans; il mourut, dit l'histoire, d'une maladie honteuse, mais on ajoute que le poison y aida quelque peu. L'aventurière Catherine, la femme du soldat suédois, la prostituée du czar, fut reconnue impératrice de toutes les Russies, par le crédit de Menzikoff, favori du czar défunt, qui, de temps en temps, lui donnait des soufflets et des coups de canne, mais n'en restait pas moins son esclave. Catherine régna deux ans et demi par la main de Menzikoff, son premier ou même son second maître après qu'elle eût quitté son mari, le soldat suédois. A la mort de Catherine, Menzikoff fit proclamer empereur Pierre II, fils du malheureux Alexis, que son père avait égorgé. Pour régner en son nom, Menzikoff, dont la naissance est inconnue, lui fiança une de ses filles. Mais il fut renversé par les Dolgorouki, et exilé en Sibérie avec ses deux filles, et Pierre II mourut lui-même de la petite vérole en 1730, à l'âge de quinze ans. Les Dolgorouki déférèrent la couronne impériale, non aux filles de Pierre le Grand, mais à la princesse Anne, fille d'Iwan V, frère aîné de Pierre. Les Dolgorouki croyaient régner sous le nom de la nouvelle impératrice. Biren, nouveau favori, les exila en Sibérie; puis les rappela, pour en faire périr deux sur la roue, écarteler deux, trancher la tête à trois, dépouiller le reste de la famille de tous ses biens, et la reléguer loin de Moscou. Biren fit périr dans les supplices près de douze mille personnes, et en exila plus de vingt mille. Tel fut l'esprit gouvernemental de l'empire russe dès sa fondation, et il n'en a pas encore changé.

Qui respecte si peu l'humanité et la justice, ne respectera guère plus la religion véritable, commandant d'être juste, humain, miséricordieux. Aussi le christianisme total est-il beaucoup moins libre dans l'empire russe que dans l'empire turc. Le fondateur de cet empire ne voulait de religion que pour asservir tous les Russes au despotisme d'un seul. Vers la fin du XVIe siècle, nous avons vu un patriarche de Constantinople, Jérémie II, réfugié en Russie, prétendre conférer au métropolitain de Moscou le titre de patriarche. Ce nom seul donnait une ombre d'indépendance. Pierre Ier le supprima vers la fin du XVIIe siècle, et établit en place du patriarche un comité ecclésiastique de plusieurs membres, qui font serment de reconnaître l'empereur pour leur juge suprême. Ce comité, nommé en Russie *le saint synode*, est présidé de nos jours, au nom de l'empereur, par un colonel de cavalerie. Voilà comme le czar moscovite décide à coups de sabre ce que les Russes croiront ou ne croiront pas d'une année à l'autre. Le despotisme croyait ainsi tout réunir à son profit : il paraît déjà qu'il se trompe. Joseph de Maistre disait, dès 1819 : « L'Eglise russe en particulier porte dans son sein plus d'ennemis que toute autre; le protestantisme la pénètre de toutes parts. Le *rascolnisme*, qu'on pourrait appeler l'*illuminisme* des campagnes, se renforce chaque jour; déjà ses enfants se comptent par millions, et les lois n'oseraient plus se compromettre avec lui. L'*illuminisme*, qui est le *rascolnisme* des salons, s'attache aux chairs délicates que la main grossière du rascolnic ne saurait atteindre. D'autres puissances encore plus dangereuses agissent de leur côté, et toutes se multiplient aux dépens de la masse qu'elles dévorent. Il y a certainement de grandes différences entre les sectes anglaises et les sectes russes; mais le principe est le même. C'est la religion nationale qui laisse échapper la vie, et les *insectes* s'en emparent (*Du Pape*, t. II, c. 3, p. 573). »

Le mot *rascolnic*, dans la langue russe, signifie, au pied de la lettre, *schismatique*. La scission désignée par cette expression générique a pris naissance dans une ancienne traduction de la Bible à laquelle les *rascolnics* tiennent infiniment, et qui contient des textes, altérés, suivant eux, dans la version dont l'Eglise russe fait usage. C'est sur ce fondement qu'ils se nomment eux-mêmes *hommes de l'antique foi* ou *vieux croyants* (staroversi). Bientôt la secte originelle s'est divisée et subdivisée, comme il arrive toujours, au point que dans ce moment il y a peut-être en Russie quarante sectes de *rascolnics*. Toutes sont extravagantes, et quelques-unes abominables. Au surplus, les *rascolnics*, en masse *protestent* contre l'Eglise russe, comme celle-ci proteste contre l'Eglise romaine. De part et d'autre, c'est le même motif, le même raisonnement et le même droit; de manière que toute plainte de la part de l'autorité dominante serait ridicule. Le *rascolnisme* n'alarme ni ne choque la nation en corps, pas plus que toute autre religion fausse; les hautes classes ne s'en occupent que pour en rire. Quant au sacerdoce, il n'entreprend rien sur les dissidents, parce qu'il sent son impuissance, et que d'ailleurs l'esprit de prosélytisme doit lui manquer par essence. Le rascolnisme ne sort point de la classe du peuple; mais le peuple est bien quelque chose, *ne fût-il même que de trente millions* (*Ibid.*, t. II, c. 3, p. 573).

Pendant le voyage de Pierre Ier en France, sous le règne de Louis XV et la régence du duc d'Orléans, quelques docteurs rascolnistes ou jansénistes de la Sorbonne lui proposèrent de réunir son église à l'Eglise latine, moyennant les libertés gallicanes. Il y eut un commencement de correspondance avec quelques évêques russes. En 1718, le czar termina l'affaire de la manière que voici. Il avait à sa cour un fou, nommé Zotof, qui avait été son maître à écrire. Il le créa prince-pape. Le pape Zotof fut intrônisé en grande cérémonie par des bouffons ivres; quatre bègues le haranguèrent : il créa des cardinaux, et marcha en procession à leur tête. Ces fêtes n'étaient ni galantes ni ingénieuses. L'ivresse, la grossièreté, la crapule y présidaient. Ce fut l'année suivante, 1719, que le même czar égorgea son fils légitime, pour laisser le trône à un bâtard. Quelque temps après, il y eut une nouvelle cérémonie avec le pape russe, le fou Zotof, âgé de 24 ans. Le czar imagina de lui faire épouser une veuve de son âge, et de célébrer solennellement ses noces; il fit faire l'invitation par quatre bègues; des vieillards décrépits conduisaient la mariée; quatre des plus gros hommes de la Russie servaient de coureurs; la musique était sur un char conduit par des ours qu'on piquait avec des pointes de fer, et qui, par leurs mugissements, formaient une basse digne des airs qu'on jouait sur le chariot. Les mariés furent bénis dans la cathédrale par un prêtre aveugle et sourd, à qui on avait mis des lunettes.

Telle est en somme la civilisation morale et religieuse que Pierre Ier apporta aux Russes. Pour trouver quelque chose de semblable, il faut chercher dans les débauches impériales du Bas-Empire sous Constantin Copronyme ou l'Ivrogne, ou bien dans les tavernes de Wittemberg, où, au milieu des pots de bière, Luther et Mélanchthon crayonnent leur pape-âne, leur pape-truie. Espérons que les Russes, ce peuple éminemment brave, bienveillant, spirituel, hospitalier, pensera un jour par lui-même, verra un jour par lui-même, qu'il lira un jour avec attention ce qu'il professe lui-même touchant la suprématie du Pape. Les livres rituels de l'Eglise russe présentent à cet égard des confessions si claires, si expresses, si puissantes, qu'on a peine à comprendre comment la conscience qui consent à les prononcer refuse de s'y rendre. Depuis quelque temps on rencontre dans le commerce, tant à Moscou qu'à Saint-Pétersbourg, quelques exemplaires de ces livres mutilés dans les endroits trop frappants; mais nulle part ces textes décisifs ne sont plus lisibles que dans les exemplaires d'où ils ont été arrachés (*Du Pape*, t. I, c. 10, p. 82).

L'Eglise russe consent donc à chanter l'hymne suivante : « O saint Pierre, prince des apôtres! primat apostolique! pierre inamovible de la foi, en récompense de ta confession; éternel fondement de l'Eglise, pasteur du troupeau parlant, porteur des clés du ciel, élu entre tous les apôtres pour être, après Jésus-Christ, le premier fondement de la sainte Eglise, réjouis-toi! — Réjouis-toi, colonne inébranlable de la foi orthodoxe, chef du collège apostolique! » — Elle ajoute : « Prince des apôtres, tu as tout quitté et tu as suivi le Maître en lui disant : Je mourrai avec toi; avec toi je vivrai d'une vie heureuse : tu as été le premier évêque de Rome, l'honneur et la gloire de la très-grande ville : sur toi s'est affermie l'Eglise (*Ibid.*, p. 83 et seqq.). »

La même Eglise ne refuse point de répéter dans sa langue ces paroles de saint Jean Chrysostome : « Dieu dit à Pierre : Vous êtes Pierre, et il lui donna ce nom, parce que sur lui, comme sur la pierre solide, Jésus-Christ fonda son Eglise, et les portes de l'enfer ne prévaudront point contre elle; car le Créateur lui-même en ayant posé le fondement qu'il affermit par la foi, quelle force pourrait s'opposer à lui? Que pourrais-je donc ajouter aux louanges de cet apôtre, et que peut-on imaginer au delà du discours du Sauveur, qui appelle Pierre heureux, qui l'appelle Pierre; et qui déclare que sur cette pierre il bâtira son Eglise. Pierre est la pierre et le fondement de la foi; c'est à ce Pierre, l'apôtre même, que le Seigneur lui-même a donné l'autorité, en lui disant : Je te donne les clés du ciel, etc. Que dirons-nous donc à Pierre? O Pierre! objet des complaisances de l'Eglise, lumière de l'univers, colombe immaculée, prince des apôtres, source de l'orthodoxie (*Du Pape*, t. I, p. 84-86). »

L'Eglise russe, qui parle en termes si magnifiques du prince des apôtres, ajoute le comte de Maistre, n'est pas moins diserte sur le compte de ses successeurs; j'en citerai quelques exemples :

Ier et IIe siècle. « Après la mort de saint Pierre et de ses deux successeurs, Clément tint sagement à Rome le gouvernail de la barque, qui est l'Eglise de Jésus-Christ; » et, dans une hymne à l'honneur de ce même Clément, l'Eglise russe lui dit : « Martyr de Jésus-Christ, disciple de Pierre, tu imitas ses vertus divines, et te montras ainsi le véritable héritier de son trône. » Dans le IVe siècle, elle dit au pape saint Sylvestre : « Tu es le chef du sacré concile; tu as illustré le trône du prince des apôtres; divin chef des saints évêques, tu as confirmé la doctrine divine, tu as fermé la bouche impie des hérétiques. »

Elle dit à saint Léon dans le Ve siècle : « Quel nom te donnerai-je aujourd'hui? Te nommerai-je le héraut merveilleux et le ferme appui de la vérité; le vénérable chef du suprême concile; le successeur du trône suprême de saint Pierre, l'héritier de l'invincible Pierre et le successeur de son empire? » — Elle dit au pape saint Martin dans le VIIe siècle : Tu honoreras le trône divin de Pierre, tu c'est en maintenant l'Eglise sur cette pierre inébranlable, que tu as illustré ton nom; très-glorieux maître de toute doctrine orthodoxe; organe véridique des préceptes sacrés, autour duquel se réunirent tout le sacerdoce et toute l'orthodoxie, pour anathématiser l'hérésie. »

Dans la vie de saint Grégoire II, VIIIe siècle, un ange dit au saint Pontife : « Dieu t'a appelé pour que tu sois l'évêque souverain de son Eglise et le successeur de Pierre, le prince des apôtres. » — Ailleurs, la même Eglise présente à l'admiration des fidèles la lettre de ce saint Pontife, écrivant à l'empereur Léon l'Isaurien, au sujet du culte des images : « C'est pourquoi nous, comme revêtu de la puissance et de la SOUVERAINETÉ de saint Pierre, nous vous défendons, etc. (*Ibid.*, c. 10, p. 86 et 88).

Et, dans le même recueil qui a fourni le texte précédent, on lit un passage de saint Théodore Studite, qui dit au pape Léon III : « O toi, pasteur suprême de l'Eglise qui est sous le ciel, aide-nous dans le dernier des dangers; remplis la place de Jésus-Christ. Tends-nous une main protectrice pour assister notre Eglise de Constantinople; montre-toi le successeur du premier pontife de ton nom. Il sévit contre l'hérésie d'Eutychès; sévis à ton tour contre celle des iconoclastes. Prête l'oreille à nos prières, ô toi, chef et prince de l'apostolat, choisi par Dieu même pour être le pasteur du troupeau parlant; car tu es réellement Pierre, puisque tu occupes et que tu fais briller le siège de Pierre. C'est à toi que Jésus-Christ a dit : *Confirme tes frères*. Voici le temps et le lieu d'exécuter tes droits; aide-nous, puisque Dieu t'en a donné le pouvoir, car c'est pour cela que tu es le prince de tous (*Ibid.*, p. 88 et 89). »

Non contente d'établir ainsi la doctrine catholique par les confessions les plus claires, l'Eglise russe consent encore à citer des faits qui mettent dans tout son jour l'application de la doctrine. Ainsi, par exemple, elle célèbre le pape saint Célestin, « qui, ferme par ses discours et par ses œuvres dans la voie que lui avaient tracée les apôtres, déposa Nestorius, patriarche de Constantinople, après avoir mis à découvert dans ses lettres les blasphèmes de cet hérétique. » — Et le pape saint Agapet, « qui déposa l'hérétique Anthime, patriarche de Constantinople, lui dit anathème; sacra ensuite Mennas, personnage d'une doctrine irréprochable, et le plaça sur le même siège de Constantinople. » — Et le pape saint Martin, « qui s'élança comme un lion sur les impies, sépara de l'Eglise de Jésus-Christ, Cyrus, patriarche d'Alexandrie; Sergius, patriarche de Constantinople; Pyrrhus et tous leurs adhérents (*Du Pape*, t. I, c. 10, p. 89 et 90). »

Si l'on demande comment une église, qui récite tous les jours de pareils témoignages, ne cependant avec obstination la suprématie du Pape, je réponds qu'on est mené aujourd'hui par ce qu'on a fait hier, qu'il n'est pas aisé d'effacer les liturgies antiques, et qu'on les suit par habitude, même en les contredisant par système; qu'enfin les préjugés à la fois les plus aveugles et les plus incurables, sont les préjugés religieux. Dans ce genre, on n'a droit de s'étonner de rien. Les témoignages, au reste, sont d'autant plus précieux, qu'ils frappent en même temps sur l'Eglise grecque, mère de l'Eglise russe, qui n'est plus sa fille.

Joseph de Maistre observe à ce sujet qu'il est assez commun d'entendre confondre dans les conversations l'Eglise russe et l'Eglise grecque. Rien cependant n'est plus évidemment faux. La première fut, à la vérité, dans son principe, province du patriarche grec; mais il lui est arrivé ce qui arrivera nécessairement à toute église non catholique, qui, par la seule force des choses, finira toujours par ne dépendre que de son souverain temporel..... Il n'y a donc plus d'église grecque hors de la Grèce; et celle de Russie n'est pas plus grecque qu'elle n'est copte ou arménienne. Elle est seule dans le monde chrétien, non moins étrangère au Pape qu'elle méconnaît, qu'au patriarche grec séparé, qui passerait pour un insensé s'il s'avisait d'envoyer un ordre quelconque à Saint-Pétersbourg. L'ombre même de toute coordination religieuse a disparu pour les Russes avec leur patriarche; l'Eglise de ce grand peuple, entièrement isolée, n'a plus même de chef spirituel qui ait un nom dans l'histoire ecclésiastique. Quant *au saint synode*, on doit professer, à l'égard de chacun de ses membres pris à part, toute la considération imaginable; mais en les contemplant en corps, on n'y voit plus que le consistoire national perfectionné par la présence d'un représentant civil du prince qui exerce précisément sur ce comité ecclésiastique la même suprématie que le souverain exerce sur l'Eglise en général (*Ibid.*, p. 91 et 92).

Quant à la Suède luthérienne, depuis Gustave-Adolphe jusqu'à Charles XII, elle fut entre les mains de la Providence une verge de fer pour châtier les peuples du Nord; en 1718, à la mort de Charles XII, tué par un des siens, cette verge de fer fut brisée et jetée au rebut des nations, où elle est encore. Charles XII avait de grandes qualités; sous la main catholique d'un Fénelon, il fût devenu un grand homme; élevé par des mains protestantes, il ne fut qu'un homme singulier, plus fou que sage. Son prédécesseur Charles X, par ses guerres et ses succès, voulait subjuguer le Nord et l'Allemagne, puis envahir l'Italie comme un second Alaric, et soumettre Rome encore une fois aux Ostrogoths. Comme on voit, l'humanité n'a pas grandement perdu à la décadence et à l'annulation politique de la Suède.

D'autres nations la remplaceront dans l'immense bercail du souverain pasteur. Nous avons vu la Providence ouvrir la Chine à l'Evangile, et les Jésuites y entrer à la suite du Père Ricci, préparant la voie au christianisme par les sciences humaines.

Après la mort du Père Ricci en 1610, sa mission fut interrompue par les révolutions qui arrivèrent à la Chine. Mais lorsque l'empereur tartare Cunchi monta sur le trône, il nomma le Père Adam Schall président du tribunal des mathématiques. Cunchi mourut, et, pendant la minorité de son fils Cang-hi, la religion chrétienne fut exposée à de nouvelles persécutions. A la majorité de l'empereur, le calendrier se trouva dans une grande confusion; il fallut rappeler les missionnaires. Le jeune prince s'attacha au Père Verbiest, successeur du Père Schall, mort en 1666. Il fit examiner le christianisme par le tribunal des rites de l'empire, et minuta de sa propre main les mémoires des Jésuites. Les juges, après un mûr examen, déclarèrent que la religion chrétienne était bonne, qu'elle ne contenait rien de contraire à la pureté des mœurs et à la prospérité des empires. — « Il était digne des disciples de Confucius, observe Châteaubriand, de prononcer une pareille sentence en faveur de la loi de Jésus-Christ. Peu de temps après ce décret, le Père Verbiest appela de Paris ces savants Jésuites qui ont porté l'honneur du nom français jusqu'au centre de l'Asie.

» Le Jésuite qui partait pour la Chine s'armait du télescope et du compas. Il paraissait à la cour de Péking avec l'urbanité de la cour de Louis XIV, et, environné du cortège des sciences et des arts. Déroulant des cartes, tournant des globes, traçant des sphères, il apprenait aux mandarins étonnés et le véritable cours des astres et le véritable nom de celui qui les dirige dans leurs orbites. Il ne dissipait les erreurs de la physique que pour attaquer celles de la morale; il replaçait dans le cœur, comme dans son véritable siège, la simplicité qu'il bannissait de l'esprit : inspirant à la fois, par ses mœurs et son savoir, une profonde vénération pour son Dieu, et une haute estime pour sa patrie.

» Il était beau pour la France de voir ces simples religieux régler à la Chine les fastes d'un grand empire. On se proposait des questions de Péking à Paris; la chronologie, l'astronomie, l'histoire naturelle fournissaient des sujets de discussions curieuses et savantes. Les livres chinois étaient traduits en français, les français en chinois. Le Père Parennin, dans sa lettre adressée à Fontenelle, écrivait à l'Académie des sciences : « MESSIEURS, vous serez peut-être surpris que je vous envoie de si loin un traité d'anatomie, un cours de médecine, et des questions de physique écrites en une langue qui vous est inconnue; mais votre surprise cessera quand vous verrez que ce sont vos propres ouvrages que je vous envoie habillés à la tartare (*Lettres édifiantes*, t. XIX, p. 257). » — Il faut, dit Châteaubriand, lire d'un bout à l'autre cette lettre où respirent ce ton de politesse et ce style des honnêtes gens, presque oubliés de nos jours. « Le Jésuite nommé Parennin, dit Voltaire, homme célèbre par ses connaissances et par la sagesse de son caractère, parlait très-bien le chinois et le tartare.... C'est lui qui est principalement connu parmi nous par les réponses sages et instructives sur les sciences de la Chine, aux difficultés savantes d'un de nos meilleurs philosophes (*Siècle de Louis XIV*, c. 39). »

» En 1711, l'empereur de la Chine donna aux Jésuites trois inscriptions, qu'il avait composées lui-même pour une église qu'ils faisaient élever à Pékin. Celle du frontispice portait :

AU PRINCIPE DE TOUTES CHOSES.

Sur l'une des deux colonnes du péristyle on lisait :

IL EST INFINIMENT BON ET INFINIMENT JUSTE, IL ÉCLAIRE, IL SOUTIENT, IL RÈGLE TOUT AVEC UNE SUPRÊME AUTORITÉ ET AVEC UNE SOUVERAINE JUSTICE.

La dernière colonne était couverte de ces mots :

IL N'A POINT EU DE COMMENCEMENT, IL N'AURA POINT DE FIN : IL A PRODUIT TOUTES CHOSES DÈS LE COMMENCEMENT ; C'EST LUI QUI LES GOUVERNE ET QUI EN EST LE VÉRITABLE SEIGNEUR.

Quiconque s'intéresse à la gloire de son pays, remarque Châteaubriand, ne peut s'empêcher d'être vivement ému en voyant de pauvres missionnaires français donner de pareilles idées de Dieu au chef de plusieurs millions d'hommes : quel noble usage de la religion ! — Le peuple, les mandarins, les lettrés embrassaient en foule la nouvelle doctrine : les cérémonies du culte avaient surtout un succès prodigieux. « Avant la communion, dit le Père Prémare, cité par le Père Fouquet, je prononçai tout haut les actes qu'on peut faire en approchant de ce divin sacrement. Quoique la langue chinoise ne soit pas féconde en affections de cœur, cela eut beaucoup de succès.... Je remarquai, sur les visages de ces bons chrétiens, une dévotion que je n'avais pas encore vue (*Lettres édifiantes*, t. XVII, p. 149).

« Loukang, ajoute le même missionnaire, m'avait donné du goût pour les missions de la campagne. Je sortis de la bourgade, et je trouvai tous ces pauvres gens qui travaillaient de côté et d'autre ; j'en abordai un d'entre eux qui me parut avoir la physionomie heureuse, et je lui parlai de Dieu. Il me parut content de ce que je disais, et m'invita par honneur à aller dans la salle des ancêtres. C'est la plus belle maison de la bourgade ; elle est commune à tous les habitants, parce que, s'étant fait depuis longtemps une coutume de ne point s'allier hors de leur pays, ils sont tous parents aujourd'hui et ont les mêmes aïeux. Ce fut donc là que plusieurs, quittant leur travail, accoururent pour entendre la sainte doctrine (*Ibid.*, p. 152 et seqq.). » N'est-ce pas là une scène de l'Odyssée ou plutôt de la Bible ?

« Un empire dont les mœurs inaltérables usaient depuis deux mille ans le temps, les révolutions et les conquêtes, cet empire change à la voix d'un moine chrétien, parti seul du fond de l'Europe. Les préjugés les plus enracinés, les usages les plus antiques, une croyance religieuse consacrée par les siècles, tout cela tombe et s'évanouit au seul nom du Dieu de l'Evangile. Au moment même où nous écrivons, dit Châteaubriand sur le déclin de la révolution française, au moment où le christianisme est persécuté en Europe, il se propage à la Chine. Ce feu qu'on avait cru éteint s'est ranimé, comme il arrive toujours après les persécutions. Lorsqu'on massacrait le clergé en France et qu'on le dépouillait de ses biens et de ses honneurs, les ordinations secrètes étaient sans nombre ; les évêques proscrits furent souvent obligés de refuser la prêtrise à des jeunes gens qui voulaient voler au martyre. Cela prouve, pour la millième fois, combien ceux qui ont cru anéantir le christianisme en allumant des bûchers ont méconnu son esprit. Au contraire des choses humaines, dont la nature est de périr dans les tourments, la véritable religion s'accroît dans l'adversité : Dieu l'a marquée du même sceau que la vertu (Châteaubriand, *Génie du christianisme*, l. 4; *Missions*, c. 3). »

FERDINAND VERBIEST, né vers 1630, à Bruges, ayant embrassé la règle de saint Ignace, fut envoyé aux missions de la Chine en 1659, avec le Père PHILIPPE COUPLET, né à Malines vers 1630. Verbiest s'y consacra d'abord à la prédication de l'Evangile dans la province de Chensi ; mais le Père Adam Schall, instruit de ses talents, le fit venir à Péking et ne tarda pas à l'associer à ses travaux astronomiques. Pendant la minorité de l'empereur Khang-Hi, une violente persécution s'étant élevée contre les chrétiens, Verbiest partagea le sort de ses confrères et fut jeté dans une obscure prison. Plus tard, nommé président du tribunal des mathématiques, il donna des leçons de cette science à l'empereur et composa une grammaire tartare. En 1681, il fut chargé par ce prince de diriger la fabrication de canons de fonte, pour remplacer les anciennes pièces qui se trouvaient hors de service. L'opération réussit, malgré le défaut d'intelligence ou la mauvaise volonté des ouvriers qui travaillaient sous ses ordres, et il eut le bonheur de pouvoir offrir à l'empereur un parc de trois cents pièces, la plupart de campagne. L'empereur, après avoir vu l'effet de cette nouvelle artillerie, se dépouilla de son manteau et en revêtit le Jésuite. Le pieux missionnaire n'employait son crédit que pour procurer de nouveaux avantages à la religion, et il ne désespérait pas de la voir s'établir jusque dans les provinces les plus reculées de l'empire. Aussi reçut-il du pape Innocent XI un bref dans lequel le souverain Pontife approuvait sa conduite à la Chine, blâmée par les missionnaires dominicains. Il offrit, en 1683, à l'empereur, le *Calcul des éclipses de soleil et de lune pour deux mille ans*, formant trente-deux volumes de cartes avec leur explication. Ce beau travail lui valut de nouvelles faveurs de Khang-Hi. Le Père Verbiest facilita l'admission à la Chine du Père Lecomte et de ses compagnons, et leur procura l'autorisation de se rendre à Péking ; mais il ne goûta pas la satisfaction de les y recevoir : une courte maladie l'enleva le 28 janvier 1688. Ses nombreux ouvrages sont de deux sortes : les uns relatifs à la théologie, où il traite de l'eucharistie, de la pénitence, de la rémunération du bien et du mal; les autres, en bien plus grand nombre, roulent sur des sujets de physique et d'astronomie (*Biogr. univ.*, t. XLVIII).

Le Père Couplet, après avoir cultivé longtemps et avec succès les chrétientés établies en Chine, fut renvoyé en Europe pour rendre compte au souverain Pontife de l'état florissant de ces chrétientés lointaines, et aussi pour obtenir des maisons de sa société un nouveau secours d'ouvriers apostoliques : ceux-ci manquaient à l'abondante moisson que présentait alors la Chine; où les missionnaires les plus rapprochés se trouvaient encore à plus de cent lieues. Le Père Couplet réussit dans son voyage, mais il ne revit plus la Chine. S'étant embarqué en Hollande, après avoir séjourné quelque temps dans sa famille, il périt dans une tempête l'an 1692. On a de lui : 1° Une traduction latine de trois ouvrages de Confucius; 2° un catalogue des Pères de la Société de Jésus qui, après la mort de saint François Xavier, de 1581 à 1681, ont propagé la foi du Christ dans l'empire chinois; 3° *Histoire d'une noble dame, Candide Hiu*, *chrétienne de la Chine, qui mourut en 1680*; 4° *Table généalogique de trois familles impériales de la monarchie chinoise*; 5° *Relation sur l'état de la mission chinoise après le retour des Pères Jésuites de leur exil à Canton*, en 1671 (*Ibid.*, t. X).

Un Jésuite sicilien aida le Père Couplet dans sa traduction latine des ouvrages de Confucius. Prosper Intorcetta, né l'an 1625, dans la petite ville de Piazza en Sicile, n'était âgé que de seize ans lorsqu'il s'échappa du collège de Catane, où ses parents l'avaient envoyé pour étudier en droit, et il se rendit à Messine, brûlant de zèle pour se dévouer aux missions étrangères. Les supérieurs des Jésuites de cette ville ayant enfin obtenu le consentement des parents du jeune Intorcetta, lui donnèrent l'habit, et, après le cours de ses études théologiques, l'envoyèrent à la Chine en 1656, avec le Père Martini et quinze autres religieux du même ordre. La navigation fut longue et périlleuse; le Père Intorcetta resta quelque temps à Macao, y fit les quatre vœux de sa profession religieuse et entra enfin sur le territoire chinois l'an 1659. Il établit d'abord sa résidence dans la province de Kiang-Si, où ses supérieurs confièrent à ses soins la chrétienté de Kien-Tsaïan, qui depuis plus de vingt ans se trouvait sans pasteur. Ce zélé missionnaire y bâtit une nouvelle église et en deux ans baptisa environ deux mille néophytes. Le gouverneur de cette petite ville l'ayant dénoncé au vice-roi de la province, le fit passer pour le chef d'une troupe de brigands qui, au nombre de cinq cents, ravageaient la contrée : l'église fut démolie et le Père obligé de se cacher. Une persécution générale s'étant élevée en 1664, il fut arrêté, conduit à Péking, condamné avec la plupart de ses confrères à une rude bastonnade et à un exil dans la Tartarie; mais la sentence fut adoucie et l'on se contenta de les envoyer en prison à Canton. Ce fut là que vingt-quatre de ses compagnons de captivité ayant fait venir de Macao un autre religieux pour demeurer en prison à sa place, le députèrent à Rome, auprès du général, afin de lui exposer le triste état de cette mission et le besoin qu'elle avait d'un prompt secours; car on ne comptait plus, dans ce vaste empire, que quarante missionnaires de son ordre. Les chrétiens de sa province étaient si pauvres, qu'en se cotisant ils ne purent amasser que vingt écus d'or pour les frais de son voyage. Comptant néanmoins sur la Providence, il s'embarqua sur le premier navire et fut débarqué à Rome en 1671. Il ne tarda pas à rejoindre ses compagnons, qu'il eut la consolation de trouver rendus à la liberté. Il vécut assez pour participer à la nouvelle persécution qui fut excitée contre les missionnaires en 1690; et, malgré son grand âge et les infirmités qui en augmentaient le fardeau, il comparut devant plusieurs tribunaux et montra un courage et une présence d'esprit que ses juges mêmes furent forcés d'admirer. Il termina sa laborieuse carrière le 13 octobre 1696 (*Biogr. univ.*, t. XXI).

Son compagnon, le Père Martin Martini, né à Trente l'an 1614, fut admis dans la société à l'âge de dix-sept ans, et, après avoir fait un cours de philosophie au collège Romain, fut désigné pour les missions de la Chine. Il employa quatre ans à étudier la langue et les mœurs des habitants, et fut ensuite élu supérieur de la mission de Hang-Tcheou. Chargé, en 1651, de retourner à Rome pour y exposer l'état et les besoins des missions, il courut de grands dangers dans la traversée. Le navire qu'il montait, poussé par la tempête sur les côtes d'Irlande et d'Angleterre, fut porté jusque sur la pointe de Norwège : Martini fut obligé de revenir en Hollande, traversa l'Allemagne et ne parvint à Rome que trois ans après son départ de la Chine. Aussitôt qu'il eût rendu compte à ses supérieurs du sujet de son voyage, il fut envoyé en Portugal, où il s'embarqua pour retourner en Orient, avec dix-sept jeunes missionnaires. Son vaisseau fut encore battu des tempêtes; il tomba entre les mains des pirates, qui le traitèrent avec beaucoup d'inhumanité : enfin, après une navigation de deux années pendant lesquelles sept de ses compagnons avaient succombé, il aborda, excédé de fatigues, au port de Macao. Il se hâta d'entrer dans sa province, où il opéra un grand nombre de conversions : il répara et embellit les anciennes églises, et en construisit de nouvelles, et il se disposait à entreprendre de plus grandes choses, lorsqu'il tomba malade. Ses talents et ses vertus lui avaient valu l'amitié des mandarins, qui lui rendirent de fréquentes visites et ne négligèrent rien pour lui procurer quelque soulagement. Il supporta avec patience et résignation les douleurs dont il était affligé, et mourut le 6 juin 1661, emportant les regrets de tout le monde. On a de lui : 1° *Atlas chinois*; c'était l'ouvrage le plus complet et le plus exact qui eût encore paru sur la Chine. 2° *Première décade de l'histoire chinoise*; elle a été traduite en plusieurs langues et méritait de l'être, car ce livre, tiré par le Père Martini d'un original chinois, est le premier ouvrage traduit du chinois où l'on ait pu trouver des détails sur les événements de l'histoire chinoise dans les temps qui ont précédé l'ère chrétienne. 3° *De la guerre des Tartares en Chine*. 4° *Courte relation sur le nombre et la qualité des chrétiens parmi les Chinois*. Le Père Martini a de plus traduit du latin en chinois des *Traités de l'existence et des attributs de Dieu*; — *De l'immortalité de l'âme*, par Lessius; — *De l'amitié* : c'est un extrait des ouvrages de Cicéron, de Sénèque, etc.; — et une réfutation du *Système de Pythagore sur la transmigration des âmes* (*Biogr. univ.*, t. XXVII).

En 1685, six missionnaires jésuites partirent de Paris pour la Chine, en la compagnie de l'ambassadeur français à Siam : c'étaient les Pères Bouvet, Gerbillon, Visdelou, Fonteney, Lecomte et Tachard. Ce dernier resta dans le royaume de Siam; y amena de nouveaux missionnaires et accompagna, l'an 1688, les ambassadeurs que le roi de Siam envoya au pape Innocent XI et au roi Louis XIV. Les cinq autres, arrivés en Chine le 23 juillet 1687, furent appelés à Péking, d'où ils eurent la liberté de se retirer dans les provinces, à l'exception des Pères Bouvet et Gerbillon, que l'empereur retint auprès de sa personne. Après qu'ils eurent appris, par son ordre, la langue tartare, l'empereur chargea le second, avec Pereyra, autre jésuite, de suivre, en qualité d'interprète, les ambassadeurs qu'il envoyait à Niptchou ou Nerczinsk, pour régler avec les Russes, sous Pierre I$^{er}$, les limites des deux empires. Khang-Hi crut devoir récompenser Gerbillon en le choisissant, avec Bouvet, pour ses maîtres de mathématiques. Ce prince vivait avec eux si familièrement, qu'il leur faisait prendre place à côté de lui sur le même siége. Ils traduisirent et composèrent plusieurs livres pour son usage. Gerbillon, qui ne quittait presque plus l'empereur et qui en obtenait tous les jours de nouvelles grâces, demanda l'exercice public de la religion chrétienne; ce qui lui fut accordé par un édit du 22 mars 1692. L'empereur ayant, par un effet de son application à l'étude, été attaqué de la fièvre tierce, en fut guéri par les soins de Bouvet et de Gerbillon; il reconnut ce bienfait en donnant aux Jésuites un emplacement près de son palais, pour y construire à ses frais une maison et une chapelle. Les relations ajoutent que Gerbillon, qui aurait bien voulu convertir ce prince à la foi, n'échoua dans ce projet que parce qu'il fut desservi à la cour. Il possédait plusieurs langues, car il fut chargé par l'empereur de converser en italien avec l'ambassadeur de Moscovie en Chine, l'an 1693. Jean-François Gerbillon, qui était né à Verdun en Lorraine, le 11 janvier 1654, mourut à Péking le 25 mars 1707. On a de ce respectable missionnaire : 1° *Eléments de géométrie*, tirés d'Euclide et d'Archimède; 2° *Géométrie pratique et spéculative*. Ces deux ouvrages composés en chinois et en tartare, furent imprimés à Péking. 3° Deux lettres, avec une relation de huit voyages dans la grande Tartarie, faits depuis 1688 jusqu'en 1698. Les auteurs de l'*Histoire générale des voyages* rendent hommage à l'exactitude de l'auteur, que sa position a mis à même de faire des remarques plus étendues et plus certaines qu'on ne peut en attendre des autres voyageurs. En effet, ajoute Abel Rémusat, à qui nous empruntons ces détails, tout ce que nous savons de la grande Tartarie nous vient des Jésuites français, et notamment de Gerbillon (*Ibid.*, t. XVII).

Le Père Joachim Bouvet, né au Mans, reçut ordre de Kang-Hi de retourner en France et d'en ramener autant de nouveaux missionnaires qu'il pourrait en rassembler, tant il était content de leurs services. Bouvet revint donc en sa patrie l'an 1697, et fut porteur de quarante-neuf volumes chinois, que l'empereur envoyait à Louis XIV. Ces volumes furent remis par le missionnaire à la bibliothèque royale, qui ne possédait encore que quatre ouvrages écrits en cette langue, lesquels s'étaient trouvés parmi les manuscrits du cardinal Mazarin. Louis XIV, vers la fin de la même année, fit remettre au Jésuite missionnaire un recueil de toutes les estampes, relié magnifiquement, et le chargea de le présenter de sa part à l'empereur Khang-Hi. Le Père Bouvet repartit peu de temps après pour la Chine, où il arriva l'an 1699, accompagné de dix nouveaux missionnaires, du nombre desquels étaient les Pères de Prémare, Régis et le célèbre Parennin. Enfin, après avoir partagé pendant près de cinquante ans les travaux des missionnaires, soit pour le service de la cour, soit dans le ministère des fonctions apostoliques, cet homme pieux et habile mourut à Péking le 28 juin 1732, âgé d'environ soixante-dix ans. Il était d'un caractère doux, sociable, officieux, toujours prêt à obliger, d'une attention continuelle à n'être incommode à personne, dur à lui-même jusqu'à se priver du nécessaire, en sorte que ses supérieurs furent souvent obligés d'user de leur autorité pour lui faire accepter les choses dont il avait le plus de besoin. On a du Père Bouvet : 1° Quatre relations de divers voyages qu'il fit dans le cours de ses missions; 2° *État présent de la Chine*, en figures gravées ; 3° Plusieurs lettres dont l'une à Leibnitz (*Biogr. univers.*, t. V).

Le Père Claude Visdelou, né en Bretagne l'an 1656, étant arrivé à la Chine, fit son premier soin de se livrer à l'étude de la langue et de l'écriture de cet empire; avec les idées qu'on se formait alors des difficultés de cette étude, c'était presque une témérité de l'entreprendre, c'était un rare mérite que d'y réussir. Visdelou eut ce mérite, et ses succès furent aussi rapides qu'incontestables. Les Chinois eux-mêmes en furent frappés, et l'un des fils de l'empereur Khang-Hi, prince désigné pour succéder à son père, ne put s'empêcher d'exprimer son admiration dans un éloge qu'il envoya au missionnaire, écrit selon l'usage, sur une pièce de soie. Visdelou ne tarda pas à appliquer les connaissances qu'il avait acquises à des objets d'une haute utilité scientifique et littéraire. Prenant pour modèles ceux de ses prédécesseurs qui avaient recherché de préférence les notions historiques consignées dans les livres chinois, il s'occupa de faire connaître les renseignements qu'on y trouve sur les nations qui ont occupé les régions centrales et septentrionales de l'Asie. Avant lui, ce qu'on savait de ces nations se réduisait, pour l'antiquité, à quelques traditions incohérentes, éparses dans les écrits des géographes grecs; pour les temps les plus rapprochés, à un petit nombre de faits relatifs aux peuples de l'Asie occidentale qui avaient eu des rapports avec l'empire romain; et pour le moyen-âge, à divers récits des voyageurs qui avaient conservé le souvenir des expéditions de Ginguiskan et de ses premiers successeurs. Ces matériaux incomplets, sans suite et sans liaison, ne pouvaient servir à reconstituer d'une manière tant soit peu satisfaisante l'histoire de tant de nations qui ont perdu leurs annales, si jamais elles en ont possédé. La véritable source était encore inconnue : Visdelou eut le bonheur de la découvrir et d'y puiser le premier. Les historiens de la Chine, dont la succession non interrompue embrasse une série de vingt-cinq siècles, n'ont jamais négligé de recueillir, sur les contrées voisines de cet empire, les renseignements qui pouvaient se rapporter à l'histoire et à la géographie, ils ont même formé, de ces renseignements des collections qui renferment, en réalité, les chroniques complètes de la Haute-Asie depuis deux mille ans. C'est dans ces recueils qu'il faut chercher la solution d'une foule de questions historiques qu'il serait toujours difficile et souvent impossible d'éclaircir sans ce secours. C'est ce qu'il était aisé de reconnaître à la lecture d'un grand nombre d'articles de la *Bibliothèque orientale* de d'Herbelot. Toutes les fois qu'il y était question d'événements dont le siège se trouvait au delà du Gihon, les écrivains arabes, persans et turcs, qui avaient exclusivement servi de guides au docte compilateur, ne lui offraient plus qu'un secours insuffisant. Visdelou, aidé de la lecture des *Annales chinoises*, se vit en état de suppléer à ce qui manquait à la *Bibliothèque orientale* et de corriger ce qui y était défectueux. Son manuscrit, *Histoire de la Tartarie*, achevé au commencement de 1719, en quatre volumes in-quarto, fut envoyé en Europe, où il aurait dû avoir tout l'intérêt de la nouveauté : il y resta pourtant ignoré pendant plusieurs années et ne fut imprimé qu'en 1777 et 1779 dans le supplément à la *Bibliothèque orientale*. Le Père Visdelou, devenu évêque de Claudiopolis et vicaire apostolique en Chine, passa les vingt-huit dernières années de sa vie à Pondichéry. Il était logé, nourri, vêtu avec la même simplicité que le plus simple des religieux capucins chez lesquels il avait établi sa demeure. Il mourut à la même ville le 11 novembre 1737 et fut enterré dans l'église des Pères Capucins (*Biogr. univ.*, t. XLIX).

Le Père Joseph-Henri Prémare (on ignore le lieu et l'époque de sa naissance), vint en Chine sur la fin de 1698, avec quelques préventions contre les Chinois; mais à mesure qu'il étudia leur langue et leur littérature, il en prit une idée plus favorable. Ainsi que les plus savants missionnaires, il trouva dans les anciens auteurs chinois un grand nombre de passages sur l'attente d'un rédempteur, sur les circonstances et les effets de sa venue, etc.; traditions qui pouvaient venir soit des anciens patriarches, soit des communications que les Chinois ont eues avec l'Asie occidentale et avec l'empire romain. En France, où les idées jansénistes dominaient plus ou moins parmi les savants et où l'on ne connaissait encore rien de la littérature chinoise, on accusa, on soupçonna du moins les Jésuites d'avoir, non pas trouvé, mais inventé ces merveilleux passages. De nos jours, deux hommes compétents, l'un de France, l'autre d'Allemagne, Abel Rémusat et Windischmann, ont constaté que les citations et les assertions étaient exactes : nous en avons réuni un bon nombre dans le vingtième livre de cette Histoire, sur les principales vérités et les principaux faits du christianisme. L'abbé Renaudot, affilié aux jansénistes, publia deux anciennes relations des Indes et de la Chine par des marchands arabes, à l'effet de démentir les relations des missionnaires. Le Père Prémare écrivit une lettre « où, suivant Abel Résumat, il réfute complètement les fables et les absurdités dont sont chargées les *relations* traduites de l'arabe par l'abbé Renaudot, et dont les notes et les additions du traducteur sont loin d'être exemptes. Ce livre célèbre, dont plusieurs passages ne dépareraient pas la collection des contes arabes, a de tout temps excité l'indignation des missionnaires de la Chine, parmi lesquels plusieurs se sont attachés à en relever les inexactitudes, mais la réfutation du Père Prémare est la plus complète et la plus solide. » Tel est le jugement du savant français (*Biogr. univ.*, t. XXXVI, art. Prémare). Renaudot prétendait que les Chinois étaient tout à la fois athées et idolâtres. Le Père Prémare fait voir avec beaucoup de justesse que ces deux accusations se détruisaient l'une l'autre : car comment les Chinois peuvent-ils adorer les fausses divinités, s'ils ne reconnaissent aucune divinité ? Une chose résulte de là, c'est qu'il y avait de terribles préventions en France, puisqu'un savant tel que Renaudot aime mieux en croire des contes arabes et se contredire que d'en croire des Jésuites qui sont sur les lieux, qui connaissent la langue, qui citent les traductions et le texte original des livres sur lesquels ils s'appuient, et qu'on peut vérifier. Ces préventions sont un mystère qui peut servir à expliquer d'autres mystères.

Un ouvrage latin du Père Prémare, mais resté manuscrit jusqu'à présent, c'est sa *Connaissance de la langue chinoise*, en trois volumes in-quarto : « Le meilleur, sans contredit, au jugement d'Abel Rémusat, de tous ceux que les Européens ont composés jusqu'ici sur ces matières. Ce n'est ni une simple grammaire, comme l'auteur le dit lui-même trop modestement, ni une rhétorique, comme l'académicien Fourmont l'a donné à entendre ; c'est un traité de littérature presque complet, où le Père Prémare n'a pas seulement réuni tout ce qu'il avait recueilli sur l'usage des particules et les règles grammaticales des Chinois, mais où il a fait entrer aussi un grand nombre d'observations sur le style, les locutions particulières à la langue antique et à l'idiome commun, les proverbes, les signes les plus usités ; le tout appuyé d'une foule d'exemples cités textuellement, traduits et commentés quand cela était nécessaire. Quittant la route battue des grammairiens latins, que tous ses devanciers, Varo, Montigny, Castorano, avaient pris pour modèles, l'auteur s'est créé une méthode toute nouvelle, ou plutôt il a cherché à rendre toute méthode superflue, en substituant aux règles les phrases mêmes, d'après lesquelles on peut les recomposer..... Le Père Prémare, qui depuis 1727 entretenait avec Fourmont une correspondance suivie et qui montrait dans toutes ses lettres le plus grand empressement pour fournir à cet académicien tous les secours qu'il réclamait de lui, dut croire qu'il lui causerait un plaisir singulier en lui annonçant, à la fin de 1728, qu'il lui envoyait une grammaire à l'aide de laquelle on pourrait à l'avenir faire de rapides progrès dans l'étude du chinois. Malheureusement, observe Abel Rémusat, Fourmont avait aussi rédigé une grammaire, ou pour mieux dire il avait traduit de l'espagnol celle du Père Varo. » Finalement, l'académicien plagiaire donna pour sienne la grammaire chinoise du Jésuite espagnol et fit perdre de vue l'ouvrage incomparable du Jésuite français, lequel n'a été retrouvé et signalé au public que de nos jours par Abel Rémusat. Le Père Prémare a laissé plusieurs autres manuscrits précieux ; il mourut à la Chine vers 1734 (*Ibid.*, par Abel Rémusat).

Son confrère DOMINIQUE PARENNIN, né l'an 1665 près de Pontarlier, arriva également en Chine l'an 1698. Il fut présenté à l'empereur Khang-Hi, qui lui donna des maîtres pour achever de l'instruire dans la connaissance du chinois et du mandchou, et s'en fit accompagner dans les chasses qu'il faisait chaque année jusqu'en Tartarie. Parennin eut ainsi de fréquentes occasions de parler à l'empereur, des sciences et des arts de l'Europe ; et, pour le mettre à même de juger de leurs progrès, il traduisit en mandchou quelques *Mémoires* de l'Académie des sciences, les plus propres à piquer la curiosité du prince et à augmenter son estime pour nos savants. Les *Recherches* du président Bon et de Réaumur, sur le travail des araignées, frappèrent surtout Khang-Hi : il ne pouvait se lasser d'admirer la patience et la sagacité qu'avaient exigées des observations si minutieuses; et il fit faire plusieurs copies de la traduction de ce mémoire, qu'il adressa à ses fils, en les invitant à partager le plaisir que lui avait causé cette lecture. Dans une conversation avec l'empereur, Parennin prit la liberté de lui faire observer qu'il se trompait sur la position géographique de quelques villes de la Chine, et cet excellent prince, loin de se fâcher qu'un étranger eût la prétention de connaître mieux que lui ses propres Etats, invita Parennin à s'occuper de la levée des nouvelles cartes de toutes les provinces chinoises. Ce travail fut achevé assez promptement, et le Père Duhalde en a enrichi sa *Description de la Chine*. L'ascendant que Parennin acquérait chaque jour sur l'esprit de Khang-Hi tourna à l'avantage des missions, qui s'étendirent bientôt dans des provinces où la lumière de l'Evangile n'avait pas encore pénétré. Il s'en servit aussi pour favoriser les négociants d'Europe, qui le trouvaient toujours en mesure d'appuyer leurs demandes, si elles étaient fondées, et d'aplanir les difficultés qui pouvaient s'élever dans leurs transactions. Le Père Parennin contribua beaucoup à prévenir la guerre qui était sur le point d'éclater entre les Russes et les Chinois. Il rédigea en mandchou et en latin un nouveau traité dont les conditions, également avantageuses aux deux peuples, eurent l'approbation générale. Le czar Pierre le Grand, informé des services qu'il avait rendus à ses sujets, chargea son ambassadeur à la Chine de lui en témoigner sa reconnaissance, et lui adressa en présents des fourrures et d'autres objets précieux.

La mort de Khang-Hi, en 1722, devint le signal d'une persécution contre les Chinois qui avaient embrassé le christianisme. Le nouvel empereur, Young-Tching, chassa de sa cour les missionnaires, en les reléguant à Macao. Le Père Parennin fut cependant excepté de cette mesure, avec quelques-uns de ses confrères, à qui de grands talents avaient acquis l'estime des lettrés. La facilité avec laquelle il parlait l'italien et l'espagnol continua de le rendre l'interprète de presque tous les Européens, et il trouva encore l'occasion de leur être utile, entre autres à l'ambassadeur portugais envoyé à la Chine en 1727. L'avénement de Kianloung au trône, en 1735, adoucit la condition des chrétiens. Le Père Parennin consacra ses dernières années à l'instruction des néophytes, qui accouraient se ranger sous sa conduite et s'édifier de ses exemples. Une maladie longue et douloureuse, qu'il supporta avec une pieuse résignation, termina ses jours à Péking, le 27 septembre 1741. L'empereur régla lui-même la cérémonie de ses funérailles, dont il fit les frais.

Parennin avait des connaissances aussi étendues que variées. La géométrie, l'histoire naturelle, l'astronomie, la médecine, etc., étaient de son ressort. Indépendamment de la traduction en mandchou d'un choix de *Mémoires* de l'Académie des sciences, dont il acheva huit volumes à l'Académie en 1722, on a de lui : la traduction de l'*Anatomie* de Dionis; — seize *lettres* dans le recueil des *Lettres édifiantes*. Les plus curieuses sont les deux qu'il écrivit à Fontenelle : l'une sur les différentes méthodes employées à la Chine pour la transcription des ouvrages qu'on ne veut pas livrer à l'impression; et la seconde, sur les propriétés de plusieurs racines, entre autres de la rhubarbe, mal connues jusqu'alors en Europe. — Des *lettres* au physicien Mairan. Le Père Parennin y apprécie la Chine, son gouvernement, son histoire, ses connaissances, le caractère de ses habitants, avec une pénétration et une justesse qui nous paraissent le bon sens même. On y voit que de temps immémorial la Chine connait les grands principes des sciences et des arts, mais qu'elle ne développe et ne perfectionne rien : c'est à peu près comme l'hirondelle et le castor, qui, depuis le commencement du monde, bâtissent toujours de la même manière; depuis tant de siècles les astronomes chinois, même après les leçons et les exemples que leur ont donnés les Européens, ne savent pas encore faire un bon almanach. La constitution gouvernementale de la Chine y est pour beaucoup. Il n'y a point de noblesse, point de castes héréditaires : il n'y a de noble que la famille impériale, tout le reste est peuple : le seul moyen de se distinguer et de parvenir, c'est de devenir lettré, mandarin, fonctionnaire public : on étudie donc ce qu'il faut pour cela, ni plus ni moins. Inventer quelque chose qui pourrait perfectionner la machine administrative, réformer certains abus, ce serait travailler contre vous-même ; au lieu de parvenir plus haut, vous auriez tout le monde contre vous et vous resteriez ou retomberiez dans la misère. Tout reste donc comme il est, y compris l'almanach.

Plusieurs lettres du Père Parennin à ses confrères d'Europe nous font connaître une branche de la famille impériale, dans laquelle un grand nombre de princes et de princesses embrassèrent la foi chrétienne, malgré le chef de leur branche, le prince Sourmia. Le premier qui se convertit fut le troisième de ses treize fils, qui prit au baptême le nom de Jean, et qui a exposé dans un écrit les motifs et l'histoire de sa conversion. Il s'était distingué à la guerre et jouissait des bonnes grâces de l'empereur Khang-Hi, qui l'emmenait dans ses voyages de chasse en Tartarie. Le prince Jean aimait la lecture : dans ses moments de loisir, il lut les livres les plus estimés des Chinois, puis ceux des sectaires; il interrogea même les sectaires les plus habiles, mais il les vit bientôt qui ne s'accordaient pas avec eux-mêmes. Un jour, en passant, il acheta un vieux livre intitulé : *De l'âme de l'homme*. C'était un livre chrétien, mais il ne le savait pas. Il le lut avec satisfaction, quoiqu'il n'en comprît pas bien tout l'ensemble. Il envoya demander au marchand d'autres livres du même genre. Le marchand répondit qu'on en trouverait à l'*église*. Le prince prit ce nom d'*église* pour une enseigne de libraire. Un domestique y étant allé, revint bientôt avec une quantité de livres, en disant qu'ils ne se vendaient pas, mais que les Européens les donnaient libéralement à ceux qui en demandaient : il ajouta que leurs catéchistes l'avaient fort entretenu des Pères Jésuites et de la loi qu'ils prêchaient, et que le prince en trouverait les articles les plus importants dans les livres dont on lui faisait présent.

« Je les lus avec empressement, dit le prince; j'étais charmé de l'ordre, de la clarté et de la solidité des raisonnements qui prouvaient un Etre souverain, unique, créateur de toutes choses, tel enfin qu'on ne saurait rien imaginer de plus grand ni de plus parfait. La simple exposition de ses magnifiques attributs me faisait d'autant plus de plaisir que je trouvais cette doctrine conforme à celle de nos anciens livres. Mais quand je vins à l'endroit où l'on enseigne que le Fils de Dieu s'est fait homme, je fus surpris que des personnes d'ailleurs si éclairées eussent mêlé à tant de vérités une doctrine qui me paraissait si peu vraisemblable et qui choquait ma raison. Plus j'y réfléchissais, plus je trouvais de résistance dans mon esprit sur cet article; c'est qu'alors je regardais un mystère si sublime des yeux de la chair, et je n'avais pas encore appris à captiver ma raison sous le joug de la foi. Enfin je communiquai ces livres à mes frères et à mes parents, ils donnèrent lieu à de fréquentes disputes; nous allâmes plusieurs fois à l'église pour éclaircir nos doutes et fixer nos incertitudes; nous conférâmes souvent avec les Pères et les lettrés chrétiens : leurs réponses me paraissaient solides et mes doutes ne se dissipaient point. Je composai alors deux volumes où je ramassai tous les motifs qui nous portent à croire les révélations divines et tout ce que j'avais lu de plus clair et de plus pressant dans les livres de la religion chrétienne. J'y ajoutai les difficultés qu'on peut y opposer et les réponses qui les éclaircissent : je donnai à ce petit ouvrage l'ordre et l'arrangement qui me parurent le plus naturels, n'ayant d'autre vue que d'achever de me convaincre moi-même et de convaincre ceux de ma famille qui m'attaquaient vivement. »

C'était vers l'an 1712. Comme le Père Parennin suivait aussi l'empereur dans ses voyages de Tartarie, le prince Jean faisait dresser sa tente auprès de la sienne, afin de pouvoir l'entretenir sans qu'il y parût. Un jour donc, il vint le trouver avec le douzième de ses frères, âgé de dix-sept ans, et lui exposa les difficultés qui lui restaient encore sur la religion chrétienne. Le Père y répondit en détail, ajoutant que les Européens, avant d'embrasser le christianisme, formèrent les mêmes difficultés, et de plus fortes encore; mais enfin ce merveilleux assemblage des motifs que nous avons de croire les détermina, avec la grâce de Dieu, à se rendre, à s'humilier et à soumettre leur esprit à des vérités qui sont au-dessus de la raison humaine; ils ont douté pour eux et pour vous, soyez en repos de ce côté-là et cessez d'être ingénieux à chercher de fausses raisons pour vous dispenser d'obéir à la voix de Dieu qui vous appelle et qui vous presse par cette inquiétude même que vous éprouvez.

Avec le temps, le prince se sentit entièrement convaincu, et il prêchait même les autres. Mais, pour recevoir le baptême, il fallut encore vaincre d'autres difficultés et de la part de son père et de la part de la cour. En 1719, son dixième frère lui donna l'exemple. Sur le point de partir pour la guerre à six cents lieues de là, il reçut le baptême auquel il s'était préparé depuis longtemps par une vie toute chrétienne. Il fut nommé Paul, ainsi qu'il le souhaitait, à cause de la dévotion particulière qu'il avait pour ce saint apôtre, dont il avait lu plusieurs fois la vie. La princesse son épouse suivit son exemple et reçut le nom de Marie. Le zèle du prince Paul ne se bornait pas à l'instruction de sa famille et des domestiques qui l'avaient suivi, il annonçait les vérités chrétiennes aux autres princes et aux seigneurs de l'armée, et il les affectionna tellement au christianisme, qu'ils déposèrent leurs anciennes préventions et devinrent de zélés défenseurs de la foi. Ayant appris qu'il y avait dans les troupes huit ou dix mille soldats chrétiens, il les fit venir en sa présence et les traita avec tant de bonté et de familiarité, qu'ils en furent confus; il fit parmi eux les fonctions de missionnaire, prêchant encore plus efficacement par les grands exemples de vertu qu'il leur donnait que par les fervents discours qu'il leur tenait.

Son troisième frère, apprenant ces nouvelles, en fut attendri jusqu'aux larmes : il reçut le baptême le jour de l'Assomption 1721, et fut nommé Jean ; son fils unique, qui fut baptisé en même temps, s'appela Ignace : peu après, toute sa famille, bien instruite, imita son exemple, savoir, la princesse Cécile, sa femme, qui a été l'institutrice des autres dames, ses belles-sœurs; sa belle-fille Agnès, que son directeur appelait *une héroïne chrétienne;* ses deux petits-fils Thomas et Matthieu, l'un âgé de six ans et l'autre de sept, et deux petites filles.

L'esprit de ferveur animait toute cette famille; les domestiques furent si frappés de tant d'exemples, et surtout du zèle avec lequel ce prince les instruisait, qu'ils vinrent en foule demander le baptême. Il avait bâti dans son hôtel une chapelle isolée et fermée d'une muraille où il n'avait laissé qu'une petite porte, en sorte que les étrangers prenaient cet édifice pour une bibliothèque : c'est là que deux fois le jour il assemblait sa famille pour y réciter les prières de l'Eglise et instruire ses domestiques, qu'il traitait également bien, soit qu'ils profitassent de ses instructions, soit qu'ils négligeassent de les suivre. Il leur disait que le respect humain ne devait avoir aucune part dans leur conversion, que la foi est un don de Dieu, qu'il faut le lui demander avec persévérance et avec une forte détermination de surmonter toutes les difficultés qui se présenteront, quand une fois ils seront éclairés de la lumière céleste. — Le prince Paul et le prince Jean furent bientôt imités par leur onzième frère, qui fut baptisé avec toute sa famille et reçut le nom de François.

Après la mort de Khang-Hi et dans les commencements de son fils Young-Tching, comme les chrétiens étaient menacés d'une persécution, le sixième et le douzième frère des susdits princes reçurent le baptême avec leurs familles et s'appelèrent Louis et

Joseph. Leur frère aîné suivit leur exemple en 1724, lorsque la persécution était déjà déclarée, et fut appelé François-Xavier. Toute cette famille, y compris le père, fut condamnée à l'exil en Tartarie, au delà de la grande muraille. Le 15 juillet 1724, ils partirent pour leur exil, au nombre de trente-sept princes et à peu près autant de princesses, et environ trois cents domestiques de l'un et de l'autre sexe, dont la plus grande partie avait reçu le baptême; plusieurs autres étaient encore catéchumènes: faute de temps, ils furent obligés d'attendre qu'ils fussent arrivés au terme de leur voyage pour se faire baptiser. Le jour même, 4 août, que ces illustres exilés y arrivèrent, le prince François-Xavier passa à une meilleure vie, à l'âge de cinquante-neuf ans (*Lettres édifiantes*, t. XIX, p. 406).

Leur exil dura jusqu'en 1736, à la mort de Young-Tching. Ils furent d'abord relégués dans la ville de Fourdane, puis dans un désert voisin, où ils se bâtirent des maisons de bois et de terre, couvertes de chaume, avec une chapelle au milieu. Ils trouvèrent à Fourdane plusieurs chrétiens qui leur témoignèrent beaucoup de charité et de zèle, entre autres un vieux soldat, Marc Ki, lequel fit plusieurs fois le voyage de Péking pour leur service et pour porter de leurs nouvelles aux Pères Jésuites, notamment au Père Parennin. Un médecin nommé Tem faisait, de son côté, la même chose. Le père et la mère de tous ces princes moururent dès la première année, le père sans se convertir, la mère après avoir reçu le baptême. Un Jésuite chinois se rendit aussi quelquefois au milieu d'eux, pour leur administrer les sacrements. L'empereur Young-Tching dégrada tous ces princes de leur qualité de princes du sang et les abaissa au niveau du simple peuple. En 1726, tous ces princes, au nombre de trente-six, furent garrottés chacun de neuf chaînes : trois d'entre eux, qui n'avaient pas encore reçu le baptême, le reçurent dans les fers, de la main du prince Paul. Un domestique du prince François ayant voulu mettre du linge sous les chaînes dans les endroits où elles pouvaient l'écorcher, le prince lui dit : « Quoi donc, avez-vous appris que la nuit de la passion de Notre Seigneur, on se fût mis en devoir de desserrer les cordes dont il était lié et de mettre entre elles et la chair du linge ou des étoffes pour le soulager? C'était un homme-Dieu, ajouta-t-il : quelle grandeur! quelle dignité! quelle innocence! Il souffrait pour nous, qui sommes pécheurs; nous ne souffrons pas pour les autres, mais pour nous-mêmes. » Peu après, on leur ôta les chaînes, excepté à six d'entre eux, que le tribunal avait condamnés à mort et l'empereur à une prison perpétuelle en diverses provinces. Dès l'année précédente, les princes Louis et Joseph avaient été emmenés à Péking chargés de chaînes et jetés dans une étroite prison. L'an 1727, l'empereur mit tout en œuvre pour persuader aux princes chrétiens demeurés à Fourdane de renoncer au christianisme, tous demeurent fermes; les princesses leurs épouses se présentent d'elles-mêmes pour se déclarer chrétiennes; plusieurs enfants d'une dizaine d'années vinrent de même donner leurs noms. Le prince François exerçait la médecine, pour prêcher à plus de personnes la foi chrétienne. Le gouverneur de Fourdane demandait la mort de tous ces généreux confesseurs : l'empereur accorda d'abord la confiscation de leurs biens; puis il envoya un de ses frères pour les interroger de nouveau, avec ordre de faire mourir ceux qui n'abjureraient pas : aucun n'eut cette faiblesse; mais le frère de l'empereur, qui était d'un caractère doux, ne les fit pas mourir, émerveillé de la sagesse de leurs réponses et ne trouvant aucun reproche à leur faire. Cependant, à Péking, le prince Joseph expira dans son cachot et dans ses chaînes, le jour de l'Assomption 1727. Tous les princes de sa famille, au nombre de trente-neuf, furent encore une fois condamnés à mort; l'empereur commua la sentence en une prison perpétuelle (*Lettres édifiantes*, t. XX, p. 107). Un prince Jean y mourut le 16 octobre, dans la capitale de la province de Chantong, lieu de son bannissement; un autre prince du même nom expira le 13 novembre à Péking; un prince Paul à Nanking; deux princesses moururent la même année dans les prisons de Fourdane.

Telle fut, au commencement du XVIIIe siècle, la constance héroïque des princes chrétiens et des princesses chrétiennes de la branche Sourmia de la famille impériale, à confesser la foi, et à Péking et dans les provinces et dans les déserts. Certainement, une nation, un empire, dont la première famille donne de si beaux exemples, n'est pas loin du royaume de Dieu. Il y aura des obstacles, comme il y en a pour tout ce qui est bon, comme il y en a eu pour Jésus-Christ en personne, comme il y en a eu pour ses premiers apôtres; et ces obstacles se reproduiront souvent les mêmes.

Ainsi, dans le vingt-cinquième livre de cette Histoire, nous avons vu les premiers apôtres éprouver des embarras entre eux et avec les fidèles, sur la manière de recevoir ceux qui se convertissaient du judaïsme ou de la gentilité, sur les rites, les usages qu'on pouvait leur tolérer, au moins pour un temps. Un véritable apôtre, comme saint Paul, se faisait tout à tous, Juif avec les Juifs, Gentil avec les Gentils, pour les gagner tous à Jésus-Christ. Ainsi, pour gagner les Juifs de Lycaonie, il circoncit lui-même son disciple Timothée, parce que sa mère était Juive; mais, pour gagner les Gentils, il ne veut pas laisser circoncire son autre disciple Titus, dont ni le père ni la mère n'étaient Juifs. Parmi les chrétiens venus du judaïsme, surtout à Jérusalem, plusieurs prétendaient que les chrétiens venus de la gentilité devaient observer toute la loi de Moïse, principalement la circoncision. De là des troubles dans les églises de Syrie et de Cilicie. Sur quoi les apôtres s'assemblent à Jérusalem sous la présidence de Pierre, et décident que les frères d'entre les nations ne seraient tenus qu'à ces quatre choses nécessaires, s'abstenir de ce qui a été immolé aux idoles, et du sang, et des chairs étouffées, et de la fornication. Paul et Barnabé, apôtres particuliers des Gentils, eurent charge et prirent à cœur de faire observer ces ordonnances.

Avec la décision du concile, on eût pu croire que tout était fini : nous avons vu que non. Des quatre articles que le concile déclare nécessaires, il n'y en a qu'un, s'abstenir de la fornication, qui le soit pour toujours et en toute circonstance : les trois autres, s'abstenir du sang, des chairs étouffées, et de ce qui a été immolé aux idoles, ne l'étaient que pour un temps et dans certaines circonstances, afin de faciliter la fusion des deux peuples en un. Les fidèles venus de la gentilité étaient reconnus purs et saints, et exempts de la loi cérémonielle; mais il leur était recommandé d'éviter dans leurs repas ce qui pouvait choquer le plus les fidèles venus du judaïsme. D'après l'explication de saint Paul, interprète très-sûr du décret de ce concile, les fidèles pouvaient manger indifféremment de tout ce qui se vendait au marché, sans s'informer si ç'avait été immolé aux idoles ou non, dès qu'il n'y avait point de scandale pour les faibles (1. Cor., 10). Ce n'était donc qu'une loi de circonstance, à cause de l'idolâtrie qui régnait encore. Quant à la défense de manger du sang, et par conséquent des chairs étouffées, elle venait de plus haut que la loi de Moïse; car elle avait été déclarée à Noé au sortir de l'arche, afin de détourner plus efficacement l'homme de répandre le sang de l'homme, et aussi parce que, de toutes les parties de la victime, c'était principalement le sang qu'on offrait à Dieu dans les sacrifices. Tant que des sacrifices de cette espèce continuaient à s'offrir dans le temple de Jérusalem, on conçoit que les Juifs, même chrétiens, craignissent d'aller contre cette défense; mais lorsqu'après la dernière destruction du temple, il fut bien reconnu que Dieu ne demandait plus le sang des animaux, et que l'homme, ayant été racheté au prix du sang de Jésus-Christ, fut devenu infiniment précieux à l'homme, cette même loi, devenue sans objet, devait naturellement tomber en désuétude. Aussi, de nos jours, et depuis bien des siècles, personne ne se fait scrupule de manger du boudin ou des petits oiseaux pris à la tendue.

Or, parmi les apôtres du XVIIIe siècle dans l'Inde et dans la Chine, il y eut les mêmes embarras que parmi les apôtres du premier siècle dans la Judée et la Syrie. Quelle est la signification précise de tel mot chinois? Quelle est la signification précise de telle cérémonie chinoise? Quelle est la signification précise de telle pratique, de telle mode chinoise ou malabare? Y a-t-il dans ces cérémonies, dans ces usages quelque chose d'idolâtrique qui ne se peut tolérer? Tout le monde conçoit que cela dépend principalement du sens que les populations y attachent; sens qui peut varier d'un pays à un autre, et d'un temps à un autre dans le même pays. Par exemple, que dirions-nous en Europe, si un Chinois venait nous soutenir que nous sommes idolâtres au moins quatre ou cinq jours de la semaine, attendu que nous consacrons le second jour à la lune, le troisième à Mars, le quatrième à Mercure, le cinquième à Jupiter, le sixième à Vénus, qui en donnerait pour preuve les noms mêmes que nous donnons à ces jours, ainsi qu'aux anciennes planètes et même aux nouvelles que nous ne cessons de découvrir? On lui dirait peut-être que nous ne sommes pas plus adorateurs de ces idoles ou de ces planètes, que nous ne nous reconnaissons esclaves du Grand-Turc, en donnant son nom à un chien de basse-cour.

Maintenant, quels seraient les meilleurs interprètes de la signification actuelle et variable de tel mot, de telle cérémonie, de tel usage? N'est-ce pas d'abord les indigènes qui s'en servent habituellement? ensuite les hommes de science et de conscience, qui, depuis longues années, habitent le pays, en ont étudié à fond la langue, les idées, le caractère? Ainsi, nous nous en rapporterions volontiers, et avec une amoureuse confiance, au jugement de ces princes martyrs et confesseurs, qui, après avoir étudié la science de l'Evangile et embrassé la foi de Jésus-Christ au prix de bien des sacrifices, la confessent courageusement devant les tribunaux, dans les palais, dans les déserts, dans les chaînes, dans les prisons, aux dépens de leurs biens, de leur honneur et de leur vie. Après eux nous écouterions avec beaucoup d'intérêt des hommes de génie et de vertu, comme les Pères Prémare et Parennin, qui depuis longtemps évangélisent le pays et en jugent avec connaissance de cause. Mais au-dessus des uns et des autres nous mettrions le jugement d'un clergé indigène, d'un clergé qui, étant né dans le pays, en connaît mieux que personne les idées natives, et les modifications qui peuvent s'opérer dans ces idées d'une année à l'autre, d'une province à l'autre. Remarquons bien qu'il ne s'agit pas de décider un point de doctrine, mais de préciser le sens actuel et variable d'un terme, d'un usage, particuliers à un pays, à une province. Les hommes les moins propres à décider cette question nous paraissent les docteurs français à la fin du XVIIe et au commencement du XVIIIe siècle. Voici pourquoi: 1° Ils ne savaient pas le premier mot de la langue, de la littérature, de la civilisation chinoise dont il fallait juger : le plus savant d'entre eux, Renaudot, ne put opposer aux Jésuites que deux conteurs arabes. 2° Ils ne voyaient pas même clair chez eux. Une hérésie s'était élevée en France, qui faussait la notion de Dieu, de sa justice, de sa bonté, faisait de Dieu un être injuste et cruel, de l'homme une machine, de la religion une bâtisse à démolir : or, la plupart des docteurs français, séculiers et réguliers, ne virent point cette impiété du jansénisme; au lieu de la combattre avec vigueur, des congrégations entières s'en laissèrent infecter, Bénédictins, Oratoriens, Dominicains même. Comment des hommes qui ne voyaient pas clair à Paris, où ils étaient, pouvaient-ils voir clair à Péking, où ils n'étaient pas? 3° La seule congrégation religieuse de France, qui, avec saint Vincent de Paul et Fénelon, combattit sérieusement et constamment l'impiété janséniste, ce sont les Jésuites : de là, contre eux, une foule de libelles, de préventions, de calomnies, semés par des mains jansénistes; préventions qui les poursuivirent dès lors de Paris à Péking, et qui, aujourd'hui encore, traînent dans les bibliothèques, dans les livres, dans les esprits. Voilà ce qu'il ne faut pas oublier, si l'on veut juger équitablement la controverse qui eut lieu en Chine et dans l'Inde entre les Jésuites et d'autres missionnaires, controverse semblable à celle qui eut lieu entre les apôtres et les hommes apostoliques du Ier siècle, et qui peut toujours avoir lieu même entre des saints, comme entre saint Paul et son ami saint Barnabé, qui se divisèrent au sujet du jeune Marc, leur disciple : séparation qui profita doublement à l'Eglise en disséminant l'Evangile de plus de côtés, et en servant au jeune Marc de correction pour devenir un homme vraiment apostolique.

Au commencement du XVIIIe siècle, la mission de la Chine était une des plus considérables et des plus florissantes. Plusieurs religieux y avaient successivement pénétré à la suite du Père Ricci, dans le cours du siècle précédent. Les Dominicains en furent chassés à plusieurs reprises. Les Jésuites, plus heureux, s'y maintinrent constamment. Depuis 1680 surtout, on y en envoya d'Europe un assez grand nombre. Ils n'avaient eu jusqu'alors que deux maisons, l'une à Péking et l'autre à Canton. Ils élevèrent à cette époque d'autres établissements en différentes provinces, et bâtirent des églises. On comptait plus de cent églises dans la seule province de Nanking, et au moins cent mille chrétiens. La faveur des Jésuites français près de l'empereur Khang-Hi multiplia les missions. Dans le même temps, d'autres missionnaires français arrivaient en Chine. Le séminaire des Missions étrangères venait d'être formé et commençait à fournir des sujets pour l'Orient. Pour régler les travaux de tous ces ouvriers évangéliques, le Pape partagea entre eux les différentes provinces de l'empire. Les Jésuites, les Dominicains, les Franciscains, les Prêtres du séminaire des Missions étrangères eurent chacun leur territoire assigné.

Jusqu'en 1690, toute la Chine était du diocèse portugais de Macao. Par une bulle du 10 avril de cette année, le pape Alexandre VIII l'en détacha et y érigea deux évêchés en titre, celui de Péking et celui de Nanking, sous la métropole portugaise de Goa et le patronage du roi de Portugal. Toutes les provinces de la Chine furent partagées entre ces deux évêchés. Le pape Innocent XII, par une constitution du 15 octobre 1696, laissant à l'évêque de Péking trois provinces et deux à celui de Nanking, érigea les autres en vicariats apostoliques, avec juridiction épiscopale pour les vicaires et avec mandement du 22 octobre à l'archevêque de Goa et aux évêques de Macao et de Malaca de faire observer la constitution de Clément X concernant cette juridiction. Par une autre bulle du 23, il détacha du diocèse de Macao le royaume de Tonquin. Le premier évêque de Péking fut un religieux de saint François : il succédait de loin à un religieux du même ordre, Jean de Mont-Corvin, que nous avons vu établir archevêque de Péking l'an 1314, y mourir vers 1330 et y avoir pour successeur un autre Franciscain nommé Nicolas. Depuis la bulle d'Innocent XII, un autre Franciscain fut vicaire apostolique du Chen-Si ; un Dominicain, du Tche-Kiang ; un Augustin, du Kiang-Si ; un Jésuite, du Koue-Tcheou ; un autre Jésuite, du Cham-Si ; un ecclésiastique français, Lionne, du Sut-Chuen ; un ecclésiastique des Missions étrangères, Maigrot, du Fo-Kien. Il y avait ainsi neuf évêques à la Chine sur la fin du XVIIe siècle et au commencement du XVIIIe.

Voici maintenant ce qui arriva, suivant les *Mémoires* de Picot. Le Père Ricci, fondateur de cette grande mission, « se persuada que la doctrine de Confucius, sur la nature de Dieu, ne différait pas beaucoup de celle du christianisme ; que ce n'était point le ciel matériel et visible dont il prescrivit le culte à ses disciples, mais le Seigneur du ciel, le vrai Dieu ; et que les honneurs rendus aux ancêtres, les prosternements et même les sacrifices en leur mémoire n'étaient, dans la doctrine du même Confucius, que des cérémonies civiles qui n'avaient rien d'idolâtrique et de superstitieux. La plupart des Jésuites adoptèrent l'opinion et la pratique de Ricci... Les religieux Dominicains ayant pénétré en Chine, se déclarèrent d'un avis contraire. Ils ne regardèrent point la doctrine de Confucius comme aussi innocente qu'on voulait le persuader. Ils prétendirent que lui et ses disciples ne s'éloignaient pas beaucoup de l'athéisme, que les Chinois ne reconnaissaient au fond que le ciel matériel, et que les honneurs rendus aux ancêtres portaient un caractère marqué de superstition et d'idolâtrie. Ils déférèrent donc les Jésuites à Rome, et, sur leur exposé, un décret de la Propagande, en 1645, défendit les cérémonies chinoises jusqu'à ce que le Saint-Siège eût prononcé. Les Jésuites se plaignirent de ce décret, et présentèrent un autre exposé, d'après lequel un second décret de 1656 permit l'observation des pratiques en question, pourvu qu'on spécifiât qu'elles étaient purement civiles et politiques (Picot, *Mémoires, Introduc.*, p. 231-233). »

Comme il ne s'agissait point de décider un dogme, mais simplement de préciser le sens actuel et variable d'un mot, d'un usage, la solution de la Propagande, approuvée par Alexandre VII, était très-sage et pouvait tout concilier. Un caractère du Messie, c'est de n'éteindre pas la mèche qui fume encore, c'est de ne briser pas le roseau déjà froissé. La mèche qui fume encore, ce sont les vérités éparses, demi-éteintes, qu'on rencontre chez les peuples de la gentilité, même chez les sauvages : l'esprit de ténèbres cherche à les éteindre tout à fait, en les foulant aux pieds ; l'esprit de lumière agit différemment, il les rallume, il les ranime par sa douce haleine. Ainsi faisait Paul, l'apôtre des nations et le modèle des apôtres. Dans Athènes, ville d'idoles, il lit sur un autel : *Au Dieu inconnu*. Il lit dans le poëte Aratus : *Commençons par Zeus ; mortels, n'oublions jamais de parler de lui : tout est plein de Zeus, les rues, les places où s'assemblent les hommes, l'océan et les ports de mer ; tous et partout nous usons de Zeus : aussi bien sommes-nous de sa race*. Dans ces vers, le poète résume les principales idées sous lesquelles les Athéniens se représentaient Zeus ou Jupiter, et comme l'air, le souffle que nous respirons, et comme le souverain des dieux. Cette idée vague d'un être très-subtil, d'un souffle, d'un esprit qui est présent partout, que nous respirons, en qui nous avons le mouvement et la vie, et dont nous sommes la race, c'est une mèche encore fumante. Or, voici comme Paul la rallume : « Hommes d'Athènes, je vous vois en tout comme plus religieux que d'autres. Car, passant et considérant ce que vous adorez, j'ai trouvé même un autel où est écrit : *Au Dieu inconnu*. Celui-là donc que vous adorez sans le connaître, c'est lui que je vous annonce. Ce Dieu qui a fait le monde et tout ce qu'il y a dans le monde ; ... quoiqu'il ne soit pas loin de chacun de nous : car c'est en lui que nous vivons, que nous nous mouvons et que nous sommes ; et comme quelques-uns de vos poètes ont dit : Nous sommes de sa race. Puis donc que nous sommes de la race de Dieu, nous ne devons pas croire que la divinité soit semblable à l'or, à l'argent ou aux pierres, qui ont pris des figures par l'invention de l'homme. » Voilà comme Paul, le grand missionnaire, rallume la mèche qui fume encore, et qui, une fois rallumée, dissipe les plus grossières ténèbres de l'idolâtrie.

A la suite de saint Paul, nous avons vu dans le cours de cette Histoire, notamment livre deuxième, nous avons vu d'autres missionnaires qui ne cessent de prêcher depuis dix-huit siècles par leurs écrits ; nous avons vu les Pères de l'Eglise, Minucius Félix, saint Irénée, Tertullien, saint Cyprien, Lactance, Arnobe, Athénagore, Clément d'Alexandrie, Origène, saint Augustin, saint Thomas, prouver par le témoignage de tout le monde que Dieu, en tant qu'il a fait ce monde, est connu plus ou moins de toutes les nations. Les Pères Jésuites ont fait pour la nation chinoise comme saint Paul pour les Athéniens, comme les Pères de l'Eglise pour toute la gentilité. Les Pères Dominicains et autres ont eu tort de ne pas faire comme les Pères de l'Eglise et comme saint Paul. Car nous avons vu, dans le vingtième livre de cette Histoire, que les anciens sages de la Chine avaient sur Dieu et même sur la venue d'un Rédempteur des notions pour le moins aussi belles que les sages de la Grèce et de Rome. Nous avons vu dans le même livre (T. I*er*), de quelle manière Confucius entendait le culte rendu aux esprits et aux ancêtres : ce culte, quel qu'en fût l'objet apparent et de quelque nature qu'en fussent les cérémonies extérieures, se rendait toujours au Chang-Ti ou souverain Seigneur; quant au sacrifice en mémoire des ancêtres, il n'y avait pour eux qu'une protestation filiale de suivre leurs sages préceptes et leurs bons exemples. Là donc où il était bien reconnu que ces cérémonies n'avaient d'autre sens que cette piété filiale, on pouvait les permettre suivant le décret rendu par la Propagande ou plutôt par l'Inquisition romaine en 1656. Là où les mêmes cérémonies présentaient notoirement quelque chose de superstitieux, on devait les interdire, suivant le décret de la Propagande en 1645. Les deux décrets ne se contredisent pas, comme le suppose l'auteur des *Mémoires*. Chaque décret répondait à l'ensemble des faits et des circonstances qu'on exposait. Sans doute, il eût été plus commode de supprimer tout d'abord des cérémonies aussi difficultueuses et équivoques. Mais dans les choses difficiles, surtout dans les enfantements, on fait comme on peut, et non pas comme on veut. Or, il s'agissait d'enfanter à Dieu et à son Eglise une nation de plus de cent millions d'âmes. Aussi concevons-nous fort bien les douleurs d'enfantement que ressentaient alors et que ressentent encore les missionnaires apostoliques et notre mère la sainte Eglise romaine; douleurs causées bien des fois aux uns par les autres, douleurs non pas stériles, mais méritoires et fécondes : la douleur que ressentit Jésus-Christ quand il se vit délaissé par ses apôtres, n'a été perdue ni pour eux ni pour nous; elle fait partie de notre rédemption.

De nouveaux doutes, de nouvelles difficultés furent soumises au Saint-Siège. On demanda si le décret de la Propagande, rendu l'an 1645, sous Innocent X, était encore en vigueur, ou s'il n'avait pas été abrogé par celui de l'Inquisition, en 1656, sous Alexandre VII. La congrégation de l'Inquisition répondit, en 1669, que les deux décrets étaient en vigueur et qu'il fallait les observer l'un et l'autre, suivant les cas et les circonstances y exposées. Cette réponse, au lieu de calmer la controverse, l'augmenta, les uns agissant d'une manière, les autres d'une autre. Un homme envenima les contestations en voulant les décider de son autorité particulière : ce fut Charles Maigrot, né à Paris en 1652 et mort à Rome en 1730. Devenu vicaire apostolique de la province de Fo-Kien et n'étant pas encore évêque, il lança, le 26 mars 1693, un mandement pour décider la controverse, condamner les cérémonies chinoises et interdire les missionnaires qui ne se conformeraient point à son mandement. Il y censurait entre autres cette proposition : « La philosophie de la Chine, si on l'entend bien, n'a rien de contraire à la foi chrétienne. » Or, il y avait en Chine neuf vicaires apostoliques, dont plusieurs évêques : on put trouver fort étrange que l'un d'eux, qui n'avait pas encore de caractère épiscopal, prétendît décider seul une question si importante qui les intéressait tous, question déjà résolue provisoirement à Rome, et dont la solution définitive y était encore pendante. Picot suppose, article *Maigrot* de la *Biographie universelle*, qu'il agissait en qualité de visiteur apostolique de toute la Chine ; mais il n'y a point d'apparence qu'il eût alors ce titre. D'abord lui-même ne le prend point dans son mandement. Ensuite Benoît XIV, dans le résumé qu'il a fait de toute cette controverse, ne dit pas un mot de M. Maigrot, ni de son mandement, ni de sa mission comme visiteur apostolique. Reste à conclure que ce fut de la part du prélat une précipitation regrettable qui divisa les vicaires apostoliques entre eux, aigrit les esprits et rendit la conclusion de l'affaire plus difficile.

Innocent XII fit reprendre à la congrégation de l'Inquisition l'examen de toute la controverse, et dresser des réponses à diverses questions proposées à l'occasion du susdit mandement. Son successeur, Clément XI, fit continuer cet examen pendant plusieurs années, écouta les raisons de l'un et l'autre parti, ainsi que les avis de plusieurs théologiens, approuva, le 20 novembre 1704, les réponses suivantes de la congrégation des cardinaux inquisiteurs. — Comme en Chine on ne peut nommer convenablement Dieu par des mots européens, il faut admettre l'expression *Tien-Chu*, c'est-à-dire Seigneur du ciel, qu'on sait que les missionnaires et les fidèles de la Chine ont reçue par un usage long et approuvé : quant aux noms de *Tien*, ciel, et *Xang-Ti*, souverain empereur, il faut absolument s'en abstenir. — En conséquence, il ne doit pas être permis d'appendre dans les églises ou d'y laisser appendus des tableaux avec cette inscription chinoise : *King-Tien* (adorez le ciel). Il ne faut nullement permettre aux chrétiens de présider, servir, assister aux sacrifices ou oblations qui ont coutume de se faire parmi les Chinois en l'honneur de Confucius et des ancêtres, ces cérémonies étant entachées de superstition. Cependant par là il n'est pas défendu aux chrétiens d'y assister d'une présence purement matérielle, lorsqu'ils ne peuvent éviter autrement les haines et les inimitiés. — Enfin il ne faut pas permettre aux chrétiens de garder chez eux les tablettes accoutumées de leurs ancêtres, avec cette inscription entière ou abrégée : *C'est ici le trône ou le siège de l'esprit ou de l'âme d'un tel.* Mais on peut tolérer ces tablettes avec le nom seul du défunt, en expliquant à côté quelle est la foi des chrétiens touchant les trépassés et quelle doit être la piété filiale des descendants envers leurs ancêtres.

— Par tout ceci, on ne proscrit pas les autres cérémonies purement civiles qu'il pourrait y avoir envers les morts, et dont on laisse le jugement aux visiteurs, évêques et vicaires apostoliques : cependant on fera tout ce qui est possible pour que les chrétiens quittent peu à peu ces pratiques nationales et leur substituent les rites pieux que l'Eglise catholique prescrit envers les morts. Telles furent les réponses de la congrégation des Cardinaux, que le pape Clément XI confirma et approuva le 20 novembre 1704. La raison de s'abstenir des mots *Tien* et *Xang-Ti* pour signifier Dieu, c'est que depuis assez longtemps les lettrés de la Chine n'entendaient généralement par là que le ciel matériel et visible : c'eût donc été, vu les circonstances, donner lieu à ces peuples de croire que le Dieu des chrétiens n'était autre que le ciel corporel, quelque signification différente qu'on pût d'ailleurs attribuer à ces mots (Voir dans la bulle de Benoît XIV du 11 juillet 1742, et le *Bullaire de Clément XI*, p. 155 et 394).

Restait à publier canoniquement ces résolutions dans la Chine et dans l'Inde, afin qu'elles y fussent obligatoires. Dès le 5 décembre 1701, Clément XI avait nommé visiteur apostolique de ces pays un ecclésiastique piémontais, Charles-Thomas Maillard de Tournon, auquel il donna le titre de patriarche d'Antioche et qu'il fit son légat *à latere*. Par un bref du 2 juillet 1702, il lui conféra les plus amples pouvoirs quant à la juridiction, mais sans mentionner les contestations sur les cérémonies chinoises. Parti de Cadix le 9 février 1703, de Pondichéri le 11 juillet 1704, le légat prit terre en Chine le 8 avril 1705, partit de Canton pour Péking le 9 septembre et arriva dans cette dernière ville après deux mois de voyage. Les Jésuites lui procurèrent une entrée qui surpassait, par la pompe et la magnificence, celle de tous les ambassadeurs. Admis à l'audience de l'empereur Khang-Hi, le légat lui parla du projet d'établir à la Chine un supérieur général des missions, qui deviendrait l'intermédiaire entre le Saint-Siège et le gouvernement chinois. Cette idée déplut à l'empereur, qui cessa bientôt de montrer les mêmes égards, la même déférence pour le légat, qu'il jugea minutieux et tracassier. Le patriarche accusa les Jésuites de ce changement; ceux-ci l'attribuèrent à l'ignorance qu'il montrait des usages de la Chine et à son peu d'égard pour les volontés de l'empereur. Le légat avait pris pour ses conseils le vicaire apostolique du Fo-Kien et le Père Visdelou, savant Jésuite, mais qui, sur les cérémonies chinoises, pensait autrement que la plupart de ses confrères. Le vicaire du Fo-Kien était le même qui avait envenimé la controverse par son mandement intempestif. Dans une audience où il accompagna le légat, l'empereur voulut lui faire reconnaître que les cérémonies pratiquées en Chine n'étaient point contraires à la religion chrétienne; ce que le vicaire apostolique refusa. Le prince, pour s'assurer s'il était fort instruit dans les lettres chinoises, lui proposa de lire quelques caractères qui étaient au haut de la salle. Maigrot répondit qu'il y en avait un qu'il ne connaissait pas et un autre que l'éloignement l'empêchait de bien distinguer ; ce qui donna lieu à l'accuser d'ignorance. L'empereur, mécontent, ordonna qu'il restât dans la maison des Jésuites de Péking : au mois de décembre 1706, il le fit mettre en prison, et peu après il le bannit de la Chine. Maigrot, qui avait été fait évêque de Conon, mourut à Rome en 1730, homme estimable par son zèle, mais à qui un peu plus de longanimité n'eût pas été nuisible.

Quant au légat, il reçut, le 3 août 1706, l'ordre de sortir de Péking. Il ne quitta cette ville que le 28, ayant été retenu par des affaires qu'il jugeait de son devoir de terminer avant son départ; mais la négligence involontaire qu'il avait mise dans l'exécution d'un ordre émané de l'empereur acheva d'indisposer ce prince. Le légat prit la route de Nanking, où il s'arrêta pour faire ses dernières dispositions avant de retourner en Europe. Durant son voyage de Péking à Nanking, il écrivit à l'évêque de Conon, retenu dans la maison des Jésuites, une lettre très-véhémente contre ces religieux, jusqu'à dire qu'ils étaient tout ensemble et les accusateurs et les geôliers de l'évêque. Plus de calme n'eut pas été de trop dans un légat apostolique chargé d'accommoder des affaires si délicates et de réunir des esprits aigris et divisés. L'empereur avait donné un édit portant que tous les missionnaires de la Chine eussent à se rendre à la cour pour y recevoir par écrit la permission de demeurer dans l'empire, à condition de ne rien enseigner contre la doctrine de Confucius ni contre les usages reçus à la Chine. En même temps, octobre 1706, il envoya deux Pères Jésuites porter à Rome de nouvelles informations. Le 25 janvier 1707, peu de temps après son arrivée à Nanking, le légat y publia un mandement pour instruire les missionnaires de ce qu'ils avaient à répondre sur les questions qui pourraient leur être adressées. Ses instructions étaient conformes, pour le fond, à la décision du pape Clément XI, 20 novembre 1704, qu'il venait de recevoir; nous disons *pour le fond*, car le légat supprime les adoucissements que le Pape approuve. Aussi ne fait-il que mentionner la décision pontificale, sans la citer : même il refusa d'en montrer le texte à ceux qui demandaient à le voir. A coup sûr, ce n'était pas le moyen de calmer les esprits et de concilier la confiance. Les missionnaires séculiers et les Dominicains, s'étant conformés dans leurs réponses au mandement du légat, furent bannis de la Chine. L'évêque d'Ascalon, celui de Macao, le vicaire apostolique de Nanking, en appelèrent au Pape du mandement de son légat. L'évêque d'Ascalon, vicaire apostolique du Kiang-Si, était le Père Benavente, religieux Augustin. Les deux évêques donnent les motifs suivants de leur appel : le légat n'a point notifié les lettres de sa légation; au lieu de consulter le seul évêque de Conon, il aurait dû consulter les autres vicaires apostoliques; son mandement, opposé à l'édit de l'empereur, entraînera la ruine des missions, etc. L'évêque portugais de Macao avait en outre des motifs particuliers et même politiques. Nous avons vu que les évêchés de Péking et de Nanking, ainsi que les vicariats apostoliques de la Chine, ayant été démembrés de l'évêché portugais de Macao, restaient sous le patronage du roi de Portugal. De là de vifs ressentiments du gouvernement portugais contre le légat, qu'il soupçonnait de l'avoir desservi à la cour impériale. Telle fut peut-être même la cause principale de la fâcheuse tournure que prit cette affaire.

Pour ce qui est des Jésuites de Nanking, le mandement leur ayant été lu, on ordonna à tous ceux qui étaient présents de déclarer ce qu'ils pouvaient avoir à dire, et ensuite de souscrire au mandement et d'en jurer l'observation. Le vice-provincial de la compagnie demanda que l'on donnât à tous communication du décret du souverain Pontife, dont il était fait mention dans le mandement du patriarche. Les adoucissements qu'y accordait le Pape auraient pu aplanir quelques difficultés. Le légat refusa la communication demandée. Néanmoins tous les Jésuites qui étaient présents souscrivirent au mandement, et jurèrent de l'observer. Les autres Jésuites de la Chine, ayant eu notification du mandement en divers temps et en divers lieux, y souscrivirent tous en la manière que chacun crut, devant Dieu, devoir le faire. Au commencement d'avril 1707, cinq Jésuites de la province de Nanking, interrogés par le fils aîné de l'empereur s'ils voulaient recevoir les patentes impériales, répondirent qu'ils le voulaient bien, mais qu'ils ne pouvaient pas les recevoir pour prêcher contre les rites chinois, qui leur paraissaient avoir été défendus. Sur cette réponse, l'empereur les relégua tous les cinq à Canton, jusqu'au retour des deux qu'il avait envoyés à Rome. Quelques jours après, un second édit menaça de mort tous les Européens qui prêcheraient contre les rites. Dans plusieurs localités, les païens furent sur le point d'abattre les églises, traitant les chrétiens d'hommes barbares et impies, qui empêchent qu'on ne rende à ses parents et à ses maîtres les honneurs qui sont ordonnés par les lois. Enfin, le 28 mai 1707, vingt-trois Jésuites, y compris le vicaire apostolique de Nanking, dressèrent un acte d'appel au Pape, dans lequel ils disent entre autres : « Suivant l'exposé que nous venons de faire, il paraît premièrement que, au lieu que nous avons une pleine certitude qu'il y a un décret d'Alexandre VII en faveur des cérémonies susdites, nous n'avons point, au contraire, de connaissance certaine et dans les formes de droit, qu'il y ait sur ces mêmes cérémonies un décret de notre Saint-Père le pape Clément XI, à qui la cause a été portée, à qui seul il appartient de porter sur cette affaire un jugement définitif qu'on doive observer même au péril de sa vie ; personne ne pouvant dire que l'oracle infaillible de la vérité réside dans son légat. Et quand même nous pourrions supposer qu'il est émané un décret de Clément XI, nous n'avons pas une connaissance certaine et dans les formes de droit de ce qu'il contient (Dupin, *Hist. ecclés. du XVIIe siècle*, t. V). »

Ces motifs d'appel ne nous paraissent pas sans valeur. Le refus du légat d'exhiber le décret de Clément XI, qui révoquait ou modifiait celui d'Alexandre VII, mais avec des adoucissements qu'il importait beaucoup de connaître ; ce refus est un procédé que nous n'avons pas encore rencontré dans l'histoire de l'Église. Il sent un peu plus l'humeur despotique d'un pacha turc, que l'esprit paternel d'un légat apostolique. En tout temps, en tout lieu, de pareils procédés envenimeront le mal au lieu de le guérir. Nous croyons enfin que M. de Tournon put s'attribuer à lui-même une partie des traverses qu'il eut à souffrir par suite de cette affaire.

L'empereur Khang-Hi, irrité par la publication du mandement, donna l'ordre d'arrêter le patriarche et de le conduire à Macao, où il fut remis à la garde des Portugais, qui le traitèrent d'une manière d'autant plus rigoureuse que, suivant eux, il les avait desservis auprès de l'empereur. Comme cependant le légat avait, pour le fond, exécuté les ordres du Pape, quoiqu'il eût pu le faire d'une manière plus conciliante, Clément XI approuva son mandement, le nomma lui-même cardinal, et lui envoya les insignes dans sa prison, avec un bref du 2 mars 1709. A la même date, il en adressait deux autres, l'un à l'empereur de la Chine, l'autre au roi de Portugal, pour apaiser les ressentiments de ces deux princes envers le cardinal. Après avoir loué Khang-Hi de sa longue bienveillance envers les chrétiens, il lui témoigne son regret de ce que le légat eût encouru sa disgrâce. Il ne peut croire que le légat ait pu lui manquer en rien, puisque ses lettres sont pleines de reconnaissance et d'admiration pour Sa Majesté. Le Pape ajoute :

« Nous pouvons encore moins nous persuader que vous vous soyez choqué et offensé de ce qu'il ait déclaré solennellement aux ministres de l'évangile nos sentiments et ceux du Saint-Siège, qui lui sont parfaitement connus et que nous avons expliqués nous-même, il y a quelques années, sur certains cultes et certaines cérémonies qui se font par les Chinois. Car, comme Votre Majesté, par un rare exemple de bienveillance dont le souvenir ne sera jamais effacé des annales de l'Église, a déjà depuis longtemps publié dans un édit qu'il était permis à l'avenir dans tous ses États de professer la religion chrétienne, ce cardinal a dû croire que, par une suite nécessaire, Votre Clémence ne pouvait refuser à ceux qui, dans votre empire, auraient embrassé notre sainte loi, la permission de s'abstenir des usages du pays, qui sont opposés à la sainteté du christianisme, de même qu'elle leur a permis de pratiquer ce qui est prescrit par cette religion. C'est ce que nous espérons pouvoir expliquer plus distinctement et plus au long, après que nous aurons examiné avec soin les pièces que nous apportent ceux qui, ayant été envoyés de la Chine à Rome, y sont arrivés tout récemment. Nous les avons déjà reçus avec joie et avec bonté, et nous sommes disposés à les écouter encore à l'avenir d'autant plus volontiers, que c'est par eux que nous avons appris les agréables nouvelles de votre parfaite santé.

» En attendant, il importe beaucoup que Votre Majesté soit bien informée que nous n'improuvons nullement la reconnaissance que votre illustre nation témoigne avoir pour les parents et pour les maîtres, auxquels elle se sent très-redevable. Mais la seule chose que nous demandons et que Votre Sagesse trouvera conforme à l'équité, c'est qu'il soit permis aux chrétiens de rendre ces sortes de devoirs d'humanité par des manières qui ne blessent pas la pureté et la sainteté de notre religion, où l'on défend expressément de rendre à aucune créature, quelque excellente qu'elle puisse être, le culte qui est dû au seul vrai Dieu, créateur et Seigneur du ciel et de la terre (Dupin, *Hist. ecclés. du XVIIe siècle*, t. IV, p. 312).

Le décret de Clément XI sur les cérémonies chinoises, en date du 20 novembre 1704, ne fut publié en Europe que dans l'année 1709. Aussitôt on l'interpréta de deux manières. Comme il modifiait celui d'Alexandre VII, les uns soutinrent qu'il n'était que conditionnel comme le premier, et au cas que l'exposé dans les demandes fût véritable; les autres soutenaient qu'il était absolu, et rendu en parfaite connaissance de cause. On publia des écrits dans les deux sens. Pour mettre fin à ces contestations, Clément XI, par un décret du 25 septembre 1710, confirma les réponses du 20 novembre 1704, déclarant qu'il fallait absolument les observer, ainsi que le mandement du cardinal de Tournon; il défendit d'écrire sur ces matières sans la permission du Saint-Siège, et promit une instruction plus ample aux missionnaires. Tous les généraux d'ordre promirent par écrit d'exécuter le décret du Pape et de le faire exécuter par leurs religieux. Le cardinal de Tournon étant mort à Macao au mois de juin 1710, Clément XI fit son éloge dans le consistoire du 14 octobre de l'année suivante. Enfin, le 19 mars 1715, le même Pape publia une constitution solennelle, où il confirme de nouveau les susdites réponses de l'inquisition romaine, dont il insère le texte avec les adoucissements, obligeant tous les missionnaires, sous les peines canoniques, de s'y conformer et même d'en faire serment par écrit.

Pour achever la conciliation des esprits et des choses, Clément XI envoya un nouveau légat en Chine, Charles-Ambroise de Mezza-Barba, auquel il donna le titre de patriarche d'Alexandrie. Il devait principalement faire observer à tous les missionnaires la constitution du 19 mars 1715, commençant par ces mots : *Ex illâ die*. Parti de Lisbonne le 5 mars 1720, il aborda, le 26 septembre, à Macao, fit le voyage de Péking, eut plusieurs audiences de l'empereur Khang-Hi, qui le congédia le 1ᵉʳ mars 1721 et lui remit des présents pour lui, pour le roi de Portugal et pour le Pape. Le 4 novembre suivant, peu de jours avant de repartir de Macao pour l'Europe, il publia un mandement adressé aux missionnaires, où il les exhorte à la fidèle observation de la bulle de Clément XI : il ne la suspend d'aucune manière, ni ne permet ce qu'elle défend; mais les adoucissements qui y sont contenus, il les particularise en huit articles, dont les missionnaires pourront user, mais avec beaucoup de discrétion, lorsque la nécessité ou l'utilité l'exigera, et en attendant la complète abrogation de tous les usages équivoques, à laquelle il faut travailler autant que possible. 1° On permet aux chrétiens de la Chine d'avoir chez eux des tablettes où il n'y a d'inscrit que le nom seul du défunt, avec la déclaration nécessaire à côté, supposé qu'on ne fasse rien de superstitieux pour la construire, et qu'il n'y ait point de scandale. 2° On permet envers les défunts toutes les cérémonies chinoises qui ne sont point ou superstitieuses, ou suspectes, mais civiles. 3° On permet le culte civil de Confucius, et ses tablettes purgées de toutes lettres et inscriptions superstitieuses, en y joignant la déclaration qui se doit; on permet aussi, devant sa tablette corrigée, d'allumer des cierges, de brûler des parfums, de dresser des comestibles. 4° On permet, pour l'usage et les frais des funérailles, d'offrir des cierges, des parfums, en y joignant dans un billet la déclaration qui se doit. 5° On permet les génuflexions respectueuses et les prosternements devant la tablette corrigée ou même devant le cercueil ou le défunt. 6° On permet de préparer des tables avec des confitures, des fruits, de la chair et les mets accoutumés, auprès du cercueil ou devant, quand il y a une tablette corrigée, avec la déclaration qui se doit et en omettant ce qu'il y a de superstitieux; on permet de le faire uniquement par une certaine honnêteté et piété envers les défunts. 7° On permet, devant la tablette corrigée, la révérence dite *Ko-teu*, tant au commencement de l'année chinoise que dans les autres temps de l'année. 8° On permet, devant les tablettes réformées, d'allumer des cierges, de brûler des parfums, avec les précautions qui se doivent; de même aussi devant la tombe, où l'on peut également dresser des viandes, comme il a été dit, mais avec les précautions indiquées plus haut. A la fin de ces huit articles, le légat conjure les missionnaires de travailler avec un nouveau zèle à la conversion des âmes. Il leur déclare expressément que son mandement, écrit en latin, n'est que pour eux seuls; il leur défend, sous peine d'excommunication, de le communiquer à quiconque ne serait pas missionnaire, et même de le traduire en chinois ou en tartare.

Malgré les défenses expresses du légat, les huit articles furent rendus publics : même l'évêque de Péking donna, l'an 1733, deux lettres pastorales où il commandait d'observer à la fois la bulle du Pape et les permissions du patriarche, d'instruire là-dessus les fidèles quatre fois par an, avec peine de suspense contre les missionnaires qui ne s'y conformeraient pas. Cette indiscrétion de l'évêque de Péking ralluma les contestations qui allaient être assoupies. Le 26 septembre 1735, le pape Clément XII cassa les deux lettres pastorales de l'évêque de Péking et réserva au Saint-Siège l'explication de ses propres décrets. En conséquence, il fit examiner par une congrégation de Cardinaux les permissions accordées par le patriarche d'Alexandrie; on consulta tous les missionnaires revenus de la Chine, même de jeunes Chinois qui faisaient leur éducation en Europe. Benoît XIV, successeur de Clément XII, fit continuer cet examen en sa présence. Enfin, par une bulle solennelle du 11 juillet 1742, il déclare que ces permissions n'ont jamais été approuvées par le Saint-Siège, qu'elles sont contraires à la constitution de Clément XI, en ce qu'elles permettent des choses qu'elle défend et s'écartent des règles qu'elle prescrit : c'est pourquoi il les annule et confirme la bulle de Clément XI dans toutes ses parties, prescrit aux missionnaires un nouveau serment de s'y soumettre, avec ordre de renvoyer en Europe ceux qui ne l'observeraient pas. Cette bulle de Benoît XIV, commençant par ces mots : *Ex quo singulari*, termina la controverse et sert de règle à tous les missionnaires de la Chine et des pays voisins.

Sur la route d'Europe en Chine, se trouve l'Inde, pays natal de la philosophie et de la superstition, philosophie superstitieuse, superstition philosophique, dans laquelle, ainsi que nous l'avons vu au vingtième livre de cette Histoire, on découvre le germe de toutes les vérités, mais altérées, mais étouffées sous un amas de fables et de traditions pharisaïques, d'où pullulent toutes les erreurs : tout cela maintenu, barricadé, consacré par la distinction infranchissable des quatre castes, les brahmes, lés guerriers, les marchands, les artisans, et par l'aversion philosophique et superstitieuse de toutes les quatre contre le petit peuple, regardé comme infâme, sous le nom de *parias*. Quand les Portugais arrivèrent dans la presqu'île de l'Inde et qu'ils y firent des établissements, ils communiquaient avec tous les indigènes sans distinction et prenaient des parias à leur service. De là, chez les brahmes et les autres castes de l'intérieur du pays, une aversion haineuse contre tous les Européens, appelés du nom de *Franguis* ou Francs. C'était pour les missionnaires d'Europe un obstacle comme insurmontable à pénétrer dans l'intérieur de l'Inde et à y prêcher avec fruit le christianisme. Les Jésuites surmontèrent cet obstacle au commencement du XVIIᵉ siècle. Les plus accrédités d'entre les brahmes sont les Sanniassis, religieux pénitents qui mènent une vie d'anachorètes pour s'attirer l'admiration des peuples et leurs aumônes. Des Jésuites italiens, pour sauver des âmes, se dévouèrent au même genre de vie et pénétrèrent dans l'intérieur de la presqu'île, sous le nom de Sanniassis du Nord ou Sanniassis romains. En peu de temps, ils convertirent un grand nombre d'infidèles par leur vie sainte, leur prédication, leurs livres. Voici à ce sujet une anecdote assez curieuse.

Un écrivain français, né à la fin du même siècle, Voltaire, exalte en plusieurs endroits de ses écrits un ancien livre de l'Inde intitulé *Ezour-Védam*, composé, dit-il, par le brahme Chumontou, certainement avant les conquêtes d'Alexandre. Voltaire en cite de longs extraits pour faire entendre que les Indiens avaient des idées aussi saines que nous sur la religion, et que le christianisme pourrait bien n'être qu'un emprunt fait à l'Inde. Or, il n'y a peut-être pas trente ans en 1847, un savant anglais a trouvé dans l'Inde un manuscrit original de l'*Ezour-Védam* : il a même découvert le nom et la famille du brahme qui en est l'auteur; il s'appelle non pas précisément Chumontou, mais Robert de Nobilibus, neveu du cardinal Bellarmin et proche parent du pape Marcel II : il a écrit cet ouvrage non pas tout à fait avant les conquêtes d'Alexandre, mais en l'an de grâce 1621. Bref, l'antique brahme Chumontou se trouve être un Jésuite italien presque contemporain de Voltaire (*Recherches asiatiques*, t. XIV; Wiseman, 11ᵉ discours).

Le Jésuite Robert de Nobilibus fut effectivement le fondateur de la mission de Maduré. Il y fut accompagné ou suivi par le Père Borghèse, de l'illustre famille romaine de ce nom, qui souffrit bien des fois la prison et d'autres outrages pour le nom de Jésus. Le Jésuite portugais Jean de Brito eut le bonheur d'être martyrisé le 4 février 1693. Au reste, la vie des missionnaires en ce pays est un martyre continuel. Ils n'ont souvent pour tout habit qu'une longue pièce de toile dont ils s'enveloppent le corps. Ils portent aux pieds des sandales très-incommodes, car elles ne tiennent que par une espèce de grosse cheville à tête qui attache les deux premiers doigts de chaque pied à cette chaussure. On a toutes les peines du monde à s'y accoutumer. Ils s'abstiennent absolument de pain, de vin, d'œufs et de toutes sortes de viande, et même de poisson. Ils ne peuvent manger que du riz et des légumes sans nul assaisonnement, et ce n'est pas une petite peine de conserver un peu de farine pour faire des hosties et ce qu'il faut de vin pour célébrer le saint sacrifice de la messe. Parmi les Jésuites français qui eurent le courage héroïque de se dévouer à cette pénible mission, un des plus célèbres est le Père Bouchet, dont il y a deux lettres très-remarquables au savant Huet, évêque d'Avranches, sur la théologie et la cosmogonie de l'Inde, sur les rapports de l'une et de l'autre avec Moïse et l'Evangile, sur le système indien de la métempsycose et son incohérence (*Lettres édifiantes*, t. X et XI) ; deux lettres à un président du parlement de Paris, la seconde sur la manière dont la justice s'administre aux Indes et sur l'idée qu'on s'y forme de cette vertu (*Ibid.*, t. XII, p. 255). Les Jésuites ont été les premiers parmi les modernes à nous faire connaître les doctrines de l'Inde, aussi bien que celles de la Chine : ce n'est pas un petit service rendu à la science européenne, qui pourrait s'en montrer un peu plus reconnaissante. Le Père Bouchet était en même temps un zélé missionnaire dont Dieu se plaisait à bénir les travaux. Il écrivit au Père le Gobien le 1ᵉʳ décembre 1700 : « Notre mission de Maduré est plus florissante que jamais. Nous avons eu quatre grandes persécutions cette année. On a fait sauter les dents à coups de bâtons à un de nos missionnaires, et actuellement je suis à la cour du prince de ces terres pour faire délivrer le Père Borghèse, qui a déjà demeuré quarante jours dans les prisons, avec quatre de ses catéchistes mis aux fers. Mais ces persécutions sont causes de l'augmentation de la religion. Plus l'enfer s'efforce de nous traverser, plus le ciel fait de nouvelles conquêtes. Le sang de nos chrétiens, répandu pour Jésus-Christ, est, comme autrefois, la semence d'une infinité de prosélytes. Dans mon particulier, ces cinq dernières années, j'ai baptisé plus de onze mille personnes et près de vingt mille depuis que je suis dans cette mission. J'ai soin de trente petites églises et d'environ trente mille chrétiens ; je ne saurais vous dire le nombre des confessions, je crois en avoir ouï plus de cent mille (*Ibid.*, t. X, p. 150).

Dans plusieurs de ses lettres, ainsi que dans celles de plusieurs de ses confrères de Maduré, on voit la même chose que dans les livres de l'Ancien et du Nouveau Testament, et dans les écrits des Pères de l'Eglise, notamment Tertullien : on voit un grand et visible pouvoir du démon sur les infidèles, on le voit tourmentant de nombreux énergumènes, rendant par leur bouche des réponses aux questions qu'on lui adresse, réponses quelquefois vraies, le plus souvent équivoques; on le voit réduit au silence par la présence même inaperçue d'un chrétien; on le voit forcé par les exorcismes du missionnaire, par le seul mandement d'un simple fidèle, par une goutte d'eau bénite; on le voit contraint d'avouer qu'il est un démon, que tous les dieux adorés par les païens sont des démons qui habitent l'enfer, ainsi que leurs adorateurs, et tout cela publiquement, à plusieurs reprises, en présence des infidèles qui les adorent et des chrétiens qui leur commandent et les chassent au nom de Jésus-Christ ; on voit ce pouvoir et ces oracles des démons diminuer et disparaître dans l'Inde, à mesure que le christianisme s'y répand, tout comme nous l'avons vu en Occident, par le témoignage même du païen

Plutarque. Le Père Bouchet cite une foule de faits notoires, particulièrement dans sa lettre au Père Baltus (*Lettres édifiantes*, t. XI, p. 42), Jésuite, né à Metz et avantageusement connu par sa *Réponse à l'histoire des oracles*, de Fontenelle, ainsi que par sa *Défense des saints Pères accusés de platonisme*.

La mission du royaume de Maduré s'étendit bientôt dans les royaumes de Mayssour et de Carnate. Il s'éleva des incertitudes parmi les missionnaires touchant certaines cérémonies, usages et coutumes du pays, s'il fallait les observer ou les éviter, les permettre ou les abolir. Le 8 juillet 1704, le cardinal de Tournon, s'arrêtant à Pondichéri, publia un mandement en présence des Pères Tachard, Lainés et Bouchet, le premier, supérieur des Jésuites de l'Inde; le second, supérieur de la mission de Maduré; le troisième, supérieur de la mission de Carnate, afin de fixer une règle pour la plupart des cas. Le 7 janvier 1706, Clément XI approuva le mandement du légat, mais avec cette clause : jusqu'à ce qu'il en ait été autrement pourvu par la Chaire apostolique, après qu'elle aura entendu ceux qui auraient quelque chose à dire contre la teneur du décret. En même temps il fit reprendre l'examen général de tous les rites malabares avec un examen spécial de ce qui regardait les parias. Le bruit s'étant répandu dans l'Inde que le Pape avait révoqué de vive voix le mandement de Tournon, Clément XI écrivit, le 17 septembre 1712, à l'évêque de Méliapour, pour démentir le faux bruit, ordonner l'observation de son décret de 1706, qui confirmait celui du cardinal avec la clause que nous avons vue. Benoît XIII renouvela cette confirmation le 12 décembre 1727.

En 1733, l'examen général de ces rites étant achevé, le pape Clément XII, par un bref du 24 août, approuva les réponses de la congrégation du Saint-Office à seize doutes ou questions proposées par les missionnaires, touchant la manière dont il fallait observer le mandement du cardinal de Tournon. Au premier doute, sur l'obligation d'employer toutes les cérémonies, le Saint-Office répond qu'il faut confirmer le décret du cardinal ; mais conseille en même temps au Pape d'accorder pour dix ans, aux missionnaires des royaumes de Maduré, de Mayssour et de Carnate, la dispense d'omettre la cérémonie de la salive dans l'administration du baptême, et de faire les insufflations d'une manière occulte, toutefois dans des cas particuliers où il y aurait nécessité grave, de quoi l'on charge la conscience des missionnaires. Il faut enjoindre aux mêmes missionnaires de faire les instructions convenables et toutes les diligences possibles, pour détruire chez les peuples cette aversion pour la salive et les insufflations, et ils rendront compte au Saint-Siège du résultat de leurs efforts dans l'espace de dix ans. Il faut aussi les admonester sur la grièfve négligence de ne pas recourir au Saint-Siège pour obtenir pareilles dispenses ; et que les évêques ont mal fait d'en accorder sans consulter le Siège apostolique. Sur les autres cas, le Saint-Office confirme presque toujours le décret du cardinal de Tournon, quelquefois il y ajoute des modifications accessoires. Clément XII ayant approuvé ces réponses, les adressa dans son bref à tous les évêques et missionnaires de l'Inde, qui le reçurent avec respect et le souscrivirent tous. En 1739, comme on rapportait que quelques-uns ne s'y conformaient pas dans la pratique, Clément XII adressa deux nouveaux brefs, l'un aux évêques et aux missionnaires, l'autre aux évêques seuls, pour leur prescrire l'observation de son décret précédent, sous peine des censures ecclésiastiques, avec une formule de serment. Tous les évêques et les missionnaires s'y soumirent et firent le serment prescrit; mais ils proposèrent de nouveaux doutes au Saint-Siège. La principale difficulté était l'aversion insurmontable des castes indiennes pour les parias. Les missionnaires jésuites de Maduré, de Mayssour et de Carnate trouvèrent enfin cet expédient : c'était, avec l'approbation du Saint-Siège, de déléguer un certain nombre d'entre eux pour la mission spéciale des parias, afin que leurs confrères pussent travailler plus efficacement à la conversion des castes. Benoît XIV, dans sa bulle du 12 septembre 1744, où il résume toute cette affaire, approuva très-fort cette expédient, mais en recommandant à tous les missionnaires de bien apprendre aux nouveaux fidèles qu'ils sont tous enfants de Dieu et frères en Jésus-Christ. — Aujourd'hui (1847), que les Anglais sont maîtres de l'Inde et y dominent sur plus de cent millions d'habitants, ceux-ci ont dû modifier leurs idées par rapport aux peuples d'Europe.

Quant à la chrétienté du Japon, depuis l'an 1622, jusqu'à la fin du XVIIe siècle, son histoire est un martyrologe continuel. La persécution, allumée par la haine mercantile du protestantisme anglais et hollandais, continua de sévir avec une fureur croissante. Le 11 septembre 1622, plusieurs religieux de différents ordres, décapités à Nangazaqui, avec onze autres chrétiens. Le 12, un Dominicain, trois Franciscains, un Augustin et deux Frères du tiers-ordre, brûlés vifs à Omura. Le 15, le Père de Constanzo, Jésuite, brûlé à Firando. Le 2 octobre, un catéchiste brûlé vif, après avoir enduré jusqu'à dix-sept sortes de tourments; sa femme décapitée avec ses deux fils, dont l'un de huit ans, l'autre de quatre. Le 1er novembre, le Père Navarro, Jésuite, brûlé à Ximabara avec trois Japonais. En 1623, le nouvel empereur du Japon fait faire une recherche si exacte des chrétiens et des missionnaires dans les provinces voisines de Yédo, qu'en très-peu de temps les prisons se trouvent remplies. Le 4 décembre, cinquante chrétiens brûlés vifs en cette ville, parmi lesquels trois religieux; vingt-quatre chrétiens martyrisés par le feu le 29 du même mois, dix-sept autres, quelques jours après. Dans le pays d'Oxu, grand nombre de martyrs, les uns brûlés vifs, les autres morts de froid dans des étangs glacés. Mais plus on fait mourir de chrétiens, plus il se fait de conversions. En 1624, la persécution devient si générale et si sanglante, qu'il semble que tout l'empire soit armé pour exterminer le christianisme. A Nangazaqui, les tombeaux mêmes sont brisés, les cadavres exhumés et dispersés; ce traitement imposé aux morts fait juger de ce qu'on préparait aux vivants. La chrétienté de Firando se distingue par le grand nombre de ses martyrs, ainsi que celle de Bigen. Les royaumes de Gotto, de Bungo, de Firando, d'Aqui, de Fingo, d'Yo, les principautés d'Omura et presque toutes les provinces, où les chrétiens faisaient nombre, et qui étaient plus à portée d'être secourues par les missionnaires, semblent des pays nouvellement conquis, où le sang coule de toutes parts, et se dépeuplent autant par la fuite que par le massacre des fidèles. L'embrasement pénétra jusque dans le Tsugaru, où l'on avait exilé tant de noblesse; on entreprit de faire des apostats de ces généreux confesseurs; mais leur vertu était trop éprouvée pour être même ébranlée: plusieurs furent brûlés vifs, et le reste périt bientôt de misère.

La persécution redoubla en 1627. Voici la relation qu'en ont faite les Hollandais, qui furent témoins oculaires de ce qui se passait à Firando.

« Aux uns, disent-ils, on arrachait les ongles, on perçait aux autres les bras et les jambes avec des vilebrequins, on leur enfonçait des alènes sous les ongles, et on ne se contentait pas d'avoir fait tout cela une fois, on y revenait plusieurs jours de suite. On en jetait dans des fosses pleines de vipères; on remplissait de soufre ou d'autres matières infectes de gros tuyaux, et on y mettait le feu, puis on les appliquait au nez des patients, afin qu'ils en respirassent la fumée; ce qui leur causait une douleur intolérable. Quelques-uns étaient piqués par tout le corps avec des roseaux pointus, d'autres étaient brûlés avec des torches ardentes. Ceux-ci étaient fouettés en l'air, jusqu'à ce que les os fussent tout décharnés; ceux-là étaient attachés, les bras en croix, à de grosses poutres, qu'on les contraignait de traîner, jusqu'à ce qu'ils tombassent en défaillance. Pour faire souffrir doublement les mères, les bourreaux leur frappaient la tête avec celle de leurs enfants, et leur fureur redoublait à mesure que ces petites créatures criaient plus haut.

» La plupart du temps, tous, hommes et femmes, étaient nus, même les personnes les plus qualifiées, et pendant la plus rude saison. Tantôt on les promenait en cet état de ville en ville et de bourgade en bourgade; tantôt on les attachait à des poteaux et on les contraignait de se tenir dans les postures les plus humiliantes et les plus gênantes. Pour l'ordinaire, on ne les laissait pas un moment en repos, les bourreaux, comme autant de tigres affamés, étant sans cesse occupés à imaginer de nouvelles tortures. Ils leur tordaient les bras jusqu'à ce qu'ils les eussent tout à fait disloqués; ils leur coupaient les doigts, y appliquaient le feu, en tiraient les nerfs; enfin ils les brûlaient lentement, passant des tisons ardents sur tous les membres. Chaque jour, et quelquefois chaque moment, avait son supplice particulier.

» Cette barbarie fit bien des apostats, mais le nombre des martyrs fut très-grand, et la plupart même de ceux qui avaient cédé à la rigueur des tourments n'étaient pas plus tôt remis en liberté qu'ils faisaient ouvertement pénitence de leur infidélité. Souvent on ne faisait pas semblant de s'en apercevoir, on voulait avoir l'honneur de faire tomber des chrétiens, et quelquefois il suffisait que, dans une grande troupe, deux ou trois eussent témoigné de la faiblesse, pour les renvoyer tous et publier qu'ils avaient renoncé au christianisme. Il y en eut même à qui l'on prit par force la main, pour leur faire signer ce qu'ils détestaient à haute voix. Enfin plusieurs, après avoir été mis, à force de tortures, dans l'état du monde le plus déplorable, étaient livrés à des femmes publiques et à de jeunes filles débauchées,

afin que par leurs caresses elles profitassent de l'affaiblissement de leur esprit pour les pervertir.

» On promena un jour, à Ximabara, cinquante chrétiens dans une situation à les couvrir de la plus extrême confusion, puis on les traîna à une espèce d'esplanade, pour les y tourmenter en toutes manières. Il y en eut surtout sept, du nombre desquels était une femme, dont le courage choqua celui qui présidait à cette barbare exécution, et il s'acharna sur eux, avec une rage de forcené. Il fit creuser sept fosses à deux brasses l'une de l'autre; il y fit planter des croix sur lesquelles on étendit les patients, et, après qu'on leur eût pris la tête entre deux ais échancrés, on commença à leur scier avec des cannes dentelées, aux uns le cou, aux autres les bras; on jetait de temps en temps du sel dans leurs plaies, et ce cruel supplice dura cinq jours de suite sans relâche. Les bourreaux se relevaient tour à tour; leur fureur était obligée de céder à la constance de ces généreux confesseurs de Jésus-Christ, et des médecins qu'on appelait de temps en temps avaient soin de leur faire prendre des cordiaux, de peur qu'une mort trop prompte ne les dérobât à la brutalité de leurs tyrans, ou que la défaillance ne leur ôtât le sentiment du mal. C'est ainsi que, par un raffinement d'inhumanité jusque-là inconnu aux peuples mêmes les plus barbares, on employait à prolonger les souffrances des fidèles un art uniquement destiné au soulagement et à la conservation de l'humanité (Charlevoix, *Hist. du Japon*, t. V, l. 17, p. 178-181. Voyez la *Relation de* Reyer Gitsbertz). »

Voilà une partie de ce que les Hollandais nous ont laissé par écrit, sur la manière dont ils avaient vu traiter les chrétiens, et ils conviennent que depuis la naissance du christianisme on n'a point ouï parler ni d'une plus longue persécution, ni de plus horribles supplices, ni d'une chrétienté plus féconde en martyrs.

En 1633, on inventa un nouveau tourment, celui de la fosse. On dressait des deux côtés d'une grande fosse deux poteaux qui soutenaient une pièce de traverse, à laquelle on attachait le patient par les pieds avec une corde passée dans une poulie. Il avait les mains liées derrière le dos et le corps extrêmement serré avec de larges bandes, de peur qu'il ne fût suffoqué tout d'un coup. On le descendait ensuite la tête en bas dans la fosse, où on l'enfermait jusqu'à la ceinture par le moyen de deux ais échancrés qui lui ôtaient entièrement le jour. Dans la suite, on laissait à ceux qu'on y suspendait une main libre, afin qu'ils pussent donner le signal qu'on leur marquait pour faire connaître qu'ils renonçaient au christianisme; on remplissait souvent la fosse de toute sorte d'immondices qui causaient une infection insupportable. Le premier qu'on martyrisa de ce supplice fut un Jésuite japonais nommé Nicolas Keyan (*Ibid.*, l. 18). Cent religieux du même ordre furent martyrisés au Japon; mais, en 1636, ils eurent la douleur de voir apostasier leur provincial, Jésuite portugais, dernier administrateur de l'évêché du Japon, à qui Dieu fit cependant la grâce de se reconnaître et d'expier son apostasie par le martyre, en 1652.

Pendant l'année 1637, les chrétiens du royaume d'Arima, poussés à bout par le roi, destitués de pasteurs qui pussent les soutenir et les consoler, persuadés d'ailleurs que, s'ils portaient leurs plaintes au tribunal de l'empereur, leur cause n'en deviendrait que plus fâcheuse, se soulevèrent ouvertement. Ils étaient au nombre de trente-sept mille combattants; ils mirent à leur tête un jeune prince de la maison de leurs anciens rois et se saisirent de Ximabara. Ils y furent bientôt assiégés par une armée de plus de quatre-vingt mille hommes, y compris les protestants hollandais, qui vinrent renforcer les infidèles avec leur artillerie. Les chrétiens se défendirent longtemps contre les uns et les autres; à la fin, n'ayant plus de vivres, plutôt que de se rendre, ils sortirent en bataille, attaquèrent l'ennemi et se firent tuer jusqu'au dernier (Charlevoix, *Hist. du Japon*, l. 18).

En 1640, quatre ambassadeurs portugais arrivèrent au Japon avec une suite de soixante-quatorze personnes. N'ayant pas voulu renoncer au christianisme, on les mit tous à mort, excepté treize matelots qu'on renvoya porter la nouvelle à Macao, avec cet avertissement : « Tant que le soleil échauffera la terre, qu'aucun chrétien ne soit assez hardi pour venir au Japon; et que tous sachent que le roi Philippe lui-même, le Dieu même des chrétiens, le grand Xaca, un des premiers dieux du Japon, s'ils contreviennent à cette défense, le paieront de leurs têtes (*Ibid.*, p. 332 et seqq.). »

Pour découvrir plus sûrement les chrétiens, l'empereur du Japon oblige tous les habitants des provinces où l'on soupçonne qu'il y en a encore, à fouler aux pieds, une fois par an, la croix et des images chrétiennes. On dit que les marchands hollandais se soumettent à cette marque d'apostasie; mais il n'y en a pas de preuve certaine.

Malgré tous ces obstacles, de zélés missionnaires pénétraient au Japon, dans la seconde moitié du XVIIᵉ siècle, et y trouvaient le martyre. Le dernier qu'on sache y avoir pénétré, est l'abbé Sidotti, missionnaire sicilien; il y débarqua le 9 octobre 1709, fut pris immédiatement après et conduit à Nangazaqui, où il fut interrogé. On lui demanda s'il avait prêché la religion chrétienne aux Japonais. Il répondit que oui, puisque c'était le but de son voyage. On le transféra de Nangazaqui à Yédo, où il resta quelques années en prison, s'occupant constamment de la propagation de la foi. Il baptisa plusieurs Japonais qui étaient venus le trouver. Mais le gouvernement, en ayant été instruit, fit mettre à mort les nouveaux convertis; et le missionnaire fut muré dans un trou de quatre à cinq pieds de profondeur, où on lui donnait à manger par une petite ouverture, jusqu'à ce qu'il pérît du plus affreux supplice dans ce séjour infect. On calcule que, pendant le XVIIᵉ siècle, le Japon envoya au ciel près de deux millions de martyrs. Depuis ce temps, on ne connaît pas bien l'état de la religion chrétienne dans ce pays. On pourra peut-être le savoir de nos jours. Les nouvelles annoncent qu'un amiral anglais, un amiral français, un amiral américain, dont les flottes stationnent dans les mers de la Chine, du Japon et de la Corée, sont allés faire une visite à l'empereur du Japon pour lui proposer des relations de mmerce avec les nations de l'Europe.

La presqu'île de la Corée, qui n'est éloignée du Japon que d'une vingtaine de lieues, eut aussi, à la même époque, quelques martyrs. Pendant cent soixante ans, le christianisme, qui avait seulement commencé à s'y introduire, y demeura inconnu. Nous l'y verrons ressusciter par le zèle d'un simple laïque, y engendrer une multitude de martyrs, avant que cette merveilleuse chrétienté ait un seul prêtre.

La présence simultanée des trois puissances maritimes de l'univers dans les mers de l'Inde, de la Chine, du Japon et de la Corée, pour ouvrir la porte de tous ces pays à la civilisation chrétienne, est un événement providentiel qui annonce et prépare le dénoûment de l'histoire humaine (1).

(1) Un des derniers actes du pontificat de Grégoire XVI fut l'érection, en 1846, du Japon et de l'archipel de Lieou-Kieou en vicariat apostolique. M. Aug. Forcade, des Missions étrangères, depuis deux ans établi à Lieou-Kieou en sentinelle avancée, fut chargé de la nouvelle mission.

Quel était à ce moment l'état religieux du Japon? A cette demande, le vicaire apostolique répondait de Macao, le 25 janvier 1847 :

« Le Japon est toujours fermé, impénétrable; toujours ses rois y sont soulevés et ses princes réunis contre le Seigneur et contre son Christ; le présent n'y diffère en rien du passé, et, si un missionnaire tentait d'y pénétrer, nul doute qu'immédiatement découvert, il ne fût immédiatement frappé. A ne considérer les choses qu'au point de vue humain, notre œuvre semble donc impossible. Et néanmoins, le jour où le souverain Pontife décréta contre toute attente le rétablissement de la mission du Japon, ne fut-ce pas réellement Jésus-Christ lui-même qui nous dit alors par la bouche de son vicaire : *Celui qui doit venir viendra, et il ne tardera point* (Heb., 10, 37). »

Cependant les missionnaires durent se fixer provisoirement dans la grande île Lieou-Kieou, située à la porte du Japon, habitée par une population japonaise d'origine, de mœurs et de langage; « cette île, ajoutait Mgr Forcade, est pour nous une sorte d'avant-poste. »

Il s'écoula plusieurs années avant que les missionnaires pussent aborder au Japon. Mgr Forcade eut la consolation de convertir et de baptiser, en 1850, le Japonais qui avait été son maître de langue. Deux ans après, l'altération de sa santé le força de revenir en France, et M. Libois, procureur général de la Société des Missions étrangères à Hong-Kong, se trouva chargé de la mission.

De nouvelles mesures furent prises dans le cours de l'année 1853. M. Colin, missionnaire en Mandchourie, fut nommé préfet apostolique du Japon. Il se disposait à obéir à la voix du souverain Pontife, lorsque la mort vint le frapper presque subitement entre les bras de Mgr Verrolles, le 23 mai 1854. M. Libois, supérieur provisoire de la mission, envoya à Lieou-Kieou MM. Girard, Mermet et Furet. Un premier voyage de M. Furet sur les côtes du Japon fut infructueux. Au mois de mai de l'année suivante (1856), le même missionnaire et M. Mounicou, l'un et l'autre attachés comme interprètes à deux frégates françaises, entreprirent un deuxième voyage dans le nord de l'archipel. A Hakodaté (île de Yéso), ils firent quelques excursions à terre; mais la police les suivait partout, afin d'empêcher que les indigènes se missent en relation avec eux. Cette surveillance fut déjouée par les gardiens subalternes eux-mêmes, qui épiaient le moment où ils n'étaient pas aperçus de leurs chefs pour échanger quelques mots avec des étrangers comprenant et parlant leur langue. Généralement le peuple paraissait bien disposé, mais dominé par la crainte. Les mêmes dispositions furent constatées par M. Furet dans une des îles du Sud. Les deux missionnaires durent rentrer avec regret à Nafa (Lieou-Kieou), pour y attendre dans la prière, l'étude et la résignation, une heure plus favorable.

Cette heure approchait. Ne croyant céder qu'à l'instinct d'un intérêt mercantile, obéissant en réalité aux desseins de la Providence, le Japon sortait de son orgueilleux isolement. Depuis l'année 1854, marquée par quelques concessions accordées aux Hollandais, le gouvernement de Yédo était entré successivement en relations commerciales avec les Etats-Unis d'Amérique, l'Angleterre et la Russie. En 1858, ce fut le tour de la France. L'ambassade, qui venait de conclure le premier traité de Tien-Tsing, arriva à Yédo, le 26 septembre. Un des missionnaires de Lieou-Kieou, M. Mermet, servait d'interprète à M. le baron Gros, ministre plénipotentiaire. Le 9 octobre suivant un traité fut signé. Il ouvrait au commerce français les trois ports de Yokohama, Nangazaqui et Hakodaté, et la liberté religieuse était accordée aux résidents étrangers. Ce n'était pas encore la pleine liberté, puisque le prêtre ne pouvait exercer son ministère qu'auprès des étrangers; mais cette demi-tolérance fut regardée comme un acheminement à un état meilleur.

Le traité de 1858 inaugurait une ère nouvelle pour l'église du Japon. Les missionnaires se mirent aussitôt en mesure d'agir et construisirent une chapelle dont ils firent la bénédiction solennelle, le 12 janvier 1861, au milieu d'une affluence nombreuse de résidents de tous pays et de toutes religions.

C'était la première église catholique ouverte au Japon depuis plus de deux siècles. Aussi devint-elle un but de visite pour les Japonais, non seulement de Yokohama, Kanagawa, et des environs, mais même pour ceux des provinces les plus reculées. L'ambassade japonaise, qui visita les principales capitales de l'Europe en 1862, fit espérer d'abord que le Japon donnerait un libre accès aux missionnaires catholiques et à la civilisation chré-

# LIVRE QUATRE-VINGT-NEUVIÈME.

L'Église et le monde pendant le XVIII<sup>e</sup> siècle. — Les portes de l'enfer s'efforcent de prévaloir contre l'Église du Christ.

(De l'an 1730, mort du pape Benoit XIII, à l'an 1788, mort de saint Alphonse de Liguori et de Louise de France, religieuse : armélite.)

## § I<sup>er</sup>.

*En Italie, succession de bons Papes : saints et savants personnages, littérateurs et artistes distingués.*

Durant les deux derniers tiers du XVIII<sup>e</sup> siècle, nous voyons passer sur le Siége de saint Pierre, Clément XII, de 1730 à 1740; Benoît XIV, de 1740 à 1758; Clément XIII, de 1758 à 1769; Clément XIV, de 1769 à 1774; Pie VI, de 1775 à 1799 : sur le trône de France, Louis XV et Louis XVI; sur le trône d'Espagne, Philippe V, Louis I<sup>er</sup>, Ferdinand VI, Charles III; de Portugal, Jean V, Joseph, Marie et don Pédro; d'Angleterre, les Hanovriens Georges I<sup>er</sup>, Georges II et Georges III; de Suède, Ulrique-Éléonore, Adolphe-Frédéric, Gustave III; de Prusse, Frédéric-Guillaume I<sup>er</sup>, Frédéric II, Frédéric-Guillaume II; sur le trône impérial d'Allemagne, Charles VI, Charles VII, François I<sup>er</sup> et Marie-Thérèse, Joseph II, Léopold II, François II; sur le trône impérial de Russie, Pierre I<sup>er</sup>, Catherine I<sup>re</sup>, Pierre II, Anne, Iwan ou Jean VI, Elisabeth, Pierre III, Catherine II, Paul I<sup>er</sup>; sur le trône impérial de Turquie, Achmet III, Mahomet V, Osman II, Mustapha III, Achmet IV; sur le trône impérial de Chine, Kang-Hi, Yuong-Tching et Kien-Long. Nous voyons, dans la même période de temps, le royaume de Pologne disparaître du nombre des nations indépendantes, et une nouvelle nation indépendante se former en Amérique, sous le nom d'*États-Unis*. Nous voyons surtout la plupart des souverains, des politiques et des littérateurs, former une espèce de coalition, afin de prévaloir contre l'Église de Jésus-Christ.

Cependant, en toute cette période, cette Église n'a eu que de bons Papes et n'a cessé de produire des saints.

Le pape Benoît XIII mourut le 22 février 1730, à l'âge de 81 ans, après un pontificat de 5 ans 8 mois 23 jours. Telles étaient ses vertus, suivant le témoignage de son savant contemporain Muratori, qu'il était regardé comme un saint. D'une humilité incomparable, il estimait plus d'être un pauvre religieux que toute la gloire et la majesté du pontificat romain. Très-détaché de la chair et du sang, il ne chercha rien pour ceux de sa famille. A un merveilleux désintéressement, il joignait une grande libéralité, mais pour les pauvres. Il avait pour ceux-ci une singulière tendresse, et on le vit plus d'une fois les embrasser, considérant en eux celui dont il était le vicaire ici-bas. Ses pénitences, ses jeûnes étaient extraordinaires. Aussi rapporte-t-on plusieurs grâces obtenues de Dieu par son intercession, et pendant sa vie et après sa mort (Muratori, *Annali d'Italia*, an 1730). Il ne lui manquait que la sagacité ordinaire pour choisir de bons ministres et les contenir dans les limites de leur devoir. Archevêque de Bénévent, lorsqu'il fut élu Pape, il avait pris en grande affection tous les Bénéventins, en particulier le cardinal Coscia, qu'il fit son successeur dans cet archevêché et son principal ministre. Ce cardinal et les autres Bénéventins abusèrent de la confiance du Pontife et commirent plusieurs actes blâmables qui leur attirèrent la haine du peuple romain.

Le 12 juillet 1730, Benoît XIII eut pour successeur dans la Chaire apostolique le cardinal Laurent Corsini, âgé de soixante-dix-huit ans, qui prit le nom de Clément XII. Il était d'une des familles les plus considérables de Florence, la même qui a produit saint André Corsini, évêque de Fiésole. Il étudia le droit à Florence, à Rome, et particulièrement à Pise, où il fut reçu docteur. A Rome, il se donna tout entier à l'état ecclésiastique, devint clerc de la Chambre apostolique, dont Innocent XII le nomma trésorier en 1696 : dans cet emploi, il se montra généreux et désintéressé. Dix ans après, il fut nommé cardinal, prit part à beaucoup de congrégations et d'affaires : il était reconnu pour un ami des sciences. Devenu Pape, il voulut, malgré son grand âge, être informé de tout et exécuter tout par lui-même.

Un de ses premiers actes fut le jugement du cardinal Coscia, dont le peuple romain avait assailli la maison à la mort de Benoît XIII, et qui avait été contraint de s'enfuir à Naples. On lui avait accordé l'entrée du conclave en pleine sécurité; mais quand il connut les dispositions du nouveau Pape, il se mit sous la protection de la cour impériale et parut en assurance. Cependant il la perdit bientôt, et l'enquête des congrégations que Clément avait établies pour examiner l'administration précédente,

---

tienne. Cet espoir dura peu. Enhardis par les concessions que les cours européennes avaient faites à ses ambassadeurs, le gouvernement de Yédo parut se rattacher avec plus de ténacité à sa politique d'exclusion.

Rien ne permettait d'espérer encore une complète tolérance religieuse ; mais, confiants en Celui qui est le maître des événements, les missionnaires préparaient les voies aux éventualités d'un avenir si désiré. L'oratoire de Nangazaqui était insuffisant; ils songèrent à le remplacer par une église. Grâce à une offrande de l'Impératrice des Français, et à une souscription faite parmi les résidents étrangers, on put commencer les travaux en 1863 (Cf. *Annales de la Propagation de la foi*, mars 1868).

fut menée à bout. Le jugement rendu en 1732 contenait ce qui suit : Le cardinal devait résigner l'archevêché de Bénévent, payer quarante mille ducats pour œuvres pies, être détenu dix ans au château Saint-Ange et payer cent mille ducats d'amende; en outre, on lui ôta toute voix active et passive en l'élection d'un Pape, durant sa détention. Cependant, peu après, le Pape lui rendit la voix active, de plus, de temps en temps, à cause de son état valétudinaire, on lui permit de sortir du château Saint-Ange. Le pape suivant, Benoît XIV, par reconnaissance envers son bienfaiteur, Benoît XIII, lui fit une remise des années restantes de sa détention. Coscia se rendit à Naples et y mourut en 1755 (Guarnacci, l. 100).

Clément XII eut la gloire de calmer une révolution politique excitée par le cardinal Albéroni. Ce fameux cardinal, qui, ministre d'Espagne, remuait toute l'Europe, fut nommé légat de Ravenne en 1738. Aussitôt il entreprit d'incorporer aux Etats du Pape la république de Saint-Marin, qui y est enclavée. Cette république, qui reconnaît le Saint-Siège pour suzerain et protecteur, est un des plus anciens Etats de l'Europe, mais un des plus petits. Sa population est de quatre à cinq mille âmes, son armée de quarante à cinquante hommes. Or, une dissension avait éclaté entre le conseil municipal et les bourgeois. Plusieurs de ceux-ci accusèrent leurs magistrats de gouverner arbitrairement et de violer l'ancienne constitution : ils implorèrent l'intervention du Pape, leur protecteur. Albéroni, leur fit entendre qu'il était facile d'assujétir Saint-Marin avec fort peu de troupes. Clément fut plus équitable et plus modéré. Il donna seulement commission au cardinal de faire prêter serment de fidélité à la ville, supposé que la majorité de Saint-Marin fût disposée à reconnaître sa souveraineté. L'impétueux Albéroni outrepassa ces ordres de beaucoup. Il entra dans la ville de Saint-Marin avec deux cents cavaliers, contraignit presque chacun à jurer fidélité au Pape, nomma un gouverneur et constitua tout le gouvernement selon son bon plaisir. Cependant beaucoup d'habitants refusèrent de jurer, d'autres s'enfuirent; leurs biens furent pillés en partie. Très-mécontent de ces violences, le Pape en fit de vifs reproches à son légat et envoya un commissaire pour entendre la libre déclaration des habitants, révoquer tout ce qui avait été fait contre les intentions du Pape et garantir les citoyens contre l'oppression du conseil municipal. Le commissaire ayant trouvé que peu d'habitants souhaitaient devenir sujets du Pape, les rétablit tous dans la jouissance de leur ancienne liberté, et le Pape confirma cette ordonnance (Guarnacci, l. 100).

Durant son pontificat de dix ans, Clément XII donna un grand nombre de bulles et de brefs qui regardent toute sorte d'affaires et de pays, en Europe, en Afrique, en Amérique, en Asie. Dans le nombre, il y en a de bien remarquables, entre autres une bulle du 9 juillet 1732 et un bref du 13 juillet 1735. Nous avons vu le luthéranisme prévaloir en Saxe, et le calvinisme dans le Palatinat, par la connivence des deux électeurs respectifs. Au commencement du XVIIIe siècle nous avons vu et l'électeur de Saxe et l'électeur palatin quitter la moderne hérésie des deux apostats, pour revenir à la foi perpétuelle de tous les siècles, à la foi de leurs ancêtres, Charlemagne, Witikind, les saints Henri et les Othon; à la foi prêchée par saint Boniface, saint Kilien, saint Corbinien, saint Burcard, saint Sturme, saint Lul, saint Willehade, saint Suitbert, saint Ludger, saint Anscaire, saint Rembert. Le pape Clément XII pouvait croire que les peuples de la Saxe et du Palatinat, qui avaient suivi leurs prince dans l'égarement, les suivraient aussi dans le retour. Pour aplanir un des plus grands obstacles, le Pape annonce à ceux qui s'étaient déjà convertis et à ceux qui se convertiraient encore, que l'Eglise catholique, comme une tendre mère, leur faisait remise et don de tous les biens ecclésiastiques qu'ils avaient acquis par suite de la révolution religieuse. Dans sa constitution du 9 juillet 1732, Clément XII déclare qu'en ceci il marche sur les traces de plusieurs de ses prédécesseurs et remplit les intentions de Clément XI, à lui bien connues (*Bullar. rom.*).

En 1736, Léopold, archevêque de Salzbourg, de concert avec son chapitre, fonda dans son diocèse plusieurs missions, desservies par les Augustins, les Capucins, les Bénédictins et les Récollets. Il leur donna des règlements qui furent approuvés par la Propagande et par Clément XII, en janvier 1739. Dès l'an 1733, le même Pape autorisa les religieux des Ecoles pies, établis à Wilna en Lithuanie, à enseigner aux enfants, non-seulement les connaissances élémentaires, mais encore les sciences plus relevées. Nous avons vu dans le volume précédent, la part que prit Clément XII à la solution de la controverse sur les cérémonies chinoises. Un bon prêtre de Naples, Matthieu Ripa, imagina une solution plus radicale encore : ce fut de former pour la Chine un clergé indigène. Voici comme il raisonnait. Pour évangéliser l'immense population de la Chine, ce ne serait pas assez de tout le clergé d'Italie. Cependant, depuis que la Chine est ouverte à l'Evangile, à peine peut-on compter cinq cents missionnaires qui y soient entrés successivement. Puis, dans un moment de persécution, ce qui n'est pas rare, les Européens sont trop faciles à reconnaître à leur accent et à leur figure. Ainsi, dans la récente persécution de Young-Tching, tous les missionnaires européens furent relégués à Canton. Un seul évêque, monseigneur Lopez, de l'ordre de Saint-Dominique, put échapper à l'édit, parce qu'il était Chinois de naissance. N'étant pas connu comme prêtre, il resta libre et parcourt librement les diverses missions, privées de toute autre assistance. Le bon prêtre conclut que le meilleur remède serait la formation d'un clergé indigène, et il s'occupa de fonder une congrégation dont le but principal fût de former des missionnaires nationaux pour la Chine et pour l'Inde. Le pape Clément XI ayant eu connaissance de ce projet, écrivit à la Propagande que c'était l'unique moyen pour bien établir la religion dans le vaste empire de la Chine, et pour, d'étrangère, l'y rendre nationale. Matthieu Ripa établit sa congrégation à Naples, sous le nom de *Sainte Famille de Jésus-Christ*, et, d'après l'avis du Saint-Siège, lui donna pour règles celles des Oratoriens de saint Philippe de Néri. Clément XII, par ses lettres des 7 avril 1732, 22 mars 1736, 14 mars 1738, confirma la nouvelle congrégation et lui communiqua tous les priviléges des Oratoriens et des élèves de la Propagande (*Bullar. magn.*). Le même Pape fonda en Sicile un séminaire spécial pour les catholiques du rite grec. En 1732, il accorda un jubilé particulier à l'Irlande : l'année suivante, il érigea les Capucins de ce royaume, et plus tard les Carmes, en province nouvelle. En 1738, il autorisa les missionnaires franciscains du Maroc à avoir un procureur à Madrid, pour solliciter les aumônes et les protections nécessaires dans les fréquentes persécutions que leur suscitaient les barbaresques d'Afrique.

Dans le Mont-Liban, antique retraite du prophète Elie et de ses disciples, il y avait un grand nombre de monastères, les uns de Maronites ou Syriens indigènes, les autres de Grecs melchites. Les uns et les autres avaient un monastère à Rome, où ils envoyaient leurs meilleurs sujets, pour s'y perfectionner dans la piété et les études, et revenir dans leur patrie en qualité de missionnaires apostoliques. Outre quelques monastères indépendants les uns des autres, les religieux maronites formaient deux congrégations : l'une, plus ancienne, de Saint-Elisée ou du Mont-Liban; l'autre, de Saint-Isaïe : toutes deux sous la règle de saint Antoine, patriarche de la vie monastique en Egypte. Tous ces religieux étaient cordialement unis et soumis à l'Eglise romaine. Michel d'Eden, abbé général de la congrégation du Mont-Liban ou de Saint-Elisée, supplia le Pape d'en confirmer les règles et constitutions. Clément XII le fit par une bulle du 31 mars 1732. Les règles de ces religieux maronites sont assez détaillées et seront lues avec fruit par tous ceux qui, sous un titre ou sous un autre, sont intéressés au gouvernement des monastères. La congrégation de Saint-Elisée est gouvernée par un abbé général, quatre hégumènes ou assistants, les abbés de provinces et les abbés de monastères. L'abbé général et les quatre hégumènes sont élus par le chapitre général qui s'assemble tous les trois ans et se compose du général, des hégumènes, des abbés de provinces et de monastères, des religieux qui ont rempli quelqu'une de ces charges, et enfin des officiers majeurs. L'abbé général et les hégumènes, ainsi élus, élisent à leur tour, pour trois ans, les abbés des provinces et des monastères. Après leur profession, les religieux deviennent prêtres ou demeurent laïques, suivant leurs dispositions et leurs talents, dont l'abbé est juge. Dans chaque monastère, il y a un maître pour enseigner les lettres; dans chaque province, un monastère où l'on enseignera, outre la grammaire, la dialectique, la philosophie et la théologie. Tous les mois, il y a une dispute publique, et un examen deux fois par an; chaque dimanche, une conférence sur l'Ecriture sainte, les cas de conscience ou les points de controverse contre les schismatiques, les hérétiques ou les infidèles. Quant aux langues, outre le syriaque et l'arabe, que les prêtres doivent nécessairement savoir, ils auront encore soin d'apprendre l'hébreu, le grec et le latin, afin de pouvoir lire et interpréter les saintes Ecritures, les Pères et les Docteurs.

Voici comme la règle s'exprime sur l'obéissance envers les prélats : « Comme notre ordre se trouve au milieu de nations hérétiques et infidèles, qu'il est éloigné du chef de l'Eglise universelle par de grands espaces de terres et de mers, le général, les hégumènes, les abbés des monastères et des provinces, ainsi que leurs vicaires, veilleront avec grand soin à ce que, ni par la distance des lieux ni par le commerce avec les nations voisines, la charité et la dévotion des moines envers la Chaire sacrée du prince des apôtres et envers les Pontifes romains, ne viennent à se refroidir d'une manière quelconque; ils s'attacheront au contraire à ce que tous les moines comprennent que l'obéissance et la soumission envers le Siége apostolique romain est comme le fondement et le caractère de notre religion, par où les Syriens maronites ont voulu se distinguer des autres nations de l'Orient. Ils s'appliqueront donc avec une attention extrême à garder ce précieux dépôt de nos ancêtres, et feront tout au monde pour se montrer, et de parole et de fait, tels que doivent être des hommes qui n'oublient pas leur devoir ni les bienfaits reçus de l'Eglise romaine. Et parce que Dieu nous ordonne de procurer le salut du prochain, ils s'étudieront avec une grande sollicitude, en marchant sur les traces des moines de Saint-Maron, qui ont combattu si vaillamment pour la foi catholique, à saisir les occasions de propager la foi orthodoxe et de ramener les nations dissidentes. Après les Pontifes romains, ils honoreront aussi leur mère l'Eglise d'Antioche et le révérendissime seigneur patriarche, préposé par la même Eglise romaine à toute notre nation et notre ordre (*Constitution du 31 mars* 1732). »

La congrégation de Saint-Isaïe suivait au fond la même règle. Cependant, un concile national ayant ordonné à tous les religieux maronites de faire approuver leurs constitutions par le Siége apostolique, elle en demanda la confirmation expresse à Clément XII, qui l'accorda par une lettre du 17 janvier 1740. Par une autre du 14 septembre 1739, il confirma les règles des moines melchites de la congrégation de Saint-Jean-Baptiste au Mont-Liban, spécialement pour leur monastère de Rome. Nous avons vu le soin que prit ce même Pontife d'enrichir la bibliothèque Vaticane, et comment il envoya en Orient le savant maronite Joseph Assémani, qui, après un voyage de près de trois ans, en rapporta une foule de manuscrits et de médailles pour la dite bibliothèque. Il fonda aussi dans le palais du Vatican une imprimerie orientale, d'où sortirent bien des ouvrages importants.

Ce bon Pape, en veillant au salut des fidèles sur la terre, n'oublia point ceux du purgatoire. Par un bref du 14 août 1736, il accorde à tous les fidèles cent jours d'indulgence, chaque fois que, la nuit, au son de la cloche, ils réciteront dévotement à genoux, pour les fidèles trépassés, un *De profundis* ou bien un *Pater* et un *Ave*, avec le verset *Requiem æternam dona eis, Domine*, etc.; et, de plus, une indulgence plénière à ceux qui suivront cette pratique pendant un an. D'un autre côté, il béatifia ou canonisa plusieurs saints personnages, notamment saint Vincent de Paul, dont il relève en particulier le zèle contre l'hérésie janséniste. Ce bon Pape mourut le 6 février 1740, âgé de près de quatre-vingt-huit ans. Quoiqu'il ne fût pas natif de Rome, cependant le peuple romain lui érigea une statue de bronze, qui fut placée dans une des salles du Capitole.

Clément XII, pontife illustre, eut pour successeur un pontife plus illustre encore, Benoît XIV. Il s'appelait Prosper Lambertini, et sortait d'une illustre famille de Bologne, de laquelle était la bienheureuse Imelda, que nous avons vue mourir d'extase, après avoir reçu pour la première fois, d'une manière miraculeuse, la sainte communion. Prosper Lambertini était né à Bologne le 13 mars 1675. Son éducation fut remarquable par ses rapides progrès dans toutes les sciences, qui le firent bientôt distinguer parmi les élèves de son âge. Les études les plus sérieuses suffisaient à peine à son ardeur pour le travail, et n'ôtaient rien à la prodigieuse vivacité de son esprit. Saint Thomas fut son auteur de prédilection pour la théologie. Il s'appliqua également au droit canonique et civil, devint clerc du fameux jurisconsulte Justiniani, et ne tarda pas à être fait lui-même avocat consistorial. On le fit ensuite promoteur de la foi, ce qui lui donna lieu de s'appliquer aux procédures usitées pour la béatification, et de faire, par la suite, un excellent ouvrage sur cette matière. Passionné pour les sciences, pour les recherches historiques, pour les monuments des arts, Lambertini se lia avec tous les hommes célèbres de son temps. Il avait la plus haute estime pour le Père Montfaucon qu'il connut à Rome. Ce savant Bénédictin disait de Lambertini : « Tout jeune qu'il est, il a deux âmes : l'une pour les sciences, l'autre pour la société. » Ses occupations sérieuses ne l'empêchaient pas d'orner sa mémoire de tout ce qu'il y avait de plus recherché dans la littérature. « On me gronde quelquefois, disait-il, de ce qu'il m'arrive d'avoir quelque léger entretien avec le Tasse, le Dante et l'Arioste; mais j'ai souvent besoin de me les rappeler, pour avoir l'expression plus vive et la pensée plus énergique. » Clément XI le nomma chanoine de Saint-Pierre, et ensuite prélat. On le vit bientôt consulteur du Saint-Office, associé à la congrégation des Rites, et enfin Innocent XIII ajouta à ces charges la place de canoniste de la Pénitencerie. « On me suppose un homme à trois têtes, écrivait-il à un de ses amis, à raison des charges dont on m'accable ; il me faudrait une âme pour chaque place, et la mienne peut à peine me gouverner. » Bientôt il fut appelé aux emplois du premier ordre.

Benoît XIII lui donna l'évêché d'Ancône en 1727. Ce fut là qu'il développa des talents supérieurs et de grandes vertus. Visites, synodes, prières, instructions, il ne négligea rien dans l'accomplissement de ses devoirs. Il fut l'ami de ses curés, et ne leur donna pour successeurs que leurs meilleurs vicaires. Sa conduite fut même à l'archevêché de Bologne, dont il fut revêtu en 1732, et où ses compatriotes le virent arriver avec transport. Obligé de destituer un curé pour des motifs assez graves, il alla lui annoncer lui-même cette affligeante nouvelle, et lui donna un bénéfice simple, meilleur que sa cure. Il ne souffrait point les actes d'un zèle outré et cruel, et s'y opposait même au risque de sa propre sûreté. Un étranger ayant été arrêté pour avoir tourné en ridicule quelques pratiques religieuses, il le prit sous sa protection et le fit évader secrètement. Il protégeait la faiblesse opprimée avec toute la fermeté de la puissance. Une jeune postulante éprouvait de la part des religieuses du couvent une résistance fondée sur des imputations injurieuses à ses mœurs. Elle s'adressa à Lambertini, qui accueillit ses plaintes, et écrivit du ton le plus sévère à la communauté pour ramener les religieuses à des sentiments d'indulgence et de charité plus dignes de leur état. Lambertini ne mettait pas moins de chaleur et de courage à défendre la vertu persécutée, surtout quand il était pénétré lui-même du sentiment de l'injustice. Un de ses grands-vicaires fut accusé auprès de Clément XII. Lambertini écrivit au Pape que Sa Sainteté était trompée, et que cet honnête ecclésiastique était victime d'une insigne calomnie. Il terminait ainsi sa lettre : « Je prie tous les jours notre divin Sauveur, pour qu'il soit aussi content de son vicaire que je le suis du mien. » Ce trait un peu malin ne déplut point à Clément XII, qui lui sut gré de sa franchise.

Les plus hautes destinées attendaient Lambertini après la mort de ce Pontife. Il les avait prévues, dit-on, et ne faisait pas difficulté d'en convenir plaisamment, lorsque l'occasion s'en présentait. Étant jeune avocat, il fit un voyage d'agrément à Gênes avec quelques-uns de ses confrères, qui voulurent retourner à Rome par mer. « Prenez cette route, vous autres, leur dit-il, qui n'avez rien à risquer; mais moi, qui dois être Pape, il ne me convient pas de mettre à la merci des flots César et sa fortune. » Le chapeau de cardinal que Lambertini avait reçu de Benoît XIII, en 1728, lui donnait entrée au conclave de 1740, où les intrigues du cardinal de Tencin surtout retardaient l'élection au delà du terme accoutumé. Les cardinaux, excédés de fatigue, divisés par des fractions à peu près égales, ne savaient à quel choix s'arrêter, lorsque Lambertini s'avisa de leur dire avec son enjouement accoutumé : « Si vous voulez un saint, nommez Gotti ; un politique, Aldrovandi ; un bon-homme, prenez-moi. » Ces mots, comme jetés au hasard, furent une illumination soudaine pour tout le conclave; les projets de Tencin furent abandonnés, et Lambertini fut élu. Il prit le nom de Benoît XIV, par reconnaissance envers Benoît XIII, son bienfaiteur.

Le nouveau Pape aimait trop les sciences et les lettres, pour ne pas en faire l'objet particulier de ses soins. Il fonda des académies à Rome; il envoya des gratifications à celle de Bologne; il fit mesurer un degré du méridien, relever l'obélisque du *Champ-de-Mars*, bâtir l'église de Saint-Marcellin, dont il traça lui-même le plan; exécuter en mosaïque les beaux tableaux de Saint-Pierre; traduire en italien les bons livres anglais et français; enfin on avait commencé à imprimer, par son ordre, une notice des manuscrits presque innombrables qui enrichissaient la bibliothèque du Vatican, et dont il avait lui-même augmenté le nombre jusqu'à trois mille trois cents. Benoît XIV protégeait les savants et les récompensait. L'abbé Galiani, savant naturaliste, dit, en lui présentant une collection de laves : *Dic ut lapides isti panes fiant* (commandez que ces pierres deviennent du pain). Le Pape entendit fort bien le sens de ces paroles, et les expliqua au gré de l'écrivain, en lui accordant une pension. Son administration intérieure ne fait pas moins d'honneur à sa sagesse; il sévit contre les usuriers et les faux nobles; il favorisa la liberté du commerce. Sa conversation était brillante; ses reparties étaient vives et remplies de finesse, de sel et de gaîté. Son expression était originale et souvent animée par des images neuves, hardies et piquantes.

## LIVRE LXXXIX. — § 1. SUCCESSION DE BONS PAPES : BENOIT XIV.

Benoît XIV avait la taille médiocre, le corps replet, l'œil enjoué, le sourire fin et des yeux qui annonçaient toute la vivacité de son esprit. Jusqu'à présent on n'a point sur ce Pontife une biographie convenable; car celle de Caraccioli n'offre ni exactitude ni discernement.

La meilleure biographie de Benoit XIV sont ses écrits et ses actes. Ses écrits ont été publiés à Venise en seize volumes in-folio. Ils se divisent en trois classes principales. 1° Son *Bullaire* ou *Collection de ses bulles et brefs;* 2° son ouvrage *De la béatification et de la canonisation;* 3° son *Traité du synode diocésain.*

Ses bulles et ses brefs se rapportent aux diverses églises de l'univers. Nous avons déjà vu de quelle manière il termina la controverse sur les cérémonies chinoises et les rites malabares. Par une constitution du 26 novembre 1744, il régla d'autres difficultés dans les missions du Tonquin et de la Cochinchine. L'évêque et vicaire apostolique du premier de ces royaumes était Hilaire Costa, celui du second Armand-François Lefèvre. Il y avait des missionnaires jésuites, des Franciscains, de la Propagande et du séminaire de Paris. La difficulté était de savoir par qui devaient être administrées les différentes églises. En 1740, l'évêque d'Halicarnasse, Elzéar-François des Achards, visiteur apostolique des missions de la Cochinchine, de Cambodge et de Ciampa, avait fait un règlement à ce sujet. Les Franciscains, se croyant lésés, s'en appelèrent deux fois à Benoit XIV, qui enfin leur donna gain de cause. Le 26 janvier 1753 et le 8 août 1755, il ordonne à tous les évêques, vicaires apostoliques de l'Inde et d'ailleurs, qui n'avaient point d'évêque coadjuteur ni de vicaire général, de se désigner un vicaire pour gouverner la mission à leur mort en qualité de délégué apostolique : sauf le droit des chanoines et des curés, qui, en certains pays, avaient l'usage d'élire le vicaire capitulaire : par exemple, en Irlande, en Albanie, en Macédoine, en Servie, en Bulgarie, dans les îles de la mer Égée, en Perse et en Mésopotamie. Le 1er mai 1742, à la demande des rois de Batgoa et de Bittia, dans le grand Thibet, apportée par un missionnaire capucin, il fonde des missions dans leurs deux royaumes, et les exhorte paternellement à se rendre à la lumière de l'Évangile.

Il y a un grand nombre de lettres concernant les Maronites du Mont-Liban. Ces fidèles chrétiens, désirant tenir un concile, prièrent Clément XII de leur envoyer leur savant compatriote, Joseph-Simon Asséméni, en qualité d'ablégat, pour être leur guide; ce qui leur fut accordé. Le concile se tint en l'année 1736. Outre le patriarche maronite d'Antioche et l'ablégat, il y assista des archevêques et des évêques, savoir : douze Maronites, deux Syriens, autant d'Arméniens, les abbés tant généraux que particuliers, des diverses congrégations, des missionnaires de tous les ordres, Franciscains, Capucins, Jésuites, archiprêtres, curés, théologiens, anciens élèves du séminaire de Rome, des clercs, des moines, des princes. Les actes furent envoyés à la Propagande, pour qu'elle les examinât et donnât des solutions à certains doutes. Benoît XIV confirma les actes et les solutions le 1er septembre 1741. Les évêques maronites qui assistèrent au concile furent, outre le patriarche Joseph-Pierre, Gabriel, de Sarepta; Siméon, de Damas; Abdalla, de Béryte; Elie, d'Arcas; Basile, de Tripoli; Philippe, de Lystre; Etienne, de Botrus; Gabriel, d'Accon, autrement Ptolémaïde; Jean, de Laodicée; Ignace, de Tyr; Gabriel, d'Alep; Michel, de Panéade; Tobie, de Chypre. Ils demandèrent que les seize évêchés maronites fussent réduits à huit, savoir : Alep ou Bérée, Tripoli, Biblos et Botrus, Héliopolis ou Baalbec, Damas, Chypre, Béryte, Tyr et Sidon; mais que les évêques y eussent leur résidence fixe, sans que le patriarche pût les déplacer, si ce n'est pour des raisons canoniques : ce que Benoît leur accorda le 14 février 1742. Les Maronites s'étant divisés sur le choix d'un patriarche, Benoît XIV cassa les deux élections, et leur donna lui-même pour patriarche, en 1743, Simon Evode, archevêque de Damas, qui réunit les deux partis dans un concile tenu au mois d'octobre de la même année, et reçut le *pallium*. Le nouveau patriarche étant mort en 1756, les archevêques et évêques maronites, au nombre de quatorze, élurent unanimement l'un d'eux, Tobie, archevêque de Chypre, que Benoît XIV confirma. Les autres évêques étaient Philippe, de Lystre; Etienne, de Botrus; Gabriel, de Ptolémaïde; Jean, de Laodicée; Germain, de Tripoli; Michel, de Damas; Antoine, d'Arcas; Josaphat, de Tyr; Pierre, de Panéade; Joseph, de Béryte; Joachim, d'Eden; Arsène, de Tagris. Abdalla fut le successeur du patriarche dans l'archevêché de Chypre.

Beaucoup de Coptes ou chrétiens d'Egypte étant revenus à l'Eglise romaine, Benoît XIV les soumit, en 1741, à la juridiction d'Athanase, évêque copte de Jérusalem. Les missionnaires franciscains, qui faisaient beaucoup de progrès dans la Haute et Basse-Egypte, particulièrement au Caire, consultèrent le Saint-Siège sur plusieurs difficultés, notamment celle-ci. Les Coptes sont dans l'usage de conférer le diaconat à des enfants en bas âge : cette ordination est-elle valide? impose-t-elle l'obligation du célibat et de la récitation de l'office divin. Benoît XIV répond, le 4 mai 1745, que cette ordination est valide, mais illicite, et qu'elle n'oblige que quand l'enfant l'a ratifiée à l'âge de seize ans. Il confirma sa réponse dans une lettre du 19 juin 1750, où il confère au préfet de la mission le pouvoir de donner la confirmation.

Les Grecs melchites de Syrie consultaient également le Saint-Siège, non sur la doctrine, où ils étaient parfaitement d'accord avec l'Eglise romaine, mais sur des rites, et aussi sur les difficultés de juridiction qu'ils avaient quelquefois avec les Maronites et les missionnaires latins. Benoît XIV répond à leurs doutes dans une lettre du 24 décembre 1743, adressée au patriarche et aux évêques melchites catholiques. Le patriarche melchite d'Antioche était Séraphin Tanas, qui, suivant l'usage des Grecs, avait pris le nom de Cyrille lors de son élection, en 1724, élection confirmée par Benoît XIII. Il avait été élevé à Rome dans le collège de la Propagande, et succédait à Athanase, premier patriarche melchite d'Antioche, qui, vers la fin du XVIIe siècle, envoya sa profession de foi au Pape, et en obtint sa confirmation. Athanase avait été précédé en cela par Euthymius, archevêque melchite de Tyr et de Sidon, homme très-zélé pour la propagation de la foi catholique, mais qui, sans consulter le Saint-Siège, se permit quelques innovations dans les rites. Le patriarche Cyrille, ignorant que ces innovations d'Euthymius avaient été improuvées par le Siége apostolique en 1716, crut pouvoir en faire d'autres; voici en quoi. Outre le jeûne de quarante jours avant Pâques, les Grecs ont un second carême avant Noël, un troisième de quinze jours avant l'Assomption, un quatrième avant la fête de saint Pierre et de saint Paul. Comme un grand nombre de Grecs melchites habitaient les déserts d'Arabie, le patriarche Cyrille crut pouvoir, à perpétuité, réduire les trois derniers jeûnes à un seul jour. Benoît XIV, par une lettre du 24 décembre 1743, annula cette innovation, et confirma les abstinences traditionnelles des Grecs, mais donna au patriarche d'accorder annuellement les dispenses qu'il croirait nécessaires d'après l'état des choses. Autre article. L'usage des Grecs est de ne célébrer qu'une messe par jour sur le même autel. Le patriarche Cyrille demandait pour les Grecs melchites la permission de célébrer plusieurs messes sur le même autel, afin de satisfaire la dévotion des prêtres et des fidèles. Le Pape ne permet pas qu'on change l'ancien usage, mais seulement qu'on érige plusieurs autels dans la même église, et que, dans les lieux où c'était la coutume, plusieurs prêtres célèbrent la messe en même temps sur le même autel. Il pose en règle générale qu'il n'est permis à personne, fût-il patriarche ou évêque, de rien innover dans les rites et les usages de l'Eglise grecque. Dans cette vue, il fit imprimer à la Propagande, pour tous les Grecs unis, comme il avait fait pour les Coptes, une édition correcte des *Euchologes* ou livres d'Eglise, avec une instruction très-ample du 1er mars 1756, sur une foule de détails.

Dès le 26 juillet de l'année précédente, il avait adressé une encyclique dans le même sens à tous les missionnaires d'Orient. Un d'eux y donna ainsi occasion. Dans la ville de Bassora, à quinze journées de Babylone, demeurait un grand nombre de catholiques du rite oriental, notamment des Arméniens et des Syriens. Comme ils n'avaient pas d'église à eux, leurs prêtres célébraient la messe suivant leur rite dans l'église des missionnaires latins. Le missionnaire demanda donc s'il fallait le leur permettre, ou s'il ne valait pas mieux les attirer au rite latin, afin de rendre leur union plus intime. Benoît XIV répond d'abord en général qu'*il ne faut rien innover*, et rappelle un décret de la Propagande, 31 janvier 1702, qui défend à tous les missionnaires de dispenser les catholiques orientaux des jeûnes, prières et cérémonies prescrits par leur rite et approuvés par le Saint-Siège. Ces rites sont de quatre sortes : le grec, l'arménien, le syriaque, le copte. Comme les missionnaires croyaient bien faire d'attirer les Orientaux au rite latin, le Pape leur pose les règles suivantes. Les Pontifes romains ont toujours eu grande sollicitude pour ramener les Orientaux à l'unité; dans ce but, ils se sont toujours attachés à corriger les erreurs, sans toucher au rite. Il le prouve par l'exemple de saint Léon IX, d'Innocent III, Honorius III, Innocent IV, Alexandre IV, des conciles de Lyon et de Florence, d'Eugène IV, Léon X, Clément VII, Pie IV, Grégoire XIII, Paul V, Clément VIII, Clément XII. A Rome, les Grecs, les Maronites, les Arméniens, les Coptes, les Melchites célèbrent la messe selon leur rite, non-seulement dans leurs églises et leurs collèges, mais encore dans les églises latines où ils ont la dévotion de la dire. Quand il s'y trouve des évêques catholiques de leur rite, ils y confèrent les ordres à ceux de leur nation. Il y a même en Italie deux évêques grecs pour conférer les ordres aux Italo-Grecs suivant le rite grec. Aussi la Propagande a-t-elle fait imprimer correctement des missels copte, maronite, grec, illyrien. Les efforts des missionnaires doivent donc tendre uniquement à ramener les schismatiques à l'unité. Quant aux arguments dont ils doivent se servir pour cela, comme les Orientaux ont un extrême attachement à leurs propres pères, c'est une chose toute faite par les soins du savant Allatius et d'autres théologiens célèbres, qui démontrent très-clairement que les Pères grecs les plus anciens et les plus considérables s'accordent avec ceux de l'Occident dans tout ce qui tient au dogme. Quant aux Grecs d'Italie en particulier, Benoît XIV, dès le 26 mai 1742, avait publié une longue constitution en leur faveur, où il descend jusque dans les moindres détails. Ces règlements étaient applicables aux Gréco-Russes, parmi lesquels ce Pontife parvint à réunir tous les moines basiliens en une seule congrégation, et auxquels il recommande l'observation du rite grec, avec l'étude approfondie de la langue grecque.

Les chrétiens d'Albanie, de Servie et des provinces voisines suivaient le rite latin. Mais, depuis qu'ils étaient tombés sous le joug des Turcs, bien des abus se glissaient parmi eux. Sous le pape Clément XI, il y eut en Albanie et en Servie un concile pour y porter remède. Mais son autorité n'y suffisant pas, Benoît XIV adressa, en 1744, aux archevêques, évêques, clergé et peuples de ces pays, un décret pour réformer les abus les plus graves. Quelques années après, l'archevêque d'Antibari, capitale de l'Albanie, ainsi nommée parce qu'elle est vis-à-vis de Bari, dans la Pouille, consulta Rome sur cette question : — Les Mahométans ont envahi les biens des églises, ces biens tombent quelquefois en la possession des chrétiens : doit-on obliger ceux-ci à restituer, même quand il y a péril d'apostasie ou de persécution? — Benoît XIV, en deux lettres assez étendues, l'une du 19 mars 1752, l'autre du 24 mai 1754, discute à fond cette difficulté, et par les exemples de ses prédécesseurs, et par la doctrine des théologiens et canonistes : il finit par autoriser les évêques de ces pays à transiger avec les possesseurs de ces biens, même à les leur abandonner, vu le péril de la persécution et de l'apostasie. La raison est que le Pape, s'il n'est pas seigneur ou propriétaire des biens temporels de l'Eglise, en est au moins le suprême dispensateur. Les biens de l'Eglise, dit saint Thomas, sont au Pape, comme dispensateur principal, non comme propriétaire et possesseur (*Summa*, 2. 2. q. 100, *art*. 1, *ad* 7). D'où il suit qu'à la vérité il ne peut pas dépouiller les églises de leurs biens, pour enrichir ses parents ou pour des causes arbitraires; mais qu'il peut, quand il y a raison urgente, faire taire les droits des églises, et commander à celles-ci d'en faire le sacrifice, pour le salut de la religion, comme de prévenir une apostasie (24 mai 1754).

Il y a plusieurs lettres de Benoît XIV aux évêques de Pologne, pour leur recommander plus de précaution dans ce qui regarde les dispenses et les nullités de mariage. Une question grave sur cette matière s'était élevée entre les missionnaires de la Hollande ou des Provinces-Unies. Les mariages contractés entre hérétiques, ou entre hérétique et catholique, sans observer la forme prescrite par le concile de Trente, sont-ils valides ou non ? Les avis des missionnaires étant partagés, on consulta Rome. Clément XII fit examiner la question sous toutes les faces par la congrégation des Cardinaux pour l'interprétation du concile de Trente. Benoît XIV, par un rescrit du 4 novembre 1741, déclare que les mariages contractés entre hérétiques dans les Provinces-Unies sont valides, ainsi que ceux contractés entre hérétique et catholique, quoique ces derniers mariages soient un objet d'horreur pour l'Eglise. La raison pourquoi ces mariages sont valides, c'est que le concile de Trente n'a pas eu intention d'y étendre le nouvel empêchement de clandestinité. Une autre question survint. Les catholiques de ces mêmes pays étaient obligés par la loi séculière de se présenter devant le magistrat civil ou le ministre hérétique, pour exprimer leur consentement mutuel à se marier : plusieurs s'en tenaient là, et ne renouvelaient pas leur consentement devant le curé catholique, assisté de deux témoins, comme l'ordonne le concile de Trente. On demandait si un pareil mariage était valide, du moins en tant que contrat? Le 17 septembre 1746, Benoît XIV pose en principe que, partout où le concile de Trente a été publié, de pareils mariages sont nuls, et comme contrat, et comme sacrement. Or, personne ne doute que le concile de Trente n'ait été publié dans les Pays-Bas. « Donc, les catholiques y doivent savoir que, quand ils se présentent au magistrat civil ou au ministre hérétique, ils exercent un acte purement civil, par où ils témoignent leur obéissance aux lois des princes; mais qu'au reste ils ne contractent alors aucun mariage. Ils doivent savoir que, tant qu'ils n'auront pas célébré leur mariage devant le ministre catholique et deux témoins, ils ne seront jamais, ni devant Dieu ni devant l'Eglise, vrais et légitimes époux. »

A Rome, à Venise, dans les missions étrangères, parmi les Juifs, les Turcs, les païens, se présente souvent la même difficulté que du temps de saint Paul. Un mari se convertit, sa femme ne se convertit pas ; ou bien la femme se fait chrétienne, et son mari reste juif, musulman ou païen. L'Apôtre décide, chapitre VII de sa seconde épître aux Corinthiens, que, si le conjoint infidèle consent à demeurer, la partie fidèle ne doit point s'en séparer ; que si l'époux se sépare lui-même, l'époux fidèle n'est point obligé de le suivre, et rentre dans son ancienne liberté. Sur ce fondement, l'Eglise romaine a toujours enseigné que, dans ce cas, l'époux fidèle peut se marier légitimement avec une personne chrétienne. Benoît XIV, dans son *Bullaire*, le suppose, le rappelle et l'applique une infinité de fois, comme un point hors de toute controverse : il cite même une dissertation expresse qu'il a faite à cet égard (Voir, entre autres, sa lettre du 28 février 1747 *sur le baptême des Juifs*, n. 58). Dans ces cas, l'Eglise ordonne à l'époux fidèle de faire une interpellation au conjoint infidèle, s'il veut demeurer avec lui sans outrager le Créateur. Sur quoi se présentait plus d'une difficulté à Venise. Depuis 1557, il y avait dans cette ville un hospice pour les catéchumènes, où l'on instruisait les infidèles, les Juifs, les Turcs, qui voulaient se convertir; on leur y apprenait même un état, pour avoir de quoi vivre, ou aider les femmes à se marier, ou à se faire religieuses. Or, plus d'une fois il arrivait que ces pauvres gens, pour sauver leur âme et recevoir le baptême, avaient quitté leur conjoint infidèle; ou bien celui-ci avait été emmené captif, se trouvait dans des pays lointains, inconnus, avec lesquels il n'y avait point de communication. Comment lui faire l'interpellation ordonnée par l'Eglise ? Benoît XIV, par sa lettre du 16 janvier 1745, autorise son nonce à Venise d'en dispenser dans ces cas.

Parmi les lettres de Benoît XIV, concernant l'Amérique, la plus remarquable nous paraît la suivante. — Les Pontifes romains, en travaillant à la conversion des indigènes du Nouveau-Monde, veillaient en même temps à la conservation de leur liberté. Paul III rendit un décret à cet égard le 28 mai 1537, et Urbain VIII le 22 avril 1639. Cependant Benoît XIV apprit avec la plus profonde douleur que, dans les provinces du Paraguay, du Brésil et de la Plata, des chrétiens catholiques, oubliant toute charité chrétienne, se permettaient de réduire en servitude, de vendre comme esclaves, de dépouiller de leurs biens, de traiter inhumainement, non-seulement les Indiens idolâtres, mais même ceux qui avaient été régénérés par les eaux saintes du baptême. Il s'en plaignit au roi de Portugal, qui promit de donner aussitôt les ordres nécessaires à ses officiers. Il s'en plaignit surtout aux évêques des trois provinces par une lettre du 20 décembre 1741, dans laquelle il les exhorte puissamment à seconder les intentions du roi. Il confirme et renouvelle les décrets de Paul III et d'Urbain VIII, ordonne de publier des édits en faveur des Indiens et frappe d'excommunication et d'anathème tous ceux qui attenteraient à leur liberté.

Mais de toutes les bulles, brefs ou lettres de Benoît XIV, il n'y en a peut-être pas de plus cordiales que deux encycliques pour les Etats pontificaux. — La loi de Moïse, comparée à la loi de l'Evangile, est une loi de sévérité et de crainte. Cependant, dans cette loi de terreur, nous avons vu plus d'humanité envers les pauvres que dans aucune législation purement humaine. Nous y avons lu entre autres : *Lorsque tu feras la récolte dans ton champ et que tu auras oublié une gerbe, tu ne retourneras point pour l'emporter; elle sera à l'étranger, à l'orphelin et à la veuve, afin que l'Eternel, ton Dieu, te bénisse dans toutes les œuvres de tes mains. Quand tu auras secoué ton olivier, tu n'y reviendras point après; ce sera pour l'étranger, l'orphelin et la veuve. Quand tu auras vendangé la vigne, tu n'y glaneras point après; ce sera pour l'étranger, l'orphelin et la veuve. Quand tu feras la moisson de ta terre, tu ne couperas pas tout à fait les coins et les bouts de ton champ, ni ne ramasseras les épis isolés; mais tu laisseras tout cela pour le pauvre et l'étranger : moi, l'Eternel, votre Dieu* (Deuteron., 24; Lévit., 19; 9; 23, 22). » Nous avons vu un ancêtre du Christ, Booz, à la vue d'une étrangère qui glanait dans son champ, à la vue de Ruth, dire à ses moissonneurs : *Quand elle viendra ramasser entre les gerbes, ne lui en faites point de confusion. Et vous jetterez exprès des épis de vos javelles, et vous les laisserez, afin qu'elle les ramasse, et que personne de vous ne lui parle avec dureté* (Ruth, 2). Or, au mois de juin 1741, il arriva que le pape Benoît XIV, allant prendre l'air à Castel-Gandolfo, beaucoup de pauvres vinrent à lui se plaindre avec larmes, que des propriétaires les empêchaient de glaner dans leurs champs après la moisson, afin de laisser la glane à leur bétail. Le Pape prit vivement à cœur la cause des pauvres, qui est celle de Dieu : il rendit deux encycliques, l'une du 22 mai 1742, l'autre du 17 mai 1751. Dans la première, il rappelle ce que le Seigneur ordonne là-dessus dans la loi de Moïse, et en recommande l'exécution aux évêques et aux curés, et l'observation à tous les propriétaires. Cette exhortation n'ayant pas été suivie partout, il ordonne dans la seconde qu'il soit permis aux pauvres de glaner dans tous les champs des États de l'Église, pendant dix jours, après que les gerbes auront été enlevées. Chaque contravention est punie d'une amende de trente écus, à distribuer entre les pauvres des lieux.

Dans son pontificat de dix-huit ans, Benoît XIV mit au rang des bienheureux et des saints un grand nombre de serviteurs de Dieu. Il béatifia Alexandre Sauli, apôtre de la Corse; Camille de Lellis, fondateur d'une congrégation pour le service des malades; Jérôme Emiliani, fondateur d'une congrégation pour l'éducation de la jeunesse; Joseph de Calasanze, fondateur d'une congrégation pour les écoles chrétiennes; Jeanne-Françoise Frémiot de Chantal, fondatrice des Visitandines; Joseph de Cupertin, religieux de Saint-François. Il canonisa le même Camille de Lellis, ainsi que sainte Élisabeth, reine de Portugal; saint Fidèle de Sigmaring, Capucin, martyrisé par les protestants de Suisse; saint Pierre Regalati, Franciscain; saint Joseph de Léonissa, Capucin; sainte Catherine de Ricci, du tiers-ordre de Saint-Dominique.

Benoît XIV, avait fait plus, étant encore promoteur de la foi dans la congrégation des Rites, fonction équivalente à celle de procureur général dans une cour souveraine, il composa, en quatre livres, un ouvrage complet sur la béatification et la canonisation des saints. Le premier livre contient des principes généraux et des notions préliminaires; le second, le détail des formalités judiciaires; le troisième traite des fondements de la sainteté, c'est-à-dire des vertus héroïques et du martyre; le quatrième et dernier traite des preuves de la sainteté, c'est-à-dire des miracles et des grâces extraordinaires. A la suite de chaque livre, se trouvent certaines pièces dont il y est parlé, et qui peuvent servir de modèles. Comme la béatification et la canonisation des saints sont une affaire majeure qui intéresse toute l'Église de Dieu, elle a été naturellement réservée au chef même de cette Église. La question est de savoir si tel pieux personnage a pratiqué les vertus chrétiennes dans un degré héroïque, et si Dieu en a manifesté la sainteté par des miracles. Pour s'en assurer, le Pape a établi un tribunal sous le nom de congrégation des Rites, qui dirige toutes les procédures. Ce tribunal se compose d'un certain nombre de cardinaux, ordinairement sept, quelquefois neuf, et d'un certain nombre de consulteurs, juges du second ordre : ses principaux officiers sont le promoteur de la foi ou procureur général et le secrétaire.

Les honneurs que l'Église fait rendre aux saints canonisés se réduisent à sept articles : 1° Leurs noms sont inscrits dans les calendriers ecclésiastiques, les martyrologes, les litanies. 2° On les invoque publiquement dans les prières et les offices solennels. 3° On dédie sous leur invocation des temples et des autels. 4° On offre en leur honneur le sacrifice adorable du corps et du sang de Jésus-Christ. 5° On célèbre le jour de leur fête. 6° On expose leurs images dans les églises, et ils y sont représentés la tête environnée d'une couronne de lumière, qu'on appelle *auréole*. 7° Enfin, leurs reliques sont offertes à la vénération du peuple et portées avec pompe dans les processions solennelles. — C'est dans tout l'univers que ce culte est autorisé par le décret de la canonisation. Quand le souverain Pontife a déclaré leur sainteté, c'est un devoir pour tous les fidèles de la reconnaître. — La béatification, au contraire, n'est regardée que comme le préliminaire de la canonisation. C'est une espèce de permission provisoire, restreinte par sa nature à l'étendue des lieux ou à la qualité des personnes. Les serviteurs de Dieu reçoivent, en conséquence de ce jugement, le titre de *bienheureux*. Une ville, une province, un ordre, un diocèse peuvent alors les honorer sous ce nom. Quelquefois on approuve un office particulier qui ne se récite qu'en secret, sans préjudice à celui du jour. Mais il faut un indult du Pape pour ériger des autels en leur nom, et même pour exposer dans une église ou leurs portraits ou leurs reliques. — Un décret du pape Alexandre VII, de l'année 1629, défend absolument d'étendre aux béatifiés les honneurs qu'on rend légitimement aux saints canonisés.

Pour constater les vertus et les miracles des saints, la congrégation des Rites suit la même règle que les tribunaux séculiers pour constater les crimes des accusés. Seulement, les procédures pour la béatification et la canonisation sont bien plus longues et plus rigoureuses. Les premières instructions sont dressées sur les lieux par l'évêque diocésain. Il commence le procès par deux instances différentes. La première est une information pour constater la renommée publique des vertus et des miracles. La seconde est une perquisition exacte pour assurer qu'on a fidèlement exécuté les décrets d'Urbain VIII, qui défendent de rendre aucun culte public aux serviteurs de Dieu, quand ils ne sont encore ni béatifiés ni canonisés. L'ordinaire est absolument le juge en ces deux causes; il les commence de son propre mouvement et doit porter sa sentence. S'il négligeait de le faire, on lui renverrait de Rome ses procédures, pour qu'il décidât lui-même.

Pour ces premières informations il y a une dizaine de formalités à observer. 1° Pour éviter toute précipitation, il faudra que le bruit public atteste, pendant quelque temps, des vertus héroïques et des miracles bien marqués, avant qu'on pense à commencer les procédures. 2° L'évêque lui-même présidera, s'il est possible, à toutes les enquêtes. Quand il est obligé de commettre à sa place un de ses vicaires généraux, ou quelqu'un des principaux de son clergé, ce juge délégué doit se faire assister d'un docteur en théologie et d'un licencié en droit canon. Celui qui reçoit les dépositions doit, à chaque article, les contre-signer avec les témoins mêmes qui les souscrivent. 4° On doit exiger de chaque déposant un rapport bien circonstancié des faits; il ne suffit pas de lire aux autres le témoignage du premier, et de le faire approuver par leur consentement; il est ordonné de les entendre eux-mêmes, et de rédiger au long leurs réponses. 5° On prendra serment du notaire, et de celui qui a la fonction de promoteur aussi bien que des témoins; ils jureront tous de garder un profond silence sur le contenu des interrogatoires. 6° On doit écrire au Pape pour notifier à Sa Sainteté la procédure et le jugement. 7° On envoie, le plus tôt qu'il est possible, toutes les écritures, copiées en bonne forme et bien cachetées, à la congrégation des Rites. 8° Il faut conserver avec soin, dans les archives de l'église cathédrale, les originaux enfermés dans une cassette bien scellée, sous plusieurs clés différentes que l'on dépose chez des personnes notables. 9° Outre les témoins présentés par les parties qui sollicitent l'information, l'évêque doit en interroger d'office plusieurs autres, autant qu'il pourra s'en trouver en état de répondre. 10° Enfin, on ne peut insérer les attestations ou autes actes extrajudiciaires dans les écritures authentiques. Par l'exactitude de ces informations préliminaires, on peut juger de ce qu'il en sera du fond même de la procédure à Rome. — Le grand ouvrage de Benoit XIV se complète encore en quelque sorte par son *Traité des fêtes et du saint sacrifice de la messe*.

Pendant qu'il était évêque d'Ancône, puis archevêque de Bologne, il eut lieu de s'apercevoir qu'on ignorait généralement ou du moins que l'on ne connaissait point un assez grand nombre de constitutions apostoliques, où sont contenus des règlements très-importants de l'Eglise. On ignorait complètement, ou on entendait mal les réponses des congrégations. Les meilleurs statuts du diocèse étaient mal observés ou entièrement négligés, parce qu'on en ignorait la source. Lambertini se convainquit de tout cela, et dans des consultations théologiques, et par l'examen des jeunes clercs, des confesseurs et des curés. Quel remède à ce mal? On lui en conseilla de différentes espèces, en particulier l'établissement des académies ou conférences. Mais il fit remarquer que d'ordinaire un seul des associés travaille, tandis que les autres ne font rien, et ne conservent qu'un souvenir confus du rapport qu'ils écoutent. Le meilleur moyen lui parut de faire une suite d'ordonnances épiscopales, bien motivées, afin qu'on y apprît non-seulement ce qu'il y avait à faire, mais encore les raisons pourquoi. Le recueil de ces ordonnances fut reçu avec applaudissement, non-seulement dans le diocèse de Bologne, mais encore ailleurs. Un second moyen, c'était de tenir un synode diocésain, où l'on discuterait certains chefs fixés d'avance, au delà desquels il ne serait pas permis de s'étendre. La plupart étaient tirés des ordonnances épiscopales, mais il paraissait utile que l'autorité synodale vînt encore les confirmer. Toutefois quand il voulut mettre son projet à exécution, les opinions furent si divergentes, qu'il fallut prendre un autre parti. Les uns voulaient qu'on discutât sans exception tous les points de discipline; les autres en proposaient beaucoup qui n'étaient pas de la compétence du synode.

Pour guérir ces préjugés divers, Lambertini entreprit à Bologne un ouvrage qu'il acheva étant pape, et qu'il publia, non comme pontife, mais comme docteur particulier : son traité *Du synode diocésain*. Il est en treize livres. 1° Notions et questions préliminaires; 2° qui peut assembler le synode diocésain; 3° qui doit y être appelé, en quel ordre doit-on y prendre séance; 4° des ministres du synode; 5° ce que l'on doit y faire; 6° des constitutions à dresser dans le synode, et de la manière de les rédiger; 7° ce qu'il faut éviter dans les constitutions synodales : par exemple, sur les questions non encore définies touchant les sacrements, en particulier le baptême, la confirmation, l'eucharistie, la pénitence; 8° questions non encore définies touchant l'extrême-onction, l'ordre et le mariage; 9° il faut éviter dans le synode ce qui peut aller contre l'autorité et les droits du Siège apostolique, ne pas entreprendre de définir les controverses juridictionnelles entre la puissance ecclésiastique et la séculière, user sobrement des lois civiles dans le synode, et ne pas léser les privilèges des réguliers; 10° précautions à garder dans ce qui regarde les censures, l'usure, les contrats et les amendes pécuniaires; 11° de la nouveauté et de la sévérité à éviter dans les constitutions synodales : plusieurs de ces constitutions ont été censurées mal à propos sous ce rapport; 12° de l'inconsistance des constitutions synodales, qui sont contraires au droit commun et aux décrets apostoliques; en outre, s'il est permis, et jusqu'où, de statuer quelque chose dans le synode au delà du droit commun; 13° des autres articles qui regardent le synode diocésain. Benoit XIV traite chacun de ces points avec une érudition immense, mais nette et bien digérée. Cet ouvrage devrait être le manuel de tous les évêques, vicaires généraux et curés. Car, si vers le milieu du XVIIIe siècle, il y avait beaucoup d'ignorance et de préjugés sur ces matières en Italie, aujourd'hui, après les révolutions qui ont tout bouleversé, il y en a naturellement bien plus encore en France, en Allemagne, en Espagne, en Portugal et ailleurs.

Benoit XIV mourut le 3 mai 1758, après une maladie assez douloureuse, pendant laquelle il ne perdit pas un seul instant la sérénité de l'âme, ni la vivacité de l'esprit. Ses derniers soins furent consacrés à consoler ceux qui pleuraient autour de lui et à remplir avec ferveur les devoirs de la religion. Son éloge se trouve partout. Mais le plus flatteur de tous, peut-être, est le monument que le fils du lord-ministre Walpole lui fit ériger en Angleterre, et où on lit, entre autres, ces mots déjà consacrés par les suffrages de la postérité : *Aimé des catholiques, estimé des protestants, humble, désintéressé; monarque sans favori, Pape sans népotisme, et, malgré son esprit et son savoir, docteur sans orgueil, censeur sans sévérité*, etc.

Benoit XIV eut pour successeur Clément XIII. Charles Rezzonico, né à Venise en 1693, cardinal en 1737, et évêque de Padoue en 1743, fut élu pape le 5 juillet 1758. Ce choix d'un cardinal vénitien surprit dans un moment de rupture déclarée entre la cour de Rome et la république de Venise. La réputation du nouveau Pape explique cette préférence : il en était digne par ses vertus. Les écrivains les moins amis des Pontifes romains lui rendent ce témoignage. Le janséniste Clément, que son parti avait envoyé à Rome pour y influencer l'élection, et qui se donna en effet beaucoup de mouvement pour y faire un choix utile à sa cause, l'abbé Clément, peu louangeur en général, loue cependant Clément XIII. « A Padoue, dit-il, Rezzonico n'était appelé que *le saint*. C'était un homme exemplaire, qui, avec l'immense revenu de son diocèse et de son patrimoine, était toujours réduit par ses aumônes à se trouver sans argent, donnant jusqu'à son linge... Lorsqu'on lui fit la proposition de le nommer, il témoigna la plus grande opposition, refusa pendant quelque temps, et enfin se rendit..... Il n'avait d'autre dépendance de la société des Jésuites que celle que lui inspirait l'estime qu'il faisait de la régularité de leur conduite et de leur zèle pour les fonctions du ministère. » Le même écrivain dit encore : « Lorsqu'on lui fit la première ouverture de son exaltation, la surprise et le saisissement accablèrent aussitôt le bon cardinal. Refus, opposition, fièvre, cris capables de renverser le plan qu'on se proposait. On ne put le calmer qu'en lui disant d'abord que ce n'était, après tout, qu'une proposition dont on pouvait se désister ; selon lui, l'Église était perdue si elle se trouvait confiée à des mains si peu capables de la gouverner. Et que dirait tout l'univers d'un pareil choix? Tout ce bruit pensa faire échouer l'entreprise (Picot, *Mémoires*, an 1758). » Le nouveau Pape reçut ainsi, dès le commencement, des éloges unanimes. Même le gazetier janséniste, en parlant de la circulaire que Clément XIII adressa aux évêques pour leur faire part de son exaltation, disait que « ce bon Pape y parlait de l'abondance d'un cœur vraiment pénétré. » Le comte d'Albon dit, de son côté, dans son *Discours sur l'histoire* : « Les bons citoyens ne peuvent, sans une vive émotion, prononcer le nom de Clément XIII : c'était vraiment le père du peuple ; il n'avait rien de plus à cœur que de le rendre heureux, il y travaillait avec zèle. Le chagrin qu'il ressentait le plus vivement, qui lui arracha même souvent les larmes, était de voir des infortunés dont il ne pouvait soulager les maux. » Enfin, l'astronome Lalande lui-même, dans son *Voyage d'Italie*, ajoute à ces éloges : « Clément XIII, dit-il, a des mœurs irréprochables, une piété édifiante, une douceur inaltérable. Les maux de l'Église ne lui arrachent que des larmes. J'ai admiré son zèle, sa vigilance, sa modération en parlant de ceux mêmes qui méritent le moins ses ménagements. » Lalande rapporte en particulier un trait qui prouve combien ce Pontife était éloigné de faire entrer dans ses projets quelconques des motifs de vanité ou le vain désir des applaudissements humains. « Le Pape, dit-il en parlant du desséchement des marais pontins, le désirait personnellement. Lorsque je rendis compte à Sa Sainteté de cette partie de mon voyage, elle y prit un intérêt marqué et me demanda avec empressement ce que je pensais de la possibilité et des avantages de ce projet : je les lui exposai en détail ; mais ayant pris la liberté d'ajouter que ce serait une époque de gloire pour son règne, le Pontife religieux interrompit ce discours profane, et, joignant les mains vers le ciel, il me dit, presque les larmes aux yeux : « Ce n'est pas la gloire qui nous touche, c'est le bien de nos peuples que nous cherchons. » C'est ainsi que des hommes qui n'étaient pas accusés de flatter les Papes jugeaient Clément XIII. Il sera bon de se rappeler ces jugements lorsque nous verrons certains princes lui susciter toute sorte de contradictions ; lorsque nous verrons les rois de France, d'Espagne, de Portugal, de Naples, bannir les Jésuites de leurs royaumes, traiter leur institut de pernicieux et impie, ce même institut que le concile œcuménique de Trente a déclaré *saint et pieux*.

Parmi les lettres de son *Bullaire*, qui sont au nombre de sept cents, il y en a beaucoup où il déplore le triste état de la religion en France, en Espagne, en Allemagne, en Pologne : il déplore en particulier l'expulsion des Jésuites par une faction révolutionnaire et impie, qui circonvenait et dominait les princes. A l'exemple du concile de Trente, il justifia et confirma la Compagnie de Jésus : il encouragea, il consola même les bons évêques qui partageaient ses alarmes et qui s'efforçaient d'opposer une digue au déluge des mauvais livres. Pour procurer à l'Église affligée de nouveaux intercesseurs dans le ciel, Clément XIII canonisa sainte Françoise de Chantal, saint Jérôme Emilien, saint Jean de Kenti en Pologne, saint Séraphin de Monte-Granario, saint Joseph de Cupertin, saint Joseph de Calasanze ; il béatifia le vénérable Grégoire Barbadigo, cardinal-évêque de Padoue ; le vénérable Simon de Roxas, de l'ordre de la Trinité, pour la rédemption des captifs ; le vénérable Bernard de Corléone, frère laïque dans l'ordre des Capucins ; enfin il approuva l'office du bienheureux Martin d'Aguire, Franciscain, de Vergara, en Espagne, que nous avons vu martyriser au Japon, le 5 février 1597, avec vingt-cinq autres chrétiens mis au rang des martyrs par Urbain VIII, en attendant une canonisation plus solennelle.

Le bon pape Clément XIII mourut le 2 février 1769, après dix ans de pontificat, à l'âge de 76 ans. Sa santé avait toujours été mauvaise. « Sa constitution est si sanguine, dit Lalande dans son *Voyage d'Italie*, et il a le sang si sujet à la raréfaction ; qu'on désespère depuis longtemps de le conserver Son médecin le fait saigner à tout moment, et il a peine encore à éviter les accidents. Le 19 août 1765, il tomba presque mort et ne revint que quand on l'eut saigné.. » Ce fut apparemment un de ces accidents qui causa la mort inopinée de ce Pontife.

Le 19 mai suivant, il eut pour successeur le cardinal Laurent Ganganelli ; celui-ci prit le nom de Clément XIV, en mémoire de Clément XIII, qui lui avait donné la pourpre. Le nouveau Pape était né le 31 octobre 1705, au bourg de Saint-Arcangelo, d'une famille noble, dans le duché d'Urbin. Son père était médecin pensionné de la ville. Le jeune Ganganelli se livra dès ses premières années, avec une ardeur extraordinaire, aux études les plus sérieuses. Il fit des progrès rapides sous la conduite des professeurs de Rimini, où il était élevé, et, dès l'âge de dix-huit ans, il entra dans l'ordre de Saint-François. Après avoir professé la théologie en différentes villes d'Italie, il vint, dès l'âge de trente-cinq ans, enseigner cette science à Rome, au collége des Saints-Apôtres. La finesse de son esprit, l'enjouement de son caractère le firent aimer de Benoît XIV : sous le règne de ce Pontife, il devint consulteur du Saint-Office, place importante à Rome. Clément XIII le fit cardinal en 1759. Devenu pape en 1769, il mourut le 22 septembre 1774, à l'âge de 69 ans. Il forma un musée où il rassembla beaucoup de précieux restes de l'antiquité. Il fut sobre, désintéressé, et ne connut pas le népotisme. En dehors de son *Bullaire*, Clément XIV n'a pas laissé d'ouvrage connu ; car les lettres publiées sous son nom par Caraccioli sont une imposture. Sommé d'en montrer les originaux, le faussaire ne put en fournir aucun. La vie qu'il a publiée de ce même Pape n'est qu'un résumé de ces lettres et ne mérite pas plus de croyance. Quant à son *Bullaire*, sur trois cent trente-huit pièces, il y en a très-peu d'importantes. La première année de son pontificat, il mit au rang des bienheureux le vénérable François Caracciolo, fondateur des Clercs réguliers mineurs : le 13 mai 1772, il béatifia Paul Bura d'Arezzo, cardinal, évêque de Plaisance, puis archevêque de Naples. Ce qui a rendu son pontificat et son nom fameux, c'est un bref du 21 juin 1773, qui supprime la Société de Jésus : suppression qui, comme nous le verrons plus en détail, lui fut extorquée par les instances menaçantes des souverains catholiques, jouets aveugles des jansénistes et des incrédules. Voilà pourquoi ceux-ci lui prodiguent leurs éloges flétrissants.

L'imposteur Caraccioli insinue que Clément XIV est mort de poison, et rappelle en plusieurs endroits ce noir soupçon. Mais, observe Picot dans ses *Mémoires*, un homme déjà convaincu de fausse supposition n'est heureusement pas une autorité fort imposante, et on peut lui adjoindre l'auteur janséniste des *Nouvelles ecclésiastiques*, qui n'avait garde de manquer une aussi riche matière pour alimenter ses feuilles. Ces bruits absurdes sont démentis par des témoignages formels. Le Père Marzoni, général des Conventuels, qui avait assisté Clément XIV jusque dans ses derniers moments, et du suffrage duquel on avait voulu s'appuyer, certifia sous le sceau du serment, par un acte du 27 juin 1775, que jamais ce Pontife ne lui avait fait entendre qu'il crût être empoisonné : ce qui fait tomber ces mots vagues, ces demi-confidences, ces soupçons qu'on lui prêtait. De plus, le docteur Salicetti, médecin du palais apostolique, qui avait soigné le malade, avec son médecin ordinaire, rendit, dans une déclaration du 11 septembre, un compte très-détaillé de la maladie qu'il attribuait à un vice invétéré dans le sang et à la mauvaise habitude de se procurer, le jour comme la nuit, des sueurs excessives. Il assurait que l'ouverture du cadavre n'avait rien montré qui ne pût provenir de causes naturelles. Une humeur âcre qui incommodait fréquemment le Pape (septuagénaire), et qui se trouva supprimée tout à coup, paraît avoir été la cause de sa mort (Picot, *Mémoires*, an 1774).

Un de ses contemporains, qui l'assista miraculeusement à la mort, nous donnera des renseignements encore plus intimes sur ces choses. Ce contemporain est un saint du premier ordre, un Père de l'Eglise, qui combattit sans relâche, et de vive voix et par écrit, contre les portes de l'enfer, lesquelles s'efforçaient de prévaloir contre elle : c'est saint Alphonse de Liguori, alors évêque de Sainte-Agathe, dans le royaume de Naples.

Une chose le faisait surtout gémir ; c'était cette tempête, qui, par toute l'Europe, s'élevait contre les Jésuites. « Je n'ai encore reçu, écrivit-il à l'un d'eux, aucune nouvelle sur les affaires de votre Compagnie ; j'en éprouve une inquiétude presque plus grande que si s'agissait de notre petite congrégation. On menace une société qui a pour ainsi dire sanctifié le monde et qui continue incessamment à le sanctifier. » Les calomnies faisant toujours de plus tristes progrès, on ne douta plus que la célèbre Compagnie ne dût être bientôt supprimée : le saint évêque crut en mourir de douleur. « L'Eglise, disait-il, est appelée la vigne de Jésus-Christ ; mais si on enlève les ouvriers qui doivent la cultiver et la conserver, elle ne produira que des ronces et des épines, sous lesquelles les serpents se cacheront pour miner la Religion et l'Etat. — Si ces ouvriers ne sont plus, s'écriait-il dans l'amertume de sa douleur, nous sommes perdus ! » — Il estimait heureuse la ville qui possédait un collége de la Compagnie. « Indépendamment du bien considérable qu'ils font dans l'exercice des missions, les Jésuites, disait-il, savent encore jeter dans le cœur des jeunes gens des semences de piété, et en faire des plantes qui, transportées ensuite dans toutes les classes de la société, sanctifient les villes et les campagnes. Les jansénistes et tous les novateurs voudraient anéantir cette Société, pour renverser comme le boulevard de l'Eglise de Dieu. Contre de tels ennemis, où trouver des athlètes vigoureux comme ceux que la Compagnie seule peut dresser. » — Il déplorait donc l'aveuglement des souverains, qui, trompés par les faux rapports de prétendus catholiques zélés, se déclaraient aussi contre ces religieux. « La Religion et l'Etat, disait-il, se donnent mutuellement la main ; lorsque celle-là est ébranlée, l'autre chancelle et va à sa ruine. »

Le bon pape Clément XIII ayant de nouveau confirmé l'institut et la Compagnie de Jésus, saint Alphonse de Liguori lui écrivit, le 19 juin 1765, la lettre suivante :

« Très-Saint Père, la bulle que Votre Sainteté vient de donner à la louange de la vénérable Compagnie de Jésus, et pour sa confirmation, a rempli tous les gens de bien d'une joie à laquelle moi, misérable, je m'honore spécialement de participer. Je suis pénétré de la plus grande estime pour la Compagnie à cause du grand bien que font ces saints religieux, par leurs exemples et leurs travaux continuels, dans tous les lieux où ils se trouvent, dans les écoles, dans les églises et dans les oratoires de tant de congrégations qu'ils dirigent, soit par les confessions et les prédications, soit par les exercices spirituels qu'ils donnent, aussi bien que par les fatigues auxquelles ils se livrent pour sanctifier les prisons et les galères : je puis rendre moi-même témoignage de leur zèle, que j'ai été à même d'admirer lorsque j'habitais la ville de Naples. Le Seigneur, dans ces derniers temps, a voulu qu'ils fussent éprouvés par diverses contradictions et traverses ; mais Votre Sainteté, qui est le chef de l'Eglise et le père commun des fidèles, les a consolés et nous a consolés aussi, nous tous qui sommes vos enfants, en publiant solennellement partout les louanges et les mérites de la Compagnie. C'est ainsi que vous aurez fermé la bouche aux malveillants qui ont cherché à noircir non-seulement les personnes, mais encore l'institut. Pour nous, pasteurs des âmes, qui trouvons dans le zèle et les travaux de ces bons Pères un si grand soulagement pour le gouvernement de nos ouailles, et moi tout particulièrement, qui suis le dernier de tous les évêques, nous rendons à Votre Sainteté de très-humbles actions de grâces pour ce qu'elle vient de faire; et nous la supplions très-instamment de protéger toujours ce saint ordre, qui a donné à l'Église tant de dignes ouvriers, à la foi tant de martyrs; et qui a fait au monde entier tant de bien pour le salut des âmes, non-seulement dans les pays catholiques, mais aussi chez les infidèles et les hérétiques, et à qui il est réservé sans doute, comme nous devons l'espérer de la Bonté divine qui humilie et relève, de produire encore plus de bien pour l'avenir. C'est dans ces sentiments que, prosterné humblement aux pieds de Votre Sainteté, j'implore sa sainte bénédiction. »

Clément XIII répondit à saint Liguori par la lettre suivante : « C'est avec un très-grand plaisir que nous avons lu la lettre par laquelle vous nous faites part (ce dont nous étions persuadé d'ailleurs) de la vive satisfaction que vous éprouvez au sujet de notre constitution apostolique en faveur du pieux institut de la Compagnie de Jésus. Nous avons aussi vu avec une singulière satisfaction que vous professez envers cette Société des sentiments conformes aux éloges signalés que beaucoup d'autres évêques, nos vénérables frères, nous ont aussi exprimés par leurs lettres. Nous nous plaisons infiniment à voir en vous cet amour de la justice, cette grandeur d'âme et cette liberté si digne d'un évêque, qui, vous élevant au-dessus de tout respect humain, vous font publier courageusement ce que vous pensez touchant la Compagnie et ses défenseurs. C'est avec la plus grande affection que, vous tenant embrassé dans le sein de notre charité, nous vous donnons, vénérable frère, notre bénédiction apostolique (*Mém. sur la vie et la congrég. de S. Liguori.* Paris, 1842, t. II, l. 3, c. 25, p. 195 et seqq.). »

Après la mort de Clément XIII et sous le pontificat de Clément XIV, la tempête se déchaîna contre les Jésuites avec plus de violence que jamais. Liguori disait : « Tout n'est qu'intrigues de la part des jansénistes et des incrédules; s'ils parviennent à renverser la Compagnie, leurs désirs seront accomplis ; et si ce boulevard vient à tomber, quelles convulsions dans l'Église et dans l'État! Les Jésuites une fois détruits, le Pape et l'Église se trouveront dans une situation bien plus fâcheuse. Les Jésuites ne sont pas le seul point de mire des jansénistes, ils n'en veulent à la Compagnie que pour frapper plus sûrement l'Église et les États. »

Lorsqu'en 1773, le saint évêque reçut le bref de suppression, il adora quelque temps en silence les jugements de Dieu dans la conduite de son Pontife; puis prenant la parole : « Volonté du Pape, s'écria-t-il, volonté de Dieu ! » et l'on n'entendit plus de sa bouche une seule parole qui manifestât sa peine intérieure. Un jour, plusieurs personnes de distinction voulant jeter du blâme sur les dispositions de Clément XIV : « Pauvre Pape! s'écria le saint évêque, que pouvait-il faire dans les circonstances difficiles où il se trouvait, tandis que toutes les couronnes demandaient de concert cette suppression? Pour nous, nous ne pouvons qu'adorer en silence les secrets jugements de Dieu et nous tenir en paix. Je déclare cependant que, ne restât-il qu'un seul Jésuite au monde, il suffirait pour rétablir la Compagnie. »

« Priez pour le Pape, écrivait-il le 27 juin 1774. Le supérieur des Chinois, qui est arrivé de Rome, m'a dit que le Pape est accablé de tristesse, et en effet il a sujet de l'être; car on ne voit aucune lueur de paix pour l'Église. Priez pour le Pape; Dieu sait combien je compatis à ses afflictions! — Priez pour le Pape, dit-il encore dans une lettre, ainsi que je ne cesse de le faire de mon côté. Priez pour le Pape; on m'a écrit de la Romagne qu'il désire la mort, tant il est affligé de toutes les traverses qui tourmentent l'Église. — Les affaires de l'Église, écrit-il le 12 juin, vont de mal en pis. Monseigneur Rosetti, qui vient de Rome, m'a dit des choses à faire pleurer. Le Pape est dans la plus grande affliction; il se tient toujours enfermé; il ne donne audience presque à personne et n'expédie aucune affaire. » Dans une autre lettre du 23 juillet, il dit : « Le Pape souffre beaucoup à cause de la prétention des couronnes, et surtout au sujet de Venise. Il est encore frappé de la crainte de la mort, par la prophétie de la Bernardine Renzi de Valentano, enfermée au château Saint-Ange, qui lui prédisait qu'il mourrait le 16 juillet. Maintenant le 16 est passé et il n'est pas mort; ainsi nous espérons que Dieu nous le conservera pour l'année sainte du jubilé et plus longtemps encore. Je ne fais que répéter : Pauvre Pape, pauvre Pape, qui est affligé de toutes parts! Je ne cesse de prier pour lui, afin que le Seigneur vienne à son secours. » Il ajoute à la fin de sa lettre : « Le Pape se tient toujours enfermé et ne veut entendre personne. Il est donc besoin de prier d'une manière toute spéciale pour le Pape et pour l'Église. » Le 25 août, il écrivit encore : « J'apprends de plusieurs côtés que le Pape est dans l'affliction, qu'il se tient enfermé et n'expédie aucune affaire. Priez Dieu qu'il délivre le Pape de cette profonde mélancolie. » Les mêmes sentiments se trouvent dans une autre lettre du 5 septembre.

Dans la matinée du 21 septembre 1774, saint Liguori, après avoir fini sa messe, se jeta, contre sa coutume, dans son fauteuil; il était abattu et taciturne, ne faisant aucun mouvement, n'articulant aucune parole et ne demandant rien à personne. Il resta dans cet état tout le jour et toute la nuit suivante, et durant tout ce temps il ne prit aucune nourriture, et ne chercha point à se déshabiller. Les domestiques, qui voyaient sa situation, ne sachant ce qui allait arriver, se tenaient debout à la porte de sa chambre, mais aucun n'osait entrer. Le 22 au matin, il n'avait pas changé d'attitude; on ne savait plus que penser. Le fait est qu'il était dans une extase prolongée. Cependant, lorsque l'heure fut plus avancée, il agite la sonnette pour annoncer qu'il veut célébrer la sainte messe. A ce signe, ce n'est pas seulement frère Antoine qui vient comme de coutume, mais toutes les personnes de la maison accourent avec empressement. En voyant tant de monde, le saint demanda avec surprise ce qu'il y a. — Ce qu'il y a? lui répondirent-ils; depuis deux jours vous ne parlez plus ni ne mangez, et vous ne nous donnez plus aucun signe de vie. — C'est vrai, répliqua le saint évêque, mais vous ne savez pas que j'ai été assister le Pape qui vient de mourir. — On crut que ce n'était qu'un songe. Cependant on ne tarda pas à recevoir la nouvelle de la mort du pape Clément XIV, qui avait passé à une meilleure vie le 22 septembre, à sept heures du matin, au moment même où saint Liguori avait repris ses sens (*Mém. sur la vie et la congrég. de saint Liguori*, t. II, l. 3, c. 54, p. 445 et seqq.).

Le disciple bien-aimé du Sauveur, l'apôtre saint Jean, dit à la fin de son Evangile : *Jésus dit à Simon-Pierre : Simon, fils de Jean, m'aimes-tu plus que ceux-ci? Oui, Seigneur, lui répondit-il; vous savez que je vous aime. Jésus lui dit : Pais mes agneaux. Il lui dit une seconde fois : Simon, fils de Jean, m'aimes-tu? Pierre lui répondit : Oui, Seigneur, vous savez que je vous aime. Jésus lui dit : Pais mes agneaux. Il lui demanda pour la troisième fois : Simon, fils de Jean, m'aimes-tu? Pierre fut contristé de ce qu'il lui demandait pour la troisième fois m'aimes-tu? et il lui répondit : Seigneur, vous connaissez toutes choses; vous savez que je vous aime. Jesus lui dit : Pais mes brebis. En vérité, en vérité, je te le dis, lorsque tu étais plus jeune, tu te ceignais toi-même, et tu allais où tu voulais; mais lorsque tu seras vieux, tu étendras tes mains, et un autre te ceindra et te mènera où tu ne voudras pas. Or, il dit cela pour marquer par quelle mort il devait glorifier Dieu* (Joan., 21).

Ces dernières paroles, nous les avons vues s'accomplir d'abord en saint Pierre; nous les allons voir s'accomplir encore dans son deux cent cinquante-troisième successeur, pendant le dernier quart du XVIIIe siècle. Nous allons voir le nouveau Pape, dans la vigueur de l'âge, être l'admiration de son peuple et de tous les pèlerins qui viennent à Rome, nous le verrons lui-même, pèlerin apostolique, traverser l'Italie et l'Allemagne au milieu des respects des catholiques et des protestants; puis nous le verrons, plus qu'octogénaire, glorifier Dieu par ses souffrances, par son exil, par sa mort dans une prison.

Jean-Ange Braschi, connu de tout l'univers sous le nom de Pie VI, naquit à Césène, le 27 décembre 1717, d'une famille peu riche, mais noble et ancienne. Ses parents lui firent donner une éducation distinguée. Le cardinal Ruffo le présenta à Benoit XIV, qui lui témoigna de la bienveillance, et, après l'avoir employé dans quelques affaires, lui donna un canonicat de Saint-Pierre, et le fit par là entrer dans la prélature. Clément XIII le nomma auditeur du camerlingue, et ensuite trésorier de la Chambre apostolique. Le prélat Braschi remplit cette place importante depuis 1766 jusqu'en 1773, et y montra beaucoup de talent. On le vit constamment appliqué, laborieux, indifférent aux plaisirs profanes, et méritant l'estime générale par la régularité de sa conduite. Sa place devait lui procurer le chapeau de cardinal. Il le reçut de Clément XIV en 1773, et exerça encore les fonctions de trésorier. Le conclave s'étant ouvert le 5 octobre 1774, le cardinal Braschi réunit tous les suffrages le 15 février 1775. « Au moment où son élection fut proclamée, il se jeta à genoux et prononça une prière si touchante, que tous les assistants fondirent en larmes. Puis s'adressant aux cardinaux : Pères vénérables, leur dit-il, votre assemblée est terminée; mais que son résultat est malheureux pour moi !.... Il fit distribuer de l'argent aux pauvres; il recueillit à Rome une femme peu fortunée qui avait eu soin de son enfance. Dans la première distribution qu'il fit des grâces ecclésiastiques, il préféra les prélats les plus honnêtes et les moins riches. Aux actes de bienfaisance il joignit des actes de fermeté. Il réprimanda sévèrement le prélat Potenziani, gouverneur de Rome à cause des désordres qu'il n'avait su réprimer. Il priva de sa pension Nicolas Bischi, préfet de *l'annone*, et l'astreignit à rendre ses comptes. Il annonça qu'il dépouillerait de leurs emplois tous ceux qui les avait acquis par des moyens illégitimes. En supprimant plusieurs pensions, il économisa à la Chambre apostolique une dépense annuelle de quarante mille écus romains. Il promit aux cardinaux de les consulter dans toutes les affaires; son prédécesseur avait été singulièrement avare de sa confiance. Il se montra humain, accessible, laborieux, tempérant. En un mot, son début concilia presque tous les suffrages... Il partageait tout son temps entre ses devoirs religieux, son cabinet, son muséum et la bibliothèque du Vatican. »

Ainsi s'expliquait sur le nouveau Pape un homme qu'on n'accusera pas de le ménager, l'auteur des *Mémoires historiques et philosophiques sur Pie VI, et son pontificat, jusqu'à sa retraite en Toscane*, imprimés pour la première fois, en 1798, sous le Directoire national de la république française. Cet auteur appelle *retraite en Toscane* l'enlèvement brutal du Pape octogénaire par le gouvernement français, qui l'arracha de son siège, le traîna captif en Toscane, puis ailleurs, enfin en France, où il mourut en prison l'année suivante : c'est que cet auteur avait à cœur de pallier, sinon de justifier, la persécution de la république française envers le chef de l'humanité chrétienne. Cet auteur est Jean-François Bourgoing, né à Nevers en 1748, et mort en 1811 ambassadeur de l'empereur Napoléon à Dresde. Ses *Mémoires* sont *historiques*, car on y trouve des détails intéressants, des aveux extrêmement curieux; ils sont surtout *philosophiques*, car le Pape et la cour de Rome y sont jugés avec beaucoup de légèreté et de partialité : on y trouve des réflexions démenties par les faits, et le philosophe, souvent en contradiction avec l'historien. « A Dieu ne plaise, dit-il (T. I, p. 90), que nous veuillions peindre Pie VI sous de trop odieuses couleurs. Ce serait une injustice, quand même il serait en possession de son rang éminent; ce serait une lâcheté après la catastrophe qui l'en a précipité. » Et malgré cette *injustice* et cette *lâcheté*, Bourgoing calomnie volontiers ce Pontife détrôné et banni; il interprète défavorablement ses actions les plus louables, il ne voit dans tout ce qu'il fait que vanité. Mais c'est surtout dans les différends de Pie VI avec les souverains, que Bourgoing donne plus de preuves de cette mauvaise foi et de cette persévérance à le déprécier. Il avoue (p. 235), que *le Pape pouvait paraître un objet de pitié*, et que *presque tous les souverains semblaient s'être donné le mot pour le tourmenter*; et, dans tout son ouvrage, il appelle le blâme sur ce Pape si digne de *pitié*, et il lui reproche de ne s'être pas prêté au plaisir de ces princes et à leur concert pour le tourmenter. Ces *Mémoires* sont donc, comme on le voit, très-*philosophiques*, et quand ils avouent quelque chose à la louange du Pape, on peut y compter (Picot, *Mémoires*, an 1775).

C'était le cardinal Braschi qui avait déterminé Clément XIV à l'établissement de ce beau *muséum*, où les chefs-d'œuvre de tous les arts, les antiquités les plus précieuses devaient attirer les voyageurs de toutes les nations civilisées. Tous les projets que Braschi méditait depuis longtemps avaient un caractère de noblesse, de générosité, où son âme se peignait tout entière. Nous ne ferons qu'indiquer les plus importants : les travaux exécutés dans le port d'Ancône, le seul des Etats du Pape où le commerce pût être protégé; le fanal qui fit partie de ces travaux, lesquels méritèrent à Pie VI une statue pareille à celle de Clément XII, et un arc de triomphe à côté de celui de Trajan; la sacristie magnifique ajoutée à la basilique de Saint-Pierre; les réparations faites à l'entrée du palais Quirinal, où il fit relever le fameux obélisque; les embellissements de l'abbaye de *Subiaco*, qu'il avait possédée auparavant. Mais tout cela disparaît et s'efface en comparaison de la vaste entreprise du dessèchement des marais pontins. Dès les premiers temps de la république romaine, et, depuis, sous les empereurs; enfin, plus récemment encore, sous les pontificats de Boniface VIII, de Martin V, de Léon X, de Sixte V et de Clément XIII, on avait fait de vaines tentatives pour assainir cette malheureuse contrée, où une population tout entière naît, languit et s'éteint bientôt au milieu des vapeurs pestilentielles, et que le voyageur même ne traverse impunément qu'avec des précautions indispensables : Pie VI voulut, à l'exemple de ses prédécesseurs, essayer d'achever ce double monument de gloire et de bienfaisance. Il visita lui-même cette terre de désolation; il y venait tous les ans encourager et diriger les travaux. On lui a reproché bien injustement d'avoir dissipé les trésors de l'Etat dans un projet chimérique. Une souscription volontaire procura des fonds considérables qui soulagèrent le fisc. Douze mille arpents de terre rendus à la culture des grains et à la nourriture des troupeaux furent vendus au duc Braschi, neveu du Pape, par la Chambre apostolique. La voie Appienne, ce chef-d'œuvre de l'industrie des Romains, fut dégagée des encombrements inutiles qui la surchargeaient et ne faisaient qu'augmenter la stagnation des eaux. C'est aujourd'hui un chemin droit et uni qui conduit rapidement à Terracine et qui dispense de faire un détour long et incommode pour regagner la route de Naples. On creusa, en outre, un large canal qui facilita davantage l'écoulement des eaux vers le lac Fogliano et qui devait par la suite augmenter les mouvements du commerce. Une ville tout entière, dont les plans étaient déjà adoptés, aurait embelli et couronné ces superbes ouvrages; mais les troubles qui survinrent, et la révolution française surtout, y apportèrent un obstacle invincible (*Biogr. univers.*, t. XXXIV, art. PIE VI, par Desportes-Boscheron).

Disons encore un mot de ces institutions charitables, que Pie VI ne négligeait point au milieu des soins de l'administration temporelle, de ces conservatoires qu'il érigea pour de jeunes filles indigentes; de l'hospice fondé à Rome même en faveur des *Frères des écoles chrétiennes*, qu'il chargea de l'éducation des enfants du peuple, et de la touchante reconnaissance qu'ils lui témoignèrent, en mettant sur la façade de leur maison ces mots si beaux et si simples : *Pie VI, père des pauvres*. A côté de ces actes modestes de bienfaisance, l'histoire ne doit pas omettre la magnificence que Pie VI déployait dans les cérémonies pontificales. Clément XIV les avait trop négligées, et le peuple romain avait fait entendre des murmures. Ce fut une leçon pour son successeur. Au reste, nul ne pouvait, mieux que Pie VI, rendre l'éclat et la dignité convenables aux devoirs du chef suprême de la religion. Il était encore, dans un âge avancé, un des plus beaux hommes de son temps. Une physionomie noble et spirituelle, une taille haute et développée dans les plus belles proportions, donnaient à toutes ses manières, à tous ses mouvements, une grâce, une majesté qui excitaient au plus haut degré l'affection et le respect. Le peuple s'écriait souvent : « Qu'il est beau! qu'il est beau! Il est aussi beau qu'il est saint! » Un écrivain anglais, John Moore, et un luthérien qui l'avaient vu officiant pontificalement, l'un à Rome et l'autre à Vienne, en parlent dans leurs *Mémoires* avec un enthousiasme d'autant moins suspect qu'ils semblent se le reprocher comme une espèce d'idolâtrie. Ce qu'il faut observer dans ces récits, où l'on ne serait pas étonné que deux écrivains protestants eussent mêlé quelques réflexions un peu critiques, c'est qu'au milieu de ces ravissements, pour lesquels ils trouvent à peine des expressions qui répondent à leurs pensées, ils ne parlent jamais qu'avec un profond respect « de la piété du souverain Pontife, de ces larmes de componction qui baignaient ses yeux élevés vers le ciel, de cette dévotion fervente qui se peignait dans toute son attitude et dont il était impossible, disent-ils, qu'on ne fût pas profondément ému. » Ce sentiment les domine, les entraîne presque malgré eux; et c'est un hommage qu'ils se plaisent à rendre au culte imposant et sublime de l'Eglise romaine (*Ibid.*).

Chaque jour Pie VI célébrait les saints mystères et y semblait abîmé devant la Majesté suprême; ensuite il allait faire sa prière au tombeau de saint Pierre, et là, confondu dans la foule innombrable des fidèles, ne se distinguait que par son recueillement, sa ferveur, son humilité profonde; au sortir de l'église, l'après-midi, pour sa récréation, il se faisait conduire à celle des églises de Rome où le saint-sacrement était exposé. Après y être resté une demi-heure en adoration, il allait reprendre ses occupations ordinaires.

Telle est la série des souverains Pontifes que Dieu donna à son Eglise, de 1730 à la fin du XVIIIe siècle. Ils étaient tous nés en Italie. Ce pays eut encore la gloire de produire à la même époque plusieurs vertueux personnages dont Dieu a manifesté la sainteté par des miracles.

Saint JEAN-JOSEPH DE LA CROIX vint au monde le

15 août 1652, dans la ville d'Ischia, située dans une île du même nom, à peu près en face de la ville de Naples. Le même jour, fête de l'Assomption de la sainte Vierge, il reçut le baptême et le nom de Charles Cajétan. Ses parents appartenaient à une famille noble, mais se distinguaient encore bien plus par une haute piété. Ils avaient beaucoup d'enfants; cinq de leurs fils quittèrent le monde pour se retirer dans des cloîtres et ne vivre que pour Dieu. L'un d'eux surtout, Charles Cajétan, donna dès ses premières années les plus belles espérances. On ne remarquait en lui rien de puéril; toujours amical envers tout le monde, jamais il ne montra de l'humeur envers qui que ce fût. Il avait une dévotion particulière pour la bienheureuse Mère de Dieu, en l'honneur de laquelle il avait dressé un petit autel dans un endroit retiré de la maison de son père, où il venait sans cesse lui adresser ses prières avec une confiance toute filiale. Dès qu'il fut en âge de comprendre l'importance et la grandeur des sacrements, ses parents le firent approcher de ceux de la pénitence et de la sainte communion. Chaque semaine, il se préparait à les recevoir par le silence, le jeûne et des pratiques de pénitence; car dès lors il avait soin de se coucher sur un lit très-dur. Il ne se départit plus de ce genre de vie, lorsqu'à un âge plus avancé il se voua à l'étude des sciences. Toute offense de Dieu l'affligeait profondément, et tous ses efforts, ses paroles et ses exhortations tendaient à éloigner du péché ses compagnons d'étude, qui le regardaient tous comme un modèle de pureté et de toutes les vertus.

Dieu voulut avoir cette belle âme toute à lui dans la fleur de sa jeunesse. Aussi Cajétan, à peine âgé de dix-sept ans, redoubla-t-il d'efforts pour mener une vie plus austère, et mériter, par des prières ferventes, les lumières de l'Esprit-Saint. Précisément à cette époque vint d'Espagne en Italie le serviteur de Dieu, Jean de Saint-Bernard, Franciscain déchaussé, de la réforme de Saint-Pierre d'Alcantara, pour propager dans cette contrée cet ordre sévère. Quand il arriva dans la patrie de notre saint, il le transporta tellement par ses discours et par ses vertus, que celui-ci prit aussitôt la résolution de s'attacher à lui et ne conserva plus aucun doute sur la volonté de Dieu à cet égard. Il partit donc aussitôt pour Naples, où il sollicita avec ardeur son admission dans l'ordre; après avoir reçu l'habit, il échangea son nom contre celui de *Jean-Joseph de la Croix*.

Ses supérieurs décidèrent qu'il ferait son noviciat à Naples et qu'il y prononcerait ses vœux solennels. Ses pratiques de dévotion, à cette époque, présentaient un caractère d'austérité extraordinaire : il jeûnait tous les jours, ne dormait que peu d'heures et portait partout avec lui, selon les paroles de saint Paul, la mortification de Jésus-Christ dans son esprit et dans son cœur. Il s'étudia particulièrement à imiter le fondateur de son ordre, saint François, ainsi que saint Pierre d'Alcantara. S'il observait avec ponctualité les commandements de Dieu et de l'Église, il n'était pas moins exact dans l'accomplissement des moindres règles de son ordre. Un de ses frères se distinguait-il par la pratique plus élevée de quelque belle vertu, il s'efforçait aussitôt de l'égaler, non par un sentiment de jalousie, mais pour profiter de la grâce que Dieu lui faisait en lui mettant de si beaux exemples sous les yeux.

Quand il eut fait ses vœux, le 25 juin 1671, ses supérieurs lui donnèrent la mission difficile et pénible d'aller fonder un nouveau couvent dans le Piémont, à Afile. Le saint ne recula devant aucune fatigue pour mener à heureuse fin cette grande entreprise; il y consacra toutes ses forces et tous ses soins. Il alla même si loin, qu'il voulut que cette maison, la première de cet ordre fondée en Italie, non-seulement rivalisât avec celle de Pedroso, établie dans la province d'Estramadure en Espagne, par saint Pierre d'Alcantara, mais encore qu'elle l'emportât sur elle par la sévérité de la règle. Non content d'y voir la sainte vertu de pauvreté observée dans toute sa rigueur, il voulut encore que, selon l'esprit des premiers couvents, le silence le plus absolu y régnât, que les règles de l'ordre y fussent observées avec la plus grande ponctualité, et que dans le chant des heures, qui avait lieu avec de longues pauses, on introduisît d'autres prières.

L'obéissance lui fit un devoir de recevoir la prêtrise, et, par suite, de se livrer à l'exercice du saint ministère au tribunal de la pénitence. Dieu lui accorda surtout le don de distinguer les esprits, et bientôt on ne parla que de son instruction et de sa profonde sagacité. Cette pénétration extraordinaire qu'il montrait dans tous ses jugements venait moins des études qu'il avait faites que de ses entretiens avec Dieu, qui lui avait donné un talent particulier pour faire rentrer les pécheurs dans la voie du salut.

Il aspirait à une entière solitude; mais il fut nommé quatre fois maître des novices, puis provincial, et enfin général de son ordre. Il aimait la pauvreté évangélique à tel point, que non-seulement il ne voulut jamais rien posséder en propre, mais qu'il eût voulu même se passer des choses les plus nécessaires dont la règle cependant permet l'usage. Tout le mobilier de sa chambre consistait en une image de Jésus-Christ et de la sainte Vierge, un bréviaire et un lit bien dur, composé de deux peaux et d'une couverture de laine. Il n'avait qu'un seul habit de l'ordre, de l'étoffe la plus grossière, et celui qu'il avait à sa mort, il le portait depuis soixante-cinq ans. La vue d'un pauvre lui faisait éprouver une si vive émotion, que jamais il n'en renvoya un seul sans lui avoir fait une légère aumône. Il mettait de côté pour eux la plus grande partie de la nourriture qu'on lui servait, ne gardant pour lui que la plus petite et la plus mauvaise. Malgré une vie si austère et si pénitente, il vécut au delà de quatre-vingt-quatre ans et ne mourut qu'en 1737, honoré de miracles avant et après sa mort. Il fut béatifié le 20 janvier 1789, par son contemporain Pie VI, et canonisé le 26 mai 1839, par Grégoire XVI (*Vies des saints canonisés le 26 mai* 1839. Paris, 1840; Godescard, 5 mars).

Un autre saint de la nombreuse famille de saint François fut le bienheureux Ange d'Acri. Il naquit le 19 octobre 1669, à Acre ou Acri dans la Calabre citérieure. Il entra dans l'ordre des Capucins et y fut employé dans les missions pendant près de quarante années. Son zèle était infatigable, et ses discours, auxquels on accourait en foule, ne manquaient jamais d'opérer quelque conversion éclatante. Il avait reçu une grâce particulière pour ramener les incrédules à la foi, mais il prévit les maux que la malheureuse philosophie du XVIIIe siècle devait faire à la religion, et il en versait des larmes abondantes. Ange mourut en odeur de sainteté le 30 octobre 1739, et Léon XII l'a admis au rang des bienheureux par son décret du 18 décembre 1825 (Godescard, 30 octobre).

Un troisième saint personnage de l'ordre de Saint-François, fut le bienheureux Crispin de Viterbe. Le pape Pie VII, dans le décret de béatification, en fait cet éloge : « Il était le père des pauvres, le consolateur des affligés, pur et simple de cœur, rempli de dévotion envers la sainte Vierge, mère de Dieu, illustre par le don de prophétie et par celui des miracles. » Telles sont, en effet, les vertus que ce saint homme ne cessa de pratiquer pendant sa longue vie, passée presque tout entière dans l'ordre de Saint-François en qualité de simple frère lai. Il était né à Viterbe, le 13 novembre 1668, de parents pauvres, mais vertueux, qui ne négligèrent rien pour lui donner une éducation chrétienne. Sa mère l'avait consacré de bonne heure à Marie, et s'était efforcée de lui inspirer envers elle un respect et une confiance sans borne; elle savait que le salut de son fils était assuré sous la protection de cette Reine puissante.

On voulait engager le jeune Crispin dans le service militaire; mais, ayant un jour été témoin de la profession de deux jeunes Capucins, il fut tellement frappé de leur recueillement et de leur ferveur qu'il s'écria : « C'est à cette armée que je veux appartenir; je sens la croix de saint François dans mon cœur, et je veux l'y conserver à jamais. » Il demanda, en effet, à être admis comme frère lai ou laïque dans un couvent de Capucins à Viterbe, et fit profession à l'âge de vingt-six ans.

Ses supérieurs l'employèrent souvent à quêter pour sa maison, et c'est en s'acquittant de cette pénible fonction qu'il trouva une multitude d'occasions de montrer sa charité pour les pauvres et les malheureux de toute espèce, soit en soulageant leurs besoins temporels, soit en leur donnant des avis et des remèdes salutaires pour la sanctification de leurs âmes. Personne ne donnait un meilleur conseil, et les plus hauts personnages, les cardinaux et les prélats, le regardaient comme un homme spécialement favorisé de Dieu. Cependant son humilité demeurait inébranlable au milieu des témoignages de vénération qu'il recevait continuellement, et il ne s'acquittait pas avec moins d'empressement de tous les offices qui lui étaient confiés, quelque bas qu'ils fussent. Qu'on le chargeât du soin des malades, ou de la cuisine, ou de la propreté de la maison, tout lui était égal, parce qu'il ne voyait dans l'ordre de ses supérieurs que la volonté de Dieu.

Le 1er mai 1750, il annonça lui-même sa mort prochaine, et bientôt il tomba dangereusement malade. Malgré sa sainte vie, une vive frayeur s'empara de lui; mais la confiance en Dieu ne tarda pas à reprendre le dessus, et on l'entendit s'écrier souvent : « O mon Jésus! vous m'avez racheté par votre sang. Assistez-moi à cette heure! Assurez-moi de mon salut! » Puis, s'adressant à la sainte Vierge, il lui disait : « O vous, puissante et vénérable Mère de Dieu, soyez mon avocate, mon refuge, ma protectrice, souvenez-vous de moi à ma dernière heure! »

Ses prières furent exaucées, et il rendit son âme à Dieu, dans les sentiments de la foi la plus vive le 10 mai 1750. Sa fête a été fixée au 23 mai par Pie VII, dans le décret de sa béatification porté le 26 août 1806 (Godescard, 23 mai).

« Personne ne saurait, sans hérésie, mettre en doute la sainteté non interrompue de l'Église, que Jésus-Christ a tant aimée, qu'il s'est livré lui-même pour la sanctifier. Ce n'est pas seulement dans ses premiers âges qu'elle a brillé de l'éclat de la vertu et qu'elle a ainsi attiré et converti les nations; nous la voyons encore, dans ces derniers temps, glorifiée par la sainteté de ses enfants, entre lesquels nous avons connu nous-même, dans notre jeunesse, Léonard de Port-Maurice, dont le souvenir nous remplit de consolation et de joie. » Ainsi s'exprime le pape Pie VI, au commencement de son décret pour la béatification du vénérable Léonard, quatrième saint de l'ordre de Saint-François à la même époque.

Paul-Jérôme de Casa-Nuova, né le 20 décembre 1676, de parents honnêtes et pieux, à Port-Maurice, dans le diocèse d'Albenga, sur la côte de Gênes, montra dès son enfance une inclination pour la piété qui semblait annoncer sa sainteté future, et qui devint toujours plus remarquable, à mesure qu'il avançait en âge. Appelé à Rome dès l'âge de dix ans par un de ses oncles qui y demeurait, il y fut élevé par les Jésuites au collège Romain, où, n'étant inférieur à aucun de ses condisciples en talent, il surpassa tous par la pureté de ses mœurs, par son austérité, son mépris de lui-même et son amour des choses saintes. Il paraissait faire revivre saint Louis de Gonzague. Sa vertu lui procura l'avantage d'être admis dans la petite congrégation formée dans l'oratoire du Père Caravita, et composée de douze jeunes gens choisis parmi les plus fervents et les plus zélés, dont la pratique était de faire le catéchisme dans les églises et d'aller, les jours de fête, chercher dans la ville les gens oisifs pour les conduire aux prédications. Ses études étant finies, il se sentit de la vocation pour l'état religieux, et il entra, après de mûres réflexions, au couvent de Saint-Bonaventure, des Mineurs observantins réformés. Il y prononça ses vœux sous le nom de *Léonard de Port-Maurice*, sous lequel il est plus connu.

Ce n'était pas sans de grands obstacles, du côté de ses parents et de ses amis, que Léonard avait pu exécuter son pieux dessein. Aussi, lorsqu'il se vit enfin parvenu au but qu'il souhaitait si vivement d'atteindre, il sentit tout son bonheur et chercha à répondre, par sa fidélité, à la grâce qu'il avait reçue. Il employa le temps de son noviciat et celui qui suivit immédiatement sa profession, à l'étude approfondie des obligations de son état, à la lecture des livres spirituels et à l'exercice de l'oraison. Sa régularité faisait l'admiration de ses frères. Il disait quelquefois : « Si, pendant que nous sommes jeunes, nous faisons peu de cas des petites choses, lorsque nous serons avancés en âge et que nous aurons plus de liberté, nous nous permettrons de manquer aux points les plus importants. » Sa conduite servait d'exemple, et, par ses discours, il animait les autres religieux à la pratique de la vertu. « Nous pouvons, avec le secours de la grâce, leur disait-il, non-seulement être bons, mais même devenir des saints. »

Léonard, ayant été ordonné prêtre, fut appliqué aux missions; mais ses forces corporelles ne répondant pas à l'ardeur de son zèle, il tomba dangereusement malade et fut obligé, pendant cinq ans, de borner ses soins à la sanctification des âmes. C'est à cette époque qu'étant allé dans son pays natal, il fit connaître dans cette contrée le pieux *exercice du chemin de la croix*, dévotion aujourd'hui si répandue et que les souverains Pontifes ont favorisée en y attachant de grandes indulgences. Le saint religieux s'étant rétabli par l'assistance spéciale de la sainte Vierge, travailla de nouveau à la sanctification des âmes, mais avec tant de zèle, que l'on s'étonnait qu'il pût supporter de telles fatigues, lui qui semblait devoir être exténué par les jeûnes, les veilles et les austérités auxquels il se livrait. Les missions nombreuses qu'il donna l'obligèrent à parcourir une grande partie de l'Italie; il travailla d'abord longtemps en Toscane, puis il fut appelé à Rome et dans les campagnes environnantes, envoyé ensuite à Gênes et en Corse, et enfin il revint encore dans les Etats de l'Eglise.

Partout il ramenait les pécheurs à Dieu; il affermissait les bons dans la piété et excitait les saints à une nouvelle ferveur. A Rome, les personnes du plus haut rang couraient entendre ses sermons, entre autres l'illustre Lambertini, qui fut depuis élevé sur la chaire de saint Pierre sous le nom de Benoît XIV, et qui ne parlait de Léonard de Port-Maurice qu'avec la plus grande estime.

Mais, en prêchant aux autres, le zélé missionnaire ne négligeait pas son propre salut; il se renfermait souvent dans une solitude, où il vivait pour Dieu seul. Il avait une haute estime pour le livre des *Exercices spirituels* de saint Ignace, et afin d'en étendre l'usage, il obtint de Cosme III, grand-duc de Toscane et admirateur de ses vertus, une maison dans les environs de Florence, où il assemblait souvent les fidèles qui désiraient s'occuper plus particulièrement, dans le recueillement et le silence, de leurs intérêts spirituels. Ils y suivaient, sous sa direction, les exercices de la retraite selon la méthode prescrite par ce grand saint.

Plusieurs confréries durent leur établissement à Léonard de Port-Maurice; il en institua une dans l'église de Saint-Théodore à Rome, en l'honneur du sacré cœur de Jésus. Les noms de Jésus et de Marie étaient souvent dans sa bouche; afin d'y rappeler l'attention, il voulait qu'on les inscrivît dans des endroits exposés aux yeux du public. Il recommandait fortement la pratique de la méditation sur la passion du Sauveur, et, pour la propager, il fit élever à Rome, dans l'amphithéâtre de Vespasien, connu sous le nom de Colysée, de petites chapelles dans lesquelles sont représentées toutes les souffrances du Sauveur, depuis sa prière au jardin des Olives jusqu'à sa mort sur le Calvaire. En plusieurs villes, il institua aussi l'adoration perpétuelle de Jésus-Christ dans le saint-sacrement.

Enfin, après avoir, pendant quarante-quatre ans, continué ces utiles travaux, accablé de fatigues, il retourna pour la dernière fois à Rome, dans son couvent de Saint-Bonaventure, et s'y prépara saintement à la mort, qui le mit en possession des récompenses éternelles le 26 novembre 1751. Lorsque Benoît XIV, qui gouvernait alors l'Eglise, apprit son trépas, il dit : « Nous avons beaucoup perdu, mais nous avons gagné un protecteur dans le ciel. » De nombreux miracles ont été opérés par l'intercession de ce saint religieux, dont la mémoire est en vénération à Rome. Pie VI, qui l'avait connu personnellement et qui le révérait, promulgua, le 14 juin 1796, le décret de sa béatification (Godescard, 26 nov.)

A côté de ces vertueux enfants de l'Italie, que l'Eglise de Dieu honore d'un culte public, plusieurs de leurs compatriotes se distinguaient par la science unie à la piété.

Un littérateur italien, qui nous en fait connaître une foule d'autres, c'est le Jésuite Jérôme Tiraboschi, né à Bergame le 28 décembre 1731, et mort à Modène le 3 juin 1794. Son principal ouvrage, sans compter une vingtaine d'autres, est son *Histoire de la littérature italienne*, treize volumes in-quarto, justement admirée de tous les connaisseurs.

Lorsque Tiraboschi vint au monde, l'Italie voyait comme une constellation d'hommes d'élite, Muratori, Orsi, Bianchi, Mansi, Ballerini, Zaccaria, illustrant par leurs travaux la religion et leur patrie.

Louis-Antoine Muratori, prêtre séculier, né le 21 octobre à Vignola, dans le duché de Modène, et mort en cette dernière ville le 23 janvier 1750, à l'âge de 77 ans, fut, dès ses premières années, un prodige d'esprit et d'érudition. On lui doit soixante-quatre ouvrages, parmi lesquels plusieurs publications des plus importantes. *Collection des historiens d'Italie*, vingt-neuf volumes in-folio; *Antiquités italiques du moyen-âge*, six volumes in folio; *Nouveau trésor d'anciennes inscriptions*, six volumes in-folio; *Annales d'Italie*, douze volumes in-quarto. Parmi ses publications moins volumineuses, se distingue son *Christianisme heureux dans les missions du Paraguay*, tableau aussi intéressant qu'édifiant des merveilles que le zèle des Jésuites avait opérées dans cette partie du Nouveau-Monde.

Joseph-Augustin Orsi, né à Florence l'an 1692, étudia sous les Jésuites, et entra, l'an 1708, dans l'ordre de Saint-Dominique, à Fiésole. Il enseigna la philosophie et la théologie au couvent de Saint-Marc, à Florence, et se fit une réputation par ses leçons, ainsi que par quelques ouvrages de critique sur des matières de théologie. En 1734, le cardinal Corsini, neveu de Clément XII, le fit venir à Rome comme son théologien. Orsi se montra zélé pour la défense des prérogatives du Saint-Siège; il devint membre de plusieurs congrégations, secrétaire de l'Index, maître du sacré palais en 1749, et enfin cardinal en 1759. Cette dignité ne changea rien à ses habitudes; il continua de vivre dans la retraite et de se livrer à son goût pour le travail. Il mourut à Rome le 13 juin 1761, assisté de son ami Bottari. Son principal ouvrage est, en italien, une *Histoire de l'Eglise*, un peu prolixe, en vingt et un volumes, qui ne vont que jusqu'à l'année 600, et qui ont été continués par son confrère Beccheti. D'autres ouvrages du cardinal Orsi sont : un *Traité latin sur le jugement irréformable du Pape dans la décision des controverses de foi; De la puissance du Pape sur les conciles généraux et sur leurs canons*, trois volumes in-quarto; *De l'infaillibilité et de l'autorité du Pontife romain au-dessus des conciles œcuméniques*, en italien; *De l'origine du domaine et de la souveraineté des Pontifes romains*.

Jean-Antoine Bianchi, de Lucques, religieux observantin, naquit le 2 octobre 1686. Il professa pendant plusieurs années la philosophie et la théologie, fut ensuite, dans son ordre, provincial de la province romaine, visiteur de celle de Bologne, l'un des consulteurs de l'inquisition à Rome, et examinateur du clergé romain. Il mourut le 18 janvier 1758. La gravité de son état et de ses études ne l'empêchait point de cultiver les belles-lettres, la poésie et principalement la poésie dramatique. On a de lui plusieurs tragédies tirées de l'Ecriture sainte. Dans un genre tout différent, il composa, par ordre de Clément XII, un ouvrage intitulé : *De la puissance et du gouvernement de l'Eglise, deux traités contre les nouvelles opinions de Pierre Giannone*, cinq volumes in-quarto. Giannone, avocat napolitain, publia, sous le titre d'*Histoire de Naples*, une compilation indigeste, mais satirique, contre le clergé, principalement contre l'autorité du Pape et les droits du Saint-Siège. Le Père Bianchi le réfute en détail et fort bien, non-seulement lui, mais encore le gallicanisme politique de Bossuet. Il commence même sa réfutation par ce dernier, et y consacre les deux premiers volumes : car, à ses yeux, et non sans quelque raison, le gallicanisme politique est l'arsenal où les folliculaires schismatiques de l'Allemagne et de la France ont puisé, comme Giannone, leurs principaux traits contre l'Eglise de Dieu.

Jean-Dominique Mansi naquit également à Lucques, le 16 février 1692, d'une famille patricienne qui s'éteignit en sa personne. Il avait reçu de la nature d'heureuses dispositions que ses parents cultivèrent avec beaucoup de soin. Après avoir terminé ses études, quoiqu'il fût l'aîné de sa famille, il entra dans la congrégation des clercs de la Mère de Dieu, et fut envoyé à Naples, où il professa la théologie pendant plusieurs années. L'archevêque de Lucques, Fabius Colloredo, l'ayant rappelé auprès de lui pour en faire son théologien, il put se livrer avec plus d'assiduité au travail du cabinet. Il visita l'Italie, l'Allemagne et la France, pour profiter des lumières des savants et extraire des bibliothèques et des archives les matériaux nécessaires à ses projets. Il établit à Lucques, dans la maison de son ordre, une académie qui s'occupait spécialement d'histoire ecclésiastique et de liturgie; il en enrichit considérablement la bibliothèque, dont la direction lui fut confiée. La réputation qu'il acquit par ses ouvrages fixa sur lui l'attention du Siège apostolique; et le pape Clément XIII le nomma, l'an 1765, à l'archevêché de Lucques. Mansi mourut dans sa ville épiscopale le 27 septembre 1769, à l'âge de 77 ans. Ce prélat a traduit du français en latin le *Dictionnaire de la Bible*, les *Dissertations préliminaires* et le *Commentaire sur l'Ancien et le Nouveau Testament*, par Dom Calmet. On lui doit des éditions enrichies de notes et de préfaces : *Du traité de la discipline ecclésiastique*, par Thomassin; *Des annales ecclésiastiques*, de Baronius et de Torniel; *De l'histoire ecclésiastique*, de Noël Alexandre; *De la théologie morale*, de Reifenstuel et de celle de Layman; *Des mélanges*, de Baluze; *De la bibliothèque de la moyenne et basse latinité*, par Fabricius; *Des mémoires de la comtesse Mathilde*. Mais, de toutes les éditions, aucune ne lui a fait plus d'honneur que celle de la *Collection des conciles*, qu'il entreprit avec Nicolas Coleti et quelques autres savants. Cette entreprise a été continuée après la mort de Mansi. Le trente et unième volume, publié en 1778, finit à l'année 1509. Avant cela, Mansi avait publié en six volumes in-folio un supplément à la *Collection des conciles*, supplément qu'on peut joindre aux différentes collections qui avaient paru jusqu'alors (*Biogr. univ.*).

Pierre et Jérôme Ballerini frères, nés à Vérone, le premier en 1698, le second en 1702, étaient tous deux prêtres et très-savants, surtout dans l'histoire ecclésiastique. Unis par un goût commun pour les mêmes études, autant que par les liens du sang, ils étudiaient le plus souvent en société et se partageaient le travail suivant leur talent particulier. Les matières purement théologiques et canoniques étaient du ressort de Pierre, les points d'histoire et de critique étaient la tâche de Jérôme. Pierre mourut en 1764; Jérôme lui survécut plusieurs années. Outre quelques bons ouvrages, on doit à leurs soins : 1° Une excellente édition des *Œuvres de saint Léon le Grand*, dans laquelle ils relèvent avec force et justice les fautes et les infidélités de l'édition qu'en avait faite le janséniste Quesnel; 2° une édition également estimée des *Œuvres de saint Zénon de Vérone*; 3° *De la Somme théologique*, de saint Antonin, et de celle de saint Raymond de Pegnafort; 4° une édition complète de tous les ouvrages du cardinal Noris, avec des notes et des dissertations; 5° un petit traité ayant pour titre : *Méthode d'étudier*, tirée des ouvrages de saint Augustin (*Dictionn. de Feller*).

Un très-savant Jésuite d'Italie, né l'an 1714, et qui a vécu jusqu'en 1795, commencement de la génération actuelle, c'est François-Antoine Zaccaria. Outre un nombre considérable de manuscrits, il a laissé cent six ouvrages imprimés. Le principal est son *Histoire littéraire de l'Italie*, quatorze volumes in-octavo, qui se rapporte tout entière aux publications contemporaines, en sorte qu'en joignant ensemble les deux Jésuites Tiraboschi et Zaccaria, on aurait une histoire à peu près complète de la littérature italienne. Deux autres ouvrages très-utiles du même Père, c'est son *Anti-Febronius* et son *Anti-Febronius vindicatus*, contre les principes schismatiques du prélat allemand de Hontheim, sous le nom de Febronius. Zaccaria naquit à Venise, et eut pour père un célèbre jurisconsulte toscan, établi depuis longtemps dans les Etats de la république. Elevé au collége des Jésuites de sa ville natale, il s'y fit remarquer par une telle vivacité d'esprit et de tels succès, qu'à peine arrivé à l'âge de quinze ans, il fut admis dans cette société si habile à reconnaître et s'attacher les sujets les plus distingués. En 1731, il prit l'habit, passa quelque temps à Vienne, pendant l'intervalle de son noviciat; puis fut envoyé, comme régent de rhétorique, dans le collége de son ordre, à Goritz. Ses talents le firent ensuite appeler par ses supérieurs dans la capitale du monde chrétien; et après avoir reçu les ordres en 1740, il fut attaché à la province de Rome et envoyé en mission dans la Marche d'Ancône, où il jeta les fondements de sa réputation comme prédicateur. Il exerça les mêmes fonctions dans la Lombardie, la Toscane et presque toute l'Italie, où des applaudissements universels furent la récompense de sa piété et de ses talents oratoires. A l'étude des théologiens et des sermonnaires, il joignait celle de la littérature et de l'histoire littéraire, dont il approfondissait les branches diverses avec une infatigable persévérance. Il s'appliqua aussi à se faire connaître des écrivains et des savants les plus illustres de l'Italie, et acquit ainsi l'exacte connaissance de la bibliographie et de la biographie contemporaine. A Modène, il succéda, l'an 1754, comme conservateur de la bibliothèque ducale, au célèbre Muratori, qui venait de mourir. Le pape Pie VI honora la vieillesse de Zaccaria, qui mourut à Rome le 10 octobre 1795, dans sa 82e année (*Biogr. univ.*, t. LII).

Avec tous ces savants personnages nés en Italie, Rome y en attirait encore beaucoup d'autres, et de près et de loin, qui s'y naturalisaient par la science et la foi.

Thomas-Marie Mamachi, l'un des plus savants hommes qu'ait produits l'ordre de Saint-Dominique, naquit dans l'île de Chio, le 3 décembre 1713, de parents grecs. Amené fort jeune en Italie, il y fut élevé par de bons religieux et se distingua bientôt par la vivacité de son esprit et par son ardeur pour l'étude. Ayant pris l'habit de Saint-Dominique, il fut envoyé pour professer la théologie dans le couvent de Saint-Marc, à Florence, et s'acquitta de cette fonction avec beaucoup de talent et de succès. En 1740, il fut appelé à Rome, où il fut professeur au collège de la Propagande. Son goût pour l'érudition trouva de grands secours dans cette ville. Il se lia plus particulièrement avec les membres les plus distingués de son ordre, Concina, Orsi, Dinelli, et fit de rapides progrès dans la science des antiquités ecclésiastiques. Benoît XIV lui conféra, par un bref honorable, le titre de maître en théologie, et le créa consulteur de l'Index. Mamachi remplit successivement plusieurs fonctions importantes; il acquit un grand crédit dans son ordre et eut même de l'influence dans les affaires de l'Église. Pie VI le nomma maître du sacré palais et se servit souvent de ses conseils et de sa plume. Mamachi était vif, doué de la plus heureuse mémoire, et il écrivait avec une grande facilité. Il mourut à Cornéto dans les premiers jours de juin 1792. Parmi ses nombreux ouvrages, on distingue les *Lettres à Justinus Febronius sur le gouvernement de la république chrétienne et sur la légitime autorité du Pontife romain*, deux volumes in-octavo.

Hyacinthe-Sigismond Gerdil, célèbre cardinal, naquit à Samoëns en Savoie, le 23 juin 1718, d'une famille estimée et d'un notaire. Un oncle paternel soigna ses premières études. Le jeune Verdil les acheva aux collèges des Barnabites, de Thonon et d'Annecy. Beaucoup d'application, une grande pénétration d'esprit, la mémoire la plus heureuse, mais bien plus encore, une pureté de mœurs admirable et une éminente piété le firent distinguer par ses maîtres comme un élève d'un mérite rare, et lorsque, ses études finies, il témoigna le désir d'entrer dans leur congrégation, ils ne purent que s'applaudir de faire une acquisition aussi précieuse. Après les épreuves du noviciat, il alla faire à Bologne son cours de théologie. A l'étude des saintes lettres, il joignit celle des langues anciennes et des langues modernes. Il apprit le grec et y fit des progrès assez rapides pour être bientôt en état de recourir aux sources originales. Il prit des leçons d'italien sous le Père Corticelli, membre célèbre de l'Académie de la Crusca, cultiva le français avec un soin égal, se perfectionna dans le latin et parvint non-seulement à pouvoir parler ces trois langues avec pureté, mais encore à les écrire avec autant de facilité que d'élégance. Infatigable au travail, ayant une santé qui pouvait y suffire, et animé de la plus vive ardeur de savoir, Gerdil faisait tout marcher de front : l'étude des langues, la théologie, la philosophie, les mathématiques, la physique, l'histoire; et, sur des matières si diverses, on a de lui des ouvrages qui ont mérité les suffrages du public et l'approbation des savants. Quoique une vie aussi occupée, jointe à son amour de la solitude, ne lui permit pas de se répandre au dehors, il était connu et estimé de tout ce que l'institut de Bologne renfermait de membres célèbres et recommandables : des Zanotti, des Manfredi, des Bianconi, des Beccari, etc. Son mérite et les avantages qui devaient un jour en résulter pour la religion et les lettres, n'échappèrent point à la pénétration de Lambertini, alors archevêque de Bologne, et plus tard le pape Benoît XIV : il connut Gerdil jeune encore, et, démêlant ce qu'il devait devenir un jour, l'accueillit, l'encouragea, se servit même de sa plume pour traduire du français en latin quelques pièces sur les miracles, lesquelles devaient entrer dans son grand ouvrage *De la béatification et de la canonisation des saints*. Fier d'une distinction si flatteuse, Gerdil se souvint toujours avec une vive et tendre reconnaissance des bontés dont ce grand Pape avait honoré sa jeunesse, et il aimait à en parler.

En 1737, lorsque Gerdil avait au plus dix-neuf ans, les Barnabites l'envoyèrent à Macérata pour y enseigner la philosophie dans l'Université, et bientôt après à Casal, où il ajouta aux fonctions de professeur celles de préfet du collège. Il remplit ces deux places comme aurait pu le faire un homme d'une expérience consommée. Des thèses que pendant son séjour à Casal il dédia au duc de Savoie, et deux ouvrages de métaphysique qu'il publia contre Locke, ayant attiré sur lui l'attention de la cour de Turin, lui valurent, en 1749, la chaire de philosophie dans l'Université de cette ville, et environ cinq ans après, celle de théologie morale. D'un autre côté, sa réputation de sagesse et de connaissances, mais surtout des écrits solides en faveur de la religion, qui méritèrent les éloges de Benoît XIV, le firent appeler, par l'archevêque de Turin, au conseil de conscience, tandis qu'il recevait de son ordre une autre marque de confiance, par sa nomination à la charge de provincial des colléges de Savoie et du Piémont. Il se comporta dans ce dernier poste avec tant de prudence et de modération, que la congrégation des Barnabites ayant perdu son supérieur général, il fut question de lui donner Gerdil pour successeur; mais Benoît XIV le désigna dans le même temps à Emmanuel III, roi de Sardaigne, comme la personne la plus capable de diriger l'éducation de son petit-fils, le prince de Piémont, depuis roi sous le nom de Charles-Emmanuel IV. Gerdil vint à la cour et y vécut comme il le faisait dans son collège, aussi retiré, aussi modeste, tout entier aux soins qu'il devait à son auguste disciple, et employant le temps que ne réclamait pas l'instruction du prince, à la composition d'ouvrages utiles à la religion ou aux progrès des sciences. La cour de Turin récompensa les soins du Père Gerdil par sa nomination à une riche abbaye; mais il jouit des revenus de ce bénéfice en titulaire qui connaissait la destination des biens ecclésiastiques, prélevant le strict nécessaire et consacrant le reste à de bonnes œuvres. Il aidait ses parents, mais seulement suivant leurs besoins, n'ayant jamais, pendant qu'il était à la cour, sollicité pour eux ni emploi ni pension. Il contribuait à l'éducation de ses neveux sans parcimonie, mais sans faste.

Le pape Clément XIV lui décerna un prix plus honorable. Dans le consistoire du 26 avril 1773, il le réserva cardinal *in petto*, avec cette désignation qui caractérisait la haute réputation du modeste religieux et son amour pour la vie cachée : *Notus orbi, vix notus urbi* (connu de l'univers, à peine connu de la ville). Sa nomination néanmoins n'eut lieu que sous Pie VI. Ce Pape l'appela à Rome, le nomma consulteur du Saint-Office, le fit sacrer évêque de Dibon et l'agrégea au sacré collège le 27 juin 1777. Gerdil se montra digne de ce haut rang par son exactitude à en remplir les devoirs, et par son zèle pour les intérêts de l'Église. Bientôt il fut nommé préfet de la Propagande, membre de presque toutes les congrégations, protecteur des Maronites, et, en cette qualité, chargé de la correction des livres orientaux. Il jouissait à Rome de la plus grande considération, et tandis que le monde poli fréquentait la maison du cardinal de Bernis, on trouvait des savants dans la cellule du cardinal Gerdil, où l'on tenait à grand honneur d'être admis. Employé dans les affaires les plus délicates, il devint, pour ainsi dire, l'âme et l'oracle du Saint-Siège, ouvrant toujours les avis les plus sages, se rangeant du parti le plus modéré, et aussi conciliant quand les principes n'en souffraient pas que ferme quand il s'agissait de leur maintien. Tel était alors le cardinal Gerdil, tel nous le verrons encore au commencement du XIXᵉ siècle; car il ne mourut qu'en 1802, auteur de plus de quarante ouvrages en faveur de la religion (Feller et *Biogr. univers.*).

Le Père Joseph Piazzi, célèbre astronome, naquit à Porète, dans la Valteline, au pied des Alpes, le 16 juillet 1746. Très-jeune encore, il entra dans le couvent de Saint-Antoine, de l'ordre des Théatins, à Milan. Il y fit son noviciat, y commença ses études, qu'il continua à Turin et à Rome, et eut successivement au nombre de ses maîtres les Pères Tirabosсhi, Beccaria, Leseur et Jacquier. Il professa la philosophie à Gênes, les mathématiques à Malte; l'une et l'autre à Rome et à Ravenne. Appelé une seconde fois à Rome, il y fut nommé professeur de théologie dogmatique à Saint-André delle Valle, où il eut pour collègue le Père Chiaramonti, depuis pape sous le nom de Pie VII. Lié d'amitié avec le Père Jacquier, son ancien maître, qui l'employait à vérifier ses calculs, il céda à ses instances et accepta la chaire de hautes mathématiques dans l'Académie de Palerme. Il y transforma une ancienne tour en observatoire, y découvrit beaucoup de nouvelles étoiles, entre autres, le 1ᵉʳ janvier 1801, une nouvelle planète, qu'il nomma *Cérès*. Ce savant laborieux, qui a rendu de si grands services aux sciences mathématiques, et notamment à l'astronomie; celui à qui on doit la découverte d'une neuvième planète, se montra toujours modeste, désintéressé, sans ambition, étranger à toute discussion politique et toujours attaché aux devoirs d'un bon religieux. Il mourut regretté des savants et de ses nombreux amis, le 22 juillet 1826, à l'âge de 80 ans, après avoir publié vingt-quatre ouvrages scientifiques.

L'abbé Spallazini, né dans le pays de Modène en 1729, et mort en 1799, ne s'est pas rendu moins célèbre par ses découvertes en physique et en histoire naturelle, touchant les animaux microscopiques, la circulation du sang, la génération, la digestion, la respiration et les diverses branches de la physiologie. Il était ami et contemporain de Galvani, si connu par cette découverte physique qui a pris de lui le nom de *galvanisme* et forme comme une nouvelle science. Mais ce qu'on sait peut-être moins, c'est que Louis Galvani, né à Bologne en 1737, et mort en 1798, fut toute sa vie un fervent catholique; il avait même conçu le projet de s'ensevelir dans un cloître, et ne se maria que pour complaire à ses parents et à ses amis. A la théologie il joignit l'étude des sciences naturelles, particulièrement de la médecine. Comme son épouse avait une faible santé, elle prenait du bouillon de grenouilles pour se rétablir : son mari s'occupait lui-même du soin de les lui préparer. On avait posé sur une table, où se trouvait une machine électrique, quelques-unes de ces grenouilles écorchées; l'un des aides qui coopérait aux expériences approcha, sans y penser, la pointe d'un scalpel des nerfs cruraux internes d'un de ces animaux : aussitôt tous les muscles des membres parurent agités de fortes convulsions. Madame Galvani était présente : pleine d'esprit et de sagacité, elle fut frappée de la nouveauté du phénomène; elle crut s'apercevoir qu'il concourait avec le dégagement de l'étincelle électrique. Transportée de joie, elle courut en avertir son mari, qui s'empressa de vérifier un fait aussi extraordinaire. Telle fut l'occasion de cette curieuse découverte. L'abbé Volta (Alexandre), né à Côme l'an 1745, et mort l'an 1826, continua les découvertes de Galvani et s'est à jamais rendu célèbre par l'invention d'un appareil physique appelé de son nom : Pile de Volta.

Avec ses astronomes et ses physiciens, l'Italie avait de fameux poètes : Apostolo Zeno, Métastase, Goldoni, Altieri.

Le premier, Apostolo Zeno, né à Venise en 1668, descendait d'une de ces anciennes familles patriciennes que Venise avait jadis envoyées dans l'île de Candie pour y former une colonie. La perte de cette possession entraîna la ruine de toutes ces familles. Le jeune Zeno dut sa première éducation à un oncle qui était évêque de Capo d'Istria. Il se livra tout entier à la poésie. En 1691, il fonda à Venise l'Académie *degli Animosi* (des Courageux), ainsi nommée parce qu'elle se proposait de faire la guerre à l'abus de l'esprit, au vice du faux brillant alors en vogue dans son pays. Il entreprit dans le même but un journal des littérateurs dont il publia vingt volumes. S'étant fait connaître par des poésies dramatiques, il fut appelé à Vienne par l'empereur Charles VI, qui lui accorda le titre de poète et d'historiographe de la cour. Zeno passa onze ans dans cette ville, tout occupé de la composition de ses pièces, dont dix-neuf sur des sujets profanes et dix-sept sur des sujets sacrés. Revenu dans sa patrie en 1731, il y mourut en 1750, chéri de tout le monde, et fut enterré chez les Dominicains réformés, auxquels il avait légué sa bibliothèque. Il fut remplacé à Vienne par Métastase, qu'il avait désigné lui-même au choix de l'empereur.

Pierre-Bonaventure Métastase, l'un des princes de la poésie italienne, naquit à Rome le 3 janvier 1698. Fils d'un pauvre artisan nommé Trapassi, il eut néanmoins pour parrain le cardinal Pierre Ottoboni, qui lui donna son nom. Le jeune Trapassi avait à peine dix ans que déjà son talent poétique se manifestait par des improvisations surprenantes. Un jour qu'une foule de curieux était réunie autour de lui, au Champ-de-Mars, le célèbre jurisconsulte Gravina s'approcha, et, ravi de ce qu'il entendit, après avoir donné de justes éloges au petit poète, il lui offrit une pièce d'or. L'enfant la refusa noblement. Gravina, encore plus enchanté, alla aussitôt trouver le père et obtint sans peine qu'il lui abandonnât tous les soins de l'éducation de son fils : il l'initia lui-même dans les lettres grecques, latines et italiennes. Le jeune homme changea son nom de Trapassi en celui de *Metastasio*, qui a la même signification en grec (*passer*); et, selon l'usage romain, il y ajouta le titre d'abbé. Gravina cherchait souvent dans la culture de la poésie un délassement à ses austères études sur la législation. Passionné particulièrement pour le théâtre des Grecs, il aspirait à la gloire de le faire revivre en Italie, et déjà il avait publié cinq tragédies dans le goût antique, lorsqu'il s'avoua que son élève était beaucoup plus propre que lui à l'exécution de ce grand projet. A son instigation, Métastase, qui n'avait encore que quatorze ans, composa son *Justin*, auquel la critique ne reprocha qu'une trop servile imitation des anciens. A la même époque, pour sa propre satisfaction, il s'amusait à traduire l'*Iliade* en vers italiens. Occupé, cependant, du soin de la fortune de son élève, Gravina voulait qu'à la culture des lettres Métastase joignît l'étude de la jurisprudence. Le jeune poète ne sacrifiait qu'à regret à cette austère occupation le temps qu'il était forcé de dérober aux muses; mais Gravina mourut tout à coup : il laissa la plus forte partie de ses biens à son fils adoptif, et Métastase n'ayant encore que vingt ans, se vit maître d'une fortune considérable. Il s'établit quelque temps à Naples. Apostolo Zeno, Corneille et Racine devinrent l'objet de ses lectures continuelles. Quand il fut arrivé à Vienne, en 1730, le maître des cérémonies du nonce apostolique ne voulut pas qu'il eût d'autre maison que la sienne. Quelques années plus tard, Métastase vit loger au-dessus de lui, dans la même maison, le célèbre musicien Haydn, auquel il apprit l'italien. Les œuvres de Métastase consistent en soixante-trois tragédies lyriques et opéras de divers genres, douze oratorios, quarante-huit cantates ou scènes lyriques, une foule innombrable d'élégies, d'idylles, etc.; et enfin des traductions en vers d'auteurs latins, sans compter les ouvrages en prose. Il refusa tous les titres et honneurs qu'on lui offrit, entre autres d'être couronné au Capitole. Toujours attaché à la religion

sa piété, depuis l'âge de quarante ans, devint exemplaire. Il était sur son lit de mort, lorsque Pie VI arriva à Vienne. Ce bon Pape daigna se transporter chez Métastase, qui eut la consolation de recevoir de son souverain temporel et spirituel la bénédiction *in articulo mortis*. Métastase avait alors 84 ans (*Biog. univers.* et Feller).

Charles Goldoni, né à Venise en 1707, mort à Paris en 1793, fit ses humanités chez les Jésuites de Pérouse, sa philosophie à Rimini, et fut mis au collège du Pape à Pavie, pour y étudier le droit civil et le droit canon. Goldoni, qui n'avait que seize ans, avait bien d'autres goûts : c'était la poésie comique. Dès l'âge de huit ans, il se mit à faire des comédies et à les jouer lui-même avec ses petits camarades. Cette inclination prit enfin le dessus, et Goldoni devint le poète comique le plus célèbre et le plus fécond de l'Italie.

Le comte Victor Alfiéri naquit à Asti en Piémont, d'une illustre famille, le 7 janvier 1749. Il perdit son père lorsqu'il n'avait qu'un an; et étant passé sous la tutelle d'un oncle, celui-ci le fit entrer, en 1758, dans le collège des nobles, à Turin. Son oncle étant mort, il se trouva à seize ans libre et maître de sa fortune, et quitta le collège dans un état d'ignorance absolue. Il ne savait point le latin, presque pas la langue italienne, et ne pouvait écrire ni s'exprimer qu'en français. Sa plus grande passion fut celle des voyages. En moins de quatre ans, il parcourut deux fois toute l'Europe, sans avoir cherché à rien connaître, à rien étudier, à rien voir. Revenu à Turin en 1772, un amour violent et mal placé lui inspira le goût de la poésie. Il composa une espèce de tragédie de *Cléopâtre*, avec une petite pièce où il se moquait lui-même de sa tragédie. Le succès de ce double essai fit d'Alfiéri un vrai poète : il refit ses études classiques et composa un grand nombre de tragédies, qui lui ont mérité le premier rang parmi les poètes tragiques de l'Italie. Après avoir été longtemps agité par des passions désordonnées, il arrêta enfin son choix sur une femme aussi illustre qu'estimable, suivant le *Dictionnaire de Feller* : c'était la princesse de Stolberg, épouse du dernier des Stuarts, arrière-petit-fils de Jacques II, frère du cardinal d'York, et appelé communément le prétendant d'Angleterre. Devenue veuve en 1785, elle s'unit à Alfiéri par un mariage secret, qui cessa d'être tel à leur retour de Paris et lorsqu'ils se fixèrent à Florence. Alfiéri y mourut le 8 octobre 1803, revenu de bien des préventions philosophiques à des pensées plus chrétiennes (Feller et *Biog. univers.*).

La musique est sœur de la poésie. La plus ancienne ode que nous connaissions, c'est le cantique triomphal de Moïse sur le passage de la mer Rouge. Or, Moïse et les enfants d'Israël chantaient à l'Eternel ce cantique. En même temps Marie, la prophétesse, sœur d'Aaron, prit un tambour en sa main; toutes les femmes la suivaient avec des tambours et des danses, et elles répondaient à Moïse et aux fils d'Israël. Les psaumes ou odes prophétiques de David, David les composait et les chantait sur la harpe. Ses chefs de musique religieuse, Asaph, Idithun, étaient eux-mêmes des prophètes. Nous avons vu le prophète Elisée, consulté par les rois de Juda, d'Israël et d'Edom, demander un joueur de harpe ; et, pendant que cet homme chantait sur sa harpe, la main de Jéhova fut sur Elisée, et il prophétisa. Dieu ne se communique pas toujours à ses prophètes, mais quand il lui plaît, et comme il lui plaît. Elisée voulait donc se préparer au souffle divin, comme un instrument bien d'accord. Mais quel rapport entre le son d'une harpe et le concert d'une âme avec Dieu? Un rapport intime. D'après les sages de l'antiquité et les Pères de l'Eglise, en particulier saint Augustin, la musique que Dieu a donnée aux hommes est une image, un écho de celle qu'il exécute lui-même dans son immense éternité. L'univers entier est une magnifique harmonie où l'éternelle Sagesse, atteignant d'une extrémité à l'autre, dispose tout avec douceur, nombre et mesure. C'est elle qui produit dans un nombre musical l'armée des cieux : ainsi entend l'évêque d'Hippone une parole d'Isaïe (*Epist.* 165, n. 13; Isaïe, 40, 26). Pour ramener l'homme dans cette céleste harmonie, l'éternelle Sagesse unit dans sa personne la nature divine et la nature humaine (S. Aug., *de Trinit.*, l. 4, n. 4); ce qu'elle demande, c'est que nous soyons à l'unisson avec elle. Aussi un saint évêque et martyr, Ignace d'Antioche, compare le corps mystique de la Sagesse incarnée, l'Eglise catholique, à une harpe mélodieuse qui rend le louange à Dieu par le Christ (*Epist. ad Ephes.*, etc.). Jean n'a-t-il pas vu les élus dans le ciel, tenant des harpes de Dieu et chantant le cantique de l'Agneau (Apoc., 15). Enfin, chaque fidèle est une lyre composée de deux pièces, le corps et l'âme, qui agissent l'un sur l'autre comme les cordes sur la lyre et la lyre sur les cordes (*Epist. Ignat. ad Ephes.*, etc.). Dans Saül, premier roi des Juifs, cette lyre en désaccord était le jouet de l'esprit méchant. Le jeune David, par l'harmonie extérieure de sa harpe, rétablissait l'harmonie intérieure de Saül et le soustrayait à l'influence de l'esprit méchant. Augustin, au contraire, en même temps que les cantiques de l'Eglise charmaient ses oreilles, sentait la vérité divine se couler dans son cœur, y allumer la dévotion, y produire des fontaines de larmes. Il ne faut donc plus s'étonner que le disciple d'Elie, par une harmonie sainte, voulût disposer son âme à une communication prophétique avec Dieu.

Mais y a-t-il des doctrines plus musicales que d'autres ? Par exemple, les sectes photiennes, luthériennes, calviniennes, jansénistes, ont-elles produit beaucoup de chefs-d'œuvre de musique religieuse, tels que les messes de l'Italien Palestrina, ses *Offertoires*, ses *Lamentations*, son *Stabat*? Les sectateurs de Luther et de Calvin, ayant rejeté le sacrifice chrétien prédit par les prophètes et qui devait s'offrir en tout lieu, ont rompu l'harmonie entre l'Ancien et le Nouveau Testament, entre le ciel et la terre : pour eux, il n'y a plus ni messes de vivants, ni messes de morts, ni offertoires, ni salut : leur dieu même répugne au chant et à l'harmonie ; car comment croire, espérer, aimer et chanter un dieu luthérien ou calviniste, qui, après avoir fait de nous des machines, nous punit du mal qu'il opère lui-même en nous? Leur grande musique, c'est la guerre de Trente Ans, la division des peuples, la ruine des monastères. Quant aux jansé-

nistes, leurs enfants naturels, leur musique particulière, ce sont les convulsions en l'honneur du diacre Pâris ; ces convulsions s'apaisent, non plus comme celles de Saül, par la harpe mélodieuse de David, mais à coups de bûches et de chenets. Quant à la poésie et à la musique chrétiennes, filles de celles de David et de Moïse, leur terre natale est la très-catholique Italie. Dès le XVIe siècle, nous y avons vu Palestrina, surnommé le prince de la musique, dont les chefs-d'œuvre sont un des trésors de la basilique de Saint-Pierre à Rome. Dans le XVIIIe siècle, nous y voyons Marcello, Pergolèse, Paisiello, Piccini, Cimarosa, auxquels on peut joindre Mozart, Haydn et d'autres Allemands, qui vinrent se perfectionner parmi les Italiens.

MARCELLO naquit à Venise, en 1686, d'une famille noble. Pour lui inspirer de bonne heure le goût de la poésie, son père ne lui accordait rien que l'enfant ne l'eût demandé en vers. Le jeune Marcello ne montrait pas moins de disposition pour la musique. Son père lui ayant défendu de s'en occuper et l'ayant même mené à la campagne, pour lui procurer du repos, le jeune homme trouva moyen de composer, à la dérobée, une *messe* pleine de beautés du premier ordre. Il eut alors permission de suivre son penchant. Son chef-d'œuvre est un recueil de psaumes à une, deux, trois ou quatre voix. Dès le moment où ces chants sacrés se firent entendre, ils excitèrent un enthousiasme universel. La hardiesse, le grandiose de l'expression, le style tantôt brûlant de véhémence, tantôt rempli d'une onction religieuse et touchante, ont mérité que l'on dît de Marcello qu'il était non-seulement le Pindare et le Michel-Ange des musiciens, mais qu'il avait été inspiré comme le Prophète lui-même.

PERGOLÈSE, dont le nom seul est un éloge, naquit en 1704 au royaume de Naples, et fut admis, à l'âge de treize ans, dans un conservatoire destiné aux enfants pauvres. Ses chefs-d'œuvre sont un *Stabat* et un *Salve Regina*. Il composa le *Stabat* au pied du mont Vésuve, où il mourut à l'âge de trente-trois ans.

PAISIELLO, né à Trente en 1741, destiné au barreau, étudia chez les Jésuites. Dans les solennités religieuses, il se distingua par la beauté de sa voix et la justesse de son oreille. Un ecclésiastique lui ayant donné quelques leçons de chant, il quitta la jurisprudence pour la musique, et composa bientôt des Messes, des Psaumes, des Oratorios. Tous les pays de l'Europe ont admiré ses œuvres. Mais, dit-on, pour l'apprécier, il fallait l'entendre improviser sur le clavecin. L'inspiration, l'enthousiasme l'élevaient au-dessus de la sphère des idées musicales ; mais il en descendait lorsque la réflexion le ramenait aux calculs de la composition, et, quoique toujours admirable, il n'était plus alors qu'un grand musicien. Il connaissait tellement la nature de son talent, qu'il ne manquait jamais de faire le matin cette courte prière avant de se mettre au piano : *Sainte Vierge, obtenez-moi la grâce d'oublier que je suis musicien!*

Paisiello a laissé, dans la bibliothèque de la chapelle du roi de France, vingt-six messes, dont plusieurs sont des chefs-d'œuvre, tels que celles de la Passion et de Noël, et son motet *Judicabit in nationibus*, remarquable par sa couleur sombre et tragique, ainsi que son *Miserere* et son Oratorio de la *Passion*. Dans un autre motet, où il peint les grandeurs de Dieu, il semble s'être élevé au-dessus de lui-même. En entendant les pittoresques et terribles tableaux de cette musique imitative, si bien adaptés aux paroles sacrées qu'elle anime, l'impie croirait entendre la marche formidable de son juge, le bruit de son char de feu et son jugement irrévocable. Tout à coup succède une musique brillante des chœurs aériens. Dans ce moment, les chants de Paisiello, dignes de la voix du Prophète, prédisent l'envoi de l'esprit créateur, la terre renouvelée et le bonheur de la vie future. Tout semble resplendir, et l'on est frappé de l'éclat de cette harmonie auguste. Mais en exprimant les images les plus frappantes et une prodigieuse variété de sentiments élevés, ces mêmes chants conservent toujours leur naturel et leur grâce. Paisiello mourut à Naples, le 5 juin 1618, à l'âge de 75 ans. Une messe de mort, trouvée dans ses papiers, fut exécutée à ses funérailles (*Biogr. univers.*).

Piccini, né en 1728 à Bari, au royaume de Naples, et si connu par sa guerre musicale avec l'Allemand Gluck, commença également par une *messe* à l'âge de quinze ans.

Cimarosa, né à Naples en 1754, et dont le principal chef-d'œuvre est le sacrifice d'Abraham, mourut à Venise en 1801. A Rome, les musiciens exécutèrent une messe de *Requiem* que Cimarosa avait composée dans sa jeunesse, et dont le style, la simplicité et la mélodie rappellent le fameux *Stabat* de Pergolèse. Mais la messe de *Requiem* qui passe pour le chef-d'œuvre de la musique religieuse, c'est la messe de Mozart, exécutée la première fois pour lui-même, lorsqu'il mourut à Vienne, en 1791, à l'âge de 36 ans révolus. Il était né à Salzbourg le 27 janvier 1756. Dès l'âge de trois ans, il reçut de son père les premières notions musicales. Il en avait à peine six lorsqu'il composa de petites pièces de clavecin, qu'il exécutait lui-même d'une manière fort agréable. Son père l'ayant conduit à Vienne en 1762, l'empereur François Ier voulut voir cet enfant extraordinaire : charmé de ses talents précoces, il le nomma son *petit sorcier* et daigna l'associer aux jeux de l'archiduchesse Marie-Antoinette, depuis reine de France. Mozart n'avait pas encore huit ans quand il parut, en 1763, à la cour de Versailles. Il toucha l'orgue à la chapelle du roi et se montra dès lors l'égal des plus grands maîtres. En 1770, à l'âge de quatorze ans, il se rendit à Rome pour y assister à toutes les solennités de la semaine sainte. Ses désirs furent remplis : à peine arrivé, il courut à la chapelle Sixtine pour y entendre le fameux *Miserere* d'Allegri. On sait qu'il est défendu, sous des peines sévères, de donner ou prendre copie de ce morceau. Prévenu de cette défense, le jeune Allemand se place dans un coin et prête l'attention la plus scrupuleuse. Au sortir de l'église, il note la pièce entière. Le vendredi saint, il y eut une seconde exécution du *Miserere*. Mozart tenait sa copie dans son chapeau, et s'assura de la fidélité de sa mémoire. Le lendemain, il chanta ce *Miserere* dans un concert, en s'accompagnant du clavecin. Ce trait prodigieux fit la plus grande sensation à Rome. Le pape Clément XIV voulut que cet enfant extraordinaire lui fût présenté; et loin de le réprimander d'avoir transgressé sa défense, il lui fit l'accueil le plus gracieux (*Biogr. univers.*).

Vers l'an 1792, un paquebot ramenait des voyageurs d'Angleterre en France. Le temps était calme, on causait, on riait, dans l'entrepont : un bon homme d'Allemand disait son chapelet dans un coin de la salle. Tout à coup un orage s'élève, le navire est fortement ballotté, les vagues heurtent contre ses flancs et s'élancent même par-dessus : on ne causait plus, on ne riait plus, on avait grand'peur. Notre Allemand, tout au contraire, riait aux éclats, courant de côté et d'autre, représentant par ses gestes et sa voix le mouvement du navire, le bruit des vagues, et s'écriant : C'est cela, mon bon maître Nicolo; si seulement tu étais ici! Cependant l'orage s'apaisa, et les passagers demandèrent à cet homme ce qui l'avait mis de si bonne humeur au milieu de la transe commune. — C'est un souvenir de ma jeunesse, dit-il. Etant à Vienne, Nicolo Porpora, mon maître, me dit un jour de mettre en musique une tempête sur mer. Comme je n'en avais jamais vu, je le priai de m'en donner quelque idée. Aussitôt il se mit à faire la pantomime que vous m'avez vu faire par une agréable réminiscence. — On voulut alors savoir le nom de ce diseur de chapelet. Il répondit avec bonhomie : Je m'appelle Joseph Haydn. A ce nom, tous les passagers se levèrent pour saluer le grand musicien de l'Europe. C'était effectivement Joseph Haydn, autrefois enfant de chœur à la cathédrale de Vienne.

Il naquit le 31 mars 1732, au village de Rohrau, sur les frontières d'Autriche et de Hongrie. Son père, pauvre charron, savait jouer quelques airs sur une espèce de harpe, dont il accompagnait les chansons de sa femme. Ces concerts rustiques suffirent pour développer le génie musical du petit *Seppel*, diminutif de *Joseph* en allemand. Il cherchait à y prendre part, en figurant un violon avec une petite planche et une baguette. Le maître d'école de Haimbourg, petite ville voisine, frappé de la justesse avec laquelle l'enfant observait la mesure, pria le père de le lui confier. C'est cet homme qui eut la gloire de faire solfier la première gamme au grand Haydn et de lui mettre les premiers instruments entre les mains. Haydn aimait à se rappeler que c'était lui qui était chargé des timbales les jours de l'arrivée du seigneur ou lorsqu'il y avait grande fête à l'église. « D'ailleurs, disait-il, j'étais encore plus battu que je ne battais mes timbales, et c'était presque tous les jours abstinence pour mes camarades et pour moi. » Il y avait environ deux ans que le petit Seppel était dans cette chétive école, lorsque le maître de chapelle Reiter, qui dirigeait à la fois la musique de la cour et celle de la métropole de Saint-Etienne de Vienne, vint faire une visite au doyen de Haimbourg, son ancien ami. Il lui dit qu'il cherchait quelques enfants de chœur. Le doyen proposa Haydn, alors âgé de près de huit ans. Le petit Seppel est aussitôt mandé avec son maître. Le doyen était à table en ce moment : il s'aperçut que l'enfant ne pouvait détacher ses yeux de dessus une assiette de cerises. Il lui en promit une poignée s'il chantait quelques versets latins de manière à contenter le maître de chapelle. Reiter parut très-satisfait, et demanda à l'enfant s'il savait faire une cadence. « Non, répondit-il franchement, ni mon maître non plus. » Enchanté de sa voix et de ses façons, Reiter emmena l'enfant avec lui et le fit entrer à la maîtrise de Saint-Etienne. Les progrès du petit Seppel y furent si rapides, qu'ayant à peine dix ans, il essaya de composer des morceaux à six et à huit voix. « Hélas! disait-il depuis en riant, je croyais dans ce temps-là que plus le papier était noir, plus la musique devait être belle. » Parvenu à l'époque de la mue de la voix, il fut congédié.

Ce fut une époque de dures épreuves pour le jeune Haydn. Il n'avait pour asile qu'un galetas à peine éclairé par une lucarne. Son indigence semblait rebuter ceux auxquels il se proposait pour donner des leçons de musique. La seule consolation qu'il trouva dans son affreuse détresse, fut un vieux clavecin qui tenait à peine sur ses pieds. L'infortuné jeune homme eut enfin le bonheur de faire la connaissance de mademoiselle de Martinèz, qui était liée avec le célèbre Métastase. Il lui enseignait le chant et le clavecin, et elle lui donnait la table et le logement. Mademoiselle de Martinèz ayant tout à coup quitté Vienne, Haydn retomba dans sa première détresse. Un perruquier eut pitié de son sort, et le recueillit dans sa maison. Haydn épousa une de ses filles, qui fut toute sa vie une femme acariâtre. Réduit à faire ressource de tout, le malheureux Haydn semblait se multiplier : dès huit heures du matin, il était au lutrin chez les Frères de la Merci ; à dix, il allait toucher l'orgue à la chapelle du comte de Haugwitz, et à onze, il chantait à la grand'messe de la cathédrale. Une matinée si bien employée ne lui rapportait que dix-sept kreutzers, environ quinze sous. Ce fut vers ce temps que Nicolas Porpora, surnommé *le patriarche de l'harmonie*, né à Naples en 1685, lui ayant demandé une tempête, à la lui représenta par sa pantomime. Le compositeur italien ayant trouvé sa tempête bien frappée, contribua à le faire connaître au prince d'Esterhazy, amateur passionné de l'art et bienfaiteur généreux de tous les artistes, qui fit de Haydn son maître de chapelle. Haydn y passa près de trente années, produisant chef-d'œuvre sur chef-d'œuvre. Cependant sa réputation ne s'étendait guère au delà du palais d'Esterhazy. Ce qui lui procura sa renommée par toute l'Allemagne, ce furent deux voyages en Angleterre, l'un de 1790, l'autre de 1794, dans l'un desquels une tempête lui rappela d'une manière si curieuse le souvenir de Nicolo Porpora, mort en 1767 : les Anglais l'ayant admiré, les Allemands ne voulurent pas demeurer en reste.

L'Europe a rendu hommage au génie de ce grand artiste : ses qualités personnelles lui concilièrent l'estime et l'affection de ses compatriotes. A un caractère droit et simple, il joignait un certain enjouement. Totalement exempt de cet esprit de rivalité et d'envie qui a dégradé quelques talents supérieurs, personne ne mit plus de véritable chaleur à vanter et même à défendre les grands artistes dont Vienne s'enorgueillissait à cette époque. Il ne prononçait jamais le nom de Gluck qu'avec admiration et respect. « Tout ce que je sais, disait-il dans une occasion, c'est que Mozart est le premier compositeur du monde. » Voici la musique d'église par Haydn : quinze Messes, quatre Offertoires, un *Salve Regina* à quatre voix, un *Salve* pour l'orgue seul, un cantique pour la Messe de minuit, quatre motets du Saint-Sacrement, un *Te Deum* à trois chœurs. — Cinq oratorios : le retour de Tobie, *Stabat Mater*, les sept dernières paroles de Jésus-Christ sur la croix, la Création, les Saisons. Dans les premiers mois de 1809, les amis de Haydn firent exécuter, en son honneur, l'Oratorio de la Création par trois cents musiciens. L'auteur y assistait ; à la dernière partie, le *Chœur des anges*, célébrant la naissance du monde, il versa des larmes et faillit expirer de plaisir : il fallut l'emmener avant la fin du concert. Deux mois après il mourut, le 31 mai, à l'âge de 77 ans (*Biogr. univers.*, Feller, etc.).

A l'époque de tant d'hommes illustres nés ses enfants, Rome attirait au catholicisme trois des plus grands génies de l'Allemagne protestante : Winckelmann, Zoëga et Hamann.

Winckelmann naquit à Stendal, dans la vieille Marche de Brandebourg, le 9 décembre 1717. Son père le destinait à être ministre protestant. Mais une passion merveilleuse pour l'étude du beau dans les lettres et les arts, lui inspira une répugnance invincible pour le ministère si froid et si sec de pasteur luthérien, et l'amena insensiblement à cette Eglise toujours ancienne et toujours nouvelle, centre vivant et immortel du vrai, du bon et du beau. Il étudia avec ardeur tous les monuments de la littérature et de l'art antique. Après avoir professé les belles-lettres plusieurs années, il vint à Dresde en 1754, fit son abjuration entre les mains du nonce Garampi. L'année suivante, il partit pour Rome, où il devint président des antiquités de cette ville, bibliothécaire du Vatican, membre de la Société royale des antiquités de Londres, de l'Académie de Saint-Luc à Rome, de l'Académie étrusque de Cortone. En 1768, il fit un voyage en Allemagne, où les princes et les ministres s'efforcèrent de le retenir. Mais son affection pour l'Italie et pour Rome était si grande, que, pour ne pas le faire tomber malade, on fut contraint de l'y laisser retourner. Arrivé à Trieste, il fut assassiné par un scélérat qui se disait connaisseur, et auquel il avait montré imprudemment diverses médailles d'or et d'argent. Il lui resta encore assez de force pour demander et recevoir les secours spirituels et pour dicter son testament, par lequel il nomma son légataire universel le cardinal Alexandre Albani, son ami et son protecteur. Le principal ouvrage de Winckelmann est son *Histoire de l'art chez les anciens*.

Georges Zoëga, fils d'un ministre luthérien, naquit le 20 décembre 1755, à Dahler, dans le Jutland (Danemarck). A seize ans, l'histoire, la géographie, les langues latine, anglaise et française lui étaient devenues familières ; il étudiait le grec avec assiduité, commençait à traduire l'hébreu et faisait dans ces diverses connaissances des progrès rapides. L'amour de l'exactitude historique, qui demeura l'un des traits les plus saillants de son esprit, s'unissait, dans les premières compositions de sa jeunesse, à la vivacité de l'imagination. En 1772, il alla continuer ses études dans l'école d'Altona, puis dans l'Université de Gœttingue, où les écrits de Winckelmann produisirent sur lui une profonde impression et développèrent en son âme ce sentiment élevé du beau qui le conduisit au même terme. Vers le printemps de 1776, dans un voyage académique, il prit sa route à travers l'Italie, dont sa famille se prétendait originaire. Venise, et surtout Rome, les beautés de la nature, celles de l'art, les pompes de l'Eglise romaine laissèrent dans son imagination une trace ineffaçable. Dès ce moment, son âme appartint à cette contrée illustre, qu'il ne fit pourtant que parcourir. Revenu en Allemagne, et voyant le vague et le scepticisme qui régnaient en philosophie, il se rejeta dans le sein de la religion pour échapper au doute. Dans de petites compositions qu'il fit alors à ce sujet, on entrevit déjà sa secrète préférence pour le catholicisme. En effet, il n'y a de repos pour l'esprit et le cœur que là.

En 1780, il fit un second voyage en Italie, revit la capitale du monde chrétien au grand jour de la fête de Saint-Pierre et s'y retrouva comme dans la patrie de son cœur. Il se livra sur-le-champ, avec son ardeur accoutumée, à l'étude des monuments, dont il entreprit une revue générale, considérant son séjour actuel comme une simple préparation à un plus durable et formant peut-être en secret, dès cette époque, le dessein de se fixer à Rome. « Ce qui me la rend doublement chère, disait-il, c'est qu'on trouve à la fois dans son enceinte la ville et la campagne, l'antique et le moderne, la simplicité et la magnificence, et l'infinie variété des formes, depuis le spectacle de la nature dans sa complète nudité, jusqu'à la misérable richesse d'un art surchargé sans but. En 1782, il passa six mois à Vienne en Autriche, à étudier la numismatique, sous la direction du savant abbé Eckel. Il y vivait entre les monuments et les livres, plongé dans ses études, mais toujours aspirant à l'Italie. Après les savants, il n'avait guère de société que celle du nonce apostolique Garampi, le même qui, à Dresde, avait reçu l'abjuration de Winckelmann. En 1783, muni des lettres de recommandation du même nonce, il fit un troisième voyage à Rome. Il y fut introduit dans le palais du célèbre Borgia, depuis cardinal, alors secrétaire de la Propagande. Ce prélat, passionné pour les sciences et pour ceux qui s'y consacraient sans réserve, l'accueillit bientôt avec une distinction particulière entre tous les jeunes Danois qu'attiraient chez lui la libéralité éclairée de son caractère et ses précieuses collections. Pendant ce troisième séjour dans la capitale du monde chrétien, Zoëga abjura le luthéranisme, embrassa l'antique foi de ses pères et épousa la fille d'un peintre. Mais pour ménager la sensibilité de son père, et aussi pour éviter la persécution du Danemarck, sa patrie, dont les lois défendent de tolérer quiconque embrasse le catholicisme, il garda un secret absolu sur sa conversion. Au mois de juillet 1784, il fut saisi d'une fièvre ardente qui le mit à deux doigts de la mort. Borgia, désormais son second père, l'entoura de tous les soins les plus délicats durant sa longue convalescence. Ce fut dans ce moment suprême qu'il apprit à son protecteur qu'il était catholique et marié. Après bien des travaux sur l'archéologie, qui lui ont rendu célèbre dans toute l'Europe, Zoëga mourut à Rome le 10 avril 1809, et fut enterré dans l'église de Saint-André delle Fratte.

JEAN-GEORGES HAMANN, surnommé *le Mage du Nord*, naquit en 1730 à Kœnisberg en Prusse. Son père, habile chirurgien, le destinait à devenir ministre protestant. Mais les goûts du jeune homme l'entraînèrent ailleurs. Economiste distingué, poète fécond et spirituel, grand orientaliste, docte écrivain et profond philosophe, il abjura le protestantisme en 1787 et vint mourir l'année suivante à Munster, près de la princesse de Gallitzin, devenue catholique elle-même, et qui lui fit ériger un monument.

Le 1er novembre 1757, au village de Possagno, province de Trévise, naquit le rénovateur de la sculpture moderne, ANTOINE CANOVA, qui fut le contemporain de Clément XII, Benoît XIV, Clément XIII, Clément XIV, Pie VI, Pie VII et Napoléon; car il ne mourut que le 13 octobre 1822, à l'âge de 65 ans. Pie VII, dans une occasion importante, le fit son ambassadeur à Paris, inscrivit son nom dans le livre d'or du Capitole et le créa marquis d'Ischia. Son père était architecte et sculpteur, mais il mourut fort jeune : Antoine, âgé de quatre ans, fut recueilli par son grand-père, qui était riche, mais qui fut ruiné quelque temps après. A quatorze ans, il fut présenté au seigneur de son village, Jean Faliéro, sénateur vénitien, dont il s'attira l'attention en plaçant sur sa table un lion très-bien sculpté, mais en beurre. Antoine fut mis chez un sculpteur de mœurs très-sévères, auprès duquel il prit lui-même des habitudes de modestie qu'il a gardées toute sa vie. Il avait déjà fait quelques ouvrages très-remarquables lorsqu'il vint à Rome en 1779. Il eut le bonheur d'y rencontrer, chez l'ambassadeur de Venise, plusieurs amateurs éclairés des beaux-arts, entre autres Hamilton, ambassadeur d'Angleterre à Naples, Winckelmann, et Mengs, peintre distingué, né en Bohème, et qui mourut à Rome peu après l'arrivée du jeune Vénitien. Parmi les nombreux chefs-d'œuvre de Canova est une statue de Clément XIV : on la trouva si belle, que, suivant la remarque d'un savant, les Jésuites eux-mêmes louaient et bénissaient le pape Ganganelli en marbre. Mais rien ne fait mieux connaître le Phidias italien et sa patrie que les particularités suivantes.

C'était vers 1790. A force de travailler, Canova tomba malade. Les médecins lui conseillèrent l'air de Crespano, bourg voisin de Possagno, où l'attendait sa mère, qui s'y était remariée et lui avait donné un frère, savant helléniste, puis digne évêque. Après avoir donné les premiers moments à la tendresse maternelle, Canova voulut revoir son endroit natal, Possagno. Or, tous les habitants des deux bourgs, hommes, femmes, enfants, avaient formé un complot pour le surprendre, sans que pas un ne trahît le secret. Canova se met donc en route, presque seul, les larmes dans les yeux, cherchant en quelque sorte les chemins détournés. A quelque distance de Possagno, une foule de jeunes gens placés en embuscade fondent sur lui de toutes parts avec des cris de joie, d'admiration, et les *Evviva* italiens. Il s'arrête, il ne peut parler; on lui ordonne enfin, mais respectueusement, d'avancer. Par caractère, Canova éprouvait une sincère répugnance pour les honneurs et les acclamations. Quel n'est pas son trouble quand, un peu plus loin, il aperçoit la route couverte d'immortelles, de branches de lauriers et de roses! A droite et à gauche du chemin triomphal, Possagno et les environs s'étaient rassemblés. Les femmes, les enfants ne pouvaient retenir leur émotion. Les cloches sonnaient dans tous les villages; le curé, les anciens du peuple, marchaient au devant de lui : les boîtes, les mousquets, des hymnes chantés au son d'une musique villageoise le saluaient de toutes parts, et ce cortége le conduisit jusqu'à la maison de son grand-père, destinée à le recevoir.

Canova garda toute sa vie un tendre souvenir de ce touchant accueil. Possagno n'avait qu'une église pauvre et ruinée. En 1819, les habitants prièrent leur compatriote d'accorder quelques secours afin de la rebâtir. Donner peu pour des restaurations mesquines, déplaisait à Canova ; il résolut de donner beaucoup, mais pour quelque chose de grand et de magnifique. Il conçut un plan d'église qui réunit ce que le Parthénon d'Athènes et le Panthéon de Rome avaient de plus beau. Il voulut associer les habitants de Possagno à cette grande entreprise. La commune devait fournir les matériaux nécessaires, ce qui ne serait ni grande pierre, ni marbres ; elle donnerait le gros sable, la chaux ; en échange, Canova payait la contribution personnelle pour deux cent cinquante habitants, et fournissait les bœufs, les charrois et les moyens de transport pour tous les objets accordés par la commune. Le contrat fut signé. Sur cent ducats de dépenses, Canova en donnait quatre-vingt-quinze et la commune cinq. Survinrent les jeunes filles de Possagno qui voulurent entrer dans cette rivalité de courtoisie. Canova ordonna qu'elles seraient écoutées. Elles déclarèrent qu'elles s'engageaient volontairement, et sans l'exigence d'aucun salaire, à apporter la portion des matériaux les moins lourds, et qu'elles vaqueraient régulièrement à ce travail aux heures de repos les jours ouvrables, et les jours de fêtes après les cérémonies de l'église, si le curé le permettait. Le curé le permit. Canova accepta cette offre, et fonda une gratification annuelle de mille livres, qui serait partagée entre les jeunes filles agréées pour prendre part au travail. Il commença à payer la gratification avant qu'aucune d'elles se mît à l'ouvrage, parce que, disait-il, les actes gracieux doivent être justes, et les actes justes doivent être gracieux. Ce fut bientôt un spectacle ravissant de voir ces jeunes filles, la tête ornée de fleurs, apporter les menues pierres, dans des brouettes à deux timons, où elles s'attelaient en chantant et en folâtrant. Le jour destiné pour la pose de la première pierre est arrivé. Ce sont les femmes seules, à l'exclusion des hommes, quels qu'ils soient, par leur rang et par leur âge, qui iront, au nombre de deux cents, chercher l'eau nécessaire pour établir les fondations. Ces mouvements spontanés de piété, de dévouement, de patriotisme touchèrent Canova. Il voulut seul être le maçon, prit la scie et le marteau, tailla un bloc, reçut la truelle, le mortier, et posa la première pierre.

En 1822, Canova revint voir sa construction, mais il était malade, et ses compatriotes lui donnèrent des marques de reconnaissance qui devaient être les dernières. Il mourut à Venise, le 13 octobre de la même année, après avoir reçu les sacrements de l'Église avec une vive piété, à l'âge de soixante-cinq ans. Ses dernières paroles furent : « O Seigneur ! vous m'avez donné le bien que j'ai en ce moment ; vous me l'ôtez, que votre nom soit béni dans l'éternité ! » Par son testament, il laissa au pape Pie VII le droit de choisir dans ses ouvrages ce qui lui serait agréable. Il légua aux fils du sénateur Faliéro deux de ses statues à leur choix ; aux jeunes filles de Possagno trois dots de soixante écus romains, chacune à perpétuité, et à son frère, l'abbé Sartori-Canova, l'héritage universel de ses biens, en l'invitant à terminer, sans la plus petite épargne, l'église de Possagno, où il voulait être inhumé. Ce que le digne frère exécuta fidèlement (*Biogr. univ.*, Supplément, t. LX).

## § II.

*Vie, congrégation, travaux, écrits de saint Liguori.*

Mais un enfant de l'Italie qui surpasse tous ses contemporains en mérite et en gloire devant Dieu et son Église, c'est saint ALPHONSE DE LIGUORI, dont nous avons vu les commencements. Avant qu'il eût embrassé l'état ecclésiastique, sa famille voulut successivement lui faire épouser deux jeunes princesses : devenu prêtre, il épousa la pauvreté et le travail, se fit le serviteur et l'apôtre des lazzaroni, des domestiques, des maçons, des cochers, des artisans de toute espèce, les instruisant sur les places, dans des maisons particulières, dans des chapelles ou oratoires, soit par lui-même, soit par ses amis et ses pénitents. Un mauvais maître d'école, Pierre Barberèze, s'étant converti à un discours d'Alphonse, instruisait à son tour les petits portefaix dans la boutique d'un barbier. Le local n'étant bientôt plus assez considérable, on se réunit dans la chapelle des bonnetiers : les réunions avaient lieu tous les soirs ; il s'y trouvait jusqu'à soixante jeunes portefaix, sans compter les autres. Lucas Nardone, vieux soldat, plusieurs fois déserteur, mais converti par un discours d'Alphonse, tenait une conférence semblable dans un autre local. De bons prêtres, amis du saint, se faisaient un plaisir d'assister et de présider à ces réunions populaires. Chacune de ces réunions comptait de cent à cent cinquante personnes. Après avoir satisfait leur piété, ces bonnes gens se récréaient ensemble le dimanche : dans la suite ils prirent pour règle d'aller servir les malades dans les hôpitaux. Alphonse étant revenu dans sa vieillesse, prêcher à Naples, Barberèze, qui avait toujours continué sa bonne œuvre, assistait fidèlement à tous ses sermons. Le saint l'ayant rencontré un jour, lui dit en souriant : Que faites-vous ici ? — Je suis venu entendre le Saint-Esprit, répondit Barberèze. Ce digne disciple d'Alphonse mourut en odeur de sainteté l'an 1767.

En l'année 1731, après avoir prêché plusieurs missions très-fatigantes dans la Pouille, Alphonse se reposait dans un ermitage, au diocèse de Scala. Les bergers de la plaine et les chevriers des montagnes, apprenant qu'il y avait là des missionnaires, y vinrent en foule. Alphonse leur fit une espèce de mission : ce qui en attirait toujours d'autres. Dieu lui fit connaître qu'il était appelé à établir une congrégation de prêtres pour le salut des âmes les plus abandonnées, dans les villages et les hameaux écartés. Cette entreprise lui valut bien des contradictions et des souffrances. Bon nombre de ses amis le blâmèrent hautement. Le Père Ripa, fondateur du collége des Chinois à Naples, chez lequel il demeurait comme pensionnaire, le traita de fanatique : il aurait voulu qu'il s'agrégeât à son collège. Une autre congrégation de missionnaires aurait voulu qu'il restât avec eux. Mais Dieu voulait une congrégation nouvelle et spéciale pour les pauvres gens de la campagne. Alphonse en jeta les fondements l'an 1732 dans la ville de Scala. Mais, avant de s'y rendre de Naples, il eut un sacrifice bien douloureux à faire. Il reposait sur son lit, lorsque tout à coup son père entre, l'embrasse, le serre, contre son cœur pendant trois heures de suite, le suppliant de la manière la plus tendre de ne pas l'abandonner. Alphonse avoua, dans sa vieillesse, que ce fut le combat le plus pénible de sa vie. Il aimait tendrement son père, qui, dès lors, l'avait pris en quelque sorte pour son directeur spirituel; mais il aima Dieu plus que son père et sa mère.

La communauté de Scala se composa d'abord de huit personnes : elle était pauvre, mais fervente. Sept prêtres et un frère laïque; ils refusaient à leur corps toute espèce de soulagement, se chargeaient constamment de cilices et de chaînettes armées de pointes. C'était surtout au temps des repas qu'ils donnaient un libre cours à leur amour pour la mortification, et qu'ils se tourmentaient par des humiliations et des pénitences de tout genre. Quelques-uns, avant de manger, se mettaient à genoux et y demeuraient quelque temps les bras étendus en croix; celui-là faisait le tour du réfectoire et, par esprit d'humilité, baisait les pieds de chacun de ses frères. Ils mangeaient à genoux ou étendus par terre; plusieurs, pour se rendre encore plus pénible leur triste réfection, se suspendaient une grosse pierre au cou, afin de se donner ainsi l'air de vrais condamnés. Leur nourriture était misérable et assaisonnée d'herbes amères; beaucoup se privaient de viande, ou, s'ils en prenaient, ils se refusaient les fruits et faisaient d'autres abstinences. Leurs mets étaient de si mauvaise qualité, que les pauvres eux-mêmes ne se pouvaient résoudre à manger les restes. Il ne faut pas s'en étonner. Celui qui faisait la cuisine était un ancien militaire qui ne savait jusqu'alors que manier l'épée. Tantôt le potage était brûlé, tantôt trop salé, une autre fois il ne l'était pas du tout; un autre jour il servait les mets encore crûs et sans aucun assaisonnement. Il lui arriva même une fois de pétrir le pain sans y avoir mis de levain, tellement que les habitants voulurent en avoir par dévotion.

Cet habile cuisinier était un gentilhomme d'Acquaviva, nommé Vitus Curtius : il remplissait, dans l'île de Procida, l'office de secrétaire auprès d'un seigneur, lorsque son ami et compatriote, le gentilhomme Sportelli, songeait à quitter le monde pour se réunir avec saint Liguori. Curtius était un esprit bizarre, plein d'orgueil; ses livres de dévotion, comme il disait, n'étaient que son pistolet et sa baïonnette. Il avait plusieurs fois mal usé de ses armes. Un jour, il se mit à raconter à son ami, comme pour se divertir, un songe qu'il avait eu la nuit précédente. « Je me voyais, dit-il, au pied d'une montagne élevée et rapide, que beaucoup de prêtres s'efforçaient de franchir; j'en pris envie de les imiter, mais à peine avais-je fait un pas, que le pied me manquait et que je retombais en arrière. Ne voulant pas céder, je recommençais plusieurs fois mes tentatives; mais, à mon grand déplaisir, je glissais et retombais toujours, jusqu'à ce qu'un des prêtres, qui prit enfin compassion de moi, me donna la main et m'aida ainsi à franchir la montagne avec eux. » Les deux amis traversaient ainsi, en discourant, les rues de Naples, lorsque Curtius, à la vue d'un ecclésiastique qu'il ne connaissait pas, s'écria tout à coup : « Mais voici le prêtre qui m'a donné la main la nuit passée ! » Sportelli lui apprend alors que ce prêtre est Alphonse de Liguori, qui avait dessein de fonder une nouvelle congrégation de missionnaires; il lui déclare en même temps l'intention qu'il a lui-même de s'y associer. Curtius comprit aussitôt que le songe était une marque de vocation divine et déclara qu'il voulait aussi se mettre à la suite d'Alphonse, non comme prêtre, mais comme frère servant (*Mémoires sur la vie et la congrégation de saint Liguori*, l. 1, c. 21).

Cependant la nouvelle communauté faisait des missions avec beaucoup de fruits, ce qui lui attirait l'affection des peuples et le déplaisir d'autres congrégations jalouses. Alphonse eut à subir une autre épreuve. Pour que la nouvelle congrégation pût subsister, il lui fallait une règle; pour lui donner une règle convenable, il fallait s'accorder sur le but précis de la congrégation. On se divisa là-dessus. La plupart des prêtres, ayant à leur tête Mandarini, pensaient qu'il fallait joindre l'enseignement littéraire de la jeunesse avec les missions des campagnes. Alphonse pensait qu'il fallait s'en tenir à un but unique, le salut des âmes les plus abandonnées. Comme on ne put s'accorder, on se sépara. L'Eglise n'y perdit rien : au lieu d'une seule congrégation partagée entre deux buts divers, il y eut deux congrégations poursuivant chacune son but spécial. Alphonse, naguère à la tête d'une communauté nombreuse, se vit tout à coup seul avec Sportelli et Curtius. On se moqua de lui jusque dans les chaires de Naples. Il mit sa confiance en Dieu, continua de faire des missions avec Sportelli, qui n'était encore que laïque. En leur absence, frère Curtius formait à lui seul toute la communauté. Il ne laissait pas de sonner la cloche pour les exercices communs aux heures déterminées, ce qui édifiait tous les habitants de Scala. Toujours assidu à l'église, il aurait voulu devancer le matin pour s'y rendre, et regrettait de n'y pouvoir passer la nuit; ainsi, quoique seul, il satisfaisait à tous ses devoirs, comme s'il y eût eu une multitude de religieux. Il persévéra dans cette ferveur jusqu'à la fin de sa vie, et mourut en odeur de sainteté.

Délaissé en 1733, avec deux compagnons, Alphonse en vit bientôt arriver d'autres, avec lesquels il fonda une nouvelle maison à Ciorani, dans l'archevêché de Salerne. Outre les missions, il y établit les saints exercices de la retraite. Tous les pays voisins se réjouirent du bien qui en résultait; l'archevêque de Salerne principalement en fut extrêmement consolé. Outre les jeunes ordinands, beaucoup d'autres ecclésiastiques venaient plusieurs fois pendant l'année, et principalement en carême, faire des retraites en particulier; pendant la semaine sainte surtout, les retraitants étaient très-nombreux. On y voyait des magistrats, des chevaliers et des princes; des évêques et d'autres prélats y venaient avec leurs clercs, qui montraient le plus grand désir de se ranger sous la direction d'Alphonse et de jouir de ses instructions publiques et familières. C'est dans le cours de ces retraites qu'arriva une preuve bien frappante de l'assistance que Dieu accordait aux démarches et aux paroles d'Alphonse. Un jour qu'il parlait de l'énormité des péchés du prêtre, qui le rendent indigne de miséricorde, parce qu'il a plus de lumières que les autres pécheurs, il conclut en citant ces paroles de saint Chrysostome : « Vous avez péché dans le sacerdoce, vous êtes perdu. » A ces mots, un ecclésiastique téméraire répondit, au grand scandale de l'assemblée, qui l'entendit tout entière : « Je nie la conséquence. » Ce misérable en prouva la conséquence lui-même. Le lendemain matin, il se rendit à l'autel pour célébrer la messe, et tomba mort en commençant le psaume : *Judica me, Deus* : Jugez-moi, ô Dieu (*Mémoires*, etc., l. 2, c. 8) !

En 1741, le cardinal Spinelli, devenu archevêque de Naples, voulut que saint Liguori donnât des missions par tout son diocèse, non-seulement pour instruire et convertir les peuples, mais encore pour apprendre aux autres missionnaires la manière dont il s'y prenait. Alphonse choisit pour coopérateurs les meilleurs sujets dans les différentes congrégations. On suivait dans ces missions les mêmes règles que celles de sa congrégation particulière ; chacun devait s'y soumettre et y obéir. La seule nourriture permise consistait en des légumes et du bouilli : Alphonse avait pour maxime que le peuple se laisse plutôt gagner par l'exemple que par les paroles. Il ne voulait aucun poisson de prix, ni poulet, ni gibier, ni pâtisserie ; et comme on ne laissait pas de leur servir des mets recherchés, il les renvoyait tous, encore que les chanoines de Naples et d'autres personnes de distinction se trouvassent quelquefois à table. Dans les missions il voulait le nécessaire, mais il avait en horreur le superflu, et plus encore les délicatesses. Il permit à ses autres compagnons d'aller en voiture, parce qu'ils n'étaient pas accoutumés à monter à cheval, mais ni lui ni les siens ne voulurent d'autre équipage que des ânes, comme les gens les plus pauvres de la campagne et comme le maître même des apôtres. Ceux qui ne connaissaient point Alphonse voyant un homme d'un extérieur aussi chétif qu'un mendiant, couvert du cilice, le prenaient pour le domestique des missionnaires. Un jour qu'il venait de faire le sermon de l'ouverture d'une mission, les paysans émerveillés des belles paroles qu'ils venaient d'entendre, se disaient entre eux : « Mais si le cuisinier prêche si bien, que sera-ce des autres ! »

En 1742, il jugea qu'il était temps de faire de sa congrégation une communauté tout apostolique. Il ne cessait d'exposer à ses compagnons le mérite que l'on acquiert auprès de Dieu, lorsque par les vœux on lui fait le sacrifice de sa propre volonté ; et qu'on se dépouille de toutes les choses de la terre. Ils s'engagèrent donc par les vœux simples et par le serment de persévérance dans la congrégation. Quant à la pauvreté religieuse, il fut établi que chacun, tout en conservant la propriété de ses biens, renoncerait à l'usufruit, qu'il abandonnerait à ses proches ; et que, dans le cas où ceux-ci n'en auraient pas besoin, chacun pourrait percevoir ses revenus, à la charge de les déposer entre les mains des supérieurs, sans avoir aucun droit d'en disposer autrement.

En 1743, il fonda une nouvelle communauté dans la ville épiscopale de Nocéra de Pagani. Il fallut bâtir une maison et une église : tous, riches et pauvres, voulurent y contribuer. D'un autre côté, les oppositions, les persécutions même ne manquaient pas ; on intriguait contre la nouvelle congrégation à Naples et à Rome. Mais les vêtements mêmes d'Alphonse commençaient à faire des miracles ; un pauvre hydropique ayant mis les chaussettes du saint, qu'on lui avait données par aumône, se trouva subitement guéri (*Mémoires*, etc., l. 2, c. 16). Vers ce même temps, le comte Joseph de Liguori, son père, capitaine général des galères, vint le trouver en la communauté de Ciorani, résolu à rompre tout commerce avec le monde, pour vivre sous la conduite d'Alphonse, en qualité de frère servant ; il sollicita le consentement de son fils avec beaucoup de larmes. Alphonse l'assura que la volonté de Dieu n'était pas qu'il abandonnât sa famille, mais qu'il y demeurât pour l'édifier de plus en plus. De retour à Naples, le comte ne vécut plus de la vie militaire, il devint un fervent anachorète. A l'église, l'oraison ; chez lui, la lecture et la méditation des livres saints ; telle était son occupation continuelle.

En 1744, Alphonse établit une nouvelle communauté de ses missionnaires dans la Pouille, à Ilicéto, centre de beaucoup de fermes et de chasses royales, dont les habitants épars restaient non souvent sans instruction religieuse. L'année suivante, il fit des missions dans toute la province, d'après les ordres du pape Benoît XIV, transmis par l'archevêque de Naples. Il en prêcha une de quarante jours à Foggia, capitale de la Pouille, où se passèrent deux événements mémorables. Un missionnaire parcourait les places publiques pour appeler le peuple à l'église ; venant à passer devant une taverne, il invita les buveurs à prendre part à la mission. L'un d'eux, élevant son verre, lui dit : Mon Père, voulez-vous voir quelle est ma mission ? En même temps il approche le verre de ses lèvres, mais tombe raide mort, en laissant tous les assistants saisis d'épouvante. Le second fait est d'un autre genre. Un soir on avait exposé sur le grand autel, l'image de la sainte Vierge : Alphonse devait prêcher sur les gloires de Marie. Pendant qu'il parlait, le peuple crut voir en lui un ange plutôt qu'un homme. En même temps, un rayon d'une lumière toute nouvelle leur apparut, qui partait de la figure de Marie, traversait toute l'église et venait se reposer sur le visage d'Alphonse ; au même instant celui-ci, ravi et comme en extase, était élevé de plusieurs pieds au-dessus du sol. A ce spectacle, tout le peuple jeta des cris de joie, qui furent entendus à une grande distance de l'église. Plus de quatre mille personnes furent témoins de ce miracle (*Ibid.*, l. 2, c. 23).

Ce fut en 1748, à Ilicéto, que saint Liguori publia son premier écrit : *Visites au Saint-Sacrement et à la sainte vierge Marie*, opuscule qui fut suivi de plusieurs autres, dont nous verrons plus tard l'esprit et l'ensemble. Vers le même temps, le roi de Naples voulut le nommer archevêque de Palerme. Il disait à son ministre : « Le Pape fait de bonnes promotions, mais je veux en faire une meilleure que le Pape. » Alphonse, à qui le ministre fit part de cette détermination royale, en fut frappé comme d'un coup de foudre; il fondit en larmes et supplia le roi de ne pas exiger de lui ce sacrifice; car c'était ruiner sa congrégation naissante, et, par là même, le bien qu'il pouvait faire aux pauvres gens de la campagne. Le roi persista un mois entier dans sa résolution; il n'en revint que par la considération qu'Alphonse ferait plus de bien à la tête de ses missionnaires qu'à la tête d'un archevêché. Le 25 février 1749, le pape Benoît XIV approuva solennellement la règle et l'institut de saint Liguori, sous le titre de Congrégation du Très-Saint-Rédempteur. Au mois d'octobre suivant, le saint fondateur fut élu à perpétuité supérieur général, sous le titre de recteur majeur. En 1750, il publia les *Gloires de Marie* et autres ouvrages. Sa *Théologie morale* parut en 1753, dédiée à Benoît XIV, qui en témoigna son contentement en ces termes : « Nous remercions Votre Révérence du présent qu'elle nous a fait. Nous avons parcouru son livre sur la morale, et nous l'avons trouvé rempli de bons commentaires : cet ouvrage sera universellement applaudi et fera sûrement autorité dans le public. » En 1756, il publia un abrégé de sa *Théologie morale*, sous le titre de *Homo apostolicus*. Saint Liguori composa ces ouvrages avec une infinité d'autres, au milieu des missions et des retraites qu'il ne cessa de donner; au milieu des embarras et des oppositions sans nombre que l'ennemi du bien ne cessa de lui susciter au dehors et au dedans de sa congrégation.

« Notre emploi, disait-il à ses missionnaires, est l'emploi même qui fut exercé par Jésus-Christ et par les saints apôtres. Celui qui n'a pas l'esprit de Jésus-Christ ni le zèle des apôtres, n'est pas propre à ce ministère. » Il voulait que l'humilité fût surtout le caractère distinct des siens. « C'est cette vertu, répétait-il, qui nous fait respecter des peuples; c'est elle qui gagne et attire à elle les pécheurs, quelque hautains et orgueilleux qu'ils soient; c'est cette vertu qui nous fait disposer d'eux à notre gré. Si l'humilité manque au missionnaire, tout lui manque, et je ne sais si le mal qu'il fera ne sera pas plus grand que le bien qu'il prétendait faire; car comment Dieu aiderait-il celui qui lui résiste ? » Il recommandait la plus grande humilité et la plus parfaite subordination envers les curés et les évêques, et principalement envers les curés, parce que les relations avec eux sont plus immédiates. « Il n'est pas possible, dit-il un jour, que Dieu veuille bénir nos missions, si nous manquons de respect et d'humilité envers les chefs des églises, et si nous ne nous mettons pas sous leur entière dépendance. »

De ce même principe, que l'emploi du missionnaire est l'emploi de Jésus-Christ même, saint Liguori concluait que le missionnaire doit prêcher du même style que le Sauveur et les apôtres. « Jésus-Christ, disait-il, savait plus de rhétorique que nous, et il n'a pas choisi, pour se faire comprendre de la foule, d'autre style que celui des paraboles et des comparaisons ordinaires : or, c'est aussi à la foule que nous sommes appelés à prêcher. Si le peuple ne comprend pas, sa volonté ne s'émeut point, et nous perdons nos peines. Le but que doit se proposer le prédicateur est de persuader et d'émouvoir. Si le peuple n'est pas convaincu, il ne fera pas de bons propos, il ne quittera jamais le péché. » Alphonse exigeait donc un style simple et populaire, et tel que toute espèce de personnes pût le comprendre et en profiter; il voulait pour cela des phrases courtes et faciles et non pas de ces longues périodes au bout desquelles ni celui qui parle, ni ceux qui écoutent ne savent ce qu'il a voulu dire. Il aimait qu'on variât à propos l'accent de la voix dans le cours de la prédication. « Gardez-vous de la monotonie, disait-il. » Il haïssait, comme autant de blasphèmes, les expressions poétiques et abstraites. Ce n'est pas qu'il approuvât pour la chaire les locutions triviales et peu nobles, mais il exigeait qu'on se servît des mots italiens les plus usités et les plus reçus. Il voulait qu'avant d'être envoyés en mission, les jeunes religieux écrivissent mot à mot leurs sermons : il s'en réservait la révision; les faisait apprendre par cœur et débiter au réfectoire, modifiant lui-même les tons, les pauses et les changements de voix. Ces sermons de mission devaient être prêchés tels qu'ils avaient été écrits, jusqu'à ce qu'il fût assuré que les prédicateurs avaient acquis un style clair et tout apostolique. Il détestait les improvisations de quelques-uns, ou, pour mieux dire, leur témérité à monter en chaire sans avoir médité le sujet de leur sermon. A son avis, ces aventuriers étaient proprement des jongleurs. Il ajoutait : « Ces improvisations avilissent la parole de Dieu, et bien loin que le peuple s'attache à fréquenter l'église, il s'en éloigne lorsqu'il n'y entend que des sermons mal faits. » Il disait encore : « On sait d'autant moins s'approprier le style simple et apostolique qu'on sait moins de rhétorique. Les pères grecs et les latins savaient s'adapter à tous les esprits et les manier selon les circonstances, parce qu'ils étaient maîtres dans cet art : celui qui l'ignore ne fera qu'un sermon insipide et sans charme, et, au lieu d'être instruit et touché, le peuple s'ennuiera et méprisera le prédicateur. » Alphonse voulait donc que chacun fît une étude expresse de l'éloquence sacrée, et qu'il la possédât parfaitement (*Mémoires*, etc., l. 2, c. 55).

C'est en prêchant et en faisant prêcher de cette manière que l'homme de Dieu charmait les pasteurs et les peuples, et dans les missions et dans les retraites. A Ciorani seulement, on voyait réunis à chaque ordination cent trente à cent cinquante clercs de quatorze diocèses du royaume. A la suite de ces exercices, bien des jeunes gens renonçaient à entrer dans les ordres, effrayés qu'ils étaient en considérant les graves obligations du sacerdoce. Les évêques eux-mêmes, voyant le profit qu'on en retirait, venaient y prendre part et y assistaient avec une grande partie de leur clergé. Innocent San-Severino, étant évêque de Montemarano, avait coutume de se rendre à Ciorani avec un grand nombre de ses prêtres. Volpe, évêque de Nocera, et Borgia, évêque de Cava, faisaient de même. Parmi tant de personnages remarquables venus à Iliceto, on cite Campanile, évêque d'Ascoli; Onorati, évêque de Trevico; Basta, qui fut évêque de Melfi; Amato, évêque de Lacedogna; et Brancaccio, évêque d'Ostuni et qui était alors grand-vicaire d'Ariano. Tous ces prélats se faisaient accompagner d'abord de la moitié de leur clergé, et, de retour dans leur diocèse, ils envoyaient l'autre moitié. L'évêque de Melfi fut une fois si touché de la grâce pendant ces exercices, qu'il voulait se démettre de son évêché et se faire Carme réformé; il l'aurait fait s'il n'en eût été empêché par son directeur. Telle était la congrégation du Saint-Rédempteur en 1762, trente ans après qu'elle eût été fondée par saint Alphonse de Liguori.

Agé de près de soixante-six ans, accablé d'infirmités, le grand serviteur de Dieu se croyait au bout de sa course, lorsqu'il se vit lancé dans une nouvelle carrière, appelé à de nouvelles œuvres, à de nouveaux combats. Le 9 mars 1762, il reçut une lettre du nonce apostolique à Naples, qui lui annonçait que le pape Clément XIII l'avait nommé à l'évêché de Sainte-Agathe des Goths. A cette nouvelle, il est comme frappé de la foudre, ses sens se troublent, il ne peut parler : on le trouve tout agité et baigné de larmes. Cependant il se persuade, ainsi que ses confrères, que le Pape n'a voulu que lui donner une marque d'estime et qu'il n'insistera pas. Il écrit donc une lettre de renonciation où, remerciant le Saint-Père de sa bienveillance, il lui expose son incapacité, son grand âge et ses infirmités, le vœu qu'il a fait de ne jamais accepter de dignité, le scandale que son asquiescement produirait dans sa congrégation. Le lendemain arrive une lettre confidentielle du cardinal Spinelli, où on lui mande : « Le Saint-Père veut que vous acceptiez immédiatement, pour le tirer d'embarras; plus tard, vous serez libre de renoncer, lorsque les affaires seront plus tranquilles. » C'est que pour cet évêché s'était présenté un grand nombre de compétiteurs, parmi lesquels les plus appuyés étaient les moins dignes. Afin de les écarter sans froisser personne, Clément XIII, suivant l'avis du cardinal Spinelli lui-même, nomma Alphonse, dont le mérite éclatant devait faire taire toutes les prétentions. Cette confidence mit le saint dans une terrible inquiétude. Il mit tout en œuvre, prières, jeûnes, austérités extraordinaires, pour conjurer ce qu'il appelait une tempête si violente. Et de fait, le 14 mars au soir, le Pape, touché de ses infirmités et de sa vieillesse, se montra disposé à accepter sa renonciation; mais le lendemain matin, sans qu'on sût pourquoi, il prit une décision contraire. Alphonse en ayant reçu la nouvelle, tomba dans de telles convulsions, que pendant cinq heures il resta sans parole. Lorsqu'il fût revenu à lui, il écrivit au nonce apostolique qu'il était prêt à accepter l'évêché et à se soumettre à toutes les volontés du souverain Pontife. Cependant il tomba si dangereusement malade, qu'un instant on le crut mort. Aussitôt après son rétablissement, il fit le voyage de Rome et de Lorette. Clément XIII l'entretint jusqu'à six ou sept fois, et cela des heures entières. « L'obéissance, lui dit-il, fait faire des miracles; confiez-vous en Dieu, et Dieu vous assistera. » De son côté, Alphonse lui dit pour tout remerciment : « Très-Saint-Père, puisque vous avez daigné me faire évêque, priez Dieu pour que je ne perde pas mon âme. » Il fut sacré à Rome le 14 juin 1762. Le Pape dit ce jour aux cardinaux : « A la mort de monseigneur de Liguori, nous aurons un saint de plus à honorer dans l'Eglise. » Le 11 juillet, il entrait dans sa ville épiscopale de Sainte-Agathe des Goths : elle est située entre Bénévent et Capoue, aux confins de l'ancienne Samnium, et a remplacé l'antique Saticola dont il est question dans les temps les plus reculés de l'Italie. Les Goths l'ayant réparée, lui donnèrent le nom de Sainte-Agathe. Elle avait eu pour évêque le cardinal de Montalte, qui fut Sixte-Quint.

Liguori évêque continua sa vie pauvre et pénitente de missionnaire. Voici quel fut, pendant les treize années de son épiscopat, le règlement de sa journée. A son lever, il se donnait une sanglante discipline; suivait une demi-heure d'oraison en commun avec toutes les personnes de la maison; les heures canoniales, la sainte messe, après laquelle il entendait une autre en action de grâces. Ensuite il donnait audience à tous ceux qui se présentaient, ou travaillait à composer des livres. Le mobilier de sa chambre ne consistait qu'en une table à écrire sur laquelle il y avait un crucifix et une image de la sainte Vierge. Sa table, pauvre et frugale pour lui, l'était un peu moins pour ceux de sa famille. Pendant le repas, chacun faisait la lecture à son tour. C'était le plus souvent dans la vie de saint Charles Borromée. Après le dîner, suivant l'usage d'Italie, il accordait à ses gens une heure de repos : bien souvent lui-même n'en prenait point, mais employait ce temps à l'étude. Il consacrait une demi-heure à lire les Vies des saints, suivie d'une demi-heure de méditation, après quoi il récitait vêpres et complies. Le reste de la journée, il se donnait aux affaires ou à l'étude. Le soir enfin, il ne sortait pas, mais continuait son travail sans se permettre aucune relâche. A une certaine heure, il réunissait toute sa maison pour réciter en commun le rosaire, les litanies de la sainte Vierge, que suivait l'examen de conscience. Venait le souper, après lequel Alphonse s'entretenait quelques moments avec son grand-vicaire. Tout le monde s'étant retiré, il reprenait ses occupations scientifiques ou se tenait en oraison. Son estomac n'en souffrait pas, car il mangeait de manière à pouvoir immédiatement se remettre à la prière ou à l'étude.

Le nouvel évêque commença par donner les exercices de la retraite au clergé, et de la mission au peuple de sa ville épiscopale; les fruits en furent des plus consolants : Alphonse les consolida par sa fermeté à réprimer les scandales, et dans le clergé et dans le peuple. Pour réformer son séminaire, où en avait besoin, il commença par un examen général qu'il présida lui-même, donna ensuite des vacances, à la fin desquelles tous ceux qui voulaient rentrer devaient lui en adresser la demande. Par cette mesure, il élimina de la maison tout ce qui ne convenait point aux règles sévères qu'il voulait y établir. Lui-même choisit le portier, disant : Si la mort entre en nous par les fenêtres, c'est par la porte qu'elle entre dans les séminaires. Il voulait que tous les élèves demeurassent dans la maison : « Les externes, disait-il, servent de messagers aux séminaristes, ce qui est très-dangereux pour les mœurs des uns et des autres. » Il désigna Tournéli pour la théologie dogmatique, Fortuné de Brescia pour la philosophie. Lui-même assistait aux répétitions et aux thèses. Il y tenait si fort, que quand une indisposition le retenait dans son lit, il voulait que la thèse du mois eût lieu dans sa chambre. L'examen de tous les ordinands se faisait en sa présence. Il était surtout sévère pour l'admission au sous-diaconat : Car, disait-il, si je prononce A, nécessairement je dois dire B. Il lui arriva d'en tenir un jusqu'à cinq heures de suite sur la sellette. Mais s'il veillait ainsi à la science, il veillait encore bien plus à la piété. Enfin, le spirituel ne lui faisait point négliger le matériel : il assainit et agrandit les bâtiments, et eut un soin particulier de la santé des élèves. Lorsque la renommée eut publié toutes ces choses, le séminaire se peupla d'excellents sujets; les étrangers se faisaient gloire d'y envoyer leurs enfants ; les sciences et les vertus y florissaient : une impartialité parfaite entretenait l'harmonie entre les supérieurs et les élèves, de sorte que les jeunes gens préféraient cet établissement à tout autre; et de même que le séminaire d'Aversa avait été célèbre, du temps du cardinal Caracciolo, celui de Sainte-Agathe acquit la même réputation sous monseigneur de Liguori.

Avec la réforme du séminaire, il faisait marcher la réforme du clergé diocésain. Les prêtres peu édifiants, il les faisait venir et leur adressait les remontrances convenables. Le plus grand nombre changea de vie, il en plaça quelques-uns dans des cloîtres, très-peu se mirent dans le cas d'être punis à la rigueur. Il les examinait en particulier sur les rubriques de la messe, et il en trouva plusieurs qui ne les savaient pas : défense à eux de célébrer, jusqu'à ce qu'ils eussent donné preuve de leur savoir. Il examinait les confesseurs sur la théologie morale, et se vit dans la nécessité d'en interdire plus d'un. Dans sa ville épiscopale et les faubourgs, il trouva quatre curés absolument incapables de leur ministère par leur ignorance. Pour sauver leur réputation en les remplaçant par d'autres, il les nomma chanoines. Plusieurs portaient des cheveux bouclés et parfumés : Alphonse blâma et interdit de pareils usages. Il rencontra un prêtre qui avait obtenu de Rome la permission de porter une perruque, toutefois avec l'approbation de l'évêque. Alphonse voulut la voir, et, ne la jugeant pas convenable, il la plongea dans un vase d'eau bouillante, et en fit tomber les boucles. « Voilà comme elle doit être, dit-il en souriant, et pas autrement. » Il prononça peine de suspense contre celui qui mettait moins d'un quart d'heure à dire la messe. Il publia même un opuscule sur la messe précipitée, afin d'arrêter un pareil désordre.

Il veillait avec une grande attention à la propreté des églises et des autels. Une toile d'araignée dans le temple était un sujet de réprimande sévère pour les curés et pour les sacristains. Il aurait désiré plusieurs lumières devant les saints tabernacles; mais il dut se contenter d'une seule à cause de la pauvreté des églises. Dans une paroisse, il ne trouva qu'une chétive lampe sur une fenêtre ; il en fut indigné, et la fit remplacer par une lampe de cuivre, suspendue en face de l'autel.

Dans toutes les paroisses populeuses, il rétablit pour les clercs la conférence de cas de morale. Afin que le même cas fût discuté le même jour par tout le diocèse et qu'aucun prêtre ne pût trouver d'excuse pour ne pas s'y préparer, il fit lui-même un choix de diverses questions, et tous les ans il faisait imprimer dans le calendrier du diocèse la liste des cas pour chaque semaine. Afin d'obliger chacun à se bien préparer avant d'arriver aux séances, il voulut que les noms de tous les membres fussent mis dans une boîte, et que l'on tirât au sort celui qui ferait la conférence ; quand le tirage était fait, on remettait le billet dans la boîte ; car il importait que le même nom fût plusieurs fois exposé aux chances du sort. Autrement, disait Alphonse, celui dont le nom sera une fois sorti, fermera pour longtemps son livre de morale, assuré qu'il sera de ne plus être appelé avant que tous les noms soient épuisés.

En arrivant dans un pays, il se dirigeait tout d'abord vers l'église principale, où il ouvrait la visite par un discours au peuple, et annonçait l'indulgence plénière pour tous ceux qui, après s'être confessés, communieraient et visiteraient cette église dans le cours de la visite. Lorsque le lendemain de son arrivée était un dimanche ou un jour de fête, et que la paroisse était assez populeuse, il avait coutume d'officier pontificalement. Si cette église n'était pas une collégiale, il avait soin de faire venir à ses frais sept chanoines de sa cathédrale ou de la collégiale la plus voisine, et les séminaristes de l'endroit. Il prêchait pendant tout le cours de la visite. Dès le second jour de son arrivée, il ouvrait dans l'après-midi la mission, qui durait huit jours consécutifs; le peuple ne sortait de l'église que vers les sept heures du soir. Tous les jours il faisait lui-même avec le peuple la visite au Saint-Sacrement, qui était encore un nouveau sermon. Il rappelait les motifs d'aimer Jésus-Christ et de haïr le péché. La componction était générale, et toutes ses paroles portaient leur fruit. Au premier coup de la cloche, tous accouraient en foule à l'église pour entendre, comme ils disaient, le saint qui leur aplanissait la voie du ciel. Il donnait encore chaque matin, pendant ces huit jours, une retraite au clergé, ainsi qu'aux monastères de religieuses qui se trouvaient dans la ville. Après vêpres, il rassemblait les enfants dans l'église, pour leur faire lui-même le catéchisme.

Lorsque le saint évêque eut pris une entière connaissance de l'état de son diocèse, il publia six ordonnances pour la réforme des abus. La première regarde les chanoines, les prêtres de la cathédrale et les chapelains; la seconde, les archiprêtres et les curés dans tout le diocèse ; la troisième, tous les confesseurs séculiers et réguliers ; la quatrième, les simples prêtres séculiers ; la cinquième, les ordinands ; la sixième, enfin, tend à régler la décence dans les habits et la tonsure. En vertu de la bulle d'Alexandre III, elle défend les cheveux artistement arrangés, bouclés et parfumés ; ils doivent être unis, sans couvrir le cou ni les oreilles; les clercs doivent les porter courts comme les séminaristes, sous peine d'être exclus des ordres. La tonsure pour les prêtres doit avoir la dimension d'une grande hostie ; elle doit être plus petite pour les diacres, et ainsi en proportion pour les clercs inférieurs, mais jamais moindre qu'une petite hostie, et tous doivent la faire renouveler tous les quinze jours. Quant aux confessions, il voulait qu'on laissât une grande liberté aux fidèles. Cette liberté était telle dans son diocèse, que, pour les pâques, les curés allaient confesser dans les paroisses les unes des autres, et ne confessaient pas chez eux.

Outre les travaux continuels pour son diocèse, Alphonse fut encore éprouvé par trois ou quatre dangereuses maladies, dont celle de 1768 le rendit paralytique : une grande disette affligea le royaume de Naples, en particulier le diocèse de Sainte-Agathe. Mais ce qui désolait le plus notre saint, c'étaient les maux de l'Eglise universelle; c'était l'incrédulité qui dominait en France, et qui, de là, répandait partout le venin de ses livres impies; c'était la conjuration du siècle contre la Société de Jésus. Nous avons déjà vu ce qu'en pensait Liguori, et quelle profonde compassion il ressentait pour Clément XIV, qui crut devoir céder au torrent. Après la suppression des Jésuites, il vit attaquer sa propre congrégation, dont on traitait les membres de Jésuites déguisés. Il supplia le souverain Pontife de le décharger de l'épiscopat, mais ne put l'obtenir. Et, au milieu de tant de croix et de peines, tout paralytique qu'il était, il ne cessait de travailler au salut de son diocèse, au bien de sa congrégation et de publier de nouveaux ouvrages pour la défense de la religion et de l'Eglise.

Lorsqu'enfin, l'an 1775, il eut obtenu de Pie VI la permission de quitter son évêché, ses autres croix n'en devinrent pas plus légères. Il vit sa congrégation attaquée avec plus de fureur que jamais : un des chefs de la magistrature napolitaine, le procureur général du roi, en demandant hautement la suppression : les Rédemptoristes n'étaient que des Jésuites ressuscités; la morale de leur fondateur n'était que la morale des Jésuites. Cet orage fut à peine calmé qu'il s'en éleva un autre. Pour veiller aux intérêts de la congrégation, Alphonse avait député deux de ses religieux, l'un à Naples, l'autre à Rome : l'un et l'autre trahirent ses intentions. Celui de Naples obtint du roi une approbation de la règle, mais avec une clause destructive de la règle approuvée par Benoît XIV et contraire aux sentiments d'Alphonse : ce qui produisit un soulèvement général dans la congrégation entière. Le religieux qui était à Rome fit entendre que cette innovation destructive de la règle était un fait exprès d'Alphonse, qui subordonnait ainsi l'autorité du Saint-Siège à celle d'une cour séculière. La calomnie avait d'autant plus beau jeu, que la cour de Naples était brouillée alors avec le Pape, et défendait, sous les peines les plus sévères, de porter aucune affaire à Rome. Ainsi circonvenu, Pie VI ordonna d'abord que les Rédemptoristes des Etats pontificaux n'observeraient d'autre règle que celle approuvée par Benoît XIV; puis, supposant que les maisons du royaume observaient la nouvelle règle, il décide que ces maisons ne font plus partie de la congrégation, et qu'elles sont en conséquence privées de toutes les grâces et privilèges dont elles jouissaient en cette qualité : il décide en second lieu qu'Alphonse est privé de toute autorité, comme supérieur général, et exclu de la congrégation; enfin, il nomme un autre supérieur pour gouverner les maisons qui sont dans les Etats pontificaux. Ce décret est du 22 septembre 1780.

Alphonse était âgé de 85 ans, il était accablé d'infirmités, il était paralytique, il se voyait joué par ses hommes de confiance, il se voyait calomnié à Rome, il se voyait chassé de la congrégation qu'il a fondée, il se voyait chassé par le Pape pour qui il a un dévouement sans bornes. Le saint vieillard allait entendre la messe et y communier, quand on lui apprit la nouvelle de son déshonneur. Il parut d'abord interdit; mais bientôt, adorant la volonté de Dieu dans celle de son Pontife, il dit, en s'inclinant profondément : « Je ne veux que Dieu seul; il suffit que la grâce de mon Dieu ne me manque pas. Le Pape le veut ainsi, que Dieu soit loué ! » Il n'en dit pas davantage, entendit la messe et se fortifia par la sainte communion.

Mais, au sortir de l'église, le démon vient l'assaillir d'une horrible tentation. Il lui représente la ruine de sa congrégation comme l'ouvrage de ses péchés, et lui-même comme l'auteur de tout le mal. Il lui semble que Dieu l'a abandonné, et qu'il est désormais sans espoir de salut. Dans cet état, il s'humilie, se confond et fait tous ses efforts pour ouvrir son cœur à la confiance. Mais il ne peut se calmer; son humilité lui paraît une illusion et son espérance une présomption. Il ne voit de ressource que dans le désespoir. Dans cette cruelle agonie, comme le Sauveur sur la croix, il éclate en pleurs et s'écrie d'une voix déchirante : « Secourez-moi, le démon veut me désespérer; secourez-moi, je ne veux point offenser mon Dieu. » Deux religieux étant accourus, il leur répète : « Secourez-moi, le démon me tente de désespoir. » Bientôt toute la communauté entoure le saint vieillard, qui dit à tous : « Mes péchés sont cause que Dieu abandonne la congrégation : aidez-moi, car je ne veux pas offenser Dieu. Le démon veut me désespérer. » Lorsque la tentation fut dissipée, il répétait joyeux, en se tournant vers le crucifix et l'image de Marie : « Ma Mère, je vous remercie, vous m'avez secouru; secourez-moi, ma bonne Mère. Mon Jésus, mon espérance, je ne serai point confondu ! » Le soir il dit encore, mais plein de calme : « Le démon m'a tenté toute la journée, de désespoir; mais la Vierge m'a aidé, et, par la grâce de Dieu, je n'ai fait aucun acte de défiance. » Cette même tentation ne laissait pas de revenir de temps en temps. « Le démon ne me quitte pas, dit-il un jour à un de ses religieux; mais je ne veux pas déplaire à Dieu. Jésus-Christ et la Vierge viendront à mon aide. »

Nous voyons ici le combat corps à corps entre l'homme et Satan. Nous l'avons vu en Job sur son fumier; nous l'avons vu en Jésus-Christ, et dans le désert, et au jardin des Olives, et sur la croix. Dans cette agonie, dans cette lutte terrible, Jésus-Christ lui-même sue du sang, Jésus-Christ lui-même prie avec larmes et un grand cri. Et c'est par cette angoisse mortelle, par cette mort vivante, que Jésus raffermit la foi expirante de ses apôtres, rassemble ses brebis dispersées, enfante son Eglise, et nous mérite la grâce de vaincre les plus violentes tentations de l'ennemi. De même, proportion gardée, c'est par sa lutte effrayante avec le démon du désespoir, que saint Alphonse de Liguori mérite à sa congrégation disloquée la grâce de se réunir pour toujours et d'opérer le bien pendant des siècles.

La congrégation des Rédemptoristes se trouvait alors dans le même état que le collége des apôtres à la passion du Sauveur. Satan avait demandé à les cribler comme du froment : il les secouait, les agitait les uns contre les autres ; quelques-uns tombèrent dehors comme la paille ; les autres se heurtaient réciproquement, même sans le vouloir : la congrégation était bouleversée; mais non désunie, et dans le royaume de Naples, et dans les Etats pontificaux, elle observait la même règle, la règle approuvée par Benoît XIV, sans les innovations subreptices d'un agent infidèle. Une explication amiable de part et d'autre eut tout éclairci ; mais, outre les intrigues d'un autre agent infidèle, la brouillerie politique de la cour de Naples avec le Saint-Siège y mettait obstacle pour le moment. Le saint vieillard Liguori fit ce qu'il put pour rétablir dès lors l'unité spirituelle parmi tous ses missionnaires. Déposé de sa qualité de supérieur général, à l'âge de quatre-vingt-cinq ans, il écrivit humblement au nouveau supérieur que le Pape avait nommé pour les Etats de l'Eglise, il lui protesta de son entière obéissance et de sa disposition à se rendre dans telle maison des Etats pontificaux qu'il lui plairait de désigner. Il ne fut tranquille que quand ce nouveau supérieur lui eut commandé de rester à Nocera de Pagani, avec l'assurance qu'il faisait toujours partie de la congrégation. Chose remarquable ! à deux époques différentes, en 1774 et 1776, il avait prédit ce qui alors paraissait incroyable, impossible, et qu'on vit néanmoins en 1780, savoir, qu'il serait déposé de sa charge de supérieur général. Cette humiliation profonde devenait ainsi une preuve de l'Esprit divin qui l'animait.

Une autre preuve, c'est l'esprit même de ses nombreux ouvrages ; ouvrages qui lui méritent un rang distingué parmi les Pères et les Docteurs de l'Eglise, et qui continuent la chaîne non interrompue de la tradition catholique ; tradition qui commence à Dieu même. Car, *après avoir parlé à nos ancêtres en divers temps et en diverses manières par les prophètes*, dit saint Paul, *Dieu nous a parlé en ces derniers temps par son propre Fils* (1. Hebr., 1) : et le Fils, qui est dans le Père et en qui est le Père, a promis d'être avec son Eglise tous les jours jusqu'à la consommation des siècles, et de lui envoyer de plus l'Esprit de vérité, pour demeurer avec elle éternellement et lui rappeler toutes ces choses qu'il aura dites : Esprit-Saint, qui procède du Père et du Fils comme d'un seul principe, et a parlé par les prophètes ; car ce que fait le Père, le Fils le fait semblablement, ainsi que le Saint-Esprit : les œuvres des trois Personnes divines sont une. Le Père, le Fils et le Saint-Esprit, voilà donc la source, la suite et la garantie de la tradition dans l'Eglise de Dieu.

Le premier anneau de cette chaîne, c'est le premier homme, *Adam, qui fut de Dieu*. A ce premier homme, Dieu donna une compagne formée de sa chair même et de ses os, pour marquer l'union intime de Jésus-Christ avec son Eglise. Il *leur donna*, nous apprend l'Esprit-Saint lui-même, par Jésus, fils de Sirac, *il leur donna le conseil, une langue, des yeux, des oreilles et un cœur pour entendre; les remplit de la science de l'intelligence, leur montra les biens et les maux, fixa son regard sur leurs cœurs pour leur manifester la grandeur de ses œuvres, afin qu'ils célébrassent la sainteté de son nom, le glorifiant dans ses merveilles et racontant la magnificence de ses œuvres. Il leur donna encore des préceptes et les fit héritiers d'une loi de vie; il établit avec eux une alliance éternelle et leur apprit ses jugements. Leurs yeux virent les merveilles de sa gloire, leurs oreilles entendirent sa voix; il leur dit : Gardez-vous de tout ce qui est inique, et il leur ordonna à chacun de s'intéresser à son prochain* (Eccli., 17).

Aussi avons-nous vu un docteur de l'Eglise, saint Epiphane, et après lui saint Jean Damascène, pour réfuter toutes les erreurs humaines qui avaient paru depuis l'origine du monde jusqu'à leur temps, poser comme un fait incontestable que la foi qui régnait alors dans la sainte et catholique Eglise de Dieu, était la même qui existait dès l'origine et qui, depuis, fut manifestée de nouveau par le Christ. Car, dit saint Epiphane, pour quiconque veut y réfléchir avec amour de la vérité, la sainte Eglise catholique, est le commencement de toutes choses. Et il le prouve encore par l'exemple du premier homme, qui ne fut ni Juif par la circoncision, ni idolâtre par le culte des idoles; mais, étant prophète, connaissait le Père et le Fils et le Saint-Esprit, et par là même était chrétien. Il le prouve encore par l'exemple des patriarches, y compris Abraham. D'où il conclut que toutes les hérésies, parmi lesquelles il compte le paganisme, étaient de fait et de droit postérieures à la vérité catholique (S. Epiphane, l. 1, *Contre les hérés*.).

Et, chose remarquable que nous apprenons de saint Paul, *Adam n'a pas été séduit, mais la femme a été séduite dans sa prévarication* (1. Tim., 2). Il ne fut pas séduit, parce que, comme l'interprètent les saints Docteurs, il céda plutôt à Eve par complaisance que convaincu par ses raisons. En un mot, Adam, premier père et pontife du genre humain, non plus qu'Aaron, futur pontife du peuple juif, et Pierre, futur pontife du peuple chrétien, ne pécha que par faiblesse; il ne crut ni n'enseigna l'erreur. Quant à la sentence pénale contre son péché, elle renferma la promesse du rédempteur, du second Adam, qui devait tout réparer. Réparation qui commença dès lors. Car l'Esprit-Saint lui-même nous dit : *La Sagesse, qui atteint d'une extrémité à l'autre avec force et dispose tout avec douceur, tira de son péché celui qui avait été créé le père du monde et lui donna la vertu de dominer toutes choses* (Sap., 10). Cette Sagesse n'est autre que l'*Agneau qui a été immolé dès l'origine du monde* (Apocal., 13, 8). en prédestination, et dont le sang racheta dès lors les patriarches et les prophètes : Abel, Adam, Seth, Hénoch, Lamech, Noé, Sem, Abraham, Isaac, Jacob, Melchisédech, Job, Joseph et ses frères, Moïse, David, Elie et les autres prophètes d'Israël jusqu'à Jean-Baptiste. Et parmi les docteurs de l'*Eglise des premiers-nés* (Hebr., 12, 23), qui forment la chaîne de la Tradition depuis Adam jusqu'à Jésus-Christ, et à qui d'autres succèdent jusqu'à saint Alphonse de Liguori, il y en a deux, Hénoch et Elie, qui vivent encore; Hénoch, d'avant le déluge, et de qui nous descendons tous. Ces deux témoins de la Tradition reviendront dans leur temps, pour en attester la suite merveilleuse.

Et dans cette succession perpétuelle, Alphonse de Liguori a reçu et transmis l'héritage divin avec une entière fidélité, non-seulement quant à l'exactitude littérale du dogme, la sagesse pratique de la morale, mais encore et surtout quant à la foi divine, de laquelle vit le juste : comme saint Paul le prouve par tous les anciens, à commencer par Abel, Hénoch, Noé, Abraham, jusqu'aux juges et aux prophètes, *qui, par la foi, ont conquis les royaumes; ont accompli les devoirs de la justice et de la vertu; ont reçu l'effet des promesses; ont fermé la gueule aux lions; ont arrêté la violence du feu; ont* évité le tranchant des épées; ont été guéris de leurs maladies; ont été remplis de force et de courage dans les combats; ont mis en fuite les armées des étrangers, et ont rendu aux femmes leurs enfants, les ayant ressuscités après leur mort. Les uns ont été cruellement tourmentés, ne voulant point racheter leur vie présente, afin d'en trouver une meilleure dans la résurrection. Les autres ont souffert les moqueries et les fouets, les chaînes et les prisons. Ils ont été lapidés; ils ont été sciés; ils sont morts par le tranchant du glaive; ils étaient vagabonds, couverts de peaux de brebis et de peaux de chèvres, abandonnés, affligés, persécutés; eux, dont le monde n'était pas digne, ils ont passé leur vie errant dans les déserts et les montagnes, dans les antres et les cavernes de la terre* (Hebr., 11).

Cette foi des justes, les hérésies de Luther, de Calvin et de Jansénius l'avaient éteinte dans les uns et affaiblie dans les autres. Le vrai Dieu, infiniment bon, miséricordieux et aimable, ils l'ont travesti en un dieu faux, méchant, haïssable, qui, après avoir fait de nous des machines sans libre arbitre, nous punirait cependant, non-seulement du mal que lui-même opère en nous, mais encore du bien que nous faisons de notre mieux. Ce que Jésus-Christ, dans son infinie tendresse, nous a laissé de plus merveilleux pour nous témoigner et nous communiquer son amour, le saint sacrifice de la messe et la sainte communion, Luther et Calvin le nient et le foulent aux pieds; Jansénius ne le nie pas, mais il en détourne par un respect hypocrite. Ce que les siècles chrétiens offrent de plus doux, de plus affectueux, de plus maternel et de plus filial au cœur du fidèle, surtout quand il est dans la peine, la dévotion envers la sainte Mère de Dieu, le vieux serpent de l'hérésie en grince les dents, et lance ses traits les plus venimeux : furieux contre celle qui lui écrase la tête, il cherche à la mordre au talon, en calomniant son culte.

Fidèle héritier des patriarches et des prophètes, des Pères et des Docteurs de l'Eglise, saint Alphonse de Liguori ne connaît rien de plus doux que les noms de Jésus et de Marie. Le premier ouvrage de son cœur, plus encore que de sa plume, ce sont ses pieuses *Visites au Saint-Sacrement et à la sainte Vierge.* En voici l'épître dédicatoire.

« A L'IMMACULÉE ET TOUJOURS VIERGE, MARIE, MÈRE DE DIEU.

» Ma très-sainte Souveraine! au moment de mettre en lumière ce faible opuscule, que j'ai composé sur l'amour que nous devons à votre Fils, j'ai cru ne pouvoir mieux faire que de vous le dédier, à vous, ma très-chère Mère, qui êtes entre toutes les créatures celle qu'il a aimée le plus tendrement. J'espère que ce léger tribut d'un ouvrage qui n'a pour but que d'exciter les âmes à l'amour de Jésus-Christ sera favorablement accueilli de votre cœur, si rempli du désir de le voir aimé comme il le mérite. Je vous l'offre tel qu'il est; daignez l'accepter et le protéger, non pour que j'obtienne les éloges des hommes, mais pour que ceux qui le liront apprennent à répondre avec plus d'affection et de reconnaissance à l'amour excessif que notre doux Sauveur nous a voulu témoigner par sa passion et par l'institution du Très-Saint-Sacrement. C'est pourquoi je mets à vos pieds mon livre, que je vous conjure de regarder comme vous appartenant, de même que son auteur, qui depuis bien longtemps a placé en vous toutes ses espérances et qui ne désire pas d'autre bonheur de pouvoir toujours se nommer, très-agréable Souveraine, votre très-dévoué serviteur, ALPHONSE DE LIGUORI, *de la congrégation du très-saint Rédempteur.* »

Tel fut le premier ouvrage de notre saint. Un des derniers furent *Les Gloires de Marie*, avec une dédicace en forme de prière à Jésus et à Marie.

Dans ces deux ouvrages, ainsi que dans une foule d'autres du même genre, saint Liguori ne dit presque rien de lui-même, quoique tout parle de son cœur. C'est que son cœur est une fontaine vivante où se réunissent les eaux les plus pures de l'Ecriture et de la Tradition, les salutaires enseignements des Patriarches et des Prophètes, des Pères et des Docteurs de l'Eglise, des théologiens et des auteurs ascétiques. Le Sauveur disait à la Samaritaine : *Celui qui aura bu de l'eau que je lui donnerai n'aura plus soif éternellement; mais l'eau que je lui donnerai deviendra en lui une fontaine d'eau jaillissante jusqu'à la vie éternelle* (Joan., 4, 13 et 14). Nous voyons cette fontaine dans l'évêque de Sainte-Agathe : l'eau en jaillit jusqu'à la vie éternelle, dans toutes ses paroles, ses écrits et ses œuvres. Son style est comme l'eau même, simple, clair et limpide.

*Les Gloires de Marie* ne sont, dans leur première et principale partie, qu'un pieux commentaire de cette antienne que l'Eglise de Dieu adresse tous les jours à la sainte Vierge. « Nous vous saluons, ô Reine! mère de Miséricorde! Notre vie, notre douceur et notre espérance, nous vous saluons! Vers vous nous soupirons, gémissant et pleurant dans cette vallée de larmes. De grâce, ô notre Avocate! tournez vos regards vers nous, ces regards si miséricordieux. Et Jésus, le béni fruit de vos entrailles, montrez-le-nous après cet exil. O clémente! ô pieuse! ô douce vierge Marie! » Sur chacune de ces paroles du *Salve*, Liguori fait une dévote paraphrase, dont toutes les pensées et les expressions mêmes sont recueillies de l'Ecriture, des saints Pères, des Docteurs les plus recommandables, de la Vie des saints. Il y réfute solidement toutes les objections des sectaires; mais surtout il ranime chez les fidèles catholiques la dévotion à Marie. Les considérations sont suivies d'un exemple et d'une prière. Il indique toujours l'auteur d'où il tire l'exemple ou le fait qu'il rapporte. Après ces paraphrases du *Salve*, viennent les *Vertus de Marie*, précédées de prières ferventes à la sainte Vierge, tirées des Pères de l'Eglise, et suivies de diverses pratiques de dévotion envers la Mère de Dieu. La seconde partie contient des discours et des méditations sur les principales fêtes de la sainte Vierge, et sur ses sept douleurs, entremêlés de prières et de pratiques.

Pour allumer et augmenter l'amour de Jésus-Christ dans tous les cœurs, saint Liguori a écrit : *Visites au Très-Saint-Sacrement; — Octave du Très-Saint-Sacrement; — Neuvaine du sacré cœur de Jésus; — Pratique de l'amour de Jésus-Christ; — Traits de feu, ou Motifs d'aimer Jésus-Christ; — Neuf discours sur la naissance de Notre Seigneur; —plusieurs Neuvaines et Méditations sur les mystères de l'enfance de Jésus; — Un Chemin de* la *Croix*, et deux volumes de *Méditations et de Pratiques dévotes sur la Passion de Jésus-Christ*. C'est dans le même but qu'il a composé, spécialement pour les prêtres, plusieurs opuscules *Sur la messe et l'office divin*; — *La messe et l'office mal dits*; — *Du sacrifice de l'autel*, avec une explication succincte des prières qui s'y disent; — *Des cérémonies de la messe*, d'abord des rubriques, ensuite de la préparation et de l'action de grâces, dont il offre plusieurs modèles. Pour aider les prêtres à dire l'office divin avec plus de piété, le saint évêque traduisit en italien les psaumes, suivant l'ordre où ils sont disposés dans le bréviaire. Enfin, sous le nom de *Silva* ou *Forêt*, il offre aux prêtres comme un arsenal de matériaux pour des discours ou des méditations sur la dignité, les vertus et les devoirs du sacerdoce. A quoi l'on peut ajouter un *Règlement de vie pour un prêtre*; — *Avis à un prêtre qui tend à la perfection*.

Un autre objet du zèle de Liguori, c'était de former à Jésus-Christ de fidèles et ferventes épouses dans la personne des religieuses. De là sept opuscules: *Sur l'état religieux*; — *Avis sur la vocation religieuse*; — *Méditations sur le même sujet*; — *Avis aux novices, pour les animer à la persévérance*; — *Sept opuscules relatifs aux religieuses*, en deux volumes; — *La véritable épouse de Jésus-Christ*, ou *la Religieuse sanctifiée*, également en deux volumes; ces deux derniers ouvrages de 1768. Ajoutez à tout cela plusieurs lettres spirituelles à des religieuses, et enfin la vie d'une de ses parentes, sœur Thérèse-Marie de Liguori, religieuse au monastère du Saint-Sacrement, à Naples, de l'ordre de Sainte-Marie-Madeleine de Pazzi, et décédée en 1724, à l'âge de 21 ans. Parmi les œuvres du saint, il y en a un bon nombre qui ont pour but la sanctification des fidèles de tout état; par exemple: *Avis nécessaires à toutes les personnes de quelque condition que ce soit*; — *Avis à un jeune homme sur le choix d'un état*; — *Avis à une jeune demoiselle sur le choix d'un état*; — *Du grand moyen de la prière*; — *Traité de la méditation et de la contemplation*; — *Règlement de vie pour un chrétien*; — *Règlement de vie pour un père de famille*, etc.; — *Maximes ou vérités éternelles*; — *Méditations pour huit jours d'exercices en particulier*; — *Manière de converser continuellement avec Dieu*; — *Traité de la conformité à la volonté de Dieu*; — *Avis aux âmes scrupuleuses*; — *Encouragements à une âme désolée*; — *Triomphes des martyrs*, ou *Histoire des martyrs les plus célèbres*; — *Préparation à la mort*, ou *Méditations sur les vérités éternelles*. En somme, saint Liguori n'a pas écrit moins de seize volumes in-octavo, en ouvrages et opuscules qui ont pour but direct la sanctification des âmes dans les diverses conditions de la vie.

Mais par où saint Liguori contribue à sauver une infinité d'âmes dans tous les pays catholiques, c'est par sa *Théologie morale*, publiée l'an 1753, en douze volumes; résumée par lui-même, l'an 1756, en trois volumes en latin, sous le titre de *Homo apostolicus*, en italien sous le titre d'*Instruction pratique pour les confesseurs*: instruction réduite par lui-même encore, l'an 1764, en un petit volume sous ce titre: *Le confesseur des gens de la campagne*. Voici comme le saint explique lui-même le but et la nature de ces ouvrages, principalement des deux premiers, dans la préface du second.

« Cet ouvrage (*De la théologie morale*) m'a coûté environ quinze années de travail, employées à lire et à discuter les opinions d'un grand nombre d'auteurs que j'ai étudiés. Parmi eux, j'en ai rencontré de trop indulgents, qui, entraînés par un zèle mal dirigé de faciliter le salut des âmes, ont fait trop de concessions à la liberté, au préjudice des lois divines et ecclésiastiques; d'autres, au contraire, repoussant une telle condescendance, ont montré une rigueur excessive. C'est ici que mon travail a été le plus pénible, car il m'a fallu choisir, au milieu de cet amas confus d'opinions et de doctrines, celles qui s'attachent à maintenir l'observation exacte des préceptes de Dieu et de l'Eglise, sans cependant ajouter des obligations qui ne sont pas imposées par Dieu et qui obligeraient chaque chrétien à s'élever à une perfection qui, suivant la faiblesse humaine, est moralement impossible au commun des fidèles. C'est pour cela que je me suis attaché à la lecture des ouvrages de théologie, que j'ai eu soin d'étudier avec un jugement impartial; et c'est avec ces matériaux et l'instruction acquise par une expérience de trente années dans la confession et les missions, que j'ai mis au jour l'ouvrage que je viens de mentionner pour l'instruction des jeunes gens de notre congrégation.

» Mais parce qu'un ouvrage, si volumineux et si diffus ne peut être étudié avec assez de facilité, ou être lu par un assez grand nombre de personnes, j'ai jugé convenable, excité d'ailleurs par plusieurs personnes qui le désiraient, de mettre au jour ce petit traité (*Homo apostolicus* et *Instruction pratique pour les confesseurs*). En le composant, j'ai eu pour but principal de donner une instruction pratique pour administrer convenablement le sacrement de pénitence; mais, comme dans la pratique on ne peut bien entendre ni bien diriger les âmes, si on ne connaît les principes et même les opinions et les questions les plus importantes de la morale, j'ai eu soin d'exposer ici, avec un style court et facile, tout ce qui peut compléter la science suffisante et nécessaire d'un confesseur, marquant en leurs lieux les décisions des canons, des bulles pontificales et des sacrées congrégations, décisions que les autres livres font trop peu connaître. J'ai réduit cet ouvrage en abrégé, afin qu'on puisse se le procurer à moins de frais et le lire plus facilement. On y traitera 1° des préceptes du Décalogue et de l'Eglise; 2° des sacrements et des censures; 3° des privilèges et de la faculté qu'ont les évêques et les prélats réguliers de donner l'absolution des cas et des censures réservés; 4° de la manière dont le confesseur doit se conduire dans la pratique, avec des pécheurs qui se trouvent dans l'occasion prochaine, ou dans l'habitude ou la récidive, ainsi qu'avec les personnes de toutes conditions, telles que les ignorants, les enfants, les sourds, les muets, les moribonds, les condamnés à mort, les possédés, les jeunes filles et les autres femmes. Dans cet opuscule, non-seulement j'ai reproduit toute l'essence de la théologie en question, mais encore j'y ai consigné plusieurs choses qui ne se trouvent point dans le grand ouvrage publié auparavant. — Et tout cela je l'ai fait pour la gloire de Jésus et de Marie. »

Liguori ajoute cet avertissement remarquable au lecteur : « On ne doit pas préjuger que j'adopte dans le cours de cet ouvrage certaines opinions, par la raison que je ne les rejette pas; je ne fais que les reproduire fidèlement avec leurs raisons et le nom des auteurs qui les soutiennent, afin que les lecteurs puissent, dans leur sagesse, en apprécier la valeur (*Œuvres complètes de Liguori*, t. XXIII, p. 3; Paris, 1844). »

Tels sont l'ensemble et le caractère de la *Théologie morale* de saint Liguori. Elle est un remède providentiel aux maux incalculables que les dernières hérésies n'ont cessé de produire dans le gouvernement des âmes. Luther et Calvin ont nié le sacrement de pénitence, le sacrement qui remet les péchés commis après le baptême : Jansénius ne l'a pas nié, mais l'a rendu impraticable, par les dispositions outrées qu'il exige des pénitents, mais surtout par l'esprit de dureté qu'il inspire aux confesseurs. Le Seigneur disait autrefois par son prophète : *Malheur aux pasteurs d'Israël qui se paissent eux-mêmes! les pasteurs ne paissent-ils pas le troupeau? Vous mangez le lait, vous vous revêtez de la laine, vous immolez ce qu'il y a de plus gras, mais vous ne paissez point le troupeau. Vous ne raffermissez pas ce qui est faible, ne guérissez pas ce qui est malade, ne bandez pas ce qui est blessé, ne ramenez pas ce qui est égaré, ne cherchez pas ce qui est perdu; mais vous les dominez avec violence et dureté. Aussi mes brebis sont-elles éparses, comme n'ayant pas de pasteurs; elles sont devenues la proie de toutes les bêtes sauvages, et complètement dispersées. Elles errent çà et là sur toutes les montagnes, sur toutes les hautes collines, et sont dispersées sur toute la face de la terre; et il n'y a personne qui s'informe d'elles, personne qui aille les chercher... Eh bien! dit le Seigneur Dieu, me voici moi-même, cherchant mes brebis et les visitant avec amour, comme un pasteur cherche avec soin ce qui s'est égaré du troupeau.. Moi-même je paîtrai mes brebis et je les ferai reposer, dit le Seigneur Dieu.. Je susciterai sur elles un pasteur unique qui les paîtra, savoir, mon serviteur David : c'est lui-même qui les paîtra et qui sera leur pasteur* (Ezéchiel, 34).

Or, ce grand pasteur des âmes que Dieu suscite et même ressuscite d'entre les morts, c'est Notre Seigneur Jésus-Christ (Hebr., 13, 20), qui disait aux scribes et aux pharisiens : *Malheur à vous, docteurs de la loi, qui chargez les hommes de fardeaux qu'ils ne peuvent porter, et qui vous-mêmes n'y touchez pas d'un seul de vos doigts* (Luc., 11, 46). *C'est moi qui suis le bon pasteur! le bon pasteur donne sa vie pour ses brebis* (Joan., 10, 11). Et lorsque ces scribes et ces pharisiens murmuraient de ce qu'il accueillait les pécheurs et mangeait avec eux, il leur dit : *Quel est l'homme d'entre vous qui, ayant cent brebis et en perdant une, ne laisse pas les quatre-vingt-dix-neuf dans le désert et ne s'en aille après celle qui est perdue, jusqu'à ce qu'il la trouve? Et quand il l'a trouvée, il la met sur ses épaules, plein de joie; et, venu à la maison, il assemble ses amis et ses voisins, leur disant : Réjouissez-vous avec moi, parce que j'ai retrouvé ma brebis, qui était perdue* (Luc., 15, 4). Aussi, avant de confier ses agneaux et ses brebis à Pierre, le Bon Pasteur lui demande-t-il jusqu'à trois fois : *M'aimes-tu plus que les autres?* et veut-il que Pierre lui réponde jusqu'à trois fois : *Oui, Seigneur, vous savez que je vous aime* (Joan., 21).

Dans ces paroles du Seigneur, dites par son Prophète et par lui-même, on voit deux sortes de pasteurs : les uns qui se paissent eux-mêmes aux dépens du troupeau, les autres qui paissent le troupeau aux dépens d'eux-mêmes. Les premiers, jansénistes de la loi ancienne, scribes et pharisiens de la loi nouvelle, imposent aux hommes des fardeaux intolérables, auxquels ils ne touchent pas eux-mêmes de l'extrémité du doigt; les seconds, à l'exemple du Bon Pasteur par excellence, vont après la brebis perdue, jusqu'à ce qu'ils la trouvent; et alors, bien loin de lui imposer un fardeau quelconque, ils la prennent elle-même sur leurs épaules avec joie, la rapportent au bercail et s'en réjouissent avec leurs amis : tels furent, après Jésus-Christ, les apôtres, les saints Pères, en particulier saint Alphonse de Liguori. Il commença, comme Jésus, par faire puis par enseigner. Ce n'est pas un docteur spéculatif de Sorbonne, toujours renfermé dans son cabinet, et qui ne connaît le gouvernement des âmes que par la lettre morte des livres : c'est un apôtre, un docteur, qui, jusqu'à l'âge de plus de quatre-vingt-dix ans, ne cesse de travailler au salut des âmes, en public, en particulier, en chaire, au confessionnal, dans les missions, dans les retraites, dans les villes, dans les campagnes, dans les hameaux, par ses lettres, par ses livres, étudiant nuit et jour ce que Dieu et son Eglise demandent du prêtre et du pasteur : partout il court après la brebis perdue; il en connaît le prix, la misère et la faiblesse : il ne lui demande que de se laisser rapporter au bercail : il est doux et humble de cœur comme le Sauveur lui-même : le fardeau qu'il impose est léger; ce n'est que celui du Sauveur, encore vous aide-t-il à le porter : comme l'agneau de Dieu, il prend sur lui vos iniquités, il les expie avec vous et pour vous, par ses prières, ses jeûnes, ses larmes, ses veilles, ses mortifications de tout genre. Et en faisant ainsi, il s'est sanctifié lui-même et a sanctifié une infinité d'autres, et l'Eglise de Dieu, après avoir examiné sa *Théologie morale*, n'y a rien trouvé à reprendre, et maintenant elle le révère et l'invoque comme un de ses protecteurs dans le ciel.

Mais qu'en est-il donc de sa doctrine sur le probabilisme? Quant au fond, le voici en deux mots. De deux opinions probables, entre lesquelles l'Eglise n'a pas prononcé, on n'est pas obligé de suivre l'opinion la plus sévère, ni pour soi ni pour les autres : pour soi, *on peut* la suivre, mais on n'y est *pas obligé*; pour les autres, on ne doit ni ne peut leur en faire une obligation. Ainsi, un pasteur, un confesseur, qui, de deux opinions probables et libres, fait une obligation de l'opinion la plus sévère, jusqu'à refuser l'absolution à ceux qui ne veulent pas s'y soumettre : ce pasteur, ce confesseur usurpe une autorité qui ne lui appartient pas, il impose aux âmes un fardeau que ni Dieu ni son Eglise ne leur imposent; il commet un véritable péché et répondra devant Dieu de toutes les âmes qu'il aura éloignées du salut par sa dureté tyrannique. Voilà le fond de ce que saint Liguori enseigne sur l'usage des opinions probables : nous pensons comme lui, et nous ne voyons pas même qu'on puisse penser différemment.

Quant aux ecclésiastiques, s'il y en a, qui seraient tentés d'accuser saint Liguori de relâchement et de trop d'indulgence, ils n'ont qu'à lire attentivement ce qu'il exige des ecclésiastiques en général, et en particulier des prêtres, des pasteurs et des confesseurs. Cette lecture ou cette étude les convaincra de deux choses : 1º que saint Liguori n'est pas du tout relâché à l'égard des ministres du sanctuaire, et que, si ceux-ci faisaient seulement ce qu'il demande d'eux comme leur devoir, ils seraient eux-mêmes tous des saints; 2º que si les prêtres, les pasteurs et les confesseurs remplissaient bien les obligations que saint Liguori leur fait connaître, ils pourraient, comme lui, être faciles avec les pauvres âmes qui se convertissent, parce que, comme lui, ils prendraient sur eux-mêmes ce qui coûte le plus à ces âmes encore imparfaites, ignorantes et faibles.

Le prêtre, le pasteur, en sa qualité de confesseur, est à la fois père, médecin, docteur et juge. Comme père, il doit accueillir avec charité tous ceux qui se présentent, particulièrement les pauvres et les pécheurs. Or, observe Liguori, il y en a qui réservent leur charité pour les personnes de marque ou les âmes dévotes; mais s'ils sont accostés par un pauvre pécheur, ou ils ne l'écoutent pas, ou ils le font de mauvaise grâce, et enfin ils le renvoient injurieusement. Qu'arrive-t-il de là? Il arrive que ce misérable, qui s'est peut-être déterminé à grand'peine à venir se confesser, se voyant traité de la sorte, prend en haine la confession et s'abandonne à ses vices (*Confesseur des gens de la campagne*, c. 21). Ce n'est pas chercher la brebis perdue pour la rapporter au bercail, c'est l'en repousser lorsqu'elle s'y présente d'elle-même. Liguori veut que, quand une de ces pauvres âmes vient à vous, prêtre, pasteur, confesseur, vous la receviez avec une charité de père, que vous l'écoutiez aussitôt, y eût-il d'ailleurs un grand concours de pénitents : les âmes dévotes attendront, comme les quatre-vingt-dix-neuf brebis dans le désert : c'est le moment de la brebis perdue, qui est retrouvée; c'est l'enfant prodigue, qui était mort et qui revit. — Mais ce pauvre pécheur ne sait pas seulement se confesser! Eh bien! confessez-le vous-même, examinez vous-même sa conscience : c'est pour cela que vous êtes son père et son médecin. — Mais il ignore les principales vérités de la foi! Eh bien! sans différer, apprenez-les-lui vous-même : c'est pour cela que Dieu vous l'envoie. — Mais comment faire? il n'est pas suffisamment disposé pour recevoir l'absolution? Eh bien! disposez-le vous-même, suggérez-lui les motifs d'un repentir sincère et d'un ferme propos, communiquez-lui de votre abondance. Que diriez-vous d'un médecin, d'un chirurgien qui, voyant arriver à ses pieds un homme atteint d'une maladie mortelle, d'une blessure mortelle, lui dirait : Vous êtes trop malade pour que je puisse m'occuper de vous en ce moment; à la vérité, je pourrais vous sauver de la mort dans une demi-heure; mais je suis à visiter ceux de mes malades qui se portent assez bien : revenez dans quinze jours ou trois semaines. — Or, saint Liguori ne croit pas qu'en conscience le médecin des âmes puisse agir de cette façon, surtout s'il est pasteur, curé ou vicaire, et obligé, comme tel, non-seulement de recevoir toutes les âmes qui reviennent, mais encore de les chercher nuit et jour. C'est en remplissant avec une charité tout apostolique tous les devoirs de docteur, de pasteur, de père, de médecin des âmes, que saint Liguori a pu dire sur la fin de sa longue vie : Je ne me souviens pas d'avoir jamais renvoyé un pécheur sans l'absoudre; non pas qu'il leur donnât toujours l'absolution du premier coup; mais il les accueillait, les aidait, les encourageait avec tant de bonté, de douceur et de tendresse, priant, jeûnant, faisant pénitence pour eux, qu'il finissait toujours par les amener au point où il fallait pour les retirer de la puissance de Satan, les réconcilier avec Dieu et les remettre dans la voie du ciel. Avec les mêmes moyens, un pasteur semblable peut arriver au même but.

On ne saurait dire ni concevoir tout le bien que saint Liguori a fait à l'Église, en y réveillant l'esprit de piété parmi les fidèles et la sagesse pratique de la morale parmi les pasteurs. Pour consolider ces deux biens, il prit encore à cœur de défendre les dogmes de la foi catholique contre les novateurs, les hérétiques et les incrédules. Un des premiers opuscules qu'il fit dans ce genre, fut son *Apologie de la communion fréquente*, contre les erreurs des jansénistes. En 1762, étant à Rome pour être sacré évêque, dans un entretien avec le pape Clément XIII, il vint à parler de la fréquente communion. Alphonse dit au Pape qu'il avait été contredit sur ce sujet à Naples, par certains esprits plus rigides que dévots, et qui exagérant les dispositions que ce sacrement exige, décourageaient les fidèles et les en éloignaient. « Que prétendent ces novateurs, reprit le Pape affligé de cette nouvelle? Je sais, moi, par expérience, combien c'est chose avantageuse aux âmes que la communion fréquente. » Il désapprouva le silence d'Alphonse et le chargea de réfuter ses adversaires. Alphonse y consentit, et, pendant son séjour à Rome, il composa et publia l'opuscule sur cette matière.

Un autre ouvrage, où Alphonse réfute le fond même du jansénisme, c'est son traité *Du grand moyen de la prière*. En voici la dédicace à Jésus et à Marie :

« O Verbe incarné! vous avez donné votre sang et votre vie pour mériter à nos prières (comme vous l'avez promis) une valeur si grande, que nous pouvons obtenir tout ce que nous demandons; et nous, ô mon Dieu! nous sommes si indifférents à notre salut, que nous ne voulons pas même vous demander les grâces dont nous avons besoin pour nous sauver! En nous donnant le moyen de prier, vous nous avez remis en main les clés de vos divins trésors; et nous, nous demeurons dans notre misère, parce que nous ne voulons pas prier! Ah! Seigneur, dessillez nos yeux, faites-nous connaître ce que valent, auprès de votre Père éternel, les supplications que nous faisons en votre nom et par vos mérites. Je vous dédie ce petit livre; bénissez-le et faites que toutes les personnes qui le tiendront dans leurs mains s'excitent à prier toujours, et cherchent aussi à enflammer les autres afin qu'ils mettent en usage ce grand moyen de leur salut. — A vous aussi, Marie, mère de mon Dieu, je recommande mon ouvrage; couvrez-le de votre protection; obtenez à tous ceux qui le liront l'esprit de prière; faites qu'ils recourent toujours, et dans tous leurs besoins, à votre Fils et à vous-même, qui êtes la dispensatrice des grâces et la mère de la miséricorde; vous qui ne laissez jamais sans être exaucées les âmes qui se recommandent à votre bonté; vous qui êtes la Vierge puissante, et qui obtenez à ceux qui vous servent ce que vous demandez à Dieu pour eux. »

Dans la première partie de cet ouvrage, Alphonse parle de la nécessité et de la valeur de la prière, et ensuite des conditions requises pour la rendre efficace auprès de Dieu. Cette première partie est contre Pélage, suivant lequel la prière n'était pas nécessaire au salut, mais simplement la connaissance de ce qu'il faut faire. Dans la seconde partie, le saint prouve contre Jansénius : 1° que Dieu veut que tous les hommes soient sauvés, et que c'est pour cela que Jésus-Christ est mort pour les sauver tous; 2° que Dieu donne généralement la grâce nécessaire à tous les justes pour observer les préceptes, et à tous les pécheurs pour se convertir; 3° que Dieu donne à tous la grâce de prier; la grâce suffisante, commune à tous, suffisant pour cet effet. Il expose en particulier et réfute le système de Jansénius touchant la délectation relativement victorieuse. Dans un autre ouvrage, *Traité contre les hérétiques*, tiré principalement du concile de Trente et dédié au pape Clément XIV, saint Liguori a un traité supplémentaire sur le mode d'opération de la grâce. Après avoir exposé les divers systèmes, il établit, avec le commun des théologiens, que, pour accomplir les commandements de Dieu, il faut une grâce intrinsèquement efficace; mais que cette grâce s'obtient par la grâce suffisante de la prière, qui est donnée à tous. Dans une *Histoire des hérésies et leur réfutation, ou Triomphe de l'Eglise*, il réfute encore en particulier Baïus, Jansénius, Quesnel et Molinos. Il dédia au pape Pie VI un autre ouvrage, qui complète et couronne en quelque sorte les précédents : c'est la *Conduite admirable de la Providence dans l'œuvre du salut de l'homme par Jésus-Christ, depuis Adam jusqu'à nos jours* : il appelle Eglise des Hébreux celle qui exista depuis Adam jusqu'à Jésus-Christ, et Eglise chrétienne celle qui existe depuis Jésus-Christ jusqu'à la fin des siècles. Il conclut « que la religion a toujours été une, qu'elle est passée des Hébreux aux chrétiens sans subir d'interruption; et qu'ainsi, pour bien comprendre la religion chrétienne et l'œuvre de la rédemption humaine opérée par notre Sauveur Jésus-Christ, il est nécessaire de savoir que l'Eglise ancienne et l'Eglise nouvelle n'en font qu'une; elle commença d'abord par les Hébreux, et fut perfectionnée ensuite par les chrétiens; car c'est Jésus-Christ qui a toujours soutenu la première et la seconde. » Par ce peu de mots, on voit que l'ouvrage de saint Liguori contient en germe ce que nous avons tâché de développer avec étendue dans cette *Histoire universelle de l'Eglise catholique*.

Saint Liguori a fait encore un ouvrage contre Fébronius, pour soutenir l'autorité suprême du chef de l'Eglise. Nous verrons plus tard quel était ce Fébronius, ou plutôt le novateur qui se cachait sous ce nom. Après avoir ainsi défendu les vérités de la foi chrétienne contre les altérations et les innovations des hérétiques, saint Liguori les défend contre les attaques directes des incrédules, auxquels les hérétiques avaient préparé les voies. De là entre autres ses deux ouvrages suivants : *Vérité de la foi rendue évidente par les notes de crédibilité qu'elle présente*. Ces notes ou caractères sont la sainteté de la doctrine, la conversion du monde, la stabilité toujours uniforme des dogmes, le témoignage des prophéties, le témoignage des miracles, la constance des martyrs. Le second ouvrage a pour titre : *Les vérités de la foi*, prouvées contre les matérialistes qui nient l'existence de Dieu, contre les déistes qui nient la religion révélée, contre les sectaires qui nient que l'Eglise catholique soit la seule véritable.

La vie et les ouvrages de saint Alphonse de Liguori forment ainsi comme un précieux diadème, qui couronne dignement le merveilleux ensemble des saints, des Pontifes, des savants, des artistes et des ouvrages contemporains de l'Italie entière (1).

(1) Le 11 mars 1871, les cardinaux, membres de la Congrégation des Rites, déclarent, à l'unanimité, que saint Alphonse de Liguori, par son éminente doctrine, meritait d'être rangé au nombre des *Docteurs de l'Eglise*, et, le 23 du même mois de mars, conformément à ce glorieux suffrage, l'immortel Pontife et vénérable pape Pie IX, par un décret solennel, a conféré à notre saint cet insigne et suprême honneur......

Voici, empruntée à l'*Univers* du 17 août, la traduction de la lettre apostolique adressée à ce sujet, le 7 juillet 1870, à tous les évêques :

PIE IX, PAPE,

POUR MÉMOIRE PERPÉTUELLE.

Notre Seigneur Jésus-Christ, qui a promis de ne jamais abandonner son Eglise, suscite des hommes qui excellent par leur piété et leur doctrine, et qui, *remplis de l'esprit d'intelligence, versent comme une pluie abondante les paroles de la sagesse* (1); il les suscite surtout lorsque les intérêts de son Epouse immaculée l'exigent.

En effet, ce n'est pas sans un dessein tout à fait providentiel du Tout-Puissant, qu'à l'époque où la doctrine des jansénistes attirait sur elle les regards des amis de la nouveauté, séduisant un grand nombre par l'appât spécieux de l'erreur et les jetait dans une fausse voie, on vit apparaître ALPHONSE-MARIE DE LIGUORI, fondateur de la congrégation du Très-Saint-Rédempteur et évêque de Sainte-Agathe des Goths, appelé à *combattre le bon combat* (2), *à élever la voix dans le sein de l'Eglise* (3), à anéantir complétement et extirper du champ du Seigneur, à l'aide de ses savants et laborieux écrits, cette peste suscitée par l'enfer.

Mais tel n'était pas le seul rôle que réclamait notre saint : uniquement préoccupé de la gloire de Dieu et du bien spirituel des hommes, il a composé un grand nombre de livres, pleins d'érudition et de piété, soit pour frayer une route sûre entre les opinions divergentes des théologiens trop laxes ou trop rigides, voie dans laquelle les directeurs des âmes peuvent s'engager sans péril, soit pour former et instruire le clergé, soit pour confirmer la vérité de la foi catholique et la défendre contre les hérétiques de tout genre et de toute dénomination, soit pour soutenir les droits de ce Siège apostolique, soit pour exciter les cœurs des fidèles à la piété. Ce qu'on peut encore affirmer en toute vérité, c'est qu'il n'est aucune erreur, même de notre époque, qui n'ait été réfutée, du moins en grande partie, par saint Alphonse. Faut-il ajouter que les vérités qui sont relatives à la Conception Immaculée de la sainte Mère de Dieu et à l'infaillibilité du Pontife romain enseignant *ex cathedra*, et auxquelles Nous avons donné une sanction définitive, aux applaudissements du peuple chrétien et avec l'approbation des prélats de l'univers catholique réunis en très-grand nombre, se trouvent exposées avec la plus grande netteté et démontrées par les plus forts arguments dans les Œuvres de saint Alphonse ?

C'est pourquoi on peut lui appliquer parfaitement cet éloge exprimé par la divine Sagesse : *Sa mémoire ne s'effacera pas de l'esprit des hommes, et son nom sera honoré de siècle en siècle, les nations publieront sa sagesse et l'assemblée des fidèles célébrera ses louanges* (4). Pie VII, notre prédécesseur de pieuse mémoire, plein d'admiration pour la souveraine sagesse d'Alphonse, a rendu de lui ce très-grave témoignage : *Il s'est servi de la parole et de la plume pour montrer à ceux qui errent dans la nuit ténébreuse du monde, la voie de la justice, par laquelle ils peuvent passer de la puissance des ténèbres à la lumière et au royaume de Dieu* (5). De même, notre prédécesseur d'heureuse mémoire, Grégoire XVI, après avoir honoré des plus grandes louanges *la force extraordinaire, l'abondance et la variété de la*

(1) Eccli, 39, 8 et 9.
(2) II. Tim. 4, 7.
(3) Eccli., 15, 5.
(4) Eccli., 39, 13 et 14.
(5) Décret du 21 décemb... ...

## § III.

*Ce qu'il y avait de bon en France, surtout dans la famille royale.*

La France contemporaine présentait un spectacle différent de l'Italie. On y voyait encore du bon, mais aucun ensemble pour le bien. Le mal, tourné en gangrène, attaquait les parties vitales du corps politique : la dissolution partait d'en haut. C'est ce bien, ce mal et cette décomposition que nous avons à considérer dans ce paragraphe.

Parmi les membres de la famille royale, on admirait plusieurs saints personnages. La reine, femme de Louis XV, Marie Leczinska, était un modèle de piété et de vertu. Elle était fille de Stanislas Leczinski, roi alternatif et compétiteur de Pologne, avec Frédéric-Auguste de Saxe, dont nous verrons la fille réunir les deux maisons en épousant le dauphin de France. Marie Leczinska naquit à Posen en 1703, au milieu des troubles qui agitaient sa patrie, vers le temps où Frédéric-Auguste fut déposé et Stanislas élu pour la première fois. Elle apprit la vie à l'école de l'infortune, et, jusqu'à douze ans, ne connut que les périls et les alarmes. Elle n'avait qu'un an, lorsqu'au milieu d'une retraite de l'armée polonaise, elle fut oubliée dans la basse-cour d'une auberge. On allait mettre le feu à la maison, lorsqu'on trouva l'enfant couchée avec son berceau dans une auge d'écurie, et souriant à ceux qui la cherchaient. A quatre ans, elle se voit cernée dans le château de Posen par une armée de Russes : on la sauve par les jardins chez une paysanne qui la cache dans un pétrin, jusqu'à ce que les Russes soient partis. Après divers incidents, elle vint avec son père et sa mère se réfugier en France, où le régent, au nom de Louis XV, alors âgé de dix ans, leur assigna, en 1720, le château de Wissembourg.

Au milieu de tant de traverses, l'éducation de la jeune Marie n'était pas négligée, principalement pour ce qui est de la religion. Elle en donna des preuves. Pendant son séjour en Suède, voulant faire un pèlerinage pour visiter les reliques de sainte Brigitte de Suède, elle pria un évêque luthérien de vouloir bien l'accompagner chez le particulier possesseur des ossements de la sainte, et luthérien lui-même. Arrivé sur les lieux, elle expose au propriétaire le sujet de son voyage. Celui-ci lui ouvre un tiroir où

---

*doctrine* (1) d'Alphonse, a inscrit son nom dans les fastes sacrées des saints.

Enfin, dans ces derniers temps, un grand nombre de cardinaux de la sainte Eglise romaine, presque tous les prélats du monde entier, les supérieurs généraux des ordres religieux, des colléges éminents de théologiens, des chapitres illustres et des membres de tous les corps savants, Nous ont adressé d'instantes prières pour que Nous décernions à saint Alphonse-Marie de Liguori le titre et les honneurs de Docteur de l'Eglise. Voulant donc répondre de grand cœur à ces pieuses supplications, Nous avons confié, selon la coutume, l'examen de cette affaire d'une haute gravité à nos vénérables frères les cardinaux de la sainte Eglise romaine, préposés au maintien des rites sacrés. Or, dans la réunion ordinaire tenue au Vatican le 11 mars de cette année, cette même congrégation a entendu le rapport de notre vénérable frère Constantin Patrizi, cardinal de la sainte Eglise romaine, évêque d'Ostie et Velletri, préfet de la sacrée congrégation, et rapporteur de la cause.

Elle a également pris en considération les objections de notre cher fils Pierre Minetti, promoteur de la foi, ainsi que les réponses du défenseur de la cause et les opinions consciencieuses des théologiens. Enfin, après avoir pesé soigneusement et attentivement toutes les raisons, elle a donné, à l'unanimité la réponse suivante : « Adresser au Saint-Père un avis favorable pour accorder, proclamer et étendre à l'Eglise universelle le titre de docteur en faveur de saint Alphonse-Marie de Liguori, en maintenant l'office et la messe déjà accordée, en ajoutant le *Credo*, et en prenant l'antienne *O Doctor* pour le Magnificat des premières et des deuxièmes vêpres, les leçons *Sapientiam* pour le premier Nocturne, et *In medio Ecclesiæ* pour le VIIIe responsaire. » En conséquence, Nous avons cru devoir approuver et confirmer ce rescrit par un décret général pour Rome et pour le monde; sous la date du 23 du même mois et de la même année.

Mais notre bien-aimé fils Nicolas Mauron, supérieur général et recteur majeur de la congrégation du Très-Saint-Rédempteur, a adressé une supplique aux cardinaux de la même congrégation des Rites, pour que, le jour de la fête de saint Alphonse, élevé au rang des Docteurs de l'Eglise pour la première fois qu'il est fait mention ci-dessus, on ajoutât après ces mots du Martyrologe romain : « *Sanctorum fastis adscripsit* (2), » les paroles suivantes : « *Et Pius IX, Pontifex Maximus, ex sacrorum Rituum Congregationis consulto, universalis Ecclesiæ Doctorem declaravit* (3); » et après le mot *accensuit* de la VIe leçon du Bréviaire, ces autres paroles : « *Tandem Pius IX, Pontifex Maximus, ex sacrorum Rituum Congregationis consulto, universalis Ecclesiæ Doctorem declaravit* (4); on demandait également que toutes les concessions faites sur ce point fussent notifiées par nos lettres apostoliques. Or, après que la même congrégation des cardinaux eut donné une réponse favorable dans sa réunion ordinaire du 22 avril de cette année, Nous avons ratifié cette réponse et avons fait publier des lettres apostoliques en forme de Bref.

Vu ces diverses circonstances, Nous répondons aux vœux de notre bien-aimé fils Nicolas Mauron, et d'après l'avis de nos vénérables frères, les cardinaux de la sainte Eglise romaine chargés des causes relatives aux rites sacrés, Nous confirmons par notre autorité apostolique et par la teneur des présentes, le titre de DOCTEUR conféré à *saint Alphonse-Marie de Liguori*, fondateur de la congrégation du Très-Saint-Rédempteur et évêque de Sainte-Agathe des Goths; et, pour autant qu'il en est besoin, Nous le lui accordons et décernons de nouveau; et cela de telle manière, qu'il soit toujours tenu pour Docteur dans toute l'Eglise catholique, et qu'au jour de sa fête annuelle, qui doit être célébrée par le clergé régulier comme par le clergé séculier, l'office et la messe soient récités conformément au décret ou rescrit de la congrégation des Rites, mentionné ci-dessus.

De plus, Nous voulons et décrétons que les livres, les commentaires, les opuscules, en un mot tous les ouvrages de ce Docteur, comme ceux des autres Docteurs de l'Eglise, soient cités, allégués, et, lorsque la chose le demandera, employés, non-seulement en particulier, mais en public, dans les gymnases, les académies, les écoles, les colléges, les leçons, les controverses, les interprétations, les discours, les sermons, et dans toutes les autres études ecclésiastiques et exercices chrétiens.

Enfin, pour que la piété des fidèles soit excitée davantage à célébrer dignement la fête de ce docteur et à implorer pieusement son secours, Nous confiant dans la miséricorde de Dieu tout-puissant et l'autorité de ses bienheureux apôtres Pierre et Paul, Nous accordons miséricordieusement dans le Seigneur *perpetuité* une indulgence plénière et la rémission de tous leurs péchés à tous les fidèles de l'un et de l'autre sexe, le jour de la fête de ce Docteur (1) ou l'un des sept jours qui suivent immédiatement, au choix de chacun, pourvu que, vraiment repentants et après avoir fait précéder la confession sacramentelle, ils reçoivent la sainte eucharistie, visitent dévotement une église quelconque de la congrégation du Très-Saint-Rédempteur, et y adressent de pieuses prières à Dieu pour la concorde entre les princes chrétiens, l'extirpation des hérésies et l'exaltation de notre Mère la sainte Eglise.

En conséquence, Nous ordonnons par les présentes à tous nos vénérables frères, les patriarches, primats, archevêques, évêques, et à nos bien-aimés fils préposés aux autres églises dans l'univers entier, de publier solennellement dans leurs provinces, villes, églises et diocèses, les décisions énoncées ci-dessus, et de les faire observer invariablement et perpétuellement dans quelque lieu ou pays que ce soit, par tous les ecclésiastiques du clergé séculier comme du clergé régulier de tous les ordres religieux. C'est ce que Nous prescrivons et ordonnons nonobstant les constitutions et ordonnances générales ou spéciales, publiées sur le Siége apostolique, soit dans les conciles généraux et provinciaux, soit dans des assemblées synodales, et nonobstant toutes dispositions contraires, quelles qu'elles soient. Nous voulons en outre qu'aux exemplaires transcrits ou imprimés des présentes lettres, s'ils sont signés de la main d'un notaire public et revêtu du sceau d'une personne constituée dans une dignité ecclésiastique, on accorde absolument la même confiance qu'on accorderait à ces présentes, si elles étaient elles-mêmes présentées ou montrées.

Donné à Rome, près Saint-Pierre, sous l'anneau du pêcheur, le 7 juillet 1871, vingt-sixième année de notre pontificat.

Place † de l'anneau du pêcheur.

Pour le cardinal PARACCIANI CLARELLI,
FÉLIX PROFILI, *substitut.*

---

(1) Bulle de la canonisation, 26 mai 1839.
(2) Il (Grégoire XVI) a inscrit son nom dans les fastes des saints.
(3) Et le souverain Pontife Pie IX, sur l'avis de la sacrée Congrégation des Rites, l'a déclaré Docteur de l'Eglise universelle.
(4) Enfin le souverain Pontife Pie IX, sur l'avis de la sacrée Congrégation des Rites, l'a déclaré Docteur de l'Eglise universelle.

(1) C'est-à-dire le 2 août.

étaient renfermées les reliques qu'elle désirait de voir, en lui avouant qu'il est surpris qu'elle se soit donné la peine de venir de si loin pour voir une tête de mort : « Eh bien! reprend la petite Marie, faites-moi donc le plaisir de me donner cette tête, qui vous est inutile, ou, si vous aimez mieux, vendez-la-moi. » Comme le luthérien se défendait de lui accorder sa demande : « Engagez donc monsieur, je vous prie, dit-elle à l'évêque, de m'accommoder de sa tête de mort. — Je m'en garderai bien, répond celui-ci; il ne faut pas que cette tête sorte du royaume. — Mais c'est la tête d'une catholique. — N'importe; c'était une excellente femme. — Vous avez raison, monsieur, répliqua la jeune Marie; et tant que la tête de cette femme restera en Suède, on s'y souviendra que le royaume était catholique. » L'évêque, frappé de cette réflexion de la part d'une enfant de onze ans, jugea qu'elle méritait une récompense, et, détachant lui-même un des ossements de la sainte, il en fit présent à la princesse, qui le conserva précieusement toute sa vie (Proyart, *Vie de la reine de France, Marie Leczinska*).

Pendant que Marie Leczinska séjournait à Wissembourg, plusieurs princes, dont deux souverains en Allemagne, la demandent en mariage : elle s'y refuse, pour ne point quitter son père et sa mère, ne voulant pas être heureuse toute seule. Peu après, c'était un jour de fête où Marie venait de communier, elle entend une voix plaintive qui l'appelle à travers une palissade du jardin; elle s'approche et voit le visage pâle et décharné d'une pauvre femme couverte de haillons, qui la supplie, au nom de Dieu, de soulager sa misère. Touchée de son état, elle lui donne une pièce d'or : c'était tout ce qu'elle avait. La pauvre femme lève les mains au ciel et s'écrie de joie : « Ah! ma bonne princesse, Dieu vous bénira; oui, vous serez reine de France. » Ce vœu de la pauvre femme n'avait aucune chance de se réaliser. Louis XV était déjà fiancé avec l'infante d'Espagne, qu'on avait même fait venir en France pour en apprendre les usages. Stanislas se vit au contraire sur le point, à la mort du régent, de perdre l'asile que la France lui donnait; il découvrit des scélérats qui cherchaient à le faire périr par le poison : dans cette extrémité, il proposa un accommodement à son compétiteur, pour assurer au moins un sort à sa fille; mais aucun prince ne voulut l'appuyer dans cette affaire. Le père et la fille ne virent d'autres ressources que de se résigner chrétiennement à la volonté de Dieu. Ils venaient de le faire tous deux, lorsque le cardinal de Rohan, évêque de Strasbourg, arrive inopinément et dit à Stanislas : « Sire, je viens vous prier de consentir à ce que la princesse votre fille devienne reine de France. » Stanislas crut d'abord que c'était une plaisanterie et répondit sur le même ton. Mais quand il vit les lettres de créance, quand il apprit que c'était une affaire mûrement délibérée et que l'infante allait être renvoyée en Espagne, à son père Philippe, il éprouva les mêmes sentiments que le patriarche Jacob quand il apprit que Joseph, son fils, dont il avait pleuré la mort, vivait encore et gouvernait l'Égypte; il s'écria : « Béni soit le Seigneur, qui se souvient de nous! ceci est son ouvrage, et lui-même l'achèvera. »

Quant aux sentiments de la jeune princesse, elle les fit ainsi connaître dans l'intimité. Un jour qu'elle se trouvait seule avec la comtesse Leczinska, son aïeule et la confidente ordinaire des secrets de son cœur : « Eh bien! ma fille, lui dit la vertueuse dame, dites-moi donc ce que vous pensez de ce grand événement. — Hélas! maman, lui répondit la princesse, je n'ai encore là-dessus qu'une pensée, mais qui depuis huit jours absorbe toutes mes pensées : c'est que je serais bien malheureuse si la couronne que m'offre le roi de France me faisait perdre celle que me destine le Roi du ciel. » C'est ainsi que la foi élevait cette jeune fille au-dessus des trônes. Son mariage, sur lequel on avait consulté le pape Clément XII, fut célébré dans la cathédrale de Strasbourg, la veille de l'Assomption 1725. Louis XV était représenté par le duc d'Orléans, fils du régent. Quant tout fut prêt pour le départ de la princesse, elle entre dans le cabinet du roi son père, où se trouvait la reine sa mère et la comtesse son aïeule. Elle se jette à leurs genoux, fondant en larmes, et demande leur bénédiction. Stanislas étendant les mains sur sa tête, la lui donne en ces termes : « Que Jésus, Marie et Joseph veillent toujours à la conservation de ma chère fille, au nom de Dieu le Père, le Fils et le Saint-Esprit! Qu'elle ait part à la bénédiction que le saint patriarche Jacob donna à son fils Joseph, lorsqu'il apprit qu'il était encore en vie et qu'il gouvernait en Egypte! Qu'elle ait part à la bénédiction que le saint homme Tobie donna à son fils lorsqu'il l'envoya dans un pays étranger! Qu'elle ait part à la bénédiction que Jésus-Christ donna à sa sainte Mère et à ses disciples, lorsqu'il leur dit : *Que la paix soit avec vous!* Ainsi soit-il. »

Le mariage de Marie Leczinska avec Louis XV fut une bénédiction pour la France, et au temporel et au spirituel. Au temporel, elle lui apporta pour dot deux importantes provinces, les duchés de Lorraine et de Bar. D'après des arrangements politiques, Stanislas les eut en souveraineté sa vie durant, pour être ensuite réunis à la France. François, dernier duc de Lorraine et de Bar, eut en échange le duché de Toscane, à l'extinction de la famille des Médicis en 1735. L'année suivante, il épousa Marie-Thérèse d'Autriche, fille de l'empereur Charles VI, et devint empereur lui-même en 1745. La bénédiction spirituelle que la France dut à sa nouvelle reine, ce fut de voir sur le trône toutes les vertus d'une femme, d'une épouse et d'une mère chrétienne, et de là devenir comme héréditaires dans sa famille.

Les premières qualités que les Français reconnurent dans leur jeune reine, furent la douceur de son caractère et la bonté de son cœur. A peine se fut-elle montrée à la France, qu'elle fut surnommée *la bonne reine*. Cette renommée lui valut plus d'un naïf compliment. Un jour qu'elle traversait les appartements de Versailles avec son cortège ordinaire, une paysanne endimanchée l'aborde sans façons et lui dit : « Ça, ma bonne reine, je viens de bien loin, entendez-vous, tout exprès pour vous voir. Je vous en prie, que j'aie cette consolation un peu à mon aise! — Bien volontiers, ma bonne, » lui dit la reine en s'arrêtant; et tout de suite elle s'informe de son pays, lui demande des nouvelles de son petit ménage, où elle apprend avec plaisir qu'il n'y a point de misère. Elle répond à son tour à quelques questions que lui fait la paysanne, et lui dit avec bonté : « Eh bien ! m'avez-vous vue à votre aise ? Puis-je m'en aller et vous laisser contente ? » La villageoise se retira, versant des larmes de joie, et bénissant le ciel d'avoir donné une si bonne reine à la France.

Elle avait l'esprit très-gracieux. Le cardinal de Fleury lui disait : « Le travail m'accable depuis huit jours ; j'en perdrai la tête. — Oh ! gardez-vous bien de la perdre, dit la reine en riant ; car je doute que celui qui trouverait un si bon meuble voulût s'en dessaisir. » Sur ce que la princesse marquait beaucoup de regrets à la mort du duc d'Orléans, fils du régent, prince qui répandait d'immenses charités dans le royaume et au delà, une des dames de sa suite dit qu'il n'y avait pas lieu de tant s'attrister, puisqu'on le croyait au ciel. « Oui, reprit la reine ; mais pour un bienheureux de plus dans le ciel, que de malheureux de plus sur la terre ! »

Bien loin de se plaire aux flatteries, elle aimait les personnes qui lui faisaient connaître ses défauts et lui aidaient à s'en corriger. Un soir, avant son coucher, elle se mit à s'accuser, à son ordinaire, de quelques défauts, qu'elle combattait, disait-elle, avec bien de la lâcheté, puisqu'elle n'en était pas encore guérie. Elle se reprochait surtout de manquer souvent de charité envers le prochain, et d'en parler désavantageusement. Elle avait en ce moment auprès d'elle trois de ses femmes de chambre. Deux l'assurèrent qu'elles ne lui entendaient jamais rien dire qui ne fût selon les règles les plus exactes de la charité. « Pour moi, dit la plus jeune ; je pense que la reine a raison, et qu'elle a plus d'un reproche à se faire à cet égard. » Les autres se récrient contre une accusation qui leur paraît aussi injuste qu'impertinente. Mais la reine, prenant le parti de celle à laquelle on eût voulu imposer silence, lui dit, du ton, le plus engageant et le plus satisfait : « Courage, courage, ma fille, ne les écoutez pas, et dites-moi bien tout ce que vous pensez. — Puisque Sa Majesté me le permet, continue la jeune personne, je lui dirai qu'elle manque souvent à la justice. — Hélas ! je m'en doutais bien, reprend la bonne princesse ; on nous fait, malgré nous, servir à l'injustice. » La femme de chambre, alors, s'adressant à ses compagnes, qui ne cessaient de lui marquer un étonnement qui tenait de l'indignation, leur dit : « Ne conviendrez-vous donc pas, mesdames, que ce que la reine nous dit souvent d'elle-même, et ce qu'elle vient de nous en dire tout à l'heure, est absolument contraire à la vérité, et qu'elle se calomnie elle-même ? La reine manque donc à la justice. » Quand on eut tout entendu, on trouva le raisonnement en forme et on y applaudit. La reine fut la seule qu'il ne satisfit pas.

Sa charité pour les pauvres était celle d'une mère. Après la mort de Stanislas, on lui faisait envisager qu'elle avait, comme unique héritière de ce prince, un titre pour réclamer au moins une pension sur la Lorraine. « Je veux bien croire, répondit-elle, qu'on ne me la refuserait pas, si je la demandais ; mais il y a apparence aussi qu'on la ferait payer aux pauvres Lorrains, et je n'en veux point à ce prix. » Elle ne trouvait d'amusements purs que ceux qui ne coûtaient rien au peuple ; et l'on fit à sa mort la remarque, qui valait seule un grand éloge, que, pendant quarante-trois ans qu'elle avait été sur le trône, elle n'avait occasionné à l'État que la dépense d'une seule fête, celle de ses noces. Quelqu'un ayant pris la liberté de lui demander un jour pourquoi elle refusait si constamment à quelques seigneurs de la cour, qu'elle estimait, le plaisir qu'elle aurait elle-même partagé avec eux, d'aller dîner dans leur château : « Je vous le dirai en confidence, répondit-elle : c'est qu'après avoir dépensé pour un petit écu à mon hôte, il faudrait que je donnasse cinquante louis à ses domestiques. Mes pauvres paieraient trop cher ma petite satisfaction. » Il n'est point de privation à laquelle la princesse n'eût le courage de se condamner en faveur des pauvres. Dans son jeune âge, elle avait surtout un goût particulier pour les porcelaines étrangères. Les marchands du château, qui le savaient, ne manquaient pas d'étaler sur son passage ce qu'ils avaient de plus curieux dans le genre qu'elle aimait. Elle s'arrêtait quelquefois un instant devant leurs boutiques ; mais connaissant son faible, elle s'était fait une loi de renvoyer toujours au lendemain l'achat d'une chose qui lui avait plu ; et, le lendemain, l'amour des pauvres l'avait emporté sur celui des bijoux. On vit cette charitable princesse calculer jusqu'au prix d'une robe qui lui plaisait et refuser de l'acheter, en disant : « C'est trop cher ; j'ai assez de robes, et nos pauvres manquent de chemises. » Elle donnait pour toutes sortes de nécessités et donnait à toutes sortes de personnes.

Elle aimait surtout à placer ses bienfaits sur la vertu malheureuse et le mérite indigent. Mais, en même temps qu'elle se faisait une loi de ne verser ses secours abondants qu'avec connaissance de cause, elle s'en était fait une autre de ne jamais refuser de légers soulagements aux misérables qui imploreraient publiquement son assistance. « Si je refuse l'aumône à un pauvre, disait-elle, qui ne se croira pas dispensé de la lui faire ? » Aussi, à Marly comme à Compiègne, à Choisy comme à Fontainebleau, partout où elle devait faire quelque séjour, on voyait arriver des environs une foule de mendiants, qui étaient à sa solde tant qu'elle restait dans l'endroit. On l'entendit quelquefois se plaindre de l'importunité des ambitieux, jamais de celle des pauvres. Les gardes, chargés d'écarter la foule sur son passage, avaient ordre de les laisser approcher de sa personne. Ils assiégeaient les portes des églises, des communautés religieuses et des maisons de charité que la pieuse princesse allait souvent visiter. On les appelait le *régiment de la reine*. Elle était si accoutumée à voir des mendiants, qu'elle distinguait, à la physionomie, ceux qui l'étaient de profession d'avec ceux qui ne l'étaient que par accident ; et elle donnait à ces derniers une aumône plus forte qu'aux autres.

La confiance qu'inspirait la charité de la reine était universelle. On en jugera par le trait suivant. Accablée d'années, sans biens et sans secours, à la veille de la saison rigoureuse, une pauvre femme se voyait menacée de périr de misère dans son pays. Elle avait quelquefois ouï parler de la reine. Sur la foi de la renommée, elle prend la route de Versailles ; elle avance à petites journées, elle arrive, elle parvient jusqu'à l'appartement de la princesse, elle lui est annoncée. La reine la reçoit avec bonté, et, la trouvant bien fatiguée de la route, lui fait servir un verre de vin. Elle la fait asseoir dans son fauteuil et s'assied elle-même auprès d'elle sur un tabouret. Elle écoute avec intérêt l'histoire de son long voyage et le récit de ses misères. Sa vieillesse et sa pauvreté la touchent également, et elle finit par lui dire qu'elle se charge de pourvoir à tous ses besoins pour le reste de ses jours.

Mais où paraissait surtout la charité de la reine, c'était dans sa tendre compassion pour les malades. Si elle entrait dans une communauté religieuse, elle se portait d'abord à l'infirmerie : elle demandait à celles qui l'habitaient ce qu'elle pourrait faire pour leur soulagement? elle goûtait les aliments qu'on leur donnait, et quelquefois elle leur en faisait apporter du château de plus convenables à leur état. Si, pendant ces visites, elle s'apercevait que les malades eussent quelque besoin, elle s'empressait d'y pourvoir et de les servir. On la vit s'abaisser, dans sa profonde humilité, jusqu'à aider elle-même un malade à mettre sa chaussure.

Ce n'était pas seulement sans marquer de répugnance, c'était avec tout l'empressement du zèle et l'extérieur de la satisfaction que la reine entrait dans ces maisons de charité, où sont rassemblées toutes les infirmités humaines et où la mort, sous mille formes hideuses, parle à tous les sens le langage de la tristesse. « C'est ici, disait-elle à un seigneur de sa cour, qu'il est bon de venir, pour apprendre à nous connaître. » Un jour qu'elle visitait une des salles de l'hôtel-Dieu de Compiègne, elle s'arrêta à la vue d'un tableau qui représente saint Louis pansant lui-même l'ulcère d'un pauvre qui, dans l'instant, se trouve miraculeusement guéri. La supérieure, qui l'accompagnait, lui raconta plusieurs traits de la charité du saint roi, fondateur de la maison, dans laquelle il aida lui-même à transporter les premiers malades qui y furent recueillis. La princesse, attendrie au récit qu'on lui faisait, s'écria : « Voilà ce que l'amour de Dieu faisait faire aux saints pour l'amour des hommes; mais nous, que faisons-nous pour les membres souffrants de Jésus-Christ? » Puis, en regardant l'image de saint Louis, elle lui recommanda le royaume qu'il avait autrefois gouverné, comme un malade digne de toute sa charité : elle lui fit, dans ce sens et à haute voix, une prière si humble et si touchante, qu'elle arracha des larmes à tous les assistants.

La pieuse princesse passait un temps considérable à faire ces sortes de visites. Elle s'arrêtait plus longtemps auprès des malades les plus désespérés; elle leur rappelait tous les motifs de consolation que la religion peut offrir à des mourants; elle ne les quittait qu'après les avoir remplis de la plus douce paix et les avoir amenés à une parfaite résignation aux ordres de la Providence. « Mes enfants, leur disait-elle, toute reine que je suis, je me verrai un jour malade et mourante comme vous : l'arrêt paraît dur à la nature, mais nous l'adoucirons par notre soumission, et en songeant qu'il est porté contre nos péchés, et par un Dieu qui est toujours notre Père. » Un malade, après une de ces précieuses visites, s'écriait dans le transport de sa joie : « Non, mon Dieu! rien ne me retient plus sur la terre, et j'accepte volontiers la mort, après avoir eu le bonheur d'être si bien exhorté par notre sainte reine. » Comme les malades qui habitent les maisons de charité sont aussi des pauvres, la princesse avait soin d'accompagner de secours pécuniaires les consolations spirituelles qu'elle donnait à chacun d'eux : elle leur glissait ordinairement un louis dans la main, mais si adroitement que les personnes qui l'accompagnaient ne s'en apercevaient pas, et qu'on eût ignoré le bienfait si la reconnaissance ne l'eût publié. La reine rencontra un jour dans l'hôpital de Compiègne, un pauvre malade qui lui dit : « Hélas! madame, dans l'état où je suis, ce n'est pas de l'argent qu'il me faudrait! — Eh bien! dites-moi donc ce que je pourrais faire pour vous? — Ah! ma bonne reine, si vous vouliez offrir à Dieu une petite prière pour le salut de mon âme, je mourrais content. — Mon crédit n'est pas grand dans le ciel, mon enfant; je prierai cependant, et je ferai prier pour vous avec confiance, parce que je vous vois bien résigné. »

La reine, à l'exemple des vrais fidèles de tous les siècles, avait une grande dévotion à la sainte Vierge et la plus vive confiance en sa protection. Elle assurait qu'elle avait reçu de Dieu, par son intercession, les grâces les plus marquées. Elle se tenait honorée de porter son nom et elle aimait à le souscrire seul au bas de ses lettres. A son père, elle souscrivait : *Votre chère Maruchna*. Maruchna est un diminutif qui, dans la langue polonaise, signifie *petite Marie*. Unie à une de ces pieuses associations qui s'appliquent à honorer spécialement la Mère de Dieu, elle ne laissait passer aucune des fêtes consacrées à sa mémoire sans s'approcher des sacrements. Tous les jours elle récitait l'office de Marie, et elle s'était engagée par un vœu à lui payer ce tribut de prières. Pendant ses voyages de Compiègne, quelque temps qu'il fît et quelles que fussent ses occupations, elle ne manquait jamais de se rendre les samedis chez les Carmélites, pour y assister dans leur chœur à une pieuse cérémonie pendant laquelle ces saintes filles, tenant un cierge à la main, chantent une antienne en l'honneur de la Reine des anges. Enfin, elle demanda par son testament que son cœur, qui, suivant un ancien usage, devait être déposé au Val-de-Grâce, fût porté à Nancy, dans l'église de Notre-Dame de Bon-Secours, près des tombeaux de son père et de sa mère.

Toutes les fois qu'elle passait par Saint-Denys, elle ne manquait pas de s'arrêter, pour aller offrir à Dieu ses prières dans l'église où devait un jour reposer ses cendres. Dans une de ces visites de dévotion, et ce fut la dernière qu'elle fit, elle voulut descendre dans les caveaux où sont déposés les cercueils des rois et des reines de France. A la vue des faibles restes de ces puissances qui ont autrefois rempli le monde du bruit de leur nom : « C'est donc ici, dit-elle au prieur de l'abbaye qui l'accompagnait, c'est à côté de ces morts que j'attendrai la résurrection générale : voilà le palais où vous me logerez bientôt; mais montrez-moi, je vous prie, l'endroit précis où je serai placée. » Le religieux esquive la question; la reine insiste et ne peut obtenir qu'il la satisfasse. « Eh bien! dit-elle alors, c'est du moins sous cette voûte, et à quelque pas d'ici, que pourrira mon cadavre. » En prononçant ces paroles, elle se prosterne, et, comme anéantie dans un recueillement profond, auquel semble ajouter encore l'horreur du lieu et le silence de tant de rois, elle adresse au Roi, seul immortel, la prière la plus fervente, et laisse tous ceux qui l'accompagnent dans l'admiration des sentiments de foi qui la pénètrent (Proyart, *Vie de la Reine*).

La reine Marie Leczinska eut dix enfants : deux princes et huit princesses, qui tous se montrèrent dignes de leur mère. Des deux princes, l'un mourut jeune, l'autre fut Louis, dauphin de France, père de Louis XVI, Louis XVIII, Charles X, mesdames Elisabeth et Clotilde, reine de Sardaigne, morte en odeur de sainteté en 1802 et déclarée *vénérable* en 1808, par le pape Pie VII. Des huit princesses, cinq moururent dans un âge peu avancé. Henriette, l'aînée des enfants de la reine, mourut à Versailles, en 1752, âgée de vingt-quatre ans. Elle ne pouvait voir un malheureux sans se sentir émue de compassion et s'empresser de venir à son secours. On la vit, à l'âge de cinq ans, n'ayant pas d'autre chose dont elle pût disposer, se dépouiller d'un de ses vêtements pour le donner à un enfant de son âge, fille d'un pauvre ouvrier. Cette inclination bienfaisante alla toujours croissant. Elle ne se permettait pas la moindre dépense de fantaisie et ne connaissait le plaisir d'avoir que pour celui de donner. Une personne lui marquait sa reconnaissance pour un bienfait qu'elle avait reçu d'elle : « Si vous saviez, lui dit la jeune princesse, combien je me suis satisfait moi-même quand je puis faire quelque bien, vous seriez fort éloignée de me savoir gré de ce que je fais pour vous. »

Sa piété toujours égale, toujours fervente, ne souffrit jamais la moindre altération, et, depuis l'époque de sa première communion, qu'elle fit à douze ans, jusqu'à sa mort, le plus long intervalle qu'elle eût mis entre une communion et la suivante fut de quinze jours. Ce qu'on admirait le plus en elle, c'était la vivacité de sa foi et un zèle insinuant pour inspirer aux autres les sentiments dont elle était pénétrée. « Je ne comprends pas, disait-elle, comment des chrétiens paraissent étonnés, dès qu'ils nous voient parler ou agir chrétiennement, et rien ne m'étonne plus que leur étonnement, s'il est véritable. » Elle avait douze ans, et le dauphin en avait dix, lorsqu'un jour elle lui dit : « Mon frère, nous sommes environnés de flatteurs intéressés à nous déguiser la vérité. Convenons d'une chose : vous m'avertirez de mes défauts, je vous avertirai des vôtres. »

Elle avait pour les spectacles et les divertissements profanes toute l'aversion que peut en inspirer la piété, et la plus grande peine qu'elle eût au monde était qu'on l'obligeât de s'y montrer quelquefois. Une personne lui témoignait de la surprise de ce qu'elle lui voyait l'air triste dans l'endroit où tous les autres vont pour s'égayer : « Il est vrai, répondit la princesse, que, quelque gaîté que je me sente avant d'aller au spectacle, dès que j'y suis et que je vois paraître les premiers acteurs, je me sens saisie d'une profonde tristesse : Voilà, me dis-je à moi-même des gens qui se damnent de propos délibéré pour me divertir. Cette pensée m'occupe tout entière tant que la pièce dure : le moyen qu'elle m'amuse ? » Elle faisait des vérités de la foi qui inquiètent le plus les âmes mondaines le sujet le plus habituel et le plus consolant de ses réflexions. Sa dernière maladie fut accompagnée de douleurs aiguës qu'elle endura avec toute la constance de la religion, prouvant, par un grand exemple, qu'au printemps de la vie et au comble des prospérités humaines, on peut quitter la terre sans regret, quand on a su y vivre dans l'innocence (Proyart, *Vie de la reine de France*, l. 3).

Des trois princesses qui vécurent plus longtemps, mesdames Adélaïde et Victoire de France, après avoir édifié par leur piété et leurs vertus la cour de Versailles jusqu'en 1791, s'expatrièrent alors pour conserver la pureté de leur foi et de leur soumission à l'Église romaine, édifièrent successivement Rome, Naples et Trieste, où elles terminèrent saintement leur vie : la princesse Victoire en 1799, la princesse Adélaïde en 1800. La dernière des filles de Louis XV et de Marie Leczinska, fut Louise-Marie de France, qui se fit religieuse carmélite à Saint-Denys, pour obtenir de Dieu la conversion et le salut de son père.

Née à Versailles le 15 juillet 1737, elle fut élevée à Fontevrault, avec ses sœurs Victoire et Sophie. Dans son enfance, elle tomba si dangereusement malade, que les médecins désespéraient de sa guérison. Dans cette extrémité, les religieuses du monastère eurent recours à Dieu, et firent, sous les auspices de la sainte Vierge, un vœu particulier, dont une des conditions était que, si la jeune malade guérissait, elle porterait, pendant une année entière, un habit blanc, en l'honneur de sa libératrice. Elle guérit et fut revêtue de l'habit blanc. Elle était d'une vivacité extraordinaire, d'un esprit pénétrant, mais d'un bon cœur. Elle n'avait pas encore quatre ans, lorsqu'un jour elle dit à la religieuse qu'on lui avait donnée pour gouvernante :

« Vous savez bien que j'aime Dieu, et que tous les jours je lui donne mon cœur : mais, dites-moi donc, est-ce que Dieu, à son tour, ne me donnera jamais rien ? La sage maîtresse répondit : Eh quoi ! est-ce que vous ne savez pas encore que tout ce que vous avez et tout ce que vous pouvez jamais avoir vient de Dieu ? N'est-ce pas Dieu qui vous a mise au monde et qui vous y conserve ? Si vous êtes née la fille d'un roi, au lieu d'être celle d'un pauvre paysan, n'est-ce pas à Dieu que vous devez cette faveur ? Si nous vous instruisons, si nous vous soignons, c'est parce que Dieu veut que nous fassions cela pour vous. La nourriture que vous prenez tous les jours, c'est Dieu qui vous l'envoie : les hommes ne sont pas capables de faire du blé, des fruits et tout ce qui nous nourrit. Il en est de même de vos vêtements : c'est Dieu qui vous les donne. Le linge que vous portez vient d'une plante que Dieu a fait croître pour vous dans la campagne, et qu'on appelle le *lin*. Les belles étoffes qu'on vous envoie de Versailles, pour vous faire des habits, c'est Dieu qui les a fait filer pour vous par un insecte qu'on nomme le *ver à soie*. En un mot, tout ce que vous êtes et tout ce que vous avez, c'est de Dieu que vous le tenez. Vous lui devez l'air que vous respirez et la lumière qui vous éclaire, la terre qui vous porte et le ciel qui vous couvre. Ce cœur même, que vous lui offrez tous les jours, c'est un cœur qu'il vous a donné, et qu'il ne vous a donné que pour le lui offrir.

Mais tout ce que Dieu vous a déjà donné, sans parler de ce qu'il doit vous donner encore sur la terre, tout cela n'est rien en comparaison de ce qu'il vous réserve, et qu'il vous donnera certainement dans le ciel, si vous l'aimez toujours. Croirez-vous encore, après cela, que Dieu ne vous donne rien pour le cœur que vous lui offrez tous les jours ? »

Cette leçon fut entendue de l'enfant, si bien que, depuis ce temps-là, appliquant elle-même le principe suivant les occasions, elle disait à sa maîtresse : « Il faut encore remercier Dieu de ceci ; c'est encore Dieu qui nous a donné cela. » — La jeune princesse avait les défauts de l'enfance ; mais son bon esprit se montrait constamment à côté de ses torts. Elle cédait volontiers à une bonne raison, et ne s'obstinait point à soutenir la cause mauvaise de son orgueil humilié. S'imaginant qu'une femme qui travaillait dans son appartement l'avait offensée, elle lui dit avec humeur : « Ne suis-je pas la fille de votre roi ? Et moi, madame, répond froidement cette femme, ne suis-je pas la fille de votre Dieu ? Frappée de cette réponse : vous avez raison, dit l'enfant, c'est moi qui ai tort ; je vous en demande pardon. »

A l'approche de sa première communion, elle écrivit sa confession générale. Avant de la faire au prêtre, elle supplia instamment une religieuse d'en entendre la lecture, pour l'aider de ses conseils. Elle commença donc à lire. Mais, parvenue à un endroit, elle hésita et passa un article. La religieuse s'en étant aperçue, lui fit recommencer la lecture de la page, et remarqua qu'elle faisait encore la même omission. Elle lui demanda alors si elle avait lu fidèlement. La jeune princesse lui avoua qu'elle passait un article qu'elle n'osait lire. « Eh ! pourquoi vous gêner avec moi, madame ? lui dit la religieuse. Que ne réservez-vous votre confession tout entière pour votre confesseur ? Je vous ai déjà priée de ne m'en rien faire connaître. » L'enfant alors voulut lire l'article qu'elle avait omis ; il était conçu en ces termes : « Je m'accuse d'avoir désiré, par vanité, d'être née Turque. » Sa directrice lui ayant demandé quel pouvait être le motif d'un désir si bizarre, et comment elle pouvait y attacher de la vanité : « C'est, répondit-elle, que je me figurais un grand plaisir à faire une abjuration éclatante du mahométisme, pour embrasser la foi chrétienne. » On lui fit à ce sujet la réflexion, qu'elle n'oublia jamais dans la suite, que, sans être Turque, elle aurait tout lieu de signaler un jour son zèle pour la religion, en abjurant à la cour les maximes et la conduite de la plupart de ceux qui l'habitent.

Revenue à la cour du roi son père, elle n'y fut pas longtemps sans prendre la résolution secrète de se faire religieuse. Ce qui l'y détermina, fut entre autres la vie sainte de la reine sa mère ; l'exemple de la comtesse de Rupelmonde, qui se fit Carmélite dans le monastère de la rue de Grenelle, à Paris. Mais la règle du Carmel est bien austère, la santé de la princesse bien faible : comment vaincra-t-elle cet obstacle ? Comme elle accompagnait quelquefois la reine sa mère chez les Carmélites de Compiègne, elle sut se procurer adroitement la règle de sainte Thérèse, ainsi que la tunique qu'une jeune Carmélite portait à sa prise d'habit. Elle la mettait secrètement, pour voir si elle pourrait en supporter la rudesse : elle lisait assidûment la règle, et s'exerçait aux articles les plus difficiles : elle composa même une longue prière à sainte Thérèse, pour qu'elle lui obtînt la grâce de devenir sa fille. Dès lors, au milieu de la cour et sous les habits de princesse, elle menait la vie de Carmélite. Son confident, l'archevêque de Paris, pour la mieux éprouver, la remettait d'une année à l'autre. Dans l'intervalle vint à mourir son frère le dauphin, et la reine sa mère. Ces tristes événements déterminèrent enfin l'archevêque à consentir qu'elle suivît sa vocation, et à en demander lui-même la permission.

C'était en 1770, à Saint-Denys, non loin du tombeau des rois de France, une maison de Carmélites se trouvait dans la dernière détresse, au point qu'elle ne pouvait plus fournir à ses pauvres habitants le nécessaire le plus indispensable. La suppression de la maison, que toutes les religieuses redoutaient comme le dernier des malheurs, paraissait inévitable. Dans cette extrémité, la prieure du monastère assemble sa communauté ; et, sans rien dissimuler à ses filles de la triste situation du temporel de la maison, elle les exhorte à ne pas perdre courage, et à se souvenir que Dieu n'abandonne jamais ceux qui espèrent en lui. « Vous vous rappelez, leur dit-elle, que déjà le Seigneur nous a secourus, d'une manière bien spéciale, par l'entremise de la sainte Vierge. Son bras n'est pas raccourci ; ce qu'il a fait une fois, il le peut faire encore, et il le fera, pourvu que nous ayons la foi. » Encouragées par ces discours, toutes les religieuses conviennent, avec leur prieure, de s'adresser de nouveau à la sainte Vierge, et de la conjurer de leur obtenir de Dieu que quelque sujet, dont la fortune accompagne la vocation, vienne s'unir à elles pour détourner le coup dont elles étaient menacées. Dans cette intention, ces saintes filles commencent une neuvaine de prières, de communions et de bonnes œuvres en l'honneur de la sainte Vierge, accompagnée de la promesse que, si elles sont exaucées, elles érigeront en son honneur un oratoire dans l'intérieur du monastère. La neuvaine fut commencée le 8 février, et le 20 du même mois, Louis XV écrivait à sa fille qu'il consentait à ce qu'elle se fît religieuse. Et, le 11 avril, la princesse vint entendre la messe chez les pauvres Carmélites de Saint-Denys. La messe finie et madame Louise étant restée devant le saint-sacrement, le directeur fait assembler la communauté au parloir, et, sans que rien ait pu la préparer à cette nouvelle, il lui annonce que la princesse, qui est entrée dans la maison, n'en doit plus sortir, et qu'elle n'y est venue que pour se faire Carmélite. Les religieuses, à ces paroles, se regardent dans l'étonnement, lèvent les mains au ciel, et ne peuvent exprimer que par des soupirs et des larmes l'excès de joie qui les transporte. — La royale postulante fut appelée sœur *Thérèse de Saint-Augustin*.

Peu de jours après son entrée aux Carmélites, elle y reçut la visite des princesses ses sœurs. Cette première entrevue offrit la scène la plus touchante. Les trois princesses, en embrassant leur sœur avec toute l'expression de la tendresse, fondaient en larmes, ainsi que toute la communauté, attendrie par ce spectacle. Madame Louise, la joie dans le cœur et la sérénité sur le front, s'empressait de les consoler, leur adressait les propos de la gaîté la plus franche et les assurait qu'elles n'avaient nul sujet de pleurer sur elle, à moins qu'elles ne lui enviassent le parfait bonheur dont elle jouissait. On était alors au temps de Pâques, temps auquel les Carmélites interrompent leur jeûne. Les princesses furent curieuses d'assister au souper de leur sœur, et se rendirent au réfectoire. L'ordre du jour y amena des pommes de terre fricassées et du lait froid. Elles virent madame Louise faire gaîment et de bon appétit ce repas rustique, qui, à la cour, lui eût causé une indigestion à mourir; et elles en conclurent qu'avec son courage et sa piété, elle était en effet moins à plaindre qu'à féliciter dans sa solitude.

Voici comme elle révélait à l'amitié les secrets du pays qu'elle habitait, le quatrième jour après y être arrivée : « Tout respire ici la gaîté du ciel : je viens de la récréation, où j'ai pensé mourir de rire, quoique j'eusse reçu de tristes lettres qui m'avaient beaucoup attendrie. Vois quel pouvoir a la joie d'une bonne conscience! » Et dans une autre lettre, écrite un mois après à la même personne : « Mon lit t'a donc attendrie? Cependant je ne suis pas si à plaindre, je m'y trouve très-bien; et, sans aller plus loin qu'aujourd'hui, j'y ai dormi huit heures. Je t'assure que cela n'est pas si pitoyable, quand on pense à ce que Jésus-Christ a fait pour nous. D'ailleurs, cela ne me coûte pas : je le dis à ma honte : tandis que tout le monde s'en édifie, je suis aussi à mon aise sur ma paillasse piquée que si j'étais sur un lit de plume. » Cependant la très-dure couche à l'usage des habitantes du Carmel est encore si étroite, qu'il arriva souvent à la princesse de heurter contre le mur; et elle fit une fois si violemment, qu'il en résulta une contusion considérable à la tête. Ayant occasion d'écrire aux princesses ses sœurs, elle leur marqua qu'elle s'était fait une bosse à la tête, pour s'être frottée trop rudement contre les rideaux des Carmélites.

Un jour le roi son père, qu'elle entretenait souvent des douceurs de son état, lui objectait qu'il ne comprenait pas comment elle pouvait se trouver si bien d'un genre de vie si dur. « Il est pourtant très-vrai, papa, lui répondit-elle, je me trouve au comble du bonheur; mais cette pensée, que je suis venue ici pour mon salut et le salut de ceux que j'aime, a quelque chose de si consolant, que je ne suis pas surprise qu'elle m'ait guérie de tous mes maux. » Le roi ne put entendre ces paroles sans en être attendri jusqu'aux larmes. Un seul point de la règle qu'elle devait embrasser inquiétait beaucoup la princesse, et avec d'autant plus de fondement que la pratique en revenait à chaque instant : c'était de se tenir longtemps à genoux. Cette attitude la fatiguait cruellement, et au point qu'il lui était physiquement impossible de la soutenir sans le secours d'un appui. Un jour qu'elle s'était longtemps occupée de cet obstacle, elle s'adresse à une novice sa compagne, et, dans l'ardeur de sa foi, la conjure de s'unir à elle pour demander à Dieu sa guérison, par l'intercession de saint Louis de Gonzague. La jeune personne entre avec zèle dans les vues de son auguste et pieuse compagne, et, de concert, elles commencent les pratiques d'une neuvaine à l'intention convenue. Madame Louise, à la fin de cet exercice, se trouva guérie, mais si parfaitement que jamais, depuis, elle n'éprouva la plus légère atteinte de son infirmité.

Enfin, le 10 septembre 1770, elle prit solennellement l'habit de Carmélite. Le Pape voulut présider à la cérémonie par son nonce. La fille du roi, devenue fille de sainte Thérèse, s'avança vers la dauphine, Marie-Antoinette d'Autriche-Lorraine, pour recevoir de ses mains le voile et le manteau religieux. La jeune princesse, en les lui présentant, les arrosa des larmes de sa tendresse, et ses larmes étaient intarissables.

Le noviciat chez les Carmélites n'est pas seulement le tombeau de l'amour-propre, il contrarie encore autant la délicatesse des sens qu'il ménage peu les forces du corps; en sorte que, lorsqu'on interdisait à madame Louise les gros travaux, qui demandaient une force qu'elle n'avait pas, son zèle avait la ressource des ouvrages les plus rebutants, et, si elle n'en était pas chargée d'office, elle savait les attirer à elle : elle épiait l'occasion de les dérober à ses compagnes; et cela était si fréquent que celles-ci, lorsqu'elles trouvaient leur ouvrage fait, en concluaient aussitôt que c'était un tour de la sœur *Thérèse de Saint-Augustin*. S'il arrivait qu'une religieuse, la prenant sur le fait, voulût réclamer sa tâche, la princesse tombait à ses pieds, lui baisait la main, et obtenait par là d'achever ce qu'elle avait commencé.

C'est ainsi que Louise de France, fille de Louis XV, mais bien plus encore fille de saint Louis, se préparait au sacrifice irrévocable d'elle-même à Dieu, le 22 septembre 1771. Dans le moment où le son des cloches de toute la ville apprit au public que madame Louise avait prononcé ses vœux, les ouvriers quittaient leurs travaux, et les artisans sortaient de leurs boutiques; on s'attroupait au milieu des rues et dans tous les carrefours; on levait les mains au ciel; et, en quelque endroit qu'on se portât, on entendait répéter : « Comment est-il possible que la fille de notre roi se soit dévouée pour sa vie à des austérités qu'aucun de nous n'aurait le courage d'embrasser. » Sa pieuse mère avait dit avant de mourir : « Vous verrez que ma Louise finira par vouloir se faire Carmélite; mais, avec sa santé, la pauvre enfant n'y tiendra pas. » Elle y tiendra vingt-huit ans, peut-être par l'intercession de sa sainte mère.

De tous les enfants de la reine, l'héritier du trône était celui en qui cette princesse désirait le plus de voir ses vertus reproduites. Ses vœux furent exaucés. On lui entendit dire à elle-même : « Je n'ai qu'un fils; mais le ciel, qui me l'a donné, a pris plaisir à le former sage, vertueux, bienfaisant, tel enfin que j'aurais à peine osé l'espérer. » Louis, dauphin de France, naquit le 4 septembre 1729. Le 8 décembre de l'année précédente, jour de la Conception de la sainte Vierge, son père et sa mère avaient communié ensemble, pour obtenir de Dieu la naissance d'un prince. Dès que son état le lui permit, sa mère fit un voyage à Notre-Dame de Chartres, pour consacrer d'une manière spéciale à la sainte patronne de la France, son jeune fils, qu'elle regarda toujours comme un bienfait de sa protection. L'enfant parut prévenu de la grâce divine dès ses premières années. Il ne parlait pas encore, lorsqu'un jour qu'on le menait promener il aperçut un pauvre qui demandait l'aumône. Personne cependant n'y faisait attention que l'enfant, qui s'agitait beaucoup, se tournant tantôt vers sa nourrice, tantôt vers le pauvre. On s'arrêta pour découvrir ce qui pouvait lui causer tant d'inquiétude : on aperçut le pauvre, sur qui il fixait ses yeux et qu'il montrait de ses petits bras. On lui fit l'aumône : son air satisfait calma les inquiétudes du dauphin.

A peine fut-il sorti de la première enfance et en âge de discerner le bien d'avec le mal, qu'on découvrit en lui une souveraine horreur pour le vice et pour toute espèce de bassesse. Il n'eût pas souffert qu'on proférât en sa présence une seule parole qui pût blesser la vérité, l'honnêteté ou la réputation d'un absent. Une des princesses ses sœurs, âgée d'environ huit ans, ayant laissé échapper un propos indiscret, il la menaça de renoncer à son amitié et lui fit une réprimande si vive, qu'elle ne l'oublia jamais. A cette aversion pour le vice, qui lui était comme naturelle, il joignait un grand respect pour la religion. Tout ce qui y avait quelque rapport paraissait l'intéresser. On commença bientôt à entrevoir quel serait le fond de son caractère : une physionomie prévenante, un air ouvert annonçaient sa franchise. Ordinairement, et plus souvent qu'on n'eût voulu, il était disposé à rire et à folâtrer. Une tournure d'esprit fine et agréable lui fournissait toujours quelque expédient heureux pour se soustraire aux reproches. Sans avoir recours au mensonge ou à la ruse, il savait faire agréer une excuse à ceux qui étaient chargés de son éducation. En même temps, la miséricorde lui semblait née avec lui croissait avec lui. Son gouverneur, le comte de Châtillon, ayant remarqué plusieurs fois qu'il donnait avec trop peu de discrétion tout ce qu'il avait, au premier qui lui demandait, fixa à un écu ses libéralités envers les pauvres mendiants. Alors, quand il en rencontrait un dont l'état lui paraissait plus misérable, il glissait adroitement un louis sous l'écu qu'il lui donnait. Il fut un jour si touché de la misère d'une pauvre femme, que n'osant, en présence de son gouverneur, la soulager aussi efficacement qu'il l'eût voulu, il lui dit tout bas de se rendre devant son appartement pour le temps qu'il lui assigna. A l'heure marquée, il ouvrit sa fenêtre, reconnut la femme et lui jeta quelques louis.

Cependant les commencements de son éducation furent assez orageux. Il avait le caractère ardent et impétueux ; il s'irritait facilement quand on combattait ses goûts, et il était entier dans ses réponses envers ceux qui le voulaient troubler dans la possession de faire ses volontés. Il n'avait pas encore dix ans que son esprit se produisait déjà par ces saillies vigoureuses qui décèlent une âme faite pour penser d'après elle-même. Le cardinal de Fleury assistant un jour à son dîner, entreprit de lui faire une leçon de modération : il fit pour cela l'énumération de tout ce qui l'environnait, et à chaque chose qu'il nommait, il ajoutait : « Cela, monsieur, est au roi ; cela vient du roi ; rien de tout cela ne vous appartient. » Le dauphin écouta fort impatiemment la réponse, sans pourtant interrompre le cardinal. Quand il eut fini, voyant qu'on avait tout donné au roi sans lui rien laisser : « Eh bien ! reprit-il avec émotion, que tout le reste soit au roi ; au moins mon cœur et ma pensée sont à moi. »

A dix ans, son gouverneur le mena voir le camp de Compiègne, pour lui donner une première leçon d'expérience dans l'art militaire. Le dauphin suivait toutes les opérations avec un intérêt incroyable ; rien n'échappait à son attention. Mais, quand il fallait ensuite passer au sérieux de l'étude, prendre une leçon de géographie, d'histoire ou de langue, on ne saurait imaginer combien il lui en coûtait ; et il lui arriva quelquefois de dire net qu'il n'en ferait rien ; qu'il ne fallait pas être dauphin de France pour avoir tant de mal. Cependant on tenait ferme, et il fallait que la tâche qu'on lui avait imposée fût remplie, sous peine de rester en pénitence et de ne point sortir de son appartement. L'expérience qu'il en fit quelquefois l'obligea à marquer dans la suite moins de résistance.

Quand une fois il commença à entendre les auteurs qu'on lui faisait expliquer, la curiosité lui en rendit la lecture agréable. Un degré de connaissance qu'il acquérait le charmait et lui faisait désirer d'en acquérir un nouveau. Quelque jeune qu'il fût, il ne se borna jamais, comme la plupart des enfants à rendre des mots pour des mots : les choses étaient toujours ce qui l'occupait le plus ; et souvent le désir de voir le dénouement d'une négociation, ou l'issue d'une bataille, l'emportait beaucoup au delà de la tâche qu'on lui avait assignée, et lui faisait oublier de prendre sa récréation. Voici ce qu'écrivait de lui un homme qui ne sut jamais flatter, l'évêque de Mirepoix, Boyer, son précepteur : « A peine fut-il sorti de l'enfance, qu'on remarqua en lui une conception aisée, une mémoire qui s'emparait de tout, une curiosité savante qui étonnait ses maîtres, des applications promptes et justes de ce qu'il savait déjà. Jusque dans les instants d'ennui, que la sécheresse des premiers éléments lui apportait quelquefois, il laissait échapper des traits qui décelaient ses dispositions ; et l'on pressentait, à son insu, que dans le genre qu'il voudrait, il serait un jour savant, pour ainsi dire, malgré lui (Proyart, *Vie du Dauphin, père de Louis XVI*, l. 1). »

Ce qui lui coûtait alors, n'était plus tant l'étude que le passage des amusements et de la récréation à l'étude. Un jour que son sous-précepteur, l'abbé de Saint-Cyr, l'avertissait qu'il était temps de prendre sa leçon : « Je suis bien sûr, lui dit-il, qu'on n'a pas assujéti tous les princes à apprendre le latin comme moi ; parlez-moi en conscience, cela n'est-il pas vrai ? — Je ne vous le dissimulerai pas, lui répondit l'abbé, cela n'est que trop vrai ; nos histoires en font foi et nous offrent quantité de princes qui se sont rendus méprisables par une grossière ignorance. » Le dauphin sentit toute l'énergie de cette réponse ; il ne l'oublia jamais, et elle fut, dans la suite, comme une barrière insurmontable à la vivacité de son caractère. Passer de l'amusement du jeu au sérieux du travail lui paraissait bien dur ; mais être un prince ignorant avait quelque chose de si humiliant à ses yeux, que rien ne lui semblait impossible pour en éviter la honte.

A mesure qu'il avançait en âge, il s'apercevait lui-même de ses défauts ; il en convenait, et il travaillait sincèrement à s'en corriger. Le comte de Châtillon lui parlait un jour de ses vivacités : « Je vous avertis, monsieur, lui dit-il, que je désavoue par avance toutes les sottises que je pourrai faire à l'avenir : imaginez-vous, dans ces moments, que c'est le vent qui souffle. » Un jour qu'il se laissait emporter à son humeur, son gouverneur, faisant allusion au propos qu'il lui avait tenu, dit que le vent était bien grand. « Oui, oui, monsieur, reprit-il avec émotion, et la foudre n'est pas loin. » Le gouverneur, contrefaisant l'homme qui avait peur, se boucha les oreilles. Le prince se mit à rire, vint l'embrasser, et lui dit : « J'avais pourtant bien promis de ne plus me mettre en colère, je vous en fais mes excuses. »

En 1741, douzième année de son âge, il reçut le sacrement de confirmation, puis la sainte communion pour la première fois. Dès lors ses inclinations se fixèrent dans le bien. Il lui échappait encore de temps en temps quelques fautes, mais elles étaient du nombre de celles qu'on pardonne aisément à la jeunesse, et toujours son cœur les désavouait. Son précepteur lui faisant un jour parcourir la table chronologique des rois ses ancêtres, lui demanda auquel de tous il aimerait mieux ressembler : « A saint Louis, répondit-il aussitôt; je voudrais bien devenir un saint comme lui. »

Le 23 février 1745, à la suite d'une maladie mortelle que Louis XV avait faite à Metz, le dauphin épousa Marie-Thérèse, infante d'Espagne, princesse accomplie, mais qui mourut l'année suivante, en laissant une fille qui ne lui survécut que deux ans. Le dauphin, qui aimait son épouse avec tendresse, fut inconsolable de sa mort. Le 8 février 1747, on lui fit épouser Marie-Josèphe de Saxe, qui fit le bonheur de sa vie par ses vertus. Elle était fille de Frédéric-Auguste, électeur de Saxe et roi de Pologne, d'où il avait expulsé Stanislas Leczinski. Le dauphin de France se trouvait ainsi avoir pour mère la fille de Stanislas et pour épouse la fille de Frédéric-Auguste, les deux rivaux et compétiteurs. La vertu de l'épouse et de la mère sut tout concilier. Le troisième jour après son mariage, la dauphine devait, suivant l'étiquette, porter en bracelet le portrait du roi son père. Quoiqu'on se fût déjà fait de part et d'autre des protestations bien sincères d'oublier pour toujours les démêlés des deux cours, on sent assez qu'il devait en coûter à la fille de Stanislas de voir porter comme en triomphe dans le palais de Versailles le portrait de Frédéric. Une partie de la journée s'était déjà passée sans que personne eût osé considérer ce bracelet, qui avait quelque chose de plus brillant que les jours précédents. La reine fut la première qui en parla : « Voilà donc, ma fille, le portrait du roi votre père? — Oui, maman, répondit la dauphine en lui présentant son bras, voyez qu'il est ressemblant : » c'était celui de Stanislas. Ce trait fut admiré et applaudi de toute la cour. La reine sentit tout ce qu'il valait : elle en témoigna sa satisfaction à la jeune princesse, qui lui devenait plus chère de jour en jour.

En 1752, le dauphin fut pris d'une maladie contagieuse. Sa jeune épouse voulut elle-même être sa garde-malade : elle eut même l'adresse de lui laisser ignorer le caractère périlleux de sa maladie. Un jour qu'on représentait à la princesse le danger auquel elle exposait elle-même sa santé, en se ménageant si peu et en respirant habituellement l'air d'une maladie contagieuse, elle fit cette belle réponse : « Et qu'importe que je meure, pourvu qu'il vive! La France ne manquera jamais de dauphine, si je puis lui conserver son dauphin. » Ce prince sentit tout le prix des attentions de sa vertueuse épouse, et, pendant sa convalescence, il ne se lassait pas d'en parler. « Non, disait-il quelquefois, ce n'est qu'à ses soins et à ses prières que je suis redevable de la vie. — Vous m'avez fait prendre le change sur la nature de ma maladie, lui disait-il un jour en riant, cela n'est pas bien : avez-vous eu soin d'en tenir note dans votre examen de conscience? — Oh! vraiment, lui répondit la dauphine, j'aurais bien de la peine à m'exciter à la contrition de la faute que vous m'imputez, car il me semble qu'en pareille occasion j'y retomberais tout de nouveau (Proyart, *Vie du Dauphin*, 1. 1). »

Dieu bénit leur mariage d'une heureuse fécondité : il en sortit huit enfants, cinq princes et trois princesses : Louis XVI, avec ses frères et ses sœurs. Pour leur éducation, non-seulement le père choisit les hommes les plus recommandables, il voulut lui-même y présider. Deux fois par semaine, le mercredi et le samedi, il les examinait avec la dauphine, lui sur les langues, elle sur la religion et l'histoire. Il savait exciter leur émulation par des récompenses ou des privations ménagées à propos. Il applaudissait tantôt à l'un, tantôt à l'autre. L'un d'eux, qui fut depuis Louis XVI, transporté par son jeune enthousiasme, disait un jour : « Que je serais content si je pouvais savoir quelque chose que papa ne sût point! » Mais ce que le père leur inspirait encore bien plus que la science, c'était la vertu, la piété, la droiture du cœur, la sensibilité envers les malheureux. Il ne négligeait aucune occasion de leur donner là-dessus quelques leçons utiles : il en fit une des plus frappantes le jour qu'on suppléa les cérémonies de leur baptême. Après que leurs noms furent inscrits sur le registre de la paroisse, il se le fit apporter, et, l'ayant ouvert, il leur fit remarquer que celui qui les précédait était le fils d'un pauvre artisan, et leur dit ces belles paroles : « Vous le voyez, mes enfants; aux yeux de Dieu les conditions sont égales, et il n'y a de distinction que celle que donnent la foi et la vertu : vous serez un jour plus grands que cet enfant dans l'estime des peuples, mais il sera lui-même plus grand que vous devant Dieu, s'il est plus vertueux. »

En même temps, le dauphin continuait et perfectionnait sa propre éducation. Il étudiait à fond toutes les parties d'un bon gouvernement, y compris l'art de la guerre; il assista à la bataille de Fontenoy, gagnée contre les Anglais en 1745, et on eut bien de la peine à l'empêcher de se jeter dans la mêlée. Il s'appliquait surtout à bien connaître les hommes et les choses qu'il était appelé à gouverner. Il ne se faisait point illusion sur la littérature contemporaine, ni pour le style, ni pour le fond. La lettre suivante, qu'il écrivit à l'abbé de Saint-Cyr, son ancien sous-précepteur, qui fut toujours son ami, annonce une critique fine et judicieuse.

« Le porteur de ma lettre, cher abbé, vous donnera des nouvelles de ma santé. Quant à mes occupations, j'ai fort bien profité de l'avis que vous m'aviez donné de n'en prendre qu'à mon aise. J'ai beaucoup lu, et j'espère, Dieu merci, n'avoir guère profité de mes lectures. J'ai surtout lu la force discours académiques, dont quelques-uns m'auraient assez plu pour le sujet; mais on voit régner partout dans ces nouveautés un style à prétention, qui révolte et passe souvent de beaucoup les bornes communes du ridicule; n'en attendez point d'analyse. Voici, en général, ce qui m'en est resté : L'un couche sur le papier quelques centaines de propositions, de quatre mots chacune, avec un point au bout, et prétend avoir donné un discours. Un autre, non content de parler en syllogisme, a soin de m'en avertir en disant : *C'est ainsi que je procède; voici comme je démontre;* et ses démonstrations et ses déductions ne finissent point, et mènent toujours fort loin de la région du bon sens. J'en vois qui, hérissés de philosophie, ne parlent que par *raison directe*, ou *inverse*, par *quantités* et *quotités*, par *produits*, par *somme* et par *masse*. Le style oriental est du goût de la plupart; mais on est surpris, en lisant, de voir leurs phrases colossales n'accoucher que d'idées puériles ou sans vigueur. Il s'en trouve qui, possesseurs d'un certain nombre de tours de phrases qui ne sont qu'à eux, les distribuent le compas à la main, pour l'ornement de leurs discours. Plusieurs, persuadés sans doute qu'il est beau de se faire étudier, et qu'un homme d'esprit ne s'énonce point, comme un autre, pour se faire entendre, ne nous parlent que sur le ton énigmatique de Nostradamus. Je vous condamne à lire une pièce que j'ai lue moi-même d'un bout à l'autre, sans pouvoir deviner le but de l'auteur : il n'est seulement resté un violent soupçon qu'il a voulu comparer les anciens écrivains avec les modernes (*Vie du Dauphin*, l. 2). »

Quant aux écrivains qui se nommaient eux-mêmes philosophes : « Je les ai étudiés, écrivait le même prince; j'ai passé de leurs principes à leurs conséquences; et j'ai reconnu dans les uns des hommes libertins et corrompus, intéressés à décrier une morale qui les condamne, à éteindre des feux qui les effraient, à jeter des doutes sur un avenir qui les inquiète : dans les autres, des esprits superbes, qui, emportés par la vanité de vouloir penser à neuf, ont imaginé de raisonner par système sur la Divinité, ses attributs et ses mystères, comme il est permis de le faire sur ses ouvrages. » Nous verrons plus tard que les philosophes parlaient les uns des autres comme le dauphin.

« Suivant les principes de nos nouveaux philosophes, dit-il encore dans un de ses écrits, le trône ne porte plus l'empreinte de la Divinité : ils décident qu'il fut l'ouvrage de la violence, et que ce que la force eut le droit d'élever, la force a le droit de l'abattre et de le détruire....; que le peuple ne peut jamais céder l'autorité, qu'il ne peut que la prêter; toujours en droit de la communiquer et de s'en ressaisir, selon que le lui conseille l'intérêt, son unique maître.

» Ce que les passions se contenteraient d'insinuer, nos philosophes l'enseignent : que tout est permis au prince, quand il peut tout, et qu'il a rempli ses devoirs, quand il a contenté ses désirs; car enfin, si cette loi de l'intérêt, c'est-à-dire du caprice des passions humaines, venait à être généralement adoptée, au point de faire oublier la loi de Dieu; alors toutes les idées du juste et de l'injuste, de la vertu et du vice, du bien et du mal moral, seraient effacées et anéanties dans l'esprit des hommes : les trônes deviendraient chancelants, les sujets seraient indociles et factieux, les maîtres sans bienfaisance et sans humanité. Les peuples seraient donc toujours dans la révolte ou dans l'oppression (*Vie du Dauphin*, l. 2). »

On voit comme l'esprit du dauphin allait droit au but et comme d'un coup d'œil il apercevait les conséquences désastreuses des principes de la philosophie moderne : principes qui ne sont autres que ceux de la politique païenne, naturalisée en France par Philippe le Bel, mise en théorie et en pratique par Louis XIV, et que son arrière-petit-fils, Louis XVI, expiera sur l'échafaud comme une victime pour les péchés d'autrui.

Le dauphin, père de Louis XVI, envisageait la licence des mœurs comme un principe destructeur des Etats les mieux affermis, et si la Providence l'eût placé sur le trône, il se serait cru obligé de faire usage de tous les moyens que le pouvoir suprême lui eût mis en main, pour rappeler la nation à l'innocence des mœurs antiques. Son exemple, mieux qu'un édit, eût eu force de loi sur un peuple qui s'en était toujours fait une de copier les mœurs du souverain. Suivant ce principe, qu'il adopte partout, « qu'un roi doit se regarder dans ses Etats comme un père de famille au milieu de ses enfants, » il met au rang de ses obligations les plus étroites, de veiller sur les mœurs de ses sujets. « Le monarque, dit-il dans un de ses écrits, doit apporter les soins d'un père à régler les mœurs de ses sujets. Je n'ai jamais douté, disait-il encore, que la morale d'Epicure, à laquelle on attribue la décadence de l'empire romain, ne doive entraîner la ruine de toutes les nations chez lesquelles elle s'introduira. » Aussi ne compta-t-il jamais les excès honteux de la débauche au nombre de ces abus sur lesquels il est quelquefois prudent de fermer les yeux, pour en prévenir de plus grands : il était persuadé, et il le disait lui-même, qu'il ne pouvait en exister de plus préjudiciable au bien même physique d'un Etat, que celui qui arrête le cours de la population; qui provoque le luxe et la fainéantise, qui trouble souvent la tranquillité publique, et toujours l'ordre domestique; qui ruine les familles; qui conseille les vols et les rapines; qui prépare les empoisonnements, les suicides et les assassinats; qui moissonne tous les ans plus de citoyens que le fer ennemi; qui fait de la capitale un rendez-vous de libertinage, l'école de tous les vices et le tombeau de la jeunesse. « La débauche, dit ce prince, est mère de beaucoup de filles qui sont des furies bien redoutables au sein d'un Etat. »

Après avoir considéré le monarque comme le père de ses sujets, pour l'obligation de régler leurs mœurs, il veut qu'il se regarde lui-même, pour le devoir de régler les siennes, non comme un grand prince en qui la flatterie ne manque jamais d'excuser les faiblesses les plus condamnables, mais comme un prince chrétien qui n'est pas moins comptable à Dieu de sa conduite, que le reste des hommes. « Un roi, dit-il, ne doit point avoir de favoris : le nom de maîtresse fait horreur à un chrétien. » Il ne laissa jamais ignorer ce qu'il pensait de ces femmes sans pudeur qui ne rougissent point de chercher à se faire un nom par la voie de l'infamie et qui s'applaudissent, comme d'un triomphe, quand elles ont su jeter dans un cœur honnête et vertueux les premières étincelles d'un feu illégitime ; il regardait ces âmes basses et artificieuses comme les plus grands ennemis de la gloire des princes, et le mépris qu'il avait pour elles allait jusqu'à l'indignation (*Vie du Dauphin*, l. 2).

Saint Paul, parlant aux Hébreux de la foi des patriarches, dit que *c'est par le mérite de sa foi que le patriarche Hénoch a été transféré de ce monde dans l'autre sans voir la mort* (Hebr., 11, 5). Au livre de la Sagesse, l'Esprit-Saint ajoute : *Comme le juste a plu à Dieu, il en a été aimé, et Dieu l'a transféré d'entre les hommes, parmi lesquels il vivait. Il a été enlevé, de peur que la malice ne lui changeât l'esprit et que la tromperie ne vînt à séduire son âme ; car la fascination de la bagatelle obscurcit le bien, et les passions volages de la convoitise renversent l'intelligence même éloignée du mal. Ayant peu vécu, il a rempli la course d'une longue vie ; car son âme était agréable à Dieu : c'est pourquoi il s'est hâté de le tirer du milieu de l'iniquité* (Sap., 4, 10-14). Telle fut la providence de Dieu sur le père de Louis XVI. On lit dans la *Vie de la Reine* sa mère, par l'abbé Proyart :

Nous rapporterons le fait tel qu'il nous a été communiqué par des personnes respectables à qui la reine l'a plusieurs fois raconté. Pendant les divertissements d'un camp de Compiègne, on vint lui donner avis que le dauphin son fils courait le plus grand danger, non pour la vie, mais pour la vertu. Déjà toutes les batteries étaient dressées, les mesures étaient prises, la séduction paraissait inévitable, et les méchants qui la tentaient triomphaient d'avance, comme assurés du succès. A cette nouvelle, qui est un coup de poignard pour elle, cette vertueuse mère entre dans son oratoire, se prosterne devant une image de la sainte Vierge, et, dans la douleur qui l'accable, elle lui adresse en substance cette prière : « C'est à vous, ô Reine des cieux, que je dois, après Dieu, la naissance de cher fils ; vous l'avez toujours protégé : délivrez-le aujourd'hui des pièges de l'iniquité, et, s'il faut que j'aie jamais à pleurer sur lui, oui, demandez à Dieu, je vous en conjure, que ce soit sa mort plutôt que son innocence. » Le vœu de la mère de saint Louis était un grand avis que la piété de cette princesse donnait à son fils ; celui que fait ici la reine est un sacrifice comparable à celui d'Abraham, qu'elle offre à Dieu dans la vivacité de sa foi et que Dieu paraît accepter. Sur ces entrefaites, elle reçoit un billet anonyme qui ne contenait que ce peu de mots : « Madame, soyez en paix ; vos vœux pour M. le dauphin sont exaucés. » Elle ignora toujours qui lui avait écrit ce billet ; mais ce qu'elle sut bien positivement, c'est que la vertu de son fils avait eu à se défendre de toutes les manœuvres de la perversité. On avait conduit ce prince, par des chemins détournés, jusque sur le penchant de l'abîme : un pas de plus l'y précipitait ; mais on priait pour lui : il ouvrit les yeux et recula d'horreur, ne voyant que le crime hideux sous le masque de la beauté.

» Ce fut une grande consolation pour la reine de retrouver son fils toujours le même, et plus que jamais attaché à tous ses devoirs, après cet assaut livré à l'innocence de ses mœurs. Mais bientôt la cruelle maladie dont fut attaqué le dauphin vint alarmer de nouveau sa tendresse maternelle. Dans le temps de ses plus vives inquiétudes à son sujet, et lorsqu'elle intéressait le ciel et la terre pour sa guérison, elle reçut un nouveau billet anonyme, conçu en ces termes : « Souvenez-vous, madame, du camp de Compiègne, et adorez les miséricordes du Seigneur sur M. le dauphin. » Ce billet fit faire à la princesse les plus profondes réflexions. Elle ne douta point qu'il ne fût parti de la même main qui avait écrit le premier ; elle eût bien désiré pouvoir en découvrir l'auteur ; elle fit des démarches pour le connaître, mais il échappa à toutes ses recherches. D'un côté, elle ne comprenait pas comment l'anonyme pouvait avoir eu connaissance d'un vœu qu'elle avait formé seule dans le secret de son oratoire, et dont elle croyait n'avoir jamais parlé à personne ; de l'autre, elle se souvenait bien d'avoir demandé au ciel, dans l'ardeur de sa prière, que son fils mourût innocent plutôt que de vivre coupable : c'en fut assez pour qu'elle n'osât plus se flatter de l'espérance qu'il guérît. Elle le vit en effet mourir, mais mourir d'une mort de prédestiné. C'est alors que parmi les consolations de la foi et toutes les douleurs de la nature, elle fit retentir l'intérieur de son palais des plaintes les plus attendrissantes : « O mes enfants ! disait-elle au milieu de sa famille désolée comme elle, ne cherchez plus qui a fait mourir votre frère ! Hélas ! c'est moi-même qui ai prié pour sa mort, et Dieu m'a exaucée : oui, j'ai immolé mon fils, et il faut encore que j'en remercie le Seigneur. O mon cher fils ! que ne suis-je morte pour vous ! je suis inutile au monde, et vous auriez fait triompher la religion !... » C'est ainsi que la princesse chrétienne rendait grâces à Dieu d'une mort dont la tendre mère ne se consola jamais (Proyart, *Vie de la Reine de France*, l. 4). »

Le dauphin avait trente-six ans, lorsque sa santé commença visiblement à dépérir. Au mois d'octobre 1765, les plus fâcheux symptômes indiquèrent la formation d'un abcès à la poitrine. De la cour, l'alarme se répandit jusqu'aux extrémités de la France. Tout ce qu'il y avait d'âmes vertueuses dans le monde et dans le cloître s'empressèrent de demander à Dieu, par les vœux les plus ardents, la conservation d'une tête si précieuse à la religion et à l'État. Bientôt après, le danger paraissant de jour en jour plus pressant, on ordonna des prières publiques dans toute l'étendue du royaume ; et ce fut là comme le signal d'une désolation générale ; les étrangers mêmes partageaient la douleur des Français. Le dauphin s'était étudié à cacher ses rares qualités, et il y avait réussi. La France jusqu'alors n'avait connu qu'imparfaitement le trésor qu'elle possédait en sa personne ; mais, après avoir passé toute sa vie dans son cabinet, il fut obligé, si l'on peut ainsi dire, d'être malade en public. Toutes les personnes de la cour se faisaient un devoir de leur assiduité à lui faire leurs visites, et lui, de sa complaisance à les recevoir. Paroles, actions, sentiments, tout ce qu'il faisait, tout ce qu'il disait était recueilli et rendu public, tout intéressait jusqu'à l'attendrissement. On aperçut alors le fond de son cœur : son mérite ne fut plus un problème. On rendit partout hommage à ses grandes qualités ; on se reprochait de ne l'avoir pas connu plus tôt. Nous fûmes alors témoins, dit l'abbé Proyart, de ce qu'on voit à peine dans ces calamités où tous ont à craindre pour la vie : toutes les fêtes étaient suspendues ; un triste silence régnait dans ces lieux mêmes de divertissements, qui retentissent habituellement de cris de joie ; en plusieurs endroits, le zèle des ecclésiastiques suffisait à peine à la piété des fidèles, qui, pour adresser à Dieu des vœux plus efficaces, voulaient se mettre en état de grâce et se réconcilier avec lui. On ne cessa de prier pendant deux mois entiers ; et la ferveur semblait redoubler avec le danger. La capitale se distingua parmi les autres villes du royaume : pendant les prières des Quarante-Heures, toutes les églises des paroisses et des communautés étaient remplies de monde ; on y entrait respectueusement, on priait, souvent on pleurait, et on se retirait en silence.

Pendant ces jours de deuil et d'affliction, il n'était pas rare de voir des gens de tout sexe et de toute condition prosternés au milieu de la place de Sainte-Geneviève, dont l'église était toute remplie de monde. Les pauvres habitants des campagnes, plus sensibles encore et plus religieux que ceux des villes, profitaient des jours où il leur était permis de suspendre leurs travaux, pour s'acquitter envers le dauphin, et demander au ciel avec plus d'instances la conservation d'un prince dont ils avaient toujours ouï dire qu'il ne pensait qu'à les rendre heureux. Ils arrivaient par troupes dans la capitale, et se rendaient aux tombeaux des saints protecteurs de la France. Dans la saison la plus rigoureuse, on les voyait, le long des rues et sur les places publiques, se délasser, en mangeant un morceau de pain bis, de la fatigue d'un voyage de plusieurs lieues.

La famille royale, de son côté, réunissait tous les genres de bonnes œuvres, pour fléchir le ciel et détourner le coup qui menaçait la France. Mais le mal était sans remède, et les médecins déclarèrent que tous les secours de leur art devenant désormais inutiles, il n'y avait qu'un prodige qui pût opérer la guérison du dauphin. Cette nouvelle, qui se répandit bientôt parmi le peuple, au lieu de ralentir son ardeur dans la prière, ne fit que l'enflammer davantage. Les différents corps de l'Etat et toutes les communautés ajoutèrent aux prières publiques des prières particulières et d'abondantes aumônes. Les pauvres, n'étant plus distraits par les inquiétudes de la misère, n'étaient occupés, comme le reste du peuple, qu'à offrir des vœux pour la cause commune. Les troupes, qui n'avaient pas oublié la campagne de 1745, et qui se rappelaient surtout les bontés dont le dauphin les avait comblées tout récemment au camp de Compiègne, prirent la plus grande part à la douleur publique, et l'on remarqua que, dans toutes les villes de guerre, elles donnèrent des preuves éclatantes de leur affection envers le prince. Ce que fit en cette occasion le régiment des dragons-dauphin semble digne d'être transmis à la postérité ; il s'imposa un jeûne solennel, et pendant qu'il dura, les églises étaient remplies de ces braves guerriers qui, prosternés au pied des autels, conjuraient le Dieu des armées, avec toute la ferveur de leur zèle, de leur accorder une vie pour laquelle ils eussent voulu verser tout leur sang.

Pendant que la France entière priait pour son prince malade, le prince malade priait pour la France et offrait à Dieu le sacrifice de sa vie pour elle. Je ne sais si dans l'histoire de l'Eglise il y a rien de plus beau. Nous avons de cette maladie du dauphin un récit authentique, par la dauphine son épouse. On croirait lire le récit que fait sainte Perpétue de son propre martyre et de celui de ses compagnons. En voici quelques traits :

« Le jour que les médecins virent un danger pressant, son premier médecin, Labrinelle, suivant l'ordre qu'il en avait reçu de M. le dauphin, l'en avertit. Quoiqu'il fût très-éloigné de cette pensée, il en reçut la nouvelle avec une fermeté et une tranquillité que la religion seule peut donner... L'après-midi, il reçut la visite de la reine. Dès qu'elle fut sortie : *Où croyez-vous*, me dit-il, *que soit M. Collet* (c'était son confesseur), *car je veux me confesser cette après-midi : ça toujours été mon projet. Envoyez-le chercher.* J'allai chercher M. Collet, qui était chez moi, et il redescendit. Il me dit de lui apporter ses livres pour se préparer, me fit rester auprès de son lit, et fit sa préparation avec la plus grande tranquillité. Quand il fut prêt, il me dit de faire entrer son confesseur. Sa confession finie, il m'envoya chercher et me dit : *Je comptais faire mes dévotions dimanche ; mais M. Collet m'a dit tout à la franquette qu'il valait mieux que je communiasse en viatique.* Ensuite il me demanda ce que j'avais fait toute la matinée : je lui répondis que je n'avais pas fait grand'chose. Il me dit : *Vous vous êtes au moins lavé les yeux* ; il voulait dire que j'avais pleuré. Je lui avouai que cela était vrai, et dans ce moment même, ne pouvant contenir mes larmes, elles coulèrent de nouveau : il le vit ; et me dit en souriant : *Allons donc, courage, courage.*

» Il envoya ensuite chercher Adélaïde (sa sœur), et quand elle fut arrivée, il lui répéta ce qu'il m'avait dit sur sa communion ; puis, s'adressant à toutes deux, il nous dit : *Je ne puis vous exprimer, mes sœurs, combien je suis aise de partir le premier. Je suis fâché de vous quitter ; mais je suis bien aise de ne pas rester après vous.* Cela nous fit pleurer : il s'attendrit lui-même et nous dit : *Ah ! finissez donc, vous me faites de la peine.* Et tout de suite il nous conta que M. Collet lui avait dit qu'il ferait bien de recevoir ses sacrements ; qu'il espérait que le bon Dieu exaucerait les vœux qu'on faisait pour lui ; mais que s'il en disposait autrement...... *Ah ! nous dit-il, quand il en a été là, il n'a pu achever, tant il pleurait ; et je lui ai dit qu'il faisait l'enfant.*

» Après la messe, qu'il entendit tout de suite (après avoir reçu ses sacrements), il me fit appeler. Le roi étant dans ce moment auprès de son lit, il me fit seulement un geste qui exprimait toute sa joie ; et je n'oublierai jamais l'air de contentement, de joie, de béatitude, qui brillait dans ses yeux et qui était répandu sur son visage. Le roi s'étant un peu éloigné, il me tendit la main, en me disant : *Je suis ravi de joie ; je n'aurais jamais cru que recevoir ses derniers sacrements effrayât si peu et donnât tant de consolation : vous ne sauriez l'imaginer.* Mesdames (ses sœurs) vinrent un moment après, lorsque le roi était encore auprès de son lit ; en les voyant, il se mit la main sur la poitrine, pour leur faire connaître la douceur des consolations qu'il ressentait. Il fut très-gai avec le roi et la reine; mais de temps en temps il jetait les yeux sur son crucifix, qui était sur son lit; et il le regardait avec une joie et un contentement qui éclataient malgré lui.

» Quelques jours après, continue la dauphine, je le priai de s'unir d'intention aux prières qu'on faisait pour obtenir sa guérison. *Non*, me répondit-il, *M. Collet me l'a défendu.* Je lui dis que je ne croyais pas cela : il se mit à rire et dit : *Il est vrai qu'il ne me l'a pas défendu; mais il ne me l'a pas conseillé, parce que cela me troublerait et m'agiterait.* La reine lui dit aussi un jour la même chose que moi, et elle ajouta qu'il y était obligé, parce que sa vie était utile et nécessaire à la religion. *Ah! maman*, lui répondit-il, *les vues de la Providence sont bien différentes de celles des hommes. Ayez confiance*, ajouta-t-il, *celui qui a établi sa religion sans moi, saura bien la soutenir et la faire triompher sans moi.* Il ne pouvait pas croire qu'il fût bon à rien, ni qu'il fût aussi aimé des peuples qu'il l'était. Quand il sut qu'on continuait les prières des Quarante-Heures au delà des temps ordinaire, il en parut mécontent, *parce que*, disait-il, *selon les règles de l'Eglise, ces prières ne doivent durer que trois jours.*

» Malgré l'état de faiblesse où il était, il n'a jamais manqué de faire ses prières et ses lectures ordinaires, et même sa méditation. Il ne récitait plus le grand office; mais, en place, il en disait un plus court. Il lisait surtout avec plaisir le *Testament spirituel et les saints désirs de la mort*, du Père Lallement. Il demanda un jour à la reine si elle connaissait ce livre. La reine lui ayant répondu que non : *Ah! c'est un bien bon livre*, lui dit-il, *et qu'il faut lire en santé.* Un jour, en faisant sa prière, il me dit tout à coup : *Oh! voilà une paraphrase du psaume trente-septième, que je n'ai pas le courage de lire, parce que je n'éprouve rien de ce qui y est dit.* — Le Prophète exprime dans ce psaume les sentiments d'une âme que la vue de ses iniquités jette dans le trouble et l'agitation.

« Le mercredi, continue la dauphine, tandis que la reine était assise auprès de son lit, il m'appela et me dit tout bas : *Je crois pourtant que je passerai encore cette nuit.* Consternée et troublée de ce propos, je lui dis : Ah! j'espère que ce sera encore long. *Non*, me dit-il, *cela n'ira pas bien loin.* Pénétrée de douleur, je me retirai : il appela Adélaïde, et lui dit la même chose. Comme il parlait assez haut pour être entendue de la reine, il lui dit : *Paix donc, parlez plus bas.* Il se faisait tâter le pouls à tout moment, et demandait comment on le trouvait. Cependant il avait toujours de la gaîté dans l'esprit et plaisantait encore. Quelqu'un ayant poussé une table assez rudement, il contrefit le bruit et demanda à Louise si ce n'était pas du tonnerre, parce qu'elle en a peur. Comme il avait beaucoup de peine à cracher et à se moucher, il disait qu'il en avait oublié la manière, qu'il aurait bien besoin de la rapprendre (Proyart, *Vie du Dauphin*, l. 3). »

La relation de la dauphine fut continuée par l'évêque de Verdun, qui resta auprès du prince jusqu'à son dernier soupir.

« Le jeudi 19 décembre, il s'aperçut lui-même qu'il entrait en agonie; il dit un peu avant l'heure ordinaire : Je serais bien aise d'entendre la messe.

Puis, en regardant son crucifix, il ajouta : Que j'aie encore cette consolation, ce sera pour la dernière fois! Tout le temps qu'elle dura, il eut les yeux fixés sur l'autel; son attention se soutint comme s'il eût été en parfaite santé. Les assistants, placés comme entre deux sacrifices, jetaient les yeux tantôt sur l'autel, tantôt sur le prince mourant; et leurs prières étaient des pleurs.

» Après la messe, il dit qu'il était temps qu'on lui récitât publiquement les prières des agonisants; qu'il fallait avertir le grand-aumônier. Quand le prélat fut entré, on se jeta à genoux, chacun de son côté, et tout le monde se mit à pleurer. Le prince, toujours semblable à lui-même, était presque seul qui possédât son âme assez en paix pour s'unir aux prières qu'on faisait pour lui. Quand le grand-aumônier en fut aux paroles les plus redoutables qu'il ne prononçait qu'à voix basse et entrecoupée, le dauphin, les yeux fixés sur son crucifix, reprit lui-même d'un ton de voix ferme et animé : *Proficiscere, anima christiana, de hoc mundo*, etc. (*Partez de ce monde, âme chrétienne*). Il répéta avec la même fermeté les autres prières qui suivent.

» Pendant la nuit qui fut la dernière, quelqu'un lui ayant fait la réflexion qu'au moment où on lui parlait, toute la nation, dans la douleur et les larmes, demandait à Dieu la conservation de sa vie, il resta un moment en silence, comme pour recueillir ses forces défaillantes, puis leva les yeux et les mains au ciel, et s'écria du ton de voix le plus attendrissant « : Ah! mon Dieu, je vous en conjure, protégez à jamais ce royaume; comblez-le de vos grâces et de vos bénédictions les plus abondantes. » Plusieurs fois pendant cette nuit, il offrit à Dieu le sacrifice de sa vie pour toute la nation, et spécialement pour le roi et la famille royale. « Si j'étais assez heureux, dit-il à ceux qui étaient autour de son lit, pour entrer dans le ciel au sortir de ce monde, et qu'il plût à Dieu d'exaucer mes prières, je vous promets que vous en ressentiriez les effets, je n'oublierais pas ceux qui m'ont été ici-bas les plus chers. »

» Cependant sa poitrine se remplissait. Il demanda s'il irait bien jusqu'à six heures du matin. Sur ce qu'on lui répondit qu'il pourrait encore aller plus loin : « Mon Dieu! s'écria-t-il, serai-je donc encore privé longtemps de la joie ineffable de votre vue ? » Son confesseur lui ayant demandé s'il était toujours dans la disposition de ne vouloir que l'accomplissement de la volonté de Dieu sur lui, il lui répondit avec un transport que ses paroles seules peuvent rendre : « Oui, si j'avais mille vies et mille santés en ma disposition, je les sacrifierais à l'instant au désir qui me presse de voir mon Dieu et de le posséder. Je n'ai jamais rien tant souhaité que de le connaître en lui-même, il doit être bien grand, bien admirable dans l'étendue de ses perfections infinies. »

» Le vendredi, vers six heures du matin, il perdit tout usage de la parole; son cœur fut la dernière partie qui succomba. Il rendit paisiblement le dernier soupir, après une agonie de vingt-deux heures. Ce fut le 20 décembre 1765, à huit heures du matin. Il était âgé de trente-six ans trois mois seize jours. Suivant son désir, il fut enterré dans la cathédrale de Sens, métropole de Fontainebleau, où il était mort. »

Sa vertueuse épouse consacra à Dieu sa viduité par la communion. Avant de perdre son saint époux elle avait perdu sa mère, son père, son frère, sa sœur. Plus détachée que jamais de la terre, qui n'avait été pour elle qu'une vallée de larmes, elle ne soupira plus qu'après le ciel : elle s'occupa uniquement du soin de s'y préparer une demeure. Au milieu des agitations d'une cour dissipée, on la voyait retracer toutes les vertus des saintes veuves qui honoraient les premiers siècles de l'Eglise : il ne lui échappait pas la moindre faute délibérée : la seule apparence du mal l'effrayait : son union avec Dieu était habituelle, ses communions étaient fréquentes. Sa vie ne fut plus qu'une préparation chrétienne à la mort, qui vint en effet la réunir à son époux le 13 mars 1767, laissant en bas âge trois princes, qui furent Louis XVI, Louis XVIII et Charles X, et deux princesses, madame Clotilde et madame Elisabeth.

Le 24 juin de l'année suivante 1768, mourut leur aïeule, la reine de France, Marie Leczinska ; elle mourut en récitant les prières de la sainte couronne ou du chapelet. Son union habituelle avec Dieu n'avait fait, pour ainsi dire, de tous les jours de sa vie, qu'un grand jour de prière. Aussi depuis longtemps le peuple ne l'appelait-il plus que *la sainte reine*. Sa fille, Louise de France, entra chez les Carmélites l'année suivante.

Deux évêques soutenaient la partie saine de la famille royale et de la France : Christophe de Beaumont, archevêque de Paris; Louis-François d'Orléans de la Motte, évêque d'Amiens. L'un et l'autre rappellent les bons évêques de tous les siècles, en particulier leur contemporain saint Alphonse de Liguori.

Christophe de Beaumont, né au château de la Roque, dans le diocèse de Sarlat, en 1703, d'une famille ancienne, contracta dès son enfance, par les soins de sa mère, l'amour de l'ordre, une grande sévérité de mœurs et un respect profond pour tout ce qui tient à la religion. Ayant embrassé l'état ecclésiastique, il devint chanoine et comte de Lyon, évêque de Bayonne en 1741, puis passa à l'archevêché de Vienne en 1745. Louis XV l'ayant nommé, en 1746, au siège de Paris, lui écrivit deux fois vainement pour le faire acquiescer à cette nomination, et le prélat n'obéit qu'à des ordres précis, qu'il regarda comme l'expression de la volonté divine. Il était fort versé dans la science du droit canonique et dans l'histoire. La vertu se peignait sur sa figure, pleine de noblesse et de bonté; son esprit était cultivé, son élocution facile et brillante; il était austère sans rudesse et répandait avec discernement des aumônes qui absorbaient presque tout son revenu. Il était admirable dans son intérieur, par l'égalité, la douceur et la modération de son caractère. La comtesse de Marsan, l'attendant un jour dans son salon, le vit sortir de son cabinet avec quelqu'un qui s'en alla : « Je parie, monseigneur, lui dit-elle, que cet homme est venu vous demander de l'argent (on a su depuis qu'il lui avait donné quinze mille francs); vous ignorez donc que c'est l'auteur du libelle imprimé contre vous? — Je le savais, madame. » Il portait jusqu'à l'héroïsme cette générosité envers ses ennemis, dont il renfermait les libelles, sans les lire, dans une armoire destinée à cet usage.

Une bénédiction secrète attachée aux œuvres de charité semblait multiplier ses trésors. On raconte des traits innombrables de cette vertu qui constituait le caractère de Beaumont, et dont on était sûr de ressentir les effets, de quelque pays, de quelque religion ou de quelque parti que fussent les infortunés. On sait qu'il céda, pour un objet quelconque d'utilité publique, les droits résultant du gain de son procès avec le roi, au sujet de l'hôtel de Soissons. Ces droits, évalués au delà de cinq cent mille livres, furent destinés au soulagement des hôpitaux, et principalement à établir des lits particuliers pour chaque malade dans l'hôtel-Dieu de Paris. Le feu ayant pris, dans la nuit du 29 décembre 1772, à cet asile de l'humanité souffrante, Beaumont fit transporter tous les malades dans son église et dans son palais, où, les soignant lui-même, assisté de son clergé, il pourvut durant plusieurs jours, libéralement, à tous leurs besoins. Dans un temps de calamité, Sartines, lieutenant de police, eut recours au bienfaisant archevêque : « Voilà cinquante mille écus, lui dit-il; mais qu'est-ce qu'une somme si modique pour tant d'infortunés? » Parmi plusieurs traits de ce genre, nous citerons encore le suivant. M. de Beaumont était sorti seul, un jour, de son château de Conflans, pour se promener dans la campagne. Un vieil officier l'aborde et lui fait le tableau de son infortune : « Monsieur, lui dit le prélat, je n'ai point d'argent sur moi ni à Conflans. Venez dans huit jours à l'archevêché, et ne soyez plus en peine de votre sort ni de celui de votre famille. En attendant, voici ma montre; elle a quelque valeur, disposez-en. » L'archevêque étant allé, quelque temps après, faire sa cour aux princesses de France, il fut bien surpris d'entendre madame Adélaïde lui dire : « Monsieur l'archevêque, je sais que cette année vous vous êtes plusieurs fois privé de votre montre; en voilà une que je vous donne, mais à condition que vous la garderez. » Le prélat la reçut avec une respectueuse reconnaissance et ne la porta jamais sur lui. Un lion gravé sur la boîte étendait sa patte sur un livre ouvert des évangiles, et autour de cette gravure on lisait ces mots : *Impavidum ferient ruinæ* (les ruines de l'univers fondront sur lui, mais ne l'épouvanteront pas), qui sont la devise de la maison de Beaumont.

Jamais devise n'eut une application plus frappante de vérité. En France, le monde religieux, intellectuel, moral et politique, ébranlé par quatre sortes d'ennemis, menaçait ruine de toutes parts. L'hérésie janséniste infectait un grand nombre de monastères et de diocèses; une magistrature révolutionnaire secondait l'hérésie janséniste dans sa révolte contre l'Eglise de Dieu; une secte d'hérétiques plus avancés, connue sous le nom d'*incrédules*, de *philosophes* et d'*impies*, sapait les fondements de toute religion, de toute société, de toute justice; un roi et une noblesse corrompus aidaient au renversement du trône et de l'autel par le scandale de leurs mœurs. Un homme, Christophe de Beaumont, appuyé de quelques évêques et de quelques prêtres, s'efforçait d'empêcher ou de retarder la ruine de l'édifice : tous les démolisseurs, y compris les magistrats et le roi, lui jettent la pierre ; Christophe de Beaumont est exilé par les magistrats et le roi, parce qu'il s'oppose aux progrès de l'impiété et de l'anarchie.

Le saint évêque d'Amiens, moins élevé dans l'Eglise de France, était moins exposé aux tracasseries des novateurs. LOUIS-FRANÇOIS D'ORLÉANS DE LA MOTTE naquit l'an 1683 à Carpentras, ville du comtat d'Avignon, appartenant au Pape. D'une vivacité et d'une pétulance extraordinaires dans ses premières années, il était passionné pour les jeux, les courses et tous les exercices bruyants. Son père crut devoir l'appliquer de bonne heure à l'étude. Dès l'âge de sept ans, et quoiqu'il fût d'une complexion fort délicate, on l'obligeait à se lever de grand matin, pour satisfaire à ses devoirs d'écolier et aller ensuite en classe. Il lui était survenu, pendant un hiver, une incommodité aux jambes qui l'empêchait de marcher et de se rendre au collége; son père l'y faisait porter matin et soir par un de ses domestiques. Vif comme il était, il faisait assez souvent des fautes ; mais il avait le courage de les avouer sans détour : il ne mentit jamais. Docile aux avis, prompt à l'obéissance, il se montrait officieux et complaisant dans sa famille, doux et honnête envers tous et dans toutes les occasions. On lui avait désigné un nombre de camarades avec lesquels il lui était permis de faire société : il n'en voyait point d'autres. La piété s'empara bientôt de son cœur : la majesté de nos cérémonies religieuses fixait toute son attention; il aimait à les retracer jusque dans les jeux de son enfance. Dès l'âge de neuf ans, il fut jugé assez raisonnable et assez vertueux pour être admis à la tonsure. Il n'avait pas encore atteint sa douzième année quand il fit sa première communion. Il devint l'âme de la congrégation des écoliers, que les Jésuites avaient établie dans le collége. Tous les jours il s'édifiait par la lecture et la méditation des vérités du salut. Il avait l'avantage d'un excellent conseil dans une sœur plus âgée que lui, religieuse ursuline à Carpentras. Ce qui l'affermit encore plus dans la piété, ce fut le saint et fréquent usage de la communion.

Parmi les inclinations vertueuses qui annonçaient le bon cœur du jeune homme, on avait distingué de bonne heure sa compassion pour les pauvres et les malheureux; il leur marquait en toute rencontre son empressement à les soulager. La charité semblait lui être naturelle, et il la pratiquait avant de savoir qu'elle fût une vertu. Cet heureux penchant, fortifié par la religion, passa souvent les bornes de la prudence humaine. Plus d'une fois il lui arriva, après avoir donné aux pauvres tout l'argent dont il pouvait disposer, de leur donner encore ses habits. Sa mère, lorsqu'elle visitait sa garde-robe, lui demandait ce qu'il en avait fait; il le lui racontait, et d'une manière si ingénieuse et si chrétienne, que la bonne dame, qui avait commencé par le gronder, finissait par l'admirer. Cet esprit de charité alla toujours croissant; et ce qu'avait fait d'abord le jeune écolier, le vertueux ecclésiastique le faisait ensuite. S'il rencontrait un pauvre nu, et qu'il n'eût plus rien à donner, il se dépouillait de ses habits de dessous pour l'en revêtir.

Après avoir terminé ses humanités et sa philosophie à Carpentras, il étudia pendant deux ans la théologie au collége des Jésuites d'Avignon. Il employa particulièrement ce temps à examiner sa vocation par lui-même. Dès qu'il crut reconnaître que la Providence l'appelait réellement à l'état ecclésiastique, il entra au séminaire de Viviers, qui jouissait d'une réputation méritée, tant pour la régularité que pour les études. Toutes les vertus auxquelles les autres viennent se former dans le séminaire, notre jeune homme les y apportait : une piété tendre et éclairée, l'amour soutenu du travail, un désir sincère et actif de sa perfection. Mais en se distinguant de tous les autres par une infinité d'endroits, il se rapprochait de tous par la gaîté de son caractère et un commerce doux et facile. Sa vertu, dans sa plus grande ferveur, n'avait rien de gêné ni d'austère pour les autres. Dans un voyage qu'il fit à Rome, où il avait un frère parmi les officiers du Pape, il prit ses degrés en théologie. Nommé chanoine théologal de Carpentras, il composa, sur le dogme et la morale évangélique, un cours complet d'instructions, qu'il renferma dans un nombre de discours suffisants pour prêcher tous les dimanches, sans se répéter, pendant quatre ans. Son style, noble et simple tout à la fois, était entendu des petits et goûté des grands. Plusieurs de ses auditeurs, pleins de confiance en ses lumières, voulaient s'adresser à lui dans le tribunal de la pénitence, comme à l'homme le plus capable de les aider à effectuer les désirs de conversion qu'il leur avait inspirés. Sans rebuter personne, il accueillait surtout les pauvres avec une bonté singulière, ce qui l'obligea bientôt à donner, presque tous les jours, un temps considérable au confessionnal. De toutes les bonnes œuvres, celle qu'il affectionnait le plus était l'éducation chrétienne de la jeunesse. Il ouvrit sa maison à tous ceux des étudiants du collége et des jeunes ecclésiastiques qui voulaient s'y rendre. Aux uns il prêtait des livres, à d'autres il en donnait. Il faisait à tous des instructions réglées à certains jours. Il fonda une maison d'instruction pour les jeunes filles trop peu fortunées pour payer une pension au couvent, et d'un état cependant à n'être pas confondues avec la dernière classe des enfants du peuple. Les trois mois de vacances que l'usage accordait aux chanoines, il les employait, suivant les besoins des fidèles et l'ordre que lui prescrivaient les évêques, tantôt dans les villes, tantôt dans les campagnes, ici, à donner des retraites, là, à faire des missions, et partout avec un succès égal à son zèle. Il se réunissait ordinairement à quelques missionnaires de la congrégation, dite de Notre-Dame de la Garde, établie dans le comtat d'Avignon.

Il était accueilli, dans ses missions, comme l'envoyé de Dieu, et portait partout la réputation d'un saint. La persuasion, à cet égard, allait au point que souvent des âmes simples, dans le désir de se procurer des reliques, s'approchaient de lui, lorsqu'il priait dans les églises, et lui coupaient un morceau de sa soutane. D'autres fois, les peuples auxquels il avait donné la mission le pleuraient comme leur père à son départ, et le suivaient malgré lui pendant plusieurs lieues. C'est ainsi qu'il fut obligé d'entrer un jour dans la ville d'Aix, entouré de tous les habitants d'une nombreuse paroisse. L'archevêque de cette ville, à qui il alla rendre compte de sa mission, s'étant aperçu qu'on avait mutilé sa soutane et son manteau, lui dit que, pour le coup, il n'y avait plus à douter qu'on ne le regardât comme un saint. « Si cela est, monseigneur, reprit l'abbé de la Motte, il faut convenir que vos diocésains ont une étrange manière d'honorer les saints : ailleurs on les respecte et on leur fait des offrandes, et moi on m'insulte et on me dépouille. » C'est ainsi qu'il savait détourner adroitement les propos flatteurs que lui attirait l'éclat de ses vertus.

En 1719, après avoir terminé une mission dans Avignon même, il partit un bâton à la main : on crut qu'il s'en était retourné à Carpentras. Mais on ne le revit ni à Carpentras, ni ailleurs. Sa disparition subite mit en émoi tout le pays. On le chercha, on suivit toutes ses traces, et on découvrit qu'il s'était retiré à soixante-dix lieues, dans le Forèz, en la solitude de Sept-Fonts, abbaye réformée dans le genre de celle de la Trappe. L'abbé, le jugeant plus en état que lui-même de diriger son monastère, comptait lui en remettre le gouvernement dès le lendemain de sa profession. Mais le clergé, la noblesse et le peuple du comtat se réunirent en corps, pour lui redemander l'apôtre de leur province, et lui faire une obligation de conscience de le leur renvoyer. Cette unanimité de vœux, et une multitude de lettres particulières qu'il recevait de toutes parts, déterminèrent le Père abbé à déclarer au nouveau postulant qu'il ne lui était pas possible de le garder plus longtemps, et qu'il fallait qu'il se retirât. Jamais sacrifice n'avait tant coûté en même temps à celui qui l'ordonnait et à celui qui s'y soumettait. « Je me regardai, dit depuis M. de la Motte, comme un pécheur qu'on chassait de ce paradis terrestre qu'il n'était pas digne d'habiter, et je ne me consolai que par la pensée que je ne faisais pas ma volonté (Proyart, *Vie de M. de la Motte*). »

En 1720, la peste éclate à Marseille, étend ses ravages jusque dans Avignon, et, de là, menace Carpentras, qui n'en est qu'à cinq lieues. L'abbé de la Motte, revenu depuis peu de Sept-Fonts, fut nommé commissaire pour veiller à la sûreté publique. Il ne négligea aucun des moyens humains pour intercepter la communication avec un pays pestiféré. En même temps il profite de l'occasion pour convertir les âmes, éclairer les plus libertins sur le danger de leur état. Ses instructions ne trouvent que des cœurs dociles, ses conseils sont des ordres. Prières publiques, pratiques de retraite, jeûnes solennels, préparation aux sacrements, tout ce qu'il propose comme moyen de fléchir le ciel est accueilli par acclamation. C'est un prophète qui prêche la pénitence au milieu de Ninive menacée de sa ruine prochaine. Aussi vit-on des pécheurs scandaleux rentrer en eux-mêmes, des ennemis se réconcilier, des usurpateurs restituer, et partout le vice humilié rendre hommage à la vertu. Enfin le fléau cessa, et la ville en fut préservée.

En 1725, l'abbé de la Motte assista, comme député du chapitre de Carpentras, au concile provincial d'Avignon, devint peu après vicaire général de l'archevêque d'Aix, puis assista, en qualité de théologien de l'évêque d'Apt, au concile d'Embrun, dans lequel l'évêque janséniste de Senez, Soanen, fut entendu, jugé et condamné comme réfractaire aux décisions de l'Église universelle. L'abbé de la Motte fut nommé par le concile administrateur du diocèse, et fixa sa résidence à Castellane, ville plus considérable que Senez, qui ne mériterait que le nom de village. La position de l'administrateur était fort délicate. Il commença par tout voir et tout écouter, sans rien dire ni rien faire. Il gagna d'abord la noblesse du pays, puis la plus grande partie du clergé. Ce qui lui coûta le plus fut un monastère de la Visitation à Castellane. Les religieuses avaient tellement été infatuées par les jansénistes, qu'il n'y en avait pas une assez raisonnable pour obéir à l'Église. Douze des plus entêtées avaient été exilées dans d'autres monastères, où elles renoncèrent à l'erreur. De la Motte obtint qu'elles fussent rappelées à Castellane ; mais pour les faire rentrer leur monastère, il fallut enfoncer les portes, sur un ordre du roi, tant les autres religieuses étaient opiniâtres. Cependant, avoir l'entrée de la maison, c'était avoir tout gagné pour l'abbé de la Motte, qui n'eut jamais tort auprès de ceux dont il put se faire entendre. Dès le premier jour qu'il parla aux religieuses, sans les convertir, il les étonna. Une des plus jeunes seulement s'étant permis de l'interrompre, il se contenta de lui demander si ses anciennes l'avaient constituée l'interprète de leurs sentiments ? et il finit par leur dire à toutes : « Je sens, mes chères sœurs, combien je dois vous paraître odieux en ce moment : je suis, à vos yeux, le loup dans la bergerie. Eh bien ! je vous prédis néanmoins, en prophète un peu gourmand, qu'avant la fête des Rois vous m'offrirez de vos biscuits, et de si bonne grâce, que je me ferai un plaisir de les accepter. » On ne put s'empêcher de rire de la prophétie, en se promettant bien de faire mentir le prophète, qui cependant dit la vérité, car peu à peu toutes les religieuses reconnurent leur erreur : laissées libres de se choisir un confesseur, elles s'adressèrent toutes à l'abbé de la Motte, et ce monastère, qui avait le plus affligé l'ordre de la Visitation, en devint le plus parfait modèle. Enfin, le diocèse de Senez n'avait ni séminaire ni collège : l'abbé de la Motte y créa, dans l'espace de trois ans qu'il en eut l'administration, un petit collège et un petit séminaire.

En 1733, il fut nommé à l'évêché d'Amiens et dut accepter malgré toutes ses remontrances. Il y succéda à M. de Sabathier, supérieur du séminaire de Viviers, quand M. de la Motte y vint faire sa théologie. Le nouvel évêque écrivait à des personnes de confiance : « Je suis ravi de succéder à un homme qui aimait la simplicité, parce que je pourrai la pratiquer moi-même sans me faire trop remarquer ; car enfin j'ai toujours cru que l'épiscopat n'imposait pas tout ce qu'on imaginait, et que l'on ne pouvait au contraire en bien soutenir la gloire que par la simplicité des vertus chrétiennes. Je sais que le monde veut de l'éclat, mais il ne faut pas ambitionner son estime... On dit qu'il ne faut pas être singulier : cela est vrai, entre nous, à Sept-Fonts ou à la Trappe, parce que tout le monde y fait merveille ; mais dans le monde, et dans notre état, qui ne voudrait pas être un peu singulier donnerait assurément dans la voie large. Qu'on lise la vie de saint Charles et qu'on juge s'il y eut jamais un évêque plus singulier que lui. On dit quelquefois que c'est un prélat inimitable, mais à Dieu ne plaise que je pense ainsi : car Dieu ne donne pas ses saints pour les admirer seulement, mais pour les imiter, chacun selon sa grâce, de plus près ou de plus loin. Je dois me considérer, en entrant dans l'épiscopat, comme un homme que Dieu veut immoler à sa gloire et qui ne doit travailler que pour l'accroître. Priez bien pour moi. »

Le trajet de Senez à Amiens est de près de deux cents lieues. Le nouvel évêque le sanctifia avec sa piété ordinaire et en fit un voyage de dévotion, édifiant partout où il passait et cherchant à s'édifier lui-même. Il passa quelques moments heureux dans sa chère solitude de Sept-Fonts. « Tous ces bons solitaires, écrivait-il, et surtout ceux qui m'avaient vu autrefois, m'ont témoigné tant de joie et d'amitié, que j'en ai moi-même ressenti la plus sensible consolation. Il en est mort, depuis dix-neuf ans, plus de cent; mais plusieurs de ceux qui m'avaient connu vivent encore... J'ai vu un jeune religieux, qui n'est profès que depuis un mois, lequel est petit-fils de ma nourrice. Cet enfant, qui était fils unique, et une vingtaine de mille livres de bien, est un enfant de bénédiction. On lui permit de me parler; il vint passer une demi-heure avec moi et ne me parla que de son bonheur. Il me dit qu'il était encore à chercher l'austérité de cette maison, dont il avait tant entendu parler, ajoutant qu'il n'y avait rien trouvé de rude. Il ne me demanda jamais des nouvelles de sa famille, se contentant de ce que je lui en dis moi-même... Je fus au noviciat, qui est composé de dix ou douze personnes : je puis vous assurer que pas un ne me regarda. Ils faisaient leur lecture et étaient assis : rien ne les détourna. On ne peut rien voir de si édifiant qu'une maison de cent vingt religieux en tout, où vous n'entendez pas plus de bruit dans le cours de la journée qu'à minuit. Il faut les voir surtout au chœur, ce sont des anges. Il n'y avait qu'un seul malade à l'infirmerie, encore était-il convalescent. On y voit des vieillards de quatre-vingts ans. Il est étonnant qu'une vie si dure et si contrainte laisse vivre si longtemps. Dom prieur, qui m'avait reçu l'an 1715, que j'y fus à pied avec mon bâton, vint se jeter à mes pieds et m'embrassa, en me disant : « Monseigneur, je me réjouis de vous voir repasser avec la houlette, après vous avoir vu venir avec un bâton blanc... Le Père abbé est un homme fort aimable et plein d'esprit, âgé de soixante-quatre ans, qui m'a promis de bien me dire mes vérités si je m'écartais des voies de la piété... On voit dans cette sainte maison des gens de tout état, de toute province, de tout âge. Ils passent toute l'année du noviciat, et souvent même toute leur vie, sans se connaître autrement que de vue (Proyart, l. 3). »

A peine l'évêque d'Amiens fut-il arrivé dans son diocèse, qu'il y commença ses travaux apostoliques. Son goût décidé pour la simplicité lui épargna tous les embarras du faste. Le soin de son ameublement fut le moindre de ceux qui l'occupèrent. Quelques instants suffirent à l'arrangement de son palais, et la première année de son épiscopat, semblable à toutes celles de sa vie, fut pleine de bonnes œuvres de tous les genres et pourrait servir de règle aux prélats les plus zélés pour leurs devoirs. Il fit, pendant cette année, quatre ordinations : il examina les sujets par lui-même, et, pendant les retraites qui précédèrent ces ordinations, il fit plusieurs entretiens. Il officia pontificalement dans sa cathédrale, et il y prêcha aux fêtes solennelles. Il prêcha dans d'autres églises un nombre de sermons et de panégyriques. Il présida à deux retraites, qu'il établit en faveur des vicaires. Il donna, dans sa ville épiscopale, une mission qui dura six semaines. Il assista à une assemblée qui se tint à Reims. Il parcourut toutes les villes de son immense diocèse : il officia pontificalement dans toutes et il y prêcha. Il reçut des professions et donna l'habit religieux dans plusieurs communautés. Il fit la visite pastorale dans huit ou dix, ainsi que dans toutes les paroisses d'Amiens. Il commença la visite générale de son diocèse et visita cette même année environ quatre-vingts paroisses, où il prêcha et donna la confirmation. Ce premier début fut sa règle invariable, et pendant plus de quarante ans qu'il occupa le siége d'Amiens, il trouva dans l'amour de l'ordre et du travail, et surtout dans la plus exacte résidence, le moyen de suivre, dans le plus grand détail, l'administration d'un diocèse dont l'étendue eût demandé les soins et tout le zèle de deux évêques. Il trouvait fort singulier d'entendre quelquefois dire naïvement qu'un évêque avait été exilé dans son diocèse. « C'est à la cour ou dans la capitale, disait-il, que nous sommes exilés; mais c'est une plaisanterie méchante que de dire, d'un père, qu'on l'a exilé au milieu de sa famille et de ses enfants. »

Le premier objet de la sollicitude pastorale du nouvel évêque, et le plus solide fondement du bien qu'il opéra dans la suite de son pontificat, ce fut l'attention toute particulière qu'il donna à l'éducation de la jeunesse. Toutes les maisons d'instruction, depuis son séminaire jusqu'à la dernière école de campagne, avaient des droits privilégiés à sa protection. Le séminaire d'Amiens fut rebâti sous son pontificat et distribué suivant ses vues.

Ce séminaire est sous la direction des vertueux disciples de saint Vincent de Paul. M. de la Motte s'en félicitait, et une congrégation qui jouit à si juste titre de la confiance du clergé de France ne pouvait manquer d'obtenir la sienne; elle la posséda entièrement, et dans tous les temps. Ce fut toujours dans son séminaire qu'il choisit le directeur de sa conscience, charmé de pouvoir offrir à ses jeunes clercs cette preuve de son estime pour les personnes chargées de les former aux sciences et aux vertus de leur état.

Outre les bonnes mœurs et la piété, le prélat exigeait, des jeunes ecclésiastiques qui habitaient son séminaire ou qui en postulaient l'entrée, une suffisance de talents et de connaissances dont il était lui-même l'appréciateur et le juge. Attentif à tout ce qui peut encourager et soutenir les études théologiques, il ne dédaignait pas de faire la visite des classes : il y entrait au moment où il était le moins attendu : il s'informait du sujet de la leçon et en faisait rendre compte aux étudiants. Aucun sujet n'était admis dans son séminaire qu'après avoir subi, en sa présence, un examen sur les matières théologiques, qu'il avait étudiées pendant deux ans. Il se trouvait également à tous les examens qui précédaient les ordinations. Et, pour épargner à ses coopérateurs l'embarras ou l'odieux des refus, il faisait en sorte d'en être seul chargé, en recommandant aux directeurs du séminaire de réserver pour son bureau tous les sujets dont la capacité était équivoque. Il leur parlait avec une extrême bonté; il simplifiait les questions; il les proposait en termes clairs et les plus propres à dégager leurs idées, s'ils en avaient. Il portait quelquefois la condescendance jusqu'à leur permettre de s'expliquer en français; mais, lorsqu'après les avoir bien sondés, il découvrait en eux un fond d'ignorance radicale, il était inébranlable dans la résolution qu'il prenait de leur fermer l'entrée du sanctuaire, quelles qu'eussent été d'ailleurs leur naissance et leur vertu : aucune bonne qualité ne pouvait couvrir, à ses yeux, l'insuffisance des talents.

Après tous ces soins donnés à l'éducation de son clergé, le saint évêque d'Amiens s'appliquait à entretenir et renouveler en lui l'esprit sacerdotal. C'est dans cette vue qu'en différents temps il adressa, tant aux curés qu'aux confesseurs, d'excellentes instructions sur les parties les plus essentielles du saint ministère : c'est dans cette vue qu'il établit, dans son diocèse, un ordre de relations, le plus propre à prévenir les abus ou à les lui faire connaître. Chaque année tous les curés recevaient pour le moins deux visites : l'une d'un archidiacre; elle avait pour objet les comptes des fabriques, la tenue des églises et tout ce qui concerne la décence du culte divin, l'instruction chrétienne de la jeunesse, et enfin une information discrète sur la conduite des curés et des vicaires, et la manière dont ils s'acquittaient de leurs devoirs. La seconde visite des paroisses était faite par un doyen, attaché à un canton particulier, et chargé de veiller à l'exécution des ordonnances tant de l'évêque que de l'archidiacre. Ce doyen devait, comme l'archidiacre, rendre compte à l'évêque, de sa visite par un procès-verbal dressé sur les lieux avec les formalités de droit.

Outre cela, les curés étaient tenus d'assister, tous les ans, à deux chapitres présidés par les doyens ; l'un après Pâques, où se faisait la distribution des saintes huiles; l'autre au mois d'octobre, et immédiatement après un synode général tenu par l'évêque. Chaque doyen, en faveur des curés de son district qui n'avaient pas pu se trouver à ce synode, rendait compte de ce qui s'y était passé, et faisait la publication des règlements ou ordonnances qui en avaient été le résultat. C'était aussi dans cette assemblée que le doyen remettait à tous les prêtres approuvés de sa division, leurs pouvoirs, dont il était chargé de demander la rénovation.

Le synode annuel était une assemblée générale que faisait M. de la Motte de tous les prêtres de son diocèse, pour leur donner des avis généraux ou particuliers, suivant ses lumières et celles que lui communiquaient les archidiacres et les doyens qui, quelques jours avant l'assemblée, s'étaient rendus près de lui pour lui mettre sous les yeux les procès-verbaux de leurs visites. C'était d'après cette connaissance exacte des besoins de son diocèse, que le prélat dressait ses ordonnances qu'il faisait imprimer et parvenir à tout son clergé.

Sans préjudice de ses visites pastorales, l'évêque d'Amiens faisait quelquefois, dans une seule année, la visite générale de tous ses curés, en parcourant les vingt-six doyennés qui partageaient son diocèse, aux époques où les doyens tenaient leur chapitre. C'était pendant un de ces cours de visites, et à l'âge de quatre-vingt-six ans, qu'il écrivait à l'abbé de la Trappe : « Voici la preuve de ma santé : tous les curés se trouvent, autant qu'il est possible, à la distribution des saintes huiles; j'y assiste, et leur fais partout un discours de trois quarts-d'heure. D'un doyenné je passe à l'autre : je fais, demain, le onzième. Le dimanche je me repose, parce que les curés ne sortent pas de chez eux. »

Mais de tous les moyens employés par le saint évêque pour maintenir la régularité parmi ses prêtres, il n'en est aucun dont les fruits aient été aussi abondants que celui des retraites qu'il leur procurait. Il en faisait quelquefois deux par an, l'une pour les curés, l'autre pour les vicaires, et, au moins, toujours une. Il payait, pendant ce temps, la pension des vicaires et celle des curés. Depuis le discours d'ouverture de chaque retraite, qu'il faisait lui-même, jusqu'à celui de la clôture, dont il se chargeait également, il habitait son séminaire; il présidait à tous les exercices publics; il disait la messe de communauté; il mangeait au réfectoire au milieu de ses prêtres; il leur parlait chaque jour, pendant une heure, sur leurs devoirs, et toujours avec cette onction irrésistible qui éclaire les esprits et pénètre les cœurs. « J'espère tout, disait-il, pour le salut d'un prêtre fidèle à donner tous les jours une demi-heure à la méditation de ses devoirs, et je crains pour celui qui néglige cette pratique. »

Tout le bien qui résultait de ces instructions publiques, dans les retraites sacerdotales, n'était pas comparable encore à celui que faisait M. de la Motte dans ses entretiens particuliers avec ses prêtres. Il profitait des intervalles qui séparaient les entretiens communs de la journée pour les voir tous les uns après les autres. C'est alors que, prenant avec eux le ton d'un bon père, comme il en avait toute la tendresse, il ouvrait leurs cœurs à la confiance, il écoutait leurs demandes, il éclaircissait leurs doutes, il donnait à chacun les avis qui lui convenaient; et, après avoir encouragé la faiblesse des uns, réglé le zèle des autres, il les renvoyait tous avec un nouveau degré d'estime pour leur saint pasteur, et d'ardeur pour leurs devoirs. Il était si convaincu de l'importance de ces secours spirituels pour son clergé, que, jusque l'âge de 92 ans, il ne laissa pas passer une seule année sans les lui procurer.

Quant à ses visites pastorales, c'était le prélat lui-même qui en dressait chaque année le plan; et plusieurs mois avant qu'il se rendît dans une paroisse, il faisait donner avis du jour et même de l'heure de son arrivée. Dans chaque endroit, il commençait par examiner lui-même, avec ses grands-vicaires, les enfants présentés pour la confirmation. Aucun n'était admis qu'il ne fût parfaitement instruit des principales vérités de la religion : on le savait, et les parents, ainsi que les personnes chargées de l'instruction de la jeunesse, faisaient en sorte qu'elle fût en état de subir l'examen du prélat. Cette fermeté lui réussit presque au delà de ses espérances; et il avouait qu'il trouvait le peuple mieux instruit dans son diocèse que dans aucun de ceux où il avait travaillé avant son épiscopat.

Après avoir fait son instruction au peuple, le prélat procédait publiquement à la visite de l'église et de tout ce qui concerne le culte divin. Afin que rien n'échappât à son attention, il tenait en main l'état détaillé de tous les objets sur lesquels il devait la porter. Rien ne pouvait excuser à ses yeux certains curés dont il trouvait les églises dans le délabrement et la malpropreté; et le moindre de leurs torts, selon lui, était toujours un défaut de zèle. « J'ai une question à vous faire, dit-il un jour à un curé : dites-moi, je vous prie, croyez-vous à la présence réelle? » Celui-ci gardait le silence. « Répondez, monsieur, poursuivit le prélat; la croyez-vous? » Le curé protesta que personne au monde ne la croyait plus fermement. « Tant pis, reprit le saint évêque : sans la foi, vous ne seriez qu'un hérétique; en croyant, vous êtes un impie; et j'en trouve la triste preuve dans la malpropreté dégoûtante de ces linges sur lesquels vous osez déposer le corps adorable de Notre Seigneur. »

Avant de sortir de l'église où il faisait la visite, M. de la Motte demandait publiquement au curé s'il n'y avait pas de scandales dans la paroisse; si les maîtres et maîtresses d'école remplissaient les devoirs de leur place d'une manière qui satisfît et édifiât le public; si les parents étaient exacts à envoyer leurs enfants aux écoles et aux instructions publiques; et enfin il demandait aux paroissiens s'ils étaient contents de leur curé, et du zèle qu'il avait pour leur salut. Il arrivait quelquefois que certains curés recevaient des leçons assez mortifiantes. Un paysan répondit un jour à la question de son évêque : « Monseigneur, nous avons à nous plaindre que M. le curé ne nous aime pas. » Le curé se défendit de ce reproche, selon lui sans fondement. « La preuve que vous ne nous aimez pas, répliqua le paysan, c'est que vous ne pouvez pas rester un jour auprès de nous, et que vous êtes toujours hors de votre paroisse. » Sur la plainte que faisait un curé de ce qu'un de ses paroissiens sortait de l'église toutes les fois qu'il prêchait, M. de La Motte lui demanda la raison de cette espèce de mépris qu'il marquait pour la parole de Dieu. « Monseigneur, répondit le paysan, je ne m'ennuierais jamais de vous entendre; mais, quand M. le curé monte en chaire, il ne sait jamais ce qu'il va nous dire; quand il y est, il ne sait ce qu'il nous dit; quand il en est descendu, il ne sait ce qu'il nous a dit. » Un jour que l'évêque proposait aux habitants d'une paroisse de campagne d'examiner s'ils ne trouveraient pas quelques moyens de fournir à une dépense jugée nécessaire pour leur église : « Le meilleur moyen, à mon avis, répondit un paysan, ce serait de vendre un meuble inutile que nous avons ici. — Et quel est donc ce meuble, reprit M. de La Motte? — C'est notre chaire, continue le paysan; elle ne peut servir qu'à M. le curé, et il n'en fait aucun usage. — Il est aisé d'imaginer combien de pareilles visites étaient propres à édifier les peuples, à prévenir ou à réformer les abus, à encourager les bons prêtres, à soutenir les faibles et à faire faire d'utiles efforts aux plus négligents.

A certaines époques de l'année les plus favorables, M. de La Motte s'associait un nombre d'ecclésiastiques recommandables par leur savoir et leur zèle, et se portait dans les différents endroits où le besoin d'instruction était le plus grand; il s'y établissait et y donnait une mission. Il avait tellement à cœur cette bonne œuvre, et il en recueillit toujours des fruits si consolants, que, jusque dans la caducité de l'âge, ni l'éloignement des lieux, ni la rigueur des saisons ne l'empêchaient jamais de s'y livrer.

L'ordre que M. de La Motte mettait dans ses occupations lui faisait trouver du temps pour toutes. Son lever était fixé à quatre heures : il ne se levait jamais plus tard, même dans l'hiver. Il faisait dans la matinée une heure d'oraison ou de prières vocales devant le Saint-Sacrement et dans sa cathédrale, où il se rendait par une porte de communication avec l'évêché. Après son oraison, il se trouvait à la tête de ses chanoines pour chanter les matines et les autres parties de l'office qui suivaient immédiatement. Cette assiduité devait être aussi gênante que pénible pour lui, surtout dans son extrême vieillesse. On lui en parlait quelquefois. « Ne faut-il donc pas, répondait-il en plaisantant, que je paie les dettes des chanoines de ma nomination qui manquent quelquefois d'exactitude ? » Au sortir du chœur, il disait sa messe, et aussi régulièrement qu'il l'avait fait avant son épiscopat. Outre les fins générales et essentielles du sacrifice, il avait, suivant l'esprit de l'Église, ses intentions particulières. Les dimanches et les fêtes, par exemple, il disait la messe pour tous les fidèles de son diocèse. Deux fois la semaine il la disait pour ses parents et amis; le 25 de chaque mois, pour le roi et pour les besoins du royaume. Toutes les fois qu'il apprenait la mort d'un prêtre ou d'une personne religieuse de son diocèse, il offrait le saint sacrifice pour le repos de son âme. Il ne refusait jamais de l'offrir à l'intention des personnes de piété qui l'en priaient, et la reine Marie Leczinska fut souvent de ce nombre.

Après qu'il avait dit sa messe, l'étude, les affaires de son diocèse et le travail de ses lettres remplissaient sa matinée. Ses relations étaient immenses, et il n'avait que des relations de charité. On le consultait des extrémités du royaume et même des pays étrangers. On s'adressait à lui tantôt pour trouver des consolations ou des lumières, tantôt pour obtenir des secours. Il fallait qu'une lettre fût partie d'une tête évidemment dérangée pour qu'il la laissât sans réponse. Il écrivait lui-même toutes ses lettres et regardait cette pénible occupation comme un de ses devoirs essentiels; il le remplissait avec le zèle charitable des apôtres. Dans tout ce qu'il écrivait, fût-ce même sur des objets purement temporels, il trouvait le moyen d'insérer comme naturellement quelques traits d'édification. Il répondait aux personnes qui le consultaient sur les besoins de leur âme, en homme plein de l'esprit de Dieu et consommé dans la connaissance du cœur humain. On a donné au public un recueil de ses *Lettres spirituelles*, que les personnes qui aiment la religion verraient grossir avec plaisir. On y trouve des avis pleins de lumière et d'onction, et l'on reconnaît partout le pasteur charitable et le digne organe de la piété.

C'était après sept ou huit heures d'occupations les plus sérieuses, et vers onze heures du matin, que le saint évêque, quittant sa solitude, se livrait aux personnes qui venaient lui faire visite, mais avec cette aimable gaîté, ce ton d'aisance et de cordialité d'un homme qui aurait réfléchi toute la matinée sur ce que l'on peut mettre de plus gracieux dans les propos et de plus délicat dans les procédés. L'étranger qui le voyait en passant, et le diocésain accoutumé à le voir, étaient également charmés de l'accueil qu'il leur faisait.

Après son dîner et quelques instants de récréation, il donnait audience à toutes les personnes qui avaient à lui parler d'affaires. Il écoutait avec autant de patience que de charité l'exposé de leurs besoins spirituels ou temporels, et il y pourvoyait. Il récitait ensuite son office; après quoi il donnait quelquefois une heure à des visites de bienséance ou de charité. Et enfin il se renfermait pour se livrer, comme le matin, au travail et à la prière. La lecture de l'Ecriture sainte, celle de la vie du saint du jour et la récitation du chapelet étaient des exercices de son après-dîner, qu'il n'omettait jamais, pas même pendant ses voyages. Il lisait tous les ans l'Ecriture sainte en entier, et alternativement sur le texte latin et dans la version française la plus estimée. A huit heures du soir, il faisait une légère collation, prenait ensuite trois quarts-d'heure de récréation avec ses ecclésiastiques, et à neuf heures précises tous ses domestiques entraient chez lui pour la prière du soir, qu'il leur faisait lui-même, et après laquelle il se retirait pour prendre son repos.

Tel était l'ordre invariable que suivait le saint évêque lorsqu'il n'était pas en mission ou en cours de visites pastorales, sans que les infirmités de l'âge ou des incommodités passagères lui eussent jamais paru des raisons plausibles pour le mitiger. Il avait pour maxime qu'un travail délasse d'un autre travail, et, si on lui parlait de repos, « l'Eternité, disait-il, ne sera-t-elle pas assez longue pour nous reposer? » Il disait encore que l'oisiveté tuait plus de gens que le travail, et que le moyen de vivre longtemps était de ne pas vivre inutilement; et c'était après avoir continué sa vie laborieuse jusqu'à plus de quatre-vingt-dix ans qu'il parlait de la sorte.

Parmi les preuves sans nombre de la douce influence que la vertu du saint évêque exerçait de près et de loin, et qu'on peut lire dans son excellente *Vie*, par Proyart, nous ne citerons que la conversion d'une dame anglaise.

Elle était anglicane de religion, mais femme d'un gentilhomme catholique de la grande maison de Stafford. Cette dame, protestante zélée, instruite de toutes les subtilités à l'aide desquelles les protestants se font illusion sur leur schisme, avait pour conseil l'évêque anglican de Londres, homme réputé très-savant : aussi disait-elle que, sa Bible en main, elle ne craignait personne. Elle avait eu des conférences sur la religion avec plusieurs théologiens habiles de Paris et avec un évêque recommandable par son savoir et ses vertus. Les meilleures raisons n'avaient pu l'ébranler. Un jour qu'elle entendait parler de la vertu douce et insinuante de saint François de Sales : « Si je suis dans l'erreur, dit-elle, il n'y aurait qu'un saint tel que celui-là qui pourrait m'en retirer. » Quelqu'un promit de lui en faire voir un qui lui ressemblait beaucoup, et il lui fit voir l'évêque d'Amiens. M. de la Motte, à la première entrevue, ne parla pas de religion à la dame, et lorsqu'il commença à le faire, il se contenta de lui demander s'il elle était bien tranquille dans sa croyance, si elle n'avait pas quelque inquiétude sur le schisme qui la séparait de l'Eglise catholique? La dame fit sa réponse ordinaire : « Qu'avec sa Bible, elle ne craignait personne. » Cependant le nouveau François de Sales, le seul qu'elle entendit sans peine et sans scrupule combattre sa croyance, semait des doutes dans son esprit, surtout par certaines réflexions simples et lumineuses, plus concluantes pour elle, disait-elle, que les preuves victorieuses qu'il lui donnait de l'infaillibilité de l'Eglise et de la nécessité de cette infaillibilité. « Avouez, madame, lui dit-il un jour, que vous n'avez jamais vu un catholique qui, voulant sincèrement revenir à Dieu, se soit fait protestant, et moi je vous assurerai qu'un grand nombre de protestants, désireux d'assurer leur salut, se sont faits catholiques. Vous connaissez l'évêque de Londres, lui dit-il une autre fois, et vous avez confiance en lui; eh bien ! faites-lui savoir, je vous prie, que l'évêque d'Amiens vous a dit que, s'il pouvait nier que saint Augustin, qu'il regarde, ainsi que nous, comme un des plus grands docteurs de l'Eglise, eût dit la messe et prié pour les morts, nommément pour sa mère, il se fera lui-même protestant. Vous reconnaissez pour saints, ajouta-t-il, des docteurs de l'Eglise qui ont constamment enseigné une doctrine contraire à la vôtre, tels que saint Ambroise, saint Augustin, saint Cyprien et d'autres dont les écrits sont formels, sur le saint sacrifice, la prière pour les morts, l'invocation des saints, le culte des reliques, etc. Vous direz : Ils ont erré sur ces points; et moi je répondrai : On peut donc être saint comme eux en errant avec eux. »

La comtesse de Stafford, qui ne trouvait pas dans sa Bible la solution des difficultés que lui objectait M. de la Motte, les proposa à l'évêque de Londres, qui, n'ayant lui-même rien de solide à y opposer, se contenta de répondre à celle qui le consultait qu'elle avait respiré un air contagieux qui l'avait séduite. La dame, qui crut voir dans cette réponse de son docteur un aveu tacite de sa faiblesse, entra dès lors en quelque défiance. Mais il y avait encore loin de là jusqu'à la parfaite conversion. C'est elle-même qui va raconter ce qui la détermina sans retour. « Il est certain qu'après Dieu, je me crois redevable au saint prélat de la foi catholique. Il n'y avait que lui qui me touchât, et ce fut surtout par un sermon qu'il prêcha à la fête de saint Jean-Baptiste, aux Ursulines d'Amiens, dont je ne perdis pas un mot. Après le sermon, il nous fit entrer, mon mari et moi, dans le couvent, qu'il eut la bonté de nous montrer lui-même. Comme nous entrions, les religieuses se mirent à genoux pour demander la bénédiction de leur évêque. Milord me dit : Ne voulez-vous pas demander la bénédiction du saint évêque avec ces religieuses? Là-dessus, je me mis à genoux, et l'évêque, m'approchant, me demanda en souriant : Avez-vous de la foi, madame Stafford ? Je répondis : J'ai beaucoup de foi dans vos prières et vous demande votre bénédiction. Alors il mit ses deux mains sur ma tête d'une manière très-expressive; et, dès cet instant, Dieu m'inspira le désir de croire comme M. l'évêque d'Amiens. »

La conversion de la comtesse fut si sincère et si bien arrêtée depuis ce jour, qu'elle ne songea plus qu'à s'instruire pour faire son abjuration. « J'écrivis, continua-t-elle, à notre saint défunt qui était à la Trappe, où il faisait une retraite tous les ans, pour lui dire qu'à son retour je lui présenterais, s'il voulait bien l'accepter, une fille qui n'était pas digne de lui. » Sa réponse fut : « On accepte volontiers ce qu'on a si fort désiré. J'ai offert à Dieu toutes mes prières et le peu de bonnes œuvres que je fis pour obtenir votre conversion, et je fis prier ces saints religieux pour la même intention. » Sans doute qu'il me disait cela pour que je ne me crusse pas redevable à ses prières seules de la grâce de ma conversion : je ne le pensais pas moins pour cela. »

Tant de vertus dans le saint évêque d'Amiens étaient embellies par l'esprit et les qualités les plus aimables. Un monsieur qui devait dîner avec lui se félicitait de cet avantage et le priait de vouloir bien le guérir de ses douleurs d'estomac comme il avait guéri, disait-il, une personne de sa connaissance. « Voilà, monsieur le marquis, répondit-il, une belle réputation que vous voudriez me faire ; c'est-à-dire que vous me prenez pour de la drogue, et vous bientôt la thériaque et moi nous serons frère et sœur. — Un saint religieux de Sept-Fonts lui disait qu'il était ravi de le voir arriver, parce qu'il avait confiance en lui pour la guérison d'un malade de la maison. « Eh! mon cher, lui répondit M. de la Motte, ne voyez-vous donc pas que, si j'étais homme à miracles, je me garderais bien de les faire ici quand vous y êtes, je n'en aurais pas l'honneur? — On lui disait un jour qu'un peintre, chargé de faire le portrait d'un saint pour une église, avait copié le sien : « Me voilà donc, répondit-il, un saint en peinture; pourquoi faut-il que je sois en même temps un si grand pécheur en réalité ? »

Un ecclésiastique entêté des erreurs jansénistes, et que M. de la Motte avait réduit à ne pouvoir plus même lui répondre rien de spécieux, lui dit qu'il prenait le parti de se taire et de s'envelopper du manteau de l'humilité. « Ce manteau-là, reprit M. de la Motte, vous pourriez bien le porter au temps de la canicule. — Comme on ne doit parler que pour se faire entendre, il ne pouvait souffrir la manière de certains auteurs, qui n'écrivent, ce semble que pour se faire deviner. Un jour il en rencontra un qui lui lut une de ses reproductions ainsi écrite en style énigmatique. Il l'écouta attentivement, lui fit ensuite différentes questions sur ce qu'il entendait par différentes façons extraordinaires de s'exprimer. « Par ceci, lui répondit l'orateur, je veux dire telle chose, et par cela telle autre. — Vraiment, reprit le prélat, vous voulez dire de très-bonnes choses ! Que ne les dites-vous donc ? » On complimentait beaucoup un prédicateur sur un sermon qu'il avait prêché. M. de la Motte, qui s'était aperçu que ce sermon avait été pris dans un auteur imprimé, et qui n'aimait pas qu'on se permît des plagiats aussi crûs devant un auditoire instruit, se joignit à ceux qui félicitaient l'orateur et lui dit : « Pour moi, je vous assure que je revois toujours ce discours avec un nouveau plaisir. »

La reine Marie Leczinska, modèle de vertu sur le trône, comme le saint évêque l'était dans l'épiscopat, eût désiré de le voir et de l'entendre plus souvent. Elle ne manquait pas de l'inviter à se rendre à Compiègne lorsque la cour y allait, et quelquefois elle l'y détermina en détruisant les prétextes qu'il alléguait pour s'en dispenser; tantôt « qu'il n'avait pas d'habit court et que les tailleurs d'Amiens ne savaient pas faire de l'usage des évêques ; tantôt qu'à son âge il n'était plus bon à rien qu'à figurer dans une collection d'antiques. »

Un jour que le prélat se trouvait, avec la famille royale, chez la duchesse de Villars : « Je crois, mon vénérable, lui dit la reine, que vous devez voir, dans notre cour, bien des abus qui échappent à nos yeux profanes. — Celui qui me frappe le plus, répondit le saint évêque, c'est de m'y voir moi-même, goûtant la consolation auprès de Votre Majesté, au lieu d'être à la répandre parmi mes pauvres diocésains. — Et l'habit court, reprit le dauphin, croyez-vous que M. d'Amiens ne l'ait pas sur le cœur ? — Il est vrai, monseigneur, continua le prélat, que j'ai sur le cœur et que je trouve bien indigente qu'on veuille nous faire déposer ici, *de par le roi*, l'habit que nous portons *de par Dieu*. »

Le dauphin lui donna ensuite occasion de dire son sentiment sur d'autres abus relatifs à la résidence des évêques et à la répartition, souvent injuste, des biens ecclésiastiques, qui élève certains favoris du sanctuaire à des fortunes qui deviennent des scandales entre leurs mains. « Savez-vous bien, mon saint, dit alors la reine à l'évêque, que, quand vous êtes avec mon fils, vous ne savez plus que médire, et que je commence à craindre qu'après avoir passé en revue les torts des gens d'église, vous ne veniez à vous rabattre sur ceux des reines? — Madame, reprit M. de la Motte, le plus grand tort que les reines puissent avoir, sera toujours de ne pas prendre, en tout, Votre Majesté pour modèle. — Oh ! voyez donc, s'écria la princesse, ce que c'est que respirer l'air des cours ! Ne voilà-t-il pas que l'évêque d'Amiens parle aussi le langage des courtisans les plus corrompus ? »

Dès que l'évêque d'Amiens paraissait à la cour, le dauphin s'emparait de lui, pour ainsi dire, et ne voulait plus qu'il le quittât. Ce prince entretenait avait lui, comme la reine, un commerce épistolaire. Le saint évêque, uni de cette manière et avec ce qu'il y avait de plus fervent à la cour, et avec ce qu'il y avait de plus fervent dans le cloître, les religieux de Sept-Fonds et de la Trappe, était comme le centre mystérieux, comme le cœur de la France chrétienne. Il mourut comme il avait vécu, c'est-à-dire en saint, le 10 juin 1774, dans sa 92ᵉ année.

Telle fut la partie saine et sainte de la France pendant le XVIIIᵉ siècle : reste à voir les parties malades et chancreuses.

## § IV.

*Ce qu'il y avait en France de chancreux : le jansénisme soutenu par les parlements.*

Un des chancres était le calvinisme déguisé sous le nom de *jansénisme*. Nous en avons vu le patriarche Hauranne dire nettement à Vincent de Paul, que, depuis cinq siècles, l'Eglise catholique n'était plus l'Eglise de Jésus-Christ, mais une prostituée et une adultère ; que c'était une bonne œuvre de la détruire et qu'il fallait y travailler de toutes ses forces ; que Calvin n'avait pas tort pour le fond de la doctrine, mais seulement pour la manière de s'exprimer. Or, Calvin et Luther font de l'homme une machine et de Dieu un tyran cruel, qui nous punit non-seulement du mal que nous ne pouvons éviter et que lui-même opère en nous, mais encore du bien que nous faisons de notre mieux. Tel est donc le fond du jansénisme : un homme-machine, un dieu pire que Satan, en qui ce sera pitié de ne pas croire Nous avons vu un magistrat contemporain dire à l'historien Fleury, qui le rapporte et 'approuve : « Le jansénisme est l'hérésie la plus subtile que le diable ait tissue. Ils ont vu que les protestants, en se séparant de l'Eglise, se sont condamnés eux-mêmes, et qu'on leur avait reproché cette séparation; ils ont donc mis pour maxime fondamentale de leur conduite de ne s'en séparer jamais extérieurement, et de protester toujours de leur soumission aux décisions de l'Eglise, à la charge de trouver tous les jours de nouvelles subtilités pour les expliquer, en sorte qu'ils paraissent soumis sans changer de sentiments (*Nouv. opusc. de Fleury*, p. 227).

Cette subtilité diabolique en imposera plus ou moins à des hommes de lettres, à des magistrats, à des évêques, même au célèbre évêque de Meaux, Bossuet, qui, sans jamais approuver le jansénisme, n'en verra pas tout le venin, et ne le combattra point comme le devait un Père de l'Eglise. La nouvelle hérésie s'enracinera surtout dans la capitale de la France, par la connivence d'un archevêque-cardinal : de Paris elle infectera, plus ou moins, bien des diocèses, bien des congrégations religieuses. De là des innovations dans l'office divin et la liturgie, malgré les défenses de l'Eglise romaine, mère et maîtresse de toutes les Eglises, comme pour façonner l'esprit des peuples au schisme et à l'indifférence en matière de religion. De là, parmi les fidèles, un éloignement toujours plus marqué pour les sacrements de l'Eglise. Car, dans la nouvelle hérésie, c'était une perfection chrétienne de s'en abstenir.

En 1727 mourut un diacre janséniste, nommé Paris. Il s'était mis d'abord faiseur de livres, puis faiseur de bas. Mais ce qui le rendit bien autrement vénérable dans la secte, c'est qu'il demeura jusqu'à deux ans sans communier, et même sans faire ses Pâques. Enfin, ce qui prouve l'héroïsme de ses vertus, il résista opiniâtrement à l'Eglise catholique, apostolique et romaine. Notre Seigneur dit bien : *Si quelqu'un n'écoute pas l'Eglise, qu'il vous soit comme un païen et un publicain.* Les jansénistes ont ainsi corrigé la maxime de Notre Seigneur : Si quelqu'un de nous n'écoute pas l'Eglise, qu'il vous soit comme un saint et un apôtre. En conséquence, le diacre Paris fut, par les siens, déclaré un saint janséniste. Et comme les saints, qui vivent et meurent soumis à l'Eglise, doivent avoir fait des miracles avant d'être canonisés, le premier saint du jansénisme, ayant vécu et étant mort insoumis à l'Eglise, devait opérer des miracles d'autant plus incomparables. Voici donc les miracles qu'on lui fit faire. Il avait été inhumé dans le petit cimetière de Saint-Médard à Paris. Donc, les dévots de la secte affluent sur sa tombe, s'agitant, se débattant, criant, hurlant comme des énergumènes : premier miracle. Un grand nombre étaient guéris de maux qu'ils n'avaient pas : second miracle. Ainsi un malade est guéri de son impuissance à marcher, après avoir fait à pied une lieue et demie pour venir au cimetière. Autre miracle : cent vingt témoins jansénistes avaient signé que la fille Lefranc avait été guérie subitement d'un mal sans remède. M. de Vintimille, successeur du cardinal de Noailles dans l'archevêché de Paris, ayant fait faire une enquête par des médecins, ils constatèrent deux choses : 1° que le mal n'était pas naturellement inguérissable; 2° que la fille Lefranc n'en avait pas été guérie. Un miracle encore plus curieux peut-être, est celui de la veuve Delorme. Le 4 août 1731, ayant eu des pressentiments de paralysie, elle se fait conduire sur le tombeau du saint janséniste, elle s'y couche, et la paralysie l'y saisit en effet. Un miracle d'un autre genre est le suivant. Le 20 mars 1737, un vitrier, travaillant de son état dans l'église de Saint-Médard, se permit des propos contre le diacre et sa vertu. On lui annonça que le saint pourrait bien le faire repentir de sa témérité. Effectivement, dès le soir même, l'indiscret ouvrier put voir de ses yeux les vitres de sa maison mises en pièces par des pierres et des morceaux de tuile; et il passa pour indubitable parmi les jansénistes qu'il ne s'était jamais opéré de miracle plus éclatant que celui-là, et que le bienheureux Pâris était revenu au monde pour casser des vitres. Tels étaient les prodiges qui faisaient courir une partie des habitants de la capitale, entre autres le bon Rollin, recteur de l'Université de Paris (Picot, *Mém. pour servir à l'hist. ecclés. pendant le XVIIIᵉ siècle*, an 1731).

Cependant l'archevêque de Paris ayant déclaré faux le miracle de la fille Lefranc, les jansénistes interjetèrent appel et résolurent de frapper un coup d'éclat par quelque miracle fameux et incontestable. Un boiteux, nommé Bescherand, se fit porteur de l'appel qu'on interjetait du mandement archiépiscopal, puis se présenta sur le tombeau du diacre, ne doutant pas que son infirmité ne disparût à la fin de la neuvaine; mais il s'en passa deux, et sa jambe ne se redressait point. Alors les convulsions le prirent; des mouvements violents, des sauts, des élancements, des agitations furieuses, tel était le caractère de ces sortes de scènes. Il fut décidé par les jansénistes qu'elles équivalaient au miracle attendu. Pendant que Bescherand donnait ce divertissement à la foule des curieux, des scribes décrivaient exactement toutes les variantes de ses convulsions, et ces descriptions s'envoyaient dans les provinces. Cependant le boiteux restait toujours tel. Ce n'est pas qu'il ne s'opérât dans sa jambe des changements notables; il y eut telle séance où il fut constaté par les jansénistes, qu'à force de sauter, elle avait allongé d'une ligne, prodige dont on eut soin d'instruire dans de pompeuses relations. Ce convulsionnaire se donna longtemps en spectacle, sans s'en trouver mieux. Tous les jours il venait se mettre sur le tombeau, et là, représentant l'Eglise, il se déshabillait, et recommençait ses sauts et ses gambades. Les louanges qu'on lui donnait, l'accueil et les caresses qu'il recevait, firent naître à d'autres le désir d'avoir des convulsions. Ils en eurent; la folie gagna, et la tombe devint un théâtre où accouraient des malades et des gens en santé qui briguaient l'avantage d'être convulsionnaires. On voyait des hommes, ne gardant de leurs habits que ce qu'ils ne pouvaient absolument ôter, s'agiter comme des furieux. On voyait des femmes éprouver les secousses les plus violentes, tantôt assises sur les genoux des hommes, tantôt debout entre leurs bras. On n'osait les laisser à elles-mêmes, il fallait les tenir; elles se seraient tuées, disait-on, tant l'esprit de Dieu qui les agitait avait besoin d'être réglé par la main des hommes. On en voyait d'autres se coucher sur la tombe, et se secouer avec tant de violence, qu'il fallait être à leurs côtés pour prévenir des inconvénients, qu'il n'était cependant pas possible d'empêcher tout à fait. Enfin, près de cent convulsionnaires, de tout âge et de tout sexe, couraient, criaient, hurlaient et faisaient mille extravagances. Voilà le spectacle dévot qui attirait la foule janséniste, en particulier un grand nombre de conseillers ou juges au parlement (Picot, *Mémoires*, an 1727).

Le roi ayant fait fermer le cimetière de Saint-Médard en 1732, les convulsions, jusqu'alors renfermées sur un seul théâtre, se répétèrent dans divers quartiers de la capitale et dans les provinces, sous des formes multipliées; car on comptait environ huit cents thaumaturges ou énergumènes. Ces convulsions, souvent accompagnées de douleurs qui obligeaient à demander des secours, firent appeler *secouristes* ceux qui les administraient et ceux qui les recevaient; bientôt on distingua entre les *grands* et *petits secours*.

Les grands étaient des coups de bûche, de pierre, de marteau, de chenet, d'épée, sur différentes parties du corps. Les petits étaient de simples coups de poing et autres caresses de ce genre. Un apologiste des convulsions assure qu'on a vu des personnes recevoir par jour, sans danger, quatre, six et même huit mille coups de bûche; ils agissaient sur leurs membres comme agissent sur les pierres les coups de cet instrument nommé *hie* ou *demoiselle* dont se servent les paveurs. — Un convulsionnaire va chez une fille presque mourante d'un mal d'estomac, et la guérit à grands coups de poing dans la partie malade. Quelquefois le corps s'élançait en l'air et retombait de son propre poids; ce qui obligeait les assistants à le retenir, pour éviter les indécences à l'égard des personnes du sexe, et en même temps les empêcher de se blesser. Mais s'il y avait contusion, sur-le-champ on la guérissait en y appliquant de la terre de la fosse.

Les filles et les femmes, qui jouaient un grand rôle dans ces spectacles, excellaient surtout dans les gambades, les culbutes et les jeux de souplesse. On en voyait, perchées sur la tête des hommes, et dogmatisant contre la bulle *Unigenitus*. Quelques-unes tournaient avec plus de rapidité sur leurs pieds, d'autres se heurtaient la tête, se renversaient de manière à ce que les talons touchaient presque les épaules. Filles et femmes voulaient toujours se faire aider, dans leurs convulsions, par des hommes, qu'on appelait *frères servants*, et leur demandaient les services les plus révoltants. A Vernon, une convulsionnaire libertine confessait les hommes. Ailleurs d'autres folles, tutoyant les prêtres, les obligeaient à s'agenouiller devant elles et leur imposaient des pénitences. D'autres par une affectation imbécille ou puérile, badinaient avec des hochets d'enfants, traînaient de petites charrettes, et donnaient à ces niaiseries un sens figuratif. Là, une convulsionnaire puisait avec une cuillère dans une assiette vide, la portait à la bouche, se faisait la

barbe avec le manche d'un couteau devant un miroir, et catéchisait, pour imiter le diacre Pâris, qui, lorsqu'il soupait, se rasait et catéchisait. Une seconde recevait cent coups de bûche sur la tête, sur le ventre, sur les reins. Une troisième, étant couchée de son long sur le dos, on étendait sur elle une planche, et sur cette planche étaient plus de vingt hommes. D'autres ayant le sein couvert, on leur tordait les mamelles avec des pinces, jusqu'au point de fausser les branches. Une autre, ayant les jupes attachées, les pieds en haut, la tête en bas, restait longtemps dans cette attitude. Un bénédictin marié et convulsionniste raconte qu'une de ces femmes reçut la visite d'Arouet, père de Voltaire, et trésorier à la chambre des comptes. Elle avait des hochets dont elle arrachait les grelots, pour représenter la réprobation des Gentils. Elle eut la première le *secours de l'épée*. Quelquefois elle se jetait dans l'eau et aboyait. Un avocat, nommé Pinault, avait des convulsions particulières : pendant une heure ou deux par jour, il contrefaisait les aboiements d'un chien. En 1728, un prêtre de Troyes, nommé Vaillant, attira l'attention de la police par son opposition à la bulle *Unigenitus* et ses assiduités au tombeau du diacre Pâris, ce qui le fit mettre à la Bastille, d'où il sortit en 1731. Le bruit se répandit alors que c'était le prophète Élie : de là le parti des *vaillantistes*, qui firent du bruit en Provence vers 1736. Il faut ajouter les *margouillistes*, qu'on accuse d'avoir associé la débauche à leurs jongleries; les *mélangistes*, les *discernants*, au dire desquels les convulsions étaient de la fange qui recélait des parcelles d'or; les *figuristes*, qui, dans les détails et l'ensemble des crises convulsionnaires, voyaient des types applicables aux divers états de l'Église (Grégoire, *Hist. des sectes religieuses*, art. *Convulsionnaires*; Picot, *Mémoires*, an 1733).

Les convulsions duraient encore en 1661. Il y avait toujours à la tête une espèce de directeur, qui présidait aux réunions, qui guidait les convulsionnaires, qui réglait les *secours* à accorder. Deux hommes principalement remplissaient ces fonctions à Paris, vers 1760; l'un était un avocat, nommé de la Barre; l'autre était un Père Cottu, de l'Oratoire. Tous deux travaillaient à l'envi l'un de l'autre, à qui ferait le plus de merveilles, et exciterait le plus l'attention et la curiosité. Nous avons l'histoire de trois de leurs assemblées, rédigée par des témoins oculaires. Ces relations, qui paraissent fort exactes et fort circonstanciées, ont pour auteurs, MM. de la Condamine et du Doyer du Gastel; le premier, membre de l'Académie des sciences, et le second, son ami. Le premier raconte qu'il fut admis deux fois aux assemblées du Père Cottu, au mois d'octobre 1758, et le vendredi-saint 1759. Ce jour-là il devait y avoir un spectacle extraordinaire, qui excitait particulièrement l'admiration des amateurs. On devait crucifier la sœur Françoise. C'était, en quelque sorte, une représentation solennelle, par laquelle on cherchait à réveiller, de temps en temps, le zèle des dévots de la secte. La mode n'en était pas entièrement nouvelle. Il y avait eu des tentatives à cet égard en 1733, et l'horreur de quelques personnes pour cette scène barbare l'avait seule empêchée. Mais on était devenu moins difficile, et les crucifiements avaient lieu de temps en temps. La sœur

Françoise avait été crucifiée deux fois en 1758, le vendredi saint et le jour de l'Exaltation de la Sainte-Croix. Elle le fut encore le vendredi saint de l'année 1759, et c'est de cette opération que de la Condamine dressa un procès-verbal très-détaillé, que l'on nous a conservé. Il ne fut introduit dans l'assemblée que par surprise. Il trouva dans la salle le Père Cottu, le Père Guidi, de l'Oratoire, un conseiller au parlement, un jeune avocat et quelques dévotes du parti. La sœur Françoise fut crucifiée. Le Père Cottu lui cloua lui-même les pieds et les mains. La sœur resta trois heures et demie sur la croix. On lui enfonça une lance dans le côté. Elle se fit présenter douze épées nues sur la poitrine. De la Condamine s'assura que cet endroit de son corps était garni et rembourré de plusieurs objets, entre autres d'une ceinture de cuir. Quand on décloua la sœur Françoise, elle parut souffrir beaucoup et saigna, mais sans se plaindre. Cette doyenne des convulsionnaires était apparemment endurcie au métier. Elle avait fondé au Mans, deux ans auparavant, une petite colonie de convulsionnaires. Pendant qu'elle était en croix, le Père Cottu voulut y mettre une jeune convulsionnaire nommée Marie, qui ne s'y prêtait qu'avec répugnance. *Elle avait déjà été crucifiée*, dit de la Condamine, *et elle s'en souvenait*. On n'enfonça pas tant les clous, et au bout de trois quarts-d'heure on fut obligé de la retirer; elle était expirante. Tel est le précis du long procès-verbal dressé par de la Condamine. Il y note minutieusement tout ce qui s'y passa en cette occasion.

Le jour de la Saint-Jean de la même année, il assista encore, avec du Doyer du Gastel, à une autre assemblée qui se tint chez le même Père Cottu et qui avait attiré beaucoup de spectateurs. Il s'agissait de voir la même Françoise qui avait annoncé que ce jour-là elle se ferait brûler sa robe sur le corps sans être atteinte. Elle se fit d'abord donner tous les *secours* vulgaires, les coups de poing, les *baguettes*, le *biscuit*. Elle se fit pointer avec des épées. Du Doyer crut qu'elle était rembourrée. Il offrit ses services, qui ne furent point acceptés. Quant au miracle de la robe brûlée, il n'eut pas lieu. La sœur eut peur et résista aux instances de Cottu et de Guidi, qui lui représentèrent en vain qu'elle devait obéir à la prophétie qu'elle-même avait faite, et qui était incontestablement inspirée. On invoqua inutilement tous les saints du parti, Pâris, Soanen. La timide sœur avait peur d'être brûlée. La compagnie se retira sans avoir vu le prodige. La relation de cette séance est dressée par du Doyer du Gastel. Le même est auteur d'une autre relation d'une assemblée qui se tint le vendredi saint 1760. Après avoir été témoin des merveilles opérées chez le Père Cottu, il voulut voir celles de la Barre, avocat au parlement de Rouen. Il obtint d'assister au crucifiement qui devait avoir lieu au jour indiqué. L'assemblée était nombreuse et contenait, outre quelques *profanes*, deux anciens Oratoriens, Laurès et Pinault, qui avaient joué eux-mêmes un rôle dans les convulsions, un conseiller au Châtelet, et des frères et des sœurs convulsionnaires. Deux filles étaient en croix. Elles y restèrent une heure et parurent souffrir beaucoup lorsqu'on leur arracha les clous. De la Barre présidait à tout. Après le crucifiement, il fit entrer une autre sœur à laquelle il donna les *secours*. Il lui marcha sur le corps et lui administrait les coups de bûche, les soufflets, quand tout à coup entra un commissaire de police qui vint troubler la fête. Il paraît qu'on avait fait dire à la Barre de ne pas tenir d'assemblée, et qu'il n'avait point eu d'égard à cette défense. On l'emmena à la Bastille avec quatre sœurs convulsionnaires. La Barre fut condamné à neuf ans de bannissement. Les quatre filles furent renfermées à l'hôpital pour trois ans, et il fut fait défense de tenir des assemblées convulsionnaires.

Elles continuèrent néanmoins dans l'ombre, et elles ont eu des sectateurs jusque dans ces derniers temps. On a entendu parler des scènes arrivées dans le diocèse de Lyon, où le jansénisme régnait en maître, par la protection de l'archevêque Montazet. Un nommé Bonjour, curé de Fareins, près Trévoux, y était à la tête de quelques convulsionnaires. Il y opéra des prodiges en 1785 et les années suivantes. On imprima, en 1787, la relation d'un crucifiement qu'il fit subir le 12 octobre, dans son église même et devant treize témoins, à une fille avec laquelle il paraît avoir eu des relations fort suspectes. Cet écrit fit arrêter Bonjour. La révolution vint lui rendre les moyens de recommencer ses folies. En 1792, il proclama comme un prodige la naissance d'un enfant, que ses impies et insensés partisans appelaient *Elie-Dieu*. Cet enfant devait commencer sa mission en 1813; prédiction qui a eu le sort de tant d'autres. C'est en cette année-là même que mourut le défenseur le plus ardent des convulsions, le Dominicain Lambert, né en Provence et mort à Paris.

Dans cette même période de temps, les principaux fauteurs du jansénisme en France furent : 1° Antoine de Montazet, né en 1712, au diocèse d'Agen, vicaire général de l'évêque de Soissons, Fitz-James, puis évêque d'Autun en 1748, enfin archevêque de Lyon en 1758, à condition que, comme primat des Gaules, il soutiendrait, avec le parlement, contre l'archevêque de Paris, Christophe de Beaumont, certaines religieuses réfractaires aux décisions de l'Eglise. Montazet n'attendit pas même d'avoir reçu ses bulles pour casser l'ordonnance de l'archevêque de Paris. Il s'entoura des plus zélés jansénistes et fit venir successivement à Lyon les Dominicains Lambert, Caussanel et Chaix, et les Oratoriens Valla, Guibaud et Labat. Il suivait, principalement pour les affaires ecclésiastiques, les conseils de l'avocat janséniste Mey. Il eut fort à cœur de renouveler tous les livres liturgiques de son diocèse, afin qu'il n'y restât rien de contraire au jansénisme. Il donna successivement un catéchisme, un rituel, un bréviaire, une théologie et une philosophie qui essuyèrent tous plus ou moins de contradictions. La théologie et la philosophie sont du janséniste Valla. L'archevêque Montazet mourut en 1788. Le fond de son *Instruction pastorale sur les sources de l'incrédulité* est du janséniste Valla.

2° François, duc de Fitz-James, évêque de Soissons, né en 1709, était fils du duc de Berwick, fils naturel du roi d'Angleterre, Jacques II. Ayant embrassé l'état ecclésiastique, il fut nommé, en 1738, à l'évêché de Soissons; et fait, peu après, premier aumônier de Louis XV. Il en remplit dignement les fonctions lorsque ce prince fut tombé malade à

Metz. Depuis, il parut se rapprocher des jansénistes, dont il emprunta la plume en plusieurs occasions. Le janséniste la Borde, Oratorien, rédigea un *Instruction pastorale* contre le Jésuite Pichon, en 1748. Le janséniste Gourlin composa son long mandement en sept volumes contre les Jésuites Hardouin et Berruyer, en 1759. M. de Fitz-James donna, vers le même temps, à son diocèse, un catéchisme et un rituel, avec des *Instructions* sur les dimanches et fêtes, en trois volumes in-douze, qui sont probablement aussi de Gourlin. Il se déclara contre les Jésuites à l'assemblée des évêques, en 1761, et publia sur ce sujet une *Instruction pastorale* qui était du même Gourlin, fut condamnée par un bref de Clément XIII, et indisposa contre lui tous ses collègues. Gourlin, prêtre de Paris, est encore auteur de l'*Instruction chrétienne*, dite le *Catéchisme de Naples*, et dédiée à la reine des Deux-Siciles, trois volumes in-12, ouvrage particulièrement cher aux jansénistes, parce que leurs maximes y sont développées avec une préférence et une affectation marquées. Gourlin fut administré à sa mort en vertu d'un arrêt du parlement.

3° COLBERT, évêque de Montpellier, était né à Paris en 1668, du marquis de Croissy, frère du ministre Colbert. Il fut conclaviste du cardinal de Furstemberg dans le conclave pour l'élection d'Alexandre VIII. En 1697, il devint évêque de Montpellier. Le commencement de son épiscopat fut assez tranquille, et le nouveau prélat ne paraissait pas se séparer alors de ses collègues. Ce ne fut que lors de la bulle *Unigenitus* qu'il s'avisa de montrer cette opposition ardente et inflexible qui a rendu son nom cher aux nouveaux sectaires. On le vit, pendant vingt ans, accumuler des écrits tous plus vifs les uns que les autres, mandements, lettres au Pape, au roi, aux évêques, écrits de toutes les formes. Il paraît qu'il était dominé entièrement par deux ou trois jansénistes. On lui avait donné pour théologien un abbé Gaultier, janséniste d'Evreux, qui passe pour l'auteur de la plupart des écrits publiés sous le nom de l'évêque. Colbert avait encore près de lui un prêtre nommé Croz, dont les *Nouvelles ecclésiastiques* du jansénisme font un grand éloge. La même gazette nous apprend qu'il avait un agent à Paris, Léonard Dilhe, qui ne s'était laissé ordonner prêtre qu'à condition de ne jamais dire la messe. Avec de tels conseillers, l'évêque de Montpellier ne garda plus de mesure et fatigua toutes les autorités par ses écrits. La chose alla si loin que l'assemblée du clergé de 1725 demanda la tenue d'un concile à Narbonne, et elle l'aurait sans doute obtenue sans les sollicitations d'une famille accréditée. L'évêque janséniste de Montpellier se montra grand admirateur et partisan des miracles et des convulsions de Saint-Médard. Il publia même, en 1734, une lettre pastorale contre le pape Clément XII, et mourut en 1738. La plupart de ses écrits ont été condamnés à Rome : son *Catéchisme* y fut condamné dès 1721. Ce *Catéchisme de Montpellier* est de l'Oratorien Poujet. La condamnation en est bien juste, ne fût-ce que pour une omission capitale. Nous avons vu le janséniste Nicole, dans son explication du Symbole des apôtres, sur l'article : *Je crois la sainte Église catholique*, dire quelques mots de la primauté du Pape, mais supprimer l'infaillibilité de l'Église dispersée; dans son traité de l'*Unité de l'Église*, dissimuler l'unité de son chef; enfin, dans le quatrième volume de ses *Essais*, dire : « L'Église n'est presque plus composée que de monceaux de sable, c'est-à-dire de membres desséchés. » Le janséniste Poujet, dans son *Catéchisme de Montpellier*, va plus loin que Nicole. Dans son explication de cet article : *Je crois la sainte Église catholique*, il ne dit pas un mot de l'infaillibilité de l'Église, ni dispersée ni réunie en concile. A ces réticences, à ces omissions affectées, on sent les disciples de Hauranne, qui, sur ce que Vincent de Paul lui objectait l'autorité du concile de Trente, lui répliqua : « Ne me parlez pas de ce concile; c'était un concile de papes et de scholastiques, où il n'y avait que brigues et que cabales. » — Hauranne, qui osa dire au même saint : « Non, il n'y a plus d'Église. Dieu m'a fait connaître qu'il n'y a plus d'Église depuis plus de cinq à six cents ans. »

Les pasteurs des âmes, évêques et prêtres, feront bien d'examiner avec plus de soin les divers pâturages où vont leurs ouailles. Parmi de bonnes plantes, n'y en a-t-il pas de vénéneuses qui peuvent donner la mort? Tels sont, en général, les ouvrages infectés de jansénisme; en particulier le *Catéchisme de Mésenguy*, ou *Exposition de la doctrine chrétienne*, condamnée en 1761 par un bref spécial de Clément XIII, et où l'auteur janséniste prouve l'existence des miracles par ceux du diacre Paris (T. IV, p. 393. Paris, 1777, en 4 volumes). Plus d'une fois ces plantes vénéneuses prennent une couleur étrangère. Par exemple, quel lecteur irait s'imaginer que le *Catéchisme de Naples* n'est pas un catéchisme de Naples, traduit de l'italien en français, mais l'œuvre française du janséniste Gourlin, né et mort à Paris, et qu'il n'a de napolitain qu'une dédicace à une reine de Naples?

4° Le janséniste BOSSUET, évêque de Troyes, né en 1664, était neveu de l'illustre Bossuet, évêque de Meaux. Déjà nous avons appris à le connaître à Rome, dans la controverse sur le quiétisme. A cette époque, il n'était pas encore prêtre : son oncle lui en conféra l'ordre à son retour en 1699. Huit ans auparavant, il l'avait nommé archidiacre; il le fit alors son grand-vicaire et s'en servit dans l'administration du diocèse. Il le demanda même pour coadjuteur ou pour successeur dans un placet qu'il présenta, l'an 1703, à Louis XIV : il y fait de son neveu un éloge qu'il ne méritait et ne justifia guère. Tant que vécut Louis XIV, le neveu fut écarté de l'épiscopat; à la mort de l'oncle, il parut oublié. La Régence le remit en évidence. Le 7 mars 1716, il fut nommé à l'évêché de Troyes par le crédit du cardinal de Noailles. Il n'obtint ses bulles qu'en 1718; encore fallut-il que le cardinal de la Trémouille donnât une attestation en sa faveur. Un de ses premiers actes fut de lancer un mandement contre l'office de saint Grégoire VII. En 1725, il se déclara pour l'évêque janséniste de Montpellier dans l'assemblée du clergé, et depuis il signa des lettres en faveur du janséniste Soanen. Il eut de longues disputes avec son métropolitain, l'archevêque de Sens, Languet, d'abord sur un nouveau catéchisme en 1732, puis sur un nouveau missel qu'il donna à son diocèse en 1733. Le métropolitain publia sur ce sujet trois mandements, auxquels l'évêque de Troyes répondit ou plutôt fit répondre par trois instructions pastorales rédigées par le janséniste Petitpied. Cependant l'évêque fut obligé de rétracter plusieurs dispositions de son missel. Il donna sa démission en 1742 et mourut l'année suivante (Voir les *Mémoires* de Picot, t. IV). Le janséniste Petitpied, né à Paris en 1665, était un fabricant infatigable de mémoires, de mandements, d'instructions pastorales pour tous les évêques du parti.

5° Le dernier des évêques jansénistes de France fut CAYLUS, évêque d'Auxerre, né à Paris en 1669, d'une ancienne famille. Comme son frère épousa la nièce de madame de Maintenon, il fut lié d'amitié avec Bossuet et le cardinal de Noailles. Ce dernier le fit son grand-vicaire. Il fut nommé, en 1704, à l'évêché de Toul, et la même année à celui d'Auxerre. Les premiers temps de son épiscopat furent assez paisibles. Le 22 mars 1711, il publia une lettre pastorale pour condamner une thèse soutenue par des Bénédictins de son diocèse, et où on renouvelait les erreurs de Baïus. De Caylus exigea du professeur une rétractation de sept propositions, et des jeunes religieux un acte de soumission aux constitutions apostoliques contre Baïus et Jansénius. A cette démarche éclatante, il ajouta l'acceptation qu'il fit, en 1714, de la constitution *Unigenitus* contre Quesnel. Il la publia par son mandement du 28 mars. Membre de l'assemblée du clergé de 1715, où l'on censura les *Hexaples*, il y parla encore dans le même sens. Telle avait été sa conduite sous Louis XIV; la mort de ce prince lui apporta apparemment de nouvelles lumières. Il signa, avec seize évêques jansénistes, une lettre adressée au régent pour demander des explications. En 1717, il suspendit dans son diocèse l'acceptation de la bulle, et peu à peu il se mit au rang des jansénistes qui appelaient de la bulle du Pape au concile, et depuis on le vit toujours un des plus ardents du parti rebelle à la décision de l'Église. Il prit part à toutes ses démarches, signa plusieurs lettres communes aux évêques opposants, interdit les Jésuites de son diocèse, défendit leurs congrégations et signala chaque année de son épiscopat par des traits d'un dévouement entier au jansénisme. L'assemblée du clergé de 1730 le fit exhorter en vain à tenir une autre conduite. Son château de Régennes était, pour les opposants ou schismatiques, un rendez-vous et un asile. Les canonicats, les cures, tous les emplois à la nomination de l'évêque étaient réservés aux prêtres en guerre avec leurs évêques, et le long gouvernement de M. de Caylus lui fournit le moyen de faire ainsi de son diocèse une place forte du jansénisme. Il conférait les ordres aux jeunes ecclésiastiques qui ne voulaient pas signer le formulaire ou acte de soumission aux décisions du Saint-Siége. En 1733, il publia avec ostentation un prétendu miracle opéré dans son diocèse par l'intercession du diacre Pâris, et il alla chanter en grande pompe un *Te Deum* à l'endroit où le prodige avait eu lieu. Il changea le bréviaire, le missel, le rituel et le catéchisme de son diocèse. Les disputes avec son métropolitain, l'archevêque de Sens, furent longues et produisirent de part et d'autre beaucoup d'écrits. L'évêque avait toujours auprès de lui des conseillers destinés à nourrir et fortifier son zèle; quelques-uns d'entre eux se laissèrent aller à des actes de fanatisme, comme on le voit dans la *Vie* même *de M. de Caylus*. Celui de ces prêtres qui mérite le plus d'être cité à cet égard, est Henri Julliot, curé de Courgy, appelant très-exalté, qui ne manquait pas de prêcher à ses paroissiens contre la bulle. Ses services ne se bornaient pas à sa cure. En 1727, il avait parcouru plusieurs cantons du diocèse pour mendier des adhésions à la cause de l'évêque janséniste de Senez. Forcé de quitter sa cure par suite de son exagération, il devint l'agent de M. de Caylus, tantôt allant par son ordre dans le diocèse de Sens exciter les curés contre leur archevêque, tantôt arrangeant adroitement quelques miracles, tantôt visitant les couvents des religieuses du Calvaire et soufflant parmi elles la résistance et l'insubordination. Cette dernière affaire est une de celles qui occupèrent le plus l'évêque janséniste d'Auxerre. Un bref de Clément XII, du 1ᵉʳ août 1739, avait nommé de nouveaux supérieurs pour cette congrégation. Les évêques jansénistes d'Auxerre et de Troyes s'opposèrent à cette nomination et excitèrent les religieuses à ne pas la connaître. Ils les échauffèrent par leurs lettres à leurs émissaires. On dicta à ces filles des remontrances, des protestations, des significations. Des avocats prouvèrent disertement qu'elles avaient toutes raison de se plaindre. Les notaires ne pouvaient suffire à rédiger leurs actes, et les huissiers à les signifier; car c'était ainsi que l'on procédait, et il y eut sur cette seule affaire des écritures sans fin. Le janséniste Caylus, en approuvant les miracles du diacre Pâris, n'approuvait pas trop les convulsions. En revanche, il se déclara pour le schisme de Hollande et donna son avis pour la consécration d'un archevêque janséniste d'Utrecht, et ensuite pour celle des évêques jansénistes de Harlem et de Deventer. Il mourut à Régenne, en 1754, étant depuis quatorze ans le seul évêque en opposition avec les décrets de l'Église. Ses *Œuvres*, en quatre volumes, furent condamnées à Rome par un décret du 11 mai 1754. On croit qu'il n'y a mis que son nom et qu'elles étaient soit du janséniste Duhamel, chanoine de Seignelay, qui lui prêta plus d'une fois sa plume, soit du janséniste Cadry, qui fut son théologien et son homme de confiance, surtout depuis 1748 (Picot, *Mémoires*, t. IV).

Par la mort du dernier évêque janséniste de France, la secte était menacée de s'éteindre, faute d'évêque qui voulût lui ordonner des prêtres : le schisme qu'elle avait su former parmi les catholiques de Hollande lui donna moyen de se perpétuer jusqu'au grand schisme de France, auquel ses principes et ses adeptes ne contribueront pas peu. Voici l'origine de celui de Hollande :

Il n'y avait anciennement dans ces contrées qu'un siége épiscopal, celui d'Utrecht, qui fut érigé en métropole en 1559, et auquel on donna cinq suffragants : Harlem, Leuwarde, Deventer, Groningue et Middelbourg. Mais la révolution protestante arrivée peu après dispersa les évêques qu'on venait d'établir et anéantit même les siéges. Celui d'Utrecht fut éteint comme les autres, et ce pays fut désormais gouverné par des vicaires apostoliques, ainsi qu'il est d'usage dans les lieux où le catholicisme est proscrit. Ces vicaires apostoliques recevaient le caractère épiscopal et un titre d'évêché *in partibus infidelium*. Ainsi, Jean de Neercassel, vicaire apostolique, mort en 1686, avait eu le titre d'évêque de Castorie et n'en avait jamais pris d'autre. Né à Gorcum en 1633, il entra dans l'Oratoire de Paris. Alexandre VII le nomma, en 1662, coadjuteur de Baudouin Catz, vicaire apostolique en Hollande, auquel il succéda, l'an 1663, sous le titre d'évêque de Castorie. En 1670, il se rendit à Rome pour rendre compte à Clément X de l'état de sa mission, où il y avait plus de quatre cent mille catholiques. Il fut bien accueilli du Pontife et souscrivit solennellement et avec serment au formulaire d'Alexandre VII. Il ne s'arrêta guère à Rome et revint en Hollande, où l'on ne s'aperçut que trop, par ses liaisons avec les chefs du jansénisme, que son adhésion n'avait pas été bien sincère. Un de ses ouvrages, l'*Amour pénitent*, sur le degré d'amour qu'il faut dans le sacrement de pénitence, a été censuré par le pape Alexandre VIII (Feller; *Biogr. univ.*; Picot, *Mémoires*). Il eut pour successeur Pierre Codde, né à Amsterdam l'an 1648, qui entra également dans l'Oratoire et fut fait archevêque de Sébaste. Il devint tristement célèbre par son refus de signer le formulaire et par ses liaisons avec les chefs du parti janséniste. Il remplit son église de troubles et de scandales. Appelé à Rome, il s'y justifia si mal, qu'il fut déposé par un décret du 3 avril 1704. De retour en Hollande, il continua à y faire beaucoup de fracas, sans pourtant exercer aucune fonction épiscopale, et mourut le 18 décembre 1710. Le nonce apostolique de Cologne fut chargé dès lors de pourvoir à l'administration du vicariat de Hollande. Mais le gouvernement protestant du pays, excité par les jansénistes et les partisans de Codde, ne voulut point y tolérer de vicaire apostolique. Cependant les opposants formaient une très-faible minorité : nous les verrons plus tard à peine cinq mille sur cinq cent mille.

En 1723, 27 avril, sept prêtres hollandais consomment le schisme. Se prétendant membres d'un chapitre cathédral qui n'existait plus, ils prétendent ressusciter l'archevêché d'Utrecht éteint depuis plus d'un siècle, et, de leur autorité qui était nulle, y nommer Steenhoven, l'un d'eux, qui se prétendait vicaire général de Codde, archevêque suspens et déposé de Sébaste. Ils furent encouragés à cet acte de schisme par les docteurs jansénistes de Sorbonne et le janséniste Van Espen de Louvain. Ils annoncèrent cette élection au Pape, en le priant de la confirmer. Ils n'en reçurent aucune réponse, et le collège des cardinaux, le Saint-Siège vacant, chargea l'internonce de Bruxelles de recommander aux évêques voisins de ne point prêter les mains à la consécration de Steenhoven, attendu que l'élection de ce faux évêque avait été faite sans aucun droit. Les prélats des provinces voisines refusèrent en effet leur ministère. Mais pour inaugurer dignement le schisme, il se trouva un évêque suspens, interdit et excommunié. Dominique Varlet, prêtre des missions étrangères, né à Paris en 1678, docteur de Sorbonne en 1706, travailla six ans en qualité de missionnaire dans la Louisiane. Clément XI le nomma, l'an 1718, évêque d'Ascalon et coadjuteur de l'évêque de Babylone, qui mourut peu de temps après. Dès lors Varlet commença à lever le masque et à montrer son opposition aux décisions de l'Église sur le jansénisme. Il eut ordre de la Propagande d'aller chez le nonce de Paris; mais au lieu d'obéir, il partit pour la Hollande et donna dans Amsterdam la confirmation, en vertu des prétendus pouvoirs que lui avaient donnés les soi-disant chapitres de Harlem et d'Utrecht. De là, Varlet se rendit en Perse; mais l'évêque d'Ispahan eut ordre du Pape de le suspendre de tout exercice de son ministère. Après cette flétrissure, il retourna en Hollande, mit le sceau à sa réprobation, méprisa les censures qu'il avait encourues, appela au futur concile, exerça toutes les fonctions de l'épiscopat et sacra évêque d'Utrecht Corneille Steenhoven, le 15 octobre 1724, dans la maison du sieur Brigode, à Amsterdam : ordination qui fut déclarée illicite et exécrable, et l'élection nulle, par le pape Benoît XIII, le 21 février 1725. Ce fut encore lui qui imposa les mains aux trois successeurs de Steenhoven, qui furent également excommuniés par le Saint-Siège : Barchman, en 1725; Van der Croon, en 1734; Meindartz, en 1739.

La mort de Varlet, arrivée l'an 1742, fit craindre au petit troupeau des schismatiques hollandais de se voir tout à coup privé d'évêques. Meindartz imagina donc de rétablir de son autorité le siège épiscopal de Harlem, éteint depuis cent cinquante ans. Il somma les chanoines de Harlem de se choisir un évêque, ils s'y refusèrent; aussitôt il le choisit lui-même et le sacra : ce fut d'abord un nommé Jérôme de Bock; puis un nommé Van Stiphout. Excommunié par le Pape, qui déclara nulles toutes ces entreprises, Meindartz n'en continua pas moins son œuvre de schisme. En 1757, il crée un évêque de sa façon pour Deventer, siège éteint. Il y nomma et sacra un certain Byevelt. L'ancien diocèse de Deventer demandait si peu un évêque, et surtout un évêque de la main de Meindartz, qu'il ne voulut pas recevoir Byevelt, et que ce prélat sans fonctions fut obligé de passer toute sa vie à desservir la paroisse dont il était pasteur, sans pouvoir aller dans un diocèse où les catholiques refusaient de le reconnaître. En 1778, Byevelt et Van Stiphout étant morts, on leur donna pour successeurs les nommés Brockmann et Nelleman. La succession de ces évêques schismatiques a continué de même jusqu'à nos jours. A chaque nouvelle élection, on écrit pour la forme une lettre de respect et de soumission dérisoire au souverain Pontife, qui répond par une sentence d'excommunication et de nullité. La voix du successeur de saint Pierre ne se faisait pas vainement entendre. En 1807, l'archevêque schismatique d'Utrecht ne comptait guère que vingt-quatre cures ou stations, et environ deux mille cinq cent vingt personnes de tout âge qui le reconnussent. Son premier suffragant, l'évêque de Harlem, qui y était en même temps curé, avait aussi vingt-quatre cures et deux mille quatre cent trente-huit adhérents. Quant à l'évêque de Deventer, il n'avait dans son prétendu diocèse ni prêtre ni laïque de son parti, et résidait à Rotterdam, comme curé. Ainsi, toute cette église du jansénisme hollandais comptait, en 1807, trente-sept ecclésiastiques, y compris les trois évêques, et un peu moins de cinq mille laïques (Picot, *Mémoires*). Tandis que, suivant l'*Annuaire catholique* de Hollande, 1840, il y a dans ce pays, un million soixante-seize mille huit cents catholiques, ce qui est peut-être la moitié, ou peu s'en faut, de la population totale.

Cependant cette petite église d'Utrecht était d'un

grand secours aux jansénistes de France. Elle devint un point de ralliement pour tous les ennemis du Saint-Siége, ecclésiastiques errants, religieux déserteurs de leurs règles. Ainsi, l'an 1725, vingt-six Chartreux s'y réfugièrent de Paris, pour éviter d'obéir à un décret de leur ordre, qui prescrivait de se soumettre aux décisions de l'Eglise contre l'hérésie janséniste. Quinze religieux de l'abbaye d'Orval, diocèse de Liége, s'y enfuirent en habit d'officiers. Les jansénistes de France se cotisèrent en leur faveur et leur achetèrent deux maisons auprès d'Utrecht, pour en faire le refuge de tous ceux que l'appât de la liberté entraînait vers ce pays. On mettait d'autant plus d'ardeur à soutenir la petite église, qu'elle semblait donner du relief à la cause janséniste par le nom d'un archevêque. On y envoya des contributions volontaires et des actes d'adhésion.

Il y avait d'ailleurs une caisse mystérieuse connue sous le nom de *boîte à Perrette*, et l'on dit qu'elle fut ainsi appelée du nom de la gouvernante de Nicole, lequel laissa un premier fonds de quarante mille livres pour le service de la cause. Ce legs s'accrut de près de onze cent mille livres, pour ne citer que les legs connus, et certainement il y en a eu beaucoup d'autres secrets. En 1728, l'abbé Dorsanne, grand-vicaire du cardinal de Noailles, y fit un legs de cent soixante-quatre mille livres. La *boîte à Perrette* servait à soutenir la *Gazette ecclésiastique* du parti, à faire imprimer et à distribuer pour rien des brochures contre le Pape et les évêques, à entretenir des moines et des religieuses échappés de leur cloître, à fournir aux frais de voyage des agents qu'on envoyait en différents lieux, à se concilier des partisans et même à préparer des miracles (Picot, *Mémoires*, an 1777).

Les jansénistes de France n'avaient rien négligé pour gagner à leur cause la reine Marie Leczinska : c'eût été, en effet, un des miracles les plus adroits de placer le jansénisme sur le trône de saint Louis dans la personne d'une reine aussi pieuse. Ils avaient donc eu assez de crédit pour glisser des livres jansénistes dans sa bibliothèque, et quelques dames jansénistes autour de sa personne. Mais, comme on dit vulgairement, ce que Dieu garde est bien gardé. La reine essaya de lire plusieurs de ces livres, sans pouvoir achever la lecture d'aucun. « Je les laissai, disait-elle depuis, par la raison qu'au lieu de m'édifier ils jetaient dans mon cœur la sécheresse et l'inquiétude. » Dès qu'on les lui eût fait mieux connaître encore, elle en purgea aussitôt sa bibliothèque, et les jeta au feu. Cette justice qu'elle s'empressa de faire de productions qui ne pouvaient servir qu'à entretenir ou propager l'erreur, lui offrit l'occasion de connaître une de ses femmes qui en faisait profession ouverte. Scandalisée d'un mépris si prononcé pour des livres, l'objet de son respect, la zélée janséniste osa prendre ouvertement leur défense, en faisant l'énumération des saints personnages de leur secte qui se nourrissaient de leurs méditations. La reine essaya de convertir cette âme égarée et de lui persuader la soumission à l'Eglise ; n'ayant pas même pu l'empêcher de dogmatiser, elle la congédia de son service.

Les jansénistes ne se donnèrent pas pour battus, mais eurent recours à un de leurs miracles en ⁎ e.

L'an 1733, le duc d'Anjou, fils de la reine, jeune prince alors dans sa troisième année, se trouvant, non pas malade, mais incommodé, ils imaginèrent de le guérir par la vertu du diacre Pâris. Ils s'adressent à une des femmes qui sert le jeune prince, la gagnent et lui proposent, comme chose qui ne peut souffrir de difficulté, d'opérer la guérison subite de son auguste malade. Cette femme y consent : elle en met une seconde dans le secret de la bonne œuvre, et, toutes deux de concert, elles subornent deux gardes-du-corps, qui doivent favoriser l'entrée de l'appartement du duc d'Anjou à l'agent miraculeux de sa future guérison. Alors un sujet initié aux mystères des convulsionnaires est introduit secrètement, qui remet au garde-malade une provision de terre extraite du tombeau de Pâris, avec la recette pour en faire usage jusqu'à parfaite guérison. Point de retard : on s'empresse d'administrer à l'enfant une première et une seconde pilule, qui n'opèrent pas sensiblement. On double la dose ; l'incommodité prend aussitôt un caractère de maladie. On continue le régime, la maladie empire. Le malade pleure, s'agite, éprouve des mouvements convulsifs. Ces accidents inquiètent peu ceux qui les provoquent ; ils s'en félicitent, au contraire : c'est, sans doute, que le spécifique opère et que le miracle commence. Toutes les boissons et les potions que l'on présente à l'enfant sont assaisonnées de terre, et l'on a grand soin qu'il épuise la coupe jusqu'à la lie. Cependant tous les remèdes qu'on peut lui administrer restent sans effet ; et, en peu de jours, il est réduit à l'agonie. N'importe : en cet état encore, le fanatisme ne cesse de lui ingérer de la terre, jusqu'à ce qu'il en soit étouffé. Le lendemain de la mort du prince, tous les gens de l'art, qui ont suivi la maladie, s'assemblent, empressés d'en découvrir la cause interne qui a échappé à toutes leurs observations. On fait l'ouverture du corps : les signes apparents indiquent bientôt que le siège du mal est dans les intestins. Et en effet on les trouve remplis de terre. Les médecins le voient, se regardent avec étonnement, et ne savent pas s'ils doivent en croire à leurs yeux. Vaincus par l'évidence, néanmoins, ils cherchent à expliquer le phénomène. Il n'y avait pas de terre dans la chambre du malade ; on ne l'avait pas conduit dans le parc, où il aurait pu en trouver ; et, y eût-il été conduit, il ne pouvait pas y être seul ; et, enfin, eût-il été sous la main de la terre à discrétion, resterait encore à expliquer comment il aurait pu violenter la nature, jusqu'à en prendre en quantité suffisante pour s'étouffer. Le résultat de ces considérations est qu'il faut faire subir un interrogatoire aux femmes qui servaient le jeune prince. On les mande, on les presse, on les intimide ; enfin le mystère janséniste se découvre, et la reine a la douleur d'apprendre que son fils est mort pour n'avoir pu digérer la terre du cimetière de Saint-Médard. Les femmes et les deux gardes-du-corps qui avaient coopéré à ce pieux assassinat furent chassés de la cour ; mais on ne chercha point à découvrir d'autres coupables ; et la reine, étouffant par la religion le cri de la nature, conjura le Seigneur d'accepter la mort de son fils comme un sacrifice d'expiation pour tous les outrages faits par l'hérésie à la raison et à son auteur. La pieuse princesse eut, en effet, la consolation de voir les manœuvres convulsionnaires dévoilées, et le jansénisme, ensuite, expirant dans le mépris (Proyart, *Vie de la Reine*).

Où le jansénisme trouva plus de faveur qu'auprès de la reine de France, ce fut auprès des parlements et des magistrats séculiers. On en vit une preuve bien étrange, l'an 1738. Le pape Clément XII, par une bulle du 16 juin 1737, avait canonisé saint Vincent de Paul, le bienfaiteur et la gloire de la France et de l'Europe. Eh bien! le 4 janvier 1738, le parlement de Paris supprime la bulle de canonisation de saint Vincent de Paul. Et pourquoi? C'est que dans cette bulle il est question des erreurs du jansénisme et du zèle de saint Vincent à les combattre. Il n'en fallut pas davantage pour exciter les plaintes. Des curés de Paris, les mêmes qui s'étaient déclarés pour les miracles du sieur Pâris, réclamèrent contre la bulle, à l'instigation du janséniste Boursier, et dix avocats les appuyèrent d'une consultation où ils assuraient que *les défauts de ce jugement autorisaient les curés à former opposition à l'enregistrement de toutes les lettres patentes qu'on pourrait surprendre en faveur de cette bulle, ce qui n'empêcherait pas que dans un temps plus opportun ils ne passassent à l'appel comme d'abus*. Les curés firent donc leur opposition et le parlement son arrêt. Mais le roi ordonna que l'arrêt du parlement fût regardé comme nul en ce qui concernait l'impression et la distribution de la bulle. Il réprima dans le même temps un autre écart des magistrats, qui venaient de défendre de citer comme œcuméniques le concile de Florence et le cinquième de Latran : comme si c'était à des juges séculiers à décider de l'œcuménicité des conciles. Le roi cassa leur arrêt; ce qui ne les empêcha pas de déclarer qu'ils y persistaient (Picot, *Mémoires*, an 1738).

A ne consulter que les premières notions du catholicisme ou même le bon sens le plus vulgaire, la conduite du parlement de Paris est absurde; mais il n'en est plus de même, si l'on consulte les libertés de l'Eglise gallicane. Nous avons vu Fleury, l'oracle des gallicans, dans son *Discours sur les libertés de l'Eglise gallicane*, consigner ces paroles mémorables : « La doctrine ancienne est demeurée à des docteurs souvent moins pieux et moins exemplaires en leurs mœurs, que ceux qui enseignent la nouvelle. Quelquefois même ceux qui ont résisté aux nouveautés ont été des jurisconsultes ou des politiques profanes et libertins qui ont outré les vérités et les ont rendues odieuses. C'est une merveille que l'ancienne et saine doctrine se soit conservée au milieu de tant d'obstacles (Fleury, *Nouv. opusc.*, p. 155). Fleury appelle ici *ancienne et saine doctrine*, la doctrine des parlements, des jurisconsultes ou des politiques libertins et profanes; il appelle *nouveautés*, les sentiments de l'Eglise romaine et des docteurs les plus exemplaires, tels que Vincent de Paul, François de Sales, Thomas d'Aquin. Or, si les parlements, les jurisconsultes ou les politiques libertins et profanes ont conservé l'ancienne et saine doctrine contre les Papes et les saints qui introduisaient des nouveautés corrompues, comment ne serait-ce point encore à eux d'examiner et de juger en dernier ressort les bulles de canonisation et même les conciles nommés *œcuméniques*, pour y signaler et flétrir les tendances corruptrices des saints et de l'Eglise romaine. — Ou reniez vos principes, ou admettez-en les conséquences.

Le Fils de Dieu fait homme, qui a promis d'être avec son Eglise tous les jours jusqu'à la fin du monde, dit à ses ministres : *Ne donnez pas les choses saintes aux chiens, et ne jetez pas vos perles devant les pourceaux* (Matth., 7, 6). La chose sainte par excellence, c'est lui-même, c'est son corps et son sang dans le sacrement de l'eucharistie. Les chiens, dans le style de l'Ecriture, ce sont les païens; les pourceaux, ce sont les pécheurs publics et scandaleux, surtout ceux qui résistent à l'Eglise; car le Sauveur ajoute : *Et si quelqu'un n'écoute pas l'Eglise, qu'il vous soit comme un païen et un publicain* (Ibid., 18, 17). Or, les jansénistes n'obéissaient point à l'Eglise, ils lui résistaient ouvertement. Donc, ses ministres ne devaient pas plus leur accorder les sacrements qu'aux païens et à des publicains. Lors donc qu'un janséniste malade demandait le saint viatique, il devait avant se soumettre aux décisions de l'Eglise et puis se confesser à un prêtre approuvé par elle. Et ses ministres devaient exiger la preuve de ces deux points, pour ne pas donner la chose sainte à des animaux immondes. C'est ce que faisaient effectivement les fidèles pasteurs de l'Eglise, évêques et curés.

Mais cela déplaisait aux huissiers, avoués, avocats et juges du parlement de Paris et d'ailleurs. Ils jugeront donc à propos d'enjoindre aux évêques et aux curés de donner le saint viatique à tout janséniste sans condition, et cela sous peine d'amende, de prison et d'exil. Et nous verrons, dans le royaume très-chrétien et sous un descendant de saint Louis, les prêtres et les évêques catholiques, effectivement rançonnés, emprisonnés, exilés par les magistrats du siècle, parce qu'ils ne veulent pas donner la chose sainte aux chiens, les sacrements à des hérétiques obstinés.

Cette persécution des parlements de France contre l'Eglise catholique commença publiquement en l'année 1731. Le 28 avril, le parlement de Paris rend un arrêt contre l'évêque d'Orléans, en faveur d'une femme janséniste à qui il avait été fait un refus de sacrements. Le roi casse l'arrêt, en ce qu'il y est fait injonction à l'évêque en matière spirituelle et de sacrements. Le parlement présente des remontrances auxquelles le roi répond qu'il persiste à ne pas changer l'arrêt de son conseil. Le 17 août, itératives remontrances. Le prince défend toute délibération; ses ordres ne sont pas respectés. On les traite de mesures vexatoires et arbitraires. On présente de troisièmes remontrances. Le roi, après avoir donné les motifs de son arrêt, marque de nouveau qu'il veut être obéi. Les magistrats répliquent par un arrêté, où ils rappellent l'indépendance des rois, comme si on l'eût contestée. Les autres articles roulent sur l'exercice de l'autorité de l'Eglise, et ne tendent qu'à la restreindre. Le roi en est encore choqué sous un autre rapport. Le lendemain, il casse l'arrêté, le révoque, le met à néant et le déclare nul et de nul effet. Il veut même que la minute en soit rayée, et le présent arrêt transcrit à la marge. Peu de jours après, le parlement supprima un décret et un bref donnés récemment à Rome contre une vie du diacre Pâris, contre les miracles prétendus, et contre un mandement de l'évêque janséniste de Montpellier, tant ce parlement avait à cœur de protéger les sectaires (Picot, *Mémoires*, an 1731).

L'année suivante, le même parlement prend la défense de la *Gazette janséniste*, des miracles et convulsions jansénistes, contre un mandement de l'archevêque de Paris, M. de Vintimille; et parce que le roi leur donne tort, les magistrats refusent de faire leur office et de juger les procès (*Ibid.*, an 1732). En 1733, le parlement fait informer contre le curé de Saint-Médard pour refus de sacrement, et supprime deux écrits en faveur de la constitution *Unigenitus*. En 1735, on dénonce des convulsionnaires au parlement, qui les traite avec indulgence; mais il rend un arrêt contre une *Instruction pastorale* de l'archevêque de Cambrai et contre des thèses soutenues en Sorbonne, attendu qu'on y posait les constitutions apostoliques contre Baïus et Jansénius comme des lois de l'Eglise. En 1737, le parlement fait des remontrances en faveur du janséniste Mongeron, défenseur des miracles de Paris et des convulsions; en 1738, il supprime la bulle de canonisation de saint Vincent de Paul.

Cependant les jansénistes n'avaient pas encore appris à arracher les sacrements par la force. Ils s'en tenaient encore à l'enseignement commun, et à celui même de leurs théologiens qui ne refusent pas à l'Eglise le droit de priver de ses grâces ceux qu'elle en juge indignes. Ils n'avaient pas encore oublié ce qu'avait dit leur patriarche Quesnel, que *faire violence pour extorquer les sacrements, c'est assez pour s'en rendre indignes*; mais lorsqu'ils crurent que les parlements seraient disposés à les soutenir, ils abandonnèrent la décision de Quesnel lui-même, et s'empressèrent de porter leurs plaintes aux tribunaux, comme si cette affaire eût pu regarder des juges laïques. En 1745, le roi avait cassé quelques sentences rendues sur cette matière par le présidial de Reims. Il avait réprimé de même quelques entreprises de ce genre faites à Bayeux, à Angers, à Tours, à Troyes. En 1731, il avait fait écrire par le chancelier d'Aguesseau au parlement de Guienne, que cette cour aurait dû rejeter une enquête où l'on demandait à des juges séculiers d'enjoindre à un curé d'administrer les sacrements à un malade, et que la grand'chambre aurait dû sentir son incompétence en pareille matière. Enfin, le 22 juillet 1749, un conseiller au parlement de Paris dénonce aux chambres quelques refus de sacrements faits à des jansénistes, entre autres celui que venait d'éprouver Charles Coffin. C'était un principal du collège, recteur de l'Université, qui avait du talent et du zèle, mais que l'on regardait comme fort attaché à la secte. Le curé de la paroisse lui ayant demandé un billet de confession pour lui administrer les sacrements, et le malade ayant persisté à n'en vouloir pas donner, il mourut sans les derniers secours de la religion. Ce janséniste obstiné est l'auteur d'un grand nombre d'hymnes dans le nouveau Bréviaire de Paris. Sa mort fit beaucoup parler: tous ceux qui se trouvaient dans le même cas que Coffin jetèrent les hauts cris, et un magistrat s'empressa de les appuyer au parlement, qui prescrivit des informations sur les faits dénoncés: mais le roi ordonna de suspendre toute poursuite.

Le 29 décembre 1750, un conseiller dénonce au parlement de Paris un nouveau refus de sacrements. On mande aussitôt le curé, auteur du refus. Interrogé sur les motifs de sa conduite, il répond qu'il en a rendu compte à l'archevêque, et qu'il suivra ses ordres. Cette réponse irrite les magistrats, qui envoient le curé en prison. En même temps les procureurs et avocats du roi vont trouver l'archevêque, qui était alors Christophe de Beaumont, pour l'engager à faire administrer le malade. Le prélat répond qu'il a trouvé l'usage des billets de confession établi dans son diocèse, et qu'il ne peut s'en départir. Cependant la précipitation et l'air de vengeance avec lesquels on avait agi envers le curé, avaient choqué également le prince et le public: il fut relâché. Plusieurs magistrats voulaient qu'on se contentât d'informer le roi des faits; ils observaient qu'on était sur les confins des deux puissances, et qu'il était dangereux de les dépasser. Leur crainte religieuse fut traitée de pusillanimité; et, le 31 décembre, le parlement prit un arrêté où il qualifiait de scandale le refus des sacrements, et prétendait que l'usage des billets de confession était de la plus dangereuse conséquence.

Ces billets, si odieux aux jansénistes, n'étaient pourtant pas une pratique nouvelle; elle était regardée comme indispensable, à Paris surtout, au milieu d'une immense population et parmi tant de gens suspects ou totalement inconnus à leurs pasteurs. Elle est expressément établie dans les avis de saint Charles à un des conciles de Milan; l'assemblée du clergé de France de 1654 l'avait adoptée, et avait recommandé aux curés de s'y conformer. Le cardinal de Noailles même en avait ordonné de nouveau l'observation. Une autre raison rendait cette pratique nécessaire: plusieurs jansénistes voulaient que tout prêtre, quoique sans pouvoirs et sans juridiction, eût le droit de confesser et d'absoudre partout. Cette doctrine avait été consignée dans des écrits. On prétendait que des ecclésiastiques de la secte, déguisés en laïques, couraient de paroisse en paroisse et de monastère en monastère, pour y distribuer à leurs adhérents des absolutions sacriléges. Et on peut croire qu'ils ne s'en faisaient pas de scrupule; car leur gazetier, au moment même qu'il taxe ces bruits de fausseté, ajoute que ses partisans seront peut-être obligés d'en venir là.

Pour revenir au parlement, il fit informer le roi des faits dénoncés. Le prince répondit qu'on devait se reposer sur lui du soin d'y pourvoir, et que les magistrats auraient dû montrer plus de modération à l'égard du curé, dont il ne pouvait approuver l'emprisonnement. Le parlement arrêta des remontrances où il peignait les billets de confession des plus noires couleurs. Mais, observe avec beaucoup de justesse l'auteur des *Mémoires* que nous suivons, dans la supposition d'un danger pour l'Etat, de la part des confesseurs, les magistrats n'auraient pas blâmé sans doute l'usage des billets de confession. Ils n'auraient pas trouvé mauvais que des évêques, instruits qu'il se trouvait dans leurs diocèses des prêtres ennemis du gouvernement, et qui s'ingéraient sans mission dans l'administration du sacrement de pénitence, eussent cherché à connaître les confesseurs auxquels s'étaient adressés ceux qui demandaient les sacrements. Pourquoi donc blâmer, lorsqu'il s'agit du bien de l'Eglise, ce qu'on louerait comme conforme au bien de l'Etat? Les remontrances du parlement n'eurent pour le moment aucune suite (Picot, *Mémoires*, an 1750).

Il en fut bien autrement l'an 1752. Le 21 mars, les sacrements avaient été refusés, à Paris, à un prêtre janséniste. Il fit des sommations réitérées, car on commençait à employer, pour obtenir les sacrements, ces voies chrétiennes et respectueuses qu'on avait apparemment trouvées dans les canons. Le parlement est bientôt saisi de l'affaire. Il mande le curé refusant, le condamne à une aumône et lui fait défense de récidiver. Il est ordonné, en outre, à l'archevêque de Paris de faire administrer le malade dans les vingt-quatre heures. Le 28 mars, le roi fait venir une députation du parlement, annonce qu'il a cassé les deux arrêts précédents et en témoigne son mécontentement. Le surlendemain, le prêtre malade étant mort sans avoir reçu les sacrements, le parlement décrète le curé de prise de corps, quoique les avocats et procureur du roi eussent refusé de prendre des conclusions. Le roi annule ce décret. Le 15 avril, les magistrats lui présentent des remontrances que l'on eut soin de faire imprimer, et où ils prenaient plus ouvertement que jamais le parti des jansénistes. Le roi répondit aux remontrances, qu'il avait pris des mesures relativement à trois curés dont on se plaignait; qu'il ne voulait pas ôter au parlement toute connaissance des refus de sacrements, mais qu'il exigeait qu'on lui en rendît compte; qu'il s'attendait que le parlement, connaissant ses intentions, cesserait toute procédure sur cette matière et reprendrait ses fonctions ordinaires de rendre la justice. Voici comment il fut obéi. Le surlendemain même de cette réponse fut rendu ce fameux arrêt de règlement *qui défendait à tous ecclésiastiques de faire aucun acte tendant au schisme, notamment de faire aucun refus public de sacrements, sous prétexte de défaut de billet de confession, ou de déclaration du nom du confesseur, ou d'acceptation de la bulle Unigenitus.* C'est cet arrêt téméraire et schismatique qui servit plus tard de fondement à toutes les entreprises des tribunaux. Il fut répandu avec profusion et combla de joie toute la secte. On y joignit une estampe allégorique où la magistrature, sous l'emblème de la justice, avait cette devise fastueuse : *Custos unitatis, schismatis ultrix* (gardienne de l'unité, vengeresse du schisme). Elle était armée et foulait aux pieds une torche près d'un autel sur lequel était un calice et une couronne. On voulait indiquer apparemment qu'elle réunissait les deux pouvoirs. C'est ainsi que les sectateurs de Jansénius anéantissaient l'autorité de l'Eglise et transportaient à leurs patrons des titres et une puissance réservés aux premiers pasteurs.

Le 19 avril, le roi rendit aussi un arrêt en forme de règlement. Il y déclarait que la constitution *Unigenitus* est une loi de l'Eglise et de l'Etat, et un jugement de l'Eglise universelle en matière de doctrine. Il y ordonnait qu'avant de statuer sur les refus de sacrement, on lui en rendît compte, et dérogeait à toutes dispositions contraires. Le roi envoya cet arrêt aux évêques et aux parlements. Mais, dit le gazetier janséniste, *ces dispositions ne donnaient aucune atteinte aux arrêts du parlement.* Ainsi se nourrissait, dans le royaume, un parti qui formait des vœux pour l'anéantissement de l'autorité royale. Ainsi s'établissait une lutte entre le prince et ses officiers de justice. Les affaires des particuliers languissaient; la justice ne se rendait plus. Tous les jours ils étaient assemblés pour recevoir des dénonciations contre des prêtres et des évêques, et pour protéger les jansénistes par des arrêts vigoureux. Ces arrêts, cassés par le souverain, ils les confirmaient de nouveau et en ordonnaient l'exécution. Il se trouvait toujours à leurs assemblées grand nombre de spectateurs dont l'office était d'indiquer à la compagnie, par des marques d'approbation ou de mépris ce qu'elle avait à faire, et qui dominaient réellement le parlement par leurs clameurs bruyantes. On répandit une gravure représentant cette cour avec des langues de feu qui tombaient sur chacun de ses membres, tandis que, dans un coin, l'archevêque de Paris était entouré de diables. Les libelles, les pamphlets, les caricatures se multipliaient de plus en plus et devenaient un puissant moyen de succès pour les agitateurs.

Le 30 mai de la même année 1752, le roi établit une commission, mi-partie d'évêques et de magistrats, pour examiner les objets des contestations; mais cette commission ne donnant aucun résultat de son travail, et le parlement devenant de jour en jour plus entreprenant, plusieurs évêques crurent devoir prendre en main la cause de l'Eglise. Le 11 juin, vingt et un prélats qui se trouvaient à Paris souscrivirent une lettre au roi, sous le titre de *Représentations*. Ils s'y plaignaient des magistrats, de leurs entreprises continuelles, et surtout du dernier arrêt de règlement. Ils n'avaient pu voir sans étonnement et sans douleur qu'on défendît de refuser les sacrements pour raison de non acceptation de la bulle, qu'on jugeât la soumission à cette loi de l'Eglise une chose indifférente au salut, qu'on statuât sur la suffisance ou l'insuffisance des dispositions aux sacrements, et qu'on usurpât enfin dans les matières spirituelles toute l'autorité. Ils suppliaient le monarque de réprimer cet écart et de protéger l'Eglise, à l'imitation de ses ancêtres. Outre cette lettre, il y en eut une autre à la même date et signée des mêmes prélats, à l'exception de Languet, archevêque de Sens. On y prenait sa défense contre un arrêt parlementaire du 5 mai, où cet archevêque était accusé de favoriser le schisme. « Des magistrats, disait la lettre, qui ne peuvent apprendre authentiquement que de nous ce qui constitue le schisme, ont osé intenter contre leur pasteur une accusation si odieuse; et ce qui montre à quel point la prévention les aveugle, c'est qu'ils traitent ce prélat de schismatique dans le temps même que par leur arrêt ils défendent de donner ce nom injurieux au moindre de vos sujets. » Ces deux lettres furent présentées au roi et envoyées à tous les autres évêques, parmi lesquels plus de quatre-vingts, dit-on, approuvèrent de si justes représentations. Quelques-uns réclamèrent aussi en particulier contre les atteintes portées à l'autorité spirituelle. M. de Beaumont composa sur ce sujet un mandement qu'il ne publia point par déférence pour les désirs du roi. M. Languet donna deux lettres où il montrait l'irrégularité des procédés du parlement. D'autres évêques traitèrent la même matière. Mais, aux yeux des tribunaux, c'était un crime aux premiers pasteurs de défendre leurs droits. Presque tous les écrits de ces prélats subirent des arrêts, moins flétrissants pour eux que pour leurs ennemis.

La rentrée du parlement, au mois de novembre, fut le signal de nouvelles hostilités. On se remit à s'occuper des refus de sacrements. Les chambres étaient toujours assemblées et la justice ne se rendait plus. Le 12 décembre 1752, un conseiller dénonça deux refus de sacrements faits à deux religieuses jansénistes, à Paris, par le curé et les vicaires de Saint-Médard. Ils furent mandés sur-le-champ. Le curé ne se trouva point : les vicaires subirent un interrogatoire, et il parut, par leurs réponses, que le refus avait été fait par ordre de l'archevêque. Aussitôt on envoie à l'archevêque même un secrétaire pour l'inviter à faire administrer la malade. Il répond qu'il n'est comptable qu'à Dieu du pouvoir qui lui a été confié, qu'il n'y a que le roi à qui il se ferait toujours un devoir de rendre compte de sa conduite, et que le curé de Saint-Médard suivrait les lumières de sa conscience et les ordres qu'il lui avait donnés. Une seconde invitation attire la même réponse. Les magistrats se croient insultés, ils mettent l'archevêque en cause, lui ordonnent d'administrer la malade, sous peine de saisie de son temporel, et convoquent les pairs, au 18 décembre, pour le juger. Le curé est décrété de prise de corps. Ces arrêts étaient du 13. Le 15, la malade n'ayant point été administrée, le parlement ordonne qu'elle le sera par les prêtres de Saint-Médard et que le temporel de l'archevêque sera saisi. Le roi casse ces arrêts et défend la convocation des pairs. Le premier président ayant voulu lire aux chambres les ordres du prince, on refuse de les entendre. Le 18, on arrête une députation au roi pour lui dire que la défense de convoquer les pairs intéressait tellement les droits de ceux-ci, qu'il était nécessaire que le parlement en délibérât avec eux. Le premier président veut encore lire les ordres du roi, on déserte la salle. Le 19, on arrête que l'on ne peut entendre ces ordres s'ils ne sont munis du sceau du roi et des marques anciennes et respectables de son autorité. Le roi répondit à la députation qu'on lui avait envoyée, qu'il avait évoqué à lui l'affaire qui servait de motif à la convocation, et que la défense qu'il avait faite ne blessait en rien la dignité des pairs : ce qui n'empêcha pas le parlement de les convoquer derechef. Cette nouvelle convocation fut défendue comme la première. Dans le même temps, la religieuse qui avait donné lieu à des débats ayant été transférée dans un autre couvent par ordre du roi, nouvelles plaintes du parlement, où un membre observa que cette translation attaquait les restes de cette ancienne liberté qu'on n'avait pas encore ôtée aux Français.

Le 4 janvier 1753, il fut arrêté au parlement qu'on ferait des remontrances. On dressa quelques jours après les articles qui devaient leur servir de base. Beaucoup de plaintes contre les évêques en faisaient le fond : en même temps les magistrats semblaient travailler à aggraver leurs torts. Ils décrétèrent l'évêque d'Orléans, et le condamnèrent à six mille livres d'amende. Un curé fut banni à perpétuité. Le roi crut arrêter ces mesures en donnant, le 22 février, des lettres patentes par lesquelles il ordonnait de surseoir jusqu'à nouvel ordre à toutes poursuites et procédures pour refus de sacrements. C'étaient là des ordres du roi, munis de son sceau et des marques anciennes et respectables de son autorité; on n'y eut pas plus d'égard. Le parlement refusa d'enregistrer les lettres et continua de délibérer sur le même sujet. Un des présidents ayant refusé de concourir à une désobéissance aussi marquée, fut assailli de reproches. Les plus faibles n'osaient lutter contre le torrent, et toute la compagnie était entraînée par quelques têtes ardentes. Au commencement d'avril, ils adoptent les remontrances qu'ils étaient convenus de présenter au roi. C'était une pièce aussi peu mesurée pour la forme que vicieuse pour le fond, où le Pape, les évêques, tout le clergé, l'autorité de l'Église et les lois du souverain étaient également maltraités. Le roi ne voulut pas recevoir un écrit si peu digne de lui être offert et ordonna qu'on lui remit seulement les articles dressés au mois de janvier. Le parlement insistait pour qu'on reçût ses remontrances; le prince, après avoir examiné les articles, répondit, le 4 mai, qu'il s'était déjà expliqué sur la plupart des objets qu'ils contenaient; qu'il y en avait d'autres dont la discussion ne pouvait que nuire à la tranquillité; qu'en conséquence, il ne recevrait point les remontrances et qu'il ordonnait l'enregistrement des lettres patentes du 22 février; mais les magistrats ne s'étaient pas engagés si avant pour reculer. Le 5 mai, ils arrêtent que, tout autre service cessant, les chambres demeureront assemblées jusqu'à ce que les remontrances aient été reçues. Ce même jour, lettres de jussion ordonnant l'enregistrement des lettres patentes, sous peine de désobéir et d'encourir l'indignation du roi. Le parlement déclare qu'il ne peut obtempérer, et sur-le-champ s'occupe de différentes procédures pour refus de sacrements. Enfin, une lutte si longue, si opiniâtre, provoqua le juste ressentiment du souverain, dont on méconnaissait l'autorité. Le 9 mai, tous les conseillers de la chambre des enquêtes et de la chambre des requêtes sont exilés en différentes villes. On avait ménagé la grand'chambre; elle ne s'en montra que plus entreprenante, déclara persister dans tous les arrêts précédents, et, recommençant à s'occuper de son objet favori, se mit à procéder contre des prêtres. Trois ou quatre membres seulement ouvrirent un avis plus sage. Le châtiment suivit de près ce mépris affecté des ordres du souverain. Il avait d'autant plus lieu d'être mécontent, qu'au sortir de cette même séance une foule d'hommes de parti ou de gens apostés s'étaient trouvés aux portes du palais pour prodiguer des acclamations séditieuses à ces juges indociles. Le 11 mai, chaque membre de la grand'chambre reçut un ordre de se rendre à Pontoise, où le roi la transférait. Le 17, elle y persista de nouveau dans ses arrêtés et continua de s'occuper des mêmes matières.

On date vulgairement l'éruption de la révolution française de 1789 : on peut la dater tout aussi bien de trente à quarante ans plus tôt. Les premiers révolutionnaires furent, non pas Robespierre et Marat, mais les magistrats des parlements. Officiers du roi pour rendre la justice au peuple, au lieu de rendre la justice au peuple au nom du roi, ils apprennent au peuple à mépriser le roi, ils s'appliquent uniquement à persécuter l'Église catholique au nom et au profit d'une hérésie, et d'une hérésie atroce, qui fait de l'homme une machine et de Dieu un tyran cruel. Cette ignorance, ce délire dans les magistrats français indiquent dans la nation française une ignorance, un délire dont la guérison exige les plus violents remèdes.

Comme la justice n'était plus rendue aux particuliers et que le parlement paraissait avoir oublié entièrement ses devoirs et ses fonctions, le roi établit des chambres particulières pour rendre la justice. Mais les amis de la magistrature révolutionnaire n'omirent rien pour discréditer ces tribunaux. Le parti janséniste tout entier se ligua contre eux. On répandit des libelles; on composa des chansons; on cria contre le despotisme, et tous les ennemis de l'autorité réunirent leurs efforts pour jeter le ridicule et le mépris sur les nouveaux établissements. Les magistrats exilés pour avoir refusé de rendre la justice au peuple et sapé les bases de l'Etat, étaient au contraire les vrais défenseurs du peuple, les appuis de l'Etat; et l'on exagérait leurs droits dans la même proportion qu'on affaiblissait ceux du souverain.

Les autres parlements n'étaient pas généralement animés du même esprit révolutionnaire. Mais on n'oubliait rien pour les amener à suivre la même marche que le parlement de la capitale; et l'esprit de corps, l'ambition, l'envie de mériter les applaudissements des factieux, les instances et les sollicitations réitérées d'une cabale puissante, entraînèrent enfin quelques-uns de ces parlements. Celui de Rouen lutta pendant six mois contre les ordres du souverain, et montra une tenacité qu'enhardissait l'indécision du gouvernement. Celui d'Aix fit, comme celui de Paris, des règlements pour fixer la discipline de l'Eglise, et ne tint aucun compte des défenses du roi. Il y avait dans ce parlement des têtes non moins ardentes qu'à Paris : le parlement de Toulouse se montra plus tard. Enfin l'on peut dire que, vers le milieu du XVIIIe siècle, les magistrats français déployèrent une ardeur incroyable pour développer les germes de l'anarchie intellectuelle, civile et religieuse, qui, vers la fin du siècle, couvrit la France de sang et de ruines.

Le roi Louis XV, à qui les mesures de rigueur coûtaient toujours, consentit, au mois d'août 1754, à rappeler les membres exilés du parlement de Paris. Il donna ensuite une déclaration devenue fameuse. Il disait dans le préambule, qu'*après avoir puni son parlement de sa résistance et de son refus de rendre la justice, il avait, à la fin, cru devoir écouter sa clémence, espérant que le parlement remplirait ses vues par une soumission et une fidélité entières.* Il annulait aussi toutes les poursuites et procédures antérieures. Le parlement s'était rassemblé le 4 septembre. On y porta la déclaration; elle y éprouva beaucoup de difficultés. Bon nombre d'opinants voulaient refuser l'enregistrement, et le préambule leur paraissait difficile à digérer. On ne conclut rien ce jour-là, et ce ne fut que le lendemain que ces magistrats graciés enregistrèrent la déclaration, « *sans néanmoins reconnaître les imputations contenues au préambule, et en spécifiant qu'elle serait exécutée conformément aux arrêts et règlements de la cour.* » Leur disgrâce ne les avait pas changés. Ils posaient pour fondement de leur conduite des arrêts et règlements cassés par le souverain.

La loi du 2 septembre fut surtout enfreinte par les éloges qu'en firent les jansénistes. Ils imprimaient de gros volumes pour prouver qu'il fallait se taire. Ils n'inondèrent peut-être jamais le public de plus d'écrits. Vingt libelles, tous plus mauvais les uns que les autres, violaient tous les jours la déclaration avec audace et impunité. Il y a plus : ils prétendaient expressément qu'elle ne les regardait pas; et leur gazetier, rapportant une sentence d'un tribunal contre un écrit d'un des siens, que l'on supprimait comme contraire au silence prescrit, s'élève contre un pareil jugement, et assure qu'il ne fera point d'honneur aux juges, « attendu que si l'écrit en question rompait le silence, ce n'était réellement que pour défendre la loi du silence. »

On remarqua dans cette occasion que les jansénistes avaient changé de langage. En 1711, le prince Eugène, gouverneur des Pays-Bas, ayant ordonné qu'*on s'y tînt dans l'indifférence par rapport à la constitution*, le janséniste Duguet observa que *cet ordre ressemblait beaucoup au type de Constant*, et décida qu'il fallait parler et agir. En 1754, le même parti applaudit à la déclaration contraire. Cependant cette contradiction apparente s'explique. Les jansénistes pensaient de même aux deux époques. Aux deux époques ils voulaient bien une loi de silence, mais à condition de ne pas l'observer, tandis qu'on y astreindrait rigoureusement leurs adversaires. Leur conduite supposait du moins cette manière de voir, et il paraît que le parlement était de leur avis; car tandis qu'il proscrivait le moindre écrit qui soutenait les décisions de l'Eglise, tandis qu'il livrait aux flammes les mandements des évêques, il laissait débiter sous ses yeux tous les libelles enfantés par le parti; il ne touchait pas à cette scandaleuse gazette, que l'on distribuait publiquement dans Paris et dans les provinces. Toutes les rigueurs étaient pour les évêques et les prêtres qui aimaient mieux suivre leurs devoirs que les arrêts du parlement. On n'entendit plus parler que de sommations, de sentences, d'amendes, de saisies, d'emprisonnements, de bannissements. Les ennemis de la bulle goûtaient toutes les douceurs de la victoire. Il suffisait qu'un d'eux en voulût à son pasteur, pour que celui-ci vît fondre sur lui les arrêts les plus foudroyants; et l'on eut plus d'un exemple de prêtre mandés pour porter les derniers sacrements à des gens pleins de santé, et qui ne feignaient d'être malades que pour satisfaire leur haine contre ces ecclésiastiques, et les faire emprisonner ou bannir. Sûrs de la protection des tribunaux, ils livraient, à l'envi, les choses saintes à la discrétion des séculiers, et triomphaient quand, à force de procédures et de terreur, ils avaient trouvé un prêtre qui, en vertu d'un arrêt, leur apportait, escorté d'huissiers, les choses saintes mises à la disposition de l'Eglise.

Le parlement était à peine sorti des vacances, qui avaient commencé aussitôt après l'enregistrement de la déclaration, qu'il se mit à poursuivre et à décréter d'accusation les prêtres. Un refus de sacrements venait de se faire à Paris. Trois ecclésiastiques sont aussitôt décrétés de prise de corps. M. de Beaumont, invité à faire administrer la malade, répond que cette affaire étant de même nature que celle arrivée en 1752 il persiste dans la réponse qu'il fit alors, que les prêtres inculpés ont agi suivant leurs lumières et suivant ses ordres, et qu'il n'y peut rien changer. Le parlement dénoncé l'archevêque au roi, et le prélat est exilé à Conflans. Ses ennemis ne l'y laissèrent pas tranquille. Au mois de janvier suivant, ils l'inquiétèrent de nouveau pour un refus de sacrements, et se plaignirent à lui de la fuite des prêtres de plusieurs paroisses de Paris. C'était s'en prendre à un autre des troubles qu'ils causaient eux-mêmes. Si plusieurs ecclésiastiques se cachaient ou prenaient la fuite, on savait assez qu'il fallait l'attribuer aux arrêts mêmes du parlement, et à la crainte de ses poursuites et de ses rigueurs ; et il était assez étrange que les ennemis de l'archevêque lui fissent un crime d'un désordre auquel il ne tenait qu'à eux de remédier. Ce prélat fit remarquer cette inconséquence dans sa réponse, et rappela en même temps l'incompétence du parlement sur les matières spirituelles. Cette réponse fut encore dénoncée au roi, qui différa pourtant de se rendre aux désirs des délateurs. Mais ils revinrent si souvent à la charge, que, le 2 février 1755, M. de Beaumont fut exilé à Lagny. Le mois suivant, nouvelle dénonciation. L'archevêque avait convoqué ses curés chez lui, et leur avait tracé les règles qu'ils devaient suivre dans l'administration des malades. Le parlement mande les curés et veut savoir le sujet et le résultat de leurs conférences avec le prélat. Il en instruit le roi, et excite de nouveau sa sévérité contre M. de Beaumont. Louis XV, à cette fois, ne put entrer dans les vues de ces ennemis acharnés, et, choqué de leur raideur et de leur inquisition, il leur répondit : « Qu'il désapprouvait la forme aussi inusitée qu'irrégulière qu'avait prisé le parlement pour se faire rendre compte des conversations de l'archevêque avec ses curés ; que le parlement devait se rappeler l'esprit de modération, de paix et de prudence qu'il lui avait recommandé ; et qu'il songeait que, pour peu qu'il s'en éloignât, il ne suivait pas les intentions qui avaient dicté la déclaration du 2 septembre. »

Les magistrats n'eurent point d'égard à cette réponse et suivirent leur plan. Ils dénoncèrent au roi l'évêque d'Orléans, qui fut exilé, et tourmentèrent son chapitre par des procédures de vraie persécution. M. Poncet, évêque de Troyes, fut condamné à une amende, ses meubles confisqués, son temporel saisi ; et il fallut que le roi réprimât les excès des juges subalternes, qui, pour imiter le parlement, avaient rendu contre lui des sentences. M. de Brancas, archevêque d'Aix, fut exilé sur la dénonciation du parlement de Provence. Cette même cour n'épargna pas M. de Belsunce, évêque de Marseille. On supprima un de ses écrits au sujet d'une feuille de la gazette janséniste, où il avait été calomnié ; mais on ne toucha point au libelle qui l'avait forcé de rompre le silence. Le parlement de Paris condamna à être lacérée et brûlée par la main du bourreau, une lettre écrite au roi par l'archevêque d'Auch et ses suffragants, dans laquelle ils se plaignaient de la déclaration, et surtout de la manière dont les tribunaux l'exécutaient. Le parlement de Toulouse fit subir le même sort à des *Réflexions* de M. de Guenet, évêque de Saint-Pons, et poursuivit M. de Villeneuve, évêque de Montpellier, cassa ses ordonnances et menaça de saisir son temporel. Les évêques de Vannes et de Nantes ne furent pas mieux traités. Le

premier vit plusieurs de ses prêtres et même ses grands-vicaires décrétés, condamnés à des amendes et bannis. Lui-même eut son temporel saisi, ainsi que l'évêque de Nantes, dont on vendit deux fois les meubles. Les premiers pasteurs n'étant pas ménagés, les ministres inférieurs avaient tout à craindre. On les poursuivait avec acharnement. On les accablait de dénonciations et de décrets, on les traînait devant les tribunaux, on leur faisait subir des interrogatoires humiliants, on voulait qu'ils reconnussent la compétence et l'équité des arrêts rendus contre eux. La prison, les amendes, la perte de leurs places, la fuite, l'exil, le bannissement à perpétuité, étaient la récompense de leur zèle, et ils étaient contraints d'aller mener une vie errante dans des terres étrangères. C'était comme une préparation aux cruautés qui attendaient les prêtres quarante ans plus tard.

En la même année 1754, un chanoine d'Orléans, forcené janséniste, étant tombé malade, le chapitre de la cathédrale voulut, avant de l'administrer, s'assurer de ses dispositions. On lui députa trois de ses confrères, qui l'exhortèrent à réparer le scandale qu'il avait donné, et à se soumettre à l'Eglise. Il leur répondit en qualifiant la bulle d'*œuvre du diable*. M. de Montmorency, son évêque, alla le voir, et ne recueillit que des injures pour prix de ses efforts. En conséquence, le chapitre prit une délibération portant que les sacrements seraient refusés au sieur Cougniou, ainsi se nommait le chanoine. C'était au mois de septembre 1754, peu de temps après la déclaration. Le parlement de Paris s'empare de l'affaire, et envoie arrêts sur arrêts pour forcer à administrer. Sur ces entrefaites, Cougniou meurt ; mais cet événement ne mit pas fin aux poursuites, quoique le chapitre d'Orléans eut déjà été condamné à douze mille livres d'amende. On continua de mander des chanoines, d'en décréter d'autres. Ce fut à cette occasion que l'évêque d'Orléans fut dénoncé et exilé. Le 18 mars 1755, il devait y avoir un rapport sur cette affaire. Tous les ennemis de la bulle étaient accourus au palais pour être témoins de leur triomphe. En premier lieu d'être contents. On prononça qu'il y avait abus dans les délibérations du chapitre ; et, pour ne pas négliger une occasion de prendre du terrain et de s'escrimer contre la bulle, objet de tant de haine, il fut dit que, « attendu les faits résultant de la cause, on recevait incidemment le procureur général appelant comme d'abus de l'exécution de la bulle *Unigenitus*, notamment en ce que certains ecclésiastiques prétendaient lui attribuer le caractère ou les effets de règle de foi. » On déclara « qu'il y avait abus, et il fut enjoint à tous ecclésiastiques, de quelque dignité qu'ils fussent, de se renfermer, à l'égard de la bulle, dans le silence général, respectif et absolu, prescrit par la déclaration du 2 septembre. »

Si un tel arrêt combla de joie toute la secte, il ne sembla aux gens sages qu'un éclat aussi étrange qu'inutile contre une loi de l'Eglise confirmée par un assentiment de quarante années, et reconnue plusieurs fois par Louis XIV et Louis XV. Le prince, malgré les idées nouvelles qu'on lui avait inspirées, témoigna son mécontentement de cette levée de boucliers. Il rendit, le 4 avril, en son conseil, un arrêt qui cassait et annulait celui du parlement. Les magistrats s'en plaignirent et allèrent toujours en avant. Le 7 mai, ils enjoignirent à la Sorbonne d'être plus attentive à empêcher qu'il ne fût soutenu aucune thèse contraire aux maximes du royaume et au silence prescrit. La Sorbonne ayant refusé d'enregistrer cet arrêt, on manda les principaux membres, auxquels le premier président fit une réprimande, et on coucha l'arrêt sur leurs registres, en leur défendant de s'assembler jusqu'à nouvel ordre. Le 29 août, le parlement rendit, sur l'affaire de Cougniou, un arrêt dont toutes les dispositions étaient autant d'abus d'autorité. Le chapitre d'Orléans et plusieurs chanoines étaient condamnés à des amendes. Trois autres chanoines étaient bannis à perpétuité. Enfin, le chapitre devait fonder un service et faire les frais d'un monument en l'honneur de Cougniou. Et, malgré la réclamation de l'assemblée du clergé de France, le marbre décerné à Cougniou fut élevé dans une des églises d'Orléans.

Le 19 septembre 1756, M. de Beaumont, archevêque de Paris, publia un mandement et instruction pastorale, où il traitait de l'autorité de l'Église, de l'enseignement de la foi, de l'administration des sacrements, de la soumission à la bulle, et défendait de lire quelques écrits. Le 4 novembre, le parlement fait brûler le mandement de l'archevêque, par la main du bourreau, dans le lieu destiné au supplice des malfaiteurs.

Le 16 octobre 1756, le pape Benoît XIV répond par un bref aux membres de la dernière assemblée du clergé. Après avoir témoigné la peine qu'il avait ressentie des troubles de France, il rend hommage à la fermeté des évêques, qui, d'accord sur les vrais principes, n'avaient été partagés que sur le choix des moyens à prendre pour les réduire en pratique. Venant ensuite au sujet de leur lettre, il dit que la constitution *Unigenitus* est d'une si grande autorité dans l'Église, et qu'elle exige tant de respect et d'obéissance, qu'aucun fidèle ne peut se soustraire à la soumission qui lui est due, ni lui être opposé en aucune manière qu'au péril de son salut éternel. « D'où il suit, ajoute-t-il, qu'on doit refuser le viatique aux réfractaires, par la règle générale qui défend d'admettre un pécheur public et notoire à la sainte eucharistie. » Il marque ensuite ceux qui doivent être regardés comme pécheurs publics et notoires. Le roi envoya le bref aux évêques, mais le parlement le supprima (Picot, *Mémoires*, an 1756).

Le 10 décembre, Louis XV donne une déclaration qu'on croyait propre à ramener la paix. Il y ordonne le respect et la soumission pour la bulle *Unigenitus*, sans qu'on pût cependant lui attribuer le nom, le caractère ou les effets de règle de foi. Il déclare que le silence prescrit par les déclarations précédentes ne devait point préjudicier au droit qu'ont les évêques d'enseigner leurs peuples, et leur recommande toutefois de ne point troubler la paix. Il défend aux juges séculiers d'ordonner en aucune manière que les sacrements fussent administrés. Il décide que les prêtres ne pourront être poursuivis pour refus de sacrements faits à ceux contre qui il y aurait des jugements ou censures, ou qui auraient fait connaître d'eux-mêmes leur désobéissance, mais il défend les interrogations indiscrètes. Enfin, il veut que tout ce qui s'est passé à l'occasion des derniers troubles soit regardé comme non avenu, que toutes procédures et sentences à cet égard, demeurent sans effet, et que ceux contre qui elles auraient été faites rentrent aussitôt en leur état et fonctions. Pour prévenir tous les obstacles, le roi alla, le 13 décembre, tenir son lit de justice au parlement, pour y faire enregistrer la déclaration, avec deux autres règlements sur l'administration de la justice. Les magistrats en furent tellement irrités, qu'ils donnèrent tous leur démission. Il n'y eut que la majorité de la grande chambre qui ne suivit point cet exemple, et qui resta en place.

Au milieu de la plus grande effervescence des magistrats du parlement contre les évêques et les prêtres fidèles, et lorsque les chambres assemblées délibéraient nuit et jour sur des refus de sacrements, le domestique d'un de ces magistrats suivait assidûment leurs séances. Cet homme était né dans l'Artois : il s'appelait Robert de son nom de baptême; ses inclinations vicieuses le firent appeler, dès sa jeunesse *Robert le Diable*. Il s'enrôla dans les troupes, mais déserta. Il servit dans plusieurs maisons, deux fois au collège Louis-le-Grand, où l'un de ses oncles était maître-d'hôtel : il en fut chassé la première fois, et se retira la seconde, pour se marier, en 1739. Il continua de servir des maîtres de toutes conditions, entre autres quatre conseillers du parlement : il en était au quatrième, dans les moments où le parlement était le plus échauffé en faveur des jansénistes contre le clergé catholique. Affectionné à ses maîtres, il passait les nuits au palais à écouter leurs plaintes contre le roi, contre les évêques. Sa tête se monta : il crut que le meilleur moyen pour faire rendre justice au parlement serait d'assassiner le roi; il lui porta donc un coup de couteau, le 5 janvier 1757 : seulement la blessure ne fut pas mortelle. Voici quelques extraits de ses interrogatoires.

D'abord le jour même de l'assassinat, après avoir été arrêté par les gardes, il dit que *si on avait fait couper la tête à trois ou quatre évêques, cela ne serait point arrivé* (Pièces orig. et procéd. du procès fait à Damiens; t. I, p. 151); propos confirmé par deux témoins (Ibid., p. 217; t. II, p. 280). Le 5 janvier au soir, interrogé par le prévôt de l'hôtel du roi, il déclara avoir *entendu dire que tout le peuple de Paris périt, et que, malgré toutes les représentations que le parlement fait, le roi n'a voulu entendre à aucune. N'est-il pas vrai*, dit-il au prévôt, *que tout le royaume périt* (Ibid., p. 133 et 134)? Dans son second interrogatoire, devant le même juge, le 7 janvier, il dit *s'être trouvé dans des compagnies, tant à Arras qu'à Paris, surtout en la compagnie de prêtres qui étaient du parti du parlement, et que c'est la considération des mauvais traitements qu'on a fait essuyer aux meilleurs prêtres, ainsi que le triste état où le peuple est réduit qui l'ont déterminé à l'action qu'il a commise* (Ibid., p. 172). Le 9 janvier, il subit un troisième interrogatoire qui roula principalement sur une lettre qu'il avait écrite la veille au roi. Il y disait au roi *de prendre le parti de son peuple, de ne pas avoir tant de bonté pour les ecclésiastiques et d'ordonner qu'on donnât les sacrements à l'article de la mort, sans quoi sa vie n'était point en sûreté*. Il prétendait que l'archevêque de Paris était la cause de tout le trouble. A cette lettre était joint un papier signé aussi

Damiens et portant les noms de plusieurs magistrats avec ces mots : *et presque tous. Il faut qu'il remette son parlement et qu'il le soutienne, avec promesse de ne rien faire au ci-dessus et compagnie.*
Dans son sixième interrogatoire, il dit qu'il avait été frappé des bruits de ce que le parlement avait fait, des plaintes du peuple de Paris et des provinces qui périssent ; qu'il a entendu parler de cela depuis si longtemps à tout le monde, et publiquement dans les rues de Paris, que croyant rendre un grand service à l'Etat, cela l'a déterminé à ce malheureux coup qu'il a fait ; que si Sa Majesté ne soutient pas sa justice et son parlement contre l'autorité des évêques qui tâchent d'être *contraires au gouvernement, il va arriver de grands malheurs contre la famille royale* (*Pièces originales*, etc., t. II, p. 25). Il ajouta qu'*il n'a eu d'autre objet, dans le malheureux coup qu'il a fait, que de contribuer aux peines et aux soins du parlement qui soutient la religion et l'Etat* (*Ibid.*, p. 26).
Du tribunal du prévôt, l'affaire fut portée à la grand'chambre du parlement. C'était, depuis les démissions récentes, tout ce qui restait en place de ce corps. Le 18 janvier, les interrogatoires de Damiens recommencèrent devant ce nouveau tribunal, et là, comme devant le premier juge, il dit qu'*il avait conçu son dessein depuis le temps des affaires de l'archevêque et du parlement* (*Ibid.*, p. 105). Il répète *avoir formé son projet depuis l'exil du parlement* (*Ibid.*, p. 116). *Il hait la façon de penser des Jésuites, et s'il a vécu chez eux* (vingt ans auparavant, au collége Louis-le-Grand), *c'est par politique et pour avoir du pain* (*Ibid.*, p. 137). Interrogé pourquoi il a dit *que si le parlement voulait le soutenir, il irait avec quelques camarades prendre l'archevêque et l'amener dans les prisons* (*Ibid.*, p. 246), il répondit qu'*il ne s'en souvenait pas, mais qu'il pourrait bien l'avoir dit* (*Ibid.*, p. 142). Interrogé pourquoi il a parlé mal des ecclésiastiques, il répondit qu'*il n'avait dit du mal que contre les molinistes et ceux qui refusent les sacrements* (*Ibid.*, p. 146). Le 17 mars, dans un nouvel interrogatoire, il déclara *avoir conçu son projet dans les temps où il a passé des nuits dans les salles du palais à attendre la fin des délibérations qui s'y faisaient, et lorsqu'il a vu le peu d'égards que le roi avait pour les représentations du parlement* (*Pièces originales*, etc., t. III, p. 168).
Il devait être dur aux magistrats qui interrogeaient Damiens de l'entendre dire que c'était chez eux, dans les salles du palais, qu'il avait conçu son noir dessein. Il leur répéta encore plusieurs fois. Le 26, à son interrogatoire, sur la sellette devant tous les juges, il dit encore que, *s'il n'était jamais entré dans les salles du palais, cela ne lui serait pas arrivé* (*Ibid.*, p. 296) ; et plus bas, qu'*il a formé son dessein depuis les affaires du parlement ; que s'il n'avait jamais mis le pied au palais, cela ne lui serait pas arrivé ; que s'il n'avait jamais servi de conseillers au parlement, cela ne lui serait pas venu dans la tête ; qu'il n'aurait point entendu parler si souvent des refus de sacrements, ce qui lui a échauffé la tête ; que tout le monde était assez échauffé* (*Ibid.*, p. 310 et 311). Le 28 mars, jour de son supplice, il parla encore dans le même sens. *Il avait entendu dans les salles du palais des propos contre l'arche-*

*vêque. On y parlait tout haut. On y disait que le roi risquait beaucoup de ne pas empêcher la mauvaise conduite de l'archevêque.* Il déclara avoir entendu dire dans le palais *que tuer le roi ferait finir tout cela; que c'était une œuvre méritoire de tuer le roi* (Picot, *Mémoires*, an 1737). Robert Damiens fut exécuté le 28. Dans les commencements du procès, il parlait de complices ; vers la fin, il protesta n'en avoir point : il déclara lui-même avoir perdu tout sentiment de religion, et qu'il n'avait point approché des sacrements depuis trois ou quatre ans ; même depuis six mois il refusait d'aller à la messe (*Biogr. univers.*, t. X, art. DAMIENS). S'il n'a pas eu de complices formels, on peut au moins dire qu'il a été lui-même le complice du jansénisme parlementaire, et que c'est le jansénisme parlementaire qui a aiguisé son couteau régicide.
Le 5 septembre Louis XV accorde le retour du parlement. Dans le même temps, il fait cesser l'exil des évêques à qui les dénonciations du parlement avaient attiré cette peine. L'évêque de Saint-Pons fut le seul qui ne partagea pas les effets de cet acte de justice. Les évêques de Troyes et d'Orléans donnèrent leur démission. Le ministère s'était flatté que ces diverses mesures ramèneraient la paix. Mais le parlement n'exécuta de la déclaration royale du 10 décembre que ce qu'il jugeait favorable à ses idées, et il s'en tint toujours dans la pratique, à celle de 1754. Les affaires ecclésiastiques étaient alors confiées à M. de Jarente, nouvel évêque d'Orléans, dont le neveu et le successeur, en 1793, non-seulement embrassa le schisme, mais apostasia publiquement, puis se maria. Sous lui, la Faculté de théologie, que le parlement tenait depuis plusieurs années sous le joug, fut en butte à des traitements rigoureux, privée de plusieurs de ses membres et matée par des ordres sévères. L'archevêque de Paris, dont l'inébranlable fermeté appelait sur lui toute l'animadversion de ses opiniâtres ennemis, éprouva aussi de nouvelles disgrâces. Christophe de Beaumont fut exilé dans le Périgord ; le janséniste Montazet, nouvel archevêque de Lyon, pour complaire au parlement et au ministre Jarente, eut soin de brouiller le diocèse de Paris, en y exerçant son litigieux droit de primat des Gaules, en faveur de quelques nonnes jansénistes contre l'archevêque exilé.

## § V.

*Philosophisme ou incrédulité moderne.*

Une héritière des hérésies de Jansénius, Luther et Calvin, ainsi que de toutes les hérésies antérieures, y compris le mahométisme et le paganisme, fut l'hérésie collective, connue sous le nom de *Philosophie du XVIII*[e] *siècle*. Le nom d'*hérésie* ou de *secte* lui convient de plus d'une manière. Diogène Laërte, dans la préface de ses *Philosophes illustres*, ayant distingué la philosophie entière dans ses trois parties, physique, dialectique, morale, ajoute que la philosophie morale s'est divisée en dix hérésies parmi lesquelles il compte l'hérésie académique, l'hérésie cyrénaïque, l'hérésie cynique, l'hérésie péripatéticienne, l'hérésie stoïcienne, l'hérésie épicurienne. De même saint Epiphane, dans son *Histoire et réfutation des hérésies*, en compte jusqu'à son temps quatre-vingts, dont vingt avant Jésus-Christ, parmi lesquelles l'hérésie des païens ou idolâtres. Hérésie ou secte suppose un ensemble antérieur de doctrines dont on s'écarte par des opinions particulières, à son choix, suivant l'étymologie même du nom d'hérétiques, qui veut dire des hommes *qui choisissent*. Comme nous avons vu, cet ensemble de doctrines, antérieur à toutes les sectes, à toutes les hérésies, c'est la sainte Eglise catholique, qui, née avec le monde, a été développée par Jésus-Christ. Toutes les erreurs, toutes les hérésies, y compris le paganisme et le mahométisme, sont autant de branches dégénérées et coupées de cet arbre de vie, de cet arbre de tous les siècles.

Dans ces derniers temps, ces erreurs diverses se sont réunies, comme dans une sentine, sous deux noms différents.

De même que sous le nom de *chaos* on entend une multitude confuse d'éléments divers, de même sous le nom de *protestantisme* on comprend une multitude confuse de sectes diverses, telles que luthériens, calvinistes, zwingliens, anabaptistes, hernhuters, swendenborgistes, piétistes, momiers, méthodistes, anglicans, quakers ou trembleurs, wesleyens, sauteurs, baptistes ou plongeurs, sociniens, unitaires, latitudinaires, épiscopaux, presbytériens et une infinité d'autres, qui se multiplient encore de jour en jour. Ce que ces différentes sectes ont de commun entre elles, c'est de n'être pas catholiques, mais hérétiques, et de protester contre l'Eglise universelle, d'où le nom commun de *protestants* et de *protestantisme*.

Or, le protestantisme, moins la Bible, voilà la philosophie moderne ou le philosophisme. Ce qui est vrai de l'un est vrai de l'autre : avec ou sans la Bible, chaque individu est souverain juge de ce qui est vrai, de ce qui est juste, de ce qui est droit, de ce qui est devoir. Nulle autorité, fût-ce celle du genre humain, qui ne lui soit subordonnée. Nulle vérité, fût-ce celle de l'existence de Dieu, qu'il n'ait droit de citer à son tribunal comme suspecte, et de déclarer sans aveu.

Mais les philosophes modernes sont-ils réellement tels qu'ils pourraient l'être d'après ces principes? — Voici le portrait qu'en fait un de leurs chefs, Jean-Jacques Rousseau.

« Je consultai les philosophes, je feuilletai leurs livres, j'examinai leurs diverses opinions; je les trouvai tous fiers, affirmatifs, dogmatiques, même dans leur scepticisme prétendu, n'ignorant rien, ne pouvant rien, se moquant les uns des autres; et ce point commun à tous me parut le seul sur lequel ils ont tous raison. Triomphants quand ils attaquent, ils sont sans vigueur en se défendant. Si vous pesez les raisons, ils n'en ont que pour détruire; si vous comptez les voix, chacun est réduit à la sienne; ils ne s'accordent que pour disputer.

» Quand les philosophes seraient en état de découvrir la vérité, qui d'entre eux prendrait intérêt à elle? Chacun sait bien que son système n'est pas mieux fondé que les autres; mais il le soutient parce qu'il est à lui. Il n'y en a pas un seul qui, venant à connaître le vrai et le faux, ne préférât le mensonge qu'il a trouvé, à la vérité découverte par un autre. Où est le philosophe qui, pour sa gloire, ne tromperait pas volontiers le genre humain? Où est celui qui, dans le secret de son cœur, se propose un autre but que de se distinguer? Pourvu qu'il s'élève au-dessus du vulgaire, pourvu qu'il efface l'éclat de ses concurrents, que demande-t-il de plus? L'essentiel est de penser autrement que les autres. Chez les croyants il est athée, chez les athées il serait croyant.

» Fuyez ceux qui, sous prétexte d'expliquer la nature, sèment dans les cœurs des hommes de désolantes doctrines, et dont le scepticisme apparent est cent fois plus affirmatif et plus dogmatique que le ton décidé de leurs adversaires. Sous le hautain prétexte qu'eux seuls sont éclairés, vrais, de bonne foi, ils nous soumettent impérieusement à leurs décisions tranchantes, et prétendent nous donner pour les vrais principes des choses les inintelligibles systèmes qu'ils ont bâtis dans leur imagination. Du reste, renversant, détruisant, foulant aux pieds tout ce que les hommes respectent, ils ôtent aux affligés la dernière consolation de leur misère, aux puissants et aux riches le seul frein de leurs passions; ils arrachent du fond des cœurs le remords du crime, l'espoir de la vertu, et se vantent encore d'être les bienfaiteurs du genre humain. Jamais, disent-ils, la vérité n'est nuisible aux hommes. Je le crois comme eux, et c'est à mon avis une grande preuve que ce qu'ils enseignent n'est pas la vérité (*Emile*, suite du livre 4). »

Dans un discours sur cette question : *Si le rétablissement des sciences et des arts a contribué à épurer les mœurs*, Jean-Jacques Rousseau conclut pour la négative. Voici une des causes qu'il y assigne : « Qu'est-ce que la philosophie ? Que contiennent les écrits des philosophes les plus connus ? Quelles sont les leçons de ces amis de la sagesse ? A les entendre, ne les prendrait-on pas pour une troupe de charlatans criant chacun de son côté sur une place publique : Venez à moi, c'est moi seul qui ne trompe point? L'un prétend qu'il n'y a point de corps, et que tout est en représentation; l'autre, qu'il n'y a d'autre substance que la matière, ni d'autre Dieu que le monde. Celui-ci avance qu'il n'y a ni vices ni vertus, et que le bien et le mal moral sont des chimères; celui-là, que les hommes sont des loups et peuvent se dévorer en sûreté de conscience. »

Le même Rousseau, dans son *Discours sur l'origine de l'inégalité parmi les hommes*, pose en principe que l'homme naît bon, et que c'est la société qui le dépraye : il va jusqu'à dire que « l'homme qui pense est un animal dépravé. » D'où reste à conclure que, pour ramener l'homme à sa bonté native, il faut abolir la société, tant civile que domestique, abolir la propriété et même la pensée.

Voilà donc ce qu'étaient et la philosophie et les philosophes du XVIIIe siècle, d'après le témoignage du plus éloquent de leurs chefs. Un autre chef, Voltaire, dira les mêmes choses, mais d'un style plus familier. Il écrivait à son ami d'Alembert :

» Paris abonde en barbouilleurs de papier; mais de philosophes éloquents, je ne connais que vous et Diderot. Il n'y a que vous qui écriviez toujours bien, et Diderot parfois : pour moi, je ne fais plus que des sottises. — En vérité, mon cher philosophe, je ne connais guère que vous qui soyez clair, intelligible, qui employez le style convenable au sujet, qui n'ayez point un enthousiasme obscur et confus, qui ne cherchiez point à traiter la physique en phrases poétiques, qui ne se perdiez point en systèmes extravagants. — Nous sommes dans la fange des siècles pour tout ce qui regarde le bon goût. Par quelle fatalité est-il arrivé que le siècle où l'on pense soit celui où l'on ne sait plus écrire? Notre nation est trop ridicule. Buffon s'est décrédité à jamais avec ses molécules organiques, fondée sur la prétendue expérience d'un malheureux Jésuite. Je ne vois partout que des systèmes de Cyrano de Bergerac dans un style obscur et ampoulé. En vérité, il n'y a que vous qui ayez le sens commun. Je vous embrasse bien tendrement, mon cher ami, vous qui empêchez que ce siècle ne soit la chiasse du genre humain. » — Ce dernier mot n'est peut-être pas fort propre; mais c'est le mot propre de Voltaire, dans sa lettre du 12 décembre 1768.

Après avoir entendu les deux chefs de la philosophie moderne caractériser ainsi leur peuple de philosophes, il sera curieux d'entendre ces mêmes chefs se caractériser l'un autre.

Rousseau, dans une lettre du 29 novembre 1760, écrit ces mots : « Ainsi donc la satire, le noir mensonge et les libelles, sont devenus les armes des philosophes et de leurs partisans! Ainsi paie M. de Voltaire l'hospitalité dont, par une funeste indulgence, Genève use envers lui! Ce fanfaron d'impiété, ce beau génie et cette âme basse, cet homme si grand par ses talents et si vil par leur usage, nous laissera de longs et cruels souvenirs de son séjour parmi nous. La ruine des mœurs, la perte de la liberté, qui en est la suite inévitable, seront chez nos neveux les monuments de sa gloire et de sa reconnaissance. S'il reste dans leurs cœurs quelque amour pour la patrie, ils détesteront sa mémoire, et il en sera plus maudit qu'admiré (Rousseau, t. XVI, p. 377, Paris, 1817). » Rousseau écrit à Voltaire lui-même : « Vous donnez chez vous des spectacles, vous corrompez les mœurs de ma république pour prix de l'asile qu'elle vous a donné (*Vie de Voltaire*, p. 189). »

Voltaire répond : « Qu'un Jean-Jacques, qu'un valet de Diogène, que ce polisson ait l'insolence de m'écrire que je corromps les mœurs de sa patrie! Le polisson, le polisson! S'il vient au pays, je le ferai mettre dans un tonneau avec la moitié d'un manteau sur son vilain petit corps à bonnes fortunes. Quand on a donné des éloges à ce polisson, c'est alors réellement qu'on offrait une chandelle au diable. J'ignore comment vous avez appelé du nom de grand homme un charlatan qui n'est connu que par des paradoxes ridicules et une conduite coupable (*Ibid.*, p. 190 et 191). L'auteur de la *Nouvelle Héloïse* n'est qu'un polisson malfaisant; cet archifou écrit contre les spectacles après avoir fait une mauvaise comédie. Il écrit contre la France qui le nourrit. Il trouve quatre ou cinq douves du tonneau de Diogène; il se met dedans pour aboyer (Voltaire, *Correspondance*, t. XX, lettres 83 et 85). Pour le coup, Jean-Jacques fait bien voir ce qu'il est; un fou, et un vilain fou; dangereux et méchant; ne croyant à la vertu de personne, parce qu'il n'en trouve pas le sentiment au fond de son cœur, malgré le beau pathos avec lequel il en fait sonner le nom; ingrat, et, qui pis est, haïssant ses bienfaiteurs (c'est de quoi il est convenu plusieurs fois lui-même), et ne cherchant qu'un prétexte pour se brouiller avec eux, afin d'être dispensé de la reconnaissance. Jean-Jacques est une bête féroce, qu'il ne faut voir qu'à travers des barreaux, et ne toucher qu'avec un bâton (Voltaire, lettre 193). »

Tel est le portrait que Voltaire fait de Rousseau; et, chose singulière, ce que Rousseau dit de lui-même y ressemble assez. « C'en est fait, écrit-il à un ami le 23 décembre 1761, nous ne nous reverrons plus que dans le séjour des justes. Mon sort est décidé par les suites de l'accident dont je vous ai parlé ci-devant. Ce qui m'humilie et m'afflige est une fin si peu digne, j'ose dire, de ma vie, et du moins de mes sentiments. Il y a six semaines que je ne fais que des iniquités, et n'imagine que des calomnies contre deux honnêtes libraires, dont l'un n'a de tort que quelques retards involontaires, et l'autre un zèle plein de générosité et de désintéressement, que j'ai payé, pour toute reconnaissance, d'une accusation de fourberie. Je ne sais quel aveuglement, quelle sombre humeur, inspirée dans la solitude par un mal affreux, m'a fait inventer, pour en noircir ma vie et l'honneur d'autrui, ce tissu d'horreurs, dont le soupçon, changé dans mon esprit prévenu presque en certitude, n'a pas mieux été déguisé à d'autres qu'à vous. Je sens pourtant que la source de cette folie ne fut jamais dans mon cœur. Le délire de la douleur m'a fait perdre la raison avant la vie; en faisant des actions de méchant, je n'étais qu'un insensé (Rousseau, t. XVI, p. 441). »

JEAN-JACQUES ROUSSEAU naquit à Genève, le 28 juin 1712, d'un horloger, qui tirait son origine d'un libraire huguenot de Paris, réfugié à Genève vers les commencements de la guerre des huguenots. Les premières années de Jean-Jacques se passèrent à dévorer des romans. Cette lecture, il en convient lui-même, lui donna « sur la vie humaine, des notions bizarres, dont l'expérience et la réflexion n'ont jamais bien pu le guérir. » Aux romans succéda heureusement Plutarque, qu'il lisait jour et nuit. Son père ayant été forcé de quitter Genève, il fut mis en pension chez un ministre calviniste, où il apprit un peu de latin et contracta de mauvaises habitudes. Placé comme clerc chez le greffier de Genève, il fut déclaré inepte et renvoyé. Un graveur consentit à le recevoir en apprentissage : cet homme rustre et grossier l'accablait de traitements rigoureux, dont l'effet fut de l'abrutir totalement. La fainéantise, le mensonge et le vol devinrent ses vices favoris, ainsi qu'il l'avoue lui-même. C'est lui aussi qui convient que « sa friponnerie ne se bornait pas aux comestibles; qu'elle s'étendait à tout ce qui le tentait. » Il s'évade enfin pour courir après la fortune, et s'arrête à Annecy. C'est là que, n'ayant encore que seize ans, il trouva une protectrice infatigable dans la baronne de Warens; comme elle était devenue catholique, son premier soin fut de travailler à la conversion de son jeune protégé. Elle le fit partir pour Turin, avec des lettres de recommandation, qui lui ouvrirent l'hospice des catéchumènes. Ce séjour lui étant bientôt devenu odieux, il consentit sans peine à changer de religion pour en sortir. Après avoir erré quelques jours dans les rues de Turin, il s'estima très-heureux d'entrer, en qualité de laquais, chez la comtesse de Vercellis. Il y commet un vol, et en accuse une pauvre servante. Chassé de là, il entre au service du comte de Gouvon, où il est comblé de bontés, mais d'où il se fait chasser bientôt par son insolence. Sans ressources, il va implorer la pitié de la baronne de Warens, qui l'accueille et lui prodigue les soins d'une mère. Un homme excellent, qui gouvernait la maison de cette dame, témoigna au jeune vagabond une affection paternelle. Il meurt : Rousseau ne voit dans sa mort que le plaisir d'hériter d'un habit neuf. Il ose avouer cette lâche pensée à sa bienfaitrice, qui en gémit, mais qui ne cesse de lui témoigner la même bienveillance. Comme elle avait de la littérature, elle lui mit entre les mains les premiers écrivains de la langue. Pensant plus que lui-même à son avenir, elle chercha à lui ouvrir la carrière ecclésiastique, en le faisant entrer au séminaire. On l'en renvoya bientôt, comme n'étant bon à rien. La baronne de Warens daigne l'accueillir encore une fois, et le met en pension chez le maître de musique de la cathédrale. Ce maître part pour la France accompagné de Rousseau. Les deux voyageurs arrivent à Lyon. Le maître, au milieu d'une rue, est saisi d'une attaque qui ressemblait à l'épilepsie. Il tombe : la foule l'entoure; Jean-Jacques profite de l'instant pour se sauver loin de ce malheureux, étendu sur le pavé, et *délaissé*, dit-il lui-même, *du seul ami sur lequel il dût compter*. Il revole à Annecy ; la baronne venait d'en partir, et n'avait pas laissé d'indices de la route qu'elle avait prise. Sans refuge, sans protection, Jean-Jacques tombe bientôt dans la misère. L'idée lui vint d'aller à Lausanne, de s'y dire de Paris, où il n'avait jamais mis les pieds, et d'y enseigner la musique, qu'il ne savait pas.

Après quelques aventures peu honorables, suites de cette imposture, il arrive à Paris en 1732. Bientôt rebuté, il repart pour la Suisse, dans l'espoir de rejoindre la baronne de Warens. Il apprend qu'elle habite Chambéry; il va l'y trouver. Elle lui procure un emploi dans le cadastre, auquel le roi de Sardaigne faisait travailler à cette époque. Mais tout à coup il se dégoûte d'une place qui le faisait vivre honnêtement; et, dominé par une passion insurmontable pour la musique, qu'il ne sut jamais bien, il donna sa démission, et le voilà de nouveau maître de chant ! Il trouva quelques jeunes écolières: la baronne craignit pour lui la séduction, et, afin de l'en garantir, s'abandonna elle-même à lui; c'est du moins ce que lui impute Rousseau, qui la paie ainsi de ses bienfaits par le déshonneur. A la passion de la musique succède celle des échecs. Il s'enferme trois mois dans sa chambre, étudie jour et nuit ce jeu sublime, jusqu'à ce qu'il en perde la santé et l'esprit. Quand il se croit arrivé au zénith de la science, il court au café et se fait battre par tous les joueurs. Il n'en sut jamais davantage. A la passion des échecs succéda celle de la géométrie et de l'algèbre : ses progrès n'y furent pas plus rapides. Rougissant donc de ne posséder que fort peu de latin à vingt-cinq ans, il se met à l'étude avec beaucoup de peine et à peu près sans fruit. L'astronomie absorbait, en outre, une partie de ses nuits, sans le rendre jamais capable de distinguer une constellation d'une autre. Au milieu de tant d'occupations, une idée dominante maîtrisait son esprit : c'était la peur de l'enfer. Voulant enfin connaître sa prédestination, il imagina de consulter le ciel en lançant une pierre contre un arbre : elle toucha le but, parce qu'il eut soin, dit-il naïvement, de choisir l'arbre le plus gros et le plus près. « Depuis lors, ajoute-t-il, je n'ai plus douté de mon salut. » Son esprit n'en eût pas plus de calme. La lecture de certains livres de médecine lui persuada qu'il était attaqué d'un polype au cœur. Rien que la Faculté de Montpellier n'était capable, selon lui, de guérir un mal si terrible; il part en 1737, se donnant pour un anglais expatrié par suite de sa fidélité aux Stuarts, et change son nom de Rousseau en celui de Dudding. Les médecins s'étant moqués de son polype imaginaire, il revient à la baronne de Warens, qui lui procure, en 1740, la place de précepteur des enfants de M. de Mably, grand-prévôt de Lyon et frère des deux abbés de Mably et de Condillac. Le grave pédagogue s'avisa de devenir amoureux de la mère de ses élèves. Pour charmer les tourments de cette passion adultère, il s'avisa de voler le meilleur vin de M. de Mably. Il le buvait avec délices, tout en lisant des romans. Les larcins de l'instituteur genevois furent découverts : le grand-prévôt voulut bien se contenter de lui ôter la direction de la cave. Mais, convaincu de son inaptitude, Rousseau renonce au métier de précepteur et recourt de nouveau à la pitié de la baronne de Warens. Il s'imagine qu'il va rétablir sa fortune en publiant son invention de noter la musique en chiffres. Il arrive, pour cet effet, à Paris en 1741 : le succès ne répondit point à ses espérances. Repoussé comme musicien, il eut du moins l'occasion de faire connaissance avec quelques hommes célèbres de l'époque. Marivaux, l'abbé de Mably, Fontenelle, Diderot furent ceux qu'il fréquentait le plus habituellement. Il vit Buffon et Voltaire. Il tomba malade, composa un opéra qui ne fut point joué. Ses protecteurs eurent pitié de sa position : ils le placèrent en qualité de domestique et de secrétaire auprès du comte de Montagu, ambassadeur français à Venise. Dans ses *Confessions*, il se donne comme secrétaire d'ambassade : c'est un vaniteux mensonge. Il n'était que le secrétaire privé de l'ambassadeur et son *domestique*, comme il s'appelle jusqu'à trois fois dans une lettre du 8 août 1744, où il se plaint d'en avoir été chassé sans avoir reçu ses gages (Rousseau, t. XVI, p. 74).

Résolu de mener désormais une vie indépendante, il revint à Paris, s'amouracha d'une servante de l'auberge où il logeait. Elle s'appelait Thérèse Levasseur, et n'avait absolument rien qui pût captiver le cœur d'un homme. Elle était âgée de vingt-quatre ans, et Rousseau de trente-trois. Il ne respira plus que pour elle. Il entreprit son éducation ; et c'est de lui-même que l'on sait que jamais il ne put lui apprendre à bien lire, et, ce qui est bien plus surprenant, à connaître un seul chiffre, les heures d'un cadran et les douze mois de l'année. Pour vivre, il travailla pour le théâtre; mais rien ne réussit. Il se trouva trop heureux d'entrer, comme commis à neuf cents francs, chez un fermier général. Il eut de la servante d'auberge, sans vouloir l'épouser, cinq enfants illégitimes ou bâtards qu'il fit porter à l'hôpital des enfants trouvés, omettant exprès de prendre aucun moyen de les retrouver et de les reconnaître plus tard. Dans ses *Rêveries d'un promeneur solitaire*, il cherche à se justifier par cette supposition extravagante : que si ses enfants étaient connus, ses ennemis s'en serviraient pour le persécuter et l'égorger.

Les amis de Rousseau l'enrôlèrent dans l'*Encyclopédie*. On le chargea des articles de musique, qu'il fit vite et très-mal. C'est lui-même qui le dit. Le succès de son discours sur cette question : *Le progrès des sciences et des arts a-t-il contribué à corrompre ou à épurer les mœurs*, lui tourna la tête. De ce moment, comme il nous l'apprend lui-même, il forma la résolution de rompre brusquement en visière aux maximes de son siècle. Il quitte son emploi de finance et se fait copiste de musique; il compose même une pièce qui a du succès. Son discours sur l'*origine de l'inégalité parmi les hommes* est une déclamation sombre et véhémente, où l'auteur fait, plus que partout ailleurs, le roman de la nature et la satire de la société. Vers 1753, dans un voyage à Genève, il renie la foi catholique et reprend l'hérésie de Calvin. A l'âge de quarante-cinq ans, sa passion pour une femme mariée dégénère en aliénation mentale. C'est dans cet état qu'il écrit son roman de la *Nouvelle Héloïse*, puis son roman d'*Émile* sur l'éducation. Les deux romans s'imprimaient en Hollande; mais M. de Malesherbes, directeur de la librairie en France, recevait les épreuves sous son couvert et les corrigeait de sa main. Le roman d'*Émile* fut brûlé à Genève, l'auteur décrété de prise de corps, ainsi qu'au parlement de Paris. Le maréchal de Luxembourg lui facilite les moyens de s'évader de Paris et de se réfugier en Suisse, où il prend le costume oriental d'Arménien. Pour défendre son roman d'*Émile*, il publie une lettre à Christophe de Beaumont, archevêque de Paris, et des *Lettres écrites de la Montagne* contre les magistrats de Genève, qu'il renie pour sa patrie. En 1766, il se retire en Angleterre auprès de l'historien Hume, avec lequel il finit bientôt par se brouiller. Repassé en France sous le nom de Renou, il épousa enfin Thérèse Levasseur, après vingt-six ans de concubinage, mais sans légitimer ni reconnaître ses bâtards. La misanthropie faisait chaque jour des progrès dans son âme. Ses amis familiers ne tardèrent pas à s'apercevoir d'un changement frappant dans toute sa personne. Des convulsions fréquentes rendaient son visage méconnaissable et ses regards effrayants. Il n'était quelquefois pas maître de dissimuler ce qu'il éprouvait. On l'entendit rappeler lui-même, en propres termes, qu'il avait été attaqué, en Angleterre, d'une espèce de folie. Il mourut à Ermenonville, près de Paris, le 3 juillet 1778, d'apoplexie, suivant son médecin; par le suicide, suivant d'autres.

Quant à son caractère, outre ce que nous avons déjà vu, un mot qui lui échappa un jour achèvera de le faire connaître. A la suite d'une altercation assez vive, une dame de ses bienfaitrices lui disait : « Mon ami, vos torts ne sont qu'une erreur de votre esprit; votre cœur n'y a point de part. — Où diable avez-vous pris cela? répliqua Jean-Jacques; sachez, une fois pour toutes, que je suis *vicieux*, que je suis né tel, et que vous ne sauriez croire la peine que j'ai à faire le bien, et combien peu le mal me coûte. Pour vous prouver à quel point ce que je vous dis est vrai, apprenez que je ne saurais m'empêcher de haïr les gens qui me font du bien. » D'après ces faits et d'autres, qu'on peut voir dans la *Biographie universelle*, on voit que Rousseau résumait assez bien en sa personne toute la philosophie moderne, par son incohérence, son orgueil et sa corruption.

Toutefois, il avait de bons moments et de bons mouvements. Les ennemis des Jésuites le pressèrent d'écrire contre eux dans leur disgrâce; mais il le refusa. *Il n'était*, dit-il, *ni assez lâche ni assez vil pour insulter aux malheureux* (Lettre du 28 mai 1764). On l'engagea aussi à écrire en faveur des protestants; il ne céda point à ces instances, attendu qu'il ne serait pas équitable de réclamer l'indulgence en faveur de gens qui sont persécuteurs eux-mêmes (Lettre du 15 juillet 1764). Il recevait dans le même temps, de tous les côtés, des lettres de gens qui voulaient absolument apprendre de lui ce qu'ils devaient penser sur la religion. On trouve ses réponses dans sa *Correspondance*, et elles durent le plus souvent fort étonner ceux à qui elles étaient adressées. Peut-être s'attendaient-ils à des décisions bien tranchantes et bien opposées à la révélation. Rousseau leur tient un tout autre langage. Il écrit à un M. d'Offreville, le 4 octobre 1761 : *Le chrétien n'a besoin que de logique pour avoir de la vertu*, et il lui montre la liaison de la morale avec la religion ou la croyance aux peines et aux récompenses de l'autre vie. Une dame de B... l'avait consulté sur ses doutes relativement à la religion. Il lui répond en décembre 1763 : « Vous avez une religion qui dispense de tout examen. Suivez-la en simplicité de cœur. C'est le meilleur conseil que je puis vous donner, et je le prends, autant que je puis, pour moi-même. » Le 22 juillet 1764, il écrit dans le même sens à un jeune homme que la lecture de ses ouvrages avait porté, à ce qu'il paraît à quelque éclat. Il le blâme d'avoir effarouché la conscience tranquille d'une mère en lui montrant des sentiments différents des siens, et il lui prescrit de se jeter à ses pieds et de lui demander pardon. « Ne pouvez-vous pas sans fausseté lui faire le sacrifice de quelques opinions inutiles, ou du moins les dissimuler ? » Puis il ajoute : « Je vous dirai plus, et je vous déclare que, si j'étais né catholique, je demeurerais catholique, sachant bien que votre Église met un frein très-salutaire aux écarts de la raison humaine, qui ne trouve ni fond ni rive quand elle veut sonder l'abîme des choses; et je suis si convaincu de l'utilité de ce frein, que je m'en suis moi-même imposé un semblable, en me prescrivant, pour le reste de ma vie, des règles de foi dont je ne me permets plus de sortir. Aussi je vous jure que je ne suis tranquille que depuis ce temps-là, bien convaincu que, sans cette précaution, je ne l'aurais été de ma vie. »

Rousseau n'est pas moins sensé dans les lettres qu'il écrit à un abbé dont on ne nous révèle pas le nom, mais qui, égaré par de pernicieuses lectures, frondait toutes les institutions et se targuait d'un scepticisme général. L'auteur d'*Émile* se moque un peu de lui et lui donne des conseils plus sages. « Avant de prendre un état, lui dit-il, on ne peut trop raisonner sur son objet. Quand il est pris, il en faut remplir les devoirs; c'est alors tout ce qui reste à faire. » Dans ses lettres du 27 novembre

1763, et des 6 janvier et 4 mars 1764, on trouve des réponses aux objections du sceptique abbé, et en même temps une ironie assez marquée, et que paraissaient mériter le caractère et la conduite du correspondant. On lit entre autres dans la dernière : « Otez la justice éternelle et la prolongation de mon être après cette vie, je ne vois plus dans la vertu, qu'une folie à qui l'on donne un beau nom. Pour un matérialiste, l'amour de soi-même n'est que l'amour de son corps. »

Un jeune homme ayant écrit à Rousseau que le résultat de ses recherches sur l'auteur des choses est un état de doute, il lui répond le 15 janvier 1769 : « Je ne puis juger de cet état, parce qu'il n'a jamais été le mien. J'ai cru dans mon enfance par autorité, dans ma jeunesse par sentiment, dans mon âge mûr par raison, maintenant je crois parce que j'ai toujours cru..... L'homme vulgaire, qui n'est ni une brute ni un prodige, est l'homme proprement dit, moyen entre les deux extrêmes, et qui se compose des dix-neuf vingtièmes du genre humain; c'est à cette classe nombreuse de chanter le psaume *Cœli enarrant*, et c'est elle, en effet, qui le chante. Tous les peuples de la terre connaissent et adorent Dieu; et, quoique chacun l'habille à sa mode, sous tous ces divers vêtements on trouve pourtant toujours Dieu. » Rousseau résout fort bien l'objection tirée du mal physique, puis continue : « Mais le mal moral ! autre ouvrage de l'homme, auquel Dieu n'a d'autre part que de l'avoir fait libre, et en cela semblable à lui. Faudra-t-il donc s'en prendre à Dieu des crimes des hommes et des maux qu'ils leur attirent? faudra-t-il, en voyant un champ de bataille, lui reprocher d'avoir créé tant de jambes et de bras cassés? — Pourquoi, direz-vous, avoir fait l'homme libre, puisqu'il devait abuser de sa liberté? Ah! monsieur, s'il exista jamais un mortel qui n'en ait pas abusé, ce mortel seul honore plus l'humanité que tous les scélérats qui couvrent la terre ne la dégradent... Bon jeune homme, de la bonne foi, je vous en conjure... Votre honnête cœur, en dépit de vos arguments, réclame contre votre triste philosophie. »

On doit observer, d'ailleurs, que Rousseau n'était point ennemi des prêtres, et qu'il ne prenait point à leur égard ce ton de hauteur et de mépris de plusieurs philosophes de cette époque. A Montmorency, dans le temps même qu'il travaillait à son *Emile*, il était lié avec les Oratoriens, qui y avaient une maison, et il parle d'eux avec éloge et intérêt. « Ne manquez pas, écrivait-il le 17 juin 1765, de voir de ma part M. le curé, et de lui marquer avec quelle édification j'ai toujours admiré son zèle et toute sa conduite, et combien j'ai regretté de m'éloigner d'un pasteur si respectable et dont l'exemple me rendait meilleur. » Il écrivait le 7 septembre 1766, à un ministre protestant : « Le clergé catholique, qui seul avait à se plaindre de moi, ne m'a jamais fait ni voulu aucun mal : et le clergé protestant, qui n'avait qu'à s'en louer, ne m'en a fait et voulu que parce qu'il est aussi stupide que courtisan, et qu'il n'a pas vu que ses ennemis et les miens le faisaient agir pour me nuire contre tous ses vrais intérêts. » Ailleurs, il dit qu'il a *toujours aimé et respecté l'archevêque de Paris*.

Enfin, tout le monde connaît ce magnifique témoignage qu'il rend à l'Evangile et à Jésus-Christ : « La sainteté de l'Evangile est un argument qui parle à mon cœur, et auquel j'aurais même regret de trouver quelque bonne réponse. Voyez les livres des philosophes avec toute leur pompe; qu'ils sont petits près de celui-là! Se peut-il qu'un livre, à la fois si sublime et si simple, soit l'ouvrage des hommes ! se peut-il que celui dont il fait l'histoire ne soit qu'un homme lui-même ? Est-ce là le ton d'un enthousiaste ou d'un ambitieux sectaire ? Quelle douceur, quelle pureté dans ses mœurs ! quelle grâce touchante dans ses instructions ! quelle élévation dans ses maximes! quelle profonde sagesse dans ses discours ! quelle présence d'esprit, quelle finesse et quelle justesse dans ses réponses ! quel empire sur ses passions! Où est l'homme, où est le sage qui sait agir, souffrir et mourir sans faiblesse et sans ostentation ? Quand Platon peint son juste imaginaire couvert de tout l'opprobre du crime et digne de tous les prix de la vertu, il peint trait pour trait Jésus-Christ : la ressemblance est si frappante, que tous les Pères l'ont sentie, et qu'il n'est pas possible de s'y tromper. Quels préjugés, quel aveuglement ou quelle mauvaise foi ne faut-il point pour oser comparer le fils de Sophronisque au fils de Marie? Quelle distance de l'un à l'autre! Socrate, mourant sans douleur, sans ignominie, soutient aisément jusqu'au bout son personnage; et si cette facile mort n'eût honoré sa vie, on douterait si Socrate, avec tout son esprit, fut autre chose qu'un sophiste. Il inventa, dit-on, la morale; d'autres avant lui l'avaient mise en pratique : il ne fit que dire ce qu'ils avaient fait, il ne fit que mettre en leçons leurs exemples. Aristide avait été juste avant que Socrate eût dit ce que c'était que justice; Léonidas était mort pour son pays avant que Socrate eût fait un devoir d'aimer la patrie; Sparte était sobre avant que Socrate eût loué la sobriété; avant qu'il eût défini la vertu, la Grèce abondait en hommes vertueux. Mais où Jésus avait-il pris chez les siens cette morale élevée et pure dont lui seul a donné les leçons et l'exemple ? Du sein du plus furieux fanatisme, la plus haute sagesse se fit entendre, et la simplicité des plus héroïques vertus honora le plus vil de tous les peuples. La mort de Socrate philosophant tranquillement avec ses amis est la plus douce qu'on puisse désirer; celle de Jésus expirant dans les tourments, injurié, raillé, maudit de tout un peuple, est la plus horrible qu'on puisse craindre. Socrate, prenant la coupe empoisonnée, bénit celui qui la lui présente et qui pleure; Jésus, au milieu d'un supplice affreux, prie pour ses bourreaux acharnés. Oui, si la vie et la mort de Socrate sont d'un sage, la vie et la mort de Jésus sont d'un Dieu.

» Dirons-nous que l'histoire de l'Evangile est inventée à plaisir ? Mon ami, ce n'est pas ainsi qu'on invente; et les faits de Socrate, dont personne ne doute, sont moins attestés que ceux de Jésus-Christ. Au fond, c'est reculer la difficulté sans la détruire; il serait plus inconcevable que quatre hommes d'accord eussent fabriqué ce livre, qu'il ne l'est qu'un seul en ait fourni le sujet. Jamais les auteurs juifs n'eussent trouvé ni ce ton, ni cette morale; et l'Evangile a des caractères de vérité si grands, si frappants, si parfaitement inimitables, que l'inventeur en serait plus étonnant que le héros (*Emile*, 1, 4). »

« Je ne sais pourquoi l'on veut attribuer au progrès de la philosophie la belle morale de nos livres. Cette morale, tirée de l'Evangile, était chrétienne avant d'être philosophique. Les chrétiens l'enseignent sans la pratiquer, je l'avoue (même pour Vincent de Paul?); mais que font de plus les philosophes, si ce n'est de se donner à eux-mêmes beaucoup de louanges, qui, n'étant répétées par personne autre, ne prouvent pas grand'chose, à mon avis. — Les préceptes de Platon sont souvent très-sublimes; mais combien n'erre-t-il pas quelquefois, et jusqu'où ne vont pas ses erreurs ! Quant à Cicéron, peut-on croire que, sans Platon, ce rhéteur eût trouvé ses *Offices*? L'Evangile seul est, quant à la morale, toujours sûr, toujours vrai, toujours unique et toujours semblable à lui-même (*Lettres écrites de la Montagne*, 1re partie, lettre 3, note, p. 239). »

« Ce *divin* livre, le seul nécessaire à un chrétien, le plus utile de tous à quiconque même ne le serait pas, n'a besoin que d'être médité pour porter dans l'âme l'amour de son auteur et la volonté d'accomplir ses préceptes. Jamais la vertu n'a parlé un si doux langage; jamais la plus profonde sagesse ne s'est exprimée avec tant d'énergie et de simplicité. On n'en quitte point la lecture sans se sentir meilleur qu'auparavant (*Réponse au roi de Pologne*). »

L'*Emile* de Rousseau ayant été condamné à Genève, l'auteur écrivit à sa patrie protestante qu'il ne pouvait le condamner sans se condamner elle-même, et que si, en fait de religion, on doit se soumettre à quelque autorité, la conséquence naturelle est de se faire catholique.

« Quand les réformateurs se détachèrent de l'Eglise romaine, ils l'accusèrent d'erreur, et, pour corriger cette erreur dans sa source, ils donnèrent à l'Ecriture un autre sens que celui que l'Eglise lui donnait. On leur demanda de quel droit ils s'écartaient ainsi de la doctrine reçue; ils dirent que c'était de leur autorité propre, de celle de leur raison. Ils dirent que le sens de la Bible étant intelligible et clair à tous les hommes en ce qui était du salut, chacun était juge compétent de la doctrine, et pouvait interpréter la Bible, qui en est la règle, selon son esprit particulier; que tous s'accorderaient ainsi sur les choses essentielles, et que celles sur lesquelles ils ne pourraient s'accorder ne l'étaient point.

» Voilà donc l'esprit particulier établi pour unique interprète de l'Ecriture; voilà l'autorité de l'Eglise rejetée; voilà chacun mis, pour la doctrine, sous sa propre juridiction. Tels sont les deux points fondamentaux de la réforme : reconnaître la Bible pour règle de sa croyance, et n'admettre d'autre interprète du sens de la Bible que soi. Ces deux points combinés forment le principe sur lequel les chrétiens réformés se sont séparés de l'Eglise romaine; et ils ne pouvaient moins faire sans tomber en contradiction; car quelle autorité interprétative auraient-ils pu se réserver après avoir rejeté celle du corps de l'Eglise?

· Mais, dira-t-on, comment, sur un tel principe, les réformés ont-ils pu se réunir? Comment, voulant avoir chacun leur façon de penser, ont-ils fait corps contre l'Eglise catholique? Ils le devaient faire : ils se réunissaient en ceci, que tous reconnaissaient chacun d'eux comme juge compétent pour lui-même. Ils toléraient et ils devaient tolérer toutes les interprétations, hors une, savoir, celle qui ôte la liberté des interprétations. Or, cette unique interprétation qu'ils rejettent est celle des catholiques. Ils devaient donc proscrire de concert Rome seule, qui les proscrivait également tous. La diversité même de leurs façons de penser sur tout le reste était le lien commun qui les unissait. C'étaient autant de petits Etats ligués contre une grande puissance, et dont la confédération générale n'ôtait rien à l'indépendance de chacun.

» Voilà comme la réformation évangélique s'est établie, et voilà comme elle doit se conserver. Il est bien vrai que la doctrine du plus grand nombre peut être proposée à tous comme la plus probable ou la plus autorisée; le souverain peut même la rédiger en formule et la prescrire à ceux qu'il charge d'enseigner, parce qu'il faut quelque ordre, quelque règle, dans les instructions publiques, et qu'au fond on ne gêne en ceci la liberté de personne, puisque nul n'est forcé d'enseigner malgré lui; mais il ne s'ensuit pas que les particuliers soient obligés d'admettre précisément ces interprétations qu'on leur donne et cette doctrine qu'on leur enseigne. Chacun en demeure seul juge pour lui-même et ne reconnaît en cela d'autre autorité que la sienne propre. Les bonnes instructions doivent moins fixer le choix que nous devons faire, que nous mettre en état de bien choisir. Tel est le véritable esprit de la réformation, tel en est le vrai fondement. La raison particulière y prononce, en tirant la foi de la règle commune qu'elle établit, savoir, l'Evangile; et il est tellement de l'essence de la raison d'être libre, que, quand elle le voudrait s'asservir à l'autorité, cela ne dépendrait pas d'elle. Portez la moindre atteinte à ce principe, et tout l'évangélisme croule à l'instant. Qu'on me prouve aujourd'hui qu'en matière de foi je suis obligé de me soumettre aux décisions de quelqu'un, dès demain je me fais catholique, et tout homme conséquent et vrai fera comme moi (*Lettres écrites de la Montagne*, 1re partie, lettre 2, p. 214). »

Ce qui manque à Jean-Jacques Rousseau, c'est d'être bien conséquent, bien d'accord. Il dira : « Jamais état ne fut fondé que la religion ne lui servît de base (*Contrat social*, l. 4, c. 8). » Il dira : « Nos gouvernements modernes doivent incontestablement au christianisme leur plus solide autorité, et leurs révolutions moins fréquentes; il les a rendus eux-mêmes moins sanguinaires : cela se prouve par le fait, en les comparant aux gouvernements anciens. La religion, mieux connue, écartant le fanatisme, a donné plus de douceur aux mœurs chrétiennes. Ce changement n'est point l'ouvrage des lettres, car partout où elles ont brillé, l'humanité n'en a pas été plus respectée : les cruautés des Athéniens, des Egyptiens, des empereurs de Rome, des Chinois, en font foi. Que d'œuvres de miséricorde sont l'ouvrage de l'Evangile! Que de restitutions, de réparations la confession ne fait-elle pas chez les catholiques (*Emile*, l. 3) ! » Rousseau dira : « Le christianisme est dans son principe une religion universelle, qui n'a rien d'exclusif, rien de local, rien de propre à tel pays plutôt qu'à tel autre. Son divin auteur, embrassant également tous les hommes dans sa charité sans bornes, est venu lever la barrière qui séparait les nations, et réunir tout le genre humain dans un peuple de frères; car, *en toute nation, celui qui le craint et qui s'adonne à la justice lui est agréable* (Act., 10. 35). Tel est le véritable esprit de l'Evangile. — Le parfait christianisme est l'institution sociale universelle. — Le christianisme, rendant les hommes justes, modérés, amis de la paix, et très-avantageux à la société générale (*Lett. de la Mont.*, lett. 1, t. VII, p. 202, 203 et 204). »

Voilà ce que dit Rousseau. Tout le monde en conclura : Donc le christianisme est la base nécessaire et commune de toutes les sociétés nationales ou politiques. Contrairement à tout le monde, Rousseau conclura que le parfait christianisme ne saurait être la base d'une société politique, mais que chaque nation doit se créer pour cela une chose dont le nom même est une contradiction, *une religion civile* : voilà ce qu'il dit et répète dans son *Contrat social*, notamment dans le chapitre VIII : *De la religion civile* : religion qui ne serait ni le protestantisme, dont le principe est la souveraineté individuelle, ni le catholicisme, dont le principe est la tradition universelle et divine, mais une religion nationale, que le seul glaive du bourreau rendrait obligatoire. Et comme on lui reprocha d'accuser ainsi l'Evangile d'être pernicieux à la société, il se justifia par cette incroyable réponse : « Bien loin de taxer le pur Evangile d'être pernicieux à la société, je le trouve, en quelque sorte, trop sociable, embrassant trop tout le genre humain par une législation qui doit être exclusive; inspirant l'humanité plutôt que le patriotisme, et tendant à former des hommes plutôt que des citoyens (*Ibid.*, p. 205 et 206). » Finalement, Rousseau ne veut pas du christianisme pour base d'une société politique, parce que le christianisme est trop sociable et qu'il inspire trop l'humanité.

Voici peut-être l'explication de ce mystère d'incohérence. Né calviniste, devenu catholique, redevenu calviniste pour récupérer son droit de citoyen de Genève, Rousseau se brouille de nouveau avec sa république et son église. « Ce sont, en vérité, de singulières gens que vos ministres! écrit-il aux Genevois; on ne sait ni ce qu'ils croient ni ce qu'ils ne croient pas; on ne sait pas même ce qu'ils font semblant de croire (*Lett. de la Mont.*, p. 223). » Rousseau se brouille avec tous ses amis et bienfaiteurs. Eh bien! c'est ce type d'insociabilité et d'incohérence qu'il reproduit dans son *Contrat social*, comme pour se justifier à ses propres yeux. Autre exemple. Au commencement du même ouvrage, il dit : « La plus ancienne de toutes les sociétés, et la seule naturelle, est celle de la famille. » Ces paroles sont belles, mais il ajoute aussitôt : « Encore les enfants ne restent-ils liés au père qu'aussi longtemps qu'ils ont besoin de lui pour se conserver. Sitôt que ce besoin cesse, le lien naturel se dissout (*Contrat social*, c. 2). » On sent ici le père dénaturé qui envoie ses enfants à l'hôpital et prend des précautions pour ne jamais les reconnaître ni être reconnu d'eux. Il conclut ensuite : « La famille est donc, si l'on veut, le premier modèle des sociétés politiques. » Si c'est la famille de Jean-Jacques Rousseau, il a raison de dire plus loin : « Tout ce qui n'est point dans la nature a ses inconvénients, et la société civile plus que tout le reste (l. 3, c. 15). » Plus haut, il n'a pas voulu du christianisme pour base de la société civile, attendu que le christianisme est trop sociable : dans son *Contrat social*, il lui donne pour base des conventions arbitraires, qu'il reconnaît n'être point dans la nature et avoir plus d'inconvénients que tout le reste.

Ce qui étonne le plus après tant d'incohérences, c'est que le XVIIIe siècle les ait admirées; c'est que la Corse et la Pologne se soient adressées à l'auteur du *Contrat social* pour en obtenir une constitution politique. Ceci nous mène à une découverte. Depuis longtemps nous cherchons, mais en vain, ces siècles d'ignorance et de ténèbres dont on parle tant : nous commençons à croire que réellement ils existent et que ce sont les deux derniers : car il n'y en a point qui ait produit plus d'auteurs incohérents et qui leur ait accordé une admiration plus idiote.

Une autre preuve de cette incohérence dans les idées de Rousseau, c'est l'ensemble de ce qu'il dit sur les miracles. « Le troisième caractère des envoyés de Dieu, dit-il, est une émanation de la puissance divine, qui peut interrompre et changer le cours de la nature à la volonté de ceux qui reçoivent cette émanation. Ce caractère est sans contredit le plus brillant des trois (Les deux autres sont : sainteté de la doctrine, sainteté de l'envoyé), le plus frappant, le plus prompt à sauter aux yeux; celui qui, se marquant par un effet subit et sensible, semble exiger le moins d'examen et de discussion : par là ce caractère est aussi celui qui saisit spécialement le peuple, incapable de raisonnements suivis, d'observations lentes et sûres, et en toute chose esclave de ses sens (*Troisième lettre écrite de la Mont.*). » Nous avons vu plus haut que le peuple forme les dix-neuf vingtièmes du genre humain.

Mais qu'est-ce qu'un miracle? « Un miracle, répond Jean-Jacques, est, dans un fait particulier, un acte immédiat de la puissance divine, un changement sensible dans l'ordre de la nature, une exception réelle et visible à ses lois. — Dieu peut-il faire des miracles? ajoute-t-il. Cette question, sérieusement traitée, serait impie si elle n'était absurde : ce serait faire trop d'honneur à celui qui la résoudrait négativement que de le punir; il suffirait de l'enfermer. Mais aussi quel homme a jamais nié que Dieu pût faire des miracles? Il fallait être Hébreu pour demander si Dieu pouvait dresser des tables dans le désert (*Ibid.*). »

Avec des idées si justes et si bien exprimées, il n'y a plus que deux questions à résoudre pour en faire une juste application. — *D.* Mais qu'est-ce que l'ordre et les lois de la nature? et comment les connaissons-nous? — *R.* Nous les connaissons uniquement par l'expérience générale, qui nous montre les mêmes effets constamment reproduits dans les mêmes circonstances. Nous nommons *lois* les causes de ces effets constants, et nous appelons *ordre* l'ensemble de ces lois. — *D.* Comment savoir avec certitude qu'un fait particulier est un miracle, un changement sensible dans l'ordre de la nature, une exception réelle et visible à ses lois? — *R.* Par le sens commun. En effet, c'est uniquement par le témoignage universel, par le consentement commun, que nous savons avec certitude qu'un phénomène est naturel ou conforme aux lois, à l'ordre constant de la nature. Quand donc ce témoignage atteste qu'un fait, un phénomène quelconque est un changement sensible dans l'ordre de la nature, une exception réelle et visible à ses lois, la réalité de ce changement ou de ce miracle est aussi certaine qu'il est certain qu'il existe un ordre et des lois de la nature; et quiconque refuse de croire sur ce point le témoignage général des hommes, ne peut raisonnablement le croire sur aucun point : il ne peut plus ni connaître l'ordre de la nature et ses lois, ni même savoir s'il y a des lois et un ordre réel dans la nature.

Quant aux miracles de Jésus-Christ, jamais il n'y eut de fait mieux attesté. Comme nous avons vu, le genre humain tout entier en rend témoignage; les chrétiens qui les ont vus et qui se sont laissé égorger pour attester ce qu'ils en disent; les Juifs et les païens, qui, pour les avoir vus, se sont faits chrétiens et exposés à la perte de leurs biens et de leur vie; les Juifs mêmes et les païens qui ne se sont pas convertis, et qui, comme Julien l'Apostat, Celse, Porphyre et les anciens rabbins, dans les écrits mêmes qu'ils ont faits contre la religion chrétienne, avouent que Jésus-Christ a fait les miracles les plus étonnants, jusqu'à ressusciter des morts (Voyez l'ouvrage de Bullet).

Et nous savons avec certitude que tous ces faits merveilleux sont réellement des miracles, des changements visibles dans l'ordre de la nature : nous le savons par le sens commun de tous les hommes. En effet, qui ne conviendra qu'il n'est pas conforme aux lois de la nature que des lépreux, des aveugles, des boiteux, des sourds soient guéris dans un instant par quelques prières? que ces paroles : *Lève-toi et marche!* rendent l'usage de ses membres à un paralytique de trente-huit ans! qu'un mort ressuscite au seul mot : *Sors du tombeau!* Aussi, les Juifs, ne pouvant nier les miracles de Jésus-Christ, les attribuaient-ils à la vertu du nom incommunicable de Dieu; les païens incrédules, aux secrets de la magie. Quant aux mahométans, ils professent dans l'*Alcoran*, comme une vérité certifiée par Dieu même, que Jésus, fils de Marie, a fait des signes manifestes, des miracles évidents.

Or, Jean-Jacques Rousseau, après avoir posé en principe que les miracles sont, dans un envoyé divin, le caractère le plus frappant, le plus prompt à sauter aux yeux, s'épuise néanmoins en sophismes, pour soutenir que c'est un caractère équivoque; il va jusqu'à dire : « Enfin, quoi qu'il en puisse être, il reste toujours prouvé, par le témoignage de Jésus même, que, s'il a fait des miracles durant sa vie, il n'en a point fait en signe de sa mission (P. 246). » Cette assertion de Jean-Jacques est un des plus grossiers mensonges. Dans vingt endroits de l'Evangile, Jésus-Christ rappelle aux Juifs, en preuve de sa mission, les prodiges qu'il opérait. *J'ai un témoignage plus grand que celui de Jean, car les œuvres que le Père m'a donné d'accomplir, les œuvres que je fais rendent témoignage que le Père m'a envoyé* (Joan., 5, 35 et 36). *Un jour qu'il se promenait dans le temple, sous le portique de Salomon, les Juifs l'environnèrent, disant : Jusqu'à quand nous tenez-vous en suspens? Si vous êtes le Christ, dites-le-nous clairement. Jésus leur répondit : Je vous parle et vous ne me croyez point. Les œuvres que je fais au nom de mon Père rendent témoignage de moi; mais vous, vous ne croyez point, parce que vous n'êtes pas de mes brebis. Si vous ne voulez pas me croire, croyez à mes œuvres, et connaissez et croyez que le Père est en moi et que je suis dans le Père* (Ibid., 10, 24-26). *Une autre fois, deux disciples de Jean vinrent le trouver, et lui dirent : Jean-Baptiste nous a envoyés vers vous, disant : Etes-vous celui qui doit venir, ou devons-nous en attendre un autre?* (Or, à ce moment même, il guérit beaucoup de malades de leurs langueurs et de leurs plaies, et il chassa des esprits malins, et il rendit la vue à un grand nombre d'aveugles.) *Jésus leur répondit : Allez, et rapportez à Jean ce que vous avez entendu et vu; que les aveugles voient, les boiteux marchent, les lépreux sont purifiés, les sourds entendent, les morts ressuscitent, l'Evangile est annoncé aux pauvres; et heureux est celui qui ne sera point scandalisé de moi* (Luc., 7, 20-23). *Telle est la constante réponse de Jésus, lorsqu'on l'interroge sur ce qu'il est : c'est à ses miracles qu'on doit le reconnaître, il le répète sans cesse : Si je n'avais pas fait parmi eux des œuvres que nul autre n'a faites, ils n'auraient point de péché* (Joan., 15, 24). Qu'on juge maintenant de la bonne foi de Rousseau quand il soutient que Jésus-Christ, de son propre aveu, n'a point fait de miracles en preuve de sa mission.

Outre une entière bonne foi, ce qui manque au philosophe de Genève, c'est de connaître bien certaines vérités fondamentales de la foi chrétienne, desquelles il ne paraît pas même se douter : telles que la distinction entre la nature et la grâce, entre l'ordre naturel et l'ordre surnaturel; connaissance sans laquelle les plus clairvoyants tâtonnent comme des aveugles dans les choses de Dieu et de l'homme. La *Biographie universelle* porte enfin ce jugement : « La grande célébrité attachée au nom de Jean-Jacques Rousseau est un garant que la totalité de ses écrits sera transmise aux générations futures; mais le triomphe, toujours certain, quoique lent, de la vérité sur l'erreur, est un garant plus sûr encore que tel des ouvrages de ce philosophe, qui a remué le siècle où nous vivons, ne trouvera plus de lecteurs dans ceux qui doivent suivre. L'inanité de ses théories, le peu d'étendue et de profondeur de ses connaissances positives dans la politique et l'histoire condamne d'avance à l'oubli une partie de ses déclamations. »

En somme, Jean-Jacques Rousseau, dans l'ensemble de ses écrits, est un chaos d'inconséquences et de contradictions, mais où il y a de belles tirades.

VOLTAIRE naquit à Châtenay près de Paris, le 20 février 1694, et mourut à Paris même, le 30 mai 1778, à l'âge de quatre-vingt-quatre ans. Il eut pour parrain l'abbé de Châteauneuf, prêtre et noble, qui lui apprit à lire le livre le plus impie et le plus obscène qu'il y eut alors. Ainsi corrompu par son siècle, Voltaire acheva de le corrompre à son tour. Cet indigne abbé, dernier amant de la prostituée Ninon de l'Enclos, lui présenta son filleul, à qui elle laissa par son testament une somme de deux mille francs pour acheter des livres. C'était

## LIVRE LXXXIX. — § V. PHILOSOPHISME OU INCRÉDULITÉ MODERNE.

dans les dernières années de Louis XIV. La dévotion du vieux roi forçait tous les visages à se couvrir d'un masque d'hypocrisie ou du moins de bienséance : quelques hommes, distingués par le rang, ou par l'esprit, amis des vers et de la volupté, trouvaient piquant d'insulter en secret à tout ce qu'on semblait respecter autour d'eux, c'est-à-dire à la religion, au gouvernement et aux bonnes mœurs. Dans leurs élégantes orgies, ils faisaient la débauche avec délicatesse, frondaient avec gaîté et proféraient le blasphème avec grâce. Nés tous pour être les soutiens de l'État et de l'Église, c'étaient des princes, des grands seigneurs, des prêtres; c'était le prince de Conti, le duc de Vendôme et le grand-prieur son frère, le duc de Sully, le marquis de la Fare, l'abbé de Chaulieu, l'abbé Courtin, l'abbé Servien, l'abbé de Châteauneuf. Ce dernier, qui voulait absolument faire de ce filleul ce qu'on appelait alors un honnête homme, l'avait introduit, dès le collège, dans cette société, véritable école de dépravation, de licence et de bon goût (*Biogr. univ.*, t. XLIX, art. VOLTAIRE). Jeune encore, Voltaire avait été mis au collège Louis-le-Grand, que dirigeaient alors les Jésuites, et il y eut pour maîtres les Pères Porée et Lejay. Ce dernier, voyant la tournure de son esprit, lui prédit qu'il serait le porte-étendard du déisme en France. On appelle *déisme* le système des incrédules qui, rejetant toute révélation, c'est-à-dire toute manifestation d'un ordre surnaturel de la grâce et de la gloire, admettent cependant l'existence de Dieu. Au jugement de Bossuet, le déisme n'est qu'un athéisme déguisé. Voltaire eut pour père François Arouët, ancien notaire et trésorier à la chambre des comptes, et pour mère Marguerite d'Aumart, d'une famille noble de Poitou : il reçut au baptême les noms de François-Marie. Son père était janséniste et fréquentait les assemblées des convulsionnaires. Il dit lui-même dans une lettre de l'an 1752 : « J'avais autrefois un frère janséniste; ses mœurs féroces me dégoûtèrent du parti. » Voltaire signait d'abord *Arouët L. J.* (Arouët le jeune). Bientôt ce nom de famille lui répugna. Il écrivait à quelqu'un le 17 mai 1741 : « Je vous envoyai ma signature en parchemin, dans laquelle j'oubliai le nom d'*Arouët*, que j'oublie assez volontiers. Je vous envoie d'autres parchemins où se trouve ce nom, malgré le peu de cas que j'en fais. » C'est donc dès 1718 il s'était fabriqué le nom sonore de Voltaire, par l'anagramme des lettres *Arouët L. J.*; à quoi ajoutant plus tard une particule aristocratique, il s'appela *M. de Voltaire*. Abjurer le nom de sa famille n'est pas la marque d'un bon fils ni d'un bon frère. Il ne fut pas meilleur citoyen. Les Français ayant été battus à Rosbac par le roi de Prusse, Frédéric II, Voltaire, qui était en correspondance avec ce prince, se moqua de ses compatriotes dans une foule de lettres où il leur donne le sobriquet de *Welches*, avec les épithètes de *sots*, de *lâches*, et les railleries ordurières qu'il est impossible de reproduire (Lettres du 28 mars 1775; 7 déc. 1774; 27 avril 1775; mai 1775; 2 mai 1758). Il souhaite à un officier prussien de venir assiéger et prendre telle ville de France (Lettres à d'Argental, 25 mai 1767; à d'Étallonde, 26 mai 1767). Il écrit au roi de Prusse : « Regardez-moi comme le sujet le plus attaché que vous ayez, car je n'ai point et ne veux point avoir d'autre maître (février 1737). C'est donc à mon roi que j'écris (mars 1737). » Il va jusqu'à l'appeler le *dieu Frédéric* (octobre 1737), et le Fils de Dieu (11 janvier 1771).

Non content de s'être ainsi fait Prussien, Voltaire ambitionnait d'être Russe, et pour cela reniait la France. Dans une lettre du 18 octobre 1771 à l'impératrice de Russie, Catherine II, après avoir traité de *fous* et de *grossiers* les Français qui étaient allés au secours de la Pologne, il ajoute : « Ce sont les Tartares qui sont polis, et les Français sont devenus des Scythes. Daignez observer, madame, que je ne suis point Welche; je suis Suisse, et si j'étais plus jeune, je me ferais Russe. » Il se fit bientôt Russe, nonobstant sa vieillesse. Il dira, le 7 juillet 1775 : « J'ignore absolument en quels termes est actuellement votre empire avec le petit pays des Welches, qui prétendent toujours être Français; pour moi, j'ai l'honneur d'être un vieux Suisse que vous avez naturalisé votre sujet. » Il signera, le 9 août 1774 : « *Votre vieux Russe de Ferney.* » Et Catherine lui répond, le 24 du même mois : Je sais que vous êtes un *bon Russe*. Et le Russe Voltaire ne s'en tenait pas là. Déjà précédemment il lui avait adressé ces paroles de sacrilège adulation : « Nous sommes trois, Diderot, d'Alembert et moi, qui vous dressons des autels; vous me rendez païen : je suis avec idolâtrie, madame, le prêtre de votre temple (22 déc. 1766). » Il l'appelle *déesse* (17 oct. 1769); d'autres fois *sainte Catherine II* (11 déc. 1772); elle qui avait fait étrangler son mari et se partageait entre le meurtre et l'adultère.

Sans affection pour sa famille et pour sa patrie, Voltaire n'en ressentait pas plus pour les autres nations, ni pour l'humanité entière. Vous voyez assassiner une personne quelconque, naturellement vous êtes ému et vous volez à son secours; mais cette personne qu'on assassine vous a elle-même sauvé la vie autrefois, votre émotion est à son comble; vous vous faites tuer pour lui témoigner votre reconnaissance. Or, une personne très-connue fut assassinée par trois autres, au temps et sous les yeux de Voltaire; et cette personne avait sauvé la liberté et la vie, non-seulement à ces autres, mais à toute l'Europe. Plus d'une fois la Pologne chrétienne avait sauvé la vie et la liberté de tous les peuples d'Occident contre les Turcs. Or, au temps et sous les yeux de Voltaire, la Pologne fut assassinée, comme nation, par la Russie, la Prusse et l'Autriche, qui la coupèrent en trois et s'en adjugèrent chacune un lambeau sanglant. Quelques Français volèrent au secours de la Pologne expirante. Comme nous avons vu, le Russe Voltaire les traite de fous, d'extravagants qui méritent punition. Il écrit, le 18 novembre 1772, à l'un des assassins, Frédéric de Prusse : « On prétend que c'est vous, Sire, qui avez imaginé le partage de la Pologne. Je le crois, *parce qu'il y a là du génie*, et que le traité s'est fait à Potsdam. » Il lui écrivait le 13 du même mois : « C'est dans le Nord que tous les arts fleurissent aujourd'hui ! c'est là qu'on fait les plus belles écuelles de porcelaine, qu'on partage des provinces d'un trait de plume, qu'on dissipe des confédérations et des sénats en deux jours, et qu'on se moque surtout *très-plaisamment* des confédérés et de leur Notre-Dame. » Ces confédérés dont se raille le

Russe Voltaire étaient les Polonais fidèles qui se réunirent sous l'étendard de la sainte Vierge pour sauver leur patrie. Plusieurs de ces confédérés, faits prisonniers par les Russes, furent, à la fin des soupers de ceux-ci, déchirés à coups de knout ou tués de diverses façons, pour l'agrément du dessert. De chastes Polonaises, qui avaient secouru leurs époux, eurent le ventre fendu, dans des orgies toutes moscovites; on arracha les fruits de leur hymen pour y substituer des chats furieux, et, recousant les entrailles de ces nobles victimes, on les laissa périr ainsi dans des convulsions atroces, au milieu des frépignements et des rires démoniaques d'officiers-bourreaux, dignes serviteurs de leur maîtresse (Guerrier de Du Mast, *Considérations sur les rapports actuels de la science et de la croyance*, 2e édit., Nancy, 1845, p. 85, note). Voilà ce que le Russe Voltaire appelle se moquer *très-plaisamment* des confédérés et de leur Notre-Dame. Il écrivait encore à sa Catherine le 1er janvier 1772 : « Une autre peste est celle des confédérés de Pologne : Je me flatte que Votre Majesté les guérira de leur maladie contagieuse. » C'est ainsi que Voltaire assimile l'amour de la patrie à une peste.

La masse du genre humain, qu'on appelle le peuple, ne lui inspire pas plus d'intérêt. « Il est à propos, dit-il, que le peuple soit guidé, et non pas qu'il soit instruit; il n'est pas digne de l'être (lettre à Damilaville, 19 mars 1766). Il me paraît essentiel qu'il y ait des gueux ignorants. Si vous faisiez valoir comme moi une terre, et si vous aviez des charrues, vous seriez de mon avis. Ce n'est pas le manœuvre qu'il faut instruire, c'est le bon bourgeois, c'est l'habitant des villes (au même, 1er avril). La raison triomphera, au moins chez les honnêtes gens; la canaille n'est pas faite pour elle (à d'Alembert, 4 fév. 1757). La canaille n'est pas digne d'être éclairée, et tous les jougs lui sont propres (au roi de Prusse, 5 janv. 1767). Ces dernières paroles sont dans une lettre au roi de Prusse, qui disait de son côté : J'ai honte de l'humanité; j'en rougis pour le siècle. Avouons la vérité, les arts et la philosophie ne se répandent que sur le petit nombre; la grosse masse, le peuple et le vulgaire de la noblesse, reste ce que la nature l'a faite, c'est-à-dire de méchants animaux (11 avril 1759). Plus des trois quarts des hommes sont faits pour l'esclavage du plus absurde fanatisme. Le gros de notre espèce est sot et méchant (31 oct. 1760).

Ce mépris du peuple, que Voltaire traite de canaille, caractérise bien la sagesse du monde. La sagesse de Dieu est différente. *Comme elle a fait le petit et le grand, elle a un égal soin des uns et des autres. Si elle a une préférence, c'est pour le petit; elle lui fait miséricorde, tandis que les puissants seront puissamment tourmentés* (Sap., 6, 8). *Elle fait ses délices d'être avec les enfants des hommes* (Prov., 8, 31). Aussi s'est-elle fait homme, et homme du peuple, ayant pour mère une humble vierge, pour père nourricier un modeste artisan, pour palais une étable, pour trône une crèche, pour dignité en ce monde une profession manuelle. Et quand elle entreprit de dissiper les ténèbres de la fausse sagesse, qui faisait adorer comme des dieux les rois, les princes, les gouverneurs, vivants et défunts, elle choisit pour ses prédicateurs, pour ses apôtres, non pas les rois, les puissants, les sages du monde, mais des hommes du peuple, des pauvres, des pêcheurs, des ignorants, et il leur disait : *Venez, et je vous ferai pêcheurs d'hommes; vous les prendrez comme dans un filet. Pour cela, n'ayez ni or ni argent : vous avez reçu gratuitement, donnez gratuitement. Je vous envoie comme des brebis au milieu des loups. Soyez donc prudents comme des serpents et simples comme des colombes. Bienheureux les pauvres, bienheureux les doux, bienheureux ceux qui pleurent, bienheureux ceux qui ont faim et soif de la justice, bienheureux les miséricordieux, bienheureux ceux qui ont le cœur pur, bienheureux les pacifiques, bienheureux ceux qui souffrent persécution pour la justice ; car le royaume du ciel est à eux. Bienheureux êtes-vous, lorsqu'on vous maudira, et qu'on vous persécutera, et qu'on dira tout mal contre vous à cause de moi. Réjouissez-vous et tressaillez d'allégresse ; car votre récompense est grande dans le ciel. Ne craignez point, petit troupeau : j'ai vaincu le monde. Et pour prouver qu'il a vaincu le monde, il se livre au monde comme une victime. Il est abandonné des siens, trahi par l'un d'eux, pris par les Juifs, garrotté comme un malfaiteur, traîné dans les rues, frappé de verges, couronné d'épines, soufflété, conspué, attaché à une croix, mis à mort entre deux larrons. Et après sa mort il dit à ses onze disciples : Il m'a été donné toute puissance au ciel et sur la terre. Allez donc enseigner toutes les nations, les baptisant au nom du Père, et du Fils, et du Saint-Esprit ; leur apprenant à observer tout ce que je vous ai recommandé. Et voici que je suis avec vous tous les jours jusqu'à la consommation des siècles.*

Et nous avons vu les douze pêcheurs de Galilée, eux et leurs successeurs, exécuter ce commandement, depuis la première Pentecôte chrétienne jusqu'à nos jours, et par toute la terre, en Orient, en Occident, au Midi, au Septentrion, en Europe, en Asie, en Afrique, en Amérique, jusqu'en Chine et en Corée. Les nations ont frémi, les rois se sont soulevés contre l'Eternel et son Christ; mais il s'est ri d'eux. La Synagogue judaïque, qui avait mis à mort le Christ lui-même, a été ensevelie sous les ruines de Jérusalem et de son temple. L'empire romain, pour avoir tué les chrétiens pendant trois siècles, est dépecé par les Barbares en une dizaine de royaumes, dont Rome chrétienne est la mère spirituelle. Les Goths, les Huns, les Vandales, venus pour cette exécution de l'empire de Néron et de Dioclétien, deviennent au sein de l'Eglise les nations catholiques d'Italie, d'Espagne, de France et d'Angleterre. La barbarie s'étant incarnée dans Mahomet et son empire, l'humanité chrétienne la repousse et la combat par une lutte de douze siècles, et finit de nos jours par lui infiltrer des inclinations plus humaines. Dans l'enceinte même de l'Eglise, l'hérésie attaque successivement toutes les vérités par toutes les erreurs : l'Eglise détermine plus nettement et proclame plus haut toutes les vérités contre toutes les erreurs, et produit une armée de docteurs pour cette nouvelle guerre. L'esprit de schisme arrache à l'Eglise des individus, quelquefois des populations entières : l'Eglise dilate les entrailles de sa charité et de son unité vivante, et y attire de nouveau ses enfants égarés; ainsi voyons-nous l'Angleterre protestante y revenir avec amour, et inviter l'Allemagne à en faire autant. Et au milieu de ces combats incessants contre le monde et l'enfer, l'Eglise ne cesse d'enfanter de saints personnages et de saintes œuvres. Et toujours nous voyons en elle l'effet de cette promesse de la Sagesse incarnée : *Et voici que je suis avec vous tous les jours jusqu'à la consommation des siècles.* Et voilà comme le Dieu des pauvres, le Dieu des faibles, le Dieu des humbles, le Dieu du peuple, ne cesse de confondre les riches, les puissants, les sages du monde.

La philosophie ou plutôt l'incrédulité moderne, dont Voltaire était le porte-étendard, en est un exemple de plus. Elle se croyait plus habile que tous les schismes, toutes les hérésies, plus puissante que le mahométisme et que Rome païenne; elle se promettait de venir à bout de la religion du Christ, de l'Eglise catholique. La puissance lui fut donnée pour un temps. La Révolution française fut mise à ses ordres, non-seulement pour la France, mais pour le reste du monde. Et que voyons-nous aujourd'hui? Les rois et les puissants, qui avaient applaudi à l'incrédulité moderne, chancellent sur leurs trônes, la terre menaçant d'un moment à l'autre de manquer sous leurs pas, tandis que l'Eglise catholique, purifiée et rajeunie par les persécutions, resplendit comme la cité de Dieu sur le haut de la montagne, et que tous les peuples de l'univers tournent vers elle des regards attendris, pour contempler son pontife, Pie IX, leur amour et leur admiration (1847).

Voltaire écrivait à son ami d'Alembert le 20 juin 1760 : « Hérault disait un jour à un de ses frères : *Vous ne détruirez pas la religion chrétienne. — C'est ce que nous verrons,* dit l'autre. — Cet autre est Voltaire lui-même, qui écrit au même ami le 24 juillet suivant : « Serait-il possible que cinq ou six hommes de mérite qui s'entendront ne réussissent pas, après les exemples que nous avons de douze faquins qui ont réussi ? » Et le 23 août : « J'aime passionnément mes frères en Beelzébuth. » On comprend assez quels sont ces frères dans le prince des démons, et quel était le but de leur complot. Voltaire leur disait un jour : « Je suis las de leur entendre répéter que douze hommes ont suffi pour établir le christianisme, et j'ai envie de leur prouver qu'il n'en faut qu'un pour le détruire (Condorcet, *Vie de Voltaire*, p. 112-115). Son biographe Condorcet nous apprend la cause de cette hostilité déclarée contre la religion chrétienne. Voltaire était jaloux du bruit que faisait Rousseau par sa profession de foi du vicaire savoyard dans son roman d'*Emile* : il voulut le surpasser en hardiesse. Ce sentiment devint de la haine contre tous les défenseurs du christianisme, et de la haine au langage le plus cynique. Les regardant comme ses ennemis personnels, il les traite de *bêtes puantes*, de *faquins*, de *cuistres*, de *polissons*, et autres gracieusetés de ce genre. Il écrivait à Thiriot le 5 décembre 1759 : « Il me semble qu'il faudrait faire une battue contre ces bêtes puantes. Un de mes plaisirs, dans mon petit royaume, est de tirer à cartouches sur ces drôles-là, sans les craindre; c'est un des amusements de ma vieillesse. » — A Helvétius, le 10 mai 1761 : « Est-ce que la proposition honnête et modeste d'étrangler le dernier Jésuite avec les boyaux du dernier janséniste ne pourrait pas amener les choses à quelque conciliation? » — A Damilaville, le 26 janvier 1762 : « C'est bien dommage que les philosophes ne soient encore ni assez nombreux, ni assez zélés, ni assez riches pour aller détruire, par le fer et par la flamme, ces ennemis du genre humain et la secte abominable qui a produit tant d'horreurs. » — Au comte d'Argental, le même jour : « Les Jésuites et les jansénistes continuent à se déchirer à belles dents; il faudrait tirer sur eux à balles pendant qu'ils se mordent. » Cette riante image lui plaît tant, qu'il la répète, quatre jours après, dans une lettre à Damilaville : « Il faut écraser les Jésuites et les jansénistes pendant qu'ils se mordent. » Il mandait également à Chabanon : « Il ne serait pas mal qu'on envoyât chaque Jésuite dans le fond de la mer avec un janséniste au cou. » Tels étaient les bénins souhaits de Voltaire. Aussi le président de Brosses, son ami, lui écrivait-il de son côté : « Souvenez-vous, monsieur, des avis prudents que je vous ai ci-devant donnés en conversation, lorsqu'en me racontant les traverses de votre vie, vous ajoutâtes que vous étiez d'un caractère naturellement insolent. Je vous ai donné mon amitié, parce qu'il y a des jours où vous en êtes digne. Une marque que je ne l'ai pas retirée, c'est l'avertissement que je vous donne encore de ne jamais écrire dans vos moments d'aliénation d'esprit, pour n'avoir pas à rougir dans votre bon sens de ce que vous auriez fait dans votre délire (Picot, *Mémoires*, an 1768).

Ces conseils de l'amitié furent mal reçus : Voltaire en traita l'auteur de *fétiche* et de *petit singe* (lettre à M. de Ruffey, 23 juillet 1763). Sa haine contre la religion chrétienne devint de la fureur. Il ne la désigna plus, dans sa correspondance intime, que sous le sobriquet d'*infâme. Ecrasons l'infâme, écrasez l'infâme*, s'y trouve répété plus de cent cinquante fois : il se fit même un nom propre de ces paroles sataniques, et signait par abréviation. *Ecr-linf* ou *Ecrlinf.* Une de ses lettres au marquis d'Argence de Dirac, 2 mars 1763, est signée de sa main *Christmoque! —* Que les Juifs se moquassent du Christ sur la croix, cela se conçoit peut-être; mais qu'un Français se moque du Christ, traite sa religion d'infâme, lorsqu'au nom de cette religion, un serviteur du Christ, Vincent de Paul, vient de couvrir la France d'hospices et de sœurs de charité pour toutes les misères humaines, cela se peut-il concevoir?

Ce n'est pas tout : à cette haine furieuse pour la religion chrétienne il joignait l'hypocrisie la plus déhontée. Il écrivait au comte d'Argental, le 16 février 1761 : « Si j'avais cent mille hommes, je sais bien ce que je ferais; mais, comme je ne les ai pas, je communierai à Pâques, et vous m'appellerez hypocrite tant que vous voudrez. » Il communia effectivement cette année-là, ainsi qu'en 1768, avec beaucoup d'ostentation, rendant le pain bénit, se permettant même de prêcher à l'église, comme seigneur de la paroisse. Il écrit le 1er mai à d'Alembert : « Que doivent faire les sages quand ils sont environnés d'insensés barbares? Il y a des temps où il faut imiter leurs contorsions et parler leur langage. Au reste, ce que j'ai fait cette année, je l'ai déjà fait plusieurs fois; et, s'il plaît à Dieu, je le ferai encore. Il y a des gens qui craignent de manier des araignées, il y en a d'autres qui les avalent. » L'année suivante, étant malade, il se fit apporter le saint viatique en présence d'un notaire à qui il en fit dresser acte, ainsi que de sa profession de foi, le tout par bravade contre l'évêque de Genève, qui lui avait fait des remontrances sur ces jeux sacriléges, et que, dans ses lettres à ses amis, il traite de fanatique, d'énergumène, de polisson. Il écrivait à M. et Mme d'Argental, le 8 mai : « Mes chers anges sont tout ébouriffés d'un déjeûner par devant notaire ; mais.... on ne peut donner une plus grande marque de mépris pour ces facéties que de les jouer soi-même. »

Chez Voltaire, cette hypocrisie était la suite d'une théorie générale et formelle de mensonge. Il écrit à Thiriot, le 21 octobre 1736 : « Le mensonge n'est un vice que quand il fait du mal : c'est une très-grande vertu quand il fait du bien. Soyez donc plus vertueux que jamais. Il faut mentir comme un diable, non pas timidement, non pas pour un temps, mais hardiment et toujours. Mentez, mes amis, mentez, je vous le rendrai dans l'occasion. » Ce qui lui fit établir cette théorie du mensonge et de la friponnerie, c'est qu'il ne cessait de publier contre la religion des ouvrages sous des noms supposés. Ainsi, quand il eut fait paraître le *Dictionnaire philosophique portatif*, il écrivit, le 13 juillet 1764 : « Dieu me préserve d'avoir la moindre part au *Dictionnaire philosophique*. J'en ai lu quelque chose. Cela sent terriblement le fagot ; » et le 29 septembre : « Quelle barbarie de m'attribuer le *portatif*! Le livre est reconnu pour être d'un nommé Dubut, petit apprenti théologien en Hollande. » Il écrivit à tous ses amis pour désavouer cet ouvrage, au duc de Richelieu, au comte d'Argental, au président Hénault. Le 16 juillet, il marquait à d'Alembert : « J'ai ouï parler de ce petit abominable dictionnaire. C'est un ouvrage de Satan. Heureusement, je n'ai nulle part à ce vilain ouvrage. J'en serais bien fâché. Je suis l'innocence même, et vous me rendrez bien justice dans l'occasion. Il faut que les frères s'aident les uns les autres. » C'est avec ce ton d'ironie qu'il en parlait à ses intimes. « L'ouvrage, écrivait-il encore à d'Alembert, est d'un nommé Dubut, proposant, lequel n'a jamais existé. » Ces menteries, cette duplicité, Voltaire se le permit plus d'une fois envers ses confidents mêmes. Il écrivait un jour à l'un d'eux : « Mon cher Thiriot, je vous aime et ne vous trompe point ; » et la veille encore, s'exprimant sur son compte, à cœur ouvert, avec d'Argental, il disait à ce dernier : « Thiriot est une âme de boue, aussi lâche que méprisable (lettres à Thiriot, 19 janv. et 28 fév. 1739 ; à d'Argental, 18 janv. et 5 fév.). » — Voltaire lui-même en entendait quelquefois d'assez dures. Sa propre nièce, madame Denys, lui écrivait dans une lettre du 10 février 1754 : « Le chagrin vous a peut-être tourné la tête ; mais peut-il gagner le cœur ? L'avarice vous poignarde. Ne me forcez pas à vous haïr ; vous êtes le dernier des hommes par le cœur (Supplément aux lettres de Voltaire, an 1808). Une phrase de Voltaire justifie ce reproche. Le 13 février 1755, il invite une autre nièce à venir le voir avec ses dessins. « Apportez-moi surtout, ajoute-t-il, les plus immodestes pour me réjouir la vue. » Il touchait alors à soixante ans. Avant cela, le marquis du Chastelet lui avait donné une hospitalité généreuse à Cirey, sur les frontières de Lorraine et de Champagne. Voltaire en profita pour corrompre sa femme, vivre avec elle en adultère, persuadé qu'elle le préférait à son mari. Quand elle mourut à Lunéville, en 1749, il reconnut qu'elle leur préférait à tous deux un troisième : c'était une femme philosophe, auteur de livres morts avec elle.

Mais rien ne fait mieux connaître la corruption de Voltaire et de son siècle que le fait suivant. Nous avons vu que le personnage le plus français, le plus merveilleux, le plus poétique qu'il y a peut-être dans l'histoire humaine, c'est Jeanne d'Arc. Nous l'avons vue, pieuse et chaste bergère de dix-huit ans, battre l'Angleterre, sauver la France et l'empêcher de devenir une province anglaise. Puis nous l'avons vue trahie par un Français, vendue par un Français, poursuivie par des Français, jugée et condamnée par des Français, abandonnée par les Français, pour être brûlée par les Anglais. Ce n'est que longtemps après sa mort ignominieuse que la France songea à rétablir sa mémoire. Et encore, est-ce la France du moyen-âge ; car la France philosophique et voltairienne a repris et continué l'œuvre de l'Angleterre. Si l'Angleterre a brûlé Jeanne d'Arc, la France voltairienne l'a traînée dans la boue. Voltaire, dans ses œuvres soi-disant philosophiques et historiques, emploie tous les moyens pour dégrader le caractère de celle qui a sauvé la France. Au lieu de cette jeune fille, telle que les témoins oculaires nous la représentent, humble, chaste et pieuse, paissant les troupeaux de son père, ne quittant sa famille que pour arracher la France aux Anglais, c'est une servante de cabaret, âgée de vingt-sept ans. Voici entre autres les paroles de Voltaire : « La plupart de nos historiens, qui se copient tous les uns les autres, supposent que la Pucelle fit des prédictions et qu'elles s'accomplirent. On lui fait dire qu'*elle chassera les Anglais hors du royaume*, et ils y étaient encore cinq ans après sa mort. On lui fait écrire une longue lettre au roi d'Angleterre, et assurément elle ne savait ni lire ni écrire ; on ne donnait pas cette éducation à une servante d'hôtellerie dans le Barrois, et son procès porte qu'elle ne savait pas signer son nom (*Dict. philos.*, art. JEANNE D'ARC). On la fit passer pour une bergère de dix-huit ans. Il est cependant avéré, par sa propre confession, qu'elle avait alors vingt-sept années (*Essai sur les mœurs et l'esprit des nations*, c. 80). » Voilà ce que dit Voltaire, philosophe et historien.

Or, nous l'avons vu dans le quatre-vingt-deuxième livre de cette Histoire, il est avéré et par la propre confession de Jeanne et par plusieurs témoignages juridiques qu'elle était une bergère de dix-huit ans. Si elle écrivit une longue lettre au roi d'Angleterre, elle-même nous apprend qu'elle la dicta. Elle fit des prédictions que nous avons vu enregistrer avant l'événement et s'accomplir ensuite. Nous l'avons vue dire aux Anglais, non pas qu'elle les chasserait du royaume, mais bien qu'avant six ans ils perdraient un gage plus considérable qu'Orléans, que le roi entrerait à Paris en bonne compagnie, et que les Anglais perdraient finalement tout en France.

On se demandera peut-être quel motif Voltaire

pouvait-il avoir de dénaturer ainsi l'histoire de Jeanne d'Arc, personnage si français, si merveilleux, si poétique. C'est que, Parisien par la naissance, Français par la langue, Voltaire était, on le voit dans ses lettres, Anglais par l'esprit et Russe par le cœur. A tout cela, il est une cause encore plus intime. Jeanne d'Arc, la gloire et le salut de la France, était surtout chrétienne. Voltaire, philosophe, Voltaire, historien, prépare donc la voie à Voltaire, poète. Tout doit aboutir à traîner Jeanne d'Arc dans la fange d'un poème où l'obscénité la plus ordurière le dispute à l'impiété la plus exécrable. Et ce poème, digne au plus de Sodome, cette dérision infâme de la virginité, du patriotisme et du martyre, fait les délices des princes et des princesses, de l'impératrice de Russie, du roi de Prusse, de la margrave de Bareith, même de bien des seigneurs et dames de France, même de certains hommes d'église! Et Paris, le Paris des théâtres, fait l'apothéose, non pas de la chaste héroïne qui a sauvé la France, mais du poète ordurier qui la traîne dans la boue, et qui, en cela, n'est que le trop fidèle représentant d'un siècle de pourriture et d'infamie (1).

## § VI.

*État des trônes en Europe, particulièrement en Russie, en Prusse et en Pologne.*

La plupart des trônes d'Europe étaient comme autant de mauvais lieux. Celui de Russie l'emporte sur tous les autres. L'adultère et le régicide y paraissent indigènes. En voici la statistique, à commencer de Pierre I$^{er}$, dit le Grand. Il était le troisième fils du czar Alexis Romanow; ses frères aînés étaient Fédor, qui mourut sans postérité, et Ivan, qui laissa deux filles et un fils héritier du trône (*Biogr. univers.*, art. PIERRE I$^{er}$), mais duquel il n'est plus question dans l'*Histoire de Russie*. Pierre régna seul à la place de son frère aîné et de son neveu. Jeune encore, Pierre épousa Eudoxie Lapouchin, dont il eut un fils légitime, Alexis : bientôt il renvoie Eudoxie et prend à sa place la fille d'un brasseur de Moscou, qu'il renvoie à son tour; enfin il épouse une prisonnière de Livonie, femme d'un dragon suédois, laquelle, depuis sa captivité, avait été prostituée à trois généraux. Pierre en a trois bâtards : deux filles, Anne et Élisabeth, et un garçon. Pour préparer à celui-ci la voie du trône, il fait couper la tête ou la coupe lui-même à son fils aîné et légitime, Alexis : crime inutile, car le jeune bâtard mourut peu après. Sa mère, femme du soldat suédois, nommée d'abord Marthe, puis Catherine, ne fut pas toujours fidèle au czar : celui-ci la surprit avec un jeune homme auquel il fit couper la tête; il comptait également punir la czarine,

lorsqu'il mourut lui-même fort à propos, à l'âge de cinquante-trois ans : toute la Russie crut que sa mort avait été accélérée (Castéra, *Hist. de Catherine II, impératrice de Russie*, l. 1). Le légitime héritier du trône était le fils de l'infortuné Alexis, décapité par son père : il fut écarté. Menzikof, fils d'un pâtissier, l'un des généraux à qui Catherine avait servi de concubine avant de devenir celle de l'empereur, força le sénat russe de la déclarer impératrice. Menzikof et Catherine ne savaient ni lire ni écrire. Après la mort de Pierre, Catherine I$^{re}$ vécut en concubinage avec deux hommes simultanément. Elle maria l'une de ses filles, Anne, au duc de Holstein. Comme ce prince passait pour impuissant, sa femme, d'après le conseil de sa mère, dit-on, eut recours à l'adultère pour avoir un fils, qui fut depuis Pierre III (*Ibid.*). A la mort de Catherine, en 1727, Menzikof fit proclamer empereur le fils de l'infortuné Alexis, sous le nom de Pierre II, qui mourut de la petite vérole en 1730. Alors on écarta de l'empire les deux filles de Pierre I$^{er}$, Élisabeth et Anne, avec son fils, attendu qu'étant issus d'un double adultère, ils devaient rester à jamais exclus du trône. On observa que, quand Pierre I$^{er}$ épousa Catherine, le premier mari de cette femme et l'impératrice Eudoxie Lapouchin étaient encore vivants (*Hist. de Catherine II*, l. 1, p. 79). On appela donc au trône la princesse Anne, fille aînée d'Ivan, frère aîné de Pierre I$^{er}$, laquelle était veuve et duchesse de Courlande. Elle se prostituait au petit-fils d'un palefrenier, nommé Biren, qui fit mourir dans les supplices plus de onze mille Russes et en exila deux fois autant. Elle appela auprès d'elle sa nièce, fille de la duchesse de Mecklembourg, la reconnut pour son héritière et la maria au duc de Brunswick. De ce mariage naquit, en 1740, un prince nommé Ivan, qui fut déclaré grand-duc de Russie. A la mort d'Anne Ivanowna, l'an 1740, son neveu Ivan, sixième du nom, fut élu empereur à l'âge de deux mois, sous la régence de sa mère, la duchesse de Brunswick. Celle-ci s'étant, par suite de ses débauches, brouillée avec son mari, une conspiration mit sur le trône Élisabeth, seconde fille de Pierre I$^{er}$, et jeta en prison le jeune Ivan avec sa mère (1741). — Élisabeth, ne voulant pas de mari officiel, épousa secrètement un grenadier des gardes. Elle avait, en outre, des maris supplémentaires et de rechange, l'un desquels fut en correspondance avec Voltaire. Souvent elle buvait avec excès, et ses femmes étaient obligées de la porter au lit, où elle se prostituait chaque jour à un autre débauché (*Ibid.*, p. 151). A sa mort, en 1762, on reconnut empereur le fils de sa sœur Anne Pétrowna, sous le nom de Pierre III : il avait épousé une princesse d'Anhalt, qui fut Catherine II. Nonobstant l'impuissance de son mari, elle eut plusieurs enfants; et d'abord, du chambellan Soltikof, elle eut un fils, qui fut plus tard l'empereur Paul, père d'Alexandre, de Constantin et de Nicolas, empereur de Russie. Et avant et après qu'elle fût montée sur le trône, par la mort d'Élisabeth, arrivée le 5 janvier 1762, Catherine II ne discontinuait point ses adultères. Son époux, Pierre III, résolut de la répudier, de déclarer bâtard son fils Paul et de reconnaître pour son héritier le prince Ivan, détrôné par Élisabeth et plongé dans un cachot, où il alla secrètement lui

---

(1) Si le grave auteur de cette histoire vivait encore, il pourrait ajouter un chapitre à ce récit :
Paris, de nos jours, fait mieux encore qu'il y a vingt ans! Il vient d'offrir une statue à Voltaire : Les porte-plumes du journal LE SIÈCLE, ont été les tristes provocateurs de cette chétive souscription qui a froissé les cœurs généreux pour lesquels les mots de « *Religion et Patrie* » ont encore quelque signification! La statue est prête, paraît-il, mais on ne sait où reléguer ce monument d'ineptie et d'immoralité.
E. H.

rendre visite. Mais Catherine II, qui venait d'accoucher clandestinement d'un enfant adultérin, sut prévenir son époux. Joignant l'hypocrisie à la débauche, elle avait gagné le peuple russe par un extérieur de dévotion : les courtisans à qui elle se prostituait ourdirent une conspiration en sa faveur et corrompirent les régiments de la garde : le 6 juillet 1762, elle fut proclamée seule impératrice à Pétersbourg et couronnée dans la grande église. Pierre III renonça à la couronne et se soumit en tout aux volontés de Catherine : pour toute réponse, Catherine lui envoya le septième jour trois de ses courtisans, qui lui annoncèrent sa prochaine délivrance et lui demandèrent à dîner. Aussitôt on apporte, suivant la coutume du Nord, des verres et de l'eau-de-vie. Le czar, sans défiance, avale son verre et sent aussitôt des douleurs cruelles : il était empoisonné. Il demande du lait, on lui présente un second verre de poison. Comme il s'y refuse, on le renverse et on l'étrangle. Informée que son époux n'existe plus, Catherine paraît au milieu de sa cour avec un air tranquille, dîne en public comme à l'ordinaire, et le soir tient sa cour avec la plus grande gaîté (Castéra, *Hist. de Catherine II*, l. 4).

Les trois exécuteurs du crime de Catherine II sur son époux et son souverain sont : 1° Alexis Orlof, frère de Grégoire, le principal des courtisans à qui Catherine se prostituait alors, et dont elle eut un enfant l'année suivante. Alexis fut, en récompense, nommé lieutenant-colonel dans les gardes. 2° Téplof, bâtard de Théophile, archevêque de Novogorod, qui couronna Catherine. 3° Le prince Baratinsky, auquel Catherine d'Anhalt, pour prix de son crime, fit épouser une princesse de Holstein. Chose remarquable ! les dynasties protestantes d'Allemagne servent à propager et à récompenser le régicide en Russie. Pour couronner dignement cette série de forfaits, Catherine d'Anhalt fit assassiner, en juillet 1764, l'empereur détrôné, Ivan VI, puis elle continua jusqu'à sa mort, en 1796, de se prostituer à ses courtisans. Son fils, l'empereur Paul, est étranglé à son tour le 12 mars 1801, du consentement, dit-on, de ses propres enfants. Telle est la dynastie régicide et adultère qui règne en Russie. Telle est cette Catherine II que Voltaire appelle sa *sainte Catherine* et sa *déesse*. Tels sont les souverains pontifes, mâles et femelles, des Russes schismatiques; car tout ce qui n'est pas catholique-romain ne peut avoir d'autre pape que le souverain particulier de son pays, homme ou femme : ce qui détruit l'unité chrétienne du genre humain et le parque en autant de troupeaux isolés qu'il y a de rois, de princes et de bourgmestres.

Le premier pape moscovite, Pierre I<sup>er</sup>, traita les Russes plus en bêtes qu'en hommes, plus en boucher qu'en pasteur. Il avait aboli le patriarcat de Russie, importé de Constantinople. En 1725, voulant faire couronner impératrice la femme Marthe ou Catherine du soldat suédois, il s'adressa à l'archevêque de Novogorod, primat de Russie. Celui-ci crut l'occasion favorable pour faire rétablir le patriarcat en sa faveur : il remontra au czar qu'une si auguste cérémonie acquerrait bien plus de solennité par la présence d'un patriarche. Pour toute réponse, le czar lui donna une volée de coups de bâton : c'était sa manière d'avertir les gens dont il n'était pas content. L'archevêque le comprit, et il ne fut plus question du patriarcat. Une lubie de ce pape moscovite coûta bien du sang à la Russie, ce fut la réforme de l'habit et de la barbe. Il obligea les Russes à s'habiller et à se raser comme les Allemands, et, pour les y amener, il fit couper la tête à plus de huit mille : lui-même fut le maître bourreau. Un jour, dans un grand repas, après avoir beaucoup bu, suivant sa coutume, il fit amener des prisons une vingtaine de Strélitz, et à chaque rasade il coupait la tête à un de ces infortunés, aux grands applaudissements de sa cour. Du reste, cela peut-il étonner de la part d'un père qui a égorgé son propre fils ? Ce qui étonne, c'est que Voltaire ait dissimulé ces faits dans son histoire ou plutôt son roman de Pierre le Grand. Frédéric II, encore prince royal de Prusse, les lui avait cependant fait connaître par des mémoires authentiques. Il lui avait dit : « Le czar vous apparaîtra dans cette histoire bien différent de ce qu'il est dans votre imagination... Un concours de circonstances heureuses, des événements favorables et l'ignorance des étrangers ont fait du czar un fantôme héroïque, de la grandeur duquel personne ne s'est avisé de douter. — Le czar n'avait aucune teinture d'humanité, de magnanimité et de vertu ; il avait été élevé dans la plus crasse ignorance; il n'agissait que selon l'impulsion de ses passions déréglées. » Voilà ce que dit Frédéric, mais que Voltaire, adulateur de sa *déesse Cateau*, n'a osé répéter. En un mot, Pierre I<sup>er</sup> civilisa les Russes tel qu'un bourreau, à coups de hache et de bâton, pour les choses matérielles ; il leur apprit à mieux faire la guerre, à bâtir plus régulièrement des villes, à construire et à gouverner des vaisseaux; mais pour la douceur des mœurs, l'humanité et la charité chrétienne, la chasteté et la fidélité conjugale, la vérité et l'unité religieuse, source unique de la civilisation véritable, il recula les Russes pour des siècles. Les Sauvages de l'Océanie sont moins éloignés du royaume de Dieu. Témoin la papesse Catherine, séparée de son mari et vivant avec un autre dont elle hâte la mort : témoin la papesse Élisabeth, plongée dans l'ivrognerie et la débauche : témoin la papesse Catherine d'Anhalt, empoisonneuse et étrangleuse de son mari, et infectant tous les peuples par le scandale de ses adultères. Pour se justifier, elle achète les bibliothèques de Diderot, de d'Alembert et de Voltaire, dont effectivement les principes de morale canonisent tous les crimes. Comment la nation russe, ainsi enveloppée, circonvenue, faussée par une barbarie savante et philosophique, pourra-t-elle jamais s'en dépendre ?

Il en est à peu près de même de la nation prussienne, si nation il y a. Nous l'avons vu, jusqu'au XVI<sup>e</sup> siècle, la Prusse proprement dite, dont la capitale est Kœnigsberg, était un fief de l'Église romaine, possédée par les religieux militaires connus sous le nom de chevaliers Teutoniques, pour contenir et civiliser les païens du Nord. Leur grand-maître ou supérieur général était le moine Albert de Brandebourg. Lorsque le moine Luther devint apostat et prit femme, le moine Albert fit de même : en outre, il vola le duché de Prusse à l'Église romaine et aux chevaliers Teutoniques, et le légua, comme monument de son apostasie, à ses parents de Brandebourg, dont le chef devint ainsi le plus puissant électeur de l'empire. En 1700, l'empereur Léopold érigea le duché de Prusse en royaume, et le 10 janvier 1701, l'électeur de Brandebourg fut couronné oi à Kœnigsberg, sous le nom de Frédéric Ier. Il imita, autant qu'il put, le faste de Louis XIV. Suivant le mot de son petit-fils, Frédéric II, il fut grand dans les petites choses et petit dans les grandes. Son fils, Frédéric-Guillaume Ier, élevé par une huguenote réfugiée de France, avait un naturel rude et dur, et un despotisme de volonté qui s'irritait de la moindre contradiction. Parvenu au trône en 1713, il vendit la plus grande partie des effets et des meubles précieux du château; il nomma un bouffon, président de l'Académie des sciences, dont Leibnitz avait été le chef sous son père. Une tabagie devint la retraite favorite du nouveau roi, et il s'y rendait tous les soirs pour fumer du tabac et boire de la bière avec ses généraux. « C'était, dit Voltaire, un véritable vandale qui, dans tout son règne, n'avait songé qu'à amasser de l'argent et à entretenir, à moins de frais qu'il se pouvait, les plus belles troupes de l'Europe. Jamais sujets ne furent plus pauvres que les siens, et jamais roi ne fut plus riche. Il avait acheté à vil prix une grande partie des terres de sa noblesse, laquelle avait mangé bien vite le peu d'argent qu'elle en avait tiré (*Mém. de Voltaire*, t. I, p. 221). » Son fils aîné, depuis Frédéric II, ayant voulu échapper par la fuite à ses brutalités paternelles, fut condamné à mort avec son confident : le confident fut exécuté sous les yeux du fils, qui s'attendait au même sort, mais finit néanmoins par obtenir sa grâce. Frédéric II, élevé par deux huguenots de France, épousa une princesse de Brunswick, mais n'en eut point d'enfants. On dit qu'il n'aima jamais ni homme ni femme, mais seulement ses chiens; ils avaient leur entrée libre dans sa chambre, et celui qu'il affectionnait le plus, ordinairement le plus gros, couchait avec lui dans le même lit. Dans chacun de ses palais, il avait des statues d'Antinoüs, le favori sodomite de l'empereur Adrien, auquel il n'était pas fâché qu'on le comparât (*Biogr. univers.*, art. FRÉDÉRIC II). Il agrandit le royaume de Prusse par des guerres qu'il fit à l'Autriche et par le partage de la Pologne. Il eut pour successeur son neveu, Frédéric-Guillaume II, qui, d'après ses ordres, renvoya sa première femme, en prit une seconde, et, devenu roi, une troisième, du vivant des deux autres, sans compter un troupeau de concubines. Tels étaient les papes de l'église prussienne.

Quant à leur *Credo*, luthérien ou calviniste, il se réduisait à faire de l'homme une machine sans libre arbitre, et de Dieu un tyran plus que cruel, qui nous punirait du mal que lui-même opère en nous et que nous ne pouvons pas éviter, et même du bien que nous ferions de notre mieux. Aussi Frédéric II, le seul des papes prussiens qui eût quelques suites dans les idées intellectuelles, ne croyait-il pas trop à l'existence de Dieu et à la liberté de l'homme. Dans certaines lettres qu'il écrivait comme prince royal à Voltaire, il se montre assez crûment athée et fataliste, et c'est Voltaire qui, dans ses réponses de 1737 et 1738, lui prouve, et assez bien, qu'il existe un Dieu, non pas luthérien ni calviniste, mais un Dieu tout-puissant et tout bon, et que l'homme est libre, non pas de la liberté dérisoire de Luther, Calvin et Jansénius, mais d'une liberté véritable, non pas en toutes choses, mais dans un grand nombre, les seules dont il est responsable devant Dieu et devant les hommes : en un mot, il prouve au pape athée des Prussiens qu'il existe un Dieu et que l'homme est libre, tel que les catholiques le croient. Malheureusement, Voltaire lui-même ne montre pas toujours là-dessus des idées aussi nettes et aussi fermes; plus d'une fois, dans d'autres écrits, il favorise le matérialisme et même l'athéisme. Enfin le pape de Prusse n'avait pas même les croyances de Robespierre. Quant à la religion chrétienne, il lui était aussi hostile que Voltaire. Dans une lettre du 25 novembre 1766, il lui applique jusqu'à trois fois l'épithète d'*infâme*, et envoie des écrits contre elle. « Mais, dit-il à Voltaire, ce ne sont que de légères chiquenaudes que j'applique sur le nez de l'*infâme*; il n'est donné qu'à vous de l'écraser. » Dans sa correspondance de l'année 1771 et suivantes, cette épithète satanique se reproduit jusque treize et quatorze fois. Tel était ce pape prussien que Voltaire appelle *dieu et messie*. Chose à remarquer : pour déverser le mépris et la haine sur le christianisme, le pape Frédéric publia un abrégé de l'*Histoire ecclésiastique* de Fleury, avec un discours préliminaire de sa façon, qui se distingue en particulier par ses bévues. Il fit aussi, sous le nom de *Dialogue de morale*, une espèce de catéchisme à l'usage de la jeune noblesse. Il n'y est pas dit un mot de Dieu ni de la vie future. Il y définit la vertu : « Une heureuse disposition qui nous porte à remplir les devoirs de la société pour notre propre avantage. » Ainsi, notre propre avantage, telle est la fin et la règle unique de nos actions. Frédéric l'avait mandé à Voltaire dès le 26 décembre 1737, en ces termes : « Le principe primitif de la vertu, c'est l'intérêt. » Au reste, c'est le principe fondamental de la politique moderne, réduit en théorie par Machiavel et en pratique par les rois. Frédéric II, il est vrai, réfuta la théorie de Machiavel, n'étant que prince royal; mais à peine roi, il fit tout au monde pour supprimer sa réfutation, attendu que son règne tout entier devait être le règne du machiavélisme : témoins les troubles fomentés en Pologne pour amener le partage et l'anéantissement de ce royaume.

Encore prince royal et mal mené par son père, Frédéric s'appliquait à la littérature française. Comme Voltaire en était le coryphée, il se mit en correspondance avec Voltaire. Dans leurs premières lettres, c'est à qui des deux flattera davantage l'autre. Frédéric, devenu roi, finit par attirer Voltaire à Berlin en 1750, avec le titre de chambellan et une pension de vingt mille livres. Ils soupaient, travaillaient et philosophaient ensemble. « Jamais, dit Voltaire, dans ses *Mémoires*, on ne parla, en aucun lieu du monde, avec tant de liberté, de toutes les superstitions des hommes, et jamais elles ne furent traitées avec plus de plaisanterie et de mépris. » Il écrivait à la dame Du Deffant qu'il *dînait régulièrement avec deux ou trois impies*. L'un d'eux était le roi et le pape de Prusse; les autres, le marquis d'Argens, Toussaint et La Mettrie.

Le marquis d'ARGENS, fils du procureur général au parlement d'Aix, eut une jeunesse orageuse. Déshérité par son père pour son inconduite, il se fit écrivain pour vivre, et passa en Hollande pour écrire avec plus de liberté. C'est là qu'il publia ses *Lettres juives*; ses *Lettres chinoises*; ses *Lettres cabalistiques*. Quant au mérite de ces ouvrages, il suffit de savoir que Voltaire appelle l'auteur l'*insensé d'Argens* (lettre à Damilaville, 2 janv. 1763). Et dans une lettre au roi de Prusse, le 1er mars 1771 : « On m'a dit que d'Argens est mort : j'en suis très-fâché; c'était un impie très-utile à la bonne cause, malgré tout son bavardage. » Sur quoi le pape prussien répond, le 16 mars : « Le pauvre Isaac est allé trouver son père Abraham en paradis, son frère d'Eguille, qui est dévot, l'avait lesté pour ce voyage; et l'*infâme* s'érige des trophées. »

C'est que le marquis d'Argens, qui s'était conduit en écervelé la plus grande partie de sa vie, qui, même à l'âge de près de soixante ans, avait épousé une comédienne, finit par devenir plus raisonnable et même chrétien. Il passa ses deux dernières années en Provence. Le président d'Eguille, son frère, lui donna une terre, malgré son exhérédation. Le marquis était toujours le premier à lui parler de religion, et à faire des objections. Le président, homme pieux et sage, se contentait de résoudre les difficultés, et de lui faire sentir qu'elles ne provenaient que de fausses idées qu'il avait sur la religion chrétienne. Ce qui fit aussi une singulière impression sur son esprit, fut la société de deux ecclésiastiques respectables, son frère, l'abbé d'Argens, et l'abbé de Monvallon, qui étaient avec lui à la campagne. En quittant son frère, il lui dit : « Je ne crois pas encore, il est vrai, mais je t'assure que je ne *décrois* pas non plus. » Une maladie acheva de le déterminer. Etant tombé malade vers la fin de 1770, chez la baronne de Lagarde, sa sœur, près de Toulon, il demanda lui-même les sacrements de l'Eglise, témoigna son repentir de tous les ouvrages qu'il avait écrits, et mourut le 11 janvier 1771. C'est de cette mort si chrétienne que plaisante le roi et pape de Prusse.

TOUSSAINT, l'autre impie, né à Paris, quitta le barreau pour la littérature. D'abord janséniste, il publia des hymnes en l'honneur du diacre Pâris. Plus tard, il publia le livre *Des Mœurs*, recueil de lieux communs qu'on trouve partout, mais où il cherche à établir une morale sans religion ni conscience. Son livre ayant été condamné en France, il en donna des *Eclaircissements* qui eurent le même sort. L'auteur eut une chaire de réthorique à Berlin, où il mourut en 1772. La veille de sa mort, il invita Thiébault, son collègue, à passer le lendemain, à dix heures du matin, chez lui, pour y être témoin d'une cérémonie religieuse qui y aurait lieu. Avant de recevoir le saint viatique de la main du curé, Toussaint, en présence de sa femme et de ses enfants, qui étaient à genoux, ainsi que Thiébault, demanda pardon à Dieu du scandale qu'il avait pu donner par sa conduite et par ses écrits, déclarant que si, dans ses ouvrages ou ses discours, il s'était montré peu chrétien, il n'avait jamais été par conviction, mais par vanité ou pour plaire à quelques personnes (*Souvenirs de Berlin*).

JULIEN DE LA METTRIE, médecin, le troisième impie, naquit à Saint-Malo en 1709, et commença également par être janséniste. Ayant été obligé de sortir de France pour son *Histoire naturelle de l'âme*, il se retira en Hollande, puis à Berlin, où il continua d'écrire en faveur du matérialisme le *Système d'Epicure*, l'*Homme machine*, l'*Homme plante*, et d'autres ouvrages de même genre. C'est à son sujet que Voltaire disait, dans une lettre du 6 novembre 1750 : « Il y a ici un homme trop gai, c'est La Mettrie. Ses idées sont un feu d'artifice toujours en fusées volantes. Ce fracas amuse un demi-quart-d'heure, et fatigue mortellement à la longue. Il vient de faire, sans le savoir, un mauvais livre imprimé à Potsdam, dans lequel il proscrit la vertu et les remords, fait l'éloge des vices, invite son lecteur à tous les désordres, le tout sans mauvaise intention. Il y a dans son ouvrage mille traits de feu, et pas une demi-page de raison; ce sont des éclairs dans une nuit. Des gens sensés se sont avisés de lui remontrer l'énormité de sa morale. Il a été tout étonné; il ne savait pas ce qu'il avait écrit. Cet étrange médecin est lecteur du roi; ce qu'il y a de bon, c'est qu'il lui lit à présent l'*Histoire de l'Eglise*. Il en passe des centaines de pages, et il y a des endroits où le monarque et le lecteur sont prêts à étouffer de rire. » La mort de La Mettrie fut digne de sa vie. Voltaire la raconte dans sa lettre du 14 novembre 1751. « Je ne reviens point de mon étonnement. Milord Tirconnel envoie prier La Mettrie de venir le voir pour le guérir ou pour l'amuser. Le roi a bien de la peine à lâcher son lecteur, qui le fait rire, et avec qui il joue. La Mettrie part, arrive chez son malade dans le temps que madame Tirconnel se met à table, il mange et boit, et rit plus que tous les convives; quand il en a jusqu'au menton, on apporte un pâté d'aigle déguisé en faisan, qu'on avait envoyé du Nord, bien farci de mauvais lard, de hachis de porc et de gingembre; mon homme mange tout le pâté, et meurt le lendemain chez Milord Tirconnel, assisté de deux médecins dont il s'était moqué. Voilà une grande époque dans l'histoire des gourmands. Il y a actuellement grande dispute pour savoir s'il est mort en chrétien ou en médecin. Le fait est qu'il pria le comte de Tirconnel de le faire enterrer dans son jardin. Les bienséances n'ont pas permis qu'on eût égard à son testament. Son corps, enflé et gros comme un tonneau, a été porté, bon gré mal gré, dans l'église catholique, où il est tout étonné d'être. » Voltaire, dans d'autres lettres, n'en parle que comme d'un *brave athée*, d'un *gourmand célèbre* et d'un *fou*, et ajoute qu'*il a laissé une mémoire exécrable*, et *des enfants qui mouraient de faim à Paris*. Le roi et pape de Prusse, en pleine académie de Berlin, fit l'éloge de La Mettrie et la satire des prêtres. Sur quoi Voltaire écrivit au duc de Richelieu, le 27 janvier 1752 : « La Mettrie aurait été trop dangereux, s'il n'avait pas été tout à fait fou. Son livre contre les médecins est d'un enragé et d'un malhonnête homme; avec cela, c'était un assez bon diable dans la société. Comment concilier tout cela? c'est que la folie concilie tout. Il a laissé une mémoire exécrable à tous ceux qui se piquent de mœurs un peu austères. Il est fort triste qu'on ait lu son éloge à l'Académie, *écrit de main de maître*. Tous ceux qui sont attachés à ce maître en gémissent. Il semble que la folie de La Mettrie soit une maladie épidémique qui se soit communiquée. Cela fera grand tort à l'écrivain : mais, avec cent cinquante mille hommes, on se moque de tout, et on brave les jugements des hommes. »

La bonne intelligence de Frédéric et de Voltaire ne dura pas toujours. Mordants et caustiques l'un et l'autre, ils ne s'épargnèrent pas toujours réciproquement. Le roi prussien n'écrivait qu'en français ; il y faisait même des vers. Voltaire avait la tâche de les corriger, non-seulement pour le style, mais encore pour l'orthographe. Il s'avisa de dire qu'il était occupé à blanchir le linge sale du roi. Le mot était d'autant plus piquant qu'il était juste. Non-seulement le linge était sale, mais vieux. Dans tout ce que le pape prussien a publié contre le christianisme et l'Eglise catholique, il n'y a rien de neuf ; ce ne sont que des lieux communs qui traînent dans les friperies de tous les hérésiarques. Frédéric, très-piqué, dit à son tour en parlant de Voltaire : « Laissez faire ; on presse l'orange, et on en jette l'écorce quand on a sucé le jus. » Voltaire sut le propos par La Mettrie, et en écrivit à sa nièce le 2 septembre 1751 : « Tout lecteur qu'il est du roi de Prusse, La Mettrie brûle de retourner en France. Cet homme si gai, et qui passe pour rire de tout, pleure quelquefois comme un enfant d'être ici..... Dans ses préfaces, il vante son extrême félicité d'être auprès d'un grand roi qui lui lit quelquefois ses vers, et en secret il pleure avec moi. Il voudrait s'en retourner à pied ; mais moi !... pourquoi suis-je ici ? Je vais bien vous étonner. — Ce La Mettrie est un homme sans conséquence, qui cause familièrement avec le roi après la lecture. Il me parle avec confiance ; il m'a juré qu'en parlant au roi, ces jours passés, de ma prétendue faveur et de la petite jalousie qu'elle excite, le roi lui avait répondu : *J'aurai besoin de lui encore un an, tout au plus ; on presse l'orange, et on jette l'écorce.* — Je me suis fait répéter ces douces paroles ; j'ai redoublé mes interrogations ; il a redoublé ses serments. »

Lors de son arrivée à Berlin, Voltaire y trouva un de ses anciens amis, président de l'Académie des sciences. C'était le géomètre et astronome MAUPERTUIS, né à Saint-Malo en 1698, et envoyé par le gouvernement français, l'an 1736, avec d'autres académiciens de Paris, pour mesurer un degré du méridien dans le Nord, tandis que d'autres académiciens en mesuraient un au Pérou sous l'équateur, afin qu'avec ces divers degrés, et ceux qu'on avait mesurés en France, on pût déterminer plus exactement la figure de la terre. Cette opération valut à Maupertuis beaucoup de réputation, mais aussi beaucoup de critiques. Comme il était fort vif, il répondait à ses adversaires d'une manière blessante. En 1745, il quitta Paris pour Berlin. Dès l'année suivante, il eut une violente querelle avec un mathématicien allemand, et le fit exclure de l'Académie. Voltaire intervint et publia une satire, où il se moque de son ancien ami avec beaucoup de finesse, lui qui précédemment en avait fait les plus grands éloges. En 1738, Maupertuis était un *génie sublime*, un *grand mathématicien*, un *Archimède*, un *Christophe Colomb* pour les découvertes, un *Michel-Ange*, un *Albane* pour le style. En 1752, ce n'était plus qu'un *esprit bizarre*, un *raisonneur extravagant*, un *philosophe insensé*. Le roi, à qui Voltaire avait communiqué sa diatribe, en demanda le sacrifice et ne l'obtint pas. Voltaire, profitant d'un privilége accordé pour un autre ouvrage, livra la satire à l'impression. Frédéric exigea que tous les exemplaires lui fussent remis, et il les brûla lui-même au feu de sa cheminée. Mais un exemplaire, probablement réservé par l'auteur, avait pris le chemin de la Hollande, et bientôt une nouvelle édition, répandue dans toute l'Allemagne, la fit rire aux dépens du président. Frédéric alors fit brûler l'ouvrage sur toutes les places publiques de Berlin. Voltaire, irrité au dernier point, rendit au roi sa clé de chambellan, sa croix du Mérite et sa pension. Frédéric les lui renvoya, et il s'ensuivit une réconciliation qui n'était sincère ni de part ni d'autre (*Biogr. univ.*, art. VOLTAIRE).

Quant à Maupertuis, il mourut à Bâle, le 27 juillet 1729, entre les bras de deux religieux. Depuis quelques années il s'était converti sincèrement à la religion ; et dès lors il s'était constamment montré au-dessus de la petite manie de l'esprit fort et des froides railleries des ennemis de la révélation. Il a rendu publics les motifs de son changement : un des principaux était que la vraie religion devait conduire l'homme à son plus grand bien par les plus grands moyens possibles, et que la religion de Jésus-Christ avait seule ce double avantage (*Biogr. univ.*, art. MAUPERTUIS).

Frédéric et Voltaire se brouillèrent de nouveau en 1753. Voltaire demanda d'aller prendre les eaux de Plombières, avec la promesse formelle de revenir et la ferme résolution de n'en rien faire. Frédéric, après des refus dérisoires et des délais de mauvais augure, accorda cette permission, en y mettant pour condition un retour sur lequel il ne comptait pas. De Berlin, Voltaire se rendit à Leipsick, puis à Gotha, pour se rendre à Strasbourg, en passant par Francfort. Dans cette dernière ville, au moment de monter en voiture ; il est arrêté par un officier prussien, qui lui redemande sa clé de chambellan et un volume des poésies du roi. Comme le volume était resté à Leipsick avec d'autres effets, Voltaire fut obligé de souscrire l'engagement de rester pour otage à Francfort jusqu'à l'arrivée de la caisse où il était renfermé. Le volume ayant été remis, Voltaire sortait de la ville pour continuer sa route, lorsque l'officier prussien le fit arrêter et constituer prisonnier dans une méchante auberge, ainsi que son secrétaire et sa nièce, qui était venue à sa rencontre. Tous les genres d'outrages leur furent prodigués : on les invectiva, on s'empara de leurs effets, on leur fit même vider leurs poches. Ils furent séparés et gardés à vue par des soldats ayant la baïonnette au bout du fusil. De nouveaux ordres étant venus de Berlin, on leur rendit la liberté. On leur restitua leurs effets, non sans en avoir distrait une partie ; et Voltaire fut encore obligé de payer les frais de capture et d'emprisonnement.

Plus tard, notamment dans sa lettre du 21 avril 1760, Voltaire se plaignit au roi lui-même de pareils procédés, particulièrement à l'égard de sa nièce. « Le plus grand mal qu'aient fait vos œuvres, ajoute-t-il, c'est qu'elles ont fait dire aux ennemis de la philosophie répandus dans toute l'Europe : *Les philosophes ne peuvent vivre en paix, et ne peuvent vivre ensemble.* Voici un roi qui ne croit pas en Jésus-Christ, il appelle à sa cour un homme qui n'y croit point, et il le maltraite ; il n'y a nulle humanité dans les prétendus philosophes, et Dieu les punit les uns par les autres. » Le roi lui répond le 12 mai : « Je n'entre point dans la recherche du passé. Vous avez eu sans doute les plus grands torts envers moi. Votre conduite n'eût été tolérée par aucun philosophe. Je vous ai tout pardonné ; et même je veux tout oublier. Mais si vous n'aviez pas eu affaire à un fou amoureux de votre beau génie, vous ne vous en seriez pas tiré aussi bien chez lui. Tenez-le-vous donc pour dit, et que je n'entende plus parler de cette nièce qui m'ennuie, et qui n'a pas autant de mérite que son oncle pour couvrir ses défauts. »

C'est avec cette urbanité prussienne que le roi et pape philosophe de Prusse traite son ami philosophe. Quant à ses sujets ils étaient moins libres que ceux du Grand-Turc. Frédéric défendait aux riches de marier leurs filles sans sa permission, de faire de longs voyages, de transporter hors de Prusse leur fortune ; son royaume était une caserne de soldats plus qu'une nation d'hommes libres. Quant à ses sujets pauvres, il les traitait plus inhumainement encore. Il faisait frapper de la fausse monnaie, des pièces de six pfennings, que le peuple était obligé de recevoir, mais qui n'était pas reçue dans les caisses royales ; en sorte que ce roi faux monnayeur accaparait tout le bon argent, et que le pauvre peuple n'avait que le mauvais (Feller, *Dict. histor.*, art. Frédéric II). En quoi Frédéric était conséquent avec lui-même, et comme philosophe, et comme protestant : comme philosophe matérialiste, il devait regarder tous ses sujets comme des bêtes et des machines, et les traiter en conséquence : comme protestant, luthérien ou calviniste, son Dieu est un despote cruel qui punit ses créatures esclaves du mal qu'il opère lui-même en elles, et le grand devoir de toute religion, c'est de ressembler à son Dieu.

Autant en est-il des rois et des peuples luthériens de la Scandinavie, le Danemarck, la Norwége et la Suède, qui, depuis le commencement du XVIII° siècle, n'ont cessé de déchoir, et qui, à force d'être rognés par la Russie et la Prusse, risquent beaucoup de devenir provinces russes ou prussiennes, sans qu'on puisse *luthériennement* en blâmer ni la Prusse ni la Russie. En effet, rois et peuples scandinaves croient fermement, sur la parole d'un moine allemand, Luther, qu'ils n'ont pas plus de libre arbitre que les bêtes et les machines, et c'est pour cela qu'ils ont proscrit la religion de leurs pères, la religion catholique, qui seule enseigne que l'homme n'est pas une machine ni une bête, mais une intelligence incarnée, douée de libre arbitre. Or, si les hommes du Nord ne sont que des bêtes et des machines, il n'y a plus pour eux ni conscience, ni justice, ni morale : la seule distinction, le seul droit sera la force et la ruse, la force de l'ours, la ruse du renard. Si donc comme il est évident, la Russie et la Prusse sont tout ensemble et plus rusées et plus puissantes, elles ont un double droit de s'emparer de la Suède, de la Norwége et du Danemarck. En outre, ces peuples croient *luthériennement* en un Dieu méchant et injuste, qui nous punit du mal que lui-même opère en nous et que nous ne pouvons pas éviter : ces peuples ne pourraient donc pas, *luthériennement*, trouver mauvais que leurs princes les traitassent de même. De là, sans doute, dans le Danemarck, cette facilité à rendre la royauté, d'élective qu'elle était, héréditaire et même despotique : ce qui n'a pas empêché le Danemarck de perdre la Suède ; et sa dynastie de s'abâtardir malgré tous les divorces. Mais si, *luthériennement*, les crimes des rois sont des actions divines, il en sera de même des crimes des sujets. De là, peut-être, en Suède, le peu d'horreur qu'excite le meurtre d'un roi. Gustave-Adolphe, le héros du luthéranisme, blessé à Lutzen par des soldats autrichiens, fut assassiné par son domestique (Feller, *Dict. histor.*, art. Gustave-Adolphe). Charles XII, son quatrième successeur, héros extraordinaire, qui, jeune encore, battit Frédéric IV, roi de Danemarck, Auguste, roi de Pologne, Pierre, czar de Russie, établit roi de Pologne Stanislas Leczinski, mais qui, à force de battre les Russes, leur apprit à le battre lui-même ; Charles XII, respecté des Turcs dans son infortune, fut assassiné par les siens, en 1718, à l'âge de trente-six ans : régicide auquel ne parut pas étranger son beau-frère et successeur Frédéric, qui épousa à la fois deux femmes (*Biogr. univ.*, et Feller). L'assassinat de Charles XII fut suivi d'une révolution en faveur du sénat de Stockholm ou de l'aristocratie suédoise. Sous Gustave III eut lieu une contre-révolution en faveur de la royauté ; mais ce prince fut assassiné, le 16 mars 1792, par un complot de nobles. Son fils unique et successeur, Gustave IV, a été détrôné avec son fils, l'an 1809, par son oncle Charles VIII, qui a eu pour successeur un soldat français nommé Bernadotte. Tel a été en somme l'esprit et le sort des rois et papes luthériens de Danemarck et de Suède pendant le XVIII° siècle.

La Pologne, ballottée entre la Russie, la Suède et la Prusse, fut victime du schisme grec, de l'hérésie protestante et de la politique moderne. Son dernier roi, Jean Sobieski, le sauveur de l'Allemagne et de l'Europe contre les Turcs, était mort le 17 juin 1696. Il laissait trois fils, Jacques, Constantin et Alexandre. L'aîné allait être élu à la place de son père, la France y mit opposition, pour faire élire le prince de Conti. On élut alors Frédéric-Auguste, électeur de Saxe, qui de luthérien se fit catholique. Il fut couronné, en 1697, sous le nom d'Auguste II. Les catholiques forment la masse de la nation polonaise, qui, sous ce rapport, est une ; mais cette nationalité était ébréchée par une minorité dissidente, luthériens, calvinistes, sociniens, Grecs schismatiques, qui fourniront sans cesse à la Russie, à la Suède et à la Prusse, moyen et prétexte d'intervenir, d'augmenter les troubles déjà si faciles dans un royaume électif, où la noblesse est tout et le peuple rien, et d'en consommer enfin la ruine. Auguste II avait de bonnes qualités, mais ses mœurs ne pouvaient que rendre la royauté méprisable et accroître la démoralisation générale déjà tant favorisée par l'hérésie et l'incrédulité moderne. Outre sa femme légitime, qui lui donna un fils, il eut un nombre incroyable de concubines et de bâtards. La Pologne était une monarchie républicaine, il entreprit d'en faire une monarchie absolue : de là des mécontentements, des fédérations pour s'y opposer. Il fut question de nouveau d'appeler au trône le fils de Sobieski ; mais Auguste eut l'adresse de le faire enlever avec son frère Constantin. De plus, il fit alliance avec le czar de Russie, Pierre Ier, tant pour se fortifier contre l'opposition polonaise que pour reconquérir certaines provinces sur la Suède, d'autant plus que le roi de Suède était jeune (il n'avait que dix-huit ans). Mais c'était Charles XII : le 30 novembre 1700, il tua trente mille Russes à Narwa, battit le roi Auguste à Riga, puis à Clissow, et eut, l'an 1703, envahi la plus grande partie de la Pologne : ses troupes occupaient Varsovie : une diète déclara le trône vacant, on l'offrit au troisième fils de Sobieski, Alexandre, qui refusa. Sur la proposition de Charles XII, qui était *incognito* dans la ville, on élut Stanislas Leczinski, noble polonais, qui ne refusa pas. Mais, peu après, le nouveau roi faillit être enlevé dans Varsovie même par son compétiteur Auguste, qui avait pour lui le nonce du Pape, et qui fut néanmoins réduit à se retirer en Saxe. Charles XII l'y poursuivit et le força, l'an 1707, à renoncer solennellement à tous ses droits sur la couronne de Pologne. Cette renonciation d'Auguste n'était pas plus libre que l'élection de Stanislas, faite en la présence des baïonnettes suédoises. Charles XII ayant été battu par les Russes, à Pultawa, l'an 1709, Auguste rentra en Pologne et Stanislas en sortit. Le premier mourut roi de Pologne le 1er février 1733. Le roi de France, Louis XV, voulut replacer sur le trône polonais Stanislas, dont il avait épousé la fille, Marie Leczinska. Mais Stanislas arriva trop tard et avec trop peu de Français ; il fut obligé de s'enfuir une seconde fois. Auguste III, fils d'Auguste II, étant soutenu par la Russie et l'Autriche, fut élu à la place de son père, et mourut en 1663, après avoir vu la Saxe ravagée par le roi de Prusse, Frédéric II, et la Pologne divisée de plus en plus par les intrigues de la Russie. Dans un traité avec la Prusse le 11 avril 1764, à Saint-Pétersbourg, il y eut un article secret pour entretenir l'anarchie en Pologne, principalement par le *liberum veto*, accordé à chaque noble polonais, qui pouvait ainsi, par sa seule opposition, arrêter toutes les décisions des diètes ou assemblées nationales (Menzel, *Hist. moderne des Allemands*, t. XII, p. 5). Le dernier roi de Pologne, dernier sous plus d'un rapport, fut le comte Stanislas Poniatowski. Attaché à l'ambassade polonaise à Pétersbourg, il fut du nombre de ces libertins auxquels se prostituait Catherine II et avant et après qu'elle eût étranglé son époux Pierre III. Auguste III étant mort en 1763, Catherine II écarta du trône de Pologne son fils Frédéric-Léopold, envoya des troupes à Varsovie et fit élire Poniatowski, le complice de ses adultères. Et ce n'était qu'un jeu pour empoisonner et étrangler la Pologne, comme elle avait empoisonné et étranglé son mari. De là, dès l'année 1773, sur la proposition du roi philosophe de Prusse, un premier démembrement de la Pologne entre la Russie, la Prusse et l'Autriche. Il ne restait du royaume polonais qu'un fantôme, encore lui donna-t-on une constitution qui devait augmenter les troubles et les rendre irrémédiables. De là, en 1793, un second partage de la Pologne entre la Russie, la Prusse et l'Autriche. Poniatowski ne conserva que Varsovie et la moindre partie du royaume. Encore, l'année suivante, 25 novembre 1794, trentième anniversaire de son couronnement, Catherine II le força-t-elle de souscrire le traité de partage total et définitif, et de donner son assentiment à la destruction de son royaume. Elle l'obligea même de renoncer pour toujours à tous ses droits, et de déposer la couronne, prix de ses adultères.

La Pologne périt ainsi par la méchanceté d'une femme et par la lâcheté d'un homme. La monarchie autrichienne allait avoir le même sort : une femme la sauva malgré toutes les puissances de l'Europe.

## § VII.

*Etat de l'Allemagne. — Gouvernement révolutionnaire de Joseph II. — Voyage de Pie VI à Vienne. — Les Brigands de Schiller, tableau fidèle de l'Europe intellectuelle et politique à cette époque.*

L'empereur Charles VI, dernier descendant mâle de Rodolphe de Habsbourg, mourut le 20 octobre 1740. Comme il ne laissait point de fils, il voulut que la succession de ses États fût assurée à sa fille Marie-Thérèse, et, dans cette vue, il s'efforça de faire garantir par les différentes puissances la pragmatique-sanction qui réglait cet objet. Des alliances et des contre-alliances se formèrent relativement aux affaires de la maison d'Autriche ; enfin, la pragmatique fut successivement reçue par les États héréditaires ; par la diète de l'empire, et adoptée par toutes les puissances de l'Europe. L'an 1736, et d'après le désir de son père, Marie-Thérèse épousa François, duc de Lorraine, devenu grand-duc de Toscane, et qui fut ainsi la tige de la nouvelle maison impériale de Lorraine-Autriche. D'une beauté remarquable, Marie-Thérèse fut une tendre, fidèle et chaste épouse. Elle eut huit enfants, parmi lesquels les empereurs Joseph II et Léopold II, et la reine de France Marie-Antoinette. A la mort de son père, elle pouvait espérer d'entrer paisiblement dans ses droits, puisqu'ils avaient été garantis par toute l'Europe. Il en fut autrement. La pragmatique-sanction, tant de fois invoquée et ratifiée depuis vingt-cinq ans, fut tout à coup considérée comme non avenue. Les électeurs de Bavière et de Saxe, qui avaient épousé ses cousines, furent les premiers à lui disputer l'héritage de ses pères. Le roi d'Espagne, Philippe V, réclama les couronnes de Hongrie et de Bohême. Enfin, le roi de Sardaigne réclama le duché de Milan. Tous parlaient au nom des princesses autrichiennes, leurs femmes ou leurs mères, malgré les renonciations qu'elles avaient faites à leurs droits. Le roi philosophe de Prusse, Frédéric II, réclama quatre duchés de Silésie, et les envahit à main armée. La France, voyant le moment favorable pour abaisser l'Autriche, promit à l'électeur de Bavière de lui procurer la couronne impériale. Les rois d'Espagne, des Deux-Siciles, de Prusse, de Pologne et de Sardaigne accédèrent à cette ligue offensive ; et enfin, pour empêcher que la Russie ne donnât des secours à Marie-Thérèse, on disposa la Suède à déclarer la guerre à cette puissance. Rien ne semblait plus devoir s'opposer au démembrement de la monarchie autrichienne : le partage en était déjà fait par les puissances alliées. L'électeur de Bavière devait avoir la Bohême, la Haute-Autriche, le Tyrol et la Souabe autrichienne; l'électeur de Saxe, la Moravie avec la Haute-Silésie; et le roi de Prusse, tout le reste de cette province. Quant à la Lombardie, elle était destinée à un infant d'Espagne. On ne laissait à la jeune reine que la Hongrie avec la Basse-Autriche, les duchés de Carinthie, de Styrie, de Carniole, et les provinces belgiques. Les premières opérations militaires promirent l'exécution facile de ce plan. A la tête d'une armée française et revêtu du titre de lieutenant général du roi de France, l'électeur de Bavière s'avance rapidement. Il se fait couronner archiduc d'Autriche à Lintz, roi de Bohême à Prague, et bientôt après empereur d'Allemagne à Francfort, sous le nom de Charles VII.

Dans un danger aussi imminent, on vit Marie-Thérèse, qui entrait dans sa vingt-quatrième année, déployer un courage au-dessus de son âge et de son sexe. Obligée de quitter Vienne, déjà menacée d'un siège par ses ennemis victorieux, elle court en Hongrie. Elle assemble les quatre ordres de l'Etat à Presbourg, et, tenant entre ses bras son fils aîné (qui fut depuis Joseph II), elle leur adresse ces paroles en latin : « Abandonnée de mes amis, persécutée par mes ennemis, attaquée par mes plus proches parents, je n'ai de ressource que dans votre fidélité, votre courage et ma constance. Je mets entre vos mains la fille et le fils de vos rois, qui attendent de vous leur salut. » A ce spectacle, les nobles hongrois, qui, depuis deux cents ans, n'avaient cessé de repousser le joug de la maison d'Autriche, font éclater l'enthousiasme et le dévouement les plus sincères. Ils tirent leurs sabres et s'écrient : « Mourons pour notre roi Marie-Thérèse ! »

A cette époque-là même, Marie-Thérèse, qui était enceinte, apprenant chaque jour les progrès de ses ennemis, mandait à la duchesse de Lorraine, sa belle-mère : « J'ignore s'il me restera une ville pour y faire mes couches. » Mais le terme de ses infortunes approchait. Des bords de la Drave et de la Save il sort des peuples, inconnus jusqu'alors, qui se joignent aux fidèles Hongrois. Le costume singulier, l'air farouche de ces Pandours, de ces Talpaches et de ces Uhlans répandaient l'effroi presque autant que leurs cruautés. Le comte de Kevenhuller, à leur tête, recouvre l'Autriche, et bientôt se voit maître de la Bavière. Les malheurs mêmes de Marie-Thérèse combattent pour elle. Les femmes d'Angleterre en sont si profondément touchées, qu'elles lui offrent un subside, tandis que le parlement lui en vote un plus considérable. Le roi de Prusse, qui le premier avait commencé l'attaque, est le premier à déposer les armes au milieu de la campagne de 1742, moyennant qu'on lui cédât la Silésie et le comté de Glatz : c'était un calcul d'intérêt. Son exemple est bientôt suivi par le roi de Pologne, électeur de Saxe. Le roi de Sardaigne fit plus : il abandonna la coalition pour épouser la querelle de Marie-Thérèse. Mais il fallut qu'elle reconnût aussi ce service par des cessions de territoire. Le roi d'Angleterre, Georges II, fit éclater pour la jeune reine un zèle moins intéressé. Il amena lui-même à son secours une armée composée d'Anglais, de Hanovriens et de Hessois; et, pour rappeler le motif premier de la guerre, il donna à cette armée le nom de *pragmatique*. Tout changea de face : les désastres du nouvel empereur sont aussi rapides que l'ont été ses succès. Il n'a plus que la ville de Francfort pour asile. Mais tout à coup une nouvelle coalition se forme par la politique de la France. Le perfide roi de Prusse, qui s'était fait payer si chèrement la paix, envahit la Bohême pendant que cent mille Français pénètrent dans le Brisgau, et que l'empereur Charles VII revenait triomphant à Munich. Mais tout à coup ce prince meurt en janvier 1745, et son fils n'a rien de plus pressé que de conclure une paix particulière avec la reine. Il renonce à toute prétention, et se contente d'être maintenu dans la possession de ses Etats paternels. Le trône impérial était vacant : Marie-Thérèse sut trouver encore assez d'influence pour y faire asseoir le grand-duc de Toscane, son époux, qui prit le nom de François Ier. Il fut reconnu par le roi de Prusse lui-même, qui fit de nouveau sa paix à des conditions encore plus avantageuses que la première. C'était le plus juif des rois de ce temps-là.

Le traité d'Aix-la-Chapelle (1748), mit un terme à des hostilités qui ensanglantaient l'Europe depuis huit ans. Marie-Thérèse, qui, au commencement de cette longue et terrible lutte, s'était vue sur le point d'être entièrement dépouillée, put se croire enfin assurée de la possession paisible des plus belles parties de son immense héritage. Elle mit tous ses soins à y effacer les traces de la guerre, à ranimer l'agriculture, à faire fleurir le commerce et les arts. Les ports de Trieste et de Fiume furent ouverts à toutes les nations : Ostende reçut des navires chargés des productions de la Hongrie. Des canaux, ouverts dans les Pays-Bas, apportèrent jusque dans le sein des villes les richesses des deux Indes. Les grandes routes y disputèrent de beauté à celles de France. Vienne fut agrandie et embellie; des manufactures de draps, de porcelaine, de glaces, d'étoffes de soie s'établirent dans ses faubourgs. Les sciences eurent à se féliciter de la fondation de plusieurs universités et collèges. Le dessin, la peinture, l'architecture obtinrent des écoles spéciales; Prague, Inspruck, des bibliothèques publiques. Des observatoires enrichis d'instruments précieux s'élevèrent à Vienne, à Gratz, à Tirnau; Van Swieten fut appelé à régénérer l'étude de la médecine et de la chirurgie; Métastase transporta les muses italiennes sur les bords du Danube. Les attentions bienfaisantes de la souveraine se portèrent sur toutes les classes de ses sujets. Les soldats blessés et infirmes, jusque-là livrés à une sorte d'abandon, furent recueillis dans de vastes hôpitaux. Les veuves d'officiers, les demoiselles nobles trouvèrent d'honorables ressources dans des établissements formés par l'humanité et la charité. Jamais, en un mot, la monarchie autrichienne n'avait vu luire d'aussi beaux jours.

Mais, avec un voisin tel que Frédéric II, Marie-Thérèse sentit que l'état de paix devait être pour elle un repos armé. Ses troupes étaient nombreuses et sans cesse exercées aux nouvelles manœuvres. Elle fonda des académies militaires à Vienne, à Neustadt, à Anvers. Enfin, par le traité de 1756, elle rétablit l'alliance si naturelle entre les deux grandes puissances catholiques, la France et l'Autriche, et termina cette rivalité ou plutôt cette hostilité si peu chrétienne et si peu *humanitaire* dont la France moderne avait fait la base de sa politique. Elle fit encore alliance avec la Russie, la Suède et la Saxe. Son projet était de punir Frédéric II de la manière perfide dont il lui avait enlevé la Silésie. De là la guerre de Sept-Ans, pendant laquelle la Prusse se vit plus d'une fois sur le bord de sa ruine et Frédéric prêt à se tuer de désespoir. La paix de Hubertsbourg, 15 février 1763, termina cette guerre de Sept-Ans et remit les choses comme elles étaient auparavant. Seulement, Joseph II, fils de Marie-Thérèse, fut élu roi des Romains : ce qui lui assurait la couronne impériale. Elle lui échut dès l'année suivante 1765, par la mort de son père François Ier.

Marie-Thérèse pleura sincèrement cet époux chéri : elle prit un deuil austère, et ne le quitta plus pendant les quinze ans qu'elle survécut. Elle fonda un chapitre de chanoinesses à Inspruck, en leur imposant l'obligation de prier à perpétuité pour le salut de l'empereur. Vienne la voyait tous les mois descendre dans les sépultures impériales, pour y arroser de ses larmes la tombe qui renfermait l'objet de sa tendresse. Sans cesse occupée de ses idées de mort, elle fit faire son cercueil, et cousut elle-même son habit mortuaire : c'est dans cette robe funèbre, faite avec le plus grand secret, de sa main royale, qu'elle a été ensevelie. Sa pieuse mort arriva le 29 novembre 1780, à l'âge de soixante-trois ans. Elle descendit au tombeau avec le titre glorieux de *Mère de la patrie*, qui lui fut décerné par la reconnaissance des peuples. Sa bienfaisance inépuisable, son extrême sensibilité lui en faisaient un besoin. Ayant aperçu un jour, dans les environs de son palais, une femme et deux enfants exténués de besoin, elle s'écria avec l'accent de la plus vive douleur : « Qu'ai-je donc fait à la Providence, pour qu'un tel spectacle afflige mes regards et déshonore mon règne ? » Et aussitôt elle ordonna que l'on servît à cette mère infortunée des mets de sa propre table, la fit venir en sa présence, l'interrogea et lui assigna une pension sur sa cassette. On l'a entendue dire : « Je me reproche le temps que je donne au sommeil ; c'est autant de dérobé à mes peuples. »

Quelle différence entre Marie-Thérèse d'Autriche, comtesse de Habsbourg, et sa contemporaine Catherine de Russie, comtesse d'Anhalt ! Marie-Thérèse, si bonne, si pieuse, si compatissante pour les pauvres ! Marie-Thérèse, la chaste héroïne, qui, menacée par toute l'Europe, désarme toute l'Europe, en se présentant à elle avec son jeune fils dans ses bras ! Marie-Thérèse, l'épouse tendre et fidèle, qui ne cesse de pleurer sur la tombe de son époux, jusqu'à ce qu'elle aille le rejoindre dans l'éternité bienheureuse ! et puis Catherine d'Anhalt, la femme adultère et parricide, qui fait l'hypocrite dans les temples pour tromper les peuples sur ses crimes, qui conspire avec les complices de ses débauches, pour détrôner son époux, l'empoisonner et l'étrangler ! Si Marie-Thérèse a pris part au premier démembrement de la Pologne, c'est malgré elle, c'est après la mort de son époux, et lorsque son fils Joseph II tenait les rênes de l'empire. On en a la preuve irrécusable dans l'original encore existant de la convention secrète signée à Pétersbourg le 17 février 1772, entre Frédéric II et Catherine II.

On y lit que si la cour d'Autriche refuse d'accéder au plan de partage, la Prusse et la Russie s'uniront contre elle (*Biog. univ.*, art. MARIE-THÉRÈSE). Elle fit plus : elle déclara formellement cet acte *injuste* et *imprudent*. Elle écrivait à Kaunitz, principal ministre de son fils Joseph II : « Lorsque tous mes pays étaient attaqués et que je ne savais plus du tout où je pourrais tranquillement faire mes couches, je m'appuyais sur mon bon droit et sur l'assistance de Dieu. Mais dans cette affaire, où non-seulement le droit manifeste crie vengeance contre nous au ciel, mais où toute équité et la saine raison sont contre nous, je dois confesser que de ma vie je ne me suis trouvée dans une telle angoisse et que je rougis de me laisser voir. Le prince doit considérer quel exemple nous donnons à tout l'univers, si, lorsque pour un misérable lambeau de la Pologne ou de la Moldavie et de la Valachie, nous risquons notre honneur et notre réputation. Je vois bien que je suis seule et non plus en vigueur, c'est pourquoi je laisse aller l'affaire son chemin, mais non sans le plus vif chagrin de ma part. » Et sur le projet du démembrement elle écrit : « *Placet*, puisque tant de grands et savants personnages le veulent ; mais lorsque je serai déjà morte depuis longtemps, on saura par expérience ce qui résultera de cette violation de tout ce qui a été jusqu'alors saint et juste (Menzel, *Hist. moderne des Allemands*, t. XII, c. 1, p. 17, note). »

Ces paroles renferment une condamnation et une prophétie ; condamnation du passé et du présent, prophétie de l'avenir ; condamnation et flétrissure indélébile de la Russie, de la Prusse et de l'Autriche : leur démembrement de la Pologne, à plus forte raison le meurtre final de cette nation et de ce royaume, y est déclaré une violation manifeste de tout ce qui est saint et juste, une iniquité qui crie vengeance au ciel, et qui n'outrage pas moins le bon sens que l'équité ; c'est donner à tous les siècles et à tous les peuples l'exemple de la plus grande bassesse d'âme, prostituer son honneur pour un lambeau de terre. Tel est le jugement de Marie-Thérèse. Les descendants de Marie-Thérèse, dégénérés de leur mère, n'ont pas compris ce jugement. Non-seulement ils ont approuvé un premier démembrement de la Pologne, mais un second, mais un troisième, mais un quatrième, comme d'un criminel dont trois bourreaux briseraient les membres sur la roue ; mais alors vient l'accomplissement de la prophétie. Les membres sanglants de la Pologne, dispersés dans les déserts de la Sibérie, dans les cachots de la Prusse, dans les champs de la Galicie, crient vengeance contre les nouveaux Caïns, comme autrefois le sang d'Abel. Le jugement de l'Europe, le jugement de l'histoire, parle comme le jugement de Marie-Thérèse. La Pologne démembrée, mutilée, agonisante, remue néanmoins au cœur de la Russie, de la Prusse et de l'Autriche, comme un immense remords. Pour l'étouffer, les descendants de Marie-Thérèse, au lieu d'écouter l'honneur et la conscience de Marie-Thérèse, aimeront mieux suivre la politique et l'exemple de Marat et de Robespierre : en 1847, soixante-sept ans après la mort de Marie-Thérèse, ils ameuteront les paysans de la Galicie, pour en égorger les nobles et les prêtres.

Cette dégénération a commencé dès le fils aîné de Marie-Thérèse. Joseph II, né le 13 mars 1741, roi des Romains en 1764, empereur l'année suivante, mourut le 20 février 1790, sans laisser d'enfants. Marié deux fois, observe un historien moderne de l'Allemagne, la première fois avec une princesse de Parme, la seconde avec une princesse de Bavière, mais chaque fois devenu veuf en peu de temps, il renonça à se remarier, lorsque la mort eut rompu la seconde union, qui n'avait pas été heureuse, et il chercha à satisfaire ses inclinations passionnées pour l'autre sexe, dans le commerce avec des femmes d'esprit, et de plus, ses jouissances sensuelles avec si peu de choix et de prudence, que sa santé fut plus d'une fois en péril (Menzel, t. XII, p. 460). Il voulut qu'on mît sur son tombeau cette inscription : *Ci gît Joseph II, qui fut malheureux dans toutes ses entreprises.* La cause de ses malheurs fut son peu de sagesse et de prudence : de sagesse, en ce qu'il se méprenait sur la fin où il devait tendre; de prudence, en ce qu'il se méprenait sur les moyens à employer. On appelle *révolution* les changements brusques et violents qui arrivent dans le gouvernement des États, et *révolutionnaire* un homme qui aime les changements de cette nature. Joseph II fut un révolutionnaire sur le trône : il le fut par engouement pour la fausse sagesse du siècle, dont il ne sut point démêler la tromperie; il le fut, par la manie d'imiter le roi de Prusse, Frédéric II, qu'il ne fit que singer. Frédéric, l'admiration de ses contemporains, passait pour un monarque absolu et despote, il passait pour n'avoir aucun égard à la religion et à la morale, ne regardant les hommes qui lui étaient soumis que comme des bêtes ou des machines. Tel fut le modèle de Joseph II. C'était loin de Charlemagne, l'humble coadjuteur et le dévot auxiliaire du Siége apostolique en toutes choses, pour procurer la gloire de Dieu, le salut des âmes et la propagation de la civilisation chrétienne parmi toutes les nations de la terre, lesquelles étaient les diverses branches d'une même famille. Pour Frédéric et Joseph, les nations étaient des troupeaux de gros et petit bétail, que chaque propriétaire parquait et gouvernait à son gré et à son profit. L'intérêt du propriétaire est d'avoir un troupeau nombreux et bien portant, afin d'en tirer beaucoup de lait, de beurre, de fromage, de laine ou de cuirs, vendre ces produits bien cher aux étrangers, en acheter peu ou rien du tout, et remplir ainsi ses coffres d'or et d'argent. Telle était, ni plus ni moins, au jugement de l'historien Menzel, la politique de Frédéric de Prusse et de Joseph d'Autriche. La religion ne devait y entrer que pour rendre les troupeaux plus dociles à se laisser traire et tondre, et même égorger.

L'empire d'Allemagne n'existait plus que de nom, mais il pouvait reconquérir quelque réalité, si l'empereur avait assez d'esprit pour protéger généreusement les intérêts généraux de l'Allemagne. L'unité de l'Allemagne avait été brisée par l'hérésie; l'Allemagne n'était plus une, mais divisée en Allemagne catholique et en Allemagne protestante; et celle-ci, en luthérienne et calviniste, avec des subdivisions sans fin, qui font de l'Allemagne entière une proie facile, alors pour les Turcs, maintenant pour les Russes. Il y avait cependant un moyen de ramener l'unité nationale : c'était le réveil de la littérature et de la poésie allemande, qui tendait naturellement à rapprocher et à réunir les esprits, divisés par l'hérésie. Ni Frédéric ni Joseph n'y firent la moindre attention. Frédéric, qui, au fond, n'avait ni foi ni loi, se posa néanmoins comme le pape et le pontife du protestantisme allemand, afin de maintenir la division de l'Allemagne et d'en empêcher la réconciliation dans l'antique foi de ses pères. Joseph, au lieu de se présenter à l'Allemagne divisée comme un centre intellectuel et moral avec ses États héréditaires, prit à cœur de séparer ses États d'avec le reste de l'Allemagne par une ligne de douanes commerciales et littéraires.

La monarchie autrichienne se composait de pays et de peuples fort divers de mœurs, d'origine, de coutumes, de législation et même de langues. Il y avait des Allemands, des Flamands, des Italiens, des Slaves, des Hongrois, des Pandours, qui faisaient partie de cette monarchie à des titres et conditions fort différents. Cette diversité impatienta Joseph II. Il entreprit subitement, et de sa seule puissance, d'introduire l'uniformité en tout et partout; et toujours pour copier Frédéric II, mais en poussant tout au delà des bornes de la sagesse et de la prudence. Depuis que les électeurs de Brandebourg étaient devenus puissants et même rois, ils avaient, sans rien dire, laissé de côté les États généraux de leur pays : Frédéric II avait une administration uniforme pour la guerre et la perception des impôts; mais il respectait les droits des provinces, des villes et des particuliers. Joseph II n'en tint nul compte, et cela contrairement aux principes qu'il mettait en avant. Ainsi, l'an 1785, il disait dans une ordonnance pour introduire une nouvelle assiette de l'impôt : « N'est-il pas insensé de croire que les princes possédassent le pays comme une propriété, avant qu'il y eût des sujets, et qu'ils ont cédé le leur à ceux-ci sous certaines conditions? N'auraient-ils pas été obligés de décamper à l'instant, pour ne pas mourir de faim, si personne n'eût cultivé le fonds? Il serait de même contraire au bon sens, si un prince s'imaginait que le pays lui appartient et non pas lui-même au pays, que des millions d'hommes sont faits pour lui et non pas lui pour eux, afin de les servir. Les seuls besoins de l'État doivent être couverts; le monarque n'a aucun droit d'en exiger davantage, et il doit rendre compte de ce qu'il lève (*Vie de Joseph II*, par Cornova). » D'après ces principes, tout le monde pouvait s'attendre qu'il assemblerait les États des diverses provinces, et qu'il s'en rapporterait à eux sur la manière de pourvoir aux besoins de la monarchie. Il fit tout l'opposé. Sans s'inquiéter de l'assentiment des États de Hongrie, encore moins des diètes de Bohème, de Moravie et d'Autriche, à qui cependant Ferdinand II avait laissé intact le droit de voter les impôts, il ordonna brusquement d'arpenter toutes les terres de ces pays, et d'astreindre tous les propriétaires à contribuer également aux besoins de la caisse gouvernementale. Il était fort dangereux de déclarer trop bas le revenu d'un bien; car si un fermier ou un acheteur en offrait davantage, on cédait le bien pour la valeur capitale calculée sur ses offres, et l'ancien propriétaire devait accepter cette valeur sans se plaindre, autrement il se reconnaissait avoir fait une fausse déclaration et être justement punissable (Menzel, t. XII, c. 14).

Joseph II ne s'en tint pas là. Il se crut obligé d'introduire une complète uniformité d'administration et de législation dans toute la monarchie, et cela sans la consulter. Il crut au-dessous de lui, d'avoir aucun égard aux diversités d'origine, de langue, de mœurs, de culture et de constitution civile dans les diverses parties d'un Etat qui n'était réuni que par un maître commun. Il voulut imposer aux Hongrois la langue allemande. Et pour ne pas être obligé de jurer leur ancienne constitution, il évita de se faire couronner roi de Hongrie ; pour en éloigner à jamais la pensée, il fit transporter de Presbourg à Vienne la couronne royale, envoyée autrefois au roi saint Etienne par le pape Silvestre II, et tenue en spéciale vénération par la nation hongroise. Il prenait comme à tâche de repousser et d'éteindre l'affection que lui avaient vouée les magnats, quand ils s'écrièrent : Mourons pour notre roi Marie-Thérèse!

Les provinces belges avaient une charte constitutionnelle nommée *Joyeuse-Entrée*, parce qu'elle fut publiée l'an 1423, à la première entrée du duc de Bourgogne, Philippe le Bon, à Bruxelles. Elle avait été jurée par les gouverneurs impériaux, en 1717, au nom de Charles VI ; en 1744, au nom de Marie-Thérèse ; enfin, le 17 juillet 1781, au nom de Joseph II. Elle assurait aux Etats du pays, outre le vote des impôts, plusieurs autres libertés et droits, notamment une grande influence à la nomination des tribunaux de justice, parmi lesquels le grand conseil de Brabant jouissait de la plus haute considération. Une clause de ce pacte disait en toutes lettres que, si le prince le violait d'une manière quelconque, en tout ou en partie, tous les sujets brabançons seraient dégagés de toute obéissance à lui due, jusqu'à ce que les transgressions eussent été réparées. Or, sans penser ou faire attention à tout cela, Joseph II, comme un étourdi révolutionnaire, changea brusquement toute cette constitution, les tribunaux judiciaires et administratifs, même la division territoriale, dégageant par là même tous les Belges de l'obéissance qu'ils lui devaient (Menzel, t. XII, c. 14). Il fit des innovations aussi violentes et aussi arbitraires en Tyrol, en Bohème et en Galicie.

A l'entrée des Etats héréditaires d'Autriche, les voyageurs même Allemands étaient traités comme des malfaiteurs par les employés de la douane. Une dame de Passau qui, avec sa fille, allait voir ses parents à Vienne, dut déposer sa coiffure et ses faux cheveux : sa fille, jeune personne modeste, fut obligée, au milieu des grossières plaisanteries des employés, d'ôter son corset, de se délacer, et, comme elle suppliait qu'on la dispensât de dénouer ses jarretières, les exécuteurs de la loi lui crièrent : « Point de raisonnement! ainsi le veut Sa Majesté l'Empereur (*Ibid.*, p. 348, note). » Pour conserver l'argent dans le pays, il défendit d'un côté d'y introduire des harengs, et permit de l'autre la réimpression ou la contrefaçon des livres, sans excepter même les livres et les journaux auxquels il avait accordé un privilège comme chef de l'empire. Il fit répondre aux plaintes des éditeurs et des auteurs, que les privilèges impériaux ne s'étendaient que sur les pays non autrichiens, et qu'ils devaient y être maintenus. Tout cela n'était guère propre à faire aimer aux Allemands la dignité impériale ; mais Joseph II ne voyait pas si loin. A ses yeux, dit l'historien Menzel, le commerce des livres était au-dessous du commerce de fromage, dès que celui-ci attirait plus d'argent dans le pays. S'il établit des universités à Prague, à Fribourg et à Pesth, ce fut uniquement pour empêcher les jeunes gens d'exporter l'argent en allant étudier à l'étranger. Ces institutions portaient le cachet du mercantilisme qui cherche à obtenir le plus de marchandise ou de travail avec le moins d'argent possible. Professeurs et élèves étaient tenus à l'étude sous un sévère contrôle, point de congés, mais de continuels examens où l'on enregistrait les résultats de l'instruction. Ses règlements sur la liberté de la presse et de la librairie offrent le plus singulier mélange de principes contradictoires. Il y avait des commissions de censure auxquelles il fallait tout soumettre, jusqu'aux affiches et aux formules de prières. Mais il y avait entière liberté de critiquer les personnes, depuis le souverain jusqu'au dernier des sujets, pourvu que ce ne fût pas un libelle diffamatoire et que l'auteur y mît son nom. Le but de Joseph était d'introduire, sur ses fonctionnaires de toute classe, un contrôle qu'il n'aurait point à payer ; pour prévenir toute réclamation, il se livra lui-même aux critiques, dans la persuasion que ceux-ci n'oseraient s'attaquer à lui ou qu'ils n'y trouveraient rien à reprendre. Mais ce contrôle à bon marché lui coûta cher. Comme il mécontentait tout le monde par ses innovations de toute espèce, tout le monde se mit à écrire contre lui de petits livres : ce fut même une industrie si lucrative, qu'en 1783 on compta à Vienne jusqu'à quatre cent quinze auteurs de cette sorte d'écrits, et qu'un libraire de la même capitale en fit une spéculation en forme (Menzel, t. XII, c. 14).

Le code pénal de Joseph II ne montre pas moins d'incohérence que tout le reste. Il abolit la peine de mort pour plusieurs crimes, mais souvent il la remplace par d'autres peines pires que la mort. Ceux qui étaient condamnés à tirer les navires le long du Danube étaient enchaînés cinq à cinq : le jour, on les faisait marcher comme des bêtes, à coups de fouet ; la nuit, ils couchaient à l'air sur le bord du fleuve, personne ne voulant recueillir dans sa barque des gens qui ne demandaient que la mort. Quelqu'un succombait-il sous le fardeau, les autres étaient obligés de traîner avec eux son cadavre, jusqu'à ce que l'anneau qui l'enchaînait pût être desserré. Dans ce même code pénal, Joseph II punissait encore comme crimes politiques, par la bastonnade, le pilori, les travaux forcés, la déportation, des fautes d'ignorance ou d'imprudence, telles que la négligence à veiller sur les enfants, d'aller trop vite avec une voiture ou un cheval. Il se faisait comme un plaisir de froisser les affections les plus naturelles et les usages les plus louables du peuple. Ainsi il défendait d'enterrer les morts avec un cercueil et ordonna de les enterrer cousus dans un sac, par la raison qu'il fallait ménager le bois. Et en vexant ainsi ses sujets de toute manière, il prétendait s'attirer leur amour, en se familiarisant avec eux comme un particulier. Cette affectation ne lui attira que du mépris. Plus d'une fois on le lui fit sentir. Il lut un jour sur la porte de sa chambre à coucher ces paroles : « Moëlle de veuves et bien des orphelins sont les délices de l'empereur. » Une supplique anonyme se terminait par ces mots : « Notre empereur est un pince-maille. » Dans son jardin de plaisance, on trouva une feuille affichée avec ce distique français :

> Joseph premier, aimable et charmant;
> Joseph second, scorpion et tyran.
> (Menzel, t. XII, c. 19.)

Chef d'armée, il ne montra pas plus de sagesse et de prudence que législateur. Le 2 février 1788, comme allié de la Russie, dont il était allé visiter l'impératrice Catherine, non-seulement à Pétersbourg, mais jusqu'en Crimée, il déclara la guerre à la Turquie. Pour protéger les provinces autrichiennes contre une irruption des Turcs, il posta sur deux cents lieues de frontières cinq corps d'armée à grande distance l'un de l'autre, mais avec un cordon militaire qui les reliait entre eux dans les intervalles. Les Turcs rompirent ce faible cordon et ravagèrent à leur aise plusieurs contrées. Les cinq divisions, isolées entre elles, restèrent oisives, s'épuisèrent en marches et contre-marches et perdirent plus de monde par le défaut de vivres et par la maladie que n'en aurait coûté une grande bataille. Le 20 septembre, l'armée principale, où se trouvait l'empereur, essuya un désastre épouvantable. Comme on marchait la nuit, un soldat de corps-franc se mit à piller dans les bagages : aussitôt le bruit se répand qu'on est en présence de l'ennemi; la confusion devient telle qu'il n'y en a pas de pareille; les troupes font feu les unes contre les autres. L'empereur, qui veut rétablir l'ordre, se trouve entre deux feux : il perd son escorte dans la fuite, arrive accompagné d'un seul homme dans une petite ville, et n'est pas même en état de la garantir du pillage de ses propres soldats en déroute. Il ne rapporta de cette campagne qu'une maladie des poumons, qui le conduisit à la mort. Dans une autre occasion, au plus fort du combat, il fit sonner la retraite, disant qu'il y avait assez de sang répandu, et manqua ainsi le but du combat, la victoire. Toute sa vie n'est qu'un tissu d'inconséquences, de desseins mal conçus et mal exécutés.

Ce qui lui a été le plus funeste et qui l'est encore à la monarchie autrichienne, c'est sa manie incurable d'innover en matière de religion et de réglementer l'Église. Sous ce rapport, toutes ses provinces étaient tranquilles; il les troubla toutes, y provoqua le mécontentement, même des émeutes, et en perdit une des plus importantes.

Quoique Joseph II eût eu pour précepteurs deux Jésuites, il n'en adopta pas moins les principes schismatiques de Fébronius, qui soumet le spirituel au temporel, l'Église catholique à tous et à chacun des gouvernements séculiers qui peuvent se trouver en ce monde, détruisant ainsi l'unité et l'universalité de l'Église de Dieu, la démembrant comme une autre Pologne, la mettant en pièces comme un criminel que l'on écartelle à quatre chevaux, et accomplissant ainsi le vœu de l'impiété moderne, *Écrasons l'infâme!*

Le pseudonyme *Fébronius* était Jean-Nicolas de Hontheim, né à Trèves en 1701. Il fit ses premières études sous les Jésuites de cette ville, suivit un cours de droit canon à Louvain, sous le janséniste Van-Espen, et eut des relations avec les jansénistes d'Utrecht. Il devint suffragant de l'archevêque de Trèves, sous le titre d'évêque de Myriophyte. L'an 1763, époque où les gouvernements de France, d'Espagne, de Naples, de Portugal faisaient au Saint-Siége une guerre de tracasserie, jusqu'à occuper militairement la ville d'Avignon et le comtat Venaissin, parut un ouvrage latin sous ce titre : *Livre singulier de Justinus Fébronius, jurisconsulte, sur l'état de l'Église et la puissance légitime du Pontife romain, composé pour réunir les dissidents dans la religion chrétienne.* À cause des circonstances, ce livre eut une vogue qu'il ne méritait guère ni pour le fond ni pour la forme. Voici comme l'apprécie un théologien français de l'époque, Bergier, dans une lettre de 1775 au duc Louis-Eugène de Wurtemberg : « Il est assez étonnant que le *Traité du gouvernement de l'Église et de la puissance du Pape*, par Fébronius, fasse du bruit dans quelques États de l'Allemagne; soit pour le fond, soit pour la forme, ce livre ne m'a jamais paru capable de faire impression sur des hommes instruits et qui se piquent de raisonner. Ce que l'auteur a dit de vrai est emprunté des théologiens français, particulièrement de M. Bossuet, dans sa *Défense de la Déclaration du clergé de France de* 1682; ce qu'il a dit de faux et d'erroné est tiré des protestants, des jansénistes ou des canonistes qui cherchaient à chagriner la cour de Rome dans des temps de troubles. Ces divers matériaux, qui n'étaient pas faits pour aller ensemble, ont été compilés assez maladroitement par Fébronius; il a rapproché des lambeaux qui s'entre-détruisent; comme il ne part jamais de principes universellement avoués, il tombe continuellement en contradiction; il nie dans un endroit ce qu'il affirme dans un autre; il soutient une opinion dans le temps même qu'il fait profession de la rejeter : ce serait assez de comparer seulement les titres des chapitres et des sections de son ouvrage, pour voir ou qu'il ne s'entend pas ou qu'il n'est pas d'accord avec lui-même. » Bergier le prouve par un grand nombre d'exemples et conclut : « Je pense, mon prince, que c'en est assez pour mettre cet ouvrage absurde à sa juste valeur : il ne peut avoir échappé à la censure que par le mépris qu'on en fait. Un auteur qui se réfute lui-même n'a pas besoin d'autre condamnation. Il n'est pas une seule section dans laquelle on ne puisse montrer des erreurs, des contradictions ou des sophismes. C'est une compilation sans ordre, sans justesse, sans logique, aussi mal arrangée que mal écrite; l'auteur, quel qu'il soit, ne s'est pas entendu lui-même. Il ne peut plaire qu'à ceux qui ont sucé des principes d'anarchie et de révolte contre l'Église dans les leçons ou dans les écrits des protestants. Ceux qui s'imaginent que ce sont là les sentiments du clergé de France n'ont jamais lu d'autres théologiens français que les jansénistes; ils ne connaissent pas seulement la *Défense de la Déclaration du clergé* par M. Bossuet (Feller, art. Hontheim). » Le docte Feller juge Fébronius de la même manière, non-seulement dans son *Dictionnaire historique*, mais dans son *Journal historique et littéraire*, et dans son *Coup d'œil sur le congrès d'Ems*.

Le 14 mars 1764, le pape Clément XIII condamna le livre de Fébronius dans un bref au prince Clément de Saxe, alors évêque de Ratisbonne et depuis archevêque de Trèves. Les diverses éditions du livre furent encore prohibées à Rome en 1766, et même en 1771 et en 1773 sous Clément XIV. L'évêque de Ratisbonne apprit à ses diocésains ce qu'ils devaient en penser, et publia la censure du Pape. L'archevêque de Cologne, les évêques de Constance, d'Augsbourg, de Liége et d'autres encore firent de même. L'assemblée du clergé de France de 1775, consultée sur le *Fébronius*, répondit que cet ouvrage, peu connu en France, passait pour être fort inexact, pour favoriser les opinions nouvelles, et pour s'écarter de la doctrine et du langage dont l'Église gallicane avait tant de fois fait profession, sur la primauté des Papes et l'autorité de l'Église romaine. Joseph Kleiner, Jésuite, professeur de théologie à Heidelberg, l'attaqua dans une thèse du 13 août 1764, et publia ensuite des observations dans le même sens. L'année suivante, l'Université de Cologne porta sur le livre un jugement académique conforme à celui du Pape; et Kaufmann, docteur de cette Université, appuya ce jugement sur des dissertations. Zech, Jésuite, professeur de droit canon à Ingolstadt, inséra dans son *Traité des jugements ecclésiastiques*, en 1766, une digression contre Fébronius. Celui-ci fut encore attaqué dans une lettre imprimée à Sienne, sous le nom de Ladislas, et dans divers écrits d'un abbé régulier de Suisse, et d'ecclésiastiques ou de religieux allemands. En 1768, le Jésuite italien Zacharia publia l'*Antifebronius*, et, en 1772, l'*Antifebronius vindicatus*, où il réfutait à la fois l'auteur principal et un de ses défenseurs. Plus tard, le Dominicain Mamachi, fit paraître des lettres à Fébronius, où il réfutait les principes de l'auteur.

Le prince Clément de Saxe, devenu électeur de Trèves, cherchait à ramener son suffragant à de meilleurs sentiments. Ce fut lui qui provoqua la réponse du clergé de France, attendu que l'auteur prétendait n'enseigner que la doctrine gallicane. Enfin, le 1er novembre 1778, Nicolas de Hontheim donna une rétractation en dix-sept articles. Il y avouait être tombé dans l'erreur, et priait le pape Pie VI d'avoir égard à son repentir. Il reconnaissait que les clés de l'Église ont été données à un seul et en même temps à l'unité; que la primauté du Pape est une primauté de juridiction et doit être perpétuelle; que l'Église a droit de déterminer le sens et de juger la doctrine des propositions; qu'on doit une entière obéissance à la constitution *Unigenitus*; que s'il s'élève quelque doute sur l'état de l'Église, il faut avoir recours au Pape; que le concile de Trente a été libre et a sagement fait de réserver au Pape certaines dispenses; qu'il faut regarder comme illégitimes les évêques non reconnus par lui; qu'on a eu raison de lui réserver la canonisation des saints; que pour la foi, les sacrements et la discipline, la puissance ecclésiastique prononce de plein droit... Les autres articles étaient moins importants, mais étaient dictés par le même esprit. Cette rétractation fut envoyée à Pie VI, qui, dans un consistoire du 25 décembre, annonça aux cardinaux cette démarche du prélat de Hontheim, et en témoigna sa joie. Il lui écrivit à lui-même pour l'en féliciter. Le 3 février, l'évêque suffragant donna une lettre pastorale pour annoncer et confirmer sa rétractation. Il y renonçait pour toujours à ce qu'il avait annoncé dans son *Febronius*, s'engageait à le combattre, et notifiait lui-même un ordre de l'électeur, qui défendait de lire ou de retenir son livre. Quelques-uns ayant prétendu que ces démarches n'avaient pas été entièrement libres, M. de Hontheim publia, le 2 avril 1780, une déclaration qu'il transmit à son prince-archevêque : il y assurait que sa rétractation avait été sincère, et qu'il se proposait de la confirmer dans un ouvrage auquel il travaillait. Il fit paraître en effet, l'année suivante, son *Commentaire* sur sa rétractation. Il la développe en trente-huit propositions, qu'il confirme de nouveau quant au fond, mais à quelques-unes desquelles il donne des interprétations et des modifications que plusieurs ont jugées contraires à l'acte du 1er novembre 1778. Quoi qu'il en soit de sa sincérité dans ce dernier écrit, il fit insérer à la fin des actes du consistoire du 25 décembre 1778, le bref que lui avait adressé le Pape, le mandement qu'il avait donné lui-même, et un extrait d'un livre publié à Rome, où l'on voulait prouver que sa rétractation était sincère (Picot, *Mémoires*, an 1764 et 1778).

Malgré la condamnation du Saint-Siége et la rétractation de l'auteur, le livre de Fébronius fut bien accueilli, protégé même dans la capitale de l'Autriche. C'est qu'il attaquait la monarchie spirituelle du Pape, faisait de l'Église une république aristocratique, invitait les princes du siècle à réformer l'Église sur ce plan, en protégeant les évêques contre le Pontife romain; il proposait même, à la fin de son livre, les moyens de faire un schisme et de se passer du Pape universel en créant un pape national. Ces nouveautés schismatiques d'un évêque durent naturellement plaire à l'esprit novateur de l'empereur Joseph II. Il y eut défense de publier la rétractation de l'auteur à Vienne (Menzel, t. XI, c. 21). Sa doctrine, désavouée par lui-même et condamnée par le Pape, fut mise en pratique par l'empereur, non-seulement dans les provinces autrichiennes, mais encore dans la Toscane, dont son frère Léopold était grand-duc.

Du vivant même de leur mère, Joseph avait donné le signal des innovations religieuses. On avait changé en beaucoup d'endroits les professeurs de théologie, pour en substituer d'autres qui eussent les idées de Fébronius et de Jansénius. On était allé jusqu'à ôter aux évêques la direction de leurs séminaires et le choix des théologiens qui devaient y enseigner. A la mort de Marie-Thérèse, ce fut bien pis. On vit se succéder avec rapidité les lois les plus étranges sur les matières qui dépendent le moins de l'autorité civile. On frappa d'abord les religieux; on leur défendit d'obéir à leurs supérieurs étrangers; on supprima beaucoup de couvents; on s'empara de leurs revenus; on défendit de recevoir des novices. On favorisa les protestants à tel point, que dans bien des contrées on se persuada que l'empereur allait embrasser leur secte. Le clergé eut ordre de donner le cadastre de ses revenus. Il ne fut plus permis de recourir à Rome pour les dispenses de mariage. Le *placet* impérial fut prescrit pour toutes les bulles, brefs ou rescrits venant de Rome. Les évêques eurent défense de conférer de quelque temps les ordres. Enfin, c'était une suite non interrompue de règlements qui changeaient tous les usages et renversaient la discipline. L'attention du réformateur s'étendait aux plus petits objets. Il supprimait les confréries, abolissait les processions, retranchait des fêtes, prescrivait l'ordre des offices, réglait les cérémonies, le nombre des messes, la manière dont devaient se dire les saluts, et jusqu'à la quantité de cierges qu'on devait allumer aux offices. Aussi Frédéric II l'appelait-il *mon frère le sacristain*.

En Toscane, l'archiduc Léopold, se faisant sous-sacristain de son frère, obéissait à son influence et prenait aveuglément les conseils de Scipion Ricci, qui, en 1780, fut fait évêque de Pistoie et de Prato. La Toscane, paisible, ne s'était point ressentie des troubles religieux qui avaient agité divers États. Ricci, entreprenant, tracassier et se sentant appuyé, se mit en tête d'introduire en Italie les nouveautés jansénistes auxquelles la France avait dû cent ans de disputes. On voyait, par ses conseils, paraître de fréquentes et prolixes circulaires, où le prince, entrant dans les plus petits détails, envoyait aux évêques des catéchismes, leur indiquait les livres qu'ils devaient mettre entre les mains des fidèles, abolissait les confréries, diminuait les processions, réglait le culte divin et les cérémonies, et n'omettait rien de ce qui pouvait en affaiblir la pompe et la majesté. Ricci, de son côté, après avoir provoqué ces réformes, en faisait l'essai dans son diocèse. Il remplissait les places d'hommes asservis à ses idées, qu'il appelait de toutes parts. Il faisait établir des académies ecclésiastiques, où l'on enseignait la théologie janséniste. Il donnait des écrits contre la dévotion au sacré cœur de Jésus, contre les indulgences. Il changeait les rites, réformait la discipline, bouleversait l'enseignement; et, sans s'embarrasser des plaintes des peuples, dépouillait le culte de son éclat, l'Église de ses droits, et la religion du respect des fidèles, le tout sous prétexte de rétablir les usages de l'antiquité. Fidèle imitateur des jansénistes de France, il les proposait pour modèles. Sous sa plume, Soanen n'était plus qu'*un saint évêque;* Quesnel, *un savant et pieux martyr de la vérité;* l'abbé Racine, Mésengui, Gourlin, *des lumières de l'Église*. Il faisait traduire en italien leurs écrits en faveur de l'appel janséniste et contre les Papes. On établit à Pistoie une imprimerie uniquement destinée à cet usage, et qui mit au jour plusieurs volumes remplis de brochures oubliées, de pamphlets satiriques, et des plus mauvaises productions d'un parti qui en avait tant enfanté. Les éditeurs de ce recueil avertissaient en tête qu'ils se proposaient de *dévoiler les injustes prétentions de cette Babylone spirituelle qui a bouleversé et dénaturé toute l'économie de la hiérarchie ecclésiastique, de la communion des saints et de l'indépendance des princes*. Ricci faisait tenir chez lui des conférences où on s'élevait contre la constitution *Unigenitus*, où on préconisait l'appel janséniste, où on plaidait la cause des schismatiques de Hollande. En vain Pie VI écrivit à cet évêque pour le ramener; Ricci répondait par d'autres innovations (Picot, *Mémoires*, an 1780).

Au mois de septembre 1786, il tint un synode à Pistoie, dans lequel il adopta toutes les innovations des jansénistes sur le dogme, la morale, la discipline et le culte, à quoi il ajouta les quatre articles de la Déclaration gallicane en 1682. Comme il n'eut pas trouvé dans son diocèse tous les prêtres disposés en sa faveur, il fit venir de différents côtés plusieurs de ses affidés pour faire nombre. Le 23 avril 1787, il y eut une assemblée de tous les évêques de Toscane à Florence. Ils avaient été convoqués par Léopold, à la suggestion de Ricci, pour préparer les matières à traiter dans un concile national qui devait suivre. On voulait les amener à favoriser les changements que Ricci souhaitait d'introduire, et à faire en grand ce que celui-ci venait d'exécuter en petit à Pistoie. Ces prélats étaient au nombre de dix-sept, savoir : les trois archevêques de Florence, de Sienne et de Pise, et les évêques leurs suffragants. Dans le nombre, Ricci en avait pour lui trois ou quatre, entre autres l'évêque de Chiusi, qui avait publié, en 1786, une *Instruction pastorale* que le pape Pie VI s'était cru obligé de condamner par un bref. Les choses ne tournèrent pas comme Ricci avait espéré. Cet évêque ayant proposé de changer le serment que les évêques font au Pape lors de leur consécration, douze de ses collègues rejetèrent cette prétendue réforme. L'évêque de Chiusi avait cru trouver dans cette assemblée des juges moins sévères qu'à Rome, et avait soumis son *Instruction* à l'examen des prélats. Mais ils prononcèrent, comme le Pape, que cette instruction était pleine d'erreurs et d'un esprit de schisme et d'hérésie. Ils dressèrent aussi une censure des écrits que Ricci faisait imprimer à Pistoie pour pervertir et troubler l'Italie. Enfin, quand cet évêque vit qu'il n'avait rien à attendre de prélats attachés au Saint-Siège, ennemis du schisme et de la discorde, et qui se croyaient d'autant plus obligés de repousser les innovations qu'elles étaient plus fortement protégées par le prince, il prit le parti de faire dissoudre l'assemblée. Il venait d'essuyer plus d'une mortification. Le 20 et le 21 mai, une sédition s'était élevée contre lui dans son diocèse de Prato. Les habitants de cette ville, las de la guerre qu'il faisait à leurs images, à leurs autels et à leurs saints, s'étaient portés en foule à l'église, avaient renversé et brûlé son trône et ses armoiries; de là s'étaient jetés dans son palais et dans son séminaire, et avaient enlevé les livres et les papiers qu'ils avaient crus mauvais. Ils avaient fait main-basse, entre autres, sur les *Réflexions morales de Quesnel*, traduites en italien par les soins de Ricci, qui venait récemment de les envoyer à ses curés, en leur recommandant de se servir de ce *livre d'or*.

Le grand-duc punit plusieurs hommes du peuple, et donna plus que jamais sa confiance au turbulent évêque de Pistoie. D'après ses conseils, il rendit, le 20 septembre 1788, un édit qui consommait toutes les innovations précédentes. Il abolissait toute autorité des nonces, défendait tout appel au Saint-Siège, et marquait lui-même les tribunaux auxquels on devait porter les causes ecclésiastiques. Ainsi il ôtait et donnait la juridiction à son gré. Quelques jours après, il interdit aux religieux, sous peine de bannissement, toute relation avec leurs supérieurs étrangers. Il défendit d'entrer dans les ordres sacrés ou dans l'état religieux sans en avoir obtenu la permission du gouvernement. Différents édits de même nature, et calqués sur ceux qui se rendaient à Vienne, se succédaient avec rapidité. Ricci triomphait, narguait le Saint-Siége et ne gardait plus aucune mesure. L'année 1789 se passa au milieu des tracasseries, des menaces, des orages, jusqu'au moment de la mort de Joseph. Léopold, appelé au trône impérial, laissa la Toscane au second de ses fils. Dès qu'il ne fut plus dominé par son frère, Léopold ne parut plus le même. D'ailleurs, un nouveau personnage apparaissait en Europe, qui donnait aux rois d'autres soucis que de vexer le Pape : c'était la Révolution française.

Quant au janséniste Ricci, qui était détesté en Toscane, il perdit son influence. Ses réformes bizarres et turbulentes furent abandonnées. On laissa rétablir ce qui avait été détruit. Les confréries, les processions, les reliques, les images, les autels et d'autres abus énormes aux yeux de l'évêque janséniste reparurent, au grand scandale de la philosophie. Une nouvelle émeute, qui eut lieu contre lui à Pistoie, l'obligea de fuir. Il se retira dans une petite ville, où il continua ses innovations et ses intrigues. On le força enfin de donner sa démission. Léopold voulut l'annoncer lui-même à Pie VI par une lettre très-affectueuse. Et la Toscane, travaillée depuis dix ans par des artisans de discorde, se vit avec joie rendue à l'union et à la paix.

Les troubles de l'Autriche et de l'Allemagne ne se terminèrent pas si promptement, et survécurent à Joseph II. Ce prince s'était fait le pape, l'évêque universel, le concile général de ses Etats : il ne laissait plus rien à faire aux évêques, prenait leurs revenus, les excluait des Etats de leur province et détruisait leurs siéges. Le jugement qu'il prononça le 25 avril 1781 mérite d'être cité. Son conseil d'Etat avait destitué, en 1778, les supérieurs du séminaire de Brunn, et nommé à leur place des hommes de son choix. Il y eut des plaintes contre ces derniers. On les accusa de suivre les principes des jansénistes, de répandre leurs livres, et de chercher à introduire en Allemagne les sujets de querelles et de dissensions qui avaient si fort agité d'autres pays. C'était le même plan auquel Ricci travaillait en Toscane. Plusieurs évêques dénoncèrent les nouveaux professeurs. Joseph s'empare de l'affaire et prononce le jugement le plus étrange. Il déclare les trois accusés absous; destitue leur accusateur sa place d'archidiacre d'Olmutz; ordonne à l'archevêque de cette ville et à l'évêque de Brunn de prendre des conseillers plus sages; blâme fortement deux ecclésiastiques qui avaient osé soutenir la constitution *Unigenitus;* interdit de la chaire, *pour toujours et partout*, les prédicateurs qui s'étaient expliqués contre les accusés; déclare que les bulles *Unigenitus* et *In cœnâ Domini*, n'ayant jamais été reçues et ne pouvant l'être, seront ôtées de tous les livres liturgiques où elles se trouveraient; arrête qu'il sera fait une sévère réprimande au cardinal Migazzi, archevêque de Vienne; que sa conduite sera examinée; que la surintendance de son séminaire sera donnée à un des accusés, et que tous les évêques rendront compte de leurs séminaires. D'ailleurs, la forme de ce jugement n'était pas moins étrange. En parlant du cardinal Migazzi, prélat respectable et zélé, on employait les expressions les plus aigres et les moins convenables dans la bouche d'un souverain. Le 4 mai, un nouveau décret ordonna un silence absolu sur la constitution *Unigenitus*, et défendit de la recevoir et de prononcer même les noms de *jansénisme* et de *molinisme* : en même temps, les théologiens de la cour avaient toute liberté de déclamer contre la bulle. Le 5 mai, un troisième décret, envoyé au cardinal Migazzi, l'appelait *perturbateur, persécuteur, brouillon, ennemi des principes*, et il avait ordre de rendre compte de l'administration de son séminaire, tant au spirituel qu'au temporel.

Il s'éleva peu après une autre affaire où Joseph mit la même vivacité. Un curé fut accusé et convaincu, devant l'archevêque d'Olmutz, d'innover dans les offices, et même dans le sacrifice de la messe, de ne prôner que les livres des jansénistes et des ennemis du Saint-Siége, de ne pas recevoir la bulle *Unigenitus*, enfin d'enseigner une doctrine suspecte. En conséquence, il fut condamné par l'archevêque, assisté de son consistoire, à se retirer dans un couvent pour y passer quelque temps en retraite. Le curé en appela au prince. Celui-ci rendit, le 17 novembre 1781, un jugement portant que le curé était coupable par les innovations, et que l'archevêque ne le renverrait à sa paroisse que lorsqu'il le jugerait convenable. Mais en même temps il blâmait le prélat, ordonnait qu'il fût réprimandé d'avoir suivi des conseils *ineptes* et *passionnés*, et condamnait les accusateurs du curé à lui payer une pension de quatre cents florins, jusqu'à ce qu'il fût réintégré dans sa charge. Sentence qui montre quelle contradiction il y avait dans la tête de l'empereur. Ces décrets et ces jugements excitèrent le zèle de plusieurs évêques. Le cardinal Migazzi fit plusieurs fois des représentations qui furent très-mal accueillies. Le cardinal de Franckenberg, archevêque de Malines, profita d'un voyage de l'empereur aux Pays-Bas, pour lui remettre un mémoire sur quelques-unes de ses innovations, et sur la libre circulation des livres des incrédules. L'Université de Louvain fit des remontrances sur l'édit pour les protestants, et sur les entraves mises à l'enseignement. L'archevêque de Trèves représenta les inconvénients du décret du 4 mai. Sept évêques de Hongrie dressèrent un mémoire sur le même sujet, et le cardinal Bathiani, primat de ce royaume, archevêque de Strigonie, remontra les édits excédaient le pouvoir de l'autorité civile. Il observait que la bulle *Unigenitus* était un jugement de l'Eglise universelle, et citait à cet égard les actes du concile de Rome en 1725, l'encyclique de Benoît XIX en 1756, et les actes du clergé de France en 1765. On voit, par toutes ces démarches, combien est fausse l'allégation des auteurs de *l'Art de vérifier les dates*, qui prétendent que le décret de l'empereur ne souffrit aucune opposition.

Le nonce du Pape à Vienne seconda les efforts des évêques d'Allemagne. Enfin, Pie VI écrivit différentes fois à Joseph pour essayer de le ramener à des dispositions plus modérées. Mais, voyant qu'il ne gagnait rien, il prit une résolution inattendue. Il espéra qu'une entrevue avec Joseph aurait peut-être plus de succès, et que ses observations et ses prières pourraient faire quelque impression sur ce caractère singulier. Il lui écrivit le 15 décembre, pour lui annoncer son dessein de faire le voyage de

Vienne. Cette nouvelle ne fléchit point l'empereur; il répondit au Saint-Père que son parti était irrévocablement pris, et qu'il ne revenait jamais sur les mesures qu'il avait une fois adoptées. Pie VI n'en persévéra pas moins dans son projet. Il partit de Rome, le 17 février 1782. Il reçut partout les honneurs dus à son rang : une affluence prodigieuse se rassemblait sur sa route, son voyage parut un triomphe populaire : l'empereur, avec son frère Maximilien, vint à sa rencontre à quelques lieues de Vienne, où le Pape fit son entrée le 22 mars, ne cessant de répandre les flots de sa bénédiction sur une foule de fidèles ivres de joie et de dévotion. Le Pape logea au palais de l'empereur, dans les appartements de Marie-Thérèse : il célébra pontificalement pendant la semaine sainte. L'affluence, la dévotion allaient toujours croissant : les protestants eux-mêmes se sentaient attendris. Un luthérien écrivait dans le temps même à un de ses amis :

« L'effet de la présence du Pape à Vienne est prodigieux; et je ne m'étonne pas qu'elle ait produit autrefois de si étranges révolutions. J'ai vu plusieurs fois le Pontife au moment où il donnait sa bénédiction au peuple de cette capitale; je ne suis pas catholique; je ne suis pas facile à émouvoir; mais je dois assurer que ce spectacle m'a attendri jusqu'aux larmes. Vous ne pouvez vous figurer combien il est intéressant de voir plus de cinquante mille hommes réunis dans un même lieu par le même sentiment, portant dans leurs regards, dans leur attitude, l'empreinte de la dévotion, de l'enthousiasme avec lequel ils attendent une bénédiction dont ils font dépendre leur prospérité sur la terre et leur bonheur dans une autre vie. Tout occupés de cet objet, ils ne s'aperçoivent nullement de l'incommodité de leur situation ; pressés les uns contre les autres, et respirant à peine, ils voient paraître le chef de l'Eglise catholique dans toute sa pompe, la tiare sur la tête, revêtu de ses ornements pontificaux, sacrés pour eux, magnifiques pour tous, entouré des cardinaux qui se trouvaient à Vienne et de tout le haut clergé. Le pontife se courbe vers la terre, élève ses bras vers le ciel, dans l'attitude d'un homme profondément persuadé qu'il y porte les vœux de tout un peuple, et qui exprime dans ses regards l'ardent désir qu'ils soient exaucés. Qu'on se représente ces fonctions remplies par un vieillard d'une taille majestueuse, à la physionomie la plus noble et la plus agréable, et qu'on se défende d'une vive émotion en voyant cette foule immense se précipitant à genoux, au moment où la bénédiction se donne, et la recevant avec le même enthousiasme qui paraît animer celui dont elle la reçoit. Pour moi, je l'avoue, je conserverai toute ma vie l'impression de cette scène. Combien ne doit-elle donc pas être vive et profonde chez ceux qui sont disposés à se laisser séduire par les actes extérieurs ! » Ainsi parle ce luthérien.

L'historien philosophe qui le cite ajoute, en parlant du Pape : « L'empressement à se trouver sur son passage tenait de la frénésie. Le cours du Danube était souvent obstrué par la foule de barques qui remontaient ou descendaient chargées de curieux. Ils se pressaient par vingt et trente mille dans les rues qui aboutissaient à la résidence de l'empereur, demandant à grands cris la bénédiction du Pape.

Tous les passages se trouvaient interceptés, et plus d'une fois par jour, Pie VI était obligé de paraître à son balcon pour accorder à la foule impatiente le facile bienfait qu'elle implorait avec tant d'ardeur. A peine était-elle ainsi congédiée qu'on la voyait remplacée par une autre foule qui aspirait au même bonheur. L'affluence était si prodigieuse dans Vienne, qu'on craignit pendant quelque temps de manquer de subsistances. On accourait des parties les plus reculées des Etats héréditaires. On remarqua l'obstination plaisante d'un paysan qui était venu de soixante lieues pour voir le Pape. Il alla, en arrivant, se placer dans une des salles de l'appartement où demeurait Sa Sainteté. « Que venez-vous faire ici? lui demanda la garde. — Je veux voir le Pape. — Ce n'est pas ici que vous le verrez. Sortez ! — Non pas; j'attendrai jusqu'à ce qu'il paraisse. Je ne suis pas pressé, moi; faites, faites ce que vous avez à faire. » — Et il s'assied et mange son pain fort tranquillement. Il y avait quelques heures qu'il attendait ainsi, lorsque l'empereur, instruit de sa persévérance, l'introduisit lui-même chez le Pape, qui reçut fort bien l'empressé villageois, lui donna sa main à baiser, sa bénédiction, et en outre une des médailles qu'il avait apportées de Rome. *Qu'ils sont donc discrets, ces Viennois*, disait le paysan en se retirant fort satisfait, *ils m'avaient caché que le Pape donnait de l'argent à ceux qui allaient le voir* (*Mémoires historiques et philosophiques sur Pie VI*, t. I, c. 12).

L'empereur se montra moins bien que son peuple. Il garda les convenances de la politesse envers le Pape, mais il ne rabattit rien ou presque rien de sa manie d'innover, de brouiller dans l'Eglise comme dans l'Etat. Son principal ministre, Kaunitz, se montra encore bien moins que l'empereur. Il n'observa pas même à l'égard du Pape la politesse vulgaire d'un homme bien élevé : il ne lui fit point de visite, et lorsque le Pape vint le voir de lui-même, il le reçut en habit du matin, avec une familiarité choquante, jusqu'à se remettre le chapeau sur la tête en sa présence. C'est ce Kaunitz qui poussait Joseph II à toutes ses innovations révolutionnaires qui ont fait perdre à la dynastie autrichienne, non-seulement une de ses plus belles provinces, mais quelque chose de bien plus précieux. Généralement les princes d'Autriche-Habsbourg, ainsi que les princes de Lorraine, s'étaient montrés fidèles à Dieu et dévoués à son Eglise, ce qui leur avait concilié l'estime et l'affection générale des catholiques. Ce précieux héritage, accumulé de part et d'autre par des siècles de loyauté, Kaunitz et Joseph l'ont dissipé à jamais. La politique matérielle, sans Dieu et sans conscience, qu'ils ont inoculée au gouvernement autrichien, inspire aux catholiques autant de défiance que la loyale et pieuse valeur d'un Rodolphe de Habsbourg, d'un François de Guise ou de Lorraine leur inspirait de confiance et d'admiration.

Reparti de Vienne le 22 avril 1782, Pie VI rentrait dans Rome le 13 juin. L'affluence et la dévotion des peuples furent les mêmes sur tout son passage. Le nouvel électeur de Bavière, Charles-Théodore, le reçut dans ses Etats et à Munich avec une piété filiale. A Augsbourg, il y eut quelque chose de plus remarquable. Pie VI étant allé visiter la bibliothèque, le bibliothécaire, André Mertens, recteur du gymnase luthérien, le harangua à genoux, et, dans son allocution, se proclama « trois fois heureux de pouvoir, avec une émotion profonde, contempler la face et baiser les pieds sacrés du pape Pie VI, les Délices du genre humain, le Très-Saint-Père, le Chef de la religion chrétienne, celui qui est né pour écarter des mortels toute espèce de calamité. Qui ne serait saisi de crainte en lui adressant la parole? Car autant les hommes surpassent les autres créatures vivantes, autant il surpasse les autres mortels en majesté et en piété, et c'est vraiment une espèce de divinité parmi les hommes. » Aussi l'orateur s'étonnait-il de sa propre hardiesse, d'oser, lui petit homme de la dernière classe, montrer les trésors de la bibliothèque au premier de tous les enfants de la terre. « Daigne Jésus-Christ, qui vous a donné à l'univers, conserver Votre Sainteté à la république chrétienne le plus longtemps possible, et la favoriser sans cesse d'heureux accroissements (Menzel, t. XII, c. 9; Rothensée, *Primauté du Pape*, p. 480, art. MERTENS) I »

Les théologiens de la cour de Vienne auraient pu prendre exemple sur ce savant luthérien L'un d'eux, nommé Eybel, dans le temps même que Pie VI habitait la capitale de l'Autriche, y publia un pamphlet injurieux : *Qu'est-ce que le Pape?* où il en faisait un simple évêque. La Providence voulut qu'un protestant réfutât le mauvais catholique. Le célèbre historien Jean de Muller, né à Schaffhouse, encore jeune alors, répondit à Eybel par un excellent écrit, *Voyages des Papes*. Il y dit entre autres : « Le Saint-Siège, fondé dans la plus haute antiquité de la primitive Eglise, que nous ne connaissons point assez, acquit déjà sous les païens un certain éclat par la vénération de tous les peuples pour Rome. — Lorsque les empereurs devinrent chrétiens, on vit le Saint-Siège, quoiqu'il n'eût jamais été occupé par un grand docteur comme Origène, ni par un grand orateur comme Chrysostome, ni par un profond philosophe comme Augustin, donner par sa seule accession un poids spécial à un parti quelconque dans l'Eglise. Dans les disputes sur les mystères, on trouve chez les Papes moins de grands mouvements qu'une certaine dignité. — Sans les Papes, Rome n'existerait plus, Grégoire, Alexandre, Innocent opposèrent une digue au torrent qui menaçait toute la terre; leurs mains paternelles élevèrent la hiérarchie, et à côté d'elle la liberté de tous les Etats. Sans la liberté de tous les Etats, Rome pouvait tomber par les rescrits d'un seul; sans la hiérarchie, il était impossible d'inspirer à tous les peuples les mêmes pensées. Sans le Pape, l'Eglise serait une armée dont le général eût été tué. Mayence, Trèves, Cologne, avec le ban ecclésiastique et les chapitres des cathédrales, l'eussent éprouvé. Sans la hiérarchie, l'Europe n'aurait aucune société pour veiller à l'intérêt général. — Dès lors l'autel fut un asile contre la colère des potentats; le trône, un asile contre l'abus de l'autorité ecclésiastique; le bien public se trouvait dans l'équilibre. — La puissance militaire était aux mains des princes; l'Eglise avait une puissance morale. Pour que celle-ci puisse faire équilibre à celle-là, il faut hiérarchie et immunité; hiérarchie, parce que l'ordre donne la force, et que sans Pape, archevêque, etc., l'Eglise eût été une troupe confuse; l'immunité, car qui voudrait, sans cela, dire à un prince : « Tu es un homme de la mort? » L'Eglise ne connaît pas les armes, et ne doit point les ressentir, etc. — Eux, les Papes, vécurent dans des siècles ténébreux, mais qui nous ont donné tout ce dont nous jouissons, et au lieu de débris sanglants et de forêts marécageuses, nous ont transmis des corps politiques pleins de vigueur, etc.

A la question d'Eybel, *Qu'est-ce que le Pape?* l'auteur protestant répond : « On dit que ce n'est qu'un évêque. Oui, comme Marie-Thérèse n'est qu'une comtesse de Habsbourg, le roi Louis de France un comte de Paris, le héros de Rosbach un comte de Zollern. On sait quel Pape a couronné empereur Charlemagne, mais qui est-ce qui a fait le premier Pape? — Aussitôt que l'empereur Joseph sera comme un des disciples, le pape Pie VI célébrera la cène comme le Christ Notre Seigneur; et dans ce temps-là l'officier de bouche n'aura plus à essayer les mets. Le Pape était un évêque, et il était le Saint-Père, le souverain Pontife, le grand Calife de tous les royaumes, principautés, seigneuries et cités de l'Occident (c'est ainsi qu'Iba-Abulféda, prince de Hamath, appelle le Pape), qui apprivoisa la sauvage jeunesse de nos Etats par la piété. Il supplie qu'une foule d'hommes conservent leurs biens antiques, il supplie que l'Eglise ne soit point séparée de son premier pasteur, le père des enfants; il essaie si, parmi le bruit des armes de notre siècle, les rois entendent encore; loin de toute crainte, puissant par la bénédiction seule, il est encore saint dans les cœurs de bien des millions, il est grand chez les potentats qui honorent le peuple, il est possesseur d'une puissance devant laquelle, dans l'espace de dix-sept siècles, depuis la maison de César jusqu'à la race de Habsbourg, beaucoup de grandes nations ont passé avec tous leurs héros : voilà ce qu'est le Pape (Rothensée, p. 754-756; Menzel, t. XII, c. 9). »

L'empereur Joseph II et son ministre Kaunitz étaient incapables de concevoir ces grandes et nobles idées. Le voyage du Pape était à peine terminé, qu'on apprit de nouveaux changements opérés en Allemagne. La nomination d'un archevêque de Milan devint un nouveau sujet de chagrin pour Pie VI. Joseph venait de s'emparer, par un édit, du soin de conférer les évêchés de Lombardie, qui, depuis un temps immémorial, étaient à la nomination du Pape. C'étaient tous les jours de nouveaux envahissements dont il n'était pas possible de prévoir la fin. Joseph fit, de son autorité, une nouvelle circonscription des évêchés de ses Etats. Il abolit les séminaires diocésains, et établit de généraux dans cinq ou six grandes villes seulement. Il donna un décret pour ôter les images des églises. Il supprima les empêchements dirimants, en établit de nouveaux, et permit le divorce en certains cas. En même temps il traitait despotiquement ceux qui contrariaient ses vues. L'archevêque de Goritz, M. d'Edling, prélat très-pieux, ne s'étant point montré favorables aux innovations, l'empereur supprima son siège, voulut qu'il donnât sa démission, et, sur son refus, lui ordonna de partir pour Rome. Il réservait les dignités de l'Eglise pour les admirateurs de ses systèmes. Il encourageait les écrivains à en prendre la défense. Il protégeait à Pavie une réunion de théologiens, qui, comme Ricci à Pistoie, cherchaient à rabaisser le Saint-Siége et à réformer l'enseignement, faisaient revivre les écrits des jansénistes de France, préconisaient leur doctrine, et favorisaient un esprit d'opposition, de plainte et de déclamation, dont l'effet était de troubler, d'affaiblir et d'asservir l'Eglise. Pie VI se plaignit plus d'une fois de l'imprudente protection qu'on accordait à ces théologiens ardents et inquiets. On n'eut aucun égard à ses réclamations (Picot, *Mémoires*, an 1782).

Le 23 décembre 1783, l'empereur Joseph arriva inopinément à Rome. Il n'avait fait donner aucun avis de son voyage, qui surprit jusqu'à son ambassadeur. Avant de voir personne, il écrivit au chevalier Azara, ministre d'Espagne auprès du Saint-Siége, pour lequel il avait pris beaucoup d'estime. Il lui demandait une entrevue pour le soir même. Après une visite assez courte au Pape, il alla effectivement trouver le chevalier dans une loge de théâtre, puis l'entraîna dans un lieu plus retiré, où ils passèrent quelques heures en tête-à-tête. « On a su depuis, dit Bourgoing dans ses *Mémoires historiques et philosophiques sur Pie VI*, que dans cet entretien Joseph avait développé avec une extrême chaleur un plan qui allait étonner l'Europe. Il ne s'agissait pas moins que de rompre avec la cour de Rome. Il avait tout prévu, tout combiné, disait-il ; il était sûr de l'aveu et du concours de trente-six évêques de ses Etats... Il voulait soustraire ses sujets à l'autorité pontificale. Il se riait de ses foudres. Les papistes l'appelleraient schismatique, peu lui importait. Il déployait ses idées avec une chaleur et une vivacité extrêmes. Ce ne fut pas sans peine que le chevalier obtint la parole et lui fit sentir les inconvénients d'une résolution aussi brusque. Elle pouvait avoir des suites fâcheuses pour le prince lui-même. Ne devait-il pas craindre les dispositions d'une partie de ses sujets ? De pareils remèdes n'étaient-ils pas trop violents ?... Ces arguments de la part d'un homme que l'empereur estimait, et dont il ne pouvait suspecter ni les principes ni les intentions, firent impression. Il sortit de l'entretien avec des dispositions plus conciliantes.... Les représentations du cardinal de Bernis et du chevalier Azara, des réflexions plus mûres sur les suites du bouleversement dont il allait donner le signal, peut-être quelques mouvements de bonté pour le vieux Pontife, qui n'avait aucun titre à la malveillance et en avait à la compassion, calmèrent cette première effervescence. » Il mit, pour le moment, un peu moins d'aigreur dans ses rapports avec le Pape ; mais il n'en continua pas moins ses innovations (Picot, *Mémoires*, an 1783 ; Bourgoing, *Mémoires histor. et philosoph. sur Pie VI*, c. 16).

Les nonces des Papes exerçaient depuis long temps en Allemagne une juridiction particulière. Ils étaient en possession d'accorder des dispenses, pour lesquelles, en d'autres endroits, on recourait directement à Rome. L'origine de cet usage remontait à ces temps de troubles et de confusion amenés par les progrès du luthéranisme. L'Eglise de Cologne particulièrement s'était vue menacée d'une destruction totale. Deux de ses archevêques avaient successivement favorisé les nouvelles doctrines ; l'un d'eux s'était marié, et avait embrassé publiquement l'hérésie, qu'il tentait de répandre dans son diocèse. Dans cette extrémité, les nonces des Papes vinrent au secours de l'Eglise de Cologne, et les catholiques, se ralliant autour d'eux, parvinrent à conjurer l'orage et à réprimer les efforts des docteurs luthériens. C'était ainsi que s'était établie la nonciature de Cologne, et les mêmes dangers avaient donné lieu à l'érection de celles de Bruxelles et de Lucerne. Les succès du calvinisme en Suisse et dans les Pays-Bas avaient obligé le Saint-Siège de porter plus particulièrement son attention de ce côté, et d'y envoyer des hommes chargés de soutenir la foi contre les efforts de l'erreur. D'ailleurs, les droits qu'exerçaient les nonces dans ces contrées n'étaient point contraires à la discipline de l'Eglise, reconnue dans le concile de Sardique, ni aux décrets du concile de Trente. Ils étaient, par exemple, en possession d'accorder les dispenses de mariages d'ailleurs on demandait à Rome, et ils jouissaient de ce privilége sans trouble et sans contestation, lorsque la manie des réformes qui tourmentait les esprits en Allemagne fit imaginer que cette juridiction était une usurpation sur les droits des ordinaires. Joseph supprima cette juridiction par un rescrit du 12 octobre 1785 ; à son instigation, son frère Maximilien d'Autriche, électeur de Cologne, fut un des premiers à s'élever contre les nonciatures et à en poursuivre la suppression. Le commencement, ou plutôt le prétexte de la querelle, fut l'envoi d'un nonce à Munich. L'électeur de Bavière, qui était aussi comte palatin, désira qu'il y eût un nonce dans sa capitale. Il en fit la demande à Pie VI, qui se montra d'autant plus disposé à lui accorder ce qu'il souhaitait, que l'électeur témoignait plus d'attachement au Saint-Siége, dans un temps où d'autres souverains cherchaient à en saper l'autorité. M. Zolio, archevêque d'Athènes, fut envoyé à Munich en qualité de nonce ; et sa nonciature fut formée en partie de celle de Cologne, et en partie de celle de Lucerne : le tout se bornait à diviser deux nonciatures en trois. Cet arrangement, qui ne blessait en rien les droits des ordinaires, parut à quelques archevêques une occasion favorable pour accroître leur autorité aux dépens des évêques et du Pape. Ils se déclarèrent contre les nonciatures, et Joseph les supprima par son rescrit cité. L'électeur de Cologne, son frère, entouré de conseillers suspects, dont quelques-uns même appartenaient à la secte des *illuminés* qui venait de naître, refusa de recevoir Barthélemi Pacca, archevêque de Damiette, que le Pape venait de lui envoyer comme nonce, et il ne tint pas à lui que ce prélat ne fût expulsé de Cologne. Les deux autres électeurs et l'archevêque de Salzbourg firent cause commune avec l'archiduc. L'électeur de Trèves, Clément de Saxe, était un homme bon, d'une conduite irréprochable, mais d'un caractère si faible, si inconstant dans son administration temporelle et spirituelle, qu'en changeant de ministres il changeait de maximes et de manière de voir. L'électeur de Mayence, baron d'Erthal, menait une vie toute séculière, étalant tout le luxe et toute la magnificence d'un grand prince, et, s'il se souvenait quelquefois d'être évêque, c'était quand il trouvait l'occasion d'inquiéter le Pape et d'attaquer le Saint-Siége. Quant à l'archevêque de Salzbourg, c'était Jérôme de Collorédo qui avait donné, en 1782, une instruction pastorale fort bizarre, où il s'élevait contre le luxe des églises, contre les images et contre différents autres usages dont les personnes religieuses ne sont pas ordinairement choquées; prétendait que le culte des saints n'est pas un point essentiel de religion, et trouvait mauvais qu'on parlât des jugements de Dieu. Il vint s'aboucher avec les trois électeurs, et former avec eux, dans Aschaffenbourg, une ligue assez peu édifiante.

Au mois d'août 1786, quatre députés de ces quatre prélats se réunirent aux bains d'Ems, près de Coblentz. Ce fut dans ce bourg luthérien, où tout exercice de la religion est proscrit, qu'ils dressèrent, en vingt-trois articles, un plan plus propre à opérer un schisme qu'à mettre la paix dans l'Eglise. Il y était dit d'abord que Jésus-Christ a donné aux apôtres et aux évêques leurs successeurs un pouvoir *illimité* de lier et de délier, pour tous les cas et toutes les personnes, et que par conséquent on ne devait plus recourir à Rome en sautant ses chefs immédiats. On annulait les exemptions des religieux, excepté celles confirmées par l'empereur; inconséquence étrange de refuser au Pape, sur une matière ecclésiastique, une autorité qu'on accordait à la puissance civile. Après d'autres innovations semblables, il était stipulé que toutes dispenses demandées ailleurs qu'à l'évêque seraient nulles; que les bulles des Papes n'obligeraient point, si elles n'étaient acceptées par l'évêque, et que les nonciatures cessaient entièrement. Il était ensuite question des griefs de la nation germanique contre la cour de Rome; griefs pour le redressement desquels on réclamait l'intervention efficace de l'empereur et l'abolition des concordats d'Aschaffenbourg en 1448. On décidait l'abolition du serment des évêques au Pape. Si le Pape, était-il dit, article deux, refusait de confirmer les évêques, ils trouveraient dans l'ancienne discipline des moyens de conserver leur office sous la protection de l'empereur. Ce dernier nom reparaissait plusieurs fois dans les articles. Les archevêques imploraient à plusieurs reprises l'autorité de Joseph et s'en remettaient à son jugement, sans penser que c'était une contradiction bien singulière de refuser la soumission à leur chef légitime pour se mettre sous le joug d'une autorité temporelle. Ils demandaient aussi le concile national et la création d'un tribunal pour chaque métropole, où seraient portées les causes ecclésiastiques. Les vingt-trois articles d'Ems, ratifiés par les quatre archevêques, furent envoyés à l'empereur, avec prière de les confirmer de son autorité.

Cependant la bonne cause ne manqua point de défenseurs. Ils rappelèrent que l'empereur, ayant promis dans sa capitulation une protection fidèle au Saint-Siège, ne pouvait pas lui enlever de force ce qu'il a possédé pendant tant de siècles. La prétention d'abolir le nouveau droit et de rétablir l'ancien impliquait la destruction de toutes les formes de gouvernement actuellement existantes, et la déposition de tous les souverains et de toutes les dynasties actuelles. Les archevêques et évêques eux-mêmes perdraient la plus grande partie de leurs droits, si on les ramenait à l'état où ils étaient sous les rois francs et sous les empereurs saxons et saliques, de la domination desquels ils ont été délivrés par le Siège de Rome. Maintenant les droits réservés au souverain pasteur sont taxés de chaînes et d'entraves qu'on a mises aux pasteurs ordinaires, et cependant ces réserves n'ont pas empêché un saint Charles Borromée, à Milan, ni d'autres dignes évêques, d'extirper les abus qui s'étaient glissés dans leurs diocèses, de réformer leur clergé et d'adresser à leurs peuples d'utiles instructions. Certainement, jamais Pape n'aurait empêché les archevêques d'imiter ces grands modèles, de réunir de temps en temps leur clergé dans des synodes diocésains; de consulter sur les moyens de rétablir la discipline; de faire quelquefois l'an entendre à leur troupeau, du haut de la chaire cathédrale, leur voix de pasteur, qui aurait fait tant d'impression sur le bon et religieux peuple allemand; de visiter en personne leurs archidiocèses, selon la prescription des canons, pour connaître l'état de leurs églises, ou du moins d'envoyer souvent leurs suffragants pour administrer à leurs diocésains le sacrement de confirmation; de veiller sur la conduite de leur clergé, spécialement sur celle du haut clergé, qui scandalisait les fidèles par une vie toute séculière. Ces remontrances et d'autres frappaient d'autant plus juste que depuis plus d'un siècle les archevêques des quatre métropoles en question n'avaient point tenu de synode, ni visité leurs diocèses, ni administré le sacrement de confirmation. Le nonce Pacca, passant quelques jours en visite dans la petite ville d'Aremberg, diocèse de Cologne, y confirma seize mille personnes, dont des octogénaires de l'un et l'autre sexe qui n'avaient jamais vu la face d'un évêque. On fit en particulier la remarque que les archevêques de Mayence, de Trèves et de Cologne n'avaient pas fait difficulté de recourir à l'omnipotence du Pontife romain, pour être rendus éligibles aux évêchés de Worms, d'Augsbourg et de Munster, et de se faire ainsi dispenser des décrets du concile de Trente, qui défend de posséder plus d'un siége.

Ce qu'il y a surtout de remarquable, c'est que ces remarques furent faites par des protestants mêmes. Jean de Muller disait dès lors, au sujet des articles du congrès d'Ems : « Les archevêques veulent être libres dans les choses de discipline; mais ils ne devaient pas abaisser leur chef encore davantage; et les évêques ont raison de s'opposer à ce système. — J'ai toujours eu beaucoup d'estime pour la hiérarchie; certainement c'est un magnifique et digne instrument pour influer sur les hommes et les conduire. Elle opérera toujours d'autant plus de bien qu'elle demeurera fidèle au premier esprit. Il s'est mieux conservé en Italie. Même le Pape, et cela dans les temps de splendeur, remplit habituellement toutes les obligations pastorales, visite les hôpitaux, les prisons, les malades, confère les ordres, répand des bénédictions, donne conseil et consolation. — Si la hiérarchie était un mal elle vaudrait encore mieux que le despotisme! Qu'elle soit un mur d'argile, au moins est-ce contre la tyrannie! le prêtre a sa loi, le despote n'en a point; celui-là persuade, celui-ci contraint. Celui-là prêche Dieu, celui-ci se prêche lui-même. — On parle contre l'infaillibilité! — Mais à qui donc est-il permis d'appeler insensée ou injuste une ordonnance du prince, ou de lui refuser obéissance? On parle contre le Pape, comme si c'était un grand malheur qu'un surintendant de la morale pût commander à l'ambition et à la tyrannie : *Tu viendras jusqu'ici, et point au delà!* On parle contre l'immunité personnelle, comme si c'était un grand malheur que quelqu'un pût, sans péril de la vie, parler en faveur des droits de l'humanité! On crie contre le grand nombre de couvents, mais non contre la multiplication des casernes! contre soixante ecclésiastiques célibataires (qui le sont de leur choix), mais non contre cent soldats célibataires (qui le sont forcément)! »

Jean de Muller écrivait à son ami Charles Bonnet, qui partageait sa manière de voir : « L'empire romain périt comme le monde antédiluvien, lorsque cette masse impure se fut rendue indigne de la protection divine. Mais le Père éternel ne voulut point abandonner le monde au triste sort qui paraissait l'attendre, et il y avait jeté une semence féconde. Dans cette grande catastrophe, les Barbares purent la fouler aux pieds. Mille ans de ténèbres purent éteindre les lumières de la vie. Mais ces mille ans de ténèbres étaient nécessaires, car rien ne se fait par saut. Les Barbares, nos pères, durent être élevés, durent être conduits à travers mille erreurs, avant que la vérité pût leur apparaître dans sa simplicité sans les éblouir. Qu'arriva-t-il ? Dieu leur donna un tuteur ! Ce fut le Pape, dont l'empire uniquement appuyé sur l'opinion devait le plus possible affermir et propager les grandes vérités, desquelles son ambition pensait se servir, tandis que Dieu se servait de son ambition. Que serions-nous devenus sans le Pape ? Ce que sont devenus les Turcs, qui, pour n'avoir pas adopté la religion byzantine ni subordonné leur sultan au successeur de saint Chrysostome, sont demeurés dans leur barbarie, etc. »

Plus d'une fois Jean de Muller appelle le Pape : « Le tuteur des peuples, le grand fondateur de la grande communauté de la chrétienté, le chef obtenu du ciel par le parti contraire à la prépotence de l'empereur. L'empereur, dit-il, pouvait donner un joug; il fallait à la chrétienté une âme, et le Pape la lui donna et pouvait seul la lui donner. — Ce qui est dû à la renommée d'une éminente sagesse, le Pape était le père et le saint tuteur de tous les peuples ignorants, qui avaient besoin de lui; ce qui ne veut pas dire qu'une telle puissance ne pût être très-utile, pour d'autres usages, aux peuples civilisés. — Que la hiérarchie de l'Eglise catholique-romaine soit indépendante, cela est également bien fondé et dans l'intérêt des peuples, et dans les lois de l'Eglise, etc. — La religion a été incontestablement conservée par le Pape. Les miracles éveillèrent d'abord l'attention; ensuite la doctrine se maintint par sa propre force. Lorsque l'humanité romaine périt, à peu près comme celle d'avant le déluge, les Barbares qui étaient incapables de sentiments délicats, avaient besoin d'un tuteur qui, étant de l'ancien pays civilisé et d'une dignité inviolable, fût encore intéressé, comme prêtre, à la conservation de la foi (Rothensée, p. 757 et seqq.) » C'est ainsi que le protestant Jean de Muller juge la Papauté, et comme historien, et comme politique.

Un autre protestant, le baron de Starck, dans son *Triomphe de la philosophie*, observe que les quatre archevêques d'Allemagne, dans leur congrès d'Ems, posèrent les principes dont les révolutionnaires de France se servirent trois ans après pour renverser l'autel et le trône. Ces prélats travaillaient à démolir l'édifice du catholicisme, dont ils devaient être les colonnes : tout le monde voyait cela, excepté eux (*Triomphe de la philosophie*, en allemand, t. II, c. 8, p. 137). Au mois de novembre de la même année 1786, l'archevêque de Cologne, archiduc Maximilien, ouvrit solennellement la nouvelle Université de Bonn, fondée par son prédécesseur dans des principes bien différents de celle de Cologne. Il la remplit de théologiens plus protestants que catholiques, de religieux sortis de leurs cloîtres, dont les écrits schismatiques ont été condamnés par le Saint-Siège. A la tête de la nouvelle Université se trouvait le baron de Spiegel, chanoine d'Hildesheim et de Munster, qui passait en Allemagne pour être affilié à la secte des illuminés, et qui, devenu plus tard archevêque de Cologne, n'a pas démenti sa mauvaise renommée. L'un des professeurs fut un moine défroqué, connu dans l'*Histoire de la Révolution française* sous le nom d'abbé Schneider, qui, fixé à Strasbourg pendant le régime de la Terreur, se fit le bourreau de l'Alsace, de manière à surpasser en férocité Marat et Robespierre. Tels étaient les hommes qui enseignaient la jeunesse allemande à l'Université de Bonn.

Les quatre archevêques avaient demandé à l'empereur la confirmation de leurs articles. Joseph se contenta de répondre pour le moment qu'il était nécessaire d'avoir l'avis des autres évêques d'Allemagne. Mais la plupart sentirent le piège où on voulait les conduire. L'évêque et le clergé de Liége résistèrent aux sollicitations qui leur furent faites par un des membres de la ligue. L'évêque de Spire écrivit contre le congrès d'Ems et se plaignit que les quatre archevêques, sous prétexte de réformer les abus, n'eussent cherché qu'à élever leur suprématie. Les évêques de Paderborn, de Wurtzbourg, de Ratisbonne, de Fulde, etc., continuèrent de se conduire comme auparavant à l'égard du Pape et de ses nonces, et il paraît qu'il ne se trouva au plus un seul évêque qui sembla faire cause commune avec les métropolitains (Picot, *Mémoires*, an 1786). L'électeur de Bavière défendit d'avoir égard à leurs ordonnances, et tout resta dans ses Etats sur le même pied qu'auparavant. Cependant les quatre archevêques persistaient dans leur plan et commençaient à mettre à exécution les règlements d'Ems dans leurs diocèses, ne requérant plus les indults quinquennaux et donnant eux-mêmes les dispenses qu'eux et leurs prédécesseurs avaient si longtemps demandées. Pacca, nonce apostolique de Cologne, avertit plusieurs fois les curés des électorats des inconvénients d'une telle conduite. Le concile de Trente ayant en effet déclaré nuls les mariages contractés dans certains degrés de parenté, et ayant laissé au Pape, comme conservateur des canons, le soin de dispenser dans les cas convenables, c'était aux souverains Pontifes qu'il appartenait d'accorder les dispenses nécessaires, et les archevêques ne pouvaient s'attribuer ce droit sans contredire la décision d'un concile général et sans troubler la sûreté des mariages, et par là même le repos de la société. Pie VI ne crut pas devoir se taire sur un objet de si haute importance. Ce fut donc par ses ordres que le nonce envoya, le 30 novembre 1786, une circulaire aux curés des trois électorats, pour les avertir que les archevêques n'avaient sur des dispenses de mariages d'autre autorité que celle qui leur était conférée par les indults quinquennaux qu'ils avaient sollicités plusieurs fois. Il rappelait les demandes faites successivement à cet effet par les électeurs de Cologne, de Trèves et de Mayence. Sa lettre, envoyée par la poste à tous les curés, excita les réclamations des trois métropolitains, qui ordonnèrent de la regarder comme non avenue (*Œuvres complètes du cardinal Pacca*, t. II; *Mémoire sur la nonciature de Cologne*). L'électeur de Cologne s'en plaignait, et à l'empereur son frère, qui *cassa* la circulaire du nonce, et au Pape, qui lui apprit par sa réponse du 20 janvier 1787, que c'était par son ordre exprès que le nonce avait publié la circulaire. Il lui montrait en même temps que l'usage général de l'Église, comme les décisions des conciles, réserve aux souverains Pontifes le droit de dispenses en certains cas. Il opposait à l'archevêque la pratique même de son église de Cologne et la sienne propre, puisqu'il avait demandé plusieurs fois ces indults qu'il prétendait aujourd'hui inutiles. Le Pape lui reprochait ensuite la manière dont il avait agi envers son nonce, qu'il n'avait pas voulu reconnaître, et le priait de ne pas se joindre aux ennemis de l'Église dans ces temps difficiles. L'archevêque ne fit à ce bref qu'une réponse assez courte, mêlée de protestations d'attachement qui ne prouvaient pas beaucoup sans les effets. Il continua de soutenir ses prétentions, quoique ses collègues mêmes l'eussent à peu près abandonné. Le prince de Saxe, archevêque de Trèves, avait déjà demandé les indults quinquennaux pour son diocèse d'Augsbourg, où il paraît que les réformes d'Ems n'avaient pas obtenu beaucoup de crédit. Il avait dérogé, en plusieurs points, aux vingt-trois articles, et sa piété ne lui permit pas de s'aveugler longtemps sur les vues ultérieures des promoteurs de ce nouveau code de discipline. Depuis, il fit demander au Pape les lettres appelées *Sanatoria*, pour réparer le vice des dispenses qu'il avait conférées. L'électeur de Mayence, qui d'abord était entré avec zèle dans la ligue, requit les dispenses accoutumées et renoua même avec le nonce. Voici pourquoi. Il désirait avoir pour coadjuteur avec future succession, le baron de Dalberg, chanoine de Mayence et d'autres cathédrales, un des premiers affiliés de la secte des illuminés, et que le cardinal Pacca signale comme un autre Photius. C'est ce même Dalberg que l'on verra, sous Napoléon, devenir prince-primat de l'Allemagne. Comme en 1787, le siège de Mayence n'était pas vacant, il fallut un indult du Pape pour procéder validement à l'élection d'un successeur. Pour l'obtenir, l'archevêque régnant promit à Pie VI, sous la garantie du roi de Prusse, que ni lui ni le baron de Dalberg ne seraient les fauteurs et les promoteurs de la convention d'Ems, et qu'ils maintiendraient le *statu quo*. Dalberg une fois élu, l'archevêque oublie toutes ses promesses; bien plus, l'année suivante il porte l'affaire des nonciatures à la diète de Ratisbonne, pour obtenir le décret de leur abolition dans tout l'empire. Telle fut la bonne foi du dernier électeur de Mayence : nous disons le *dernier*, car la Révolution française ayant éclaté sur les entrefaites, mit fin à ces principautés ecclésiastiques qui ne servaient plus qu'à scandaliser l'Église; elle fit fin même à l'empire romain d'Allemagne, qui ne savait plus que vexer le Pontife romain. Le deuxième successeur de Joseph II sera contraint de renoncer au titre d'empereur d'Allemagne; il y sera contraint par un soldat français né en Corse, le jour de l'Assomption 1769.

Les innovations de Joseph II dans les Pays-Bas lui furent encore plus funestes. Cette province importante, régie par son ancienne constitution dite *Joyeuse-Entrée*, était tranquille et heureuse, dévouée à la religion catholique et à la maison d'Autriche. Cependant Joseph II voulut d'abord l'échanger contre la Bavière : ce qui n'était pas témoigner aux Belges beaucoup d'affection. Ensuite, comme nous avons déjà vu, pour leur montrer combien il les aime et veut leur bonheur, il change brusquement et arbitrairement leur constitution civile et politique, qu'il avait juré d'observer, y compris la clause qui dégageait les sujets de leur obéissance si le souverain violait la constitution en tout ou en partie. Les innovations religieuses ou plutôt irréligieuses n'y furent pas moins violentes qu'ailleurs. Comme le clergé opposait naturellement une barrière au despotisme, Joseph entreprit, là comme ailleurs, d'en changer l'esprit et l'éducation. Chaque diocèse avait son séminaire, et tous les diocèses l'Université de Louvain. Le 16 octobre 1786, Joseph supprime les séminaires diocésains et érige deux séminaires généraux, l'un à Louvain, l'autre à Luxembourg, et y nomme des professeurs dans les principes de Fébronius. Le cardinal de Frankenberg, archevêque de Malines, refusa d'abord d'envoyer ses étudiants à Louvain. Le président du séminaire général lui remet une déclaration portant que, tout évêque ayant essentiellement droit d'inspection sur l'enseignement dans son diocèse, ce serait à lui à procéder, suivant les formes canoniques, contre les professeurs trouvés répréhensibles. Là-dessus, le cardinal et un autre évêque des Pays-Bas n'écoutèrent plus leur répugnance, et envoyèrent leurs élèves. Cet exemple entraîna tous les autres prélats du pays, et, le 1er décembre, le cardinal vint lui-même assister à l'ouverture des cours. Tout fut tranquille les premiers jours. Mais les professeurs joséphistes ayant commencé à étaler leur doctrine schismatique, les élèves, déjà échauffés par le mécontentement du peuple de ces provinces, s'ameutèrent le 7 septembre, et en vinrent à des cris, des menaces, des invectives, des voies de fait. Le président s'enfuit à Bruxelles, les autres professeurs se cachèrent. On envoya des troupes, le cardinal réprimanda les étudiants par une lettre, les esprits se calmèrent, et, le 18 décembre, tout était rentré dans l'ordre. Les professeurs ayant recommencé à débiter leur théologie impériale, les élèves n'excitèrent plus de trouble, mais ils décampèrent l'un après l'autre, en sorte que, sur trois cents, à peine en demeura-t-il trente. Le nonce de Bruxelles, Zondadari, eut ordre de sortir des Pays-Bas; le cardinal de Frankenberg, de venir rendre compte de sa conduite à Vienne; l'évêque de Namur fut envoyé en exil et ses biens confisqués. Mais à la fin d'avril 1787, les États du Brabant, assemblés à Bruxelles, refusèrent les subsides à l'empereur, jusqu'à ce qu'on eût rétabli tous les droits qui leur étaient garantis par la constitution de *Joyeuse-Entrée*. Il y eut des émeutes populaires dans le même sens. Le gouvernement dut céder. Le général Murray conclut un accommodement le 17 mai. On y rétablissait les anciennes formes constitutionnelles du Brabant, on y suspendait l'exécution des différentes réformes introduites dans l'administration civile et dans le régime ecclésiastique. Cet accommodement excita une joie universelle dans le pays. Tout reprit la marche accoutumée. Le séminaire général fut fermé. Les anciens docteurs qu'on avait exclus arbitrairement de l'Université l'année précédente rentrèrent en possession de leurs chaires. Mais ce retour à l'ancien ordre de choses dura peu. Joseph, mécontent des condescendances de Murray, ne ratifie que la partie de son règlement qui concernait les matières politiques, et veut, malgré tous les obstacles, maintenir ses lois sur les objets religieux. Il en ordonne de nouveau l'exécution, et déclare surtout que le séminaire général aurait lieu. Les États font de nouvelles représentations qui sont infructueuses. La seconde ouverture du séminaire est indiquée au 15 janvier 1788. Les évêques, les docteurs réclament, mais en vain. L'Université de Louvain représente qu'elle est corps brabançon, et que ses priviléges font partie de ceux de la province. On ne tient aucun compte de ses plaintes, et on lui ordonne d'obéir. Refus de sa part. Cependant le séminaire général s'ouvre. Le docteur le Plat, chef des théologiens courtisans, recommence ses leçons et ne recueille que des huées. Les autres professeurs joséphistes se présentent pour ouvrir leurs cours. Personne ne s'y montre. Le gouvernement s'irrite. Un commissaire impérial vient à Louvain le 6 février. On veut punir l'Université de son opposition. On fait inscrire les édits de l'empereur sur ses registres. Elle proteste. On retranche de son sein quatre docteurs qu'on avait peu auparavant privés de leurs chaires. La Faculté de théologie réclame contre cette exclusion et refuse de délibérer. On casse le recteur et on en met un autre à sa place. Ce dernier est rejeté par ses collègues. Le temps étant venu d'en élire un autre, vingt-trois membres sur quarante choisissent le recteur destitué. Le gouvernement annule cette élection, prive les vingt-trois de tous droits et fonctions, et les exclut de l'Université. Le nouveau recteur est banni pour dix ans. Dix-neuf autres docteurs sont condamnés successivement à la même peine. En même temps, Joseph fait fermer les séminaires épiscopaux. En quelques endroits, il fallut employer la force. C'était une persécution ouverte contre l'Eglise, et une violation manifeste de la charte constitutionnelle, violation qui dégageait les Belges de leur obéissance. Les États du Brabant et du Hainaut refusent les subsides accoutumés. Joseph croit arrêter le mal par des mesures sévères. Le 7 janvier, il révoque l'amnistie de 1787, et casse les priviléges de Brabant. Les troubles augmentent. Les évêques refusent d'envoyer leurs diocésains au séminaire général. Le cardinal de Malines ayant interrogé les professeurs joséphistes, déclare leur enseignement non orthodoxe. Le cardinal est arrêté par ordre de l'empereur, ainsi que l'évêque d'Anvers. Mais l'insurrection éclate de toutes parts. Les Brabançons lèvent des troupes. La guerre commence. Joseph, qui n'était pas en force, offre une amnistie : on la dédaigne. Un armistice est conclu et rompu presque aussitôt. Les impériaux évacuent tous les Pays-Bas. Joseph, qui s'était attiré ces malheurs par ses étourderies gouvernementales, pria le Pape d'y porter remède. Pie VI, le 23 janvier 1790, écrivit en ce sens aux évêques de la Belgique. C'était trop tard. La révolution du pays était trop avancée; et puis la Révolution française se levait toujours plus formidable, comme pour engloutir toutes les autres. Les deux principaux ministres de l'empereur et du roi de Prusse, Kaunitz et Hetzberg, commençaient à ouvrir les yeux. Interrogé, si la Révolution française durerait longtemps : *Longtemps*, répondit le premier, *et peut-être toujours;* le second : *La révolution fera le tour de l'Europe* (Pacca, *Nonciature de Cologne*, t. II, p. 250; Picot, *Mémoires*, an 1789). Joseph II mourut aux premières secousses de cette commotion terrible, le 20 février 1790 : il mourut chrétiennement, mais après avoir régné plus en fou qu'en sage.

Le protestant Menzel observe que, dès avant cette dernière catastrophe, l'empire d'Allemagne n'était plus qu'un corps sans âme, qui allait se disloquant, se décomposant lui-même. Divisée en deux par l'hérésie, on s'attendait que la Prusse protestante et l'Autriche catholique la partageraient tout entière entre elles, comme elles avaient partagé la Pologne avec la Russie. Même la diète ou les États généraux de l'empire étaient sans force pour réprimer les crimes les plus énormes. Les Anglais ayant eu la guerre avec leurs colonies d'Amérique, les ducs de Brunswick, le landgrave de Hesse et un autre prince vendirent au roi d'Angleterre plusieurs régiments de leurs sujets, auxquels ils faisaient ainsi quitter leur pays et leur famille pour aller se faire tuer dans le Nouveau-Monde. L'opinion publique cria contre ce trafic des hommes d'Allemagne; mais à la diète pas une voix ne s'éleva contre. Seulement Frédéric II trouva mauvais qu'on fit ainsi des recrues pour l'étranger, attendu que lui-même n'en trouverait plus à si bon marché (Menzel, t. XII, p. 124, c. 7). Et comment se faisaient ces enrôlements ? Schiller, le premier poète de l'Allemagne, la représente sur la scène. On arrachait le fils à son père et à sa mère, le mari à sa femme, le père à ses enfants, et on les faisait passer pour volontaires. Sept mille durent partir en un jour. Quelques-uns sortirent des rangs et demandèrent au colonel combien le prince vendait chaque couple d'hommes. On leur répondit par la mitraille, et leurs membres épars jonchèrent la place de parade. Et à quoi servait le prix du sang de ces victimes ? A récompenser les concubines du prince, qui en avait un troupeau (Schiller, *Kabale und Liebe*, acte II, scène 2). Le même poète, dans sa tragédie *Les Brigands*, nous représente au vif l'état social de l'Allemagne, telle que l'hérésie et l'incrédulité l'avaient faite vers la fin du XVIIIe siècle. Un vieux gentilhomme a deux fils et de nombreux serviteurs : ceux-ci, bons catholiques, prient Dieu de tout leur cœur et invoquent la sainte Vierge, pour ne pas succomber à la tentation de faire le mal qu'on leur propose : le fils aîné, élevé par eux dans ces principes, se laisse entraîner à de fâcheux écarts pendant ses études universitaires, mais il s'en repent, écrit à son père pour lui demander pardon et lui annoncer une vie meilleure : le second des fils, devenu philosophe et athée, agit en conséquence. Pour avoir tout l'héritage paternel, il supprime la lettre de son frère, le calomnie auprès de son père, et lui répond que son père le déshérite et le maudit. Comme le vieux père, quoique malade, ne mourait pas assez promptement, son fils athée lui fait annoncer tout d'un coup que son fils aîné a été tué dans une bataille en Bohême, et on lui fait voir son épée sanglante. Le vieillard tombe en défaillance : revenu à soi, il se trouve dans un cercueil : au bruit qu'il fait, le fils athée ôte le couvercle et s'écrie : Misérable, veux-tu donc vivre éternellement? Le cercueil se referme, est transporté dans un souterrain du château, où le vieux père reste emprisonné pour mourir de faim. A sa place, le corps d'un chien est mis dans le cercueil, porté à l'église et déposé au caveau des ancêtres. Le fils aîné, persuadé par son frère que son père l'a déshérité et maudit, adopte la morale des politiques et des philosophes, qu'il n'y a d'autre loi que l'intérêt, que tout est soumis au fatalisme, etc.; avec d'autres jeunes gens dans les mêmes principes, il organise une bande de brigands, qui deviennent la terreur de plusieurs provinces, et qui parlent même d'établir parmi les hommes un partage égal des biens ou le communisme. Cependant ce fils égaré sent des remords, il regrette la pieuse innocence de sa jeunesse, il ne peut concevoir que son père l'ait maudit dans le temps qu'il lui demandait pardon : peu à peu il découvre l'iniquité de son frère athée, et s'apprête à le punir, lorsque ce parricide s'étrangle de ses propres mains; enfin il délivre du cachot son vieux père, qui meurt de saisissement : son fils renonce au métier de brigand et va s'offrir lui-même à la justice pour l'expiation de ses crimes.

Que ce soit là un fidèle tableau de l'Allemagne, nous le voyons par les faits de l'histoire : le moine apostat Albert de Brandebourg vole à son ordre le duché de Prusse; le philosophe Frédéric II vole la Silésie à Marie-Thérèse, lorsque celle-ci est abandonnée de tout le monde; la Russie, la Prusse et l'Autriche volent, tuent et se partagent la Pologne; Catherine d'Anhalt, montée par un crime sur le trône moscovite, y couronne le meurtre de son époux par des adultères sans nombre, et rois et philosophes célèbrent ses louanges. Les politiques heureux disent avec Frédéric II : *Ce qui est bon à prendre est bon à garder*. Les autres répètent avec Georges II à Marie-Thérèse : *Ce qui est bon à prendre est bon à rendre*. Dans cette tragédie trop réelle de l'Allemagne et de l'Europe, la vieille foi catholique apparaît dans le cœur du peuple comme un feu sacré sous la cendre, comme une mèche qui fume encore : les âmes les plus viles, les athées, les parricides se moquent du peuple et de sa vieille foi : les caractères généreux la regrettent et y reviennent de leurs égarements. Nous en verrons plus d'un exemple.

## § VIII.

*État de l'Angleterre catholique et de l'Angleterre protestante. Formation des États-Unis d'Amérique.*

L'Angleterre en est un, de ces exemples, de nos jours. Dans le XVIIIe siècle, elle repoussait, elle persécutait encore le catholicisme, aujourd'hui elle le regrette et y revient. En 1688, par haine ou par peur du catholicisme, l'Angleterre protestante exclut du trône les héritiers légitimes, parce qu'ils étaient catholiques, comme les grands rois et les saints pontifes de la vieille Angleterre. En 1714, par haine ou par peur du catholicisme, la religion de ses pères, l'Angleterre protestante exclut encore du trône les héritiers les plus proches et les plus légitimes, parce qu'ils étaient catholiques, et y appela un héritier plus éloigné et par là même illégitime, parce qu'il était protestant, parce qu'il reniait le christianisme de ses ancêtres, et qu'il ouvrait ainsi la porte à l'anarchie religieuse et politique. Le duc luthérien de Brunswick ou de Hanovre devint donc roi d'Angleterre et pape de l'Église anglicane, en ladite année 1714, sous le nom de Georges Ier. C'est le même pour l'intérêt de qui Leibnitz fit manquer la réconciliation de l'Allemagne protestante avec l'Église romaine. Voici quelles furent, d'après la *Biographie universelle*, les mœurs du nouveau pape anglican: « Époux infidèle, injuste et cruel, il ne fut certainement pas meilleur père, et rien ne peut excuser les mauvais traitements que son caractère ombrageux et jaloux fit éprouver à son fils ; quoique ce fils vertueux ne s'écartât jamais du respect qu'il lui devait, la popularité qu'il s'était acquise par ses aimables qualités le lui faisait regarder comme un rival dangereux. » Quant à sa femme, en ayant eu un fils et une fille, il la délaissa pour se livrer à des amours adultères. Ayant soupçonné que sa femme suivait son exemple, il la répudia et l'emprisonna dans un château pour le reste de ses jours. Georges Ier mourut d'une indigestion de melon au mois de juin 1727. Il eut pour successeur son fils Georges II, qui vécut presque toujours mal avec sa famille, particulièrement avec son fils Frédéric, dont il n'eut pas plus à se louer que de son père. Il mourut subitement le 25 octobre 1760. Il eut pour successeur son petit-fils Georges III, qui mourut deux fois : d'abord de mort intellectuelle ou de folie, et enfin de mort corporelle en 1820 ; sa folie fut intermittente de 1765 à 1811, où elle devint définitive. Son fils et successeur Georges IV fut un prince perdu de débauches et de dettes : sa femme ne valait pas mieux. Guillaume IV, mort en 1837, ne laissa point d'enfant légitime, mais plusieurs bâtards qu'il eut d'une comédienne. Tels furent les papes hanovriens de l'Angleterre protestante de 1714 à nos jours.

Dans cette période, l'Angleterre catholique continuait à souffrir, mais aussi à vivre. La reine Anne Stuart étant morte en 1714, son frère Édouard, retiré en Lorraine, rappela ses droits au trône, à l'exclusion d'un étranger de Hanovre. En 1716, il fit une descente en Écosse, où, dès l'année précédente, des troupes s'étaient réunies en sa faveur. On les appelait *jacobites*, du nom de leurs anciens rois. Leur devise était : *Pour Jacques III et la religion protestante*. Ainsi les catholiques ne dominaient point parmi eux. Néanmoins, l'entreprise n'ayant pas réussi, ce furent les catholiques qui eurent le plus à souffrir. Ils furent aussi vivement recherchés que du temps d'Elisabeth. On leur enleva leurs armes et leurs chevaux. On menaça de mettre en prison tous ceux qui ne pourraient trouver deux protestants pour leur servir de caution, et on y mit en effet un très-grand nombre. On avait imaginé un moyen sûr pour découvrir ceux de cette religion qui auraient voulu déguiser leurs sentiments : c'était de leur faire jurer que la transsubstantiation était une erreur détestable. En Irlande, tous les prêtres catholiques furent mis en prison. On avait espéré que Georges Ier, au commencement de son règne, chercherait à gagner l'affection de ses nouveaux sujets par des actes de clémence envers les *jacobites* tombés en son pouvoir. Il montra une rigueur inflexible. Six pairs furent condamnés à mort. Il y eut aussi beaucoup d'exécutions dans les conditions inférieures. Ces supplices ne firent qu'augmenter le nombre des mécontents. Pour faire cesser les murmures, le gouvernement sévit contre les catholiques. Le 26 juillet 1717, le roi sanctionna un bill qui les obligeait à donner une déclaration circonstanciée de leurs biens. En 1719, on les désarma de nouveau en Irlande, et on rechercha avec rigueur les prêtres et les religieux. En 1722, on mit à la tour de Londres le duc de Norfolk, le premier pair du royaume. Son crime était d'être catholique et fort riche. Dans le même temps, on imposa sur les terres des catholiques une contribution extraordinaire.

Il y eut pourtant, vers cette époque, un projet en leur faveur. L'auteur était le docteur Strickland, qui devint depuis évêque de Namur. Il avait la bienveillance de Georges Ier, et il se donna beaucoup de mouvements pour faire passer un plan d'après lequel le gouvernement se serait montré moins sévère envers les catholiques. Ceux-ci, de leur côté, auraient prêté serment de fidélité au roi Georges. Un vicaire apostolique, Jean Stonor, évêque de Thespie, donna les mains à ce projet. On assembla les catholiques, on gagna le duc de Norfolk et plusieurs autres seigneurs; mais le corps des catholiques désapprouva ces démarches, et les trois autres vicaires apostoliques s'y montrèrent opposés. On se défiait du ministère anglais et même de Strickland. Le projet avorta (Picot, *Mémoires*, an 1717).

Jacques III, héritier légitime mais non réel, de la couronne d'Angleterre, se retira à Rome, où il épousa une fille de Jean Sobieski, sauveur de la Pologne et de l'Europe : il en eut deux fils, Charles et Henri. En 1745, l'aîné se signala par un effort courageux pour le maintien de ses droits. Regardant la guerre qui existait entre l'Angleterre et la France comme une occasion favorable à sa cause, il arrive le 12 juin en Ecosse, où il se voit bientôt à la tête d'une petite armée. Les Stuarts avaient toujours des partisans dans ce pays, ancien domaine de leurs ancêtres. Les montagnards accourent se ranger autour du fils de leurs rois... Le prince Charles se fait reconnaître régent des trois royaumes. Le gouvernement anglais met sa tête à prix, et promet trente mille livres sterling ou sept cent cinquante mille francs à quiconque le livrera. Le jeune prince se montra plus généreux. Il défendit par un manifeste d'attenter à la vie de Georges II ou des personnes de sa famille. Il fallait soutenir ce langage par quelque victoire. Charles en remporta une le 2 octobre, pénétra en Angleterre et y répandit la terreur parmi les amis du gouvernement. Le duc de Cumberland, habile capitaine, fut rappelé du continent au secours du roi son frère. Il rejeta le prince Charles en Ecosse, et le mit complètement en déroute à la bataille de Culloden, le 27 avril 1746. Charles, appelé aussi Edouard, erra longtemps dans les bois et les montagnes, toujours poursuivi, mais protégé par la fidélité des montagnards, dont aucun ne se laissa tenter par les trente mille livres sterling. Après avoir couru pendant cinq mois les plus grands dangers, le prince réussit à s'échapper, et rejoignit son père à Rome. Ce fut la dernière tentative des Stuarts pour recouvrer le patrimoine de leurs ancêtres. Jacques III, plus connu sous le nom de *prétendant* ou de *chevalier de Saint-Georges*, mourut à Rome le 1er janvier 1766. Son fils, le prince Charles, y mourut le 13 janvier 1788, sans laisser d'enfants de son mariage avec Louise de Stolberg. Son frère le cardinal d'York, mourut en 1807 doyen du sacré collège. C'était le dernier des Stuarts.

Après la victoire de Culloden, en 1746, le gouvernement anglais déploya une grande sévérité dans l'Ecosse. Plusieurs lords et un grand nombre d'officiers qui avaient pris les armes en faveur du prétendant, furent mis à mort. On fusilla beaucoup de montagnards, on dévasta leur pays, on y mit des garnisons. Les vexations, les recherches, les emprisonnements signalèrent l'entrée des vainqueurs. Les catholiques surtout furent en proie aux plus grandes rigueurs. On abattit leurs églises, on détruisit un séminaire qu'ils avaient établi à Scalan, on chercha avec ardeur les missionnaires. Les uns furent obligés de se cacher, les autres furent pris. M. Colin Campbell mourut par suite des mauvais traitements qu'il avait reçus. Les Pères Gordon et Cameron, Jésuites, finirent leurs jours en prison. Huit autres, après avoir langui longtemps dans les cachots, furent bannis à perpétuité. On envoyait des soldats pour chercher les prêtres, et on assurait des récompenses à ceux qui en découvraient. Au milieu de cette terreur générale, M. Hugues Macdonald, évêque de Dia et vicaire apostolique pour le pays des montagnes, passa en France. Il était spécialement désigné aux soldats, et il resta plusieurs années en exil avant de pouvoir retourner auprès de son troupeau. M. Jacques Gordon, évêque de Nicopolis et vicaire apostolique du midi de l'Ecosse, mourut au milieu de ces traverses. M. Alexandre Smith, évêque de Misinople, son coadjuteur et son successeur, se tenait caché à Edimbourg. Il fut plus d'une fois dénoncé et poursuivi. Cet état de choses dura même, sans aucun prétexte, lorsque tous les ressentiments devaient être effacés. En 1751, on prit deux prêtres, MM. Grant et Gordon. Ce dernier fut banni. M. Robert Maitland fut proscrit par un jugement solennel. On décernait des récompenses à qui trouvait un prêtre. L'évêque de Dia étant retourné dans son vicariat, y fut poursuivi et se retira à Edimbourg, où il fut dénoncé et mis en prison en 1755.

On donna huit cents écus à celui qui l'avait pris. Tel était encore à cette époque l'état de troubles de cette mission. Il y a plus : en 1756 et 1757, furent décrétées les lois portant que tout individu qui refuserait de reconnaître le roi pour chef de la religion et de l'Eglise était incapable d'invoquer la protection de la loi ou de l'équité, d'être tuteur de ses enfants, d'être nommé exécuteur testamentaire, administrateur, de recueillir un legs ou un don. Ce délinquant devait payer la somme de douze mille cinq cents francs (*Du mouvement religieux en Angleterre*. Paris, 1844, p. 450).

Cependant les catholiques de l'Angleterre proprement dite obtenaient de jour en jour plus de liberté, et le gouvernement s'accoutumait de plus en plus envers eux à une tolérance plus marquée. Ceux d'Irlande même étaient vus de moins mauvais œil. Lorsqu'il était question d'un projet de descente que les Français devaient effectuer en 1759, les catholiques de Dublin signèrent une adresse au lord-lieutenant, pour l'assurer qu'ils étaient disposés à repousser l'invasion. La révolte de quelques paysans du Munster, vers 1763, ne put être regardée comme une révolte des catholiques. Ceux-ci envoyèrent à lord Halifax, alors gouverneur, des assurances de leur fidélité. L'évêque de Waterford donna au ministère des renseignements sur la conduite des mécontents, et l'évêque d'Ossory exhorta son troupeau à l'ordre et à la soumission. Cette conduite devait dissiper insensiblement les ombrages des protestants (Picot, *Mémoires*, an 1745).

En 1688, le Saint-Siège avait établi en Angleterre quatre évêques, en qualité de vicaires apostoliques. En 1695, il décida que l'autorité de ces évêques faisait cesser celle du chapitre séculier et celle des religieux. Ceux-ci eurent peine à se rendre au décret. Ils faisaient valoir les priviléges qu'ils avaient obtenus des Papes en différents temps, et qui ne les astreignaient qu'à prendre les pouvoirs de leurs supérieurs religieux. Les Bénédictins et les Jésuites étaient ceux qui mettaient plus de zèle à soutenir leurs prétentions. Les Jésuites étaient fort nombreux en Angleterre et y rendaient beaucoup de services. Les Bénédictins anglais, restes d'une congrégation autrefois très-brillante, s'étaient voués exclusivement à l'office de missionnaires. Ils avaient à Paris une maison nombreuse, d'où ils envoyaient des sujets dans leur patrie; et l'un d'eux, Philippe-Michel Ellis, avait été compris dans la promotion d'évêques faite sous Jacques II, et avait été établi vicaire apostolique de l'Ouest : ayant donné sa démission, il eut pour successeur Matthieu Pritchard, de l'ordre des Récollets, et ce vicariat fut constamment affecté à des réguliers. En 1741, Laurent York, Bénédictin, fut donné pour coadjuteur à Pritchard, et, en 1756, eut à son tour pour coadjuteur le pieux et savant Bénédictin Walmesley, Il était né dans le comté de Lancastre, vers 1722, étudia à Paris, où il prit le bonnet de docteur en théologie. Il s'instruisit non-seulement dans les sciences de son état, mais encore dans les mathématiques et l'astronomie, comme on le voit par différents mémoires qu'il publia sur ces sciences. Il composa quelques écrits lors de l'introduction du calendrier grégorien en Angleterre, l'an 1752, et fut admis dans les sociétés royales de Londres et de Berlin. Mais depuis qu'il eût été fait vicaire apostolique, sous le titre d'évêque de Rama, il ne s'occupa plus que de son ministère. Il est surtout connu par l'*Histoire de l'Eglise, tirée de l'Apocalypse*, et par une *Exposition de la vision d'Ezéchiel dans le premier chapitre de ses prophéties*. Il les publia sous le nom de *Pastorini*.

Les religieux donnèrent même un autre vicaire apostolique pour le Nord, dans la personne de Thomas Williams, évêque de Tibériopolis, qui succéda à Georges Witham, l'an 1626, et qui mourut en 1740. Il était de l'ordre de Saint-Dominique, et les réguliers firent beaucoup d'instances pour que son successeur fût pris dans leur sein : ce qui ne leur fut point accordé. Les trois vicariats, du Nord, du Milieu et du Sud, furent remplis par des prêtres séculiers. A Londres, nos seigneurs Giffard, Petre et Challoner gouvernèrent successivement les catholiques de ce district avec zèle et sagesse. Le dernier est célèbre par ses talents et ses écrits. Il naquit en 1691, de parents protestants; mais il fut élevé par un prêtre catholique et renonça de bonne heure au protestantisme. On l'envoya, en 1704, au collége de Douai, où il devint depuis professeur. On sait que ce collége, destiné pour les Anglais, était une pépinière d'ecclésiastiques qui allaient ensuite en mission dans leur pays. Richard Challoner y repassa l'an 1730 et y exerça les fonctions de missionnaire. Il s'y fit connaître par son zèle et par quelques écrits de controverse et de piété, tels que les *Fondements de la doctrine catholique*; l'*Histoire abrégée des commencements et des progrès de la religion protestante*; la *Pierre de touche du protestantisme*; le *Jeune homme instruit sur les fondements de la religion chrétienne*; l'*Autorité infaillible de l'Eglise dans les matières de doctrine, prouvée par les ouvrages mêmes des protestants*; l'*Essai sur l'esprit des prédicateurs dissidents*, dirigé contre les presbytériens, qui avaient institué un cours de sermons contre les catholiques; le *Chrétien catholique instruit dans les sacrements*, dans la préface duquel il réfuta la *Lettre* de Middleton *sur le paganisme de l'Eglise romaine*. Ces écrits firent une réputation au docteur Challoner. Il fut désigné pour président du collége de Douai; mais le docteur Pètre, vicaire apostolique du district de Londres, le demanda pour coadjuteur. Il fut sacré le 29 janvier 1741, sous le titre d'évêque de Debra, et ne cessa point d'instruire les catholiques par de nouvelles productions, comme les *Mémoires des missionnaires; les Fondements de l'ancienne religion; la Bretagne sacrée*. Il succéda, l'an 1758, au docteur Pètre, mort cette année-là. En 1760, il donna la *Cité de Dieu du Nouveau Testament* et le *Martyrologe britannique*. Sa *Précaution contre les méthodistes* est à peu près du même temps. Elle était destinée à prémunir les catholiques contre la séduction d'une secte naissante, qui en imposait par une grande affectation de zèle et de régularité. On doit à l'évêque de Debra des établissements utiles, soit pour l'éducation de la jeunesse, soit pour d'autres objets. Actif, vigilant, laborieux, il était le principal soutien de la cause catholique en Angleterre, et se trouvait par là en butte à l'animadversion des protestants. Il fut dénoncé et traduit à la cour d'Old-Bailey, où on l'acquitta. Outre les écrits déjà cités, il a composé un grand nombre de livres de piété, qui sont fort goûtés des catholiques anglais; ce sont des instructions, des méditations et des traductions d'ouvrages de piété déjà connus sur le continent. Jacques Barnard, son grand-vicaire, auteur de la *Divinité de Jésus-Christ démontrée*, contre Priestley, a publié sa *Vie*, à Londres, en 1784 (Picot, *Mémoires*, etc.).

Le district du Nord eut successivement pour vicaires apostoliques, après la mort de l'évêque de Tibériopolis, les docteurs Diocon, Pètre et Walton, qui se firent estimer par leurs travaux. Enfin, dans le district du Milieu, Witham, évêque de Marcopolis, passa au district du Nord et laissa sa place, en 1718, à Jean Talbot Stonore, docteur de Sorbonne et évêque de Thespie. Ce dernier paraît avoir provoqué deux brefs de Benoît XIV pour bien régulariser la juridiction des vicaires apostoliques. Un premier bref du 2 septembre 1745 ordonna aux religieux de reconnaître la juridiction de ces évêques; ils réclamèrent. Les vicaires apostoliques mêmes parurent un instant divisés à cet égard. Trois d'entre eux publièrent le décret en 1748, tandis que le quatrième et son coadjuteur s'abstinrent de le publier et réclamèrent contre ses dispositions. Il y eut plusieurs écrits de part et d'autre. Les Bénédictins de la congrégation anglaise firent valoir leurs services et demandèrent le maintien de leurs privilèges; mais le Saint-Siège crut devoir établir pour cette mission un gouvernement uniforme. Le 30 mai 1753, un nouveau bref prescrit la manière dont les religieux devaient se conduire envers les vicaires apostoliques. Il fut publié successivement dans les quatre districts, et il est remarquable que le vicaire apostolique de Londres le communiqua à son clergé par une lettre pastorale imprimée, et signée de lui et de son coadjuteur. C'était la première fois peut-être qu'on voyait des évêques catholiques ne pas craindre de se montrer en Angleterre avec cette liberté. M. York, vicaire apostolique dans l'Ouest, se soumit au décret comme les autres. Les réguliers protestèrent également de leur obéissance, et la plupart des vicaires apostoliques les consolèrent en déclarant qu'ils avaient lieu d'être satisfaits de leur conduite.

Dans cette même période de temps, l'Angleterre catholique produisit un prêtre bien distingué par ses vertus et ses écrits, Alban Butler. Né l'an 1710, dans le comté de Northampton, d'honnêtes parents, il fit ses études à Douai, au collège des prêtres anglais. Après y avoir embrassé l'état ecclésiastique, il y enseigna les humanités, la philosophie et la théologie. De retour en Angleterre, l'an 1763, il fut aumônier du duc de Norfolk, premier pair de ce royaume. Quelques années après, il succéda à l'abbé Talbot, frère du comte de Schrewsbury, premier comte d'Angleterre, dans la présidence du collège anglais de Saint-Omer, qui lui avait été conférée en 1762. Butler y mourut vers 1773. Indépendamment de quelques autres écrits, il s'est immortalisé par les *Vies des Pères, des Martyrs et des principaux Saints, avec des notes historiques et critiques*, en anglais : ouvrage éminemment utile, qui a été traduit en français, et perfectionné par l'abbé Godescard, de concert avec l'auteur (Feller, *Dictionn. histor.*).

Les Anglais s'étaient emparés du Canada pendant la guerre de 1756, et ce vaste pays leur avait été cédé par le traité de paix de 1763. Il était exclusivement peuplé de catholiques. Les Anglais eurent le bon sens de vouloir les traiter si bien, qu'ils pussent oublier la domination de la France, à laquelle ils tenaient par leur origine, leur langage et leurs habitudes. On leur laissa une entière liberté dans l'exercice d'une religion à laquelle ils étaient fort attachés. Le dernier évêque de Québec, M. de Pontbriand, était mort à Mont-Réal, pendant le siége, le 9 juin 1760, et n'avait point encore eu de successeur. Les Anglais permirent qu'on lui en donnât un. On fit choix de M. Olivier de Briant, chanoine de Québec, qui avait été envoyé en Angleterre après la conquête, pour y plaider les intérêts des habitants. Il fut fait évêque vers 1767. On permit aux catholiques de la Grenade d'aspirer aux charges. Cette île avait aussi été cédée par la France, en 1763, et comme elle n'était peuplée que de catholiques, on ne pouvait se dispenser de leur permettre d'y remplir des places. Un acte du gouvernement, rendu en 1774, portait qu'il serait établi un conseil législatif pour les affaires du Canada, et que les catholiques pourraient en être membres; que les lois françaises seraient suivies pour les causes civiles, et les lois anglaises pour les causes criminelles, que le clergé catholique conserverait la dîme sur les habitants de la même communion, etc. Ces concessions firent jeter de hauts cris aux protestants outrés, mais furent aux catholiques anglais un présage de ce qu'ils pouvaient espérer pour eux-mêmes.

La renonciation de la France, par le traité de 1763, à toute possession dans l'Amérique septentrionale, semblait assurer désormais à l'Angleterre la jouissance paisible de ces colonies dans cette partie du monde; mais la discorde ne tarda pas à éclater entre elles et la métropole. Chacune des diverses provinces avait son assemblée; qui prétendait avoir seule le droit d'imposer des taxes, tandis que le parlement d'Angleterre s'arrogeait une juridiction illimitée sur les colonies. De là des conflits, des mécontentements, qui finirent par une guerre ouverte, l'an 1775. Dans ces conjonctures, un juge du roi en Ecosse s'adressa à un des vicaires apostoliques du pays, Georges Hay, pour connaître la manière de voir des catholiques écossais sur cet événement, et pour savoir si l'on pouvait attendre d'eux de coopérer aux vues du gouvernement anglais. M. Hay manifesta, dans les termes les plus forts, son attachement pour la constitution existante, et les assurances du respectable prélat furent confirmées par la promptitude avec laquelle des catholiques se firent inscrire pour les levées qui se faisaient alors en Ecosse. La lettre de M. Hay fut même communiquée au gouvernement. Dans le même temps à peu près, lorsque les flottes combinées de France et d'Espagne menaçaient l'Irlande, un religieux catholique, le Père Arthur O'Léary, employé dans le ministère à Cork, publia une adresse à ses compatriotes pour les exhorter à rester fidèles à l'ordre établi. Dans ces circonstances, les catholiques anglais rédigèrent une adresse au roi et la lui présentèrent le 2 mai 1778. Elle était signée de deux cents d'entre eux, dont dix étaient pairs. Ils y protestaient de leur attachement pour la maison régnante, et demandaient que les adoucissements qu'ils avaient déjà obtenus fussent confirmés authentiquement. Ils dressèrent en même temps une pétition au parlement. Elle était longue et motivée. Elle eut son effet. Le parlement adopta et le roi sanctionna un bill portant que les évêques, prêtres et Jésuites ne seraient point poursuivis en vertu du statut de Guillaume III; que toutes ces personnes et autres chargées de l'instruction de la jeunesse ne seraient point sujettes à l'emprisonnement perpétuel porté par ce statut; que les catholiques auraient le droit d'hériter, quoique le plus prochain héritier après eux fût protestant; qu'ils pourraient acheter des terres. Mais pour jouir de ces avantages, ils devaient prêter tous les six mois un serment portant qu'ils seraient fidèles au roi Georges III et à ses successeurs; qu'ils les défendraient de tout leur pouvoir; qu'ils renonçaient à toute obéissance envers celui qui prenait le titre de Charles III; qu'ils détestaient comme antichrétiennes et impies cette proposition *qu'on peut assassiner pour cause d'hérésie*, et cette autre *qu'il ne faut point tenir la foi aux hérétiques;* qu'ils rejetaient également l'opinion que les princes excommuniés par un Pape ou par un concile peuvent être déposés ou tués; qu'ils ne croyaient pas non plus que le Pape eût, ni directement ni indirectement, aucun pouvoir temporel sur l'Angleterre, et qu'ils faisaient cette déclaration sans aucune réserve ni équivoque.

Cet acte du parlement mécontenta beaucoup les ennemis des catholiques. Et en Ecosse et en Angleterre, ils formèrent des associations protestantes, répandant des écrits de toute espèce, pour s'opposer aux progrès du papisme. L'an 1778 et 1779, il y eut en Ecosse, l'an 1780, à Londres et ailleurs, des émeutes protestantes contre les catholiques et leurs amis. Un chef de ces émeutes était Georges Gordon, troisième fils du duc de ce nom, qui, un peu plus tard, embrassa le judaïsme et mourut presque fou en 1793. Donc, au cri de *Point de papisme*, on pilla, on brûla même des maisons et des chapelles. A Londres, les émeutes durèrent plusieurs jours, il fallut appeler des troupes pour les réprimer. Le gouvernement maintint ce qu'il avait accordé aux catholiques: ce qu'il faisait au Canada et ce qui lui était arrivé pour ses colonies américaines lui faisait voir son intérêt dans la justice et la modération.

Les premiers colons de cette partie de l'Amérique septentrionale à laquelle on a donné depuis le nom d'*Etats-Unis*, n'étaient guère que des anglicans ou des presbytériens qui conservèrent dans leur émigration l'attachement aux erreurs importées de la métropole. Les catholiques se trouvaient en très-petit nombre parmi eux. Le Maryland était la province qui en renfermait le plus, et, même, dans l'origine, tous ses habitants professaient cette religion. Ils s'y étaient établis avec lord Baltimore, seigneur anglais, qui prit possession de ce pays sous Charles Ier et donna son nom à la ville. La haine qu'on portait au catholicisme en Angleterre et en Irlande détermina successivement plusieurs personnes de cette religion à se retirer dans ces contrées lointaines, où l'on espérait jouir de plus de liberté. André White, Jésuite anglais, accompagna lord Baltimore. Après lui, d'autres missionnaires, presque tous de la même société, gouvernèrent cette église naissante. En 1720, le Père Grayton introduisit le catholicisme dans la Pennsylvanie, province peuplée principalement de quakers. Ces missions furent longtemps peu nombreuses. Elles étaient traversées par les anglicans, et les persécutions qui s'élevèrent en divers temps contre les catholiques de la mère-patrie se firent sentir jusqu'en ces climats éloignés. On déclara les catholiques inhabiles aux emplois, on voulut les forcer à entretenir des ministres protestants, on inquiéta leurs prêtres. L'indépendance des Etats-Unis, proclamée le 4 juillet 1776 et universellement reconnue le 20 janvier 1783, vint améliorer leur sort. La constitution américaine avait proclamé le droit de vivre selon sa conscience et de suivre librement et publiquement sa religion. Ce ne fut point là, comme ailleurs, une vaine formule et une promesse illusoire. Toutes les lois pénales furent abolies, et les catholiques se montrèrent à découvert.

Jusque-là ces pays avaient été administrés pour le spirituel par un vicaire apostolique qui était toujours Anglais, et cette place était alors remplie par le docteur Caroll, Jésuite, que ses qualités et son zèle faisaient généralement estimer. On crut, après la paix de 1783, que la nouvelle situation des choses demandait d'autres mesures. Une seconde guerre pouvait s'élever entre l'Angleterre et les Etats-Unis. D'ailleurs le nombre des catholiques était assez considérable pour motiver l'érection d'un évêché. Le clergé catholique des Etats-Unis en fit donc la demande au Pape, et le congrès ou assemblée législative, qu'on avait eu soin de prévenir, approuva et appuya cette démarche. Pie VI nomma un certain nombre de cardinaux de la congrégation de la Propagande pour examiner cette affaire, et, le 12 juillet 1789, il fut rendu un décret approuvé par le Pape, et portant que tous les prêtres qui exerçaient le ministère dans les Etats-Unis se réuniraient pour déterminer quelle ville serait placé le siège épiscopal; et lequel d'entre eux paraissait le plus propre à être élevé à l'épiscopat: privilége qu'on leur accordait par faveur et pour cette fois seulement. Ils s'assemblèrent et convinrent unanimement que l'évêché devait être à Baltimore, tant parce que cette ville est située à peu près au centre des Etats, que parce qu'elle renfermait le plus de catholiques. Quant au choix de l'évêque, sur vingt-six votants, vingt-quatre désignèrent le docteur Caroll. Le Saint-Siège accéda aux vœux des missionnaires, érigea, le 6 novembre 1789, un siège épiscopal à Baltimore pour tout le territoire des Etats-Unis, et y nomma le docteur Jean Caroll, qui fut sacré évêque en Angleterre, le 15 août 1790. En mémoire de cet événement, le nouvel évêque établit la fête de l'Assomption comme fête patronale de son vaste diocèse.

Baltimore a été érigé depuis en archevêché, ayant une vingtaine d'évêques suffragants. Cette hiérarchie catholique est appelée à former le lien le plus fort, sinon unique, d'une nouvelle nation, d'un nouvel empire, dont, sans cela, les éléments si divers d'origine, d'intérêt, de religion et de secte, ne tiendraient point assez ensemble pour produire une unité naturelle et vivante.

En l'année même que Pie VI institua le premier évêque aux Etats-Unis (1790), y arrivait missionnaire catholique, un homme qui en était parti l'an 1781 ministre presbytérien. C'était M. Thayer, né à Boston, où il fut pendant deux ans ministre dans la secte puritaine. Poussé du désir des voyages, il vint en France sur la fin de 1781. Y étant tombé malade, son premier soin fut de défendre qu'on laissât approcher aucun prêtre catholique, tant il avait d'attachement pour sa secte. Il passa quelque temps en Angleterre, appliqué, comme en France, à observer les mœurs et les usages du pays. Il y prêcha; on ne trouva pas sa doctrine conforme à celle du pays où il parlait. Il répondit qu'il l'avait puisée dans l'Evangile; c'est que les protestants trouvent dans le même Evangile bien des doctrines différentes. Il voulut voir l'Italie et Rome, contre lesquelles il avait les plus fortes préventions. Il fut bien étonné et bien touché de se trouver avec les Italiens comme au sein de sa famille, tant ils lui témoignaient de prévenance et de cordialité. Cette religion, se disait-il, n'est donc pas si insociable, elle n'inspire pas, comme on me l'avait dit, des sentiments d'aversion et d'intolérance pour ceux qui lui sont étrangers. A Rome, il n'eut rien de plus pressé que de voir les chefs-d'œuvre de tout genre, en particulier la Rotonde ou le Panthéon, temple autrefois consacré au culte de toutes les fausses divinités du paganisme, et aujourd'hui dédié à l'honneur de la sainte Vierge et de tous les saints. « A la vue de ce superbe édifice, dit-il dans le récit qu'il a fait lui-même de sa conversion, je fus frappé d'une idée qui me parut grande. Ce temple, autrefois consacré au culte des faux dieux, devenu un temple du vrai Dieu ; la croix de Jésus-Christ élevée sur les débris de toutes les idoles réunies, comme pour lui faire un plus beau trophée, et de là montrée à toute la terre; cette ville, autrefois maîtresse de toute la terre et capitale du monde païen, devenue la capitale du monde chrétien : voilà des monuments parlants et toujours subsistants du triomphe de Jésus-Christ sur le fort armé, etc. Cette idée me plaisait beaucoup, et comme j'aimais l'éloquence de la chaire, je désirais qu'elle fût vraie, pour pouvoir traiter un si beau sujet. »

En étudiant les monuments religieux, il fut amené à étudier à fond la religion même qui les avait inspirés. Il s'adressa naturellement à des ecclésiastiques. Les premiers qu'il rencontra avaient plus de piété que de lumières: voyant un protestant décidé, ils le condamnèrent sans l'éclairer. D'autres lui procurèrent, soit de vive voix, soit en lui prêtant des livres, les instructions qu'il désirait : c'étaient des Jésuites. Un religieux lui fit distinguer exactement ce qui est de foi parmi les catholiques, d'avec les simples opinions que l'Eglise permet de traiter dans les écoles, sans les adopter ni les rejeter. Cette distinction répandit à ses yeux un grand jour sur toutes les matières, et dissipa elle seule une foule d'objections. Il consulta ainsi plusieurs docteurs catholiques; il les trouva tous parfaitement d'accord sur la foi; tandis que les protestants ne l'étaient pas et ne pouvaient l'être, en vertu même de leur premier principe. Ce parallèle fit sur lui une profonde impression. Il n'avait voulu que prendre une connaissance exacte de la doctrine catholique, et, insensiblement il en était venu au point de n'y trouver rien que de raisonnable. Il ne pensait point à se convertir, du moins à Rome. Cependant il lut par hasard un petit ouvrage du Père Segneri, sur l'ange gardien : il fut frappé de cette belle dévotion, si bien fondée dans les saintes Ecritures, mais à laquelle il n'avait fait aucune attention pratique. Il résolut, par respect pour son bon ange, de s'abstenir de tout péché. C'était une excellente préparation pour obtenir de Dieu la grâce de sa conversion entière.

En ce temps mourut à Rome un saint personnage, BENOIT-JOSEPH LABRE, né le 26 mars 1748, à Saint-Sulpice d'Amettes, au diocèse de Boulogne en France. Encore enfant, il annonçait déjà un saint. Loin de laisser paraître en lui des semences de vices, il ne manifestait pas même les défauts les plus excusables de cet âge. Devenu grand, il résolut de renoncer au monde. Frappé des avantages de la vie religieuse, il tenta successivement d'entrer à la Trappe, chez les Chartreux, à Sept-Fonts. La faiblesse de sa santé ne permit pas de l'admettre aux vœux. Il s'en dédommagea en se condamnant à la même vie qu'il eût observée dans un monastère. En 1770, il fit par dévotion le voyage de Rome. Son but était de visiter le tombeau des saints apôtres et les pèlerinages d'Italie. Il fit ce voyage en pauvre véritable, marchant à pied, vivant des aumônes qu'il recevait sans les demander, et dont il distribuait même aux pauvres ce qui ne lui était pas exactement nécessaire; pratiquant une humilité profonde, un détachement extrême et des mortifications continuelles. A Rome, il fréquentait assidûment les églises, et y passait souvent la journée entière en prières. Après différents pèlerinages en Italie, en Allemagne et en Suisse, il se fixa, l'an 1776, dans la capitale du monde chrétien, et n'en sortit plus que pour aller, une fois chaque année, à Lorette. Il y vivait dans une solitude et un silence presque continuels, recherchant l'oubli et les humiliations, ne portant que des haillons repoussants, exerçant des austérités et s'unissant sans cesse à Dieu par une oraison fervente. C'était une vie tout opposée à l'esprit du siècle. Aussi Dieu ne manqua-t-il point de glorifier son humble serviteur. A peine Benoît-Joseph Labre eut-il rendu le dernier soupir, le mercredi saint 16 avril 1783, après quelques heures de maladie, que le bruit de sa sainteté, déjà connue de plusieurs personnes, se répandant par toute la ville, on accourut dans la maison où il était mort. On le transporta dans une église voisine, où, pendant quatre jours, une foule immense assiégeait son cercueil, voulant baiser ses pieds et voir cet homme de Dieu. On l'invoquait, on recherchait tout ce qui avait été à son usage. Plusieurs miracles opérés par son intercession furent confirmés par des informations juridiques. Le 20 avril, dimanche de Pâques, on l'enterra après avoir reconnu que son corps était aussi sain et aussi flexible qu'au moment de sa mort. Des prodiges continuèrent à s'opérer sur son tombeau. On accourait des différentes parties de l'Italie pour obtenir de ce pauvre volontaire des grâces spirituelles, ou la guérison de différents maux ; et Dieu se plaisait à faire éclater la gloire de son serviteur, par les faveurs signalées qu'il accordait à son intercession. En attendant que la cause de la béatification de Benoit-Joseph Labre ait été instruite avec les délais prescrits et les formalités ordinaires, le titre de *vénérable* lui a été donné par un décret de la congrégation des Rites. Cependant M. Thayer, encore ministre puritain, se moquait du nouveau saint et de ses miracles. Comme le nombre et le poids des témoignages croissaient néanmoins chaque jour, il crut enfin devoir examiner la chose par lui-même. Il interrogea les personnes guéries, leur entourage, les médecins, et resta persuadé malgré lui que ces guérisons avaient quelque chose de surnaturel. Il se trouva dès lors dans une situation des plus violentes : il voyait clairement la vérité de la religion catholique, mais il était retenu par mille préjugés, dans la secte dont il était ministre. Dans ces circonstances, on lui donne à lire un petit livre italien : *Manifeste d'un cavalier chrétien converti à la religion catholique.* L'auteur y raconte l'histoire de sa conversion, et discute brièvement les points controversés entre les catholiques et les protestants; le tout précédé de la prière suivante, pour implorer les lumières de l'Esprit-Saint.

« Dieu de bonté, tout-puissant et éternel, Père
» des miséricordes, sauveur du genre humain, je
» vous supplie humblement, par votre bonté souve-
» raine, d'éclairer mon esprit et de toucher mon
» cœur, afin que, par le moyen de la foi, de l'es-
» pérance et de la charité véritables, je vive et je
» meure dans la vraie religion de Jésus-Christ. Je
» suis certain que, comme il n'y a qu'un seul Dieu,
» il ne peut y avoir qu'une seule foi, une seule re-
» ligion, une seule voie de salut, et que toutes les
» voies opposées à celle-ci ne peuvent conduire qu'à
» l'enfer. C'est cette foi, ô mon Dieu! que je re-
» cherche avec empressement pour l'embrasser et
» me sauver. Je proteste donc devant votre divine
» Majesté, et je jure, par tous vos divins attributs,
» que je suivrai la religion que vous m'aurez fait
» connaître pour vraie, et que j'abandonnerai,
» quoi qu'il doive m'en coûter, celle où je la reconnaî-
» trai des erreurs et de la fausseté. Je ne mérite pas,
» il est vrai, cette faveur, à cause de la grandeur
» de mes péchés, dont j'ai une profonde douleur,
» puisqu'ils offensent un Dieu si bon, si grand, si
» saint, si digne d'être aimé ; mais ce que je ne
» mérite pas, j'espère l'obtenir de votre infinie mi-
» séricorde, et je vous conjure de me l'accorder par
» les mérites du sang précieux qui a été répandu
» pour nous, pauvres pécheurs, par votre Fils
» unique Jésus-Christ. *Amen.* »

M. Thayer ayant parcouru cette prière des yeux, n'osa d'abord la dire : il désirait d'être éclairé, mais il craignait de l'être trop. Enfin il se jette à genoux, s'excite à réciter cette prière avec le plus de sincérité possible : la violente agitation de son âme se résout en une abondance de larmes. A peine a-t-il achevé la lecture du petit livre, qu'il s'écrie : « Mon Dieu, je vous promets de me faire catholique ? » Et il tint parole. Sa conversion opéra un merveilleux changement dans tout son être. Il dit lui-même : « Les vérités que j'ai eu le plus de peine à croire sont celles qui me donnent aujourd'hui le plus de consolation. Le mystère de l'eucharistie, qui m'avait paru si incroyable, est devenu pour moi une source intarissable de délices spirituelles. La confession, que j'avais regardée comme un joug intolérable, me semble infiniment douce par la tranquillité qu'elle produit dans mon âme. Ah! si les hérétiques et les incrédules pouvaient sentir les douceurs que l'on goûte au pied des autels, ils cesseraient bientôt de l'être. »

Après sa conversion, M. Thayer revint en France, entra au séminaire, et reçut la prêtrise en 1787. En attendant une occasion favorable pour retourner en Amérique, il fit plusieurs voyages à Londres. La dernière fois il y demeura toute une année, dans le quartier où se retiraient les pauvres et les mendiants. Il devint comme leur curé, les prêchait dans une manufacture abandonnée qui lui servait d'église, en convertit un grand nombre du péché à la grâce, ou même de l'hérésie à la vraie foi. Il fonda pour eux deux écoles, vivant pauvrement comme eux : aussi l'aimaient-ils à l'égal d'un père, et lui amenaient-ils chaque jour de nouvelles âmes à convertir. Comme il était d'un caractère doux et aimable, plusieurs ministres protestants le fréquentaient, et prenaient des idées plus saines de la religion catholique.

M. Thayer arriva à Baltimore en 1790, lorsque Pie VI venait d'y instituer le premier évêque des États-Unis. Il se rendit ensuite à Boston, dans sa famille, qui le reçut avec beaucoup de joie. L'Eglise de Boston ne comptait qu'une centaine de catholiques français, irlandais et américains. Grâce particulièrement au zèle du nouveau missionnaire, cette Eglise naissante devint en peu d'années assez nombreuse pour être érigée en évêché. M. Thayer assista au synode de Baltimore en 1791, sous l'évêque Caroll. Dans le même temps, on vit entrer au séminaire de cette ville, pour se consacrer aux missions, un prince russe, Démétrius Gallitzin.

Chose merveilleuse! l'Angleterre catholique est encore opprimée par l'Angleterre protestante, et c'est dans ce moment même qu'elle enfante à Dieu l'Eglise féconde des Etats-Unis! Certainement Dieu ne laissera point ceci sans récompense.

Quant à l'Angleterre protestante, fondée comme elle est sur un principe de schisme, de dissolution et d'anarchie, elle verra toujours se produire plus effrayantes les conséquences de ce principe, jusqu'à ce que l'excès du mal lui fasse tourner ses regards vers l'Eglise romaine, pour y retrouver le principe de l'unité, de l'ordre et de la vie. Les funestes conséquences du protestantisme anglais sont avouées et déplorées par ses ministres eux-mêmes.

Latimer, qui écrivait sous Henri VIII et son successeur, disait dès lors : « La débauche se pratique en Angleterre d'une manière inconnue dans les autres parties du monde, et on en parle comme d'une chose de bon ton, d'une de ces bagatelles que personne ne songe à réformer. — Triste était alors (en 1700) l'état de la religion, nous dit le pasteur anglican Strype. Les ecclésiastiques s'emparaient de plusieurs bénéfices, sans résider dans aucune de leurs paroisses. La plupart aliénaient leurs biens et exigeaient des réversions de rentes sur la tête de leur femme et de leurs enfants. Parmi les laïques, quelques-uns vivaient sans assister à aucun service divin. Un grand nombre étaient tout à fait païens ou athées. — Chez nous, dit l'évêque anglican Walton, tout le monde se croit docteur, tous reçoivent d'en haut leur enseignement... Le plus grand sot nous donne ses rêves pour la parole de Dieu; des sectes innombrables ont renouvelé toutes les anciennes hérésies, et inventé des opinions plus monstrueuses que celles émises jusqu'à nous. Les sectaires ont rempli nos villes, nos villages, nos églises et nos chaires, et ils ont conduit le pauvre peuple sur le seuil de la perdition (*Mouvement religieux en Angleterre*). »

Les misères physiques n'étaient pas moindres que la confusion intellectuelle. « Parcourez, disait l'anglican Fielding en 1753, certains quartiers de Londres, portez la vue dans la déplorable chaumière du pauvre : le triste spectacle, le dégoûtant assemblage de toutes les misères humaines vous arrachera des larmes. Est-il possible de voir, sans la plus profonde compassion, des familles entières dépourvues de tout ce qui est nécessaire à la vie, transies de froid, épuisées de besoin, succombant sous la plus affreuse indigence, dévorées enfin de maladies, conséquences inévitables d'une si affligeante situation? Si l'on ressent si peu de compassion pour les pauvres, c'est que l'on craint plus le mal qu'ils font que celui qu'ils souffrent. C'est dans le fond de leurs cabanes que, plongés dans la fange et dans la misère, ils sont en proie à tous les tourments de la faim, du froid et des maladies. Mais c'est au milieu de la société qu'ils vont mendier et assiéger le riche par leurs importunités ; c'est au milieu du public qu'ils exercent leurs rapines et leurs vols. Il n'y a pas dans tout l'arrondissement de Westminster une paroisse qui ne paie chaque année une somme considérable pour les pauvres, et, nonobstant, on ne citerait pas une seule rue qui ne fourmille, le jour, de mendiants ; la nuit, de voleurs... »

« Les maux que déplorait Fielding, nous dit John Hill vers la fin du même siècle, se sont extrêmement multipliés et aggravés depuis. Les besoins et les calamités du pauvre vertueux, la conduite dépravée et l'indolence vicieuse du pauvre fripon, l'accroissement des uns et des autres, les dépenses immenses pour les secourir, sont des maux qui ne furent jamais si généralement sentis, déplorés avec tant de force que dans l'époque actuelle. » John Musson Good s'écrie : « C'est une chose déplorable, mais généralement reconnue, que, quoiqu'aucun pays d'Europe ne soit assujéti à la moitié des taxes énormes qui pèsent sur la Grande-Bretagne pour le soulagement des pauvres, qu'aucun ne présente la moitié autant d'institutions de bienfaisance, dont le but est de leur porter secours, néanmoins il n'est aucun pays où les pauvres soient si nombreux et si malheureux. » Dans sa lettre à l'évêque anglican de Durham, Bernard dit : « La taxe des pauvres est le baromètre qui marque, au mépris de la plus brillante apparence de notre prospérité, les progrès de notre faiblesse intérieure ; et plus notre industrie et nos manufactures s'étendent, plus notre commerce se répand sur le globe, plus l'énormité de la taxe devient colossale. Elle s'accroît avec notre accroissement, elle grandit avec notre force, parce que ses racines ont pénétré jusque dans la source vitale de notre existence et de notre prospérité (*Mouvement religieux en Angleterre*). » Enfin, c'est un fait constant que le tiers de la population anglaise est à la mendicité, et par là même à la charge des deux autres.

Et ceux qui déploraient ces maux ne remontaient pas encore à la cause pour trouver le remède. En 1710, le clergé anglican, sur les ordres de la reine-papesse Anne, examina l'état de la religion en Angleterre. Il signale avec beaucoup de force les progrès de l'antichristianisme, de l'athéisme même. Les principaux ennemis de la foi chrétienne étaient : lord Shaftesbury, qui avait pris des leçons de Locke et de Bayle ; Whiston, prêtre anglican, qui non seulement niait, mais combattait avec fureur la divinité de Jésus-Christ, et se déclarait ainsi formellement antechrist. Le clergé anglican condamna les ouvrages de Whiston, mais il épargna ceux de Clarke, qui enseignait la même impiété. En revanche, on provoqua des mesures contre les catholiques, qui seuls pouvaient, sans inconséquence, combattre toutes les erreurs, parce qu'ils ont conservé toutes les vérités (Picot, *Mémoires*, an 1710). Henri Dodwell, autre ministre anglican, homme érudit, mais paradoxal, écrivit pour soutenir qu'il y avait eu peu de martyrs dans les premiers siècles du christianisme ; que l'âme de l'homme est mortelle de sa nature, et ne devient immortelle que grâce à un certain baptême conféré par les évêques. Son fils attaqua ouvertement le christianisme. Un autre ministre anglican, Thomas Burnet, attaquait l'éternité des peines. Le ministre Wollaston n'était guère plus chrétien, non plus que Middleton. Prideaux, auteur d'une *Histoire des Juifs*, écrivait contre les précédents, mais aussi contre les catholiques. Daniel Whitby fit de même, mais finit par rétracter ce qu'il avait écrit contre les nouveaux ariens, et par penser comme eux. Hoadly, évêque anglican de Winchester, Kennet, évêque anglican de Peterborough, en niant la trinité des personnes divines et la divinité de Jésus-Christ, soutinrent nettement que dans l'Eglise, il n'y a d'autre autorité spirituelle que celle du magistrat séculier : controverse qui partagea le clergé anglican en deux camps hostiles. Clayton, évêque anglican de Clogher, et Rundle, évêque anglican de Derry, en Irlande, se montraient ariens comme Hoadly. Cet antichristianisme paraît même avoir dominé dans l'Eglise anglicane pendant le XVIIIe siècle : c'est-à-dire que les évêques et les prêtres anglicans n'étaient pas plus chrétiens que Mahomet, quelques-uns pas même autant.

Quant aux incrédules proprement dits, qui se donnaient le nom de *philosophes*, et à qui ceux de France allaient emprunter leurs impiétés, nous avons déjà vu par l'un d'eux, Jean-Jacques Rousseau, que penser de leurs systèmes. Les principaux incrédules de l'Angleterre furent Shaftesbury, Bolingbroke, Toland, Tindal, Collins. Les deux premiers étaient de riches et voluptueux milords, à qui une philosophie irréligieuse venait fort à propos. Toland, né en Irlande, mais apostat du catholicisme, a laissé en Angleterre une mémoire peu honorable. Comme il se trouvait souvent dans une extrême misère, il vendait sa plume aux partis politiques. Swift n'en parle que comme d'un misérable. Aussi le même Swift disait-il : « Je ne sais comment il se fait que, quand le Pape nettoie son jardin, il nous jette les orties par-dessus la muraille. » Collins, ami intime de Locke, n'a pas laissé une mémoire plus honorable que Toland. L'arien Whiston lui reproche de s'être fait admettre à prêter serment

## LIVRE LXXXIX. — § VIII. ÉTAT DE L'ANGLETERRE AU XVIIIe SIÈCLE.

sur la Bible, et de n'avoir pas manqué de participer à la cène pendant plusieurs années consécutives, quoiqu'il fit profession de ne croire ni à la cène, ni à la Bible, ni même à la Providence. L'auteur de la *Biographie britannique*, le latitudinaire Kippis, le regarde comme un écrivain *sans bonne foi, sans scrupule dans les citations, les faisant servir à ses preuves sans s'embarrasser du sens des auteurs, et qui a été pris plus d'une fois en faute à cet égard par ses adversaires*. Tindal, né vers 1657, se fit catholique sous Jacques II, et renonça à cette religion lorsqu'il s'aperçut qu'elle ne le conduirait pas à la fortune. Il était *mal famé pour ses mœurs*, dit la *Biographie britannique*. Même l'athée Naigeon le regarde comme un auteur *médiocre, plus occupé à éblouir par un ton affirmatif qu'à discuter sagement, et dont les idées sont vagues, inconsistantes et mal ordonnées*. A ces principaux incrédules on peut joindre Thomas Chubb, qui d'apprenti gantier se fit écrivain philosophe (Picot, *Mémoires*, t. IV).

L'incrédulité se propageait donc en Angleterre, et commençait à compter, surtout à Londres, de nombreux partisans. On y avait été, comme à Paris, en proie au délire d'une cupidité aveugle. Un émule de Law, le chevalier Blount, avait donné naissance à un système absurde et ruineux, qui avait séduit une foule crédule. La nation parut aussi livrée à un esprit de vertige. Toutes les professions, tous les emplois étaient négligés. Un agiotage scandaleux avait remplacé les travaux ordinaires. Pendant l'enivrement que produisit cette illusion, le luxe, le vice et la débauche furent poussés jusqu'à l'extravagance. Les nouveaux riches, éblouis de leur opulence éphémère, donnaient dans les excès d'un faste ridicule, et affectaient du mépris pour la religion et les mœurs. Il se répandit même qu'il s'était formé une société de jeunes libertins qui s'engageaient par des serments affreux. Ils avaient, dit-on, donné à leur association le nom du *feu d'enfer*, comme pour se moquer des terreurs de la religion, et la débauche et l'impiété se prêtaient chez eux un mutuel support. Les choses en vinrent au point que, le 9 mai 1721, le roi Georges Ier ordonna aux magistrats de rechercher et de punir les assemblées de blasphémateurs (Picot, *Mémoires*, an 1721). En 1729, Thomas Woolston, bachelier de l'Université de Cambridge, fut condamné par les magistrats à une forte amende pour ses *Discours* impies et scandaleux : n'ayant pu payer la somme, il mourut en prison. En 1737 et 1742, le médecin Morgan et Dodwel, fils du théologien, publièrent de nouveaux écrits contre la foi chrétienne.

Cependant on vit, même parmi les ministres anglicans, quelques apologistes estimables de la religion. Tels furent Thomas Sherloch, évêque anglican de Londres, qui écrivit contre Collins six *Discours sur l'usage et les fins de la prophétie*, et contre Woolston, *Les Témoins de la résurrection de Jésus-Christ examinés suivant les règles du barreau*. Leland, ministre presbytérien en Irlande, mort en 1766, écrivit contre Tindal, Morgan et Dodwell. Ses principaux ouvrages sont : *Examen des principaux déistes anglais du XVIIe et du XVIIIe siècle*, 2 vol. in-8°, et la *Nouvelle démonstration évangélique, ou l'Avantage et la nécessité de la révélation démontrés par l'état de la religion dans l'ancien pa-

ganisme*, 4 vol. in-12. Samuel Chandler, autre ministre presbytérien, mort en la même année 1766, s'est distingué par ses *Réflexions sur la conduite des déistes modernes dans leurs derniers écrits contre le christianisme*, et par sa *Défense de l'antiquité et de l'autorité des prophéties de Daniel et de leur application à Jésus-Christ*.

Mais plusieurs choses manquaient à Chandler, ainsi qu'aux autres apologistes anglais. Ils n'avaient pas une idée nette des vérités fondamentales du christianisme : comme de la nature et de la grâce, de la raison et de la foi, de l'ordre naturel et de l'ordre surnaturel ou de la Révélation proprement dite : par là même il leur était impossible de bien éclaircir les difficultés. En second lieu, ils ne possédaient pas l'ensemble des vérités chrétiennes, mais seulement quelques-unes, isolées des autres; par là, ils n'étaient pas en état de les défendre toutes contre des ennemis qui les attaquaient toutes et de toutes parts. Enfin, pour bien défendre une ville, il faut que les soldats qui la gardent s'entendent bien entre eux et avec le commandant de la place; autrement, ils s'exposent à tirer les uns sur les autres, et à faciliter les attaques de l'ennemi, au lieu de les repousser. Voilà ce que les docteurs de l'Eglise anglicane ne comprenaient point pendant le XVIIIe siècle; aujourd'hui, ils commencent à le comprendre et à Cambridge et à Oxford; aussi commencent-ils à tourner les yeux vers le commandant de la cité, vers le chef visible que Dieu a donné à son Eglise, et les conversions deviennent-elles innombrables.

Une conversion singulière, qui eut lieu vers la fin du XVIIIe siècle, fut celle d'Elisabeth Pitt, parente du célèbre ministre d'Angleterre de ce nom, et née à Londres. Ayant perdu dès le bas âge son père et sa mère, elle fut élevée dans la religion anglicane par une grand'tante qui lui parlait souvent de la vie religieuse et des personnes à qui elle l'avait vu pratiquer. La jeune Elisabeth conçut un grand désir de voir quelque monastère de religieuses, pour le connaître par elle-même. Elle allait jusqu'à désirer qu'elle pût embrasser cet état sans renoncer à la religion anglicane, à laquelle elle était fort attachée. Elle perdit sa tante à l'âge de vingt-trois ans, prit le goût du grand monde, et ne montra plus d'autres inclinations jusqu'à l'âge de trente-deux ans, où elle fit une maladie mortelle. Le 1er janvier 1785, étant convalescente, elle eut un songe qu'elle raconte ainsi elle-même :

« Je m'imaginais entrer dans un couvent dont toutes les religieuses portaient une croix d'argent sur la poitrine. Je fus conduite au chœur, où je les vis toutes placées en ordre. A leur tête, j'aperçus une qui était le vrai portrait de ma grand'tante. On me dit d'entrer, et on me le dit par trois fois, en ajoutant : *Ne craignez point; c'est une véritable amie que vous trouverez dans cette personne. Vous aurez de la peine à lui rendre vos sentiments, mais que cette difficulté ne vous arrête point.* J'entrai. Du chœur, on me conduisit dans un appartement qui m'était destiné. L'escalier qui y conduisait se trouva si mauvais, que je fus contrainte, pour m'y soutenir, de prendre une corde qui servait de guide. J'entendis alors une voix qui me disait encore que *je mourrais dans cette maison*. Cette parole fit une grande impression sur mon esprit, et l'attention que j'y prêtai me donna beaucoup de mécontentement contre moi-même. Ce songe me revint les deux nuits suivantes. »

Mademoiselle Pitt fut la première à en rire avec les personnes à qui elle le raconta dès le lendemain. Huit mois après, elle eut la curiosité de voir la France, afin d'en apprendre la langue. Un négociant de Saint-Valery lui indiqua le couvent de la Visitation d'Abbeville, où il avait deux enfants. « J'y arrive, dit-elle (le 27 septembre 1785), je vois les religieuses avec leur croix d'argent. Présentée à la supérieure, qui était madame de Maison, je reconnais à son visage le portrait de ma grand'tante. J'avoue que je fus si frappée de cette ressemblance, que je me sentis prête à tomber en faiblesse. Je ne fis d'ailleurs en ce moment nul cas de mon songe : tenant alors de l'incrédulité de Thomas surnommé Didyme, je ne pus y ajouter foi. La vie religieuse que je devais embrasser, à en croire ce qui m'avait été dit, me paraissait trop contraire à la liberté anglaise, dans laquelle j'avais vécu jusque-là. Bien loin de penser que je dusse mourir dans cette maison, plusieurs choses me donnèrent, dès le premier jour, envie de la quitter, entre autres la vue de l'escalier tournant par où l'on me conduisit à la chambre que je devais occuper. »

Ses premières pensées furent de repartir sans délai. On l'engagea de différer un peu ; elle y consentit. Son éloignement diminua, et, au bout de deux jours, elle prit le parti de rester, mais uniquement pour apprendre la langue. On lui donna une religieuse capable de la former à parler français. Bientôt, après avoir parlé de grammaire, on vint à parler de religion. Elle entra dans une discussion régulière et avec la religieuse et avec un ecclésiastique qui parlait assez bien l'anglais. Elle fut surtout frappée des raisonnements qu'on lui fit sur ces paroles de Jésus-Christ : *Et voici que je suis avec vous tous les jours jusqu'à la consommation des siècles. Et les portes de l'enfer ne prévaudront point contre mon Église.* Enfin, après de grands combats et de longues perplexités, elle ne put résister plus longtemps à la lumière ni aux mouvements du Saint-Esprit. Elle se rendit à l'église, et, prosternée au pied de l'autel, elle fit cette prière : « Seigneur, je veux sauver mon âme. Si la religion protestante est la vraie religion, faites-moi mourir avant que j'en embrasse une autre. Si, au contraire, la religion catholique est la vraie, laissez-moi la vie, et donnez-moi la force de l'embrasser, avec la grâce de suivre tout ce qu'elle enseigne. » Elle se lève comblée de joie quelques instants après, et pleinement décidée à faire profession de la foi catholique, qu'elle avait déjà dans le cœur. La cérémonie eut lieu le 23 février 1786, jour anniversaire de son baptême, cinq mois après son entrée au couvent. Elle prit même le voile de religieuse le 3 juillet. Pendant son noviciat, elle fut obligée de faire un voyage en Angleterre, dans l'intérêt d'une jeune orpheline. Sur mer, le vaisseau essuya une furieuse tempête. Tous les voyageurs, au nombre de cent cinquante, se crurent à leur dernier moment. Sœur Elisabeth Pitt demeurait fort tranquille. Un seigneur anglais ne put s'empêcher de lui dire : *A votre air de tranquillité, on dirait que vous êtes catholique. — Je suis effectivement catholique,* répondit-elle, *et très-ferme dans ma foi.* — Après avoir terminé les affaires qui l'avaient appelée à Londres, elle revint à Abbeville, recommença son noviciat, fit profession et devint, par sa piété et sa ferveur, le modèle de la communauté (1).

§ IX.

*Décomposition sociale de la France et de l'Europe, par les nobles, les magistrats, les hommes de lettres soi-disant philosophes. — Réunion de la Lorraine à la France. — Suppression des Jésuites. — Sociétés secrètes. — Commencements du règne de Louis XVI.*

Cependant la France politique, nobiliaire, judiciaire, administrative ne s'occupait pas mieux que l'Angleterre protestante de remédier aux principes d'irréligion et d'anarchie que la France littéraire disséminait non-seulement en France, mais par toute l'Europe. Depuis la plante des pieds jusqu'au sommet de la tête, tout était malade dans le corps social.

« Le XVIIIe siècle, dit le protestant Sismondi dans son *Histoire des Français*, fut en général, pour les familles qui occupaient les divers trônes de l'Europe, un temps de langueur, de faiblesse, d'incapacité et de vices. Comme on avait vu dans les races régnantes, chez les conquérants barbares qui avaient renversé l'empire romain, comme on le voyait et qu'on le voit encore chez les Turcs, les Persans, les Mogols, les souverains de l'Inde et tous les Orientaux, le premier effet du pouvoir absolu et d'une richesse sans bornes avait été de porter les princes à s'abandonner avec excès à tous les plaisirs des sens ; presque tous s'y étaient livrés avec la brutalité la plus ignoble. Parmi eux, toutefois, quelques êtres assez fortement constitués pour résister aux funestes effets de l'intempérance, conservaient seuls, au milieu de ces excès, leur raison et leur santé ; ceux-là pouvaient s'élever parfois à une vraie grandeur, non point en raison de leurs vices, mais en raison de la vigueur extraordinaire de constitution qui les avait portés à la débauche. Louis XIV était un brillant exemple de ces exceptions ; malgré son goût pour la table, malgré le scandale qu'il avait donné par ses mœurs, il ne s'était jamais laissé subjuguer par ses sens ; son esprit et son caractère s'étaient relevés au-dessus des plaisirs qui l'avaient séduit. Victor-Amédée de Savoie, dont la vie privée n'avait pas été moins déréglée, n'avait pas montré moins d'énergie ou moins de talents, quoique ceux-ci, entachés de plus de fraudes, n'eussent pas le même caractère de grandeur.

» Mais la génération qui vint ensuite, mais le frère, le fils, le neveu et les petits-enfants de Louis XIV ne montrèrent tous qu'une âme énervée, une raison affaiblie par les excès des plaisirs des sens ; Philippe V, son petit-fils, qui croyait ne s'y abandonner qu'en sûreté de conscience, s'était ainsi pré-

(1) *Tableau général des principales conversions qui ont eu lieu parmi les protestants et autres religionnaires depuis le commencement du XIXe siècle*, par l'abbé Rohrbacher, 2e édition, 1841, t. II.

cipité lui-même dans un état de vapeurs, de langueurs, de tristesses, que, s'il n'eût été roi, on n'aurait pas hésité à nommer folie. La maison qui l'avait précédé sur le trône d'Espagne s'était éteinte par l'abus qu'elle avait fait des plaisirs des sens. Les enfants de Philippe IV avaient été victimes des dérèglements de leur père, et c'était ce funeste héritage qui avait fait languir trente-quatre années Charles II entre la vie et la mort. Les monstrueuses débauches de Jean V, roi de Portugal, malgré le soin qu'il prenait de s'y faire toujours accompagner par son confesseur et son médecin, ont empreint sur la figure de ses descendants les marques d'un mauvais sang, et dans leur cerveau des germes toujours renaissants de folie. La maison Farnèse, à Parme, venait de s'éteindre, étouffée par l'obésité ; la maison de Médicis était près de finir à Florence, et son dernier représentant, Jean-Gaston de Médicis, ne quittait plus le lit, où il était retenu par les conséquences des débauches les plus infâmes. Sur le nouveau trône de Russie, les souverains semblaient ne pouvoir pas résister plus de deux ou trois ans à l'ivresse des plaisirs ; et ce qui ajoutait encore à leur turpitude, c'étaient des femmes, des impératrices, qui affichaient ainsi leurs dérèglements. Auguste II, roi de Pologne et électeur de Saxe, avait étonné l'Europe par un faste de débauche inouï; ce prince, mettant à l'enchère toutes les dignités de la république, rapace avec ses sujets qu'il accablait d'impôts, cruel et perfide au besoin, prodigue avec plus de profusion que de goût dans les monuments dont il ornait Dresde, ne s'était cependant fait un nom que par le nombre de ses maîtresses et de ses enfants naturels. Il n'avait laissé à son fils, Auguste III, qu'un sang dégénéré, avec tous les vices de la faiblesse et de la fausseté. Les vices du roi de Prusse, Frédéric-Guillaume Ier, étaient ceux d'un soldat sauvage et brutal, l'ivrognerie, la violence, la dureté. Son fils, à qui il avait déjà fait éprouver son emportement et ses fureurs, prenait autant qu'il pouvait le contre-pied d'un caractère dont il avait eu tant à souffrir ; il se vouait aux arts, aux lettres, à la poésie françaises ; ses principes ne le prémunissaient pas contre les vices, mais dès qu'il fut monté sur le trône, l'ambition et la guerre ne lui laissèrent pas le temps de s'y livrer. La maison d'Autriche, enfin, qui sur le trône d'Allemagne avait donné moins de scandales, ne produisait plus cependant que des princes sans talents, sans élévation, doués tout au plus d'une bravoure passive, lorsque, ce qui arrivait rarement, ils se montraient aux armées, et qui mettaient dans l'obstination toute leur énergie. Charles VI, le dernier de cette race, n'avait que deux filles pour recueillir un héritage que les lois réservaient exclusivement aux mâles. Aussi sa politique n'avait-elle plus qu'un seul but, celui de faire reconnaître par tous les souverains de l'Europe la *Pragmatique sanction*, ou l'ordonnance qu'en vertu de sa toute-puissance il avait rendue le 19 avril 1713, pour changer la loi fondamentale de succession dans ses États.

» L'extinction simultanée de tant de familles souveraines, l'occasion qui s'offrait à la politique de disposer de tant d'héritages, que les lois nationales ne garantissaient plus depuis que, dans presque tous les États, le pouvoir absolu avait aboli les institutions antiques destinées à faire respecter les vœux du peuple, devaient presque nécessairement replonger l'Europe dans des guerres universelles : la sagesse de sir Robert Walpole ou la modération du cardinal de Fleury ne pouvaient pas les détourner plus longtemps. La mort d'Auguste II, suivie d'une élection contestée au trône de Pologne, ne produisit, il est vrai, qu'une courte explosion, comprimée au bout de peu d'années ; mais le levain de nouvelles révolutions se trouvait partout, et il devait bientôt exciter des guerres plus longues et plus cruelles (Sismondi, *Hist. des Français*, t. XXVIII, c. 47). »

Pour ce qui est en particulier de la France royale et nobiliaire, voici quel était son état moral. Nous avons vu combien chaste et pieuse était la reine de France, Marie Leczinska, ainsi que sa nombreuse famille. Louis XV vécut dans l'intimité avec son épouse jusqu'après 1730. Cela ne faisait pas le compte des courtisans ni des courtisanes. Ils entreprirent et réussirent de faire contracter au roi, d'abord la passion du jeu, puis celle de la chasse, enfin de l'intempérance. Ce n'était point encore assez : il fallait lui faire fouler aux pieds la fidélité conjugale, et le jeter publiquement dans les bras de la volupté la plus crapuleuse. Trois personnages travaillèrent et réussirent à ce projet : le duc de Richelieu, une dame de Tencin, une demoiselle de Charolais (*Ibid.*, c. 48, p. 165). Celui-là, petit-neveu du cardinal de Richelieu, était premier gentilhomme de la chambre du roi, mais surtout premier gentilhomme en fait de vice, de libertinage, d'adultère et scandales ; il en faisait parade et gloire : quand il ne pouvait séduire une honnête femme, il s'en donnait au moins les apparences. Claudine de Tencin, sœur d'un archevêque-cardinal, était une religieuse sortie du cloître, mais livrée au monde, et dont un des bâtards fut d'Alembert, l'un des chefs de l'incrédulité moderne. Mademoiselle de Charolais était une princesse de Condé, mais qui se croyait au-dessus des lois de la décence. Ces trois personnes nobiliaires travaillèrent donc à faire du roi un libertin et du trône un mauvais lieu. Louis XV opposa de la résistance : il était naturellement timide et retenu. Mais à la suite de quelques orgies nocturnes où il se plongea dans le vin et la bonne chère, on eut bientôt triomphé de cet obstacle. Une famille noble prostitua à la débauche royale et à l'inceste ses cinq filles. La première était mariée, la seconde ne l'était pas. La cabale ne se contenta point du vice, il lui fallut de l'éclat : les deux sœurs furent déclarées favorites, c'est-à-dire prostituées du roi. La seconde étant devenue enceinte, un marquis de Vintimille, petit-neveu de l'archevêque de Paris, l'épousa dans la chapelle et avec la bénédiction de son grand-oncle : elle mourut peu après être accouchée de son bâtard adultérin et incestueux. Déjà elle était remplacée par une troisième sœur, mariée à un duc de Lauraguais. Celle-ci, ainsi que sa sœur aînée, fut supplantée par leur cinquième sœur, que le roi fit duchesse de Châteauroux, pour prix de ses adultères incestueux. Cependant, de temps à autre, le roi éprouvait des remords, des terreurs religieuses ; il ressentait quelque envie de se convertir, il faisait des prières, il pratiquait des jeûnes pour ne pas pécher, disait-il, de tous les côtés. Mais le duc de Richelieu, son instructeur dans le vice, avait soin de faire avorter ces bons retours. En 1744, le roi étant tombé grièvement malade à Metz, Richelieu fit tous ses efforts pour écarter de lui les prêtres, et ne le laisser voir qu'aux deux prostituées nobiliaires Lauraguais et Châteauroux. Il fallut qu'un prince du sang forçât la consigne pour avertir le roi de son état. Louis XV se confessa, témoigna publiquement son repentir, renvoya les deux concubines, et reçut le saint viatique : il fut un instant si mal, qu'on lui dit les prières de l'agonie. Il en réchappa néanmoins.

Personne ne se montra mieux dans ces circonstances que le peuple français, nous disons le simple peuple. Pendant la maladie du roi, le peuple de Metz témoignait une indignation extrême contre les deux concubines; elles durent s'échapper furtivement pour ne pas entendre ses malédictions. Le protestant Sismondi signale à ce propos l'*horreur du peuple pour le libertinage.* « Le peuple, dit-il, voit toujours avec blâme, avec tristesse, avec dégoût, les mauvaises mœurs des grands. Comme aucun vice ne trouble plus la paix des ménages et le bonheur domestique que le libertinage, chacun fait au roi l'application des règles de conduite qu'il s'impose à lui-même; un sujet comprend mieux l'effet de ces désordres privés que celui des crimes publics, et il est moins disposé à lui pardonner ses torts envers sa femme, qu'une guerre injuste, une loi tyrannique ou la violation des priviléges d'une province..... Aussi la conduite privée de Louis XV, depuis qu'elle ne pouvait plus être soustraite aux regards du public, avait-elle causé, en dehors de la cour et dans la masse de la nation, une tristesse générale et un grand dégoût; mais on s'était rattaché à lui quand on l'avait vu partir pour l'armée, quand on avait annoncé qu'il allait combattre pour son peuple, et que les deux favorites n'avaient point eu la permission de le suivre. Au bout d'un mois, il est vrai, elles avaient couru après lui, mais c'était sans sa permission; d'ailleurs elles avaient été sévèrement punies, et leur humiliation, leur exil à cinquante lieues de la cour, et la confession publique qu'avait faite Louis XV de son repentir, sont peut-être les actes de son règne qui lui ont le plus concilié l'affection de ses sujets (Sismondi, c. 50, p. 339). » Ce fut dans cette occasion et pour ces motifs que le peuple français lui donna le surnom de *Bien-Aimé.*

C'était assez lui dire comment il pouvait le mériter toujours. Louis XV n'en était pas incapable. Il n'était ni incrédule ni impie, il croyait sincèrement en Dieu, il craignait l'enfer; il n'était pas endurci, il sentait qu'il le faisait mal. Mais Richelieu, le premier ministre de la débauche royale, le poussait dans l'abîme, au lieu de l'en retirer. Après quelques mois, la principale concubine fut rappelée, lorsqu'elle tomba malade et mourut, en témoignant beaucoup de repentir à son confesseur. Louis XV faisait dire des messes pour elle pendant sa maladie.

Richelieu ne laissa pas longtemps la place vacante. Le boucher des Invalides, nommé Poisson, qui fit banqueroute, avait une fille épouse d'un receveur des finances nommé Lenormand d'Etioles. Eh bien! cette fille du boucher banqueroutier, prostituée à Louis XV, sera pendant vingt ans la maîtresse du roi et du royaume de France, sous le nom de *marquise de Pompadour,* qu'elle se fait donner. Et les grandes dames, et les grands seigneurs, et les grands littérateurs, comme Voltaire, et les ministres du roi se mettaient aux pieds de cette femme adultère. Il n'en fut pas de même du peuple. A la vue de ces scandales, son affection pour le roi devint de la tristesse et du dégoût. En 1750, il y eut à Paris une émeute : la police, au lieu de veiller à la sûreté et à l'honneur des familles, enlevait les jeunes filles d'une jolie figure : c'était pour servir de supplément aux débauches du roi et soulager la prostituée titulaire. Louis XV ne voulant plus passer par Paris pour aller de Versailles à Compiègne, fit faire à la hâte un chemin de Versailles à Saint-Denys, un chemin qui fut appelé dès lors et qui s'appelle encore aujourd'hui le *Chemin de la révolte* (Sismondi, t. XXVIII, c. 51).

La cause de l'émeute dans la capitale n'était que trop réelle. La Pompadour s'était concertée avec la police. On lit dans l'*Histoire des Français :* « Des petites filles de neuf à douze ans, lorsqu'elles avaient attiré les regards des gens de la police par leur beauté, étaient enlevées à leurs mères par plusieurs artifices, conduites à Versailles et retenues dans les parties les plus élevées et les plus inaccessibles des petits appartements du roi. Là il passait des heures avec elles; chacune d'elles avait deux bonnes pour la servir, le roi, toutefois, s'amusait à les habiller, à les lacer, à leur faire des exemples pour écrire; aussi plusieurs arrivèrent-elles à avoir une écriture absolument semblable à la sienne. Il avait le plus grand soin de les instruire lui-même des devoirs de la religion; il leur apprenait à lire, à écrire, à prier Dieu, comme un maître de pension. Il ne se lassait pas de leur tenir le langage de la dévotion. Il faisait plus, il priait lui-même à deux genoux avec elles, toujours avec sa piété accoutumée; et cependant, dès le commencement de cette éducation si soignée, il les destinait au déshonneur..... » Pour cela, elles étaient transférées dans un enclos bâti dans le parc de Versailles, qu'on nommait le *Parc-aux-Cerfs.* Le nombre des malheureuses qui y passèrent successivement est immense; à leur sortie, elles étaient mariées à des hommes vils ou crédules, auxquels elles apportaient une bonne dot. Quelques-unes conservaient un traitement fort considérable. Quant aux dépenses du Parc-aux-Cerfs, Lacretelle dit qu'il ne peut y avoir aucune exagération à affirmer qu'elles coûtèrent plus de cent millions à l'Etat. Dans quelques libelles, on les porte jusqu'à un milliard (*Ibid.*, t. XXIX, c. 53). C'est là l'origine de ce déficit où, quelques années plus tard, vint s'engouffrer la postérité de Louis XV.

Quant à l'influence des mœurs du roi sur la France nobiliaire, on lit dans l'*Histoire des Français :* « Le dérèglement des mœurs, qui était affiché à la cour avec une impudence qu'on n'avait point égalée dans les siècles précédents, se reproduisait chez les courtisans à l'exemple du maître; et eux à leur tour contribuaient aussi à aliéner la nation de son gouvernement : non-seulement ils couraient après toutes les voluptés illicites, mais ils y mettaient leur gloire, et le renom de séducteur était celui qu'ils ambitionnaient le plus. Ils songeaient bien moins à l'amour, même aux désirs, qu'aux succès de l'amour-propre; ils se plaisaient à publier leurs bonnes fortunes et leurs perfidies; souvent ils s'efforçaient de ternir la réputation des femmes les plus vertueuses, et c'était un des artifices habituels du duc de Richelieu, de faire veiller ses équipages dans plusieurs quartiers à la fois, pour faire croire qu'il avait des rendez-vous nocturnes dans des lieux où on ne le connaissait même pas. Le nombre des familles qui, à Paris, étaient troublées, étaient déshonorées par les désordres du roi et de ses courtisans, était donc très-considérable; mais le scandale faisait encore plus d'ennemis à la cour que les offenses directes. Ceux que le peuple devait respecter s'étaient étudiés à se rendre méprisables, et depuis que l'autorité semblait faire sa principale affaire de protéger le vice, la société marchait rapidement vers sa dissolution (Sismondi, t. XXIX, c. 53, p. 14 et 15). »

La Pompadour mourut en 1764. Le dauphin mourut l'année suivante. « Ces deux morts, dit Sismondi, avaient troublé l'imagination de Louis XV, d'autant plus que les excès de table et de libertinage auxquels ils se livraient le portaient à la mélancolie dans l'intervalle entre ses débauches. Il n'avait plus de maîtresse déclarée; et quoiqu'il n'eût pas renoncé à ses habitudes vicieuses, le Parc-aux-Cerfs était fermé; il avait de longs entretiens avec la dauphine, qui évidemment gagnait sur lui de l'influence; il laissait voir plus de complaisance aux princesses ses filles; surtout il semblait prêt à se livrer à des pratiques de dévotion, un sermon le faisait tomber dans une profonde rêverie, et même les gens sages, même les jansénistes, tout scandalisés qu'ils étaient par sa vie précédente, s'alarmèrent de ces symptômes de conversion (Ibid., c. 55, p. 333). » Les deuils se succédaient dans la maison royale. Le roi Stanislas mourut le 5 février 1766; la dauphine, le 13 mars 1767; la reine, le 25 juin 1768. « Louis XV montra la plus vive émotion en recevant ce dernier coup. Il entra dans la chambre où la reine venait d'expirer, il embrassa ses restes inanimés, et, pendant plusieurs jours, il pleura la reine, environné de ses filles, et parut absorbé par des pensées funèbres. Mais le réveil, après cet abattement, fut honteux. Il laissa entendre à ceux qui l'approchaient qu'il voulait se distraire, qu'il voulait se consoler, et le Parc-aux-Cerfs fut rouvert. Ce débauché, presque sexagénaire, pour réveiller ses sens, se livra plus que jamais à l'intempérance (Ibid., p. 339). »

Il fut question de remarier le roi, pour le ramener à une vie plus honnête. Richelieu, ministre de ses débauches, le poussa à reconnaître pour concubine en titre une fille Lange, prostituée de bas étage, qu'un comte Du Barry épousa exprès pour la livrer au roi. Les grandes dames, qui n'avaient pas répugné la Pompadour née Poisson, répugnèrent d'abord la Du Barry née Lange : elles trouvaient que le roi violait les priviléges de leur caste, en prenant hors d'elle sa concubine en titre : telle était la bassesse de la noblesse. Mais tout s'arrangea, et la vestale de corps-de-garde put impunément, au milieu de la cour, baptiser le roi du sobriquet *La France*, comme qui dirait *La Tulipe*. Cependant ce pauvre prince, que son entourage nobiliaire s'efforçait de corrompre jusqu'à la moelle des os, conservait toujours quelque chose de bon : la foi, le remords, le repentir. En 1774, ses trois principaux ministres, Aiguillon, Maupeou, Terray, ce dernier ecclésiastique, furent alarmés des sentiments religieux qui se réveillèrent dans son cœur.

L'archevêque de Paris, alors Christophe de Beaumont, commençait à reprendre du crédit. Le roi faisait à sa fille Louise, qui s'était faite Carmélite, de plus fréquentes visites dans son couvent, et celle-ci lui inspirait du respect par l'austérité de sa vie. L'âme faible et vacillante de Louis XV ne résistait à aucun vice, mais elle ne s'ouvrait pas moins facilement au remords; et, ajoute Sismondi, s'il commençait une fois à écouter les dévots, s'il essayait de faire pénitence de toutes ses transgressions, on ne savait où il s'arrêterait dans ses humiliations, ses réparations et ses petitesses (t. XXIX, p. 496 et 497). C'est le protestant Sismondi qui parle. Les ministres furent donc bien alarmés; la concubine Du Barry le fut pour le moins autant que les ministres : elle savait bien qu'au moment où les prêtres se croiraient sûrs de leur triomphe, elle serait congédiée. Et ministres et concubine multiplièrent donc les séductions autour du roi, pour le retenir jusqu'à la fin dans la fange du vice. Il y prit la maladie dont il mourut : c'était la petite vérole, compliquée d'une maladie honteuse. Le principal ministre, le duc d'Aiguillon, faisait garder le lit du malade. Il voulait empêcher, dit Sismondi, que l'on dît un mot qui aurait pu faire rentrer le roi en lui-même et le déterminer à faire cesser le scandale (Ibid., p. 504). A la fin cependant il fallut céder. La concubine fut renvoyée, le roi se confessa, fit faire des prières à Sainte-Geneviève, et reçut le saint viatique le 6 mai 1774. Après la cérémonie, le grand-aumônier, cardinal de la Roche-Aymon, dit tout haut : « Quoique le roi ne doive compte de sa conduite qu'à Dieu seul, il déclare qu'il se repent d'avoir causé du scandale à ses sujets, et qu'il ne désire vivre que pour le soutien de la religion et le bonheur de ses peuples. » Aussitôt le duc de Richelieu adressa tout haut au cardinal l'épithète la plus insultante (Ibid., p. 507). Comme le duc de Richelieu était le premier ministre de la débauche, il parlait la langue de son office.

Le 9 au soir, on crut que le roi ne passerait pas la nuit, et on lui donna l'extrême-onction. On se parlait à l'oreille de pourpre et de gangrène, et l'infection dans sa chambre était affreuse. Il passa encore la nuit cependant, et n'expira que le 10 mai 1774, à deux heures après midi. Dès qu'il fut mort, ajoute Sismondi, chacun s'enfuit de Versailles; on se hâta d'enfermer le corps dans un double cercueil de plomb, qui n'empêchait qu'imparfaitement la puanteur de s'en exhaler. Plus de cinquante personnes gagnèrent la petite vérole, pour avoir seulement traversé la galerie de Versailles, et dix en moururent. Les trois filles du roi, mesdames Adélaïde, Victoire et Sophie de France, qui s'étaient enfermées dans son appartement pour le servir dans sa maladie, en furent toutes trois atteintes et dangereusement malades; tout le monde s'empressait de fuir une contagion qu'aucun intérêt ne donnait plus le courage de braver. Le corps fut transporté avec précipitation et presque sans pompe à Saint-Denys. Tous les Français semblaient également désirer de faire disparaître les restes d'un monarque qui avait si honteusement terni le lustre de la France, et sur lequel il est juste de laisser peser la responsabilité de tous les malheurs qui attendaient son successeur. C'est par où le protestant Sismondi termine son *Histoire des Français*.

Son jugement sur Louis XV paraît sévère, mais on peut le soutenir. Oui, il est juste de laisser peser sur Louis XV la responsabilité de tous les malheurs qui attendaient Louis XVI : seulement il n'est pas juste de les laisser peser sur lui seul. La responsabilité d'une grande partie de ces malheurs pèse et pèsera toujours sur la France nobiliaire, qui, par ses chefs, a poussé Louis XV dans le bourbier du vice, et même l'a empêché plus d'une fois d'en sortir. Si la noblesse de France avait fait comme le simple peuple de France, si elle avait blâmé hautement les concubines au lieu de les idolâtrer, si elle avait aidé le roi à rompre ses chaînes au lieu de les resserrer toujours davantage; en un mot, si la noblesse eût été peuple, le règne de Louis XV n'eût pas été une mer de boue, ni le règne de Louis XVI une mer de sang.

La responsabilité des malheurs qui attendaient Louis XVI doit peser encore sur les parlements de France, sur la magistrature française. Sous le règne de Louis XV, cette magistrature fut éminemment révolutionnaire, avide de révolutions, de changements brusques et violents, et dans le gouvernement de l'Eglise catholique et dans le gouvernement du royaume particulier de France. Pendant tout le règne de Louis XV, la magistrature française poussa au schisme, au mépris de l'autorité spirituelle et de la subordination ecclésiastique, en favorisant, en protégeant l'hérésie janséniste contre les Papes et les évêques ; en persécutant, dépouillant, exilant, incarcérant les prêtres et les évêques fidèles ; en forçant et profanant les églises et les tabernacles, pour faire porter les sacrements à des hérétiques obstinés. Le schisme et la persécution de 1793 sont les enfants naturels de la magistrature française.

Nous avons vu la France littéraire, Voltaire et Rousseau à sa tête, travailler sciemment, de leur propre aveu, au renversement de tous les principes de religion, de morale et de société, pour y substituer l'anarchie des idées, et par là même des choses. La magistrature française y coopéra pour sa bonne part. Cependant Voltaire avait dévoilé assez nettement le but révolutionnaire de l'incrédulité moderne, lorsque dans son prétendu testament du curé Meslier il forme le vœu *de pouvoir, avec les boyaux du dernier des prêtres, étrangler le dernier des rois*. Les magistrats n'en parurent pas beaucoup émus. Nous avons même vu que ce furent leurs discours qui mirent le poignard aux mains du régicide Damiens. Le parlement de Paris, il est vrai, rendit quelques arrêts contre les livres irréligieux ; mais on put croire que ce n'était que pour la forme. Un des chefs de la magistrature, Lamoignon de Malesherbes, ayant la direction de la librairie, servait de correspondant secret à Voltaire, veillait à l'impression de ses écrits, et en corrigeait les épreuves. Puis, en condamnant les écrits de quelques incrédules, le parlement condamnait en même temps les mandements des évêques, les bulles des Papes, entre autres celle qui canonise saint Vincent de Paul. Moyen bien propre à rendre tout incertain dans l'esprit des peuples.

Pour augmenter et perpétuer cette confusion, les incrédules modernes bâtirent l'*Encyclopédie*, comme une autre tour de Babel. On appelle *Encyclopédie* un ouvrage où l'on traite généralement de toutes les sciences. On voit une encyclopédie à peu près complète dans les œuvres d'Aristote; il y résume toutes les sciences de son temps : ces sciences étaient encore incomplètes; mais au moins les résume-t-il avec beaucoup de netteté et de précision. Nous avons vu, au vingtième livre de cette Histoire, que Platon et Aristote, différant quelquefois dans les mots, sont d'accord pour le fond, et que l'ensemble de leur doctrine forme une espèce de trinité dans laquelle se réunissent les philosophies anciennes. Thalès et les philosphes d'Ionie s'étaient adonnés spécialement aux connaissances physiques, Pythagore et les philosophes d'Italie aux connaissances intellectuelles, Socrate aux connaissances morales. Les anciens Grecs entendaient par physique l'ensemble de tout ce qui existe. La philosophie de Thalès s'occupait ainsi de l'être, celle de Pythagore du vrai, celle de Socrate du bien. Platon et Aristote les réunissent toutes les trois, et, comme l'ont remarqué Cicéron et saint Augustin, elles se trouvèrent une espèce de trinité dont le docteur chrétien fait voir la profonde justesse (Cicéron, *Acad. quæst.*, l. 1; Aug., *De civit. Dei*, l. 8, c. 4 et seqq.; l. 11, c. 25). Dieu est par son essence, il se connaît, il s'aime : Dieu est l'être suprême, la vérité, le bien. Dieu s'est manifesté par la création : un vestige de sa triple splendeur est empreint partout : une image de cette triple splendeur reluit dans l'homme. L'homme est, il connaît, il aime. Toutes ces connaissances se rapportent à ces trois ordres : connaître la nature des êtres, connaissances naturelles dans le sens le plus large ; connaître la vérité et les moyens de s'en assurer ; connaissances logiques ou rationnelles; connaître le bien et les règles pour y parvenir, connaissances morales. Et ces trois sortes de connaissances ne sont qu'une seule et même sagesse ; parce que la vérité n'est que l'être en tant qu'objet de l'intelligence, le bien n'est que l'être en tant qu'objet de la volonté; et parce que la source de tout être, de toute vérité, de tout bien, est Dieu.

Pline l'ancien présentait une autre encyclopédie chez les Latins. Des encyclopédies abrégées furent écrites par Boèce, Cassiodore et saint Isidore de Séville. Enfin, au XIIIe siècle, les Franciscains Roger Bacon et saint Bonaventure, les Dominicains saint Thomas, Albert le Grand et Vincent de Beauvais, dressèrent de nouveau, avec la netteté et la précision d'Aristote, l'état général des sciences, telles qu'elles étaient alors, y compris les sciences naturelles et historiques. Le Dominicain Vincent de Beauvais exécuta lui seul, sous le nom de *Bibliothèque du monde* ou *Miroir général*, une encyclopédie tout entière, qui, pour la beauté de l'ensemble et l'intérêt des détails, n'a pas encore été surpassée ni même égalée. Elle a trois grandes divisions : nature, doctrine, histoire, sous les titres de *miroir naturel, miroir doctrinal, miroir historique*, dans lesquels se réfléchissent, sous divers aspects, la grandeur de Dieu et sa Providence; ce qui des trois miroirs ne fait qu'un miroir général et une véritable bibliothèque du monde.

# LIVRE LXXXIX. — § IX. LES ENCYCLOPÉDISTES. 457

L'*Encyclopédie* des incrédules modernes ressemble au chaos pour la confusion et les ténèbres : c'est une masse informe d'éléments disparates : on n'y voit qu'une chose bien claire, c'est l'envie de renier Dieu et sa religion. Telle est l'idée que nous en donnent les architectes eux-mêmes. Il y en a trois principaux : Voltaire, d'Alembert et Diderot. D'Alembert en a fait le frontispice ou la préface : Diderot était l'entrepreneur général de l'œuvre. Fils d'un coutelier de Langres, sans études suivies, il finit par être un franc athée et un grossier matérialiste. Dans un petit poème, il mit ainsi en vers le vœu cité plus haut de Voltaire :

> Et ses mains ourdiraient les entrailles du prêtre,
> A défaut de cordon, pour étrangler les rois.

Diderot compila au moins un tiers de l'*Histoire philosophique des établissements et du commerce des Européens dans les Deux-Indes*, par Raynal, ex-jésuite, puis mauvais prêtre, enfin écrivain déclamateur et anarchiste. Diderot fit encore une bonne part du *Système de la nature*, par d'Holbach, baron allemand, matérialiste et athée, donnant à dîner tous les dimanches à une bande d'incrédules qui lui aidaient à compiler en français des livres impies. Tel était Diderot, le grand architecte de l'*Encyclopédie*. Les premiers volumes excitèrent de violentes réclamations, l'impression fut suspendue en 1752; le privilège d'imprimer fut révoqué l'an 1759. Mais ce n'était que pour la forme. L'ouvrage continua de s'imprimer à Paris, d'une manière soi-disant clandestine et sans être soumis à aucune censure. Ce fut alors que l'*Encyclopédie* devint de plus en plus hardie. Plusieurs des coopérateurs se retirèrent, entre autres d'Alembert. Diderot resta seul, et il avoue lui-même qu'il prit de toute main pour achever l'ouvrage. Sa fougue irréligieuse prit dès lors un essor que rien n'arrêtait, et l'*Encyclopédie*, comme il dit lui-même, *devint un gouffre où des espèces de chiffonniers jetèrent pêle-mêle une infinité de choses mal vues, mal digérées, bonnes, mauvaises, détestables, vraies, fausses, incertaines, et toujours incohérentes et disparates.* Voilà l'éloge qu'en faisait le naïf éditeur. Voltaire était du même avis. *Cet édifice*, écrivait-il au comte d'Argental, en parlant de l'Encyclopédie, *est bâti moitié de marbre, moitié de boue. Je me flatte*, écrivait-il à Diderot, *que vous ne souffrirez plus des articles tels que celui de* femme, de fal, *ni tant de vaines déclamations, ni tant de puérilités et de lieux communs sans principes, sans définition, sans instruction.* Le même marquait à d'Alembert : *Laissera-t-on subsister dans l'Encyclopédie des exclamations ridicules? Déshonorera-t-on un livre utile par de pareilles pauvretés? Laissera-t-on subsister cent articles qui ne sont que des déclamations insipides, et n'êtes-vous pas honteux de voir tant de fange à côté de votre or pur?* Enfin d'Alembert lui-même disait dans la réponse à cette lettre, le 22 février 1770 : *L'Encyclopédie est un habit d'arlequin, où il y a quelques morceaux de bonne étoffe et trop de haillons.* Telle était l'idée que les faiseurs de l'ouvrage en avaient conçue.

Son grand mérite, à leurs yeux, c'était d'attaquer le christianisme, au moins par des voies indirectes. Diderot lui-même annonce expressément cette marche, article *Encyclopédie*. « Toutes les fois, par exemple, disait-il, qu'un préjugé national mériterait du respect, il faudrait, à son article particulier, l'exposer respectueusement et avec tout son cortége de vraisemblance et de séduction; mais renverser l'édifice de fange, dissiper un vain amas de poussière, en renvoyant aux articles où des principes solides servent de base aux vérités opposées. Cette manière de détromper les hommes opère très-promptement sur les bons esprits. »

L'*Encyclopédie* était donc un corps de bataille, dirigé contre Dieu et son Eglise. Cette guerre impie, les magistrats français se donnaient quelquefois l'air de vouloir la réprimer; mais au fond ils y poussaient, ils y travaillaient eux-mêmes, non-seulement par leurs persécutions contre les évêques et les prêtres fidèles, mais encore par des écrits peu dignes de la gravité et de la maturité qu'on suppose dans un magistrat. Ainsi le président Dupaty, au parlement de Bordeaux, a laissé des *Lettres sur l'Italie* remplies d'impostures et d'un fanatisme d'irréligion telle, qu'il va jusqu'à regretter les divinités et les impuretés païennes (Feller, *Dict. hist.*).

Le président Montesquieu, au même parlement, mort en 1755, publia d'abord une satire, *Lettres persanes*, où les choses les plus saintes ne sont pas plus épargnées que les vices, les travers, les ridicules, les préjugés et la bizarrerie des Français. Ses *Considérations sur la cause de la grandeur et de la décadence des Romains* offrent du bon, mais paraissent tirées en partie d'un ouvrage anglais qu'il ne cite pas. Le principal ouvrage de Montesquieu est intitulé : *De l'esprit des lois;* il eût été intitulé beaucoup mieux : *De l'esprit sur les lois.* Cette remarque, déjà faite de son temps, n'en est pas moins juste.

Nous avons vu trois des plus beaux génies de l'antiquité, Confucius parmi les Chinois, Platon parmi les Grecs, Cicéron parmi les Romains, chercher et trouver l'esprit ou la raison des lois générales dans la fin ou la destinée divine de l'homme. Nous les avons vus chercher même, l'un après l'autre, quel devait être un gouvernement, une société, pour atteindre à la perfection. Or, ce que dans cette vue, Confucius, Platon et Cicéron ont imaginé de plus parfait, nous le voyons réalisé dans Moïse et dans le Christ, autrement dans l'Eglise catholique (L. 7 de cette Histoire). C'est donc là seulement qu'on peut bien apprécier l'esprit bon ou mauvais des lois diverses.

Dans son premier livre *Des lois*, Cicéron dit que, pour établir le droit, il faut remonter à cette loi souveraine, qui est née avant tous les siècles et avant qu'aucune loi eût été écrite, ni aucune ville fondée. Pour y parvenir, il faut croire avant tout que la nature entière est gouvernée par la divine Providence, que l'homme a été créé par le Dieu suprême, et que par la raison il est en société avec Dieu. Cette raison commune à Dieu et à l'homme, voilà la loi qui fait de cet univers une seule cité sous le Dieu tout-puissant (Cicer., *De legib.*, l. 1, n. 6, 15, édit. Lefebvre, 1825). Où cette loi est méconnue, violée par la tyrannie d'un, de plusieurs ou de la multitude, non-seulement la société politique est vicieuse, il n'y a plus même de société. Cela est encore plus vrai d'une démocratie que de tout autre gouvernement (Cic., *De repub.*, l. 3, n. 25).

Comparés à cette grande communion humaine, comme l'appelle Platon, à cette société universelle, qui seule a pour but les intérêts communs à tous les hommes, ce qu'on appelle des peuples et des nations n'apparaissent plus et ne sont plus en effet que des associations locales pour des intérêts matériels et particuliers. Les lois qu'ils font dans cette vue ne sont pas des lois proprement dites, mais de simples règlements. Car, dit Cicéron, ce que décrètent les peuples suivant les temps et les circonstances, reçoit le nom de *loi* plus de la flatterie que de la réalité. Quant aux décrets injustes, ajoute-t-il, ils ne méritent pas plus le nom de lois que les complots des larrons (Cic., *De legib.*, l. 2, n. 5; Plato, *Minos*).

Dans cette divine constitution de l'humanité, la forme de gouvernement est telle que la souhaitaient Platon et Cicéron. Ils en distinguent trois : le gouvernement d'un seul, le gouvernement de quelques-uns, le gouvernement du grand nombre. Tous les trois sont bons, quand la loi véritable y est observée; quand elle ne l'est pas, tous les trois dégénèrent en tyrannie ou despotisme. Un quatrième leur paraît, surtout à Cicéron, infiniment préférable, comme réunissant les avantages des trois autres, sans leurs dangers : c'est une monarchie tempérée d'aristocratie et de démocratie. Or, tel est le gouvernement de l'Église catholique (Cicer., *De rep.*, l. 1, n. 45; Plato, *Politic.*; Bellarmin, *de Romano Pont.*, l. 1).

Eh bien! pour l'esprit, l'ensemble et la perfection des lois, le président Montesquieu reste infiniment au-dessous des deux auteurs païens. Chez lui, nul ensemble, nulle suite, nul enchaînement. C'est un hachis de petites phrases, de petites pensées distribuées en petits chapitres, où bien souvent elles ne tiennent pas plus ensemble qu'un hachis de menues herbes distribuées par petites portions aux pensionnaires du couvent. On dirait un président qui, obligé de résumer une cause, n'en sait point exposer de suite, le commencement, le milieu et la fin, mais seulement émettre quelques phrases détachées. La *Biographie universelle* nous apprend qu'en effet telle était la difficulté de Montesquieu au parlement de Bordeaux, et que ce fut pour ce motif qu'il résigna ses fonctions et s'adonna uniquement aux lettres.

Ce que Platon et Cicéron avaient fort bien distingué, le gouvernement d'un seul, le gouvernement de quelques-uns, le gouvernement du grand nombre et l'abus de chacun de ces gouvernements, Montesquieu a eu l'adresse de l'embrouiller et d'y joindre une bévue. Il distingue le gouvernement d'un seul ou la monarchie, et le gouvernement du grand nombre ou la démocratie; puis il ajoute que quand, dans le grand nombre, on n'en prend qu'un petit, c'est l'aristocratie. Enfin il pose une troisième ou quatrième forme ou essence de gouvernement, le despotisme ou la tyrannie, qui n'est pas une forme, une constitution spéciale de gouvernement, mais l'abus commun des trois autres. Un écrivain qui se trompe à ce point, dès le début de son livre et dans la division même du sujet, ne peut guère inspirer de confiance pour le détail.

Le 15 mars 1767, Voltaire écrivait à l'avocat Linguet : « Je crois comme vous, monsieur, qu'il y a plus d'une inadvertance dans l'*Esprit des lois*. Très-peu de lecteurs sont attentifs; on ne s'est point aperçu que presque toutes les citations de Montesquieu sont fausses. Il cite le prétendu *Testament du cardinal de Richelieu*, et il lui fait dire au chapitre V, dans le livre III, que, s'il se trouve dans le peuple quelque malheureux honnête homme, il ne faut pas s'en servir. Ce *Testament*, qui d'ailleurs ne mérite pas la peine d'être cité, dit précisément le contraire, et ce n'est point au sixième, mais au quatrième chapitre. Il fait dire à Plutarque que les femmes n'ont aucune part au véritable amour. Il ne songe pas que c'est un des interlocuteurs qui parle ainsi, et que ce Grec, trop Grec, est vivement réprimandé par le philosophe Daphneüs, pour lequel Plutarque décide. Ce dialogue est tout consacré à l'honneur des femmes; mais Montesquieu lisait superficiellement et jugeait trop vite. — C'est la même négligence qui lui a fait dire que le Grand-Seigneur n'était point obligé par la loi de tenir sa parole ; que tout le bas commerce était infâme chez les Grecs; qui déplore l'aveuglement de François Ier, rebutant Christophe Colomb, qui lui proposait les Indes, etc. Vous remarquerez que Colomb avait découvert l'Amérique avant que François Ier fût né. — Presque toutes les exemples qu'il apporte sont tirés des peuples inconnus du fond de l'Asie, sur la foi de quelques voyageurs mal instruits ou menteurs. — Il affirme qu'il n'y a de fleuve navigable en Perse que le Cydnus : il oublie le Tigre, l'Euphrate, l'Oxus, l'Arave et le Phase, l'Indus même qui a coulé longtemps sous les lois des rois de Perse. — Malheureusement le système de l'*Esprit des lois* a pour fondement une antithèse qui se trouve fausse. Il dit que les monarchies sont établies sur l'honneur, et les républiques sur la vertu; et, pour soutenir ce prétendu bon mot : « La nature de l'honneur (dit-il, livre III, chapitre VII) est de demander des préférences, des distinctions; l'honneur est donc, par la chose même, placé dans le gouvernement monarchique. » Il devrait songer que, par la chose même, on briguait, dans la république romaine, la préture, le consulat, le triomphe, des couronnes et des statues. »

Voilà comme Voltaire relève les inadvertances et les bévues de Montesquieu. Le fermier général Dupin avait fait de l'*Esprit des lois* une critique complète et qui allait paraître. Montesquieu en fut si épouvanté, qu'il recourut à la Pompadour et fit brûler toute l'édition, de la critique, s'entend, et non du livre critiqué. — Mais, alors, comment l'*Esprit des lois* a-t-il eu une si grande célébrité? Voltaire nous l'explique quand il dit, le 5 avril 1769, au poète Saurin : *Si Montesquieu n'avait pas saupoudré son livre d'épigrammes contre le pouvoir despotique, les prêtres et les financiers*, IL ÉTAIT PERDU.

Montesquieu lui-même le sentait bien et l'avoua franchement à la mort, au commencement de février 1755. Il parla et agit dans ces derniers moments comme un homme qui ne voulait laisser aucun doute sur sa religion. *J'ai toujours respecté la religion*, dit-il. *La morale de l'Évangile*, ajouta-t-il, *est le plus beau présent que Dieu pût faire aux hommes*. Le Père Routh, Jésuite, qui le confessa, a publié là-dessus des détails intéressants, dans une lettre à M. Gualterio, nonce du Pape. « Les soupçons que ses ouvrages avaient fait naitre sur sa religion, dit-il, me déterminèrent à m'assurer d'abord en détail de ses sentiments sur tous les grands mystères que l'Eglise catholique propose à la créance des fidèles, sur la soumission à toutes les décisions de l'Eglise, tant anciennes que récentes : et je puis dire avec la plus exacte vérité, qu'il me satisfit sur tous ces objets avec une simplicité et une candeur qui m'édifièrent et me touchèrent tout à la fois. Je lui demandai s'il s'était trouvé quelque temps de sa vie dans un état d'incrédulité : il m'assura que non ; qu'il lui était passé dans l'imagination des nuages, des doutes, comme il pourrait arriver à tout homme, mais qu'il n'avait jamais rien eu d'arrêté ou de fixe dans l'esprit contre les objets de la foi. Cette réponse amena une autre question sur le principe qui l'avait porté à hasarder dans ses ouvrages des idées qui répandaient sur sa créance de légitimes soupçons : il me répondit que c'était *le goût du neuf et du singulier ; le désir de passer pour un génie supérieur aux préjugés et aux maximes communes ; l'envie de plaire et de mériter les applaudissements de ces personnes qui donnent le ton à l'estime publique et qui n'accordent jamais plus sûrement la leur que quand on semble les autoriser à secouer le joug de toute dépendance et de toute contrainte.* Si je ne rends pas ici exactement les termes dont il se servit, je n'ajoute certainement rien au sens de ses expressions (Feller, *Dictionn. histor.*, art. MONTESQUIEU). » Ce fut dans ces dispositions que Montesquieu reçut ses derniers sacrements et qu'il mourut.

Quoique dans son *Esprit des lois* Montesquieu n'ait cherché que l'applaudissement d'un siècle superficiel et irréligieux, il n'a pu s'empêcher de rendre justice plus d'une fois à la religion véritable. On y trouve les observations suivantes :

« Dire que la religion n'est pas un motif réprimant parce qu'elle ne réprime pas toujours, c'est dire que les lois civiles ne sont pas un motif réprimant non plus. C'est mal raisonner contre la religion de rassembler dans un grand ouvrage une longue énumération des maux qu'elle a produits, si l'on ne fait de même celle des biens qu'elle a faits. Si je voulais raconter tous les maux qu'ont produits dans le monde les lois civiles, la monarchie, le gouvernement républicain, je dirais des choses effroyables. Quand il serait inutile que les sujets eussent une religion, il ne le serait pas que les princes en eussent et qu'ils blanchissent d'écume le seul frein que ceux qui ne craignent pas les lois humaines puissent avoir.

» Un prince qui aime la religion et qui la craint est un lion qui cède à la main qui le flatte ou à la voix qui l'apaise : celui qui craint la religion et qui la hait est comme les bêtes sauvages qui mordent la chaîne qui les empêche de se jeter sur ceux qui passent : celui qui n'a point du tout de religion est cet animal terrible qui ne sent sa liberté que lorsqu'il déchire et qu'il dévore (*Esprit des lois*, l. 24, c. 2).

» La religion chrétienne est éloignée du pur despotisme ; c'est que la douceur étant si recommandée dans l'Evangile, elle s'oppose à la colère despotique avec laquelle le prince se ferait justice et exercerait les cruautés. — Cette religion défendant la pluralité des femmes, les princes y sont moins renfermés, moins séparés de leurs sujets, et par conséquent plus hommes ; ils sont plus disposés à se faire des lois et plus capables de sentir qu'ils ne peuvent pas tout. — Pendant que les princes mahométans donnent sans cesse la mort ou la reçoivent, la religion chez les chrétiens rend les princes moins timides et par conséquent moins cruels : le prince compte sur ses sujets et les sujets sur le prince. Chose admirable ! la religion chrétienne, qui ne semble avoir d'objet que la félicité de l'autre vie, fait encore notre bonheur dans celle-ci.

» C'est la religion chrétienne qui, malgré la grandeur de l'empire et le vice du climat, a empêché le despotisme de s'établir en Ethiopie et a porté au milieu de l'Afrique les mœurs de l'Europe et ses lois. — Le prince héritier d'Ethiopie jouit d'une principauté et donne aux autres sujets l'exemple de l'amour et de l'obéissance. Tout près de là on voit le mahométisme faire enfermer les enfants du roi de Sennaar ; à sa mort, le conseil les envoie égorger en faveur de celui qui monte sur le trône. — Que l'on se mette devant les yeux les massacres continuels des rois et des chefs grecs et romains, et de l'autre la destruction des peuples et des villes par ces mêmes chefs, Timur et Gingiskan, qui ont dévasté l'Asie : et nous verrons que nous devons au christianisme, et dans le gouvernement un certain droit politique, et dans la guerre un certain droit des gens, que la nature humaine ne saurait assez reconnaître. — C'est ce droit des gens qui fait que parmi nous la victoire laisse aux peuples vaincus ces grandes choses, la vie, la liberté, les lois, les biens, et toujours la religion lorsqu'on ne s'aveugle pas soi-même (*Esprit des lois*, l. 24, c. 3).

» M. Bayle, après avoir insulté toutes les religions, flétrit la religion chrétienne : il ose avancer que de véritables chrétiens ne formeraient pas un état qui pût subsister. Pourquoi non ? Ce seraient des citoyens infiniment éclairés sur leurs devoirs, et qui auraient un très-grand zèle pour les remplir ; ils sentiraient très-bien les droits de la défense naturelle ; plus ils croiraient devoir à la religion, plus ils penseraient devoir à la patrie. Les principes du christianisme bien gravés dans le cœur seraient infiniment plus forts que ce faux honneur des monarchies, ces vertus humaines des républiques, et cette crainte servile des Etats despotiques (*Ibid.*, c. 6).

Si les princes, les politiques, les magistrats, qui gouvernaient la France, l'Espagne et le Portugal, avaient eu assez de sens pour faire ces réflexions de Montesquieu, ils n'auraient eu garde de persécuter et d'anéantir celui de tous les ordres religieux qui, depuis deux siècles, avait travaillé le plus et le mieux pour la vraie religion, la vraie civilisation, les vraies lumières, les bonnes mœurs et la bonne littérature, parmi tous les peuples de la terre, particulièrement en France, en Espagne et en Portugal : ils n'auraient guère pensé à détruire les Jésuites. Voici les différentes phases de cette tempête, d'après le protestant Sismondi :

« Louis XV, dit-il, se croyait très-religieux, c'est-à-dire qu'il avait très-grande peur des prêtres, comme il avait peur du diable : mais il n'échappait pas entièrement au mouvement philosophique non plus qu'aux doutes de son siècle, et madame de Pompadour était là pour lui persuader que la philosophie dispensait de la morale en même temps que de la foi. Elle croyait et elle avait fait croire au roi qu'il existait une ligue ambitieuse et dévote, qui censurait avec amertume ses plaisirs scandaleux, et qui détournait de lui l'affection de son peuple, pour la fixer sur le dauphin; celui-ci était tout dévoué aux Jésuites; il en avait fait ses amis et ses guides; il les regardait comme les défenseurs de la religion et du pouvoir absolu, et comme les intrépides adversaires de ces magistrats qui ne cessaient de braver et d'inquiéter l'autorité royale. Madame de Pompadour se rappelait avec quel empressement le parti du dauphin avait voulu l'expulser de Versailles lors de l'attentat de Damiens; elle savait que les Jésuites, de concert avec la reine, avec ses filles, avec le dauphin et la dauphine, et tous ceux des seigneurs de la cour qui était attachés aux bonnes mœurs, cherchaient l'occasion d'amener Louis à un pieux repentir qui serait le signal de l'exil de sa maîtresse. Les Jésuites, qui, dans d'autres occasions, avaient trouvé pour les rois une morale relâchée s'accommodant à leurs penchants, ou étaient devenus plus rigides dans leurs principes en raison même des dénonciations auxquelles ils avaient été en butte, ou avaient trouvé leur intérêt dans une plus stricte adhésion aux bonnes mœurs; car c'était leur rigorisme même qui les rendait chers au dauphin, par lequel ils espéraient bientôt régner de nouveau sur la France.

» Les Jésuites étaient appelés à veiller d'autant plus scrupuleusement sur cette morale et ces principes qu'on leur attribuait, et qui avaient été l'objet de tant d'accusations, que leur ordre se trouvait compromis par des querelles qui leur étaient suscitées à la fois dans toutes les parties du monde. Les grands succès qu'ils avaient d'abord obtenus à la Chine, où ils avaient fondé une église nombreuse, en ménageant les croyances et les coutumes du pays, avaient plus tard attiré sur cette église une persécution furieuse (1707-1724), lorsque la jalousie des Dominicains, qui les avaient dénoncés, fixa sur eux, par des controverses intempestives, les regards et la jalousie du gouvernement chinois. En Amérique, leurs colonies des missions, et en particulier celles du Paraguay, avaient excité la jalousie des deux cours despotiques de Madrid et de Lisbonne. Ils avaient réussi à fixer des peuples sauvages, avant eux errants dans les forêts; ils leur avaient enseigné, avec les premiers éléments de la religion, les premiers actes de la vie civile; ils leur avaient fait bâtir des villages et des églises, cultiver des champs, accumuler des richesses. Ces richesses, il est vrai, n'étaient pas pour eux, l'ordre en disposait, mais il les employait à faire vivre les Indiens dans une grande aisance. Les missionnaires avaient résolu ce problème si difficile, devant lequel les Européens ont toujours échoué depuis, de faire passer les hommes de la vie sauvage à la vie civilisée : plus notre expérience s'est accrue depuis lors, et plus notre admiration pour les succès des Jésuites dans les missions doit augmenter. Ils n'employèrent que la charité, l'amour et une providence paternelle; les autres peuples ont voulu élever les sauvages par l'instruction, l'émulation, le commerce, l'industrie,

et ils leur ont communiqué les passions des peuples civilisés, avant la raison qui pouvait les dompter et la police qui pouvait les contenir. Sur tout le globe, le contact de la race anglaise, hollandaise, française, avec les sauvages, les a fait fondre comme la cire devant un feu ardent. Dans les missions de l'Amérique, au contraire, la race rouge se multipliait rapidement sous la direction des Jésuites. Leurs Indiens, disait-on, n'étaient encore que de grands enfants; oui, mais après leur expulsion, les Espagnols, les Portugais, les Anglais, les Français, en ont fait des tigres.

» Les Indiens des missions ne connaissaient que les Pères qui dirigeaient chaque village, n'obéissaient qu'aux Pères; et dans un arrangement de territoire sur la frontière du Brésil, entre l'Espagne et le Portugal (1754-1756), les Indiens des missions avaient opposé quelque résistance aux ordres des deux rois. Voltaire, dans *Candide* et dans ses *Facéties*, attaque les Jésuites avec la dernière amertume pour leur *royauté du Paraguay*, et pour le recours aux armes des Indiens, lorsque des ordres arbitraires, insensés, de gouvernements aussi ignorants que cruels, venaient détruire leur existence; ce n'est pas la première fois qu'il oublie toutes les lois de l'humanité, de la justice, de la décence, lorsqu'il trouve l'occasion d'accuser des prêtres. » Il faut se rappeler que c'est le protestant Sismondi qui parle, aussi bien que dans ce qui suit :

« Tout à coup une accusation d'une tout autre nature éclata contre eux en Portugal, par suite de ce scandaleux libertinage des têtes couronnées, qui, au XVIIIᵉ siècle, semblait être devenu la plaie de toute l'Europe; Joseph, qui depuis 1750 régnait en Portugal, n'était pas moins dissolu dans ses mœurs que son père Jean V. Mais tandis que ce prince avait fait d'un couvent son harem, et qu'il avait perdu avant l'âge, dans les bras des religieuses, sa santé et sa vie, Joseph allait chercher des maîtresses dans les maisons les plus puissantes du Portugal. Il avait abandonné sans partage le pouvoir royal, ou plutôt le plus impitoyable despotisme, à son ministre Sébastien Carvalho, marquis de Pombal, homme actif, passionné, doué de vastes connaissances, mais haineux, ombrageux, cruel, qui entreprit de réformer les finances, l'administration, le commerce, la marine, l'armée, et qui ne fit le bien qu'à coups de hache. Pendant ce temps, Joseph ne se réservait de l'autorité royale que le droit de se faire amener les plus belles femmes de sa cour. Le grand-maître de la maison du roi, duc d'Aveyro, avait à se plaindre d'un double outrage; sa femme et sa fille avaient été l'une après l'autre livrées au monarque voluptueux, et l'entremetteur Texeira, valet de chambre du roi, le lui avait dit en face. La jeune marquise de Tavora avait à son tour, peu après son mariage, subi la même ignominie. Tous les membres de ces deux maisons partageaient le ressentiment des époux offensés; et dans cette cour, plus africaine qu'européenne, on croyait encore qu'un tel outrage ne pouvait être lavé qu'avec du sang. On assure pourtant qu'avant de se hasarder au régicide, les offensés, suivant les usages d'Espagne, voulurent mettre leur conscience en repos, en consultant des théologiens casuistes. Ils s'adressèrent à trois Jésuites célèbres, les Pères Malagrida, Alexandre de Sousa et Mathos. Dans de telles consultations, on a toujours soin de cacher le nom des parties, et de donner le cas comme déjà arrivé. Il est probable qu'on en usa ainsi avec les trois Jésuites; mais toute la procédure ayant été enveloppée d'un secret impénétrable, on ne peut que le supposer. On répandit seulement le bruit qu'ils répondirent qu'après une telle provocation, l'homicide de l'offenseur ne serait qu'un péché véniel, et l'on assure qu'ils signèrent leur consultation. Peu de temps après, dans la nuit du 3 septembre 1758, comme le roi don Joseph revenait au palais de Belem, avec son valet de chambre Texeira, ministre de ses plaisirs, sa voiture fut assaillie par trois hommes à cheval; l'un d'eux tira sur le cocher avec une carabine qui ne fit point feu, les deux autres tirèrent sur la voiture, et le roi fut blessé au bras droit. Les assassins prirent la fuite, et pendant quelques mois on crut que la police n'avait aucun indice sur les auteurs de l'attentat.

» Joseph, qui avait eu une grande frayeur, s'enferma pendant trois mois sans laisser parvenir d'autres personnes jusqu'à lui que son chirurgien et son ministre Pombal. Ce ministre avait feint, après quelque temps, d'abandonner des recherches infructueuses. Tout à coup il fit arrêter, dans un même jour, le duc d'Aveyro, ses affidés, ses domestiques et tous les membres de la famille Tavora. Les Jésuites furent en même temps gardés à vue dans leur monastère. Le procès fut aussitôt instruit par un tribunal extraordinaire dans les formes les plus terribles. Tous les accusés furent soumis à d'effroyables tortures; un seul, le duc d'Aveyro, se laissa arracher par la douleur des confessions qu'il révoqua ensuite. L'arrêt qui dictait la vengeance de la part de Joseph fut enfin prononcé le 13 janvier 1759. Le duc d'Aveyro, le marquis de Tavora, ses deux fils, ses deux gendres, et plusieurs domestiques de ces seigneurs, en tout onze personnes, furent rompus vifs, brûlés, et leurs cendres jetées au vent. La marquise de Tavora eut la tête tranchée; elle passa de la prison à l'échafaud sans avoir été interrogée. Quant à la jeune femme qui avait attiré ce désastre sur l'illustre et malheureuse famille à laquelle elle venait de s'allier, elle ne fut pas même nommée dans le procès; toutefois elle fut pour la vie enfermée dans un couvent. Les trois Jésuites, Malagrida, Alexandre de Sousa et Mathos, furent dénoncés comme complices de l'attentat; mais le Pape ayant refusé un bref pour autoriser leur supplice, ils furent déférés à l'inquisition pour de prétendues hérésies ou actes de magie, et Malagrida fut brûlé le 20 septembre 1761; les deux autres moururent en prison. Mais, sans attendre le jugement de son procès, le roi avait donné un édit le 3 septembre 1759, pour chasser tous les Jésuites du Portugal. Tous leurs biens avaient été confisqués, et leurs personnes ayant été embarquées, on les jeta, dépourvus de tout, au nombre de plus de six cents, sur les côtes d'Italie (Sismondi, *Hist. des Français*, t. XXIX, c. 54, p. 217 et seqq.).

» L'atrocité des procédures de Lisbonne, l'invraisemblance ou l'absurdité des accusations intentées contre Malagrida, et la dureté avec laquelle avait été exécutée la déportation de cette foule de Jésuites, parmi lesquels il y avait beaucoup de vieillards et de malades, comme aussi plusieurs hommes qui ont acquis un grand nom dans les lettres, semblèrent faire moins d'impression sur l'Europe, que l'accusation portée contre ces religieux de favoriser le régicide. La violence despotique de Pombal, qu'on savait être leur ennemi, la cruauté impitoyable et la poltronnerie de Joseph n'empêchèrent pas les ennemis de l'ordre de donner créance à des accusations que les parlements de France avaient, de leur côté, portées contre lui, dès le temps de Henri IV..... Mais la magistrature de France regardait l'ordre des Jésuites comme un ancien ennemi qu'elle voulait écraser : accoutumée à chercher des crimes et à les établir sur des preuves légales qui ne satisfaisaient point la conscience, elle semblait renoncer à toute bonne foi, lorsqu'elle prenait à tâche de charger un prévenu. Les parlementaires, d'accord avec les jansénistes, employaient toute la subtilité de leur esprit à démêler, dans toutes les conspirations découvertes contre tous les rois, l'influence des Jésuites. En voyant ce qui se passait en Portugal, il n'y avait plus à douter, disaient-ils, qu'ils n'eussent été les instigateurs de Damiens. Les philosophes, qui chaque jour devenaient plus nombreux et acquéraient plus de pouvoir dans l'Etat, prétendaient être plus impartiaux et tenir la balance égale entre les Jésuites et les jansénistes; mais ils en profitaient pour accueillir toutes les accusations contre les uns comme contre les autres, et les flétrir tous également. Dans des écrits plus sérieux, ils s'attachaient en même temps à faire ressortir la fatale influence sur les affaires publiques du fanatisme et de la superstition; et ils applaudissaient à tous les projets pour abolir le plus puissant et le plus habile des ordres religieux, se croyant assurés qu'après celui-là les autres ne tarderaient pas à tomber (*Hist. des Français*, p. 225). »

Voilà comme le protestant Sismondi dévoile les causes et les auteurs de la destruction des Jésuites. C'est encore à lui que nous empruntons les particularités suivantes :

« Le duc de Choiseul marchait rapidement vers la place de premier ministre. Il s'était en même temps assuré des parlements, en sorte qu'il pouvait tourner tous les pouvoirs de l'Etat contre les Jésuites. Il avait lui-même été élevé dans leurs collèges. Voltaire leur devait aussi sa première éducation; car on remarque avec étonnement que par leurs leçons s'étaient formés tous ceux qui contribuèrent à renverser cette Eglise que les Jésuites avaient pour mission spéciale de défendre. Le duc de Choiseul, secondé par la Pompadour, eut peu de peine à faire entrer dans ses vues Louis XV.

» Comme la fermentation s'accroissait en France contre les Jésuites, un incident fournit au parlement de Paris l'occasion qu'il cherchait de procéder contre cet ordre. Les établissements des missions, où les convertis indiens travaillaient pour un fonds commun administré par les Pères, avaient amené ces religieux à se charger d'une immense administration économique; c'était leur affaire de nourrir et de vêtir tout un peuple, de pourvoir enfin à tous ses besoins. Ils faisaient donc en réalité le commerce. Le Père La Vallette, jésuite français, procureur des Missions à la Martinique, y était chargé de ces vastes intérêts mercantiles; mais plusieurs de ses vaisseaux furent capturés par les Anglais, en 1755, avant toute déclaration de guerre, lorsqu'ils s'emparèrent, par surprise, de toute la marine marchande de France. Le Père La Valette ne put faire face à une perte si énorme, et l'ordre, par un calcul sordide, prit le parti de l'abandonner, au lieu de payer ses dettes (Sismondi, *Histoire des Français*, t. XXIX, c. 54, p. 229). L'ordre y gagna de se voir condamné par le parlement de Paris à payer toute la faillite. L'ordre y gagna de voir ses constitutions examinées, censurées, condamnées par le parlement, et sa propre existence déclarée un abus.

» L'abbé de Chauvelin, conseiller au parlement de Paris, Montclar, procureur général du parlement d'Aix, et La Chalotais, procureur général au parlement de Rennes, se distinguèrent surtout dans cette polémique, où ils montrèrent, observe Sismondi, plus d'esprit que de bonne foi; tandis que l'ordre qui passait pour pouvoir donner des leçons de la politique la plus astucieuse, ne montra pour sa défense que faiblesse, que trouble et qu'incapacité. Il est vrai, ajoute le même auteur, que bien peu d'hommes ont assez de force dans le caractère pour rester dignes d'eux-mêmes quand le torrent de l'opinion publique se déchaîne contre eux. Le concert d'accusations et le plus souvent de calomnies que nous trouvons contre les Jésuites dans tous les écrits du temps, a quelque chose d'effrayant. Tout l'ordre judiciaire, tous les vieux jansénistes, une grande partie du clergé séculier et des autres ordres monastiques, jaloux de celui qui les avait si longtemps primés, tous les philosophes et ceux qui se prétendaient esprits forts, tous les libertins qui ne voulaient plus de frein pour les mœurs, s'étaient réunis pour dénoncer les Jésuites et pour proclamer leur abaissement comme un triomphe de la raison humaine. En même temps tous les souverains semblaient se déclarer contre eux. Les républiques de Venise et de Gênes venaient de limiter leurs priviléges; à Vienne, une commission impériale les avait privés des chaires de théologie et de philosophie; à Turin, le roi venait de sévir contre l'un d'eux; tous les princes de la maison de Bourbon, à Madrid, à Naples, à Parme, se rangeaient parmi leurs ennemis, et cependant on voyait arriver les uns après les autres à Civita-Vecchia des vaisseaux chargés de ces Pères. En 1759, c'étaient ceux du Portugal; en 1760, ceux de l'Amérique portugaise; en 1761, ceux de Goa et des Indes-Orientales. Ces derniers, au nombre de cinquante-neuf, à leur entrée dans la Méditerranée, eurent le malheur de tomber aux mains des Algériens, qui cependant se laissèrent toucher de compassion et les relâchèrent. Lorsque l'univers entier semble ainsi conjuré contre quelques hommes, ils peuvent encore trouver le courage de la résignation; mais où chercheraient-ils l'espérance, sans laquelle on n'a plus ni prudence ni adresse (*Ibid.*, p. 232).

» La Pompadour aspirait surtout à se donner une réputation d'énergie dans le caractère, et elle croyait en avoir trouvé l'occasion en montrant qu'elle savait frapper un coup d'Etat. La même petitesse d'esprit avait aussi de l'influence sur le duc de Choiseul; de plus, tous deux étaient bien aises de détourner l'attention publique des funestes événements de la guerre. Ils espéraient acquérir de la popularité en flattant à la fois les philosophes et les jansénistes, et couvrir les dépenses de la guerre par la confiscation des biens d'un ordre fort riche, au lieu d'être réduits à des réformes qui attristeraient le roi et aliéneraient la cour. Il fallait, il est vrai, triompher de l'opposition du monarque, qui, au milieu de ses débauches, conservait les scrupules et les terreurs de la dévotion, et qui laissait percer tour à tour son aversion contre les jansénistes et contre les philosophes; mais sa concubine était accoutumée à le faire céder. Le parlement de Paris, par un arrêt du 6 août 1761, avait ajourné les Jésuites à comparaître dans l'année, pour ouïr jugement sur leur constitution, et en attendant il avait ordonné la clôture de leurs colléges. Le roi, dans son irrésolution accoutumée, imposa silence au parlement, et consulta une commission de quarante évêques. Ces prélats, après avoir examiné les constitutions des Jésuites, se prononcèrent pour la conservation de cette société. Le roi accueillit leur décision avec plaisir, et rendit un édit qui laissait subsister les Jésuites, en modifiant leurs constitutions. Le parlement, secrètement encouragé par le duc de Choiseul, refusa d'enregistrer cet édit. Le roi montra d'abord quelque humeur de cette résistance, mais bientôt il oublia cet édit. Quelques mois après il le retira, et le parlement ayant attendu le terme fixé pour l'ajournement de l'ordre, prononça, le 6 août 1762, un arrêt par lequel il condamnait l'institut des Jésuites, les sécularisait, et ordonnait la vente de leurs biens. Ces biens se trouvèrent avoir été en grande partie consumés par des séquestres, ou détournés, en sorte que le ministre des finances n'y trouva point la ressource sur laquelle il avait compté. On croyait le roi fort agité; il montra, au contraire, l'indifférence la plus apathique; lorsque Choiseul lui demanda son consentement final : *Soit*, répondit-il en riant, *je ne serai pas fâché de voir le Père Desmarets* (son confesseur) *en abbé* (Sismondi, t. XXIX, c. 54, p. 234).

» Cependant, continue le protestant Sismondi, la persécution contre les Jésuites s'étendait de pays en pays avec une rapidité qu'on a peine à s'expliquer, Choiseul en faisait désormais pour lui-même une affaire personnelle. Il s'attachait surtout à les faire chasser de tous les Etats de la maison de Bourbon, et il profita dans ce but de l'influence qu'il avait acquise sur le roi d'Espagne, Charles III, précédemment roi de Naples. Ce monarque, qui donnait à la chasse la plus grande partie de son temps, avait cependant la prétention d'être réformateur, peut-être même philosophe. Il regardait avec quelque mépris les usages et les préjugés espagnols, et, en arrivant de Naples, il aurait volontiers donné à sa cour un aspect ou napolitain ou français. Deux Italiens, le Génois Grimaldi et le Napolitain Squillace, avaient été ses ministres. Grimaldi, qui avait le ministère des affaires étrangères, était tout dévoué à Choiseul; Squillace, chargé des finances et de la guerre, penchait pour l'Angleterre. Il avait commencé à se rendre odieux en soumettant Madrid aux taxes sur les comestibles qu'il avait vues fructifier à Naples; mais il offensa bien plus profondément les Espagnols en voulant changer le costume national. Pour rétablir la sécurité dans les rues de Madrid, où les rencontres armées et les assassinats étaient très-fréquents, il fit éclairer la ville par cinq mille réverbères; jusqu'alors on y avait été plongé la nuit dans une obscurité profonde. Il interdit en même temps le grand manteau et le grand chapeau rabattu, sous lesquels les hommes n'étaient pas moins méconnaissables que s'ils eussent été masqués. Cette ordonnance excita dans Madrid, le 26 mars 1766, le plus violent soulèvement; une partie de la garde wallonne, qui seule résista aux insurgés, fut massacrée; le roi, contraint de paraître sur le balcon du palais, capitula avec le peuple; il abandonna le monopole des comestibles, il retira l'ordonnance funeste sur les chapeaux et les manteaux, il exila Squillace, et cependant il s'enfuit dans la nuit à Aranjuez, ne pouvant supporter la vue d'un peuple qui lui avait désobéi.

» Charles III conservait un profond ressentiment de l'insurrection de Madrid, il la croyait l'ouvrage de quelque intrigue étrangère; on réussit à lui persuader qu'elle était l'œuvre des Jésuites, et ce fut le commencement de leur ruine en Espagne. Des bruits de complot, des accusations calomnieuses, des lettres apocryphes destinées à être interceptées, et qui le furent en effet, achevèrent de décider le roi. Il s'entendit avec le comte d'Aranda, président de Castille, homme énergique et taciturne, qui avait déjà eu avec Choiseul des relations secrètes. Ce fut lui qui, apportant à Charles III une écritoire de poche et du papier, lui fit écrire de sa propre main, sans témoins, dans son cabinet, le décret pour la suppression des Jésuites; il envoya des circulaires aux gouverneurs de chaque province, avec ordre de les ouvrir à une certaine heure et dans un endroit déterminé. Le 31 mars 1767, à minuit, fut le moment choisi pour l'exécution des ordres qu'elles portaient. Les religieux, chers à l'Espagne, devaient être enlevés tous au même moment, soustraits aux regards d'un peuple fanatique, et déportés non-seulement sans accusation, sans jugement, mais sans que la cour de Madrid ait daigné depuis expliquer sa conduite. Les six colléges des Jésuites à Madrid furent investis en même temps par des troupes. Les Pères furent forcés d'entrer dans des voitures préparées pour eux, avec le peu d'effets qu'il leur fut possible de rassembler dans ce moment de surprise. Avant le jour, ils étaient déjà bien loin de Madrid; les dragons qui les accompagnaient ne permettaient aucune communication entre les voitures. On les entraîna vers la côte sans leur accorder un jour de repos; on les embarqua aussitôt sur des vaisseaux de transport qui ne devaient plus communiquer avec le rivage, et lorsqu'ils furent rassemblés, plusieurs frégates furent chargées de les escorter jusqu'à Civita-Vecchia. Charles III, par une lettre adressée au Pape, le même jour 31 mars, les lui renvoyait comme ayant cessé d'être Espagnols pour devenir ses sujets, leur promettant toutefois une petite pension alimentaire de deux pauli, ou un peu plus d'un franc par jour. Le gouverneur de Civita-Vecchia, qui n'était point prévenu, ne voulut pas les recevoir, et ces malheureux, parmi lesquels il y avait beaucoup de vieillards et de malades, entassés comme des criminels à bord des bâtiments de transport, furent réduits pendant des semaines à courir des bordées en vue de la côte; beaucoup d'entre eux périrent. Enfin la république de Gênes, touchée de compassion pour des religieux jusqu'alors l'objet de la vénération publique, et qui n'étaient accusés d'aucune offense, consentit qu'on débarquât les autres en Corse. Choiseul fut sur le point de se brouiller avec le sénat pour ressentiment de cet acte d'humanité, et ce fut par suite de cette querelle que la république céda la Corse à la France. (Quelques mois après cette union, le 15 août 1769, naquit en Corse un enfant qui, monté un jour sur les débris des trônes de France, d'Espagne, de Portugal et de Naples, dut faire manger à tant de rois déchus les fruits amers de l'injustice qu'ils avaient semée.)

» La violente arrestation des Jésuites qui s'était faite le même jour dans l'Espagne d'Europe, se poursuivait cependant avec le même secret et la même rigueur dans toutes les possessions de la monarchie espagnole. Au Mexique, au Pérou, au Chili, enfin aux Philippines, ils furent également envahis dans leurs colléges le même jour, à la même heure, leurs papiers saisis, leurs personnes arrêtées et embarquées : on craignait leur résistance dans les missions, où ils étaient adorés par les nouveaux convertis; ils montrèrent au contraire une résignation et une humilité unies à un calme et à une fermeté vraiment héroïques. » Tel est le témoignage aussi glorieux que peu suspect que rend aux Jésuites le protestant Sismondi (t. XXIX, c. 54, p. 372).

« Clément XIII, continue le même auteur protestant, regardait les Jésuites comme les défenseurs les plus habiles et les plus constants de la religion et de l'Eglise; il avait un tendre attachement pour leur ordre, leurs malheurs lui arrachaient sans cesse des larmes, il se reprochait en particulier la mort des infortunés qui avaient péri en vue de Civita-Vecchia; il donna des ordres pour que tous les déportés qui lui arrivaient successivement d'Europe et d'Amérique fussent distribués dans les Etats de l'Eglise, où plusieurs d'entre eux acquirent dans la suite une haute réputation littéraire. Mais en même temps il adressa les plus vives instances à Charles III pour le fléchir. Loin d'y réussir, loin de déterminer ce monarque à motiver sa barbarie autrement que par les généralités les plus vagues, il ne put empêcher que Charles III et le duc de Choiseul entraînassent dans le même système de persécution les deux autres branches des Bourbons en Italie. Ferdinand de Naples, qui depuis dix mois était réputé majeur, mais qui abandonnait toujours le gouvernement à son ministre Tanucci, lequel se conduisait par les ordres d'Espagne, fit investir, au milieu de la nuit du 3 novembre 1767, tous les couvents et les colléges des Jésuites, dans tout le royaume des Deux-Siciles; toutes les portes furent enfoncées, tous les meubles séquestrés, et les moines, auxquels on ne laissa prendre que leurs seuls habits, furent entraînés vers la plage la plus voisine, où on les embarqua aussitôt. On ne permit ni aux malades ni à ceux qu'accablait la vieillesse, de demeurer en arrière, et tout fut exécuté avec tant de précipitation, que ceux qu'on avait enlevés à Naples à minuit, au point du jour faisaient déjà voile vers Terracine.

» Parme, dont le souverain, trop jeune pour gouverner, obéissait à un Français, Guillaume du Tillot, qui agissait comme premier ministre, avait déjà attaqué de plusieurs manières les immunités ecclésiastiques et interdit les donations faites à l'Eglise par des séculiers. Lorsque Ferdinand de Parme supprima à son tour les Jésuites et les chassa de ses Etats, ce fut pour le vieux Pontife comme un affront qui lui était fait, non-seulement par un prince plus faible que lui, mais encore par un feudataire de l'Eglise. Le 20 janvier 1768, il publia une sentence par laquelle il annulait tout ce qui s'était fait contre l'autorité de l'Eglise dans ses duchés de Parme et de Plaisance, et il déclarait que les administrateurs de ces Etats avaient encouru l'excommunication prononcée dans la bulle In cœnâ Domini.

» Choiseul, qui attachait sa gloire au pacte de famille (entre les branches bourboniennes), se hâta de prêter main-forte au plus faible des princes de Bourbon, qu'il prétendait être opprimé par le Pape. Quelque peu fondée que fût originairement la prétention de l'Eglise à la souveraineté de Parme et de Plaisance, observe Sismondi, c'était un fait accompli depuis des siècles dans le droit public; et quoique les grandes puissances, en disposant de l'héritage des Farnèse par les divers traités du XVIIIe siècle, y eussent eu peu d'égard, elles n'avaient point, par leur silence, aboli un droit constamment invoqué, et par le Saint-Siège, qui le réclamait, et par les habitants de Parme et de Plaisance, qui y trouvaient une garantie; mais le duc de Choiseul était charmé de trouver une occasion de querelle avec le Saint-Siège. Il n'avait point pardonné à Clément XIII d'avoir confirmé les Jésuites dans tous leurs privilèges par sa bulle dite *Apostolicam*, de les avoir justifiés sur tous les points, d'avoir fait dans cette bulle l'éloge le plus pompeux de leur zèle, de leurs services et de leurs talents, justement à l'époque où tous les parlements du royaume les condamnaient et où lui-même il sollicitait à Rome la suppression de l'ordre. Il s'entendit avec le roi de Portugal, le roi d'Espagne, le roi de Naples, qui, tous, avaient montré, plus encore que lui, leur inimitié contre l'ordre des Jésuites; et il fit faire par le marquis d'Aubeterre, ambassadeur de France à Rome, les représentations les plus fortes; mais il ne se donna pas même le temps d'en attendre l'effet : le 11 juin 1768, le marquis de Rochechouart prit possession d'Avignon et du comtat venaissin, tandis que le ministre faisait publier un écrit anonyme dans lequel il attaquait les droits du Pape sur ces petites provinces, car l'intention du ministre était de profiter de cette querelle pour les garder. De la même manière, le roi de Naples prenait possession de Bénévent et de Pontecorvo, districts appartenant à l'Eglise et enclavés dans ses Etats. Le premier président, ainsi que neuf commissaires du parlement d'Aix, avaient accompagné à Avignon le marquis de Rochechouart et y avaient fait publier un décret de ce parlement qui réunissait la ville d'Avignon et le comtat venaissin au domaine de la couronne; comme si c'était le prononcé d'une sentence juridique. A l'approche des deux régiments qui les escortaient, le vice-légat était parti immédiatement pour Nice; tous les biens des Jésuites furent séquestrés, une garde fut établie à la porte de leur collège et de leur noviciat, et un économe fut chargé de fournir sur leurs revenus journaliers à leur subsistance. Les quatre cours de la maison de Bourbon n'étaient point satisfaites encore de cette exécution militaire; de concert avec la maison de Bragance, elles revenaient à la charge auprès de Clément XIII pour obtenir la suppression de cet ordre religieux. Il mourut presque subitement, à l'âge de soixante-seize ans, dans la nuit même qui précédait ce jour qui lui semblait fatal, et qu'il désirait ardemment ne point voir (Sismondi, t. XXIX, c. 54, p. 373-377).

» Sur la nouvelle de la mort de Clément XIII, le cardinal de Bernis était parti pour Rome, chargé de défendre les intérêts de la France dans le futur conclave, et surtout de lui procurer un Pape favorable aux prétentions des quatre cours, de Versailles, de Madrid, de Lisbonne et de Naples, pour la destruction de l'ordre des Jésuites. Bernis arrêta son choix sur Laurent Ganganelli, moine cordelier, âgé de soixante-quatre ans et fait cardinal par Clément XIII en 1759. On s'accordait à louer son instruction, sa modération, sa connaissance de l'état actuel des esprits et son équité. Après trois mois de conclave, les cardinaux du parti des Bourbons l'emportèrent, et Ganganelli fut élu le 19 mai 1769. Il prit le nom de Clément XIV. Il donna immédiatement des preuves de sa modération, en abandonnant la querelle entamée par son prédécesseur avec le duc de Parme, et en empêchant la lecture de la bulle *In cœna Domini*. Mais lorsque Choiseul le fit requérir d'abolir l'ordre des Jésuites et de céder à la France et à Naples les enclaves d'Avignon et de Bénévent, il répondit qu'il ne pouvait supprimer un ordre sanctionné par dix-neuf de ses prédécesseurs, sans enquête, sans jugement; que n'étant qu'administrateur des biens de l'Eglise, il ne pouvait aliéner aucune partie de sa souveraineté; que toute cession qu'il ferait de ces provinces serait nulle de plein droit; que toutefois il n'était point en état d'opposer la force à la force; le pût-il faire encore, il ne sacrifierait la vie d'aucun chrétien pour maintenir une puissance purement temporelle. Toutefois sa douceur et sa modération firent cesser l'aigreur avec laquelle la maison de Bourbon avait agi jusqu'alors envers le Saint-Siège; des négociations furent ouvertes quant à la restauration des deux petites provinces annexées à la Provence; une instruction approfondie fut entamée sur les motifs politiques qui avaient décidé les cours les plus puissantes de l'Europe catholique à demander la suppression d'un ordre religieux si accrédité; et ce fut seulement le 21 juillet 1773 que Clément XIV publia le bref par lequel il abolissait cet ordre, non en punition d'aucun méfait, mais comme mesure politique et pour la paix de la chrétienté (*Ibid.*, t. XXIX, c. 54, p. 383-385). »

Voilà comment le protestant Sismondi, dans son *Histoire des Français*, résume et juge l'expulsion des Jésuites par les rois de Portugal, de France, d'Espagne et de Naples, et leur suppression par le pape Clément XIV. D'autres protestants ont jugé cet événement de la même manière. Le protestant Schlosser écrit dans son *Histoire des révolutions politiques et littéraires d'Europe au XVIIIe siècle* : « On avait juré une haine irréconciliable à la religion catholique, depuis des siècles incorporée à l'Etat... Pour achever cette révolution intérieure et pour ôter à l'antique système religieux et catholique son soutien principal, les diverses cours de la maison de Bourbon, ignorant qu'elles allaient mettre par là l'instruction de la jeunesse en des mains bien différentes, se réunirent contre les Jésuites, auxquels les jansénistes avaient fait perdre dès longtemps, et par des moyens souvent équivoques, l'estime acquise depuis des siècles (T. I).

Le protestant Schoell s'exprime ainsi dans son *Cours d'histoire des Etats européens*, t. XLIV, p. 71 : « Une conspiration s'était formée entre les anciens jansénistes et le parti des philosophes; ou plutôt, comme ces deux factions tendaient au même but, elles y travaillaient avec une telle harmonie, qu'on aurait pu croire qu'elles concertaient leurs moyens. Les jansénistes, sous l'apparence d'un grand zèle religieux, et les philosophes, en affichant des sentiments de philanthropie, travaillaient tous les deux au renversement de l'autorité pontificale. Tel fut l'aveuglement de beaucoup d'hommes bien pensants, qu'ils firent cause commune avec une secte qu'ils auraient abhorrée s'ils en avaient connu les intentions. Ces sortes d'erreurs ne sont pas rares, chaque siècle à la sienne... Mais pour renverser la puissance ecclésiastique, il fallait l'isoler en lui enlevant l'appui de cette phalange sacrée qui s'était dévouée à la défense du trône pontifical, c'est-à-dire des Jésuites. Telle fut la vraie cause de la haine qu'on voua à cette société. Les imprudences que commirent quelques-uns de ses membres fournirent des armes pour combattre l'ordre, et la guerre contre les Jésuites devint populaire; ou plutôt, haïr et persécuter un ordre dont l'existence tenait à celle de la religion catholique et du trône devint un titre qui donnait le droit de se dire philosophe. » Ces paroles de l'écrivain protestant sont bien remarquables. Celles du protestant Ranke ne le sont pas moins. « Dans toutes les cours, au XVIII° siècle, dit-il, se formèrent deux partis, dont l'un faisait la guerre à la Papauté, à l'Eglise, à l'Etat, et dont l'autre cherchait à maintenir les choses telles qu'elles étaient et à conserver la prérogative de l'Eglise universelle. Ce dernier parti était surtout représenté par les Jésuites. Cet ordre apparut comme le plus formidable boulevard des principes catholiques : c'est contre lui que se dirigea immédiatement l'orage (*Hist. de la Papauté*, t. IV, p. 486). »

Aux témoignages qu'on vient d'entendre, on doit ajouter le protestant Stark, qui fut surintendant général des églises réformées ou calvinistes de Prusse. Au sortir du XVIII° siècle, il publia un ouvrage, *Triomphe de la philosophie*, où il montre que la Révolution française, même dans ce qu'elle a de plus horrible, n'est que l'enfant naturel du philosophisme, comme celui-ci l'est du protestantisme (*Triomphe de la philosophie* (texte allemand), t. II, in-8°). Il y reconnaît et y constate, parmi les philosophes modernes, une conjuration formelle contre la religion et l'Etat. Il fait voir que, pour exécuter ce complot, un de leurs principaux moyens fut la destruction des Jésuites et leur remplacement par des sociétés secrètes, telles que les illuminés en Allemagne et les francs-maçons en France. Il conclut tout l'ouvrage par cette épigraphe : *Et nunc, reges, intelligite! Et maintenant, ô rois, comprenez!*

Il n'y a de société qu'entre les intelligences. Lors donc que la société publique se dissout, les intelligences dévoyées forment des sociétés secrètes, pour se mettre à la place de l'autre et s'en partager les débris. Tel était le cas à la fin du XVIII° siècle. Rois, princes, magistrats, hommes de lettres, travaillaient à démolir la société existante. Il était naturel qu'on en créât d'autres. De là des fabrications clandestines de sociétés nouvelles et neuves, sous les noms de *franc-maçonnerie*, d'*illuminisme*, etc.

La franc-maçonnerie est une marchandise anglaise importée à Paris sous la Régence : il s'y trouve des enfantillages pour amuser les niais; mais le fond de la chose peut aisément devenir un instrument de révolution. Weishaupt profita des éléments maçonniques pour former la secte des *illuminés*. Il était professeur de droit à Ingolstadt en Bavière. Comme il voyait Frédéric II en Prusse, Joseph II en Autriche, occupés à ébranler la religion chrétienne, base la plus solide de l'ordre social, il conclut qu'on pouvait à plus forte raison se passer de l'autorité des princes. Il combina donc une société occulte, dont il se posa lui-même comme le chef, le 1er mai 1776, sous le nom de *Spartacus*, commandant général des esclaves qui prirent les armes pour revendiquer leur liberté contre la République romaine. C'était dire assez nettement que Joseph et Frédéric étaient des tyrans, leurs sujets des esclaves qu'il fallait affranchir de leur tyrannie, dût-on, suivant le vœu de Voltaire et de Diderot, étrangler le dernier des rois avec les boyaux du dernier des prêtres. Weishaupt gagna d'abord deux de ses élèves. Peu après un nommé Zwach se joignit à lui, et forma les loges *Illuminées* à Munich. De là il s'en éleva dans différentes villes de Bavière. Bientôt il compta des adeptes dans presque toutes les parties de l'Allemagne. Un baron hanovrien, nommé Knigge, le secondait avec ardeur et travaillait à pervertir l'Allemagne septentrionale, tandis que Weishaupt se réservait le Midi. Knigge recruta beaucoup parmi les franc-maçons et donna la dernière forme à tout l'ordre. On admit dans la secte jusqu'à des souverains, mais sans leur faire connaître le but final. On y vit des ecclésiastiques haut placés dans l'Eglise d'Allemagne, tels que le baron de Dalberg et le baron de Spiegel, favorables tous deux aux innovations révolutionnaires de Joseph II.

Une chose aidait encore à cette décomposition sociale en Allemagne; c'était la philosophie allemande. Deux hommes s'y distinguèrent après Leibnitz. WOLF, fils d'un brasseur de Breslau, né en 1679, mort en 1764, eut la gloire de brasser pour les Allemands une philosophie nationale, en fondant à Halle, dans une même chaudière, la philosophie de Leibnitz et celle de Descartes. L'an de grâce 1723, Wolf annonça solennellement au public que la nouvelle philosophie ressemblait exactement à celle du chinois Confucius. Là-dessus grandes rumeurs : huées d'une part, applaudissements de l'autre : les huées l'emportent, Wolf, destitué de sa chaire de professeur, reçoit ordre de quitter le royaume de Prusse. Avec le temps, les rumeurs s'apaisent : la doctrine confucienne de Wolf est officiellement déclarée innocente : le nouveau roi, Frédéric II, lui fait rendre sa chaire de Halle. Mais Wolf n'y retrouve plus son auditoire. A peine quelques disciples viennent-ils encore l'entendre : il finit par se trouver tout seul. Tel est en substance le très-long article que lui consacre la *Biographie universelle*, qui n'a pu s'empêcher de reconnaître, *en rapprochant les notions éparses dans l'immense appareil de ses doctrines, qu'elles se composaient d'éléments hétérogènes quelquefois incompatibles.*

EMMANUEL KANT, fils d'un sellier originaire d'Ecosse, naquit à Kœnigsberg dans la Prusse, l'an 1724, et mourut dans la même ville l'an 1804, après s'être rendu célèbre par un nouveau système de philosophie. Il entreprit de concilier ensemble et de rectifier l'un par l'autre, le *scepticisme* ou le doute universel de l'Ecossais David Hume, et le *fatalisme* ou la nécessité universelle de l'Anglais Priestley : il en sortit le *criticisme*, dont il expose les principes dans sa *Critique de la raison pure*. Comme sa doctrine n'était pas bien claire, les Allemands l'admirèrent beaucoup. Deux de ses disciples, Fichte et Schelling, l'expliquèrent même et si bien que leurs explications ont besoin d'être expliquées à leur tour : encore l'expliquèrent-ils, l'un dans un sens, l'autre dans un autre; Fichte, de manière à réduire tout à l'idéalisme, à la représentation, et Schelling tout au réalisme. Quant au prix du système en lui-même, voici comme la *Biographie universelle* l'évaluait en 1815, dans un article très-long et très-laudatif de l'auteur. « Ses disciples fidèles, dont le nombre est, il est vrai, fort diminué, voient toujours en lui le Newton, ou tout au moins le Keppler du monde intellectuel... Un nombreux parti accuse Kant d'avoir créé une terminologie barbare, innové sans nécessité en s'enveloppant à dessein d'une obscurité presque impénétrable, enfanté des systèmes absurdes ou funestes, augmenté l'incertitude sur les intérêts les plus graves de l'humanité ; d'avoir, par le prestige du talent, détourné la jeunesse d'études positives pour lui faire consumer son temps dans de vaines subtilités ; d'avoir, par son idéalisme transcendental, conduit ses disciples, rigoureusement conséquents, les uns à l'idéalisme absolu, les autres au scepticisme, d'autres encore à un nouveau genre de spinosisme, tous à des systèmes aussi absurdes que funestes. On accuse de plus cette doctrine d'être en elle-même un tissu d'hypothèses hasardées et de doctrines contradictoires, dont le résultat est de nous faire voir dans l'homme la créature la plus discordante et la plus bizarre. On l'accuse enfin d'avoir, en exigeant de l'homme des efforts plus que stoïques, jeté dans les âmes le découragement et l'incertitude bien plus que des germes de vertu active, de confiance et de sécurité. »

On voit par tout cela que Kant, avec son *obscurantisme*, ne préparait pas mal à l'*illuminisme* de Weishaupt. Celui-ci gagnait continuellement de nouveaux adeptes. Dès 1781, le gouvernement bavarois soupçonna quelque complot. En 1785, sur des indices certains, Weishaupt fut déposé de sa chaire : plusieurs de ses disciples, révoltés de ses maximes, avaient renoncé à ses loges. Peu après, un événement imprévu dévoila tout le mystère d'iniquité. Réfugié à Ratisbonne, Weishaupt donnait ses dernières instructions à un prêtre apostat, nommé Lanz, qu'il envoyait révolutionner la Silésie, lorsque la foudre l'étendit raide mort à ses pieds. Dans le premier effroi, Weishaupt ne songea point à soustraire les papiers du malheureux Lanz, qui renfermaient tous les statuts et secrets de l'ordre.

La justice s'en saisit, l'électeur de Bavière, Charles-Théodore, les fit imprimer et en envoya un exemplaire à tous les souverains. Il put leur dire aussi : *Et nunc, reges, intelligite ; Et maintenant, ô rois, comprenez.* Mais ils ne comprirent pas. Ils comprirent si peu, que l'ennemi des gouvernements trouva un asile honorable chez le duc de Saxe-Gotha, et que des riches, des hommes titrés, des comtes, des barons s'enrôlèrent dans une secte qui ne voulait ni prééminences ni propriétés (Picot, *Mémoires*; Stark, *Triomphe de la philosophie*; Barruel, *Mémoires sur le jacobinisme*).

Le surintendant Stark, dans son *Triomphe de la philosophie* (t. II), fait voir, par les pièces originales et authentiques, que la doctrine révolutionnaire des illuminés allemands leur venait des sophistes français; qu'elle se réduisait à l'athéisme et à l'abolition de toute autorité, hormis la paternelle; qu'après être venue de France pour révolutionner l'Allemagne par les illuminés, elle retourna d'Allemagne achever de révolutionner la France par les loges maçonniques sous le patronage du duc d'Orléans, qui fut depuis régicide.

En France, ce n'étaient pas seulement des sociétés secrètes, mais encore la magistrature publique qui poussait à la révolution, à un changement brusque et violent dans la constitution du royaume. Les parlements français, les cours judiciaires placées dans les différentes provinces de France pour dirimer les procès entre particuliers, se prétendirent tout à coup le parlement anglais, autrement les Etats généraux, pour juger les affaires gouvernementales entre le roi et la nation. De là une lutte entre les parlements et le roi, qui a fini par la révolution, par l'abolition des parlements, l'abolition de la royauté et le meurtre de Louis XVI.

La cause de cette lutte révolutionnaire était elle-même l'effet d'une révolution. Nous avons vu chez toutes les nations chrétiennes de l'Occident des assemblées générales de la nation : en France, les Etats généraux; en Espagne, les cortès ; en Angleterre, le parlement ; en Allemagne et ailleurs, la diète, comme qui dirait le grand jour du pays ou de l'empire, pour régler les grands intérêts des peuples, notamment les difficultés pour la succession au trône. Les derniers Etats généraux de France furent ceux de 1614; le dernier vote des communes y fut : « Le roi est supplié d'ordonner que les seigneurs soient tenus d'affranchir dans leurs fiefs tous les serfs. » Depuis cette époque, les Etats généraux ne furent plus assemblés. Le roi ou son ministre gouvernait à son gré ; et les parlements enregistraient les édits purement et simplement pour les exécuter. Lorsque le ministre s'appelait le cardinal de Richelieu, ou le roi Louis XIV, on ne disait rien, mais on murmurait dans les intervalles. Lorsqu'enfin, sous Louis XV, ce n'était plus le roi qui gouvernait, mais une prostituée sous le nom de *favorite* on dut naturellement regretter les Etats généraux ; d'autant plus qu'on se trouvait entre l'Angleterre et l'Allemagne, qui toutes deux avaient conservé les leurs. Les magistrats français firent alors ce syllogisme : Les Etats généraux d'Angleterre s'appellent parlement ; or, nous sommes les parlements de France, donc nous en sommes les Etats généraux.

Le procureur général du parlement de Rennes,

La Chalotais, ayant délayé ce raisonnement dans un mémoire, Voltaire lui répondit, le 11 juillet 1762 : « Le mémoire que vous avez daigné m'envoyer est très-plausible : si vous étiez procureur général de quelque parlement de mon voisinage..., je viendrais vous prier de guérir les scrupules qui me restent. Si la chose était comme vous dites, le parlement de Paris, capitale de l'ancienne France, aurait été l'assemblée des Etats généraux. Pourquoi, dans les Etats du XIV$^e$ siècle, les parlements n'y eurent-ils pas de séance? pourquoi le *ban du roi* en Angleterre est-il différent des Etats nommés *parlement*? pourquoi le gouvernement anglais, ayant en tout imité nos usages et les ayant conservés, a-t-il encore très Etats généraux, qui sont abolis en France? pourquoi le procureur général du roi d'Angleterre conclut-il à ce ban royal, et non au parlement de la nation? Ce que l'on appelle le *grand ban* en France est encore le grand ban à Londres; la formule ancienne des *on vessions* s'y est conservée, le procureur général n'agit qu'à ce ban. Ce qu'on appelle *parlement en France* est donc le *ban du roi*, ainsi ce qu'on nomme *parlement en Angleterre* représente nos *Etats généraux*.

» Pourquoi le gouvernement goth, tudesque et vandale, ayant été partout le même, serions-nous les seuls chez qui une cour suprême de justice aurait été substituée aux représentants des chefs de la nation? Les audiences d'Espagne ne sont point les *cortès* et n'y ont aucun rapport; la *chambre impériale* de Wetzlar, quoique toujours présidée par un prince, n'a aucune analogie avec la *diète de l'empire*.

» Aucune cour supérieure ne représente la nation dans aucun pays de l'Europe. Comment la France aurait-elle établi ce droit public? et, si elle l'avait établi, comment ne serait-il pas authentique? Si chaque parlement tient lieu des Etats généraux pendant la vacance de ces Etats, il est clair qu'il est à leur place : que devient donc alors le conseil du roi? »

Malgré ces faits et ces raisons, les parlements n'en soutinrent pas moins qu'ils ne formaient tous qu'un seul et même corps, distribué en plusieurs classes; que ce corps nécessairement indivisible était de l'essence de la monarchie et qu'il lui servait de base, qu'il était le siège, le tribunal, l'organe de la nation; qu'il était le protecteur et le dépositaire essentiel de sa liberté, de ses intérêts, de ses droits; qu'il lui répondait de ce dépôt et serait criminel envers elle s'il l'abandonnait; qu'il était comptable de toutes les parties du bien public, non-seulement au roi, mais aussi à la nation; qu'il était juge entre le roi et le peuple; que, gardien du lien respectif, il maintenait l'équilibre du gouvernement, en réprimant également l'excès de la liberté et l'abus du pouvoir; que les parlements coopéraient avec la puissance souveraine dans l'établissement des lois; qu'ils pouvaient quelquefois, par leur seul effort, s'affranchir d'une loi enregistrée et la regarder à juste titre comme non existante; qu'ils devaient opposer une barrière insurmontable aux décisions qu'ils attribuaient à l'autorité arbitraire et qu'ils appelaient des actes illégaux, ainsi qu'aux ordres qu'ils prétendaient surpris; et que s'il en résultait un combat d'autorité, il était de leur devoir d'abandonner leurs fonctions et de se démettre de leurs offices, sans que leurs démissions pussent être reçues.

Louis XV, dans un lit de justice en 1766, eut beau leur reprocher ces prétentions comme un empiètement sur l'autorité royale, ils n'y persistèrent pas moins. Au lieu de juger les procès des particuliers, les parlements s'occupaient uniquement de ces deux choses : persécuter les prêtres, narguer le roi, emprisonner, bannir les prêtres catholiques qui refusaient de prostituer les sacrements de l'Eglise à des hérétiques jansénistes; se moquer des ordres du souverain, tout en lui protestant de la soumission la plus entière. En 1770, comme les divers parlements recommençaient ou continuaient à se dire les classes diverses d'un parlement unique, le roi le leur défendit par un édit : ils refusèrent d'enregistrer l'édit du roi. Louis XV, poussé à bout, leur fit la même défense plus solennellement dans un lit de justice, sous peine de privation de leurs offices. Les parlements, surtout celui de Paris, devenus tout à fait révolutionnaires, suspendent la justice et résistent opiniâtrement aux ordres réitérés du roi, qui leur enjoignait de la rendre à son peuple. Au commencement de 1771, Louis XV dissout ces parlements révolutionnaires, ces juges qui ne veulent plus juger, et les remplace par d'autres. Il en fut ainsi jusqu'à la fin de son règne.

Ce que le clergé et le peuple pouvaient attendre de ce gouvernement parlementaire, on le vit dans le duché de Lorraine, assigné l'an 1737 à Stanislas, roi détrôné de Pologne, pour être ensuite réuni à la France.

Nous avons vu ce pays ravagé par les Suédois et par les Français de Louis XIV, comme autrefois par les Huns et les Vandales : nous l'avons vu sauvé par un prêtre français, Vincent de Paul. Louis XIV n'accorda la paix à la Lorraine que par nécessité, au traité de Ryswick, l'an 1697.

Ceci se voit par la lettre suivante, que Louis XIV écrivit le 29 août au maréchal de Créqui : « Je vous dirai, en premier lieu, que le chevalier de Fourille m'ayant écrit qu'il a manqué le coup dont je vous avais parlé (d'enlever le duc de Lorraine en pleine paix), je n'ai pas changé pour cela, comme vous pouvez juger, mon premier dessein, mais seulement la manière de m'en expliquer. Car je prétends bien, en effet, chasser le duc de Lorraine de son Etat, et veux que vous exécutiez là-dessus les ordres que je vous ai donnés de vive voix. Mais j'ai jugé plus à propos que vous ne vous en exprimiez pas précisément en ces termes. Il faudra seulement dire que cette expédition n'est qu'une suite de celle que vous avez déjà faite une fois en Lorraine, pour obliger le duc à trois choses : l'une, de faire un licenciement effectif et non frauduleux de ses troupes, comme il s'y est engagé dans votre premier voyage; la seconde de réparer cent diverses contraventions qu'il a faites aux traités que nous avons ensemble; et la troisième, de tirer de lui toutes les sûretés que j'estimerais être nécessaires pour avoir l'esprit en repos, qu'il ne continuera plus à l'avenir ces contraventions et n'entretiendra plus de pratiques et de cabales contre mon service. Vous jugez bien que ces conditions, si générales, et surtout la dernière, sont d'une nature que, quelque chose qu'il m'offre, hors de quitter son Etat, et de le faire effectivement, j'aurai toujours lieu de pousser l'affaire à ce but, en disant, sur tout ce qu'il pourrait m'offrir ou permettre, que cela n'est pas suffisant pour m'assurer qu'il n'y manquera pas comme toujours, et que j'en désire de plus grands. Cependant, vous irez toujours votre chemin à le chasser des lieux où il pourrait se retirer. Et s'il vous envoyait quelqu'un pour négocier, sous prétexte de savoir ce que je demande, vous n'avez qu'à répondre qu'il peut s'adresser à moi et que vous n'avez d'autre pouvoir que d'exécuter mes ordres (*Nancy, histoire et tableau*, par P.-G. Du Mast, 2e édit.). »

Certainement il est clair, d'après cette lettre, que lorsque Louis XIV, en 1697, rendit la Lorraine à son duc, ce fut uniquement par force, comme un voleur qui est contraint de lâcher sa proie. L'année suivante, le duc Léopold arrive d'Allemagne, où il était né dans l'exil. Alors commença pour la Lorraine cet âge d'or de trente années, qu'on nomme le règne de Léopold. Voici le tableau qu'en trace Voltaire :

« Le duc Charles V, appui de l'empire et vainqueur des Turcs, était mort : son fils Léopold prit, à la paix de Ryswick, possession de sa souveraineté, dépouillé, à la vérité, de ses droits réels, car il n'était pas permis au duc d'avoir des remparts à sa capitale. Mais on ne put pas lui ôter un droit plus beau, celui de faire du bien à ses sujets; droit dont jamais prince n'a si bien usé que lui. — Que la dernière postérité apprenne qu'un des plus petits souverains de l'Europe a été celui qui a fait le plus de bien à son peuple. Il trouva la Lorraine désolée et déserte ; il la repeupla ; il l'enrichit. Il l'a toujours conservée en paix, pendant que le reste de l'Europe était ravagé par la guerre. Il a eu la prudence d'être toujours bien avec la France et de rester aimé de l'empire, tenant avec bonheur ce juste milieu qu'un prince sans pouvoir n'a presque jamais pu garder entre deux grandes puissances. — Il a procuré à ses peuples l'abondance, qu'ils ne connaissaient plus. Sa noblesse, réduite à la dernière misère, a été mise dans l'opulence par ses bienfaits. Voyait-il en ruine la maison d'un gentilhomme, il la faisait rebâtir à ses dépens. Il payait leurs dettes, il mariait leurs filles ; il prodiguait les présents, avec cet *art de donner* qui est encore au-dessus des bienfaits. Il mettait dans ses dons la magnificence d'un prince et la politesse d'un ami. — Les arts, dans sa province, produisaient une circulation nouvelle, qui fait la richesse des Etats. Sa cour était formée sur le modèle de celle de France; on ne croyait presque pas avoir changé de lieu quand on passait de Versailles à Lunéville. A l'exemple de Louis XIV, il faisait fleurir les belles-lettres. Il établit à Lunéville une espèce d'université où la jeune noblesse d'Allemagne venait se former ; on y apprenait de véritables sciences, dans des écoles où la physique était démontrée aux yeux par des machines admirables. Il a cherché les talents jusque dans les boutiques et les forêts, pour les mettre au grand jour et les encourager. Enfin, pendant tout son règne, il ne s'est occupé que du soin de procurer à sa nation la tranquillité, des richesses, des connaissances et des plaisirs. *Je quitterais demain ma souveraineté*, disait-il, *si je ne pourais faire du bien*. Aussi a-t-il goûté le bonheur d'être aimé, et j'ai vu, longtemps après sa mort, ses sujets verser des larmes en prononçant son nom. Il a laissé, en mourant, son exemple à suivre aux plus grands rois, et il n'a pas peu servi à préparer à son fils le chemin du trône de l'empire (Voltaire, *Siècle de Louis XIV*). »

Léopold laissait un fils digne de lui, François III, le propre grand-père de la reine Marie-Amélie, épouse de Louis-Philippe Ier, roi des Français, et de la duchesse d'Angoulême, toutes deux décédées il y a peu d'années. Sous le nouveau duc, on rêvait un avenir immense de bonheur et d'illustration. Hélas ! on ne se doutait guère que, si florissante en apparence, la nation fût à la veille de mourir. Il en était ainsi pourtant. Après six cents années de vie propre et indépendante, qu'avait suivies plus d'un demi-siècle d'incroyables souffrances, couronnées enfin par trente-huit ans de consolations suprêmes, terrestre récompense et juste auréole de son martyre, la Lorraine se trouvait arrivée, sans le savoir, au terme de son héroïque existence. — Restée prudemment étrangère à la guerre de 1733, elle n'avait pu être victime des querelles des potentats : elle le devint de leur réconciliation.

François, qui devait recevoir en échange le grand-duché de Toscane, avec la main de Marie-Thérèse et plus tard le trône impérial, hésita pendant six mois. Mais seul contre l'Europe entière, il n'aurait pu conserver le sol paternel, même avec le sang de tout son peuple. Il pleura donc sa future grandeur, comme un autre eût pleuré sa chute. Mais impossible de dépeindre les angoisses d'une population gémissante, ses inconsolables douleurs au départ de la famille nationale ; ces pleurs de tous les citoyens, plus en deuil qu'à la mort d'un père ; ce délire, cette fureur de tendresse de malheureux sujets éperdus, qui, voyant partir les princesses, dernier reste du sang de leurs maîtres, se cramponnaient aux voitures ducales, se pendaient aux portières, entravaient les roues, détélaient et redételaient les chevaux. Ils pleuraient le dernier jour de la patrie, ils se sentaient eux-mêmes expirer comme nation, par le départ de l'auguste et chère dynastie, en qui, par tant de siècles de succès ou de revers communs, par des gages si multipliés d'intelligence et d'amour réciproque, tout un peuple s'était incarné.

Stanislas vint à Nancy au mois d'août 1737 : on lui fit un accueil convenable, mais froid. On voyait en lui un grand-officier de la cour de France, envoyé pour mettre au tombeau la nationalité lorraine : un roi détrôné convenait pour les funérailles d'un peuple, d'un pays, qui a produit la famille de Charlemagne, la famille de Godefroi de Bouillon, la famille des Guise, et surtout Jeanne d'Arc, qui a expié par le feu la gloire d'avoir sauvé la France. Stanislas fit du bien à son entourage ; mais le peuple des campagnes fut la victime de son chancelier, le sieur Chaumont de La Galaizière. Il exerça pendant vingt-neuf ans, sur les deux duchés de Lorraine et de Bar soumis à Stanislas, une domination de satrape, aussi dure pour le fond qu'insolente pour la forme. Au moyen de la faculté d'arrestation arbitraire et de décision prévôtale dont il investit une maréchaussée irresponsable, qui ne dépendait que de lui, et qui, d'une manière inouïe, ouvrait ou fermait les cachots malgré les arrêts judiciaires les plus formels, il dépouilla bientôt de tout crédit l'autorité des lois, et de toute garantie la vie et la liberté des citoyens. Il ruina tellement les campagnes, que des centaines de familles cessaient de cultiver la terre. De 1737 à la fin de 1760, en vingt-trois ans et demi, le nombre des hommes voués à l'agriculture avait diminué de vingt-trois mille cinq cent quatre-vingt-dix. C'est *mille laboureurs de moins* par année. Il quintupla sous Stanislas le chiffre des impôts que l'on payait sous Léopold. Et lorsque les paysans appauvris, n'ayant plus rien à donner ni à vendre, réduits à leurs bras, et à leurs bras exténués, essayaient de porter ailleurs cette dernière ressource, insuffisante pour les faire vivre chez eux, il les retenait de force, ne voulant pas qu'ils pussent donner aux contrées voisines le spectacle de leur dénuement. Et quand la faim, plus forte que la peur, les contraignit de partir à tout risque, et d'aller, malgré ses défenses, chercher hors de la Lorraine du travail et du pain, sait-on comment il traitait les fuyards rattrapés, coupables du crime de misère, de misère produite par lui-même? Pour les punir de lui avoir fait honte, il les envoyait à la potence! — Tel fut, du moins pour les petites villes et les villages, le doux régime d'administration du chancelier La Galaizière. Ces faits et beaucoup d'autres semblables peuvent se voir dans l'ouvrage bien curieux d'un courageux écrivain : *Nancy, histoire et tableau*, par P. G. Du Mast, seconde édition. Nancy, 1847 (P. 97 et seqq.).

La magistrature lorraine fit des remontrances. Le pacha ne fit qu'en rire et passa outre. En vain cette magistrature, mandée à Lunéville, voulut-elle y parler au roi; le chancelier célait son maître. Et après avoir rendu Stanislas invisible, il allait jusqu'à faire mettre sur les registres de la cour (30 avril 1758) qu'une ordonnance avait été inscrite en présence du roi, quand chacun savait le contraire. Et lorsque le conseiller Châteaufort eut mis par écrit les réclamations publiques, La Galaizière le relégua aux limites du pays, lui et deux autres énergiques soutiens de la justice. Le pauvre peuple ne trouva plus de défenseurs que dans la noblesse lorraine. Les chefs de deux maisons, un Raigecourt et un Brixei ou Bressey, emmenant avec eux le bâtonnier des avocats, se rendirent à Versailles et y dévoilèrent, preuves en main, des choses qui épouvantèrent les ministres de Louis XV. Ils obtinrent un dégrèvement des impôts, mais surtout le rappel des magistrats exilés. Telle fut la dernière part que prit, aux affaires du pays, l'ancienne chevalerie de Lorraine. Quant à Stanislas, son rôle dans cette grande scène fut singulier : il ne fit rien, IL LAISSA FAIRE (*Ibid.*, p. 102 et seqq.).

Sous ce gouvernement, le clergé de Lorraine eut à souffrir comme le peuple. A peine la dynastie nationale n'y était plus, que le parlement de Nancy prit envers le clergé les allures de ceux de France. Il fit donc savoir à l'évêque de Toul, monseigneur Drouas, qu'il eût à porter les sacrements aux jansénistes malades, sans leur demander aucun acte de soumission aux décrets de l'Eglise. L'évêque de Toul ne jugea point à propos d'obtempérer aux ordres des huissiers et juges du parlement. Le clergé lorrain se rangea du côté de l'évêque. De là, contre l'évêque et son clergé une rancune parlementaire dont il existe encore un monument curieux.

Sur la route de Nancy à Epinal, à 8 ou 9 kilomètres de la première ville, ban de la commune de Ludres, près de la route, il est un petit terrain qui, depuis plus d'un siècle, reste inculte, mais est toujours planté de petites croix. Le petit terrain s'appelle vulgairement *Le Bon-Curé*, et cela par la raison que, le 2 août 1757, un curé, celui de Ludres, nommé Jean-Baptiste Marchal, y a été brûlé, par sentence du parlement de Nancy, et que toujours le peuple a cru le curé innocent des crimes qu'on lui imputait; et c'est pour cela que, depuis plus d'un siècle, il appelle ce terrain *Le Bon-Curé*, et qu'il ne cesse d'y planter par dévotion de petites croix.

Le parlement ou la cour souveraine de Nancy a fait disparaître, dit-on, les pièces du procès; en sorte qu'il n'est pas facile de prouver que ce ne soit pas une erreur de la justice, comme Voltaire le soutient pour l'affaire de Calas, arrivée vers la même époque. Seulement, en l'année 1843, on a publié, dans la *Statistique historique et administrative du département de la Meurthe*, plusieurs monuments contemporains qui peuvent suppléer jusqu'à un certain point aux actes de la procédure. C'est 1° la réponse du parlement à l'officia1 de l'évêque. Le curé avait été arrêté par le procureur du roi le 13 juillet 1757, pour être jugé criminellement par le bailliage : le 20, le promoteur du diocèse le revendiqua, attendu que, d'après les lois du pays, un prêtre accusé devait être remis à son évêque et jugé par le juge d'église. Nonobstant cette réclamation, le bailliage condamne, au 22 du même mois, le curé à être brûlé : le 28, le parlement rejette la réclamation du promoteur et le condamne aux dépens. 2° La sentence du parlement, qui, le 1er août, confirme la sentence des premiers juges. 3° Une lettre du 4 août écrite à l'évêque de Toul par le prêtre qui avait assisté le curé à la mort, et où il rend compte de la manière dont le patient a subi sa peine. 4° Une lettre du 8 juillet 1790, écrite par l'ancien secrétaire de monseigneur Drouas au vicaire général de Nancy, pour lui exposer en peu de mots toute l'affaire, et la part que l'évêque y avait eue. D'après l'ensemble de ces documents contemporains, il résulte ce qui suit :

Le curé de Ludres avait encouru la disgrâce de la dame du lieu, qui s'en plaignit à l'évêque et le sollicita fortement de l'en débarrasser. L'évêque, qui lui-même n'était pas trop content du curé, car la tradition rapporte que c'était un chasseur décidé, vint à bout de lui faire donner la démission de sa cure, sous réserve d'une pension. *Il croyait*, dit son secrétaire, *il croyait seconder le zèle d'une femme pieuse; il ignorait qu'une haine furieuse la faisait agir.* « Quelque temps après, continue le même secrétaire, le curé se pourvoit au parlement pour rentrer dans son bénéfice, sous prétexte de la violence qui l'en a expulsé. A l'instant la trame la plus horrible est ourdie. La dame du lieu produit une lettre de l'évêque de Toul; mais cette lettre disait peu de chose, elle n'était pas une base suffisante pour appuyer un procès criminel; on y ajoute donc une calomnie qui fait frémir. On suppose qu'un grand nombre de curés vivent dans une dissolution abominable, qu'il est nécessaire d'en faire un exemple pour en imposer aux coupables, et, ce qui ajoute au frémissement, c'est que, dans un instant, cette horrible imputation passa pour un fait constant dans l'esprit des magistrats, du chancelier de Lorraine et du roi de Pologne. Il est triste qu'on puisse observer ici que la cour souveraine n'avait pas pardonné aux curés d'avoir pris hautement le parti de leur évêque dans l'affaire de la confession des malades, et que M. de Viray, procureur général, autrefois si zélé pour la religion, alors réconcilié avec son corps, montrait plus de passion que personne dans cette affaire. Les esprits ainsi prévenus, on affecta une précipitation inconnue jusqu'alors dans les causes criminelles. Dans peu de jours, le procureur du roi, gagné, donna sa plainte. On entendit des témoins, on les confronta avec l'accusé, qui fut condamné au feu et exécuté (comme coupable de péchés contre nature, commis sur des jeunes gens auxquels il donnait des leçons de latin). Cependant le malheureux prêtre avait montré dans sa prison les sentiments d'un héros chrétien; il acceptait d'avance la mort qu'on lui préparait comme une juste punition de ses péchés, mais il soutenait qu'il était innocent des crimes dont on l'accusait, et il a persisté dans cette déclaration jusque sur le bûcher, de manière à convaincre tous les spectateurs de son innocence. M. François, alors vicaire de Saint-Evre, qui n'avait pas quitté un instant l'accusé pendant les trois derniers jours de sa vie, fut si touché de ces grands sentiments de religion, qu'il crut devoir en écrire la relation (c'est celle qui est indiquée plus haut). Mais dès que le parlement en fut informé, la passion qui l'animait se montra de plus en plus. M. François, menacé d'un décret, fut obligé de s'évader. On entendit des membres de ce redoutable tribunal dire hautement que le supplice du curé de Ludres n'était qu'un commencement; qu'on savait qu'il y avait bien d'autres prêtres coupables des mêmes crimes, et que bientôt on en ferait justice.

» Le diocèse était perdu, continue le secrétaire de l'évêque, si la Providence divine ne fût intervenue dans cette affaire d'une manière presque miraculeuse. A l'instant du supplice de cet infortuné curé, un cri général s'élève dans toute la Lorraine et particulièrement à Nancy. Le peuple est tout à coup persuadé de l'innocence de ce malheureux, il en fait un martyr. J'ai vu mille petites croix plantées à l'endroit même du bûcher, et des femmes de la campagne à genoux et en prières auprès de ces croix. Elles existent et se renouvellent encore ce 8 juillet 1790 (1). Le village de Ludres est regardé avec horreur. Si quelques-uns de ses habitants paraissent à Nancy, à l'instant ils sont assaillis par la populace, et la police ne peut leur sauver la vie qu'en les faisant conduire en prison. Il se fait le plus grand concours de peuple au lieu du supplice; on vient de toutes parts, et de fort loin, invoquer le saint curé. Au commencement, le parlement menace. Il envoie la maréchaussée pour empêcher les attroupements; mais bientôt il s'aperçoit que, s'il ne dissimule pas, ses membres ne seront pas en sûreté, et il se tait. Il y a plus : la dame du lieu tombe dans une langueur qui, en la dévorant, la conduit insensiblement au tombeau; le procureur du roi se fracasse le bras et demeure estropié; le procureur général meurt dans six mois (*Statistique, etc., de la Meurthe*, 2º partie, p. 649). »

Tel est le résumé de cette affaire, qui, depuis bientôt un siècle, est encore très-vivante dans la mémoire du peuple. En 1834, le chef de la famille de Ludres a fondé dans cette paroisse un hospice pour y recueillir trente-deux pauvres de différentes communes.

Stanislas, roi de Pologne, duc de Lorraine et de Bar, mourut lui-même par le feu, en l'année 1766, à l'âge de quatre-vingt-huit ans. Le 5 février, il se leva de bonne heure, selon sa coutume. Après s'être livré à ses exercices de piété, il s'approcha de la cheminée pour voir l'heure à une pendule. Le feu prit au bas de sa robe de soie. Il sonne ses valets, qui ne se trouvent pas à leur poste. En se baissant pour étouffer la flamme, il perd l'équilibre, tombe dans le feu, se blesse sur la pointe d'un chenet, et se trouve appuyé de la main gauche sur des charbons ardents. Dans cette affreuse position, il ne peut ni se relever ni même appeler à son secours. Lorsqu'enfin les valets arrivent, il était privé de sentiments, avait les doigts de la main gauche calcinés, et du même côté une grande plaie le long du corps. Il reprit ses sens, et vécut encore jusqu'au 23, où il expira, à quatre heures du soir, après une longue et douloureuse agonie. Ses dernières souffrances excitèrent dans tous les cœurs une tendre compassion. Il était d'ailleurs bon et pieux. Il avait continué les monuments d'art et de bienfaisance des anciens ducs, quoiqu'on lui reproche d'en avoir détruit quelques-uns, comme le palais ducal de Nancy, pour les remplacer par quelque chose qui ne les valait pas. Pour les maux que les paysans eurent à souffrir sous son règne, comme il n'avait qu'une souveraineté viagère et incomplète, on ne pouvait pas lui en vouloir trop. Il fut donc vivement regretté, d'autant plus qu'avec lui disparaissait la dernière ombre de la nationalité lorraine. Il fut inhumé à Nancy, dans les caveaux de Notre-Dame de Bon-Secours, à côté de la reine Catherine Opalinska, son épouse, près de l'endroit où furent enterrés les morts de l'armée bourguignonne, lors de la défaite et de la mort de Charles le Téméraire. Depuis, en 1841, le clergé lorrain sous l'inspiration de son chef primat de Lorraine, a fondé à Bon-Secours un chapitre collégial pour ceux de ses membres émérites à qui l'âge ou les infirmités ne permettent plus d'exercer les fonctions pénibles du saint ministère. C'est une chose fort convenable que les vétérans et les invalides du sacerdoce lorrain priant sur la tombe commune de la Bourgogne, de la Pologne et de la Lorraine.

La France elle-même, avec sa dynastie, sa noblesse, sa magistrature, semblait marcher à un enterrement, à l'enterrement de sa monarchie absolue, non pas de la monarchie primitive de Clovis, de Charlemagne ni même de saint Louis, mais de la monarchie plus récente de Philippe le Bel, de Louis XI et de Louis XIV : enterrement où la no-

---

(1) Depuis ce temps, cet usage n'a pas cessé, et chaque jour on voit de nouvelles croix plantées sur le bord du champ où a eu lieu cette exécution inique.

blesse et les parlements seront jetés dans la fosse. Il y avait de tout cela un vague pressentiment. Louis XV avait dit un jour : Cette monarchie a bien duré autant que moi, mais elle ne durera pas davantage. D'un autre côté, la nation commençait à s'appliquer à elle-même le mot de Louis XIV : *L'Etat, c'est moi !* A l'avénement de Louis XVI (1774), il y avait incohérence dans les institutions politiques du royaume; hostilité des pouvoirs publics, clergé, noblesse, magistrature, entre eux. C'était Louis XVI, homme vertueux, chrétien sincère, excellent père de famille. Digne fils du vertueux dauphin et de la vertueuse dauphine, que déjà nous avons appris à connaître, Louis XVI épousa au mois de mai 1770, Marie-Antoinette d'Autriche-Lorraine, fille de Marie-Thérèse et sœur de Joseph II. Le 16 mai, lendemain du jour où ils se virent pour la première fois, ils dînèrent au couvent des Carmélites de Saint-Denys, avec madame Louise, leur tante, qui y faisait alors son noviciat de religieuse carmélite. Le dimanche 30 mai, après les réjouissances publiques à Paris, il y eut, par l'imprévoyance de la police, plusieurs centaines de personnes étouffées dans la foule. Louis XVI, encore dauphin et âgé seulement de seize ans, en répandit bien des larmes, ainsi que la nouvelle dauphine, et fit distribuer aux malheureux tout ce qu'il avait d'argent. Du reste, la compassion était née avec lui et croissait avec l'âge. Tant qu'il fut dauphin, la cassette de ses menus plaisirs fut le trésor des pauvres. Souvent il va lui-même chercher la misère pour la soulager. Tantôt il se dérobe à sa suite dans une promenade; dans une chasse; il entre dans la cabane du paysan, il veut voir le pain qu'il mange, goûter les mets grossiers dont il se nourrit, manier jusqu'à la paille sur laquelle il se repose de ses fatigues. D'autres fois, il dit à ses serviteurs affidés : « Allez dans la ville, informez-vous de la maison où gémirait une famille honnête, honteuse de sa misère; trouvez-moi le réduit habité par un vieillard sans ressource ou un malade abandonné; remarquez-moi bien l'endroit, et gardez-moi le secret. » Après quoi, déguisé sous l'habit le plus commun, accompagné d'un seul valet qui le guide, il s'introduit comme furtivement dans l'asile de la misère, dit un mot en déposant son offrande, puis se dérobe à la reconnaissance, sans lui laisser soupçonner qui est cet ange consolateur. Une fois pourtant, au sortir d'une chétive maison, dans le quartier des pauvres, il fut reconnu par quelques officiers de la cour. Il leur dit aussitôt sur le ton de la gaîté : « Vous conviendrez, messieurs, que je ne suis pas heureux : je ne puis essayer d'aller en bonne fortune qu'on ne le sache. » La dauphine prenait souvent part aux bonnes œuvres de son époux dans leurs promenades à la campagne. Aussi, quand ils firent leur première entrée dans la capitale de la France, furent-ils reçus du peuple avec des transports de joie et d'amour inexprimables; et les jeunes époux y répondirent par des larmes d'attendrissement.

Lorsque, le 10 mai 1774, Louis XVI monta sur le trône, les applaudissements de l'Europe se joignirent à ceux de la France. Le roi de Prusse, Frédéric II, écrivait à Voltaire et à d'Alembert : « On dit des merveilles de Louis XVI; tout l'empire des *Welches* chante ses louanges. — Le successeur de Louis XV débute avec beaucoup de sagesse et fait espérer aux Welches un gouvernement heureux. — Ce prince paraît mesuré et sage dans ses démarches ; c'est un phénomène rare à son âge, de posséder des qualités qui ne sont que le fruit d'une longue expérience. — Votre jeune roi se conduit sagement. Ce que j'approuve surtout en lui, c'est la volonté qu'il a de bien faire. — Je félicite les Français de pouvoir être contents de leur roi; je leur en souhaite toujours de semblables. — Louis XVI attire bien autrement ma curiosité que l'empereur *Kienlong*. — Le parlement aurait dû applaudir aux édits de son souverain, au lieu de lui faire des remontrances ridicules. — Vous avez un très-bon roi, mon cher d'Alembert, je vous en félicite de tout mon cœur. Un roi sage et vertueux est plus redoutable à ses rivaux qu'un prince qui n'a que du courage. — J'aime Louis XVI. Ce prince, en montant sur le trône, s'annonce d'une manière avantageuse; il veut faire le bien et réparer les maux de sa nation. — Il n'est point porté à la dépense, il n'a point de favoris, point de maîtresses à entretenir, point de palais qu'il fasse bâtir, aucun luxe dans son extérieur (*Lettres à Voltaire*, 19 juin 1774; 20 avril 1776 ; *Lettres à d'Alembert*, 28 juillet, 11 oct., 15 nov. 1774 ; 6 janv., 5 août 1775). »

D'Alembert lui-même qualifie Louis XVI *notre jeune et vertueux monarque*; il dit de lui : « Il a le cœur droit et vertueux. — Pour le bonheur de l'humanité, il est le prince de toute la maison de Bourbon le plus digne du trône. Il aime le bien, la justice, l'économie et la paix. Il est celui que nous devrions désirer pour roi, si la destinée propice ne nous l'avait pas donné. » Ses ministres Necker et Calonne lui ont rendu le même témoignage : « C'est un monarque vertueux, avec qui l'on peut opérer tout le bien qu'on doit vouloir et à qui on est toujours sûr de plaire en lui présentant les moyens de l'effectuer. Il aime la vérité, il veut l'ordre et l'économie; il est scrupuleusement fidèle à sa parole : il chérit tendrement son peuple et n'aspire qu'à le soulager (Proyart, *Louis XVI et ses vertus*, l. 3). » Louis XVI cultivait les sciences et les arts; il avait surtout une connaissance distinguée des mathématiques, de la géographie, de l'histoire et des langues. Le jour qu'il entra comme roi dans Paris, il s'arrêta devant le collége Louis-le-Grand et fut harangué en vers latins par un jeune rhétoricien qu'y entretenaient l'évêque et les chanoines d'Arras: ce jeune homme attira les regards bienveillants de Louis XVI et de Marie-Antoinette; il se nommait Robespierre.

Comme chrétien, Louis XVI avait la foi humble et héroïque des saints et des martyrs. Au milieu des maux qui l'accablèrent dans la suite, sa pieuse sœur Elisabeth lui dit un jour qu'il était plus consolant pour lui de souffrir innocent que s'il était coupable. « Innocent ! ma sœur, reprit vivement Louis XVI, eh ! qui peut donc se flatter de l'être ? Si je le suis des crimes qu'on m'impute, je sens que, pour valoir quelque chose auprès de Dieu, j'avais besoin de quelque grande épreuve, et qu'à tout prendre, celle qu'il m'envoie est une grâce dont je dois remercier sa providence (Proyart, l. 6).

Mais comment donc un roi si vertueux, qui aimait

tant son peuple, n'a-t-il pu lui procurer la tranquillité et le bonheur ? — *Réponse.* Le 12 juillet 1774 et le 3 août 1775, Voltaire écrivait à Frédéric II : « Nous espérons en France que la philosophie, qui est auprès du trône, sera bientôt dedans : elle n'est qu'une espérance; elle est souvent trompeuse. — Je ne sais si notre jeune monarque marchera sur vos traces, mais je sais qu'il a pris pour ses ministres des *philosophes*, à un seul près qui a le malheur d'être dévot. — Les prêtres sont au désespoir. » Nous avons vu que la philosophie de Voltaire et de Diderot se résume finalement à *étrangler le dernier des rois avec les boyaux du dernier des prêtres.* Frédéric II répondit à Voltaire, le 8 septembre 1775 et le 19 juin 1776 : « Votre jeune roi est ballotté par une mer bien orageuse. — Je me représente Louis XVI comme une jeune brebis, entourée de vieux loups : il sera bienheureux s'il leur échappe. Sur quoi Proyart fait cette observation : « Il eût été digne d'un roi qui connaissait si bien ces vieux loups de, les signaler à la jeune brebis, à la veille de devenir leur pâture. Mais les loups ne se mangent pas, et, sans trahir ses confrères, le roi sophiste se contentera de les apprécier et de nous faire lire dans ses confidences secrètes : « J'avais toujours cru que le règne de Louis XVI serait celui de la régénération de cet empire; mais ceux qui ont dirigé ce prince et qui avaient été témoins des abus du dernier règne, n'ont point cherché à les corriger. — Maurepas autorisa la licence, plus encore qu'elle ne l'était sous le dernier règne. — Un roi rigide dans ses mœurs, économe, et qui ne veut que le bien de ses sujets, n'a pu encore l'opérer, tant sa volonté éprouve d'obstacles. — A Versailles, les bureaux des ministres sont des sources de corruption; toute pudeur en est bannie (Proyart, l. 7). »

Effectivement, deux ministres de Louis XVI, Turgot et Malesherbes, servaient d'intermédiaires à Voltaire pour faire tenir ses lettres et paquets à d'Alembert, Condorcet et autres philosophes ou révolutionnaires (*Lettres de Voltaire à d'Alembert*, 28 janv. et 17 juillet 1775). Cependant ces philosophes ne cachaient pas trop le secret de leur philosophie. D'Alembert écrivit au roi de Prusse, dès le 30 avril 1770 : « Le mot de l'énigme est, ce me semble, que la distribution des fortunes dans la société est d'une inégalité monstrueuse; qu'il est aussi atroce qu'absurde de voir les uns regorger du superflu et les autres manquer du nécessaire. Mais, dans les grands Etats surtout, ce mal est irréparable, et on peut être forcé à sacrifier quelquefois des victimes même innocentes, pour empêcher que les membres pauvres de la société ne s'arment contre les riches, comme ils seraient tentés et peut-être en *droit* de le faire. » Et dans une lettre du 30 novembre, parlant du peuple français : « Ce peuple est sans doute un animal bien imbécille. Mais offrez-lui la vérité : si cette vérité est simple, et surtout si elle va droit à son cœur, comme la religion que je propose de lui prêcher (*celle du nivellement des fortunes*), il me paraît infaillible qu'il la saisira et qu'il n'en voudra plus d'autre. » On voit que l'énigme de la philosophie moderne est ce qu'on appelle aujourd'hui le *communisme*, et qu'affichaient dès lors les *économistes.*

Ce qui étonne, c'est que Frédéric II, connaissant ainsi le mot de l'énigme, ait continué de faire cause commune avec les philosophes révolutionnaires. Il écrivait à Voltaire, leur chef : « C'est à Bayle et à vous, sans contredit, que la gloire est due de cette révolution qui se fait dans les esprits. Mais, disons la vérité; elle n'est pas complète, les dévots ont encore leur parti, et jamais on ne l'achèvera que par une force majeure. C'est du gouvernement que partira la sentence qui *écrasera l'infâme.* Des ministres éclairés pourront y contribuer; mais il faut que la volonté du souverain s'y joigne. Sans doute que cela se fera avec le temps; mais ni vous ni moi ne serons spectateurs de ce moment si désiré. — Votre roi a été, dans son enfance, à l'école du fanatisme et de l'imbécillité : cela doit faire appréhender qu'il manque de résolution pour examiner par lui-même ce qu'on lui a appris à adorer stupidement (*Lettres* des 10 fév. 1774, 29 juillet 1775, etc.; Proyart, l. 8). » Ainsi le même Frédéric traite le même Louis XVI de roi vertueux, sage, fait pour le bonheur du peuple, et puis d'homme stupide et imbécille, parce qu'il croit à une religion qui lui ordonne d'être sage et vertueux, malgré toutes les séductions qui l'environnent !

Louis XVI avait bien plus de bon sens et de pénétration que Frédéric II. Au lieu de se faire le complice de Voltaire en anarchie, il proscrivit ses œuvres, comme *outrageant également la religion et les mœurs, et tendant à ébranler les principes fondamentaux de l'ordre social.* Ses ministres, beaucoup moins sages, au lieu d'exécuter les ordonnances royales contre les écrits révolutionnaires, favorisaient ces écrits contre les ordonnances. Ce furent eux encore qui obtinrent à Voltaire, en 1778, une permission tacite de revenir à Paris, sous prétexte d'y soigner certaines affaires. « Eh bien ! dit alors, comme à regret, Louis XVI, que ce malheureux homme vienne donc faire ses affaires, mais qu'il prenne garde à lui. » Voltaire arriva le 10 février, portant, au lieu de chapeau, un bonnet rouge, ce signe de ralliement qu'avait autrefois porté le régicide Cromwell. Il eût bien voulu être présenté à Louis XVI, mais ne put en obtenir la permission. En revanche, il reçut les applaudissements d'un monde qu'il avait achevé de corrompre après en avoir été corrompu lui-même. « Il s'occupait cependant, dit son biographe, le marquis de Condorcet, à revoir son *Essai sur les mœurs et l'esprit des nations*, et à y porter de nouveaux coups au fanatisme. » Voltaire lui-même a dit de cet ouvrage : « J'ai pris les deux hémisphères en ridicule; c'est un coup sûr (*Lettre à d'Argental*, 15 oct. 1754). » C'est-à-dire qu'au lieu d'y instruire les hommes, il n'y cherche qu'à se moquer d'eux. Voltaire avait quatre-vingt-quatre ans, mais une santé si robuste, que les médecins lui promettaient encore dix ans de vie. Tout à coup il est pris d'un crachement de sang : soit terreur, soit hypocrisie, il fit venir un prêtre, l'abbé Gauthier, chapelain des incurables, et, le 2 mars, il signa un écrit où il déclarait *s'être confessé* à cet ecclésiastique et *vouloir mourir dans la religion catholique*, ajoutant que, *s'il avait scandalisé l'Eglise, il en demandait pardon à Dieu et à elle.* Cette mince réparation de tant de scandales en était presque un nouveau dans la bouche d'un homme qui s'était si souvent joué de la religion et qui avait profané ce qu'elle a de plus auguste. Aussi Condorcet dit-il que *cette nouvelle scandalisa un peu plus les hommes éclairés qu'elle n'édifia les dévots.* Voltaire s'étant rétabli un peu, cessa de songer à l'Eglise et se retourna vers le théâtre. On représentait une de ses pièces les plus faibles : elle eût été sifflée de tout autre; on l'applaudit à outrance, parce qu'il y assistait. Son buste, placé sur le théâtre, fut couronné par les comédiens. Lui-même, porté dans les bras des spectateurs jusqu'à sa voiture, fut reconduit jusqu'à sa demeure par une foule enthousiaste qui criait : *Vive Voltaire! vive Mahomet! vive la Henriade!* et *vive la Pucelle!* Ce dernier cri désigne un poème infâme où le dernier des hommes et des Français, Voltaire, traîne dans la boue la chaste et poétique héroïne qui a sauvé la France. Le féliciter d'une pareille honte annonçait une France pourrie. La mort n'était pas loin. L'usage immodéré que Voltaire fit du café pour s'entretenir dans un certain état d'excitation, fit revivre, avec une nouvelle force, une strangurie à laquelle il avait été sujet. Il eut recours alors à une préparation d'opium pour calmer ses douleurs, et il en prit de trop fortes doses. De ce moment, son esprit parut l'abandonner ou ne se remonta que par intervalles forts courts. L'abbé Mignot, son neveu, alla chercher le curé de Saint-Sulpice et l'abbé Gauthier, et Voltaire expira le 30 mai 1778; suivant le bruit commun, comme un autre Antiochus, un autre Julien l'Apostat, tantôt blasphémant, tantôt se désespérant, maudissant ses amis, se débattant, se déchirant lui-même et portant ses propres ordures à sa bouche. Deux mois après, au 2 juillet, nous avons vu mourir fou et meurtrier de lui-même l'autre chef de l'incrédulité moderne, Jean-Jacques Rousseau. Le cadavre de Voltaire fut emmené par son neveu, l'abbé Mignot, au couvent de Scellières en Champagne, dont le neveu était abbé commendataire. Au fort de la Révolution française, les restes de Voltaire et de Rousseau furent transférés, par les comédiens de Paris, dans les caveaux du Panthéon, avec les restes du calviniste Marat : trois nouveaux dieux dignes l'un de l'autre (*Biogr. univ.*, art. VOLTAIRE; Proyart, *Louis XVI*, l. 9; Picot, *Mémoires*).

Nous avons vu, d'après Jean-Jacques Rousseau, que les philosophes modernes ne *s'accordent que pour disputer*, en sorte que cette philosophie serait au fond l'anarchie intellectuelle. Or, tel était la situation politique de la France à la mort de Voltaire; on ne s'y accordait que pour disputer. En 1774, persuadé par ses ministres que tel était le vœu du peuple, Louis XVI rétablit les anciens parlements. « Le roi notre aïeul, dit-il, forcé par votre résistance à ses ordres réitérés a fait ce que le maintien de son autorité et l'obligation de rendre la justice à ses peuples exigeaient de sa sagesse; je vous rappelle aujourd'hui à des fonctions que vous n'auriez jamais dû quitter. Sentez le prix de mes bontés et ne les oubliez jamais. » On rétablit donc les parlements réfractaires et on renvoya ceux qu'on avait mis à leur place : un gouvernement qui eût pris à tâche de se déconsidérer lui-même n'aurait guère pu s'y prendre mieux. A peine rétablis, les parlements protestèrent contre les édits du roi, particulièrement contre celui qui les rétablissait avec certaines restrictions (Sismondi, *Hist. des Français*, t. XXX, p. 40 et seqq.). En 1776, Louis XVI, guidé par son ministre Turgot, rendit plusieurs édits pour réformer les abus de l'administration et améliorer la constitution politique de la France. Un de ces édits abolissait les corvées, c'est-à-dire les travaux ou services gratuits que les paysans devaient à leurs seigneurs : ce qui constituait une espèce de servitude que le caprice des grands propriétaires rendaient quelquefois intolérable. Or les magistrats de ces parlements étaient de ces propriétaires. Ils s'opposèrent donc de toute leur force à l'abolition des corvées. Eux, tirés de l'exil par l'opinion, comme les tuteurs des libertés publiques, n'eurent pas honte de dire tout haut : « Que le peuple, en France était taillable et corvéable à volonté, et que c'était un article de la constitution qu'il n'était pas au pouvoir du roi de changer. » Après d'itératives remontrances, le roi tint un lit de justice et força l'enregistrement des édits. Et quand les parlements dirent que le peuple, en France était *taillable* ou imposable à volonté, ils entendaient, excepté les parlements. En effet, lorsque le gouvernement de Louis XVI proposa une égale répartition des impôts sur toutes les terres, sans distinction de seigneurs ou de bourgeois, les parlements, attendu qu'ils avaient des terres seigneuriales, s'y opposèrent à plusieurs reprises : et ce fut cette opposition révolutionnaire des parlements à l'égalité des charges qui nécessita la convocation brusque des Etats généraux et provoqua directement la Révolution française (*Hist. des Français*, p. 106, 237, 420, 441, 442).

Les ministres de Louis XVI n'étaient pas plus d'accord entre eux qu'avec les parlements. Ces ministres, qui se succédèrent assez rapidement, n'avaient en général rien de plus pressé que de détruire les réformes ou les systèmes l'un de l'autre (*Ibid.*, p. 236, 238, 294, 412). En sorte que les dettes de l'Etat, commencées sous Louis XV, allaient toujours en augmentant. Quelques-uns de ces ministres, Turgot et Necker, s'entendaient en finances, mais avaient sur le reste du gouvernement des idées fort étroites. Par exemple, l'un et l'autre proposaient d'établir des assemblées provinciales sans une assemblée nationale : ce qui eût exposé la France à perdre le premier de tous ses biens, son unité politique, pour n'être plus qu'une confédération de cantons suisses ou d'états américains.

Dans ce grand nombre de ministres successifs, généralement tous médiocres et la plupart de mœurs très-dissolues, il y eut un évêque qui ne fut pas le moins corrompu ni le moins inepte : Loménie de Brienne, archevêque de Toulouse. Porté à l'état ecclésiastique par les vues de sa famille, le commencement de sa carrière fut marqué par un éclat. Il soutint en Sorbonne, le 30 octobre 1750, à l'âge de vingt-quatre ans, une thèse qui fit du bruit, et qui n'était qu'un peu moins répréhensible que celle de l'abbé de Prades. Il s'était lié avec de Jarente, évêque d'Orléans, alors ministre de la feuille des bénéfices, et dont le neveu, de même nom et évêque de la même ville, non-seulement devint schismatique pendant la Révolution, mais même se maria. Loménie obtint par l'oncle, en 1760, l'évêché de Condom, et, en 1764, l'archevêché de Toulouse. Il était dès lors très-lié avec d'Alembert et quelques autres philosophes de cette trempe. Il eut le secret de se faire nommer de toutes les assemblées du clergé, y acquit même de l'influence, et fut, dans celles de 1765, de 1770 et de 1775, chef du bureau de juridiction. Chargé en conséquence des mesures à prendre pour le bien de la religion, il parut plus occupé à arrêter le zèle de ses confrères qu'à provoquer de sages règlements. On eut un exemple de la légèreté avec laquelle il traitait les affaires, dans le rapport qu'il fit, le 25 mai 1766, sur le concile d'Utrecht, et qui est plein d'inexactitudes. C'est sans doute à son sujet que d'Alembert écrivait à Voltaire, le 15 août 1775 : « Le clergé ferait bien des sottises si quelques évêques raisonnables ne l'empêchaient. » Ces services ouvrirent à l'archevêque de Toulouse les portes de l'Académie française. Voltaire écrivait à d'Alembert le 11 juin 1770 : « On dit que vous nous donnez pour confrère l'archevêque de Toulouse, qui passe pour une bête de votre façon, très-bien disciplinée par vous. — Jamais la raison n'aura à s'en plaindre, répondit d'Alembert. Nous avons en lui un très-bon confrère, qui sera certainement utile aux lettres et à la philosophie, pourvu que la philosophie ne lui lie pas les mains par un excès de licence, ou que le cri général ne l'oblige d'agir contre son gré. » C'est ainsi que parlaient de l'archevêque ceux qui le connaissaient le mieux. On le prônait donc comme un évêque administrateur, sorte de mérite dont on faisait dès lors beaucoup de cas. On vantait l'ordre qu'il avait mis dans son diocèse, où il ne résidait guère. En 1768, il y rétablit l'usage des conférences ecclésiastiques ; mais comme il n'y parut pas, il ne s'en tint qu'un petit nombre. Il montra plus de zèle dans l'affaire suivante.

Un arrêt du conseil d'État l'ayant nommé, en 1766, membre d'une commission pour la réforme des ordres religieux, il en devint bientôt le principal faiseur. On l'accuse d'avoir excité des divisions dans les monastères, d'y avoir soufflé l'esprit d'insubordination, et d'avoir contribué à dégoûter de leur état des hommes que l'esprit du siècle en éloignait de plus en plus. Beaucoup de monastères furent supprimés successivement, et même des corps entiers disparurent. L'archevêque avait le secret du ministère et de la philosophie ; il suivait son plan avec persévérance ; les religieux les plus zélés étaient fatigués par des changements multipliés ; les plus relâchés étaient favorisés de grâces et d'emplois, et une foule de lettres de cachet étaient distribuées pour autoriser des règlements arbitraires, et pour saper à petit bruit l'état monastique. Les assemblées du clergé de 1772, de 1775 et de 1780 se plaignirent de ses efforts sourds ; et quelques parlements mêmes reprochèrent à la commission de s'arroger une autorité excessive, et de n'avoir su que détruire, tandis qu'elle avait été créée pour conserver. L'archevêque de Toulouse prépara ainsi insensiblement le coup définitif porté aux ordres religieux par la Révolution. Mais tout en détruisant les abbayes, il s'en réservait pour lui-même, et se fit donner successivement celles de Bassefontaine, de Moissac, de Moreilles, de Saint-Vandrille, de Saint-Ouen et de Corbie. La première était contiguë à son parc ; il la fit supprimer, et l'enclos servit à augmenter les dépendances de son château. C'est ainsi que la *Biographie universelle* apprécie le zèle réformateur de l'archevêque de Toulouse ; et ce jugement est confirmé par toutes les histoires du temps (*Biogr. univ.*, t. XXIV; Picot, *Mémoires*).

Le clergé de France, en choisissant un pareil homme pour réformer le sanctuaire et le royaume, se condamnait et se dégradait lui-même, se montrait lui-même humainement incurable. Et ce n'était pas le seul homme de ce caractère qu'il mettait à sa tête pour réformer les abus. On lit dans l'*Histoire des Français*, sur l'année 1775 : « Au moment où l'armée allait avoir ses réformes financières, le clergé se leva pour demander une réforme aussi ; mais ce n'était pas sa réforme propre, qui pourtant n'eût pas été moins nécessaire que celle des autres corps de l'État. Mais ce n'était pas un tel clergé qui pouvait donner l'exemple d'une impartialité si haute et d'une si noble pureté d'intention. En cette année 1775, au lieu de confesser ses fautes avec une habileté courageuse, au lieu de sévir par la main de ses prélats les plus fermes, et contre le relâchement de ses doctrines et contre l'indiscipline de ses mœurs, le clergé fit la confession de tout le monde, et demanda pour tous, excepté pour lui, les sévérités, les corrections du pouvoir. Déjà il avait poussé de grandes plaintes dans l'assemblée de 1755, en 1760, puis en 1770. En l'année 1775, un prélat de mœurs pures, M. de Pompignan, archevêque de Vienne, qui avait fait un travail sur l'état des mœurs et de la religion, fut chargé d'adresser au roi des remontrances. Du moins le choix de ce prélat était convenable ; mais que dire des hommes qu'on lui adjoignit ? L'archevêque de Toulouse, Loménie, et l'abbé de Talleyrand-Périgord, récemment élu promoteur du clergé de France, contrastaient par leurs mœurs, par leurs idées, avec une mission de cette nature et aussi avec la robe dont l'intérêt de leurs familles les avait revêtus. Il était public que Loménie ne croyait pas en Dieu, et Louis XVI, si respectueux pour les prêtres, l'a dit lui-même, lorsqu'on parla de le créer archevêque de Paris. Quant à l'abbé de Talleyrand, malgré les tendances d'un esprit si naturellement politique, il portait son petit collet avec une sceptique nonchalance, et tout ambitieux qu'il fût, il ne se donnait pas même la peine de remplir les devoirs extérieurs de son état. Le choix de pareils organes pour parler à la royauté des douleurs de l'Église de France fut inhabile et scandaleux ; il montrait bien le mal dont cette Église était frappée dans ses entrailles. Ces noms en disaient plus long que les remontrances, car les remontrances n'indiquaient que les maux du dehors. Talleyrand et Loménie représentaient bien les mœurs et les opinions de la majorité du haut clergé. Or, quand ces prêtres, si peu édifiants dans leur conduite et leurs maximes, protestaient contre l'esprit du siècle dont ils étaient l'expression la moins élevée, pouvait-on prendre au sérieux leurs protestations (*Histoire des Français*, t. XXX, p. 64)? »

Dans le XVIIe livre de cette Histoire, nous avons vu deux prêtres, Ézéchiel et Jérémie, faire des remontrances aux peuples et aux rois, leur reprocher leurs crimes, leur annoncer des révolutions formidables, non-seulement dans le royaume de Juda, mais encore dans les royaumes d'alentour ; et, depuis bien des siècles, nous voyons la vérité expérimentale de leur parole dans les ruines de l'Orient.

Mais les prêtres Jérémie et Ezéchiel ne dissimulaient pas les prévarications du sacerdoce; ils perçaient la muraille du temple pour dévoiler les abominations qui s'y commettaient; ils disaient de la part de Dieu aux exécuteurs de sa vengeance : *Commencez par mon sanctuaire* (Ezech., 9, 6). Saint Pierre, le chef du sacerdoce chrétien, dit de même : *Il est temps que le jugement commence par la maison de Dieu* (1. Petr., 4, 17). Aussi Jérémie, Ezéchiel, saint Pierre ont-ils souffert le martyre pour glorifier Dieu et purifier son sanctuaire. Loménie et Talleyrand, prêtres de la philosophie et de Baal plus que de Dieu et de son Eglise, étant eux-mêmes un scandale dans le sanctuaire, ont travaillé à l'y augmenter : au jour de l'épreuve, ils seront l'un et l'autre traîtres à Dieu et à son Eglise, et les auteurs d'un schisme.

Funeste à la maison de Dieu, Loménie le fut à la maison du roi. Le mariage de Marie-Antoinette d'Autriche-Lorraine avec le dauphin de France, depuis Louis XVI, ayant été arrêté en 1769, l'impératrice Marie-Thérèse demanda un ecclésiastique instruit et qui fût au fait des usages du grand monde, pour perfectionner sa fille dans la langue française. Loménie lui fit envoyer son protégé, l'abbé de Vermond, partisan des philosophes et des encyclopédistes. Marie-Antoinette, âgée de seize ans, belle et gracieuse, avait eu pour maître d'italien l'abbé Métastase, et pour maître de musique le célèbre Gluck. Sœur de Joseph II, elle avait les défauts de son frère : elle était légère et étourdie. Au lieu de la corriger de ces défauts, l'abbé de Vermond, qu'elle prit pour confident et arbitre de ses pensées, est accusé de l'y avoir entretenue. Et telle fut la source des fautes qui empoisonnèrent la vie de cette princesse : nous disons *fautes*, et non pas *crimes*; et encore fautes de légèreté et d'étourderie, qu'un sage mentor lui aurait épargnées. Dès son début à Versailles, où était la cour, l'abbé de Vermond fit éconduire l'historiographe de France, Moreau, que ses talents avaient fait choisir pour être bibliothécaire de la dauphine. C'est que Moreau, parmi un grand nombre d'ouvrages, avait publié, l'an 1757, des *Mémoires pour servir à l'histoire des Cacouacs*. Il s'y déclare l'ennemi des philosophes, qui devinrent les siens, parce que cette production, vraiment originale, fut lue et recherchée avec avidité. Vermond, ami des philosophes, le fit donc éloigner. Excitée par son instituteur, Marie-Antoinette tourne en dérision la comtesse de Noailles, qui lui rappelait sans cesse les règles de l'étiquette ou des usages établis à la cour de France. La dauphine témoignait beaucoup de tendresse à Mesdames, filles de Louis XV. Madame Victoire surtout répondit avec empressement à ces avances : elle ne négligeait rien pour l'attirer dans sa société et dans celle de madame Adélaïde, sa sœur; car elle sentait combien leurs avis et leur expérience pourraient être utiles à la jeune princesse : elle lui donna même plusieurs fêtes. Mais Vermond, craignant de perdre son influence, s'opposa bientôt à ces réunions. On le vit sans cesse prendre part à des intrigues qui eurent pour résultat de donner des torts apparents à Marie-Antoinette, et d'indisposer contre elle des familles puissantes. Ainsi il lui attira l'inimitié de toute la maison de Rohan, en dépréciant l'instruction de madame Clotilde, l'aînée des sœurs de Louis XVI, qui avait pour gouvernante la comtesse de Marsan, et qui fut une sainte. Cette dame et ses amis répondirent à ces critiques par des réflexions défavorables sur l'éducation que l'impératrice Marie-Thérèse avait donnée à ses filles. Dès ce moment, il s'établit un foyer de commérage contre Marie-Antoinette dans la société de madame de Marsan : ses moindres actions y étaient mal interprétées, et le prince Louis de Rohan, ambassadeur à Vienne, s'y rendit l'écho de ces propos injurieux. Vermond laissait la dauphine ne s'occuper que de musique et de lectures frivoles. Jamais il ne lui présenta un livre d'histoire. A l'avénement de Louis XVI, il ne tint pas à lui que la nouvelle reine ne se jetât dans le tourbillon des affaires publiques. Il engagea cette princesse à demander le rappel du duc de Choiseul; mais elle n'y réussit pas : le roi avait puisé dans les papiers du dauphin, son père, d'invincibles préventions contre cet homme d'État. Louis XVI, dont l'âme droite et pure devinait comme par instinct les intrigants, ne se sentait pas moins d'éloignement pour Vermond, qu'il connaissait pour une créature de Choiseul et pour un partisan des encyclopédistes. Jamais, étant dauphin, ce prince ne lui avait adressé une parole, et très-souvent il ne lui avait répondu que par un haussement d'épaules. Vermond obtint cependant de lui la permission de continuer ses fonctions auprès de la reine (*Biog. univers.*, t. XLVIII, art. VERMOND). Ce fut un malheur pour elle. Il finit par faire arriver au ministère et à la présidence du conseil son protecteur Loménie de Brienne : ce fut un malheur pour le royaume et ce qui hâta la catastrophe.

Un autre ecclésiastique contribua au malheur de la reine : ce fut le prince Louis de Rohan, évêque de Strasbourg et cardinal. Il était doué d'une belle figure, d'un esprit facile, d'une instruction superficielle; mais sa présomption, son amour pour les plaisirs et pour la dépense l'exposèrent à commettre bien des fautes. Après la disgrâce du duc de Choiseul, il obtint l'ambassade de Vienne par le crédit de mesdames de Marsan et de Guéméné. Il fut reçu avec assez de froideur par l'impératrice Marie-Thérèse. Aussi indiscret dans ses propos que léger dans sa correspondance, il répandait à Vienne les insinuations les plus inconvenantes sur la dauphine Marie-Antoinette; et dans ses dépêches pour la cour de France, il n'épargnait pas davantage Marie-Thérèse. La dauphine, informée de ces deux choses, conçut pour lui une aversion légitime; mais peu capable de vengeance, elle se contenta de lui montrer beaucoup de froideur. Marie-Thérèse, de plus en plus mécontente de Rohan, demanda son rappel, qu'elle n'obtint que deux ans après la mort de Louis XV. Les griefs positivement énoncés par elle furent : 1° les galanteries publiques du prince Louis avec des femmes de la cour et d'autres d'un rang moins distingué; 2° sa morgue et sa hauteur à l'égard des ministres étrangers; 3° des dettes immenses contractées par lui et ses gens; 4° son mépris pour les choses de la religion. On le voyait souvent quitter les habits de son état pour prendre des uniformes de chasse; et cela avec tant de publicité, qu'un jour de Fête-Dieu, lui et toute sa légation, en uniforme vert, coupèrent une procession qui gênait leur passage. A son retour en France, Rohan n'obtint qu'une très-courte audience de Louis XVI et aucune de Marie-Antoinette. Mais tel était le crédit de sa maison, qu'il fut nommé successivement grand-aumônier de France, abbé de Saint-Vaast (bénéfice qui valait seul trois cent mille livres de rente), proviseur de Sorbonne et administrateur de l'hôpital des Quinze-Vingts. A la même époque, le roi de Pologne, Stanislas Poniatowski, demanda pour lui le chapeau de cardinal.

Mais ces dignités ne donnaient ni la considération ni le bonheur à celui qui en était revêtu. Perdu de dettes, malgré son immense fortune, Rohan se montrait aussi peu délicat dans ses liaisons que dans ses plaisirs. Sa maison était ouverte à toutes sortes d'intrigants et de gens de mauvaises mœurs. Le jongleur Cagliostro et l'aventurière La Motte étaient admis dans ses confidences les plus intimes. Une seule pensée le préoccupait, c'était de recouvrer les bonnes grâces de la reine. Ce désir était chez lui une passion dont les témoignages indiscrets ne pouvaient qu'être une offense de plus pour Marie-Antoinette. Enfin la comtesse de La Motte persuada au cardinal de Rohan qu'elle était à portée de lui procurer les bonnes grâces de la reine, quoiqu'elle n'eût jamais eu l'honneur de parler à cette princesse. Cagliostro, agent secret d'une faction ennemie du trône, secondait cette aventurière. Pendant plus d'une année, Rohan vécut sous l'empire des prestiges de ces deux imposteurs. C'est au milieu de cette préoccupation inconcevable qu'il se permit d'écrire à sa souveraine plusieurs lettres, que l'intrigante était censée remettre, et dont elle faisait faire les réponses par un faussaire. Enfin, après une entrevue nocturne dans un bosquet de Versailles, avec une fille publique, qu'à sa taille et à sa démarche le présomptueux cardinal prit pour la reine, il se chargea d'acheter, au nom de cette princesse, au joaillier de la cour, le fameux collier dont Marie-Antoinette avait réellement refusé l'achat l'année précédente. Le prix se montait à seize cent mille livres. Cette somme fut stipulée payable en quatre termes égaux, suivant un écrit dressé et signé entre le prélat et le négociant. Rohan le remit à la dame La Motte, qui le lui rendit, quelques jours après, apostillé, à chaque article, du mot *approuvé*, et signé au bas : *Marie-Antoinette de France*. Ce fut Retaux de Villette, l'auteur des fausses lettres de la reine, qui commit encore ce faux, et consomma l'escroquerie. L'aveugle cardinal reçoit l'écrit sans l'examiner, et le communique au marchand. Celui-ci livre le collier au cardinal, le cardinal à la dame La Motte, qui en dépèce les diamants avec Cagliostro, et les envoie vendre en Angleterre, tandis qu'elle fait accroire au cardinal que la reine a reçu le collier avec beaucoup de plaisir. Cependant le 1er août 1785, jour du premier paiement, arrive; le joaillier ne recevant pas la somme promise, en écrit à la reine, laquelle pense d'abord qu'il a perdu la tête; mais bientôt une explication sérieuse avec le joaillier lui révèle le marché que le cardinal avait conclu en son nom. On était au 15 août, jour de l'Assomption : Rohan, revêtu de ses habits pontificaux, attendait dans la grande galerie de Versailles les ordres du roi pour la messe, lorsqu'il fut mandé devant le roi et la reine, et, après une courte explication, arrêté et envoyé à la Bastille. Cet éclat déplorable était une imprudence conseillée par l'abbé de Vermond et un des ministres. La procédure de cette affaire, portée au parlement, y dura plus d'une année. Enfin, le 31 août 1786, le cardinal fut déchargé de toute accusation, la comtesse La Motte condamnée; le plus grand mal fut pour la pauvre reine, qui pourtant était innocente. En apprenant la sentence, elle dit à une dame qui le rapporte dans ses *Mémoires* : « Venez plaindre votre reine outragée et victime des cabales et de l'injustice; mais à mon tour je vous plaindrai comme Française. Si je n'ai pas trouvé de juges équitables dans une affaire qui portait atteinte à mon caractère, que pourriez-vous espérer si vous aviez un procès qui touchât votre fortune et votre honneur (*Biogr. univers.*, art. MARIE-ANTOINETTE, ROHAN, LA MOTTE; *Hist. des Français*, t. XXX)? »

La révolution qui éclata trois ans après, s'est chargée de répondre. Aussi appelle-t-on l'affaire du collier *la première journée de la Révolution*. Et de fait, entre des juges qui dénient justice à une reine innocente, dont l'honneur est compromis par des escrocs et leur dupe; entre ces juges-là et des juges qui lui coupent la tête, la distance n'est pas grande. — Quant au cardinal de Rohan, la Révolution fut pour lui un vrai bonheur : dépouillé de la plus grande partie de ses biens, il devint un homme exemplaire, et employa le reste de sa fortune à secourir de plus malheureux.

Le comte Alexandre de Cagliostro, dont le vrai nom est *Jacques Balsamo*, né à Palerme en 1745, est un célèbre charlatan et escroc, qui voyagea en divers pays, sous différents noms, faisant partout des dupes et trafiquant des charmes de son épouse, qui était belle. En 1780, il fut reçu avec enthousiasme à Strasbourg; il ne fit pas moins de dupes à Paris; de leur nombre, le cardinal de Rohan. Jacques Balsamo, soi-disant comte de Cagliostro, fut arrêté à Rome en 1790, condamné à une prison perpétuelle, où il mourut en 1795. Quelques années avant lui, un médecin allemand, *Mesmer*, né à Mersbourg en Souabe, l'an 1734, avait fait encore plus de dupes en France par sa doctrine et sa pratique du *magnétisme animal*. L'engouement public fut tel, que, quand il fut à Paris, le baron de Breteuil eut avec lui une conférence officielle dans laquelle il lui offrit, au nom du roi, vingt mille livres de rente viagère, et un traitement annuel de dix mille francs, pour établir une clinique magnétique, sous la seule condition de former à la pratique de ses procédés trois personnes choisies par le gouvernement, avec l'attente de grâces plus considérables encore, si ces personnes jugeaient sa découverte utile. Mesmer refusa tout net, et partit avec quelques-uns de ses malades pour les eaux de Spa. Mais, pendant son absence, un docteur-régent dans la Faculté de médecine, à Paris même, se donna pour possesseur des secrets du magnétisme animal, et attira ainsi beaucoup de malades. Lorsque Mesmer apprit cette nouvelle à Spa, il s'écria qu'il était perdu, ruiné; que le docteur de Paris était un imposteur qui ne connaissait rien de sa méthode, mais qu'il allait faire une grande fortune, tandis que lui, Mesmer, auteur d'une science nouvelle et d'une découverte admirable, finirait ses jours dans la pauvreté. Pour le consoler, ses malades firent entre eux une souscription, qui lui rapporta plus de trois cent quarante mille livres. Parmi les disciples et les prôneurs de Mesmer, se distinguaient le marquis de La Fayette et le fougueux parlementaire d'Eprémesnil. Cependant Mesmer se tenait avec ses illustres élèves dans une mystérieuse réserve. Se souciant peu de compromettre ouvertement les profondeurs de sa doctrine, il laissait aux plus dévoués d'entre eux le soin de l'exposer et de la répandre. Ainsi, ce fut d'abord d'Eprémesnil et ensuite un nommé Bergasse qui firent un cours de leçons théoriques aux souscripteurs, tout en confessant avec respect qu'ils n'avaient point le secret du maître. Ces leçons servaient d'accompagnement et d'explication au traitement médical, où se rendaient également les malades et les curieux.

Figurez-vous un appartement élégamment orné, et au milieu une cuve couverte, d'où partent un grand nombre de cordes et de tiges de fer, disposées de manière à pouvoir être tournées et dirigées en tout sens : autour de ce *baquet*, car c'est ainsi qu'on l'appelait, étaient rangés les malades parmi lesquels on n'en admettait aucun dont les infirmités fussent d'une nature repoussante, ou même désagréable pour les spectateurs. On passait un des cordes autour du corps de chacun d'eux, et on leur faisait prendre aussi à la main une des tiges métalliques, pour la tenir appliquée sur la partie souffrante. De temps en temps ils quittaient ces tiges; et ceux qui s'avoisinaient se touchaient mutuellement par les doigts : cela s'appelait former *la chaîne*. Au mystère de cet appareil, se joignaient toutes les séductions qui peuvent agir sur l'imagination et les sens, la musique, les parfums, et jusqu'à l'espèce de sécurité que donne la clarté douteuse d'un demi-jour heureusement ménagé. Après être resté plus ou moins longtemps au baquet, il arrivait presque toujours que quelqu'un des malades finissait par éprouver des agitations nerveuses qui étaient bientôt partagées par plusieurs autres, avec les modifications les plus bizarres. Cette agitation se nommait *une crise*; mais en général, pour provoquer la crise; il fallait magnétiser la personne même : pour cela, le magnétiseur s'asseyait devant elle, ses pieds touchant ses pieds, ses yeux attachés sur ses yeux, et tenant ses genoux embrassés dans les siens. C'est ce qu'on appelait se mettre *en rapport*. Ainsi placé, il promenait doucement ses mains sur les vêtements, en caressant par un tact léger toutes les parties du corps les plus sensibles. Presque toujours, surtout si le malade était une femme, cette opération se terminait par un état demi-convulsif qui n'était pas sans charme. Chez d'autres individus, l'état de crise se manifestait par des cris perçants, ou par des pleurs, ou par des rires immodérés; tandis que d'autres éprouvaient seulement un désordre momentané de la pensée, comme dans un léger sommeil. Lorsque les malades d'une imagination ardente avaient une fois éprouvé cet état, ils s'y complaisaient; et alors le seul aspect de l'homme qui les magnétise agit si puissamment sur eux, que d'un regard, d'un geste, il peut les faire retomber en convulsion. C'était ainsi qu'au milieu du cercle nombreux et brillant qui faisait à la fois sa fortune et sa gloire, lorsque Mesmer venait à paraître, tenant en main la baguette magique dont tous avaient plus ou moins

ressenti le pouvoir, un mot, un simple signe excitait ou calmait, à son gré, les êtres mobiles qui l'environnaient. Il est vrai que, pour mieux assurer sa puissance, il avait des confidents secrets de ses volontés, qui donnaient les premiers l'exemple d'une soumission absolue. On sent aisément combien un pareil charlatanisme était dangereux pour les mœurs.

L'enthousiasme public pour ces réunions, et les désordres nombreux qui les accompagnaient, déterminèrent enfin le gouvernement à faire examiner la doctrine et l'emploi du magnétisme animal par une commission composée de quatre médecins et de cinq membres de l'Académie des sciences. Parmi les premiers, on remarque un médecin estimable, Guillotin, d'abord jésuite et plus tard parrain de la guillotine, machine connue avant lui, mais qu'il proposa comme le supplice le moins douloureux, et que des plaisants baptisèrent de son nom. Parmi les seconds, on remarque Francklin, ambassadeur de l'Union américaine, le chimiste Lavoisier et l'astronome Bailly : ces deux derniers furent *guillotinés* dans la suite, le premier comme fermier général, l'autre comme ex-maire de Paris. Les dix commissaires, se rappelant les convulsions des camisards dans les Cévennes, et des jansénistes au cimetière de Saint-Médard, examinèrent de près les expériences de Mesmer, ils s'y soumirent eux-mêmes, et s'assurèrent, de la manière la plus indubitable, que tous les effets attribués au magnétisme animal résultaient uniquement de cette influence qui fait que, par exemple, nous bâillons quand nous voyons bâiller, que nous rions quand nous voyons rire, et que même nous pouvons exciter en nous des émotions physiques très-violentes par la seule action de notre pensée. Voilà ce qu'ils développèrent dans un rapport public rédigé par Bailly. Quant à la question beaucoup plus importante de l'influence de la doctrine de Mesmer sur les mœurs, les commissaires crurent devoir en faire la matière d'un rapport secret, destiné à être mis sous les yeux du roi seul : ils réduisent les causes de cette influence immorale à des agents réels, qui sont l'attouchement, l'imitation et le pouvoir de l'imagination sur les sens. De nos jours, ce même charlatanisme se reproduit sous le nom de *somnambulisme magnétique* : les autorités ecclésiastiques et autres feront bien d'y prendre garde; car il peut n'être pas moins dangereux. L'aventurier Mesmer ne répondit point au rapport des commissaires : bientôt après il quitta la France, emportant l'argent des souscripteurs, auxquels il n'avait point donné son secret, et, par-dessus le marché, les accusant dans un libelle de le lui avoir dérobé. Il mourut ignoré dans sa ville natale, en 1815 (*Biogr. univ.*, et Feller, art. Mesmer et Bailly).

On s'étonnera peut-être que dans le XVIII° siècle, dans le siècle des lumières et de la philosophie, comme il s'appelle, les charlatans aient pu faire tant de dupes. Mais nous avons vu que, d'après Jean-Jacques Rousseau, les philosophes eux-mêmes étaient des charlatans qui criaient chacun de leur côté : « Venez à moi, c'est moi seul qui ne trompe point. » Nous avons entendu Voltaire leur donner ce grand précepte du charlatanisme : « Mentez, mes amis, mentez hardiment, je vous le rendrai dans l'occasion. » Certes, une génération habituée à de pareils maîtres, et formée par eux, devait naturellement être accessible à toutes les fables, à toutes les séductions, à toutes les calomnies. C'était comme un très-mobile océan, flottant à tout vent de doctrine et appelant la tempête.

La famille royale n'était pas exempte de cet esprit du siècle. Louis XVI, ses sœurs et ses tantes se montraient, par leurs vertus chrétiennes, dignes enfants de saint Louis. Mais son frère, le comte de Provence, depuis Louis XVIII, avait des prétentions à la littérature et à la philosophie, « qui lui servaient à cacher d'autres ambitions. Au moment où la cour essayait des réformes, Monsieur plaida pour les vieilles choses; mais quand le gouvernement fut retombé dans ses anciennes voies, Monsieur transporta son opposition de l'autre côté. Il nourrissait contre Marie-Antoinette une hostilité couverte que ses affidés trahissaient par mille propos envenimés. Le Luxembourg, qu'il habitait, était un atelier de chansons et d'épigrammes (*Hist. des Français*, t. XXX, p. 278). » Son autre frère, le comte d'Artois, depuis Charles X, alors jeune encore, était léger, frivole et libertin. Ces deux princes dépensaient prodigieusement, et par là augmentaient l'embarras des finances publiques. Quant au premier prince du sang royal, le duc d'Orléans, sa conduite, ses mœurs, ses principes étaient tels que, lorsqu'en 1793, il vota la mort de Louis XVI, il n'étonna pas beaucoup ceux qui le connaissaient.

Telle était la France, de la tête aux pieds, lorsqu'un mauvais prêtre, Loménie de Brienne, vient, en 1787, pour en guérir les maux : il ne fait que les envenimer. Une première assemblée n'y trouve point de remède. Le parlement demande les Etats généraux : il renouvelle son opposition révolutionnaire : inconséquent avec lui-même, il accorde aujourd'hui ce qu'il a refusé hier : il est exilé de nouveau, dépouillé de ses attributions politiques. Création de quarante-sept bailliages; mutilation du parlement; protestation de tous les corps judiciaires; troubles en Béarn, en Provence, en Languedoc, en Bretagne; insurrection du Dauphiné. L'assemblée du clergé elle-même demande les Etats généraux. Loménie les promet et autorise tous les savants à faire des recherches sur leur organisation; ce qui augmente la confusion générale des idées et des esprits. Enfin, après huit mois d'un ministère encore plus inepte que les précédents, Loménie est obligé de donner sa démission. Pour le consoler, on lui procure, outre l'archevêché de Sens, le chapeau de cardinal, avec d'autres faveurs énormes. Ce seul fait montre assez combien la France était malade et combien elle avait besoin d'être corrigée par la Providence. Et nous avons vu que le reste de l'Europe et du monde n'était pas mieux portant que la France.

§ X.

*Principes de vie et de guérison que renferme l'Église catholique, non-seulement pour elle, mais pour toutes les nations malades, particulièrement la France et l'Allemagne. — Progrès et souffrances de la religion en Corée, en Chine et au Tong-King. — Sainte mort de Louise de France et de saint Alphonse de Liguori.*

La seule Eglise de Dieu, unie à son chef visible, le vicaire de Jésus-Christ, le successeur de saint Pierre, renferme des principes de vie et de guérison, non-seulement pour elle, mais pour toutes les nations malades. Tandis que nous voyons toutes les dynasties dégénérer sur les trônes du siècle, nous voyons sur le trône de saint Pierre de vieux Pontifes se succéder dans une éternelle jeunesse : nous voyons rayonner autour d'eux de saints et savants personnages, et cela jusque dans les familles royales. Il est vrai, ces Pontifes se voient contrariés par tous les rois catholiques : c'est pour qu'ils se souviennent de ne pas mettre leur confiance dans les princes, mais en Dieu, et en leur propre activité, aidée de sa grâce. Joseph I$^{er}$ de Portugal, Louis XV de France, Charles III d'Espagne, Ferdinand IV de Naples, se sont coalisés pour forcer la main à Clément XIV, lui faire licencier les plus vaillants soldats de l'Eglise, le premier régiment de ses gardes, en un mot la Compagnie de Jésus : ils ont entraîné dans leur conspiration Marie-Thérèse d'Autriche, qui ne résiste plus à l'esprit novateur de son fils Joseph II. Les Jésuites, ainsi condamnés par tous les rois catholiques, décriés par les jansénistes et les philosophes, délaissés de tout le monde, même du Pontife romain, les Jésuites s'abandonnent eux-mêmes. Et cependant Dieu conservera à son Eglise cette semence de bénédiction et lui fera produire dès lors des fruits abondants de salut.

Frédéric II, roi de Prusse, roi hérétique et philosophe incrédule, écrivait le 7 juillet 1770 à Voltaire : « Ce bon Cordelier du Vatican (Clément XIV) n'est pas aussi hargneux qu'on se l'imagine. Pour moi, j'aurais tort de me plaindre de lui ; *il me laisse mes chers Jésuites, que l'on persécute partout. J'en conserverai la graine précieuse pour en fournir un jour à ceux qui voudront cultiver chez eux cette plante si rare* (*Œuvres de Voltaire*, t. LXV, p. 408). » Ainsi donc, c'est un roi hérétique et incrédule qui conserve les Jésuites à l'Eglise, malgré tous les rois catholiques et un peu malgré le Pape. Et c'est au chef de l'incrédulité moderne qu'il se vante et se félicite de ce bonheur. Il lui en déduira même les motifs dans une lettre du 18 novembre 1777. « Vous voulez savoir ce que sont devenus les Jésuites chez nous (en Silésie) ? — J'ai conservé cet ordre tant bien que mal, tout hérétique que je suis, et puis encore incrédule. En voici les raisons. On ne trouve dans nos contrées aucun catholique lettré, si ce n'est parmi les Jésuites; nous n'avions personne capable de tenir les classes; nous n'avions ni Pères de l'Oratoire ni puristes; le reste des moines est d'une ignorance crasse : il fallait donc conserver les Jésuites ou laisser périr toutes les écoles. Il fallait donc que l'ordre subsistât pour fournir des professeurs à mesure qu'il venait à en manquer, et la fondation pouvait fournir la dépense à ces frais. Elle n'aurait pas été suffisante pour payer des professeurs laïques. De plus, c'était à l'Université des Jésuites que se formaient les théologiens destinés à remplir les cures. Si l'ordre avait été supprimé, l'Université ne subsisterait plus et l'on aurait été dans la nécessité d'envoyer les Silésiens étudier la théologie en Bohême. Ce qui aurait été contraire aux principes fondamentaux du gouvernement. — Toutes ces raisons valables m'ont fait le paladin de cet ordre. Et j'ai si bien combattu pour lui, que je l'ai soutenu, à quelques modifications près, tel qu'il se trouve à présent : sans général, sans troisième vœu et décoré d'un nouvel uniforme que le Pape lui a conféré (*Œuvres de Voltaire*, t. LXVI, p. 301). »

Frédéric, comme hérétique et incrédule, n'aimait pas les Jésuites; mais il les trouve utiles, il les aime, comme roi, parce qu'il a du bon sens : ce qui montre combien peu en avaient les rois et princes catholiques, qui s'en privaient de gaîté de cœur, pour se livrer aux ministres de la philosophie, au risque de voir un jour leurs propres descendants expulsés du trône et même du sol paternel, errer à travers l'Europe, mendiant quelque hospitalité princière ou même quelque place de professeur domestique, en attendant mieux ou pis.

Frédéric II sentait le besoin de rendre la maison de Brandebourg populaire en Silésie. Cette contrée, nouvellement annexée à son empire, était catholique, et lui respectait sa croyance. Elle tenait du fond des entrailles à la Société de Jésus, qui, depuis longues années, y présidait à l'éducation de la jeunesse. En Pologne, la société exerçait une légitime influence, et Frédéric n'osait pas briser tant de liens religieux. Il craignait de froisser les masses dans ce qu'elles ont de plus cher : la liberté de conscience et le droit de la famille. Malgré les supplications de ses favoris de France et de ses convives de Postdam, il résolut de préserver d'un suprême naufrage les débris de l'institut. En conséquence, il défendit de publier dans ses Etats la bulle de suppression de Clément XIV. Non content de cet acte officiel, il écrivit de sa main, le 13 septembre 1773, à l'abbé Columbini, son agent à Rome, une dépêche ainsi conçue : « Abbé Columbini, vous direz à qui voudra l'entendre, pourtant sans air d'ostentation ni d'affectation, et même vous chercherez l'occasion de le dire naturellement au Pape et au premier ministre, que, touchant l'affaire des Jésuites, ma résolution est prise de les conserver dans mes Etats tels qu'ils l'ont été jusqu'ici. J'ai garanti au traité de Breslau le *statu quo* de la religion catholique, et je n'ai jamais trouvé de meilleurs prêtres à tous égards. Vous ajouterez que, puisque j'appartiens à la classe des hérétiques, le Pape ne peut pas me dispenser de l'obligation de tenir ma parole ni du devoir d'un honnête homme et d'un roi (Crétineau-Joly, *Hist. de la Compagnie de Jésus*, t. V, c. 5, p. 465). » Cette dernière phrase renferme plus d'une pointe, car elle peut dire : Comme hérétique, je n'ai pas besoin que le Pape me dispense de mes devoirs d'honnête homme, je m'en dispenserai assez de moi-même, toutes les fois que je le jugerai à propos; témoin le partage de la Pologne.

Cependant le philosophe d'Alembert témoignait la crainte que les princes encouragés par le roi de Prusse, ne se déterminassent à solliciter de lui quelques Jésuites. Frédéric lui répond, le 15 mai 1774 : « Tant de fiel entre-t-il dans l'âme d'un vrai sage? diraient les pauvres Jésuites, s'ils apprenaient comment, dans votre lettre, vous vous exprimez sur leur sujet. Je ne les ai point protégés tant qu'ils ont été puissants; dans leur malheur, je ne vois en eux que des gens de lettres qu'on aurait bien de la peine à remplacer pour l'éducation de la jeunesse. C'est cet objet précieux qui me les rend nécessaires, puisque, de tout le clergé catholique du pays, il n'y a qu'eux qui s'appliquent aux lettres. Ainsi n'aura pas de moi un Jésuite qui voudra, étant très-intéressé à les conserver. » Le même prince écrivait à Voltaire, le 18 novembre 1777 : « Souvenez-vous du Père Tournemine, votre nourrice (car vous avez sucé chez lui le doux lait des Muses), et réconciliez-vous avec un ordre qui a porté, et qui, le siècle passé, a fourni à la France des hommes du plus grand mérite. »

Toutefois, malgré cette protection de Frédéric, comme les Jésuites n'avaient pas de noviciat en Prusse, leur existence allait n'y être que viagère. Une puissance schismatique, l'impératrice de Russie, leur procurera plus de stabilité. Le 14 octobre 1772, Catherine II prenait possession de la partie polonaise nommée la Russie-Blanche. La Compagnie de Jésus tenait depuis longtemps quatre collèges à Polosck, à Vitepsk, à Orcha et à Dunabourg; deux résidences à Mohilow et à Mierziacza, et quatorze missions. Deux cents Jésuites, répandus dans ces provinces, y formaient l'enfance aux belles-lettres et à la piété, l'âge mûr à tous les devoirs sociaux. En 1721, Pierre Ier avait chassé à tout jamais de l'empire les prêtres de la Compagnie de Jésus. Catherine annonça qu'elle dérogeait aux lois du czar Pierre. La bulle de suppression par Clément XIV ayant été connue en Russie, sans y être publiée officiellement, les Jésuites résolurent de s'y soumettre. Mais Catherine s'y opposa, et obtint de Clément XIV lui-même, le 7 juillet 1774, un rescrit au prince-évêque de Warmie, par lequel il autorisait les Jésuites de Prusse et de Russie à demeurer dans l'Etat où ils étaient jusqu'à décision nouvelle. En même temps, Stanislas Siestrzencewicz, évêque de Mohilow, reçut juridiction sur tous les catholiques de la Russie. Le 15 avril 1778, la congrégation de la Propagande transmit à cet évêque un décret pontifical de Pie VI, l'investissant de pouvoirs illimités. Il devait, durant trois années, exercer sur les réguliers toute espèce de juridiction, examiner, changer, modifier leurs constitutions, et même renouveler ou créer. Pie VI accordait ainsi implicitement la faculté d'établir un noviciat, que Catherine avait demandé pour les Jésuites. L'opposition acharnée du roi d'Espagne ne permettait pas d'accorder plus. En conséquence, l'évêque de Mohilow, revêtu des pouvoirs de légat apostolique, accorda aux Jésuites de Russie, par un mandement du 30 juin 1779, la permission d'établir un noviciat et d'y recevoir des novices. Un ministre de l'impératrice écrivit la même année à un ministre du Pape : « Votre Excellence sentira aussi bien que moi quels avantages les catholiques de la Russie-

Blanche peuvent retirer d'un établissement qui seul doit procurer une éducation raisonnable et dissiper les ténèbres que la superstition a répandues sur le culte du peuple et d'une partie du clergé. Par sa place, par sa dignité dans l'Eglise et ses lumières, Votre Excellence appréciera bien mieux que moi l'étendue du mal qui en résulte pour la religion. Le seul moyen d'y remédier efficacement et constamment était de confier l'éducation de la jeunesse à un corps pieux, éclairé et permanent. Par quels encouragements et quelles récompenses pourrions-nous espérer d'attirer dans la Russie-Blanche un nombre suffisant d'hommes instruits pour remplir des vues aussi sages? Il n'y avait qu'une résolution comme celle de l'expulsion des Jésuites du Midi de la chrétienté pour opérer dans le Nord le reflux heureux de ces hommes voués par état à la culture des sciences et des lettres. Ainsi, les recueillir et leur offrir une patrie en dédommagement de celle qui les rejette, rassembler en même temps les membres épars de la société qui se sont trouvés chez nous, et ne perpétuer leur association que dans la vue de l'instruction publique, comme le déclare expressément ma cour, me paraît un acte de sagesse autant que d'humanité, et nullement une infraction dans le système hiérarchique et spirituel de la cour de Rome. »

Au mois de mars 1783, un ancien Jésuite, Benilawski, vint à Rome, envoyé de Catherine II. Il demandait trois choses : l'érection de l'évêché de Mohilow en archevêché, l'investiture accordée à Stanislas Siestrzencewicz avec la coadjutorerie pour Benilawski, et l'approbation de tout ce que les Jésuites avaient fait jusqu'à l'élection du vicaire général de leur institut inclusivement. Il remit à Pie VI une lettre autographe de Catherine, dans laquelle l'impératrice s'exprimait ainsi :

« Je sais que Votre Sainteté est très-embarrassée; mais la crainte convient mal à votre caractère. Votre dignité ne peut point s'accorder avec la politique, toutes les fois que la politique blesse la religion. Les motifs d'après lesquels j'accorde ma protection aux Jésuites sont fondés sur la raison et sur la justice, ainsi que sur l'espoir qu'ils seront utiles à mes Etats. Cette troupe d'hommes paisibles et innocents vivra dans mon empire, parce que, de toutes les sociétés catholiques, c'est la plus propre à instruire mes sujets et à leur inspirer des sentiments d'humanité et les vrais principes de la religion chrétienne. Je suis résolue à soutenir ces prêtres contre quelque puissance que ce soit; et, en cela, je ne fais que remplir mon devoir, puisque je suis leur souveraine et que je les regarde comme des sujets fidèles, utiles et innocents. Qui sait si la Providence ne veut pas faire de ces hommes les instruments de l'union si longtemps désirée entre l'Eglise grecque et l'Eglise romaine? Que Votre Sainteté bannisse toute crainte, car je soutiendrai de tout mon pouvoir les droits que vous avez reçus de Jésus-Christ. »

C'est ainsi que l'impératrice de Russie, Catherine II, parlait en 1783 au pape Pie VI. Il accorda par bulles apostoliques les deux premiers points, l'érection de Mohilow en archevêché, et la promotion de l'évêque actuel à la dignité d'archevêque. Mais quant à la Compagnie de Jésus réunie dans la Russie-Blanche, il se contenta de l'approuver de vive voix, en présence de l'envoyé impérial; et cela pour ne pas trop choquer les souverains catholiques par une approbation écrite. D'ailleurs une approbation verbale suffisait. La Compagnie de Jésus fut donc ressuscitée en 1783 par Pie VI, à la demande de l'impératrice schismatique de Russie (Crétineau-Joly, *Hist. de la Compagnie de Jésus*, t. V, l. 5, p. 470-492). Dès le 7 janvier 1774, Frédéric II répondit à d'Alembert, qui lui témoignait les alarmes de la philosophie sur ce qu'il voulait *conserver cette graine* : « Croyez-moi, pratiquez la philosophie et métaphysiquons moins. Je ne suis pas le seul qui ait conservé les Jésuites : les Anglais et l'impératrice de Russie en ont fait autant (*Ibid.*, p. 456). »

Mais ce qui honore surtout la Compagnie de Jésus, c'est que, même dans son état de mort et de dispersion, elle servait utilement l'Eglise. Nous l'avons déjà vu pour les célèbres Jésuites italiens Tiraboschi et Zaccharia : ce dernier particulièrement était le conseil des Papes et de ses ministres par ses lumières, et un bouclier contre toutes les erreurs par ses excellents et nombreux écrits.

A ces deux hommes de grand mérite il faut joindre ALPHONSE MUZZARELLI, né à Ferrare, le 22 août 1749, de la famille des comtes de ce nom, et entré chez les Jésuites à l'âge de dix-huit ans. Lors de la suppression de la Société, il fut pourvu d'un bénéfice à Ferrare, où il fonda une association de jeunes gens, qu'il dirigeait lui-même et qu'il formait dans la pratique des vertus. Il se délassait de ses travaux en composant des poésies sacrées qui eurent beaucoup de succès. La réputation qu'il s'était acquise par son savoir engagea le duc de Parme à lui confier la direction du collège des Nobles de cette ville. Pie VII, pour les mêmes motifs, le fit venir à Rome, où il fut fait théologien de la Pénitencerie, titre qui revient à celui de théologien du souverain Pontife lui-même. L'Académie de la religion fondée à Rome le compta pour un de ses premiers membres. Son mérite était si connu, que le Pape ne voulut point lui permettre d'aller se réunir à ses anciens confrères, les Jésuites, rétablis à Naples en 1804. Cinq ans après, il fut proscrit de Rome, au moment où l'on venait d'en arracher Pie VII et ses cardinaux. Arrivé à Paris, il prit un logement chez les dames de Saint-Michel, où il mourut le 25 mai 1813, à l'âge de 65 ans. Ses écrits, qui sont nombreux, prouvent combien il était laborieux et zélé : ils pourraient se partager en deux classes, l'une sur des matières de piété, l'autre sur des points de critique et de théologie. Nous citerons dans la première classe : *Instruction pratique sur la dévotion au cœur de Jésus;* — *Dissertation sur les règles à observer pour parler et écrire avec exactitude sur la dévotion au cœur de Jésus;* — *Le trésor caché dans le cœur de Marie;* — *Neuvaine pour préparer aux fêtes des cœurs de Jésus et de Marie;* — *L'année de Marie ou l'année sanctifiée;* — *Le carnaval sanctifié;* — *Vanité du luxe dans les vêtements modernes;* — *Bon usage des vacances, proposé aux jeunes étudiants.*

Sur des points de critique et de théologie, Muzzarelli a publié entre autres : *Recherches sur les richesses du clergé;* — *Du bon usage de la logique en matière de religion;* — *Lettre à Sophie sur la secte dominante de son temps;* — *Emile détrompé;* —

*Jean-Jacques Rousseau, accusateur des nouveaux philosophes*, ou *Mémoires du jacobinisme, extraits des œuvres de J.-J. Rousseau*; — *Des causes des maux présents et de la crainte des maux futurs, et leurs remèdes*; — *Opuscules inédits, composés pendant la persécution d'Italie*; — *Obligation des pasteurs dans les temps de persécution*; — *Autorité du Pontife romain dans les conciles généraux*; — *Observations sur les élections capitulaires*; — *Dissertation sur cette question* : « *Le souverain Pontife a-t-il le droit de priver un évêque de son siége dans un cas de nécessité pour l'Eglise ou de grande utilité ?* »

Muzzarelli jouissait d'une grande réputation dans sa patrie. Quand on apprit sa mort, on lui fit à Ferrare un service pompeux, où l'on prononça son éloge funèbre. On publia en son honneur un grand nombre de pièces de vers, où il est loué avec effusion (*Biogr. univ.*; Feller; Picot, *Mémoires*).

En France, à partir de l'époque de Bourdaloue, les Jésuites ne cessèrent de fournir à la chaire chrétienne des prédicateurs recommandables et d'une doctrine exacte : Cheminais, Giroust, Larue, Bretonneau, Chapelain. Un des plus célèbres est le Père Charles Frey de Neuville, né en 1693 et mort en 1774. Dans son panégyrique de saint Augustin, après avoir exposé les erreurs de la prétendue philosophie, il conclut en ces termes, trente et quarante ans avant la Révolution française : « O religion sainte! ô trône de nos rois! ô France! ô patrie! ô pudeur! ô bienséance! ne fût-ce pas comme chrétien, je gémirais comme citoyen; je ne cesserais pas de pleurer les outrages par lesquels on ose vous insulter, et la triste destinée qu'on vous prépare. Qu'ils continuent de s'étendre, de s'affermir, ces affreux systèmes, leur poison dévorant ne tardera pas à consumer les principes, l'appui, le soutien nécessaire et essentiel de l'Etat. Amour du prince et de la patrie, liens de famille et de société, désir de l'estime et de la réputation publiques, soldats intrépides, magistrats désintéressés, amis généreux, épouses fidèles, enfants respectueux, riches bienfaisants, ne les attendez, ne les espérez point d'un peuple dont le plaisir et l'intérêt seront l'unique dieu, l'unique loi, l'unique vertu, l'unique honneur. Dès lors, dans le plus florissant empire, il faudra que tout croule, que tout s'affaisse, que tout s'anéantisse; pour le détruire, il ne sera pas besoin que Dieu déploie sa foudre et son tonnerre; le ciel pourra se reposer sur la terre du soin de le venger et de le punir. Entraîné par le vertige et le délire de la nation, l'Etat tombera, se précipitera dans un abîme d'anarchie, de confusion, de sommeil, d'inaction, de décadence et de dépérissement (Feller, art. Neuville). »

Mais une prédiction plus étonnante encore est celle du Père Beauregard, né à Pont-à-Mousson l'an 1731. Treize ans avant la Révolution, rapporte un témoin non suspect, le janséniste Tabaraud, on recueillit, avec un intérêt mêlé d'effroi, ces paroles prophétiques, dont il fit retentir les voûtes de Notre-Dame de Paris dans un moment d'inspiration : « Oui, vos temples, Seigneur, seront dépouillés et détruits, vos fêtes abolies, votre nom blasphémé, votre culte proscrit. Mais qu'entends-je? grand Dieu! que vois-je?... aux saints cantiques qui faisaient retentir les voûtes sacrées en votre honneur succèdent des chants lubriques et profanes! Et toi! divinité infâme du paganisme, impudique Vénus! tu viens ici même prendre audacieusement la place du Dieu vivant, t'asseoir sur le trône du Saint des saints, et recevoir l'encens coupable de tes nouveaux adorateurs! » Des hommes alors puissants, qui se crurent désignés par l'orateur, jetèrent les hauts cris, le dénoncèrent comme un séditieux et un calomniateur de la raison et des lumières. Condorcet, dans une note des *Pensées de Pascal*, le traita de ligueur et de fanatique. Et quelques années après, ces mêmes hommes plaçaient sur le grand autel de Notre-Dame de Paris, comme la déesse Raison, une prostituée nue! — Le Père Beauregard mourut l'an 1804, en Allemagne, au château de la princesse Sophie de Hohenlohe, après avoir légué tout ce qu'il possédait aux Jésuites de Russie (*Biogr. univ.*; Feller).

D'autres Jésuites français combattaient l'incrédulité moderne dans des journaux et des écrits détachés. A leur tête se distingue le Père Berthier, né à Issoudun l'an 1704, et mort à Bourges l'an 1782. Ses supérieurs lui conférèrent, en 1745, la direction du *Journal de Trévoux*, qu'il rédigea jusqu'à la destruction de la Société. Les critiques, d'autant plus justes qu'elles étaient modérées, qu'il fit des œuvres de Voltaire, ainsi que de l'*Encyclopédie*, lui attirèrent la mauvaise humeur des philosophes. Un autre Jésuite, mais qui sortit de la Compagnie, l'abbé Desfontaines, combattit dans plusieurs journaux contre le mauvais goût qui se glissait dans la littérature. Fréron, élève des Jésuites et Jésuite lui-même pendant quelque temps, rendit le même service à la bonne littérature dans son *Année littéraire*, recueil périodique où il eut pour coopérateurs deux ex-Jésuites, l'abbé Grosier et l'abbé Geoffroi; ce dernier fit plus tard la fortune du *Journal des Débats* par ses feuilletons. Deux poètes lorrains, Palissot et Gilbert, le premier de Nancy, l'autre des environs, se permirent aussi de combattre la philosophie dominante avec une verve satirique : ce qui leur valut la haine et la persécution des philosophes, tout comme aux Jésuites.

Avant de travailler au *Journal de Trévoux*, le Père Berthier avait remplacé le Père Brumoy dans la continuation de l'*Histoire de l'Eglise gallicane*, commencée par les Pères Longueval et Fontenai. Pierre Brumoy, mort en 1742, a fait lui seul le *Théâtre des Grecs*, contenant des traductions analysées des tragédies grecques, avec des discours et des remarques sur le théâtre grec. C'est l'ouvrage le plus profond, le mieux raisonné qu'on ait sur cette matière. D'un autre côté, Brumoy acheva l'*Histoire des Révolutions d'Espagne*, du Père d'Orléans, qui a fait encore l'*Histoire des Révolutions d'Angleterre*. — Le Père Griffet, né en 1698 et mort en 1771, continuait l'*Histoire de France* du Père Daniel, et en donnait une nouvelle édition avec des dissertations savantes et curieuses. — Le Père Brotier, du diocèse de Nevers, a publié une édition de Tacite, ornée non-seulement de notes et de dissertations savantes, mais encore de suppléments qui font douter quelquefois si l'écrivain moderne n'est pas l'heureux rival de l'ancien. Brotier a donné encore une charmante édition du *Poème* des *Jardins* du Père Rapin. — En l'année 1739 était mort le Père Vanière, auteur de plusieurs petits poèmes charmants en latin : *les Etangs*, *les Colombes*, mais surtout le *Prædium rusticum*, comme qui dirait : Économie rurale. Ainsi, ni avant, ni pendant, ni après leur suppression, les Jésuites français n'ont démérité de la littérature française et latine. Nous ajouterons que le Père Berthier, fidèle disciple du savant Père Tournemine, se déclara sans détour contre les opinions erronées des Pères Hardouin et Berruyer. Il en avait même composé, en 1753, une réfutation que des ordres supérieurs l'empêchèrent de rendre publique, comme il le déclara depuis dans son journal de décembre 1761 (*Biogr. univ.*, t. IV, art. Berthier). Nous croyons qu'il eût été et plus utile et plus honorable à la Compagnie de Jésus que la réfutation des erreurs devînt aussi publique que les erreurs mêmes.

D'autres Jésuites travaillaient encore dans le même sens que le Père Berthier. L'abbé Claude-François Nonotte, né à Besançon l'an 1711 et mort en 1793, est un Jésuite célèbre par ses longues disputes avec Voltaire. Elles commencèrent, l'an 1762, par la publication des *Erreurs de Voltaire*, dans lequel il examine l'*Essai sur l'esprit et les mœurs des nations*, et relève non-seulement les principes irréligieux, mais encore les fausses citations et les faits apocryphes. Voltaire répondit par des facéties, mais surtout par des injures. L'ouvrage du Jésuite eut de la vogue; il répondit aux réponses de Voltaire, et publia de plus son *Dictionnaire antiphilosophique, pour servir de commentaire et de correctif au Dictionnaire philosophique et autres livres qui ont paru de nos jours contre le christianisme.* — Le Jésuite Guénard, né à Damblin en Lorraine, auteur d'un excellent discours sur *l'esprit philosophique*, travaillait à une réfutation des principes de l'*Encyclopédie*, mais qui n'a pas été publiée, l'auteur ayant jeté son travail au feu dans le moment de la Terreur. — Le Jésuite Baltus, né à Metz l'an 1667, mort à Reims en 1743, avait publié : 1° *Réponse à l'Histoire des Oracles de Fontenelle*; 2° *Défense des saints Pères accusés de platonisme*; 3° *La Religion chrétienne prouvée par l'accomplissement des prophéties*; 4° *Défense des prophéties de la religion chrétienne*; 5° *Jugement des saints Pères sur la morale de la philosophie païenne*. — L'abbé Bérault-Bercastel, né à Briey en Lorraine, et qui fut Jésuite quelque temps, est connu par une *Histoire de l'Eglise* écrite dans un esprit meilleur que celle de Fleury. — Le Père Dominique de Colonia, né à Aix en 1660, mort à Lyon en 1741 a composé : 1° *La Religion chrétienne autorisée par les témoignages des auteurs païens*; 2° *Dictionnaire des livres jansénistes*. — Le Père Scheffmacher, né à Kientzheim en Alsace l'an 1668, et mort à Strasbourg en 1733, est auteur d'excellentes *lettres de controverse* adressées à un gentilhomme protestant, et d'un excellent *Catéchisme de controverse*, en français et en allemand. — Le Jésuite ou abbé Barruel, né l'an 1741 dans les Cévennes, et mort à Paris l'an 1820, s'associa d'abord à Fréron dans son *Année littéraire*, puis, en 1788, continua le *Journal ecclésiastique*, commencé en 1760 par l'abbé Dinouart. Il publia contre la philosophie incrédule : 1° *Les Helviennes, ou Provinciales philosophiques;*

2° *Mémoires pour servir à l'histoire du Jacobinisme*; 3° *Discours sur les vraies causes de la révolution actuelle*. Il a donné enfin une *Histoire du clergé de France pendant la Révolution*; un *Traité des Papes et de leurs droits religieux, à l'occasion du concordat*, ainsi que plusieurs autres opuscules qui témoignent de sa science et de son zèle pour l'Eglise catholique et pour le Saint-Siège. — Le Jésuite abbé Lanfant, né à Lyon en 1726, réfutait l'incrédulité par des sermons auxquels Diderot et d'Alembert assistaient eux-mêmes et étaient sensibles. Son dernier sermon fut le 2 septembre 1792, pour exhorter au martyre les ecclésiastiques détenus avec lui dans la prison de l'Abbaye à Paris, et qui furent effectivement martyrisés en ce jour, ainsi qu'un grand nombre dans d'autres prisons. Parmi eux se trouva, avec son frère, le Jésuite Guérin du Rocher, auteur de l'*Histoire véritable des temps fabuleux*. Ainsi, la foi qu'ils ont prêchée et défendue par leurs discours et leurs écrits, les Jésuites français la signeront de leur sang.

Les autres ordres religieux de France, que le monde laissait assez tranquilles, ne montraient pas tout à fait le même dévouement à l'Eglise de Dieu au milieu de la guerre à mort qu'elle avait à soutenir de toutes parts. On en voyait qui passaient ouvertement à l'ennemi. Les Bénédictins, autrefois les premiers sur la brèche, ressemblaient à un général et à des officiers d'état-major qui donneraient leur démission en présence de l'ennemi et au moment de la bataille. En Lorraine, la congrégation de Saint-Vannes, après dom Calmet mort en 1757, et dom Ceillier mort en 1761, ne présente plus un seul combattant. En France, la congrégation de Saint-Maur, même dans sa maison-mère de Saint-Germain-des-Prés, demande à prendre l'uniforme du siècle. A peine, dans ses nombreux membres, trouve-t-on Nicolas Jamin auteur de *Pensées théologiques relatives aux erreurs du temps*; encore dans ces pensées y en a-t-il quelques-unes de favorables à certaines de ces erreurs. Les Dominicains, qui offraient à l'Eglise du moyen-âge tout ensemble saint Thomas d'Aquin, Albert le Grand, Vincent de Beauvais, n'ont à lui présenter que Billuart, abréviateur de saint Thomas; Richard, né à Blainville-sur-l'Eau en Lorraine, compilateur d'un *Dictionnaire universel des sciences ecclésiastiques*; et Fabricy, auteur des *Titres primitifs de la révélation, ou Considérations critiques sur la pureté et l'intégrité du texte original des livres saints de l'Ancien Testament*. La famille de saint François d'Assise, qui autrefois montrait à l'Université de Paris et saint Bonaventure, et Roger Bacon, et Alexandre d'Alès, et Scot, *le Docteur subtil*, ne trouve plus à montrer que le Capucin Thomas, de Charmes en Lorraine, auteur d'une théologie scholastique, et le Récollet Hubert Hayer, auteur des ouvrages suivants : *La Religion vengée*; *Traité de l'existence de Dieu*; *Utilité temporelle de la Religion chrétienne*; *Charlatanerie des incrédules*; *La règle de foi vengée des calomnies des protestants*; l'*Apostolicité du ministère de l'Eglise romaine*.

La congrégation française de l'Oratoire, après avoir donné à l'hérésie janséniste un de ses chefs, l'hérétique Quesnel, préparait à la Révolution un de ses chefs les plus habiles, le régicide Fouché. Toutefois, dans la période de 1730 à 1788, parmi les apologistes de la religion chrétienne, on compte un écrivain *sorti* de l'Oratoire, car il n'y resta pas toujours : c'est l'abbé Guyon, né à Lons-le-Saulnier en 1699, et mort à Paris en 1771, auteur de quelques ouvrages historiques, mais en particulier de l'*Oracle des nouveaux philosophes*, dans lequel Voltaire est signalé comme l'oracle de la nouvelle philosophie qui s'essayait alors à saper les fondements de toute croyance religieuse : ouvrage qui eut assez de succès.

La gloire des Oratoriens de France, au commencement de cette période, était Massillon, né à Hyères en Provence l'an 1663, et mort évêque de Clermont en 1742, à l'âge de 79 ans : émule de Bossuet et de Bourdaloue pour l'éloquence oratoire, supérieur aux deux pour l'harmonie continue du style, mais inférieur au premier pour la profondeur et la sublimité, au second pour l'exactitude de la doctrine. Ainsi, dans son fameux *sermon sur le petit nombre des élus*, il y a des exagérations qui, examinées de près, sont des sophismes et ruinent complètement le discours. En voici le fond : « Quiconque ne vit pas comme les saints, soit en conservant son innocence baptismale, soit en la réparant par une pénitence telle que Tertullien la décrit, celui-là ne sera point sauvé. Or, presque personne ne vit comme les saints que l'Eglise honore ; donc, presque personne ne sera sauvé. » Eh bien ! ce raisonnement est plein d'équivoques. Il suppose qu'il n'y a de sauvé que les saints que l'Eglise honore, que ceux qui vont tout droit au ciel, qui ont complètement expié les fautes confessées et remises au sacrement de pénitence. La vérité est que tous ceux-là seront sauvés qui meurent en état de grâce, lors même qu'ils n'auraient pas vécu comme les saints, témoin le bon larron ; lors même qu'ils n'auraient point fait assez de pénitence, témoin les âmes saintes qui descendent au purgatoire avant de monter au ciel. Le mal est que Massillon ne distingue point entre les saints parfaits et les saints imparfaits : ceux-ci sont tous les chrétiens qui vivent ou simplement qui meurent en état de grâce. Et c'est certainement le plus grand nombre. D'abord, plus de la moitié meurt avec l'innocence baptismale avant l'âge de raison. Et ensuite, parmi les adultes, il y a un bon nombre qui vit habituellement, et le grand nombre qui meurt en état de grâce dans les paroisses des villes et des campagnes qui ont de bons prêtres. En sorte que Massillon tombe à faux, lorsqu'il s'écrie à la fin de son sermon : « Je suppose que c'est ici votre dernière heure et la fin de l'univers...., car vous avez beau vous flatter, vous mourrez tels que vous êtes aujourd'hui ; tous ces changements qui vous amusent, vous amuseront jusqu'au lit de la mort : c'est l'expérience de tous les siècles. » Ce que Massillon donne ici pour l'expérience de tous les siècles est une exagération manifeste. Car s'il était vrai de dire un jour quelconque à des hommes, à des chrétiens : *Vous mourrez tels que vous êtes aujourd'hui*, il s'ensuivrait que la plupart des saints du paradis sont damnés, à commencer par saint Pierre, saint Paul et saint Augustin, qui tous trois ont été grands pécheurs, et dont le dernier a été bien longtemps à se convertir tout de bon. Ce sermon, fait pour la cour de Louis XIV, ne peut donc s'appliquer ni à un hospice de pauvres et de malades, ni à une bonne paroisse de la campagne ou de la ville ; il n'était pas même vrai pour la cour de Louis XV, car, excepté le roi, nous avons vu toute sa famille mener une vie sainte.

Pour soutenir ses exagérations, Massillon use du même sophisme que Fleury. Il exagère le bien et dissimule le mal dans les premiers siècles de l'Eglise, et fait tout l'inverse pour les siècles modernes. Il dit au commencement de son discours : « Dans ces temps heureux où toute l'Eglise n'était encore qu'une assemblée de saints, il était rare de trouver des fidèles qui, après avoir reçu les dons de l'Esprit-Saint et confessé Jésus-Christ dans le sacrement qui régénère, retombassent dans le dérèglement de leurs premières mœurs... Mais depuis, la foi s'affaiblissant en commençant à s'étendre, le nombre des justes diminuant à mesure que celui des fidèles augmentait, le progrès de l'Evangile a, ce semble, arrêté celui de la piété ; et le monde entier, devenu chrétien, a porté enfin avec lui dans l'Eg!ise sa corruption et ses maximes. » Ces paroles, jugées à la rigueur, seraient une calomnie contre Dieu et son Eglise, et sembleraient un écho du blasphème de Hauranne, qui soutenait à saint Vincent de Paul que Jésus-Christ avait abandonné son Eglise depuis cinq cents ans, et que c'était une bonne œuvre de la détruire tout à fait.

Massillon n'est pas plus exact dans son *Sermon sur les fautes légères*, c'est-à-dire les péchés véniels, autrement désobéissances à la loi de Dieu en choses peu considérables ou sans un parfait consentement, et qui ne font pas perdre la grâce et la justice : par distinction d'avec les fautes graves, les péchés mortels, désobéissances à la loi de Dieu en choses considérables et avec un parfait consentement, et qui font perdre la grâce et la justice chrétienne. Au lieu d'exposer nettement cette doctrine du catéchisme, Massillon embrouille et exagère la chose de manière à troubler et à fausser les consciences. « Cependant, dit-il en principe, la fidélité à nos moindres actions est la pratique la plus essentielle à la piété chrétienne : elle seule fait les justes ; à elle seule les promesses de la persévérance sont faites ; à elle seule les saints qui nous ont précédés doivent la couronne d'immortalité dont ils jouissent. Il n'est point de piété véritable sans cette exactitude. » Ces paroles sont outrées. S'il avait dit que sans cette exactitude dans les petites choses il n'y a point de piété parfaite, point de justes parfaits, il aurait dit vrai ; mais avancer que sans cela il n'y a pas de piété véritable, mais une piété fausse ; point de justes ou d'hommes en état de grâce, mais seulement des hommes en état de péché mortel, c'est aller contre la doctrine de l'Eglise et se contredire soi-même.

Finalement, il serait bon qu'un théologien exact fît une édition de Massillon, avec des notes sur tous les endroits inexacts, louches, excessifs, afin de faire éviter aux jeunes prédicateurs l'inconvénient très-grave de prendre et donner des idées fausses et outrées sur bien des points de la morale chrétienne, et de porter un secret découragement dans les âmes.

Massillon ne tenait point au jansénisme, mais il en tenait un peu, sans s'en douter peut-être, parce que tel était l'esprit général de la congrégation de l'Oratoire. Nommé l'an 1717, à l'évêché de Clermont, il prêcha encore, avant d'être sacré, son *Petit Carême*, devant Louis XV enfant. On était alors dans la plus grande chaleur au sujet de l'appel janséniste. Massillon n'y prit part que pour le calmer. Arrivé à Clermont, il s'occupa des devoirs de l'épiscopat par un mandement du 9 avril 1721. Il annonça une visite générale de son diocèse et employa effectivement les années suivantes à visiter toutes les portions de son troupeau. Nous le voyons encore en 1730 annoncer une seconde visite générale, et, en 1738, une troisième. Il tenait annuellement des synodes diocésains, et nous avons vingt discours qu'il prononça successivement dans ces réunions épiscopales. Il y en a un pour chaque année : celui de 1742 est remarquable en ce que Massillon y paraît redoubler de zèle pour la bonne discipline de son clergé, et annonce en quelque sorte que c'est la dernière fois qu'il parle à ses prêtres. Il donnait aussi des conférences, des retraites dans lesquelles il exhortait soit les jeunes ecclésiastiques, soit les curés. Ces discours ont un caractère touchant d'onction et l'emportent peut-être sur ses sermons les plus estimés : il y a moins de mots et plus de choses. De plus, dans son premier synode, il renouvela l'ordonnance de son prédécesseur sur l'acceptation de la bulle *Unigenitus*, et sur la défense de lire les *Réflexions morales* ; et il y tint la main. Il nous apprend lui-même qu'il en fit sortir tous les réappelants, et que le petit nombre d'appelants qui restait était venu se soumettre à lui. Il se félicitait de ce que son diocèse, qu'il avait trouvé plein de troubles, était devenu, par ses soins, le plus tranquille. « Une des plus grandes plaies, dit-il, que le jansénisme ait faites à l'Église, c'est, à mon avis, d'avoir mis dans la bouche des femmes et des simples laïques les plus relevés et les plus incompréhensibles mystères, et d'en avoir fait un sujet de conversation et de dispute. C'est ce qui a répandu l'irréligion. Il n'y a pas loin, pour les laïques, de la dispute au doute, et du doute à l'incrédulité (Picot, *Mémoires*, t. IV, p. 185-192). »

Plusieurs sermons de l'éloquent évêque ont pour but de combattre cette irréligion et cette incrédulité répandues par le jansénisme : par exemple, les sermons sur la vérité de la religion, sur la vérité d'un avenir, sur la divinité de Jésus-Christ. Dans le premier, il prouve que le fidèle qui croit, fait un usage plus sensé de la raison que l'infidèle qui refuse de croire. « Le fidèle croit sur l'autorité la plus grande, la plus respectable, la mieux établie qui soit sur la terre. — L'ancienneté en matière de religion est un caractère que la raison respecte : la nouveauté se trouve toujours le caractère le plus constant et le plus inséparable de l'erreur. En effet, s'il y a une véritable religion dans le monde, elle doit être la plus ancienne de toutes, puisque ce doit être le premier et le plus essentiel devoir de l'homme envers Dieu qui veut en être honoré. Il faut donc que ce devoir soit aussi ancien que l'homme ; et comme il est attaché à sa nature, il doit, pour ainsi dire, être né avec lui. Et voilà le premier caractère qui distingue d'abord la religion des chrétiens des superstitions et des sectes. C'est la plus ancienne religion qui soit au monde. Les premiers hommes, avant qu'un culte impie se fût taillé des divinités de bois et de pierre, adorèrent le même Dieu que nous adorons, lui dressèrent des autels, lui offrirent des sacrifices, attendirent de sa libéralité la récompense de leur vertu, et de sa justice le châtiment de leur désobéissance. L'histoire de la naissance de cette religion est l'histoire de la naissance du monde même. Les livres divins qui l'ont conservée jusqu'à nous renferment les premiers monuments de l'origine des choses. Ils sont eux-mêmes plus anciens que toutes ces productions fabuleuses de l'esprit humain, qui amusèrent si tristement depuis la crédulité des siècles suivants : et comme l'erreur naît toujours de la vérité et n'en est qu'une vicieuse imitation, c'est dans les principaux traits de cette histoire divine que les fables du paganisme trouvèrent leur fondement ; de sorte que l'on peut dire qu'il n'est pas jusqu'à l'erreur qui ne rende par là hommage à l'ancienneté et à l'autorité de nos saintes Écritures.

» Les autres religions qui se sont vantées d'une origine plus ancienne, ne nous ont donné pour garants de leur antiquité que des récits fabuleux et qui tombaient d'eux-mêmes. Ils ont défiguré l'histoire du monde par un chaos de siècles innombrables et imaginaires dont il ne reste aucun événement à la postérité, et que l'histoire du monde n'a jamais connus. Les auteurs de ces grossières fictions n'ont écrit que plusieurs siècles après les faits qu'ils nous racontent, et c'est tout droit d'ajouter que cette théologie fut le fruit de la poésie, et les inventions de cet art, les plus solides fondements de leur religion.

» Ici, c'est une suite de faits raisonnable, naturelle, d'accord avec elle-même. C'est l'histoire d'une famille continuée depuis son premier chef jusqu'à celui qui l'écrit, et justifiée dans toutes ses circonstances. C'est une généalogie où chaque chef est marqué par ses propres caractères, par des événements qui subsistaient encore alors, par des traits qu'on reconnaissait dans les lieux qu'ils avaient habités. C'est une tradition vivante, la plus sûre qu'il y eût alors sur la terre, puisque Moïse n'a écrit que ce qu'il avait ouï dire aux enfants des patriarches, et que les enfants des patriarches ne rapportaient que ce que leurs pères avaient eux-mêmes vu. Tout s'y soutient ; tout s'y suit, tout s'y éclaircit de soi-même. Les traits n'en sont pas imités, ni les aventures puisées ailleurs et accommodées au sujet. Avant Moïse, le peuple de Dieu n'avait rien d'écrit. Il n'a laissé à la postérité que ce qu'il avait recueilli de vive voix de ses ancêtres, c'est-à-dire toute la tradition du genre humain.

» Voilà par où la religion chrétienne commence à s'acquérir du crédit sur l'esprit des hommes. Tournez-vous de tous les côtés, lisez l'histoire des peuples et des nations, vous ne trouverez rien de mieux établi sur la terre ; que dis-je ? rien même qui mérite les attentions d'un esprit sensé. Si les hommes sont nés pour une religion, ils ne sont nés que pour celle-ci. S'il y a un être souverain qui ait montré la vérité aux hommes, il n'y a que celle-ci qui soit digne des hommes et de lui. Partout ailleurs l'origine est fabuleuse ; ici elle est aussi sûre que tout le reste, et les derniers âges, qu'on ne peut contester, ne sont pourtant que les preuves de la certitude du premier. Donc, s'il y a une autorité dans le monde à laquelle la raison doive céder, c'est à celle de la religion chrétienne.

» Au caractère de son ancienneté, il faut ajouter celui de sa perpétuité. Représentez-vous ici cette variété infinie de religions et de sectes, qui ont régné tour à tour sur la terre : suivez l'histoire des superstitions de chaque peuple et de chaque pays ; elles ont duré un certain nombre d'années, et tombé ensuite avec la puissance de leurs sectateurs. Où sont les dieux d'Emath, d'Arphad et de Séphervaim ? Rappelez l'histoire de ces premiers conquérants : ils vainquaient les dieux des peuples en vainquant les peuples eux-mêmes, et abolissaient leur culte en renversant leur domination. Qu'il est beau, mes frères, de voir la religion de nos pères toute seule se maintenir dès le commencement, survivre à toutes les sectes, et, malgré les diverses fortunes de ceux qui en ont fait profession, passer toujours des pères aux enfants, et ne pouvoir jamais être effacée du cœur des hommes ! Ce n'est pas un bras de chair qui l'a conservée.

» Enfin, si à son ancienneté et à sa perpétuité, vous ajoutez son uniformité, il ne restera plus de prétexte à la raison pour se défendre. Car tout change sur la terre, parce que tout suit la mutabilité de son origine. Les occasions, les différences des siècles, les diverses humeurs des climats, la nécessité des temps ont introduit mille changements à toutes les lois humaines. La foi seule n'a jamais changé. Telle que nos pères la reçurent, telle l'avons-nous aujourd'hui, telle nos descendants la recevront un jour. Elle s'est développée par la suite des siècles, et par la nécessité de la garantir des erreurs qu'on voulait y mêler, je l'avoue ; mais ce qui une fois a paru lui appartenir, a toujours paru tel. Il est aisé de durer quand on s'accommode aux temps et aux conjonctures, et qu'on peut ajouter ou diminuer, selon le goût des siècles et de ceux qui gouvernent ; mais ne jamais rien relâcher, malgré le changement des mœurs et des temps ; voir tout changer autour de soi, et être toujours la même, c'est là le grand privilège de la religion chrétienne. Et par ces trois caractères d'ancienneté, de perpétuité et d'uniformité, qui lui sont propres, son autorité se trouve la seule sur la terre capable de déterminer un esprit sage (Massillon, *Sermon sur la vérité de la religion*, 1re partie). »

Voilà comme, d'après Massillon, comme, d'après Bossuet, Melchior Canus, saint Augustin, saint Jean Damascène et saint Epiphane, la religion chrétienne, l'Eglise catholique, est le commencement de toutes choses, antérieure à toutes les hérésies, en particulier au paganisme.

Un littérateur fort célèbre de son temps, BALZAC, contemporain de Bossuet, résume ainsi cette doctrine, dans ses *Dissertations chrétiennes et morales*. « Le christianisme a été de tout temps, bien qu'il ait été longtemps caché et sous des nuages, et que Dieu ne l'ait ouvert aux peuples, ni laissé luire à clair dans le monde, qu'au terme qu'il avait précisément marqué dans les oracles de sa parole. Il y a toujours eu des chrétiens, quoiqu'ils n'aient pas toujours été appelés de cette façon ; et la religion chrétienne a précédé la naissance de Jésus-Christ de beaucoup de siècles, quoique le nom de *chrétiens* n'ait été imposé aux fidèles qu'après sa mort, dans la ville d'Antioche... L'église des Juifs n'était point une autre église que la nôtre ; leurs prophètes sont aujourd'hui nos historiens, et nous sommes les suivants et les domestiques de celui dont ils ont été les avant-coureurs et les trompettes. L'agneau a été immolé au commencement du monde (Apocal., c. 13). Le premier Adam a espéré le second ; il a cru en Jésus-Christ, et, dans l'assurance qu'il a eue que le juste naîtrait de sa race, il s'est consolé de la perte de son innocence. Abraham a vu de loin le jour du Seigneur, et s'en est réjoui (Joan., 8) vingt-quatre siècles avant sa venue... Moïse a été chrétien ; et saint Paul dit de lui que l'opprobre de Jésus-Christ lui fut plus précieux que les richesses d'Egypte (Hebr., 11). Isaïe priait les nuées de pleuvoir le juste, et la terre de germer le Sauveur (Isaï., 45).... Tant y a, que les anciens Pères ont bu de l'eau qui sortait de la pierre, et que cette pierre était Jésus-Christ (1. Cor., 10). Les fidèles, tant de la loi de la nature que de la loi écrite, appartenaient à la loi de grâce et étaient du troupeau de Jésus-Christ. Ils attendaient la consolation d'Israël et soupiraient après le Messie. Ils étaient guidés par l'étoile du matin, comme nous le sommes par celle du soir. Et les uns et les autres nous sommes guidés par un même astre qui a deux divers noms ; par une lumière qui s'appelait en ce temps la Synagogue, et qui maintenant s'appelle l'Eglise. Il n'y a point deux religions, parce qu'il n'y a point deux Sauveurs ni deux paradis. On ne nous enseigne point une seconde vérité, différente de la première. Nous n'avons point d'autres connaissances que les premiers hommes, mais nous les avons plus nettes et plus distinctes ; et toute la différence qu'il y a pour ce regard entre nous et eux, c'est que notre foi a pour objet le passé, et que la leur avait l'avenir. »

BAILLY, théologien si connu dans les séminaires, dit la même chose. Louis Bailly, chanoine de Dijon et professeur de théologie, naquit à Bligny, près Beaune, en 1730. Il fut appelé en 1763 pour remplir une des chaires de théologie occupées auparavant par les Jésuites, l'occupa près de vingt-cinq ans, et devint principal du collège de Dijon et promoteur du diocèse. Il publia un *Traité de la vraie religion*, dédié à M. d'Apchon, alors évêque de Dijon, depuis archevêque d'Auch, qui déploya toutes les vertus des évêques de la primitive Eglise. Un jour on sonnait au feu : l'archevêque arrive au lieu de l'incendie : deux enfants se trouvaient dans la chambre haute d'une maison qui brûlait ; l'archevêque s'écrie : Cent louis pour qui sauvera ces enfants ! — Deux cents louis pour qui sauvera ces enfants ! — Personne ne se présente. Alors l'archevêque applique lui-même une échelle, et, enveloppé d'un drap mouillé, il entre dans la chambre, en ressort avec les deux enfants sur les épaules, un instant avant que la maison s'écroule. Il dit alors aux assistants : « Je pense qu'on ne me disputera point d'avoir gagné la somme que j'avais promise ? Eh bien ! j'en dispose en faveur de ces deux enfants. » Tel était l'évêque à qui Bailly dédia son *Traité de la religion*. Ce traité fut suivi d'un *Traité de l'Eglise*, puis d'une *Théologie* en huit volumes, qui a été depuis adoptée dans la plupart des séminaires. On en a fait plusieurs éditions, ainsi que des deux traités précédents. Lors de la Révolution, l'auteur se retira en Suisse, où il composa les *Principes de la foi catholique*. De retour en France, il fut sollicité d'accepter une place de vicaire général. Son mérite et sa réputation semblaient l'appeler à ces fonctions; mais son âge et son goût pour la retraite le fixèrent à Beaune, où il se contenta du titre modeste de desservant du grand hospice de cette ville (Picot, *Mémoires*, t. IV, p. 635; Feller).

Or, dans ces deux traités de l'Église, le petit et le grand, cet estimable théologien enseigne la même chose que Bossuet et saint Épiphane. « L'Église, dit-il dans ses notions préliminaires, est ou triomphante dans les cieux, ou souffrante dans le purgatoire, ou militante sur la terre. On la prend ici dans le dernier sens. Cette Église peut être considérée en général et indépendamment de ses différents états. Prise en ce sens, elle se définit : *La société des fidèles qui servent Dieu sous le chef Jésus-Christ*. Cette définition embrasse tant l'Église qui servit Dieu sous la loi de nature, que l'Église judaïque sous la loi de Moïse, et l'Église chrétienne et actuelle, soit qu'elle triomphe dans les cieux, soit qu'elle souffre dans le purgatoire, ou qu'elle combatte sur la terre. Il est manifeste que, prise en ce sens, l'Église est très-ancienne, qu'elle a fleuri aux temps de la loi de nature et de la loi écrite, et qu'il y a eu des chrétiens dès les premiers jours. Car tous ceux qui ont été sauvés, n'ayant pu l'être que par la foi en Jésus-Christ, sont certainement membres de Jésus-Christ et de l'Église. « Tous ceux, dit saint Augustin, qui ont été justes dès l'origine du monde, ont le Christ pour chef; car ils ont cru qu'il viendrait, comme nous croyons qu'il est venu, et ils ont été guéris en sa foi, aussi bien que nous, afin qu'il fût le chef de toute la cité de Jérusalem. » Eusèbe pense de même, livre 1er, chapitre IV de son *Histoire de l'Église*, où il observe que, si le nom des chrétiens est connu depuis peu, leur société date de l'origine même du genre humain; et c'est à le prouver qu'il emploie une partie de son livre. » Voilà ce qu'enseigne Bailly dans la seconde édition de son *Grand traité de l'Église*, tome Ier, page 4, Dijon, 1780. Nous insistons sur ces particularités, parce que de nos jours il s'est rencontré de bonnes personnes qui ont trouvé, tant elles connaissaient bien les théologiens et les Pères! que cette ancienneté de l'Église était une nouveauté de notre invention, qu'elles ne pouvaient se dispenser de dénoncer à l'autorité ecclésiastique.

Ça été pour ces mêmes personnes une nouveauté semblable d'entendre dire que, d'après les théologiens et les Pères, les Gentils ou païens avaient une certaine connaissance du vrai Dieu, quoiqu'ils ne lui rendissent pas le culte qui lui est dû. Qu'y faire? En qualité d'historien, nous ne faisons que rapporter fidèlement ce que disent les Pères et les Docteurs approuvés dans l'Église. Voici donc comme le docteur Bailly résume en ce point la doctrine des Pères et des théologiens sur le premier article du Symbole :

Dans le premier volume de sa *Théologie*, la sixième preuve de l'existence de Dieu est tirée du consentement unanime des peuples. « L'univers entier, y est-il dit, a, dans tous les âges, attesté et il atteste encore maintenant l'existence de Dieu, c'est-à-dire d'un Être souverainement *provident*, souverainement puissant, et vengeur des crimes. » Et à cette objection, dans le chapitre IV, *Sur l'unité de Dieu*, que tous les peuples idolâtres niaient l'unité de Dieu et admettaient le polythéisme, il répond : « Tous les peuples admirent une pluralité de dieux inférieurs et subordonnés à la Divinité suprême, oui ; une pluralité de dieux égaux et indépendants, non. Chez les Gentils et les païens, il a été cru, non par tous les hommes sans exception, mais communément, qu'il est un seul Dieu, suprême, très-bon, très-grand, père des dieux et des hommes, comme il est facile de le prouver par un grand nombre de documents très-graves. 1° Cela est attesté par les anciens apologistes de la religion chrétienne : Lactance, livre 1er de ses *Institutions;* Athénagore, dans son *Apologie;* Arnobe, livre 1er, *contre les Gentils;* Minucius Félix, dans son Dialogue intitulé *Octave;* Clément d'Alexandrie, dans son *Exhortation aux païens;* Augustin *contre Fauste*. Lorsque les auteurs chrétiens reprochaient aux païens leur idolâtrie, ceux-ci répondaient qu'à la vérité ils avaient plusieurs dieux, mais un seul Dieu souverain, par exemple le grand Jupiter, père des autres. 2° La même chose a été proclamée par les anciens poètes, tant grecs que latins, savoir, Orphée, Sophocle, Eschyle, Aristophane, Ennius, Valerius Soranus, Virgile, Horace, et d'autres, dont les témoignages sont rapportés par Hooke, tome Ier de son ouvrage intitulé : *Principes de la religion naturelle et révélée*. 3° La même chose est rapportée des Chaldéens par Bérose; des Égyptiens par Plutarque et Jamblique; des Éthiopiens par Strabon. Zoroastre avait laissé cette croyance aux Perses comme on peut le voir dans la *Préparation évangélique* d'Eusèbe (Voyez Hooke dans l'endroit cité, et Cudworth dans son *Système intellectuel*). 4° Enfin les peuples qui, de nos temps, sont adonnés à l'idolâtrie et adorent de faux dieux, les Indiens, les Chinois, les Siamois, les Africains et les Américains, confessent un seul Dieu très-grand, qu'ils appellent de noms divers (Voyez Rochefort, *Histoire des Caraïbes;* Du Tertre, *Histoire générale des Antilles;* Sagas, *Histoire du Canada;* Purchas, tome IV, *Lettres édifiantes*, etc.). « Les Gentils, conclut le théologien de Dijon, adoraient donc des dieux sans nombre, nationaux, locaux, urbains, rustiques, marins, militaires, etc.; mais la plupart, peut-être même tous, à l'exception des plus grossiers, pensaient que ces dieux étaient subordonnés au Dieu un et suprême. »

Bailly se fait là-dessus une difficulté. « Mais s'il en est ainsi, il faudra donc excuser d'idolâtrie les Gentils, et il ne paraît pas qu'ils soient plus à blâmer que les chrétiens, qui, adorant un seul Dieu, révèrent cependant un grand nombre de saints reçus dans le ciel. » — Voici sa réponse : « La plupart des Gentils ne sont point tenus pour idolâtres parce qu'ils ont adoré proprement plusieurs dieux, ou plusieurs dieux égaux et indépendants, mais parce qu'ils ont transporté aux dieux inférieurs et aux créatures le culte qui n'était dû qu'au Dieu unique et suprême, savoir, l'adoration et les sacrifices : ou plutôt parce que, méprisant le vrai Dieu, ils rendaient un culte excessif aux créatures ; *car*, dit saint Paul, *ayant connu Dieu, ils ne l'ont pas glorifié comme Dieu*. »

## § X. LE DOCTEUR HOOKE.

Le docteur Hooke, cité par Bailly, naquit à Dublin l'an 1716, fit ses études à Paris, suivit ses cours au séminaire de Saint-Nicolas du Chardonnet, fut reçu docteur de Sorbonne en 1736, nommé quatre ans après professeur de théologie dans cette maison célèbre, et mourut à Saint-Cloud le 12 avril 1796, à l'âge de quatre-vingts ans. Ses *Principes de théologie* ont toujours été très-recherchés. Dans ses thèses sur *l'existence et sur l'unité de Dieu*, il enseigne la même chose que Bailly, mais plus au long, sur le degré de connaissance que les païens avaient du Dieu véritable. Dans une thèse particulière contre le paganisme, il dit : « La religion chrétienne a la prérogative singulière d'être aussi ancienne que le monde : dans ses *Annales* sont contenues non-seulement les origines des cités et des empires, mais encore la naissance du genre humain et de l'univers. Mais toutes les religions païennes, en tant qu'elles diffèrent de la religion véritable, sont nouvelles. Ensuite, la religion chrétienne a une autorité souveraine par la perpétuelle succession et harmonie de ses écrivains et de ses Pontifes. Quoiqu'il y ait à peu près six mille ans depuis l'origine du monde, toutefois nous plaçons toute notre religion dans les événemens que nous lisons avoir eu lieu alors, et dans les promesses divines faites à nos premiers parents. Nous reconnaissons pour nos pères en religion, Adam, Noé, Abraham, Moïse, et toute la succession des prophètes. Mais la superstition païenne est diverse, suivant la diversité des lieux, et même des temps. Ce qui, en troisième lieu, ajoute une grande autorité à la religion chrétienne, c'est la solennelle promulgation réitérée depuis le commencement du monde. Car, outre les révélations particulières faites à de saints personnages, nous avons dans nos *Annales* des dispensations plus générales, comme celles qui furent faites dans l'origine du monde à nos premiers parents, ensuite à Noé, en la restauration du monde; puis à Abraham, Isaac et Jacob, en l'élection du peuple d'Israël; mais principalement la promulgation faite par le ministère de Moïse et de Notre Seigneur Jésus-Christ. Toutes ces révélations, consignées dans des livres authentiques, ont toujours été connues du peuple de Dieu par une tradition certaine et sûre. La superstition païenne n'a jamais été promulguée chez aucune nation. Les dieux ne donnèrent jamais à leurs adorateurs, d'une manière solennelle, des commandements sur le culte des astres, des idoles, des mânes, des héros, des animaux. Jamais il n'y eut un code sacré commun, où fussent consignées les sanctions immuables promulguées par les dieux. Mais toutes les parties du culte païen, introduites d'abord, ou par la légèreté du vulgaire, ou par l'artifice des princes et des prêtres, ont ensuite pris des accroissements par les mêmes causes (Hooke, *Principia*, etc., t. II; *Appendix contra Paganos*). »

Voilà ce que dit le docteur Hooke sur la perpétuité de la religion chrétienne depuis le commencement du monde, et sur le degré de connaissance que les païens avaient du vrai Dieu. Comme le docteur Hooke est le plus illustre légataire de la Sorbonne mourante, on peut regarder sa doctrine comme le testament de la Sorbonne même. Du moins on ne peut pas dire que cette doctrine est étrangère, inouïe, inconnue, contraire aux Pères de l'Eglise et aux docteurs de l'école, puisque ce sont eux qui l'enseignent. Du reste, nous croyons que, de part et d'autre, on est d'accord pour le fond et qu'on ne diffère que sur le plus ou le moins, ou même que sur l'expression de cette différence. Par exemple, lorsqu'en 1832 treize évêques du midi de la France dénoncèrent au Saint-Siége, comme répréhensible dans le sens de l'auteur, cette proposition de l'auteur de l'*Essai sur l'indifférence en matière de religion* : « La tradition du genre humain atteste l'existence d'une religion originairement révélée, et certifie les dogmes qui sont le fondement de la religion chrétienne, » ces treize prélats ajoutent cependant : « Nous reconnaissons volontiers, avec les docteurs apologistes, qu'on trouve des vestiges de la religion primitive, touchant les vérités qui sont la base et le fondement de la religion et des mœurs, dans les traditions de différents peuples. » Pour concilier tout, il ne s'agirait donc que de savoir au juste à quoi se réduisent les vestiges de la religion primitive que les apologistes ont retrouvés dans les traditions des divers peuples. Nous avons cru que le meilleur moyen était de citer les paroles mêmes des Docteurs et des Pères qui ont recueilli ces vestiges. De cette manière, nous croyons avoir concilié, dès le second livre de cette Histoire, les différentes locutions des Pères et des Docteurs à cet égard.

Reste un point à éclaircir, qui en éclaircira beaucoup d'autres : c'est ce qui regarde la fin ou les fins de l'homme, fin naturelle et fin surnaturelle. L'une et l'autre fin est de connaître ou voir Dieu. Mais, comme l'observe Bailly (*Tractat. de Deo*, cap. 9; *D. visibilitate Dei*, t. I; *Tract. de gratiâ*) avec tous les théologiens, il y a trois manières de connaître ou de voir Dieu : *Connaissance ou vision compréhensive*, par laquelle Dieu se connaît et se voit parfaitement lui-même, sous tous les rapports, mais qui n'appartient qu'à lui seul ; *Connaissance ou vision abstractive*, par laquelle nous connaissons ou voyons Dieu par un moyen distinct de lui, comme par les créatures, par le discours ou le raisonnement : c'est la fin naturelle de l'homme, laquelle, avec ses moyens analogues, forme la religion naturelle ; *Connaissance ou vision intuitive*, par laquelle nous connaissons et voyons Dieu clairement, non plus par un intermédiaire, mais en lui-même et dans son essence : connaissance, vision naturellement impossible à une créature quelconque, mais qui devient surnaturellement possible à l'homme avec l'aide surnaturelle de Dieu, qu'on appelle la grâce et la gloire : fin surnaturelle de l'homme, dont l'ensemble forme la religion surnaturelle, la religion chrétienne, et dont la manifestation divine constitue la révélation proprement dite. Religion naturelle, religion surnaturelle, deux ordres distincts ; deux ensembles distincts de nature, de moyens et de fins : la nature, c'est l'homme ; la fin, c'est Dieu vu dans ses œuvres, c'est Dieu vu en lui-même ; les moyens, c'est la lumière naturelle de la raison, c'est la lumière surnaturelle de la grâce et de la gloire. Ordre naturel, ordre surnaturel qu'il ne faut pas confondre ni méconnaître l'un pour l'autre, mais qui aient toujours coexisté dans l'homme et dans l'humanité avant comme après le péché, avant comme après l'incarnation du Verbe.

Aussi saint Thomas dit-il : « L'homme, après le péché, n'a pas plus besoin de la grâce de Dieu qu'auparavant, mais pour plus de choses : pour guérir et pour mériter; auparavant, il n'en avait besoin que pour l'une des deux, la dernière. Avant, il pouvait, sans le don surnaturel de la grâce, connaître les vérités naturelles, faire tout le bien naturel, aimer Dieu naturellement par-dessus toutes choses, éviter tous les péchés; mais il ne pouvait, sans elle, mériter la vie éternelle, qui est chose au-dessus de la force naturelle de l'homme. Depuis, il ne peut plus, sans la grâce ou sans une grâce, connaître que quelques vérités naturelles, faire que quelques biens particuliers du même ordre, éviter que quelques péchés. Pour qu'il puisse tout cela dans son entier, comme auparavant, il faut que la grâce guérisse l'infirmité ou la corruption de la nature. Enfin, après comme avant, il a besoin de la grâce pour mériter la vie éternelle, pour croire en Dieu, espérer en Dieu, aimer Dieu surnaturellement, comme objet de la vision intuitive (*Summa*, 1, q. 95, a. 4, ad 1; 1. 2, q. 109, a. 2; *Ibid.*, a. 3; *Ibid.*, a. 4). »

Or, ces choses si bien distinctes entre elles et si bien distinguées entre elles par saint Thomas et par les décisions de l'Eglise, la grâce et la nature, la foi et la raison, l'ordre surnaturel et l'ordre naturel, l'Eglise et l'humanité, les apologistes français, à partir de Malebranche jusques et y compris l'auteur de l'*Essai sur l'indifférence en matière de religion*, les confondent plus ou moins, ou ne tirent pas de leur distinction les conséquences ultérieures, et laissent le tout dans le vague : ce qui empêche leurs apologies de former entre elles un ensemble bien d'accord avec la tradition des Pères et des Docteurs, bien d'accord en particulier avec la doctrine spirituelle des saints et des saintes que l'Eglise honore. Ils supposent plus ou moins, par endroits, avec les pélagiens et les jansénistes, que dans le premier homme la nature et la grâce, la raison et la foi, l'ordre naturel et l'ordre surnaturel étaient la même chose; que la grâce et la révélation proprement dites, la foi, l'ordre surnaturel n'ont commencé qu'après le péché, pour restaurer ou suppléer la nature, la raison, l'ordre naturel.

Ainsi Bailly définit très-bien la grâce : *Un don gratuit, surnaturel, accordé par Dieu à une créature intellectuelle, par rapport à la vie éternelle. Surnaturel*, ajoute-t-il, c'est-à-dire au-dessus de l'exigence d'une nature quelconque soit créée, soit créable; qui élève et dispose vers Dieu, comme auteur de la gloire, ou comme devant être vu immédiatement et possédé par la vision intuitive; qui nous unit merveilleusement avec Dieu même, considéré tel qu'il est en lui-même, et nous rend en quelque manière participants de la nature divine, comme le dit saint Pierre. Toutes les fois donc que Dieu nous accorde une grâce, c'est à la fin et à l'intention que nous soyons sauvés, et que nous le voyions lui-même immédiatement et intuitivement. C'est ainsi que saint Thomas et les plus célèbres théologiens expliquent en quoi consiste la surnaturalité de la grâce (Bailly, t. III, p. 2).

De même, dans sa question préliminaire sur les divers états de la nature humaine, le même Bailly dit encore : « L'état comme on l'entend ici, est le mode d'être de la nature humaine par rapport à sa fin dernière. On peut donc distinguer autant d'états que l'homme peut avoir de fins dernières et de dispositions à cette fin. De là, comme, suivant tous les théologiens, on peut distinguer deux fins de l'homme, l'une naturelle à laquelle l'homme est porté par les forces de la nature, l'autre surnaturelle à laquelle il est ordonné par la grâce, on peut, sous ce rapport, distinguer deux états de l'homme : 1° l'état *naturel*, dans lequel l'homme serait ordonné à sa fin naturelle, qui est de voir Dieu abstractivement et par rapport aux créatures; 2° l'état *surnaturel*, dans lequel l'homme est ordonné à une fin surnaturelle, qui est de voir Dieu intuitivement, en lui-même et face à face (Bailly, t. III, p. 102 et 103). Enfin, après avoir développé toutes les parties de cette question, il conclut : « De là il s'ensuit que la destination de l'homme à une fin surnaturelle et à la vision intuitive, la grâce sanctifiante qui donne à l'homme un droit à la gloire, les grâces actuelles que Dieu confère à l'homme pour conserver ou réparer la grâce sanctifiante, et la réparation de tout le genre humain, sont des dons gratuits, et que nous devons au créateur d'infinies actions de grâces pour de si grands bienfaits (*Ibid.*, p. 127). »

De ces premiers principes de la théologie, il suit que l'homme a une double fin, et par conséquent une double loi, une double religion : loi, religion naturelle; loi, religion surnaturelle, dont la seconde ne détruit pas la première, mais la présuppose et la perfectionne; car la grâce ne détruit pas la nature, mais la présuppose et la perfectionne, comme dit excellemment saint Thomas. Or, cette double fin de l'homme, que Bailly enseigne et distingue si nettement dans ses *Traités de Dieu et de la grâce*, il n'en sait plus un mot, n'en dit plus un mot dans son *Traité de la vraie religion*, où c'était cependant le lieu d'en parler le plus nettement possible, ne fût-ce que pour éclaircir et dissiper les idées vagues, fausses, équivoques que les incrédules modernes entassent sur ces matières. Bailly semble se joindre à eux pour augmenter la confusion, Il n'adopte pas la distinction des théologiens entre la religion naturelle et la religion surnaturelle. « Rigoureusement parlant, dit-il, il n'y en a qu'une, la religion chrétienne, qui, quoiqu'elle embrasse les préceptes naturels, est cependant *surnaturelle*, en ce que Dieu a manifesté par la révélation la connaissance de la loi naturelle obscurcie en grande partie par les diverses passions des hommes, et en ce que les devoirs de cette loi ne peuvent être observés d'une manière utile au salut sans la foi au Christ (*Ibid.*, t. I, p. 280, commencement du traité). » D'après ces paroles de Bailly, prises à la rigueur, la religion chrétienne ne comprendrait au fond que la loi naturelle, la révélation n'aurait été nécessaire que pour manifester la loi naturelle obscurcie par les passions, la religion chrétienne ne serait intellectuellement surnaturelle qu'à cause de cela, et non plus à cause de la fin surnaturelle de l'homme : ce qui est oublier et contredire les premiers principes de la théologie, que lui-même établit dans ses *Traités de Dieu et de la grâce*.

Hooke, dans ses *Principes de la religion naturelle et révélée*, ne dit pas non plus un mot de la fin surnaturelle de l'homme, comme impliquant pour lui, dès l'origine, un état surnaturel, une religion surnaturelle, une révélation surnaturelle proprement dite. La religion révélée, selon lui, n'est utile ou nécessaire que comme une manifestation plus parfaite de la loi naturelle, et que comme une dispensation surnaturelle de la rédemption, *surajoutée à l'ordre naturel* (Hooke, *Principia relig.*, etc., t. II, *Appendix. Dissert.* 1ª, p. 674). Ce qui donne à conclure que, avant cela, il n'y avait point, et que, sans cela, il n'y aurait point d'ordre surnaturel pour l'homme.

BERGIER, le plus laborieux et le plus complet des apologistes modernes, est plus exact que Hooke, mais moins que Bailly. Ni dans son *Traité de la vraie religion*, douze volumes in-douze, ni dans son *Dictionnaire de théologie*, ni dans ses ouvrages moins volumineux, le *Déisme réfuté par lui-même*, la *Certitude des preuves du christianisme, Apologie de la religion chrétienne, Examen du matérialisme*, il ne distingue aussi bien que Bailly la fin naturelle de l'homme et sa fin surnaturelle; nulle part il ne dit aussi nettement que sa fin naturelle consiste à voir Dieu abstractivement dans ses œuvres, et sa fin surnaturelle à le voir intuitivement dans son essence; nulle part il ne dit aussi nettement que, pour la fin surnaturelle, le moyen est la grâce, et le terme la gloire : il dit bien que la grâce est un don *naturel*, mais il n'explique pas aussi bien que Bailly le sens principal de ce mot *surnaturel*, ou plutôt il ne l'explique pas du tout. De là un vague, de là des équivoques qu'il eût été bien important d'éviter sur ces questions fondamentales, surtout avec les sophistes incrédules au milieu desquels il vivait, et auxquels il fournit pour leur *Encyclopédie* les articles de théologie qui composent son *Dictionnaire*. Ce vague, ces équivoques, apparaissent dès l'entrée de son *Traité de la religion*. Dans l'introduction même, paragraphe vingt-troisième, on lit ces mots : « Il n'y a donc jamais eu d'autre religion naturelle que la religion révélée. C'est à prouver ce point important que nous destinons la première partie de cet ouvrage. » Et dans l'indication correspondante de la table des matières, on lit : « RELIGION NATURELLE OU PRIMITIVE. Il n'y a jamais eu de religion naturelle vraie que la religion révélée. » D'après ces paroles, religion naturelle, religion primitive, religion révélée, seraient absolument une seule et même chose. Ce qui est confondre la fin naturelle de l'homme avec sa fin surnaturelle, sa nature avec la grâce divine, sa raison naturelle avec la révélation proprement dite, ou la manifestation divine de l'ordre surnaturel.

Faute d'avoir distingué nettement ces choses capitales, faute d'en avoir bien saisi et développé les conséquences, les ouvrages de Bergier et des autres apologistes modernes sont beaucoup moins utiles qu'ils n'auraient pu l'être. Faute d'avoir distingué nettement ces choses capitales, faute d'en avoir bien saisi et développé les conséquences, l'auteur de l'*Essai sur l'indifférence en matière de religion* s'est fourvoyé et n'a point rempli les magnifiques espérances que le monde catholique avait conçues de ses premiers travaux. Telle est notre conviction intime et profonde : c'est pour cela que nous insistons sur ces points. Et si nous avons pu voir et répandre quelque jour sur ces questions ardues, qui embrassent et souvent embarrassent toute l'histoire de l'Eglise, nous le déclarons sincèrement, c'est uniquement parce que Dieu nous a accordé la faveur de bien distinguer la grâce et la nature, avec les décisions récentes de l'Eglise romaine, avec l'Ange de l'école et les autres saints docteurs, et même avec les saintes femmes, comme sainte Thérèse et sainte Catherine de Gênes, dont l'Eglise de Dieu autorise les écrits sur ces matières. Et nous en remercions Dieu de tout notre cœur. Et si nous nous sommes trompé quelquefois dans l'application, telle est du moins la règle que nous avons suivie.

Du reste, le plan de Bergier était bon. Dans la table du premier volume, il intitule son ouvrage : *Traité historique et dogmatique de la vraie religion*, avec la réfutation des erreurs qui lui ont été opposées dans les différents siècles. « Dieu, disent les Pères de l'Eglise, donne au genre humain des leçons convenables à ses différents âges (Tertull., l. *De virg. veland.*, c. 1; S. Aug., *De verâ relig.*, c. 26 et 27, etc.); comme un père tendre, il a égard au degré de capacité de son élève; il fait marcher l'ouvrage de la grâce du même pas que celui de la nature, pour démontrer qu'il est l'auteur de l'un et de l'autre. Tel est le principe duquel il faut partir, pour concevoir le plan que la Sagesse éternelle a suivi en prescrivant aux hommes la religion. Ce plan renferme trois grandes époques relatives aux divers états de l'humanité. » Première époque : *Religion domestique*, révélée de Dieu au premier père du genre humain, Adam, et au second père, Noé. Le chef de famille était le pontife né de cette religion primitive. Emanée de la bouche du Créateur, elle devait passer des pères aux enfants, par les leçons de l'éducation, et par la *tradition domestique*. Seconde époque : *Religion nationale*, révélée de Dieu par Moïse au peuple d'Israël. « L'homme s'était égaré en prenant pour des dieux les différentes parties de la nature; Dieu frappa de grands coups sur la nature, pour faire sentir aux hommes qu'il en était le maître. Il effraya les Egyptiens, les Chananéens, les Assyriens, les Hébreux, par des prodiges de terreur. *J'exercerai*, dit-il, *mes jugements sur les dieux de l'Egypte*, il déclare qu'il fait des miracles, non pour les Hébreux seuls, mais pour apprendre à tous les peuples *qu'il est le Seigneur*. Il les fit, en effet, sous les yeux des nations qui jouaient le plus grand rôle dans le monde connu. Dieu ne révéla point de nouveaux dogmes, mais il annonça de nouveaux desseins. La croyance de Moïse et des Hébreux était la même que celle d'Adam et de Noé; le Décalogue est le code de morale de la nature : le culte ancien fut conservé; mais Dieu le rendit plus étendu et plus pompeux : dans une société policée, il fallait un sacerdoce; la tribu de Lévi en fut chargée à l'exclusion des autres. La *tradition nationale* était l'oracle que les Hébreux devaient consulter; toutes les fois qu'ils s'en écartèrent, ils tombèrent dans l'idolâtrie; dès qu'ils voulurent fraterniser avec leurs voisins, ils en contractèrent les vices et les erreurs.

» Mais Dieu ne laissa point ignorer ce qu'il avait résolu de faire dans les siècles suivants. Par la bouche de ses prophètes, il annonça la vocation future de toutes les nations à sa connaissance et à son culte. La religion juive n'était qu'un préparatif à la révélation plus ample et plus générale que Dieu voulait donner, lorsque le genre humain serait devenu capable de la recevoir. »

Troisième époque : *Religion universelle.* « La révélation précédente avait eu pour but de former un royaume sur la terre; Jésus-Christ prêcha *le royaume des cieux.* Une grande monarchie avait englouti toutes les autres; tous les peuples policés étaient devenus sujets du même souverain. Les arts, les sciences, le commerce, les conquêtes, les communications établies avaient enfin disposé les peuples à fraterniser et à se réunir dans une seule Eglise; le Fils de Dieu envoie ses apôtres prêcher l'*Evangile* ou la bonne nouvelle *à toutes les nations*... J'en ferai, dit-il, un seul troupeau sous un même pasteur... Les connaissances circulaient d'une nation à une autre : *la tradition universelle* ou la catholicité était donc la base sur laquelle l'enseignement devait être fondé. Telle est, en effet, la constitution du christianisme.

» Ce n'est pas le connaître, continue Bergier, que de l'envisager comme une religion nouvelle, isolée, qui ne tient à rien, qui n'a ni titres, ni ancêtres. Ce caractère est l'ignominie de ses rivales : ainsi elles portent sur leur front le signe de leur réprobation. Le christianisme est le dernier trait d'un dessein formé de toute éternité par la Providence, le couronnement d'un édifice commencé à la création; il s'est avancé avec les siècles; il n'a paru ce qu'il est qu'au moment où l'ouvrier y a mis la dernière main. Aussi les apôtres nous font remarquer que le Verbe éternel, venu pour instruire et sanctifier les hommes, est celui-là même qui les a créés (Joan., 1; Hebr., 1, c. 1). Saint Augustin, dans ses livres *De la cité de Dieu*, envisage la vraie religion comme une ville sainte dont la construction a commencé à la création et ne doit être finie que quand ses habitants seront tous réunis dans le ciel (Bergier, *Traité de la vraie religion.* Introduction, § 1, 2 et 3).

» *Jésus-Christ*, disent les apôtres, *n'est pas seulement d'aujourd'hui ; il était hier, et le même pour tous les siècles* (Hebr., c. 13, 8). *Il était dans les décrets éternels avant la naissance du monde* (1. Petr., 1, 20). *C'est l'agneau immolé dès la création* (Apocal., 13, 8). *L'ouvrage qu'il a consommé développe enfin un mystère caché dans le sein de Dieu dès le commencement des siècles, et fait comprendre la sagesse de sa conduite et de ses desseins éternels* (Eph., c. 3, v. 9, 10). *Jésus-Christ a fait de l'Ancien et du Nouveau Testament une seule et même alliance* (*Ibid.*, 2, 24). Conséquemment saint Augustin soutient que le christianisme a existé depuis la création (*Retract.*, l. 1, c. 13, n. 3. *Epist.* 102, q. 2); et Bossuet, que la religion est la même depuis l'origine du monde (*Discours sur l'hist. univ.*, 2º partie, art. 1; Bergier, *Ibid.*, § 6). »

Voilà comme Bergier s'exprime dans l'introduction de son *Traité de la vraie religion.* S'il y expose la chaîne des faits et des dogmes, il y expose aussi l'enchaînement des erreurs et des faux principes, et fait voir qu'il n'y a pas de milieu entre le catholicisme et le pyrrhonisme ou le doute universel.

« Le premier essai des novateurs du XVIᵉ siècle fut d'attaquer l'autorité de la Tradition : ils ne virent pas qu'en renversant la tradition des dogmes, ils sapaient du même coup la tradition des faits. Car enfin on ne conçoit pas pourquoi il est plus difficile aux hommes de rendre témoignage de ce qu'ils ont entendu que d'attester ce qu'ils ont vu : s'ils sont indignes de croyance sur le premier chef, nous ne voyons pas quelle confiance on peut leur accorder sur le second. Dès que la tradition des faits est aussi caduque et aussi incertaine que la tradition des dogmes, le christianisme ne peut se soutenir; il est appuyé sur des faits. Tous les arguments que l'on a rassemblés contre l'infaillibilité de la tradition dogmatique ont donc servi à ébranler en général toute certitude morale ou historique. Celle-ci étant intimement liée à la certitude physique, comme nous le ferons voir, les coups portés à l'une ne pouvaient manquer de retomber sur l'autre. Quand on est parvenu à douter des vérités physiques, il ne reste qu'un pas à faire pour contester les principes métaphysiques sur lesquels portent nos raisonnements. A proprement parler, ces trois espèces de certitudes sont appuyées sur le même fondement, sur le sens commun; on ne peut donner atteinte à l'une sans diminuer la force des autres (Bergier, § 10).

» L'axiome sacré des uns et des autres (protestants et incrédules) est que l'homme ne doit écouter que sa raison, ne se rendre qu'à l'évidence, rejeter tout ce qui lui paraît faux et absurde. Voyons les divers usages que l'on a faits de cette maxime séduisante (*Ibid*, § 12)... Pour résumer en deux mots, les protestants ont dit : Nous ne devons croire que ce qui est expressément révélé dans l'Ecriture, et c'est la raison qui en détermine le vrai sens. Les sociniens ont répliqué : Donc nous ne devons croire révélé que ce qui est conforme à la raison. Les déistes ont conclu : Donc la raison suffit pour connaître la vérité sans révélation; toute révélation est inutile, par conséquent fausse. Les athées ont repris : Or, ce que l'on dit de Dieu et des esprits est contraire à la raison ; donc il ne faut admettre que la matière. Les pyrrhoniens viennent fermer la marche en disant : Le matérialisme renferme plus d'absurdités et de contradictions que tous les autres systèmes; donc il ne faut en admettre aucun (*Ibid.*, § 13). »

Dans la première partie de son *Traité*, ch. Iᵉʳ, *origine de la religion primitive*, art. 1ᵉʳ, *De la religion des patriarches*, paragraphes 9, 10 et 11, Bergier prouve, contre les incrédules, et par l'Ecriture sainte et par les auteurs profanes, que la notion d'un seul Dieu s'est conservée partout, et que l'idolâtrie n'est point la première religion.

« Cependant, malgré les progrès du polythéisme, qui s'étendit de jour en jour, la notion d'un seul Dieu, créateur et maître de l'univers, ne fut point entièrement effacée de la mémoire des hommes ; on en retrouve des vestiges même chez les peuples plongés dans la superstition la plus grossière. C'est un reste précieux de la religion primitive, un monument subsistant de la tradition de nos premiers pères, que l'ignorance et les passions n'ont pu détruire. Il est important d'établir ce fait, à cause des conséquences qui en résultent ; les écrivains sacrés et profanes se réunissent pour en rendre témoignage.

» *Lorsqu'Abraham sortit de la Chaldée, par ordre de Dieu, pour venir habiter la Palestine, son pre-*

mier soin, *dans tous les lieux où il séjourna, fut d'ériger des autels au Seigneur et d'invoquer son saint nom* (Gen., 12, 7; 13, 4, 18; 21, 33). Nous ne voyons pas qu'il ait été troublé dans ce culte par les Chananéens, maîtres de ces contrées, ni qu'ils lui aient témoigné de l'aversion; nous remarquons au contraire que ces peuples connaissaient et adoraient le même Dieu qu'Abraham. Après la victoire remportée par ce patriarche sur le roi de Sennaar et ses alliés, Melchisédech, roi de Salem, *prêtre du Très-Haut*, accompagné du roi de Sodome, bénit Abraham au nom de ce même *Dieu qui a créé le ciel et la terre* (*Ibid.*, 14, 17).

» Abimélech, roi de Gérare, dans le pays des Philistins, professe la même foi qu'Abraham; il croit que la justice divine punit le crime et épargne les innocents (*Ibid.*, 20). Ce roi, suivi du général de ses troupes, fait alliance avec Abraham *au nom de Dieu*, persuadé que Dieu protége ce patriarche (*Ibid.*, 21, 22). Quarante ans après, les mêmes personnages renouvellent le traité avec Isaac, et tiennent encore le même langage (*Ibid.*, 26, 28). Les habitants de Heth vendent à Abraham le droit de sépulture parmi eux et le regardent comme un *homme puissant protégé de Dieu* (*Ibid.*, 23, 6).

» Lorsqu'il envoya son économe dans la Chaldée chercher une épouse à Isaac, Laban et Bathuel ne font mention que d'un seul Dieu qui conduit tous les événements. Ils conservent les mêmes idées après, en faisant alliance avec Jacob; ils prennent à témoin le Dieu d'Abraham et de Nachor, qui voit et entend leurs serments, qui punit la foi violée, et ils lui offrent des victimes : preuve certaine que les idoles de Laban n'avaient pas éteint le culte du vrai Dieu dans sa famille.

Les Moabites et les Ammonites, descendants de Loth, neveu d'Abraham; les Syriens, issus de Nachor; les Ismaélites et les Madianites, enfants d'Abraham, nés d'Agar et de Céthura; les Iduméens, dont Esaü était le père, ne purent oublier dans peu de temps les leçons et la croyance de leurs aïeux. Jéthro, prêtre ou chef d'une tribu de Madianites, dont Moïse épousa la fille, connaissait le vrai Dieu; il le bénit des prodiges qu'il a faits pour tirer son peuple de l'Egypte, il le reconnaît pour Dieu suprême et lui offre des sacrifices. Les amis de Job, qui étaient Arabes ou Iduméens comme lui ne parlent point d'un autre Dieu que du créateur de toutes choses.

Balac, roi des Moabites, qui avait fait venir Balaam pour maudire les Hébreux, connaissait le même Dieu qu'eux; il le nomme simplement *le Seigneur*. Balaam n'en nomme point d'autres dans ses prédictions, que le Tout-Puissant; il dit que c'est Dieu qui a tiré Israël de l'Egypte et qui inspire les prophètes. Le culte de Béelphégor, établi pour lors chez les Moabites, n'avait donc pas encore étouffé la connaissance du souverain Seigneur de l'univers.

« En Egypte même, où l'on place le berceau de l'idolâtrie, la notion d'un seul Dieu s'est conservée très-longtemps. Lorsque Joseph paraît devant Pharaon et lui explique ses songes, ce roi reconnaît que Joseph est rempli de l'esprit divin, que Dieu lui a révélé l'avenir. Quand l'ordre fut donné, sous un de ses successeurs, de faire périr tous les enfants mâles des Hébreux, il est dit que les sages-femmes égyptiennes *craignirent Dieu*, n'exécutèrent point cet ordre cruel. A la vue des miracles de Moïse, les magiciens disent : *Le doigt de Dieu est ici*; et Pharaon : *Le Seigneur est juste, mon peuple et moi nous sommes des impies*. Près de périr dans la mer Rouge, les Egyptiens s'écrient : *Fuyons les Israélites, le Seigneur combat pour eux contre nous*. Cependant les Egyptiens adoraient déjà le bœuf Apis, et Pharaon avait répondu d'abord à Moïse qu'il ne connaissait pas le Seigneur. Concluons-en que l'idolâtrie était déjà très-enracinée parmi les Egyptiens et la connaissance du vrai Dieu fort affaiblie. Les miracles de Moïse auraient dû la renouveler, si l'aveuglement des hommes était moins difficile à guérir.

» Rahab, femme née à Jéricho parmi les Chananéens, reçoit chez elle les espions des Hébreux, et avoue que leur Dieu est le *Dieu du ciel et de la terre*. Adonibezech, dans son supplice, reconnaît la justice de Dieu, qui lui rend le même traitement qu'il a fait aux autres rois.

» Plusieurs siècles après, les monarques de l'Orient se servent encore des mêmes expressions. Lorsque Salomon fut élevé sur le trône, le roi de Tyr rendit grâces au Seigneur du ciel et de la terre de ce qu'il avait donné à David un successeur digne de lui. La reine de Saba, étonnée de la sagesse et de la magnificence de Salomon, rend à Dieu le même hommage. Cyrus, dans ses édits, publie que ses victoires sont un don du *Dieu du ciel*. Darius ordonne aux Juifs de faire pour lui des vœux au *Dieu du ciel*. Assuérus le nomme ainsi dans un décret adressé à tout son empire. Nabuchodonosor, puni de son orgueil, s'humilie devant Dieu. Les habitants de Ninive le connaissaient sans doute, puisqu'ils firent pénitence à la prédication de Jonas, qui leur parlait de sa part. Achior, chef des Ammonites, rend témoignage du culte que les Israélites ont toujours rendu au seul Dieu du ciel, et des prodiges qu'il a opérés en leur faveur.

» De là on doit conclure que, si toutes ces nations sont tombées dans l'idolâtrie, leur aveuglement a été très-libre et très-volontaire; Dieu leur avait donné assez de facilité pour le connaître et assez de motifs pour persévérer dans son culte. Les incrédules, qui ne cessent de calomnier la Providence sur ce point, ne sont pas moins inexcusables que les idolâtres.

» Ajoutons au témoignage des livres saints, continue Bergier, celui des auteurs profanes; il en résultera, non-seulement que les écrivains juifs ont été bien instruits, mais encore que le polythéisme et l'idolâtrie n'ont point été la première religion du genre humain.

» Pour commencer par les Egyptiens, nous lisons dans Lucien que ces peuples n'avaient anciennement point de statues dans leurs temples : il ajoute qu'il a vu dans la Syrie plusieurs anciens temples où il n'y avait aucune image, aucune représentation. Or, on sait que les peuples n'ont pas été plus tôt polythéistes qu'ils ont essayé de représenter leurs dieux, et ont rendu un culte à leurs images. Selon Plutarque, les Thébains ne reconnaissaient aucun dieu mortel; ils n'admettaient d'autre premier principe que le dieu *Cneph* ou *Cnuph*, qui est sans commencement et n'est point sujet à la mort. Les prêtres égyptiens, interrogés par César sur le culte qu'ils rendaient aux animaux, répondirent qu'ils adoraient en eux la divinité dont ils étaient les symboles. Synésius leur attribue cette même croyance. « Selon les égyptiens, dit Jamblique, le premier des dieux a existé seul avant tous les êtres. Il est la source de toute intelligence et de tout intelligible. Il est le premier principe, se suffisant à soi-même, incompréhensible, le père de toutes les essences. » Ils le représentaient par un serpent à tête d'épervier, placé au milieu d'un cercle environné de flammes, ou sous la figure d'un homme, de la bouche duquel sortait un œuf qui était le symbole du monde; mais on ne peut pas prouver qu'ils lui aient rendu un culte.

» Selon le fragment de Sanchoniathon, les Phéniciens avaient une cosmogonie semblable à celle de Moïse; ils admettaient par conséquent un seul Dieu créateur. M. de Gébelin a fait voir, par l'explication de cet ancien monument, que le traducteur grec en avait mal rendu le sens; qu'en ramenant les termes à leur vraie signification, l'auteur phénicien se trouve d'accord avec le législateur des Hébreux. Les anciens Chaldéens faisaient profession de croire qu'il n'y a qu'un seul premier principe de toutes choses, existant par lui-même, plein de bonté et de lumières. Nous verrons, dans le chapitre troisième, que les Chinois, les Indiens, les Perses ont connu, dès les premiers temps, un seul Dieu créateur, et que cette notion subsiste encore dans leurs livres, malgré l'idolâtrie à laquelle ils sont livrés.

Les Grecs, dont la superstition a infecté tout l'univers, n'adoraient qu'un seul Dieu dans les premiers temps. M. Boivin l'aîné l'a prouvé par les témoignages exprès d'Anaxagore, de Stace, de Platon, de Pronapidès, précepteur d'Homère, et du fragment de Sanchoniathon. Aristote, *De mundo*, cap. 6, dit que c'est une tradition ancienne, transmise partout des pères aux enfants, que Dieu a tout fait, et qu'il conserve tout. Platon a dit la même chose en mêmes termes. Plutarque assure que cette dernière doctrine remonte jusqu'aux premiers temps; qu'elle n'est d'aucun auteur connu; que de tout temps elle a été commune aux Grecs et aux Barbares. Ocellus Lucanus, le plus ancien philosophe dont nous ayons des écrits, parle de Dieu comme d'une intelligence unique et attentive aux actions des hommes. C'était la doctrine traditionnelle des sages qui l'avaient précédé.

» Théophraste, dans Porphyre, dit que la religion, dans ses commencements, était fondée sur des pratiques très-pures. On n'adorait alors aucune figure sensible; on n'offrait aucun sacrifice sanglant; on n'avait point encore inventé les noms et la généalogie de cette foule de dieux qui ont été honorés dans la suite : on rendait au premier principe de toutes choses des hommages innocents, en lui présentant des herbes et des fruits pour reconnaître son souverain domaine. Hérodote nous apprend que les Pélasges, premiers habitants de la Grèce, honoraient confusément des dieux qu'ils ne distinguaient point et auxquels ils ne donnaient point de noms. S'ils en avaient adoré plusieurs, ils auraient été forcés de les distinguer par des noms.

» Hésiode, plus ancien que les auteurs précédents, fournit plusieurs preuves de la même vérité.

1° Dans la *Théogonie*, il peint Cœlus, et après lui Saturne, comme des dieux jaloux, qui ne voulaient point partager l'empire avec les Titans ou avec les enfants de la terre. Appollodore dit de même, au commencement de son *Histoire des dieux*, que Cœlus est le premier qui ait régné sur *tout l'univers*. 2° Dans les *Travaux et jours* d'Hésiode, nous lisons que sous Saturne les hommes ne rendaient point de culte aux dieux bienheureux qui habitent l'Olympe. 3° Selon lui, c'est à Sycione que les hommes disputèrent contre les dieux pour savoir quel culte on leur rendrait. Avant cette époque, le polythéisme et l'idolâtrie n'étaient donc pas encore établis. Sophocle a osé dire sur le théâtre d'Athènes : « Dans la vérité, il n'y a qu'un Dieu; il n'y en a qu'un qui a formé le ciel, la terre, la mer et les vents. Cependant la plupart des mortels, par une étrange illusion, dressent des statues, des dieux de pierre, de cuivre, d'or et d'ivoire, comme pour avoir une consolation présente dans leurs malheurs. Ils leur offrent des sacrifices ; ils leur consacrent des fêtes, s'imaginant vainement que la piété consiste dans ces cérémonies. »

» A la naissance de Rome, les peuples d'Italie ne connaissaient point encore l'idolâtrie grecque à laquelle ils se livrèrent dans la suite. Numa, législateur des Romains, leur avait enseigné une religion plus pure. Il leur défendit, selon Plutarque, de s'imaginer que Dieu eût la forme d'homme ou de bête ; et il n'y avait parmi eux ni statue ni aucune image de Dieu. Pendant les cent soixante premières années, ils bâtirent des temples et autres lieux saints; mais ils n'y mirent jamais aucune figure de Dieu ni moulée ni peinte, estimant que c'était un sacrilége de représenter, par des choses périssables et terrestres, ce qui est éternel et divin, et qu'on ne pouvait s'élever à la Divinité que par la pensée. — Varron, cité par saint Augustin, atteste le même fait. Si cet usage eût toujours duré, dit-il, le culte des dieux serait plus pur. Il le confirme par l'exemple des Juifs.

» Les peuples mêmes plus occidentaux et plus éloignés des lieux où la première tradition devait se conserver; les Gaulois, les Germains, les Bretons, les autres nations du Nord ne paraissent être devenus polythéistes que par le commerce qu'ils ont eu avec les Romains. Dans les premiers temps où ils ont commencé à être connus, ils n'adoraient qu'un seul Etre suprême. César, Pline, Tacite, Celse dans Origène, et d'autres écrivains, en portent ce jugement; et on peut le confirmer par l'*Edda*, ancien livre des Islandais.

» Parmi le grand nombre de nations autrefois inconnues, que les voyageurs modernes ont découvertes, il n'en est presque aucune chez laquelle ils n'aient trouvé, au milieu des ténèbres d'une superstition grossière, les signes évidents de la notion d'un seul Dieu suprême, quoiqu'on ne lui rende aucun culte. Ce fait essentiel a été prouvé par plusieurs écrivains qu'il serait trop long de copier. Nous ne rapporterons point les témoignages des philosophes sur l'unité de Dieu. Eusèbe, dans sa *Préparation évangélique*; M. Huet, *Quæstiones alnetanæ*; Cudworth, dans son *Système intellectuel*; M. de Burigny, dans sa *Théologie des païens*, les ont rassemblés. Il nous paraît moins nécessaire de connaître sur ce point l'opinion des philosophes, que la croyance générale des peuples. »

Voilà ce que dit Bergier dans les paragraphes 9 et 10; il conclut dans le 11ᵉ : « Il est incontestable que le dogme de l'unité de Dieu a subsisté chez toutes les nations, avec la coutume absurde d'en adorer plusieurs : les incrédules le reconnaissent aussi bien que nous; mais ils prétendent que le polythéisme et l'idolâtrie sont plus anciens sur la terre que la croyance d'un Dieu suprême et unique. Cette croyance, selon eux, est le fruit tardif des méditations humaines et des leçons de la philosophie. Rassemblons en peu de mots les preuves du contraire. — 1° Les philosophes, les historiens, les poètes, comme les livres saints, attestent que la croyance d'un seul Dieu, créateur et gouverneur du monde, est le dogme ancien dont on ne connaît ni le commencement ni l'auteur. Ils sont dignes de foi sans doute; ils touchaient de plus près à l'origine des choses, que les incrédules du XVIIIᵉ siècle; l'ignorance et l'opiniâtreté de ceux-ci ne prévaudront jamais sur la déposition constante et unanime de toute l'antiquité. 2° La croyance d'un Dieu suprême se trouve chez les nations sauvages, qui n'ont eu ni raisonneurs ni philosophes; donc elles ne l'ont pas reçue d'eux. Sur quel fondement jugerons-nous qu'ils l'ont introduite chez les anciens peuples, dans un temps où ceux-ci étaient encore à demi-sauvages? »

Voilà comme Bergier prouve contre les incrédules du XVIIIᵉ siècle, et par l'Écriture sainte, et par les écrivains profanes, non pas précisément que la notion d'un seul Dieu suprême se retrouve chez toutes les nations, les incrédules eux-mêmes en convenaient, mais que cette notion est antérieure au polythéisme et à l'idolâtrie, et qu'elle ne vient pas des philosophes. Nous rappelons ces choses, et un peu au long, non pas précisément contre les incrédules du XIXᵉ siècle, mais contre certains membres du clergé français, plus ignorants ou plus incrédules que les incrédules du XVIIIᵉ; certains ecclésiastiques français, lesquels, ignorant la doctrine constante de leur Église sur le premier article du Symbole, depuis saint Irénée de Lyon jusqu'à Tournély, Hooke, Bergier et le *Catéchisme* de Montpellier, ou bien n'y croyant pas, accusent de nouveauté ceux qui osent leur rappeler la doctrine de leurs Pères et de leurs Docteurs, pour les empêcher de commencer dans l'Église de France une série de variations doctrinales comme celles des églises protestantes.

Bergier reconnaît et prouve de même, quant au dogme du péché originel, qu'il y en a des vestiges chez toutes les nations. « L'auteur de la *Philosophie de l'histoire*, dit-il, avoue que la chute de l'homme dégénéré est le fondement de la théologie de tous les peuples. Zoroastre en a fait un dogme de sa religion. L'auteur de l'*Antiquité dévoilée par ses usages* prétend retrouver chez toutes les nations, des vestiges de cette tradition; nous l'avons vue chez les Indiens. Elle n'était pas inconnue aux philosophes grecs; ils avaient imaginé la préexistence des âmes dans une autre vie où elles ont péché, ils regardaient l'union de ces âmes avec le corps comme une punition de leurs crimes passés. Saint Augustin s'est servi de cette erreur même pour montrer aux pélagiens l'universalité de la croyance du péché originel. Il faut que cette tradition remonte au berceau du genre humain : si elle était née chez un peuple particulier, après la dispersion, elle n'aurait pu se répandre d'un bout du monde à l'autre (Bergier, *Traité*, etc., 1ʳᵉ partie, c. 7, art. 2, § 2). »

Quant à la promesse et à l'espérance d'un Sauveur, d'un Messie, les incrédules eux-mêmes conviennent que toutes les nations ont attendu un libérateur (*Ibid.*, 2ᵉ partie, c. 1, art. 2, § 9). En sorte que ces trois vérités principales, unité d'un Dieu suprême, chute de l'homme, attente d'un rédempteur, étaient généralement connues par toute la terre.

Bergier fait voir pareillement un accord merveilleux entre la règle de la foi catholique et la règle des différentes espèces de certitude humaine et naturelle.

On distingue ordinairement trois espèces de certitudes : la certitude physique, qui résulte de la relation des sens; la certitude métaphysique, qui résulte de l'évidence, de la vue claire et nette d'une chose, vue si claire et si nette, qu'il faudrait renoncer au bon sens pour ne pas y croire; la certitude morale, qui résulte directement de l'accord des sentiments et des témoignages parmi les hommes. Or, dans sa *Dissertation sur les différentes espèces de certitudes*, article 1ᵉʳ, § 1ᵉʳ, Bergier montre que la certitude morale, aussi bien que la certitude physique et la certitude métaphysique, repose sur le sens commun. Voici entre autres comme il s'exprime : « A quelle épreuve faut-il donc mettre ces démonstrations prétendues (il s'agit de démonstrations géométriques)? C'est de voir si elles font la même impression sur tous les hommes capables de les comprendre; alors il est impossible qu'elles soient fausses. Ainsi, en dernière analyse, la certitude métaphysique se réduit aussi bien que les autres au *dictamen* du sens commun. Enfin, dans le dernier chapitre de son *Traité*, § 7, il conclut que la règle de la foi catholique est la même que la règle de la certitude morale. Voici ses paroles : « Par un trait de sagesse profonde, le divin auteur du christianisme a voulu que sa doctrine portât sur la base inébranlable de la certitude morale, et parvînt aux oreilles des simples fidèles par la même voie que toutes les autres institutions de la société. En établissant pour règle de foi, non le degré de capacité des maîtres, ou la mesure de l'intelligence des disciples, non la lettre nue des livres et des monuments, ou les discussions de la critique, mais la tradition universelle, constante, uniforme de l'Église; Jésus-Christ a pourvu également au salut des simples et à celui des savants, prévenant l'anxiété des uns et l'infidélité des autres. Ici le théologien n'est pas plus privilégié que l'ignorant, ni le pasteur pas plus que le troupeau. Tous sont instruits par le même organe, dirigés par la même règle, retenus par la même autorité. Ce qui est cru et professé par tous les membres, dans tous les lieux, dans tous les temps, telle est la foi de l'Église, la vraie doctrine de Jésus-Christ : *Quod ab omnibus, quod ubique, quod semper* : hors de là, ce n'est plus la foi, c'est l'opinion. »

Ailleurs il montre que l'infaillibilité de l'Église rentre dans la certitude morale : qu'on ne peut attaquer la première sans attaquer la seconde; que la tradition universelle est la certitude du témoignage humain portée au plus haut degré; que quand les incrédules et les protestants ont tant déclamé contre l'infaillibilité de l'Eglise, ils n'ont pas seulement entendu la question (Bergier, *Traité*, etc., 3e partie, c. 8, art. 2, § 3 et 4). Il dit en conséquence : « Lorsqu'on demande si un concile a pu être infaillible sur un fait, nous répondons que la certitude morale, poussée au plus haut degré de notoriété, n'est pas plus faillible dans un concile qu'ailleurs; que pour notre foi, il n'est pas besoin d'une certitude plus grande que celle sur laquelle portent notre vie, notre fortune, nos intérêts les plus chers, nos devoirs même naturels (*Ibid.*, c. 1, art. 1, § 20). »

Nous avons déjà vu les Pères de l'Eglise faire des réponses semblables aux païens de leur temps, qui reprochaient au christianisme de commencer par la foi, par la croyance. Ainsi saint Théophile d'Antioche, dans ses livres à Autolyque, Athénagore et les autres apologistes, saint Augustin, dans son *Utilité de croire*, montrent par les faits que la vie entière de l'homme, la famille, la société publique, la justice, les arts et les sciences commencent par la foi, par la croyance au témoignage humain : et qu'ainsi on ne pouvait pas en faire un reproche au christianisme, qui avait en outre pour lui un témoignage divin.

Chose remarquable, bien que peu remarquée : il n'y a pas jusqu'aux philosophes modernes, même incrédules, qui ne conviennent que les sciences particulières, même celles qu'on appelle *exactes*, commencent par la foi, par la croyance au sens commun. Les sciences, disent-ils, ne sont autre chose que le résultat de l'expérience générale sur l'objet particulier de chacune d'elles. « Quels sont, demande le géomètre-philosophe d'Alembert (*Encyclopédie*, art. ELÉMENTS), quels sont, dans chaque science, les principes d'où l'on doit partir? Des faits simples, bien vus, bien avoués, répond-il : en physique, l'observation de l'univers; en géométrie, les propriétés principales de l'étendue; en mécanique, l'impénétrabilité des corps. » Mais, dira-t-on, les éléments de géométrie ne reposent-ils point sur des démonstrations rigoureuses? — Non : les éléments de géométrie, comme les éléments de toute autre science, ne reposent que sur l'autorité du sens commun. « Et ce serait, dit d'Alembert, une entreprise chimérique de vouloir y chercher une rigueur imaginaire. Il faut y supposer l'étendue telle que tous les hommes la conçoivent, sans se mettre en peine des difficultés des sophistes sur l'idée que nous nous en formons; comme on suppose en mécanique le mouvement, sans répondre aux objections de Zénon d'Elée. Il faut supposer par abstraction les surfaces planes et les lignes droites, sans se mettre en peine d'en prouver l'existence (*Encyclopédie*, art. GÉOMÉTRIE).

Cependant, les sciences mathématiques n'ont-elles pas une certitude telle que les autres n'en approchent point? — Non : la certitude des sciences mathématiques, comme celle de toute autre, ne repose, en dernière analyse, que sur le sens commun. « On ne peut s'empêcher de convenir, dit encore d'Alembert, *Discours préliminaire* de l'*Encyclopédie*, que l'esprit n'est pas satisfait au même degré par toutes les connaissances mathématiques : plusieurs d'entre elles, appuyées sur des vérités d'expérience ou sur de simples hypothèses, n'ont, pour ainsi dire, qu'une certitude d'expérience ou de supposition. » Et même, selon ce géomètre-philosophe, si on examine sans prévention à quoi ces connaissances se réduisent, outre le peu d'application et d'usage qu'on peut en faire, on verra que la plupart de ces axiomes dont la géométrie est si glorieuse ne sont que des idées simples, c'est-à-dire empruntées au sens commun, mais qu'on exprime par des mots différents. « J'en dis à peu près autant, ajoute le même d'Alembert, des théorèmes mathématiques. Considérés sans préjugés, ils se réduisent à un assez petit nombre de vérités primitives, » c'est-à-dire de vérités empruntées au sens commun.

Du moins, de ces vérités primitives, avouées de tout le monde ou bien une fois supposées, le mathématicien tire des conséquences toujours sûres et avec une certitude infaillible? — Non, pas toujours, car il peut arriver et il arrive en effet que les plus grands génies tirent des mêmes principes des conséquences opposées. Témoin Leibnitz, qui écrivait à Molanus : « Je croyais fermement, monsieur, que ma dernière lettre serait capable de faire voir à M. Eckardus en quoi consiste l'imperfection de la méthode dont il s'est servi; mais j'ai appris plusieurs choses par cette dispute, entre autres celle-ci, que je ne croyais pas : c'est qu'il faut un juge de controverse en mathématiques aussi bien qu'en théologie. »

En considérant cet accord inattendu des philosophes modernes avec les Pères de l'Eglise et le plus judicieux des apologistes contemporains, sur les premiers principes et la règle des sciences humaines, il y aurait peut-être moyen de concilier bien des choses; par exemple, la raison et la foi. Bergier fait voir que la règle de la foi catholique et la règle de la certitude morale, aussi bien que des autres, sont la même, le sens commun. Or, en quoi le sens commun diffère-t-il de la raison? Bergier, examinant ce que c'est que l'un et l'autre, conclut que le sens commun est la raison par excellence et le plus sûr de tous les guides (Table des matières, *Sens commun*). Il dit entre autres : « La raison, selon les incrédules, est le guide que Dieu nous a donné pour nous conduire : s'il nous obligeait de la contredire, il se contredirait lui-même. Pure équivoque. Par *la raison*, entendent-ils le sens commun? Nous sommes d'accord. » Il dit immédiatement auparavant : « Enfin, la raison se prend pour le sens commun, comme le penchant et l'habitude qu'ont tous les hommes de juger et d'agir de telle manière dans telle circonstance. C'est le sens commun, par conséquent la raison, qui détermine tous les hommes à donner croyance à toute vérité suffisamment prouvée, soit qu'ils la conçoivent ou non : dans ce sens, nous disons que la foi est raisonnable et que l'incrédulité est contraire à la raison. Sans cet heureux penchant, toute confiance, tout commerce, toute société serait impossible entre les hommes (Première partie, c. 7, art. 1). »

Par suite de cette conciliation entre la raison et la foi, il serait facile d'éclaircir et de concilier les rapports entre la philosophie et la théologie, envisagées comme deux sciences particulières, telles qu'elle s'enseignent de nos jours.

Le procédé commun à toutes les sciences, c'est que chaque science commence par des premiers principes qu'elle tient pour certains, autrement qu'elle croit, mais ne démontre pas. Tout le travail de l'intelligence consiste à tirer les conséquences de ces principes, à en faire des applications et à pénétrer plus avant, s'il est possible. La philosophie en particulier commence par les premiers principes de toute raison humaine, principes qu'elle ne démontre pas, mais qu'elle croit ou tient pour certains et dont elle tire les conséquences et fait les applications principales. La théologie, de son côté, commence par les principales vérités religieuses, vérités que non-seulement elle tient pour certaines, mais qu'elle démontre telles moyennant les premiers principes de la raison humaine, tenus pour certains par la philosophie. Ainsi, dès leur début, c'est sans aucun doute la théologie qui donne le plus d'exercice à l'intelligence de l'individu. Car elle prouve, elle démontre, elle raisonne, même ses premières vérités, tandis que la philosophie ne prouve pas, ne démontre pas, ne raisonne pas ses premiers principes, mais les admet nécessairement.

C'est non-seulement à leur début, mais dans toute la suite de leur développement, que la théologie laisse plus de liberté et d'action à l'intelligence de l'individu que la philosophie.

La *théologie*, science des vérités religieuses, tant dans l'ordre naturel que dans l'ordre surnaturel, mais principalement dans ce dernier, commence proprement par cet acte de foi, comme premier principe : *Mon Dieu, je crois fermement tout ce que l'Eglise catholique croit et enseigne ; je le crois, parce que vous me l'avez révélé, et que vous ne pouvez vous tromper ni nous tromper.* Sur quoi il y a trois observations à faire ou à rappeler : 1° L'Eglise catholique, qui croit et enseigne les choses religieuses, est incontestablement l'autorité la plus grande qu'il y ait sur la terre, l'autorité qui présente le plus de motifs de croire, de tenir pour certain ce qu'elle croit et enseigne, même à ne la considérer que d'une manière humaine et naturelle. 2° Or, une des premières choses que l'Eglise catholique croit et enseigne, c'est que, outre cette infaillibilité naturelle, comme autorité humainement la plus grande, elle a reçu de Dieu une infaillibilité surnaturelle, une assistance spéciale pour ne jamais se tromper dans ce qu'elle croit et enseigne. Son autorité s'élève aussitôt à la plus haute puissance. 3° Outre cette autorité incomparable qui assure au chrétien la vérité de tout ce que l'Eglise catholique croit et enseigne, cette Eglise présente encore à l'individu, sur chaque vérité en particulier, des motifs, des preuves nombreuses tirées de l'Ecriture sainte, tirées des saints Pères et des Docteurs, tirées de la raison chrétienne et de la nature même de la chose. — Eh bien, et c'est ici la conclusion, malgré cette autorité nonpareille de l'Eglise, malgré les nombreux motifs qu'elle nous offre sur chaque vérité en détail, notre acte de foi, soit général à toutes les vérités qu'elle croit et enseigne, soit spécial à chacune de ces vérités, cet acte de foi est encore libre et méritoire, **tandis que notre croyance, notre adhésion aux premiers principes de la raison humaine**, n'est ni libre ni méritoire, mais nécessaire. Ainsi donc, jusque-là, la raison de l'individu est plus libre dans la foi que dans la raison, dans la théologie que dans la philosophie.

Il y a plus : comme la théologie embrasse toutes les vérités religieuses tant dans l'ordre naturel que dans l'ordre surnaturel, elle offre bien plus d'aliment et d'exercice à la libre activité de l'intelligence humaine que la philosophie, qui n'embrasse proprement que les vérités générales dans l'ordre naturel.

Enfin, comme la théologie embrasse toutes les vérités religieuses tant dans l'ordre naturel que dans l'ordre surnaturel, elle embrasse ainsi le ciel et la terre, le temps et l'éternité, Dieu et l'homme, Dieu et ses œuvres, Dieu considéré non-seulement à travers ses créatures, mais en lui-même : elle présente ainsi à l'intelligence du chrétien un ensemble immense de vérités, mais de vérités vivantes et vivifiantes, que l'éternité entière ne suffira point à connaître et à aimer. Au milieu de cet océan immense de vérité, de lumière et de vie, l'esprit du chrétien vit et agit librement, comme le poisson dans l'eau. Voyez le poisson dans l'Océan sans bornes : il y vit, il s'y promène, il s'y repose ; il s'élève jusqu'à la surface, il se plonge jusque dans les abîmes, il s'élance avec impétuosité, il repose et dort immobile, et toujours dans son élément, qui est sa vie et son bonheur ; son malheur et sa mort seraient d'en sortir. Ainsi en est-il de l'âme chrétienne dans cet océan incommensurable des vérités religieuses.

De là, dans l'Eglise catholique, pour les âmes ferventes, ce besoin de prière, d'oraison, de méditation, de contemplation. De là, dans l'Eglise catholique, cette existence et cette nécessité si peu comprises des ordres contemplatifs, dont les ordres *annihilatifs* de l'Inde ne paraissent qu'une contrefaçon satanique. Car, dans l'Eglise de Dieu, la contemplation religieuse n'est que l'exercice le plus élevé et le plus pur de l'intelligence créée. C'est l'apprentissage le plus élevé et le plus pur du ciel et de l'éternité. — Dans un sens, les philosophes eux-mêmes sont une espèce de contemplatifs ; car, à vrai dire, la philosophie est la contemplation des vérités générales de l'ordre naturel, et les philosophes sont les contemplatifs de cet ordre.

Quant aux philosophes qui diraient ou qui disent que tout est renfermé dans la philosophie, en un sens ils ont raison. Tout est renfermé dans la philosophie de la même manière que tout est renfermé dans l'A, B, C. Par exemple : toutes les bibliothèques du monde sont composées de livres, les livres sont composés de mots, les mots sont composés de lettres, toutes les lettres sont dans l'A, B, C. Donc l'A, B, C comprend toutes les lettres, tous les mots, tous les livres, toutes les bibliothèques. Il y a plus : les mots ne représentent-ils pas les idées, les idées ne représentent-elles pas les choses, les choses ne représentent-elles pas les idées divines, les idées divines ne sont-elles pas Dieu même ? Donc, en un sens, l'alphabet renferme tout, y compris Dieu. D'ailleurs, le Christ lui-même ne dit-il pas qu'il est l'*alpha* et l'*oméga*, la première et la dernière lettre de l'alphabet, le principe et la fin ? — De là on peut conclure : 1° que la philosophie renferme toutes les vérités et toutes les sciences, comme l'alphabet renferme tous les mots et toutes les idées ;

2° que pour bien cultiver les différentes sciences, il faut bien savoir les éléments et les lois de la raison humaine, autrement la philosophie : comme pour lire avec fruit les livres et les bibliothèques, il faut, avant tout, savoir les lettres, les règles de l'épellation et de la lecture, autrement l'A, B, C; 3° qu'un philosophe, qui n'est que cela, n'est pas meilleur juge de toutes les idées et de toutes les sciences, que celui qui ne sait que l'A, B, C ne le serait pour apprécier le mérite des livres et des bibliothèques (1).

Pour en revenir à Bergier (Nicolas-Sylvestre), il naquit à Darnay en Lorraine, le 31 décembre 1718, étudia la théologie à Besançon sous l'abbé Bullet, fut docteur en théologie, curé de Flange-Bouche, près de Besançon, principal du collège de cette dernière ville, chanoine de la métropole de Paris, confesseur de Mesdames de France, tantes de Louis XVI, et enfin de Monsieur, depuis Louis XVIII. Le clergé de France lui assigna une pension de deux mille livres. Suivant Picot, il mourut à Versailles en 1790. C'était un homme instruit, laborieux, simple et modeste. Ses écrits sont solides et estimables. Peut-être ne leur manque-t-il, pour avoir été plus utiles, que d'être plus resserrés et écrits d'une manière plus attachante (Picot, t. IV; *Biogr. univ.*; Feller).

Tant que le duché de Lorraine forma un Etat indépendant, il n'eut point d'évêché propre, mais était partagé pour le spirituel entre les diocèses de Toul, Verdun, Metz, Strasbourg, Besançon. Dès l'an 1627, à l'instance du duc de Lorraine, la congrégation des Cardinaux avait voté l'érection d'un évêché à Nancy. Mais alors même, grâce à la politique du cardinal de Richelieu, commença la dévastation de la Lorraine par les Français et les Suédois ; la charité de Vincent de Paul la préserva d'une ruine entière. La Lorraine ayant été réunie à la France, le pape Pie VI, à la demande du roi Louis XVI, comme duc de Lorraine, y érigea deux évêchés l'an 1777, celui de Saint-Dié par une bulle du 21 juillet, celui de Nancy par une autre du 19 novembre.

La ville de Saint-Dié est ainsi nommée de saint Déodat ou Dieudonné, vulgairement saint Dié, qui, d'évêque de Nevers, vint se faire ermite dans les montagnes des Vosges vers le milieu du VIIe siècle, s'arrêta dans une vallée qu'il nomma le *Val de Galilée*, et qu'on appelle aujourd'hui le *Val de Saint-Dié*. Il y bâtit, vers l'an 669, un grand monastère, qui fut nommé *Jointures*, à cause de la jonction du ruisseau de Rothbach avec la Meurthe. La ville de Saint-Dié se forma autour de ce monastère, qui fut sécularisé en 954 et devint un célèbre chapitre de Chanoines ayant haute, moyenne et basse justice, et son doyen le titre de comte de Saint-Dié. Pie VI rappelle que son prédécesseur, le pape saint Léon IX, fut en son temps prévôt de ce chapitre. Il avait en 1777 vingt-quatre chanoines, la ville cinq mille habitants, deux paroisses, des écoles de garçons tenues par les frères de Saint-Yon, des écoles de filles tenues par des sœurs d'écoles, et des hôpitaux desservis par des sœurs de Saint-Vincent de Paul.

Une illustration récente du chapitre collégial de Saint-Dié fut Jean-Claude Sommier, archevêque de Césarée, né l'an 1661, à Vauvillers, dans le comté de Bourgogne, d'une famille honorable. Ayant achevé ses études à l'Université de Dôle, où il se distingua par une ardeur infatigable, il embrassa l'état ecclésiastique, se fit recevoir docteur en théologie et fut pourvu successivement des cures de la Bresse et de Giraucourt, dans les Vosges. Doué d'une mémoire heureuse, il possédait une instruction supérieure à son âge et ne tarda pas à se faire remarquer dans la chaire évangélique. D'après les conseils de l'évêque de Toul, il se rendit à Paris pour se perfectionner sur le modèle des grands orateurs. Il passa, lors de son retour en Lorraine, à la cure de Champs (1696), et, quoique privé de toute espèce de secours, il prit la résolution de consacrer à l'étude les loisirs que ses devoirs pourraient lui laisser. Avec des revenus très-bornés, il parvint à se former, en peu de temps, une bibliothèque assez considérable. Il s'appliqua surtout à la théologie, à l'histoire et à la critique sacrée : la philosophie et les sciences occupaient aussi ses moments, et il trouvait encore quelques heures à donner à la culture des lettres latines et françaises. L'extrême activité de Sommier lui permettait de suffire à tout. Il ne laissait passer aucune occasion d'instruire ses paroissiens. Il les édifiait par sa piété et les soulageait par ses moyens. Appelé à la cour de Lunéville pour y prêcher un Avent et un Carême, il plut au duc de Lorraine, Léopold Ier, qui le nomma son prédicateur ordinaire et le chargea de quelques oraisons funèbres dont le succès étendit sa réputation et accrut pour lui l'estime de son protecteur. Il devint bientôt conseiller-clerc à la cour de justice du Barrois, fut chargé de différentes négociations importantes à Vienne, Venise, Mantoue, Parme, Paris, et envoyé résident du duc de Lorraine à Rome. Accueilli par le pape Clément XI, qui le nomma protonotaire apostolique, ce fut à la demande de ce pontife qu'il entreprit l'*Histoire dogmatique de la religion*, dont il publia les quatre premiers volumes à Champs, où il établit dans sa cure un atelier typographique, afin de pouvoir surveiller plus facilement l'impression de ce grand ouvrage.

Dans un second voyage qu'il fit à Rome, il fu créé camérier honoraire du Saint-Siége; et enfin, ayant été renvoyé dans cette capitale une troisième fois, en 1725, pour féliciter Benoît XIII au sujet de son exaltation, le nouveau pontife l'institua archevêque de Césarée, et, par une faveur aussi rare qu'elle est honorable, voulut faire lui-même la cérémonie de la consécration. Le duc de Lorraine récompensa les services de Sommier par la place de conseiller d'Etat. Outre l'abbaye de Sainte-Croix, il obtint la grande prévôté de Saint-Dié, avec l'autorisation d'exercer les fonctions épiscopales dans le territoire de cette ville, qui fut distraite momentanément de l'évêché de Toul. Il mourut le 5 octobre 1737. Ce prélat était petit, contrefait et d'une physionomie peu prévenante ; mais il plaisantait le premier de sa laideur, et ses qualités faisaient oublier promptement sa figure. Outre son *Histoire dogmatique de la religion*, Sommier est auteur d'une *Histoire dogmatique du Saint-Siége*, ouvrage très-bien

---

(1) Voir le développement de ces idées et d'autres semblables dans le *Catéchisme du sens commun*, par l'abbé Rohrbacher, 4e édition, parmi les *Catéchismes* publiés par Migne, 1842, t. II.

fait et très-utile, qui a pour but de maintenir, sur l'autorité des Papes, l'ancienne doctrine des églises des Gaules et de toutes les églises du monde, contre la variation gallicane imposée aux églises de France par Louis XIV et ses parlements. Comme le chapitre de Saint-Dié était soumis immédiatement au Saint-Siége, il n'est pas étonnant qu'il ait fidèlement conservé la doctrine de son ancien prévôt, le pape saint Léon IX. Le dernier prévôt et premier évêque de Saint-Dié fut l'abbé de La Galaisière. Sacré le 21 septembre 1777, il est mort le 30 juin 1808. Par le concordat de 1801, le siége épiscopal de Saint-Dié avait été supprimé et incorporé au diocèse de Nancy. Il a été rétabli en 1817 et comprend aujourd'hui le département des Vosges.

Nancy, capitale du duché de Lorraine, comme Aix-la-Chapelle l'avait été du royaume de Lorraine ou du royaume de Lothaire, et Metz du royaume d'Austrasie ou de la France orientale, Nancy, aujourd'hui l'une des plus belles villes de l'Europe, n'est pas fort ancienne. La tradition ne fait pas remonter son origine au delà du XI⁰ siècle, sous les premiers ducs héréditaires. A la suite de l'invasion des Normands et des Huns, les villes fortes de Toul et de Metz s'étant concentrées en elles-mêmes et rendues comme étrangères aux populations de la plaine et de la montagne, celles-ci gouvernées par la famille de Gérard de Saintois, dit d'Alsace, ne tardèrent pas à se bâtir une autre capitale dans une plaine riante et fertile, arrosée par la Meurthe. Cette capitale prit naissance, pour ainsi dire, toute seule. On ne saurait en assigner les commencements ni dire à quelle époque précise les ducs des Lorrains quittèrent Châtenoy pour venir fixer à Nancy le pavillon de leur souveraineté. Mais, de bonne heure, du moins, le séjour leur en plut; car la femme de Thierry I<sup>er</sup>, qui, fils de Gérard d'Alsace, lui succéda l'an 1070, est déjà qualifiée, par le chroniqueur Albéric, *duchesse de Nancy*. Ce n'était alors qu'un château situé près du village de Saint-Dizier, village détruit plus tard, mais qui a donné son nom à la principale rue de la ville.

D'après la description que le pape Pie VI fait de Nancy dans sa bulle du 19 novembre 1777, cette ville avait alors trente mille habitants, environ cent prêtres, sept paroisses, douze couvents d'hommes, dix de femmes, trois hôpitaux, un chapitre collégial de vingt et un chanoines, ayant droit de porter la soutane violette, et dont le chef portait le titre de *primat;* une église collégiale ou primatiale, vaste et élégante, sous l'invocation de la sainte Vierge, immédiatement soumise au Saint-Siége, enrichie de beaucoup de saintes reliques, notamment du corps entier de saint Sigisbert, roi d'Austrasie et ancêtre des ducs de Lorraine; une Université (transportée de Pont-à-Mousson) avec les quatre Facultés de théologie, droit canon et civil, médecine et beaux-arts; une maison de missions royales, qui devait faire six missions par an, avec mille livres à distribuer dans chacune aux pauvres. Le Pape érigea donc Nancy en évêché, en lui conservant le titre de *primatie*, mais sans aucune juridiction sur les autres évêques de Lorraine. Les deux nouveaux diocèses de Nancy et de Saint-Dié furent démembrés de celui de Toul, qui, ayant jusqu'à seize cents paroisses, présentait d'immenses difficultés pour une bonne administration et pour les visites pastorales, surtout dans les montagnes. Rien ne fut démembré des diocèses de Metz, Strasbourg et autres.

Louis XVI nomma pour premier évêque de Nancy l'abbé DE SABRAN, primat de la collégiale; mais avant l'érection définitive du nouvel évêché, il fut transféré à l'évêché-pairie de Laon. Le premier évêque effectif de Nancy fut LOUIS-APOLLINAIRE DE LA TOUR-DUPIN-MONTAUBAN, qui prit possession de son église au mois d'avril 1778. Il chargea de son séminaire et des missions royales les prêtres de saint Vincent de Paul, et il établit le séminaire dans la maison même des missions, où il est encore. Pour les classes de théologie, les élèves se rendaient aux leçons de la Faculté, qui se donnaient dans l'ancien noviciat des Jésuites, où est actuellement l'hospice des orphelins, et plus tard dans les bâtiments qui ont conservé le nom d'Université. Les deux derniers professeurs de théologie y furent les abbés Mézin et Jacquemin, morts, le premier, à l'infirmerie de Marie-Thérèse, à Paris; le second, évêque de Saint-Dié, auteurs l'un et l'autre de quelques traités de théologie. Les diocèses de Toul et de Metz furent agrégés à l'Université de Nancy. Nancy avait fondé la première maison des dames de la congrégation ou religieuses du bienheureux Pierre Fourier (1), pour l'éducation des jeunes personnes de leur sexe. Vers l'an 1631, une demoiselle de Ranfin, veuve Dubois, y fonda la maison et la *Congrégation du Refuge*, pour recueillir les filles perdues qui voulaient revenir à une vie meilleure. Vers l'an 1663, d'autres pieuses filles et veuves y fondèrent la *Congrégation de Saint-Charles*, pour le service des malades et l'instruction des enfants pauvres : congrégation qui s'est étendue de nos jours jusqu'en Prusse, en Bohème et à Rome. Toujours en Lorraine on a eu du zèle pour l'instruction de la jeunesse. A Toul, il y avait un séminaire de maîtres d'école qui a subsisté jusqu'en 1791. Dès avant 1700 s'y était formée une congrégation de sœurs d'école, dites *Sœurs Vatelotes*, qui subsiste encore d'une manière florissante à Nancy, sous le nom de *Sœurs de la Doctrine chrétienne*, et envoie des colonies jusque dans la France d'Afrique. Le fondateur fut un pieux prêtre du diocèse de Toul, JEAN VATELOT, né à Bruley, où sa maison paternelle est encore la maison d'école pour les filles de la paroisse. Il consacra à cette bonne œuvre, non-seulement son patrimoine, mais sa personne, ainsi que ses trois sœurs. D'abord vicaire de la cathédrale de Toul, puis chanoine, et enfin promoteur du diocèse, il vit de près l'état déplorable où se trouvait l'instruction de la jeunesse, par suite des guerres et des désastres qu'avait éprouvés la Lorraine. Il résolut de donner aux enfants des instituteurs et des institutrices, et de préparer aux malades des infirmières. Il communiqua son dessein à ses trois sœurs et les associa à son œuvre. Tel en fut le commencement. Il se vit puissamment secondé par les évêques de Toul, notamment SCIPION-JÉRÔME BÉGON (2), qui, ayant succédé l'an 1121 à BLOUET DE

(1) Voir l'*Histoire du B. Pierre Fourier*, par M. l'abbé Barthélemy (de Beauregard). Bar-le-Duc, 2 vol. in-12; — *Histoire de Pierre Fourier*, par M. de Bazelaire, 1 volume in-18, etc.

(2) Le musée de la ville de Bar-le-Duc, ancienne capitale du Barrois, alors de l'évêché de Toul, possède un portrait original de ce prélat.

Camilly, transféré à l'archevêché de Tours, fut pendant trente-deux ans le modèle d'un bon pasteur. Le bienheureux Pierre Fourier avait prescrit à ses religieuses, non-seulement la vie de communauté, mais la clôture : saint Vincent de Paul prescrit aux sœurs de Charité, non point la clôture, mais la vie de communauté, et ne permet pas qu'elles aillent jamais seules. Vatelot, touché de compassion pour les enfants les plus délaissés, plein de confiance en Dieu et dans la vertu de ses filles, osa les placer seules dans des paroisses, même fort éloignées, qui n'avaient pas le moyen d'en entretenir plus d'une. Et Dieu a béni jusqu'à nos jours sa pieuse confiance. Jean Vatelot mourut après l'an 1750. Son successeur, au moment de la Révolution française, comme supérieur de la congrégation de la Doctrine chrétienne, fut un saint prêtre, Antoine-Gabriel de Manessy, né en 1740, au château de Maixe, près de Lunéville, et mort à Nancy en 1802, en travaillant au rétablissement de sa congrégation, avec son pieux ami, Pierre Doré, vénérable Jésuite, mort en 1816, à l'âge de 83 ans.

Pendant que l'abbé Vatelot fondait à Toul une congrégation de sœurs, pour aller, même seules, instruire les enfants des villes et des villages, pourvu qu'on leur y assurât la subsistance nécessaire, un autre saint prêtre de Lorraine fondait à Metz, à Dieuze, à Saint-Dié et en Chine, une autre congrégation de sœurs, pour aller instruire les enfants des villages et des hameaux, non-seulement seules, mais sans aucune subsistance assurée de la part des hommes, et l'attendant uniquement de la Providence, comme les oiseaux du ciel. Cette institution, que nous trouverions si merveilleuse dans les premiers siècles de l'Eglise, c'est la *Congrégation des Sœurs de la Providence*, divisée aujourd'hui en plusieurs branches, et répandue en plusieurs pays d'Europe, et même jusqu'à la Chine.

Le fondateur, Jean-Martin Moye, naquit vers l'an 1729, dans la paroisse de Cutting, entre Dieuze et Fénétrange, contrée de Lorraine alors au diocèse de Metz. Sa famille, qui jouissait d'une certaine aisance, subsiste encore. Il était vicaire de la paroisse de Saint-Victor à Metz, en 1754, lorsqu'il forma le projet d'envoyer de pieuses filles dans les campagnes et surtout dans les hameaux les plus abandonnés, pour instruire les enfants et autres qui en auraient besoin. Comme cette pensée ne le quittait point, il avait lieu de croire qu'elle venait de Dieu. Il pensait d'abord envoyer quelques filles à Toul, au noviciat des sœurs fondées par l'abbé Vatelot; mais comme les sœurs Vatelotes n'allaient que là où elles avaient un traitement assuré, l'abbé Moye y vit deux inconvénients pour son entreprise. Ces fondations étant difficiles à faire, les établissements seraient fort rares, et bien des endroits, notamment les plus pauvres, privés de l'instruction chrétienne. Ensuite, avec l'espoir d'un revenu fixe, on aurait peut-être plus de vocations humaines que de surnaturelles. Il résolut donc d'envoyer ses filles partout où on les demanderait, sans autre fonds que la Providence. Après huit ans de réflexions, il communiqua son projet au vicaire général de Metz, qui le rejeta d'abord comme impraticable. Cependant il lui dit peu après : « Les grandes choses ont de petits commencements; commencez par peu. » Moye suivit ce conseil. Aidé d'un jeune prêtre nommé Jobal, il envoya trois ou quatre filles vertueuses dans deux villages aux environs de Metz. Dans la ville, on se moquait de son entreprise, comme d'une folie. Et de fait, la première sœur eut bien des déboires. Il arriva un moment où elle ne trouvait plus à se loger. La commune assemblée décida donc qu'on la renverrait. Dans ce moment-là même une bonne femme s'offrit à la prendre chez elle, et la sœur resta. A Metz, l'abbé éprouvait des contrariétés plus pénibles encore. On ne se contentait plus de rire de son projet, on l'attaquait sérieusement. Un magistrat du parlement vint lui faire des reproches dans sa chambre, de ce qu'au moment où l'on abolissait les anciens ordres, il voulait en établir un nouveau. Enfin l'évêque de Metz reçut tant de plaintes d'hommes en place, tant ecclésiastiques que laïques, qu'il fit défendre à l'abbé Moye d'établir de nouvelles sœurs, voulant toutefois que celles qui étaient en exercice subsistassent. Ce fut un coup de foudre pour le pauvre fondateur : à l'exemple du Sauveur au jardin des Olives, il tomba une heure entière dans une espèce d'agonie, où il fit coup sur coup mille sacrifices. A la fin cependant il sentit renaître un rayon d'espérance, et il passa la nuit tranquillement. Le lendemain, il réitéra son sacrifice devant un autel de la sainte Vierge. Une vertueuse demoiselle, qui avait beaucoup d'ardeur pour l'établissement des écoles et qui enseignait elle-même des enfants, lui répondit : « Ce n'est qu'une épreuve. » L'abbé Jobal lui dit avec beaucoup de calme : « J'admire la Providence; les sœurs qui restent sont des pierres d'attente. » En effet, la même année, l'évêque permit d'établir une nouvelle école, et puis recommanda la bonne œuvre à ses curés dans les synodes. Malgré cela, pas une école ne s'établissait sans de grandes difficultés : plusieurs écoles ne durèrent que quelques années, d'autres que quelques mois. Mais toujours, à l'exemple du Sauveur, les pauvres sœurs faisaient le bien en passant, et jetaient dans le cœur de l'enfance des semences de piété qui ne s'effacèrent jamais.

Cependant, devenu odieux à un grand nombre de personnes et à plusieurs prêtres de Metz, l'abbé Moye fut envoyé vicaire à Dieuze. Il avait déjà eu le désir d'aller travailler dans cette paroisse; ses adversaires lui en procurèrent le moyen. Il y resta trois ans, établissant des écoles dans les environs. Dans les commencements, il eut toutes les peines imaginables. Quelques-uns de ses parents, qui, par contre-coup, avaient part à ses humiliations, lui en faisaient d'amers reproches. Ainsi méprisé et rejeté du monde, il sentit naître en son cœur une grande confiance, que le Seigneur le prendrait en miséricorde, lui et son œuvre.

A Dieuze, il trouva une sainte fille de près de soixante ans, Marie Morel, qui seconda son projet avec beaucoup de zèle et de sagesse, et fut la première supérieure de la congrégation. Elle commença plusieurs écoles, d'abord à Cutting, l'endroit natal de l'abbé Moye; quelques années après, à Gondrexange, près de Sarrebourg, et ensuite dans les environs de Saint-Dié. Elle eut partout bien des contradictions et des humiliations à supporter. Par exemple, au moment où elle arrive à Gondrexange, on assemble la commune au son de la cloche, mais c'est pour la chasser. Elle va se jeter aux pieds du curé, lui demande sa bénédiction et la permission de faire l'école. Le curé, quoique peu disposé en sa faveur, ne put retenir ses larmes. La sœur demeura et fit l'école.

Comme l'abbé Moye avait un zèle selon la science, il instruisait solidement les peuples sur les dispositions avec lesquelles il faut recevoir les sacrements. Quelques hommes à routine le trouvèrent mauvais, et en firent des plaintes. Après trois ans de séjour à Dieuze, l'abbé Moye en fut déplacé avec plus d'ignominie encore qu'il ne l'avait été de Metz. Il passa successivement dans les villages de Guéblin, de Noussey et enfin de Gondrexange, où il resta quatre ou cinq mois en qualité de vicaire. Au mois d'octobre 1768, il fut appelé à Saint-Dié par M. de Mareille, alors évêque de Sion et grand-prévôt du chapitre, à l'effet de commencer son séminaire. Il y resta dix ou onze mois, et nous avons, écrites de sa main, plusieurs instructions sur la vocation et les devoirs du sacerdoce, qui paraissent avoir été faites dans cette occasion.

A Saint-Dié, l'abbé Moye fit connaissance d'un vertueux chanoine, l'abbé Raulin, auquel il communiqua son projet des écoles. Il lui dit même positivement que ce serait lui qui le mettrait à exécution. Et de fait, M. Raulin s'y dévoua tout entier, et réussit malgré toute espèce d'obstacles. D'autres vertueux prêtres secondaient la bonne œuvre. M. Galland, curé de Charmes, avec son vicaire, M. Feys, qui succéda depuis à M. Moye comme supérieur général des sœurs, établit un noviciat à Esseigney pour les sœurs françaises; M. Lacombe, curé de Haut-Clocher, près de Sarrebourg, puis de Sirstal, près de Bitche, en établit un autre pour les sœurs allemandes.

Voyant son œuvre si bien soutenue par de saints prêtres, M. Moye exécuta un autre projet qu'il avait depuis longtemps dans le cœur : ce fut d'aller prêcher la foi aux païens de la Chine, où étaient déjà quelques-uns de ses compatriotes, notamment les prêtres Rictewald et Gleyo. Il se rendit à Paris l'an 1769, et y demeura un an. Comme le moment de la Providence n'était pas encore arrivé, il revint en Lorraine, et y fit avec beaucoup de zèle et de succès des missions dans les campagnes. Il retourna de nouveau à Paris, et s'embarqua pour la Chine le 30 décembre 1771.

Il n'oublia point ses chères filles ou sœurs d'Europe. Le long de la route, il leur écrivit une douzaine de lettres, la première datée de Paris, les autres de dessus la mer ou de la Chine, où il leur explique l'esprit et les vertus de leur état, et les règles qu'elles doivent y observer. Ces lettres servent de constitution aux sœurs de la Providence. En allant à la Chine, il ne pensait pas du tout y établir jamais des écoles. Ce ne fut qu'au bout de cinq ans qu'il parla de ses écoles d'Europe à son confrère Gleyo, qui y montra beaucoup d'intérêt. Mais sur la proposition d'établir de ces écoles en Chine, il répondit que c'était impossible. Cependant cette idée lui revenant toujours, il se mit à prier. Pendant qu'il récitait la Salutation angélique, il lui sembla entendre dire à la sainte Vierge : C'est mon ouvrage. Il en écrivit aussitôt à M. Moye, qui lui envoya une vertueuse fille, Françoise Géhu, à plus de cent lieues de chez elle. Quand elle arriva, M. Gleyo était absent. Elle fut très-mal reçue. On voulait la renvoyer. Elle ne savait que devenir ni que faire. On ne cessait de crier contre elle. Ainsi fut installée la première sœur chinoise de la Providence. M. Gleyo, étant survenu, lui donna quelques personnes à instruire. Plus tard, elle fut placée à la tête d'une école de grandes filles. Mais une persécution s'éleva. Il fallut s'enfuir de côté et d'autre. Les filles se dispersèrent; mais il en résulta un plus grand bien, car, au lieu d'une école, il s'en forma plusieurs. L'évêque de la province demanda des sœurs à M. Moye, qui lui en envoya deux. Les écoles se multipliaient de tous côtés. M. Moye rapporte plusieurs miracles qui se firent à cette occasion : ce qui ne doit pas surprendre. Outre qu'il était lui-même un saint homme, M. Gleyo avait souffert une dure prison de huit ans, les fers aux pieds. Parmi les lettres de M. Moye, il y en a trois des sœurs de la Chine à leurs sœurs d'Europe. Et maintenant encore, les *Annales de la Propagation de la foi* nous apprennent que la Chine compte neuf cents de ces sœurs ou vierges chrétiennes faisant les fonctions d'apôtres parmi les enfants, les filles et les femmes de leur patrie.

En 1781, accablé d'infirmités et couvert des glorieuses cicatrices des persécutions qu'il avait essuyées en Chine, M. Moye revint en Lorraine continuer ses travaux de fondateur et de missionnaire. De concert avec son ami Raulin, il mit la dernière main à l'établissement des sœurs : il donnait en même temps des missions dans les villages et même dans les hameaux les plus abandonnés. Dans les paroisses allemandes, il prêchait en allemand, quoiqu'il le sût fort peu. Mais les peuples, touchés de sa sainteté, écoutaient plus l'esprit que les paroles. On en vit plus d'une fois des effets merveilleux. Ainsi, dans la paroisse allemande de Hoff, près de Sarrebourg, comme il prêchait sur le pardon des injures, il y eut tout à coup une émeute dans l'auditoire, la voix du missionnaire fut couverte par des pleurs et des cris; les uns sortaient de leurs bancs, d'autres marchaient par-dessus les bancs mêmes, pour aller, tout haut, se demander pardon les uns aux autres. Ce fait nous a été attesté par un témoin oculaire, le pieux abbé Decker, qui a rétabli le noviciat des sœurs allemandes, à Saint-Jean-de-Bassel, entre Fénétrange et Sarrebourg. Dans ses missions, M. Moye faisait non-seulement des instructions communes à tout le monde, mais encore des instructions particulières à chaque classe, aux filles, aux femmes, aux garçons, aux hommes, dans lesquelles il expliquait à chaque classe ses obligations spéciales, avec un détail qu'on ne peut pas leur donner devant tout le monde. Il avait même, sur des feuilles volantes, des instructions sur chacun des péchés capitaux, avec les moyens de s'en corriger. Le vénérable missionnaire persévéra dans ces travaux apostoliques jusqu'à la Révolution française, qui l'obligea de sortir de France. Il mourut en odeur de sainteté à Trèves, le 4 mai 1793, après avoir désigné pour son successeur, comme supérieur des sœurs de la Providence, le pieux abbé Feys, que nous avons eu l'avantage de connaître personnellement, et qui, après la Révolution, a rétabli le noviciat des sœurs françaises et la maison-mère à Portieux, près de Charmes. M. Moye est encore auteur d'un *Traité de la grâce*, où non-seulement il expose avec exactitude la doctrine de l'Eglise, mais aussi les conséquences pratiques et les moyens pour conserver et augmenter en nous la grâce, ou la récupérer quand nous l'avons perdue.

Outre les apologistes du christianisme que nous avons déjà nommés, la Lorraine en présentait encore d'autres. L'abbé Sigorgne, né à Rembercourt-aux-Pots (Meuse), en 1719, et mort en 1809 à Mâcon, dont il était grand-vicaire, fut le premier qui introduisit le *newtonianisme* dans l'enseignement de l'Université de Paris, et publia plusieurs ouvrages sur cette matière. Comme apologiste de la religion, il a laissé : 1° *Défense de la première des vérités;* 2° *Lettres écrites de la plaine, en réponse à celles de la montagne;* 3° *Le philosophe chrétien, ou Lettres à un jeune homme entrant dans le monde, sur la vérité et la nécessité de la religion.* — L'abbé Ladvocat, né à Vaucouleurs (Meuse), en 1709, mort en 1765, est auteur d'un *Dictionnaire géographique* publié sous le nom de *Vosgien;* d'un *Dictionnaire historique* portatif, d'une *Grammaire hébraïque*, de *Dissertations sur l'Ecriture sainte*, d'une *Lettre sur l'autorité des textes originaux.* — L'abbé de Vence, né à Pareid-en-Woëvre (Meuse), l'an 1676, mort à Nancy l'an 1749, précepteur des jeunes princes de Lorraine, a donné son nom à une belle édition de la Bible, traduite en français, éclaircie par des commentaires et accompagnée de dissertations. — L'abbé Brunet, Lazariste, né à Vittel (Vosges), a publié entre autres un *Parallèle de religions*, 5 vol. in-4°, plein de recherches. — L'abbé Aubry, Bénédictin, né l'an 1736 à Deyvillers, près d'Epinal, et mort à Commercy l'an 1809, travailla à la continuation de l'*Histoire des auteurs sacrés et ecclésiastiques* de dom Ceillier, en rédigea un volume qui n'a pas été imprimé. Il est de plus auteur des *Questions philosophiques sur la religion naturelle*, 1783, qui ont été, dit-on, louées à la fois par Riballier et Bergier, et par d'Alembert et Lalande, et critiquées par l'abbé Guinot dans ses *Leçons philosophiques*. Aubry se défendit par les *Lettres critiques sur plusieurs questions de la métaphysique moderne*. Ses autres productions sont : *Leçons métaphysiques à un lord incrédule, sur l'existence et la nature de Dieu*, 1790 ; *Questions aux philosophes du jour sur l'âme et la matière*, 1791 ; *L'anti-Condillac, ou harangue aux idéologues modernes*, 1801 (Picot, t. IV).

A ces divers auteurs du même pays on pourrait peut-être ajouter deux poètes lorrains, Gilbert et Palissot. En défendant les règles du bon goût et du bon style, ils furent amenés indirectement à défendre la vraie religion contre l'invasion de la philosophie moderne, qui menaçait de tout détruire. Aussi furent-ils tous deux violemment persécutés par les soi-disant philosophes.

Gilbert, né à Fontenoy-le-Château en 1751, mourut à Paris en 1780, des suites d'une chute de cheval, qui nécessita un trépan, suivi d'un délire, pendant lequel le malade avala une clé, ce qui hâta sa mort.

Palissot, né à Nancy, en 1730, mourut à Paris en 1814 dans de grands sentiments de piété.

Leur compatriote, le poète Saint-Lambert, né à Nancy en 1717, mort à Paris en 1805, auteur du poème des *Saisons*, n'a pas toujours fait un usage si honorable de ses talents. Dans sa vieillesse, il crut devoir composer, pour le service de la philosophie incrédule à laquelle il était affilié, un *Catéchisme universel*, ou *Principes des mœurs chez toutes les nations;* catéchisme sans religion et sans autre morale que celle d'Epicure; du reste, aussi mal écrit que mal raisonné.

Un littérateur plus heureux de cette époque, c'est le disciple de prédilection de Voltaire, Jean-François de Laharpe, né à Paris l'an 1739, orphelin à l'âge de neuf ans, nourri quelque temps par les sœurs de Charité, et élevé gratuitement dans un des collèges de Paris. Quand il débuta dans la littérature, Voltaire et ses adeptes y régnaient en maîtres. Laharpe se lia de bonne heure avec eux, se distingua par quelques pièces de théâtre, puis par les éloges de quelques personnages illustres, enfin par un *Cours de littérature ancienne et moderne;* où il ramenait les règles du bon goût. Lorsque vint à éclater la Révolution française, il en adopta les idées. Toutefois, emprisonné l'an 1794, il se donna tout entier à la religion. Il nous apprend lui-même que sa conversion fut entièrement opérée, lorsqu'ouvrant au hasard l'*Imitation de Jésus-Christ*, il tomba sur ces paroles : « Me voici, mon fils, je viens à vous, parce que vous m'avez invoqué. » Pendant sa détention, il traduisit le *Psautier*, à la tête duquel il mit un excellent discours sur l'esprit des livres saints et le style des Prophètes. Depuis ce temps, Laharpe fut un homme et surtout un écrivain nouveau. Il ne craignit pas de donner à sa conversion la publicité qu'exigeait le scandale qu'il avait pu donner ; et, bravant à la fois les sarcasmes des révolutionnaires et des philosophes, on le vit, dans ses leçons publiques, faire une honorable rétractation. C'est alors qu'il fit paraître son *Cours de littérature ancienne et moderne*, qu'il avait entrepris en 1786.

Parmi les apologistes proprement dits que la France produisit encore en faveur du christianisme dans le XVIIIe siècle, on distingue surtout l'abbé Guénée (Antoine), né à Etampes l'an 1717, mort à Fontainebleau l'an 1803, après avoir été longtemps professeur de rhétorique au collège de Plessis à Paris. Il traduisit de l'anglais : 1° *La religion chrétienne démontrée par la conversion et l'apostolat de saint Paul*, de lord Littleton ; 2° *Observations sur l'histoire et sur les preuves de la résurrection de Jésus-Christ*, par West. Il joignit à ces ouvrages une édition de l'écrit de Shrolock contre Woolston, traduit par Lemoine, sous ce titre : *Les témoins de la résurrection de Jésus-Christ examinés suivant les règles du barreau*. Mais l'ouvrage le plus célèbre de l'abbé Guénée est les *Lettres de quelques Juifs à Voltaire*. Elles parurent pour la première fois en 1769. Le succès en fut complet ; et les journalistes comme le public, les Français comme les étrangers, admirèrent les connaissances, la finesse et la modération de l'auteur. Voltaire lui-même ne put s'empêcher de penser comme tout le monde. « Le secrétaire juif, disait-il à d'Alembert le 8 décembre 1776, n'est pas sans esprit et sans connaissances ; mais il est malin comme un singe : il mord jusqu'au sang, en faisant semblant de baiser la main. » L'abbé Guénée est encore auteur des *Qua-*

*kers à leur frère Voltaire*, et de quatre *Mémoires sur la fertilité de la Judée* où il fait voir que la Judée a été, même jusque sous les empereurs romains, telle que Dieu l'avait promise aux Hébreux, une terre fertile, et que, si elle a changé aujourd'hui, on ne peut attribuer la stérilité actuelle qu'à la conquête d'Omar et au mauvais gouvernement des Turcs.

L'abbé GÉRARD, né à Paris en 1737 et mort en 1813, outre quelques ouvrages dans le même sens, publia le *Comte de Valmont, ou les égarements de la raison*. Il y montre les égarements d'un jeune homme, entraîné par ses passions et par des sociétés pernicieuses, et y établit les preuves qui ramènent tôt ou tard à la religion, un esprit droit et un cœur vertueux.

L'abbé DE CRILLON, né à Avignon l'an 1726 et mort dans la même ville en 1789, frère du duc de Crillon, est auteur des *Mémoires philosophiques du baron de \*\*\**, où sont présentés sous le jour le plus frappant, le charlatanisme, les intrigues, les manéges et tous les travers de la philosophie moderne.

L'abbé BULLET, mort à Besançon en 1775, à 76 ans, doyen de l'Université de cette ville, a publié : 1° *Histoire de l'établissement du christianisme*, tirée des seuls auteurs juifs et païens ; 2° *l'Existence de Dieu démontrée par la nature* ; 3° *Réponse aux difficultés des incrédules contre divers endroits des livres saints*.

L'abbé PLUCHE, né à Reims en 1688 et mort en 1761, a laissé le *Spectacle de la nature*, tableau vivant et animé de l'ouvrage de la création.

L'abbé EMERY, supérieur de Saint-Sulpice, né à Gex, en 1732, et mort à Paris en 1811, a publié successivement : *l'Esprit de Leibnitz, le Christianisme de Bacon, Pensées de Descartes*, où il rassemble ce que ces illustres écrivains ont dit de favorable à la religion.

L'abbé HOUTEVILLE, né à Paris en 1688, a laissé : *La vérité de la religion chrétienne prouvée par les faits*, où il a eu tort de mêler quelques idées peu sûres.

A l'abbé PLUQUET, né à Bayeux en 1716, on doit : *Examen du fatalisme ; Mémoires pour servir à l'histoire de l'esprit humain, par rapport à la religion chrétienne, ou Dictionnaire des hérésies*.

A l'abbé DE PONTBRIAND, né en Bretagne : *L'incrédule détrompé et le chrétien affermi dans la foi*.

A l'abbé PIERRE CORGNE, né à Quimper vers 1690 : d'excellentes Dissertations sur la dispute entre saint Étienne et saint Cyprien, sur le concile de Rimini, sur le pape Libère, sur le monothélisme et sur le sixième concile général, sur les juges de la foi, sur le droit des évêques.

A l'abbé PEY, d'abord curé dans le diocèse de Toulon, puis chanoine de Notre-Dame à Paris : *Vérité de la religion chrétienne prouvée à un déiste ; le Philosophe catéchiste ; la Loi de nature développée et perfectionnée par la loi évangélique ; De la tolérance chrétienne, opposée au tolérantisme philosophique ; De l'autorité des deux puissances ; Observations sur la théologie de Lyon*.

A l'abbé REGNIER, né en Auvergne l'an 1718 : *Certitude des principes de la religion contre les nouveaux efforts des incrédules*.

A l'abbé JACQUES, né en Franche-Comté l'an 1736 : *Preuves convaincantes du christianisme*, et une *Théologie dogmatique*.

A l'abbé LEFRANÇOIS, né dans le même pays en 1698 : *Preuves de la religion de Jésus-Christ ; Examen du catéchisme de l'honnête homme ; Réponses aux difficultés proposées contre la religion chrétienne par J.-J. Rousseau ; Observations sur la philosophie de l'histoire et le Dictionnaire philosophique ; Examen des faits qui servent de fondement à la religion chrétienne ; Réfutation du système de la nature*.

A l'abbé GAUCHAT, né en Bourgogne l'an 1709 : *Lettres critiques ou analyse et réfutation de divers écrits contraires à la religion ; Catéchisme du livre de l'Esprit ; Harmonie générale du christianisme et de la raison ; La philosophie moderne analysée dans ses principes*.

A l'abbé LACHAMBRE, né à Paris l'an 1698 : *Traité de la véritable religion contre les athées et les déistes ; Lettres sur les Pensées philosophiques de Diderot, et sur le livre des mœurs de Toussaint ; Traité de l'Église*.

Outre le clergé du second ordre, plusieurs prélats de France se distinguèrent dans ces combats contre l'incrédulité. Le cardinal DE POLIGNAC, archevêque d'Auch, né en 1661, mort en 1741, a laissé un poème latin, l'*Anti-Lucrèce*, autrement de Dieu et de sa nature, où il réfute le matérialisme du poète païen dans de si beaux vers, que Voltaire n'a pu s'empêcher de placer l'auteur dans son *Temple du goût*.

LE FRANC DE POMPIGNAN, d'abord évêque du Puy, ensuite archevêque de Vienne, né en 1715, mourut en 1790, après avoir longtemps servi l'Église par son zèle, édifié la France par ses vertus et éclairé par ses savants écrits, dont les principaux sont : 1° *Questions diverses sur l'incrédulité* ; 2° *l'Incrédulité convaincue par les prophéties* ; 3° *La religion vengée de l'incrédulité par l'incrédulité elle-même* ; 4° *La dévotion réconciliée avec l'esprit* ; 5° *Le véritable usage de l'autorité séculière dans les matières qui concernent la religion*.

CHARLES DU PLESSIS D'ARGENTRÉ, né en 1673, du doyen de la noblesse de Bretagne, et mort évêque de Tulle en 1740, est auteur de plusieurs ouvrages pleins de recherches. Le plus connu est la *Collection des jugements sur les nouvelles erreurs proscrites dans l'Église depuis le commencement du XII⁰ siècle jusqu'en 1725*.

L'évêque de Langres, depuis cardinal DE LA LUZERNE, né à Paris l'an 1738, publiait, en 1786, son *Instruction pastorale sur l'excellence de la religion*, qui devait être suivie de plusieurs Dissertations sur des matières analogues.

Mais un homme de France qui, durant trente-cinq ans, s'opposa comme un mur d'airain, pour la maison d'Israël, aux efforts redoublés du schisme, de l'hérésie et de l'impiété, que soutenaient des magistrats jansénistes et des philosophes incrédules, c'est CHRISTOPHE DE BEAUMONT, archevêque de Paris. Il naquit en 1703, au château de la Roque en Périgord. S'étant destiné à l'état ecclésiastique, il fut d'abord chanoine-comte de Lyon, évêque de Bayonne en 1741, et transféré à l'archevêché de Vienne en 1745. Nommé à l'archevêché de Paris, il refusa d'abord, et ne se rendit qu'aux ordres réitérés du prince. Les vingt premières années de son épiscopat furent orageuses. Le refus des sacrements aux jansénistes opiniâtres et la justice qu'il rendit aux Jésuites persécutés exposèrent l'archevêque à de longues traverses. Il fut exilé quatre fois, à Conflans, à Lagny, à la Trappe, et au château de la Roque. Il ne parut point ébranlé par ces coups d'autorité provoqués par un parlement révolutionnaire qui le dénonça plusieurs fois, et particulièrement dans les remontrances du 29 février 1764. M. de Beaumont avait encouru l'animadversion des magistrats, pour n'avoir pas voulu reconnaître leurs prétentions schismatiques. Ses mandements les plus connus sont celui du 19 septembre 1756, sur l'autorité de l'Eglise; celui du 28 octobre 1763, en faveur des Jésuites; ceux contre la thèse de Prades; le livre de l'*Esprit*, d'Helvétius; l'*Emile*, de Jean-Jacques Rousseau; le *Bélisaire*, de Marmontel. Le recueil de ses Mandements forme deux volumes in-4º. M. de Beaumont jouissait de l'estime personnelle de Louis XV. La reine, le dauphin, la famille royale l'honoraient d'une confiance particulière. Son courage, la noblesse de son caractère, sa conduite exemplaire et soutenue, ses aumônes, lui avaient concilié le respect général, et lui ont attiré les éloges même de ses ennemis. Les magistrats qui le poursuivaient disaient eux-mêmes qu'il était recommandable et révéré par ses qualités et ses vertus personnelles. Jean-Jacques Rousseau, qui lui adressa une lettre si étrange, déclare, dans sa correspondance, qu'il a toujours aimé et respecté ce prélat. M. de Beaumont distribuait dans Paris des aumônes considérables, et lors de l'incendie de l'hôtel-Dieu, il reçut les malades dans son palais. A sa mort, 12 décembre 1781, on vit trois mille pauvres assiégeant les portes de l'archevêché, demandant leur père. On trouva plus de mille ecclésiastiques et plus de cinq cents autres personnes qui ne subsistaient que de ses bienfaits. Où il prodiguait surtout ses soins charitables, c'est à l'égard des vierges dont l'honneur était en péril; à l'égard des jeunes gens, pour leur procurer une éducation chrétienne. M. de Beaumont eut pour successeur M. de Juigné, évêque de Châlons, prélat digne de son prédécesseur par sa piété et ses vertus.

Ainsi le clergé de France, le clergé séculier, n'était pas tout à fait en arrière de ses devoirs. Il combattait plus ou moins le schisme, l'hérésie, l'incrédulité. Dans peu il prouvera au monde, d'une manière nouvelle, la vérité de la foi et de l'Eglise catholique, en sacrifiant pour elle ses biens, sa liberté, sa vie, en la confessant dans l'exil, dans les prisons, dans les bagnes, sur les échafauds. Eprouvé dans la tribulation, il en sortira comme l'or de la fournaise, dégagé de la rouille du siècle, et digne héritier des saints et des martyrs.

Près de la France, en Belgique et en Allemagne, l'abbé DE FELLER, ancien Jésuite, né à Bruxelles en 1755, mort à Ratisbonne en 1802, combattait lui seul à l'égal d'une armée. — Le comte DE BUFFON, auteur célèbre d'une *Histoire naturelle*, ayant émis, dans sa *Théorie de la terre* et dans ses *Epoques de la nature*, des idées systématiques qui ont été complètement abandonnées depuis, l'abbé Feller publia deux *Examens critiques* à ce sujet. Buffon reçut des observations semblables d'autres savants, et même de la Sorbonne; il en donna une espèce de rétractation. Il n'était pas de la secte philosophique. Son ami intime était un Capucin, curé de sa paroisse, auquel il se confessa pour ainsi dire publiquement, lorsqu'il mourut en 1788, à l'âge de 81 ans. Feller publia une réfutation générale de l'incrédulité moderne, sous le titre de *Catéchisme philosophique*, qui a eu des éditions sans nombre, et a été traduit en plusieurs langues. De plus, *Entretiens de Voltaire et de M. P....., docteur de Sorbonne, sur la nécessité de la religion chrétienne et catholique, par rapport au salut; Lettre sur le dîner du comte de Boulainvilliers*, facétie de Voltaire; *Discours sur divers sujets de religion et de morale*.

Feller combattit surtout avec zèle contre les innovations schismatiques de l'empereur Joseph II et de certains prélats d'Allemagne. De là: 1º *Jugement d'un écrivain protestant, touchant le livre de Iustinus Febronius*; 2º *Véritable état du différend élevé entre le nonce apostolique de Cologne et les trois électeurs ecclésiastiques*; 3º *Supplément au véritable état*, etc.; 4º *Coup d'œil jeté sur le congrès d'Ems*; 5º *Défense des réflexions sur le Pro memoriâ de Salzbourg*, avec une table générale des quatre ouvrages précédents. Tous sont cités presque à chaque page de la *Réponse de Pie VI aux archevêques de Mayence, de Cologne, de Trèves et de Salzbourg*. Ces mêmes ouvrages, écrits en latin, ont été traduits en allemand, et imprimés à Dusseldorf et à Paderborn, 1782 et 1791. Feller donna de plus une édition des *Remontrances du cardinal Bathiani, primat de Hongrie, à Joseph II, empereur, au sujet de ses ordonnances touchant les ordres religieux et d'autres objets*. Enfin, lorsque ce même prince, par ses innovations révolutionnaires, brisa le pacte qui lui soumettait les Brabançons, Feller publia, en faveur de ses compatriotes, un grand nombre de pièces qui ont été réunies en dix-sept volumes in-8º, sous le titre de *Réclamations belgiques, ou Représentations faites au sujet des ordonnances de l'empereur Joseph II*. En même temps il publiait à Luxembourg et à Liège le *Journal historique et littéraire*, soixante gros volumes. Depuis 1774 jusqu'en 1794, il en paraissait deux cahiers par mois. Ce journal intitulé *Clé du cabinet*, à la partie littéraire duquel Feller avait travaillé, contient un grand nombre de dissertations sorties de sa plume, sur toutes sortes de matières, mais dans lesquelles il ne manque jamais, lorsque l'occasion s'en présente, de parler en faveur de la religion, et d'en combattre les adversaires. Comme il voyagea beaucoup, il publia un *Dictionnaire de géographie*, où il augmente et refond presque en entier celui de Vosgien. Enfin il publia un *Dictionnaire historique*, dont il prit le fond dans celui de Chaudon et Delandine, mais qu'il rectifia de manière à en faire un ouvrage tout différent.

L'abbé Feller fut secondé dans ses travaux pour l'Eglise par plusieurs de ses anciens confrères. L'abbé ZALLINGER, ex-jésuite, connu par des ouvrages estimés sur le droit naturel et sur le droit public ecclésiastique, publia, l'an 1787, en allemand, des *Observations historiques sur le prétendu résultat du congrès d'Ems, avec une explication sur l'affaire de la nonciature de Cologne*. — L'abbé DE-DOYARD, ex-jésuite flamand, avantageusement connu par d'autres écrits sur des matières religieuses, publia, en latin : *Colloques d'un docteur d'Ingolstadt sur des choses qui appartiennent à la doctrine et à la discipline de l'Eglise.* — Le Père Marcellin DE MOLKENBUHR, religieux réformé de Paderborn, publia aussi plusieurs dissertations sur les controverses ecclésiastiques qui s'agitaient alors (Pacca, *Nonciature de Cologne*).

Les Bénédictins d'Allemagne avaient un prélat distingué par son savoir et ses vertus : MARTIN GERBERT, né à Horb, dans la Forêt-Noire, en 1720, et mort en 1793. Devenu abbé du célèbre monastère de Saint-Blaise, il ne relâcha rien de son application à l'étude, en même temps qu'il consacra une vie laborieuse et édifiante au bien de sa maison, de ses sujets et de l'Eglise catholique, dont les intérêts l'ont aussi vivement que constamment occupé, comme on le voit par la nature de ses ouvrages. Ils sont en grand nombre, en voici les principaux : *Théologie exégétique ou scripturaire, avec les prolégomènes de la théologie entière; Théologie dogmatique, suivant l'ordre des temps et de la tradition ecclésiastique; Principes de la théologie symbolique :* — *de la théologie mystique, pour le renouvellement intérieur et la sanctification du chrétien;* — *de la théologie canonique en ce qui regarde la forme extérieure et le gouvernement de l'Eglise;* — *de la théologie sacramentelle; Théologie liturgique; Démonstration de la vraie religion et de la véritable Eglise.* Tous ces ouvrages, dit Feller, respirent une érudition vaste et variée, sagement dirigée et employée, une logique exacte, la plus pure orthodoxie, une grande piété, un zèle brûlant. Son administration, ses voyages, sa conversation douce, insinuante, instructive l'ont fait connaître et estimer autant que ses profondes études. La piété et l'humilité s'étaient admirablement unies chez lui avec la science et le plus rare mérite. Il a retracé dans un degré éminent les utiles travaux et les vertus qui distinguaient autrefois cet ordre célèbre, dont la réputation est si étrangement déchue. Rien ne peut exprimer la douleur qu'il ressentait à la vue de cette décadence; mais ce qui le touchait plus vivement encore, c'était l'apostasie de tant de religieux de différents ordres qui dogmatisaient en Allemagne soit dans les chaires, soit dans les livres; qui, hérétiques enfroqués, comme les Fra Paolo, déchiraient le sein de l'Eglise d'une manière plus sûre que par une apostasie avouée. Le savant et pieux abbé en parle de la manière la plus touchante dans son ouvrage *De la puissance légitime de l'Eglise touchant les choses saintes* (l. 2, c. 3); mais il espère en même temps que l'Eglise, qui a triomphé de tant de persécuteurs, triomphera également de ces derniers, les plus odieux comme les plus dangereux de tous.

A cette époque, la théologie protestante subissait une révolution en Allemagne. Nous avons vu saint Augustin dire aux Manichéens : « Je ne croirais pas même à l'Evangile, si l'autorité de l'Eglise catholique ne me le persuadait. » Et saint Augustin avait raison; car l'Eglise catholique, toujours vivante, avec la parole et la tradition toujours vivante qu'elle a reçues de Dieu, est antérieure à l'Evangile, à la parole de Jésus, écrite, qu'elle nous transmet également d'âge en âge, avec sa vivante interprétation. Luther rejeta l'autorité vivante de l'Eglise catholique pour s'attacher à la lettre morte de la Bible interprétée par lui-même. Ce droit, usurpé par Luther, appartenait aussi bien à tout autre : c'était poser l'anarchie en principe. Les conséquences se firent bientôt sentir. Pour en empêcher le développement, on dressa des confessions de foi, des symboles, des credo officiels, dont il fut défendu de s'écarter publiquement, sous peine de châtiment de la part du prince. C'était une espèce de tradition toute neuve et de fabrique protestante. Les choses en restèrent là pour la masse des protestants d'Allemagne, jusque vers le milieu du XVIII<sup>e</sup> siècle. Les innovations philosophiques de l'Angleterre et de la France commencèrent à pénétrer en Allemagne ; c'était au moment qu'y naissait la littérature allemande par les travaux de Gottsched, de Schiller, de Klopstock, de Goëthe, de Lessing, de Voss, de Stolberg. Par suite de tout cela, les esprits furent naturellement tentés de se soustraire à l'autorité purement humaine du protestantisme officiel, et de tirer la dernière conséquence du protestantisme primitif de Luther et de Calvin, laquelle est la souveraineté absolue et illimitée de la raison individuelle, connue maintenant sous le nom de *rationalisme*. Chacun se mit donc à examiner librement l'autorité et le sens de la Bible, plus librement encore l'autorité des credo, des symboles décrétés par le prince ou par la diète d'Allemagne. Comme on rejetait l'autorité toujours vivante de l'Eglise catholique, de qui cependant on avait reçu la Bible, on ne savait plus trop sur quoi appuyer l'authenticité, ni surtout l'autorité doctrinale de la lettre biblique. Tel, comme Michaëlis, orientaliste célèbre, admettait la Bible à peu près tout entière, et l'éclaircissait par d'utiles travaux; tel autre, et il y en avait plus d'un, n'en reconnaissait qu'une partie; un troisième, comme le prédicant Bahrdt, donnait à l'Evangile un sens si nouveau, que ce n'était plus qu'un roman philosophique. Quelquefois le prince intervenait encore pour faire respecter extérieurement la créance légale. Mais le protestant Nicolaï, dans le journal qu'il publiait à Berlin sous le titre de *Bibliothèque universelle*, où il se montrait plus païen qu'autre chose, se moquait ouvertement de l'orthodoxie protestante comme d'une vieille ânerie. Les théologiens qui croyaient encore quelques dogmes essayèrent de les sauver en les fondant avec la philosophie de Wolf. Ce fut bien pire encore; car si on ne voulait plus se soumettre à une croyance appuyée bien ou mal sur la Bible, à plus forte raison se moquait-on d'une créance qui n'avait d'appui que la philosophie d'un homme (Stark, *Triomphe de la philosophie*, t. II, c. 3; Amand Saintes, *Histoire critique du rationalisme en Allemagne;* Menzel, t. XII, c. 11).

Au milieu de cette confusion intellectuelle, plus d'un protestant célèbre fit des aveux ou émit des principes dont les catholiques auraient pu profiter. Ainsi, le poète et littérateur LESSING distingua le christianisme d'avec la Bible, et lui assigna une base beaucoup plus profonde, pour qu'il dût tomber avec les livres du Nouveau Testament, comme de fait il avait existé longtemps avant leur existence et leur publication. On lui fit cette instance : « Mais » la religion chrétienne pourrait-elle subsister si la ». Bible venait à périr complètement? si elle avait » péri depuis longtemps? si elle n'avait jamais

» existé? » Il répondit hardiment : Oui, et en donna entre autres les raisons suivantes : « Le fondement de l'Eglise est l'idée d'une profession de foi, règle de croyance qui n'est pas tirée des écrits du Nouveau Testament, mais qui est plus ancienne qu'aucun de ces écrits. Les chrétiens contemporains des apôtres, et ceux qui suivirent dans les quatre premiers siècles, ont tenu cette règle de foi suffisante pour le christianisme. C'est d'après cette règle qu'ont été jugés les écrits des apôtres, et qu'on en a fixé un choix pour le canon ecclésiastique, puisqu'on n'en a pas reconnu, qui avaient cependant des apôtres pour auteurs, parce qu'ils n'étaient pas tout à fait conformes à la règle de la foi. La religion chrétienne, pendant les quatre premiers siècles, n'a jamais été démontrée par les écrits du Nouveau Testament, mais simplement éclaircie et confirmée; sa divinité peut se fonder sur la primordialité démontrable de la règle de foi, bien plus sûrement qu'on ne pense fonder maintenant l'inspiration divine des écrits du Nouveau Testament sur leur origine indémontrable. Aussi la primitive Eglise n'at-elle jamais accordé aux hérétiques d'en appeler à l'Ecriture, et jamais elle n'a voulu disputer sur l'Ecriture avec aucun d'eux. Les écrits apostoliques, en tant qu'ils s'accordent avec la règle de foi, en sont les plus anciennes preuves, mais non la source. Ce qu'ils contiennent au delà de la règle de la foi n'est pas nécessaire au salut; peut être vrai ou faux; être entendu dans un sens ou dans un autre (*Œuvres compl. de Lessing*, t. VI, p. 23 et seqq.). » Ces réflexions du protestant Lessing sont infiniment remarquables. Elles rappellent d'une manière merveilleuse l'autorité primordiale et péremptoire de la tradition chrétienne, autorité qui a été un peu trop négligée par les théologiens modernes, même d'entre les catholiques.

La querelle touchant l'autorité des livres symboliques ou des credo officiels fut encore plus vive. En Saxe, tous les fonctionnaires devaient faire serment de s'y conformer. Le prédicant Ludke, dans un écrit de 1767 *sur le faux zèle*, fit sentir combien l'autorité de ces livres était en contradiction avec les premiers principes de la Réforme, et montra, clair comme le jour, que cette autorité impliquait la prétention à une infaillibilité humaine, qu'on avait tant reprochée à l'Eglise papale. Le protestant Tollner, professeur de théologie à Francfort-sur-l'Oder, répondit : « Dans l'Eglise, aucun règlement de doctrine ne peut s'établir ni durer sans quelque limitation de la conscience, sans quelque péril pour la vérité et la liberté, sans quelque papauté. Tout bien considéré, il se voit obligé de déclarer qu'on n'a que le choix ou d'avoir un peu de papauté ou bien de n'avoir ni unité ni pureté dans la foi. Tout règlement humain de doctrine est un mal, mais un mal nécessaire pour en prévenir de plus nombreux et de plus grands; un mauvais présage contre la vérité et la liberté, mais en même temps un moyen indispensable pour conserver l'une et l'autre; une incision dans la conscience, mais inévitable si on ne veut que les plaies deviennent plus grandes et plus dangereuses. » Il avouait en même temps que les livres symboliques du protestantisme étaient pleins de défauts, et il émit le vœu qu'ils pussent ne contenir que des vérités officielles, sans obligation pour les prédicants d'y croire. Busching, membre du consistoire supérieur de Berlin, se prononça plus directement encore non-seulement contre l'autorité des livres symboliques, mais contre plusieurs dogmes chrétiens que le protestantisme retenait jusqu'alors. Semler, qui s'était écarté publiquement de l'orthodoxie légale, se déclara en sa faveur, en 1779, au grand étonnement de tout le monde. Il en donna les raisons suivantes. « Les recherches et la science théologiques ne tiennent point à la doctrine et à la pratique de l'Eglise, et jamais il n'a eu la pensée que les catéchismes et les livres de piété pour la jeunesse et pour le peuple dussent être rédigés d'une manière conforme aux connaissances parfaites des théologiens. La religion historique, la religion sociale et la religion morale ne sont pas la même. La première est l'histoire et la doctrine de Jésus-Christ uniquement dans le sens littéral; la religion sociale consiste dans des dogmes que l'Eglise a fixés dans des confessions et des symboles, et qu'elle ordonne d'enseigner et de croire, pour maintenir l'ordre, l'unité et la tranquillité parmi les chrétiens d'un pays; la religion morale procède du développement des doctrines puisées dans le Nouveau Testament, et elle a pour but leur application aux sentiments. Mais le grand nombre des chrétiens doit se contenter de la foi historique et de l'interprétation que l'Eglise en donne, par où l'on pourvoit autant que possible au bien spirituel de la multitude (Menzel, t. XII, c. 11, p. 266 et seqq.). »

Certainement, si les catholiques d'Allemagne n'avaient pas été distraits et absorbés par les innovations schismatiques et imprudentes de Joseph II, ils auraient pu tirer bon parti de ces aveux si remarquables des docteurs protestants. Ils auraient pu leur faire sentir que, si une papauté quelconque est absolument nécessaire pour maintenir parmi les chrétiens quelque unité et quelque pureté dans la croyance, on a eu grand tort de rejeter la papauté romaine, qui vient de saint Pierre et de Jésus-Christ. Ils auraient pu leur faire sentir que, si une autorité et une tradition doctrinale est absolument indispensable, du moins pour la multitude, on a eu grand tort de rejeter l'autorité et la tradition immémoriale de l'Eglise universelle. Ils auraient pu leur faire sentir que, si des docteurs protestants, malgré leurs préjugés anticatholiques, ont vu néanmoins la nécessité indispensable de l'autorité, de la tradition et de la papauté, il est bien à croire que Dieu et son Fils ont eu assez d'esprit pour la voir avant eux, et pour ne pas abandonner les chrétiens à l'aventure, comme des brebis sans pasteur. Ils auraient pu leur faire sentir que Jésus-Christ ayant dit au chef de ses apôtres : *Tu es Pierre, et sur cette pierre je bâtirai mon Eglise, et les portes de l'enfer ne prévaudront point contre elle; pais mes agneaux, pais mes brebis*, ce n'est plus une autorité, une tradition, une papauté purement humaine, mais une autorité, une tradition, une papauté divine, qui, bien loin de mettre en péril la vérité et la liberté, les met au contraire en sûreté l'une et l'autre.

Léonard Euler, mathématicien célèbre, membre des Académies de Berlin et de Pétersbourg, naquit à Bâle en 1707. Il est connu par de grandes découvertes dans les sciences physiques et mathématiques. Il était fort attaché au christianisme, comme on le voit par sa *Défense de la révélation contre les objections des esprits forts*, écrits d'autant plus remarquables, que ces *esprits forts* dominaient dans la capitale où résidait alors Euler. Il fut traduit en français, et publié en 1755 dans la *Bibliothèque impartiale*, qui s'imprimait à Gœttingue et à Leyde. L'abbé Emery en a donné une nouvelle édition à Paris en 1805. Euler est encore auteur de *Lettres à une princesse d'Allemagne sur divers sujets de physique et de philosophie*. Il les écrivit vers 1760, mais elles ne furent imprimées que plusieurs années après. Condorcet en donna une nouvelle édition à Paris en 1787, et sous prétexte de corriger le style, il fit plusieurs autres retranchements qui portent sur des endroits de ces lettres les plus favorables à la religion. L'abbé Emery, à la suite de la *Défense*, inséra plusieurs de ces retranchements où Euler s'expliquait fort bien sur Dieu, sur la foi, sur les mystères et sur les points les plus importants de la révélation. Condorcet reconnaît d'ailleurs qu'Euler était très-religieux, faisant la prière en commun, et lisant la Bible à ses enfants et à ses domestiques. Ainsi il faut joindre son nom aux grands hommes des temps modernes qui ont défendu les principes généraux du christianisme. Il mourut en 1783.

Les deux grands poètes de l'Allemagne, GOETHE et SCHILLER, furent soupçonnés d'être secrètement catholiques, et de vouloir, de concert, abolir le protestantisme pour y substituer le culte romain (*Biogr. univ.*, t. LXV, art. GOETHE, p. 471, col. 2) On le concluait de la tendance générale de leurs poésies et des louanges qu'ils donnent quelquefois au catholicisme. Mais, au fond, catholicisme et poésie sont presque synonymes, et le véritable poète est plus ou moins catholique, même sans le savoir. Une des plus charmantes pièces du plus charmant poète de l'Allemagne protestante, *Novalis*, est une ode sur une jeune fille portant l'image de la sainte Vierge à la procession de la Fête-Dieu, et l'arrosant de ses pieuses larmes. Lavater lui-même, le fameux pasteur de Zurich, a composé une prose pleine de piété et d'onction en l'honneur de la très-sainte Vierge. Enfin, dans cette pléiade d'hommes célèbres qui vinrent à éclore dans l'Allemagne protestante vers la fin du XVIIIe siècle, nous en verrons plusieurs embrasser ouvertement le catholicisme : tels le comte de Stolberg, le poète Zacharie Werner, Frédéric de Schlegel. Quant à Winckelmann, Zoëga et Haman, nous avons déjà vu leur conversion au commencement de ce livre.

Le centre d'attraction catholique en Allemagne était alors la ville de Munster en Westphalie. On y admirait la piété d'une dame russe convertie au catholicisme, la princesse Gallitzin, née comtesse Amélie de Schmettau. Placée dès son enfance dans un pensionnat de Breslau pour y recevoir une éducation à la mode, elle en sortit, après huit ou neuf ans, avec quelques connaissances en musique, mais du reste si ignorante, qu'elle était encore très-peu exercée à lire et à écrire. Elle se montra de plus si gauche dans les sociétés, que sa mère la mit à Berlin dans un pensionnat tenu par un certain athée français nommé Prémonval. Elle y resta dix-huit mois, non pour y apprendre à lire et à écrire, mais à danser, à parler français, avec un peu de mythologie. Sous la direction d'un pareil guide sorti de l'école de La Mettrie, elle oublia nécessairement les idées religieuses qu'on lui avait inspirées précédemment. Revenue à la maison paternelle, elle se dégoûta bientôt de la vie ennuyeuse et froide du grand monde; son orgueil était froissé d'ailleurs de se voir, par suite de son ignorance, incapable de parler de tout, comme les autres demoiselles de qualité, avec un air d'esprit et de savoir. Elle résolut d'acquérir cette facilité par la lecture. Sans aucune direction pour le choix des ouvrages, il lui fallut s'abandonner à un loueur de livres, qui lui en envoyait de temps en temps. Quoique ce fussent des romans et qu'elle les dévorât, cette manière de lire ne produisit sur elle d'autre effet que de lui faire aimer la solitude, qu'elle partageait entre la lecture et la musique. Peu à peu une certaine réminiscence de ses premières impressions religieuses lui fit considérer son état moral : elle en conçut une peur terrible de l'enfer et du diable. Le besoin de se rassurer éveilla en elle ce penchant à la spéculation, qui occupa une grande partie de sa vie, et qui enfin, par bien des écarts et par les sentiers stériles de la sagesse naturelle, la conduisirent à la porte de la vérité céleste. Le sentiment de la dignité morale de l'homme, l'importance de la distinction entre le bien et le mal se réveillèrent en elle. Tels furent les résultats de la réflexion, à laquelle s'était assujétie une jeune personne de quinze ans.

Cependant elle n'échappa point à la contagion qui, d'Angleterre et de France, par les frivoles écrits d'un Voltaire, d'un Helvétius, d'un Diderot et autres, répandait l'incrédulité, le matérialisme et le libertinage de la pensée parmi tous les grands et dans la plupart des cours. La princesse, guidée par le sentiment du juste, mais étrangère à la religion positive, cherchait, par le moyen de sa raison, à se rendre évidentes les vérités de l'existence de Dieu et de l'immortalité de l'âme. Même après son mariage avec le prince de Gallitzin en 1768, elle continua, avec une ardeur toujours croissante, à consacrer la plus grande partie de ses heures à réfléchir sur sa destination en ce monde, et des sujets semblables. Gallitzin, son époux, était admirateur passionné de Voltaire et de Diderot. Partout où la princesse se trouva, en l'accompagnant, elle ne découvrit que la licence la plus immorale et la plus profonde corruption. Ces expériences la déterminèrent, au commencement de 1770, à se retirer tout à fait du monde et de son commerce, pour se consacrer exclusivement à l'éducation de ses enfants, Marianne, née en 1769, et Démétrius, né en 1770, et pour suppléer à ce qui avait été si fort négligé dans la sienne propre. Après plusieurs années de séjour en Hollande, où son mari était ambassadeur de Russie, elle établit en 1779 son domicile à Munster. Là elle se lia d'amitié avec M. de Furstenberg, à qui ses connaissances en fait d'éducation avaient acquis une grande renommée.

Cependant elle continua longtemps encore à n'appuyer la conduite morale que sur l'amour de soi ou l'égoïsme, et s'efforçait, d'après ces principes, de faire de ses enfants des gens de bien. Ce ne fut que plus tard qu'elle reconnut l'insuffisance de ces principes d'éducation et regretta d'avoir, faute de croyance, fondé la sienne si tard sur la base de la vie religieuse. En l'année 1783, la miséricordieuse main de Dieu lui envoya une grave maladie. Comme elle commençait à prendre un caractère fort sérieux, M. de Furstenberg envoya son confesseur au lit de la malade pour lui offrir la croyance au Sauveur et les secours de l'Eglise. Elle s'en excusa, faute de conviction. Toutefois, elle fit à M. de Furstenberg une réponse qui le tranquillisa, lui promettant, si Dieu lui prolongeait la vie, d'étudier sérieusement le christianisme. Elle guérit et tint parole. Vers la fin du mois d'août 1786, elle revint à la foi et à l'Eglise. Profondément convaincue, par ses réflexions et son expérience, de la faiblesse humaine; vivement pénétrée de l'insuffisance de ses forces, elle passa le reste de ses jours dans la prière, dans les combats contre sa volonté propre et dans des regrets sur sa vie passée. L'abnégation de soi-même, la plus profonde humilité et le renoncement à sa volonté étaient devenus son exercice continuel. Sous la direction de Furstenberg, et particulièrement de son sage confesseur, Overberg, elle s'avança dans les voies de la piété et de la mort continuelle de soi-même. Ses dernières années furent une grande épreuve de sa résignation à la volonté de Dieu. Elle avait à lutter contre des maladies continues et douloureuses. De plus, son mari étant mort, elle eut beaucoup à souffrir de la part de sa famille, qui l'accusait d'avoir fait prendre à son fils sa résolution, non-seulement de se faire catholique, mais d'embrasser l'état de missionnaire dans le Nouveau-Monde. Enfin, après une très-douloureuse maladie, qu'elle souffrit avec une religieuse patience, elle mourut le 27 avril 1806, munie de toutes les consolations des mourants.

Son fils, le prince Démétrius Gallitzin, était né à la Haye le 22 décembre 1770. A l'âge de vingt-deux ans, il alla en Amérique pour s'instruire dans ses voyages et se préparer à remplir une carrière brillante dans le monde. La Providence l'attendait là pour lui faire embrasser une carrière bien différente. Il se fit catholique et résolut d'embrasser l'état ecclésiastique. Il fut admis au séminaire de Baltimore et ordonné prêtre le 10 mars 1793. On l'envoya exercer le saint ministère à Conwago, d'où il visitait un grand district, et il y fixa sa résidence en 1799. D'abord il n'y avait dans ce lieu qu'un petit nombre de familles, mais des congrégations nombreuses se formèrent insensiblement. L'abbé-prince de Gallitzin se consacra tout entier à son troupeau. Sa charité, la simplicité de son zèle, sa persévérance au milieu des privations, lui concilièrent l'estime et la confiance. De Conwago, où il y avait beaucoup d'Allemands, il alla exercer le ministère à Tancy-Town. Il en partit avec un grand nombre de ses paroissiens pour former un établissement à Fort-Cumberland, dans un autre comté. Il fut leur conseil et leur guide pour le temporel comme pour le spirituel, bâtit une église et pourvut aux besoins de son troupeau. Une pension qu'il recevait de sa famille lui servait à aider les colons, dont il était véritablement le père. C'est dans ces travaux apostoliques et après avoir même publié quelques écrits de controverse, que l'abbé-prince de Gallitzin mourut le 6 mai 1840, près Lorett, diocèse de Philadelphie (*Tableau des principales conversions*, etc., 2ᵉ édit., 1841).

M. l'abbé de Furstenberg, dont il a été fait mention, était alors vicaire général et premier ministre du prince évêque de Munster. Son confesseur, Overberg était un saint prêtre du genre de l'abbé de La Salle, fondateur des Frères de la doctrine chrétienne, et de l'abbé Moye, fondateur des Sœurs de la Providence. Bernard Overberg naquit le 1ᵉʳ mai 1754, dans le hameau de Heckel, près de Voltlag, au pays d'Osnabruck. Son père, qui avait un petit négoce, parcourait la contrée avec ses marchandises sur le dos, pour gagner sa vie et celle de sa famille : tout en cheminant, il avait coutume de prier. Un mal incurable aux pieds l'empêcha dans la suite, de continuer ses petites excursions, mais ne lui fit pas interrompre ses pieuses habitudes : durant de longues nuits sans sommeil, il se fortifiait par la méditation des souffrances de Jésus-Christ. La mère avait les mêmes sentiments ; aussi la pauvre maisonnette de ces excellentes gens était-elle le séjour de la confiance en Dieu, du contentement et de la paix.

Dès les premières années de sa vie, Bernard Overberg devait éprouver la vérité de cette parole de l'Ecriture sainte : « Qu'avez-vous que vous n'ayez reçu ? » Il était d'une si chétive complexion, qu'il n'apprit à marcher qu'à cinq ans, et lorsque ses parents l'envoyèrent à l'école, son intelligence était si lente, qu'il usa huit abécédaires avant de savoir lire. Il était dans sa neuvième année quand le curé de Voltlag vint à mourir. Le père et la mère s'entretenant de cette mort en présence de l'enfant, disaient combien le pasteur qu'ils venaient de perdre était bon et plein de zèle, et quelle peine on aurait à le remplacer. Bernard, qui écoutait attentivement la conversation, pensa en lui-même : « Un curé est donc un homme bien utile ? Je voudrais aussi être curé. » Le lendemain, comme il était dans la campagne, il entendit la cloche funèbre sonner pour le défunt. Alors il se sentit intérieurement une puissance qui le subjuguait, et son émotion se changeant aussitôt en prière, il dit à Dieu : « Seigneur, fais que je puisse bien apprendre, et je serai curé un jour. » Depuis ce moment, il fit de rapides progrès. Au bout de six mois, non-seulement il lisait couramment, mais encore il aidait le maître à exercer dans la lecture ses plus jeunes camarades, et il avançait à vue d'œil dans la connaissance de la religion. Quand il prit place pour la première fois à la table sainte, il renouvela au fond de son cœur le vœu de se consacrer à Dieu dans l'état ecclésiastique. Mais comment obtenir le consentement de ses parents, qui déjà se disaient qu'il ne tarderait pas à accompagner le père dans ses petits voyages, et qu'un jour il le remplacerait ? Comment, dans l'état de pauvreté où ils étaient, leur proposer de l'entretenir au gymnase, de lui faire faire un cours complet d'études ?

Toutefois, en conduisant un jour ses vaches à la prairie, Bernard se sentit plus fortement que jamais poussé vers le sacerdoce. « J'ai quinze ans, se dit-il à lui-même, il est bien temps de commencer à étudier, et pourtant je ne peux pas me résoudre à en parler à mes parents. » Plein de cette pensée, il adressa au ciel, dans sa confiance filiale, la prière suivante : « Mon Dieu, inspire à mon père et à ma mère l'idée de faire de moi un prêtre et de prévenir ma demande à ce sujet. » Le soir du même jour, sa prière était exaucée. Ses parents lui proposèrent d'étudier, au lieu de suivre l'état de son père. Qui pouvait être plus heureux que Bernard? On le confia, dès le lendemain, à un ecclésiastique de Voltlag, chez lequel il devait s'initier aux éléments de la langue latine. Chaque jour, depuis lors, sans se laisser rebuter par les mauvais temps ni par les mauvais chemins, il fit une lieue pour aller prendre des leçons fort incomplètes, qui obligeaient son intelligence à faire la plus grande partie du travail. Chemin faisant, il était tellement plongé dans ses réflexions sur les règles grammaticales et sur d'autres matières, qu'à peine voyait-il les personnes qui passaient près de lui; les paysans le prenaient pour un idiot *incapable de compter jusqu'à cinq*. Mais c'était à la maison que Bernard se livrait tout entier à ses chères études; et, lorsqu'en hiver, au lieu de lampe, sa pauvre mère allumait une racine sèche de bois résineux, dont la clarté trop faible ne lui permettait pas de lire, il s'étendait sous le banc de l'âtre, tout près du feu, qui servait en même temps à le réchauffer et à éclairer son livre. Pendant les heures de délassement, simple et aimant comme il était, il jouait avec une colombe apprivoisée qui, tous les jours, lorsqu'il revenait de Voltlag, volait au devant de lui à moitié route, l'attendait sur le parapet d'un pont et se laissait transporter jusqu'à Heckel, perchée sur son épaule. Il se récréait aussi dans le jardin de ses parents ou dans une prairie, par la culture et la vue des fleurs, particulièrement de la rose et de la petite marguerite blanche qui fleurit presque en tout temps.

Bernard avait déjà plus de seize ans accomplis, lorsqu'on l'envoya au gymnase de Rhein. Sur l'observation qui lui fut faite par des voisins que les élèves de ce gymnase étaient souvent battus et menés du reste avec beaucoup de sévérité, il répondit : « Qu'il se soumettrait volontiers à tout, pourvu seulement qu'on lui enseignât quelque chose de solide. » Au premier examen mensuel, il fut l'avant-dernier de sa classe. Loin d'être mécontent, il pensa que c'était par ménagement qu'on ne lui avait pas donné la dernière place, et il n'en devint que plus ardent à l'étude. Il avait adapté sur son lit une clochette de bergerie, à laquelle était attachée une corde qui pendait dans la rue, et il était convenu avec un manouvrier que celui-ci, en se rendant chaque jour à son travail, à cinq heures du matin, tirerait la corde pour l'éveiller. L'espièglerie de ses camarades, qui souvent se réveillaient au milieu de la nuit en agitant la clochette, ne put le faire renoncer à son arrangement. Leurs railleries furent également impuissantes contre l'habitude qu'il avait prise de porter un livre et d'étudier à la promenade. Aussi, dès la fin de la première année (1771), parvint-il à dépasser tous ses camarades dans la connaissance de la religion et du latin, et à se mettre au niveau des plus forts dans les autres parties. Les années suivantes il avança dans la même proportion. Ses classes terminées, les professeurs du gymnase, qui étaient des religieux, auraient voulu le voir entrer dans leur ordre et se livrer avec eux à l'enseignement; mais Bernard crut plus conforme à sa vocation d'être prêtre dans le monde, et sa mère se disposa à faire toutes les dépenses nécessaires pour qu'il pût achever ses études. Il n'eut pas besoin de ce nouveau sacrifice maternel. Peu de temps après

avoir commencé à Munster son cours de philosophie et de théologie, il fut introduit en qualité de précepteur dans la famille du conseiller aulique Munstermann. La crainte de Dieu et une haute dignité accompagnaient déjà toutes ses actions : son humilité et sa charité parvinrent même à prévenir l'envie qu'auraient pu faire naître dans le cœur de ses condisciples les avantages qu'il obtenait en toutes circonstances et particulièrement aux épreuves publiques à la fin de l'année.

Ce fut à cette époque qu'une expérience frappante le mit sur la voie du mode d'enseignement qu'il préféra toujours dans la suite. La mort lui ayant enlevé son père, il alla passer le temps des vacances auprès de sa mère, désormais seule. Alors plusieurs voisins dont les enfants avaient été exclus de la première communion, faute des connaissances nécessaires, vinrent le prier de vouloir bien, pendant son séjour au village, instruire ces jeunes garçons, afin qu'ils pussent être admis l'année suivante. Overberg s'y prit d'abord à la manière ordinaire, c'est-à-dire qu'il faisait apprendre par cœur aux enfants un certain nombre de demandes et de réponses du catéchisme, sur lesquelles il les interrogeait le lendemain. Ce moyen réussit mal. Les réponses échappaient tout à fait à ses élèves. Il avait beau les lire lentement devant eux à diverses reprises, et les engager à les relire souvent eux-mêmes, le jour suivant il voyait, à son grand déplaisir, qu'ils les avaient oubliées ou mal entendues; il finit même par se convaincre qu'ils ne saisissaient pas plus le sens des demandes que celui des réponses. Déjà il voulait renoncer à ce travail ingrat et occuper plus utilement ses loisirs, lorsqu'il lui vint à l'esprit d'essayer d'une autre méthode. La première fois que les enfants reviennent, Overberg se met à leur raconter des histoires de la Bible, et voilà que ces enfants ne sont plus les mêmes : leur figure s'épanouit, ils écoutent avec une attention soutenue, conçoivent la doctrine que Bernard rattache aux faits; puis, quand il les interroge sur ce qu'il vient de dire, ils lui répondent sans difficulté. C'est ainsi que l'habile et patient catéchiste parvint à leur inculquer, sous forme de récits, une instruction plus que suffisante, et qu'ils purent être reçus, dès l'automne de cette même année, à la sainte table.

Ordonné prêtre, Overberg fut placé à Everswinckel en qualité de vicaire. Beaucoup d'habitants de cet endroit attestent encore aujourd'hui avec quelle puissance et quel succès il y remplit ses fonctions. Un vieux forgeron racontait, il y a encore peu d'années, ce qui suit : « Notre vicaire fit une fois un sermon comme nous n'en avions jamais entendu à Everswinckel. L'évangile du jour parlait de la robe nuptiale, il choisit pour texte ces paroles : *Et il resta muet*. La robe nuptiale, dit-il, signifie la dignité du chrétien, et il se mit à en faire un tableau détaillé. Dieu nous a revêtus de cette robe dans le saint baptême, mais en quel état l'avons-nous conservée? Il faudra que nous en rendions compte au jugement de Dieu. Or, figurons-nous que nous sommes devant son tribunal (alors venaient questions sur questions) : que répondrons-nous? — *Et il resta muet*, dit le vicaire; puis il prit sa barrette et descendit de la chaire les yeux en pleurs. Un morne silence plana sur l'assemblée entière, tous les assistants demeurèrent comme cloués à leur place pendant un quart-d'heure, et ils sortirent ensuite de l'église lentement l'un après l'autre. »

Le zélé vicaire s'occupa de l'instruction des enfants avec une attention toute spéciale. Dans le court espace de trois ans, il devint un catéchiste si accompli, que la renommée s'en répandit partout. L'excellent abbé de Furstenberg voulut en juger par lui-même. Il vint assister à un de ses catéchismes, sans être aperçu d'Overberg. Le succès dépassa de beaucoup son attente. Sur-le-champ il lui offrit la place honorable de professeur à l'école normale des maîtres d'école de Munster. Le jeune vicaire consentit, à condition qu'il aurait le logement et la table au séminaire épiscopal. Il s'y établit le 1er mars 1783, et c'est là que, devenu plus tard supérieur, il a fini ses jours en 1826.

Overberg forma une pépinière de maîtres et même de maîtresses d'école, qui a été jusqu'à nos jours et qui est encore une bénédiction pour la Westphalie. Le meilleur moyen de se former, surtout pour les institutrices, était l'instruction qu'il donnait à l'école gratuite dans le couvent de Lorraine. Trois fois la semaine il y passait plusieurs heures à enseigner la religion, l'histoire sainte et le calcul. Des personnes de toute condition se pressaient surtout au catéchisme qu'il faisait, le dimanche, dans l'église du couvent, et croyaient voir là, dans *le serviteur fidèle*, une image de celui qui a dit : *Laissez venir à moi les petits enfants*. Les passages suivants du journal ou des notes journalières qu'il écrivait lui-même font voir combien ce catéchisme était pour lui une affaire intime et sérieuse.

(15 janvier 1790.) « Ce matin, je suis encore allé faire mon instruction sans l'avoir convenablement préparée. O Dieu! aide-moi pour que ceci ne m'arrive plus. C'est une illusion de me dire à moi-même : Sois tranquille, tu es maître de ton sujet, telle affaire est plus importante; nulle autre affaire ne peut être aussi importante, dès qu'elle se laisse différer. Le manque de préparation entraîne beaucoup de fautes : la leçon devient obscure, incertaine, diffuse; l'esprit des enfants se trouble, ils écoutent mal, ils sont à la gêne, et j'y suis avec eux. En général, j'ai fort à me garder de descendre dans les minuties, d'être trop long et trop savant pour les enfants. Une seule leçon bien comprise et bien retenue vaut mieux pour que d'en entendre dix et de n'en comprendre aucune, ou de perdre de vue et d'oublier, parmi les autres, la dixième qui était précisément la plus utile. Aide-moi, ô mon Dieu! pour que j'imite de plus en plus dans mes leçons la manière divinement simple, courte et saisissable de ton bien-aimé Fils. Fais que je me demande toujours avant de commencer une instruction : Est-elle nécessaire, est-elle utile? N'y en a-t-il pas une autre qui doive passer auparavant? Est-elle à leur portée? Quel est le but que je me propose? Ne donnerait-elle aux enfants qu'une apparence de savoir? Dans ce cas, il faudrait y renoncer. Est-elle présentement la plus profitable? »

(7 février 1790.) « Tu m'apprends, ô mon Dieu! à reconnaître de plus en plus, par ma propre expérience, que de moi-même je ne peux rien. Quand je crains que l'enseignement dont tu m'as chargé ne réussisse pas, il réussit à mon grand étonnement, et le contraire arrive lorsque je compte sur le succès. N'est-ce pas là un avertissement de ne point me fier à mes forces, mais seulement à ta grâce? Aide-moi donc à le mettre en pratique. Tu m'accordes tant de faveurs, ô mon Dieu! Aujourd'hui encore je l'ai remarqué, chaque fois que je dois faire, dans l'église, une instruction publique aux enfants, tu retires l'obstacle qui souvent m'empêche de parler d'une voix haute et distincte. Enfin, accorde-moi aussi la grâce, dont je ne suis pas digne, il est vrai, parce que trop souvent j'y ai résisté, la grâce de n'avoir en tout ce que je fais par moi-même ou par les autres, spécialement dans l'instruction de l'enfance, que ta volonté devant les yeux. Père, mon Père en Jésus-Christ, aide-moi, je t'en supplie, afin que je n'augmente pas d'une manière inutile, les difficultés de la science pour tes bien-aimés, que je ne leur donne pas au lieu de lait des mets indigestes, de la paille au lieu de pur froment, et que je ne néglige pas ce qu'il y a de plus nécessaire en m'arrêtant à ce qu'il y a de moins important. Tu m'as fait prendre un chemin qui n'est pas le chemin ordinaire : si cette route est moins utile que la voie commune, et si ta volonté n'est pas que je la suive, daigne m'en retirer : si, au contraire, tu veux que j'y reste, éclaire-moi de manière que je ne m'égare pas et que je ne conduise pas à chaque instant les enfants dans des sentiers d'où il faudrait ensuite les retirer. Je ne suis pas digne de cette grâce, mais tu ne la refuseras pas aux petits enfants sanctifiés par le sang de ton Fils bien-aimé; c'est pourquoi je me fie à ton assistance, ô mon Dieu! Je voudrais être tout à toi : combien alors je pourrais faire plus de bien pour ta gloire et pour le salut de mes frères! Ne laisse donc pas ceux-ci mettre vainement en moi tant de confiance. »

Overberg traitait ainsi avec la plus sainte, la plus profonde gravité, l'œuvre, en apparence peu sérieuse et très-facile, de l'instruction des enfants; il la traitait comme sous le regard de Dieu et armé de la force d'en haut. Il savait et reconnaissait quelle affaire importante est pour la chrétienté l'initiation de ces jeunes âmes à la prière et à un commerce filial avec Dieu. C'est une grande, c'est même la plus grande puissance, celle que le Seigneur puise dans le témoignage des petits enfants! Si cette puissance était relevée de nos jours, avec l'assistance divine, par des instituteurs et des parents chrétiens, comme elle aurait bientôt vaincu l'incroyance et opposé une digue aux maux qui nous envahissent, comme elle ramènerait promptement la paix de Dieu dans les maisons et dans les cœurs! — Ces réflexions sont du biographe d'Overberg, le protestant Schubert, professeur des sciences naturelles à l'Université de Munich (*Vie de Bern. Overberg*, trad. de l'allemand par Léon Boré). Il continue :

« Si l'instruction ordinaire et journalière des enfants avait déjà tant d'importance aux yeux d'Overberg; si l'onction que ses prières faisaient descendre du ciel était active au point, non-seulement de pénétrer les tendres âmes des plus petits, mais même d'échauffer des cœurs vieillis et glacés, en les ouvrant pour toujours aux traits de la grâce : à plus forte raison redoublait-il de zèle, lorsque le temps approchait où les enfants devaient être préparés à la sainte communion. Il se faisait donner une année d'avance, les noms des futurs communiants, et commençait dès lors à les observer et à les diriger avec le plus grand soin, d'une manière individuelle, proportionnée à l'esprit et au cœur de chacun. Tous les jours, depuis le carême jusqu'au troisième dimanche de Pâques, il donnait pendant une heure et demie l'instruction préparatoire proprement dite. Ensuite il exposait les principales doctrines du christianisme, et, pour éviter les longueurs, il écrivait habituellement ses leçons tout entières. Elles étaient suivies par un grand nombre d'auditeurs d'un âge mûr, et surtout par les étudiants en théologie. Parmi ceux-ci, beaucoup cherchaient, en prenant des notes, à recueillir, sinon la puissance d'onction que donne seul l'esprit d'en haut, du moins la marche des pensées animées par cet esprit. Le jeudi et le dimanche seulement, Overberg n'admettait pas d'étrangers, parce qu'il consacrait ces jours à la répétition des matières et à l'examen des enfants. Outre les leçons faites en commun, il instruisait, exhortait, avertissait, avec un zèle infatigable, les aspirants au banquet sacré, chacun selon son caractère et sa position. Il les exerçait à la méditation des vérités du salut, à la prière intérieure et aux autres pratiques spirituelles; mais c'était particulièrement dans la confession qu'il les accoutumait à un examen profond et exact de leur conscience. De temps à autre il faisait prier publiquement pour eux dans les écoles. Quand le jour de la première communion était près d'arriver, il appelait les parents, exposait à chacun d'eux, selon sa position respective, l'importance de leurs devoirs envers leurs enfants, les suppliait de les bien remplir, et exigeait d'eux à cet égard une promesse formelle. Il faisait contracter par écrit, aux enfants eux-mêmes, l'engagement de suivre les préceptes de l'Évangile, d'éviter tout ce qui pouvait menacer leur foi et leur vertu, et de prendre tous les moyens de sanctification. Le pieux catéchiste mettait un soin extraordinaire à discerner ceux qui devaient s'asseoir à la table sainte; il se préparait à ce choix par les prières les plus ferventes, implorant la lumière et l'assistance divine, afin de ne pas se laisser diriger par d'autres considérations que le mérite personnel. Il faisait tout ceci avec tant de zèle, que souvent les forces physiques lui manquaient, et qu'il tomba malade plusieurs fois après avoir rempli ces graves et chères fonctions. Dans l'année qui suivait leur première communion, les enfants devaient revenir ensemble, de temps en temps, à la table sainte, et Overberg avait soin chaque fois de les y disposer d'une manière spéciale. »

Tel était le pieux Overberg avec les enfants d'école; tel, à proportion, fut-il avec les élèves du séminaire de Munster, dont il fut nommé supérieur en 1809. Le biographe protestant ajoute entre autres ce qui suit:

« Parmi tant de personnes qui trouvèrent dans ce digne prêtre un père et un guide, nous citerons au premier rang la princesse Amélie de Gallitzin, dont le souvenir ne s'effacera jamais dans le cœur de ceux qui l'ont connue. Une de ces amitiés aussi saintes qu'elles sont rares existait entre elle et Overberg. Ils s'étaient engagés à s'avertir réciproquement de leurs fautes et de leurs défauts, et lorsqu'on remarquait dans l'autre la moindre chose désagréable, ou croyait avoir reçu la moindre offense, il devait le dire ouvertement. Tous deux cherchaient à marcher sans cesse en la présence de Dieu, et, bien que séparés par la distance, ils étaient dans une continuelle communauté de prières et d'actions. On pouvait appliquer à leur liaison cette pensée que la princesse Amélie a écrite elle-même : « Le meilleur signe, le signe infaillible d'une véritable amitié, c'est lorsque deux âmes, dans leur plus intime prière, peuvent, en s'adressant à Dieu, dire : *Nous*, sans hésitation ni restriction. »

Le clergé de Westphalie comptait encore d'autres hommes recommandables : l'abbé Katercamp, auteur d'une bonne histoire ecclésiastique des premiers siècles ; les deux frères de Droste-Vischering, qui sont morts de nos jours, l'un évêque de Munster, l'autre archevêque de Cologne, après avoir, le dernier surtout, ressuscité l'esprit de Dieu, par leur exemple, dans le clergé d'Allemagne. On conçoit que Munster dût attirer les âmes d'élite que Dieu appelait à son Église, tels que Haman, Schlégel, Stolberg.

Depuis dix-neuf siècles que l'Église de Dieu a commencé le combat contre l'idolâtrie, contre l'empire de Satan, ce combat n'a jamais cessé. Vaincue à Rome et dans l'empire romain, l'idolâtrie s'est glissée et fortifiée à l'extrémité de l'Orient. Elle s'y est en quelque sorte ramassée sous sa forme la plus compacte et la plus énergique, c'est-à-dire le boudhisme; elle y a son expression sociale la plus complète dans les lois et les mœurs des trois grands empires, l'Annam, la Chine, le Japon. Là se réalise dans toute son horreur cet esclavage du démon qui pesa sur l'antiquité païenne et que nos intelligences modernes ne sauraient imaginer. Là, quand la foi catholique franchit les barrières interdites, s'engage sous des proportions gigantesques le combat incessant du bien et du mal. Depuis trois siècles les jours de Néron et de Dioclétien se renouvellent aux extrémités du monde ; les bûchers japonais ne s'éteignent que pour faire place aux échafauds de la Corée et du Tong-King.

L'histoire du christianisme dans le Japon et dans la Corée présente des événements uniques. Au commencement du XVIIIᵉ siècle, le Japon envoie au ciel près de deux millions de martyrs : depuis ce moment on ignore si le christianisme s'y conserve encore sous la forme de société secrète, ou s'il en a complètement disparu. Seulement un missionnaire catholique qui a pénétré en Corée l'an 1833, y apprit le fait suivant. En 1825, l'empereur du Japon écrivit au roi de Corée pour l'avertir que six de ses sujets, qui adoraient Jésus, avaient fui dans une petite barque : s'ils sont venus dans votre royaume, ajoutait-il, je vous prie de les faire chercher et de me les envoyer. D'après ce fait, nous pouvons croire qu'il existe encore des chrétiens au Japon (*Annales de la Propagation de la foi*, n. 51, p. 406).

La presqu'île de Corée, qui n'est éloignée du Japon que d'environ quatre-vingts kilomètres, eut aussi quelques martyrs au commencement du XVIIᵉ siècle Pendant cent soixante ans, le christianisme, qu'avait seulement commencé à s'y introduire, y demeura inconnu. Une circonstance en apparence fortuite vint l'y rallumer après un si long temps. En 1784, un jeune seigneur coréen, nommé *Li*, se trouvant à Péking avec son père, qui était ambassadeur, désira ardemment d'étudier les mathématiques; il s'adressa aux missionnaires européens et leur demanda des livres qui traitassent de cette science : ceux-ci profitèrent de l'occasion pour lui faire tenir des livres de religion. Le jeune homme fut frappé de la sublimité des dogmes et de la pureté de la morale du christianisme. L'ayant étudié à fond, il devint chrétien et de chrétien apôtre. De retour en Corée, il prêcha la religion chrétienne; ses parents et ses amis furent ses premiers disciples. Ceux-ci devinrent prédicateurs à leur tour; les personnes du sexe montrèrent pour le moins autant de zèle que les hommes, et dans moins de cinq ans on compta, à la ville royale et à la campagne, quatre mille chrétiens. On prêchait la religion publiquement; on la prêchait à la cour et dans les provinces; le vrai Dieu avait un grand nombre d'adorateurs parmi la noblesse. En 1788, un des prédicateurs les plus zélés, Thomas King, fut arrêté, condamné à l'exil, où il mourut la même année. Les chrétiens, loin d'être intimidés par ce commencement de persécution, n'en devinrent que plus intrépides : leur nombre s'augmentait de jour en jour.

Cependant cette merveilleuse chrétienté n'avait pas un seul prêtre. Comme il s'éleva des doutes qu'ils ne purent résoudre par eux-mêmes, ils envoyèrent consulter l'évêque catholique de Péking. L'ambassadeur de la nouvelle église y reçut les sacrements de confirmation et d'eucharistie, assista aux solennités de l'office divin. De retour en Corée avec une lettre pastorale de l'évêque, il parla des belles cérémonies dont il avait été témoin, des sacrements qu'il avait reçus, des missionnaires qu'il avait vus arriver des extrémités de l'Occident. Les Coréens, enflammés par ce récit de Paul In, car tel était le nom de l'ambassadeur, voulurent aussi, à quelque prix que ce fût, avoir des prêtres pour participer aux saints mystères; ils députèrent encore Paul et le catéchumène Ou vers l'évêque, pour lui demander un missionnaire. L'évêque leur en envoya un; mais il ne put entrer en Corée, à cause d'une persécution dans laquelle Paul In et son frère Jacques Kuan souffrirent le martyre le 7 décembre 1791. Le premier missionnaire qu'il avait destiné aux Coréens étant mort, l'évêque de Péking leur en envoya un second, qui fut assez heureux pour pénétrer dans le pays l'an 1793. Il était Chinois de naissance. Son arrivée causa une joie inexprimable. Il administra les sacrements, entendit quelques confessions par écrit, célébra le saint jour de Pâques et donna la communion. Ce fut la première fois sans doute que le sacrifice de la nouvelle loi fut offert dans ces contrées. L'Evangile faisait de jour en jour des progrès sensibles : en 1800, on comptait déjà plus de dix mille chrétiens solidement convertis (*Annales*, etc., n. 41, 42).

En Chine, les chrétiens étaient habituellement exposés à des persécutions, tantôt générales, tantôt locales. Le 21 août 1732, trente missionnaires sont expulsés de la Chine. Cinquante chrétiens qui les avaient suivis à Macao furent saisis à leur arrivée par les mandarins et chargés de chaînes. Douze furent condamnés à la bastonnade et les autres mis en prison. Dans quelques provinces, les chrétiens étaient recherchés avec rigueur. Dans le Fokien, on en condamna plusieurs à des amendes, à la prison, aux coups de fouet, au bannissement. Deux missionnaires furent arrêtés. Un lettré chinois fut condamné au dernier supplice. La mort d'Yong-Tching, qui arriva le 7 octobre 1735, ne mit pas fin aux poursuites. Son fils, Kien-Long, dont on espérait plus de douceur, ordonna aussi, en 1736, des recherches contre les chrétiens. Beaucoup furent traduits devant les tribunaux et souffrirent la torture. La plupart soutinrent ces épreuves avec courage, un très-petit nombre se laissa effrayer par l'appareil des supplices. Les Jésuites restés à Péking en qualité de savants essayèrent de fléchir l'empereur. Un d'eux, qui était peintre, profita d'un moment où le prince venait regarder ses tableaux pour lui présenter une requête. La réponse de Kien-Long, sans condamner les rigueurs exercées, fit espérer au moins quelque adoucissement, et, en effet, les poursuites se ralentirent peu à peu. Elles reprirent encore en 1737, mais ne durèrent pas; et il y eut un intervalle de repos dont les missionnaires profitèrent pour consolider leurs travaux et faire de nouvelles conquêtes à la foi (Picot, *Mémoires*, t. II, an 1732).

Le 26 mai 1746, M. Sanz, évêque de Mauricastre et vicaire apostolique en Chine, est décapité. Une persécution violente s'était élevée dans cet empire l'année précédente, contre chrétiens. Elle commença par le Fokien, dont le vice-roi était fort prévenu contre le christianisme. Il fit rechercher les missionnaires et les chrétiens avec une ardeur qu'on n'avait pas encore vue. Il s'empara entre autres de M. Pierre-Martyr Sanz, évêque de Mauricastre, et de quatre religieux dominicains, les Pères Royo, Alcober, Serrano et Diaz. On les mit en prison et on les conduisit, chargés de chaînes, à la capitale de la province. Là, ils furent interrogés, mis à la question, tourmentés de toutes les manières, déclarés absous par un tribunal, mais condamnés par un autre sur les instances du vice-roi. Ces rigueurs s'étendirent bientôt à plusieurs provinces. La plupart des chrétiens, on démolit leurs églises, on brûla leurs livres, et la rigueur des tourments en fit apostasier plusieurs. Mais la foi trouva aussi des athlètes courageux, qui persévérèrent à l'aspect des supplices. Un grand nombre de missionnaires furent dispersés, et la terreur obligea les uns à se retirer à Macao et les autres à gagner les solitudes. Cependant, l'empereur ayant confirmé la sentence portée contre les cinq missionnaires, M. de Mauricastre fut décapité. En mourant, il pria pour ses bourreaux et pour la conversion de la Chine. Le 28 octobre suivant, les quatre Dominicains subirent le même supplice dans leur prison, et un catéchiste chinois, pris avec eux et nommé *Ko-Hoeitgin*, fut étranglé. Ces exécutions n'arrêtèrent point les recherches. Plusieurs missionnaires furent pris et traduits devant les tribunaux. Deux Jésuites, les Pères Tristan de Attemis et Antoine Henriquez, le premier Italien et le second Portugais, furent tenus neuf mois en prison et étranglés le 12 septembre 1748. Plusieurs Chinois souffrirent la question et les tortures, furent condamnés à l'exil, aux coups de bâton, à la cangue, et confessèrent le nom de Jésus-Christ devant les juges. Leur courage consola de la faiblesse de ceux que la crainte avait portés à r noncer à leur foi. Mais la plupart de ces derniers, lorsque l'orage fut passé, témoignèrent leur douleur et se soumirent à la pénitence qu'on leur imposa. Le calme revint de nouveau et les missionnaires reprirent peu à peu leurs pénibles fonctions. Il y avait bien encore de temps en temps quelques moments d'alarmes, qui obligeaient les chrétiens à de plus grandes précautions. Mais au milieu de ces alternatives d'inquiétudes et de repos, la foi continua de fleurir dans cet empire. Il y avait des provinces où elle se professait en toute liberté. Plusieurs mandarins la favorisaient, et quelques-uns étaient même chrétiens; ce qui n'étonnera pas quand on se rappellera qu'une branche presque entière de la famille impériale avait embrassé le christianisme plusieurs années auparavant, et avait été, pour cela même, exposée à une persécution au milieu de laquelle sa fidélité ne se démentit point (Picot, *Mémoires*, t. II, an 1747).

Le 7 mars 1785, parut un édit de l'empereur de la Chine contre plusieurs missionnaires et chrétiens. Un orage violent s'était élevé l'année précédente contre les chrétiens de ce vaste empire. Quatre missionnaires européens venaient d'y entrer et passaient dans le Hou-Kouang, lorsqu'ils furent dénoncés par un Chinois qui avait renoncé à la foi et livrés aux mandarins. Ce fut là l'origine de la persécution. Les Chinois s'imaginèrent que les chrétiens pouvaient être d'intelligence avec des mahométans révoltés qui faisaient alors la guerre à l'empire. On les traita donc avec rigueur, on fit des recherches sévères, on arrêta un grand nombre de fidèles. Les gouverneurs mettaient tout en œuvre pour se saisir surtout des missionnaires. Malheureusement des lettres interceptées et quelques domestiques mis à la question avaient révélé le secret des missions et les moyens dont on se servait pour introduire et distribuer les prêtres dans les différentes parties de l'empire. On parvint donc à trouver plusieurs de ces derniers et on les fit passer à Péking. Trois évêques furent pris des le commencement. C'étaient MM. Magi et Saconi, évêques de Miletopolis et de Demitopolis, et M. de Saint-Martin, évêque de Caradre, les deux premiers Italiens et le troisième Français. Celui-ci survécut à ses collègues, qui moururent en prison. D'autres missionnaires, européens et chinois, furent aussi arrêtés. Le 7 mars, parut un édit qui condamnait six d'entre eux à une prison perpétuelle, quatre prêtres chinois à l'exil et trente-quatre chrétiens à l'exil, à la cangue et à diverses autres peines. L'édit ordonnait en outre de nouvelles recherches et recommandait aux mandarins de forcer par les tourments les chrétiens d'apostasier. Les poursuites recommencèrent de nouveau. Tout était en alarmes. Les missionnaires fuyaient et se cachaient. Quelques-uns se déclarèrent eux-mêmes pour ne compromettre personne. Il arrivait des prisonniers à Péking de toutes les parties de l'empire, et les gouverneurs suivaient en beaucoup d'endroits les ordres de la cour avec une extrême vivacité. Quand on eut pris tous les missionnaires que l'on soupçonnait être en Chine, l'empereur donna, le 9 novembre, un second édit par lequel il leur faisait grâce de la peine de prison portée contre eux et leur donnait le choix de rester Péking ou de se retirer à Macao. Mais il ne fut rien changé aux peines prononcées contre les Chinois, que l'on regardait comme bien plus coupables. On en envoya beaucoup en exil. Ceux d'entre eux que l'on soupçonna d'être prêtres furent encore moins ménagés, et quelques-uns moururent en exil. Quant aux missionnaires européens arrêtés, les uns, profitant de la permission de l'empereur, restèrent à Péking; les autres préférèrent se retirer à Macao et ensuite à Manille, d'où ils espéraient trouver avec le temps quelque moyen de rentrer secrètement en Chine et de s'y donner au service des missions. L'évêque de Caradre y rentra en effet l'an 1787, et fut suivi de plusieurs de ses compagnons d'exil. Ils reprirent l'exercice de leurs fonctions avec les précautions convenables, et travaillèrent à fermer les plaies que le dernier orage venait de faire à cette mission. Il ne paraît pas que Kien-Long, qui mourut seulement en 1798, les ait troublés de nouveau, et, sauf peut-être quelques alarmes passagères et quelques vexations locales, les missionnaires continuèrent paisiblement leur ministère et multiplièrent dans cette vaste contrée les adorateurs du vrai Dieu (Picot, *Mémoires*, t. II, an 1785).

L'empire d'Annam comprend le Tong-King et la Cochinchine. La foi avait été prêchée dès 1727, et, à travers une alternative de persécutions et de paix, elle n'avait pas laissé de faire de grands progrès. On y comptait, dit-on, jusqu'à deux cent mille chrétiens, conduits par différents ecclésiastiques et religieux, lorsqu'en 1696, et ensuite en 1712, deux édits arrêtèrent un peu ces progrès et obligèrent les missionnaires à se cacher ou même à sortir du pays. En 1721, la persécution recommença avec plus de force. On poursuivit les prêtres. Deux Jésuites, les Pères Messari et Buccharelli furent arrêtés. Le premier mourut dans sa prison. Le second eut la tête tranchée le 11 octobre 1723, avec neuf Tongkinois chrétiens qui lui servaient de catéchistes. Plus de cent cinquante autres fidèles furent condamnés à une espèce d'esclavage. Cependant il paraît que le reste des chrétiens n'en fut point ébranlé et qu'ils conservèrent la foi au milieu des dangers et des mauvais traitements (*Ibid.*, t. I, an 1723).

Ils sentaient toutefois le besoin d'ouvriers évangéliques, quand six Jésuites tentèrent d'y aborder en 1736; mais quatre de ces religieux furent pris, interrogés et emprisonnés. Après neuf mois de prison, ils furent condamnés à être décapités. Ils subirent leur supplice avec la plus parfaite résignation. Leurs noms étaient Barthélemi Alvarez, Emmanuel de Abreu, Vincent d'Acunha et Jean-Gaspard Cratz, les trois premiers Portugais et le dernier Allemand. La persécution dura longtemps dans ce royaume; mais on assure que la foi du plus grand nombre se soutint au milieu de ces épreuves (*Ibid.*, t. II, an 1737). La persécution n'était pas encore apaisée en 1745. Deux Dominicains, les Pères Gil de Fédéric et Matthieu-Alphonse Lézéniana furent arrêtés et eurent la tête tranchée le 12 janvier, ou le 22, suivant une autre relation. Deux religieux Dominicains, Hyacinthe Castañeda et Vincent Liène, le premier Espagnol et le second Tongkinois, furent encore décapités en 1773.

Cependant, vers l'an 1770 il y eut une révolution dans l'empire d'Annam. Le souverain légitime fut mis à mort par les rebelles, avec un de ses neveux. Un autre de ses neveux, Gia-Long, parvint à s'échapper de leurs mains et se réfugia auprès du chef des missionnaires catholiques, monseigneur Pigneau de Behaine, évêque d'Adran, et y resta caché pendant un mois. L'évêque, qui était de France, lui procura la protection de Louis XVI, lui amena les militaires français de l'Inde, qui lui formèrent une armée : il l'aida surtout de ses conseils et l'encouragea par son exemple. Enfin, l'an 1799, il lui fit assiéger et prendre une des principales villes, ce qui le rendit maître de tout l'empire. L'évêque mourut vers la fin de la même année. Ce fut un deuil général. Après les funérailles les plus magnifiques, le roi Gia-Long éleva un monument sur son tombeau et y établit à perpétuité une garde de cinquante hommes. En 1801, il permit aux chrétiens le libre exercice de leur religion dans tout son empire. En 1820, sur son lit de mort, il défendit strictement à Minh-Menh, son fils et son successeur, de jamais persécuter la religion chrétienne. Nous verrons plus tard comment ce fils, qui, dans la personne de son père, doit le trône aux chrétiens de France et aux chrétiens de son empire, a été reconnaissant envers les uns et les autres, et obéissant à son père.

L'évêque d'Adran, Pierre-Joseph-Georges Pigneau de Behaine, naquit en décembre 1741, au bourg d'Origny, diocèse de Laon, d'une famille originaire de Vervins : il reçut sa première éducation au collège de Laon et la termina dans le séminaire dit de la *Sainte-Famille* ou des *Trente-Trois*, à Paris. Emporté par le désir de suivre la carrière des missions étrangères et craignant l'opposition de ses parents, il alla s'embarquer secrètement au port de Lorient, vers la fin de 1765, se rendit à Cadix et ensuite à Pondichéri, d'où il se proposait de passer en Cochinchine, pour se joindre aux autres missionnaires; mais il en fut empêché par la guerre civile, qui désolait ce pays, et alla attendre à Macao une occasion favorable. En 1767, il se réfugia dans l'île de Hondat, province de Kan-Kao, près du Cambodge. Pigneau se livra dans cette retraite à l'étude de la langue cochinchinoise; et, appelant auprès de lui quelques jeunes Siamois, Cochinchinois et Tongkinois, il les instruisit des vérités de la religion et se prépara lui-même à braver tous les dangers qu'offrait son périlleux apostolat. Le collège général des Missions, établi à Siam, venait d'être transféré à Hondat, à cause de l'invasion du royaume de Siam par les Birmans. Pigneau en fut établi supérieur par Piguel, évêque de Canathe, vicaire apostolique de la Cochinchine. Accusé auprès du gouverneur de Kan-Kao, d'avoir donné asile à un prince fugitif de Siam et de l'avoir fait passer à la cour du roi de Cambodge, Pigneau fut arrêté par ordre de ce gouverneur, qui le fit mettre en prison (1768), avec un autre missionnaire français et un prêtre chinois, et les condamna en outre au supplice de la cangue : celles dont les trois missionnaires furent chargés étaient si pesantes qu'ils tombèrent tous malades. La résignation qu'ils montraient au milieu de ces tribulations et la preuve qu'on acquit de leur innocence leur fit obtenir la liberté, après trois mois de détention.

Sur la fin de 1769, une sédition s'étant élevée à Kan-Kao, Pigneau s'enfuit avec ses élèves à Pondichéri. L'année suivante, le Pape le nomma évêque d'Adran *in partibus* et coadjuteur de l'évêque de Canathe. Ce prélat étant mort en 1771, Pigneau lui succéda comme vicaire apostolique. En 1774, il se rendit à Macao, puis au Cambodge, d'où il entra dans la basse Cochinchine, qui était à cette époque en proie à la guerre civile. Les rebelles, connus sous le nom de Tay-Son, avaient fait prisonnier le roi légitime et son neveu, qui lui avait succédé, et les avaient fait périr. Mais Gia-Long, frère cadet de ce dernier, et qui avait été arrêté comme lui, parvint à s'échapper, resta un mois caché dans la maison de l'évêque d'Adran et profita de l'éloignement des Tay-Son pour sortir de sa retraite et rassembler quelques soldats. Son parti grossissant de jour en jour, il se vit bientôt maître de toute la basse Cochinchine et fut proclamé roi en 1779. Ce souverain, qui n'avait point oublié le dévouement de l'évêque d'Adran, appela ce prélat à sa cour, et il ne faisait rien sans le consulter. On voit, dans un passage du troisième voyage du capitaine Cook, livre VI, que l'évêque d'Adran jouissait, dès 1778, d'une grande autorité à la Cochinchine. Ce célèbre navigateur dit qu'il envoya à ce prélat un télescope, pour le remercier des secours qu'il avait fait donner à son équipage.

Mais en 1782, le chef des rebelles, qui avait usurpé le titre d'empereur, pénétra dans les provinces méridionales et força le roi légitime à prendre de nouveau la fuite. L'évêque d'Adran fut également obligé d'abandonner la Cochinchine et de se retirer au Cambodge, avec le collège dont il avait conservé la direction et deux Franciscains espagnols. La guerre, accompagnée de la famine et de maladies, dura plusieurs années pendant lesquelles le roi éprouva presque toujours des pertes, et l'évêque eut à souffrir bien des maux. Au milieu de janvier 1784, sur les frontières du royaume de Siam, on annonça à l'évêque que le roi de Cochinchine n'était qu'à une portée de canon. Il se rendit aussitôt auprès de ce prince, qu'il trouva dans le plus pitoyable état, n'ayant avec lui que six ou sept cents soldats, un vaisseau et une quinzaine de bateaux, sans aucun moyen de nourrir le petit nombre d'hommes qui l'accompagnaient et qui étaient réduits à manger des racines. L'évêque d'Adran lui donna une partie de ses provisions. Vers la fin de l'année, il le vit une seconde fois, plus découragé encore. Les Siamois, ses alliés, sous prétexte de le rétablir dans ses Etats, n'avaient cherché qu'à se servir de son nom pour piller ses sujets. Dans le désespoir où ses revers l'avaient réduit, il se proposait de se rendre à Batavia ou à Goa, pour y solliciter un refuge, au défaut des secours que la Hollande et la reine de Portugal lui avaient fait offrir. Dès 1779, les Anglais lui avaient offert deux vaisseaux armés en guerre, pour l'aider à se rétablir sur son trône, ou bien un asile au Bengale, dans le cas où ce secours ne serait pas suffisant.

L'évêque d'Adran lui fit prendre une autre résolution : ce fut de s'adresser au roi de France, Louis XVI, et il se chargea d'être lui-même son ambassadeur. Comme sûreté de sa parole, le roi lui confia son fils aîné, âgé de six ans, sur la promesse de le conduire à Versailles pour réclamer l'appui du roi très-chrétien. Au lieu d'instructions écrites, qui pourraient être mal interprétées, le roi remit à l'évêque le sceau principal de sa dignité royale, qui, pour tous les Cochinchinois, en est regardé comme l'investiture, afin que, dans tous les cas, la cour de France fût assurée des pouvoirs illimités de ce prélat : il y joignit une délibération de son conseil, qui expliquait ses intentions. L'évêque-ambassadeur, arrivé à Pondichéri, écrivit plusieurs lettres au ministre de France sans recevoir de réponse. Malgré ce contre-temps, il s'embarqua pour la France avec son royal pupille, et arriva à Lorient au commencement de février 1787. Comme la révolution était sur le point d'éclore en France, le ministre de la marine fut d'abord embarrassé de cette ambassade.

Toutefois les politiques éclairés virent promptement les avantages qui pourraient résulter pour la France d'un établissement à la Cochinchine, surtout depuis que les Anglais avaient pris un empire presque absolu dans l'Inde. Les renseignements que l'évêque d'Adran fournit aux ministres, les preuves qu'il leur donna de l'opinion favorable que les négociants et les armateurs de Pondichéri et de l'Ile-de-France avaient conçue de son projet pour l'avantage du royaume, firent disparaître toutes les préventions. Un traité fut conclu, par lequel la France promettait quatre frégates, avec la troupe et l'artillerie compétente. Le jour de la signature, l'évêque d'Adran fut nommé par Louis XVI son ministre plénipotentiaire auprès du roi de Cochinchine, auquel il fut chargé de remettre le portrait du roi de France. Au mois de mai 1788, l'évêque d'Adran était de retour à Pondichéri, apportant à M. de Conway, gouverneur général des possessions françaises dans l'Inde, le cordon rouge qu'il avait sollicité pour lui. Mais ce gouverneur était gouverné par une courtisane philosophe ; il mit donc tout en œuvre pour faire échouer l'expédition parce qu'elle était religieuse (Proyart, *Louis XVI et ses vertus*, l. 6, note 18, tiré d'un *Voyage à la Cochinchine*, trad. de l'anglais par Malte-Brun). Malgré les nouvelles favorables qu'on reçut de la Cochinchine, il refusa les bâtiments nécessaires pour y transporter les secours que l'évêque d'Adran avait réunis. L'évêque ne se laissa point abattre. N'ayant plus rien à espérer du gouverneur, il s'adressa aux négociants et aux habitants français de Pondichéri, qui lui frétèrent deux navires chargés de munitions, et sur lesquels il s'embarqua avec plusieurs officiers français de marine, d'artillerie et de ligne. Cette expédition, faible, si l'on considère le petit nombre d'hommes qui la composaient, mais redoutable par la valeur et le talent, fut d'une très-grande utilité au roi de la Cochinchine, qui prit dès lors un ascendant toujours croissant sur les usurpateurs Tay-Son. C'était en 1789 que l'évêque français d'Adran sauvait ainsi un roi et un royaume à l'extrémité de l'Orient. Louis XVI eût eu besoin dès lors d'un homme semblable pour le sauver lui-même avec le royaume de France.

Dans le séjour que l'évêque d'Adran fit à Paris durant son ambassade, il put assister aux funérailles de la pieuse tante de Louis XVI, Louise de France, religieuse carmélite de Saint-Denys. Nous l'avons vue, le 10 septembre 1770, recevoir le voile et le manteau religieux des mains de sa royale nièce, Marie-Antoinette, alors dauphine de France, qui les arrosait de ses larmes. Pour ce qui est de madame Louise de France, fille et tante du roi, devenue sœur Thérèse de Saint-Augustin, elle remplit par obéissance, plusieurs fonctions importantes dans l'ordre du Carmel. Elle fut d'abord maîtresse des novices : elle fut ensuite élue prieure, à l'unanimité des voix, excepté une, qui était la sienne. Dans tous les emplois, elle fut un modèle de douceur, de patience, d'humilité et de sainte gaîté.

Comme elle ne pouvait être prieure que trois ans de suite, les religieuses pensèrent obtenir du Pape qu'elle pût l'être indéfiniment. Mais elle s'y opposa de toutes ses forces, et obtient que la règle serait observée pour elle comme pour toute autre.

Le roi de Suède, Gustave IV, étant venu à Paris, alla lui rendre visite dans sa cellule. N'y voyant qu'un crucifix, une chaise de bois, une botte de paille sur deux tréteaux : « Quoi ! s'écria-t-il, c'est ici qu'habite une fille de France ? » — « Et c'est ici encore, reprit la princesse carmélite, qu'on dort mieux qu'à Versailles ; c'est ici qu'on prend l'embonpoint que vous me voyez, et que je n'avais pas ailleurs. » Elle lui fit le détail de la nourriture ordinaire et des occupations d'une Carmélite, le conduisit au réfectoire, lui montra la place qu'elle tenait au milieu de ses sœurs, et le couvert qui était à son usage, composé d'une cuillère de bois, d'un gobelet de terre et d'une petite cruche de même matière. A peine pouvait-il en croire ses yeux, témoins du contentement et de la joie pure et franche d'une princesse qui s'immolait tous les jours à toutes les rigueurs de la pénitence. « Non, s'écria-t-il, Paris et la France, Rome et l'Italie ne m'ont rien offert de comparable à la merveille que renferme le couvent des Carmélites de Saint-Denys. » D'autres illustres voyageurs, l'empereur Joseph II, un archiduc son frère, et le prince Henri de Prusse, voulurent voir la pieuse Carmélite, qui leur inspira les mêmes sentiments d'admiration qu'au roi de Suède. Comme l'un d'eux avait peine à concevoir comment le bonheur pouvait se trouver dans le genre de vie qu'elle menait : « Il est vrai, monsieur, lui répondit-elle, que notre bonheur est de la classe de ceux qu'il faut goûter pour y croire ; mais, comme j'ai la double expérience, je suis en droit de prononcer que la Carmélite, dans sa cellule, est plus heureuse que la princesse dans son palais. »

L'habit austère qu'elle portait cachait bien d'autres austérités encore : les haires et les cilices, et tous les instruments de la vie crucifiée, qu'elle appelait, dans sa gaîté ordinaire, *la toilette des Carmélites*. Quelque soin que prît l'humble et fervente princesse pour laisser ignorer les austérités qu'elle pratiquait en dehors de la règle commune, une de ses compagnes, qui avait eu plusieurs fois sous les yeux des preuves sanglantes de ses macérations, lui en parla ; et elle aurait voulu l'engager à modérer ces pieux excès. « Hé ! ne voyez-vous donc pas, lui dit madame Louise en riant, que le Bon Dieu en me favorisant ici d'une santé que je n'avais pas à la cour, m'avertit de l'usage que j'en dois faire, en tâchant d'expier un peu, en Carmélite, la folie d'avoir autrefois porté les livrées et les bracelets du diable. »

C'était ordinairement pendant l'espace de neuf

jours que la sainte princesse faisait à Dieu l'offrande de ces macérations extraordinaires, tantôt dans l'intention d'obtenir du Ciel quelque grâce spéciale, tantôt en réparation des attentats de l'impiété et du débordement des mœurs. Elle se considérait, dans son état, comme une victime publique qui ne devait plus quitter la croix de Jésus-Christ. Au temps de la maladie dont mourut Louis XV, les veilles, les jeûnes rigoureux et une infinité d'austérités dont Dieu seul fut témoin, lui avaient tellement altéré les traits du visage, qu'un des visiteurs généraux de l'ordre, à la prière de la communauté, lui faisait envisager comme un devoir de mettre des bornes à son zèle. L'humble princesse, tombant aux pieds de son supérieur, lui dit : « J'obéirai, mon Père, à tout ce que vous me prescrirez ; mais songez, je vous prie, que le roi se meurt ; songez que je suis venue ici pour son salut comme pour le mien, et, dites-moi, puis-je en trop faire pour une âme qui m'est si chère? » Le supérieur, dans l'admiration, se tut, craignant de contrarier l'opération de l'Esprit de Dieu dans cette âme privilégiée.

La mort de madame Louise fut encore un sacrifice. Elle se portait parfaitement bien, quoique flottant, depuis quelque temps, entre la crainte et l'espérance sur le succès d'une affaire qui s'agitait dans le cabinet de Versailles, et qui l'inquiétait beaucoup, parce qu'elle intéressait essentiellement la religion. Le 21 novembre 1787, une personne de sa connaissance la demanda au parloir et lui dit : « Il faut, madame, que le ciel soit bien irrité contre nous. Les démarches du zèle sont superflues, et les prières des saints sans effet : le mal est consommé. Ce que les nombreux ennemis de la religion catholique et du nom chrétien n'avaient pu arracher à la sagesse de nos rois, par un siècle entier de manœuvres et d'importunités, la perfidie d'un ministre de deux jours vient de le leur accorder; et ce ministre, traître à tant de devoirs, il faut que ce soit un archevêque. » — C'était l'archevêque de Toulouse, Loménie de Brienne, qui commença alors la ruine et la perversion des monastères, sous le nom de *réforme*. — Madame Louise, à cette nouvelle, est frappée, comme le grand-prêtre Héli, quand on lui apprend que le camp d'Israël est forcé, et que l'arche sainte est au pouvoir des Philistins. Un glaive de douleur a percé son âme; les angoisses de la mort la déchirent; et, comme saisie en ce moment de l'Esprit de Dieu, par la même exclamation, elle plaint la religion trahie, le roi trompé, la tranquillité de l'Etat compromise; elle prévoit tous les malheurs de la France; elle les déplore et ne songe plus qu'à mourir.

Depuis ce moment, sa vie ne fut qu'un martyre continuel. Le 21 décembre, elle écrivit au roi une lettre, qu'on trouva dans son portefeuille, sous cette adresse : AU ROI, MON SEIGNEUR ET NEVEU, POUR ÊTRE REMISE APRÈS MA MORT. Le lendemain elle reçut le saint viatique et l'extrême-onction avec la ferveur d'un ange. Elle dit par trois fois : « Venez, Seigneur Jésus, ne différez pas plus longtemps mon bonheur! » En voyant entrer le Saint-Sacrement, elle s'écria, dans un pieux transport : « Il est donc arrivé, ô mon divin Epoux ! il est arrivé ce moment! O mon Dieu, qu'il m'est doux de vous sacrifier la vie! » Enfin, elle expira paisiblement, le 23 décembre 1787, à quatre heures et demie du matin. Ses dernières paroles furent : « Allons, levons-nous, hâtons-nous d'aller en paradis (Proyart, *Vie de madame Louise de France*) ! » — Ces paroles semblent annoncer ces autres qu'on dira dans trois ans à son seigneur et son neveu : FILS DE SAINT LOUIS, MONTEZ AU CIEL !

La royale carmélite de Saint-Denys avait été précédée de quelques mois dans l'Eglise triomphante, par saint Alphonse de Liguori, évêque de Sainte-Agathe des Goths, et fondateur de la congrégation des prêtres missionnaires du Très-Saint-Rédempteur. Nous avons vu particulièrement la terrible épreuve qu'il eut à souffrir en 1780, à l'âge de 85 ans, lorsque, trahi par les deux procureurs qu'il avait à Naples et à Rome, il vit sa congrégation divisée, lui-même calomnié auprès du Pape, déposé de son titre de supérieur général, et même chassé de la congrégation qu'il avait fondée. Les choses s'adoucirent quelque peu, et il passa le reste de ses jours à Nocéra, dans une maison de ses religieux. Depuis cette époque, sa vie ne fut qu'une mort prolongée, et prolongée sur la croix : il était vieux, infirme, en butte à des tentations violentes. Sa grande dévotion, son grand recours, étaient Jésus-Christ dans le Saint-Sacrement et la sainte Vierge. Jusque-là il avait prêché tous les samedis au peuple les vertus de Marie. On accourait en foule pour l'entendre et pour recueillir, comme on disait, les dernières perles précieuses de la bouche du saint évêque. Il fallut l'ordre exprès des médecins et de son directeur pour mettre un terme à ce zèle qui abrégeait ses jours. Ce qui l'occupait le plus au milieu de ses souffrances, c'était la gloire de Dieu et les maux de l'Eglise. Souvent il s'offrait en sacrifice pour l'un et l'autre. Ayant appris que les Jésuites étaient établis en Russie et en Prusse, il ne se lassait pas d'en rendre grâces à Dieu. « On prétend qu'ils sont schismatiques, disait-il, mais on déraisonne ; je sais que le Pape les reconnaît comme membres de l'Eglise et qu'il les protège. Prions Dieu pour ces saints religieux, parce que leur institut est une œuvre favorable au bien des âmes et de l'Eglise. Schismatiques, schismatiques ! qu'est-ce à dire ? le pape Ganganelli a été l'instrument de Dieu pour les humilier, et Pie VI est aussi l'instrument de Dieu pour les relever. Dieu est celui qui mortifie et qui vivifie; prions-le, et il ne manquera pas de les bénir (*Mémoires sur la vie*, etc., *de saint Liguori*, t. III, c. 34). »

Il était profondément affecté lorsqu'il apprenait que quelques esprits se montraient incrédules ou disposés à le devenir. Sa peine était encore plus grande d'apprendre le triomphe des jansénistes. « Pauvre sang de Jésus-Christ foulé aux pieds et méprisé ! répétait-il; et ce qu'il y a de pire, méprisé par des gens qui se disent appelés à rétablir la pureté de la doctrine et la ferveur des premiers fidèles. C'est par un baiser que Judas livra Jésus-Christ, et c'est aussi par un baiser qu'ils trahissent Jésus-Christ et les âmes. » — « C'est un poison caché, disait-il d'autres fois ; il donne la mort avant qu'on s'en soit aperçu. » Jusque dans les dernières années de sa vie, il fut toujours pénétré d'indignation contre cette classe de confesseurs qui repoussent les pécheurs. « Jésus-Christ, disait-il, les reçut toujours avec bonté; ne les rebutez donc point par de trop longs délais, à la mode aujourd'hui : ce n'est pas le moyen de les aider, mais celui de les perdre. Quand le pécheur reconnaît son état et le déteste, il ne faut pas l'abandonner à sa faiblesse; il faut l'aider, et le plus grand secours est celui des sacrements. Ils suppléent à ce que nous ne pouvons par nous-mêmes. Différer l'absolution pendant des mois entiers, c'est la doctrine des jansénistes : ils n'ont pas à cœur d'inspirer aux fidèles l'amour des sacrements, mais de les leur rendre inutiles. Beaucoup de pécheurs se présentent, qui ne sont point disposés; mais on leur inspire des sentiments de repentir, en leur montrant la grièveté du péché, l'injure qu'il fait à Dieu, le paradis perdu, et l'enfer ouvert sous leurs pieds; c'est là qu'on voit la charité du confesseur. Il y en a qui voudraient mettre les pécheurs sur le bûcher, tandis qu'il faut leur tendre les bras (*Mémoires sur la vie*, etc., t. III, c. 34). »

Le zèle d'Alphonse, quoique empêché par ses nombreuses infirmités, ne demeurait cependant pas oisif. Lorsqu'on donnait à la maison les exercices spirituels au peuple, il avait coutume, le dernier jour, de se faire transporter à l'église pour encourager les fidèles dans la grâce de Dieu. Une fois, entre autres, il voulut donner ses avis accoutumés, quoiqu'il eût été saigné le matin. Il s'étendait sur l'amour que nous portent Jésus et Marie, et sur l'amour que nous devons leur porter. Il commença ainsi son exorde : *L'amour se paie par l'amour*, et fit un véritable sermon qui ne dura pas moins d'une heure. A la fin, lorsqu'il voulut donner la bénédiction au peuple avec le grand crucifix, l'effort qu'il fit rouvrit sa blessure, et le sang en coula en abondance pendant qu'il donna la bénédiction. Lorsqu'il s'en retourna, il ne s'aperçut pas de l'accident, ni ceux qui l'aidaient à marcher; de sorte que tout son passage, jusqu'à sa chambre, fut arrosé de sang. Les fidèles s'empressèrent de le recueillir avec un religieux respect, et on les vit à l'envi en imbiber des mouchoirs. Il y eut même des incrédules, revenus à de meilleurs sentiments, qui imitèrent la foule, et remportèrent chez eux jusqu'à la terre rougie du sang de notre saint pontife.

Quand il ne put plus dire la messe lui-même, il l'entendait chaque matin dans son oratoire et y communiait; ensuite il se faisait conduire à l'église, où il en entendait encore cinq ou six. Dans le courant de la journée, il se faisait de nouveau conduire à l'église pour prier des heures entières devant le Saint-Sacrement (*Ibid.*).

Vingt-deux ans de la plus douloureuse infirmité, et vingt-quatre de la persécution la plus acharnée avaient été témoins de l'héroïsme du saint vieillard, lorsque la plus cruelle épreuve vint le porter à son comble. Pendant plus d'un an, ce furent des peines d'esprit, des scrupules, des frayeurs et des perplexités, le martyre des âmes privilégiées. D'épaisses ténèbres obscurcirent son esprit, et un torrent d'iniquités vint alarmer son cœur. Il ne voyait en tout que péché et péril d'offenser Dieu. Celui qui avait dirigé des milliers d'âmes, qui les avait consolées dans leurs peines, éclairées dans leurs doutes, rassurées dans leurs craintes, était lui-même le jouet des tentations et des illusions du démon, au point qu'il en perdait la paix et la sérénité. Son unique soutien dans ses angoisses était la voix du confesseur; mais l'esprit tentateur lui suggérait sans cesse des doutes et des raisons contraires. Son tourment n'était pas les seuls scrupules; il eut tout à endurer : révolte des sens, pensées de vanité, présomption, incrédulité. Il n'est aucun de nos saints mystères contre lequel il n'ait été tenté. Ses tentations contre la pureté lui étaient surtout accablantes : « J'ai quatre-vingt-huit ans, dit-il un jour en pleurant, et le feu de ma jeunesse n'est pas encore éteint! » On l'entendait quelquefois s'écrier pendant la nuit. « Mon Jésus, faites que je meure plutôt que de vous offenser. O Marie, si vous ne me secourez pas, je peux faire pis que Judas. » Un curé étant venu le visiter, lui dit : « Monseigneur, vous me paraissez mélancolique, vous qui avez toujours été si gai. — Ah! répondit cet autre Job, je souffre un enfer ! » Un jour qu'il se trouvait tenté on ne peut davantage, un de ses religieux, touché de compassion, lui dit : « Monseigneur, regardez le crucifix, et dites avec moi : *In te Domine, speravi*. Alphonse ne l'eut pas plus tôt fait, que, recouvrant la paix de l'âme, il ne cessait de répéter : *Non confundar in æternum*. » Il dit lui-même à un autre : « Mon unique ressource dans mes détresses est de m'abandonner entre les mains de Dieu; lui seul peut me rendre la paix. J'ai confiance que Jésus-Christ par un pur effet de sa miséricorde, ne m'enverra pas en enfer (*Mémoires sur la vie*, etc., t. III, c. 35).

Après cela, le tentateur se présenta plus d'une fois à lui sous une forme visible, comme quand il tenta Notre Seigneur dans le désert. Mais le saint lui répondait comme Notre Seigneur, et se voyait ensuite récompensé de sa fidélité par des extases et des ravissements. Au milieu de son affaissement corporel, certaines choses le réveillaient d'une manière surprenante. Un architecte de Naples, don Joseph, étant venu le voir, le saint vieillard s'empressa de lui demander si à Naples les théâtres étaient fréquentés, et si son neveu y allait. « Monseigneur, répondit l'architecte, c'est assez la mode aujourd'hui. » — Le saint se tut quelques instants, puis, avec plus d'intérêt encore : « Et les chapelles, demanda-t-il, sont-elles bien fréquentées? — Beaucoup, lui répondit don Joseph; et vous ne pourriez croire le bien qui en résulte : on voit s'y rendre une foule de gens, et nous avons des saints même parmi les cochers. » A ces mots, le vieil évêque, étendu sur son lit, se relève en sursaut et s'écrie : « Des cochers saints à Naples! *Gloria Patri*, etc. » Ce qu'il fit jusqu'à trois fois. La joie que lui causa cette nouvelle l'empêcha de dormir la nuit suivante, et, appelant tantôt le domestique, tantôt le frère, il répétait toujours : « Des cochers saints à Naples! que vous en semble? Vous avez entendu don Joseph : *Gloria Patri*, des cochers saints à Naples! »

Dans une éruption du Vésuve la montagne de Somma, voisine de Pagani, menaçait d'un nouveau désastre : on la voyait de notre maison lancer des torrents de feu, dit le missionnaire qui a écrit les *Mémoires sur la vie* du saint. Epouvantés de ce spectacle, les nôtres s'empressèrent d'en avertir Alphonse. Aussitôt le pauvre vieillard, malgré sa faiblesse, se traîne vers la fenêtre, et se montre pénétré de douleur. On le prie de bénir la montagne; mais il fait résistance. Cependant, sur nos prières réitérées, il élève la main et dit : « Je te bénis au nom du Père, et du Fils, et du Saint-Esprit. » A peine eut-il parlé, que le danger cessa ; le feu prit une autre direction, et le volcan vomit ses tourbillons et ses pierres dans la gorge d'une vallée. Le même historien ajoute : Alphonse avait une tendresse toute particulière pour les petits enfants, en qui il voyait l'image de l'innocence. Autrefois, lorsqu'il sortait en carrosse, les mères se pressaient sur son passage et lui présentaient leurs enfants malades, en le priant de les bénir. Alphonse, tout plein de charité, faisait arrêter le carrosse, et, le domestique prenant les petits enfants, il leur imposait les mains et disait quelques prières, après quoi il les rendait sains et saufs à leur mère en disant : « Recommandez-les à Marie. » Lorsque ces promenades cessèrent, on lui apportait les petits enfants chez nous : le serviteur les présentait lui-même à monseigneur, qui leur imposait encore les mains, et sur-le-champ ils étaient guéris. Le serviteur Alexis et le frère Antoine assurent qu'il opéra des milliers de semblables guérisons (*Mémoires sur la vie*, etc., *de saint Liguori*, t. III, c. 36).

Plus les forces du corps diminuaient, plus la ferveur de l'esprit semblait augmenter. Dieu le favorisa du don de prophétie. Il prédit entre autres sa mort. Elle s'annonça le 16 juillet 1787, par la dyssenterie et la fièvre. A l'approche de la mort, tous les scrupules du saint s'évanouirent, et la sérénité ne le quitta plus. On lui disait chaque jour la messe dans sa chambre et il y communiait. Les prêtres et les laïques venaient lui demander sa dernière bénédiction. Les linges qu'on envoyait à laver, ou ne revenaient pas à la maison, ou n'y rentraient que par morceaux : le peuple en faisait des reliques. On en demandait dès lors de très-loin. Le 24 juillet, le chanoine Villani vint le visiter. Il souffrait depuis trois ans d'un mal de genou qui l'empêchait de marcher sans béquilles et contre lequel il avait inutilement employé plusieurs remèdes. En rendant ses hommages au saint vieillard, il s'en appliqua furtivement le scapulaire sur la jambe, et se trouva parfaitement guéri. Il s'opéra plusieurs autres guérisons semblables (*Ibid.*, c. 41).

Alphonse de Liguori avait toujours demandé à la sainte Vierge qu'elle l'assistât d'une manière spéciale à sa dernière heure. Voici la prière qu'il écrivit à ce sujet dans un de ses ouvrages, *Visites au Très-Saint Sacrement* : « O Consolatrice des affligés, ne m'abandonnez point au moment de ma mort... Obtenez-moi la grâce de vous invoquer alors plus souvent, afin que j'expire avec votre très-doux nom et celui de votre divin Fils sur les lèvres. Bien plus, ô ma Reine, pardonnez-moi mon audace, venez vous-même, avant que j'expire, me consoler par votre présence. Cette grâce, vous l'avez faite à tant d'autres de vos serviteurs, je la désire et je l'espère aussi. Je suis un pécheur, il est vrai, je ne le mérite pas ; mais je suis votre serviteur, je vous aime, et j'ai une grande confiance en vous. O Marie ! je vous attends, ne me refusez pas alors cette consolation. » Alphonse de Liguori ne fut pas trompé dans son attente. Le 31 juillet 1787, son état empirait à chaque instant, mais sa paix et sa sérénité étaient inaltérables. Vers les six heures du matin, comme il était assisté de deux Pères et tenait en main l'image de la très-sainte Vierge Marie, on vit tout à coup son visage s'enflammer et devenir resplendissant, en même temps qu'un doux sourire brillait sur ses lèvres. Quelques minutes avant sept heures, le même fait se renouvela. Un de ses religieux approcha de lui une image de la sainte Vierge, et l'excita pieusement à l'invoquer pour la bonne mort. Aussitôt qu'il entendit le doux nom de Marie, l'évêque mourant ouvrit les yeux, et, contemplant l'image, parut encore avoir un entretien mystérieux avec la Reine du ciel.

Le lendemain fut le dernier jour d'Alphonse de Liguori sur la terre. Il entra en agonie environné de ses nombreux enfants, sa joie et sa couronne. Il semblait moins lutter contre la mort que s'entretenir avec Dieu dans une extase prolongée. On ne remarqua pas de révolution dans son corps, aucun serrement de poitrine, aucun soupir douloureux, et ainsi, tenant entre les mains une image de la très-sainte Vierge Marie, au milieu de ses enfants en prières et en larmes, il expira doucement, au moment où l'on sonnait l'*Angelus* : c'était le 1er août 1787, vers les onze heures du matin, à l'âge de 90 ans 10 mois et 5 jours. Ses funérailles furent accompagnées de plusieurs miracles. Une année ne s'était pas écoulée, quand on commença les premières demandes pour sa canonisation. Il fut déclaré *vénérable* par Pie VI, *bienheureux* par Pie VII *saint* par Pie VIII, les 4 mai 1794, 6 septembi 1816, 16 mai 1830.

# LIVRE QUATRE-VINGT-DIXIÈME.

## La Révolution française et l'Église catholique.

(De l'an 1798 à l'an 1802.)

Nous avons entendu Jésus-Christ dire au chef de ses apôtres : *Tu es Pierre, et sur cette pierre je bâtirai mon Eglise, et les portes de l'enfer ne prévaudront point contre elle.* Cependant, à la fin du XVIIIe siècle, ces portes semblaient sur le point de prévaloir : l'idolâtrie au Japon, en Corée, en Chine, dans l'Inde ; le mahométisme chez les Turcs et les Arabes; le schisme de Photius chez les Grecs et les Russes ; l'hérésie de Luther et de Calvin dans une partie de l'Allemagne, dans la Scandinavie et dans l'Angleterre; l'hérésie de Jansénius, l'incrédulité philosophique, pervertissant plus ou moins le clergé et le peuple de France, d'Espagne, de Portugal et même d'Italie; tous les souverains catholiques en hostilité avec le chef de l'Eglise et le contraignant à supprimer la Compagnie de Jésus, la compagnie de ses plus vaillants défenseurs; les autres congrégations religieuses tombées dans un relâchement incurable ; le bras séculier de l'Eglise, l'empereur apostolique, commençant la guerre contre elle par des innovations schismatiques et révolutionnaires; les parlements ou corporations judiciaires de France se faisant une gloire de persécuter les évêques et les prêtres fidèles pour favoriser les hérétiques ; l'incrédulité moderne, la fausse sagesse, prévalant dans toutes les cours des princes et se tenant d'autant plus assurée de prévaloir contre l'Eglise, abandonnée de tout le monde et même attaquée par tout le monde.

Mais comment alors Jésus-Christ tiendra-t-il sa parole ? Il la tiendra, comme toujours, à sa manière. Un jour, nous lui avons entendu dire : *Maintenant est le jugement du monde; maintenant le prince de ce monde va être chassé dehors. Et moi, quand j'aurai été élevé de terre, j'attirerai tout à moi* (Joan., 12, 31 et 32). Et, cinq jours après, nous l'avons vu, abandonné de tous les siens, garrotté par ses ennemis, traîné dans les rues, frappé de verges, couronné d'épines, attaché à une croix et expirant entre deux larrons. Et cependant il tenait alors sa parole, il jugeait le monde, il chassait dehors le prince de ce monde, il descendait même aux enfers pour lui écraser la tête ; dès lors il attirait toutes choses à lui, à commencer par un des larrons, à continuer par l'empire romain, à finir par toutes les nations de la terre. L'histoire de cette attraction mystérieuse et visible, c'est l'histoire que nous écrivons.

Vers la fin du XVIIIe siècle, voulant purifier son Eglise, régénérer la France et d'autres peuples, confondre la fausse sagesse qui les égare, il laissera faire les plus méchants et souffrira de nouveau dans les siens, pour achever ce qui manque à sa passion du Calvaire.

Le 4 mai 1789, dans la ville de Versailles, résidence habituelle des rois de France depuis Louis XIV, on vit une procession sortir de l'église Notre-Dame, où elle avait chanté le *Veni Creator*, se rendre à l'église Saint-Louis, pour y assister à la messe du Saint-Esprit : c'était la procession solennelle des Etats généraux du royaume. Les députés du peuple ouvraient la marche, portant le modeste costume de laine, jadis assigné aux représentants des communes; venaient ensuite les députés de la noblesse brillants d'or, de soie, d'hermine et de fastueux panaches; après eux s'avançaient les députés du clergé, revêtus des ornements du sacerdoce, et l'archevêque de Paris, M. de Juigné, portant l'ostensoir étincelant de pierreries; à la suite du Saint-Sacrement marchaient le roi Louis XVI, la reine Marie-Antoinette d'Autriche-Lorraine, les princes et les princesses du sang, les dames de la cour, les pairs de France et les héritiers de cette antique féodalité qui ne semblait revivre en image que pour assister à ses propres funérailles. Après la messe, l'évêque de Nancy, M. de la Fare, monta en chaire et prononça un discours sur ce texte : *La religion fait la force des empires et le bonheur des peuples.*

Il y avait cinq cent quatre-vingt-dix-huit députés du peuple, appelés alors le *Tiers* ou le troisième état, par distinction d'avec le *Clergé* et la *Noblesse*, qui formaient les deux premiers dans les anciens Etats généraux du royaume. Les députés du Clergé étaient deux cent quatre-vingt-dix; la Noblesse n'en avait que deux cent soixante-dix, par le refus qu'avait fait la noblesse de Bretagne d'en envoyer. D'après un édit du roi, il devait y en avoir douze cents en tout, dont six cents ou la moitié du peuple ou du Tiers-Etat; ce qui, en prenant pour base la population, était encore bien au-dessous du nombre proportionnel. Comme depuis 1614 il n'y avait pas eu d'Etats généraux, et que les successeurs de Henri IV et leurs ministres les avaient supprimés en quelque sorte, pour gouverner le royaume chacun à son gré, quelquefois au gré d'une courtisane de haut ou de bas étage, il y avait bien des doutes, bien des incertitudes, ne fût-ce qu'à cause du changement considérable qui s'était opéré, depuis cent soixante-quinze ans, et dans les esprits et dans les choses. Cette longue interruption des Etats généraux avait paru à Richelieu et à Louis XIV une politique fort habile, on eut lieu de voir sous Louis XVI que c'avait été un grand malheur. Dans l'espace de cent soixante-quinze ans, bien des choses auraient pu se modifier insensiblement, l'une après l'autre, sans secousse pour le royaume : accumulées pendant une si longue période, leur changement brusque et simultané sera inévitablement une révolution terrible pour la France et pour l'Europe.

Les assemblées électorales avaient eu le droit de rédiger des cahiers contenant des instructions à l'usage de leurs mandataires. Voici en substance les principes qui avaient été proclamés par la généralité de ces assemblées. — « La personne du roi était inviolable et sacrée, la royauté héréditaire de mâle en mâle, suivant l'ordre de primogéniture, dans la race régnante : en cas de vacance du trône, par le décès de tous les princes issus de Henri IV, la nation devait rentrer dans le droit d'élire son souverain. — La religion catholique devait être dominante et avoir seule un culte public. — Les Etats généraux pouvaient seuls régler les conditions et les pouvoirs de la régence. — La puissance législative devait être exercée par les députés de la nation, conjointement avec le roi. — Au roi seul, comme administrateur suprême, devait appartenir la puissance exécutive. — Le pouvoir judiciaire devait être exercé, au nom du roi, par des juges dont les fonctions seraient indépendantes du pouvoir législatif et du pouvoir exécutif. — Les limites des divers pouvoirs devaient être clairement définies et posées. — La liberté individuelle devait être mise à l'abri de tout ordre arbitraire et obtenir de la loi de justes garanties. Les asservissements personnels devaient être abolis. — La liberté de la presse devait être établie, sauf la répression des abus. — Le secret des lettres était inviolable. — Les ministres seraient responsables. — Le droit de propriété devait être réputé sacré; nul ne pouvait être dépossédé de sa chose que pour des motifs d'intérêt public et moyennant une suffisante et préalable indemnité. — Le consentement de la nation était nécessaire pour le prélèvement de l'impôt. — Les Etats généraux devaient désormais être convoqués à des intervalles rapprochés et périodiques; des assemblées provinciales et des municipalités électives seraient établies dans tout le royaume. — Tous les citoyens devaient être déclarés égaux devant la loi et soumis à l'impôt, tous admissibles aux emplois ecclésiastiques, civils et militaires. — La noblesse ne pouvait être accordée à l'avenir que pour récompenser des services importants; aucune profession utile n'y pourrait faire déroger. — La justice sera gratuitement rendue; les juges, nommés par le roi, déclarés inamovibles; on abolira la vénalité des charges; nul ne sera enlevé à ses juges naturels; la loi interdirait l'établissement de commissions judiciaires. Le chiffre de l'impôt serait arrêté par les Etats généraux, la répartition en serait faite par les Etats provinciaux; chaque année, il serait rendu compte de l'emploi des finances. — La dette publique, vérifiée et reconnue par les Etats généraux, serait déclarée nationale et intégralement remboursée; il ne serait point créé de papier-monnaie. — Le roi serait le chef suprême de l'armée, ayant droit de paix et de guerre, nommant seul aux grades militaires et demeurant principalement chargé de la défense du royaume (Gabourd, *Hist. de la Révolution et de l'Empire*. Assemblée constituante. Introduction, p. 107 et seqq.).

Le Clergé, dans l'ordre politique, se montrait plus circonspect que le Tiers-Etat, et néanmoins il demandait qu'on régularisât pour l'avenir l'institution des Etats généraux, en tant que base de la représentation nationale : plusieurs cahiers réclamaient l'établissement d'assemblées provinciales; d'autres, la suppression des tribunaux d'exception; d'autres, et ils étaient en majorité, l'uniformité des lois administratives et une organisation municipale libre et régulière. La plupart des cahiers du Clergé sollicitaient pour toute la France un même code civil, l'uniformité des lois de procédure civile, la publicité des débats judiciaires, l'égalité des peines, l'abolition de la confiscation des biens et l'adoucissement de la législation criminelle.

Par un sentiment généreux de patriotisme, le Clergé renonçait à l'exemption de l'impôt et consentait à contribuer pour sa part aux charges publiques; dans l'intérêt des classes pauvres, confiées à sa sollicitude, il demandait que les biens de la Noblesse fussent également soumis à l'impôt et que les seuls journaliers jouissent désormais de l'immunité; il réclamait pour les indigents et les ouvriers le droit de n'être soumis ni à la saisie mobilière ni à celle de leurs outils; il insistait pour qu'on imposât surtout les objets de luxe. De plus, il ne craignait pas de proposer la suppression de tous les monopoles et usages qui grevaient le commerce et l'agriculture, tels que les jurandes, les maîtrises, les douanes de l'intérieur, le cens, les corvées, les droits de péage et de chasse, et généralement tous les privilèges féodaux : enfin, d'accord avec le Tiers et la minorité de la Noblesse, il demandait que désormais tous les citoyens fussent également admissibles aux emplois civils et militaires.

Dès l'année précédente, l'assemblée du Clergé avait demandé les Etats généraux, « Sans les assemblées nationales, disait-elle, le bien du règne le plus long ne peut être qu'un bien passager; la prospérité d'un empire repose sur une seule tête... Charlemagne, malgré ses conquêtes et ses courses rapides de l'Elbe aux Pyrénées, tenait ces assemblées fréquentes et célèbres, où se posaient les fondements de notre police ecclésiastique et civile..... Nos fonctions sont sacrées lorsque nous montons à l'autel pour faire descendre les bénédictions célestes sur les rois et sur leurs royaumes; elles le sont encore lorsque, après avoir annoncé aux peuples leurs devoirs, nous représentons leurs droits; lorsque nous portons la vérité au pied du trône..... Les tribunaux sont dans le silence et dans l'éloignement..... Ne vous privez pas plus longtemps de leurs lumières et ouvrez à leurs voix tous les accès du trône : il ne vous restera plus alors que d'entendre la voix de la nation (Gabourd, p. 96 et seqq.) »

La Noblesse se montrait plus jalouse du maintien de ses droits, plus soucieuse de tenir à l'écart les classes bourgeoises. Le plus grand nombre des cahiers de cet ordre demandaient encore, sous quelques rapports, le maintien de l'inégalité entre les citoyens. Plusieurs cahiers de la Noblesse, par exemple, réclamaient en sa faveur le privilège de porter l'épée et de demeurer exempte de la milice; la création de nouveaux chapitres pour les filles nobles et de nouvelles commanderies d'hommes (Gabourd, p. 109 et seqq.).

Le gouvernement du roi avait laissé indécise une question fort importante, la question du vote. Les députés aux Etats généraux voteront-ils par tête, sans distinction de Clergé, de Noblesse, de Tiers-Etat, en sorte que la majorité réunie des trois ordres fasse loi ? Ou bien voteront-ils par ordres séparés, de manière qu'il n'y ait que trois votes, du Clergé, de la Noblesse, du Tiers-Etat, et qu'il faille l'accord des trois pour former une résolution ? Dans ce dernier cas, le Tiers ou le peuple ne devant avoir qu'un vote sur trois, il était inutile de lui donner une double représentation. De plus, si, pour réformer les abus qui profitent à la noblesse, le consentement de la Noblesse est absolument nécessaire, la réforme n'est plus possible : les Etats généraux ne feront que constater le mal, sans pouvoir y porter de remède : il était inutile de les convoquer. D'ailleurs, le Tiers-Etat formait la presque totalité de la nation : sur vingt-quatre millions d'âmes que comptait la France, la Noblesse avec le Clergé ne présentaient pas un million, pas un sur vingt-quatre. Comment exiger que vingt-trois millions sur vingt-quatre voulussent ne compter que pour un sur trois, lorsque la valeur morale et intellectuelle était à peu près égale de part et d'autre ? Aussi les masses aimaient-elles à résumer ainsi, avec l'abbé Sieyès, les questions du jour : « Qu'est-ce que le Tiers-Etat ? Tout. — Qu'a-t-il été jusqu'à présent ? Rien. — Que demande-t-il ? A être quelque chose. »

Après l'ouverture des Etats généraux, les députés du Tiers-Etat proposèrent donc à ceux du Clergé et de la Noblesse de se réunir tous et de ne former qu'une assemblée. La majorité du Clergé était de cet avis, ainsi que la minorité de la Noblesse. Le Tiers-Etat comptait même plusieurs nobles : le comte de Mirabeau, député de Provence; le duc d'Orléans, premier prince du sang, député de Paris. La députation du Clergé comptait quarante-sept évêques, trente-cinq abbés ou chanoines et deux cent huit curés : sa majorité, tirée du peuple, penchait donc à se réunir avec les députés du peuple ou du Tiers-Etat; mais elle n'osait encore se prononcer, elle attendait avec une impatience respectueuse qu'il plût à l'épiscopat de donner l'exemple.

Cinq semaines se passèrent en pourparlers inutiles. Les ministres du roi ne savaient à quoi se déterminer. Enfin le Tiers-Etat appelle formellement à lui les députés des deux ordres, sauf à se passer de leur concours et à donner défaut contre quiconque ne se présenterait pas pour faire vérifier ses pouvoirs. L'Assemblée en informa le roi par une adresse respectueuse. Le 13 juin, trois curés du Poitou se présentèrent à l'Assemblée et se réunirent au Tiers-Etat. Le jour suivant, six autres ecclésiastiques, au nombre desquels figurait Henri Grégoire, curé d'Emberménil, diocèse de Nancy, vinrent à leur tour faire vérifier leurs titres par les députés des communes. Le 17, sept autres curés suivent leur exemple. Ce même jour, les communes, abolissant la distinction des trois ordres, se constituent en *Assemblée nationale*. Nous avons vu que, à eux seuls, les députés du Tiers-Etat représentaient la nation au moins pour vingt-trois sur vingt-quatre. Le 20 juin, le jour même où la majorité du clergé se disposait à se joindre aux députés des communes, ceux-ci trouvèrent closes les portes du local affecté à leurs travaux. Ils y apprirent que c'était par ordre du roi, qui dans peu de jours y tiendrait une séance royale. Les députés, sur la proposition de l'un d'entre eux, nommé Guillotin, se réunirent au Jeu-de-Paume et proclamèrent le décret suivant : « L'Assemblée nationale, considérant qu'appelée à
» fixer la constitution du royaume, opérer la régé-
» nération de l'ordre public et maintenir les vrais
» principes de la monarchie, rien ne peut empêcher
» qu'elle ne continue ses délibérations dans quelque
» lieu qu'elle soit forcée de s'établir, arrête que
» tous les membres de cette Assemblée prêteront, à
» l'instant, serment solennel de ne jamais se sépa-
» rer et de se rassembler partout où les circons-
» tances l'exigeront, jusqu'à ce que la constitution
» du royaume soit établie et affermie sur des fonde-
» ments solides... » Le président, qui était l'astronome Bailly, debout sur une table, lut la formule du serment, et tous les membres, à l'exception d'un seul, répondirent à l'appel de leur nom : *Je le jure*. Le lendemain, les députés du Tiers-Etat se réunirent dans l'église de Saint-Louis et virent venir à eux cent quarante-neuf députés du Clergé, qui déclarèrent reconnaître l'*Assemblée nationale* et se confondre dans ses rangs. Ces cent quarante-neuf, même sans compter ceux qui les avaient précédés, formaient déjà la majorité du Clergé.

Le 23 juin 1789, le roi se rendit dans la salle des Etats généraux, et, sous le nom de *Déclaration du 23 juin*, il fit publier une Charte constitutionnelle élaborée par ses ministres. Elle maintenait la division des trois ordres; elle accordait la convocation périodique des Etats généraux, leur participation aux actes de l'autorité législative, l'égalité des Français devant la loi, la suppression des privilèges en matière d'impôts, la liberté du commerce et de l'industrie, la liberté individuelle et la garantie de la dette. Cette charte fut mal accueillie des deux côtés : les partis lui firent le reproche de donner trop ou trop peu. Les privilégiés et la cour s'irritaient des progrès de la démocratie et parlaient d'en appeler à la force; le Tiers-Etat et ceux qui se ralliaient à sa suite ne voulaient devoir leur liberté qu'à leurs propres efforts et non à l'octroi royal.

« Si vous m'abandonnez dans une telle entreprise, dit le roi aux Etats généraux, je ferai seul le bien de mon peuple. » Après ces paroles comminatoires, il leva la séance et prescrivit aux trois ordres de se séparer pour se réunir le lendemain dans leurs salles respectives. Presque tous les évêques, quelques curés et une grande partie de la Noblesse se conformèrent à l'invitation du roi et se retirèrent; les autres députés restèrent à leur place, ne sachant à quoi se résoudre et attendant l'avis qui mettrait fin à leurs incertitudes: Le comte de Mirabeau prit alors la parole et demanda qu'on s'en tînt au serment du Jeu-de-Paume, qui ne permettait pas aux députés de se séparer avant d'avoir fait la constitution. Il parlait encore lorsque le marquis de Brézé, grand-maître des cérémonies, s'avança vers le président Bailly et lui rappela les ordres du roi. Pour toute réponse, Mirabeau lui adressa une véhémente apostrophe dont le tumulte permit difficilement de saisir le sens, mais qui pouvait se réduire à ce peu de mots : *Nous sommes ici par la volonté du peuple, et nous n'en sortirons que par la force des baïonnettes.* L'Assemblée applaudit, et, après quelques mots de l'abbé Sieyès, déclara d'une voix unanime qu'elle persistait dans ses résolutions du 20 juin; de plus, sur la motion de Mirabeau, elle décréta, à la majorité de quatre cent quatre-vingt-treize voix contre trente-quatre, que la personne de chacun de ses membres était inviolable, et que quiconque oserait attenter à son indépendance ou gêner sa liberté serait, par cela seul, traître, infâme et coupable du crime de lèse-majesté.

Et que faisait le gouvernement du roi en présence de cette audace si bien combinée? Pour unique expédient, il envoya dans la salle des séances un certain nombre d'ouvriers chargés de déplacer des tentures et des banquettes, et de troubler, par le bruit de leurs marteaux, les délibérations de l'Assemblée. Cette ressource misérable frappa de ridicule des efforts qu'on taxait déjà d'impuissance.

Cependant l'Assemblée nationale voyait ses rangs se grossir : déjà accrue de l'adhésion de la majorité du Clergé, elle reçut dans son sein la minorité de la Noblesse; enfin, le 27 juin, c'est-à-dire quatre jours seulement après la séance royale dans laquelle le roi avait signifié aux trois ordres de délibérer séparément, ce prince faible et irrésolu retire sa charte du 23, reconnaît l'Assemblée nationale, et ordonne lui-même à la minorité du Clergé et à la majorité de la Noblesse de mettre fin à leur résistance et de se réunir à l'Assemblée.

Cependant il y avait une grande fermentation dans le peuple de Paris. C'était une année de disette. Ceux qui n'avaient pas de pain aimaient à se persuader que la nouvelle constitution leur en donnerait. Les ouvriers affamés des provinces affluaient dans la capitale, en augmentaient la populace et la misère. L'archevêque de Paris, M. de Juigné, avait vendu sa vaisselle d'argent et engagé son patrimoine pour secourir les malheureux. Le duc d'Orléans distribua aussi du blé; mais il fut soupçonné de le faire uniquement pour se faire bien venir de la populace, et l'indisposer contre le roi et la reine. L'irrésolution du gouvernement, qui blâmait, puis approuvait les opérations de l'Assemblée nationale; renvoyait, puis rappelait le ministre le plus populaire, le Génevois Necker, donnait lieu de dire que la cour n'aimait pas la révolution, dont on attendait monts et merveilles, en particulier du pain pour le pauvre peuple. Des rassemblements se formèrent au Palais-Royal, résidence du duc d'Orléans, qui en tenait les jardins toujours ouverts au public. Pendant que l'Assemblée nationale délibérait à Versailles, les premiers venus délibéraient à Paris dans les cafés et ailleurs. Les différentes sections qui avaient nommé les députés aux Etats généraux se rassemblèrent d'elles-mêmes pour former une municipalité et une garde nationale. Pour emblème national de la liberté du peuple et de la fusion des trois ordres, on choisit les trois couleurs du drapeau et de la cocarde : les couleurs rose et bleue, celles de la ville de Paris; avec la couleur blanche, celle du roi et de l'armée. Il y eut quelques mouvements populaires : le régiment des gardes françaises fit cause commune avec le peuple contre les autres troupes. Il y avait à Paris une forteresse, construite sous les Valois, qui dominait et menaçait toute la ville. C'est là qu'on enfermait les prisonniers d'Etat, le plus souvent sans aucune forme de procès. Aussi *la Bastille*, c'était son nom, était-elle regardée par le peuple comme le symbole du despotisme. La garnison se composait d'environ cent quatorze soldats, dont quatre-vingts invalides, le reste suisses. Le 14 juillet, elle fut attaquée par la garde nationale, secondée par trois compagnies de gardes françaises, et dirigée entre autres par un officier du régiment de la reine. Sommé de rendre au peuple la forteresse, le gouverneur répondit par un refus, et s'engagea néanmoins à ne point tirer sur la milice bourgeoise. Après quelques négociations infructueuses, le gouverneur, croyant voir que, sous prétexte de pourparlers, on cherchait à s'introduire par ruse dans la citadelle, donna l'ordre d'écarter le peuple à coups de fusil; le peuple, de son côté, se crut trahi, et poussa des cris de fureur. En quelques moments l'attaque devint générale; le combat dura cinq heures : à la fin, le gouverneur offrit de se rendre, menaçant de faire sauter la Bastille et la garnison, en mettant le feu aux poudres, si l'on n'acceptait pas sa capitulation. Les chefs l'acceptèrent; mais les assaillants, plus éloignés du lieu du combat, ne comprenaient rien à ce qui se passait, et continuaient de pousser des cris de mort. La garnison ayant donc posé les armes et baissé le pont-levis, la multitude se rua par cette ouverture et inonda dans un clin d'œil les cours, les corridors et les toits de la forteresse. Les chefs populaires firent de vains efforts pour sauver la vie au gouverneur; il fut pendu et mis en pièces, avec plusieurs officiers et soldats, par la foule exaspérée : à peine put-on obtenir la grâce des autres. La forteresse fut rasée jusqu'au sol.

Cependant, à la cour de Versailles, on se moqua d'abord de cette attaque de la Bastille par des ouvriers et des bourgeois armés de pistolets et de fourches. L'Assemblée nationale, de son côté, demandait au roi l'éloignement des troupes que son gouvernement avait réunies dans la capitale. Le lendemain, quand on sut le résultat de l'affaire, le roi se rendit de lui-même au sein de l'Assemblée nationale, sans gardes, et accompagné de ses frères : à sa vue, des transports éclatèrent avec un vif enthousiasme, et les paroles du roi les redoublèrent encore lorsqu'il prononça ces mots touchants : « C'est moi qui me fie à vous ; aidez-moi à assurer le salut de l'Etat. » Il termina en annonçant que des ordres étaient donnés pour le prompt départ des troupes. L'archevêque de Vienne, M. de Pompignan, président de l'Assemblée, répondit par un discours respectueux ; et, après de mutuelles promesses de confiance et de dévouement, le roi se retira, escorté de tous les députés, qui l'accompagnèrent au château. Au moment où ils parurent dans la cour de marbre, la reine se montra à eux, debout sur un balcon, tenant son fils dans ses bras et ayant sa fille à ses côtés. De vives acclamations la saluèrent; le cri de *Vive le roi !* se mêla à ceux de *Vive le dauphin ! Vive la reine !* et l'alliance sembla consommée entre l'Assemblée et le roi.

Ce prince voulut se rendre lui-même à Paris ; ce

voyage n'était pas sans dangers. Le 17 juillet, Louis XVI, résigné aux événements que désormais il ne dépendait plus de lui de retarder, se confessa, entendit la messe et communia; il remit ensuite à Monsieur, en présence de la reine, une protestation contre tout ce qu'il pourrait être contraint de faire. Dans le cas où, victime des factieux, il ne pourrait plus exercer librement l'autorité royale, il délégua au comte de Provence la lieutenance générale du royaume. D'abord les pressentiments du roi parurent devoir se réaliser. Toutefois, à quatre heures du soir, il arriva sans accident à l'Hôtel-de-Ville, dans la salle du trône; il était pâle, mais sa résignation passée ne s'était pas démentie. Alors seulement éclatèrent les cris de *Vive le roi !* tandis que jusqu'alors c'était *Vive la nation !* et la foule, au retentissement des acclamations monarchiques qui ébranlaient l'Hôtel-de-Ville, les répéta avec enthousiasme sur les quais et sur la place de Grève. Par un de ces mouvements dont la raison ne peut rendre compte, il avait suffi d'un instant pour réveiller dans les cœurs des sympathies longtemps éteintes; et quand Louis XVI, salué par cent mille voix, eut prononcé ces paroles si simples et si touchantes : « Mon peuple peut toujours compter sur mon amour, » les espérances des factieux étaient confondues, la faction d'Orléans avait perdu sa journée.

Le roi confirma le marquis de Lafayette et l'astronome Bailly dans leurs qualités nouvelles de général en chef des gardes nationales et de maire de Paris; il fit plus, il accepta la révolution en plaçant à son chapeau la cocarde tricolore. Le soir de ce jour si plein d'événements, il était rendu aux embrassements et aux larmes de sa famille (Gabourd, p. 200).

Chose remarquable, ce peuple de Paris, qui, dans ses premiers élans révolutionnaires, venait de jeter sur le sol la vieille forteresse de la Bastille, ce peuple aimait encore à associer la Liberté et la Religion : à l'issue de la lutte, il fit célébrer dans les districts des messes d'actions de grâces; il demanda des prières pour ses morts. Les dames de la halle vinrent ensuite solennellement déposer un bouquet sur la châsse de l'humble bergère que Paris honore comme sa patronne ; et, près de ces reliques vénérées, les dames de la place Maubert apportèrent un *ex-voto* : c'était un tableau représentant la prise de la Bastille et la destruction des emblèmes du pouvoir absolu; en haut, le ciel ouvert laissait entrevoir deux images grossièrement peintes: l'ange exterminateur secondant le peuple, et sainte Geneviève demandant pour lui la victoire (*Ibid.*).

Mais ce jour même commença l'émigration des princes et des nobles. Ce jour-là, le 17 juillet, le comte d'Artois, ses deux jeunes fils, les princes de Condé et de Conti, la famille Polignac, le maréchal de Broglie et plusieurs autres seigneurs ou courtisans avaient pris à la hâte la route de la frontière de Savoie; d'autres s'étaient enfuis du côté du Nord; d'autres, enfin, en Suisse et en Allemagne. Cette émigration, jointe à la disette des vivres et à l'effervescence des esprits, augmenta l'exaspération populaire contre les nobles et les riches : à Paris et dans plusieurs provinces il y eut des pillages et des massacres.

L'Assemblée nationale s'occupait cependant de donner une constitution à la France. Sans doute, la France avait une constitution quelconque : les deux principaux articles étaient le Roi et les États généraux; mais le second avait été mis de côté pendant près de deux siècles. De plus, les diverses provinces qui composaient le royaume s'étaient soumises au roi à des époques et à des conditions différentes. Il n'y avait pas deux provinces qui eussent absolument les mêmes lois, les mêmes tribunaux, les mêmes poids, les mêmes mesures, la même administration; la justice, la législation écrite ou coutumière, variait souvent, non-seulement d'un village à un autre, mais d'un côté du même village au côté opposé. Ce qui occasionnait des procès et des entraves sans nombre dans les relations sociales. La France aspirait à plus d'unité et de liberté. Ce sentiment fit tout à coup explosion dans la séance du 4 août 1789.

Le président de l'Assemblée nationale donna lecture d'un projet de décret concernant les mesures à prendre pour la sûreté du royaume. Alors le vicomte de Noailles, beau-frère de Lafayette, et comme lui ancien soldat de la liberté américaine, s'empressa de demander la parole. Après quelques considérations générales, il termina par la motion suivante : « Je demande qu'il soit dit, avant la proclamation projetée, que l'impôt sera payé par tous les individus du royaume, dans la proportion de leurs revenus; que toutes les charges publiques seront à l'avenir supportées également par tous; que tous les droits féodaux seront rachetables par les communautés, en argent, ou échangés sur le prix d'une juste estimation; que les corvées seigneuriales, les mainmortes et autres servitudes personnelles seront détruites sans rachat. » Ce n'était là rien moins que l'abolition du régime féodal et l'introduction définitive du principe de l'égalité dans les institutions de la France. Une vive agitation s'éleva dans l'Assemblée; elle redoubla lorsque le duc d'Aiguillon, succédant au vicomte de Noailles, prononça un discours chaleureux à l'appui de la proposition. Un simple cultivateur, député de la Basse-Bretagne, ajouta quelques mots sur les calamités dont le régime féodal était la source. A ce moment, l'enthousiasme saisit toutes les âmes; c'est à qui, parmi les députés des ordres privilégiés, viendra faire hommage à la patrie des droits, objets de tant de réclamations haineuses. L'un propose l'abolition des dîmes, l'autre l'extinction du droit exclusif de la chasse. Des motions sans nombre se succèdent, réclamant l'égalité des citoyens devant la loi, la destruction des justices seigneuriales, le rachat des fonds ecclésiastiques, l'accroissement des portions congrues au profit des curés. Bientôt on demande que la justice soit rendue gratuitement dans tous les tribunaux du royaume; on insiste pour l'extinction absolue des main-mortes, déjà abolies par Louis XVI; on promène la réforme comme une large faulx sur les institutions fiscales, sur la gabelle et les aides; on cherche enfin à réaliser en quelques heures les vœux un moment émis dans les cahiers électoraux; et chaque fois qu'un privilège à détruire est signalé par ceux-là mêmes qui en ont jusqu'alors légitimement joui, d'immenses applaudissements se font entendre, et exaltent jusqu'au délire cette soif ardente de réparations et de sacrifices.

On va plus loin, on pousse le principe d'égalité jusqu'aux dernières conséquences. Les députés du Dauphiné, province qui, depuis Philippe de Valois, était en possession d'Etats et de droits particuliers, en vertu des capitulations qui l'avaient réunie à la France, déclarent formellement renoncer, au nom de leur pays, à ces prérogatives nationales, à ces titres héréditaires. Les députés de la Bretagne suivent cet exemple; ceux des sénéchaussées de Provence font entendre les mêmes déclarations; ils sont successivement imités par ceux du bailliage d'Autun, par ceux de Dijon, de Chalon-sur-Saône, du Charolais, du Beaujolais, du bailliage de la Montagne, de l'Auxerrois, de Bar-sur-Seine, de Paris, de Lyon, de la Normandie, du Poitou, de l'Auvergne, du Clermontois, de l'Artois, du Boulonnais, du Cambrésis. Les représentants du Languedoc, de Strasbourg, de Bordeaux, de Marseille, du comté de Foix, du Béarn adhèrent aux mêmes déclarations, sauf certaines réserves, et en demandant que leurs commettants soient consultés; plusieurs députations marchent sur leurs traces, et, dans ce nombre, celle de la Lorraine, française d'hier.

Jamais en si peu d'heures, jamais les institutions d'un peuple, œuvres des siècles et rattachées l'une à l'autre par des évènements, des nécessités, des conquêtes plus ou moins légitimes, n'avaient été ainsi détruites par la base et reléguées dans les annales du passé. Tous les ordres de la nation conspirèrent à cette vaste ruine des droits et des privilèges, les uns par leurs sacrifices, les autres par leurs acclamations et aussi par leurs menaces; ce fut un mélange de générosité et de calcul, de grandeur d'âme et de peur, d'intelligence et d'aveuglement : mais le sentiment qui domina surtout, sentiment irréfléchi peut-être, mais grand, mais sincère, mais confiant, ce fut l'amour du peuple poussé à son exaltation la plus vive; on crut de bonne foi aux abus ou à l'injustice absolue de la hiérarchie féodale; on se passionna pour le double principe de fraternité et d'égalité, et, ajoute l'historien que nous résumons, il faut bien qu'on le sache, parce que trop souvent on l'oublie, le beau rôle, le rôle illustre, dans cette nuit de généreux délire, appartint aux représentants du clergé et de la noblesse : ceux-là du moins donnèrent sans recevoir, et la bourgeoisie, qui obtint ces dépouilles volontaires, ne les paya que par l'ingratitude et l'outrage. C'est la reconnaissance ordinaire des partis (Gabourd, p. 218 et seqq.).

Le 20 août, l'Assemblée nationale publia la *Déclaration des droits de l'homme*, qui servit de préambule et de base à la nouvelle constitution. Cette Déclaration admettait, comme principes nécessaires du nouvel ordre politique, la souveraineté nationale, l'égalité devant la loi, l'admissibilité de tous aux dignités et aux emplois publics, la liberté individuelle, la liberté de conscience, la liberté de parler, d'écrire et d'imprimer, sauf à répondre des abus; le vote libre et la juste répartition des impôts, l'obligation d'en rendre compte, et enfin l'inviolabilité de la propriété.

Le principal article de cette constitution, la souveraineté nationale, a paru à bien des Français une nouveauté révolutionnaire de 1789 : cela prouve que ces Français ignorent les faits les plus importants de leur histoire, et qu'ils ne connaissent pas même le *Petit Carême* de Massillon. Voici en effet ce que le premier historien des Francs, saint Grégoire de Tours, nous apprend sur les rapports de la nation avec son chef ou ses chefs dès le commencement de la première dynastie. Childéric, père de Clovis, régnait sur la nation des Francs, lorsqu'il se mit à déshonorer leurs filles. Eux, indignés de cela, le chassent du royaume. Enfin, après l'avoir chassé, ils choisissent unanimement pour roi le Romain Egidius, commandant des troupes de l'empire, qui régna sur eux pendant huit ans. Au bout de ces huit années, Childéric, qui s'était réfugié dans la Thuringe, revint à la prière des Francs, et fut rétabli dans la royauté, de telle sorte qu'il régna conjointement avec Egidius (Grég. Turon., *Hist. Franc.*, l. 2, c. 12). Ainsi donc, au commencement de la première dynastie, la royauté des Francs n'était ni héréditaire ni inamissible. Les Francs expulsent du trône et du royaume Childéric, parce qu'il se conduit mal, et ils élisent à sa place, non pas un homme de sa famille, non pas un homme de la nation, mais un étranger, mais un Romain qui commandait dans ces quartiers les troupes impériales; et quand, après huit ans de déposition et de bannissement, ils veulent bien rappeler Childéric, ils partagent la royauté entre les deux : *His ergo simul regnantibus* (Ibid.).

Nous avons également vu sous la seconde dynastie, la dynastie austrasienne, quels étaient les rapports de la nation des Francs avec son chef ou ses chefs, et nous l'avons vu, non pas lorsque cette dynastie commençait, mais lorsqu'elle était bien affermie sur le trône, par exemple sous Charlemagne et son fils.

En 806, Charlemagne fit une charte de partage pour diviser l'empire des Francs entre ses trois fils Charles, Louis et Pepin, empire qui s'étendait de l'Ebre à l'embouchure du Rhin, de Bénévent à la mer Baltique, de l'Océan à la Vistule et à la Bulgarie. Cette charte, jurée par les grands de l'empire, fut envoyée au pape Léon III, afin qu'il la confirmât de son autorité apostolique. Le Pape l'ayant lue, y donna son assentiment et la souscrivit de sa main. C'est ce que rapporte l'historien Eginhard, témoin oculaire, envoyé à Rome pour ce sujet. Dans cette charte ainsi jurée et confirmée, Charlemagne réglait l'ordre dans lequel ses fils Charles, Louis et Pepin devaient se succéder au cas que l'un ou deux des trois vinssent à mourir avant l'autre. L'article cinquième de cette charte est d'autant plus remarquable qu'il a été moins remarqué; en voici les termes : « Si l'un des trois frères laisse un fils que le peuple veuille élire pour succéder à son père dans l'héritage du royaume, nous voulons que les oncles de l'enfant y consentent, et qu'ils laissent régner le fils de leur frère dans la portion du royaume qu'a eue leur frère, son père (Baluze, *Capit. reg. Franc.*, t. I, col. 442). » Cet article est, comme on voit, une preuve authentique qu'au temps et dans l'esprit de Charlemagne les fils d'un roi ne succédaient point de droit à leur père ni par ordre de primogéniture, mais qu'il dépendait du peuple d'en choisir un. Il ne faut pas oublier que cet article si libéral et si populaire est de la main de Charlemagne, qui pourtant s'entendait à régner.

Mais nous avons vu quelque chose de bien plus

curieux et de plus complet : c'est une charte constitutionelle dans toutes les règles, une charte constitutionnelle du fils de Charlemagne, de Louis le Débonnaire, mais de Louis le Débonnaire tranquille sur son trône, respecté et obéi de tout le monde; une charte constitutionnelle proposée, délibérée, consentie, jurée en 817; relue, confirmée et jurée de nouveau en 821 ; envoyée enfin à Rome et ratifiée par le pape Pascal.

Oui, en 817, l'empereur Louis le Débonnaire convoqua à Aix-la-Chapelle *la généralité de son peuple*, suivant son expression (*generalitatem populi nostri* : c'étaient bien les Etats généraux), à la fin de partager l'empire des Francs entre ses trois fils Lothaire, Louis et Pepin : d'en élever l'un à la dignité d'empereur; de régler les rapports entre le nouvel empereur et les deux rois, ses frères; de fixer la part d'autorité qu'aurait l'assemblée de la nation pour juger leurs différends et pour élire des rois parmi leurs descendants. Et afin que tout cela se fît, non par une présomption humaine, mais d'après la volonté divine, on indiqua et on observa religieusement, comme disposition préalable, trois jours de prières, de jeûnes et d'aumônes (Baluze, t. I, col. 573). Louis le Débonnaire déclare donc dans le préambule de cette charte que, son suffrage et les suffrages de tout le peuple s'étant portés sur son fils Lothaire pour la dignité impériale, cette unanimité fut regardée comme un signe manifeste de la volonté divine, et Lothaire associé en conséquence à l'empire.

Quant aux rapports entre le nouvel empereur et ses deux frères Louis, roi de Bavière, et Pepin, roi d'Aquitaine, voici comme cette charte les règle dans les articles 4, 5, 6, 7 et 8 : « Une fois chaque année, les deux rois viendront, soit ensemble, soit séparément, rendre visite à l'empereur, leur frère, pour traiter ensemble des intérêts communs. Sans son avis et son consentement, ils ne feront ni guerre ni paix avec les nations étrangères et hostiles à l'empire; ils ne congédieront point les ambassadeurs sans le consulter. »

Le 12e article surtout est remarquable. Il est dit : « Si quelqu'un d'entre eux, ce qu'à Dieu ne plaise, devenait oppresseur des églises et des pauvres, ou exerçait la tyrannie, qui renferme toute cruauté, ses deux frères, suivant le précepte du Seigneur, l'avertiront secrètement jusqu'à trois fois, de se corriger. S'il résiste, ils le feront venir en leur présence, et le réprimanderont avec un amour paternel et fraternel. Que s'il méprise absolument cette salutaire admonition, la sentence commune de tous décernera ce qu'il faut faire de lui, afin que, si une admonition salutaire n'a pu le rappeler de ses excès, il soit réprimé par la puissance impériale et la commune sentence de tous. »

Le 14e ne mérite pas moins d'attention. « Si l'un d'eux laisse en mourant des enfants légitimes, la puissance ne sera point divisée entre eux, mais le peuple assemblé choisira celui qu'il plaira au Seigneur, et l'empereur le traitera comme son frère et son fils, et, l'ayant élevé à la dignité de son père il observera en tout point cette constitution à son égard. Quant aux autres enfants, on les traitera avec une tendre affection, suivant la coutume de nos parents. Que si quelqu'un d'eux, ajoute l'article 15e, meurt sans laisser d'enfants légitimes, sa puissance retournera au frère aîné, c'est-à-dire à l'empereur. S'il laissait des enfants illégitimes, nous recommandons d'user envers eux de miséricorde. »

Le 18e et dernier article porte : « Si celui de nos fils, qui par la volonté divine doit nous succéder, meurt sans enfants légitimes, nous recommandons à tout notre peuple fidèle, pour le salut de tous, pour la tranquillité de l'Eglise et pour l'unité de l'empire, de choisir l'un de nos fils survivants, en la même manière que nous avons choisi le premier, afin qu'il soit constitué, non par la volonté humaine, mais par la volonté divine. »

Tels sont les principaux articles de la charte de partage et de constitution, proposée, délibérée, consentie et jurée en 817 dans l'Assemblée nationale d'Aix-la-Chapelle; relue, jurée et confirmée de nouveau l'an 821 dans l'Assemblée nationale de Nimègue; portée enfin à Rome par l'empereur Lothaire, d'après les ordres de son père, et confirmée par le chef de l'Eglise universelle. Or, ces articles si importants, nous ne les avons vu citer dans aucune *Histoire de France* écrite en français. Voici tout ce qu'en dit l'abbé Vély : « Ce fut aussi dans cette assemblée que le monarque associa Lothaire à l'empire, le déclarant son unique héritier, et lui assujétissant Pepin et Louis, qui tous deux cependant furent déclarés rois. » Daniel ne voit non plus dans tout cela qu'un acte de partage. De nos jours, le Génevois Sismondi, dans son *Histoire des Français*, n'y voit pas plus que Daniel. Michel y voit encore moins que les précédents, car il n'en parle même pas ni dans son *Histoire de France* ni dans ses *Origines du droit français*, où c'était pourtant le cas d'en parler. Cependant, et la charte de Charlemagne et la charte de Louis le Débonnaire sont des monuments authentiques qui se trouvent : 1º parmi les *Capitulaires des rois de France*, publiés par Baluze; 2º dans le 2e volume des *Ecrivains de l'Histoire de France*, par André Duchesne; 3º dans les volumes 5e et 6e de dom Bouquet. Cependant ces mêmes articles, suivant qu'ils sont appréciés ou méconnus, donnent un sens tout différent à toute l'ancienne histoire de France, et même à son histoire moderne. C'est l'ignorance plus ou moins volontaire de ces faits qui a tant embrouillé, depuis trois siècles, des idées et des choses fort claires dans le moyen-âge.

Par exemple, dans cette charte de 817, Louis le Débonnaire déclare que son fils Lothaire a été élevé à l'empire, non par la volonté humaine, mais par la volonté divine; et la preuve qu'il en donne, c'est qu'après avoir consulté Dieu par la prière, le jeûne et l'aumône, tous les suffrages se sont réunis sur Lothaire. Ainsi, dans l'idée de Louis et de son époque, la volonté divine se manifestait par la volonté calme, unanime et chrétiennement réfléchie de la nation : le droit divin et le droit national ne s'excluaient pas, comme on l'a supposé de nos jours, mais ils rentraient l'un dans l'autre. Les théologiens et les jurisconsultes du moyen-âge ont pensé de même : ils ont généralement regardé Dieu comme la source de la souveraineté, et le peuple comme le canal ordinaire, ainsi qu'on peut le voir dans le Jésuite Suarèz, qui en a rassemblé les preuves. Ils unissaient tout bonnement par une science vraie ce que nous divisons par ignorance.

Cependant Bossuet lui-même reconnaît, comme une chose incontestable, que la souveraineté des rois n'est pas tellement de Dieu qu'elle ne soit aussi du consentement des peuples (*Defensio cleri gallic.*, l. 4, c. 21). Fénelon dit encore plus expressément : *La puissance temporelle vient de la communauté des hommes qu'on nomme nation. La spirituelle vient de Dieu par la mission de son Fils et de ses apôtres* (*Œuvres de Fénelon*, t. XXII, p. 583, Versailles). Ce n'est pas que la nation soit la source de la souveraineté : elle n'en est qu'un canal. La puissance temporelle viendrait ainsi de Dieu habituellement par le peuple, tandis que la spirituelle vient de Dieu directement par Jésus-Christ et les apôtres.

Le docte et pieux chancelier de l'Université de Paris, Gerson, dont l'autorité est si chère aux Français, nous l'avons vu poser en principe que la souveraineté vient du peuple ; que, quand il est question de remédier aux maux d'un état quelconque, les sujets sont les maîtres et les juges des souverains; nous l'avons vu en conclure que, si un roi sévit injustement contre son peuple, ses sujets sont déliés du serment de fidélité. « Que tout roi ou prince, ajoute-t-il en conséquence, prenne garde de tomber dans des erreurs contre la foi et la saine doctrine, car c'est le crime qui le rend le plus odieux à Dieu et le plus infâme au monde; et alors les lois divines et ecclésiastiques autorisent ses sujets à employer le fer et le feu pour se défaire de lui et de toute sa famille (1). » Voilà ce que le docte chancelier de l'Université parisienne prêchait publiquement, en présence même du roi Charles VI, sans que personne y trouvât un mot à redire. De plus, deux autres docteurs célèbres de l'Eglise gallicane, Almain, et Jean Major, soutiennent la même doctrine. Le premier nous apprend : 1º que c'est la communauté qui donne au roi ou à plusieurs, selon qu'il lui paraît plus convenable, la puissance du glaive, le droit de vie et de mort; 2º qu'aucune communauté parfaite ne peut renoncer à cette puissance; 3º que le prince n'use point du glaive par sa propre autorité, mais comme ministre de la communauté ; 4º que la communauté ne peut renoncer au pouvoir qu'elle a sur le prince établi par elle, et qu'elle peut s'en servir pour le déposer quand il gouverne mal, cela étant de droit naturel (2). Ainsi, au XVe siècle, le chancelier de l'Université de Paris, et avec lui les autres docteurs, bien loin de reconnaître la puissance des rois comme absolument indépendante, la déclaraient au contraire absolument dépendante de la communauté ou de la nation.

Enfin, ce que Gerson prêchait devant Charles VI, Massillon le prêchait devant Louis XV. « Mais, Sire, lui disait-il directement, un grand, un prince, n'est pas né pour lui seul; il se doit à ses sujets : *les peuples, en l'élevant, lui ont confié la puissance et l'autorité, se sont réservé* en échange ses soins, son temps, sa vigilance. Ce n'est pas une idole *qu'ils ont voulu se faire* pour l'adorer; c'est *un surveillant qu'ils ont mis* à leur tête pour les protéger et les défendre. Ce sont de ces dieux qui les précèdent, comme parle l'Ecriture, pour les conduire : *ce sont les peuples qui, par l'ordre de Dieu, les ont faits* TOUT *ce qu'ils sont; c'est à eux à n'être ce qu'ils sont que pour les peuples. Oui, Sire, c'est le choix de la nation qui mit* d'abord le sceptre entre les mains de vos ancêtres; c'est *elle* qui les éleva sur le bouclier et les proclama souverains. Le royaume devint ensuite l'héritage de leurs successeurs; mais *ils le durent originairement au consentement libre des sujets :* leur naissance seule les mit ensuite en possession du trône; mais ce furent les *suffrages publics* qui attachèrent d'abord ce droit et cette prérogative à leur naissance. *En un mot, comme la première source de leur autorité vient* DE NOUS, *les rois n'en doivent faire usage que pour nous* (Petit-Carême, *Sermon du dim. des Rameaux*, 1re partie).»

D'après tous ces faits, lorsque l'Assemblée nationale de 1789 déclara que la souveraineté temporelle de la France résidait dans la nation française, ce n'était pas une innovation révolutionnaire, mais une restauration de l'ancien droit, de l'ancien régime, et Louis XVI put y donner son assentiment, comme il fit après quelques hésitations. Malheureusement, comme on ignorait ces choses historiques plus ou moins de part d'autre, cette restauration ne se fera point avec intelligence, calme et accord, mais par bonds et par secousses; tel qu'un fleuve qui, arrêté quelque temps dans son cours naturel, finit par emporter, non-seulement la digue, mais les hommes et les troupeaux qui s'abritaient derrière.

Dans l'Assemblée nationale de 1789, devenue Assemblée constituante, se présenta cette question : *La sanction du roi sera-t-elle nécessaire pour la constitution et les autres lois?* On distingua et l'on décréta que la sanction du roi ne serait point nécessaire pour la constitution qu'on élaborait, mais que, pour les lois ordinaires, il aurait un *veto* suspensif, dont l'effet ne pourrait se prolonger au delà de deux législatures. On proposa d'établir entre le roi et les représentants du peuple, un corps intermédiaire, une chambre des pairs, un sénat; mais une immense majorité se prononça alors contre ce projet. Cependant l'assemblée proclama, sans discussion, que la couronne était héréditaire de mâle en mâle, et par droit de primogéniture, dans la famille régnante. Elle décréta de plus que la personne du roi était inviolable et sacrée.

Mais Paris était un volcan où fermentaient tous les éléments de désordres. Le centre en était au palais du duc d'Orléans, les bras dans les faubourgs. Là se remuaient, s'attroupaient, s'agitaient, des énergumènes, des aventuriers de toute classe, quelques fanatiques républicains, des hommes tarés et perdus de dettes, des femmes impures, des journalistes voués corps et âme à la démagogie ou soudoyés par la faction d'Orléans, un petit nombre de démocrates à conviction, et une tourbe énorme de ces misérables qui suivent les révolutions comme des oiseaux de proie suivent les armées. Là se faisaient remarquer les Belges Proly et Pereira, le Prussien Cloots, l'Espagnol Gusman, le Polonais Lazowski, mais surtout un calviniste ou huguenot suisse. C'était un homme à physionomie hideuse. Il avait les yeux hagards, une tête énorme sur un

---

(1) Voyez le mandement et instruction pastorale de l'archevêque de Cambrai, du 6 mars 1731, et dans les œuvres de Gerson, *De auferib. Papæ Conxid.* 12; son discours *Vita Rex*. § *De vita civili*; ses *Considérations ou aphorismes très-utiles aux princes et aux seigneurs*.
(2) Voir les traités de ces docteurs parmi les œuvres de Gerson.

corps petit et grêle; sa face était convulsivement agitée par un tic nerveux; ses cheveux, gras et en désordre, n'étaient retenus que par une corde; toute sa personne était empreinte de cynisme et de malpropreté. Né au canton de Neufchâtel, il avait longtemps exercé la profession de médecin empirique et de charlatan nomade; et lorsqu'éclata la Révolution de 1789, elle l'avait trouvé attaché, en qualité de médecin vétérinaire, aux écuries du comte d'Artois. Le fanatisme politique fit de lui un journaliste et un pamphlétaire au service de la populace. Caché dans les caves, à Paris ou à Versailles, il rédigeait l'*Ami du peuple*, où il provoquait sans cesse au pillage et au meurtre, surtout contre la reine, qu'il désignait sous les noms les plus injurieux et les plus infâmes. Il y exposait aussi parfois des plans de législation criminelle, dont un consistait à élever huit cents potences dans les Tuileries, afin d'y pendre les traîtres, en commençant par Mirabeau. Ce huguenot enragé se nommait JEAN-PAUL MARAT.

Et au milieu de ces circonstances critiques, que devenait Louis XVI ? La cour, épouvantée, songeait à le conduire dans une place de guerre, d'où il lui serait facile de se concerter avec les rois de l'Europe et les princes émigrés pour dicter des lois à la Révolution française (Gabourd, p. 262). Mais la populace révolutionnée de Paris, informée des projets de la cour, songeait à enlever le roi de Versailles, et à le ramener dans sa capitale, au palais des Tuileries, inhabité depuis soixante ans. Les Orléanistes auraient bien voulu que le roi s'évadât, afin de faire déférer au duc d'Orléans la lieutenance générale du royaume, l'exercice de l'autorité souveraine et de la régence. Ce qui exaspérait la populace de Paris, c'était une disette toujours plus intolérable; lorsqu'on apprit qu'à Versailles les gardes-du-corps et d'autres troupes royalistes se riaient de la Révolution dans de splendides banquets. Dès lors ce fut un cri général : *A Versailles! à Versailles!* Dans la matinée du 5 octobre, une jeune fille du voisinage de Saint-Eustache entra dans un corps-de-garde, prit un tambour et battit la caisse en publiant le long des rues qu'il n'y avait plus de pain : une multitude de femmes, accourant du fond des halles, sortant des bouges les plus infects, la plupart ivres et poussant des clameurs cyniques, se joignirent à elle, et se portèrent en masse à l'Hôtel-de-Ville. Bientôt il y eut cent mille brigands et femmes, armés de sabres ou de torches ardentes, qui se préparaient à livrer l'Hôtel-de-Ville aux flammes et au pillage, et à pendre les magistrats. Dans ce moment, un nommé Maillard, l'un des vainqueurs de la Bastille, prit un tambour, descendit sur la place de Grève, et se mit à la tête des hordes, qui n'attendaient qu'un signal. L'Hôtel-de-Ville fut préservé, et la multitude, poussant de sauvages hurlements et demandant du pain, suivit tumultueusement la route de Versailles. Le roi, la reine, l'Assemblée nationale y étaient fort tranquilles; le roi venait de chasser dans la forêt de Meudon. Quand il eut appris que les femmes de Paris venaient lui demander du pain, il s'écria : « Hélas! si j'en avais, je n'attendrais pas qu'elles vinssent en chercher. » On insista, on le pria de donner des ordres en cas d'attaque; mais il ne voulut pas croire au danger et se borna à prescrire que les gardes-du-corps eussent à se replier dans les cours et dans leurs quartiers. Il leur commanda ensuite de ne pas se défendre. Le président de l'Assemblée nationale obtint des femmes attroupées qu'elles se borneraient à envoyer au roi une députation pour lui exposer leurs vœux et leurs besoins. L'orateur désigné fut une fille nommée Louise Chabry, dont on avait remarqué l'audace. Introduite auprès du roi, elle se borna à prononcer ces mots : *Du pain!* et s'évanouit. On lui prodigua des soins empressés. Revenue à elle, et touchée de la bonté du roi, elle sollicita l'honneur de baiser sa main. « Vous méritez mieux, » dit le roi, et il l'embrassa.

La députation, enchantée de cet accueil, descendit l'escalier en criant *Vive le roi!* et en portant aux Parisiens des paroles de paix. Mais ces femmes, ne croyant qu'à la trahison, au parjure, à la tyrannie, accusèrent leurs envoyées de s'être laissé corrompre, et voulurent les pendre. Une rixe s'engagea entre les deux partis : la pluie, le vent, la nuit, la lassitude les apaisèrent, les gardes-du-corps rentrèrent dans leurs quartiers, les femmes et les brigands se dispersèrent. Dans une nouvelle collision, le régiment de Flandre prit parti pour les bourgeois. Un garde-du-corps, ayant eu son cheval abattu, tomba au pouvoir des femmes, qui s'apprêtèrent à le massacrer : quelques officiers intervinrent et le firent évader : alors les femmes assouvirent leur faim sur le cheval, qui fut mis en lambeaux et mangé. D'autres de ces femmes, à la suite de Maillard, avaient envahi l'Assemblée constituante, et l'une d'elles s'était assise dans le fauteuil du président, lorsqu'arriva Lafayette avec la garde nationale de Paris.

Le lendemain 6 octobre, aux premières lueurs du jour, un groupe de brigands se glissa dans les bosquets du parc, dont on avait imprudemment laissé l'entrée libre : insensiblement leur foule s'accrut et la multitude inonda les cours de la chapelle et des princes. Des bandes d'assassins se ruèrent dans les corridors, dans les galeries, cherchant avec des cris de mort l'appartement de la reine et se jetant sur les gardes royaux pour les égorger. La reine, avertie à temps, réussit à s'enfuir à demi-vêtue jusque dans la chambre du roi. Les brigands, trouvant ses appartements vides, se mirent à percer le lit à coups de poignard. Quelques gardes françaises, quelques gardes nationaux de Paris se présentèrent à la porte de la salle des gardes-du-corps et frappèrent à coups redoublés. On ouvrit comme à des bourreaux : on se trompait, c'étaient des hommes généreux qui venaient partager leurs dangers pour protéger le roi et la reine. Enfin Lafayette survint avec la masse de la garde nationale, et le carnage cessa.

Le peuple exigeait à grands cris que Louis XVI vînt habiter Paris, persuadé que son retour y ramènerait l'abondance. Quand on disait aux gens de l'émeute que l'Assemblée nationale avait décrété les *droits de l'homme*, ils demandaient naïvement : « Les droits de l'homme! cela nous donnera-t-il du pain? » Le roi se décida à obtempérer aux vœux de la multitude. Il se présenta sur le balcon, accompagné de Lafayette, et le peuple cria : *Vive le roi!* Un moment après, Lafayette demanda à la reine si elle voulait à son tour paraître sur le balcon; elle essaya de le faire, tenant son fils dans ses bras et ayant à ses côtés la princesse sa fille. Les brigands qui en voulaient à ses jours ayant crié : *Point d'enfant!* la reine s'exposa seule à leurs coups et à leurs outrages. Cet acte de courage calma un moment la haine de la multitude : aussi quand Lafayette eut respectueusement porté à ses lèvres la main de Marie-Antoinette, le peuple fit entendre le cri de : *Vive la reine!* Le général, pour rendre la réconciliation plus complète, embrassa un garde-du-corps, et, au bruit des acclamations de la garde nationale, lui remit sa cocarde tricolore. On fut aussi bien ému d'apprendre que le jeune dauphin, âgé de cinq ans, avait demandé du pain et n'avait pu en obtenir qu'à la fin de l'émeute.

Le roi se mit donc en route pour Paris avec sa famille : le cortége était précédé par les bandes de brigands qui portaient en triomphe les têtes des deux gardes-du-corps qui s'étaient laissé égorger devant la chambre de la reine pour lui donner le temps de se sauver. Les voitures du roi et de sa famille défilèrent, ayant pour escorte des harangères, des forts de la halle et des grenadiers, mêlés aux malheureux gardes-du-corps désarmés ou blessés. Venaient ensuite cent députés, que l'Assemblée nationale avait désignés pour accompagner le roi : autour d'eux, en avant et à leur suite, se pressaient des masses confuses de soldats et de filles déhontées, les uns portant des branches vertes, les autres juchés sur des canons et sur des charrettes, et tous ensemble s'écriaient : « Plus de famine, nous avrons du pain ! Nous vous ramenons le boulanger, la boulangère et le petit mitron ! » Il y eut encore des cris de *Vive le roi!* à l'Hôtel-de-Ville. Les femmes de la halle disaient à Marie-Antoinette : « Nous vous aimons bien, notre bonne reine, mais ne nous trahissez plus. » C'est qu'on l'accusait d'être plus Autrichienne que Française.

L'Assemblée constituante, installée à Paris, continua de décréter les articles de la nouvelle constitution. Quant à l'élection des députés, il fut statué que, pour être électeur et éligible, il suffisait d'être *citoyen actif;* mais, pour être citoyen actif, il fallait qu'on payât de contribution la valeur de trois journées de travail. Les autres Français n'étaient que *citoyens passifs*. La féodalité n'avait fait que descendre d'un degré. Aussi les classes pauvres et les classes ouvrières s'étonnaient-elles qu'après avoir pris la Bastille et livré le roi à la bourgeoisie, il leur fallût encore attendre cette égalité qu'on leur avait tant promise. Cette attente, non encore remplie, s'appelle aujourd'hui *communisme* et menace de faire à la bourgeoisie ce que la bourgeoisie a fait à la noblesse.

Nous avons vu les parlements de France commencer la révolution contre l'Eglise et contre le roi. Les parlements reçurent leur récompense de la Révolution : le 3 novembre 1789, ils furent suspendus par l'Assemblée constituante, et le 6 septembre 1790, définitivement abolis. On institua le jugement du jury en matière criminelle, et un tribunal suprême ou de cassation pour toute la France, auquel serait porté l'appel des causes jugées par les tribunaux criminels et civils; mais qui, sans pouvoir décider quant au fond même des affaires, ne devait connaître que des vices de formes et de l'interprétation des lois. Ce tribunal ou cette cour de cassation a singulièrement contribué à l'unité de la France et de sa jurisprudence. Une autre institution y a contribué plus puissamment encore, c'est la division de la France en départements. Déjà les provinces, par l'organe de leurs députés, avaient renoncé à leurs privilèges. L'Assemblée constituante alla plus loin, elle abolit les provinces mêmes et institua à leur place quatre-vingt-trois départements, subdivisés en districts, en cantons et en communes. Il en naquit le système actuel de centralisation, dont le résultat est de rassembler dans la main du gouvernement tous les ressorts de l'Etat, de lui permettre de faire mouvoir, d'un seul signe, du centre aux extrémités, les éléments les plus divers de la population, de la force, de la richesse du pays. Quand, plus tard, la France se trouva douée d'une si merveilleuse énergie, d'une si étrange faculté de sentir, de comprendre, de démolir et de refaire, quand elle balança, pendant vingt ans, les forces de l'Europe, après le courage de ses enfants, ce fut dans l'uniformité de sa division géographique et dans la singulière simplicité de son mécanisme administratif qu'elle puisa ses principales ressources.

Le 4 février 1790, il y eut une séance royale. Louis XVI vint à l'Assemblée, approuva ce qui s'était fait, et dit entre autres : « Je défendrai, je maintiendrai la liberté constitutionnelle, dont le vœu général, d'accord avec le mien, a consacré les principes. Je ferai davantage; et, de concert avec la reine, qui partage tous mes sentiments, je préparerai de bonne heure l'esprit et le cœur de mon fils au nouvel ordre de choses que les circonstances ont amené. Je l'habituerai, dès ses premiers ans, à être heureux du bonheur des Français et à reconnaître toujours, malgré le langage des flatteurs, qu'une sage constitution le préservera des dangers de l'inexpérience, et qu'une juste liberté ajoute un nouveau prix aux sentiments d'amour et de fidélité dont la nation, depuis tant de siècles, donne à ses rois des preuves si touchantes. » Ces paroles excitèrent dans l'Assemblée les acclamations les plus vives. Le roi lui fit suivre de sages conseils dans lesquels il réclama, en faveur du pouvoir exécutif, les conditions de force et d'influence sans lesquelles il ne saurait exister aucun ordre durable au dedans, aucune considération au dehors. Il insistait ensuite pour qu'on prît les mesures nécessaires au retour de la sécurité publique : « Eclairez, dit-il, sur ses véritables intérêts, le peuple qu'on égare, ce bon peuple, qui m'est si cher et dont on assure que je suis aimé quand on veut me consoler de mes peines. Ah ! s'il savait combien je suis malheureux à la nouvelle d'un injuste attentat contre les fortunes ou d'un acte de violence contre les personnes, peut-être il m'épargnerait cette douloureuse amertume... » A ces mots, les applaudissements éclatèrent encore avec une sorte d'enthousiasme. L'Assemblée décréta qu'une députation se rendrait auprès du roi et de la reine, pour leur porter des témoignages de fidélité et de sympathie. Cette séance fut terminée par le serment civique, que chaque membre de l'Assemblée prêta en ces termes : « Je jure d'être » fidèle à la nation, à la loi, au roi, et de maintenir » de tout mon pouvoir la constitution décrétée par

» l'Assemblée nationale et acceptée par le roi. » Le soir même, le serment fut prêté par la commune de Paris et par l'immense multitude que cette cérémonie avait réunie sur la place de l'Hôtel-de-Ville. Le lendemain Paris fut illuminé; il y eut une revue générale de la garde nationale, et la solennité du serment fut répétée d'abord dans la capitale par le peuple et les corporations de toutes classes, et ensuite jusque dans les provinces les plus éloignées.

Quelque temps après, l'Assemblée réclama, et Necker accorda la communication du fameux *livre rouge*, sorte de registre où les dépenses secrètes de la cour étaient minutieusement inscrites depuis plus de quarante ans. En le faisant remettre au comité des pensions, Louis XVI fit sceller de bandes de papier les feuillets qui portaient le détail des sommes accordées par Louis XV; mais on en connut assez pour apprécier les prodigalités honteuses de ce prince. L'Assemblée fit livrer à l'impression ce triste document, et l'opinion publique s'indigna à juste titre des abus dont le tableau fut déroulé sous ses yeux. On y trouva la preuve de l'avidité des courtisans, la trace des pensions les plus scandaleuses; on reconnut, à ne plus s'y méprendre, qu'en l'absence de tout contrôle, une portion notable de la fortune publique avait été longtemps jetée en pâture à d'illustres mendiants, ducs, pairs, maréchaux, princes, nobles dames, favorites royales, valets de cour; on découvrit que de 1774 à 1788, dans l'espace de quatorze années, sous le règne de Louis XVI, les dépenses secrètes des affaires étrangères avaient atteint le chiffre énorme de cent millions. Mais ce qui vengea ce roi des calomnies tant de fois répandues, ce fut la preuve acquise, par l'examen du livre rouge, de son désintéressement personnel. « Tous les Français verront, dit le député Camus, qu'au moment où ses ministres le trompaient pour verser des millions sur d'inutiles courtisans, le roi ne prenait rien pour lui, et qu'entouré de déprédations qu'il ne connaissait pas, il sacrifiait même ses jouissances à la bienfaisance et à l'économie. » Ailleurs, le comité des pensions lui rendait le témoignage : « Jamais, lorsqu'il a été question ou de ses affaires ou de ses goûts personnels, on n'a pu lui persuader de s'écarter de la plus sévère économie (Gabourd, p. 312).

Le 11 juin 1790, l'Assemblée nationale abolit *les titres de noblesse*. Déjà précédemment elle en avait aboli les privilèges; alors elle abolit même les titres de *comte*, *duc*, *baron*, *marquis*, *chevalier*, et cela sur la demande même de plusieurs nobles, tels que Lameth, Lafayette, Noailles, Saint-Fargeau, Tracy et Matthieu de Montmorency.

Le 14 juillet, anniversaire de l'ère officielle de la liberté, on célébra la fédération des départements et des gardes nationales du royaume, à Paris, au milieu du Champ-de-Mars. Quatre cent mille spectateurs bordaient la vaste enceinte; les membres de la fédération, au nombre de onze mille pour les armées de terre et de mer, de dix-huit mille pour les gardes nationales, se déployaient sur l'esplanade, au centre de laquelle on avait élevé l'autel de la Patrie. Devant l'Ecole militaire, on avait disposé une galerie et un amphithéâtre, qu'occupèrent les membres de l'Assemblée nationale et les corps constitués; au centre était le roi, assis sur un trône, ayant à sa droite le président de l'Assemblée nationale, auquel on avait réservé un siège modeste. En arrière était une tribune dans laquelle avaient pris place la reine, le dauphin, les princes et princesses. L'évêque d'Autun, Charles-Maurice de Talleyrand, célébra la messe sur l'autel de la Patrie; il était assisté de trois cents prêtres vêtus d'aubes blanches et ceints d'un large ruban tricolore. Quand on eut entonné le *Te Deum*, exécuté par un orchestre de douze cents musiciens, Lafayette monta les marches de l'autel, et jura, au nom des troupes et des fédérés, d'être fidèle à la nation, à la loi et au roi. Des salves d'artillerie, répétées à la même heure dans toutes les villes de France, annoncèrent au peuple ce serment solennel, et ce fut longtemps un bruit confus d'armes, de voix et d'acclamations qui retentirent jusqu'au ciel. Cependant le président de l'Assemblée constituante ayant à son tour prononcé la formule du serment, les députés répondirent tous : *Je le jure !* et le roi s'écria d'une voix forte : « Moi, » roi des Français, je jure d'employer le pouvoir que » m'a délégué l'acte constitutionnel de l'Etat à main- » tenir la constitution décrétée par l'Assemblée na- » tionale, et par moi acceptée. » La reine, élevant alors son fils dans ses bras, le présenta au peuple en disant : « Voilà mon fils! il se réunit ainsi que » moi dans ces mêmes sentiments. » Ce mouvement imprévu redoubla les transports du peuple et de l'armée, et mille cris de *Vive le roi ! Vive la reine ! Vive le dauphin !* éclatèrent jusqu'aux cieux, couvrirent le bruit de l'artillerie et prirent Dieu à témoin des espérances publiques.

Mais la fédération du 14 juillet fut surtout la fête de la bourgeoisie, l'inauguration réelle de la puissance des classes moyennes : comme les leudes de Mérovée et les pairs de Charlemagne, la bourgeoisie eut son Champ-de-Mars et tint ses assises. Ce jour-là donc, elle régna en la personne des douze cents députés qui mesurèrent au roi le terrain et le soleil. Mais à peine commençait-elle à jouir de son intronisation et de son empire, que déjà, derrière elle, on entendait les murmures du prolétariat, et les menaces de l'ouvrier en blouse contre le maître en uniforme. Les uns tournaient en dérision les hommages dont Lafayette et son cheval blanc avaient été entourés, les autres se demandaient si l'aristocratie des écus ne serait pas plus lourde à supporter que l'aristocratie des illustrations séculaires; partout on opposait dérisoirement le *patrouillotisme* des bourgeois au *patriotisme* du peuple. Ces murmures, ces plaintes, ces menaces se reproduisaient sous toutes sortes de formes dans le journal de Marat et autres semblables, et dans les clubs où s'assemblaient et délibéraient les révolutionnaires de bas étage. D'un autre côté, l'indiscipline commençait à se mettre dans l'armée. Les officiers, généralement issus de familles nobles, et fort peu disposés à l'oublier, étaient haïs de leurs subordonnés, et le plus souvent réduits à fuir pour se soustraire aux mauvais traitements et à la révolte. Les sous-officiers, nés dans la bourgeoisie, doués d'instruction et travaillés par une ambition ardente, exerçaient seuls, sur l'esprit du soldat, une influence puissante, et ils en usaient au profit de la révolution et de la démocratie. Une révolte éclata à Metz : les soldats enfermèrent leurs officiers, s'emparèrent des drapeaux et des caisses, et M. de Bouillé, commandant de la ville, courut risque de la vie. A Nancy, il y eut des événements plus graves. La garnison se composait de trois régiments, dont l'un était commandé par des officiers ouvertement ennemis de la révolution; leurs soldats se liguèrent avec ceux des autres régiments pour leur refuser obéissance et les contraindre à abandonner leurs postes. Les soldats d'un régiment suisse furent les principaux instigateurs de la révolte. L'Assemblée nationale ordonna au commandant de Metz de faire rentrer dans le devoir la garnison de Nancy. Il fallut faire marcher des troupes: on se battit dans les rues durant trois heures, il y eut plus de trois mille personnes de tuées. La révolte fut comprimée et les instigateurs punis; mais, à Paris, le parti républicain se prononça pour les vaincus.

Depuis longtemps nous avons vu une secte de révolutionnaires théologiques, les jansénistes, glisser le venin du schisme et de l'hérésie dans les livres, dans les cloîtres, dans les parlements; essayer de diviser la France d'avec le centre de l'unité catholique, afin d'étouffer plus aisément la piété dans le cœur des peuples, accomplir enfin le vœu de son hérésiarque: *Il n'y a plus d'Église!* et aider la secte voltairienne à exécuter le commandement de son chef: *Écrasez l'infâme!* Les deux sectes étaient puissamment représentées à l'Assemblée nationale: l'impiété se cachait d'abord derrière l'hérésie. On avait déclaré dans la constitution que tous les cultes étaient libres. De là il était naturel de conclure: Donc le culte catholique est pour le moins aussi libre que les autres. Il n'en sera pas ainsi. On dépouille d'abord le clergé de la dîme qui lui était payée de temps immémorial. Mais l'appétit vient en mangeant; on pensa donc à confisquer les biens dont il était propriétaire. N'ayant pas d'argent, on avait fait des assignats ou du papier-monnaie: il y fallait une garantie; il y avait plus d'adresse à la trouver dans le bien d'autrui que dans le sien propre. On ne manquait pas de raisons pour cela. Les *communistes* disent de nos jours: « La nature fait tous les hommes égaux; il est donc contre nature que les uns aient tout et les autres rien. Si donc quelques-uns ont plus, ce n'est qu'à condition de partager avec les autres et de rétablir l'égalité naturelle. Comme ils ne le font pas, nous allons, de par la nature, le faire à leur place. » Ainsi raisonnent les communistes de nos jours contre les bourgeois, ainsi raisonnaient les bourgeois de 1789 contre le clergé de leur temps. « Les biens du clergé, disaient-ils, n'ont d'autre destination que de subvenir aux dépenses du culte, à la nourriture de ses ministres et aux besoins des pauvres: or, nous nous chargeons de ces dépenses; donc ces biens-là sont à nous. » En conséquence, dans la séance du 10 octobre 1789, l'évêque d'Autun, Talleyrand, que nous verrons bientôt père d'une église schismatique, soumit à l'examen de l'Assemblée constituante une proposition tendant à ordonner que les biens du clergé seraient *déclarés propriétés nationales*, et, à ce titre, réunis au domaine public. Le 2 novembre, après de longs et violents débats, une majorité nombreuse rejeta la proposition: on décréta seulement, ce qui revenait au même, *que les biens du clergé seraient mis à la disposition de la nation*, à la charge par celle-ci de pourvoir d'une manière convenable aux frais du culte, à l'entretien de ses ministres *et au soulagement des pauvres*. Le même décret fixe au chiffre de douze cents livres, non compris le logement et le jardin, le minimum de la dotation des curés. Cependant ce n'était qu'une atteinte portée au temporel, et un député, M. de Montlosier, avait fort bien dit: « Si vous ôtez aux évêques leur croix d'or, ils prendront une croix de bois; et c'est une croix de bois qui a sauvé le monde. »

Aussi l'hérésie et l'incrédulité portaient-elles leurs vues plus loin: c'était de tuer l'Église de France, en la séparant de Rome. Comme les ordres religieux sont l'avant-garde ou les sentinelles vigilantes de l'Église, un décret du 13 février 1790 supprima les ordres religieux et les vœux monastiques. Bien des moines avaient donné lieu ou prétexte à cette suppression par leur relâchement et leurs scandales, particulièrement ceux qui s'étaient réjouis de la suppression des Jésuites. Et, chose remarquable, des monastères les plus mauvais, il ne reste généralement pas pierre sur pierre; il n'en subsiste qu'une mauvaise renommée.

Du reste, lorsque l'Assemblée constituante supprime les ordres religieux et les vœux monastiques, ce n'est que pour les effets civils, son pouvoir ne s'étend pas au delà et ne saurait dégager les consciences. Les vœux ont été faits, non pas à la nation française, mais à Dieu. Il y a plus: comme, d'après la constitution même, tous les cultes sont libres, tous les Français égaux devant la loi, et la propriété inviolable, il sera toujours constitutionnellement libre à tous Français de faire des vœux, de les garder, et de demeurer ensemble dans une maison à eux appartenante: prétendre les en empêcher, c'est violer la constitution et donner droit aux communistes de la violer de leur côté, en abolissant tout à la fois et la propriété et la famille, pour ne faire de tous les Français qu'un troupeau de bétail.

Dès lors on vit commencer la grande purification de l'Église de France, la séparation du bon grain d'avec la paille. Des moines, déjà séduits par les attraits du monde, se jetèrent avec ardeur hors de leurs cloîtres, pour servir d'instruments au schisme, quelques-uns même, au régicide. Il en resta cependant un grand nombre qui demeurèrent fidèles à leur vocation, et qui ne se crurent pas dégagés de leurs vœux parce que des ordonnances séculières n'en voulaient plus reconnaître. Ils continuèrent d'observer leur règle tant qu'ils purent, et se réunirent à cet effet dans les maisons qui furent momentanément conservées. Les religieuses surtout offrirent l'exemple d'un attachement sincère à leur état; et ces filles pieuses, dont les écrivains irréligieux ou frivoles avaient affecté de déplorer le sort; qu'ils avaient peintes comme *victimes* des préjugés, comme gémissant sous la tyrannie la plus dure, donnèrent le démenti le plus formel à leurs détracteurs. Elles convainquirent de calomnie, et de la manière la plus solennelle, ces fables débitées sur leur compte par la malignité, et ces fictions théâtrales où on les livrait à une pitié insultante ou à un ridicule injuste et amer. Très-peu, parmi elles, profitèrent des nouveaux décrets. Les autres persévérèrent dans leur sainte vocation, et, par leur généreuse fermeté, rendirent à la religion un témoignage qui l'honorait ainsi qu'elles. Nous en verrons plusieurs remporter la couronne du martyre.

Il semblait que l'Assemblée nationale eût dû au moins faire une exception en faveur de quelques monastères qui ne présentaient ni de grandes richesses à l'avarice, ni l'oubli des règles à la malignité; de monastères que les vertus de leurs fondateurs et l'austérité de leurs religieux avaient rendus célèbres, et qui, situés dans des retraites profondes, ne demandaient qu'à être oubliés du monde, qui y était oublié lui-même. La Trappe et Sept-Fonts étaient, depuis plus d'un siècle, l'asile de ceux qui, fatigués du monde ou dégoûtés de leurs erreurs, cherchaient dans la solitude un abri pour leur faiblesse, et dans la pratique des austérités et de la pénitence une expiation de leurs fautes. Ces maisons furent supprimées comme toutes les autres, et leurs religieux dispersés. La Providence procura cependant un asile à quelques Trappistes qui désiraient persévérer dans leur vocation. Ils sortirent de France, et se retirèrent à la Valsainte, au canton de Fribourg en Suisse. Ils s'y reformèrent en communauté, et furent rejoints par un grand nombre de nouveaux religieux que les désastres de l'Eglise et leur vocation appelaient dans cette retraite austère. Ils s'y multiplièrent au point d'être obligés d'envoyer ailleurs des colonies. Ils en établirent en Piémont, en Espagne, en Italie, en Westphalie, en Angleterre même, et jusqu'en Amérique. C'était une semence de bénédiction que la Providence jetait vers les quatre vents de l'univers (Picot, *Mémoires*, an 1790). Aujourd'hui nous en voyons germer et en Algérie et près de Constantinople.

Le 11 juin 1790, lorsque l'Assemblée nationale avait déjà proclamé les droits de l'homme, et annoncé la fédération de la France pour le 14 juillet, il se présenta à elle une *députation du genre humain*, ayant à sa tête le Prussien Cloots, qui, *au nom du genre humain*, félicita l'Assemblée de ses travaux, et demanda pour la députation l'honneur de paraître à la fête nationale du 14 juillet. C'était une parade de comédie : on avait revêtu d'habits de théâtre quelques hommes sans aveu, payés pour accepter un rôle dans cette prétendue ambassade. Le vrai genre humain, nous avons vu, dès la préface de cette Histoire, où est sa partie intelligente, sa tête. Il y a cinq parties du monde, avons-nous remarqué: l'Europe, l'Asie, l'Afrique, l'Amérique et l'Océanie. Pour l'intelligence, surtout l'intelligence religieuse et morale, l'Océanie est au-dessous de zéro, l'Afrique nulle, l'Asie morte : comme on l'a dit, il ne nous vient plus de l'Orient d'autre lumière que la lumière du soleil. Il n'y a de vie intellectuelle qu'en Europe et en Amérique, c'est-à-dire dans la société chrétienne : société qui embrasse toute la terre, société constituée visiblement une dans l'Eglise catholique, apostolique et romaine, qui parle et s'explique par l'organe de son chef, comme l'individu par sa bouche. Or, l'Eglise catholique, dans son état actuel, remonte de nous à dix-neuf siècles, et de là, dans un état différent, jusqu'à l'origine de l'humanité. Elle embrasse ainsi tous les siècles, depuis Pie IX jusques à Adam. Hors de là, rien de pareil; hors de là, nul ensemble; hors de là quelques fragments qui, à eux seuls, ne présentent qu'un amas de décombres, mais qui, dans le christianisme total, trouvent leur place, comme les pierres détachées d'un même édifice. L'Eglise catholique est ainsi le genre humain, constitué divinement et divinement conservé dans l'unité, pour répondre à qui l'interroge, nous dire d'où il vient, où il va, quels sont les principaux événements de sa longue existence, quels sont les desseins de Dieu sur lui et sur nous.

Dans la suite de cette Histoire, nous avons vu comment Jésus-Christ, le Fils de Dieu fait homme, a perfectionné la constitution de cette Eglise, principalement son unité. Parmi tous ses disciples, il en choisit douze, et parmi les douze il en choisit un, auquel il dit : *Tu es Pierre, et sur cette pierre je bâtirai mon Eglise, et les portes de l'enfer ne prévaudront point contre elle; et je te donnerai les clés du royaume des cieux, etc... J'ai prié pour toi, afin que ta foi ne défaille point, etc... Pais mes agneaux, pais mes brebis. Il n'y aura qu'un troupeau et qu'un pasteur. Allez donc enseigner toutes les nations; et voici que je suis avec vous jusqu'à la consommation des siècles. Le ciel et la terre passeront, mais mes paroles ne passeront point.*

Nous avons entendu Bossuet dire au clergé de France : « Mais voyons encore la suite de cette parole. Jésus-Christ poursuit son dessein; et après avoir dit à Pierre, éternel prédicateur de la foi : *Tu es Pierre, et sur cette pierre je bâtirai mon Eglise,* il ajoute : *Et je te donnerai les clés du royaume des cieux.* Toi qui as la prérogative de la prédication de la foi, tu auras aussi les clés qui désignent l'autorité du gouvernement ; *ce que tu lieras sur la terre, sera lié dans le ciel, et ce que tu délieras sur la terre, sera délié dans le ciel.* Tout est soumis à ces clés; tout, mes frères, rois et peuples, pasteurs et troupeaux : nous le publions avec joie; car nous aimons l'unité, et nous tenons à gloire notre obéissance. C'est à Pierre qu'il est ordonné premièrement *d'aimer plus que tous les autres apôtres,* et ensuite *de paître* et gouverner tout, *et les agneaux et les brebis,* et les petits et les mères, et les pasteurs mêmes : pasteurs à l'égard des peuples, et brebis à l'égard de Pierre (Bossuet, *Discours sur l'unité de l'Eglise*).

Mais bien avant Bossuet nous avons entendu les Pères, les Papes et les conciles, conclure de là que saint Pierre est l'unique source ou canal de la juridiction dans l'Eglise, et que de la plénitude de sa puissance émane toute autorité spirituelle. Tertullien, si près de la tradition apostolique, et, avant sa chute, si soigneux de la recueillir, écrivait dès le IIe siècle : *Le Seigneur a donné les clés à Pierre, et par lui à l'Eglise.* Saint Optat de Milève répète : *Saint Pierre a reçu seul les clés du royaume des cieux pour les communiquer aux autres pasteurs.* Saint Cyprien ne s'exprime pas avec moins de force: *Notre Seigneur, en établissant l'honneur de l'épiscopat, dit à saint Pierre dans l'Evangile :* Tu es Pierre, etc., et je te donnerai les clés, etc... *C'est de là que, par la suite des temps et des successions, découlent l'ordination des évêques et la forme ou constitution de l'Eglise, afin qu'elle soit établie sur les évêques.* Saint Augustin disait : *Le Seigneur nous a confié ses brebis, parce qu'il les a confiées à Pierre.*

Si de l'Afrique nous passons en Syrie, nous entendons saint Ephrem louer saint Basile *de ce que*, *occupant la place de saint Pierre et participant également à son autorité et à sa liberté, il reprit avec une sainte hardiesse l'empereur Valens*. On le voit, l'autorité de cet illustre évêque n'était qu'une participation de celle de Pierre : il la représentait; *il tenait sa place*, dit saint Ephrem : au même sens que saint Gaudence de Bresce appelle saint Ambroise *le successeur de Pierre*, et que Gildas surnommé le Sage dit que *les mauvais évêques usurpent le siége de Pierre avec des pieds immondes;* au même sens enfin que tous les évêques d'un concile de Paris déclarent n'être que les vicaires du Prince des apôtres, *Cujus vicem indigni gerimus*, et que Pierre de Blois écrit à un évêque : *Père, rappelez-vous que vous êtes le vicaire du bienheureux Pierre*.

Saint Grégoire de Nysse, un si grand docteur, confesse en présence de tout l'Orient la même doctrine, sans qu'aucune réclamation s'élève : *Jésus-Christ*, dit-il, *a donné par Pierre aux évêques, les clés du royaume céleste*. Et il ne fait en cela que professer la foi du Saint-Siége, qui, par la bouche de saint Léon, prononce *que tout ce que Jésus-Christ a donné aux autres évêques, il le leur a donné par Pierre*. Et encore : *Le Seigneur a voulu que le ministère* (de la prédication) *appartint à tous les apôtres, mais il l'a néanmoins principalement confié à saint Pierre, le premier des apôtres, afin que de lui, comme du chef, ses dons se répandissent dans tout le corps*. Avant saint Léon, Innocent Ier écrivait aux évêques d'Afrique : *Vous n'ignorez pas ce qui est dû au Siége apostolique, d'où découle l'épiscopat et toute son autorité*. Et un peu plus loin : *Quand on agite des matières qui intéressent la foi, je pense que nos frères et coévêques ne doivent en référer qu'à Pierre, c'est-à-dire à l'auteur de leur nom et de leur dignité*. Et dans une autre lettre adressée à saint Vitrice de Rouen : *Je commencerai avec le secours de l'apôtre saint Pierre, par qui l'apostolat et l'épiscopat ont pris leur commencement en Jésus-Christ*.

De siècle en siècle on entend la même voix sortir de toutes les églises. *Le Seigneur, en disant pour la troisième fois* : M'aimes-tu ? Pais mes brebis, *a donné cette charge à vous premièrement, et ensuite par vous à toutes les Eglises répandues dans l'univers*. Ainsi s'exprime Etienne de Larisse dans une requête à Boniface II. *Comment oserais-je*, écrivait à saint Grégoire, Jean, évêque de Ravenne, *comment oserais-je résister à ce Siége*, *qui transmet ses droits à toute l'Eglise?* Citons encore saint Césaire d'Arles, qui écrivait au saint pape Symmaque : *Puisque l'épiscopat prend son origine dans la personne de l'apôtre saint Pierre, il faut que Votre Sainteté, par ses sages décisions, enseigne clairement aux Eglises particulières les règles qu'elles doivent observer.*

Jusqu'au grand schisme d'Occident, on ne connut point d'autre doctrine en France ; mais pour ne pas nous étendre à l'infini, nous ajouterons seulement aux passages qui précèdent les paroles d'un concile de Reims, dans la sentence qu'il porta contre les assassins de Foulque, archevêque de Reims : *Au nom de Dieu et par la vertu du Saint-Esprit, ainsi que par l'autorité divinement conférée aux évêques par le bienheureux Pierre, prince des apôtres, nous les séparons de la sainte Eglise.*

L'Assemblée nationale de 1790 ignorait cette divine constitution de l'humanité chrétienne, lorsqu'elle essaya d'en détacher la France. Elle ignorait ce grand fleuve de la doctrine catholique et de la juridiction apostolique, lorsqu'elle alla chercher ses idées et ses exemples dans les marais de la Hollande. Nous avons vu, en 1723, sept prêtres du pays d'Utrecht se disant chanoines d'un chapitre qui n'existait plus depuis cent ans, choisir l'un d'eux pour archevêque d'un siége qui n'existait pas davantage, et le faire sacrer par un évêque étranger, suspens, interdit, excommunié, coadjuteur de Babylone. Ils en écrivirent au Pape pour la forme, le priant de confirmer leurs actes. Ils n'en reçurent que des anathèmes, mais n'en continuèrent pas moins leur train. Tout cela se fit avec l'approbation et même à la suggestion des jansénistes français. Voilà comme se fit l'Eglise janséniste et schismatique d'Utrecht, qui a continué jusqu'à nos jours, avec un archevêque et deux évêques, lesquels trois ensemble n'ont pas plus de deux mille partisans. Ce fut sur ce patron que les jansénistes de l'Assemblée nationale taillèrent la Constitution civile du clergé, laquelle divisa la France d'avec elle-même, y implanta le schisme et la persécution, jusqu'à ce que le Pape y portât remède par le concordat de 1802.

D'abord le titre de *Constitution civile du clergé* est une contradiction et un mensonge. Constitution civile du clergé, de la magistrature, de l'armée, qu'est-ce que cela veut dire. N'est-ce pas constitution relative aux clercs, aux magistrats, aux militaires, en tant qu'ils sont citoyens? Mais comme citoyens français, les ecclésiastiques, les magistrats, les militaires n'ont d'autre constitution que celle de tous les citoyens, le Code civil. *Constitution civile du clergé* est donc un non-sens et un mensonge, car cela voudrait dire : *Constitution ecclésiastique imposée au clergé de France par l'autorité civile*. Mais alors que devient l'article de la constitution qui déclare que tous les cultes sont libres. L'Assemblée constituante n'est-elle pas la première à violer sa constitution et à lui substituer l'anarchie et la tyrannie par son exemple? Vous déclarez que tous les cultes sont libres, et votre premier acte est d'asservir et de tyranniser le culte catholique! A ce langage menteur et hypocrite, on reconnaît la secte janséniste qui admet de la part de Dieu une grâce suffisante, mais qui ne suffit pas, et dans l'homme une volonté libre, mais d'une liberté esclave. Aussi les jansénistes dominaient-ils dans le comité chargé de rédiger cette constitution prétendue civile, mais effectivement schismatique pour le clergé de France.

Cette constitution anticonstitutionnelle et janséniste s'arrogea donc de supprimer des évêchés et d'en ériger d'autres; de retirer la juridiction aux anciens pasteurs et de la transmettre aux nouveaux. A cela elle avait autant de droit et de pouvoir que les rescrits de Néron, de Dioclétien et du Grand-Turc à régler la juridiction des Apôtres et de leurs successeurs. Elle supprima donc *civilement* les cent trente-cinq évêchés existant en France et en créa *civilement* un tout neuf dans chacun des nouveaux départements : ce qui faisait quatre-vingt-trois évêchés *civils*. Elle statua de plus, *civilement*, que les nouveaux évêques seraient nommés, non plus par le roi, suivant le concordat de Léon X; non plus par le chapitre de la cathédrale, comme en beaucoup d'Eglises; non plus par le clergé, assisté du peuple fidèle, comme autrefois en bien des pays : auxquels cas les élus étaient toujours confirmés par le Pape, soit immédiatement par lui-même, soit médiatement par le métropolitain ou le concile, avec recours au Saint-Siége en cas de doute ou de contestation : non, la *Constitution civile du clergé* statua que ses évêques *civils* seraient élus par les électeurs *civils*, juifs, protestants, anabaptistes, et même catholiques quand il s'en trouvait : les *civilement* élus demanderaient l'institution *civilement* canonique au métropolitain ou au plus ancien évêque de la province, mais non au Pape, à qui chacun écrirait seulement une lettre de civilité, comme les jansénistes de Hollande. Les curés seraient nommés de même par les électeurs *civils*. Du reste, on abolissait *civilement* les chapitres des cathédrales, ainsi que tous les autres chapitres et bénéfices. Les évêques et les curés *civilement* élus étaient tenus de prêter serment d'être fidèles à cette constitution décrétée par l'Assemblée. Telle fut, en substance, la Constitution civile du clergé ou plutôt la constitution du clergé civil de France.

Lorsque cet ensemble d'innovations sacriléges fut présenté à la sanction du roi, sa conscience en fut épouvantée; et les catholiques espérèrent que Louis XVI refuserait de s'associer à une loi impie. De toutes parts le clergé et les fidèles s'émurent. Beaucoup de prêtres que le siècle avait entraînés, rentrèrent en eux-mêmes, et comprirent ce que Dieu attendait de son peuple et de ses lévites. On vit le curé de Saint-Etienne du Mont, qui s'était signalé dans les derniers événements révolutionnaires, passer quarante jours au pied des autels, et, couvert d'un cilice, prier le ciel de détourner les coups dirigés contre l'Eglise. Des mouvements considérables eurent lieu dans quelques provinces. De tous côtés, dans tous les temples, on ouvrit des neuvaines, on mêla aux jeûnes et aux prières de la semaine sainte et des jours consacrés à la pénitence, des jeûnes, des prières, des œuvres d'expiation, en vue du salut de la foi et de l'Eglise de France.

Cependant Louis XVI avait secrètement référé à Rome de la Constitution civile du clergé, qu'on le pressait de sanctionner par sa signature. En faisant connaître au souverain Pontife les dangers qui allaient éclater sur l'Eglise de France en cas de refus, il l'avait respectueusement adjuré d'examiner si des concessions n'étaient pas possibles ou opportunes. Voici dans quels termes Pie VI lui répondit :

« A notre très-cher fils en Jésus-Christ, salut et bénédiction apostolique. — Quoique nous soyons loin de douter de la ferme et profonde résolution où vous êtes de rester attaché à la religion catholique, apostolique et romaine, au Saint-Siége, centre de l'unité, à notre personne, à la foi de vos glorieux ancêtres, nous n'en devons pas moins appréhender que, les artifices adroits et un captieux langage surprenant votre amour pour vos peuples, on ne vienne à abuser du désir ardent que vous avez de mettre l'ordre dans votre royaume, et d'y ramener la paix et la tranquillité. Nous qui représentons Jésus-Christ sur la terre, nous à qui il a confié le dépôt de la foi, nous sommes spécialement chargé du devoir, non plus de vous rappeler vos obligations envers Dieu et envers vos peuples, car nous ne croyons pas que vous soyez jamais infidèle à votre conscience, ni que vous adoptiez les fausses vues d'une haine politique; mais, cédant à notre amour paternel, de vous déclarer et de vous dénoncer de la manière la plus expresse que, si vous approuvez les décrets relatifs au clergé, vous entraînez par cela même votre nation entière dans l'erreur, le royaume dans le schisme, et peut-être vous allumez la flamme dévorante d'une guerre de religion. Nous avons bien employé jusqu'ici toutes les précautions pour éviter qu'on ne nous accusât d'avoir excité aucun mouvement de cette nature, n'opposant que les larmes innocentes de nos prières auprès de Dieu; mais si les dangers de la religion continuent, le chef de l'Eglise fera entendre sa voix; elle éclatera, mais sans compromettre jamais les devoirs de la charité.

» Votre Majesté a, dans son conseil, deux archevêques, dont l'un, pendant tout le cours de son épiscopat, a défendu la religion contre les attaques de l'incrédulité; l'autre possède une connaissance approfondie des matières de dogme et de discipline. Consultez-les; prenez avis de ceux de vos prélats en grand nombre, et des docteurs de votre royaume, distingués tant par leur piété que par leur savoir. Vous avez fait de grands sacrifices au bien de votre peuple; mais s'il était en votre disposition de renoncer même à des droits inhérents à la prérogative royale, vous n'avez pas le droit d'aliéner en rien ni d'abandonner ce qui est dû à Dieu et à l'Eglise, dont vous êtes le fils aîné.

» Prenons confiance dans la Providence divine, et, par un attachement inviolable à la foi de nos pères, méritons d'en obtenir le secours dont nous avons besoin. Quant à nos dispositions particulières, nous ne pouvons désormais être sans inquiétude et sans douleur, à moins de savoir la tranquillité et le bonheur de Votre Majesté assurés. — C'est dans ce sentiment d'une affection toute paternelle que nous donnons, du fond de notre cœur, à Votre Majesté, ainsi qu'à votre auguste famille, notre bénédiction apostolique. — Donné à Rome, à Sainte-Marie-Majeure, le 10 juillet 1790, la 16ᵉ année de notre pontificat. »

Les deux prélats aux conseils desquels le pape Pie VI priait le roi de s'en rapporter, eurent tous deux la pusillanimité d'engager Louis XVI à souscrire aux volontés de l'Assemblée constituante. L'un d'eux, M. de Pompignan, archevêque de Vienne, en mourut de douleur et de remords; et l'autre, M. de Cicé, archevêque de Bordeaux, publia plus tard une humble et pieuse rétractation (Gabourd, p. 405). Le 24 août 1790, Louis XVI apposa donc sa signature sur la Constitution civile du clergé, et sanctionna l'établissement du schisme dans le royaume qui, jusqu'alors, s'était honoré du nom de *très-chrétien*.

Deux archevêques, l'élite du clergé de France, conseillant à Louis XVI de sanctionner le schisme de son royaume, malgré l'avertissement contraire du Pape, voilà un fait étrange. D'où peut venir tant d'ignorance ou tant de pusillanimité ? Nous avons vu plus d'une fois les évêques courtisans de la France moderne opposer aux Papes les libertés de l'Eglise gallicane; libertés envers le Pape, nous a dit Fénelon, servitudes envers le roi; libertés par suite desquelles le roi est plus maître de l'Eglise en France que le Pape. Or, l'Assemblée constituante avait concentré en elle tous les pouvoirs de la nation et du roi. Donc elle n'avait pas plus de pouvoir que le Pape pour réformer et réglementer l'Eglise gallicane. Voilà comme ont pu raisonner les deux archevêques pour se faire illusion. Autre malheur. Par suite de ces préventions nationales, bien des pasteurs en France se dispensaient de parler à leurs ouailles de leur Pasteur suprême, de sa souveraine autorité, de l'obéissance que lui doivent et pasteurs et ouailles, et rois et peuples. Nous connaissons telle ville de quinze mille âmes, où, à l'époque du schisme de 1790, jamais les fidèles n'avaient ouï leurs pasteurs leur dire un mot de notre Saint-Père le Pape, de son autorité comme vicaire de Jésus-Christ, de la soumission filiale que tous les chrétiens lui doivent. Aussi, au moment du péril, se trouvèrent-ils comme des brebis errantes, sans guide et sans règle; et, sur ce grand nombre, à peine s'en rencontra-t-il trois cents qui, à la longue et par des voies indirectes, apprirent de quoi il était question.

Cependant Louis XVI écrivit au Pape pour le prier de confirmer, au moins provisoirement, quelques-uns des articles de la Constitution civile du clergé. Le Pontife assembla les cardinaux à ce sujet, et résolut, sur leur avis, de consulter les évêques de France, comme plus à portée de connaître et toute la suite des décrets et les moyens à prendre dans ces conjonctures difficiles. Le 30 octobre, trente évêques de France signèrent un écrit devenu célèbre, sous le titre d'*Exposition des principes sur la Constitution civile du clergé*. L'auteur, M. de Boisgelin, archevêque d'Aix, et l'un des signataires, y avait défendu les vrais principes de l'Eglise, sans plaintes, sans amertume, et avec une modération et une solidité qui eussent peut-être ramené des esprits moins prévenus. L'*Exposition* réclamait la juridiction essentielle à l'Eglise, le droit de fixer la discipline, de faire des règlements, d'instituer des évêques et de leur donner une mission, droit que les nouveaux décrets lui ravissaient en entier. Elle n'oubliait pas de se plaindre de la suppression de tant de monastères, de ces décrets qui fermaient des retraites encore souvent consacrées à la piété, qui prétendaient anéantir des promesses faites à Dieu; qui apprenaient à parjurer ses serments, et s'efforçaient de renverser des barrières que la main de l'homme n'a point posées. Les évêques demandaient en finissant qu'on admît le concours de la puissance ecclésiastique pour légitimer tous les changements qui en étaient susceptibles, qu'on s'adressât au Pape, sans lequel il ne se doit traiter rien d'important dans l'Eglise; qu'on autorisât la convocation d'un concile national ou de conciles provinciaux; qu'on ne repoussât pas toutes les propositions du clergé; enfin, qu'on ne crût pas qu'il en était de la discipline de l'Eglise comme de la police des Etats, et que l'édifice de Dieu est de nature à être changé par l'homme. Cent dix évêques français ou ayant des extensions de leurs diocèses en France, se joignirent aux trente évêques de l'assemblée, et l'*Exposition des principes* devint un jugement de toute l'Eglise gallicane. Beaucoup d'évêques publièrent en outre des instructions pastorales. Des ecclésiastiques instruits les secondèrent par des ouvrages utiles et solides. Des laïques mêmes entrèrent dans la lice, et l'on fut surtout étonné de voir des jansénistes repousser la doctrine de leur parti, et attaquer le rédacteur de la Constitution, l'avocat janséniste Camus, par ses propres armes.

L'Assemblée constituante, ayant la sanction du roi pour son œuvre, décréta, le 27 novembre 1790, que tous les évêques et curés qui n'auraient pas fait, sous huit jours, le serment de fidélité à la Constitution civile du clergé, seraient censés avoir renoncé à leurs fonctions. Il fut dit aussi que, sur le refus du métropolitain ou de l'évêque le plus ancien, de consacrer les évêques élus, cette consécration serait faite par quelque évêque que ce fût, et que, quant à la confirmation et institution canonique, l'administration civile indiquerait à l'élu un évêque quelconque auquel il s'adresserait. Ces énormités étaient capables d'ouvrir les yeux aux plus aveugles.

Dès lors ce fut comme un jugement de Dieu; dès lors commença la séparation des uns d'avec les autres; dès lors commença l'épuration du clergé français et la régénération de la France catholique. Le 27 décembre 1790, Henri Grégoire, curé d'Emberménil, connu par l'exaltation de ses principes révolutionnaires, donna l'exemple de la défection. Il monta à la tribune, prêta le serment du schisme, et prononça un discours pour justifier son scandale. Comme un autre ange apostat, il fut suivi de soixante de ses confrères qui siégeaient au côté gauche. Trente-six ecclésiastiques se joignirent depuis à lui, et deux évêques, l'évêque d'Autun, Talleyrand, et celui de Lydda, Gobel, suffragant de Bâle pour la partie française du diocèse.

Le 4 janvier 1791 avait été fixé aux ecclésiastiques de l'Assemblée nationale pour la prestation du serment de défection et de schisme. Autrefois, sous Néron et Dioclétien, le peuple païen, assemblé au théâtre, s'écriait : *Les chrétiens aux lions! Aux lions les chrétiens!* Le 4 janvier 1791, au moment où le président de l'Assemblée allait faire l'appel nominal des ecclésiastiques jusque-là fidèles, un groupe de misérables s'écria : *A la lanterne! A la lanterne les évêques et les prêtres qui ne feront pas le serment!* — C'est qu'on pendait aux crochets des lanternes publiques ceux qu'on ne prenait pas le temps de réserver à la guillotine. — Quelques laïques de l'Assemblée demandèrent qu'on mît fin à ces clameurs sanguinaires, afin que le clergé pût répondre au moins avec une apparence de liberté. « Non, messieurs, dirent les ecclésiastiques fidèles, ne vous occupez pas de ces clameurs d'un peuple qu'on abuse. Son erreur et ses cris ne dirigeront pas notre conscience... ». Le président appelle d'abord M. de Bonnac, évêque d'Agen. « Messieurs, dit le prélat au milieu du plus profond silence, les sacrifices de la fortune me coûtent peu; mais il en est un que je ne saurais faire, celui de votre estime et de ma foi; je serais trop sûr de perdre l'une et l'autre, si je prêtais le serment qu'on exige de moi. » Cette réponse captive un instant l'admiration. Le président appelle M. Fournet, curé du même diocèse. « Messieurs, dit à son tour le digne prêtre, vous avez prétendu nous rappeler aux premiers siècles du christianisme; eh bien! avec toute la simplicité de cet âge heureux de l'Eglise, je vous dirai que je me fais gloire de suivre l'exemple que mon évêque vient de me donner. Je marcherai sur ses traces, comme le diacre Laurent marcha sur celles de Sixte, son évêque; je le suivrai jusqu'au martyre. » Ces paroles si belles provoquèrent des grincements de dents parmi le côté gauche. M. Leclerc, curé du diocèse de Séez, se lève à l'appel du président : « Je suis né catholique, apostolique et romain; je veux mourir dans cette foi; je ne le pourrais pas en prêtant le serment que vous me demandez. » A ces mots, la gauche éclate de fureur, et demande qu'on mette fin à ces sommations individuelles. M. de Saint-Aulaire, évêque de Poitiers, craignant de manquer une si belle occasion de témoigner sa foi, s'avance vers la tribune malgré son grand âge, et dit : « Messieurs, j'ai soixante-dix ans; j'en ai passé trente-trois dans l'épiscopat; je ne souillerai pas mes cheveux blancs par le serment de vos décrets, je ne jurerai pas. » A ces mots, tout le clergé de la droite se lève, applaudit et annonce qu'il est tout entier dans les mêmes sentiments.

L'Assemblée, qui avait vu le roi plier sous ses décrets, est étonnée de cette fermeté des évêques et des prêtres. Les députés quittent leurs sièges, se réunissent en groupes, se dispersent de nouveau, ne savent à quel parti s'arrêter. Au dehors retentissent les cris : *A la lanterne tous les évêques et tous les prêtres qui ne jureront pas!* Ceux-ci, tranquilles et sereins, demandent que l'on continue l'appel nominal. Enfin, le jureur Grégoire monte à la tribune, et s'efforce de persuader au clergé de la droite que l'intention de l'Assemblée n'a jamais été de toucher à la religion, à l'autorité spirituelle; qu'en faisant le serment, on ne s'engage à rien de tout ce qui serait contraire à la foi catholique. « Nous demandons, répondent les évêques et les prêtres de la droite, que cette explication soit d'abord convertie en décret. » L'Assemblée s'y refuse, et ordonne qu'au lieu d'interpellations individuelles, on leur fasse une sommation générale. Le président dit alors : « Que ceux des ecclésiastiques qui n'ont pas encore prêté leur serment se lèvent et s'avancent pour le prêter. » Pas un seul ne s'avance, pas un seul ne se lève. — Honneur au clergé de France! il n'y a rien de plus beau dans l'histoire de l'Eglise.

L'Assemblée fit un pas plus avant dans la voie de la persécution : elle décréta que le roi ferait élire de nouveaux curés à la place de ceux qui n'avaient pas prêté le serment du schisme. Le clergé fidèle contre qui l'on formait ce décret eut alors une consolation inattendue. Plus de vingt ecclésiastiques qui avaient cru pouvoir prêter le serment avec des explications, voyant la noble résistance de leurs confrères, frappés surtout du refus qu'avait fait l'Assemblée d'admettre ces explications nécessaires, rétractèrent hautement leur serment, les uns à la tribune, les autres en déposant sur le bureau leur rétractation écrite, d'autres par la voie de l'impression; car on finit par les repousser des bureaux et de la tribune. Tous ces fidèles imitateurs des apôtres, évêques et prêtres, sortirent de l'Assemblée à travers les outrages et les cris, se réjouissant d'avoir été trouvés dignes de souffrir ces insultes pour le nom de Jésus-Christ. Leurs ennemis eux-mêmes ne pouvaient s'empêcher d'en témoigner de l'admiration. « Nous avons leur argent, disait Mirabeau, mais ils ont conservé leur honneur. »

Finalement, sur environ trois cents ecclésiastiques qui étaient de l'Assemblée nationale, il n'y en eut qu'environ soixante-dix qui adhérèrent à la Constitution schismatique du clergé. Le dimanche suivant, 9 janvier 1791, était marqué pour le serment du clergé des paroisses de Paris. Vingt-neuf curés le refusèrent, entre autres ceux de Saint-Sulpice et de Saint-Roch, à la tête de près de cent prêtres de leurs communautés, et l'on assure que sur huit cents ecclésiastiques employés au ministère dans cette grande cité, plus de six cents se montrèrent plus attachés à leur devoir qu'à leurs places. Sur quarante prêtres qui desservaient Saint-Sulpice, pas un seul ne jura : il en fut de même dans diverses autres paroisses, telles que Saint-Jean de Grève et Saint-Hippolyte. A Saint-Roch, sur quarante-six, quarante furent fermes. Les évêques dispersés dans les provinces suivirent l'exemple de leurs collègues réunis à Paris, et de cent trente-cinq évêques français, quatre seulement s'enrôlèrent sous les étendards du schisme. Ce furent le cardinal de Brienne, archevêque de Sens, et les évêques de Viviers, d'Orléans et d'Autun. La conduite subséquente de ces prélats ne parut guère propre à justifier leur démarche en cette occasion. De Brienne, qu'on avait déjà su apprécier, renvoya ce même chapeau de cardinal qu'il avait brigué peu auparavant, fut déclaré déchu de sa dignité par le Pape, et mourut misérablement en 1794. Les évêques d'Orléans et d'Autun, Jarente et Talleyrand, malheureusement lancés dans une carrière pour laquelle ils étaient bien peu faits, renoncèrent à leur état, prirent des fonctions civiles et contractèrent même des mariages. Quant à M. de Savines, évêque de Viviers, qui donna sa démission et fut élu de nouveau, il fit dans la suite des démarches si extravagantes, qu'on ne sait pas si sa prévarication ne fut pas un effet de la folie. Parmi les curés et les vicaires des provinces, la grande majorité, au moins cinquante mille sur soixante, refusèrent tout serment à la Constitution prétendue civile du clergé. Parmi ceux qui restaient, le grand nombre ne jura qu'avec des restrictions pour tout ce qui était contraire à la religion catholique. Une faible minorité jura, sans précaution, d'une manière absolue (Barruel, *Hist. du Clergé pendant la révolution française*; Picot, *Mémoires*, an 1791). Enfin, la presque totalité de l'épiscopat français, la très-grande majorité du clergé séculier se montraient fidèles au jour de l'épreuve.

Cette épreuve fit encore un autre bien: Plusieurs n'avaient pas montré jusqu'alors trop de ferveur ni de zèle; à la vue de la persécution, ils se ranimèrent dans l'esprit de leur état et devinrent d'autres hommes. Ainsi le cardinal de Rohan, évêque de Strasbourg, avec un revenu immense, faisait des dettes et ne donnait pas toujours le bon exemple. Aussi l'on s'attendait à le voir au nombre des prévaricateurs : on y fut trompé. Averti par la Révolution, il prit une conduite plus édifiante, paya ses dettes avec des revenus prodigieusement diminués, et trouva encore le moyen de secourir les prêtres exilés.

L'Assemblée nationale, quoique fort désappointée de voir que les évêques et les prêtres apostats ou *défectionnaires* formaient une si chétive minorité, procéda néanmoins à l'organisation de son clergé *civil* : elle comptait sur le rebut des cloîtres. Les électeurs civils procédèrent donc à l'élection des évêques des départements. Comme il n'en fallait que quatre-vingt-trois, on en vint aisément à bout. Une vingtaine d'ecclésiastiques, jureurs de l'Assemblée nationale, voulurent bien accepter le titre d'évêques départementaux, pour se mettre à la place des évêques diocésains. Mais ce n'était pas tout de s'être fait civilement élire, il fallait trouver des évêques qui voulussent bien donner la consécration épiscopale. Ce fut pour cela qu'Expilly, député à l'Assemblée constituante, qui venait d'être nommé évêque du Finistère, s'adressa, le 11 janvier 1791, à M. de Girac, évêque de Rennes, ville qui, dans la nouvelle circonscription, était la métropole de Quimper. Ce prélat lui répondit par une déclaration où il lui montrait la nullité de son élection et refusait de prêter les mains pour son sacre. Rebuté de ce côté, Expilly eut recours à l'évêque d'Autun, Talleyrand, qui ne pouvait avoir aucun droit de consacrer et de confirmer un évêque d'une métropole si éloignée de la sienne. Cependant, sans demander le consentement de l'ordinaire, sans commission du Pape, sans le serment ordinaire au Saint-Siège, sans examen, sans confession de foi, malgré les irrégularités des deux élections, quoique d'une part le chapitre de Quimper eût protesté, et que de l'autre l'évêque de Soissons vécût et réclamât, l'évêque d'Autun sacra, le 25 janvier, dans l'église de l'Oratoire à Paris, les curés Expilly et Marolles pour évêques du Finistère et de l'Aisne. Il était assisté dans cette cérémonie par deux autres évêques, Gobel, de Lydda, et Miroudot, de Babylone. Mais si l'évêque Talleyrand d'Autun, qui donna sa démission vers ce même temps pour ne plus s'occuper que de fonctions politiques, put communiquer aux élus le caractère épiscopal, il n'était pas en son pouvoir de leur donner la confirmation et l'institution canonique, et de leur conférer sur leurs départements une juridiction qu'il n'avait pas lui-même. L'ancienne discipline, invoquée par les défenseurs mêmes de la Constitution civile du clergé, attribuait le droit de confirmation aux métropolitains ou aux conciles provinciaux. Or, ni les uns ni les autres ne confirmèrent les nouveaux évêques. Ils n'eurent donc aucune mission.

L'évêque Gobel, de Lydda, pour prix de sa complaisance, eut à opter entre trois départements, et choisit celui de la Seine. Il paraît qu'il fut entraîné dans ce parti par faiblesse et par peur. Il avait d'abord prêté son serment avec quelques restrictions; mais on l'intimida, et il les rétracta. Depuis, il écrivit secrètement au Pape, et n'eût pas la force de suivre les conseils qu'il reçut. Dans la suite, la crainte lui dicta des démarches plus honteuses encore. Le curé d'Embermenil, Henri Grégoire, porte-étendard de la défection à l'Assemblée nationale, fut nommé évêque départemental, non pas de Blois, comme il affecta de dire plus tard, mais de Loir-et-Cher; en sorte que, par son titre même, il paraissait avoir à gouverner, non pas le diocèse de Blois, mais les deux rivières de Loir-et-Cher.

- Il fut plus aisé au schisme de trouver des évêques que des curés et des vicaires. On nous a procuré à ce sujet des renseignements précieux pour le district de Laval, chef-lieu du département de la Mayenne. En 1789, sur une population de dix mille âmes, Laval renfermait plus de quatre-vingts prêtres tant séculiers que réguliers, presque tous mis dans la ville même et y ayant leurs familles. A Laval, il y avait peu de noblesse, mais beaucoup d'anciennes familles bourgeoises : ces deux classes s'alliaient entre elles, vivaient sur le pied d'une égalité parfaite, et formaient une sorte d'aristocratie qui n'avait rien d'oppressif pour les familles des rangs inférieurs. Enfin, Laval présentait une espèce de petite république réglée par une bonhomie patriarcale, par un grand fond de religion et par un profond respect pour les anciens usages. Lorsque parut la Constitution civile du clergé, tous les ecclésiastiques de Laval et des environs se prononcèrent fortement contre elle. Laval était une des six villes de France dans lesquelles on devait établir un évêché. En décembre 1790, les électeurs du département choisirent pour évêque un prêtre recommandable, M. Desvaupons, grand-vicaire de Dol. Il refusa de son propre mouvement; mais le jour suivant, l'évêque de Dol, M. de Hercé, lui persuada d'accepter. Le bon évêque pensait que, les esprits venant à se calmer, le clergé de France uni au souverain Pontife, et même l'évêque du Mans, consentiraient à l'érection d'un nouveau siège à Laval, et qu'ils y donneraient les formes canoniques. Cependant, le 26 décembre, M. Desvaupons écrivit au Pape, lui fit l'exposé des faits, et demanda quel parti il devait prendre. Ce ne fut que depuis ce jour qu'on exigea le serment à la Constitution civile du clergé. Sur le grand nombre de prêtres de Laval et des quarante-sept paroisses du district, il n'y eut que dix individus qui le prêtèrent. Sans attendre la décision du Pape, M. Desvaupons envoya sa démission le 22 février 1791. Trois jours après, il reçut un bref de Rome, où le Pape lui recommandait précisément ce qu'il venait de faire, savoir, de refuser. Les électeurs du département, ne voyant aucun ecclésiastique un peu marquant du pays qui voulût accepter l'épiscopat de leur main, choisirent un étranger du Midi, le Père Villar, principal du collège de La Flèche, où les religieux doctrinaires avaient remplacé les Jésuites.

Peu après cette élection, on eut connaissance des deux brefs du Pape, du 10 mars et du 13 avril 1791, le premier aux évêques de l'Assemblée constituante, le second à tout le clergé et aux fidèles de France. Pie VI y développait tous les vices de la Constitution civile du clergé. Il déclarait les élections des nouveaux évêques illégitimes, sacrilèges et contraires aux canons, ainsi que l'érection des nouveaux sièges, dont celui de Laval faisait partie. Il ordonnait à tous les ecclésiastiques qui avaient fait le serment de le rétracter dans quarante jours, sous peine d'être suspens de l'exercice de tous ordres et soumis à l'irrégularité, s'ils en faisaient les fonctions. Malgré ces décrets du successeur de saint Pierre, du vicaire de Jésus-Christ, le schismatique Villar se fit sacrer à Paris le 22 mai 1790. Ce ne fut que plus d'un an après, en date du 4 juillet 1791, qu'il publia sa première lettre pastorale, avec ce début, commun à tous les évêques civils, constitutionnels, mais non catholiques : « Noël-Gabriel-Luce Villar, par la miséricorde de Dieu et dans la communion du Saint-Siège apostolique, évêque du département de la Mayenne. » Dans ce peu de mots, le citoyen Villar dit d'abord un mensonge ; il assure être dans la communion du Saint-Siège, et le Saint-Siège le nie. Ensuite, il ne dit pas au nom de qui il vient comme évêque ; reste à conclure qu'il ne vient au nom de personne. Les évêques légitimes sont les successeurs des apôtres, envoyés de Jésus-Christ ; et Jésus-Christ a établi à sa place un vicaire, un lieutenant, pour paître et gouverner tout le troupeau, toute l'Eglise, les agneaux et les brebis, et les petits et les mères, et les fidèles et les pasteurs, et surtout pour signaler aux brebis et aux agneaux quels sont les pasteurs véritables et quels sont les loups vêtus en bergers. Les évêques légitimes mettent en tête de leurs lettres pastorales *par la grâce de Dieu et l'autorité du Saint-Siège*, évêque de telle cité : le citoyen Villar, comme le loup de la fable, eût bien voulu écrire cela sur son chapeau, mais il n'ose, et sa voix seule trahit l'imposture.

Le clergé du pays n'écouta point la voix du mercenaire. Sur cent quatre-vingt-neuf prêtres séculiers que renfermait le district de Laval, on n'en compte que dix-neuf qui aient adhéré au schisme : cinq sur soixante-onze chanoines, chapelains, prêtres habitués ; quatorze sur cent cinq curés et vicaires des paroisses rurales ; pas un sur les treize curés et vicaires de la ville. Quant au clergé régulier, dans les six communautés d'hommes que renfermait le même district, on ne trouve que sept religieux qui participèrent au schisme : la plupart, étant étrangers, retournèrent dans leurs familles en 1791, sans qu'on sache le sort du plus grand nombre. L'évêque intrus eut donc bien de la peine à composer son clergé : il ne put pas même compléter le nombre de seize vicaires épiscopaux qu'il devait avoir ; celui d'entre eux, nommé Guilbert, qu'il fit supérieur du séminaire, apostasia dès la fin de 1793 et devint le plus impie et le plus féroce des révolutionnaires de Laval. Sur quarante-cinq paroisses de la campagne, il y en a six pour lesquelles on n'en nomma pas même d'intrus ; huit pour lesquelles on en nomma à plusieurs reprises, mais les uns ne s'y présentèrent pas, les autres n'y restèrent pas plus de vingt-quatre heures ; huit où les intrus ne restèrent pas même un an. En résumé, l'intrusion ne prit vraiment racine que dans dix paroisses rurales, encore n'avait-elle qu'une faible fraction des habitants (*Mémoires ecclésiastiques concernant la ville de Laval et de ses environs, pendant la révolution de* 1789 à 1802, par M. Boullier. Laval, 1846).

Dans d'autres pays, il en fut à peu près de même. Ainsi, dans le département de la Meurthe, il y a tel chef-lieu d'arrondissement ou de canton, comme Sarrebourg et Blâmont, où l'on ne vit jamais un intrus à demeure, et, sans le rebut des monastères, il eût été impossible d'envoyer des intrus quelconques dans les campagnes.

La charte constitutionnelle posait en principe la liberté des cultes : les calvinistes avaient des temples pour leur culte public, les Juifs leurs synagogues ; les catholiques de Paris et de quelques provinces demandèrent la permission d'exercer leur culte dans quelques-unes des églises qui n'étaient pas occupées par les intrus. Ils en obtinrent quelques-unes à prix d'argent et avec beaucoup de peine. Dès lors la séparation parut entièrement tranchée : les noms mêmes des deux églises étaient différents : celle des anciens pasteurs s'appelait l'Eglise catholique ; la nouvelle n'était que l'Eglise constitutionnelle. Les évêques de celle-ci, jusque dans une lettre au Pape, se désignèrent eux-mêmes sous le nom d'*évêques constitutionnels*.

La différence était encore plus sensible dans les mœurs. L'ancienne Eglise conserva tous ceux qui, dans chaque condition, avaient été regardés jusqu'alors comme les plus instruits et les plus édifiants : leur ferveur augmenta même avec les difficultés et rappelait la piété des premiers siècles. Dans bien des endroits, les intrus se voyaient abandonnés par la plus grande partie du peuple ; dans quelques-uns même leurs églises étaient absolument désertes, et des paroisses entières faisaient plusieurs lieues pour entendre la messe d'un prêtre catholique ou recevoir de lui les sacrements. Les impies et les intrus le voyaient avec un égal dépit. D'après la suggestion de l'athée Condorcet, ils en usèrent comme les Juifs envers les Apôtres : ils se mirent à frapper de verges les femmes les plus honnêtes, et même les sœurs de charité qui se rendaient à l'église catholique, pour les forcer à entrer dans l'église des intrus. A Paris, sur la paroisse de Sainte-Marguerite, trois sœurs de charité moururent par suite de cette flagellation. De Paris, cette persécution s'étendit dans les provinces. Dans le Midi, les protestants se joignirent aux intrus et aux impies pour empêcher les catholiques d'exercer librement leur culte. Là les verges se changèrent en nerfs de bœuf. Il y eut des collisions sanglantes. On observe cependant que les calvinistes des Cévennes se montrèrent plus humains et ne vexèrent point leurs compatriotes catholiques (Barruel, *Hist. du clergé*, etc., t. I, part. 1).

La Vendée, ce même pays où nous avons vu Fénelon et ses amis faire des missions apostoliques et ramener les habitants calvinistes à la foi de leurs ancêtres, la Vendée présentait une population vraiment patriarcale. Les paysans aimaient leurs seigneurs, et plus encore leurs prêtres, et prêtres et seigneurs se montraient dignes de cette affection et de cette confiance. Au commencement de la Révolution, les Vendéens acceptèrent tranquillement les changements politiques ; ce qui provoqua des troubles et des guerres, ce furent uniquement les innovations religieuses, mais surtout le refus imprudent et inconstitutionnel de laisser les catholiques exercer librement leur culte. Nous avons de ces faits importants une preuve irrécusable : ce sont les deux commissaires Galois et Gensonné, que l'Assemblée constituante envoya dans les départements de l'Ouest pour étudier la question religieuse, qui commençait à y exciter des troubles, spécialement dans les départements de la Vendée et des Deux-Sèvres. Voici ce qu'on lit dans le rapport qu'ils firent à l'*Assemblée législative*, séance du 9 octobre 1791 : « L'époque de la prestation du serment ecclésiastique a été, pour le département de la Vendée, la première époque de ses troubles; jusqu'alors le peuple y avait joui de la plus grande tranquillité. Éloigné du centre commun de toutes les actions et de toutes les résistances, disposé par son caractère naturel à l'amour de la paix, au sentiment de l'ordre, au respect de la loi, il recueillait les bienfaits de la Révolution sans en éprouver les orages... Sa religion, c'est-à-dire la religion telle qu'il la conçoit, est devenue pour lui la plus forte et pour ainsi dire l'unique habitude de sa vie... La constance du peuple de ce département dans ses actions religieuses, et la confiance illimitée dont y jouissent les prêtres auxquels il est habitué, sont un des principaux éléments des troubles qui l'ont agité et qui peuvent l'agiter encore... »

Plus loin, le rapport mentionnait une lettre pastorale de l'évêque catholique de Luçon à tous les curés demeurés fidèles de son diocèse. Cette lettre traçait à ces ecclésiastiques la marche qu'ils avaient à suivre en face des entreprises du clergé intrus: elle leur défendait de continuer à célébrer les saints mystères dans les églises dont les prêtres schismatiques se seraient emparés; elle leur prescrivait de chercher au plus vite un lieu où les catholiques pourraient tenir leurs pieuses assemblées. « Sans doute, y était-il dit, il sera difficile de trouver un local convenable, de se procurer des vases sacrés et des ornements : alors une simple grange, un autel portatif, une chasuble d'indienne ou de quelque autre étoffe commune, des vases d'étain suffiront dans le cas de nécessité pour célébrer les saints mystères et l'office divin. Cette simplicité, cette pauvreté, en nous rappelant les premiers siècles de l'Église et le berceau de notre sainte religion, peut être un puissant moyen pour exciter le zèle des ministres et la ferveur des fidèles. Les premiers chrétiens n'avaient d'autres temples que leurs maisons; c'est là que se réunissaient les pasteurs et le troupeau pour célébrer les saints mystères, entendre la parole de Dieu et chanter les louanges du Seigneur. Dans les persécutions dont l'Église fut affligée, forcés d'abandonner leurs basiliques, on en vit se retirer dans les cavernes et jusque dans les tombeaux, et ces temps d'épreuve furent pour les vrais fidèles l'époque de la plus grande ferveur... »

Le rapport faisait ensuite connaître que les instructions épiscopales avaient été suivies, et que, dans tout le diocèse, la résistance calme, patiente, mais tenace, du clergé catholique avait contrarié ou paralysé l'installation du clergé constitutionnel et de son évêque apostat, le nommé Rodriguez. « Il ajoutait que les municipalités, ne pouvant venir à bout de ces embarras, s'étaient généralement désorganisées, et le plus grand nombre d'entre elles pour ne pas concourir au déplacement des curés non assermentés; que les gardes nationales de cette portion du royaume étaient presque volontairement dissoutes, et que celles dont les cadres subsistaient encore ne pourraient être employées sans danger dans tous les mouvements qui auraient pour principe ou pour objet des actes concernant la religion, parce que le peuple verrait alors dans les gardes nationales, non les instruments impassibles de la loi, mais les agents d'un parti contraire. »

« Rien n'est plus commun, ajoutaient les auteurs du rapport, que de voir, dans les paroisses de cinq à six cents personnes, dix ou douze seulement aller à la messe du prêtre assermenté; la proportion est la même dans tous les lieux du département. Les jours de dimanche et de fête, on voit des villages et des bourgs entiers dont les habitants désertent leurs foyers, pour aller à une et quelquefois deux lieues entendre la messe d'un prêtre non assermenté... Malheureusement cette division religieuse a produit une séparation politique entre les citoyens... Le très-petit nombre des personnes qui vont dans l'Église des prêtres assermentés, s'appellent et sont appelés *patriotes*; ceux qui vont dans l'Église des prêtres non assermentés, sont appelés et s'appellent *aristocrates*. Ainsi, pour ces pauvres habitants des campagnes, l'amour et la haine de leur patrie consiste aujourd'hui, non point à obéir aux lois, à respecter les autorités, mais à aller ou ne pas aller à la messe du prêtre assermenté. »

Retenons bien ces aveux des persécuteurs, ils aideront à comprendre la pensée et le but de ces croisades des paysans de la Vendée: conserver la liberté de conscience, la liberté du vrai culte, liberté toujours promise et toujours violée par d'aveugles législateurs, qui ne comprenaient pas que la première légitimité est celle de Dieu, la première loi la loi de Dieu ou la religion catholique. Le département des Deux-Sèvres offrait le même spectacle: partout on y voyait, aussi bien que dans la Vendée, le peuple accepter avec soumission le nouvel ordre de choses politiques, tant qu'on ne touchait ni à ses croyances ni à ses prêtres. « Il est un autre point, disent les deux commissaires, sur lequel tous les habitants des campagnes se réunissaient : c'est la liberté des opinions religieuses qu'on leur avait, disaient-ils, accordée, et dont ils désiraient jouir... Les campagnes voisines nous envoyèrent de nombreuses députations de leurs habitants pour nous réitérer la même prière. Nous ne sollicitons d'autre grâce, nous disaient-ils unanimement, que d'avoir des prêtres en qui nous ayons confiance. Plusieurs d'entre eux attachaient même un si grand prix à cette faveur qu'ils nous assuraient devoir payer volontiers, pour l'obtenir, le double de leur imposition. »

Les deux commissaires terminèrent leur rapport par des conseils en faveur d'un système de concessions ou d'attermoiements. L'évêque intrus du Calvados, Fauchet, secondé par François de Neufchâteau, poète de fades géorgiques, législateur d'injustice et de crime, fit adopter une loi tyrannique où l'on établissait que la liberté est le patrimoine de tous, excepté du prêtre fidèle, qui fut privé des garanties promises par la loi et livré à l'arbitraire des administrations départementales (Gabourd, *Assemblée législative*, p. 29 et seqq.). On voit, par ces divers faits, que la France chrétienne et catholique, notamment la Vendée, si on lui avait laissé effectivement la liberté de son culte, comme on le lui avait promis, n'aurait point remué pour les changements politiques : ce fut la fanatique déloyauté du gouvernement révolutionnaire qui força les paysans de la Vendée de prendre les armes pour maintenir, au prix de leur sang, la liberté constitutionnelle de leur conscience et de leur religion.

Dès l'année 1790, au territoire de Vannes, quatre mille Bas-Bretons, armés de faulx et de fourches, s'étaient soulevés pour défendre la cause de leur évêque et repousser le prêtre schismatique élu par les constitutionnels. Les apostats triomphèrent à l'aide de la force militaire. Peu après, dans le pays vendéen, on éleva des calvaires, on planta des croix, on commença des neuvaines, afin de préserver l'Eglise des fureurs de l'impiété. L'année suivante, des germes d'insurrection se manifestèrent dans le Bas-Poitou ; partout les troubles avaient un caractère de résistance religieuse. Il était évident que le peuple ne se préoccupait que des intérêts de sa foi, et que, des changements introduits par la Révolution, il ne repoussait avec une persévérante énergie que ceux dont souffrait l'Eglise. Vers 1792, l'administration du département des Deux-Sèvres ayant pris contre les prêtres un arrêté de proscription, huit mille paysans du district de Châtillon se réunirent pour s'opposer à l'exécution de cette mesure : ils forcèrent un gentilhomme à les commander militairement ; et, après avoir pris Châtillon, ils marchèrent sur Bressuire. Comme cette ville leur résista plusieurs jours, les gardes nationales des villes voisines eurent le temps de se réunir et de s'armer : les paysans abandonnèrent un champ de bataille couvert de morts, et se dispersèrent dans les bois et les campagnes.

Le 10 mars 1793, trois mille jeunes Vendéens étaient rassemblés au bourg de Saint-Florent pour le tirage de la conscription. Décidés à se battre pour leur religion et leur pays plutôt que contre, ils réclamèrent hautement l'exemption du service militaire. On leur répondit par un canon chargé à mitraille : au lieu de fuir, ils se précipitèrent sur la batterie, la tournèrent contre les gardes nationaux, se rendirent maîtres du bourg ; et, le soir, un feu de joie, allumé avec les registres du recensement, annonçait aux populations de l'ouest la première victoire de la Vendée sur la République française.

Le lendemain, 11 mars, le tocsin sonnait dans toutes les paroisses de la Haute-Vendée, et appelait les paysans aux armes. Vingt-sept d'entre eux, en traversant le village du Pin-en-Mauges, choisirent pour chef un pauvre marchand colporteur de laine, nommé Jacques Cathelineau, et surnommé le *Saint de l'Anjou* pour sa piété. Ainsi commença la grande armée de l'Ouest : elle se recruta de quelques nouveaux volontaires, et pour premier étendard elle choisit la croix, ce signe de l'affranchissement du monde. Peu de jours après, quand, avec le concours de la noblesse du pays, les Vendéens eurent agrandi et régularisé la guerre, ils arborèrent le drapeau blanc.

Les paysans vendéens couraient au combat, comme les premiers chrétiens au martyre ; et les gardes nationaux, indisciplinés et déconcertés, osaient à peine opposer quelque résistance. Une circonstance vint leur permettre de respirer un moment. Le 27 mars 1793, jour du mercredi saint, les insurgés catholiques prirent, d'un commun accord, la résolution de rentrer dans leurs paroisses, et de s'y préparer à la fête de Pâques : on les vit alors se séparer en bon ordre, abandonner les postes dont la victoire les avait rendus maîtres, et revenir dans les villages pour s'y presser autour des confessionnaux, et à ce banquet où le Dieu des armées est à la fois le pontife et la victime. Ce fut un temps de répit pour les républicains et la Convention. Les autorités concentrèrent des troupes, prirent des dispositions défensives et envoyèrent des détachements sur les points les plus menacés. Cependant, l'accomplissement des devoirs que l'Eglise impose ajouta une énergie nouvelle à la foi et au dévouement des Vendéens. Au moment où ces nouveaux Macchabées reprirent les armes, ils publièrent une sorte de déclaration ou de manifeste, dans lequel, après avoir protesté contre le fléau de la milice, ils s'exprimaient ainsi : « Rendez à nos vœux les plus ardents nos anciens pasteurs, ceux qui furent dans tous les temps nos bienfaiteurs et nos amis, qui partagent nos peines et nos maux, nous aident à les supporter par de pieuses instructions et par leur exemple. Rendez-nous, avec eux, le libre exercice d'une religion qui fut celle de nos pères, et pour le maintien de laquelle nous saurons verser jusqu'à la dernière goutte de notre sang. — Telles sont nos principales demandes. Nous y joignons notre vœu pour le rétablissement de la royauté.... Nous sommes tous unis pour la même cause ; nous ne reconnaissons de chef que l'amour de notre sainte religion, de la justice, et d'une sage liberté... Accordez-nous nos demandes, et, dès ce moment, nous acceptons de propositions de paix et de fraternité (Gabourd, *Convention*, t. I, p. 440). »

La Convention ne répondit que par une guerre d'extermination à ce qu'elle appelait les *brigands de la Vendée*. Elle se promettait une facile victoire. Mais bientôt il fallut envoyer contre eux les généraux et les soldats les plus aguerris de la République ; et ces braves qui avaient vaincu en Belgique, en Hollande, en Allemagne, finirent par dire que la guerre contre les armées de l'Europe était une *guerre d'enfants*, mais que la guerre contre les paysans de la Vendée était une *guerre de géants*. Et de fait, souvent victorieuse, plus souvent accablée sous le nombre, la Vendée ne se soumit définitivement que quand le vainqueur de la République et de l'Europe, Bonaparte, lui eut accordé les principales demandes de son manifeste, les pasteurs de sa confiance et la liberté de son culte.

L'armée vendéenne présentait un spectacle étrange. Elle se composait de paysans vêtus de blouses ou d'habits grossiers, armés de fusils de chasse, de pistolets, de mousquetons, souvent d'instruments de travail, de pieux ou de haches. Chaque homme portait un chapelet à sa ceinture, et avait, soit à son chapeau en guise de cocarde, soit sur la poitrine en témoignage de sa foi, une image du sacré cœur, et quelquefois un scapulaire. Ces rassemblements observaient une discipline et une tactique militaires d'une extrême simplicité : au lieu d'être divisés en compagnies, en bataillons et en régiments, ils s'organisaient par paroisses et par districts, sous les ordres d'un chef particulier. Pour toute stratégie, ils marchaient droit à l'ennemi : avant de combattre, et bien que déjà munis du sacrement de pénitence, ils s'agenouillaient pour recevoir encore la bénédiction de leurs prêtres ; ils se relevaient ensuite pleins de confiance, et commençaient presque à bout portant une fusillade irrégulière, mais bien nourrie et bien dirigée. Dès qu'ils voyaient les canonniers républicains sur le point de faire feu, ils se couchaient aussitôt à terre ; quand la mitraille avait passé sans les atteindre, ils se relevaient pour se précipiter sur les batteries et s'en emparer avant qu'on eût le temps de recharger les canons. Calmes et taciturnes par caractère, les Vendéens marchaient ordinairement deux à deux, la tête nue, le chapelet à la main; et le silence n'était rompu que par le chant des hymnes ou des psaumes que les prêtres entonnaient et que chaque voix redisait pieusement. Ils se montraient impitoyables dans le combat; mais après la victoire ils savaient épargner les prisonniers. Dès qu'ils prenaient une ville, leur premier soin était de rendre l'église au culte et de faire sonner les cloches jusqu'au lendemain; puis ils s'emparaient des armes, des caisses publiques, faisaient brûler les registres et les uniformes des armées ennemies, et, jusque dans les excès inséparables d'un triomphe à main armée, ils respectaient les enfants et les femmes. Aussitôt l'incursion finie, le paysan vendéen rentrait dans ses foyers pour se livrer à la culture de son champ, et il ne retournait sous son drapeau qu'au signal nouveau donné par le tocsin. Les chefs étaient impuissants à soumettre leurs soldats à des habitudes plus militaires; et ces dispersions fréquentes s'opposaient à ce qu'on pût entreprendre de longues expéditions : d'ailleurs, dépourvus de manufactures d'armes, de fabriques de poudre et d'arsenaux, les Vendéens n'avaient de fusils, de canons et de munitions de guerre qu'autant qu'ils pouvaient en enlever à l'ennemi.

Malgré ces désavantages, les paysans de la Vendée remportèrent plusieurs victoires sur les républicains, et s'emparèrent de plusieurs villes, notamment de Saumur et d'Angers. Leurs chefs, même ceux d'entre les nobles, élurent à l'unanimité, pour généralissime, le *Saint d'Anjou*, le paysan Cathelineau. Parmi les généraux se distinguait M. de Lescure, surnommé le *Saint du Poitou*. Le modeste Cathelineau n'accepta le commandement suprême que par force et comme une consécration au martyre. L'armée catholique de la Vendée fut ainsi commandée par un homme en sabots et disant son chapelet. L'armée révolutionnaire était commandée alors par un ancien noble, seigneur de Lauzun, duc de Biron.

Par ce fait et par beaucoup d'autres, on voit que la France chrétienne, la France de saint Louis, et la France nobiliaire n'étaient pas tout à fait la même. Au XVIe siècle, nous avons vu la France chrétienne et populaire, secondée par les princes de Lorraine, conserver l'unité religieuse et même territoriale de la France contre les nobles huguenots et même le connétable de Bourbon, qui voulaient la partager avec l'étranger. Au XVIIe siècle, nous avons vu les nobles de la Fronde, particulièrement le prince de Condé, leur chef, en révolte ouverte contre la famille régnante pour se mettre à sa place. Au XVIIIe siècle nous avons vu la France nobiliaire s'unir à la philosophie incrédule pour corrompre la France jusqu'à la moëlle des os, lui faire perdre son unité religieuse et intellectuelle, et l'exposer ainsi à perdre même son existence politique. Aussi, à la Révolution, voyons-nous la noblesse, y compris la royauté, ne montrer ni intelligence, ni prévision, ni suite, ni ensemble, ni maturité dans les conseils, ne pas soupçonner même que cette révolution inattendue était une contre-révolution provoquée par eux-mêmes : contre-

révolution contre la révolution silencieuse des Bourbons, supprimant les États généraux pour gouverner selon le bon plaisir; contre-révolution contre la troisième dynastie, supprimant peu à peu le droit électoral de la nation à la couronne pour y substituer l'hérédité absolue.

Dès le mois de juillet 1789, le comte d'Artois, frère de Louis XVI, les princes de Condé, suivis d'autres nobles, émigrèrent à l'étranger, et sollicitèrent les nobles et les souverains de l'Europe à se coaliser contre la France, pour rendre à Louis XVI l'intégrité des priviléges monarchiques (Gabourd, *Assemblée constituante*, p. 210). Au mois d'octobre de la même année, il y eut des émigrés constitutionnels, c'est-à-dire qui voulaient un roi, mais avec une constitution un peu populaire : ils furent mal vus des premiers, qui ne craignirent pas de prendre les armes contre la France et de conjurer toute l'Europe à la ruine de la Révolution (*Ibid.*, p. 284 et 285). Ils formaient des rassemblements sur la frontière, ils entretenaient des intelligences avec les mécontents et les royalistes de l'intérieur : les uns, réunis en Savoie, se trouvaient assez nombreux pour s'organiser en légions; les autres avaient choisi pour rendez-vous militaire la ville de Figuières, en Catalogne. Dans une entrevue que le comte d'Artois eut à Mantoue avec l'empereur Léopold, il fut décidé qu'on s'occuperait de rallier les émigrés sur les bords du Rhin. En attendant, toute l'année 1790 se passa à fomenter des troubles dans le midi de la France. Au commencement de 1791, le comte d'Artois quitta la cour de Turin, et vint s'établir à Coblentz chez l'électeur de Trèves, son oncle, Louis-Venceslas de Saxe; le prince de Condé choisit la ville de Worms, d'où il pouvait facilement entretenir des correspondances avec les nobles de Lorraine et d'Alsace (*Ibid.*, p. 427). Les royalistes, comprimés au dedans, eurent foi au secours du dehors. A mesure qu'ils entrevirent le jour prochain de la vengeance, ils déversèrent le dédain et l'opprobre sur les actes du pouvoir populaire. Rien n'égalait leur jactance : *Avec six francs de corde*, disaient-ils, on viendrait à bout de la révolution et de ses chefs; et, chaque fois que paraissait un décret hostile à la monarchie et aux classes nobles, ils se contentaient d'en appeler dérisoirement *à la botte du général autrichien*, qui devait bientôt, selon eux, mettre à la raison les jacobins et l'Assemblée constituante. Et c'est là, dit Gabourd, à qui nous empruntons ces détails, c'est là ce qui préparait de si effroyables calamités, des luttes si atroces; c'est là aussi, c'est dans cette disposition réciproque des esprits qu'il faut chercher le secret des attentats qui couvrirent la France de deuil (*Ibid.*, p. 430 et 431).

Les émigrés, dit le même auteur, se composaient des héritiers de ces princes du sang et de cette antique noblesse qui, d'après la tradition historique, s'attribuaient le privilége de protéger le trône pour eux-mêmes et pour la monarchie, malgré le roi, et, au besoin, contre le roi. C'était assez, à les entendre, qu'ils fussent victimes de la trop grande inertie du roi et de son inopportune bonté, pour qu'ils n'écoutassent ni les conseils de leur honneur ni le cri de leurs intérêts. Que parlait-on de patrie ? La patrie était avec le drapeau; et l'antique drapeau blanc, proscrit dans le royaume, ne pouvait plus flotter qu'au delà des frontières. Et d'ailleurs, en admettant que la patrie demeurât attachée au sol, n'était-il pas juste et utile de délivrer cette patrie des tyrans populaires qui l'opprimaient? Tel était le sens des discours colportés dans l'émigration et dans les châteaux; et la noblesse les répétait avec une foi pleine et ardente. Lâche ou traître qui aurait osé les contredire! Aussi le voyage de Coblentz ou de Turin était-il devenu autant une question d'honneur qu'une affaire de sécurité. Si parmi les nobles il s'en trouvait d'assez circonspects pour tarder à suivre le mouvement général, les jeunes filles d'illustre origine leur envoyaient une quenouille, et aucun d'eux ne se résignait à accepter ce signe de honte (Gabourd, *Assemblée constituante*, page 437).

Vers la fin de 1791, Louis XVI écrivit aux électeurs de Trèves, de Mayence et de Cologne, et à l'empereur lui-même, les invitant à dissoudre les rassemblements d'émigrés qui se formaient sur leurs territoires contre la France; il fit ensuite afficher une proclamation dans laquelle il prescrivait de nouveau aux émigrés, avec les apparences de l'indignation et de la sévérité, de rentrer promptement dans leur patrie. Enfin il adressa aux princes, ses frères, une lettre pressante pour les sommer de revenir prendre leur place auprès de lui, et de mettre fin, par leur retour, aux inquiétudes et aux récriminations du peuple. Ces démarches n'eurent aucun effet. Les émigrés et les princes, persistant à croire que les proclamations et les lettres du roi n'étaient point l'expression de sa volonté libre et sincère, refusèrent d'y obtempérer. Monsieur, depuis Louis XVIII, après avoir rendu publics les motifs de son refus, se laissa aller en outre à la puérile satisfaction de déverser sur l'Assemblée nationale, alors Assemblée législative, l'ironie et le ridicule. Il fit imprimer la proclamation qui le sommait de rentrer en France dans le délai de deux mois, et il eut soin de publier en regard sa réponse, par laquelle il invitait les députés, *au nom des lois imprescriptibles du sens commun*, de rentrer en eux-mêmes dans le même délai, sous peine « d'être censés avoir abdiqué tout droit à la qualité d'êtres raisonnables, et de n'être plus considérés que comme des fous enragés dignes des petites maisons. » Cette bravade pédantesque était adressée « aux gens de l'Assemblée française se disant nationale (*Ibid.*, *Assemblée législative*, p. 54 et 55). »

Au fond, il y avait à Coblentz plus de généraux que de soldats; et l'émigration constituait plutôt un magnifique état-major qu'une troupe vraiment destinée à entrer en ligne. Les amours-propres étaient en présence, et créaient aux princes beaucoup de fatigues et de difficultés; et d'ailleurs, ce luxe d'uniformes, ce faste prodigieux d'une noblesse exilée, ces fêtes splendides et ces profusions de tous les jours compromettaient l'émigration aux yeux de l'Europe. Les généraux et les officiers étrangers voyaient avec jalousie les costumes brillants de la noblesse française, surtout ils s'indignaient de ses allures hautaines, et l'on se demandait, à Trèves ou à Coblentz, si l'émigration n'était pas plutôt une affaire de mode qu'une question de principes, et si l'on devait beaucoup plaindre ou secourir des gens à qui la proscription semblait si légère. Mais ce qui surtout exposait les émigrés aux plus étranges commentaires, c'était le ridicule et l'impolitique soin avec lequel, au lieu de se grouper et de se resserrer, ils affectaient de créer dans leur propre sein des démarcations et des catégories : on tenait registre de la date des émigrations, et le plus ou moins de temps qui s'était écoulé depuis le jour où l'on avait quitté la France constituait une sorte de noblesse et parfois d'indignité vraiment dérisoires. Le député Cazalès, si longtemps demeuré sur la brèche pour la cause du roi et de la noblesse, avait été froidement accueilli à Coblentz (Gabourd, *Assemblée législative*, p. 65); le baron de Charette, qui y vint au nom de la Noblesse vendéenne pour concerter un plan de restauration, ne fut pas compris, et s'en retourna comme il était venu.

Quant à la conduite morale et religieuse des émigrés français en Allemagne, voici ce qu'en dit le cardinal Pacca dans sa *Nonciature de Cologne* :

« En 1791 et dans les deux années suivantes, je fus témoin de la grande émigration du Clergé et de la Noblesse de France dans les villes rhénanes. Ici, à propos de cette émigration, comme partout, je ne manquerai pas à la vérité, et je la dirai avec ma franchise ordinaire. Les premiers qui parurent furent les ecclésiastiques des provinces de France limitrophes de l'Allemagne et des Pays-Bas. Ces ecclésiastiques, dépouillés de leurs bénéfices, exposés chaque jour à une cruelle persécution pour avoir refusé le serment schismatique prescrit par l'Assemblée nationale, venaient chercher un asile dans les pays étrangers les plus voisins de leurs églises et de leur patrie. La plupart, appartenant à la vénérable classe des curés, tinrent une conduite vraiment édifiante, et justifièrent pleinement la bonne réputation qui les avait précédés en Belgique et en Allemagne. Quant aux évêques français, on sait que la grande majorité montra le plus grand courage, le plus grand zèle pour défendre l'Église, et fut un sujet d'édification pour toute l'Europe; mais je dois confesser avec amertume que la conduite d'un petit nombre d'entre eux fut loin de répondre à la haute opinion qu'on s'en était faite. Plusieurs dames pieuses de Cologne m'avaient prié de les avertir aussitôt qu'y arriveraient quelques-uns de ces confesseurs de la foi; c'est ce que je fis avec empressement. Ces bonnes dames, qui croyaient pouvoir vénérer dans ces évêques des Hilaire et des Eusèbe, restèrent bien étonnées en voyant leur manière peu canonique de s'habiller, la légèreté et le laisser-aller trop séculier de leurs conversations dans le grand monde.

» A l'émigration du Clergé succéda celle de la Noblesse, appelée sur le Rhin par les comtes d'Artois et de Provence, pour tenter de pénétrer en France à main armée, et de délivrer l'infortuné monarque, leur frère. Alors on vit arriver par troupes et les seigneurs de Paris et les nobles des provinces. Les rapports familiers que j'eus avec eux me firent presque perdre l'espoir de voir un terme à tant de maux qui désolaient le malheureux pays de France. La plupart de ces nobles, surtout les grands seigneurs de la cour, n'exerçaient aucun acte de religion : bien plus, ils affectaient publiquement une profonde indifférence pour tout principe religieux. Ces exemples d'impiété scandalisèrent d'une manière grave les bons Allemands, et firent beaucoup de mal à la religion catholique en Allemagne.

» La ville de Coblentz et le palais électoral, où logeaient les comtes de Provence et d'Artois, neveux de l'archevêque-électeur, Clément-Venceslas, étaient pour ainsi dire devenus un nouveau Versailles : c'étaient les mêmes cabales, les mêmes intrigues de cour, la même indifférence pour les maximes de la religion et de la morale, les mêmes débauches, sans respect pour le public; spectacle scandaleux qui affligeait profondément les gens de bien. Au sein de ces émigrés sortis du royaume pour soutenir la cause de la monarchie, s'étaient faufilés plusieurs émissaires de la Convention nationale, qui, feignant d'être, eux aussi, tout dévoués à la cause royale, espionnaient tout ce qui se passait dans cette partie de l'Allemagne pour en informer les chefs du parti démocratique. Ces hommes, qui n'étaient pas même suspects, tant ils étaient habiles à jouer leur rôle, se mêlaient aux conversations des émigrés et des Allemands, et répandaient parmi eux les principes irréligieux des soi-disant philosophes. Ainsi, dans ce malheureux pays d'Allemagne, à tant de professeurs hérétiques ou incrédules des universités, à cette multitude de publications infâmes contre le catholicisme et le christianisme, s'était jointe une propagande d'apôtres et d'avocats du démon pour corrompre la bonne nation allemande dans ses principes et dans ses mœurs (Pacca, *Œuvres complètes*, t. II, p. 261 et 262. Paris, 1846). »

D'après ces faits, qui se confirment par beaucoup d'autres témoignages, il faut bien distinguer l'émigration ecclésiastique et religieuse d'avec l'émigration nobiliaire et royaliste. La première se fit vraiment pour Dieu et son Eglise, conformément à cette parole de Jésus-Christ : *Quand on vous persécutera dans une ville, fuyez dans une autre.* Aussi, à peu d'exceptions près, fut-elle édifiante pour les peuples, et y déposa des germes de résurrection pour le catholicisme, notamment en Angleterre. L'émigration nobiliaire eut pour cause, non pas Dieu et son Eglise, mais des intérêts de caste ou même de vanité personnelle; sauf quelques exceptions, elle se montra irréligieuse et immorale, et fut un scandale de plus pour les peuples. Si elle fût revenue triomphante, la corruption de la France eût été irrémédiable, et par contre-coup celle de l'Europe. Dieu, ayant des vues de miséricorde, dut employer des châtiments plus sévères, pour instruire et régénérer la France, et l'Europe avec elle.

Quant aux premiers nobles du reste de l'Europe, les nobles assis sur le trône, ils ne valaient guère mieux que les nobles émigrés de France, qui comptaient sur eux. Les intérêts de la religion ne les touchaient pas plus les uns que les autres. L'empereur Joseph II venait de révolutionner ses Etats héréditaires par des innovations schismatiques, lorsqu'il mourut le 20 février 1790. La Russie était le schisme incarné, où les révolutionnaires de France trouvaient au besoin des leçons et des exemples de régicide. La Prusse hérétique, dont le nom seul rappelle un vol de province fait par l'apostasie à l'Eglise romaine, disait assez aux révolutionnaires de France qu'ils pouvaient en faire autant chez eux, s'emparer d'Avignon, de Rome même, quand il y aura moyen. Tous les trois d'ailleurs se disposaient à consommer, en 1792, le meurtre de la Pologne catholique, pour s'en partager les lambeaux sanglants. Enfin, et ces trois souverains et tous les autres, avaient pour principe fondamental, que l'ordre politique est différent de l'ordre moral et ne lui est nullement subordonné : ce qui justifiait d'avance, et sans exception, tous les attentats possibles des révolutionnaires de France. De plus, les maisons souveraines d'Europe étaient jalouses de la maison de Bourbon, qu'ils voyaient régnant en France, à Naples, en Sicile, en Espagne et dans le Nouveau-Monde, capable, par son union avec elle-même et par ses alliances de famille, de résister à la coalition de toutes les autres. Ces autres ne furent donc pas très-fâchées de voir le chef de cette puissante maison, Louis XVI, impliqué dans une révolution intestine. Les souverains d'Allemagne et d'autres pays se flattaient que les Bourbons et la France deviendraient assez faibles pour qu'ils n'en eussent plus rien à craindre, pour qu'ils pussent même en avoir quelque lambeau à leur convenance. Les périls de Louis XVI les touchaient bien quelque peu; mais ils se disaient à eux-mêmes : *Chacun chez soi, chacun pour soi.* S'ils avaient pu s'entendre sur le partage, ils auraient volontiers fait de la France ce qu'ils firent de la Pologne. On le vit bien, lorsqu'ils eurent occasion de s'emparer de quelques villes françaises : ils les prirent, non pas pour le roi de France, mais pour eux-mêmes. Et les émigrés français purent s'apercevoir qu'ils servaient d'instruments à l'étranger, pour démembrer et anéantir leur patrie (Gabourd, *Assemblée constituante*, p. 120 et seqq., 409 et seqq.; *Assemblée législative*, p. 37, 90, etc.).

Tout cela, connu d'une manière toujours plus certaine, empêcha plusieurs nobles de sortir de France et tourna du côté de la Révolution bien des hommes qui ne l'aimaient pas naturellement, mais qui voulaient avant tout l'unité, l'indépendance et l'intégrité de la France : tout cela surtout exaspéra les révolutionnaires, et contre les émigrés, et contre les prêtres insermentés, et contre le roi et la reine, qu'on supposait tous plus ou moins complices du projet de l'étranger d'envahir et de mutiler la France. De là, dans l'intérieur du pays, des excès épouvantables; mais, sur les frontières, la formation d'une France nouvelle, d'une France militaire, qui, par ses combats et ses victoires, non-seulement maintiendra l'intégrité du territoire national, mais l'agrandira beaucoup aux dépens de l'étranger : France militaire d'où sortira un capitaine qui, de concert avec le chef de l'Eglise universelle, ramènera la France à l'unité religieuse, et la montrera plus redoutable que jamais à toutes les nations, comme une verge entre les mains de Dieu pour les châtier l'une après l'autre.

En 1791, Louis XVI, pressé par les émigrés, songeait à émigrer lui-même, ou du moins à se retirer dans une place forte de la frontière, à Montmédy. Pour détourner les soupçons et calmer l'effervescence de la multitude, qui se doutait de quelque chose, il eut la faiblesse d'aller entendre, le jour de Pâques, la messe du curé constitutionnel de Saint-Germain-l'Auxerrois : la reine suivit son exemple. S'enfuirent de Paris dans la nuit du 20 au 21 juin. Arrivés à Varennes, ils n'y trouvèrent pas l'escorte promise : le roi avait été reconnu à

Sainte-Ménehould par le maître de poste, qui aussitôt fit prévenir celui de Varennes, où l'on fit demeurer le roi sous divers prétextes, jusqu'à ce que les gardes nationales du voisinage fussent arrivées. Alors on déclara à Louis XVI qu'il était reconnu, et qu'on allait le ramener à Paris. Il y rentra le 25, et fut le même jour suspendu de ses fonctions. On maintint cependant l'inviolabilité de sa personne. Si l'on n'alla pas plus loin, Louis XVI le dut en partie au député protestant Barnave, l'un des trois commissaires envoyés à Varennes, et qui revinrent avec le roi dans la même voiture. Barnave fut si touché des vertus de l'infortuné prince et de sa famille, qu'il résolut dès lors de lui sauver au moins la vie. L'Assemblée nationale accorda dans ce temps les honneurs du Panthéon, l'église de Sainte-Geneviève transformée en temple du siècle, à Voltaire, à Rousseau, qu'y avait précédé Mirabeau, et que devait suivre Marat. Elle réunit Avignon à la France, à quoi elle avait autant de droit que la Russie, l'Autriche et la Prusse à se partager la Pologne. Avant d'abdiquer ses pouvoirs, elle revisa aussi la constitution : Louis XVI l'accepta le 13 septembre 1791.

Cette première Assemblée nationale, dite *la Constituante*, fut remplacée par la seconde, nommée l'*Assemblée législative*, qui tint sa première séance le 1er octobre de la même année. Un de ses premiers actes fut de jurer et même d'adorer la constitution, qui devait être déchirée l'année suivante. A côté de l'Assemblée législative remuaient les clubs des Jacobins et des Cordeliers. Avignon s'aperçut de son incorporation à la France, à d'effroyables massacres que des brigands commirent dans ses murs, massacres qui d'abord excitèrent de l'horreur et puis furent amnistiés. L'Assemblée législative décréta la liberté des noirs dans les colonies, et la persécution des prêtres fidèles : les noirs, déclarés libres, massacrent les blancs. En France, progrès de l'anarchie en 1792 : la police, occupée à rechercher les aristocrates et les prêtres insermentés, laisse les galériens libérés et les repris de justice organiser un brigandage général sur toute la surface du royaume. La disette occasionne des émeutes sanglantes dans les départements. Les populations furent en proie à des collisions sans nombre dans la Lozère, la Haute-Garonne, les Pyrénées-Orientales, particulièrement dans le Gard, où les questions religieuses, envenimant les haines politiques, donnèrent lieu à des attentats inouïs. On vit Marseille lever un corps expéditionnaire, et faire marcher contre la ville d'Arles une armée avec dix-huit pièces de canon. Des crimes furent commis dans le Cantal, et là, aussi bien que dans les campagnes du Lot, de l'Aveyron, de la Lozère et de la Corrèze, toute la population se souleva, dans l'attente des brigands dont on annonçait l'approche, et qui ne se montrèrent nulle part. On barricadait les villages, on montait des pierres dans les maisons, les femmes préparaient les brandons enflammés et les vases d'eau bouillante, comme si, d'un moment à l'autre, on eût dû être exposé à un assaut.

Au milieu de cette effervescence révolutionnaire, on apprend la mort de l'empereur Léopold II, usé par les plaisirs, le 1er mars 1792; puis le meurtre de Gustave III, roi de Suède, tué dans un bal masqué, le 16 mars, par le capitaine de ses gardes, et à l'instigation des nobles de son royaume : il était le chef présumé de la coalition européenne contre la France. A ces nouvelles, les révolutionnaires français s'abandonnent à l'exaltation la plus délirante. Un de leurs soins fut d'aviser au moyen de balancer l'influence de la bourgeoisie, en organisant, en dehors de la garde nationale, une force armée toute populaire. Les fusils manquaient; on y suppléa en fabriquant une quantité innombrable de piques, dont s'armèrent les ouvriers, les prolétaires et d'autres plus infimes encore. Ils affectèrent de porter le bonnet rouge, comme la coiffure historique des hommes libres. Les bourgeois leur donnèrent et ils acceptèrent volontiers le nom de *Sans-culottes*. L'Assemblée législative, comme la Constituante, était partagée en deux factions, les *Girondins* et les *Montagnards*; ces derniers, les plus exaltés, occupaient le haut de la salle, d'où le nom de *Montagne*.

Les Girondins, ainsi nommés de leurs chefs, les députés de la Gironde, étaient moins impies et moins emportés que les autres. Louis XVI choisit parmi eux ses ministres. Le général Dumouriez eut le portefeuille des affaires étrangères. L'Assemblée législative avait rendu deux décrets, l'un pour former un camp de vingt mille hommes sous les murs de Paris, l'autre pour la déportation des prêtres réfractaires ou qui refusaient le serment du schisme. Dumouriez obtint d'abord de Louis XVI qu'il donnerait son assentiment au premier des décrets, qui ne mettait en péril que sa personne. Quand on en vint au décret rendu contre le clergé fidèle, Louis XVI le repoussa. Dumouriez lui rappelle alors que ce n'était là qu'une conséquence de la loi à laquelle il avait autrefois consenti, en sanctionnant la Constitution civile du clergé. « J'ai fait une grande faute, lui dit Louis XVI, et je me la reproche. » Mais il fut un moment ébranlé par les instances de son ministre, et, s'il faut en croire Dumouriez, par les instances de la reine : dans cet instant de faiblesse, il promit à Dumouriez de sanctionner le fatal décret. Mais, le 14 juin, Louis XVI déclara nettement à ses ministres qu'il consentirait à donner sa sanction au décret relatif au camp de vingt mille patriotes, mais qu'il la refuserait au décret contre le Clergé. Les ministres n'ayant pu rien obtenir, donnèrent leur démission, y compris Dumouriez, qui alla rejoindre l'armée. Au moment de partir, il dit à Louis XVI : « Je quitte cette affreuse ville. Je n'ai qu'un regret : vous y êtes en danger. — Oui certainement, dit le roi avec un soupir. » Dumouriez insista pour qu'il consentît au décret contre les prêtres fidèles : « Cette obstination ne vous servira à rien ; vous vous perdrez. — Ne m'en parlez plus, répondit le roi ; mon parti est pris. » Dumouriez rappela l'exemple de Jacques Stuart, il supplia les mains jointes. Mais Louis XVI, étendant la main sur les siennes, lui dit très-douloureusement : « Dieu m'est témoin que je ne veux que le bonheur de la France! » Un moment après il ajouta : « Je m'attends à la mort, et je la leur pardonne d'avance. Je vous sais gré de votre sensibilité. Adieu ! soyez heureux (Gabourd, *Assemblée législative*, p. 199-202). »

C'est ici le moment décisif dans la vie de Louis XVI. Il consent à ce qui menace sa sûreté personnelle, mais il refuse constamment de persécuter la fidélité des prêtres, et il pardonne d'avance la mort qu'il doit encourir à cause de cela. Dès ce moment, Louis XVI est à nos yeux plus qu'un roi de France : c'est un confesseur de la foi chrétienne, comme son aïeul saint Louis dans les prisons d'Egypte; c'est un martyr de l'Eglise de Dieu.

Le 20 juin, lendemain du jour où Louis XVI avait opposé son *veto* au décret contre le Clergé fidèle, des brigands que l'on soudoyait dans la capitale, réunis à la lie des faubourgs, entrèrent dans les Tuileries, pénétrèrent jusque dans les appartements du roi, et le menacèrent longtemps de leurs piques et de leurs cris, s'il ne sanctionnait le décret contre les prêtres. Louis XVI ne céda point à la crainte, et les factieux, contents d'avoir fait l'essai de ce qu'ils pouvaient oser, se retirèrent sans avoir répandu de sang, et allèrent méditer sur les moyens d'achever leur ouvrage. L'Assemblée, loin de les réprimer, encourageait leur audace par des mesures analogues.

Le 30 juillet, arrivent à Paris les fédérés. Le nom de *Marseillais* n'indiquait point exactement leur origine : la plupart de ces hommes exaltés étaient des Corses repris de justice et réfugiés sur le continent, des bandits piémontais et génois, et surtout le débris de cette troupe d'assassins qui avaient, pendant près de deux ans, désolé le comtat d'Avignon par le pillage, l'assassinat et l'incendie, sous la conduite de Jourdan *Coupe-tête*. La fermentation révolutionnaire allait croissant. Au commencement d'août, on reçoit à Paris le manifeste lancé contre la Révolution française par le duc de Brunswick, au nom de la Prusse et de l'Autriche. Ce fut comme une étincelle sur un amas de poudre. Louis XVI eut beau désavouer ce manifeste, on le crut d'autant moins que, peu de jours après, parut une déclaration des princes émigrés, dans le sens des puissances étrangères. A Paris, les quarante-huit sections se déclarent en permanence; on organise une municipalité insurrectionnelle. Dans la nuit du 9 au 10 août, à onze heures et demie, le tocsin sonne par toute la capitale. Avec le jour, l'insurrection marche contre les Tuileries, sous le commandement du brasseur Santerre. Le roi ayant vu quelques-uns de ses défenseurs passer du côté des assaillants, se retire avec sa famille au sein de l'Assemblée nationale. Là on lui assigna pour retraite momentanée la loge du sténographe, journaliste officiel de l'Assemblée, pendant qu'aux Tuileries on massacrait ses gardes et tous les individus qui s'y trouvaient, à l'exception des femmes. Enfin un homme du peuple, le bras nu et sanglant, entre à l'Assemblée législative et s'écrie : « Apprenez que le feu est aux Tuileries, et que nous ne l'arrêterons que lorsque la vengeance du peuple sera satisfaite; je suis chargé encore de vous demander la déchéance du roi. » Et l'Assemblée rend un décret qui suspend les pouvoirs de Louis XVI, et convoque une Convention nationale. Mais sur sept cent quarante-cinq députés, il n'y en eut que deux cent vingt-quatre, c'est-à-dire moins de la moitié, qui assistèrent à cette séance et prirent part à cette résolution. Le 14 août, Louis XVI, avec sa femme, sa sœur, sa fille et son fils, fut transféré dans l'ancien couvent du Temple, changé pour eux en prison.

L'Assemblée législative, ayant mis au néant le *veto* royal, promulgua les lois qu'elle avait rendues contre les prêtres. Un délai de quinze jours fut donné à ceux qui avaient refusé ou rétracté le serment; passé ce terme, ils étaient tenus de sortir du royaume, et, faute par eux de s'exiler, ils devaient être arrêtés et déportés à la Guyane française. Ceux d'entre eux qui seraient restés en France après avoir obtenu un passeport et annoncé leur départ, encouraient la peine de la détention pendant dix ans. Tous les ecclésiastiques non assermentés, séculiers ou réguliers, prêtres, simples clercs ou frères lais, quoique ces derniers ne fussent pas assujétis au serment, devaient être ainsi frappés de la détention, du bannissement ou même de la déportation, lorsque leur éloignement serait réclamé par six individus domiciliés et jouissant des droits de citoyens.

La commune de Paris ne voulait pas rester en arrière. Elle proscrivit d'abord le costume ecclésiastique, encore porté par plusieurs prêtres; peu de jours après, elle ordonna que les bronzes des églises, sans en excepter les crucifix, seraient saisis, pour être fondus et convertis en canons; enfin, par un arrêté du 20 août, elle autorisa les commissaires des sections à enlever l'argenterie des paroisses, même les chandeliers; et elle décréta que toutes les cloches seraient descendues et cassées, à l'exception de deux par paroisse. L'exécution de cette dernière mesure souleva dans le peuple une vive irritation : des attroupements se formèrent, il y eut des réunions tumultueuses dans les églises et même à Notre-Dame; et la commune fut obligée de déployer la force armée pour comprimer ceux des citoyens que révoltaient ces spoliations sacriléges. Ces résistances, trop souvent mises en oubli, observe Amédée Gabourd, indiquent assez qu'il y avait alors à Paris plusieurs peuples, et non pas seulement une multitude disciplinée de jacobins : mais la peur glaçait toutes les âmes pacifiques; la Révolution, exaltée par sa propre audace, méprisait les obstacles et foulait aux pieds quiconque osait un moment la retarder en chemin (Gabourd, *Assemblée législative*, p. 339).

Vers la fin du mois d'août, on apprit que les Prussiens s'étaient emparés de Longwy, qu'ils assiégeaient Thionville et marchaient sur Verdun. Longwy s'était rendu par la lâcheté des habitants. A cette nouvelle, la municipalité révolutionnaire de Paris, où dominaient Robespierre et Marat, entra en fureur, ainsi que tous les jacobins dirigés par Danton. Ils résolurent de pousser le peuple de Paris si avant dans le crime, qu'il n'osât plus espérer d'amnistie de la part de l'étranger. Les prisons regorgeaient de malheureux suspects. Pour faire place à ceux qu'on y traînait à chaque heure du jour et de la nuit, on rendit la liberté aux prisonniers pour dettes et à tous les criminels vulgaires. Dans les cachots et dans les cellules demeurés vides, on entassa les prêtres, les royalistes, les nobles et autres personnes suspectes.

Il y avait des prêtres enfermés dans le couvent des Carmes, rue de Vaugirard, dans le séminaire de Saint-Firmin, dans l'abbaye de Saint-Germain, dans la prison dite la Force, et ailleurs. Aux Carmes, il y avait environ deux cent vingt ecclésiastiques. Les principaux étaient l'archevêque d'Arles, les évêques de Saintes et de Beauvais. JEAN-MARIE DULAU, archevêque d'Arles, naquit le 30 octobre 1738, dans le Périgord, d'une très-ancienne famille. Son enfance fut prévenue de grâces extraordinaires. Sa pieuse mère ne l'appelait que le trésor de sa maison. Envoyé fort jeune à Paris pour y achever ses études, il les fit avec tant de distinction que ses maîtres prédirent qu'il ferait un jour la gloire de sa patrie. Confié d'abord aux soins d'un de ses oncles, curé de Saint-Sulpice, il préféra les pénibles fonctions de l'état ecclésiastique aux douceurs que sa naissance lui eût promises dans le monde. Il n'eut pas moins de succès dans la théologie que dans les études littéraires. Élevé au collége de Navarre, il fut le premier de sa licence en Sorbonne. Successivement chanoine de Pamiers, grand-vicaire de Bordeaux, prieur commendataire dans le diocèse de Périgueux, il dépensait ses revenus en saintes libéralités. Avant l'âge de trente-deux ans, il fut désigné par la province ecclésiastique de Vienne pour être agent général du clergé. Il fut nommé archevêque d'Arles en 1775. Persuadé que l'ordre conduit à Dieu, il en mettait dans le moindre de ses actions; chaque heure avait son occupation particulière; ses moments étaient partagés entre la prière, l'étude et les soins qu'il devait à son peuple; tout, dans son palais, était réglé comme dans un séminaire, et le seul délassement qu'il se permit était celui de la promenade, qu'une vie sédentaire rendait nécessaire à sa santé; mais s'il faisait journellement de longues courses, il choisissait de préférence les lieux les plus solitaires, pour avoir l'occasion de discuter en liberté quelque point de morale ou de controverse. Un de ses secrétaires blâmait un jour cette austère manière de vivre, et l'engageait à en adoucir les rigueurs par les agréments de la société : « Je sais, lui répondit-il avec bonté, qu'en suivant le conseil que vous me donnez je mènerais une vie plus agréable; et j'aimerais autant qu'un autre ces douceurs de la société dont vous me parlez : mais ce n'est point pour en jouir que la Providence m'a élevé au rang que j'occupe; c'est pour travailler au salut et pourvoir aux besoins du peuple qu'elle m'a confié, et je dois préférer mon devoir à ma satisfaction. »

Il prit fort à cœur de ranimer les études et la piété dans le collége d'Arles, de les perfectionner dans le séminaire, et d'évangéliser tout son diocèse par des missions. Il entreprit en 1777 la visite de toutes les paroisses. Affable envers tout le monde, il l'était surtout envers ses prêtres. Le dernier lévite de la maison sainte n'en était pas moins bien accueilli que toute personne distinguée par sa qualité. Un vicaire n'allait jamais lui rendre sa visite qu'il ne l'admît à sa table, qu'il ne l'y servît avec une attentive cordialité, qu'il ne lui adressât de ces paroles obligeantes qui encouragent le mérite, et qui en sont comme la première récompense. Dans chaque paroisse qu'il visitait, il fixait un jour pour examiner comment on instruisait la jeunesse. Là ce bon pasteur interrogeait avec une tendre affection les enfants sur les principales vérités de la foi; lorsque par leurs réponses ils se montraient instruits, il leur donnait des prix; et l'espoir d'une récompense d'autant plus honorable qu'elle était décernée après un sévère examen, excitait leur émulation. Comme il ne pouvait s'adresser à toute la jeunesse, plusieurs se voyaient tristement privés du prix qu'ils avaient ambitionné. La fille d'un berger, près d'Arles, ainsi frustrée, résolut d'aller trouver l'archevêque pour le prier de juger, par les réponses qu'elle ferait à ses questions, si elle était indigne de la palme décernée à plusieurs de ses compagnes. A peine âgée de onze ans, la petite téméraire arrive à l'archevêché et demande à parler à Monseigneur; le suisse répond d'abord que son maître ne donne pas d'audience à des filles aussi jeunes; celle-ci fait les plus vives instances, et l'autre, y cédant enfin, va déclarer à M. Dulau qu'une fort jeune enfant souhaite lui parler. « Faites-la venir, dit le bon pasteur, je me dois aux petits ainsi qu'aux grands. » Elle expose dans son langage naïf l'objet de sa visite; l'archevêque, charmé de sa candeur et de sa fermeté, l'interroge; l'enfant répond avec beaucoup de justesse et reçoit un prix plus précieux que tous ceux qui ont été distribués à la paroisse. Elle est si transportée de joie, qu'en retournant à l'humble demeure de son père, elle s'écrie le long des rues de la ville : J'ai un prix de Monseigneur! j'ai un prix de Monseigneur.

L'archevêque d'Arles fut l'oracle des assemblées du clergé de France. Longtemps avant la Révolution, il l'avait annoncée comme inévitable, si les disciples du sanctuaire ne s'imposaient eux-mêmes une salutaire réforme. Dans le désastreux hiver de 1788, il trouve moyen, avec les magistrats d'Arles, de prévenir, par d'abondantes aumônes, la révolte du peuple affamé. Député aux deux assemblées des notables et aux États généraux, son extrême modestie et sa grande timidité l'empêchèrent de se faire entendre à la tribune. Sa science et sa parole ne restèrent cependant pas inutiles. Il fut l'âme du comité épiscopal qui rédigea l'*Exposition de ses principes*. Il instruisait son diocèse d'excellents écrits, qui en préservèrent la plus grande partie du schisme. C'est lui qui, sur le décret de déportation contre les prêtres fidèles, prépara une adresse d'une sensibilité si parfaite, que Louis XVI, ému jusqu'aux larmes, promit dès lors de refuser sa sanction à ce décret d'iniquité.

L'archevêque d'Arles est arrêté le 11 août 1792 : en entrant dans l'enceinte des détenus, il y reconnaît ses deux grands-vicaires, MM. de Thorame et de Foucault. A peine transféré dans l'église des Carmes, l'archevêque reçoit la visite d'un horloger nommé Carcel : il avait déjà sauvé quatre prêtres; il offre au prélat des moyens faciles d'évasion. « Mon cher, lui répond-il, je vous remercie de votre bonne volonté : je suis innocent; si je fuyais, on pourrait me croire coupable. Que la volonté du Seigneur s'accomplisse en tout ! »

Les prisonniers passèrent deux jours et deux nuits sans autre lit qu'une chaise. Plusieurs étaient accablés de vieillesse ou d'infirmités; plusieurs étaient réduits à une indigence qui ne leur laissait pas même de quoi pourvoir à leur nourriture. Un des révolutionnaires qui avaient montré le plus de fureur pour leur incarcération fut touché de leurs souffrances. Il fit donner aux gardes la permission de laisser entrer ce qu'on apporterait aux captifs, en s'assurant seulement qu'il n'y avait pas d'armes. Il invita même les âmes charitables des environs à secourir les pauvres prêtres. Comme on ne leur laissait pas la consolation de célébrer les saints mystères, ils y suppléaient en répétant les prières de la messe, et en s'unissant à celle que célébrait à Rome le vicaire de Jésus-Christ. Le médecin obtint toutefois qu'ils pourraient se promener dans le jardin, au fond duquel il y avait un oratoire où se trouvait une image de la sainte Vierge. Ces promenades étaient encore une occupation sainte. Les uns se rendaient par manière de pèlerinage au petit oratoire, les autres lisaient les saintes Ecritures ou disaient leur bréviaire, plusieurs s'entretenaient pieusement de choses religieuses : tous rentraient ensuite gaîment dans leur prison, qui était l'église même, parvis du ciel.

L'archevêque d'Arles, dont les infirmités augmentaient chaque jour davantage, fut encore sollicité plusieurs fois d'employer des moyens pour obtenir d'être transporté chez lui. Il répondit toujours : « Je suis trop bien ici et en trop bonne compagnie. » Cependant, la troisième nuit de sa prison, il n'avait pas encore de lit; il fut impossible de lui en faire accepter un, parce qu'il avait compté les matelas, et qu'il en manquait un pour un nouveau prisonnier. Ses discours fortifiaient les autres; sa piété, sa patience les pénétraient d'admiration. Précisément parce qu'ils l'avaient vu le plus éminent en dignité, des gardes sans entrailles se plaisaient à l'outrager de toutes manières. Les malheureux n'atteignaient pas son âme. Concentré en Jésus-Christ, il se taisait et s'estimait le plus heureux, parce qu'il avait le plus à souffrir. Il prenait l'air dans le jardin, escorté de deux fusiliers; un militaire, dont la mise semblait commander la décence, gesticule d'une manière ironique derrière M. Dulau, puis, passant devant le pontife, il met un genou en terre, tire son épée, la pose en forme de croix sur la poitrine du pontife, et lui dit : « C'est ainsi que demain je te sacrerai moi-même. » L'offensé se détourne sans dire un mot. Un gendarme brutal fait spécialement de lui l'objet de jeux atroces. Assis à ses côtés, il lui dit tout ce que la plus vile populace peut inventer de sarcasmes grossiers, de basses railleries, le félicite sur ce qu'il représentera noblement sous la guillotine, ensuite se lève, lui donne par dérision tous les titres de noblesse que l'Assemblée vient d'abolir, et le disciple de Dieu couronné d'épines ne répond rien. L'homme féroce, s'asseyant de nouveau près de lui, allume sa pipe et lui en souffle la fumée sur le visage; l'archevêque se tait toujours, et, près de se trouver mal par la fétidité de la fumée, se contente de changer de place; son persécuteur le suit encore, jusqu'à ce qu'il voie sa cruelle obstination vaincue par une patience inaltérable. — Au milieu de la nuit, un des prisonniers, troublé par quelque bruit qu'il avait cru entendre, réveilla l'archevêque en sursaut Pour lui dire : *Monseigneur, voilà les assassins !* — *Eh bien !* répondit avec douceur le saint homme, *si le Bon Dieu demande notre vie, le sacrifice doit être tout fait.* Et, sur ces paroles, il se rendort paisiblement (Barruel, *Hist. du clergé pendant la Révolution*; Carron, *Confesseurs de la foi*, t. I).

Les évêques de Saintes et de Beauvais étaient deux frères : François-Joseph et Pierre-Louis de la Rochefoucauld. Ils furent arrêtés tous deux dans leur appartement. Les révolutionnaires en voulaient spécialement à l'évêque de Beauvais et laissaient la liberté à celui de Saintes. Mais il leur dit : « Messieurs, j'ai toujours été uni à mon frère de la plus tendre amitié; je le suis encore plus par mon attachement à la même cause. Puisque son amour pour la religion et son horreur pour le parjure font tout son crime, je vous supplie de croire que je ne suis pas moins coupable. Il me serait d'ailleurs impossible de voir mon frère conduit en prison et de ne pas aller lui tenir compagnie. Je demande à y être emmené avec lui et à partager son sort. » Cet aimable et héroïque prélat conserva dans sa prison volontaire toute sa gaîté naturelle. Toujours riant, toujours prévenant, il se plaisait surtout, avec son frère, à accueillir les nouveaux prisonniers avec une bonté, avec des attentions qui bientôt faisaient oublier à ceux-ci toutes leurs peines.

François-Louis Hébert, supérieur des Eudistes et confesseur de Louis XVI, était d'une bienveillance expansive qu'on dirait presque sans exemple. Personne ne sortait de chez lui qu'avec un sentiment profond d'édification et qu'avec cet esprit de piété, d'amour de Dieu et du prochain qu'on avait recueilli de son cœur et de ses lèvres. Il n'existait pas de caractère plus heureux, d'humeur plus riante et plus douce; il possédait son âme dans la paix, dans la joie, et répandait l'onction, avec les consolations les plus vives, dans le sein des affligés ou dans celui des chrétiens trop portés au trouble et à la crainte.

Mais de toutes les vertus qui distinguaient l'homme de Dieu, il n'en fut pas une qui le signalât autant au respect et à l'admiration des peuples que son inépuisable et inconcevable charité. Non, disait un pieux fidèle qui avait passé dans son commerce intime trente-trois ans de sa vie, non, jamais je n'ai connu d'homme plus égal et plus aimable dans son humeur, plus fervent dans sa piété, plus tendre dans sa charité, dont les actes continuels fussent aussi simples, je dirais presque aussi naturels, qu'ils se montraient sublimes; chaque nouveau jour de sa vie rappelait le précédent, annonçait le suivant, et tous se ressemblaient par sa miséricorde envers les êtres souffrants. Il allait visiter les prisonniers, les exhortait, les prêchait, concourait efficacement à la délivrance de plusieurs d'entre eux; n'étant étranger à aucune branche de son saint ministère, confessant considérablement, attirant tous les cœurs par sa simplicité parfaite, ses manières engageantes. Il aimait surtout les enfants, qui le bénissaient et le révéraient tendrement : il plaçait les uns en métier, poussait aux études ceux qui manifestaient d'heureuses dispositions; procurait des places aux servantes exposées au danger de perdre leurs mœurs; ouvrait des asiles religieux aux vierges heureusement dégoûtées du monde; ne conservait que les habits qui le couvraient; dans les temps de disette, allait au devant des prières, prévenant les besoins des uns, devinant ceux des autres que la confusion recélait; avait comme des émissaires et de fidèles messagers pour leur porter tous les secours qui leur devenaient nécessaires. Pendant son séjour à Caen, ayant reçu en don une montre d'or d'un grand prix, à l'instant même il la vendit pour les pauvres; et, dans le reste de son angélique carrière, on ne peut plus compter le nombre de ses sacrifices.

## LIVRE XC. — LA RÉVOLUTION FRANÇAISE ET L'ÉGLISE CATHOLIQUE.

En 1792, dernière année de sa vie, il eut occasion de rendre service à un illustre infortuné. Au commencement du mois d'août, Louis XVI lui écrivait : « Je n'attends plus rien des hommes; apportez-moi les consolations célestes. » Louis XVI avait choisi pour son confesseur cet ami des pauvres. Le 10 août, M. Hébert dit à un pieux fidèle : « Le roi est dans les meilleurs sentiments et résigné parfaitement à ce qu'il plaira d'ordonner au Seigneur. » Le même jour, M. Hébert fut arrêté et enfermé aux Carmes (Carron, t. I).

Le 26 août, l'Assemblée législative promulgua le décret de déportation contre les prêtres fidèles. Manuel, procureur-syndic de la commune de Paris, assembla le conseil secret des municipaux. Avec Marat, le boucher Legendre et un prêtre jureur, il délibéra sur ce décret et le trouva trop doux. Au lieu de la déportation, on prononça la mort. Danton, ministre de la justice, se chargea de l'exécution. Manuel se rendit le même jour à l'église des Carmes. Un des prisonniers, l'abbé Salins, chanoine de Couserans, lui demanda s'il connaissait quelque terme à leur captivité et quel était le crime qu'elle punissait. Manuel répondit : « Vous êtes tous prévenus de propos... Il y a un jury établi pour vous juger; mais on a commencé par les plus grands criminels : vous viendrez à votre tour. On ne vous croit pas tous également coupables, et on relâchera les innocents. » L'abbé Salins lui montrant les vieux solitaires de saint François de Sales, lui dit : « Si vous nous accusez de conspiration, voyez, examinez... Ces personnages-là n'ont-ils pas l'air de redoutables conjurés? » Manuel ajouta simplement : « Votre déportation est résolue. On s'occupe de l'exécution; les sexagénaires et les infirmes doivent être renfermés dans une maison commune. Je venais m'informer si vous en connaîtriez une plus propre à cet objet que celle de Port-Royal. Quand elle sera pleine, nous fermerons la porte et nous y mettrons pour écriteau : *Ci-gît le ci-devant clergé de France*. Quant aux autres, ceux qui seront reconnus innocents par le jury, auront le temps de vaquer à leurs affaires pendant le temps qu'accorde la loi. Il faut prendre les mesures pour leur assurer une pension, car il serait inhumain d'expatrier quelqu'un et de l'envoyer à la charge d'un autre royaume, sans lui accorder quelque secours pour vivre dans sa retraite.

C'est ainsi que les victimes s'entretenaient confidemment avec l'homme qui avait prononcé leur mort et qui prenait des mesures pour l'exécution. Par une sorte d'humanité philosophique, les prisonniers eurent une nourriture plus délicate et plus abondante; il leur accorda même la promenade du jardin, qu'on leur avait interdite depuis plusieurs jours. Ils y étaient le mercredi 29 août, lorsque Manuel vint encore les compter, regardant çà et là du milieu du jardin. Divers prêtres s'approchèrent encore de lui avec la même simplicité et confiance. Il leur dit que l'arrêté de la municipalité, relatif à leur déportation, était terminé; qu'il leur serait signifié le lendemain. Il ajouta : « Vous avez à évacuer le département dans l'espace prescrit par la loi. Vous y gagnerez, et nous aussi. Vous jouirez de la tranquillité de votre culte, et nous cesserons de le craindre. Car, si nous vous laissions en France, vous feriez comme Moïse, vous élèveriez les mains au ciel tandis que nous combattrions. Quelques-uns des prisonniers demandèrent s'il leur serait permis d'emporter quelques effets dans leur exil. Manuel répondit : « Ne vous en mettez pas en peine; vous serez toujours plus riches que Jésus-Christ, qu n'avait pas où reposer sa tête. »

Cependant, le vendredi 31 août, l'arrêté de la municipalité n'avait pas encore été envoyé aux Carmes. Plusieurs des prisonniers commencèrent à soupçonner quelque chose. Dans la journée, on vint enlever de l'église tout ce qui tenait au service divin : on brisa même une croix qu'on ne put détacher de la muraille. Les prêtres captifs retrouvèrent cependant une croix de bois, qu'ils se hâtèrent de placer sur le maître-autel, comme l'étendard de leur chef et de leur modèle. Enfin, sur les onze heures du soir, le maire Péthion et le procureur Manuel leur envoyèrent signifier le décret d'exportation. Dans cet instant-là même, on creusait leur fosse dans le cimetière.

Le samedi 1er septembre se passa, de la part des captifs, dans les exercices ordinaires de la piété et dans l'attente des ordres que le maire Péthion devait donner pour leur délivrance. Le dimanche, même sécurité. Cependant la promenade du matin fut retardée; quelques-uns s'aperçurent qu'ils étaient plus surveillés. En rentrant, ils trouvèrent leurs gardes changés plutôt qu'à l'ordinaire. Un de ces nouveaux leur dit : « Ne craignez rien, messieurs, si on vient vous attaquer, nous sommes forts pour vous défendre. »

Ce que les prêtres captifs ne savaient pas, c'est que la plus grande consternation régnait à Paris depuis la prise de Longwy et la nouvelle du siège de Verdun par l'armée prussienne. Les chefs révolutionnaires avaient délibéré s'il ne serait pas temps de fuir la capitale. Danton, ministre de la justice, avait conçu d'autres moyens pour repousser les Prussiens et les Autrichiens. Il voulait que la France se levât tout entière, mais qu'elle commençât par se défaire de tous ceux qui étaient entassés dans les prisons, comme prêtres, comme royalistes, ou autrement suspects. Le jour assigné pour cette exécution fut le dimanche 2 septembre. En ce jour, le bruit se répandit parmi le peuple que Verdun s'était rendu, et que les Prussiens marchaient sur Paris. Les municipaux annoncèrent à l'Assemblée législative qu'ils allaient inviter les Parisiens à former une armée de soixante mille hommes; qu'à midi on tirerait le canon d'alarme, pour convoquer au Champ-de-Mars les citoyens disposés à marcher; et que le tocsin sonnerait à la même heure. Ce canon et ce tocsin tenaient une partie de Paris dans la terreur, l'autre dans la rage. Les municipaux, au lieu de presser la convocation au Champ-de-Mars, dispersaient et plaçaient leurs bourreaux, leur donnaient leurs dernières instructions.

Ce fut pendant tous ces préparatifs qu'on servit le dîner aux prêtres détenus dans l'église des Carmes. Un officier de garde leur dit en ce moment : « Lorsque vous sortirez, on vous rendra à chacun ce qui lui appartient. » Les prêtres dînèrent tranquillement, et même avec plus de gaîté qu'à l'ordinaire. Les bourreaux étaient déjà cachés dans les corridors de la maison.

La promenade fut différée; les prêtres croyaient qu'il n'y en aurait pas ce jour-là: non-seulement on la permit vers quatre heures, mais, contre l'usage, on força les vieillards, les infirmes, et tous ceux qui continuaient leurs prières dans l'église, à passer au jardin. Ils y étaient au nombre d'environ deux cents, commençant à s'y livrer à leurs exercices ordinaires, lorsqu'on entendit un bruit soudain dans la rue voisine: c'était une troupe de bourreaux qui se rendaient à l'abbaye Saint-Germain, pour y commencer le massacre. A ce bruit, les bourreaux cachés dans les corridors des Carmes tendent leurs baïonnettes et leurs sabres à travers les barreaux des fenêtres, en criant aux prisonniers: *Scélérats! voici donc enfin l'instant de vous punir.* A cet aspect, les prêtres se retirent au fond du jardin, se mettent à genoux, font à Dieu le sacrifice de leur vie, et se donnent mutuellement la dernière bénédiction.

L'archevêque d'Arles était auprès de l'oratoire avec l'abbé de la Pannonie, chanoine de Cahors, qui lui dit: « Pour le coup, Monseigneur, je crois qu'ils vont venir nous assassiner. — Eh bien! mon cher, répondit l'archevêque, si c'est le moment de notre sacrifice, soumettons-nous, et remercions Dieu d'avoir à lui offrir notre sang pour une si belle cause. » Au moment où il disait ces paroles, les brigands avaient déjà enfoncé la porte du jardin. Ils n'étaient pas encore plus de vingt, et ne furent jamais plus de trente. Les premiers se divisent et s'avancent en poussant des hurlements affreux, les uns vers le groupe où se trouvait l'archevêque d'Arles, les autres par l'allée du milieu. Le premier prêtre que rencontrent ceux-ci, est le Père Gérault, directeur des dames de Sainte-Elisabeth. Il récitait son bréviaire auprès du bassin, il ne s'était point laissé déranger par les cris des bourreaux. Un coup de sabre le renversa; comme il priait encore, deux brigands se hâtent de le percer de leurs piques. L'abbé Salins, celui-là même à qui Manuel avait tant parlé des précautions à prendre, des pensions à fixer pour les prêtres avant leur déportation, l'abbé Salins fut la seconde victime. Il s'avançait pour parler aux satellites, un coup de fusil le renversa mort.

Ceux des assassins qui avaient pris l'allée de la petite chapelle s'avançaient en criant: *Où est l'archevêque d'Arles?* Il les attendait à la même place, sans la moindre émotion. Arrivés près du groupe, en avant duquel il était avec l'abbé de la Pannonie, ils demandent à celui-ci: « Est-ce toi qui es l'archevêque d'Arles? » L'abbé de la Pannonie joint les mains, baisse les yeux, et ne fait pas d'autre réponse. — « C'est donc toi, scélérat, qui es l'archevêque d'Arles, dirent-ils, se tournant vers M. Dulau? — Oui, messieurs, c'est moi qui le suis. — Ah! scélérat! c'est donc toi qui as fait verser le sang de tant de patriotes dans la ville d'Arles! — Messieurs, je ne sache pas avoir jamais fait de mal à personne. — Eh bien! je vas t'en faire, moi, répond un des brigands; » et, en disant ces mots, il lui décharge un coup de sabre sur la tête. L'archevêque, immobile et tourné vers l'assassin, reçoit le premier coup sur le front, sans prononcer une parole. Un nouveau brigand décharge sur lui son cimeterre, et lui fend presque tout le visage. Le prélat, toujours muet et debout, porte simplement ses deux mains sur sa blessure. Il était encore debout, sans avoir fait un pas ni en avant ni en arrière: frappé d'un troisième coup sur la tête, il tombe, en appuyant un bras sur la terre, comme pour empêcher la violence de sa chute. Alors un des meurtriers, armé d'une pique, l'enfonce dans le sein du prélat avec tant de violence, que le fer ne peut en être arraché. Le meurtrier pose le pied sur le cadavre de l'archevêque, prend sa montre, et l'élève en la faisant voir aux autres, comme le prix de son triomphe.

Au moment où la porte du jardin fut enfoncée, une vingtaine de prêtres des plus jeunes s'étaient sauvés par-dessus les murs dans les maisons voisines: plusieurs revinrent sur leurs pas, de peur que leur fuite ne rendît les brigands encore plus furieux contre leurs frères. Un grand nombre de prêtres s'étaient réfugiés dans la petite chapelle. Là, attendant la mort dans un profond silence, ils offraient à Dieu leur dernier sacrifice. Les brigands déchargèrent sur eux leurs fusils et leurs pistolets à travers les barreaux. Les victimes tombaient les unes sur les autres: les vivants étaient arrosés du sang de leurs frères mourants. L'évêque de Beauvais eut la jambe fracassée d'une balle, et tomba comme mort. Une foule d'autres victimes tombèrent avec lui sans proférer une parole de plainte.

Les autres meurtriers poursuivaient les prêtres épars dans le jardin, les chassaient devant eux, abattant les uns à coups de sabre, enfonçant leurs piques dans les entrailles des autres, faisant feu de leurs fusils et de leurs pistolets, sans distinction, sur les jeunes, les vieux, les infirmes. « Scélérats, s'écriaient-ils, enfin vous ne tromperez plus le peuple avec vos messes et votre petit morceau de pain sur les autels. Allez, allez-vous-en joindre ce Pape, cet antechrist, que vous avez tant soutenu. En ce moment, qu'il vienne, et qu'il vous défende de nos mains! » Ce nom d'*antechrist*, donné au Pape, décèle évidemment des disciples de Luther ou de Calvin. D'autres vociférations, en termes plus élégants, dénotaient des meurtriers qui n'étaient pas de la populace, et semblaient copiées d'un recueil de Voltaire.

Cependant arrivaient d'autres assassins, et avec eux un commissaire de la section, appelé Violet. On entendit crier: « Arrêtez, arrêtez; c'est trop tôt: ce n'est pas ainsi qu'il faut s'y prendre. » Il y avait, en effet, pour ces massacres, un ordre désigné par les chefs et qu'on suivait ailleurs, pour s'assurer du nombre des victimes et pour n'en épargner aucune. Les mêmes voix, surtout celle du commissaire, appelaient les prêtres dans l'église, en leur promettant qu'ils y seraient en sûreté. Les prêtres essayaient d'obéir. Une partie des brigands cessaient de massacrer; sourds à toutes les voix, même à celle de leur capitaine, d'autres paraissaient redoubler de rage, crainte de manquer leurs victimes.

A l'extrémité du jardin surtout, le massacre ne cessait pas encore. On y vit cependant un trait d'humanité. L'abbé Dutillot, avec quelques autres prêtres, se trouvait resserré contre un mur, et restait immobile. Un des assassins le coucha en joue jusqu'à trois fois, sans que l'arme prît feu. Dans son étonnement: « Voilà un prêtre invulnérable, s'écria le brigand; *cependant,* ajouta-t-il, *je n'essaierai* pas un quatrième coup. — Je serai moins délicat, dit un second brigand, je vais le tuer. — Non, reprit le premier, je le prends sous ma protection; il a l'air d'un honnête homme, » et, en disant ces mots, il e couvre de son corps.

Dans l'église, le commissaire faisait des efforts pour en fermer l'entrée aux brigands, qui rugissaient autour comme des tigres altérés de carnage. Tout à coup il se fait un silence inattendu. C'était l'évêque de Beauvais, la jambe fracassée d'une balle, que ses propres assassins apportaient avec une espèce de compassion et de respect; ils le déposèrent dans l'église sur des matelas, comme s'ils eussent voulu le guérir de ses blessures. Son digne frère, l'évêque de Saintes, ignorait encore son sort. Entrant dans le chœur, il avait dit : « Qu'est devenu mon frère ? mon Dieu, je vous en prie, ne me séparez pas de mon frère ! » Averti par un des prêtres, qui avait entendu ces paroles, il courut à son frère et l'embrassa tendrement. Les victimes étaient encore au nombre de cent. Le commissaire obtint qu'on ne les égorgerait plus dans l'église. Il établit son bureau près d'une des sorties. Pour toute preuve que chacun des prêtres devait être mis à mort, les brigands demandèrent : « Avez-vous fait le serment ? — Non, répondirent les prêtres. » Un d'entre eux ajouta : « Il en est parmi nous plusieurs à qui la loi même ne le demandait pas, parce qu'ils n'étaient point fonctionnaires publics. — C'est égal, reprirent les brigands; ou le serment, ou vous mourrez tous. » Les victimes défilaient devant le bureau du commissaire, qui prenait leurs noms. Les prêtres étaient en prière dans l'église. A mesure qu'ils étaient appelés, ils se levaient et allaient tranquillement à la mort, les uns en disant leur bréviaire, les autres en lisant l'Ecriture sainte, d'autres enfin répétaient ces paroles du Sauveur crucifié : *Seigneur, pardonnez-leur, car ils ne savent ce qu'ils font.* Parmi les dernières victimes, furent les deux frères de la Rochefoucault, évêques de Saintes et de Beauvais : le second, ayant la jambe fracassée, pria les meurtriers de l'aider à se rendre au lieu où ils l'appelaient : ce qu'ils lui accordèrent, en le soulevant par les bras, avec un reste d'humanité, de respect même.

Il y eut encore d'autres traits d'humanité, au milieu de cet horrible massacre. L'abbé de l'Epine, l'un des plus vénérables vieillards de Saint-François de Sales, marchait à la mort, lorsque le garde qui l'y conduisait l'arrête, lui arrache sa soutane, le couvre d'un habit laïque et le met en lieu sûr. L'abbé de la Pannonie traversait la chapelle de la sainte Vierge pour aller au lieu du supplice, lorsqu'un garde national s'approche et lui dit : Sauvez-vous, mon ami, sauvez-vous ! Le prêtre enfile un corridor où il rencontre une forêt de baïonnettes qui le blessent plus ou moins grièvement. Un autre garde national vient à son secours; le met dans une embrasure de porte, s'y établit sentinelle et dit aux assaillants, en croisant les armes : On ne passe pas. Le prêtre, émerveillé, lui demande s'il espère le sauver. « Si je ne l'espérais pas, dit ce digne homme, je ne tiendrais pas à un pareil spectacle; il me fait trop d'horreur. » Le prêtre lui offre en reconnaissance tout ce qu'il a sur lui d'assignats; le garde national les refuse absolument et dit : « Je serai trop bien payé si je suis assez heureux pour vous sauver la vie (Barruel, *Hist. du clergé*).

On voit même quelque reste d'humanité dans les bourreaux au moment où ils se montraient le plus féroces. A la fin du massacre, ils étaient à boire et à chanter dans l'église, à l'entrée de la nuit et à la lueur de quelques flambeaux sinistres, lorsque tout à coup ils entendent du bruit vers une espèce de niche ou d'armoire ménagée dans la muraille. Ils voient paraître un homme couvert de sang, posant les pieds sur le haut d'une échelle. C'était l'abbé de Lostande, échappé au premier carnage du jardin, et qui, blessé de plusieurs coups de sabre, s'était réfugié dans cet asile. A son aspect, les bourreaux accourent en criant : « C'est encore un des prêtres; massacrons-le comme les autres. » En disant ces mots, ils avaient repris leurs sabres, et montaient vers lui. Du haut de son échelle, il leur dit d'une voix mourante : « Messieurs, ma vie est entre vos mains; je sais tout ce que j'ai à redouter de vous; mais une fièvre ardente, une cruelle soif, l'effet de mes blessures, me tourmente bien plus que la crainte de vos glaives. Je ne puis résister à cette soif : ou donnez-moi un verre d'eau, ou ôtez-moi ce reste d'une vie mille fois plus insupportable que la mort. » Les bourreaux eux-mêmes semblaient s'adoucir à ces paroles, quand une voix s'écrie : « En voici encore un ! » Celui-ci était l'abbé Dubray, prêtre de Saint-Sulpice, caché, mais étouffant entre deux matelas; il avait fait un mouvement pour respirer. Le bourreau, qui l'entend remuer, le saisit, le traîne vers l'autel, lui fend la tête d'un coup de sabre et les piques l'achèvent. Témoin de ce spectacle du haut de son échelle, l'abbé de Lostande n'attendait pas un autre sort. Il se traîne en descendant, arrive auprès de ces bourreaux, leur demande encore un verre d'eau ou la mort et tombe évanoui entre leurs bras. Ils se sentent émus de compassion et lui donnent un verre d'eau; ils le transportent même à la section, y plaident sa cause, et de là le mènent à l'hôpital.

Au milieu même du massacre, le commissaire Violet sauva plusieurs victimes en les faisant rester à côté de lui au moment où ils allaient à la mort. Deux jours après, il leur disait avec un enthousiasme involontaire : « Je me perds, je m'abîme d'étonnement, je n'y conçois rien, et tous ceux qui auraient pu le voir n'en seraient pas moins surpris que moi. Vos prêtres allaient à la mort avec la même joie et la même allégresse que s'ils fussent allés aux noces (Barruel, *Hist. du clergé*). »

Enfin, on compte en tout deux cent quarante-quatre personnes massacrées aux Carmes, dont cent quatre-vingt-dix-sept ecclésiastiques, cinq laïques et quarante-deux inconnus. Trente-quatre échappèrent ou furent sauvés, parmi lesquels vingt-cinq ecclésiastiques (Gabourd, *Assemblée législative*, p. 467 et seqq.). Le massacre avait commencé à l'abbaye de Saint-Germain. Seize prêtres se rendaient au lieu de leur exportation avec des passeports en règle : ils furent arrêtés aux barrières de la capitale, amenés de la commune à l'abbaye, égorgés dans la cour, avec dix-huit autres. Un seul échappa par le dévouement d'un horloger appelé Monod : ce fut l'abbé Sicard, instituteur des sourds-muets. Dans l'intérieur de l'abbaye, il y avait beaucoup de prisonniers pour cause politique, avec deux prêtres, l'abbé de Rastignac, grand-vicaire d'Arles, et l'abbé Lenfant, ancien jésuite, célèbre prédicateur, connu de tout le monde. « A dix heures, le lundi 3 septembre, raconte un des prisonniers échappé du massacre, l'abbé Lenfant et l'abbé de Rastignac parurent dans la tribune de la chapelle qui nous servait de prison. Ils nous annoncèrent que notre dernière heure arrivait et nous invitèrent à nous recueillir pour recevoir leur bénédiction. Un mouvement électrique qu'on ne put définir nous précipita tous à genoux, et, les mains jointes, nous la reçûmes. » L'abbé Lenfant ayant été appelé à la mort, parut avec autant de calme que quand il montait en chaire. Le peuple, en voyant paraître son apôtre, demanda à haute voix qu'il vécût. Les bourreaux le lâchèrent. Le peuple le poussait, lui criait : *Sauvez-vous*, et il était déjà hors de la foule. Son cœur tendre et sensible ne lui permettait pas de fuir sans avoir remercié ce peuple. Il s'était retourné et lui exprimait sa reconnaissance. Quatre brigands ont regretté leur proie, ils accourent, le saisissent. L'abbé Lenfant lève les mains au ciel : « Mon Dieu, je vous remercie de pouvoir vous offrir ma vie, comme vous avez offert la vôtre pour moi. » Ce furent ses dernières paroles. Il se mit à genoux et expira sous les coups des brigands. L'abbé de Rastignac fut immolé un instant après (Barruel et Carron).

Le seul prêtre connu pour avoir échappé à cette boucherie fut un religieux de Cluny. Il était un des seize arrêtés aux barrières. En arrivant à l'abbaye, il remarqua parmi les commissaires un homme avec qui il s'était trouvé diverses fois chez un ami commun. Cet ami, croyant le religieux assuré de l'exportation, lui avait confié une somme de quarante mille livres. Le religieux voulait assurer ce dépôt; il remet son portefeuille au commissaire et lui en confie la restitution. Le commissaire, reconnaissant le religieux, imagine, pour lui sauver la vie, de le conduire dans le bureau même où des écrivains étaient occupés à dresser le procès-verbal du massacre. Sans avoir trop le temps de lui expliquer ce qu'il doit faire, il le place à une des tables du bureau et lui dit : *Ecrivez*. Le religieux attend qu'on lui dicte ce qu'il doit écrire. Le commissaire s'aperçoit de son embarras; affectant un ton brusque, il ajoute : « Ecrivez donc ce que je vous ai dit, et que tout soit prêt à mon retour. » Le religieux entend ce langage et se met à écrire ou à faire semblant. Les bourreaux allaient, venaient et revenaient dans ce bureau, racontant leurs massacres, demandant des listes et se livrant à toute leur féroce joie sur les victimes qu'ils avaient égorgées. Il leur en manquait une sur les seize prêtres : c'était ce religieux même qu'ils voyaient dans le bureau et qu'ils prenaient pour un commis. C'était devant lui qu'ils demandaient le prêtre qu'on leur avait dérobé. Lui continuait à écrire sans se détourner et comme un homme fort occupé des ordres qu'il avait à remplir. Le commissaire, au moment favorable, reparut, examina ce que le religieux avait écrit, lui fit prendre ses papiers sous le bras et l'emmena chez lui comme son secrétaire (Barruel).

Tandis qu'on massacrait leurs frères aux Carmes, les quatre-vingt-dix prêtres enfermés au séminaire de Saint-Firmin s'attendaient à voir s'ouvrir les portes de leur prison, en conséquence du décret d'exportation qui leur avait été communiqué. C'était le 2 septembre. Tout à coup un garçon boucher s'introduit dans le séminaire, demande à parler au procureur, l'abbé Boulangier, et lui dit secrètement : « Sauvez-vous, monsieur, ce soir vous allez tous être égorgés. » L'abbé Boulangier ne peut pas le croire, avertit le supérieur, l'abbé François, et ils envoient un domestique prendre des informations; mais ils attendent vainement la réponse. Surviennent deux autres jeunes gens; avec le garçon boucher, ils pressent l'abbé Boulangier et l'emmènent à travers les bandits qui arrivaient sur Saint-Firmin pour s'assurer des postes.

Le 3 septembre, à cinq heures du matin, les bourreaux étaient tous arrivés. La populace était déjà accourue. Elle commença par demander la vie de quelques-uns de ceux qu'elle connaissait plus spécialement. *Conservez notre saint*, cria-t-elle en parlant du bon abbé Lhomond, professeur émérite du collège du cardinal Lemoine, et auteur d'une grammaire française bien connue dans les collèges et les séminaires. Ce saint prêtre et trois autres furent mis sous la sauvegarde de la loi. Les administrateurs de la section auraient aussi voulu conserver la vie à l'abbé François, supérieur du séminaire. Mais les brigands se raidirent contre la section même, et le lui arrachèrent pour l'égorger avec les autres. Ils parcoururent d'abord le séminaire, et en firent descendre les prêtres dans la rue. Le peuple, frémissant d'un si grand nombre de victimes, ne voulut pas souffrir qu'elles fussent immolées sous ses yeux. Les bourreaux rentrèrent avec elles dans la maison. Là, ils les égorgèrent les unes après les autres, ou les précipitèrent par les fenêtres. L'abbé Haüy, savant minéralogiste, auteur d'un traité de cette science, ainsi que d'une Physique, avait été enfermé à Saint-Firmin avec ses confrères de sacerdoce. Mais quelques jours avant le massacre, il en fut tiré par les sollicitations de l'Académie, dont il était membre (Barruel).

Les massacres continuèrent les jours suivants dans les autres prisons de la capitale : à la Force, à la Conciergerie, au Châtelet, aux Bernardins, à Bicêtre, à la Salpêtrière. Une fois affriandés par le sang des prêtres, les assassins égorgèrent tous les prisonniers sans distinction : les voleurs et les accusés vulgaires, à la Conciergerie et au Châtelet; les galériens, aux Bernardins; les fous et autres détenus semblables, à Bicêtre; les femmes condamnées pour délits communs, à la Salpêtrière. A la Force, avec un certain nombre de prêtres, on égorgea beaucoup de prisonniers politiques. La plus illustre victime y fut la princesse de Lamballe, née princesse de Savoie, et amie intime de la reine Marie-Antoinette. On lui coupa la tête, on lui arracha le cœur; on mit la tête au bout d'une pique, le cœur dans un bassin, et on les présenta ainsi aux fenêtres du Temple, où étaient prisonniers le roi et la reine. Peu s'en fallut que les brigands n'enfonçassent les portes et ne terminassent la journée par le régicide. Un conseiller municipal les harangua pour les détourner de ce dessein; et ce ne fut qu'après une heure de résistance qu'il parvint à les éloigner.

Le 9 septembre eut lieu à Versailles, malgré les efforts du maire de la ville, le massacre d'un grand nombre de prisonniers de distinction, qu'on transférait d'Orléans à Saumur. De ce nombre fut M. de Castellane, évêque de Mende. Déjà frappé à mort, il se releva pour absoudre les mourants; un coup de sabre mutila sa main au moment où il prononçait l'absolution.

Les massacres de Paris furent imités dans quelques départements. Danton, ministre de la justice, leur en adressa à tous l'invitation formelle au nom de la municipalité parisienne, qui exerçait alors le souverain pouvoir en France. Un des signataires était Marat, membre du *Comité de salut public*, établi par la commune. A Reims, on massacra donc huit prisonniers, tant prêtres que laïques; à Meaux, une bande d'énergumènes, qu'on suppose venue de Paris, égorgea quatorze personnes, parmi lesquelles figuraient sept prêtres; à Lyon, les prisons étaient menacées, mais la garde nationale prit les armes, et, par son intervention, le nombre des victimes, qui allait s'élever à deux cents, fut restreint à onze personnes, dont huit officiers et trois prêtres; à Orléans, trois individus furent massacrés; à Gisors, dans le département de l'Eure, le duc de la Roche-Guyon, arrêté par ordre de la commune, sur la recommandation du philosophe marquis de Condorcet, fut tué d'un coup de pavé lancé par un brigand.

Parmi les victimes de Reims, on distingue le doyen des curés, Etienne-Charles Pacquot, curé de Saint-Jean. Il demandait à Dieu de terminer sa longue carrière par le martyre. Les bourreaux le trouvent dans son oratoire terminant les prières des agonisants. Il les suit, en récitant tranquillement des psaumes, jusqu'au seuil de la maison commune, où il doit recevoir le coup de la mort. Le maire croit avoir trouvé un moyen de le sauver. « Qu'allez-vous faire? crie-t-il aux brigands; ce vieillard n'est pas digne de votre colère. C'est un bon homme qui est fou, qui a perdu la tête, à qui le fanatisme renverse les idées. — Non, monsieur, répond le vénérable doyen, je ne suis ni fou ni fanatique : je vous prie de croire que jamais je n'ai eu la tête plus libre et l'esprit plus présent. Ces messieurs me demandent un serment décrété par l'Assemblée nationale; je connais ce serment : il est impie, subversif de la religion. Ces messieurs me proposent le choix entre ce serment et la mort; je déteste ce serment et je choisis la mort. Il me semble, monsieur, que c'est là vous avoir assez démontré que j'ai l'esprit présent et que je sais ce que je fais. » Le magistrat, presque confus de sa fausse pitié, l'abandonne aux assassins. M. Pacquot leur fait signe de la main, et dit à haute voix : « Quel est celui de vous qui me donnera le coup de la mort? — C'est moi, répond l'un d'eux. — Ah! reprend le vieux curé, permettez que je vous embrasse, que je vous témoigne ma reconnaissance pour le bonheur que vous allez me procurer. — Il l'embrasse en effet, et ajoute : Permettez à présent que je me mette dans la posture convenable pour offrir à Dieu mon sacrifice. » Il se met à genoux, demande hautement pardon à Dieu pour lui-même et pour ses bourreaux; puis il reçoit le premier coup de l'homme qu'il vient d'embrasser, les autres l'achèvent (Barruel).

Le même jour, dans la matinée, un malheureux était allé trouver un prêtre octogénaire réfugié à Reims, l'abbé Suny, curé de Rilly-la-Montagne, pour lui demander l'aumône. Le vieux prêtre lui donna une chemise avec quelques assignats. Peu d'heures après, il fut traîné à l'Hôtel-de-Ville, où ce mendiant l'avait dénoncé. « M. le curé, lui dirent les municipaux, votre sort est entre vos mains. Prêtez le serment, si vous voulez conserver les jours qui vous restent à passer ici-bas. — Ah! messieurs, répondit-il, j'avais eu le malheur de prêter ce serment criminel : le Seigneur m'a fait la grâce de le rétracter. Je l'en ai mille fois remercié; mais combien à présent je m'estime heureux de pouvoir donner ma vie pour réparer mon scandale! je lui en demande encore très-humblement pardon. Ah! messieurs, je sens qu'il me fortifie; je me sens disposé à mourir plutôt que de retomber dans ce crime. » Il marcha effectivement à la mort avec un air mêlé de componction, d'humilité et de sainte joie. Son sang coula dans le même ruisseau que celui du saint pasteur qui l'avait précédé. — Le lendemain, 5 septembre, la populace de Reims, apprenant que le vieux curé de Rilly avait été dénoncé par celui-là même auquel il avait fait l'aumône, entra dans une telle fureur, qu'elle amena ce misérable sur le champ des massacres, l'accusa d'en être le principal auteur, le jugea et le brûla tout vif (Barruel).

Un très-grand nombre des ecclésiastiques se réfugièrent en Angleterre. Dans le mois de septembre 1792 il y en arriva plus de trois mille, et au milieu de l'année suivante il y en avait quatre mille de plus. L'île de Jersey seule en comptait une foule qui y affluait de la Bretagne et de la Normandie. Il se forma un comité chargé de leur distribuer des secours. De riches Anglais s'unirent pour cette bonne œuvre. L'évêque de Saint-Paul-de-Léon, M. de la Marche, qui avait été contraint de se réfugier en Angleterre dès 1791, excita et seconda leur zèle. On logea huit cents prêtres dans un château royal. On proposa des souscriptions en leur faveur. En 1794 et 1795, le nombre de ces réfugiés s'accrut encore par l'invasion des Pays-Bas et de la Hollande. La bienfaisance nationale parut se déployer dans la même proportion. Le produit de la souscription monta jusqu'à un million. Des quêtes faites par ordre du roi produisirent ensemble à peu près la même somme. A la fin, le gouvernement crut devoir étendre et régulariser ces dons. Un bill fut rendu pour donner des secours annuels aux émigrés de toutes les classes. Chacun recevait un traitement proportionné à son rang. Les évêques, qui se trouvaient en Angleterre au nombre de trente environ, touchaient une somme plus forte, à l'exception de six d'entre eux, qui, ayant des moyens particuliers, ne voulurent point être portés sur la liste générale des secours. Un assez grand nombre d'ecclésiastiques refusèrent, par le même motif de délicatesse, le subside qu'on leur offrait. L'évêque de Saint-Paul-de-Léon était à la tête de ces distributions, grossies par des dons volontaires de plusieurs particuliers opulents. Le clergé français se montra digne d'un si noble accueil, et sa conduite répondit à la pureté de la cause pour laquelle il souffrait. Elle dissipa bien des préjugés, et rendit respectable aux yeux des Anglais l'ancienne foi de leurs pères.

Nos prêtres établirent à Londres et ailleurs plusieurs chapelles, et rappelèrent plusieurs protestants dans le sein de l'Eglise romaine. Leur zèle, leur constance, leur charité frappaient les esprits les plus prévenus. L'excellent abbé Carron, natif de Rennes, établit une maison de retraite pour les prêtres âgés et infirmes, un hospice pour les femmes émigrées, des écoles pour les deux sexes, des pharmacies gratuites, des bibliothèques, des ateliers. Il faisait face aux dépenses par les dons de riches Anglais touchés de sa vertu (Picot, *Mémoires*, an 1793).

Pendant que la France catholique, par ses prêtres exilés, triomphait humblement des préventions anticatholiques de l'Angleterre et la ramenait tout doucement au sein de l'Eglise universelle, la France militaire, à peine réorganisée sur les frontières de Lorraine et de Champagne, et manquant bien des fois du nécessaire, triomphait par sa valeur naturelle de l'armée prussienne, de ces vieilles bandes de Frédéric II, lesquelles avaient résisté à toute l'Europe et rançonné l'empire d'Allemagne. Le 20 septembre 1792, près du village de Valmy en Champagne, un nombre inférieur de troupes françaises, nouvelles recrues, qui n'avaient pas encore vu le feu, se trouvèrent en présence d'un nombre supérieur de vieilles troupes, que renforçait un corps d'émigrés. Ces émigrés avaient assuré aux Prussiens que l'armée française n'était composée que d'ouvriers et de tailleurs qui fuiraient au premier coup de canon. Après une canonnade de quatre heures, les Prussiens s'avancèrent sur les Français pour les attaquer à l'arme blanche : ils sont si étonnés de la contenance fière de ces nouveaux soldats, qui les attendent de pied ferme, la baïonnette en avant, qu'ils hésitent, puis se rejettent en arrière, sans oser commencer l'attaque. Cela seul valait à la nouvelle France militaire la plus grande des victoires; cela seul lui donnait confiance en elle-même et lui marquait son rang parmi les premières armées de l'Europe. D'ailleurs, pour bien des Français, l'armée devenait une patrie. Les horribles massacres de Paris et de quelques provinces poussaient sous les drapeaux de la frontière beaucoup d'honnêtes gens qui aimaient mieux vivre et mourir en défendant le sol français que devenir victimes des anarchistes ou esclaves de l'étranger. La France ecclésiastique et la France militaire étaient comme deux armées d'un genre très-divers, mais qui contribuaient toutes deux à conserver la foi, l'honneur et l'unité de la France entière.

Après la bataille de Valmy, les Prussiens négocièrent avec le nouveau gouvernement français, lui rendirent Verdun, Longwy, levèrent le siège de Thionville et s'en retournèrent d'où ils étaient venus, mais vaincus et décimés par la guerre et les maladies. Les émigrés se virent prodigieusement trompés dans leur attente. Les étrangers ou alliés ne se souciaient pas même trop d'eux : jaloux de la France, ils espéraient pouvoir, sans eux, l'humilier, l'amoindrir et en fixer les destinées.

Au même mois de septembre, Lille fut assiégé et bombardé par les Autrichiens. Les habitants, aidés d'une faible garnison, se défendirent avec tant de courage, au milieu de leurs maisons en ruine et en feu, que le 6 octobre les Autrichiens levèrent le siège. Le long du Rhin, les Français s'emparent de Spire, de Worms, de Mayence, de Francfort-sur-le-Mein. Les émigrés ne pouvaient comprendre, beaucoup de gens ne comprennent pas encore aujourd'hui, pourquoi les Autrichiens, les Prussiens et les Russes, puisqu'ils en voulaient à la France révolutionnaire, ne se sont pas réunis contre elle en masse pour l'accabler d'un premier coup, sans lui donner le temps de se mettre en garde. C'est que la Russie, la Prusse et l'Autriche n'avaient pas encore elles-mêmes terminé une révolution à leur profit, pour en entreprendre sérieusement une autre : l'Autriche, la Prusse et la Russie n'avaient pas encore achevé de détrôner le roi Stanislas Poniatowski et de se partager le royaume de Pologne. Il fallut donc bien que les révolutionnaires souverains de l'Europe laissassent aux révolutionnaires bourgeois de France le temps de s'arranger avec le roi Louis XVI comme ils le jugeraient à propos.

En conséquence, le 21 septembre 1792, la Convention nationale ayant remplacé l'Assemblée législative, le comédien Collot-d'Herbois proposa l'abolition de la royauté. Des applaudissements unanimes s'élevèrent ; mais le député Quinette demanda l'ordre du jour, sous prétexte que la question ne pouvait être décidée que par le peuple lui-même. Le janséniste Grégoire, évêque civil de Loir-et-Cher, monte à la tribune et s'écrie : « Certes, personne de nous ne proposera de conserver en France la race funeste des rois; nous savons trop bien que toutes les dynasties n'ont été que des races dévorantes, qui ne vivaient que de chair humaine. Mais il faut pleinement rassurer les amis de la liberté; il faut détruire ce talisman dont la force magique serait propre à stupéfier encore bien des hommes. Je demande donc que, par une loi solennelle, vous consacriez l'abolition de la royauté. » Et comme, malgré les acclamations de l'Assemblée, le député Bazire insistait pour qu'on délibérât dans les formes accoutumées, le janséniste Grégoire reprit avec une énergie sauvage : « Qu'est-il besoin de discuter quand tout le monde est d'accord ? Les rois sont, dans l'ordre moral, ce que les monstres sont dans l'ordre physique. Les cours sont l'atelier des crimes et la tanière des tyrans. L'histoire des rois est le martyrologe des nations. Je demande que ma proposition soit mise aux voix. » La discussion ayant été fermée, il se fit un profond silence, et bientôt le président prononça, au nom de l'Assemblée, la déclaration suivante : « La Convention nationale décrète que la royauté est abolie en France (Gabourd, *Assemblée législative*, p. 432). » — Dès le 25 décembre, le roi de Prusse traitait avec la République française sur la manière dont il sortirait de son territoire, et lui rendait les villes prises.

Les déclamations furieuses du janséniste Grégoire contre les rois en général, et qui avaient amené l'abolition de la royauté, devaient amener encore la mise en jugement et la condamnation de Louis XVI. Mais là se présentait cette question : *Louis XVI est-il personnellement justiciable ou responsable ? et, s'il l'est, devant quel tribunal le sera-t-il ?* La constitution de 1791 l'avait déclaré inviolable quant à sa personne, et irresponsable quant aux actes de son gouvernement. De plus, la Déclaration des droits de l'homme proclamait que *nul ne* pouvait être puni qu'en vertu d'une loi établie et promulguée antérieurement au délit, et légalement appliquée. On ne pouvait mettre en jugement Louis XVI sans violer tout à la fois et la constitution et les droits de l'homme. Mais on avait aussi proclamé que tous les cultes étaient libres, et cependant on contraignait les catholiques d'embrasser le schisme, sous peine de déportation et de massacre. On respectera l'inviolabilité royale envers Louis XVI, comme on respectait la liberté des cultes envers les catholiques fidèles.

Le 13 novembre, la Convention nationale commença donc à délibérer pour savoir quels seraient les juges de Louis XVI, et elle décida, le 3 décembre, que ce serait elle-même. Dans la discussion, on entendit deux évêques intrus, Fauchet du Calvados, Grégoire de Loir-et-Cher : tous deux parlèrent outrageusement de Louis XVI, mais le premier pour le sauver, le second pour le perdre. « Tous les monuments de l'histoire déposent, disait entre autres le dernier, que les rois sont la classe d'hommes la plus immorale ; que, lors même qu'ils font un bien apparent, c'est pour s'autoriser à faire un mal réel ; que cette classe d'êtres purulents fut toujours la lèpre des gouvernements et l'écume de l'espèce humaine. » Le langage de Robespierre fut plus modéré que celui des deux évêques constitutionnels. Le fond en est la distinction de l'ordre politique d'avec l'ordre moral. « Il n'y a point de procès à faire, dit-il ; Louis n'est point un accusé, vous n'êtes point des juges ; vous êtes, vous ne pouvez être que des hommes d'État et des représentants de la nation. Vous n'avez point une sentence à rendre pour ou contre un homme, mais une mesure de salut public à prendre, un acte de providence nationale à exercer. — *Louis fut roi, et la république est fondée.* La question fameuse qui vous occupe est décidée par ces seuls mots. — Louis ne peut donc être jugé, il est déjà condamné ; il est condamné, ou la république n'est point absoute. — La constitution vous défendait tout ce que vous avez fait contre lui. S'il ne pouvait être puni que de la déchéance, vous ne pouviez la prononcer sans avoir instruit son procès ; vous n'aviez point le droit de le retenir en prison, il a celui de vous demander son élargissement et des dommages. La constitution vous condamne. Allez donc aux pieds de Louis implorer sa clémence... Pour moi, je rougirais de discuter sérieusement ces arguties constitutionnelles ; je les relègue sur les bancs de l'école, ou plutôt dans les cabinets de Londres, de Vienne et de Berlin. Je ne sais point discuter longuement, là où je suis convaincu que c'est un scandale de délibérer... Je prononce donc à regret cette fatale vérité ; mais Louis doit périr, parce qu'il faut que la patrie vive (Gabourd, *Convention nationale*, t. I, p. 148 et seqq.)... »

Dans le présent volume de cette Histoire, nous avons vu Bossuet distinguer l'ordre politique d'avec l'ordre moral, pour en conclure, contre le Pape, que l'ordre politique n'est point subordonné à l'Église : ici nous voyons Robespierre faire la même distinction, pour en conclure, contre la France royaliste, que le procès de Louis XVI n'est point subordonné aux lois de la justice et de la morale. Ni Bossuet ni Louis XIV ne s'attendaient à voir, le 3 décembre 1792, une assemblée française, où siégeait le premier prince du sang, avec plusieurs évêques ultra-gallicans, appuyer sur cette fameuse distinction, à une majorité considérable, le décret suivant : *Louis XVI sera jugé par la Convention nationale.*

Le 11 décembre, Louis XVI est amené à la barre de la Convention, et subit un premier interrogatoire, qui dura trois heures. On le fit ensuite sortir de la salle des séances, pour être ramené à la prison du Temple. Comme de toute la journée, qui touchait à sa fin, il n'avait point encore pris de nourriture, il se vit obligé de réclamer du procureur de la commune un peu de pain, que celui-ci lui accorda avec ironie. Le roi avait demandé un conseil de défenseurs : la Convention y consentit ; mais l'avocat Target, désigné par Louis XVI, refusa par lâcheté d'en faire partie. M. de Malesherbes, ancien ministre de Louis XVI, s'offrit de lui-même, et fit adjoindre un jeune avocat de Bordeaux, Romain Desèze, et Denys Tronchet, jurisconsulte célèbre. Dans une des longues conférences qu'il eut avec ses défenseurs, le roi dit à M. de Malesherbes : « Depuis deux jours je suis occupé à chercher si, pendant la durée de mon règne, j'ai pu mériter de mes sujets le plus léger reproche. Eh bien ! je vous jure dans toute la sincérité de mon cœur, comme un homme qui va paraître devant Dieu, j'ai constamment voulu le bonheur de mon peuple, et n'ai pas formé un seul vœu qui lui fût contraire. » Un autre jour, Malesherbes, conservant toujours l'espoir d'un simple bannissement, demanda à Louis XVI dans quel pays il se retirerait. « En Suisse, répondit le roi. — Et si, rendu à lui-même, reprit l'ancien ministre, le peuple vous rappelait, Votre Majesté voudrait-elle revenir ? — Par goût, non, dit Louis XVI ; par devoir, oui. Mais, dans ce dernier cas, je mettrais à mon retour deux conditions : l'une, que la religion catholique continuerait, sans néanmoins exclure les autres cultes, d'être la religion de l'État ; l'autre, que la banqueroute, si elle est inévitable, serait déclarée par le pouvoir usurpateur ; c'est lui qui l'a rendue nécessaire, c'est à lui d'en subir la honte. »

Le 26 décembre, le roi comparut de nouveau à la barre de la Convention. L'avocat Desèze y produisit sa défense en avocat. A l'accusation, il opposa le droit constitutionnel, qui déclarait la personne du roi inviolable et sacrée ; puis il rappela que dans l'hypothèse la plus défavorable au chef de l'État, celle de complicité évidente avec l'étranger contre la France, la même loi s'était bornée à déclarer que, le cas échéant, le roi serait censé avoir abdiqué. De ces principes, il tire des conséquences toujours favorables à son client. « Je cherche parmi vous des juges, s'écria-t-il, et je n'y trouve que des accusateurs !.... Louis sera donc le seul Français pour lequel il n'existera aucune loi ni aucune forme ! Il n'aura ni les droits de citoyen ni les prérogatives de roi !.... Il ne jouira ni de son ancienne condition ni de la nouvelle !.... Quelle étrange et inconcevable destinée !.... »

Robespierre en a signalé le mystère, lorsqu'il distingue l'ordre politique d'avec l'ordre juridique, moral et constitutionnel : moralement, juridiquement, constitutionnellement, Louis XVI est hors de cause : ce n'est pas un jugement, mais une mesure politique; vous n'êtes pas des juges, mais des hommes d'Etat : politiquement, il faut que Louis XVI périsse plutôt que la nation. C'est le raisonnement de Caïphe, lorsqu'il dit du Sauveur : *Il vaut mieux faire mourir un homme, que de laisser périr la nation entière.* L'avocat ne paraît pas avoir traité ce point difficile.

Il termine ainsi sa plaidoirie : « Français! la révolution qui vous régénère a développé en vous de grandes vertus; mais craignez qu'elle n'ait affaibli dans vos âmes le sentiment de l'humanité, sans lequel il ne peut y en avoir que de fausses. Ecoutez d'avance l'Histoire, qui redira à la Renommée : Louis était monté sur le trône à vingt ans, et, à vingt ans, il donna sur le trône l'exemple des mœurs; il n'y porta aucune faiblesse coupable ni aucune passion corruptrice; il y fut économe, juste, sévère; il s'y montra toujours l'ami constant du peuple. Le peuple désirait la destruction d'un impôt désastreux qui pesait sur lui : il le détruisit. Le peuple demandait l'abolition de la servitude : il commença par l'abolir lui-même dans ses domaines. Le peuple sollicitait des réformes dans la législation criminelle pour l'adoucissement du sort des accusés : il fit ces réformes. Le peuple voulut que des milliers de Français, que la rigueur des usages avait privés jusqu'alors des droits qui appartiennent aux citoyens, acquissent ces droits ou les recouvrassent : il les en fit jouir par ses lois. Le peuple voulut la liberté : il la lui donna; il vint au devant de lui par ses sacrifices : et cependant c'est au nom de ce même peuple qu'on demande aujourd'hui... Citoyens, je n'achève pas... je m'arrête devant l'Histoire : songez qu'elle jugera votre jugement, et que le sien sera celui des siècles. »

Lorsque le défenseur eut achevé, Louis XVI se leva, et dit d'une voix ferme : « Messieurs, on vient de vous exposer mes moyens de défense; je ne les renouvellerai point. En vous parlant peut-être pour la dernière fois; je vous déclare que ma conscience ne me reproche rien et que mes défenseurs ne vous ont dit que la vérité. Je n'ai jamais craint que ma conduite fût examinée publiquement; mais mon cœur est déchiré de trouver dans l'acte d'accusation l'imputation d'avoir voulu faire répandre le sang du peuple, et surtout que les malheurs du 10 août me soient attribués. J'avoue que les preuves multipliées que j'avais données, dans tous les temps, de mon amour pour le peuple, et la manière dont je m'étais toujours conduit, me paraissaient devoir prouver que je craignais peu de m'exposer pour épargner le sang, et éloigner de moi une pareille imputation. »

Ceci se passa le 26 décembre, jour de Saint-Etienne, premier martyr. La veille, jour de Noël, Louis XVI écrivit un testament qui est comme son acte de naissance pour le ciel.

« Au nom de la très-sainte Trinité, du Père, du Fils, et du Saint-Esprit. Aujourd'hui, 25 décembre 1792, moi, Louis seizième du nom, roi de France, étant depuis plus de quatre mois enfermé avec ma famille dans la tour du Temple, à Paris, par ceux qui étaient mes sujets, et privé de toutes communications quelconques, même depuis le onze du courant, avec ma famille; de plus, impliqué dans un procès dont il est impossible de prévoir l'issue à cause des passions des hommes, et dont on ne trouve aucun prétexte ni moyen dans aucune loi existante; n'ayant que Dieu pour témoin de mes pensées, et auquel je puisse m'adresser, je déclare ici en sa présence mes dernières volontés et mes sentiments.

» Je laisse mon âme à Dieu, mon créateur. Je le prie de la recevoir dans sa miséricorde, et de ne pas la juger d'après ses mérites, mais par ceux de Notre Seigneur Jésus-Christ, qui s'est offert en sacrifice à Dieu, son Père pour nous autres hommes, quelque indignes que nous en fussions, et moi le premier. Je meurs dans l'union de notre sainte mère l'Eglise catholique, apostolique et romaine, qui tient ses pouvoirs, par une succession non interrompue, de saint Pierre auquel Jésus-Christ les avait confiés. Je crois fermement et je confesse tout ce qui est contenu dans le Symbole et dans les Commandements de Dieu et de l'Eglise, les sacrements et les mystères, tels que l'Eglise catholique les enseigne et les a toujours enseignés. Je n'ai jamais prétendu me rendre juge dans les différentes manières d'expliquer les dogmes, lesquelles déchirent l'Eglise de Jésus-Christ; mais je m'en suis rapporté et m'en rapporterai toujours, si Dieu m'accorde la vie, aux décisions que les supérieurs ecclésiastiques, unis à la sainte Eglise catholique, donnent et donneront conformément à la discipline de l'Eglise suivie depuis Jésus-Christ. Je plains de tout mon cœur mes frères qui peuvent être dans l'erreur; mais je ne prétends pas les juger, et je ne les aime pas moins tous en Jésus-Christ, suivant ce que la charité chrétienne nous enseigne.

» Je prie Dieu de me pardonner tous mes péchés. J'ai cherché à les connaître scrupuleusement, à les détester, et à m'humilier en sa présence. Ne pouvant me servir du ministère d'un prêtre catholique, je prie Dieu de recevoir la confession que je lui en ai faite, et surtout le repentir profond que j'ai, d'avoir mis mon nom, quoique ce fût contre ma volonté, à des actes qui peuvent être contraires à la discipline et à la croyance de l'Eglise catholique, à laquelle je suis toujours resté sincèrement uni de cœur. Je prie Dieu de recevoir la ferme résolution où je suis, s'il m'accorde la vie, de me servir aussitôt que je le pourrai du ministère d'un prêtre catholique pour m'accuser de tous mes péchés et recevoir le sacrement de pénitence. Je prie tous ceux que je pourrais avoir offensés par inadvertance, car je ne me rappelle pas avoir fait sciemment aucune offense à personne, ou ceux à qui j'aurais pu donner de mauvais exemples ou des scandales, de me pardonner le mal qu'ils croient que je peux leur avoir fait. Je prie tous ceux qui ont de la charité, d'unir leurs prières aux miennes pour obtenir de Dieu le pardon de mes péchés. Je pardonne de tout mon cœur à ceux qui se sont faits mes ennemis, sans que je leur en aie donné aucun sujet, et je prie Dieu de leur pardonner, de même qu'à ceux qui, par un faux zèle ou un zèle mal entendu, m'ont fait beaucoup de mal.

» Je recommande à Dieu ma femme et mes enfants, ma sœur, mes tantes, mes frères et tous ceux qui me sont attachés par les liens du sang ou de quelque autre manière. Je prie Dieu de jeter particulièrement des yeux de miséricorde sur ma femme, mes enfants et ma sœur, qui souffrent depuis longtemps avec moi, de les soutenir par sa grâce s'ils viennent à me perdre, et tant qu'ils resteront dans ce monde périssable. Je recommande mes enfants à ma femme, je n'ai jamais douté de sa tendresse maternelle pour eux; je lui recommande surtout d'en faire de bons chrétiens et d'honnêtes hommes, de ne leur faire regarder les grandeurs de ce monde-ci, s'ils sont condamnés à les éprouver, que comme des biens dangereux et périssables, et de tourner leurs regards vers la seule gloire solide et durable de l'éternité. Je prie ma sœur de vouloir bien continuer sa tendresse à mes enfants, et de leur tenir lieu de mère, s'ils avaient le malheur de perdre la leur. Je prie ma femme de me pardonner tous les maux qu'elle souffre pour moi, et les chagrins que je pourrais lui avoir donnés pendant le cours de notre union; comme elle peut être sûre que je ne garde rien contre elle, si elle croyait avoir quelque chose à se reprocher. Je recommande bien vivement à mes enfants, après ce qu'ils doivent à Dieu, qui doit marcher avant tout, de rester toujours unis entre eux, soumis et obéissants à leur mère, et reconnaissants de tous les soins et les peines qu'elle se donne pour eux et en mémoire de moi. Je les prie de regarder ma sœur comme une seconde mère.

» Je recommande à mon fils, s'il avait le malheur de devenir roi, de songer qu'il se doit tout entier au bonheur de ses concitoyens; qu'il doit oublier toute haine et tout ressentiment, et nommément ce qui a rapport aux malheurs et aux chagrins que j'éprouve; qu'il ne peut faire le bonheur des peuples qu'en régnant suivant les lois, mais, en même temps, qu'un roi ne peut se faire respecter et faire le bien qui est dans son cœur qu'autant qu'il a l'autorité nécessaire; qu'autrement, étant lié dans ses opérations et n'inspirant point de respect, il est plus nuisible qu'utile. Je recommande à mon fils d'avoir soin de toutes les personnes qui m'étaient attachées, autant que les circonstances où il se trouvera lui en laisseront les facultés; de songer que c'est une dette sacrée que j'ai contractée envers les enfants ou les parents de ceux qui ont péri pour moi, et ensuite de ceux qui sont malheureux pour moi. Je sais qu'il y a plusieurs personnes de celles qui me sont attachées qui ne se sont pas conduites envers moi comme elles le devaient, et qui ont même montré de l'ingratitude. Mais je leur pardonne (souvent, dans les moments de trouble et d'effervescence, on n'est pas maître de soi), et je prie mon fils, s'il en trouve l'occasion, de ne songer qu'à leur malheur. Je voudrais pouvoir témoigner ici ma reconnaissance à ceux qui m'ont montré un attachement véritable et désintéressé. D'un côté, si j'étais sensiblement touché de l'ingratitude et de la déloyauté de ceux à qui je n'avais jamais témoigné que des bontés, à eux, à leurs parents ou amis, de l'autre, j'ai eu de la consolation à voir l'attachement et l'intérêt gratuit que beaucoup de personnes m'ont montrés; je les prie d'en recevoir tous mes remercîments. Dans la situation où sont encore les choses, je craindrais de les compromettre si je parlais plus explicitement; mais je recommande spécialement à mon fils de chercher les occasions de pouvoir les reconnaître. Je croirais calomnier cependant les sentiments de la nation, si je ne recommandais ouvertement à mon fils MM. de Chamilly et Hue, que leur véritable attachement pour moi avait portés à s'enfermer avec moi dans ce triste séjour, et qui ont pensé en être les malheureuses victimes. Je lui recommande aussi Cléry, des soins duquel j'ai eu tout lieu de me louer depuis qu'il est avec moi; comme c'est lui qui est resté avec moi jusqu'à la fin, je prie messieurs de la commune de lui remettre mes hardes, mes livres, ma montre et les autres petits effets qui ont été déposés au conseil de la commune.

» Je pardonne encore très-volontiers à ceux qui me gardaient les mauvais traitements et les gênes dont ils ont cru devoir user envers moi. J'ai trouvé quelques âmes sensibles et compatissantes; que celles-là jouissent dans leur cœur de la tranquillité que doit leur donner leur façon de penser. Je prie MM. de Malesherbes, Tronchet et Desèze de recevoir ici mes remercîments et l'expression de ma sensibilité pour tous les soins et les peines qu'ils se sont donnés pour moi. Je finis en déclarant devant Dieu, et prêt à paraître devant lui, que je ne me reproche aucun des crimes qui sont avancés contre moi. *Signé* LOUIS. »

Le roi ayant été ramené à la prison du Temple après sa défense, la Convention se mit à délibérer. Trois questions étaient posées et devaient être résolues dans l'ordre suivant. — *Louis est-il coupable?* — *Le jugement sera-t-il soumis à la sanction du peuple?* — *Quelle sera sa peine?* — La discussion se prolongea jusqu'au 15 janvier 1793. Ce jour, sur la première question : *Louis Capet est-il coupable de conspiration contre la liberté de la nation, et d'attentat contre la sûreté générale de l'Etat?* six cent quatre-vingt-trois députés déclarèrent Louis coupable : les autres soixante-six étaient absents ou se récusèrent; pas un n'osa proclamer le roi innocent.

La Convention procéda, séance tenante, à l'appel nominal sur la deuxième question : *Le jugement, quel qu'il soit, sera-t-il envoyé à la sanction du peuple?* Quatre cent vingt-quatre voix contre deux cent quatre-vingt-six rejetèrent ce moyen de salut. Six membres refusèrent de voter; vingt-neuf étaient absents par commission ou par maladie. Ainsi la Convention refusa de renvoyer au peuple le soin de juger le roi : ce qu'elle avait appris des dispositions du pays lui fit craindre, avec juste raison, de ne rencontrer parmi les Français qu'une majorité ennemie du meurtre. Elle passa outre, parce qu'elle se défia de la nation; par là elle assuma sur elle seule la responsabilité du régicide. Que le sang du roi, versé par le bourreau, ne retombe donc pas sur d'autres que sur ses juges et sur leurs complices! la France fut innocente de ce grand attentat!

On remit aux jours suivants à voter sur la troisième question : *Quelle sera la peine?* — Dès le principe, une difficulté préjudicielle s'éleva sur le nombre de voix qui seraient requises pour faire force de jugement. Le Code pénal voulait qu'un prévenu ne fût condamné qu'après avoir été déclaré coupable par les deux tiers des juges : puisque la Convention s'érigeait en tribunal, il était naturel qu'elle acceptât jusqu'au bout cette condition, et qu'elle demeurât fidèle aux lois protectrices des accusés. Lanjuinais parla dans ce sens avec beaucoup de courage; mais Danton répondit que la Convention jugeait en qualité d'Assemblée politique représentant le pays, et non comme une cour de justice ordinaire : il en conclut que la simple majorité devait suffire, et la Convention l'approuva en passant à l'ordre du jour sur la réclamation de Lanjuinais (Gabourd, *Convention*, t. I, p. 229 et 230).

Autour de la salle où se décidait le sort de Louis XVI stationnait une foule de brigands armés qui disaient à chaque député entrant : « Ou sa tête ou la tienne ! » Sur sept cent vingt et un députés présents, majorité absolue trois cent soixante et un, deux votèrent pour les galères, deux cent quatre-vingt-six, pour la détention et le bannissement à la paix, ou pour des peines analogues ; quarante-six, pour la mort avec sursis. Ainsi, le nombre des votes qui tendaient à épargner la vie du roi fut de trois cent trente-quatre. Mais trois cent quatre-vingt-sept étaient pour la mort : ce qui formait la majorité nécessaire dans les affaires politiques, mais non la majorité des deux tiers, requise dans les jugements criminels. Le girondin Vergniaud, qui présidait la séance, annonça donc, d'une voix émue, que la Convention nationale condamnait Louis Capet à la mort. Les trois défenseurs du roi furent immédiatement introduits à la barre, et l'avocat Desèze donna lecture de l'acte suivant, émané de Louis XVI : « Je dois à mon honneur, je dois à ma famille de ne point souscrire à un jugement qui m'inculpe d'un crime que je ne puis me reprocher. En conséquence, je déclare que j'interjette appel à la nation elle-même du jugement de ses représentants. Je donne pouvoir spécial à mes défenseurs, et je charge expressément leur fidélité de faire connaître à la Convention cet appel par tous les moyens qui seront en leur pouvoir, etc. Fait à la tour du Temple, ce 16 janvier 1793. *Signé* Louis. » La Convention, sur la motion de Robespierre, repoussa cet appel au peuple, et défendit d'y donner suite, sous peine d'être poursuivi et puni comme coupable d'attentat contre la sûreté générale de la République.

Parmi les dix-sept évêques constitutionnels qui se trouvaient alors à la Convention, Grégoire était absent et en mission dans la Savoie ; mais il envoya son vote dans une lettre du 19 janvier 1793, où il déclarait voter *pour la condamnation de Louis Capet, sans appel au peuple*. Deux, Lalande et Wandelaincourt, évêques de la Meurthe et de la Haute-Marne, qui avaient déjà refusé de juger Louis XVI coupable, votèrent son bannissement ; neuf furent pour la détention, savoir : Fauchet, évêque du Calvados ; Roger, de l'Ain ; Thibault, du Cantal ; Séguin, du Doubs ; Marbos, de la Drôme ; Saurine, des Landes ; Villar, de la Mayenne ; Sanadon, des Basses-Pyrénées, et Caseneuve, des Hautes-Alpes. Les cinq autres condamnèrent Louis à mort. Ce sont Lindet, évêque de l'Eure ; Massieu, de l'Oise ; Gay-Vernon, de la Haute-Vienne ; Huguet, de la Creuse, et Audrein, qui n'était encore que vicaire épiscopal du Morbihan, mais qui n'en devint pas moins évêque du Finistère. Tel fut le scandale que donnèrent ces Pères de la nouvelle Eglise. Leurs prêtres, au nombre de vingt-deux, qui se trouvaient à l'Assemblée, suivirent leur exemple. Seize d'entre eux opinèrent pour la mort. Ceci peut faire augurer aux chefs du gouvernement français ce qu'ils auraient à attendre, dans l'occasion, d'un clergé de leur fabrique, d'un clergé civil ou constitutionnel.

Parmi les anciens nobles, le marquis philosophe de Condorcet, ami et confident de Voltaire et compagnie, condamna aux galères le roi de France, le fils de saint Louis, le successeur de Charlemagne, comme à une peine plus ignominieuse que la mort même. Le chef de la noblesse française, le premier prince du sang royal, le duc d'Orléans, dit alors *Philippe-Egalité*, fut d'une cruauté moins philosophique. Monté à son tour à la tribune, il y prononça d'une voix ferme ces paroles : « Uniquement occupé de mon devoir, convaincu que ceux qui ont attenté ou qui attenteront par la suite à la souveraineté du peuple, méritent la mort, je vote la mort ! » Le bon Louis XVI, apprenant ce vote de son parent, fut pénétré d'une affliction profonde, et dit : « Qu'ai-je donc fait à mon cousin, pour qu'il me poursuive ainsi ?... Mais pourquoi lui en vouloir ? il est plus à plaindre que moi. Ma position est triste sans doute ; mais le fût-elle davantage, je ne voudrais pas changer avec lui. »

Le 20 janvier, les ministres du gouvernement républicain se présentèrent dans la prison de Louis XVI, et lui notifièrent son arrêt de condamnation. Le roi, qu'on avait empêché de communiquer avec ses défenseurs, écouta l'arrêt d'une manière calme et digne ; puis, pour toute réponse, il présenta un papier au ministre de la justice, en le priant de vouloir bien le remettre sur-le-champ à la Convention. Cet écrit était conçu en ces termes : « Je demande un délai de trois jours pour pouvoir me préparer à paraître devant Dieu : je demande, pour cela, de voir la personne que j'indiquerai aux commissaires de la commune, et que cette personne soit à l'abri de toute crainte et de toute inquiétude pour cet acte de charité qu'elle remplira auprès de moi. Je demande à être délivré de la surveillance perpétuelle que le conseil général a établie depuis quelques jours ; je demande à pouvoir voir ma famille, dans cet intervalle, quand je le demanderai, et sans témoins. Je désirerais que la Convention s'occupât tout de suite du sort de ma famille, et qu'elle lui permît de se retirer librement où elle le jugerait à propos. Je recommande à la bienfaisance de la nation toutes les personnes qui m'étaient attachées. Il y en a beaucoup qui avaient mis toute leur fortune dans leurs charges, et qui, n'ayant plus d'appointements, doivent être dans le besoin... Dans les pensionnaires, il y a beaucoup de vieillards, de femmes et d'enfants, qui n'avaient que cela pour vivre. » Cette réclamation simple et touchante ayant été transmise à la Convention, l'assemblée chargea le ministre de la justice, Garat, de répondre à Louis, que : « La nation française, toujours grande et toujours juste, s'occuperait du sort de sa famille et qu'il lui serait permis de voir sa famille et de communiquer avec le prêtre de son choix. » Elle rejeta le sursis ; et un arrêté du conseil exécutif, publié le même soir, fit connaître au peuple que l'exécution de Louis Capet aurait lieu le lendemain, 21 janvier, sur la place de la Révolution, autrefois appelée place Louis XV.

Le roi entendit cette nouvelle lecture sans ajouter aucune observation. Un moment après, il demanda à Garat s'il avait fait prévenir l'abbé Edgeworth de Firmont, prêtre irlandais dont il avait désiré recevoir l'assistance ; Garat répondit qu'il l'avait amené dans sa voiture, et, presque en même temps, l'abbé de Firmont, obtint l'autorisation de se présenter. Le roi le fit passer dans son cabinet et lui dit : « C'est donc à présent la grande affaire qui doit m'occuper tout entier! hélas! la seule affaire, car que sont toutes les autres auprès de celle-là? » Le roi, se voyant seul avec lui, laissa couler quelques larmes, et dit : « Pardonnez cet instant de faiblesse, si toutefois on peut le nommer ainsi. Depuis longtemps je vis au milieu de mes ennemis, et l'habitude m'a en quelque sorte familiarisé avec eux; mais la vue d'un sujet fidèle parle tout autrement à mon cœur : c'est un spectacle auquel mes yeux ne sont plus accoutumés, et il m'attendrit malgré moi. » Ayant ensuite demandé quelques détails sur la situation du clergé et sur les persécutions dirigées contre les prêtres fidèles, il adressa à son confesseur la recommandation suivante : « Ecrivez à M. l'archevêque de Paris; dites-lui que je meurs dans sa communion, et que je n'ai jamais reconnu d'autre pasteur. »

Cette conversation fut interrompue par l'un des commissaires, qui vint annoncer au roi l'arrivée de sa famille. Ce fut une entrevue, comme sur le Calvaire, où l'âme de la mère fut transpercée d'un glaive de douleur. Ici c'était le père, la mère, la sœur, le fils, la fille, qui se voyaient pour la dernière fois. Pendant sept quarts-d'heure, le roi tint sa femme, sa sœur, ses jeunes enfants étroitement embrassés, et tous ensemble mêlèrent leur affliction. Il paraît que le roi fut obligé d'apprendre lui-même à sa famille la nouvelle fatale qu'elle ignorait. Ce n'étaient point des sanglots et des larmes, mais des cris aigus, inarticulés, qui retentirent au loin. Les derniers moments furent plus calmes. Mais le moment de se séparer ranima les sanglots et les plaintes : la reine avait saisi le roi par un bras, sa sœur Elisabeth par l'autre ; la fille tenait son père embrassé par le milieu du corps, et le jeune fils était devant lui, donnant la main à sa mère et à sa tante. La fille, ne pouvant supporter plus longtemps ces angoisses, tomba évanouie, et il fallut l'emporter. Quand cette scène du Calvaire eut un terme, le roi revint auprès de l'abbé de Firmont, et lui dit d'une voix profondément altérée : « Ah! faut-il donc que j'aime, et que je sois si tendrement aimé! Mais c'en est fait, oublions tout le reste pour ne songer qu'au salut; cette pensée doit seule, en ce moment, concentrer toutes mes affections. » Il se confessa ensuite, et reçut l'absolution du prêtre.

L'abbé de Firmont, aidé de Cléry, fit ses préparatifs pour offrir le saint sacrifice le lendemain. Il avait obtenu de la commune les objets nécessaires. Le roi consentit à se coucher. A peine au lit, il s'endormit d'un profond sommeil, et dormit paisiblement jusqu'à cinq heures, qu'il avait fixé lui-même pour son réveil. Dès qu'il fut habillé, il appela son confesseur, qui célébra les saints mystères. Une commode, placée au milieu de la chambre, servait d'autel; le roi, devant lequel on avait placé un coussin, ne voulut pas en faire usage : constamment à genoux, et les yeux attachés au livre de prières, il entendit la messe avec un religieux recueillement, et reçut la sainte communion.

Les meurtriers du roi n'avaient pas eu un sommeil si tranquille. L'un deux avait été tué dans un restaurant par un ancien garde-du-corps. Chacun se crut menacé d'un sort pareil. La nuit entière se passe à organiser des moyens de surveillance et de répression. A la pointe du jour, la garde nationale, tout entière sous les armes, se rend à ses postes. La population saisie de consternation et d'épouvante, ferme ses fenêtres et ses boutiques : Paris semble une cité morte.

Le roi avait promis à la reine de la voir une dernière fois : il se priva de cette consolation, pour ne pas mettre sa famille à une si cruelle épreuve. Quand le brasseur Santerre, commandant de la garde nationale, fut arrivé, le roi demanda la bénédiction du prêtre pour son dernier voyage, et s'avança, avec un visage calme, vers les hommes de l'escorte. Il tenait à la main son testament, et le tendit à un des officiers municipaux, en disant : « Je vous prie de remettre ce papier à la reine, à ma femme. » L'autre lui répondit : « Cela ne me regarde point; je ne suis ici que pour vous conduire à l'échafaud. » Cet homme, nommé Jacques Roux, était un prêtre apostat. Un agent municipal, moins impitoyable, consentit à recevoir le papier et à le remettre à la commune. Enfin le roi, s'adressant à Santerre, lui dit d'une voix assurée : « Marchons. » Au sortir de la prison, le roi et son confesseur montèrent dans une voiture avec deux gendarmes. Pendant tout le trajet, qui dura deux heures, le roi garda le silence ou lut des prières, particulièrement certains psaumes de David : il les récitait alternativement avec son confesseur. Les gendarmes paraissaient émus du spectacle de cette piété tranquille et courageuse. Toutes les rues étaient garnies d'hommes armés de piques et de fusils. Personne ne se montrait aux fenêtres; aucun cri ne se faisait entendre.

Arrivé sur la place Louis XV, le roi commanda aux gendarmes de veiller à la sûreté de son confesseur. Au pied de l'échafaud, il ôta lui-même son habit et son col, et repoussa les bourreaux qui voulaient lui lier les mains. Son confesseur lui dit : « Sire, je ne vois dans ce nouvel outrage qu'un dernier trait de ressemblance entre vous et le Dieu qui va être votre récompense. » A ces mots, le roi, levant les yeux, répondit : « Il ne faut rien moins que son exemple pour que je me soumette à un pareil affront. » Et, se retournant aussitôt vers les bourreaux : « Faites ce que vous voudrez; leur dit-il, je boirai le calice jusqu'à la fin. » Les marches qui conduisaient à l'échafaud étaient extrêmement raides; le roi les monta avec peine. Arrivé à la plateforme, Louis XVI fit quelques pas du côté de la foule et s'écria d'une voix sonore : « Français, je meurs innocent! je pardonne aux auteurs de ma mort; je prie Dieu que mon sang ne retombe jamais sur la nation. Je désire que ma mort..... » Il allait achever; mais Santerre lui dit brutalement : « Je ne vous ai point amené ici pour haranguer, mais pour mourir. » Alors un roulement de tambours couvrit la voix du prince. Les bourreaux se saisirent de sa personne, malgré sa résistance; et le prêtre lui adressa ces derniers mots : « Fils de saint Louis montez au ciel! » — Il était dix heures vingt-deux minutes à l'horloge des Tuileries.

L'unique consolation de la reine Marie-Antoinette, dans sa prison et son veuvage, était la compagnie de ses deux enfants. Mais bientôt elle vit la santé de son jeune fils, dès lors Louis XVII, s'altérer et dépérir faute d'air, d'exercice et des soins de la médecine. Le 3 juillet 1793, on lui arracha ce fils unique pour le confier à la garde d'un savetier nommé Simon, qui, confident de Robespierre, mit tout en œuvre pour abrutir le fils de soixante rois. Le successeur de Louis XVI dans le malheur expira, par suite de mauvais traitements, le 8 juin 1795, dans la prison, seule cour qu'il eût jamais. Des hommes généreux avaient tenté de délivrer le jeune prince et ses augustes parentes : ces tentatives, manquées, ne firent qu'aggraver leur situation. Ce qui redoublait encore la sévérité des révolutionnaires, c'est que le général Dumouriez venait de quitter les armées françaises et de passer aux Autrichiens, et qu'il y avait des insurrections formidables dans la Vendée et dans le Midi de la France. Le 2 août 1793, la reine Marie-Antoinette est arrachée à sa fille et à sa belle-sœur Elisabeth, pour être traduite devant le tribunal révolutionnaire. Dès lors elle fut détenue à la Conciergerie, dans un cachot, d'où elle fut amenée le 15 octobre devant le tribunal. Le lendemain, 16, elle fut rappelée à l'audience, condamnée à mort et ramenée dans son cachot pour y attendre le supplice. Là, à son tour, elle écrivit son testament ou du moins la lettre qui devait en tenir lieu, et qui renfermait l'expression de ses dernières pensées. « Que mon fils, y disait-elle, n'oublie jamais les derniers mots de son père, que je lui répète expressément : *Qu'il ne cherche jamais à venger notre mort.* » Un peu plus loin, elle ajoutait : « Je meurs dans la religion catholique, apostolique, romaine, dans celle de mes pères, dans celle où j'ai été élevée et que j'ai toujours professée. N'ayant aucune consolation spirituelle à attendre, ne sachant pas s'il existe encore ici des prêtres de cette religion, et même le lieu où je suis les exposerait trop s'ils y entraient une fois, je demande sincèrement pardon à Dieu de toutes les fautes que j'ai pu commettre depuis que j'existe. J'espère que, dans sa bonté, il voudra bien recevoir mes derniers vœux, ainsi que ceux que je fais depuis longtemps pour qu'il veuille bien recevoir mon âme dans sa miséricorde. »

Il est possible que, après la rédaction de cette lettre, les amis de la reine aient pu introduire auprès d'elle un prêtre catholique qui ait entendu sa confession : du moins on l'a assuré dans le temps. Un moment avant l'heure du supplice, un prêtre schismatique se présenta, qui l'invita durement à confesser tous ses crimes. Elle répondit : « Je ne vous ai point attendu pour demander à Dieu pardon de mes fautes. Quant à des crimes, je n'en commis jamais. » A onze heures, on la fit monter dans la charrette réservée aux criminels vulgaires. Arrivée sur l'échafaud, elle leva les yeux au ciel et se livra aux exécuteurs. Elle était âgée de trente-sept ans.

Restait la sainte princesse Elisabeth, sœur de Louis XVI. « Il est curieux de savoir, disait un journal républicain du temps, quelle sorte d'appartement occupait d'abord Elisabeth (au Temple). C'était une ancienne cuisine au troisième étage. Sa toilette se trouvait placée sur une pierre à laver et à côté des fourneaux. Sa couchette était un lit de sangle avec deux petits matelas fort justes pour la mesure, et tout le mobilier consistait en un vieux buffet ou garde-manger garni de vaisselle en terre encore toute grasse... Elisabeth boude le plus souvent dans un coin de la chambre, un livre de dévotion à la main ; c'est sa contenance habituelle (Gabourd, *Convention*, t. I, p. 127 et 128). » Par ce récit du journaliste républicain, on voit que la princesse Elisabeth de France vivait au Temple, comme sa tante Louise chez les Carmélites de Saint-Denys. Depuis la mort de Louis XVI et de la reine, Elisabeth servait de mère à la jeune Marie-Thérèse de France, sa nièce.

Le 9 mai 1794, des agents de Fouquier-Tainville se présentèrent à la tour du Temple : « Elisabeth Capet, dirent-ils à la sœur de Louis XVI, tu es mandée à comparaître devant le tribunal révolutionnaire, pour être jugée sur tes crimes. Pars, suis-nous ; le fiacre t'attend dans la cour ; tu n'as besoin de rien ; nous ne pouvons te laisser un moment. » Et comme la princesse s'habillait, les huissiers du tribunal lui dirent brutalement : « Citoyenne, veux-tu bien descendre ? — Et ma nièce ? répondit-elle. — On s'en occupera après. » Madame Elisabeth embrassa la fille de Louis XVI, l'engagea à se calmer, lui promit de revenir. « Non, citoyenne, reprit un agent, tu ne remonteras pas : prends ton bonnet et descends. » On l'accabla d'injures et d'outrages, tandis que, calme et courageuse, elle donnait à sa nièce de pieux conseils. Les juges lui adjoignirent dans le même procès vingt-quatre coaccusés ou prétendus complices, parmi lesquels il s'en trouvait de fort obscurs. « Qui êtes-vous ? lui demanda le président ; elle répondit : « Je suis Elisabeth de France, sœur de Louis XVI et tante de Louis XVII, votre roi. » Le président continua : « Avez-vous, avec le dernier tyran, conspiré contre la sûreté et la liberté du peuple ? — J'ignore à qui vous donnez ce titre ; mais je n'ai jamais désiré que le bonheur des Français. — Lors de la fuite du tyran votre frère, à Varennes, ne l'avez-vous pas accompagné ? — Tout m'ordonnait de suivre mon frère, et je m'en suis fait un devoir. — Où étiez-vous dans la journée du 10 août ? — Au château des Tuileries, ma résidence. — La femme Capet a déclaré que vous l'aviez soutenue dans ses craintes et ses alarmes. Vous avez mâché des balles des satellites de la tyrannie ; vous avez donné des encouragements de tout genre aux assassins de la patrie. — Tous les faits qui me sont imputés sont autant d'indignités dont je ne me suis point souillée. — Vous avez pansé les blessures des assassins envoyés par votre frère contre les Marseillais. — L'humanité seule a pu me conduire à panser leurs blessures. Je ne m'en fais pas un mérite, et je ne crois pas qu'on puisse m'en faire un crime. — Vous n'êtes humaine que pour les assassins du peuple, et vous avez la férocité des animaux les plus sanguinaires pour les défenseurs de la liberté !.... N'avez-vous pas fait espérer au petit Capet qu'il succéderait à son père ? — Je causais avec cet infortuné, qui m'est cher à plus d'un titre, et je lui administrais les consolations qui me paraissaient capables de le dédommager de la perte de ses parents. — C'est convenir, en d'autres termes, que vous nourrissiez le petit Capet des projets de vengeance que vous et les vôtres n'avez cessé de former. »

On la condamna à mort, elle et ses prétendus complices. Rentrée à la Conciergerie, madame Elisabeth se fit conduire dans la chambre de ceux qui devaient périr avec elle ; elle les exhorta tous avec une présence d'esprit et une élévation d'âme admirables : sur la charrette, elle conserva le même calme et la même sérénité, saluant les spectateurs à droite et à gauche, comme aux jours de sa gloire ; et tous ses compagnons d'infortune oubliaient leur propre misère, tant ils étaient émus de voir confondue dans leurs rangs la petite-fille de Louis XIV, de Henri IV, la fille véritable de saint Louis. Toutes les femmes, en descendant de la charrette, la saluaient et lui demandaient la permission de l'embrasser (10 mai 1794). Elle fut guillotinée la dernière. A peine âgée de trente ans, elle était remarquable par les grâces de son esprit, par sa beauté, et plus encore par sa piété angélique. Jusqu'au dernier moment, elle plaignit le peuple et pria pour lui (Gabourd, *Convention*, t. II, p. 291 et seqq.).

Peu de temps après la reine, avait été guillotiné le duc d'Orléans. Il avait eu beau voter la mort de son roi et de son parent Louis XVI, il avait eu beau renier son propre nom et s'appeler *Philippe-Egalité*, il n'en fut pas moins arrêté comme Bourbon, le 7 avril 1793, condamné à mort et exécuté, le 6 novembre, comme Girondin, ce qu'il n'était pas. Quand il eut été ramené du tribunal révolutionnaire dans sa prison, il demanda un prêtre, et l'on introduisit auprès de lui l'abbé Lothringer, ecclésiastique allemand. Le duc le pria de lui faire connaître s'il était dans les *bons principes de la religion* : l'abbé Lothringer répondit qu'après avoir eu le malheur de prêter le serment, il était rentré dans la doctrine et sous l'obéissance de l'Eglise. Alors le prince s'agenouilla et fit sa confession. On dit que fréquemment il interrompait ses aveux, en demandant s'il pouvait espérer miséricorde. Il ajouta enfin : « Je leur pardonne ma condamnation, quoiqu'ils m'aient imputé des faits faux ; mais j'ai commis un crime qui mérite la mort : j'ai contribué à celle d'un innocent, de mon roi... ; mais il était trop bon pour ne pas me pardonner. »

En 1795, il n'y avait à survivre, de la famille de Louis XVI, enfermée au Temple, que sa fille unique, Marie-Thérèse de France. Elle ignorait encore la mort de sa mère et de sa tante, lorsqu'elle dut être échangée, le 26 décembre, contre des généraux français, prisonniers de l'Autriche. Elle écrivit alors sur les murs de sa prison : « O mon Dieu ! pardonnez à ceux qui ont fait mourir mes parents ! » Cette orpheline du Temple vit encore aujourd'hui, janvier 1848, sous le nom de *duchesse d'Angoulême* (1).

La France révolutionnaire n'épargna pas plus la tombe des rois que leur trône. Les tombes royales de Saint-Denys furent violées et les ossements jetés dehors. On ne respecta pas davantage les reliques des saints. Pour effacer toute trace de culte, on inventa un nouveau calendrier, où les noms des mois et des jours étaient changés. L'ère nouvelle commençait au 22 septembre 1792 : l'année était partagée en douze mois, chacun de trente jours ; les cinq ou six jours de reste furent appelés *sans-culottides* et devaient être consacrés à des fêtes républicaines. Les mois s'appelaient *vendémiaire, brumaire, frimaire, nivôse, pluviôse, ventôse, germinal, floréal, prairial, messidor, thermidor, fructidor.* Il n'y avait plus de semaines, mais des décades, dont les premiers jours s'appelaient *primidi, duodi, tridi, quartidi, quintidi, sextidi, septidi, octidi, nonidi, decadi.* A chaque jour était accolé le nom, non pas d'un saint ou d'une sainte, mais d'un animal, d'une plante, d'un outil, comme *dindon, bourrique, pissenlit, écumoir.* Il était défendu de fermer les boutiques le jour de dimanche, comme de travailler le jour de la décade. Robespierre ne donnait pas dans ces extravagantes impiétés ; il croyait en Dieu et à l'immortalité de l'âme ; il regardait ces deux vérités comme la base de tout ordre social ; il aurait voulu les faire prévaloir. Mais il y avait des révolutionnaires bien plus impies que lui, qui professaient ouvertement l'athéisme et le matérialisme. Ceux-là poussaient à détruire tout vestige de religion, faisaient écrire sur la porte des cimetières : *La mort est un sommeil éternel ;* enlevaient les vases sacrés des églises, jetaient dans les flammes les reliques des saints. Beaucoup d'évêques intrus, soit faiblesse, soit incrédulité personnelle, secondèrent ces fureurs de l'impiété. Le 7 novembre 1793, l'évêque intrus de Paris, Gobel, parut à la barre de la Convention, avec treize de ses vicaires épiscopaux, et y abjura publiquement son sacerdoce. Dans des séances subséquentes, plusieurs de ses collègues d'intrusion et de schisme se déclarèrent formellement apostats. On connaît environ trente évêques intrus de France qui donnèrent de ces scandales, tant à Paris que dans les départements. Neuf d'entre eux se marièrent. Il en fut à proportion de même des prêtres intrus. Les athées et les matérialistes célébrèrent donc leur triomphe sur le christianisme et accomplirent ce vœu de Voltaire : *Ecrasons l'infâme ;* et cet autre : *Il faut étrangler le dernier des rois avec les boyaux du dernier des prêtres.*

Le 10 novembre, en mémoire de cette apostasie du clergé constitutionnel, une fête fut célébrée dans l'église métropolitaine, transformée en temple de la Raison. Cette déesse Raison était une prostituée nue, placée sur le grand autel. Elle y reçut les adorations des membres de la municipalité et de la Convention ; mais on remarqua l'absence de Robespierre. Il y eut des impiétés, des profanations, des déprédations semblables dans les départements, notamment dans la Nièvre, où l'ex-oratorien Fouché se trouvait comme représentant du peuple. Alors les croix furent abattues et les églises fermées, même pour les partisans du schisme.

La Vendée, où le royalisme des nobles était venu se joindre au catholicisme du peuple, la Vendée éprouvait de grands revers et voyait ses habitants expirer par milliers sous le glaive des armées républicaines, qui cependant ne peuvent jamais la dompter complètement : en sorte qu'il faudra, bon gré mal gré, lui accorder la liberté religieuse qu'elle demande. La ville si catholique de Lyon, pour prix de son royalisme, est menacée du dernier malheur. La Convention a décrété que *la ville de Lyon sera détruite,* et que sur ses débris sera élevé un monument où seront lus ces mots : *Lyon fit la guerre à la liberté, Lyon n'est plus.* L'ex-oratorien Fouché et le comédien Collot-d'Herbois commençaient cette

---

(1) Marie-Thérèse épousa, en 1799, à Mittau, son cousin-germain, le duc d'Angoulême, fils de Charles X. Elle est morte il y a quelques années, à Frosdorf, résidence de l'héritier des Bourbons. M. M.

œuvre de destruction par le canon et la mitraille. Ils disaient sans doute dans leur cœur : « C'en est fait du christianisme, c'en est fait de l'Eglise romaine. »

Et cependant, en ce temps-là même, l'Eglise recevait les prémices de l'Angleterre repentie, elle implantait sa hiérarchie dans l'Amérique du Nord, et à la dernière extrémité de l'Asie elle ouvrait son sein à un peuple nouveau qui venait de lui-même à elle : nous parlons de la Corée.

Vers 1800, il y eut alors une persécution qui donna plus de cent quarante martyrs ; sans compter ceux qui avaient versé leur sang dans les deux persécutions précédentes. Quelques-uns ont été coupés par morceaux ; d'autres sont morts dans les tourments ; le plus grand nombre ont été étranglés ou ont eu la tête tranchée ; plus de quatre cents ont été exilés pour la foi ; on ne peut compter le nombre de ceux qui ont été relâchés après avoir été tourmentés ou après avoir langui longtemps dans les cachots.

Les Coréens ont dressé plusieurs actes ou mémoires du martyre de leurs compatriotes. Voici comme ils s'expriment, à ce sujet, dans la lettre qu'ils adressèrent, en 1811, à notre saint-père le pape Pie VII, alors lui-même dans les fers : « Nous avons fait des actes de nos martyrs ; un recueil qui contient plusieurs volumes. La persécution nous oblige d'écrire cette lettre sur de la soie, afin que le porteur puisse la cacher plus commodément sous ses vêtements : le danger de perdre sa vie en tel cas est de dix mille contre un ; c'est pour cela que nous ne pouvons point envoyer à Votre Sainteté des ouvrages volumineux. Nous n'envoyons pour le moment que les actes du martyre du missionnaire (Pierre Ly), de la catéchiste Colombe, etc., et de quelques autres, au nombre de dix, avec le nom de quarante-cinq qui se sont le plus distingués. Leurs actes remplissent plusieurs volumes ; nous prendrons humblement la liberté de les faire parvenir à Votre Sainteté lorsque nous en aurons l'occasion. Quant aux autres, au nombre de cent quarante et davantage, qui s'efforcèrent d'obtenir la grâce du martyre, et l'obtinrent en effet, on a eu soin de recueillir et de conserver les actes de chacun d'eux ; il faudra un peu de temps pour trouver les différentes personnes qui en sont dépositaires : quand il viendra un missionnaire en Corée, on procédera à leur impression. Quoique ce soient les martyrs d'un pauvre royaume étranger, ils ont eu cependant le bonheur d'être admis dans la sainte religion ; leurs noms ont trouvé place dans le livre de vie, et leurs mérites sont écrits avec les mérites de ceux qui sont morts pour la justice. Ils sont véritablement agréables à Dieu ; ils sont aimés de la sainte Vierge et des saints anges ; ils seront aussi agréables à Votre Sainteté. Par les mérites de nos martyrs, nous espérons recevoir au plus tôt le secours spirituel que nous demandons avec mille et dix mille larmes de sang (Rohrbacher, *Tableau des principales conversions*, etc., 2ᵉ édit., t. II).

Depuis plus de trente ans que les Coréens n'avaient plus de missionnaires, ils ne cessaient d'écrire à Rome et à Péking pour demander un prêtre. Ils envoyèrent à plusieurs reprises des députés à l'évêque de Chen-S et à celui de Nan-King, et ailleurs. Quand l'évêque de Péking annonça aux députés qu'il leur venait un missionnaire du fond de l'Europe, ils se mirent à genoux et le saluèrent de loin. C'était peut-être un prêtre français, ordonné à Paris même, au milieu des persécutions de la Convention et du Directoire.

Au premier livre de cette Histoire, nous avons vu des êtres organiques et vivants subir chaque année une révolution complète, y déposer leurs membres, leur tête, leur corps, et s'en reproduire de semblables tout neufs, comme les écrevisses et les autres crustacés. Chez d'autres, cette révolution est si profonde, qu'ils deviennent des animaux différents : l'aveugle et rampante chenille ressuscite papillon clairvoyant, et qui, d'une aile légère, s'élance vers les cieux. Tous les animaux, en général, changent annuellement de peau, de poil ou de plume : cette révolution ou cette mue est pour un temps critique. Les divers âges sont des crises pour le corps humain ; la crise dernière, la mort, se terminera par la résurrection, car l'homme vaut au moins une chenille. La terre elle-même a déjà subi et subira encore une grande révolution ; « *car*, dit saint Pierre, *il y avait d'abord des cieux, et une terre qui avait été tirée de l'eau et qui subsistait par l'eau, en vertu de la parole de Dieu ; et, par ces mêmes choses, le monde d'alors a péri, abîmé dans les eaux. Or, les cieux et la terre qui sont maintenant, la même parole de Dieu les a rétablis, et les réserve pour être brûlés par le feu au jour du jugement et de la ruine des hommes impies..., ce jour où l'ardeur du feu dissoudra les cieux et fera fondre tous les éléments ; car nous attendons, selon la promesse du Seigneur, de nouveaux cieux et une nouvelle terre, dans lesquels la justice habitera* (2. Petr., 3). »

Parmi les habitants de la terre actuelle, dans le genre humain, dans l'ensemble des peuples, nous avons vu des révolutions semblables. Ce qu'on appelle l'empire des Assyriens, l'empire des Perses, l'empire des Grecs, l'empire des Romains, c'était, pour l'ensemble des peuples, la révolution assyrienne, la révolution persane, la révolution grecque, la révolution romaine : quatre révolutions successives qui devaient préparer les voies à une résurrection spirituelle et universelle ; résurrection entravée, secondée, éprouvée par de nouvelles révolutions, les grandes hérésies, l'invasion des Barbares, le mahométisme, les croisades, la révolution religieuse du XVIᵉ siècle, enfin la révolution française, par suite de laquelle nous entrevoyons déjà l'ensemble de la Providence ; la révolution du XVIᵉ siècle revenant à l'unité de l'Eglise par l'Angleterre et le Nord de l'Amérique ; le mahométisme lui-même, par l'organe de son chef, envoyant une ambassade à Pie IX pour le féliciter de son élection au trône de saint Pierre, et lui demander un nonce apostolique pour Constantinople ; la France, l'Angleterre, l'Amérique achevant l'œuvre des croisades, et, l'arme au bras, montant la garde aux portes du Tong-King, de la Chine, du Japon et de la Corée, pour que les apôtres de Dieu puissent prêcher librement la parole qui a sauvé le monde ; le Français, en particulier, implantant la civilisation dans le pays de Barbarie même ; enfin, l'univers entier saisi de respect et d'admiration au seul nom d'un Pape. Certainement, la révolution française ne pensait guère à ce résultat.

De 1789 à 1802 ou 1803, la France révolutionnaire changea peut-être plus souvent sa forme gouvernementale que l'écrevisse du ruisseau ne changea, dans le même temps, ses pattes, sa queue et toute sa carcasse. Elle eut successivement un Roi avec des Parlements, un Roi avec les Etats généraux, une Assemblée constituante; la Nation, la Loi, le Roi; le Roi, avec une Assemblée législative; le Roi, avec son *veto* suspensif, suspendu de ses fonctions et emprisonné à la tour du Temple; la Commune de Paris, les Clubs plus puissants que l'Assemblée législative; la République; le Comité de salut public, le Tribunal révolutionnaire, sortis de la Commune de Paris, contre-balançant le pouvoir de la Convention; le Gouvernement proprement révolutionnaire, ou la Terreur; sous le Directoire, cinq rois au lieu d'un, deux Assemblées au lieu d'une, le Conseil des Anciens et le Conseil des Cinq-Cents; trois Consuls ou trois Rois au lieu d'un; un seul Consul à vie, toujours avec la République; un Empereur, avec la République, deux Assemblées et un Empereur; un Empereur et un Empire, avec deux Chambres; le Sénat, où les vieux révolutionnaires deviennent grands seigneurs, et le Corps législatif, où les grands parleurs apprennent à se taire.

La France révolutionnaire, une fois habituée au sang par le meurtre des prêtres et des rois, continua à tuer les nobles, les riches, les généraux, les députés, ses propres favoris, tout ce qui lui tombait sous la main; enfin, à force de tuer, elle finit par se tuer elle-même. Ses Assemblées législatives étaient toujours divisées en deux partis ennemis; presque toujours c'était à qui tuerait l'autre ou ne s'en laisserait pas tuer. Les Girondins et les Jacobins de la Convention, d'accord entre eux pour tuer le roi et la reine, ne l'étaient plus quand il fut question de savoir lesquels d'entre eux périraient par la main des autres. Les Girondins succombèrent et furent guillotinés en masse le 31 octobre 1793 : leur dernière nuit fut une orgie de bonne chère et d'athéisme. Mirabeau, le grand promoteur de la Révolution, mort le 2 avril 1791, avait été mis au Panthéon, ancienne église de Sainte-Geneviève, sur le fronton duquel on avait gravé cette inscription : AUX GRANDS HOMMES LA PATRIE RECONNAISSANTE. Marat, le huguenot suisse, disait à ce sujet, dans son *Ami du peuple* : « Je ne m'arrête pas au ridicule qu'offre une assemblée d'hommes bas, rampants, vils et ineptes se constituant juges d'immortalité. Comment des hommes couverts d'opprobre ont-ils le front de s'ériger en dispensateurs de la gloire? comment ont-ils la bêtise de croire que la génération présente et les races futures souscriront à leurs arrêts?... Voilà donc un fourbe, un fripon, un traître, un conspirateur à la tête des bienfaiteurs de l'humanité, des défenseurs du citoyen opprimé, des martyrs de la liberté! Quel homme de bien voudrait que ses cendres reposassent dans le même lieu ? » Voltaire et Rousseau eurent successivement cet honneur. En novembre 1793, les restes de Mirabeau sont expulsés du Panthéon, et remplacés par ceux de Marat, mis à mort le 13 juillet de la même année par une jeune fille de Normandie. En février 1795, Marat fut chassé du Panthéon et jeté dans l'égout de la rue Montmartre. Quelqu'un dit alors : Je vois bien qu'on a pu *dépanthéoniser* Marat, mais comment pourra-t-on *démaratiser* le Panthéon?

Sylvain Bailly, l'ancien maire de Paris, le président du Jeu-de-Paume, si longtemps l'idole de la Révolution, fut guillotiné le 11 novembre 1793. Péthion, cet autre maire de Paris, qui ne fit rien pour arrêter les massacres de septembre 1792, et un des plus acharnés pour mettre en accusation Louis XVI, Péthion, proscrit par la Convention comme Girondin le 31 mai 1793, fut trouvé dans un champ de blé, à moitié dévoré par les loups. Hébert et le Prussien Cloots, deux athées, qui prêchaient l'athéisme dans un journal incendiaire nommé *le Père Duchêne*, périrent sous le couteau de la guillotine, le 24 mars 1794, avec plusieurs autres athées, tels que l'Autrichien Proly, bâtard du prince de Kaunitz. Le 5 avril suivant, fut guillotiné Danton, qui, ministre de la justice, avait organisé le massacre des Carmes. Traduit devant le tribunal révolutionnaire et condamné à mort, sans qu'on voulût écouter sa défense il devint furieux. « C'est moi, s'écria-t-il en entrant dans la chambre des condamnés, c'est moi qui ai fait instituer ce tribunal infâme; j'en demande pardon à Dieu et aux hommes. Je laisse tout, ajouta-t-il, dans un gâchis épouvantable; il n'y en a pas un qui s'entende en gouvernement ; au surplus, ce sont tous des frères Caïn; Brissot m'aurait fait guillotiner comme Robespierre. »

L'accusateur public près de cet affreux tribunal était Fouquier-Tainville. Il jugeait les accusés révolutionnairement, c'est-à-dire sans forme de procès. On lui envoyait les listes de proscription, auxquelles il en ajoutait d'autres. Il se réunissait toutes les semaines avec ses pareils chez Lecointre, membre de la Convention; et là, au milieu d'un dîner somptueux, ils discutaient ces listes en y mêlant des plaisanteries atroces. « J'ai fait gagner cette semaine, disait Fouquier, tant de millions à la république; la semaine prochaine, je lui en ferai gagner davantage, je *déculotterai* encore un plus grand nombre de riches. » Il avait donné ses ordres d'avance. On voyait arriver tous les matins une quantité de charrettes pour conduire les victimes à l'échafaud : les actes d'accusation étaient imprimés d'avance, il suffisait d'y mettre les noms : à tous on imputait les mêmes crimes. Dès que Fouquier avait prononcé le mot de *feu de file*, les jurés envoyaient soixante personnes au supplice en moins de deux heures. A l'atrocité se joignait la dérision. Un détenu appelé Gamache fut conduit au tribunal, et un huissier fit observer qu'il n'était pas celui qu'on avait demandé. « Peu importe, répondit Fouquier, l'un vaut autant que l'autre. » Un malheureux vieillard qui avait eu la langue paralysée ne pouvait répondre aux questions que lui adressait Fouquier; un de ses collègues lui ayant dit que c'était un défaut de langue : « Ce n'est pas la langue qu'il me faut, dit-il, c'est la tête. » Comme une vieille dame ne répondait pas, on lui dit qu'elle était sourde; il reprit aussitôt : « Condamnée pour avoir conspiré *sourdement*. » Un officier corse, déjà très âgé, était détenu au Luxembourg, Fouquier l'envoya chercher. L'officier ne répondant pas, un jeune étourdi qui portait un nom à peu près semblable et qui jouait à la balle dans la cour s'avisa de répondre. Conduit au tribunal, ce malheureux jeune homme fut mis à mort à la place du vieillard de soixante ans. Fouquier avait ordonné de traduire devant son tribunal la duchesse de Maillé; une veuve Maillé fut présentée à sa place. S'étant aperçu de l'erreur dans l'interrogation, Fouquier lui dit : « Ce n'est pas toi qu'on voulait juger; mais c'est égal, autant vaut aujourd'hui que demain ; » et la veuve fut envoyée à l'échafaud.

Ce que Fouquier-Tainville faisait à Paris sous ce régime de la terreur, ses pareils le faisaient dans les provinces : Carrier à Nantes, Fouché et Collot-d'Herbois à Lyon, Joseph Lebon à Arras, Schuelder à Strasbourg.

Carrier, obscur procureur ou avoué dans l'Auvergne, devenu membre de la Convention, ayant entendu dire que la France était trop peuplée pour y établir une république, fut d'avis de la dépeupler : on l'entendit un jour dire hautement, dans un café de Paris, que la république ne pouvait être heureuse, si on ne supprimait au moins le tiers de ses habitants. Arrivé commissaire à Nantes, le 8 octobre 1793, il mit en pratique son système. La guerre civile se faisait alors avec le plus grand acharnement ; les révolutionnaires, exaspérés par les victoires des Vendéens, faisaient éclater une rage féroce. Quelques généraux et quelques représentants du peuple avaient déjà ordonné des massacres et livré des villages aux flammes; mais Carrier les surpassa tous dans un instant, et, par ses cruautés inouïes, se montra le fidèle exécuteur des instructions qu'il avait reçues de la Convention, de prendre des mesures de *destruction* et de vengeance les plus *rapides* et les plus *générales*. A son arrivée, Nantes était déjà livrée à la merci d'une foule d'hommes féroces; Carrier se les associa, et ils rivalisèrent entre eux de cruauté. Déjà les prisons de la ville se trouvaient encombrées de malheureuses victimes, et l'entière défaite des Vendéens à Savenay augmentant encore le nombre des prisonniers, encouragea l'ardeur sanguinaire de Carrier et de ses satellites. Carrier trouva trop longs les délais qu'exigeaient les jugements informes et précipités qui envoyaient tous les jours à la mort une foule de malheureux captifs. « Nous ferons », dit-il aux bourreaux qui le secondaient, un cimetière de la France, plutôt que de ne pas la régénérer comme nous l'entendons. » Il proposa donc de faire périr les détenus en masse et sans être jugés; cette proposition fut adoptée après quelques débats, et Carrier se hâta de l'exécuter. Il fit d'abord embarquer, le 15 novembre 1793, quatre-vingt-quatorze prêtres dans une barque sous prétexte de les transporter ailleurs; et le bateau, qui était à soupape, fut coulé à fond pendant la nuit; il fit périr quelques jours après, de la même manière, cinquante-huit autres prêtres. Ces exécutions furent suivies de plusieurs autres. Carrier organisa pour cela des satellites, sous le nom de compagnie de Marat. Par une atroce plaisanterie, ils appelaient ces exécutions des *baignades* et des *déportations verticales*. Lorsqu'il rendit compte à la Convention de sa mission à Nantes, il parla de la mort de ces prêtres comme d'un naufrage heureux et fortuit, et son récit était terminé par ces mots : « Quel torrent révolutionnaire, que cette Loire ! » Et la Convention fit une mention honorable de cette lettre atroce.

Dès lors Carrier, voyant sa conduite approuvée, ne mit plus de frein à son ardeur sanguinaire. Il fit exterminer sans aucun jugement les prisonniers, par deux hommes qu'il avait revêtus d'un grade militaire, Fouquet et Lamberty. Les victimes dévouées à la mort étaient entassées dans un vaste édifice nommé l'*Entrepôt*; c'est là que l'on venait tous les soirs les prendre pour les mettre dans les bateaux, d'où on les précipitait dans l'eau après les avoir liés deux à deux ; car ils avaient trouvé encore trop long de préparer des bateaux à soupape. On ajoute même que, par une dérision horrible, on attachait ensemble un jeune homme et une jeune fille pour les noyer, donnant à cette affreuse exécution le nom de *mariages républicains*. Pendant plus d'un mois, ces massacres se renouvelèrent toutes les nuits ; on prenait indistinctement tout ce qui se trouvait à l'*Entrepôt*, tellement qu'un jour on noya des prisonniers de guerre étrangers. Une autre fois, Carrier, qui vivait dans la plus infâme débauche, ayant contracté une maladie honteuse, fit prendre une centaine de filles publiques qui furent noyées. On estime qu'il périt dans l'*Entrepôt* quinze mille personnes, tant par ce supplice que par la faim, le froid ou l'épidémie. Les malheureux prisonniers y étaient entassés; on ne donnait aucun soin aux malades, et on négligeait même d'enlever les cadavres. Enfin la corruption y était telle que personne ne voulant se charger de nettoyer ce lieu infect, on fut obligé de promettre la vie à plusieurs prisonniers pour qu'ils se chargeassent de cet emploi; cependant ceux qui survécurent ne furent pas épargnés. Les rives de la Loire étaient couvertes de cadavres; l'eau en était tellement corrompue, qu'on fit défense d'en boire. Chaque jour une commission militaire condamnait à mort de nombreux prisonniers, chaque jour on fusillait dans les carrières de Gigan jusqu'à cinq cents victimes. Tel était le gouvernement de Carrier à Nantes (*Biogr. univers.* et Feller).

Nous avons déjà vu comment l'oratorien-janséniste Fouché exerçait ses missions révolutionnaires à Lyon et ailleurs. Un de ses confrères de l'Oratoire, Joseph Lebon, né à Arras, ne lui fut point inférieur. Au commencement de la Révolution, il quitta l'Oratoire, par suite de quelques démêlés avec ses supérieurs, et devint curé constitutionnel de Neuville, où son presbytère servit d'asile à ses parents tous pauvres. Il se lia d'amitié avec son compatriote Robespierre, et fut nommé, en 1791, maire d'Arras et ensuite procureur-syndic du département. Il blâma les massacres de septembre 1792 à Paris, auxquels il savait que son ami Robespierre n'avait point de part. Envoyé commissaire de la Convention dans son département, il mit en liberté quelques gens de bien, et ordonna l'arrestation des démagogues les plus furieux. Cette conduite le fit dénoncer comme *modéré*. Le Comité de salut public lui en fit des reproches. Il s'excusa, et promit de mieux faire. Dès lors il se mit à surpasser les plus cruels. Un des premiers prêtres à se marier, il commença par établir dans Arras un tribunal révolutionnaire, dont il nomma les juges et les jurés. De ce nombre étaient son beau-frère, trois oncles de sa femme, et tous les hommes sanguinaires qu'il put réunir. Il se faisait apporter la liste des victimes, et il désignait celles dont il voulait la mort, ainsi que le petit nombre de celles qui devaient être épargnées. Vindicatif à l'excès, il n'oublia aucune des plus petites injures qu'il croyait avoir essuyées dans un pays où il avait joué tant de rôles divers, et il fit périr le juge de paix Maigniez, père de douze enfants, parce que ce magistrat l'avait autrefois condamné à une amende de dix francs. Le greffier et tous ceux qui avaient témoigné contre lui dans cette affaire furent également immolés. Les membres de son tribunal eux-mêmes hésitèrent une fois devant l'atrocité des arrêts qu'il voulut leur dicter. Aussitôt il les destitua, il les accabla de menaces et d'injures, en nomma d'autres à leur place ; et les malheureux qui avaient été acquittés solennellement périrent le même jour. Ce prêtre apostat assistait souvent aux séances de son tribunal avec sa femme, qui, du geste et de la voix, dictait les arrêts de mort, menaçait les victimes et les juges. Après leur dîner, on les voyait l'un et l'autre à la place des exécutions, où ils avaient fait construire un orchestre à côté de l'échafaud. Ils se rendaient ensuite au spectacle, où ils remplissaient les entr'actes par de ridicules prédications ou d'effrayantes menaces, que le prêtre-mari proférait le sabre à la main. « Sans-culottes, disait-il, dénoncez hardiment, si vous voulez quitter vos chaumières ; c'est pour vous qu'on guillotine. N'y a-t-il pas près de vous quelque noble, quelque riche, quelque marchand ? dénoncez-le, et vous aurez sa maison..... » Lui-même leur donnait l'exemple. Il s'établit successivement dans les maisons des plus riches propriétaires qu'il envoyait à l'échafaud, et il s'empara de leur mobilier qu'il distribuait à ses ignobles créatures, ou dont il gardait la plus grande partie. Il recommandait hautement aux femmes et aux filles de ne pas écouter leurs mères et leurs maris, et de suivre leur penchant en toute occasion. Plus d'une fois, après avoir abusé de ces malheureuses, il les faisait guillotiner. Enfin il alla si loin, qu'il fut dénoncé à la Convention comme un homme immoral et sanguinaire. Le Comité de salut public, duquel il tenait ses instructions et son pouvoir, prit alors sa défense, et déclara que les mesures de Lebon étaient un peu *acerbes*, mais qu'elles avaient sauvé la république. Le même comité lui écrivit en propres termes qu'il approuvait sa conduite et qu'il l'invitait à continuer.

Ce qu'un prêtre apostat faisait en Picardie, un moine apostat d'Allemagne le faisait à Strasbourg et en Alsace. Euloge, ou plus exactement Jean-Georges Schneider, né au diocèse de Wurtzbourg, d'un pauvre paysan, reçut quelques leçons d'un religieux qui venait dire la messe dans son village, et fit ensuite gratuitement ses études à Wurtzbourg, mais en tenant une conduite fort mauvaise. Tout à coup, il parut converti, entra novice chez les Récollets de Bamberg, y reçut l'habit, et passa neuf ans dans le cloître. Lors des innovations schismatiques et révolutionnaires de Joseph II, il prêcha dans Ausgbourg un sermon qui lui attira les reproches de ses supérieurs et les éloges des protestants. Au lieu de rentrer dans son cloître, il s'en alla à Stuttgard, entra dans la société des illuminés de Weishaupt, et se trouva professeur joséphiste à l'Université de Bonn, quand éclata la Révolution française, dont il partageait d'avance les idées. Arrivé à Strasbourg, il devint un des notables de la commune, vicaire épiscopal de l'évêque constitutionnel, et enfin accusateur public près le tribunal criminel. C'est dans ce dernier emploi qu'il se rendit la terreur du pays, qu'il ne cessa de parcourir, accompagné du bourreau et de la guillotine. Il entre un jour dans une commune et fait ordonner à la municipalité de lui livrer cinq têtes à son choix. On eut beau lui représenter qu'on ne connaissait pas de coupables ; il fallut lui abandonner cinq victimes, qui, dans l'instant même, furent livrées à la mort. Une autre fois, étant arrivé au village d'Essig, il se rendit chez le juge de paix du canton appelé Kuhn, et le trouva à table. Le maître de la maison l'invite à dîner, et les convives s'empressent de lui céder la place d'honneur, tandis que toute la maison était occupée à le servir. Au milieu de la bonne chère et des bouteilles, il paraît s'égayer, et se livre bientôt à une joie bruyante. Tout à coup se tournant vers le juge de paix, il lui demande avec sang-froid, s'il avait beaucoup de vin pareil dans sa cave. Kuhn lui répond qu'il lui en reste quelques bouteilles, et que toutes sont à son service. « Eh bien ! ajouta-t-il, hâte-toi d'en faire servir une ; car dans trois quarts-d'heure tu n'en boiras plus. » Et, un instant après, il fit entrer la guillotine dans la cour de son hôte, et lui fit couper la tête, comme à un *protecteur des prêtres réfractaires*. Car c'était particulièrement aux prêtres fidèles qu'en voulait ce prêtre apostat. Pour combler la mesure, il avait pris une femme. Le 13 décembre 1793, il rentra dans Strasbourg, avec sa guillotine, sa nouvelle épouse, ses juges et son bourreau, tous assis dans une voiture à six chevaux. Les exécutions individuelles lui paraissant trop longues, il voulait, comme ses modèles de Paris et d'ailleurs, faire des *opérations en masse* ; et déjà il avait accumulé dans les prisons de Strasbourg un grand nombre de victimes. Mais sa dernière entrée dans la ville avait fait quelque sensation ; deux commissaires de la Convention nationale, qui se trouvaient à Strasbourg, feignirent d'être effrayés de cette marche triomphale ; ils en firent une conspiration qui tendait à livrer l'Alsace aux Autrichiens. Schneider fut arrêté le 14 décembre, attaché à un poteau pendant quatre heures, sur un échafaud que lui-même avait fait élever. Transféré à Paris, il fut condamné à mort le 1er avril 1794, comme *prêtre autrichien de Wurtzbourg*, et comme *émissaire de l'ennemi et chef d'un complot contre la République* (Biogr. univers., et Feller).

Le gouvernement proprement dit de la France était alors le *Comité de salut public*, institué par la Convention, le 25 mars 1793, et composé de vingt-cinq membres choisis dans la Convention elle-même. Le 10 octobre suivant, la Convention décréta que le gouvernement provisoire de la France serait révolutionnaire jusqu'à la paix : le Comité de salut public fut revêtu de la dictature. C'est ce régime qui a été appelé LA TERREUR. Il y avait des commissaires de la Convention, non-seulement dans les départements, mais encore auprès des armées. Custine, le plus célèbre des généraux d'alors, qui avait remporté plusieurs victoires et en deçà et au delà du Rhin, mais qui ne fut pas toujours heureux, se vit traduit devant le tribunal révolutionnaire de Paris et condamné comme traître le 27 août 1793. Il consacra ses derniers moments à la pénitence chrétienne. Ramené dans sa prison, il se jeta à genoux, et resta deux heures dans cette attitude religieuse, pour implorer le secours du ciel : s'étant ensuite relevé, il pria son confesseur de passer la nuit auprès de lui, afin de le réconcilier plus parfaitement avec son Juge éternel. Il écrivit en outre à son fils, pour lui faire ses derniers adieux, et il lui recommanda de réhabiliter sa mémoire. Durant le trajet qui séparait la prison de l'échafaud, il ne cessa d'écouter les exhortations de son confesseur et d'embrasser le crucifix, implorant avec foi et repentir la miséricorde divine. Le comte de Custine était né à Metz et avait été député de la Noblesse de Lorraine aux États généraux. Les 8 et 9 septembre de la même année, le général Houchard, né à Forbach, battit les Anglais qui assiégeaient Dunkerque, leur fit lever le siège, et fit échouer les projets des alliés pour l'envahissement de la France; mais il fut accusé de n'avoir pas assez bien profité de sa victoire, et condamné à mort le 19 novembre suivant.

Malgré ces rigueurs excessives envers les deux généraux, la campagne de 1793, désastreuse à son début, se termina par des succès inattendus sur presque toutes les frontières. La France seule, quoique divisée contre elle-même, avait tenu tête à toute l'Europe. « Les cours étrangères, dit Gabourd, plus désireuses de démembrer la France que de combattre les principes du jacobinisme, avaient eu peur de l'émigration, en paraissant épouser sa querelle; et, tout en déplorant les malheurs de la maison de Bourbon, elles s'étaient facilement accommodées d'une catastrophe qui, en renversant la monarchie de Louis XVI, anéantissait le *pacte de famille* et la politique ambitieuse du cabinet de Versailles. Aussi les rois n'avaient-ils épargné aux émigrés ni défiances ni précautions inquiètes; ils les avaient, autant que possible, disséminés, désarmés, tenus à l'arrière-garde, et ils s'étaient plutôt effrayés que réjouis des victoires de la Vendée, parce qu'ils appréhendaient pour eux une source d'obstacles dans l'organisation d'un parti à la fois royaliste et national. A l'exception de l'impératrice de Russie, qui ne compromettait rien de ses espérances, tous les souverains de l'Europe avaient refusé de reconnaître Louis XVII pour roi et son oncle pour régent; tandis que ce prince, trop bien éclairé désormais sur la politique de ses prétendus alliés, se voyait réduit à protester, au nom de son royal neveu et de toute la noblesse émigrée, contre le démembrement projeté de sa patrie (Gabourd, *Convention*, t. II, p. 119).

Ce qu'il eût fallu à la France, c'était un homme capable d'en réunir les éléments divers, de ramener la révolution à une allure plus régulière et plus rassurante pour l'humanité, et de rasseoir la société ébranlée sur sa base, qui est la religion. On dirait qu'un homme, avocat d'Arras, y pensait : son nom est Maximilien Robespierre. Député aux États généraux et à l'Assemblée constituante, il adopta la Révolution dans toute son étendue, sans se faire autrement remarquer. Comme la Constituante avait décrété qu'aucun de ses membres ne ferait partie de l'Assemblée législative, Robespierre se tourna, pendant cette législature, du côté des clubs, qui formaient ou dirigeaient l'opinion publique, et du côté de la municipalité de Paris, laquelle fut dès lors comme le centre du gouvernement révolutionnaire. Il ne prit une part directe et ostensible ni aux massacres du 10 août, ni aux massacres du 2 septembre. Député à la Convention, il y fut accusé, en novembre 1792, d'aspirer au pouvoir suprême : il se justifia de telle sorte, que l'Assemblée refusa d'écouter l'accusation. Il vota la mort du roi, comme nécessité politique, en avouant que, suivant la constitution, la morale et la justice, Louis XVI était irréprochable. Il ne prit aucune part aux profanations et aux sacriléges de la déesse Raison : même il se prononça nettement contre, dans le club des jacobins, en novembre 1793. Répondant aux discours de deux athées, il dit qu'on évoquait d'absurdes fantômes, en affectant désormais de redouter le fanatisme et les prêtres; que le seul moyen de faire renaître le fanatisme, c'était de lui faire la guerre avec le zèle coupable qu'on déployait depuis plusieurs jours. Il se plaignit qu'une faction obscure et dangereuse avait troublé la liberté des cultes au nom de la liberté, et attaquer le fanatisme par un fanatisme nouveau; qu'elle faisait *dégénérer les hommages rendus à la vérité par des farces éternellement ridicules;* de ce qu'au mépris de la dignité du peuple, elle ne craignait pas *d'attacher les grelots de la folie au sceptre même de la philosophie.* Il ajouta :

« On a supposé qu'en accueillant les offrandes civiques, la Convention avait proscrit le culte catholique. — Non, la Convention n'a point fait cette démarche téméraire : la Convention ne la fera jamais. Son intention est de maintenir la liberté des cultes qu'elle a proclamée, et de réprimer en même temps tous ceux qui en abuseraient pour troubler l'ordre public... On a dénoncé des prêtres pour avoir dit la messe : ils la diront plus longtemps, si on empêche de la dire. Celui qui veut les empêcher est plus fanatique que celui qui dit la messe.

» Il est des hommes qui veulent aller plus loin; qui, sous le prétexte de détruire la superstition, veulent faire une sorte de religion de l'athéisme lui-même. Tout philosophe, tout individu peut adopter là-dessus l'opinion qui lui plaira; quiconque voudrait lui faire un crime est un insensé; mais l'homme public, mais le législateur serait cent fois plus insensé qui adopterait un pareil système. La Convention nationale l'abhorre. Ce n'est point en vain qu'elle a proclamé la Déclaration des droits de l'homme en présence de l'Être suprême.

» On dira peut-être que je suis un esprit étroit, un homme à préjugés; que sais-je? un fanatique... Je parle comme un représentant du peuple, et dans une tribune où Guadet osa me faire un crime d'avoir prononcé le mot de *Providence.* Si Dieu n'existait pas, il faudrait l'inventer. *L'athéisme est aristocratique;* l'idée d'un grand Être qui veille sur l'innocence opprimée, et qui punit le crime triomphant, est toute populaire (Vifs applaudissements). Le peuple, les malheureux m'applaudissent; si je trouvais des censeurs, ce serait parmi les reclus et parmi les coupables... Le sentiment de l'existence de Dieu est gravé dans tous les cœurs purs; il anima dans tous les temps les plus magnanimes défenseurs de la liberté : il sera une consolation au cœur des opprimés aussi longtemps qu'il existera des tyrans étrangers. Il me semble du moins que le dernier martyr de la liberté exhalerait son âme avec un sentiment plus doux, en se reposant sur cette idée consolatrice. Eh! ne voyez-vous pas le piége que nous tendent les ennemis de la République, les émissaires des tyrans? En présentant comme l'opinion générale les travers de quelques individus et leur propre extravagance, ils voudraient nous rendre odieux à tous les peuples... Je le répète, nous n'avons plus d'autre fanatisme à craindre que celui des hommes immoraux, soudoyés par les cours étrangères pour réveiller le fanatisme et pour donner à notre Révolution le vernis de l'immoralité (Gabourd, *Convention*, t. II, p. 131). »

A la suite de ce discours de Robespierre, plusieurs athées furent expulsés du club, entre autres l'Autrichien Proly, bâtard du prince de Kaunitz. Le 17 du même mois de novembre, parlant à la Convention même, Robespierre annonça une nouvelle tendance politique. Après avoir tracé un tableau complet de la politique des puissances de l'Europe, à leur insu entraînées contre la France par les inspirations de l'Anglais Pitt, il les peignit successivement comme amorcées par l'espoir de se partager les dépouilles de la France. Passant alors en revue chaque cour, il démontra qu'il existait entre elles, en dépit de leur union apparente, des causes tenaces et sourdes de jalousie et d'inimitié; il exposa par quels motifs elles devaient tôt ou tard se désunir ou se retirer de la lutte. « Vous avez sous les yeux, disait-il ensuite, le bilan de l'Europe et le vôtre, et vous pouvez déjà en tirer un grand résultat : c'est que l'univers est intéressé à notre conservation. Supposons la France anéantie ou démembrée, le monde s'écroule. Otez cet allié puissant et nécessaire qui garantissait l'indépendance des médiocres Etats contre les grands Etats, l'Europe entière est asservie. Les petits princes germaniques, les villes réputées libres de l'Allemagne sont englouties par les maisons ambitieuses d'Autriche et de Brandebourg; la Suède et le Danemarck deviennent tôt ou tard la proie de leurs puissants voisins. Le Turc est repoussé au delà du Bosphore et rayé de la liste des puissances européennes. Venise perd ses richesses, son commerce et sa considération; la Toscane, son existence; Gênes est effacée; l'Italie n'est plus que le jouet des despotes qui l'entourent. La Suisse est réduite à la misère et ne recouvre plus l'énergie que son antique pauvreté lui avait donnée..... Et vous, braves Américains, dont la liberté, cimentée par notre sang, fut encore garantie par notre alliance, quelle serait votre destinée si nous n'existions plus? Vous retomberiez sous le joug honteux de vos anciens maîtres; la gloire de nos communs exploits serait flétrie; les titres de la liberté, la déclaration des droits de l'humanité seraient anéantis dans les deux mondes! Que dis-je? que deviendrait l'Angleterre elle-même? L'éclat d'un triomphe criminel couvrirait-il longtemps sa détresse réelle et ses plaies invétérées? Il est un terme aux prestiges qui soutiennent l'existence précaire d'une puissance artificielle. Quoi qu'on puisse dire, les véritables puissances sont celles qui possèdent la terre : qu'un jour elles veuillent franchir l'intervalle qui les sépare d'un peuple maritime, le lendemain il ne sera plus... Au reste, dût l'Europe entière se déclarer contre vous, vous êtes plus forts que l'Europe. La République française est invincible comme la Raison; elle est immortelle comme la Vérité. Quand la liberté a fait une conquête telle que la France, nulle puissance humaine ne peut l'en chasser. »

Ainsi, d'une part, Robespierre promettait à l'Europe, au nom de la France, l'adoption d'une politique extérieure réglée sur la réciprocité des rapports, et qui exclurait dès lors toute agression contre les neutres, toute guerre de principe contre les nations dont le seul crime serait de n'être point républicaines; de l'autre, il épouvantait le monde de la victoire que la coalition pourrait remporter contre la France : si ce peuple généreux était vaincu, qui oserait ensuite déclarer la guerre à la tyrannie? Robespierre n'en voyait aucun qui voulût accepter ce rôle, et il prophétisait que, la France étant asservie, *le despotisme, comme une mer sans rivage, se déborderait sur la surface du globe* (Gabourd, *Convention*, t. II, p. 125 et seqq.).

L'année suivante, 1794, le Comité de salut public, investi du pouvoir absolu par la Convention, et alors dirigé par Robespierre, Couthon et Saint-Just, chercha à jeter les bases d'un gouvernement qui fût durable, et qui cependant eût pour appui et pour ressort les classes pauvres, le peuple ignorant, la multitude avec ses instincts, ses besoins, et aussi avec ce qu'elle a de dévouement et de vertu. Ces législateurs homicides voulurent aussi, selon l'exemple antique, prendre pour point de départ de leur théorie constitutionnelle, l'idée si redoutable pour eux-mêmes de l'existence et de la toute-puissance de Dieu. L'entreprise n'était pas sans péril : on avait à craindre tout ce mouvement athée et impie dont Hébert et Chaumette n'avaient été que les apôtres délirants, mais qui remontait, en réalité, à Voltaire et à son école : il fallait parler de Dieu et professer une sorte de spiritualisme, en face de cette Convention qui avait dansé la *carmagnole* derrière l'apostat Gobel, et adoré, sur les autels profanés de Notre-Dame, les idoles vivantes de la philosophie et de la raison. Or, l'initiative de cette mission échut à Robespierre.

Dans la séance du 7 mai, cet homme vint imposer à la Convention un système politique et religieux. « Citoyens, dit-il, nous venons aujourd'hui soumettre à votre méditation des vérités profondes qui importent au bonheur des hommes, et vous proposer des mesures qui en découlent naturellement. » Il employa près d'une heure à disposer favorablement les esprits; puis, se tournant contre les athées, il s'écria : « Qui t'a donné la mission d'annoncer au peuple que la Divinité n'existe pas, ô toi qui te passionnes pour cette aride doctrine et qui ne te passionnas jamais pour la patrie? Quel avantage trouves-tu à persuader à l'homme qu'une force aveugle préside à ses destinées et frappe au hasard le crime et la vertu; que son âme n'est qu'un souffle léger qui s'éteint aux portes du tombeau? — L'idée de son néant lui inspirera-t-elle des sentiments plus purs et plus élevés que celle de son immortalité, lui inspirera-t-elle plus de respect pour ses semblables et pour lui-même, plus de dévouement pour la patrie, plus d'audace à braver la tyrannie, plus de mépris pour la mort ou pour la volupté? Vous qui regrettez un ami vertueux, vous aimez à penser que la plus belle partie de lui-même a échappé au trépas! Vous qui pleurez sur le cercueil d'un fils ou d'une épouse, êtes-vous consolés par celui qui vous dit qu'il ne vous reste d'eux qu'une vile poussière? Malheureux qui expirez sous les coups d'un assassin, votre dernier soupir est un appel à la justice éternelle ! *L'innocence sur l'échafaud fait pâlir le tyran sur son char de triomphe :* aurait-elle cet ascendant si le tombeau égalait l'oppresseur et l'opprimé?..... Ah! si l'existence de Dieu, si l'immortalité de l'âme n'étaient que des songes, elles seraient encore la plus belle de toutes les conceptions de l'esprit humain..... L'idée de l'Etre suprême et de l'immortalité de l'âme est un rappel continuel à la justice, elle est donc sociale et républicaine! »

A ces mots, la Convention, qui avait été complice de l'athéisme de Chaumette et d'Hébert, se sentit émue et fit entendre des applaudissements; l'orateur continua : « ... Si je me trompe, c'est avec tous ceux que le monde révère. » Après l'avoir démontré par l'histoire, en particulier de la philosophie stoïcienne, il attaqua la secte d'Epicure, dont il flétrit le souvenir et les doctrines. Ce retour vers la philosophie des jours antiques lui fournit une transition naturelle pour dire ce qu'il pensait de la philosophie du XVIIIe siècle et de l'école encyclopédiste : « Cette secte, dit-il, renfermait quelques hommes estimables et un plus grand nombre de charlatans ambitieux; plusieurs de ses chefs étaient devenus des personnages considérables dans l'Etat : quiconque ignorerait son influence et sa politique n'aurait pas une idée complète de la préface de la Révolution. Cette secte, en matière de politique, resta toujours au-dessous des droits du peuple; en matière de morale, elle alla beaucoup au delà de la destruction des *préjugés religieux*. Ses coryphées déclamaient quelquefois contre le despotisme, et ils étaient pensionnés par les despotes; ils faisaient tantôt des livres contre la cour, et tantôt des dédicaces aux rois, des discours pour les courtisans et des madrigaux pour les courtisanes; ils étaient fiers dans leurs écrits et rampants dans les antichambres. Cette secte propagea avec beaucoup de zèle l'opinion du matérialisme, qui prévalut parmi les grands et parmi les beaux esprits; on lui doit en grande partie cette espèce de philosophie pratique qui, réduisant l'égoïsme en système, regarde la société humaine comme une guerre de ruse; le succès, comme la règle du juste et de l'injuste; la probité, comme une affaire de goût ou de bienséance ; le monde, comme le patrimoine des fripons adroits. »

Robespierre termina ainsi son discours : « Malheur à celui qui cherche à étouffer par de désolantes doctrines cet instinct moral du peuple, qui est le principe de toutes les grandes actions ! Mais quelle est donc la dépravation dont nous sommes entourés, s'il nous a fallu du courage pour proclamer la doctrine de l'existence de Dieu ! La postérité pourra-t-elle croire que les factions vaincues avaient porté l'audace jusqu'à nous accuser de modérantisme et d'aristocratie, pour avoir rappelé l'idée de la divinité et de la morale? Croira-t-elle qu'on ait osé dire, jusque dans cette enceinte, que nous avions par là reculé la raison humaine de plusieurs siècles ?... mais ne nous étonnons pas si tant de scélérats ligués contre vous semblent vouloir vous préparer la ciguë : avant de la boire, nous sauverons la patrie !... » Des applaudissements prolongés éclatèrent à plusieurs reprises, et la Convention rendit à l'unanimité le décret suivant :

« Art. 1er. Le peuple français reconnaît l'existence de l'Etre suprême et l'immortalité de l'âme.

» Art. 2. Il reconnaît que le culte digne de l'Etre suprême est la pratique des devoirs de l'homme.

» Art. 3. Il met au premier rang de ces devoirs de détester la mauvaise foi et la tyrannie, de punir les tyrans et les traîtres, de secourir les malheureux, de respecter les faibles, de défendre les opprimés, de faire aux autres tout le bien qu'on peut et de n'être injuste envers personne.

» Art. 4. Il sera institué des fêtes pour rappeler l'homme à la pensée de la Divinité et à la dignité de son être. »

La Convention appela ensuite tous les talents poétiques et musicaux à concourir à l'établissement de ces fêtes par des hymnes et des chants civiques, et elle chargea le Comité de salut public de juger du mérite des ouvrages ; elle déclara que la liberté des cultes serait maintenue; enfin, elle annonça pour le 20 prairial une fête solennelle en l'honneur de l'Etre suprême. Le discours de Robespierre fut lu aux Jacobins dans la soirée et applaudi avec une sorte d'enthousiasme. Cette société envoya à la Convention une députation nombreuse pour la féliciter de son décret. De toutes parts, les amis et les affidés de Robespierre provoquèrent des manifestations de ce genre; et la commune de Paris, encore déshonorée par le souvenir d'Hébert et des saturnales de Chaumette, statua que, sur tous les temples destinés aux fêtes publiques, on effacerait ces mots: *Temple consacré à la Raison*, pour y substituer cette inscription : A L'ETRE SUPRÊME. Enfin les sections de Paris suivirent ce mouvement et vinrent tour à tour remercier la Convention d'avoir consolé la France en lui rappelant l'idée d'un Dieu rémunérateur, et d'avoir « contraint le monstre de l'athéisme à rentrer dans les ténèbres (Gabourd, *Convention*, t. II, p. 275 et seqq.). » La *fête de l'Etre suprême* eut lieu le jour indiqué, 8 juin, dans le jardin des Tuileries, sous la présidence de Robespierre; présidence qui lui avait été décernée par le vote unanime de la Convention.

*Les démons mêmes croient en Dieu et en tremblent.* (Jacob.). La Convention présentait quelque chose d'approchant. Beaucoup de ses membres étaient athées : ils n'avaient applaudi au décret sur l'existence de Dieu et à la fête du 20 prairial que par la peur qu'ils avaient de Robespierre. Celui-ci le savait bien. Pour se défaire d'eux et de leurs semblables, il fit rendre par la Convention, dès le 22, un décret qui donnait au Comité de salut public et au tribunal révolutionnaire un pouvoir absolu de condamner, sans forme de procès, tout ce qui lui serait dénoncé comme suspect. Ce fut alors que la Terreur parvint à son plus haut degré d'exaltation. Robespierre se tenait à l'écart pendant six semaines. Il espérait que ses ennemis, usant de la nouvelle loi pour tuer sans mesure, se rendraient enfin si odieux, qu'il lui serait facile de les écraser tous et de régner ensuite avec modération et clémence, et de fonder un gouvernement régulier. Effectivement, ses rivaux s'enivraient de sang pendant la journée et passaient les nuits dans la débauche. On avait multiplié les prisons, et toutes les prisons étaient pleines de grands seigneurs, de nobles, de riches, et aussi de sans-culottes. L'histoire rapporte que trop souvent les prisonniers déshonoraient leur malheur en se laissant aller à une vie licencieuse, et que, sauf des exceptions honorables et de salutaires repentirs, la société du XVIIIe siècle mourait comme elle avait vécu (Gabourd, *Convention*, t. II, p. 321). Cependant les rivaux de Robespierre, en répandant le sang jusqu'à s'en lasser, entrevirent le piège qu'il leur tendait. Lors donc que, le 8 et le 9 thermidor, 26 et 27 juillet, il voulut les faire décréter d'accusation, la Convention le décréta d'accusation lui-même. La commune de Paris se déclara pour Robespierre, aucun geôlier n'osa le recevoir ni le détenir en prison : la Convention, par un nouveau décret, le mit hors la loi, lui et ses complices. Il y eut une espèce de combat à l'Hôtel-de-Ville : Robespierre s'y tira ou on lui tira une balle qui lui fracassa la mâchoire inférieure. C'était le 9 thermidor. Il souffrit une horrible agonie jusqu'au lendemain soir, qu'il fut guillotiné un des derniers de sa bande. Cette révolution du 9 thermidor mit fin au régime de la Terreur.

Avec Robespierre avaient péri vingt-quatre de ses partisans les plus aveugles, entre autres le cordonnier Simon, l'instituteur et le bourreau de Louis XVII. Le 11 thermidor, quinze charrettes traînèrent à la guillotine les autres membres de la municipalité proscrite, au nombre de quatre-vingt-onze. On décréta d'accusation Fouquier-Tainville, Joseph Lebon, Carrier et quelques-uns de leurs pareils. Fréron disait du premier : « Tout Paris demande son supplice ; je demande contre lui le décret d'accusation et que ce monstre aille cuver dans les enfers tout le sang dont il s'est abreuvé. » Fréron lui-même ne valait guère mieux : il avait fait à Toulon et à Marseille ce que Fouquier faisait à Paris. Devant le tribunal, Fouquier se défendit avec toute l'astuce d'un homme vieilli dans la chicane : il osa parler de son innocence ; il rejeta tout sur Robespierre, sur les comités, sur la Convention ; il ne se donna que pour un instrument passif et aveugle. « Condamnerait-on une hache ? osa-t-il dire. » Il fut guillotiné le 7 mai 1795, avec une douzaine de ses complices. L'apostat Lebon, condamné le 5 octobre suivant, se défendit de la même manière. Quand le bourreau vint le revêtir de la chemise rouge dont on couvre les assassins, il dit : « Ce n'est pas moi qui dois la porter ; il faut l'envoyer à la Convention nationale ; et il disait vrai. Carrier, condamné dès le 16 décembre 1794, représenta également qu'il n'avait fait qu'obéir à la Convention. « Les décrets m'ordonnaient d'incendier et d'exterminer. J'ai instruit journellement de mes opérations le Comité de salut public et la Convention. Quand je suis revenu prendre place parmi mes collègues, ils m'ont félicité, et aujourd'hui ils me mettent en jugement ! Pourquoi blâmer aujourd'hui ce que vos décrets ont ordonné ? La Convention veut-elle donc se condamner elle-même ? Je vous le prédis, vous serez tous enveloppés dans une proscription inévitable. Si l'on veut me punir, tout est coupable ici, jusqu'à la sonnette du président. » En effet, la Convention proscrivit les chefs terroristes :

Collot-d'Herbois et Billaud-Varennes furent déportés à la Guyane française, dans les déserts de Sinnamary, où ils n'eurent de consolations et de soins que ceux qui leur furent prodigués par les sœurs de la Charité établies en ce pays. Les autres chefs du parti jacobin, après avoir triomphé un moment, en mai 1795, succombèrent peu de jours après et périrent de mort violente. La Convention victorieuse publia une nouvelle constitution où elle établissait, comme pouvoir exécutif, un Directoire de cinq membres, et comme pouvoir législatif, deux conseils : celui des Cinq-Cents, qui proposait et discutait les lois ; celui des Anciens, qui les acceptait ou les rejetait. La Convention fit plus : elle décréta que les deux tiers de ses membres seraient nécessairement élus pour la prochaine législature. Cet empiétement sur la liberté des élections, provoqua des résistances. Le 13 vendémaire an III de la République (5 octobre 1795), il y eut une grande insurrection de la bourgeoisie parisienne : les sections, devenues favorables aux royalistes, marchèrent en armes contre la Convention. Mais un officier d'artillerie, qui commandait la force armée sous le député Barras, repoussa les insurgés et assura la victoire à la Convention, qui tint sa dernière séance le 26 octobre et fut remplacée par le Directoire et les deux conseils législatifs.

L'officier d'artillerie qui décida cette phase de la révolution était Napoléon Bonaparte ou Buonaparte, né à Ajaccio en Corse, le 15 août 1769, quelques mois après la réunion de cette île à la France, d'une famille noble, mais dont l'origine est incertaine. Ce qu'il y a de sûr, c'est que le nom de *Buonaparte* est celui de plusieurs familles très-anciennes de Trévise, de Bologne, de Gênes. Son père, Charles Bonaparte, après avoir fait son droit dans l'Université de Pise, épousa Letitia Ramolino, qui le rendit père de treize enfants, huit desquels, cinq garçons et trois filles, lui ont survécu et ont occupé les trônes de nations puissantes. En 1768, Charles, avec sa jeune famille et son oncle Napoléon, se rendit à Corte, auprès de son ami et parent, le général Paoli, pour défendre l'indépendance de sa patrie, menacée par les Français. Les Corses succombèrent et Paoli quitta le pays. Pendant les dernières expéditions, qui furent les plus malheureuses, Charles Bonaparte vit sans cesse auprès de lui sa jeune et belle épouse affronter et partager, sur les montagnes et les rochers les plus escarpés, tous ses dangers et toutes ses fatigues, et préférer des souffrances au-dessus de son sexe et de son âge à l'asile que le conquérant de l'île lui faisait offrir par l'intermédiaire d'un de ses oncles, alors membre du conseil supérieur nouvellement institué par le gouvernement français. Deux mois après la réunion définitive de la Corse avec la France, la jeune femme mit au monde son deuxième fils, qui fut nommé *Napoléon*, en souvenir de son grand-oncle, mort l'année précédente. Comme on voit, dès avant sa naissance, le jeune Napoléon avait été familiarisé avec les périls et les fatigues de la guerre. Son père fut nommé un des premiers magistrats d'Ajaccio et de toute la province. Député de la noblesse de Corse à Paris en 1777, il obtint trois bourses : l'une pour Joseph, son fils aîné, au séminaire d'Autun ; la seconde, pour Napoléon, à l'école militaire de Brienne ;

et la troisième, pour sa fille Marie-Anne, depuis Elisa, princesse de Lucques. En 1785, le père se rendit à Montpellier, pour consulter les médecins sur une maladie grave, et mourut dans cette ville d'un ulcère à l'estomac, dans les bras de son fils aîné Joseph et de son beau-frère l'abbé Fesch, depuis cardinal. Il avait eu un autre ecclésiastique dans sa famille, son oncle, l'archidiacre Lucien (*Biogr. univ.*, t. LIX, supplément, art. CHARLES BONAPARTE, et t. LXXIV, art. NAPOLÉON).

Napoléon reçut, dans la maison paternelle, les premiers éléments d'une éducation très-ordinaire. L'histoire ne peut citer de son enfance aucun de ces prodiges dont on se plaît à entourer le berceau des grands hommes. « Je ne fus, a-t-il dit lui-même, qu'un enfant obstiné et curieux. » Il était à peine sorti du premier âge, et il ne savait pas même parler français, lorsqu'il entra, l'an 1778, à l'école militaire de Brienne. Il y fit sa première communion avec la piété la plus sincère. Et plus tard, souvent même dans ses plus grands succès, au milieu de ses victoires, pendant qu'il était empereur, roi, maître de l'Europe, il aimait à dire que le jour le plus heureux de sa vie était celui de sa première communion; qu'il se rappellerait toujours l'aspect de cette cathédrale d'Ajaccio, où il s'était prosterné devant Dieu avec tant de foi et d'humilité. Si, au milieu des agitations de la guerre et de la politique, il pratiqua peu les devoirs de la religion, du moins il la respecta et la protégea toujours; et jamais on ne le vit se déshonorer par les blasphèmes, par les stupides négations du parti révolutionnaire. Il aimait en particulier le son des cloches. A l'école de Brienne, il eut pour professeurs les religieux Minimes ou de saint François de Paule. Son début ne fut pas brillant. Transporté si jeune loin de sa famille, au milieu d'autres enfants dont les habitudes, et jusqu'à la langue, lui étaient étrangères, il leur parut sombre, bizarre, et souvent ils l'assaillirent de leurs railleries, même de leurs injures. Le jeune Corse, irrité, les repoussait avec humeur et quelquefois avec colère. Réduit ainsi à vivre dans l'isolement, et sans doute aussi par un penchant naturel, il devint studieux, et fit des progrès assez rapides dans les mathématiques, où il eut pour répétiteur Pichegru, depuis célèbre général des armées républicaines. En 1783, il fut admis à l'école militaire de Paris, où il montra les mêmes dispositions et obtint à peu près les mêmes succès. Son goût pour les évolutions militaires s'y manifesta dans l'hiver de 1784, où, sous sa direction, les élèves simulèrent un siège en règle avec de la neige. Un de ses professeurs le nota ainsi alors : *Corse de nation et de caractère, il ira loin si les circonstances le favorisent.* Deux ans après, il fut nommé lieutenant d'artillerie, capitaine en 1792, n'ayant pas encore vingt-trois ans. Témoin des événements du 10 août, loin d'y prendre part dans les rangs des révolutionnaires, il témoigna son indignation de l'audace du peuple et de la faiblesse de Louis XVI. Il a dit que, s'il avait été général au moment de la révolution, il se serait attaché au pouvoir royal; mais que, simple officier, il avait dû suivre la cause de la démocratie. Au mois de septembre, par suite de la suppression des maisons royales, il ramena sa sœur Marie-Anne de Saint-Cyr à Ajaccio. Peu après se ralluma la guerre civile en Corse : Paoli arbora de nouveau le drapeau de l'indépendance. La famille Bonaparte s'étant déclarée pour les Français, vit ses maisons pillées, ses biens confisqués : Napoléon, qui commandait un bataillon de volontaires, courut de grands dangers; il se réfugia sur le continent, avec sa mère et ses sœurs. Napoléon, qui ne restait pas longtemps dans un même endroit, fit plusieurs fois le voyage de Paris, et publia même quelques écrits. Confirmé chef de bataillon en 1793, il fut envoyé commandant d'artillerie au siège de Toulon, où, par la connivence des habitants royalistes, les Anglais étaient entrés comme alliés, mais où ils se conduisaient en maîtres, ne permettant pas même au frère de Louis XVI, qui était à Gênes, d'y venir aborder. Les Français assiégeaient Toulon pour en chasser les Anglais. A peine arrivé, le jeune commandant fit décider l'attaque d'un fort qui dominait la rade : s'étant mis à la tête des troupes, il les mena plus d'une fois à la charge, fut grièvement blessé, mais vint à bout de son entreprise, et obligea les Anglais d'évacuer la place (décembre 1793). Il fut nommé général de brigade, employé à l'inspection des côtes de la Méditerranée, puis envoyé dans le Génois pour étudier les forteresses de ce pays. Lorsqu'il vint à Paris pour rendre compte de sa mission, il trouva tout changé par la chute de Robespierre. Il fut lui-même destitué de ses fonctions, et arrêté pour être traduit devant le Comité de salut public; cependant il obtint sa liberté, mais vécut dans une grande gêne, jusqu'au moment où Barras lui confia le commandement de la force armée pour protéger la Convention nationale contre les sections insurrectionnelles de Paris. La Convention reconnaissante le proclama général de division, et lui donna le commandement en chef de l'armée de l'intérieur. Le 9 mars 1796, il épousa Joséphine Tascher de la Pagerie, veuve du général de Beauharnais, guillotiné le 23 juillet 1794. Huit jours plus tard, Napoléon Bonaparte fut nommé général en chef de l'armée d'Italie. C'est là que nous le retrouverons, déployant le génie d'un vrai conquérant, à la fois guerrier et politique, et se concertant enfin avec le chef de l'Eglise universelle, pour replacer la France, l'Europe et le monde sur les vraies bases de l'ordre social.

Les gouvernements révolutionnaires qui se succédaient en France proclamaient tous la liberté des cultes, mais aucun ne la respectait dans les catholiques. Ainsi, le 5 mai 1793, l'Assemblée législative ordonne la réunion des prêtres fidèles dans les chefs-lieux de district sous la surveillance des municipalités. Le 27 mai, décret de déportation contre les prêtres fidèles : tout prêtre accusé par vingt citoyens sera déporté. Ce décret n'ayant pas été sanctionné par Louis XVI, n'eut pas force de loi. Louis XVI ayant été suspendu de ses fonctions le 10 août, l'Assemblée décrète définitivement la déportation des prêtres catholiques. Le 8 février 1793, nouveau décret de déportation contre les prêtres qui ne veulent point adhérer au schisme. A Nancy, on incarcéra aux Carmélites, aux Tiercelins, au Refuge, à la Conciergerie, plusieurs centaines de prêtres pris sur divers points du département de la Meurthe. Il y en eut plus de cent dans le seul couvent des *Carmélites*; qui primitivement n'était destiné qu'à loger vingt religieuses. Le jour même de l'Annonciation, 25 mars 1794, un gendarme vint leur signifier l'ordre de partir pour la Guyane française, d'après une lettre du ministre, dans laquelle il ordonnait, *pour purger la France du fanatisme religieux*, de les conduire sans délai, de brigade en brigade, dans l'un des deux ports de Rochefort ou de Bordeaux. Cependant, sur le grand nombre de détenus, il n'y en eut que quarante-huit désignés pour la déportation. On vit de la tristesse, mais parmi ceux qui ne devaient point partir : un entre autres, jeune encore, était inconsolable, voyant qu'il était excepté et que son frère plus âgé était du nombre des partants; il voulait partir à sa place, et ce ne fut que parce que tous ses confrères lui firent voir l'inutilité de sa démarche, qu'il ne présenta pas pour cela de pétition. Des quarante-huit déportés, trente-huit moururent de maladie et de misère dans la rade de Rochefort, savoir : sept Cordeliers, quatre Capucins, quatre Tiercelins, trois Chartreux, trois Trappistes, trois Carmes, deux Bénédictins, deux Prébendés, deux Chanoines réguliers, deux Chanoines de cathédrale, un secrétaire de l'évêché de Nancy, un vicaire de paroisse, un Récollet, un Minime, un Dominicain, un Frère des écoles chrétiennes. Dix survécurent au martyre de la déportation, notamment MM. Michel et Masson, qui ont été successivement supérieurs du grand séminaire de Nancy, et sont morts, le premier, curé de la cathédrale, le second, chanoine de la même église. Le premier, qui n'était que diacre à cette époque, a laissé un *Journal* de leur déportation, qui a été imprimé. Ils partirent de Nancy, sur des charrettes, le 1er avril, par une pluie battante, en présence de leurs amis et parents, à qui on ne permit pas de les embrasser pour la dernière fois. Avant leur départ, on eut soin de les fouiller et de leur enlever tout l'or et l'argent qu'on put découvrir sur eux; on ne leur laissa que les assignats.

Au pont de Toul, sur la Moselle, ils eurent un échantillon de ce qui les attendait le long de la route : la populace les accueillit avec des huées, criant qu'on les jetât à l'eau : on les déposa dans un grenier à paille, avec des sentinelles pour empêcher de leur parler : ils virent néanmoins plusieurs personnes charitables leur apporter quelque chose. A Gondrecourt, comme ils étaient endormis la nuit dans une espèce de prison, le commandant vint faire la visite avec un de ses officiers et le geôlier : tout à coup, l'auteur même du journal, qui était somnambule, se lève tout endormi, saisit le commandant à la gorge et le serre contre la muraille. Aussitôt l'officier tire son épée; mais heureusement il s'aperçoit que le prisonnier dort, et il le fait reconduire à sa place. Si le commandant n'avait pas été un homme doux et paisible, cet accident aurait pu coûter la vie à plus d'un captif. A Joinville, ils eurent quelque temps pour sentinelle un bénédictin apostat; le curé intrus vint lès voir avec son écharpe de maire; mais le peuple s'empressa de leur apporter des matelas, des couvertures et des draps, et leur donna encore quatre-vingts francs en assignats. A Doulevent et à Brienne, le peuple leur témoigna la même charité. Il n'en fut pas de même à Troyes : à leur entrée et à leur sortie, ils furent assaillis de cris de mort. A Villeneuve-l'Archevêque, ce fut tout autre chose, on battit la caisse avant leur arrivée, pour défendre à qui que ce fût de les insulter. A Sens, les injures recommencèrent. Au delà de Montereau, un des voituriers ne cessait de traiter les prêtres captifs de la manière la plus outrageante, lorsqu'un d'eux, qui était sur sa voiture, pressé par un besoin, lui demanda la permission de descendre. Le jeune emporté lui répond : *Tu ne descendras pas, scélérat de brigand; sinon je te fends la figure en deux d'un coup de fouet.* Il parlait encore, quand son cheval lui lance un coup de pied à la tête, le renverse sans connaissance avec la mâchoire toute fracassée. Les gardes et les autres voituriers, sans le plaindre, dirent tout de suite que le châtiment suivait de bien près la faute. A Blois, la populace se montre furieuse; une femme s'élance sur une des voitures, un couteau à la main, pour commencer le massacre; elle en est empêchée par un gendarme. Le lendemain on les embarque sur la Loire, pendant que la multitude criait : *A l'eau, ces brigands-là!* Ils s'attendaient effectivement à une des fameuses *noyades*, surtout lorsque les barques s'arrêtèrent un quart de lieue plus loin : cependant ce n'était pas cela, mais un banc de sable où elles s'étaient engravées. A Châtellerault, le peuple se montra sensible et compatissant. Arrivés à Poitiers le 22 avril, on les laissa pendant deux heures sur leurs voitures, au milieu de la rue; ils remarquèrent avec plaisir que le peuple était touché de l'état où il les voyait; on voulait même apporter du vin à l'un d'eux, qui demandait un verre d'eau. Les municipaux les menèrent enfin dans une des plus belles auberges, leur firent servir un magnifique souper, avec de bons lits pour se coucher, sans qu'on fît, comme à l'ordinaire, l'appel nominal. Le lendemain de grand matin, trois de ces messieurs, dont un prêtre, viennent les prier poliment de descendre dans le jardin pour qu'on y fît l'appel omis la veille. De là on les fait passer, l'un après l'autre, dans une chambre écartée; on les y déshabille tout nus, pour leur prendre tout ce qui avait quelque valeur; d'autres brigands faisaient la même opération sur leurs porte-manteaux dans les chambres à coucher.

« En entrant à Niort, dit M. Michel, nous traversâmes une grande place où la guillotine *était en permanence :* nous trouvâmes cette place remplie de monde, qui en nous voyant se mit à crier : *Voici les prêtres de la Vendée!* Les soldats, qui étaient en grand nombre dans cette ville, se joignent bientôt à la foule, entourent nos voitures, les arrêtent; il se fait un cri effroyable, où l'on ne distingue plus que le mot de guillotine. Les hussards qui nous escortaient parviennent enfin à écarter la foule, nos voitures marchent et nous entrons plus avant dans la ville. Un factionnaire, qui était à la porte, nous accablait d'injures, lorsqu'un accident imprévu lui imposa silence et à tous ceux qui en furent témoins. Une voiture, en tournant, le serra contre la porte, et il allait être froissé, lorsque ses cris avertirent le voiturier d'arrêter; on fut obligé de descendre et de porter la voiture pour débarrasser cet homme, qui s'estima fort heureux d'en être quitte pour quelques meurtrissures. On nous déposa ensuite dans les prisons, où plus de trois cents Vendéens venaient de périr, et où l'on ne pouvait respirer qu'un air contagieux et pestilentiel. En sortant le lendemain, personne ne nous insulta, apparemment parce qu'on était instruit que nous n'étions pas ce qu'on nous avait cru d'abord. Nous allâmes donc assez tranquillement à Surgères, bourg à quatre ou cinq lieues de Rochefort. Les hussards qui nous escortaient nous donnèrent une grande preuve de leur humanité : ils ne permirent pas qu'on nous fît passer la nuit dans une chambre qu'on avait destinée pour cela, et dans laquelle nous aurions pu à peine rester tous debout; ils forcèrent même le maire à nous laisser coucher dans les auberges, disant qu'ils répondaient de nous et que personne ne voulait s'échapper. Ces hussards étaient si persuadés que nous n'avions aucune idée de nous sauver, que sur la route, étant las d'être à cheval, ils en descendaient pour y faire monter ceux de nous qui le voulaient, et les laissaient aller plus d'une demi-lieue en avant. Ils nous conduisirent jusqu'à Rochefort, où nous terminâmes notre voyage par terre le 28 avril 1794 (1). »

On les embarqua aussitôt sur un vieux vaisseau de ligne, appelé le *Bon-Homme-Richard*, qui restant toujours ancré dans la rivière de Charente, servait d'hôpital pour les galeux. Les prêtres déportés furent jetés à fond de cale, mais ils n'y restèrent que trois ou quatre jours. Le 2 et le 3 mai on les transféra dans une autre prison flottante, mais après leur avoir pris tout ce qui pouvait leur rester encore. Outre le vieux vaisseau de ligne, il y avait dans la rade de Rochefort trois autres bâtiments qui servaient de prison aux prêtres : les *Deux-Associés*, le *Washington*, et l'*Indien*, tous trois destinés à la traite des nègres. Les prêtres de la Meurthe furent incarcérés sur le premier, où il y en eut habituellement quatre cent neuf de différentes provinces. Le jour même de leur arrivée, 3 mai, fête de l'Invention de la Sainte-Croix, comme ils remontaient sur le pont pour prendre l'air, ils y trouvèrent tout l'équipage et toute la garnison sous les armes, les canons braqués contre eux. On fusilla en leur présence un chanoine de Limoges, nommé Roulhac, pour avoir dit que, si les matelots n'étaient que cent cinquante, nous pourrions nous rendre maîtres d'eux fort aisément. L'accusé nia avoir tenu un tel propos. Il n'en fut pas moins condamné et exécuté à l'instant même. Ses dernières paroles furent de prier pour ceux qui le faisaient mourir injustement. Quelques jours après, un des déportés, tourmenté de la fièvre, tomba dans le délire, et se mit à crier qu'il voulait sortir de cet enfer. Sur ces cris, et sans plus ample information, les officiers, en l'absence du capitaine, concluent à les fusiller tous, cinquante par cinquante. Ils allaient exécuter leur sentence, lorsque survient le capitaine, qui trouve que la chose ferait trop d'éclat, et qu'il faut en informer le commandant de la rade : celui-ci ne voyant aucune preuve de complot, commande de différer jusqu'à renseignements plus sûrs. Un autre jour, la décision était portée, on devait empoisonner tous les prisonniers. C'est le chirurgien-major lui-même qui eut la bonhomie de leur raconter ces deux faits.

Au reste, la manière seule dont ils étaient entassés dans l'entre-pont était une torture continuelle. Un navire peut-être comparé à une maison : la cale en est la cave; l'entre-pont le rez-de-chaussée; les passavants en sont le grenier, et le pont le dessus du toit. L'entre-pont des *Deux-Associés* avait cinq pieds de haut : un mauvais plancher le partageait en deux étages, chacun de deux pieds et quelques pouces. C'est sur ce plancher et au-dessous que les prisonniers de Jésus-Christ étaient entassés côte à côte. « Nous étions tellement serrés, dit l'auteur du journal, que nous ne pouvions nous coucher sur le dos, il fallait toujours nous tenir sur le côté; beaucoup avaient sur eux les pieds et les jambes de cinq ou six autres, qui ne touchaient au plancher que par le milieu du corps. Pour ne point laisser d'intervalle vide, nous étions entrelacés de manière que l'un avait les pieds dans le sens que l'autre avait la tête. Tout le plancher était ainsi couvert de corps qui en remplissaient exactement les plus petits espaces. » C'est dans cette espèce de tombeau que les prisonniers étaient contraints de s'enterrer, pendant l'été même, treize ou quatorze heures de suite, depuis six à sept heures du soir, jusqu'à sept à huit heures du matin, suivant le caprice de l'officier de garde. La chaleur y était telle, qu'un jour une barrique de goudron sec, placée au-dessus du plancher de l'entre-pont, vint à fondre. Joignez-y la puanteur occasionnée par tant de corps malades et mourants, par les baquets ou bailles où l'on était réduit à faire ses nécessités naturelles. Il y avait chaque jour un grand nombre de morts, et le bruit se répandit dans la ville que la peste était dans le navire. Un officier de santé fut envoyé : il essaya vainement de descendre dans l'entre-pont. À peine a-t-il fait quelques pas, que la chaleur et la puanteur l'arrêtent et l'empêchent d'aller plus avant. Craignant d'être suffoqué, il s'empresse de remonter bien vite, en disant que, *si l'on eût mis quatre cents chiens dans cet endroit, ils seraient tous crevés dès le lendemain, où ils seraient tous devenus enragés*. La mort, en diminuant notre nombre, ajoute l'auteur du journal, aurait aussi diminué la chaleur qui nous tourmentait; mais ce soulagement, tout triste qu'il était, nous fut impitoyablement refusé : on avait la cruauté de nous refuser la place que nos confrères nous laissaient en mourant, afin de nous tenir toujours également entassés. A mesure qu'il en mourait, on envoyait, pour les remplacer, d'autres déportés qu'on retenait dans une espèce de dépôt à Rochefort. Mais la visite de cet officier mit fin à ces remplacements, qu'on avait continués pendant quatre mois.

Dans ces longues heures de souffrances, les prisonniers ne pouvaient se donner aucune distraction, ni lire, ni écrire; on leur avait tout ôté, papier, plumes, encre, livres, bréviaire. Plus malheureux que les captifs de Babylone, qui pouvaient au moins chanter leur infortune sur les bords de l'Euphrate, il ne leur était pas permis de réciter tout haut une prière : le seul mouvement des lèvres pour en dire provoquait d'horribles blasphèmes dans tout l'équipage. La grande distraction pour les plus valides était d'enterrer les morts dans une petite île, ou de soigner les malades dans une barque ou deux. Une occupation commune à tous, quand ils étaient sur le pont, c'était de tuer la vermine qui les dévo-

---

(1) *Journal de la déportation des ecclésiastiques du département de la Meurthe*, etc., par l'un des déportés. Deuxième édition, Nancy, 1810.

rait. Cependant, sur la fin de 1794, on commença à les traiter moins mal. L'opinion publique devenait meilleure. Le capitaine des *Deux-Associés* en fit l'expérience. Entrant un jour dans la société populaire de Rochefort, il n'est pas plus tôt aperçu, qu'un cri général s'élève : *Dehors le tueur de prêtres!* Croyant pouvoir en imposer, il veut monter à la tribune pour entreprendre sa justification; il ne peut y parvenir, on crie plus fort : *A bas le tueur de prêtres!* On lui conseille alors de se retirer; car on était sur le point d'en venir à des actes de violence sur sa propre personne. Il revint à son bord, bien triste et bien chagrin, et rêvant aux moyens de conserver sa place, qu'il se voyait près de perdre honteusement. Celui qui lui sembla le meilleur, fut d'obtenir de ses victimes un certificat d'humanité. On le vit donc lâchement s'agenouiller devant ceux que, jusqu'à ce moment, il n'avait traités que de brigands et de scélérats, et cela pour les supplier de ne pas lui refuser une grâce qui lui était devenue si nécessaire. La plupart des déportés crurent pouvoir lui donner un certificat vague et général. Alors tous les officiers, les simples matelots mêmes, sollicitèrent des témoignages semblables. Au mois de décembre arrivèrent, sur trois bâtiments, les prêtres déportés à Bordeaux; ils y avaient été près de mille, plus de deux cents y étaient morts, on avait laissé les malades à terre, les autres venaient à Rochefort, à raison du défaut de subsistances. Enfin, le 7 février 1795, nos vénérables confesseurs de la foi furent tirés de leurs prisons flottantes et mis à terre. Le plus grand nombre était hors d'état de faire un pas. Une quinzaine de charrettes les conduisirent à leur premier gîte, qui était un village sur la route de Saintes. Ils y furent assez mal reçus : à peine obtinrent-ils de pouvoir se loger dans les greniers et les écuries.

Le lendemain, arrivant à la porte de Saintes, un peu après midi, ils aperçoivent une grande multitude de peuple rassemblé devant la maison où on devait les descendre, et qui était un ancien couvent de religieuses. Ce rassemblement leur rappelle la manière barbare dont ils étaient accueillis l'année précédente à l'entrée des villes : ils s'attendent à quelque chose de semblable. Mais à mesure qu'ils approchent, toute cette multitude se présente pour leur aider à descendre de leurs charrettes, les conduire ou les porter dans la maison : plusieurs sollicitent la permission d'en amener quelques-uns chez eux, et, au comble de la joie de l'avoir obtenue, ils s'empressent d'en user sur les premiers qu'ils rencontrent.

« Les expressions me manquent, dit l'auteur du journal, pour dépeindre le spectacle touchant dont nous sommes frappés à notre entrée dans le couvent. Il était rempli de toutes sortes de personnes qui venaient toutes, selon leurs moyens, contribuer à nous soulager dans notre misère. Les uns apportaient des habits, des chemises et d'autres effets pour remplacer nos méchants vêtements tout couverts de vermine; d'autres, prévoyant l'extrême besoin où nous étions de manger, distribuaient du pain, du vin, de la viande, des légumes, etc.; plusieurs étaient avec des charretées de bois, et en allumant du feu dans toutes les chambres, ils nous rendaient cet élément si nécessaire à nos corps privés pour ainsi dire de toute leur chaleur. On voyait les personnes même les plus distinguées accourir, portant des draps, des matelas, des couvertures qu'elles laissaient ensuite dans chaque chambrée; les médecins, les chirurgiens se hâtaient de donner les secours de leur art à tous ceux qui en avaient besoin; les perruquiers venaient offrir leurs services pour nous débarrasser d'une barbe qui, sur plusieurs, servait de retraite à des milliers d'insectes rongeurs; des blanchisseuses demandaient ce qui, dans nos guenilles, pouvait encore nous servir, et cela pour le laver, après l'avoir mis préalablement dans le four pour exterminer tout ce qui s'y trouvait d'étranger; tout le monde enfin témoignait le plus vif empressement à nous offrir des secours de toutes espèces : la générosité des habitants de Saintes ne leur laissa rien oublier, elle surmonta la répugnance naturelle que notre aspect seul devait leur inspirer, et la malpropreté dégoûtante qui devait les faire fuir loin de nous ne fit que redoubler leur courage et leur charité. Quant à nous, nous étions tellement frappés d'un changement si subit dans notre condition, que nous restions tout interdits, sans pouvoir dire un mot; tout ce que nous voyions nous semblait un songe, et nous ne pouvions croire à ce que nos yeux nous rapportaient.

» L'un de nous, ajoute M. Michel, un de nous, qui était descendu dans le cloître, fit rencontre d'une femme qui demandait s'il n'y avait pas de Lorrains et où ils étaient. S'étant fait connaître à elle pour être de ce pays, il l'amena dans notre chambre. Elle nous dit que *nous n'avions pas besoin de nous inquiéter*, qu'elle pourvoirait à nos besoins les plus urgents et que le soir elle nous apporterait à souper. C'était une pauvre marchande de verre, nommée Mark, native d'un village à quelque distance de Neufchâteau, et c'est à elle que nous sommes redevables de presque tous les secours que nous avons reçus à Saintes. Si ses moyens ne pouvaient répondre à sa charité, elle ne négligeait rien pour intéresser en notre faveur les gens aisés, et nous apportait ce qu'ils voulaient bien nous donner. Elle nous fit faire connaissance avec une autre Lorraine, originaire de Lunéville, qui nous a servi de mère pendant tout le temps que nous avons été dans le pays. Cette dernière avait épousé un nommé Luraxe, aubergiste à Saintes. »

Les habitants des campagnes imitèrent la charité de ceux de la ville : cette charité était d'autant plus merveilleuse, qu'il y avait une grande disette dans le pays. De plus, quoique le représentant du peuple, Drutel, les eût engagés à traiter les prêtres déportés avec toute l'humanité possible, ils avaient à lutter contre les autorités du district. Il y avait deux cent trente-sept de ces prêtres, tant des *Deux-Associés* et du *Washington*, que du *Bon-Homme-Richard*. Les prêtres déportés à Bordeaux, mais demeurés à Rochefort, étaient de six à sept cents. Ils firent connaissance d'un citoyen de Paris, qui s'intéressait beaucoup à l'élargissement des prêtres de leur sorte; il était secrétaire d'un représentant du peuple. Il fallait lui écrire en ces termes : « Un prêtre catholique, apostolique et romain, inviolablement attaché à ses principes religieux, ami de la paix et du bon ordre, détenu et déporté pour avoir refusé toute espèce de serment, réclame votre protection pour obtenir sa liberté; il n'oubliera jamais ce bienfait. » Les prêtres de Lorraine finirent par écrire comme les autres; et le dimanche 12 avril 1795, on vint leur annoncer qu'ils étaient libres. Jamais ils n'ont pu savoir qui était cette charitable personne. Parmi les prêtres de la Moselle, revenus de la déportation, fut M. Thibiat, mort supérieur du grand séminaire de Metz. Il paraît qu'en la plupart des diocèses, les nouveaux séminaires furent dirigés par ces vénérables confesseurs de la foi. Puisse le nouveau clergé de France, né du sang des martyrs, nourri de la doctrine des confesseurs, se montrer toujours digne héritier des uns et des autres! Pour cela, il ferait bien, dans chaque diocèse, de recueillir leurs actes, comme on faisait dès les premiers siècles.

Le clergé de Laval, diocèse du Mans, a donné l'exemple dans ses *Mémoires ecclésiastiques concernant la ville de Laval et ses environs*, de 1789 à 1802. On y trouve des renseignements précis sur la persécution révolutionnaire. Le 20 juin 1792, quatre cents prêtres fidèles furent incarcérés dans deux couvents de Laval, avec l'évêque de Dol, M. de Hercé. Jusqu'aux massacres de septembre à Paris, plusieurs prêtres du district de Laval se firent déporter volontairement; après la nouvelle des massacres, les autres furent déportés forcément et par convois de quatre à dix; on les conduisit à Jersey, d'où ils passèrent presque tous en Angleterre. Dans le trajet de Laval à Jersey, quelques-uns eurent à essuyer des injures et des menaces, mais on ne se porta contre eux à aucune violence grave. On n'exempta de la déportation que les infirmes et les sexagénaires : ils se trouvèrent une centaine, et les déportés environ quatre cents. Dans les départements de la Sarthe et de Maine-et-Loire, on conduisait les ecclésiastiques comme des criminels; ils formaient de nombreux convois, dans lesquels ils eurent beaucoup à souffrir : on les dirigea par Nantes sur l'Espagne. Dans ce dernier pays, le pieux et saint évêque d'Orense, Pierre de Quevedo, se distingua surtout par sa charité envers les prêtres français persécutés pour la foi. Il les logea dans son séminaire, dans sa maison de campagne et jusque dans son palais, au nombre de deux cents.

Orense en Galice n'était pas un siége riche ni un poste brillant; il n'en fut que plus cher à Quevedo. Deux fois il refusa d'accepter l'opulent archevêché de Séville, pour rester avec son humble troupeau. Il prêchait assidûment, répandait d'abondantes aumônes, maintenait la discipline parmi son clergé, faisait de fréquentes visites dans son diocèse pour s'assurer du bien qu'il y avait à faire et des abus qu'il fallait réprimer. Il fut nommé cardinal par Pie VII, et mourut en 1818, dans sa quatre-vingt-troisième année, singulièrement regretté de son clergé et de son peuple.

Le 12 avril 1793, on déporta encore onze prêtres de Laval à Bordeaux, d'où ils vinrent dans la rade de Rochefort, sur la fin de 1794, ainsi que nous l'avons vu. Le 22 octobre 1793, à l'approche de l'armée vendéenne, on fit partir brusquement de Laval pour Rambouillet quatre-vingt-huit prêtres détenus, et on ne laissa dans la prison que quinze malades ou infirmes qu'on reconnut incapables d'être transportés. L'un des quinze mourut en prison. Les quatorze furent martyrisés le 21 janvier 1794. Il s'était formé à Laval un tribunal révolutionnaire dont pas un membre n'était de la ville. Il condamna à mort quatre cent soixante-deux personnes, dont cent trois femmes. Le 21 janvier, à huit heures du matin, il se fit amener les quatorze prêtres, si malades et si infirmes, qu'on les avait jugés absolument incapables d'être transportés hors de Laval, au moment où l'on faisait partir pour Rambouillet cinq octogénaires, un aveugle et plusieurs malades. Ceux des quatorze qui pouvaient encore marcher étaient à pied; il y en eut quatre qu'on fut contraint de conduire en charrette, entre autres M. Gallot, chapelain des religieuses bénédictines, qui, quoique le plus jeune, était tout perclus de ses membres par suite de la goutte. Pour arriver au tribunal, ils passèrent au pied de l'échafaud qui était en permanence. La salle d'audience se remplit d'une foule considérable, au milieu de laquelle se glissèrent quelques bons catholiques, par qui on a pu apprendre tout ce qui s'était passé. Après les questions d'usage, les juges demandèrent à chacun des quatorze accusés : 1º As-tu fait le serment de 1791, prescrit par la Constitution civile du clergé? — 2º As-tu fait le serment de liberté-égalité? — 3º Veux-tu prêter ces serments? — 4º Veux-tu jurer d'être fidèle à la République, d'observer ses lois, et, en conséquence, de ne professer aucune religion, et notamment point la religion catholique? — Tous répondirent négativement et avec fermeté; ceux qui n'étaient pas curés firent, pour la plupart, observer qu'aucune loi ne leur avait jamais ordonné de faire les serments dont on leur parlait.

Aux questions communes à tous les prêtres, les membres de la commission du tribunal en ajoutaient de particulières à plusieurs d'entre eux. Le président demanda au curé de la Trinité de Laval, M. Turpin du Cormier : N'est-ce pas toi qui as empêché tes prêtres de faire le serment? — Quand on nous le demanda, répondit-il, nous nous assemblâmes pour en délibérer, et nous reconnûmes que notre conscience ne nous permettait pas de le prêter. Là-dessus le greffier, prêtre intrus et apostat, dit : Il n'est pas méchant; c'est son vicaire Denais qui l'a perdu. Quand on proposa à M. Gallot de jurer d'être fidèle à la république et de ne plus professer sa religion : — Je serai toujours catholique, répondit-il. — Publiquement? lui dit-on. — Oui, publiquement; n'importe où, je me dirai toujours catholique; je ne rougirai jamais de Jésus-Christ. Il mit tant d'énergie dans ses réponses, que des patriotes, présents à l'audience, s'écrièrent : — Qu'il est effronté! — Alors le secrétaire lui dit : — Sois sûr que tu vas être guillotiné. — Ce sera bientôt fait, reprit tranquillement M. Gallot. Le troisième, M. Pellé, prêtre habitué de la même paroisse de la Trinité, avait des manières assez brusques et un peu populaires. On voulut le presser de questions : — Vous m'ennuyez avec votre serment, répondit-il, je ne le ferai pas, je ne le ferai pas.

M. Ambroise, prêtre habitué de la même paroisse, passait pour attaché au parti janséniste. — J'espère, lui dit le président, que tu ne refuseras pas ce qu'on te demande; car tu ne partages pas les opinions de tes confrères. — Je veux bien, répondit M. Ambroise, obéir au gouvernement; mais je ne veux pas renoncer à ma religion. — N'es-tu pas janséniste, reprit le juge? — Je conviens, répondit-il, que j'ai eu le malheur d'adopter des opinions qui n'étaient pas conformes à la saine doctrine; mais Dieu m'a fait la grâce de reconnaître mes erreurs, je les ai abjurées devant mes confrères, qui m'ont réconcilié avec l'Eglise. Un témoin déclare même qu'il ajouta : — Je suis content de laver ma faute dans mon sang.

Dès qu'on demanda au Père Triquerie, Franciscain et chapelain des religieuses, s'il voulait renoncer à la religion catholique : — Ah! vraiment non, citoyen, s'écria-t-il; je serai fidèle à Jésus-Christ jusqu'au dernier soupir. Il prononça cette belle profession de foi avec un tel accès de ferveur et de conviction, qu'un témoin de cette scène touchante, dans une relation qu'il en a laissée par écrit, dit que ces paroles allèrent jusqu'au fond de son cœur, et qu'il crut entendre un martyr des premiers siècles. Ce même bon religieux eut occasion de dire qu'à l'époque où on demandait le serment, il était malade. L'accusateur public, qui était un prêtre apostat, lui dit alors : — Ce n'était pas là une cause qui empêchait de le prêter. J'étais alors malade aussi; je me fis apporter le registre, et je signai mon serment dans mon lit. — Enfant de saint François, reprit le Père Triquerie, j'étais mort au monde, je ne m'occupais point de ses affaires; je me bornais, dans ma solitude, à prier pour ma patrie. Alors un des membres de la commission lui coupa la parole par ces mots : — Ne viens pas ici pour nous prêcher. A la fin de son interrogatoire, le Père Triquerie se trouva mal. Le président dit qu'il fallait chercher un verre de vin à lui donner. Une femme s'avança et dit : — Citoyen, j'ai du vin dans ma poche, je puis en donner. Les juges se dirent alors entre eux : — Il faut que cette femme ait des intelligences avec les accusés; et ils la firent conduire en prison, où elle resta quelques jours. M. Philippot, curé d'une paroisse de campagne, était sourd; il ne donnait aucune réponse aux questions des juges; voyant seulement qu'on s'adressait à lui, il disait : *Quoi? quoi?*..... et il cherchait à s'avancer pour entendre. Le président engagea ses confrères à lui dire ce dont il s'agissait : sitôt qu'ils lui eurent expliqué les serments qu'on lui demandait, il s'écria : — Non, non; aidé de la grâce de Dieu, je ne salirai pas ma vieillesse. Il avait soixante-dix-sept ans. M. Thomas, ancien aumônier de l'hôpital de Château-Gonthier, était paralytique; ses facultés étaient très-affaiblies, au point que sa tête s'égarait quelquefois complètement. Dieu lui rendit la plénitude de sa raison en un jour si solennel; il répondit avec beaucoup de présence d'esprit, quoique très-laconiquement, à toutes les questions qui lui furent adressées.

L'interrogatoire terminé, l'accusateur public, prêtre apostat, donna ses conclusions, qui furent fort courtes. Après avoir requis la peine de mort contre tous les accusés, il ajouta : « Quant à Turpin du Cormier, curé de cette commune, c'est lui qui a fanatisé son clergé; je demande qu'il soit exécuté le dernier. » Puis se tournant vers l'auditoire, il finit par ses paroles : « Le premier qui va broncher, ou pleurer, va marcher après eux. » Après un moment de délibération, le président prononça le jugement condamnant à mort les quatorze prê-

tres. On les fit retirer dans une salle du greffe pour les préparatifs de l'exécution; ils restèrent quelque temps seuls, et on dit qu'ils purent se confesser les uns les autres. Quand ils sortirent du palais pour aller à l'échafaud, M. Turpin du Cormier était en tête; venaient ensuite ceux qui pouvaient marcher seuls, puis trois d'entre eux que l'on soutenait par-dessous les bras, enfin M. Gallot, porté dans sa chaise. Au pied de la guillotine, M. du Cormier fut repoussé par derrière pour être exécuté le dernier. M. Pellé adressa aux assistants ces paroles remarquables : « Nous vous avons appris à vivre, apprenez de nous à mourir. » A une fenêtre voisine de l'échafaud, on voyait quatre membres du tribunal révolutionnaire, le verre en main; ils le vidaient, en saluant le peuple, à chaque tête qui tombait. Le greffier du tribunal, prêtre apostat, voyant un curé vénérable, nommé André, monter l'escalier de la guillotine, lui montra un verre de vin rouge, en lui disant : « A ta santé; je vais boire comme si c'était ton sang. » Le martyr répondit : « Et moi, je vais prier pour vous. » M. Turpin du Cormier monta le dernier à l'échafaud, après avoir récité le *Te Deum*. Avant qu'on le liât sur la planche couverte du sang de ses confrères, il la baisa avec respect.

L'auteur des *Mémoires ecclésiastiques*, son successeur dans la cure de la Trinité de Laval, ajoute ces justes réflexions : « Nous ne savons si, parmi les nombreuses victimes que la Révolution a faites dans toute la France, il en est qui réunissent aussi complètement que ces serviteurs de Dieu, toutes les conditions que l'Eglise considère comme constituant proprement le martyre. Si d'abord on pèse les termes du jugement, qui est un acte authentique et faisant foi en justice, il en résulte qu'ils furent condamnés pour avoir refusé de prêter : 1º le serment de 1791, que le Saint-Siège avait condamné; 2º le serment de liberté-égalité qui n'a été condamné par aucun acte de l'Eglise, mais qui était généralement considéré, surtout dans nos pays, comme opposé à la droiture de la foi, en ce qu'il renfermait une adhésion formelle à un ordre de choses subversif de la religion. Si ensuite on examine les témoignages des personnes présentes à l'audience, il en résulte que ces vénérables prêtres ont encore été condamnés pour avoir publiquement refusé de renoncer à la profession de la religion catholique. On ne leur reprochait absolument rien que le refus des serments; et on ne pouvait effectivement alléguer autre chose contre des vieillards et des infirmes, exemptés de la déportation par les lois encore en vigueur, et retenus en prison depuis dix-huit mois. On leur proposa de nouveau à l'audience de prêter les serments; le jugement en fait foi. Leur soumission entraînait leur acquittement; la mort était au contraire la conséquence nécessaire de leur résistance, et ils ne pouvaient l'ignorer, eux à qui on le répéta plusieurs fois à l'audience, eux qui venaient de passer au pied de l'échafaud couvert de sang, placé en ce lieu comme un avertissement formidable. Ils furent libres d'opter; ils firent leur choix en parfaite connaissance de cause; ils embrassèrent volontairement la mort pour rester fidèles à Jésus-Christ. Est-il donc étonnant que l'opinion unanime des catholiques de notre pays ait vu en eux de vrais martyrs? Aussi est-ce le titre qu'ils leur ont toujours donné. Dès le jour même de leur mort, on envoya des enfants tremper des mouchoirs dans leur sang, et ces linges furent distribués comme de précieuses reliques. Bien des personnes avaient l'usage d'invoquer en particulier les *quatorze martyrs*, et plusieurs ont été persuadés qu'elles avaient éprouvé d'heureux effets de leur intercession. On faisait des pèlerinages à leur tombeau, pendant la Révolution même; et celui qui écrit ceci se rappelle y avoir été conduit à l'âge de sept ou huit ans, à l'époque du gouvernement directorial, par suite d'un vœu qu'avaient fait ses parents, pour obtenir la guérison d'une maladie dont il était atteint.

» Le 9 août 1816, les corps des quatorze martyrs furent exhumés et transportés à Avénières; deux jours après, ils furent transférés dans l'église, et on y a élevé, au-dessus du lieu où ils sont déposés, un monument sur lequel sont inscrits leurs noms et la cause glorieuse de leur mort. Le jour de l'exhumation, il se passa quelque chose de semblable à ce que l'*Histoire ecclésiastique* raconte, à l'occasion de la translation de certains bienheureux. Le peuple se porta en foule sur les lieux, en donnant des témoignages de la plus profonde vénération. Chacun voulait avoir quelques portions des ossements des martyrs; il en fut distribué une grande quantité, et ces fragments, divisés de nouveau pour satisfaire à la dévotion d'un plus grand nombre de personnes, se répandirent dans tout le pays.

» Par une ordonnance du 15 avril 1839, monseigneur l'évêque du Mans a ordonné qu'il fût fait, selon les formes canoniques, une enquête pour constater authentiquement les circonstances du jugement et de la mort de ces vénérables prêtres. Si cette opération ne sert pas à introduire une cause de canonisation, du moins les documents recueillis au cours de l'information resteront aux archives de l'évêché, comme un monument glorieux pour le diocèse. Au mois de septembre 1840, on a placé dans l'église de la Trinité, avec l'autorisation de monseigneur l'évêque, une plaque de cuivre rappelant brièvement la mort des quatorze prêtres et contenant la liste de leurs noms (1). »

Le pieux abbé Carron, dans ses *Confesseurs de la foi*, cite beaucoup d'autres prêtres morts pour la foi dans les différentes provinces de France, d'une manière semblable aux quatorze martyrs de Laval. Ce serait une excellente chose d'en répandre, parmi le peuple chrétien de chaque pays, des notices authentiques, écrites avec une élégante simplicité, comme les actes des premiers martyrs. Mais il nous est impossible de ne pas mentionner tant de bonnes religieuses, qui ont donné leur vie pour Jésus-Christ avec la même joie que nous avons vu dans les premiers siècles les saintes Perpétue, Agnès, Lucie ou Cécile.

Le 17 et le 23 octobre 1794, onze religieuses ursulines de Valenciennes, où elles avaient élevé presque toutes les dames dans la piété chrétienne, scellèrent leur enseignement par le martyre. La veille de leur mort, elles eurent le bonheur de recevoir la divine eucharistie de la main d'un prêtre qui partageait leurs fers et qui, peu de temps après, alla sur

(1) *Mémoires ecclésiastiques*, etc., par M. Isidore Boullier, curé de la Sainte-Trinité de Laval, 1846.

l'échafaud partager leur couronne. Elles se réunirent pour faire la cène, annonçant avec joie que le lendemain elles avaient la douce espérance de la renouveler dans le paradis. Tous les spectateurs versaient des larmes d'admiration en contemplant cette résignation céleste. Elles se coupèrent les cheveux les unes aux autres, sortirent de la prison les mains liées derrière le dos, ayant pour tout vêtement une chemise et un jupon, et adressant aux personnes affligées de leur sort les paroles les plus consolantes. Elles ne mirent fin à cet affectueux entretien que pour chanter le *Te Deum* et réciter les litanies de la très-sainte Vierge.

Sainte Thérèse, qui dans son enfance avait si ardemment désiré la gloire du martyre, y vit arriver, le 17 juillet 1794, seize de ses filles de France. Lorsque, en 1792, on eut chassé de leur monastère les religieuses carmélites de Compiègne, quatorze d'entre elles et deux de leurs tourières restèrent dans la ville. Un amour constant pour leur saint état leur fit choisir des maisons qui leur tenaient lieu de cloître; elles voyaient peu les personnes du monde, mais elles se visitaient entre elles, priaient en commun et ne cessaient d'édifier par leurs vertus. Elles furent toutes arrêtées vers les premiers jours de mai 1794, transférées à Paris vers le milieu de juin et enfermées à la Conciergerie. A leur entrée dans cette dernière prison, elles furent injuriées par quelques passants qui appelèrent sur elles le tranchant de la guillotine : pour toute réponse elles bénirent le Seigneur de ce qu'il les avait jugées dignes de souffrir pour son nom, et prièrent pour leurs persécuteurs.

La Mère prieure, qui s'appelait Thérèse de Saint-Augustin, avait été élevée dans la maison de Saint-Denys avec sœur Louise de France, et la reine Marie Leczinska avait payé sa dot. Dans la prison de la capitale, on les entendait toutes les nuits, à deux heures du matin, réciter ensemble leur office. Madame de Chamboran, religieuse carmélite de Saint-Denys, venait de consommer son sacrifice sur l'échafaud, avec l'héroïsme des premiers martyrs. La Mère Thérèse dit alors à ses compagnes de religion et de prison : « Mes filles, nous avons plus de sujet de nous en réjouir que de nous en affliger. Ah! si le Seigneur nous réservait un sort aussi beau, souvenons-nous de ce que nous lisons dans notre sainte règle, que nous sommes en spectacle au monde et aux anges; il serait en effet trop honteux qu'une épouse d'un Dieu crucifié ne sût pas souffrir et mourir. »

Le 17 juillet, elles furent appelées devant le tribunal révolutionnaire, et accusées : 1° d'avoir renfermé dans leur monastère des armes pour les émigrés; 2° d'exposer le Saint-Sacrement les jours de fête, sous un pavillon qui avait à peu près la forme d'un manteau royal; 3° d'avoir des correspondances avec les émigrés et de leur faire passer de l'argent. La prieure, pour répondre au premier chef, montra le crucifix que les religieuses carmélites portent toujours sur elles, et dit au juge : « Voilà les seules armes que nous ayons jamais eues dans notre monastère, et on ne prouvera pas que nous en ayons eu d'autres. » Au second chef, elle répondit que le pavillon du Saint-Sacrement était un ancien ornement de leur autel; que sa forme n'avait rien qui ne fût commun aux ornements de cette espèce; qu'il n'avait aucun rapport avec le projet de contre-révolution dans lequel on voulait les impliquer à cause de ce pavillon ; qu'elle ne concevait pas qu'on voulût sérieusement leur en faire un crime. Au troisième chef, elle répondit que, si elle avait reçu quelques lettres de l'ancien confesseur de son couvent (prêtre déporté), ces lettres se bornaient à des avis purement spirituels. « Au surplus, dit-elle, si c'est là se rendre coupable d'un crime, ce crime ne peut être celui de ma communauté, à qui la règle défend toute correspondance, non-seulement avec les étrangers, mais avec leurs plus proches concitoyens, sans la permission de leur supérieure. Si donc il vaut une victime, la voici : c'est moi seule que vous devez frapper. Celles-là sont innocentes. — Elles sont tes complices, » dit le président du tribunal. La sous-prieure voulut alors parler; les juges refusèrent de l'entendre. La prieure, ne se rebutant pas, essaya de sauver du moins les deux tourières. « Ces pauvres filles, dit-elle, de quoi pouvez-vous les accuser ? Elles ont été les commissionnaires à la porte; mais elles ignoraient le contenu des lettres et le lieu de leur adresse; d'ailleurs la qualité de femmes gagées les obligeait de faire ce qui leur était commandé. — Tais toi, reprit le président, leur devoir était d'en prévenir la nation. » Et les quatorze religieuses, avec les deux tourières, furent condamnées à mort, comme royalistes et *fanatiques*. Ce dernier mot, alors synonyme de chrétien, leur indiqua la vraie cause de leur mort et les remplit de joie.

Après avoir pris ensemble une dernière collation, elles récitèrent l'office des morts, montèrent ensuite, vêtues de blanc, sur la charrette qui devait les traîner à l'échafaud. Le plus profond silence régnait sur leur passage, malgré la foule immense qui les environnait. Elles récitèrent, dans la traversée de la prison au lieu du supplice, les prières des agonisants. Arrivées sur la place de la barrière du Trône, elles chantèrent le *Te Deum*, et, au pied même de l'échafaud, récitèrent le *Veni Creator*, qu'on leur laissa achever; puis, à haute et intelligible voix, elles prononcèrent toutes ensemble la formule de leurs vœux de religion. Une d'entre elles ajouta : « Mon Dieu, trop heureuse si ce léger sacrifice peut apaiser votre colère et diminuer le nombre des victimes. » La prieure, semblable à la mère des Machabées, demanda en grâce et obtint de ne périr que la dernière.

A l'extrémité méridionale de la France, on vit un spectacle pour ainsi dire plus admirable encore. On avait réuni dans les prisons d'Orange quarante-deux religieuses de divers monastères des diocèses d'Avignon, de Carpentras et de Cavaillon. Dès le lendemain de leur arrivée (2 mai 1794), elles se rassemblèrent dans la même salle; et là, pleines d'un même esprit et ne pouvant douter de leur fin prochaine, elles formèrent la résolution de se rallier à une seule règle et de ne suivre toutes qu'un même plan de vie, sacrifiant ainsi, à l'esprit d'union et de charité, toutes les différences qu'auraient pu mettre dans leurs pratiques les règles des divers ordres auxquels elles étaient attachées. Dès ce moment, à l'exemple des premiers fidèles, tout fut commun entre elles.

Chaque jour, à cinq heures du matin, leurs exercices commençaient par une méditation d'une heure, suivie de l'office de la sainte Vierge, qui les disposait à la récitation commune des prières de la sainte messe. A sept heures, elles prenaient un peu de nourriture ; à huit heures, elles se réunissaient encore pour réciter les litanies des saints et pour faire leur préparation à la mort. Chacune d'elles s'accusait à haute voix de ses fautes et se disposait en esprit à la réception du saint viatique. L'heure de l'audience publique du tribunal suivait de près ces exercices. Comme toutes ces saintes filles s'attendaient à y comparaître à leur tour, elles récitaient ensemble les prières de l'extrême-onction, renouvelaient les vœux du baptême et les vœux religieux, en s'écriant avec un saint transport : « Oui, mon Dieu, nous sommes religieuses, nous avons une grande joie de l'être. Nous vous remercions, Seigneur, de nous avoir accordé cette grâce. » A neuf heures, l'appel commençait. Toutes espéraient être nommées, toutes souhaitaient d'aller au tribunal. Un jour, on y appelle les deux sœurs, mesdames Roussillon, religieuses du même couvent; on n'en condamne à la mort qu'une seule. « Comment, ma sœur, s'écrie celle qui devait survivre à l'autre, vous allez donc au martyre sans moi ? Que ferai-je sur la terre dans cet exil où vous me laissez sans vous ? — Ne perdez pas courage, répondit celle-ci : votre sacrifice, ma bonne sœur, ne sera pas longtemps différé. » Et la prédiction s'accomplit après quelques jours.

Les religieuses dont les sentences n'étaient pas encore prononcées suivaient par leurs désirs celles que leur martyre avait déjà couronnées dans le ciel; et, au lieu de prier pour ces courageuses compagnes, elles les invoquaient et demandaient à Dieu, par leur intercession, la grâce d'imiter de si beaux modèles et de mériter leurs couronnes. Elles répétèrent, dans cette intention, les paroles de Jésus-Christ sur la croix, les litanies de la sainte Vierge, la Salutation angélique et les prières des agonisants. Le jugement une fois porté, elles ne revoyaient plus les condamnées. Celles-ci étaient jetées dans une cour qu'on appelait le Cirque, avec les autres personnes dont on avait déjà prononcé la sentence; c'était là que ces chastes amantes de la croix exerçaient, à l'égard des autres victimes dévouées à la mort, une sorte d'apostolat. Elles fortifiaient les faibles; instruisaient les ignorants, encourageaient les lâches, relevaient ceux qui se seraient laissés aller au désespoir. Elles montraient, à ceux que la perte de leurs femmes, de leurs enfants, retenait par des liens trop charnels à la vie, des espérances plus solides, un héritage dont la vue adoucissait l'amertume des plus grands sacrifices; et il n'était pas rare de voir des condamnés, après avoir jeté derrière eux des regards de tristesse et de regret, reprendre des forces nouvelles à la voix consolante de ces martyres et faire, à leur exemple, le généreux sacrifice de leur vie, dans l'espérance d'une vie meilleure. Il est enfin peu de prisonniers qu'elles n'aient gagnés à Jésus-Christ. L'une d'entre elles, voyant le père d'une nombreuse famille tomber dans le désespoir, à la seule idée du supplice qui allait faire tant d'orphelins, passa une heure entière les bras étendus en croix, pour le préserver du malheur de périr sans espérance. Ce nouveau Moïse ne pria pas en vain : l'infortuné mourut avec la plus grande résignation chrétienne.

Fidèles au règlement général qu'elles s'étaient donné, ces vierges chrétiennes avaient changé leur prison en une sorte de temple où elles n'avaient plus d'autre soin que de louer le souverain Seigneur de faire connaître ses miséricordes infinies aux prisonniers qui partageaient leurs fers. Chaque heure était marquée par un exercice particulier dont rien ne pouvait les distraire, ni l'attente de leur jugement, ni les injures et les cris de mort de leurs satellites. Elles allaient un jour se réunir pour la prière; à l'instant, la voix du geôlier se fait entendre. Plusieurs sont appelées pour se rendre devant le tribunal : « Nous n'avons pas dit nos vêpres, » dit l'une d'elles. « Nous les dirons au ciel, » répondit l'autre. »

Ces bonnes religieuses partageaient l'honorable mission de prêcher Jésus-Christ et de le confesser, avec plusieurs prêtres fidèles qui avaient préféré obéir plutôt à Dieu qu'aux hommes, sans craindre les tourments dont on les avait menacés, et qu'ils étaient assurés de subir. Soumis aux lois civiles, ils en prêchaient l'observation au moment même où ces lois, qui n'avaient pas de plus zélés défenseurs, servaient de prétexte à leur condamnation. On les entendait, en allant au supplice, bénir ceux qui les y menaient et leur parler de la cité de Dieu et de sa justice, la seule à craindre. D'autres prêtres, jusque-là moins fidèles, et prisonniers comme eux, comme eux condamnés au dernier supplice, se jetaient aux pieds de ces confesseurs de la foi et de ces saintes religieuses, en leur demandant, comme dans le siècle de saint Cyprien, un de ces billets d'indulgence que les premiers martyrs accordaient, avant leur supplice, aux pénitents publics. « Nous avons, leur disaient-ils, reconnu notre erreur, et nous l'abjurons de nouveau à vos pieds; pardon, mille fois pardon des scandales que nous avons donnés aux faibles. Nous voulons mourir comme vous, dans le sein de la religion catholique, apostolique et romaine. »

A cinq heures du soir, nos vierges chrétiennes terminaient la psalmodie de leur office. A six heures, le bruit du tambour, les cris de mort annonçaient la prochaine exécution de celles de leurs compagnes que l'on avait appelées en jugement; elles récitaient alors à genoux les prières des agonisants et de la recommandation de l'âme. Quelques instants après, et quand elles présumaient que le jugement des hommes était subi et que celui de Dieu avait couronné leurs compagnes, elles se levaient, récitaient le *Te Deum* et le psaume *Laudate Dominum omnes gentes*, etc., et elles se séparaient en se félicitant les unes les autres du bonheur d'avoir pu donner au ciel de nouveaux habitants, et s'exhortaient à l'envi à marcher sur les mêmes traces, pour arriver aux mêmes récompenses.

C'est le 4 juillet que le tribunal commença à décider du sort de ces quarante-deux religieuses. On les interrogea une à une. La sœur Desage, religieuse bernardine, reçut la première la palme du martyre. La sœur Susanne, religieuse du Saint-Sacrement, fut condamnée le lendemain. La sœur Rocher, menacée d'être traduite aux prisons d'Orange, incertaine du parti qu'elle devait prendre, consulte son père, vieillard octogénaire d'une grande piété, qui n'avait que cette fille pour le servir à la fin de sa carrière. Telle fut la réponse de ce père religieux : « Il me serait facile de vous cacher, chère enfant, et de vous dérober aux poursuites des persécuteurs. Mais examinez bien devant Dieu, si, en fuyant, vous ne vous écartez pas des desseins qu'il a sur vous. Peut-être veut-il votre mort, comme celle d'une victime qui doit apaiser sa colère. Je vous dirai, comme Mardochée à Esther, que vous n'existez pas pour vous, mais pour son peuple. » Un conseil aussi généreux fit sur l'âme de la jeune vierge tout l'effet que produisit autrefois sur Esther le discours de son vénérable parent. Elle ne balança plus sur le parti qu'elle devait suivre; elle se montra, comme à l'ordinaire, dans les oratoires qu'elle avait coutume de fréquenter. Elle y fut prise, ainsi que l'avaient été déjà quelques-unes de ses compagnes, et conduite en prison. Elle y fut comblée de grâces extraordinaires. Dieu lui fit connaître le jour de son sacrifice. La veille de sa mort, elle demanda pardon à toutes ses compagnes des scandales qu'elle avait pu leur donner, se recommanda à leurs prières, en les assurant qu'elle aurait le bonheur d'être condamnée le lendemain. Elle le fut en effet, et lorsque sa sentence fut prononcée, elle en remercia ses juges comme d'un bienfait.

Le 7 juillet, Agnès Roussillon et Gertrude de Lausier, Ursulines de Bolène, furent condamnées et exécutées. Elles allèrent à la mort avec une joie si grande, qu'elles baisèrent l'instrument de leur supplice et remercièrent aussi leurs juges et leurs bourreaux. Gertrude, dite en religion sœur Sophie, s'était réveillée dans la nuit, pleine de l'idée d'un bonheur qui lui avait fait répandre des larmes : « Je suis, disait-elle, dans une sorte d'extase et comme hors de moi-même; je suis certaine que demain je mourrai et je verrai mon Dieu. » Ensuite, elle craignit que ce ne fût là une tentation et un mouvement d'orgueil, et elle eut besoin d'être rassurée sur le principe qui la faisait agir.

Le 8 juillet, le tribunal condamna à mort Elisabeth Peleysier, Rosalie Bès, Marie Blanc, religieuses du Saint-Sacrement de Bolène, et Marguerite Bavasre, Ursuline au Pont-Saint-Esprit. A l'instant même où leur jugement fut prononcé, Rosalie Bès, dite sœur Pélagie, tira de sa poche une boîte remplie de dragées, qu'elle distribua à ses compagnes. Ce sont là, dit-elle, les dragées que j'avais réservées pour le jour de mes noces. » Le 9 juillet, furent jugées et exécutées Magdeleine Tailleu, Marie de Genès-Chansolle, religieuses du Saint-Sacrement à Bolène ; Louise Eluse, converse au même couvent, et Eléonore de Justamon, religieuse de Sainte-Catherine d'Avignon. Du 9 au 13 du même mois, on sursit au jugement des autres, afin d'en condamner à la fois un grand nombre.

Le 13, six furent condamnées : Anastasie de Rocard, supérieure des Ursulines de Bolène ; Marie-Anne Lambert, converse au même couvent; la sœur Sainte-Françoise, converse chez les Ursulines à Carpentras ; et trois religieuses du Saint-Sacrement à Bolène : Elisabeth Verchière, sœurs Alexis Mincette et Henriette Laforge. La sœur Sainte-Françoise disait aux autres sœurs, la veille de leur condamnation : « Ah ! mes chères sœurs, quel jour que celui qui se prépare !.... Demain, les portes du ciel s'ouvrent pour nous; nous allons jouir de la félicité des saints. »

Le 16 juillet vit périr sept autres religieuses, qui montrèrent le même calme et le même courage. Sœur Justamon, Ursuline converse à Perne; sœurs Gardon et Marie Decqui, religieuses du Saint-Sacrement à Bolène; Marie-Lage, Ursuline à Bolène. La veille de sa mort, celle-ci tomba dans une grande tristesse, craignant que Dieu ne la jugeât pas digne de la couronne du martyre; mais sur l'autel de son sacrifice, elle montra plus de force qu'elle n'avait montré, la veille, d'abattement et de tristesse. On vit une autre Ursuline de Bolène, Jeanne Roussillon, qui avait témoigné un grand désir de mourir un des jours consacrés à quelque fête de la sainte Vierge, consommer son sacrifice avec la sœur Magdeleine-Dorothée de Justamon, qui avait demandé la même grâce. Celle-ci, montée sur le char de mort, dit à ses gardes : « Nous avons plus d'obligation à nos juges qu'à nos pères et à nos mères ; ceux-ci nous ont donné une vie temporelle et périssable, nos juges nous procurent une vie éternelle. » Un de ses gardes fut touché de ces paroles jusqu'aux larmes, et un paysan voulut lui toucher la main, par le même principe de foi qui faisait dire à la femme de l'Evangile, à la vue de Jésus-Christ : *Qu'il me soit seulement donné de toucher le pan de sa robe.*

Le 26 juillet, cinq autres religieuses subirent le même sort. « Qui es-tu ? » demanda le président du tribunal à la première qui fut traduite devant lui : c'était la supérieure des Ursulines de Sisteron, Thérèse Consolon. « Je suis fille de l'Eglise catholique, » répondit-elle. Claire Dubac répondit à la même question : « Qu'elle était religieuse et qu'elle le serait jusqu'à la mort, de cœur et d'âme. » Les compagnes de leur sacrifice furent Anne Cartier, Ursuline au Pont-Saint-Esprit; Marguerite Bonnet, religieuse du Saint-Sacrement; et Magdeleine-Catherine de Justamon, quatrième martyre du même nom et de la même famille (L'abbé Carron, *Confesseurs de la foi*, t. II).

Au reste, le peuple de la Vendée peut être regardé tout entier comme un peuple de martyrs. Nous parlons du peuple, et du peuple des campagnes, qui, d'après le témoignage même des magistrats révolutionnaires, ne demandait que la liberté des cultes, la liberté de demeurer chrétien-catholique, et ne prit les armes que pour se maintenir dans cette liberté garantie par la constitution. Ce que nous disons du peuple de la Vendée, nous ne voudrions pas le dire de tous ses chefs, dont quelques-uns ont pu être guidés par la politique plus que par la religion. Par exemple, un certain abbé de Folleville, vicaire ou curé de Dol en Bretagne, prêta le serment de la constitution civile du clergé, puis le rétracta, vint à Paris, et de là se réfugia, pendant la guerre de la Vendée, chez une de ses parentes, à Poitiers. Là, il s'avise de se dire évêque d'Agra, et envoyé par le Pape dans les diocèses de l'Ouest, avec le titre de vicaire apostolique. Il se présenta comme tel aux chefs de l'armée vendéenne, lesquels sans plus ample information, le reconnurent pour évêque. Cependant le Pape, informé de la fraude, leur fit savoir, par un bref du 31 juillet 1793, que l'é-

vêque d'Agra était un imposteur. Les chefs vendéens, d'autant plus embarrassés que leurs affaires allaient plus mal dans ce moment, dissimulèrent la chose devant le peuple, mais le laissèrent entendre au prétendu évêque, qui, après la déroute complète de l'armée vendéenne, fut pris par les républicains et guillotiné à Angers le 5 janvier 1794. C'était d'ailleurs un homme d'un caractère doux et humain (Feller).

Avec un peuple de martyrs, la France catholique offrait, comme nous avons vu, un roi martyr : car tel est le jugement qu'a porté de la mort de Louis XVI le pape Pie VI, dans son allocution du 17 juin 1793 aux cardinaux réunis en consistoire(1).

(1) Nous reproduisons un extrait de l'allocution de N. S. P. le pape Pie VI prononcée dans le consistoire du 17 juin 1793, sur la mort du roi Louis XVI. Cette allocution a été traduite sur le texte imprimé au tome IX de la Continuation du *Bullaire romain*, et publiée par le journal l'*Univers* dans son numéro du 22 janvier 1859.

**Vénérables Frères,**

Comment Notre voix n'est-elle point étouffée dans ce moment par Nos larmes et par Nos sanglots ? N'est-ce pas plutôt par Nos gémissements que par Nos paroles, qu'il Nous convient d'exprimer cette douleur sans bornes que Nous sommes obligé d'épancher devant vous, en vous retraçant le spectacle de cruauté et de barbarie que l'on vit à Paris le 21 du mois de janvier dernier ?

Le roi très-chrétien, Louis XVI, a été condamné au dernier supplice par une conjuration impie, et ce jugement s'est exécuté. Nous vous rappellerons en peu de mots les dispositions et les motifs de cette sentence. La Convention nationale n'avait ni droit ni autorité pour la prononcer. En effet, après avoir aboli la monarchie, le meilleur des gouvernements, elle avait transporté toute la puissance publique au peuple, qui ne se conduit ni par raison, ni par conseil, ne se forme sur aucun point des idées justes, apprécie peu de choses par la vérité, et en évalue un grand nombre d'après l'opinion; qui est toujours inconstant, facile à être trompé, entraîné à tous les excès, ingrat, arrogant, cruel; qui se réjouit dans le carnage et dans l'effusion du sang humain, et se plait à contempler les angoisses qui précèdent le dernier soupir, comme les anciens allaient voir les gladiateurs expirer dans leurs amphithéâtres. La portion la plus féroce de ce peuple, peu satisfaite d'avoir dégradé la majesté de son roi, et déterminée à lui arracher la vie, voulut qu'il fût jugé par ses propres accusateurs, qui s'étaient déclarés hautement ses plus implacables ennemis. Déjà, dès l'ouverture du procès, on avait appelé tour à tour parmi les juges quelques députés plus particulièrement connus par leurs mauvaises dispositions, pour mieux assurer de faire prévaloir l'avis de la condamnation par la pluralité des opinants. On ne put cependant pas assez en augmenter le nombre pour obtenir que le Roi fût immolé en vertu d'une majorité légale. A quoi ne devait-on pas s'attendre, et quel jugement exécrable à tous les siècles ne pouvait-on pas pressentir, en voyant le concours de tant de juges pervers et de tant de manœuvres employées pour capter les suffrages ? Toutefois, plusieurs d'entre eux ayant accédé d'horreur au moment de consommer un si grand forfait, on imagina de revenir aux opinions, et les conjurés ayant ainsi voté de nouveau, prononcèrent que la condamnation était légitimement décrétée. Nous passons ici sous silence une foule d'autres injustices, de nullités et d'invalidités que l'on peut lire dans les courts plaidoyers des avocats et dans les papiers publics. Nous ne relevons pas non plus tout ce que le Roi fut contraint d'endurer avant d'être rendu au supplice ; sa longue détention dans diverses prisons, d'où il ne sortait jamais que pour être traduit à la barre de la Convention ; l'assassinat de son confesseur, sa séparation de la famille royale, qu'il aimait si tendrement, enfin cet amas de tribulations rassemblées sur lui pour multiplier ses humiliations et ses souffrances. Il est impossible de n'en être pas pénétré d'horreur, quand on n'a point abjuré tout sentiment d'humanité. L'indignation redouble encore, quand on considère que le caractère unanimement reconnu de ce Prince était naturellement doux et bienfaisant; que sa clémence, sa patience, son amour pour ses peuples furent toujours inaltérables; qu'incapable d'aucune dureté, d'aucune rigueur, il se montra constamment d'un commerce facile et indulgent envers tout le monde, et que cet excellent naturel lui inspira la confiance d'acquiescer au vœu public et de convoquer les Etats généraux du royaume, malgré tous les dangers qui en pouvaient résulter pour son autorité et pour sa personne. Mais ce que Nous ne saurions surtout passer sous silence, c'est l'opinion universelle qu'il a donnée de ses vertus par son testament, écrit de sa main émané du fond de son âme, imprimé et répandu dans toute l'Europe. Quelle haute idée on y conçoit de sa vertu ! quel zèle pour la religion catholique ! quels caractères d'une piété véritable envers Dieu ! quelle douleur, quel repentir d'avoir apposé son nom malgré lui à des décrets si contraires à la discipline et à la foi orthodoxe de l'Eglise ! Prêt à succomber sous le poids de tant d'adversités qui s'aggravaient de jour en jour sur sa tête, il pouvait dire, comme Jacques Ier, roi d'Angleterre, qu'on le calomniait dans les assemblées du peuple, non pour avoir commis aucun

Comme chef de l'Eglise universelle, Pie VI compatissait à tous ses membres, à tous ses ministres souffrants. D'après le *Dictionnaire historique* de Feller, plus de quarante mille prêtres français reçurent une généreuse hospitalité dans les Etats-Romains. Le Pape ne se borna point à prodiguer ses propres ressources ; ses touchantes exhortations allaient en même temps dans les contrées lointaines, exciter la charité du clergé et des fidèles en faveur de tant de victimes de la persécution. Dans un bref adressé aux prélats, abbés et ecclésiastiques de toute l'Allemagne, il les engage à ne pas dégénérer de la vertu de leurs ancêtres, si renommés par leur bienveillante hospitalité ; il leur propose l'exemple de la nation anglaise et de son illustre monarque, qui s'étaient montrés si généreux dans les secours accordés aux proscrits. Mais bientôt l'illustre pontife devait partager lui-même leurs tribulations. Cela était naturel.

Avant de souffrir la prison et la mort pour la foi dont il est le pontife suprême, Pie VI en assure la pureté par un jugement solennel contre le synode janséniste de Pistoie. Le 28 août 1794, il publia la bulle *Auctorem fidei*. On y cite quatre-vingt-cinq assertions extraites des actes et décrets du synode, et rangées sous quarante-quatre titres, conformément à la différence des matières. Ces assertions sont condamnées chacune avec ses qualifications propres : quelquefois même une proposition est flétrie sous les divers sens qu'elle peut présenter. Il y en a sept condamnées comme hérétiques, celle-ci entre autres : « Il s'est répandu dans ces derniers temps un obscurcissement général sur plusieurs vérités importantes de la religion, qui sont la base de la foi et de la morale de Jésus-Christ. » Assertions que l'on trouve dans les écrits de la plupart des derniers jansénistes. La bulle condamne encore comme hérétiques les propositions deuxième, troisième et quatrième, entendues dans ce sens, que l'autorité ecclésiastique, exercée par les pasteurs, dérive de la communauté des fidèles ; que le Pape tire ses pouvoirs, non de Jésus-Christ, mais de l'Eglise ; et que celle-ci abuse de sa puissance en réglant la discipline ecclésiastique. Les autres propositions sont proscrites de même sous différentes notes, et entre autres comme ayant déjà été flétries dans Wiclef, Luther, Baïus, Jansénius et Quesnel, dont l'évêque Ricci de Pistoie n'était qu'un écho. Le Pape déclare en outre qu'il y a plusieurs autres propositions analogues aux quatre-vingt-cinq condamnées, et qui marquent de même le mépris de la doctrine et de la discipline, et surtout une haine profonde contre les Pontifes romains et contre leur autorité. Il reproche aux rédacteurs des décrets, des expressions peu exactes en parlant du mystère de la Trinité. Il condamne comme téméraire, scan-

---

crime, mais parce qu'il était roi ; ce que l'on regardait comme le plus grand de tous les crimes.

...... Si l'autorité de Benoît XIV est grave en cette matière, s'il faut avoir de très-grands égards pour son opinion lorsqu'il se montre porté à admettre le martyre de Marie Stuart, pourquoi ne penserions-Nous pas comme lui et n'appliquerions-Nous pas sa doctrine au martyre du roi Louis ? Il y a ici, en effet, parité d'attachement à la religion, parité de projet, parité de fin désastreuse. Il doit, par conséquent, y avoir aussi parité de mérite. Eh ! qui pourra jamais douter que ce monarque n'ait été principalement immolé en haine de la foi et par un esprit de fureur contre les dogmes catholiques ? Déjà, depuis longtemps, les calvinistes avaient commencé à conjurer en France la ruine de la religion catholique. Mais, pour y parvenir, il fallait préparer les esprits et abreuver les peuples de ces principes impies que les novateurs n'ont ensuite cessé de répandre dans des livres qui ne respiraient que la perfidie et la sédition. C'est dans cette vue qu'ils se sont ligués avec des philosophes pervers. L'Assemblée générale du clergé de France, de 1745, avait découvert et dénoncé les abominables complots de tous ces artisans d'impiété. Et Nous-même aussi, dès le commencement de Notre Pontificat, prévoyant les exécrables manœuvres d'un parti si perfide, Nous annoncions le péril imminent qui menaçait l'Europe, dans Notre Lettre Encyclique (1) adressée à tous les évêques de l'Eglise catholique, auxquels Nous parlions en ces termes : *Arrachez le mal du milieu d'entre vous, c'est-à-dire, éloignez de la vue de vos troupeaux, avec une grande force et une continuelle vigilance, tous ces livres empestés.* Si l'on eût écouté Nos représentations et Nos avis, Nous n'aurions pas à gémir maintenant des progrès de cette vaste conjuration tramée contre les rois et contre les empires. Ces hommes dépravés s'aperçurent bientôt qu'ils avançaient rapidement dans leurs projets ; ils reconnurent que le moment d'accomplir leurs desseins était enfin arrivé ; ils commencèrent à professer hautement, dans un livre imprimé en 1787, cette maxime d'Hugues Rosaire, ou bien d'un autre auteur qui a pris ce nom, que c'était une action louable que d'assassiner un souverain qui refuserait d'embrasser la Réforme ou de se charger de défendre les intérêts des protestants en faveur de leur religion. Cette doctrine ayant été publiée peu de temps avant que Louis fût tombé dans la déplorable situation à laquelle il a été réduit, tout le monde a pu voir clairement alors quelle était la première source de ses malheurs. Il doit donc passer pour constant qu'ils sont tous venus des mauvais livres qui paraissaient en France, et qu'il faut les regarder comme les fruits naturels de cet arbre empoisonné..............

D'après cette suite non interrompue d'impiétés qui ont pris leur origine en France, aux yeux de qui n'est-il pas démontré qu'il faut imputer à la haine de la religion les premières trames de ces complots qui troublent et ébranlent aujourd'hui toute l'Europe ? Personne ne peut nier que la mort même n'ait amené la mort funeste de Louis XVI. On s'est efforcé, il est vrai, de charger le prince de plusieurs délits d'un ordre purement politique. Mais le principal reproche qu'on ait élevé contre lui portait sur l'inalté-

(1) Publiée le 25 décembre 1775.

rable fermeté avec laquelle il refusa d'approuver et de sanctionner le décret de déportation des prêtres, et sur la lettre qu'il écrivit à l'évêque de Clermont, pour lui annoncer qu'il était bien résolu de rétablir en France, dès qu'il le pourrait, le culte catholique. Tout cela ne suffit-il pas pour qu'on puisse croire et soutenir sans témérité que Louis fut un martyr ? La sentence de mort de Marie Stuart était également appuyée sur le prétendu crime de machination et de conjuration contre l'Etat, et le nom de la religion s'y trouvait à peine entremêlé. Néanmoins Benoît XIV, sans s'arrêter aux impostures mentionnées dans le jugement, pensa que la haine pour la religion avait été le motif véritable et incomparablement le plus décisif de sa condamnation, et il conclut en conséquence que cette mort présentait une cause de martyre.

Mais, d'après ce que Nous avons entendu, on opposera peut-être ici, comme un obstacle péremptoire au martyre de Louis, l'approbation qu'il a donnée à la Constitution que Nous avons déjà réfutée dans Notre susdite réponse aux évêques de France. Plusieurs personnes nient le fait et affirment même lorsqu'on présenta cette Constitution à la signature du Roi, il hésita, recueillit dans ses pensées, et refusa son seing, de peur que l'apposition de son nom ne produisît tous les effets d'une approbation formelle. L'un de ses ministres, que l'on nomme et en qui le Roi avait alors une grande confiance, lui représenta que sa signature ne prouverait autre chose que l'exacte conformité de la copie avec l'original, de manière que Nous, à qui cette Constitution allait être immédiatement adressée, Nous ne pourrions, sous aucun prétexte, élever le moindre soupçon sur son authenticité. Il paraît que ce fut cette simple observation qui le détermina aussitôt à donner sa signature. C'est aussi ce qu'il insinua lui-même dans son testament, quand il dit que son seing lui fut arraché contre son propre vœu. Et, en effet, il n'aurait plus été conséquent, il le serait mis en contradiction avec lui-même si, après avoir approuvé volontairement la Constitution du clergé de France, il l'eût rejetée ensuite avec la plus inébranlable fermeté, comme il le fit lorsqu'il refusa de sanctionner le décret de déportation contre les prêtres non assermentés, et lorsqu'il écrivit à l'évêque de Clermont qu'il était déterminé à rétablir en France le culte catholique. Mais, quoi qu'il en soit de ce fait, car Nous n'en prenons pas sur Nous la responsabilité, et quand même Nous avouerions que Louis, séduit par défaut de réflexion ou par erreur, approuva réellement la Constitution au moment où il la souscrivit, serions-Nous obligé pour cela de changer de sentiment au sujet de son martyre ? Non, sans doute. Si Nous avions un pareil dessein, Nous en serions détourné par sa rétractation subséquente, aussi certaine que solennelle, et par sa mort même, qui fut votée, comme Nous l'avons démontré ci-dessus, en haine de la religion catholique, de sorte qu'il paraît difficile qu'on puisse rien lui contester de la gloire de son martyre. Saint Cyprien avait adopté d'abord sur le baptême des hérétiques des principes fort opposés à la vérité ; cependant, selon les propres paroles de saint Augustin, qui les a répétées dans plusieurs endroits de ses écrits, Dieu lui-même a séparé par le fer d'un glorieux martyre tout ce qui avait besoin d'être retranché de ce rameau couvert de fruits.

Ce fut également ainsi que, lorsqu'on mit en délibération, dans daleuse et injurieuse au Saint-Siége, l'adoption et l'insertion, parmi les décrets de la foi, de la Déclaration gallicane de 1682, Déclaration improuvée et annulée par le Saint-Siége dès son origine. Enfin il condamne les actes et les décrets du synode de Pistoie, ainsi que les écrits faits pour sa défense. Telle est, en résumé, la bulle *Auctorem fidei*. Sauf deux évêques de Toscane, complices de Ricci, elle a été reçue par toute l'Église comme un jugement irréformable.

Les prêtres fidèles de France étaient persécutés à cause de leur inviolable attachement au Pape : le Pape devait l'être bien plus. Aussi, comme Mahomet et Luther, l'impiété révolutionnaire se promettait d'anéantir la papauté. La conjoncture était favorable. Un Pape très-vieux, sans aucun appui humain, ayant contre lui la Turquie mahométane, la Russie schismatique, l'Allemagne infectée de protestantisme et de joséphisme, la Scandinavie et l'Angleterre hérétiques, la France révolutionnée et révolutionnant toute l'Europe : le vieux Pape ne peut compter sur l'Espagne, qui vient de faire sa paix avec la République française, ni sur Naples, qui s'apprête sous main à en faire autant. D'ailleurs, l'Espagne, Naples, l'Autriche même laisseront faire, pour peu qu'on leur promette quelque lambeau de l'Italie, en particulier des Etats-Romains. Supposé donc les Français maîtres de Rome à la mort de Pie VI, il n'y aura plus d'autre Pape, ou bien il y en aura un de leur façon. Voilà ce que pensait le Directoire de la République française, qui compta parmi ses membres un prêtre apostat, Sieyès, et parmi ses ministres un évêque apostat, Talleyrand.

Napoléon Bonaparte, nommé général en chef de l'armée d'Italie, au mois de mars 1796, adressa cette première harangue à ses troupes : « Vous êtes nus, mal nourris. Le Gouvernement vous doit beaucoup, il ne peut rien vous donner. Regardez ces belles contrées ; elles vous appartiennent. Vous y trouverez honneurs, gloire, richesses... » C'était des plaines du Piémont et de la Lombardie qu'il leur parlait ainsi. Dès le lendemain il les mit en marche pour les y conduire. Et du printemps 1796 à novembre 1797, où il dicta la paix à Rastadt, en la vingt-huitième année de son âge, il avait remporté sur les Piémontais et les Autrichiens les victoires de Montenotte, de Lodi, de Castiglione, d'Arcole, de Rivoli, et profité de ces victoires, non-seulement en habile capitaine, mais en habile politique, supprimant les républiques de Venise, de Gênes, créant et organisant la république cisalpine, concluant avec le roi de Sardaigne, avec le Pape, avec l'Autriche, des armistices, des traités de paix, et enfin la pacification générale de Rastadt, d'où il se rendit à Paris, pour commencer, en 1798, l'ex-

---

la Congrégation des Rites, si l'on pouvait opposer au martyre de Jean de Britto, de la Compagnie de Jésus, l'usage qu'il avait continué de faire des rites chinois après qu'ils eurent été proscrits, les votants ne balancèrent pas à se décider pour la négative. Ils déclarèrent que cette considération n'y mettait aucun obstacle, parce qu'on se dévouant au martyre il avait suffisamment rétracté, par l'effusion de son sang, son adhésion aux rites chinois. Ils furent partagés sur la question de savoir s'il convenait de publier un décret favorable, dont on pourrait se prévaloir dans la suite pour prétendre qu'un tel décret aurait révoqué tacitement la condamnation antérieure de ces cérémonies. Mais Benoît XIV leva toute difficulté en déclarant qu'on ne pourrait jamais déduire du décret à intervenir, que l'intention du Saint-Siège eût été de s'éloigner des constitutions de ses prédécesseurs qui avaient proscrit la liturgie chinoise. Il admit en même temps la rétractation que le vénérable Jean de Britto avait souscrite, non avec sa plume, mais de son propre sang. Il décida ainsi que l'obstacle qu'on opposait à la cause, n'empêcherait point d'en continuer l'instruction, de procéder tout de suite à l'examen de la question sur le martyre et sur la cause du martyre, ainsi qu'à la discussion des miracles qu'on disait avoir été opérés par son intercession. Le décret qu'il rendit fut publié le 2 juillet 1791. Appuyé sur cette décision, et voyant que la rétractation de Louis XVI, écrite de sa propre main et constatée encore par l'effusion d'un sang si pur, est certaine et non douteuse, Nous ne croyons pas Nous éloigner du principe de Benoît XIV, non pas, il est vrai, en prononçant dans ce moment un décret pareil à celui que Nous venons de citer, mais en persistant dans l'opinion que Nous Nous sommes formée du martyre de ce prince, nonobstant toute approbation qu'il aurait donnée à la Constitution civile du clergé, quelle qu'elle ait été.

Ah! France! ah! France! toi que Nos prédécesseurs appelaient *le miroir de la Chrétienté et l'inébranlable appui de la Foi*; toi qui, par ton zèle pour la croyance chrétienne et par ta piété filiale envers le Siége apostolique, *ne marches pas à la suite des autres nations, mais les précèdes toutes*, que tu Nous es contraire aujourd'hui! De quel esprit d'hostilité tu parais animée contre la véritable religion! Combien la fureur que tu lui témoignes surpasse déjà les excès de tous ceux qui se sont montrés jusqu'à présent ses persécuteurs les plus implacables! Et cependant tu ne peux pas ignorer, quand même tu le voudrais, que la religion est la gardienne la plus sûre et le plus solide fondement des empires, puisqu'elle réprime également et les abus d'autorité dans les princes qui gouvernent, et les écarts de la licence dans les sujets qui obéissent. Eh! c'est pour cela que les factieux adversaires des prérogatives royales cherchent à les anéantir, en s'efforçant d'amener d'abord le renoncement à un pacte catholique.

Ah! encore une fois, France! tu demandais toi-même auparavant un roi catholique. Tu disais que les lois fondamentales du royaume ne permettaient point de reconnaître un roi qui ne fût pas catholique. Et voilà maintenant que tu l'avais, ce roi catholique; et c'est précisément parce qu'il était catholique que tu viens de l'assassiner!

Ta rage contre ce monarque s'est montrée telle, que son sup-

plice même n'a pu ni l'assouvir ni l'apaiser. Tu as voulu encore la signaler après sa mort sur ses tristes dépouilles; car tu as ordonné que son cadavre fût transporté et inhumé sans aucun appareil d'une honorable sépulture.

. . . . . . . . . . . . . . . . . . . . . . . . . . .

O jour de triomphe pour Louis XVI, à qui Dieu a donné et la patience dans les tribulations et la victoire au milieu de son supplice! Nous avons la confiance qu'il a heureusement échangé une couronne royale toujours fragile et des lis qui se seraient flétris bientôt, contre cet autre diadème impérissable que les anges ont tissu de lis immortels.

Saint Bernard Nous apprend dans ses lettres au pape Eugène, son disciple, ce qu'exige de nous dans ces circonstances Notre ministère apostolique, lorsqu'il nous recommande tous les soins, *afin que les incrédules se convertissent à la foi, que ceux qui sont convertis ne s'égarent plus, et que ceux qui se sont égarés reutrent dans le droit chemin*. Nous avons aussi pour modèle la conduite de Clément VI, Notre prédécesseur, qui ne cessa de poursuivre la punition de l'assassinat d'André, roi de Sicile, en infligeant les peines les plus fortes à ses meurtriers et à leurs complices, comme on peut le voir dans ses Lettres apostoliques. Mais que pouvons-Nous tenter, que pouvons-Nous attendre, quand il s'agit d'un peuple qui non-seulement n'a eu aucun égard pour Nos monitions, mais qui s'est encore permis envers Nous des offenses, les usurpations, les outrages et les calomnies les plus révoltantes, et qui est enfin parvenu à cet excès d'audace et de délire de composer sous Notre nom des Lettres supposées et parfaitement assorties à toutes les nouvelles erreurs. Laissons-le donc s'endurcir dans sa déplorable dépravation, puisqu'elle a pour lui tant d'attraits; et espérons que le sang de Louis crie en quelque sorte et intercède, afin que la France reconnaisse et déteste son obstination à accumuler les crimes sur tant de crimes, et qu'elle se souvienne des châtiments effroyables qu'un Dieu juste, vengeur des forfaits, a souvent infligés à des peuples qui avaient commis des attentats beaucoup moins énormes.

Telles sont les réflexions que Nous avons jugées les plus propres à vous offrir quelque consolation dans un si horrible désastre. C'est pourquoi, pour achever ce qui Nous reste à dire, Nous vous invitons au service solennel que Nous célébrerons avec vous pour le repos de l'âme du roi Louis XVI. Quoique ces prières funèbres puissent paraître superflues quand il s'agit d'un chrétien qu'on croit avoir mérité la palme du martyre, puisque saint Augustin dit que l'Église ne prie pas pour les martyrs, mais qu'elle se recommande plutôt à leurs prières, cependant cette sentence du saint Docteur doit s'entendre et s'interpréter, non de celui qui est simplement réputé martyr par une persuasion purement humaine, mais de celui qui est formellement reconnu tel par un jugement du Saint-Siège apostolique. En conséquence, Vénérables Frères, nous vous indiquerons, par Notre ordre, le jour où Nous procéderons ensemble, selon l'usage, dans Notre chapelle pontificale, aux obsèques publiques de Sa Majesté Très-Chrétienne Louis XVI, roi de France.

pédition d'Egypte, et prendre Malte en passant.

Lorsqu'au printemps 1796, le pape Pie VI apprit les progrès des Français en Piémont et en Lombardie, il assembla son conseil. D'un avis unanime, on conclut que le gouvernement pontifical n'étant point entré dans la ligue de l'Autriche, du Piémont et des autres puissances contre la France, il fallait se borner à observer les démarches des troupes françaises, et qu'ensuite, si les circonstances l'exigeaient, on pourrait entamer des négociations pour éviter toute invasion hostile. Les actes du Pape, comme chef suprême de l'Eglise, contre la Constitution civile du clergé, étant purement spirituels, ne pouvaient être une cause de guerre : d'ailleurs, le gouvernement français avait lui-même abandonné cette constitution schismatique, et n'en faisait plus une loi. Comme prince temporel, Pie VI avait donné des marques non équivoques de sa bienveillance envers la nation française. Un navire français, poursuivi par deux napolitains, étant venu se briser au rivage romain, les marins s'étaient dispersés dans les bois. Le Pape les prit aussitôt sous sa protection, fit réparer leur navire, et les renvoya libres et contents.

Cependant certains Français ne se conduisaient pas trop bien à Rome. Vers la fin de 1792, deux d'entre eux, le sculpteur Ratel et l'architecte Chinard, gravement soupçonnés de vouloir troubler la tranquillité publique, furent arrêtés par la police romaine. Le sieur Mackau, consul de France à Naples, fit de vives instances auprès du gouvernement romain pour qu'on relâchât ces deux individus. Il l'obtint aussitôt, et envoya son secrétaire Basseville en témoigner sa reconnaissance. Basseville, après avoir rempli sa mission, demeura un assez long temps à Rome, sans aucun caractère officiel, retenu, disait-il, par quelques affaires particulières. Cependant le ministre des relations extérieures de France, ne sachant peut-être pas encore avec quelle promptitude le Pape avait relâché les deux prisonniers, lui écrivit à ce sujet une lettre offensante. D'un autre côté, le ministre de la marine enjoignit aux consuls français dans les Etats-Romains d'arborer sur leurs demeures le drapeau de la République française, et à leur chapeau la cocarde nationale. Le Pape, avant d'y consentir, demanda qu'au moins on réparât les injures qu'on avait faites à lui-même. L'effigie du Saint-Père avait été publiquement et ignominieusement brûlée à Paris, sans que le nonce en eût pu obtenir aucune réparation. La province d'Avignon et le comtat Venaissin avaient été enlevés violemment au Saint-Siége, et unis à la France. L'année précédente, les armes de Sa Sainteté furent arrachées de la maison du consul pontifical à Marseille, pendues à la corde d'une lanterne, mises en pièces et livrées aux insultes de la populace, sans que depuis on eût fait aucune réparation ni même permis de replacer les armes consulaires. Enfin le Saint-Père a reçu une nouvelle insulte, par la lettre inconvenante et calomnieuse du ministre des affaires étrangères de France, et qui a été rendue publique par la presse. Pie VI ne pouvait donc pas permettre qu'on déployât sous ses yeux les enseignes d'une République qui ne le reconnaissait ni comme pasteur universel, ni comme prince séculier. Le consul français à Naples jeta feu et flammes, dépêcha un sieur Flotte, qui, accompagné de Basseville, déclara au cardinal Zélada que, si dans vingt-quatre heures il n'y avait pas une réponse favorable, on prendrait de telles mesures, qu'à la fin *il ne resterait pas dans Rome pierre sur pierre.* C'était le 12 janvier 1793. Le cardinal leur dit que, le 14, il leur notifierait la volonté du Pape, auquel il devait faire un rapport sur cette affaire pour avoir ses derniers ordres.

Avant et après l'arrivée de Basseville, les Français qui demeuraient à Rome avaient indisposé le peuple romain par des festins patriotiques, auxquels avaient assisté des femmes perdues et des hommes décriés ; et cela dans le palais de l'Académie de France, où l'on avait orné de guirlandes le buste de Brutus, et fait disparaître les statues ou bustes des rois de France, des papes et des cardinaux. Des bruits alarmants venus de la même source, et d'insolentes forfanteries, avaient encore ajouté au mécontentement. Les Français commirent aussi une grave imprudence en publiant la lettre du consul français de Naples au cardinal secrétaire d'Etat, et une autre du même au consul à Rome, où l'on parlait *de réunir tous les Français qui se trouvaient à Rome, pour empêcher qu'aucune main sacerdotale ne profanât par son opposition l'exercice de la liberté, qui devait s'effectuer par l'installation des emblèmes républicains.*

Le gouvernement pontifical, informé d'une conduite si peu réservée et de la grande irritation du peuple, fit exhorter amicalement les deux républicains de s'abstenir de toute démonstration. Au lieu d'acquiescer à ces sages avis, ils annoncèrent hautement qu'ils prendraient la cocarde tricolore, et arboreraient les insignes de la liberté dans la soirée du 13 janvier, au plus tard. En effet, ce jour, qui était un dimanche, vers les cinq heures trois quarts, on vit sortir du palais de l'Académie de France, situé dans l'endroit le plus fréquenté de Rome, une voiture où se trouvaient Flotte et Basseville, et qui se dirigeait vers la place Colonne. Ces deux personnages, ainsi que le cocher et les valets, portaient de grandes cocardes tricolores, et l'intérieur de la voiture on agitait un petit étendard républicain. Il n'en fallut pas davantage pour que le peuple, qui se crut insulté, fît éclater son indignation. De grandes clameurs s'élevèrent, et quelques pierres furent lancées contre les républicains. La décharge d'une arme à feu que l'on entendit partir de la voiture, sans pourtant blesser personne, acheva d'exaspérer les esprits, et en un instant les téméraires se virent investis d'une si grande multitude, qu'ils furent obligés de fuir à toute bride, et allèrent se réfugier dans la maison d'un banquier français nommé Lamoutte. Le peuple ne tarda pas à y pénétrer, et Basseville fut découvert armé d'un stylet. Il voulut défendre sa vie ; mais il fut bientôt atteint mortellement d'un coup de couteau ou de rasoir dans le bas-ventre. La garde pontificale accourut promptement, et prit le blessé sous sa protection.

Pie VI avait sans doute sujet d'être indigné contre des hommes qui venaient sous ses yeux troubler la tranquillité publique ; mais quand il les sut en péril, il ne pensa plus qu'aux secours qu'on pourrait leur procurer. Le gouvernement envoya auprès de Basseville des médecins, des chirurgiens, et chargea des prêtres de le visiter. Le malheureux, dont la blessure ne laissait aucun espoir, se confessa, donna des marques d'une sincère pénitence, et mourut dans la soirée du 14 janvier. Son corps fut porté à l'église, et on lui fit des funérailles convenables, au frais du Saint-Père. Quant à Flotte, l'autorité prit des mesures pour sa sûreté, et le soir même de l'événement, il fut placé avec sa femme et ses enfants dans un lieu inaccessible à la fureur du peuple. On leur fournit en argent ou autrement tout ce qui leur était nécessaire. Ils partirent accompagnés d'une escorte suffisante, et arrivèrent tranquillement aux frontières de l'État ecclésiastique. On pourvut par des ordres sévères à la sécurité des Français qui habitaient Rome, et le palais de l'Académie de France, que le peuple voulait détruire, fut sauvé de l'incendie. Tel est le récit de cet événement, puisé à des sources authentiques par un homme qui était sur les lieux (Baldassari, *Hist. de l'enlèvement de Pie VI*, p. 55-64). Cela se passait en 1793, au mois de janvier, cinq ou six jours avant que les révolutionnaires de France eussent coupé la tête à Louis XVI.

Trois ans après, en 1796, lorsque les Français entrèrent en Italie sous le commandement de Napoléon Bonaparte, le roi d'Espagne, parent de Louis XVI, avait fait sa paix avec la République française; le roi de Naples autre parent de Louis XVI, se disposait à en faire autant. Il y a plus : l'un et l'autre s'entendaient avec ladite République, pour se partager les États de l'Église, le domaine temporel du Saint-Siège : la République devait avoir les trois légations, avec d'autres provinces à sa convenance; le roi d'Espagne devait avoir la ville de Rome avec le pays environnant pour son gendre, le duc de Parme; le roi de Naples se contentait des principautés de Bénévent et de Ponte-Corvo, avec quelques rognures de ce côté. Les parts ainsi convenues, Bonaparte en commença l'exécution, et entra dans les légations de Bologne, de Ferrare et de Ravenne, sans déclaration de guerre et sans coup férir. Le Pape, épouvanté, recourut à la médiation de l'ambassadeur d'Espagne, le chevalier Azara, pour obtenir un armistice du général Bonaparte. L'armistice fut signé à Bologne, le 23 juin. L'ambassadeur espagnol se fit un mérite auprès du Pape de l'avoir obtenu, disant qu'il y avait eu bien de la peine. Le général marquait en effet dans l'armistice écrit, qu'il l'avait accordé par considération pour le roi d'Espagne. La vérité est que Bonaparte, comme il le mandait lui-même au Directoire, n'avait point assez de troupes disponibles, et que, pendant les grandes chaleurs où l'on était, chaque marche en diminuerait le nombre de deux cents malades. Ce que le Pape dut réellement à l'espagnol Azara, c'est une contribution de guerre, à laquelle Bonaparte ne pensait pas d'abord. Cette contribution fut de vingt millions de francs, avec un grand nombre de statues, de tableaux, de manuscrits précieux, l'artillerie de la place d'Ancône, etc. Avant tout, le Pape devait envoyer un plénipotentiaire à Paris, afin d'obtenir la paix du Directoire, et d'offrir les réparations nécessaires pour le meurtre de Basseville. Pie VI accepta les conditions, si dures qu'elles fussent. Pour conclure un traité de paix définitif, il envoya un ministre à Paris, avec des lettres apostoliques en forme de bref, sous la date du 5 juillet 1796, et adressées à tous les chrétiens de France qui étaient demeurés dans la communion du Saint-Siège. Ces lettres portaient : « Qu'il était de foi catholique que les puissances sont ordonnées et établies par la sagesse de Dieu, afin que les peuples ne soient pas livrés au désordre et agités comme une mer en furie; que saint Paul a enseigné que tout pouvoir vient de Dieu, et que résister au pouvoir, c'est résister à l'ordre de Dieu même; qu'il ne fallait donc pas se faire illusion, et, sous apparence de piété, fournir aux auteurs des nouvelles institutions une occasion et un prétexte de blâmer la religion catholique; que les fidèles enfants de l'Église devaient obéir avec joie et promptitude à ceux qui commandent, parce qu'ils remplissaient ainsi une de leurs obligations, et que les dépositaires de l'autorité venant à connaître que la vraie religion ne veut pas le renversement des lois civiles, se trouveraient engagés à la favoriser et à la protéger; qu'on ne devait point écouter ceux qui avanceraient une doctrine contraire, et prétendraient l'attribuer au Siège apostolique (Baldassari, c. 1). »

Le Directoire exigeait avant tout l'article suivant : « Le Pape désapprouvera, révoquera, annulera toutes les bulles, tous les brefs, monitoires, rescrits et décrets apostoliques émanés du Saint-Siège, concernant les affaires de France depuis 1789 jusqu'à ce jour. » Depuis longtemps, la Constitution civile du clergé, condamnée par les brefs de Pie VI, n'était plus en vigueur; elle avait cessé de faire partie des lois de l'État. Le Directoire ne se souciait pas plus de cette Constitution que de l'ancienne discipline de l'Église gallicane; mais il voulait avoir un prétexte pour faire la guerre au Saint-Siège, il voulait surtout l'avilir avant de consommer sa ruine. Les négociations, rompues à Paris, ayant été renouées à Florence, le Directoire reproduisit le même article avec plus d'extension. Il voulait que le Pape, non-seulement se condamnât lui-même, en révoquant tout ce qu'il avait fait contre le schisme de France, mais qu'il annulât encore tout ce que les évêques catholiques de France avaient publié à cette occasion. Pie VI répondit avec beaucoup de calme et dignité, que *ni la religion ni la bonne foi ne lui permettaient d'accepter de pareils articles, et qu'il était obligé, en conscience, de soutenir ce refus au péril même de sa vie*. Les commissaires républicains furent surpris de cette réponse. Dans le fait, cette réponse fut une victoire; et dans les négociations subséquentes, on ne lui demandera plus de révoquer ce qu'il a fait touchant les affaires ecclésiastiques de France : ce qui, pour le Pape et pour l'Église, était le point capital.

Dans ces négociations, le bon Pape avait encore employé la médiation de l'Espagne, dont il ignorait les conventions secrètes avec la République française pour le dépouiller de son domaine temporel. N'ayant plus d'autre ressource, Pie VI demanda au roi de Naples de former entre eux une alliance défensive, qui se conclut en effet : le bon Pape ignorait que dans ce moment-là même le roi de Naples signait une alliance avec la République française, pour le dépouiller des principautés de Bénévent et de Ponte-Corvo. Cependant Napoléon Bonaparte désirait beaucoup rompre l'alliance qui unissait Rome et Naples; il chargea le sieur Cacault, ministre français à Naples et qui s'appelle lui-même un *révolutionnaire corrigé*, de mettre tout en œuvre pour engager le Pape à faire séparément sa paix à des conditions modérées. Cet agent républicain s'acquitta de sa commission avec beaucoup de zèle. Il promit au gouvernement romain des conditions bien différentes de celles qui avaient été offertes à Florence; des conditions qui ne blesseraient aucunement la conscience du Saint-Père, et qui seraient de nature à satisfaire tous les esprits par leur équité; mais toutes ses instances n'obtinrent que des réponses évasives. Napoléon, pour obtenir cette paix qu'il souhaitait vivement, eut recours au chevalier Azara; mais le gouvernement pontifical ne crut pas non plus devoir s'arrêter aux représentations de ce ministre. Une autre tentative de Napoléon pour avoir la paix avec Rome, fut d'y envoyer en toute hâte le cardinal Mattéi, archevêque de Ferrare, auquel il en écrivit le 21 octobre 1796. Le 28 du même mois, Bonaparte pressait encore l'agent Cacault dans le même but. Il lui écrivait de faire savoir au Pape que, « par la modération du Directoire, le général français était autorisé à terminer le différend avec Rome, ou par les armes ou par un nouveau traité. Il lui disait de recommencer les négociations, ou directement avec le secrétaire d'Etat, ou par l'intermédiaire du cardinal Mattéi; et, si l'on adhérait à ses offres, de se rendre à Crémone avec le ministre choisi par le gouvernement pontifical. Il désirait prouver au Pape combien il avait à cœur de mettre fin à de si longs débats, et aux maux que la guerre apporte à l'humanité; il lui offrait donc le moyen de mettre son honneur à couvert, et de satisfaire à ses obligations comme chef de la religion. Cacault devait, de plus, assurer de vive voix à Sa Sainteté, que le général Bonaparte avait toujours été contraire au traité proposé antérieurement, et surtout au mode de négociation qu'on avait suivi; qu'à sa sollicitation le Directoire consentait qu'on ouvrît de nouvelles négociations; et que lui, Bonaparte, aimait bien mieux être le sauveur que le destructeur du Saint-Siége (Baldassari, c. 2, p. 81-87). »

Les nouvelles avances et les paroles de Bonaparte firent grande impression sur Pie VI. Il convoqua sur-le-champ le sacré collége, qui, cette fois, se trouva divisé. Quelques-uns pensaient qu'il fallait profiter de cette ouverture, et adhérer, sans délai, aux propositions du général français; les autres, et c'était la plus grande partie, furent d'un sentiment opposé. Ils comptaient sur les secours promis par le roi de Naples, qui venait d'envoyer la feuille de route et le tableau représentant l'état complet de l'armée auxiliaire, avec l'assurance réitérée que les promesses de l'alliance du 25 septembre seraient fidèlement accomplies. Cependant le Pape fut averti confidentiellement qu'un traité de paix entre la République française et le roi de Naples avait été signé à Paris le 10 octobre, et que le courrier portant la ratification du roi avait passé à Rome du 19 au 20. Pie VI en parla à l'ambassadeur napolitain, qui, pendant plusieurs semaines, ne cessa de protester que cela était impossible, jusqu'au moment où, vers le commencement de l'année 1797, les journaux de Paris publièrent le traité du 10 octobre, par lequel le roi de Naples renonçait à l'alliance du Pape, que pendant deux mois, depuis la conclusion du traité, il n'avait cessé de pousser à la guerre par la promesse de son secours. Pie VI, se voyant ainsi trompé par le roi de Naples, eut recours à l'empereur d'Autriche, qui lui envoya deux généraux pour commander les troupes romaines. Bonaparte les battit, s'empara d'Ancône, et écrivit, le 20 janvier 1797, au cardinal Mattéi : « Quoi qu'il puisse arriver, je vous prie, monsieur le cardinal, d'assurer Sa Sainteté qu'elle peut demeurer à Rome sans aucune inquiétude. Le Pape, premier ministre de la religion, peut espérer, à ce titre, protection pour lui et pour l'Eglise. Promettez même à tous les habitants de Rome qu'ils trouveront dans l'armée française des amis qui ne se réjouiront de la victoire qu'autant qu'elle pourra servir à améliorer le sort du peuple et délivrer l'Italie du joug des étrangers. Je veillerai surtout à ce qu'il ne se fasse aucun changement dans la religion de nos pères. »

Malgré ces promesses de Napoléon, la plupart des cardinaux conseillèrent à Pie VI de quitter Rome et de se réfugier dans le royaume de Naples. Le départ fut fixé au 12 février. Dans la soirée du 11, Pie VI prenait ses derniers arrangements pour le bien de Rome en son absence, lorsqu'arrive inopinément le Père Fumé, supérieur général des Camaldules, avec cette commission : « Vous direz à Pie VI que Bonaparte n'est pas un Attila, et que quand il en serait un, le Pape devrait se souvenir qu'il est successeur de Léon. » Telles sont les paroles que le Père Fumé rapportait lui avoir été adressées, prononcées par Bonaparte. Ce religieux était expressément chargé d'engager le Pape à ne pas s'éloigner de Rome, mais à envoyer ses plénipotentiaires pour traiter de la paix avec la France. Après avoir entendu ces nouvelles assurances de Napoléon, Pie VI contremanda son départ, et envoya quatre plénipotentiaires à Tolentino, où se conclut la paix avec la France. Le Pape perdait les trois légations, et devait payer en outre trente millions de francs; mais on ne lui parla plus de révoquer ce qu'il avait fait contre le schisme de France, et sa souveraineté spirituelle demeura tout entière (Baldassari, c. 2).

Il n'en était pas de même de sa souveraineté temporelle : c'était toujours un objet de convoitise, de négociation, de partage éventuel entre la France, l'Espagne, Naples et l'Autriche, tout comme la Pologne entre la Prusse, l'Autriche et la Russie. Pendant que Pie VI faisait tous les sacrifices possibles pour satisfaire aux conditions si dures du traité de Tolentino, on lui annonça tout à coup l'envoi d'une ambassade solennelle par le roi d'Espagne, ou plutôt par un certain Godoï, dit prince de la Paix, qui gouvernait le roi et le royaume d'Espagne, comme un certain Irlandais Acton gouvernait le roi et le royaume de Naples. Cette ambassade se composait du cardinal Lorenzana, archevêque de Tolède, et grand-inquisiteur d'Espagne; d'Antoine Despuig, archevêque de Séville, et de monseigneur Musquiz, archevêque de Séleucie, abbé de Saint-Ildefonse, et confesseur de la reine. Godoï les avait choisis pour les éloigner de Madrid et y être plus maître encore. Cette ambassade solennelle arriva à Rome dans la persuasion que tout y était terminé, que le Pape était dépouillé de tout son domaine temporel, et pour en obtenir, comme chef spirituel de l'Eglise, des libertés nationales qui missent les églises d'Espagne tout à fait sous la main du roi, ou plutôt de son favori, lequel, dans l'acte même où il nommait ces trois ambassadeurs, parlait de Pie VI d'une manière outrageante. Cependant les deux archevêques de Tolède et de Séville, qui restèrent auprès du Pape, se montrèrent d'une manière fort honorable : le troisième ambassadeur retourna promptement à Madrid (Baldassari, c. 3).

Au mois d'août de la même année 1797, arriva à Rome l'ambassadeur français Joseph Bonaparte, avec la ratification du traité de Tolentino par le Directoire. La santé de Pie VI s'altérait sensiblement; le 23 septembre il fut pris d'une fièvre maligne, et l'on craignit beaucoup qu'il ne touchât à ses derniers moments. Joseph en ayant informé son frère Napoléon, celui-ci, dans une réponse du 27 du même mois, lui prescrivit : « Si le Pape venait à mourir, de mettre tout en œuvre pour empêcher qu'on n'en fît un autre, et pour susciter une révolution. » Le Directoire écrivait au même, le 10 octobre : « Vous avez deux choses à faire : 1º empêcher le roi de Naples de venir à Rome ; 2º aider, bien loin de retenir, les bonnes dispositions de ceux qui penseraient qu'il est temps que le règne des Papes finisse; en un mot, encourager l'élan que le peuple de Rome paraît prendre vers la liberté. » Le 17 octobre, traité de Campo-Formio entre la France et l'Autriche, dont la dernière obtient pour sa part la république de Venise. Peu après, Pie VI reconnaît la république cisalpine ou de Milan. Le 19 novembre, le commandant français d'Ancône déclare cette ville républicaine indépendante. Vers la mi-décembre, le général français Duphot arrive à Rome, pour en faire autant : il s'en vantait d'avance. Comme il devait épouser une sœur de Joseph Bonaparte, il prit son logement chez l'ambassadeur. Les conspirateurs voulurent célébrer le jour de son arrivée par un soulèvement; mais le peuple fut sourd à leurs provocations. L'exécution du complot fut remise au 27 décembre. La police romaine, bien informée, dissipa les séditieux par la patrouille. Dans la matinée du 28, le cardinal secrétaire d'Etat alla trouver l'ambassadeur français, lui exposa ce qu'on savait des manœuvres révolutionnaires et les mesures que l'on était résolu d'y opposer. L'ambassadeur répondit qu'il était bien éloigné de favoriser de pareilles tentatives, et que c'était une chose juste d'opposer la force à tout acte de rébellion, quels que fussent les coupables.

Or, le même jour, vers quatre heures après midi, une troupe de jeunes gens se porta au palais de l'ambassade; en même temps, un bon nombre de conjurés sortit de ce palais et du jardin y attenant. Quelques hommes de loi commencèrent, devant le drapeau républicain, à pérorer en faveur de la révolution. Les auditeurs qui n'étaient pas du complot s'éloignèrent tant qu'ils purent. Joseph Bonaparte considérait cette scène du haut de son balcon. Le général Duphot, à la tête des factieux, marchait vers le Tibre, en criant : Vive la liberté! vive l'égalité! vive la République française! vive la République romaine. Mais sa bande, au lieu de grossir, diminua sensiblement. Alors l'ambassadeur descendit dans la rue, et se mêla dans la foule. On dit que, voyant les Romains si éloignés de l'esprit révolutionnaire qu'on leur supposait, il engagea son futur beau-frère à renoncer à l'entreprise. Mais Duphot alla toujours en avant, le sabre à la main, suivi de ses partisans, armés la plupart de sabres et de pistolets, et criant : Vive la liberté! Lorsqu'ils approchèrent de la porte de Septime, la garde qu'on y avait placée, sous le commandement du caporal Marinelli, ajusta ses fusils. Le caporal ordonna au rassemblement de se disperser; mais les factieux doublèrent le pas. Le caporal leur cria de nouveau de s'arrêter et de mettre bas les armes; mais Duphot, sans égard à ces avertissements, levait son sabre en disant : *Deux mots et la paix!* — *Halte! à bas les armes!* cria une dernière fois le caporal. Et voyant que les révolutionnaires avançaient toujours, il commanda le feu. Le général, qui marchait à la tête, couvert d'une cuirasse en mailles de fer, fut frappé d'une balle à la gorge, et tomba raide mort. Les autres s'enfuirent vers le palais de l'ambassade, et l'ambassadeur fit comme eux. Le palais fut religieusement respecté par les troupes pontificales, quoiqu'on eût tiré sur elles des fenêtres.

La mort de Duphot, comme celle de Basseville, servit de prétexte aux Français pour s'emparer de Rome. Nous disons *prétexte*, car, quand ils y furent les maîtres, ils ne songèrent pas seulement à faire une enquête pour trouver et punir les prétendus assassins. Le général Alexandre Berthier vint à Rome avec une armée pontificale, vers la mi-février 1798, pour exiger une satisfaction éclatante, mais en effet pour y établir la République. Cependant dès le premier jour il écrivit à Napoléon, qui était alors en France : « Mon général, je suis arrivé depuis ce matin à Rome, je n'ai vu dans ce pays que la plus profonde consternation; quant à l'esprit de liberté, je n'en ai point trouvé la moindre trace. On m'a présenté un patriote qui m'a offert de mettre en liberté deux mille galériens. Je vous laisse à penser comment j'ai accueilli une pareille proposition (Baldassari, p. 187). »

Les Français, moitié de force, moitié de gré, occupèrent le château Saint-Ange, ce qui répandit parmi le peuple de la ville et de la campagne une grande frayeur; d'autant que depuis 1527, sac de Rome par le connétable de Bourbon, les Romains n'avaient point vu d'armée ennemie dans leurs murs, et avaient toujours joui des douceurs de la paix et de la tranquillité la plus parfaite. On aurait bien voulu effrayer aussi le Pape et lui faire quitter sa capitale, afin d'y improviser plus facilement la république; mais le Pontife octogénaire et infirme, résigné à la volonté de Dieu, demeura ferme à son poste, avec la plupart des cardinaux : quelques-uns, les plus exposés à la haine des Français, se retirèrent dans le royaume de Naples (*Ibid.*, c. 3). Il fallut donc républicaniser le peuple romain, en présence du vieux Pape. Voici comment la chose eut lieu.

Les Français entrèrent à Rome le 12 février 1798; le même jour, Pie VI se donna un conseil de ministres qui pussent leur être agréables; en effet, dans le nombre, il y en eut deux ou trois qui le trahissaient, pour préparer l'inauguration de la République. Cette inauguration se fit le 15, par la plantation d'un arbre, le débit d'une harangue, la rédaction d'un *acte du peuple souverain*, imprimé d'avance et la proclamation des sept consuls; car il n'y en eut pas moins. Parmi les sept, se voyaient les deux ou trois conseillers traîtres du Pape. Les orateurs parlaient encore, lorsqu'on entendit sonner la cloche des églises; aussitôt une grande partie des auditeurs se découvrit, et récita son *Angelus*. Les parrains de la République avaient choisi le 15 février pour sa naissance, parce que c'était le 23ᵉ anniversaire de l'élection de Pie VI. Les cardinaux assistaient à une messe solennelle au Vatican, pendant que la République se proclamait au Capitole. Le vieux Pontife faisait sa sieste après midi, lorsque le général Cervoni vint lui annoncer qu'il n'était plus souverain temporel. Comme il s'embarrassait dans son exorde, Pie VI l'interrompit par ces mots : « Allons, monsieur le général, exposez, sans tant de préambule, votre commission; nous sommes préparé à tout. » Cervoni reprit alors son discours, en affirmant que le culte catholique serait solennellement garanti, et que l'autorité spirituelle du chef visible de l'Eglise universelle demeurerait dans sa plénitude et intégrité; il paraissait vouloir s'étendre sur ce point. Le Pape l'interrompit de nouveau, et lui dit avec fermeté : « Monsieur, cette autorité nous a été donnée de Dieu, et nulle puissance humaine ne peut nous la ravir. Poursuivez. » Le général s'efforça de justifier ce qu'on avait fait quant au temporel; le Pape répondit article par article, montra par les faits avec quelle loyauté il s'était conduit en toutes choses, et congédia poliment le général. Le Pape devait avoir une garde de cinq cents hommes: dès le 16 février, elle fut licenciée subitement, et Pie VI fait prisonnier dans son palais. On voulait réduire le vieux Pontife à demander lui-même son éloignement de Rome; on le lui conseilla nettement; enfin, le 17 février, on l'invita formellement à se retirer en Toscane, avec menace, en cas de refus, de l'y faire conduire par la force armée. Il arrivait à Pie VI ce que Notre Seigneur avait prédit à saint Pierre : « *Quand vous étiez jeune, vous mettiez vous-même votre ceinture, et vous alliez où vous vouliez* (en Allemagne); *mais quand vous serez vieux, un autre vous ceindra et vous mènera où vous ne voudriez pas* (en Toscane et en France). » Pie VI se soumit aux ordres du ciel, et choisit pour son séjour la ville de Florence. Il partit effectivement de Rome, le 20 février 1798, une heure avant le jour. Napoléon était alors en France, se disposant à partir pour l'Egypte.

A Rome, le général Berthier fut remplacé par le général Masséna. Pour savoir comment gouvernait la république et jusqu'où allait le pillage des églises et même des maisons particulières, sous le commandement du dernier, il suffit de lire la protestation suivante que les officiers français rédigèrent le 24 février dans l'église de Sainte-Marie de la Rotonde, et à laquelle ils ajoutèrent quatre pages de signatures :

« Les officiers de l'armée de Rome au général en chef. — Citoyen général, la marche rapide de l'armée d'Italie vers Rome, pour venger l'assassinat commis sur le général Duphot, est une preuve certaine de l'empressement de tous les Français à se sacrifier pour la liberté et le bonheur de la patrie. Mais ce qui se passe sous nos yeux est bien fait pour nous étonner. Des hommes, revêtus de fonctions publiques, se rendent dans les maisons les plus riches, et, sans autre formalité, enlèvent tout ce qu'ils trouvent. De pareils faits ne sauraient rester impunis; ils crient vengeance, et déshonorent le nom français, qui maintenant, plus que jamais, est fait pour être respecté de tout l'univers. Oui, nous le jurons devant l'Eternel, dans le temple où nous sommes réunis, nous désapprouvons tout vol fait à Rome ou en d'autres lieux de l'Etat ecclésiastique; nous détestons et méprisons les hommes vils qui s'en rendent coupables; nous jurons en outre, qu'à dater de ce jour, désormais nous ne serons plus les instruments des scélérats qui abusent de notre valeur et de notre courage... Nous demandons que l'officier et le soldat ne demeurent pas plus longtemps sans solde et privés de tout, tandis que les caisses sont remplies d'argent, et qu'une partie de cet argent suffirait à payer tout ce qui leur est dû. Nous demandons de plus, que les objets enlevés sous divers prétextes dans les maisons particulières, et dans les églises appartenant à des nations avec lesquelles nous sommes en paix, soient restitués au plus tôt, et que ces édifices soient remis dans l'état où ils étaient avant notre entrée dans Rome. Enfin, nous persistons à exiger vengeance des brigandages commis dans cette ville par des fonctionnaires prévaricateurs et des administrations dévastatrices et corrompues, plongées jour et nuit dans le luxe et la débauche. Citoyen général, vous avez en main l'autorité; vous pouvez châtier les auteurs de tous ces excès. Nous vous déclarons franchement que, si vous n'y mettez un frein, nous rejetons sur vous tout le déshonneur d'une pareille complicité. Nous voulons cependant croire que votre conduite ne mérite pas de reproche; les mesures que vous allez prendre pour l'avenir nous en donneront la preuve. Comme on pourrait dénaturer les principes que nous professons dans cette proclamation, nous vous avertissons que nous en adresserons une copie au Directoire, que nous la ferons insérer dans tous les journaux de la République, et afficher à Rome dans les deux langues, afin que le peuple romain voie notre innocence à l'égard des délits commis; et si vous avez à cœur, citoyen général, d'obtenir notre estime, vous nous rendrez la plus prompte et la plus complète justice. *Salut et respect.* »

Masséna, pour dissiper la réunion des officiers, résolut d'éloigner de Rome une grande partie des troupes; mais l'armée pénétra ses vues et refusa d'obéir. Alors il résigna son commandement et partit. Né à Nice en Savoie, Masséna était un des plus grands généraux, mais aussi un des plus grands voleurs de l'armée française (Baldassari, 1ʳᵉ partie, c. 4).

Le pape Pie VI, qui était dans sa 81ᵉ année, fut conduit successivement à Sienne, à la Chartreuse de Florence, à Parme, à Turin, à Briançon en France, à Grenoble, et enfin à Valence, où il mourut le 29 août 1799. Le Pape n'entra point à Florence même. Le grand-duc de Toscane avait peur de déplaire aux Français; il craignait surtout l'affluence du peuple pour voir le vicaire de Jésus-Christ et recevoir sa bénédiction; il y eut donc ordre aux magistrats de ne lui rendre aucun honneur, et de le faire rester à Sienne. Le peuple pensait bien différemment du prince et de ses ministres. Dans la matinée du 25 février, lorsque le Pape eut quitté son dernier gîte devant Sienne, une grande multitude de tout rang, de tout âge et de toute condition, s'y porta pour satisfaire sa dévotion. Ces pieux fidèles, n'ayant pu baiser ses pieds, baisaient respectueusement le lit où il avait reposé; et ceux qui ne pouvaient arriver jusqu'au lit baisaient les murs de la chambre; ils faisaient aussi toucher aux murs et au lit leurs chapelets et leurs médailles. Les populations s'étaient montrées de même depuis Rome.

Le 1er juin 1798, Pie VI fut transféré de Sienne à la Chartreuse près de Florence. Une foule de peuple était accourue pour recevoir les bénédictions du Pontife. Tous paraissaient affligés de son départ, et faisaient des vœux pour sa conservation. Ce spectacle attendrissant se continua sur la route de Sienne à Florence. Pour empêcher le même concours à la Chartreuse, le gouvernement toscan ordonna que chacun eût à vaquer à ses propres affaires; il envoya à quelque distance de la ville des détachements de cavalerie, qui devaient fermer le passage à tous ceux qui se présenteraient pour aller au devant du Pape. On avait aussi placé des gardes au monastère, qui ne laissaient entrer personne. Les cardinaux, exilés des Etats-Romains, n'obtenaient point la permission de demeurer auprès du Pape, ni à Sienne, ni à la Chartreuse. Du 1er juin 1798 au 28 mars 1799, dans l'espace de dix mois que le successeur de saint Pierre demeura à une bonne demi-lieue de Florence, l'archevêque de cette ville n'alla le voir que deux fois, et le grand-duc une seule. Un prince mahométan lui témoigna plus d'égards. Le bey de Tunis écrivit à Pie VI une lettre fort respectueuse, où il se déclarait le protecteur de la mission catholique établie dans ses Etats, accompagnant sa lettre d'un calice d'argent pris sur un vaisseau français. Plus tard, donnant audience à des ambassadeurs napolitains, le bey se fit apporter une belle cassette d'acajou fermée à clé, qui en contenait une autre petite en argent, où se conservait la réponse de Pie VI, datée de la Chartreuse de Florence. Il la prit de sa main et la montra aux officiers de l'ambassade, en leur disant : « Voici la réponse que me fit le Pape, lorsque je lui adressai une lettre avec un calice qui avait été pris longtemps auparavant sur un vaisseau français. J'ai cru qu'il convenait de la faire garder en ce lieu (près de la chapelle catholique, comme une chose sacrée et digne du respect de tous les chrétiens (Baldassari, 2e partie, c. 3). »

Pie VI, dépouillé de tout, vivait des secours que lui ménageait la divine Providence. L'archevêque de Séville, Mgr Despuig, fut le premier à lui donner des preuves de son généreux dévouement. Il fut imité par l'archevêque de Valence, qui, ne se réservant qu'une très-petite partie de ses revenus, mit le reste à la disposition du Saint-Père. De plus, ce prélat ordonna, dans le même but, une collecte qui produisit une somme considérable, laquelle fut déposée chez les banquiers de Madrid. Mais le gouvernement espagnol, qui en fut instruit, ne voulut pas qu'une si grande quantité d'argent sortît à la fois du royaume. Il permit seulement qu'on fît passer tous les mois, par l'entremise du cardinal de Lorenzana, qui suivait le Pape, comme envoyé d'Espagne, ce qui était nécessaire pour l'entretien du Pontife et des personnes qui se trouvaient auprès de lui. On pria alors l'archevêque de Séville de suspendre les sacrifices qu'il s'imposait. Plusieurs personnages, ecclésiastiques ou séculiers, offrirent avec empressement leur fortune pour secourir le Saint-Père dans son dénûment. De fortes sommes furent mises entre les mains des nonces apostoliques pour être envoyées à Sa Sainteté. Le Pape les accepta, en témoignant le désir qu'elles fussent appliquées aux nonces, qui, depuis la cessation des subsides fournis par la Chambre apostolique, ne savaient comment pourvoir à leurs propres besoins. Il fit parvenir des remercîments pleins d'affection à tous ceux qui avaient manifesté le même zèle pour sa personne, et leur dit qu'il se réservait d'en user lorsque la nécessité l'y contraindrait. On reçut un jour un secours d'argent assez singulièrement adressé. C'était une somme de six mille francs avec cette indication : *Une douzaine de chemises.*

Entre tous les maux faits à Rome par la révolution, il faut compter l'envahissement par les républicains des biens et des revenus de la *Propagation de la Foi*, qui distribuait tous les ans beaucoup d'argent pour les missions et les collèges destinés à soutenir et à propager la vraie religion. Ces ressources venant à manquer à ces établissements, il ne pouvait qu'en résulter un grand dommage pour la religion, si l'on ne trouvait promptement un moyen d'y suppléer. On n'attendit pas longtemps. Une personne pieuse et riche d'Espagne, qui voulut rester inconnue, donna une somme égale à ce que la congrégation de la Propagande dépensait chaque année pour l'entretien des missions et des collèges confiés à sa sollicitude. Cette nouvelle fit éprouver à Pie VI une joie et une consolation inexprimables. Il remercia Dieu, qui accordait ainsi sa protection à son Eglise désolée. Il fut pourvu d'une autre manière à la conservation d'un collège catholique en Suède, que son extrême pauvreté menaçait d'une ruine prochaine. Pie VI exhorta, par un bref, le souverain protestant de cette contrée à étendre sa royale munificence sur ce pieux établissement. Gustave IV, qui régnait alors dans sa contrée, déférant avec empressement aux recommandations du Pape captif, fournit des secours suffisants, et le collège put continuer d'exister.

Le roi et la reine de Sardaigne, Charles-Emmanuel et Marie-Clotilde, dépouillés de leurs Etats de terre ferme par la République française, passaient par Florence pour se rendre dans leur île. Pleins de religion l'un et l'autre, ils demandèrent et obtinrent de présenter leurs hommages au successeur de saint Pierre. Ils arrivèrent à la Chartreuse le 12 janvier 1799. Lorsque Pie VI apprit qu'ils approchaient, non-seulement il se leva de son siège, mais il voulut même aller au devant d'eux. A peine put-il faire quelques pas, soutenu par deux de ses serviteurs. Il était à l'entrée de sa chambre lorsque le prince et la princesse se présentèrent. La reine se jeta la première à genoux en s'écriant : « Ah! bénissons nos disgrâces qui nous ont amenés aux pieds du vicaire de Jésus-Christ. » Le roi, également agenouillé, ajouta : « Oui, béni soit Dieu, qui, au milieu de nos épreuves, nous donne la consolation de jouir de la présence du chef visible de l'Eglise, du suprême pasteur des fidèles. » Et en disant ces paroles, ils baisaient tous deux, à plusieurs reprises, les pieds du Pontife. Pie VI, visiblement ému, les yeux abaissés sur ces augustes personnages, les priait de se relever et d'entrer dans son appartement. Ils voulurent absolument que le Pape les précédât, et ne prirent place que lorsqu'ils le virent assis. Un tel spectacle toucha les assistants jusqu'aux larmes, et firent une telle impression sur le commissaire français, qu'on le vit comme hors de lui-même. Après s'être entretenus une demi-heure, le roi et la reine prirent congé du Pape, en lui renouvelant les témoignages de leur dévouement. Comme ils se retiraient, le prieur de la Chartreuse les invita à visiter ce magnifique édifice; mais Charles-Emmanuel répondit : « Nous ne sommes point venus pour considérer votre monastère, mais pour présenter nos hommages au souverain Pontife : nos désirs sont pleinement satisfaits. » Et se tournant vers Marie-Clotilde : « Que vous en semble ? » lui dit-il. « Je ne puis, reprit la princesse, qu'approuver le sentiment qui vous anime : quant à moi, je viens d'obtenir ce qui était depuis longtemps l'objet de mes vœux, je n'ai plus rien à désirer. » Cette bonne reine, Marie-Clotilde de France, était une sœur du roi Louis XVI : depuis sa mort, elle a été déclarée *vénérable.*

Cependant, depuis que les Français s'étaient si grièvement oubliés envers le chef de l'Eglise, leurs armes ne prospéraient plus. Ils furent chassés un moment de Rome par le roi de Naples, qu'ils chassèrent ensuite de son royaume : le cardinal Ruffo, à la tête des peuples de la Calabre, l'y fit rentrer, après en avoir chassé les Français. Mais les Napolitains voulaient un gouvernement populaire; il y eut des réactions sanglantes. Dans la haute Italie, les Français, sous le commandement de l'Alsacien Schérer, successeur de Bonaparte, qui l'avait remplacé lui-même en 1797, furent battus par les Autrichiens et les Russes de Souvarow. Le Directoire de la République française, craignant de voir tomber le Pape entre les mains des Autrichiens et des Russes, ordonna de le déporter en Sardaigne : l'ordre était signé par un évêque apostat, Talleyrand. Cependant, comme tout le monde reconnaissait l'impossibilité de lui faire faire ce voyage sans l'exposer à une mort évidente, on le transféra seulement de Florence à Parme, le 28 mars 1799. Le Saint-Père était si infirme, qu'on avait la plus grande peine du monde pour l'introduire dans la voiture et pour l'en faire sortir. Comme l'armée française était obligée de battre en retraite, le voyage de Florence à Parme fut très-pénible pour le vieux Pontife : car, inopinément, il fallait avancer, reculer, le jour, la nuit, par des pluies à verse. A Parme, sa santé s'améliora d'une manière sensible. Il y eut la consolation de s'entretenir avec l'évêque de cette ville, monseigneur Turchi, l'un des prélats les plus illustres d'Italie par sa piété, sa sagesse et son éloquence. Le 14 avril, le Pape, alors très-malade, fut transféré de Parme à Turin. Le duc de Parme fournit aux Français une troupe de soldats pour servir de satellites. On en fut très-étonné. Joseph Pignatelli, jésuite célèbre par ses vertus et sa haute piété, ne craignit pas d'aller trouver le duc et de lui reprocher avec douceur la conduite peu honorable de son gouvernement. Le duc ayant cherché à justifier les mesures qu'on avait prises, en rappelant les menaces qu'avaient faites les Français d'envahir sa principauté, et les désastres qui eussent été la suite d'un pareil événement, Pignatelli répondit aussitôt : « Altesse Royale, les Juifs employèrent le même argument quand ils délibérèrent sur le parti qu'ils devaient prendre à l'égard de Jésus-Christ. Ils disaient : *Les Romains viendront et détruiront notre ville et notre nation.* Que Votre Altesse Royale me permette encore de lui citer le commentaire que saint Augustin nous a laissé de ces paroles : « Ils craignirent de perdre leur puissance et ne pensèrent point à la vie éternelle, et ils perdirent ainsi l'une et l'autre. » Le duc Ferdinand de Parme était un prince pieux; mais la piété n'est pas toujours accompagnée de la fermeté d'âme qui lui serait quelquefois nécessaire (Baldassari, 2º partie, c. 4).

Pie VI arriva à Turin dans la nuit du 24 au 25 avril, mais si faible, que plusieurs fois on le crut mort. A peine l'eut-on porté dans un lit, qu'un Piémontais, ancien avocat, se présenta comme major de la place et lui adressa ce compliment : « Citoyen Pape, je m'estime heureux de pouvoir vous offrir l'assurance de la considération et du respect qu'a pour votre personne le général Grouchy, commandant à Turin. Toutefois, il vous invite par mon organe à partir demain avant le jour, pour vous rendre à Grenoble. Ainsi l'a décrété le Directoire de la République française. » Pie VI était trop malade pour répondre, peut-être même pour entendre. On le fit néanmoins partir dans la nuit du 25 au 26. Sur la route demeurait le pieux et savant cardinal Gerdil, qui désirait extrêmement voir le Pape, ainsi que le Pape le cardinal : on leur refusa cette consolation. A Suze, le commandant déclara que le Saint-Père ne devait point aller à Grenoble, mais à Briançon, forteresse au milieu des Alpes. Il fallut prendre d'autres arrangements. Le voyage allait par le mont Cenis, les voitures ne pouvaient plus servir à cause des neiges et des glaces : on loua des mulets. Le Saint-Père était porté dans une chaise. Au haut du mont Genèvre, les compagnons du Pape eurent peur. Ils voyaient l'horizon de la France révolutionnaire, de cette France qui jusqu'alors ne s'était fait connaître en Italie que par la guerre, le brigandage et l'impiété : ils eurent d'autant plus de peur et de regret, que Parme aux Alpes les populations italiennes avaient témoigné plus de dévotion pour le Saint-Père. A un quart-d'heure de Briançon, cette peur fut à son comble. Ils aperçurent une troupe d'hommes armés qui venaient à eux, tambour battant, à leur mise et à leur tournure, ils les eût plutôt pris pour une troupe de brigands que pour une compagnie de soldats. Une telle députation fit tressaillir d'effroi les ecclésiastiques romains ; le Saint-Père lui-même en parut tout troublé. Cependant c'était une garde d'honneur, qui rendit à Pie VI les honneurs militaires et se rangea derrière lui. A la première porte de Briançon, Pie VI fut reçu par le commandant de place et quelques officiers de l'état-major, qui tous le saluèrent. Il fut aussi accueilli par le peuple avec respect ; plusieurs même, en voyant le visage auguste de Pie VI, paraissaient attendris et ne pouvaient retenir leurs larmes ; quelques-uns poussèrent le zèle jusqu'à vouloir sonner les cloches, et ils l'auraient fait, si le curé de l'église constitutionnelle ne se fût empressé de fermer l'église. Personne d'ailleurs, dit l'abbé Baldassari, qui était de ce voyage, ne se permit la plus légère insulte, ce qui contribua beaucoup à nous remettre de l'espèce de saisissement que nous avions éprouvé en arrivant sur le territoire français. Mais nous prîmes encore plus de confiance lorsque nous vîmes le commandant de place inviter à sa table les deux prélats et les autres ecclésiastiques de la suite du Pape. Nous y trouvâmes les officiers qui nous avaient accueillis à l'entrée de la ville, plusieurs officiers piémontais de notre escorte et quelques employés. Il n'y avait point de dames, et la conversation fut toujours décente et réservée.

Le commandant de Briançon, chez lequel fut logé le Pape au premier étage, était d'un caractère doux et modéré. Sa femme, qui était pieuse, descendait chaque matin dans l'appartement du Pape, pour y entendre la sainte messe. Les habitants de la ville, malgré le curé schismatique qu'ils suivaient par ignorance, avaient un grand respect pour le Pape et pour les personnes de sa suite, qu'ils ne manquaient jamais de saluer. Ils désiraient beaucoup voir le Saint-Père, et, ne pouvant pénétrer dans son appartement, ils se réunissaient sous les fenêtres de l'auguste captif, dans l'espérance que peut-être il pourrait se montrer. Mais un commissaire républicain, homme sans foi ni morale, mettait tout en œuvre pour contrarier ces bonnes dispositions du commandant et du peuple.

Cependant les Autrichiens et les Russes, qui étaient entrés à Milan, menaçaient le Piémont. Des révolutionnaires d'Italie se réfugiaient à Briançon : bientôt on apprit que les Austro-Russes s'étaient avancés jusqu'à Suze, et on lut dans une gazette de Paris que Souvarow, général en chef des impériaux, avait ordre de tout tenter pour délivrer le Pape. Ordre arriva alors de faire partir au plus tôt Pie VI pour Grenoble, ou du moins les personnes qui n'étaient pas absolument nécessaires à son service personnel. Celles-ci partirent le 8 juin, le Pape devant les suivre quelque temps après. L'abbé Baldassari, qui était de la première caravane, en parle ainsi :

« Nous passâmes la première nuit à Embrun, où nous descendîmes à l'auberge. Le bruit s'étant répandu que des ecclésiastiques de la suite du Pape étaient arrivés, il accourut en un instant une foule de peuple empressé de nous voir. Mais les officiers mirent des soldats à la porte de l'auberge pour en défendre l'entrée. L'aubergiste nous accueillit d'un air affable, et s'entretint quelque temps avec nous. Au moment où nous allions nous lever de table, on nous annonça que le conseil municipal venait nous complimenter. Nous le reçûmes aussitôt ; et celui qui en était le chef, après beaucoup de choses polies et obligeantes, nous dit que la municipalité avait décidé que nous logerions chez les familles les plus aisées de la ville. Monseigneur Spine, archevêque de Corinthe, répondant pour nous tous, remercia la municipalité de ses attentions bienveillantes ; mais il lui fit entendre que, pour ne pas être à charge aux citoyens nous désirions rester dans l'auberge où nous étions réunis ; d'autant plus que l'hôte qui s'était montré fort civil, avait été averti de préparer les chambres nécessaires, et s'en occupait peut-être en ce moment même. « Vous ne me reconnaissez donc pas ? » dit alors l'officier municipal, lequel était l'aubergiste lui-même, qui avait déposé ses habits ordinaires pour revêtir les insignes de sa dignité. Il ajouta qu'il préférait notre commodité à son intérêt, et que nous devions nous conformer aux mesures arrêtées, parce que les familles qui devaient nous recevoir avaient été prévenues. Chacun de nous fut donc conduit à la maison qui lui avait été assignée. Nous fûmes accueillis avec des témoignages de joie et de respect qui nous étonnèrent. Nous vîmes avec consolation combien la foi s'était conservée vive et pure, surtout parmi les dames. Ces religieuses familles appartenaient à l'ancienne noblesse. Elles avaient employé les sollicitations, et même les présents, pour obtenir l'honneur, ainsi qu'elles s'exprimaient, de loger quelqu'un des ecclésiastiques enlevés au Pape. Le lendemain, plusieurs dames, amies ou parentes de la maîtresse de la maison, se trouvèrent au repas qui nous fut offert avant notre départ ; et quand nous prîmes congé de la compagnie, ces vertueuses dames se mirent toutes à genoux pour recevoir notre bénédiction, en nous suppliant de nous souvenir d'elles et de la France dans nos prières. En vain nous leur représentions que nous ne méritions pas ces marques de vénération ; elles nous répondaient que l'honneur d'appartenir au vicaire de Jesus-Christ persécuté, et de partager ses épreuves, nous rendait dignes des plus grands respects.

» Nous arrivâmes le 9 à Gap, chef-lieu du département des Hautes-Alpes, et nous y trouvâmes la même hospitalité et les mêmes prévenances qu'à Embrun. Le 11, nous atteignîmes Vizille, dont le château était alors tenu en loyer par des Génevois, et renfermait une manufacture de toiles peintes, qui occupait la plus grande partie des habitants de Vizille. Il n'y avait, dans tout l'endroit, qu'une petite auberge, où à peine nous fûmes entrés, que les Génevois vinrent nous prier de vouloir bien profiter de leur vaste habitation ; et leurs instances furent si pressantes, que les prélats jugèrent à propos d'y envoyer l'abbé Marotti, le Père Jean Pie de Plaisance et moi. On répondit donc qu'après le souper, une partie d'entre nous se transporterait au château. Nous eussions été autant de cardinaux, qu'on n'aurait pu nous accueillir d'une manière plus honorable. Deux hommes avec des flambeaux vinrent nous chercher à l'auberge. Au pied de l'escalier du château étaient deux estafiers avec des torches, et dans la salle, la maîtresse de la maison et sa fille nous attendaient tenant chacune deux chandeliers d'argent. Ces Génevois, tout protestants qu'ils étaient, ne pouvaient s'empêcher de blâmer hautement les procédés odieux du gouvernement français envers le Pape et les personnes qui lui appartenaient. »

A Grenoble, l'empressement du peuple était le même ; mais les agents républicains faisaient tout ce qu'ils pouvaient pour en empêcher la manifestation. Les ecclésiastiques romains furent consignés dans leur auberge, comme dans une prison, sans pouvoir sortir un seul instant, ni recevoir personne du dehors ; ils craignaient même de s'approcher des fenêtres, de peur d'attirer les regards des personnes qui se réunissaient dans la rue et dans les maisons voisines pour les voir, et de s'exposer peut-être à quelques nouvelles rigueurs de la part des républicains. Ce qui les étonnait surtout, c'était la politesse des servantes de l'auberge. « Nous admirions leur maintien modeste, et, remarquant que les figures changeaient d'un jour à l'autre, nous ne pouvions comprendre comment il se trouvait, dans une si petite auberge, tant de personnes dont les manières étaient si distinguées. Mais le mystère ne tarda point à s'éclaircir. Un jour, une de ces femmes de service se tenait immobile à un bout de la table, une serviette et un plat à la main : tantôt elle levait les yeux vers le ciel, tantôt les tournait vers nous, et tantôt les abaissait vers la terre. Un des officiers préposés à notre garde, qui s'en aperçut, lui demanda si elle était préoccupée de quelque grande affaire. « Comme je révère dans le Pape, répondit-elle avec vivacité, le vicaire de Jésus-Christ, je regarde ces messieurs comme les successeurs des disciples du même Jésus-Christ notre Sauveur. » Puis élevant la voix : « Jusqu'à quand, ajouta-t-elle, sera-t-il au pouvoir des impies d'opprimer la justice et l'innocence ? Qu'on cesse donc d'appeler notre siècle le siècle des lumières, et de vanter notre pays comme celui où les droits de l'homme sont le mieux garantis, puisqu'on ne cesse d'y fouler si manifestement aux pieds les droits sacrés de la nature et de l'humanité. » L'officier fut un peu étourdi de cette réponse de la servante; mais comme elle continua sur le même ton, il lui répondit que ce n'était point à elle à juger de ces choses, et lui ordonna de sortir de la chambre. Quand il eut repris sa bonne humeur, il fut assez franc pour nous dire que les paroles de cette personne, quoique très-imprudentes, n'étaient pas tout à fait dénuées de fondement. Or, cette servante d'auberge était une noble dame, d'une des premières familles du Dauphiné, et ancienne religieuse. On sut alors que les principales dames de Grenoble, pour parvenir jusqu'aux ecclésiastiques romains, malgré la consigne, se déguisaient, et que, se chargeant de légumes, de fruits et autres choses semblables, elles s'introduisaient adroitement dans l'auberge, où, non-seulement elles faisaient cadeau à l'aubergiste de toutes leurs marchandises, mais donnaient encore de l'argent pour assister aux repas des prêtres captifs, comme femmes de service. Tous les jours trois ou quatre de ces dames remplissaient cet office avec toutes les attentions d'une politesse peu commune (Baldassari, 2ᵉ partie, c. 6).

Sur les entrefaites, par les soins du chevalier de Labrador, envoyé d'Espagne, lequel se fit un honneur infini par sa généreuse conduite en ces circonstances, on envoya de Grenoble des voitures, avec un médecin expérimenté et religieux, nommé Duchadoz, pour amener le Pape de Briançon, si cela était possible. Ils le rencontrèrent à Gap : le commissaire républicain de Briançon avait exigé qu'il partît le 27 juin, mort ou vif. A quoi le commissaire de Briançon et celui de Gap veillaient le plus, c'est à empêcher les populations des villes et des campagnes de témoigner leur vénération pour le vicaire de Jésus-Christ. Quelle fut cette dévotion populaire, on en peut juger par deux témoignages.

On lisait dans le *Courrier universel* du 30 thermidor an VII, sur le voyage du Pape : « L'esprit de religion qui subsiste en France s'est montré avec éclat dans les lieux où s'est passé le souverain Pontife. Depuis Grenoble jusqu'à Briançon, tous les habitants des campagnes, et ceux mêmes des villes, accouraient en foule sur son passage. Il est vrai qu'une partie était poussée par la curiosité, qui pourtant se changeait bientôt en vénération. Mais le plus grand nombre venait par un sentiment de religion. A la vue du Pape, tous se tenaient en silence; silence majestueux, qui cédait de temps en temps à des expressions de respect et d'enthousiasme. Les personnes pieuses ne pouvaient s'empêcher de demander au Pontife sa bénédiction. Cette foule religieuse a entouré Pie VI, et a suivi sa voiture jusqu'à Grenoble. « A quoi l'abbé Baldassari ajoute : « Nous pouvons affirmer, d'après le témoignage de ceux qui accompagnèrent Pie VI depuis le 27 juin jusqu'au 6 juillet, que le journal n'a rien exagéré. Ces nouvelles ne nous surprirent point, nous qui avions été sur la même route l'objet de tant de démonstrations respectueuses; nous qui avions vu des mères faire toucher le front de leurs enfants à notre voiture, lorsque l'intolérance de nos gardiens ne nous permettait pas de les bénir. Si l'honneur seul d'appartenir au Saint-Père inspirait pour nous à ces bons fidèles de tels sentiments de vénération, quelle foi vive et quels élans de ferveur ne devait pas exciter en eux la vue même du vicaire de Jésus-Christ (Baldassari, 2ᵉ partie, c. 6, p. 497) ! »

Il y avait alors à Grenoble une noble et vertueuse dame, nommée la marquise de Vaux. Elle occupait un très-bel hôtel, où elle désirait ardemment recevoir le souverain Pontife. Elle fit tant de démarches et sollicita si bien, qu'elle vit enfin ses vœux exaucés. Elle n'épargna ni soins ni dépenses pour arrêter l'appartement qu'elle destinait à Pie VI. Le 6 juillet, dès le matin, le commandant de place posta bon nombre de soldats à la porte de l'hôtel, pour empêcher le peuple d'y entrer. Mais la multitude se porta hors de la ville au devant du Pape. Elle l'accueillit avec toutes les marques d'un respect sincère, et plusieurs demandèrent à haute voix la bénédiction apostolique. Quelques administrateurs du département étaient aussi sortis de la ville pour observer comment les choses se passaient. Lorsqu'ils virent le Pape suivi de cette foule immense, ils en furent alarmés; ils revinrent dans la ville, restèrent près de la porte; et aussitôt que le Pape et sa suite furent entrés, ils ordonnèrent de la fermer. Mais s'ils arrêtèrent la multitude réunie hors de la ville, ils ne purent empêcher celle non moins nombreuse qui remplit en un moment les rues par où passait le Saint-Père. Lorsque les voitures entrèrent dans la cour du palais, un grand nombre de personnes s'y précipitèrent malgré la résistance des gardes; et le commissaire du département crut ne pouvoir contenir ce torrent qu'en faisant fermer les portes de l'hôtel. Madame de Vaux, qui était en haut de l'escalier pour accueillir le Saint-Père, fut saisie d'une émotion extraordinaire lorsqu'elle le vit si près; elle disait : « Non, je ne suis pas digne de recevoir dans ma maison le vicaire de Jésus-Christ. Que pourrai-je faire pour reconnaître l'inestimable faveur que Dieu daigne m'accorder? » Pie VI, entendant ces paroles si pleines de foi, regarda avec bonté celle qui venait de les prononcer ; mais cette dame, comme accablée par la vivacité de ses sentiments, s'évanouit. Quand on eut placé le Saint-Père dans son fauteuil, ajoute l'abbé Baldassari, nous nous prosternâmes tous à ses pieds. Dans tout le cours de notre voyage en France et en Italie, nous ne l'avions jamais vu aussi bien portant que le jour de son arrivée à Grenoble. Il demanda quelle était cette dame qu'il avait trouvée sur l'escalier ; et comme on lui répondit que c'était la maîtresse de la maison, et qu'elle était très-recommandable par sa vertu et par sa piété, il dit qu'il la verrait avec plaisir. Madame de Vaux, qui était revenue à elle, fut introduite, et, s'étant prosternée, elle baisait affectueusement les pieds du Pontife. Elle voulut parler, mais sa voix était étouffée par ses sanglots et par des pleurs abondants. Pie VI répondit à ce langage si expressif par des paroles pleines de reconnaissance.

Au dehors, la foule s'était prodigieusement accrue. Les fenêtres, les balcons, les toits des maisons voisines et les rues qui conduisaient à l'hôtel de Vaux étaient remplis de monde. A cette vue, le commissaire du département demeura stupéfait, et il se mit à fermer les rideaux dans toutes les chambres. Cette mesure ridicule ne servit qu'à mécontenter le peuple, qui se mit de son côté à crier : A bas le commissaire! Nous voulons voir le Pape! Ces paroles, proférées d'abord par quelques individus, devinrent bientôt une clameur générale. Des personnes prudentes qui se trouvaient dans l'hôtel, craignant pour la tranquillité publique, conseillèrent au commissaire de satisfaire le désir du peuple, en permettant que le Pape fût montré quelques instants à un balcon. Le commissaire, après avoir déclamé contre le fanatisme et les incurables préjugés du peuple, se rendit à ce conseil ; et Pie VI, dans son costume de voyage, c'est-à-dire en simarre blanche et en manteau rouge, fut porté à un balcon. Le commissaire, le chapeau sur la tête, se tenait à côté de lui. Aussitôt que le Pape parut, tout le monde se découvrit et cria : *Vive le Saint-Père! Vive le Saint-Père!* Ceux qui, trop pressés, ne pouvaient se mettre à genoux, inclinaient profondément la tête, et de tous côtés on demandait la bénédiction. On criait aussi : A bas le chapeau ! A bas le commissaire ! Les applaudissements, les cris, les soupirs qui se faisaient entendre sur tous les points occupés par cette multitude avaient véritablement quelque chose d'imposant (Baldassari, 2ᵉ partie, c. 6).

Le Pape fut transféré de Grenoble à Valence. On le mit en route le 10 juillet. En sortant de la première de ces villes, il s'arrêta près d'une prison et donna trois fois sa bénédiction aux détenus : c'était un grand nombre d'ecclésiastiques fidèles, emprisonnés là pour leur attachement à l'Eglise romaine. Il y avait beaucoup de monde dans les rues de Grenoble pour voir le départ du Pape ; mais la foule était sur la route, hors les portes de la ville. Aussi Pie VI, à mesure qu'il avança, recueillit-il des marques nombreuses de vénération. A Tullins, des dames obtinrent, en donnant de l'argent aux gardes, d'orner de fleurs l'intérieur de la voiture du Saint-Père, et suspendirent au-dessus de sa tête une couronne de roses avec une colombe au milieu. Lorsque Pie VI vit ces fleurs, il fit signe de les ôter. Le peuple alors accourut, et se pressa autour de la voiture pour recueillir ces fleurs ; et ceux qui purent en avoir les emportaient précieusement et les baisaient avec dévotion. Les habitants de Saint-Marcellin ne montrèrent pas moins de zèle pour honorer le Père commun des fidèles. En approchant de Romans, on se trouva entouré d'une si grande multitude, qu'eu égard à la population, il ne s'était peut-être rien vu de pareil en Italie ni en France. Tout ce peuple paraissait animé d'un saint enthousiasme. De toutes parts on demandait au Saint-Père sa bénédiction apostolique, et chacun s'efforçait de voir et de contempler de son mieux cette figure si auguste et si vénérable. Près de la ville, où la foule allait toujours croissant, se trouvèrent quelques membres de l'administration municipale. Dans la ville même, les balcons et les fenêtres étaient remplis de gens habillés comme aux jours de fêtes ; et en avant de la voiture du Pape on voyait une troupe de jeunes filles vêtues de blanc, portant de jolis paniers pleins de fleurs dont elles jonchaient le chemin jusqu'à la maison où descendit Sa Sainteté. Cette maison, une des plus belles et des plus commodes de la ville, appartenait à un riche bourgeois, homme affable et poli, mais qui passait pour n'avoir point de religion. Il s'offrit lui-même à recevoir le Pape, pour éviter, disait-il, les inconvénients qui étaient à craindre s'il logeait chez quelque *fanatique*. Il permit cependant à une vertueuse dame d'arranger les appartements d'une manière convenable. Il alla au devant de Pie VI par politesse. Il fut présent à la longue et pénible opération nécessaire pour le tirer hors de la voiture : il le vit languissant entre les bras de ses serviteurs qui le transportaient dans la maison ; il considéra ce visage auguste, en admira le calme et la sérénité. Il n'en fallut pas davantage pour le changer du tout au tout. Il fut non-seulement touché, ému, mais reconnaissant dans celui qu'il recevait, le vicaire même de Jésus-Christ, il tomba tout à coup à genoux, lui baisa les pieds, implora humblement sa bénédiction, fit ensuite sa confession à un prêtre catholique et mena désormais une vie chrétienne. Il y eut beaucoup d'autres conversions semblables, même parmi les prêtres jureurs. Les habitants de Valence sortirent au devant du Pape, et ce fut la seule fois qu'il leur fut donné de le voir, durant les quarante jours qu'il demeura au milieu d'eux. Il fut en arrivant, conduit au palais qui lui était destiné ; les portes en furent aussitôt fermées, de manière que personne ne pût y pénétrer. C'était le 14 juillet 1799.

Le 22 du même mois, un prêtre apostat, président du Directoire, le ci-devant abbé Sieyès, décréta que Pie VI, qu'il appelait *le ci-devant Pape*, fût transféré de Valence à Dijon. Mais la chose fut reconnue impossible. Et de fait, le vénérable Pontife mourut à Valence, de la mort des justes, le 29 août 1799, dans la quatre-vingt-unième année de son âge, et après vingt-quatre ans six mois et quatorze jours de pontificat. Son corps fut embaumé et mis dans un cercueil de plomb.

Vers le commencement d'octobre, les ecclésiastiques de la suite du Pape se promenaient le long des murs de la citadelle de Valence, à une petite distance de la route de Lyon. Passait une berline à deux places. Le principal voyageur leur envoya dire que, s'ils voulaient prendre la peine de se rapprocher de la route, il les verrait avec plaisir. En même temps il fit arrêter sa voiture, et lorsque nous nous présentâmes, dit l'abbé Baldassari, il nous reçut d'un air gracieux et riant, et nous demanda aussitôt des nouvelles du Pape. Apprenant qu'il était mort le 29 août : J'en suis fâché, dit-il. Puis il ajouta : Et vous, que pensez-vous faire? Nous lui répondîmes que nous désirions beaucoup retourner en Italie, mais que, malgré toutes nos instances, nous n'avions pu obtenir de passeports. Il est juste, reprit-il, il est juste que vous retourniez dans les lieux où votre religion s'exerce en liberté. Mais le corps du Pape, que voulez-vous en faire? Nous lui dîmes que nous avions jusqu'alors inutilement sollicité du Directoire la permission de le transporter en Italie pour l'inhumer suivant les intentions qu'avait manifestées le feu Pape. Le voyageur répondit qu'il ne voyait à cela aucune difficulté. Il voulut savoir nos noms à tous, et demanda des nouvelles du cardinal Matléi, du duc Braschi et de monseigneur Caleppi. Il lui fut répondu que nous étions sans aucun renseignement sur ces personnages, qu'il ne nous avait pas même été accordé de correspondre avec nos familles. Cela est trop fort, dit alors le voyageur. Voyant qu'il se montrait si humain et si poli, on le pria de vouloir bien, lorsqu'il serait à Paris, aider de son crédit les demandes qu'on y avait adressées. Il promit de le faire, et continua sa route (Baldassari, p. 563).

Ce voyageur était Napoléon Bonaparte, qui revenait de l'Egypte et allait à Paris changer le gouvernement de la France et la situation de l'Europe. Il revenait de l'Egypte et de la Syrie, champ de bataille des anciennes croisades; champ de bataille des anciens conquérants, Sésostris, Nabuchodonosor, Cyrus, Alexandre, César, Mahomet; pays des prophètes et des apôtres, qui ont écrit d'avance l'histoire, l'ensemble et la suite de ces grandes révolutions jusqu'à la fin du monde. Il avait livré bataille au pied des Pyramides, bâties par ces mêmes enfants d'Israël, que nous avons vus, délivrés de la servitude des Pharaons, traverser la mer Rouge, recevoir leur constitution politique au pied du Sinaï, occuper le pays de Chanaan, se briser ensuite comme nation, disperser partout ses débris vivants, après qu'est sorti d'eux un Dieu crucifié, le Christ, qui étend son empire spirituel sur toutes les nations, et dont le deux cent cinquante-troisième vicaire, Pie VI, vient de mourir exilé à Valence dans les Gaules; exilé par la philosophie incrédule, mais révéré de la multitude des peuples, et même des princes musulmans : Pie VI, dont le successeur va être élu tranquillement, au milieu des révolutions et des guerres, et retourner pacifiquement à Rome; Rome, le terme et le centre d'attraction de tous les grands événements que nous voyons dans l'histoire. Napoléon avait combattu à Cana en Galilée, à Nazareth, sur le mont Thabor, et pu considérer sur les lieux, si un Juif de ce pays, crucifié par ses compatriotes, pouvait faire, humainement, ce que le Christ a fait et fait encore. Il avait fait la comparaison avec un autre culte. En Egypte, il avait essayé du mahométisme, comme moyen politique de se fonder un empire en Orient : il le trouva suranné, et ne reconnut de vie que dans l'œuvre posthume du Juif crucifié. Tel était Napoléon Bonaparte, vainqueur des Musulmans sur terre, mais vaincu sur mer par les Anglais, et à Saint-Jean-d'Acre par la peste, quand il débarqua à Fréjus, le 9 octobre 1799, et se rendit à Paris pour y clore le XVIIIe siècle et en commencer un autre.

La Révolution française était lasse d'elle-même et cherchait un homme à qui se donner. Par la dernière Constitution, dite de l'an III, elle s'était fabriqué un chef et un corps; un chef gouvernemental à cinq têtes, nommé le Directoire; un Corps législatif en deux tomes, le Conseil des Cinq-Cents, qui proposait et discutait les lois, le Conseil des Anciens, qui les acceptait ou les rejetait. Les premiers cinq directeurs furent régicides; deux, plus modérés, inclinaient à l'ordre et à la paix; trois, plus révolutionnaires, aspiraient à la violence et à la tyrannie. Dès janvier, 1796, le Directoire annonça un système de persécution ouverte contre la religion et le clergé, et enjoignit à tous ses agents l'exécution rigoureuse des édits de proscription légués par l'Assemblée législative et la Convention nationale. Les ecclésiastiques fidèles à Dieu, il les appelait les *mauvais prêtres* et disait à ses agents : « Que la loi qui comprime, qui frappe ou qui déporte les réfractaires reçoive une entière exécution. DÉSOLEZ LEUR PATIENCE; environnez-les de votre surveillance; qu'elle les inquiète le jour, qu'elle les trouble la nuit, ne leur donnez pas un moment de relâche. » La persécution qui avait diminué depuis la chute de Robespierre, reprit donc avec une nouvelle violence. Les prêtres catholiques furent de nouveau tracassés, emprisonnés, déportés : il y en eut jusqu'à douze cents déportés à l'Ile de Rhé, d'autres à Cayenne. En même temps qu'il faisait exécuter les lois sanglantes rendues contre l'Eglise, le Directoire cherchait à organiser le culte nouveau, prêché au monde par les philosophes. Le repos du dimanche, commandé par la loi divine, était toujours proscrit, et la célébration du *décadi* ordonnée et surveillée par la police. Aux fêtes chrétiennes qui rappelaient à l'homme les bienfaits de la création et de la rédemption, le Directoire avait substitué des pompes toutes païennes. La fête de la *Jeunesse* rappelait celle d'Hébé; la fête de l'*Agriculture*, le vieux culte de Cérès; la fête des *Epoux*, celle de l'Hyménée; la fête de la *Souveraineté du peuple*, un droit invisible, une abstraction politique dont personne ne se rendait bien compte et dont beaucoup avaient peur; la fête de la *Vieillesse*, que les anciens apprentis de Rousseau et de Diderot avaient crue si touchante, n'était qu'une froide imitation de la fête du dieu Saturne. Personne ne s'y méprenait, sinon peut-être le poète François de Neufchâteau, qui avait naguère provoqué la persécution contre les prêtres, et qui maintenant, érigé en pontife de la nature, dédiait à cette déesse de mauvais vers et de froides élégies. Remarquons, à l'honneur de la France, que ces fêtes constitutionnelles tombèrent promptement dans le plus complet discrédit; elles disparurent devant les sifflets et sous les vertes railleries des dames de la Halle. Il en fut de même du nouveau culte que l'un des directeurs, l'avocat régicide Laréveillère-Lepaux, inventa sous le nom de *théophilanthropie*. Chacun des *théophilanthropes* devait être prêtre à son tour; les officiants furent revêtus de longues robes blanches, avec des ceintures tricolores, et aux décadis ils prononçaient en chaire de longues harangues et récitaient des hymnes philosophiques en l'honneur de l'*Auteur de la nature*. L'inventeur de ce culte, l'avocat Laréveillère, en était le souverain pontife. Comme l'inventeur était petit, bossu, contrefait, enfin un véritable *polichinelle*, ainsi qu'on le surnomma, son culte avait tout l'air de ce qu'il était, une comédie. Tout le monde s'en amusa. Comme parmi les *théophilanthropes* on voyait des hommes tarés et couverts de crimes, le peuple leur donna le sobriquet de *filous en troupe*. Leur grand-prêtre essuya plus d'une plaisanterie de la part même de ses collègues du Directoire. « Fais-toi pendre, lui dit un jour le directeur Barras; c'est le seul moyen de faire des prosélytes : les religions ne réussissent que par des martyrs. »

Dans les conseils législatifs, quoique les deux tiers fussent d'anciens conventionnels, un parti notable tendait à l'unité, à l'ordre, à la paix. Ce parti devint la majorité en 1797, lorsque le tiers des deux Assemblées eût été renouvelé par l'élection. Comme le Directoire lui-même devait se renouveler par cinquième, un homme de mœurs douces, Barthélemi, neveu de l'abbé Barthélemi, auteur du *Voyage d'Anarcharsis*, remplaça le directeur sortant. La réaction religieuse et monarchique devint plus prononcée. Dans le conseil des Cinq-Cents, on discuta une loi sur la police du culte, dans un sens de vraie liberté. On entendit des discours fort remarquables. « Je demanderai, s'écria le député Lemerer, ce qu'est devenue la *souveraineté du peuple*, dont on parle à cette tribune en phrases si magnifiques? L'antique religion de nos pères est encore le patrimoine de leurs enfants malheureux ou coupables, et, pour le grand nombre, hélas ! le seul bien peut-être qui leur reste. J'en atteste les réclamations qui nous parviennent de tous les points de la République et rendent un son plus religieux encore que ces cloches d'airain que vous avez fait taire; j'en atteste les temples qui se rouvrent de toutes parts, les autels qui se relèvent et le concours des fidèles aux solennités trop longtemps interrompues !... Et qui de nous persistera donc à substituer sa volonté personnelle à la volonté de tous?...

» Citoyens, reportez un moment vos regards vers l'origine et les progrès du christianisme. Son origine appartient à l'une des plus grandes époques de l'esprit humain. Rome gouvernait l'univers; le christianisme vint prendre sa place dans un ordre de choses où toutes les places étaient assignées. Il n'emprunta ni la force du glaive ni la pourpre des Césars : persécuté dès sa naissance, il marcha dans les voies tracées par le sang de ses fils. Au milieu de la grande catastrophe, qui, lors de la chute de l'empire romain, changea la face du monde; l'Evangile demeura seul; dans sa puissance, il tempéra les vainqueurs, il sauva les vaincus de la mort ou de la servitude : sans la lumière qu'il conserva et qui se perpétua chez ses ministres, l'esprit humain était condamné à une éternelle enfance. Quand la puissance romaine eut été détruite, le christianisme s'associa aux gouvernements formés des débris de l'empire. Dans notre patrie, l'existence politique du clergé, si souvent calomniée, ne fut en réalité que le principal écueil contre lequel se brisait le despotisme des rois; et si nos pères firent aux évêques et aux établissements religieux de nombreuses donations territoriales, ils se conformèrent en cela aux exemples des républiques anciennes, qui consacraient une partie des domaines à l'entretien et à l'indépendance de leurs prêtres... »

L'orateur se livrant ensuite à des considérations diverses, en vint à examiner les rapports du christianisme avec les gouvernements temporels. Camille Jordan, député de Lyon, avait dit que la religion chrétienne était capable de se prêter à toutes les formes de gouvernement : Lemerer alla plus loin et déclara que le christianisme ne s'associait bien qu'aux institutions sages et libres. Il rappela que ses maximes fondamentales étaient la base de la seule égalité qui fût possible dans les sociétés humaines; que si cette religion sainte se refusait à souscrire aux lois civiles qui blessaient ses dogmes, ce n'était là, après tout, qu'une preuve de plus de son incompatibilité avec le despotisme et la tyrannie. Il ajouta d'une voix éloquente : « Qui osera nier les bienfaits du culte chrétien? C'est lui, c'est l'Evangile qui a introduit parmi les peuples un droit des gens équitable et humain. S'il n'a pas achevé d'abolir l'esclavage, du moins l'a-t-il adouci et travaille-t-il à l'extirper du monde. Il a réagi sur les gouvernements pour les rendre modérés, sur les peuples pour les consoler et les instruire. Il a porté dans les âmes le sentiment sublime de la charité, que les esprits forts et les orgueilleux philosophes ont rejeté loin d'eux, en prétendant, les insensés! qu'il dégradait l'homme. La religion rend moins terrible la castatrophe qui termine la vie. Le père de famille, au lit de mort, entouré de ses enfants, entend une voix vénérable lui porter la consolation et l'espoir, et lui donner la force de bénir la main qui le frappe. Le christianisme suit encore l'homme au delà du temps de sa vie, et par ses imposantes cérémonies, imprime le respect même à ce qui reste de l'homme. Vains raisonneurs que nous sommes, c'était à nous qu'il appartenait de donner le triste spectacle du mépris pour nos parents et nos amis descendant au tombeau !... Je vote pour la liberté des cultes et pour l'abolition du serment constitutionnel imposé aux prêtres. »

A la suite de cette discussion, on révoqua les lois de proscription et d'incapacité politique contre les prêtres, les nobles, les émigrés. Pour réprimer cette tendance religieuse, mais peut-être plus encore la tendance royaliste, la majorité du Directoire, à l'aide d'un corps d'armée introduit à Paris contrairement à la constitution de l'an III, frappa un coup d'État le 18 fructidor ou 4 septembre 1797, fit condamner à la déportation deux des directeurs, Carnot et Barthélemi, et soixante-cinq députés, parmi lesquels le général Pichegru, qui, après avoir combattu vaillamment pour la République, l'avait trahie, et tramait effectivement un complot pour faire revenir sur le trône l'ancienne dynastie. L'année précédente, le Directoire avait eu à réprimer et à punir une conspiration en sens opposé, celle de Babeuf ou du communisme : secte politique qui, sans se préoccuper des formes sociales et sans se passionner pour la liberté, cherche à établir entre les hommes la communauté entière des biens et des jouissances, des travaux et des peines, en sorte qu'il n'y ait plus ni propriété ni même de famille. Le 22 floréal an VI (11 mai 1798), le Directoire frappa un second coup d'État en cassant les élections opérées dans la plus grande partie des départements. Ce fut la seconde violation manifeste de la constitution de l'an III. Le 30 prairial an VII, il y eut un autre coup d'État, mais de la part du Conseil des Cinq-Cents contre le Directoire, dont trois membres furent éliminés et remplacés par d'autres. La société française allait ainsi se décomposant. Les assignats ou papier-monnaie avaient été abolis. Une loi autorisait la banqueroute : la République fit en effet banqueroute des deux tiers de sa dette, et n'en garantit qu'un tiers, qu'on appela le *tiers consolidé*. La France inquiète ne voyait d'homme de génie, et dont elle pût espérer quelque chose, que parmi ses généraux.

Le principal était Napoléon Bonaparte; mais le Directoire en était jaloux et en avait peur. Dès ses premières victoires en Italie (1796), il voulut circonscrire ses opérations à dépouiller le Pape : Napoléon offrit sa démission, qui ne fut point acceptée. En 1797, le Directoire lui reprochait ses ménagements envers le Pape et le clergé. « Vous êtes trop habitué à réfléchir, citoyen général, lui écrivait-il, pour n'avoir pas senti aussi bien que nous que la religion romaine sera toujours l'ennemie irréconciliable de la République... Le Directoire exécutif vous invite donc à faire tout ce qui vous sera possible pour détruire l'autorité du Pape, et rendre méprisable et odieux le gouvernement des prêtres. Agissez de manière que le Pape et le sacré collège ne puissent concevoir l'espoir de jamais siéger à Rome, et aillent chercher un asile dans quelque lieu que ce soit, ou au moins qu'il n'y ait plus de puissance temporelle. » Celui qui écrivait ainsi à Napoléon était ce même Laréveillère, pontife *polichinelle* de la théophilanthropie, cherchant à supplanter le Pontife romain. Napoléon, au contraire, mandait au citoyen Cacault, chargé d'affaires de la République : « J'attache bien plus d'importance au titre de *conservateur* du Saint-Siège qu'à celui de son *destructeur*. Vous savez bien vous-même combien mes sentiments ont toujours été conformes aux vôtres à ce sujet. » Enfin, au traité de Tolentino, Napoléon stipula que les prêtres français, volontairement exilés ou proscrits à la suite de la Révolution, seraient recueillis, nourris et secourus dans les couvents du Saint-Siège. Les lois de la République ordonnaient de poursuivre et de chasser ces infortunés. Bonaparte eut recours à un singulier argument pour se faire pardonner sa compassion; il écrivit au Directoire : « Il vaut mieux que ces prêtres soient en Italie qu'en France; ils nous y seront utiles. Ils sont moins fanatiques que les prêtres italiens; ils éclaireront le peuple, qu'on excite contre nous. D'ailleurs, ils pleurent en nous voyant : comment n'avoir pas pitié de leur infortune (Gab., *Dir*.). » Lors donc que sur la fin de 1797, après la conquête et la pacification de l'Italie par le traité de Campo-Formio, Napoléon vint en France, le Directoire fut très-aise de l'envoyer bien loin faire la conquête de l'Égypte.

Un autre général était Lazare Hoche, né d'un garde du chenil de Louis XV, et entré à quatorze ans comme palefrenier surnuméraire aux écuries du roi. Resté presque aussitôt sans ressource par la perte de ses parents, il trouva quelques secours auprès d'une tante, fruitière à Versailles, qui, de temps en temps, lui donnait de l'argent pour acheter des livres : le jeune homme les dévorait. Porté par son inclination à l'art militaire, il s'engagea à seize ans dans le régiment des gardes françaises. On le vit dès lors monter des gardes et se livrer à toute espèce de travaux pendant le jour, afin de pouvoir se former, du fruit de ses peines, une petite bibliothèque, au milieu de laquelle il passait une partie des nuits, sans négliger toutefois l'exercice des armes auquel le rendaient très-propre sa belle stature et sa vigueur naturelle. A la Révolution, au bout de deux campagnes, il fut nommé général en chef. Le plus beau de ses exploits militaires est la soumission et la pacification de la Vendée. Les généraux qui l'y avaient précédé ne s'étaient appliqués qu'à tuer et à détruire. Hoche eut assez de génie pour distinguer la Vendée catholique et la Vendée royaliste. Il rassura complètement la première, protégea ses prêtres et la fit jouir de la liberté de son culte. Quant à la seconde, il lui fit une guerre habile, mais loyale, de manière à mériter l'estime et la confiance de ses ennemis. Il tenta une expédition en Irlande, mais que les tempêtes firent manquer. Il mourut en 1797, à Wetzlar, à la tête de l'armée de Sambre-et-Meuse, à l'âge de vingt-neuf ans, empoisonné, dit-on, par ordre du Directoire, qui avait peur de lui (*Biogr. univ.*).

Un général, déjà célèbre, mais qui le fut encore plus depuis, c'est Moreau, né l'an 1763, à Morlaix en Bretagne, d'un avocat qui le destinait à la même profession. Le penchant pour les armes l'emporta dans le fils, surtout au moment de la Révolution. Moreau servit d'abord sous Dumouriez et Pichegru, qui tous deux trahirent la République française. En 1796, il commanda en chef les armées de Rhin-et-Moselle, remporta de brillants avantages, pénétra jusque sur les frontières de l'Autriche, puis, au lieu de pousser hardiment jusqu'à Vienne, fit une savante et difficile retraite jusqu'au Rhin, attendu que l'armée de Sambre-et-Meuse, commandée par Jourdan, et qui devait couvrir son flanc gauche, avait été battue. En 1799, il remplaça Schérer dans le commandement de l'armée d'Italie : Schérer avait commencé, Moreau acheva de perdre les conquêtes de Bonaparte, il recula devant Souvarow jusqu'au pied des Alpes. Là il donna sa démission, fut remplacé par le général Joubert, tué d'une balle au commencement d'une bataille que les Français perdirent encore. Les Russes pénétrèrent dans les départements français du Mont-Blanc et des Hautes-Alpes, mais ils furent battus à Zurich par Masséna. Cette victoire, après tant de revers, diminuait le danger et l'inquiétude de la République française, mais ne le faisait point cesser.

La France, dépouillée de ses plus glorieuses conquêtes, repoussée sur ses frontières, se voyait menacée de la plus formidable coalition : l'Angleterre, l'Allemagne, la Russie, la Turquie même. car les Turcs, irrités de l'invasion de l'Égypte, faisaient cause commune avec l'Europe contre la France, et s'apprêtaient à chasser les Français d'Ancône. Les populations italiennes, révoltées de l'impiété des Français républicains, de leur pillage du sanctuaire de Lorette, de leur persécution contre le Pape, les populations italiennes accueillaient les Autrichiens et les Russes comme des libérateurs; le roi de Naples s'était déclaré pour la coalition, et celui d'Espagne, s'il l'avait osé, en eût fait autant; Souvarow, qui, en 1794, avait terrassé une dernière fois la Pologne, pour qu'on pût la dépecer définitivement entre la Russie, l'Autriche et la Prusse, Souvarow n'eût pas été fâché de procurer pareil sort à la France révolutionnaire : la République française, ainsi menacée au dehors par l'Europe en armes, sentait au dedans ses entrailles remuées par des conspirations, par la Vendée et les chouanneries; sa tête et son corps, le Directoire et le Corps législatif, divisés l'un contre l'autre : la République française, inquiète et lasse d'elle-même, cherchait un homme à qui elle pût se donner avec honneur. Elle pensait bien à Bonaparte; mais le Directoire, jaloux, l'avait déporté en Orient. Soudain, dans la journée du 22 vendémiaire an VIII (11 octobre 1799), le *Journal de Paris* publia en tête de ses colonnes l'avis suivant : « Citoyens, vive la République! Bonaparte est débarqué à Fréjus! »

Un mois après, la France apprit une autre nouvelle, savoir, qu'elle venait de se donner une nouvelle tête et un nouveau corps, tête et corps constitutionnels, l'un et l'autre en trois tomes : au lieu de cinq Directeurs, trois Consuls; au lieu du Conseil des Cinq-Cents et du Conseil des Anciens, un Sénat conservateur, un Corps législatif et un Tribunat. Voici comme s'opéra cette transformation, le 18 et le 19 brumaire an VIII (10 et 11 octobre 1799). Dans la séance du 18, le conseil des Anciens décrète « que les deux Conseils législatifs sont transférés à Saint-Cloud, qu'ils y siégeront dès le lendemain; que le général Bonaparte est chargé de l'exécution du présent décret, et que pour cela toutes les troupes de Paris et de sa division militaire sont mises sous son commandement. » Bonaparte, qui avait en ce jour les officiers généraux à déjeûner, en particulier Moreau, accepta la commission, et publia deux proclamations, l'une aux soldats, l'autre à la garde nationale. Des cinq directeurs, l'abbé Sieyès, qui était dans le secret, quitta son poste et se rendit au conseil des Anciens; il y fut suivi par son collègue, Roger-Ducos. Le troisième directeur, Barras, après avoir donné rendez-vous aux deux autres pour délibérer ensemble, n'y vint pas, envoya sa démission et s'esquiva. Les deux derniers, le président Gohier et Moulins, qui ne se doutaient pas même de ce qui se passait, se virent gardés à vue dans leur palais du Luxembourg, jusqu'à ce qu'ils eussent donné leur démission, comme Barras. Ainsi, dès le soir du 18 brumaire, il n'y avait plus de gouvernement, de pouvoir exécutif que Bonaparte, seul investi de la force armée. Le lendemain, les deux conseils s'assemblèrent à Saint-Cloud; la plupart des membres ignoraient encore ce qui s'était passé. Bonaparte, suivi de ses aides-de-camp, entra au conseil des Anciens, parla de conspiration contre la République, et fit entendre qu'il y avait de ces conspirateurs au conseil des Cinq-Cents. Il se rendit dans cette dernière assemblée, escorté de quelques grenadiers, et voulut parler sur le même ton. Mais, quoique son frère Lucien présidât la séance, les imprécations et les clameurs couvrirent sa voix; on entendait mille cris confus : « Point de baïonnettes! Hors la loi! A bas le Dictateur! Vive la République! Mourons à notre poste! A bas Cromwell! à bas le tyran! » Quelques-uns s'approchèrent de lui, d'autres montraient des poignards, dit-on. Alors les grenadiers entourèrent Bonaparte et l'entraînèrent au dehors. L'un d'eux eut la manche de son habit déchirée, suivant les uns par un clou, suivant les autres par un stylet dirigé contre le général. Le président Lucien en profite pour persuader aux soldats que la majorité de l'assemblée est opprimée par une minorité sanguinaire. Les grenadiers rentrent dans la salle au pas de charge, tambour battant, avec le général Leclerc, beau-frère de Bonaparte, et font déguerpir les députés par la porte et les fenêtres. La révolution était finie. Il était cinq heures et demie du soir. La majorité du conseil des Anciens siégeait encore; la minorité des Cinq-Cents se réunit de son côté, pour donner l'une et l'autre une forme légale à ce qui venait de s'accomplir. On passa la nuit à rendre les lois nécessaires, dont les projets avaient été préparés d'avance par les affidés; on déclara qu'il n'y avait plus de Directoire, on élimina de la représentation nationale soixante et un membres des plus révolutionnaires; on créa provisoirement une *commission* exécutive, composée des citoyens Sieyès, Roger-Ducos, ex-directeurs, et de Bonaparte, général, qui porteraient le nom de *consuls de la République* : le Corps législatif s'ajournait au 1er ventôse; chaque conseil nomma une commission de vingt-cinq membres : ces deux commissions législatives devaient statuer sur les propositions formelles de la commission *consulaire et exécutive;* elles devaient préparer les matériaux d'une nouvelle Constitution et s'occuper du Code civil. Ces lois expédiées, avec une proclamation à la nation française, les consuls se rendirent au sein de chaque assemblée, y prêtèrent serment, reçurent l'accolade du président et prirent la route de Paris. La chose était consommée.

Dès le 22 frimaire, la nouvelle constitution fut mise au jour. Le gouvernement se composait de trois consuls nommés pour dix ans. Le citoyen Bonaparte, consul provisoire, fut, par la constitution, nommé *premier consul*, Cambacérès *deuxième consul*, et Lebrun *troisième consul*. Le premier avait tout le pouvoir. La constitution créait en outre un Sénat conservateur, un Tribunat, un Corps législatif. Le Sénat, composé de quatre-vingts membres inamovibles, était chargé de maintenir ou d'annuler tous les actes qui lui étaient déférés par le Tribunat ou par le gouvernement. Le Tribunat, composé de cent membres, devait discuter les projets de loi proposés par le gouvernement. Trois orateurs, pris dans son sein, étaient envoyés au Corps législatif pour y exposer les motifs de son vœu et défendre ses délibérations. Le Corps législatif, composé de trois cents membres, ne devait point discuter, mais écouter en silence les trois orateurs du Tribunat. Il faisait la loi en statuant par scrutin secret. Voici comme ces trois assemblées se composèrent. Sieyès, Roger-Ducos, consuls sortants, nommèrent trente-neuf membres, qui, réunis à eux, formèrent la majorité du Sénat. Le lendemain, cette majorité, par une nouvelle nomination, compléta le nombre des sénateurs. Le Sénat ainsi nommé fit ensuite l'élection de trois cents citoyens pour former le Corps législatif, puis celle de cent membres qui devaient composer le Tribunat. Telle fut l'organisation du gouvernement qui résulta des 18 et 19 brumaire; c'était une monarchie tempérée par quelques institutions aristocratiques comme le Sénat, et démocratiques comme le Tribunat. Or, tel est au fond le gouvernement de l'Eglise catholique : une monarchie élective tempérée d'aristocratie et de démocratie.

Quelques mois après, la France et le monde apprirent une nouvelle plus étonnante encore : c'était l'élection d'un nouveau Pape. Après l'enlèvement de Pie VI, après l'occupation de Rome et de l'Italie par les Français, l'incrédulité, l'hérésie et le schisme comptaient bien, disaient même tout haut que la Papauté avait fait son temps, et que Pie VI n'aurait point de successeur. Sur qui, en effet, l'Eglise romaine pouvait-elle compter? Sur le Grand-Turc, l'empire antichrétien de Mahomet? Sur l'Angleterre protestante, où le Pape était encore traité d'antechrist? Sur la Russie à moitié barbare, et de plus infectée du schisme grec comme d'un péché originel? Sur l'Allemagne ou l'Autriche, infectées de luthéranisme ou de joséphisme? Sur les Bourbons de Naples et d'Espagne, qui, depuis un siècle, se plaisaient à tourmenter le Saint-Siège; qui, celui de Naples, jouait Pie VI et se préparait à le dépouiller par son alliance avec la République française; qui, celui d'Espagne, allié de la même République, obsédait Pie VI à Valence pour en obtenir les moyens de former en Espagne une espèce d'église nationale et indépendante? tout comme, à la même époque, la France, n'espérant plus pouvoir supprimer la Papauté, la faisait offrir au prélat, depuis cardinal Grégorio, qui se refusa généreusement à ce trafic (Baldassari). Et cependant c'est au milieu de ces révolutions, de ces guerres, de ces nations depuis si longtemps mal disposées, que fut élu tranquillement, à l'unanimité moins une voix, qui était la sienne, le cardinal Chiaramonti, évêque d'Imola, qui prit le nom de Pie VII.

Les cardinaux s'étaient réunis en conclave à Venise, le 1er décembre 1799, au nombre de trente-cinq. Le cardinal Albani et le cardinal d'York, doyen et sous-doyen du sacré collège, avaient plus de cinquante ans de cardinalat. Le premier était un illustre noble romain, d'une famille alliée à la maison d'Autriche; le second, le dernier des Stuarts, avait pris sur des médailles et dans des actes de souveraineté le titre de Henri IX, roi d'Angleterre *et de France*. Le conclave dura cent quatre jours. Pendant près de deux mois, les voix se partageaient entre le cardinal Bellisomi, évêque de Césène, et le cardinal Mattéi, archevêque de Ferrare : le premier en eut vingt-deux, le second treize; or, la majorité, les deux tiers, était vingt-quatre. Le pieux et savant cardinal Gerdil allait avoir beaucoup de voix, lorsque le cardinal Hersan lui donna l'exclusion au nom de l'Autriche. Enfin le cardinal Bellisomi allait avoir les vingt-quatre voix nécessaires, et les autres allaient s'y réunir, lorsque le même cardinal autrichien représenta qu'il serait convenable, avant de publier la nomination du nouveau pontife, d'en donner connaissance à l'empereur d'Allemagne, attendu qu'on était assemblé dans une ville de ses Etats. Comme la réponse de Vienne se fit attendre plus d'un mois, on revint au cardinal Mattéi. On citait de lui une belle réponse à Bonaparte. Ce général lui avait dit dans un premier moment : « Savez-vous bien, monsieur le cardinal, que je pourrais vous faire fusiller? — Vous en êtes le maître, répondit le cardinal, je ne vous demande qu'un quart-d'heure pour me préparer. — Il n'est pas question de quart-d'heure, reprit Bonaparte; comme vous êtes vif! Dans votre cour, Eminence, vous avez mauvaise opinion de mes dispositions : détrompez-vous; que l'on traite avec moi, je suis le meilleur ami de Rome. » On disait donc au conclave : Cette réponse de Mattéi n'est-elle pas des plus beaux temps de l'Eglise? la demande d'un quart-d'heure pour se préparer à mourir! Mais on citait un autre trait : c'est qu'à Tolentino, on l'avait vu, pour apaiser le plénipotentiaire de France, se mettre à ses genoux : ce qui ne parut point assez digne; et le cardinal Braschi, neveu du Pape défunt, concluait : Mattéi pourrait savoir mourir, il ne saurait point régner. Enfin le prélat Consalvi, secrétaire du concile et homme des plus capables, représenta à plusieurs cardinaux que, dans les circonstances graves où se trouvait l'Eglise, il fallait choisir un Pape d'un caractère doux, affable et modéré, à la voix paternelle, indépendant, dont le sacré collège devait espérer de diriger les projets et les travaux pour le bien de la religion. Il examina la situation des candidats proposés : à chacun il manquait quelque chose; il finit par mettre en avant le cardinal Chiaramonti, évêque d'Imola, auquel personne n'avait encore songé, et qui réunissait toutes les qualités désirables dans les circonstances. Dix-neuf cardinaux promirent leurs voix. Le cardinal le plus difficile à persuader fut le pieux, savant et saint évêque d'Imola; il fallut quinze jours de prières et d'instances pour le faire consentir à sa candidature : un cardinal français, Maury, qui disposait de six voix, compléta une majorité de vingt-cinq, à laquelle accédèrent tous les autres. Le lendemain, 14 mars 1800, on alla aux voix, comme cela se pratique, deux fois par jour. Le nom du candidat était vénéré; ce cardinal aimable, affectueux, était là devant ses collègues, embarrassé de tant de gloire, effrayé de ces honneurs, encore prêt à sourire à quiconque lui annoncerait que l'on consent à ne pas accepter son sacrifice. Les scrutins, lus au milieu du silence le plus imposant, sont unanimes moins une voix, celle du candidat : le cardinal Chiaramonti est élu Pape, et il déclare qu'il prend le nom de Pie VII, en mémoire de Pie VI, son bienfaiteur.

BARNABÉ-LOUIS CHIARAMONTI naquit à Césène, dans la légation de Forli, le 14 août 1742, du comte Scipion Chiaramonti et de la comtesse Jeanne Ghini, laquelle, depuis sa mort, a été déclarée vénérable. Le fils, s'étant destiné aux austérités du cloître, fit ses premières études à Parme; le 20 août 1758, il reçut l'habit de saint Benoît, et il prit, pour nom de religion, le nom de Grégoire. En 1775, à l'avénement de Pie VI, dom Chiaramonti, qui lui était attaché par les liens du sang, se trouvait à Rome et y remplissait l'emploi de lecteur ou professeur de théologie dans le couvent de Saint-Calixte. Quelques

# LIVRE XC. — LA RÉVOLUTION FRANÇAISE ET L'ÉGLISE CATHOLIQUE.

mauvais traitements que dom Chiaramonti avait reçus dans son couvent affligèrent Pie VI, et il lui conféra par un bref la qualité d'abbé honoraire. Chiaramonti n'approuvait pas certaines punitions nouvelles que les supérieurs infligeaient aux profès : on lui en fit un crime auprès de Pie VI, revenu de son voyage de Vienne. Le religieux accusé lui plut par la franchise, la naïveté de ses réponses, par l'exposé d'une conduite pleine d'aménité, et surtout par la réserve et le ton de douceur qu'il opposait à ses adversaires. Pie VI assurait avoir reconnu en lui un littérateur profond, un savant exact, un canoniste instruit et raisonnable, un moine studieux, ami de ses devoirs. Quelques mois après, les mêmes personnes insistèrent pour que dom Chiaramonti fût exilé de la capitale. Pie VI répondit avec dignité que dans peu Chiaramonti quitterait Rome, mais non pas pour être exilé. En effet, bientôt après il le nomma évêque de Tivoli, puis d'Imola, enfin cardinal le 14 février 1785. Ses ennemis reconnurent alors leurs torts et rétractèrent leurs calomnies.

Et à Tivoli, et à Imola, Chiaramonti remplit tous les devoirs d'un bon pasteur. En 1798, Imola ayant été compris dans la république cisalpine, le peuple des campagnes se laissait entraîner pour la seconde fois à l'insurrection. Pour calmer cette effervescence, le cardinal-évêque publia, aux fêtes de Noël, une homélie où il parle dans les termes suivants de la liberté et du gouvernement démocratique. « Mais les devoirs envers Dieu ne sont pas les seuls devoirs de l'homme ; il a encore des obligations subalternes qui l'attachent à lui-même. Les principes purs de la raison, sa propre organisation physique, une tendance irrésistible à vouloir son bonheur, lui commandent de soigner sa conservation, de s'occuper de son bien-être, de sa perfection. Qu'il se contemple tout lui-même, d'un œil dégagé de préjugés trompeurs, il verra bien un rayon de grandeur qui semble le consoler ; mais il reconnaîtra aussi diverses ombres de misères qui tendent à l'accabler. Les passions furent les ressorts des grands événements dans l'histoire de l'homme ; elles furent ainsi la source fatale des résultats les plus funestes. O homme, ô homme, quand apprendras-tu à l'école du Rédempteur les moyens de conserver ta grandeur, d'acquérir ta vraie liberté et de dégager tes pieds de leurs chaînes ! Le but que se propose le plus ardemment le philosophe de Jésus-Christ consiste à mettre de l'ordre dans ses actions et dans ses passions, à mettre en harmonie les forces inférieures avec les forces supérieures, à subordonner la chair à l'esprit, les plaisirs à l'honnêteté, à diriger ses facultés vers ce centre et cette fin que Dieu a ordonnés..... Ne vous effrayez pas, mes frères, d'une leçon qui semble au premier aspect trop sévère et qui paraîtrait incliner à détruire l'homme et à lui ravir sa liberté. Non, frères très-chéris tant de fois, vous ne comprenez pas la vraie idée de liberté ! Ce nom, qui a son sens droit dans la philosophie et dans le catholicisme, ne dénote pas un dévergondage ni une licence effrénée qui permet de faire tout ce qu'on veut, soit le bien, soit le mal ; soit l'honnête, soit le honteux. Gardons-nous d'une si étrange interprétation qui abat tout l'ordre divin et humain, et dénature l'humanité, la raison et tous les glorieux avantages que nous a distribués le Créateur. La liberté, chère à Dieu et aux hommes, est une faculté qui fut donnée à l'homme, un pouvoir de faire ou de ne faire pas, mais toujours soumis à la loi divine et humaine. Il n'exerce pas raisonnablement sa faculté de liberté, celui qui, rebelle et impétueux, s'oppose à la loi ; il n'exerce pas sa faculté, celui qui contredit la volonté de Dieu et la souveraineté temporelle ; car, comme dit saint Paul, qui résiste au pouvoir résiste à l'ordre de Dieu.

» La forme du gouvernement démocratique adoptée parmi nous, ô très-chers frères, n'est pas en opposition avec les maximes exposées ci-dessus et ne répugne pas à l'Evangile ; elle exige, au contraire, toutes les vertus sublimes qui ne s'apprennent qu'à l'école de Jésus-Christ, et qui, si elles sont religieusement pratiquées par vous, formeront votre félicité, la gloire et l'esprit de votre république..... Que la vertu seule qui perfectionne l'homme et qui le dirige vers le but suprême, le meilleur de tous, que cette vertu seule, vivifiée par les lumières naturelles et fortifiée par les enseignements de l'Evangile, soit le solide fondement de notre démocratie ! »

Certaines personnes, à certaines époques, ont reproché cette homélie au cardinal-évêque d'Imola. Au conclave, où on la connaissait bien et où l'on épluchait tout, elle ne fut le sujet d'aucun blâme. Peut-être même qu'elle servit à faire élire pape son auteur.

Cependant la cour de Vienne, un peu blessée de la nomination de Chiaramonti, avec qui elle n'avait pas pensé à traiter, refusa de le laisser couronner dans l'église de Saint-Marc. Le 21 mars, Pie VII fut couronné dans l'église Saint-Georges, par le cardinal Antoine Doria, chef de l'ordre des cardinaux-diacres. Le Pape était déjà comme dans une sorte de prison. On parlait de le retenir à Venise, même de l'engager à fixer son séjour à Vienne. Après deux mois de retard, pendant lesquels Bonaparte descendit par les Alpes en Italie, l'Autriche ne s'opposa plus au départ du Pontife ; il s'embarqua le 6 juin, sur une frégate autrichienne, et débarqua à Pesaro, d'où il s'achemina vers Rome. Le 21 juin, il entra dans Ancône au bruit d'une salve d'artillerie. Les vaisseaux russes qui stationnaient dans le port ordonnèrent le salut impérial, d'après l'ordre de leur empereur Paul Ier. Six cents Anconitains, qui se relayaient tour à tour, dételèrent les chevaux de la voiture, et y ayant attaché des cordes garnies de rubans de diverses couleurs, ils la traînèrent jusqu'au palais du cardinal-évêque. Depuis environ huit mois, les Français avaient rendu Rome aux Napolitains, assistés de quelques escadrons autrichiens et deux cents hommes d'infanterie anglaise. Les Napolitains voyaient avec déplaisir l'arrivée du Pape, qui fit son entrée dans Rome le 3 juillet 1800, au milieu d'indicibles transports de joie de la part du peuple romain. Le gouvernement de Naples fut obligé de rappeler de Rome toutes ses troupes, mais il continua d'occuper Bénévent et Ponte-Corvo, provinces du Saint-Siège.

Nous trouvons ici, sur le passage de Pie VII, non-seulement les Autrichiens, mais les Russes et les Anglais. Voici l'explication. Lors de l'enlèvement de Pie VI, les Français étaient maîtres de Rome et de toute l'Italie supérieure, l'Autriche venait de faire sa paix avec eux. Mais à peine le Pape est-il enlevé de Rome, que l'Angleterre suscite une nouvelle coalition contre la France. Une alliance se conclut entre l'Autriche, la Russie et le Grand-Turc, irrité de ce que les Français avaient envahi l'Egypte, province de son empire. De là cette armée formidable, même de Cosaques et de Tartares, commandés par Souvarow, qui expulsent les Français de Rome et de l'Italie, malgré la valeur de Macdonald et de Moreau. C'est alors que se fait l'élection de Pie VII; l'Angleterre, l'Autriche, la Russie, la Turquie même montant la garde à la porte du conclave, afin que tout s'y fasse avec une paisible lenteur. L'opération terminée, la sentinelle se retire et la scène change.

Napoléon Bonaparte, devenu premier consul, mit en mouvement deux grandes armées : l'une passa le Rhin le 27 avril 1800, sous le commandement de Moreau, et, par une suite de victoires, pénétra jusqu'aux frontières de l'Autriche; l'autre armée passa le grand Saint-Bernard, vers le 20 mai, sous le commandement de Bonaparte lui-même, et arriva soudain dans les plaines d'Italie. Les Autrichiens qui bloquaient Masséna dans Gênes et qui le forcèrent à capituler, s'attendaient que Bonaparte viendrait du côté de Nice pour le débloquer : ils furent bien étonnés d'apprendre qu'il était derrière eux. Le 14 juin eut lieu la célèbre bataille de Marengo, près du village de ce nom, dans le voisinage d'Alexandrie. Elle fut vivement disputée. Les Autrichiens, fort supérieurs en nombre, eurent l'avantage jusqu'aux deux tiers de la journée : leur général en chef, Mélas, considéra la victoire comme tellement assurée, qu'il laissa à son lieutenant le soin de poursuivre l'ennemi et d'achever sa défaite. « Quant à moi, lui dit-il, à cheval depuis minuit, je n'y puis plus tenir. Je suis vieux (il avait quatre-vingts ans) et je vais me coucher. » En effet, il se rendit à Alexandrie, où il était au lit depuis une heure, quand on vint lui dire que la bataille était perdue, son lieutenant prisonnier de guerre avec son état-major et plusieurs milliers de soldats. Ce qui décida la bataille en faveur des Français fut l'arrivée du général Desaix avec un corps de troupes fraîches : Desaix fut tué à la première attaque, mais ses soldats n'en décidèrent pas moins la victoire. Quoique l'armée autrichienne fût encore supérieure en nombre, le général Mélas n'en souscrivit pas moins à une capitulation qui remettait au vainqueur toutes les places de la Lombardie, du Piémont et de l'Etat de Gênes. La France recouvra ainsi dans un instant tout ce qu'elle avait perdu l'année précédente, par une longue suite de revers : enfin elle rentra dans toutes les conditions du traité de Campo-Formio.

De Marengo, Bonaparte revint à Paris, à travers les applaudissements de la France. Les Lyonnais le virent avec une extrême joie poser la première pierre des édifices qu'avait détruits dans leur ville le vandalisme révolutionnaire. A Paris, il entreprit et effectua la restauration de la France entière. Ce fut alors, dit un écrivain royaliste (Michaud le jeune, *Biogr. univ.*, Supplément, t. LXXV, art. NAPOLÉON), que, par le concours des hommes les plus éclairés, il prépara ces recueils de lois, ces codes faits pour immortaliser son nom, peut-être encore plus que ses victoires. Il prit une part fort active à leurs discussions dans le conseil d'Etat, et souvent il étonna les plus profonds jurisconsultes par la sagacité de ses observations. Il jeta à la même époque les fondements de tant de beaux monuments qui ne concourront pas moins que ses lois à illustrer son règne. Si l'on y ajoute les canaux qu'il a fait ouvrir, les routes, les ponts qu'il a établis sur tous les points de son vaste empire, on trouvera que dans aucun siècle, dans aucun pays, un souverain n'a laissé d'aussi nombreux souvenirs. Son tact habituel lui faisait tout de suite voir les choses sous leur véritable point de vue. C'est avec ce tact, ce zèle de perfectionnement et de réforme, qu'il établit dans le même temps, sur des bases régulières, l'administration des contributions directes et indirectes, celles des forêts, de la poste, du domaine et des finances, où il fit cesser les désordres, les gaspillages de la Révolution. De toutes ces améliorations, il résulta un retour de confiance et de crédit très-rapide, et qui ajouta beaucoup à la force de son gouvernement.

L'empereur de Russie, Paul I$^{er}$, après avoir embrassé avec une extrême chaleur la cause des Bourbons et s'être fait, pour les rétablir, l'allié de l'Autriche et de l'Angleterre, avait brusquement rompu cette alliance, rappelé son armée, laissé mourir Souvarow dans la disgrâce et traité de la manière la plus dure le comte de Provence, autrement Louis XVIII, et tous les royalistes, jusque-là comblés de ses bienfaits. Bonaparte profita avec beaucoup d'adresse de ce changement imprévu, en lui renvoyant, sans rançon, très-bien vêtus et parfaitement équipés, sept mille de ses soldats, faits prisonniers dans la campagne précédente, en Hollande, en Italie, et que les Anglais et les Autrichiens refusaient de comprendre dans leur cartel d'échange. Dans sa reconnaissance, le czar écrivit de la manière la plus amicale au Premier-Consul, qui, profitant de la circonstance, lui fit adopter le projet d'envahir les possessions britanniques dans l'Inde et d'aller en Egypte secourir son armée, qui y restait encore et qu'il n'oubliait pas. En même temps, il le fit entrer dans une coalition des puissances du Nord, également dirigée contre l'Angleterre. Mais tout à coup la flotte danoise est incendiée par les Anglais dans le port de Copenhague, et l'empereur Paul assassiné par les siens, c'est-à-dire par ceux de sa cour et de sa famille. Dans ce temps-là même, une foule de conspirations étaient tramées contre les jours du Premier-Consul. Toutes ne furent pas préparées sur les bords de la Tamise; mais il n'en est pas de même du complot de la machine infernale; l'histoire, dit l'écrivain royaliste que nous citons, ne peut plus contester que le ministère anglais avait chargé des royalistes qui, croyant servir leur cause, étaient les aveugles instruments de l'ambition et des vengeances britanniques. Ce fut le 24 décembre 1800, au moment où Bonaparte traversait la rue Saint-Nicaise pour aller à l'Opéra, un tonneau rempli de poudre et traîné par une charrette, éclata avec un horrible fracas, tua dix personnes qui passaient et en blessa un plus grand nombre. Le consul n'échappa à ce péril que par une espèce de miracle. Sa voiture avait à peine dépassé de quelques toises lorsque la terrible machine fit explosion. On crut d'abord que les auteurs en étaient les Jacobins, et il y en eut soixante et onze déportés au delà des mers, entre autres l'assassin de la princesse de Lamballe. Mais avec le temps on découvrit qu'un des principaux entremetteurs était un chouan de Bretagne, Georges Cadoudal, qui renouvela sa tentative d'assassinat plus tard. On ne voit rien de semblable parmi les guerriers de la Vendée. De pareils moyens déshonorent la cause de qui les emploie. C'est justifier en principe tous les assassinats révolutionnaires et autoriser les représailles de même espèce. Nous avons vu comment Robespierre tourna contre Louis XVI le principe que Louis XIV avait tourné contre le Pape.

Au milieu de ses travaux pour la restauration législative et administrative de la France, au milieu de tant de complots contre sa personne, Bonaparte, premier consul, faisait mouvoir quatre armées pour l'exécution d'un vaste plan qu'il avait conçu. L'armée d'Italie, forte de quatre-vingt-dix mille hommes, commandée par Brune; l'armée gallo-batave, de vingt mille hommes, commandée par Augereau; l'armée d'Allemagne, de cent quarante mille hommes, à la tête de laquelle était Moreau; l'armée des Grisons, de quinze mille, que Macdonald commandait, et un corps de réserve de dix mille hommes sous les ordres de Murat : telles étaient les forces disponibles de la France. Ces deux cent soixante-quinze mille hommes menaçaient l'Autriche et Vienne, sa capitale; Vienne, que Bonaparte, malgré la rigueur de la saison, avait résolu de prendre. Le 24 novembre 1800, tous les corps s'ébranlèrent et repoussèrent devant eux les partis d'ennemis qui, malgré les résistances, furent forcés à la retraite. Le 5 décembre, Moreau gagna la célèbre bataille de Hohenlinden, presque sous les murs de Vienne. Le 25 décembre suivant, il y eut un armistice : puis le 9 février 1801, paix de Lunéville entre la France et l'Autriche; le 28 mars, traité de paix entre la France et le roi de Naples; le 29 septembre, entre la France et le Portugal; enfin, le 25 mars 1802, paix d'Amiens, entre la France et l'Angleterre. C'est ainsi que la France et l'Europe, après neuf années d'une guerre acharnée, furent ramenées sous l'empire de la paix.

Une pacification encore plus importante, qui couronne toutes les autres et qui commence une nouvelle ère dans l'histoire de l'Église catholique, c'est la paix, la réconciliation de la France révolutionnée avec le centre de l'unité, le successeur de saint Pierre, par le concordat de 1801. La première ouverture en fut faite par le vainqueur de Marengo. Le 19 juin 1800, cinq jours après cette fameuse bataille, Bonaparte disait au cardinal Martiniana, évêque de Verceil, que son intention était de bien vivre avec le Pape et même de traiter avec lui pour le rétablissement de la religion en France. Cette déclaration de Bonaparte avait été si spontanée, si claire, si précise, au milieu des immenses détails de son administration militaire, que le même jour le cardinal Martiniana écrivit au Premier-Consul qu'il acceptait la commission qu'on lui donnait de témoigner de si bonnes dispositions pour les affaires du Saint-Siége. Le 26 juin, le cardinal fit connaître au Pape cette détermination. Le 10 juillet, Pie VII lui répondit directement de Rome, où il venait de faire son entrée, qu'il ne pouvait pas recevoir une nouvelle plus agréable : « Vous pouvez dire au Premier-Consul, disait-il en terminant sa lettre, que nous nous prêterons volontiers à une négociation dont le but est si respectable, si convenable à notre ministère apostolique, si conforme aux vues de notre cœur. » Le prélat Consalvi, qui, pour déterminer le conclave à nommer un Pape conciliant, avait prédit que les Français ne tarderaient pas à rentrer en Italie, fut nommé cardinal pour suivre ces négociations à Rome. Monseigneur Spina, archevêque de Corinthe, le même qui avait accompagné Pie VI prisonnier en France, et qui lui avait fermé les yeux à Valence, fut accrédité à Paris. Un bref du 13 septembre annonça à tous les évêques français les espérances du Pape : on proposa un concordat; et, au mois de mars 1801, le Premier-Consul envoya à Rome comme ministre plénipotentiaire, mais sans lettre de créance, M. Cacault, son collègue au traité de Tolentino, plus que jamais connu pour être un diplomate sage. Il y arriva le 8 avril; il vit le cardinal Consalvi le jour même et fut présenté au Pape le lendemain. Lorsqu'il avait pris congé du Premier-consul, ce plénipotentiaire lui avait demandé comment il fallait traiter le Pape. « Traitez-le, répondit le guerrier, comme s'il avait deux cent mille hommes. Vous savez qu'au mois d'octobre 1796, je vous écrivais combien j'ambitionnais plus d'être le sauveur du Saint-Siége que son destructeur, et que nous avions à cet égard, vous et moi, des principes conformes. » Le plénipotentiaire français eut pour secrétaire de légation le chevalier Artaud, historien du pape Pie VII.

Les affaires, qui avaient marché d'abord avec quelque célérité, éprouvèrent bientôt des entraves de toutes parts. L'empereur d'Allemagne et le roi de Naples voyaient avec peine que le Pape allait se réconcilier avec la France et y trouver peut-être un appui contre eux. A Paris, le Premier-Consul voulait sincèrement un concordat, mais ses ministres n'en voulaient guère. Quelques-uns de ses généraux, élevés dans les principes de l'incrédulité voltairienne ou même sans aucun principe, ne voulaient d'aucune religion. D'autres voulaient qu'il se fit lui-même créateur d'une religion nouvelle. D'autres poussaient au protestantisme. Le clergé schismatique ou constitutionnel, qui avait vu beaucoup de ses évêques et de ses prêtres se déshonorer par une apostasie publique; le clergé constitutionnel, repoussé par la masse de la nation, faisait tout son possible pour pallier sa nullité et se donner de l'importance; les évêques qui lui restaient tenaient des assemblées qu'ils appelaient des conciles, publiaient des circulaires qu'ils appelaient encycliques : le plus remuant était le régicide Grégoire, évêque civil de Loir-et-Cher. Les évêques catholiques, dès le commencement du schisme, avaient offert leur démission à Pie VI, afin qu'il pût remédier plus aisément aux maux de leur patrie. Depuis ce temps, quelques-uns étaient morts, les autres dispersés à l'étranger ou cachés en France. Le gouvernement demandait une nouvelle circonscription de diocèses, adaptée à celle des départements; il le demandait, non-seulement pour l'ancienne France, mais encore pour la Savoie, la Belgique et les électorats de Mayence, de Trèves et de Cologne, qui faisaient partie de la

France nouvelle. Car, chose remarquable, ces mêmes électeurs qui naguère, forts de leur qualité de princes de l'Eglise et de l'empire, faisaient une guerre de schisme au Pape, se voyaient ou allaient se voir dépouillés de leur double puissance, et leurs électorats mêmes supprimés. Tels étaient les éléments divers et confondus de ce nouveau chaos. Il s'agissait d'une opération unique dans l'histoire ; il s'agissait, par un même acte, d'anéantir tout un monde et d'en créer un autre ; il s'agissait, par un seul acte, d'anéantir tous les évêchés existants de la nouvelle France, et d'en créer de nouveaux à leur place. A qui demander cet acte de toute-puissance ecclésiastique ? Dans l'état présent des choses, impossible de recourir à un concile général, insensé même de penser à un concile national. Il n'y a sur la terre qu'une seule autorité pour faire ce qu'on demande, c'est celui-là même à qui le Tout-Puissant a dit : *Tu es Pierre, et sur cette pierre je bâtirai mon Eglise ; et tout ce que tu lieras sur la terre sera lié dans les cieux, et tout ce que tu délieras sur la terre sera délié dans les cieux.* Celui-là même à qui les évêques de France et des bords du Rhin, pour plaire à la puissance temporelle, contestaient plus ou moins la plénitude de la puissance spirituelle et divine, c'est lui que la puissance temporelle pressera de tout délier dans leurs diocèses et de tout lier dans des diocèses nouveaux, *tout*, y compris les diocèses mêmes. En sorte qu'à tout jamais il sera vrai et notoire que la nouvelle église de France n'existe que par Pierre. *Et nunc, reges, intelligite.* : Et maintenant, princes de la terre et princes de l'Eglise, comprenez les sévères leçons de l'Eternel et de son Christ !

Cependant à Paris et à Rome on discutait les articles du concordat, d'après des conventions faites entre le plénipotentiaire français Cacault et le gouvernement du Saint-Siège. Tout à coup le plénipotentiaire reçoit ordre de Paris de quitter Rome et de se retirer à Florence auprès du général en chef Murat, si avant trois jours on n'avait pas signé le concordat dont on discutait les articles dans les deux cours. Le plénipotentiaire reconnut sur-le-champ l'inconséquence de ces ordres. Il résolut d'aller de sa personne à Florence, et de laisser à Rome son secrétaire, auquel il dit entre autres : « Nous ne sommes ni l'un ni l'autre de mauvais chrétiens. J'ai bien vu ce que vous avez été jusqu'ici, moi je suis un révolutionnaire corrigé : voilà comme, après les guerres civiles, les hommes de partis différents sont souvent, à côté l'un de l'autre, désarmés et amis. » Il alla immédiatement trouver le cardinal Consalvi, lui lut la dépêche qu'il venait de recevoir, et lui conseilla de partir dès le lendemain pour Paris. « Vous plairez au Premier-Consul, vous vous entendrez ; il verra ce que c'est qu'un cardinal homme d'esprit, vous ferez le concordat avec lui. Si vous n'allez pas à Paris, je serai obligé de rompre avec vous, et il y a là-bas beaucoup de ministres qui ont conseillé au Directoire de déporter Pie VI à la Guyane. Il y a des conseillers d'État qui raisonnent contre vous ; il y a des généraux railleurs qui haussent les épaules. Si je romps avec vous, Murat, autre Berthier, marchera sur Rome ; une fois qu'il sera ici, vous traiterez moins avantageusement qu'aujourd'hui... Arrêtons une disposition de choses qui sera satisfaisante, et qui rappellera même Paris à la raison. »

Cacault eut le même jour une audience de Pie VII, qui lui dit : « Monsieur, vous êtes une personne que nous aimons avec une grande tendresse. Ce conseil que vous nous donnez vous-même, de ne pas signer un concordat en trois jours, est une action admirable dans votre position. Mais Consalvi à Paris, Rome abandonnée, et nous demeuré seul dans ce désert !!! — Très-Saint Père, reprit le ministre, j'engage ma foi de chrétien et d'homme d'honneur, que je donne ce conseil de moi-même, qu'il ne m'a été suggéré par personne, que mon gouvernement n'en sait rien, que je n'agis ici que dans l'intérêt des deux cours, et peut-être plus dans l'intérêt de la vôtre que de la mienne. Le Premier-Consul vous honore ; il m'a dit : *Traitez le Pape comme s'il avait deux cent mille hommes.* Il vous reconnaît une grande puissance. Apparemment qu'aujourd'hui il s'en voit le double autour de lui, car il ne parle plus sur un certain pied d'égalité. S'il se donne l'avantage, une noble confiance vous le rendra. Privez-vous de Consalvi quelques mois ; il vous reviendra bien plus habile. »

Napoléon reçoit froidement le cardinal Consalvi, qui en route avait fait une étourderie diplomatique ; mais peu à peu il lui témoigne de la bienveillance, de l'amitié, de la confiance même ; enfin il lui propose des projets de concordat hardis, presque protestants, au moins jansénistes, les modifie, tombe à la fin lui-même, ainsi qu'il l'a dit plusieurs fois, sous le charme des grâces de la Sirène de Rome, et termine la rédaction de cette convention appelée aujourd'hui *Concordat de* 1801. Ce fut une minute traduite de l'italien en français, et remise par le cardinal Consalvi, qui servit de première base. Les différents articles furent commentés par le Premier-Consul, qui les lisait souvent, qui les étudiait à part, quoique paraissant n'y pas prendre autant d'intérêt ; les deux autres consuls aussi manifestèrent des sentiments favorables. Joseph Bonaparte se montra ce qu'il était redevenu depuis les scènes de Rome, homme doux, judicieux, calme et conciliant. Le traité définitif fut converti en articles français, sur lesquels le Père Caselli composa le texte latin. Voici ce concordat tel qu'il a été publié :

« Sa Sainteté le souverain pontife Pie VII et le Premier-Consul de la République française ont nommé pour leurs plénipotentiaires respectifs : Sa Sainteté, son Éminence monseigneur Hercule Consalvi, cardinal de la sainte Eglise romaine, diacre de Sainte-Agathe *ad Suburram*, son secrétaire d'État ; Joseph Spina, archevêque de Corinthe, prélat domestique de Sa Sainteté et assistant au trône pontifical, et le Père Caselli, théologien consultant de Sa Sainteté, pareillement munis de pleins pouvoirs, en bonne et due forme. Le Premier-Consul, les citoyens Joseph Bonaparte, conseiller d'État ; Crétet, conseiller d'État ; Bernier, docteur en théologie, curé de Saint-Laud d'Angers, munis de pleins pouvoirs. Lesquels, après l'échange des pleins pouvoirs respectifs, sont convenus de ce qui suit :

» *Convention entre Sa Sainteté Pie VII et le gouvernement français.*

» Le gouvernement de la République reconnaît

que la religion catholique, apostolique-romaine, est la religion de la grande majorité des citoyens français. Sa Sainteté reconnaît également que cette même religion a retiré et attend encore en ce moment le plus grand bien et le plus grand éclat de l'établissement du culte catholique en France, et de la profession particulière qu'en font les consuls de la République. En conséquence, d'après cette reconnaissance mutuelle, tant pour le bien de la religion que pour le maintien de la tranquillité intérieure, ils sont convenus de ce qui suit :

» Article 1er. La religion catholique, apostolique-romaine, sera librement exercée en France. Son culte sera public, en se conformant aux règlements de police que le gouvernement jugera nécessaires pour la tranquillité publique.

» Art. 2. Il sera fait par le Saint-Siége, de concert avec le gouvernement, une nouvelle circonscription des diocèses français.

» Art. 3. Sa Sainteté déclarera aux titulaires des évêchés français, qu'elle attend d'eux avec une ferme confiance, pour le bien de la paix et de l'unité, toute espèce de sacrifices, même la résignation de leurs siéges. D'après cette exhortation, s'ils se refusaient à ce sacrifice commandé par le bien de l'Eglise (refus néanmoins auquel Sa Sainteté ne s'attend pas), il sera pourvu, par de nouveaux titulaires, au gouvernement des évêchés de la circonscription nouvelle, de la manière suivante :

» Art. 4. Le Premier-Consul de la République nommera, dans les trois mois qui suivront la publication de la bulle de Sa Sainteté, aux archevêchés et évêchés de la circonscription nouvelle. Sa Sainteté conférera l'institution canonique suivant les formes établies par rapport à la France, avant le changement de gouvernement.

» Art. 5. Les nominations aux évêchés qui vaqueront dans la suite, seront également faites par le Premier-Consul, et l'institution canonique sera donnée par le Saint-Siége, en conformité de l'article précédent.

» Art. 6. Les évêques, avant d'entrer en fonctions, prêteront directement entre les mains du Premier-Consul, le serment de fidélité qui était en usage avant le changement du gouvernement, exprimé dans les termes suivants : « Je jure et promets à Dieu, sur les saints Evangiles, de garder obéissance et fidélité au gouvernement établi par la Constitution de la République française. Je promets aussi de n'avoir aucune intelligence, de n'assister à aucun conseil, de n'entretenir aucune ligue, soit au dedans, soit au dehors, qui soit contraire à la tranquillité publique, et si dans mon diocèse, ou ailleurs, j'apprends qu'il se trame quelque chose au préjudice de l'Etat, je le ferai savoir au gouvernement. »

» Art. 7. Les ecclésiastiques du second ordre prêteront le même serment entre les mains des autorités civiles désignées par le gouvernement.

» Art. 8. La formule de prière suivante sera récitée à la fin de l'office divin, dans toutes les églises catholiques de France : *Domine, salvam fac rempublicam ; Domine, salvos fac consules.*

» Art. 9. Les évêques feront une nouvelle circonscription des paroisses de leurs diocèses, qui n'aura d'effet qu'après le consentement du gouvernement.

» Art. 10. Les évêques nommeront aux cures. Leur choix ne pourra tomber que sur des personnes agréées par le gouvernement.

» Art. 11. Les évêques pourront avoir un chapitre dans leur cathédrale, et un séminaire pour leur diocèse, sans que le gouvernement s'oblige à les doter.

» Art. 12. Toutes les églises métropolitaines, cathédrales, paroissiales et autres non aliénées, nécessaires au culte, seront mises à la disposition des évêques.

» Art. 13. Sa Sainteté, pour le bien de la paix et l'heureux rétablissement de la religion catholique, déclare que ni Elle ni ses successeurs ne troubleront, en aucune manière, les acquéreurs des biens ecclésiastiques aliénés, et qu'en conséquence la propriété de ces mêmes biens, les droits et revenus y attachés, demeureront incommutables entre leurs mains, ou celles de leurs ayants cause.

» Art. 14. Le gouvernement assurera un traitement convenable aux évêques et aux curés dont les diocèses et les cures seront compris dans la circonscription nouvelle.

» Art. 15. Le gouvernement prendra également des mesures pour que les catholiques français puissent, s'ils le veulent, faire des fondations en faveur des églises.

» Art. 16. Sa Sainteté reconnaît dans le Premier-Consul de la République française les mêmes droits et prérogatives dont jouissait près d'Elle l'ancien gouvernement.

» Art. 17. Il est convenu entre les parties contractantes, que dans le cas où quelqu'un des successeurs du Premier-Consul actuel ne serait pas catholique, les droits et prérogatives mentionnés dans l'article ci-dessus, et la nomination aux évêchés, seront réglés, par rapport à lui, par une nouvelle convention. — Les ratifications seront échangées à Paris dans l'espace de quarante jours.

» Fait à Paris, le 26 messidor de l'an IX de la République française (16 juillet 1801). »

Le 15 août, fête de l'Assomption de la très-sainte Vierge, patronne de la France, ce concordat fut ratifié à Rome par le pape Pie VII, qui donna pour ce sujet la bulle *Ecclesia Christi*. Le même jour, il adressa aux évêques de France un bref dans lequel il leur déclarait que la conservation de l'unité et le rétablissement de la religion catholique en France demandaient qu'ils donnassent la démission de leurs siéges. Il leur rappelait l'offre faite par trente évêques en 1791, de remettre leur démission à Pie VI, et les lettres que plusieurs d'entre eux lui avaient écrites à lui-même pour le même objet. « Nous sommes forcé, disait-il, par la nécessité des temps qui exerce aussi sur nous sa violence, de vous annoncer que votre réponse doit nous être envoyée dans dix jours, et que cette réponse doit être absolue et non dilatoire, de manière que si nous ne la recevions pas telle que nous la souhaitons, nous serions forcé de vous regarder comme si vous aviez refusé d'acquiescer à notre demande. » Il ajoutait qu'il n'avait rien omis pour leur épargner ce sacrifice, et il les conjurait à plusieurs reprises de céder à ses désirs. Il adressa la même demande aux évêques étrangers dont les diocèses se trouvaient réunis à la France par les nouvelles conquêtes. Sur vingt-quatre qu'ils étaient, neuf étaient morts, et un avait été transféré à un autre siége ; les quatorze autres donnèrent tous leurs démissions. L'exemple était beau. Les évêques français ne le suivirent pas tous. Sur cent trente-cinq siéges épiscopaux que comprenait la France en 1789, cinquante et un titulaires étaient morts. Parmi les quatre-vingt-quatre restants, trois, savoir, les évêques de Viviers, d'Orléans et d'Autun, pouvaient être regardés comme ayant renoncé depuis longtemps à leurs siéges, et les deux derniers surtout donnèrent formellement leur démission. Il ne restait donc que quatre-vingt-un évêques, parmi lesquels quarante-cinq, la majorité, accédèrent à la demande que leur faisait le Pape, et donnèrent leur démission. Leur doyen d'âge, Mgr de Belloy, évêque de Marseille, vieillard de 92 ans, et successeur immédiat de Belsunce, écrivit le 21 septembre à Mgr Spina : « Je reçois avec respect et soumission filiale le bref que vous m'adressez de la part de Notre Saint-Père le Pape ; plein de vénération et d'obéissance pour ses décrets, et voulant toujours lui être uni de cœur et d'esprit, je n'hésite pas à remettre entre les mains de Sa Sainteté ma démission de l'évêché de Marseille. Il suffit qu'elle l'estime nécessaire à la conservation de la religion en France, pour que je m'y résigne. »

Dans ces paroles on respire l'esprit vraiment épiscopal des trois cents évêques d'Afrique qui, en la conférence de Carthage (411), offrirent de céder leurs siéges aux évêques donatistes ; si ceux-ci voulaient renoncer au schisme. Saint Augustin, l'âme de ces trois cents évêques catholiques, disait au nom de tous : « Pourquoi hésiterions-nous de faire à notre Rédempteur ce sacrifice ? Il est descendu du ciel pour nous faire devenir ses membres, et nous craindrions de descendre de nos chaires, afin que ses membres cessent de se déchirer par une cruelle division ? Pour nous-mêmes, il nous suffit d'être chrétiens fidèles et obéissants ; mais c'est pour le peuple qu'on nous ordonne évêques. Usons donc de notre épiscopat selon qu'il est utile pour la paix du peuple. » Comme saint Augustin et quelques-uns de ses confrères s'entretenaient entre eux de cette pensée : « Que l'on doit être évêque ou ne l'être pas, selon qu'il est utile pour la paix de Jésus-Christ, ils passaient en revue leurs collègues, et n'en trouvaient guère qu'ils crussent capables de faire à Dieu ce sacrifice. » Mais quand on vint à publier la chose dans l'assemblée générale, cette proposition plut si bien à tout le monde et fut reçue avec tant de zèle, que tous se trouvèrent prêts à quitter leurs églises pour réunir l'épiscopat. En 1801, les évêques français ne présentèrent pas cette édifiante unanimité. Une minorité de trente-six se sépara de leurs quarante-cinq compatriotes et des quatorze étrangers, se refusant aux instances du Pape, non pas d'une manière absolue, mais dilatoire. Leurs réclamations et protestations se réduisent à dire que la demande est bien extraordinaire ; que, régulièrement, il faudrait assembler les évêques ; peser mûrement le pour et le contre ; que jamais le Saint-Siége n'avait déployé une autorité pareille. Cela était vrai. Mais il s'agissait de sauver la France du naufrage ; et Bossuet lui-même a dit que, quand il y a nécessité ou utilité évidente, le Pape peut tout et qu'il est au-dessus des canons.

Comme on le voit dans la vie de Pie VII par Artaud, la nécessité était bien pressante. L'Autriche et Naples intriguaient à Rome et ailleurs pour empêcher la réconciliation entre Rome et Paris. Peut-être que les trente-six évêques réclamants ou protestants étaient dupes ou complices de cette politique. En 1682, nous avons déjà vu trente-six évêques courtisans, au lieu de concilier un différend entre le Pape et le roi, se mettre servilement avec le roi contre le Pape. Peut-être que les trente-six prélats émigrés de 1801, contrairement aux trois cents évêques d'Afrique, se regardaient comme étant plus évêques du prince que du peuple.

On lit en effet dans les *Mémoires* de Picot, an 1804 : « Il n'est pas douteux que Louis XVIII, alors exilé, n'eût vu avec peine une mesure qui semblait contraire à ses intérêts, et l'on peut croire que ce motif est entré pour beaucoup dans les raisons qui ont détourné les évêques d'adhérer tous au concordat de 1801. Ils ne purent se résoudre à mettre en oubli les droits du prince à la cause duquel ils étaient attachés ; et ils crurent devoir les maintenir expressément par des actes solennels, précisément peut-être parce que toutes les puissances de l'Europe reconnaissaient alors le nouveau gouvernement de France et se liaient avec lui par des traités. Ceux de ces prélats qui résidaient en Angleterre, rédigèrent donc et signèrent, au nombre de treize, deux écrits, l'un intitulé : *Déclaration sur les droits du roi*, datée du 8 avril, et l'autre du 15 du même mois, formant suite aux *Réclamations canoniques* de l'année précédente. Dans le premier, ils déclaraient que le roi conservait tous les droits à la couronne qu'il tenait de Dieu, et que rien n'avait pu dégager ses sujets du serment de fidélité. » En quoi ils oubliaient que, d'après la doctrine ancienne et commune des docteurs catholiques, de France comme d'ailleurs, la souveraineté vient de Dieu par le peuple ; que, d'après Bossuet lui-même, la puissance des rois n'est pas tellement de Dieu qu'elle ne soit aussi du consentement des peuples ; que, d'après Fénelon, la puissance temporelle réside dans la communauté qu'on appelle *nation* : ils oubliaient que, de leur vivant encore, Massillon prêchait cette doctrine à la cour de Louis XV : « Dans le second écrit, les mêmes évêques se plaignaient des articles du concordat, qui permettaient un nouveau serment au gouvernement établi en France, qui ordonnaient des prières pour ce gouvernement, et qui le reconnaissaient investi des mêmes droits que l'ancien. » En formant ces plaintes, les bons évêques oubliaient le premier article de la Déclaration gallicane, dont le principe fondamental est, d'après Bossuet, que l'ordre politique est différent de l'ordre moral et religieux. Si cela est vrai, si les droits politiques n'intéressent point la morale, la religion, la conscience, chacun est libre à cet égard ; le Pape, aussi bien que tout autre, pouvait faire ce qu'il jugeait à propos : d'autant plus que c'est à lui, et à lui seul, qu'il a été dit : *Quodcumque solveris super terram, erit solutum et in cœlis ; Quoi que ce soit que tu délieras sur la terre, cela sera aussi délié dans les cieux.* Quand on veut en remontrer au Pape, il faudrait au moins, nous semble-t-il, être d'accord avec soi-même.

Un résultat de cette opposition des trente-six évêques au concordat, fut une espèce de secte ou de schisme, appelé les *anticoncordataires* ou *la petite église*; secte qui se faisait un mérite de décrier le Pape et son autorité; schisme dans lequel paraît être mort M. de Thémines, ancien évêque de Blois. Quant aux évêques opposés au concordat qui revinrent en France avec Louis XVIII, en 1813, ils prétendirent, comme Bonaparte, forcer la main à Pie VII, le contraindre à rétracter ce qu'il avait fait, et à se condamner lui-même; et il faudra une nouvelle révolution pour leur rappeler que, pasteurs à l'égard des fidèles, ils sont brebis à l'égard de Pierre.

Pie VII, en exhortant les anciens évêques de France à lui envoyer leur démission, n'oublia pas même les évêques schismatiques, établis par la constitution civile du clergé, et dans un bref à monseigneur Spina, il le chargea de les exhorter « à revenir promptement à l'unité, à donner chacun par écrit leur profession d'obéissance et de soumission au Pontife romain, à manifester leur acquiescement sincère et entier aux jugements émanés du Saint-Siège sur les affaires ecclésiastiques de France, et à renoncer aussitôt aux sièges épiscopaux dont ils s'étaient emparés sans l'institution du Siège apostolique. » Ce bref, qui commençait par ces mots : *Post multos labores*, était rempli d'expressions touchantes de bonté et d'indulgence; et quoiqu'il n'ait pas eu tout l'effet que le chef de l'Église était en droit d'en attendre, on sait cependant que plusieurs de ceux qu'il concernait s'y sont conformés, et ont pris sincèrement le parti de l'obéissance. Quant aux renonciations, non pas démissions, qu'on demandait à ces évêques, ils les donnèrent tous entre les mains du gouvernement. Il y en avait alors cinquante-neuf en place, dont trente avaient été élus suivant les formes prescrites par la constitution civile du clergé, et vingt-neuf nommés depuis de différentes manières et d'après des formes arbitraires. Ces derniers avaient des titres moins authentiques encore, s'il est possible, et n'avaient été choisis que par des métropolitains avides de perpétuer le schisme, ou par des fractions de clergé incapables de représenter chaque diocèse. Les autres diocèses constitutionnels, au nombre de vingt-six, n'avaient point d'évêques, et n'en étaient que plus tranquilles.

Cependant, le 29 novembre 1801, Pie VII publia une bulle pour l'exécution du concordat; elle commençait par ces mots : *Qui Christi Domini*. Le Pape y témoignait son regret de ce que plusieurs évêques, ou ne lui avaient pas encore envoyé leurs démissions, ou ne lui avaient écrit que pour lui exposer les raisons qu'ils croyaient avoir de différer ce sacrifice. Il avait espéré, disait-il, n'être pas forcé de déroger au consentement de ces évêques. Mais il avait jugé que la situation de la religion, le bien de la paix et de l'unité devaient l'emporter sur toute autre considération, quelque grave qu'elle pût être. Il déclarait en conséquence, et de l'avis de plusieurs cardinaux, déroger au consentement des évêques et des chapitres. Il leur interdisait l'exercice de leur juridiction et déclarait nul tout ce qu'ils pourraient faire en vertu de cette juridiction. Il anéantissait toutes les églises épiscopales existantes alors en France, avec tous leurs droits et priviléges, et créait à leur place soixante nouveaux siéges, partagés en dix métropoles. On fit cadrer cette division avec la division par département, de manière que chaque diocèse comprenait un ou deux et même quelquefois trois départements, et que les soixante siéges s'étendaient sur tout le territoire occupé précédemment par les cent trente-cinq évêchés de France et par les vingt-quatre des pays réunis. Du reste, il n'était nullement question dans la bulle *Qui Christi Domini* des diocèses créés par la constitution civile du clergé. Cette circonscription était regardée comme non avenue, et le Pape n'avait pas eu besoin d'éteindre la juridiction de gens qui n'en avaient pas.

Immédiatement après la ratification du concordat, Pie VII envoya un légat *à latere* pour en suivre et diriger l'exécution. Ce fut le cardinal Caprara, évêque d'Iési, précédemment nonce à Cologne, à Lucerne et à Vienne. Le cardinal Consalvi, qui avait négocié le traité, s'en retourna près du Pape. Une des premières demandes du légat fut la permission de transporter le corps de Pie VI de Valence. Monseigneur Spina, archevêque de Corinthe, le même qui l'avait accompagné dans son exil et assisté à la mort, l'accompagna dans son retour posthume. Ce fut comme une marche triomphale à travers l'Italie, surtout à l'approche et à l'entrée de Rome. La ville entière, et même l'Europe entière, en la personne de ses ambassadeurs, faisait partie du cortège funèbre. Comme le trésor pontifical, épuisé par les calamités précédentes, ne pouvait suffire à tout ce qu'on souhaitait faire pour honorer celui qui revenait de l'exil, tout le monde, en particulier l'ambassade de France, fournit avec empressement tout ce qui pouvait convenir. Le 18 février 1802, dans la basilique de Saint-Pierre, eurent lieu la messe solennelle, l'oraison funèbre, puis les obsèques, qui furent faites par Pie VII en personne, en présence des ambassadeurs de toutes les puissances chrétiennes. C'était comme une amende honorable de toute l'Europe envers un Pontife qui avait eu à souffrir de toute l'Europe.

Cependant, à Paris, la publication et l'exécution du concordat n'avançaient pas. La principale cause en était à la mauvaise disposition du Corps législatif : le Premier-Consul pensa qu'il valait mieux en convoquer un autre. Napoléon avait à combattre de plus d'un côté. A ceux qui ne voulaient d'aucune religion, il faisait voir que la religion est nécessaire pour le bon ordre de la société humaine. A ceux qui poussaient au protestantisme, il répondait que le grand intérêt, la grande force de la France, c'est son unité; y introduire le protestantisme, c'est la briser en deux et la jeter à la queue des nations au lieu de la conserver à la tête. Plusieurs fois, comme il le raconta lui-même plus tard, on fit des tentatives auprès de lui pour l'engager à se déclarer le chef de la religion, en mettant de côté le Pape. « On ne se bornait pas là, disait-il à ses compagnons de Sainte-Hélène; on voulait que je fisse moi-même une religion à ma guise, m'assurant qu'en France et dans le reste du monde j'étais sûr de ne pas manquer de partisans et de dévots du nouveau culte. Un jour que j'étais pressé sur ce sujet par un personnage qui voyait là-dessous une grande pensée politique, je l'arrêtai tout court : « Assez, monsieur, assez; voulez-vous aussi que je me fasse crucifier ? » Et comme il me regardait d'un air étonné : « Ce n'est pas là votre pensée, ni la mienne non plus; eh bien ! monsieur, c'est là ce qu'il faut pour la vraie religion ! Et après celle-là, je n'en connais pas ni n'en veux connaître une autre (*Conversations religieuses de Napoléon*, par le chev. de Beauterne, p. 111 et 112). » Cependant, placé à l'école militaire dès l'âge de dix ans, Napoléon sentit plus d'une fois que son instruction religieuse n'avait été ni assez suivie ni assez complète.

Enfin, le nouveau Corps législatif étant réuni, le concordat y fut adopté comme loi de l'Etat le 5 avril 1802. Le conseiller d'Etat Portalis, avant d'en donner lecture, prononça un discours remarquable où il y a beaucoup de bonnes choses, mais aussi quelques-unes d'inexactes. Il fit adopter en même temps une série d'*Articles organiques* qui tendaient à mettre le clergé sous la dépendance absolue du gouvernement, et dont on n'avait rien dit dans les négociations du concordat : c'était un reste de la duplicité janséniste qui dirigeait certains personnages influents. Le Pape réclama contre ces additions ; avec le temps plusieurs de ces articles ont été abrogés ou expressément ou par le non usage. Tout ce que le gouvernement gagne par ces mesures de défiance, c'est de repousser la confiance et l'affection de ce qu'il y a de meilleur dans le clergé. Le 9 avril, le cardinal Caprara, légat *à latere*, eut une audience publique du Premier-Consul et commença ses fonctions : on lui reproche de n'avoir pas toujours eu toute la fermeté désirable dans un représentant du chef de l'Eglise universelle. Bonaparte nomma aussitôt à plusieurs des sièges récemment institués, et les autres furent successivement remplis de la même manière. Dix-huit des anciens évêques furent appelés à gouverner de nouveaux diocèses. Malheureusement un ministre en crédit fit nommer aussi douze des anciens constitutionnels : quelques-uns d'entre eux s'étaient réconciliés ou se réconcilièrent sincèrement avec le Saint-Siége ; mais trois ou quatre ne firent pas plus d'honneur au gouvernement ni de bien à leur diocèse qu'ils ne témoignèrent de véritable soumission au Pape. La nomination la plus remarquable fut celle de l'ancien évêque de Marseille, le vénérable de Belloy, au siége de Paris. Il avait quatre-vingt-douze ans et en vécut encore sept, et mourut à cent ans moins six mois, vénéré de ses nouveaux diocésains.

Enfin, le jour de Pâques, 18 avril 1802, à Notre-Dame de Paris, la nouvelle Eglise de France, ressuscitée par la grâce de Dieu et par l'autorité du Saint-Siége, célébra sa propre résurrection avec celle du Sauveur. Le cardinal-légat, représentant du vicaire de Jésus-Christ, chanta la messe solennelle. Les consuls s'y étaient rendus en grande pompe. Un cortège nombreux, composé des premières autorités, les y accompagnait. Vingt évêques nouvellement institués prêtèrent serment. M. de Boisgelin, un de ces prélats, qui venait de passer de l'archevêché d'Aix à celui de Tours, prononça un discours analogue à la circonstance ; il montra la Providence dirigeant en secret la marche des événements et les amenant au but marqué dans ses décrets. Les choses parlaient encore plus éloquemment que l'homme. Les assistants ne pouvaient en croire leurs yeux. Il y a peu d'années, ils avaient vu l'impiété triomphante dans ce même temple ; et maintenant on y chante le *Te Deum* pour remercier Dieu de ses miséricordes envers la France ; miséricordes par lesquelles il l'a ressuscitée, il l'a réconciliée avec son Eglise et avec elle-même. Ses prêtres fidèles, jusqu'alors exilés, déportés, emprisonnés, reparaissent plus fidèles encore, prêts à former un nouveau peuple, un nouveau clergé, digne héritier des confesseurs et des martyrs. Le frère, la sœur de charité retournent auprès des malades ; le frère, la sœur d'école, auprès des petits enfants. Un jubilé accordé par le souverain Pontife affermira cette résurrection. Et le temps fera voir que la France est vraiment ressuscitée, et cela, nous en avons la confiance, pour ne plus mourir.

FIN DU TOME ONZIÈME.

# TABLE DES MATIÈRES DU TOME ONZIÈME.

### LIVRE QUATRE-VINGT-SEPTIÈME.

*Le monde et l'Eglise pendant le XVII<sup>e</sup> siècle. — Ce que c'est qu'un prêtre* (Suite).

De 1605, mort du pape Clément VIII, pacification de la France, à 1650, pacification de l'Allemagne par le traité de Westphalie, et à 1660, mort de saint Vincent de Paul.

### § V.

*Service éminent que Vincent de Paul rend à l'Eglise, par son zèle éclairé contre l'hérésie jansénienne. — Commencements et caractère de cette hérésie.*

L'hérésiarque Hauranne découvre le fond de son cœur à saint Vincent de Paul, croyant pouvoir le séduire. Conduite du saint à son égard, page 1.
Notice sur Jean du Verger de Hauranne. Ses liaisons avec Jansénius, la famille Arnaud et Port-Royal. Son livre *De la question royale*. Ses lettres, 3.
Sa doctrine n'est autre que celle de Luther, Calvin, Wiclef, Jean Hus, Richer et Antoine de Dominis. Portrait qu'un magistrat contemporain fait de la secte jansénienne, 4.
Barcos, neveu de Hauranne, soutient l'hérésie des deux chefs, qui n'en font qu'un, 4.
Duplicité jansénienne dans Pascal et dans Nicole, 5.
Tendance schismatique de l'avocat janséniste, Simon Vigor. Observation de Fleury, 5.
Tendance schismatique des avocats Pithou et Dupuis, condamnés par vingt-deux évêques de France, et même par Fleury, qui les imite, 5.
Portrait que l'évêque Fléchier trace des magistrats de son temps, 5.
Pour éloigner les fidèles de la sainte communion, le docteur Arnauld publie son livre *De la fréquente communion*. Jugement qu'en porte saint Vincent de Paul, 6.
Hauranne compose dans le même but le *Chapelet secret du Saint-Sacrement*. Echantillon de sa doctrine et de son style, 7.
Projet de Bourg-Fontaine, 7.
Biographie de Jansénius. Ses dispositions équivoques, même à la mort. Son peu de délicatesse en fait de probité, 8.
Publication de son *Augustinus*. Premières condamnations que cet ouvrage subit, 8.
A Paris, Isaac Habert est le premier à s'élever publiquement contre la nouvelle hérésie, 9.
Le docteur Cornet réduit la doctrine du livre de Jansénius à cinq propositions, qu'il dénonce à la Faculté de théologie. Plus de quatre-vingts évêques déférent le même livre au Pape, et lui demandent un jugement. Onze évêques lui écrivent en sens contraire, 9.
Innocent X condamne les cinq propositions tirées du livre de Jansénius. La doctrine de cet hérésiarque se réduit à nier le libre arbitre de l'homme et à faire Dieu même auteur du péché, à l'exemple et à la suite de Hobbes, Spinosa, Luther, Calvin, Wiclef, Mahués et Mahomet, 9.
La constitution d'Innocent est reçue sans opposition en France. Lettre mémorable que l'assemblée du clergé écrit au Pape, 11.
Ce que saint Vincent de Paul écrit là-dessus à un de ses missionnaires, 11.
Lettres mémorables du même saint à plusieurs évêques, 12.
Son zèle pour faire condamner l'erreur. Sa charité pour ramener les errants, 15.
Retour sincère de trois d'entre eux, 15.

Duplicité des jansénistes. Tant que les cinq propositions ne sont pas condamnées, ils les soutiennent véritables et contenues dans le livre de Jansénius. Après la condamnation, ils soutiennent le contraire en public, mais toujours la même chose entre eux, 16.
Le Pape condamne l'explication janséniste, 16.
Arnauld la renouvelle dans sa lettre à un duc et pair. La Faculté de théologie censure deux propositions de ces lettres, 17.
Nouvelle subtilité des jansénistes. Ils prétendent que l'Eglise n'est infaillible que sur les questions de *droit*, et non sur les *faits dogmatiques*, par exemple, si telle proposition de tel livre est hérétique ou non. Syllogisme des jansénistes pour échapper à l'autorité de l'Eglise et au formulaire de soumission qu'elle prescrit, 18.
Ce syllogisme soutenu et diversifié par Pascal et Nicole dans les *Lettres provinciales*. Ce qu'il en est de ces lettres, 19.
Mensonge des jansénistes quand ils se disent disciples de saint Thomas. Opposition entre leur doctrine et la sienne, 19.
Si les jansénistes invoquent tant saint Augustin, c'est pour abuser d'une de ses méprises. Impudence avec laquelle ils altèrent la sainte Ecriture elle-même, 20.
Ils falsifient et calomnient de même les Pères, notamment saint Augustin. Raisonnement qu'ils font pour cela, 21.
Sophisme des jansénistes pour décrier la morale des Jésuites. A quoi se réduit la morale janséniste, 22.
Les jansénistes et les pélagiens commencent par la même erreur et agissent avec la même politique, 22.
Le système du Jésuite Molina sur la *Concorde du libre arbitre avec la grâce et la prédestination*, n'ayant pas été condamné par l'Eglise, c'est une injustice et une témérité de le taxer de pélagianisme ou de semi-pélagianisme, 23.
Les Bénédictins et les Oratoriens français se laissent surprendre aux artifices des jansénistes, et méconnaissent plus ou moins le caractère surnaturel de la grâce, si bien exposé par saint Thomas. Exemple de Malebranche, 24.
On trouve une intelligence plus vraie dans le Bénédictin Louis de Blois, 25.
Dans l'Oratorien Jean Le Jeune, dit le *Père l'Aveugle*. Jugement de ses sermons. Excellents avis qu'il donne aux prédicateurs, 25.
Cette intelligence de l'ordre surnaturel se trouve plus complètement dans le Père Saint-Jure, Jésuite, 27.
Mais nul n'a résumé là-dessus l'Ecriture, les Pères et la théologie avec une plus profonde intelligence que le Jésuite Corneille de la Pierre dans son commentaire sur Osée, 27.
Un autre Jésuite, le Père Surin, peut lui être comparé, 30.
Position des Jésuites en France. Henri IV se fait leur apologiste, et choisit le Père Coton pour son confesseur, 30.
Vie, travaux et mort chrétienne de Descartes, 32.
D'après les explications authentiques, mais peu connues, données par Descartes lui-même, son système philosophique sur la certitude s'accorde fort bien avec celui d'Aristote, comme avec celui de tout le monde catholique, et il n'y a plus de quoi se disputer là-dessus, 35.
A quoi l'on peut reconnaître la sagesse d'en-haut et la sagesse d'en bas, 39.

### § VI.

*Etat de l'Allemagne. — Guerre de Trente-Ans. — Paix de Westphalie. — Conversion de protestants.*

Fractionnement de l'Allemagne en Allemagne catholique et en Allemagne hérétique: de celle-ci en luthérienne et en calviniste, 40.
Les calvinistes de Hollande se fractionnent en Arminiens et en Gomaristes. Ceux-ci anathématisent les premiers au synode de

Dordrecht, et les persécutent par l'épée de Maurice de Nassau, 40.
L'électeur luthérien de Brandebourg se déclare calviniste. Inconséquence des luthériens, qui le trouvent mauvais, 41.
Mœurs et éducation des futurs pasteurs protestants dans les Universités allemandes, 41.
Un cordonnier saxon, Jacques Boehm, entreprend la réforme du protestantisme, 42.
Un protestant alsacien, Spener, entreprend la même réforme, mais ne produit qu'une secte de plus, celle des piétistes, 42.
Cette démoralisation irrémédiable du protestantisme en ramène plusieurs savants à l'Eglise catholique : Juste Lipse, Scioppius et autres, 42.
Conversion du comte palatin de Neubourg, Wolgang-Guillaume, 43.
Conversion du margrave Jacob de Baden-Dourlac, 43.
Règne de l'empereur Mathias. Industrie des princes protestants pour garder ce qu'ils avaient volé à l'Eglise et pour y ajouter toujours quelque chose. Ligue protestante ou parti anarchiste; ligue catholique ou parti conservateur.— 1617, jubilé luthérien de la réforme; réveille les animosités qui se calmaient, et donne une première occasion à la guerre de Trente-Ans, 44.
Le calvinisme allemand, plus révolutionnaire que le luthéranisme, a pour chef l'électeur palatin Frédéric V, 45.
Première scène de la guerre de Trente-Ans. Révolution protestante à Prague. Les membres de la régence impériale sont jetés par les fenêtres et sauvés d'une manière bien extraordinaire, 46.
Les protestants rebelles de la Bohême s'emparent du gouvernement, commencent la guerre civile, paraissent en armes devant les murs de Vienne, qui n'est sauvé que par la constance héroïque de Ferdinand II, l'arrivée du colonel français Saint-Hilaire, envoyé par le général lorrain Dampierre, 47.
Ferdinand II est élu empereur à Francfort par tous les électeurs, lorsqu'on apprend que l'un d'eux, le palatin Frédéric V, a été élu roi de Bohême, à la place de Ferdinand, par les protestants rebelles, 49.
Grands armements en Bavière. Commencements du comte de Tilly. Insouciance de Frédéric V. Activité de Ferdinand. Bataille de Prague gagnée par les catholiques. Frédéric perd tout ensemble et la Bohême et le Palatinat. Ferdinand expulse l'hérésie de la Bohême, 50.
Le comte de Mansfeld recommence la guerre d'une manière atroce qui devient commune, 51.
Ferdinand II use de son droit de réformation contre l'hérésie et en Bohême et en Autriche. Vues qui l'animaient dans l'usage de ce droit, que nul protestant ne pouvait lui contester, 51.
Vues de Ferdinand II pour rétablir l'unité nationale de l'Allemagne. Commencements de Wallenstein. Causes qui font manquer cette réunion nationale de l'Allemagne, 52.
Seconde période de la guerre de Trente-Ans, qui recommence au jubilé séculaire de la Confession d'Augsbourg. Les protestants d'Allemagne appellent à leur secours le roi de Suède, Gustave-Adolphe. Prise et incendie de Magdebourg. Conduite louable, mais calomniée, du comte de Tilly dans cette occasion. Conversion du margrave Christian de Brandebourg, 54.
Mort de Gustave-Adolphe et de l'empereur Ferdinand II, 55.
Malgré la paix conclue entre l'empereur et plusieurs princes d'Allemagne, le Suédois Oxenstiern et l'Allemand Bernard, duc de Weimar, continuent la guerre, moyennant une alliance avec la France. Tableau effroyable de cette guerre par le protestant Menzel, d'après les relations contemporaines, 56.
Les magistrats d'Allemagne ne montrent pas moins de barbarie dans la poursuite des prétendus sorciers et sorcières. Le Jésuite Spée élève la voix contre leurs procédures iniques, avec beaucoup de force mais peu de succès, 57.
Enfin, grâce aux efforts du Pape la paix se fait en 1648, mais aux dépens de l'Eglise, dont les princes protestants ont volé les biens; mais aux dépens des populations allemandes, qui, bien loin d'obtenir quelque chose de plus, perdent même ce qu'elles avaient sous le catholicisme; mais aux dépens de l'empire qui n'existe plus que de nom. De là une clause remarquable et trop peu remarquée, 58.
Ce que l'Eglise catholique y perdit et y gagna, 59.
Conversions de savants protestants : Ulric Hunnius, Barthold Nihus, 60.
Luc Holsténius et son neveu Pierre Lambécius. Le poète Scheffler, 60.
Bons exemples de la maison d'Autriche, en particulier de l'empereur Léopold, 61.
Modération de l'Université protestante de Helmstadt, 61.
Doctrines modérées et même catholiques du protestant Grotius, 62.
Conversion de plusieurs princes d'Allemagne. Jean-Frédéric de Brunswick, 64.
Le landgrave Ernest de Hesse-Rhinfelds, 64.
Le landgrave Frédéric de Hesse-Darmstadt.

Conversion de Christine de Suède, qui, pour cet effet, abdique la couronne, 65.
Ce qu'il aurait surtout fallu à l'Allemagne. Notice sur le prêtre Holzhauser, 67.

§ VII.

Etat de la religion parmi les Russes, les Grecs et les autres peuples du Levant. — Mort de saint Vincent de Paul.

Les Russes de Kiowie plus souvent catholiques que ceux de la Moscovie. Succession de leurs métropolitains. Révolutions politiques. Avénement de la famille Romanow, 68.
Dans le Levant, il y a plus de Grecs catholiques qu'on ne pense, 71.
A Constantinople, les Grecs même schismatiques repoussent constamment les erreurs calviniennes, et condamnent le patriarche Cyrille Lucar, qui voulait les introduire. Le patriarche Jérémie II se montre porté pour l'Eglise romaine, 71.
Martyre d'André de Chio, 72.
Plusieurs autres Grecs martyrisés pour la foi catholique, 72.
Le pape Grégoire VIII fonde à Rome le collège Grec. Grand nombre de personnages illustres qui sortent de là : archevêques, évêques, savants, en particulier Pierre Arcudius, 73.
Léon Allatius, le plus illustre de tous. Ses ouvrages, sa doctrine, 73.
Autres Grecs distingués par leur vertu et leur attachement à l'Eglise catholique, 75.
Martyre d'un jeune grec de Chio, 75.
Vie de sainte Marie Raggia, de la même île, 76.
Martyre de saint Josaphat, archevêque de Polosck, 76.
Martyre d'un jeune Crétois, Marc Cyriacopule, 76.
Le savant maronite Joseph Asséemani nous fait également connaître beaucoup de personnages savants et vertueux, tant parmi les Maronites que parmi les Chaldéens catholiques, 77.
Evêque latin à Babylone. Ecoles chrétiennes dans la Chaldée et l'Arménie, 78.
Etat du christianisme en Ethiopie ou Abyssinie, 79.
Le christianisme pénètre et se répand avec grand succès parmi les nègres du Congo. Dispositions actuelles des populations nègres de cette partie de l'Afrique, 80.
Etat du christianisme en Egypte. Dispositions actuelles des gouvernement de l'Egypte et de Constantinople envers le catholicisme. Dénouement probable de l'histoire humaine, 86.
Dernières actions et mort de saint Vincent de Paul, 88.

LIVRE QUATRE-VINGT-HUITIÈME.

*L'Eglise et le monde pendant la seconde moitié du XVII<sup>e</sup> siècle et dans les commencements du XVIII<sup>e</sup>.*

De 1560, mort de saint Vincent de Paul, à 1730, mort du pape Benoit XIII.

§ I<sup>er</sup>.

*En Italie, succession de bons Papes. — Grand nombre de savants, de saints et d'artistes.*

Parallèle de l'Eglise et du monde depuis 1630 jusqu'à nos jours, 90.
Pontificat d'Alexandre VII, 91.
Le cardinal Frédéric, landgrave de Hesse, 91.
Pontificat de Clément IX, 91.
Le cardinal Bona : ses œuvres, 92.
Pontificat et vertus de Clément X, d'après le protestant Schroeck, 93.
Pontificat et vertus d'Innocent XI, d'après le même, 93.
Alexandre VIII, 94.
Pontificat et vertus d'Innocent XII. Son éloge par Schroeck et Muratori, 94.
Election, pontificat et vertus de Clément XI. Son zèle pour enrichir la bibliothèque Vaticane, 95.
Travaux de plusieurs savants maronites, en particulier d'Elias et de Joseph Asséemani, pour seconder le zèle de Clément XI, 97.
Pontificat et vertus d'Innocent XIII. Son éloge par des hommes non suspects, 98.
Benoît XIII. Sa conduite comme religieux, évêque et cardinal. Ses efforts pour n'être pas élu pape, 98.
Actes et règlements du concile provincial que Benoît XIII tient à Rome, 102.
Le savant Bianchini, 104.

# TABLE DES MATIÈRES.

Le savant Fontanini, 104.
— Vignoli, 105.
— Laderchi, 105.
— Ughelli, 105.
— Coleti, 106.
— Fabretti, 106.
— Zaccagny, 106.
Les médecins Zacchias, Baglivi et Malpighi, 106.
Le cardinal Ciampini, 107.
— Quirini, 107.
Le savant Bénédictin Banduri, 108.
— Magliabecchi, 108.
Le cardinal Passionei, 109.
— de Belluga, 109.
Le bienheureux cardinal Barbadigo, évêque de Padoue, 109.
Autres pieux personnages de sa famille, 110.
Les savants théatins Maggio et Galanus, 110.
Le savant cardinal Dominicain Gotti, 111.
Le Dominicain et cardinal Thomas Howard, 111.
Un fils du sultan de Constantinople devenu Dominicain, 112.
Le Dominicain Roccaberti, archevêque de Valence, 112.
Bzovius, savant Dominicain de Pologne, 113.
Le bienheureux François de Possadas, de l'ordre de Saint-Dominique, 113.
Le bienheureux Nicolas de Longobardi, de l'ordre de Saint-François de Paule, 114.
Saint François Girolamo, jésuite, 114.
Les jésuites Ségneri, oncle et neveu, 116.
Saint Joseph de Cupertino, de l'ordre de Saint-François d'Assise, 117.
Le bienheureux Bernard de Corléone, du même ordre, 118.
Le bienheureux Bernard d'Offida, du même ordre, 119.
Le bienheureux Bonaventure de Potenza, du même ordre, 119.
Saint Pacifique de Saint-Séverin, du même ordre, 120.
Sainte Véronique Giuliani, du même ordre, 120.
Le bienheureux Joseph Oriol, prêtre de Barcelone, 122.
Le bienheureux Sébastien Valafré, prêtre en Savoie, 123.
Commencements de saint Alphonse de Liguori, 124.
Peintres d'Italie : Le Titien, le Tintoret, Paul Véronèse, les Carrache, le Dominiquin, le Volterre, l'Albane, le Corrège, le Caravage, le Parmesan, le Guerchin, 128.
Le Bernin, à la fois peintre, statuaire et architecte, 130.

## § II.

*Arts, littérature, érudition en France, en Belgique et en Lorraine : érudition viciée dans plusieurs savants par des préjugés de gallicanisme et de jansénisme.*

Peintres français : Claude Gelée, Poussin, Lesueur, Mignard et Lebrun, 131.
Peintres belges : Rubens, Van Dyck et Teniers. Peintres hollandais. Littérature hollandaise, 131.
Travaux immenses des Jésuites belges, 131.
Travaux littéraires des Jésuites français, 132.
Science et œuvres du P. Petau. Ce qu'il laisse à désirer, 132.
Le Père Hardouin. Jugement qu'en porte le jésuite Feller, 133.
Le Père Berruyer jugé par le même, 133.
Etat général des Bénédictins de France, 134.
Science et ouvrages des Bénédictins Mabillon et d'Achery, 134.
Les Bénédictins Martène et Durand, 135.
Le Bénédictin d'Allemagne, Bernard Pez, 136.
Impression ou réimpression de tous les Pères et Docteurs de l'Église, 136.
Travaux historiques de Lecointe, Baluze, mais particulièrement de MM. de Sainte-Marthe et de Ducange, 137.
Ce qui manque à cette réunion de savants, 138.
Défauts de l'édition bénédictine de saint Augustin : jugement sévère qu'en porte Feller, 139.
Bénédictins de Lorraine : Petit-Didier, Ceillier, Calmet, 140.
Les Dominicains Contenson et Noël Alexandre : ce qu'ils laissent à désirer, 141.
Les oratoriens Morin et Lebrun, 141.
Science, écrits et vertus du Père Thomassin, 142.
L'Oratorien Malebranche : dangers de ses écrits : Fénelon les réfute, 147.
L'Oratorien Gaspard Juénin : sa théologie justement condamnée, 149.
L'Oratorien Quesnel, second chef de la secte janséniste. Ses *Réflexions morales*, condamnées par la bulle *Unigenitus*, 149.
Le Père Eudes quitte l'Oratoire, et fonde la congrégation des Eudistes, 150.
La Sorbonne dégénérée comme les ordres religieux, 150.

Le docteur Cornet, 150.
Les docteurs Duval et Hallier, 151.
Le docteur Mauclerc et son ouvrage *De la Monarchie divine* 152.
Le docteur Tournély. Résumé de sa doctrine sur quelques points très-importants, 153.
Equivoques et restrictions mentales des jansénistes. Ils sont mystifiés à leur tour, 154.
Tournély, dans ses *Traités de l'Incarnation et de l'Eglise*, se plaint dans ce dernier des entraves que la puissance séculière mettait à la liberté des opinions théologiques en France, 155.
Launoy, docteur suspect et téméraire, 157.
Le docteur Ellies Dupin ne vaut pas mieux : a été réfuté par Bossuet, 158.
Richard Simon, *item*, 160.
Lecourrayer : son apostasie, 161.
La théologie de Louis Habert, censurée par Fénelon, 161.
Le docteur Witasse n'est pas non plus sans reproches, 162.
Les jurisconsultes Domat et Pothier : bonnes idées dans le premier, mais incomplètes et contradictoires, 162.
Les légistes Ferrière, Pithou, Dupuy et autres parlementaires plus favorables aux sectes qu'à l'Eglise, 164.
L'avocat, puis abbé Fleury ; ses ouvrages ; manière diverse dont son *Histoire ecclésiastique* est accueillie par les catholiques et par les protestants. Raisons de cette différence. Observations sur ses autres écrits, 164.

## § III.

*Qu'est-ce que les libertés de l'Eglise gallicane ? — Déclaration gallicane de 1682. Ce qu'elle déclare et ce qu'elle ne déclare pas. Défense qu'en entreprend Bossuet. — Ce que pense Fénelon sur ces matières.*

Discours de Fleury sur les libertés de l'Eglise gallicane. Observations à ce sujet, 171.
Ce qu'il en est au fond de ces libertés de l'Eglise gallicane ; opinion du comte de Maistre, de Fénelon, de Bossuet et de Fleury lui-même, 172.
Ce que ces libertés ont valu à l'Eglise : conclusion, 174.
Texte de la Déclaration gallicane de 1682, 174.
Ce que nous apprend l'histoire au sujet de cette Déclaration Affaire de la régale, 175.
Particularités que nous apprend Fleury sur l'assemblée de 1682, 176.
Bossuet confirme le récit de Fleury, 176.
Suite de cette affaire, 177.
Ce que décide le premier article de la Déclaration, et ce qu'il ne décide pas, et ce qui s'ensuit, 177.
Bossuet entreprend, par ordre du roi, la défense de la Déclaration. Cinq propositions où il renferme tout ce qu'il dira sur le premier article. Remarques sur les deux premières propositions, 178.
Examen de la troisième, 180.
Principes étranges et embrouillements de Bossuet, 181.
Examen de la quatrième proposition, 182.
Examen de la cinquième et dernière proposition, 183.
Conclusion sur cette matière, 185.
Ce que pense Fénelon sur le premier article de la Déclaration de 1682, ainsi que Bossuet lui-même et Massillon, 186.
Ce que Fénelon pense sur les trois derniers articles. Son traité *De l'autorité du souverain Pontife*, 187.
Controverse de Bossuet avec l'évêque de Tournai : ce qu'en pense Fénelon, qui la rapporte, 188.
Conséquence pratique à tirer de tout cela, 190.

## § IV.

*Biographies de Bossuet et de Fénelon. — Education du duc de Bourgogne. — Controverse de Bossuet et de Fénelon sur le quiétisme.*

Biographie de Bossuet, 190.
Premières années de Fénelon. Ses premiers écrits : *Traité de l'éducation des filles*, *Du ministère des pasteurs*. Ses missions dans le Poitou et la Saintonge, 192.
Fénelon est chargé de l'éducation du duc de Bourgogne : ensemble et suite de ses écrits pour cette éducation, 195.
Succès de cette éducation, 200.
Controverse de Bossuet et de Fénelon sur le quiétisme. Différentes espèces de quiétisme. Celui de madame Guyon, 200.

Amitié réciproque de Bossuet et de Fénelon. Bossuet veut absolument sacrer Fénelon archevêque de Cambrai, 203.

M. de Noailles, évêque de Châlons, est transféré à l'archevêché de Paris ; il avait approuvé les *Réflexions morales* du janséniste Quesnel : Bossuet fait l'éloge du même ouvrage. Fénelon et les Jésuites pensent différemment, 205.

La controverse du quiétisme, qui paraissait terminée, reprend par le fait de Bossuet. Fénelon publie ses *Maximes des Saints*. L'affaire portée à Rome. Ecrits de part et d'autre. Esprit prodigieux de Fénelon. Sa soumission au jugement du Pape, plus honorable que la victoire de Bossuet, 206.

### § V.

*Conduite de Bossuet envers les jansénistes. — Politique de Louis XIV ; elle séduit les littérateurs de son époque, excepté Fénelon. — Influence de cette politique sur le clergé français, sur la conduite du roi envers le Pape et les autres souverains.*

Bossuet moins rude aux jansénistes qu'à Fénelon : exemples : cause probable, 217.

Politique de Louis XIV : n'est pas celle de saint Louis, mais de Frédéric Barberousse et de Machiavel, tant pour la théorie que pour la pratique. Ses moyens de séduction, 222.

Pierre et Thomas Corneille, 223.
Jean Racine ; son fils Louis Racine, 224.
Nicolas Boileau, 227.
Jean de La Fontaine, 228.

Le Parnasse de la poésie chrétienne est le Tabor : le Parnasse de la poésie française fut la cour de Louis XIV. Les adultères de ce prince, imités par la noblesse, chantés et divinisés par Molière et Quinault, 229.

Caractère de Louis XIV, d'après Fénelon, 231.

Histoire de la dame de Maintenon, épouse clandestine de Louis XIV, 231.

Ce que devienment l'épiscopat et le clergé de France, d'après l'académicien Lemontey, 232.

Brouilleries de Louis XIV avec les Papes, jugées par le protestant Sismondi, 233.

Histoire de la révocation de l'édit de Nantes. Ni la dame de Maintenon ni le Pape n'approuvaient les mesures de rigueur qu'on y employa, 234.

Nouveaux démêlés de Louis XIV avec le pape Innocent XI, d'après le récit non suspect du protestant Sismondi : Louis XIV enlève au Pape Avignon et le comtat Venaissin. Extrémités schismatiques auxquelles se portent les magistrats et les évêques, pour plaire au roi et contrarier le Pape, 236.

Guerres de Louis XIV : l'Europe se ligue enfin contre lui : il fait sa paix avec le Pape, 239.

Guerre de la succession d'Espagne, 240.

### § VI.

*Le fanatisme des camisards et l'incrédulité moderne, enfants naturels du protestantisme. — Lettres de Fénelon au duc d'Orléans. — Premiers principes de la raison humaine. — Œuvres de Huet. — La confusion des idées, favorisée par les jansénistes.*

Ce que c'est que le fanatisme : celui des camisards, 242.
Fanatisme du prédicant huguenot Pierre Jurieu, 243.
Pierre Bayle : passage du calvinisme à l'incrédulité moderne : son *Dictionnaire* est attaqué par Jurieu, 243.

L'athéisme ou le panthéisme du juif Spinosa : dernier terme du calvinisme de Jurieu et du scepticisme de Bayle, qui le réfute, 244.

Affinité du spinosisme avec la politique moderne, 246.
Histoire intérieure de la famille royale de France, 246.
Douleur de Fénelon à la mort du duc de Bourgogne, 247.
Correspondance de Fénelon avec le duc d'Orléans sur la religion, 247.

Quelle est, dans la pensée de Fénelon et de Bossuet, la grande preuve de la vraie religion et de la vraie Eglise, 249.

Quels sont, suivant Fénelon et Bossuet, les premiers principes de la raison humaine, 250.

Le savant Huet, évêque d'Avranches, pense comme eux, 251.
Entre les divers systèmes philosophiques sur la certitude, lequel adopter ? 252.

Le jansénisme contribue principalement à la confusion des idées. Ses principales erreurs condamnées par la bulle *Unigenitus*, qui est reçue par toute l'Eglise, 253.

### § VII.

*Premiers germes d'une dissolution politique et d'une dissolution religieuse en France. — Fénelon meurt en combattant l'une et l'autre. Belsunce les combat à sa manière. — La régénération de la France, préparée par l'abbé de Rancé et l'abbé de La Salle.*

Premiers germes d'une dissolution politique en France, 255. Mort de Louis XIV, 255.

Premiers germes d'une dissolution religieuse dans la grande confusion et opposition d'idées, parmi les docteurs et les évêques, sur la soumission qu'on doit aux décrets dogmatiques de l'Eglise et de son chef, 256.

Ce qu'il en est du cardinal Dubois, 260.

Le concile d'Embrun condamne une instruction pastorale de Soanen, évêque janséniste de Senez : le pape Benoit XIII approuve la sentence, 261.

Derniers moments et mort du cardinal de Noailles, 262.

Sous l'épiscopat de son successeur, M. de Vintimille, la Sorbonne revient à la soumission envers le Pape, 262.

Certains parlements et certains évêques jansénistes défendent de reconnaitre la sainteté de Grégoire VII, et d'en dire l'office, 263.

L'évêque de France qui, dans toute cette affaire, se montre toujours un véritable Père de l'Eglise, c'est Fénelon. Il instruit le Pape de l'état des choses et des personnes, touchant le jansénisme, 263.

Il combat cette hérésie jusqu'à sa mort, par de savantes instructions pastorales, 264.

Derniers moments, derniers écrits et pieuse mort de Fénelon, 266.

Ancienneté de l'Eglise de Marseille : sainte mort de son évêque, Jean-Baptiste Gault, 267.

L'évêque Belsunce. Sainte vie de sa tante, Henriette de Foix, 267.

Conduite héroïque de l'évêque Belsunce et de son clergé pendant la peste de Marseille, 269.

Belsunce combat la peste du jansénisme et de l'incrédulité moderne : il est persécuté pour cela par le parlement janséniste de Provence, 271.

Vie de l'abbé de Rancé. Réforme de La Trappe, 271.

L'abbé de Rancé compose, et Bossuet l'oblige à publier, son traité : *De la sainteté et des devoirs de la vie monastique*, 276.

Le bénédictin Mabillon écrit contre l'ouvrage de l'abbé de La Trappe. Que penser de cette controverse, 277.

Bénédictions que Dieu répand sur les Trappistes. Derniers moments de l'abbé de Rancé, 278.

Vie du vénérable Jean-Baptiste de La Salle, et histoire de sa fondation des écoles chrétiennes, 279.

### § VIII.

*L'Angleterre protestante et l'Angleterre catholique. Etat du catholicisme en Ecosse. L'Irlande catholique martyrisée par l'Angleterre protestante.*

L'Angleterre protestante persécute l'Angleterre catholique, 281.

La fraction protestante de l'Angleterre se fractionne en une infinité de sectes. Nullité des ordinations anglicanes, 284.

Secte fanatique des quakers ou trembleurs, 285.

Diverses sectes, plus ou moins fanatiques, de wesleyens ou méthodistes, 285.

Union de l'Angleterre catholique avec tous les siècles et les peuples chrétiens : désunion de l'Angleterre protestante d'avec tous les siècles et les peuples chrétiens, et d'avec elle-même, 286.

Antichristianisme des principaux docteurs anglicans, 287.

Combien le protestantisme a faussé, obscurci l'intelligence de Loke, de Bull, et surtout de Newton, 287.

Quels sont, d'après saint Jean, les traits caractéristiques d'un antechrist, et à qui conviennent ces caractères, 288.

Biographie de Newton : caractère de son esprit, 288.

Situation de l'Angleterre catholique : persécutions qu'elle souffre : elle a plusieurs colléges sur le continent, pour perpétuer son clergé, 289.

L'Angleterre catholique du XVIIe siècle compte parmi ses enfants les trois plus grands poètes dont l'Angleterre s'honore : Shakespeare, Dryden et Pope, 290.

Etat de l'Ecosse catholique vers la fin du XVIIe siècle, 290.

Situation de l'Irlande catholique à la même époque, 291.

Code pénal de l'Angleterre protestante contre l'Angleterre catholique, résumé par le protestant Cobbet, 292.

## § IX.

*La réunion de l'Allemagne avec elle-même dans le catholicisme est entravée par le protestantisme anglais et hanovrien. Idées de Leibnitz, plus admirables que sa conduite en cette matière. L'Allemagne catholique, aidée de la Pologne, achève la série des croisades contre les Turcs, qui enfin commencent à s'humaniser.*

Le jésuite Athanase Kircher. Ses trente-deux ouvrages, 293.
Gaspard Schott, Jésuite allemand, 295.
Le protestant Leibnitz, 295.
Ce que Leibnitz pense de Puffendorf, de Locke, de Shaftesbury, de Dodwel, de Whiston et de Vanini, 296.
Il prévoit et prédit que les mauvaises doctrines vont faire une révolution générale en Europe, 296.
Ce qui le met en état de le prévoir, 297.
Ce qu'il pense qu'on doit faire pour y porter remède. Sa correspondance avec Huet, 298.
Conjectures favorables pour la réunion des protestants avec l'Eglise catholique. Ouvrages de controverse, par Bossuet, Véron, Grotius, Wallembourg, Gretzer, Pichler, Scheffmacher, Weislinger, 298.
Aux défenseurs du catholicisme, on peut joindre Leibnitz. Exposition de sa doctrine sur la religion. Même sur la subordination entre le temporel et le spirituel, il est plus romain que beaucoup de catholiques, 299.
Décision de l'université protestante de Helmstad, favorable au catholicisme, 301.
Conversion de plusieurs protestants distingués d'Allemagne : princes, princesses et autres, 302.
Négociations pour la réunion des protestants d'Allemagne avec l'Eglise romaine : entre l'évêque Spinola de Neustadt et Bossuet de la part des catholiques, Molanus, abbé luthérien de Lokkum et Leibnitz de la part des protestants. Ce qui fait manquer la réunion. Conduite peu loyale de Leibnitz en cette affaire, 303.
Biens incalculables que cette réunion aurait pu faire à l'Allemagne, à l'Europe, à l'humanité entière, d'après le plan même de Leibnitz, qui avoue être le plan perpétuel des Papes, 308.
Le roi de Pologne, Sobieski, le duc Charles de Lorraine et le prince Eugène de Savoie, secondés par l'Allemagne catholique et par le Pape, sauvent l'Allemagne et l'Europe contre les Turcs, sans le concours de l'Allemagne protestante et au grand regret du roi de France, Louis XIV, allié des Turcs, 310.
Depuis cette époque, les Turcs commencent à s'humaniser. Histoire des chrétiens sous la domination des Turcs, 312.
Les Arméniens catholiques. Pierre Mekhitar et les religieux mekhitaristes, 313.
Etat actuel des chrétiens en Turquie, 313.

## § X.

*Esprit gouvernemental de l'empire russe. — Témoignage de l'Eglise russe en faveur des Pontifes romains. — Etat du catholicisme en Chine, au Japon, dans l'Inde et en Corée*

Histoire abrégée de la Russie, 313.
Le czar Pierre Ier, dit le Grand, avec sa concubine Catherine, dite sa femme. Civilisation religieuse et morale de tous les deux, 314.
Témoignages incroyables de l'Eglise russe en faveur de l'autorité suprême des Pontifes romains, 316.
Réflexions du comte de Maistre à ce sujet, 317.
Décadence et annulation politique de la Suède luthérienne, 317.
Le catholicisme établi en Chine par les Jésuites français, au grand honneur de la France, 317.
Le Père Verbiest et le Père Couplet, 318.
Le Père Intorcetta et le Père Martini, 319.
Les Père Bouvet, Gerbillon, Visdelou et compagnie, 320.
Le Père Prémare, 321.
Le Père Parennin, 322.
Histoire d'une branche de la famille impériale de Chine, qui se convertit au christianisme et souffre la persécution, 322.
Histoire des difficultés sur les cérémonies chinoises, 325.
Travaux, souffrances et succès des missionnaires jésuites dans le Maduré. Le Père Bouchet. Difficultés sur les rites malabares dans l'Inde, 331.
Histoire ecclésiastique ou Martyrologe du Japon et de la Corée, de 622 à la fin du XVIIe siècle, 332.
Erection du Japon et de l'archipel de Lieou-Kieou, en vicariat apostolique, par le pape Grégoire XVI, *note*, 334.

## LIVRE QUATRE-VINGT-NEUVIÈME.

*L'Eglise et le monde pendant le XVIIIe siècle. — Les portes de l'enfer s'efforcent de prévaloir contre le Christ.*

De 1730, mort du pape Benoît XIII, à 1788, mort de saint Alphonse de Liguori et de Louise de France, religieuse carmélite.

### § Ier.

*En Italie, succession de bons Papes : saints et savants personnages, littérateurs et artistes distingués.*

Succession sur les trônes, 335.
Le pape Benoît XIII, 335.
Clément XII. Sa conduite envers la république de Saint-Marin, envers les protestants convertis, les missions de la Chine et les Maronites du Mont-Liban, 335.
Benoît XIV. Ses commencements, 338.
Résumé de son bullaire, sur les missions de l'Inde, les Maronites, les Coptes, les Grecs melchites, les Arméniens, les chrétiens d'Albanie et de Servie, 339.
— aux évêques de Pologne; 341.
— sur le mariage de deux infidèles, dont l'un se convertit, 341.
— en faveur de la liberté des indigènes d'Amérique, 341.
— en faveur des pauvres de l'Etat pontifical, 341.
Son ouvrage de la béatification et de la canonisation des saints, 342.
Ses statuts synodaux : son traité du *Synode diocésain*, 343.
Clément XIII. Eloge que font de lui des hommes non suspects. Son bullaire, 344.
Clément XIV. Ses commencements. Imposture de Caraccioli à son sujet. Saint Liguori l'assiste à la mort. Ce que ce saint homme pensait de la suppression des Jésuites, 344.
Commencements de Pie VI. Comment il est jugé par des écrivains protestants et autres. Ses travaux pour le bien de son peuple, 347.
Saint Jean-Joseph de la Croix, Franciscain, 348.
Le bienheureux Jean d'Acri, Capucin, 349.
Le bienheureux Crispin de Viterbe, Capucin, 350.
Le bienheureux Léonard de Port-Maurice, de l'ordre de Saint-François, 350.
Les savants Tiraboschi, Muratori, Orsi, 351.
— Mansi, Ballerini, Zaccaria, 352.
Mamachi. — Le cardinal Gerdil, 353.
L'astronome Piazzi, de l'ordre des Théatins, 354.
L'abbé Spallanzini, l'abbé Volta et Galvani, 354.
Les poètes Apostolo Zeno, Métastase, Goldoni, Alfiéri, 355.
Ce que c'est que la musique. S'il y a des doctrines plus musicales les unes que les autres, 355.
Les musiciens Marcello, Pergolèse, Paisiello, 356.
— Piccini, Cimarosa, Mozart et Haydn, 357.
Conversions de Winckelman, Zoëga et Haman, 358.
Le sculpteur Canova, 359.

### § II.

*Vie, congrégation, écrits de saint Liguori.*

Sa vie de prêtre. Il commence sa congrégation de missionnaires pour les pauvres gens de la campagne, 360.
Son épiscopat, 364.
Ses croix au sujet de sa congrégation, 366.
Ensemble de la tradition catholique, 367.
Ensemble et esprit des ouvrages de saint Liguori, 368.
Sa *Théologie morale*, 369.
Ce qu'il en est du probabilisme. Si Liguori est trop indulgent, 370.
Ecrits de saint Liguori contre le jansénisme et autres nouveautés, 371.
Lettre apostolique de Pie IX, qui place saint Alphonse de Liguori au rang des Docteurs de l'Eglise, 372.

### § III.

*Ce qu'il y avait de bon en France, surtout dans la famille royale.*

La reine Marie Leczinska, 373.
Sa fille, Henriette de France, et trois autres, 377.
Sa fille, Louise de France, religieuse carmélite, 377.

Son fils le dauphin, père de Louis XVI, 379.
La dauphine, Marie-Josèphe de Saxe, 381.
Grandes qualités, vertus et mort du dauphin, suivie de celle de la dauphine et de celle de la reine, 381.
Christophe de Beaumont, archevêque de Paris, 386.
M. de la Motte, évêque d'Amiens, 387.

### § IV.

*Ce qu'il y avait en France de chancreux : le jansénisme soutenu des parlements.*

Subtilité diabolique du jansénisme, qui en impose à plus d'une personne, 393.
Le diacre janséniste Pâris : prétendus miracles sur son tombeau. Diverses espèces de convulsionnaires jansénistes, 394.
Principaux fauteurs du jansénisme : Montazet, archevêque de Lyon, 396.
Fitz-James, évêque de Soissons, 396.
Colbert, évêque de Montpellier, 397.
Bossuet, évêque de Troyes, 397.
Caylus, évêque d'Auxerre, 398.
Schisme janséniste de Hollande : la *botte à Perrette*, 398.
Efforts des jansénistes pour gagner la reine de France. Miracle qu'ils opèrent clandestinement sur son fils, 400.
Persécution des parlements de France contre l'Eglise catholique, en faveur du jansénisme. Ces parlements commencent dès lors la révolution française, 401.
Assassinat de Louis XV par Damiens. Aveux du coupable, 407.
Situation des affaires ecclésiastiques en France, 408.

### § V.

*Philosophie ou incrédulité moderne*

Rapport de la philosophie du XVIIIe siècle avec les hérésies antérieures, en particulier avec le protestantisme, 408.
Portrait des philosophes modernes et de leur philosophie, par Rousseau et Voltaire, leurs chefs, 409.
Biographie de Jean-Jacques Rousseau, 410.
Ce qu'il dit de la religion catholique, 312.
Ce qu'il dit du protestantisme, 414.
Ce qui manque à Jean-Jacques Rousseau. D'où peut venir son incohérence, 414.
Incohérence de ce qu'il dit sur les miracles, 415.
Jugement de la *Biographie universelle* sur Rousseau, 416.
Biographie de Voltaire. Il méprise sa famille, sa patrie, le peuple, 416.
La sagesse de Dieu est différente : elle aime le peuple, et c'est par des hommes du peuple qu'elle a vaincu et civilisé le monde, 418.
Haine de Voltaire contre la religion chrétienne. Motif de cette haine, 419.
Hypocrisie et menteries de Voltaire. Son caractère odieux, 419.
Ses impudents mensonges contre Jeanne d'Arc, 420.

### § VI.

*Etat des trônes en Europe, particulièrement en Russie, en Prusse et en Pologne.*

Sur le trône de Russie, de Pierre Ier à Catherine, une dynastie régicide et adultère, 421.
Sympathie de Voltaire et compagnie pour cette dynastie russe, 422.
Mœurs des trois premiers rois de Prusse, 422.
Religion ou irréligion du roi et pape prussien Frédéric II, 423.
Convives de Frédéric II. Le marquis d'Argens, 423.
— Toussaint, 424.
— La Mettrie, 424.
— Maupertuis, 425.
Amitié et brouilleries de Voltaire et de Frédéric II, 425.
Inhumanité de Frédéric II envers le peuple, 426.
Etat moral de la Scandinavie, 426.
Etat moral et politique de la Pologne. Sa ruine, par la méchanceté d'une femme et la lâcheté d'un homme, 428.

### § VII.

*Etat de l'Allemagne. Gouvernement révolutionnaire de Joseph II. Voyage de Pie VI à Vienne. Les Brigands de Schiller, tableau fidèle de l'Europe intellectuelle et politique à cette époque.*

Marie-Thérèse d'Autriche se défend seule contre les souverains de l'Europe, qui veulent la dépouiller, 427.
Ses grandes qualités, ses vertus. Comparaison d'elle à Catherine II. Ce qu'elle pense du partage de la Pologne, 428.
Dégénération de la postérité de Marie-Thérèse. Peu de sagesse et de prudence de Joseph II ; ses innovations téméraires et funestes dans l'ordre civil et l'ordre religieux. Il soutient contre le Pape le livre schismatique de Fébronius, 429.
Léopold, frère de Joseph II, imite ses téméraires innovations en Toscane, avec le janséniste Ricci, évêque de Pistoie, 432.
Opposition que rencontrent les innovations de Joseph II en Allemagne, 433.
Voyage de Pie VI à Vienne. Différence de la manière dont il est reçu par le peuple et par l'empereur. Témoignages et sentiments d'auteurs protestants, 436.
Réponse du protestant Jean de Muller au libelle schismatique d'Eybel, 437.
Joseph II continue ses innovations révolutionnaires : il est sur le point de rompre ouvertement avec le Saint-Siège, 437.
Quatre archevêques d'Allemagne favorisent les innovations schismatiques de Joseph II. Congrès schismatique de leurs députés à Ems. Remarques du protestant Jean de Muller et du protestant Stark à cet égard, 438.
Origine suspecte de l'Université de Bonn, 440.
Opposition des évêques aux articles schismatiques d'Ems, qui sont condamnés par le Pape et abandonnés plus ou moins sincèrement par leurs auteurs ou fauteurs, 440.
Les innovations révolutionnaires de Joseph II lui font perdre la Belgique, 441.
Tableau que le poète Schiller trace de l'Allemagne dans deux de ses drames, en particulier dans ses Brigands, 442.

### § VIII.

*Etat de l'Angleterre catholique et de l'Angleterre protestante. Formation des Etats-Unis d'Amérique.*

Mœurs des rois et papes hanovriens d'Angleterre, 443.
Souffrances de l'Angleterre catholique. Les derniers Stuarts, 443.
Etat du clergé catholique d'Angleterre dans cette période. Excellents écrits de l'évêque Challoner et de l'abbé Butler, 444.
Législation plus humaine de l'Angleterre protestante envers l'Angleterre catholique, qui enfante l'Eglise féconde des Etats-Unis, 446.
Conversion de M. Thayer, ministre presbytérien. Vie du vénérable Benoît-Joseph Labre, 448.
Funestes conséquences du protestantisme en Angleterre avouées par les Anglicans eux-mêmes, 449.
Divisions doctrinales parmi les Anglicans ; les uns tombent dans l'arianisme et l'incrédulité, quelques-uns les combattent, mais sans suite ni ensemble, 450.
Conversion d'Elisabeth Pitt, 451.

### § IX.

*Décomposition sociale de la France et de l'Europe, par les nobles, les magistrats, les hommes de lettres soi-disant philosophes. — Réunion de la Lorraine à la France. — Suppression des Jésuites. — Sociétés secrètes. — Commencements du règne de Louis XVI.*

Commune dégénération des maisons régnantes en Europe, pendant le XVIIIe siècle, 452.
Démoralisation croissante de la France nobiliaire sous Louis XV ; elle n'est blâmée que par le peuple, 453.
Les parlements contribuent pour leur part à cette décomposition de la France, 456.
Pour augmenter et perpétuer la confusion intellectuelle, Voltaire, d'Alembert et Diderot bâtissent l'*Encyclopédie*, comme une autre tour de Babel : leurs aveux à cet égard, 456.
Montesquieu favorise l'esprit superficiel et irréligieux de son siècle, pour capter ses applaudissements. Aveux qui lui échappent en faveur de la religion chrétienne, 457.

# TABLE DES MATIÈRES.

Destruction des Jésuites, en ses différentes phases, d'après le protestant Sismondi, 458.
Les protestants Schlosser, Schoell et Stark jugent cet événement de la même manière que Sismondi, 464.
Sociétés secrètes, franc-maçonnerie, illuminisme de Weishaupt, secondé par l'obscurantisme philosophique de Wolf et de Kant, aident à la décomposition sociale en France et en Allemagne, 465.
Les parlements de France deviennent proprement révolutionnaires, en se prétendant le parlement : à quoi les rois avaient donné lieu en supprimant les Etats généraux, 466.
La Lorraine, ravagée par Louis XIV, est restaurée par son duc Léopold, puis réunie forcément à la France, qui en ruine de nouveau le pauvre peuple, 467.
Hostilité du parlement de Nancy, devenu français, contre le clergé lorrain. Histoire du curé de Ludres, 469.
Mort du roi Stanislas et de la reine sa femme, 470.
Etat de la France à l'avénement de Louis XVI. Vertus du jeune roi, célébrées par les philosophes eux-mêmes et par Frédéric II, 471.
Louis XVI est entouré de philosophes qui préludent à l'anarchie sociale. Mort de Voltaire, 472.
Les parlements, rétablis par Louis XVI, se brouillent avec ses ministres, 473.
Les ministres du roi ne s'accordent pas plus entre eux qu'avec les parlements, 473.
Un des pires de ces ministres est l'archevêque de Toulouse, Loménie de Brienne. Maux qu'il fait et prépare à la France, 473.
Maux qu'il prépare à la famille royale. L'abbé de Vermond. Le prince de Rohan, évêque de Strasbourg : affaire du collier, 475.
Jongleries de Cagliostro et de Mesmer, 476.
Esprit et mœurs des princes de la famille royale, 478.
Assemblées des notables, 478.

## § X.

*Principes de vie et de guérison que renferme l'Eglise catholique, non-seulement pour elle, mais pour toutes les nations malades, particulièrement la France et l'Allemagne. — Progrès et souffrances de la religion en Corée, en Chine et au Tong-King. — Sainte mort de Louise de France et de saint Alphonse de Liguori.*

La Société des Jésuites, supprimée sur les instances menaçantes des souverains catholiques, est conservée à la demande de deux souverains hérétiques, Frédéric de Prusse et Catherine de Russie, 478.
Services que les Jésuites rendent à l'Eglise dans leur dispersion : en particulier le Jésuite italien Muzzarelli, 480.
Les Jésuites français Neuville et Beauregard, 481.
Les Jésuites Berthier et plusieurs autres, 481.
Décadence des autres ordres religieux, 482.
Massillon, plus remarquable par la forme du style que pour l'exactitude de la doctrine morale, 483.
Son épiscopat, 484.
Massillon présente assez bien l'ensemble de la religion chrétienne, 484.
Balzac présente le même ensemble, 485.
Le théologien Bailly expose le même ensemble de la religion chrétienne et de l'Eglise catholique, dans ses traités de la religion et de l'Eglise, dont le premier est dédié à l'évêque d'Apchon, 485.
Hooke s'accorde avec les précédents, 487.
Eclaircissement sur la fin ou les fins de l'homme; fin naturelle et fin surnaturelle. Ce qui manque sous ce rapport à Bailly, à Hooke et à Bergier, 488.
Plan de Bergier dans son *Traité de la Religion*, 489.
Règle de Bergier pour les trois espèces de certitude, et accord de cette règle avec celle de la foi catholique, 493.
Conciliation entre la philosophie et la théologie, 494.
Erection de l'évêché de Saint-Dié. Notice sur Claude Sommier et ses ouvrages, 496.
Notice sur Nancy et l'érection de son évêché, 497.
Zèle pour l'instruction de la jeunesse en Lorraine : plusieurs congrégations religieuses fondées dans ce but, 498.
L'abbé Vatelot, fondateur des Vatelotes ou sœurs de la Doctrine chrétienne, 498.
L'abbé Moye, fondateur des sœurs de la Providence, en Lorraine et en Chine, 499.
Lorrains qui se distinguent par leurs écrits, comme les abbés Sigorgne, Ladvocat, de Vence, etc., les poëtes Gilbert et Palissot, 500.
Notice sur Laharpe, 500.
Sur les abbés Guénée, Gérard, Bullet et plusieurs autres, 500.

Ecrits du cardinal de Polignac, de Le Franc de Pompignan archevêque de Vienne; du Plessis-d'Argentré, évêque de Tulle de la Luzerne, évêque de Langres, 501.
Notice sur M. de Beaumont, archevêque de Paris, 501.
Ecrits de l'abbé de Feller, ancien Jésuite, et d'autres ecclésiastiques allemands, 502.
Ecrits de Martin Gerbert, Bénédictin allemand, 503.
Discordance plus grande que jamais parmi les protestants d'Allemagne, et sur l'autorité de la Bible, et sur celle des livres symboliques. Bien qu'en auraient pu tirer les catholiques du pays, surtout en voyant la tendance de quelques protestants célèbres, tels qu'Euler, Goëthe, Schiller, 503.
Conversion de la princesse Gallitzin et de son fils, 505.
L'abbé Bernard Overberg, instituteur de maîtres et maîtresses d'école en Westphalie. Sa méthode, 506.
Autres ecclésiastiques distingués à Munster, 509.
Etat du christianisme en Corée et en Chine vers la fin du XVIIIe siècle. Persécution qu'y souffrent les chrétiens, 509.
Christianisme dans l'empire d'Annam, Tong-King et Cochinchine. La persécution y cesse sous le roi Gia-Long, replacé sur le trône par l'évêque d'Adran, missionnaire français, 510.
Dernières années et sainte mort de Louise de France, religieuse carmélite, 513.
Dernières épreuves, miracles et pieuse mort de saint Alphonse de Liguori, 514.

## LIVRE QUATRE-VINGT-DIXIÈME.

*La Révolution française et l'Eglise catholique.*

De l'an 1789 à l'an 1802.

Vers la fin du XVIIIe siècle, les attaques contre l'Eglise paraissent plus formidables que jamais : comment il plaît à Dieu de triompher de ces attaques, 517.
Ouverture des Etats généraux à Versailles : composition de cette assemblée, dispositions diverses des trois ordres, ils se réunissent en une seule assemblée nationale et constituante. Marche incertaine et inconséquente des ministres du roi dans ces circonstances, 517.
Attaque et prise de la Bastille par le peuple de Paris. Le roi consent à l'éloignement des troupes, fait un voyage dans la capitale, y adopte la révolution; mais ses frères émigrent à l'étranger, 520.
L'Assemblée nationale, aspirant à plus d'unité, de liberté et d'égalité en France, proclame l'abolition du régime féodal et même des priviléges distinctifs des provinces, 521.
Si le principe de la souveraineté nationale est une nouveauté, 522.
Fermentation à Paris, que révolutionnait le huguenot suisse Marat. La cour songe à conduire le roi dans une place de guerre. La populace de Paris va le ramener de Versailles dans sa capitale, 524.
Abolition des parlements et même des provinces; établissement de la cour de cassation et division de la France en quatre-vingt-trois départements, 526.
Louis XVI approuve ce qui s'était fait. On reconnaît par l'examen des dépenses secrètes de la cour que jamais Louis XVI ne s'est écarté pour lui-même de la plus stricte économie, 526.
Abolition des titres de noblesse. Fédération du 14 juillet 1790, 527.
Indiscipline dans l'armée : émeute militaire à Nancy, 528.
L'Assemblée nationale, composée principalement de bourgeois, s'empare des biens de l'Eglise, comme aujourd'hui les communistes veulent s'emparer des biens de la bourgeoisie. Elle supprime les vœux monastiques, n'en reconnaît plus l'obligation civile. Commencement de la purification de l'Eglise de France, 528.
Prétendue députation du genre humain. Le vrai genre humain, c'est l'union des peuples dans l'Eglise catholique, dont le Christ a établi l'unité sur saint Pierre et ses successeurs, 529.
L'Assemblée nationale de 1790, violant la liberté des cultes, prétend imposer de force au clergé et au peuple catholique de France une constitution schismatique et janséniste, menteusement appelée *civile*, 530.
Louis XVI consulte le Pape, qui lui répond que la Constitution civile du clergé renferme le schisme, et le renvoie pour tout le reste aux deux archevêques de son conseil. Ceux-ci le portent à ratifier par sa signature la Constitution civile du clergé, signalée comme schismatique par le Pape, 531.
Cent quarante évêques signent une *Exposition des principes sur la Constitution civile du clergé*, 532.

Jugement de Dieu parmi le clergé de France, séparation des uns d'avec les autres, par le refus ou la prestation du serment schismatique. Sur cent trente-cinq évêques, il n'y a que quatre prévaricateurs, 532.

Composition du clergé schismatique, en particulier à Laval, 534.

Persécution contre les catholiques fidèles. Le peuple catholique de la Vendée prend les armes pour maintenir la liberté de son culte, inscrite dans la constitution générale de la France, mais violée par les tyrans révolutionnaires. Caractère de cette première Vendée, 535.

Conduite diverse des Français émigrés à l'étranger, 538.

Les souverains songent moins à délivrer Louis XVI qu'à s'agrandir aux dépens de la France, 540.

Louis XVI veut émigrer lui-même; il est arrêté près de la frontière et ramené à Paris, 540.

L'Assemblée législative succède à la Constituante; elle décrète la déportation des prêtres fidèles. Louis XVI refuse d'y souscrire et devient ainsi un confesseur de la foi chrétienne, 541.

Arrivée des fédérés à Paris : attaque des Tuileries. Louis XVI, avec sa famille, enfermé au couvent du Temple, changé en prison, 542.

Persécution ouverte contre les prêtres et les catholiques fidèles. Les 2 et 3 septembre 1792, massacre des prêtres aux Carmes, à Saint-Firmin, à l'Abbaye et ailleurs. Notice sur M. Dulau, archevêque d'Arles, les évêques de Bauvais et de Saintes, et le supérieur des Eudistes, 542.

Massacres semblables à Versailles et à Reims, 549.

Beaucoup de prêtres se réfugient en Angleterre, où ils sont reçus avec beaucoup d'humanité, 549.

Tandis que la France catholique, par ses prêtres exilés, triomphe des préventions de l'Angleterre protestante, la France militaire défend le sol de la patrie contre l'étranger, 550.

La Convention ayant succédé à l'Assemblée législative, décrète l'abolition de la royauté et la mise en jugement de Louis XVI. Robespierre soutient que, moralement, juridiquement et constitutionnellement, Louis XVI est innocent; mais que, politiquement, il doit mourir, 550.

Louis XVI, traduit devant la Convention, fait son testament, est condamné à mort sans appel au peuple et exécuté le 21 janvier 1793, 551.

Mort de Louis XVII, de la reine Marie-Antoinette, d'Elisabeth de France, du duc d'Orléans, 556.

Sort de la fille de Louis XVI, 557.

Violation des tombes royales de Saint-Denys. Nouveau calendrier. Apostasie d'évêques schismatiques. Fête de la déesse Raison. Triomphe de l'impiété, 557.

Le christianisme s'introduit en Corée sans aucun prêtre, y compte bientôt plus de dix mille chrétiens et plus de cent quarante martyrs, 558.

Analogie entre les révolutions du règne animal et terrestre, et les révolutions dans l'ensemble des peuples ou le genre humain, 558.

Combien de fois, de 1789 à 1803, la France révolutionnaire change de forme gouvernementale, 559.

La France révolutionnaire, à force de tuer ce qui lui tombe sous la main, finit par se tuer elle-même, 559.

Fouquier-Tainville à Paris, 559.

Carrier à Nantes et l'apostat Joseph Lebon à Arras, 560.

L'apostat Schneider en Alsace, 561.

Régime de la Terreur, 561.

Robespierre, et dans les clubs et à la Convention, soutient hautement et fait décréter l'existence de Dieu et l'immortalité de l'âme, avec des principes d'ordre. Fête de l'Être suprême, 562.

Rupture entre la Convention et la commune de Paris, qui est pour Robespierre. Celui-ci succombe avec plusieurs autres, 564.

Les sections de Paris, marchant sur la Convention, sont repoussées par un officier d'artillerie, Napoléon Bonaparte. Ses commencements et sa famille, 565.

Déportation des prêtres, notamment de ceux de la Meurthe, à la rade de Rochefort, 566.

Déportation des prêtres de Laval; martyre de quatorze prêtres qui avaient été contraints de rester à Laval, 570.

Martyre de onze religieuses Ursulines à Valenciennes, 572.

Martyre de seize Carmélites de Compiègne, 572.

Martyre de quarante-deux religieuses à Orange, 573.

Martyre du peuple de la Vendée. Imposture de l'abbé de Folleville, 575.

Le pape Pie VI, comme docteur particulier, qualifie de martyre la mort de Louis XVI, 575.

Charité de Pie VI envers les prêtres exilés de la France, 576.

Il assure la pureté de la foi par un jugement solennel contre le synode janséniste de Pistoie, 576.

Position de Pie VI, 577.

Victoires de Bonaparte en Italie, 577.

Conduite de certains Français à Rome : mort de Basseville, 578.

Pie VI, menacé par les Français, joué par les rois de Naples et d'Espagne, 579.

La mort de Duphot, provoquée par lui-même, sert de prétexte aux Français pour envahir Rome, 581.

Les Français établissent à Rome une république avec sept consuls et emmènent Pie VI en Toscane, 581.

Protestation des officiers français contre la conduite du général Masséna à Rome, 582.

Captivité de Pie VI en Toscane. Intérêt que lui témoigne un prince mahométan, 582.

Comment la Providence pourvoit au dénuement du Pape et des missions, 583.

Piété du roi et de la reine de Sardaigne envers le Pontife prisonnier, 583.

Pie VI est transféré de Toscane à Briançon dans les Alpes, puis à Grenoble et enfin à Valence, où il meurt. Merveilleuse dévotion des peuples d'Italie, mais surtout des populations de France pour le Pape captif et pour ceux qui l'accompagnent, 584.

Les compagnons du Pape défunt ont un entretien avec Napoléon Bonaparte revenant de la campagne d'Égypte. Sommaire de cette campagne, 588.

Gouvernement persécuteur du Directoire. Culte des théophilantropes. Un esprit meilleur se manifeste dans les conseils législatifs. Coups d'État pour et contre le Directoire, 588.

Le général Bonaparte n'entrait pas dans le système persécuteur du Directoire, 589.

Le général Hoche, 590.

Le général Moreau, 590.

La République française, dépouillé de ses conquêtes, se voit menacée par toute l'Europe en armes, 590.

Le Directoire remplacé par trois consuls et trois chambres. Bonaparte, premier consul, 591.

Élection à Venise du pape Pie VII. Ses commencements. Son discours sur la liberté. Il entre paisiblement à Rome, 592.

Les Français rentrent en Allemagne et en Italie. Bataille de Marengo, 594.

Revenu à Paris, Bonaparte réorganise tout le gouvernement, 594.

Il gagne l'amitié de l'empereur Paul de Russie, qui est assassiné par les siens. Bonaparte lui-même est exposé aux coups d'assassins politiques, 594.

Bonaparte fait mouvoir quatre armées à la fois. Paix de Lunéville et d'Amiens, 595.

Négociations, conclusion et publication du Concordat, 595.

# FIN DE LA TABLE DES MATIÈRES DU TOME ONZIÈME.

# NOTES RECTIFICATIVES ET COMPLÉMENTAIRES

RICHER (p. 4).

Edmond Richer, né en 1559, avait été occupé aux travaux agricoles jusqu'à l'âge de 18 ans. Il vient à cet âge à Paris, entre comme domestique dans un collège, y apprend en trois ans les langues classiques, et, après deux ans de philosophie, obtient le titre de maître ès arts. Il apprit aussi rapidement la théologie, dit son historien Baillet (1). Le nouvel historien de Richer, M. Puyol (2), combat cette tradition et cite en effet quelques notes qui peuvent aider à croire que la jeunesse du docteur Richer ne fut ni si héroïque, ni si difficile. Il reconnaît pourtant à ce jeune homme une énergie tout exceptionnelle. Quand il fut reçu docteur en théologie, Richer, dit toujours M. Puyol (3), Richer était imbu des doctrines romaines, et Bellarmin était son auteur favori. « On peut croire qu'il ne recula devant aucune conséquence qui lui parut logique. Dans l'une de ses thèses, il dépassa tout ce qu'on avait dit de plus violent contre Henri III et en faveur du pouvoir des papes sur le temporel des rois. Il se montrait hardi partisan des Guises et panégyriste exalté de Jacques Clément. Plus tard, lorsque Richer se fut jeté dans le parti contraire et eût adopté le système diamétralement opposé, le Cardinal Duperron retrouva un exemplaire de cette thèse malheureuse, et se fit un malin plaisir de la montrer aux partisans du fougueux théologien (4). Richer se crut obligé d'expliquer sa conduite : il avoua ses erreurs et les déplora; c'est par lui seul que nous connaissons le texte d'un document qu'il avait grand intérêt à faire disparaître (5). »

Durant toute la Ligue, Richer persévéra dans ces sentiments : en 1594, il défend les jésuites; quelque temps après il empêche la faculté de théologie de faire soumission à Henri IV, non encore absous par le Pape. Devenu grand-maître du Collège du Cardinal-Lemoine, il rétablit l'ordre dans cet établissement malgré les difficultés de toute sorte qu'on lui suscita. Il s'employa beaucoup aussi à la réformation de l'université de Paris, alors bien déchue de son ancienne splendeur.

(1) *La Vie d'Edmond Richer*, Liège, 1714. 1 vol. in-8.
(2) *Edmond Richer*, Paris, 1876, 2 vol. in-8, t. 1, p. 54.
(3) *Ibid*, t pp, l. 71 et suiv.
(4) M. Puyol a reproduit cette thèse dans son ouvrage t. II, pp. 107-143.
(5) E. Puyol, *ib.*, t. I, pp. 71, 72.

D'après Richelieu (1), c'est en 1594 que Richer changea d'opinion et renonça à ses doctrines romaines. Il préparait dès lors une édition de Gerson (2). On dit aussi qu'il fournissait des documents à Fra-Paolo, pendant les démêlés du Pape avec la république de Venise.

Nommé Syndic de la faculté de théologie en 1608, Richer ne se contenta pas de rétablir la discipline en Sorbonne; mais il fit tout son possible pour rendre au Gallicanisme la vigueur qui semblait l'avoir abandonné : comme conséquence de cette manière de voir, il fit une guerre très vive aux Jésuites. Il trouva des adversaires vigoureux dans la faculté de théologie, entr'autres le Dr Duval (3).

Malgré cette opposition, il s'y prit de manière à faire prévaloir ses idées. Sa fonction de Syndic lui donnait le droit de surveiller les thèses; il n'en laissa passer aucune qui ne fut favorable au système qu'il avait adopté. Il surveilla avec un soin spécial les docteurs réguliers, suspects de plus d'attachement à Rome. Bientôt il compta un grand nombre d'adhérents disciplinés et instruits. En même temps il agissait avec assez d'habileté pour ne pas donner prise sur lui au nonce du Pape, Ubaldini (4), et même il empêchait ce prélat de poursuivre ses desseins sur la faculté de théologie.

Sa haine pour les Jésuites était des plus violentes. Dans la délibération de la faculté de théologie, du 4 juin 1610, où furent examinées les doctrines favorables au régicide, Richer déploya ouvertement cette haine. Il osa dire que la doctrine qui, selon les Jésuites, accorde au Pape le pouvoir de déposer les rois, avait mis le couteau à la main de Ravaillac (5). Il obtint de la Sorbonne et du Parlement des mesures violentes contre la Compagnie.

Quand les Dominicains, en Mai 1611, soutinrent des thèses favorables à l'autorité du Souverain Pontife, Richer intervint sa vivacité et sa passion habituelles. Malgré la prudence avec laquelle le général des Dominicains, sur les conseils de Coëffeteau, avait décidé de ne pas laisser soutenir ces thèses en public, Richer intervint bruyamment. Il fit soutenir par un de ses élèves, qui plus tard

(1) *Mémoires*, livre XX.
(2) Il faut dire que cette édition ne parut que bien plus tard en 1606.
(3) André Duval, né à Pontoise le 15 janvier 1564, mort en 1638. M. Puyol a donné une nouvelle édition du traité de ce docteur *sur le pouvoir souverain du Pape sur l'Église*, Paris, 1878, in-8. Duval était le confesseur de saint Vincent de Paul.
(4) Puyol, *ibid.*, t. 1, pp. 130 et suiv.
(5) Ch. Jourdain, *pièces justificatives de l'histoire de l'Université de Paris*, p. 32.

entra à l'Oratoire, Claude Bertin, la thèse suivante : « Tout ce qui répugne à un concile œcuménique et légitime est hérétique. Or cette proposition, le Concile ne peut être par dessus le Pape en aucun cas que ce soit, répugne au Concile de Constance, œcuménique et légitime. Donc, elle est hérétique (1). » Le président de la thèse se défendit en disant qu'il n'avait voulu faire soutenir qu'une opinion problématique, libre par suite, et qu'on ne pouvait traiter d'hérétique. Mais le P. Morelles se défendit mal, ne s'expliqua pas avec clarté, et le Cardinal Duperron, en ordonnant de passer à une autre thèse, sembla donner raison aux partisans de Richer. Celui-ci avait obtenu, dit très bien M. Puyol (2), un résultat considérable. Une proposition contraire à l'ancienne doctrine Gallicane ne pouvait plus être soutenue en public. L'émotion fut grande. La cour prit position contre Richer. Mais le nouveau premier président du Parlement, Verdun, prit le parti du Syndic.

C'est alors que Richer publia son fameux *Libellus de ecclesiastica et politica potestate*. Nous n'analyserons pas ici cet in-4° de 30 pages, si important toutefois par les thèses qu'il contenait (3). Il suffira de dire que pour Richer l'épiscopat est tout puissant et le Pontificat subordonné ; que l'épiscopat est essentiel à l'Église et la papauté seulement accessoire.

Le parlement de Paris profita de cela pour essayer d'établir des doctrines théologiques d'État. Mais la cour, la faculté de théologie et les Jésuites s'opposèrent aux entreprises du Parlement et de Richer. Deux docteurs qui avaient fort peu de sympathies mutuelles s'unirent cependant contre Richer. Le Dr Filesac (4) et André Duval trouvèrent un appui des plus sérieux dans Gamache, et, grâce à cette union, ils purent entraîner la majorité du corps des docteurs. Ils se servirent avec raison de la publication du *Libellus* pour montrer à l'opinion le but auquel tendait Richer. On trouvera dans M. Puyol les intéressants détails relatifs à la polémique qui s'éleva à ce sujet (5). Il n'est pas inutile toutefois de rappeler ici que toutes les réponses de Richer semblent uniquement dirigées contre le Dr Duval. Il dédaigne Sirmond, dont la critique était d'ailleurs « vide d'idées et exubérante de vulgaires insultes (6) », et répond surtout à son vigoureux collègue. Ses réponses n'empêchèrent pas sa condamnation. La Sorbonne le censura indirectement, et l'Assemblée des Évêques de la province de Sens, le condamna formellement, le 19 Mars 1612 (7). Richer ne put introduire en Parlement un appel comme d'abus et fut déposé de ses fonctions de Syndic. Il n'en persista pas moins dans ses idées.

Ces idées eurent, comme on le sait, une profonde influence sur les théologiens du XVIIe siècle. On parlera plus loin du Gallicanisme, d'après de récentes recherches.

Richer, qui, pour complaire au Cardinal de Richelieu, avait rétracté publiquement ses erreurs, ne paraît pas y avoir renoncé du fond du cœur. La fin de sa vie est pleine d'une regrettable duplicité (1). Son testament théologique renouvelle toutes ses erreurs : il n'ajoute rien et ne diminue rien à sa pensée. Il mourut le 29 novembre 1631. Son nom restera comme celui du restaurateur du Gallicanisme au XVIIe siècle.

---

LA PERPÉTUITÉ DE LA FOI (p. 5).

Cet ouvrage a fait grand bruit durant tout le XVIIe siècle. Il naquit à l'occasion d'une préface écrite par Nicole et qui devait être mise en tête d'un Office du Saint-Sacrement, composé par M. Le Maître. Cette préface, qui ne fut pas imprimée alors, parce qu'on y trouvait trop de polémique, courut manuscrite et amena une réponse du ministre Claude. Alors Nicole imprima son premier écrit, avec une réfutation de la réponse de Claude (2), sous le titre de : *La perpétuité de la Foi de l'Église catholique touchant l'Eucharistie*.

A la suite de réponses de Claude, Nicole se décida à développer son petit ouvrage. Le premier volume de la *grande* Perpétuité parut en 1669, in-4° (3). Il était dédié au pape Clément IX, et Arnauld avait fait l'épître dédicatoire. 27 archevêques et évêques, 20 docteurs, parmi lesquels Bossuet, l'avaient approuvé. Le deuxième volume parut en 1672, le troisième en 1676.

Comme il faut rendre justice même aux adversaires de l'orthodoxie catholique, il faut dire qu'Arnauld ne s'est pas fait honneur de la Perpétuité, « comme le geai des plumes de paon. » C'est Nicole qui voulut qu'Arnauld passât pour auteur de ce livre (4).

---

FLEURY (p. 6).

Rohrbacher l'accuse d'avoir été toujours avocat plus que prêtre. Au XVIIe siècle l'un n'empêchait pas l'autre. Claude Fleury a eu surtout les préjugés gallicans de son époque, et malheureusement son *Histoire de l'Église* (5) en est profondément imprégnée, comme Rohrbacher le montre en bien des endroits. Mais, sur les représentations venues de Saint-Sulpice, où M. Tronson avait fait cesser, au milieu d'un repas, la lecture de cette histoire, Fleury avait promis, par lettre, de corriger son ouvrage dans une seconde édition. Il est vrai qu'il ne tint pas sa promesse (6).

Il était lié cependant avec les ecclésiastiques les

---

(1) Puyol, t. I, p. 180.
(2) *Ibid.*, p. 191.
(3) On en trouvera une excellente analyse dans M. Puyol, t. 1, pp. 225 et suiv.
(4) Filesac (Jean), mort doyen de la faculté de théologie en 1638. Ses ouvrages, fort recherchés, ont été publiés sous le titre d'*Opera varia*, Paris, 1614, 2 vol., in-8.
(5) *Edmond Richer*, t. I, pp. 298 et suiv.
(6) *Ibid.*, p. 318.
(7) La censure est reproduite par M. Puyol, t. I, p. 367.

(1) Puyol, t. II, pp. 383 et suiv.
(2) Paris, 1664, in-12. C'est la *Petite Perpétuité*.
(3) V. Sur ce premier volume les *Lettres de M. Simon*, ed. de 1730, t. III, pp. 19 et suiv.
(4) Sainte-Beuve, *Port-Royal*, t. IV, p. 446.
(5) V. *L'Histoire ecclésiastique de l'abbé Fleury*, dans les *Analecta juris pontificii*, mai 1881, col. 513 et suiv.
(6) Gosselin, *Vie de M. Emery*, t. I, pp. 43 et 44.

moins hostiles à Rome, et qu'on appellerait aujourd'hui ultramontains. En avril 1687, il va, avec MM. de Fénelon et de Langeron, donner à La Rochelle une mission qui dura jusqu'au 30 juillet (1). En 1688, il fait les entretiens de l'ordination de la Pentecôte à Saint-Lazare (2). En 1690, Fénelon lui confie son testament (3). En 1684, lorsqu'il fut nommé à l'abbaye du Loc-Dieu, diocèse de Rodez, il signa le Formulaire de foi touchant les cinq propositions (4).

Inutile de parler de l'intimité où il fut toujours avec Bossuet. On sait qu'on lui doit de curieux renseignements sur l'Assemblée de 1662 et sur les prélats qui en firent partie (5).

Rohrbacher ne parle pas d'un livre fort intéressant, le *Traité du choix et de la méthode des Etudes* (6), où l'on trouve beaucoup de bon sens mêlé de préjugés contre la scolastique et le moyen-âge, tels qu'on les remarque chez de plus grands esprits, Fénelon en particulier. Nous signalerons encore de curieux dialogues de Fleury sur cette question : *Faut-il citer dans les plaidoyers ?* C'est une des lectures les plus intéressantes et les plus saines. Malheureusement on ne peut encore la faire que dans les manuscrits.

Les meilleurs amis de Port-Royal reconnaissent que Fleury, tout gallican qu'il est, se montra fort opposé au jansénisme (7), qu'il trouvait la plus dangereuse hérésie que le diable ait tissue (8).

### LE PROJET DE BOURGFONTAINE (p. 8).

Parmi les six personnages qu'on prétend avoir pris part à la cabale dénoncée par Jean Filleau (9), il y en a deux que toute leur vie devait préserver de cette accusation. Ni Cospéau, évêque de Nantes, ni Camus, évêque de Belley (10) et ami de saint François de Sales, ne peuvent être atteints par cette accusation. Quant à Jansénius, il est possible que son fameux *Augustinus* ait été corrigé et modifié après sa mort. Le P. Rapin dit, en effet (11), que Jansénius avouait qu'il écrivait très mal en latin. Au contraire, l'éditeur du livre, Fromond, possédait parfaitement cette langue. Saint-Cyran n'avait-il pas voulu mettre sa doctrine sous le nom et sous le patronage d'un évêque ? On sait que l'*Augustinus* ne parut qu'après la mort de l'évêque d'Ypres. Cependant, nous abandonnons volontiers Jansénius, car ses lettres ne révèlent ni une grande droiture d'esprit, ni une réelle élévation de caractère (1). Malgré les affirmations du P. Rapin (2), la question toutefois ne nous paraît pas établie et le projet de Bourgfontaine semble bien une de ces inventions que, dans l'animation du combat, on lance contre les adversaires avec bonne foi, mais sans preuves sérieuses.

Notons cependant les paroles de M. Sainte-Beuve (3) : « qu'il y ait eu à Bourgfontaine une conférence où l'on ait jeté des idées de réforme, où on se soit sondé sur un concert mutuel d'efforts, et que Camus y ait assisté, c'est, à la rigueur, possible ; tout le reste se rapporte à la calomnie de parti. »

### LE JANSÉNISME EN HOLLANDE (p. 8).

Le cardinal Pitra (4) a fait de l'histoire du jansénisme en Hollande un résumé précieux que nous allons reproduire pour combler une lacune de Rohrbacher.

« Il m'est bien constaté que la cause première qui a introduit et enraciné dans la Hollande le jansénisme, c'est l'antipathie contre les réguliers. On fut sans doute loin de prévoir, au début, qu'une question de préséance aboutirait au schisme et à la plus dangereuse hérésie, bouleverserait de nouveau l'Eglise d'Utrecht, et précipiterait une mission des plus édifiantes dans une crise plus terrible que celle du protestantisme. On arriva au bord de l'abîme sans rien voir, plusieurs tombèrent et cette chute n'ouvrit les yeux, ni à tous ceux qui roulèrent dans l'abîme ni à tous ceux qui restèrent debout. Peut-être y a-t-il encore d'excellents esprits qui hésitent à reconnaître cette logique du mal qui s'est ici déduite avec toute la vigueur et la persévérance du génie hollandais. Le calvinisme masqué de Port-Royal n'a exercé nulle part une action plus entraînante que dans ce pays. Ailleurs il a passé, ici il demeure, il est endémique, il ravage, en permanence, depuis plusieurs générations, des milliers d'âmes ; il a semé, bien au delà de la secte, ses haines et ses doctrines dures, elles régnaient encore il y a quelques années au grand séminaire de Saint-Neerenberg. Quelle a été la cause et la portée de ces faits : je me borne à les détacher de mes notes.

« De 1572, l'ère des martyrs hollandais, à 1592, où la mission commence, vingt années se passent dans une désolation croissante, la juridiction épiscopale s'éteint, les ordinations cessent, la mort, l'exil, l'apostasie anéantissent le clergé ; les titres ecclésiastiques périssent, les biens passent aux protestants, qui, par dérision s'appellent chanoines, prieurs, chevaliers, commandeurs. Des enfants et des femmes, à Utrecht spécialement, héritent de ces prébendes. Le sanctuaire ne pourrait être ni plus dévasté, ni plus souillé. Ce fait notoire renverse déjà par sa base le système des schismatiques d'Utrecht.

« Quelques missionnaires de divers ordres détachés des maisons voisines de la frontière, et au péril de leur vie, sillonnaient seuls et clandestinement le pays, couraient aux plus pressants besoins, et après

---

(1) Papiers de Fleury, Bibl. nat. mss. fr. 9511, f° 5.
(2) Ibid., f° 9.
(3) Ibid., f° 19.
(4) Ibid., f° 48.
(5) V. sur Fleury, le curieux jugement de Sainte-Beuve, *Causeries du Lundi*, t. XII, pp. 218, 219.
(6) Paris, 1687, in-12.
(7) Ste-Beuve, *Port-Royal*, 3ᵉ éd., t. X, p. 215.
(8) *Ibid*, t. III, p. 235 ; — p. t. II, pp. 156 et suiv.
(9) Selon d'autres, un P. Sauvage, jésuite.
(10) V. dans Fuzet, *Les Jansénistes du XVIIIᵉ siècle*, Paris, 1876, in-8, p. 84, — combien Camus était peu en faveur à Port-Royal — Cfr. Ste.-Beuve, *Port-Royal*, 3ᵉ éd., t. I, p. 245 note v, sur Camus, *Un ami de saint François de Sales, Camus évêque de Belley*, par l'abbé F. Boulas, Lyon, 1874, in-8.
(11) Mémoires, t. I, p. 185.

(1) V. Fuzet, *Les Jansénistes du XVIIIᵉ siècle*, pp. 51 et suiv..
(2) *Mémoires*, publiés par M. L. Aubineau, Paris, 3 vol. in-8. t. I.
(3) L. cit, p. 246
(4) *La Hollande catholique*, Paris, 1850, in-18. pp. 233 et suiv.

quelques apparitions nocturnes, au milieu des fidèles décimés et dispersés revenaient attendre des jours meilleurs.

« En 1592, un prêtre séculier, nommé Smith, exilé à Rome, présenta une supplique à Clément VIII pour établir une mission dans la Hollande et proposa de la confier aux jésuites. Le P. Aquaviva consentit à en écrire au provincial résidant en Belgique. Deux pères hollandais William Leeuven (Léonius?) de Dordrecht, Cornélius Duylt de Delft, partirent; l'un parcourut le Brabant et la Hollande, l'autre, l'Over-Hyssel et la Frise; tous deux sur leur passage rallièrent les congrégations dispersées, reprirent position, rétablirent quelques pastorats, fondés par leurs anciens confrères. D'autres Réguliers, Dominicains, Franciscains, Augustins, suivirent et firent de même.

« Vers ce temps, un prêtre savant, pieux, entreprenant et tenace, Sasbold Wosmer, obtint du nonce de Cologne un titre de missionnaire et plus tard de Clément VIII la dignité de vicaire apostolique. Il avait été à la fois disciple des Jésuites, correspondant de Bellarmin, commensal et disciple de Michel Baïus. Personnage à double face, il finit par ne montrer que la plus laide. Il vécut et mourut avec cette idée de plus en plus dominante, qu'il fallait combattre le développement des Réguliers dans la Hollande; paralyser leurs efforts, troubler leurs missions, créer des pastorats séculiers et former un clergé national qui rendît son ancien lustre à l'Église d'Utrecht et préparât le rétablissement de son archevêque. Singulière prétention et qui n'a fait qu'empirer. Un clergé national! comme si l'Église connaissait les nations! comme si des prêtres nés Hollandais cessaient de l'être en devenant des réguliers; comme si l'Église d'Utrecht créée par des moines, sauvée par des religieux, ne devait avoir en eux que des ennemis dangereux qu'il fallût écarter ou persécuter!

« Il tenta dans un voyage à Rome de faire adopter ses vues; on s'est toujours vanté qu'il y avait de l'écho dans quelques membres de la propagande. Nommé et consacré à Rome archevêque de Philippes, il revint, impatient d'appliquer son système. Il eut l'imprudence d'aller conférer au siège d'Ostende, avec l'archiduc Albert, pour négocier le rétablissement de l'archevêché d'Utrecht. Décrété de haute trahison par les États de Hollande, il lui fallut vivre en proscrit à Cologne. Il ne s'en intitula pas moins, par une irrégularité très hardie, archevêque de Philippes et d'Utrecht; ce titre par surprise lui fut donné dans quelques suscriptions de lettres venant des nonces de Cologne et du clergé hollandais; aucun de ses successeurs les plus prétentieux n'osa le reprendre. Il eut, depuis son exil, pour conseiller et pour exécuteur de toutes ses œuvres, Rovenius, alors prévôt d'Oldenzaal. C'est à ce personnage que je crois devoir attribuer la responsabilité des malheurs qui ont si durement affligé la mission de Hollande. Je tiens à donner quelques détails qui confirment cette opinion.

« Sasbold le trouva à Cologne où il présidait au collège fondé pour créer le clergé national hollandais. Il était déjà étroitement lié avec le célèbre Jansénius. Il figure en tête des docteurs qui ont approuvé l'*Augustinus*. Du moment qu'il entre dans la confiance de Sasbold et devient son vicaire général, un système de persécution ouverte contre les réguliers se développe invariablement jusqu'à sa mort.

« Par ses conseils et d'après un plan d'administration que Sasbold avait élaboré dans les loisirs de son Église, tous les usages de la mission étaient remaniés; des règlements nouveaux tombaient de loin au milieu des embarras et des circonstances les plus inopportunes. Quelques prêtres séculiers qui géraient les biens de l'ancien chapitre de Harlem, subissaient une guerre aussi violente que les réguliers. Ceux-ci n'avaient plus rien à voir avec leurs légitimes supérieurs; le vicaire apostolique les approuvait, les refusait, les confirmait où les repoussait de son plein chef; là où ils demandaient à bâtir une église on s'y opposait; là où déjà établis il leur fallait de nouveaux collègues pour suffire au nombre croissant des fidèles, on diminuait au contraire leur personnel, d'interminables querelles d'empiétement étaient entretenues et comme provoquées, les menaces et les censures grondaient sans cesse sur leurs têtes. Il leur fallut, en 1610, lire dans toutes les églises un monitoire qui les menaçait d'un interdit général, lequel fut regardé comme fulminé par les fidèles. Tous ces détails se rencontrent dans les pièces officielles du temps, et sont confirmés par une lettre, où l'archevêque de Malines, Norius, ami de Sasbold, très peu favorable aux réguliers, adresse à celui-ci de graves reproches.

« On dit que Sasbold, pieux d'ailleurs et d'un zèle ardent, reconnut ses torts au lit de mort et les déplora amèrement. En prenant son poste, Rovenius (1) fut loin de tenir compte de ce repentir tardif. Son administration dans la Hollande, ses démarches à Rome, sa correspondance, son fameux collège de vicaires révèlent nettement son but et son plan d'exécution. Son but, deux lignes de lui le trahissent: à propos d'un démêlé avec les frères Prêcheurs, il écrivait le 20 novembre 1621: Il faudrait prendre le fouet de l'Évangile pour chasser ces gens là. Voici comment il allait à ce but, à l'expulsion des trois quarts des missionnaires.

« Je laisse un amas de procès particuliers qui se succèdent chaque année et encombrent les archives d'Utrecht. Avant tout il importait de se ménager un appui à Rome et de grandir sa position par un titre d'archevêque d'Utrecht. Rovenius fit un voyage en 1623. La sagesse du saint siège fut admirable dans sa persistance à maintenir invariablement deux points essentiels qui se lient: exclure tout ce qui ressentait une église nationale, et maintenir les Réguliers sous l'autorité immédiate de leurs supérieurs. Rovenius se heurta vainement contre ces deux bornes immuables.

« Débouté de sa prétention au titre d'archevêque d'Utrecht, il enfonça immédiatement plus opiniâtrement sa pointe, toute sa vie, s'affubla même du titre sans le dissimuler toujours par les deux points d'interposition si singulièrement imaginés. En 1636, dix ans après son voyage à Rome, son ami Jansénius négociait activement à Madrid. En 1639, le clergé d'Utrecht et Harlem signait, dans ce même but une

---

(1) Il a laissé un ouvrage curieux *de Republica christiana*, 1648, in-f°.

requête au roi d'Espagne qui vint à la connaissance des États, et attira sur Rovenius un placard de bannissement. Ces circonstances sont importantes et confondent les prétentions qui voudront plus tard que la juridiction des anciens archevêques n'ait pas été interrompue.

« Rovenius ne fut pas plus heureux à Rome sur la question des Réguliers; il y eut un concordat qui lui parut si onéreux qu'étant encore à Rome il apostilla, au moyen de remarques très peu respectueuses, le bref qui le confirmait, et osa l'adresser, sous cette forme étrange, à la régente Isabelle pour qu'elle en obtînt la révocation. Ce bref et ces apostilles passèrent aux mains du Nonce de Bruxelles, et revinrent à la congrégation des Évêques et Réguliers. Rovenius dut quitter Rome, et imagina une cabale de Jésuites pour colorer sa déconvenue.

« De retour, il reprit la guerre et publia son manifeste dans un opuscule *sur le régime des missions*. Saint-Cyran et ses amis l'accueillirent avec éclat. Il fatigue de ses doléances et de ses obsessions les Nonces, les Évêques voisins, les supérieurs réguliers, jusqu'à ses amis. L'un deux, l'archevêque de Malines se plaint amèrement. Un autre, évêque de Bois-le-Duc, déclara par une ordonnance nuls pour son diocèse, en partie enclavé dans la Hollande, tous les règlements du vicaire apostolique contre les missionnaires réguliers.

« Le vénérable père Florentin de Montmorency, provincial des Jésuites, excédé de ces scandales croissants accepta un concordat nouveau, sous la double réserve que son général l'approuverait et que les autres supérieurs réguliers y accéderaient. Tous protestèrent; mais Rovenius, passant outre, déclara le concordat conforme aux vœux de tous, et obtint un bref de confirmation très suspect d'être subreptice. Toutefois la paix ne fut point encore conclue (1626).

« Rien n'est pénible comme de remuer sa volumineuse correspondance, où toutes les pages sont empreintes d'une amertume passionnée contre les prêtres les plus zélés de la mission. Il ne voyait en eux que des étrangers rapaces et ambitieux; il attaque jusqu'aux missionnaires qui, de guerre lasse, s'en allaient mourir en Chine et au Japon; il voit une mystérieuse cabale dans les choses les plus innocentes; il ne fait grâce à aucune occasion pour divulguer ce qui peut humilier ses prétendus adversaires; il est en permanence l'accusateur public de ses prêtres, il remplit Rome de ses libelles et obsède la Propagande (1) de ses plaintes. Il semble toujours mécontent que le Saint-Siège ne déploie pas toute sa puissance pour foudroyer ceux qui lui déplaisent; dans cette même lettre où il dit qu'il faudrait les chasser à coup de fouet, il ajoute, comme ayant poussé à bout la mansuétude et la patience : C'est assez longtemps dissimuler; je crains d'être contraint de leur interdire partout la prédication et l'administration pastorale.

« L'attrait des pièces nouvelles est loin de compenser la pénible impression que laissent des traits de ce genre. Je dois pourtant ajouter quelque chose de plus odieux et de plus humiliant. Quand Rovenius

(1) La Congrégation *de propaganda fide* a été créée par Grégoire XV (1621-1623).

fut frappé de bannissement, il y eut un procès criminel dont j'ai retrouvé en partie le dossier. L'un des juges, s'adressant au secrétaire de Rovenius arrêté et cité, dit ces paroles significatives : Votre Révérendissime s'est montré adversaire implacable des Jésuites, nous le savons; il est même leur ennemi autant que nous le sommes et il a travaillé de toutes ses forces à les expulser de ces provinces. Le secrétaire ne sut que répondre et se tût.

« Mais la grave accusation qui, à mon avis, pèse sur la mémoire de Rovenius, est d'avoir le premier créé, sous le nom de Vicariatus, une corporation bureaucratique, qui, imbue de son esprit, le propagea et en développa toutes les conséquences, qui s'empara de toute l'administration spirituelle de la Hollande, et finit par dominer les vicaires apostoliques eux-mêmes et les entraîner avec toute la mission aux dernières extrémités. Ce point a été l'objet de ma plus sérieuse attention. Il existe dans les archives d'Utrecht une liasse de pièces soigneusement classées et conservées sur cette inique affaire. »

Jacques de la Torre, successeur de Rovenius, parut aimer les Jésuites et laissa respirer les réguliers (1). Mais la fin de sa vie fut troublée par des absences d'esprit. C'est la 3ᵉ année avant sa mort que fut constitué le conseil d'Utrecht et le vicariat, qui, ajoute le cardinal Pitra (2), « n'est ni un chapitre, ni une collégiale, ni une association religieuse, mais une sorte de société en commandite pour exploiter la mission de Hollande, dont le Jansénisme doit assumer le bénéfice et la honte. »

C'est sous Néercassel (3), cité par Rohrbacher, que le Jansénisme s'établit définitivement en Hollande. Il fut, grâce à Varet, constitué définitivement à l'état de secte, à la mort de Codde (4), en 1710. Aujourd'hui il meurt de sa belle mort, tout en donnant un évêque aux vieux catholiques d'Allemagne.

---

LE JANSÉNISME ET LES PROTESTANTS (p. 12).

Voir sur ce point de curieuses réflexions de deux protestants, Reboulet et Labrune (5), qui croyaient avoir en Port-Royal des amis ou au moins, suivant l'expression de Sainte-Beuve (6) n'y voyaient que des adversaires à demi. Par certains points en effet les Jansénistes touchaient à Calvin; mais la justice oblige d'avouer que sur beaucoup d'autres ils s'en éloignaient fortement. On connaît leurs ouvrages sur *la Perpétuité de la foi* (7), les *préjugés légitimes contre les Protestants* (8), qui ne manquent pas de valeur apologétique.

Rohrbacher cite Labadie qui se fit huguenot. Ce n'est guères un argument. Les Jansénistes répondaient en citant Pierre Jarrige (9). Ils n'avaient pas plus raison. Bayle reconnaît que ce jésuite qui quitta

(1) *Ibid.*, p. 230.
(2) *Ibid.*, p. 243.
(3) Sainte-Beuve, *Port-Royal*, éd. citée. t. V, p. 307, signale la correspondance de ce prélat, ancien Oratorien; elle est conservée à Utrecht et dont être des plus intéressantes.
(4) Autre Oratorien.
(5) *Voyage en Suisse*, La Haye, 1686, p. 137.
(6) *Port-Royal*, 3ᵉ éd., t. II, p. 196.
(7) V. plus haut, p. 610 (note).
(8) Paris, 1671. — C'est aussi une œuvre de Nicole.
(9) V. M. Tamizey de Larroque, *Pierre Jarrige fut-il séquestré par les Jésuites*, dans la *Revue des questions historiques*, t. VIII, p. 553.

la compagnie, par ressentiment de n'y pas arriver aux emplois qu'il croyait mérités, était un malhonnête homme (1). Il y eut en outre à cette époque plusieurs jésuites à se faire protestants, Hassenmuller, Reiching (2), Peirol. Y a-t-il là rien qui puisse retomber sur l'ordre des jésuites? Non assurément.

### THOMASSIN (p. 15).

Ce savant a laissé plusieurs ouvrages qui ont été réédités de notre temps. Sa *Discipline de l'Eglise* (3) a eu une nouvelle édition (4), et ses *Dogmata theologica* ont été aussi réimprimés (5). On a publié aussi dans les *Analecta*, des remarques inédites de ce théologien sur le décret de Gratien (6), et une dissertation sur l'autorité du droit canon (7). Il faut encore consulter sur le P. Thomassin, la thèse du P. Lescœur, *La Théodicée chrétienne d'après les Pères de l'Eglise*. Paris, 1852, in-8. Rohrbacher signale plus loin les *remarques* de Thomassin sur les conciles et l'esprit dans lequel elles étaient écrites (8). Seulement que veut dire cette phrase : « Le régent fut obligé d'en arrêter la circulation... » Peut-être a-t-il voulu dire le *régime* de l'Oratoire, nom qu'on donnait au gouvernement de cette congrégation. Autrement sa phrase ne peut s'expliquer (9).

### LES SUPÉRIEURS DE SAINT-SULPICE AVANT LA RÉVOLUTION (p. 17).

Après M. Olier (10), cette savante et pieuse compagnie, dont l'histoire reste encore à écrire, et dont la bibliographie a été commencée sans être publiée, compta huit supérieurs généraux.

1° Alexandre Le Ragois de Bretonvillers, né à Paris en 1620, supérieur général à la mort de M. Olier, en 1657. Saint Vincent de Paul a dit plusieurs fois qu'il ne connaissait pas de prêtre plus humble. Il mourut en 1676, après avoir établi des séminaires à Limoges et à Lyon.

2° Louis Tronson, né à Paris en 1622, élu supérieur le 1er juillet 1676. Il unit à Saint-Sulpice les séminaires de Bourges, d'Autun, d'Angers et de Tulle. Il fit approuver, en 1680, les règlements de sa compagnie par M. de Harlay. Il mourut le 27 février 1700. Ses *examens particuliers* sont dans les mains de tous les ecclésiastiques.

3° François Leschassier, né à Paris en 1641. Il obtint, en 1708, l'enregistrement au Parlement des statuts de sa compagnie, et unit à Saint-Sulpice les séminaires d'Avignon et d'Orléans. Il mourut le 19 août 1725.

4° Charles-Maurice Le Peletier, né à Paris en 1666, unit à Saint-Sulpice le séminaire de Nantes. Il meurt le 7 septembre 1731.

5° Jean Cousturier, né à Châteauroux en 1688, maintint la force des études théologiques au séminaire, avec des professeurs tels que de Lafosse, Montaigne, et Legrand. Il prit la direction du séminaire de Toulouse. C'est sous son administration que le séminaire de Montréal, fut en 1764, séparé de Saint-Sulpice au temporel. Il mourut, en présidant la révolution, le 31 mars 1770.

6° Claude Bourachot, né dans le diocèse d'Autun en 1697, mourut le 2 juillet 1787

7° Pierre Le Gallic, né dans le diocèse de Quimper, donna sa démission de supérieur en 1782. Il mourut le 2 juillet 1797.

8° Jacques-André Emery, né à Gex, le 26 août 1732, est un des hommes les plus éminents que le clergé de France ait comptés. Il mourut le 28 avril 1811. Sa vie (1) commencée par M. Gosselin et terminée par M. Philpin, est des plus attachantes.

### LE DOCTEUR GUYART, ORATORIEN, SYNDIC DE LA FACULTÉ DE THÉOLOGIE (p. 17).

Un oratorien docteur de Sorbonne et syndic de la faculté de théologie en 1655, est une chose difficile, même impossible à admettre. Dès 1613, Richer avait essayé d'empêcher les oratoriens, docteurs de Sorbonne, d'assister aux assemblées de la faculté. Un arrêt du parlement, qui survint après d'assez longues disputes, encouragea Richer à persister dans son dessein, et le 14 août 1613, la Sorbonne accepta, un statut qui déclarait les membres de l'Oratoire déchus de tous leurs droits et priviléges (2). Il n'est pas supposable que la faculté de théologie soit revenue sur la décision prise. En tout cas il est certain qu'elle n'aurait point choisi un prêtre de l'Oratoire pour son Syndic. Il y a là de la part de l'historien une légère erreur.

### LE JANSÉNISME (p. 18).

Une histoire du Jansénisme est encore à faire Il faut consulter sur ce sujet :

L'abbé Dumas, *Histoire des cinq propositions du Jansénius*, Liège, 1700, 2 vol. in-12.

*Histoire du Jansénisme*, par le P. Rapin, publiée par l'abbé Domenech, Paris, 1861. in-8.

*Mémoires du P. Rapin de la C¹ᵉ de Jésus* sur

---

(1) *Dictionnaire*, au mot *Jarrige*, Rotterdam, 1702, in-f°, t. II, p. 1631.
(2) C'est de lui que parle Rohrbacher, p. 43, sans le nommer. V. Alegambe, *Bibliotheca Scriptorum Societatis Jesu*, p. 209.
(3) Paris. 1725, 3 vol. in-f°.
(4) Bar-le-Duc, 1864-1867, 7 vol. gr. in-8. Cette édition a été donnée par M. André. — V. Aussi le *Dictionnaire de discipline ecclésiastique*, extrait de la *Discipline*, par M. Bourassé, Paris, 1856, 2 vol. gr. in-8.
(5) Paris, 1864-1869, 6 vol. gr. in-8.
(6) Mars, avril, mai, juillet, août, novembre, décembre, 1877; février, mars, mai, juin, septembre, octobre.
(7) Septembre-octobre, novembre-décembre, 1879.
(8) V. là-dessus une curieuse lettre de R. Simon, *Lettres*, éd. de 1730, in-12, t. I, p. 197.
(9) V. aussi sur Thomassin, Herbst, *die literarischen Leistungen des französischen Oratorianer*, dans le *Theologische quartalschrift* de Tubingue, 1865, Mgr Perraud, *L'Oratoire de France au XVIIᵉ et au XIXᵉ siècles*, Paris, 1866, in-8; le P. Gratry, *de la connaissance de Dieu*, 4ᵉ édit., t. II, pp. 10-14.
(10) V. Son *Histoire*, par M. Faillon, nouvelle éd., Paris, 1873, 4 vol. in-8.

(1) Paris, 1862, 2 vol. in-8.
(2) V. M. Houssaye, *Le Père de Bérulle et l'Oratoire de Jésus*, Paris, 1874, in-8, pp. 62 et suiv; M. Puyol, *Edmond Richer*, Paris, 1876, in-8, t. II, pp. 1 et suiv.

*l'Eglise, et la société, la cour, la ville et le Jansénisme*, 1644-1649, *publiés pour la première fois d'après le manuscrit autographe par* Léon Aubineau, Paris, 1865, 3 vol. in-8.

Sainte-Beuve, *Port-Royal*, 3ᵉ édition, Paris, 1867-1871, 7 vol. in-12.

L'abbé Fuzet, *Les Jansénistes du* XVIIᵉ *siècle, leur histoire et leur dernier historien*, M. Sainte-Beuve, Paris, 1876, in-8.

H. Reuchlin. *Geschichte von Port-Royal*, Hambourg, 1839-1844, 2 vol. in-8.

*La vérité sur les Arnauld* (1), *complétée à l'aide de leur correspondance inédite*. Paris, 1847, 2 vol. in-8.

*Exposé des erreurs doctrinales du Jansénisme, Leçons faites à la Sorbonne en 1856-1857*, par Mgr Lavigerie, Paris, 1858, in-8.

Il y a à la Bibliothèque Mazarine un gros recueil mss. en 2 vol. in-4, qui donne une bibliographie détaillée de tous les ouvrages relatifs au Jansénisme.

Sur quelques personnages marquants du Jansénisme, il y a quelques ouvrages à parcourir.

Sur Jacqueline Pascal, sœur sainte Euphémie, la sœur de l'auteur des *Provinciales* et des *Pensées*, il faut voir :

P. Faugère, Lettres, opuscules et mémoires de Mme Périer et de Jacqueline sœurs de Pascal, et de Marguerite Périer, sa nièce, publiés sur les manuscrits originaux, Paris, 1845, in-8.

V. Cousin, Jacqueline Pascal, premières études sur les femmes illustres et la société du XVIIᵉ siècle, 4ᵉ édit., Paris, 1861, in-8.

Sur la mère Agnès Arnauld.

Lettres de la même Agnès Arnauld, abbesse de Port-Royal, publiées sur les textes authentiques avec une introduction par M. P. Faugère, Paris, 1858, 2 vol. in-8.

---

LES PROVINCIALES (p. 19).

Les Provinciales ont été souvent réfutées. Rappelons seulement l'ouvrage du P. Daniel, qui ne parut que 38 ans après le pamphlet de Pascal (2). La meilleure édition est celle qui a été donnée par M. l'abbé Maynard, Paris, 1851, 2 vol. in-8. Elle mérite d'être lue surtout aujourd'hui, où on a mis trois Provinciales de Pascal, sur le programme d'études de l'Université.

Les Provinciales furent commencées à Port-Royal des champs ; elles furent en partie écrites à Vaumurier. On les répandit d'abord en copies manuscrites; leur succès décida l'impression. Mme du Plessis Guénégaud (3) et l'hôtel de Nevers avaient beaucoup contribué à ce succès.

La première parut le 23 janvier 1656 ; la dernière était terminée au printemps de 1657. Le texte original a depuis été un peu retouché (1).

Les amis de Pascal sont forcés de reconnaître qu'il y a dans les Provinciales beaucoup de citations inexactes. « Pascal, comme tous les gens d'esprit qui citent, tire légèrement à lui.., parfois il arrache *quatre mots* de tout un passage, quand cela lui va et sert à ses fins ; il aide volontiers à la lettre » (2).

Le P. Etienne de Champs a montré (3) que la doctrine de la Probabilité, attribuée par Pascal aux Jésuites, leur est bien antérieure ; suivant ce Père, c'est un jésuite, Paul Comitolus, qui, le premier, a attaqué cette doctrine. « Le P. Daniel (4), bien plus tard et beaucoup trop tard, eut une idée assez ingénieuse : pour prouver que Pascal aurait pu, s'il l'avait voulu, imputer à tout autre ordre, aux Dominicains par exemple, tout aussi bien qu'aux Jésuites, la doctrine de la probabilité, il s'amusa à substituer, dans la cinquième Provinciale, des noms et des extraits d'auteurs dominicains à ceux des auteurs jésuites ; il y a suffisamment réussi » (5).

De même Sainte-Beuve, qui n'est point suspect, non seulement de jésuitisme, mais même, hélas ! de christianisme, ajoute : « Pascal fit plus qu'il n'avait voulu...En perçant si victorieusement le Casuisme (?), il atteignit, sans y songer, la confession même... L'esprit humain, une fois éveillé, tire jusqu'au bout les conséquences. La raillerie est comme ces coursiers des Dieux d'Homère : en trois pas au bout du monde. Les *Provinciales*, le *Tartuffe*, le *Mariage de Figaro !* » (6).

Cela ne suffit-il pas pour juger l'œuvre de Pascal ?

---

L'ORATOIRE ET LE JANSÉNISME (p. 23, col. 2).

« La nouvelle hérésie, dit Rohrbacher, profita de la disposition pour diviser les sentinelles de la foi, en gagner quelques unes et se glisser ainsi dans le camp. Parmi les soldats fidèles qui la combattirent, on voit peu de bénédictins, peu d'oratoriens français. » Cette phrase rapprochée d'une autre analogue (p. 150, *init.*) pourrait être prise pour une accusation générale de jansénisme contre l'Oratoire. Si telle était la pensée de Rohrbacher, elle excéderait certainement la mesure. L'Oratoire à l'origine, sans se déclarer aussi énergiquement que la Compagnie de Jésus contre le jansénisme, repoussa l'hérésie. Le P. Bourgoing fit statuer par la 12ᵉ Assemblée générale, en 1666, que les professeurs de la congrégation suivraient sur les questions de la grâce, la doctrine de saint Augustin interprétée par saint Thomas, le concile de Trente et les constitutions des souverains Pontifes. Cependant, au commencement du XVIIIᵉ siècle, l'Oratoire, comme tous les autres ordres religieux, à l'exception des jésuites et de Saint-Sulpice (7), paraît infecté de jansénisme. La

---

(1) Les papiers de la famille Arnauld, d'où M. Varin a extrait ces volumes se trouvent à la bibliothèque de l'Arsenal. Il y aurait lieu de les revoir, dit Sainte-Beuve, *Port-Royal*, 3ᵉ édit., t. V, p. 12.
(2) *Entretiens de Cléandre et d'Eudoxe sur les lettres provinciales*, Paris, 1694, in-12. Il paraît qu'on refusa le privilège à cet ouvrage. Thiers, lettre à Pinguenet, du 25 mars 1693, dans le *Bulletin des comités historiques*, mars 1851, p. 95.
(3) V. sur cette théologienne de salon; le P. Rapin, *Mémoires*.

(1) Sainte-Beuve, *Port-Royal*, 3ᵉ éd. t. III, pp. 45, 67.
(2) *Ibid.*, pp. 125, 126.
(3) *Questio facti*, 1659, in-12.
(4) *Recueil de divers ouvrages* du P. Daniel, t. II. p. ...
(5) Sainte-Beuve, *ibid.*, pp. 126, 127.
(6) *Ibid.*, pp. 290, 291.
(7) Voir le *Mémoire de Fénelon à Clément XI*, dans Œuvres complètes Ed. Gaume, t. IV, p. 452 et suiv.

bulle *Unigenitus* qui condamnait le livre des *Réflexions morales* de Quesnel, publié par Clément XI en 1713, avait ravivé les passions jansénistes qui entraînaient alors presque tout le clergé de France et surtout les ordres religieux dans une lutte ouverte contre le Saint-Siège, et son acceptation souleva de grandes difficultés dans l'Oratoire. Le P. De La Tour, 6ᵉ général de la Compagnie, avait été l'un des premiers à donner le funeste exemple de la résistance et à proposer d'en appeler de la Constitution pontificale à un Concile général. Il ne tarda pas, il est vrai, à rétracter son erreur et fit les plus énergiques efforts pour en réparer les suites; il parvint même à obtenir du cardinal de Noailles, archevêque de Paris, la révocation de son appel, et du chancelier d'Aguesseau son adhésion à la bulle. Mais il porta la peine de sa faute au sein de sa Compagnie et la mort vint le prendre avant qu'il eût pu ramener à la soumission tous ceux de ses frères que son opposition passagère avait égarés. Le mal avait tellement pénétré que lorsque, sous son successeur, le P. de la Valette, le gouvernement de Louis XV exigea l'adhésion de toutes les Congrégations et de toutes les Universités à la bulle *Unigenitus*, cette adhésion qui était commandée à l'Oratoire par l'obéissance à la double autorité du Saint-Siège et du roi, souleva dans son sein la plus grande agitation; les efforts du P. de La Valette, la considération dont il était entouré et même les expédients excessifs de sa prudence étaient impuissants à l'obtenir. Il fallut recourir aux voies de rigueur et exclure de l'Assemblée les plus obstinés appelants. Le vote eut lieu enfin, le 14 septembre 1746, en présence du commissaire du roi et la bulle fut acceptée comme loi de l'Église et de l'État par une majorité de dix-neuf votants sur trente-trois; les quatorze autres se retirèrent avant le vote (1). Il y eut, à la suite de cette séance, de nombreuses protestations, mais la sagesse du général calma l'effervescence et assura à la Cour la complète soumission de la Compagnie.

Comme correctif au passage de Rohrbacher que nous venons de relever, on peut consulter la brochure suivante du P. Ingold, *l'Oratoire et le Jansénisme au temps de Massillon*. Paris, 1880

### LE P. LEJEUNE (p. 25).

La meilleure étude sur le célèbre prédicateur populaire est celle que lui a consacrée M. Jacquinet, dans ses *Prédicateurs français au xviiᵉ siècle, avant Bossuet*, Paris, 1863, in-8. L'auteur y rend hommage avec raison, non seulement au bon sens et à la science de l'orateur, mais encore à son style et à son éloquence, vive et entraînante.

### CORNEILLE DE LA PIERRE (p. 27).

L'opinion de Rohrbacher sur Corneille-la-Pierre est un peu excessive. La compilation due à cet auteur est sans doute le résultat de lectures nombreuses; mais l'ouvrage est mal digéré, et, s'il peut servir aux prédicateurs, il est de moindre utilité pour la lecture de la Bible. C'est plutôt un commentaire à côté qu'une interprétation exacte et judicieuse. (1). Les travaux de Ménochius ou de Tirin, si courts qu'ils soient, lui sont préférables. La meilleure partie des travaux de ce commentateur est celle qu'il a consacrée à saint Paul. Mais, pour les Evangiles et les Prophètes, il est inférieur à son illustre confrère Maldonat, qui mérite d'être appelé l'un des princes de l'exégèse. Le commentaire de ce savant Jésuite sur les quatre évangiles a été réimprimé il y a quelques années (2). Il faut lire sur Maldonat le travail du P. Prat (3).

### DESCARTES (p. 33).

M. F. Morin a cru retrouver le nom du professeur de Descartes à la Flèche et le cahier de philosophie dicté à son élève par ce professeur.

« En effet, il se trouve à la bibliothèque de Tours un manuscrit intitulé : *In universam logicam moralemque philosophiam commentarius authore celeberrimo professore Grandillonio*, manuscrit catalogué par M. Dorange. A une première inspection, je m'y arrêtai peu; cependant la date de l'ouvrage (1619) n'avait pas pu ne pas me frapper un peu. Trouver en Touraine, c'est-à-dire dans la patrie de Descartes, un contemporain de la jeunesse de Descartes, cela invitait à une recherche nouvelle, et l'obligeance empressée de M. Dorange me permit de le faire. Voici ce qui en résulte : — le manuscrit de Grandillonius avait été écrit à la Flèche (*Flexiæ*) — et Grandillonius lui-même, en 1619, était professeur renommé du collège de cette ville.

« Le manuscrit porte expressément, après le nom de l'auteur, ces quatre mots : *ex convictu regio Flexensi*.

« Or, tout le monde sait que Descartes a fait ses études à la Flèche; on sait moins en quelle année il est sorti de cet établissement; quelques historiens disent en 1612, d'autres en 1616; en 1612 Descartes n'avait qu'un peu plus de quinze ans, cette date est donc peu probable. Dans tous les cas, la réputation des professeurs qui vivent dans l'enceinte murée d'un collège est très longue à s'établir, et si en 1619, Grandillonius était déjà une célébrité, et même une illustration (*celeberrimus*), on doit en conclure qu'il enseignait au moins depuis une dizaine d'années, c'est-à-dire depuis 1609. Il a donc été le maître de Descartes.

« Or, on n'ignore pas le cas tout particulier que Descartes faisait de l'école de la Flèche; ce n'est pas seulement par politique et dans le *Discours de la Méthode* qu'il parle avec éloge des maîtres

---

(1) Le récit de cette séance a été consigné dans l'*Histoire* (manuscrite) *de la bulle Unigenitus* par le P. Bizault. (Archives nationales de France ms. 236).

(1) Il y a eu deux éditions modernes : Lyon, 1854-1865, 20 vol. gr. in-8; Paris, 1857-1863, 21 vol. gr. in-8. — L'abbé Barbier a publié aussi *les Trésors de Cornelius à Lapide*, Le Mans, 1856, 4 vol. gr. in-8.
(2) L'édition a été donnée par F. Sausen. Mayence, 1840 et suiv., 5 vol. in-8.
(3) *Maldonat et l'Université de Paris au xviᵉ siècle*, Le Mans, 1856, in-8.

qu il y a trouvés ; dans sa correspondance privée, il leur rend le même hommage. Il est donc incontestable que les leçons de Grandillonius ont dû exercer une influence quelconque, peut-être restreinte, peut-être considérable, sur l'esprit du grand révolutionnaire du XVIIe siècle.

« Donc, le nom de Grandillonius doit entrer désormais dans toute histoire sérieuse de l'esprit humain. La seule question est de savoir quelle place il y tiendra.

« Sur cette question il me serait difficile de me prononcer quant à présent. L'examen nécessairement très rapide et par là même superficiel que j'ai fait du manuscrit de Grandillonius me permet seulement de dire :

« 1° Que le professeur de Descartes était un esprit très sérieux, très indépendant, mais que néanmoins il n'avait pas rompu extérieurement, officiellement, avec les traditions de la scolastique ;

« 2° Que le professeur de Descartes ne s'était pas enchaîné aux doctrines de Suarez, qui étaient les doctrines habituelles de sa compagnie. Suarez était beaucoup moins un philosophe cherchant la vérité pour elle-même qu'un tacticien manœuvrant dans l'intérêt de son ordre et de son église ; en face du flot montant de la révolution intellectuelle inaugurée par la renaissance, il avait entrepris de lui opposer la digue factice d'une sorte de fusion entre les deux écoles rivales du thomisme et du scotisme ; tous ses ouvrages peuvent se résumer ainsi dans toutes les parties : Sur tel point, Thomas dit oui, Scot dit non, mais au fond ils sont d'accord ; formons, scotistes et thomistes, une coalition immense contre la philosophie nouvelle (1) ».

On peut consulter sur Descartes, mais avec précaution, à cause de l'esprit rationaliste dans lequel ils sont écrits, l'*Histoire de la philosophie cartésienne* de M. F. Bouillier (2) ; l'*Histoire de Descartes avant 1637*, de M. J. Millet (3) ; *Descartes, son histoire depuis 1637*, par le même (4).

LA PHILOSOPHIE DE DESCARTES (p. 35, col. 2).

La seconde opinion de Rohrbacher sur Descartes surprend d'autant plus qu'elle ne concorde pas avec l'ensemble des idées de l'historien.

Au surplus, voici les raisons pour et contre alléguées de la part des philosophes catholiques, au sujet de l'auteur du *Discours de la Méthode*. Les défenseurs disent qu'il est injuste d'accuser Descartes d'être le père du rationalisme moderne. Afin de pouvoir attaquer son fameux principe « je pense, donc je suis », on se plait à y voir un raisonnement, injustifiable en effet, mais que Descartes ne faisait pas ; car il le présentait non pas comme un enthymème, mais uniquement comme l'énoncé d'un fait de conscience et de sens intime qu'il avait constaté (V. Balmès, *Philosophie fondamentale*, t. I, p. 130). Et son doute méthodique, qu'il n'avait pris pour base de sa métaphysique que pour mieux convaincre les athées et les matérialistes de l'existence de Dieu et de la spiritualité de l'âme, n'était, de sa part, ni absolu, ni réel. Il ne l'appliquait qu'aux conclusions spéculatives et éloignées des principes de l'ordre purement naturel, qui constituent la science proprement dite. « Je n'ai nié que les préjugés, dit-il, et non point les notions qui se connaissent sans aucune affirmation ni négation. » (V. les *Réponses aux objections* et les *Méditations méthaphysiques* t. I, pp. 426 et 428 et t. II, p. 303 et suiv., édit. Cousin. Paris, 1824). Et même restreint à ces termes il ne l'envisageait encore que comme une hypothèse et une fiction. « Ce n'est pas tout de bon et en vérité, écrivait-il au P. Mersenne, mais seulement par une fiction d'esprit que j'ai rejeté les idées ou les fantômes des corps pour conclure que je suis une chose qui pense. » Il ajoutait même expressément qu'il n'avait fait, en cela, qu'appliquer une méthode dont tous les philosophes reconnaissent la nécessité. Sa pensée n'est donc pas plus hétérodoxe que la méthode n'était nouvelle, et si elle a été faussée plus tard par le Jansénisme, dans un intérêt de secte pour justifier sa révolte contre l'Eglise et contre son chef, et par la philosophie pour motiver son incrédulité ; et si Bossuet a vu naître de ces principes, à son avis, d'ailleurs, *fort mal entendus* par les disciples, plus d'une hérésie et un grand combat se préparer contre l'Eglise (1), l'équité se refuse à en faire remonter la faute à Descartes.

C'est à ce point de vue que s'est placé Rohrbacher pour justifier le célèbre philosophe.

Les adversaires disent d'abord, au point de vue philosophique, que la méthode de Descartes est illégitime et contradictoire. Pourquoi, Descartes est-il assuré qu'il pense ? C'est que cela lui paraît évident. Donc, tout ce qui est évident est certain. Donc toutes les évidences de fait et de raison ont la même autorité que l'évidence particulière des faits attestés par la conscience. Descartes se mettant à raisonner pour prouver que la conscience est le seul principe de certitude, commence par établir que tous ses raisonnements ne prouvent rien, puisqu'il soutient que le raisonnement n'est pas un moyen d'arriver à la certitude. Tout son raisonnement pour prouver que ses facultés pouvaient être trompeuses, n'est qu'un sophisme, car si ses facultés pouvaient être trompeuses, elles pouvaient le tromper dans ce raisonnement même.

Enfin toute sa théorie roule sur un cercle vicieux. Il dit en effet : La preuve que l'évidence ne trompe pas, c'est que c'est Dieu qui en est l'auteur, et la preuve qu'il existe un Dieu auteur de l'évidence, qui ne peut pas tromper, c'est que l'existence d'un tel Dieu est évidente.

La règle de l'évidence est, avec le doute méthodique, toute la méthode cartésienne. Avant Descartes on croyait assurément à l'évidence ; mais entre croire à l'évidence et ne croire qu'à l'évidence il y a un abîme et c'est cet abîme que franchit Descartes. Où est le *critérium* de l'évidence ? Chacun est libre d'accepter à ce titre ce que bon

---
(1) *Moniteur universel*, cité dans l'*Avenir catholique*, 21 avril 1870, p. 266.
(2) Paris, 1854, 2 vol. in-8.
(3) Paris, 1867, in-8.
(4) Paris, 1870, in-8. Cfr. *Histoire de la philosophie*, par P. Vallet, Paris, 1881, in-12, pp. 386 et suiv.

(1) Voir *Du Cartésianisme de Bossuet* par l'abbé Bourquard dans le *Monde* des 24, 27 et 30 juin 1864.

lui semblera. La méthode de Descartes, place en effet, dans le *moi*, le principe de la certitude. Ici apparait la séparation entre la raison et la foi, qui est le fondement du Cartésianisme et le point de départ du rationalisme. C'est le second grief général contre la méthode de Descartes. Descartes sépare dans l'intelligence ce que Dieu a uni : la raison et la foi. Il laisse à Jésus-Christ tout ce qui est du domaine de la révélation, mais il lui soustrait la raison humaine. Ce n'est pas que Descartes proclame l'émancipation absolue de la raison, mais il la veut indépendante et séparée de la foi chrétienne et c'est là son erreur, car Dieu qui a distingué la raison et la foi, les a néanmoins unies, Cette doctrine ébranla tout l'ordre religieux et moral.

« Le Cartésianisme, dit M. Huet, est dans l'ordre intellectuel ce qu'est dans l'ordre politique la Révolution française. » Ce n'est pas sans raison que la libre pensée se réclame de Descartes comme de son premier auteur. Logiquement, le doute méthodique aboutit au rationalisme et au scepticisme. Descartes n'a sur l'existence de Dieu qu'une preuve subjective. Avant lui on croyait en Dieu par des raisons nombreuses et invincibles tirées du témoignage, de la raison, de la nature et des lois générales de la métaphysique. Descartes renverse ce magnifique ensemble de preuves pour n'en laisser subsister qu'une seule, l'évidence personnelle ; de façon que tout s'écroule si cette unique preuve vient à défaillir. L'athéisme d'Helvétius et d'Holbach est là. Descartes n'attribue au monde extérieur qu'une existence, en quelque sorte conditionnelle ; il ne reconnait de véritablement subsistant que le *moi* ; l'idéalisme de Fichte n'est que le développement de ce principe.

Descartes qui donne tout à la raison de l'homme ôte tout à celle de Dieu. Il refuse à Dieu toute idée et fait dépendre toute vérité de sa volonté arbitraire. D'après lui, la volonté précède et prime l'intelligence en Dieu. Dieu n'engendre pas les vérités nécessaires, il les crée, en sorte « qu'il a été aussi libre de faire qu'il ne fût pas vrai que toutes les lignes tirées du centre à la circonférence fussent égales, comme de ne pas créer le monde (1). » Aussi de ce système absurde Descartes tire cette conséquence qui ne l'est pas moins : « Il ne faut pas s'arrêter à chercher les fins que Dieu s'est proposées en créant le monde. Nous rejetterons entièrement de notre philosophie la recherche des causes finales. » En proscrivant la recherche des causes finales, qui parlent si hautement de Dieu, les philosophes et les savants modernes n'ont fait, comme on voit, que suivre Descartes ; et Descartes, parti d'un faux principe, raisonne juste en niant les causes finales, car celui qui est sans idées, crée nécessairement sans but, et il est inutile dès lors de rechercher quel peut être ce but. Descartes ne voit pas qu'une volonté, sans idées préalables, sans idées déterminantes, n'est qu'une force brute. A ce sujet, Leibnitz lui fait fortement la leçon, lorsqu'il dit : « Descartes a détourné les philosophes de la recherche des causes finales, ou, ce qui est la même

chose, de la considération de la sagesse divine dans l'ordre des choses qui, à mon avis, doit être le plus grand but de la philosophie. Aussi peut-on dire que Spinosa n'a fait que cultiver des semences de la philosophie de Descartes. » On en pourrait dire autant aujourd'hui, dans l'ordre scientifique, de Darwin.

Un troisième reproche général que l'on peut faire au Cartésianisme, c'est d'avoir exercé une influence aussi fâcheuse en politique qu'en philosophie et en religion. Sa méthode, son esprit ont passé des idées dans l'ordre des faits. Il est venu se souder au protestantisme et achever la destruction de la société chrétienne fondée sur le respect de la loi de Jésus-Christ et sur l'union de l'Eglise et de l'Etat. Luther avait dit que l'individu est la seule autorité en religion, Descartes dit à son tour qu'il est la seule autorité en philosophie. Les auteurs de la Révolution ajouteront, par une conséquence légitime, que l'indivu est la seule autorité en politique. De là le principe de la souveraineté du peuple, du suffrage universel et de la séparation de l'Eglise et de l'Etat ; delà, le nouveau droit de « la société moderne (1). »

Il ne faut pas oublier que la plupart des ouvrages de Descartes, notamment les ouvrages philosophiques ont été mis à *l'index, donec corrigantur*, et que n'ayant pas été corrigés ils sont restés sous le coup des censures de l'Eglise (2).

L'enseignement de la philosophie cartésienne fut interdit aussi par Louis XIV dans les collèges de l'Oratoire, dont la plupart des membres avaient embrassé d'abord la doctrine de Descartes (3)

---

JUSTE-LIPSE (p. 42).

Il paraît que ce célèbre humaniste était catholique de famille (4). D'après un luthérien, auquel il ne faut ajouter qu'une foi médiocre, Schlusselberg, il aurait été fort indifférent en fait de religion. Ce qu'il y a de certain, c'est ce que, si Juste-Lipse fut converti au catholicisme, après avoir pratiqué le luthéranisme et le calvinisme, il ne fut guères re-

---

(1) 6º objection *Principes de la philosophie*. I, 28 ; Lettres nºˢ 3 et 30.

(1) Pour la critique de la philosophie de Descartes voir, parmi ses contemporains, Huet *Censura philosophiæ cartesianæ* ; Simon Foucher, *Dissertation sur la Recherche de la vérité etc. avec un examen particulier des sentiments de M. Descartes* ; id. *Critique de la Recherche de la vérité, où l'on examine en même temps une partie des principes de M. Descartes* ; id. *Dissertation sur la Recherche de la vérité... avec plusieurs réflexions sur les sentiments de M. Descartes* (Cf. Rabbe *l'abbé Simon Foucher*, Paris 1867, p. 21 et suiv. Appendice p. 11) ; Leibnitz, *Lettres sur Descartes et le Cartésianisme* dans Foucher de Careil. *Lettres et opuscules inédits de Leibnitz*, Paris, 1857. Condamné par la Congrégation de l'*Index*, par plusieurs Universités, notamment par celles de Louvain (en 1662) et de Caen (1667), interdit par Louis XIV, suspect à Bossuet (Lettres à un disciple de Malebranche), le Cartésianisme, au dire même de Baillet, l'historien et le panégyriste de Descartes, rencontra à son origine une opposition universelle parmi les théologiens catholiques, et même parmi les protestants ; il eut principalement pour adversaires en France les Jésuites.

Pour les modernes il suffira de citer, outre M. de Maistre (*Examen de la philosophie de Bacon, passim*) et M. de Bonald (*Recherches philosophiques*, t. 1, p. 37 et *passim*) Ventura, *Essai sur l'origine des idées, passim* ; id. *Conférences*, t. I ; Blanc de Saint-Bonnet dans le *Monde* des 29, 30 et 31 juillet, 19 et 20 août 1865 ; Beusa, *Manuel de Logique*, p. 263-309 ; Vallet, *Histoire de la philosophie*, pp. 386 et suiv.

(2) Voir Ph. Guignard, *Descartes à l'Index* (dans l'*Univers* du 30 sept. 1854).

(3) Voir Ch. Hamel, *Histoire de l'abbaye et du collège de Juilly*. Paris, 1868. p. 223 en note.

(4) Il avait vingt-cinq ans, dit Bayle, lorsqu'il se fit protestant la première fois. *Dict.*, éd. citée, p. 1832.

connaissant pour la compagnie à laquelle il devait sa conversion. « Je ne vous dis rien de son libelle contre le Jésuite Strada, ou plutôt contre la société. Car, sous prétexte de relever les fautes de latinité, où ce Jésuite selon lui est tombé dans sa belle histoire de Flandres, il a écrit une infame satire sous le titre de *Infamia Famiani Stradæ* » (1). La latinité de Lipse a été vivement critiquée par Henri Estienne et par Grotius.

### LA GUERRE DE TRENTE ANS (p. 46).

M. Charveriat a publié, il y a trente ans, un livre fort important sur ce sujet (2). Nous donnons, d'après M. Gandy (3), un résumé de ce livre, qui met bien en lumière la suite des événements et leurs résultats si considérables.

« Dans la première partie du XVIIe siècle, la France n'était pas dégagée, malgré l'édit de Nantes, des complots du calvinisme. L'Angleterre, sous le joug de l'intolérance anglicane, oscillait entre le despotisme de la couronne et celui du parlement. La Hollande n'était pas encore légalement soustraite à l'autorité de l'Espagne. La Suède guerroyait contre la Pologne. Un moment le roi Sigismond, fils de Jean IV, avait eu le désir de ramener au Catholicisme le pays de Wasa; mais, grâce à l'usurpation du duc de Sudermanie, Gustave-Adolphe, prince ambitieux et d'un génie éminent non moins que sans scrupules, avait mis en néant ces espérance. Le Danemark, conquis par la Réforme, jalousait la Suède. La Russie ne comptait pas encore dans l'équilibre européen. L'humble électorat de Brandebourg ne faisait pas soupçonner les hautes destinées de la Prusse. Une branche de la maison de Habsbourg, importée en Espagne, avait quelque reflet des grandeurs de Philippe II; elle suscitait en Italie les animosités intéressées de la maison de Savoie et les hostilités commerciales de Venise. Enfin l'Allemagne, qu'une guerre de trente ans allait inonder de sang et couvrir de ruines, était mal armée contre les ravages du luthéranisme, qui se compliquaient d'une propagande calviniste essentiellement subversive et dont l'électeur Palatin était l'âme. L'Empire tendait à ne devenir qu'une fédération d'Etats sous la suzeraineté d'un chef électif; il manquait donc de cette concentration qui l'eût sauvé peut-être de longs déchirements.

« Charles-Quint, il est vrai eût pu mettre sa puissance au service de l'unité catholique, dont la rupture amena tant de malheurs; mais ses rivalités anti-françaises avaient encouragé et fortifié, malgré les sollicitations pacifiques du souverain pontifical, les adeptes du luthéranisme. La paix d'Augsbourg (1655) donna aux sectaires, les calvinistes exceptés, une existence légale. Tous les biens usurpés avant la diète de Passau (1652) restaient aux mains de leurs possesseurs. Ces concessions, comme il fallait s'y attendre, n'apaisèrent pas la lutte.

Saisir et garder les propriétés ecclésiastiques, tel était le mobile principal des revendications réformistes. Cette avidité permanente fut la cause génératrice des dissensions terribles qui allaient ensanglanter la Germanie. Elle se coloraient de spécieux prétextes; il s'agissait, disait-on, de reconquérir les franchises publiques, d'assurer la liberté de conscience, d'opposer à la tyrannie des Habsbourg, le contre-poids des coalitions. De là l'*Union protestante*, cette ligue de convoitises, qui était à la fois une violation de la Constitution impériale et une offense directe à l'Empereur. Malheureusement, ni Rodolphe, ni Mathias, tous deux inclinés aux compromissions, ne comprirent la gravité du péril. Aussi les exigences de la réforme se mesuraient à la faiblesse de l'autorité. Quand Ferdinand II (1), archiduc de Styrie, de Carinthie et de Carniole, fut élu roi de Bohème, la fermeté de son catholicisme, recommandée à l'estime des peuples par l'honneur de sa vie, amena une explosion de rancunes et de plaintes. A Prague, le calvinisme prit la tête des événements sous l'impulsion de Thorn et de ses complices. Les lieutenants de l'Empereur furent jetés par les fenêtres; ce fut la *défénestration* de Prague (2), la révolte *princeps* qui alluma un incendie de trente ans.

« Quelles étaient les visées des puissances ? La France, engagée dans les intrigues de cour, était loin d'appuyer les rébellions allemandes que, du reste, la religion de Louis XIII et son esprit conservateur réprouvaient absolument. Le duc de Luynes était alors puissant, mais Richelieu allait venir. L'Espagne, en s'associant au soutien de l'Empire avait contre la Hollande des desseins qui lui étaient propres. Venise et la Savoie désiraient pour le succès de leurs convoitises, l'abaissement de l'Autriche. La Pologne était retenue, en dépit de son zèle religieux, par les besoins de sa défense. Le Danemark attendait le moment d'enlever à l'Empire les bouches de l'Elbe et du Weser; la Suède fixait un regard ardent sur les rives de la Baltique. Enfin le Turc, si redoutable à cette heure, se promettait de pénétrer par la Transylvanie et la Hongrie, à la faveur des discordes, au cœur même de l'Allemagne.

« Toutefois, ces appétits divers furent contenus par les circonstances. Vainement le Palatin Frédéric V se fit élire roi de Bohême et procura au félon Behlin la couronne de Hongrie; vainement il persécuta le catholicisme à outrance et saisit sans pudeur les revenus ecclésiastiques. S'il eut quelques complicités dans l'intérieur de l'Allemagne, en revanche l'Angleterre et l'Allemagne restèrent froides et attendirent. L'insurrection ne put tenir contre la ligue catholique. Cette ligue était née spontanément des nécessités d'une commune défense. La Bavière en fut le foyer, Maximilien (3), l'inspirateur et l'organisateur, Tilly (4), la noble et

---

(1) R. Simon. *Lettres*, éd. de 1730, t. IV. p. 113.
(2) *Histoire de la guerre de trente ans*, Paris, 1878, 2 vol. in-8.
(3) *Revue des questions historiques*, t. XXV, pp. 594 et suiv. Nous y avons ajouté des notes bibliographiques.

(1) Hurter. *Geschichte Kaiser Ferdinands I, und seine Elpern*. Schaffouse, 1850. 3 vol. in-8.
(2) V. Gindely, *Geschichte des boehmischen aufstandes*.
(3) Schreiber, *Maximilien I. der Katholische. Kurfurst von Bayern und der dreissigjaehrige Kriege*. Munich, 1868, gr. in-8.
(4) De Villermont, *Tilly ou la guerre de trente ans, de 1618 à 1632*, Tournai, 1859-1840, 2 vol. in-8. — O. Klopp, *Tilly im dreissigjeahrige Kriege*, Stuttgardt, 1861, 2 vol, in-8.

glorieuse épée. Ce héros, en qui le génie de la guerre s'unissait à l'austère dignité du chrétien, triompha de l'aventurier Mansfeld (1) et de ses aides : la victoire de la Maison-Blanche clôtura la période palatine (1624).

« Ce fut alors que Christian, roi de Danemark, ralluma la révolte pour s'agrandir sur des décombres. Il parut avoir des alliés, mais ce fut une illusion. Charles Ier, trompé dans son espoir d'unir le prince de Galles à une infante, fit un traité avec le Danemark, et invita la Hollande, la Savoie, Venise et la Suède à le signer. Ce n'était là qu'un épouvantail. Charles avait chez lui trop d'inquiétudes pour conduire à bon terme et mettre en œuvre cette coalition. D'autre part, les projets anti-impériaux de Richelieu n'étaient pas mûrs. Il préludait seulement, dans l'affaire de la Valteline, à séparer les intérêts austro-espagnols et à diminuer l'Empire en tâchant de l'isoler de la Bavière et en fomentant les divisions intestines. On le vit bientôt jouer un double jeu, au delà du Rhin, par ses émissaires, et quand la succession de Mantoue mit aux prises des prétentions intraitables, Charnacé et le père Joseph furent chargés de reconnaître, en principe, les droits de l'empereur sur Mantoue, pour que la France eût en Allemagne sa liberté d'action.

« Ainsi Richelieu n'employait alors, à l'encontre de l'Autriche, que les ressources d'une habile et souvent cauteleuse diplomatie. C'était insuffisant pour assurer aux Danois un succès définitif. Tilly et Wallenstein (2), qui fut amiral des mers Baltique et Océanique, puis duc de Friedland, leur furent opposés. Tilly eut la gloire de les battre à Lutter, d'achever ainsi la seconde période de la guerre (1629). Dès lors le protestantisme disparut de la Bohême (3), le catholicisme s'établit en Moravie et se propagea en Hongrie ; les Jésuites et tous les ordres religieux firent renaître, à force de douceur et de pacifique dévouement, la religion et la science dans les pays que l'hérésie avait *enténébrés* et dépravés ; l'édit de restitution des biens acquis avant la paix de Passau fut remis en vigueur. Mais il y avait des ombres au tableau. L'indiscipliné Wallenstein, chef des troupes impériales, ne s'entendait pas avec la ligue, il fallut l'éconduire et le remplacer par Tilly. En même temps, la Suède, la Hollande, Venise et la France menaçaient l'Empereur. L'irritation des protestants, privés des biens usurpés, secondait leurs vues ; la période suédoise s'ouvrit.

« Gustave-Adolphe avait autant de supériorité dans la diplomatie que dans la guerre. Il avait fait avec la Pologne une paix provisoire. Libre de ses mouvements il était entré dès l'année 1626 en Poméranie : il voulait les rives de la Baltique allemande comme celles de la Pologne. Son chancelier Oxenostierna sema la corruption dans l'Empire et multiplia ses espions. Horn, Baner, Bernard furent ses habiles généraux. Par la ruse et la terreur, il se disposait à dominer le Danube, à envahir la Bavière, à prendre Vienne. Richelieu fit un pas en avant. Détacher la Bavière de l'Empire, observer d'abord la neutralité avec la Suède, l'enhardir néanmoins en la contenant ; s'en servir sans la servir, favoriser partiellement ses progrès en lui imposant le respect des Etats Catholiques et de leur liberté religieuse, tels étaient ses moyens d'action contradictoires ; son but politique, c'était d'obtenir à la France l'Alsace et Brisach, de protéger ses frontières par le protectorat de Philipsbourg et d'autres places du Nord.

« Aidé par les subsides et la diplomatie du puissant cardinal, Gustave l'emporte sur la Bavière et l'Empire divisés. Pendant que les Espagnols sont devant Maestricht, il triomphe à Leipzig, puis à Lutzen où il meurt (1632). En cette même année Tilly et le Palatin succombent. On essaie alors de conclure la paix, mais la hauteur d'Oxenstierna, la fierté castillane, le choc des revendications impériales et suédoises entravent les négociations. De son côté Richelieu encourage l'opposition de la Suède, renouvelle avec elle le traité de Bervalde, et excitant les ressentiments coupables de Wallenstein il lui promet une dotation territoriale. Wallenstein, en effet, grand organisateur d'armées, dont la haute capacité militaire était au service d'une volonté indomptable et d'une ambition peu délicate, voulait la paix avec la Suède, et son orgueilleuse indépendance menaçait l'Empire d'une dislocation. On l'avait rappelé pour faire face à la Suède, on punit sa révolte par une justice sommaire, l'assassinat. Après lui le roi de Hongrie, secondé par l'espagnol Gallas, l'électeur de Bavière et le duc de Lorraine, battit la Suède à Nordlingue. C'en était fait de cette puissance si Richelieu n'eût fait alliance avec Bernard de Weimar, devenu généralissime, s'il n'eût détourné de son allié les coups de la Pologne par un armistice et protesté contre la Saxe et le Brandebourg, qui venaient, quoique protestants, se rallier à Ferdinand.

« Ainsi fut ouverte la période française. Elle dura treize ans, ce qui s'explique par le poids énorme que la plus importante monarchie de l'Europe mettait dans la balance des événements. Cette fois, ses armes agiront, plus encore que sa diplomatie. En même temps qu'il resserre l'alliance franco-hollandaise, Richelieu sème dans l'Empire les divisions et propage les séductions de l'argent. Viennent ensuite des merveilles de stratégie et de vaillance avec Guébriant, Turenne, et le duc d'Enghien, en face de généraux tels que Jean de Werth, Piccolomini et Mercy. Déjà, en 1638, les troupes bavaroises, saxonnes et impériales ne formaient plus qu'une confédération agonisante. Ne fallait-il pas arrêter le cours de tant de maux ? Le pape Urbain VIII, en 1641, intervint pour faire réussir les préliminaires de paix ; mais la lutte devait se prolonger, s'aggraver sept ans encore et devenir effroyable. On avait vu, dans les périodes précédentes, les excès révoltants de la soldatesque. Impériaux, Danois, Suédois surtout avaient méprisé très souvent à l'égard des vaincus tous les droits de l'humanité ; ce fut bien pis dans les cinq dernières années de la guerre. Le viol, le pillage, les raffinements de la barbarie en tout genre, les carnages sans pitié, les incendies sans mesure, avilissaient

---

(1) De Villermont, *Ernest de Mansfeld*. Bruxelles, 1866, 2 vol. in-8.
(2) Ranke, *Geschichte Wallensteins*, Leipzig, 1869, in-8.
(3) R. Reuss, *La destruction du protestantisme en Bohême*. Strasbourg, 1868, in-8. Livre écrit par un protestant, où l'existence de saint Jean Népomucène est mise en question.

la victoire et faisaient honte à la civilisation. L'Allemagne acheva de perdre les deux tiers de ses habitants. La superstition remplaçait les croyances. Plus d'écoles, plus d'agriculture ni d'industrie. Les églises désertes n'avaient presque pas de prêtres. Ému de ces malheurs, le Saint-Siège pressait les princes chrétiens de faire la paix ; à chaque incident nouveau, il reprenait ses instances. Par malheur, jamais problèmes nombreux et embrouillés ne furent plus capables de décourager les plus actifs dévouements, questions d'indemnité territoriale, questions lorraine, palatine, confessionnelles, questions d'amnistie, de restitutions et de juridictions, sans parler de beaucoup d'autres, étaient posées à plusieurs reprises et soulevaient tant de contradictions que les négociations et les batailles étaient simultanées. Les diètes, surtout celles de Ratisbonne et de Francfort, délibéraient, pendant que le sang coulait à flots et que les belligérants promenaient ici et là le fer et le feu.

« Inutilement le Danemark, assisté de la Pologne et de la Russie, se déclara contre la Suède. La Bavière et l'Empire, sous Ferdinand III, n'agissaient pas de concert, se plaignaient l'un de l'autre et traitaient séparément.

« Après la mort de Richelieu (1642) et de Louis XIII, Mazarin ne dévia pas de la politique tortueuse et militante que son redoutable prédécesseur lui avait léguée. Il y déploya toute sa dextérité cauteleuse, et la guerre redoubla de violence et d'horreurs. L'armistice d'Ulm (1647) ne désarma pas les rivalités. Même en 1648, Piccolomini s'avançait pour sauver Vienne. La paix était enfin signée, il s'arrêta.

« Le traité de Westphalie, si longtemps différé par les exigences des princes protestants et de leurs alliés, ratifia la décadence profonde de l'Empire. Le Danemark recouvra ses États et ne gagna rien. La France, représentée par d'Avaux et Servien, eut l'Alsace, Brisach et le protectorat de Philipsbourg. Les princes enveloppés dans la défaite du Palatin furent rétablis dans leurs prérogatives. La Suisse fut séparée de l'Empire en droit et en fait. La neutralité de la Bourgogne dans la guerre franco-espagnole fut reconnue. La question de Lorraine resta indécise. La Hollande conquit définitivement son indépendance. La situation ecclésiastique, la plus délicate de toutes parce qu'elle touchait à l'exercice des cultes et à la restitution ou au maintien des biens usurpés, se limita pour le Palatinat à l'année 1619, et au 1er janvier 1624 pour la généralité des États protestants. La juridiction du pape et des évêques catholiques sur les territoires des réformés fut abolie. Il y eut égalité politique entre catholiques et luthériens. L'autorité impériale fut restreinte par les diètes, et les attributions des États s'accrurent.

« En définitive la France, qui par ses armes avait tant contribué, depuis 1639, à rétablir le Palatin, ne put même obtenir de lui la liberté religieuse des catholiques. Quant au pape, il protesta contre l'abandon des propriétés ecclésiastiques et l'extension exagérée des libertés religieuses, concédées aux protestants; il refusa, pour ces motifs, d'adhérer au traité. »

Dans ce tableau rapide rien d'essentiel n'est omis, et on a une vue d'ensemble que le résumé de Rohrbacher, chargé de trop de détails, ne laisse pas suffisamment apercevoir.

---

PEIRESC (p. 60).

Ce célèbre savant, né le 1er décembre 1580, mort le 24 juin 1637, fut en relation avec tous les hommes illustres de son temps; son éloge fut prononcé à Rome par ordre du pape Urbain VIII. Ses papiers ont été disséminés ; il en reste encore, à Carpentras 86 vol. in-8, dont dix de correspondance; à Aix 14 volumes, à Montpellier, 2 vol., à Paris, 14 vol. in-f° dont dix de correspondance (1). La vie de ce grand homme a été écrite en latin par Gassendi (2). Plusieurs de ses lettres ont été publiées. M. Tamizey de Larroque a publié un certain nombre de lettres de ses correspondants, entre autres celles de Nostradamus (3).

Notons, à la louange de Peiresc, que c'est sur sa demande que le P. Morin (4) traduisit en latin les lettres si curieuses des Samaritains de Naplouse à Scaliger (5).

---

LES DRAGONNADES DANS LE HAUT-PALATINAT (p. 60).

On sait que vers le milieu du XVIe siècle, le Haut-Palatinat fut converti au luthéranisme de par l'autorité civile. « Toute image idolâtrique, avait décidé l'électeur Othon-Henri, tout crucifix, tabernacle, autel et calvaire ; tout objet tel et autre, provenant du papisme antichrétien, sera abattu, enlevé des églises et brisé, pour qu'à l'avenir il ne serve plus à des actes d'idolâtrie. » On se convaincra que le luthéranisme fut introduit par la violence dans le Haut-Palatinat, en lisant l'ouvrage intitulé : *Versuch einer pragmat. Staatsgesch. der Oberpflaz* (I, 211), écrit par un auteur anticatholique, M. Fessmair.

Lorsque l'expérience eut appris aux habitants du Haut-Palatinat, que dans l'électorat du Rhin la doctrine évangélique avait dû faire place au calvinisme, ils protestèrent à l'avance contre tout changement de religion dans leur pays. Ils obtinrent de l'électeur Frédéric III la promesse qu'il n'était point question d'un pareil changement, quant à eux. Et pour l'exécution de cet engagement, il envoya aussitôt dans le Palatinat une cargaison formidable de catéchismes calvinistes, accompagnés de ministres de la même secte, qui prirent la place d'une foule de protestants destitués. Les États du pays protestèrent et rappelèrent à l'électeur la promesse qu'il avait faite. « Je me la rappelle fort

---

(1) V. Ravaisson. *Rapport sur les papiers de Peiresc*, dans le *Journal de l'Instruction publique*, 22 déc. 1841.
(2) 3e éd. La Haye, 1655, in-4.
(3) V. une lettre du P. de Villars, jésuite, dans le *Bulletin critique*, t. I p. 276, et Tamizey de Larroque, *Les correspondants de Peiresc*, Marseille, 1879 et suiv., in-8.
(4) V Plus haut, p. 141.
(5) *La Bibliothèque choisie*, de M. Colomies, Paris, 1731, in-12, pp. 8 et 9. — V. encore pour d'autres publications tirées des papiers de Peiresc, la *Correspondance littéraire*, t. II, p. 128. Le tome III des *Œuvres* de Malherbe, dans la collection des grands écrivains de la France contient les lettres du poète à Peiresc.

bien, leur répondit-il, et je la tiendrai; si je me suis servi des prédicants d'Heidelberg, c'est uniquement pour démontrer mon innocence (ils étaient en effet chargés de donner la preuve pratique que leur doctrine n'était pas opposée à celle des protestants). Je n'ai donc eu nul projet hostile à la confession d'Augsbourg, et je ne comprends réellement point ce qui a pu irriter à ce point les Etats. »

La preuve pratique n'aboutit malheureusement point; car, tandis que le prince et les autorités s'adressaient des épîtres, les prédicants des deux confessions engageaient du haut de la chaire des luttes scandaleuses qui mirent dans un fort mauvais jour « la démonstration de l'innocence. » Afin de mettre celle-ci mieux encore en évidence, l'électeur multiplia le nombre des prédicants calvinistes et chassa quantité de protestants, « à cause des injures qu'ils débitaient dans leurs prêches. » Comme l'électeur ne se cachait pas le moins du monde, les Etats du Palatinat lui adressèrent une sérieuse protestation contre ces nouveautés, et lui rappelèrent de nouveau sa promesse : « Je vois par votre lettre, leur répondit l'électeur, qui ne pouvait nier l'insuccès de ses artifices, que vous considérez votre religion comme la seule vraie et la seule salutaire, et que vous voulez hautement condamner la nôtre. Nous ne pouvons vous laisser ignorer que, grâce au ciel, nous avons été instruit dans la parole de Dieu, et que même nous avons puisé notre conviction dans les écoles bibliques, tellement que nous avons la conviction que notre foi est fondée sur la parole de Dieu, et qu'elle est le vrai chemin du salut : aussi, défions-nous quiconque de nous prouver que nous professons une religion contraire à la Bible et aux écrits apostoliques. Nous nous rappelons fort bien notre promesse, et ne voulons rien faire contre notre confession et notre conscience; et celui qui ne peut tomber d'accord avec son prince sur le fait de la religion, est libre d'aller s'établir en d'autres lieux. » Et plus tard nous voyons aussi la force militaire logée chez les habitants, notamment dans la ville de Neumarkt. De là, nouvelle protestation à laquelle l'électeur réplique en ces termes : « En cantonnant des troupes, je n'ai eu que le dessein d'amener les habitants de Neumarkt à la soumission qui m'est due (à la doctrine calviniste), et pas du tout celui d'accabler qui que ce soit (les calvinistes, cela s'entend); et les troupes auraient depuis longtemps été retirées, si la bourgeoisie n'avait manifesté une nouvelle opposition (contre le changement de religion). » Nous ne nous écartons point de notre but, en rapportant ici un extrait de l'ordonnance publiée en 1599, dans le Haut-Palatinat. « Comme le salut éternel de l'âme, dit cette loi, dépend de la parole sainte et sanctifiante (du calvinisme) et du vrai culte de Dieu, — nous ordonnons que, pendant qu'on prêchera la parole divine, les églises soient assidûment fréquentées, sous peine irrémissible d'amende et de prison. »

En somme le Haut-Palatinat, après être successivement devenu, grâce à la ruse et à la violence, luthérien, calviniste, luthérien, puis encore calviniste, retourna finalement à la foi catholique.

Maximilien prit des mesures pour le rétablissement de la foi catholique, dès le temps qu'il était simple administrateur du Haut-Palatinat, dignité que l'empereur lui avait conférée en 1621. Il éloigna peu à peu les prédicants calvinistes, il supprima les consistoires, il y établit des prêtres catholiques, et restaura insensiblement l'antique culte. Il espérait ménager ainsi le retour des récalcitrants à la foi catholique sans devoir employer des moyens de rigueur, et, dans ce but, il continua à user de douceur et de modération, même après que l'empereur et les Etats du royaume l'eurent héréditairement investi du Haut-Palatinat. Après avoir nourri cette espérance sept années durant, — quel prince protestant accorda jamais pareils délais! — il resta convaincu que la douceur ne le ferait point réussir dans ses desseins. En effet, la Régence d'Amberg l'informa, en 1627, que, sur tout son territoire, il ne se trouvait que 1733 catholiques, parmi lesquels il y avait de nombreux fonctionnaires civils, et beaucoup de catholiques qui étaient restés fidèles à leur foi, du temps du calvinisme et du luthéranisme. Maximilien décréta donc, en 1628, que « en dedans le semestre, tous les habitants du Haut-Palatinat rentreraient dans le sein de l'Eglise catholique ou quitteraient le pays avec leur fortune et leurs biens. »

Quand ce délai fut sur le point d'expirer, il s'en fallut de beaucoup que la majorité se fût convertie ou préparée au départ; elle pensait que l'électeur, connu pour sa bonté, n'exigerait pas la stricte exécution de son arrêt et qu'il avait seulement voulu inspirer de la frayeur. Dans la seule ville d'Amberg, il restait encore 530 calvinistes. La Régence de cette localité semble même avoir appartenu à cette secte, car voici la réponse qu'elle reçut à sa demande relative à la marche à suivre dans cet état de choses : « Il nous semble étrange que, dans la seule ville d'Amberg, il y ait encore un si grand nombre de non-catholiques, et nous devons en conclure que vous n'avez guère pris nos ordres en sérieuse considération, et il est incontestable que si vous les aviez plus ponctuellement fait exécuter, il ne se trouverait pas autant d'hérétiques à Amberg et ailleurs. En présence du fait accompli, nous laisserons les choses indécises. » Ce reproche était accompagné de l'ordre suivant : « Les personnes mariées, homme et femme, qui refuseront catégoriquement de changer de religion, seront expulsées sur le champ. Si de deux époux un seul est récalcitrant, il leur sera accordé un nouveau délai de huit jours pour s'expatrier. On mettra en œuvre pour retenir les jeunes gens dans le pays. » On nomma des commissions devant lesquelles durent comparaître les non-catholiques, afin de déclarer s'ils voulaient ou émigrer ou se convertir. La plupart tinrent bon, espérant toujours que les ordres de l'électeur ne seraient pas exécutés de sitôt, qu'il serait toujours assez temps de se convertir; ils demandèrent un nouveau délai pour vendre leurs biens et prendre d'autres dispositions avant leur départ. Sur l'avis d'un jésuite, on leur accorda une prolongation de deux mois. Comme on devait s'y attendre, ce terme fut insuffisant; cependant, on refusa toute nouvelle concession, pour l'excellent motif « qu'il fallait beaucoup moins de huit mois pour refuser ou accepter la foi catholique, » et l'électeur ordonna de bannir les récalcitrants et de confisquer leurs biens.

Cependant Maximilien prit encore conseil de la douceur, surtout à l'égard de la noblesse. Au premier janvier 1629, le dernier délai approchait de sa fin, sans que la plus grande partie des non-catholiques eussent pris leurs dispositions pour partir ou eussent fait un pas vers leur conversion ; l'électeur écrivit aux commissaires : « La dernière prolongation que nous avons accordée allant expirer, nous serions en droit de sévir *ex officio* contre les rebelles. Cependant, comme tous nos soins et toute notre indulgence paternelle n'ont pour but que le bien de nos sujets, et le bonheur de les ramener à la vraie religion et de les conserver dans nos Etats, rien ne nous serait plus agréable que de parvenir à exécuter ces desseins ; c'est pourquoi nous vous ordonnons de faire comparaître devant vous les membres de la noblesse, non encore convertis ni émigrés ; de leur faire connaître en particulier nos intentions bienveillantes ; de leur adresser de pressantes exhortations ; de leur assurer le maintien de leurs privilèges, et finalement de les amener à embrasser la religion catholique, — ce qui est le but principal de nos efforts. — S'ils montrent encore quelque résistance, mais se déclarent disposés à conférer avec nos théologiens et nos prêtres, sur les articles de notre foi, s'ils consentent à se laisser instruire, à fréquenter nos églises, à assister aux sermons et aux autres offices, vous pourrez leur accorder un dernier délai jusqu'à Pâques ; quant à ceux qui persévèrent dans leur erreur, qui refusent de se laisser instruire et se préparent à partir pour la nouvelle année, vous leur accorderez, comme aux autres, un délai fatal jusqu'aux Pâques prochaines pour aliéner leurs biens, en les informant que ce serait en vain qu'ils espèreraient un nouveau délai. »

Nonobstant toutes ces concessions, l'œuvre des conversions n'avançait point, et finalement lorsqu'on procéda à l'exécution du mandat de réforme, des oppositions surgirent de toutes parts. Voici quelles informations la Régence d'Amberg envoya sur ce point à l'électeur : « La tristesse du pays s'est tellement dégénérée en perversité, qu'elle a presque partout poussé le peuple à une vraie rébellion ; les employés du Souverain sont égorgés, la Régence est mise en fuite et les administrateurs assiégés ; au résumé, les choses sont poussées si loin qu'on ne pourra conjurer le danger, ni apaiser le tumulte, sans employer la force ; c'est ce que prouvent les faits qui se sont passés à Amberg, à Neumarkt, à Nabburg, à Thierschenrenth et en d'autres lieux. Il en résulte qu'on est obligé de conserver une garnison dans la forteresse, en plein temps de paix et de tranquillité. La majorité des hérétiques s'est, il est vrai, convertie à la foi catholique ; mais ce n'est point sans motifs et sans indices apparents qu'on soupçonne ces convertis d'être des hypocrites, plutôt que des zélateurs, et que beaucoup d'entre eux soupirent encore après les viandes d'Egypte. Nous ne parlerons pas des émigrés qui se tiennent près des frontières, attendant une occasion favorable pour déverser violemment leur fiel caché sur leurs ennemis, comme ils disent. C'est pourquoi, il serait préférable d'entretenir dans ce pays deux compagnies plutôt qu'une seule. »

Cette fermentation et cette résistance furent cause que les principales localités furent garnies de troupes. Nous n'avons pu mettre la main sur les instructions qui devaient régler la conduite des soldats ainsi cantonnés ; qu'il y ait eu des conflits entre ceux-ci et les habitants, nul document ne le prouve, mais la surexcitation de l'esprit public rend cette supposition vraisemblable.

Les prétendues dragonnades apparaissent donc sous un jour tout différent, lorsqu'on connaît les motifs qui ont nécessité ce déploiement de forces militaires, mais dont les auteurs de nos livres d'histoire n'ont garde de souffler mot. Et de plus, Maximilien ne fit autre chose que ce que ses prédécesseurs protestants avaient fait longtemps avant lui, sans cependant avoir recours à leurs subterfuges, dont l'usage doit être condamné partout et toujours. Mais les historiens protestants ignorent complètement ces particularités et autres semblables ; ils savent cependant fort bien raconter, — à leur façon, cela s'entend, — les faits et gestes de Maximilien et d'autres princes catholiques, jusque dans leurs plus menus détails, et rechercher avec le plus grand soin tout ce qui peut être tourné ou interprété contre les fidèles de la vraie Eglise ; dans leur haineuse partialité, ils vont jusqu'à en tirer des conclusions contre la foi, comme si celle-ci était responsable des méfaits de tel et tel individu.

---

RAYMOND SÉBONDE (p. 63).

La forme véritable du nom semble être Raimond de Sebond. On a prétendu qu'il avait été dominicain ; mais cette assertion n'est pas prouvée (1). La *Theologia naturalis sive Liber creaturarum* prouve la nécessité de Dieu et de la foi par la vue du monde et des créatures. C'est comme un essai anticipé de ce que seront *l'Existence de Dieu* par Fénelon, les livres de Clarke, de Paley (2). La traduction qu'en fit Montaigne parut en 1557 (3). Voici ce qu'en dit Montaigne lui-même :

« Pierre Brunel, homme de grande réputation
« de sçavoir en son temps, ayant arresté quelques
« jours à Montaigne en la compagnie de mon père,
« avec d'autres hommes de sa sorte, luy fit présent
« au déloger d'un livre qui s'intitule : *Theologia
« naturalis, sive liber creaturarum Magistri Ray-
« mondi de Sebonde*. Et parce que la langue Italienne et Espagnole estoient familières à mon
« père et que ce livre est basti d'un Espagnol bar-
« ragouiné en terminaisons latines, il esperoit
« qu'avec peu d'ayde il en pourrait faire son
« profit, et le luy recommanda comme livre tres-
« utile et propre à la saison, en laquelle il le luy
« donna ; ce fut lors que les nouveautez de Luther
« commençoient d'entrer en credit..... Or quelques
« jours avant sa mort, mon père ayant de fortune
« rencontré ce livre sous un tas d'autres papiers
« abandonnez, me commanda de le luy mettre en
« françois. Il fait bon traduire les autheurs comme

(1) Bayle, *Dictionnaire*, éd. citée, t. III, p. 2692.
(2) Sainte-Beuve, *Port-Royal*, 3ᵉ édit., t. II, p. 435.
(3) C'est Lacroix, du Maine, qui donne cette date ; Du Verdier, n'indique qu'une édition de Paris, 1581, in-8.

« celuy-là, où il n'y a guère que la matière à re-
« presenter; mais ceux qui ont donné beaucoup à
« la grâce et à l'élégance du langage, ils sont dan-
« gereux à entreprendre, nommément pour les
« rapporter à un idiome plus foible. C'estoit une
« occupation bien estrange et nouvelle pour moy,
« mais estant de fortune pour lors de loisir, et ne
« pouvant rien refuser au commandement du meil-
« leur père qui fut oncques, j'en vins à bout comme
« je pus, à quoy il prit un singulier plaisir, et
« donna charge qu'on le fist imprimer, ce qui fut
« executé après sa mort » (1).

M. l'abbé Reulet a publié sur Sébond l'ouvrage suivant : *Un inconnu célèbre, recherches sur Raymond Sébonde* (2).

Montaigne était-il aussi religieux que le croit Rohrbacher? Question difficile à résoudre. On a publié le *Christianisme de Montaigne* (3). Malgré cela, sans parler de Sainte-Beuve (4), qui a des raisons personnelles pour douter de la religion de l'auteur des *Essais*, d'autres critiques, M. Hatzfeld en particulier, tiennent pour l'indifférence sceptique de Montaigne (5).

### LE CHRISTIANISME EN GÉORGIE (p. 71).

En parlant de l'état de la religion parmi les Russes, les Grecs et les autres peuples du Levant, Rohrbacher ne fait pas mention, en cet endroit, ni plus loin, (p. 313) de la Géorgie.

La Géorgie, convertie au catholicisme au ivᵉ siècle entraînée dans le schisme par l'exemple et l'influence de Constantinople, reçut en 1626 des missionnaires théatins envoyés par le pape Urbain VIII. Mais ces missionnaires qui avaient le zèle, la vertu, le talent, ne montrèrent pas toujours dans l'exercice de leur ministère toute la discrétion désirable. La mission malgré des succès partiels, échoua définitivement au bout de trente ans. En 1661, les PP. capucins vinrent dans ce pays; leur mission ne fut pas infructueuse, car en 1722 on voit le roi de Géorgie écrire au pape pour lui déclarer qu'il fait profession de la foi catholique. Depuis cette époque, la Géorgie ayant repoussé la suzeraineté de la Perse, pour passer sous celle de la Russie, l'action de la religion ne put plus s'exercer efficacement (6).

### ALLATIUS (p. 73).

L'ouvrage d'Allatius est intitulé, *De perpetua occidentalis et orientalis Ecclesiæ consensione* (7). Au jugement d'un critique peu suspect, Allatius « était laborieux et infatigable, avide de manuscrits, doué d'une grande mémoire, très propre à rassembler des matériaux et digne par conséquent du poste qu'il occupait » (1). Port-Royal a beaucoup profité de son livre pour la perpétuité de la foi. Mais tout en le défendant contre les attaques de Claude, il n'a guère profité de son esprit. Voici en effet comment Allatius parle de l'autorité du Souverain Pontife :

« Le Pontife Romain ne relève de personne, il
« juge tout le monde et n'est jugé de qui que ce
« soit. Il lui faut rendre obéissance encore qu'il
» gouverne iniquement, il donne les lois sans en
« recevoir, il les change comme il lui plaît, il crée
« les magistrats, il détermine les choses de la foi,
« il ordonne comme bon lui semble des grandes
» affaires de l'Eglise. Quand il voudroit errer il ne
« le peut, car il n'y a ni infidélité ni illusion qui
« puisse aller jusqu'à lui, et quand un Ange diroit
« autrement, étant muni comme il est de l'autorité
« de *Jésus-Christ*, il ne peut changer (2). »

### SAINT JOSAPHAT ET L'EGLISE GRECQUE-UNIE (p. 76).

Par inadvertance, Rohrbacher répète ici ce qu'il a déjà dit dans le tome précédent (p. 510) de saint Josaphat.

Une vie nouvelle, beaucoup plus complète que les précédentes (3), du saint archevêque de Polotsk, a été composée par le R. P. Dom Guépin (4). Son livre n'est pas une simple biographie du saint, c'est aussi l'histoire contemporaine de l'Eglise ruthène et d'une époque des plus mémorables dans les annales de la Pologne, celle du règne de Sigismond III, ce prince éminemment catholique qui aimait mieux donner sa vie que de manquer à ses devoirs envers Dieu et son Eglise, et en qui l'Union des Ruthènes a toujours trouvé un protecteur assuré.

Pour bien faire connaître le vrai caractère de Josaphat et de sa mission, dom Guépin étudie l'histoire de l'union conclue au concile de Brest, en Lithuanie, (1596) et remonte aux origines catholiques de la Russie (xᵉ et xiᵉ siècle), en montrant ses progrès, sa décadence, les tentatives pour la ramener à l'unité primitive, au concile de Florence et au concile de Brest. Ce n'est là toutefois qu'un tableau abrégé. « L'histoire de ces tentatives de réunion des Eglises, dit le P. Martinov, est encore à faire. Le catholicisme de la Russie primitive, ajoute-t-il, est un point capital et qui domine ses destinées ultérieures. On ne saurait assez répéter que l'union qui existe encore aujourd'hui à Chelm, comme en Galicie et en Hongrie, n'est que la continuation de celle qui existait au temps de Vladimir (xᵉ et xiᵉ s.) et dont la première idée est due aux SS. Cyrille et Méthode, apôtres des Slaves (ixᵉ s.). Les

---

(1) *Essais*, livre II, chap. 12.
(2) Paris, Palmé, 1875, in-12.
(3) Paris, 1810, in-8°. Cfr. Bigorie de Laschamps, *Michel de Montaigne*, pp. 218 et suiv.
(4) L. cit.
(5) *Le seizième siècle en France*, Paris, 1878, in-12, p. 17. — Cfr. P. Vallet, *Histoire de la philosophie*, Paris, 1881, in-12, p. 332.
(6) Voir *Les Missionnaires catholiques en Géorgie*, par le P. Gagarin, dans *Etudes religieuses, historiques et littéraires*, juin 1866.
(7) Cologne (Amsterdam), 1648, in-4. Reimann fait au sujet de ce livre une remarque assez curieuse : « Si fas sit huic vino ejusmodi suspendere hederam, pari jure licuerit Julii Cæsaris commentarios de bello gallico inscribere de concordia romano-gallica, vel de pace civili ». *Bibliothecæ theologicæ catalogus*, Hildesiæ, 1731, in-12, t. II, p. 799.

(1) Les écrits qui parlent de saint Josaphat abondent au point de former toute une littérature, mais non pas en langues étrangères et peu connus. Les dernières vies sont celle de Jacques Zousza, évêque de Chełm, publiée en latin à Rome, 1665, réimprimée à Paris, 1865, et celle du P. Contieri abbé de Grotta-Ferrata publiée en italien en 1867.
(2) *Saint Josaphat, archevêque de Polotsk, martyr de l'unité catholique, et l'Eglise grecque unie en Pologne*. Paris, 1874, 2 vol. in-8.
(3) Bayle, *Dictionnaire*, éd. citée, t. I, p. 174.
(4) *Op. cit.* livre I. ch. 2°.

conciles de Florence et de Brest en' ont tenté la restauration avec un succès inégal et, quoi qu'on dise, c'est toujours là qu'il faut en venir, quand il s'agit de la conversion des Russes (1). »

Comme religieux, comme évêque, comme martyr, saint Josaphat est toujours l'apôtre de l'union des Eglises, du retour des Ruthènes à l'unité catholique. Il eut pour ami et pour frère en religion, Joseph Rutski, le réformateur de l'ordre de Saint-Basile, et l'organisateur de l'Union, celui que le pape Urbain VIII appelait l'Atlas de l'Union et le second Athanase.

Le livre de dom Guépin est non seulement un exposé historique de l'époque la plus importante de l'histoire de l'Église grecque-unie, mais aussi l'apologie la plus complète de saint Josaphat et la réfutation des calomnies de toutes sortes dont les adversaires de l'Union ont vainement essayé d'accabler la mémoire du glorieux martyr. L'historien de saint Josaphat a écrit à ce sujet un chapitre (c'est le V° du III° livre) intitulé : *Saint Josaphat fut-il un persécuteur ?* Les preuves qu'il invoque en sa faveur sont empruntées aux témoins jurés qui ont déposé devant le tribunal apostolique, aux amis comme aux ennemis du saint martyr, aux personnes de toute condition et de toute religion, tous ses contemporains. Comme la principale objection des schismatiques consiste à citer la lettre de Léon Sapieha, dans laquelle le chancelier de Lithuanie reprochait à l'archevêque de Polotsk, en termes assez amers, sa violence et son zèle imprudent, le R. P. Guépin examine à fond la lettre en question, avec la réponse humble, ferme, catégorique de l'archevêque, passée sous silence par ses adversaires. Au reste, Léon Sapieha a pleinement rétracté sa lettre par toute sa conduite ultérieure envers l'apôtre de l'Union.

#### S. VINCENT DE PAUL (p. 89).

La vie très complète de ce Saint a été écrite par M. l'abbé Maynard (2). Il faut mentionner aussi les *Sermons* attribués à saint Vincent (3), mais qui ne semblent guère authentiques. Une publication plus intéressante est celle de ses *Lettres* (4). Comme résumé de sa vie et de son œuvre on peut lire l'ouvrage de M. Arthur Loth, *Saint Vincent de Paul et son temps* (5).

#### L'EXPÉDITION DE CANDIE (p. 92).

M. Ch. Gérin, dans la *Revue des Questions historiques* (6), se plaint que les historiens ne parlent

(1) Dans Revue des *Questions historiques*, janv. 1875, p. 247.
(2) Paris, 1860, 4 vol. in-8.
(3) Paris, 1859, 2 vol. in-8.
(4) Paris, 1880, 2 vol. in-8. (Une édition plus complète en 4 volumes, mais qui n'est pas dans le commerce, a paru en même temps. C'est celle-là qu'il faut consulter de préférence pour la vie du Saint). Voir au sujet de l'opposition faite par saint Vincent à Port-Royal et des injustices de celui-ci envers le grand saint, Sainte-Beuve, *Port-Royal*, t. I, pp. 214, 502; *ibid.*, t. I, pp. 509-510, t. IV, pp. 42-43. Voir aussi les articles de M. Chantelauze dans le *Correspondant*, novembre et décembre 1881, sur les rapports entre saint Vincent de Paul et la famille de Gondi qui ajoutent quelques détails au livre de M. Maynard.
(5) Paris, 1879, gr. in-8.
(6) Janvier 1879, pp. 67 et suiv.

de cet événement qu'avec négligence. Il a essayé, au moyen de documents peu connus ou tout à fait inédits, de montrer quel a été le caractère de cette expédition, par qui elle fut provoquée, préparée et conduite, quelles causes la firent échouer. Il examine ensuite comment cette expédition se rattache à la politique générale de Louis XIV. Nous laisserons cette dernière question de côté, et examinerons les premières, d'après le savant historien (1).

En plein XVII° siècle, les Turcs faisaient encore courir de grands dangers à l'Europe chrétienne. Louis XIV avait conçu d'abord le projet de diriger ses armes contre les musulmans (2). Mais il renonça vite à ces pensées pour revenir à la politique de ses prédécesseurs et déposséder la maison d'Autriche. Pour cela il fallait contre l'empereur une diversion de la part des Turcs. Aussi, lors de l'invasion musulmane en Hongrie, en 1663, loin de les combattre, Louis XIV fait la guerre au Pape et contraint Alexandre VII au traité de Pise. Et quand il se décida à envoyer au secours de l'Allemagne quelques faibles troupes, le roi très chrétien eut soin de ne pas déclarer la guerre aux infidèles. Ses manières d'agir poussèrent l'empereur à faire la trêve de Temeswar.

La lutte continuait cependant entre les Vénitiens et les Turcs, qui poussaient vigoureusement le siège de Candie. Les Papes soutinrent matériellement la république de Venise jusqu'aux jours où il fallut soutenir la lutte contre Louis XIV. Ce prince resta sourd le plus longtemps possible aux plaintes des Vénitiens et à l'alarme générale. « Vainement la chaire retentissait d'appels à l'union des princes chrétiens ; vainement Bossuet faisait écho à la voix du Saint-Père. Le 31 janvier 1655, à Paris, prononçant le panégyrique de saint Pierre Nolasque, fondateur de l'ordre de la Merci, qui rachetait les captifs faits par les Musulmans, le grand orateur exposait les dangers de l'Europe et de l'Église en termes qu'il répéta presque textuellement, une année après, en présence de Louis XIV et de la cour (3). « O Jésus, Seigneur des Seigneurs, arbitre de tous les empires et prince des rois de la terre, jusqu'à quand endurerez-vous que votre ennemi déclaré, assis sur le trône du grand Constantin, soutienne avec tant d'armées les blasphèmes de son Mahomet, abatte votre croix sous son croissant et *diminue tous les jours la chrétienté par des armes si fortunées ?* Je regarde la puissance mahométane comme un océan indomptable, toujours prêt à inonder toute l'Eglise, sa furie n'étant arrêtée que par des digues entr'ouvertes, *ce sont les puissances chrétiennes, toujours cruellement divisées.* » Tous les documents contemporains attestent qu'il n'y a pas d'exagération oratoire dans ces paroles, mais qu'elles expriment les sentiments intimes de toutes les classes de la société : « Nouvelles sont venues, écrivait Gui Patin à ses amis (4), que le Turc a pris Varadin. J'ai peur qu'une autre fois il

(1) M. Gérin signale les pages intéressantes que M. C. Rousset a écrites sur le siège de Candie, *Histoire de Louvois*, éd. in-12, t. I, p. 85.
(2) *Œuvres de Louis XIV*, éd. de 1806, t. I, pp. 81 et suiv.
(3) Sermon pour le jeudi de la 4° semaine de Carême.
(4) *Lettres*, 1er octobre, 1660.

ne prenne Vienne et toute l'Allemagne. Les mauvais chrétiens méritent cela. Qui l'empêchera alors d'entrer en Italie, si le pape ne fait quelque miracle?... »
Un autre jour, il exprime l'espérance de voir « renvoyer les Ottomans par delà le Pont-Euxin... Mais je pense, ajoute-t-il, que les princes de l'Europe ont d'autres desseins qui les empêchent de s'unir pour un si bon sujet (1). »

L'intérêt le plus pressant de la chrétienté ne détournait pas Louis XIV des intrigues qu'il nouait partout en Europe : il l'avoue dans le fragment (2) de ses *Mémoires* intitulé : *Venise, le pape* (Alexandre VII) *mourant* (3). Aussi ne se préparait-il pas, malgré toutes les instances, à aider Venise. Clément IX, à peine monté sur le saint siège, pressa Louis XIV avec instance. Mais ce ne furent pas les prières qui décidèrent le roi, ce furent les événements et l'opinion publique. Une première expédition, entreprise à ses frais, par La Feuillade, fut mal concertée, mal menée et ne réussit pas (1668).

Enfin, le 11 janvier 1669, le roi se décida à envoyer des troupes assez considérables au secours de Candie, tout en évitant les apparences d'une guerre formelle avec la Porte. Le roi, écrivait Lionne au cardinal-neveu le 11 janvier 1669, « pour le bien de la chrétienté, mais non moins sans doute pour complaire au Saint-Père qu'elle sait ne souhaiter rien en ce monde si ardemment que le salut de ce royaume là, a résolu de faire toute la dépense nécessaire pour composer un armement de quatorze vaisseaux et de quinze galères et de les entretenir pendant la campagne prochaine pour servir à transporter des troupes en Candie et les en rapporter, et y agir même à la mer contre les Turcs : qu'outre tout ce qui sera nécessaire pour fournir lesdits vaisseaux et galères de vivres, victuailles, munitions de guerre et pour le paiement des soldats et matelots qui les devront monter, et qui seront au nombre qu'il faut pour pouvoir combattre vigoureusement l'ennemi, Sadite Majesté fait état de faire embarquer dessus d'autres troupes réglées des meilleurs corps qu'elle ait, et en nombre suffisant pour pouvoir débarquer dans la place de Candie quatre mille hommes effectifs *qui y serviront six mois entiers, s'il est nécessaire qu'ils y demeurent tout ce temps là*, et la solde desdits quatre mille hommes courra toujours sur son compte en sorte qu'ils ne seront à charge en rien à la République qui devra seulement prendre le soin par avance de leur faire avoir des vivres pour leur argent à prix raisonnable. Outre tout cela, pour rendre utile à la République cet armement qui pourra partir des ports de Provence au premier jour d'avril, Sa Majesté fera embarquer dessus cent milliers de poudre, trente milliers de mèches, vingt milliers de plomb, dix mille sacs à terre, six mille outils, vingt mille grenades, cinq cents mousquets, trois cents pertuisanes et cinquante cuirasses à l'épreuve du mousquet. Les troupes qui devront débarquer seront commandées par un lieutenant général des armées du roi, deux maréchaux de camp, et deux brigadiers d'infanterie.

Sa Majesté a jugé à propos que tout ledit armement se fasse sous le nom de Sa Sainteté, et cela pour trois raisons : la première, pour la plus grande gloire de Sa Sainteté ; la seconde, pour ôter autant qu'il se pourra le prétexte aux Turcs de prendre occasion de ce secours pour ruiner le commerce que ses sujets font au Levant ; et la troisième, afin que les Espagnols ne puissent prendre sujet de l'envoi des galères du roi au Levant pour n'y envoyer pas les leurs, sur la difficulté qu'ils feraient peut-être, quoique très injustement, de donner ordre à leurs galères de céder le rang qui serait dû à celles de Sa Majesté, si elles naviguaient à son étendard... Voilà le projet que fait le roi (1). »

Le projet n'était pas suffisamment étudié. Le commandement fut mal défini et amena souvent des tiraillements entre le duc de Beaufort, chef des troupes navales, le comte de Vivonne, capitaine général des galères, et le duc de Navailles, chef des troupes de débarquement. On fit aussi des difficultés à propos du bailli Rospigliosi, généralissime, et de la bannière de l'armée. Le roi ne voulut pas que ses troupes marchassent sous la bannière de l'Église romaine, mais sous un étendard rappelant seulement la chrétienté et ne portant qu'un crucifix (2).

Les troupes expéditionnaires, portées à six mille hommes ne mirent à la voile que le 5 juin 1669. Les vaisseaux arrivèrent en vue de Candie le 19 juin, mais les galères, qui portaient la moitié des troupes, n'arrivèrent que dans les premiers jours de juillet. On ne les attendit pas, et l'on fit une sortie le 25 juin, jour où l'état de la mer ne permettait pas aux canons des vaisseaux de prendre part à l'action. « Les Français commencèrent par tirer sur des Allemands auxiliaires qu'ils ne reconnaissaient pas. Lorsqu'ils arrivèrent sur les tranchées, ils montrèrent leur bravoure et leur *furie* accoutumée ; mais leur succès ne dura qu'un instant. La solidité des Turcs les étonna ; l'explosion des poudres d'une batterie ennemie suffit pour les mettre en désordre. Nos soldats, « nouveaux en cette guerre de Candie, mais remplis de tout ce que la renommée en répandait en France, (ou en exagérait sur les lieux (3), » furent saisis d'une terreur panique, et leur déroute fut bientôt complète. Par surcroît de témérité, le duc de Beaufort usa, contre l'avis de Navailles, de la liberté qu'il avait reçue du roi de descendre avec les troupes de marine. Il marcha au feu avec une ardeur chevaleresque, mais sans regarder s'il était suivi. « M. de Beaufort, écrivait M. de Martel (4) à Colbert, qui était fort avancé sans être appuyé, y est demeuré sans que l'on ait pu savoir quoi il était devenu, et son malheur est arrivé par sa précipitation, et qu'il n'a pas été suivi des siens, qui l'ont abandonné. Et comme, monseigneur, je vous écris fort à la hâte, je ne puis vous faire le détail de cette malheureuse sortie, sinon que *toutes les troupes ont très mal fait, sans en excepter aucune* (5). »

---
(1) *Ibid.* 18 sept. 1663.
(2) *Œuvres de Louis XIV*, t. II, p. 278.
(3) M Gérin, pp. 77 et 78.

(1) Dépêche inédite publiée par M. Gérin, p. 89.
(2) Gérin, *ib.*, p. 93.
(3) Pellisson, t. III.
(4) Lieutenant général des armées du roi, remplissant les fonctions de vice-amiral.
(5) 4 juillet 1669. — Archives de la marine, 1669.

« Dans cet état de trouble, dit une autre relation, Mgr l'amiral commanda à ses aides de camp de porter l'ordre pour rétablir les choses. Les officiers se mirent en devoir de lui obéir. Son Altesse même cria : *Saint Louis*, mot de ralliement, et dit : *A moi, mes enfants, je suis votre amiral ; ralliez-vous près de moi !* Mais la confusion fut telle qu'il fut impossible d'en venir à bout. Ne pouvant réussir en un endroit, il se porta en d'autres pour la même chose et trouva partout le même mal. Ne pouvant encore se résoudre à se retirer, il envoya en divers lieux les officiers qui étaient près de lui, pensant toujours, par son exemple et par ses ordres, remettre le cœur aux fuyards ; mais l'épouvante fut si universelle et si extraordinaire que ses efforts furent vains. On plia de toutes parts en même temps, etc. (1). Aucun autre récit, à notre connaissance du moins, ne rapporte le cri de ralliement poussé par Beaufort dans son dernier combat. Des historiens ont choisi ce moment pour le traiter d'*aventurier*. Quelles qu'aient été les fautes de sa vie, n'oublions pas qu'il est mort en combattant pour la chrétienté, et en invoquant le nom du saint roi dont le sang coulait dans ses veines : que ce grand nom protège sa mémoire ! (2) »

Cette sortie coûta 410 tués ou blessés parmi lesquels 250 officiers. Mais le découragement était partout. On n'essaya pas de réparer ce désastre, et on se borna à une canonnade inefficace contre les Turcs. Puis le 20 août, le duc de Navailles ordonna le rembarquement des troupes et dans la nuit du 31 août, il reprit la route de France. Ce départ, qu'on ne peut faire retomber sur Louis XIV, dit M. Guérin (3), rendit nécessaire la capitulation du 5 septembre 1669.

L'abandon de Candie par les Français fut sévèrement jugé dans toute l'Europe. Le Pape et le Sacré Collège furent consternés (4). Clément IX s'efforça de reformer une nouvelle ligue contre les Turcs ; mais le chagrin le minait, et sa mort, arrivée le 9 décembre 1669, arrêta ses énergiques projets.

### LE CARDINAL BONA (p. 92).

Ce célèbre cardinal qui, dit Mœlher (5), s'est fait remarquer par ses doctes travaux sur la liturgie, rédigés avec beaucoup de talent et empreints d'une haute piété, a publié des ouvrages, qui, au dire des meilleurs maîtres, dom Guéranger en particulier (6), sont des chefs-d'œuvre. Une grande partie de la correspondance de ce savant homme est conservée à la Bibliothèque nationale de Paris, dans les papiers de d'Achéry (7). Cette correspondance, fort intéressante au point de vue de la liturgie et de l'érudition, mériterait d'être analysée et publiée.

---

(1) Arch. de la marine, *ibid.*
(2) Ch. Gérin, *ibid.*; pp. 100, 101.
(3) *Ibid.*, p. 106.
(4) *Ibid.*, p. 118.
(5) *Histoire de l'Église* publiée par Gamos, tr. Bellet, Paris, 1869, in-8, t. III, p. 271.
(6) *Instit. liturgiques*, 2ᵉ éd., t. II, p. 101.
(7) Mss. fr., 17682.

### INNOCENT XI (pp. 93 et 94).

La mémoire du pape Innocent XI, qui tint tête si fermement à Louis XIV, n'a fait que gagner à mesure que les événements où il a eu part ont été mieux étudiés. C'est ce que prouvent, entre autres, les publications récentes de MM. Gérin et Onno Klopp, qui se rencontrent dans des conclusions toutes à l'honneur du Pontife, quoique les deux auteurs aient travaillé indépendamment, l'un en Autriche, l'autre en France, et sur des documents différents.

C'est ce que montre aussi le R. P. Joseph Colombo dans ses notices biographiques où il résume les faits principaux du pontificat d'Innocent XI, en s'attachant à faire ressortir le caractère du pape et les principes dont il s'inspirait dans le gouvernement (1). L'érudit barnabite a puisé d'intéressantes informations à une source que n'ont pas consultée MM. Gérin et Klopp, dans les lettres des ambassadeurs piémontais auprès du Saint-Siège, que conservent les Archives de Turin. Les représentants de la maison de Savoie étaient particulièrement bien vus à Rome, en ce temps-là, ce qui leur permettait d'être parmi les mieux informés. Les renseignements que leur emprunte le P. Colombo ajoutent des traits à tous les épisodes importants du règne d'Innocent XI. Ils mettent bien en lumière les vertus tout apostoliques du pape, son austérité pour lui-même, son horreur du népotisme, son inflexible impartialité dans la distribution des charges et des grâces, sa stricte économie dans l'emploi des revenus pontificaux, à laquelle s'alliait, d'autre part, une généreuse libéralité que n'éprouvèrent pas seulement les pauvres de ses États, mais aussi des étrangers et même des princes en détresse, comme la reine Christine de Suède et l'empereur d'Allemagne lors de la guerre contre les Turcs ; enfin la pureté de ses vues dans la lutte contre Louis XIV, lutte mémorable où la puissance du grand roi finit par se briser devant un faible vieillard, qui n'opposa jamais à ses insolences que la prière, la douceur et une patience presque surhumaine. Les dix-neuf lettres publiées pour la première fois à la fin de la notice, ont été écrites par Innocent XI à un de ses neveux, sénateur de Milan, et avant son élévation au trône papal. Bien qu'elles se rapportent à peu près exclusivement à des affaires d'administration, elles sont, comme le dit l'éditeur, « un précieux témoignage de la prudence, de la gravité et de la bonté d'âme d'Innocent XI. »

### LA BIBLIOTHÈQUE VATICANE (p. 96).

Le souverain Pontife actuellement régnant, S. S. Léon XIII a institué récemment une commission chargée de faire imprimer les catalogues des manuscrits de cette célèbre bibliothèque. Le cardinal Pitra, bibliothécaire de la Sainte église a été

---

(1) *Notizie biografiche e lettere di papa Innocenzo XI*. Turin, 1879.

nommé président de cette commission, dont le chevalier J. B. de Rossi fait aussi partie. Nous allons donner, d'après cet illustre érudit, quelques renseignements sur les catalogues de la bibliothèque vaticane.

Aucune bibliothèque, dit M. de Rossi (1), n'est plus riche en manuscrits importants ; aucune non plus n'a des inventaires et des tables aussi abondants et aussi soignés. On possède des inventaires antérieurs à l'époque de Platina, qui remontent au xvᵉ siècle. En 1620, les frères Rinaldi avaient rédigé six volumes de l'inventaire des manuscrits latins, ainsi qu'un gros volume renfermant la table alphabétique. Le tome VIIᵉ de cet inventaire fut achevé dans les années suivantes. Vers la même époque le catalogue en trois volumes des manuscrits grecs fut aussi rédigé. Quand en 1623, la bibliothèque palatine fut transférée de Heidelberg à Rome, elle fut cataloguée en deux volumes, consacrés l'un aux manuscrits grecs, l'autre aux manuscrits latins. Il en fut de même pour la bibliothèque d'Urbain, et pour celle de la reine Christine de Suède : le catalogue de la première occupe trois volumes latins et un grec ; le catalogue de la seconde remplit un volume latin et un volume grec. Les manuscrits orientaux furent décrits à part dans un volume spécial. Ainsi, à la fin du xviiᵉ siècle, la bibliothèque Vaticane possédait déjà dix-sept volumes d'inventaires, plus les tables et le répertoire alphabétique. Les plus illustres savants de l'époque, Léon Allatius, Emmanuel Schelstrate, etc., avaient dirigé la rédaction de ces tables (2).

Au xviiiᵉ siècle, la bibliothèque Vaticane s'enrichit des bibliothèques du cardinal Ottoboni et du cardinal Capponi. Les inventaires de ces importantes collections furent immédiatement rédigés. Les Assemani, qui furent, durant un demi-siècle, mis à la tête de cette grande bibliothèque par Clément XI et ses successeurs, firent imprimer, sur l'ordre de Benoît XIV, trois volumes du catalogue des manuscrits orientaux. C'est sous le cardinal Maï que l'œuvre interrompue par les événements politiques de la fin du xviiiᵉ et du commencement du xixᵉ siècle fut reprise. On compléta la rédaction des inventaires latins et grecs.

Au xivᵉ siècle les bibliothèques monastiques comme celles des basiliques et des cathédrales étaient, dit M. de Rossi, tombées dans un état déplorable (3). A la suite des luttes de la papauté et de l'Empire, il y eut à Rome des ruines irréparables, non seulement dans les bibliothèques, mais encore dans les archives mêmes du Siège apostolique (4). Après diverses vicissitudes et privations, causées par le séjour des papes en France, on retrouve la bibliothèque à Rome en 1432, très riche en manuscrits, même grecs. Nicolas V l'enrichit avec une grande munificence ; pour lui procurer les ouvrages perdus de l'antiquité sacrée et profane, des érudits furent envoyés à grands frais dans les contrées les plus éloignées. On a accusé à tort Calixte III d'avoir dissipé le trésor littéraire amassé par son prédécesseur. M. Müntz a réfuté cette accusation (1). C'est Sixte IV qui donna une forme définitive à la bibliothèque publique du Vatican. Au xvᵉ siècle et dans le commencement du xviᵉ siècle, des étudiants fréquentaient la bibliothèque, pouvaient consulter les manuscrits, et même obtenaient le prêt à domicile. Après le siége du Connétable de Bourbon, en 1527, où la bibliothèque eut à souffrir, le progrès recommença. Pie IV donna ordre à Panvinio de ramasser des livres de toutes sortes de langues. Marcel II et Paul IV annexèrent à la bibliothèque la célèbre typographie vaticane. Sixte V éleva pour la renfermer, un splendide édifice.

L'Index des manuscrits grecs du Vatican, dressé par Sylburg, fut publié à Francfort, en 1701. De 1719 à 1729, J.-S. Assemani publia, comme on l'a dit plus haut, les trois volumes de la *Bibliotheca orientalis clementino-vaticana*, où étaient décrits les manuscrits achetés en Orient par Assemani, grâce à la munificence de Clément XI. On commença, en 1721, sous Innocent XIII, à préparer l'impression du catalogue complet de tous les manuscrits. Les trois premiers volumes, — il devait y en avoir vingt, — parurent de 1756 à 1759, sous les auspices de Benoît XIV. Malheureusement l'œuvre était conçue d'après un plan trop vaste et suite ne fut pas donnée à la publication.

C'est le cardinal Maï qui reprit l'œuvre commencée par les Assemani. Il publia en 1825 le catalogue des papyrus égyptiens, mais ne publia point, comme on l'a prétendu à tort, le tome 1ᵉʳ du catalogue grec préparé par les Assemani.

Beaucoup de savants ont eu communication de ces inventaires, et ont publié le résultat de leurs recherches (2).

Outre les manuscrits et les imprimés, la Bibliothèque vaticane contient diverses collections fort importantes que nous allons énumérer, d'après M. de Rossi (3).

1° La *Metallotheca*, « une des premières et des plus amples collections d'histoire naturelle scientifiquement classées dont on ait gardé le souvenir » (4). Elle avait été fondée par le célèbre médecin Mercati, ami intime de saint Philippe de Néri. La description de ce musée a été publiée à Rome en 1719, par Mgr. Lancizi.

2° Le jardin botanique et médical du Vatican, qui semble avoir été créé sous Nicolas III (1277-1279). Urbain V le fit restaurer ; en 1678, il fut transporté du Vatican au Janicule ; mais il fut rétabli au Vatican par Mgr Gilii, dans les dernières années du xviiiᵉ siècle.

3° L'observatoire du Vatican, créé par Grégoire XIII pour la correction du calendrier.

4° Le Cabinet numismatique, dont l'origine remonte à Marcel II (1555), qui contient une des plus précieuses collections de l'Europe, et qui a aujourd'hui pour conservateur le célèbre professeur

---

(1) *Les Catalogues des manuscrits de la bibliothèque vaticane*, dans les *Annales de Philosophie chrétienne*, juin 1880, pp. 249 et suiv.
(2) *Ibid.*, p. 250.
(3) *Ibid.*, juillet 1880, p. 355.
(4) V. *Les Archives du Vatican*, par L. P. Gachard, 1874, in-8.

(1) *L'héritage de Nicolas V*, dans la *Gazette des Beaux-Arts*, 1877 pp. 423 et suiv.
(2) On en trouvera la liste dans le travail de M. de Rossi, pp. 363 et suiv.
(3) *Annales de philosophie chrétienne*, août 1880, pp. 442 et suiv.
— V. Aussi X. Barbier de Montault, *La bibliothèque Vaticane et ses annexes*, Rome, 1857.
(4) De Rossi, *ibid.*, p. 443.

Visconti. A ce cabinet sont jointes les collections de glyptique ancienne et de sphragistique du moyen âge.

5° Le musée Carpegna, qui renferme une foule d'antiquités de toute espèce et de toute provenance.

6° Le musée d'antiquités chrétiennes, que les fouilles des Catacombes romaines enrichissent annuellement. Un catalogue sommaire en a été rédigé par Mgr Barbier de Montault.

7° Le cabinet des papyrus diplomatiques latins.

8° La salle des peintures sur bois des écoles italienne et grecque, antérieures à la renaissance de l'art classique. Collection commencée sous Pie VII et accrue considérablement par Grégoire XVI.

9° La salle des fresques antiques de Rome, commencée par Pie VII et enrichie par Pie IX.

10° Galerie des tuiles et des briques marquées du sceau de leurs fabricants. Collection commencée par P. Marini, et dont le catalogue doit bientôt paraître.

Jamais les troubles politiques ou religieux n'ont empêché les Papes de prendre intérêt à ces splendides collections et de les enrichir. « Même au milieu des calamités qui nous entourent, et parmi les angoisses du siège apostolique, le vigilant pilote qui gouverne l'Eglise, Léon XIII, renouvelle les exemples les plus illustres laissés par ses prédécesseurs, anime de sa puissante impulsion les sciences, les lettres et les arts, et fait de son palais le grand Athénée de la sagesse chrétienne » (1).

---

ÉRUDITION EN FRANCE AU XVIIᵉ SIÈCLE (p. 131).

Rohrbacher est par trop incomplet sur ce point. Ainsi, quand il parle de Baluze, il ne mentionne pas l'édition que ce savant a publiée des Lettres d'Innocent III (2); le supplément à Labbe qu'il a donné (3); la publication de la Marca hispanica (4), ouvrage posthume de Pierre de Marca; les Vies des papes d'Avignon (5); ses Miscellanea (6).

Il omet Jacques Boileau. Cet érudit, né en 1635, mort en 1716, a publié un curieux traité, De antiquis et majoribus Episcoporum causis (7). Son Historia confessionis auricularis (8) est une réfutation de l'ouvrage de Daillé sur ce sujet, paru en 1661. Nous ne citerons que pour ne pas paraître l'ignorer, son Historia flagellantium, Paris, 1700, in-12. C'est le frère de Despréaux. Il avait, dit Sainte-Beuve, plus d'humeur que de goût (9).

Il oublie dom Pezron, dont les ouvrages sont si curieux. Son livre de l'Antiquité des temps rétablie (10) allonge la chronologie biblique et donne la préférence aux chiffres des Septante sur ceux de l'hébreu. Les récentes recherches ont donné raison au savant Bernardin contre dom Martianay, qui prit, avec plus de courage que de science, la Défense du texte hébreu (1), et contre le P. Lequien (2). Son commentaire littéral et historique sur les prophètes (3) mérite d'être lu, tant il est rempli d'idées justes et que l'étude minutieuse des faits a vérifiées. Il en est de même de son Histoire évangélique confirmée par la judaïque et la romaine (4). Pezron inaugurait là cette nouvelle et utile apologétique qu'on a si heureusement développée de nos jours. Né en 1639, cet érudit est mort en 1706.

Une omission, moins pardonnable, est celle du nom de Montfaucon, qui n'a qu'un mot dans notre historien (5). Il eût dû citer aussi son traité de l'Histoire de Judith (6), sa Palæographia græca (7), et sa Bibliotheca bibliothecarum manuscriptorum nova (8), l'Antiquité expliquée, les Monuments de la monarchie française et autres ouvrages qui font le plus grand honneur à la science française.

Citons encore l'abbé de Choisy, Bocquillot (9) et surtout Jacques Lelong, dont la Bibliotheca sacra (10) et la Bibliothèque historique de la France (11) sont dans les bibliothèques de tous les travailleurs. Une nouvelle édition de ces indispensables répertoires, mise au courant de l'érudition contemporaine, serait bien utile aujourd'hui.

Il ne faut pas oublier non plus les dominicains Quétif et Echard (12), dont la Bibliographie dominicaine est si importante. Il eût fallu citer encore le bénédictin dom Liron, né en 1665, mort en 1748 ou en 1749, auteur d'ouvrages curieux et utiles : la Bibliothèque chartraine (13), les Aménités de la critique (14), les Singularités historiques et littéraires (15).

Le docteur Grancolas mérite aussi une mention, pour son Traité des liturgies (16), son ancien sacramentaire de l'Eglise (17), son Commentaire du bréviaire romain (18). Dom Guéranger a dit de cet érudit : « Il ne lui a manqué qu'une intelligence plus complète du véritable génie catholique pour être un liturgiste accompli » (19).

J.-B. Thiers, Cabastu, etc., avaient bien droit également à une mention, si rapide qu'elle eût dû être dans une histoire universelle. Même remarque à propos de l'abbé Lebeuf, pour son Histoire du diocèse de Paris (20).

---

LES BOLLANDISTES (p. 131).

Avant les Acta Sanctorum on possédait quelques collections des vies des Saints, celle de Lipo-

---

(1) De Rossi, ibid., p. 454.
(2) Paris, 1682, 2 vol. in-f°.
(3) 1683, in-f°.
(4) 1681, in-8°.
(5) 1693, 2 vol. in-4.
(6) 1678-1713, 6 vol.
(7) Liège (Lyon), 1678.
(8) Paris, 1683, in-8°.
(9) Port-Royal, t. V, p. 517.
(10) Paris, 1687.

(1) Paris, 1689, in-8.
(2) Défense du texte hébreu et de la version vulgate, Paris, 1690.
(3) Paris, 1693.
(4) Paris, 1696, 2 vol. in-12.
(5) P. 136.
(6) Paris, 1690, in-12.
(7) Paris, 1708, in-f°.
(8) Paris, 1739, 2 vol. in-fol.
(9) V. sur lui Sainte-Beuve, Port-Royal, t. V et VI.
(10) Paris, 1723, 2 vol. in-fol.
(11) Paris, 1768, 5 vol. in-fol.
(12) Scriptores ordinis Prædicatorum recensiti, notisque historicis et criticis illustrati. Paris, 1719-1721, 2 vol. in-f°.
(13) Paris, 1718, in-4.
(14) Paris, 1717-1718, 2 vol. in-12.
(15) Paris, 1734-1740, 4 vol. in-12.
(16) Paris, 1697, in-8.
(17) Paris, 1690-1699, 2 vol. in-8.
(18) Paris, 1727, 2 vol. In-12ᵣ Traduit en latin, Venise, 1734, in-4.
(19) Institutions liturgiques, 2ᵉ édit.. t. II, p. 113.
(20) Paris, 1754, 15 vol. in-12. Une nouvelle édition a été commencée par M. H. Cocheris, Paris, 1853, 3 vol. in-8. V. aussi les Lettres de l'abbé Lebeuf, Auxerre, 1866, 2 vol. in-8.

mani (1), celle de Surius (2). Mais de graves défauts se remarquent dans ces ouvrages. C'est Héribert Rosweyde, jésuite, qui conçut l'idée d'un recueil plus complet et digne des grands hommes qu'honore l'Eglise. Il eut cette idée pendant un séjour qu'il fit à l'abbaye de Liessies. Dans ses *Fasti sanctorum* (3), il annonçait un ouvrage devant contenir 17 volumes in-f°. « Quand on remit cet opuscule à Bellarmin, » quel âge a son auteur, demanda-t-il, et comme on lui donnait quarante ans, il ajouta : Pense-t-il donc vivre encore deux cents années ? » (4) Près de trois siècles se sont écoulés, et le projet du P. Rosweyde n'est pas encore exécuté. Il mourut le 5 octobre 1629 sans avoir rien publié.

Le vrai créateur des Acta Sanctorum fut Bollandus, que la compagnie de Jésus chargea de poursuivre l'œuvre projetée. Il travailla seul durant cinq ans, puis s'adjoignit deux collaborateurs éminents, Godefroi Henschenius et Daniel Papebroch. Le premier volume ne parut qu'en 1643 (5). De longs et pénibles voyages, une correspondance étendue avec les principaux savants (6), des recherches multipliées avaient préparé ce premier volume. A partir de ce moment l'œuvre se continua activement. Les principaux Bollandistes sont avec ceux que nous venons de nommer les PP. du Solier, Smyskens, Stilling, Ghesquière, de Bye (7).

De nombreuses controverses attendaient les intrépides érudits. On se rappelle surtout leur querelle avec les Carmes, qui étaient choqués de ce que leur prétention de remonter jusqu'au prophète Élie n'avait pas été admise dans les *Acta*. L'inquisition d'Espagne, condamna les Bollandistes par un décret du 14 novembre 1695 (8). Mais Rome ne suivit pas l'Espagne et ne condamna point les savants Jésuites. Le décret espagnol lui-même fut rapporté en 1715.

Le 20 septembre 1773, la société des Bollandistes était dissoute. De 1773 à 1794, un chanoine régulier, un bénédictin et trois prémontrés continuèrent l'œuvre, qui arrivait alors au VI° volume d'octobre (9). De nouveaux Bollandistes se réunirent en janvier 1827. Les noms des PP. Van Hecke, Victor de Buck (10) de Smedt sont suffisamment connus pour qu'il soit nécessaire de parler d'eux plus en détail.

La collection en est arrivée aujourd'hui au tome XIII° d'octobre. On annonce aussi la publication d'*Analecta Bollandiana* (Paris, Palmé, grand in-8) (11) pour compléter les documents de la collection.

(1) Rome, 1551, 6 vol. in-f°.
(2) Cologne, 1570-1575, 6 vol. in-f°. Il y en a une édition, très augmentée, Paris, 1618, 12 vol. in-fo.
(3) Anvers, 1607, in-12.
(4) Dom (auj. le cardinal) Pitra, *Etude sur la collection des actes des Saints par les RR. PP. Jésuites Bollandistes*, Paris, 1850, in-8, p. 14.
(5) Anvers, in-fo.
(6) V. Dom Pitra, *op. cit.*, pp. 30 et 61.
(7) V. Le tableau complet dans dom Pitra, p. 88.
(8) V. Mgr Héfélé, *le Cardinal Ximenès*, trad. de l'allemand, par M. l'abbé Sisson, 2ᵉ éd., Paris, 1860, in-8 p. 248
(9) Tongeroo, 1794. in-f°. Un projet pour la reprise de l'œuvre bollandienne fut tracé à la fin du xviii° siècle, en 1788. On devait le confier aux Bénédictins de S. Maur. V. Les pièces publiées à ce sujet dans les *Analecta jovis pontificii*. 18ᵈ série, c. 888 et seq.
(10) Mort en 1876. Une intéressante *notice* due à un de ses confrères a paru la même année.
(11) Une nouvelle édition des Bollandistes, épuisée maintenant, a été donnée par M. Victor Palmé. Paris, 61 vol. in-f° avec les *Tables*.

## L'INQUISITION ROMAINE ET L'INQUISITION ESPAGNOLE
(p. 131).

A propos de ce que nous disons dans la note précédente sur les Bollandistes, et pour compléter des notes précédentes, on lira volontiers les jugements suivants de M. Grandclaude, vicaire général de Saint-Dié, sur ces deux tribunaux.

Le docte auteur parle du livre du théatin Del Bene, *De officio S. Inquisitionis circa hæresim* (1), et au sujet de cet ouvrage, il s'exprime ainsi :

« Y a-t-il, en effet une époque, où, plus que de nos jours, on ait stupidement incriminé la S. Inquisition ? A-t-on jamais, plus qu'aujourd'hui, calomnié les actes, la procédure, les sentences, etc., du Saint-Office ? Il est certain qu'à aucune époque l'ignorance des faits n'a été plus profonde, et l'ignorance des assertions plus ordinaire qu'au xix° siècle touchant l'Inquisition pontificale. Aussi estimons-nous utile de faire connaître aux hommes de bonne foi des écrits très aptes à redresser tant de sottes calomnies, tant de faux jugements touchant les inquisiteurs pontificaux. Del Bene fournit en effet tous les renseignements possibles, en ce qui concerne les procès pour cause d'hérésie ; il détermine rigoureusement les crimes ou délits en cette matière, indique tous les détails de la procédure, ainsi que tout le code pénal appliqué aux coupables. Il est évident que nous ne parlons point ici de l'Inquisition royale d'Espagne (2), institution d'ailleurs plus politique que religieuse, et presque aussi désagréable aux Souverains Pontifes eux-mêmes (3) qu'elle a été odieuse aux hérétiques et aux libres-penseurs de tous les temps ; nous n'avons pas ici à prendre la défense de cette fameuse Inquisition, dont les Papes ont souvent blâmé les rigueurs et les tendances, mais qui en elle-même a préservé l'Espagne de bien des catastrophes politiques et sociales, et en particulier de ces guerres religieuses qui ont si longtemps ruiné et ensanglanté la France.

« Del Bene traite donc de l'Inquisition pontificale, qui est une institution purement ecclésiastique, dont l'Eglise revendique hautement la responsabilité devant la raison et l'histoire. L'objet direct et spécial de l'ouvrage est la procédure dans les causes les plus graves, c'est-à-dire « circa hæresim » ; néanmoins tous les autres crimes qui ressortent du tribunal de l'Inquisition, sont également énumérés et définis en eux-mêmes, et avec toutes les peines dont ils rendaient passibles ceux qui les commettaient » (4).

Quant à l'Inquisition d'Espagne, voici ce qu'ajoute le même auteur :

« Carena, qui était sujet du roi d'Espagne, décrit la composition du fameux tribunal suprême de l'Inquisition établi « in regnis Hispaniarum » vers l'an

(1) Lyon, 1666, 2 vol. in-f°.
(2) Son Histoire a été écrite, dans un sens très hostile à l'Eglise. Llorense, *Histoire critique de l'Inquisition d'Espagne*, Paris, 1817.
(3) En 1419, Léon X a excommunié les inquisiteurs de Tolède. Nous rappelons que M. l'abbé J. Morel n'admet pas cette destination entre les deux inquisitions.
(4) *Le Canoniste contemporain*, 1881, p. 170. — V. le *Directorium inquisitorum* de Nicolas Eymeric, mort en 1399, éd. de Fr. Pegna, Rome, 1578, in-fol. V. aussi le livre récent de M. Mollinier, et l'article de M. l'abbé Douais, dans *la Revue des Questions historiques*, 1ᵉʳ octobre 1880.

1483 ; « Potentissimi reges nostri Hispaniarum,
« dit-il, pro eorum religione, ut eliminata judaica
« perfidia et omnis hæresis suspicione catholica fides
« in ipsorum regnis effloresceret…, curarunt aposto-
« lica auctoritate institui supremum tribunal sanctæ
« Inquisitionis in illis regnis… in quo adest unus
« prœterea Inquisitor generalis, quinque consiliarii
« cum titulo inquisitorum apostolicorum, advocatus
« fiscalis, duo secretarii et unus Serenissimi D. Re-
« gis, unus receptor, duo relatores, plures qualifi-
« catores et consultores. »
« *Prœses ad nominationem potentissimi Regis*
« *nostri a Smo Domino Nostro per tempora confir-*
« *matur…; officiales hujusce Supremi tribunalis*
« *deputantur a prœside, cum consultatione Suæ*
« *Regiœ Majestatis* ». Il ajoute que le grand Inquisiteur peut changer, révoquer tous les inquisiteurs
provinciaux, ainsi que tous les consulteurs et officiers subalternes. Lorsque les inculpés étaient prêtres, chevaliers ou nobles, les inquisiteurs ne pouvaient procéder sans un ordre formel du grand
Inquisiteur, et même, dans ce cas, on députait un
des membres du grand conseil « pro majore auc-
« toritate istorum fidei actuum ». « In Palatio
« regali congregatur hoc Consilium singulis diebus,
« festivis exceptis… et in ultimis diebus (Jovis et
« Sabbati) in eo interveniunt *duo consiliarii ex*
« *supremo consilio Castellæ, qui sunt etiam consi-*
« *liarii istius supremi concilii*. » Il résulte clairement de ces courtes citations que le fameux tribunal espagnol était une institution mixte, qui
dépendait essentiellement des rois d'Espagne. Mais
le savant jurisconsulte de Crémone ne néglige pas
de montrer que cette institution politique et religieuse avait pour but, de même que pour résultat,
la préservation sociale contre tout trouble ou révolution dont les hérésies sont la cause la plus ordinaire et la plus dangereuse » (1).

RICHARD SIMON (pp. 133 et 160).

Rohrbacher suit l'opinion la plus sévère pour
R. Simon. Nous citerons ici quelques extraits d'une
étude plus favorable parue il y a une dizaines d'années sur Simon (2) :
Son principal titre de savant critique est l'*Histoire
de l'Ancien Testament*.
Il en examina tour à tour les versions et les
commentaires. On ne peut comprendre, avant
d'avoir lu cet ouvrage curieux, combien de lectures
il a exigées, et on ne peut soupçonner, avant de
s'en être habituellement servi, combien de trésors
il renferme. C'est un manuel d'exégèse, disait
M. Renan, en avant de 150 ans sur tous les travaux
de même genre publiés alors, et il suffirait de
quelques notes pour en faire encore aujourd'hui la
meilleure introduction à l'étude des livres du Vieux
Testament.
Ce qui fit le scandale de Bossuet, ce sont plusieurs chapitres consacrés au Pentateuque, notamment cette assertion que tout dans le Pentateuque
n'était pas l'œuvre de Moïse.
Cependant, en prenant cette proposition dans son
sens absolu, elle est vraie, et Bossuet lui-même en
convenait dans l'*Histoire universelle* (1). Il est certain qu'il y a dans le Pentateuque des passages,
peu importants sans doute, — si toutefois l'on met
de côté le dernier chapitre du Deutéronome, —
dont Moïse n'aurait pu être l'auteur que par miracle (2); mais ce miracle, aucun commentateur ne
songe plus depuis longtemps à l'admettre, et depuis
Bossuet jusqu'à Kell et Delitzsch, tous enseignent
qu'une main plus moderne a ajouté au Pentateuque
les rares endroits dont nous parlons. Là donc,
Bossuet s'attaquait à tort, il semble. Ce qui était
répréhensible dans le système de Simon, c'est l'hypothèse qu'il avait émise sur l'existence chez les Hébreux d'annalistes chargés d'insérer dans les actes
publics tout ce qui concernait l'histoire de la nation,
et à certains temps donnés, d'extraire de ces annales ce qui pouvait être utile à l'instruction et à l'édification du peuple (3). Il est à remarquer pourtant
que ces scribes ou prophètes, — leurs noms varient
souvent, — étaient inspirés dans le choix qu'ils faisaient et ne pouvaient se tromper. Simon laissait
donc intacts de cette manière le caractère divin et
la *véracité* des *livres historiques du* Vieux Testament (4). Il a pu parfois indiquer les raisons qui
l'empêchaient d'attribuer tel ou tel livre de l'Ancien
Testament à l'auteur dont il porte le nom ; mais il
n'a jamais nié l'inspiration et même l'authenticité
de ces livres, quoique dans un sens différent de
celui qu'on donne généralement à ce mot. Cependant, et quelques bonnes raisons que Simon pût
alléguer en faveur de sa théorie, on l'a universellement rejetée. Lui-même, une fois la première vivacité de la lutte passée, n'y revint pas beaucoup, et
s'attacha à d'autres études.
Notons cependant ici que Simon n'eut pas Bossuet seul pour adversaire (5). Les Jansénistes, que
Simon trouva toujours parmi ses plus acharnés ennemis et qu'il ne ménagea jamais beaucoup, jouèrent alors un rôle assez bas, celui de dénonciateurs ;
ce fut à eux que Simon dut de voir son livre supprimé en France (6). Mais Bossuet trouva surtout
des auxiliaires, inattendus assurément, parmi les
Calvinistes de Hollande. On a essayé de tirer parti
de leurs critiques, mais il faut dire que le livre de
Simon leur déplaisait beaucoup, étant particulièrement dirigé contre eux. Ce n'est pas le lieu ici ;

---

(1) Ibid., p. 175. V. les réflexions de Mœhler à propos de la canonisation de S. Pierre Arbues, inquisiteur espagnol, mort martyr en 1492, *Histoire de l'Église*, trad. franç., t. II, p. 585.
(2) *Avenir catholique*, t. I, p. 249. M. Bernus a publié une étude exégétique assez complète sous ce titre : *R. Simon et son histoire critique du vieux Testament*, Lausanne, 1869, in-8 de 144 p. L'*Avenir catholique*, cité plus haut, contient p. 25, une bibliographie des ouvrages de R. Simon ; il y en a trente deux de cités. V. aussi dans la *Galerie dieppoise* de M. l'abbé Cochet, Dieppe, 1862, in-8, la Notice d'un contemporain sur R. Simon.

(1) V. R. Simon. *Lettres*, Rotterdam, 1705, t. III, p. 198, 190.
(2) Deut. III, 9, 11, 14 : nombr. XXXVI, 10-12 ; Exod. XVI, 35-39 ; Deut. XXXIII, XXXIV.
(3) *Hist. critique du V. T.* pp. 3, 4, 17, 19, 20, 25, 55, 316.
(4) *Ibid.*, pp. 55 et 56.
(5) Quant au rôle de Bossuet dans cette discussion, il a été, bien entendu, glorifié sans mesure par M. Floquet, *Bossuet précepteur du Dauphin*, et évêque à la cour, pp. 403 et suiv. Je tiens à citer un auteur estimable qui paraît plus près de la vérité, lorsqu'il dit à ce propos : « Le grand évêque de Meaux, on est forcé d'en convenir, est allé quelque fois dans sa censure au delà du vrai. » (M. Glaire, *Introduction aux livres de l'ancien et du nouveau Testament*, Paris, 1843, in-12, t. I, p. 423.)
(6) V. les *Lettres* de R. Simon, 1ᵉ édit., t. III, p. 232.

d'exposer à ce point de vue les idées de Simon, nous renvoyons les lecteurs à un article du *Dictionnaire encyclopédique de la théologie catholique*, des docteurs Welte et Wetzer, où on montre très bien comment le système du critique français ruine par la base le principe protestant (1). On ne peut nier, en effet, que Simon n'ait eu dans ses livres, — et ils sont nombreux, — le dessein de rendre à l'autorité de l'Eglise tous les droits qui lui appartiennent, et si Jurieu, Spanheim et autres protestants l'attaquèrent, ce ne fut pas sans doute parce qu'ils étaient convaincus du tort que Simon avait dû faire à l'Eglise catholique. Ils voyaient, au contraire, très nettement qu'en rendant à la tradition la place qu'elle mérite dans la vraie doctrine, il ruinait leur principe fondamental, à savoir que l'Ecriture est le juge unique et souverain des articles de foi (2).

Dans l'*Histoire critique du Vieux Testament*, Simon traitait avec une étonnante supériorité un grand nombre de questions très controversées alors : le Pentateuque Samaritain, l'ancienneté de la Masore, l'état de conservation du texte hébreu, etc. Ce n'est pas trop s'avancer de dire qu'on lui doit les solutions les plus justes, et que la science moderne n'a presque toujours fait que les confirmer (3).

Il en est de même pour son *Histoire critique du texte et des versions du Nouveau Testament*. C'est surtout à propos de ces ouvrages que Welte (4) et Reithmayr (5) disent qu'il fut le vrai fondateur de l'introduction historico-critique. Si l'on songe, en effet, qu'il eut le premier la pensée de diviser les manuscrits de la Bible par famille, qu'il indiqua les revisions successives qu'avait subies le texte grec du Nouveau Testament, qu'il donna sur l'inspiration des Ecritures une théorie qu'un savant évêque de notre époque a reproduite avec éloge (6), qu'il sut formuler un jugement droit et irrévocable sur le décret du Concile de Trente relatif à la Vulgate, on ne peut certes lui refuser le titre que Michaelis lui décernait au dernier siècle en l'appelant « le père de la critique moderne (7). »

Parmi les travaux de Simon sur le Nouveau Testament, son *Histoire des Commentateurs* et sa traduction du Nouveau Testament, fournirent encore à Bossuet l'occasion d'une de ses dernières luttes. Il faut remarquer pourtant que l'évêque de Meaux laissa inédite la *Défense de la tradition et des Pères*, qui avait pour but de réfuter l'*Histoire des Commentateurs* (8). Il n'attaqua que la version de Trévoux, et il le fit avec une vigueur et une force incomparables. Il la jugeait très sévèrement, peut-être trop sévèrement. On sait en effet que malgré les censures du cardinal de Noailles et de Bossuet, cette traduction que Simon, pour se conformer aux règles de l'Eglise, avait accompagnée de notes, n'a jamais été mise à l'index. Voici cependant comment en parle Bossuet : « Je trouve presque partout des erreurs, des vérités affaiblies, des commentaires mauvais mis à la place du texte, et enfin les pensées des hommes auprès de celles de Dieu, un mépris étonnant des locutions consacrées par l'usage de l'Eglise, et enfin de tels obscurcissements qu'on ne peut les dissimuler sans prévarication (1). » Voici en regard, et pour comparer, le jugement que portait Bossuet de la version de Mons, l'œuvre de Sacy, d'Arnaud et de leurs amis, quelques jours après le bref d'Alexandre VII contre cette traduction (2) : « Si la version de Mons a quelque chose de blâmable, c'est principalement qu'elle affecte trop de politesse, et qu'elle veut faire trouver dans la traduction un agrément que le Saint-Esprit a dédaigné dans l'original... La traduction de Mons aurait eu quelque chose de plus vénérable et de plus conforme à l'original, si on l'avait faite un peu plus simple, et si les traducteurs eussent moins mêlé leur industrie et l'élégance naturelle de leur esprit à la parole de Dieu. » Le contraste entre les deux jugements semblera curieux. Un seul détail montrera si les considérants de l'arrêt rendu contre Simon étaient toujours fondés.

Simon avait cru devoir rendre le célèbre texte de l'Epître aux Romains, IX, 13 : *Jacob dilexi, Esaü autem odio habui*, par : « J'ai aimé Jacob, et moins aimé Esaü. » Là dessus Bossuet dit : « On voit bien dans ce dernier lieu que l'intention de l'auteur est d'affaiblir l'explication de saint Augustin... » (3). Et ailleurs il ajoute : « Il est certain que réduire *haïr* à *moins aimer*, ce n'est pas seulement altérer ce texte, mais c'est encore restreindre et affaiblir celui de l'apôtre, et que le sens est insuffisant et mauvais en soi, *ut jacet...* » — « Le traducteur a préféré Episcopius (aux autres commentateurs)... On sait au reste que les sociniens ont leurs raisons pour effacer la haine de Dieu contre Esaü, qui suppose le péché originel. » Il est certain que saint Augustin regarde ce texte comme une preuve de la faute originelle et comme une manifestation de la haine divine qui poursuit dans Esaü la souillure dont son âme est empreinte. Mais ne peut-on pas admettre avec Simon qu'*odio habui* est un hébraïsme qui peut se traduire par *moins aimer* aussi bien que par *haïr* ? Car, à considérer les paroles de Malachie (I, 3), la haine de Dieu pour Esaü est simplement une dilection moindre que celle dont Jacob est l'objet ; elle ne paraît pas s'étendre aux choses spirituelles, mais seulement aux biens de la terre et du temps. Aussi Ménochius écrit-il sur le texte de l'épître aux Romains : « *J'ai haï Esaü*, c'est-à-dire je l'ai relégué en arrière et négligé, ne voulant pas accorder à sa postérité de spéciales faveurs. C'est là le sens littéral des paroles du prophète (4).

---

(1) Article du Dr Dannecker, t. XXII, p. 160 et suiv.
(2) V. Basnage, *Histoire des ouvrages des savants*. Mars 1693, p. 322 et suiv.
(3) V. Gesenius, *De Pentateuchi samaritani origine et indole*, Halœ 1815, in-4, p. 23.
(4) *Encyclopédie théologique*, t. XI, p. 488.
(5) *Introduction au N. Test*, du P. de Valroger t. I, p. 19.
(6) Mgr Meignan, *Les Evangiles et la critique*, appendice.
(7) Cité par M. Berger de Xivrey. *Etude sur le style du Nouv. Test.*, p. 74.
(8) La défense ne fut publiée qu'en 1743.

(1) Lettre du 19 mai 1702 au Card. de Noailles; *Œuvres*, édit Lachat, t. XXVIII.
(2) Lettre du 1er déc. 1674 au mar. de Bellefond, *Œuvres*, éd. Lachat, t. XXVI, pp. 174, 175.
(3) Lettre du 6 sept. 1709 au cardinal de Noailles, *Œuvres*, t. XXVII.
(4) On peut relever des inexactitudes dans les citations de Bossuet, à propos du Nouveau Testament, traduit par Simon. V. la 1er Instruction de Bossuet, éd. originale, pp. 3, 37, etc.

Il semble donc que si l'on se sépare ici des questions d'école, on ne peut faire un crime à Simón d'avoir traduit comme il l'a fait ce difficile passage. Mais n'insistons pas. Quand même le critique aurait dans certains endroits été téméraire, et on ne peut nier qu'il ne l'ait souvent été, il ne s'ensuit pas qu'on doive tout absolument rejeter dans ses œuvres et le condamner à une obscurité préjudiciable aux intérêts de l'Eglise et de la vérité. C'est ce qu'on a trop fait jusqu'à nos jours, au moins en France, pour cet homme de talent, qui eut surtout le tort de ne pas aimer les Jansénistes et le malheur d'être agressif et mordant, même envers ceux qu'il aurait dû respecter et honorer. Aujourd'hui que les querelles personnelles ne doivent plus influencer nos jugements, on peut le louer quand il le mérite, tout en sachant blâmer ses torts et ses erreurs (1).

Voici la liste des ouvrages de Simon, qui sont à l'index.

1° Histoire critique du Vieux Testament (Décret du 9 février 1683). — 2° Histoire critique du texte du Nouveau Testament. — 3° Histoire critique des versions du Nouveau Testament (21 déc. 1700). — 4° Opuscula critica adversus J. Vossium (1er décembre 1687). — 5° Histoire de l'origine et du progrès des revenus ecclésiastiques (21 avril 1693). — 6° Réponse au livre intitulé : Sentiments de quelques théologiens de Hollande (1er décembre 1687). — 7° Histoire critique de la créance et des coutumes des nations du Levant (5 juillet 1686). — 8° Bibliothèque critique... par Saintjore (15 janvier 1714). On voit que les ouvrages spécialement combattus par Bossuet, en particulier la traduction du Nouveau Testament, dite de Trévoux, ne figure pas sur la liste de l'index. C'est une circonstance qu'il importait de faire remarquer en faveur de R. Simon.

Sans vouloir, en effet, réhabiliter cet auteur que Rohrbacher traite d'équivoque, il est bon de montrer l'utilité qu'ont pour la critique biblique les écrits de Simon. Voici du reste l'opinion d'un savant critique moderne, le P. Hurter, sur R. Simon : « Liquet fuisse Simonium eruditum, laboriosum, sagaci atque critico prædictum judicio, unde et pariter scientiæ criticæ, quatenus ea spectat Sanctas Litteras, audit, sed negari simul nequit eum fuisse in suis opinionibus satis singularem, nimiaque opinandi, judicandi, carpendi libertate, imo licentia abreptum. » *Nomenclator litterarius*, t. II, p. 739.

### MABILLON (p. 134).

Une vie de ce grand et pieux érudit est encore à faire. On a bien la touchante biographie due à dom Ruinart (2), l'histoire écrite par M. Chavin de Malan (3), et enfin l'étude récente de M. Jadart (4).

Mais tout cela ne constitue pas une œuvre historique digne du savant bénédictin, que M. de Montalembert a pu appeler avec justice « le plus illustre des moines modernes. » C'est surtout dans la correspondance de Mabillon qu'on peut trouver les éléments de cette œuvre. Ses lettres avec l'Italie ont été publiées en même temps que celles de Montfaucon par M. Valéry (1); mais la mine est loin d'être épuisée. Les manuscrits de la bibliothèque nationale de Paris, (franç. 19649 et suiv.), devront être soigneusement dépouillés par l'historien futur de Mabillon. Il y trouvera de précieux renseignements sur l'état intérieur de la congrégation de Saint-Maur, non moins que sur les relations de Mabillon avec les principaux savants de l'époque. On y lit, à côté de curieux détails sur la mort de Pélisson (2), des critiques assez vives sur les jeunes prélats de son temps (3), des réflexions sur l'épitaphe d'Arnault par Santeuil (4), beaucoup de notes sur ses lectures et ses travaux. Ainsi (5), dans une lettre du 18 janvier 1699, Mabillon juge sévèrement le dictionnaire de Bayle : « C'est un livre plein de saletés et d'impiétés, et je ne crois pas que vous deviez l'acheter, quoiqu'il y ait de l'esprit. » Il critique avec indépendance un panégyrique de saint Ignace prononcé par Fénelon (6). Il n'est pas d'accord avec Bossuet lors du procès de ce prélat avec l'abbesse de Jouarre (7), et il entre dans d'assez nombreux détails sur ce point : Bossuet est, selon lui, « fort vif » au sujet de ses privilèges (8). Mais nous ne pouvons qu'indiquer ce très curieux recueil, qui a été jusqu'à présent trop peu consulté (9).

### LES BÉNÉDICTINS DE SAINT-MAUR ET LEURS TRAVAUX (p. 134, col. 2).

Parmi les grands travaux de cette savante congrégation, Rohrbacher a omis de signaler l'*Histoire littéraire de la France*, qui méritait une mention à part (10), ainsi que les *Acta sincera martyrum* de dom Ruinart et l'*Histoire générale du Languedoc* de dom Vayssette.

La congrégation des Bénédictins de Saint-Maur s'acquit une réputation de science et d'érudition, qui ne fait que s'accroître à mesure que l'on pénètre à fond dans leurs travaux publiés ou manuscrits, et que l'on se rend compte des soins qu'ils y consacrèrent. Leur histoire littéraire, composée par dom Tassin, énumère 332 auteurs, remarquables par leur sainteté, leurs talents et leurs productions littéraires, depuis l'année 1618 à 1770 (11).

M. Ulysse Robert a publié un supplément à l'*Histoire littéraire de la Congrégation de Saint-Maur*,

---

(1) On peut encore consulter sur R. Simon, la *Galerie dieppoise* de M. l'abbé Cochet, Dieppe, 1862, in-8, pp. 327-381; l'abbé Trochon, *R. Simon et la critique biblique*. Rouen, 1868, in-8 ; A. Denis, *Richard Simon et Bossuet*, dans les *Mémoires de l'Académie de Caen*, 1870, in-8, pp. 364 et suiv.
(2) Paris, 1709, in-12.
(3) Paris, 1843, in-12.
(4) *dom Jean Mabillon*, 1632-1707, étude suivie de documents inédits sur sa vie, ses œuvres, sa mémoire. Reims, 1879, in-8.

(1) Paris, 1847, 3 vol. in-8.
(2) Fr. 19648, f° 203.
(3) *Ibid.*, f° 197.
(4) *Ibid.*, f° 290.
(5) *Ibid.*, f° 328.
(6) 19658, f° 250.
(7) 19659, f° 105.
(8) *Ibid.*, f° 142.
(9) Même par M. Jadart, qui s'est contenté de quelques lettres conservées à la bibliothèque de Reims.
(10) Une nouvelle édition a été publiée par V. Palmé. Paris, 16 vol. in-4 avec Tables.
(11) *Cabinet historique*; nouvelle série; mars et avril 1881 et suiv. Supplément à l'*Histoire littéraire* de la Congrégation de Saint-Maur par M. Ulysse Robert.

dans lequel il consacre de courtes notices aux écrivains omis pour la période de 1618 à 1770 et à ceux des derniers temps de la congrégation (1).

« Les Bénédictins de la congrégation de Saint-Maur ont été, dit-il, et resteront l'honneur de l'érudition française au XVIIe et au XVIIIe siècle.

« C'est à eux que nous devons ces remarquables travaux qui servent encore de base, malgré leurs imperfections, à la science historique moderne, c'est à eux que nous sommes surtout redevables, comme par un hasard providentiel, de la conservation de documents dont les originaux furent, bien peu de temps après, voués à la destruction.

Parmi les trois cents noms, à peu près, qu'il trouve à signaler, on remarque les infatigables travailleurs qui préparent les matériaux d'importantes publications historiques. Dom Berthereau, né à Bélesme, diocèse de Séez, le 29 mai 1732, fut professeur de grec et d'hébreu à Beauvais puis à Saint-Denis, et attaché au recueil des *Historiens de France*. Désigné ensuite pour préparer une collection des historiens des croisades, il compulsa, aidé d'un syrien, les manuscrits orientaux de la bibliothèque du roi et de celle de Saint-Germain-des-Prés. Les résultats de ses recherches furent 31 volumes que la Révolution l'empêcha de publier (n°s 9050-9080 du fonds français). — L'introduction du tome Ier du Recueil des *Historiens des Croisades* (Historiens Orientaux) publié par l'académie des inscriptions et belles-lettres, en donne le catalogue détaillé.

Dom Thomas Pardessus, né au diocèse de Blois en 1721, enseigna longtemps à Saint-Germain-des-Prés, où il excitait l'admiration des savants par son habileté à construire des télescopes. Il s'occupa de l'histoire de la Picardie avec dom Caffiaux, et dans ses dernières années, il se proposait de refondre le glossaire de Du Cange et sa continuation par Dom Carpentier. Il voulait le publier plus complet et il y ajouta ses propres recherches.

D'autres, en grand nombre, composèrent des histoires d'abbayes, de monastères, de villes ou de provinces, des vies des saints, copièrent des chartes et des actes anciens, fort précieux aujourd'hui pour faire connaître la vieille France.

M. Edmond le Blant prépare une nouvelle collection d'*Acta martyrum* omis par dom Ruinart et devant être tenus pour authentiques en tout et en partie, Les Bénédictins de la congrégation de France ont publié en français les *Actes des martyrs*; leur recueil comprend des actes qui ne figurent pas dans celui de leurs confrères du XVIIe siècle (2).

M. Arthur Loth dit à propos de cette publication et de la collection de dom Ruinart :

« Le savant bénédictin avait composé son recueil selon l'esprit du temps, en n'y faisant entrer que les actes qui pouvaient passer alors pour incontestables. Comme il l'avait publié sous le titre d'*Acta primorum martyrum sincera*, ceux qui vinrent après lui s'y trompèrent. Il fut longtemps admis qu'on ne pouvait accepter pour authentiques que les Actes recueillis par dom Ruinart, et que les autres devaient être rangés dans la catégorie des documents fabuleux. Les héritiers de l'esprit gallican et janséniste du XVIIe siècle, et il s'en trouve bon nombre parmi les biographes diocésains et les auteurs d'histoires locales, contribuèrent à entretenir l'idée qu'il n'y avait de recevables au regard de la critique que les *Acta sincera* du premier collecteur.

« Les bénédictins de Solesmes ont été mieux avisés. Sans admettre absolument tout ce que la pieuse antiquité nous a légué, ils ont élargi hardiment le cadre trop étroit de dom Ruinart. Entre l'extrême facilité et l'excessive rigueur, ils se sont tenus dans une mesure compatible avec les intérêts de la piété et les droits de la science. Tout en écartant les récits d'une origine suspecte et d'une invraisemblance évidente, ils se sont bien gardés d'exclure les anciens actes pour quelques méprises et erreurs chronologiques, ou pour le merveilleux des faits qu'ils relatent. Leur règle a été de recueillir, sans toutefois leur assigner une égale valeur, les documents des siècles primitifs, suffisamment autorisés par leur caractère et leur antiquité, et pouvant édifier et instruire les fidèles.

« La science, comme l'on dit aujourd'hui, a commencé de leur donner raison. Les *Actes de sainte Cécile*, par exemple, si beaux, si touchants en eux-mêmes, n'avaient pas trouvé grâce devant les hypercritiques ; dom Guéranger n'hésita pas cependant à composer avec eux son histoire de la vierge martyre. Depuis, les témoignages des catacombes sont venus confirmer les conclusions du savant moine, et il pouvait donner, au bout de vingt ans, une seconde édition de sa *Sainte Cécile*, justifiée par les découvertes modernes. On peut même dire que la critique la plus rigoureuse est parfois plus large que la piété des auteurs de la nouvelle collection française des *Actes des martyrs*. Ainsi, les bénédictins se sont bornés à publier en appendice, plutôt pour l'édification de leurs lecteurs que pour l'histoire, le célèbre récit de la vie et du martyre de sainte Thècle. M. Edmond le Blant réclame davantage pour un document qui a joui de la plus grande popularité dans les premiers siècles ; devant l'académie des inscriptions et belles-lettres, le docte épigraphiste en a démontré l'authenticité et lui a permis de prendre rang dans le recueil des *Acta sincera*. L'homme le plus autorisé ici, le savant auquel l'archéologie sacrée doit ses plus belles découvertes, M. de Rossi, a déclaré que la collection de dom Ruinart pouvait s'accroître de beaucoup de documents que la science devait tenir pour certains (1), et son jugement a été admis par le P de Smedt (2). Telle est aussi l'opinion de M. le Blant, qui prépare une nouvelle édition des *Acta sincera* beaucoup plus complète que la première (3). »

---

DOM CLAUDE MARTIN ET SA FAMILLE (p. 135).

Dom Claude Martin, supérieur général de la Congrégation de Saint-Maur n'est point le fils de la bien-

---

(1) Voir : *Histoire littéraire de la Congrégation de Saint-Maur*. in-4, Bruxelles, 1770. Consulter Registres de la Congrégation de Saint-Maur, à la bibliothèque nat. de Paris, (manus. lat.) numéros 12794-12797.
(2) Paris et Poitiers, 1879, 4 vol. in-8.

(1) Rossi, *Roma Potterranea*, t. I, p. 124.
(2) De Smedt, *Introductio generalis ad historiam ecclesiasticam critice tractandam*. Gand, 1876, p. 126.
(3) Voir *Revue littéraire*, supplément mensuel au journal l'*Univers*, novembre, 1879

heureuse Marie de l'Incarnation, comme le prétend Rohrbacher. La religieuse carmélite qui a été béatifiée s'appelait de son nom de fille Barbe Avrillot. Née à Paris le 1er février 1566, elle fut mariée le 24 août 1582, à Pierre Acarie dont elle eut six enfants (1).

La mère de dom Claude Martin était cette sœur Marie de l'Incarnation, née Marie Guyard, à Tours le 18 octobre 1599, et épouse d'un sieur Martin, qui, dès que son fils n'eut plus besoin de ses soins, prit le voile dans une maison d'Ursulines. Elle s'embarqua en 1639, à Dieppe pour le Canada. Elle y mourut le 30 avril 1672. On a d'elle des *Lettres* pleines d'onction (2). Son fils a publié sa *Vie* (3). Le P. Charlevoix a donné aussi un abrégé de cette vie fort intéressante (4). Un récit plus original de la mort de cette sainte femme se lit dans la *Relation de ce qui s'est passé de plus remarquable aux missions des Pères de la Compagnie de Jésus en la nouvelle France, les années* 1671 et 1672, Paris, Cramoisy, 1673, in-8°, p. 207 (5).

## LA « GALLIA CHRISTIANA » (p. 137).

M. B. Hauréau a continué, mais non toujours dans le même esprit la *Gallia christiana*. Il a publié les tomes XIV, XV et XVI (Paris, Didot, 1856-1865, 3 vol. in-f°), qui comprennent les métropoles de Tours, de Besançon et de Vienne. Une nouvelle édition, dirigée par dom Piolin, paraît actuellement à la librairie Palmé (6). D'assez nombreuses corrections et additions devraient être apportées à cet ouvrage, pour qu'il puisse rendre tous les services qu'on en attend. M. l'abbé Albanès, dit avec quelque exagération de monographe, mais non sans fondement à ce propos : « On n'en est plus à compter les erreurs et les omissions qui déparent malheureusement la *Gallia christiana*, et empêchent de se servir avec quelque sécurité des renseignements contenus dans ce grand ouvrage. Plus on l'étudie, plus on le confronte avec les documents historiques, dont il ne devrait être après tout que le fidèle résumé, plus on y découvre d'assertions opposées à la réalité des faits, qui démontrent la nécessité de le reviser sérieusement, de le corriger et surtout de le compléter..........

« C'est aux efforts réunis des érudits répandus dans nos diverses provinces et des revues publiées avec tant de zèle de tout côté, que nous devrons quelque jour la correction et le complément d'un ouvrage presque indispensable, qui, s'il était expurgé et corrigé autant qu'il peut l'être, serait d'une utilité infinie pour tous les travailleurs. En pareille matière, la science la plus étendue ne saurait suppléer à la connaissance des localités (1), et les nombreux documents encore conservés dans nos dépôts d'archives, et parfois au dehors, ne peuvent être bien connus et utilisés que par ceux qui en font sur place une étude infatigable et intelligente. C'est ce qui doit exciter et encourager les amis de notre histoire locale, si peu connue et si mal connue; leurs recherches ne peuvent manquer d'être récompensées fréquemment par de précieuses découvertes. Ils ont devant eux les mines qui renferment les matériaux de l'histoire; c'est à eux de les exploiter et d'en tirer des trésors » (2).

## L'ÉDITION DES ŒUVRES DE SAINT-AUGUSTIN DES BÉNÉDICTINS (p. 138).

Cette édition dont parle Rohrbacher, a donné lieu à une nombreuse littérature. Voici les principales critiques ou réponses qu'elle a succitées (3). *Lettre de l'abbé D\*\*\** (le P. Langlois, jésuite), *aux RR. PP. Bénédictins de la Congrégation de Saint-Maur sur le dernier tome de leur édition de S. Augustin*, M. DC. XCIX, in-12 de 72 pp. (Cologne 1699, in-4 de 36 pp.). — Mémoire d'un docteur en théologie (le même) adressé à messeigneurs les Prélats de France sur la réponse d'un théologien des RR. PP. *Bénédictins à la Lettre de l'abbé Allemand* (1699, in-12, 128 p.) — *La conduite qu'ont tenue les Pères Bénédictins depuis qu'on a attaqué leur Edition de S. Augustin* (1699, in-12, 79 p.), par le même). — Lettre d'un théologien à un de ses amis sur un Libelle qui a pour titre : *Lettre de l'abbé \*\*\**, au RR. PP. *Bénédictins de la Congrégation de Saint-Maur, sur le dernier Tome de leur édition de saint Augustin* (1699, in-12, p. 80), *par D. François Lamy*; autre édition, in-8. — *Réflexions sur la Lettre d'un Abbé d'Allemagne aux RR. PP. de la Congrégation de Saint-Maur sur le dernier Tome de leur édition de saint Augustin. A Monseigneur l'Evesque de \*\*\**, par D. Denys de Sainte-Marthe (1699, in-12 89.). — *Lettre d'un Ecclésiastique au R. P. E. L. J.* (Emeric Langlois, Jésuite) *sur celle qu'il a écrite aux RR. PP. Bénédictins de la Congrégation de Saint-Maur, touchant le dernier Tome de leur édition de saint Augustin* (Osnabruck, Bielck, 1699, in-12, 180 p.); nouvelle édit. corrigée et beaucoup augmentée (Liège, Hoyoux, 1700, in-12, 219 p.). Cette réponse

---

(1) V. sa *vie*, par Bouchet, Paris, 1800, in-8; nouvelle édit., Paris, 1816, in-8; Mgr Dupanloup en a donné une troisième, Paris, 1854, 2 vol. in-12.
(2) Paris, 1677-1681, in-4.
(3) Paris, 1677, in-4.
(4) Paris, 1724, in-12.
(5) *Notes pour servir à l'histoire de la nouvelle France* (par M. Harrisse). Paris, 1872, in-8, p. 118. — V. dans cet ouvrage, p. 118, une note curieuse sur Marie de l'Incarnation. — Il y a, à la Bibliothèque mazarine, Mss. 2297. A, in-4, 1er vol., une lettre de la sœur Marie de l'Incarnation, du 4 septembre 1641.
(6) Sept volumes ont paru (éd. in-f°).

(1) V. P. de Fleury, *Notes additionnelles et rectificatives au Gallia christiana*. Angoulême, 1880, in-4.
(2) *Bulletin d'histoire ecclésiastique et d'archéologie religieuse des diocèses de Valence...* t. II (1881), pp. 24 et 25. M. Albanès s'est peut-être trop laissé impressionner dans le jugement général qu'il porte sur la *Gallia christiana*, par la publication dans la même Revue (novembre et décembre 1860), des *Notes et documents pour servir à l'histoire des diocèses de Die, au XIVe siècle*, par N. Jules Chevalier. Il est certain que la liste du *Gallia* n'est ni exacte ni complète. On peut voir un autre exemple d'inexactitudes du même genre dans la *Chronique de Saint-Claude*, publiée par M. Ulysse Robert (*Bibliothèque de l'Ecole des Chartes*, 6e liv. 1881), où la série des abbés de Saint-Claude ne répond pas à la liste donnée par la *Gallia*; mais il ne faudrait pas trop diminuer, pour des erreurs ou des lacunes d'un caractère local, l'autorité et l'importance de ce grand recueil. Il est bon de le compléter mais non de le discréditer.
(3) V. le P. de Baecker, *Bibliothèque des écrivains de la compagnie de Jésus*, t. II, p. 627, et Polybiblion, t. XXXII, p. 283.

de D. René Massuet, de la Congrégation de Saint-Maur, en faveur des Bénédictins est adressée au R. P. E. L. J. Il faut J. B. au lieu de E. C'est une erreur qui vient de ce qu'on a attribué la lettre contre l'édition de saint Augustin au P. Emeric Langlois, autre Jésuite, qui vivait dans le même temps; mais le P. Emeric qui était de Rouen, n'a rien donné au public, et a passé toute sa vie aux missions étrangères. — *Vindiciæ editionis S. Augustini a Benedictinis adornatæ adversus Epistolam Abbatis Germani. Authore* D. B. de Rivière (Berne, de Montfaucon.) Rome, 1699, Komarek, in-12, 72 p.). — *Vindiciæ editionis sancti Augustini a Benedictinis adornatæ, adversus Epistolam Abbatis Germani*. Auctore D. B. de Rivière (Antverpiæ justa exemplar editum Romæ typis Jo. Jacobi Komarek, 1700, in-8, 92 p. en latin et en français). *Défense de l'édition des Œuvres de saint Augustin faite par les PP. Bénédictins pour servir de réponse à la lettre d'un Abbé Allemand* (Anvers, 1700, in-8, latin et français). C'est une édition des *Vindiciæ*... M. Valery (Correspond. de Mabillon et de Montfaucon, Paris, 1849, III, p. 57), dit que cette réponse eut beaucoup de succès en Italie et qu'elle fut réimprimée en France. — *Lettre d'un docteur de Sorbonne touchant le Mémoire d'un Docteur en Théologie, adressé à Messeigneurs les Prélats de France contre les Bénédictins* (1699, in-12, 61 p.). — *Lettre d'un Abbé commanditaire aux RR. PP. Bénédictins de la Congrégation de Saint-Maur* 1699, in-12, 27 p.). — *Lettre d'un Bénédictin non réformé, aux RR. PP. Bénédictins de la Congrégation de Saint-Maur* (1699, in-12, 21 p.). — *Plainte de l'Apologiste des Bénédictins à Messeigneurs les Prélats de France* (in-12, 131 p.). — *Defensio Arnaldina, seu analytica synopsis de correctione et gratia, ab Antonio Arnaldo doctore et socio Sorbonico, anno 1664, ab omnibus reprehensorum calumniis vindicata*. (Antverpiæ [Reims], in-12. Elle est de dom Gesvres. Dom Magnin la fit réimprimer à Genève, chez Fabri et Barillot (Correspond. de Mabillon, III, p. 52). — *Solution de divers problèmes...* (1699). — *Réflexions sur la nouvelle édition des Ouvrages de saint Augustin publiée par les Bénédictins de la Congrégation de Saint-Maur*, par M. Du. Hamel (dans la *Bibliothèque Critiq.* de Sainjore (R. Simon), Amsterdam, 1708, III, p. 101-116). — *Avis donné aux Moines Bénédictins, lorsqu'ils se mirent en tête de publier leur nouvelle Édition des Ouvrages de saint Augustin* (Lettre de Richard Simon, Ibid., IV, p. 40-42. — *Poème sur les écrits des Jésuites contre la nouvelle édition de saint Augustin*. Signé L. D. P. B. D. B. P. (1699, in-12, 9 p.). — Voyez sur ces écrits celui qui a pour titre : *Histoire de la nouvelle édition de saint Augustin, donnée par les PP. Bénédictins de la Congrégation de Saint-Maur* (1736, in-4). Cet ouvrage, de dom Vincent Thuillier, fut publié après sa mort. On lui reproche des inexactitudes. Il a paru dans la *Bibliothèque Germanique* (T. XXXIII, p. 188-222; T. XXXIV, p. 13-50; T. XXXV, p. 69-101).

LE CARDINAL DE BÉRULLE (p. 140).

Le Cardinal de Bérulle a souvent été accusé de Jansénisme. Mgr. Jager (1), M. Léon Aubineau (2) ont formellement dirigé cette accusation contre la mémoire du fondateur des Carmélites et des Oratoriens de France. Mgr Jager dit : « Sa dissimulation (de Saint-Cyran) gagna le P. de Bérulle qui ne trouva en lui rien que de beau » (3). M. Aubineau écrit : « Par animosité contre un Jésuite, (il) avait laissé introduire et peut-être même favorisé les germes du Jansénisme dans sa congrégation ». Il ajoute (4) : « L'estime particulière de Port-Royal pour Bérulle confirme les réserves du Cardinal de Bérulle sur ce personnage beaucoup trop vanté à notre avis dans l'Eglise Gallicane » (5). Il y aurait beaucoup à dire sur ce sujet. Sans trop y insister et en renvoyant le lecteur à l'ouvrage de M. l'abbé Houssaye, que nous avons déjà eu souvent l'occasion de citer, on peut faire, à propos de ces accusations, quelques remarques. 1° Le P. de Bérulle fut toujours mal vu par Richer, le restaurateur, a-t-on dit, du Gallicanisme en France (6). 2° Le P. de Condren et M. Olier eurent toujours pour la mémoire de Bérulle le respect le plus religieux. Ces saints personnages se seraient-ils exprimé avec tant de faveur sur le compte d'un janséniste? Auraient-ils recommandé si instamment à leurs disciples de suivre ses exemples ? 3° Personne n'a été autant loué par les Jansénistes que sainte Chantal. En conclura-t-on que la fondatrice de la Visitation était janséniste ? Mais avec un pareil argument on en viendrait à dire que l'estime particulière de Port-Royal pour S. Augustin devrait faire douter de l'orthodoxie de ce Père.

Pour les démêlés du P. de Bérulle avec la Compagnie de Jésus, on pourra consulter les ouvrages suivants : M. Houssaye, *le P. de Bérulle et l'Oratoire de Jésus*, Paris, 1874, in-8, pp. 438 et suiv., *Mémoires du P. Garasse*, publiés par le P. Carayon, Paris, 1866, in-8 (7).

NOËL ALEXANDRE (p. 141).

Noël Alexandre entra chez les Frères prêcheurs de Rouen, non en 1655, comme le dit Rohrbacher, mais en 1653. Le premier volume de ses *Dissertations* (latines) *sur l'histoire de l'Eglise* a paru à Paris, en 1677, in-8, et non en 1686. Du vivant même du P. Alexandre son histoire fut vivement attaquée ; mais la critique intitulée *Animadversions sur l'Histoire ecclésiastique du P. N. Alexandre*.

(1) *Revue d'Économie chrétienne*, décembre 1864, p. 1012.
(2) *Mémoires* du P. Rapin, t. 1, p. 103; t. II, p. 237, etc.
(3) *L. C.*, p. 1023.
(4) T. I, p. 156.
(5) Sainte-Beuve dit aussi : « Tout cela contribua à former la plus étroite familiarité de M. de Saint-Cyran avec M. de Bérulle ; c'est chez ce cardinal qu'il rencontra pour la première fois M. Vincent de Paul ». *Port-Royal*, 3ᵉ éd. t. I, p. 306. Saint-Cyran aurait, vers cette époque, fait gagner un procès de saint Vincent de Paul, en faisant changer les conclusions de Jérome Bignon, avocat-général. *Ibid*.
(6) V. la note sur le Dʳ Guyart.
(7) V. aussi *les Miracles du cardinal P. de Bérulle, d'après des documents inédits*. Paris, 1880, pet. in-12.

qui avait été imprimée à Rouen, fut supprimée, grâce au crédit du Dominicain (1).

On lui doit quelques dissertations curieuses. Il a prouvé, contre Launoi, que saint Thomas est l'auteur de la *Somme théologique*; contre Bollandus, que l'office du Saint-Sacrement est bien du saint docteur. Il a fait aussi un Panégyrique de saint Thomas d'Aquin.

Il faut dire que, malgré la part qu'il prit à la censure de l'archevêque de Strigonie, il a dédié au souverain Pontife son *commentaire sur les quatre Évangiles* (2). Dans sa préface, il soumet au jugement du Saint-Siège tous les ouvrages qu'il a composés jusque-là.

### MALEBRANCHE (p. 147).

Une vie de Malebranche serait trop longue ici. Disons seulement qu'il était né le 5 août 1638 (et non le 6) (3), qu'il avait signé le formulaire, mais, d'après Arnauld, s'était rétracté (4). M. de Maistre a dit avec une admiration excessive : « La France n'est pas assez fière de son Malebranche. » Les écrits philosophiques du brillant écrivain sont bien connus. Consulter sur lui les ouvrages de MM. l'abbé Blampignon (5). Ollé-Laprune (6) et Damien (7). Pour la critique de la philosophie, voir les ouvrages de Simon Foucher, cités dans la note sur la philosophie de Descartes et l'appréciation de M. Vallet dans son *Histoire de la philosophie* (p. 416).

Il faut lire encore dans la *Revue des questions historiques* (8) l'article de M. Doinel, *Un épisode inconnu de la vie de Malebranche*.

### LE P. EUDES (p. 150).

La cause de la béatification du P. Eudes est introduite à Rome. Elle a fait déjà l'objet d'une enquête canonique dans le diocèse de Bayeux. Les rapports du P. Eudes avec Marie des Vallées ont été l'objet d'un minutieux examen, qui n'a pas empêché une sentence favorable du tribunal établi par l'Ordinaire. Le P. Eudes avait écrit une vie de cette personne d'un mysticisme équivoque, née en 1590 et morte à Coutances en 1656. Elle fut accusée de sortilège, mais déclarée innocente par le parlement de Rouen (9). Son procès donna lieu à beaucoup d'écrits (10). La vie de Marie des Vallées par le P. Eudes

---

(1) Du Pin, *Bibliothèque des auteurs ecclésiastiques*, XVIIe siècle, 5e partie, p. 277.
(2) Paris, 1703.
(3) Sainte-Beuve, *Port-Royal*, t. V, p. 357, note.
(4) Lettre au P. Quesnel, 15 février 1684 ; *ibid.*, t. V, p. 382, note.
(5) *Etude sur Malebranche d'après des documents manuscrits*, Paris, 1861, in-8.
(6) *La Philosophie de Malebranche*. Paris, 1870, 2 vol. in-8.
(7) *Etude sur la Bruyère et Malebranche*; Paris, 1882, in-8.
(8) T. XX, p. 553.
(9) V. Floquet, *Histoire du Parlement de Normandie*, t. V, pp. 715 et suiv.
(10) Frère en indique quelques-uns, *Manuel de bibliographie normande*, t. II, p. 284.

se trouve à la Bibliothèque nationale (1). Le P. Hérambourg, eudiste, né en 1661, a écrit une vie du P. Eudes. Le deuxième livre de son ouvrage a été publié il y a une dizaine d'années (2), par le R. P. Le Doré, supérieur général de la Congrégation. Une nouvelle vie du P. Eudes a été publiée en 1879 (3).

### LA MYSTIFICATION DE DOUAI (p. 155),

Le mauvais plaisant, comme dit Rohrbacher, auteur de cette mystification, que d'autres ont appelée une fourberie, était, au témoignage de Grosley, un jésuite, le P. Lalemand (4). A la suite de la signature des propositions, quatre professeurs furent expulsés de la faculté. « J'étais bien sensé, dit M. l'abbé Fuzet (5), d'attribuer cette *fine comédie* aux révérends Pères ; elle me paraissait rentrer dans le genre de quelques tours malicieux joués par eux à leurs adversaires qui les racontent sans rire (6). Mais il est certain que Tournelly est l'auteur de la fourberie de Douai ; il en revendiqua la paternité auprès de Louis XIV même, qui le félicita et trouva que la ruse était de bonne guerre. Cependant, que le savant et spirituel docteur ait agi sans consulter quelques bons Pères et sans en recevoir des encouragements empressés, je n'en mettrais pas ma main au feu.

### LE COURAYER (p. 161).

Le Courayer, dont le portrait, en habit de chanoine régulier, se voit encore à Oxford, n'est plus guère connu en France aujourd'hui. Les polémiques sur les questions qu'il avait soulevées sont bien éteintes. On pourra trouver d'assez curieux renseignements sur ce personnage équivoque, aux manuscrits de la Bibliothèque nationale (7). Citons en particulier, une lettre du 1er janvier 1728, qui est assez importante pour la connaissance de ses sentiments. Dans cette correspondance, 9 décembre 1727, il ne paraît pas le moins du monde ami des Jansénistes. Dom Guéranger ne mentionne pas dans ses Institutions liturgiques, le livre qu'écrivit le P. Lebrun contre Le Courayer. On trouve encore trois autres lettres de Le Courayer dans les manuscrits français, 7709, fol. 143 et suivants.

### TILLEMONT (p. 164).

Le nom de cet érudit ne se trouve pas dans Rohrbacher quoiqu'il ait certainement consulté ses ouvrages :

---

(1) Mss., fr. La Bibliothèque de Cherbourg en possède un abrégé, mss. aussi.
(2) Paris, 1869, in-8.
(3) *Vie du R. P. Jean Eudes, par J. Martine, manuscrit inédit*, publié et annoté par l'abbé Le Cointe. Caen, 2 vol. in-8.
(4) Sainte-Beuve, *Port-Royal*, 3e édit., t. V, p. 465.
(5) *Les Jansénistes au XVIIe siècle*, p. 455.
(6) L'auteur aurait pu citer ce qui arriva à Santeul. Sainte-Beuve *Port-Royal*, t. V, p. 624.
(7) Mss. fr. 15184 et latins, 16804, fos 87 et suiv.

Sébastien Le Nain de Tillemont, né à Paris, en 1637, fut un disciple de Port-Royal. Il fut ordonné prêtre en 1676. A la suite d'une censure de son premier travail, il se décida à publier séparément l'*Histoire des Empereurs* (1). Le succès obtenu par les premiers volumes de cet ouvrage fit désirer son Histoire ecclésiastique. On lui donna un autre censeur et le premier volume des *Mémoires pour servir à l'Histoire ecclésiastique des six premiers siècles* (2) parut en 1695. Tillemont mourut en 1698, et les volumes qui restaient à paraître furent publiés par M. Tronchai, qui a écrit sa vie (3). Ses recueils sur la vie de saint Louis, qui avaient été probablement entrepris pour l'instruction du Dauphin, ont été publiés sous le titre de *Vie de Saint Louis*, pour la société de l'Histoire de France, par M. de Gaulle (4).

Voici le jugement que Mœlher porte sur Tillemont, mais dont il faut rabattre en plusieurs points : « Tillemont se proposait de recueillir tout ce qu'il trouverait dans l'ancienne littérature sur les personnes, les faits, les événements ou sur un ensemble d'événements importants, et de le réduire à un seul corps d'ouvrage. Il s'acquitte de cette tâche d'une manière si consciencieuse que, lorsqu'il veut ajouter ses propres remarques au récit de l'histoire, il les met entre crochets, afin qu'on ne les confonde pas avec les faits historiques. Il a joint à son travail des remarques critiques d'une valeur inappréciable et que doivent consulter tous ceux qui veulent s'orienter sur le terrain de l'histoire. Tillemont, de même que Fleury et Alexandre, était à la fois un écrivain de grand talent et de haute piété. Mentionnons aussi en passant son *Histoire des Empereurs*, qui n'est nullement à dédaigner de ceux qui désirent étudier à fond l'Histoire de l'Eglise, car elle renferme une immense quantité de matériaux relatifs à cette histoire.

« C'est dans les *Mémoires* de Tillemont, bien qu'ils ne soient point rigoureusement une histoire, qu'on puise les plus solides connaissances sur les premiers siècles. Il est regrettable qu'ils n'aient pas été continués. Tillemont laissa, il est vrai, des manuscrits, mais ils étaient trop informes pour qu'on pût les publier. L'ouvrage finit en 513. Nul n'aurait osé entreprendre de le continuer, parce que nul ne se sentait à la hauteur d'une pareille tâche (5). »

L'*Histoire des Empereurs* est encore aujourd'hui un ouvrage qui fait autorité et que les meilleurs juges en antiquités romaines, comme M. Léon Renier, apprécient justement ; mais les *Mémoires* se ressentent trop de l'esprit janséniste et gallican de l'auteur, pour être consultés aussi sûrement que le dit Mœlher, lui-même un peu sujet à caution.

---

(1) 1690-1738, 6 vol. in-4. Le sixième ne fut publié que quarante ans après sa mort.
(2) 16 vol. in-4, 1693, 1712.
(3) *La vie et l'esprit de M. Le Nain de Tillemont*, 1713, in-12.
(4) Paris, 1846-1851, 6 vol. in-8.
(5) *Histoire de l'Eglise*, trad. franç., t. I, pp. 45-46 ; — Cfr. Mgr Héfélé, dans *Theologische quartalschrift*, 1841, t. II, pp. 100-119.

## LE GALLICANISME (p. 171).

L'élément doctrinal fondamental du Gallicanisme est contenu dans les quatre articles de 1682 (1). Des articles accessoires de cette doctrine sont les suivants : la juridiction de chaque évêque est de droit divin immédiat ; — les curés sont de droit divin immédiat ; — les princes ont pouvoir sur les empêchements de mariage.

L'esprit qui signalait les Gallicans est facile à caractériser. On remarquait chez eux une admiration presque exclusive pour tout ce qui est français et une sorte de dédain pour les autres Eglises. Ils montraient une antipathie assez vive pour les réguliers, une grande opposition aux exemptions, une tendance au rigorisme.

Les libertés de l'église gallicane étaient, d'après Pithou, au nombre de 83 ; Durand de Maillane en compte même 85.

Les canonistes gallicans réclamaient pour le roi le droit de régale universelle (2). Les évêques ne pouvaient tenir concile sans la permission royale. Ils ne pouvaient sortir du royaume sans cette même permission. Les magistrats ne pouvaient être excommuniés pour les devoirs de leur charge. Ils peuvent appeler comme d'abus. Ils peuvent ordonner des monitoires, empêcher un évêque d'absoudre un de ses diocésains, et le contraindre à les absoudre *ad cautelam*. Ils examinent les bulles du pape, les canons disciplinaires des conciles œcuméniques. On ne peut communiquer avec Rome que par l'intermédiaire des ministres du roi. Le roi peut assembler des conciles.

Quant au pape, il ne peut évoquer à Rome ni les personnes, ni les causes ecclésiastiques ; il ne peut envoyer de légat sans l'agrément du roi ; il ne peut pas établir de nouvelles exemptions ; il n'a aucun pouvoir, soit direct, soit indirect, sur la couronne. Les sujets qu'il ordonnerait à Rome sans le consentement du roi ne seront pas tenus comme ordonnés en France, au point de vue de leur place. Les tribunaux des Rites, de l'Index, n'ont aucune autorité. Le Pape ne peut établir d'autres juges ecclésiastiques que les Evêques.

Les libertés relatives aux évêques et aux ecclésiastiques sont les suivantes : les ecclésiastiques peuvent avoir plusieurs bénéfices à la fois. Les évêques examinent et jugent d'après le Pape. Ils ne peuvent être jugés que par leurs collègues. Les religieux laissent leurs biens à leurs parents, et les bénéficiers leur laissent les fruits de leurs bénéfices.

Suivant Pierre de Marca, ces libertés s'appuient sur la coutume, sur la tolérance de l'Eglise, mais Bossuet (3) trouve ce sentiment d'une grande faiblesse. Pour lui, ces libertés s'appuient sur la supériorité des conciles sur le pape, sur la stabilité incontestable des anciens canons, par conséquent sur le droit de gouverner d'après ces anciens ca-

---

(1) Rohrbacher les cite, p. 174, et les examine, pp. 178 et suiv. — V. aussi M. de Beausset, *Histoire de Bossuet*, livre VI, ch. 14
(2) Pithou, n° 66.
(3) *Défense de la déclaration*, 3ᵉ partie, livre XI, ch. 9 et 11.

nons et de ne recevoir les nouveaux qu'autant qu'ils sont propres à faire observer les anciens (1).

Il y a deux espèces de Gallicanismes, le Gallicanisme épiscopal et le Gallicanisme parlementaire. Suivant l'abbé Guettée (2), il y a l'ancien et le nouveau Gallicanisme. L'ancien serait né au VIIIe siècle, d'une opposition des évêques de France au pouvoir royal et aux usurpations du Saint-Siège ; le nouveau est celui qui sacrifie les libertés de l'Eglise au roi.

C'est aux Conciles de Constance et de Bâle que remonte historiquement le Gallicanisme. Il fut développé par Gerson, Pierre d'Ailly, etc. Restauré au XVIIe siècle par Richer (3), ayant atteint tout son développement par la déclaration de 1682 (4), défendu par Bossuet, Noël Alexandre, Ellies Dupin, Fleury, etc., il n'est plus aujourd'hui qu'un souvenir. Le Concile du Vatican l'a fait disparaître (5).

---

L'ASSEMBLÉE DE 1682 (p. 175).

Par deux déclarations royales, l'une de 1673, l'autre de 1675, Louis XIV avait décidé que toutes les églises de son royaume étaient sujettes à la régale, et que les archevêques et évêques qui ne l'avaient pas encore close en faisant enregistrer leur serment, devraient accomplir cette formalité dans les six mois. Les évêques de Pamiers et d'Alet, Caulet et Pavillon refusèrent d'obéir à cet ordre et ne voulurent pas recevoir les ecclésiastiques pourvus en régale. Pavillon mourut le 8 décembre 1677, peu après avoir engagé la lutte. Caulet résista avec énergie. Foucault (6), alors intendant de Montauban, fut chargé de saisir le temporel de cet évêque. Le clergé de Pamiers fut fidèle à son évêque et fut frappé comme lui. Les remontrances de Caulet n'étant pas écoutées, il interjeta appel auprès du Pape. Innocent XI adressa au roi, le 12 mars 1678, un premier bref pour l'avertir qu'il avait violé les droits de l'Eglise. En janvier suivant, nouveau bref ; enfin le 27 décembre 1679, troisième bref plus sévère que les précédents (7).

Après la mort de Caulet, 7 août 1680, un schisme éclata dans l'église de Pamiers. Les chanoines légitimes choisirent pour vicaire capitulaire l'archidiacre d'Aubarède ; mais celui-ci fut arrêté dès le 22 août et emprisonné au château de Caen, où il mourut en 1692. Le P. Rech qui lui succéda eut le même sort. Montpezat, archevêque de Toulouse, contrairement au droit, osa nommer un vicaire capitulaire, nommé Fortassin. De son côté, le chapitre nomma en cette qualité le P. Cerles, qui sut ne pas se laisser arrêter et du fond de sa cachette, gouverna le diocèse et déféra sa cause au Saint-Siège

qui confirma ses pouvoirs. L'archevêque de Toulouse, à la suite de manœuvres peu honnêtes (1), nomma à la place de Fortassin, d'abord l'évêque de Léon qui refusa ; mais Cerles fut condamné à mort par arrêt du parlement de Toulouse, du 16 avril 1681, et exécuté en effigie. Le bourreau de Pamiers s'enfuit pour ne pas prêter les mains à cette exécution (2). L'opinion publique se déchaîna contre les juges du P. Cerles.

L'affaire de Charonne (3), dont le monastère fut supprimé et les religieuses dispersées dans différents diocèses, acheva de montrer quelles étaient les prétentions de Louis XIV. Mais comme le roi et les évêques qui soutenaient ses projets craignaient une excommunication pontificale, la cour résolut de se faire appuyer par l'assemblée du clergé qui se tenait à Saint-Germain depuis le mois de mai 1680. L'archevêque de Paris, Harlay, fit signer à ses collègues une lettre datée du 10 juillet 1680, où l'on donnait complètement raison au roi. M. Gérin a prouvé (4) que cette lettre avait été surprise aux membres de l'assemblée, que par suite elle n'était ni spontanée, ni sincère.

Innocent XI, qui espérait toujours un accommodement, envoya au roi, le 3 mars 1681, un bref très affectueux. Croyant trouver dans Le Camus, évêque de Grenoble, un négociateur capable d'amener cet accommodement, il proposa de l'accréditer à Paris, en qualité de nonce. Le Camus fut refusé par Louis XIV, comme étant opposé à la régale (5). Du reste, Louis XIV, comptant sur l'appui du clergé, qu'il avait su engager dans sa querelle par la lettre du 10 juillet 1680, crut qu'il valait mieux opposer à Innocent XI une sorte de Concile national. « Toujours attentif à diviser le Pape et le Clergé de France pour les vaincre plus facilement l'un après l'autre, il voulut que les évêques demandassent eux-mêmes de les convoquer extraordinairement et il prescrivit à cet effet aux évêques présents à Paris de se réunir chez Harlay pour organiser cette campagne contre le Saint-Siège (6). »

Cette assemblée, qui se tint en mars et mai 1681, fut l'ébauche de l'assemblée de 1682. Elle se distingua par son servilisme envers le roi, et demanda, le 2 mai 1681, « un concile national ou une assemblée générale du clergé, composée de deux députés du premier ordre et de deux du second de chaque province, qui n'auraient en cette assemblée que voix consultative (7). »

L'assemblée (8) fut convoquée pour le 1er octobre 1681. Le roi, dans les lettres de cachet adressées aux électeurs, indiqua très nettement les candidats officiels (9).

Quels étaient les élus ? Etait-ce, comme l'a dit le cardinal de Bausset (10), l'élite de tout ce que l'Eglise

---

(1) V. Mgr Maret, *du Concile général et de la paix religieuse*, Paris, 1869, 2 vol. in-8, et dom Guéranger, *de la monarchie pontificale à propos du livre de Mgr l'Evêque de Sura*, Paris, 1869, in-8.
(2) *Histoire de l'Eglise de France*, Paris, 1847-1856, 12 vol. in-8, mise à l'index.
(3) V. la note sur ce personnage.
(4) V. le Card. Litta, *Lettres sur les quatre articles du clergé gallican*, 1818.
(5) Voir *La tradition catholique sur l'infaillibilité pontificale ou la définition du Concile du Vatican devant l'Ecriture, les Pères et l'histoire*, par Mgr l'archevêque de Bourges, Paris, 1877, 2 vol. in 8.
(6) Ses *Mémoires* ont été publiés par M. F. Baudry, Paris, 1862, in-4.
(7) V. Gérin, *l'Assemblée de 1682*, 2e édit. p. 79.

(1) Gérin, *ibid.*, pp. 82, 83.
(2) *Ibid.*, pp. 85, 86.
(3) La lire dans M. Gérin, pp. 88 et suiv.
(4) *Ibid.*, pp. 118 et suiv.
(5) V. ses lettres et celles du chancelier Le Tellier, dans M. Gérin, pp. 129-135.
(6) Gérin, *ibid.*, p. 135.
(7) Fleury, cité par M. Gérin, p. 145.
(8) V. R. de Saint-Mauris, *l'Assemblée de 1682*, dans la *Revue des questions historiques*, t. VI, p. 553.
(9) Aucun doute n'est possible sur ce point après la lecture des pièces citées par M. Gérin, pp. 164-207.
(10) *Histoire de Bossuet*, liv. VI.

gallicane comptait alors de plus pieux, de plus savant, de plus éclairé? Il y avait deux présidents de l'assemblée. L'un était l'archevêque de Paris, François de Harlay, dont M$^{me}$ de Sévigné disait (1), au moment de sa mort : « il n'y a que deux petites bagatelles qui rendent cet ouvrage (son oraison funèbre) difficile, c'est la vie et la mort, » et que Fénelon traite avec la plus extrême sévérité (2). L'autre était Charles-Maurice Le Tellier, archevêque de Reims (3), rempli de préjugés gallicans, tout à la cour comme Harlay, mais n'étant pas comme lui décrié pour ses mœurs.

Viennent ensuite Colbert, coadjuteur de Rouen, qui en 1691, refusait le pallium (4), et qui était tout aux jansénistes, comme son cousin, l'évêque de Montpellier. Son archevêque, Rouxel de Médavy, était depuis longtemps un des clients du ministre Colbert. L'archevêque de Bourges, La Vrillière, était le frère du marquis de Chateauneuf, qui avait été chargé de faire exécuter les décrets et édits sur la régale dans le diocèse de Pamiers. Genlis, archevêque d'Embrun, avait une réputation de flatteur à outrance. L'archevêque de Bordeaux, d'Anglure de Bourlemont, ancien auditeur de rote à Rome, s'était résolument rangé contre le Pape, lors des querelles qui lui furent suscitées par Louis XIV. Serroni, archevêque d'Albi, prenait les ordres de la cour pour règle unique de sa conduite. Seuls, Grammont, archevêque de Besançon, qui ne vint pas à l'assemblée, et Brias, archevêque de Cambrai, méritent des éloges sans restriction.

Les évêques étaient, outre l'évêque de Viviers, qui ne put venir, Villacerf, évêque de Montauban, qui « laissa, dans les divers diocèses où il passa, une réputation moins digne d'un évêque que d'un commis du contrôleur général des finances » (5). La Berchère, évêque de Lavaur, était, dit l'abbé Legendre (6) très docile, mais il faut dire qu'il a laissé la renommée d'un sage et habile prélat. Chavigny, évêque de Troyes, était alors tout entier à la dissipation. De Choiseul, évêque de Tournai, poussa plus loin que personne la campagne entreprise contre le Pape. Noailles, évêque de Châlons, depuis archevêque de Paris, montrait déjà cette faiblesse de caractère, qui a rendu son administration si malheureuse. Guémadeuc, évêque de Saint-Malo, n'est pas très bien traité par M$^{me}$ de Sévigné (7). La marquise ne traite pas mieux Valbelle, évêque d'Alet, qu'elle appelle un « freluquet » (8), et qui plus tard, transféré à Saint-Omer, tint à l'égard de Fénelon, son métropolitain, une conduite odieuse. Fradel, évêque de Montpellier, regardait toujours, dit Coulanges, d'où venait le vent de la faveur. De Tessé, évêque d'Avranches, était, malgré une piété sincère, très complaisant pour le pouvoir. On ne dit pas grand mal de Boisdauphin, évêque de La Rochelle et de Vintimille du Luc, évêque de Toulon. D'Étampes, évêque de Marseille, était un prélat mondain. Cosnac, évêque de Valence, est bien connu. Il en est de même de Roquette, évêque d'Autun. Quant à Gordes, évêque de Langres, il faut lire ce qu'en dit Saint-Simon. Dulaurens, évêque de Belley, Ancelin, évêque de Tulle, étaient des courtisans, ainsi que Valavoir, évêque de Riez, Piancourt, évêque de Mende, d'Orsiè, évêque de Bazas, Saint-Estève, évêque de Conserans, Baglion du Saillans, évêque de Tréguier.

Quant aux députés du second ordre (1), il y avait Chéron, official de Paris, et Courcier, théologal du même diocèse, le D$^r$ Gervais, Faure, Maucroix, Cocquelin, chancelier de l'Université de Paris, tous prévenus depuis longtemps en faveur du Gallicanisme. D'autres étaient alors pourvus en régale et intéressés par conséquent ; parmi eux l'abbé de Camps, de Saint-Georges, depuis archevêque de Lyon, le futur cardinal de Fleury, etc.

Après cette revue, M. Gérin conclut ainsi : « L'Église de France n'était pas là. Est-ce qu'en effet, parmi ces prêtres et ces évêques, il y en a un seul qui puisse être cité pour avoir aimé, servi et sauvé les âmes comme les François de Salles, les Charles Borromée, les Vincent de Paul, les Bérulle, les Olier, les César de Bus ? Est-ce qu'il y en a un seul qui ait attaché son nom à une grande institution chrétienne, à une réforme importante de la discipline ou des mœurs ? Qui d'entre eux a exercé une salutaire influence sur ses contemporains ? quel est celui dont les générations bénissent encore la mémoire comme celle de leur père spirituel ? » (2).

Les résolutions prises par l'Assemblée sont assez connues. M. Gérin qui reproduit les notes de Fleury d'après M. Emery (3) n'a point recours au manuscrit original de Fleury, ce qui fait que son texte n'est pas complet. Après les mots : « principalement pour régale » le mss porte (4) :

« Evêque de M. désire le traité sur la regale. N'attendre le consentement de Rome. Maxime de M. Cornet. Ne veulent entrer en tempérament. Tout par autorité. » Ces mots semblent assez défavorables, au point de vue dogmatique, à Bossuet, qui, comme la suite du récit de Fleury le montre, fut le rédacteur des articles adoptés par l'Assemblée.

Sans doute il n'avait pas été le promoteur de cette Assemblée ; il s'y est même opposé tant qu'il a pu ; mais, il avait été élevé dans les idées gallicanes (5). Son discours sur l'unité de l'Église prouve qu'il tenait à ne pas s'éloigner du Saint-Siège. S'il a dressé les propositions, c'est pour écarter des propositions contraires à la foi catholique et conserver l'unité de l'Église. Il paraît bien certain qu'il a en effet empêché une rédaction beaucoup plus avancée, et prévenu ainsi de terribles conséquences. Mais il pécha surtout par complaisance. On sait que M. de Tréville disait de

---

(1) Lettre du 12 août 1695.
(2) Lettre à Louis XIV. — V. les deux articles de Sainte-Beuve, *Nouveaux Lundis*, t. V.
(3) V. le beau livre de M. l'abbé J. Gillet, *Charles-Maurice Le Tellier, archevêque-duc de Reims*. Paris, 1881, in-8.
(4) Gérin, *ibid.*, p. 243.
(5) *Ibid.*, p. 255.
(6) *Mémoires*, p. 106.
(7) Lettres, 8 et 15 décembre 1675.
(8) 11 septembre 1680.

(1) V. Gérin, *ibid*, pp. 272 et suiv. — Cfr. l'abbé Maynard, *l'Assemblée de 1682*, dans la *Revue des Questions historiques*, t. VIII p. 405.
(2) *Ibid.*, p. 301.
(3) *Ibid.*, p. 306 ; *Nouveaux opuscules de Fleury*, p. 260 et suiv.
(4) Bibl. nat. miss. fr., 9518, f° 9.
(5) Le paragraphe de Fleury que nous citons plus haut le montre. — V. aussi le P. Gazeau, *Études religieuses des PP. Jésuites*, juin 1869, et Floquet, *Bossuet précepteur du Dauphin*, pp. 546 et suiv.

Bossuet qu'il n'avait pas d'os (1). Il ne sut pas, dans cette circonstance, résister aux vues coupables du roi et de ses conseillers.

Un édit du 20 mars ordonna que les quatre articles fussent enregistrés dans toutes les universités et facultés de théologie et enseignés par leurs professeurs. A Paris, la majorité de la Faculté de théologie (753 docteurs) était contraire aux quatre articles; aussi furent-ils enregistrés par ordre du Roi, sans qu'on permît aux docteurs de délibérer (2). Plusieurs docteurs furent exilés. Malgré cela, il n'y eut que 162 docteurs à signer une pièce qui pouvait passer pour une adhésion aux doctrines de l'Assemblée : une demande ayant pour objet d'obtenir le rétablissement des réunions de Sorbonne (3).

Nous ne prolongerons pas ce récit dont on trouvera les détails fort intéressants dans le livre de M. Gérin, d'où nous avons tiré le résumé qui précède (4).

Il faut dire cependant que l'édit royal de 1682, qui étendait la régale à toutes les églises de France, tout en proclamant la nécessité de l'institution catholique pour les sujets pourvus par le Roi de bénéfices auxquels seraient attachées des fonctions spirituelles et ecclésiastiques, fut chaudement approuvé par Bourdaloue (5).

Louis XIV rétracta son édit de 1682, devant les inébranlables résistances du souverain Pontife (6).

---

BOSSUET (p. 190).

La vie de Bossuet a été l'objet de nombreux et importants travaux depuis l'époque où Rohrbacher écrivait. Citons MM. Gandar (7), Réaume (8) et surtout Floquet (9), qui est mort sans avoir achevé ses savantes études sur le grand homme. On peut

---

(1) Sainte-Beuve, *Port-Royal*, 3e éd., t. V, p. 465. Arnault disait aussi de Bossuet : « Il y a un *verumtamen* dont j'appréhende qu'il n'ait un grand compte à rendre à Dieu ; c'est qu'il n'a pas le courage de rien représenter au roi. » *Ibid.*, p. 463.
(2) Gérin, *ibid.*, p. 383.
(3) *Ibid.*, p. 403.
(4) On peut consulter aussi *Nouveaux éclaircissements sur l'Assemblée de 1682, d'après les mémoires inédits du marquis de Souches, et autres documents peu connus*, par le P. M. Lauras, de la Cie de Jésus, Paris, Palmé, 1878, in-12 ; Loyson, *l'Assemblée du Clergé de France en 1682*, Paris, 1870, in-8 ; — Jung, *la France et Rome*, Paris, 1874, in-12, livre sans aucune valeur et dédié à E. About. Cfr. aussi Ch. Gérin, *Une nouvelle apologie du Gallicanisme*. Paris, 1870, in-8.
(5) 2e sermon sur la Purification, *in fine*, cité par Floquet, *Bossuet précepteur du Dauphin*, p. 554, note. Nous n'avons rien trouvé dans l'ouvrage du P. Lauras sur Bourdaloue, qui explique les paroles attribuées à l'éloquent jésuite. Voici ce qu'en dit un critique :
« Je désirerais aussi que notre auteur prouvât solidement que, dans la question du gallicanisme, Bourdaloue eut une « conduite noblement indépendante, vraiment sacerdotale » (II, p. 503). Nous croyons qu'il s'est prudemment tenu en dehors de la querelle ; il pensait que sa mission à la cour lui conseillait le silence. Mais on ne peut tirer un argument des paroles qu'il prononça sur la fidélité envers l'Eglise : Bossuet n'a-t-il pas son incomparable discours sur l'unité de l'Eglise, et cependant Bousset fut loin d'être héroïque à l'assemblée de 1682. » (L'abbé Pousset, *Polybiblion*, t. XXXII, p. 337.)
(6) V. M. Ch. Gérin, *Louis XIV et sa rétractation de l'édit de 1682*, dans la *Revue des questions historiques*, t. IX, p. 232.
(7) *Étude sur les sermons de Bossuet*. Paris, in-8. — Il faut noter ici *l'Étude sur les sermons de Bossuet* de l'abbé Vaillant. Paris, 1851, in-8.
(8) *Histoire de Jacques-Bénigne Bossuet et de ses œuvres*. Paris, 1869, 3 vol. in-8.
(9) *Études sur la vie de Bossuet jusqu'à son entrée en fonctions, en qualité de précepteur du Dauphin*, 1627-1670. Paris, 1855, 3 vol. in-8. — *Bossuet précepteur du Dauphin et Évêqu*** à la cour, 1680-1682. Paris, 1864, 1 vol. in-8.

---

dire de ce dernier auteur qu'il a renouvelé les études sur Bossuet. Nous allons l'utiliser dans cette note pour rectifier quelques erreurs de Rohrbacher.

Bossuet n'a pas été baptisé le 29 septembre 1627, comme le dit l'historien d'après le cardinal de Bausset et d'après Bossuet lui-même (1). Son acte de baptême (2) prouve qu'il fut baptisé le 27 septembre. Il suit de là qu'il ne peut être né dans la nuit du 27 au 28 septembre, comme le dit encore Rohrbacher. Sa mère ne s'appelait pas *Mochette*, mais Mochet (3). La famille Bossuet avait probablement été anoblie au temps de François Ier. On sait les fameuses armes du prélat : d'azur à trois roues d'or, posées deux et une.

Bossuet reçut la tonsure des mains de Sébastien Zamet, évêque de Langres, le 6 décembre 1635; il avait donc un peu plus de huit ans (4).

Son grand-oncle, premier président du Parlement de Metz depuis 1633, date de la création de ce parlement, s'appelait Antoine Bretagne. Le père de Bossuet ne fut nommé conseiller au Parlement de Metz qu'en septembre 1638 ; Bossuet avait onze ans et non pas seulement *six*. Il fit ses premières études au collège des Godrans, à Dijon, que dirigeaient les Jésuites. Il obtint un canonicat à Metz le 20 novembre 1640 ; mais il n'en prit possession qu'en 1642. Bossuet, qui quitta le collège des Jésuites en 1642, loua toujours le zèle et le succès des Pères de la compagnie dans l'éducation et l'instruction de la jeunesse (5).

Ce n'est pas en septembre, mais bien le 17 octobre 1642 que Bossuet arriva à Paris (6), et c'est ce jour que Richelieu rentrait aussi dans la capitale.

Bossuet apprit la théologie scolastique et positive avec les docteurs Guischard et Dussaussoy, la controverse avec Péreyret. Il prit peu d'attention aux mathématiques, qui lui semblaient « de peu de fruit pour les gens d'Eglise (7). » La première thèse de Bossuet fut dédiée à Cospéan, évêque de Lisieux (8). Vers cette époque il entra en relations avec saint Vincent de Paul. Sa première thèse de théologie, celle que l'on appelait la *tentative*, dédiée à Condé, fut soutenue le 24 (et non le 25) janvier 1648. Elle portait sur les attributs de Dieu et sur les anges.

Il fut ordonné sous-diacre à Langres, le 21 septembre 1648. Il faisait dès lors partie de la confrérie du Rosaire érigée au collège de Navarre. Il reçut le diaconat à Metz le 21 septembre 1649. De retour à Paris, il fut nommé directeur de la confrérie du Rosaire, et prononça en cette qualité, le 14 août 1650, un discours sur le triomphe de Marie, qui nous est resté (9). Sa *sorbonique* fut soutenue le 9 novembre 1650. Elle donna lieu à un grave procès entre le collège de Sorbonne et celui de Navarre. Sur la liste des licenciés de 1652, le

---

(1) Lettre du 4 août 1692, à Mme Cornuau. *Journal de Le Dieu*, 29 septembre 1700, 29 septembre 1701, 29 septembre 1702.
(2) Publié par M. Floquet. *Études*, t. I, p. 3.
(3) Floquet, *ibid.*
(4) *Ibid.*, p. 33. L'évêque de Condom exigera plus tard l'âge de douze ans révolus pour être admis à la tonsure. *ibid.*
(5) V. les textes reproduits par M. Floquet, p. 68.
(6) Floquet, p. 71.
(7) Le Dieu, cité par Floquet, p. 35.
(8) On n'a pas la date exacte de cette thèse.
(9) Floquet, *ibid.*, p. 130.

premier qui figure est Jean-Armand Le Bouthillier de Rancé, chanoine de Paris; le 2ᵉ est Gaston Chamillart, prêtre de Sorbonne; en 3ᵉ lieu vient Bossuet (1).

Bossuet fut ordonné prêtre le 16 mars 1652. Il reçut le bonnet de docteur le 9 avril suivant. En vain Launoi et de Lalanne, docteur de Navarre, avaient essayé de gagner Bossuet au jansénisme. Prémuni contre cette hérésie par Nicolas Cornet, Bossuet repoussa toutes les avances qui lui furent faites.

Il avait été nommé, cette même année, le 24 janvier, archidiacre de Metz par l'évêque Henri de Bourbon, marquis de Verneuil, charge dont il prit possession au mois de juin suivant. Il prêcha dans la chaire de la cathédrale, le 8 septembre 1652, en présence du maréchal et de Madame de Schonberg (2). Parmi les autres sermons de cette époque, se trouve le Panégyrique de saint François d'Assises prononcé à Metz le 4 octobre 1655 (3). Il convertit aussi alors deux Juifs de Metz, Charles et Louis de Veil; malheureusement cette conversion ne fut pas durable (4). Sa polémique avec le ministre Ferri est restée célèbre. Le *Catéchisme général de la réformation de la religion* (5), écrit par ce ministre, développait cette thèse : « qu'on avait pu anciennement faire son salut dans l'Eglise catholique romaine, mais que, absolument, on ne l'a pu faire depuis la réforme, surtout après l'année 1543 ». Bossuet entreprit la réfutation de ce catéchisme, et il prouva clairement qu'on peut se sauver dans l'Eglise catholique, et qu'on ne le peut dans l'Eglise réformée. Cette réponse péremptoire amena de nombreuses conversions parmi les Protestants.

En août 1654, Bossuet fut nommé grand archidiacre de Metz. Il revint se fixer à Paris en avril 1656. A cette époque, comme le montre M. Floquet (6), Bossuet n'avait lu que très peu d'ouvrages écrits en français ; son style se forma seulement à la lecture des ouvrages grecs et latins. Il débuta, à Paris, dans la chaire, par un panégyrique de saint Thomas d'Aquin, prononcé le 7 mars 1657; malheureusement ce panégyrique ne nous est pas parvenu (7).

Il faut lire, dans MM. Floquet et Gandar, l'historique des premiers sermons de Bossuet. On y suit le développement graduel de son talent, et, grâce aux recherches de ces auteurs, on comprend mieux le caractère de son éloquence.

Revenu à Paris, après la mission de Metz, Bossuet habitait le doyenné du Louvre (8). Il prêcha à la Cour le Carême de 1662. Ce n'est qu'à la fin de cette station que Louis XIV fit féliciter le père de Bossuet (9).

Les démêlés de Louis XIV avec Rome eurent pour résultat en Sorbonne la rédaction de six propositions qui furent présentées au Roi, le 8 mai 1663. Quelle part Bossuet prit-il à la rédaction de ces propositions? Dans l'Assemblée du 31 janvier 1663, il ouvrit un avis qui semblait différent de ceux qui avaient été émis auparavant, mais, si on ne peut savoir au juste quel était cet avis (1), on peut du moins le conjecturer. Car il est certain qu'il vota avec les docteurs sulpiciens et réguliers contre l'enregistrement de l'arrêt du Parlement du 22 janvier 1663 (2). Cet arrêt défendait à la Faculté de théologie d'insérer dans aucune thèse, des propositions pareilles à celles que le bachelier Villeneuve avait soutenues et qui étaient favorables au Saint-Siège (3). Le rapport fait à Colbert sur ceux qui avaient voté comme Bossuet, qualifie aussi ce dernier : « M. Bossuet est sans contredit un bel esprit; a bien du savoir pour son âge, et autant qu'en peut avoir un jeune homme qui se donne à la prédication ; mais la considération ou l'exemple de M. Cornet, dont il est la créature, a été peut-être la cause principale qui l'a fait gauchir en cette occasion (4). » Ailleurs, on le traite d' « esprit adroit, complaisant, cherchant à plaire à tous ceux avec qui il est, et prenant leurs sentiments quand il les connaît... Attaché aux Jésuites et à ceux qui lui peuvent faire sa fortune, plutôt par intérêt que par inclination, car naturellement il est assez libre, fin railleur et se mettant fort au-dessus de beaucoup de choses (5). » Ce dernier trait ferait croire que l'auteur de ce portrait ne connaît guère son modèle.

Quoi qu'il en puisse être sur ce point, que nous laissons à juger à ceux qui ont beaucoup étudié Bossuet, voici les six propositions dont le futur évêque de Meaux combattait alors l'adoption :

« 1° Non esse doctrinam Facultatis quod Summus Pontifex aliquam in temporalia Regis christianissimi auctoritatem habeat. Imo Facultatem semper obstitisse etiam iis qui indirectam tantummodo esse illam auctoritatem voluerunt.

« 2° Esse doctrinam Facultatis ejusdem quod Rex christianissimus nullum omnino agnoscit nec habet in temporalibus superiorem praeter Deum, eamque suam esse antiquam doctrinam, a qua nunquam recessura est.

« 3° Doctrinam Facultatis esse, quod subditi fidem et obedientiam Regi christianissimo ita debent, ut ab iis nullo praetextu dispensari possint.

« 4° Doctrinam Facultatis esse, non probare nec unquam probasse propositiones ullas Regis christianissimi auctoritati aut germanis ecclesiae Gallicanae libertatibus et receptis in regno canonibus contrarias, verbi gratia, quod Summus Pontifex possit deponere Episcopos adversus eosdem canones.

« 5° Doctrinam Facultatis non esse, quod Summus Pontifex sit supra Concilium œcumenicum.

« 6° Non esse doctrinam vel dogma Facultatis, quod Summus Pontifex, nullo accedente Ecclesiae concessu, sit infallibilis (6). »

---

(1) *Ibid.*, p. 161.
(2) C'est le 2ᵉ sermon pour la fête de la Nativité, éd. de Versailles, t. XV, p. 130.
(3) *Œuvres*, t. XVI, p. 430. — Floquet, *ibid.*, p. 263.
(4) Floquet, *ibid.*, pp. 284 et suiv.
(5) Sedan, 1654, in-8.
(6) *Ibid.*, p. 378.
(7) *Ibid.*, pp. 392 et suiv.
(8) *Ibid.*, t. II, pp. 28, 29.
(9) *Ibid.*, pp. 204 et suiv.

(1) V. le *Mémoire* publié par M. Ch. Gérin, *Recherches historiques*, déjà citées, 2ᵉ éd., p. 26.
(2) *Ibid.*, appendice A. p. 518.
(3) *Ibid.*, p. 20.
(4) *Ibid.*, p. 122.
(5) *Ibid.*, p. 535. — Ces documents avaient été d'abord publiés par M. Bouix, *La vérité sur la Faculté de théologie de Paris, de 1663 à 1682, d'après des documents inédits*, Arras, 1864, in-8. Il en avait obtenu communication de M. Gérin.
(6) D'Argentré, *Collectio judicorum*, t. III, part. I, p. 90.

Ces articles devaient se réduire à quatre en 1682 sous la plume de Bossuet, dit M. Bouix (1). Une ordonnance royale, du 4 août 1663, défendit l'enseignement de toute doctrine contraire. Il faut dire cependant, avec le même auteur (2), que lorsque Bossuet abandonna les quatre articles en écrivant ces fameuses paroles : « abeat quo libuerit declaratio (3), » il se rattacha à la doctrine émise par la Faculté de Paris en 1662. Ici nous cesserions d'être d'accord avec M. Bouix qui continue ainsi : « Mieux que tout autre, Bossuet devait savoir que les six articles n'étaient pas la doctrine de la Faculté (4). » Nous avons plus haut indiqué que Bossuet n'avait point varié sur le fond, si parfois il avait varié, comme on eût dit il y a quelque dix ans, sur l'*opportunité* (5). Il ne faut pas oublier cela pour ne point faire porter à sa mémoire une tache de servilisme qui ne retomberait pas sur lui seul, mais sur toute l'Eglise de France à la fin du xvii⁰ et dans le xviii⁰ siècle.

D'ailleurs, en 1682, Bossuet sera moins hostile aux droits du Pape que Harlay et le P. de La Chaise, qui méritent eux le titre de ministres serviles du roi, et qui n'ont guère droit aux circonstances atténuantes.

Revenons aux événements de la vie de Bossuet (6).

Cette année 1663, Bossuet faisait des entretiens au séminaire de Saint-Nicolas du Chardonnet et au séminaire des Trente-trois ; il préchait aussi au séminaire des Missions Etrangères qui venait d'être fondé. En 1664, il introduisit la réforme dans l'abbaye des bénédictines de Sainte-Glossinde de Metz. Le 17 août de cette année, il était élu à l'unanimité grand doyen du chapitre de Metz (7). De retour à Paris, vers la fin d'août, il fut prié par Hardouin de Péréfixe, archevêque de Paris, de persuader les religieuses de Port-Royal de la nécessité de signer le formulaire. Dans ce but il leur écrivit une lettre où il leur montrait que non seulement elles pouvaient, mais encore qu'elles devaient signer le formulaire. Mais ni l'écrit de Bossuet, ni les conversations qu'il eut avec la mère Agnès ne furent efficaces.

En même temps Bossuet s'occupait avec activité du retour des réformés à l'Eglise. En mai 1666, il eut sur ce sujet des conférences avec le ministre Paul Ferri, et il lui donna même des explications écrites qui sont comme l'ébauche de l'*Exposition* (8). Mais les protestants en général ne voyaient pas ces projets d'un bon œil, et Ferri devint suspect aux ardents de son parti, à Daillé et à Claude. A partir de ce moment, Ferri fut moins empressé pour la réunion. Rohrbacher, après le cardinal de Bausset, soutient que ce ministre mourut dans ces sentiments catholiques. M. Floquet est d'un sentiment opposé et les raisons qu'il donne (9) paraissent assez plausibles. Bossuet fut plus heureux à Paris avec l'anatomiste danois Stenon, Louis de Courcillon, plus tard abbé de Dangeau, et surtout avec Turenne. C'est en effet aux entretiens de Bossuet que fut due la conversion du maréchal (1), qui abjura le 23 octobre 1668. L'*Exposition de la doctrine catholique* avait aussi beaucoup contribué à ce résultat.

Bossuet fut nommé évêque de Condom le 8 septembre 1669, aux applaudissements unanimes de ses contemporains. Quelque temps après, 8 juin 1670, il assistait Henriette d'Angleterre à son lit de mort (2). Le 13 septembre 1670, il fut nommé précepteur du Dauphin, et sacré le 21 septembre dans l'église des Cordeliers de Pontoise, où se tenait cette année l'assemblée générale du clergé. Le prélat consécrateur fut Le Tellier, coadjuteur de Reims. Bossuet se démit de son évêché en octobre 1671, pour se donner tout entier à ses fonctions de précepteur, qu'il remplit avec plus de zèle et de talent que de succès (3).

Il terminait en même temps son *Exposition* qui fut achevée d'imprimer le 1ᵉʳ décembre 1671 (4). On sait quel fut alors le prodigieux succès de ce livre. Il fut nommé évêque de Meaux en mai 1681, et préconisé le 17 novembre de cette même année.

Son rôle à l'assemblée de 1682 est apprécié ailleurs (5).

Le reste de la vie de Bossuet est surtout célèbre par sa controverse avec Fénelon. Nous ne nous étendrons pas sur cette discussion que l'on trouve du reste dans Rohrbacher.

Mais il ne sera pas inutile de rappeler la part considérable, prépondérante, qu'eut Bossuet à l'éloignement de madame de Montespan et à la conversion de Louis XIV (6). Il ne faudrait pas lui enlever cet honneur. Voici ce que dit à ce sujet M. l'abbé Pousset, à propos d'un récent historien de Bourdaloue :

« Il affirme, par exemple, que Bourdaloue « a été l'instrument *le plus efficace* de la conversion de Louis XIV » (p. xix) ; et en plusieurs endroits il diminue la part que Bossuet a eue à cette conversion, « Nous rendons cette justice à Bossuet, dit-il (I, p. 335), qu'il fit beaucoup dès l'année 1675, pour amener une séparation ; mais il ne paraît pas avoir soutenu, jusqu'au dernier jour la sévérité de ses principes. » Pourquoi cette insinuation fondée sur quelques lignes des mémoires de Mᵐᵉ de Caylus : un seul témoin peut-il donc infirmer les arrêts de l'histoire (7) ? »

La faiblesse envers sa famille paraît un peu trop

---

(1) L. c., p. 63.
(2) *Ibid.*, p. 77.
(3) Cette déclaration semble bien amoindrie par le contexte.
(4) *Ibid.*
(5) P.
(6) V. cependant ses lettres à Dirois, 28 octobre 1682, à Rancé, 30 octobre 1680, éd. de Versailles, t. XXXVII, pp. 266-275.
(7) Floquet, *ibid.*, t. II, p. 338.
(8) *Ibid.*, t. III, p. 69.
(9) *Ibid.*, pp. 101-109.

(1) *Ibid.*, p. 228. — L'auteur fait voir que le cardinal de Bouillon essaya de se donner tout l'honneur de la conversion de son oncle.
(2) V. la lettre où Bossuet raconte ce triste événement, Floquet, ibid, pp. 416 et suiv.
(3) V. toute la première partie du 4ᵉ volume de M. Floquet.
(4) Il y en avait eu une édition précédente tirée seulement à 12 exemplaires pour les prélats auxquels Bossuet voulait soumettre son travail.
(5) Cf. le *Journal* de l'abbé Le Dieu. Paris, 1856-1857. 4 vol. in-8. A l'ouvrage de M. Gérin sur l'assemblée du Clergé de France, le P. Cazeau a ajouté quelques détails intéressants. Il tend en outre à prouver, contre M. Gérin, que Bossuet fut toujours gallican, qu'il l'était déjà en 1665 et même en 1651. Le P. Cazeau s'autorise notamment d'une pièce inédite, provenant de la collection de M. Rothery C'est une thèse soutenue au collège de Navarre en 1651, par Bossuet, alors agé de quarante-un ans. (Voir *Bossuet et le gallicanisme* dans *Etudes histor. iques, religieuses et littéraires*, mai et juin 1869).
(6) V. sur ce point, Floquet, *Bossuet précepteur du Dauphin*, ch. xii, p. 432 et suiv.
(7) *Polybiblion*, t. XXXII, p. 337.

dans les derniers jours de Bossuet. L'abbé Réaume n'a pas trop exagéré en disant de lui : « Il aspire à la domination absolue et s'irrite de toute résistance (1). »

### MADAME GUYON (p. 202).

Outre les ouvrages cités ailleurs, et en particulier celui de M. Griveau, il faut signaler ici le récent travail de M. Guerrier : *Madame Guyon, sa vie, sa doctrine et son influence, d'après les écrits originaux et des documents inédits* (2). Quelques extraits feront voir jusqu'à quel point ce nouveau livre a modifié ce qu'on savait jusqu'ici sur quelques-uns des principaux personnages mêlés à l'affaire du quiétisme.

Il est certain, dit un excellent critique, que dans plusieurs parties du livre de M. Guerrier, Bossuet est atteint. Non certes dans la fermeté de sa doctrine, dans l'éclat de son éloquence, dans la netteté de ce grand bon sens qui lui-même a proclamé « le maître de la vie humaine; » de ce côté, la critique n'a aucune prise. Mais l'homme ne paraît plus à la hauteur de l'évêque et du docteur. Il sort vainqueur du débat et amoindri. Sa conduite à l'égard de madame Guyon prend un caractère de persécution ardente et étroite, et l'on se demande avec trouble si une femme coupable d'un excès d'amour pour Dieu, méritait ces foudres et ces anathèmes. Serait-il prouvé que Bossuet, au lieu d'éclairer une âme qui se soumettait à lui humblement, ait plutôt voulu la désespérer, qu'il ait porté le glaive là où il fallait la suavité de parole d'un saint François de Sales ? Ainsi dans ses rapports avec Fénelon. Quelle plainte contre Bossuet dans ce mot que Fénelon lui adresse : « Vous allez me pleurant partout et *vous me déchirez* en me pleurant ! » Et finalement, quand on a lu M. Guerrier, l'impression qui demeure, c'est que Bossuet, par l'âpreté de sa controverse, a irrité le débat, qu'il a chagriné des âmes tendres, que plus de charité de son côté aurait tout apaisé.

Les dernières lignes de M. Guerrier sont expressives : « Fénelon et Mᵐᵉ Guyon, dit-il, purent continuer d'aimer Dieu et de le faire aimer pour luimême; et s'il leur arriva de mettre, sans trop s'en apercevoir, quelque exagération dans le langage de leur amour, n'oublions pas que de grands saints se sont laissé entraîner peut-être plus loin encore, *et qu'il est assez juste, après tout, de pardonner quelque chose à ceux dont le seul tort est de vou-*

---

(1) *Histoire de J.-B. Bossuet*, t. III, p. 16. M. A.-L. Ménard publie actuellement, Paris, 1881, 2 vol. gr. in-8, les *Œuvres inédites de J.-B. Bossuet*, dont le 1ᵉʳ volume contient une traduction commentée de Juvénal. Malgré les raisons apportées par l'éditeur en faveur de l'authenticité du manuscrit original publié par lui, on peut soutenir que ni par le style, ni par le genre d'érudition que déploient les notes de ce commentaire, cet ouvrage ne paraît appartenir à la manière de Bossuet. — Le pamphlet protestant intitulé *Bossuet, évêque de Meaux, dévoilé par un prêtre de son diocèse en 1690*, 2ᵉ édit., Paris, 1875, in-8, est une inepte calomnie. Sur l'éloquence de Bossuet, voir le résumé des Conférences de M. l'abbé Le Nordez, dans la *Revue des Conférences*, 1881, pp. 172 et suiv.

(2) Paris, 1881, in-8. — Cfr. l'abbé Libouroux, *Controverse entre Bossuet et Fénelon au sujet du quiétisme de Mᵐᵉ Guyon*, Paris, 1876. in-8.

*loir trop aimer Dieu.* » Eh bien, non! il ne faut pas enfermer le débat du quiétisme dans ce mot si tendre et si doux : *aimer Dieu*. Pour comprendre la conduite de Bossuet, pour maintenir les questions à leur véritable hauteur, il faut bien se souvenir que le quiétisme n'est pas un pieux excès, un entraînement de cœur, mais une doctrine positive et qui, par des voies détournées, conduit au renversement de la foi et des mœurs. Or le quiétisme à ce moment même reparaissait en Italie. Falconi réduisait l'oraison à un état purement passif où l'âme attend que Dieu fasse d'elle tout ce qui lui plaît : « Un peintre, disait-il, ne réussirait pas à faire le portrait d'une personne qui remuerait toujours. » Le livre de Molinos paraissait en 1670, et telle était la faveur avec lequel il était accueilli qu'en six ans il en fut publié plus de vingt éditions. Or dans la doctrine de Molinos, il y avait des propositions qui vont loin par leurs conséquences, celle-ci par exemple : *Si la nature s'émeut, laissons-la s'émouvoir, ce n'est que la nature*. Cependant ces idées se répandaient au loin. L'archevêque de Naples écrivait au Pape que les quiétistes étaient nombreux dans son diocèse, deux mille environ, qu'ils rejetaient les prières vocales, disant que les choses extérieures ne sont rien, que l'un d'eux en était venu jusqu'à renverser un crucifix qui l'empêchait, prétendait-il, de s'unir à Dieu. Les Jésuites, les premiers, combattirent ces doctrines. De bonne foi, M. Guerrier a-t-il le droit à ce propos de nous jeter cette phrase vraiment malheureuse : « Les Jésuites jugèrent exécrable une doctrine *qui leur faisait tort ?* » Les « savants théologiens » qui ont éclairé M. Guerrier s'étaient donc assoupis quand il leur a lu ce chapitre ?

Nous croyons bien volontiers Mᵐᵉ Guyon, quand elle déclare n'avoir jamais lu Falconi ni Molinos. Mais le rapport des doctrines n'est-il pas évident ? Le doute est impossible pour qui a ouvert le *Moyen court* et les *Torrents spirituels*. Or Mᵐᵉ Guyon, remise en liberté en 1688, étendait peu à peu le cercle de son influence. Ses premières entrevues avec Fénelon eurent lieu chez la duchesse de Béthune et le récit qu'elle a laissé de ses fiançailles, puis de son mariage mystique, la peint trop vivement elle-même pour n'être pas relu avec quelque curiosité.

« Quelques jours après ma sortie, ayant ouï parler de M. l'abbé F..., je fus tout à coup occupée de lui, avec une extrême force et douceur. Il me semblait que Notre-Seigneur me l'unissait très intimement, et plus que nul autre. Il me fut demandé un consentement : je le donnai ; alors il me parut qu'il se fit de lui à moi comme une filiation spirituelle. J'eus occasion de le voir le lendemain; je sentais intérieurement que cette première entrevue ne le satisfaisait pas, qu'il ne me goûtait point, et j'éprouvais un je ne sais quoi qui me faisait tendre à verser mon cœur dans le sien ; mais je ne trouvais pas de correspondance, ce qui me faisait beaucoup souffrir. La nuit, je souffris extrêmement à son occasion. Le matin, je le vis : nous restâmes quelque temps en silence, et le nuage s'éclaircit un peu ; mais il n'était pas encore comme je le souhaitais. Je souffris huit jours entiers, après quoi je me trouvai unie à lui sans obstacle ; et depuis ce temps, je trouve toujours que l'union augmente d'une manière pure et ineffable. Il me semble que mon âme a un rapport entier avec la sienne ; et ces paroles de David pour Jonathas que *son âme était collée à celle de David* me paraissaient propres à cette union. »

N'est-il pas vrai qu'on tremble toujours en lisant ces mystiques? Dans la candeur hardie de leurs images, on s'inquiète de savoir où ils s'arrêteront ! Saint-Simon a résumé à sa manière toute cette page en disant de Fénelon et de M<sup>me</sup> Guyon que *leur sublime s'amalgama*. Fénelon entra bientôt, on n'en peut douter, dans tous les intérêts et toutes les illusions de sa pieuse amie. Il blâmait sévèrement les tracasseries dont la poursuivait l'archevêque de Paris, M. de Harlai, et qui, disait-on, ne pouvait la souffrir « parce qu'elle ne lui parlait que de l'amour de Dieu. » Fénelon était si complètement sous le charme, qu'il disait avoir plus appris de M<sup>me</sup> Guyon que de tous les Pères de l'Eglise.

Sans l'intervention de Bossuet ce charme aurait été pernicieux.

« Que M. l'abbé de Fénelon est aimable ! écrivait M<sup>me</sup> de Maintenon ; qu'il prête de charmes à la vertu et qu'il persuade aisément ce que d'autres ont tant de peine à nous faire concevoir ! Sa piété est communicative ; on ne saurait se défendre de penser et d'agir comme lui... » On voit quel charme Fénelon exerça même sur une femme de raison dominante. Saint-Simon nous fournit le mot juste quand il nous dit de Fénelon, qu'il devint « le pasteur d'un petit troupeau, » mais pasteur dont la conduite était tout à la fois insuffisante et excessive : insuffisante, parce qu'elle habituait à écouter la voix des sentiments plus que celle de la raison ; excessive, puisqu'il devenait peu à peu pour ses ouailles le guide unique, l'oracle inspiré. « Il s'était accoutumé à une domination qui, dans sa douceur, ne voulait point de résistance. » Ne cherchons plus autre part les raisons qui ont justement inquiété la vigilance de Bossuet, et, s'il était besoin que ce dernier mot de justifier ses alarmes, nous rappellerions ce que Bourdaloue, si ferme et si mesuré, a dit lui-même dans le sermon sur la *Prière* et en pensant à Fénelon, on n'en peut douter : « Quand on vous dira qu'il paraît un homme de Dieu, dont la conduite dans le gouvernement des âmes est toute nouvelle, quelque éloge que vous en entendiez faire, ne suivez pas une ardeur précipitée qui vous y porte. Attachez-vous à ceux qui vous conduisent par les voies d'une foi soumise et agissante, et si quelqu'un vous parle autrement, j'ose vous dire, comme saint Paul, que, quand ce serait un ange du ciel, vous le devez traiter d'anathème. »

---

FÉNELON (p. 214).

La vie de Fénelon du cardinal de Bausset, revue par M. Gosselin, n'a pas été renouvelée par des découvertes modernes, comme celle de Bossuet. Il y a donc peu à ajouter sur le compte de cet illustre archevêque. Voir, cependant, *Lettres inédites de Fénelon*, publiées par M. l'abbé V. Verlaques, Paris, Palmé, 1874, in-8.

Sur l'affaire du quiétisme, on peut lire particulièrement, au point de vue théologique, M. Griveau (1) et les Mémoires des théologiens romains sur les Maximes des Saints, rédigés lors de l'examen de ce livre par ordre du pape (2)

---

BOURDALOUE (p. 223).

Rohrbacher ne mentionne ce grand orateur qu'en passant (3). Pour suppléer à son oubli, il faut lire le récent ouvrage du P. Lauras : *Bourdaloue, sa vie et ses œuvres*. Paris, Palmé, 1881, 2 vol. in-8. La bibliographie du célèbre jésuite n'est pas cependant aussi étendue qu'on eût pu le désirer. Ainsi le P. Lauras n'a pas utilisé le *Journal* de Danzeau qui contient de curieux détails sur le P. Bourdaloue à la cour (4). Sur le caractère de l'éloquence du P. Bourdaloue, on peut consulter Sainte-Beuve (5), Doudan (6), et surtout A. Feugère (7).

---

LOUIS XIV ET LES PAPES (p. 233).

Il est inutile de refaire l'histoire de la politique de Louis XIV envers la Papauté. Elle est assez clairement exposée par notre historien (8). Indiquons cependant les sources où l'on trouvera de nouveaux documents qui jettent encore plus de lumière sur une cause aujourd'hui entendue et jugée.

Ch. Gérin, *le Pape Alexandre VIII et Louis XIV*, dans la *Revue des questions historiques*, t. XXII, p. 135 (9).

Id. *L'Affaire des Corses en 1662-1664*, dans la même *Revue*, t. X, p. 66.

Id. *L'Ambassade de Créquy à Rome et le traité de Pise*, dans la même *Revue*, tome XXVIII, p. 79 (10).

---

(1) *Études sur les Maximes des Saints*, Paris, 1879, 2 vol. in-12.
(2) *Analecta juris pontificii*, 1881, col. 323, 407. — Cfr. aussi, mais avec précaution, Maiter, *du Mysticisme au temps de Fénelon*, Paris, 1865, in-8.
(3) Ici et p. 481.
(4) V. en particulier, t. I, pp. 79, 80, 81, 83, 233, 408, 436, etc.
(5) *Lundis*, et *Port-Royal*, 3<sup>e</sup> édit. *passim*.
(6) *Lettres*, t. II, p. 125.
(7) *Bourdaloue*, Paris, 1865, in-8.
(8) Le récit d'après Sismondi, des événements de Rome qui est donné est complet.
(9) Dans ce travail, M. Gérin montre que le court pontificat d'Alexandre VIII, ne fut pas sans gloire et demeurera surtout mémorable par la constitution *Inter multiplices* qui cassa la déclaration du Clergé de France de 1682. Aussi le caractère et les actes de ce Pape ont-ils été dépréciés et calomniés par un grand nombre d'historiens qui ont subi, quelquefois à leur insu, l'influence de l'école gallicane. Alexandre VIII, dit-on, devait son exaltation à Louis XIV et il répondit à des offres de paix et d'amitié par une hostilité persévérante. Il embrassa ouvertement les intérêts et partagea les passions de la coalition européenne formée contre la France, et il aigrit encore, sans raison et sans justice, les différends qui avaient divisé son prédécesseur Innocent XI et Louis XIV. M. Gérin redresse ces fausses opinions, à l'aide de documents inédits et en se servant surtout du témoignage de Louis XIV lui-même, de ses ministres et de ses représentants.
(10) Cet article réfute plusieurs assertions de M. Chantelauze, *le Cardinal de Retz et ses missions diplomatiques à Rome*. Paris, 1879, in-8.

Id. *Le Cardinal de Retz au Conclave, 1655, 1667, 1670 et 1676*, dans la même *Revue*, t. XXX, p. 113 (1).

On verra dans M. Gérin que, pour tous ses démêlés avec Rome, Louis XIV trouva de nombreux appuis dans le clergé (2).

« Cette *politique d'humilier Rome*, conclut M. Gérin (3), était nouvelle en France depuis l'avènement de la maison de Bourbon. Henri IV et Louis XIII avaient pratiqué une politique contraire, au grand avantage du sacerdoce et de l'empire. Ces deux princes avaient vu se fermer l'une après l'autre les nombreuses plaies ouvertes pendant les troubles du XVIe siècle; et sous l'action d'évêques et de prêtres étroitement unis au Saint-Siège, la réforme faisait d'incessants progrès au sein du clergé régulier et séculier. Louis XIV prit une autre direction et cette réforme s'arrêta presque aussitôt. Il n'y eut plus de grande fondation ou restauration ecclésiastique en France, pendant les trente dernières années de son règne... La royauté française s'engageait dans les voies fatales du gallicanisme, qui élargissait chaque jour la séparation entre le Saint-Siège et notre pays, et préparait les agitations jansénistes du siècle suivant. Alexandre VIII n'avait pas encore achevé son pontificat que l'on put prévoir quel dangereux appui les nouveaux hérétiques trouveraient dans les *maximes du royaume*; il ne tint pas à lui que le jansénisme ne reçût le dernier coup; mais les gallicans ecclésiastiques et laïques, répondaient à ses bulles par des censures de la Sorbonne ou des arrêts du Parlement, et bientôt il disait au cardinal de Retz : « Tout ce que je pourrai faire ne servirait de rien, dans la disposition où l'on est... *Le cœur est gâté*; il y a bien des gens en France qui en veulent au Saint-Siège, et la cour en veut à ma personne. (4). »

### FLÉCHIER (p. 235).

Fléchier (Esprit), né en 1632, mort en 1710, évêque de Nîmes, a laissé quelques ouvrages remarquables. Sans parler de ses Panégyriques et Oraisons funèbres, on a de lui des vies de Théodose et du Cardinal Ximenès, écrites à la manière du XVIIe siècle. Mais le plus intéressant de ses livres est la Relation des grands jours d'Auvergne en 1665 (5), où l'état d'une province de France à cette époque est curieusement décrit. — On peut consulter sur Fléchier l'ouvrage de M. l'abbé Delacroix (6), et les recherches de Mme de Marcey (7).

### LA RÉVOCATION DE L'ÉDIT DE NANTES (p. 234)

Il n'est pas d'acte de Louis XIV qui ait été attaqué et dénaturé autant que la révocation de l'édit de Nantes, d'abord par les protestants, chez lesquels, depuis les continuateurs de Magdebourg, la falsification de l'histoire est comme une tradition, ensuite par les catholiques eux-mêmes. Ceux-ci se divisent en deux catégories. Les uns sont des « libéraux » et leur sévérité pour Louis XIV s'explique facilement. Epris des « principes de 89 » et contempteurs de l'ancien régime, ils sont peu favorables au prince dans lequel se personnifie surtout ce régime (1). Les autres, par une contradiction singulière, condamnent un acte qui est d'accord avec les principes qu'ils défendent. Le mot de cette contradiction se trouve dans la situation où était Louis XIV au moment de la révocation; il était en lutte avec le pape auquel il voulait arracher des concessions qui ne pouvaient lui être faites. Certains catholiques « ultramontains » partent de là pour ne voir dans la conduite du roi à l'égard des protestants qu'un calcul politique destiné à tromper le pape et à obtenir de lui ces concessions, calcul qui aurait été deviné et peu approuvé à Rome (2).

Quoi que l'on pense de la révocation de l'édit de Nantes, il est certain que cette mesure fut prise par l'autorité royale (3), et ceux qui la désapprouvent ne peuvent en faire un grief à l'Eglise catholique et à son chef, le souverain Pontife (4).

Ce point mis hors de discussion, il n'y a plus qu'à examiner la conduite de Louis XIV en cette affaire. Rohrbacher donne la note juste. D'abord Louis XIV avait le droit d'agir comme il a fait à l'égard des protestants et la mesure prise par lui a été un bien.

Il est nécesssaire de rappeler comment l'édit de Nantes avait été obtenu et pour cela on ne peut mieux faire que de citer le cardinal d'Ossat, représentant d'Henri IV à la cour de Rome. Voici comment il expliquait l'édit à Clément VIII.

« Nous répondrons que l'édit ne venait point d'être fait à présent, qu'il y avait longtemps qu'il s'en était traité et même en l'assemblée de Rouen ; et auparavant que la ville d'Amiens eût été surprise par les Espagnols, lorsque la Bretagne tenait encore pour eux..., les Huguenots s'assemblèrent en armes et tumultuèrent, menaçant de faire la guerre, si Votre Majesté ne leur accordait ce qu'ils ont aujourd'hui; que dès lors elle fut contrainte de le leur accorder pour les contenir et éviter la ruine qui fut advenue de leur soulèvement en temps si calamiteux..., de façon que jamais roi ne fut si contraint a faire un semblable édit ou autre, comme Votre Majesté avait été forcé à faire celui-ci... Par ainsi, Votre Majesté ne laisserait d'avoir été forcée, par la certitude qu'elle avait que ces gens lui remettraient son royaume aux troubles et guerres civiles, si elle ne leur eut accordé ce qui est porté

---

(1) Cfr. aussi, Ch. Gérin, *La mission de Lionne en 1655*, dans la *Revue des quest. hist.*, t. XXVI pp. 498 et suiv.
(2) *L'ambassade de Créquy à Rome*, pp. 128 et suiv.
(3) *L'ambassade de Créquy*, pp. 150, 151.
(4) Le cardinal de Retz à Lionne, 23 octobre 1665 (note de M. Gérin).
(5) *Mémoires de Fléchier sur les grands jours d'Auvergne en 1665*, annotés et augmentés d'un appendice par M. Chéruel, et précédés d'une notice par M. Sainte-Beuve, Paris, 1862, in-8.
(6) *Histoire de Fléchier, évêque de Nîmes, d'après des documents originaux*, Nîmes, 1885, in-8.
(7) Dans la *Revue d'économie chrétienne*, t. IX, pp. 105, 303.

(1) Les écrivains ou historiens de cette sorte sont nombreux; il est inutile d'en nommer ici.
(2) C'est le point de vue auquel s'est placé M. Ch. Gérin, *Le pape Innocent XI et la Révocation de l'édit de Nantes*, dans *Revue des questions historiques*, t. XXIV, p. 387. Ce point de vue se ressent trop du parti pris de l'estimable historien contre Louis XIV.
(3) V. Ruhlière, *Eclaircissements historiques sur les causes de la révocation de l'édit de Nantes et sur l'état des protestants en France depuis le commencement du règne de Louis XIV jusqu'à nos jours*. Paris, 1788, 2 vol. in-8.
(4) Cette démonstration a été faite par M. L. Aubineau, *De la révocation de l'édit de Nantes*, Paris, Palmé, 1878, in-12. L'ouvrage de M. Steeg sur ce sujet n'a aucune valeur.

par l'édit, les Huguenots étant résolus et cauts, et ayant grand nombre de places fortes et pouvant attendre secours d'Angleterre, d'Allemagne et de Suisse, comme ils ont toujours eu. » (Lettre au roi, 28 mars 1599.)

Ces explications du cardinal d'Ossat qui font jouer un vilain rôle aux protestants sont corroborées par Voltaire, disant que l'édit de Nantes n'était que la confirmation des privilèges que les protestants avaient obtenus *les armes à la main;* elles sont corroborées par les recherches de l'érudition moderne. « Les Huguenots, dit M. Desjardins, excités contre leur coreligionnaire (Henri IV qui avait abjuré) étaient toujours prêts à se soulever ; l'assemblée de Saumur avait montré le plus vif mécontentement en avril 1597; l'assemblée de Chatellerault avait refusé au roi, pour l'aider à reprendre Amiens, les troupes dont disposait le corps des Églises réformées; enfin Bouillon et La Trémouille, Henri IV en avertissait lui-même Sully, poussaient les Calvinistes à prendre ouvertement les armes (1). »

Constitués par l'édit de Nantes, qu'ils avaient arraché presque par force ouverte, en Etat dans l'Etat, les protestants abusèrent de cette situation pendant la première moitié du xviie siècle. M. Desjardins rappelle les assemblées séditieuses du règne de Louis XIII, la déclaration républicaine qui précéda la première guerre civile, les révoltes de 1621, de 1625 et de 1627, les terribles sièges de Montauban et de La Rochelle. « Sous le règne de Louis XIV, quoique abattus par Richelieu, leurs intrigues n'avaient pas cessé. Le duc de Bourgogne les jugeait ainsi :

« Il est vrai que sous le règne actuel il est causé moins de désordres que sous les règnes précédents, mais encore ils se sont rendus coupables de quelques crimes et d'une infinité de contraventions aux ordonnances. Malgré leurs protestations magnifiques de fidélité et leur soumission en apparence la plus parfaite à l'autorité, le même esprit inquiet et factieux subsistait toujours et se trahissait quelquefois. Dans le temps que le parti faisait des offres de service et qu'il les réalisait même, on apprenait par avis certain qu'il remuait sourdement dans les provinces éloignées et qu'il entretenait des intelligences avec l'ennemi du dehors. Nous avons en main les actes authentiques des synodes clandestins dans lesquels ils arrêtaient de se mettre sous la protection de Cromwell dans le temps où l'on pensait le moins à les inquiéter, et les preuves de leur liaison avec le prince d'Orange subsistent également. »

Même au simple point de vue politique, l'édit de Nantes qui constituait en France un Etat protestant et qui mettait en danger et l'unité nationale et l'autorité du monarque, devait disparaître. L'idée religieuse, comme Louis XIV lui-même le marque dans ses *Mémoires*, eut une grande part et même une part dominante dans la conduite du roi à l'égard des protestants. Conformément au plan tracé par Louis XIV, les intendants reçurent l'ordre de travailler de concert avec les évêques, à ramener les religionnaires à la vérité; ils devaient employer pour cela la douceur et la sévérité. Sans doute, il a pu y avoir des abus dans les moyens mis en œuvre par les intendants, mais ils ont été singulièrement exagérés et il n'en reste pas moins que le plan du roi était bon et que l'emploi simultané de la rigueur et de la douceur était légitime pour ramener les dissidents à l'unité religieuse et nationale. Les innombrables conversions obtenues facilement décidèrent la publication de l'édit de révocation, qui vint plutôt constater que décréter la ruine du protestantisme.

On a reproché, il est vrai, à Louis XIV de l'avoir rendu sans une entente préalable avec le pape, qui en aurait augmenté l'efficacité : le reproche est fondé. Un roi chrétien prenant une mesure de cette importance, qui intéressait au plus haut point l'Église, ne devait pas se borner à informer le vicaire de Jésus-Christ du fait accompli. Ce silence du roi s'explique en partie par sa situation vis-à-vis de la cour de Rome ; il était alors au plus fort de ses démêlés avec le pape. De plus, il pouvait croire qu'un édit qui s'adressait à des hérétiques n'acquerrait pas plus de valeur à leurs yeux de l'approbation du chef de l'Eglise. On ajoute que le pape, ne se méprenant pas sur le caractère de l'édit de révocation et n'y voyant qu'un acte politique et un abus d'autorité, aurait blâmé la conduite du roi. A quelques propos plus ou moins authentiques prêtés à Innocent XI, alors qu'il avait à se plaindre du roi, de ses ministres et de ses ambassadeurs, on peut opposer deux actes publics dans lesquels le zèle religieux de Louis XIV est loué à l'occasion de la révocation. Ces deux actes sont un bref adressé au roi en date du 15 novembre 1685 et une allocution consistoriale du 18 mars 1686 (1). Enfin, le 29 avril de la même année, par les ordres d'Innocent XI, il y eut chapelle papale, *Te Deum* et feux de joie.

Il ne faut pas oublier d'ailleurs que la révocation de l'édit de Nantes eut l'approbation des personnages les plus considérables du temps, du chancelier Michel Le Tellier, de Bossuet, Fénelon et Bourdaloue.

Ainsi donc, comme dit M. Léon Aubineau, « par la révocation de l'édit de Nantes l'unité de la France fut assurée; l'Etat protestant qu'il avait constitué au sein du royaume, qui avait plusieurs fois fait alliance avec les ennemis de la patrie, et qui, par une divergence du culte public, poussait les esprits à l'indifférence et au libertinage, cet Etat protestant fut tout à fait détruit. On aura beau grossir la guerre des Cévennes, elle est peu de chose en comparaison des guerres du xvie siècle et même de celles du xviie. A ces avantages politiques il faut en ajouter de plus considérables aux yeux de ceux qui ne s'attachent pas seulement aux intérêts matériels ; des villes, des provinces entières abjurèrent le culte réformé, auquel elles tenaient par habitude, par entêtement, par ignorance surtout et se présentèrent pour recevoir l'enseignement catholique (2). »

---

(1) Discours de M. l'avocat général Desjardins à la Cour de cassation le 3 novembre 1877.

(1) Voir Rastoul, *la Révocation de l'Edit de Nantes*, dans *Revue du Monde catholique* (28 février 1879. — XIXe année, t. II, p. 520.)
(2) Léon Aubineau. o. c.

## LOUIS XIV (p. 241).

Comme Rohrbacher se montre plusieurs fois trop sévère pour Louis XIV, il importe de rendre à ce grand roi ce qui lui est dû. Les détracteurs systématiques de Louis XIV présentent ses dernières années comme les plus néfastes et les plus coupables. A les en croire, son bigotisme intolérant peuplait la cour d'hypocrites et préparait ainsi la réaction philosophique du XVIIIe siècle. Mme de Maintenon le tenait sous le joug de son esprit ambitieux et étroit; près d'elle les jésuites provoquaient des persécutions contre les protestants et les jansénistes. Une guerre folle, mal conduite, mit la France à deux doigts de sa ruine, aggrava outre mesure les souffrances du peuple et introduisit dans les finances un désordre irréparable.

A ces diatribes l'histoire répond : Jamais la noblesse d'âme de Louis XIV ne fut plus sincère et n'eut plus d'éclat qu'au déclin de sa vie. Il était rentré dans le devoir à l'âge où ses passions exigeaient encore des sacrifices pour être domptées ; si sa vie amendée fit autour de lui des hypocrites, ce fut la faute de ses courtisans et non la sienne. Mme de Maintenon ne gouverna pas despotiquement Louis XIV ; elle ne fut que son amie, sa conseillère discrète. Il est faux que les jésuites aient abusé tyranniquement de leur influence. A cette époque, l'Etat et l'Eglise étant unis, en vertu de la constitution séculaire de l'Europe chrétienne, combattaient dans le protestantisme et le jansénisme des hérésies tendant à bouleverser la France. D'autre part, la guerre contre la quatrième coalition fut juste; les maux qui l'accompagnèrent et la suivirent ne furent pas, pour la plupart, imputables au roi (1).

## LE DICTIONNAIRE DE BAYLE (p. 243).

On a vu plus plus haut le jugement porté par Mabillon sur le Dictionnaire de Bayle (2). Une des meilleures critiques qui aient été faites de ce dictionnaire est celle qui est due à M. Le Clerc, prêtre de Saint-Sulpice (3). Cet auteur relève une quantité d'inexactitudes, mais surtout il montre la grande partialité du critique protestant. Il ajoute dans sa préface : « Je n'ai point touché aux traits qui tendent à favoriser l'athéisme... Je persiste à dire que, quoi qu'il en soit des sentiments que Bayle avait dans le cœur sur le fait de la religion, son livre a fait bien des impies. Cela suffit pour le faire regarder comme un ouvrage pernicieux (4). » Cet érudit estimable a publié en outre des *Remarques critiques* sur le Dictionnaire de Bayle (5).

---

(1) Voir Gaillardin, *Histoire du règne de Louis XIV*, t. VI.
(2) P. 633.
(3) *Lettre critique sur le Dictionnaire de Bayle*. La Haye (Prévoux), 1732, in-12.
(4) Préface, p. xx. Cité par M. Bertrand, *Vie, Écrits et Correspondance littéraire de Laurent-Josse Le Clerc*, Paris, 1878, in-8, p. 251.
(5) On les trouve dans l'édition d'Amsterdam (Trévoux), 1734, 5 vol. in-f°, et dans l'édition donnée par Beuchot, Paris, 1820-1824, 16 vol. in-8. Les *Remarques* de Joly, Paris, 1745, in-f°, sont souvent empruntées à Le Clerc.

---

Sainte-Beuve, qui tenait intellectuellement de Bayle, a dit avec justesse : « Il faut prendre garde et toujours se méfier quand on cite Bayle ; il est fin, il est peu fier, et, pourvu qu'il glisse sa pensée, peu lui importe sous quel pavillon... Il ne tient pas beaucoup à garder son rang d'honneur et de préséance à la vérité (1). »

## HENRIETTE D'ANGLETERRE (p. 246).

Rohrbacher dit que cette princesse mourut avec la persuasion d'être empoisonnée. C'est là une question très controversée. Saint-Simon tient pour l'affirmative ; mais on sait avec quelle facilité il accepte les bruits les plus invraisemblables. M. Littré, qui a discuté la question, penche au contraire pour une mort naturelle. Tout dernièrement M. Lair (2) conclut à l'empoisonnement. Nous ne trouvons pas ses preuves très concluantes (3).

## LE MARIAGE DE MAZARIN (p. 246).

Rohrbacher qui mentionne à peine Mazarin dans le précédent volume, se contente de le nommer dans celui-ci pour reproduire une des accusations dont le cardinal est l'objet (4). La plus grave est celle qui a trait aux relations de Mazarin avec Anne d'Autriche qu'il aurait épousée après la mort de Louis XIII.

Le mariage de Mazarin avec Anne d'Autriche doit être tenu pour faux. M. Loiseleur a fait un récit détaillé des relations de Mazarin avec Anne d'Autriche ; il montre Mazarin cherchant, pour se maintenir aux affaires, à régner sur le cœur de la reine, et exerçant surtout de 1643 à 1652 un empire incontestable. Comme le remarque l'auteur, de nombreux écrits s'attaquent, sans doute, aux amours de la reine et de Mazarin ; mais les médisances de la princesse Palatine, et même les expressions des lettres de Mazarin à la reine, « expressions qui doivent, d'après la galanterie romanesque du temps, être prises au sens figuré et non au sens littéral, » ne suffisent pas à l'histoire pour affirmer l'existence du mariage. M. Loiseleur conclut ainsi : « Mazarin a été l'amant d'Anne d'Autriche, mais il n'a point été son époux (5). » Cette conclusion même ne doit pas être prise à la lettre, car elle ferait supposer plus qu'il n'y a eu entre Mazarin et la pieuse reine.

---

(1) *Port-Royal*, 3e édit., t. III, p. 365.
(2) *Louise de la Vallière et la jeunesse de Louis XIV*. Paris 1881, in-8, pp. 228-342, et surtout pp. 407-410.
(3) Cfr. P. Clément, *Philippe d'Orléans et Madame Henriette d'Angleterre*, dans la *Revue des questions historiques*, t. III, pp. 498 et suiv.
(4) En attendant une histoire complète de Mazarin (malgré celle de d'Aubery), on peut consulter quelques travaux particuliers, entre autres pour l'origine de sa fortune : *Comment Mazarin est devenu cardinal* (dans *Revue des questions historiques*, juillet 1874, p. 209) ; Chéruel, *Histoire de France pendant la minorité de Louis XIV*. Paris, 1879, 2 vol. in-8; id., *Lettres du Cardinal Mazarin pendant son ministère*, dans *Collection des documents inédits sur l'Histoire de France*, t. I et II. Paris, 1872 et 1879.
(5) Voir la *Revue contemporaine* des 15 et 30 septembre et 15 octobre 1866.

M. Loiseleur s'est trompé en disant, d'après les actes fournis par le P. Theiner, où Mazarin est appelé chanoine de Saint-Jean de Latran, et où on le voit admis à l'ordre des cardinaux prêtres, que Mazarin avait reçu les ordres sacrés.

### LE CARDINAL MAZARIN ETAIT-IL ENGAGÉ DANS LES ORDRES (p. 246) ?

On discute depuis fort longtemps sur la question si le cardinal Mazarin reçut jamais les ordres sacrés. D'après le *Dictionnaire* de Dezobry et Bachelet, il serait entré dans les ordres en 1631. Voici une pièce qui constate que vingt ans après, le cardinal n'était pas encore dans les ordres. En effet, Gueffier, chargé d'affaires à Rome, annonce au comte de Brienne, ministre des affaires étrangères, dans une dépêche datée du 7 août 1651, que le cardinal Mazarin a fait demander au pape Innocent X, un indult pour recevoir les ordres *extra tempora* et que le pape a refusé l'indult. Gueffier confirme le fait dans une dépêche postérieure du 21 août 1851.
— Voici les deux documents :

« Depuis peu on a demandé à Sa Sainteté, au nom de M. le cardinal Mazarin, la dispense et un *extra tempora* pour se mettre aux ordres, et elle l'a refusé absolument ; de quoi l'on s'étonne d'autant plus que de ces grâces-là qui que ce soit en obtient tant que l'on en veut, moyennant quatre écus pour l'expédition du bref, sans même qu'il soit besoin d'en parler au pape ; ce qui a causé curiosité à quelques-uns de rechercher d'où pouvait venir ce refus, s'étant trouvé qu'il doit être fondé sur ce que mondit sieur le cardinal n'a paru satisfait depuis sa promotion (au cardinalat) aux conditions portées par la bulle qui se donne à tous les cardinaux, qui sont entre autres de se mettre *in sacris* dans la première année..... Rome, le 7 août 1631.
— « Sa Sainteté a de nouveau refusé la dispense qu'on lui a demandée pour M. le cardinal Mazarin de se mettre aux ordres, afin, dit-on, qu'il ne puisse avoir entrée ici au prochain conclave.....
« Rome, le 21 août 1651 (1). »

### LE DROIT CONSTITUTIONNEL (p. 255, col. 2).

Les théories politiques exposées ici par Rohrbacher sont celles du libéralisme et du parlementarisme accréditées dans une partie du clergé par Lamennais, et dont il est permis de croire que l'expérience aurait désabusé notre historien.

En voulant combattre le gallicanisme qui avait surtout son appui dans le pouvoir royal, Rohrbacher s'est laissé aller à attaquer le principe même de la royauté et il a excédé dans ses appréciations au sujet des Bourbons et de Louis XIV en particulier. Il subissait en cela l'influence de Lamennais qui paraît trop dans plusieurs parties de son histoire.

Pour la question théorique de la royauté, nous nous bornerons à renvoyer aux ouvrages suivants : Coquille, *La Royauté française*. Paris, 1874 ; Paul Ribot, *Du Suffrage universel et de la Souveraineté du peuple*. Paris, 1874 ; l'abbé Roquette de Malviès, *La Monarchie*. Paris 1878 ; Anonyme, *Catéchisme politique à l'usage des français*. Paris, 1875 ; le P. Hamon, *La Souveraineté nationale*. Paris, 1881.

Pour la partie historique, on trouvera dans l'*Histoire de Louis XIV* par Gaillardin un correctif à certains jugements excessifs et à certaines erreurs de Rohrbacher sur le compte du grand roi.

### LA MORT DE LOUIS XIV (p. 256, col. 1).

Ce que dit Rohrbacher de la mort chrétienne et noble de Louis XIV s'accorde très bien avec les détails donnés dans le *Journal des Anthoine*, porte-arquebusiers et garçons de la chambre du roi, journal édité pour la première fois en 1880 (1). On trouve, en outre, dans cette curieuse relation faite avec un pieux respect par de fidèles serviteurs qui pleuraient « un grand roy et un bon maître » des particularités qui ne sont point ailleurs et dont l'histoire devra tenir compte. Ainsi il est constant que ni $M^{me}$ de Maintenon ni le P. Le Tellier n'ont mérité les reproches que Saint-Simon, avec sa passion habituelle, leur a adressés, Louis XIV s'occupa jusqu'à la fin, malgré son abattement et ses souffrances, des affaires de son royaume et il se prépara à la mort avec la fermeté d'âme et la foi vive du chrétien.

### LE P. DE LA CHAISE (p. 257).

Rohrbacher, qui parle en passant du P. Letellier, confesseur de Louis XIV, devait au moins une mention au P. de La Chaise. On peut suppléer à son silence au moyen de l'ouvrage de M. R. Chantelauze, sur ce célèbre Jésuite (2). C'est une étude très sérieuse où l'auteur réfute bon nombre d'erreurs accumulées contre son héros. Le P. de La Chaise était un homme d'un caractère doux, instruit, probe, de bon sens, à qui la violence répugnait. Une vie du P. de La Chaise, publiée à Cologne, en 1694, prétend que le Tartuffe de Molière est le portrait du confesseur de Louis XIV, et que la pièce ne fut entreprise que sur l'ordre du prince de Condé qui haïssait le jésuite. Or Tartuffe a été joué pour la première fois en 1664, époque où le P. de La Chaise professait la philosophie à Lyon, et n'était guère connu que dans sa compagnie. Il ne fut confesseur du roi qu'en 1675 (3). Cette erreur n'a pas été réfutée avant M. Chantelauze. Il en relève beaucoup d'autres qu'il sait également anéantir.

---

(1) Les deux dépêches sont conservées, avec les autres de Gueffier, dans le fonds Colbert de la Bibliothèque nationale de Paris, vol. 361, p. 1866.

(1) *La Mort de Louis XIV. Journal des Anthoine*, publiée pour la première fois et avec introduction de E. Dumont. Paris, 1880.
(2) *Le Père de la Chaise confesseur de Louis XIV*. Paris, 1859, in-8.
(3) *Ibid.*, p. 70.

## LE CARDINAL DUBOIS (p. 260).

Nous ne prétendons pas donner ici une histoire du cardinal Dubois, ni une réfutation complète des accusations portées contre ce personnage. Cette tâche a été entreprise par M. de Seilhac (1), qui, d'après certains critiques, aurait par ses exagérations plutôt nui à une cause bonne en elle-même. Il faut noter seulement que M. Emery avait écrit un *Essai de défense de M. le cardinal Dubois* (2), « par respect pour la pourpre romaine dont il était revêtu (3). »

« On a mis souvent, disait le vénérable sulpicien, de l'injustice et toujours de l'exagération dans les reproches dont on a chargé sa mémoire. On n'a pu lui pardonner de s'être élevé, tout à coup, d'une condition obscure, et sans aucun titre bien apparent, aux plus hautes dignités de l'Eglise et de l'Etat. Il n'en a pas fallu davantage pour le mettre en butte à tous les traits de l'envie et de la malignité (4). »

Comme le fait remarquer M. Emery (5), ce n'est pas le Régent seul qui avait distingué Dubois. En 1698, Louis XIV envoyant à Londres, comme ambassadeur, le maréchal de Tallard, pour une négociation des plus importantes, donnait pour conseil à ce diplomate, l'abbé Dubois.

Le cardinal occupa le ministère avec un grand succès. C'est ce que constatent Languet, évêque de Soissons, et Fontenelle. Ce dernier indique la principale raison pour laquelle on a tant dit de mal de Dubois : c'est l'affaire de la bulle *Unigenitus*, que le cardinal s'efforça de faire accepter, et ses vues aigrirent et tournèrent contre lui tous les Jansénistes. C'est Dubois qui découvrit et arrêta la correspondance d'Ellies Dupin avec l'archevêque de Cantorbéry. C'est lui encore qui provoqua l'union de presque tous les évêques français en 1720. En 1723, l'assemblée générale du clergé le choisit pour président, quoiqu'il ne fût pas membre de l'assemblée. « Or, dit M. Emery (6), je demande, dans la supposition que la conduite de M. le cardinal Dubois eût été aussi justement et aussi publiquement décriée qu'on se plaît à le dire, si le clergé de France lui eût donné un témoignage de considération aussi éclatant, s'il eût fait une démarche que rien ne nécessitait et dont ses annales ne fournissaient guère d'exemples que dans les personnes des cardinaux de Richelieu et de Mazarin ; en un mot, s'il eût voulu, sans que rien l'y obligeât, se donner un chef si avili et dont l'avilissement devait nécessairement retomber sur lui-même. »

On a beaucoup reproché à Massillon d'avoir coopéré au sacre de Dubois, et on en a fait une tache à sa mémoire. Mais, au lieu de conclure que l'évêque de Clermont compromit alors la vérité et la religion, n'est-il pas plus raisonnable de penser que Dubois n'était pas alors généralement décrié pour ses mœurs, puisque Massillon en rendit témoignage (1) ? D'ailleurs, M. de Tressan, évêque de Nantes, depuis archevêque de Rouen, le cardinal de Gesvres, et le cardinal de Rohan, consécrateur de l'abbé Dubois, n'eussent pas voulu non plus perdre leur réputation pour complaire à un personnage universellement diffamé. M. Emery a publié une lettre de Fénelon (2), où l'archevêque de Cambray dit que Dubois est son ami depuis un grand nombre d'années.

Picot (3) et M. l'abbé Bayle (4) ont prouvé que les pamphlets du temps contre le cardinal Dubois étaient loin d'être conformes à la vérité : ainsi, dès le 11 octobre 1711, Fénelon écrivait que Dubois (qui avait alors cinquante-un ans), était son ami depuis un grand nombre d'années, et en effet plusieurs lettres témoignent de ses relations avec lui (5). Comment admettre la liaison amicale de Fénelon avec un débauché et un athée ? Ce qu'on raconte du pacte conclu pendant la durée du Conclave avec le cardinal Conti, qui aurait signé l'engagement de donner le chapeau de cardinal à Dubois pour devenir pape, est une fable digne des pamphlets où on la trouve consignée. Ces calomnies viennent de ce que Dubois s'éleva rapidement aux plus hautes charges et en s'élevant froissa nombre de grandes familles, dont Saint-Simon recueillit les rancunes dans ses récits pleins d'amertume. Dubois était en outre très prononcé contre l'appel des Jansénistes et l'on sait de quelles calomnies ceux-ci avaient coutume d'accabler leurs ennemis.

Le prétendu mariage de Dubois est encore une fable, admise légèrement par Saint-Simon, et qui n'est plus acceptée aujourd'hui (6).

## BENOIT XIII (p. 261).

Le pontificat de Benoit XIII ne dura que cinq ans et, cependant, il fut marqué de plusieurs œuvres importantes. En face du jansénisme triomphant Benoît XIII convoqua à Rome un Concile qui condamna l'hérésie et ranima le zèle pour l'instruction religieuse du peuple, ce qui amena le pape à approuver l'institut fondé par le chanoine de La Salle pour l'instruction de la jeunesse, approbation qui précéda les lettres patentes du roi Louis XV. C'est là le grand fait de ce pontificat. Il faut y joindre de nombreuses canonisations et béatifications : celle de saint François Borgia, de saint Jean de Capistran, de saint Jean de la Croix, de saint Louis de Gonzague, de saint Stanislas Kotska, de saint Vincent de Paul, etc.

M. Chantrel a réfuté solidement ce que dit M. H. Martin dans son *Histoire de France* que « Benoît XIII

---

(1) *L'abbé Dubois*. Paris, 1862, 2 vol. in-8. — V. une analyse de ce livre dans *le Correspondant*, 25 janvier 1863, pp. 193 et suiv. — V. aussi M. de Carné, *La Monarchie française au XVIII° siècle*, éd. de 1858, pp. 277. et suiv.
(2) Paris, 1810, in-8 de 27 pp.
(3) *Vie de M. Emery*, t. II, p. 29
(4) *Essai de défense*, p. 1.
(5) *Ibid*, p. 8
(6) *Ibid.*, p. 20

(1) V. sur ce point, l'abbé Blampignon, *l'Episcopat de Massillon*, dans les *Annales de philosophie chrétienne*, août 1881, pp. 1065 et suiv.
(2) *Ibid.*, p. 23. La lettre est du 14 octobre 1711.
(3) *Mémoires pour servir à l'histoire ecclésiastique* (Edit. Lequeux), t. II, p. 111-118.
(4) *Massillon*. Paris, 1867, in-8, p. 330-331.
(5) *Correspondances*, t. III, p. 444 et *ibid.*, t. II, p. 28-29.
(6) L'acte de décès de Dubois a été publié par M. Jal, *Dictionnaire critique*, p. 511

était beaucoup moins éloigné de Jansénius que de Molina (1). »

## LA LÉGENDE DE SAINT GRÉGOIRE VII (p. 263).

Cette affaire, dont Rohrbacher ne dit que quelques mots, est, dit dom Guéranger (2), un fait caractéristique du xviii⁰ siècle. Saint Grégoire VII est un des plus grands hommes de son temps, il a toujours combattu pour la vérité et la justice. Tous ses coutemporains font son éloge. Leur opinion sur sa sainteté se perpétua à travers les âges. Grégoire XIII inséra, en 1584, le nom de Grégoire VII dans le Martyrologe romain, canonisation *équipollente*, qui a la même valeur qu'une canonisation formelle. « Outre que le culte de presque tous les saints qui ont vécu dans l'Eglise avant l'institution des procédures aujourd'hui en usage, ne repose que sur un jugement du même genre, il est un grand nombre de Saints, parmi ceux qui ont fleuri dans l'Eglise, depuis que le Siège apostolique s'est réservé les causes de canonisation, qui n'ont cependant été inscrits au nombre des Saints que de manière équipollente; tels sont, par exemple. saint Romuald, saint Norbert, saint Bruno, saint Pierre Nolasque, saint Raymond Nonnat, saint Ferdinand III, saint Jean de Matha, sainte Marguerite d'Ecosse, saint Etienne de Hongrie, etc. L'ignorance des règles de l'Eglise romaine a donc pu seule faire dire à certains auteurs jansénistes et non jansénistes que saint Grégoire VII était honoré par l'Eglise sans avoir été canonisé, puisque l'on en devrait dire autant des illustres saints que nous venons de nommer : conséquence à laquelle sans doute ces auteurs se refuseraient (3). »

Vers le milieu du xviie siècle, Alexandre III introduisit l'office de saint Grégoire VII dans les basiliques de Rome. En 1705, Clément XI accorda à l'ordre de Cîteaux le privilège de l'office de ce saint Pape ; en 1710, l'ordre de Saint-Benoît reçut le même privilège. Le 25 septembre 1728, Benoît XIII ordonna d'insérer la fête de Grégoire VII au missel et au bréviaire et enjoignit à toutes les Eglises du monde de la célébrer. Ce décret excita, particulièrement en France, un grand orage. On y vit une déclaration de guerre aux Souverains.

Un libraire de Paris, Coignard fils, ayant eu l'audace de vendre le feuillet in-8, qui contenait la légende du saint, les *Nouvelles ecclésiastiques* le dénoncèrent. Le 20 juillet 1729, sur les conclusions de l'avocat général Gilbert des Voisins (4), le Parlement rendit un arrêt portant suppression de cette feuille. Le 24 de ce même mois, Caylus, évêque d'Auxerre publia un mandement contre la *légende*. Le 31 juillet, Colbert, évêque de Montpellier, suivit cet exemple, et déclara que cette légende contenait une doctrine séditieuse, contraire à la parole de Dieu. Le 16 août, mandement de Coislin, évêque de Metz, qui défend à son tour de réciter l'office de Grégoire VII. Le 17 août, le Parlement de [Bretagne]

rend un arrêt pour supprimer la légende. Le 21 août, d'Hallencourt, évêque de Verdun, qui n'était point janséniste, mais seulement gallican, et qui admettait la sainteté de Grégoire VII, parce que, suivant lui, ce pape avait fait pénitence de la déposition de Henri IV (1), défendit aussi l'usage de l'office. A leur tour les Parlements de Metz (1er septembre) et de Bordeaux (12 septembre) condamnèrent la légende.

Bientôt un bref de Benoît XIII, en date du 17 septembre, condamna le mandement de l'évêque d'Auxerre. Cela n'empêcha pas Bossuet, évêque de Troyes (30 septembre) d'emprunter à la *Défense* de la déclaration de 1682, encore inédite, de longues pages pour établir la doctrine de l'indépendance absolue des rois, en leur donnant la forme d'un mandement.

Un autre bref du 8 octobre, condamnant le mandement de l'évêque de Metz, ne ferma pas la bouche à un ancien oratorien, Quiquerand de Beaujeu, évêque de Castres (11 novembre), qui, dans une lettre pastorale, déclarait ne pas oser traduire la légende de peur de scandaliser les bons Français (2).

Lorsque, le 6 décembre, Benoît XIII eut cassé et annulé les arrêts des Parlements relatifs à cette affaire, le Parlement de Paris, sur le réquisitoire de Gilbert des Voisins, rendit le 23 février 1730, un arrêt portant défense de publier ces brefs, ainsi que ceux lancés contre les évêques. Mais le cardinal de Fleury fit défendre au Parlement de publier cet arrêt. Ce prudent prélat ne voulait pas se brouiller avec Rome. Au fond il désirait arriver à supprimer sans bruit la légende. Aussi en 1789, en France « pas une église séculière ou régulière n'avait pu inaugurer le culte du grand Pontife Grégoire VII (3). » L'Assemblée du clergé de France, qui se tint en 1730, étouffa en effet le culte de ce saint.

## BELZUNCE (p. 269).

Belzunce (Henri-François-Xavier de) était né en Périgord, le 4 décembre 1671. Il fut évêque de Marseille de 1709 à 1755. Il fut toujours adversaire déclaré du Jansénisme (4). Mais, comme le dit l'historien, c'est par sa belle conduite, durant la peste de Marseille, que le saint évêque s'est surtout illustré. Sans revenir sur le récit de cette épouvantable épidémie, nous signalerons seulement le *Journal* du maître d'hôtel de Mgr de Belzunce, où paraissent le zèle et la charité du vénérable prélat (5).

(1) Dom Guéranger, p. 427.
(2) *Ibid.*, p. 433.
(3) Dom Guéranger, *ibid.*, p. 437.
(4) Voir sa lettre relative aux Oratoriens jansénistes de Marseille, 1er août 1749, dans l'*Echo bibliographique*, 1877, p. 84.
(5) Il a été publié par dom Bérengier, dans la *Revue des questions historiques*, t. XXIV, pp. 567-586. Nous n'extrayons des notes intéressantes ajoutées par le savant bénédictin à sa curieuse publication que l'anecdote suivante :
« On raconte que lorsque Mgr de Belzunce, à l'apparition du fléau, fit appel à tous les prêtres de son diocèse, un chanoine dont la conduite n'était pas des plus régulières, se présenta avec ses collègues pour voter au secours des pestiférés. L'évêque surpris, mais charmé de le voir, le félicita de sa généreuse résolution en des termes qui marquaient un certain étonnement. « Que voulez-vous », répondit le chanoine, qui ne manquait pas d'esprit, « j'aime mieux faire mon salut en gros qu'en « détail. » Il tint parole, et mourut au service des malades de cette redoutable épidémie. » (P. 576.)

---

(1) *Le pape Benoît XIII, 1727-1730*. Paris, 1873, in-12.
(2) *Institutions liturgiques*, 2e édit. t. II, pp. 395 et suiv.
(3) *Ibid.*, pp. 405, 406.
(4) Dom Guéranger donne des fragments de son réquisitoire, *ibid.*, pp. 418 et suiv.

## HUET (p. 271).

On a beaucoup écrit sur Huet depuis l'époque où parut l'Histoire de Rohrbacher. Ses *Mémoires* ont été traduits par M. C. Nisard (1). Son *Testament* a été mis au jour par M. Charma (2). Dans ces deux documents se trouvent d'intéressants détails sur la jeunesse de Huet. Il y avoue avec humilité la légèreté de cette époque de sa vie; légèreté qui, comme on l'a dit, consista surtout en préciosités, en hardiesses de mots, dont d'autres personnages ecclésiastiques de son temps ne savaient pas plus se défendre que lui (3). Ses mœurs ne furent jamais attaquées. Du reste, il ne prit les ordres sacrés qu'en 1677, à l'âge de quarante-sept ans. Sa correspondance très volumineuse et très intéressante n'a encore été publiée que par fragments (4). Il y aurait encore beaucoup à prendre à la Bibliothèque nationale, Mss. latins 11432-11433, Mss. français 15187, et aussi dans la correspondance de Chapelain, Mss. fr. 15189 et suiv., dont M. Tamisey de Larroque vient de publier le premier volume (5).

Huet, quoi qu'on en ait dit, fut un évêque très zélé et très actif. Ses *Statuts synodaux* (6) en sont une preuve irrécusable.

La philosophie de Huet a reçu le nom de *fidéisme*. Son système, dit un historien récent de la philosophie (7), « pèche par la base, et il n'est pas moins préjudiciable à la foi qu'à la raison. La foi, en effet, s'appuie sur la raison, comme la grâce sur la nature, et tout ce que l'on ôte à la raison, on l'ôte du même coup à la foi, que l'on établit sur des fondements seulement probables et sur des motifs de crédibilité insuffisants. »

Rohrbacher dit à tort que Huet fonda à Caen une académie de physique. Il fut seulement membre de l'académie fondée à Caen en 1652, par Segrais, Grentemesnil, Bochart, Moisant de Brieux.

Rohrbacher aurait dû citer parmi les ouvrages de Huet, le *Traité sur la situation du paradis terrestre*, Paris, 1691, in-12, son *Traité de la traduction*, Paris, 1661, in-4°, et surtout son édition des œuvres scripturaires d'Origène, Rouen, 1668, 2 vol. in-f° (8).

---

HISTOIRE DE LA DÉVOTION AU SACRÉ-CŒUR (p. 271).

Il faut suppléer au silence de Rohrbacher sur un point si important dans l'histoire du dogme et de la liturgie au XVIII° siècle. C'est une religieuse de la Visitation, Marguerite-Marie Alacoque, honorée aujourd'hui sous le titre de la Bienheureuse Marguerite-Marie (1), que Dieu choisit pour lui révéler ses desseins. Elle fut aidée dans cette œuvre par un Jésuite, le P. de la Colombière, qui a été récemment déclaré vénérable, et qui sera sans doute bientôt béatifié (2). Le culte extérieur du Sacré-Cœur de Jésus fut inauguré en 1676, dans le monastère de la Visitation de Moulins. Il ne fut inauguré à Paray même que huit ans plus tard. En 1688, cette fête fut établie dans le diocèse de Coutances par l'évêque Charles de Loménie de Brienne (3). En 1694, la messe propre de cette fête fut insérée dans le Missel de Besançon. En 1718, la célébration fut prescrite à Lyon par l'archevêque François de Villeroy. En 1720, Belzunce inaugura le culte du Sacré-Cœur dans la ville épiscopale désolée par la peste. A l'exemple de ce saint évêque, les archevêques d'Aix, d'Arles, d'Avignon, les évêques de Toulon et de Carpentras donnèrent des mandements pour établir la fête. En 1729, Languet, évêque de Soissons, faisait paraître la vie de Marguerite-Marie, qui donna un nouvel élan à la dévotion au Sacré-Cœur (4).

L'érection de la nouvelle fête avait été demandée à Rome dès 1697. En 1726, Constantin Szaniawsky, évêque de Cracovie, adressa à cet effet à Benoît XIII une nouvelle demande, appuyée par le roi de Pologne, Frédéric-Auguste. Sur les conclusions de Fontanini, archevêque d'Ancyre, promoteur de la foi, la congrégation des Rites répondit le 30 juillet 1729, par un refus. Cela n'empêchait pas Rome de donner des brefs pour l'érection de confréries sous le titre du Sacré-Cœur de Jésus, et dès 1734, on en comptait 487. Un bref de Clément XIII en établit une à Rome en 1732. C'est Clément XIII qui, cédant aux instances des évêques de Pologne, rendit, le 6 février 1765, un décret qui annulait celui de 1729; il publia bientôt la messe et l'office du Sacré-Cœur et permit aux évêques d'introduire la fête dans leurs diocèses. En 1778, Christophe de Beaumont, archevêque de Paris, inséra l'office dans la nouvelle édition des livres parisiens malgré les efforts désespérés des Jansénistes pour combattre cette dévotion si populaire et si nécessaire aujourd'hui (5).

---

L'ABBÉ DE RANCÉ (p. 277).

Comme confirmation et complément de notre historien en ce qui concerne le célèbre réformateur

---

(1) Paris, 1853, in-8.
(2) Dans le *Bulletin de la langue, de l'histoire et des arts de la France*, t. I, pp. 195 et suiv.
(3) Ch. Trochon, *Huet, évêque d'Avranches*, dans le *Correspondant*, 10 décembre 1876, p. 671.
(4) M. l'abbé Trochon a publié les lettres de Bossuet à Huet dans le *Correspondant*, 25 décembre 1876, pp. 1079 et suiv. D'autres ont été publiées depuis par M. Henry. *Un érudit homme du monde, homme d'église, homme de cour*. Paris, 1879, in-8. Les lettres de Bossuet ont été éditées aussi dans la nouvelle édition des *Œuvres* de l'Évêque de Meaux donnée par M. l'abbé Guillaume.
(5) Paris, 1881, in-4.
(6) Caen, 1693, 1695. in-8.
(7) *Histoire de la philosophie* par P. Vallet, prêtre de Saint-Sulpice. Paris, 1881, in-12, p. 478. — V. aussi sur la philosophie de Huet, l'abbé Flottes. *Étude sur Daniel Huet*. Paris, 1857, in-8.
(8) Outre les ouvrages cités on peut encore consulter J. d'Avenel, *Histoire de la vie et des ouvrages de Huet*, Mortain, 1853, in-8; Frère, *Manuel du Bibliographe normand*, Rouen, 1860, t. II, pp. 93 et suiv.

(1) Léon XII signa l'introduction de la cause de cette sainte religieuse, le 30 mars 1824 : l'examen des écrits qui lui étaient attribués fut terminé le 22 septembre 1827. Elle fut déclarée vénérable le 26 décembre 1828.
(2) La cause de la béatification du P. de la Colombière a été introduite devant le Saint-Siège, en vertu du décret de la Sainte Congrégation des rites du 18 décembre 1879. V. *Analecta juris pontificii*, mai 1881, col. 590 et suiv.
(3) La dévotion au Saint-Cœur de Marie avait été établie à Coutances en 1659 par le P. Eudes. Il est probable, sans être absolument certain, que le P. Eudes y adjoignit, en 1674, la dévotion au Sacré-Cœur de Jésus. — V. Tabaraud, *Des Sacrés-Cœurs de Jésus et de Marie*. Paris, 1822, in-8, pp. 145, 146.
(4) Dom Guéranger, *Institutions liturgiques*, 2° édit., t. II, pp. 552, 553. — V. *Histoire de la bienheureuse Marguerite-Marie et des origines de la dévotion au Sacré-Cœur de Jésus*, par le P. Ch. Daniel, S. J. Paris, 1865, in-12.
(5) V. le P. Bouscaillou, *Élévations sur le Sacré-Cœur de Jésus*. Tours, 1868, in-18.

de la Trappe on peut consulter l'*Histoire de l'abbé de Rancé et de sa réforme* par M. l'abbé Dubois (1.)

Souvent on a jugé l'abbé de Rancé, non sur lui-même et sur ses œuvres, mais sur les imputations et les calomnies de ses adversaires; on a travesti sa jeunesse, on en a exagéré les écarts. M. Dubois s'attache à démontrer que les relations de l'abbé de Rancé avec la duchesse de Montbazon n'eurent rien de coupable. Il rejette, bien entendu, la fable de la *Tête coupée* admise par Chateaubriand dans la vie de l'abbé de Rancé. L'auteur explique la conduite du célèbre réformateur à l'assemblée du clergé de France en 1656 : ce ne fut ni par orgueil ni par entêtement que celui-ci résista au cardinal Mazarin ; il crut de son devoir de défendre l'archevêque de Paris contre le puissant ministre et son opposition lui fait honneur. De même pour ce qui concerne les célèbres contestations de l'abbé de Rancé avec Mabillon, au sujet des études monastiques, M. Dubois montre, comme Rohrbacher, que le réformateur de la Trappe n'a jamais été l'apologiste de l'ignorance ; il voulut seulement que les études fussent en rapport avec la mission que l'on avait à remplir, disant qu' « autre devait être la science des cénobites isolés du monde, occupés seulement de leur propre salut, autre celle des religieux et des prêtres destinés à vivre dans le monde et à travailler au salut du prochain. »

LA CONSPIRATION DES POUDRES (p. 284, col. 1).

Parmi les faits importants qui suivirent l'introduction de la réforme en Angleterre et que Rohrbacher résume ici en quelques lignes, se place l'incident connu sous le nom de *Conspiration des Poudres* (1605) dont on accuse les catholiques.

Il ressort du livre de M. Hepworth Dixon, auteur protestant (2), que la mystérieuse affaire à laquelle le nom de Guy Powkes a été toujours associé, ne fut pas l'œuvre des catholiques anglais. Ils l'ont, au contraire, ouvertement désavouée ; l'archiprêtre s'expliqua sur ce point avec l'énergie la plus désirable ; les ecclésiastiques de divers rangs ne se montrèrent pas moins indignés ; et quant à l'accusation qui fait peser sur les jésuites la responsabilité de ce complot, elle est également fausse. D'après les pièces justificatives qui nous ont été conservées il semble que le projet de tuer le roi et de se débarrasser, du même coup, de tout le Parlement, fut concerté par un petit nombre de nouveaux convertis poussés au fanatisme et encouragés par cette tourbe de bandits et de scélérats que l'on trouve toujours prêts à imaginer et à exécuter les crimes les plus abominables. L'Espagne animée contre l'Angleterre d'une haine ardente, remuait les fils de l'intrigue, M. Dixon explique sa participation en disant que Jacques Ier une fois mort et la famille royale éteinte, il était facile, au milieu de la confusion générale, de rétablir l'ancienne religion et de mettre sur le trône un agent de la cour de Rome, puisque les représentants les plus importants du protestantisme dans les deux Chambres du Parlement devaient être les victimes d'une catastrophe commune. C'est le point de vue protestant qui n'empêche pas M. Dixon de disculper au fond les catholiques et de faire taire ainsi les anciennes calomnies.

Sans entrer dans le détail de cette affaire, au sujet de laquelle on n'a pas encore tous les documents qu'il faudrait pour arriver à la solution du problème, nous nous bornerons à signaler une pièce justificative de la plus grande importance, récemment publiée, et qui est pleine de détails curieux sur la position des catholiques en Angleterre au temps de Jacques Ier.

Trois prêtres avaient été accusés de complicité dans le projet de faire sauter la salle du Parlement ; un d'entre eux le P. Gérard, se justifia de la manière la plus satisfaisante : on ne put alléguer la moindre preuve contre lui et on le regarde unanimement comme n'ayant eu aucune connaissance du complot. Il parvint à quitter l'Angleterre, et une fois en lieu sûr, ses supérieurs religieux lui ordonnèrent d'écrire une narration détaillée de toute l'affaire. Cette relation intéressante, souvent citée par Lingard et par Tierny, et qui disculpe entièrement les accusés, a été publiée *in extenso* par le P. Morris, de la Compagnie de Jésus, avec une préface contenant de nombreux extraits des mémoires du P. Gérard (1).

On peut, avec le P. Morris, accepter le témoignage du P. Gérard comme absolument définitif sur l'épisode de la Conspiration des poudres ; en tous cas l'ouvrage qu'il a édité forme un document historique considérable. On y trouve aussi le tableau émouvant des persécutions que les catholiques anglais avaient à souffrir sous le règne d'Elisabeth.

LES CAUSES DE LA RÉVOLUTION ANGLAISE DE 1688 (p. 289).

Le P. Dumas réfute, à propos du complot d'Oates, les fables absurdes qui servirent pendant trois ans de prétexte à de sauvages excès contre les catholiques (2). Il fait apparaître les causes, selon lui, très peu connues et très mal étudiées, de la révolution de 1688. Bien des jugements portés par les écrivains contre les deux derniers Stuarts sont ainsi rectifiés. La dynastie écossaise, dit l'auteur, n'est tombée ni pour avoir, comme on le prétend, visé au despotisme, ni pour avoir, comme on l'affirme aussi, tenté le renversement impossible de « l'Eglise établie ». L'alliance avec Louis XIV, le désir, si faible qu'il fût (car Charles II n'était pas un homme d'énergie ni de décision), de rendre la liberté de conscience aux catholiques dont en secret ce prince pratiquait le culte, voilà les deux crimes irrémissibles pour lesquels les Stuarts durent céder le trône à Guillaume III, lequel personnifiait la double haine anglaise d'alors : la haine du catholicisme et la haine du nom français.

---

(1) Paris, 1866, 2 vol. in-8.
(2) *Her Majesty's Tower*. Londres, 1869, 2 vol. in-8.

(1) *The condition of catholics under James I. Father Gerard's Narrative of the Gunpowder Plot*, Edited, with his Life, by John Morris. Londres, 1871, in-8.
Le manuscrit original des Mémoires du P. Gérard est conservé dans la bibliothèque du collège de Stonyhurst.
(2) *Le complot papiste sous Charles II* dans *Études religieuses, historiques et littéraires*. Mai 1866.

LE PAPE INNOCENT XI ET LA RÉVOLUTION ANGLAISE DE 1688 (p. 289, col. 2).

Depuis la fin du siècle dernier, dit M. Ch. Gérin, « une tradition s'est établie qui représente le pape Innocent XI comme ayant eu des rapports suspects avec Guillaume d'Orange, dans le temps même où ce prince préparait son entreprise. On ne va pas jusqu'à dire qu'il connut personnellement le projet d'ôter là couronne à un Stuart catholique pour la donner à une dynastie protestante ; mais on veut que son gouvernement, un de ses ministres, au moins, ait lié un commerce direct et secret avec le futur Guillaume III, reçu les confidences des ennemis de Jacques II et leur ait procuré, avec l'appui diplomatique de la cour de Rome, l'argent même du souverain pontife. Quelque étranges que soient de pareilles accusations, elles se retrouvent, non seulement chez des écrivains ennemis de l'Église, mais encore chez les catholiques qui, du moment que la personne du pape pouvait être mise hors de cause, ont accepté cette histoire avec trop de complaisance. » Cette tradition ne s'appuie que sur deux dépêches qui auraient été écrites de Rome par le cardinal d'Estrées : l'une, le 18 décembre 1687, au marquis de Louvois, secrétaire d'État à la guerre, et l'autre, le 29 juin 1688, à Louis XIV.

M. Ch. Gérin établit péremptoirement que les deux pièces sont apocryphes et par conséquent qu'il ne reste aucun fondement historique à l'accusation portée contre Innocent XI ou son ministre (1).

---

LEIBNIZ (2) (p. 295).

Il naquit à Leipsick le 21 juin 1646. Il fut baptisé la veille de la Saint-Jean et reçut les noms de Geoffroi-Guillaume. Pendant la cérémonie, au moment où le diacre Mœhler le tenait dans ses bras, l'enfant, comme s'il eût eu conscience de ce qu'il faisait, leva la tête, l'avança, ouvrit les yeux et reçut ainsi le baptême. Son père consigna le fait dans son journal et y écrivit ces paroles prophétiques : « Je prédis que c'est là un signe de foi ; je « prédis aussi que cet enfant pendant sa vie mar-« chera les yeux levés vers Dieu, qu'il brûlera d'a-« mour pour lui et que cet amour lui fera faire « des choses merveilleuses pour la gloire du Très-« Haut, le salut et la prospérité de son Église. » A six ans il perdit son père. Sa mère, qui ne mourut que onze ans plus tard, était une femme supérieure. On disait dans Leipsick, à sa mort, que pendant son veuvage elle avait mis tout son espoir en Dieu ; elle influa sur son fils par l'élévation morale de son caractère. Il eut deux frères et une sœur, Anne-Catherine, qui mourut en 1672, femme de l'archidiacre de l'Église, Thomas-Simon Loffler, laissant un frère Frédéric-Simon, son unique héritier, qui céda tous les papiers et les livres de Leibniz pour une somme minime. Ils passèrent de ses mains dans la bibliothèque royale de Hanovre : ce qui nous permet aujourd'hui d'écrire sa biographie philosophique avec les papiers de ce grand homme. Sa famille ne reconnut pas son génie naissant. Un de ses frères lui écrivit une lettre où il le traitait de *renégat*, parce qu'il n'était pas un protestant fougueux. Des questions d'intérêt les divisèrent plus tard. Ses premiers maîtres furent aussi aveugles que ses parents, et l'enfant ayant lu Tite-Live à la dérobée, le pédant qui l'élevait prétendit que Tite-Live allait à ce bambin comme un *cothurne* à un *pygmée*. Mais par bonheur un voisin se trouva là ; frappé de ces dispositions précoces, il lui ouvrit sa bibliothèque : « J'allais enfin voir, s'écrie Leibniz « dans un récit autobiographique récemment dé-« couvert (1) ; j'allais voir ces grands hommes de « l'antiquité que je ne connaissais que de nom et « que j'avais tant désiré de voir, Cicéron, Quinti-« lien, Sénèque, Pline, Xénophon, Platon, et les « Pères de l'Église grecque et latine ! » Ses études, sa facilité, la variété de ses connaissances, ses promenades solitaires dans le bois de Rosenthal, où il *délibérait déjà s'il garderait les formes substantielles*, tout en lui contribuait à le faire regarder comme un prodige par ses maîtres et ses camarades : *Pro monstro orat*, nous dit-il dans le *Pacidius*. Un jour il composa trois cents vers latins de suite sans élision. A treize ans, il avait son de la logique des vues neuves qui faisaient le désespoir de ses professeurs. Il méditait déjà l'Alphabet des pensées humaines. A quinze ans, il lisait Suarès avec la facilité d'un roman. « J'atteignis ainsi ma dix-sep-« tième année, heureux de cette liberté qu'on « m'avait laissée pour mes études et qui m'avait « conquis partout la première place dans les écoles, « l'estime de mes maîtres et l'amitié de mes cama-« rades (2). »

En 1671, il conçut un projet d'expédition en Egypte, pour détourner de l'Allemagne les armes de Louis XIV et les rejeter sur l'Orient, « projet le plus gigantesque que philosophe et que politique eût jamais conçu, puisqu'il s'agissait de détourner le cours de la puissance du grand roi, et de hâter ainsi peut-être de deux siècles, le cours du temps, en supprimant Napoléon (3). » Après un voyage sur les bords du Rhin, de Strasbourg à Mayence, Leibniz « se remit au *Consilium Egyptiacum* avec une ardeur nouvelle. Nous avons retrouvé à Hanovre ses études préparatoires pour ce projet d'une expédition en Egypte. Elles sont considérables ; ses recherches furent immenses : le cabinet de Boinebourg, si bien renseigné par Gravel, et ses relations avec la France, dut lui fournir des notes confidentielles sur les projets de Louis XIV et le dessein d'attaquer la Hollande. Leibniz, frémissant à cette pensée qui était le présage de grands maux pour l'Europe, et surtout pour l'Allemagne, lui montre du doigt l'Egypte, cette *Hollande* de l'Orient, dont la conquête est assurée s'il veut l'entreprendre, et qui lui donnera des avantages plus réels et plus sûrs. Après ce premier travail volumineux, Leibniz en fit un se-

---

(1) Voir *Revue des questions historiques*, octobre 1876, pp. 427-481
(2) Telle est, et non pas *Leibnitz*, la véritable orthographe de son nom.

(1) *Nouvelles Lettres et opuscules de Leibniz*, publiés par M. Foucher de Careil, Paris, 1857, in-8.
(2) Foucher de Careil, *Leibniz*. Paris, 1859, gr. in-8, p. 2.
(3) *Ibid.*, p. 6.

cond plus court, ou sommaire, puis une Lettre au roi Louis XIV, qui seuls ont paru jusqu'ici (1). Mais les circonstances ayant changé dans l'intervalle, et l'envoi de Boinebourg à Paris n'étant plus nécessaire, Leibniz résolut de s'y faire envoyer à sa place et d'obtenir ainsi les moyens de faire un voyage désiré, mais que l'état de ses finances ne lui permettait pas d'entreprendre. Il fit deux notes, l'une en français, l'autre en latin, que Boinebourg envoya le 20 janvier 1672, sans nommer l'auteur du projet et sans l'expliquer. Il reçut l'accusé de réception de Pomponne, daté de Saint-Germain, 12 février. « On avait remis la lettre ainsi que le manuscrit au roi, qui trouvait là quelque chose de grand pour sa gloire, mais sans l'indication du moyen ; il fallait qu'on s'expliquât, et il daignerait entendre la personne. » C'est ce qu'attendait Leibniz ; il partit le 19 mars, accompagné d'un domestique, ses frais de route (100 écus) payés par Boinebourg, et muni d'une lettre pour Pomponne. Il fut reçu en audience à Saint-Germain, exposa ses plans (2). La proposition fut entendue, prise en considération, puis rejetée. Pomponne répondit à Feuquières, ambassadeur à Mayence, qui y revenait le 4 juin, que « les guerres saintes avaient cessé d'être à la mode depuis saint Louis (3). »

Leibniz a beaucoup critiqué Descartes.

« On retrouve dans ses œuvres inédites les traces d'une réaction très vive contre la morale cartésienne, et sinon une réfutation en règle, du moins un projet de réfutation du *Traité des passions*, qu'il avait d'abord annoté (1679) avec une sorte de prédilection. C'est dans ses *Animadversiones ad Poireti congitationes de Deo* (4) où il s'exprime en ces termes : « Si Dieu m'accorde des forces, j'éditerai « un jour le *Traité des passions* de Descartes, en « le faisant suivre de scolies succinctes pour en « montrer les erreurs. Je m'y crois obligé, puisque « des hommes qui professent une tout autre physi- « que, comme Morus, donnent à Descartes, pour la « morale, des éloges excessifs et paraissent croire « qu'il a dit le dernier mot sur ce sujet (5). » Telle est la critique de la philosophie cartésienne faite par Leibniz. Deux mots la résument. Le premier est cette formule retrouvée par nous dans sa *Réfutation du spinosisme* : *Spinosa incipit ubi Cartesius desinit : in naturalismo* (6). L'autre se trouve dans une lettre à Nicaise : « J'incline à affirmer que Spinosa « n'a fait que cultiver certaines semences de la Philosophie de Descartes (7). » Leibniz, en portant ce double arrêt qui restera, a lui-même indiqué la réserve qu'il convient de faire : *Cartesius desinit :*

(1) Leibniz vit souvent Arnauld dans son voyage à Paris. V. Sainte-Beuve. *Port-Royal*, 3e édit., t. V, pp. 442 et suiv.
(2) Ibid., p. 7.
(3) « L'histoire du *Consilium Ægyptiacum* est curieuse. Napoléon le fit demander au général Mortier pendant l'occupation française de la Westphalie par nos armes : et celui-ci, trompé par le bibliothécaire, qui avait caché le manuscrit volumineux dans la ville, n'obtint que la table des chapitres, un court sommaire qu'il envoya en France, avec la lettre à Louis XIV, et qui a été publié par MM. Hoffmanns et Valet de Viriville ». Le document original a été publié chez Firmin Didot, édit. Foucher de Careil.
(4) Inédit ; note de M. F. de C.).
(5) « Si Deus vires concesserit, aliquando cum succinctis scholiis errorem significantibus tractatum ejus *De passionibus* edam, præsertim cum viri alius physices, ut H. Morus, in ethicis Cartesium describant tanquam qui omnia exhauserit. » (Id.)
(6) *Réfutation inédite de Spinosa*, par Leibniz. Paris, Lagrange, 1854. (Id.)
(7) Erdmann et Cousin, *Lettres à Nicaise*. (Id.)

Descartes a *fini* dans le naturalisme, il n'a pas commencé par lui ; et Spinosa a cultivé *certaines semences* cartésiennes : donc il ne les a pas toutes cultivées et elles ne sont pas toutes des germes de panthéisme. Ces réserves faites, jamais jugement ne fut plus longuement médité et plus sérieusement motivé. Les cartésiens de France toutefois ne furent point de cet avis et Regis protesta publiquement. Leibniz répondit avec une conviction éloquente (1) : « On m'accuse de vouloir établir ma réputation sur « les ruines de M. Descartes. C'est de cela que j'ai « droit de me plaindre. Bien loin de vouloir ruiner « la réputation de ce grand homme, je trouve que « son véritable mérite n'est pas assez connu (2). »

C'est aussi Leibniz qui, dans ses *Annales imperii occidentis Brunsvicenses*, a réfuté, l'un des premiers, la fable absurde de la papesse Jeanne (3). Il composa une dissertation intitulée *Flores sparsi in tumulum papissæ*, dans laquelle il réfute par les dates la grossière légende imaginée à ce sujet. Un tel ouvrage eût le moyen âge, conçu et exécuté à la fin du XVIIe siècle, fait époque ; il manquait à la gloire d'historien, avant que M. Pertz l'eût, suivant l'énergique expression de Scheidt, *fait sortir de sa prison* (4). »

Leibniz mourut en 1716. Quand il sentit les approches de la mort, il voulut prendre encore une note : « on lui présenta une plume et de l'encre ; il commença à écrire, mais il ne put se relire à la lumière. Il déchira ce qu'il avait écrit, le jeta et se coucha. Il essaya d'écrire encore, puis se couvrit les yeux avec sa camisole de nuit, se coucha sur le côté et s'endormit doucement vers les dix heures, ayant vécu soixante-dix ans quatre mois et vingt-quatre jours. Lorsque Seip revint avec sa médecine, il le trouva mort ; il vit sur le lit et sur les chaises beaucoup de livres, et notamment dans son fauteuil l'*Argenis* de Barclay, à qui on a religieusement conservé sa place. Il y avait aussi sa *Methodus nova jurisprudentiæ*. Si l'on en croit Eccard, il refusa de communier ; mais un inconnu affirme que Leibniz était occupé dans ses derniers jours de la langue des anges, voulant sans doute entendre par là quelqu'un de ces *lieder* qu'il aimait. Le 13 novembre 1707, il écrivit de sa main : « J'ai cette nuit chanté en dormant un lied depuis longtemps oublié dont les derniers mots, les seuls dont je me souvienne, sont : Toi qui écartes de nous tous les maux, aide-nous, car nous irons bientôt à toi, ô Christ ! ô Christ ! » Et il ajoute : « Il me semble que dans ma jeunesse j'ai entendu ce lied comme un chant de nouvelle année. » Il mourut dans une sorte de disgrâce, et le dicton qu'on fit courir après sa mort : *Löveiix, Leibniz glaubt nicht*, semblerait indiquer qu'on voulut flétrir sa mémoire d'un soupçon d'athéisme. Pas un ecclésiastique ne suivit son convoi, la cour s'abstint de venir à l'enterrement. Le lieu même de sa sépulture était inconnu jusqu'en 1822, où, par hasard, elle fut découverte dans le temple protes-

(1) Ibid., p. 360. *Quat. nouv. lett. et opusc. inéd.* de Leibniz. Edit. Foucher de Careil, 1857. (Id.)
(2) Foucher de Careil, *ibid.*, p. 13.
(3) V. sur cette fable, le livre récent de M. Mateos Gagoy Gesnandez, traduit en français avec introduction par A. Roupel. Paris, Palmé, 1880, in-12.
(4) F. de Careil, *ibid.*, p. 24.

testant qui est sur la place, près de la *Calenberger Strasse*. Un curieux butta sur une des lettres de la pierre tumulaire, gratta avec sa canne et vit reparaître l'inscription : *Ossa Leibnitii* (1). »

### FRANÇOIS VÉRON (p. 298).

Consulter sur ce célèbre controversiste, M. l'abbé Féret, *un curé de Charenton au XVIIe siècle par un de ses successeurs* (2). Rohrbacher eût dû citer, à côté des ouvrages de cet auteur, écrits en vue de la réconciliation des communions religieuses, un curieux livre de J.-P. Camus, évêque de Belley, *de l'avoisinement des Protestans vers l'Eglise romaine* (3). « Vous n'y trouverez, dit R. Simon (4) à Fremont d'Ablancourt, ni galimatias, ni rien de ces fausses plaisanteries où ce prélat tombe dans la plupart de ses autres ouvrages. Tout y vient à propos et il n'y dit rien que de bien sensé. »

Le P. François Véron a donné en 1647 une traduction française du Nouveau Testament, qui n'est qu'une revision de la version de Louvain (5). Il l'avait faite dans un but de controverse avec les Protestants.

### LE TESTAMENT DE PIERRE LE GRAND (p. 316, col. 1).

Quoique Rohrbacher se répète un peu en trois endroits au sujet du czar Pierre Ier (t. XI, pp. 313-316 et 421 ; t. XII, p. 176) il ne parle pas du document célèbre connu sous le nom de *Testament de Pierre le Grand* et qui est comme le programme politique de la Russie. On a discuté sur l'authenticité de cette pièce. Après plusieurs autres, M. G. Berkholz, en dernier lieu, a cherché à établir que ce testament ne vient pas de Pierre le Grand, mais qu'il a été composé en 1813 et que son contenu provient d'un livre écrit en 1812, probablement par ordre de Napoléon, *Du Progrès de la puissance russe* (6). M. Berkholz pense que tout le testament est une pièce apocryphe qui ferait de Napoléon Ier un faussaire.

---

(1) *Ibid.*, p. 25. — « L'abbé Emery a donné, en 1772, à Lyon, 2 tomes in-8, sous le titre d'*Esprit de Leibniz, un Choix de ses pensées sur la religion et la morale*, réimprimés à Paris, en 1803, avec quelques changements, auxquels l'*Exposition de la doctrine de Leibniz sur la religion*, Paris, 1819, in-8 de 448 pages, peut être considérée comme servant de supplément. C'est la publication, avec une traduction française, du *Systema theologicum* de Leibniz, composé vers 1680, mais resté inédit jusqu'alors ; le manuscrit autographe, emporté par ordre à la bibliothèque de Hanovre, pendant l'occupation française, a été retrouvé depuis à Saint-Louis des Français à Rome par l'abbé Lacroix, qui l'a publié (Paris, 1845, gr. in-8). M. le prince A. de Broglie, l'a traduit et enrichi d'une introduction, tendant à prouver que c'est le testament religieux de Leibniz ; MM. Guhrauer, Grotefend, Pertz et Schulze sont unanimes au contraire à en infirmer la valeur, à en faire un écrit purement irénique, ou même un piège tendu à la bonne foi des catholiques, un expédient enfin. Entre ces deux opinions si tranchées, l'auteur de cet article a cru qu'il y avait place pour une opinion moyenne et plus vraie, qu'il a développée dans *le Correspondant* du 25 septembre 1852. » (Note de M. F. de Carcil.) — Cfr. encore L. Lescœur, *de Bossuetii et Leibnitii epistolarum commercio circa pacem inter christianos conciliandam*. Paris, 1852, in-8. — M. O. Klopp a critiqué sévèrement l'édition de M. F. de Carcil.
(2) Paris, 1881, in-12.
(3) Paris 1640, in-12. Rouen, 1648, in-12. R. Simon en a donné une nouvelle édition sous le titre de *Moiens de réunir les Protestans avec l'Eglise romaine*. Paris, 1703, in-12.
(4) *Lettres*, 1730, in-12, t. 1, p. 276.
(5) V. R. Simon. *Histoire critique des versions du Nv. T.*, 1690, in-4, pp. 353 et suiv.
(6) *Das Testament Peter's des Grossen eine Erfindung, Napoleon's I*. Pétersbourg, 1877.

### LA SUPRÉMATIE DU PAPE DANS L'ÉGLISE GRECQUE (p. 316).

Aux témoignages cités par Rohrbacher touchant l'antique croyance de l'Eglise grecque à la suprématie du pape, on en peut ajouter d'autres plus nombreux et non moins décisifs recueillis par le cardinal Pitra. Les travaux du savant cardinal sur la discipline et la liturgie de l'Eglise grecque offrent le plus grand intérêt à ce point de vue, bien qu'ils embrassent beaucoup d'autres questions. Sa collection de canons orientaux conduit l'histoire de cette législation depuis ses plus lointaines origines apostoliques jusqu'à Photius (1). La publication des monuments liturgiques de cette Eglise complète ce travail (2). A l'occasion du centenaire de saint Pierre, le cardinal Pitra a traité spécialement de la croyance des Grecs au pape (3).

### LE P. PRÉMARE ET LA QUESTION DES RITES CHINOIS (p. 321 et suiv.).

Parmi les divers ouvrages manuscrits laissés par le P. Prémare, dont parle Rohrbacher, le plus important est celui qui a été édité par MM. Bonnetty et l'abbé Perny sous le titre de : *Vestiges des principaux dogmes chrétiens tirés des anciens livres chinois* (4).

La question traitée dans ce livre est intimement liée à la controverse sur les rites chinois exposée par Rohrbacher. L'opinion qu'il adopte ici n'est pas celle qu'il a soutenue dans la seconde édition de son histoire. Dans cette question qui divisa les missionnaires chinois et mit particulièrement aux prises les jésuites et les dominicains, il y a lieu de tenir compte des bonnes intentions des deux côtés et des circonstances qui influèrent sur chaque opinion.

Le savant P. Prémare avait compris tout le parti qu'on pouvait tirer des livres chinois, en montrant à ce peuple que leurs plus anciens livres conservaient des traditions conformes aux traditions et aux croyances chrétiennes. « La fin ultérieure et dernière à laquelle je consacre cette notice, écrivait-il à Fourmont, c'est de faire en sorte, si je puis, que toute la terre sache que la religion chrétienne est aussi ancienne que le monde et que le Dieu-homme a été très certainement connu de celui ou de ceux qui ont inventé les hiéroglyphes de Chine et composé les *Kings* (5). »

C'est, en effet, ce qu'avait déjà dit saint Augustin pour tous les anciens peuples. « Cette chose même qui s'appelle maintenant la religion chrétienne, existait aussi chez les anciens, et n'a jamais cessé

---

(1) *Juris ecclesiastici Græcorum historia et monumenta*. Rome, 1864 et 1868, 2 vol.
(2) Cette publication comprend le Psautier et l'Euchologion paru à Rome en 1873, l'*Horologion* en 1876, et le *Triodion* en 1877.
(3) *Hymnographie de l'Eglise grecque*, dissertation accompagnée des offices du 16 janvier, du 29 et 30 juin en l'honneur de saint Pierre. Rome, 1867.
(4) Paris, 1878, 1 vol. in-8.
(5) Voir Rémusat, *Nouveaux mélanges asiatiques*, t. II, p. 266.

d'exister depuis le commencement du genre humain jusqu'au jour où le Christ lui-même vint dans la chair, époque où la vraie religion, qui existait déjà, commença à être appelée chrétienne (1). »

« Si la controverse sur les croyances chinoises, dit M. Bonnetty, s'était établie sur ces principes où voulait la placer le P. Prémare, la funeste scission qui survint parmi les missionnaires aurait été évitée (2). » Quelques jésuites, notamment les PP. Fouquet et Noël, en cherchant à trouver les traces des traditions primitives dans les anciens livres chinois, peuvent être accusés d'avoir excédé ; leur tort principal a été de vouloir étendre jusqu'aux croyances et aux pratiques actuelles des Chinois ce qu'on ne doit entendre, et encore avec restriction, que des croyances antiques.

D'un autre côté, on peut dire que la conduite de l'évêque de Conon, Mgr Maigrot, ne fut pas toujours assez prudente ni assez éclairée et que celle du légat du Saint-Siège, le cardinal de Tournon, manqua peut-être quelquefois de circonspection. Il arriva que l'empereur de Chine, choqué de ces controverses, défendit de prêcher le christianisme et exila tous les missionnaires. Cependant voici ce que le P. Bouvet, savant mathématicien et sinologue, écrivait le 15 novembre 1729, de Pékin même, où il avait su gagner les bonnes grâces de l'empereur : « Nonobstant la perte qu'on a faite, dans la suite du temps, d'une partie considérable des précieux monuments, et dont les plus habiles et les plus sincères écrivains avouent unanimement, depuis plus de 2000 ans, que l'intelligence s'est entièrement perdue parmi eux, il est encore aujourd'hui fort aisé à quelques théologiens que ce soit, qui ayant quelque goût pour le style figuré et quelque attrait pour la littérature hiéroglyphique et qui, dans la supposition que les *Kings* et autres anciens monuments chinois sont venus originairement des premiers patriarches, s'appliquent sérieusement, plusieurs années de suite à cette étude, il est, dis-je, très aisé encore aujourd'hui d'y apercevoir avec clarté toutes les plus sublimes vérités du christianisme marquées par des traits et des caractères si brillants, qu'il lui paraisse très facile d'en convaincre les plus savants hommes de la Chine et de l'Europe.

« Sur quoi je n'aurais garde de parler si affirmativement, si d'autres aussi bien que moi, après mes experiences de plusieurs années, n'en étaient persuadés comme moi, et si le grand *Kang-Hi*, l'un des plus savants empereurs qu'ait eus la Chine, à qui j'ai eu occasion, plusieurs années de suite, de faire connaître mes sentiments sur cela, ne m'avait paru constamment les goûter extrêmement et souhaiter, comme moi-même, de les voir exposer dans tout le jour qui se pourrait prouver, comme j'aurais tâché de le faire, de concert avec ceux qui étaient dans les mêmes sentiments, sans toutes les traverses suscitées contre ce projet par ceux-là mêmes dont nous devions moins les attendre (3). »

Pour l'accomplissement de son projet le P. Bouvet avait composé un écrit *Observata de vocibus Tien et Xam-ti*, où il établissait que les anciens Chinois, comme ceux d'aujourd'hui, avaient connu le vrai Dieu sous le nom de *Tien* et de *Xam-ti*. Il appuyait sa proposition sur le texte des livres classiques, sur les sentiments des lettrés et sur les proverbes populaires. « Pour donner plus d'autorité à ses recherches, dit M. Bonnetty, le P. Bouvet fut un des cinq jésuites qui, le 30 octobre 1700, présentèrent à l'empereur Kang-Hi une déclaration touchant quelques cérémonies chinoises, déclaration que l'empereur approuva et fit adresser au président du tribunal des rites qui l'approuva, ainsi que les lettrés membres de ce tribunal (1). La cause de la religion chrétienne en Chine paraissait gagnée ; le P. Bouvet possédait la confiance de l'empereur à qui il donnait des leçons de philosophie et l'empereur alla jusqu'à dire : « Si je me décide à embrasser le christianisme, tout mon empire le professera avec moi (2). » Mais il en advint autrement... car non seulement cette déclaration de l'empereur ne fut pas reçue avec joie, mais on prétendit qu'il ne comprenait pas ce qu'il avait signé ni la vraie signification des termes *Tien* et *Chang-ti*. Quant à l'exposé du P. Bouvet, Mgr Tournon, légat du Saint-Siège, proscrivit ce livre, s'en fit remettre tous les exemplaires... Le prélat fonda son acte de rigueur sur ce que le livre portait l'approbation des païens (l'empereur et les membres du tribunal des rites) et non celle de l'autorité ecclésiastique (3). »

LE CATHOLICISME AU JAPON (p. 332, col. 2).

Pour compléter Rohrbacher en cet endroit, nous renvoyons à l'ouvrage déjà cité de M. Léon Pagès : *Histoire de la religion chrétienne au Japon depuis 1598 jusqu'en 1651* (4). On y trouve notamment le récit des faits relatifs aux deux cent cinq martyrs béatifiés en juillet 1867.

COSCIA (p. 335).

Niccolo Coscia était né à Bénévent le 25 janvier 1682. Il fut comblé de faveurs par Benoît XII, et à cause de cela l'objet de grandes haines. Dès la mort de ce Pontife, 21 février 1730, il dut quitter Rome, Clément XII fut aussi rigoureux pour lui que

---

(1) *De Civit. Dei*, l. XVIII, c. LI. Voir aussi *Retract.* l. I, c. XIII, n° 3. Cfr. *Annales de philosophie chrétienne*, t. XX, p. 132, 4ᵉ série.
(2) *Vestiges des principaux dogmes*, etc. p. 9.
(3) *Vestiges*, etc. p. 13. Cf. *Journal de Trévoux*, janvier 1704, n° XI (et non 1701, n° II, comme le disent les PP. de Backer, dans leur *Bibliothèque des écrivains de la Compagnie de Jésus*).

(1) Voir *Etat présent de la Chine*. Paris, 1712, p. 326 (l'édit est du 22 mars 1692).
(2) *De ritibus Sinensium erga Confucium*, etc. Liège, 1700, et *Histoire de l'édit de l'empereur de la Chine en faveur de la religion chrétienne*, par le P. Le Gobien. Paris, 1698, p. 169.
(3) *Vestiges*, etc., p. 14. Pour l'exposé de la question, voir les ouvrages des RR. PP. Prémare, Bouvet, Fouquet, Noel et autres cités dans les *Vestiges* (Préface, pp. xiv-xv et pp. 8-19). Voir encore *Lettres curieuses et édifiantes*, t. XI ; le P. Lecomte, *Mémoires*, Lettre XIII ; Mailla, *Histoire générale de la Chine*, t. IX ; Dupin, *Histoire ecclésiastique du XVIIᵉ siècle*, t. IV ; Bonnetty, *Annales de philosophie chrétienne*. (De la doctrine et des livres des Chinois par le P. Amiot), t. IX (3ᵉ série) ; id. *Lettre sur le monothéisme des Chinois*, par le P. Prémare t. III (5ᵉ série) ; id. pour les détails sur la décision de la congrégation de la propagande dans l'affaire, t. XIX (3ᵉ série), p. 207. Voir en sens contraire : Maigrot, *De sinica religione dissertationes quatuor*, 4 vol. in-fol. (Ouvrage ms. à plusieurs exemplaires.)
(4) Paris, 1870, 2 vol. in-8. Le second volume renferme les *Annexes* ou pièces justificatives, composées, pour la plupart, de curieuses lettres de missionnaires français, italiens et espagnols.

son prédécesseur avait été bienveillant. Subit-il seulement dans ce cas la pression de l'opinion, ou bien Coscia était-il réellement coupable? Le 27 avril 1731, Coscia fut condamné à dix ans de prison au château Saint-Ange, à cent mille ducats d'amende et à la restitution des sommes qu'il avait indûment perçues. Sa peine accomplie, il mourut à Naples en 1755 (1).

BENOIT XIV (p. 338).

I

Voici quelques extraits d'une lettre de ce pape à Muratori, qui méritent d'être reproduits. Le grand Pape y montre comment l'Eglise romaine a l'habitude de procéder envers les hommes remarquables connus par leurs œuvres d'érudition :

« Voici le fait. Afin de faire comprendre à l'inquisiteur général d'Espagne que les ouvrages des grands hommes ne se condamnent pas (comme il l'avait fait pour ceux du cardinal Noris), quoiqu'on y trouve des choses qui déplaisent et qui mériteraient la prohibition si elles étaient l'œuvre d'autres auteurs, nous citâmes l'exemple des Bollandistes, de Tillemont, de Burnet et le vôtre.

« Notre lettre fut communiquée confidentiellement en copie au procureur général des Augustins, afin qu'il vit par là que nous étions favorables à son institut. Il nous dit que la lettre méritait d'être imprimée en tête des ouvrages de Noris ; nous répondîmes qu'on ne devrait ni l'imprimer ni la publier et que, si jamais on en venait là, c'était notre volonté bien arrêtée qu'on supprimât le passage concernant l'abbé Muratori, passage que nous avions mis dans le seul et unique but de prouver notre thèse, savoir : qu'on ne doit pas s'empresser de condamner les ouvrages des grands hommes pour quelque chose de désagréable que l'on y trouve.....

« Ce qui n'a pas plu dans vos ouvrages, et assurément vous n'avez pu vous flatter que cela pût plaire ici, regarde la juridiction temporelle du pontife romain dans ses Etats. Car on suit ici d'autres principes et l'on n'accepte pas certaines hypothèses ni même certains faits. Soyez assuré que si les mêmes choses avaient été écrites par un autre, les Congrégations romaines n'auraient pas manqué de condamner. On ne l'a pas fait parce qu'on connaissait l'affection que nous vous portons, ainsi que l'estime que nous faisons de votre talent si apprécié dans le monde entier. Nous n'avons jamais cru qu'il fût convenable de vous causer du déplaisir pour quelque divergence de sentiments sur des points qui ne touchent ni au dogme ni à la discipline, quoique tout gouvernement soit en possession de prohiber les ouvrages contenant des choses qui lui déplaisent et qui ne sont pas conformes à ses sentiments (2). »

(1) V. Artaud de Montor, *Histoire des souverains pontifes*, t. VII, p. 14 ; — *Leben und denkwürdige Begebenheiten des Cardinals N. Coscia, premier minister's Benedict's XIII*. Leipzig, 1733, in-8.
(2) Lettre à Muratori du 25 septembre 1748, publiée d'abord par l'*Ateneo religioso* de Turin, et reproduite par les *Analecta juris pontificii*, janvier 1877, col. 128.

Une histoire de Benoît XIV n'a pas encore été écrite d'une manière digne de ce grand pape (1), dont beaucoup d'écrits ou d'allocutions sont restés inédits (2).

I

On a parfois prétendu que Benoît XIV, dans le Concordat passé en 1741 avec le roi de Sardaigne, Charles-Emmanuel III, avait reconnu à ce souverain un droit d'*exequatur*. Il n'y a rien dans le Concordat sur cette question (3). Mais dans une instruction adressée l'année suivante aux Evêques de Sardaigne, et qu'on peut considérer comme un complément du Concordat, puisqu'elle fut communiquée au roi de Sardaigne et agréée par lui, se trouve une concession du souverain Pontife. Nous donnons le préambule de cette pièce, parce qu'il servira à combler une lacune de Rohrbacher sur l'histoire de l'Eglise en Italie au XVIIIe siècle :

« Au temps de Benoît XIII d'heureuse mémoire, ainsi que chacun sait, on voulut faire cesser les difficultés survenues entre le Saint-Siège et Sa Majesté le roi de Sardaigne, au sujet de l'immunité et liberté ecclésiastique et des matières bénéficiales. Dans ce but on rédigea quelques feuilles (*alcuni fogli*) d'accommodement et de concordat. On sait aussi qu'au commencement du pontificat de Clément XII, ce qui avait été fait et convenu sous Benoît XIII devint l'objet de nouvelles contestations. Vers la fin du même pontificat de Clément XII, on reprit la question des matières bénéficiales, et l'on commença l'examen d'un autre, celle des fiefs ecclésiastiques, qui n'avait pas été soulevée au temps de Benoît XIII. Il y eut diverses assemblées de prélats et de cardinaux ; mais la mort de Clément XII, qui survint, empêcha de rien conclure Notre Saint-Père le pape Benoît XIV ayant été élu, Sa Sainteté, suivant en cela les traces de ses prédécesseurs, n'a pas manqué de mettre fin, avec la pleine satisfaction de Sa Majesté le roi de Sardaigne, aux difficultés concernant la matière bénéficiale et feudale. Dans le *projet d'accommodement* sur l'immunité et la liberté ecclésiastique, fait au temps de Benoît XIII, il avait été expressément réservé qu'une *Instruction* serait faite, et qu'elle serait transmise au ministre apostolique qu'on devait envoyer à Turin, avec ordre de la communiquer aux Evêques. Le ministre apostolique ne fut pas envoyé ; l'*Instruction* ne fut pas faite ; et les réunions où l'on avait commencé à discuter la matière de cette *Instruction*, sous Clément XII, furent interrompues par la mort de ce Pontife, avant d'avoir achevé leur travail. C'est pourquoi Notre Saint-Père le Pape Benoît XIV, après avoir consulté quelques Cardinaux zélés et bien versés

(1) V. dans les *Analecta*, mai 1879, col. 602, 603, quelques erreurs sur ce Pape commises par le *Dictionnaire encyclopédique de la théologie catholique*.
(2) V. une allocution prononcée par le Pape Benoît XIV à la consécration de l'Eglise Saint-Apollinaire de Rome, dans les *Analecta*, 1880, col. 239 et suiv. Dans ce même recueil, 1880, col. 716, se trouve un mémoire inédit de Benoît XIV sur les évêchés suburbicaires ; *ibid.* col. 884, un sermon prononcé à la profession religieuse d'une princesse Colonna, le 7 janvier 1748.
(3) Le concordat se trouve dans les *Traités publics de la royale maison de Savoie*... Turin, impr. roy., 1836, t. II, p. 519.

dans cette matière, et pris toutes les informations nécessaires sur la situation, en ce qui concerne les affaires de l'immunité et de la liberté ecclésiastiques, transmet à Mgr Merlini, commissaire apostolique dans lesdites contrées, la présente *Instruction*, qu'il devra communiquer aux Évêques. Elle aplanit les diverses difficultés survenues par rapport au sens et à l'exécution du Concordat fait au temps de Benoît XIII. Il y a de plus d'autres règles en ce qui concerne la juridiction et l'immunité ecclésiastique ; et le tout, on en a la pleine confiance, sera favorablement accueilli par Sa Majesté le roi de Sardaigne, qui a donné et donne continuellement tant de témoignages de son affectueux et sincère attachement au Saint-Siège. Pour procéder avec toute la clarté désirable, la présente Instruction sera divisée en deux parties. Dans la première il sera traité de ce qui regarde le Concordat de Benoît XIII ; la seconde réglera les matières relatives à la juridiction et à l'immunité ecclésiastique, dont il n'avait pas été parlé dans le Concordat plusieurs fois mentionné (1). »

Voici maintenant le texte de la concession de Benoît XIV :

« Dans ce Concordat avec le pape Benoît XIII, il fut traité de l'exécution des brefs et bulles apostoliques, ainsi qu'on peut le lire dans le même concordat. On toléra le simple *visa*, sans apposer aucun signe, ni faire aucun décret relatif à l'exécution des bulles et brefs. On sait que tout cela a été fidèlement accompli. Et quoiqu'on affirme en toute apparence, et qu'on croie vrai, que ni le sénat ni aucun tribunal, ne s'est permis, à l'instance de qui que ce soit, de connaître de la justice ou de la prétendue injustice des bulles et des brefs, néanmoins, dans le désir que tout procède toujours avec une parfaite harmonie, lorsqu'il se rencontrerait quelque difficulté pour l'exécution d'une bulle ou d'un bref, et qu'on demanderait d'en savoir les motifs, les ministres de Sa Majesté devront en informer, avec des éclaircissements suffisants et de nature à satisfaire, ou le ministre du Saint-Siège près la cour de Turin, ou les ministres de Sa Sainteté qui résident à Rome. Seront du reste exceptés du *simple visa*, les bulles dogmatiques en matière de foi, les bulles et brefs régulatifs de la conduite et des bonnes mœurs, les bulles de jubilé et d'indulgence, les brefs de la Sacrée Pénitencerie, et les lettres des Congrégations romaines adressées aux Évêques ou autres personnes pour des informations. »

Tel est, dit M. Bouix, auquel nous empruntons ces documents, tel est le seul passage relatif à l'*exequatur*, que nous ayons rencontré dans l'*Instruction* de Benoît XIV. A quoi se réduit la concession faite par ce grand Pontife au roi de Sardaigne ?

« 1° Il *tolère* seulement que le pouvoir civil prenne lecture des Bulles et Brefs d'une certaine espèce, avant qu'on les mette à exécution. Le terme de *tolérance* suppose que le Gouvernement n'a point par lui-même le droit d'exiger que ces pièces soient portées à sa connaissance pour devenir exécutoires. Si Benoît XIV avait reconnu un pareil droit comme inhérent au pouvoir civil, il n'aurait pas dit, *je tolère*. En s'exprimant de la sorte, il a équivalemment déclaré qu'un pareil droit n'appartient aucunement à l'Etat, et qu'il ne peut l'avoir que par indult ou concession du Saint-Siège.

« 2° Benoît XIV *tolère* ce qu'il nomme la *semplice visura*, rien de plus. Il consent à ce que les Bulles et Brefs en question ne puissent pas être exécutés sans que le Gouvernement les ait vus, c'est-à-dire en ait pris lecture. Mais il ne veut pas que le pouvoir civil appose sur les Bulles et Brefs *aucun signe* (senza porre alcun segno), ni par conséquent qu'il y écrive la formule, *vu pour être exécuté*, ni autre quelconque.

« 3° Il stipule expressément que le pouvoir civil ne pourra *faire aucun décret relatif à l'exécution* (o fare alcun decreto in ordine all'esecuzione sopra delle Bolle e Brevi). Par cette clause, Benoît XIV exclut formellement tout *exequatur royal*, attendu que l'*exequatur* royal ne saurait être qu'*un décret relatif à l'exécution*.

« 4° Sont exceptées nommément de la concession six catégories de Bulles, Brefs et Rescrits de Rome, entre autres les deux espèces les plus importantes, celles qui statuent sur le dogme et la morale.

« 5° Enfin la concession consiste-t-elle en ce que le pouvoir civil, après avoir pris lecture du Bref ou de la Bulle, puisse en empêcher *définitivement* l'exécution ? La teneur de la pièce ne permet pas de lui donner ce sens. En effet, Benoît XIV règle ainsi ce qui devra s'observer pour le cas où l'exécution de la Bulle ou du Bref ferait difficulté (quando mai s'incontrasse qualche difficoltà contraria all'esecuzione della Bolla o del Breve) : si le Saint-Siège demande alors au Gouvernement de lui faire connaître les motifs de son opposition (e si bramasse di saperne i motivi), les ministres de Sa Majesté devront en informer le Nonce près la cour de Turin, ou les ministres du Pape qui résident à Rome, et cette information devra être accompagnée d'*éclaircissements suffisants pour satisfaire* le Saint-Siège (con i chiaramenti bastevoli per appagare). Ainsi l'exécution pourra être *définitivement* empêchée, *pourvu que* le souverain Pontife juge *suffisants* les motifs d'opposition allégués par le pouvoir civil, c'est-à-dire, pourvu qu'il juge lui-même opportun de ne pas faire exécuter la Bulle ou le Bref. D'où il faut conclure, que si les raisons présentées par le Gouvernement ne paraissent pas *suffisantes* au Saint-Siège, le décret pontifical devra être exécuté : car si Benoît XIV eût voulu que le Gouvernement pût empêcher l'exécution dans tous les cas, c'est-à-dire, lors même que le Saint-Siège ne serait pas satisfait de ses raisons, il eût été inutile et même absurde d'exiger des *éclaircissements suffisants pour satisfaire*. Donc, Benoît XIV n'accorde au Gouvernement le droit d'empêcher l'exécution que *provisoirement*, c'est-à-dire, jusqu'à ce que les ministres du Roi aient allégué leurs raisons. Une fois ces raisons présentées, si le Pape en est satisfait, la Bulle ou le Bref aura sa force obligatoire. Nous ne croyons pas qu'on puisse entendre autrement la concession de Benoît XIV, sans faire violence au texte et en fausser le sens (1). »

---

(1) *Traités publics...* t. II. p. 537

(1) *Le prétendu droit d'exequatur accordé par Benoît XIV*. Paris, 1865, in-8, pp. 8 et 9. (On trouvera dans cet opuscule les textes e

Seuls un théologien turinois, Alasia, M. Lequeux (1) et Mgr Darboy (2) ont entendu d'une autre manière la concession de Benoît XIV. Les explications données plus haut nous dispensent d'entrer dans la discussion de leurs assertions.

### L'ÉLECTION DE CLÉMENT XIV (p. 344).

Le cardinal de Bernis a laissé sur cette élection un curieux mémoire, dont nous allons reproduire quelques passages (3).

À l'ouverture du conclave, où la France n'était représentée que par le cardinal de Luynes et par le cardinal de Bernis, Ganganelli ne semble pas avoir eu en France de très grandes sympathies. Voici ce que dit M. Masson (4) :

« D'Aubeterre avait à coup sûr des renseignements particuliers sur les cardinaux papables, mais ceux qu'il avait transmis à sa cour en 1765, et qui avaient probablement été en partie fournis par un agent secret nommé l'abbé Dufour (5), ne furent même pas communiqués à Luynes et à Bernis, bien que dans l'opinion de Choiseul ils eussent conservé leur valeur. C'est que le ministre du pacte de famille voulait laisser à la cour de Madrid à la fois l'embarras et l'honneur de faire le pape. Il voulait donner par le désintéressement de la France des preuves péremptoires de sa bonne volonté et de sa bonne foi. En même temps il occupait le roi Catholique, le passionnait pour une affaire que lui, Choiseul, trouvait relativement peu importante et qui, si l'Espagne, par la France, en obtenait le succès, devait consolider d'une façon définitive les liens noués entre les deux puissances. Il laissait donc Grimaldi proposer les candidats ; il laissait Aspuru débattre leurs titres avec d'Aubeterre et le cardinal Orsini (6). Il se contentait d'annoter légèrement la liste d'Espagne, d'en retrancher un nom, d'y ajouter quelques mots tantôt ironiques, tantôt prophétiques. C'était bien à peu près la liste de 1765, mais tandis qu'en 1765 on insistait sur Ganganelli et que l'ambassadeur écrivait : « Il est « l'ami de M. l'évêque d'Orléans. Il a toujours marqué « de l'affection pour la France et cherche à lui rendre « des services. Il est théologien et ses principes de mo-« dération et de sagesse conviennent fort, » en 1769, Choiseul se contentait de mettre : *très bon* en face de son nom et de la note de Grimaldi : « Il y a des « lettres qui disent qu'il est jésuite. » D'ailleurs point de préférences pour Ganganelli (7) plus que pour tout autre. »

les détails suffisants sur les négociations engagées par la cour de Savoie avec Benoît XIII et Benoît XIV).
(1) *Manuale juris canonici*, 1850, t. I, p. 66. — A l'Index.
(2) Discours au Sénat, 15 mars 1865, réfuté par M. Bouix.
(3) Ce mémoire a été publié par M. Masson, dans ses articles, *le Cardinal de Bernis, le Conclave de 1769 et l'abolition des Jésuites d'après de nouveaux documents*. V. la *Revue de France*, 15 avril et 1er mai 1880.
(4) 1er mai, p. 56.
(5) Publiés par Saint-Priest, appendice V. édit. de 1846 (note de M. Masson).
(6) Les documents ont été publiés exactement par le P. Theiner, t. Ier, pp. 199 et 200. (Id.)
(7) Ganganelli était depuis longtemps en relations secrètes avec l'ambassade de France. Ainsi, en 1767, d'Aubeterre écrit (Dép du 27 mai, *Rome*, vol. 843) que Ganganelli lui a fait dire qu'il trouvait l'affaire de l'union de l'ordre de Saint-Ruff, à laquelle Clément XIII se refusait, absolument conforme aux règles de l'Église. (Id.)

Choiseul ne tient d'ailleurs à la suppression des Jésuites que pour se mettre bien avec les philosophes, et pour resserrer le pacte de famille. Ce qu'il voulait surtout c'est un pape qui fût à la disposition des Bourbons. L'Espagne tenait au contraire essentiellement à la suppression des Jésuites. Sur ce point, « qu'elle entendait maintenir, elle avait entraîné à sa remorque l'ambassadeur de France, et dès que les cardinaux de Luynes et de Bernis étaient arrivés à Rome, le marquis d'Aubeterre, secondé par Aspuru et par Azara, avait tenté l'attaque. Il avait échoué et avait jugé à propos d'en référer à sa cour, et d'exposer au duc de Choiseul, qui, sans doute, connaissait déjà les instructions données par la cour de Madrid (1) à ses agents. les raisons qui le déterminaient : « Je voudrais, écrivait-il le 12 avril, s'il est possible d'y parvenir, et l'Espagne le désire ainsi, qu'avant que l'élection fût décidée, on tâchât d'engager le sujet qui devrait être élu à donner une promesse par écrit que, dans un temps limité, il séculariserait entièrement et par toute la terre la Société des Jésuites. C'est là le moment le plus favorable pour obtenir d'un pape ce qu'on veut, et c'est ainsi que les Templiers ont été détruits. Mais nos deux cardinaux français s'y refusent par principes de conscience, prétendant qu'un tel pacte tiendrait de la simonie et de la confidence. Pour moi, qui ne connais que la théologie naturelle, je n'entendrai jamais qu'un pacte qui n'a pour objet que la sécularisation d'un ordre religieux qu'on ne saurait nier devoir entretenir la division et le trouble dans l'Église tant qu'il subsistera, puisse être regardé comme un pacte illicite. Au contraire, une telle démarche ne saurait être envisagée que comme méritante et tendant au bien de la religion et du Saint-Siège, d'autant qu'il ne s'agit ici d'aucun avantage temporel, mais d'une pure spiritualité, d'une chose déjà demandée et qu'on peut demander dans tous les temps. Je sens bien que ces deux cardinaux-évêques ne sont pas faits pour s'en rapporter sur cette matière à mes raisonnements, mais je leur propose de s'en ouvrir confidemment au cardinal Ganganelli, un des célèbres théologiens de ce pays-ci, et qui n'a jamais passé assurément pour avoir une morale relâchée (2). »

Bernis s'opposait complètement à ce plan. « Le même jour 12 avril, il écrivait à Choiseul : « Demander au pape futur la promesse par écrit ou devant témoins de la destruction des Jésuites, serait exposer visiblement l'honneur des couronnes par la violation de toutes les règles canoniques. Si un cardinal était capable de faire un tel marché, on devrait le croire encore plus capable d'y manquer. Un prêtre, un évêque instruits ne peuvent accepter ni proposer de pareilles conditions. »

Sans doute d'Aubeterre insistait, car Bernis, une semaine plus tard, croyait nécessaire de s'expliquer nettement sur l'objet de la contestation et de demander les ordres formels du roi : « Sa Majesté a vu, écrivait-il le 19 avril, que MM. les cardinaux de Luynes, Orsini et moi pensions que l'arrangement proposé par le ministre de Madrid pour obtenir du pape futur une promesse par écrit ne

(1) Dépêche de Grimaldi à Aspieri, du 4 avril. (Id.)
(2) D'Aubeterre à Choiseul, 12 avril. (Id.)

peut s'accorder avec les lois canoniques adoptées en ce point par les tribunaux séculiers et confirmées par plusieurs ordonnances de nos rois. M. le cardinal de Luynes a communiqué ses réflexions sur cette matière délicate à M. le marquis d'Aubeterre dans plusieurs mémoires qui nous ont paru aussi sensés que théologiques.............

« Le roi ne nous ayant remis aucune instruction à ce sujet, sa religion, et celle de son conseil, nous est trop connue pour craindre jamais des ordres contraires aux règles de la conscience.

« L'espérance de procurer aux États catholiques un repos assuré par la sécularisation des Jésuites, a pu faire croire au ministère de Madrid que cette intention rectifierait l'irrégularité d'un pareil pacte. Cette même raison a pu frapper aussi M. le marquis d'Aubeterre, mais il est de principe qu'on ne doit pas violer des règles positives dans l'intention de procurer un bien. S'il était permis de se mettre ainsi au-dessus des lois canoniques, on rendrait leur observation arbitraire. Les intentions justifieraient toujours les infractions et les abus prendraient la place des règles. Les exemples qu'on peut citer de pareils engagements, prouvent seulement que l'ambition est bien forte et les hommes bien faibles. Clément V, en détruisant l'ordre des Templiers, n'a pu dérober aux yeux de la postérité, malgré l'appareil des procédures juridiques et la tenue d'un concile, le secret de cette affaire. D'autres exemples plus récents doivent inspirer d'autant plus d'éloignement pour de pareils moyens que l'honneur des souverains se trouve lié dans ces sortes de pactes avec celui des cardinaux chargés de leurs ordres (1). »

On se résolut donc à savoir seulement quelles étaient les intentions de Ganganelli, sans exiger de lui de promesse formelle, ce qui eût été impossible. Bernis envoya son conclaviste, l'abbé Deshaises, chez le cardinal Ganganelli. Voici le récit qu'il donne de cette entrevue (2).

« Ganganelli lui montra la plus grande reconnaissance de ce que les couronnes le portaient au pontificat : il se défendit avec modestie et parlait même de se refuser à être proposé. L'abbé Deshaises, après avoir combattu ce dessein et le félicitant sur ce qu'il paraissait devoir réunir les voix, lui déclara en mon nom que les trois couronnes, et le roi plus particulièrement, devaient attendre de sa reconnaissance qu'il ferait les choses qui pourraient leur être agréables, et s'occuperait d'abord de la destruction des Jésuites et de la satisfaction due à l'infant duc de Parme. Il répondit qu'il avait un moyen pour contenter la maison de France sur ce dernier article; que, quant aux Jésuites, il était convaincu que leur destruction était nécessaire et qu'il y travaillerait avec des formes indispensables. L'abbé Deshaises lui ayant demandé quelles formes il voulait y mettre, le cardinal lui répondit qu'il demanderait le consentement des puissances catholiques et de leur clergé. Après avoir traité ces deux principaux points et parlé de l'élection projetée, mon conclaviste se retira et vint me rendre compte de la conférence.

(1) *Ibid.*, p. 63.
(2) *Ibid.*, p. 71. — Cette dépêche dit M. F. Masson, n'est connue ni de Crétineau-Joly, ni du P. Theiner, ni du P. Carayon.

« D'après son récit, et ne voulant laisser aucun doute au cardinal Ganganelli que la France avait joué le principal rôle dans cette négociation, pour fixer aussi d'une manière plus formelle non seulement les deux points essentiels qui sont rapportés ci-dessus, mais encore plusieurs autres points qui peuvent intéresser l'Église et la France, j'ai fait hier un mémoire que l'abbé Deshaises lui a porté hier au soir, dans lequel il est d'abord démontré que tout ce qui s'est fait de la part des cardinaux français a contribué essentiellement à placer ce cardinal sur la chaire de Saint-Pierre, et que cette Éminence doit conserver éternellement le souvenir de cette faveur. Sur quoi elle a répondu qu'elle avait toujours été dévouée à la France, qu'elle portait le roi dans son cœur, et le cardinal de Bernis dans sa main droite. Ce sont ses propres paroles.

« Par rapport aux Jésuites, je lui faisais sentir le risque qu'il courrait, en prenant des voies de forme pour les éteindre, de faire soupçonner qu'il voudrait éterniser cette affaire, et par là laisser subsister cette société; qu'il était important pour son honneur et pour sa gloire, de marquer promptement ses dispositions par un coup d'éclat. A quoi il a répondu qu'il ne s'en tiendrait pas aux paroles, et que les faits justifieraient bientôt ses intentions (1). »

Le lendemain Ganganelli fut élu par quarante-six suffrages sur quarante-sept votants. Il avait donné sa voix au cardinal Rezzonico (2).

---

SAVANTS ITALIENS (p. 353).

Rohrbacher ne cite pas, parmi ces savants, Bernard de Rossi, qui s'est beaucoup occupé de la critique des textes de l'Ancien Testament, et a publié une collection très curieuse de variantes de l'hébreu (1). On lui doit encore le *Specimen variarum lectionum sacri textus et chaldaica Estheris additamenta* (2). Mais son traité le plus curieux est peut-être celui qui a pour titre : *De præcipuis causis et momentis neglectæ a nonnullis hebraicorum litterarum disciplinæ disquisitio elenchtica* (3). C'est pour l'étude de toutes les questions relatives à la Vulgate, un livre fort précieux et qui n'est plus connu comme il mérite de l'être (4).

Il faut encore citer Salvaggio et Pellicio dont les ouvrages sur les antiquités ecclésiastiques sont utiles, et Saccharelli et Berti qui ont fait de bons travaux sur l'histoire de l'Église.

---

(1) Nous ne reproduisons pas la suite de la dépêche, qui a trait à Parme et à Avignon.
(2) Il faut lire aussi les *Mémoires* du Cardinal de Bernis, publiés par M. Masson. Paris, 1880, 2 vol. in-8. Ils ont été publiés, quoique le Cardinal en eût interdit la publication. V. M. Blampignon, *Annales de phil. chrét.*, janvier 1881, p. 326.
(3) Parme, 1784-1788, 4 vol. in-4.
(4) Rome, 1782, in-8.
(5) Turin, 1769, in-4.
(6) Il faut en rapprocher l'ouvrage du récollet Henri de Bukentop, *Lux de luce*. Cologne, 1710, in-4.

### SAINT LIGUORI (p. 360).

Deux vies très remarquables de ce Saint ont été publiées depuis quelques années (1). La première, qui expose avec beaucoup de détails la doctrine théologique et spirituelle du savant théologien, est due à la plume du cardinal Villecourt (2). La seconde, anonyme, est fort bien écrite et donne un bon portrait de saint Alphonse (3).

On lira avec intérêt le jugement porté sur la théologie de saint Alphonse par un savant théologien, M. Carrière, supérieur général de Saint-Sulpice (4).

« Je conçois volontiers votre prédilection pour le B. Liguori et j'apprécie bien les raisons que vous apportez pour la justifier ; mais il me semble qu'il y a aussi quelques raisons contre, et je crois, comme j'ai toujours cru, que pour quelqu'un qui ne possède pas très bien les principes et ne s'y tient pas ferme, cet auteur n'est pas sans danger. 1° Qu'on admette son sentiment sur le Probabilisme, si on le trouve bien appuyé, soit ; mais celui qui ne croira pas devoir l'admettre, trouvera souvent, dans le cours de l'ouvrage, des assertions qui en sont une conséquence sans qu'elles soient indiquées comme telles et ainsi il suivra, sans s'en douter, l'application d'un principe qu'il rejette. J'en ai vu beaucoup d'exemples. 2° Le grand défaut de la théologie du B. Liguori à mon avis, c'est de n'avoir pas assez de principes ; c'est une espèce de tableau d'opinions qui ne donne pas toujours comme il faut, les raisons sur lesquelles chacune d'elles est appuyée : bien loin donc de former véritablement à la théologie, il laissera dans l'esprit de celui dont il parle beaucoup de vague, de confusion et une espèce de *pyrrhonisme* théologique, si je puis m'exprimer ainsi. C'est encore ce dont j'ai vu plus d'un exemple ; aussi je vous assure que je crains bien que la grande vogue donnée aujourd'hui à cet auteur ne nuise à la théologie plutôt qu'elle ne lui servira. Par la même raison, je crois que M. de Rohan nous a rendu un mauvais service en obtenant la réponse à la deuxième partie de sa consultation... Plusieurs ecclésiastiques connaissant le sentiment de Liguori sur telle ou telle question, s'en tiendront là sans chercher à en savoir davantage. »

On ne remarque pas assez ce que saint Alphonse de Liguori a fait pour l'instruction religieuse du peuple. Voici ce que dit Mœhler à ce sujet (5) :

« Initié pendant une mission aux besoins non satisfaits du peuple, il nourrit la pensée d'établir une nouvelle congrégation qui se consacrerait tout entière et avec un redoublement de zèle, à l'instruction religieuse de la classe populaire.

« Ce fut au milieu des plus difficiles conjonctures et des obstacles les plus inattendus, que son âme forte et persévérante développa le plan qu'il roulait dans son esprit depuis longtemps, et dont la pureté et la noblesse sont attestées par les faits éclatants qui ont récompensé l'activité merveilleuse de la nouvelle congrégation.

« Voici quelle était la marche ordinaire d'une mission : un premier discours avait pour objet d'en exposer le but et d'inviter l'assistance à y prendre une part assidue. Tous les matins avait lieu une courte instruction et tous les soirs un sermon plus étendu. Dans les premières prédications on s'appliquait à dépeindre la misère de l'homme et la justice de Dieu, afin d'amener les pécheurs à bien connaître leur état et à en redouter les suites. Les prédications suivantes traitaient de la miséricorde qu'on trouve en Jésus-Christ, dont les mérites nous obtiennent le pardon de nos fautes avec la force de mener une vie nouvelle. On traitait ensuite de la prière et autres sujets analogues. Le sermon de clôture inculquait la persévérance dans la bonne voie où l'on était entré. Pendant ce temps d'autres missionnaires catéchisaient les enfants et les adultes et entendaient les confessions. Les exercices se terminaient par la communion. On voyait souvent des fonctionnaires, des nobles, etc., faire des retraites particulières sous la direction des missionnaires. Il est certain que, lorsque les pasteurs ordinaires savent entretenir cette ferveur extraordinaire des esprits, les missions doivent produire de grands résultats ; privées de ce secours, les impressions reçues ne s'effacent que trop facilement (1). »

Les œuvres complètes de saint Liguori ont été publiées plusieurs fois (2). Le P. Jacques a donné un résumé de la doctrine du saint docteur sur le souverain Pontife (3).

---

### LA FAMILLE DE LOUIS XV (p. 373).

Cette famille, pieusement élevée par la reine Marie Leczynska, est fort intéressante et mériterait une étude suivie. Ne pouvant l'entreprendre, nous renverrons aux ouvrages suivants :

*Le fils de Louis XV, Louis, Dauphin de France, 1720-1765*, par M. Em. de Broglie (4).

*Mesdames de France, filles de Louis XV*, par M. E. de Barthélemy (5).

*La vénérable Louise de France, fille de Louis XV, en religion Marie-Thérèse de Saint-Augustin*, par l'abbé Cyrille Gillet (6).

---

### LE CARDINAL DE FLEURY (p. 375)

Sur le cardinal de Fleury, né en 1653, mort en 1743, il faut consulter l'intéressant ouvrage de

---

(1) Avant cette époque, l'histoire la plus complète de ce saint était celle de Mgr Jeancard. Louvain, 1829, in-12.
(2) Tournai, 1864, 4 vol. in-8.
(3) Paris, 1872, 1 vol. in-8.
(4) On le trouve dans la *Vie de Mgr Devie*, par M. l'abbé Cognet, t. II, pp. 33 et 34. C'est une lettre écrite à ce saint évêque par M. Carrière.
(5) *Histoire de l'Église*, trad. franç., t. III, pp. 268 et 269.

(1) V. aussi Alzog, *Histoire universelle de l'Église*, trad. fr., 3e éd., t. III, p. 330.
(2) Monza, 1839, 69 vol. in-12. Venise, 1833, 60 vol. in-12. Il y en a des traductions française et allemande.
(3) *Du Pape et des Conciles, ou doctrine complète de S. Alphonse de Liguori sur ce double sujet, traités traduits, classés et annotés.* Paris, 1869, in-8.
(4) Paris, 1876, in-12.
(5) Paris, 1875, in-8.
(6) Paris, 1880, in-8.

M. l'abbé Verlaque, *Histoire du cardinal de Fleury et de son administration*, Paris, 1878, in-12.

Fleury, d'abord évêque de Fréjus, fut nommé précepteur du jeune Louis XV. Au mois de juin 1726, il prit la direction des affaires. Il fut bientôt nommé cardinal, son administration fut économe, probe et laborieuse, mais fut troublée par les querelles du Quesnellisme. A sa mort on trouva sa succession à peine égale à celle d'un bourgeois médiocrement riche. Les honneurs n'avaient pas altéré ses habitudes de simplicité, il fuyait le luxe et haïssait la corruption (1). Frédéric II, roi de Prusse, a dit de Fleury : « Son économie fut aussi utile au royaume que l'acquisition de la Lorraine lui fut glorieuse (2). »

Dans une histoire de l'Eglise, nous ne devons pas oublier qu'il se prononça très vivement contre le Jansénisme, et qu'il fit tous ses efforts pour le détruire et ramener la paix au sein de l'Eglise de France (3).

---

RÉFORMES LITURGIQUES (p. 396).

Rohrbacher ne parle pas de cette question, qui a été magistralement traitée par dom Guéranger, dans ses *Institutions liturgiques*, si souvent citées dans ces notes. Nous ne ferons pas, après le savant Bénédictin, l'histoire de ces réformes; nous nous contenterons de donner la date des nouveaux bréviaires et missels français, avec les noms de leurs auteurs.

1° Bréviaires corrigés dans un sens romain, ou qui ne donnent pas prise à la critique :
*Paris*, 1643 ; *Soissons*, 1676 ; *Reims*, 1685 ; *Le Mans*, 1693 (4).

2° Bréviaires réformés d'après les idées des novateurs :

*Vienne*, 1678. Ce bréviaire a pour auteurs le docteur Argoud, doyen de l'église métropolitaine de Vienne, le docteur de Sainte-Beuve (5), et Du Tronchet, chanoine de la Sainte Chapelle.

*Paris*, 1680. On parle ailleurs de Harlay (6), et il nous est inutile de s'étendre ici sur ce Prélat que Fénelon qualifiait de « corrompu, scandaleux, incorrigible..., ennemi de toute vertu (7). » Les auteurs du Bréviaire qu'il a fait publier sont Sainte-Beuve, qu'on vient de mentionner, Guillaume de La Brunetière, archidiacre de Brie, depuis évêque de Saintes, Claude Chasselain (1), Gobillon, curé de Saint-Laurent, Lamet (2), curé de Saint-Eustache, Claude Ameline (3), grand archidiacre de l'église de Paris, Coquelin, chancelier de cette église, Nicolas Letourneux (4), Benjamain, grand vicaire et official, Gaude, grand vicaire, Loisel, curé de Saint-Jean. En 1684, parut un nouveau Missel, réformé par la même commission, nouvelle édition, 1698 et 1714.

*Cluny*, 1686. Dom Paul Rabusson et dom Claude de Vert (5) réformèrent le Bréviaire de cet ordre, J.-B. Thiers attaqua violemment ce nouveau bréviaire (6), dont les Hymnes sont dues à Santeul.

*Orléans*, 1693. L'auteur de ce Bréviaire est Le Brun des Marettes, auteur des *Voyages liturgiques* (7), nouvelle édition, où la disposition traditionnelle du Psautier est changée.

*Meaux*, 1709. Missel, rédigé par Le Dieu. On connaît l'histoire de ce Missel et des répons que l'auteur avait introduits dans le Canon (8).

*Angers*, 1716. Bréviaire.

*Sens*, 1725. Bréviaire, rédigé par un janséniste.

*Auxerre*, 1726. Bréviaire, rédigé par J.-A. Mignot, janséniste déclaré, grand vicaire de Gabriel de Caylus.

*Nevers*, 1727. Bréviaire, rédigé par Le Brun des Marettes.

*Rouen*, 1728. Bréviaire, dû au docteur Urbain Robinet (9), orthodoxe, il est vrai, mais grand ami des nouveautés liturgiques.

*Troyes*, 1736. Missel, publié par le neveu de Bossuet.

*Paris*, 1736. Bréviaire, publié par M. de Vintimille. L'oratorien janséniste Vigier, Mésenguy (10), écrivain appelant, et Coffin en sont les auteurs. Une nouvelle édition, parue la même année, ne différait de la première que par une cinquantaine de cartons. Le Missel, rédigé par Mésenguy, parut le 11 mars 1738. *Blois*, *Evreux*, *Sées*, les chanoines réguliers de Sainte-Geneviève (1764) adoptèrent cette liturgie. Leur exemple fut suivi par beaucoup d'autres églises de France.

*Lyon*, 1737. Bréviaire, publié par l'archevêque, M. de Rochebonne.

*Amiens*, 1746. Bréviaire, publié par monseigneur de La Motte.

En 1744, le docteur Robinet avait publié un *Breviarium ecclesiasticum* qu'adoptèrent les diocèses de *Cahors*, du *Mans* (1748) et de *Carcassonne*.

*Poitiers*, 1765, Bréviaire, et 1766, Missel, rédigés par le Lazariste Jacob.

*Toulouse*, 1761. Bréviaire, donné par le trop

---

(1) On peut encore consulter sur Fleury, F.-J. Bataille, *Eloge historique de M. le cardinal A. H. de Fleury*. Strasbourg, 1787, in-8 ; Vicaire, *Oraison funèbre du cardinal Fleury*. Caen, 1743, in-4. Nous mentionnons ces deux ouvrages parce qu'ils ne sont pas cités par Quérard. — L'appendice de l'ouvrage de M. l'abbé Verlaque contient un certain nombre de lettres inédites de Fleury, pp. 273 et suiv. Elles sont toutes adressées aux Noailles. — *L'Echo bibliographique*, p. 85, en a publié une adressée à Montfaucon. Il y en a d'autres aux manuscrits de la Bibliothèque nationale.
(2) *Mémoires de Frédéric II*, publiés par MM. Boutaric et Campardon. Paris, 1866, in-8, t. I, p. 177. — V. aussi le jugement du duc de Broglie, cité dans la *Revue des questions historiques*, janv. 1881, p. 295.
(3) Verlaque, *op. cit.*, pp. 171 et suiv.
(4) Dom Guéranger, *Inst. liturg.*, t. II, p. 29, 30.
(5) V. sur ce personnage, *Jacques de Sainte-Beuve, docteur de Sorbonne et professeur royal* (par M. Sainte-Beuve, juge au tribunal de la Seine). Paris, 1865, in-8.
(6) V. sur ce personnage, l'abbé Legendre, *Mémoires*. Paris, 1856, in-8 ; Sainte-Beuve, *Nouveaux Lundis*.
(7) *Correspondance*. Paris, 1827, in-8, t. II, p. 341.

(1) Erudit célèbre, mort en 1712. Ses principaux ouvrages sont son commentaire sur le Bréviaire romain, traduit en latin. Venise, 1784, in-4, sa traduction française du martyrologe romain. Paris, 1705, in-4.
(2) Adrien de Lanet, né vers 1621, mort le 10 juillet. On a de lui *Résolutions de plusieurs cas de conscience*. Paris, 1724, in-8.
(3) Né en 1667, mort en 1708. On a de lui un *Traité de la volonté*. Paris, 1684, in-12, et un *Traité d'amour du souverain bien*. Paris, 1699, in-12.
(4) Son principal ouvrage est l'*Année chrétienne*, condamnée à Rome le 17 septembre 1691.
(5) Né en 1645, mort en 1708. Son explication des cérémonies de la messe, Paris, 1706-1713, 4 vol. in-8, est surtout connue.
(6) *Observation sur le nouveau Bréviaire de Cluny*, 1702, 2 vol. in-12.
(7) Paris, 1718, in-8.
(8) V. Dom Guéranger, *Instit. liturgiques*, 2° éd. t. II.
(9) Né en 1683, mort en 1758. Outre le Bréviaire de Rouen, il a encore rédigé un *Breviarium ecclesiasticum*, 1744.
(10) Célèbre Janséniste, né en 1677, mort en 1763.

célèbre Loménie de Brienne. Ce bréviaire, qui reproduisait à quelques exceptions près, celui de Paris, fut adopté par *Montauban, Lombez, Saint Papoul, Aleth, Baras* et *Comminges.*
*Lyon,* 1776. Montazet admet le Bréviaire parisien.
*Tours,* 1780. Bréviaire parisien adopté par l'archevêque François de Conzié.
*Chartres,* 1782, Missel, et 1783, Bréviaire publié par monseigneur de Lubersac.
*Sens,* 1785. Missel nouveau, dû à l'abbé Monteau, qui plus tard prêta serment à la constitution civile du clergé.
A des dates que nous ne trouvons pas dans dom Guéranger, Reims, Bourges, Besançon, Toul, Clermont, Troyes, Beauvais, Coutances, Langres, Bayeux, Limoges, Sens, Lisieux, Narbonne, Meaux, Orléans, adoptèrent aussi une réforme du Bréviaire.
Parmi les ordres religieux, les Bénédictins de Saint-Vannes, 1777, les Prémontrés, 1782, les Bénédictins de Saint-Maur, 1787, se donnèrent de nouveaux bréviaires (1) !
« Ainsi donc, sur 130 églises, la France, en 1791, en comptait au delà de 80 qui avaient abjuré la liturgie romaine. Elle s'était conservée seulement dans quelques diocèses des provinces d'Albi, d'Aix, d'Arles, d'Auch, de Bordeaux, de Bourges, de Cambray, d'Embrun, de Narbonne, de Tours (Rennes, Dol, Saint-Malo, Tréguier, Quimper, Saint-Pol de Léon) et de Vienne. Strasbourg, qui était de la province de Mayence, l'avait gardée. Aucune province, si ce n'est celle d'Avignon, ne s'était montrée unanime à la retenir, et elle avait entièrement péri dans les métropoles de Besançon, de Lyon, de Paris, de Reims, de Sens et de Toulouse (2). »

VOLTAIRE (p. 416).

On a beaucoup écrit sur Voltaire depuis quelque temps. La mémoire du philosophe n'a pas beaucoup gagné à ces travaux. Nous allons citer les principaux ouvrages ou articles parus depuis l'époque où Rohrbacher écrivait, touchant ce personnage (3). Il va sans dire que dans plusieurs de ces travaux l'esprit n'est pas des plus recommandables. On ne les cite ici qu'à titre de renseignement bibliographique.
*Voltaire et le président de Brosses, Correspondance inédite,* par Th. Foisset. Paris, 1854, in-8.
*Voltaire et le président de Brosses,* correspondance inédite avec des notes, par M. Th. Foisset, Paris, 1858, in-8°.
*Le roi Voltaire,* par Arsène Houssaye. Paris, 1858, in-8°.
*Ménage et finances de Voltaire,* par L. Nicolardot. Paris, 1854, in-8°.
*Voltaire et ses maîtres,* par A. Pierron. Paris, 1866, in-18.

(1) Le chapitre de Saint-Martin de Tours fit réimprimer en 1648, son beau Bréviaire romain-français.
(2) Dom Guéranger, *Institutions liturgiques,* t. II, p. 523. V. dans les *Annalecta juris pontificii,* sept.-oct. 1881, col. 905 et suiv., le projet de réforme du Bréviaire romain présenté à Benoît XIV par la commission instituée dans ce but.
(3) Pour l'époque antérieure à Rohrbacher, V. Quérard, *La France littéraire,* t. X, 1839, in-8, pp. 396 et suiv.

Desnoireterres, *Voltaire et la Société française au* XVIII° *siècle.* Paris, 1867-1876, 7 vol. in-8°.
L'abbé Maynard, *Voltaire, sa vie et ses œuvres.* Paris, 1867, 2 vol. in-8°.
*Voltaire et la police,* par Léouzon-le-Duc. Paris, 1867, in-18.
*Archives de la Bastille, Règne de Louis XIV. — Voltaire.* — Documents inédits par F. Ravaisson. Paris, 1867, in-8.
H. Baune, *Voltaire au collège, sa famille, ses études.* Paris, 1873, in-18.
Léouzon-le-Duc, *Rapport sur les manuscrits de Voltaire qui se trouvent à la Bibliothèque impériale de Saint-Pétersbourg,* dans les *Archives des missions scientifiques et littéraires,* janvier 1850. Voici quelques lignes extraites de ce rapport (1).
« Ce même portefeuille renferme encore un grand nombre de vers dont la licence dépasse toute imagination. Ah ! Voltaire mentait bien fort, quand, reniant les éditions de *la Pucelle* qu'on faisait courir sous son nom, il prétendait qu'il n'était pas capable de pareilles choses !... En vertu d'un ordre suprême, tous ces vers impurs sont condamnés à ne jamais sortir des bibliothèques où ils sont renfermés. »

JOSEPH II (p. 427).

Joseph II avait eu pour parrain Benoît XIV, dont il reçut le nom à son baptême. Parmi ses nombreux précepteurs figurent deux jésuites, les PP. Parhammer et François. De bonne heure il fut séduit par l'esprit philosophique et dut plusieurs fois encourir, à cause de cela, la désapprobation de l'impératrice Marie-Thérèse, sa mère. Il osa, pendant le conclave de 1769, entrer à Rome sans déposer ses armes, suivant l'ancien usage. Les cardinaux qui le reçurent, s'y prirent spirituellement en tournèrent la difficulté : « L'empereur, dirent-ils à Joseph II, ne portant l'épée que pour la défense de la justice et de la religion, son épée ne pourrait être mieux qu'à son côté. » Déjà il se mêlait de réformes, et on prétend qu'à Venise, trouvant des religieuses à son avis trop peu occupées, il leur envoya de la toile pour faire des chemises destinées à ses soldats. Il accueillit avec une vive satisfaction l'acte de Clément XIV, relatif à la dissolution des Jésuites. Les réformes qu'il essaya par rapport à l'organisation et à la discipline ecclésiastiques (2), furent conçues sans prudence et sans ménagement pour les croyances et les usages de l'Eglise et du peuple chrétien. C'est surtout dans les Pays-Bas qu'il rencontra la plus vive résistance à ses projets. Sa mémoire n'a pas gagné depuis les récentes publications de M. d'Arneth. Il y paraît toujours plutôt un brouillon qu'un homme d'État (3).

(1) P. 59
(2) Sur les réformes liturgiques de Joseph II, V. Dom Guéranger, *Institutions liturgiques,* 2° éd., t. II, pp. 527 et suiv.
(3) V. sur Joseph II, Paganel, *Histoire de Joseph II,* nouv. éd., Paris, 1853, in-8 ; Th. Juste, *Histoire du règne de l'empereur Joseph II et de la révolution belge en 1790.* Bruxelles, 1845-1846, 2 vol. in-8 ; Heyne, *Geschichte Kaiser Joseph's II.* Leipzig, 1848, 2 vol. in-8 ; Arneth, *Maria Theresia und Joseph II, ihr Correspondenz.* Vienne, 1866-1867, 3 vol. in-8.

Son influence fut pernicieuse au point de vue des études théologiques. Mœlher (1) vante avec trop peu de restrictions le plan d'études dressé en 1774, en vertu d'un ordre impérial, par Rautenstrauch, abbé de Braunau, plan qui fut introduit par le gouvernement dans toutes les facultés de théologie. L'éditeur de Mœlher, dom Gams rectifie avec justice cette appréciation trop bienveillante. « Rautenstrauch (1731-1785) était, dit-il, déjà tellement imbu des idées joséphistes, que son travail était privé de toute chaleur religieuse, de tout sentiment. Après la suppression des Jésuites, il fut chargé de rédiger un nouveau plan d'études théologiques. Il était dit en tête que ce qu'il fallait enseigner, « c'était le « bien de l'Etat et non des disputes d'écoles et des « subtilités scolastiques, ce qui est profitable aux « âmes et par conséquent à l'Etat. » Le dogme était enseigné avec une négligence préméditée, et la troisième année seulement. Plus tard, en 1785 et 1788, les études théologiques furent réduites à quatre ans et même à trois ; l'enseignement du dogme fut encore plus restreint; on introduisit le droit naturel comme base des études théologiques. Les leçons d'histoire ecclésiastique étaient données à la Faculté de droit, d'après le protestant Schrœckl, et les théologiens étaient tenus d'y assister. Menzel lui-même avoue (2) que « ces institutions portaient le cachet du mercantilisme ; on cherchait, ici comme partout, à obtenir le plus de marchandise ou de travail avec le moins d'argent possible (3). »

---

LE JANSÉNISME EN TOSCANE (p. 434, col. 1).

L'évêque janséniste de Pistoie, Scipione Ricci, auquel Rohrbacher attribue l'initiative des entreprises de Léopold I<sup>er</sup> contre l'orthodoxie et la liberté catholiques, ne fut en réalité que l'auxiliaire de ce prince, digne frère de Joseph II. Scipione de Ricci ne fut fait évêque qu'en 1780, et les prétendues réformes ecclésiastiques de Léopold commencent en 1769 et d'année en année deviennent plus radicales. Du reste l'idée que Rohrbacher donne de l'évêque de Pistoie concorde avec le portrait qu'en fait M. Alfred de Reumont, quoiqu'il y ait de plus dans celui-ci quelques traits à l'avantage du conseiller de Léopold : « Scippione Ricci, dit le savant historien, était pieux, doux de caractère, instruit quoique peu savant; il avait une haute idée des devoirs de son emploi, il était plein de zèle, de mœurs pures, véridique. Mais il était irritable, imprévoyant, entêté, et, tandis qu'il combattait les préjugés, il ne connaissait pas le peuple que les préjugés dominaient ; précipité dans ses jugements et dans ses actes, ce qui, trop souvent, l'amenait à occasionner des maux pires que ceux qu'il voulait éviter. Avant tout il commit la faute de blesser une partie du clergé de son diocèse... Au fond du cœur il était adversaire de Rome, et il a cherché, partout où il a pu, à en diminuer l'autorité, sans calculer ses moyens, sans réfléchir qu'il faisait plutôt l'affaire de la puissance séculière que celle de l'épiscopat. Il a laissé la puissance séculière se servir de lui, mais il lui a fait tort et elle a dû à la fin le laisser tomber. Là, comme dans maintes de ses idées et de ses tentatives, il a fait preuve d'une étroitesse de vue et d'une imprévoyance qu'il devait chèrement expier (1). »

Les mesures décrétées par Léopold caractérisent l'esprit de cette guerre de sacristie à l'Eglise. Les quêtes, même pour les fêtes ecclésiastiques ou les œuvres pies, furent interdites sous peine du fouet et des travaux forcés. Une foule de monastères, d'associations laïques, de confréries, furent abolies comme nuisibles et dangereuses pour l'Etat, et ordre fut donné de détruire tous les autels de leurs oratoires et de leurs chapelles. Puis commencèrent des attaques violentes contre les reliques les plus vénérées, contre les madones et les images de saints, et sur l'ordre du gouvernement, on enleva de devant celles-ci les rideaux et les voiles. L'effervescence toute naturelle de ces attentats, finit par amener des émeutes. Telle fut celle qui éclata au Prato, et qui est connue sous le nom d'*émeute des Madones*.

M. de Reumont fait remarquer avec raison que Léopold, comme son frère Joseph, étaient de vrais enfants de leur temps. Tous deux, en cherchant à concentrer tout le pouvoir dans la personne du chef de l'Etat, ont affaibli le principe d'autorité. C'est surtout par les réformes ecclésiastiques que Léopold mécontenta l'esprit du peuple. Au lieu de protéger l'Eglise, ce qui est la mission de l'Etat, il prétendait la réglementer. Ses tentatives n'eurent aucun succès. Il est à remarquer que, malgré ses tendances autocratiques, il se distingue de tous les souverains contemporains, et notamment de son frère, par les idées constitutionnelles qu'il essaya de réaliser (2).

---

LE CANADA (p. 446).

Rohrbacher néglige complètement l'histoire de cette célèbre colonie, qui dut au catholicisme une prospérité remarquable. On nous saura gré de suppléer à son silence. Nous omettons tout ce qui concerne la découverte et les premiers essais de colonisation du Canada (3).

La colonisation réellement chrétienne du Canada date de 1632. Champlain sut tenir la main à ce que l'unité de croyance et de foi régnât dans le pays qui lui était confié. Les Huguenots n'avaient pas le droit, non seulement de s'établir au Canada ou d'y passer l'hiver, mais encore d'y faire le commerce (4).

---

(1) *Histoire de l'Eglise*, publiée par Gams, trad. franç. t. III, p. 275.
(2) *Neue Geschichte der Deutschen*, t. XII, p. 52.
(3) On peut consulter encore sur Joseph II, Beckmann, *Joseph II et Catherine de Russie*, dans la Revue des questions historiques, t. VII, p. 582 ; E. Boutaric, *Marie-Thérèse, Joseph II et Madame d'Herzel*, dans la même Revue, t. V, p. 260. — *Correspondances intimes de l'empereur Joseph II avec son ami le comte de Cobenzel et son premier ministre le prince de Kaunitz*, publiées... par M. Brumer, 1871, gr. in-8.

(1) De Reumont, *Geschichte Toscana's seit dem Ende des florentinischen Freistaates*, t. II. Haus Lothringen-Habsburg, 1737-1859, Gotha, 1877.
(2) Huber, *Die Politick Kaiser Joseph's Peurtheil von seinen Bruder Leopold con Toscana*. Inspruck, 1877, p. 5.
(3) On trouvera toute l'histoire de cette période dans l'*Histoire de la colonie française au Canada* (par M. Faillon), Villemare, 1865, 3 vol. in-4, et dans l'ouvrage de M. Harrisse, que nous avons cité plus haut.
(4) Faillon, *op. cit.*, p. 271.

Le gouverneur bâtit à Québec une chapelle dédiée à la sainte Vierge. La piété et la ferveur des premiers colons de cette ville étaient des plus édifiantes. Richelieu avait voulu que la mission du Canada fût confiée aux Jésuites, et on a prétendu à tort que ces derniers avaient empêché les Récollets de venir exercer le ministère dans la colonie. Champlain mourut très chrétiennement en 1635.

Son successeur dans le gouvernement, M. de Montmagny, chevalier de Malte, marcha sur ces traces, saint Joseph fut choisi solennellement en 1637 comme patron du Canada ; les infractions publiques aux lois divines et ecclésiastiques furent punies par l'autorité civile : défense fut faite de blasphémer, de s'enivrer, etc. Vers cette époque les Jésuites se mirent à élever de jeunes Hurons pour les convertir plus facilement, et une pieuse dame française, M$^{me}$ de la Pelterie eut la pensée d'établir un séminaire pour les filles sauvages (1). C'est alors aussi que partit pour le Canada la Mère Marie de l'Incarnation, dont nous avons eu déjà occasion de parler (2). Des hospitalières accompagnaient les pieuses Ursulines. Une épidémie qui se déclara en août 1639 fit éclater leur charité. Les sauvages conçurent, à la vue de ces vertus, une haute idée de la religion catholique, et leur conversion, à laquelle M$^{me}$ de la Pelterie et ses compagnes s'employaient de toutes leurs forces, commença à s'accentuer. Jusqu'en 1640 le progrès fut sensible, à partir de cette époque il se ralentit un peu jusqu'au moment où la Société de Notre-Dame de Montréal se forma pour réaliser les pieux desseins des rois de France. C'est un M. de la Dauversière qui eut le premier l'idée d'établir cette société. Il trouva dans M. Olier un enthousiaste adhérent, car le premier objet de la vocation de ce saint prêtre fut la sanctification du Canada. M. de Renty entra peu après dans cette société, qui acquit bientôt l'île de Montréal (7 août 1640). Cet endroit était des plus convenables pour les pieux desseins des associés ; il était comme une sentinelle avancée qui devait protéger la colonie. Mais ces avantages matériels n'étaient pas ceux que prisaient le plus les nouveaux associés. Leur but était plus élevé : « Le dessein des associés de Montréal est de travailler purement à procurer la gloire de Dieu et le salut des âmes... Ils feront bâtir un séminaire pour y instruire les enfants mâles des sauvages... » Ils se proposèrent d'établir trois communautés à Montréal, de prêtres séculiers, d'institutrices et d'hospitalières. La sœur Marguerite Bourgeoys allait bientôt fonder à Villemarie l'institut de la Congrégation de Notre-Dame (4).

Villemarie fut fondée en 1642 dans l'île de Montréal. Bientôt cette colonie offrit une image de la primitive Église, le zèle pour la conversion des sauvages était admirable, et on put en baptiser bientôt un assez grand nombre. Bientôt le roi approuva l'établissement de Montréal, et cette approbation donna un grand essor à la colonie (13 février 1644).

Un évêché devenait nécessaire pour son développement spirituel. Un M. Legauffre, ancien maître des comptes, converti par le P. Bernard, dit le pauvre prêtre, avait été désigné pour cette charge; mais il mourut en 1645, en laissant de grands legs pour la fondation de l'évêché. En 1646, l'Assemblée du clergé de France, sur le rapport de Godeau, approuva cette fondation; mais elle fut différée pour des motifs sur lesquels l'historien du Canada ne s'étend pas (1).

En 1647, le P. Togues fut mis à mort par les sauvages, qui firent tous leurs efforts pour ruiner la colonie. L'année suivante, M. d'Ailleboust succéda, en qualité de gouverneur général, à M. de Montmagny qu'on accusait de ne pas avoir mis beaucoup d'habileté à défendre le pays qui lui était confié. De 1650 à 1652, la situation ne s'améliora pas. Il en fut de même sous le gouvernement de M. de Lauzon. La confiance en la sainte Vierge sauva Villemarie et les colons, et le retour de France de M. de Maisonneuve rendit l'espoir à ceux qui avaient été tentés d'en manquer.

En 1653, Villemarie fut établie en colonie, et les principes les plus sévères présidèrent à la conduite et à la vie de ses habitants (2). On posa, en 1656, la première pierre d'une église paroissiale. M. de Maisonneuve et la sœur Bourgeoys donnèrent alors de grands exemples de piété et de vertu héroïque.

En 1657, des prêtres de Saint-Sulpice s'embarquèrent pour le Canada. Le pays était alors gouverné au spirituel par M. de Queylus, qui avait des pouvoirs de vicaire général de Rouen. Cette même année, Louis XIV proposait au Pape comme premier évêque de Montréal, M. François de Laval de Montigny (3). A Rome on préféra ne nommer d'abord qu'un simple vicaire apostolique. Toutefois M. de Laval (4) reçut la consécration épiscopale, et le titre d'évêque de Pétrée. Il arriva à Québec en 1659, où son autorité ne tarda pas à être reconnue.

La guerre était recommencée avec les Iroquois depuis 1657, elle dura jusqu'en 1670. Pendant tout ce temps Villemarie fut visiblement protégée d'en haut. D'ailleurs ses habitants montrèrent une grande bravoure, et dix-sept d'entre eux arrêtèrent toute l'armée iroquoise qui se dirigeait sur Québec. En 1661, un prêtre de Saint-Sulpice, M. Lemaître, fut pris et tué par les sauvages. L'année précédente, une bulle d'Alexandre VII avait accordé à M. de Bretonvilliers la faculté d'ériger dans l'île de Montréal une cure dont la présentation appartiendrait aux supérieurs du séminaire de Saint-Sulpice (5). Le vicaire apostolique s'opposa à l'érection de cette cure. Au même moment les prêtres de Saint-Sulpice étaient accusés auprès du Saint-Siège, de désobéissance et d'esprit de division. Nulle communauté française n'était pourtant plus dévouée au souve-

---

(1) *Ibid.*, p. 311.
(2) V. plus haut.
(3) Faillon, *ib.* p. 401.
(4) V. sa *Vie* par M. Faillon, Paris, 1853, 2 vol. in-8. — Marguerite Bourgeoys était née à Troyes, le 17 avril 1620. Sa congrégation fut approuvée par lettres patentes de Louis XIV en 1672. Elle mourut en 1700. L'introduction de sa cause a été signée par S. S. Léon XIII, le 19 décembre 1878. V. le décret dans les *Analecta*, 1880, col. 123.

(1) Faillon, t. II, p. 52.
(2) V. les détails dans M. Faillon, t. II, pp. 189 et suiv.
(3) V. la lettre dans M. Faillon, t. II, p. 315.
(4) V. *Notice biographique sur François de Laval de Montmorency, premier évêque de Québec, suivie de quarante et une lettres*, 1874, in-8.
(5) Faillon, *ib.*, t. II, 480.

rain Pontife. Aussi ces pieux ecclésiastiques ne virent-ils dans cette accusation qu'une preuve que Dieu favorisait leur entreprise de Montréal, puisqu'il ne lui épargnait pas la contradiction, les rebuts et les mépris.

Vers cette époque, 1662-1663, des Européens, par avidité, vendirent aux sauvages des liqueurs fortes qui produisèrent sur eux leurs terribles effets. La discorde des chefs de la colonie favorisait ce danger, qui cause toujours la ruine des peuples non civilisés. Un arrêté de 1663 interdit ce commerce.

En 1668, le roi reprit la propriété du Canada, à la suite de la démission de la compagnie des cent associés, et cette même année, le séminaire de Saint-Sulpice se chargea complètement de l'œuvre de Montréal. A partir de ce moment les intérêts de la colonie et ceux de l'île furent plus distincts. C'est alors que la colonisation chrétienne eut un développement plus considérable. Louis XIV augmenta le nombre des missionnaires. L'un d'entre eux fut M. de Fénelon, frère aîné de l'archevêque de Cambrai, à qui l'on a à tort attribué plusieurs fois ce voyage. L'instruction des enfants prit de grands développements (1). Un petit séminaire fut établi à Québec, 1668. Les sauvages ne furent pas non plus négligés, et des écoles spéciales furent créées pour eux. De nouvelles paroisses furent organisées.

Malheureusement le séjour des troupes qu'il avait fallu envoyer dans le pays, fut fâcheux pour les mœurs de la colonie. Les édits du roi et la répression sévère des gouverneurs (2) n'empêchèrent pas un changement déploré par tous les gens de bien. La liberté du commerce des boissons enivrantes qui fut accordée en 1674 n'améliora pas la situation.

C'est à ce moment que, par une bulle du 1er octobre 1674, un évêché fut établi à Québec. A partir de ce moment l'organisation ecclésiastique était établie dans la colonie. Nous terminerons ici l'abrégé de l'histoire de ce pays où la langue et les usages de la France catholique se sont fidèlement conservés (3).

### LES APOLOGISTES ANGLAIS (p. 451).

Rohrbacher ne cite que Sherlock, Leland et Chandler. Il omet deux des principaux défenseurs de la religion chrétienne, Paley et Lardner.

Paley, né à Péterborough en juillet 1743, mort le 25 mai 1805, a écrit, entre autres ouvrages importants, les *Horæ Paulinæ, ou preuves de la vérité de l'histoire de saint Paul telle qu'elle est dans l'Ecriture*, 1790; — les *Preuves du christianisme*, 1794; — *Théologie naturelle*, 1800. Plusieurs de ces ouvrages ont été traduits en français dans les *Démonstrations évangéliques* de Migne.

L'édition anglaise la plus facile à consulter est celle d'Edinburgh, 1829, in-8, et qui est complète en un volume.

Lardner (Nathaniel), né à Hawkhurst en 1684, mort en 1768, a écrit un ouvrage fort important, *Crédibilité de l'histoire évangélique*, 1727-1743, 5 vol. in-8. Les œuvres complètes de ce savant homme ont été publiées à Londres, 1788, 11 vol. in-8. D'autres éditions ont paru en 1828 et 1838, 10 vol. in-8. L'ouvrage de Lardner, dit T. H. Horne, ouvre une nouvelle ère dans les annales du christianisme. En recueillant une masse énorme de preuves incontestables de l'authenticité de l'histoire évangélique, il a bâti, en avant de la vérité, un boulevard que l'infidélité n'a jamais osé attaquer (1).

### RAYNAL (p. 457).

L'abbé Raynal n'avait pas prévu les conséquences de ses idées. Quand il vit les exagérations et les folies révolutionnaires, il eut la naïveté de croire qu'un avertissement envoyé par lui aux législateurs les retiendrait sur la voie où ils se lançaient en aveugles. Malouet nous a conservé dans ses *Mémoires* (2) la lettre de l'abbé Raynal. En voici quelques extraits.

« Après avoir montré les lois violées, des troubles religieux, des dissensions civiles, la consternation des uns, la tyrannie et l'audace des autres, un gouvernement esclave de la tyrannie populaire, » Raynal poursuivait : « Telle est, n'en doutez pas telle est la véritable situation de la France ; un autre que moi n'oserait peut-être vous le dire ; mais je l'ose parce que je le dois ; parce que je touche à ma quatre-vingtième année ; parce qu'on ne saurait m'accuser de regretter l'ancien régime ; parce qu'en gémissant sur l'état de désolation où est l'Eglise de France, on ne m'accusera pas d'être un prêtre fanatique... J'ai frémi lorsqu'en observant dans sa nouvelle vie ce peuple qui veut être libre, je l'ai vu non seulement méconnaître les vertus sociales, mais encore recevoir avec avidité les nouveaux germes de corruption, et se laisser entourer par là d'une nouvelle chaîne d'esclavage. » Il insistait ensuite sur l'état de la France qui ne pouvait devenir républicaine et devait nécessairement être une monarchie, et invitait l'assemblée à revenir en arrière pour réparer les fautes qu'elle avait commises.

Cette adresse, dit Malouet (3), eut un éclat prodigieux, mais aucun effet utile. Il n'était pas hors de propos de la rappeler ici pour montrer combien la plupart des philosophes eurent bien vite horreur de la révolution qu'ils avaient préparée.

---

(1) *Ibid.*, t. III, pp. 257 et suiv.
(2) *Ib.*, pp. 407 et suiv.
(3) Cfr. encore, *Le Canada sous la domination française*, par L. Dussieux, Paris, 1855, in-8; — *Histoire du Canada, de son église et de ses missions depuis la découverte de l'Amérique jusqu'à nos jours*, par l'abbé Brasseur de Bourbourg, Paris, 1852, 2 vol. in-8; — *Première mission des jésuites au Canada, lettres et documents inédits publiés* par le P. A. Carayon, Paris, 1864, in-8; — *Répertoire général du clergé canadien par ordre chronologique depuis la fondation de la colonie jusqu'à nos jours*, par l'abbé C. Tanguay, 1868, 2 vol. in-8.

(1) Cité par Lowndes, *The Bibliographer's Manual of english literature*, London, 1864, t. III, p. 1312.
(2) 1re édition, Paris, 1868, t. II, pp. 43 et suiv. La 2e édition, Paris, 1874, t. II, p. 134, ne reproduit pas l'adresse.
(3) *Ibid.*, p. 51.

LA SUPPRESSION DES JÉSUITES (p. 459).

Ce fait important de l'histoire de l'Eglise au XVIIIe siècle n'est pas rapporté avec assez de détails par Rohrbacher. Voici les principaux événements qui se produisirent à cette occasion.

C'est en Portugal que les premières attaques contre la Compagnie de Jésus se produisirent. Benoît XIV mourant chargea, par un bref du 1er avril 1758, le cardinal da Saldanha, patriarche de Lisbonne, de visiter et de réformer les maisons des Jésuites qui se trouvaient sous la domination portugaise. Lorsque Pombal, sous Joseph Ier, devint ministre tout-puissant, il résolut, avant tout, de détruire les Jésuites qui pouvaient être un sérieux obstacle à ses projets novateurs (1). On commença par accuser les Jésuites de vouloir établir au Paraguay un état indépendant dont ils auraient la direction non seulement religieuse, mais politique. On condamna les Jésuites sans les avoir entendus.

Sous Clément XIII, favorable à la Compagnie, un attentat fut commis à Lisbonne, dans la nuit du 3 au 4 septembre 1758, contre le roi Joseph. Les Jésuites furent accusés de complicité; ils furent jetés en prison (2), trois des leurs, parmi lesquels le P. Malagrida (3), furent condamnés à mort et exécutés, leurs biens d'Amérique furent confisqués. Plusieurs d'entre eux avaient été condamnés à la prison perpétuelle, les autres furent déportés et jetés brutalement sur le rivage des États Pontificaux. Clément XIII avait protesté avec douceur, mais en vain, contre ces cruautés.

« On a souvent présenté Pombal comme un élève et un allié de nos encyclopédistes. Franchement, il n'y parut guère dans cette occasion. « Tout cela « fait horreur et pitié, » écrivit Voltaire. « J'aime-« rais mieux être né nègre que Portugais. » L'alliance de Pombal avec l'Inquisition ne laissa point aussi de surprendre Choiseul. En même temps, un jésuite, l'évêque de Cochin, répandait dans le Portugal et ses possessions un écrit qui faisait ressortir les nombreuses contradictions et irrégularités du jugement. Le ministre fit rédiger une réponse, mais il ne se sentit tout à fait rassuré, qu'après avoir fait condamner l'écrit par voie administrative.

« Un écrivain français attribue au duc de Choiseul l'initiative des démarches qui amenèrent la suppression des Jésuites. Le projet, ajoute cet écrivain, fut suggéré au roi d'Espagne, qui l'accueillit avec faveur; mais Naples, Venise, le Portugal même reculèrent devant sa hardiesse. M. de Saint-Priest a été mal renseigné, dit M. Gomès. Dès 1764, c'est-à-dire immédiatement après l'expulsion des Jésuites de la France, Pombal sollicitait l'assistance de Choiseul en vue de cette même suppression. Mais l'homme d'Etat français n'éprouvait aucune sympathie pour son collègue étranger, quoiqu'il lui prodiguât volontiers les égards et les marques de considération. Il ne fit alors à ces ouvertures que des réponses dilatoires. Pombal ne se rebuta point, et les Jésuites ayant été bannis de l'Espagne en 1767, il reprit ses instances. Il proposait la réunion de la France, de l'Espagne, du Portugal « pour demander « au pape l'abolition complète de la compagnie de « Jésus. En cas de refus, les trois cours devaient « envoyer une ambassade solennelle à Sa Sainteté. » Pombal ne reculait même pas devant la déchéance du pape (1), si l'obstination de Clément XIII la rendait nécessaire. Cette fois encore son audace n'obtint pas l'assentiment de Choiseul. « Nous pensons « effectivement, répondit celui-ci, que le pape de-« vrait séculariser toute cette société religieuse et « qu'en cela il prendrait un parti de sagesse et de « prévoyance qui ne serait pas moins favorable au « repos public, qu'à la tranquillité des membres « qui composent l'ordre des Jésuites. Mais nous « doutons fort que le souverain Pontife actuelle-« ment régnant et son ministre, le cardinal Torre-« giani, puissent jamais se décider à cette dé-« marche. Au reste, il faut convenir que les cours « de France, d'Espagne et de Portugal pourraient « se trouver embarrassées sur ce qu'elles auraient à « répondre, si le pape leur disait qu'elles ne doi-« vent avoir plus à craindre des jésuites, puisqu'elles « les ont chassés. » Au surplus, les scrupules de Choiseul ne devaient pas être d'une longue durée : quelques jours après cette réponse, il apprenait le bon accueil que la proposition avait reçue du roi d'Espagne, et il se hâtait de lui donner l'adhésion du cabinet de Versailles. Ajoutons qu'il restreignit cette adhésion à la seule affaire des Jésuites. Pombal méditait la réforme de tous les abus qui s'étaient glissés, d'après lui, dans l'Eglise romaine; il en attendait le retour des nations protestantes, et parlait de l'imposer au pape, fût-ce aux prix d'un schisme. Choiseul lui objecta que la cour de Rome avait considérablement perdu de ses anciennes prérogatives : « Ce qui se passait en Portugal en était une « preuve. » Quant à la France, l'autorité pontificale, quand elle voulait franchir les bornes de sa juridiction purement spirituelle, rencontrait toujours chez le roi et ses parlements « une résistance aussi efficace qu'elle est juste. Au reste, Choiseul ne comprenait pas bien, « comment un schisme des « puissances catholiques avec Rome pourrait deve-« nir un motif déterminatif, pour les nations pro-« testantes, de rentrer dans le sein de l'Eglise ro-« maine (2). »

Choiseul avait dans l'opinion alors régnante en France des moyens d'action plus efficaces et plus

---

(1) V. sur l'histoire des Jésuites en Portugal, un article de M. de Roquefeuil dans la *Revue des questions historiques*, t. IV, p. 542; — Murr, *Geschichte der Jesuiters in Portugal unter Pombal*, Nuremberg, 1787, 2 vol.

(2) *Les Prisons du marquis de Pombal ministre de S. M. le roi de Portugal*, 1759-1777; journal publié par le P. Carayon, S. J., Paris, 1861, 1 vol. in-8. V. aussi *Lettres inédites du R. P. J. Delvaux, sur le rétablissement des Jésuites en Portugal* (1829-1834), par le P. A. Carayon. Paris, 1866.

(3) Sur Malagrida, v. les ouvrages indiqués par le P. Carayon, *Bibliographie historique de la compagnie de Jésus*, Paris, 1864, in-4, p. 461, no 3461; F.-L. Gomès, *le marquis de Pombal, esquisse de sa vie publique*, Lisbonne, 1869, in-8, et le P. Paul Murq, *Histoire du P. Paul Malagrida, de la compagnie de Jésus, l'apôtre du Brésil au XVIIIe siècle, étranglé et brûlé sur la place publique de Lisbonne, le 21 septembre 1761*, Paris, 1864, in-12.

(1) Pombal fut puni de son vivant; à quatre-vingts ans il fut traduit devant un tribunal pour à rendre compte de son administration le 16 août 1781. Malgré les humiliations auxquelles il s'était soumis, il fut déclaré coupable par édit royal et exilé à vingt lieues de la cour. Il mourut le 8 mai 1782. Pendant l'expédition française la tombe de Pombal fut violée.

(2) M. Frout de Fontpertuis, analyse du livre de M. Gomès.

faciles. Les Jansénistes, les philosophes et les parlements étaient ligués contre les Jésuites. Voltaire et d'Alembert, qui en voulaient aux défenseurs les plus vigilants du christianisme; les Jansénistes, qui détestaient les soutiens de la Bulle *Unigenitus*; les Parlements, qui de temps immémorial les avaient suspectés, firent campagne contre la Compagnie (1). Bientôt l'opinion se passionna et, en 1761, Paris s'occupait plus de la question des Jésuites que de la guerre contre Frédéric de Prusse.

M<sup>me</sup> de Pompadour, qui n'avait pas trouvé chez le confesseur du roi la complaisance qu'elle cherchait, lança contre les Jésuites le ministre Choiseul. Rohrbacher a parlé de l'occasion favorable qui se présenta lors de la faillite du P. Lavalette (2). Le Parlement profita de la clameur immense que cet événement produisit, pour donner une nouvelle impulsion à la guerre contre les Jésuites. Il abolit les privilèges de l'ordre et condamna au feu quelques ouvrages dus à des Jésuites et dont on ne connaissait même plus le titre. Il trouva même des alliés parmi les ordres religieux depuis longtemps hostiles aux Jésuites (3). Ce furent des Bénédictins de Saint-Maur, dom Minart, dom Clémencet, etc. (4), qui de concert avec Roussel de la Tour, conseiller au Parlement, composèrent le pamphlet fameux intitulé : *Extraits des assertions dangereuses et pernicieuses que les Jésuites ont enseignées avec l'approbation des supérieurs* (5). Il est inutile d'analyser ce fatras, qui est constamment œuvre de passion et de mauvaise foi, et qui a tout pris des *Provinciales*, en excepté le style. Les philosophes eux-mêmes ne l'approuvèrent pas, et Grimm en particulier s'est élevé assez vivement contre le procédé de ces rédacteurs anonymes. Ils se consolèrent en voyant le Parlement condamner au feu les ouvrages qu'on écrivait en faveur des Jésuites (6).

Malgré les réclamations d'une assemblée du clergé de France, dont la presque unanimité des Evêques se prononça en faveur des accusés, malgré les résistances peu suivies du faible Louis XV, un arrêt du Parlement, du 6 août 1762, déclara l'ordre supprimé à cause du danger qu'il causait à la France. Ce ne fut que plus de deux ans après, le 1<sup>er</sup> décembre 1764, que Louis XV donna son assentiment à cet arrêt, qu'il avait essayé en vain d'empêcher. Mais comment devant une opinion publique égarée par de perfides ou mensongères accusations, comment sauver une compagnie, qui, d'après l'arrêt du Parlement, avait constamment, « avec l'appui de ses supérieurs, enseigné la simonie, le blasphème, le sacrilège, la magie et le maléfice, l'astrologie, l'impiété sous toutes les formes, l'idolâtrie, la superstition, l'infamie, le parjure, le faux témoignage, la corruption des juges, le pillage, le parricide, l'assassinat, le suicide et le régicide (1)? »

En Espagne, le ministre d'Aranda parvint aussi, le 2 avril 1767, à faire rendre un décret royal qui supprimait la Compagnie de Jésus dans toute les possessions espagnoles (2). Il avait fallu tromper le roi Charles III qui aimait les Jésuites et avait souvent blâmé l'odieuse conduite de Pombal : on fit croire au roi, à ce que l'on suppose, que les Jésuites avaient révoqué en doute la légitimité de sa naissance. « Le jour même du décret, plus de six mille Jésuites furent saisis dans toutes les provinces et possessions espagnoles, transportés à bord de vaisseaux et emmenés sans savoir où. A Civita-Vecchia on refusa de les recevoir, car le nombre de ceux qui n'avaient ni feu ni lieu était déjà excessif et le Saint-Siège se trouvait dans une immense détresse. Après avoir longtemps erré çà et là, et alors que plusieurs étaient déjà morts, ils arrivèrent en Corse, où Gênes leur accorda un asile. Quand cette île fut échue à la France, Choiseul les en fit expulser de la façon la plus barbare. Ceux qui restaient trouvèrent quelque repos à Bologne et à Ferrare (3). »

Le 3 novembre 1767, les Jésuites du royaume de Naples furent bannis à leur tour, et peine de mort fut prononcée contre ceux qui rentreraient dans ce royaume. On les dirigea aussi sur les États de l'Eglise.

En 1768, ils furent expulsés du duché de Parme (4). Le 22 avril de la même année, ils furent chassés de Malte. L'Autriche, seul des pays catholiques d'Europe, n'entreprit rien contre eux.

Le 10 décembre 1768, les cours de France, d'Espagne et de Naples demandèrent au Pape la suppression formelle des Jésuites. Clément XIII mourut le 2 février 1769. Laurent Ganganelli, franciscain, lui succéda le 19 mai (5). Il se rapprocha des cours bourbonniennes, et nomma même cardinal, le 18 décembre 1769, un frère de Pombal, Paul de Carvalho. Un nonce apostolique ayant été reçu à Lisbonne, le Pape fit chanter un *Te Deum* à Saint-Pierre. Enfin, vaincu par les instances de Bernis et de Florida Blanca, qui ne cessaient de lui montrer les utiles conséquences de sa décision, le Pape rendit le bref *Dominus ac Redemptor noster*, qui supprimait les Jésuites; ce bref, daté du 21 juillet 1773, ne fut publié que le 16 août de cette

---

(1) V. le P. Carayon. *Mémoire du président d'Eguilles sur le Parlement d'Aix et les jésuites, adressé à S. M. Louis XV*, Paris, in-8 de CLXV-321 pages.
(2) Plus haut, p. 461. — V. Doxarche, *Etude historique sur la banqueroute du P. Lavalette et la destruction des Jésuites au XVIII<sup>e</sup> siècle*. Paris, 1880, in-8.
(3) Déjà au XVIII<sup>e</sup> siècle, ces tendances se manifestent. Nous ne parlons pas de la rivalité de l'Oratoire avec la Compagnie de Jésus, dont il est question plus haut. Mais chez les bénédictins les mêmes sentiments existaient et un Mabillon lui-même ne savait pas y résister. V. dans sa correspondance inédite les lettres du 13 février 1690, du 7 janvier 1697, des 25 mars et 29 juin 1699, etc.
(4) Alzog, *Histoire de l'Eglise*, trad. fr., t. III, p. 354. — Il faut noter cependant que Barbier, *Dictionnaire des Anonymes*, 3<sup>e</sup> édit., t. V, col. 404, nie, d'après le catalogue de Goujet, la participation de Clémencet à cet ouvrage, qui serait le produit de la collaboration de Minart et de Goujet lui-même, d'après le catalogue mss. autographe de la bibliothèque de ce dernier.
(5) Paris, 1762, in-4.
(6) Les plus remarquables de ces écrits sont : *Lettre à un ami de la vérité... ou réflexions critiques sur les reproches faits à la société de Jésus relativement à la doctrine* par le P. Cl. de Neuville, s. l. n. d. in-8 ; — les *lettres des évêques de Saint-Pons, de Lavaur, de Grenoble, d'Uzès, du Puy* ; — l'*Apologie générale de l'institut et de la doctrine des Jésuites*, 1762, in-8 et in-12, attribuée au P. Griffet et publiée par Cerutti ; *Remarques sur le compte rendu par M. de la Chalotais*, par le P. Griffet, 1762, in-12, etc. Inutile de mentionner les nombreux arrêts des Parlements contre les jésuites, v. du reste la *Bibliographie historique* du P. Carayon, citée plus haut.

(1) Mœlher, *Histoire de l'Eglise*, trad. fr., t. III, p. 300.
(2) V. le P. Carayon, *Charles III et les Jésuites de ses États d'Europe et d'Amérique en 1767, Documents inédits*, Paris, 1 vol. in-8 de LXXVIII-454 pages.
(3) Mœlher, *ibid*.
(4) V. dans la *Revue de France*, les articles de M. Ch. Nisard sur le ministre de Parme, du Tillot.
(5) Sur le conclave et les prétendues promesses simoniaques qu'aurait faites Ganganelli, v. M. F. Masson (dans *Revue de France*. livr. des 15 août et 1<sup>er</sup> mai 1880).

année. Les couvents de la Compagnie furent envahis par la force armée et mis sous les scellés. Le dernier (le 19ᵉ à partir de saint Ignace) général, Laurent Ricci, et les principaux membres de l'ordre furent enfermés au château Saint-Ange. Quant au fameux mot qu'on prête à Ricci : *Sint ut sunt, aut non sint*, il n'est, dit l'éditeur de Mœhher, ni prouvé, ni vraisemblable (1).

La Prusse et la Russie donnèrent asile aux Jésuites dispersés.

La fable de l'empoisonnement par les Jésuites de Clément XIV, mort le 22 septembre 1774, ne mérite et n'obtient plus aucune confiance (2).

## MASSILLON (p. 483).

On étudie beaucoup, depuis quelque temps, la vie et les œuvres de Massillon (3). L'honneur de cette rénovation appartient pour beaucoup à M. l'abbé Blampignon. Cet érudit si lettré a donné une excellente édition des *OEuvres* de l'orateur chrétien (4). Il a publié depuis sa *Correspondance* inédite (5). Enfin il a récemment donné le commencement d'une vie de Massillon (6). On peut citer, à côté de ses travaux, ceux de M. l'abbé Bayle (7) et de Mᵐᵉ de Marcey (8).

Dès son entrée à l'Oratoire, Massillon ne parut pas assez janséniste à des confrères (9), qui éliminaient de la Congrégation pour le seul motif d'avoir des relations avec les Jésuites. Il fut ordonné prêtre en 1691, et, jusqu'en 1695, professa, au séminaire de Vienne, la philosophie et la théologie. A cette époque il écrivit une lettre où il manifestait ses scrupules à l'égard d'*Athalie* qui venait de paraître. Cette lettre, connue d'Arnauld et de Boileau, ne nous est pas parvenue. L'oraison funèbre de Villeray, archevêque de Lyon, prononcée en 1693, commença à le faire connaître.

Massillon se retira-t-il vers cette époque à Septfonts? M. Blampignon le pense (10); malgré son autorité, la chose paraît encore douteuse et mériterait des éclaircissements plus grands. En tout cas, s'il se retira dans ce monastère, il n'y fut jamais novice.

En 1696, il vient au séminaire Saint-Magloire à Paris, puis en 1699, à la rue Saint-Honoré, où il prêcha cette année la station de Carême. Ce serait le cas d'étudier la prédication de Massillon, que Rohrbacher juge bien sévèrement (1). M. Blampignon s'est dignement acquitté de cette tâche et il faut le lire (2).

Massillon fut toujours en butte aux attaques des Jansénistes, qui ne cessèrent de le calomnier, surtout à partir de son élévation à l'épiscopat. C'est que l'évêque de Clermont fit tout pour défendre l'autorité de l'Eglise. Il écrivit à Soanen des lettres touchantes pour le faire sortir du triste parti qu'il avait pris; il fit venir Bridaine, si haï de la secte, pour donner une mission à Clermont (13 mars-1ᵉʳ mai 1740) (3); il tint toujours tête aux ennemis de l'orthodoxie (4).

On a expliqué ailleurs (5) sa conduite à l'égard du cardinal Dubois.

C'est certainement lui faire injure que de dire de lui que « vers la fin, sous la forme sacrée, ce n'était plus guère qu'un moraliste et un sage (6). » N'était-il pas chrétien, celui qui s'exprime ainsi dans son testament à propos de ses écrits : nous les soumettons « néanmoins avec simplicité au jugement de l'Eglise, dont nous n'avons jamais prétendu qu'interpréter la doctrine (7)? »

## LE CATHOLICISME EN CHINE AU XVIIIᵉ SIÈCLE
(p. 510, col. 1.)

Il faut relier ce que dit ici Rohrbacher de l'état du catholicisme en Chine au XVIIIᵉ siècle à ce qu'il a commencé à en dire plus haut (p. 325 et suiv.) Au début de ce siècle la Chine donnait à l'Eglise les plus belles espérances. Par l'édit de 1692 Kang-hi avait proclamé la liberté du catholicisme dans son empire. Ce résultat était dû principalement aux Jésuites. A cette époque on ne comptait pas moins de 300.000 chrétiens en Chine. Les Jésuites avaient à Pékin trois grandes églises et autant de maisons de résidence.

Les difficultés commencèrent pour la mission de Chine dès le règne de Khang-hi. Le fâcheux effet produit sur l'esprit de l'empereur par la controverse relative aux rites chinois et un retour de ce prince à la politique chinoise de défiance et d'exclusion amenèrent peu à peu la persécution qui commença avec l'avènement de son fils Yong-tching (20 décembre 1722). Avec Kang-hi finit l'âge d'or des anciennes missions de Chine.

Rohrbacher relate sommairement les entraves et les persécutions que les missionnaires eurent à subir à partir de cette époque. On pourra le compléter avec les documents nouveaux que le P. Brucker publie dans la *Revue des questions historiques*; les uns concernent les travaux scientifiques des Jésuites en Chine, les autres se rapportent à l'histoire de la

---

(1) *Histoire de l'Eglise*, trad. fr., t. III, p. 802. — Sur Ricci, v. le P. Carayon, *le P. Ricci, général des jésuites à l'époque de leur suppression, Biographie et pièces inédites*, Paris, 1868, in-8.
(2) Sur le pontificat de Clément XIV et la suppression des jésuites, il faut consulter : Theiner, *Histoire du pontificat de Clément XIV*, Paris, 1852 et suiv., 8 vol. in 8 ; — Reumont, *Clément XIV, seine Briefe und seine Zeit*, 1847, in-8 ; — de Ravignan, *Clément XIII et Clément XIV*, Paris, 1854, in-8 ; — A. de Saint-Priest, *Histoire de la chute des Jésuites au XVIIIᵉ siècle*, Paris, 1846, in-8 ; Crétineau-Joly, *Histoire des Jésuites*, t. V, p. 313 et suiv.
(3) V. dans le *Polybiblion*, t. VIII, pp. 102-104, une notice bibliographique des écrits relatifs à Massillon. Elle est due à M. Tamizey de Larroque.
(4) Bar-le-Duc, 1865-1868, 8 vol. gr. in-8.
(5) *Ibid.*, 1868, gr. in-8.
(6) *Massillon d'après les documents inédits*. Paris, Palmé, 1879, in-12.
(7) Paris, 1867, in-8.
(8) Parus dans *le Contemporain*, ces articles n'ont pas été réunis en volume.
(9) Blampignon, p. 35.
(10) *Ibid.*, p. 40.

(1) Il a été suivi dans la *Revue des Deux-Mondes*, par M. F. Brunetière.
(2) Massillon, pp. 83 et suiv.
(3) *Ibid.*, p. 372.
(4) Sainte-Beuve, *Port-Royal*, t. III, p. 199, dit qu'en 1733, il laissa administrer Marguerite Périer, sans conditions. Le Prélat avait sans doute de bonnes raisons pour cela, et cet incident n'enlève rien à son orthodoxie.
(5) V. la note sur le cardinal Dubois.
(6) *Port-Royal*, t. III, p. 609.
(7) Blampignon, p. 373.

mission au xviiie siècle (1). Voici la conclusion : « L'intérêt avec lequel nous avons suivi les efforts de ces illustres missionnaires et de leurs collègues en faveur de l'Eglise de Chine n'a pas été sans un mélange de tristesse. Trop souvent, dans la lutte inégale qu'ils avaient à soutenir, nous les voyons livrés à leurs seules forces, bien plus, demandant en vain à l'Europe et surtout à leur patrie les secours les plus indispensables. Cependant cette poignée d'hommes intrépides ne représentait pas seulement le catholicisme et la Compagnie de Jésus, mais aussi la France. En même temps qu'ils soutenaient, qu'ils sauvaient, comme nous croyons, le christianisme chinois, les Jésuites français à Pékin ne travaillaient pas moins à maintenir le renom, l'influence de notre pays dans l'extrême Orient. Mais ce que « le grand roi » avait si bien senti, alors qu'il dotait royalement la première mission française de Pékin, Louis XV et ses ministres à courte vue ne le comprenaient pas. La Compagnie de Jésus réduite dans ses ressources et déjà obligée de lutter en Europe pour son existence, ne put toujours trouver à cet établissement lointain les renforts d'hommes ni même les subsides matériels dont il aurait eu besoin. Nous dirons ailleurs combien le zèle des missionnaires pour les études scientifiques était peu encouragé par les sociétés savantes du temps. Cette situation pesa lourdement sur la vie de la mission française de Pékin durant la première moitié du xviiie siècle. Il y a d'autant plus lieu d'admirer ce que nos compatriotes ont su faire, malgré tant de difficultés, pour la conservation et le développement du christianisme ainsi que pour le progrès des sciences et la gloire du nom français. »

---

L'INSTRUCTION PRIMAIRE EN FRANCE AVANT 1789 (p. 517).

A l'époque où écrivait Rohrbacher, cette question n'était pas soulevée. On savait, — M. Villemain l'avait constaté dans un rapport, — que l'instruction secondaire était plus avancée avant la Révolution (2) que depuis; mais on admettait généralement, sans avoir étudié la question, il est vrai, que depuis 1789, l'instruction primaire avait fait d'immenses progrès. Depuis quelques années on a dû avouer, souvent à contre-cœur, que l'Eglise avait beaucoup travaillé à l'instruction non seulement des classes élevées, mais encore des masses populaires. Aujourd'hui, le doute n'est plus permis. Voici, d'après le savant ouvrage de M. l'abbé Allain (3), une espèce de statistique de l'état de l'enseignement primaire avant la révolution.

Après avoir prouvé solidement qu'il y avait de petites écoles au moyen âge, au xvie siècle, l'auteur

---

(1) Liv. d'avril 1881, pp. 491-532.
(2) Sur l'instruction pendant la révolution, lire V. Pierre, *l'École sous la révolution française* dans la *Revue des questions historiques*, t. XXVIII, p. 496, et A. Babeau, *l'Ecole de village pendant la Révolution*. Paris, 1881, in-18.
(3) *L'Instruction primaire en France avant la révolution, d'après les travaux récents et des documents inédits*. Paris, 1881, in-12. — L'auteur donne la bibliographie très complète de tout ce qui a été publié sur le sujet qu'il traite, nous prions le lecteur de se reporter à sa savante nomenclature, pp. 2 et suiv.

prouve que ces écoles existaient en abondance au xviie et au xviiie siècle. Quelques exemples :

En Normandie, au diocèse de Rouen, en 1710-1716, sur 1,159 paroisses, on comptait 1,161 écoles dont 306 écoles de filles. Dans le district de Rouen, en 1790, sur 102 communes, il n'y en avait que 13 sans écoles. Au diocèse d'Avranches, en 1790, 115 paroisses ont des écoles. A cette époque il y avait dans le département du Nord plus de 400 écoles de campagne. Dans le diocèse de Châlons-sur-Marne, en 1724-1752, sur 319 paroisses rurales, on compte 235 écoles. Dans le diocèse de Reims, en 1790, il y a 606 écoles. L'Aube en compte 420 sur 446 communes. La Haute-Marne en possède 527 sur 550 communes. En Lorraine, en 1739, presque toutes ces paroisses sont pourvues d'une école primaire recevant les enfants des deux sexes. La Franche-Comté présente, au moment de la révolution, des écoles dans toutes ses paroisses. Langres montre, au xviiie siècle, des maîtres d'école dans plus de 200 communes. Dans l'Yonne, même constatation. A Autun, sur 382 paroisses, il y a 316 écoles. En Dauphiné, d'après les édits royaux, toutes les paroisses devaient entretenir des écoles. Dans le comtat Venaissin, toutes les paroisses ont leurs « régents des escholes. » Les Landes présentent, en 1789, pour 448 paroisses, aujourd'hui réduites à 330, 235 écoles. La proportion est la même dans le Midi. Au rapport de M. Audiat, la Saintonge avait plus d'écoles en 1789 qu'en 1873. Le Limousin et l'Auvergne offrent des résultats moins satisfaisants, mais ne sont pas cependant privés d'instruction. L'Orléanais, l'Anjou et la Bretagne ont aussi un assez grand nombres d'écoles.

Or c'est surtout à l'Eglise que ce mouvement est dû. C'est ce qu'on oublie trop volontiers aujourd'hui (1), parce qu'on a intérêt à l'oublier.

---

LE CLERGÉ DE FRANCE EN 1789 (p. 517).

Au 1er janvier 1789, le clergé de France comprenait : 5 cardinaux, 18 archevêques, 133 évêques, 1,146 vicaires généraux, titulaires ou honoraires, 3,029 chanoines titulaires, 139 chanoines honoraires, 44,000 curés, 6,400 desservants, 18,000 vicaires, 16,000 chapelains ou aumôniers, au total, pour le clergé séculier 88,870 membres.

Le clergé régulier comptait : 31,000 religieux de divers ordres, 27,000 religieuses de différentes congrégations, et 600 chanoinesses, total : 58,600.

D'où le total général est de 147,470 personnes (2).

---

LA RÉVOLUTION NE PARUT PAS AU DÉBUT ANTI-RELIGIEUSE (p. 521).

A ce que dit Rohrbacher sur ce sujet ajoutons ceci : La religion, à Paris comme en province, pré-

---

(1) V. M. Allain, chapitre ix, p. 216, l'Eglise et l'Instruction primaire.
(2) *Revue d'économie chrétienne*, t. III, p. 695. V. aussi la statistique donnée par Fong, dans l'appendice de *La France et Rome*. Paris, 1874, in-12.

sida en général aux premières opérations politiques des communes. M. Sorel (1) nous apprend que dans le district des Carmes, en particulier, le comité arrêta le 21 mai 1789, 1° que tous les jours, à neuf heures du matin, il serait dit dans l'église des Carmes déchaussés, une messe basse avec les oraisons prescrites pour le succès de l'Assemblée nationale ; 2° que toutes les Assemblées, soit du Comité, soit de tout le district, seraient ouvertes par la récitation en français de la prière *Veni, Sancte Spiritus*, et de l'oraison *Deus qui miro ordine*.

---

L'ASSEMBLÉE CONSTITUANTE DE 1789 ET LA RÉVOLUTION FRANÇAISE (p. 522, col. 1).

Une histoire de la révolution française étant encore à faire, surtout à cause de celle de M. Thiers qui a considérablement faussé les faits et travesti les personnages, il faut consulter divers ouvrages, tels que, les *Correspondances ou Mémoires* de Marie-Antoinette, de Mirabeau, de Malouet, de Mallet du Pan, du comte de Fersen, l'*Histoire de la Révolution* de Montjoye, l'*Histoire parlementaire de la Révolution* de Buchez, l'*Histoire de la Terreur* par Mortimer-Ternaux; l'*Histoire de la Révolution et de l'Empire* de Gabourd ; l'*Histoire de l'Europe pendant la Révolution* de Henri de Sybel (2); *la Révolution et l'Empire* (1787-1815) par le vicomte de Meaux (3), et surtout les *Origines de la France contemporaine* de M. Taine (4) qui a apporté des documents nouveaux avec une nouvelle méthode historique expérimentale.

Sur le caractère de l'Assemblée constituante de 1879, trop souvent jugée favorablement, voir en particulier l'article de M. Anatole de Gallier dans la *Revue des questions historiques* (5) et M. Sciout (6). Comme le fait remarquer cet auteur, « il n'est pas étonnant que les écrivains de l'école soi-disant libérale aient gardé si longtemps et gardent encore sur la constitution civile du clergé un silence prudent. Lorsqu'ils sont obligés d'en parler, c'est généralement sur la Convention qu'ils rejettent les malheurs dont le fanatisme antireligieux de la *Constituante* a été la véritable cause et leur tactique est de confondre avec les autres excès de la Terreur la persécution religieuse commencée par les révolutionnaires modérés. C'est à peine s'il est parlé de la Constitution civile et des décrets qui sont exécutés dans certaines histoires de la Révolution (7). La persécution religieuse y est laissée soigneusement dans l'ombre, quelquefois même les faits qui s'y rapportent sont complètement dénaturés. »

Avec le livre de M. Sciout il n'est plus possible d'exalter, comme on l'a fait souvent, la tolérance de la Constituante. Combien de fois n'a-t-on pas prétendu séparer sa cause de celle des autres assemblées de la Révolution ? Elle seule pourtant inaugura un régime de persécution religieuse digne du temps des Catacombes.

---

LA DÉCLARATION DES DROITS LE L HOMME (p. 522).

Voir sur ce point le livre de M. l'abbé Godard, *Les principes de 1789 et la doctrine catholique* (1); Albert Du Boys, *Des principes de la Révolution française considérés comme principes régénérateurs du socialisme et du communisme* (2) ; Keller, *L'Encyclique du 8 décembre 1864 et les principes de 89* (3) ; Onclair, *De la Révolution et de la restauration des vrais principes sociaux* (4).

---

LA CONSTITUTION CIVILE DU CLERGÉ (p. 530).

.. faut lire son histoire dans le livre récent de M. Ludovic Sciout, *Histoire de la Constitution civile du clergé* (1790-1801) (5). Elle était encore à faire, comme nous le disons plus haut (note de la p. 522). M. Sciout a mis en lumière une quantité de documents aussi curieux qu'authentiques qui comblent les nombreuses omissions et réfutent les erreurs de la plupart des historiens qui ont traité ce sujet.

En ce qui touche le côté dogmatique de cette histoire, l'auteur abordant et discutant des points de discipline ecclésiastique, s'est constamment tenu dans la plus stricte orthodoxie. Sous ce rapport son livre a d'autant plus de mérite que d'autres historiens catholiques n'ont pas été aussi corrects dans leurs jugements. Mœhler a été jusqu'à dire, dans son *Histoire de l'Église*, au milieu de critiques absolument nécessaires, que la loi de 1790 « ne s'écartait pas sans doute des principes fondamentaux du Christianisme, car il est évident qu'elle conservait l'essentiel de la hiérarchie. »

Cette Constitution fut l'œuvre des Jansénistes; mais elle fut aggravée par l'intervention de Robespierre, Biauzat, Barnave (6).

La crise ne devint très violente qu'à l'occasion de la prestation du serment. Ce fut Grégoire qui le prêta le premier (7); soixante-cinq membres seulement sur les trois cents ecclésiastiques de l'Assemblée l'imitèrent. Quelques-uns, à la suite de l'évêque de Clermont, offrirent de prêter un serment restrictif (8). Mirabeau déclara alors que les ecclésiastiques, qui ne prêtaient pas le serment, n'étaient pas des perturbateurs du repos public, mais qu'ils étaient seulement démissionnaires (9). On devait

---

(1) *Le couvent des Carmes et le séminaire de Saint-Sulpice pendant la Terreur.* Paris, 1863, in-8.
(2) Trad. franç. Bruxelles, 1855.
(3) Paris, 1867, in-8.
(4) *La Révolution.* Paris, 1878. On a un bon résumé des meilleurs travaux sur la Révolution dans l'*Histoire populaire de la Révolution*, par M. Rastoul, Paris, in-18.
(5) Livr. de Janv. 1881, pp. 120-185.
(6) *Histoire de la Constitution civile du Clergé*, Paris, 1873, 2 vol. in-8.
(7) M. Thiers n'y consacre pas six pages. Voir son *Histoire de la Révolution*, t. I, pp. 230 et 255.

(1) Paris, 1863, in-8. Nous ne parlons que de la seconde édition de cet ouvrage.
(2) Lyon, 1854.
(3) Paris, 1865.
(4) Malines, 1872, 4 vol. in-8.
(5) Paris, 1872-1881, 4 vol. in-8. — Cfr. l'abbé Delbos, *l'Église de France depuis la convocation des États généraux jusqu'à la chute du Directoire*, 1848, 2 vol in-8 ; — Jager, *Histoire de l'église de France pendant la révolution*. Paris, 1852, 3 vol. in-8.
(6) *Ibid.*, t. I, p. 242.
(7) *Ibid.*, t. II, p. 3.
(8) V. son texte dans M. Sciout, t. II, p. 5.
(9) *Ibid.*, p. 8.

pourtant bientôt les traiter en ennemis du pays. Le serment ne fut prêté à Paris et en province que par fort peu d'ecclésiastiques. Le 7 mai l'Assemblée décréta que les prêtres non-assermentés pouvaient cependant dire la messe (1), mais elle déclara que les seuls évêques étaient les constitutionnels; c'était au fond détruire toute liberté du culte.

Pendant ce temps l'Eglise constitutionnelle s'organisait difficilement. Elle n'osait même pas s'opposer au mariage des prêtres, et avait besoin, pour résister, d'un avis du Comité ecclésiastique de l'Assemblée (2). On pensa que la persécution avancerait les affaires de cette Église mort-née. Partout des violences furent dirigées contre ceux qui restaient fidèles (3). Poussée par les autorités locales, les Jacobins de petite ville et aussi par le clergé constitutionnel, l'Assemblée approuva, le 17 juillet, un arrêté du directoire du Bas-Rhin relatif à l'internement des prêtres catholiques. L'amnistie, qu'elle prononça, avant de se séparer, profita aux catholiques, mais ne leur rendit pas la liberté religieuse. Elle n'inséra pas toutefois la Constitution civile du clergé dans la Constitution politique qu'elle promulguait; mais la disposition qui y fut intercalée était la plus schismatique de toutes : « Les citoyens ont le droit d'élire ou de choisir les ministres de leur culte (4). »

Dès que la Législative fut réunie, Fauchet réclama de nouvelles mesures contre les réfractaires (5). Le 27 novembre cette Assemblée entra dans la voie de la persécution. Louis XVI mit son *veto* à ce décret, qui déclarait les prêtres non assermentés suspects de révolte contre la loi (6). Malgré ce veto, les prêtres réfractaires furent l'objet de nombreuses violences, à Paris et dans les départements. Après le 10 août le décret relatif à la déportation du clergé devint exécutoire. Les massacres de septembre, les meurtres qui se commettaient sans cesse dans la province forcèrent les prêtres restés fidèles, à l'émigration.

La Convention aggrava encore les choses. Les révolutionnaires voulaient forcer les prêtres constitutionnels à se marier. Fauchet combattit avec ardeur cette tendance (7); quelques-uns de ses collègues l'imitèrent, Philbert, des Ardennes; Perier, du Puy-de-Dôme; Bécherel, de la Manche, etc.

Le 18 mars, une loi condamne à mort les prêtres rentrés en France (8); le 23 avril, une autre loi déporte tous les prêtres qui n'ont pas prêté le serment de liberté et d'égalité; le mariage des prêtres est encouragé, et défense faite au clergé de s'y opposer soit directement ou indirectement (décrets du 19 juillet et du 12 août) (9).

Le culte de la raison une fois institué, et le calendrier républicain promulgué, il y eut d'assez nombreuses apostasies, celles de Gobel, de Paris; de Lindet, de l'Eure; de Vernon; Lalande, de la Meurthe, évêques constitutionnels. Le culte ne tarda pas à être aboli à Paris et en province. La terreur fut extrême à Lyon, en Franche-Comté, à Marseille, dans le Vaucluse, etc. (1).

Après le 9 thermidor, la lutte recommença entre les Catholiques et les Constitutionnels. Ce n'est guère que sous le Directoire que la persécution cessa. Dès que le pouvoir ne soutint plus les constitutionnels, c'en était fait d'eux. Peu à peu le catholicisme reprit la place qui lui appartenait, et il était à peu près rétabli de fait dans toute la France au moment du Concordat.

---

TALLEYRAND (p. 533).

Charles-Maurice de Talleyrand, né le 2 février 1754, d'abord agent général du clergé, puis évêque d'Autun, est bien connu, trop connu pour qu'il faille s'étendre longuement sur son compte. Il faut lire sur ce personnage, en attendant la publication de ses *Mémoires*, toujours annoncée et toujours différée, l'*Essai sur Talleyrand* par sir Henry Lytton Bulwer, ancien ambassadeur, traduit de l'anglais par G. Perrot (2), et *Monsieur de Talleyrand*, étude par C.-A. Sainte-Beuve (3). Citons seulement un extrait de cette étude : « A la fête de la fédération, pour l'anniversaire du 14 juillet (1790), ce fut M. de Talleyrand qui en qualité d'évêque officiant et ayant l'abbé Louis pour sous-diacre, célébra solennellement la messe au Champ de Mars sur l'autel de la Patrie, et qui eut à bénir l'étendard rajeuni de la France. On souffre d'une semblable parodie. Religion à part, l'honnêteté se révolte. Je laisse les paroles indignes et cyniques qui passent pour avoir été échangées à l'autel même, et que le souffle de l'impure légende a portées jusqu'à nous; mais j'ose dire que ce n'est point impunément qu'une constitution nouvelle, fût-elle la meilleure, s'inaugure devant tout un peuple par une mômerie ou un sacrilège. Tout le vice du xviiie siècle est là : il y avait dès le premier jour un ver au cœur du fruit (4). »

---

ÉVÊQUES CONSTITUTIONNELS (p. 534).

On compte parmi eux treize religieux ou clercs réguliers : un bénédictin, Sanadon; un carme déchaussé, Sermet; un dominicain, Constant; trois doctrinaires, Villar, Torné, Molinier; un ancien jésuite, Brival; deux lazaristes, Philbert, Lamourette; un génovéfain, Peltier; trois oratoriens, Lalande, Primat, Périer. Un autre lazariste fut nommé évêque de Rouen en 1791 (5). C'est Gratien, né en Piémont en 1747 (6).

Dix-neuf ecclésiastiques, membres de l'Assem-

---

(1) *Ibid.*, p. 258.
(2) V. la curieuse lettre de l'abbé Brugière, *Ibid.*, pp. 353 et suiv.
(3) V. Sciout, ch. IX, pp. 375 et suiv.
(4) *Ibid.*, p. 461.
(5) *Ibid.*, t. III, pp. 33 et suiv.
(6) Une pétition contre ce décret fut adressée au roi. Talleyrand en était un des signataires, *ibid.*, p. 70.
(7) *Ib.*, pp. 363 et suiv.
(8) V. Mgr Meignan, *Un prêtre déporté en* 1792. Paris, 1862, in-12.
(9) *Ibid.*, p. 477.

(1) V. dans M. Sciout, t. IV, pp. 830 et suiv. l'énumération des principales lois de persécution portées contre l'Eglise.
(2) Paris, 1869, in-8.
(3) Paris, 1870, in-12.
(4) *Ibid.*, p. 19.
(5) De Boulogne, *Mélanges*, t. I, pp. XLI et L.
(6) V. sur lui, Frère, *Manuel du bibliographe normand*, t. II, p. 38.

blée constituante, avaient prêté publiquement le serment dans la séance du 4 janvier 1791; ils devinrent évêques constitutionnels. Voici leurs noms : Charrier de la Roche (1) (Seine-Inférieure), Expilly (Finistère), Saurine (Landes), Lindet (Eure), Laurent (Allier), Massieu (Oise), Grégoire (Loir-et-Cher), Aubry (Meuse), Bécherel (Manche), Royer (Ain), Thibault (Cantal), Dumonchel (Gard), Rigouard (Var), Joubert (Charente-Inférieure), Périer (Puy-de-Dôme), Lecève (Vienne), Gouttes (Saône-et-Loire), Marolles (Aisne), Gobel (Paris) (2).

### LE TRIBUNAL RÉVOLUTIONNAIRE, BIBLIOGRAPHIE (p. 556).

Une histoire du Tribunal révolutionnaire (3) nous éloignerait trop de notre sujet. Nous nous contenterons de citer les ouvrages où on peut étudier la *justice* sous la Terreur.

Campardon, *Histoire du tribunal révolutionnaire de Paris, 10 mars 1793 à 31 mai 1795, d'après les documents originaux conservés aux archives de l'Empire*. Paris, 1861, 2 vol. in-12; nouvelle édition, Paris, 1866, 2 vol. in-8.

Berryat-Saint-Prix, *la Justice révolutionnaire à Paris, Bordeaux, Brest, Lyon, Nantes, Orange, Strasbourg, d'après les documents originaux*, Paris, 1861, in-12; 2ᵉ édition, t. I, in-8, 1870.

Wallon, *Histoire du tribunal révolutionnaire de Paris*, Paris, 1880-1881, 5 vol. in-8.

S. de la Chapelle, *Histoire des tribunaux révolutionnaires de Lyon et de Feurs*. Lyon, 1879, in-8; *Histoire judiciaire de Lyon et du Rhône, depuis 1790*. Paris, 1880, 2 vol. in-8.

Sarot, *la Terreur dans le département de la Manche, et les habitants de la Manche devant le tribunal révolutionnaire de Paris*. Coutances, 1877, in-8.

V. de Beaumefort, *Épisodes de la Terreur, tribunal révolutionnaire d'Orange*. 1875, in-8.

A.-J. Paris, *Histoire de Joseph Lebon et des tribunaux révolutionnaires d'Arras et de Cambrai*. 1864, 2 vol. in-8.

A. Proust, *la Justice révolutionnaire à Niort*. 1869, in-8.

G. Sergent, *les Tribunaux révolutionnaires dans les Bouches-du-Rhône*. 1875, gr. in-8.

E. de Beaurepaire, *le Tribunal criminel de l'Orne pendant la Terreur*. Caen, 1866, in-8.

M. Boudet, *les Tribunaux criminels et la justice révolutionnaire en Auvergne*, 1874, in-8.

### ROBESPIERRE ET LA PROVIDENCE (p. 562).

Robespierre pensait plus juste sur ce point que les Girondins. Il était disciple de Rousseau, tandis que Brissot, Vergniaud, etc., étaient athées et faisaient profession du matérialisme le plus grossier. Un des plus célèbres membres de la Gironde, Guadet, après un discours où Robespierre avait dit que « la Providence veille toujours sur nous, beaucoup mieux que notre propre sagesse, » s'écriait : « J'ai entendu souvent répéter dans cette adresse le mot *Providence*, je crois même qu'il y est dit que la Providence nous a sauvés malgré nous. J'avoue que, ne voyant aucun sens à cette idée, je n'aurais jamais pensé qu'un homme qui a travaillé avec tant de courage, pendant trois ans, pour tirer le peuple de l'esclavage du despotisme, pût concourir à le remettre ensuite sous l'esclavage de la superstition. » Robespierre réplique, et quelques passages de son discours sont empreints d'une véritable éloquence. Il soutient que « ce n'est pas induire les citoyens dans la superstition, que de prononcer le nom de la Divinité, qu'invoquer la Providence et admettre l'idée de l'Être éternel qui influe essentiellement sur les destins des nations, n'est point une idée trop hasardée; » il affirme que « les hommes illustres qui ont écrit avec l'inspiration de ce sentiment sublime, n'en avaient pas moins de morale pour croire à l'existence de Dieu. » Les amis de Brissot et de Guadet accueillent ces derniers mots par des cris violents et réclament l'ordre du jour. « Non, Messieurs, reprend Robespierre, vous n'étoufferez pas ma voix; il n'y a pas d'ordre du jour qui puisse effacer cette vérité (1). »

M. de Pressensé, qui n'est pas suspect de cléricalisme, juge ainsi la politique religieuse des Girondins : « Disciples dociles et passionnés d'un siècle incrédule, ils ont porté dans la répression des résistances cléricales, tous les préjugés d'une philosophie matérialiste, incapable de respecter Dieu dans la conscience humaine. Ils donnèrent au monde ce honteux spectacle de voltairiens persécuteurs (2). »

### SERMENTS EXIGÉS DU CLERGÉ PENDANT LA RÉVOLUTION (p. 570)

A propos de la révocation des lois de proscription contre les prêtres votée sous le Directoire, il ne sera pas inutile de citer les différents serments que l'on avait voulu imposer aux ecclésiastiques.

1º Serment de la Constitution civile du clergé, 27 novembre 1790. Personne n'a pu le prêter sans forfaire. Quant au serment du 14 juillet 1790, ainsi conçu : « Je jure d'être fidèle à la Nation, à la Loi, au Roi, et de maintenir de tout mon pouvoir la Constitution décrétée par l'Assemblée nationale et sanctionnée par le Roi, » il ne fut demandé que çà et là et non pas généralement au clergé. M. Emery ne voyait aucune difficulté à prêter ce serment (3).

2º Le 14 août 1792, l'Assemblée décréta que tout Français, fonctionnaire public, prêterait le

---

(1) Les noms entre parenthèses sont ceux des départements dont ils occupèrent les évêchés.
(2) Sciout, *Histoire de la constitution civile*, t. II, p. 14.
(3) Disons seulement que ce tribunal fut institué par décret du 10 mars 1793, sur la motion de Danton. Wallon, *Histoire du tribunal révolutionnaire de Paris*, t. I, p. 57. — V. aussi E. Biré, *la Légende des Girondins*. Paris, Palmé, 1881, pp. 305 et suiv.

(1) Nous empruntons cette citation au curieux et utile ouvrage de M. Edmond Biré, *la Légende des Girondins*. Paris, Palmé, 1881, in-12, pp. 197, 198. Cfr. *ibid.*, p. 209.
(2) *L'Église et la Révolution française*, Paris, 1867, in-12, p. 191.
(3) *Vie*, t. I, p. 230.

serment « de maintenir de tout son pouvoir la liberté et l'égalité, ou de mourir à son poste. » Le 3 septembre de la même année, sur le rapport de Gensonné, elle exigea que tout Français prêterait le serment « de maintenir de tout son pouvoir la liberté, l'égalité, la sûreté des personnes et des propriétés, et de mourir, s'il le fallait, pour l'exécution de cette loi. » Ce serment, exigé des ecclésiastiques, fut entre eux cause de division. M. Emery le prêta (1). Pie VI n'a jamais prononcé de jugement contre ce serment (2).

3° Le 21 février 1795, la Convention avait déclaré la liberté des cultes. Le 30 mai suivant, elle imposa aux prêtres qui exerçaient des fonctions ecclésiastiques l'obligation de faire, devant la municipalité du lieu, une déclaration de soumission aux lois de la République. M. Emery ne doutait pas qu'on ne pût la faire en conscience (3). Le Pape, par un brefdu 15 juillet 1796 se prononça en faveur de cette opinion.

4° Le 29 septembre 1795, la Convention imagina une nouvelle formule ainsi conçue : « Je reconnais que l'universalité des Français est le souverain, et je promets obéissance et soumission aux lois de la République. » De bons esprits, tels que M. Emery (4), n'étaient pas opposés à cette déclaration.

5° Le 5 septembre 1797, une loi étend au clergé l'obligation de prêter serment « de haine à la royauté et à l'anarchie, d'attachement et de fidélité à la République et à la Constitution de l'an III. » Le rapporteur déclara que cette haine était due seulement à la royauté qu'on tenterait de rétablir en France, en renversant le gouvernement actuel. M. Emery était loin de condamner ceux qui prêtaient ce serment dans le sens du rapport, quoiqu'il ne l'ait jamais lui-même ni prêté ni conseillé (5). Le Saint-Siège n'a jamais imposé aucune obligation de rétracter ce serment (6).

6° Le 27 décembre 1799, on substitua à tous les serments antérieurs une promesse de fidélité à la Constitution. M. Emery n'hésita pas un instant sur la possibilité de faire cette promesse (7). Le Pape, malgré ce qu'en a dit le cardinal Maury, n'a jamais interdit de la faire (8).

M. Emery disait, à ce sujet, ces paroles dignes d'attention : « Malheureusement il y a tant d'ecclésiastiques qui n'ont pas seulement les premières notions du droit des gens et du droit politique (9). »

---

PIE VI A VALENCE (p. 587. col. 2).

Les histoires d'Artaud de Montor, de Baldassan et Blanchard, dont Rohrbacher s'est servi, ont été heureusement complétées par M. Charles Poncet en ce qui concerne le séjour de Pie VI à Valence et sa mort (10).

C'est entre le 14 juillet, date de l'arrivée de Pie VI

(1) Vie, t. I, p. 307.
(2) Ibid, p. 322.
(3) Ibid., p. 371.
(4) Ibid., t. I, pp. 384 et 385.
(5) Ibid., p. 412.
(6) Ibid., p. 440.
(7) Ibid., t. II, p. 9.
(8) Ibid., pp. 15 et 16.
(9) Ibid., t. I, p. 373.
(10) Pie VI à Valence, etc. Paris, 1868, in-8.

à Valence, et le 29 août, jour de sa mort, que se placent les documents inédits publiés par M. Ponce et dont voici le sommaire : Arrêts, déclarations, extraits de procès-verbaux, pris dans les registres de la municipalité de Valence; conflit de juridiction entre l'administration centrale de la Drôme et deux honnêtes citoyens, Curnier, commissaire du Directoire, et Boveron, dont le petit-fils a communiqué à l'auteur des pièces nombreuses; rigueurs de la détention du pape, tempérées par le zèle de quelques hommes de cœur; transport de ses restes dans la chapelle du gouvernement; son codicille; inventaire de son mobilier dont une partie n'est pas à l'abri de la cupidité du Directoire; détails de la sépulture du pape au cimetière de la commune, et sa translation à Rome; enfin restitution à Valence du cœur et des entrailles du saint Pontife.

Un monument a été élevé à Pie VI dans le chœur de la cathédrale de Valence et inauguré le 14 décembre 1814. — La chambre où il est mort est maintenant un atelier de cordonnier.

---

LE CARDINAL CONSALVI ET LE CONCORDAT (p. 595).

Hercule Consalvi, né à Rome le 8 juin 1757, fut nommé en 1783 camérier secret de S. S. Il devint prélat domestique en juin 1784, et passa, en janvier 1786, ponente del buon governo. En juin 1792, il est auditeur de rote. Le cardinal d'York le fait son héritier fiduciaire, puis il est nommé prélat assesseur de la congrégation de la guerre. La mort du général Duphot, qui ne fut pas la faute du gouvernement pontifical, mais celle du général lui-même, servit de prétexte à l'occupation de Rome par Berthier. Consalvi fut emprisonné par les Français, puis exilé. Il partit en 1798 pour Naples, d'où il vint à Livourne et à Florence (août 1798). Il arriva à Venise vers la fin de septembre.

Pie VI étant mort, le 26 août 1799, Consalvi fut nommé secrétaire du conclave, et contribua à l'élection du cardinal Chiaramonti, qui prit le nom de Pie VII. Quatre jours après son élection, le nouveau pape le nomma prosecrétaire d'État. Le 11 août 1800, il le créa cardinal et secrétaire d'État. Consalvi introduisit dans les États Pontificaux la liberté du commerce.

En 1801, il vint signer le Concordat à Paris (15 juillet). On sait, par ses curieux Mémoires (1) comment on voulut le tromper et à quelles ruses indignes on eut recours (2). Consalvi sut les déjouer, et le concordat fut conclu.

De retour à Rome il reçut le poste de préfet de

(1) Publiés par M. Crétineau-Joly. Paris, 1864, 2 vol. in-8.
(2) Mémoires, t. I, pp. 291-416. L'authenticité des Mémoires du Cardinal Consalvi a été mise en doute dans l'Histoire des deux Concordats de la république française du P. Theiner (Bar-le-Duc, 1869, 1870). M. Crétineau-Joly, l'éditeur des Mémoires a répondu par l'ouvrage : Bonaparte, le Concordat de 1801 et le Cardinal Consalvi, dans lequel il a publié un fac-simile des Mémoires dont il possédait l'autographe. (Paris, 1869). Voir aussi d'Haussonville dans Revue des Deux-Mondes, 1er avril 1869; M. de Meaux, le Cardinal Consalvi, M. d'Haussonville et le P. Theiner dans Revue des questions histor., oct. 1869, p. 524-557; l'abbé Maynard dans Revue du Monde catholique (15 juillet 1869). Sur l'ensemble de la question, voir M. d'Haussonville, l'Église romaine et le premier Empire, 3e édit. Paris, 1870, 5 vol. in-12, avec les observations du dom Guéranger sur cet ouvrage dans l'Univers, année 1868 passim et la Revue des questions historiques, t. VII, p. 524. V. aussi l'abbé Joly, Étude historique et juridique sur le Concordat de

la signature, et pendant le séjour en France du souverain Pontife, il eut des pouvoirs illimités pour la gestion des affaires.

En juin 1806, il quitta le ministère. L'Empereur le força de venir à Paris, où il arriva le 20 février 1810. Sa fermeté dans ses rapports avec le gouvernement impérial est admirable. Il l'a racontée avec une simplicité qui la fait ressortir davantage. Son récit de la réception que lui fit Napoléon est des plus curieux (1). Les affaires du divorce renouvelèrent la haine de l'Empereur contre Consalvi, qui n'avait pas voulu assister à la cérémonie du mariage. On parla même de le faire fusiller (2), et enfin on se contenta de l'exiler à Reims (juin 1810), avec le cardinal Brandacoro.

Après le concordat du 25 janvier 1813, il put revenir auprès du Pape. Le 21 janvier 1814, il fut de nouveau exilé à Béziers, et il ne rejoignit le souverain Pontife qu'après la chute de l'Empereur. Il reprit et garda les fonctions de secrétaire d'État jusqu'à la mort de Pie VII en 1823. Sous Léon XII, qui l'avait eu autrefois pour adversaire, il ne perdit pas cependant la faveur (1). Il mourut le 24 janvier 1824, blessé au cœur par l'ingratitude des Romains, « peuple-roi qui accumule sur sa tête toutes les ingratitudes du trône et de la rue (2). »

---

1801, d'après les documents officiels. Paris, 1881, in-8 ; C<sup>te</sup> Boulay de la Meurthe, *La négociation du Concordat*, dans *le Correspondant* du 25 décembre 1881 et 10 janvier 1882.
(1) *Mémoires*, t. 11, p. 175.
(2) *Ibid.*, t. 1, pp. 416-452. Consalvi dit que c'est Fouché qui l'empêcha d'être fusillé, *ibid.*, t. II, p. 205.

(1) M. Crétineau-Joly cite quelques paroles du pape au cardinal Zurla, qui le prouvent, *ibid.*, t. 1, p. 176.
(2) *Ibid.*, p. 178.

## FIN DU TOME ONZIÈME.

# ERRATA

### LE MAGNÉTISME (p. 476).

On ne conteste plus aujourd'hui la réalité des faits du magnétisme animal, longtemps niés par les savants et les médecins ou attribués au charlatanisme. Quoi que l'on ait pu dire, il existe un grand fond de vérité dans les résultats obtenus de tout temps par les magnétiseurs ; seulement, il reste encore à faire clairement la part du vrai et du faux dans les pratiques mesmériennes. Rohrbacher a cité à propos de Mesmer le rapport de l'astronome Bailly. La question n'en est plus là aujourd'hui. On s'est mis à étudier de plus près les phénomènes complexes que l'on confond habituellement sous la dénomination vague de magnétisme animal, hypnotisme, somnambulisme, automatisme. Tous ces phénomènes singuliers vont pouvoir être soumis au contrôle de la science expérimentale. Les expériences poursuivies depuis plusieurs années à Paris dans les hôpitaux de la Salpêtrière et de la Pitié par les docteurs Charcot et Dumontpallier et plusieurs autres ont amené l'Académie des sciences et l'Académie de médecine à s'occuper de faits qu'on s'était borné jusqu'ici à nier (1).

Les phénomènes observés ou produits par ces médecins sur des malades atteints de troubles nerveux très caractérisés se rapprochent considérablement de ceux que produisent empiriquement les magnétiseurs. Seulement, et c'est le point sur lequel insistent MM. Dumontpallier, Magnin et Lyon, le point principal qu'il reste à éclaircir, ces phénomènes, de quelque nom qu'on les désigne, sont obtenus à la Pitié uniquement par des agents physiques bien connus : chaleur, son, lumière, etc. Les expérimentateurs de la Pitié les débarrassent de tout l'attirail mystique et compliqué des passes magnétiques. Les actions, disent-ils, sont produites par des agents physiques.

Mais si l'on ne peut mettre en doute le rôle des agents physiques, on n'est pas en droit d'aller aussi loin que M. Dumontpallier et autres pour que la conclusion reste dans les prémisses. Les agents physiques suffisent pour déterminer les phénomènes, c'est exact ; mais il n'en résulte pas nécessairement que l'organisme humain ne possède pas aussi pour les produire un mode d'action qui lui est propre et qui échappe encore à la science. Il convient donc d'être encore très circonspect sur un point que l'un des expérimentateurs tranche trop vite, quand il dit : « Tous les phénomènes produits sont absolument indépendants de la volonté. » Les conditions expérimentales dans lesquelles on s'était placé, ne pouvaient effectivement mettre en relief une influence quelconque de la volonté. Mais il ne faut pas préjuger de ce qui pourrait être par ce qui était ; certains phénomènes de suggestion, tels qu'en produisent les magnétiseurs, tendent au contraire à montrer que la volonté de l'opérateur entre également en jeu.

Quoi qu'il en soit, les faits produits et observés intéressent à la fois la physiologie et la psychologie, puisqu'ils affectent non seulement le corps, mais aussi la volonté, la mémoire et la sensibilité du sujet.

---

(1) Voir *Comptes rendus de l'Académie des sciences*, séance du 11 janvier 1882, et *Journal des Débats*, feuilleton du 1<sup>er</sup> février 1882.

www.ingramcontent.com/pod-product-compliance
Lightning Source LLC
Chambersburg PA
CBHW052335230426
43664CB00041B/1425